2. AUFLAGE

Unix System-Administration

Æleen Frisch

*Deutsche Übersetzung von Peter Klicman,
Andreas Bildstein, Jørgen W. Lang & Klaus Düllmann*

Beijing · Cambridge · Farnham · Köln · Paris · Sebastopol · Taipei · Tokyo

Die Informationen in diesem Buch wurden mit größter Sorgfalt erarbeitet. Dennoch können Fehler nicht vollständig ausgeschlossen werden. Verlag, Autoren und Übersetzer übernehmen keine juristische Verantwortung oder irgendeine Haftung für eventuell verbliebene Fehler und deren Folgen.

Alle Warennamen werden ohne Gewährleistung der freien Verwendbarkeit benutzt und sind möglicherweise eingetragene Warenzeichen. Der Verlag richtet sich im wesentlichen nach den Schreibweisen der Hersteller. Das Werk einschließlich aller seiner Teile ist urheberrechtlich geschützt. Alle Rechte vorbehalten einschließlich der Vervielfältigung, Übersetzung, Mikroverfilmung sowie Einspeicherung und Verarbeitung in elektronischen Systemen.

Kommentare und Fragen können Sie gerne an uns richten:
O'Reilly Verlag
Balthasarstr. 81
50670 Köln
Tel.: 0221/9731600
Fax: 0221/9731608
E-Mail: kommentar@oreilly.de

Copyright der deutschen Ausgabe:
© 2003 by O'Reilly Verlag GmbH & Co. KG
1. Auflage 1996
2. Auflage 2003

Die Originalausgabe erschien 2002 unter dem Titel
Essential System Administration, 3rd Edition im Verlag O'Reilly & Associates, Inc.

Die Darstellung eines Gürteltiers im Zusammenhang mit dem Thema Systemadministration ist ein Warenzeichen von O'Reilly & Associates, Inc.

Bibliografische Information Der Deutschen Bibliothek
Die Deutsche Bibliothek verzeichnet diese Publikation in der Deutschen Nationalbibliografie; detaillierte bibliografische Daten sind im Internet über *http://dnb.ddb.de* abrufbar.

Übersetzung und deutsche Bearbeitung: Peter Klicman, Andreas Bildstein, Jørgen W. Lang & Klaus Düllmann
Lektorat: Michael Gerth, Köln
Korrektorat: Oliver Mosler, Köln & Friederike Daenecke, Zülpich
Fachgutachten: Wolfgang Mauerer, Donaustauf
Satz: Tung Huynh, reemers publishing services gmbh, Krefeld; www.reemers.de
Umschlaggestaltung: Edie Freedman & Hanna Dyer, Boston
Produktion: Karin Driesen, Köln
Belichtung, Druck und buchbinderische Verarbeitung:
Druckerei Kösel, Kempten; www.koeselbuch.de

ISBN 3-89721-347-8

Dieses Buch ist auf 100% chlorfrei gebleichtem Papier gedruckt.

For Frank Willison

»*Part of the problem is passive-aggressive behavior, my pet peeve and bête noir, and I don't like it either. Everyone should get off their high horse, particularly if that horse is my bête noire. We all have pressures on us, and nobody's pressure is more important than anyone else's.*«

***

»*Thanks also for not lending others your O'Reilly books. Let others buy them. Buyers respect their books. You seem to recognize that ›lend‹ and ›lose‹ are synonyms where books are concerned. If I had been prudent like you, I would still have Volume 3 (Cats–Dorc) of the Encyclopedia Britannica.*«

Inhalt

Vorwort . . . . **XI**

1   Einführung in die Systemadministration **1**

    Gedanken zur Systemadministration 3
    Einloggen als Superuser 6
    Kommunikation mit Benutzern 13
    Menüs und GUIs für Systemadministratoren 16
    Wo ist die Zeit hin? 33

2   Die Unix-Philosophie **35**

    Dateien 36
    Prozesse 57
    Geräte (Devices) 65

3   Grundlegende Werkzeuge und Techniken der Administration **79**

    Wie man bekannte Befehle optimal nutzt 79
    Grundlegende Techniken der Administration 96

4   Startup und Shutdown **136**

    Der Unix-Boot-Vorgang 136
    Initialisierungsdateien und Boot-Skripten 162
    Herunterfahren eines Unix-Systems 181
    Fehlersuche: Mit Systemabstürzen und Fehlern beim Booten umgehen 186

5 TCP/IP-Vernetzung **193**

TCP/IP-Vernetzung verstehen. 193
Hinzufügen eines neuen Netzwerkrechners 217
Durchführen von Tests und Troubleshooting im Netzwerk. 235

6 Verwalten von Benutzern und Gruppen **238**

Unix-Benutzer und Unix-Gruppen 238
Verwalten von Benutzer-Accounts 254
Administrative Werkzeuge zur Verwaltung von Benutzer-Accounts 275
Administrieren von Benutzerpasswörtern. 298
Benutzer-Authentifizierung mit PAM 326
LDAP: Verwenden eines Verzeichnisdienstes für die Benutzer-Authentifizierung . . 338

7 Sicherheit **356**

Einleitung: Wo liegt das eigentliche Problem? 357
Nachdenken über Sicherheit. 358
Wiedersehen mit der Benutzer-Authentifizierung 367
Dateien und das Dateisystem schützen. 377
Rollenbasierte Zugriffskontrolle 398
Netzwerksicherheit 405
Absichern von Unix-Systemen 420
Aufspüren von Problemen 425

8 Verwalten von Netzwerkdiensten **451**

Verwalten von DNS-Servern 451
Routing-Daemons 493
Konfigurieren eines DHCP-Servers 498
Zeitsynchronisierung mit NTP 511
Verwalten von Netzwerk-Daemons unter AIX 518
Überwachen des Netzwerks 518

9 Elektronische Post **568**

Über elektronische Post 568
Konfigurieren von Mail-Programmen für Anwender 580
Konfigurieren von Access-Agents 586
Konfigurieren des Transport-Agent 592
Abholen von Mail-Nachrichten 650
Mail-Filterung mit procmail 654
Einige letzte Werkzeuge 670

10 Dateisysteme und Festplatten ... 672
Dateisystem-Typen ... 673
Dateisysteme verwalten ... 677
Von Festplatten zu Dateisystemen ... 691
Dateisysteme gemeinsam nutzen ... 753

11 Datensicherung und -wiederherstellung ... 766
Pläne für Ernstfälle und alltägliche Anwendungen ... 766
Backup-Medien ... 776
Sichern von Dateien und Dateisystemen ... 785
Dateien aus Backups wiederherstellen ... 796
Dateien mit Inhaltsverzeichnissen erstellen ... 803
Netzwerk-Backup-Systeme ... 804
Backup und Restore der System-Dateisysteme ... 820

12 Serielle Schnittstellen und Geräte ... 827
Serielle Schnittstellen ... 827
Festlegung der Terminal-Charakteristika ... 830
Einbinden eines neuen Geräts ... 837
Fehlersuche bei Terminals ... 856
Den Zugriff auf serielle Leitungen kontrollieren ... 858
Leitungsattribute bei HP-UX und Tru64 ... 860
HylaFAX ... 861
USB-Geräte ... 869

13 Drucker und das Spooling-Subsystem ... 877
Der BSD-Drucker-Spooler ... 881
Drucken bei System V ... 894
Die Spooler-Einrichtung bei AIX ... 912
Fehlersuche bei Druckern ... 924
Drucker mit Windows-Systemen teilen ... 926
LPRng ... 929
CUPS ... 940
Font-Management unter X ... 945

14 Automatisierung administrativer Aufgaben ... 952
Entwicklung effektiver Shell-Skripten ... 953
Perl: Eine alternative administrative Sprache ... 967
Expect: Automatisierung interaktiver Programme ... 979
Wenn nur C hilft ... 987

Automatisierung komplexer Konfigurationsaufgaben mit Cfengine 990
Stem: Vereinfachte Entwicklung von Client/Server-Anwendungen 1000
Lokale Manpages hinzufügen 1011

15 Verwaltung von Systemressourcen 1014

Nachdenken über die Systemlast 1014
Überwachung und Steuerung von Prozessen 1020
Verwaltung von CPU-Ressourcen 1033
Speicherverwaltung 1049
Leistung der Festplatten-I/O 1072
Überwachung und Verwaltung des Festplattenplatzes 1079
Netzwerk-Performance 1089

16 Konfigurieren und Generieren des Kernels 1097

FreeBSD und Tru64 1099
HP-UX 1104
Linux 1107
Solaris 1120
Systemparameter bei AIX 1121

17 Accounting 1123

Standard-Accounting-Dateien 1125
Accounting bei BSD: FreeBSD, Linux und AIX 1126
Accounting auf System V: AIX, HP-UX und Solaris 1132
Accounting von Druckern 1140

Nachwort: Der Beruf des Systemadministrators 1143

SAGE: Die »System Administrators Guild« 1143
Administrative Tugenden 1145

A Administrative Shell-Programmierung 1146

Index 1170

Vorwort

This book is an agglomeration of lean-tos and annexes and there is no knowing how big the next addition will be, or where it will be put. At any point, I can call the book finished or unfinished.
—Alexander Solschenitsyn

A poem is never finished, only abandoned.
—Paul Valery

Dieses Buch beschreibt die grundlegenden und wesentlichen Aufgaben der Systemadministration unter Unix. Obwohl es Informationen für Leute enthält, die Neulinge auf dem Gebiet der Systemadministration sind, geht sein Inhalt doch weit über die Grundlagen hinaus. Das Hauptziel dieses Buches besteht darin, Ihnen einen direkten Zugang zur Administration von Unix-Rechnern zu geben, indem es Sie mit genau den Informationen versorgt, die Sie brauchen. Meiner Ansicht nach bedeutet das, einen Mittelweg zu finden zwischen einem allgemeinen Überblick, der für keinen – mit Ausnahme des absoluten Neulings – von besonderem Nutzen wäre, und den Obskuritäten und Exzentrizitäten, die nur ein Fanatiker lieben kann. Mit anderen Worten: Ich werde Sie nicht hängen lassen, wenn die ersten Komplikationen auftauchen, lasse Sie aber gleichzeitig auch nicht eine Vielzahl unnötiger Informationen durchstöbern, bis Sie das, was Sie eigentlich interessiert, endlich gefunden haben.

Dieses Buch behandelt die Systemadministration aus einer aufgabenorientierten Perspektive. Es ist daher so aufgebaut, dass es die verschiedenen Facetten des Jobs eines Systemadministrators zum Ausgangspunkt nimmt und nicht die Features des Unix-Betriebssystems oder die Arbeitsweise des Hardware-Subsystems eines typischen Rechners oder eine spezielle Gruppe administrativer Befehle. Dieses sind zwar die grundlegenden Materialien und Werkzeuge der Systemadministration, aber ein effektiver Administrator muss wissen, wann und wie sie angewendet und eingesetzt werden sollen. Sie müssen auch dazu in der Lage sein, sich von der Beschwerde eines Benutzers (»Dieser Job beansprucht normalerweise nur 10 Minuten der CPU-Zeit, trotzdem braucht der Rechner drei Stunden, um ihn abzuarbeiten!«) über die Diagnose des Problems (»Das System ist langsam, weil nicht genügend Swap-Speicher zur Verfügung steht«) bis zu dem Befehl vorzutasten, der das Problem löst (swap oder swapon). Dementsprechend wird dieses Buch alle Aspekte der Unix-Systemadministration behandeln: die allgemeinen Konzepte, zugrunde liegende Strukturen und Leitprinzipien, die die Unix-Umgebung definieren. Aber auch die Befehle, Prozeduren, Strategien und Richtlinien werden besprochen, die für Ihren Erfolg als Systemadministrator wichtig sind. Es wird die übliche Verwendung der von Unix bereitgestellten Administrations-Tools behandelt, aber auch, wie Sie diese besser und effektiver einsetzen können.

Natürlich enthalten einige Informationen Ratschläge für die Systemadministration; ich werde mich hierbei nicht scheuen, Ihnen meine Ansichten mitzuteilen. Es liegt mir nichts daran, Ihnen den »richtigen Weg« zur Betreuung eines Unix-Systems zu zeigen. Wesentlich wichtiger ist mir, Ihnen das Wissen zu vermitteln, das Sie benötigen, um fundierte Entscheidungen für Ihre jeweilige Situation treffen zu können. Wesentlich ist, dass Sie wissen, worum es geht, wenn z.B. der Begriff Backup fällt. Verfügen Sie über dieses Wissen, so werden Sie selbst dazu in der Lage sein, die für Sie und für die von Ihnen betreuten Rechner richtigen Schritte zu veranlassen.

Obwohl dieses Buch für jeden nützlich ist, der sich um ein Unix-System kümmert, habe ich auch Material aufgenommen, das sich speziell an den professionellen Systemadministrator richtet. Eine weitere Art, wie dieses Buch die grundlegende Systemadministration erklärt, besteht darin klar zu machen, was das Wesentliche bei der Systemadministration ist, und aufzuzeigen, wie Sie die Dinge anpacken müssen, wenn dies Ihre Aufgabe oder ein wesentlicher Teil davon ist. Dies schließt Themen wie Systemadministration als Beruf, Professionalismus, Menschen und menschliche Faktoren bei der Systemadministration sowie das Verhältnis zur Welt als Ganzes ein. Wenn sich solche Themen direkt auf den eigentlichen (technischen) Inhalt dieses Buches auswirken, werde ich es erwähnen. Weitere Informationen dieser Art habe ich in speziellen Kästchen (den ersten finden Sie etwas später in diesem Vorwort) eingefügt. Sie sollen informativ sein, zum Denken anregen und sind gelegentlich auch mit Absicht recht provokativ.

Das Unix-Universum

Immer mehr Menschen sehen sich mit der Aufgabe konfrontiert, mehrere Computer, die oft auch noch von verschiedenen Herstellern stammen, betreuen zu müssen. Nur selten ist ein Administrator nur für ein System zuständig (es sei denn, er hat noch andere Verpflichtungen). Obwohl Unix in den Marketing-Broschüren der Hersteller als das »Standard-Betriebssystem vom Mikro- bis zum Supercomputer« angepriesen wird (und zugegeben, auch ich habe einige dieser Broschüren verfasst), gibt es kein »Standard«-Unix. Zum jetzigen Zeitpunkt ist die Unix-Welt hoffnungslos pluralistisch und nirgendwo tritt diese Vielschichtigkeit offener zu Tage als in der Systemadministration. Bevor ich nun darauf eingehe, wie ich dieser Tatsache in diesem Buch Rechnung trage, sollten wir einen kurzen Blick darauf werfen, wie es zu der augenblicklichen Situation gekommen ist.

Abbildung 0-1 versucht, den aktuellen Stand der Dinge wiederzugeben. Sie stellt einen vereinfachten Unix-Stammbaum dar, der den Schwerpunkt auf Einflüsse und Verwandschaftsbeziehungen legt und die chronologischen und historischen Zusammenhänge bewusst vernachlässigt. Er lässt die wichtigsten Abstammungslinien zu einem willkürlich gewählten Zeitpunkt beginnen: der Unix-Version 6 aus dem Jahre 1975 (die in der Abbildung enthaltenen Daten beziehen sich auf die jeweils erste Ankündigung der Version). Mit der Zeit entstanden aus der ursprünglichen Version der AT&T Bell Laboratories zwei verschiedene Hauptlinien (die ich als System V und BSD bezeichne), die sich aber gegenseitig mehr oder weniger stark beeinflusst haben (in einer detaillierten Abbildung würde diese Tatsache deutlicher werden).

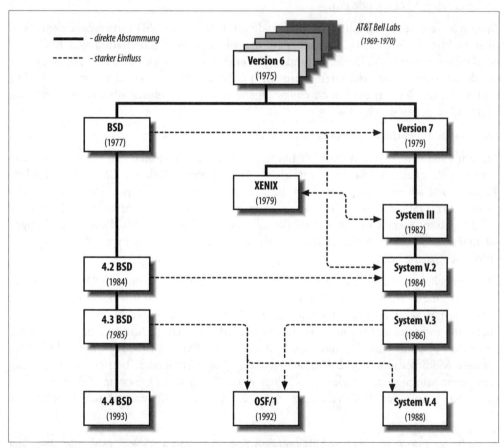

Abbildung 0-1: Der Unix-Stammbaum (vereinfachte Darstellung)

Einen sehr ausführlichen Unix-Stammbaum finden Sie unter *http://perso. wanadoo.fr/levenez/unix/*. Darüber hinaus bieten die einführenden Kapitel von *Life with Unix* von Don Libes und Sandy Ressler (PTR Prentice Hall) einen sehr unterhaltsamen Überblick über die Unix-Geschichte. Einen ausführlicheren geschichtlichen Rückblick finden Sie in *A Quarter Century of Unix* von Peter Salus (Addison-Wesley).

Die Aufspaltung in System V und BSD erfolgte nach der Version 6.[1] Die Entwickler der University of California in Berkeley erweiterten Unix auf unterschiedlichste Weise. Als Beispiele seien hier nur die virtuelle Speicherverwaltung, die C-Shell, die Job-Steuerung und TCP/IP-Netzwerke genannt. Einige dieser Erweiterungen flossen an verschiedenen Stellen in den AT&T-Code ein.

System V Release 4 wird häufig als Fusion der System V- und BSD-Linien bezeichnet, was aber nicht ganz korrekt ist. Es integriert die wichtigsten Eigenschaften von BSD (und SunOS) unter System V. Diese Verbindung ist eher eine Hochzeit denn eine Fusion, wobei die dominierenden Eigenschaften (wenn auch nicht alle) jedes Elternteils in den Sprössling einfließen. (Außerdem sind noch einige Eigenschaften verhanden, über deren Ursprung niemand so genau Bescheid weiß.)

Das Diagramm enthält außerdem noch OSF/1.

Im Jahr 1988 kamen Sun und AT&T überein, zukünftige Versionen von System V gemeinsam zu entwickeln. Als Reaktion auf diese Übereinkunft gründeten IBM, DEC, Hewlett-Packard und andere Computerfirmen und -organisationen die »Open Software Foundation«, kurz OSF. Ziel war die Entwicklung eines alternativen, kompatiblen, nicht an AT&T gebundenen, Unix-ähnlichen Betriebssystems. Das Ergebnis dieser Bemühungen ist OSF/1 (obwohl es mehr Bedeutung als Standarddefinition denn als Betriebssystem-Implementierung besitzt).

Das Entstehen neuer Computerfirmen in den achtziger Jahren brachte Dutzende neuer Unix-Systeme in ebenso vielen Varianten auf den Markt. Unix wurde dabei üblicherweise wegen seiner geringen Kosten sowie aufgrund des Fehlens echter Alternativen gewählt, nicht nur wegen seiner technischen Leistungsmerkmale. Diese Anbieter begannen dabei normalerweise mit einer Version von System V oder BSD und nahmen daran kleine bis größere Modifikationen und Anpassungen vor. Die bestehenden Betriebssysteme stammen meist von System V Release 3 (üblicherweise Release 3.2), System V Release 4 und gelegentlich von den BSD-Versionen 4.2 oder 4.3 ab. (Die wichtigste Ausnahme ist

---

1 Der Übergang von Version 7 zu System III innerhalb der System V-Linie stellt eine Vereinfachung der Chronologie und des Stammbaums dar. System III stammt von einem Release zwischen Version 6 und Version 7 (CB Unix) ab. Nicht jedes Feature der Version 7 war in System III zu finden. Ein Wort zur Nomenklatur: Die aufeinander folgenden Unix-Versionen der Forschungsgruppe der Bell Labs wurden ursprünglich als »Editionen« bezeichnet, beispielsweise die sechste Edition. Trotzdem werden diese Editionen heute im Allgemeinen als »Versionen« bezeichnet. Nach der Version 6 gibt es zwei verschiedene Arten von Releases der Bell Labs: zum einen die Version 7 und deren Nachfolger (die der direkten Forschungslinie folgen), zum anderen die Linie von System III bis System V (kommerzielle Implementierungen, die sich aus dieser Linie fortentwickelten). Spätere Versionen von System V werden »Releases« genannt, etwa System V Release 3 und System V Release 4.

SunOS, das von einer früheren BSD-Version abstammt.) Die Dinge wurden noch komplizierter, weil viele Hersteller nach Gutdünken System V- und BSD-Features in ihren Betriebssystemen vermischten.

In den vergangenen Jahren konnte eine Reihe von Anstrengungen beobachtet werden, Unix zu standardisieren. Der Wettbewerb hat sich vom erbitterten Gegeneinander-Prozessieren hin zu einer lockeren Kooperation entwickelt, deren Anliegen die Vereinheitlichung der verschiedenen Versionen ist. Die existierenden Standards beschäftigen sich allerdings nur sehr oberflächlich mit der Systemadministration. Weil die Anbieter tun und lassen können, was sie wollen, solange kein Standard vorhanden ist, gibt es auch keine Garantie, dass die Befehle und Prozeduren zur Systemadministration identisch sind, selbst wenn es sich um Betriebssysteme handelt, die sich an denselben Standards orientieren.

Unix-Versionen in diesem Buch

Wie geht man also mit dieser Vielzahl unterschiedlicher Unix-Varianten um? Eine Möglichkeit wäre, nur Computersysteme eines einzigen Herstellers zu verwenden. Weil diese Lösung aber häufig andere Nachteile mit sich bringt, haben die meisten von uns mit mehr als einer Art von Unix-System zu tun. Glücklicherweise bedeutet die Betreuung von n unterschiedlichen Systemen nicht, dass man ebenso viele unterschiedliche administrative Befehle und Lösungsansätze erlernen muss. Vielmehr kehren wir zu der Tatsache zurück, dass es eigentlich nur zwei verschiedene Unix-Varianten gibt. Eine bestimmte Unix-Implementierung kann allenfalls eine Mischung aus System V- und BSD-Features sein (unabhängig von ihrer Geschichte und ihrem Ursprung). Das bedeutet nun keineswegs, dass es nur zwei verschiedene Befehle gibt, die dieselbe Aufgabe erledigen (tatsächlich gibt es Fälle, in denen praktisch jeder Hersteller einen anderen Befehl verwendet), aber es bedeutet, dass es im Allgemeinen nur zwei verschiedene Lösungsansätze zu einem bestimmten Bereich oder Thema gibt. Sobald Sie die zugrunde liegende Struktur und Philosophie sowie die Leitprinzipien verstanden haben, ist das Erlernen der jeweiligen Befehle eines bestimmten Systems ganz einfach.

Wenn Sie sich diese Tatsache vor Augen halten, wird die Handhabung unterschiedlicher Unix-Versionen möglich, ohne allzu kompliziert zu werden. In der Realität tun das viele Leute jeden Tag und dieses Buch möchte diesen Umstand reflektieren und sie unterstützen. Es macht auch die Administration heterogener Umgebungen noch einfacher, indem systematisch Informationen zu unterschiedlichen Systemen an einer Stelle angeboten werden.

Die in diesem Buch behandelten Unix-Versionen sehen Sie in Abbildung 0-2, die die Einflüsse auf die verschiedenen Betriebssystemversionen verdeutlicht und nicht deren eigentlichen Ursprung. Verzweifeln Sie nicht, wenn Ihr System nicht in dieser Liste enthalten ist. Lesen Sie trotzdem weiter und Sie werden feststellen, dass die hier enthaltenen allgemeinen Informationen in den meisten Fällen auch auf Ihr System zutreffen.

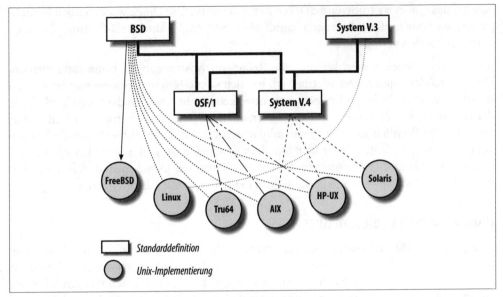

Abbildung 0-2: Unix-Versionen, die in diesem Buch behandelt werden

Folgende Betriebssysteme werden in diesem Buch explizit behandelt:

- AIX Version 5.1
- FreeBSD Version 4.6 (mit einem Vorausblick auf die kommende Version 5)
- HP-UX Version 11 (einschließlich vieler Features der Version 11i)
- Linux: Red Hat Version 7.3 und SuSE Version 8
- Solaris Version 8 und 9
- Tru64 Version 5.1

Diese Liste enthält gegenüber der vorangegangenen Auflage dieses Buches einige Änderungen. Wir haben SCO Unix und IRIX herausgenommen und dafür FreeBSD aufgenommen. Ich habe mich entschieden, Tru64 trotz der Fusion von Compaq und Hewlett-Packard zu behalten, weil es wahrscheinlich ist, dass einige Tru64-Features ihren Weg in zukünftige HP-UX-Versionen finden werden.

Wenn es signifikante Versionsunterschiede gibt, habe ich ausgiebigen Gebrauch von Überschriften und anderen Mitteln gemacht, um zu verdeutlichen, welche Version gemeint ist. Sie werden sehen, dass Sie auf diese Weise problemlos die Orientierung behalten und dass es Ihnen zudem leichter fällt, die Informationen für die von Ihnen gerade benötigte Version zu ermitteln. Darüber hinaus bleibt das Buch auch dann noch nützlich, wenn Sie einmal ein neues Unix-System bekommen – und früher oder später wird das der Fall sein.

Dieses Buch behandelt auch eine recht ansehnliche Menge frei verfügbarer Software, die in keinem offiziellen Teil irgendeiner Unix-Version vorhanden ist. In der Regel können diese Pakete auf jedem der hier erläuterten Betriebssysteme zum Laufen gebracht werden.

> ### Warum Anbieter Standards lieben
>
> Standards sollen den Computerbenutzern helfen, indem die Unterschiede zwischen den Produkten verschiedener Anbieter minimiert werden und indem sichergestellt wird, dass diese Produkte erfolgreich zusammenarbeiten. Allerdings sind Standards im Wettbewerbsarsenal der Computerunternehmen zu Waffen geworden. Werbebroschüren und die Produktliteratur der Anbieter sind häufig eine schlecht klingende Aneinanderreihung von Akronymen. Ein kriegerisches Vokabular dominiert die Diskussionen, bei denen der Grad der Konformität verschiedener Produkte zu den jeweiligen Standards miteinander verglichen wird.
>
> Bei Anbietern von EDV-Produkten wird die Einhaltung von Standards zu einem großen Teil durch den Wunsch motiviert, einen Vorsprung vor dem Mitbewerber zu erzielen. Daran ist nichts Schlechtes, Sie sollten aber nicht den Fehler begehen, dieses Verhalten für die Selbstlosigkeit zu halten, als die es häufig dargestellt wird. »Proprietär« ist heutzutage ein schmutziges Wort und »offene Systeme« sind in Mode. Das bedeutet aber nicht, dass es hier nicht vorrangig um das Geschäft geht.
>
> Proprietäre Leistungsmerkmale werden nun »Erweiterungen« oder »Verbesserungen« genannt und die Definition neuer Standards ist zu einer Art Wettstreit geworden. Neue Standards entstehen häufig aus einer der vorhandenen Alternativen. Die Anbieter sind jederzeit bereit, für das von ihnen entwickelte Produkt zu argumentieren. Erfolgreiche Versuche werden dann als weitere Beweise für die Überlegenheit der eigenen Produkte (was gelegentlich sogar zutrifft) angeführt.
>
> Wenn wir uns diese Punkte vor Augen führen, dann steht zumindest zu erwarten, dass die Anbieter nicht daran interessiert sind, diesen Prozess der Definition von Standards jemals anzuhalten.

Leserkreis

Dieses Buch richtet sich an:

- Voll- oder Teilzeit-Administratoren von Unix-Systemen. Das Buch hilft sowohl dem Unix-Benutzer, der in der Systemadministration ein Neuling ist, als auch dem erfahrenen Systemadministrator, der ein Unix-Neuling ist.
- Benutzer von Workstations und Mikrocomputern. Auf kleinen Einzelbenutzer-Systemen sind der Benutzer und der Systemadministrator häufig ein und dieselbe Person. Und selbst wenn Ihre Workstation in ein größeres Netzwerk mit einem eigenen Administrator eingebunden ist, werden doch in der Praxis viele Administrationsaufgaben an Ihnen hängen bleiben.
- Benutzer von Unix-Systemen, die zwar keine Vollzeit-Systemadministratoren sind, aber in regelmäßigen Abständen Administrationsaufgaben übernehmen (müssen).

In diesem Buch gehen wir davon aus, dass Sie sich mit den Benutzerkommandos unter Unix auskennen – dass Sie wissen, wie Sie das Arbeitsverzeichnis wechseln, sich den Inhalt eines Verzeichnisses anzeigen lassen, Dateien nach Strings durchsuchen, Dateien editieren, Ein- und Ausgaben umlenken und Pipes nutzen, Umgebungsvariablen setzen und so weiter. Wir setzen auch grundlegende Kenntnisse über Shell-Skripten voraus: Sie sollten wissen, was ein Shell-Skript ist und wie man es ausführt, und Sie sollten in der Lage sein, häufig verwendete Features wie if-Anweisungen und Kommentare zu erkennen. Wenn Sie auf dieser Ebene Hilfe benötigen, ziehen Sie *Unix – Ein praktischer Einstieg* von Jerry Peek, Grace Todino und John Strang sowie *Unix in a Nutshell* zurate.

Wenn Sie früher schon Ihre Erfahrungen unter Unix gesammelt, jedoch noch keinerlei Erfahrungen in der Systemadministration gemacht haben, werden Ihnen mehrere Abschnitte in Kapitel 1 den Übergang vom Benutzer zum Systemverwalter erleichtern. Verfügen Sie schon über Kenntnisse in der Systemadministration, haben aber noch keine Erfahrungen unter Unix gesammelt, wird Ihnen Kapitel 2 den Ansatz, nach dem Unix an die verschiedenen Administrationsaufgaben herangeht, nahe bringen. Dieses Kapitel ist außerdem für Unix-Benutzer nützlich, denen die von Unix verwendeten Konzepte für Dateien, Prozesse und Geräte nicht vertraut sind.

Dieses Buch richtet sich nicht an Unix-Gurus. Es geht daher auf Themen wie das Erstellen von Gerätetreibern nicht näher ein.

Der Aufbau des Buchs

Dieses Buch ist das grundlegende Werk in einer Serie von Büchern zur Systemadministration von dem Verlag O'Reilly. Es vermittelt daher die fundamentalen Informationen, die jeder benötigt, der sich um Unix-Systeme kümmert. Gleichzeitig vermeidet es bewusst, alles für jeden bereitstellen zu wollen. Die anderen Bücher der Serie behandeln einzelne Themenbereiche in aller Ausführlichkeit. Sie können von diesem Buch daher erwarten, dass Sie mit den Grundlagen für alle administrativen Aufgaben vertraut gemacht werden. Dabei werden Ihnen die übergeordneten Konzepte, aber auch die Details der Prozeduren vermittelt, die für die Lösung der Aufgabe jeweils notwendig sind. Sie finden auch Hinweise auf weiterführende Informationen, wenn Ihre Anforderungen spezieller werden sollten.

Neben den Aktualisierungen des gesamten Materials auf die neuesten Versionen der verschiedenen Betriebssysteme enthält dieses Buch im Vergleich zur zweiten Auflage die folgenden bedeutenden Änderungen:

- Die Netzwerk-Themenbereiche wurden beträchtlich erweitert. Das gilt insbesondere für den Bereich der Administration von Netzwerk-Servern wie DHCP, DNS (BIND 8 und 9), NTP, der Netzwerküberwachung mit SNMP und dem Performance Tuning von Netzwerken.
- Umfassende Behandlung der E-Mail-Administration. Dies umfasst die Erläuterung von sendmail, Postfix, procmail und das Einrichten von POP3 und IMAP.

- Zusätzliche Sicherheitsthemen und -techniken, einschließlich ssh (Secure Shell), Einmal-Passwörter, RBAC (Role-Based Access Control), chroot-»Gefängnisse« (jails) und Sandboxing sowie Techniken zur Absicherung von Unix-Systemen.
- Behandlung wichtiger neuer Einrichtungen, die seit der letzten Auflage hinzugekommen sind. Die wichtigsten sind LDAP, PAM und fortgeschrittenere Dateisystem-Features wie logische Volume Manager und Fehlertoleranz.
- Übersicht und Beispiele für einige neue Skripting- und Automatisierungswerkzeuge, insbesondere Cfengine und Stem.
- Informationen zu Gerätetypen, die erst seit relativ kurzer Zeit auf Unix-Systemen zu Hause sind, inklusive USB-Geräten und DVD-Laufwerken.
- Wichtige Open Source-Pakete werden behandelt, einschließlich der folgenden Zusätze: Samba (gleichzeitige Nutzung von Dateien und Druckern mit Windows-Systemen), das Amanda Enterprise Backup System, moderne Druck-Subsysteme (LPRng und CUPS), Font-Management, die Verschlüsselung von Dateien und elektronischer Post (PGP und GnuPG), der Fax-Dienst HylaFAX, Werkzeuge zur Netzwerküberwachung (einschließlich RRDTool, Cricket und NetSaint) und der Bootloader GRUB.

Kapitelübersicht

Die ersten drei Kapitel dieses Buches enthalten einige grundlegende Hintergrundinformationen, die von verschiedenen Arten von Lesern benötigt werden. Bei den verbleibenden Kapiteln stehen einzelne administrative Bereiche im Mittelpunkt. Dabei werden die verschiedenen Aspekte des täglichen Systembetriebs, aber auch Konfigurationsfragen erläutert.

Kapitel 1, *Einführung in die Systemadministration*, beschreibt einige grundlegende Prinzipien der Systemadministration und geht auf den *root*-Account ein. Am Ende des Kapitels werden Sie wie ein Systemadministrator denken.

Kapitel 2, *Die Unix-Philosophie*, geht darauf ein, wie die Unix-Struktur und -Philosophie die Systemadministration beeinflussen. Es beginnt mit einer Beschreibung des Online-Hilfesystems man und erläutert dann, wie unter Unix verschiedene Betriebssystemfunktionen wie Dateibesitz, Privilegien und Schutz, Prozessausführung und -steuerung sowie der Zugriff auf Geräte gehandhabt werden. Ein Überblick über die Unix-Verzeichnisstruktur und wichtige Konfigurationsdateien bildet den Abschluss des Kapitels.

Kapitel 3, *Grundlegende Werkzeuge und Techniken der Administration*, beschreibt die administrative Verwendung von Unix-Befehlen und -Fähigkeiten. Es beschreibt auch Ansätze für verschiedene gängige administrative Aufgaben. Das Kapitel endet mit einer Betrachtung der cron- und syslog-Einrichtungen sowie der Paketverwaltungssysteme.

Kapitel 4, *Startup und Shutdown*, beschreibt, wie ein Unix-System gebootet und wieder heruntergefahren wird. Es geht außerdem näher auf die Boot-Skripten unter Unix ein und gibt Anweisungen zu deren Modifikation. Es schließt mit Informationen zur Behebung von Boot-Problemen.

Kapitel 5, *TCP/IP-Vernetzung*, enthält eine Übersicht zur TCP/IP-Vernetzung bei Unix-Systemen. Es konzentriert sich auf grundlegende Konzepte und die Konfiguration von TCP/IP-Clients. Behandelt werden die Konfiguration von Schnittstellen, die Auflösung von Namen, das Routing und die automatische Vergabe von IP-Adressen mit DHCP. Abschließend behandelt das Kapitel die Fehlersuche bei Netzwerkproblemen.

Kapitel 6, *Verwalten von Benutzern und Gruppen*, stellt dar, wie neue Benutzer eingetragen werden. Zusätzlich werden in diesem Kapitel die Login-Initialisierungsdateien und Benutzergruppen besprochen. Die Benutzer-Authentifizierung wird detailliert behandelt, wobei traditionelle Passwörter ebenso behandelt werden wie neuere Authentifizierungseinrichtungen wie PAM. Das Kapitel enthält außerdem Informationen zur Nutzung von LDAP für Benutzer-Account-Daten.

Kapitel 7, *Sicherheit*, gibt einen Überblick über die Systemsicherheit unter Unix und stellt Lösungsansätze für häufig auftretende Probleme vor, z.B. wie Benutzergruppen dazu verwendet werden können, mehrere Benutzer auf die gleichen Dateien oder Systemressourcen zugreifen zu lassen und trotzdem eine sichere Arbeitsumgebung zu erhalten. Zudem werden optionale Sicherheitsmechanismen wie Einwähl-Passwörter und sekundäre Authentifizierungsprogramme vorgestellt. Das Kapitel behandelt auch die fortschrittlichere Sicherheitskonfiguration, die ACLs (Access Control Lists) und die RBAC (Role-Based Access Control) zur Verfügung stellen. Auch der Prozess der Absicherung eines Unix-Systems wird behandelt. In der Realität ist Sicherheit ein integraler Teil jedes Aspekts der Systemadministration – gute Administratoren bedenken die Auswirkungen auf die Sicherheit bei jeder Aktion und jeder Entscheidung. Aus diesem Grund finden Sie Erläuterungen zu sicherheitsrelevanten Themen in jedem Kapitel dieses Buches.

Kapitel 8, *Verwalten von Netzwerkdiensten*, kehrt zum Thema Netzwerke zurück. Es erläutert die Konfiguration und Pflege verschiedener Netzwerk-Daemons, einschließlich derer für DNS, DHCP, das Routing und NTP. Es enthält auch eine Erläuterung zur Überwachung von Netzwerken und von Werkzeugen zu deren Verwaltung. Behandelt werden unter anderem das SNMP-Protokoll und entsprechende Werkzeuge wie Netsaint, RRD-Tool und Cricket.

Kapitel 9, *Elektronische Post*, behandelt alle Aspekte der Verwaltung des E-Mail-Subsystems. Es betrachtet E-Mail-Programme für den Benutzer, die Konfiguration der POP3- und IMAP-Protokolle, die Mail-Transport-Agents sendmail und Postfix sowie die procmail- und fetchmail-Einrichtungen.

Kapitel 10, *Dateisysteme und Festplatten*, erläutert, wie Festplattenpartitionen Teil des Unix-Dateisystems werden. Es beginnt mit der Beschreibung der Befehle zum Mounten von Festplatten und den Konfigurationsdateien für das Dateisystem. Außerdem geht es auf die Festplatten-Partitionierungsschemata von Unix ein und beschreibt, wie neue Festplatten in ein Unix-System eingebunden werden. Darüber hinaus werden fortgeschrittenere Features wie Logische Volume Manager, Software-Striping und RAID behandelt. Auch die gemeinsame Nutzung von Dateien mit entfernten Unix- und Windows-Systemen mittels NFS und Samba wird behandelt.

Kapitel 11, *Datensicherung und -wiederherstellung*, beschäftigt sich mit verschiedenen möglichen Strategien zur Datensicherung und geht anschließend auf die verschiedenen Dienste zur Datensicherung und -wiederherstellung ein, die Unix bereitstellt. Auch die Open Source-Backup-Einrichtung Amanda wird beschrieben.

Kapitel 12, *Serielle Schnittstellen und Geräte*, beschreibt, wie Unix serielle Schnittstellen behandelt und wie neue serielle Geräte eingebunden und konfiguriert werden. Es werden sowohl traditionelle serielle Schnittstellen als auch USB-Geräte behandelt. Auch eine Erläuterung des Fax-Dienstes HylaFAX ist enthalten.

Kapitel 13, *Drucker und das Spooling-Subsystem*, behandelt das Drucken unter Unix, wobei sowohl der tägliche Betrieb als auch Aspekte der Konfiguration berücksichtigt werden. Auch das entfernte (remote) Drucken in lokalen Netzwerken wird erläutert, ebenso wie das Drucken mit Open Source-Drucksystemen über Samba, LPRng und COPS.

Kapitel 14, *Automatisierung administrativer Aufgaben*, stellt Unix-Shell-Skripten, Skripten und Programme in anderen Sprachen und Umgebungen wie Perl, C, Expect und Stem vor. Es gibt Ratschläge zum Entwurf von Skripten und erläutert Techniken zum Testen und Debuggen. Es beschreibt auch die Cfengine-Einrichtung, die Administratoren auf hoher Ebene mit Automatisierungsmöglichkeiten versorgt.

Kapitel 15, *Verwaltung von Systemressourcen*, enthält eine Einführung zu Themen bezüglich der Leistung von Unix-Systemen. Es erläutert die Überwachung und die Verwaltung der Nutzung der Hauptsystemressourcen CPU, Speicher und Festplatte. Es behandelt die Steuerung der Prozessausführung, die Optimierung der Speicherauslastung und die Verwaltung des Paging-Bereichs des Systems. Abgeschlossen wird das Kapitel mit Informationen zur Überwachung und Zuweisung von Festplattenplatz.

Kapitel 16, *Konfigurieren und Generieren des Kernels*, beschreibt, wann und wie ein Kernel individuell angepasst wird. Verwandte Themen der Systemkonfiguration werden ebenfalls erläutert. Auch die Betrachtung und Modifikation veränderbarer Kernel-Parameter wird beschrieben.

Kapitel 17, *Accounting*, beschreibt die verschiedenen Unix-Accounting-Dienste (einschließlich des Drucker-Accountings).

Der Anhang behandelt die wichtigsten Bourne-Shell- und bash-Features.

Das Nachwort enthält einige abschließende Gedanken zur Systemadministration und Informationen zur System Administrator's Guild (SAGE).

Typografische Konventionen

In diesem Buch werden die folgenden typografischen Konventionen verwendet:

Kursiv
> Wird für Dateinamen, Verzeichnisnamen, Hostnamen und URLs verwendet. Wird auch großzügig für Kommentare in Konfigurationsdateien verwendet.

Nichtproportionalschrift
> Wird für Befehlsnamen, Utilities, Daemons und andere Optionen verwendet. Wird auch in Code und Konfigurationsdateien verwendet.

Nichtproportionalschrift kursiv
> Wird für Variablen im Code verwendet.

Nichtproportionalschrift fett
> Wird für Benutzereingaben in der Kommandozeile verwendet.

Nichtproportionalschrift fett und kursiv
> Wird für Variablen bei Benutzereingaben in der Kommandozeile verwendet.

Steht für eine Warnung.

Steht für einen Hinweis.

Steht für einen Tipp.

Er, Sie
> Dieses Buch soll geradlinig sein und direkt zum Punkt kommen. Es gibt Zeiten, da ist es am besten, in der dritten Person zu reden, etwa: »Diese Einstellung zwingt den Benutzer dazu, das Passwort zu ändern, wenn er sich das nächste Mal einloggt.« Ich persönlich möchte in solchen Situationen nicht immer »er« verwenden und ich verabscheue »er oder sie« bzw. »er/sie«. Darum verwende ich, ganz zufällig, manchmal das »er« und manchmal das »sie«. Wenn sich der Text aber auf einen der Beispielbenutzer bezieht, die von Zeit zu Zeit im Buch auftauchen, verwende ich immer das entsprechende Pronomen.

Danksagungen

Viele Menschen haben diesem Buch in den verschiedenen Etappen seiner fortwährenden Entstehung geholfen. Beim Schreiben dieser neuen Auflage hatte ich ständig das Gefühl, ein neues Buch schreiben zu müssen, statt ein vorhandenes zu überarbeiten. Obwohl das dazu führte, dass dieses Buch länger zu seiner Vollendung brauchte, hoffe ich doch, dass der Leser vom Überdenken vieler Themen und Aspekte profitiert.

Ich bin sicher, dass nicht viele Autoren das Glück hatten, eine so erstklassige Reihe technischer Korrektoren zur Seite gehabt zu haben wie ich. Sie haben das Manuskript der dritten Auflage gelesen und entsprechend kommentiert und sie sind zweifellos die sorgfältigste Truppe, die ich jemals gesehen habe:

- Jon Forrest
- Peter Jeremy
- Jay Kreibich
- David Malone
- Eric Melander
- Jay Migliaccio
- Jay Nelson
- Christian Pruett
- Eric Stahl

Luke Boyett, Peter Norton und Nate Williams haben ebenfalls große Anteile dieser Auflage kommentiert.

Mein Dank geht auch an die technischen Korrektoren der ersten beiden Auflagen. Die Korrektoren der 2nd Edition waren Nora Chuang, Clem Cole, Walt Daniels, Drew Eckhardt, Zenon Fortuna, Russell Heise, Tanya Herlick, Karen Kerschen, Tom Madell, Hanna Nelson, Barry Saad, Pamela Sogard, Jaime Vazquez und Dave Williams. Die 1st Edition korrigierten Jim Binkley, Tan Bronson, Clem Cole, Dick Dunn, Laura Hook, Mike Loukides und Tim O'Reilly. Das Buch profitiert auch jetzt noch von ihren Kommentaren.

Viele weitere Personen haben zum Gelingen dieser Auflage beigetragen, indem sie auf Bugs hingewiesen und wichtige Informationen zu Schlüsselthemen gegeben haben: Jeff Andersen, John Andrea, Jay Ashworth, Christoph Badura, Jiten Bardwaj, Clive Blackledge, Mark Burgess, Trevor Chandler, Douglas Clark, Joseph C. Davidson, Jim Davis, Steven Dick, Matt Eakle, Doug Edwards, Ed Flinn, Patrice Fournier, Rich Fuchs, Brian Gallagher, Michael Gerth, Adam Goodman, Charles Gordon, Uri Guttman, Enhua He, Matthias Heidbrink, Matthew A. Hennessy, Derek Hilliker, John Hobson, Lee Howard, Colin Douglas Howell, Hugh Kennedy, Jonathan C. Knowles, Ki Hwan Lee, Tom Madell, Sean Maguire, Steven Matheson, Jim McKinstry, Barnabus Misanik, John Montgomery, Robert L. Montgomery, Dervi Morgan, John Mulshine, John Mulshine, Darren Nickerson, Jeff Okimoto, Guilio Orsero, Jerry Peek, Chad Pelander, David B. Perry, Tim Rice, Mark Ritchie, Michael Saunby, Carl Schelin, Mark Summerfield, Tetsuji Tanigawa, Chuck Toporek, Gary Trucks, Sean Wang, Brian Whitehead, Bill Wisniewski, Simon Wright und Michael Zehe.

Für alle verbliebenen Fehler trage alleine ich die Schuld.

Ich bin auch den Unternehmen dankbar, die mir Hardware und/oder Software geliehen oder mir den Zugriff darauf ermöglicht haben:

- Gaussian, Inc. ermöglichte mir den Zugriff auf verschiedene Computersysteme. Dank an Mike Frisch, Jim Cheeseman, Jim Hess, John Montgomery, Thom Vreven und Gary Trucks.

- Christopher Mahmood und Jay Migliaccio von SuSE, Inc. ermöglichten mir vorzeitigen Zugang zu SuSE 8.
- Lorien Golarski von Red Hat gewährte mir Zugang zu deren Beta-Programm.
- Chris Molnar versorgte mich mit einer vorzeitigen Kopie von KDE Version 3.
- Angela Loh von Compaq sorgte für die leihweise Bereitstellung eines Alpha Linux-Systems.
- Steve Behling, Tony Perraglia und Carlos Sosa von IBM schickten mir AIX-Releases und versorgten mich zudem mit nützlichen Informationen.
- Adam Goodman und die Mitarbeiter des *Linux Magazine* gaben Feedback zu frühen Versionen einiger Abschnitte dieses Buches. Dank auch für ihre fortwährende Geduld mit meinem chronischen Zu-spät-Sein.

Ich möchte auch meiner Assistentin Cat Dubail für all ihre Hilfe bei dieser 3rd Edition danken. Auch Felicia Bear übernahm wichtige redaktionelle Arbeiten. Dank auch an Laura Lasala, meine Korrekturleserin der 2nd Edition.

Bei O'Reilly & Associates gilt mein ganzer Dank meinem Lektor Mike Loukides, dessen Unterstützung und Führung diese Auflage zu einem erfolgreichen Abschluss brachten. Bob Woodbury und Besty Waliszewski standen mir bei wichtigen Fragen mit Rat und Tat zur Seite. Darren Kelly half bei einigen technischen Aspekten den Index betreffend. Zum Schluss geht mein besonderer Dank an das exzellente Produktionsteam bei O'Reilly & Associates, das allen drei Auflagen dieses Buches den letzten Schliff gegeben hat.

Niemand beendet eine Aufgabe dieser Größe ohne die Hilfe und Aufmunterungen seiner Freunde. Ich danke besonders Mike und Mo, dass sie während des ganzen Projekts für mich da waren. Ich danke auch den pelzigen Frischs: Daphne, Susan, Lyta und Talia.

–ÆF; Tag 200 des Jahres 2002; North Haven, CT, USA

KAPITEL 1
Einführung in die Systemadministration

Den nachgerade traditionellen Einstieg in ein Buch wie dieses bildet die Erstellung einer Liste der Aufgaben, denen sich ein Systemadministrator gegenübergestellt sieht. Obwohl ich gleich auch eine solche Liste vorstellen werde, bin ich von ihrem Nutzen nicht restlos überzeugt. Meiner Ansicht nach fehlen in diesen Listen zahlreiche Dinge und Aufgaben, die viel Arbeit und Zeit in Anspruch nehmen, die aber trotzdem in der Tätigkeitsbeschreibung der Systemadministratoren nicht aufgeführt werden. Diese Auflistungen erzeugen den Eindruck, als gäbe es für alle Menschen, die in den verschiedenen Arbeitsumgebungen und Tätigkeitsfeldern für die Verwaltung von Computersystemen verantwortlich sind, eine einheitliche Definition ihrer Aufgaben. Natürlich gibt es Ähnlichkeiten, doch das, was für einen bestimmten Rechner erforderlich ist, spielt vielleicht bei einem anderen Rechner in einer anderen Institution nur eine untergeordnete Rolle. Andererseits können Rechner, die sich gravierend voneinander unterscheiden, ähnliche Anforderungen an den Systemadministrator stellen, während nahezu identische Rechner in verschiedenen Arbeitsumgebungen vielleicht völlig unterschiedlich zu warten sind.

Nun aber zu unserer Liste. Statt einer idealisierten Liste gebe ich eine ungeordnete Aufzählung der Dinge, mit denen ich die meiste Zeit verbracht habe, als meine offizielle Stellenbezeichnung noch Systemadministrator lautete. In dieser Position habe ich verschiedene zentrale Systeme verwaltet wie etwa die zahlreiche CAD/CAM-Workstations (eines Fortune 500-Unternehmens). Die Liste zeigt auch, wie sich diese Arbeiten innerhalb der letzten zwanzig Jahre verändert haben.

Tabelle 1-1: Typische Aufgaben der Systemadministration

Damals: frühe 80er	Jetzt: frühe 2000er
Neue Benutzer einbinden.	Mache ich immer noch, ist aber automatisiert. Ich muss den Benutzer für das gesamte Netzwerk nur einmal eintragen. Der Wechsel zu LDAP hat aber sehr viel Zeit gekostet.
Toner für elektrostatische Plotter nachfüllen.	Drucker verlangen wesentlich weniger Aufmerksamkeit – nur der gelegentliche Papierstau will behoben werden –, dennoch mache ich mir beim Wechseln der Tintenpatrone immer noch die Finger schmutzig.

Tabelle 1-1: Typische Aufgaben der Systemadministration (Fortsetzung)

Damals: frühe 80er	Jetzt: frühe 2000er
Backups anfertigen.	Backups besitzen immer noch eine hohe Priorität. Die Durchführung erfolgt aber zentralisierter und verwendet CDs und freie Festplatten ebenso wie Bänder.
Dateien von Backups zurückspielen, die Benutzer versehentlich gelöscht oder zerstört haben.	Das wird sich nie ändern.
Fragen von Benutzern (»Wie verschicke ich eine E-Mail?«) beantworten, die normalerweise nicht zum ersten oder zum letzten Mal gestellt werden.	Die Benutzer werden immer Fragen haben. Und meine jammern auch mehr: »Warum kann ich keinen Internetzugang an meinem Platz haben?« oder »Warum funktioniert das Chatten nicht über die Firewall?«
Überwachung der Systemaktivitäten sowie Tuning der Systemparameter, um einem überlasteten System die Antwortzeiten eines Systems im Leerlauf zu entlocken.	Installation und Upgrade von Hardware, um mit dem kontinuierlich steigenden Hunger nach Ressourcen mithalten zu können.
Heraufsetzen der Priorität bestimmter Jobs in der Druckerwarteschlange auf Drängen des Benutzers, obwohl das Heraufsetzen der Prioritäten (nicht das Drängen der Benutzer) gegen die Benutzungsordnung verstößt.	Dieses Problem existiert für mich nicht mehr. Drucker sind billig und daher keine knappe Ressource mehr, mit der sparsam umgegangen werden muss.
Überwachen der Systemsicherheit. Schließen von gravierenden Sicherheitslöchern, die der Vorgänger hinterlassen hat.	Sicherheit ist immer eine wichtige Angelegenheit und mit den Sicherheitshinweisen und -Patches mitzuhalten verlangt sehr viel Zeit.
Installieren von Programmen und Betriebssystem-Updates.	Unverändert.
Festplattenkapazität - und vor allem die zusammengehörigen Dateibereiche der Festplatte - angemessen und zügig verwalten.	Der Schwerpunkt liegt nun mehr bei Hochleistungssystemen (Plattenplatz ist billig): RAID und so weiter.
Reboot des Systems nach einem Absturz (der natürlich immer zu einem späten und unpassenden Zeitpunkt erfolgt).	Die Systeme stürzen (Gott sei Dank!) deutlich seltener ab als früher.
Netzausfällen auf den Grund gehen (»Warum spricht *hamlet* nicht mit *ophelia*?«). Hin und wieder musste ich in solchen Fällen die gesamte Ethernet-Verkabelung des Gebäudes überprüfen.	Letztes Jahr habe ich mein letztes Thinnet-Netzwerk durch Twisted-Pair ersetzt. Ich hoffe, Ersteres nie wieder zu sehen. Allerdings muss ich nun gelegentlich fehlerhafte Kabelsegmente ersetzen.
Mobiliar umstellen, um Platz für neue Ausrüstung zu schaffen. Installieren dieser Ausrüstung.	Maschinen kommen und gehen regelmäßig und müssen irgendwo untergebracht werden.
Herausfinden, warum ein Programm, ein Befehl oder ein Account plötzlich und scheinbar ohne Grund nicht mehr läuft, obwohl es bisher funktionierte und der Benutzer schwört, nichts verändert zu haben.	Benutzer bleiben Benutzer.
Reparieren beschädigter CAD/CAM-Dateien (eigentlich eher die Versuche, die Dateien zu reparieren).	Das aktuelle Gegenstück sind E-Mail-Anhänge, von denen der Benutzer nicht weiß, wie er sie öffnen soll. Der Schutz der Benutzer vor möglicherweise gefährlichen Anhängen ist eine weitere Sorge.
An Meetings teilnehmen.	Keine Meetings, aber sehr viele beiläufige Unterhaltungen.
Neue Systeme in das Netzwerk einbinden.	Neue Systeme werden nahezu immer in das Netzwerk eingebunden.
Entwicklung von Skripten, um möglichst viele der aufgeführten Aktivitäten zu automatisieren.	Die Automatisierung ist nach wie vor die Erlösung des Administrators.

Wie aus der Auflistung zu ersehen ist, wird unter dem Begriff »Systemadministration« eine bunte Mischung von Aufgaben subsummiert, für die ebenso viel Erfahrung im Umgang mit Menschen als auch im Umgang mit Computern erforderlich ist. Obwohl ich gleich noch einige Ratschläge zu diesem Thema geben werden, lässt sich die Interaktion zwischen Menschen doch am leichtesten dadurch erlernen, dass man andere beobachtet, es ihnen nachmacht, wenn sie Erfolg haben, und es vermeidet, ihre Fehler zu wiederholen.

Derzeit bin ich damit beschäftigt, ein Potpourri von Workstations verschiedener Hersteller sowie eine Reihe größerer Systeme (von den Dimensionen her, nicht unbedingt in Bezug auf ihre Rechenleistung) zu installieren und zu betreuen. Um die Sache etwas interessanter zu gestalten, finden sich eingestreut auch noch einige PCs und Macs. Trotz der deutlichen Veränderungen bei der verwendeten Hardware ist es überraschend, wie viele Aufgaben aus den frühen 80er Jahren ich immer noch erledigen muss. »Toner nachfüllen« bedeutet heute, die Tonerkassette in einem Laserdrucker oder die Tintenpatrone in einem Tintenstrahldrucker auszuwechseln, Backups werden auf 4-mm-Band und CDs und nicht mehr auf 9-Spur-Band angelegt. Die Fragen und Probleme der Benutzer betreffen zwar neue Themenbereiche, nehmen aber immer noch einen großen Teil der Zeit in Anspruch. Und auch wenn es (Gott sei Dank!) keine Meetings mehr gibt, sind stattdessen noch mehr Möbel zu bewegen und Kabel zu verlegen.

Mit einigen dieser Themen – z.B. dem Umstellen von Möbeln und der Vermeidung von Meetings – können wir uns in diesem Buch nicht beschäftigen. Andere Themen würden dann zu kurz kommen. In solchen Fällen verweise ich auf ein anderes Buch, das Ihnen an dieser Stelle weiterhilft. In diesem Buch werden wir uns mit den alltäglichen Aufgaben der Systemadministration befassen. Wir wenden uns nicht nur an Leser, die über einen Raum voller Mainframes oder gar über ein Gebäude voller vernetzter Workstations verfügen, sondern auch an diejenigen, die nur einen einzelnen PC (mit Unix-Betriebssystem) besitzen oder mit einer Kombination verschiedener Computer arbeiten müssen. Nicht alle Themen sind für alle Leserkreise gleichermaßen interessant, aber ich wollte das mögliche Themenspektrum nicht auf die Bedürfnisse einer ausgewählten Benutzergruppe reduzieren. Die landläufige Meinung ist die, dass ein Accounting nur bei großen Systemen erforderlich ist. Heutzutage ist es aber durchaus üblich, dass selbst kleine Unternehmen ihren EDV-Anforderungen mit Hilfe entsprechend dimensionierter Unix-Systeme gerecht werden, und bei ihnen muss die Möglichkeit bestehen, einzelne Kunden separat abzurechnen. Die Moral von der Geschichte: Entscheiden Sie selbst, welche Themen für Sie und Ihre Ansprüche wichtig sind. Konzentrieren Sie sich auf diese Themenbereiche und überspringen Sie diejenigen, die für Sie ohne Belang sind.

Gedanken zur Systemadministration

Ich habe kurz die nicht-technischen Aspekte der Systemadministration angesprochen. Diese Aspekte sind wahrscheinlich irrelevant für Sie, wenn es ausschließlich um Sie und Ihren PC geht. Aber immer dann, wenn Sie mit anderen Menschen arbeiten, werden diese Bereiche an Bedeutung gewinnen. Ein Klischee besagt, dass Systemadministration eine undankbare Tätigkeit sei. In einem weit verbreiteten Cartoon wird ein Benutzer dargestellt, der sagt: »Ich würde mich ja bedanken, aber Systemadministration ist eine undankbare Aufgabe.« Leider ist die Angelegenheit nicht ganz so einfach. Ein anderes Klischee vergleicht die Systemadministration mit dem Bahnverkehr: Niemand bemerkt etwas, es sei denn, die Züge verspäten sich.

Systemverwaltung ist oft die Gratwanderung zwischen Autorität und Verantwortung auf der einen Seite sowie Dienstleistung und Kooperation auf der anderen Seite. Extreme sind offensichtlich leichter zu verwirklichen als der Kompromiss: Autoritäre Diktatoren, die »ihr System« mit eiserner Hand und unbeeindruckt von den Bedürfnissen ihrer Benutzer regieren, stehen den Systemadministratoren gegenüber, die von einem Benutzer mit seinen Problemen zum nächsten hasten und sich für ihre Benutzer völlig aufreiben. Die Kunst liegt nun darin, einen Weg zu finden, um den Benutzern und ihren Bedürfnissen (oder gar ihren Wünschen!) gerecht zu werden, ohne die eigene Autorität zu verlieren, und sich dabei gleichzeitig an die Grundsätze zu halten, die für das Wohlergehen aller Beteiligten konzipiert wurden. Mein Ziel ist es, eine Arbeitsumgebung zu schaffen, in der die Benutzer – unter Berücksichtigung der Einschränkungen, die durch die Leistungsfähigkeit des Systems und des Arbeitsumfelds gegeben sind – ihre Arbeit so einfach und effizient wie möglich erfüllen können, ohne dass die Systemsicherheit oder andere Benutzer beeinträchtigt werden.

Der Schlüssel zu einer erfolgreichen und produktiven Systemadministration liegt darin zu wissen, wann ein CPU-Überlastungsproblem mit einem Befehl wie[1]

```
# kill -9 `ps aux | awk '$1=="chavez" {print $2}'`
```

zu lösen ist (dieser Befehl beendet alle Prozesse der Benutzerin *chavez*) und wann Sie besser den folgenden Ansatz verwenden:

```
$ write chavez
You've got a lot of identical processes running on dalton.
Any problem I can help with?
^D
```

Und wann ist es erforderlich, an ihren Schreibtisch zu gehen und persönlich mit ihr zu reden? Der erste Ansatz zeugt von hervorragenden Unix-Kenntnissen und administrativer Autorität, was sicherlich zu bestimmten Zeiten angebracht und auch lebensnotwendig ist. Zu anderen Zeitpunkten ist ein einfacherer und weniger aggressiver Ansatz sicherlich besser geeignet, der Überlastung des Systems und der Verwirrung des Benutzers zu begegnen. Wesentlich ist, sich vor Augen zu führen, dass es Probleme gibt, denen Sie mit keinem Unix-Befehl beikommen können.

Die erfolgreiche Systemadministration ist zu einem großen Teil die Kombination aus sorgfältiger Planung und bestimmten Gewohnheiten, auch wenn sie dabei vielleicht eher an Krisenmanagement erinnert. Der Schlüssel zur erfolgreichen Krisenbewältigung liegt darin, weitsichtig zu sein und einen Plan für die Bewältigung einer möglichen Notsituation

---

[1] Bei HP-UX-Systemen lautet der Befehl ps -ef. Solaris-Systeme können beide Versionen verlangen, je nachdem, welche ps-Version im Suchpfad zuerst auftaucht. AIX und Linux können beide Versionen emulieren, je nachdem, ob bei den Optionen ein Bindestrich verwendet wird (System V-Stil) oder nicht (BSD-Stil).

(oder zumindest einer verwandten Notlage) ausgearbeitet und griffbereit zu haben. Solange ein solcher Fall nur selten eintritt, kann der Sieg über die Gefahr sehr befriedigend, ja sogar berauschend sein.

Andererseits sind viele Krisen vermeidbar, wenn die so sorgfältig erdachten Prozeduren auch wirklich eingehalten werden: Das root-Passwort regelmäßig ändern, periodisch Backups anlegen; auch wenn es noch so mühsam ist, sollte es einem Ritual gleichkommen, sich auszuloggen und dabei den Bildschirm zu löschen; jede Änderung mehrmals testen, bevor sie der Allgemeinheit zugänglich gemacht wird; sich an die Benutzungsordnung, die dem Wohle der Benutzer dient, halten.

Meine Philosophie der Systemadministration lässt sich auf einige wenige Strategien zurückführen, die Sie bei nahezu jeder Aufgabe anwenden können, die Ihnen begegnet:

- Wissen, wie die Dinge funktionieren. Heutzutage, wo Betriebssysteme vermarktet werden, als wäre keine oder nur wenig Administration notwendig, und einfach zu verwendende Tools versuchen, die Systemadministration für den Neuling einfach zu gestalten, sollte jemand verstehen, wie die Dinge wirklich funktionieren. Dieser Jemand sollten Sie sein.
- Planen Sie etwas, bevor Sie es ausführen.
- Sorgen Sie dafür, dass es wieder rückgängig gemacht werden kann (Backups helfen einem hier sehr weiter).
- Führen Sie Änderungen schrittweise durch.
- Bevor Sie etwas der Allgemeinheit übergeben: testen, testen, testen.

Eine dieser Strategien habe ich von einem Freund gelernt, der in einem Museum die Scherben uralter Töpferwaren wieder zusammengesetzt hat: Sorge dafür, dass es wieder rückgängig gemacht werden kann. Das Museum folgte dieser Praxis, um die aktuelle Arbeit wieder rückgängig machen zu können, wenn in Zukunft bessere Methoden zur Verfügung stehen sollten. Diese Vorgehensweise habe ich – soweit möglich – für die Arbeit am Computer übernommen. Änderungen führe ich schrittweise aus und halte mir damit einen Weg offen, den ursprünglichen Zustand wiederherzustellen.

Ein einfaches Beispiel für diese Vorgehensweise findet sich im Editieren der Konfigurationsdateien des Betriebssystems. Unix-Systeme sind von vielen Konfigurationsdateien abhängig, und zu jedem größeren Subsystem existieren separate Konfigurationsdateien, auf die wir zum geeigneten Zeitpunkt eingehen werden. Viele dieser Dateien müssen von Zeit zu Zeit modifiziert werden.

Ich modifiziere niemals die Originalversion der Konfigurationsdatei, gleichgültig, ob sie mit dem System ausgeliefert wurde oder ob ich sie von meinem Vorgänger übernommen habe. Stattdessen lege ich immer zuerst eine Kopie dieser Dateien an, wenn ich sie zum ersten Mal ändere. Dabei hänge ich das Suffix *.dist* an den eigentlichen Dateinamen an:

```
# cd /etc
# cp inittab inittab.dist
# chmod a-w inittab.dist
```

Gleichzeitig versehe ich die .*dist*-Datei mit einem Schreibschutz, um sie jederzeit als Referenz verwenden zu können. Bei Systemen, die sie unterstützen, verwende ich die Option -p des cp-Befehls, um die aktuelle Modifikationszeit der Datei in die Kopie zu übernehmen.

Ich lege immer eine Kopie der aktuellen Konfigurationsdatei an, bevor ich irgendwelche Änderungen an ihr vornehme. Auf diese Weise kann ich ungewollte Änderungen jederzeit rückgängig machen. Die Kopien dieser Dateien versehe ich dabei mit dem Suffix *.old* oder *.sav*. Gleichzeitig entwickle ich einen Plan (zumindest in meinem Kopf), wie ich den ursprünglichen Zustand wiederherstellen kann, wenn der schlimmste Fehler eintritt, den ich (soweit ich es sehe) durch meine Änderung herbeiführen kann (Hochfahren im Einzelbenutzer-Modus, Wiedereinsetzen der alten Version usw.).

Nachdem ich die notwendigen Änderungen (bzw. die erste gravierende Änderung, falls mehrere notwendig sein sollten) durchgeführt habe, teste ich die neue Version, falls möglich, in einer sicheren Umgebung. Es versteht sich von selbst, dass auch durch das Austesten nicht immer alle Fehler gefunden und jedes Problem schon im Voraus vermieden werden kann. Dennoch lassen sich auf diese Weise gravierende Fehler eliminieren. Indem in einem Schritt nur jeweils eine gravierende Änderung vorgenommen wird, wird auch das Testen vereinfacht.

Einige Administratoren verwenden ein Versionskontrollsystem (wie CVS oder RCS), um Änderungen an wichtigen System-Konfigurationsdateien festzuhalten. Solche Pakete wurden entwickelt, um Ändcrungen an Programmcode nachzuvollziehen und zu pflegen, der von mehreren Programmierern entwickelt wird. Solche Pakete können aber auch verwendet werden, um Änderungen in Konfigurationsdateien festzuhalten. Die Verwendung eines Versionskontrollsystems ermöglicht es festzuhalten, wer aus welchem Grund eine Änderung vorgenommen hat. Darüber hinaus können Sie zu jeder Zeit jede vorherige Version einer Datei wiederherstellen.

In den verbliebenen Abschnitten dieses Kapitels werden einige wichtige Werkzeuge der Administration besprochen. Der erste Abschnitt beschreibt, wie man Superuser (der privilegierte Unix-Benutzer) wird. Weil ich der Ansicht bin, dass ein guter Systemverwalter nicht nur fundierte technische Kenntnisse, sondern auch ein gutes Gespür für seinen Benutzerkreis (von dem er selbst ein Teil ist) benötigt, enthält dieses erste Kapitel einen Abschnitt zu den Kommunikationsbefehlen unter Unix. Das Ziel dieser Erläuterungen – und des Buches im Allgemeinen – ist es, die Denkweise eines Systemverwalters hinsichtlich der Anforderungen und Aufgaben, die das System an ihn stellt, zu vermitteln. Es werden nicht einfach Rezepte zur Behebung alltäglicher Probleme vorgelegt.

Wichtige administrative Werkzeuge anderer Art finden Sie in den noch folgenden Kapiteln.

Einloggen als Superuser

Bei einem Unix-System hat der Superuser einen privilegierten Account mit Zugriff auf alle Dateien und Befehle. Der Benutzername für diesen Account lautet *root*. Für viele administrative Aufgaben müssen Sie als Superuser eingeloggt sein, d. h., es wird der Superuser-Status benötigt.

Es gibt zwei Wege, sich als Superuser anzumelden. Der erste ist, sich direkt als *root* einzuloggen. Der zweite besteht darin, den su-Befehl auszuführen, während man unter einem anderen Benutzernamen eingeloggt ist. Der su-Befehl kann verwendet werden, um in einen anderen Account zu wechseln, nachdem man das richtige Passwort angegeben hat. Er verlangt den Benutzernamen des gewünschten Accounts als Argument, wobei *root* angenommen wird, wenn kein Argument übergeben wird.

Nach Eingabe des su-Befehls (ohne Argument) fragt das System nach dem *root*-Passwort. Wenn Sie das Passwort richtig eingeben, wird das System den normalen root-Prompt ausgeben (standardmäßig ein Doppelkreuz, #) und damit anzeigen, dass Sie nun Superuser sind. Die normalen Regeln, die den Dateizugriff und die Ausführung von Befehlen einschränken, gelten nun nicht mehr. Ein Beispiel:

```
$ su
Password:    Keine Ausgabe
#
```

Haben Sie das Kennwort falsch eingegeben, gibt das Betriebssystem eine Fehlermeldung aus und kehrt zur normalen Eingabeaufforderung zurück.

Sie können den Superuser-Account verlassen, indem Sie exit oder Strg-D eingeben. Mit Hilfe des suspend-Befehls können Sie die Shell anhalten und in den Hintergrund verschieben. Zu einem späteren Zeitpunkt können Sie dann wieder mit fg zu ihr zurückkehren.

Wenn Sie su ausführen, erbt die neue Shell die Umgebung von der aktuellen Shell, erzeugt also nicht die Umgebung, die *root* nach einem normalen Login zur Verfügung steht. Eine echte *root*-Login-Session können Sie aber mit der folgenden Befehlsform simulieren:

```
$ su -
```

Im Gegensatz zu anderen Betriebssystemen besitzt der Superuser unter Unix alle Privilegien während der gesamten Zeit, die er eingeloggt ist, d. h., er hat Zugriff auf alle Dateien, kann alle Befehle ausführen usw. Für den Superuser ist es also ein Leichtes, ein System abstürzen zu lassen, wichtige Dateien zu zerstören und auf diese Weise ungewollte Verwüstungen zu hinterlassen. Aus diesem Grund sollten die Leute, die das Passwort des Superusers kennen, ihre Routinearbeiten *nicht* als Superuser verrichten. *Benutzen Sie den Superuser-Status nur, wenn Sie ihn wirklich brauchen.*

Der *root*-Account sollte immer mit einem Passwort gesichert sein, das in regelmäßigen Abständen geändert wird. Nur erfahrene Unix-Benutzer mit besonderen Aufgaben sollten im Besitz des Superuser-Passworts sein und die Zahl der Leute, die dieses Passwort kennen, muss auf ein Minimum beschränkt sein.

Um das Superuser-Passwort zu ändern, melden Sie sich als Superuser an und führen einen der folgenden Befehle aus:

```
# passwd        Funktioniert in den meisten Fällen.
# passwd root   Solaris- und FreeBSD-Systeme unter root.
```

Das System wird Sie dann auffordern, das alte Superuser-Passwort einmal und das neue Kennwort zweimal einzugeben. Das *root*-Kennwort sollte auch geändert werden, wenn jemand, der es kennt, aus welchen Gründen auch immer (neuer Job, Versetzung usw.) nicht mehr mit dem System arbeitet oder wenn der Verdacht besteht, dass ein nicht-autorisierter Benutzer in den Besitz des Kennworts gelangt ist. Passwörter werden in Kapitel 6 ausführlich behandelt.

Ich selbst vermeide es, mich direkt als *root* einzuloggen, sondern verwende wenn nötig su. Wenn möglich, verlasse oder unterbreche ich die Superuser-Shell. In einer Window-Umgebung können Sie alternativ ein separates Fenster öffnen, in dem Sie mit su in den *root*-Status wechseln. Im Bedarfsfall werden die Befehle dann in diesem Fenster ausgeführt.

Unter Sicherheitsgesichtspunkten ist es keine gute Idee, laufende Sessions unbeaufsichtigt zu lassen. Dies gilt umso mehr für eine *root*-Session. Sobald ich meinen Arbeitsplatz verlasse, logge ich mich entweder aus oder verriegele zumindest das System, damit nicht jeder darin herumschnüffeln kann. Mit dem Befehl xlock können Sie eine X-Session verriegeln; das Passwort des eingeloggten Benutzers muss eingegeben werden, um die Verriegelung wieder aufzuheben. (Bei einigen Systemen können verriegelte Sessions anderer Benutzer mit Hilfe des *root*-Passworts entriegelt werden.)[2] Solche Programme haben ihre ganz eigenen Sicherheitslücken, aber sie verhindern zumindest, dass die Systemsicherheit durch einen kurzen Moment der Unaufmerksamkeit gefährdet wird.

Wenn Sie als *root* an der Konsole angemeldet sind, sollten Sie das vom Betriebssystem bereitgestellte Locking-Utility verwenden. In manchen Fällen müssen Sie (bei der Verwendung mehrerer virtueller Konsolen) jede Konsole individuell verriegeln.

Den Zugriff auf den Superuser-Account regeln

Auf einigen Systemen kann jeder Benutzer, der das root-Passwort kennt, zu jeder Zeit mit su zum Superuser werden. Das gilt für HP-UX-, Linux- und Solaris-Systeme im Allgemeinen.[3] Solaris erlaubt die Konfiguration einiger Aspekte der Funktionsweise dieses Befehls über die Konfigurationsdatei */etc/default/su*.

Traditionell beschränken BSD-Systeme den Zugriff auf su auf die Mitglieder der Gruppe 0 (die üblicherweise *wheel* heißt). Ist die *wheel*-Gruppe unter FreeBSD in der Gruppendatei (*/etc/group*) leer, kann jeder Benutzer über su zum Superuser werden. Ansonsten können nur Mitglieder der Gruppe *wheel* diesen Befehl nutzen. In der Standardkonfiguration besteht die *wheel*-Gruppe nur aus dem Benutzer *root*.

---

2 Aus einem nicht bekannten Grund stellt FreeBSD kein xlock bereit. Das Utility xlockmore (siehe *http://www.tux.org/~bagleyd/xlockmore.html*) bietet aber die gleiche Funktionalität (und ist tatsächlich ein Nachfolger für xlock).

3 Wird die PAM-Authentifizierung verwendet, kontrolliert sie den Zugriff auf su (siehe »Benutzer-Authentifizierung mit PAM« in Kapitel 6).

AIX ermöglicht es dem Systemadministrator, die Verwendung von su für jeden Account einzeln zu erlauben bzw. zu sperren. Per Voreinstellung sind aber keine Einschränkugen vorgesehen. Die folgenden Befehle geben zuerst die Gruppen aus, die mit su in den *root*-Account wechseln können, und schränken dann den Zugriff auf die Gruppen *system* und *admins* ein:

```
# lsuser -a sugroups root
root sugroups=ALL
# chuser sugroups="system,admins" root
```

Die meisten Unix-Versionen erlauben es, den direkten *root*-Login auf bestimmte Terminals zu beschränken. Dieses Thema wird in Kapitel 12 erläutert.

Ein Gürteltier?

Das Gürteltier verkörpert eine Eigenschaft, die auch ein erfolgreicher Systemadministrator benötigt: ein dickes Fell. Gürteltiere gedeihen dank ihrer Stärke und Ausdauer auch unter schweren Umgebungsbedingungen, was auch für Systemadministratoren zutrifft. (Weitere Informationen zum Gürteltier finden Sie im Kolophon am Ende des Buches.) Systemverwalter werden auch andere Qualitäten als nützlich empfinden, etwa die Schnelligkeit und die Geschicklichkeit des Mungo (Unix ist eine Schlange), den Sinn für Abenteuer und die Verspieltheit von Hunden und Katzen und in manchen Fällen die Fähigkeit des Chamäleons, mit seiner Umgebung zu verschmelzen und so für alle anderen nahezu unsichtbar zu sein.

Schließlich haben zahllose Leser darauf hingewiesen, dass das Gürteltier Systemadministratoren auch eine Warnung sein sollte, sich nicht engstirnig auf ihre Arbeit zu konzentrieren und dabei das große Ganze aus den Augen zu verlieren. Diesen Rat nicht beherzigende Gürteltiere werden eines Tages einfach überrollt.

Einen einzelnen Befehl als root ausführen

Der Befehl su besitzt auch einen Modus, bei dem ein einzelner Befehl unter dem *root*-Account ausgeführt wird. Dieser Modus stellt keine besonders bequeme Art dar, Superuser-Befehle vom eigenen Terminal oder der eigenen Workstation aus auszuführen, und wird daher als eher sinnloses su-Feature angesehen. Der Einsatz von su -c kann aber in Skripten sehr nützlich sein, wenn man daran denkt, dass der Zielbenutzer nicht *root* sein muss.

Trotzdem habe ich herausgefunden, dass dieser Befehl für den Systemadministrator eine wichtige Anwendungsmöglichkeit bereithält: Er erlaubt Ihnen, schnell etwas in Ordnung zu bringen, wenn Sie sich gerade an der Workstation eines Benutzers befinden (oder aus anderen Gründen gerade nicht an Ihrem Arbeitsplatz sind), ohne daran denken zu müssen, die su-Session wieder zu beenden.[4] Viele Benutzer nutzen so einen Lapsus gnadenlos aus, weshalb ich gelernt habe, entsprechend vorsichtig zu sein.

---

[4] Ein anderer Ansatz besteht darin, immer ein neues Fenster zu öffnen, wenn man etwas an der Workstation eines Benutzers zu erledigen hat. Man gewöhnt es sich sehr schnell an, dieses Fenster beim Verlassen des Arbeitsplatzes zu schließen.

Sie können einen einzelnen Befehl als *root* ausführen, indem Sie einen Befehl der folgenden Form verwenden:

```
$ su root -c "Befehl"
```

Befehl wird dabei durch das Kommando ersetzt, das Sie ausführen möchten. Der Befehl sollte dabei in Anführungszeichen stehen, wenn er Leerzeichen oder andere besondere Zeichen der Shell verwendet. Wenn Sie einen Befehl in dieser Form ausführen, fordert su von Ihnen das *root*-Passwort an und führt den Befehl als *root* aus. Alle weiteren Befehle werden dann wieder in der ursprünglichen Shell ausgeführt. Generiert der Befehl einen Fehler oder wird er unterbrochen (z. B. durch Strg-C), geht die Kontrolle wieder an die nicht-privilegierte Benutzer-Shell zurück.

Das folgende Beispiel illustriert die Verwendung von su beim Unmounten (Aushängen) und Auswerfen der am */cdrom*-Verzeichnis gemounteten CD:

```
$ su root -c "eject /cdrom"
Password:    root-Passwort eingeben
```

Auf anderen Systemen können die Befehle und die Ausgaben etwas anders aussehen.

Sie können einen *root*-Befehl im Hintergrund ausführen, indem Sie das Kaufmanns-Und (&, Ampersand) als letztes Zeichen an den eigentlichen Befehl anhängen (*innerhalb der Anführungszeichen*). Wenn Sie das am Arbeitsplatz eines Benutzers machen, sollten Sie aber an die Auswirkungen auf die Sicherheit denken, wenn der Benutzer das Programm wieder in den Vordergrund holt.

Selektiver Zugriff auf Superuser-Befehle: sudo

Standard-Unix verwendet einen Ansatz, bei dem der *root*-Zugriff nach dem Motto »Alle oder keiner« erfolgt. In vielen Fällen benötigen Sie aber etwas, das genau zwischen diesen beiden Extremen liegt. Das frei verfügbare Programm sudo ermöglicht es, dass bestimmte Benutzer spezifische Befehle als *root* ausführen können, ohne das *root*-Passwort zu kennen (sudo ist unter *http://www.courtesan.com/sudo/* verfügbar).[5]

So könnte ein nicht als *root* bekannter Benutzer diesen sudo-Befehl verwenden, um das System herunterzufahren:

```
$ sudo  /sbin/shutdown ...
Password:
```

sudo erwartet nur das Passwort des Benutzers, um den Befehl auszuführen, nicht das *root*-Passwort. Wurde ein Benutzerpasswort von sudo einmal akzeptiert, kann der Benutzer für eine eingeschränkte Dauer weitere Befehle ausführen, ohne sich noch einmal anmelden zu müssen. Per Voreinstellung beträgt diese Zeitspanne fünf Minuten. Der Benutzer kann die Zeit um genau diese Spanne verlängern, indem er vor dem Ablauf sudo -v aufruft. Mit sudo -K kann diese Zeitspanne auch vorzeitig beendet werden.

---

5 Administrative »Rollen« sind eine weitere, ausgeklügeltere Möglichkeit zur Unterteilung des *root*-Zugriffs. Sie werden detailliert in »Rollenbasierte Zugriffskontrolle« in Kapitel 7 erläutert.

sudo verwendet eine Konfigurationsdatei, normalerweise /etc/sudoers, um zu ermitteln, welcher Benutzer den sudo-Befehl und die anderen dort verfügbaren Befehle verwenden darf. Die Datei wird vom Systemadministrator eingerichtet. Nachfolgend ein Beispiel:

```
# Spezifikation der Host-Aliase
Host_Alias      PHYSICS = hamlet, ophelia, laertes
Host_Alias      CHEM = duncan, puck, brutus

# Spezifikation der Benutzer-Aliase: benannte Benutzergruppen
User_Alias      BACKUPOPS = chavez, vargas, smith

# Spezifikation der Befehls-Aliase: benannte Befehlsgruppen
Cmnd_Alias      MOUNT = /sbin/mount, /sbin/umount
Cmnd_Alias      SHUTDOWN = /sbin/shutdown
Cmnd_Alias      BACKUP = /usr/bin/tar, /usr/bin/mt
Cmnd_Alias      CDROM = /sbin/mount /cdrom, /bin/eject
```

Diese drei Abschnitte der Konfigurationsdatei definieren sudo-Aliase – symbolische Namen in Großbuchstaben – für Gruppen von Computern, Benutzern und Befehlen. Im Beispiel werden zwei Gruppen von Hosts (PHYSICS und CHEM), eine Benutzergruppe (BACKUPOPS) sowie vier Befehls-Aliase definiert. Der Alias für den MOUNT-Befehl definiert sowohl den mount- als auch den umount-Befehl. Einer guten Sicherheitspraxis folgend, enthalten alle Befehle den vollständigen Pfadnamen des ausgeführten Programms.

Der letzte Befehls-Alias verdeutlicht die Verwendung von Argumenten innerhalb der Befehlsliste. Dieser Alias besteht aus einem Befehl zum Mounten einer CD an /cdrom sowie zum Auswerfen des Mediums aus dem Laufwerk. Beachten Sie aber, dass keine allgemeine Verwendung des mount-Befehls gewährt wird.

Der letzte Abschnitt der Datei spezifiziert, welche Benutzer sudo und die anderen Befehle auf welchen Rechnern ausführen dürfen. Jede Zeile dieses Abschnitts besteht aus einem Benutzernamen, dem ein oder mehrere Einträge der Form

```
Host=Befehl(e)
```

folgen. *Host* ist ein Hostname oder ein Host-Alias und *Befehl(e)* steht für einen oder mehrere Befehle bzw. Befehls-Aliase. Mehrere Befehle oder Hosts werden durch Kommas getrennt. Für einen einzelnen Benutzer kann mehr als eine Zugriffsspezifikation dieser Form enthalten sein, wobei die einzelnen Punkte jeweils durch Kommas voneinander zu trennen sind. Je nach Position steht der Alias ALL entweder für alle Hosts oder für alle Befehle.

Hier der Rest unserer Beispiel-Konfigurationsdatei:

```
# Benutzerspezifikation: wer darf wo was
root            ALL = ALL
%chem           CHEM = SHUTDOWN, MOUNT
chavez          PHYSICS = MOUNT, achilles: /sbin/swapon
harvey          ALL = NOPASSWD: SHUTDOWN
BACKUPOPS       ALL, !CHEM = BACKUP: /usr/local/bin
```

Der auf den Kommentar folgende erste Eintrag erlaubt *root* den Zugriff auf alle Befehle auf allen Hosts. Der zweite Eintrag gilt für die Mitglieder der *chem*-Gruppe (erkennbar durch das Prozentzeichen am Anfang). Diese können shutdown- und mount-Befehle auf jedem Computer der CHEM-Liste ausführen.

Der dritte Eintrag legt fest, dass die Benutzerin *chavez* die mount-Befehle auf den Hosts der PHYSICS-Liste und außerdem den swapon-Befehl auf dem Host *achilles* ausführen darf. Der nächste Eintrag erlaubt dem Benutzer *harvey* die Ausführung des shutdown-Befehls auf allen Systemen und sudo verlangt von ihm hierzu kein Passwort (das NOPASSWD: vor der Befehlsliste).

Der letzte Eintrag gilt für die im BACKOPS-Alias festgelegten Benutzer. Auf allen Systemen außer denen der CHEM-Liste (das vorstehende Ausrufezeichen steht für den Ausschluss) können die im BACKUP-Alias festgelegten Befehle sowie alle Befehle im */usr/local/bin*-Verzeichnis ausgeführt werden.

Benutzer können den Befehl sudo -l ausführen, um sich die Befehle anzusehen, die ihnen über diese Einrichtung zur Verfügung stehen.

Sie sollten die Befehle für sudo mit Bedacht wählen. Insbesondere sollten keine Shell-Skripten verwendet werden und auch keine Utilities, bei denen Shell-Befehle aus der laufenden Anwendung heraus gestartet werden können (das sog. *Shell-Escaping*; Editoren und Spiele, aber auch einfache Ausgabe-Utilities wie more und less sind typische Beispiele). Der Grund dafür ist einfach der, dass sudo den entsprechenden Befehl als *root* ausführt. Wenn dieser Befehl es dem Benutzer erlaubt, andere Befehle über die Shell auszuführen, werden diese ebenfalls als *root* ausgeführt und der eigentliche Zweck von sudo – der *selektive* Zugriff auf Superuser-Befehle – wird untergraben. Da die meisten Texteditoren den Zugriff auf die Shell erlauben, sollten aus dem eben genannten Grund auch alle Befehle vermieden werden, die dem Benutzer das Starten eines Editors erlauben. Einige administrative Utilities (etwa das AIX-eigene SMIT) stellen ebenfalls Shell-Escapes zur Verfügung.

Im sudo-Paket ist das Programm visudo enthalten, mit dem Sie */etc/sudoers* editieren können. Es sperrt die Datei, sodass nicht zwei Benutzer gleichzeitig sie modifizieren können. Sobald das Editieren beendet ist, führt das Programm eine Syntaxprüfung durch. Falls Fehler entdeckt werden, wird der Editor erneut gestartet, allerdings erscheinen keine expliziten Fehlermeldungen.

Es gibt noch andere Dinge, die Sie bei sudo vielleicht noch anpassen möchten. Beispielsweise liegt mir an einer wesentlich kürzeren Zeitspanne, in der das Programm ohne weiteres Passwort verwendet werden kann. Änderungen dieser Art erfordern eine Neukompilierung des Programms. Das verlangt die Ausführung des configure-Skripts mit entsprechenden Optionen. Hier der von mir verwendete Befehl, der einen Log für alle sudo-Operationen festlegt, die Passwort-freie Zeit auf 10 Minuten beschränkt und visudo anweist, den in der Umgebungsvariable *EDITOR* angegebenen Editor zu verwenden:

```
# cd sudo-quellverzeichnis
# ./configure --with-logpath=/var/log/sudo.log \
     --with-timeout=10 --with-env-editor
```

Sobald der Befehl abgearbeitet wurde, verwenden Sie den make-Befehl, um sudo neu zu kompilieren.[6]

Die Logging-Einrichtung von sudo ist wichtig und nützlich, da sie das Nachhalten der ausgeführten Befehle ermöglicht. Aus diesem Grund kann die Verwendung von sudo manchmal auch besser sein als die Verwendung von su, selbst wenn das Beschränken von *root*-Befehlen nicht das eigentliche Thema ist.

Der einzige Nachteil von sudo besteht darin, dass es keinen integrierten Passwortschutz für entfernte Zugriffe gibt. Wenn Sie sudo also von einer unsicheren entfernten Session ausführen, werden Passwörter über das Netzwerk übertragen und sind für jeden zu sehen. Natürlich kann man diese Einschränkung durch den Einsatz von SSH umgehen.

Kommunikation mit Benutzern

Die Befehle in diesem Abschnitt sind unkompliziert und den meisten Unix-Benutzern bekannt. Daher werden sie häufig bei Ausführungen über die Systemadministration vernachlässigt. Meiner Ansicht nach sind diese Befehle wichtige Bestandteile des Repertoires eines Systemverwalters. Einen anderen wichtigen Kommunikationsmechanismus stellt die Elektronische Post (siehe Kapitel 9) dar.

Senden einer Nachricht

Ein Systemadministrator muss einem Benutzer häufig eine Nachricht direkt auf dessen Terminal (oder Fenster) ausgeben. write unterstützt diese Aufgabe des Systemadministrators:

```
$ write Benutzername [tty]
```

Benutzername steht hier für den Benutzer, dem Sie eine Nachricht schicken möchten. Ist der Benutzer öfter als einmal eingeloggt, lässt sich mit Hilfe des *tty*-Arguments das Terminal oder das Fenster, in das die Nachricht geschrieben werden soll, auswählen. Ein Benutzer lässt sich mit Hilfe des who-Befehls lokalisieren.

Bei der Ausführung von write wird eine Verbindung zwischen Ihrem Terminal und dem Terminal des Benutzers aufgebaut: Zeilen, die Sie auf Ihrem Terminal eingeben, werden an das Terminal des Benutzers geschickt. Beenden Sie Ihre Nachricht mit Strg-D. Der folgende Befehl schickt eine Nachricht an den Benutzer *harvey* (eine Antwort wird von ihm nicht erwartet):

```
$ write harvey
Die von Ihnen benötigte Datei ist wieder vorhanden.
Zusätzliche Zeilen.
^D
```

---

6 Noch ein paar Hinweise zur Konfiguration: sudo kann in das PAM-Authentifizierungssystem integriert werden (siehe »Benutzer-Authentifizierung mit PAM« in Kapitel 6). Verwenden Sie hierzu die Option --use-pam bei configure. Wenn Ihr System andererseits nicht mit Shadow-Passwörtern arbeitet, müssen Sie die Option --disable-shadow verwenden.

Bei einigen Implementierungen (etwa AIX, HP-UX und Tru64) kann write auch über ein Netzwerk verwendet werden, indem man einen Hostnamen an den Benutzernamen anhängt. Der folgende Befehl schickt der Benutzerin *chavez* auf dem Rechner *hamlet* eine Nachricht:

```
$ write chavez@hamlet
```

Wenn vorhanden, können Sie den Befehl rwho verwenden, um eine Liste aller Benutzer im lokalen Subnetz zu erhalten (ein entsprechender remote who-Daemon muss auf dem entfernten System laufen).

Der talk-Befehl stellt eine verfeinerte Variante von write dar. Er stellt die Nachrichten, die sich zwei Benutzer zusenden, in zwei getrennten Fenstern auf dem Terminal dar. Der Empfänger wird davon unterrichtet, dass jemand wünscht, mit ihm oder ihr zu sprechen, und muss einen eigenen talk-Befehl absetzen, um die Kommunikation einzuleiten. Abbildung 1-1 illustriert die Verwendung von talk.

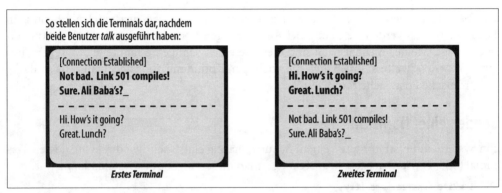

Abbildung 1-1: Zwei-Wege-Kommunikation mit talk

Benutzer können Nachrichten von write und talk unterbinden, indem sie den Befehl mesg n ausführen (den sie in ihre *.login*- oder *.profile*-Initialisierungsdatei einfügen können). Wenn man als Superuser Nachrichten versendet, hat dieser Befehl allerdings keine Auswirkungen. Beachten Sie aber, dass es von Zeit zu Zeit gute Gründe gibt, Nachrichten zu unterdrücken.

 Generell ist die Effizienz solcher Systemnachrichten umgekehrt proportional zur Häufigkeit ihres Vorkommens.

Versenden einer Nachricht an alle Benutzer

Wenn Sie eine Nachricht an alle Benutzer des Systems senden müssen, können Sie sich des wall-Befehls bedienen. wall steht für »write all« und ermöglicht es dem Systemadministrator, allen Benutzern gleichzeitig eine Nachricht zukommen zu lassen.

Der folgende Befehl versendet eine Nachricht an alle Benutzer:

```
$ wall
```
... Gefolgt von der zu versendenden Nachricht, die durch ein Strg-D in einer separaten Zeile abgeschlossen wird
```
^D
```

Unix gibt dann eine Zeile wie

```
Broadcast Message from root on console ...
```

gefolgt von der eigentlichen Nachricht auf allen Terminals aus, die sich in Benutzung befinden. Auf ähnliche Weise verschickt der `rwall`-Befehl eine Nachricht an alle Benutzer im lokalen Subnetz.

Jeder Benutzer kann sich dieser Befehle bedienen, der Superuser-Status ist nicht erforderlich. Wie schon bei `write` und `talk` sind Superuser-Privilegien Voraussetzung, wenn `mesg n`-Befehle ignoriert werden sollen. Eine solche Nachricht wäre zum Beispiel dann angebracht, wenn die Benutzer vor einem unmittelbar bevorstehenden und außerplanmäßigen Herunterfahren des Systems gewarnt werden sollen.

Die Nachricht des Tages

Wenn der Benutzer sich einloggt, bietet sich Ihnen eine gute Gelegenheit, ihm bestimmte Informationen zu übermitteln. Das ist einer der wenigen Zeitpunkte, an denen Sie halbwegs sicher sein können, dass die Aufmerksamkeit des Benutzers auf den Bildschirm gerichtet ist (wenn der Benutzer nicht an seinem Terminal sitzt, hilft Ihnen das nicht weiter). Die Datei */etc/motd* enthält die Nachricht des Tages (»motd« steht für »message of the day«). Wann immer sich jemand einloggt, zeigt das System den Inhalt dieser Datei auf dem Terminalbildschirm an. Sie kann dazu benutzt werden, systemweit Informationen über eine anstehende Systemwartung, neue Software, den Geburtstag eines Benutzers oder andere wichtig erscheinende Ereignisse zu verbreiten. Die Datei sollte so kurz sein, dass ihr Inhalt vollständig auf eine Bildschirmseite passt. Andernfalls sind die Benutzer nicht in der Lage, während des Einloggens die Tagesnachricht vollständig zu lesen.

Bei vielen Systemen kann die Tagesnachricht unterdrückt werden, indem eine Datei namens *.hushlogin* im Home-Verzeichnis angelegt wird.

Nachrichten vor dem Login

Bei Solaris, HP-UX, Linux und Tru64 wird auf unbenutzten Terminals der Inhalt der Datei */etc/issue* direkt vor dem Login-Prompt ausgegeben. Sie können also durch das Editieren dieser Datei eine beliebige Meldung ausgeben.

Auf anderen Systemen wird der Login-Prompt in den für die Terminals spezifischen Konfigurationsdateien definiert. Diese Dateien werden in Kapitel 12 erläutert.

Menüs und GUIs für Systemadministratoren

Viele Jahre lang haben Hersteller und unabhängige Programmierer ausgefeilte Anwendungen für die Systemadministration entwickelt. Die ersten dieser Anwendungen waren menügesteuert und verfügten über viele Ebenen verschachtelter Menüs, die nach Subsystem oder administrativer Aufgabe organisiert waren. Heutzutage geht der Trend in Richtung GUI-basierter Werkzeuge, von denen jedes einen bestimmten Bereich des Systems abdeckt und die entsprechenden Aufgaben erledigt.

Welcher Ansatz auch immer verfolgt wird, alle diese Werkzeuge sind so konzipiert worden, dass sie es auch einem relativ unbedarften Benutzer ermöglichen, administrative Aufgaben zu erledigen. Der Umfang dieser Tools und die (ästhetischen) Unterschiede zwischen ihnen schwanken deutlich und reichen von einfachen Shell-Skripten mit einfachen Auswahlmenüs und -Prompts bis hin zu formularbasierten Utilities, die unter X laufen. Einige wenige bieten auch Maus-basierte Schnittstellen an, bei denen Operationen durch das Verschieben von Icons ausgeführt werden. (Wenn Sie zum Beispiel ein Benutzer-Icon über ein Gruppen-Icon bewegen, wird der Benutzer dieser Gruppe hinzugefügt, und wenn Sie ein Festplatten-Icon über den Abfalleimer bewegen, wird das Dateisystem abgekoppelt, und so weiter.)

In diesem Abschnitt sehen wir uns solche Werkzeuge näher an. Wir beginnen mit den allgemeinen Konzepten und geben dann praktische Tipps (normalerweise Dinge, die ich gerne früher gewusst hätte) zu den Tools, die auf den von uns betrachteten Systemen zur Verfügung stehen. Diese Werkzeuge sind sehr einfach zu nutzen, weshalb ich keine detaillierten Hinweise zu ihrer Verwendung geben werde (entsprechende Informationen finden Sie in der Dokumentation zum entsprechenden Tool).

Vor- und Nachteile

Grafische und menügesteuerte Werkzeuge zur Systemadministration besitzen einige unbestreitbare Vorteile:

- Sie können einen schnellen Einstieg in die Systemadministration ermöglichen. Man kann Aufgaben erledigen, während man lernt, wie das Betriebssystem funktioniert und die Dinge laufen. Die besten Tools beinhalten Hilfsmittel, mit denen man die zugrunde liegenden administrativen Befehle kennen lernen kann.

    Auf ähnliche Weise können diese Werkzeuge hilfreich sein, wenn Sie eine bestimmte Aufgabe zum ersten Mal erledigen müssen. Wenn man nicht genau weiß, wo man anfangen soll, kann es sehr schwer sein, die richtige Lösung nur mit Hilfe der Manpages zu finden.

- Sie können dabei helfen, die richtige Syntax zu ermitteln, wenn ein komplexer Befehl eine Vielzahl von Optionen bereitstellt.

- Sie gestalten bestimmte Arten von Operationen angenehmer, weil mehrere Schritte in einem einzigen Menü abgearbeitet werden (z.B. das Hinzufügen neuer Benutzer oder die Installation eines Betriebssystem-Updates).

Andererseits haben sie natürlich auch ihre Schattenseiten:

- Die direkte Eingabe des entsprechenden Befehls ist normalerweise schneller als dessen Ausführung über das Administrations-Tool.
- Möglicherweise sind nicht alle Befehle bzw. alle Funktionen eines Befehls über das Menüsystem verfügbar. Häufig sind nur die meistbenutzten Befehle und/oder Operationen vorhanden, d. h., Sie müssen einige Befehlsvarianten immer noch von Hand ausführen.
- Die Verwendung eines administrativen Werkzeugs kann den Lernprozess verlangsamen und ihn manchmal sogar völlig stoppen. Ich habe unerfahrene Systemadministratoren kennen gelernt, die davon überzeugt waren, dass bestimmte Operationen auf ihrem System nicht durchzuführen sind, und zwar nur deshalb, weil das Menüsystem sie nicht unterstützt hat.
- Die GUI stellt eine einmalige Funktionalität zur Verfügung, die nur über die Schnittstelle zugänglich ist. Die Erzeugung von Skripten zur Automatisierung häufig vorkommender Aufgaben wird dadurch erschwert oder sogar unmöglich. Das gilt besonders dann, wenn man Dinge tun möchte, an die der ursprüngliche Autor nicht gedacht hat.

Aus meiner Sicht würde ein ideales administratives Tool die folgenden Eigenschaften besitzen:

- Das Tool muss echte Betriebssystembefehle ausführen, keine unsichtbaren, undokumentierten Programme. Auf diese Weise bleibt es ein Werkzeug, das die Systemadministration vereinfacht und das Denken dem Menschen überlässt, der damit arbeitet.
- Es sollte möglich sein, sich die entsprechende Befehlszeile anzusehen; idealerweise bevor der Befehl ausgeführt wird.
- Das Tool sollte (zumindest optional) eine Möglichkeit besitzen, alle Aktivitäten aufzuzeichnen.
- So weit dies möglich ist, sollten die vom Benutzer eingegebenen Werte geprüft werden. Tatsächlich gehen Neulinge in der Administration häufig davon aus, dass die Tools sicherstellen, dass die getroffene Wahl vernünftig ist. Sie denken, dass das Tool jeden möglichen Schaden unterbindet.
- Alle Optionen eines Befehls sollten in dem Tool verfügbar sein, es sei denn, der nächste Punkt könnte dadurch gefährdet werden.
- Das Tool sollte nicht jeden administrativen Befehl umfassend abdecken. Genauer gesagt, sollte es diejenigen Befehle vermeiden, die bei falscher Verwendung katastrophale Konsequenzen nach sich ziehen können. Welche zu vermeiden sind, hängt von der Art der Administratoren ab, für die das Tool entworfen wurde. Der Umfang des Werkzeugs sollte zum Kenntnisstand seiner Benutzer direkt proportional sein. Im extremsten Fall sollte das Verschieben eines Disk-Icons über einen Mülleimer nur zum Abkoppeln der Platte führen und nicht etwa bewusst zur Neuformatierung eines vorhandenen Dateisystems. Wurde ein solches Tool etwa für Administrationsneulinge entworfen, beschwört die Aufnahme solcher Möglichkeiten den Ärger geradezu herauf.

Darüber hinaus machen die folgenden Features ein Administrations-Tool wesentlich effizienter, auch wenn sie nicht absolut notwendig sind:

- Eine Möglichkeit, die gewünschte Startposition zu Beginn des Programms festzulegen.
- Ein Verlassen-Befehl, der mit nur einem Tastendruck ausgelöst wird und der an jeder Stelle innerhalb des Menüsystems funktioniert.
- Kontextsensitive Hilfen.
- Die Möglichkeit, einem Benutzer den Zugriff auf Unterabschnitte des Tools zu verweigern.
- Anpassungsmöglichkeiten.

Wenn man diese Kriterien berücksichtigt, kommt das SMIT-Programm von AIX dem idealen Administrationswerkzeug am nächsten (eine Aussage, die viele für ironisch halten).

Wie immer scheint die maßvolle Verwendung von Menüschnittstellen die wahrscheinlich beste Lösung zu sein. Diese Anwendungen sind großartig, wenn sie Ihnen Zeit und Mühe sparen. Sich aber darauf zu verlassen, dass sie einen unbeschadet durch jede Situation führen, führt früher oder später zwangsläufig zu Frustration und Enttäuschung.

Die von uns betrachteten Unix-Versionen bieten verschiedene Einrichtungen zur Systemadministration an. Sie finden eine Zusammenfassung und einen Vergleich in Tabelle 1-2. Die Spalten enthalten die Unix-Version, den Tool-Befehl oder -Namen und den Typ des Tools. Außerdem wird angegeben, ob man sich den Befehl vor der Ausführung ansehen kann, ob die Einrichtung ein Logging ihrer Aktionen vornimmt und ob das System zur Administration entfernter Systeme verwendet werden kann.

Tabelle 1-2: Einige Hilfsmittel zur Systemadministration

Unix-Version	Befehl/Tool	Typ	Befehls-Voransicht?	Logging?[a]	Administration entfernter Systeme?
AIX	smit	Menü	ja	ja	nein
	WSM	GUI	nein	nein	ja
FreeBSD	sysinstall	Menü	nein	nein	nein
HP-UX	sam	beides	nein	ja	ja
Linux	linuxconf	beides	nein	nein	nein
Red Hat Linux	redhat-config-*	GUI	nein	nein	nein
SuSE Linux	yast	Menü	nein	nein	nein
	yast2	GUI	nein	nein	nein
Solaris	admintool	Menü	nein	nein	nein
	CDE-Administrations-Tools	GUI	nein	nein	nein
	AdminSuite/SMC	Menü	nein	ja	ja
Tru64	sysman	Menü	nein	nein	nein
	sysman -station	Menü	nein	nein	ja

[a] Einige Tools führen ein eher halbherziges Logging über die syslog-Einrichtung durch, aber das ist nicht besonders hilfreich.

Einige dieser Systeme besitzen auch noch einige andere Tools, die in diesem Buch zu gegebener Zeit noch erwähnt werden. An dieser Stelle wurden sie aber erst einmal ignoriert.

> **Warum Menüs und Icons nicht ausreichen**
>
> Jede Site benötigt zumindest einen erfahrenen Systemadministrator, der die Aufgaben erledigen kann, die die Fähigkeiten der administrativen Werkzeuge übersteigen. Jedes Tool besitzt einen großen Bereich, den es nicht abdecken kann, und alle leiden unter den Beschränkungen, die Programmen innewohnen, die für Routineaufgaben unter normalen Systembedingungen entworfen wurden. Wenn das System aber in Bedrängnis gerät und die Annahmen nicht länger gelten, dann helfen diese Tools nicht mehr weiter.
>
> Zum Beispiel hatte ich einmal den Fall, bei dem administrative Tool eine Ersatzplatte nicht konfigurieren konnte, weil die alte Festplatte nicht richtig »dekonfiguriert« worden war, bevor sie entfernt wurde. Ein Teil des Tools dachte, dass die alte Platte immer noch im Einsatz sei, und wollte sie deshalb nicht entfernen, während ein anderer Teil die alten Konfigurationsdaten nicht löschen konnte, weil es auf die entsprechende Platte nicht zugreifen konnte.
>
> Ich konnte dieses Problem lösen, weil ich genug von der Gerätedatenbank des Systems verstand, um die Dinge von Hand korrigieren zu können. Solche Dinge kommen nicht nur von Zeit zu Zeit auf jedem System vor, sie passieren früher oder später auch jedem von uns. Es ist wesentlich einfacher, ein System nach einem Stromausfall über den Einzelbenutzer-Modus wieder zum Leben zu erwecken, wenn Sie wissen, was der Menüpunkt zur Prüfung der Dateisystem-Integrität tatsächlich macht. Letztendlich müssen Sie wissen, wie die Dinge tatsächlich funktionieren.

AIX: SMIT und WSM

AIX bietet zwei Einrichtungen zur Systemadministration: das System Management Interface Tool (SMIT) und den Workspace System Manager (WSM). Beide können im Grafik- oder im Textmodus betrieben werden.

SMIT besteht aus einer Reihe von auf vielen Ebenen verschachtelten Menüs. Sein Hauptmenü ist in Abbildung 1-2 zu sehen.

Eines der hilfreichsten SMIT-Features ist die Befehlsvoransicht: Wenn Sie den Command-Button anklicken oder F6 drücken, gibt SMIT den vom aktuellen Dialog auszuführenden Befehl aus. Dieses Feature ist im rechten Fenster von Abbildung 1-2 zu sehen.

Sie können auch direkt in einen gewünschten Menüpunkt abzweigen, indem Sie das so genannte *Fast-path*-Schlüsselwort (eine SMIT-Kurzwahlkombination) in der smit-Kommandozeile angeben. Viele SMIT-*Fast-paths* entsprechen den in einer bestimmten Maske ausgeführten Befehlen. Viele andere folgen einem erkennbaren Muster: Sie beginnen mit einem Präfix wie mk (für make oder start), ch (für change oder reconfigure), ls (list) oder rm (für remove oder stop). Diesem Präfix folgt dann ein bestimmter Objektcode: mkuser,

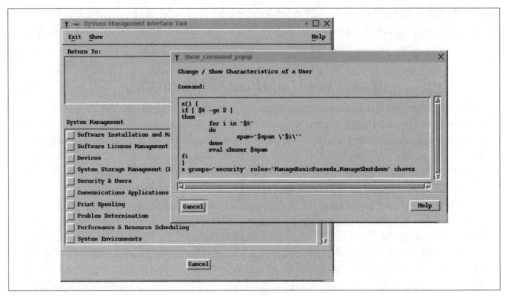

Abbildung 1-2: AIX SMIT

chuser, lsuser, rmuser für die Arbeit mit Benutzer-Accounts; mkprt, chprt, lsprt, rmprt für die Arbeit mit Druckern usw. Auf diese Weise ist es häufig einfach vorherzusagen, welche Kurzwahlkombination verwendet werden muss.

Sie können bei der ASCII-Version den *Fast-path* jeder SMIT-Seite durch Drücken von F8 ermitteln:

```
Current fast path:
    "mkuser"
```

Besitzt die entsprechende Seite keine Kurzwahlmöglichkeit, bleibt die zweite Seite leer. Die folgenden *Fast-paths* sind ebenfalls nützlich, aber nicht so ohne weiteres vorauszusehen:

chgsys
: AIX-Parameter anzeigen/ändern.

configtcp
: TCP/IP rekonfigurieren.

crfs
: Neues Dateisystem erzeugen.

lvm
: »Logical Volume Manager«-Hauptmenü.

_nfs
: NFS-Hauptmenü.

spooler
: Druckjobs bearbeiten.

Es gibt noch einiges zu SMIT zu bemerken:

- Der Befehl smitty kann benutzt werden, um die ASCII-Version von SMIT aus einer X-Session heraus zu starten (bei der standardmäßig die grafische Version gestartet wird).
- Obwohl ich sie mag, sind viele Leute von den SMIT-Logdateien genervt. Sie können einen Befehl wie den folgenden verwenden, um die SMIT-Logdateien zu eliminieren:
    ```
    $ smit -s /dev/null -l /dev/null ...
    ```
    Sie können in Ihrer Shell-Initialisierungsdatei einen Alias definieren, um diese Dateien permanent zu unterbinden (Benutzer der C-Shell lassen das Gleichheitszeichen weg):
    ```
    alias smit="/usr/sbin/smitty -s /dev/null -l /dev/null"
    ```
- smit -x bietet einen Vorschau-Modus für die auszuführenden Befehle. Diese werden in die Logdatei geschrieben, aber nicht ausgeführt.
- Neuere smit-Versionen besitzen die folgende ärgerliche Eigenschaft: Wurde ein Befehl erfolgreich ausgeführt und klicken Sie dann auf DONE, um das Ausgabefenster zu schließen, gelangen Sie wieder zurück ins SETUP-Fenster. Um das Ganze jetzt zu beenden, müssen Sie CANCEL anklicken, nicht OK. Klicken Sie dennoch auf OK, wird der Befehl erneut ausgeführt, was Sie wahrscheinlich nicht wollen und was gelegentlich sogar zu echten Problemen führen kann!

WSM enthält eine Reihe GUI-basierter Werkzeuge zur Verwaltung verschiedener Aspekte des Systems. Seine Funktionalität entspricht einer Obermenge von SMIT und hat den Vorteil, dass er in der Lage ist, entfernte Systeme zu administrieren. (Auf den entfernten Systemen muss ein Webserver laufen.) Sie können WSM über den Anwendungsbereich des Common Desktop Environment erreichen: Klicken Sie auf den Aktenschrank (aus dem der Taschenrechner herausschaut). Die Tools zur Systemadministration sind dann unter dem System_Admin-Icon verfügbar. Sie können über den wsm-Befehl auch eine Kommandozeilenversion von WSM ausführen.

Die WSM-Tools werden auf einem entfernten System über einen Java-fähigen Webbrowser ausgeführt. Die Verbindung zu diesen Tools stellen Sie her, indem Sie mit dem Browser auf *http://*hostname*/wsm.html* zugreifen, wobei *hostname* dem gewünschten entfernten System entspricht. Natürlich können Sie auch die Textversion ausführen, indem Sie den wsm-Befehl in einer Terminalsession eingeben.

HP-UX: SAM

HP-UX besitzt den System Administration Manager, auch unter dem Namen SAM bekannt. SAM ist einfach zu verwenden und kann eine Vielzahl der Aufgaben der Systemverwaltung erledigen. SAM arbeitet sowohl in einem menübasierten als auch in einem GUI-Modus. Für den GUI-Modus muss allerdings Motif unterstützt werden.

Die einzelnen Optionen in den SAM-Menüs führen eine Kombination aus regulären HP-UX-Befehlen und speziellen Skripten und Programmen aus, es ist also nicht immer klar, was sie tun. Eine Möglichkeit, mehr herauszufinden, ist die Verwendung des in SAM integrierten Log-Features. Bei SAM können Sie festlegen, wie detailliert die Logdatei ausfällt. Optional können Sie den Log während der Arbeit offen halten, um zu verfolgen, was tatsächlich passiert. Das Hauptfenster von SAM sowie die Logausgabe sind in Abbildung 1-3 zu sehen.

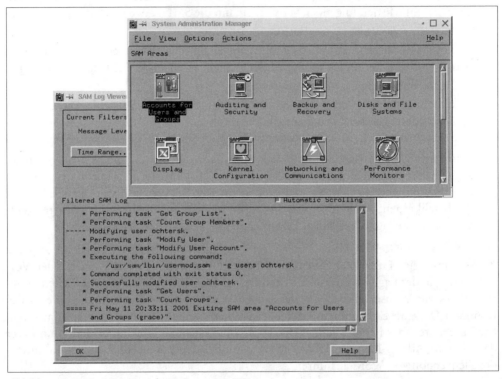

Abbildung 1-3: Die SAM-Einrichtung unter HP-UX

Wenn Sie wirklich wissen wollen, was SAM macht, müssen Sie sich seine Konfigurationsdateien ansehen, die sich in den Unterverzeichnissen von */usr/sam/lib* befinden. Die meisten Unterverzeichnisse besitzen aus zwei Buchstaben bestehende Namen, die sich eng an den am höchsten angesiedelten Icons bzw. Menüpunkten orientieren. Beispielsweise enthält das Unterverzeichnis *ug* Dateien für die Benutzer- (»User«) und Gruppenmodule (»Group«). Im Unterverzeichnis *pm* wiederum finden Sie die Dateien für das Prozessmanagement. Wenn Sie sich die dortige *.tm*-Datei ansehen, können Sie herausfinden, was einige Menüpunkte bewirken. Das folgende Beispiel verdeutlicht, nach welchen Punkten Sie in diesen Dateien Ausschau halten müssen:

```
#egrep '^task [a-z]|^ *execute' pm.tm
task pm_get_ps {
   execute "/usr/sam/lbin/pm_parse_ps"
task pm_add_cron {
   execute "/usr/sam/lbin/cron_change ADD /var/sam/pm_tmpfile"
```

```
task pm_add_cron_check {
    execute "/usr/sam/lbin/cron_change CHECK /var/sam/pm_tmpfile"
task pm_mod_nice {
    execute "unset UNIX95;/usr/sbin/renice -n %$INT_ID% %$STRING_ID%"
task pm_rm_cron {
    execute "/usr/sam/lbin/cron_change REMOVE /var/sam/pm_tmpfile"
```

Die Punkte treten immer paarweise auf und verbinden immer einen Menüpunkt oder ein Icon mit dem eigentlichen HP-UX-Befehl. Zum Beispiel können Sie beim vierten Paar der vorangegangenen Ausgabe erkennen, was der Menüpunkt MODIFY NICE PRIORITY bewirkt (er führt den Befehl renice aus). Das zweite Paar zeigt, dass zum Hinzufügen von cron-Einträgen ein entsprechendes Skript gestartet wird; dieses Skript können Sie sich direkt ansehen, wenn Sie weitere Details benötigen.

Im Unterverzeichnis */usr/sam/lib/C* gibt es eine weitere Konfigurationsdatei für jeden Menüpunkt des Hauptmenüs (in unserem Beispiel *pm.ui*). Wenn Sie die Zeilen mit »action« und »do« untersuchen, werden Sie ähnliche Informationen erhalten. Beachten Sie, dass die »do«-Einträge, die mit Klammern enden (etwa *do pm_forcekill_xmit()*), den Aufruf einer Routine der Shared Libraries von SAM bedeuten, d.h., an diesen Stellen ist das Ende der Detektivarbeiten erreicht.

SAM ermöglicht selektive benutzerbezogene Zugriffsfreigaben für die einzelnen Funktionsbereiche. Um Benutzerprivilegien und -restriktionen einzustellen, müssen Sie SAM mit sam -r starten. In diesem Modus wählen Sie den Benutzer oder die Gruppe aus, für den bzw. die Sie die Zugriffsrechte festlegen wollen, navigieren dann durch die verschiedenen Icons und Menüs und aktivieren bzw. deaktivieren die gewünschten Rechte. Nachdem Sie diese Arbeit abgeschlossen haben, können Sie die Einstellungen oder auch Gruppen von Einstellungen als benannte Rechte-Templates sichern, die später für andere Benutzer und Gruppen wiederverwendet werden können.

In diesem Modus stellt SAM Änderungen dar und die Farben der Icons deuten die Rechte an: Rot für gesperrt, Grün für freigegeben und Gelb, wenn einige Features gesperrt und andere freigegeben sind.

Sie können SAM für die entfernte Administration verwenden, indem Sie das Icon RUN SAM ON REMOTE SYSTEM im Hauptfenster auswählen. Bei der ersten Verbindung zu einem bestimmten entfernten System richtet SAM automatisch die Umgebung ein.

Solaris: admintool und Solaris Management Console

Je nach Standpunkt könnte man behaupten, dass aktuelle Solaris-Versionen drei unterschiedliche Tools anbieten:

- admintool, das menübasierte Paket zur Systemadministration, das schon seit vielen Jahren unter Solaris verfügbar ist. Sie müssen Mitglied der *sysadmin*-Gruppe sein, um dieses Programm ausführen zu können.
- Eine Reihe GUI-basierter Tools, zu finden unter dem SYSTEM_ADMIN-Icon des APPLICATIONS MANAGER-Fensters im Common Desktop Environment (CDE), abge-

bildet auf der linken Seite in Abbildung 1-4. Wählen Sie APPLICATIONS → APPLICATION MANAGER im CDE-Menü, um dieses Fenster zu öffnen. Die meisten dieser Tools sind sehr einfache Utilities, die jeweils eine Aufgabe im Bereich Medien-Management lösen, obwohl es auch ein Icon für admintool gibt.

- Die Solaris AdminSuite, deren Komponenten von der Solaris Management Console (SMC) kontrolliert werden. Das Hauptfenster dieser Einrichtung sehen Sie in Abbildung 1-4 auf der rechten Seite.

In manchen Fällen ist dieses Paket im Solaris-Betriebssystem enthalten, es ist aber auch als (kostenloser) Download (unter *http://www.sun.com/bigadmin/content/admin-pack/*) verfügbar. Und es ist tatsächlich den (mit einem langsamen Modem) eine Nacht dauernden Download wert (zwei Nächte, wenn Sie auch die Dokumentation herunterladen wollen).

Dieses Tool kann für die Erledigung administrativer Aufgaben auf entfernten Systemen verwendet werden. Sie geben das zu wartende System an, wenn Sie sich bei dieser Einrichtung anmelden.

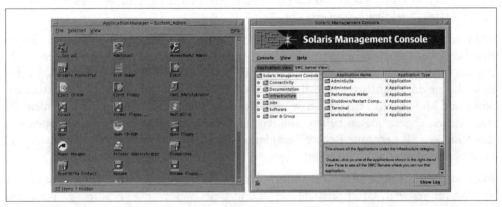

Abbildung 1-4: Solaris-Tools zur Systemadministration

Linux: Linuxconf

Viele Linux-Systeme, einschließlich einiger Red Hat-Versionen, bieten das grafisch orientierte Administrations-Tool Linuxconf (geschrieben von Jacques Gélinas) an. Dieses Tool kann auch mit anderen Linux-Distributionen verwendet werden (siehe *http://www.solucorp.qc.ca/linuxconf/*). Es ist in Abbildung 1-5 zu sehen.

Das Menüsystem des Tools befindet sich auf der linken Seite und die zur aktuellen Auswahl gehörenden Masken finden sich auf der rechten Seite wieder. Verschiedene Unterabschnitte des Programms sind über separate Befehle (die aber in Wirklichkeit nur Links auf das eigentliche linuxconf-Executable sind) zugänglich: fsconf, mailconf, modemconf, netconf, userconf und uucpconf. Mit diesen Befehlen können Dateisysteme, E-Mail, Modems, Netzwerkparameter, Benutzer, Gruppen und UUCP direkt administriert werden.

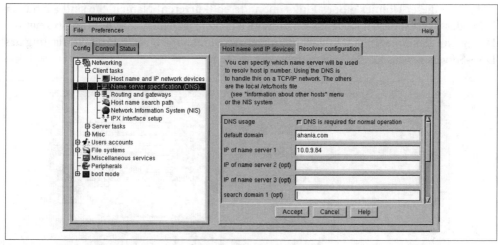

Abbildung 1-5: Die Linuxconf-Einrichtung

Frühe Linuxconf-Versionen waren furchtbar: voller Fehler und unglaublich langsam. Die neueren Versionen wurden aber verbessert und die aktuelle Version ist recht gut. Linuxconf tendiert dazu, alle verfügbaren Optionen zu unterstützen, wodurch für den Neuling manchmal die einfache Verwendbarkeit verloren geht. Das führt dazu, dass das Tool für den erfahrenen Administrator viele Konfigurationsaufgaben vereinfacht, während weniger erfahrene Benutzer die Einstellungsmöglichkeiten einiger Dialoge eher beängstigend finden werden. Der Zugriff auf Linuxconf und dessen Unterabschnitte kann benutzerbezogen eingeschränkt werden (das wird über die Einstellungen des Benutzer-Accounts konfiguriert).

Red Hat Linux: redhat-config-*

Red Hat Linux stellt mehrere GUI-basierte Administrationswerkzeuge zur Verfügung. Hierzu gehören unter anderem:

redhat-config-bindconf
: Konfiguration des DNS-Servers (redhat-config-bind unter Version 7.2).

redhat-config-network
: Netzwerk-Konfiguration auf dem lokalen Host (neu seit Red Hat, Version 7.3).

redhat-config-printer-gui
: Konfiguration und Verwaltung von Drucker-Queues und des Print-Servers.

redhat-config-services
: Auswahl der beim Booten hochzufahrenden Server.

redhat-config-date *und* redhat-config-time
: Setzen von Datum und/oder Uhrzeit.

redhat-config-users
: Konfiguration von Benutzer-Accounts und -gruppen.

Auf einige dieser Utilities gibt es Links mit anderen (kürzeren) Namen. Sie sind auch über Icons des SYSTEM SETTINGS-Icons unter START HERE zugänglich. Abbildung 1-6 zeigt die Dialoge für das Anlegen eines neuen Benutzer-Accounts (links) und für die Festlegung des DNS-Servers für das lokale System (rechts).

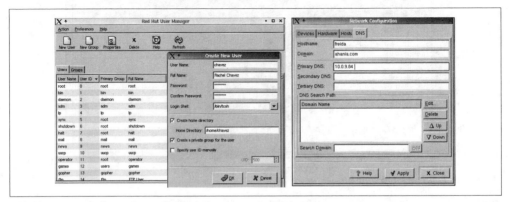

Abbildung 1-6: Tools zur Systemkonfiguration unter Red Hat Linux

SuSE Linux: YaST2

Das »YaST« in YaST2 steht für »Yet another Setup Tool«. YaST2 ist ein Nachfolger des ursprünglichen YaST-Programms und wie sein (immer noch verfügbarer) Vorgänger eine grafisch aufgemachte, menübasierte Administrationseinrichtung. Das Hauptfenster des Programms ist in Abbildung 1-7 zu sehen.

Mit dem Befehl yast2 wird das Tool gestartet. Das Tool ist im Allgemeinen einfach zu verwenden und erledigt seinen Job recht gut. Es hat allerdings einen Nachteil. Bei jedem Einbinden eines neuen Pakets oder irgendeiner Änderung an der Systemkonfiguration wird das SuSEconfig-Skript (eigentlich eine Reihe von Skripten unter */sbin/conf.d*) ausgeführt. Vor SuSE Version 8 war dieser Prozess unerträglich langsam.

Die Aktionen von SuSEconfig werden durch die Einstellungen in der Konfigurationsdatei */etc/rc.config* sowie denen in */etc/rc.config.d* (SuSE Version 7) bzw. */etc/sysconfig* (SuSE Version 8) gesteuert. Die mangelnde Geschwindigkeit rührt von der Tatsache her, dass bei jeder Änderung am System alle Aktionen abgearbeitet werden, d.h., es existiert keinerlei intelligente Steuerung, die es ermöglichen würde, nur mit den modifizierten Elementen oder Bereichen zu arbeiten.

Noch schlimmer wiegt allerdings, dass die Aktionen von SuSEconfig bei SuSE 7-Systemen schlichtweg falsch sind. Ein besonders drastisches Beispiel tritt bei der Installation des Postfix-Pakets auf. Standardmäßig wird die primäre Postfix-Konfigurationsdatei, *main.cf*, überschrieben, wenn das Postfix-Subskript SuSEconfig ausgeführt wird.[7] Das passiert wie-

---

[7] Sie können das verhindern, indem Sie POSTFIX_CREATECF in */etc/rc.config.d/postfix.rc.config* auf »no« setzen.

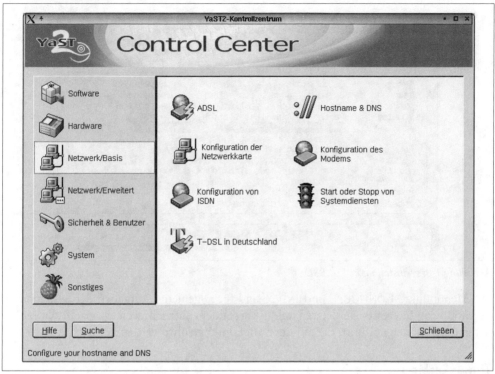

Abbildung 1-7: Die YaST2-Einrichtung unter SuSE Linux

derum jedes Mal, wenn SuSEconfig ausgeführt wird, was aber praktisch jedes Mal der Fall ist, wenn mit YaST oder YaST2 etwas am System verändert wird (und zwar unabhängig von der Bedeutung für Postfix). Unter dem Strich gehen also alle lokalen Anpassungen in *main.cf* verloren. Zweifellos darf durch das Hinzufügen eines neuen Spielepakets keine Schlüssel-Konfigurationsdatei des E-Mail-Systems beschädigt werden.

Glücklicherweise wurden diese Probleme unter SuSE Version 8 behoben. Ich verwende YaST2 dennoch auf SuSE 7-Systemen, habe aber alle dazugehörigen Subskripten sorgfältig untersucht und Änderungen an Konfigurationsdateien vorgenommen, um unerwünschte Aktionen zu unterbinden. Sie sollten es mir gleich tun.

FreeBSD: sysinstall

FreeBSD bietet als administratives Werkzeug nur das sysinstall-Utility an, also das gleiche Programm, mit dem auch Betriebssystem-Installationen und Upgrades verwaltet werden (das Hauptmenü ist in Abbildung 1-8 zu sehen). Dementsprechend sind die mit diesem Werkzeug durchzuführenden Aufgaben auf den Kontext von Betriebssystem-Installationen beschränkt: Verwaltung von Festplatten und Partitionen, grundlegende Netzwerk-Konfiguration und so weiter.

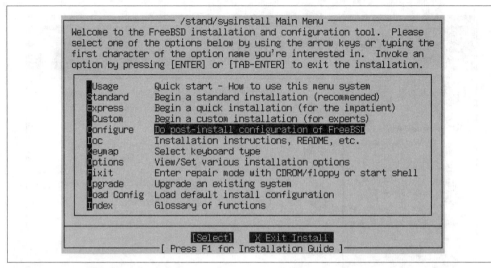

Abbildung 1-8: sysinstall unter FreeBSD

Die Menüpunkte CONFIGURE und INDEX sind für allgemeine Aufgaben der Systemadministration von Interesse. Der letzte Punkt ist besonders nützlich, weil er einzeln alle verfügbaren Operationen aufführt, die mit dem Tool durchgeführt werden können.

Tru64: SysMan

Das Tru64-Betriebssystem bietet die SysMan-Einrichtung an. Dieses Tool ist grundsätzlich menügesteuert, trotz der Tatsache, dass es in unterschiedlichen grafischen Umgebungen laufen kann, darunter auch einem Java 1.1-fähigen Browser. SysMan kann in zwei verschiedenen Modi ausgeführt werden, was Abbildung 1-9 verdeutlicht: als Systemadministrations-Utility für das lokale System oder als Überwachungs- und Management-Station für das Netzwerk. Die beiden Betriebsmodi werden über die sysman-Befehlsoptionen -menu bzw. -station ausgewählt; voreingestellt ist -menu.

Dieses Utility besitzt keinerlei Befehls-Voransicht- oder Logging-Features, hat aber eine Reihe so genannter »Akzeleratoren«: Schlüsselwörter, mit denen man eine Session an einem bestimmten Menüpunkt beginnen lassen kann. Zum Beispiel bringt Sie sysman shutdown direkt zum System-Shutdown-Dialog. Mit dem Befehl sysman -list erhalten Sie eine vollständige Liste aller definierten Akzeleratoren.

Ein letzter Hinweis: Der insightd-Daemon muss laufen, damit Sie auf die Online-Hilfe von SysMan zugreifen können.

Andere frei verfügbare Administrations-Tools

Die frei verfügbaren Betriebssysteme verfügen häufig über einige zusätzliche administrative Werkzeuge, die als Teil der verschiedenen Window-Manager-Pakete enthalten sind.

Abbildung 1-9: Die SysMan-Einrichtung

So enthalten zum Beispiel sowohl die Gnome- als auch die KDE-Desktops verschiedene administrative Applets und Utilities. Die auf einem SuSE Linux-System unter KDE verfügbaren Utilities sehen Sie in Abbildung 1-10.

Wir werden in diesem Buch von Zeit zu Zeit auf einige der besten Tools zu sprechen kommen.

Ximian Setup Tools

Das Ximian-Projekt fasst das neueste Release des Gnome-Desktops, Red Carpet (eine webbasierte Einrichtung zum Update von Systemsoftware), und verschiedene andere Elemente zu einer kommerziellen Ansprüchen genügenden Desktop-Umgebung zusammen. Während diese Zeilen geschrieben werden, ist es für verschiedene Linux-Distributionen und Solaris-Systeme verfügbar. Weitere Portierungen, darunter auch für BSD, sind für die Zukunft geplant.

Abbildung 1-10: Administrative KDE-Tools unter SuSE Linux

Die Ximian Setup Tools bestehen aus einer Reihe von Applets, die entwickelt wurden, um die Systemadministration insbesondere in einer Multiplattform-Umgebung zu erleichtern. Die aktuellen Module erlauben die Administration des Boot-Setups (d.h. Kernel-Auswahl), von Festplatten, Swap-Speicher, Benutzern, Netzwerk-Grundeinstellungen, gemeinsam genutzten Dateisystemen, des Drucksystems und der Systemzeit. Das Applet für Letzteres sehen Sie in Abbildung 1-11.

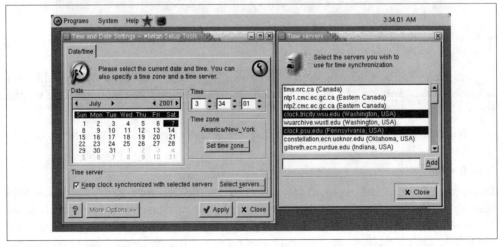

Abbildung 1-11: Ximian Setup Tools

Dieses Applet geht, selbst in diesem frühen Stadium, weit über einen einfachen Dialog zum Setzen von Datum und Uhrzeit hinaus. Es erlaubt auch die Festlegung von Time-Servern für die Internet-basierte Zeitsynchronisation. Die anderen Tools sind von ähnlicher Qualität und das Paket sieht sehr vielversprechend aus für jemanden, der GUI-basierte Werkzeuge zur Systemadministration wünscht.

VNC

Ich möchte diesen Abschnitt mit einem kurzen Blick auf ein weiteres administratives Werkzeug beschließen, das für die entfernte Administration, insbesondere in heterogenen Umgebungen, geeignet ist. Es heißt VNC, was für »Virtual Network Computing« steht. Das Paket ist für eine Vielzahl von Unix-Systemen[8] unter *http://www.uk.research.att.com/vnc/* verfügbar. Es ist in Abbildung 1-12 zu sehen.

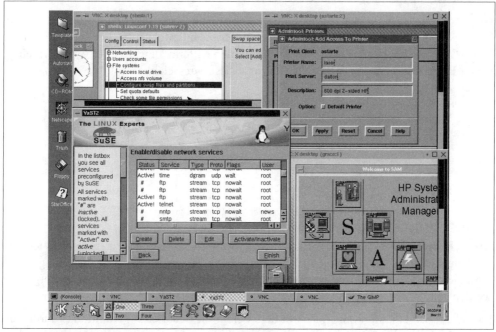

Abbildung 1-12: Verwendung von VNC zur Administration entfernter Systeme

Die Abbildung zeigt den gesamten Desktop eines SuSE Linux-Systems. Sie erkennen links diverse Icons sowie die Werkzeugleiste am unteren Ende des Bildschirms (woraus Sie ersehen können, dass der KDE Window-Manager läuft).

---

8 Offizielle Binärversionen der verschiedenen Tools sind für einige Systeme über die Webseite verfügbar. Darüber hinaus finden Sie im *contrib*-Bereich Portierungen auf weitere Systeme. Es ist normalerweise auch leicht, diese Tools aus dem Quellcode zu kompilieren.

Die vier offenen Fenster zeigen drei individuelle VNC-Sessions zu unterschiedlichen entfernten Computern (mit unterschiedlichen Betriebssystemen) und eine lokale YaST-Session. Im Uhrzeigersinn in der oberen linken Ecke beginnend zeigen die entfernten Sessions ein Red Hat Linux-System (Linuxconf ist geöffnet), ein Solaris-System (wir sehen admintool) und ein HP-UX-System (mit laufendem SAM).

VNC besitzt gegenüber entfernten Anwendungen, die über das X Windows System dargestellt werden, eine Reihe von Vorteilen:

- Mit VNC sehen Sie den gesamten Desktop, nicht nur das Anwendungsfenster. Die Anwendungen sind daher über die Icons und Menüs des entfernten Systems zugänglich (was über die Eingabe von Befehlen wesentlich schwieriger sein könnte).
- Sie eliminieren Probleme mit fehlenden Fonts und andere Ausgabe- und Ressourcen-Probleme, weil Sie nicht den lokalen X-Server, sondern den des entfernten Systems nutzen, um die Ausgaben zu erzeugen.

Um VNC nutzen zu können, müssen Sie die Software herunterladen und die fünf Executables kompilieren/installieren, aus denen das System besteht (üblicherweise werden sie in */usr/local/bin* abgelegt). Dann müssen Sie auf den entfernt zu wartenden Systemen einen Server-Prozess starten. Dies geschieht mit dem vncserver-Befehl:

```
garden-$ vncserver
You will require a password to access your desktops.

Password:    Wird nicht angezeigt.
Verify:

New 'X' desktop is garden:1

Creating default startup script /home/chavez/.vnc/xstartup
Starting applications specified in /home/chavez/.vnc/xstartup
Log file is /home/chavez/.vnc/garden:1.log
```

Dieses Beispiel startet einen Server auf dem Host *garden*. Beim ersten Aufruf des vncserver-Befehls werden Sie nach einem Passwort gefragt. Dieses Passwort ist unabhängig vom normalen Unix-Passwort und wird verlangt, wenn die Verbindung zum Server hergestellt werden soll.

Sobald der Server läuft, können Sie mit dem Befehl vncviewer eine Verbindung zu ihm herstellen. Im folgenden Beispiel stellen wir eine Verbindung mit dem vncserver auf *garden* her:

```
desert-$ vncviewer garden:1
```

Der übergebene Parameter entspricht dem Wert, der beim Start des Servers angegeben wurde. VNC erlaubt die simultane Ausführung mehrerer Server.

Um einen VNC-Server herunterzufahren, führen Sie einen Befehl wie den folgenden auf dem entfernten System aus (d.h. auf dem System, auf dem der Server gestartet wurde):

```
garden-$ vncserver -kill :1
```

Für die Verbindung ist nur das Passwort des VNC-Servers notwendig. Benutzernamen werden nicht überprüft, d.h., man kann als normaler Benutzer auf einen von *root* gestarteten Server zugreifen, wenn man das richtige Passwort kennt. Aus diesem Grund ist es wichtig, ein starkes Passwort als Server-Passwort zu verwenden (siehe »Administrieren von Benutzerpasswörtern« in Kapitel 6) und andere Passwörter als gewöhnlich zu verwenden, wenn solche benutzerunabhängigen Verbindungen notwendig sind.

Darüber hinaus gehen VNC-Passwörter im Klartext über das Netzwerk, weshalb VNC in einem unsicheren Netzwerk als problematisch betrachtet werden muss. In solchen Fällen können die VNC-Daten verschlüsselt werden, indem man sie durch ein sicheres Protokoll, wie etwa SSH, tunnelt.

Wo ist die Zeit hin?

Wir schließen dieses Kapitel mit einem kurzen Blick auf ein recht nettes Utility ab, das sehr nützlich sein kann, um nachzuhalten, wie man seine Zeit verbringt. Als Systemadministrator werden Sie feststellen, dass man diese Information sehr häufig braucht. Das Utility heißt plod und wurde von Hal Pomeranz (siehe *http://bullwinkle.deer-run.com/~hal/plod/*) entwickelt. Während es ähnliche Utilities mit einer GUI-Schnittstelle gibt (z.B. gtt und karm bei den Gnome- bzw. KDE-Window-Managern), ziehe ich dieses einfache vor, das ohne grafische Umgebung auskommt.

plod verwaltet eine Logdatei mit von Ihnen eingegebenen, mit Zeitangaben versehenen Einträgen. Die Daten liegen standardmäßig in *~/.logdir/jjjjmm*, wobei *jjjj* und *mm* für das aktuelle Jahr und den aktuellen Monat stehen. plod-Logdateien können optional verschlüsselt werden.

Der Befehl besitzt viele Optionen, aber die einfachste Form sieht wie folgt aus:

```
$ plod [Text]
```

Wird ein Text in der Kommandozeile angegeben, wird er in die Logdatei geschrieben (und mit Datum und Uhrzeit versehen). Andernfalls wechselt das Programm in den interaktiven Modus und Sie können den gewünschten Text eingeben. Die Eingabe endet mit einer Zeile, die nur einen Punkt enthält.

Sobald sich einige Logeinträge angesammelt haben, können Sie die Befehlsoptionen -C, -P und -E verwenden, um die Einträge in einer fortlaufenden Ausgabe, über einen Pager wie more (less ist voreingestellt) oder über einen Editor (standardmäßig vi) auszugeben. Einen anderen Pager bzw. einen anderen Editor können Sie über die Umgebungsvariablen *PAGER* und *EDITOR* festlegen.

Sie können auch die Option -G nutzen, um plod-Logdateien zu durchsuchen. Sie unterscheidet sich von grep darin, dass passende Einträge in ihrer Gesamtheit ausgegeben werden. Standardmäßig wird die Groß-/Kleinschreibung bei Suchoperationen nicht beachtet. Verwenden Sie -g, wenn Sie das wünschen.

Hier ein Beispiel, das die aktuelle Logdatei durchsucht:

```
$ plod -g hp-ux
-----
05/11/2001, 22:56 --
Beginn der Konfiguration der neuen HP-UX-Box.
-----
05/11/2001, 23:44 --
Konfiguration der neuen HP-UX-Box abgeschlossen.
```

Dank dieser Features kann plod verwendet werden, um Ihre Arbeiten aufzuzeichnen und zu kategorisieren. Wir werden uns in Kapitel 14 noch ein Skript ansehen, das plod-Daten lesen und zusammenfassen kann.

KAPITEL 2
Die Unix-Philosophie

Es ist relativ einfach, die wichtigsten Belange und Probleme festzumachen, mit denen sich ein Systemverwalter auseinander zu setzen hat – und das unabhängig von der eingesetzten Hard- und Software. Fast jeder Systemverwalter muss sich mit Benutzer-Accounts, dem Hoch- und Herunterfahren des Systems, Peripheriegeräten, der Performance des Systems und mit Sicherheitsfragen beschäftigen – und diese Liste könnte unendlich fortgeführt werden. Obwohl die Befehle und Prozeduren, die in jedem dieser Bereiche zum Einsatz kommen, stark von System zu System variieren, kann der generelle Ansatz, mit dem Sie diese Aufgaben bewerkstelligen, doch sehr ähnlich sein. Das Hinzufügen von Benutzern zum Beispiel vollzieht sich auf allen Systemen nach dem gleichen Muster: Sie müssen den Benutzer der Benutzerdatenbank hinzufügen, ihm Festplattenplatz zuweisen, sein Benutzerkonto mit einem Passwort versehen, ihm Zugang zu den wichtigsten Systemeinrichtungen und Anwendungen einrichten und so weiter. Die Befehle, die Sie für diese Aufgaben benötigen, unterscheiden sich jedoch von System zu System.

In anderen Fällen unterscheidet sich bereits der bloße *Ansatz*, mit dem Sie an eine administrative Aufgabe auf verschiedenen Systemen herangehen. Das »Mounten einer Festplatte« zum Beispiel bedeutet etwas anderes auf einem Unix-System als auf einem VMS- oder MVS-System (auf Letzteren werden Festplatten noch nicht einmal durchgängig als Festplatten bezeichnet). Unabhängig davon, welches Betriebssystem Sie einsetzen (Unix, Windows 2000 oder MVS), müssen Sie verstehen, was sich im Inneren des Systems abspielt, zumindest müssen Sie sich besser auskennen als der durchschnittliche Systembenutzer.

Ob es Ihnen gefällt oder nicht, der Systemverwalter wird häufig als »Guru vor Ort« betrachtet. Wenn Sie für ein Mehrbenutzersystem verantwortlich sind, müssen Sie Fragen der Benutzer beantworten können, Lösungen ausarbeiten, die mehr als nur Behelfslösungen sind, und vieles mehr. Selbst wenn Sie nur für Ihre eigene Workstation verantwortlich sind, werden Sie mit Aspekten des Computerbetriebs konfrontiert, die der durchschnittliche Benutzer einfach vernachlässigen kann. In jedem Fall müssen Sie eine ganze Menge von der Funktionsweise von Unix verstehen, um Ihr System verwalten zu können und um sich in der exzentrischen und manchmal verwirrenden technischen Dokumentation zurechtzufinden.

In diesem Kapitel werden wir den Ansatz von Unix in Bezug auf drei grundlegende Aspekte des Computers behandeln: Dateien, Prozesse und Geräte (den so genannten Devices). Dabei werde ich besprechen, wie sich der Unix-Ansatz auf Arbeitsabläufe und Zielsetzungen der Systemverwaltung auswirkt. Das Kapitel schließt mit einer Übersicht der typischen Verzeichnisstruktur von Unix.

Wenn Sie bereits Nicht-Unix-Rechner verwaltet haben, wird dieses Kapitel als Brücke zwischen den administrativen Konzepten, die Sie bereits kennen, und den entsprechenden Unix-Ansätzen dienen. Wenn Sie bereits mit Unix-Befehlen auf Benutzerebene vertraut sind, wird Ihnen dieses Kapitel zeigen, wo diese in der zugrunde liegenden Struktur des Betriebssystems angesiedelt sind – wodurch Sie sie in einen administrativen Kontext einordnen und verstehen können. Wenn Sie bereits mit Dingen wie Zugriffsrechten für Dateien, Inodes, Gerätedateien sowie fork und exec vertraut sind, können Sie dieses Kapitel überspringen.

Dateien

Dateien haben unter Unix eine zentrale Bedeutung als unter anderen Betriebssystemen. Befehle sind ausführbare Dateien, die für gewöhnlich an festgelegten Stellen des Verzeichnisbaums abgespeichert sind. Systemprivilegien werden zum großen Teil über Zugriffsrechte auf Dateien gesteuert. Die Ein- und Ausgabe in Bezug auf Geräte und Dateien unterscheidet sich nur auf unterster Ebene. Selbst ein Großteil der Interprozesskommunikation vollzieht sich über dateiähnliche Einheiten. Aus diesem Grund muss ein angehender Systemverwalter – als eines der ersten Dinge – den Unix-Ansatz in Bezug auf Dateien und die Unix-Verzeichnisstruktur verstehen lernen.

Wie alle modernen Betriebssysteme verfügt Unix über eine hierarchische (baumartige) Verzeichnisstruktur, die in ihrer Gesamtheit *Dateisystem* genannt wird. Die Wurzel dieses Baumes wird als *root-Verzeichnis* bezeichnet. Das root-Verzeichnis hat den speziellen Namen »/« (das Slash-Zeichen). Auf Unix-Systemen wird der gesamte den Benutzern zugängliche Festplattenplatz in einen Verzeichnisbaum unterhalb des root-Verzeichnisses zusammengefügt. Die physikalische Festplatte (oder Festplattenpartition) ist nicht Bestandteil des vollständigen Pfades, der den Speicherort beschreibt (wie z.B. bei DOS oder Windows). Wir gehen auf diesen Punkt im Abschnitt »Geräte (Devices)« später in diesem Kapitel noch ausführlicher ein.

Der Zugriff auf Dateien wird über Besitzrechte und Zugriffsrechte geregelt. Auf einem Unix-System hängt die Systemsicherheit in großem Maße von dem Zusammenspiel der Besitz- und Zugriffsrechte für Dateien und von der Struktur der Benutzer- und Gruppenkonten[1] des Systems ab (sowie Faktoren wie dem physikalischen Zugang zum Rechner).

---

1 Auf Unix-Systemen werden die einzelnen Benutzerkonten in *Benutzerguppen* zusammengefasst. Gruppen sind nichts anderes als Zusammenfassungen von Benutzern in den Einträgen der Dateien */etc/passwd* und */etc/group*. Das Einrichten von Gruppen und das Hinzufügen von Benutzern zu Gruppen wird in Kapitel 6 besprochen. Wie Gruppen effizient zur Verbesserung der Systemsicherheit eingesetzt werden, behandeln wir in Kapitel 7.

Dateibesitzrechte

Dateibesitzrechte sind unter Unix ein wenig komplexer, als es bei anderen Betriebssystemen der Fall ist. Sie sind sicherlich mit dem zugrunde liegenden Konzept vertraut, dass eine Datei einen Besitzer hat: Der Ersteller einer Datei hat in der Regel auch die Kontrolle über sie. Auf Unix-Systemen haben Dateien immer zwei Besitzer: einen Benutzer und eine Benutzergruppe. Das Ungewöhnliche am Unix-Ansatz ist der Umstand, dass diese beiden Besitzer voneinander entkoppelt sind. Der Gruppenbesitz an einer Datei ist losgelöst vom Benutzer, der der Besitzer dieser Datei ist. In anderen Worten: Obwohl die Gruppe, die eine Datei besitzt, häufig, vielleicht sogar für gewöhnlich dieselbe ist, der auch der Besitzer angehört, ist dies nicht zwingend erforderlich. Der Benutzer, der eine Datei besitzt, muss nicht einmal Mitglied der Gruppe sein, der diese Datei gehört. Es gibt überhaupt keine notwendige Verbindung zwischen den beiden Besitzertypen. Wenn Zugriffsrechte für den Gruppenbesitzer einer Datei definiert sind, gelten sie für die Mitglieder dieser Gruppe und nicht für die weiteren Mitglieder der Gruppe des Besitzers der Datei. Diese werden einfach als »Andere« (others) betrachtet: d.h. als »Rest der Welt«.

Der Beweggrund für diese Einteilung in Gruppenbesitzrechte an Dateien ist, dass der Schutz von Dateien Ihren Bedürfnissen entsprechend ausgerichtet werden kann. Der zentrale Punkt hierbei ist Flexibilität. Da Unix es zulässt, dass ein Benutzer mehr als nur einer Benutzergruppe angehören kann, sind Sie in der Lage, Benutzergruppen Ihren Bedürfnissen entsprechend anzulegen. Dateien können einer beliebigen Auswahl von Benutzergruppen zugänglich gemacht werden. Wenn Sie einem Benutzer Zugriff auf einen ganzen Satz von Dateien einräumen wollen, müssen Sie ihn lediglich der Gruppe zuordnen, die diese Dateien besitzt. Ebenso funktioniert das Entziehen des Zugriffs: Sie müssen den Benutzer lediglich aus der entsprechenden Benutzergruppe entfernen.

Betrachten Sie das folgende konkrete Beispiel: Die Benutzerin *chavez*, die Mitglied der Benutzergruppe *chem* ist, benötigt Zugriff auf einige Dateien, die der Gruppe *physics* gehören. Sie haben mehrere Möglichkeiten, dies zu regeln:

- Sie kopieren alle Dateien für sie. Wenn die Dateien aber geändert werden, müssen Sie auch die Kopien aktualisieren. Wenn *chavez* zusätzlich Änderungen an den Dateien vornehmen muss, lässt es sich kaum vermeiden, mit zwei Versionen zu arbeiten, die dann zusammengefügt werden müssen. Deshalb wird dieser Ansatz selten verwendet.
- Sie machen die Dateien allen zugänglich (»world-readable«). Der Nachteil dieses Ansatzes ist, dass auch unbefugte Personen Zugriff auf die Dateien bekommen.
- Sie nehmen *chavez* in die Benutzergruppe *physics* auf. Dies ist sowohl die beste als auch die einfachste Lösung. Sie müssen hierzu nur die Gruppenkonfigurationsdatei anpassen. Die Dateizugriffsrechte müssen überhaupt nicht verändert werden, da sie ja bereits den Mitgliedern der Gruppe *physics* Zugriff einräumen.

Anzeige der Dateibesitzrechte

Zur Ausgabe von Eigentümer und Gruppe einer Datei dient die Langform des Befehls ls, d.h. zusammen mit der Option -l:

```
$ ls -l
-rwxr-xr-x  1 root    system     120 Mar 12 09:32 bronze
-r--r--r--  1 chavez  chem        84 Feb 28 21:43 gold
-rw-rw-r--  1 chavez  physics  12842 Oct 24 12:04 platinum
-rw-------  1 harvey  physics    512 Jan  2 16:10 silver
```

In der dritten Spalte stehen die Benutzer, in der vierten die Benutzergruppen der aufgelisteten Dateien. Wir können z.B. sehen, dass die Datei *bronze* dem Benutzer *root* und der Benutzergruppe *system* gehört. Die nächsten beiden Dateien gehören beide der Benutzerin *chavez*, aber sie gehören unterschiedlichen Gruppen; *gold* ist der Gruppe *chem* zugeordnet, *platinum* hingegen der Gruppe *physics*. Die letzte Datei, *silver*, gehört dem Benutzer *harvey* und der Gruppe *physics*.

Wem gehören neue Dateien?

Wird eine neue Datei erstellt, dann gehört sie dem Benutzer, der sie erstellt hat. Auf den meisten Unix-Systemen entspricht die dazugehörige Benutzergruppe der aktuellen Benutzergruppe[2] des Benutzers, der die Datei erstellt hat. Auf BSD und BSD-ähnlichen Systemen hingegen entspricht die Benutzergruppe derjenigen des übergeordneten Verzeichnisses. Von den Unix-Versionen, die wir hier behandeln, verfahren FreeBSD und Tru64 standardmäßig auf diese Weise.

Die meisten Unix-Versionen – inklusive aller, die wir hier behandeln – ermöglichen es auf BSD-typische Art, den Gruppenbesitz vom übergeordneten Verzeichnis auf neu erstellte Dateien zu vererben. Dies geschieht über das Setzen des SGID-Attributs (»set group-ID«) für das Verzeichnis. Wir behandeln dies noch an anderer Stelle in diesem Kapitel.

Änderung von Eigentümer und Gruppe einer Datei

Zum Ändern des Dateibesitzes dienen die Befehle chown und chgrp. Der chown-Befehl ändert die Benutzerbesitzrechte einer oder mehrerer Dateien:

```
# chown Neuer-Besitzer Datei(en)
```

Neuer-Besitzer ist der Benutzername (oder die Benutzer-ID) des neuen Benutzers der angegebenen Datei. Um den Benutzer *harvey* zum Besitzer der Datei *brass* zu machen, müssen Sie folgenden Befehl eingeben:

```
# chown harvey brass
```

Auf den meisten Systemen kann nur der Superuser den chown-Befehl ausführen.

Um die Besitzrechte für einen kompletten Verzeichnisbaum zu ändern, wählen Sie die Option -R (R steht hier für *rekursiv*). Der folgende Befehl macht den Benutzer *harvey* zum Besitzer des Verzeichnisses */home/iago/new/tgh* und aller unterhalb liegenden Dateien und Unterverzeichnisse:

```
# chown -R harvey /home/iago/new/tgh
```

---

2 Für die Festlegung der primären Gruppe siehe auch »Unix-Benutzer und Unix-Gruppen« in Kapitel 6.

Das folgende Format ermöglicht es Ihnen, sowohl den Benutzer als auch die Benutzergruppe in einem Schritt zu ändern:

chown *Neuer-Besitzer*:*Neue-Gruppe Datei(en)*

Um z. B. den Benutzer *chavez* und die Gruppe *chem* zu Besitzern des Home-Verzeichnisses – und aller darin enthaltenen Dateien und Unterverzeichnisse – von *chavez* zu machen, geben Sie folgenden Befehl ein:

chown -R chavez:chem /home/chavez

Wenn Sie lediglich den Gruppenbesitz an einer Datei ändern wollen, nutzen Sie den chgrp-Befehl:

$ chgrp *Neue-Gruppe Datei(en)*

Neue-Gruppe entspricht dabei dem Gruppennamen (bzw. der Gruppen-ID) des gewünschten neuen Gruppenbesitzers der anzugebenden Datei(en). chgrp unterstützt ebenfalls die Option -R. Benutzer ohne Superuser-Status müssen sowohl Besitzer der Datei als auch Mitglied der neuen Gruppe sein, um den Gruppenbesitz an einer Datei ändern zu können (sie müssen aber nicht Mitglied der aktuellen Benutzergruppe sein).

Dateischutzmechanismen

Sind die Besitzrechte richtig vergeben, geht es im logisch darauf folgenden Schritt darum, Dateien vor unberechtigtem Zugriff zu schützen (oder umgekehrt: Dateien den Personen zugänglich zu machen, die sie benötigen). Der Schutz einer Datei wird auf Unix-Systemen als *Dateimodus* bezeichnet. Dieser wird mit dem chmod-Befehl festgelegt. Wir werden uns chmod nach einer Besprechung der Schutzmechanismen, auf denen es beruht, anschauen.

Dateiarten und Verzeichniszugriff

Unix unterstützt drei Formen des Dateizugriffs: Lesen (»read«), Schreiben (»write«) und Ausführen (»execute«). Sie werden mit den Buchstaben *r*, *w* und *x* gekennzeichnet. Tabelle 2-1 zeigt die Bedeutung dieser Zugriffsarten auf.

Tabelle 2-1: Dateizugriffsarten

Zugriff	Bedeutung für eine Datei	Bedeutung für ein Verzeichnis
r	Anzeige des Dateiinhalts.	Durchsuchen des Verzeichnisinhalts (z. B. Verwendung von ls).
w	Änderung des Dateiinhalts.	Änderung des Verzeichnisinhalts (z. B. Löschen oder Umbenennen von Dateien).
x	Ausführen einer ausführbaren Datei.	Wechsel in das Verzeichnis mit cd.

Die Dateizugriffsarten sind recht einleuchtend. Haben Sie Lesezugriff auf eine Datei, so können Sie ihren Inhalt betrachten. Wenn Sie Schreibzugriff haben, können Sie den Dateiinhalt ändern. Wenn Sie Ausführungsrecht haben und es handelt sich um ein ausführbares Programm, dürfen Sie es ablaufen lassen. Für die Ausführung von Skripten benötigen Sie sowohl Lese- als auch Ausführungsrechte, da die Shell die Befehle lesen muss, um sie interpretieren zu können. Wenn Sie ein kompiliertes Programm ablaufen lassen, wird es vom Betriebssystem in den Arbeitsspeicher eingelesen und ausgeführt, wofür Sie als Benutzer keinen Lesezugriff benötigen.

Auf den ersten Blick mögen die entsprechenden Bedeutungen für Verzeichnisse ungewöhnlich erscheinen, dennoch ergeben sie Sinn. Haben Sie ausführenden Zugriff auf ein Verzeichnis, können Sie mit cd in das Verzeichnis wechseln (oder es in einen Pfad aufnehmen). Sie können auch auf Dateien in diesem Verzeichnis über ihren Namen zugreifen. Um sich aber die Dateien in diesem Verzeichnis anzeigen zu lassen (d.h. den ls-Befehl ohne Argumente auszuführen), benötigen Sie ebenfalls Lesezugriff auf das Verzeichnis. Dies ist schlüssig, da ein Verzeichnis lediglich eine Datei darstellt, die die Namen der im Verzeichnis enthaltenen Dateien sowie Informationen zu deren Speicherort auf der Festplatte enthält. Deshalb benötigen Sie für den Wechsel in ein Verzeichnis mit cd nur Ausführungsrecht, da Sie nicht die Verzeichnisdatei selbst lesen wollen. Wenn Sie aber Befehle mit expliziten oder impliziten Wildcards auf Dateien in diesem Verzeichnis ausführen wollen (z.B. ls ohne Argumente oder cat *.dat), dann benötigen Sie Lesezugriff auf das Verzeichnis selbst, damit die Wildcards aufgelöst werden können.

Tabelle 2-2 verdeutlicht die Funktionsweise dieser unterschiedlichen Zugriffsarten anhand einer Auflistung von beispielhaften Befehlen. Es werden immer nur die minimal erforderlichen Zugriffsrechte für eine erfolgreiche Ausführung angegeben.

Tabelle 2-2: Beispiele für Dateizugriffsschutz

Befehl	Minimal erforderliche Zugriffsrechte für die Datei selbst	Minimal erforderliche Zugriffsrechte für das Verzeichnis, in dem die Datei liegt
cd /home/chavez	nicht anwendbar	x
ls /home/chavez/*.c	keine	r
ls -l /home/chavez/*.c	keine	rx
cat myfile	r	x
cat >>myfile	w	x
runme (Binärprogramm)	x	x
cleanup.sh (Skript)	rx	x
rm myfile	keine	wx

Einige Punkte dieser Liste verdienen eine nähere Betrachtung. Für ein einfaches ls benötigen Sie lediglich Leserechte. Wenn Sie die Option -l (oder irgendeine andere, die die Dateigröße mit ausgibt) angeben, benötigen Sie ebenfalls Ausführungsrechte auf das Verzeichnis. Das hängt damit zusammen, dass Dateigrößen aus den Informationen über die Festplatte herausgesucht werden müssen, wofür ein Wechsel des Verzeichnisses notwendig ist. Generell verhält es sich so, dass für jede Operation, die über ein einfaches Auslesen der Dateinamen aus der Verzeichnisdatei hinausgeht, Ausführungsrechte benötigt werden (es sei denn, Sie verfügen über Zugriffsrechte auf die betreffenden Dateien).

Beachten Sie, dass Sie für das Löschen von Dateien *keinen* Schreibzugriff benötigen; es reicht völlig aus, Schreibzugriff auf das Verzeichnis zu haben, in dem sich die Datei befindet (obwohl Sie in diesem Fall gefragt werden, ob der Schutzmodus der Datei übergangen werden soll):

```
$ rm copper
rm: override protection 440 for copper? y
```

Wenn Sie mit *yes* antworten, wird die Datei gelöscht (die voreingestellte Antwort ist *no*). Wieso funktioniert das nun? Weil das Löschen einer Datei bedeutet, dass (unter anderem) ihr Eintrag aus der Verzeichnisdatei gelöscht wird. Dies kommt einer Veränderung der Verzeichnisdatei gleich, für die Sie lediglich Schreibrechte auf das Verzeichnis benötigen. Wir lernen daraus, dass das Schreibrecht auf Verzeichnisse sehr mächtig ist und deshalb mit Vorsicht vergeben werden muss.

Aufgrund dieser Überlegungen können wir die verschiedenen Optionen zum Schutz von Verzeichnissen in Tabelle 2-3 zusammenfassen.

Tabelle 2-3: Schutz von Verzeichnissen

Art des Zugriffs	Verfügbarkeit für normalen Benutzer
--- (Keine Rechte)	Unterbindet jegliche Aktivität im Verzeichnis und seinen Unterverzeichnissen.
r-- (Leserecht)	Erlaubt es dem Benutzer, die Dateinamen im Verzeichnis aufzulisten, nicht aber deren Attribute (wie z. B. Dateigröße, Besitzrechte, Modi usw.).
--x (Ausführungsrecht)	Ermöglicht es dem Benutzer, im Verzeichnis befindliche Programme unter Angabe des vollständigen Pfadnamens auszuführen, verbirgt aber alle anderen Dateien.
r-x (Lese- und Ausführungsrecht)	Ermöglicht es dem Benutzer, Programme zu starten, die in dem Verzeichnis liegen. Er darf den Verzeichnisinhalt auflisten, kann aber keine Dateien in diesem Verzeichnis anlegen oder löschen.
-wx (Schreib- und Ausführungsrecht)	Wird für ein so genanntes »drop-box«-Verzeichnis verwendet. Ein Benutzer darf in dieses Verzeichnis wechseln und dort Dateien ablegen. Er kann aber nicht die Namen von Dateien, die andere Benutzer dort abgelegt haben, auflisten. Für gewöhnlich werden solche Verzeichnisse zusätzlich mit dem *Sticky Bit* versehen (siehe unten).
rwx (Lese-, Schreib- und Ausführungsrecht)	Ermöglicht es dem Benutzer, in diesem Verzeichnis liegende Programme auszuführen, den Verzeichnisinhalt aufzulisten sowie Dateien in diesem Verzeichnis anzulegen oder zu löschen.

Zugriffsklassen

Unix definiert drei grundsätzliche Klassen von Zugriffsarten auf Dateien, für die unabhängig voneinander Schutzrechte vergeben werden können:

Zugriff durch den Benutzer (user)
    Zugriff, der dem Besitzer einer Datei gewährt wird.

Zugriff durch die Benutzergruppe (group)
    Zugriff, der den Mitgliedern der Benutzergruppe gewährt wird (mit Ausnahme des Besitzers der Datei, selbst wenn er Mitglied dieser Gruppe ist).

Zugriff durch Andere (other)
Zugriff für andere Personen (mit Ausnahme von *root*).

Die Schutzmechanismen von Unix umfassen die Zugriffsrechte, die den Mitgliedern aller drei Zugriffsklassen für eine Datei oder ein Verzeichnis gewährt werden.

Die lange Form des ls-Befehls gibt neben dem Benutzer und der Benutzergruppe auch die Zugriffsrechte aus:

```
$ ls -l
-rwxr-xr-x  1 root    system     120 Mar 12 09:32  bronze
-r--r--r--  1 chavez  chem        84 Feb 28 21:43  gold
-rw-rw-r--  1 chavez  physics  12842 Oct 24 12:04  platinum
```

Die Ansammlung von Buchstaben und Strichen am Anfang jeder Zeile repräsentiert die Dateimodi. Die Bedeutungen der zehn Zeichen am Anfang einer jeden Zeile werden in Tabelle 2-4 zusammengefasst.

Tabelle 2-4: Interpretation der Zugriffsmodi

Datei	Typ 1	Zugriff durch Benutzer			Zugriff durch Benutzergruppe			Zugriff durch Andere		
		read 2	write 3	exec 4	read 5	write 6	exec 7	read 8	write 9	exec 10
bronze	-	r	w	x	r	-	x	r	-	x
gold	-	r	-	-	r	-	-	r	-	-
platinum	-	r	w	-	r	w	-	r	-	-
/etc/passwd	-	r	w	-	r	-	-	r	-	-
/etc/shadow	-	r	-	-	-	-	-	-	-	-
/etc/inittab	-	r	w	-	r	w	-	r	-	-
/bin/sh	-	r	-	x	r	-	x	r	-	x
/tmp	d	r	w	x	r	w	x	r	w	t

Das erste Zeichen zeigt den Dateityp an: Ein Bindestrich weist auf eine gewöhnliche Datei hin, ein *d* steht für ein Verzeichnis (weitere Möglichkeiten werden wir weiter unten im Kapitel betrachten). Die verbleibenden neun Zeichen sind in Dreiergruppen zusammengefasst. Die Gruppen stehen – von links nach rechts – für den Zugriff durch den Benutzer, die Benutzergruppe und durch Dritte. Innerhalb der drei Gruppen steht das erste Zeichen für Lese-, das zweite für Schreib- und das dritte für Ausführungsrechte. Wenn ein bestimmtes Recht gewährt ist, erscheint sein Buchstabe an der entsprechenden Position in der Dreiergruppe, ansonsten erscheint dort ein Strich.

In der Tabelle haben sämtliche Benutzer Leserecht für die Datei *gold*. Der Besitzer der Datei *bronze* – in diesem Falle *root* – hat Lese-, Schreib- und Ausführungsrecht, alle anderen Benutzer dürfen sie nur lesen und ausführen. Auf die Datei *platinum* dürfen die Besitzerin *chavez* und alle Mitglieder der Gruppe *physics* lesend und schreibend zugreifen – allen anderen haben nur Leserecht.

Die übrigen Einträge unterhalb der Trennlinie in Tabelle 2-4 sind zusätzliche Beispiele, die die standardmäßig vergebenen Rechte für einige typische Betriebssystemdateien aufzeigen.

Setzen der Zugriffsrechte

Mit dem chmod-Befehl werden die Zugriffsrechte für Dateien gesetzt:

> $ chmod *Zugriffs-String(s) Datei(en)*

Das zweite Argument von chmod ist ein *Zugriffs-String*, der die Rechte definiert, die Sie den Benutzern einer Datei gewähren oder entziehen wollen. Er besteht aus folgenden drei Teilen: dem Kürzel für eine oder mehrere Benutzerklassen, einem Operator und dem Kürzel für eine oder mehrere Zugriffsarten.

Abbildung 2-1 veranschaulicht die Struktur eines Zugriffs-Strings. Sie wählen ein oder mehrere Kürzel für die Benutzerklasse aus der ersten Spalte, einen Operator aus der mittleren Spalte sowie eine oder mehrere Zugriffsarten aus der dritten Spalte. Nun fügen Sie die drei Elemente zu einem einzelnen String zusammen. Der Zugriffs-String *u+w* bedeutet z.B., dass dem Benutzer, dem die Datei gehört, das Schreibrecht gewährt wird. Wenn Sie sich Schreibrecht auf die Datei *lead*, deren Besitzer Sie sind, einräumen wollen, geben Sie folgenden Befehl ein:

> $ chmod u+w lead

Um allen Benutzerklassen Schreibrecht zu gewähren, nutzen Sie die Zugriffsklasse *all*:

> $ chmod a+w lead

Zum Entziehen des Schreibrechts verwenden Sie anstelle des Pluszeichens ein Minuszeichen:

> $ chmod a-w lead

Mit dem nächsten Befehl räumen Sie allen Benutzern nur das Leserecht für die Datei *lead* ein:

> $ chmod a=r lead

Wenn zuvor ein Schreib- oder Ausführungsrecht für eine der drei Zugriffsklassen bestand, wird es durch diesen Befehl entfernt. Der Operator »=« überschreibt also vorherige Rechte.

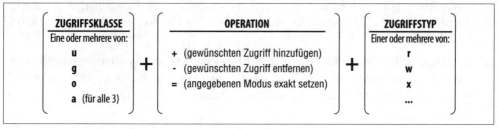

Abbildung 2-1: Konstruktion eines Zugriffs-Strings für chmod

Sie können chmod in einem Schritt mehrere Benutzerklassen und Zugriffstypen übergeben. Der Zugriffs-String *g-rw* z.B. entzieht der Gruppe sowohl das Lese- als auch das Schreibrecht. Ein Zugriffs-String der Art *go=r* gewährt der Gruppe und allen anderen Benutzern lediglich Lesezugriff und überschreibt eventuell Rechte, die zuvor aktiv waren. Der Zugriffs-String *go+rx* räumt der Gruppe sowie allen anderen Benutzern Lese- und Ausführungsrecht ein.

Es ist möglich, dem chmod-Befehl mehr als eine Kombination aus Operator und Zugriffstyp für eine Zugriffsklasse zu übergeben. Der Zugriffs-String *u+x-w* z.B. gewährt dem Besitzer Ausführungsrecht, entzieht ihm aber gleichzeitig das Schreibrecht. Durch Kommas (ohne folgenden Leerschritt) voneinander getrennt, können Sie mehrere Zugriffs-Strings miteinander kombinieren. Der folgende Befehl – auf die Dateien *bronze* und *brass* angewendet – gibt dem Benutzer zusätzlich das Schreibrecht, gleichzeitig gewährt er allen anderen Benutzern und der Gruppe das Leserecht und entzieht ihnen das Schreibrecht:

```
$ chmod u+w,og+r-w bronze brass
```

Mit der Option -R (für *rekursiv*) ist es möglich, die Zugriffsrechte für alle Dateien unterhalb eines Verzeichnisses in einem Schritt zu ändern. Wenn die Benutzerin *chavez* alle Dateien unterhalb ihres Home-Verzeichnisses vor dem Zugriff durch andere Benutzer schützen will, muss sie lediglich folgenden Befehl eingeben:

```
$ chmod -R go-rwx /home/chavez
```

Über die Grundlagen hinaus

Die bisherigen Ausführungen haben den chmod-Befehl sicherlich starrer erscheinen lassen, als er eigentlich ist. In Wirklichkeit ist er sehr flexibel. So können Sie etwa unter bestimmten Umständen sowohl die Zugriffsklasse als auch die Zugriffsart einfach weglassen.

Wird nämlich die Zugriffsklasse unterschlagen, wird standardmäßig *a* verwendet. So gewährt der folgende Befehl allen Benutzern Leserecht auf alle Dateien in und unterhalb des aktuellen Verzeichnisses (das durch einen einzelnen Punkt dargestellt wird):

```
$ chmod -R +r .
```

Auf einigen Systemen unterscheidet sich diese Kurzform aber von einem expliziten chmod a+r. Wird die Zugriffsklasse *a* weggelassen, werden die angegebenen Zugriffsrechte mit den momentan aktiven Standard-Zugriffsrechten, die in der so genannten *umask* festgelegt sind, verglichen. Gibt es hier Widersprüche, haben die Standard-Zugriffsrechte Priorität. Wir werden diesen Fall detailliert betrachten, wenn wir uns weiter unten im Kapitel mit der *umask* beschäftigen.

Wenn man jeglichen Zugriff für eine oder mehrere Zugriffsklassen entfernen möchte, kann man den Operator = ohne Angabe des Zugriffstyps einsetzen. Nach Ausführung des folgenden Befehls kann nur noch der Besitzer auf die Datei *lead* zugreifen:

```
$ chmod go= lead
```

Analog verhindert ein chmod = jeglichen Zugriff auf eine Datei (für einige Systeme gelten hier Einschränkungen, denen wir uns gleich widmen werden).

Der Zugriffstyp *X* vergibt nur dort Ausführungsrechte, wo bereits für eine Zugriffsklasse ein Ausführungsrecht gesetzt wurde. Eine typische Anwendung hierfür besteht darin, der Gruppe oder anderen Benutzern Lese- und Ausführungsrechte auf Verzeichnisse und ausführbare Dateien, aber nur Leserechte auf alle anderen Arten von Dateien zu gewähren, die sich in einem Unterverzeichnisbaum befinden (in der ersten Gruppe wird das Ausführungsrecht für den Benutzer voraussichtlich schon gesetzt sein). Hierzu ein Beispiel:

```
$ ls -lF
-rw-------  1 chavez chem609 Nov 29 14:31 data_file.txt
drwx------  2 chavez chem512 Nov 29 18:23 more_stuff/
-rwx------  1 chavez chem161 Nov 29 18:23 run_me*
$ chmod go+rX *
$ ls -lF
-rw-r--r--  1 chavez chem609 Nov 29 14:31 data_file.txt
drwxr-xr-x  2 chavez chem512 Nov 29 18:23 more_stuff/
-rwxr-xr-x  1 chavez chem161 Nov 29 18:23 run_me*
```

Durch die Verwendung von *X* verhindern Sie, dass *data_file.txt* unerwünschterweise ausführbar wird.

chmod akzeptiert auch *u*, *g* und *o* als Abkürzungen für die Zugriffstypen, die gerade für eine bestimmte Zugriffsklasse in Bezug auf eine bestimmte Datei aktiv sind. Das folgende Beispiel setzt für alle Dateien im aktuellen Verzeichnis den Zugriff durch andere Benutzer mit dem Zugriff durch die Benutzergruppe gleich:

```
$ chmod o=g *
```

Wenn Sie lieber mit dem oktalen Zahlensystem arbeiten oder wenn Sie schon lange mit Unix vertraut sind, ziehen Sie wahrscheinlich numerische Dateimodi kryptischen Eingaben wie *go+rX* vor.

Angabe numerischer Dateimodi

Die soeben beschriebene Methode zur Angabe der Dateimodi bedient sich einer *symbolischen* Darstellung, da hierbei Buchstabenkürzel für die Angabe von Zugriffsklassen und -typen verwendet werden. Der Modus kann aber auch mit absoluten Zahlenwerten angegeben werden, wobei die symbolische Darstellung, die der ls-Befehl ausgibt, in eine numerische Form überführt wird. Jede der drei Dreiergruppen wird nach folgendem Schema in eine einzelne Zahl umgerechnet: Ein erteiltes Zugriffsrecht entspricht einer binären 1, ein nicht erteiltes einer binären 0. Die resultierenden dreistelligen Binärzahlen werden in eine Ganzzahl zwischen 0 und 7 umgerechnet. Hier ein Beispiel:

	Benutzer			Gruppe			Rest		
Modus	r	w	x	r	-	x	r	-	-
Konvertierung in Binärzahl	1	1	1	1	0	1	1	0	0
Konvertierung in Dezimalzahl	7			5			4		
Entsprechender absoluter Wert				754					

Um die Datei *pewter* wie in diesem Beispiel zu schützen, übergeben Sie dem chmod-Befehl den Zugriffs-String 754:

```
$ chmod 754 pewter
```

Voreinstellung des Standardmodus für Dateien

Mit dem Befehl umask können Sie den Standardmodus für Dateien festlegen, die neu angelegt werden. Als Argument akzeptiert er eine dreistellige Zahl, die die Rechte repräsentiert, die *herausgefiltert* werden sollen, wenn eine neue Datei angelegt wird. Dieser Wert ist also das Komplement zum gewünschten numerischen Dateimodus.

Sie können den benötigten *umask*-Wert ausrechnen, indem Sie den Dateimodus, den Sie verwenden wollen, von 777 abziehen. Wollen Sie den Modus 754 erzielen, rechnen Sie 777 − 754 = 023. Dies ist der Wert, den Sie umask übergeben müssen:

```
$ umask 023
```

Sobald Sie diesen Befehl eingegeben haben, werden alle danach erstellten Dateien automatisch mit der Zugriffsberechtigung 754 erstellt (also -rwxr-x-r--). Der umask-Befehl wird für gewöhnlich in die systemweiten und in die benutzerspezifischen Initialisierungsdateien aufgenommen. Letztere kopieren Sie dem Benutzer ins Home-Verzeichnis, wenn Sie ihn neu anlegen (siehe Kapitel 6).

Wie wir bereits angesprochen haben, beeinflusst der Standardmodus das Ergebnis des chmod-Befehls, wenn keine bestimmte Zugriffsklasse angegeben wird:

```
% chmod +rx *
```

In diesen Fällen wird zunächst die aktuelle umask ausgewertet, bevor der Dateimodus geändert wird. Dies bedeutet, dass ein einzelnes Zugriffsrecht nur geändert wird, wenn die umask das Setzen dieses Rechtes zulässt.

Um diesen Aspekt des chmod-Befehls richtig einschätzen zu können, benötigen wir ein konkretes Beispiel:

```
$ umask            Zeigt die aktuelle umask an.
23
$ ls -l gold silver
----------   1 chavez   chem        609 Oct 24 14:31  gold
-rwxrwxrwx   1 chavez   chem      12874 Oct 22 23:14  silver
$ chmod +rwx gold
$ chmod -rwx silver
$ ls -l gold silver
-rwxr-xr--   1 chavez   chem        609 Nov 12 09:04  gold
-----w--wx   1 chavez   chem      12874 Nov 12 09:04  silver
```

Die aktuelle umask von 023 gewährt dem Benutzer maximal Vollzugriff, der Gruppe maximal Lese- und Ausführungsrecht und allen anderen Benutzern maximal Leserecht. Der erste chmod-Befehl reagiert erwartungsgemäß, da die Zugriffsrechte unter Berücksichtigung der umask gesetzt werden. Das Zusammenspiel der aktuellen umask und des chmod-Operators »−« wirkt auf den ersten Blick verblüffend: Der zweite chmod-Befehl löscht nämlich nur diejenigen Zugriffsbits, die laut der umask *erlaubt* sind. In diesem Fall bleiben das Schreibrecht für die Gruppe und das Schreib- und Ausführungsrecht für alle anderen erhalten.

Spezielle Zugriffsmodi

Die einfachen Zugriffsmodi, die oben beschrieben wurden, schöpfen die Möglichkeiten von Unix noch lange nicht aus. Tabelle 2-5 fasst die anderen definierten Dateimodi zusammen.

Tabelle 2-5: Spezielle Zugriffsmodi

Code	Name	Bedeutung
t	Save Text Mode; Sticky Bit	Dateien: Ausführbare Programme werden nach Beendigung im Arbeitsspeicher gehalten. Verzeichnisse: Benutzer können nur ihre eigenen, nicht aber Dateien anderer Benutzer in dem Verzeichnis löschen.
s	Set UID	Dateien: Setzt die Benutzer-ID des Prozesses auf die des Besitzers der Programmdatei.
s	Set GID	Dateien: Setzt die Gruppen-ID des Prozesses auf die der Gruppe der Programmdatei. Verzeichnisse: Neu erzeugte Dateien erben den Gruppenbesitzer des Verzeichnisses.
l	File locking	Dateien: Erzwingt ein File-Locking beim Lesen und Schreiben der Datei (bei Solaris, Tru64 und einigen Linux-Distributionen). Dieser Modus wird über die Zugriffsklasse »Gruppe« aktiviert und setzt voraus, dass der Zugriffstyp »Ausführen« nicht gesetzt ist. Wird als »S« in einem langen Listing (ls -l) ausgegeben.

Der Zugriffsmodus *t* aktiviert das *Sticky Bit* (dessen offizieller Name »*save text mode*« ist, woher sich das *t* ableitet). Dieses weist das Betriebssystem an, das ausführbare Abbild des Programms im Speicher zu halten, selbst nachdem der Prozess, der es verwendete, beendet wurde. Moderne Unix-Versionen unterstützen diesen »Kunstgriff« nicht länger. Die zugrunde liegende Idee war, den Overhead bei der Ausführung häufig benötigter Programme wie dem *vi* zu minimieren. Wir werden uns mit dem Sticky Bit weiter unten im Zusammenhang mit Verzeichnissen beschäftigen.

Wird eine ausführbare Datei, die mit dem Modus SUID (»set user ID«) oder SGID (»set group ID«) versehen ist, ausgeführt, dann läuft der resultierende Prozess nicht unter der Kennung des aufrufenden Benutzers, sondern unter der des Besitzers bzw. der Gruppe der ausführbaren Datei. Wir werden diese speziellen Zugriffsmodi später im Abschnitt »Prozesse« genauer betrachten.

Save-Text-Zugriff auf Verzeichnisse

Das Sticky Bit hat in Bezug auf Verzeichnisse eine ganz andere Bedeutung. Wenn es für ein Verzeichnis gesetzt ist, kann ein Benutzer nur noch die Dateien löschen, die er entweder besitzt oder auf die er Schreibberechtigung hat – und dies sogar, wenn er Schreibberechtigung auf das übergeordnete Verzeichnis hat (hier wird also das Standardverhalten von Unix außer Kraft gesetzt). Diese Eigenschaft ist im Hinblick auf Verzeichnisse wie */tmp* geschaffen worden, die für alle Benutzer beschreibbar sein müssen, in denen aber kein Benutzer in der Lage sein darf, willkürlich Dateien zu löschen.

Das Sticky Bit wird über die Zugriffsklasse »Benutzer« gesetzt. Der folgende Befehl aktiviert das Sticky Bit für das Verzeichnis */tmp*:

```
# chmod u+t /tmp
```
Merkwürdigerweise wird das Sticky Bit bei ausführlichen Verzeichnis-Listings in dem Feld ausgegeben, das für die Ausführungsrechte für alle anderen Benutzer vorgesehen ist:
```
$ ls -ld /tmp
drwxrwxrwt   2 root         8704  Mar 21 00:37  /tmp
```

Setgid-Zugriff auf Verzeichnisse

Der Setgid-Zugriff auf Verzeichnisse hat eine besondere Bedeutung. Wenn dieser Modus gesetzt ist, gehören Dateien, die in diesem Verzeichnis angelegt werden, zur Benutzergruppe des übergeordneten Verzeichnisses und nicht zur primären Gruppe des Besitzers. Hiermit lässt sich das Standardverhalten von BSD-basierten Systemen (FreeBSD und Tru64) emulieren. Dieser Ansatz ist sehr nützlich, wenn mehrere Gruppen von Benutzern gemeinsamen Zugriff auf eine große Anzahl von Dateien benötigen. Indem sie in einem gemeinsamen Verzeichnis mit gesetztem setgid-Attribut arbeiten, werden automatisch die richtigen Gruppenbesitzrechte für neue Dateien gesetzt, selbst wenn die Mitglieder der Gruppe nicht der gleichen primären Benutzergruppe angehören.

Um das SGID-Attribut für ein Verzeichnis zu setzen, verwenden Sie z. B.:
```
# chmod g+s /pub/chem2
```

Numerische Entsprechungen der speziellen Zugriffsmodi

Die speziellen Zugriffsmodi können auch numerisch gesetzt werden. Hierzu dient eine zusätzliche Zahl, die dem Dateimodus vorangestellt wird. Das Sticky Bit entspricht einer 1, SGID/File-Locking einer 2 und SUID einer 4. Hierzu einige Beispiele:

```
# chmod 4755 uid         SUID-Zugriff
# chmod 2755 gid         SGID-Zugriff
# chmod 6755 both        SUID- und SGID-Zugriff
# chmod 1777 sticky      Sticky Bit
# chmod 2745 locking     File-Locking (Beachten Sie, dass das Ausführungsrecht für die Gruppe
                         deaktiviert ist)
# ls -ld
-rwsr-sr-x   1 root    chem       0 Mar 30 11:37 both
-rwxr-sr-x   1 root    chem       0 Mar 30 11:37 gid
-rwxr-Sr-x   1 root    chem       0 Mar 30 11:37 locking
drwxrwxrwt   2 root    chem    8192 Mar 30 11:39 sticky
-rwsr-xr-x   1 root    chem       0 Mar 30 11:37 uid
```

Erkennen von Dateizugriffsproblemen

Eine Faustregel für alle Arten von Benutzerproblemen lautet: Im Normalfall handelt es sich um ein Problem mit dem Dateibesitz oder den Zugriffsrechten.[3] Im Ernst: Die meisten Probleme, auf die Benutzer stoßen – abgesehen von Hardwareproblemen –, fallen unter die Kategorie der Dateizugriffsprobleme. Ein klassisches Indiz für ein solches Problem ist, dass etwas plötzlich nicht mehr funktioniert, obwohl es gestern, letzte Woche oder sogar

---

3 Das war zumindest der Fall, als es das Internet noch nicht gab.

letztes Jahr noch einwandfrei lief. Ein anderer Hinweis ist, wenn etwas bei *root* anders funktioniert als bei den anderen Benutzerkennungen.

Damit ein Programm oder Befehl ordnungsgemäß funktionieren kann, muss der Zugriff auf benötigte Ein- und Ausgabedateien, temporäre Bereiche und Dateien sowie spezielle Dateien unterhalb von */dev* (die als Geräte-Interfaces dienen) gewährleistet sein.

Solche Probleme lassen sich entweder auf falsch gewählte Zugriffsrechte auf Dateien oder auf eine falsche Einrichtung der Benutzer- und Gruppenbesitzverhältnisse an diesen Dateien zurückführen.

Das kniffligste Problem dieser Art, mit dem ich es jemals zu tun hatte, erlebte ich auf einer Kundenschulung vor Ort. Aus heiterem Himmel verweigerte der dort hauptsächlich verwendete Texteditor – ein Klon des VAX/VMS-Editors EDT – seinen Dienst. Er schien völlig normal zu starten, brach dann aber jäh beim Einlesen seiner Initialisierungsdatei ab. Der Editor versah aber ohne Murren seinen Dienst, wenn *root* ihn startete. Der lokale Systemverwalter gab zu, am vorangegangenen Wochenende ein paar Dinge geändert zu haben, an die er sich aber nicht mehr genau erinnern konnte. Ich überprüfte die Zugriffsrechte aller Dinge, die mir einfielen, konnte aber nichts entdecken. Ich überprüfte sogar die Gerätedateien der physikalischen Festplatten im */dev*-Verzeichnis. Als mir dann meine Firma eine Debugging-Version des Editors schickte, konnte ich den Übeltäter als */dev/null* festmachen. Der lokale Systemverwalter hatte entschieden, dass diese Datei vor zufälligen Zugriffen geschützt werden müsste!

Aus dieser Geschichte lassen sich mindestens drei Lehren ableiten:

- Für den lokalen Systemverwalter: *Jede* Änderung muss getestet werden, bevor die nächste angegangen werden kann. Durch unsystematisches Vorgehen erleiden Sie unweigerlich Schiffbruch. Sie müssen alle Änderungen parallel dokumentieren. Dadurch wird die Fehlersuche enorm vereinfacht.
- Für mich: Wenn es schon klar ist, dass es sich um ein Zugriffsproblem handelt, dann muss *jede erdenkliche Stelle* überprüft werden.
- Für den Programmierer des Editors: Werten Sie *immer* die Rückgabewerte von Systemaufrufen aus (aber das wäre ein Thema für ein anderes Buch).

Wenn Sie ein Zugriffsproblem vermuten, führen Sie das Programm oder den Befehl als *root* aus. Wenn es dann funktioniert, lagen Sie mit Ihrer Vermutung genau richtig.

Eine typische und unbeabsichtigte Ursache von Zugriffsproblemen ist das Editieren von Dateien als *root*. Einige Editoren ändern nämlich beim Speichern den ursprünglichen Besitzer der Datei. Hier das kurioseste Beispiel, das mir diesbezüglich zu Ohren gekommen ist: Jemand editierte eine Datei als *root* mit einem Editor, der beim Speichern im Verzeichnis der bearbeiteten Datei automatisch ein Backup erzeugt. Dabei wurde wegen eines Softwarefehlers immer *root* zum Besitzer des übergeordneten Verzeichnisses erklärt.[4] Da

---

4 Sicherlich hatte auch das Betriebssystem eine Macke, denn das Hinzufügen eines Eintrags in die Verzeichnisdatei sollte niemals die Besitzverhältnisse des Verzeichnisses ändern.

das nun aber in dem von UUCP genutzten Verzeichnis passierte und UUCP nur korrekt arbeitet, wenn das Verzeichnis dem Benutzer *uucp* gehört, hat diese unscheinbare Änderung einer unbedeutenden Datei ein ganzes Subsystem zum Absturz gebracht. Ein simples chown uucp auf das Verzeichnis war die Lösung des Problems.

Abbildung von Dateien auf Festplatten

In diesem Abschnitt werden wir uns mit Dateien und ihrer Organisation auf einem Datenträger beschäftigen. Normale Systembenutzer, die auf Dateien zugreifen, müssen nicht wissen, welchen physikalischen Speicherorten die Dateien zugeordnet sind. Ein Systemverwalter hingegen sollte zumindest ein grundsätzliches Verständnis davon haben, wie Unix Dateien und Festplattenblöcke aufeinander abbildet, welche unterschiedlichen Dateitypen es gibt und wie die unterschiedlichen Befehle zum Manipulieren des Dateisystems funktionieren.

Die Datenstruktur auf einem Datenträger, die die Eigenschaften einer Datei inklusive ihres Speicherorts beschreibt und aufnimmt, wird *Inode* (kurz für »information node«, sprich: »eye-node«) genannt. Wenn ein Dateisystem erstellt wird, wird eine bestimmte Anzahl von Inodes angelegt. Im Normalfall entspricht sie der Höchstmenge an Dateien (inklusive Verzeichnissen, Gerätedateien und Verweisen), die in dem Dateisystem gespeichert werden können. Eine typische Formel lautet: ein Inode pro 8 KByte Speicherplatz. Unter den meisten Umständen sollte dieser Wert vollkommen ausreichen.[5] Inodes werden eindeutig durchnummeriert und zu jeder Datei existiert ein Inode. Wenn eine Datei neu angelegt wird, wird ihr ein freier Inode zugeordnet.

Die Information, die in einem Inode gespeichert ist, umfasst:

- Benutzer- und Gruppen-ID der Besitzer.
- Dateityp (normal, Verzeichnis usw. oder 0, wenn der Inode unbenutzt ist).
- Zugriffsmodi.
- Zeitpunkt der Erstellung des Inodes, des letzten lesenden und des letzten ändernden Dateizugriffs.
- Anzahl der harten Links auf die Datei (Links werden wir weiter unten im Kapitel betrachten). Ist der Inode unbenutzt, ist der Wert 0. Bei den meisten regulären Dateien ist der Wert 1.
- Dateigröße.

---

[5] Natürlich gibt es hier Ausnahmen: Dateisysteme, die eine enorme Menge sehr kleiner Dateien enthalten. Ein klassisches Beispiel hierfür ist das Spool-Verzeichnis für Network-News (wenngleich einige aktuelle News-Server bereits eine bessere Speichermethode einsetzen). News-Dateien sind sowohl sehr klein als auch unglaublich zahlreich. Ihre Vielzahl kann die normale Höchstgrenze für Inodes übersteigen. Eine andere potentielle Gefahrenquelle sind Systeme, die eine Unmenge symbolischer Links erzeugen, wie z.B. Versionskontrollsysteme für die Softwareentwicklung. Solche Faktoren müssen Sie bei der Einrichtung einer Festplatte einkalkulieren (siehe Kapitel 10). Im anderen Extremfall können Sie bei Dateisystemen, die nur eine geringe Anzahl sehr großer Dateien enthalten, eine nicht unerhebliche Menge an Festplattenplatz einsparen, indem Sie sie mit einer geringen Anzahl von Inodes einrichten.

- Festplattenadressen:
    - der Blöcke, die von der Datei belegt werden, und/oder
    - der Blöcke, die Festplattenadressen von Blöcken enthalten, die von der Datei belegt werden (*indirekte Blöcke*), und/oder
    - der Blöcke, die Festplattenadressen von Blöcken enthalten, die ihrerseits Festplattenadressen von Blöcken enthalten, die von der Datei belegt werden (*zweifach indirekte Blöcke*).[6]

Abgesehen vom Dateinamen und Verzeichniseinträgen werden alle zu einer Datei gehörenden Informationen in ihrem Inode gespeichert. Die Inodes selbst werden an irgendeiner Stelle auf der Festplatte gespeichert.

Für Unix-Systeme gilt, dass alles in Form von Dateien organisiert ist: Selbst Ein- und Ausgabegeräte werden vom Betriebssystem in Form von Dateien zur Verfügung gestellt. Es gibt eine Reihe unterschiedlicher Dateiarten, die alle spezifische Funktionen übernehmen.

Gewöhnliche Dateien

Dateien, die Daten enthalten, sind »gewöhnliche Dateien«. Normalerweise werden sie einfach als »Dateien« bezeichnet. Es handelt sich um ASCII-Textdateien, Dateien, die binäre Daten enthalten, ausführbare Binärprogramme, Programmein- und -ausgaben usw.

Verzeichnisse

Ein Verzeichnis ist eine Binärdatei, die eine Liste der Dateien (und evtl. weiterer Verzeichnisse) enthält, die unter dem Verzeichnis zusammengefasst werden. Verzeichniseinträge bilden Dateinamen auf Inode-Nummern ab. Dadurch werden Inodes und Verzeichniseinträge miteinander verknüpft. Die Daten auf der Festplatte enthalten selbst nämlich keinerlei Informationen über ihren Speicherort im Dateisystem.

Gerätedateien

Geräteein- und -ausgaben vollziehen sich unter Unix über Gerätedateien (so genannte *spezielle Dateien*). Diese befinden sich im Verzeichnis */dev* und seinen Unterverzeichnissen, bei Solaris auch im Verzeichnis */devices*.

Im Allgemeinen lassen sich zwei Arten von Gerätedateien unterscheiden: *zeichenorientierte Gerätedateien* für den Zugriff auf zeichenorientierte Geräte und *blockorientierte Gerätedateien* für den Zugriff auf blockorientierte Geräte. Erstere dienen dem ungepufferten Datenaustausch mit einem Gerät wie z.B. einem Terminal. Letztere werden immer dann eingesetzt, wenn Daten in Blöcken – d.h. Einheiten von festgelegter Größe – übertragen werden. Für einige Geräteklassen wie z.B. Festplatten existieren beide Arten von Einträgen. Für gewöhnlich beginnen die Namen von zeichenorientierten Gerätedateien mit einem *r* (für »raw«, roh) – zum Beispiel *dev/rsd0a* – oder sie befinden sich in Unterver-

---

[6] Traditionelle System V-Implementierungen und FreeBSD kennen sogar *dreifach indirekte Blöcke*.

zeichnissen von /dev, deren Namen mit einem r beginnen – zum Beispiel /dev/rdsk/ c0t3d0s7. Die entsprechenden blockorientierten Gerätedateien haben den gleichen Namen ohne das führende r (z. B. /dev/disk0a, /dev/dsk/c0t3d0s7). Gerätedateien werden wir später in diesem Kapitel noch genauer behandeln.

Links

Ein *Link* macht es möglich, ein und dieselbe Datei auf der Festplatte über verschiedene Dateinamen (genauer: Verzeichniseinträge) anzusprechen. Man unterscheidet zwei Arten von Links: *harte Links* und *symbolische (Soft-)Links*. Ein harter Link ordnet zwei (oder mehrere) Dateinamen dem gleichen Inode zu. Harte Links sind unabhängige Verzeichniseinträge, die sich alle auf die gleichen Blöcke auf der Festplatte beziehen. Das Kommando

```
$ ln index hlink
```

erzeugt z. B. den Eintrag *hlink* im aktuellen Verzeichnis, der den gleichen Inode wie *index* hat. Der Verweiszähler (»link count«) in dem entsprechenden Inode wird um 1 erhöht. Harte Links können nur innerhalb des gleichen Dateisystems angelegt werden, da Inode-Nummern nur innerhalb eines Dateisystems eindeutig sind. Harte Links sollten sich nur auf Dateien und nicht auf Verzeichnisse beziehen. Korrekte Implementierungen des ln-Befehls tragen diesem Umstand Rechnung, indem sie das Anlegen von harten Links auf Verzeichnisse unterbinden.

Symbolische Links hingegen sind Dateien, die auf eine andere Datei oder ein anderes Verzeichnis zeigen. Da sie auf einen Pfad und nicht auf einen bestimmten Inode verweisen, funktionieren symbolische Links auch dateisystemübergreifend.

Symbolische Links werden mit der ln-Option -s erzeugt.

Die zwei Arten von Links verhalten sich zwar sehr ähnlich, sind aber keinesfalls identisch. Nehmen wir einmal an, dass auf die Datei *index* ein harter Link *hlink* und ein symbolischer Link *slink* angelegt wurden. Wenn man sich nun den Inhalt von *hlink* und *slink* mit dem cat-Befehl anschaut, ergeben sich keine Unterschiede. *index* und *hlink* verweisen beide auf den gleichen Inode, der seinerseits auf die gleichen Datenblöcke auf der Festplatte verweist. Der Inode für *slink* verweist auf einen Datenblock, der den Pfadnamen von *index* enthält, über dessen Inode schließlich auf dieselben Datenblöcke zugegriffen wird.

Beim Auflisten des Verzeichnisinhalts wird sich *hlink* in nichts von *index* unterscheiden. Da beide auf die gleichen Datenblöcke verweisen, wirken sich Veränderungen immer auf beide aus. Wenn man eine der beiden Dateien mit dem mv-Kommando verschiebt, hat das keine Auswirkungen auf die andere Datei, denn Verschieben bedeutet lediglich Verändern eines Verzeichniseintrags (denken Sie daran, dass Pfadnamen nicht im Inode gespeichert werden). Wenn man nun *index* löscht, hat das keinen Einfluss auf *hlink*, dessen Verzeichniseintrag nach wie vor auf den gleichen Inode verweist (die dazugehörigen Festplattenblöcke werden nur dann freigegeben, wenn der Verweiszähler eines Inodes null erreicht).

Wird jetzt im aktuellen Verzeichnis eine neue Datei namens *index* angelegt, wird es keine Verbindung zwischen ihr und *hlink* geben, da neuen Dateien ein freier Inode zugewiesen wird. Obwohl harte Links über das Referenzieren einer existenten Datei angelegt werden, beziehen sie sich auf einen Inode, nicht auf eine andere Datei. Genau genommen handelt es sich bei allen gewöhnlichen Dateien um harte Links, d. h. Inodes mit einem Verweiszähler ≥ 1.

Ein symbolischer Link *slink* auf die Datei *index* wird sich gänzlich anders verhalten. Er erscheint als separater Eintrag in einem Verzeichnis-Listing, und zwar mit einem vorangestellten »l« im Dateimodus-String:

```
% ls -l
-rw-------  2 chavez  chem  5228 Mar 12 11:36 index
-rw-------  2 chavez  chem  5228 Mar 12 11:36 hlink
lrwxrwxrwx  1 chavez  chem     5 Mar 12 11:37 slink -> index
```

Bei symbolischen Links handelt es sich immer um sehr kleine Dateien, wohingegen jeder harte Link auf eine Datei (Inode) exakt die gleiche Größe aufweist (*hlink* ist somit genauso groß wie *index*).

Änderungen am Inhalt der Datei wirken sich aus, egal ob man nun über den echten Dateinamen oder über den symbolischen Link referenziert. Wird *index* gelöscht, zeigt der symbolische Link *slink* ins Nichts. Wird aber nun eine neue Datei mit dem Namen *index* erstellt, verweist *slink* wieder auf *index*.[7] Das Löschen von *slink* hat keinen Einfluss auf *index*.

Abbildung 2-2 veranschaulicht die Unterschiede zwischen harten und symbolischen Links. In der ersten Abbildung teilen sich *index* und *hlink* den Inode N1 und die mit ihm verknüpften Datenblöcke. Der symbolische Link *slink* hat einen anderen Inode, N2, der auf andere Datenblöcke verweist. Deren Inhalt ist der Pfadname auf *index*.[8] Deshalb erreicht man über *slink* letztendlich die Datenblöcke zu Inode N1.

Wird *index* gelöscht (vgl. mittlere Abbildung), verweist *hlink* über seinen eigenen Verzeichniseintrag auf Inode N1. Ein Zugreifen auf *slink* wird hingegen eine Fehlermeldung hervorrufen, da der Pfadname, den *slink* referenziert, nicht existiert. Wird eine neue Datei *index* angelegt (vgl. untere Abbildung), wird ihr der neue Inode N3 zugeordnet. Diese neue Datei hat keine Beziehung zu *hlink*, wird aber von *slink* als neues Ziel angesehen und referenziert.

Im Kontext symbolischer Links auf Verzeichnisse verhält sich der cd-Befehl unvorhergesehen – wie die folgenden Beispiele zeigen:

```
$ pwd; cd ./htdocs
/home/chavez
$ cd ../bin
../bin: No such file or directory.
$ pwd
/public/web2/apache/htdocs
```

---

7 Symbolische Links werden erst dann ausgewertet, wenn auf sie zugegriffen wird. Deshalb kann man nicht wirklich sagen, dass sie zu einem anderen Zeitpunkt auf irgendetwas hinweisen. Konzeptuell ist das aber genau ihre Funktion.

8 Einige Betriebssysteme (inkl. FreeBSD) speichern den Zielpfad eines symbolischen Links in dem Inode selbst. Sie tun dies aber nur dann, wenn der Zielpfad eine gewisse Länge nicht überschreitet.

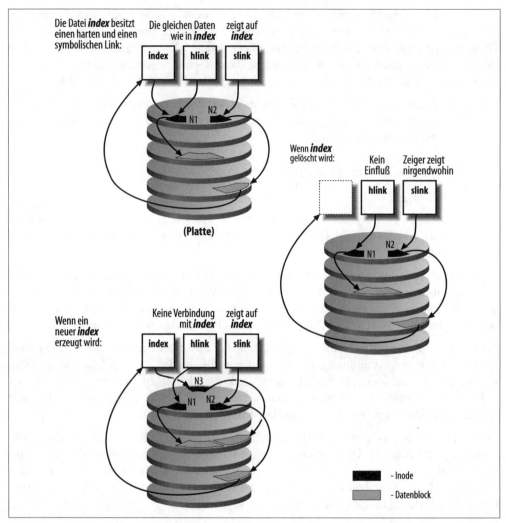

Abbildung 2-2: Vergleich zwischen harten und symbolischen Links

```
$ ls -l /home/chavez/htdocs
lrwxrwxrwx   1 chavez chem    18 Mar 30 12:06 htdocs ->
                              /public/web/apache/htdocs
```

Das Unterverzeichnis *htdocs* im aktuellen Verzeichnis ist ein symbolischer Link (sein Ziel wird durch den letzten Befehl ausgegeben). Aus diesem Grund erzielt der zweite cd-Befehl nicht den erwünschten Effekt und das aktuelle Verzeichnis wird nicht auf */home/chavez/bin* geändert. Ein ähnlicher Effekt würde durch einen Befehl wie den folgenden hervorgerufen werden:

```
$ cd /home/chavez/htdocs/../cgi-bin; pwd
/public/web2/apache/cgi-bin
```

Nähere Informationen zu Links entnehmen Sie der Manpage zu `ln`. Außerdem sollten Sie mit dem Erzeugen und Verändern gelinkter Dateien experimentieren.

Kontextabhängige symbolische Links unter Tru64

In einem Cluster unter Tru64 handelt es sich bei vielen standardisierten Systemdateien und -verzeichnissen in Wahrheit um eine Sonderform symbolischer Links, die *kontextabhängige symbolische Links* genannt werden (»context-dependent symbolic links«, kurz: CDSLs). Sie verfügen über einen variablen Bestandteil, der zum Zeitpunkt des Zugriffs auf einen bestimmten Host des Clusters abgebildet wird. Betrachten Sie zum Beispiel folgendes Verzeichnislisting (die Ausgabe ist an die Seitenbreite entsprechend angepasst):

```
$ ls -lF /var/adm/c*
-rw-r--r--   1 root     system    91 May 30 13:07  cdsl_admin.inv
-rw-r--r--   1 root     adm      232 May 30 13:07  cdsl_check_list
lrwxr-xr-x   1 root     adm       43 Jan  3 12:09  collect.dated@ ->
                                   ../cluster/members/{memb}/adm/collect.dated
lrwxr-xr-x   1 root     adm       35 Jan  3 12:04  crash@         ->
                                   ../cluster/members/{memb}/adm/crash/
lrwxr-xr-x   1 root     adm       34 Jan  3 12:04  cron@          ->
                                   ../cluster/members/{memb}/adm/cron/
```

Bei den ersten beiden Dateien handelt es sich um gewöhnliche Dateien, die im lokalen */var/adm*-Verzeichnis liegen. Bei den drei darauf folgenden Dateien handelt es sich um kontextabhängige symbolische Links, die durch den *{memb}*-Bestandteil kenntlich gemacht werden. Wenn Sie auf eine solche Datei zugreifen, wird dieser Bestandteil zu *memb*n aufgelöst, wobei »n« der Nummer eines bestimmten Hosts innerhalb des Clusters entspricht.

Es kann vorkommen, dass Sie einen solchen Link mit dem `mkcdsl`-Befehl anlegen müssen. Hierzu ein Beispiel (Ausgabe angepasst):

```
# cd /var/adm
# mkcdsl pacct
# ls -l pacct
lrwxr-xr-x   1 root     adm       43 Jan  3 12:09  pacct ->
                                   ../cluster/members/{memb}/adm/pacct
```

Alternativ kann auch der Befehl `ln -s` zur Erzeugung eines kontextabhängigen symbolischen Links eingesetzt werden:

```
# ln -s "../cluster/members/{memb}/adm/pacct" ./pacct
```

Mit dem Befehl `cdslinvchk -verify` können Sie überprüfen, ob alle erwarteten CDSLs auf einem System vorhanden sind. Er schreibt sein Ergebnis in die Datei */var/adm/cdsl_check_list*. Hier ein Auszug (Ausgabe angepasst):

```
Expected CDSL: ./usr/var/X11/Xserver.conf ->
  ../cluster/members/{memb}/X11/Xserver.conf
An administrator or application has replaced this CDSL with:
-rw-r--r-- 1 root system 4545     Jan 3 12:41
                       /usr/var/X11/Xserver.conf
```

Der Bericht meldet einen fehlenden CDSL.

Sockets

Ein Socket (offiziell: *Unix Domain Socket*) ist ein besonderer Dateityp für die Kommunikation zwischen Prozessen. Man kann sich einen Socket als einen Endpunkt einer Kommunikation vorstellen, der an einen bestimmten lokalen Systemport gebunden ist und an den Prozesse »andocken« können. Auf BSD-ähnlichen Systemen wird z.B. der Socket */dev/printer* benutzt, um dem lpd-Daemon (dem Drucker-Spooler) mitzuteilen, dass Aufträge zur Abarbeitung anstehen.

Named Pipes

»Named Pipes« werden von Prozessen geöffnet, um mit anderen Prozessen kommunizieren zu können. Sie sind *benannt*, da sie von Prozessen über ihre Pfadnamen angesprochen werden. Ursprünglich aus der System V-Welt stammend, haben sie Einzug in alle Unix-Versionen gefunden. Named Pipes liegen häufig im Verzeichnis */dev*. Sie sind ebenfalls als FIFOs bekannt (für »first-in, first-out«).

Dateiarten und ls

Ein ausführliches Dateilisting mit ls -l gibt für jede Datei an erster Stelle des Modus-Strings die Dateiart aus:

- \- Gewöhnliche Datei (harter Link)
- d Verzeichnis
- l Symbolischer Link
- b Blockorientierte Gerätedatei
- c Zeichenorientierte Gerätedatei
- s Socket
- p Named Pipe

Das folgende ausführliche Listing enthält ein Beispiel für jede oben besprochene Dateiart:

```
-rw------- 2 chavez  chem      28 Mar 12 11:36 gold.dat
-rw------- 2 chavez  chem      28 Mar 12 11:36 hlink.dat
drwx------ 2 chavez  chem     512 Mar 12 11:36 old_data
lrwxrwxrwx 1 chavez  chem       8 Mar 12 11:37 zn.dat -> gold.dat
brw-r----- 1 root    system     0 Mar  2 15:02 /dev/sd0a
crw-r----- 1 root    system     0 Jun 12  1989 /dev/rsd0a
srw-rw-rw- 1 root    system     0 Mar 11 08:19 /dev/log
prw------- 1 root    system     0 Mar 11 08:32 /usr/lib/cron/FIFO
```

Beachten Sie, dass die Option -l das Ziel eines symbolischen Links angibt (nach dem Symbol ->).

ls kennt noch eine andere Option, mit der sich Dateiarten identifizieren lassen. Auf vielen Systemen hängt die Option -F ein Sonderzeichen an den Dateinamen an, das die Dateiart kennzeichnet:

```
-rw------- 2 chavez  chem      28 Mar 12 11:36 gold.dat
-rw------- 2 chavez  chem      28 Mar 12 11:36 hlink.dat
```

```
drwx------  2 chavez  chem     512 Mar 12 11:36  old_data/
-rwxr-x---  1 chavez  chem   23478 Feb 23 09:45  test_prog*
lrwxrwxrwx  1 chavez  chem       8 Mar 12 11:37  zn.dat@ -> gold.dat
srw-rw-rw-  1 root    system     0 Mar 11 08:19  /dev/log=
prw-------  1 root    system     0 Mar 11 08:32  /usr/lib/cron/FIFO|
```

Ein Sternchen steht für eine ausführbare Datei (Programm oder Skript). Einige Versionen von ls unterstützen auch die Option -o, die bewirkt, dass die Dateinamen in der letzten Spalte des Listings ihrer Dateiart entsprechend in unterschiedlichen Farben ausgegeben werden.

Mit der Option -i können Sie ls anweisen, die Inode-Nummer zu jedem Dateinamen mit auszugeben. Damit lassen sich harte Links ausfindig machen. Hier ein Beispiel:

```
$ ls -i /dev/rmt0 /dev/rmt/*
290 /dev/rmt0 293 /dev/rmt/c0d6ln
292 /dev/rmt/c0d6h291 /dev/rmt/c0d6m
295 /dev/rmt/c0d6hn294 /dev/rmt/c0d6mn
290 /dev/rmt/c0d6l
```

Anhand dieser Ausgabe können wir feststellen, dass die beiden Gerätedateien */dev/rmt0* (das Standard-Bandlaufwerk für viele Befehle wie z.B. tar) und */dev/rmt/c0d6l* übereinstimmen, da sie beide auf den Inode 290 zeigen.

ls kann nicht zwischen Text- und Binärdateien unterscheiden (beide sind gewöhnliche Dateien). Hierzu benötigen Sie den file-Befehl:

```
# file *
appoint:   ... executable not stripped
bin:       directory
clean:     symbolic link to bin/clean
fort.1:    empty
gold.dat:  ascii text
intro.ms:  [nt]roff, tbl, or eqn input text
run_me.sh: commands text
xray.c:    ascii text
```

Die Datei *appoint* ist eine ausführbare Datei. Die zusätzlichen Informationen, die zu Dateien ausgegeben werden, variieren von System zu System. Beachten Sie, dass file den Inhalt von ASCII-Dateien leider nur mit unterschiedlichem Erfolg bestimmt.

Prozesse

Vereinfacht ausgedrückt ist ein *Prozess* ein einzelnes ausführbares Programm, das in seinem eigenen Adressraum abläuft.[9] Er unterscheidet sich von einem Job oder einem Befehl, der aus mehreren Prozessen bestehen kann, die zusammen genommen eine bestimmte Aufgabe bewerkstelligen. Einfache Befehle wie ls werden als einzelne Prozesse ausgeführt. Eine mittels Pipes zusammengesetzte Befehlskette wird einen Prozess pro Pipe-Segment ausführen. Auf Unix-Systemen werden CPU-Ressourcen zum Großteil über die Kontrolle

---

9   Ich unterscheide an dieser Stelle nicht zwischen Prozessen und Threads (d.h. Ausführungspfaden innerhalb eines Programms).

von Prozessen geregelt, da im Gegensatz zu anderen Multitasking-Betriebssystemen Verfahren wie Ressourcenzuteilung und Stapelverarbeitung unterentwickelt sind oder sogar gänzlich fehlen.

Es gibt eine Reihe unterschiedlicher Prozessarten unter Unix. Wir betrachten hier die gängigsten.

Interaktive Prozesse

Interaktive Prozesse werden von einer Terminal-Sitzung aus gestartet und kontrolliert. Sie können entweder im *Vordergrund* oder im *Hintergrund* ablaufen. Vordergrundprozesse bleiben an das Terminal gekoppelt, das Terminal kommuniziert direkt mit ihnen. Sie führen immer dann einen Vordergrundprozess aus, wenn Sie einen Unix-Befehl eingeben und auf seine Ausgabe warten.

Läuft ein Vordergrundprozess ab, so nimmt nur er direkte Eingaben vom Terminal entgegen. Lassen Sie z.B. den diff-Befehl den Inhalt zweier sehr großer Dateien miteinander vergleichen, können Sie erst dann wieder weitere Befehle eingeben, wenn er sich regulär beendet hat (oder Sie ihn mit Strg-C abgebrochen haben).

Job-Kontrolle ermöglicht das beliebige Bewegen von Prozessen in den Vorder- oder Hintergrund. Wird ein Prozess aus dem Vorder- in den Hintergrund verschoben, wird er vorübergehend gestoppt, und die Kontrolle wird an den übergeordneten Prozess, den so genannten *Elternprozess*, übergeben (in der Regel eine Shell). Der Hintergrund-Job kann wieder aufgenommen werden und losgelöst von der Terminal-Sitzung weiterlaufen, über die er gestartet wurde. Er kann aber auch wieder in den Vordergrund geholt werden und wieder der aktuelle Prozess des Terminals werden. Es ist ebenfalls möglich, einen Prozess direkt als Hintergrundprozess zu starten.

Tabelle 2-6 enthält eine Auflistung der in die gängigen Shells eingebauten Befehle zum Steuern von Vorder- und Hintergrundprozessen.

Tabelle 2-6: Steuerung von Prozessen

Befehl	Bedeutung und Beispiele
&	Befehl im Hintergrund ausführen. `$ long_cmd &`

^Z	Vordergrundprozess stoppen.
	 `$ long_cmd`
	 `^Z  Stopped`
	 `$`

jobs	Hintergrundprozesse anzeigen lassen.
	 `$ jobs`
	 `[1] - Stopped emacs`
	 `[2] - big_job &`
	 `[3] + Stopped long_cmd`

%n	Zugriff auf Hintergrundprozess *n*. `$ kill %2`

Tabelle 2-6: Steuerung von Prozessen (Fortsetzung)

Befehl	Bedeutung und Beispiele
fg	Hintergrundprozess in den Vordergrund holen.
	`$ fg %1`
%?str	Verweis auf den Hintergrundprozess, dessen Befehlszeile den String *str* enthält.
	`$ fg %?em`
bg	Erneutes Starten eines gestoppten Hintergrundprozesses.
	`$ long_cmd`
	`^Z Stopped`
	`$ bg`
	`[3] long_cmd &`
~^Z	Eine `rlogin`-Sitzung unterbrechen.
	`bridget-27 $ ~^Z`
	`Stopped`
	`henry-85 $`
~~^Z	Unterbricht eine zweifach verschachtelte `rlogin`-Sitzung. Nützlich bei verschachteltem `rlogin`. Jede zusätzliche Tilde bringt Sie zur nächsthöheren Ebene zurück. Eine Tilde bringt Sie zu dem Job auf der niedrigsten Ebene zurück (also dem Job auf dem lokalen System), zwei Tilden bringen Sie in die erste `rlogin`-Sitzung usw.
	`bridget-28 $ ~~^Z`
	`Stopped`
	`peter-46 $`

Batch-Prozesse

Batch-Prozesse sind nicht an ein Terminal gebunden. Sie werden in eine Warteschlange eingereiht, aus der die Jobs sequentiell abgearbeitet werden. Unix kennt nur einen eher rudimentären `batch`-Befehl, aber einige Hersteller bieten ausgereiftere Lösungen an. Eine der bekanntesten ist das von der NASA entwickelte *Network Queuing System* (NQS), das auf vielen Hochleistungsrechnern wie z.B. den Crays eingesetzt wird. Darüber hinaus gibt es eine Reihe von netzwerkbasierten Lösungen verschiedener Anbieter. Sie unterstützen in der Regel nicht nur homogene, sondern auch heterogene Netzwerke und versuchen, die CPU-Last gleichmäßig auf die Workstations des Netzwerks zu verteilen. Diese Technik ist unter dem Schlagwort *Load Balancing* oder *Load Leveling* bekannt.

Daemons

Daemons sind Server-Prozesse, die in der Regel beim Booten gestartet werden, während des gesamten Systembetriebs laufen und im Hintergrund warten, bis Prozesse ihre Dienste in Anspruch nehmen. Ein Netzwerk-Daemon z.B. ist so lange untätig, bis ein Prozess einen Zugriff auf das Netzwerk anfordert.

Tabelle 2-7 enthält eine kurze Übersicht über die wichtigsten Unix-Daemons.

Tabelle 2-7: Wichtige Unix-Daemons

Name der Einrichtung	Beschreibung/Aufgabe	Daemon-Namen
init	Der erste Prozess, der nach dem Systemstart erzeugt wird. Er initialisiert das System.	init
syslog	Logging des Systemstatus und von Fehlermeldungen.	syslogd
E-Mail	Transport von E-Mails.	sendmail
Drucken	Druckerspooler.	lpd, lpsched, qdaemon, rlpdaemon
cron	Periodische Ausführung von Prozessen.	crond
tty	Kontrolle von Terminals.	getty (und Artverwandte)
sync	Festschreiben gepufferter Daten auf Festplatte.	update, syncd, syncher, fsflush, bdflush, kupdated
»Paging« und »Swapping«	Daemons zur Verwaltung des virtuellen Speichers.	pagedaemon, vhand, kpiod, pageout, swapper, kswapd, kreclaimd
inetd	Übergeordneter TCP/IP-Daemon, der abhängig von seiner Konfiguration den eigentlich gewünschten Netzwerk-Daemon startet (oder nicht) – z. B.: telnetd, ftpd, rshd, imapd, pop3d, fingerd, rwhod (siehe */etc/inetd.conf* für eine vollständige Liste).	inetd
Hostnamen-Auflösung	DNS-Server-Prozess.	named
Routing	Routing-Daemon.	routed, gated
DHCP	Dynamische Konfiguration von Netzwerkeinstellungen.	dhcpd, dhcpsd
RPC	Daemon, der RPC-basierten Netzwerkdiensten TCP/IP-Portnummern zuordnet (»Remote Procedure Calls«).	portmap, rpcbind
NFS	*Network File System*: Mounten entfernter und Freigeben lokaler Dateisysteme über das Netzwerk.	nfsd, rpc.mountd, rpc.nfsd, rpc.statd, rpc.lockd, nfsiod
Samba	Datei- und Druckjobaustausch mit Windows-Systemen.	smbd, nmbd
WWW	HTTP-Server.	httpd
Netzwerkzeit	Abgleich der Systemzeit vernetzter Rechner.	timed, ntpd

Prozessattribute

Ein Unix-Prozess verfügt über eine Vielzahl assoziierter Attribute. Die wichtigsten von ihnen sind:

Prozess-ID (PID)
  Eine eindeutige Zahl, mit der Unix einen Prozess identifiziert.

Elternprozess-ID (PPID)
  Die PID des *Eltern*prozesses, d. h. des Prozesses, der seinerseits den Prozess erzeugt hat.

Nice-Wert
  Der Zahlenwert, der die Priorität eines Prozesses bezogen auf andere Prozesse bestimmt. Man muss den Nice-Wert von der tatsächlichen Ausführungspriorität unterscheiden, die in Abhängigkeit vom Nice-Wert und der momentanen CPU-Aus-

lastung ermittelt wird. Siehe hierzu den Abschnitt »Verwaltung von CPU-Ressourcen« in Kapitel 15.

TTY
Das Terminal (oder Pseudo-Terminal), mit dem der Prozess kommuniziert.

Reale und effektive Benutzer-ID (RUID, EUID)
Die reale UID eines Prozesses ist die UID des Benutzers, der den Prozess gestartet hat. Die effektive UID eines Prozesses ist die UID, mit der bestimmt wird, auf welche Systemressourcen wie Dateien und Geräte der Prozess zugreifen darf. In der Regel entsprechen sich reale und effektive Benutzer-ID – der Prozess verfügt über die gleichen Zugriffsrechte wie der Benutzer, der ihn gestartet hat. Wenn aber das SUID-Bit bei einer ausführbaren Datei gesetzt ist, wird die EUID mit der UID des Besitzers der ausführbaren Datei gleichgesetzt, und es gelten dessen Zugriffsrechte.

Reale und effektive Gruppen-ID (RGID, EGID)
Die reale Gruppen-ID eines Prozesses entspricht der ID der primären oder aktuellen Gruppe eines Benutzers. Die effektive Gruppen-ID, mit der die Zugriffsrechte des Prozesses bestimmt werden, entspricht in der Regel der realen GID. Wenn aber das SGID-Bit der ausführbaren Datei gesetzt ist, wird die EGID des Prozesses mit der GID des Gruppenbesitzers der ausführbaren Datei gleichgesetzt, und der Zugriff auf Systemressourcen wird entsprechend vollzogen.

Der Lebenszyklus eines Prozesses

Ein neuer Prozess entsteht, indem eine exakte Kopie eines momentan ablaufenden Prozesses angefertigt wird. Dieser Vorgang heißt *Forking*. Der neue Prozess, *Kindprozess* (Child-Prozess) genannt, erbt seine Umgebung vom *Elternprozess* (Parent-Prozess), obwohl er eine andere Prozess-ID zugeordnet bekommt. Danach wird der Adressraum des Kindprozesses mit Hilfe des Systemaufrufs exec von dem neuen Programm eingenommen (daher stammt die häufig benutzte Phrase *fork-und-exec*). Das neue Programm (der neue Befehl) ersetzt vollständig das Duplikat des Elternprozesses. Die Umgebung des Elternprozesses bleibt aber erhalten – inklusive der Werte der Umgebungsvariablen, der Zuordnung von Standardeingabe, Standardausgabe und Standardfehlerausgabe sowie der Ausführungspriorität.

Lassen Sie uns diese Vorgänge anhand eines Beispiels verdeutlichen: Was passiert, wenn ein Benutzer einen Befehl wie z.B. grep startet? Zunächst führt die Shell ein Forking aus, d.h. erzeugt eine Kopie ihrer selbst. Damit wird ein neuer Prozess erzeugt, der den Befehl ausführen kann. Dann wird die neue Shell im RAM von grep überlagert (exec). Der neue Prozess stirbt, sobald der grep-Befehl abgearbeitet ist.

Nach diesem Mechanismus werden alle Unix-Prozesse erzeugt. Der Urahn aller Prozesse auf einem Unix-System ist der init mit der Prozess-ID 1, der während des Boot-Vorgangs erzeugt wird (siehe Kapitel 4). Der init-Prozess erzeugt über den fork-und-exec-Mechanismus eine Reihe weiterer Prozesse. Darunter fallen in der Regel einer oder mehrere, die das getty-Programm (per exec) ausführen. Sie werden unterschiedlichen seriellen Leitungen zugeordnet, schreiben den Login-Prompt auf das Terminal und warten auf die Eingabe einer Kennung und eines Passworts. Wenn sich ein Benutzer einloggt, führt der getty-Prozess (per exec) das `login`-Programm aus, das unter anderem die Benutzer-Logins überprüft.[10]

Nach erfolgreicher Anmeldung[11] führt `login` (wieder per exec) die Shell des Benutzers aus. Das Forking wird also nicht zwingend für die Ausführung eines neuen Programms benötigt – `login` in diesem Fall führt zu keinem Fork. Nach dem Einloggen handelt es sich bei der Shell eines Benutzers um den gleichen Prozess wie das getty, das zuvor die unbenutzte serielle Leitung überwachte. Der Prozess hat durch zwei exec zweimal das Programm gewechselt und er wird weitere Prozesse erzeugen, um die vom Benutzer eingegebenen Befehle abzuarbeiten. Abbildung 2-3 veranschaulicht die Mechanismen der Prozesserzeugung anhand des ersten Logins eines Benutzers.

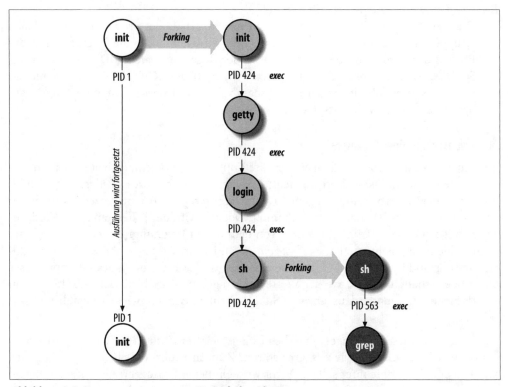

Abbildung 2-3: Prozesserzeugung unter Unix: fork und exec

---

10 Diese Verfahrensweise ist bei einem Terminalfenster unter X sehr ähnlich. Der eingesetzte Fenstermanager erzeugt eine Terminalemulation wie z. B. xterm. Der Fenstermanager selbst wurde von einem der vielen Prozesse gestartet, die mit X zusammenhängen. Diese sind wiederum das Resultat eines in der Login-Shell ausgeführten Befehls (z. B. startx) oder eines grafischen Logins (z. B. mit xdm).

11 Wenn der Login-Versuch scheitert, beendet sich `login` und sendet ein Signal an seinen Elternprozess `init` mit dem Hinweis, dass ein neuer getty-Prozess für das Terminal benötigt wird.

Beendet sich ein Prozess, sendet er eine Mitteilung an seinen Elternprozess, dass er abgelaufen ist. Wenn ein Benutzer sich ausloggt, sendet seine Login-Shell ein Signal an den Elternprozess init, um ihm mitzuteilen, dass für das Terminal ein neuer getty-Prozess gestartet werden muss. In der Folge führt init erneut ein Forking aus und startet getty. Der gesamte Ablauf wiederholt sich für jeden Benutzer, der das Terminal benutzt.

Dateizugriff und Prozessausführung bei SUID und SGID

Die SUID- und SGID-Zugriffsmodi versetzen einen gewöhnlichen Systembenutzer in die Lage, Aufgaben auf dem System zu verrichten, die Privilegien und Zugriffsrechte erfordern, über die er nicht verfügt. Ein Beispiel: Auf vielen Systemen ist der write-Befehl der Gruppe *tty* zugeordnet, dem auch alle Terminal- und Pseudo-Terminal-Devices zugeordnet sind. Dadurch, dass der write-Befehl SGID-Zugriff besitzt, kann jeder Benutzer ihn nutzen, um auf das Terminal (bzw. eine Terminalemulation, die in einem Fenster unter X Window abläuft) eines anderen Benutzers Nachrichten zu schreiben. Solange der Benutzer write ausführt, entspricht seine effektive Gruppen-ID der des Gruppenbesitzers der ausführbaren Datei (meist */usr/bin/write*).

Der SUID- und SGID-Mechanismus wird auch vom Druck-Subsystem, Mailern und anderen Systemeinrichtungen genutzt. SUID-Programme stellen aber ein notorisches Sicherheitsrisiko dar. Der Besitzer einer SUID-Programmdatei ist meistens *root*, wodurch die Gefahr besteht, dass ein Benutzer – aufgrund eines Programmfehlers, seiner Cleverness oder einer Kombination aus beiden – während oder über den Ablauf des Programms hinaus *root*-Rechte besitzt. Dies kann er ausnutzen, um unautorisierte Dinge zu tun. SUID-Zugriff sollte generell vermieden werden, da er größere Risiken in sich birgt als ein SGID-Zugriff. Kapitel 7 enthält eine genauere Besprechung der Sicherheitsrisiken im Zusammenhang mit SUID- und SGID-Zugriff. Es ist wichtig, sich klar zu machen, dass SGID-Programme, obwohl sie sicherer als SUID-Programme sind, auch mit einem gewissen Risiko behaftet sind.

Die Beziehung zwischen Befehlen und Dateien

Unix unterscheidet nicht zwischen Befehlen und Dateien, wie andere Betriebssysteme dies tun. Mit Ausnahme einiger Befehle, die in jede Unix-Shell eingebaut sind, handelt es sich bei Unix-Befehlen um ausführbare Dateien, die an festgelegten Stellen des Dateisystems abgelegt sind. Der Zugriff auf Befehle unterscheidet sich in nichts vom Zugriff auf diese ausführbaren Dateien. Standardmäßig gibt es keinen anderen Mechanismus zum Festlegen von Privilegien. Selbst Ein- und Ausgaben werden über spezielle Dateien (Gerätedateien) unterhalb des */dev*-Verzeichnisses abgewickelt, die als Schnittstelle zu den Gerätetreibern dienen. Alle Ein- und Ausgabeoperationen verhalten sich vom Standpunkt des Benutzers aus wie ganz gewöhnliche Dateioperationen.

Unix-Shells bedienen sich so genannter *Suchpfade*, um die ausführbaren Dateien zu den Befehlen zu lokalisieren, die ein Benutzer eingibt. In der einfachsten Ausprägung handelt es sich bei einem Suchpfad um eine geordnete Liste von Verzeichnispfaden, in denen nach ausführbaren

Dateien gesucht werden soll. Der Suchpfad wird normalerweise in den Initialisierungsdateien der Benutzer festgelegt (*$HOME/.profile* oder *$HOME/.login*). Der Hauptgrund für die Fehlermeldung »Command not found« ist ein unvollständiger Suchpfad.

Suchpfade werden in der Umgebungsvariable *PATH* gespeichert. Hier ein typisches Beispiel:

```
$ echo $PATH
/bin:/usr/ucb:/usr/bin:/usr/local/bin:.:$HOME/bin
```

Die einzelnen Verzeichnispfade in der *PATH*-Variable sind durch Doppelpunkte voneinander getrennt. Der Suchpfad wird immer dann herangezogen, wenn der Name eines Befehls ohne Angabe des kompletten Pfadnamens eingegeben wird. Hierzu folgendes Beispiel:

```
$ od data.raw
```

Mit dem od-Befehl kann man sich die Rohdaten einer Datei anschauen. Das Betriebssystem sucht zunächst nach einer Datei od in */bin*. Wenn sie dort existiert, wird sie ausgeführt. Wenn nicht, wird als nächstes */usr/ucb* abgesucht, danach */usr/bin* (wo sich od für gewöhnlich befindet). Wenn es notwendig wäre, würde die Suche in */usr/local/bin*, dem aktuellen Verzeichnis (durch ».« dargestellt) und schließlich in dem Unterverzeichnis *bin* des Home-Verzeichnisses des Benutzers fortgesetzt.

Der Unix-Ansatz zur Systemadministration

Ein typisches Vorurteil lautet, dass Systemadministratoren arrogant, beschränkt und voreingenommen sind. In Bezug auf Unix stammt dieses Klischee aus den Tagen, in denen Unix, dieses merkwürdige Betriebssystem, nur auf einigen wenigen Systemen lief und der lokale Unix-Guru ein kontaktscheuer Mensch war, der sich in sein System verkroch – so ähnlich die Gerüchte.

Meine Skepsis in Bezug auf dieses Bild des Unix-Systemverwalters bedeutet nicht, dass da nicht etwas Wahres dran wäre. Wie alle Vorurteile hat auch dieses seinen Ursprung in der Realität. Es ist nur zu einfach, Personen zu finden, die Ihnen sagen, dass es nur einen vernünftigen Editor, eine richtige Shell zum Schreiben von Skripten und eine richtige Art irgendetwas zu machen gibt. Die Diskussion über Vor- und Nachteile alternativer Ansätze zur Lösung eines Problems kann sinnvoll und unterhaltsam sein, aber nur in angemessenen Grenzen.

Da Sie dieses einleitende Kapitel lesen, gehe ich davon aus, dass Sie erst am Anfang Ihrer Erkundung der Unix-Administration stehen. Ich möchte Sie gewiss in Ihrem Entwicklungsprozess dazu anregen, all die Aufgaben und Bereiche aus Ihrer eigenen Warte zu überdenken – und wo ich kann, biete ich Ihnen Unterstützung hierzu an. Sie werden schnell Ihre eigenen Meinungen darüber bilden, was Systemverwaltung für Sie bedeutet. Dies ist ein Prozess, dessen Ausmaß und Länge nur von Ihnen bestimmt wird. Wenn Sie an einem Punkt angelangt sind, an dem Fanatismus das Denken ersetzt, dann sind Sie über das Ziel hinausgeschossen.

Die Reihenfolge der Verzeichnisse im Suchpfad spielt eine Rolle, wenn mehrere Versionen eines Befehls existieren. Auf einer Reihe von Systemen sind sowohl die BSD- als auch die System V-Versionen eines Befehls vorhanden. Es muss nur der Suchpfad angepasst werden, um entweder die einen oder die anderen Versionen der Befehle zu benutzen. Wenn Sie die BSD-Versionen von Befehlen wie ls oder ln auf einem System V-basierten System einsetzen wollen, dann setzen Sie im Suchpfad */usr/ucb* vor */usr/bin*. Analog müssen Sie auf BSD-kompatiblen Systemen */usr/5bin* vor */usr/bin* und */usr/ucb* in den Suchpfad aufnehmen, um die System V-Versionen der Befehle nutzen zu können (zu Suchpfaden siehe auch »Initialisierungsdateien und Boot-Skripten« in Kapitel 4).

Die meisten grundsätzlichen administrativen Befehle befinden sich in den Verzeichnissen */sbin* und */usr/sbin*. Die Position weiterer administrativer Befehle variiert stark zwischen den einzelnen Unix-Versionen. Ihre Pfade sind nicht in den mitgelieferten Initialisierungsdateien enthalten. Wenn Sie solche Befehle aufrufen wollen, können Sie das nur durch Angabe des vollständigen Pfadnamens:

```
# /usr/sbin/ping hamlet
```

Ich gehe im Folgenden davon aus, dass Sie den Suchpfad um solche Pfade ergänzt haben, und werde in den Beispielen zu den Befehlen, die ich besprechen werde, keine vollständigen Pfadnamen verwenden.

Geräte (Devices)

Eine der Stärken von Unix ist, dass sich die Benutzer nur selten Gedanken um die Eigenschaften von Geräten und deren Ein- und Ausgaben machen müssen. Sie müssen z.B. nicht wissen, auf welcher Festplatte sich eine Datei physikalisch befindet, um auf sie zugreifen zu können. Der Unix-Mechanismus der *speziellen Dateien* (»Gerätedateien«) lässt viele Ein- und Ausgabeoperationen wie ganz normale Dateioperationen erscheinen. Wie bereits erwähnt, treffen diese luxuriösen Annehmlichkeiten nur bedingt für den Systemverwalter zu. In diesem Abschnitt werden wir uns anschauen, wie Unix Geräte verwaltet, und einen Überblick über die speziellen Dateien geben, mit denen Unix auf Geräte zugreift.

Gerätedateien werden anhand ihrer *Major-* und ihrer *Minor-Nummer* identifiziert. Der Kernel erfährt über die Major-Nummer, mit welchem Gerätetreiber er das Gerät ansprechen kann, die Minor-Nummer verrät ihm die Zugriffsmethode.

Major- und Minor-Nummern lassen sich in ausführlichen Verzeichnislistings ausgeben. Sie erscheinen in der Spalte, in der normalerweise die Dateigröße ausgegeben wird. Hier ein Beispiel von einem Linux-System:

```
$ cd /dev; ls -l *mouse
crw-rw-r--   1 root     root       10,  10 Jan 19 03:36 adbmouse
crw-rw-r--   1 root     root       10,   4 Jan 19 03:35 amigamouse
crw-rw-r--   1 root     root       10,   5 Jan 19 03:35 atarimouse
crw-rw-r--   1 root     root       10,   8 Jan 19 03:35 smouse
crw-rw-r--   1 root     root       10,   6 Jan 19 03:35 sunmouse
crw-rw-r--   1 root     root       13,  32 Jan 19 03:36 usbmouse
```

Abgesehen vom Eintrag lautet die Major-Nummer immer 10. Die verschiedenen Maustypen unterscheiden sich nur in der Minor-Nummer. Wir sehen also, dass all diese Maustypen mit einer Ausnahme vom gleichen Gerätetreiber verwaltet werden. Die Minor-Nummer beschreibt einen bestimmten Typ innerhalb der übergeordneten Familie. Der letzte Eintrag (für eine USB-Maus) hat eine andere Major-Nummer, was nichts anderes bedeutet, als dass ein anderer Gerätetreiber benutzt wird.

Gerätedateien werden mit dem mknod-Befehl erstellt, der die Major- und die Minor-Nummer als Argument erwartet. Viele Systeme bieten im /dev-Verzeichnis ein Skript namens MAKEDEV an, bei dem es sich um ein einfach zu bedienendes Interface zu mknod handelt.

Ein ausführliches Beispiel: Festplatten

In dieser einführenden Besprechung von Unix-Geräten greifen wir Festplatten als exemplarisches Beispiel heraus.[12] Wie wir zuvor gesehen haben, fasst Unix alle Dateien, auf die die Benutzer zugreifen können, in Form einer einzigen hierarchischen Verzeichnisstruktur zusammen. Die Dateien und Verzeichnisse, die es umfasst, können sich dabei auf mehreren unterschiedlichen Festplatten befinden.

Festplatten werden auf Unix-Systemen in eine oder mehrere *Partitionen* von fester Größe unterteilt. Sie entsprechen physikalischen Bereichen auf der Festplatte, auf die das Betriebssystem unabhängig voneinander zugreifen kann. Es kann mehrere oder nur eine Partition auf jeder Festplatte geben. Die Partition, in der sich das root-Verzeichnis befindet, wird als *root-Partition* oder *root-Platte* bezeichnet, obwohl sie nicht die gesamte Festplatte einnehmen muss. Die Festplatte, auf der sich die root-Partition befindet, wird gewöhnlich als *Systemplatte* bezeichnet.

Beim Booten eines Unix-Systems wird die root-Platte vor allen weiteren Festplatten *gemountet*. Das Mounten einer Festplatte bedeutet bei vielen Betriebssystemen, dass der Inhalt der Festplatte bereitgestellt wird. In Bezug auf Unix ist die Bedeutung weitreichender. Wie im Falle des übergeordneten Unix-Dateisystems sind die Dateien und Verzeichnisse auf den anderen Festplattenpartitionen in einer Baumstruktur angeordnet.[13] Beim Mounten einer Festplattenpartition wird die lokale Verzeichnisstruktur in den übergeordneten Unix-Verzeichnisbaum eingehängt. Nachdem dies geschehen ist, kann auf Dateien,

---

12 Wir werden uns im Rahmen dieser Besprechung auf die herkömmliche Art der Verwaltung von Festplatten und Dateisystemen beschränken. Auf der untersten Ebene funktionieren Unix-Versionen, die einen *Logischen Volume Manager* anbieten, vollkommen anders. Vom Konzept her trifft dieser Überblick auch auf diese Systeme zu. Statt Festplattenpartitionen haben wir es bei ihnen mit *logischen Volumes* zu tun. Für weitere Details siehe Kapitel 10.

13 Aus diesem Grund wird jede separate Festplattenpartition ebenfalls als ein Dateisystem bezeichnet. Der Begriff Dateisystem bezieht sich somit zum einen auf den übergeordneten Verzeichnisbaum des Systems, der alle Festplattenpartitionen des Systems umfasst, auf die die Benutzer zugreifen können (wie in »das Unix-Dateisystem«), zum anderen auf die Dateien und Verzeichnisse auf den individuellen Festplattenpartitionen (wie in »ein Dateisystem auf einer Festplattenpartition einrichten« oder »das Benutzer-Dateisystem mounten«). Erst aus dem Kontext wird deutlich, welche der zwei Bedeutungen des Begriffs gemeint ist. Die Begriffe Partition und Dateisystem werden ebenfalls manchmal synonym verwendet. Obwohl technisch gesehen nur Dateisysteme gemountet werden können, trifft man häufig auf Ausdrücke wie »eine Festplatte mounten« oder »eine Partition mounten«.

die sich physikalisch auf dem eingehängten Device befinden, über die normale Syntax von Unix-Pfadnamen zugegriffen werden. Das Betriebssystem kümmert sich um die Zuordnung von Pfadnamen zu den korrekten physikalischen Geräten und Datenblöcken.

Es gibt einige wenige Situationen, in denen ein Systemverwalter direkt auf Festplattenpartitionen zugreifen muss. Die wichtigste ist das Mounten selbst. Wie Sie sich erinnern werden, kann man auf zweierlei Weise auf Festplattenpartitionen zugreifen, im Block- oder im Zeichenmodus (»raw-Modus«). Es werden verschiedene Gerätedateien für beide Modi genutzt. Der Zugriff im Zeichenmodus erfolgt ungepuffert, d. h., mit jedem lesenden oder schreibenden Systemaufruf erfolgt ein Datentransfer von oder zu dem Gerät. Blockorientierte Geräte speichern Ein- und Ausgaben in einem Pufferspeicher zwischen, bevor das Betriebssystem den gesamten Block in einem Schritt übertragen kann.

Die Festplattenpartition, auf der sich das root-Dateisystem befindet, entspricht für gewöhnlich den Gerätedateien */dev/disk0a* und */dev/rdisk0a*. Sie bezeichnen die erste Partition auf der ersten Festplatte (Festplatte 0, Partition a), auf die im Block- bzw. Zeichenmodus zugegriffen wird (das *r* im Namen steht für »raw«).[14]

Die meisten Befehle, die zur Partitionierung verwendet werden, akzeptieren nur jeweils einen der beiden Gerätenamen als Argument.

Bei den meisten Linux- sowie neueren BSD-Versionen gibt es nur eine Gerätedatei zum Ansprechen von IDE-Festplatten. Es wird also nicht zwischen block- und zeichenorientiertem Zugriff unterschieden.

Die folgenden mount-Befehle sollen verdeutlichen, wie Gerätedateien zum Zugriff auf Festplattenpartitionen eingesetzt werden:

```
# mount /dev/disk0a /
# mount /dev/disk1e /home
```

Der mount-Befehl erwartet als erstes Argument die physikalische Festplattenpartition und als zweites den Ort, an dem sie in das Dateisystem eingehängt werden soll.[15] Der erste Befehl hängt die Dateien der ersten Partition der ersten Festplatte als Wurzel des Unix-Dateisystems ein. Der zweite Befehl hängt die Dateien der fünften Partition auf der zweiten Festplatte an der Stelle */home* in das übergeordnete Dateisystem ein. Danach erscheinen die regulären Dateien auf dieser zweiten Festplattenpartition unterhalb von */home* und die Verzeichnisse an der Spitze dieser Festplattenpartition werden zu Unterverzeichnissen von */home*. Wir werden uns in Kapitel 10 noch ausführlich mit dem mount-Befehl beschäftigen.

---

14 Man spricht im Falle von */dev/disk0a* von einer *blockorientierten Gerätedatei* und im Falle von */dev/rdisk0a* von einer *zeichenorientierten Gerätedatei*. Manchmal werden sie einfach nur als *Blockgeräte* bzw. *Zeichengeräte* bezeichnet.

15 Tatsächlich ist der mount-Befehl der meisten Unix-Versionen wesentlich intelligenter. Wenn Sie ihm nur ein Argument übergeben – entweder die physikalische Festplattenpartition oder das Verzeichnis innerhalb des Dateisystems –, wird er das jeweils fehlende Argument einer Tabelle entnehmen. Sie können aber immer beide Argumente angeben, was es Ihnen ermöglicht, Ihr Dateisystem nach Belieben umzustellen (warum Sie das tun sollten, ist eine andere Frage).

Gerätedateien für Festplattenlaufwerke

Fast jede Unix-Version wartet mit einem eigenen Namensschema für die Gerätedateien von Festplattenpartitionen auf. Ihnen liegt dennoch eine gemeinsame Logik zugrunde. Die Namen geben Aufschluss über den Festplattentyp, den Festplatten-Controller, die Nummer des Controller-Ports, den die Festplatte belegt, und die Partitionsnummer in Bezug auf die gesamte Festplatte (sowie den Zugriffsmodus).

Betrachten wir einmal die Gerätenamen für Festplatten unter Tru64. Sie haben immer die folgende Form, wobei n für die Festplattennummer (ab 0 gezählt) und x für die Partition (von a bis h) auf der Festplatte steht:

Block-Device: */dev/disk/dsk*n*x*

Character- (oder Raw-) Device: */dev/rdisk/dsk*n*x*

Die Verwendung der einzelnen Festplattenpartitionen ist per Konvention festgelegt und nicht alle Partitionen werden auf jeder Festplatte genutzt (siehe hierzu Kapitel 10). Auf der Partition a der root-Festplatte befindet sich für gewöhnlich das root-Dateisystem, auf Partition b die Swap-Partition. Weitere Partitionen der root-Festplatte können für die unterschiedlichen Systemverzeichnisse verwendet werden, z.B. e für */usr*, h für */var* usw.

Die Partition c wird häufig zum Ansprechen der gesamten Festplatte benutzt, inklusive der Bereiche, auf die nur der Kernel zugreift (z.B. die Partitionstabelle am Anfang der Festplatte). Aus diesem Grund war es bei einigen älteren Unix-Versionen nicht möglich, die Partition c für ein Dateisystem zu verwenden. Bei neueren Unix-Versionen wurde diese Beschränkung aufgehoben.

Bei System V-basierten Systemen werden die Partitionen anders, aber nach einem ähnlichen Verfahren bezeichnet. Die Gerätenamen der Festplattenpartitionen haben häufig die Form */dev/dsk/c*k*t*m*d*p*s*n, wobei k der Nummer des Controllers, m der Nummer des Laufwerks (häufig die Ziel-ID bei SCSI-Platten) und n der Nummer der Partition auf der Festplatte entspricht. p bezieht sich auf die »Logical Unit Number« (LUN) bei SCSI-Platten und hat gewöhnlich den Wert 0. HP-UX benutzt diese Form normalerweise ohne die letzte Komponente s.

In diesem Schema haben zeichenorientierte und blockorientierte Gerätedateien die gleichen Namen, werden aber in zwei verschiedenen Unterverzeichnissen von */dev* gespeichert: */dev/dsk* und */dev/rdsk*. Die Blockgerätedatei */dev/dsk/c1t4d0s2* bezieht sich auf die dritte Partition ($s2$) der Festplatte mit der SCSI-Ziel-ID 4 ($t4$) an Festplatten-Controller 1 ($c1$, dem zweiten Controller). Die entsprechende Zeichengerätedatei ist */dev/rdsk/c1t4d0s2*.

Der SVR4-Standard (System V, Release 4) bezeichnet diese Namen als »Controller-Drive-Section Identifier« und wendet sie auf alle Festplatten- und Bandlaufwerke an. Aktuellere Implementierungen des System V-Standards halten sich an diesen Rahmen, modifizieren ihn aber je nach Art der unterstützten Geräte. Manche von ihnen ermöglichen es, über einfacher zu merkende Links auf die Gerätedateien zuzugreifen. Auf einigen (zumeist älteren)

Solaris-Versionen ist z.B. der traditionelle Name /dev/sd0a ein Link auf /dev/dsk/c0t3d0s0 – die Partition 0 der Festplatte mit der SCSI-ID 3 am ersten Controller.[16]

Tabelle 2-8 zeigt die Parallelen zwischen den unterschiedlichen Namenskonventionen auf. Die Namen der Gerätedateien in der Tabelle beziehen sich alle auf eine Partition auf der zweiten SCSI-Festplatte, die am ersten Controller angebracht ist und die SCSI-ID 4 hat.

Tabelle 2-8: Gerätenamen von Festplatten

	FreeBSD	HP-UX	Linux	Solaris	Tru64[a]
Gerätedatei	/dev/rda1d	/dev/rdsk/c0t4d0	/dev/sdb1	/dev/rdsk/c0t4d0s3	/dev/rdisk/dsk1c
Raw-Modus	/dev/rda1d	/dev/rdsk/c0t4d0	/dev/sdb1	/dev/rdsk/c0t4d0s3	/dev/rdisk/dsk1c
Device = Festplatte	/dev/rda1d	/dev/rdsk/c0t4d0	/dev/sdb1	/dev/rdsk/c0t4d0s3	/dev/rdisk/dsk1c
Typ = SCSI	/dev/rda1d		/dev/sdb1		
Controller-Nummer		/dev/rdsk/c0t4d0		/dev/rdsk/c0t4d0s3	
SCSI-ID		/dev/rdsk/c0t4d0		/dev/rdsk/c0t4d0s3	
Gerätenummer	/dev/rda1d		/dev/sdb1		/dev/rdisk/dsk1c
Festplattenpartition	/dev/rda1d	/dev/rdsk/c0t4d0s3	/dev/sdb1	/dev/rdsk/c0t4d0s3	/dev/rdisk/dsk1c

a Auf älteren Tru64-Systemen findet man veraltete Namen der Form /dev/rz*, /dev/ra* und /dev/re*.

Eine Besonderheit stellen Systeme dar, die einen »Logischen Volume Manager« einsetzen (unter AIX standardmäßig der Fall). Hier kann der Systemverwalter den Namen der Gerätedateien für die logischen Volumes – d.h. die virtuellen Festplattenpartitionen – bei der Erstellung selbst festlegen. Auf solchen Systemen sind die Dateisysteme den logischen Volumes und nicht den physikalischen Partitionen zugeordnet. Wir werden uns die mühseligen Details für Kapitel 10 aufsparen.

Gerätedateien für andere Geräte

Die Gerätedateien zu Geräten, bei denen es sich nicht um Festplatten handelt, folgen ganz anderen Namenskonventionen. Einige der wichtigsten werden in Tabelle 2-9 zusammengefasst (wir werden sie an geeigneten Stellen in späteren Kapiteln behandeln). In einigen der Beispiele wird nur die gebräuchlichere Form in Bezug auf Block- oder Character-Device angegeben. Ein Bandlaufwerk z.B. wird selten, falls überhaupt, als Block-Device angesprochen und auf vielen Systemen existiert es als solches noch nicht einmal.

Tabelle 2-9: Gängige Gerätedateien unter Unix

Gerät/Einrichtung	Struktur der Gerätedatei	Beispiel
Diskettenlaufwerk	/dev/[r]fdn* /dev/floppy	/dev/fd0

---

16 Selbst das ist noch nicht die volle Wahrheit über Gerätedateien unter Solaris. Die Dateien in /dev sind zumeist nur Links auf die eigentlichen Gerätedateien unterhalb von /devices.

Tabelle 2-9: Gängige Gerätedateien unter Unix (Fortsetzung)

Gerät/Einrichtung	Struktur der Gerätedatei	Beispiel
Bandlaufwerk[a]	/dev/rmt*n*	/dev/rmt1
nichtzurückspulend	/dev/rmt/*n*	/dev/rmt/0
SCSI	/dev/nrmt*n*	/dev/nrmt0
Standardlaufwerk	/dev/rst*n*	/dev/rst0
	/dev/tape	
CD-ROM-Laufwerk	/dev/cd*n*	/dev/cd0
	/dev/cdrom	
Serielle Leitungen	/dev/tty*n*	/dev/tty1
	/dev/term/*n*	/dev/tty01
		/dev/term/01
Virtuelles Slave-Terminal (als Fenster unter X, über das Netzwerk usw.)	/dev/tty[p-s]*n*	/dev/ttyp1
	/dev/pts/*n*	/dev/pts/2
Virtuelles Master-Terminal	/dev/pty[p-s]*n*	/dev/ptyp3
Konsole	/dev/console	
einige System V-Versionen	/dev/syscon	
AIX	/dev/lft0	
Das Terminal, das unabhängig von Ein- und Ausgabeumleitungen einen Prozess kontrolliert	/dev/tty	
Speicherabbildung		
physikalischer Speicher	/dev/mem	
virtueller Kernel-Adressraum	/dev/kmem	
Maus	/dev/mouse	
Null-Device: Ausgaben an das Null-Device werden verworfen, Eingaben aus dem Null-Device liefern nichts zurück (0 Zeichen, 0 Bytes) oder einen mit Nullen gefüllten Puffer.	/dev/null	
	/dev/zero	

a Die Gerätedateien von Bandlaufwerken haben häufig ein Suffix, das die Banddichte wiedergibt.

Befehle zur Ausgabe der Geräte eines Systems

Die meisten Unix-Versionen bieten Befehle an, mit denen Sie ermitteln können, welche Devices auf dem System definiert sind und wie ihr momentaner Status ist. Tabelle 2-10 enthält eine Liste dieser Befehle für die Unix-Versionen, die wir hier betrachten.

Tabelle 2-10: Befehle zur Ausgabe der Geräte und deren Zustände

Unix-Version	Befehl(e)	Beschreibung
AIX	lscfg	Ausgabe aller Devices.
	lscfg -v -l device	Ausgabe der Details zu einem Device.
	lsdev -C -s scsi	Ausgabe aller SCSI-IDs.
FreeBSD	dmesg	Geräte erscheinen in den Informationen während des Boot-Vorgangs.

Tabelle 2-10: Befehle zur Ausgabe der Geräte und deren Zustände (Fortsetzung)

Unix-Version	Befehl(e)	Beschreibung
HP-UX	`ioscan -f -n`	Ausführliches Gerätelisting.
	`ioscan -f -n -C disk`	Beschränkung auf eine Geräteklasse.
Linux	`dmesg`	Geräte erscheinen in den Informationen während des Boot-Vorgangs.
	`lsdev`	Listet die wichtigsten Devices auf.
	`scsiinfo -l`	Listet SCSI-Geräte auf.
	`lspci`	Listet PCI-Geräte auf.
Solaris[a]	`getdev`	Listet Geräte auf.
	`getdev type=disk`	Beschränkung auf eine Geräteklasse.
	`devattr -v device`	Details zu einem Gerät.
Tru64	`dsfmgr -s`	Listet Geräte auf.

a Die Befehle *getdev* und *devattr* werden hier nur der Vollständigkeit halber erwähnt. Ihre Ausgaben sind nur von eingeschränktem Nutzen.

Der »Object Data Manager« unter AIX

AIX speichert Informationen zu den Devices und zu anderen Bereichen der Systemkonfiguration in einer binären Datenbank. Die Einrichtung zum Verwalten dieser Datenbank ist unter dem Begriff »Object Data Manager« (ODM) bekannt, obwohl ODM normalerweise auch als Bezeichnung für die Datenbank selbst benutzt wird. Die Informationen werden in der ODM als *Objekte* gespeichert. Die vordefinierten Objekttypen haben bestimmte Attribute, denen gültige Werte zugeordnet werden können.

Dies ist z. B. die lesbare Wiedergabe eines Beispieleintrags zu einer Festplatte:

```
name = "hdisk0"
status = 1
chgstatus = 2
ddins = "scdisk"
location = "00-00-0S-0,0"
parent = "scsi0"
connwhere = "0,0"
PdDvLn = "disk/scsi/1000mb"
```

Der Eintrag verdeutlicht die allgemeine Form der Attribute eines Devices. Die Attribute sind für die meisten Devices gleich, obwohl ihre Bedeutung je nach Gerätetyp variieren kann. Der obige Eintrag beschreibt eine 1-GB-SCSI-Festplatte.

Der Eintrag ist der Datenbank zu den aktuell aktivierten Devices entnommen (in */etc/objrepos/CuDv* gespeichert). Die aktuellen Attribute zu diesem Objekt (sowie zu allen anderen Objekten auf dem System) werden in einer separaten Datenbank gespeichert (in */etc/objrepos/CuAt*). In dieser Datenbank kann es mehrere Einträge zu einem bestimmten Objekt geben, einen für jedes definierte Attribut dieser Objektklasse, das nicht einem Standardeintrag entspricht. Als Beispiel mögen uns die folgenden zwei Attribute des logischen Volumes *hd6* dienen (eine der Festplattenpartitionen der Festplatte *hdisk0*):

```
            name = "hd6"
            attribute = "type"
            value = "paging"
            type = "R"
            generic = "DU"
            rep = "s"
            nls_index = 639
            name = "hd6"
            attribute = "size"
            value = "16"
            type = "R"
            generic = "DU"
            rep = "r"
            nls_index = 647
```

Der erste Eintrag teilt uns mit, dass es sich um einen Paging-Bereich handelt, der zweite gibt dessen Größe mit 16 logischen Partitionen an (entspricht 64 MB, wenn man Standardpartitionsgrößen voraussetzt).

Das AIX-Verwaltungs-Tool SMIT schöpft seine Informationen aus der ODM. Gleichzeitig werden mit SMIT vollzogene Änderungen an der Systemkonfiguration in der ODM festgehalten.

Das Layout des Unix-Dateisystems

Nachdem wir den Unix-spezifischen Ansatz bezüglich der wichtigsten Systemkomponenten betrachtet haben, ist es nun an der Zeit, uns mit der Struktur des Unix-Dateisystems zu beschäftigen. Der folgende Überblick beginnt mit dem root-Verzeichnis und dessen wichtigsten Unterverzeichnissen.

Das grundlegende Layout des traditionellen Unix-Dateisystems wird in Abbildung 2-4 ein wenig idealisiert aufgezeigt, da es in der Praxis auf jedem System eine Reihe von Abweichungen von diesem Standard geben wird.

Wir werden auf jedes dieser Verzeichnisse genauer eingehen.

Das root-Verzeichnis

Es bildet die Basis der Baumstruktur des Dateisystems. Alle anderen Dateien und Verzeichnisse – auf welcher physikalischen Partition sie sich auch befinden mögen – werden logisch unter dem root-Verzeichnis zusammengefasst (die Schritte zum Einbinden von Festplatten werden wir in Kapitel 10 detailliert kennen lernen).

Unterhalb des root-Verzeichnisses gibt es eine Vielzahl von wichtigen Verzeichnissen:

/bin
> Der übliche Speicherort für ausführbare (binäre) Dateien für die verschiedenen Unix-Benutzerbefehle und Dienstprogramme. Auf vielen aktuellen Systemen handelt es sich bei einer Reihe von Dateien im */bin*-Verzeichnis tatsächlich nur um symbolische Links auf Dateien in */usr/bin*. Manchmal ist */bin* selbst nur ein Link auf */usr/bin*. Andere Verzeichnisse, die Unix-Befehle enthalten, sind */usr/bin* und */usr/ucb*.

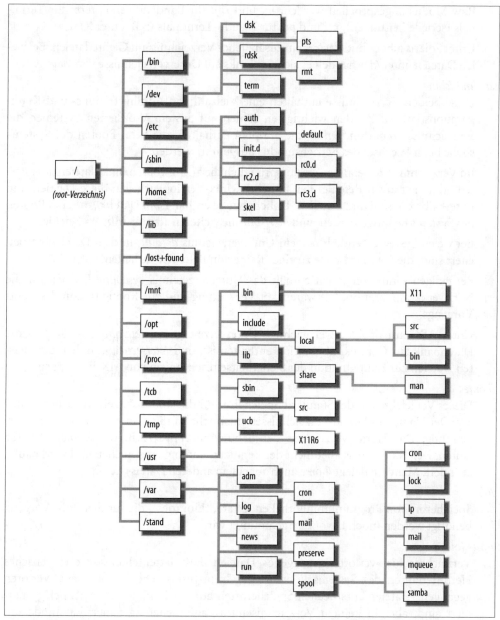

Abbildung 2-4: Typische Unix-Verzeichnisstruktur

/dev
 Das Verzeichnis mit den bereits behandelten Gerätedateien. Auf System V-basierten Systemen ist es in Unterverzeichnisse untergliedert, die Gerätedateien verschiedenen Typs enthalten: *dsk* und *rdsk* für Festplatten, je nachdem, ob sie im Block- oder im

Raw-Modus angesprochen werden, *mt* und *rmt* für Bandlaufwerke, *term* für Terminals (serielle Leitungen), *pts* und *ptc* für Pseudo-Terminals (z. B. unter X) usw.

Unter Solaris gibt es mit */devices* ein zusätzliches Verzeichnis mit Gerätedateien. Bei vielen Dateien unter */dev* handelt es sich um Links auf Unterverzeichnisse von */devices*.

/etc und /sbin
Diese beiden Verzeichnisse enthalten eine Vielzahl von Administrations- und Konfigurationsdateien. Zu den wichtigsten zählen auf System V-basierten Systemen die Verzeichnisse *rc*n*.d* und *init.d*, die Skripten enthalten, die beim Booten des Systems sowie beim Wechsel des Betriebsmodus ausgeführt werden.

Im Verzeichnis */etc* befanden sich ursprünglich die ausführbaren Binärdateien der meisten administrativen Befehle. Bei aktuellen Unix-Versionen liegen diese Dateien nun unterhalb von */sbin* und */usr/sbin*. Üblicherweise enthält */sbin* Dateien, die zum Booten des Systems benötigt werden, und */usr/sbin* alle weiteren administrativen Befehle.

Bei vielen Systemen enthält */etc* ein Unterverzeichnis *default*, in dem Dateien gespeichert sind, die Standardwerte zu einer Reihe von Befehlen enthalten.

Bei einigen Linux-Versionen enthält das Unterverzeichnis *sysconfig* Dateien für die Netzwerkkonfiguration, Softwarepaket-Verwaltung und zur Konfiguration des Boot-Vorgangs.

Unter AIX enthält */etc* zwei wichtige Unterverzeichnisse: */etc/objrepos*, in dem die Datenbank zur Gerätekonfiguration enthalten ist, und */etc/security*, in dem die meisten Dateien zur Konfiguration der Sicherheitseinrichtungen von AIX abgelegt sind.

/home
Dieses Verzeichnis ist der Standard-Speicherort für die Home-Verzeichnisse der Benutzer. Der Name des Home-Verzeichnisses entspricht häufig dem Namen der Benutzerkennung. Das Home-Verzeichnis der Benutzerin *chavez* z. B. würde */home/chavez* lauten. Der Name muss aber nicht der Benutzerkennung entsprechen und wird häufig geändert. Manchmal liegt */home* auch auf einem anderen Dateisystem.

/lib
Speicherort von Programmbibliotheken (Shared Libraries), die für den Boot-Vorgang benötigt werden (noch bevor */usr* gemountet wird).

/lost+found
Verzeichnis für »verloren gegangene« Dateien. Festplattenfehler sowie ein falsches Herunterfahren des Systems können der Grund für solche Dateien sein. Verloren gegangene Dateien entsprechen Speicherorten auf der Festplatte, die als belegt markiert sind, aber in keinem Verzeichniseintrag auftauchen (genauer: ein Inode mit einem Verweiszähler größer null ohne Verzeichniseintrag). Beim Booten eines Systems wird das Programm `fsck` gestartet, das unter anderem solche Dateien aufspürt.

In der Regel gibt es für jede Festplattenpartition ein *lost+found*-Verzeichnis (z.B. */lost+found* für die root-Partition). Bei einigen Unix-Versionen (z.B. FreeBSD) wird ein *lost+found*-Verzeichnis erst bei Bedarf erzeugt.

/mnt
Temporäres Mount-Verzeichnis. Ein leeres Verzeichnis, in dem üblicherweise nur zeitweilig benötigte Dateisysteme gemountet werden.

/opt
Verzeichnis für die Installation zusätzlicher Software. Auf einigen Systemen wird sie auch unter */var/opt* gespeichert. AIX nutzt hierzu das Verzeichnis */usr/lpp*.

/proc
Prozessverzeichnis. Wurde entwickelt, um Prozesse mit Unix-Systemaufrufen für Dateizugriffe manipulieren zu können. Zu jedem aktiven Prozess (d.h. Eintrag in der Prozesstabelle des Kernels) wird hier eine Reihe von Dateien abgelegt, die in Verzeichnissen zusammengefasst sind, deren Namen der Prozess-ID entsprechen. Unter Linux liegen hier weitere Dateien, die Informationen zur Systemkonfiguration enthalten (Interrupts, I/O-Ports, DMA-Kanäle, CPU-Typ usw.). HP-UX kennt kein */proc*-Verzeichnis.

/stand
Dateien, die beim Booten benötigt werden, inklusive des Kernel-Images. Bei Solaris heißt dieses Verzeichnis */kernel*, bei Linux */boot*. FreeBSD nutzt */stand* für Programme, die zur Installation und Konfiguration des Systems benötigt werden, */boot* für den Kernel und Programme zum Starten des Systems.

/tcb
Auf Systemen wie HP-UX und Tru64, die erweiterte Sicherheitsmerkmale aufweisen, befinden sich an dieser Stelle die Datenbankdateien des Sicherheitssystems. Der Name *tcb* steht für »trusted computing base«. Dateien zur Konfiguration der TCB liegen unter */etc/auth*. Für diese Zwecke kann auch */usr/tcb* verwendet werden.

/tmp
Temporärverzeichnis, das nur für Hilfsdateien verwendet wird. Alle Benutzer des Systems haben hierauf Zugriff. Der Systemverwalter ist dafür verantwortlich, den Inhalt des */tmp*-Verzeichnisses in regelmäßigen Abständen zu löschen. In der Regel geschieht dies beim Hochfahren des Systems durch ein Start-Skript.

/usr
In den Unterverzeichnissen von */usr* befinden sich lokal erstellte Programme, Befehle für normale Benutzer und für *root*, »Shared Libraries« und andere Teile des Betriebssystems. Auf die wichtigsten Unterverzeichnisse von */usr* gehe ich im nächsten Abschnitt genauer ein. Manchmal enthält */usr* auch Applikationen.

/var
Bereich für die Dateien von Spoolsystemen (Mail, Drucken) und für andere *var*iable Daten. Wichtige Unterverzeichnisse von */var* werden später behandelt.

Das /usr-Verzeichnis

Das Verzeichnis */usr* enthält eine Reihe wichtiger Unterverzeichnisse:

/usr/bin
Befehle und Shell-Skripten. Dieses Verzeichnis enthält die Programme des Unix-Systems, die von allen Benutzern ausgeführt werden dürfen. Viele ausführbare Programme des X Window Systems sind unterhalb von */usr/bin/X11* oder */usr/X11R6/bin* gespeichert.

/usr/include
Include-Dateien. Dieses Verzeichnis enthält die Header-Dateien der Programmiersprache C, mit denen auf Standard-Systemfeatures und Programmbibliotheken zugegriffen werden kann. Es enthält z.B. die Datei *stdio.h*, die die Benutzerschnittstelle zur Standard-Ein-/-Ausgabebibliothek von C definiert. Das Verzeichnis */usr/include/sys* enthält die Include-Dateien des Betriebssystems.

/usr/lib
Bibliotheksverzeichnis für öffentliche Bibliotheksdateien. Dieses Verzeichnis enthält unter anderem die Standard-C-Bibliotheken für Mathematik und Ein-/Ausgaben. Ihre Namen haben die Form *libx.a* oder *libx.so*, wobei x für ein oder mehrere Zeichen steht, die sich auf den Inhalt der Bibliothek beziehen. Reguläre Bibliotheken (d.h. statisch-gelinkte) haben die Endung *.a*, Shared Libraries die Endung *.so*.

/usr/local
Lokale Dateien. Per Konvention liegen im Verzeichnis */usr/local/bin* ausführbare Programme, die nicht vom Hersteller des Betriebssystems stammen. Es kann sich bei ihnen um Eigenentwicklungen, Downloads aus dem Internet oder Programme aus sonstigen Quellen handeln. Mit diesen Programmen zusammenhängende Dateien sind in folgenden typischen Unterverzeichnissen gespeichert: *man* (Manpages), *lib* (Bibliotheken), *src* (Quellcodes), *doc* (Dokumentationen) usw.

/usr/sbin
Administrative Befehle (außer denen, die zum Booten benötigt werden und in */sbin* liegen).

/usr/share
Gemeinsam genutzte Daten (»shared data«). Bei manchen neueren Systemen werden in den Unterverzeichnissen von */usr/share* verschiedene Arten Hardware-unabhängiger statischer Dateien gespeichert, wie z.B. Manpages, Font-Verzeichnisse, Wörterbuchdateien für spell usw. Der Name *share* spielt darauf an, dass diese Dateien von verschiedenen Rechnern im Netzwerk genutzt werden können, wodurch es überflüssig wird, auf jedem System Kopien von ihnen vorzuhalten.

/usr/share/man
Ein Speicherort für die Manpages des Systems. In diesem Verzeichnis befindet sich die Online-Version des Unix-Referenzhandbuchs. Es ist in Unterverzeichnisse unterteilt, die den einzelnen Sektionen des Manuals entsprechen.

Traditionell enthält dieses Verzeichnis mehrere *man*n- und *cat*n-Unterverzeichnisse. In den *man*n-Verzeichnissen befinden sich die unformatierten Quellen der Manpages, in den *cat*n-Verzeichnissen die formatierten Manpages. Viele moderne Systeme stellen nur noch die unformatierten Versionen zur Verfügung und die Manpages werden erst bei Bedarf formatiert (d.h. wenn sie aufgerufen werden). Um sogar noch mehr Platz zu sparen, liegen bei einigen Systemen die Quelldateien in komprimierter Form vor.

Tabelle 2-11 beschreibt das Ordnungsschema der Manpages.

Tabelle 2-11: Einteilung der Manpages

Inhalt	BSD-Systeme	System V-Systeme
Benutzerbefehle	1	1
Systemaufrufe	2	2
Funktionen und Bibliotheksroutinen	3	3
Gerätedateien und Hardware	4	7
Konfigurationsdateien und Dateiformate	5	4
Spiele und Demos	6	6 oder 1
Verschiedenes: Zeichensätze, Dateisystemarten, Definitionen von Datentypen usw.	7	5
Befehle zur Systemadministration	8	1m
Befehle für die Systemwartung	8	8
Gerätetreiber	4	7 oder 9

Von den Systemen, die wir hier behandeln, folgen FreeBSD, Linux und Tru64 dem BSD-Standard, AIX, HP-UX und Solaris folgen mehr oder weniger dem System V-Standard zur Organisation der Manpages.

/usr/src

Quellen der auf einem FreeBSD- oder Linux-System lokal kompilierten Softwarepakete. FreeBSD nutzt auch das Verzeichnis */usr/ports* zum Speichern und Kompilieren aus dem Internet heruntergeladener zusätzlicher Softwarepakete.

/usr/ucb

Ein Verzeichnis für Unix-Befehle, die ursprünglich unter BSD entwickelt wurden. Neuere System V-basierte Systeme liefern BSD-Versionen von vielen Befehlen mit aus, sodass Benutzer die jeweils bevorzugte Version eines Befehls einsetzen können. Einige BSD-basierte Systeme bieten ihrerseits System V-Versionen von Befehlen an, die für gewöhnlich unter */usr/5bin* gespeichert werden. Bei Tru64 erfüllen */usr/opt/s5/bin* und */usr/opt/s5/sbin* eine ähnliche Funktion.

Das /var-Verzeichnis

Wie wir festgestellt haben, nimmt das /var-Verzeichnis Daten auf, die sich im Laufe des Systembetriebs verändern. Hier die wichtigsten seiner Unterverzeichnisse:

/var/adm
: Verzeichnis für administrative Belange (Home-Verzeichnis des besonderen Benutzers *adm*). Traditionell enthält dieses Verzeichnis die Standard-Accounting-Dateien. Bei einigen Unix-Versionen liegen sie aber an anderer Stelle im Dateisystem.

/var/cron, /var/news
: /var enthält Unterverzeichnisse, die von vielen Systemeinrichtungen genutzt werden. Als Beispiele seien hier das cron-System und der Network-News-Dienst genannt.

/var/log
: Speicherort von Logdateien, die von vielen Systemeinrichtungen unterhalten werden.

/var/mail
: Speicherort der Mailboxen der Benutzer.

/var/run
: Umfasst Dateien, die die aktuellen Prozess-IDs von verschiedenen System-Daemons enthalten. Auch andere Details, die Serverprozesse oder die Ausführung betreffen, werden hier gespeichert.

/var/spool
: Enthält Unterverzeichnisse der Unix-Subsysteme, z.B. für das Drucken, die Mail-Verteilung und das cron-System.

KAPITEL 3
Grundlegende Werkzeuge und Techniken der Administration

Die richtigen Werkzeuge erleichtern jede Aufgabe; ihr Fehlen kann einige Aufgaben fast unlösbar machen. Wenn Sie einen Schraubenschlüssel brauchen, wird Ihnen auch kein anderes Werkzeug helfen. Wenn Sie dagegen einen Schraubenzieher brauchen, können Sie sich vielleicht mit einem Taschenmesser behelfen, und manchmal geht es damit sogar besser.

Der erste Teil dieses Kapitels behandelt Unix-eigene Befehle und Hilfsprogramme, die bei der Systemadministration helfen können. Gelegentlich bedeutet das, einfache Benutzerbefehle für administrative Aufgaben einzusetzen, manchmal aber auch den schlaueren und effizienteren Einsatz bekannter Werkzeuge. Gelegentlich kann es leichter sein, eigene Werzeuge für Ihre Anwender zu entwickeln, damit diese bestimmte Aufgaben selbst erledigen können. Diesen letzten Punkt behandeln wir detailliert in Kapitel 14.

Im zweiten Teil dieses Kapitels geht es um einige grundlegende administrative Programme und Techniken, wie die cron- und syslog-Subsysteme, Strategien für den Umgang mit den vielen Logdateien des Systems sowie um Softwarepakete zur Systemverwaltung. Wir beschließen dieses Kapitel mit einer Liste von Software-Quellen im Internet.

Wie man bekannte Befehle optimal nutzt

In diesem Abschnitt geht es um fortgeschrittene und administrative Anwendungen häufig benutzter Unix-Befehle.

Hilfestellung

Das System der Manual Pages (oder auch »Manpages«) bildet den Kern der Unix-Online-Hilfe. Oberflächlich wirkt es minimalistisch und ist oft schwer verständlich, aber es ist meistens vollständig. Zudem ist dieses System leicht zu benutzen, sobald Sie die Funktionsweise einmal verstanden haben.

Zweifellos sind Ihnen die Grundlagen des man-Befehls bekannt: Hilfe für einen bestimmten Befehl anzeigen lassen, die Angabe eines bestimmten Abschnitts, die Benutzung der Option -k (oder apropos), um nach Einträgen zu einem bestimmten Begriff zu suchen, und so weiter.

Der Befehl man besitzt einige Möglichkeiten, die ich selbst erst entdeckt habe, nachdem ich mehrere Jahre mit einem Unix-System gearbeitet habe (offensichtlich bin ich nicht darauf gekommen, einmal man man auszuführen). So ist es beispielsweise möglich, mehrere Manpages mit einem einzigen man-Befehl anzeigen zu lassen:

```
$ man umount fsck newfs
```

Der man-Befehl übergibt die Seiten als einzelne Dateien an das anzeigende Programm. Sie können sich also mit den üblichen Methoden zwischen den Dateien hin- und herbewegen (im more-Programm z. B. mit :n).

Auf FreeBSD-, Linux- und Solaris-Systemen besitzt man außerdem eine -a-Option, die die angegebene(n) Manpage(s) aus allen Abschnitten der Dokumentation ausgibt. So zeigt der erste Befehl die Einführungsseiten zu jedem Abschnitt an, für den eine solche Seite existiert, während der zweite Befehl die Manpages für den chown-Befehl und den dazugehörigen Systemaufruf ausgibt:

```
$ man -a intro
$ man -a chown
```

Manpages sind in der Regel an einem vorhersagbaren Ort im Dateisystem zu finden. Oft ist dies */usr/share/man*. Sie können den man-Befehl so konfigurieren, dass er mehrere man-Verzeichnisbäume durchsucht, indem Sie die Umgebungsvariable MANPATH auf eine durch Doppelpunkte getrennte Liste der zu durchsuchenden Verzeichnisse setzen.

Die Suchreihenfolge ändern

Der man-Befehl durchsucht die verschiedenen Abschnitte der Manpages in einer festgelegten Reihenfolge: zuerst die Befehle, gefolgt von den Systemaufrufen und Bibliotheksfunktionen, und danach die übrigen Abschnitte (d.h. 1, 6, 8, 2, 3, 4, 5 und 7 für BSD-basierte Systeme). Angezeigt wird die erste Manpage, die zu dem angegebenen Suchbegriff passt. In manchen Fällen kann aber auch eine andere Reihenfolge sinnvoll sein. Viele Betriebssysteme erlauben eine Anpassung der Suchreihenfolge an die eigenen Bedürfnisse, indem der Eintrag MANSECTS in der Konfigurationsdatei geändert wird. Solaris erlaubt dieses Vorgehen beispielsweise in der Konfigurationsdatei */usr/share/man/man.cf*. Sie geben eine Liste der Abschnitte an sowie die Reihenfolge, in der diese durchsucht werden sollen:

```
MANSECTS=8,1,2,3,4,5,6,7
```

Diese Reihenfolge bringt administrative Befehle an den Anfang der Liste.

Hier die Orte, an denen die Änderungen für die von uns betrachteten Versionen, die diese Möglichkeit bieten, vorgenommen werden können:

FreeBSD
    MANSECT-Umgebungsvariable (Trennzeichen: Doppelpunkt)

Linux (Red Hat)
    MANSECT-Abschnitt in der Datei */etc/man.config* (Trennzeichen: Doppelpunkt)

Linux (SuSE)
    SECTION-Abschnitt in der Datei */etc/manpath.config* (Trennzeichen: Leerzeichen)

Solaris
> MANSECTS-Abschnitt in der Datei */usr/share/man/man.cf* und/oder das oberste Verzeichnis eines jeden Verzeichnisbaums für Manpages (Trennzeichen: Komma)

man –k einrichten

Vermutlich ist es sinnvoll zu erwähnen, wie Sie man -k zum Laufen bekommen, wenn Ihr System dies offiziell zwar unterstützt, bei einem Aufruf aber nichts zurückkommt. Dieser Befehl (und sein Alias apropos) benutzt eine Datendatei als Index für alle verfügbaren Manpages. Diese Datei muss nämlich oft erst vom Systemadministrator erstellt werden. Außerdem kann es nötig werden, sie von Zeit zu Zeit zu aktualisieren.

Auf den meisten Systemen lautet der Befehl zum Erzeugen der Indexdatei makewhatis, der von *root* ausgeführt werden muss. Dieser Befehl erwartet keine weiteren Optionen, außer unter Solaris, wo das oberste Unterverzeichnis für die Manpages im Verzeichnisbaum angegeben wird:

```
# makewhatis                    bei den meisten Systemen
# makewhat /usr/share/man       Solaris
```

Unter AIX, HP-UX und Tru64 wird stattdessen der ältere catman -w-Befehl verwendet.

Piping mit grep und awk

Wie Sie zweifellos wissen, durchsucht der grep-Befehl seine Eingaben nach Zeilen, die ein bestimmtes Muster enthalten. Häufig setzen Anwender grep ein, um Dateien zu durchsuchen. Neu sind vermutlich einige Anwendungen von grep in Pipes zusammen mit mehreren administrativen Befehlen. Wenn Sie beispielsweise alle Prozesse einer Benutzerin ermitteln wollen, übergeben Sie die Ausgaben von ps über eine Pipe an grep, um nach dem entsprechenden Benutzernamen zu suchen:

```
% ps aux | grep chavez
chavez    8684  89.5  9.6 27680 5280 ?   R N  85:26 /home/j90/l988
root     10008  10.0  0.8  1408  352 p2  S    0:00 grep chavez
chavez    8679   0.0  1.4  2048  704 ?   I N  0:00 -csh (csh)
chavez    8681   0.0  1.3  2016  672 ?   I N  0:00 /usr/nqs/sc1
chavez    8683   0.0  1.3  2016  672 ?   I N  0:00 csh -cb rj90
chavez    8682   0.0  2.6  1984 1376 ?   I N  0:00 j90
```

Dieses Beispiel benutzt die BSD-Version von ps mit den Optionen, die sämtliche Prozesse des Systems auflisten,[1] und verwendet dann grep, um die Prozesse der Benutzerin *chavez* herauszufiltern. Wenn Sie auch die von ps ausgegebenen Kopfzeilen mit einbeziehen wollen, benutzen Sie einen Befehl wie den folgenden:

```
% ps -aux | egrep 'chavez|PID'
```

Das ist jedes Mal eine ganze Menge an Eingaben. Allerdings ist es möglich, einen Alias zu definieren, sofern Ihre Shell dies unterstützt. In der C-Shell geht das folgendermaßen:

---

[1] Für */usr/bin/ps* unter HP-UX und Solaris lautet der entsprechende Befehl ps -ef.

```
% alias pu "ps -aux | egrep '\!:1|PID'"
% pu chavez
USER     PID %CPU %MEM   SZ   RSS TT STAT  TIME COMMAND
chavez  8684 89.5  9.6 27680 5280  ?  R N 85:26 /home/j90/1988
...
```

Eine weitere nützliche Verwendung von grep finden Sie in Verbindung mit man -k. So musste ich auf einem neuen System einmal herausfinden, wo sich die Fehler-Logdatei befand – der Rechner gab andauernd lästige Fehlermeldungen aus, nach denen Platte 3 einen Hardware-Fehler habe. Das wusste ich aber bereits und hatte den Fehler auch schon behoben. Ich versuchte es mit der Eingabe von man -k error: 64 Treffer. Mit man -k log war es sogar noch schlimmer: 122 passende Manpages. Der Befehl man -k log | grep error ergab dagegen nur 9 Treffer, darunter einen Eintrag über einen praktischen Befehl, mit dem man Einträge in der Fehler-Logdatei, die älter waren als eine bestimmte Anzahl von Tagen, entfernen konnte.

Auch der awk-Befehl kann in Pipes von Nutzen sein. Er kann eingesetzt werden, um die Ausgaben anderer Befehle auf allgemeinere Art zu bearbeiten als mit grep. Eine vollständige Erläuterung von awk würde jedoch den Rahmen dieses Buches sprengen. Einige Beispiele sollen dazu dienen, Ihnen seine Fähigkeiten zu demonstrieren, und Sie in die Lage versetzen, weitere Möglichkeiten selbst zu erforschen.

So eignet sich awk beispielsweise dazu, bestimmte Ausgabespalten eines Befehls herauszufiltern und in eine andere Reihenfolge zu bringen. Der folgende Befehl gibt beispielsweise eine Liste aller Benutzer aus, die gerade quake spielen:

```
$ ps -ef | grep "[q]uake" | awk '{print $1}'
```

Dieser awk-Befehl gibt jeweils nur das erste Feld jeder von grep übergebenen Zeile aus. Der für grep verwendete Suchstring kommt Ihnen vielleicht etwas seltsam vor, da die eckigen Klammern nur ein einziges Zeichen umgeben. Dieser Befehl ist so konstruiert, dass die ps-Zeile für den grep-Befehl selbst nicht ausgewählt wird (weil der String »quake« darin nicht vorkommt). Dies ist eigentlich nur ein Trick, um zu vermeiden, dass zwischen den grep- und awk-Befehlen noch ein grep -v grep eingefügt werden muss.

Nachdem Sie nun eine Liste der Anwendernamen erzeugt haben, können Sie diese weiterverarbeiten, wie Sie wollen. Eine Möglichkeit besteht darin, die Informationen einfach in einer Datei zu speichern:

```
$ (date ; ps -ef | grep "[q]uake" | awk '{print $1 " [" $7 "]"}' \
  | sort | uniq) >> quaked.users
```

Dieser Befehl speichert eine Liste der Anwender, die gerade quake spielen, zusammen mit der bisher verbrauchten CPU-Zeit in eckigen Klammern in der Datei *quaked.users*. Der Liste vorangestellt werden das aktuelle Datum und die Uhrzeit. Im weiteren Verlauf dieses Kapitels werden wir noch eine Reihe anderer Verwendungen für eine solche Liste kennen lernen.

awk kann auch benutzt werden, um eine Spalte mit Zahlen zusammenzuzählen. So durchsucht der folgende Befehl beispielsweise das gesamte lokale Dateisystem nach Dateien der Benutzerin *chavez* und zählt deren Größen zusammen:

```
# find / -user chavez -fstype 4.2 ! -name /dev/\* -ls | \
  awk '{sum+=$7}; END {print "Von chavez verbrauchter Plattenplatz =
  "sum}'
Von chavez verbrauchter Plattenplatz = 41987453
```

Der awk-Teil dieses Befehls ermittelt die Summe der siebten Ausgabespalte des find-Befehls, die die Anzahl der Bytes in jeder Datei enthält. Wenn die letzte Zeile abgearbeitet ist, wird dieser Wert ausgegeben. awk kann auch Durchschnittswerte berechnen. So wird die durchschnittliche Anzahl der Bytes pro Datei durch den Ausdruck *sum/NR* in der *END*-Klausel des Befehls angegeben. Der Nenner *NR* ist eine awk-interne Variable. Diese enthält die Nummer der aktuellen Eingabezeile und gibt daher, nachdem alle Zeilen abgearbeitet sind, die Gesamtzahl aller verarbeiteten Zeilen an.

Auf ähnliche Weise kann awk auch zusammen mit date benutzt werden, um Dateinamen zu erzeugen, die auf dem aktuellen Datum basieren. So schreibt der folgende Befehl zum Beispiel die Ausgaben des *sys_doc*-Skripts in eine Datei, die nach dem gegenwärtigen Datum und Rechnernamen benannt ist:

```
$ sys_doc > `date | awk '{print $3 $2 $6}'`.`hostname`.sysdoc
```

Wäre der Befehl am 24. Oktober 2001 auf dem Rechner *ophelia* ausgeführt worden, würde der vom Befehl erzeugte Dateiname *24Oct2001.ophelia.sysdoc* lauten.

Ist das wirklich alles nötig?

Falls Ihnen dieses ganze »Gepipe« jetzt übertrieben vorkommt, möchte ich Ihnen versichern, dass ich Ihnen das nicht zum reinen Selbstzweck erzähle. Je besser Sie die Eigenheiten der Unix-Befehle kennen – die einfachen wie die versteckten –, desto besser werden Sie auf die unvorhersehbaren Ereignisse vorbereitet sein, die zweifellos auf Sie zukommen werden. So werden Sie beispielsweise in der Lage sein, schnell eine Lösung zur Hand zu haben, wenn Ihr Vorgesetzter (oder Ihr Abteilungsleiter oder sonst wer) wissen will, welchen prozentualen Anteil die Gruppe *chem* am gesamten Plattenplatz im lokalen Netzwerk belegt. Virtuosität und Zauberei müssen nicht zum Selbstzweck verkommen, sondern helfen Ihnen dabei, zwei der sieben Kardinaltugenden eines Systemadministrators zu entwickeln: *Flexibilität* und *Genialität* (die anderen verrate ich Ihnen später).

Neuere Versionen von date können diese Art von Strings also auch ohne die Hilfe von awk selbst erzeugen. Der folgende Befehl illustriert diese Merkmale. Er erzeugt einen einmaligen Dateinamen für eine temporäre Datei, indem er date anweist, den literalen String *junk_*, gefolgt vom Tag im Monat, der Kurzform des Monatsnamens, der zweistelligen Jahreszahl und den Stunden, Minuten und Sekunden der gegenwärtigen Zeit, auszugeben. Zum Schluss wird dem Dateinamen noch der literale String *.junk* angehängt:

```
$ date +junk_%d%b%y%H%M%S.junk
junk_08Dec01204256.junk
```

Wir werden weiter hinten in diesem Kapitel noch weitere Anwendungen für grep und awk kennen lernen.

Dateien finden

Ein anderer, für Systemadministratoren sehr nützlicher Befehl ist find. find ist einer der Befehle, bei denen Sie sich fragen, wie Sie bisher ohne ihn überhaupt leben konnten – sobald Sie ihn einmal gelernt haben. Er besitzt eine der rätselhaftesten Manpages der gesamten Unix-Welt, daher werde ich etwas Zeit damit verbringen, sie Ihnen zu erklären (falls sie Ihnen bereits bekannt ist, können Sie diesen Abschnitt ruhig überspringen).

find lokalisiert Dateien mit gemeinsamen, vorgegebenen Merkmalen. Dabei durchsucht es alle von Ihnen angegebenen Teile des Systems. Konzeptuell gesehen hat find die folgende Syntax:[2]

```
# find Startverzeichnis(se) Suchkriterien-und-Aktionen
```

Startverzeichnis(se) besteht aus einer Liste der Verzeichnisse, in denen find mit seiner Suche nach Dateien beginnen soll. Standardmäßig durchsucht find rekursiv sämtliche Verzeichnisse unterhalb der angegebenen Verzeichnisse. Wenn Sie also / als Startverzeichnis angeben, würde das gesamte Dateisystem durchsucht werden.

Die *Suchkriterien* teilen find mit, nach welchen Arten von Dateien gesucht werden soll. Einige der nützlichsten finden Sie in Tabelle 3-1:

Tabelle 3-1: Suchkriterien für find

Option	Bedeutung
-atime *n*	Auf die Datei wurde exakt vor *n* Tagen das letzte Mal zugegriffen.
-mtime *n*	Die Datei wurde vor exakt *n* Tagen zum letzten Mal geändert.
-newer *Datei*	Datei wurde vor kürzerer Zeit verändert als *Datei*.
-size *n*	Datei ist *n* 512-Byte-Blöcke lang (auf den nächsten Block aufgerundet).
-type *c*	Gibt den Dateityp an: f=normale Datei, d=Verzeichnis usw.
-fstype *Typ*	Gibt den Typ des Dateisystems an.
-name *Name*	Dateiname ist *Name*.
-perm *Rechte*	Die Zugriffsrechte für die Datei sind *Rechte*.
-user *Benutzer*	Die Datei gehört *Benutzer*.
-group *Gruppe*	Die Datei gehört der Gruppe *Gruppe*.
-nouser	Der Besitzer der Datei hat keinen Eintrag in der Passwortdatei.
-nogroup	Die Gruppe der Datei hat keinen Eintrag in der Gruppendatei.

---

2 Syntaktisch gesehen unterscheidet find nicht zwischen Auswahlkriterien für Dateien und aktionsbezogenen Optionen. Oft ist es aber hilfreich, sie sich als unterschiedliche Typen vorzustellen, wenn man die Benutzung von find erlernt.

Nicht alle diese Optionen scheinen auf den ersten Blick wirklich nützlich zu sein. Warum sollten Sie nach einer Datei suchen, auf die vor exakt drei Tagen zugegriffen wurde? Die zeitlichen Abstände, Größen und anderen numerischen Angaben lassen sich um ein Pluszeichen (für »mehr als«) oder ein Minuszeichen (für »weniger als«) erweitern, wodurch sich nützlichere Kriterien formulieren lassen. Hier ein paar Beispiele:

-mtime +7	*Letzte Änderung vor mehr als 7 Tagen*
-atime -2	*Letzter Zugriff vor weniger als 2 Tagen*
-size +100	*Größer als 50K*

Bei Benutzung der -name-Option lassen sich auch Wildcard-Zeichen einsetzen, sofern Sie diese »quotieren« (in Anführungszeichen setzen). So bezeichnet das Kriterium -name '*.dat' beispielsweise alle Dateinamen, die auf *.dat* enden.

Mehrere Bedingungen werden standardmäßig mit UND verknüpft. Wenn Sie also alle Dateien finden wollen, auf die vor mehr als zwei Monaten zuletzt zugegriffen worden ist und die zuletzt vor mehr als vier Monaten geändert worden sind, würden Sie die folgenden Optionen benutzen:

```
-atime +60 -mtime +120
```

Optionen lassen sich aber auch mit -o verbinden, das eine ODER-Verknüpfung herstellt. Gruppierungen lassen sich erreichen, indem Sie durch einen Backslash geschützte runde Klammern verwenden. Die unten stehenden Suchkriterien bezeichnen Dateien, auf die entweder vor mehr als sieben Tagen zugegriffen wurde oder die zuletzt vor mehr als 30 Tagen geändert wurden:

```
\( -atime +7 -o -mtime +30 \)
```

Ein Ausrufezeichen steht für NOT. (Achten Sie darauf, es in Anführungszeichen zu setzen, wenn Sie die C-Shell benutzen.) So bezeichnen die unten stehenden Suchkriterien alle *.dat*-Dateien außer *gold.dat*:

```
! -name gold.dat -name \*.dat
```

Mit Hilfe der -perm-Option können Sie nach Dateien mit einem bestimmten Zugriffsmodus suchen (numerische Form). Ohne die Benutzung eines Vorzeichens wird nach Dateien mit exakt diesen Zugriffsrechten gesucht. Stellen Sie dem Modus dagegen ein Minuszeichen voran, wird nach Dateien gesucht, die *mindestens* die angegebenen Zugriffsrechte haben. (Oder anders gesagt: Der angegebene Modus wird mit EXKLUSIV-ODER mit den Zugriffsrechten der Datei verknüpft.) Hier einige Beispiele:

-perm 755	*Zugriffsrechte = rwxr-xr-x*
-perm -002	*Allgemein schreibbare Dateien*
-perm -4000	*SUID-Zugriff ist gesetzt*
-perm -2000	*SGID-Zugriff ist gesetzt*

Die *Aktions*-Optionen teilen find mit, was mit Dateien, auf die alle Kriterien zutreffen, geschehen soll. Einige der möglichen Aktionen finden Sie in Tabelle 3-2.

Tabelle 3-2: find-Aktionen

Option	Bedeutung
-print	Pfadnamen für passende Datei(en) ausgeben.
-ls[a]	Langes Verzeichnislisting für passende Datei(en) ausgeben.
-exec cmd	Befehl auf dieser Datei ausführen.
-ok cmd	Nachfragen, bevor der Befehl auf der Datei ausgeführt wird.
-xdev	Suche auf das Dateisystem des Startverzeichnisses beschränken (wird normalerweise benutzt, um gemountete entfernte Dateisysteme zu überspringen)
-prune	Nicht in gefundene Verzeichnisse absteigen.

a   Nicht verfügbar unter HP-UX.

Auf vielen neueren Systemen wird standardmäßig die Option -print benutzt. Wird diese Option bei älteren Systemen, z.B. SunOS, vergessen, wird der Befehl zwar erfolgreich ausgeführt, aber nichts ausgegeben. Befehle für -exec und -ok müssen mit einem geschützten Semikolon abgeschlossen werden (\;). In Befehlen kann als Platzhalter für den Pfadnamen der gefundenen Datei die Formulierung {} verwendet werden. Wenn Sie beispielsweise alle gefundenen Dateien löschen wollen, geben Sie dem find-Befehl die folgenden Optionen mit:

    -exec rm -f {} \;

Achten Sie darauf, dass zwischen der öffnenden und der schließenden geschweiften Klammer keine Leerzeichen stehen. Die geschweiften Klammern dürfen innerhalb des Befehls nur einmal verwendet werden.

Nun wollen wir die verschiedenen Einzelteile zusammensetzen. Der unten stehende Befehl listet die Pfadnamen aller C-Quellcode-Dateien im gegenwärtigen Verzeichnis auf:

    $ find . -name *.c -print

Das Startverzeichnis ist ».« (das gegenwärtige Verzeichnis), die Suchkriterien passen auf Dateinamen, die auf .c enden; die gewählte Aktion ist in diesem Fall die Ausgabe der Pfadnamen der gefundenen Dateien. Dies ist eine typische Anwendung für find. Andere häufige Anwendungen sind die Suche nach falsch platzierten Dateien und die Übergabe von Dateilisten an cpio.

find kommt in der Administration auf vielerlei Arten zum Einsatz. Zum Beispiel für:

- die Überwachung der Plattenauslastung
- das Aufspüren von Dateien, die ein potentielles Sicherheitsrisiko darstellen können
- das Ausführen rekursiver Dateioperationen

So kann find beispielsweise benutzt werden, um große Dateien auf der Festplatte aufzuspüren. Der unten stehende Befehl zeigt ein langes Verzeichnislisting für alle Dateien unterhalb des Verzeichnisses /chem an, die größer als 1 MB (2048 512-Byte-Blöcke) sind und die während des letzten Monats nicht verändert worden sind:

    $ find /chem -size +2048 -mtime +30 -exec ls -l {} \;

Sicherlich könnten wir anstelle der -exec-Klausel auch -ls benutzen. Diese Möglichkeit ist sogar noch effizienter, weil das Verzeichnislisting von find intern gehandhabt wird (und nicht für jede Datei eine Subshell gestartet werden muss). Um Dateien zu finden, die seit mindestens einem Monat nicht verändert worden sind oder auf die seit mindestens drei Monaten nicht mehr zugegriffen worden ist, benutzen Sie den folgenden Befehl:

```
$ find /chem -size +2048 \( -mtime +30 -o -atime +120 \) -ls
```

Solche alten, großen Dateien könnten Kandidaten für eine Bandsicherung oder eine Löschung sein, wenn der Plattenplatz knapp wird.

find kann Dateien auch automatisch löschen. Folgender Befehl ist eine typische administrative Anwendung von find, mit der alte, unbrauchbare Dateien im System gelöscht werden:

```
# find / \( -name a.out -o -name core -o -name '*~'\
    -o -name '.*~' -o -name '#*#' \) -type f -atime +14 \
    -exec rm -f {} \; -o -fstype nfs -prune
```

Dieser Befehl durchsucht das gesamte Dateisystem und entfernt verschiedene Editor-Backup-, Coredump- und *a.out*-Dateien, auf die während der letzten zwei Wochen nicht zugegriffen wurde und die sich nicht auf einem gemounteten entfernten Dateisystem befinden. Die Logik dahinter ist ein bisschen verwirrend: Die -o-Option sorgt dafür, dass alle vorangegangenen Optionen mit allen nachstehenden Optionen über ein ODER verknüpft werden, wobei jede Option für sich ausgewertet wird. Hierdurch findet die abschließende Operation Dateien, auf die eines der beiden Kriterien zutrifft:

- Der Dateiname passt; es handelt sich um eine einfache Datei, auf die seit 14 Tagen nicht mehr zugegriffen wurde.
- Das Dateisystem ist *nfs* (d.h., es handelt sich um eine entfernte, gemountete Festplatte).

Trifft der erste Satz von Kriterien zu, wird die Datei gelöscht; trifft der zweite Satz zu, wird die Aktion »prune« ausgeführt (d.h., es wird nicht in den Verzeichnisbaum abgestiegen). Wenn find also auf ein per NFS gemountetes Dateisystem trifft, wird es übersprungen, anstatt auch dessen Inhalt zu durchsuchen.

Suchkriterien und Aktionen können in beliebiger Reihenfolge angegeben werden. Sie werden von links nach rechts ausgewertet. Das folgende find-Kommando listet alle regulären Dateien unterhalb der Verzeichnisse */home* und */aux1* auf, die größer als 500 KB sind und seit mindestens 30 Tagen nicht mehr benutzt wurden (was durch die Optionen bis -print erledigt wird). Zusätzlich werden alle Dateien mit dem Namen *core* gelöscht:

```
# find /home /aux1 -type f -atime +30 -size +1000 -print \
    -name core -exec rm {} \;
```

find lässt sich auch für sicherheitsrelevante Aufgaben verwenden. So gibt der folgende find-Befehl beispielsweise alle Dateien aus, die das SUID- oder das SGID-Bit gesetzt haben (siehe Kapitel 7).

```
# find / -type f \( -perm -2000 -o -perm -4000 \) -print
```

Die Ausgabe dieses Befehls könnte mit einer gespeicherten Liste von Dateien mit diesen Modi verglichen werden, um neu angelegte Dateien aufzuspüren, die genauer untersucht werden sollten:

```
# find / \( -perm -2000 -o -perm -4000 \) -print | \
    diff - files.secure
```

find kann auch benutzt werden, um dieselbe Aktion für mehrere Dateien auf einmal auszuführen. Der unten stehende Befehl setzt den Besitzer aller Dateien im Home-Verzeichnis von *chavez* auf den Besitzer *chavez* und die Gruppe *physics*:

```
# find /home/chavez -exec chown chavez {} \; \
                    -exec chgrp physics {} \;
```

Der folgende Befehl versammelt alle C-Quellcode-Dateien irgendwo unterhalb von */chem* im Verzeichnis */chem1/src*:

```
# find /chem -name '*.c' -exec mv {} /chem1/src \;
```

Auf ähnliche Weise führt dieser Befehl für alle C-Quellcode-Dateien unterhalb von */chem* das Skript *prettify* aus:

```
# find /chem -name '*.c' -exec /usr/local/bin/prettify {} \;
```

Beachten Sie, dass die -exec-Klausel den vollständigen Pfad zum Skript enthält.

Abschließend können Sie den find-Befehl auch zum einfachen Aufspüren von Änderungen an einem System innerhalb eines bestimmten Zeitraums oder als Ergebnis einer bestimmten Aktion benutzen. Nehmen Sie beispielsweise die folgenden Befehle:

```
# touch /tmp/starting_time
# irgendeine Operation ausführen
# find / -newer /tmp/starting_time
```

Die Ausgabe des abschließenden find-Befehls zeigt alle Dateien, die aufgrund der ausgeführten Aktion hinzugefügt oder geändert wurden. Es wird zwar nicht direkt auf gelöschte Dateien eingegangen, aber es werden veränderte Verzeichnisse angezeigt (was ein indirekter Hinweis sein kann).

Befehle wiederholen

find kann außerdem hilfreich sein, wenn es darum geht, die gleiche Aktion für mehrere Dateien auszuführen. Der xargs-Befehl ist eine weitere Möglichkeit, um ähnliche Befehle für eine Gruppe von Objekten zu automatisieren. Hierbei ist xargs flexibler als find, da es mit einem beliebigen Satz von Objekten arbeiten kann, unabhängig davon, um was es sich dabei im Einzelnen handelt. find ist dagegen auf Dateien und Verzeichnisse beschränkt.

xargs wird oft als letztes Element einer Pipe verwendet. Es stellt die von der Standardeingabe gelesenen Elemente dem als Argument übergebenen Unix-Befehl hintan. Der folgende Befehl erhöht den Nice-Wert aller quake-Prozesse um 10, wodurch die Priorität dieser Prozesse herabgesetzt wird:

```
# ps -ef | grep "[q]uake" | awk '{print $2}' | xargs renice +10
```

Die vor dem xargs-Befehl stehende Pipe extrahiert für jede Instanz von quake die Prozess-ID aus der zweiten Ausgabezeile von ps und xargs führt daraufhin für jede gefundene Prozess-ID den Befehl renice aus. Der renice-Befehl übernimmt als Argumente eine Liste von Prozess-IDs – es ist also kein Problem, alle PIDs an einen einzigen renice-Befehl zu übergeben, solange deren Anzahl nicht zu groß ist.

Anstatt alle Argumente auf einmal zu verarbeiten, können Sie xargs mittels der -n-Option auch anweisen, die eingehenden Argumente in Gruppen an den angegebenen Befehl weiterzuleiten. Diese Option übernimmt die Anzahl der Elemente, die jeweils als Argumente übergeben werden sollen. Wenn Sie beispielsweise für jeden Benutzer, der gerade quake spielt, ein Skript ausführen wollten, könnten Sie dafür den folgenden Befehl verwenden:

```
# ps -ef | grep "[q]uake" | awk '{print $1}' | xargs -n1 warn_user
```

Der xargs-Befehl übernimmt nun einen Benutzernamen nach dem anderen und verwendet diesen als Argument für das Skript warn_user.

Alle bisher betrachteten xargs-Beispiele haben die eingehenden Elemente an den angegebenen Befehl angehängt. Eingabezeilen können aber auch an anderer Stelle im Befehl zur Bearbeitung eingesetzt werden. Hierfür benötigen Sie die Option -i und die Formulierung {} als Platzhalter für die eintreffenden Eingabezeilen innerhalb des Befehls. Um beispielsweise mit dem System V-Hilfsprogramm chargefee jedem Benutzer, der gerade quake spielt, 10000 Einheiten zu belasten, schreiben Sie Folgendes:

```
# ps -ef | grep "[q]uake" | awk '{print $1}' | \
    xargs -i chargefee {} 10000
```

Werden geschweifte Klammern innerhalb des Befehls noch woanders gebraucht, können Sie -i auch ein anderes Paar von Platzhalter-Zeichen als Argument übergeben.

Ersetzungen wie diese können schnell kompliziert werden. Die xargs-Option -t sorgt dafür, dass jeder erstellte Befehl vor der Ausführung angezeigt wird, während die Option -p vor der Ausführung eines Befehls eine Bestätigung von Ihnen einholt. Die Benutzung beider Optionen zusammen stellt die sicherste Form der Ausführung dar. Hierdurch ist es möglich, einen Befehl oder ein Skript nicht-destruktiv zu debuggen, indem Sie bei der entsprechenden Rückfrage mit Nein antworten.

-i und -n interagieren übrigens nicht so, wie Sie vielleicht denken. Nehmen Sie beispielsweise folgenden Befehl:

```
$ echo a b c d e f | xargs -n3 -i echo vorher {} nachher
vorher a b c d e f nachher
$ echo a b c d e f | xargs -i -n3 echo vorher {} nachher
vorher {} nachher a b c
vorher {} nachher d e f
```

Sie könnten erwarten, dass diese beiden Befehle sich gleich verhalten und die folgenden Ausgabezeilen produzieren:

```
vorher a b c nachher
vorher d e f nachher
```

Keiner dieser beiden Befehle ergibt jedoch diese Ausgabe und beide Befehle verhalten sich unterschiedlich. Tatsächlich stehen -i und -n im Konflikt zueinander und die zuletzt benutzte Option gewinnt. Im ersten Befehl kommt -i zum Zuge, wodurch jede Eingabezeile in den echo-Befehl eingefügt wird. Im zweiten Befehl wird die Option -n3 verwendet, drei Argumente werden am Ende jedes echo-Befehls eingefügt und die geschweiften Klammern werden als literale Zeichen angesehen.

Unsere erste Verwendung von -i hat korrekt funktioniert, da die Benutzernamen aus verschiedenen Ausgabezeilen des ps-Befehls kommen. Diese Zeilen werden bei der Übergabe durch die Pipe an xargs beibehalten. Wenn Sie xargs verwenden möchten, um Befehle auszuführen, die Pipes, I/O-Umleitungen, mit Semikola zusammengefügte Befehle und so weiter enthalten, müssen Sie etwas trickreicher vorgehen: Benutzen Sie die Option -c mit einer Shell, um den gewünschten Befehl auszuführen. Gelegentlich möchte ich mir beispielsweise die letzten Zeilen einer Gruppe von Dateien gleichzeitig auf dem Bildschirm anzeigen lassen. Mit anderen Worten: Ich möchte einen Befehl wie den folgenden ausführen und will, dass er funktioniert:

```
$ tail test00* | more
```

Auf den meisten Systemen gibt dieser Befehl nur Zeilen aus der letzten Datei aus. Jedoch kann ich xargs benutzen, um das gewünschte Ziel zu erreichen:

```
$ ls -1 test00* | xargs -i /usr/bin/sh -c \
    'echo "****** {}:"; tail -15 {}; echo ""' | more
```

Dieser Befehl gibt die letzten 15 Zeilen jeder Datei aus, stellt ihnen eine Kopfzeile mit dem Dateinamen voran, aus Gründen der Lesbarkeit gefolgt von einer Leerzeile.

Sie können eine ähnliche Methode verwenden, um eine große Anzahl verschiedener sich wiederholender Operationen auszuführen. So sortiert der folgende Befehl alle .dat-Dateien im gegenwärtigen Verzeichnis und entfernt außerdem alle Duplikate:

```
$ ls *.dat | xargs -i /usr/bin/sh -c "sort -u -o {} {}"
```

Mehrere Verzeichnisebenen gleichzeitig anlegen

Viele Leute sind sich nicht der Optionen bewusst, die der mkdir-Befehl bietet. Diese erlauben Ihnen beispielsweise, mit einem einzigen Aufruf ein neues Verzeichnis anzulegen und gleichzeitig einen bestimmten Dateimodus zu setzen sowie unterschiedlich tief verschachtelte Unterverzeichnisse mit einem einzigen Befehl anzulegen. Beide Möglichkeiten können die Benutzung von mkdir wesentlich effizienter machen.

So setzen die beiden folgenden Befehle den Modus eines neu angelegten Verzeichnisses mit Hilfe der mkdir-Option -m auf *rwxr-xr-x*:

```
$ mkdir -m 755 ./people
$ mkdir -m u=rwx,go=rx ./places
```

Hierbei kann für die -m-Option sowohl ein numerischer als auch ein symbolischer Modus angegeben werden. Es lässt sich auch ein relativer symbolischer Modus angeben, wie in diesem Beispiel:

```
$ mkdir -m g+w ./things
```

In diesem Fall beziehen sich die Modusänderungen auf den mit umask gesetzten Standardmodus.

Die mkdir-Option -p sorgt dafür, dass eventuell fehlende Elternverzeichnisse für die als Argumente übergebenen Unterverzeichnisse angelegt werden. So erstellt der folgende Befehl die Unterverzeichnisse *./a* und *./a/b*, sofern diese noch nicht existieren, und legt dann *./a/b/c* an:

```
$ mkdir -p ./a/b/c
```

Der gleiche Befehl hätte ohne die -p-Option eine Fehlermeldung ausgegeben, wenn die Elternverzeichnisse nicht bereits existiert hätten.

Einen vollständigen Verzeichnisbaum duplizieren

Oft kommt es vor, dass Sie einen kompletten Verzeichnisbaum verschieben oder duplizieren müssen, wobei nicht nur die Verzeichnisstruktur und der Inhalt der Dateien beibehalten werden sollen, sondern auch die Besitzrechte und Modi der einzelnen Dateien. Um dies zu erreichen, gibt es verschiedene Lösungsansätze, die tar, cpio und manchmal sogar cp verwenden. Ich werde mich hier auf die Verwendung von tar konzentrieren und am Ende dieses Abschnitts kurz auf die anderen Möglichkeiten eingehen.

Lassen Sie uns die Aufgabe etwas genauer umreißen: In diesem Beispiel wollen wir das Verzeichnis */chem/olddir* als */chem1/newdir* kopieren (anders gesagt: Wir wollen den Namen des Unterverzeichnisses *olddir* ändern und dabei seinen gesamten Inhalt kopieren). Hierfür können wir die -p-Option des tar-Befehls benutzen, die für alle Dateien in einem Archiv die Besitzrechte und Zugriffsmodi wiederherstellt. (Dieser Befehl muss als *root* ausgeführt werden, um Datei-Besitzrechte zu setzen.) Schließlich benutzen wir die folgenden Befehle, um den neuen Verzeichnisbaum anzulegen:

```
# cd /chem1
# tar -cf - -C /chem olddir | tar -xvpf -
# mv olddir newdir
```

Der erste tar-Befehl erzeugt ein Archiv, das aus */chem/olddir* und allen darin enthaltenen Dateien und Verzeichnissen besteht, und schreibt es in die Standardausgabe (bezeichnet durch das Argument - für die -f-Option). Die Option -C setzt das gegenwärtige Verzeichnis für den ersten tar-Befehl auf */chem*. Der zweite tar-Befehl extrahiert die Dateien aus der Standardeingabe (ebenfalls bezeichnet durch -f -), wodurch die ursprünglichen Besitzrechte und Modi beibehalten werden. Der zweite tar-Befehl erzeugt detaillierte Ausgaben (durch die -v-Option). Der abschließende mv-Befehl ändert den Namen des neu angelegten Unterverzeichnisses von */chem1* nach *newdir*.

Wenn Sie nur einen Teil der Dateien und Verzeichnisse unterhalb von *olddir* kopieren wollen, müssen Sie die obigen Befehle leicht abwandeln. So kopieren beispielsweise die folgenden Befehle unter Beibehaltung der Besitzrechte und Dateimodi die Unterverzeichnisse *src*, *bin* und *data* sowie die Dateien, die mit *logfile.* beginnen, und *.profile* von *olddir* nach *newdir*.

```
# mkdir /chem1/newdir
```
nötigenfalls Besitzrechte und Dateimodi für newdir setzen
```
# cd /chem1/olddir
# tar -cvf - src bin data logfile.* .profile  |\
    tar -xvpf - -C /chem/newdir
```

Die ersten zwei Befehle sind nur nötig, sofern */chem1/newdir* noch nicht existiert.

Der unten stehende Befehl führt eine ähnliche Operation durch, bei der nur ein bestimmtes Unterverzeichnis unter *olddir* kopiert wird:

```
# mkdir /chem1/newdir
```
nötigenfalls Besitzrechte und Dateimodi für newdir setzen
```
# cd /chem1/newdir
# tar -cvf - -C /chem/olddir src/viewers/rasmol | tar -xvpf -
```

Diese Befehlssequenz erzeugt */chem1/newdir/src* und das Unterverzeichnis *viewers*, legt dort aber nichts ab außer *rasmol*.

Wenn Sie cpio gegenüber tar vorziehen, so stellt cpio ähnliche Funktionen bereit. Die folgende Befehlsfolge etwa kopiert den gesamten Verzeichnisbaum *olddir* nach */chem1* (auch hier wieder als *newdir*):

```
# mkdir /chem1/newdir
```
nötigenfalls Besitzrechte und Dateimodi für newdir setzen
```
# cd /chem1/olddir
# find . -print | cpio -pdvm /chem1/newdir
```

Auf allen hier behandelten Systemen besitzt auch der cp-Befehl eine -p-Option. Mit folgenden Befehlen kann *newdir* ebenfalls angelegt werden:

```
# cp -pr /chem/olddir /chem1
# mv /chem1/olddir /chem1/newdir
```

Die Option -r steht für »rekursiv« und veranlasst cp, die gesamte Verzeichnisstruktur des Quellverzeichnisses an einem neuen Ort zu reproduzieren.

Denken Sie daran, dass tar bei symbolischen Links anders funktioniert als cp. tar stellt die Links unter dem neuen Pfad wieder her, während cp symbolische Links in reguläre Dateien verwandelt.

Verzeichnisse vergleichen

Im Laufe der Zeit werden sich die im letzten Abschnitt behandelten Verzeichnisse zweifellos beide verändern. Irgendwann in der Zukunft könnte es nötig werden, die Unterschiede zwischen beiden herauszufinden. dircmp ist ein spezielles Hilfsprogramm, das genau für diese Aufgabe gedacht ist.[3] Als Argumente übernimmt dircmp die Namen der zu vergleichenden Verzeichnisse:

```
$ dircmp /chem/olddir /chem1/newdir
```

---

3 Auf FreeBSD- und Linux-Systemen bietet der Befehl diff -r die gleiche Funktionalität.

Selbst wenn die zu vergleichenden Verzeichnisse klein sind, erzeugt `dircmp` recht umfangreiche Ausgaben. Diese bestehen aus zwei Hauptabschnitten. Im ersten werden die Dateien aufgelistet, die sich nur in einem von beiden Verzeichnisbäumen befinden:

```
Mon Jan 4 1995 /chem/olddir only and /chem1/newdir only  Page 1
./water.dat                  ./hf.dat
./src/viewers/rasmol/init.c  ./h2f.dat
...
```

Sämtliche Pfadnamen in dem Bericht sind relativ zu dem auf der Befehlszeile angegebenen Verzeichnis. In unserem Fall stehen in der linken Spalte die Dateien, die nur unter */chem/olddir* zu finden sind, während die rechte Spalte die Dateien auflistet, die nur im neuen Verzeichnis stehen.

Der zweite Teil des Berichts zeigt an, ob die Dateien, die sich in beiden Verzeichnisbäumen befinden, gleich sind oder sich voneinander unterscheiden. Hier ein paar typische Zeilen aus diesem Abschnitt des Berichts:

```
same        ./h2o.dat
different   ./hcl.dat
```

Standardmäßig zeigen die Ausgaben von `dircmp` nur an, ob sich die entsprechenden Dateien voneinander unterscheiden, und manchmal ist das auch alles, was Sie wissen wollen. Wenn Sie die Unterschiede genau feststellen wollen, können Sie `dircmp` mit der Option -d aufrufen. Hierdurch weisen Sie `dircmp` an, für jedes Paar unterschiedlicher Dateien den Befehl `diff` auszuführen (deshalb funktioniert dieser Vergleich auch nur bei Textdateien). Wenn Sie dagegen die Ausgaben des zweiten Abschnitts auf die Dateien beschränken wollen, die sich unterscheiden, rufen Sie den `dircmp`-Befehl mit der -s-Option auf.

Widerspenstige Dateien löschen

Wenn ich Kurse für neue Unix-Anwender gebe, besteht eine der ersten Übungen darin herauszufinden, wie sich die Dateien *–delete_me* und *delete me* (mit einem eingebetteten Leerzeichen im zweiten Fall) löschen lassen.[4] Es kommt gelegentlich vor, dass sich ein Anwender mit einer Datei herumschlagen muss, die sich partout nicht löschen lässt, egal wie kreativ er rm einsetzt. An diesem Punkt wird er zu Ihnen kommen. Wenn es einen Weg gibt, die Aufgabe mit rm zu erledigen, zeigen Sie ihn dem Anwender. Allerdings gibt es ein paar Dateien, mit denen rm einfach nicht klarkommt. So ist es beispielsweise möglich, dass ein fehlerhaftes Programm Dateien in einem bizarren, unschlüssigen Zustand hinterlässt. Anwender können solche Dateien erzeugen, indem sie mit bestimmten Werkzeugen zum Bearbeiten von Dateisystemen experimentieren (obwohl sie diese eigentlich nicht benutzen sollten).

Ein Werkzeug, das mit solchen widerspenstigen Dateien umgehen kann, ist der Verzeichnis-Editiermodus des GNU-Texteditors `emacs`. Es kann ebenfalls nützlich sein, dieses Feature Benutzern zu zeigen, die einfach nicht darauf kommen, wie sie seltsame Dateinamen in Anführungszeichen zu setzen haben.

---

4 Es gibt eine ganze Reihe von Lösungen. Eine der einfachsten ist `rm delete\ me ./-delete_me`.

Hier die nötigen Schritte, um eine Datei mit emacs zu löschen:

1. Rufen Sie emacs mit dem fraglichen Verzeichnis auf – entweder indem Sie den Pfad auf der Befehlszeile angeben oder indem Sie seinen Namen bei der Eingabeaufforderung eingeben, die Sie durch die Tastenkombination Strg-X Strg-F angezeigt bekommen.
2. Das Öffnen des Verzeichnisses versetzt emacs automatisch in den Verzeichnis-Editiermodus. Bewegen Sie den Cursor über die fragliche Datei, indem Sie die üblichen emacs-Befehle benutzen.
3. Geben Sie ein d ein. Dieser Unterbefehl des Verzeichnis-Editiermodus merkt eine Datei zum Löschen vor. Um die Markierung aufzuheben, können Sie ein u eingeben. Um alle Autosave-Dateien bzw. alle Backup-Dateien zu markieren, benutzen Sie das Doppelkreuz (#) bzw. eine Tilde (~).
4. Geben Sie den Unterbefehl x ein, der dafür sorgt, dass alle markierten Dateien gelöscht werden, und beantworten Sie die folgende Bestätigungsaufforderung positiv.
5. Zu diesem Zeitpunkt ist die fragliche Datei entfernt und Sie können emacs verlassen oder andere Arbeiten durchführen.

emacs kann auch zum Betrachten von Verzeichnissen mit Dateien nützlich sein, deren Namen seltsame Zeichen enthalten. Das amüsanteste Beispiel, das ich hier wiedergeben kann, handelt von einem Benutzer, der sich bei mir über einen fehlerhaften ls-Befehl beschwerte. Dieser hatte die Angewohnheit, den Benutzer immer, wenn er ihn anwenden wollte, anzupiepen. Es zeigte sich, dass dieses Phänomen nur im Home-Verzeichnis des Benutzers auftrat und dass eine Datei schuld war, die mitten im Dateinamen die Zeichenfolge Strg-G enthielt. In den Ausgaben von ls zeigte der fragliche Dateiname keine Besonderheiten, weil das Strg-G ausgewertet wurde, was den Piepton auslöste. Wenn Sie sich das Verzeichnis mit emacs ansehen, werden solche Kontrollzeichen sichtbar gemacht, wodurch sich das Problem schnell feststellen und beheben lässt (mit Hilfe des r-Unterbefehls für den emacs-Verzeichnis-Editiermodus, der eine Datei umbenennt).

Befehle im Käfig

Wie wir später noch genauer sehen werden, stellt die Systemsicherheit zweifellos eine Gratwanderung zwischen Bequemlichkeit und möglichen Risiken dar. Eine Möglichkeit, die Risiken einzugrenzen, die von bestimmten möglicherweise gefährlichen Befehlen und Subsystemen ausgehen, besteht darin, diese vom übrigen System zu trennen. Für diese Aufgabe gibt es den chroot-Befehl.

Der chroot-Befehl führt einen Befehl von einem anderen Ort im Dateisystem aus und gaukelt ihm dabei vor, er befinde sich eigentlich im Wurzelverzeichnis. Als Argument übernimmt chroot den Namen des Verzeichnisses, das als neues Wurzelverzeichnis angesehen werden soll. So führt der folgende Befehl beispielsweise den sendmail-Daemon aus, wobei das Verzeichnis */knast* als neues Wurzelverzeichnis angesehen werden soll:

```
# chroot /knast sendmail -bd -q10m
```

Von nun an betrachtet der sendmail-Prozess das Verzeichnis /knast als sein Wurzelverzeichnis. Wenn sendmail beispielsweise nach seiner Datenbank der Mail-Aliase sucht, die es eigentlich unter /etc/aliases erwartet, wird es tatsächlich auf die Datei /knast/etc/aliases zuzugreifen versuchen. Damit sendmail in diesem Modus richtig funktioniert, muss unterhalb von /knast ein minimales Dateisystem eingerichtet werden, das sämtliche Dateien und Verzeichnisse enthält, die sendmail benötigt.

Die Ausführung eines Daemons oder Subsystems als Benutzer, der speziell für diesen Zweck angelegt wurde (anstelle von *root*), wird auch als *Sandboxing* bezeichnet (d. h., die betreffenden Programme werden sinngemäß in einem »Sandkasten« ausgeführt). Diese Sicherheitstechnik wird empfohlen, wo immer es möglich ist, und wird zum weiteren Erhöhen der Sicherheit oft zusammen mit chroot eingesetzt. Ein detailliertes Beispiel für diese Technik finden Sie in »Verwalten von DNS-Servern« in Kapitel 8.

Auf FreeBSD gibt es ein Programm namens jail – eine stärkere Version von chroot –, das es ermöglicht, bestimmte Zugriffsbeschränkungen für den isolierten Befehl anzugeben.

Am Ende anfangen

Vielleicht ist es passend, dass wir den tail-Befehl gegen Ende dieses Abschnitts über die administrative Verwendung üblicher Befehle besprechen. Die Hauptaufgabe von tail besteht darin, die letzten 10 Zeilen einer Datei (oder der Standardeingabe) auszugeben. Darüber hinaus besitzt tail eine Option -f, die neue Zeilen anzeigt, sobald diese an das Ende einer Datei angehängt werden. Dieser Modus kann nützlich sein, wenn Sie den Fortschritt eines Programms beobachten wollen, das in bestimmten Zeitabständen Statusinformationen in eine Datei schreibt. Der folgende Befehl startet beispielsweise eine Backup-Operation mit tar, sichert die Ausgaben in einer Datei und überwacht die Operation mit tail -f:

```
$ tar -cvf /dev/rmt1 /chem /chem1 > 24oct94_tar.toc &
$ tail -f 24oct94_tar.toc
```

Die Informationen, die tar über jede auf das Backup-Band geschriebene Datei ausgibt, werden in die Inhaltsverzeichnis-Datei geschrieben und von tail angezeigt. Der Vorteil gegenüber tee besteht darin, dass Sie tail beliebig oft abbrechen und wieder starten können, ohne dass dies einen Einfluss auf den tar-Befehl hätte.

Einige Versionen von tail kennen auch eine -r-Option, die dafür sorgt, dass die Zeilen einer Datei in umgekehrter Reihenfolge ausgegeben werden, was manchmal recht nützlich sein kann. HP-UX unterstützt dieses Feature nicht, Linux stellt es über den Befehl tac zur Verfügung.

Seien Sie kreativ

Als abschließendes Beispiel für die kreative Verwendung einfacher Befehle stellen Sie sich einmal das folgende Dilemma vor: Ein Anwender erzählt Ihnen, dass seine Workstation nicht mehr booten will. Er sagt Ihnen, er habe etwas an einem Boot-Skript des Systems geändert und es könne sein, dass er versehentlich einige Dateien in /etc gelöscht hat. Sie gehen rüber und sehen sich die Sache an, geben ls ein und erhalten eine Nachricht, dass bestimmte Shared Libraries offenbar fehlen. Wie stellen Sie nun fest, welche Dateien noch vorhanden sind?

Die Lösung besteht darin, die einfachsten Unix-Befehle zu benutzen, die es gibt: *echo* in Verbindung mit dem Wildcard-Mechanismus, die beide in jeder Shell zu finden sind, auch in der statisch gelinkten Shell im Einzelbenutzer-Modus.

Um alle Dateien im gegenwärtigen Verzeichnis zu betrachten, geben Sie einfach Folgendes ein:

```
$ echo *
```

Dieser Befehl weist die Shell an, den Wert von »*« auszugeben, der zu den Namen aller Dateien im gegenwärtigen Verzeichnis expandiert wird, die nicht mit einem Punkt beginnen.

Indem ich echo zusammen mit cd (ebenfalls ein eingebauter Shell-Befehl) benutzte, konnte ich mir bereits ein ziemlich gutes Bild davon machen, was geschehen war. Den Rest der Geschichte erzähle ich Ihnen am Ende von Kapitel 4.

Grundlegende Techniken der Administration

In diesem Abschnitt befassen wir uns mit Systembestandteilen, die Systemadministratoren besonders vertraut sein sollten.

Periodische Ausführung von Programmen: Das cron-Subsystem

cron ist ein Unix-Subsystem, das es ermöglicht, Programme zu bestimmten Zeiten automatisch auszuführen. Sie können cron zum Beispiel benutzen, um einmal pro Stunde eine entfernte Site für den Austausch von E-Mail zu kontaktieren oder um einmal pro Nacht Editor-Backup-Dateien zu löschen, um einmal im Monat ein Backup von Logdateien des Systems anzufertigen und diese dann zu verkürzen oder um eine beliebige Anzahl anderer Aufgaben zu erledigen. Durch die Verwendung von cron werden administrative Aufgaben ausgeführt, ohne dass der Systemadministrator (oder ein anderer Anwender) hierfür explizit Hand anzulegen braucht.[5]

Für administrative Zwecke kann cron eingesetzt werden, wenn Befehle oder Skripten nach einem vorher festgelegten Zeitplan ausführt werden sollen. cron kann resultierende Ausgaben in eine Logdatei schreiben, sie als E-Mail verschicken, als Nachricht auf einem Terminal ausgeben oder sie an einen entfernten Rechner schicken, wo die Nachrichten zentral gespeichert werden. Normalerweise wird cron von einem der Skripten zur Initialisierung des Systems automatisch gestartet.

---

[5] Beachten Sie, dass cron nicht prinzipiell dafür eingesetzt werden sollte, Programme außerhalb der Stoßzeiten auszuführen. Dafür benutzen Sie besser einen Batch-Befehl (beschrieben in »Verwaltung von CPU-Ressourcen« in Kapitel 15).

In Tabelle 3-3 finden Sie die verschiedenen Bestandteile des cron-Subsystems für die in diesem Buch behandelten Unix-Systeme. Wir werden die Einzelheiten im Laufe dieses Abschnitts jeweils noch genauer betrachten.

Tabelle 3-3: Variationen des cron-Subsystems

Bestandteil	Speicherort und Information
crontab-Dateien	**Normal:** /var/spool/cron/crontabs **FreeBSD:** /var/cron/tabs, /etc/crontab **Linux: /var/spool/cron** (Red Hat), /var/spool/cron/tabs (SuSE), /etc/crontab (beide)
crontab-Format	**Normal:** *System V* (kein Feld für Benutzername) **BSD:** /etc/crontab (erfordert Benutzernamen als sechstes Feld)
cron.allow- und cron.deny-Dateien	**Normal:** /var/adm/cron **FreeBSD:** /var/cron **Linux:** /etc (Red Hat), /var/spool/cron (SuSE) **Solaris:** /etc/cron.d
Verwandte Programme	**Normal:** keine **FreeBSD:** periodic-Hilfsprogramm **Linux:** /etc/cron.* (hourly, daily, weekly, monthly) **Red Hat:** anacron-Hilfsprogramm[a]
cron-Logdatei	**Normal:** /var/adm/cron/log **FreeBSD:** /var/log/cron **Linux:** /var/log/cron (Red Hat), nicht konfiguriert (SuSE) **Solaris:** /var/cron/log
Datei, die die PID von crond enthält	**Normal:** nicht vorhanden **FreeBSD:** /var/run/cron.pid **Linux:** /var/run/crond.pid (Red Hat), /var/run/cron.pid (SuSE)
Boot-Skript, das cron startet	**AIX:** /etc/inittab **FreeBSD:** /etc/rc **HP-UX:** /sbin/init.d/cron **Linux:** /etc/init.d/cron **Solaris:** /etc/init.d/cron **Tru64:** /sbin/init.d/cron
Boot-Skript-Konfigurationsdatei: cron-bezogene Einträge	**AIX:** nicht benutzt **FreeBSD:** /etc/rc.conf: cron_enable="YES" und cron_flags="args-to-cron" **HP-UX:** /etc/rc.config.d/cron: CRON=1 **Linux:** nicht benutzt (Red Hat, SuSE 8), /etc/rc.config: CRON="YES" (SuSE 7) **Solaris:** /etc/default/cron: CRONLOG=yes **Tru64:** nicht benutzt

a Das Red Hat Linux-Hilfsprogramm anacron verhält sich sehr ähnlich wie cron, kann aber auch Aufgaben ausführen, die verpasst wurden, weil das System nicht lief, während es neu gebootet wurde.

crontab-Dateien

Was ausgeführt werden soll und wann, wird durch die *crontab*-Einträge festgelegt, die den Zeitplan für cron darstellen. Der Name stammt von der ursprünglichen Konfigurationsdatei für cron, die den Namen *crontab* (»cron table«) trug.

Standardmäßig ist es jedem Benutzer erlaubt, Einträge im Ablaufplan von cron vorzunehmen. Die crontab-Einträge werden für jeden Benutzer in einer eigenen Datei gespeichert, die sich normalerweise im Verzeichnis */var/spool/cron/crontabs* befindet (siehe Tabelle 3-3 für Ausnahmen). Die crontab-Dateien für die einzelnen Benutzer werden nach ihrem Benutzernamen benannt, z. B. */var/spool/cron/crontabs/root*.

Die obige Beschreibung bezieht sich auf die System V-Konvention für crontab-Dateien. BSD benutzt traditionell nur eine Datei: */etc/crontab*. FreeBSD- und Linux-Systeme benutzen diese Datei auch weiterhin zusammen mit den bereits erwähnten Dateien.

crontab-Dateien werden nicht direkt bearbeitet. Stattdessen verwendet man den (später in diesem Kapitel beschriebenen) crontab-Befehl.

Die Einträge einer crontab-Datei weisen cron an, Befehle zu bestimmten Zeiten auszuführen. Jeder Eintrag steht dabei auf einer eigenen Zeile und hat das folgende Format:

```
minuten stunden tag-im-monat monat wochentag befehl
```

Die einzelnen Felder werden prinzipiell durch Leerzeichen voneinander getrennt. Die einzige Ausnahme bildet das letzte Feld, *befehl*, das auch Leerzeichen enthalten darf – d.h., *befehl* besteht aus allen Zeichen, die auf *wochentag* folgen. Die anderen Felder dürfen keine eingebetteten Leerzeichen enthalten.

Die ersten fünf Felder geben die Zeiten an, zu denen cron den *befehl* ausführen soll. Die einzelnen Bedeutungen dieser Felder sind in Tabelle 3-4 beschrieben.

Tabelle 3-4: Felder der crontab-Datei

Feld	Bedeutung	Bereich
minuten	Minuten nach der abgelaufenen Stunde	0-59
stunden	Stunde des Tages	0-23 (0=Mitternacht)
tag-im-monat	Numerischer Wert für den Tag im Monat	1-31
monat	Monat im Jahr	1-12
wochentag	Numerischer Wert für den Tag in der Woche	0-6 (0=Sonntag)

Beachten Sie, dass die Nummerierung der Stunden von Mitternacht (0) an gerechnet wird und dass die Nummerierung der Wochentage mit dem Sonntag (0) beginnt.

Einträge in diesen Feldern können aus einzelnen Zahlen, mehreren durch ein Minuszeichen voneinander getrennten Zahlen (um einen Wertebereich zu definieren), einer durch Kommas getrennten Liste von Zahlen und/oder Zahlenbereichen oder aus einem Asterisken (Wildcard-Zeichen, das für alle in dem betreffenden Feld gültigen Werte steht) bestehen.

Wird einem Eintrag ein Doppelkreuz (#) vorangestellt, betrachtet cron diesen Eintrag als Kommentar und ignoriert ihn. Das ist übrigens eine einfache Methode, um bestimmte Einträge zu deaktivieren, ohne sie gleich für immer zu löschen.

Hier ein paar Beispiele für die Einträge einer crontab-Datei:

```
0,15,30,45 * * * *   (echo ""; date; echo "") >/dev/console
0,10,20,30,40,50 7-18 * * * /usr/sbin/atrun
0 0 * * *    find / -name "*.bak" -type f -atime +7 -exec rm {} \;
0 4 * * *    /bin/sh /var/adm/mon_disk 2>&1 >/var/adm/disk.log
0 2 * * *    /bin/sh /usr/local/sbin/sec_check 2>&1 | mail root
30 3 1 * *   /bin/csh /usr/local/etc/monthly 2>&1 >/dev/null
#30 2 * * 0,6  /usr/local/newsbin/news.weekend
```

Der erste Eintrag gibt alle 15 Minuten das aktuelle Datum auf der Konsole aus (jeweils zur vollen Viertelstunde); hierbei sollten Sie beachten, dass die Befehlssequenz in runden Klammern steht, um ihre Ausgaben als Gruppe weiterzuleiten (technisch gesehen bedeutet dies, dass die Befehle gemeinsam in einer Subshell ausgeführt werden sollen). Der zweite Eintrag führt */usr/sbin/atrun* täglich zwischen 7 und 18 Uhr alle zehn Minuten aus. Der dritte Eintrag führt täglich um Mitternacht einen find-Befehl aus, der alle *.bak*-Dateien entfernt, auf die mindestens sieben Tage nicht mehr zugegriffen wurde.

Der vierte und fünfte Eintrag führen täglich ein Shellskript aus – jeweils um 4 Uhr bzw. um 2 Uhr morgens. Die Shell, die das Skript ausführen soll, ist explizit angegeben. Ist das nicht der Fall, wird die Standard-Shell des Systems – in der Regel die Bourne-Shell – benutzt. Die Einträge beider Zeilen leiten die Standardausgabe und die Standardfehlerausgabe um, in dem einen Fall in eine Datei, im anderen per E-Mail an *root*.

Der sechste Eintrag führt das C-Shellskript */usr/local/etc/monthly* um 3.30 Uhr morgens jeweils am Ersten eines Monats aus. Beachten Sie, dass die Befehle – insbesondere die Umleitung der Ausgaben – die Syntax der Bourne-Shell benutzen, auch wenn das Skript selbst unter der C-Shell ausgeführt wird.

Wäre er nicht abgeschaltet, würde der letzte Eintrag den Befehl */usr/local/newsbin/news.weekend* samstags und sonntags um halb drei ausführen.

Die drei letzten aktiven Einträge zeigen drei verschiedene Möglichkeiten, mit Ausgaben umzugehen: die Umleitung in eine Datei, das Weiterleiten über eine Pipe an mail und das Ignorieren der Ausgaben durch eine Weiterleitung nach */dev/null*. Wird keine explizite Weiterleitung vorgenommen, werden die Ausgaben per E-Mail an den Benutzer verschickt, unter dessen Benutzerkennung das betreffende Kommando ausgeführt wurde.

Das *befehl*-Feld kann einen beliebigen Unix-Befehl oder auch eine Gruppe von Befehlen enthalten (sauber durch Semikola getrennt). Der gesamte crontab-Eintrag kann beliebig lang sein, muss aber vollständig auf einer physikalischen Zeile der Datei stehen.

Enthält der Befehl ein Prozentzeichen (%), verwendet cron den darauf folgenden Text als Standardeingabe für *befehl*. Zusätzliche Prozentzeichen können benutzt werden, um den Text in mehrere Zeilen zu unterteilen. Nehmen wir diesen crontab-Eintrag einmal als Beispiel:

```
30 11 31 12 * /usr/bin/wall%Frohes neues Jahr!%Jetzt wird alles besser!
```

Dieser Befehl führt wall am 31. Dezember um halb zwölf aus und verwendet dafür den Text »Frohes neues Jahr! Jetzt wird alles besser!« als Standardeingabe.

Beachten Sie, dass die Felder für den Wochentag und den Tag im Monat effektiv durch ein logisches ODER miteinander verbunden sind. Das heißt, der Eintrag wird am jeweiligen Tag eines Monats *und* an einem passenden Wochentag ausgeführt, je nachdem, was gerade zutrifft. Demnach wird der folgende Befehl immer am ersten Januar sowie jeden Montag ausgeführt:

    * * 1 1 1 /usr/local/bin/test55

Die meisten Implementierungen des cron-Daemons lesen die crontab-Dateien beim Start und sobald eine Änderung an den crontab-Dateien vorgenommen wurde. In manchen meist älteren Versionen liest cron die Dateien einmal pro Minute.

Die crontab-Datei unter BSD, */etc/crontab*, benutzt ein leicht verändertes Eintragsformat. Hierbei wird zwischen *wochentag* und *befehl* ein weiteres Feld verwendet. Dieses gibt an, welches Benutzerkonto verwendet werden soll, um den angegebenen Befehl auszuführen. Hier ein Beispieleintrag, der samstags und sonntags um 3 Uhr morgens ein bestimmtes Skript ausführt:

    0 3 * * 6-7 root /var/adm/weekend.sh

Wie dieses Beispiel zeigt, werden bei diesem Eintragsformat außerdem die Wochentage auf eine etwas andere Art codiert: 1 = Montag bis 7 = Sonntag.

Verbesserungen am crontab-Eintragsformat von FreeBSD und Linux. FreeBSD- und Linux-Systeme verwenden das von Paul Vixie geschriebene cron-Paket. Es unterstützt sämtliche Standardmerkmale von cron und enthält außerdem einige Erweiterungen des Standardformats. Diese sind unter anderem:

- Die Monate und Wochentage können als Namen angegeben werden. Diese werden auf die ersten drei Buchstaben (des englischen Namens) abgekürzt: *sun* (Sonntag), *mon* (Montag), *jan*, *feb* und so weiter.

- Sonntage können als 0 oder als 7 angegeben werden.

- Bereiche und Listen können miteinander kombiniert werden. Die Angabe 2,4,6–7 ist demnach syntaktisch korrekt. Diese Erweiterung wird ebenfalls von HP-UX unterstützt.

- *Intervalle* (»step values«) können mit dem */n*-Suffix angegeben werden. Demnach bedeutet der Stundeneintrag 8-18/2 »alle zwei Stunden zwischen 8 und 18 Uhr«. Entsprechend bedeutet der Minuteneintrag */5 »alle fünf Minuten«.

- Unter Benutzung der Bourne-Shell-Syntax können in der crontab-Datei Umgebungsvariablen angegeben werden. So kann beispielsweise die Umgebungsvariable MAILTO verwendet werden, um einen Benutzer anzugeben, an den von cron erzeugte E-Mails geschickt werden sollen. So sorgt der erste Eintrag dafür, dass E-Mails an die Benutzerin *chavez* geschickt werden (unabhängig davon, in welcher crontab-Datei diese Zeile benutzt wird). Die zweite Anweisung unterdrückt dagegen jegliche Mail, die cron ansonsten verschicken würde:

```
MAILTO=chavez
MAILTO=
```

Weitere mögliche Umgebungsvariablen sind unter anderem *SHELL*, *PATH* und *HOME*.

- Unter FreeBSD können bestimmte Strings dazu benutzt werden, um die Felder des Zeitplans komplett zu ersetzen:

@reboot	Beim Reboot des Systems ausführen
@yearly	Am 1. Januar um 0.00 Uhr
@monthly	0.00 Uhr am Ersten jedes Monats
@weekly	Jeden Sonntag um 0.00 Uhr
@daily	Mitternacht
@hourly	Stündlich

crontab-Einträge hinzufügen

Normalerweise werden crontab-Einträge mit dem crontab-Befehl erzeugt.[6] Im Standardmodus installiert der crontab-Befehl die als Argument angegebene Textdatei im Spool-Bereich des cron-Befehls als crontab-Datei für den Benutzer, der crontab aufgerufen hat. Führt beispielsweise die Benutzerin *chavez* den unten stehenden Befehl aus, wird die Datei *mycron* als */var/spool/cron/crontabs/chavez* installiert:

```
$ crontab mycron
```

Hat *chavez* vorher bereits crontab-Einträge vorgenommen, werden diese nun durch die Angaben in *mycron* ersetzt. Das heißt: Einträge, die *chavez* auch weiterhin behalten will, müssen auch in *mycron* vorhanden sein.

Die -l-Option des crontab-Befehls listet alle gegenwärtigen crontab-Einträge auf. Die Umleitung dieser Ausgaben in eine Datei erlaubt es, diese Einträge weiterzuverarbeiten.

```
$ crontab -l >mycron
$ vi mycron
$ crontab mycron
```

Die Option -r entfernt alle gegenwärtigen crontab-Einträge.

Die bequemste Art, eine crontab-Datei zu editieren, besteht in der Benutzung der Option -e, mit der Sie die aktuellen Einträge in einem Schritt verändern und neu installieren können. So startet der folgende Befehl eine Editor-Session für die gegenwärtige crontab-Datei (unter Verwendung des in der Umgebungsvariablen *EDITOR* angegebenen Editors). Die modifizierte Datei wird beim Beenden des Editors automatisch installiert:

```
$ crontab -e
```

Den meisten crontab-Befehlen kann als letztes Argument ein Benutzername übergeben werden. Dies ermöglicht es *root*, auch crontab-Dateien anderer Benutzer anzeigen zu las-

---

6 Bis auf die Datei */etc/crontab* unter BSD, die manuell editiert werden muss.

sen und zu installieren. Mit dem folgenden Beispiel wird die crontab-Datei des Benutzers *adm* editiert:

```
# crontab -e adm
```

Die FreeBSD- und Linux-Versionen dieses Befehls stellen die gleiche Funktionalität über die Option -u zur Verfügung:

```
# crontab -e -u adm
```

Wenn Sie sich entscheiden, eine neue Aufgabe von cron ausführen zu lassen, sollten Sie sich genau überlegen, unter welcher Benutzerkennung der jeweils von cron ausgeführte Befehl laufen soll. Danach können Sie den Eintrag in der entsprechenden Datei vornehmen. Die folgende Liste beschreibt gängige vom System benutzte Benutzerkennungen und welche Art von crontab-Einträgen sie in der Regel kontrollieren:

root
  Allgemeine Systemfunktionen, Überwachung der Sicherheit und Aufräumen des Dateisystems

lp
  Aufräumarbeiten und Accounting-Aktionen, die im Zusammenhang mit dem Drucker-Spooling stehen

sys
  Überwachung der Systemleistung

uucp
  Ausführen von Aufgaben innerhalb des UUCP-Programms zum Dateiaustausch

cron-Logdateien

So gut wie alle cron-Versionen bieten die Möglichkeit, die durchgeführten Aktivitäten in einer Logdatei aufzuzeichnen. Auf einigen Systemen geschieht das automatisch, auf anderen wiederum werden die Nachrichten durch das syslog-System geleitet. Die nötigen Einstellungen hierfür werden normalerweise bei der Installation vorgenommen, gelegentlich müssen Sie syslog aber auch selbst konfigurieren. So müssen Sie beispielsweise auf SuSE Linux-Systemen einen Eintrag für cron in der syslog-Konfigurationsdatei */etc/syslog.conf* vornehmen. (Auf diese Datei werden wir später in diesem Kapitel noch genauer eingehen.)

Solaris-Systeme benutzen einen anderen Mechanismus. Hier führt cron selbst Buch über seine Aktivitäten, wenn der *CRONLOG*-Eintrag in */etc/default/cron* den Wert *YES* hat.

Ist das Logging aktiviert, sollte die Logdatei genau beobachtet und regelmäßig verkürzt werden, denn sie wächst extrem schnell, selbst wenn cron nur mäßig benutzt wird.

cron zur Automatisierung der Systemadministration einsetzen

Die bisher vorgestellten crontab-Einträge sind einfache Beispiele dafür, wie cron zum Automatisieren verschiedener administrativer Tätigkeiten eingesetzt werden kann. cron bietet eine ideale Möglichkeit, Skripten nach einem festgelegten Zeitplan auszuführen.

Eine weitere übliche Verwendung von cron für administrative Aufgaben besteht darin, eine Reihe von Skripten aufzurufen, die jede Nacht, wöchentlich oder monatlich ausgeführt werden sollen. Die entsprechenden Namen lauten daher auch oft *daily, weekly* und *monthly*. Die Befehle in *daily* würden demnach jede Nacht ausgeführt (wobei speziellere Skripten von hier aus aufgerufen werden können), während die zwei anderen für Aufgaben zuständig wären, die weniger oft erledigt werden müssen.

daily könnte beispielsweise für die folgenden Aufgaben zuständig sein:

- Unbenutzte Dateien, die älter als drei Tage sind, aus dem Verzeichnis */tmp* oder anderen Verzeichnissen für temporäre Dateien entfernen. Ambitioniertere Versionen könnten auch das gesamte System nach unnötigen Dateien durchsuchen.
- Befehle zum Erstellen von Zusammenfassungen für das Accounting ausführen.
- Die Ausführung von calendar.
- Täglich zu rotierende Logdateien an den vorgesehenen Ort bewegen.
- Das Anfertigen von System-Snapshots mit Hilfe von df, ps und anderen passenden Befehlen, um grundsätzliche Informationen über die Systemleistung (wie sich das System im Normalfall verhält) zu ermitteln. Weitere Details hierzu finden Sie in Kapitel 15.
- Tägliche Aufgaben zur Überwachung der Sicherheit.

weekly könnte beispielsweise die folgenden Aufgaben übernehmen:

- Das Entfernen sehr alter unbenutzter Dateien aus dem System (vermutlich etwas aggressiver als *daily*).
- Wöchentlich zu rotierende Logdateien an den vorgesehenen Ort bewegen.
- Die Ausführung von fsck -n, um Probleme mit dem Dateisystem zu ermitteln.
- Die Überwachung von Sicherheitsaspekten, die mit Benutzerkonten zusammenhängen.

monthly könnte beispielsweise für die folgenden Aufgaben zuständig sein:

- Das Erstellen einer Liste von großen Dateien auf der Festplatte, auf die seit einem Monat nicht mehr zugegriffen wurde.
- Die Erstellung monatlicher Berichte für das Accounting.
- Monatlich zu rotierende Logdateien an den vorgesehenen Ort bewegen.
- Die Ausführung von makewhatis, um die von man -k benutzte Datenbank neu anzulegen.

Eventuell sind auf Ihrem System zusätzliche oder andere Aktivitäten sinnvoll. Folgende Skripten werden in der Regel spät nachts ausgeführt:

```
0 1 * * *   /bin/sh /var/adm/daily    2>&1 | mail root
0 2 * * 1   /bin/sh /var/adm/weekly   2>&1 | mail root
0 3 1 * *   /bin/sh /var/adm/monthly  2>&1 | mail root
```

In diesem Beispiel wird das *daily*-Skript jeweils um 1 Uhr morgens ausgeführt, *weekly* läuft jeden Montag um 2 Uhr morgens und *monthly* wird jeweils am ersten Tag eines Monats um 3 Uhr morgens ausgeführt.

cron muss nicht unbedingt nur für Aufgaben benutzt werden, die bis ans Ende aller Tage wiederholt ausgeführt werden sollen, sondern kann Befehle auch innerhalb eines begrenzten Zeitraums periodisch ausführen. Danach würde der crontab-Eintrag abgeschaltet oder entfernt. Wenn Sie beispielsweise versuchen, bestimmte Arten von Sicherheitsproblemen zu lösen, können Sie mit Hilfe von cron ein Skript ausführen lassen, das bestimmte Daten zusammenträgt. Nehmen wir als konkretes Beispiel einmal das folgende Skript, das nach einer großen Anzahl vergeblicher Login-Versuche unter AIX sucht (auch wenn dieses Skript nur unter AIX einen Sinn ergibt, gilt das allgemeine Prinzip doch für alle Systeme):

```
#!/bin/sh
# chk_badlogin - Zahl der vergeblichen Login-Versuche ermitteln

date >> /var/adm/bl
egrep '^[^*].*:$|gin_coun' /etc/security/user | \
   awk 'BEGIN {n=0}
      {if (NF>1 && $3>3) {print s,$0; n=1}}
      {s=$0}
      END {if (n==0) {print "Alles in Ordnung."}}' \
>> /var/adm/bl
```

Dieses Skript schreibt das aktuelle Datum und die Uhrzeit in die Datei */var/adm/bl* und überprüft dann */etc/security/user* auf Benutzer mit mehr als drei vergeblichen Login-Versuchen. Wenn Sie vermuten, dass irgendjemand versucht hat, in Ihr System einzubrechen, können Sie dieses Skript mit Hilfe von cron alle 10 Minuten ausführen, um dadurch hoffentlich die Benutzerkonten zu isolieren, die Ziel des Einbruchsversuchs waren:

```
0,10,20,30,40,50 * * * * /bin/sh /var/adm/chk_badlogin
```

Gibt es Probleme mit der Systemleistung, können Sie cron auf ähnliche Weise verwenden, um bestimmte Befehle oder Skripten zur Überwachung der Systemleistung auszuführen.

Zum Schluß dieses Abschnitts werden wir uns mit zwei eingebauten Features befassen, mit denen sich die gleiche Aufgabe unter FreeBSD und Linux erledigen lässt.

FreeBSD: Der periodic-Befehl. Für Aufgaben wie die gerade beschriebene steht uns unter FreeBSD der Befehl periodic zur Verfügung. Dieser wird zusammen mit cron eingesetzt und dient dazu, wiederholt zu erledigende administrative Aufgaben zu organisieren. Die folgenden Einträge aus */etc/crontab* zeigen die Verwendung:

```
1   3  *  *  *  root  periodic daily
15  4  *  *  6  root  periodic weekly
30  5  1  *  *  root  periodic monthly
```

Der Befehl wird täglich um 3.01 Uhr mit dem Argument *daily* ausgeführt, mit dem Argument *weekly* samstags um 4.15 Uhr und mit dem Argument *monthly* um 5.30 Uhr am Ersten jedes Monats.

Dieses Programm wird von der Datei */etc/defaults/periodic.conf* kontrolliert, die das Standardverhalten von periodic vorgibt. Hier die ersten Zeilen einer Beispieldatei:

```
#!/bin/sh
#
```

```
# Welche Dateien überschreiben diese Standardeinstellungen?
periodic_conf_files="/etc/periodic.conf /etc/periodic.conf.local"
```

Dieser Eintrag legt fest, welche Dateien dazu benutzt werden können, um das Verhalten des Programms an die eigenen Bedürfnisse anzupassen. In der Regel finden Sie in diesen Dateien nur Änderungen an den Standardeinstellungen. Diese lokale Konfigurationsdatei wird nicht standardmäßig angelegt, sondern muss bei Bedarf vom Systemadministrator erzeugt werden.

Der Befehl `periodic` *name* sorgt dafür, dass alle im angegebenen Verzeichnis gefundenen Skripten ausgeführt werden. Handelt es sich bei *name* um einen absoluten Pfadnamen, steht der Name des Verzeichnisses unzweifelhaft fest. Wurde dagegen nur ein Name – wie z. B. *daily* – angegeben, wird davon ausgegangen, dass es sich bei dem Verzeichnis um ein Unterverzeichnis von */etc/periodic* handelt. Alternative Verzeichnisse können im *local_periodic*-Eintrag der Konfigurationsdatei angegeben werden:

```
# periodic script dirs
local_periodic="/usr/local/etc/periodic /usr/X11R6/etc/periodic"
```

/etc/periodic wird prinzipiell als Erstes durchsucht, gefolgt von der Liste der Verzeichnisse in diesem Eintrag.

Die Konfigurationsdatei enthält eine Reihe von Einträgen für gültige Befehlsargumente, die Ort und Inhalt der von `periodic` erstellten Berichte festlegen. Hier die für *daily* relevanten Einstellungen:

```
# daily general settings
daily_output="root"                 Berichte an root schicken.
daily_show_success="YES"            Meldungen über erfolgreiche Ausführung einschließen.
daily_show_info="YES"               Informative Meldungen einschließen.
daily_show_badconfig="NO"           Meldungen über Konfigurationsfehler ausschließen.
```

Die durch die obigen Einträge erzeugten und per E-Mail an *root* verschickten Ausgaben sind recht wortreich. Im Gegensatz dazu erzeugen die folgenden Einstellungen nur einen minimalen Bericht (nur Fehlermeldungen), der an die angegebene Logdatei angehängt wird:

```
daily_output="/var/adm/day.log"     Bericht an eine Datei anhängen.
daily_show_success="NO"
daily_show_info="NO"
daily_show_badconfig="NO"
```

Der größte Teil der Konfigurationsdatei wird dafür verwendet, Variablen zu definieren, die in den Skripten selbst verwendet werden, wie in diesen Beispielen:

```
# 100.clean-disks
daily_clean_disks_enable="NO"# Dateien täglich löschen
daily_clean_disks_files="[#,]* .#* a.out *.core .emacs_[0-9]*"
daily_clean_disks_days=3# Wenn älter, als hier angegeben
daily_clean_disks_verbose="YES"# Gelöschte Dateien auflisten
# 340.noid
weekly_noid_enable="YES# "Verwaiste" Dateien (ohne Besitzer) finden
weekly_noid_dirs="/"# Startverzeichnis
```

Die erste Gruppe von Einstellungen wird vom Skript */etc/periodic/daily/100.clean-disks* verwendet, das unbenutzte Dateien aus dem Dateisystem löscht. Die erste Einstellung gibt an, ob das Skript diese Aufgaben durchführen soll oder nicht (d.h., das Skript ist abgeschaltet). Die zwei folgenden Einträge geben bestimmte Eigenschaften der zu löschenden Dateien an; der letzte Eintrag legt schließlich fest, ob die Löschvorgänge protokolliert werden sollen oder nicht.

Die zweite Gruppe von Einträgen bezieht sich auf das Skript */etc/periodic/weekly/340.noid*. Dieses Skript durchsucht das Dateisystem nach Dateien, deren Besitzer oder Gruppe unbekannt ist. Dieser Auszug aus dem Skript soll zeigen, wie die Einträge der Konfigurationsdatei im Skript selbst benutzt werden:

```
case "$weekly_noid_enable" in
  [Yy][Ee][Ss])       Wert ist »yes«.
      echo "Check for files with unknown user or group:"
      rc=$(find -H ${weekly_noid_dirs:-/} -fstype local \
           \( -nogroup -o -nouser \) -print | sed 's/^/ /' |
           tee /dev/stderr | wc -l)
      [ $rc -gt 1 ] && rc=1;;

  *)   rc=0;;         Irgendein anderer Wert
esac
exit $rc
```

Wurde *weekly_noid_enable* auf den Wert »yes« gesetzt, wird mit echo eine Nachricht ausgegeben und eine Pipe aus den Befehlen find, sed, tee und wc ausgeführt. (Diese listet zuerst die Dateien selbst und dann deren Gesamtzahl auf.) Das Ergebnis ist ein Bericht wie der folgende:

```
Check for files with unknown user or group:
  /tmp/junk
  /home/jack
       2
```

Im weiteren Verlauf definiert das Skript die Variable *rc*, die abhängig von den Umständen den Rückgabewert des Skripts enthält.

Sie sollten sich mit den gegenwärtigen periodic-Konfigurationsdateien und den dazugehörigen Skripten vertraut machen. Sie haben eine Reihe von Möglichkeiten, um dieses Programm zu erweitern:

- Fügen Sie einen Eintrag hinzu, der periodic */dir* ausführt, wobei das an periodic übergebene Argument ein vollständiger Pfadname ist. In diesem Verzeichnis können Sie nun nach Bedarf Skripten ablegen und die dazugehörigen Einträge in der Konfigurationsdatei vornehmen.

- Fügen Sie einen Eintrag der Form periodic *name* hinzu und erzeugen Sie ein Unterverzeichnis unterhalb von */etc/periodic* oder unter einem anderen in *local_periodic* aufgeführten Verzeichnis. In diesem Verzeichnis können Sie nun nach Bedarf Skripten ablegen und die dazugehörigen Einträge in der Konfigurationsdatei vornehmen.

- Verwenden Sie das in *daily_local* (bzw. je nach Bedarf *weekly* oder *monthly*) angegebene Verzeichnis (standardmäßig ist dies */etc/{daily,weekly,monthly}.local*). In diesem Verzeichnis können Sie nun nach Bedarf Skripten ablegen und die dazugehörigen Einträge in der Konfigurationsdatei vornehmen.

Ich denke, die erste Option ist die einfachste und am leichtesten nachvollziehbar. Wenn Sie sich entscheiden, die Funktionsweise eines von Ihnen erstellten Skripts mit Hilfe von Einträgen in der Konfigurationsdatei zu kontrollieren, stellen Sie sicher, dass Sie seinen Inhalt mit Befehlen wie dem folgenden einlesen:

```
if [ -r /etc/defaults/periodic.conf ]
then
    . /etc/defaults/periodic.conf
    source_periodic_confs
fi
```

Sie können die Bestandteile existierender Skripten als Modelle für Ihre eigenen verwenden.

Linux: Die /etc/cron.*-Verzeichnisse. Linux-Systeme besitzen einen ähnlichen Mechanismus, um regelmäßige Aktivitäten zu organisieren: über die */etc/cron.**-Verzeichnisse. Red Hat benutzt zum Ausführen dieser Skripten die folgenden crontab-Einträge:

```
01 * * * * root run-parts /etc/cron.hourly
02 4 * * * root run-parts /etc/cron.daily
22 4 * * 0 root run-parts /etc/cron.weekly
42 4 1 * * root run-parts /etc/cron.monthly
```

Auf SuSE-Systemen ist das Skript */usr/lib/cron/run-crons* für deren Ausführung zuständig; das Skript selbst wird alle 15 Minuten von cron aufgerufen. Die Skripten in den dazugehörigen Unterverzeichnissen werden für */etc/cron.hourly* kurz nach der vollen Stunde und um Mitternacht (SuSE) oder 4.00 Uhr (Red Hat) ausgeführt. Anpassungen können vorgenommen werden, indem einem beliebigen Unterverzeichnis neue Skripten hinzugefügt werden.

Unter SuSE 8 werden einige Skripten durch Einträge in der Konfigurationsdatei */etc/sysconfig/cron* kontrolliert.

Sicherheitsaspekte von cron

Die Absicherung von cron besteht aus zwei Teilaspekten: die crontab-Dateien absichern und sicherstellen, dass unautorisierte Benutzer keine Befehle mit cron ausführen können. Das erste Problem kann dadurch angegangen werden, dass der Eigentümer und die Rechte der Datei (falls nötig) überprüft und entsprechend eingestellt werden. (Vor allem sollten diese Dateien nicht für jeden schreibbar sein.) Naturgemäß sollten diese Dateien Bestandteil jeder Sicherheitsüberprüfung des Dateisystems sein.

Das zweite Problem – sicherzustellen, dass nur autorisierte Benutzer Befehle mit cron ausführen – wird durch die Dateien *cron.allow* und *cron.deny* gelöst. Diese Dateien kontrollieren den Zugriff auf den crontab-Befehl. Jede der Dateien enthält eine Liste mit Benutzernamen, jeweils einen pro Zeile. Der Zugriff auf crontab wird folgendermaßen kontrolliert:

- Existiert die Datei *cron.allow*, muss ein Benutzername darin aufgeführt sein, damit er crontab ausführen kann.
- Existiert *cron.allow* nicht, wohl aber *cron.deny*, kann jeder Benutzer, der nicht in *cron.deny* aufgeführt ist, den crontab-Befehl ausführen. Enthält *cron.deny* keine Einträge, hat jeder beliebige Benutzer unbeschränkten Zugriff auf cron.
- Existiert keine dieser Dateien, ist es nur *root* gestattet, crontab auszuführen, außer unter Linux und FreeBSD, wo die Standardkonfiguration von cron allen Benutzern die Verwendung gestattet.

Diese Dateien kontrollieren *nur*, ob ein Benutzer den crontab-Befehl ausführen darf. Insbesondere haben die Einträge keinen Einfluss darauf, ob bereits existierende crontab-Einträge ausgeführt werden. Diese werden so lange ausgeführt, bis sie entfernt werden.

Die Speicherorte der Dateien zur cron-Zugriffskontrolle unter den verschiedenen Unix-Systemen finden Sie in Tabelle 3-3.

Meldungen vom System

Fast alle normalen Systemprogramme erzeugen während ihrer Arbeit Statusmeldungen. Zusätzlich werden bei Hard- oder Software-Problemen Fehlermeldungen generiert. Die Beobachtung dieser Meldungen – und das Reagieren auf die wichtigen – ist eine der wichtigsten regelmäßigen Aufgaben des Systemadministrators.

In diesem Abschnitt befassen wir uns mit dem syslog-Subsystem, das als zentrale Einrichtung zum Sammeln dieser Nachrichten dient. Außerdem werden wir uns mit den Programmen beschäftigen, die unter manchen Unix-Systemen für das Logging von Hardware-Fehlern benutzt werden. Hinzu kommen Werkzeuge, mit denen die große Menge an auflaufenden Systemnachrichten verwaltet und verarbeitet werden kann.

Das syslog-Subsystem

Das syslog-Subsystem zum Aufzeichnen von Systemnachrichten stellt eine allgemeine Möglichkeit dar, um festzulegen, wo und wie die verschiedenen Arten von Systemnachrichten behandelt werden sollen. Die verschiedenen Bestandteile von syslog finden Sie in Tabelle 3-5:

Tabelle 3-5: Variationen des syslog-Subsystems

Bestandteil	Speicherort und Information
syslogd-Option zum Zurückweisen nicht-lokaler Meldungen	**AIX:** -r **FreeBSD:** -s **HP-UX:** -N **Linux:** -r, um nicht-lokale Meldungen zuzulassen **Solaris:** -t **Tru64:** Liste zugelassener Rechner in */etc/syslog.auth* (ist keine Liste vorhanden, sind alle Rechner zugelassen)

Tabelle 3-5: Variationen des syslog-Subsystems (Fortsetzung)

Bestandteil	Speicherort und Information
Datei mit der PID von `syslogd`	**Standard:** /var/run/syslog.pid **AIX:** /etc/syslog.pid
Logdatei zum Speichern allgemeiner Meldungen	**Standard:** /var/log/messages **HP-UX:** /var/adm/syslog/syslog.log **Solaris:** /var/adm/messages **Tru64:** /var/adm/syslog.dated/current/*.log
Boot-Skript zum Starten von `syslogd`	**AIX:** /etc/rc.tcpip **FreeBSD:** /etc/rc **HP-UX:** /sbin/init.d/syslogd **Linux:** /etc/init.d/syslog **Solaris:** /etc/init.d/syslog **Tru64:** /sbin/init.d/syslog
Konfigurationsdatei für das Boot-Skript: syslog-bezogene Einträge	**Standard:** keine **FreeBSD:** /etc/rc.conf: syslogd_enable="YES" und syslogd_flags="Optionen" **SuSE Linux:** /etc/rc.config (SuSE 7), /etc/sysconfig/syslog (SuSE 8); SYSLOGD_PARAMS="Optionen" und KERNEL_LOGLEVEL=n

syslog konfigurieren

Die Nachrichten werden an den Orten gespeichert, die Sie durch `syslogd`, den Daemon für das Logging von Systemmeldungen, angeben. `syslogd` sammelt die Meldungen, die von den verschiedenen Systemprozessen gesendet werden. Abhängig von den Anweisungen in der Konfigurationsdatei */etc/syslog.conf*, werden die Meldungen dann zu ihrem endgültigen Speicherort weitergeleitet. Hierbei ordnet Syslog die Systemmeldungen nach zwei Gesichtspunkten: nach dem Teil des Systems, das die Meldung erzeugt hat, und nach ihrer Wichtigkeit.

Diesen Unterteilungen entsprechend haben die Einträge in *syslog.conf* das folgende Format:

    Einrichtung.Prioritätsstufe   Ziel

Hierbei steht *Einrichtung* für den Namen der »Einrichtung«, die die Meldung erzeugt. Die *Prioritätsstufe* gibt an, wie schwerwiegend die Meldung eingeschätzt wird, und *Ziel* gibt die Datei, das Gerät (Device), den Computer oder den Benutzernamen an, an den die Meldung weitergeleitet werden soll. Auf den meisten Systemen müssen die beiden Felder durch Tabulatorzeichen voneinander getrennt werden (unter Linux und FreeBSD sind auch Leerzeichen erlaubt).

Hierbei gibt es eine große Anzahl verschiedener Einrichtungen und Subsysteme. Die wichtigsten sind:

kern
    Der Kernel.

user
    Benutzerprozesse.

mail
    Das Mail-Subsystem.

lpr
    Das Drucker-Subsystem.

daemon
    Serverprozesse des Systems.

auth
    Das System zur Benutzerauthentifizierung (nicht-sensible Informationen).

authpriv
    Das System zur Benutzerauthentifizierung (sicherheitsrelevante Informationen). Auf manchen Systemen gibt es nur *auth* oder *authpriv*.

ftp
    Das FTP-Subsystem.

cron
    Das `cron`-Subsystem.

syslog
    Interne Meldungen des Syslog-Subsystems.

mark
    Regelmäßig erzeugte Zeitstempel (z.B. alle 15 Minuten).

local*
    Acht lokale Einrichtungen für Nachrichten (0–7). Einige Betriebssysteme definieren eine oder mehrere davon.

Beachten Sie: Wenn für die betreffende Einrichtung ein Asterisk (Sternchen) benutzt wird, steht dieser für alle Einrichtungen oder Subsysteme außer *mark*.

Die verschiedenen Prioritätsstufen sind (in absteigender Reihenfolge):

emerg
    Systempanik (Notfall).

alert
    Ernsthafter Fehler, der sofortige Aufmerksamkeit erfordert.

crit
    Kritische Fehler wie z.B. Hardware-Probleme.

err
    Allgemeine Fehler.

warning
    Warnmeldungen.

notice
    Unkritische Meldungen.

info
    Informative Meldungen.

debug
>Zusätzliche Debugging-Informationen.

none
>Meldungen dieser Einrichtung ignorieren.

mark
>Zeitstempel-Nachrichten (standardmäßig alle 20 Minuten erzeugt). Diese Einrichtung wird nicht durch den Asterisk (Wildcard-Zeichen) mit einbezogen (und das ist vermutlich auch besser so).

Mehrere Einrichtung-Prioritätsstufe-Paare können, durch Semikolons getrennt, auf einer Zeile stehen. Mehrere Einrichtungen können durch Kommas getrennt der gleichen Stufe zugeordnet werden. Ein Asterisk kann im Eintrag als Wildcard-Zeichen benutzt werden.

Hier ein paar Beispiele für verschiedene Zuweisungen:

```
/var/log/messages      Meldungen in eine Datei schreiben (vollständigen Pfadnamen angeben)
@scribe.ahania.com     An syslog-Subsystem auf einem anderen Rechner weiterleiten.
root                   Meldung an einen bestimmten Benutzer weiterleiten...
root,chavez,ng         ...oder auch an eine Liste von Benutzern.
*                      Meldung über das wall-Programm an alle eingeloggten Benutzer schicken.
```

Dies alles wird etwas verständlicher, wenn wir uns einmal eine *syslog.conf*-Beispieldatei ansehen:

```
*.err;auth.notice                   /dev/console
*.err;daemon,auth.notice;mail.crit  /var/log/messages
lpr.debug                           /var/adm/lpd-errs
mail.debug                          /var/spool/mqueue/syslog
*.alert                             root
*.emerg                             *
auth.info;*.warning                 @hamlet
*.debug                             /dev/tty01
```

Die erste Zeile gibt alle Fehlermeldungen und andere Nachrichten des Authentifizierungssystems (erfolgreiche und fehlgeschlagene su-Befehle) auf der Konsole aus. Die zweite Zeile schreibt alle Fehler- und Daemonmeldungen sowie die Meldungen des Authentifizierungssystems in die Datei */var/log/messages*.

Die dritte und vierte Zeile schreiben Debugging-Informationen des Drucker- und des Mailsystems in die entsprechenden Error-Logdateien. Die fünfte Zeile schickt alle ernsten Fehlermeldungen an den Benutzer *root*, während die sechste Zeile bei einer Systempanik eine Meldung an alle Benutzer schickt.

Die letzten zwei Zeilen reichen alle Meldungen des Authentifizierungssystems, die nicht für Debugging-Zwecke benutzt werden, sowie Warnungen und andere Fehlermeldungen an den syslogd-Prozess auf dem Rechner *hamlet* weiter. Die erzeugten Meldungen werden außerdem auf *tty01* ausgegeben.

Diese Datei können Sie ändern, um sie an Ihre Bedürfnisse anzupassen. Wenn Sie beispielsweise eine eigene *sulog*-Datei verwenden wollen, fügen Sie *syslog.conf* etwa die folgende Zeile hinzu:

```
auth.notice        /var/adm/sulog
```

Alle Meldungen werden in Logdateien gespeichert. Daher ist es sinnvoll, deren Größe im Auge zu behalten und sie regelmäßig zu verkürzen, wenn sie zu groß werden. Auf dieses Thema kommen wir im Abschnitt »Logdateien verwalten« weiter hinten in diesem Kapitel noch einmal detailliert zu sprechen.

 Manche Systeme verlangen, dass eine Logdatei bereits beim Einlesen der Konfigurationsdatei durch den syslogd-Prozess existiert, damit sie auch erkannt wird. Mit anderen Worten: Auf diesen Systemen müssen Sie eine leere Logdatei erzeugen, dann den Eintrag in *syslog.conf* vornehmen und dem syslogd-Daemon ein Signal (kill -HUP) schicken bzw. ihn neu starten, um eine neue Logdatei zu integrieren.

Machen Sie nicht den Fehler, Kommas zu benutzen, wenn Sie eigentlich Semikolons wollen. So schreibt der folgende Eintrag alle Meldungen von cron und dem Drucker-Subsystem, die die Priorität *warn* und darüber haben, in die angegebene Datei:

```
cron.err,lpr.warning     /var/log/warns.log
```

Warum werden auch die Warnungen für cron in die Datei geschrieben? Bei mehreren aufeinander folgenden Prioritätsstufen gilt der jeweils zuletzt stehende, wodurch vorherige Einstellungen ersetzt werden. In unserem Beispiel wird für cron also die Stufe *err* durch *warning* ersetzt. Zwar kann ein Eintrag Listen von Paaren aus Einrichtung und Prioritätsstufe enthalten und auch das Aufführen mehrerer Einrichtungen für eine bestimmte Stufe ist möglich. Kombinationen aus mehreren Einrichtungen und Prioritätsstufen sind gleichzeitig jedoch nicht möglich. Aus diesem Grund loggt der folgende Eintrag alle allgemeinen und schwerwiegenderen Fehlermeldungen für alle Einrichtungen:

```
*.warning,cron.err     /var/log/errs.log
```

Erweiterungen für syslog.conf

Viele Betriebssysteme bieten erweiterte Versionen der syslog-Konfigurationsdatei an, die wir uns im Folgenden anhand von Beispielen ansehen wollen:

AIX. Auf AIX-Systemen können nach dem Zielfeld weitere optionale Felder verwendet werden:

```
Einrichtung.Prioritätsstufe Ziel rotate. size s   files n  time t   compress archive Pfad
```

Zum Beispiel:

```
*.warn          @scribe     rotate size 2m files 4 time 7d compress
```

Die zusätzlichen Parameter geben an, wie mit der Zeit wachsende Logdateien behandelt werden sollen. Wenn sie ein bestimmtes Alter oder eine bestimmte Größe erreicht hat, wird die gegenwärtige Logdatei in etwas wie *name.0* umbenannt. Für bereits existierende alte Dateien wird die Dateiendung inkrementiert und die älteste Datei beziehungsweise die ältesten Dateien können gelöscht werden.

Angeführt werden diese Parameter durch das Schlüsselwort *rotate*. Die anderen Parameter haben die folgenden Bedeutungen:

size *s*
: Grenzwert für die Dateigröße: aktuelle Logdatei rotieren, sofern die hier angegebene Größe überschritten wird. Auf *s* folgt k oder m für Kilobyte bzw. Megabyte.

time *t*
: Grenzwert für das Alter einer Datei: aktuelle Logdatei rotieren, sofern sie älter ist, als hier angegeben. Auf *t* folgen h, d, w, m oder y für Stunden, Tage, Wochen, Monate oder Jahre.

files *n*
: Höchstens *n* Dateien behalten.

compress
: Alte Dateien komprimieren.

archive *Pfad*
: Ältere Dateien an den angegebenen Ort verschieben.

FreeBSD und Linux. Sowohl FreeBSD als auch Linux kennen Erweiterungen für die *Einrichtung.Prioritätsstufe*-Syntax:

.=*Prioritätsstufe*
: Die Prioritätsstufe entspricht genau der angegebenen.

.!=*Prioritätsstufe*
: Die Prioritätsstufe entspricht jeder Stufe außer der angegebenen (nur Linux).

.<=*Prioritätsstufe*
: Die Prioritätsstufe ist kleiner oder gleich der hier angegebenen (nur FreeBSD). Zusätzlich zur Standardsyntax stehen die Vergleichsoperatoren .<, .> und .>= zur Verfügung.

Beide Betriebssysteme erlauben außerdem Pipes zu anderen Programmen als Ziel für die Meldungen, wie in diesem Beispiel, das alle Meldungen der Stufe *error* an das Programm save_errs weiterreicht:

```
*.=err|/usr/local/sbin/save_errs
```

FreeBSD bietet darüber hinaus eine weitere, ungewöhnliche Erweiterung der *syslog.conf*-Datei: Bestimmte Abschnitte der Datei können sich auf einen bestimmten Rechner oder ein bestimmtes Programm beziehen.[7] Hier ein Beispiel:

```
# Meldungen des Rechners europa verarbeiten
+europa
mail.>debug/var/log/mailsrv.log

# Kernel-Meldungen von allen Rechnern außer callisto
-callisto
kern.*/var/log/kern_all.log
```

---

7 Natürlich funktioniert dies mit großer Wahrscheinlichkeit nur auf BSD-Systemen.

```
# Meldungen von ppp
!ppp
*.*/var/log/ppp.log
```

Diese Einträge verarbeiten Nicht-Debugging-Meldungen von *europa*, Kernel-Meldungen von allen Rechnern außer *callisto* und alle Nachrichten von ppp von allen Rechnern außer *callisto*. Wie dieses Beispiel zeigt, ergänzen sich die einzelnen Einstellungen zu Rechner und Programm. Wenn Sie nur ppp-Meldungen des lokalen Systems loggen wollen, müssen Sie vor den entsprechenden Einträgen die folgenden Zeilen hinzufügen, um den Rechnerkontext wieder auf das lokale System zurückzusetzen:

```
# Rechner auf lokales System zurücksetzen
+@
```

Auf ähnliche Weise kann mit !* der Programmkontext wieder zurückgesetzt werden. Es ist allgemein eine gute Idee, diese Art von Einträgen am Ende der Konfigurationsdatei zu platzieren, um ungewollte Interaktionen mit bestehenden Einträgen zu vermeiden.

Solaris. Solaris-Systeme benutzen den m4-Makro-Präprozessor, um die *syslog.conf*-Datei vor ihrer Benutzung zu verarbeiten. (Dieses Programm wird in Kapitel 9 behandelt.) Hier eine Beispieldatei, die m4-Makros enthält:

```
# mail.debug-Meldungen an den Logging-Host im Netzwerk weiterleiten,
# sofern dieser existiert.
mail.debug      ifdef(`LOGHOST', /var/log/syslog, @loghost)

# Falls für den Rechner kein Logging-Host vorhanden ist,
# "user"-Meldungen lokal verarbeiten.
ifdef(`LOGHOST', ,
user.err/var/adm/messages
user.emerg*
)
```

Abhängig davon, ob das Makro *LOGHOST* definiert ist, wird einer der beiden Einträge verwendet. Im ersten Fall werden verschiedene Ziele benutzt. Im zweiten Teil werden die Einträge in die Datei einbezogen oder aus ihr ausgeschlossen, abhängig davon, ob *LOGHOST* definiert ist oder nicht.

Resultierende Datei, wenn LOGHOST definiert ist (z.B. wenn dieser Rechner der zentrale Rechner für das Logging ist):
```
# mail.debug-Meldungen an den Logging-Host im Netzwerk weiterleiten,
# sofern dieser existiert.
mail.debug/var/log/syslog
```

Resultierende Datei, wenn LOGHOST nicht definiert ist:
```
# mail.debug-Meldungen an den Logging-Host im Netzwerk weiterleiten,
# sofern dieser existiert.
mail.debug@loghost

# Falls für den Rechner kein Logging-Host vorhanden ist,
# "user"-Meldungen lokal verarbeiten.
user.err/var/adm/messages
user.emerg*
```

Auf dem zentralen für das Logging zuständigen Rechner müssten Sie der Konfigurationsdatei ein entsprechendes Definitionsmakro hinzufügen:

```
define(`LOGHOST',`localhost')
```

Die syslog-Dateihierarchie unter Tru64. Auf Tru64-Systemen ist das syslog-Subsystem so konfiguriert, dass alle Systemmeldungen in einer Reihe von Logdateien landen, die nach den jeweiligen Programmen benannt sind. Die Speicherorte dieser Dateien werden in *syslog.conf* festgelegt, z. B. */var/adm/syslog.dated/*/auth.log*. Findet der `syslogd`-Daemon einen solchen Eintrag, fügt er selbstständig ein endgültiges Unterverzeichnis für das gegenwärtige Datum in den Pfadnamen ein. Logdateien werden nur bis zu einem Alter von einer Woche aufgehoben; ältere Dateien werden über einen Eintrag in der crontab-Datei von *root* automatisch gelöscht (aus Platzgründen ist dieser Eintrag hier umbrochen):

```
40 4 * * * find /var/adm/syslog.dated/* -depth -type d
             -ctime +7 -exec rm -rf {} \;
```

Das Hilfsprogramm logger

Das `logger`-Hilfsprogramm kann benutzt werden, um über ein Shell-Skript Meldungen an das syslog-Subsystem zu senden. Der folgende Befehl sendet beispielsweise schwerwiegende Fehlermeldungen über das *auth*-Programm:

```
# logger -p auth.alert -t DOT_FILE_CHK \
    "$user's $file is world-writeable"
```

Dieser Befehl würde eine syslog-Meldung wie die folgende erzeugen:

```
Feb 17 17:05:05 DOT_FILE_CHK: chavez's .cshrc is world-writable.
```

Die -i-Option des `logger`-Befehls sorgt dafür, dass der syslog-Meldung zusätzlich die Prozess-ID hinzugefügt wird.

Fehlermeldungen von der Hardware

Oft werden Fehlermeldungen, die sich auf die Hardware beziehen, ebenfalls in die Logdateien des Systems geschrieben. Auf manchen Unix-Systemen gibt es jedoch ein separates Programm, das für die Verarbeitung von Hardware-Fehlermeldungen zuständig ist. Nachdem wir uns ein häufig benutztes Hilfsprogramm (`dmesg`) angesehen haben, werden wir uns mit den unter AIX, HP-UX und Tru64 verwendeten Programmen für diesen Zweck befassen.

Der Befehl `dmesg` ist auf FreeBSD-, HP-UX-, Linux- und Solaris-Systemen zu finden. Seine Hauptaufgabe besteht darin, Meldungen des letzten Systemstarts zu untersuchen oder zu sichern. Aber auch informative Meldungen und Fehlermeldungen der Hardware gehen an diese Einrichtung, sodass die Überprüfung ihrer Ausgaben eine schnelle Möglichkeit bietet, sich die Meldungen anzusehen.

Hier ein Beispiel dieser Ausgaben von einem Solaris-System (Zeilenumbruch angepasst):

```
$ dmesg | egrep 'down|up'
Sep 30 13:48:05 astarte eri: [ID 517527 kern.info] SUNW,eri0 :
```

```
                       No response from Ethernet network : Link down -- cable problem?
                       Sep 30 13:49:17 astarte last message repeated 3 times
                       Sep 30 13:49:38 astarte eri: [ID 517527 kern.info] SUNW,eri0 :
                       No response from Ethernet network : Link down -- cable problem?
                       Sep 30 13:50:40 astarte last message repeated 3 times
                       Sep 30 13:52:02 astarte eri: [ID 517527 kern.info] SUNW,eri0 :
                       100 Mbps full duplex link up
```

In diesem Fall gab es ein kurzes Netzwerkproblem mit einem losen Kabel.

Die Fehler-Logdatei unter AIX

Auf AIX-Systemen wird eine gesonderte Fehler-Logdatei benutzt, zu finden unter */var/adm/ras/errlog*, die vom Daemon errdemon erstellt wird. Die Datei liegt im Binärformat vor und muss daher mit den entsprechenden Hilfsprogrammen betrachtet und bearbeitet werden: errpt, um die Berichte anzusehen, und errclear, um alte Meldungen zu löschen.

Hier ein Beispiel für die Ausgaben von errpt:

```
IDENTIFIER  TIMESTAMP    T C RESOURCE_NAME  DESCRIPTION
C60BB505    0807122301   P S SYSPROC        SOFTWARE PROGRAM ABNORMALLY TERMINATED
369D049B    0806104301   I O SYSPFS         UNABLE TO ALLOCATE SPACE IN FILE SYSTEM
112FBB44    0802171901   T H ent0           ETHERNET NETWORK RECOVERY MODE
```

Dieser Befehl erzeugt einen Bericht, in dem die Fehler jeweils zeilenweise aufgeführt werden. Durch die Verwendung bestimmter Optionen können Sie den Bericht auch detaillierter ausgeben lassen:

```
LABEL:            JFS_FS_FRAGMENTED
IDENTIFIER:       5DFED6F1

Date/Time:        Fri Oct  5 12:46:45
Sequence Number:  430
Machine Id:       000C2CAD4C00
Node Id:          arrakis
Class:            O
Type:             INFO
Resource Name:    SYSPFS

Description
UNABLE TO ALLOCATE SPACE IN FILE SYSTEM

Probable Causes
FILE SYSTEM FREE SPACE FRAGMENTED

        Recommended Actions
        CONSOLIDATE FREE SPACE USING DEFRAGFS UTILITY

Detail Data
MAJOR/MINOR DEVICE NUMBER
000A 0006
FILE SYSTEM DEVICE AND MOUNT POINT
/dev/hd9var, /var
```

Diese Fehlermeldung bezieht sich auf einen Zwischenfall, bei dem das System nicht in der Lage war, einem I/O-Request nachzukommen, weil das /var-Dateisystem zu stark fragmentiert war. In diesem Fall sorgt der angebotene Lösungsvorschlag für eine Beseitigung des Problems.

Ein Bericht, in dem wirklich alle Fehler aufgeführt sind, würde sehr lang werden. Um die Daten zusammenzufassen, setze ich daher das folgende Skript ein:

```
#!/bin/csh

errpt | awk '{print $1}' | sort | uniq -c | \
       grep -v IDENT > /tmp/err_junk
printf "Fehler  \t# \tBeschreibung: Ursache (Lösung)\n\n"
foreach f (`cat /tmp/err_junk | awk '{print $2}'`)
  set count = `grep $f /tmp/err_junk | awk '{print $1}'`
  set desc = `grep $f /var/adm/errs.txt | awk -F: '{print $2}'`
  set cause = `grep $f /var/adm/errs.txt | awk -F: '{print $3}'`
  set solve = `grep $f /var/adm/errs.txt | awk -F: '{print $4}'`
  printf "%s\t%s\t%s: %s (%s)\n" $f $count \
                        "$desc" "$cause" "$solve"
end
rm -f /tmp/err_junk
```

Das Skript ist nur ein Schnellschuss; eine elegantere Perl-Version wäre leicht geschrieben, aber dieses Skript reicht für die Aufgabe auch aus. Es arbeitet mit der Datei /var/adm/errs.txt, die die Fehlerursachen auflistet, die ich aus den detaillierten Ausgaben von errpt gewonnen habe. Hier ein paar Zeilen aus dieser Datei:

```
071F4755:ENVIRONMENTAL PROBLEM:POWER OR FAN COMPONENT:RUN DIAGS.
0D1F562A:ADAPTER ERROR:ADAPTER HARDWARE:IF PROBLEM PERSISTS, ...
112FBB44:ETHERNET NETWORK RECOVERY MODE:ADAPTER:VERIFY ADAPTER ...
```

Der Vorteil bei der Verwendung einer Datei mit Zusammenfassungen besteht darin, dass das Skript seine Berichte aus den einfacheren und schnelleren Standardausgaben von errpt erzeugen kann:

Hier ein Beispiel für einen Bericht (Umbruch angepasst):

Fehler	#	Beschreibung: Ursache (Lösung)
071F4755	2	ENVIRONMENTAL PROBLEM: POWER OR FAN COMPONENT (RUN SYSTEM DIAGNOSTICS.)
0D1F562A	2	ADAPTER ERROR: ADAPTER HARDWARE (IF PROBLEM PERSISTS, CONTACT APPROPRIATE SERVICE REPRESENTATIVE)
112FBB44	2	ETHERNET NETWORK RECOVERY MODE: ADAPTER HARDWARE (VERIFY ADAPTER IS INSTALLED PROPERLY)
369D049B	1	UNABLE TO ALLOCATE SPACE IN FILE SYSTEM: FILE SYSTEM FULL (INCREASE THE SIZE OF THE ASSOCIATED FILE SYSTEM)
476B351D	2	TAPE DRIVE FAILURE: TAPE DRIVE (PERFORM PROBLEM DETERMINATION PROCEDURES)
499B30CC	3	ETHERNET DOWN: CABLE (CHECK CABLE AND ITS CONNECTIONS)

```
5DFED6F1        1      UNABLE TO ALLOCATE SPACE IN FILE SYSTEM:
                       FREE SPACE FRAGMENTED (USE DEFRAGFS UTIL)
C60BB505      268      SOFTWARE PROGRAM ABNORMALLY TERMINATED:
                       SOFTWARE PROGRAM (CORRECT THEN RETRY)
```

Benutzen Sie das Hilfsprogramm errclear, um alte Meldungen aus der Fehler-Logdatei zu entfernen. Der folgende Befehl entfernt alle Fehlermeldungen, die älter als zwei Wochen sind:

```
# errclear 14
```

Die Fehler-Logdatei hat eine fest eingestellte Länge und wird als zirkulärer Puffer benutzt. Mit folgendem Befehl können Sie die gegenwärtige Größe der Datei ermitteln:

```
# /usr/lib/errdemon -l
Error Log Attributes
------------------------------------------
Log File                /var/adm/ras/errlog
Log Size                1048576 bytes
Memory Buffer Size      8192 bytes
```

Der Daemon wird von */sbin/rc.boot* aus gestartet. Durch eine Änderung der Startzeile können Sie die Größe der Logdatei anpassen. Geben Sie nach der Option -s die gewünschte Größe in Bytes an. Hier ein Beispiel, bei dem die Größe der Logdatei auf 1,5 MB geändert wird:

```
/usr/lib/errdemon -i /var/adm/ras/errlog -s 1572864
```

Auf den meisten Systemen ist die Standardgröße von 1 MB aber ausreichend.

Fehler unter HP-UX anzeigen. Um Fehler auf HP-UX-Systemen anzuzeigen (die in der Datei */var/stm/logs/os/log*.raw** abgelegt sind), können Sie den Befehl xstm verwenden. Eine beispielhafte Anzeige sehen Sie in Abbildung 3-1.

In der linken unteren Ecke der Illustration sehen Sie das Hauptfenster. Es zeigt eine Icon-Hierarchie, die die verschiedenen angeschlossenen Geräte auf dem System darstellt. Mit Hilfe der verschiedenen Menüpunkte lassen sich Informationen zu den verschiedenen Geräten und ihrem gegenwärtigen Status ermitteln.

Die Auswal des Menüpfades TOOLS → UTILITY → RUN und die Auswahl von logtool aus der Auswahlliste startet das Hilfsprogramm für Fehlerberichte (mittleres Fenster der linken Spalte der Illustration). Um einen zusammenfassenden Bericht über den Hardware-Status des Systems zu erhalten, wählen Sie nun den Menüpfad FILE → RAW und dann die aktuelle Logdatei aus. In diesem Beispiel können wir sehen, dass während der Lebenszeit der Logdatei insgesamt 417 Fehlermeldungen aufgezeichnet wurden.

Um die detaillierten Einträge in der Logdatei zu betrachten, wählen wir als nächstes FILE → FORMATTED LOG (dieser Prozess ist in der rechten Spalte der Illustration dargestellt). In unserem Beispiel sehen wir einen Eintrag, der sich auf ein SCSI-Bandlaufwerk bezieht und einen power-off des Gerätes meldet.

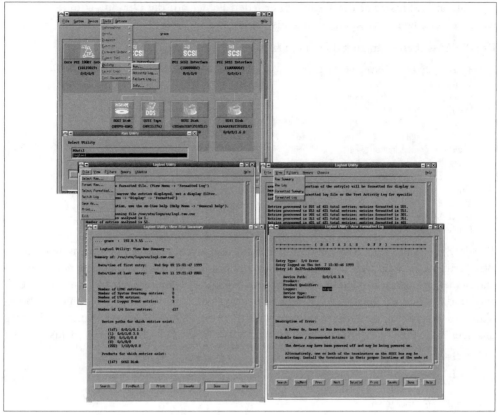

Abbildung 3-1: Hardware-Fehler unter HP-UX anzeigen

Die Kommandozeilen- und menüorientierten Versionen von xstm können mit den Befehlen cstm bzw. mstm gestartet werden.

Der Logging-Server unter Tru64. Unter Tru64 gibt es zusätzlich zu syslogd den Logging-Server binlogd. Zur Konfiguration dient die Datei */etc/binlog.conf*:

```
*.*                    /usr/adm/binary.errlog
dumpfile               /usr/adm/crash/binlogdumpfile
```

Der erste Eintrag leitet alle von binlogd erzeugten Fehlermeldungen an die angegebene Datei weiter. Der zweite Eintrag gibt den Speicherort für einen Crashdump an.

Die Fehlermeldungen können auch an einen anderen Rechner weitergeleitet werden. Die Datei */etc/binlog.auth* kontrolliert den Zugriff auf das lokale Logging-System. Existiert die Datei, werden hier alle Rechner aufgelistet, die Meldungen an das lokale System weiterleiten dürfen.

Die Berichte können mit den Befehlen uerf und dia angezeigt werden. Ich bevorzuge letzteren Befehl, obwohl uerf der neuere ist.

Im Standardmodus zeigt dia Details über jeden Fehler an; die Option -o brief gibt für jeden Fehler eine kurze Beschreibung aus.

Um die Ausgaben klein zu halten, benutze ich folgende Pipe:[8]

```
# dia | egrep '^(Event seq)|(Entry typ)|(ASCII Mes.*[a-z])'
Event sequence number  10.
Entry type             300. Start-Up ASCII Message Type
Event sequence number  11.
Entry type             250. Generic ASCII Info Message Type
ASCII Message               Test for EVM connection of binlogd
Event sequence number  12.
Entry type             310. Time Stamp
Event sequence number  13.
Entry type             301. Shutdown ASCII Message Type
ASCII Message                System halted by root:
Event sequence number  14.
Entry type             300. Start-Up ASCII Message Type
```

Dieser Befehl gibt die Sequenznummer und (falls vorhanden) eine menschenlesbare Beschreibung für jede Meldung aus. In unserem Beispiel gibt es eine Nachricht vom Systemstart, einen Statustest für den Event-Manager des binlogd-Daemons, einen Zeitstempel-Eintrag und schließlich das Herunterfahren des Systems, gefolgt von einem neuen Boot-Vorgang. Für Meldungen, die Sie interessieren, können Sie sich den vollständigen Eintrag anzeigen lassen. Der folgende Befehl gibt beispielsweise die Details für Event 13 aus:

```
# dia -e s:13 e:13
```

Mit dem Befehl logger -b können Sie eigene Meldungen an das Programm übergeben.

Logdateien verwalten

Bei der Verwaltung der vielen Logdateien gibt es noch zwei weitere Punkte zu beachten: die Begrenzung des benötigten Plattenplatzes bei gleichzeitiger Aufbewahrung ausreichender Daten für zukünftige Anforderungen sowie die Überwachung des Inhalts dieser Logdateien, um wichtige Einträge zu erkennen und entsprechend darauf reagieren zu können.

Plattenplatz für Logdateien verwalten

Unkontrolliert wachsen Logdateien ins Grenzenlose und können recht schnell eine Menge Plattenplatz belegen. Häufig wird daher nur ein Teil der älteren Daten auf der Festplatte behalten. So kann man beispielsweise die gegenwärtige Logdatei regelmäßig umbenennen und einige jüngere Versionen behalten. Hierfür wird in bestimmten Zeitabständen die älteste Version gelöscht, die aktuellste Version umbenannt und dann neu angelegt (»logrotation«).

---

8 Der entsprechende uerf-Befehl lautet uerf | egrep '^SEQU|MESS'.

Hier ein Beispielskript, das zusätzlich zur gegenwärtigen Version der Datei *su.log* die letzten drei Versionen behält:

```
#!/bin/sh
cd /var/adm
if [ -r su.log.1 ]; then
    mv -f su.log.1 su.log.2
fi
if [ -r su.log.0 ]; then
    mv -f su.log.0 su.log.1
fi
if [ -r su.log ]; then
    cp su.log su.log.0        Aktuelle Logdatei kopieren.
fi
cat /dev/null > su.log        Und Inhalt löschen.
```

Es gibt also neben der gegenwärtigen Datei *su.log* immer auch drei ältere *su.log*-Dateien: *su.log.0* (die letzte aktuelle Version), *su.log.1* und *su.log.2*. Bei Ausführung des Skripts werden die *su.log.n*-Dateien umbenannt, um sie zu rotieren: 1 wird zu 2. 0 wird zu 1 und die gegenwärtige *su.log*-Datei bekommt den Namen *su.log.0*. Wenn das Skript per cron einmal pro Woche ausgeführt wird, behalten Sie die *su.log*-Dateien des letzten Monats immer auf dem System (und sonst keine).

Sorgen Sie dafür, dass regelmäßig Sicherungskopien für alle Logdateien angelegt werden, damit ältere Versionen bei Bedarf notfalls vom Backup-Medium wiederhergestellt werden können.

Entfernen Sie aktive Logdateien, wird der benötigte Plattenplatz erst dann wieder freigegeben, wenn Sie dem dazugehörigen Daemon-Prozess, der die Datei offen hält (normalerweise `syslogd`), ein HUP-Signal schicken. Damit das Programm korrekt funktioniert, muss die Datei außerdem neu angelegt werden. Aus diesen Gründen ist das Entfernen aktiver Logdateien nicht empfehlenswert.

Wie wir wissen, kann diese Aufgabe auf Systemen auch automatisch erledigt werden. So ist diese Möglichkeit in die AIX-Version von syslog bereits integriert.

Bei FreeBSD gibt es für diesen Zweck das Programm `newsyslog` (das standardmäßig einmal pro Stunde von cron ausgeführt wird). Die Logdateien werden, basierend auf den Anweisungen in der Konfigurationsdatei */etc/newsyslog.conf*, rotiert:

```
# file          [own:grp]   mode   #  sz  when  [ZB] [/pid_file] [sig]
/var/log/cron               600    3  100  *          Z
/var/log/amd.log            644    7  100  *          Z
/var/log/lpd-errs           644    7  100  *          Z
/var/log/maillog            644    7  *    $D0        Z
```

Die Felder enthalten die folgenden Informationen:

- den Pfadnamen zur Logdatei
- die Benutzer- und Gruppen-ID, denen die Datei zugewiesen werden soll (optional)
- den Dateimodus

- die Anzahl älterer Dateien, die behalten werden sollen
- die Dateigröße, ab der die Datei rotiert werden soll
- die Zeit, nach der die Datei rotiert werden soll
- ein Markierungsfeld (Z bedeutet, die Datei soll komprimiert werden; B gibt an, dass es sich um eine binäre Logdatei handelt, die entsprechend behandelt werden soll)
- den Pfad zu der Datei, die die Prozess-ID des Daemons enthält, der die Datei kontrolliert
- das Signal zum erneuten Initialisieren des Daemons in numerischer Form

Die letzten drei Felder sind optional.

Der erste Eintrag der Konfigurationsdatei aus dem vorigen Beispiel bearbeitet die Logdatei von cron, sorgt dafür, dass nur *root* darauf zugreifen darf, rotiert die Datei, wenn ihre Größe 100 KB überschreitet, und hält drei ältere Versionen in komprimierter Form auf dem System vor. Die folgenden zwei Einträge rotieren die Logdateien nach den gleichen Regeln alle sieben Tage. Der letzte Eintrag rotiert die Mail-Logdatei täglich um Mitternacht und hält ebenfalls sieben ältere Versionen vor. Die Angaben des »when«-Feldes werden durch einen komplexen Codesatz beschrieben (Näheres finden Sie in der dazugehörigen Manpage).

Wurden sowohl die Größe als auch die Zeit explizit angegeben (d.h. nicht als Asterisk), werden die Dateien rotiert, sobald eine der beiden Bedingungen zutrifft.

Eine ähnliche Möglichkeit steht unter Red Hat Linux-Systemen mit dem von Erik Troan geschriebenen Programm logrotate zur Verfügung, das standardmäßig von */etc/cron.daily* ausgeführt wird. Kontrolliert wird es über die Konfigurationsdatei */etc/logrotate.conf*.

Hier ein kommentiertes Beispiel für eine logrotate-Konfigurationsdatei:

```
# global settings
errors root                         Fehlermeldungen per E-Mail an root weiterleiten.
compress                            Alte Dateien komprimieren.
create                              Nach dem Rotieren neue leere Logdateien anlegen.
weekly                              Standardmäßiger Zyklus für die Rotation: sieben Tage.

include /etc/logrotate.d            Anweisungen aus den Dateien hier einfügen.

/var/log/messages {                 Anweisungen für eine bestimmte Datei.
  rotate 5                          Fünf Dateien vorhalten.
  weekly                            Wöchentlich rotieren.
  postrotate                        Nach dem Rotieren diesen Befehl ausführen,
    /sbin/killall -HUP syslogd      um die neue Logdatei zu aktivieren.
  endscript
}
```

Diese Datei stellt einige allgemeine Standardwerte ein und definiert dann die Methode, mit der die Datei */var/log/messages* behandelt werden soll. Die Direktive *include* importiert außerdem die Inhalte aller Dateien in das Verzeichnis */etc/logrotate.d*. Viele Software-Pakete legen hier Dateien mit Instruktionen über die Behandlung eigener Logdateien ab.

logrotate ist Open Source-Software und kann sowohl unter Linux als auch unter anderen Unix-Systemen kompiliert werden.

Den Inhalt von Logdateien überwachen

Es ist recht einfach, große Mengen an Logging-Informationen zu erzeugen. Daher werden Sie sich vermutlich sehr bald ein Werkzeug wünschen, mit dem Sie diese Dateien nach den wirklich wichtigen Einträgen durchsuchen können. Zwei dieser Werkzeuge werden wir uns nun genauer ansehen.

Das Programm swatch, geschrieben von E. Todd Atkins, ist genau für diesen Zweck konzipiert. Es kann in einer Reihe verschiedener Modi ausgeführt werden: Beobachtung neuer Einträge, während sie einer System-Logdatei hinzugefügt werden; Beobachtung eines Ausgabe-Streams in Echtzeit; einmalige Überprüfung einer Datei und so weiter. Erkennt das Programm eines der angegebenen Muster, kann es eine Reihe verschiedener Aktionen ausführen. Die (momentane) Homepage-Adresse lautet *http://oit.ucsb.edu/~eta/swatch/*.

Die Konfigurationsdatei von swatch legt fest, nach welchen Informationen das Programm suchen soll und was beim Auffinden dieser Informationen geschehen soll. Hier ein Beispiel:

```
# Syntax:
# Ereignis              Aktion
#
# network events
/refused/               echo,bell,mail=root
/connect from iago/     mail=chavez
#
# other syslog events
/(uk|usa).*file system full/exec="wall /etc/fs.full"
/panic|halt/exec="/usr/sbin/bigtrouble"
```

Die ersten zwei Einträge suchen nach bestimmten syslog-Meldungen, die sich auf die Zugangskontrolle im Netzwerk beziehen. Der erste Eintrag findet hierbei beliebige Meldungen, die den String »refused« enthalten. Die Muster werden in Form regulärer Ausdrücke in Schrägstrichen, wie bei sed, formuliert. Wird ein solcher Eintrag gefunden, kopiert swatch diesen in die Standardausgabe (*echo*), spielt den System-Warnton ab (*bell*) und informiert *root* per E-Mail (*mail*). Der zweite Eintrag sucht nach Verbindungen mit dem Rechner *iago* und informiert in diesem Fall die Benutzerin *chavez* per E-Mail.

Der dritte Eintrag findet Fehlermeldungen, die erzeugt werden, wenn die Dateisysteme der Rechner *usa* bzw. *uk* zu voll werden. In diesem Fall wird der Befehl wall /etc/fs.full ausgeführt (diese Form des wall-Befehls zeigt allen eingeloggten Benutzern den Inhalt der angegebenen Datei an). Der vierte Eintrag führt den Befehl bigtrouble aus, wenn es schwerwiegende Systemfehler gibt.

Diese Datei konzentriert sich auf syslog-Events, die vermutlich an einen zentralen Logging-Rechner gesendet werden. swatch jedoch kann benutzt werden, um auch andere Ausgaben zu beobachten, beispielsweise um die Fehlerdatei des Systems auf Probleme mit der Speicherparität zu überwachen.

Der folgende swatch-Befehl könnte zur Überwachung des Inhalts von /var/adm/messages verwendet werden. Hierbei wird die mit der Option -c angegebene Konfigurationsdatei benutzt:

swatch -c /etc/swatch.config -t /var/adm/messages

Die Option -t weist swatch an, kontinuierlich das Ende der Datei im Auge zu behalten (ungefähr so wie bei tail -f). Dieser Befehl könnte zum Beispiel benutzt werden, um den swatch-Befehl in einem Fenster zu starten, das den ganzen Tag über beobachtet werden kann. Weitere nützliche Optionen für swatch sind -f zum Durchsuchen einer Datei nach passenden Einträgen (nützlich, wenn swatch über cron ausgeführt wird) und -p, das die Ausgaben eines laufenden Programms überwacht.

Ein weiteres großartiges, frei verfügbares Werkzeug für diese Aufgabe ist logcheck von Psionic Software (*http://www.psionic.com/abacus/logcheck/*). Dieses Programm sehen wir uns in Kapitel 7 genauer an.

Software-Pakete verwalten

Die meisten Unix-Versionen enthalten Hilfsprogramme (Utilities) zur Verwaltung von Software-Paketen: Sammlungen von Programmen für eine bestimmte Aufgabe oder Funktionalität in Form eines einzigen Archivs. Paket-Software ist dazu gedacht, das Hinzufügen und Entfernen von Paketen zu erleichtern. Hierbei stehen auf jedem von uns betrachteten Betriebssystem andere Werkzeuge zur Verfügung.[9] Eine Zusammenfassung der verschiedenen Möglichkeiten sehen Sie in Tabelle 3-6.

Tabelle 3-6: Befehle zur Verwaltung von Software-Paketen

Funktion	Befehl[a]
Installierte Pakete auflisten	**AIX:** lslpp -l all **FreeBSD:** pkg_info -a -I[b] **HP-UX:** swlist **Linux:** rpm -q -a **Solaris:** pkginfo **Tru64:** setld -i
Beschreibungen der Pakete ausgeben	**FreeBSD:** pkg_info **HP-UX:** swlist -v **Linux:** rpm -q -i **Solaris:** pkginfo -l

a Um unter Linux ein deinstalliertes RPM-Paket zu betrachten, benutzen Sie die Option -p pkg.
b Beachten Sie: Diese Option ist ein großgeschriebenes I (»ih«). Alle ähnlich aussehenden Optionsbuchstaben in dieser Tabelle sind kleingeschriebene ls (»ells«).

---

9 Das frei verfügbare Hilfsprogramm epm ist in der Lage, Pakete für viele Unix-Versionen im nativen Format zu erzeugen. Besonders nützlich ist es, wenn es darum geht, lokal entwickelte Pakete in heterogenen Umgebungen zu verteilen. Weitere Informationen finden Sie unter *http://www.easysw.com/epm/*.

Tabelle 3-6: Befehle zur Verwaltung von Software-Paketen (Fortsetzung)

Funktion	Befehl[a]
Inhalte der Pakete auflisten	**AIX:** lslpp -f **FreeBSD:** pkg_info -L **HP-UX:** swlist -l file **Linux:** rpm -q -l **Solaris:** pkgchk -l **Tru64:** setld -i
Benötigte Voraussetzungen auflisten	**AIX:** lslpp -p **Linux:** rpm -q ---requires
Originalpaket einer Datei anzeigen	**AIX:** lslpp -w **Linux:** rpm -q ---whatprovides **Solaris:** pkgchk -l -p

Auf dem Medium verfügbare Pakete auflisten	**AIX:** installp -l -d *gerät*
	FreeBSD: sysinstall
	    Configure → Packages
	HP-UX: swlist -s *path* [-l *type*]
	Linux: ls */path-to-RPMs*
	    yast2 Install/Remove Software (SuSE)
	Solaris: ls */pfad-zu-paketen*
	Tru64: setld -i -D *pfad*

Paket installieren	**AIX:** installp -acX **FreeBSD:** pkg_add **HP-UX:** swinstall **Linux:** rpm -i **Solaris:** pkgadd **Tru64:** setld -l
Installationsvorschau	**AIX:** installp -p **FreeBSD:** pkg_add -n **HP-UX:** swinstall -p **Linux:** rpm -i --test
Paket überprüfen	**AIX:** installp -a -v **Linux:** rpm -V **Solaris:** pkgchk **Tru64:** fverify
Paket entfernen	**AIX:** installp -u **FreeBSD:** pkg_delete **HP-UX:** swremove **Linux:** rpm -e **Solaris:** pkgrm **Tru64:** setld -d
Menü/GUI-Schnittstellen zur Paketverwaltung	**AIX:** smit **HP-UX:** sam swlist -i swinstall **Linux:** xrpm, gnorpm yast2 (SuSE) **Solaris:** admintool **Tru64:** sysman

Diese Hilfsprogramme funktionieren alle auf ähnliche Weise, weshalb wir uns in den Beispielen auf die Solaris-Befehle und einige HP-UX-Befehle beschränken werden.

Zu Beginn sehen wir uns die Methode zum Anzeigen der gegenwärtig installierten Pakete an. In der Regel wird hierfür ein allgemeiner Befehl zum Auflisten verwendet, dessen Ausgaben möglicherweise über eine Pipe an grep weitergereicht werden, um Pakete von Interesse herauszufiltern:

```
# pkginfo | grep -i compres
system      SUNWbzip     The bzip compression utility
system      SUNWbzipx    The bzip compression library (64-bit)
system      SUNWgzip     The GNU Zip (gzip) compression utility
system      SUNWzip      The Info-Zip (zip) compression utility
system      SUNWzlib     The Zip compression library
system      SUNWzlibx    The Info-Zip compression lib (64-bit)
```

Um nähere Informationen über ein bestimmtes Paket zu erhalten, erweitern wir den Listing-Befehl um eine Option und um den Namen des betreffenden Pakets. In unserem Fall lassen wir uns Informationen über das bzip-Paket anzeigen:

```
# pkginfo -l SUNWbzip
   PKGINST: SUNWbzip
      NAME: The bzip compression utility
  CATEGORY: system
      ARCH: sparc
   VERSION: 11.8.0,REV=2000.01.08.18.12
   BASEDIR: /
    VENDOR: Sun Microsystems, Inc.
      DESC: The bzip compression utility
    STATUS: completely installed
     FILES:     21 installed pathnames
                 9 shared pathnames
                 2 linked files
                 9 directories
                 4 executables
               382 blocks used (approx)
```

Eine weitere Option ermöglicht es Ihnen, die Dateien und Unterverzeichnisse des Pakets anzeigen zu lassen. Unter Solaris sorgt das für eine sehr umfangreiche Ausgabe; wir benutzen also wieder grep, um die Anzeige auf eine einfache Liste zu reduzieren (auf vielen Systemen ist dieser Schritt nicht nötig):

```
# pkgchk -l SUNWbzip | grep ^Pathname: | awk '{print $2}'
/usr              Unterverzeichnisse des Pakets, die bei der Installation angelegt werden,
/usr/bin          falls sie noch nicht existieren.
/usr/bin/bunzip2
/usr/bin/bzcat
/usr/bin/bzip2
...
```

Oft ist es auch möglich, den Namen des Pakets zu ermitteln, zu dem eine bestimmte Datei gehört. Hierfür benutzen wir den Befehl aus dem folgenden Beispiel:

```
# pkgchk -l -p /etc/syslog.conf
```

```
Pathname: /etc/syslog.conf
Type: editted file
Expected mode: 0644
Expected owner: root
Expected group: sys
Referenced by the following packages:
    SUNWcsr
Current status: installed
```

Diese Konfigurationsdatei ist Teil des Pakets, das wesentliche Hilfsprogramme für das System enthält.

Um ein neues Paket zu installieren, benutzen Sie einen Befehl wie den folgenden. Hier wird der GNU-C-Compiler von der unter /cdrom aufgesetzten CD installiert (*s8-software-companion* ist die Solaris 8 beiliegende CD mit zusätzlicher Software):

```
# pkgadd -d /cdrom/s8-software-companion/components/sparc/Packages SFWgcc
```

Das Entfernen eines installierten Pakets ist ebenfalls recht einfach:

```
# pkgrm SFWbzip
```

Der Befehl `pkgchk` überprüft, ob ein Software-Paket korrekt installiert ist und keine seiner Bestandteile seit der Installation verändert wurden.

Gelegentlich benötigen Sie eine Liste aller verfügbaren Pakete auf einer CD oder einem Band. Unter FreeBSD-, Linux- und Solaris-Systemen lässt sich das durch einen Wechsel in das betreffende Verzeichnis und die Ausführung des Befehls `ls` erreichen. Auf anderen Systemen wird hierfür der normale Installations- oder Listing-Befehl mit einer zusätzlichen Option verwendet. Der folgende Befehl erzeugt beispielsweise eine Liste aller verfügbaren Pakete auf dem Band im ersten Laufwerk:

```
# swlist -s /dev/rmt/0m
```

HP-UX: Bundles, Produkte und Subprodukte

Bei HP-UX sind die Software-Pakete in verschiedenen Einheiten organisiert. Die kleinste Einheit ist das *Fileset*, das einen Satz von Dateien enthält, die als Einheit verwaltet werden können. *Subprodukte* enthalten ein oder mehrere Filesets und *Produkte* bestehen ihrerseits aus einem oder mehreren *Subprodukten* (obwohl einige auch selbst die Filesets enthalten können). Zum Beispiel besteht das Fileset *MSDOS-Utils.Manuals.DOSU-ENG-A_MAN* aus den englischsprachigen Manpages des *Manuals*-Subprodukts von *MSDOS-Utils*. *Bundles* bestehen aus Gruppen verwandter Filesets, die einem oder mehreren Produkten entstammen können, die für einen bestimmten Zweck zusammengestellt wurden. Sie können, müssen aber nicht aus mehreren vollständigen Produkten bestehen.

Um eine Liste der installierten Software der verschiedenen Ebenen auszugeben, benutzen Sie den Befehl `swlist` zusammen mit der Option -l, gefolgt vom dazugehörigen Schlüsselwort:

```
# swlist -l product
```

Der folgende Befehl erzeugt eine Liste der Subprodukte, aus denen MS-DOS Utilities besteht:

```
# swlist -l subproduct MSDOS-Utils

# MSDOS-Utils                       B.11.00       MSDOS-Utils
  MSDOS-Utils.Manuals               Manuals
  MSDOS-Utils.ManualsByLang         ManualsByLang
  MSDOS-Utils.Runtime               Runtime
```

Wenn Sie den Befehl `swlist -l fileset` für jedes Subprodukt ausführen, können Sie sich dadurch die enthaltenen Filesets anzeigen lassen und so den Inhalt des Produkts weiter erforschen. Die Resultate zeigen, dass die Subprodukte jeweils ein Fileset enthalten und dass das Produkt MSDOS-Utils aus »Runtime«- und Manpage-Filesets besteht.

AIX: apply und commit

Auf AIX-Systemen erfolgt die Software-Installation in zwei Schritten. Zuerst werden die Software-Pakete *angemeldet* (applied): Neue Dateien werden zwar installiert, aber der vorherige Systemzustand wird gesichert, falls Sie Ihre Meinung ändern und das Paket doch nicht einbinden wollen (»Rollback«). Um die Installation endgültig zu machen, muss die angemeldete Software an das System *übergeben* (committed) werden.

Der Installationszustand von Software-Paketen läßt sich mit dem Befehl `lslpp` ermitteln. Das folgende Beispiel zeigt Informationen über verschiedene Software-Compiler an:

```
# lslpp -l all | grep -i compil
  vacpp.cmp.C      5.0.2.0    COMMITTED    VisualAge C++ C Compiler
  xlfcmp           7.1.0.2    COMMITTED    XL Fortran Compiler
  vac.C            5.0.2.0    COMMITTED    C for AIX Compiler
  ...
```

Angemeldete, aber noch nicht übergebene Pakete können Sie außerdem mit dem Befehl `installp -s all` anzeigen lassen.

Der Befehl `installp` hat eine Reihe von Optionen, um zu kontrollieren, wie und bis zu welchem Grad Software installiert wird. Sie können beispielsweise den unten stehenden Befehl verwenden, um Software anzumelden und zu übergeben:

```
# installp -ac -d device [items | all]
```

Weitere nützliche Optionen für `installp` finden Sie in Tabelle 3-7:

Tabelle 3-7: Optionen für den AIX-Befehl installp

Option	Bedeutung
-a	Software anmelden.
-c	Angemeldete Software übergeben.
-r	Nicht übergebene Software zurückweisen.
-t dir	Alternativen Speicherort für gesicherte »Rollback«-Dateien angeben.
-u	Software entfernen.

Tabelle 3-7: Optionen für den AIX-Befehl installp (Fortsetzung)

Option	Bedeutung
-C	Aufräumen nach fehlgeschlagener Installation.
-N	Zur Wiederherstellung des ursprünglichen Zustands nötige Dateien nicht sichern.
-X	Dateisysteme nach Bedarf erweitern.
-d dev	Installationsquelle angeben.
-p	Vorschau auf Aktion
-v	Wortreiche Ausgaben
-l	Inhaltsangabe von Medien ausgeben.
-M arch	Liste auf Elemente für die angegebene Architektur beschränken.

Bei vorsichtigen Administratoren und empfindlichen Produktionssystemen ist es weit verbreitet, apply ohne commit zu benutzen.

FreeBSD-Portierungen

FreeBSD bietet eine einfache Methode namens Ports Collection zum Zusammenstellen und Kompilieren zusätzlicher Software-Pakete. Die dazugehörige Infrastruktur finden Sie nach der Installation im Verzeichnis */usr/ports*.

Der Verzeichnisbaum der Ports Collection enthält alle Informationen, die zum Herunterladen, Entpacken und Kompilieren der Software nötig sind. Die Vorbereitung von Paketen mit dieser Methode erleichtert die Installation erheblich. Um beispielsweise das Tripwire-Paket zur Sicherheitsüberwachung zu installieren, sind nur noch die folgenden Befehle nötig:

```
# cd /usr/ports/security/tripwire
# make && make install
```

Der Befehl make führt dabei selbstständig alle zur Installation des Pakets nötigen Schritte durch.

Software-Pakete aus Quellcode kompilieren

Viele nützliche Werkzeuge sind als Open Source-Software erhältlich. Gelegentlich gibt es im Internet auch vorkompilierte Binärversionen, dennoch wird es manchmal vorkommen, dass Sie die Software selbst kompilieren müssen. Um mögliche Probleme aufzuzeigen, wollen wir in diesem Abschnitt kurz auf die Kompilierung dreier Pakete eingehen. Als Beispielsystem benutzen wir HP-UX.

mtools: configure benutzen und Unzulänglichkeiten hinnehmen

Wir beginnen mit mtools, einer Sammlung von Hilfsprogrammen, mit denen unter Unix-Systemen direkt auf DOS-formatierte Disketten zugegriffen werden kann. Nach dem Herunterladen des Pakets bestehen die ersten Schritte im Entpacken des Software-Archivs und im Extrahieren der enthaltenen Dateien:

```
$ gunzip mtools-3.9.7.tar.gz
$ tar xvf mtools-3.9.7.tar
x mtools-3.9.7/INSTALL, 737 bytes, 2 tape blocks
x mtools-3.9.7/buffer.c, 8492 bytes, 17 tape blocks
x mtools-3.9.7/Release.notes, 8933 bytes, 18 tape blocks
x mtools-3.9.7/devices.c, 25161 bytes, 50 tape blocks
...
```

Beachten Sie, dass wir diese Befehle nicht als *root* ausführen.

Als Nächstes wechseln wir in das neue Verzeichnis und sehen uns ein wenig um:

```
$ cd mtools-3.9.7; ls
COPYING         floppyd_io.c      mmount.c
Changelog       floppyd_io.h      mmove.1
INSTALL         force_io.c        mmove.c
Makefile        fs.h              mpartition.1
Makefile.Be     fsP.h             mpartition.c
Makefile.in     getopt.h          mrd.1
Makefile.os2    hash.c            mread.1
NEWPARAMS       htable.h          mren.1
README          init.c            msdos.h
...
```

Wir suchen nach Dateien namens *README*, *INSTALL* oder etwas Ähnlichem, um herauszufinden, wie wir weiter vorzugehen haben.

Hier der relevante Abschnitt für dieses Beispiel:

```
Compilation
-----------
To compile mtools on Unix, first type ./configure, then make.
```

Dies ist ein typisches Muster für ein sorgfältig erstelltes Software-Paket. Das Hilfsprogramm überprüft das System auf alle zum Kompilieren des Pakets benötigten Teile. Oft wählt das Programm hierbei eine von mehreren Alternativen aus und erzeugt basierend auf dieser Konfiguration ein Makefile.

Wir befolgen die Anweisungen und führen configure aus:

```
$ ./configure
checking for gcc... cc
checking whether the C compiler works... yes
checking whether cc accepts -g... yes
checking how to run the C preprocessor... cc -E
checking for a BSD compatible install... /opt/imake/bin/install -c
checking for sys/wait.h that is POSIX.1 compatible... yes
checking for getopt.h... no
...
creating ./config.status
creating Makefile
creating config.h
config.h is unchanged
```

An dieser Stelle könnten wir eigentlich schon make ausführen. Ich halte es aber für angebracht, erst einmal einen Blick in das Makefile zu werfen. Hier der erste Teil:

```
$ more Makefile
# Generated automatically from Makefile.in by configure.
#       Makefile for Mtools

MAKEINFO = makeinfo
TEXI2DVI = texi2dvi
TEXI2HTML = texi2html

# do not edit below this line
# =================================================
SHELL = /bin/sh

prefix          = /usr/local
exec_prefix     = ${prefix}
bindir          = ${exec_prefix}/bin
mandir          = ${prefix}/man
```

Der Eintrag *prefix* könnte zu Problemen führen, wenn ich die Software irgendwo anders installieren wollte; ich bin aber mit diesem Ort zufrieden und führe make aus. Der Prozess verläuft recht reibungslos, allerdings gibt es ein paar Fehlermeldungen:

```
cc   -Ae -DHAVE_CONFIG_H -DSYSCONFDIR=\"/usr/local/etc\" -DCPU_hppa1_0 -DVENDOR_hp -DOS_hpux11_00 -DOS_hpux11 -DOS_hpux  -g -I.   -I.    -c floppyd.c
cc: "floppyd.c", line 464: warning 604: Pointers are not assignment-compatible.

cc -z     -o floppyd    -lSM -lICE -lXau -lX11 -lnsl
/usr/ccs/bin/ld: (Warning) At least one PA 2.0 object file (buffer.o) was detected.
The linked output may not run on a PA 1.x system.
```

Es ist wichtig, dass Sie versuchen, die Bedeutung dieser Meldungen zu verstehen. In diesem Fall erhalten wir eine Warnung vom Compiler, was verhältnismäßig oft vorkommt. Wir ignorieren die Meldung vorerst. Die zweite Meldung teilt uns einfach mit, dass wir die ausführbaren Dateien plattformabhängig kompilieren. Das ist nicht weiter wichtig, da wir die Dateien nur auf dem lokalen System verwenden wollen.

Nun installieren wir das Paket mit dem üblichen Befehl:

```
$ su
Password:
# make -n install      Zuerst einmal nur eine Vorschau!
./mkinstalldirs /usr/local/bin
/opt/imake/bin/install -c mtools /usr/local/bin/mtools
    ...
# make install         Weitermachen, wenn alles gut aussieht.
./mkinstalldirs /usr/local/bin
/opt/imake/bin/install -c mtools /usr/local/bin/mtools
 ...
/opt/imake/bin/install -c floppyd /usr/local/bin/floppyd
cp: cannot access floppyd: No such file or directory
 ...
Make: Don't know how to make mtools.info.  Stop.
```

Hier stoßen wir auf zwei Probleme: Das erste Problem besteht in einer fehlenden ausführbaren Datei: floppyd, einem Daemon, mit dessen Hilfe entfernte Benutzer auf das Floppy-Laufwerk zugreifen können. Das zweite Problem taucht auf, wenn make versucht, die info-Datei für mtools zu erstellen (ein unter Linux übliches Dokumentationsformat). Die zweite Meldung ist für uns nicht wichtig, da das info-System unter HP-UX nicht zur Verfügung steht. Das erste Problem ist dagegen schon ernster und auch weitere Unternehmungen zur Beseitigung dieses seltsamen Fehlers bringen uns nicht weiter. Eine Änderung am Quellcode, die die Compiler-Warnungen beseitigen soll, bringt keine Lösung. Der Fehler tritt während der Link-Phase auf, die kommentarlos scheitert. Solche Probleme kommen leider gelegentlich vor, auch wenn es mich immer wieder enttäuscht, wenn solche Fehler das Funktionieren eines Pakets behindern.

Da ich auf diese Komponente verzichten kann, entscheide ich mich schließlich, ihr Fehlen einfach zu ignorieren. Wenn es sich jedoch um einen für die Benutzung des Pakets wichtigen Bestandteil handeln würde, müsste der Fehler zuerst behoben werden. In diesem Fall würde ich entweder versuchen, schärfer über eine mögliche Lösung nachzudenken, in Newsgruppen und anderen Internet-Quellen nach einer Lösung suchen oder einfach ganz auf das Paket verzichten.

Verschwenden Sie keine wertvolle Zeit an ein widerspenstiges Paket. Geben Sie lieber auf und machen Sie mit etwas anderem weiter.

bzip2: Linux-basierte make-Prozeduren umwandeln

Als Nächstes wollen wir uns das Komprimierungs-Utility bzip2 von Julian Seward ansehen. Die anfänglichen Schritte laufen analog zu den oben beschriebenen ab. Hier der relevante Teil der *README*-Datei:

```
HOW TO BUILD -- UNIX

Type `make'.  This builds the library libbz2.a and then the
programs bzip2 and bzip2recover.  Six self-tests are run.
If the self-tests complete ok, carry on to installation:

To install in /usr/bin, /usr/lib, /usr/man and /usr/include, type
    make install
To install somewhere else, eg, /xxx/yyy/{bin,lib,man,include}, type
    make install PREFIX=/xxx/yyy
```

Wir lesen außerdem die Datei *README.COMPILATION.PROBLEMS*, die aber nichts enthält, was auf unsere Situation zutrifft.

Dieses Paket konfiguriert sich nicht selbst, sondern enthält stattdessen ein Makefile, das auf verschiedenen Systemen funktionieren soll. Darauf vertrauend, starten wir den Kompilierungsprozess:

```
$ make
gcc -Wall -Winline -O2 -fomit-frame-pointer -fno-strength-reduce
```

```
   -D_FILE_OFFSET_BITS=64 -c blocksort.c
sh: gcc: not found.
*** Error exit code 127
```

Hier haben wir das Problem, dass unser C-Compiler cc ist und nicht gcc (das Makefile wurde wahrscheinlich unter Linux erstellt). Wir können das Makefile so abändern, dass dies berücksichtigt wird. Und wo wir gerade dabei sind, halten wir auch gleich nach anderen möglichen Problemen Ausschau. Letztendlich ändern wir die Zeilen

```
SHELL=/bin/sh
CC=gcc
BIGFILES=-D_FILE_OFFSET_BITS=64
CFLAGS=-Wall -Winline -O2 -fomit-frame-pointer ... $(BIGFILES)
```

in:

```
SHELL=/bin/sh
CC=cc
BIGFILES=-D_FILE_OFFSET_BITS=64
CFLAGS=-Wall +w2 -O $(BIGFILES)
```

Der Eintrag *CFLAGS* gibt Optionen an, die dem Compiler-Befehl übergeben werden sollen. Der ursprüngliche Eintrag enthielt eine Reihe von gcc-spezifischen Angaben. Diese ersetzen wir durch ihre HP-UX-Entsprechungen.

Der nächste Versuch, make auszuführen, ist erfolgreich:

```
cc -Wall +w2 -O -D_FILE_OFFSET_BITS=64 -c blocksort.c
cc -Wall +w2 -O -D_FILE_OFFSET_BITS=64 -c huffman.c
cc -Wall +w2 -O -D_FILE_OFFSET_BITS=64 -c crctable.c
...

Doing 6 tests (3 compress, 3 uncompress) ...
  ./bzip2 -1 < sample1.ref > sample1.rb2
  ./bzip2 -2 < sample2.ref > sample2.rb2
...

If you got this far, it looks like you're in business.

To install in /usr/bin, /usr/lib, /usr/man and /usr/include,
  type: make install
To install somewhere else, eg, /xxx/yyy/{bin,lib,man,include},
  type: make install PREFIX=/xxx/yyy
```

Wir wollen in */usr/local* installieren, können also den Befehl make install verwenden (nachdem wir uns den Prozess zuvor mit -n angesehen haben):

```
# make install PREFIX=/usr/local
```

Hätte das Compiler-Programm keine Option zum Angeben des Installationsverzeichnisses enthalten, hätten wir das Installationsziel im Makefile entsprechend ändern müssen.

jove: Konfiguration über Einstellungen im Makefile

Zum Schluss wollen wir uns den Editor jove von Jonathan Payne ansehen, meinen persönlichen Lieblingseditor. Hier der relevante Abschnitt der *INSTALL*-Datei:

```
Installation on a UNIX System.
------------------------------

To make JOVE, edit Makefile to set the right directories for the binaries, on line
documentation, the man pages, and the TMP files, and select the appropriate load command
(see LDFLAGS in Makefile).  (IMPORTANT! read the Makefile carefully.)  "paths.h" will be
created by MAKE automatically, and it will use the directories you specified in the
Makefile.  (NOTE: You should never edit paths.h directly because your changes will be
undone by the next make.)

You need to set "SYSDEFS" to the symbol that identifies your system, using the notation
for a macro-setting flag to the C compiler. If yours isn't mentioned, use "grep System:
sysdep.h" to find all currently supported system configurations.
```

Von allen betrachteten Paketen ist dieses am wenigsten vorkonfiguriert. Hier der Teil des Makefiles, über den ich mir Gedanken machen und den ich (vom Original abweichend) ändern musste. Unsere Änderungen sind fett gedruckt:

```
JOVEHOME = <userinput>/usr/local</userinput>
SHAREDIR = $(JOVEHOME)/lib/jove
BINDIR = $(JOVEHOME)/bin
...
# Select the right libraries for your system.
LIBS = -ltermcap         Kommentare für die richtige Bibliothek entfernt.
#LIBS = -lcurses
...
# define a symbol for your OS if it hasn't got one. See sysdep.h.
SYSDEFS = -DHPUX -Ac     –Ac besagt, dass die Version K&R Edition 1 von C benutzt werden soll.
```

Nachdem die Konfiguration des Makefiles abgeschlossen ist, kann die Software mit `make` und `make install` erfolgreich kompiliert und installiert werden.

Software-Archive im Internet

Ich beschließe dieses Kapitel mit einer kurzen Liste der (meiner Meinung nach) nützlichsten gegenwärtig verfügbaren allgemeinen und systemspezifischen Software-Archive. Sofern nicht anders vermerkt, ist die angebotene Software frei verfügbar.

Allgemein	*http://sourceforge.net*
	http://www.gnu.org
	http://freshmeat.net
	http://www.xfree86.org
	http://rtfm.mit.edu
AIX	*http://freeware.bull.net*
	http://aixpdslib.seas.ucla.edu/aixpdslib.html

FreeBSD	*http://www.freebsd.org/ports/* *http://www.freshports.org*
HP-UX	*http://hpux.cs.utah.edu* *http://www.software.hp.com* (Treiber und kommerzielle Pakete)
Linux	*http://www.redhat.com* *http://www.suse.com* *http://www.ibiblio.org/Linux* *http://linux.davecentral.com*
Solaris	*http://www.sun.com/bigadmin/downloads/* *http://www.sun.com/download/* *ftp://ftp.sunfreeware.com/pub/freeware/* *http://www.ibiblio.org/pub/packages/solaris/*
Tru64	*http://www.unix.digital.com/tools.html* *ftp://ftp.digital.com* *http://gatekeeper.dec.com* *http://www.tru64.compaq.com* (Demos und kommerzielle Software) (Compaq bietet außerdem eine kostengünstige Freeware-CD für Tru64 an.)

KAPITEL 4
Startup und Shutdown

In den meisten Fällen ist der Start oder das Herunterfahren eines Systems recht einfach. Um Situationen zu erkennen, in denen etwas schief geht, und gegebenenfalls eingreifen zu können, muss ein Systemadministrator zumindest ein konzeptuelles Verständnis für die Startup- und Shutdown-Prozesse besitzen. Ziel dieses Kapitels ist es, Ihnen das hierfür nötige Wissen zu vermitteln. Wir beginnen damit, uns Startup- und Shutdown-Prozeduren anzusehen, die die Konzepte und Merkmale zeigen, die sich auf fast allen Unix-Systemen gleichen. Die darauf folgenden Abschnitte befassen sich mit den Eigenheiten der verschiedenen hier behandelten Systeme. Hierzu gehört auch eine Betrachtung der Unmengen von System-Konfigurationsdateien, die diese Prozesse ausführen und steuern.

Der Unix-Boot-Vorgang

Der Vorgang, mit dem ein Computersystem zum Leben erweckt und für die Benutzung vorbereitet wird, wird mit vollem Namen als *Bootstrapping* bezeichnet. Der Name rührt daher, dass ein Computer ein Betriebssystem benötigt, um irgendetwas tun zu können. Gleichzeitig muss der Computer in der Lage sein, das System alleine und ohne die normalerweise vom Betriebssystem bereitgestellten Dienste hochzufahren. Der Rechner muss sich also »an den eigenen Schnürsenkeln (engl. »Bootstraps«) hochziehen«. *Booten* ist das eingedeutschte Wort für das englische *Booting*, die Kurzform von Bootstrapping.[1]

Der grundsätzliche Boot-Prozess ist für alle Unix-Systeme recht ähnlich, auch wenn sich die einzelnen Mitteln, mit denen dies erreicht wird, von System zu System teilweise stark unterscheiden. Diese Mittel hängen sowohl von der physikalischen Hardware als auch vom Systemtyp (System V oder BSD) ab. Der Boot-Vorgang kann entweder automatisch oder auch manuell ausgelöst werden. Dieser beginnt entweder, wenn der Computer eingeschaltet wird (*kaltes Booten* oder *Kaltstart*), oder als Resultat eines Reboot-Befehls eines laufenden Systems (*warmes Booten* oder *Neustart*).

---

1 IBM bezeichnet das Booten traditionell als IPL (Initial Program Load). Dieser Begriff ist gelegentlich noch in der AIX-Dokumentation zu finden.

Der Unix-Boot-Vorgang teilt sich normalerweise in drei Phasen:

- Grunsätzliche Hardware-Erkennung (Arbeitsspeicher, Festplatte, Tastatur, Maus usw.)
- Ausführung des Firmware-System-Initialisierungsprogramms (wird automatisch ausgeführt)
- Aufspüren und Ausführen des initialen Boot-Programms (durch das Firmware-Boot-Programm), in der Regel von einem festgelegten Ort auf der Festplatte. Dieses Programm kann vor dem Laden des Kernels noch zusätzliche Hardware-Tests durchführen.
- Aufspüren und Starten des Unix-Kernels (vom Boot-Programm der ersten Stufe). Die Image-Datei, die den auszuführenden Kernel enthält, kann entweder automatisch bestimmt oder durch manuelle Eingabe an das Boot-Programm übergeben werden.
- Der Kernel initialisiert sich selbst und führt dann die letzten Hardware-Tests der obersten Stufe durch und lädt dabei die benötigten Gerätetreiber und/oder Kernel-Module.
- Der Kernel startet den init-Prozess, der dann seinerseits die Systemprozesse (Daemons) startet und sämtliche aktiven Subsysteme initialisiert. Ist alles vorbereitet, können sich die Benutzer einloggen.

In den folgenden Abschnitten werden wir nacheinander auf diese Punkte eingehen.

Vom Einschalten bis zum Laden des Kernels

Wie wir gesagt haben, beginnt das Booten, sobald die Anweisungen, die im permanenten, nicht-flüchtigen Speicher (umgangssprachlich als BIOS, ROM, NVRAM usw. bezeichnet) des Rechners abgelegt sind, ausgeführt werden. Dieser Speicherort für die initialen Boot-Anweisungen wird in der Regel als *Firmware* bezeichnet (im Kontrast zu »Software«, aber unter Berücksichtigung der Tatsache, dass die in der Firmware abgelegten Anweisungen als Programm anzusehen sind).[2]

Diese Anweisungen werden beim Einschalten des Rechners oder bei einem Zurücksetzen des Systems automatisch ausgeführt. Abhängig von den Werten der gespeicherten Parameter,[3] kann sich die genaue Abfolge der Aktionen unterscheiden. Die Ausführung der Anweisungen in der Firmware kann, wie wir gleich sehen werden, auch auf einen an der Systemkonsole eingegebenen Befehl hin ausgelöst werden. Unabhängig davon, auf welche Art sie ausgelöst werden, werden diese Anweisungen verwendet, um das *Boot-Programm* des Systems aufzuspüren und zu starten. Das Boot-Programm startet dann seinerseits das Unix-Betriebssystem.

Das Boot-Programm befindet sich an einem vorgegebenen Ort auf einem bootbaren Gerät. Bei einem normalen Boot-Vorgang von der Festplatte könnte sich das Boot-Programm bei-

---

2 Das ist jedenfalls meine Interpretation – es gibt natürlich noch jede Menge anderer Erklärungsmöglichkeiten.
3 Oder abhängig von der gegenwärtigen Schlüsselstellung des Computers. Auf Systemen, die einen physikalischen Schlüssel verwenden, löst eine der Stellungen einen automatischen Boot-Vorgang aus, sobald der Strom eingeschaltet wird (oft beschriftet mit »Normal« oder »On«). Eine andere Schlüsselposition verhindert das automatische Booten und versetzt das System in einen vollständig manuellen Modus, der für Wartungs- und Reparaturarbeiten am System vorgesehen ist.

spielsweise in Block 0 der Root-Festplatte befinden oder davon abweichend auch auf einer speziellen Partition der Root-Festplatte. Ebenso könnte das Boot-Programm auch die zweite Datei eines bootbaren Speicherbandes sein oder sich im Falle eines Netzwerk-Boot-Vorgangs einer Workstation ohne eigene Festplatte an einem bestimmten Ort auf einem Fileserver befinden.

Üblicherweise gibt es auf einem System mehr als nur ein bootbares Gerät. Das Firmware-Programm kann Anweisungen enthalten, nach denen das entsprechende Gerät ausgewählt wird. Diese liegen oft in Form einer Liste möglicher Geräte vor. Gibt es dagegen keine weiteren Anweisungen, wird in der Regel das erste gefundene bootbare Gerät ausgewählt. Manche Systeme gestatten verschiedene Variationen dieses Vorgehens. So enthält der RS/6000 NVRAM verschiedene Standard-Suchlisten für normale und für Wartungs-Boot-Vorgänge. Mit Hilfe des Befehls `bootlist` ist es dem Systemadministrator außerdem möglich, angepasste Suchlisten für die verschiedenen Boot-Vorgänge hinzuzufügen.

Das Boot-Programm ist dafür zuständig, den Unix-Kernel in den Arbeitsspeicher zu laden und ihm die Kontrolle über das System zu übergeben. Auf manchen Systemen sind zwischen den Firmware-Anweisungen und dem selbstständig arbeitenden Unix-Kernel zwei oder mehr Stufen weiterer Boot-Programme zwischengeschaltet. Andere Systeme verwenden wiederum unterschiedliche Boot-Programme, je nachdem welche Art von Boot-Vorgang durchgeführt werden soll.

Selbst PC-Systeme folgen diesem grundsätzlichen Schema. Wird der Rechner eingeschaltet oder das System zurückgesetzt, wird vom BIOS das Master-Boot-Programm gestartet, das sich auf den ersten 512 Bytes der Systemplatte (oder -diskette usw.) befindet. Dieses Programm lädt normalerweise das Boot-Programm, das sich auf den ersten 512 Bytes der aktiven Partition dieser Platte befindet und das seinerseits den Kernel lädt. Gelegentlich lädt das Master-Boot-Programm den Kernel auch selbst. Der Boot-Prozess von anderen Speichermedien läuft auf ähnliche Weise ab.

Das Firmware-Programm ist normalerweise schlau genug, um herauszufinden, ob es auf die benötigte Hardware auch zugreifen kann (ob es z.B. die Systemfestplatte oder das Netzwerk finden kann), und um das Boot-Programm zu starten. Das Boot-Programm der ersten Stufe führt oft zusätzliche Tests des Hardware-Status durch und überprüft, ob der erwartete Systemspeicher und die wichtigste Hardware-Peripherie vorhanden sind. Manche Systeme führen noch wesentlich genauere Hardware-Tests durch. Dabei werden praktisch alle Geräte auf ihren Status hin überprüft und seit dem letzten Systemstart neu hinzugekommene Geräte festgestellt.

Der *Kernel* ist der Teil des Unix-Betriebssystems, der während der gesamten Laufzeit des Systems in Betrieb ist. Das ausführbare Kernel-Image, normalerweise *unix* (System V-basierte Systeme), *vmunix* (BSD-basierte Systeme) oder ähnlich benannt, ist traditionellerweise im Rootverzeichnis gespeichert oder hineingelinkt. Hier die typischen Kernel-Namen und Speicherorte für die in diesem Buch behandelten Betriebssysteme:

AIX	/unix (eigentlich eine Verknüpfung (Link) mit einer Datei in /usr/lib/boot)
FreeBSD	/kernel
HP-UX	/stand/vmunix
Linux	/boot/vmlinuz
Tru64	/vmunix
Solaris	/kernel/genunix

Wenn die Kontrolle schließlich an den Kernel übergeht, bereitet sich dieser vor, das System auszuführen. Zu diesem Zweck werden die internen Tabellen des Kernels initialisiert und – abhängig von den vorhandenen Systemressourcen und den Werten der Kernel-Parameter – die im Arbeitsspeicher befindlichen Datenstrukturen angelegt. Der Kernel ist außerdem in der Lage, Hardware-Überprüfungen, die Teil des Boot-Vorgangs sind, abzuschließen sowie ladbare Treiber für die verschiedenen Hardware-Geräte des Systems zu installieren.

Sind diese vorbereitenden Aktivitäten abgeschlossen, erzeugt der Kernel einen neuen Prozess, der das init-Programm mit der PID 1 ausführt.[4]

Booten im Mehrbenutzer-Modus

Wie wir gesehen haben, ist init der Vorfahre aller folgenden Unix-Prozesse und direkter Elternprozess aller Login-Shells. Während des übrigen Boot-Vorgangs führt init alle nötigen Arbeiten durch, um das System für die Benutzer vorzubereiten.

Eine der ersten Aufgaben von init besteht darin, die Integrität des lokalen Dateisystems festzustellen. Am Anfang stehen hierbei das Root-Dateisystem sowie weitere wichtige Dateisysteme wie z.B. /usr. Da der Kernel und das init-Programm sich selbst im Root-Dateisystem (oder, im Falle von init, gelegentlich auch in /usr) befinden, fragen Sie sich vielleicht, wie diese ausgeführt werden können, bevor die betreffenden Dateisysteme überprüft worden sind. Um dieses Henne-und-Ei-Problem zu umgehen, gibt es eine Reihe verschiedener Möglichkeiten: Manchmal gibt es sowohl in der Boot-Partition der Root-Festplatte als auch im Root-Dateisystem eine Kopie des Kernels. Alternativ dazu kann man davon ausgehen, dass alles in Ordnung ist, wenn das Executable im Root-Dateisystem mit der Ausführung beginnt.

Im Falle von init gibt es mehrere Möglichkeiten. Unter System V wird das Root-Dateisystem im Nur-Lesen-Modus gemountet, bis die Überprüfung abgeschlossen ist. Danach wird es von init im Lesen-und-Schreiben-Modus neu gemountet. Im Gegensatz dazu besteht der traditionelle BSD-Ansatz darin, dass der Kernel selbst die Überprüfung und das Mounten des Root-Dateisystems übernimmt.

---

[4] Sofern vorhanden, ist der Prozess mit der PID 0 eigentlich Teil des Kernels selbst. Häufig ist der Prozess 0 der so genannte Scheduler (der kontrolliert, welche Prozesse unter BSD zu welcher Zeit ausgeführt werden) oder der so genannte Swapper (der unter System V das Paging physikalischer Speicherseiten in den Swap-Bereich regelt). Auf manchen Systemen kann PID 0 aber auch einem anderen Prozess zugewiesen werden, wieder andere benutzen PID 0 überhaupt nicht.

Wenn von einem Speicherband oder von CD-ROM gebootet werden soll (beispielsweise bei einer Installation oder einer Aktualisierung des Betriebssystems), kann alternativ dazu auch ein im Arbeitsspeicher (RAM) befindliches Dateisystem benutzt werden. Dieses enthält einen begrenzten Befehlssatz, der für den Zugriff auf das System und die Festplatten nötig ist, sowie eine Version von init. Dieses Verfahren wird bei manchen Systemen auch für den normalen Boot-Vorgang eingesetzt. Sobald die Kontrolle vom RAM-Dateisystem auf das Dateisystem auf der Festplatte übergeht, wird der init-Prozess beendet und neu gestartet, nun jedoch aus dem »echten« Executable auf der Platte – ein Ergebnis, das ein wenig an die Fingerfertigkeit eines Zauberers erinnert.

Weitere von init ausgeführte Aufgaben sind unter anderem:

- Überprüfung der Integrität des Dateisystems, traditionellerweise mit dem Hilfsprogramm fsck
- Mounten lokaler Festplatten
- Festlegen von Paging-Bereichen (Auslagerungsbereichen)
- Aufräumen der Dateisysteme: Überprüfung von Plattenkontingenten, Aufbewahren der von Editoren erzeugten Sicherheitskopien, Löschen temporärer Dateien in /tmp und anderswo.
- Starten von Systemprozessen (sog. *Daemons*) für Drucken, Accounting, Fehlerlogging und cron.
- Starten der Netzwerk-Daemons und Mounten nicht-lokaler Festplatten
- Ermöglichen von Benutzer-Logins, normalerweise durch das Starten des getty-Prozesses und/oder der grafischen Login-Schnittstelle auf der Systemkonsole (z.B. xdm), und – sofern vorhanden – Entfernen der Datei /etc/nologin.

Für die Steuerung und Ausführung dieser Aktivitäten sind die sog. *Initialisierungsskripten* zuständig. Dies sind Shell-Programme, die normalerweise in /etc, /sbin oder einem der darunter liegenden Verzeichnisse zu finden sind und die von init beim Systemstart ausgeführt werden. Diese Dateien sind unter System V und BSD sehr unterschiedlich organisiert, dienen aber letztendlich dem gleichen Zweck. Eine detaillierte Erörterung dieser Dateien finden Sie weiter hinten in diesem Kapitel.

Sind diese Aktivitäten abgeschlossen, können sich die Benutzer in das System einloggen. Zu diesem Zeitpunkt ist der Boot-Vorgang abgeschlossen und das System befindet sich im *Mehrbenutzer-Modus*.

Booten im Einzelbenutzer-Modus

Sobald init die Kontrolle über den Boot-Vorgang übernimmt, ist es in der Lage, das System in den *Einzelbenutzer-Modus* (»single-user mode«) zu versetzen, anstatt alle für den Mehrbenutzer-Modus (»multiuser mode«) nötigen Initialisierungsaufgaben auszuführen. Der Einzelbenutzer-Modus ist ein Systemzustand, der für administrative Aufgaben und Wartungsarbeiten vorgesehen ist, die eine vollständige und ungeteilte Kontrolle über das

System erfordern. Dieser Systemzustand wird durch einen speziellen Parameter oder eine Option des Boot-Befehls ausgewählt. Auf manchen Systemen muss hierfür zu einem bestimmten Zeitpunkt während des Boot-Vorgangs die dafür vorgesehene Taste gedrückt werden.

Um in den Einzelbenutzer-Modus zu gelangen, erzeugt init mittels fork einen neuen Prozess, der daraufhin die Standard-Shell (normalerweise /bin/sh) als Benutzer *root* ausführt. Als Eingabeaufforderung wird im Einzelbenutzer-Modus das Doppelkreuz (#) benutzt, das gleiche Zeichen wie für den Superuser-Account. Damit wird angezeigt, dass Sie *root*-Rechte besitzen. Der Einzelbenutzer-Modus wird gelegentlich auch als *Wartungsmodus* (»maintenance mode«) bezeichnet.

Eine weitere Situation, in der das System automatisch in den Einzelbenutzer-Modus übergeht, kann eintreten, wenn es Probleme beim Boot-Vorgang gibt, die das System nicht selbstständig beheben kann. Beispiele hierfür sind etwa Schwierigkeiten mit dem Dateisystem, die fsck nicht von sich aus bewältigen kann, und Fehler in den Dateien für die Initialisierung des Systems. In diesem Fall muss der Systemadministrator die für die Behebung des Problems nötigen Schritte selbst durchführen. Sind diese Aktionen abgeschlossen, kann das Booten in den Mehrbenutzer-Modus durch die Eingabe von STRG-D (Beendigung der Einzelbenutzer-Shell) fortgesetzt werden:

```
# ^D                            Boot-Vorgang in den Mehrbenutzer-Modus fortsetzen.
Tue Jul 14 14:47:14 EDT 1987    Boot-Meldung der Initialisierungsdatei.
...
```

Anstatt den Boot-Vorgang an der unterbrochenen Stelle fortzusetzen, kann das System auch neu gebootet werden, indem der Befehl reboot (AIX und FreeBSD) oder telinit 6 eingegeben wird. HP-UX unterstützt beide Befehle.

Im Einzelbenutzer-Modus wird nur ein minimales System gestartet. Das bedeutet, selbst wenn Sie *root*-Zugriff auf das System besitzen, stehen viele der üblichen Systemdienste nicht zur Verfügung oder sind noch nicht eingerichtet. So sind meist noch nicht einmal die Suchpfade oder der Terminal-Typ richtig konfiguriert. Zudem laufen viele Daemon-Prozesse noch nicht, wodurch wiederum viele Unix-Dienste (z.B. das Drucken) noch nicht zur Verfügung stehen. Im Allgemeinen ist das System noch nicht mit dem Netzwerk verbunden. Die verfügbaren Dateisysteme sind eventuell im Nur-Lesen-Modus gemountet, wodurch Änderungen an den Dateien erst einmal nicht möglich sind (wir werden aber gleich sehen, wie sich das beheben lässt). Schließlich ist nur ein Teil der Dateisysteme gemountet, sodass anfangs nur Befehle zur Verfügung stehen, die auch physikalisch auf diesen Dateisystemen vorhanden sind.

Diese Einschränkung macht sich besonders dann bemerkbar, wenn /usr auf einer anderen Partition der Festplatte angelegt wurde als das Root-Dateisystem und im Einzelbenutzer-Modus nicht automatisch gemountet wird. In diesem Fall funktionieren selbst im Root-Dateisystem gespeicherte Befehle (z.B. in /bin) nicht, sofern dafür Funktionen aus Shared Libraries in /usr benötigt werden. Gibt es also Probleme mit dem /usr-Dateisystem, werden Sie sich mit den zur Verfügung stehenden Werkzeugen behelfen müssen. Für solche Fälle

– so selten sie auch sind – sollten Sie sich mit der Benutzung des Editors ed auskennen, wenn vi im Einzelbenutzer-Modus einmal nicht zur Verfügung steht; Sie sollten wissen, welche Werkzeuge Sie zur Verfügung haben, falls sie einmal gebraucht werden.

Auf einigen Systemen haben die Anbieter dieses Problem sogar noch verschärft, indem sie aus /bin einen symbolischen Link auf /usr/bin gemacht haben, wodurch das System bei Problemen mit einem separaten /usr-Dateisystem praktisch unbrauchbar wird.

Passwortschutz für den Einzelbenutzer-Modus

Auf älteren Unix-Systemen muss für den Einzelbenutzer-Modus kein Passwort angegeben werden. Dies ist offensichtlich ein großes Sicherheitsproblem. Wenn sich jemand physikalischen Zugriff auf den Rechner verschafft, könnte er ihn zum Absturz bringen (z.B. durch Drücken des Reset-Schalters), sich dann über die Konsole in den Einzelbenutzer-Modus booten und sich ohne Eingabe des *root*-Passworts als *root* einloggen.

Moderne Systeme bieten verschiedene Sicherheitsmechanismen. Die meisten Systeme verlangen nun die Eingabe des *root*-Passworts, bevor der Systemzugriff im Einzelbenutzer-Modus gestattet wird. Auf manchen System V-basierten Systemen wird hierfür das Programm sulogin benutzt, das beim Erreichen des Einzelbenutzer-Modus automatisch von init aufgerufen wird. Wenn auf diesen Systemen nicht innerhalb der vorgegebenen Zeit das korrekte *root*-Passwort eingegeben wird, wird das System automatisch neu gebootet.[5]

Hier eine Aufstellung der verschiedenen Methoden für den Passwortschutz im Einzelbenutzerbetrieb, nach Betriebssystemen geordnet:

AIX	Automatisch
FreeBSD	Erforderlich, sofern die Konsole in /etc/ttys mit der *insecure*-Option versehen ist: `console none unknown off insecure`
HP-UX	Automatisch
Linux	Erforderlich, wenn /etc/inittab (weiter hinten in diesem Kapitel behandelt) einen *sulogin*-Eintrag für den Einzelbenutzer-Modus enthält. Zum Beispiel: `sp:S:respawn:/sbin/sulogin`
Tru64	Erforderlich, wenn der Eintrag SECURE_CONSOLE in /etc/rc.config den Wert ON besitzt.
Solaris	Erforderlich, wenn der Eintrag PASSREQ in /etc/default/sulogin den Wert YES besitzt.

---

5 Die Position des Schlüssels zum Einschalten des Rechners sowie die verschiedenen Einstellungen haben ebenfalls Einfluss auf den Boot-Vorgang und bieten unterschiedliche Schutzmechanismen. Normalerweise gibt es eine Einstellung, die das Booten im Einzelbenutzerbetrieb verhindert. Diese ist oft mit »Secure« (im Gegensatz zu »Normal«) oder »Standard« (im Gegensatz zu »Maintenance« oder »Service«) beschriftet. Die genauen Beschreibungen der verschiedenen Sicherheitseinrichtungen finden Sie normalerweise in den Manpages init oder boot sowie in den Herstelleranweisungen für die Hardware oder das Betriebssystem.

Aktuelle Linux-Distributionen enthalten zwar das `sulogin`-Programm, aktivieren es aber nicht immer (während der Arbeit an diesem Buch war das bei Red Hat Linux der Fall), wodurch der Einzelbenutzer-Modus standardmäßig ungeschützt bleibt.

Firmware-Passwörter

Manche Systeme erlauben die Festlegung eines zusätzlichen Passworts für das Firmware-Initialisierungsprogramm. Hierdurch soll verhindert werden, dass nicht-autorisierte Personen das System manuell starten. So kann man auf SPARC-Systemen beispielsweise den Befehl `eeprom` verwenden, um den Passwortschutz für die Firmware zu aktivieren und dem Passwort einen entsprechenden Wert zuzuweisen (mit den Parametern *security-mode* bzw. *security-password*).

Auf manchem Systemen (z. B. Compaq Alpha) müssen diese Befehle innerhalb des Firmware-Programms benutzt werden, damit diese Operation ausgeführt wird (im Falle von Alpha SRM `set password` und `set secure`). Auf ähnliche Weise wird auf PC-basierten Systemen das Monitorprogramm für das BIOS verwendet, um ein solches Passwort einzurichten. Der Zugriff auf dieses Programm geschieht durch Drücken der entsprechenden Taste (oftmals F1 oder F8), kurz nachdem der Strom eingeschaltet wird oder nach einem Reset des Rechners.

Auf Linux-Systemen besitzen die üblicherweise benutzten Boot-Loader-Programme Konfigurationseinstellungen, die dem gleichen Zweck dienen. Hier einige beispielhafte Einträge für `lilo` und `grub`:

```
password = something          /etc/lilo.conf
password -md5 xxxxxxxxxxxx    /boot/grub/grub.conf
```

Das grub-Paket stellt das Hilfsprogramm `grub-md5-crypt` zur Verfügung, mit dem eine MD5-Codierung des Passworts ermöglicht wird. Linux-Bootloader werden detailliert in Kapitel 16 behandelt.

Manuelles Starten des Boot-Vorgangs

So gut wie alle modernen Computer können so eingerichtet werden, dass sie nach einem Stromausfall oder einem Systemabsturz automatisch neu booten. Wird der Boot-Vorgang nicht automatisch aktiviert, kann dies durch die Eingabe eines einfachen Befehls als Reaktion auf einen Prompt erreicht werden: manchmal durch Drücken der Enter-Taste, manchmal durch die Eingabe von b oder dem Wort boot. Ist die Eingabe eines Befehls erforderlich, können Sie das System oft durch die Angabe der Option `-s` oder einer ähnlichen Option anweisen, im Einzelbenutzer-Modus zu booten, wie diese Beispiele von einem Solaris- und einem Linux-System zeigen:

```
ok boot -s              Solaris
boot: linux single      Linux
```

Im weiteren Verlauf dieses Abschnitts werden wir einen kurzen Blick auf die einfachen Boot-Befehle für die hier behandelten Betriebssysteme werfen. Beispiele für komplexere manuelle Boot-Vorgänge sowie die Konfiguration des Boot-Menüs finden Sie in Kapitel 16.

AIX

AIX bietet dem Administrator nur wenige Möglichkeiten, während des Boot-Vorgangs einzugreifen.[6] Allerdings kann der Administrator den Boot-Vorgang auf zwei verschiedene Arten vorkonfigurieren.

Die erste Möglichkeit besteht in der Verwendung des `bootlist`-Befehls, um die Liste und die Reihenfolge der verschiedenen bootbaren Geräte für den normalen und den Wartungsbetrieb festzulegen. Folgender Beispielbefehl legt das CD-ROM-Laufwerk als erstes Boot-Laufwerk für den normalen Betrieb fest:

```
# bootlist -m normal cd1 hdisk0 hdisk1 rmt0
```

Ist keine bootbare CD vorhanden, durchsucht das System zunächst die zwei Festplatten und schließlich das Bandlaufwerk.

Die zweite Möglichkeit zur Konfiguration besteht in der Verwendung des Hilfsprogramms `diag`, mit dem verschiedene Optionen für den Boot-Vorgang eingestellt werden können. Hierzu gehört auch die Möglichkeit festzulegen, ob das System unter bestimmten Voraussetzungen automatisch booten soll oder nicht. Diese Einstellungen werden über das Untermenü »Task Selection« vorgenommen.

FreeBSD

FreeBSD (auf Intel-Systemen) bietet ein minimales Boot-System:

```
F1   FreeBSD
F2   FreeBSD
F5   Drive 1      Erscheint, sofern es eine zweite Festplatte mit einer bootbaren Partition gibt.
```

Dieses Menü wird vom FreeBSD-Bootloader erzeugt (wird automatisch installiert, wenn er während der Systeminstallation ausgewählt wurde, oder wird später manuell mit dem Befehl `boot0cfg` hinzugefügt). Das Menü listet einfach die auf der Festplatte gefundenen Partitionen auf und ermöglicht so die Auswahl einer Boot-Partition. Aber Vorsicht: Es wird nicht überprüft, ob die einzelnen Partitionen auch ein gültiges Betriebssystem enthalten (in Kapitel 16 finden Sie Möglichkeiten, die Anzeige anzupassen).

Die letzte Option des Boot-Menüs erlaubt es, eine andere Festplatte anzugeben (in unserem Beispiel die zweite IDE-Platte). Wenn Sie diese Option wählen, erhalten Sie ein zweites, dem ersten ähnliches Menü, über das Sie eine Partition auswählen können:

```
F1   FreeBSD
F5   Drive 0
```

---

6 Einige AIX-Systeme reagieren während des Boot-Vorgangs auf bestimmte Tastatureingaben und ermöglichen den Zugriff auf die »System Management Services«, in denen ebenfalls eine Liste der bootbaren Geräte angegeben werden kann.

In diesem Fall hat die zweite Festplatte nur eine Partition.

Kurz nach der Auswahl der Boot-Option erscheint die folgende Nachricht:[7]

```
Hit [Enter] to boot immediately, or any other key for the command prompt
```

Wenn Sie nun eine Taste drücken, erscheint eine Eingabeaufforderung, von der Sie manuell booten können, wie in den folgenden Beispielen gezeigt:

```
disk1s1a:> boot -s              Im Einzelbenutzer-Modus booten
```

```
disk1s1a:> unload               Einen alternativen Kernel booten
disk1s1a:> load kernel-new
disk1s1a:> boot
```

Wenn Sie keinen vollständigen Pfadnamen angeben, muss sich der alternative Kernel im Rootverzeichnis auf der von Ihnen im Boot-Menü angegebenen Plattenpartition befinden.

FreeBSD kann auch mit dem Open Source-Bootloader grub gebootet werden. Auf diesen gehen wir – neben anderen Bootloadern – im Linux-Abschnitt weiter unten genauer ein.

HP-UX

Die Boot-Befehle für HP-UX sind für die verschiedenen Hardware-Typen unterschiedlich. Die hier gezeigten Beispiele beziehen sich auf ein HP 9000/800-System. Wird beim Einschalten eine Taste gedrückt, bevor die Wartezeit für den automatischen Boot-Vorgang abgelaufen ist, wird als Eingabeaufforderung ein Größer-als-Zeichen (>)[8] angezeigt. An dieser Stelle können Sie eine Reihe von Befehlen eingeben. Für unser Beispiel sind die Befehle search (für die Suche nach bootbaren Geräten) und co (um das Konfigurationsmenü aufzurufen) am nützlichsten. Der zweite Befehl zeigt ein Menü an, über das Sie Standard-Boot-Pfade und Alternativen sowie verschiedene Optionen eingeben können. Wenn Sie mit Ihren Eingaben fertig sind, kehren Sie zum Hauptmenü zurück (ma) und geben den Befehl reset ein.

Oder Sie können direkt booten, indem Sie mit dem Befehl bo eines der von search gefundenen Geräte angeben. Diese Angabe geschieht in Form der aus zwei Zeichen bestehenden Pfadnummer (zu finden in der ersten Ausgabezeile von search). Um von einer CD-ROM zu starten, können Sie beispielsweise den folgenden Befehl verwenden:

```
> bo P1
```

In der folgenden Boot-Phase wird der »Initial System Loader« (ISL) geladen und ausgeführt. Dieser fragt mit folgender Anzeige, ob Sie Eingaben vornehmen wollen:

```
Interact with ISL? y
```

Wenn Sie dabei mit »yes« antworten, wird der ISL>-Prompt angezeigt, der Ihnen wiederum die Eingabe verschiedener Befehle ermöglicht, die den Boot-Vorgang beeinflussen, wie hier gezeigt:

---

7   Wir ignorieren hier den Bootloader der zweiten Stufe.
8   Nach verschiedenen anderen Angaben.

```
ISL> hpux -is              Im Einzelbenutzer-Modus booten
ISL> hpux /stand/vmunix-new   Alternativen Kernel booten
ISL> hpux ll /stand        Verfügbare Kernel auflisten
```

Linux

Bei der Benutzung von `lilo`, dem traditionellen Linux-Bootloader, sind die zum Booten verfügbaren Kernel vorgegeben. Wenn Sie die Eingabeaufforderung von `lilo` verwenden, können Sie sich mit Hilfe der Tabulator-Taste eine Liste der verfügbaren Kernel anzeigen lassen. Wenn Sie einen dieser Kernel im Einzelbenutzer-Modus booten wollen, geben Sie zusätzlich zu seinem Namen einfach die Option `single` (oder `-s`) an. Hier ein Beispiel:

```
boot: linux single
```

Kernel-Parameter können Sie normalerweise angeben, indem Sie sie hinter dem Auswahlbefehl einfügen.

Wenn Sie hingegen den neueren Bootloader `grub` verwenden, können Sie Boot-Befehle auch manuell eingeben, anstatt aus einer Reihe vordefinierter Auswahlmöglichkeiten zu wählen, indem Sie hierfür die Taste c drücken. Hier eine Folge von möglichen Befehlen:

```
grub> root (hd0,0)                          Speicherort von /boot
grub> kernel /vmlinuz=new ro root=/dev/hda2
grub> initrd /initrd.img
grub> boot
```

Die Option `root` für den `kernel`-Befehl gibt an, wo sich das Root-Verzeichnis befindet (wir benutzen in diesem Beispiel verschiedene Partitionen für / und /boot).

Um in den Einzelbenutzer-Modus zu booten, würden Sie dem `kernel`-Befehl die Option `single` nachstellen.

Auf ähnliche Weise können Sie eine der existierenden Auswahlmöglichkeiten im Menü von `grub` booten, indem Sie folgendermaßen vorgehen:

1. Auswahl aus dem Menü
2. Drücken der Taste e, um den Menüpunkt zu editieren
3. Auswahl des `kernel`-Befehls und Erweiterung um die Option `single` am Ende der Zeile
4. Bewegen des Cursors auf den ersten Befehl und Drücken der Taste b, um den Boot-Vorgang einzuleiten

Eine detaillierte Erläuterung der Möglichkeiten von `grub` finden Sie in Kapitel 16.

Auf Nicht-Intel-Hardware unterscheiden sich die Boot-Befehle sehr stark. So benutzen manche Alpha Linux-Systeme einen Bootloader namens aboot.[9] Die anfängliche Eingabeaufforderung ist hier ein Größer-als-Zeichen (>). Um zur Eingabeaufforderung von aboot zu gelangen, geben Sie den Befehl b ein.

Hier sehen Sie die Befehle zum Booten eines Compaq Alpha Linux-Systems, das mit den passenden Boot-Parametern vorkonfiguriert wurde:

---

9   Diese Beschreibung gilt auch für Alpha-Hardware, auf der andere Betriebssysteme verwendet werden.

```
aboot> p 2           Zweite Partition zum Booten auswählen.
aboot> 0             Vordefinierte Konfiguration 0 auswählen.
```

Mit dem folgenden Befehl können Sie Linux von der zweiten Festplatten-Partition booten:

```
aboot> 2/vmlinux.gz root=/dev/hda2
```

Auch hier können Sie wieder die Option single angeben, um im Einzelbenutzer-Modus zu booten.

Andere Alpha-basierte Systeme verwenden einen deutlich verschiedenen Boot-Mechanismus. Die richtigen Befehle für Ihre Hardware finden Sie in der Hersteller-Dokumentation.

Tru64

Nach dem Einschalten eines Tru64-Systems gibt die Konsole in der Regel ein dreifaches Größer-als-Zeichen (>>>) als Eingabeaufforderung aus:

```
>>> boot -fl s                   Im Einzelbenutzer-Modus booten

>>> boot dkb0.0.0.6.1            Von einem anderen Gerät bzw. einem alternativen Kernel booten
>>> boot -file vmunix-new
```

Die Option -fl dient zur Angabe von Boot-Flags; wir wählen den Einzelbenutzer-Modus. Die zweite Befehlsfolge zeigt das Booten von einem alternativen Gerät bzw. eines alternativen Kernels (beide Befehle können miteinander kombiniert werden).

Es gibt noch weitere Möglichkeiten, diese Aufgaben zu erledigen; die hier gezeigten Methoden erscheinen mir jedoch am intuitivsten.

Solaris

Solaris-Systeme benutzen als Eingabeaufforderung nach dem Einschalten den Prompt ok. Wenn dieser nicht angezeigt wird, liegt das daran, dass das System für den automatischen Boot-Vorgang eingerichtet ist. Sie können diesen Prompt trotzdem aufrufen, indem Sie die Zeichenfolge Stop-a oder L1-a eingeben. Danach können Sie mit dem Befehl boot den Boot-Vorgang einleiten, wie hier gezeigt:

```
ok boot -s           Im Einzelbenutzer-Modus booten
ok boot cdrom        Vom Installationsmedium booten
```

Der zweite Befehl bootet einen alternativen Kernel, indem der vollständige Laufwerks- und Verzeichnispfad angegeben wird. Die verfügbaren Geräte können Sie sich durch die Eingabe des Befehls devalias am ok-Prompt ausgeben lassen.

Von einem anderen Medium booten

Das Booten von einem anderen Medium wie einer CD-ROM oder einem Speicherband unterscheidet sich nicht vom Booten eines Nicht-Standard-Kernels. Auf Systemen, auf denen dies möglich ist, können Sie zur Auswahl den Geräte- und Verzeichnispfad angeben. Ist dies nicht möglich, können Sie das gewünschte Gerät auswählen, indem Sie es in der Liste der Boot-Möglichkeiten vor den standardmäßig verwendeten Speicherort stellen.

Boot-Aktivitäten im Detail

Wir wollen uns jetzt einer detaillierten Betrachtung des Boot-Vorgangs ab der Initialisierung des Kernels zuwenden.

Boot-Meldungen

Das folgende Beispiel zeigt eine generische Unix-Boot-Sequenz. Die hier gezeigten Meldungen stammen von verschiedenen Systemen, auch wenn die Ausgaben sich auf einen hypothetischen Computer namens Urizen beziehen, ein System aus den späten 1990er Jahren, dessen Betriebssystem am ehesten mit BSD vergleichbar ist. Die hier gezeigte Folge von Meldungen passt zwar im Detail auf keines der existierenden Systeme, zeigt aber die üblichen Elemente, die beim Booten eines Unix-Systems (sowohl unter System V als auch unter BSD) vorkommen.

Sämtliche Boot-Meldungen sind mit Erläuterungen versehen:

```
> b                                     Boot-Vorgang im Mehrbenutzer-Modus einleiten.
Urizen Ur-Unix boot in progress...
testing memory                          Ausgabe des Boot-Programms.
checking devices                        Notwendige Hardware-Überprüfungen.
loading vmunix                          Kernel-Executable einlesen.

Urizen Ur-Unix Version 17.4.2: Fri Apr 24 23 20:32:54 GMT 1998
Copyright (c) 1998 Blakewill Computer, Ltd.    Copyright-Informationen zum Betriebssystem.
Copyright (c) 1986 Sun Microsystems, Inc.      Copyright-Informationen für die Subsysteme.
Copyright (c) 1989-1998 Open Software Foundation, Inc.
...
Copyright (c) 1991 Massachusetts Institute of Technology
All rights reserved.                    Unix-Kernel wird jetzt ausgeführt.

physical memory = 2.00 GB               Größe des tatsächlichen Arbeitsspeichers.

Searching SCSI bus for devices:         Überprüfung der Peripherie-Geräte
rdisk0 bus 0 target 0 lun 0
rdisk1 bus 0 target 1 lun 0
rdisk2 bus 0 target 2 lun 0
rmt0 bus 0 target 4 lun 0
cdrom0 bus0 target 6 lun 0
Ethernet address=8:0:20:7:58:jk         Ethernet-Adresse des Netzwerk-Adapters.

Root on /dev/disk0a                     Festplattenpartitionen für das Verzeichnis /,...
Activating all paging spaces            ... für Auslagerungsbereiche und...
swapon: swap device /dev/disk0b activated.
Using /dev/disk0b as dump device        ...als Speicherort für Crash-Dumps.

                                        An dieser Stelle könnte der Einzelbenutzer-Modus aktiviert werden,...
INIT: New run level: 3                  ...das System bootet aber in Run-Level 3.
                                        Es folgen Meldungen der Startup-Skripten.
The system is coming up. Please wait.   »Bitte etwas Geduld haben.«
Tue Jul 14 14:45:28 EDT 1998

Checking TCB databases                  Integritätsprüfung der Sicherheitsdatenbanken.
```

```
Checking file systems:                    Verbleibende lokale Dateisysteme prüfen und
                                          mounten.
fsstat: /dev/rdisk1c (/home) umounted cleanly;   Test überspringen.
fsstat: /dev/rdisk2c (/chem) dirty        Dieses Dateisystem muss überprüft werden.
Running fsck:
/dev/rdisk2c: 1764 files, 290620 used, 110315 free
Mounting local file systems.

Checking disk quotas: done.               Daemons für die größeren Subsysteme werden zuerst
                                          gestartet,...
cron subsystem started, pid = 3387
System message logger started.
Accounting services started.
                                          ...gefolgt von den Netzwerk-Servern,...
Network daemons started: portmap inetd routed named rhwod timed.
NFS started: biod(4) nfsd(6) rpc.mountd rpc.statd rpc.lockd.
Mounting remote file systems.
Print subsystem started.                  ...und den netzwerkabhängigen lokalen Daemons.
sendmail started.

Preserving editor files.                  Unterbrochene Editor-Sitzungen sichern.
Clearing /tmp.                            Dateien aus /tmp entfernen.
Enabling user logins.                     Die Datei /etc/nologin entfernen.
Tue Jul 14 14:47:45 EDT 1998              Datum erneut anzeigen.

Urizen Ur-Unix 9.1 on hamlet              Der Rechnername ist hamlet.

login:                                    Unix läuft jetzt im Mehrbenutzer-Modus.
```

Es gibt ein paar Dinge, die in dieser beispielhaften Boot-Sequenz vorkommen, obwohl sie eigentlich als veraltet gelten, wie etwa die Ausführung von fsck oder das Leeren des */tmp*-Verzeichnisses. Aus Nostalgiegründen haben wir sie trotzdem beibehalten.

Gesicherte Boot-Logdateien

Die meisten Unix-Systeme sichern einige oder alle Boot-Meldungen ab der Phase der Kernel-Initialisierung in einer Logdatei. Oftmals werden zum Sichern der Kernel-Meldungen während des Boot-Vorgangs der syslogd-Daemon und das verwandte System V-Hilfsprogramm dmesg verwendet (eine detaillierte Beschreibung von syslog finden Sie in Kapitel 3). Im zweiten Fall müssen Sie, um die Boot-Meldungen des letzten Boot-Vorgangs anzusehen, den Befehl dmesg aufrufen. Bei FreeBSD-Systemen finden Sie die Meldungen auch in der Datei */var/run/dmesg.boot*.

Bei syslogd ist es üblich, nur eine Datei zum Speichern der Systemmeldungen zu benutzen. Es kann also sein, dass die Boot-Meldungen zwischen anderen Meldungen des Systems zu finden sind. Der Name dieser Datei lautet normalerweise */var/log/messages*.

Unter HP-UX kann syslog so konfiguriert werden, dass automatisch eine *messages*-Datei angelegt wird. Diese Einstellung wird bei der Installation aber nicht immer vorgenommen. Des Weiteren gibt es unter HP-UX die Datei */etc/rc.log*, in der die Boot-Meldungen der Mehrbenutzer-Phase gespeichert werden.

Unter AIX ist das Programm alog für die Pflege von */var/adm/ras/bootlog* zuständig. Wie die als Quelle benutzten Kernel-Puffer ist auch diese Datei als zirkuläre Logdatei mit fester Größe realisiert. Ist die Datei einmal voll, werden neue Informationen am Anfang der Datei eingefügt und ältere Daten gelöscht. Mit folgendem Befehl können Sie sich den Inhalt dieser Datei anzeigen lassen:

```
# alog -f /var/adm/ras/bootlog -o
```

Allgemeine Überlegungen

Im Prinzip wird der Mehrbenutzer-Boot-Prozess von `init` kontrolliert. Dabei führt `init` die verschiedenen erforderlichen Initialisierungsskripten aus und ermittelt, wie und wo die Skripten für die entsprechende Unix-Version angelegt sind: wie die Skripten benannt sind, an welcher Stelle im Dateisystem sie zu finden sind, in welcher Reihenfolge sie ausgeführt werden sollen, welche Beschränkungen die Programmierer der Skripten zu beachten haben, unter welchen Voraussetzungen die Skripten ausgeführt werden sollen und so weiter. Letztendlich bestimmt der Unterschied zwischen den `init`-Versionen für System V und BSD, wie die verschiedenen Boot-Prozesse ablaufen.

Wir werden später noch genau auf diese Unterschiede eingehen. Zunächst wollen wir uns jedoch mit den Vorgängen beschäftigen, die bei allen Unix-Boot-Vorgängen gleich ablaufen – unabhängig vom verwendeten System. Hierbei werden wir uns Abschnitte aus Initialisierungsskripten verschiedener Computersysteme ansehen.

Voraussetzungen

Bevor das eigentliche System gebootet wird, führen die Skripten zur Initialisierung des Systems eine Reihe vorbereitender Aktionen aus. Hierzu gehören die Definition der im Skript benutzten Funktionen und lokalen Variablen sowie die Einrichtung der Ausführungsumgebung für das Skript durch das Setzen der Umgebungsvariablen *HOME* und *PATH*:

```
HOME=/; export HOME
PATH=/bin:/usr/bin:/sbin:/usr/sbin; export PATH
```

Der Pfad wurde absichtlich so kurz wie möglich gehalten. In der Regel erscheinen hier nur Systemverzeichnisse, damit nur autorisierte, unmodifizierte Versionen der Befehle ausgeführt werden (wir werden im Abschnitt »Dateien und das Dateisystem schützen« in Kapitel 7 genauer auf dieses Thema eingehen).

Alternativ dazu verwenden andere Skripten vorsichtshalber nur vollständige Pfadnamen zu den verwendeten Befehlen. Da dieser Ansatz die Befehle aber wesentlich umfangreicher – und damit die Skripten entsprechend schwerer lesbar – macht, wird gelegentlich ein dritter Ansatz verwendet. Dabei wird am Anfang des Skripts für jeden benötigten Befehl eine lokale Variable definiert:

```
mount=/sbin/mount
fsck=/sbin/fsck
rm=/usr/bin/rm
...
```

Diese Befehle werden dann folgendermaßen aufgerufen:

```
${rm} -f /tmp/*
```

Diese Praxis stellt sicher, dass die richtige Version des Befehls ausgeführt wird, wobei die einzelnen Befehlszeilen trotzdem gut zu lesen sind.

Wenn in den hier gezeigten Skriptauszügen keine vollständigen Pfadnamen benutzt werden, gehen wir davon aus, dass zuvor die Umgebungsvariable *PATH* entsprechend eingerichtet wurde.

Dateisysteme vorbereiten

Der erste und wichtigste Aspekt des Mehrbenutzer-Boot-Vorgangs ist die Vorbereitung des Dateisystems für die Benutzung. Dieser Schritt teilt sich natürlicherweise in zwei Phasen: das Mounten des Root-Dateisystems sowie anderer wichtiger Dateisysteme (wie z.B. */usr*) und die Vorbereitung anderer lokaler Dateisysteme.

Dabei nimmt die Überprüfung des Dateisystems eine Schlüsselstellung ein. Für diese Aufgabe ist das Hilfsprogramm fsck[10] zuständig.

Die folgende Beschreibung bezieht sich größtenteils auf traditionelle, »non-journalling« Unix-Dateisysteme (Dateisysteme ohne Journal). Moderne Dateisysteme benutzen aus der Transaktionsverarbeitung übernommene Journal-Techniken, um Änderungen an einem Dateisystem aufzuzeichnen und, falls nötig, rückgängig zu machen. Hierdurch werden der traditionelle *fsck*-Befehl und seine quälend langsamen Überprüfungs- und Reparaturvorgänge nicht mehr gebraucht (obwohl auch weiterhin ein Befehl mit diesem Namen zur Verfügung steht).

Die Aufgabe von fsck besteht bei traditionellen Unix-Dateisystemtypen (wie ufs unter FreeBSD und ext2 unter Linux) darin sicherzustellen, dass die Datenstrukturen im Superblock der Festplattenpartition und in den Inode-Tabellen mit den Verzeichniseinträgen und der tatsächlichen Verwendung der einzelnen Blöcke auf der Festplatte übereinstimmen. Das Programm ist in der Lage, Inkonsistenzen zwischen den verschiedenen Einträgen zu finden und zu korrigieren. Hierzu gehören zum Beispiel Blöcke auf der Festplatte, die zwar als benutzt markiert sind, tatsächlich aber von keiner Datei beansprucht werden, sowie Dateien, die zwar auf der Festplatte liegen, aber in keinem Verzeichnis enthalten sind. Auf diese Weise wird die Integrität auf Dateisystem-Ebene – nicht aber auf Daten-Ebene – gewährleistet.

In den meisten Fällen sind die auftretenden Inkonsistenzen sehr gering und vollkommen harmlos und fsck kann sie während des Bootens automatisch reparieren. Gelegentlich kommt es aber vor, dass fsck auf ernstere Probleme stößt, die ein Eingreifen des Administrators erfordern.

---

10 Verschiedentlich ausgesprochen als »fisk« (wie der Baseball-Spieler Carlton; als Reim auf »disk«), »ef-es-zeh-ka«, »ef-es-check« und auf andere, weniger vornehme Weise.

Bei der Überprüfung der Dateisysteme verfolgen System V und BSD verschiedene Philosophien. Traditionsgemäß werden unter BSD bei jedem Boot-Vorgang alle Dateisysteme überprüft. Bei System V-Dateisystemen werden diese nicht überprüft, wenn sie beim letzten Herunterfahren des Systems sauber ausgehängt wurden. Der Ansatz von BSD ist hierbei konservativer. Er geht davon aus, dass Inkonsistenzen der Dateisysteme gelegentlich auch ohne Systemabsturz auftreten können. Andererseits sorgt der Ansatz von System V für wesentlich schnellere Boot-Vorgänge.[11]

Wenn das System nach einem Absturz wieder hochgefahren wird, ist es normal, dass eine Reihe von Meldungen angezeigt wird, die auf Reparaturen kleinerer Diskrepanzen im Dateisystem aufmerksam machen. Standardmäßig beseitigt fsck Probleme nur, wenn die Reparatur nicht zu einem Datenverlust führen kann. Entdeckt fsck ein ernsteres Problem mit dem Dateisystem, wird eine Nachricht ausgegeben, die das Problem beschreibt, und das System wird in den Einzelbenutzer-Modus versetzt. In diesem Fall müssen Sie fsck manuell ausführen, um das beschädigte Dateisystem zu reparieren. Zum Beispiel (von einem BSD-System):

```
/dev/disk2e: UNEXPECTED INCONSISTENCY;          Nachricht von fsck.
RUN fsck MANUALLY
Automatic reboot failed . . . help!             Nachricht vom /etc/rc-Skript.
Enter root password:                            Einzelbenutzer-Modus.
# /sbin/fsck -p /dev/disk2e                     fsck manuell mit der Option -p ausführen.
...                                             Viele Meldungen von fsck.
BAD/DUP FILE=2216 OWNER=190 M=120777            Modus=> Datei ist ein symbolischer Link. Löschen ist
                                                demnach sicher.
S=16 MTIME=Sep 16 14:27 1997
CLEAR? y
*** FILE SYSTEM WAS MODIFIED ***
# ^D                                            Boot-Vorgang fortsetzen.
Mounting local file systems.                    Normale Boot-Meldungen
...
```

In diesem Beispiel hat fsck eine Datei gefunden, deren Inode-Adressliste doppelte Einträge oder Adressen von schlechten Stellen auf der Festplatte enthielt. In diesem Fall handelte es sich bei der schwierigen Datei um einen symbolischen Link (wie am Modus zu erkennen war), der ohne weitere Probleme gelöscht werden konnte (obwohl der Besitzer der Datei davon informiert werden sollte). Dieses Beispiel ist nur dafür gedacht, Ihnen fsck vorzustellen. Die genaue Arbeitsweise von fsck behandeln wir im Abschnitt »Dateisysteme verwalten« in Kapitel 10.

Überprüfen und Mounten des Root-Dateisystems

Das Root-Dateisystem ist das erste Dateisystem, auf das der Boot-Prozess zugreift, wenn er das System für die Benutzung vorbereitet. Unter System V können Befehle wie der hier gezeigte benutzt werden, um das Root-Dateisystem falls nötig zu überprüfen:

---

11 Bei FreeBSD Version 4.4 werden ebenfalls nur noch unsaubere Dateisysteme während des Boot-Vorgangs überprüft.

```
/sbin/fsstat ${rootfs} >/dev/null 2>&1
if [ $? -eq 1 ] ; then
    echo "Running fsck on the root file system."
    /sbin/fsck -p ${rootfs}
fi
```

Die Shell-Variable *rootfs* wurde zuvor als korrekte spezielle Datei für das Root-Dateisystem festgelegt. Der Befehl `fsstat` überprüft, ob ein Dateisystem sauber ist (unter HP-UX ist der Befehl `fsclean` für diese Aufgabe zuständig). Wird als Rückgabewert 1 zurückgegeben, muss das Dateisystem überprüft werden, und `fsck` wird mit der Option -p ausgeführt, wodurch alle gefundenen harmlosen Fehler automatisch korrigiert werden.

Auf vielen Systemen wird das Root-Dateisystem erst einmal im Nur-Lesen-Modus gemountet, bis auf Grund der Ausführung von `fsstat` und gegebenenfalls `fsck` klar ist, dass es sich in einem stabilen Zustand befindet. Zu diesem Zeitpunkt wird das Dateisystem mit folgendem Befehl im Lesen-und-Schreiben-Modus neu gemountet:

```
# mount -o rw,remount /
```

Auf FreeBSD-Systemen lautet der entsprechende Befehl:

```
# mount -u -o rw /
```

Andere lokale Dateisysteme vorbereiten

Normalerweise werden die Dateisysteme unter BSD über einen einzelnen Aufruf von `fsck` überprüft (auch wenn die verschiedenen Dateisysteme nicht gleichzeitig überprüft werden). Diese Methode wurde auch von einigen System V-Systemen übernommen. Die Initialisierungsskripten enthalten auf solchen Systemen eine recht umfangreiche `case`-Anweisung, die die verschiedenen Ergebnisse des `fsck`-Befehls berücksichtigt:

```
/sbin/fsck -p
retval=$?
case $retval in
0)                                              Rückgabewert von fsck überprüfen.
                                                Keine weiteren Probleme,
    ;;                                          also Boot-Vorgang fortsetzen.
4)                                              fsck hat Probleme im Root-Dateisystem behoben.
    echo "Root file system was modified."
    echo "Rebooting system automatically."
    exec /sbin/reboot -n
    ;;
8)                                              fsck konnte das Dateisystem nicht reparieren.
    echo "fsck -p could not fix file system."
    echo "Run fsck manually."
    ${single}                                   Einzelbenutzer-Modus.
    ;;
12)                                             fsck wurde vor der vollständigen Erledigung
                                                seiner Aufgabe beendet.
    echo "fsck interrupted ... run manually."
    ${single}
    ;;
*)                                              Alle anderen fsck-Fehler.
    echo "Unknown error in fsck."
```

```
    ${single}
    ;;
esac
```

Um die Konsistenz des Dateisystems zu überprüfen, führt dieses Skript den Befehl `fsck -p` aus. Die Option `-p` steht für *preen* (putzen, säubern) und besagt, dass Reparaturen, die nicht zu einem Datenverlust führen, automatisch ausgeführt werden sollen. Da fast alle Fehler auf diese Art behoben werden können, ist dies eine sehr effiziente Methode, um `fsck` auszuführen. Wurde allerdings ein ernsterer Fehler gefunden, fragt `fsck` nach, ob dieser behoben werden soll. Denken Sie daran, dass die an `fsck` übergebene Option auf Ihrem System eventuell anders lauten kann.

Als Nächstes überprüft die `case`-Anweisung den Rückgabewert von `fsck` (gespeichert in der lokalen Variable *retval*) und führt, abhängig von diesem Wert, die nötigen Aktionen durch.

Wenn `fsck` ein Problem nicht selbstständig beheben kann, wird das System in den Einzelbenutzer-Modus versetzt, was glücklicherweise aber nicht zu oft vorkommt. Das ist nicht nur so dahingesagt. Tatsächlich musste ich während der mehreren Hundert Unix-Boot-Vorgänge, die ich durchgeführt habe, `fsck` nur bei einer Handvoll Gelegenheiten manuell ausführen. Diese Fälle traten fast ausschließlich nach Systemabstürzen durch ein Gewitter oder aufgrund von Problemen nach einem Stromausfall auf. Allgemein sind Festplatten, die ständig in Betrieb sind, am empfindlichsten. Für solche Systeme kann ein USV-Gerät (unterbrechungsfreie Stromversorgung) einen guten Schutz darstellen.

Wurden alle lokalen Dateisysteme überprüft (oder wurde festgestellt, dass sie nicht überprüft werden müssen), können sie mit dem Befehl `mount` aufgesetzt werden, wie in diesem Beispiel von einem BSD-System gezeigt:

```
mount -a -t ufs
```

Die Option `-a` für den `mount`-Befehl besagt, dass alle in der Dateisystem-Konfigurationsdatei des Systems enthaltenen Dateisysteme gemountet werden sollen. Die Option `-t` beschränkt den Befehl auf Dateisysteme des als Argument angegebenen Typs. Manche Versionen von `mount` unterstützen auch einen `nonfs`-Typ, der für alle Dateisysteme steht, auf die nicht per NFS über das Netzwerk zugegriffen wird.

Einen Crashdump sichern

Stürzt das System aufgrund von Problemen mit dem Betriebssystem ab, speichern die meisten Unix-Versionen den gegenwärtigen Inhalt des Kernel-Speichers – auch als *Crashdump* bezeichnet – an einen festgelegten Ort. In der Regel ist dies die primäre Swap-Partition. Unter AIX lässt sich dieser Ort mit dem Befehl `sysdumpdev` festlegen, unter FreeBSD wird er mit dem Parameter *dumpdev* in der Datei */etc/rc.conf* festgelegt. Prinzipiell ist ein Crashdump nichts anderes als ein Coredump des Kernels, der analysiert werden kann, um herauszufinden, was das Kernel-Programm – und damit das System – zum Absturz gebracht hat.

Bei einem Neustart des Systems wird das Paging neu gestartet und damit die Swap-Partition überschrieben. Um den Inhalt nach einem Absturz zu sichern, müssen daher bestimmte Vorkehrungen getroffen werden. Der Befehl `savecore` kopiert den Inhalt des

Speicherortes für Crashdumps in eine Datei im Dateisystem. Ist kein Crashdump vorhanden, wird savecore ohne weitere Tätigkeiten beendet. Unter HP-UX heißt dieser Befehl savecrash.

savecore wird normalerweise automatisch als Teil des Boot-Vorgangs ausgeführt, bevor das Paging initialisiert wird:

```
savecore /var/adm/crash
```

Als Argument erhält savecore das Verzeichnis, in das der Crashdump gegebenenfalls geschrieben werden soll; normalerweise ist dies */var/adm/crash*. Auf Solaris-Systemen können Sie mit dem Befehl dumpadm einen Standard-Speicherort für Crashdumps angeben.

Die Crashdumps bestehen in der Regel aus einem Paar Dateien mit Namen wie *vmcore*.n (der Speicherauszug) und *kernel*.n, *unix*.n oder *vmunix*.n (der laufende Kernel). Die Dateiendung ist ein Integerwert, der bei jedem neuerlichen Crashdump erhöht wird (sodass mehrere Dateien gleichzeitig in dem Verzeichnis existieren können). Gelegentlich werden weitere Dateien angelegt, die weitere Statusinformationen des Systems enthalten können.

Unter HP-UX wird für jeden neuerlichen Crash ein separates Unterverzeichnis mit Namen der Form *crash*.n unterhalb von */var/adm/crash* angelegt. Dabei enthält jedes Unterverzeichnis die jeweiligen Daten für den betreffenden Systemabsturz und andere relevante Dateien.

In den ausgelieferten Versionen der Initialisierungsdateien für das System ist der savecore-Befehl oftmals deaktiviert, da die meisten Sites keine Crashdumps benötigen. Wenn Sie sich entscheiden, savecore für Ihr System zu aktivieren, sollten Sie die entsprechenden Dateien auf Ihrem System überprüfen.

Das Paging aktivieren

Ist das Dateisystem bereit und sind alle eventuellen Crashdumps gesichert, kann das Paging (Auslagern) gestartet werden. Das geschieht normalerweise, bevor die größeren Subsysteme initialisiert werden, da diese eventuell auf das Paging zurückgreifen. Die folgenden Aktivitäten beim Booten in den Mehrbenutzer-Modus können erhebliche Unterschiede aufweisen.

Das Paging wird mit dem Befehl swapon -a gestartet, wodurch sämtliche Paging-Bereiche (Auslagerungsbereiche) aktiviert werden, die in der Konfigurationsdatei für das Dateisystem genannt werden.

Sicherheitsbezogene Aktivitäten

Ein weiterer wichtiger Aspekt beim Vorbereiten des Systems für Benutzer besteht darin, die verfügbaren Sicherheitsmaßnahmen zu treffen und dafür zu sorgen, dass diese auch funktionieren. Systeme mit einem höheren Sicherheitsstandard als das durchschnittliche Unix enthalten Hilfsprogramme, mit denen die Integrität der Systemdateien und Executables überprüft werden kann. Ähnlich wie fsck zur Überprüfung des Dateisystems werden diese Hilfsprogramme beim Booten ausgeführt und müssen ihre Aufgabe erfolgreich beenden, bevor es Anwendern gestattet wird, auf das System zuzugreifen.

Auf ähnliche Weise versuchen Initialisierungsskripten auf vielen Systemen sicherzustellen, dass es eine gültige Passwortdatei gibt (die die Benutzerkonten des Systems enthält). Diese Unix-Versionen enthalten das Hilfsprogramm vipw zum Editieren der Passwortdatei. vipw stellt sicher, dass immer nur eine Person zur Zeit an der Passwortdatei arbeitet. Hierfür wird eine Kopie der eigentlichen Datei bearbeitet, die nach getaner Arbeit anstelle der ursprünglichen Datei installiert wird. Stürzt das System ab, während gerade jemand vipw ausführt, besteht die geringe Möglichkeit, dass die Passwortdatei leer oder gar nicht mehr vorhanden ist. Hierdurch kann eine große Sicherheitslücke entstehen, weil beliebige Personen ohne Passwort Zugriff auf das System haben.

Befehle wie die folgenden sind dazu gedacht, diese Situationen zu erfassen und zu korrigieren:

```
if [ -s /etc/ptmp ]; then                     Jemand hat /etc/passwd editiert.
    if [ -s /etc/passwd ]; then               Sofern passwd nicht leer ist, diese Datei benutzen...
        ls -l /etc/passwd /etc/ptmp >/dev/console
        rm -f /etc/ptmp                       ...und die temporäre Datei löschen.
    else                                      Ansonsten temporäre Datei installieren.
        echo 'passwd file recovered from /etc/ptmp'
        mv /etc/ptmp /etc/passwd
    fi
elif [ -r /etc/ptmp ]; then                   Leere temporäre Datei(en) löschen.
    echo 'removing passwd lock file'
    rm -f /etc/ptmp
fi
```

Die temporäre Editordatei, in unserem Beispiel */etc/ptmp*, wird gleichzeitig als Lock-Datei benutzt. Existiert diese Datei und ist sie nicht leer (-s testet auf Dateien mit einer Länge größer als null), hat jemand während eines Systemabsturzes die Datei */etc/passwd* bearbeitet. Existiert */etc/passwd* und ist nicht leer, geht das Skript davon aus, dass sie nicht beschädigt ist, gibt ein langes Verzeichnislisting beider Dateien auf der Systemkonsole aus und entfernt die Passwort-Lock-Datei. Ist */etc/passwd* dagegen leer oder existiert nicht, installiert das Skript */etc/ptmp* als Backup-Version von */etc/passwd*, entfernt dann die Passwort-Lock-Datei und gibt schließlich die Meldung »passwd file recovered from /etc/ptmp« auf der Konsole aus.

Die elif-Klausel wird ausgeführt, wenn */etc/ptmp* zwar existiert, aber leer ist. In diesem Fall entfernt das Skript die Datei (da vipw sonst nicht benutzt werden könnte) und gibt die Nachricht »removing passwd lock file« auf der Konsole aus. Ist die Datei */etc/ptmp* überhaupt nicht vorhanden, wird der gesamte Anweisungsblock übersprungen.

Überprüfung der Plattenkontingente

Die meisten Unix-Systeme bieten über die Einrichtung von so genannten »disk quotas« die Möglichkeit, den verfügbaren Plattenplatz zwischen den einzelnen Benutzern nach Bedarf aufzuteilen. Dieses System basiert ebenfalls auf Datenbank-Dateien, die während des Boot-Vorgangs überprüft und möglicherweise aktualisiert werden müssen. Hierfür verwendet man Befehle wie die hier gezeigten:

```
echo "Checking quotas: \c"
quotacheck -a
echo "done."
quotaon -a
```

Das Skript verwendet den Befehl quotacheck, um die interne Struktur aller disk-quota-Datenbanken zu überprüfen, und aktiviert dann die Festplattenkontingente mit dem Befehl quotaon. Zu Beginn seiner Arbeit gibt quotacheck den String »Checking quotas:« auf der Konsole aus (wobei der automatische Zeilenumbruch deaktiviert wurde) und beendet die Zeile mit »done.«, sobald die Überprüfung beendet ist (wobei manche Systeme nettere und ästhetisch anspruchsvollere Meldungen ausgeben). Die Verteilung von Plattenkontingenten wird eingehend in Abschnitt »Überwachung und Verwaltung des Festplattenplatzes« in Kapitel 15 besprochen.

Starten von Servern und Initialisierung lokaler Subsysteme

Sind alle nötigen Systembestandteile bereit, können wichtige Subsysteme wie E-Mail, Drucken und Accounting gestartet werden. Die meisten dieser Subsysteme basieren dabei auf Daemons (Serverprozesse). Diese Prozesse werden automatisch von einem Boot-Skript gestartet. Auf den meisten Systemen werden Subsysteme, die nur lokal laufen und ohne Netzwerk auskommen, in der Regel vor der Netzwerk-Initialisierung gestartet – Subsysteme, die nicht ohne Netzwerk auskommen, normalerweise danach.

So könnte beispielsweise ein Skript wie dieses (von einem Solaris-System) verwendet werden, um das cron-Subsystem zu initialisieren. Hierbei handelt es sich um eine Einrichtung, die das Ausführen von Befehlen nach einem bestimmten Zeitplan ermöglicht (eine Beschreibung von cron finden Sie in Kapitel 3):

```
if [ -p /etc/cron.d/FIFO ]; then
    if /usr/bin/pgrep -x -u 0 -P 1 cron >/dev/null 2>&1; then
        echo "$0: cron is already running"
        exit 0
    fi
elif [ -x /usr/sbin/cron ]; then
    /usr/bin/rm -f /etc/cron.d/FIFO
    /usr/sbin/cron &
fi
```

Als Erstes überprüft das Skript, ob die cron-Lock-Datei existiert (eine benannte Pipe mit dem Namen *FIFO*, deren Speicherort variieren kann). Ist diese Datei vorhanden, wird nach einem bereits laufenden cron-Prozess gesucht (unter Zuhilfenahme des Befehls pgrep). Ist ein solcher Prozess vorhanden, wird das Skript beendet, weil cron bereits läuft. Ansonsten überprüft das Skript, ob das cron-Executable vorhanden ist. In diesem Fall wird die cron-Lock-Datei entfernt und der Server gestartet.

Die vorsichtige Überprüfung, ob cron bereits läuft, wird nicht auf allen Systemen durchgeführt. Viele System-Initialisierungsdateien nehmen (dummerweise) einfach an, dass sie nur während des Boot-Vorgangs ausgeführt werden, wenn cron noch nicht läuft. Andere Skripten enthalten allgemeinere Mechanismen, um herauszufinden, unter welchen Bedingungen sie ausgeführt werden. Wir werden in Kürze darauf eingehen.

Andere lokale Subsysteme, die auf ähnliche Weise gestartet werden, sind:

update
> Ein Prozess, der periodisch alle Dateisystem-Puffer (angesammelte Änderungen an Inodes und Datenblöcken) auf die Festplatte schreibt. Hierfür wird der Befehl sync ausgeführt, um sicherzustellen, dass die Festplatten im Falle eines Systemabsturzes auf einem relativ aktuellen Stand sind. Der Name dieses Daemons kann recht unterschiedlich ausfallen: bdflush ist eine häufige Variante; AIX nennt seine Version syncd; die HP-UX-Version heißt syncer; auf Solaris-Systemen heißt sie fsflush. Linux wiederum führt sowohl update als auch bdflush aus. Wie auch immer der Name lautet – deaktivieren Sie diesen Daemon nicht oder die Integrität des Dateisystems kann ernsthaft kompromittiert werden.

syslogd
> Die Einrichtung zum Behandeln von Systemmeldungen, die – abhängig von den Einstellungen in ihrer Konfigurationsdatei (siehe Kapitel 3) – informative Nachrichten und Fehlermeldungen an Logdateien, bestimmte Benutzer, E-Mail und andere Ziele weiterleitet.

Accounting
> Dieses Subsystem wird über den Befehl accton gestartet. Ist das Accounting nicht aktiviert, sind die relevanten Befehle vermutlich auskommentiert.

Daemons zur Überwachung des Systemstatus
> Manche Systeme verfügen über Daemons, die den physikalischen Zustand des Systems überwachen (z.B. Stromspannung, Temperatur und Luftfeuchtigkeit) und bei Problemen eine entsprechende Aktion veranlassen. Unter HP-UX sorgt beispielsweise der Daemon ups_mond dafür, dass im Falle eines Stromausfalls auf unterbrechungsfreie Stromversorgung (USV; engl. UPS, Uninterruptible Power Supply) umgeschaltet wird, um das System notfalls sauber herunterfahren zu können.

Subsysteme, die normalerweise nach der Einrichtung des Netzwerks gestartet werden (im folgenden Abschnitt beschrieben), sind z.B.:

- sendmail: Der beliebteste Server für elektronische Post ist in der Lage, Nachrichten sowohl lokal als auch über das Netzwerk weiterzuleiten. Postfix ist eine gebräuchliche Alternative (dessen Serverprozess ebenfalls sendmail heißt).

- Drucken: Das Spooling-Subsystem kann entweder vollständig lokal laufen oder dazu benutzt werden, um zusätzlich zu (oder anstelle von) lokalen Systemen mit Druckern auf entfernten Systemen zu kommunizieren. BSD-basierte Subsysteme für das Drucken arbeiten mit dem lpd-Daemon. System V-Systeme verwenden stattdessen lpsched. Der Druckerserver unter AIX heißt qdaemon.

Eventuell gibt es auf Ihrem System weitere (evtl. Hersteller-spezifische) Subsysteme mit eigenen Daemon-Prozessen. Wir werden uns damit befassen, wenn wir uns später in diesem Kapitel die einzelnen Initialisierungsdateien für die verschiedenen Unix-Versionen genauer ansehen.

Der System Resource Controller auf AIX. Auf AIX-Systemen werden die System-Daemons durch den sog. System Resource Controller (SRC) kontrolliert. Diese Einrichtung startet die zu den verschiedenen Subsystemen gehörenden Daemons und überwacht ständig ihren Status. Wird ein System-Daemon beendet, startet SRC ihn automatisch wieder neu.

Das zu SRC gehörende Executable heißt srcmstr. Die Befehle lssrc und chssys können benutzt werden, um die von SRC kontrollierten Dienste aufzulisten bzw. ihre Konfigurationen zu ändern. Beispiele für diese Befehle finden Sie an verschiedenen Stellen in diesem Buch.

Verbindung zum Netzwerk

Die Initialisierung des Netzwerks beginnt, falls nötig, mit dem Einstellen des Netzwerk-Rechnernamens für das System und der Konfiguration der Netzwerk-Schnittstellen (Adaptergeräte), mit deren Hilfe das System über das Netzwerk kommunizieren kann. Das Skript, das das Netzwerk startet, enthält Befehle wie diese:

```
ifconfig lo0 127.0.0.1
ifconfig ent0 inet 192.168.29.22 netmask 255.255.255.0
```

Der spezifische ifconfig-Befehl hängt oft stark vom jeweiligen System ab. Der erste Parameter für ifconfig, für die Zuweisung der Netzwerk-Schnittstelle, kann auf Ihrem System anders aussehen. Im hier gezeigten Fall ist *lo0* das Loopback-Interface und *ent0* die Ethernet-Schnittstelle. Weitere gebräuchliche Namen für die Ethernet-Schnittstelle sind unter anderem *eri0*, *dnet0* und *hme0* (Solaris), *eth0* (Linux), *tu0* (Tru64), *xl0* (FreeBSD), *lan0* (HP-UX), *en0* (AIX) und *ef0* und *et0* (manche System V-Varianten). Schnittstellen für Netzwerk-Medien haben womöglich vollkommen andere Namen. Statische Routen können an dieser Stelle mit dem route-Befehl festgelegt werden. In Kapitel 5 werden wir uns genauer mit Netzwerken befassen.

Netzwerkdienste benutzen ebenfalls eine Reihe von Daemon-Prozessen. Diese werden normalerweise mit Befehlen in der hier gezeigten allgemeinen Form gestartet:

```
if [ -x Server-Pfadname ]; then
   vorbereitende Befehle
   Server-Startbefehl
   echo Starting Servername
fi
```

Wenn das Server-Executable existiert und ausführbar ist, trifft das Skript die notwendigen Vorbereitungen und startet dann den Server-Prozess. Beachten Sie, dass manche Server automatisch im Hintergrund ausgeführt werden, während andere explizit im Hintergrund gestartet werden müssen. Die wichtigsten Netzwerk-Daemons finden Sie in Tabelle 4-1:

Tabelle 4-1: Die wichtigsten Netzwerk-Daemons

Daemon(s)	Zweck
inetd	Netzwerk-Master-Server. Zuständig für die Beantwortung vieler Arten von Netzwerk-Requests mittels einer großen Anzahl untergeordneter Daemons, die von inetd kontrolliert werden und an die verschiedene Aufgaben delegiert werden.

Tabelle 4-1: Die wichtigsten Netzwerk-Daemons (Fortsetzung)

Daemon(s)	Zweck
`named, routed, gated`	Die Nameserver und Routing-Daemons, die dynamische Daten über entfernte Rechnernamen und Routing für TCP/IP bereitstellen. Meistens wird entweder `routed` oder `gated` verwendet.
`ntpd, xntpd, timed`	Daemons zur Zeitsynchronisierung. Der Daemon `timed` wird heutzutage oft durch den neueren `ntpd` oder den noch jüngeren `xntpd` ersetzt.
`portmap, rpc.statd, rpc.lockd`	Daemons für entfernte Prozeduraufrufe (Remote Procedure Calls, RPC). RPC ist unter Unix der vorrangige Mechanismus für die Interprozess-Kommunikation über Netzwerke. `portmap`, auf das viele Netzwerkdienste zurückgreifen, verbindet hierbei die RPC-Programmnummern mit TCP/IP-Portnummern. `rpc.lockd` stellt, zusammen mit dem Statusmonitor `rpc.statd`, Dienste zum Sperren von Dateien für NFS bereit. Die Namen der letzten zwei Daemons können unterschiedlich sein.
`nfsd, biod, mountd`	NFS-Daemons, die Requests von entfernten Systemen nach Dateizugriffen und dem Mounten von Dateisystemen bedienen. Den ersten zwei Befehlen kann als Parameter ein Integerwert übergeben werden, der angibt, wie viele Kopien des Daemons erzeugt werden sollen. Normalerweise führen die System-Boot-Skripten auch den Befehl `exportfs -a` aus, der lokale Dateisysteme über NFS auch für entfernte Systeme zugänglich macht.
`automount`	NFS-Automounter, der bei Bedarf entfernte Dateisysteme mountet. Dieser Daemon trägt auf manchen Systemen einen anderen Namen.
`smbd, nmbd`	SAMBA-Daemons für SMB/CIFS-basierten Dateizugriff von Windows- (und anderen) Systemen.

Sind die grundsätzlichen Netzwerkkomponenten gestartet, können andere netzwerkabhängige Dienste und Subsysteme gestartet werden. Hierzu gehört insbesondere das Mounten entfernter Dateisysteme. Dieser Befehl mountet beispielsweise alle entfernten Dateisysteme, die in der Konfigurationsdatei des Systems aufgeführt sind:

```
mount -a -t nfs    Auf manchen Systemen wird –F durch –t ersetzt.
```

Aufräumarbeiten

In der Regel wird beim Booten im Mehrbenutzer-Modus auch eine Reihe von Aufräumarbeiten durchgeführt wie z. B.:

- Sichern von Editor-Dateien von vi- und ex-basierten Editoren. Hierdurch ist es möglich, dass Benutzer Dateien, die bei einem Absturz nicht gesichert werden konnten, wiederherstellen können. Diese Editoren legen während der Bearbeitung automatisch Kontrolldateien in */tmp* oder */var/tmp* an. Um solche Dateien wiederherzustellen, wird das Hilfsprogramm expreserve normalerweise während des Boot-Vorgangs ausgeführt. Auf Linux-Systemen ist häufig der `elvis`-Klon vi vorhanden. Auf diesen Systemen übernimmt `elvprsv` die Funktion von expreserve.

- Ausleeren von */tmp* und anderen Verzeichnissen für temporäre Dateien. Die hierfür verwendeten Befehle können entweder sehr minimalistisch sein:
  ```
  rm -f /tmp/*
  ```
  oder sehr dienstorientiert:
  ```
  cd /tmp; find . ! -name . ! -name .. ! -name lost+found \
                  ! -name quota\* -exec rm -fr {} \;
  ```

oder barock:

```
# /tmp erzeugen, wenn es nicht existiert (wir gehen hier davon
# aus, dass /tmp kein separates Dateisystem ist).
if [ ! -d /tmp -a ! -l /tmp ]; then
   rm -f /tmp
   mkdir /tmp
fi
for dir in /tmp /var/tmp /usr/local/tmp ; do
   if [ -d $dir ] ; then
      cd $dir
      find . \( \( -type f \( -name a.out -o          \
            -name \*.bak -o -name core -o -name \*~ -o   \
            -name .\*~ -o -name #\*# -o -name #.\*# -o   \
            -name \*.o -o \( -atime +1 -mtime +3 \) \) \) \
            -exec rm -f {} \; -o -type d -name \*        \
            -prune -exec rm -fr {} \; \)
   fi
   cd /
done
```

Der erste Befehl entfernt einfach alle Dateien aus /tmp, die nicht mit einem Punkt beginnen. Um zu vermeiden, dass wichtige Dateien und Unterverzeichnisse gelöscht werden, kann die zweite Form benutzt werden, wenn /tmp sich auf einem separaten Dateisystem befindet. Der Auszug aus dem dritten Skript stellt sicher, dass /tmp existiert, und entfernt dann aus verschiedenen temporären Verzeichnissen überflüssige Dateien und Unterverzeichnisse (deren Namen nicht mit einem Punkt beginnen).

Auf manchen Systemen werden diese Aktivitäten nicht als Teil des Boot-Vorgangs durchgeführt (Details dazu finden Sie in Kapitel 15).

Benutzern den Zugang zum System ermöglichen

Die abschließenden Aktivitäten des Boot-Vorgangs vervollständigen den Prozess, der Benutzern den Zugang zum System ermöglicht. Hierfür müssen die Ressourcen vorbereitet werden, die Benutzern das Einloggen ermöglichen, und eventuelle Hindernisse entfernt werden. Für Ersteres müssen die getty-Prozesse erzeugt werden, die die Terminalleitungen überwachen. Eventuell wird für die Konsole ein grafischer Login-Manager wie xdm (oder ein vergleichbares, vom Hersteller bereitgestelltes Programm) für X-Arbeitsplätze gestartet. Auf Solaris-Systemen gehört zu diesen Prozeduren auch die Initialisierung der »Service Access Facility«-Daemons sac und ttymon. In Kapitel 12 finden Sie eine detaillierte Erläuterung dieser Thematik.

Auf den meisten Systemen wird bei einem normalen Herunterfahren automatisch die Datei /etc/nologin angelegt. Eine der letzten Aufgaben der Boot-Skripten besteht deshalb häufig in der Entfernung dieser Datei. Unter FreeBSD heißt diese Datei /var/run/nologin.

Die Datei /etc/nologin kann bei Bedarf auch vom Systemadministrator angelegt werden. Ist die Datei nicht leer, wird ihr Inhalt den Benutzern bei einem Login-Versuch angezeigt. Auf bereits eingeloggte Benutzer hat ein Anlegen dieser Datei allerdings keine Auswirkungen; *root* kann sich zu jeder Zeit einloggen. HP-UX-Versionen vor 11i verwenden diese Datei nicht.

Initialisierungsdateien und Boot-Skripten

In diesem Abschnitt geht es um die verschiedenen Initialisierungsdateien unter Unix: Befehlsskripten, die einen Großteil der Arbeit erledigen, die beim Booten eines Systems im Mehrbenutzer-Modus anfällt. Auch wenn sich die Aktivitäten unter System V und BSD ähneln, sind die Methoden, mit denen diese Systeme initialisiert werden, recht unterschiedlich. Auf den hier betrachteten Systemen folgt FreeBSD dem traditionellen BSD-Stil, AIX ist eine Kreuzung aus beiden, während alle anderen nach dem System V-Schema vorgehen.

Das Verständnis der Initialisierungsskripten für Ihr System ist ein wichtiger Teil der Systemadministration. Sie sollten sehr genau wissen, wo sich die Skripten befinden und was sie tun. Auf diese Weise sind Sie in der Lage, Probleme beim Booten sofort zu erkennen, und können daraufhin die entsprechenden Maßnahmen ergreifen. Gelegentlich müssen Sie diese Dateien auch verändern, um etwa neue Dienste einzubinden (oder zu deaktivieren, wenn sie nicht gebraucht werden). Auf die Anpassung von Initialisierungsskripten kommen wir später in diesem Kapitel noch genauer zu sprechen.

Die Namen, Speicherorte und der eigentliche Programmcode der Initialisierungsskripten sind auf BSD-basierten Unix-Systemen und solchen, die von System V abgeleitet sind, oft recht unterschiedlich. Die Aufgaben, die diese Skripten im Ganzen erledigen, unterscheiden sich dagegen nur geringfügig. Grob gesagt, wird der Boot-Vorgang unter BSD von einer relativ geringen Anzahl von Skripten erledigt, die im Verzeichnis */etc* abgelegt sind und deren Namen mit *rc* beginnen. Diese Skripten werden der Reihe nach ausgeführt. Unter System V gibt es dagegen sehr viele Skripten (oftmals mehr als 50), die in einer aus drei Ebenen bestehenden Hierarchie organisiert sind.

 Unix-Initialisierungsskripten werden unter Benutzung der Bourne-Shell (*/bin/sh*) geschrieben. Eine Einführung in die Shell-Programmierung finden Sie in Anhang A.

Verschiedene Aspekte des Boot-Vorgangs werden außerdem von Konfigurationsdateien beeinflusst, die ihrerseits das Verhalten der Boot-Skripten beeinflussen können. Diese Dateien bestehen in der Regel aus einer Reihe von Variablendefinitionen, die zu Beginn der Skriptausführung eingelesen werden und festlegen, welche Befehle im Skript ausgeführt werden. Diese Variablen können beispielsweise bestimmen, ob ein Subsystem überhaupt gestartet werden soll, welche Kommandozeilen-Optionen verwendet werden sollen, wann ein Daemon gestartet werden soll und so weiter. Normalerweise werden diese Dateien manuell bearbeitet, obwohl einige Systeme auch grafische Werkzeuge für deren Bearbeitung besitzen. Der Dialog auf der linken Seite in Abbildung 4-1 zeigt ein Hilfsprogramm, das von SuSE Linux 7 als Teil seines Administrationswerkzeugs YaST2 bereitgestellt wird.

Der Dialog auf der rechten Seite zeigt den neuen Laufzeit-Editor, den YaST2 auf SuSE 8-Systemen zur Verfügung stellt. In diesem Beispiel aktivieren wir inetd für die Run-Levels 2, 3 und 5.

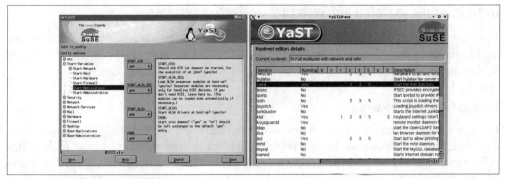

Abbildung 4-1: Editieren der Boot-Skripten-Konfiguration auf einem SuSE Linux-System

Initialisierungsdateien unter FreeBSD

Die Skripten zur Initialisierung des Systems sind auf traditionellen BSD-Systemen ein Muster an Schlichtheit. In der Vergangenheit wurden dafür nur drei oder vier Shell-Skripten benutzt, die normalerweise in */etc* liegen und deren Namen mit *rc* beginnen. Unter FreeBSD ist die Zahl auf ungefähr 20 angestiegen (wobei nicht alle Skripten auch auf jedem System benutzt werden).

Die Initialisierung für den Mehrbenutzer-Modus wird auf BSD-basierten Systemen von der Datei */etc/rc* kontrolliert. Beim Booten führt init das Skript rc aus, das seinerseits die verschiedenen *rc.**-Skripten aufruft. Wird das System im Einzelbenutzer-Modus gebootet, beginnt rc seine Arbeit beim Verlassen der Einzelbenutzer-Shell.

Die Funktionsweise des *rc*-Skripts wird von den Boot-Skript-Konfigurationsdateien */etc/default/rc.conf*, */etc/rc.conf* und */etc/rc.conf.local* kontrolliert. Die erste Datei dieser Liste wird vom Betriebssytem installiert und sollte nicht verändert werden. Die anderen zwei Dateien enthalten Regeln, die das in */etc/default/rc.conf* festgelegte Standardverhalten ändern können (wobei die letzte Datei eher selten benutzt wird).

Hier einige beispielhafte Einträge aus */etc/rc.conf*:

```
accounting_enable="YES"
check_quotas="YES"
defaultrouter="192.168.29.204"
hostname="ada.ahania.com"
ifconfig_xl0="inet 192.168.29.216 netmask 255.255.255.0"
inetd_enable="YES"
nfs_client_enable="YES"
nfs_server_enable="YES"
portmap_enable="YES"
sendmail_enable="NO"
sshd_enable="YES"
```

Diese Datei aktiviert das Accounting, inetd, NFS, portmapper und ssh. sendmail wird nicht benutzt. Beim Booten werden außerdem die Plattenkontingente überprüft und bestimmte Netzwerkeinstellungen, unter anderem für die Ethernet-Schnittstelle, vorgenommen.

Initialisierungsdateien auf System V-basierten Systemen

Die Initialisierungsskripten auf System V-basierten Systemen sind wesentlich zahlreicher und komplexer miteinander verknüpft als bei BSD. Das Grundkonzept für diese Skripten bilden die so genannten Run-Level, denen wir uns nun zuwenden wollen.

Die Run-Level unter System V

Ein Computer kann sich in einem von drei verschiedenen Zuständen befinden: aus (der Computer läuft nicht, unabhängig davon, ob der Strom eingeschaltet ist oder nicht), Einzelbenutzer-Modus oder Mehrbenutzer-Modus (normale Arbeitsbedingungen). Diese drei Möglichkeiten kann man sich als drei implizit definierte Systemzustände vorstellen.

System V-basierte Systeme verwenden diesen Gedanken bis ins logische Extrem, indem sie eine Reihe von Systemzuständen, die so genannten *Run-Level*, definieren, die normalerweise durch eine bestimmte Zahl dargestellt werden. Das System befindet sich zu jeder beliebigen Zeit in einem dieser Zustände und kann dabei über verschiedene administrative Befehle in einen anderen Zustand überführt werden. Die definierten Run-Level sehen Sie in Tabelle 4-2:

Tabelle 4-2: System V-Run-Level

Run-Level	Name und übliche Verwendung
0	Systemhalt: Unter diesen Bedingungen ist es sicher, den Rechner auszuschalten.
1	Systemadministration/Wartungsarbeiten.
S und s	Einzelbenutzer-Modus.
2	Mehrbenutzer-Modus: normale Betriebsart für isolierte Systeme oder (abhängig von der Unix-Version) Systeme ohne Netzwerk bzw. Netzwerksysteme ohne Serverfunktionalitäten.
3	Remote File Sharing (RFS): normale Betriebsart für Serversysteme im Netzwerk, die lokale Ressourcen für andere Systeme verfügbar machen (unabhängig davon, ob die Daten per RFS, TCP/IP, NFS oder über ein anderes Protokoll über das Netzwerk ausgetauscht werden).
4, 7, 8, 9	Vom Administrator definierbare Betriebsarten: wird im Allgemeinen nicht benutzt. Diese Run-Level können lokal definiert und eingerichtet werden.
5	Entspricht Run-Level 3, allerdings wird auf der Systemkonsole ein grafisches Login-Programm ausgeführt (z. B. xdm).
6	Herunterfahren und Neustart des Systems: wird verwendet, um Systeme aus einem der Run-Level (s, 2, 3 oder 4) herunterzufahren. Wird das System in diesen Run-Level überführt, wird das System heruntergefahren (in den Run-Level 0) und direkt danach wieder in den normalen Betriebszustand gebootet.
Q und q	Ein Pseudo-Run-Level, das init anweist, seine Konfigurationsdatei */etc/inittab* neu einzulesen.
a, b, c	Lokal definierbare Pseudo-Run-Level. Wird einer dieser Run-Level aufgerufen, wird init veranlasst, die für diesen Run-Level in */etc/inittab* angegebenen Befehle auszuführen, ohne dabei den gegenwärtigen (numerischen) Run-Level zu wechseln.

Bei den meisten Implementierungen wird in der Praxis nicht zwischen den Zuständen 1 und s/S unterschieden. Außerdem sind bei allen Systemen nicht sämtliche Run-Level auch tatsächlich definiert. Für Netzwerksysteme gilt der Run-Level als normale Betriebsart. In der Praxis fassen viele Systeme die Run-Level 2 und 3 zusammen und initialisieren das

Netzwerk in Level 2, während Level 3 ignoriert wird. Auf anderen Systemen sind die Run-Level 2 und 3 identisch, wodurch 2 und 3 einfach nur verschiedene Namen für den gleichen Systemzustand sind. In unseren Beispielen werden wir zwischen Run-Level 2 und 3 unterscheiden, wobei wir Run-Level 3 als Standard-Betriebsart ansehen.

Bedenken Sie, dass die Pseudo-Run-Level (a, b, c und q/Q) nicht für bestimmte Systemzustände stehen, sondern dazu dienen, init bei Bedarf bestimmte Aufgaben erledigen zu lassen.

In Tabelle 4-3 finden Sie die verschiedenen Run-Level für die hier betrachteten Betriebssysteme. Beachten Sie auch, dass FreeBSD gar keine Run-Level verwendet.

Tabelle 4-3: Von den verschiedenen Systemen definierte Run-Level

	AIX	HP-UX	Linux	Tru64	Solaris
Standard-Run-Level	2	3	3 oder 5	3	3
Q	ja	ja	ja	ja	ja
7, 8, 9	ja	nein	ja	ja	nein
a, b, c	ja	ja	ja	nein	ja

Um herauszufinden, in welchem Run-Level sich das System gerade befindet und wann dieser gestartet wurde, können Sie den Befehl who -r verwenden:

```
$ who -r
.  run level 3   Mar 14 11:14     3    0    S        Voriger Run-Level war S.
```

Die Ausgabe zeigt, dass das System am 14. März vom Run-Level S in den Run-Level 3 überführt wurde. Der Wert 0 zwischen 3 und S gibt an, wie oft sich das System bereits *direkt* vor dem angegebenen Wechsel in diesem Run-Level befunden hat. Ist dieser Wert ungleich null, lässt das oft auf fehlgeschlagene Startversuche schließen.

Unter Linux können Sie den gegenwärtigen und die früheren Run-Level mit dem Befehl runlevel ermitteln.

Und nun zu einigen konkreten Beispielen. Wir gehen von einem System aus, dessen normale Betriebsart der Run-Level 3 ist (Mehrbenutzerbetrieb mit Netzwerk-Unterstützung). Wenn Sie das System aus dem ausgeschalteten Zustand neu booten, wechselt es vom Run-Level 0 in den Run-Level 3. Wenn Sie das System herunterfahren, bewegt es sich von Run-Level 3 über den Run-Level 0 in den Level s. Wenn Sie das System neu booten, werden die Run-Level 3, 6 und 0 durchlaufen, bevor das System wieder Run-Level 3 erreicht.[12]

Die Benutzung des Befehls telinit zum Wechseln der Run-Level

Mit dem Befehl telinit können Sie den gegenwärtigen Run-Level des Systems wechseln. Der Name kommt daher, dass dieser Befehl dem init-Prozess mitteilt (*tells* init), was als Nächstes getan werden soll. Der folgende Befehl besagt, dass das System neu gebootet werden soll:

---

12 In der Praxis führt der Weg zu Run-Level 3 häufig über Run-Level 2, wenn man davon ausgeht, dass die Konfigurationsdateien für *inittab* für beide Level eingerichtet sind.

```
# telinit 6
```

Unter Tru64 gibt es den Befehl `telinit` nicht. Eigentlich ist `telinit` aber nur ein Link auf init, dem ein anderer Name gegeben wurde, um seine Funktion zu erklären. Daher können Sie diesen Befehl bei Bedarf auch leicht selbst erzeugen:

```
# cd /sbin
# ln init telinit
```

Oder Sie benutzen `init` direkt: `init 6`.

Auch unter AIX fehlt der `telinit`-Befehl, da die Run-Level dort nicht auf die übliche Weise implementiert werden.

Überblick über die Initialisierungsdateien

Auf System V-basierten Systemen läuft der Initialisierungsprozess wesentlich komplexer ab als unter BSD. Dabei kommen drei Ebenen von Initialisierungsdateien zum Einsatz:

- */etc/inittab*, die Konfigurationsdatei für `init`.
- Eine Reihe primärer Skripten namens *rcn* (wobei *n* für den jeweiligen Run-Level steht), die normalerweise in */etc* oder */sbin* abgelegt werden.
- Eine Sammlung von Skripten für die verschiedenen Subsysteme jedes Run-Levels. Diese befinden sich normalerweise in Verzeichnissen unterhalb von */etc* oder */sbin*, benannt in der Form *rcn.d*.
- Zusätzlich verwenden einige Systeme verschiedene Konfigurationsdateien, die Variablen definieren, die die Funktionsweise einiger Skripten beeinflussen.

Wenn `init` während des Boot-Vorgangs die Kontrolle vom Kernel übernimmt, ermittelt es anhand seiner Konfigurationsdatei */etc/inittab*, welche Aktionen als Nächstes ausgeführt werden sollen. Diese Datei legt fest, welche Aufgaben beim Wechsel in einen bestimmten Run-Level ausgeführt werden sollen. Sie enthält Anweisungen, was zu tun ist, wenn das System heruntergefahren wird (Run-Level 0), wenn im Einzelbenutzer-Modus gebootet wird (Run-Level S), wenn im Mehrbenutzer-Modus gebootet wird (Run-Level 2 oder 3), wenn ein Neustart vorgenommen wird (Run-Level 6) und so weiter.

Jeder Eintrag in *inittab* legt implizit einen Prozess fest, der in einem oder mehreren Run-Leveln ausgeführt werden soll. Gegegentlich ist dieser Prozess ein Daemon, der läuft, solange sich das System in einem bestimmten Run-Level befindet. Wesentlich öfter handelt es sich bei diesem Prozess aber um ein Shell-Skript, das ausgeführt wird, wenn das System in den in *inittab* angegebenen Run-Level wechselt.

Wechselt das System in einen anderen Zustand (d.h. Run-Level), sieht `init` in der *inittab*-Datei nach, welche Prozesse im neuen Level ausgeführt werden sollen. Sämtliche Prozesse, die nicht für den neuen Run-Level vorgesehen sind, werden beendet; für den neuen Level angegebene Prozesse, die nicht bereits laufen, werden gestartet.

Normalerweise stehen die Befehle, die zu Beginn jedes Run-Levels ausgeführt werden sollen, in einem Skript namens *rcn*, wobei *n* für die Nummer des betreffenden Levels steht (diese Skripten liegen in der Regel im Verzeichnis /etc). Wechselt das System beispielsweise zum Run-Level 2, liest init die Datei /etc/inittab, die die Anweisung enthält, in diesem Fall rc2 auszuführen. Das Skript rc2 führt nun seinerseits die im Verzeichnis /etc/rc2.d liegenden Skripten aus. Wird das System neu gebootet, wechselt es von Run-Level 2 in den Level 6 (ein Run-Level, der das System anweist, herunterzufahren und direkt danach neu zu starten). Hierbei werden üblicherweise rc0 und die Skripten in /etc/rc0.d ausgeführt. Danach wird zum Run-Level 2 gewechselt, wobei erneut rc2 und die Skripten in /etc/rc2.d ausgeführt werden. Nur wenige Systeme benutzen ein einzelnes rc-Skript, dem der betreffende Run-Level als Argument übergeben wird: rc 2.

In Abbildung 4-2 sehen Sie eine vereinfachte Darstellung des Reboot-Vorgangs unter System V (wobei Run-Level 2 als normale Betriebsart angenommen wird). Im weiteren Verlauf werden wir auf alle hier dargestellten Komplexitäten und Eigenarten eingehen.

Die Konfigurationsdatei init

Wie wir gesehen haben, obliegt die oberste Kontrolle beim Wechsel der Systemzustände der von init benutzten Datei /etc/inittab. Die Einträge in dieser Datei teilen dem System mit, was bei einem Wechsel in die verschiedenen Run-Level zu tun ist.

Die *inittab*-Einträge besitzen das folgende Format:

```
cc:Run-Level:Aktion:Prozess
```

Jeder Eintrag erhält einen eindeutigen Identifier (*cc*, zwischen Groß- und Kleinschreibung wird unterschieden, spätere Einträge mit dem gleichen Identifier werden ignoriert).[13] *Run-Level* enthält eine Liste von Systemzuständen, auf die sich dieser Eintrag bezieht. Ist dieses Feld leer, gilt der Eintrag für alle Levels. Wechselt das System in einen neuen Run-Level, arbeitet init alle *inittab*-Einträge für diesen Level in der Reihenfolge ihres Vorkommens nacheinander ab.

Prozess gibt an, welcher Befehl ausgeführt werden soll, und *Aktion* gibt an, wie init den von diesem Eintrag gestarteten Prozess behandeln soll. Die wichtigsten Schlüsselwörter für *Aktion* sind:

wait
  Prozess starten und erst zum nächsten Eintrag übergehen, wenn dieser Prozess beendet ist.

respawn
  Prozess starten; automatisch neu starten, wenn dieser beendet wird (wird normalerweise bei den getty-Serverprozessen für die Terminal-Leitungen benutzt).

once
  Prozess einmal starten, sofern dieser noch nicht läuft. Gleich zum folgenden Eintrag übergehen (nicht wie bei *wait* auf die Beendigung warten).

---

[13] Per Konvention sind die Identifier jeweils zwei Zeichen lang. Die tatsächliche Obergrenze liegt aber bei vier Zeichen; auf manchen Systemen dürfen die Identifier sogar bis zu vierzehn Zeichen lang sein.

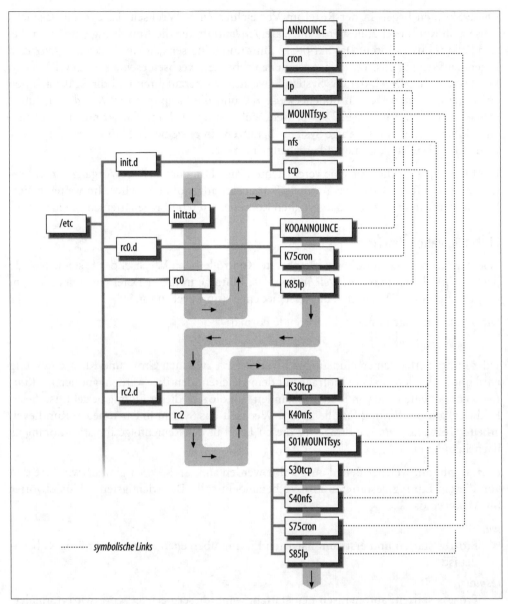

Abbildung 4-2: Boot-Skripten unter System V-Systemen

boot
: Eintrag nur beim Booten ausführen; Prozess starten, aber nicht warten.

bootwait
: Eintrag nur beim Booten ausführen; Prozess starten und auf seine Beendigung warten.

initdefault
: Standard-Run-Level (normalen Betriebszustand) definieren. In diesem Run-Level wird normalerweise gebootet.

sysinit
: Wird für Aufgaben benutzt, die vor dem Zugriff von init auf die Systemkonsole ausgeführt werden sollen (z. B. die Initialisierung des entsprechenden Gerätes).

off
: Den Prozess, der zu diesem Eintrag gehört, beenden, sofern dieser noch läuft. Wird auch verwendet, um unbenutzte Terminal-Leitungen auszukommentieren.

Kommentare können auf separaten Zeilen oder am Ende eines Eintrags eingefügt werden, indem ihnen ein Doppelkreuz (#) vorangestellt wird.

Hier ein Beispiel für eine *inittab*-Datei:

```
# Standard-Run-Level für init festlegen:
# Mehrbenutzer-Modus mit Netzwerk-Unterstützung
is:3:initdefault:

# Diese Boot-Skripten zuerst ausführen
fs::bootwait:/etc/bcheckrc </dev/console >/dev/console 2>&1
br::bootwait:/etc/brc </dev/console >/dev/console 2>&1

# Shutdown-Skript (Herunterfahren des Systems)
r0:06:wait:/etc/rc0   >/dev/console 2>&1 </dev/console

# Wechsel der Run-Level
r1:1:wait:/sbin/shutdown -y -iS -g0 >/dev/console 2>&1 r2:23:wait:/etc/rc2 >/dev/console 2>&1 </dev/console
r3:3:wait:/etc/rc3   >/dev/console 2>&1 </dev/console
pkg:23:once:/usr/sfpkg/sfpkgd     # Daemon direkt starten

# Off- und Reboot-Run-Level
off:0:wait:/sbin/uadmin 2 0 >/dev/console 2>&1 </dev/console
rb:6:wait:/sbin/uadmin 2 1 >/dev/console 2>&1 </dev/console

# Aktivierung der Terminals
co:12345:respawn:/sbin/getty console console
t0:234:respawn:/sbin/getty tty0 9600
t1:234:respawn:/sbin/getty tty1 9600
t2:234:off:/sbin/getty tty2 9600

# Spezieller Run-Level
acct:a:once:/etc/start_acct      # Accounting aktivieren
```

Diese Datei ist durch Leerzeilen in sieben größere Abschnitte gegliedert. Der erste Abschnitt besteht aus einem einzelnen Eintrag, der den Standard-Run-Level festlegt – in unserem Fall ist dies der Mehrbenutzer-Modus mit Netzwerk-Unterstützung (Run-Level 3).

Der zweite Abschnitt wird beim Systemstart abgearbeitet. In unserer Beispieldatei werden hier die vorbereitenden Boot-Skripten */etc/bcheckrc* und */etc/brc* aufgerufen, die auf System

V-Systemen häufig zusammen mit der *rcn*-Struktur verwendet werden. Die Hauptaufgabe von bcheckrc besteht in der Vorbereitung des Root-Dateisystems sowie anderer kritischer Dateisysteme wie */usr* und */var*. Beide Skripten sollen vollständig ausgeführt werden, bevor init den nächsten *inittab*-Eintrag abarbeitet.

Der dritte Abschnitt unserer *inittab*-Datei gibt an, welche Dinge erledigt werden sollen, wenn das System zum Ausschalten (Run-Level 0) bzw. für einen Neustart (Run-Level 6) heruntergefahren wird. In beiden Fällen wird das Skript */etc/rc0* ausgeführt und auch hier wartet init, bis die Ausführung beendet ist.

Der vierte Abschnitt, »Wechsel der Run-Level«, gibt an, welche Befehle ausgeführt werden sollen, wenn die Systemzustände 1, 2 und 3 erreicht werden. Beim Erreichen von Level 1 versetzt der Befehl shutdown das System in den Einzelbenutzer-Modus. Manche Systeme führen anstelle von shutdown das Skript *rc1* aus, wenn Run-Level 1 erreicht wird.

Soll zum Level 2 gewechselt werden, führt init das Skript *rc2* aus; bei einem Wechsel zu Level 3 wird zuerst *rc2* und danach *rc3* ausgeführt. Bei allen drei Prozessen wartet init mit der Ausführung weiterer Einträge, bis die Prozesse beendet sind. Anstatt ein Skript aufzurufen, startet der letzte Eintrag dieses Abschnitts direkt einen Prozess. Der Daemon sfpkgd wird einmal pro Run-Level gestartet, wenn das System zum ersten Mal Level 2 oder 3 erreicht. Läuft der Daemon bereits, wird er natürlich nicht erneut gestartet.

Im fünften Abschnitt wird festgelegt, welche Befehle (nach *rc0*) ausgeführt werden sollen, wenn die Run-Level 0 und 6 erreicht werden. In beiden Fällen führt init den Befehl uadmin aus, der das Herunterfahren des Systems einleitet. Die an uadmin übergebenen Argumente bestimmen, wie der Shutdown-Vorgang ablaufen soll. Auf vielen Systemen wurde (wie wir gleich sehen werden) dieser veraltete Befehl durch einen shutdown-Befehl mit der gleichen Funktionalität ersetzt. Auf den von uns betrachteten System V-Systemen wird uadmin nur noch unter Solaris eingesetzt.

Im sechsten Abschnitt werden die Terminal-Leitungen mit Hilfe mehrerer getty-Prozesse (die in Kapitel 12 besprochen werden) aktiviert.

Der letzte Abschnitt unseres *inittab*-Beispiels zeigt die Verwendung des speziellen Run-Levels a. Dieser Eintrag wird benutzt, wenn der Systemadministrator den Befehl telinit a aufruft, wodurch das Skript *start_acct* ausgeführt wird. Die Run-Levels a, b und c können nach Bedarf frei definiert werden.

Die rcn-Initialisierungsskripten

Wie wir bereits wissen, führt init beim Erreichen des Run-Levels *n* ein Skript mit dem Namen *rcn* aus (z. B. *rc2* für den Level 2). Auch wenn die Boot- (oder Shutdown-) Prozesse für den jeweiligen Systemzustand durch ein entsprechendes *rcn*-Skript gesteuert werden, stehen die eigentlichen Befehle in einer Reihe von Dateien unterhalb von *rcn.d*. Wechselt das System beispielsweise in den Run-Level 0, führt init (wie in *inittab* angegeben) das Skript *rc0* aus, das seinerseits die Skripten in *rc0.d* ausführt.

Hier sehen Sie den Inhalt eines ungewöhnlich kleinen *rc2.d*-Verzeichnisses (auf einem System, das keinen separaten Run-Level 3 verwendet):

```
$ ls -C /etc/rc2.d
K30tcp          S15preserve     S30tcp          S50RMTMPFILES
K40nfs          S20sysetup      S35bsd          S75cron
S01MOUNTFSYS    S21perf         S40nfs          S85lp
```

Alle Dateinamen beginnen mit einem Buchstaben (S oder K), gefolgt von einer zweistelligen Zahl, und enden mit einem beschreibenden Namen. Die *rcn*-Skripten führen zuerst die K-Dateien (wie ich sie manchmal nenne) und danach die S-Dateien in alphabetischer Reihenfolge aus. (Dieses Schema ist am einfachsten zu verstehen, wenn alle Zahlen die gleiche Länge haben; daher die führenden Nullen bei Zahlen, die kleiner als 10 sind.) Die Zahlen müssen nicht einmalig sein.

Die Ausführungsreihenfolge der Dateien in diesem Verzeichnis wäre also: *K30tcp*, *K40nfs*, *S01MOUNTFSYS*, *S15preserve* und so weiter bis zu *S75cron* und *S85lp*. K-Dateien werden normalerweise benutzt, um Prozesse zu beenden (engl. kill) und verwandte Aufgaben auszuführen, wenn in einen anderen Run-Level gewechselt wird; S-Dateien werden verwendet, um Prozesse zu starten und andere Initialisierungsschritte durchzuführen.

Die Dateien in den *rc*.d*-Unterverzeichnissen sind normalerweise Links auf die Dateien im Unterverzeichnis *init.d*, in dem die echten Dateien aufbewahrt werden. So ist *rc2.d/S30tcp* eigentlich ein Link auf *init.d/tcp*. Sie sehen, nach welchem Prinzip die Namensgebung funktioniert: Das Ende des Dateinamens im *rcn.d*-Unterverzeichnis gleicht dem Dateinamen im Verzeichnis *init.d*.

Demnach ist *K30tcp* also ein Link auf *init.d/tcp*. Es wird in den Skripten zum Starten und Beenden der Subsysteme also letztendlich die gleiche Datei in *init.d* benutzt. Dabei können die K- und S-Dateien, wie im Fall der TCP/IP-Initialisierungsdatei, im gleichen *rcn.d*-Verzeichnis liegen oder, wie bei den Dateien für das Druck-Subsystem, in unterschiedlichen Verzeichnissen. Bei Letzterem kann die S-Datei beispielsweise in *rc2.d* liegen, während die K-Datei in *rc0.d* zu finden ist.

Die gleiche Datei in *init.d* kann für beide Zwecke verwendet werden, indem ihr eine Parameterliste übergeben wird, die angibt, ob sie gerade von einer S- oder einer K-Datei ausgeführt wird. Hier eine einfache Version eines *rc2*-Skripts:

```
# Falls Verzeichnis /etc/rc2.d existiert, die darin enthaltenen K-Dateien ausführen
if [ -d /etc/rc2.d ]; then
    for f in /etc/rc2.d/K*
    {
       if [ -s ${f} ]; then
#          Parameter zum "Anhalten" der Datei übergeben
           /bin/sh ${f} stop
       fi
    }
# gefolgt von den S-Dateien:
    for f in /etc/rc2.d/S*
    {
       if [ -s ${f} ]; then
```

```
    #         Parameter zum "Starten" der Datei übergeben
              /bin/sh ${f} start
        fi
    }
fi
```

Wird eine K-Datei ausgeführt, wird ihr automatisch der Parameter stop übergeben; wird dagegen eine S-Datei ausgeführt, erhält sie stattdessen den Parameter start. Das dazugehörige Skript benutzt daraufhin den übergebenen Wert, um zu ermitteln, ob es als K- oder als S-Datei aufgerufen wird.

Hier ein einfaches Beispiel für die Skriptdatei *init.d/cron*, die das cron-Subsystem steuert. An diesem Beispiel können Sie die Struktur erkennen, die den Initialisierungsskripten von System V zugrunde liegt:

```
#!/bin/sh
case $1 in
    # Befehle, die bei einem Aufruf als "Snncron" ausgeführt werden sollen
    'start')
            # Lock-Datei eines früheren cron entfernen
            rm -f /usr/lib/cron/FIFO
            # cron starten, wenn Executable existiert
            if [ -x /sbin/cron ]; then
               /sbin/cron
               echo "starting cron."
            fi
        ;;

    # Befehle, die bei einem Aufruf als "Knncron" ausgeführt werden sollen
    'stop')
            pid=`/bin/ps -e | grep ' cron$' | \
                sed -e 's/^  *//' -e 's/ .*//'`
            if [ "${pid}" != "" ]; then
                kill ${pid}
            fi
        ;;

    # andere Argumente abfangen
    *)
            echo "Usage: /etc/init.d/cron {start|stop}"
            exit 1
        ;;
esac
```

Der erste Abschnitt der case-Anweisung wird ausgeführt, wenn dem Skript als erstes Argument der Wert start übergeben wurde (Aufruf als S-Datei); der zweite Abschnitt wird verwendet, wenn der Wert stop übergeben wurde (Aufruf als K-Datei). Die Befehle für den Start von cron entfernen zuerst eine eventuell vorhandene alte Lock-Datei und starten dann den cron-Daemon selbst, sofern ein entsprechendes Executable auf dem System vorhanden ist. Die stop-Befehle ermitteln zuerst die Prozess-ID des cron-Prozesses und beenden diesen, falls er noch läuft. Manche Skripten/Betriebssysteme definieren weitere gültige Parameter wie z.B. restart (stop, gefolgt von start) und status.

Es ist also möglich, dass /etc/rc2.d/S75cron und /etc/rc0.d/K75cron beide als Link auf /etc/init.d/cron dienen. In diesem Fall wird das cron-Subsystem beim Booten im Mehrbenutzer-Modus von *rc2* gestartet und beim Herunterfahren oder bei einem Neustart des Systems von *rc0* wieder beendet.

Manche Skripten haben sogar eine noch allgemeinere Form und testen explizit, unter welchen Bedingungen sie aufgerufen wurden:

```
set `who -r`                                    Vorigen Run-Level ermitteln.
if [ $8 != "0" ]                                Rückgabewert des vorigen Run-Level-Wechsels.
then
    exit
fi
case $arg1 in 'start')
    if [ $9 = "S" ]                             Vorigen Run-Level überprüfen.
    then
        echo "Starting process accounting"
        /usr/lib/acct/startup
    fi
    ;;
...
```

Diese Datei verwendet verschiedene Teile der Ausgaben von who -r:

```
$ who -r
. run level 2   Mar 14 11:14   2   0   S
```

Die set-Anweisung weist den Shell-Skript-Argumenten *$1* bis *$9* mehrere aufeinander folgende Wörter der Ausgabe des who-Befehls zu. Das Skript verwendet diese Werte, um zu ermitteln, ob der gegenwärtige Systemzustand ohne Fehler erreicht wurde. Es überprüft außerdem, ob das System sich zuvor im Einzelbenutzer-Modus befunden hat, wie das beim Booten oder bei einem Neustart der Fall wäre. Diese Tests stellen sicher, dass das Accounting nur bei einem erfolgreichen Boot-Vorgang gestartet wird. Wenn das System sich aufgrund von Fehlern beim Booten im Einzelbenutzer-Modus befunden hat oder wenn von einem Mehrbenutzer-Run-Level in einen anderen gewechselt wurde, bleibt das Accounting dagegen unangetastet.

Konfigurationsdateien für Boot-Skripten

Auf vielen Systemen kann die Funktionsweise der verschiedenen Boot-Skripten durch Einstellungen in einer oder mehreren dazugehörigen Konfigurationsdateien gesteuert werden. Mit diesen Einstellungen können Subsysteme aktiviert und deaktiviert werden, Kommandozeilen-Argumente für den Start von Daemon-Prozessen angegeben werden und so weiter. In der Regel werden diese Angaben in separaten Dateien für das jeweilige Subsystem abgelegt, manchmal wird aber auch nur eine gemeinsame Datei benutzt (wie bei SuSE-Systemen die Datei */etc/rc.config*).

Hier zwei Konfigurationsdateien von einem Solaris-System; die erste ist */etc/default/sendmail*:

```
DAEMON=yes    Daemon aktivieren.
QUEUE=1h      Polling-Intervall auf eine Stunde setzen. Nachrichten stündlich verschicken und abfragen.
```

Die nächste Datei ist */etc/default/samba*:

```
# Optionen für smbd
SMBDOPTIONS="-D"
# Optionen für nmbd
NMBDOPTIONS="-D"
```

Im ersten Beispiel wird festgelegt, ob der Daemon gestartet werden soll, sowie eines seiner Argumente angegeben. Die zweite Datei gibt an, welche Argumente beim Starten der zwei Samba-Daemons benutzt werden sollen.

Zusammenfassung der Speicherorte für die Konfigurationsdateien

In Tabelle 4-4 finden Sie eine Zusammenfassung der Boot-Skripten und der dazugehörigen Konfigurationsdateien für die verschiedenen hier behandelten System V-basierten Systeme, gefolgt von einigen zusätzlichen Anmerkungen.

Tabelle 4-4: Boot-Skripten für System V-basierte Betriebssysteme

Bestandteil	Ort
inittab-Datei	**Standard:** */etc*
rc*-Dateien	**Standard:** */sbin/rcn* **AIX:** */etc/rc.** **HP-UX:** */sbin/rc n*[a] **Linux:** */etc/rc.d/rc n*[a]
rcn.d- und *init.d*-Unterverzeichnisse	**Standard:** */sbin/rcn.d* und */sbin/init.d* **AIX:** */etc/rc.d/rcn.d* (leer) **Linux:** */etc/rc.d/rcn.d* und */etc/rc.d/init.d* (Red Hat); */etc/init.d/rcn.d* und */etc/init.d* (SuSE) **Solaris:** */etc/rcn.d* und */etc/init.d*
Boot-Skript-Konfigurationsdateien	**AIX:** nicht benutzt **FreeBSD:** */etc/rc.conf* und/oder */etc/rc.conf.local* **HP-UX:** */etc/rc.config.d/** **Linux:** */etc/sysconfig/** (Red Hat, SuSE 8); */etc/rc.config* und */etc/rc.config.d/** (SuSE 7) **Solaris:** */etc/default/** **Tru64:** */etc/rc.config*

a   *n* ist der Parameter für *rc*.

Initialisierungsskripten bei Solaris

Unter Solaris wird standardmäßig das System V-Schema für Boot-Skripten verwendet. Dabei wird bcheckrc durch das Skript *rcS* (in */sbin*) ersetzt, führt aber die gleichen Funktionen aus. Solaris benutzt für die Run-Levels von 0 bis 6 separate *rcn*-Skripten (bis auf *rc4*, das extra angelegt werden muss), wobei die Skripten für die Zustände 0, 5 und 6 Links zum gleichen Skript sind, das für die verschiedenen Run-Level mit unterschiedlichen Parametern aufgerufen wird. Für die Run-Level 0 bis 3 sowie S gibt es separate *rcn.d*-Verzeichnisse.

Im Gegensatz zu anderen Systemen ist der Run-Level 5 ein so genannter »Firmware«-(Wartungs-)Modus, der wie folgt definiert wird:

```
s5:5:wait:/sbin/rc5         >/dev/msglog 2>&1 </dev/console
of:5:wait:/sbin/uadmin 2 6 >/dev/msglog 2>&1 </dev/console
```

Diese Einträge zeigen die Verwendung des *msglog*-Programms, das Ausgaben mit einer einzelnen Umleitungsoperation auf einer oder mehreren Konsolen realisieren kann.

Die *inittab*-Dateien unter Solaris enthalten normalerweise auch Einträge für die Daemons der Service Access Facility, wie hier gezeigt:

```
sc:234:respawn:/usr/lib/saf/sac -t 300 ...
co:234:respawn:/usr/lib/saf/ttymon ...
```

Unter Solaris ist der Run-Level 3 als RFS-(Remote File Sharing-)Zustand definiert. Wenn als Netzwerkprotokoll TCP/IP benutzt wird, werden allgemeine Netzwerk-Aktivitäten und diejenigen des NFS-Clients, z. B. das Mounten entfernter Festplatten, im Rahmen von Run-Level 2 eingerichtet. NFS-Server-Aktivitäten werden jedoch erst durchgeführt, wenn der Level 3 erreicht ist und lokale Dateisysteme für andere Systeme zugänglich sind. Das *rc2*-Skript und damit auch die Skripten in *rc2.d* werden für beide Level über einen *inittab*-Eintrag wie den hier gezeigten ausgeführt:

```
s2:23:wait:/sbin/rc2 ...
```

Initialisierungsskripten bei Tru64

Tru64 fühlt sich allgemein an wie ein BSD-basiertes Betriebssystem. Einige der wenigen Stellen, an denen seine wahren System V-Vorfahren zum Vorschein kommen, sind die verwendeten Initialisierungsskripten. So benutzt Tru64 beispielsweise bcheckrc, um (falls nötig) lokale Dateisysteme zu überprüfen und zu mounten.

Unter Tru64 werden nur die vier Run-Level 0, S, 2 und 3 definiert. Standardmäßig bootet init in den Run-Level 3, bei dem auch Netzwerkunterstützung besteht. Der Level 2 ohne Netzwerkunterstützung ist so angelegt, dass man leicht von einem System im Level 3 dorthin wechseln kann. Zu diesem Zweck enthält das Verzeichnis */sbin/rc2.d* eine große Anzahl von K-Dateien, die die verschiedenen Netzwerk-Server und netzwerkabhängigen Subsysteme deaktivieren. Die meisten K-Dateien greifen hierbei auf den ps-Befehl zurück, um die PID eines bestimmten Serverprozesses zu ermitteln und diesen gegebenenfalls zu beenden. Viele S-Dateien in diesem Unterverzeichnis werden gleich wieder beendet, sofern sie nicht im Einzelbenutzer-Modus während der Boot-Phase aufgerufen wurden. Alles in allem sorgen die Dateien in *rc2.d* also für ein funktionierendes, aber nach außen hin abgeschottetes System. Hierbei kann der Run-Level 2 Teil eines Boot-Vorgangs oder Neustarts sein oder durch einen Übergang aus Level 3 erreicht werden.

Initialisierungsskripten bei Linux

Die meisten Linux-Systeme verwenden standardmäßig die Boot-Hierarchie von System V. Hierbei unterstützt das init-Paket unter Linux das spezielle Aktionsschlüsselwort *ctrlaltdel*, mit dem sich STRG-ALT-ENTF-Sequenzen abfangen lassen (die Standardmethode, um auf einem PC einen Neustart zu veranlassen). Im hier gezeigten Fall wird der Befehl shutdown benutzt, um das System neu zu booten:

```
ca::ctrlaltdel:/sbin/shutdown -r now
```

Bestimmte Linux-Distributionen benutzen weitere vorbereitende Boot-Skripten (die noch vor *rc* aufgerufen werden). Red Hat Linux benutzt hierfür beispielsweise */etc/rc.d/rc.sysinit*, während SuSE Linux-Systeme */etc/init.d/boot* verwenden. Diese Skripten übernehmen Aufgaben während der sehr frühen Boot-Phase. Hierzu gehören beispielsweise das Überprüfen und Mounten von Dateisystemen, die Einstellung der Zeitzone sowie das Initialisieren und Aktivieren der Swap-Bereiche.

AIX: System V oder BSD?

Die meisten der unter System V standardmäßig verwendeten Schichten von Initialisierungsskripten können auch weggelassen werden. Nehmen wir zum Beispiel diese *inittab*-Datei von einem AIX-System:

```
init:2:initdefault:
brc::sysinit:/sbin/rc.boot 3 >/dev/console 2>&1
rc:2:wait:/etc/rc 2>&1 | alog -tboot > /dev/console srcmstr:2:respawn:/usr/sbin/srcmstr
tcpip:2:wait:/etc/rc.tcpip > /dev/console 2>&1
nfs:2:wait:/etc/rc.nfs > /dev/console 2>&1
ihshttpd:2:wait:/usr/HTTPServer/bin/httpd > /dev/console 2>&1
cron:2:respawn:/usr/sbin/cron
qdaemon:2:wait:/usr/bin/startsrc -sqdaemon
cons::respawn:/etc/getty /dev/console
tty0:2:respawn:/etc/getty /dev/tty0
```

Abgesehen davon, dass beim Booten ein Serverprozess für die Systemkonsole gestartet und die Datei */etc/bcheckrc* ausgeführt wird, wird hier für den Run-Level 2 nichts weiter definiert.

Dies ist das übliche Vorgehen bei AIX. Wird der Systemzustand 2 erreicht, werden nacheinander mehrere Initialisierungsdateien ausgeführt: in unserem Beispiel */etc/rc*, */etc/rc.tcpip* und */etc/rc.nfs* (wobei unter anderem auch der System Resource Controller gestartet wird). Es folgt der Start mehrerer Daemons über eigene *inittab*-Einträge und, wenn alle Skripten abgearbeitet sind, das Starten der getty-Prozesse. Dieses Konzept unterscheidet sich leicht vom Vorgehen unter BSD, da die */etc/rc*n.*d*-Verzeichnisse unter AIX nicht benutzt werden.

Jüngere Revisionen des AIX-Betriebssystems benutzen Verweise auf andere Run-Level, indem die vorangegangenen *inittab*-Einträge auf folgende Weise modifiziert werden:

```
# Beachten Sie, dass sogar Run-Level 6 einbezogen wird!
tcpip:23456789:wait:/etc/rc.tcpip > /dev/console 2>&1
```

Die */etc/rc.d/rc*n.*d*-Verzeichnisse werden zwar angelegt, sind aber alle leer.

Den Boot-Vorgang anpassen

Früher oder später werden Sie den Standard-Boot-Prozess erweitern oder ändern wollen. Die Erweiterung ist dabei weniger riskant als das Ändern existierender Skripten. Wir werden auf die zwei möglichen Arten der Änderungen getrennt eingehen.

Bevor Sie Änderungen oder Erweiterungen an System-Boot-Skripten vornehmen, sollten Sie ihren Inhalt sehr genau kennen und wissen, was jede einzelne Zeile tut. Sie sollten außerdem eine Kopie der Originaldatei anlegen, damit Sie frühere Versionen im Falle von Problemen leicht wieder herstellen können.

Boot-Skripten erweitern

Wenn Sie den Boot-Vorgang um eigene Befehle erweitern wollen, müssen Sie als Erstes herausfinden, ob es vielleicht schon Unterstützung für die von Ihnen gewünschten Dinge gibt. Finden Sie heraus, ob es vielleicht einen leichteren Weg zu Ihrem Ziel gibt: wie etwa das Ändern einer Konfigurationsvariable oder das Hinzufügen eines Links auf eine bereits in *init.d* vorhandene Datei.

Besitzt das System keine Unterstützung für Ihre Anforderungen, müssen Sie als Nächstes herausfinden, zu welcher Zeit im Boot-Prozess die neuen Befehle ausgeführt werden sollen. Am einfachsten werden neue Einträge am Ende des Standard-Boot-Vorgangs hinzugefügt. Gelegentlich ist das aber nicht möglich.

Sie sollten Ihre Änderungen möglichst von Standarddateien für die Systeminitialisierung getrennt halten. Auf diese Weise ist es leichter, die Änderungen zu testen und zu debuggen. Außerdem gehen die Änderungen nicht so leicht verloren, wenn frühere Versionen der Boot-Skripten bei einem System-Upgrade durch neue ersetzt werden. Unter BSD-Systemen erledigen Sie das am besten durch Hinzufügen einer Zeile in *rc* (bzw. einem anderen Skript, das geändert werden muss), die dann ihrerseits ein separates Skript aufruft:

```
. /etc/rc.site_specific >/dev/console 2>&1
```

Idealerweise würden Sie einen solchen Eintrag ans Ende von *rc* stellen, wobei die auf dem System zusätzlich benötigten Befehle im neuen Skript stehen würden. Beachten Sie, dass dem Skriptnamen der Dot-Befehl vorangestellt wurde, wodurch sämtliche Umgebungsvariablen des aufrufenden Skripts übernommen werden. Diese Methode funktioniert nur mit der Bourne-Shell.

Auf manchen Systemen wird ein *rc.local*-Skript eingebunden, das extra für diesen Zweck gedacht ist (liegt wie *rc* in */etc*). Unter FreeBSD wird die Datei zwar gegen Ende von *rc* eingebunden, muss aber extra angelegt werden.

Auf System V-basierten Systemen gibt es mehrere Möglichkeiten. Ein Ansatz besteht darin, *inittab* um einen oder mehrere zusätzliche Einträge zu erweitern (die auch hier so weit wie möglich am Dateiende stehen sollten):

```
site:23:wait:/etc/rc.site_specific >/dev/console 2>&1
h96:23:once:/usr/local/bin/h96d
```

Der erste Eintrag startet das gleiche Shellskript, das wir vorhin bereits unter BSD eingebunden haben, während der zweite Eintrag einen Daemon-Prozess startet. Das direkte Starten eines Daemons aus *inittab* (im Gegensatz zu einem Start aus einer externen Initialisierungsdatei) kann in zwei Fällen nützlich sein: wenn Sie wollen, dass der Daemon nur beim Booten gestartet wird, und wenn Sie möchten, dass der Daemon automatisch neu gestartet wird, falls sein Prozess aus irgendeinem Grund beendet wird. Um diese Aktionen zu steuern, würden Sie für die *inittab*-Einträge Aktionen wie *once* bzw. *respawn* wählen.

Wenn die Erweiterungen zu einem ganz bestimmten Zeitpunkt während des Boot-Vorgangs eingebunden werden sollen, müssen Sie auch eine Datei in den entsprechenden *rcn.d*-Verzeichnissen ablegen. In diesem Fall folgt man am besten dem System V-Weg: Legen Sie die entsprechende Datei im Verzeichnis *init.d* ab, geben Sie ihr einen passenden, möglichst aussagekräftigen Namen und legen Sie dann in den anderen Verzeichnissen die notwendigen Links an. Wählen Sie die Dateinamen für die Links sehr sorgfältig, damit Ihre Dateien auch zum richtigen Zeitpunkt ausgeführt werden. Wenn Sie im vorgesehenen Verzeichnis den Befehl ls -l ausführen, erhalten Sie eine eindeutige Liste der Reihenfolge der Skripten. Anhand dieser Liste können Sie dann feststellen, welche Zahl Sie für Ihr eigenes Skript benutzen müssen, damit es zum richtigen Zeitpunkt ausgeführt wird.

Bestimmte Aktionen beim Booten unterbinden

Das Deaktivieren bestimmter Teile des Boot-Vorgangs ist ebenfalls recht einfach. Hierbei hängt das Vorgehen von den auf Ihrem System verwendeten Initialisierungsskripten ab. Die verschiedenen Möglichkeiten sind (in absteigender Reihenfolge der Präferenz):

- Deaktivieren von Subsystemen durch Setzen der entsprechenden Kontrollvariable auf no oder 0 in einer der Konfigurationsdateien für das betreffende Boot-Skript. Zum Beispiel: sendmail_enable="no"
- Bei System V-Boot-Skripten: Entfernen des Links im *rcn.d*-Verzeichnis auf das *init.d*-Verzeichnis. Alternativ dazu können Sie den Link auch umbenennen, indem Sie seinem Namen ein zusätzliches Zeichen voranstellen (ich benutze hierfür einen Unterstrich: _K20nfs). Auf diese Weise kann die Datei später wieder leicht eingebunden werden.
- In manchen Fällen kann es nötig sein, einen Eintrag in */etc/inittab* direkt auszukommentieren (beispielsweise wenn ein Daemon, den Sie nicht verwenden wollen, direkt gestartet wird).
- Kommentieren Sie die Zeilen in den Initialisierungsskripten aus, die Sie nicht benutzen wollen. Unter FreeBSD ist dies die einzige Möglichkeit, wenn für den betreffenden Befehl oder das Subsystem kein *rc.conf*-Parameter definiert wurde.

Linux-Systeme besitzen oft ein grafisches Hilfsprogramm, mit dem Links zu Dateien in *init.d* hinzugefügt und entfernt werden können. Abbildung 4-3 zeigt dieses Vorgehen anhand des Hilfsprogramms ksysv unter Red Hat Linux.

Das Hauptfenster zeigt die als S-Dateien markierten Skripten (obere Listen) sowie die K-Dateien für die verschiedenen Run-Level. Die Liste »Available Services« zeigt außerdem alle Dateien in *init.d*. Um ein Skript hinzuzufügen, ziehen Sie die betreffende Datei aus dem Listenfenster in das Fenster für den gewünschten Run-Level. Um eine Datei zu entfernen, ziehen Sie diese in den Mülleimer (in unserem Beispiel entfernen wir gerade das lästige Hardware-Erkennungsprogramm Kudzu).

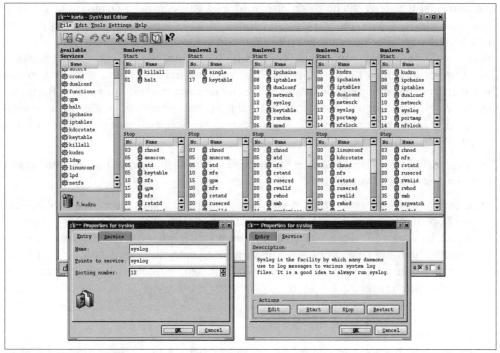

Abbildung 4-3: Modifizieren der Boot-Skript-Links

Ein Klick auf einen Eintrag öffnet das kleinere Dialogfenster im unteren Teil der Abbildung (die zwei möglichen Einstellungen sind hier in zwei verschiedenen Fenstern dargestellt). Über die »Entry«-Schaltfläche können Sie angeben, an welcher Stelle das betreffende Skript in der Sortierreihenfolge stehen soll. Die Schaltfläche »Service« gibt eine Kurzbeschreibung zur Verwendung des hier gezeigten Daemons aus. Über die Buttons lässt sich der Daemon starten, anhalten oder erneut starten. Mit Hilfe des »Edit«-Buttons können Sie sich das betreffende Skript für dieses Programm anzeigen lassen und bei Bedarf bearbeiten.

Standardskripten anpassen

Im Allgemeinen sollte eine Änderung der Befehle in den Boot-Standardskripten zwar vermieden werden, manchmal haben Sie aber keine andere Wahl. So gab es beispielsweise eine Situation, in der die Netzwerk-Daemons auf einigen von mir betreuten Systemen nach einem System-Upgrade plötzlich nicht mehr funktionierten. Die Ursache war ein Programmierfehler in einem der Initialisierungsskripten, wie Sie hier sehen:

```
# Mounting-Status von / überprüfen. Bei entferntem
# Dateisystem übrige Setup-Schritte überspringen.
mount | grep ' / ' | grep ' nfs ' 2>&1 > /dev/null
if [ "$?" -eq 0 ]
then
    exit
fi
```

Die dritte Skriptzeile versucht zu ermitteln, ob es sich beim Root-Dateisystem um eine lokal oder entfernt gemountete Partition handelt; d.h., es wird überprüft, ob es sich bei dem betreffenden Rechner um eine Workstation ohne eigene Festplatte handelt oder nicht. Das Skript geht davon aus, dass es sich im Falle eines per NFS gemounteten Root-Dateisystems um einen Rechner ohne eigene Festplatte handeln muss. Auf den von mir betreuten Systemen wurden allerdings viele Root-Dateisysteme, die auf anderen Rechnern lagen, per NFS gemountet, wodurch das Skript vorzeitig beendet wurde. Unter diesen Umständen besteht die einzige Möglichkeit darin, das Skript zu modifizieren, damit Ihr System wieder richtig arbeitet.

Die folgenden Empfehlungen sollten Sie immer im Kopf behalten, wenn Sie Änderungen an einem Systemskript vornehmen:

- Legen Sie *auf jeden Fall vor der Änderung* eine Kopie der Dateien an und versehen Sie die Kopien mit einem Schreibschutz. Wenn Ihre Version von cp die Option -p unterstützt, benutzen Sie diese, um zusätzlich zum Inhalt auch das Änderungsdatum der Originaldatei auf die Kopie zu übertragen. Diese Informationen können von unschätzbarem Wert sein, wenn Sie einen früheren, funktionsfähigen Zustand wiederherstellen müssen.

```
# cp -p /etc/rc /etc/rc.orig
# cp -p /etc/rc.local /etc/rc.local.orig
# chmod a-w /etc/rc*.orig
```

Unterstützt Ihre Version von cp die -p-Option nicht, können Sie stattdessen folgendermaßen vorgehen:

```
# cd /etc
# mv rc rc.orig; cp rc.orig rc
# mv rc.local rc.local.orig; cp rc.local.orig rc.local
# chmod a-w rc.orig rc.local.orig
```

Wenn Sie weitere Änderungen an einem bereits modifizierten Skript vornehmen wollen, sollten Sie ebenfalls vorher eine Kopie anlegen und diese mit einer anderen Dateiendung versehen, wie etwa *.save*. Auf diese Art können die Änderungen wieder rückgängig gemacht werden. Im schlimmsten Fall, wenn das Skript aufgrund von Programmierfehlern in den neueren Skriptversionen nicht mehr hochfahren will – und das passiert jedem einmal –, können Sie einfach im Einzelbenutzer-Modus booten und die beschädigten Skripten wieder durch die gesicherten, funktionierenden Versionen ersetzen.

- Stellen Sie Regeln auf, nach denen Sie von modifizierten Skripten Sicherungskopien anfertigen, damit diese im Notfall leicht wiederhergestellt werden können. Details hierzu finden Sie in Kapitel 11.

- Aus Sicherheitsgründen sollten die System-Initialisierungsskripten immer *root* gehören und für niemand anderen schreibbar sein. In manchen Fällen kann es auch angemessen sein, diese Dateien vollständig vor dem Zugriff anderer Benutzer außer *root* zu sichern.

Richtlinien für das Schreiben von Initialisierungsskripten

Boot-Systemskripten können sowohl gute als auch schlechte Beispiele für die Shell-Programmierung sein. Wenn Sie eigene Boot-Skripten schreiben oder bestehende Skripten erweitern wollen, sollten Sie dabei die folgenden Programmier-Praktiken beachten:

- Benutzen Sie für alle Befehle den vollständigen Pfadnamen (oder verwenden Sie eine der anderen Methoden, um sicherzustellen, dass das korrekte Executable für diesen Befehl benutzt wird).
- Prüfen Sie genau, unter welchen Bedingungen das Skript ausgeführt wird, wenn ein bestimmter Systemzustand vorausgesetzt wird. Gehen Sie beispielsweise nicht davon aus, dass keine Benutzer in das System eingeloggt sind oder dass ein Daemon, den das Skript starten soll, nicht vielleicht schon läuft; testen Sie auch diese Möglichkeit in Ihrem Skript. Initialisierungsskripten werden oft unter anderen Bedingungen und zu anderen Zeiten ausgeführt, als von ihrem Autor ursprünglich vorgesehen.
- Ziehen Sie alle Situationen in Betracht, die sich aus einer bestimmten Aktion ergeben können, nicht nur die, die Sie sowieso erwarten. Hierzu gehören die Behandlung von ungültigen Argumenten, die an das Skript übergeben wurden, und die Ausgabe einer kurzen Gebrauchsanweisung.
- Geben Sie viele Informationen und Fehlermeldungen an die Administratoren aus, die sich die Ausgaben des Skripts ansehen.
- Versehen Sie das Skript mit ausreichend Kommentaren.

Herunterfahren eines Unix-Systems

Gelegentlich ist es nötig, das System herunterzufahren; beispielsweise bei regelmäßigen Wartungsarbeiten, der Ausführung von Diagnoseprogrammen, Veränderungen oder Erweiterungen der Hardware und anderen administrativen Aufgaben.

Beim Herunterfahren des Systems werden die folgenden Aktionen durchgeführt:

- Alle in das System eingeloggten Benutzer werden informiert, dass das System heruntergefahren wird. Falls möglich, sollte ihnen eine angemessene Reaktionszeit eingeräumt werden.
- Allen Prozessen wird signalisiert, die Arbeit zu beenden. Dabei wird ihnen eine angemessene Zeit eingeräumt, sich selbst sauber zu beenden, sofern das Programm eine entsprechende Möglichkeit hierfür bereitstellt.
- Sämtliche Subsysteme werden mit den dafür vorgesehenen Befehlen sauber beendet.
- Alle verbleibenden Benutzer werden ausgeloggt; übrig gebliebene Prozesse werden mit kill beendet.
- Alle noch ausstehenden Platten-Updates werden durchgeführt, um die Integrität des Dateisystems sicherzustellen.
- Abhängig von der Art des Herunterfahrens, wechselt das System entweder in den Einzelbenutzer-Modus, wird vollständig angehalten oder neu gestartet.

Sind diese Schritte ausgeführt, kann der Administrator den Strom ausschalten, Diagnoseprogramme ausführen oder andere notwendige Wartungsarbeiten ausführen.

Auf Unix-Systemen werden diese Aufgaben von dem Befehl shutdown ausgeführt. Normalerweise schickt shutdown in bestimmten zeitlichen Abständen Nachrichten an alle eingeloggten Benutzer, um sie zu warnen, dass das System heruntergefahren wird. Nach der letzten Nachricht werden alle Benutzer ausgeloggt und das System in den Einzelbenutzer-Modus überführt.

Alle Unix-Systeme, selbst diejenigen, die auf PC-Hardware laufen, sollten mit den in diesem Abschnitt beschriebenen Befehlen heruntergefahren werden. Dies ist notwendig, um die Integrität des Dateisystems und das saubere Beenden der verschiedenen Systemdienste sicherzustellen. Wenn Sie sich um die Daten auf Ihren Festplatten Sorgen machen, schalten Sie niemals einfach nur den Strom ab.

Der shutdown-Befehl existiert in zwei verschiedenen Versionen. Solaris und HP-UX verwenden die System V-Variante (wobei die letztere leicht vom Standard abweicht), während AIX, FreeBSD, Linux, Solaris und Tru64 die BSD-Version benutzen.

Auf manchen Systemen gibt es den Befehl telinit. Dieser bietet eine schnelle Möglichkeit, ein System herunterzufahren (telinit S), anzuhalten (telinit 0) oder neu zu starten (telinit 6).

Der shutdown-Befehl bei System V

Unter System V hat der Befehl shutdown das folgende Format:

```
# shutdown [-y] [-g Wartezeit] [-i Neues_Run-Level] Nachricht
```

Die Option -y sorgt dafür, dass alle Eingabeaufforderungen von shutdown automatisch mit »yes« beantwortet werden. *Wartezeit* gibt an, wie viele Sekunden gewartet werden soll, bis der Prozess gestartet wird (Standardwert: 60). *Neuer_Run-Level* ist der Run-Level, in den das System wechseln soll (Standard ist der Einzelbenutzer-Modus), und *Nachricht* ist die Textnachricht, die allen Benutzern angezeigt werden soll.

Unter HP-UX hat shutdown die folgende Form:

```
# shutdown [-y] Wartezeit
```

Auch hier werden durch die Option -y alle Eingabeaufforderungen automatisch positiv beantwortet und *Wartezeit* steht für die Anzahl der Sekunden, bevor mit dem Herunterfahren begonnen werden soll. Anstelle der Sekunden kann optional das Schlüsselwort now angegeben werden.

Hier ein paar Beispiele für Befehle, die das System nach 15 Sekunden in den Einzelbenutzer-Modus überführen (wobei alle Eingabeaufforderungen automatisch beantwortet werden):

```
# shutdown -y -g 15 -i s "System wird heruntergefahren"    Solaris
# shutdown -y 15                                           HP-UX
```

Unter HP-UX können außerdem die Optionen -r und -h angegeben werden, um das System sofort neu zu starten bzw. den Prozessor anzuhalten, nachdem das System komplett heruntergefahren wurde.

Folgende Befehle können beispielsweise einen sofortigen Neustart des Systems einleiten:

```
# shutdown -y -g 0 -i 6 "System wird neu gestartet"   Solaris
# shutdown -y -r now                                   HP-UX
```

Sicherheitsaspekte beim Herunterfahren von HP-UX

HP-UX stellt die Datei */etc/shutdown.allow* zur Verfügung. Wenn diese Datei existiert, muss ein Benutzer einen Eintrag in dieser Datei haben, um den shutdown-Befehl ausführen zu können. Das gilt auch für *root*. Existiert die Datei nicht, kann shutdown nur von *root* ausgeführt werden. Einträge in dieser Datei bestehen aus einem Rechnernamen, gefolgt von einem Benutzernamen, wie in diesen Beispielen gezeigt:

hamlet	chavez	*chavez darf hamlet herunterfahren.*
+	root	*root kann alle Systeme herunterfahren.*
dalton	+	*Jeder kann dalton herunterfahren.*

Wie Sie sehen, dient das Pluszeichen als Wildcard-Zeichen. In der Datei *shutdown.allow* ist außerdem ein Prozentzeichen als weiteres Wildcard-Zeichen erlaubt, das für alle Systeme in einem Cluster steht. Das Zeichen hat für Systeme, die nicht Teil eines Clusters sind, keine Bedeutung.

Der shutdown-Befehl bei BSD

Bei BSD hat shutdown die folgende Syntax:

```
# shutdown [Optionen] Zeit Nachricht
```

Dabei kann die Zeit in drei verschiedenen Formaten angegeben werden:

+m	*System in m Minuten herunterfahren.*
h:m	*Zur angegebenen Zeit herunterfahren (24-Stunden-Schreibweise).*
now	*System sofort herunterfahren.*

Die Option now sollte auf Mehrbenutzersystemen mit Vorsicht verwendet werden.

Die *Nachricht* wird von shutdown an alle Benutzer ausgegeben; dabei kann es sich um einen beliebigen Textstring handeln. Der folgende Befehl fährt das System zum Beispiel in einer Stunde herunter:

```
# shutdown +60 "System wird für Wartungsarbeiten heruntergefahren"
```

Der Befehl informiert die Benutzer mit der Meldung »System wird für Wartungsarbeiten heruntergefahren«. Dabei gibt shutdown die erste Nachricht sofort aus und wiederholt die Warnmeldung in immer kürzeren Abständen, je näher der Zeitpunkt des Herunterfahrens rückt. Benutzer im Netzwerk, die die Dateien des Systems eventuell per NFS nutzen, werden ebenfalls informiert.

Standardmäßig bringt der BSD-shutdown das System in den Einzelbenutzer-Modus, außer auf AIX-Systemen, wo der Prozessor standardmäßig angehalten wird. Soll stattdessen in den Einzelbenutzer-Modus heruntergefahren werden, muss shutdown mit der Option -m aufgerufen werden.

Mit folgenden Optionen kann das Herunterfahren weiter beeinflusst werden:

- shutdown -r: System nach dem Herunterfahren sofort wieder neu booten. Entspricht dem Befehl reboot.
- shutdown -h: Prozessor anhalten, anstatt in den Einzelbenutzer-Modus zu wechseln. Ist dieser Prozess abgeschlossen, ist es sicher, den Rechner auszuschalten. Im Einzelbenutzer-Modus können Sie zum Anhalten des Prozessors auch den Befehl halt verwenden.
- shutdown -k: Herunterfahren des Systems nur vortäuschen. Die Benutzer bekommen zwar die entsprechenden Meldungen angezeigt, der Rechner wird tatsächlich aber nicht heruntergefahren. Ich vermute, die Absicht besteht darin, dass hiermit die Benutzer aus dem System verscheucht werden sollen. In der Praxis können die Benutzer aber ziemlich beharrlich sein und lassen sich lieber von shutdown rausschmeißen, als sich selbst auszuloggen.

Der shutdown-Befehl bei Linux

Die auf den meisten Linux-Systemen benutzte shutdown-Version besitzt zusätzlich eine -t-Option. Dann kann angegeben werden, wie lange der Kernel nach einem Versenden des TERM-Signals an alle verbleibenden Prozesse warten soll, bis er das KILL-Signal schickt. Standard sind 30 Sekunden. Der folgende Befehl fährt das System schneller herunter, indem er die Zeit zwischen den zwei Befehlen auf 5 Sekunden verkürzt:

```
# shutdown -h -t 5 now
```

Des Weiteren kann die Option -a angegeben werden, die einen begrenzten Sicherheitsmechanismus für shutdown bereitstellt. Wird der Befehl mit dieser Option aufgerufen, überprüft er, ob Benutzer, die in der Datei */etc/shutdown.allow* verzeichnet sind, gerade an der Konsole (oder irgendeiner entsprechenden virtuellen Konsole) eingeloggt sind. Ist das nicht der Fall, schlägt shutdown fehl.

Der Zweck dieser Option besteht darin, dass verhindert werden soll, dass beliebige Passanten auf der Konsole Strg-Alt-Entf eingeben und dadurch einen (ungewollten) Neustart auslösen. Dementsprechend findet sich diese Option auch im *inittab*-Eintrag für diese Situation wieder.

Sichern der Festplatte mit dem sync-Befehl

Wie bereits gesagt, besteht einer der wichtigsten Schritte beim Herunterfahren im Abgleich der Festplatten. Der Befehl sync beendet alle Festplatten-Transaktionen und schreibt die Daten auf die Platte. Dadurch wird sichergestellt, dass das System ausgeschaltet werden kann, ohne dass Dateien beschädigt werden. Sie können den Befehl notfalls auch manuell ausführen:

```
# sync
# sync
```

Warum wird sync hier zwei- oder dreimal (oder womöglich noch öfter)[14] ausgeführt? Ich glaube, hierbei handelt es sich um etwas Unix-Aberglauben. Der sync-Befehl veranlasst zwar das Herausschreiben der Daten, führt es aber nicht unbedingt sofort aus, auch wenn der Unix-Prompt direkt wieder erscheint. Mehrere Aufrufe von sync erhöhen die Wahrscheinlichkeit, dass der Schreibvorgang durchgeführt wird, bevor Sie einen anderen Befehl eingeben (oder den Strom ausschalten), indem die Zeit für diese Operation verlängert wird. Der gleiche Effekt lässt sich aber auch erzielen, wenn Sie einige Sekunden warten, bis die Festplatten-Aktivitäten aufhören, bevor Sie weitere Schritte unternehmen. Die mehrfache Eingabe von »sync« gibt Ihnen etwas zu tun, während Sie warten.

Es gibt eine Situation, in der es nicht ratsam ist, sync auszuführen – weder manuell noch automatisch: nach dem manuellen Ausführen von fsck für das Root-Dateisystem. Wenn Sie die Festplatten zu diesem Zeitpunkt synchronisieren, werden die in den Kernel-Puffern gespeicherten schlechten Superblöcke wieder auf die Platte geschrieben. Hierdurch gehen die gerade mit fsck durchgeführten Reparaturen wieder verloren. In einem solchen Fall müssen Sie auf BSD-basierten Systemen und unter HP-UX für die Befehle reboot oder shutdown die Option -n angeben, um das automatische Synchronisieren zu unterdrücken.

FreeBSD und System V sind in diesem Punkt schon schlauer. Wurde das Root-Dateisystem verändert, mountet fsck es in der Regel automatisch neu. Dadurch sind keine weiteren Aktionen nötig, um ein Synchronisieren der Festplatten zu vermeiden.

Das Herunterfahren abbrechen

Auf den meisten Systemen besteht die einzige Möglichkeit, das Herunterfahren des Systems abzubrechen, darin, den shutdown-Prozess zu beenden. Ermitteln Sie die PID des shutdown-Prozesses mit einem Befehl wie diesem:

```
# ps -ax | grep shutdown      BSD-Stil
# ps -ef | grep shutdown      System V-Stil
```

Danach beenden Sie den Prozess mit dem Befehl kill:

```
# ps -ef | grep shutdown
25723 co S      0:01 /etc/shutdown -g300 -i6 -y
25800 co S      0:00 grep shutdown
# kill -9 25723
```

Ein shutdown-Befehl kann nur während seiner Wartezeit sicher heruntergefahren werden. Hat er einmal damit begonnen, das System herunterzufahren, lassen Sie ihn besser gewähren und führen anschließend einen Neustart durch.

---

14 Solaris-Administratoren schwören darauf, dass dieser Schritt mindestens fünfmal ausgeführt werden muss, bevor er sicher ist; ansonsten wird die Passwort-Datei beschädigt. Ich konnte dieses Phänomen jedoch noch nicht nachvollziehen.

Unter Linux kann für den shutdown-Befehl die Option -c angegeben werden, wodurch ein Herunterfahren des Systems abgebrochen wird. Es wäre schön, wenn alle Versionen so hilfreich wären.

Fehlersuche: Mit Systemabstürzen und Fehlern beim Booten umgehen

Selbst Systeme, die hervorragend gewartet werden, stürzen von Zeit zu Zeit ab. Von einem *Systemabsturz* spricht man, wenn das System plötzlich aufhört zu funktionieren. Das Ausmaß der Fehlfunktionen kann stark variieren; von einem Fehler, der sämtliche Subsysteme betrifft, bis zu einem Problem, das mit einem bestimmten Gerät oder dem Kernel selbst zu tun hat, kann so ziemlich alles passieren. Wenn das System auf keine Eingaben von Benutzern oder Geräten mehr reagiert oder nichts mehr ausgibt, obwohl das System selbst weiterhin geladen bleibt, sagt man, das System hat sich *aufgehängt* oder ist *eingefroren*.

Für Systemabstürze und Hänger kann es viele Gründe geben. Die häufigsten Gründe finden Sie in der folgenden Liste:

- Fehlfunktionen der Hardware: nicht mehr funktionierende Festplatten-Controller, CPU-Boards, Speicherplatinen, Netzteile, Head-Crash der Festplatte und so weiter.
- Sporadisch auftretende Fehler der Hardware, wie Paritätsfehler im Arbeitsspeicher. Diese Fehler weisen auf Hardware hin, die bald ihren Geist aufgeben wird.
- Stromausfälle oder Spannungsspitzen, die auf Probleme mit der internen Stromversorgung zurückzuführen sind, Ausfälle der Hauptstromversorgung, Gewitter und so weiter.
- Andere Probleme mit der Umwelt: ein Loch im Dach oder ein Ausfall der Klimaanlage.
- I/O-Probleme, die nicht auf Fehler an der Hardware zurückzuführen sind.
- Software-Probleme: schwerwiegende Fehler im Kernel, die durch Programmierfehler des Betriebssystems verursacht werden, oder (seltener) Probleme, die durch Benutzer oder Programme anderer Anbieter verursacht werden.
- Überlastung der System-Ressourcen (z.B. ein Überlaufen des Swap-Bereichs). Diese Situationen treten oft zusammen mit Programmierfehlern im Betriebssystem auf, die einen Systemabsturz oder einen Hänger verursachen.

Einige dieser Ursachen lassen sich leichter feststellen als andere. Es scheint in einer solchen Situation am wichtigsten, das System neu zu starten – es ist aber genauso wichtig, Informationen über einen möglichen Grund für den Absturz zusammenzutragen, solange die Daten noch zugänglich sind.

Manchmal ist es offensichtlich, warum ein System abgestürzt ist, beispielsweise wenn der Strom ausfällt. Wenn der Grund nicht sofort klar ist, sind die erste Informationsquelle die Meldungen auf der Systemkonsole. Diese sind normalerweise selbst dann noch sichtbar, wenn das System für einen automatischen Neustart eingerichtet ist. Selbst wenn die Meldungen nicht mehr angezeigt werden, sind sie vielleicht noch in der Error-Logdatei des Systems zu finden, die normalerweise unter */var/log/messages* gespeichert wird (siehe Kapitel 3), oder auch in bestimmten herstellerspezifischen Einrichtungen zur Fehlerbehandlung.

Nach den Konsolenmeldungen kommen die Crash-Dumps. Die meisten Systeme legen im Falle eines Systemabsturzes (wenn möglich) einen Dump des Kernel-Speichers an. Diese Speicherauszüge können anschließend mit einem Debugging-Werkzeug untersucht werden, um herauszufinden, was der Kernel beim Absturz gerade gemacht hat. Offensichtlich sind diese Dumps nur bei bestimmten Arten von Systemabstürzen hilfreich, bei denen der Systemzustand während des Absturzes von Bedeutung ist. Die Analyse von Crash-Dumps würde den Rahmen dieses Buches sprengen, aber Sie sollten zumindest wissen, wo die Crash-Dumps auf Ihrem System abgelegt werden und wie Sie darauf zugreifen können, selbst wenn Sie damit nur den Service-Techniker des Herstellers unterstützen.

Crash-Dumps werden normalerweise in der Swap-Partition des Systems abgelegt. Da dieser Bereich bei einem Neustart überschrieben werden kann, müssen bestimmte Vorkehrungen getroffen werden, um seinen Inhalt zu sichern. Hilfe bietet hier, wie wir bereits wissen, der Befehl savecore (unter HP-UX heißt dieser Befehl savecrash).

Wenn Sie Crash-Dumps sichern wollen, müssen Sie sicherstellen, dass die primäre Swap-Partition groß genug ist. Sofern Ihr System die Crash-Dumps beim Anlegen nicht komprimieren kann (wie bei Tru64) oder nicht dazu in der Lage ist, nur die relevanten Speicherbereiche zu sichern, muss die Swap-Partition mindestens so groß sein wie der physikalische Arbeitsspeicher.

Wenn Ihr System abstürzt und Sie Crash-Dumps *nicht* standardmäßig sichern, Sie aber trotzdem einen erstellen möchten, booten Sie das System im Einzelbenutzer-Modus und führen savecore von Hand aus. Lassen Sie das System nicht in den Mehrbenutzerbetrieb hochfahren, bevor Sie den Crash-Dump nicht gesichert haben; hat das System einmal den Mehrbenutzer-Modus erreicht, ist es zu spät.

Unter AIX gibt es den Befehl snap, mit dem Crash-Dumps und andere Systemdaten für eine spätere Analyse gesichert werden können.

Skripten für Stromausfälle

In *inittab* gibt es zwei weitere Schlüsselwörter für Aktionen, die wir bisher noch nicht betrachtet haben: *powerfail* und *powerwait*. Damit werden Einträge gekennzeichnet, die ausgeführt werden, wenn der init-Prozess ein *SIGPWR*-Signal erhält, dass auf einen bevorstehenden Stromausfall hinweist. Dieses Signal wird nur bei erkennbaren Stromausfällen erzeugt, hierzu zählen beispielsweise defekte Netzteile, Lüfter usw. oder ein Signal von der unterbrechungsfreien Stromversorgung (USV). Im Unterschied zu *powerfail* weist *powerwait* init an, auf die Beendigung des Prozesses zu warten, bevor mit dem nächsten Eintrag in *inittab* weitergemacht wird.

Die aufgerufenen Skripten tragen oft Namen wie rc.powerfail. Ihre Aufgabe besteht darin, alles Machbare in der knappen, zur Verfügung stehenden Zeit zu unternehmen, um das System zu schützen. Demnach konzentrieren sich solche Skripten darauf, die Festplatten zu synchronisieren, um einen Datenverlust durch noch nicht ausgeführte Festplattenaktivitäten zu verhindern.

Linux bietet außerdem noch die Aktion *powerokwait*, die aufgerufen wird, wenn der Strom wieder da ist. Sie weist init an zu warten, bis der entsprechende Prozess beendet ist, bevor er zu anderen Einträgen übergeht.

> ### Den Fahrplan einhalten
>
> *Wenn Sie Ihren Kopf bewahren können, während alle anderen um*
> *Sie herum ihn verlieren und Ihnen dafür die Schuld geben...*
> –Kipling
>
> Systemadministration wird oft mit der Metapher *Den Fahrplan einhalten* umschrieben. Das bezieht sich darauf, dass die Auswirkungen der Systemadministration grundsätzlich unbemerkt bleiben sollten. Niemand nimmt Züge zur Kenntnis – es sei denn, sie kommen zu spät. Das trifft um so mehr auf Computer zu: Niemand wird von ihnen Notiz nehmen, solange sie laufen. Aber nur wenige Tage moderater Instabilitäten des Systems (im Klartext: häufige Abstürze) führen selbst bei den gutmütigsten Benutzern zu Frustration und Feindseligkeit.
>
> Die Leute glauben gerne, dass man etwas hätte tun können, gleichgültig um welches Problem es sich handelt. Manchmal stimmt das sogar, aber längst nicht immer und schon gar nicht in der Regel. Systeme haben manchmal Probleme, die selbst durch die beste Pflege nicht verhindert werden können.
>
> Die beste Art, mit solchen Situationen umzugehen, verfolgt zwei Strategien. Die erste Strategie besteht darin, während der Phase der Panik und Hysterie die eigene Arbeit so gut es geht zu erledigen und sich die Fragen nach dem Wer und Warum aufzuheben, bis die Dinge wieder stabil laufen. Der zweite Teil kommt in den ruhigen Zeiten zwischen den Krisen zum Tragen. Er verlangt detaillierte Aufzeichnungen über Systemleistung und -status über einen längeren Zeitraum. Diese Informationen sind von unschätzbarem Wert, wenn es darum geht einzuschätzen, welche Bedeutung einer bestimmten Krise beizumessen ist. Wenn das System zwei Tage nicht läuft, wird es niemanden interessieren, dass es während der letzten sechs Monate 98% der Zeit einwandfrei funktioniert hat. Diese Informationen sind erst wieder wichtig, wenn sich die Dinge wieder stabilisiert haben.
>
> Es ist außerdem empfehlenswert, zu dokumentieren, wie Sie Ihre Zeit mit dem System verbringen. Teilen Sie die Zeit in grobe Kategorien ein (Systempflege, Benutzer-Support, Routineaufgaben, Systemerweiterung) und notieren Sie sich, *wie viel* Zeit Sie jeweils mit einer Aufgabe verbringen, besonders in Krisenzeiten. Sie werden über das Ergebnis erstaunt sein.

Wenn das System nicht bootet

Wie bei Systemabstürzen kann es viele Gründe geben, warum ein System nicht mehr booten will. Um solche Probleme zu lösen, müssen Sie erst einmal herausfinden, worin das eigentliche Problem besteht. Sie müssen genau wissen, wie ein normaler Boot-Vorgang abläuft, um klar sagen zu können, welcher Fehler aufgetreten ist. Eine Liste der normalen Boot-Meldungen kann oft von großer Hilfe sein. Eine Sache, die es sich zu merken lohnt, ist, dass Boot-Probleme immer durch Änderungen am System hervorgerufen werden. Systeme hören nicht einfach auf zu arbeiten. Sie müssen herausfinden, *was* geändert wurde. Wenn Sie gerade Änderungen am System vorgenommen haben, sind diese natürlich die Hauptverdächtigen.

In diesem Abschnitt finden Sie die häufigsten Ursachen für Probleme beim Booten und Vorschläge, was Sie im jeweiligen Fall unternehmen können.

Schlechte oder »angeschlagene« Hardware

Überprüfen Sie das Offensichtliche zuerst. Bei einem Gerätefehler sollten Sie zuerst überprüfen, ob es sich vielleicht um ein einfaches Problem handelt, das leicht zu lösen ist. Ist das Gerät ans Stromnetz angeschlossen und eingeschaltet? Sind irgendwelche Verbindungskabel locker? Ist die korrekte SCSI-ID eingestellt? Ist der SCSI-Terminator richtig gesteckt? Na, Sie wissen schon.

Versuchen Sie, das Gerät wiederzubeleben. Manchmal schmollen die Geräte einfach nur und können wieder ins Leben zurückgeholt werden. Wenn eine Festplatte beispielsweise nicht hochfährt, versuchen Sie es damit, mehrmals den Strom aus- und wieder einzuschalten. Wenn das nicht funktioniert, versuchen Sie den Strom für das gesamte System abzuschalten. Danach schalten Sie die Geräte eins nach dem anderen wieder ein; die externen Geräte zuerst und die CPU möglichst zum Schluss. Dabei sollten Sie jeweils warten, bis das jeweilige Gerät hochfährt, bevor Sie mit dem nächsten weitermachen. Manchmal funktioniert dieser Ansatz nach dem zweiten oder dritten Versuch, wenn der erste fehlgeschlagen ist. Wenn Sie davon genug haben, rufen Sie den Service-Techniker. Wenn Sie diesen Ansatz wählen, warten Sie nach dem Ausschalten ungefähr eine Minute, bis sich die Kondensatoren im Gerät vollständig entladen haben.

Gerätefehler. Wenn Fehler an wichtigen Hardware-Teilen auftreten, bleibt Ihnen meistens nur noch die Möglichkeit, den Service-Techniker zu rufen. Die Fehler können plötzlich auftreten und der erste Neustart nach dem letzten Ausschalten belastet die Geräte dermaßen stark, dass sie ihren Geist aufgeben.

Unlesbare Dateisysteme auf funktionierenden Festplatten

Dieser Fall lässt sich vom vorigen an der Art der Fehlermeldung unterscheiden. Defekte Hardware erzeugt normalerweise Fehlermeldungen über das betreffende Gerät als Ganzes. Fehlermeldungen über Probleme mit einem Dateisystem werden meistens erst später im Boot-Prozess ausgegeben, wenn das Betriebssystem versucht, darauf zuzugreifen.

Fehler im Root-Dateisystem. Die Behandlung dieses Fehlers hängt davon ab, welches Dateisystem beschädigt ist. Wenn es sich um das Root-Dateisystem handelt, lässt es sich vielleicht von einem bootfähigen Backup-Band (oder einem Image im Netzwerk) wiederherstellen. Eventuell kann von einem anderen Medium (dem Band, der CD-ROM oder der Diskette, von der das Betriebssystem installiert wurde) gebootet werden, das Dateisystem neu eingerichtet werden und die Dateien von einem Backup-Medium wiederhergestellt werden.

Wiederherstellung anderer Dateisysteme. Kann das System noch im Einzelbenutzer-Modus gebootet werden, stehen die Dinge nicht ganz so schlecht. In diesem Fall sind Sie auf jeden Fall in der Lage, das Dateisystem neu einzurichten und die Dateien vom Backup-Medium wieder zurückzuspielen.

Beschädigung von Festplattenbereichen ohne Dateisystem

Beschädigte Boot-Sektoren. Gelegentlich sind die Boot-Partition oder sogar die Boot-Blöcke der Root-Partition beschädigt. Manche Unix-Versionen enthalten Werkzeuge, mit denen diese Bereiche wiederhergestellt werden können, ohne die gesamte Festplatte neu initialisieren zu müssen. Vermutlich müssen Sie in diesem Fall von einem bootbaren Backup-Band oder einem anderen Distributionsmedium booten, um diese Werkzeuge benutzen zu können. Auch hier ist der schlimmste anzunehmende Fall eine Neuinstallation des Betriebssystems.

Fehlerhafte Partitionstabellen. Auf PCs ist es möglich, bei der Arbeit mit dem Hilfsprogramm fdisk versehentlich die Partitionstabellen einer Festplatte zu löschen. Wenn dann der Strom ausfällt oder fdisk sich aufhängt, kann es passieren, dass die Partitionsinformationen beschädigt oder ganz gelöscht werden. Dieses Problem kann auch auf größeren Systemen auftreten, obwohl die Partitionsinformationen dort häufig nur bei der Installation des Systems bearbeitet werden (und oft nicht einmal dann).

Am wichtigsten ist es, in einer solchen Situation nicht in Panik zu geraten. Das passierte mir einmal mit einer Festplatte, auf der ich drei Betriebssysteme installiert hatte und die ich nicht noch einmal installieren wollte. Die Lösung ist in diesem Fall ganz einfach: Führen Sie fdisk einfach noch einmal aus und legen Sie die Partitionen wieder so wie vorher an und alles wird wieder sein wie zuvor. Das setzt natürlich voraus, dass Sie vollständige, detaillierte und zugängliche Aufzeichnungen (z.B. einen Ausdruck) über die Aufteilung der Partitionen haben.

Inkompatible Hardware

Probleme mit einem neuen Gerät. Manchmal hängt sich ein System auf, wenn Sie versuchen, es nach dem Hinzufügen neuer Hardware neu zu booten. Das kann passieren, wenn das System den gerade hinzugefügten Gerätetyp nicht unterstützt, entweder weil das System für die Unterstützung des Geräts neu konfiguriert werden muss oder einfach weil es nicht mit dem Gerät zusammenpasst.

Im ersten Fall kann das System entsprechend konfiguriert werden, damit die neue Hardware unterstützt wird, beispielsweise durch das Kompilieren eines neuen Kernels oder durch andere auf Ihrem System angemessene Aktionen. Wenn Sie herausfinden, dass ein bestimmtes Gerät vom System nicht unterstützt wird, müssen Sie es wahrscheinlich wieder entfernen, damit das System gebootet werden kann. Danach können Sie mit dem Hersteller Kontakt aufnehmen, um entsprechende Anweisungen und Hilfe zu erhalten. Auf lange Sicht spart es Zeit, vor dem Kauf oder der Installation neuer Hardware die Kompatibilität zu überprüfen.

Probleme nach einem System-Upgrade. Probleme mit der Kompatibilität von Hardware können gelegentlich auch auftreten, nachdem ein System-Upgrade auf Maschinen vorgenommen wurde, deren Hardware unverändert geblieben ist. Dies kann daran liegen, dass die Geräte vom Hersteller nicht länger unterstützt werden oder dass die neue Version unentdeckte Programmierfehler enthält. Das neue Betriebssystem kommt als Fehlerursache in Frage, wenn Sie den Rechner weiterhin von einem bootbaren Backup-Band oder einem anderen Installationsmedium hochfahren können. Wenn Sie nach einem Upgrade des Betriebssytems auf plötzliche Probleme stoßen, ist die Kontaktaufnahme mit dem Hersteller oft die beste Lösung.

Gerätekonflikte. Auf PCs kommunizieren die Geräte oft auf viele verschiedene Arten mit der CPU: Interrupt-Signale, DMA-Kanäle, I/O-Adressen/Ports und Speicheradressen (in absteigender Reihenfolge der Problemwahrscheinlichkeit). Für alle gleichzeitig laufenden Geräte müssen für die relevanten Punkte eindeutige Werte vergeben sein (diese Werte werden über Jumper-Einstellungen oder andere Mechanismen am Gerät selbst, an dessen Controller oder über bestimmte vom Hersteller bereitgestellte Software eingestellt). Detaillierte und präzise Aufzeichnungen über die Einstellungen aller Geräte im System erleichtern eine passende Auswahl, wenn neue Geräte hinzugefügt werden sollen oder Probleme auftreten.

Fehler bei der Systemkonfiguration

Fehler in Konfigurationsdateien. Diese Fehler sind meistens sehr einfach zu erkennen. Mit größter Wahrscheinlichkeit haben Sie gerade etwas geändert und der Boot-Vorgang wird an einer eindeutig zu identifizierenden Stelle abgebrochen. Die Lösung besteht darin, im Einzelbenutzer-Modus zu booten und den Fehler in der Konfigurationsdatei zu beheben oder sie anhand einer funktionierenden Sicherungskopie wiederherzustellen.

Kernel lässt sich nicht booten. Manchmal kann es nach dem Kompilieren eines neuen Kernels passieren, dass dieser nicht booten will. Dies kann in mindestens zwei Fällen auftreten: Vielleicht haben Sie bei der Konfiguration oder beim Kompilieren einen Fehler gemacht, oder aber der Kernel selbst enthält Programmierfehler, die sich nun auf Ihrem System manifestieren. Letzteres passiert gelegentlich, wenn auf Linux-Systemen auf das neueste Kernel-Release aktualisiert wurde und Sie vergessen haben, nach der Kernel-Kompilierung `lilo` aufzurufen.

In beiden Fällen besteht die Lösung darin, das System mit einer funktionsfähigen Sicherungskopie zu booten, die Sie genau für diesen Fall angelegt haben. Ist das System einmal hochgefahren, können Sie versuchen, die Probleme mit dem neuen Kernel aufzuspüren.

Wenn Sie im Falle der Linux-Kernel sicher sind, keinen Fehler gemacht zu haben, können Sie in den passenden Newsgruppen nachlesen, ob es noch andere Menschen mit dem gleichen Problem gibt. Stehen keine Informationen zur Verfügung, ist es das Beste, auf den nächsten Patch-Level zu warten (was meistens nicht lange dauert) und dann zu versuchen, den Kernel erneut zu kompilieren. Meistens tritt das Problem danach nicht mehr auf.

Fehler in Initialisierungsdateien sind eine sehr häufige Ursache für Probleme beim Booten. Normalerweise wird beim Auftreten eines Fehlers der Boot-Vorgang angehalten und das System in den Einzelbenutzer-Modus versetzt. Der in Kapitel 3 beschriebene Zwischenfall, bei dem die Workstation eines Benutzers nicht mehr booten wollte, war auf ein solches Problem zurückzuführen. Der Benutzer hatte die Initialisierungsdateien seines Systems verändert und dadurch einen Fehler in die erste Zeile von /etc/rc eingebaut (wie ich später herausfand). Dadurch wurde nur das Root-Dateisystem gemountet. Auf dem betreffenden System befand sich das /usr-Verzeichnis auf einer anderen Partition und die in /bin abgelegten Befehle griffen auf Shared Libraries in /usr zurück. Es gab also weder ls noch cat und nicht einmal ed.

Wie ich Ihnen schon gesagt habe, erinnerte ich mich daran, dass echo die Dateinamen ausgeben kann, indem der Shell-interne Wildcard-Mechanismus verwendet wird (und ohne dass hierfür Shared Libraries nötig wären). Ich gab also Folgendes ein

```
# echo /etc/rc*
```

und fand heraus, dass es eine Datei namens *rc.dist* gab. Auch wenn diese Datei vermutlich nicht aktuell war, war sie doch in der Lage, die Dinge wieder zum Laufen zu bringen. Ich führte sie manuell aus:

```
# . /etc/rc.dist
```

Die Moral von der Geschichte lautet: *Testen, testen, testen!* Denken Sie immer daran, dass Umsichtigkeit immer Ihre beste Hoffnung ist.

KAPITEL 5
TCP/IP-Vernetzung

Mittlerweile existieren nur noch sehr wenige Computer in einer isolierten Umgebung und das Netzwerkmanagement ist zu einem festen Bestandteil der Systemadministration geworden. Tatsächlich werden in einigen Kreisen die Bezeichnungen »Systemadministrator« und »Netzwerkadministrator« mehr oder weniger synonym verwendet.

Dieses Kapitel bietet einen Überblick über die TCP/IP-Vernetzung von Unix-Systemen. Es beginnt mit einer allgemeinen Besprechung der TCP/IP-Konzepte und -Verfahren und behandelt dann die grundlegende Netzwerkkonfiguration für Client-Systeme, inklusive der Unterschiede und den besonderen Kniffen jedes unserer Referenz-Betriebssysteme. Im weiteren Verlauf dieses Buches werden noch andere netzwerkbezogene Themen angesprochen, inklusive einer tiefer gehenden Behandlung der Netzwerksicherheit in Kapitel 7 und der Administration und Konfiguration von Netzwerkeinrichtungen und -diensten in Kapitel 8.

Für eine Behandlung des Themas TCP/IP-Vernetzung in Buchlänge beachten Sie auch Craig Hunts hervorragendes Buch *TCP/IP Netzwerk-Administration* (O'Reilly Verlag).

TCP/IP-Vernetzung verstehen

Der Begriff »TCP/IP« ist eine Abkürzung für eine umfangreiche Sammlung von Protokollen und Diensten, die zur Vernetzung von Computersystemen benötigt werden. In jeder vorkommenden Implementierung enthält TCP/IP sowohl Betriebssystem-Komponenten, Anwender- und Administrationsbefehle als auch Utilities, Konfigurationsdateien und Gerätetreiber ebenso wie die Kernel- und Bibliothekenunterstützung, von denen diese alle abhängen. Viele grundlegende Konzepte der TCP/IP-Vernetzung sind nicht betriebssystemspezifisch, weshalb wir dieses Kapitel mit einer allgemeinen Betrachtung der TCP/IP-Vernetzung beginnen werden.

Abbildung 5-1 zeigt ein typisches TCP/IP-Netzwerk mit verschiedenen Arten von Netzwerkverbindungen. Wenn wir davon ausgehen, dass diese Computer physikalisch relativ nahe zusammen stehen, würde dieses Netzwerk als ein *Local Area Network* (LAN)[1] einge-

---

[1] Sie werden sich fragen, ob es sich hierbei um ein LAN oder um zwei LANs handelt. Tatsächlich ist der Begriff LAN nicht exakt definiert und wird unterschiedlich verwendet.

stuft werden. Im Gegensatz dazu besteht ein Wide Area Network (WAN) aus mehreren LANs, die geografisch oft weit auseinander liegen (betrachten Sie hierzu auch Abbildung 5-5 weiter hinten in diesem Kapitel). Ein anderes charakteristisches Unterscheidungsmerkmal sind unterschiedliche physikalische Netzwerkarten (z.B. Ethernet im Gegensatz zu Frame Relay).

Jedes Computersystem im Netzwerk ist als ein *Host*[2] bekannt und wird sowohl durch einen Namen als auch durch eine IP-Adresse identifiziert (mehr dazu später). Die meisten Hosts in diesem Beispiel besitzen einen festen Namen und eine feste IP-Adresse. Zwei von ihnen jedoch, *italy* und *chile*, bekommen ihre IP-Adresse über DHCP dynamisch zugewiesen (gekennzeichnet durch das hervorgehobene letzte Element der IP-Adresse), wenn sie sich das erste Mal mit dem Netzwerk verbinden (normalerweise zum Zeitpunkt des Bootens).

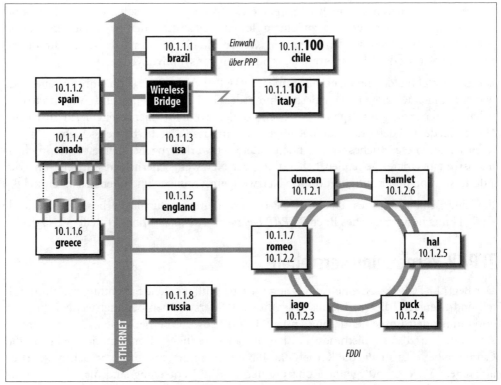

Abbildung 5-1: TCP/IP-Local Area Network

Wenn ich beispielsweise auf *spain* eingeloggt bin (entweder über eine direkte Verbindung oder über ein Modem), so ist *spain* das *lokale* System und *brazil* ist, bezogen auf die Prozesse, die auf *spain* laufen, das *entfernte* (remote) System. Ein System, das für einen ent-

---

2 Der Begriff *Knoten* wird manchmal als Synonym für Host in Lexika verwendet, die keine Unix-Netzwerke behandeln.

fernten Host eine Aufgabe durchführt, wird *Server* genannt; der Host, für den die Aufgabe durchgeführt wird, wird *Client* genannt. Fordere ich also eine Datei von *brazil* an, so ist dieses System während dieses Transfers ein Server für den Client *spain*.

In unserem Beispiel ist das Netzwerk in zwei *Subnetze* aufgeteilt, die über den Host *romeo* kommunizieren. Diejenigen Systeme, die nach Ländern benannt wurden, sind alle mit einem Ethernet-Backbone verbunden, und diejenigen, die nach Shakespeare-Figuren benannt wurden, sind über FDDI miteinander verbunden.

Der Host *romeo* dient als ein *Gateway* zwischen den beiden Subnetzen. Er ist Bestandteil beider Subnetze und reicht Daten von einem Netz in das andere durch. In unserem Fall ist das Gateway ein Computer mit zwei Netzwerkschnittstellen (Adapter). Es ist jedoch üblicher, für diesen Zweck einen speziellen Computer einzusetzen, der als *Router* bekannt ist.

Der Rechner mit dem Namen *italy* verbindet sich mit dem Netzwerk, indem er eine drahtlose (wireless) Verbindung nutzt. Eine so genannte Wireless Bridge (in der Abbildung schwarz eingefärbt) nimmt drahtlose Verbindungen an und verbindet die Computer, die diese Verbindung aufgebaut haben, mit den Hosts im LAN. Dabei dient sie als Leitung zum Ethernet.

Der Rechner *chile* verbindet sich mit dem Netzwerk, indem er sich per PPP auf einem Modem einwählt (dialup), das an *brazil* angeschlossen ist. Im Gegensatz zu einer normalen Einwahl, die lediglich eine gewöhnliche Login-Sitzung auf dem Server startet, erlaubt diese Form der *Dialup-Netzwerkverbindung* eine vollwertige Teilnahme des einwählenden Rechners am Netzwerk, so als wäre dieser Computer direkt am Netzwerk angeschlossen. Sobald die Verbindung aufgebaut wurde, ist die Tatsache, dass die Anbindung in Wirklichkeit über *brazil* geht, völlig transparent für die Anwender auf *chile*.

Schließlich zeigt die Abbildung noch die gemeinsame Nutzung von Festplatten unter Unix über das Network File System (NFS). NFS erlaubt es TCP/IP-Rechnern, gemeinsam Festplatten zu nutzen, indem entfernte Dateisysteme in den lokalen Verzeichnisbaum eingebunden werden. Die Anwender auf *canada* und *greece* haben potenziell die Möglichkeit, auf vier Festplattengeräte zuzugreifen, obwohl an beiden Systemen physikalisch nur drei Festplatten angeschlossen sind.

Medien und Topologien

TCP/IP-Netzwerke können über eine Vielzahl an *physikalischen Medien* laufen. Normalerweise benutzten die meisten Netzwerke irgendeine Art von Koaxial- (Thick oder Thin), Twisted Pair- oder Glasfaserkabel. *Netzwerkadapter* bilden die Schnittstelle zwischen einem Computer und dem physikalischen Medium, das die Netzwerkverbindung darstellt. Aufseiten der Hardware bestehen diese Netzwerkadapter normalerweise aus einer einzigen Platine. Netzwerkadapter unterstützen ein oder mehrere Kommunikationsprotokolle, die festlegen, wie die Computer das physikalische Medium für den Datenaustausch nutzen. Die meisten Protokolle sind nicht medienspezifisch.

Ethernet-Kommunikation kann zum Beispiel über alle vier der vorher erwähnten Medienarten durchgeführt werden und FDDI-Netzwerke können entweder über Glasfaser- oder Twisted Pair-Kabel laufen. Solche Protokolle legen Netzwerkeigenschaften fest, wie zum Beispiel die Struktur der Dateneinheiten auf der untersten Ebene, die Art und Weise, wie sich Daten über das physikalische Medium von Host zu Host bewegen, wie mehrere gleichzeitige Netzwerkzugriffe behandelt werden und so weiter. Ethernet wird derzeit in über 80% aller Netzwerke eingesetzt.

Abbildung 5-2 zeigt die verschiedenen Anschlüsse, die Sie an Ethernet-Netzwerkkabeln finden können. Heutzutage ist der Anschluss am unteren Ende der Abbildung der am weitesten verbreitete: ein UTP-Kabel (Unshielded Twisted Pair) mit einem RJ-45-Anschlussstecker. Der Kabeltyp, der für eine 100 Mbit/s-Kommunikation benötigt wird, ist als Kategorie 5 bekannt. Kategorie-5E-Kabel werden für 1000 Mbit/s (Gigabit) Ethernet eingesetzt.

Abbildung 5-2: Ethernet-Anschlüsse

Die anderen Dinge in Abbildung 5-2 stellen ältere Kabeltypen dar, denen Sie noch begegnen könnten. Der oberste Gegenstand ist der gebräuchlichste Anschlussstecker für RG-11 Koax. Die mittleren beiden sind Anschlüsse, die für RG-58 Koax (Thinnet) verwendet werden. Der obere dieser beiden ist ein einfacher Anschluss. Der untere zeigt die T-Konstruktion, die für den Computeranschluss verwendet wird. Der Anschluss ist Teil eines T-Stücks, das mit dem Koaxialkabel verbunden ist. In der Abbildung ist auf der rechten Seite des T-Stücks ein Abschlusswiderstand (Terminator), hier könnte aber auch eine Verlängerung des Kabels angebracht werden.

Tabelle 5-1 fasst einige hilfreiche Eigenschaften der verschiedenen Ethernet-Medien zusammen. Beachten Sie, dass die maximale Kabellänge für UTP bei jeder Übertragungsgeschwindigkeit 100 Meter beträgt. Weitere Entfernungen benötigen Glasfaserkabel, von denen es zwei Hauptvarianten gibt. Eine Einmoden-Glasfaserausrüstung ist technisch aufwändiger als Mehrmoden-Glasfaser. Das kommt daher, weil dort ein Laser verwendet wird, der das Licht auf seiner Reise auf einer einzigen Frequenz (»Mode«) durch das Kabel zwingt. Dadurch wird die Produktion der optischen Systeme und der Anschlüsse viel teurer. Dafür arbeitet Einmoden-Glasfaser auch zuverlässig bei Kabellängen, die in Kilometern gemessen werden statt nur in Metern.

Tabelle 5-1: Allgemeine Medieneigenschaften

Medium	Ethernet-Typ	Übertragungs-geschwindigkeit	Maximale Länge
RG-11 Koax	Thicknet (10Base5)	10 Mbit/s	500 m
RG-58 Koax	Thinnet (10Base2)	10 Mbit/s	180 m
Kategorie 3 UTP	10BaseT	10 Mbit/s	100 m
Kategorie 5 UTP	100BaseTX	100 Mbit/s	100 m
Einmoden-Glasfaser	100BaseFX	100 Mbit/s	20 km
Kategorie 5E UTP	Gigabit (1000BaseT)	1 Gbit/s	100 m
Einmoden-Glasfaser	1000BaseLX	1 Gbit/s	3 km
Mehrmoden-Glasfaser	1000BaseSX	1 Gbit/s	440 m
Wireless (drahtlos)	802.11b[a]	11 Mbit/s	100 m

a Kein Ethernet-Medium.

Alle Hosts innerhalb eines bestimmten *Netzwerksegments* – ein Teil des Netzwerks, das vom restlichen Netz über Switches und Router abgetrennt ist – benutzen den gleichen Ethernet-Typ. Zur Verbindung von Segmenten mit unterschiedlichen Eigenschaften wird spezielle Hardware benötigt, die beide Typen verwenden und zwischen ihnen vermitteln kann.

Identifizieren von Netzwerkadaptern

Alle Netzwerkadapter besitzen eine *Media Access Control (MAC)-Adresse*. Es handelt sich dabei um ein numerisches Merkmal, das weltweit einmalig für diesen individuellen Adapter ist. Für Ethernet-Geräte sind MAC-Adressen 48-Bit-Werte, dargestellt mit zwölf hexadezimalen Ziffern, die normalerweise in Paare aufgeteilt werden, die durch Doppelpunkte getrennt sind: zum Beispiel 00:00:f8:23:31:a1. Es gibt über 280 Billionen unterschiedliche MAC-Adressen (das sollte selbst für uns ausreichen).

MAC-Adressen wurden früher auch als Ethernet-Adressen ausgewiesen und werden jetzt gelegentlich Hardware-Adressen genannt. Die ersten 24 Bit der MAC-Adresse bilden ein herstellerspezifisches Präfix, den so genannten Organizationally Unique Identifier (OUI). Es kann hilfreich sein, den OUI zu kennen, wenn Sie einmal herausbekommen müssen, welches Gerät zu einer bestimmten MAC-Adresse gehört. OUIs werden von der IEEE zugeteilt, die auch die Master-Datenbank mit den Abbildungen der OUIs auf die Hersteller pflegt.

Auf einem Unix-System können Sie die MAC-Adresse eines Adapters herausbekommen, indem Sie diese Befehle benutzen:[3]

AIX	entstat *Adapter* (für Ethernet-Adapter)
FreeBSD	ifconfig *Interface*
HP-UX	lanscan
Linux	ifconfig *Interface*
Solaris	ifconfig *Interface* (muss als *root* ausgeführt werden)
Tru64	ifconfig -v *Interface*

Auf jedem Computer findet sich auch ein spezielles Netzwerk-Interface, das so genannte *Loopback-Interface*. Es gibt keinen physikalischen Netzwerkadapter, der zu diesem Loopback-Interface gehört, trotzdem wird es manchmal das *Loopback-Gerät* genannt. Das Loopback-Interface ermöglicht es einem Computer, Netzwerkpakete an sich selbst zu schicken: Ganz in Software implementiert, fängt es die Pakete ab und schickt sie wieder zurück an den lokalen Rechner, so als wären sie von einer externen Quelle gekommen.

Hosts innerhalb eines LAN können in einer Vielzahl von Anordnungen, den so genannten *Topologien*, miteinander verbunden werden. Das 10.1.1-Subnetz in Abbildung 5-1 verwendet zum Beispiel eine Bus-Topologie, in der jeder Host am Backbone hängt. Das ist für Koax-Ethernet-Netzwerke Standard. Oft ist der Backbone gar kein Kabel, sondern nur ein Anschlusspunkt, an dem die Verbindungen der verschiedenen Hosts im Netzwerk zusammenlaufen – allgemein bekannt als *Hub* oder *Switch*, je nach Ausstattung. Das 10.1.2-Subnetz verwendet eine Ring-Topologie.

Ebenso wird eine grundlegende Eigenschaft von Ethernet in der Abbildung dargestellt. Jeder Host in einem Ethernet ist logisch mit jedem anderen Host verbunden: Um mit irgendeinem anderen Host zu kommunizieren, sendet ein System eine Nachricht in das Ethernet, dort kommt die Nachricht direkt am Zielhost an. Im Gegensatz hierzu müssen

---

3 Der Begriff Netzwerk-Interface wird normalerweise als ein Synonym für Netzwerkadapter verwendet. In der Unix-Welt ist ein Interface tatsächlich eine logische Einheit, die aus einem Adapter und der dazugehörigen Konfiguration auf Betriebssystemebene besteht. Auf AIX-Systemen haben Adapter und Interfaces unterschiedliche Namen (z. B. *ent0* beziehungsweise *en0*).

bei dem anderen Netzwerk Nachrichten zwischen *duncan* und *puck* zuerst von zwei anderen Hosts verarbeitet werden. Bei normalen Netzwerkgeschwindigkeiten ist dieser Unterschied jedoch nicht von Bedeutung.

Netzwerkprotokolle können als Bestandteil ihrer Spezifikation eine Topologie vorschreiben, so wie im 10.1.2-Subnetz von Abbildung 5-1. So bestehen zum Beispiel vollwertige FDDI-Netzwerke aus zwei gegenläufigen Ringen (zwei duplizierte Ringe, durch die Daten in entgegengesetzte Richtungen fließen). Diese Anordnung wurde entwickelt, um Netzwerke in die Lage zu versetzen, Unterbrechungen einfach umgehen zu können und gut zu skalieren, wenn die Netzwerklast ansteigt.

Auch wenn ich hier zur Veranschaulichung öfters FDDI verwende, so sind im Normalfall FDDI-Netzwerke eher selten. FDDI wird momentan in Storage Area Networks (SANs) verwendet, um die Speichermedien (Laufwerke) mit dem einen oder den beiden Rechnern zu verbinden, an den bzw. die sie angeschlossen sind.

Das Ethernet-Protokoll basiert auf einem Kommunikationsverfahren, das als Carrier Sense Multiple Access/Collision Detection (CSMA/CD) bekannt ist. In einem Ethernet ist ein Gerät, das eine Nachricht übermitteln möchte, dazu in der Lage zu erkennen, ob irgendein anderes Gerät gerade das Medium benutzt (*carrier sense*). Mit anderen Worten: Bevor ein Gerät versucht zu »sprechen«, wartet es so lange, bis die Aktivität auf dem Medium unterbrochen ist. Wenn zwei oder mehr Geräte zur gleichen Zeit mit ihrer Konversation beginnen, stoppen beide (*collision detection*, Kollisionserkennung), und beide warten eine zufällige Zeitspanne, bevor sie es wieder versuchen – in der Hoffnung, eine zweite Kollision zu vermeiden. *Multiple Access* bezieht sich darauf, dass jeder Host in der Lage ist, das Kommunikationsmedium zu benutzen.

Es handelt sich hierbei um ein sehr leichtgewichtiges Protokoll, das in den meisten üblichen Netzwerkanforderungen sehr gut arbeitet. Einer seiner Nachteile ist, dass es unter hoher Last nicht so gut wie andere Topologien (z.B. Token-Ring) arbeitet. Tatsächlich kann sich der Overhead, der durch die häufigen Kollisionen verursacht wird, äußerst negativ auf den tatsächlichen Netzwerkdurchsatz auswirken (obwohl dies für die aktuellen UTP-basierten 100-Mbit-Netzwerke weniger zutrifft als für die älteren, Koax-basierten 10-Mbit-Netzwerke).

Protokolle und Schichten

Die Kommunikation über Netzwerke ist in einer Reihe von Schichten organisiert. Mit Ausnahme der Schicht, die sich auf das physikalische Übertragungsmedium bezieht, sind diese Schichten eher logischer oder abstrakter Art denn physikalischer Natur. Diese Schichten sind in der Netzwerksoftware implementiert, die auf Computern oder anderen Netzwerkgeräten läuft. Jede Netzwerknachricht bewegt sich durch die Schichten auf ihrem Ursprungssystem nach unten, wandert über das physikalische Medium und bewegt sich auf dem Zielsystem durch die gleichen Schichten wieder nach oben. Zusätzlich kann es vorkommen, dass die Netzwerknachricht auf verschiedenen Netzwerkgeräten, durch die sie hindurchgeht, den Protokollstapel nur teilweise hinauf- und herunterwandert (wie wir später noch sehen werden).

Keine Abhandlung irgendeiner Netzwerkarchitektur ist komplett, ohne zumindest kurz das Referenzmodell Open Systems Interconnection (OSI) zu erwähnen. Diese Beschreibung von Netzwerken wurde selten als Basis für tatsächliche Netzwerkimplementierungen herangezogen, sie kann aber ziemlich hilfreich sein, um die einzelnen Funktionen, die für die auftretenden Netzwerkkommunikationen nötig sind, klar zu identifizieren. In bestehenden Netzwerken sind die Dinge nicht wirklich so aufgeteilt, wie es in dieser Spezifikation vorgesehen ist. Das liegt daran, dass viele der einzelnen Kommunikationsphasen und -funktionen, die dieses Modell spezifiziert, genauso gut oder gar noch besser von einer einzigen Schicht (mit entsprechend weniger Overhead) bearbeitet werden können. Das OSI-Referenzmodell kann am besten als eine allgemeine, logische Beschreibung der Netzwerkkommunikation betrachtet werden.

OSI	TCP/IP
Anwendungsschicht Spezifiziert Schnittstellen von Anwendungsprogrammen zum Netzwerk und stellt diesen Dienste bereit.	**Anwendungsschicht** Übernimmt alle Aufgaben, die noch übrig sind. TCP/IP-Netzwerkdienste (normalerweise als Daemons implementiert) und Endbenutzerprogramme müssen die Aufgaben der OSI-Darstellungsschicht und Teile der Sitzungsschicht übernehmen. Unter den vielen hier ansässigen Protokollen befinden sich NFS, DNS, FTP, Telnet, SSH, HTTP usw.
Darstellungsschicht Spezifiziert, wie die Daten für die Anwendungen dargestellt werden.	
Kommunikationsschicht Erstellt, verwaltet und beendet Netzwerkverbindungen.	**Transportschicht** Verwaltet alle Aspekte der Datenzustellung, inklusive Verbindungsaufbau, Fehlerkontrolle und Datenfluss-Steuerung. TCP- und UDP-Protokolle.
Transportschicht Übernimmt die Fehlerkontrolle und Datenfluss-Steuerung der Daten, die sich über das Netzwerk bewegen.	
Vermittlungsschicht Verantwortlich für die Adressierung der Daten, das Routing und die Kontrolle des Kommunikationsflusses	**Internetschicht** Verantwortlich für die Adressierung und Übertragung der Daten, für das Routing sowie für die Fragmentierung und Defragmentierung der Pakete. IP- und ICMP-Protokolle.
Sicherungsschicht Definiert Zugriffsmethoden auf das physikalische Medium über die Netzwerkadapter und die dazugehörigen Gerätetreiber.	**Netzzugangsschicht** Spezifiziert Routinen zur Übertragung von Daten über das Netzwerk, inklusive des Zugriffs auf das physikalische Medium. Ethernet- und ARP-Protokolle (obwohl sie derzeit nicht Teil von TCP/IP sind).
Bitübertragungsschicht Spezifiziert die Arbeitsweise des physikalischen Mediums.	

Abbildung 5-3: Idealisierter und tatsächlicher Netzwerkprotokollstapel[a]

a   In der englischen Fachliteratur sind die Schichten unter folgenden Begriffen bekannt (von oben nach unten): Application layer, Presentation layer, Session layer, Transport layer, Network layer, Data link layer, Physical layer; Application layer, Transport layer, Internet layer, Network access layer. – Anm. d. Ü.

Abbildung 5-3 zeigt sowohl die Schichten aus dem OSI-Referenzmodell als auch diejenigen Schichten, die dann tatsächlich in der TCP/IP-Implementierung verwendet werden, inklusive der wichtigsten Protokolle jeder Schicht.

Sobald eine Netzwerkoperation durch einen Anwenderbefehl oder ein Programm initiiert wird, wandert sie durch den Protokollstapel auf dem lokalen Host nach unten (über Software), wandert über das physikalische Medium zum Zielhost und dann wieder auf dem entfernten Rechner nach oben bis zum richtigen Empfangsprozess. Wird zum Beispiel eine Netzwerkübertragung durch ein Anwenderprogramm wie rcp veranlasst, bewegt sie sich auf dem lokalen System von der Anwendungsschicht nach unten bis zur Netzzugangsschicht, wandert den Draht entlang bis zum Zielsystem und bewegt sich dann den Protokollstapel von der Netzzugangsschicht bis zur Anwendungsschicht wieder nach oben, bis sie schließlich in Letzterer mit einem Daemon-Prozess kommuniziert. Antworten auf diese Nachricht wandern die gleiche Route in umgekehrter Richtung.

Jede Schicht ist so ausgelegt, dass sie Daten in bestimmten vordefinierten Einheiten bearbeiten kann. Für die beiden wichtigsten Transportprotokolle werden die gebräuchlichsten Namen dieser Einheiten in Tabelle 5-2 aufgeführt.

Tabelle 5-2: Die gebräuchlichsten[a] Namen der Einheiten von Netzwerkdaten

Schicht	TCP-Protokoll	UDP-Protokoll
Anwendung	Stream	Nachricht
Transport	Segment	Paket
Internet	Datagramm	
Netzzugang	Frame	

a Um das Ganze noch komplizierter zu machen, scheint sich der momentane Gebrauch dahin gehend zu verändern, dass die Einheit der UDP-Transportschicht »Datagramm« und die Dateneinheit der Internetschicht »Paket« genannt wird.

Der Begriff *Paket* wird auch allgemein benutzt, wenn sich jemand auf die Netzwerkübertragung bezieht (so auch in diesem Buch).

Auf der Ursprungsseite stellt jede Schicht den Daten einen Header voran, den sie von der Schicht über ihr erhält, und zwar so lange, bis die Daten die letzte Schicht für die Übertragung erreichen; dieser Vorgang wird *Kapselung* genannt. Analog dazu nimmt auf der Empfangsseite jede Schicht ihren eigenen Header weg, bevor die Daten zur nächsthöheren Schicht weitergereicht werden (wenn möglich, werden hier mehrere Einheiten zusammengefügt). Als Ergebnis ist das, was schließlich empfangen wird, genau das Gleiche, was ursprünglich versendet wurde.

Zusätzlich kann es in einigen Fällen vorkommen, dass Netzwerkdaten in mehrere Teile zerlegt werden, die dann einzeln übertragen werden. Dieser Vorgang ist als *Fragmentierung* bekannt. Unterschiedliche Netzwerk-Hardware und Medientypen können zum Beispiel unterschiedliche Eigenschaften haben, was dazu führt, dass der Netzwerkparameter *Maximum Transmission Unit* (MTU) unterschiedliche Werte besitzt: MTU beschreibt die größte Dateneinheit, die über ein Netzwerksegment verschickt werden kann. Wenn ein Paket auf seiner Reise an ein Netzwerksegment gelangt, das eine geringere MTU besitzt als das Netzwerk, in dem es generiert wurde, wird es für die Übertragung fragmentiert und am anderen Ende wieder zusammengefügt. Die typische MTU für ein Ethernet-Segment beträgt 1500 Bytes.

Ein noch typischeres Beispiel hierzu tritt dann auf, wenn ein höher liegendes Protokoll mehr Daten durchreicht, als in das tiefer liegende Protokollpaket passen. Es kann sehr leicht vorkommen, dass die Daten in einem UDP-Paket größer sind als das größte IP-Datagramm, so dass die Daten für die Übertragung in mehrere Datagramme zerlegt werden müssen.

Dies sind einige der wichtigsten tiefer liegenden Protokolle in der TCP/IP-Familie:

ARP
   Das Address Resolution Protocol gibt an, wie die entsprechende MAC-Adresse einer IP-Adresse festgestellt werden kann. Es arbeitet auf der Netzzugangsschicht. Obwohl dieses Protokoll für TCP/IP-Netzwerke benötigt wird, ist es dennoch nicht Teil der TCP/IP-Familie.

IP
   Das Internet Protocol verwaltet die Datenübertragung in den unteren Schichten, das Routing sowie die Fragmentierung und Defragmentierung. Es arbeitet auf der Internetschicht.

TCP
   Das Transmission Control Protocol sorgt für sichere Sitzungen für die Netzwerkkommunikation zwischen den Anwendungen, inklusive Flusskontrolle sowie Fehlererkennung und -korrektur. Es arbeitet auf der Transportschicht.

UDP
   Das User Datagram Protocol bietet »verbindungslose« Kommunikation zwischen Anwendungen. Im Gegensatz zu TCP werden die Daten, die über UDP übertragen werden, nicht auf ihre tatsächliche Auslieferung überprüft; wenn Daten, die erwartet werden, nicht ankommen, fordert die Anwendung diese Daten einfach noch einmal an. UDP arbeitet auf der Transportschicht.

Wir werden weitere Protokolle betrachten, wenn wir uns die Netzwerkdienste in Kapitel 8 ansehen.

Ports, Dienste und Daemons

Netzwerkoperationen werden von einer Vielzahl an *Netzwerkdiensten* ausgeführt, die aus Software und anderen Einrichtungen bestehen, die jeweils für die Ausführung eines bestimmten Typs von Netzwerkaufgabe benötigt werden. So führt zum Beispiel der ftp-Dienst Operationen zum Übertragen von Dateien aus, indem er das FTP-Protokoll benutzt. Das Softwareprogramm, das diese Arbeit tatsächlich durchführt, ist der FTP-Daemon (dessen wirklicher Name variiert).

Ein *Dienst* wird durch die Kombination aus einem Transportprotokoll – TCP oder UDP – und einem Port definiert: Ein Port ist ein logischer Endpunkt einer Netzwerkverbindung, der durch eine Nummer identifiziert wird. Das Port-Nummerierungsschema von TCP und UDP ist ein Teil der Definition dieser Protokolle.

Portnummern müssen nur innerhalb eines Transportprotokolls eindeutig sein. Sowohl TCP als auch UDP definieren je einen eindeutigen Satz an Ports, auch wenn sie die gleichen Portnummern verwenden. Dennoch ist es gängige Praxis, sowohl UDP- als auch TCP-Ports den Standarddiensten zuzuteilen.

Verschiedene Konfigurationsdateien im */etc*-Verzeichnis kennzeichnen die Standardbeziehungen zwischen Portnummern und TCP/IP-Diensten:

- */etc/protocols* führt diejenigen Protokollnummern auf, die den verschiedenen Transportprotokollen in der TCP/IP-Familie zugeordnet sind. Auch wenn diese Liste sehr umfangreich ist, benötigen die meisten Systeme nur die Protokolle TCP, UDP und ICMP.

- */etc/services* listet diejenigen Portnummern auf, die den verschiedenen TCP- und UDP-Diensten zugeordnet sind.

Einzelne TCP/IP-Verbindungen werden durch zwei Host-Port-Kombinationen definiert, auch als *Socket* bekannt, der über die Dauer einer Verbindung eindeutig ist: Quell-IP-Adresse, Quellport, Ziel-IP-Adresse, Zielport (vom Client aus gesehen). Wenn zum Beispiel ein Anwender mit ssh die erste Verbindung zu einem entfernten Rechner aufbaut, kontaktiert er diesen Rechner auf dem Standardport 22 (diese Ports werden in der Regel als *well-known ports* bezeichnet). Dem Prozess wird ein zufälliger Port zugewiesen (*dynamisch zugewiesen* oder *kurzlebig*), der vom Client als Quellport (ausgehend) benutzt wird. Viele gleichzeitige ssh-Sitzungen auf dem Zielsystem können dieses Schema benutzen, wobei jede einzelne Sitzung eine andere Kombination aus Quellport/Quell-IP-Adresse und damit einen eindeutigen Socket besitzt.

Beispielsweise könnte die erste ssh-Verbindung den Port 2222 als Quellport benutzen. Die nächste ssh-Verbindung könnte dann den Port 3333 benutzen. Auf diese Art und Weise können Nachrichten, die für diese beiden Sitzungen bestimmt sind, ganz einfach unterschieden werden, selbst dann, wenn sie vom selben Benutzer auf demselben entfernten System stammen.

Die meisten Standarddienste benutzen Ports unterhalb von 1024. Diese Ports sind dem Benutzer *root* vorbehalten (zumindest auf Unix-Systemen). Tabelle 5-3 führt einige der gebräuchlichsten Dienste und deren zugehörige Ports auf. In den meisten Fällen sind diesen Diensten sowohl TCP- als auch UDP-Ports zugeordnet; bei den wenigen Ausnahmen benutzt das Protokoll die entsprechenden Portnummern, wie sie in */etc/services* eingetragen sind. Der schattiert dargestellte Teil der Tabelle enthält Portnummern, wie sie normalerweise von Diensten verwendet werden, die nicht auf Unix-Betriebssystemen laufen.

Tabelle 5-3: *Wichtige Dienste und deren zugehörige Ports*

Dienst	Port(s)	Dienst	Port(s)
FTP	21 (und 20), 990 (sicher; auch 989)	NetBIOS SAMBA	137-139
SSH	22	SRC (AIX)	200/udp
TELNET	23, 992 (sicher)	Remote Exec	512/tcp
SMTP	25, 465 (sicher)	Remote Login	513/tcp
DNS	53	Remote Shell	514/tcp
DHCP (BOOTP)	67 (Server), 68 (Client)	SYSLOG	514/udp, 601 (zuverlässig)
TFTP	69	LPD	515
FINGER	79	ROUTE	520
HTTP	80, 443 (sicher)	NFS	2049, 4045/udp (Solaris)
Kerberos	88, 749-50	RSYNC	873
POP-2	109	X11	6000-19, 6063, 7100 (Schriften)
POP-3	110, 995 (sicher)	AppleTalk	201-208
RPC	111	IPX	213
NTP	123	SMB	445
IMAP	143 (v2), 220 (v3), 993 (v4 sicher)	QuickTime	458
SNMP	161, 162 (Traps)	Active Directory Global Catalog	3268, 3269 (sicher)
LDAP	389, 636 (sicher)	America Online	5190-5193

Administrative Befehle

Unix-Betriebssysteme besitzen eine Anzahl allgemeiner TCP/IP-Anwenderbefehle zum Anzeigen von netzwerkspezifischen Informationen. Hierzu gehören die folgenden:

hostname
  Zeigt den Namen des lokalen Systems an.

ifconfig
  Gibt Informationen über die Netzwerk-Interfaces aus (kann auch zur Konfiguration der Netzwerk-Interfaces benutzt werden).

ping
  Führt einen einfachen Test der Netzwerkverbindung durch.

arp
  Zeigt die Abbildungstabellen von IP-zu-MAC-Adressen an oder modifiziert diese.

netstat
  Zeigt verschiedene Statistiken zur Netzwerknutzung an.

route
  Zeigt die statischen Routing-Tabellen an oder modifiziert diese.

traceroute
>   Ermittelt die Route zu einem bestimmten Zielhost.

nslookup
>   Ermittelt die Auflösung von IP-Adressen zu Hostnamen und andere Auflösungen, die vom Domain Name Service durchgeführt werden.

Für viele dieser Befehle werden wir uns im weiteren Verlauf dieses Kapitels Beispiele ansehen.

Eine typische TCP/IP-Konversation

All diese Konzepte kommen zusammen, wenn wir einen Blick auf eine typische TCP/IP-Konversation werfen. Wir werden uns überlegen, was passieren muss, damit der folgende Befehl erfolgreich ausgeführt wird:

```
hamlet> finger chavez@greece
Login name: chavez                     In real life: Rachel Chavez
Directory: /home/chem/new/chavez       Shell: /bin/csh
On since Apr 28 08:35:42 on pts/3 from puck
No Plan.
```

Dieser finger-Befehl veranlasst, dass eine Netzwerkverbindung zwischen den Hosts *hamlet* und *greece* aufgebaut wird – noch genauer: zwischen dem finger-Clientprozess, der auf *hamlet* läuft, und dem fingerd-Daemon, der auf *greece* läuft (der durch den inetd-Prozess auf *greece* gestartet wird).

Der Finger-Dienst benutzt das TCP-Transportprotokoll (Nummer 6) und den Port 79. TCP-Verbindungen werden immer durch einen Handshake-Prozess eingeleitet, der über drei Phasen geht. Hier ist ein Dump des Pakets aus Schritt 1, dessen wichtigste Felder hervorgehoben wurden:[4]

```
ETH:  ====( 60 bytes recd on en0 )====Sun Apr 28 13:38:27 1996
ETH:  [ 32:21:a6:e1:7f:c1    18:33:e4:2a:43:2d ]  type 800  (IP)
IP:   < SRC =       192.168.2.6    (hamlet)
IP:   < DST =       192.168.1.6    (greece)
IP:   ip_v=4, ip_hl=20, ip_tos=0, ip_len=44, ip_id=56107, ip_off=0
IP:   ip_ttl=60, ip_sum=f84, ip_p = 6 (TCP)
TCP:  <source port=1031, destination port=79(finger)>
TCP:  th_seq=d83ab201, th_ack=0
TCP:  th_off=6, flags<SYN>
TCP:  th_win=16384, th_sum=3577, th_urp=0        Daten in ASCII
data: 00000000     020405b4                      |....            |
```

Jede Zeile dieser Paketanzeige wird mit dem Protokoll eingeleitet, das sie erzeugt hat: ETH-Zeilen wurden auf der Ethernet-Ebene (Netzzugangsschicht), IP-Zeilen vom IP-Protokoll (Internetschicht) und TCP-Zeilen vom TCP-Protokoll (Transportschicht) erzeugt.

Zeilen, die als Daten gekennzeichnet sind, werden von derjenigen Schicht benutzt, die in diesem Paket Daten verschickt. Die Daten werden im Hexadezimalformat und in ASCII

---

4   Leicht modifiziert gegenüber dem, was mit den AIX-Utilities iptrace und ipreport erzeugt wurde.

ausgegeben (Letzteres steht ganz rechts zwischen den beiden vertikalen Balken). In diesem Fall bestehen die Daten aus TCP-Optionen (es wurde eine maximale Segmentlänge von 1460 Bytes ausgehandelt) und Daten, die nicht finger-spezifisch sind.

Die erste ETH-Zeile wurde von der Dump-Software generiert und zeigt Datum und Zeit der Nachricht an. Die tatsächlichen Daten des Pakets beginnen in der zweiten ETH-Zeile, in der die MAC-Adressen der beiden Hosts aufgelistet werden.

Die IP-Zeilen zeigen sowohl, dass das Paket vom TCP-Transportprotokoll stammt (*ip_p*), als auch dessen Quell- und Zielhost. Der TCP-Header kennzeichnet den Zielport, womit der Netzwerkdienst identifiziert werden kann. Das Feld *th_seq* in diesem Header bezeichnet die Sequenznummer für dieses Paket. Das TCP-Protokoll fordert, dass alle Pakete vom Empfänger bestätigt werden (wenn auch nicht notwendigerweise einzeln). Das SYN-Flag (als Aufforderung zur Synchronisierung) zeigt den Versuch an, eine neue Netzwerkverbindung aufzubauen, und in diesem Fall ist die Sequenznummer eine Startnummer für die Konversation. Sie wird für jedes Datenbyte, das übertragen wird, um eins hoch gesetzt.

Hier sind die nächsten beiden Pakete in diesem Abschnitt, die den Handshake komplettieren:

```
ETH:  ====( 60 bytes trans on en0 )====Sun Apr 28 13:38:27 1996
ETH:  [ 18:33:e4:2a:43:2d -> 32:21:a6:e1:7f:c1 ] type 800  (IP)
IP:   < SRC =      192.168.1.6 >  (greece)
IP:   < DST =      192.168.2.6 >  (hamlet)
IP:   ip_v=4, ip_hl=20, ip_tos=0, ip_len=44, ip_id=54298, ip_off=0
IP:   ip_ttl=60, ip_sum=1695, ip_p = 6 (TCP)
TCP:  <source port=79(finger), destination port=1031 >
TCP:  th_seq=d71b9601, th_ack=d83ab202
TCP:  th_off=6, flags<SYN | ACK>
TCP:  th_win=16060, th_sum=c98c, th_urp=0
data: 00000000      020405b4                    |....    |

ETH:  ====( 60 bytes recd on en0 )====Sun Apr 28 13:38:27 1996
ETH:  [ 32:21:a6:e1:7f:c1 -> 18:33:e4:2a:43:2d ] type 800  (IP)
IP:   < SRC =      192.168.2.6 >  (hamlet)
IP:   < DST =      192.168.1.6 >  (greece)
IP:   ip_v=4, ip_hl=20, ip_tos=0, ip_len=40, ip_id=56108, ip_off=0
IP:   ip_ttl=60, ip_sum=f87, ip_p = 6 (TCP)
TCP:  <source port=1031, destination port=79(finger) >
TCP:  th_seq=d83ab202, th_ack=d71b9602
TCP:  th_off=5, flags<ACK>
TCP:  th_win=16060, th_sum=e149, th_urp=0
```

In dem Paket mit der Sequenznummer d71b9601, das von *greece* zurück an *hamlet* geschickt wurde, sind sowohl das SYN- als auch das ACK-Flag (Bestätigung, Acknowledgement) gesetzt. Das ACK-Flag ist die Bestätigung des vorigen Pakets und das SYN-Flag eröffnet die Kommunikation von *greece* zu *hamlet*. Der Inhalt des Feldes *th_ack* bezeichnet das letzte Datenbyte, das empfangen wurde (ein Byte bisher). Das Feld *th_seq* kennzeichnet die Startsequenznummer von *greece*. Das nächste Paket bestätigt einfach das SYN-Flag von *greece* und die Verbindung ist somit komplett.

Jetzt sind wir bereit, um einiges an Arbeit zu erledigen (die Pakete werden ab jetzt abgekürzt):

```
IP:  < SRC =    192.168.2.6 >  (hamlet)
IP:  < DST =    192.168.1.6 >  (greece)
TCP: <source port=1031, destination port=79(finger) >
TCP: th_seq=d83ab202, th_ack=d71b9602
TCP: th_off=5, flags<PUSH | ACK>
TCP: th_win=16060, th_sum=4c86, th_urp=0
data: 00000000 61656C65 656E3A29              |chavez    |
```

Dieses Paket schickt die Daten »chavez« an fingerd auf *greece* (die letzten Zeichen werden nicht ausgegeben); die Benutzerdaten sind mit dem PUSH-Flag gekennzeichnet. In diesem Fall kommen die Daten von der Anwendungsschicht. Das Paket bestätigt auch das vorige Paket von *greece*. Diese Daten werden direkt über die verschiedenen Netzwerkschichten durchgereicht, um letztendlich an fingerd ausgeliefert zu werden.

greece bestätigt dieses Paket und schickt schließlich die Antwort von fingerd:

```
IP:  < SRC =    192.168.1.6 >  (greece)
IP:  < DST =    192.168.2.6 >  (hamlet)
TCP: <source port=79(finger), destination port=1031 >
TCP: th_seq=d71b9602, th_ack=d83ab20c
TCP: th_off=5, flags<PUSH | ACK>
TCP: th_win=16060, th_sum=e29b, th_urp=0
data: |Login name: chavez ..In real life: Rachel Chavez..Director|
data: |y: /home/chem/new/chavez ..Shell:/bin/csh. On since Apr 28|
data: | 08:35:42 on pts/3 from puck..No Plan...                  |
```

Die Ausgabe des finger-Befehls bestätigt die Daten in diesem Paket (die Hexadezimal-Version wurde weggelassen). Das Paket bestätigt auch noch die Daten, die von *hamlet* empfangen wurden (10 Bytes seit dem letzten Paket).

Was jetzt noch bleibt, ist die Verbindung zu beenden:

```
IP:  < SRC =    192.168.1.6 >  (greece)
IP:  < DST =    192.168.2.6 >  (hamlet)
TCP: th_off=5, flags<FIN | ACK>

IP:  < SRC =    192.168.2.6 >  (hamlet)
IP:  < DST =    192.168.1.6 >  (greece)
TCP: th_off=5, flags<FIN | ACK>

IP:  < SRC =    192.168.1.6 >  (greece)
IP:  < DST =    192.168.2.6 >  (hamlet)
TCP: th_off=5, flags<ACK>
```

Das FIN-Flag zeigt an, dass eine Verbindung beendet werden soll. *greece* gibt als Erstes an, dass die Verbindung beendet wurde. *hamlet* schickt sein eigenes FIN-Flag (und bestätigt das vorherige Paket), das wiederum von *greece* bestätigt wird.

Namen und Adressen

Jedes System innerhalb eines Netzwerks besitzt einen *Hostnamen*. Wenn dieser vollständig qualifiziert wurde, muss er innerhalb des relevanten Namensraums eindeutig sein. Hostnamen ermöglichen es den Benutzern, beliebige Rechner im Netzwerk über ihre kurzen und einfach zu merkenden Namen anzusprechen, anstatt die Netzwerkadresse des Hosts zu benutzen.

Ebenso hat jedes System innerhalb eines TCP/IP-Netzwerks eine *IP-Adresse*, die für alle Hosts im Netzwerk eindeutig ist. Systeme mit mehreren Netzwerkadaptern besitzen normalerweise für jeden Adapter eine eigene IP-Adresse.

Wenn eine Netzwerkoperation stattfindet, werden die Hostnamen der beteiligten Systeme benutzt, um deren numerische IP-Adressen festzustellen. Dies geschieht entweder, indem diese aus einer Tabelle ausgelesen werden, oder indem ein Server, der für diese Aufgabe bestimmt wurde, mit der Abbildung beauftragt wird.

Eine übliche Netzwerkadresse im Internet besteht aus einer Sequenz von 4 Bytes[5] (32 Bits). Netzwerkadressen werden normalerweise in der Form *a.b.c.d* geschrieben, wobei *a*, *b*, *c* und *d* dezimale Integerwerte sind: zum Beispiel 192.168.10.23. Jeder Teil ist 8 Bits lang und kann deshalb Werte von 0 bis 255 annehmen. Die Adresse wird in zwei Teile aufgeteilt: Der erste Teil – die höher wertigen Bits – bezeichnet das lokale Netzwerk, insbesondere diejenigen Hosts, mit denen direkt eine Verbindung aufgenommen werden kann (ohne dass Informationen über das Routing benötigt werden). Der zweite Teil der IP-Adresse (das heißt alle übrigen Bits) identifiziert den Host innerhalb des Netzwerks.

Die Größe der beiden Teile variiert. Das erste Byte der Adresse (*a*) legt den Adresstyp fest (auch seine *Klasse* genannt) und damit auch die Anzahl an Bytes, die für jeden Teil vorgesehen ist. Tabelle 5-4 enthält weitere Details darüber, wie dieses Schema normalerweise funktioniert.

Tabelle 5-4: Übliche Internet-Adresstypen

Anfangs-Bits	Bereich von *a*	Adressklasse	Netzwerkteil	Hostteil	Maximale Anzahl der Netzwerke	Maximale Anzahl der Hosts im Netz
0...	1–126	Class A	*a*	*b.c.d*	126	16.777.214
10...	128–191	Class B	*a.b*	*c.d*	16.384	65.534
110...	192–223	Class C	*a.b.c*	*d*	2.097.152	254
1110...	224-239	Class D	Multicast-Adressbereich			
1111...	240-254	Class E	Reserviert für Forschungszwecke			

Class A-Adressen bieten mehrere Millionen Hosts pro Netzwerk, da 24 Bits für die Hostadressen benutzt werden können: $2^{24}-1$ (0 ist als Hostadresse nicht erlaubt). Jedoch gibt es nur 126 dieser Netzwerke (diese Netzwerknummern wurden normalerweise an die größten nationalen Netzwerke und an sehr große Unternehmen vergeben). Als das andere Extrem unterstützen Class C-Adressen für gewöhnlich nur 254 Hosts pro Netzwerk (da

---

5 Um präziser zu sein, aus 4 *Oktetten* (da IP-Adressen zu einer Zeit entstanden sind, als es noch nicht feste Konvention war, Bytes aus 8 Bits zusammenzusetzen).

nur 8 Bits für die Hostadressen verwendet werden), dafür gibt es über 2 Millionen von diesen Netzwerkadressen. Class B-Adressen liegen zwischen diesen beiden Arten.

Multicast-Adressen sind Teil des reservierten Adressbereichs (a=224–254). Sie werden verwendet, um eine Gruppe von Hosts als eine einzige Einheit zu adressieren, und wurden für bestimmte Anwendungen wie zum Beispiel Videokonferenzen entwickelt. Sie werden temporär zugeteilt. Im Gegensatz zu Multicast-Adressen spricht man bei normalen IP-Adressen manchmal von *Unicast*-Adressen.

Einige Werte der verschiedenen Netzwerkadressen haben eine besondere Bedeutung:

- Die Adresse mit einem Hostteil, der den Wert 0 besitzt, bezeichnet das Netzwerk selbst, wie zum Beispiel in 192.169.10.0. Das Netzwerk 0.0.0.0 wird manchmal benutzt, um sich auf das lokale Netzwerk zu beziehen.
- Die Adresse 127.0.0.1 ist immer dem Loopback-Interface zugeordnet. Der Rest des Netzwerks 127.0 ist reserviert.
- Ein Hostteil, der nur aus Einsen besteht, definiert die *Broadcast-Adresse* für das Netzwerk: Das ist die Zieladresse, die benutzt wird, wenn ein Computer eine Anfrage an jeden Host im lokalen Netzwerk schicken möchte. Zum Beispiel ist die Broadcast-Adresse für das Netzwerk, das die Class C-Adresse 192.168.10.23 enthält, die 192.168.10.255 und die Broadcast-Adresse für das Netzwerk, das die Class A-Adresse 10.1.12.43 enthält, die 10.255.255.255.

Netzwerkadressen für Netzwerke, die mit dem Internet verbunden sind, müssen von einer offiziellen Stelle erworben werden. Heutzutage werden Netzwerkadressen für neue Sites von einem hierzu autorisierten Internet Service Provider (ISP) erworben. Jeder Host, der direkt mit einem Host im Internet kommunizieren möchte, muss eine offizielle IP-Adresse besitzen.

Netzwerke, die nicht direkt mit dem Internet verbunden sind, benutzen ebenfalls Netzwerkadressen, die den Konventionen für die Nummerierung im Internet entsprechen. Die folgenden Blöcke von IP-Adressen sind für den privaten Gebrauch reserviert:[6]

- 10.0.0.0 bis 10.255.255.255
- 172.16.0.0 bis 172.31.255.255
- 192.168.0.0 bis 192.168.255.255

Sites, die über einen ISP oder ein anderes dediziertes Gateway mit dem Internet verbunden sind, benutzen häufig die so genannte Network Address Translation (NAT), um die internen IP-Adressen ihrem externen (»echten«) IP-Adressbereich zuzuordnen. NAT kann sowohl von einem Computer als auch von den meisten Routern durchgeführt werden. Oft wird sie benutzt, um eine große Zahl privater Adressen einer kleinen Anzahl an echten IP-Adressen zuzuordnen, häufig ist es auch nur eine einzige.

---

[6] Früher benutzten viele Sites, die nicht direkt am Internet hingen, IP-Adressen der Form 192.0.x.y oder 193.0.x.y. Einige benutzen diese wahrscheinlich immer noch.

NAT bearbeitet alle Pakete, die in Richtung Internet gehen. Hierzu transformiert es deren ursprüngliche Quelladresse in diejenige Adresse, die zur Benutzung des Internets bestimmt ist. NAT kann eingesetzt werden, um private Adressen in den zugewiesenen IP-Adressbereich der Organisation umzuwandeln oder aber um die interne Netzwerkstruktur gegenüber der Außenwelt zu verbergen. NAT merkt sich die zugeordneten Daten, damit es den umgekehrten Übertragungsprozess für eingehende Pakete (Antworten) durchführen kann.

Bis jetzt sind wir davon ausgegangen, dass IP-Adressen jedem Host im Netzwerk dauerhaft zugewiesen werden. Dies muss aber nicht unbedingt für alle Hosts im Netzwerk gelten. Das Dynamic Host Configuration Protocol (DHCP) ist eine Einrichtung, die es erlaubt, Systemen dynamisch eine IP-Adresse zuzuweisen, wenn diese einen Netzwerkzugang benötigen. DHCP wird später in diesem Kapitel behandelt.

Subnetze und Supernetze

Eine Site kann ihren Adressbereich – auch bekannt als *Adressraum* – auf jede Art und Weise aufteilen, die sinnvoll erscheint. Denken wir zum Beispiel einmal an den Adressbereich, der mit 192.168 beginnt. Normalerweise handelt es sich hierbei um cine Class C-Adresse, weshalb diese mit 256 Netzwerken interpretiert wird, die je 254 Hosts enthalten können: Diese Netzwerke sind 192.168.0.0, 192.168.1.0, 192.168.2.0, ..., 192.168.255.0, und deren Hosts werden jeweils von 1 bis 254 durchnummeriert. Allerdings ist dies nicht der einzige Weg, um die 16 Bits aufzuteilen, die spezifisch für diese Site sind. In diesem Fall reichen die theoretischen Möglichkeiten von cincm Netzwerk mit über 2 Millionen Hosts (alle 16 Bits werden für den Hostteil verwendet) bis hin zu 16.384 Netzwerken mit jeweils 2 Hosts (nur die beiden niedrigsten Bits werden für den Hostteil verwendet und die übrigen 14 Bits für die Subnetze).

Die Anzahl der Hosts pro Subnetz ist immer 2^n-2, wobei n die Anzahl der Bits im Hostteil der IP-Adresse darstellt. Warum -2? Wir müssen die ungültigen Hostadressen, die nur aus Nullen oder Einsen bestehen, weglassen.

Eine *Subnetzmaske* definiert, wie die 32-Bit-IP-Adresse zwischen dem Netzwerkteil (inklusive Subnetz) und dem Hostteil aufgeteilt wird. Alle Computer, die an einem TCP/IP-Netzwerk teilnehmen, besitzen eine solche Subnetzmaske. Computer und andere Geräte im gleichen Netzwerk benutzen immer die gleiche Subnetzmaske.

Die Subnetzmaske ist ein 32-Bit-Wert, der erzeugt wird, indem jedes Bit auf 1 gesetzt wird, das innerhalb der IP-Adresse für den Netzwerkteil steht, und jedes Bit auf 0 gesetzt wird, das für den Hostteil der Adresse steht. Dies führt zu einer Folge aus Einsen, der eine Folge aus Nullen folgt. Eine übliche IP-Adresse aus dem Class A-Bereich würde zum Beispiel die folgende Subnetzmaske verwenden: 11111111000000000000000000000000, normalerweise als ein dezimaler Integerwert geschrieben, der vier Bereiche beschreibt, die durch Punkte getrennt werden: 255.0.0.0. Dementsprechend würden die üblichen Class B- und Class C-Adressen folgende Subnetzmasken verwenden: 255.255.0.0 und 255.255.255.0.

Die Subnetzmaske kann auch dazu verwendet werden, um eine Netzwerk-ID auf mehrere lokale Netzwerke weiter aufzuteilen. Wenn Sie zum Beispiel eine Subnetzmaske von 255.255.255.192 für das Netzwerk 192.168.10.0 einsetzen, machen Sie die höchsten 2 Bits des letzten Adress-Byte zu einem Teil der Netzwerkadresse (das letzte Byte ist 11000000). Hiermit teilen Sie das Netzwerk 192.168.10 in vier Subnetze auf, die jeweils bis zu 62 Hosts besitzen können (weil die Host-ID mit den übrigen sechs Bits codiert wird). Vergleichen Sie dies einmal mit der normalen Interpretation, die 256 Netzwerke mit je 254 Hosts liefert.

Im Gegensatz zu Hostadressen sind Subnetzadressen, die nur aus Einsen und Nullen bestehen, erlaubt.

Sie können auch weniger als die standardmäßig vorgesehene Anzahl an Bits für den Netzwerkteil der Adresse verwenden (dieses Verfahren ist als *Supernetting* bekannt). Zum Beispiel könnten Sie für die Netzwerkadresse 192.168.0.0 nur vier Bits für den Subnetzteil verwenden, anstatt der normalen acht Bits. Sie würden dann 16 Subnetze mit je bis zu 1022 Hosts erhalten.

Dies ist alles einfacher zu verstehen, wenn Sie sich jeweils die Zweierpotenzen von 2^0 bis 2^{16} merken.

Heutzutage ist es eher üblich, die Subnetzmaske im Verfahren des Classless Inter-Domain Routing (CIDR) darzustellen.[7] CIDR hängt ein Suffix an die IP-Adresse, das die Anzahl der Bits im Hostteil anzeigt. Zum Beispiel bestimmt 192.168.10.212/24 eine Subnetzmaske von 255.255.255.0 und das Suffix /27 bestimmt eine Subnetzmaske von 255.255.255.224.

Tabelle 5-5 zeigt, wie dies im Detail funktioniert. Im ersten Beispiel teilen wir das Netzwerk 192.168.10 in 8 Subnetze mit je 30 Hosts auf. Im zweiten Beispiel organisieren wir einen Block von 256 normalen Class C-Adressen in 64 Subnetze mit je 1022 Hosts. Dies erreichen wir durch Supernetting, indem wir der Netzwerkadresse die oberen 6 Bits des dritten Byte in der IP-Adresse zuordnen und somit 10 Bits für den Hostteil übrig lassen.

---

7 Der eigentliche Ansatz von CIDR besteht nicht darin, die Notation kompakter zu gestalten, sondern die Anzahl der Einträge in den Routing-Tabellen der großen Internet-Hubs zu verringern. CIDR minimiert die Anzahl der Einträge in den Routing-Tabellen, die von den Sites benötigt werden (oft auf nur einen Eintrag), indem es den Sites erlaubt, einen Block von zusammengehörenden IP-Adressen über eine einzige CIDR-Adresse zuzuordnen. Obwohl CIDR entwickelt wurde, um dieses spezielle Problem, das durch das unkontrollierte Wachstum des Internets verursacht wurde, anzugehen, hat es ebenso dazu beigetragen, die befürchtete Verknappung der Internet-Adressen zu verhindern (so enthält zum Beispiel der gesamte Class C-Adressbereich nur etwa 530 Millionen Hosts). Für weitere Informationen bezüglich des aktuellen Status über den verfügbaren IP-Adressbereich und dessen Verbrauch sehen Sie sich den Bericht an, der auf *http://www.caida.org/outreach/resources/learn/ipv4space/* liegt.

Tabelle 5-5: Beispiele für Subnetting und Supernetting

Subnetz-Bits	Subnetzadresse[a]	Broadcast-Adresse[b]	Hostadressen
Subnetting: Subnetze von 192.168.10.0/27 (Subnetzmaske: 255.255.255.224)			
000	192.168.10.0	192.168.10.31	192.168.10.1-30
001	192.168.10.32	192.168.10.63	192.168.10.33-62
010	192.168.10.64	192.168.10.95	192.168.10.65-94
011	192.168.10.96	192.168.10.127	192.168.10.97-126
100	192.168.10.128	192.168.10.159	192.168.10.129-158
101	192.168.10.160	192.168.10.191	192.168.10.161-190
110	192.168.10.192	192.168.10.223	192.168.10.193-222
111	192.168.10.224	192.168.10.255	192.168.10.225-254
Supernetting: Subnetze von 192.168.0.0/22 (Subnetzmaske: 255.255.248.0)			
000000	192.168.0.0	192.168.3.255	192.168.0.1-3.254
000001	192.168.4.0	192.168.7.255	192.168.4.1-7.254
000010	192.168.8.0	192.168.11.255	192.168.8.1-11.254
...			
111101	192.168.244.0	192.168.247.255	192.168.244.1-247.254
111110	192.168.248.0	192.168.251.255	192.168.248.1-251.254
111111	192.168.252.0	192.168.255.255	192.168-252.1-255.254

a Hostteil=alle Nullen
b Hostteil=alle Einsen

Beachten Sie, dass einige der Hostadressen im zweiten Teil von Tabelle 5-5 den Wert 255 in ihrem letzten Byte besitzen. Dies sind mit der angegebenen Subnetzmaske zulässige Hostadressen, da der gesamte Hostteil nicht nur aus Einsen besteht (wenn Sie sich nicht sicher sind, schreiben Sie eine dieser Adressen im binären Format aus, zum Beispiel 192.168.0.255/22). Mit CIDR-Adressen gibt es keine speziellen Byte-Grenzen und Klassen sind tatsächlich unerheblich.

Tabelle 5-6 führt gebräuchliche CIDR-Suffixe und deren zugehörige Subnetzmasken auf.

Tabelle 5-6: CIDR-Suffixe und Subnetzmasken

Suffix	Subnetzmaske	Maximale Hostanzahl
/22	255.255.252.0	1022
/23	255.255.254.0	510
/24	255.255.255.0	254
/25	255.255.255.128	126
/26	255.255.255.192	62
/27	255.255.255.224	30
/28	255.255.255.240	14
/29	255.255.255.248	6
/30	255.255.255.252	2

Wenn Sie der Mathematik lieber aus dem Wege gehen möchten, gibt es Tools, die bei diesen Berechnungen helfen können. Abbildung 5-4 zeigt die Ausgabe eines Perl-Skripts namens *ipcalc.pl* (dieses stammt von *http://jodies.de/ipcalc/*, geschrieben von *krischan@jodies.de*; es existieren mehrere Versionen des Skripts von unterschiedlichen Autoren)[8]. Das Skript nimmt eine CIDR-Adresse als Eingabe entgegen und gibt eine Vielzahl an nützlichen Informationen über das lokale Netzwerk aus, die daraus abgeleitet werden können. Das Wildcard-Feld zeigt die invertierte Netzwerkmaske (wird von Cisco verwendet).

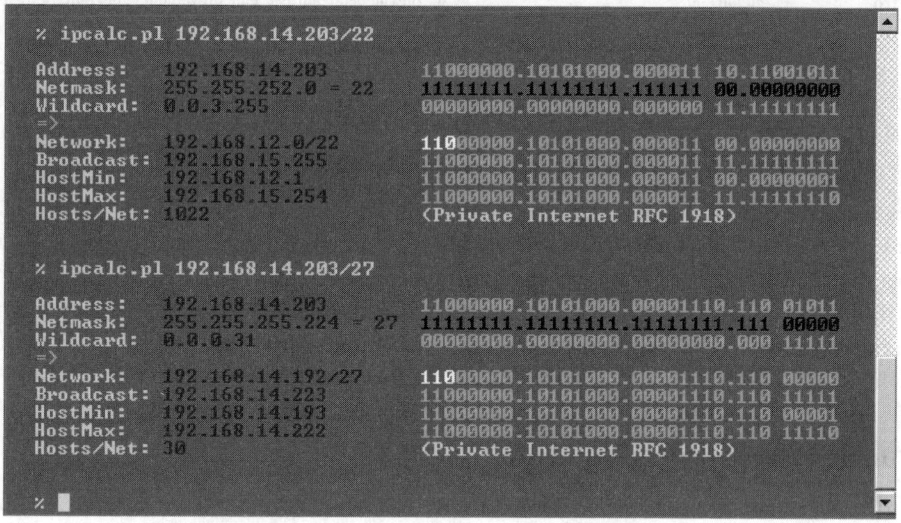

```
% ipcalc.pl 192.168.14.203/22
Address:   192.168.14.203       11000000.10101000.000011 10.11001011
Netmask:   255.255.252.0 = 22   11111111.11111111.111111 00.00000000
Wildcard:  0.0.3.255            00000000.00000000.000000 11.11111111
=>
Network:   192.168.12.0/22      11000000.10101000.000011 00.00000000
Broadcast: 192.168.15.255       11000000.10101000.000011 11.11111111
HostMin:   192.168.12.1         11000000.10101000.000011 00.00000001
HostMax:   192.168.15.254       11000000.10101000.000011 11.11111110
Hosts/Net: 1022                 (Private Internet RFC 1918)

% ipcalc.pl 192.168.14.203/27
Address:   192.168.14.203       11000000.10101000.00001110.110 01011
Netmask:   255.255.255.224 = 27 11111111.11111111.11111111.111 00000
Wildcard:  0.0.0.31             00000000.00000000.00000000.000 11111
=>
Network:   192.168.14.192/27    11000000.10101000.00001110.110 00000
Broadcast: 192.168.14.223       11000000.10101000.00001110.110 11111
HostMin:   192.168.14.193       11000000.10101000.00001110.110 00001
HostMax:   192.168.14.222       11000000.10101000.00001110.110 11110
Hosts/Net: 30                   (Private Internet RFC 1918)
%
```

Abbildung 5-4: Ausgabe des ipcalc.pl-Skripts

Einführung in die Hostadressen von IPv6

Zu irgendeinem Zeitpunkt in der Zukunft werden die Internetadressen auf die nächste Generation umgestellt: IPv6 (derzeit ist IPv4 aktuell). IPv6 wurde in den 1990ern entwickelt, um der erwarteten Verknappung der Internetadressen zu begegnen (die glücklicherweise noch nicht eingetroffen ist). In diesem kurzen Unterabschnitt werden wir einen Blick auf die bedeutendsten Eigenschaften von IPv6-Adressen werfen. Alle Hersteller, die wir betrachten, unterstützen IPv6-Adressen.

IPv6-Adressen sind 128 Bit lang und werden als eine Folge von 8 hexadezimalen 16-Bit-Werten geschrieben, die durch Doppelpunkte getrennt werden, zum Beispiel 1111:2222:3333: 4444:5555:6666:7777:8888. Jeder Wert liegt zwischen 0x0 und 0xFFFF (zwischen 0 und 65535 als Dezimalzahl). Der Bereich der Netzwerkhosts ist auf 64 Bit festgelegt und zusätzlich werden noch interne Strukturen definiert, die in Tabelle 5-7 beschrieben werden.

---

8 Eine Version für den Palm Pilot finden Sie unter *http://www.ajw.com* (geschrieben von Alan Weiner).

Tabelle 5-7: Erklärung der IPv6-Hostadressen

Bits	Name	Zweck (Verwendungsbeispiel)
1-3	Formatpräfix (FP)	Adresstyp (Unicast, Multicast)
4-16	Top-Level-Aggregations-ID (TLA-ID)	Organisation der obersten Stufe (sehr großer ISP)
17-24		Reserviert
25-48	Next-Level- Aggregations-ID (NLA-ID)	Regionale Organisation (lokaler ISP)
49-64	Site-Level-Aggregations-ID (SLA-ID)	Spezifische Unterteilung der jeweiligen Site (Subnetz)
65-128	Interface-ID	Spezifische Geräteadresse: eine Umwandlung der MAC-Adresse

Wie die Tabelle aufzeigt, erhalten die Sites 16 Bit für das Subnetting. Das gesamte erste Präfix von 48 Bit ist für den ISP vorgesehen. Ein Vorteil von IPv6 ist, dass Hostadressen automatisch von der MAC-Adresse des Gerätes abgeleitet werden können, so dass man diesen Gesichtspunkt der Hostkonfiguration abhaken kann (optional).

IPv6 erlaubt es aus Gründen der Rückwärtskompatibilität zu IPv4, Adressen der Form 0:0:0:FFFF:*a.b.c.d* an Geräte zu vergeben, die nur mit IPv4 betrieben werden. *a.b.c.d* ist dabei die IPv4-Adresse. Normalerweise wird dies als ::FFFF:*a.b.c.d* geschrieben, wobei :: einen zusammenhängenden Block von Nullen (beliebiger Länge) in der IPv6-Adresse ersetzt (aber der zweifache Doppelpunkt wird dabei nur einmal verwendet). Schließlich wird die Loopback-Adresse immer als ::1 definiert und die Broadcast-Adresse lautet FF02::1.

Verbinden von Netzwerksegmenten

Auf der physikalischen Ebene können einzelne Netzwerke auf verschiedene Weise aufgebaut, unterteilt und verbunden werden, so wie es in Abbildung 5-5 dargestellt wird (die Abbildung wurde entworfen, um möglichst viele unterschiedliche Beispiele für Verbindungsarten darzustellen, und nicht als allgemeines Modell für die Netzwerkplanung).

In der Abbildung ist das LAN im Büro von Chicago von der Haupt-Site der Organisation in San Francisco – den LANs in Gebäude 1 und Gebäude 2 – geografisch getrennt und an diese über relativ langsame Verbindungen angeschlossen. Die beiden LANs in der Haupt-Site sind über Hochgeschwindigkeits-Glasfaserkabel miteinander verbunden, sodass das gesamte Netzwerk der Site trotz der räumlichen Trennung der beiden Gebäude mit der gleichen Geschwindigkeit betrieben wird. Zusammen bilden diese drei LANs das WAN dieser Organisation.

Das LAN von Gebäude 1 veranschaulicht die Hardware verschiedener Netzwerkgeräte. Alle Hosts im Subnetz A sind an Geräte angeschlossen, die *Hubs* genannt werden. Typische Hubs arbeiten wie ein Ethernet-Backbone, indem sie alle angeschlossenen Hosts miteinander verbinden. In unserem Fall gibt es in diesem Netzwerksegment sowohl zwei Hubs als auch einen *Repeater*. Das letztgenannte Gerät verbindet Hosts, die weiter auseinander stehen als die maximal zulässige Kabellänge, indem es alle Signale von einem Draht zum anderen durchreicht. Tatsächlich ist ein Repeater auch ein Hub; in diesem Fall besitzt er nur zwei Anschlüsse. Ethernet lässt nur eine maximale Anzahl von vier Hubs zwischen den am weitesten auseinander liegenden Hosts zu. Subnetz A befolgt diese Regel.

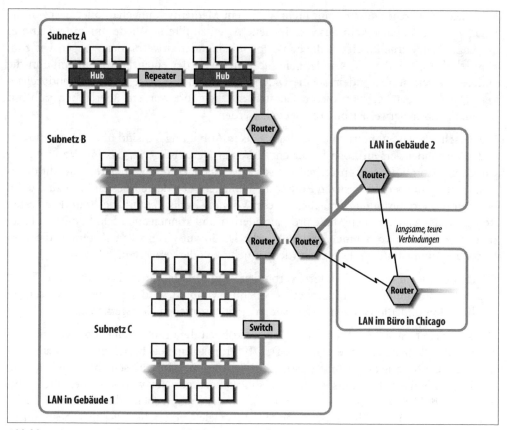

Abbildung 5-5: Ein Wide Area Network und seine Teil-LANs

Subnetz B ist ein weiteres Netzwerksegment, das über Router an die anderen beiden Subnetze angeschlossen ist. Auch wenn dessen interne Struktur nicht gezeigt wird, die verschiedenen Hosts in diesem Subnetz sind alle an Hubs oder Switches angeschlossen. Das Gleiche gilt auch für die beiden Teile von Subnetz C.

Die beiden Zweige von Subnetz C sind über einen *Switch* miteinander verbunden, ein Gerät, das etwas intelligenter als ein Hub ist. Dieser Switch reicht selektiv nur diejenigen Daten zwischen den beiden Segmenten durch, die für das andere Segment bestimmt sind. Ein Hub ist nur ein Punkt, an dem die Verbindungen zusammenlaufen, während ein Switch die Fähigkeit besitzt, zu entscheiden, für welche »Seite« ein gegebenes Paket bestimmt ist. Zwei-Port-Switches, wie derjenige in der Abbildung, werden manchmal *Bridges* genannt.

Heutzutage werden einfache Hubs/Repeater selten eingesetzt. Normalerweise werden Switches als das zentrale Verbindungsstück verwendet, an das die einzelnen Hosts angeschlossen werden. (Im Diagramm habe ich Hubs nur zu Darstellungszwecken benutzt.) Gelegentlich werden Geräte, die in Wirklichkeit Switches sind, als Hubs ausgewiesen, wahrscheinlich aus Marketing-Aspekten.

Komplexere Switches können mit mehr als einem Medientyp umgehen oder besitzen die Fähigkeit, den Datenverkehr auf verschiedene Arten zu filtern. Wiederum andere sind in der Lage, Netzwerke unterschiedlichen Typs miteinander zu verbinden – sagen wir zum Beispiel TCP/IP und SNA –, indem sie die Daten von der einen Protokollfamilie in die andere übersetzen oder indem sie die Daten kapseln, sobald diese durch sie hindurchgehen. Die Aufgaben, die von diesen Geräten durchgeführt werden, überlappen sich mit denen, die normalerweise Routern zugeteilt werden.

Die verschiedenen Subnetze und die drei LANs in Abbildung 5-5 sind über *Router* miteinander verbunden, einem noch höher entwickelten Netzwerkgerät, das im Wesentlichen ein kleiner Computer ist. Zusätzlich zur selektiven Behandlung von Daten, die auf deren Bestimmungsort beruht, besitzen Router die Fähigkeit, den derzeit besten Weg zu diesem Bestimmungsort ausfindig zu machen. Dieser Vorgang ist als *Routing*[9] bekannt. Die besten Router sind in einem hohen Maße programmierbar und können auch sehr komplexe Filterungen von Daten vornehmen, indem sie die Daten auf Grund von Kriterien, die vom Netzwerkadministrator festgelegt wurden, annehmen oder verwerfen.

Die Router, die unsere drei Standorte verbinden, sind so angeordnet, dass es mehrere Wege zu jedem Bestimmungsort gibt; geht einer von ihnen verloren, wird das keine Auswirkungen auf die Kommunikation zwischen den beiden nicht betroffenen Netzwerken haben.

Hubs/Repeater, Switches/Bridges und Router können daran unterschieden werden, worauf sich ihre Tätigkeiten innerhalb des TCP/IP-Protokollstapels beziehen. Repeater arbeiten auf der Netzzugangsschicht, Bridges benutzen die Internetschicht[10] und Router operieren innerhalb der Transportschicht. Ein vollwertiger Netzwerkhost, der offensichtlich alle vier TCP/IP-Schichten unterstützt, kann dementsprechend die Funktionen jedes dieser Gerätetypen ausführen. Beachten Sie, dass viele Geräte, die mit einem bestimmten Namen ausgewiesen sind, in Wirklichkeit so funktionieren wie die Low-end-Versionen der nächsthöheren Geräte (High-end-Switches sind zum Beispiel einfache Router).

Obwohl es billige Dual-Speed-Switches (zum Beispiel 10BaseT und 100BaseT) gibt, empfehle ich es nicht, diese einzusetzen. Das Netzwerk bietet eine bessere Performance, wenn Sie die Geräte auf Basis ihrer Geschwindigkeit voneinander trennen und nicht am selben (Low-end-)Switch mehrere Geschwindigkeiten betreiben.[11] Der langsame Switch ist dann das einzige langsame Gerät an dem schnellen Switch.

---

9 Beide üblichen Aussprachen dieses Wortes sind technisch gesehen korrekt. Obwohl ich immer noch glaube, dass »Rooting« etwas ist, das Menschen bei Baseball-Spielen machen, oder Schweine, wenn sie nach Trüffeln suchen. »Routing« ist das, was Partisanen den Besatzungsarmeen antun, und das Homonym dazu ist das, was es Paketen ermöglicht, über ein Netzwerk zu reisen.
10 Die intelligentesten Switches tragen ein winziges Bit in die Transportschicht.
11 Einer der technischen Korrektoren dieses Buches hat angemerkt, dass dieses Problem *nur* bei billigen Switches auftritt, nicht bei hochwertigen (teureren) Geräten.

Hinzufügen eines neuen Netzwerkrechners

Um dem Netzwerk einen neuen Rechner hinzuzufügen, müssen Sie Folgendes durchführen:

- Installieren Sie die Netzwerksoftware und erstellen Sie einen Kernel, der in der Lage ist; das Netzwerk und die eingebaute Netzwerk-Hardware zu unterstützen (wenn nötig). Heutzutage wird die grundlegende Netzwerkunterstützung fast immer standardmäßig mit dem Betriebssystem installiert, es kann aber vorkommen, dass Sie einige besondere Bestandteile per Hand hinzufügen müssen.
- Schließen Sie das System physikalisch an das Netzwerk an und setzen Sie die Hardware des Netzwerk-Interfaces in Gang. Gelegentlich kann der letzte Arbeitsschritt das Setzen von Jumpern oder Schaltern auf der Platine des Netzwerkadapters oder das Setzen von Low-Level-Systemparametern (normalerweise über das Konfigurationsprogramm, das vor dem Booten ausgeführt wird) beinhalten.
- Weisen Sie dem System einen Hostnamen und eine Netzwerkadresse zu (oder finden Sie heraus, was vom Netzwerkadministrator zugeteilt wurde). Wenn Sie einem bestehenden Netzwerk einen neuen Host hinzufügen, muss die eindeutige Netzwerkadresse, die Sie ihm zuweisen, in das Adressschema passen, das bereits auf Ihrer Site verwendet wird. Sie können sich auch dafür entscheiden, DHCP zu benutzen, um die IP-Adresse und andere Netzwerkparameter dynamisch zuzuweisen, anstatt eine statische Adresse zu definieren.
- Stellen Sie sicher, dass die notwendigen Konfigurationsaufgaben während des Boot-Vorgangs durchgeführt werden, inklusive dem Start aller benötigten netzwerkbezogenen Daemons.
- Konfigurieren Sie die Namensauflösung (Auflösung von Hostnamen zu IP-Adressen).
- Richten Sie alle statischen Routen ein und konfigurieren Sie alle weiteren Einrichtungen, die für das Routing benötigt werden. Dies beinhaltet das Definieren eines Standard-Gateways für die Pakete, die für außerhalb des lokalen Subnetzes bestimmt sind.
- Testen Sie die Netzwerkverbindung.
- Nehmen Sie alle weiteren Netzwerkdienste, die Sie auf diesem Computer benutzen möchten, in Betrieb und konfigurieren Sie diese.

Konfigurieren des Netzwerk-Interfaces mit ifconfig

Der ifconfig-Befehl (»if« steht für Interface) wird dazu benutzt, um die grundlegenden Eigenschaften des Netzwerkadapters festzulegen, das Wichtigste dabei ist die Zuordnung einer IP-Adresse an das Interface. Hier sind einige typische Befehle:

```
# ifconfig lo localhost up
# ifconfig eth0 inet 192.168.1.9 netmask 255.255.255.0
```

Der erste Befehl konfiguriert das Loopback-Interface, indem es auf up (aktiv) gesetzt wird. In vielen Versionen von ifconfig ist up die Standardeinstellung, wenn die erste IP-Adresse einem Interface zugeordnet wird. Deshalb wird es normalerweise weggelassen.

Der zweite Befehl konfiguriert auf diesem System das Ethernet-Interface, das mit *eth0* benannt ist. Dem Interface werden die vorgesehene Internetadresse und die Netzwerkmaske zugeordnet.

Der zweite Parameter im zweiten `ifconfig`-Befehl bezeichnet die Adressfamilie. Hier bezieht sich `inet` auf IPv4; `inet6` wird verwendet, um sich auf IPv6 zu beziehen. Dieser Parameter ist optional und standardmäßig wird IPv4 verwendet.

Der erste Beispielbefehl oben zeigt auch, wie ein Hostname für die Zuordnung einer IP-Adresse benutzt werden kann. Wenn Sie das machen, muss die IP-Adresse, die zu dem Hostnamen gehört, zur Verfügung stehen, wenn der `ifconfig`-Befehl ausgeführt wird. Normalerweise steht sie in */etc/hosts*.

FreeBSD-, Solaris- und Tru64-Systeme ermöglichen es Ihnen, die IP-Adresse und die Netzwerkmaske durch eine CIDR-Adresse zu ersetzen:

```
# ifconfig tu0 192.168.9.6/24
```

Namen von Ethernet-Interfaces

Das Loopback-Interface wird fast immer *lo0* genannt (nur Linux nennt es einfach *lo*). Die Namen für Ethernet-Interfaces unterscheiden sich auf den Systemen erheblich. Hier folgen einige übliche Namen für das erste Ethernet-Interface auf den verschiedenen Systemen:[12]

AIX	*en0*
FreeBSD	*xl0*, *de0* und andere (hängt von der Hardware ab)
HP-UX	*lan0*
Linux	*eth0*
Solaris	*hme0*, *dnet0*, *eri0*, *le0*
Tru64	*tu0*, *ln0*

Andere Verwendungen von ifconfig

Ohne weitere Optionen zeigt `ifconfig` die Konfiguration des angegebenen Netzwerk-Interfaces wie in diesem Beispiel:

```
$ ifconfig eth0
en0: flags=c63<UP,BROADCAST,NOTRAILERS,RUNNING,FILTMULTI,MULTICAST>
     inet 192.168.1.9 netmask 0xffffff00 broadcast 192.168.1.255
```

Sie können den Status aller konfigurierten Netzwerk-Interfaces mit `ifconfig -a` anzeigen lassen, außer unter HP-UX. Auf AIX-, FreeBSD- und Tru64-Systemen kann die Option `-l` zur Auflistung aller Netzwerk-Interfaces verwendet werden:

```
$ ifconfig -l
en0 en1 lo0
```

Dieses System besitzt zwei installierte Ethernet-Interfaces und das Loopback-Interface. Der `lanscan`-Befehl unter HP-UX bietet eine ähnliche Funktionalität.

---

[12] AIX benutzt unterschiedliche Interface-Namen für andere Netzwerktypen: *et0* für so genannte 803.2 (ein verwandtes, aber leicht unterschiedliches Protokoll), *tr0* für Token Ring usw.

ifconfig auf Solaris-Systemen

Solaris-Systeme bieten zwei Versionen von `ifconfig`, eine liegt in */sbin* und eine andere in */usr/sbin*. Ihre Syntax ist identisch. Sie unterscheiden sich nur in der Art, wie sie die Hostnamen auflösen, die als Argumente übergeben werden. Die */sbin*-Version überprüft immer zuerst */etc/hosts*, bevor sie im DNS nachfragt, während die andere Version diejenige Reihenfolge benutzt, die im Network Switch File (wird weiter unten behandelt) angegeben ist. Erstere Version wird während des Startvorgangs verwendet, wo DNS noch nicht zur Verfügung stehen könnte.

Solaris erwartet auch, dass ein Interface geplumbed wird, bevor es konfiguriert wird. Dies geschieht mit Befehlen wie den folgenden:

```
# ifconfig hme0 plumb
# ifconfig hme0 inet 192.168.9.2 netmask + up
```

Der erste Befehl setzt die Datenstrukturen des Kernels, die vom Gerät für den Betrieb mit IP benötigt werden. Andere Betriebssysteme führen diese Setup-Funktion ebenfalls durch, allerdings machen sie das automatisch, sobald dem Interface die erste IP-Adresse zugewiesen wird. Das Pluszeichen als Parameter am Schlüsselwort `netmask` ist eine Abkürzung, die den Befehl anweist, in der Datei */etc/inet/netmasks* nach der Standardnetzwerkmaske für das angegebene Subnetz zu sehen. Die Datei hat Einträge wie die folgenden:

```
#subnet         netmask
192.168.9.0     255.255.255.0
```

Konfiguration von Interfaces während der Boot-Phase

Tabelle 5-8 führt die Konfigurationsdateien auf, in denen die Parameter für `ifconfig` für jede Unix-Version, die wir behandeln, gespeichert werden. Sie liefert für das erste Interface eines üblichen Typs auch einige Beispieleinträge aus der Datei. Die dritte Spalte führt auf, welches Startskript tatsächlich die Konfiguration des Interfaces durchführt und an welcher Stelle im Startprozess es auftritt.

Tabelle 5-8: Konfiguration von Netzwerk-Interfaces während des Startvorgangs

Unix- Version	Konfigurationsdatei	Startskript (wird aufgerufen von)
AIX	Die Daten werden im ODM gespeichert; verwenden Sie `smit mktcpip` oder den `mktcpip`-Befehl, um sie zu ändern (keine `ifconfig`-Befehle).	*/sbin/rc.boot* (erster */etc/inittab*-Eintrag)

FreeBSD	*/etc/rc.conf*:
	`hostname="clarissa"`
	`ifconfig_xl0="192.168.9.2 netmask 255.255.255.0"`
		/etc/rc.network (wird von */etc/rc* aufgerufen)

HP-UX	*/etc/rc.config.d/netconf*:
	`HOSTNAME="acrasia"`
	`INTERFACE_NAME[0]=lan0`
	`IP_ADDRESS[0]=192.168.9.55`
	`SUBNET_MASK[0]=255.255.255.0`
	`INTERFACE_STATE[0]="up"`
		/sbin/init.d/net (Link von */sbin/rc2.d*)

Tabelle 5-8: Konfiguration von Netzwerk-Interfaces während des Startvorgangs (Fortsetzung)

Unix-Version	Konfigurationsdatei	Startskript (wird aufgerufen von)

Linux (Red Hat)	*/etc/sysconfig/network-scripts/ifcfg_eth0*:
	 `DEVICE=eth0`
	 `BOOTPROTO=static`
	 `IPADDR=192.168.9.220`
	 `NETMASK=255.255.255.0`
	 `ONBOOT=yes`
	 /etc/sysconfig/network:
	 `HOSTNAME="selene"`
		/etc/init.d/network (Link von */etc/rc2.d*)

Linux (SuSE 7)	*/etc/rc.config*:
	 `NETCONFIG="_0"` *Anzahl der Interfaces*
	 `IPADDR_0="192.168.9.220"`
	 `NETDEV_0="eth0"`
	 `IFCONFIG_0="192.168.9.220 broadcast`
	 `    192.0.9.255 netmask 255.255.255.0"`
	 /etc/HOSTNAME:
	 `sabina`
		/etc/init.d/network (Link von */etc/rc2.d*)

Linux (SuSE 8)	*/etc/sysconfig/network/ifcfg_eth0*:
	 `BOOTPROTO=static`
	 `IPADDR=192.168.9.220`
	 `NETMASK=255.255.255.0`
	 `STARTMODE=yes`
	 /etc/HOSTNAME:
	 `sabina`
		/etc/init.d/network (Link von */etc/rc2.d*)

Solaris	*/etc/hostname.hme0*: `ishtar`	*/etc/init.d/network* (Link von */sbin/rcS.d*)

Tru64	*/etc/rc.config*:
	 `HOSTNAME="ludwig"`
	 `NETDEV_0="tu0"`
	 `IFCONFIG_0="192.168.9.73 netmask`
	 `    255.255.255.0"`
	 `NUM_NETCONFIG="1"` *Anzahl der Interfaces*
	 `export HOSTNAME NETDEV_0 ...`
		/sbin/init.d/inet (Link von */sbin/rc3.d*)

Diese Dateien und ihre Einträge sind sehr einfach und selbsterklärend. Mehrere Interfaces werden auf die gleiche Weise konfiguriert. Die Parameter für zusätzliche Interfaces werden auf dieselbe Art definiert wie beim ersten Interface. Normalerweise wird dafür das nächste Element im Array verwendet (zum Beispiel `IP_ADDRESS[1]` (HP-UX), `NETDEV_1` (Tru64) und so weiter), eine entsprechende Syntax (zum Beispiel `ifconfig_xl1` für FreeBSD) oder ein analoger Dateiname (zum Beispiel *hostname.hme1* für Solaris oder *ifcfg_eth1* für Linux).

Die Solaris-Datei */etc/hostname.interface* (wobei *interface* dem Interface-Namen entspricht, zum Beispiel *hme0*) verdient eine zusätzliche Anmerkung. Im Allgemeinen benötigt diese Datei als Inhalt nur einen Hostnamen; Sie können aber auch, wenn gewünscht, in zusätzlichen Zeilen bestimmte Parameter für `ifconfig` einfügen, so wie in diesem Beispiel:

```
kali
192.168.24.37 netmask 255.255.248.192 broadcast 192.168.191.255
```

Normalerweise versucht Solaris automatisch die IP-Adresse des Systems herauszufinden, indem es die zur Verfügung stehenden Namensdienste aufsucht. Auf diese Art können Sie aber bestimmte Parameter angeben, wenn Sie das wünschen. Das Skript */etc/init.d/network* wird dann jede zusätzliche Zeile an `ifconfig` *interface* `inet` anhängen, um einen vollständigen Befehl zu erzeugen, der dann sofort ausgeführt wird. Der Hostname muss aber in der ersten Zeile der Datei stehen, ansonsten bricht das Skript an anderen Stellen ab.

Auch die Datei */etc/nodename* enthält den Hostnamen des lokalen Hosts; sie wird verwendet, wenn das System im Standalone-Modus betrieben wird, und bei anderen Ereignissen innerhalb des Startskripts. Wenn Sie beschließen, den Hostnamen eines Systems zu ändern, müssen Sie ihn in den beiden Dateien */etc/nodename* und */etc/hostname.** ändern (ebenso wie in */etc/hosts*, DNS und in jedem anderen Verzeichnisdienst, den Sie eventuell laufen haben).

Dynamische Zuordnung von IP-Adressen mit DHCP

Die DHCP-Einrichtung (Dynamic Host Configuration Protocol) wird zur dynamischen Vergabe von IP-Adressen und Konfigurationseinstellungen für Netzwerk-Hosts verwendet.[13] Diese Einrichtung wurde entwickelt, um den Aufwand der individuellen Workstation-Konfiguration zu verringern, der für die erfolgreiche Einbindung in das Netzwerk notwendig ist. Sie ist speziell auf Computersysteme angepasst, die ihren Netzwerkstandort häufig wechseln (zum Beispiel Laptops).

Benutzen Sie die dynamische Adressvergabe niemals für ein System, das irgendwelche seiner Ressourcen mit anderen teilt – Dateisysteme (über NFS oder SAMBA), Drucker oder andere Geräte – oder das irgendwelche Netzwerkressourcen liefert (DNS, DHCP, E-Mail-Dienste und so weiter). DHCP für die Vergabe von statischen Adressen an Server zu benutzen, ist in Ordnung (sehen Sie hierzu »Konfigurieren eines DHCP-Servers« in Kapitel 8).

Die DHCP-Einrichtung weist einem anfragenden Host für einen bestimmten Zeitraum, der als *Lease* bekannt ist, eine IP-Adresse zu. Dies geschieht nach dem folgenden Schema:

- Das anfragende System (Client) sendet eine DHCP-Discover[14]-Nachricht an den UDP-Port 67. Zu diesem Zeitpunkt braucht das System nichts über das lokale Netzwerk zu wissen, nicht einmal die Subnetzmaske (die Quelladresse ist 0.0.0.0 und die Zieladresse lautet 255.255.255.255).

---

13 DHCP ist ein Nachfolger der Remote-Boot-Einrichtung BOOTP.

14 Genau genommen handelt es sich um eine DHCPDISCOVER-Nachricht, aber ich habe versucht, den Text lesbarer zu gestalten, indem ich einen Bindestrich hinzugefügt und die Buchstabentypen geändert habe.

- Ein oder mehrere DHCP-Server antworten mit einer DHCP-Offer-Nachricht (an UDP-Port 68), die eine IP-Adresse, Subnetzmaske, Server-IP-Adresse und Lease-Dauer (und möglicherweise andere Parameter) enthält. Der Server reserviert die angebotene Adresse so lange, bis sie von dem anfragenden Client akzeptiert oder zurückgewiesen wird oder bis eine Timeout-Zeitspanne abläuft.
- Der Client wählt eine angebotene IP-Adresse und sendet eine DHCP-Request-Nachricht. Alle Server, die nicht erfolgreich waren, geben die offene Reservierung wieder frei.
- Der ausgewählte Server sendet eine DHCP-Acknowledge-Nachricht an den Client.[15]
- Sobald die Lease zu 50% abgelaufen ist, versucht der Client, sie zu erneuern (über einen weiteren DHCP-Request). Wenn er es zu diesem Zeitpunkt nicht schafft, versucht er es noch einmal, wenn er 87,5% der Lease-Dauer erreicht hat; sollte der zweite Erneuerungsversuch ebenso fehlschlagen, schaut sich der Client nach einem neuen Server um. Während des Lease-Zeitraums bleiben auf den meisten Systemen die von DHCP zugewiesenen Parameter bei Neustarts erhalten. Auf einigen Systemen versucht der Client jedes Mal, wenn er hochfährt, seine Lease zu erweitern.

Wie diese Beschreibung zeigt, hängt die DHCP-Einrichtung stark von Broadcast-Nachrichten ab, sie erzeugt aber keinen übermäßigen Netzwerkverkehr, wenn sie sauber konfiguriert ist. Typische Lease-Standardzeiträume sind ein paar Stunden, der Zeitraum kann aber beliebig verkürzt oder erweitert werden (sehen Sie hierzu auch »Konfigurieren eines DHCP-Servers« in Kapitel 8).

DHCP kann auch dafür verwendet werden, um dem Client weitere netzwerkbezogene Parameter zuzuweisen, wie etwa das Standard-Gateway (Router), den Hostnamen und Informationen darüber, welcher oder welche Server für die verschiedenen Funktionen wie DNS, das Empfangen von Syslog-Nachrichten, X-Fonts, NTP und andere verwendet werden sollen. Zusätzlich können DHCP-Clients verlangen, dass bestimmte Parameter von den Servern zu liefern sind, und können die Angebote von sich aus zurückweisen, wenn sie die Anforderungen nicht erfüllen. Einige Clients können auch Bedingungen für die Lease vorgeben, wie zum Beispiel die Zeitspanne. Zusätzliche DHCP-Parameter werden *Optionen* genannt und über Standard-Identifikationsnummern erkannt.

Im verbleibenden Rest dieses Abschnitts werden wir uns die Konfiguration von DHCP-Clients ansehen. DHCP-Server werden wir in Kapitel 8 behandeln.

Tabelle 5-9 fasst die verschiedenen Dateien und Einstellungen zusammen, die mit der Konfiguration der DHCP-Clients der verschiedenen Systeme, die wir behandeln, zusammenhängen. Als Beispiel verwenden wir jeweils das erste Ethernet-Interface eines gebräuchlichen Typs. Der Tabelle folgen Ausführungen zu den Eigenheiten der verschiedenen Unix-Versionen.

---

15 Gelegentlich klappt etwas nicht, nachdem ein Angebot ausgewählt wurde. Der Server hat auch die Möglichkeit, ein Negative-Acknowledgement zu senden, falls es Probleme mit der Anfrage geben sollte. Ebenso kann der Client eine Decline-Nachricht an den Server schicken, wenn der Anfangstest der IP-Adresse fehlschlägt. In beiden Fällen startet der Client den Discovery-Prozess erneut von Anfang an.

Tabelle 5-9: Übersicht über die Konfiguration von DHCP-Clients

Punkt	Speicherort und/oder Konfiguration
Aktivieren von DHCP	**AIX:** ODM; interface-Abschnitt *(/etc/dhcpcd.ini)* **FreeBSD:** ifconfig_xl0="DHCP" *(/etc/rc.conf)* **HP-UX:** DHCP_ENABLE=1 *(/etc/rc.config.d/netconf)* **Linux:** IFCONFIG_0="dhcpclient" in */etc/rc.config* (SuSE 7); BOOTPROTO='dhcp' (*ifcfg_eth0* in */etc/sysconfig/network-scripts* bei Red Hat, */etc/sysconfig/network* bei SuSE 8) **Solaris:** Erstellen Sie */etc/dhcp.hme0* **Tru64:** IFCONFIG_0="DYNAMIC" *(/etc/rc.config)*
Weitere Konfigurationsdateien	**FreeBSD:** */etc/dhclient.conf* **Solaris:** */etc/default/dhcpagent* **Tru64:** */etc/join/client.pcy*
Hauptbefehl oder -Daemon	**AIX:** dhcpcd-Daemon **FreeBSD:** dhclient-Befehl **HP-UX:** dhcpclient-Daemon **Linux:** dhcpcd-Daemon **Solaris:** dhcpagent-Daemon **Tru64:** joinc-Daemon
Startskript, in dem die DHCP-Konfiguration stattfindet	**AIX:** */etc/rc.tcpip* **FreeBSD:** */etc/rc.network* **HP-UX:** */sbin/rc* **Linux:** */etc/init.d/network* **Solaris:** */etc/init.d/network* **Tru64:** */sbin/init.d/inet*
Automatisiertes/ grafisches Konfigurationstool	**AIX:** smit usedhcp **FreeBSD:** sysinstall **HP-UX:** SAM **Linux:** Linuxconf (Red Hat), YAST2 (SuSE) **Solaris:** Solaris Management Console **Tru64:** netconfig
Aktuelle Lease-Informationen	**AIX:** */usr/tmp/dhcpcd.log* **FreeBSD:** */var/db/dhclient.leases* **HP-UX:** */etc/auto_parms.log* **Linux:** */etc/dhcp/dhcpcd-eth0.info* (Red Hat); */var/lib/dhcpcd/dhcpcd-eth0.info* (SuSE) **Solaris:** */etc/dhcp/hme0.dhc* **Tru64:** */etc/join/leases*

AIX

Der einfachste Weg, DHCP auf einem AIX-System zu aktivieren, ist SMIT zu verwenden, insbesondere mit dem smit usedhcp-Befehl. Das daraus hervorgehende Dialogfenster wird in Abbildung 5-6 dargestellt.

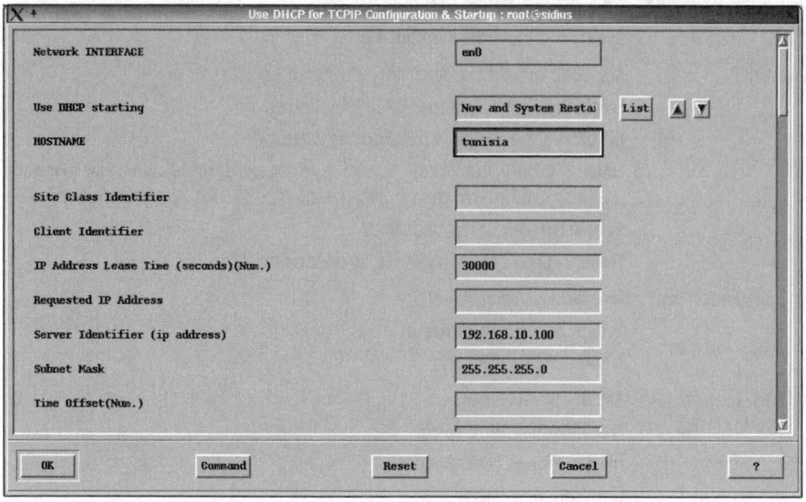

Abbildung 5-6: Aktivieren von DHCP mit SMIT

Wie in der Abbildung zu sehen, erlaubt Ihnen SMIT nicht nur, DHCP zu aktivieren, sondern auch die Lease-Dauer und andere DHCP-Parameter zu definieren. In diesem Beispiel fordern wir eine Lease-Dauer von 30.000 Sekunden (5 Stunden) an und geben auch einen bestimmten DHCP-Server an (indem wir seine IP-Adresse und die Subnetzmaske angeben), der kontaktiert werden soll. Dieser zweite Punkt ist nicht unbedingt notwendig und wird normalerweise weggelassen; er wird hier nur zu Demonstrationszwecken angeführt.

Die Konfiguration eines DHCP-Clients unter AIX besteht aus drei Teilen:

- Konfiguration und Start des dhcpcd-Daemons, der die Konfigurationsinformationen anfordert und den Lease-Status überwacht. Speziell müssen die entsprechenden Zeilen in */etc/rc.tcpip* aktiviert werden, indem das führende Kommentarzeichen entfernt wird:

```
# Start up dhcpcd daemon
start /usr/sbin/dhcpcd "$src_running"
```

- Hinzufügen eines Abschnitts für das Netzwerk-Interface und andere Einstellungen an die Konfigurationsdatei für dhcpcd, */etc/dhcpcd.ini*. Hier ein Beispiel für diese Datei:

```
# Use 4 log files of 500KB each and log lots of info
numLogFiles     4
logFileSize     500
logFileName     /usr/tmp/dhcpcd.log
logItem         SYSERR
logItem         OBJERR
logItem         WARNING
logItem         EVENT
logItem         ACTION

updateDNS "/usr/sbin/dhcpaction '%s' '%s' '%s' '%s' A NONIM
   >> /tmp/updns.out 2> &1 "      Befehl wurde umbrochen.
```

```
    clientid MAC     Identifiziere den Client anhand seiner MAC-Adresse.

interface en0
{
    option 12 "lovelace"       Hostname.
    option 51 30000      Angeforderte Lease-Dauer in Sekunden.
    ...
}
```

Der erste Abschnitt der Datei gibt die gewünschten Logging-Optionen an. Hier fordern wir große Detailtreue, indem wir fünf Arten von Ereignissen mitprotokollieren. Der nächste Abschnitt enthält einen Befehl, der den DNS mit der IP-Adresse, die dem Host zugewiesen wurde, aktualisiert (es wird nicht empfohlen, diesen Befehl zu ändern). Der letzte Abschnitt gibt die Konfiguration für das Interface *en0* an. Die Angaben zwischen den geschweiften Klammern setzen die Werte für die verschiedenen DHCP-Optionen. (Die Datei */etc/options.file* definiert die Nummern für die DHCP-Optionen.)

- Setzen von Parametern innerhalb des Interface-Eintrags im ODM. Dieser Schritt kann über SMIT ausgeführt werden oder manuell, indem der `mktcpip`-Befehl benutzt wird.

FreeBSD

FreeBSD benutzt die DHCP-Implementierung, die vom Internet Software Consortium (ISC) entwickelt wurde. Der `dhclient`-Befehl fordert die DHCP-Dienste an, wenn sie benötigt werden. Während des Startvorgangs wird er von *rc.network* aufgerufen. Er benutzt die Konfigurationsdatei */etc/dhclient.conf*. Hier ist ein einfaches Beispiel:

```
interface "xl0" {
  request subnet-mask, broadcast-address, host-name,
    time-offset, routers, domain-name, domain-name-servers;
  require subnet-mask;
  send requested-lease-time 360000;
  media "media 10baseT/UTP", "media 10base2/BNC";
}
```

Diese Datei konfiguriert DHCP für das Interface *xl0*, für das DHCP in */etc/rc.conf* (ifconfig_xl0='DHCP') eingerichtet wurde. Dieses Beispiel gibt eine Liste von Optionen an, für die Werte vom DHCP-Server angefordert werden. Leases ohne die meisten dieser Parameter würden noch akzeptiert werden, aber der Parameter für das Subnetz wird zwingend benötigt. Der Client verlangt zudem eine Lease-Dauer von 360.000 Sekunden (100 Stunden).

Alle Angaben innerhalb der Klammern gehören nur zu diesem speziellen Interface. Jedoch können die gleichen Befehle innerhalb der Konfigurationsdatei unabhängig voneinander auftreten. In diesem Fall betreffen sie alle angegebenen Interfaces. Es werden viele weitere Optionen unterstützt, darunter die Möglichkeit, einen bestimmten DHCP-Server anzugeben.

Die Standardversion von */etc/dhclient.conf* läuft normalerweise ohne Probleme, auch wenn keine Änderungen vorgenommen werden.

HP-UX

Sobald in */etc/rc.config.d/netconf* für ein Interface DHCP aktiviert wurde, wird DHCP automatisch beim Boot-Vorgang gestartet. Das Skript auto_parms wird von */etc/rc* aufgerufen und führt mit Hilfe von set_parms die tatsächlichen DHCP-Operationen durch. Das Skript ruft auch dhcpdb2conf auf, das die von DHCP gelieferten Konfigurationsdaten an die oben erwähnte Netzwerkkonfigurationsdatei übergibt, und der ifconfig-Prozess läuft auf dieselbe Art und Weise ab wie bei Hosts mit einer statischen IP-Adresse. Außerdem startet auto_parms den dhcpclient-Daemon, der die Lease und ihre Erneuerung überwacht.

Außer der Aktivierung von DHCP für das Netzwerk-Interface bietet HP-UX keine weitere Unterstützung für die Konfiguration von DHCP-Clients. Wenn Sie DHCP aktivieren, müssen Sie auch die entsprechenden Werte für *IP_ADDRESS* und *SUBNET_MASK* auf einen Leerstring setzen.

Linux

Die Konfiguration von DHCP unterscheidet sich bei den verschiedenen Linux-Distributionen leicht. Jedoch verwenden sowohl Red Hat als auch SuSE die Datei *ifcfg.eth0*, um Konfigurationsinformationen für das erste Ethernet-Interface zu speichern (sehen Sie in Tabelle 5-8 die Speicherorte für die Verzeichnisse). Auch in dieser Datei wird DHCP über den BOOTPROTO-Parameter aktiviert. Die tatsächliche Konfiguration des Interfaces erfolgt in der Startdatei */etc/init.d/network*, die während des Boot-Vorgangs aufgerufen wird, beim Übergang zu Run-Level 2.

Auf beiden Systemen ruft das network-Skript weitere Skripten und Befehle auf, die ihm helfen, seine Aufgaben durchzuführen. Das wichtigste Skript dabei ist */sbin/ifup*, das für die Aktivierung des Netzwerk-Interfaces verantwortlich ist, sowohl bei Systemen mit statischer IP-Adresse als auch bei DHCP-Clients.

Auf Systemen mit Red Hat Linux startet ifup den dhcpcd-Daemon, der die DHCP-Lease überwacht und wenn nötig erneuert. Auf Systemen mit SuSE Linux startet es einen weiteren Befehl, nämlich ifup-dhcp (auch in */sbin*), um die wichtigsten Konfigurationsaufgaben inklusive dem Starten des Daemons durchzuführen.

Auf SuSE-Systemen gibt es noch eine weitere Option für DHCP-Clients: den dhclient-Befehl, der Bestandteil der gleichen ISC-DHCP-Implementierung ist, wie sie von FreeBSD verwendet wird. Er benutzt eine ähnliche Konfigurationsdatei namens */etc/dhclient.conf*, wie sie oben für FreeBSD beschrieben wurde. Standardmäßig wird auf SuSE-Systemen dhcpcd verwendet, allerdings kann dhclient ausgewählt werden, indem der folgende Eintrag in der Konfigurationsdatei */etc/sysconfig/network/dhcp* angegeben wird:

```
DHCLIENT_BIN="dhclient"
```

Auf älteren Red Hat-Systemen ist pump der Standard für DHCP-Clients. Diese Einrichtung ist nach wie vor verfügbar, wenn Sie sie verwenden möchten (zur Zeit ist sie nicht in der Installation enthalten, es sei denn, Sie haben sie explizit ausgewählt).

Solaris

Auf einem Solaris-System können Sie die Konfiguration eines Netzwerk-Interfaces über DHCP bestimmen, indem Sie einen Befehl wie den folgenden ausführen:

```
# ifconfig hme0 dhcp
```

(Durch Anfügen von drop an diesen Befehl können Sie wieder zur statischen Konfiguration wechseln.)

Die Initialisierung von DHCP auf diesem Wege startet automatisch den dhcpagent-Daemon. Dieser initialisiert und steuert die DHCP-Lease.

Damit ein Interface während des Startvorgangs über DHCP konfiguriert werden kann, muss eine Datei der Form */etc/dhcp.interface* existieren. Solche Dateien können leer sein. Sollte eine dieser Dateien das Wort »primary« enthalten, wird das dazugehörige Interface als Erstes konfiguriert (wenn mehr als eine Datei das Wort »primary« enthält, wird das zuerst aufgeführte Interface als Primary-Interface verwendet).

Der dhcpagent-Daemon benutzt die Konfigurationsdatei */etc/default/dhcpagent*. Der folgende Eintrag ist der wichtigste in dieser Datei:

```
PARAM_REQUEST_LIST=1,3,12,43
```

Dieser Eintrag gibt die Liste der Parameter an, die der Client vom DHCP-Server anfordert. Die Standardnummern der DHCP-Parameter werden in der Datei */etc/dhcp/inittab* in beschreibende Zeichenketten übersetzt.

Tru64

Auch Tru64 benutzt einen Daemon, um die Leases von DHCP-Clients zu verwalten. Sein Name lautet joinc und er wird während des Boot-Vorgangs vom dhcpconf-Befehl gestartet; Letzterer wird von */sbin/init.d/inet* aufgerufen, sobald zu Run-Level 3 gewechselt wird.

Die Konfigurationsdatei für den DHCP-Client ist */etc/join/client.pcy*. Hier ist ein einfaches Beispiel zu dieser Datei:

```
use_saved_config            Benutze eine bestehende Lease, wenn noch gültig.
lease_desired 604800        Eine Lease für eine Woche.

# options to request from server
request  broadcast_address
request  dns_servers
request  dns_domain_name
request  routers
request  host_name
request  lease_time
```

Der Hauptteil dieser Datei besteht aus einer Liste von Optionen, die vom Server angefordert werden. Die ganze Liste der unterstützten Optionen wird in der *client.pcy*-Manpage aufgeführt.

Möglichkeiten zur Namensauflösung

Der Begriff *Namensauflösung* bezieht sich auf den Vorgang der Abbildung eines Hostnamens auf seine zugehörige IP-Adresse. Hostnamen innerhalb von Befehlen und Konfigurationsdateien sind für Anwender und Administratoren viel bequemer, aber tatsächlich benötigen Netzwerkoperationen IP-Adressen.[16] Dementsprechend muss als eines der ersten Dinge, sobald ein Anwender einen Befehl wie finger chavez@hamlet eingibt, der Hostname *hamlet* auf seine IP-Adresse (sagen wir 192.168.2.6) abgebildet werden. Es gibt mehrere Wege, wie dies geschehen kann, aber die verbreitetsten sind:

- Die IP-Adresse kann in einer Datei nachgeschlagen werden. Die Liste der Abbildungen wird für gewöhnlich in */etc/hosts* abgelegt. Wenn ein Verzeichnisdienst eingesetzt wird, können die Inhalte der lokalen Hosts-Datei darin integriert werden, und eine allgemeine Master-Datei kann über das Netzwerk verbreitet werden (zum Beispiel NIS).
- Der Client kann einen Domain Name System-(DNS-)Server kontaktieren und ihn dazu auffordern, die Abbildung durchzuführen.

Im ersten Fall müssen die Hostnamen und IP-Adressen aller Hosts, mit denen der lokale Rechner kommunizieren möchte, in */etc/hosts* (oder an einer anderen zentralen Stelle) eingetragen werden. Im zweiten Fall kontaktiert ein Rechner, der einen Namen aufzulösen versucht, einen lokalen oder entfernten named-Serverprozess, um die zugehörige IP-Adresse herauszufinden.

Für ein relativ kleines Netzwerk, das nicht mit dem Internet verbunden ist, dürfte die alleinige Verwendung von */etc/hosts* kein Problem sein. Jedoch schon für Netzwerke mittlerer Größe dürfte dieses Vorgehen jedes Mal, wenn ein neuer Host hinzugefügt wird, zu einer Menge Arbeit führen, da die zentrale *Hosts*-Datei auf jedes System im Netzwerk verteilt werden muss. Für Netzwerke, die mit dem Internet verbunden sind, ist die Verwendung von DNS der einzig praktikable Weg, um Hostnamen von Systemen abzubilden, die sich außerhalb der lokalen Domäne befinden.

Die Datei /etc/hosts

Die Datei */etc/hosts* enthält normalerweise eine Liste von Hosts des lokalen Netzwerks (inklusive des lokalen Hosts selbst). Wenn Sie diese Datei für die Namensauflösung verwenden, müssen Sie sie jedes Mal, wenn Sie dem Netzwerk ein neues System hinzufügen, auf jedem System im lokalen Unix-Netzwerk bearbeiten (oder eine Master-Version auf diese Systeme kopieren) und die entsprechenden Aktionen auf Hosts durchführen, auf denen andere Betriebssysteme laufen.

 Selbst Systeme, die DNS für die Namensauflösung verwenden, besitzen eine kleine Hosts-Datei, die während des Startvorgangs verwendet wird.

---

16 Und letztendlich MAC-Adressen.

Hier ist ein Beispiel für eine /etc/hosts-Datei eines kleinen LAN:

```
# Loopback-Adresse für localhost
127.0.0.1       localhost

# Lokaler Hostname und Adresse
192.168.1.2     spain

# Andere Hosts
192.168.1.3     usa
192.168.1.4     canada england uk
192.168.1.6     greece olympus
10.154.231.42   paradise
```

Zeilen, die mit # beginnen, sind Kommentare und werden ignoriert. Abgesehen von den Kommentaren besitzt jede Zeile drei Felder: die IP-Adresse eines Hosts im Netzwerk, seinen Hostnamen und etwaige *Aliase* (Synonyme) des Hosts.

Jede /etc/hosts-Datei sollte zumindest zwei Einträge enthalten: die Loopback-Adresse und die Adresse, unter der das lokale System dem Rest des Netzwerks bekannt ist. Die restlichen Zeilen beschreiben die anderen Hosts in Ihrem lokalen Netzwerk. Diese Datei kann auch Einträge für Hosts enthalten, die sich nicht unmittelbar in Ihrem lokalen Netzwerk befinden.

Auf Solaris-Systemen liegt die Hosts-Datei jetzt im Verzeichnis /etc/inet (wie mehrere andere Standard-Konfigurationsdateien für das Netzwerk), ein Link zum Standardspeicherort wird aber bereitgestellt.

Konfiguration eines DNS-Clients

Auf der Client-Seite ist die DNS-Konfiguration sehr einfach und dreht sich um die Konfigurationsdatei /etc/resolv.conf. Diese Datei führt den lokalen Domainnamen auf und die Speicherorte von einem oder mehreren Nameservern, die vom lokalen System verwendet werden.

Hier ist eine einfache Resolver-Konfigurationsdatei:

```
search ahania.com    DNS-Domains, in denen nach Namen gesucht werden soll.
nameserver 192.168.9.44
nameserver 192.168.10.200
```

Der erste Eintrag gibt die DNS-Domain(s) an, in denen nach der Namensabbildung gesucht werden soll. Es können bis zu sechs Domains angegeben werden (durch Leerzeichen getrennt), es ist jedoch üblich, nur eine Domain aufzulisten. Im Allgemeinen sollten sie von der spezifischeren zur weniger spezifischen Domain sortiert werden (zum Beispiel Subdomains vor der Hauptdomain). Auf einigen Systemen ersetzt *domain* das Schlüsselwort *search* in der installierten Version der Konfigurationsdatei; das ist eine ältere Konvention für die Resolver-Konfiguration und solche Einträge werden dazu verwendet, um nur den Namen der lokalen Domain anzugeben (eine Liste wird nicht akzeptiert).

Nameserver werden über IP-Adressen identifiziert und es können bis zu drei aufgelistet werden. Sobald ein Nameserver aufgesucht werden muss, werden sie in der Reihenfolge kontaktiert, in der sie in der Datei aufgeführt werden. Wenn ein Server jedoch erfolgreich auf eine Anfrage geantwortet hat, wird er weiterhin verwendet. Dementsprechend ist es am besten, die Server innerhalb dieser Datei in einer bevorzugten Reihenfolge anzugeben. Normalerweise bedeutet dies vom nächstgelegenen zum entferntesten Server, wenn es aber mehrere lokale Nameserver gibt, werden die Clients in der Regel so konfiguriert, dass jeder Server von einer geeigneten Teilmenge der Clients bevorzugt wird (zum Beispiel die Hälfte der Clients im Falle zweier lokaler Nameserver).

Es gibt noch zwei weitere Einträge in der Konfigurationsdatei, die unter bestimmten Umständen hilfreich sein können:

sortlist *network-list*
: Dieser Eintrag gibt an, wie unter mehreren Antworten, die von einer DNS-Anfrage zurückkommen können, ausgewählt werden soll, wenn das Ziel mehrere Netzwerk-Interfaces besitzt.

options ndots:*n*
: Dieser Eintrag legt fest, wann der Domainname automatisch an den Hostnamen angefügt wird. Der Domainname wird nur dann angefügt, wenn der Zielname weniger als *n* Abschnitte besitzt. Der Standardwert für *n* ist 1, was dazu führt, dass der Domainname nur an blanke Hostnamen angefügt wird.

Auf den meisten Systemen deaktiviert das Entfernen (oder Umbenennen) von */etc/resolv.conf* die DNS-Auflösung auf dem System.

Die Name-Service-Switch-Datei

Einige Betriebssysteme, inklusive Linux, HP-UX und Solaris, unterstützen eine weitere Konfigurationsdatei, die für DNS-Clients von Bedeutung ist, */etc/nsswitch.conf*. Diese Name-Service-Switch-Datei lässt den Systemadministrator festlegen, welcher der verschiedenen Dienste für die Namensauflösung konsultiert werden soll, wenn ein Hostname abgebildet werden muss, und in welcher Reihenfolge diese Dienste aufgerufen werden sollen. Hier ein Beispiel:

```
hosts:     files dns
```

Dieser Eintrag besagt, dass zuerst */etc/hosts* befragt werden soll, wenn versucht wird, einen Hostnamen aufzulösen, und dass DNS verwendet werden soll, wenn der Name nicht in der Datei steht.

In der Tat enthält diese Datei ähnliche Einträge für viele Netzwerkfunktionen, wie diese Beispiele zeigen:

```
passwd:    files nis
services:  files
```

Der erste Eintrag besagt, dass die normale Passwortdatei befragt werden soll, sobald nach Informationen für den Benutzer-Account gesucht wird, und dass dann der Network Information Service (NIS) befragt werden soll, wenn der Account nicht in */etc/passwd* gefunden werden kann. Der zweite Eintrag besagt, dass nur die übliche Datei für die Definition von Netzwerkdiensten verwendet werden soll.

Diese Art von Konstrukt wird ebenfalls häufig in *nsswitch.conf* verwendet:

```
passwd:    nis [NOTFOUND=return] files
```

Dieser Eintrag besagt, dass NIS für Informationen über Benutzer-Accounts kontaktiert werden soll. Wenn die benötigte Information dort nicht gefunden werden kann, bricht die Suche ab (die Bedeutung von `return`) und veranlasst den ursprünglichen Befehl, mit einer Fehlermeldung abzubrechen. Die normale Passwortdatei wird nur dann benutzt, wenn der NIS-Dienst nicht erreichbar ist (zum Beispiel während des Startvorgangs).

Die anderen Betriebssysteme, die wir behandeln, bieten ähnliche Einrichtungen. Derzeit stellt FreeBSD die Datei */etc/host.conf* zur Verfügung, die wie folgt aussieht:

```
hosts              Konfiguration der Resolver-Reihenfolge unter FreeBSD 4
bind
```

Diese Datei besagt, dass zuerst in der Hosts-Datei nachgesehen werden soll und dann DNS befragt wird. Ältere Versionen von Linux verwendeten ebenfalls diese Datei, mit einer leicht unterschiedlichen Syntax:

```
order hosts,bind   Syntax von host.conf unter Linux
```

AIX benutzt für den gleichen Zweck die Datei */etc/netsvc.conf*. Hier ist ein Beispiel, das die gleiche Reihenfolge setzt wie das vorhergehende.

```
hosts = local, bind    Konfiguration der Resolver-Reihenfolge unter AIX
```

Tru64 schließlich verwendet die Datei */etc/svc.conf*, wie in diesem Beispiel:

```
hosts=local,bind       Konfiguration der Resolver-Reihenfolge unter Tru64
```

Die Dateien von AIX und Tru64 enthalten auch Einträge für andere System- und Netzwerkkonfigurationsdateien.

Routing-Optionen

Wie bei der Auflösung von Hostnamen gibt es auch für die Konfiguration des Routings innerhalb eines Netzwerks mehrere Möglichkeiten:

- Wenn das LAN aus einem einzigen Ethernet-Netzwerk besteht, das nicht an irgendwelche anderen Netzwerke angebunden ist, ist normalerweise kein explizites Routing notwendig (da alle Hosts untereinander sichtbar sind und aneinander liegen). Der `ifconfig`-Befehl, der dazu benutzt wurde, die Netzwerk-Interfaces zu konfigurieren, liefert den Hosts normalerweise genügend Informationen, um Pakete an ihren Bestimmungsort zu routen.
- *Statisches Routing* kann für kleine und mittelgroße Netzwerke verwendet werden, die nicht viele redundante Pfade zu den meisten Bestimmungsorten aufweisen. Statisches Routing wird durch explizite `route`-Befehle eingerichtet, die während des Boot-Vorgangs ausgeführt werden.
- *Dynamisches Routing*, bei dem die optimalen Pfade zu den Bestimmungsorten zum Zeitpunkt der Paketübertragung festgelegt werden, kann mit dem Daemon `routed`

oder gated verwendet werden. Diese Daemons werden in »Routing-Daemons« in Kapitel 8 behandelt.

Statisches Routing baut auf dem route-Befehl auf. Hier sind einige Beispiele zu seiner Verwendung:

```
# route add 192.168.1.12 192.168.3.100
# route add -net 192.168.2.0 netmask 255.255.255.0 192.168.3.100
```

Der erste Befehl fügt eine statische Route an den Host 192.168.1.12 an, indem der Host 192.168.3.100 als Zwischenpunkt (Gateway) definiert wird. Der zweite Befehl fügt über das gleiche Gateway eine Route zum Subnetz 192.168.2 hinzu (denken Sie daran, dass sich der Host 0 auf das Netzwerk selbst bezieht).

Die Syntax des Befehls ist unter FreeBSD, Solaris und AIX leicht unterschiedlich (beachten Sie den Bindestrich, der mit dem Schlüsselwort netmask verwendet wird):

```
# route add -net 192.168.2.0 -netmask 255.255.255.0 192.168.3.100
```

Linux verwendet eine etwas andere Form für den route-Befehl:

```
# route add -net 10.1.2.0 netmask 255.255.240.0 gw 10.1.3.100
```

Das Schlüsselwort gw ist zwingend erforderlich.

Die Befehlsform route add default wird verwendet, um ein Standard-Gateway zu bestimmen. Alle nicht-lokalen Pakete, für die keine explizite Route in der Routing-Tabelle existiert, werden für den Weitertransport an diesen Host geschickt.

Für viele Client-Systeme ist die Definition des Standard-Gateways alles, was an Routing-Informationen benötigt wird.

Der Befehl netstat -r kann dazu verwendet werden, die Routing-Tabellen anzuzeigen. Hier ist die Ausgabe von einem Solaris-System namens *kali*:

```
# netstat -r
Routing Table: IPv4
  Destination      Gateway         Flags  Ref   Use    Interface
  -------------    ------------    -----  ----- ------ ---------
  192.168.9.0      kali            U      1     4      hme0
  default          suzanne         UG     1     0
  localhost        localhost       UH     3     398    lo0
```

Die erste Zeile in der Ausgabetabelle der Routen gibt die Route zum lokalen Netzwerk an, die über den lokalen Host selbst läuft. Die zweite Zeile definiert die Standardroute für sämtlichen Netzwerkverkehr, der für außerhalb des lokalen Subnetzes bestimmt ist; hier handelt es sich um den Host mit dem Namen *suzanne*. Die letzte Zeile bestimmt die Route, die vom Loopback-Interface verwendet wird, um die Pakete an den lokalen Host umzuleiten.

Benutzen Sie die Option -n, um IP-Adressen statt Hostnamen anzuzeigen. Das kann dann nützlich sein, wenn es DNS-Probleme gibt.

Um eine Route zu löschen, ersetzen Sie das Schlüsselwort add durch delete:

```
# route delete -net 192.168.1.0 netmask 255.255.255.0 192.168.2.100
```

Die Linux-Version des route-Befehls gibt die aktuellen Routing-Tabellen auch dann aus, wenn der Befehl ohne Argumente ausgeführt wird.

Die Version von route unter AIX, FreeBSD, Solaris und Tru64 stellt auch noch ein Schlüsselwort change zum Modifizieren von bestehenden Routen zur Verfügung (zum Beispiel zum Ändern des Gateways). Diese Versionen bieten auch ein Schlüsselwort flush, um alle Routen zu entfernten Subnetzen mit einer einzigen Operation aus der Routing-Tabelle zu entfernen; HP-UX liefert die gleiche Funktionalität mit der -f-Option von route.

Alle Betriebssysteme bieten Mechanismen zur Bestimmung einer Liste von statischen Routen, die bei jedem Systemstart eingerichtet werden sollen. Die verschiedenen Konfigurationsdateien werden in den folgenden Abschnitten zusammengefasst.

AIX

Auf AIX-Systemen werden statische Routen im ODM abgelegt. Sie können den smit mkroute-Befehl verwenden oder einfach einen route-Befehl erteilen. Die Ergebnisse des Letzteren bleiben auch über Neustarts hinweg bestehen.

FreeBSD

FreeBSD speichert statische Routen in den Konfigurationsdateien */etc/rc.conf* und/oder */etc/rc.conf.local*. Hier sind einige Beispiele für die Syntax bei diesen Einträgen:

```
defaultrouter="192.168.1.200"
static_routes="r1 r2"
route_r1="-net 192.168.13.0 192.168.1.49"
route_r2="192.168.99.1 192.168.1.22"
```

Der erste Eintrag gibt das Standard-Gateway für das lokale System an. Die zweite Zeile gibt Label für die statischen Routen an, die beim Systemstart erstellt werden sollen. Jedes Label gehört zu einem route_-Eintrag, der später in der Datei folgt. Diese route_-Einträge enthalten die Argumente und Optionen, die an den route-Befehl übergeben werden.

HP-UX

Statische Routen werden auf HP-UX-Systemen in */etc/rc.config.d/netconf* definiert. Dies geschieht über Einträge wie diese, die das Standard-Gateway für das System festlegen:

```
ROUTE_DESTINATION[0]=default
ROUTE_MASK[0]="255.255.255.0"
ROUTE_GATEWAY[0]=192.168.9.200
ROUTE_COUNT[0]=1                Gesamte Anzahl der statischen Routen.
ROUTE_ARGS[0]=""                Weitere Argumente für den route-Befehl.
```

Weitere statische Routen können bestimmt werden, indem der Wert des Parameters für den Routenzähler erhöht wird und zusätzliche Einträge zu den Array hinzugefügt werden (zum Beispiel würde [1] die zweite statische Route bezeichnen).

Linux

Im Allgemeinen führen Linux-Systeme die statischen Routen, die während des Systemstarts erstellt werden sollen, in einer Konfigurationsdatei in oder unter */etc/sysconfig* auf. Auf Red Hat-Systemen wird diese Datei *static-routes* genannt. Hier ist ein Beispiel:

```
#Interface  Typ   Ziel            gw   IP-Adresse
eth0        net   192.168.13.0    gw   192.168.9.49
any         host  192.168.15.99   gw   192.168.9.100
```

Die erste Zeile definiert eine Route zu dem Netzwerk 192.168.13 über das Gateway 192.168.9.49, beschränkt auf das Interface *eth0*. Die zweite Zeile gibt die Route zu dem Host 192.168.15.99 über 192.168.9.100 an (gültig für alle Netzwerk-Interfaces).

Auf Red Hat-Systemen wird das Standard-Gateway in der Konfigurationsdatei *network* im gleichen Verzeichnis angegeben:

```
GATEWAY=192.168.9.150
```

SuSE Linux verwendet die Datei */etc/sysconfig/network/routes* sowohl, um das Standard-Gateway als auch um die statischen Routen zu definieren. Es enthält die gleichen Informationen wie die Version von Red Hat, allerdings verwendet es eine ewtas andere Syntax:

```
# Ziel         Gateway         Netzmaske       Gerät
127.0.0.0      0.0.0.0         255.255.255.0   lo
192.168.9.0    0.0.0.0         255.255.255.0   eth0
default        192.168.9.150   0.0.0.0         eth0
192.168.13.0   192.168.9.42    255.255.255.0   eth0
```

Die ersten beiden Einträge geben die Routen für das Loopback-Interface und für das lokale Netzwerk an (Letzteres ist auf Linux-Systemen nötig, im Gegensatz zu den meisten anderen Unix-Versionen). Der dritte Eintrag definiert das Standard-Gateway und der letzte Eintrag gibt eine statische Route zu dem Subnetz 192.168.13 über das Gateway 192.168.9.42 an.

Solaris

Das Standard-Gateway unter Solaris anzugeben, ist sehr einfach. Die Datei */etc/defaultrouter* enthält eine Liste mit einer oder mehreren IP-Adressen (in separaten Zeilen). Diese IP-Adressen gehören zu Systemen bzw. Geräten, die als Standard-Gateways für das lokale System dienen.

Beachten Sie, dass Sie diese Datei selbst erstellen müssen. Sie wird nicht als Teil des Installationsvorgangs erstellt.

Es gibt keinen eingebauten Mechanismus, um weitere statische Routen zu definieren, die während des Startvorgangs hinzugefügt werden. Sie können jedoch ein Skript erstellen, das die gewünschten Befehle enthält, und es im Verzeichnis */etc/rc2.d* (oder in *rc3.d*, falls Sie das vorziehen) ablegen (oder dahin verlinken).

Tru64

Tru64 führt statische Routen in der Datei /etc/routes auf. Hier ist ein Beispiel:

```
default 192.168.9.150
-net 192.168.13.0 192.168.10.200
```

Jede Zeile dieser Datei wird dem route-Befehl als zugehöriges Argument übergeben. Der erste Eintrag in diesem Beispiel zeigt die Methode auf, mit der das Standard-Gateway für das lokale System angegeben wird.

Durchführen von Tests und Troubleshooting im Netzwerk

Ist die Netzwerkkonfiguration erst einmal komplett, werden Sie die Netzwerkanbindung testen müssen und stehen dann den Problemen gegenüber, die dabei auftreten können. Hier ist ein beispielhafter Testplan:

- Gehen Sie sicher, dass die Hardware arbeitet, indem Sie die Statuslämpchen am Adapter und am Switch oder Hub untersuchen.
- Überprüfen Sie die grundlegende Netzwerkanbindung, indem Sie den ping-Befehl anwenden. Wenn Sie dabei IP-Adressen statt Hostnamen verwenden, sind Sie von DNS unabhängig.
- Testen Sie die Namensauflösung, indem Sie ping mit Hostnamen oder nslookup verwenden (siehe hierzu »Verwalten von DNS-Servern« in Kapitel 8).
- Überprüfen Sie das Routing, indem Sie Hosts »anpingen«, die hinter dem lokalen Subnetz liegen (aber innerhalb der Firewall).
- Testen Sie die Anbindung höher liegender Protokolle, indem Sie telnet auf einem entfernten Host verwenden. Sollte dies fehlschlagen, vergewissern Sie sich, dass inetd läuft, dass der telnet-Daemon aktiviert ist und dass der entfernte Host, von dem aus Sie sich verbinden möchten, hierzu berechtigt ist (inetd wird in Kapitel 8 behandelt).
- Wenn notwendig, überprüfen Sie, ob andere Protokolle arbeiten. Benutzen Sie zum Beispiel einen Browser, um die Webserver- und/oder die Proxy-Einstellungen zu testen. Sollten Probleme auftreten, so überprüfen Sie den Browser selbst, ob er richtig konfiguriert ist, indem Sie versuchen, eine lokale Seite zu betrachten.
- Testen Sie jeden Netzwerkserver, der auf dem lokalen System zur Verfügung steht (siehe Kapitel 8).

Der erste Schritt besteht darin, die Netzwerkeinstellungen und die Verbindung mit dem ping-Befehl zu testen. ping ist ein einfaches Utility, das Ihnen mitteilt, ob die Verbindung arbeitet und ob die grundlegenden Einstellungen korrekt sind. Als Argument nimmt es einen entfernten Hostnamen oder die IP-Adresse entgegen:[17]

---

[17] Strg-C beendet den Befehl. Die Eingabe von Strg-T während der Ausführung zeigt Zwischenstände von Statusinformationen an.

```
$ ping hamlet
PING hamlet: 56 data bytes
64 bytes from 192.0.9.3: icmp_seq=0. time=0. ms
64 bytes from 192.0.9.3: icmp_seq=1. time=0. ms
64 bytes from 192.0.9.3: icmp_seq=4. time=0. ms
...
^C
----hamlet PING Statistics----
8 packets transmitted, 8 packets received, 0% packet loss
round-trip (ms)  min/avg/max = 0/0/0
```

Aus dieser Ausgabe geht hervor, dass *hamlet* die Daten empfängt, die von dem lokalen System verschickt werden, und dass das lokale System die Daten empfängt, die *hamlet* schickt. Auf Solaris-Systemen ist die Ausgabe von ping viel einfacher, beantwortet aber trotzdem die gleiche zentrale Frage: »Arbeitet das Netzwerk?«:

```
$ ping duncan
duncan is alive
```

Verwenden Sie die Option -s, falls Sie eine detailliertere Ausgabe wünschen.

Fangen Sie damit an, ein System im lokalen Subnetz anzupingen. Ist dies erfolgreich, versuchen Sie die Netzwerk-Routen zu testen, indem Sie Systeme anpingen, die über festgelegte Gateways erreichbar sein sollten.

Sollte das Anpingen der entfernten Systeme innerhalb der Firewall fehlschlagen,[18] versuchen Sie *localhost* anzupingen und dann die systemeigene IP-Adresse. Sollte dies auch fehlschlagen, überprüfen Sie die Ausgabe von *ifconfig* erneut und sehen Sie nach, ob das Interface richtig konfiguriert wurde. Ist dem so, könnte es ein Problem mit dem Netzwerkadapter geben.

Sollte aber das Anpingen des lokalen Systems erfolgreich sein, liegt das Problem entweder an der Route zu dem entfernten Host oder an der Hardware hinter dem lokalen System. Im ersten Fall überprüfen Sie die Routing-Tabellen (vergewissern Sie sich, dass es eine Route in das lokale Subnetz gibt) und für den zweiten Fall überprüfen Sie die Statuslämpchen am Hub oder Switch. Sollte es so aussehen, dass die Hardware das Problem darstellt, versuchen Sie das Netzwerkkabel auszutauschen. Das wird entweder das Problem lösen oder die Vermutung nahe legen, dass es an dem Verbindungsgerät oder an einem Anschluss innerhalb dieses Gerätes liegt.

Wurde die grundlegende Verbindung überprüft, so fahren Sie mit dem Testen fort, indem Sie sich im Protokollstapel nach oben bewegen, so wie es bereits kurz beschrieben wurde.

Ein anderes Utility, das für das Netzwerk-Troubleshooting gelegentlich nützlich ist, ist arp. Dieser Befehl zeigt die Abbildungstabellen von IP-zu-MAC-Adressen an und bearbeitet diese. Hier ein Beispiel, das die Option -a verwendet, die alle Einträge innerhalb der Tabelle anzeigt:

---

18 Sollten Sie die Verbindung nach außerhalb der Firewall testen müssen, so müssen Sie die ssh-Einrichtung oder ein anderes höher liegendes Protokoll verwenden, das nicht zurückgewiesen wird (zum Beispiel http).

```
# arp -a
mozart (192.168.9.99) at 00:00:F8:71:70:0C [ether] on eth0
bagel (192.168.9.75) at 00:40:95:9A:11:18 [ether] on eth0
lovelace (192.168.9.143) at 00:01:02:ED:FC:91 [ether] on eth0
sharon (192.168.9.4) at 00:50:04:0A:38:00 [ether] on eth0
acrasia (192.168.9.27) at 00:03:BA:0D:A7:EC [ether] on eth0
venus (192.168.9.35) at 00:D0:B7:88:53:8D [ether] on eth0
```

Ich fand arp sehr hilfreich beim Aufspüren einer IP-Adresse, die versehentlich doppelt vergeben wurde. Das Symptom des Problems äußerte sich darin, dass ein neuer Drucker nur zeitweise arbeitete und oft lange Verzögerungen auftraten, wenn Jobs versuchten, sich mit ihm zu verbinden. Nachdem ich den Drucker und seine Konfiguration mehrmals überprüft hatte, kam mir der Gedanke, arp auszuprobieren. Dessen Ausgabe offenbarte einen weiteren Host mit der IP-Adresse, die der Drucker benutzte. Sobald die IP-Adresse des Druckers auf einen einmaligen Wert gesetzt wurde, war alles wieder in Ordnung.

arp unterstützt auch eine Option -n, die eine Namensauflösung umgeht und nur IP-Adressen in der Ausgabe anzeigt. Das kann wiederum bei DNS-Problemen sehr hilfreich sein.

Ist das Netzwerk erst einmal konfiguriert und arbeitet es, so besteht Ihre nächste Aufgabe darin, laufend seine Aktivitäten und seine Leistungsfähigkeit zu überwachen. Diese Punkte werden im Detail in »Überwachen des Netzwerks« in Kapitel 8 und in »Netzwerk-Performance« in Kapitel 15 behandelt.

KAPITEL 6
Verwalten von Benutzern und Gruppen

Benutzer-Accounts und Benutzer-Authentifizierung sind zwei der wichtigsten Bereiche, für die ein Systemadministrator verantwortlich ist. Benutzer-Accounts sind diejenigen Hilfsmittel, mit denen sich die Benutzer selbst dem System vorstellen, beweisen, dass sie diejenigen sind, die sie vorgeben zu sein, und anhand derer ihnen der Zugriff auf die Informationen und Ressourcen auf einem System gewährt oder verweigert wird. Folglich ist das korrekte Einrichten und Verwalten von Benutzer-Accounts eine der Hauptaufgaben eines Administrators.

In diesem Kapitel betrachten wir Unix-Benutzer-Accounts, Unix-Gruppen und die Benutzer-Authentifizierung (die Mittel, mit denen das System die Identität eines Benutzers überprüft). Wir werden damit beginnen, dass wir einiges an Zeit darauf verwenden, uns den Vorgang anzusehen, wie ein neuer Benutzer hinzugefügt wird. Spätere Abschnitte des Kapitels werden Passwörter und andere Aspekte der Benutzer-Authentifizierung im Detail besprechen.

Unix-Benutzer und Unix-Gruppen

Aus der Sicht des Systems, ist ein Benutzer nicht notwendigerweise eine bestimmte Person. Technisch gesehen ist für das Betriebssystem ein Benutzer eine Entität, die Programme ausführen und Dateien besitzen kann. Zum Beispiel existieren einige Benutzer-Accounts nur, um diejenigen Prozesse auszuführen, die von einem bestimmten Subsystem oder Dienst benötigt werden (und um im Besitz der Dateien zu sein, die damit verbunden sind); solche Benutzer werden manchmal als *Pseudo User* bezeichnet. In den meisten Fällen jedoch ist ein Benutzer eine bestimmte Einzelperson, die sich einloggen kann, die Dateien bearbeiten oder Programme ausführen und auf andere Weise Gebrauch von dem System machen kann.

Jeder Benutzer besitzt einen *Benutzernamen*, der ihn identifiziert. Wenn dem System ein neuer Benutzer-Account hinzugefügt wird, weist der Administrator dem Benutzernamen eine *User Identification Number* (UID) zu. Intern dient die UID dem System dazu, einen Benutzer zu identifizieren. Der *Benutzername* wird nur auf die UID abgebildet. Der Administrator weist einen neuen Benutzer auch einer oder mehreren *Gruppen* zu: eine benannte

Ansammlung von Benutzern, die im Allgemeinen eine ähnliche Funktion haben (zum Beispiel Mitglieder der gleichen Abteilung zu sein oder am gleichen Projekt zu arbeiten). Jede Gruppe besitzt eine *Group Identification Number* (GID), die analog zur UID ist: Es ist der interne Weg des Systems, eine Gruppe zu definieren und zu identifizieren. Jeder Benutzer ist Mitglied einer oder mehrerer Gruppen. Die UID eines Benutzers und dessen Gruppenmitgliedschaften zusammengenommen legen fest, welche Zugriffsrechte er auf Dateien und andere Systemressourcen besitzt.

Die Informationen zu Benutzer-Accounts werden in verschiedenen ASCII-Konfigurationsdateien gespeichert:

/etc/passwd
> Benutzer-Accounts.

/etc/shadow
> Codierte Passwörter und Passworteinstellungen. Wie wir noch sehen werden, variieren der Name und der Speicherort dieser Datei.

/etc/group
> Gruppendefinitionen und Mitgliedschaften.

/etc/gshadow
> Gruppenpasswörter und Gruppenadministratoren (nur Linux).

Wir werden der Reihe nach jede dieser Dateien betrachten.

Die Passwortdatei /etc/passwd

Die Datei */etc/passwd* ist die Hauptliste des Systems für Informationen über Benutzer und jeder Benutzer-Account besitzt einen Eintrag darin. Jeder Eintrag in der Passwortdatei ist eine einzelne Zeile, die die folgende Form hat:

```
Benutzername:x:UID:GID:Benutzerinformationen:Home-Verzeichnis:Login-Shell
```

Die Felder werden durch Doppelpunkte getrennt und Leerzeichen sind nur innerhalb des Feldes *Benutzerinformationen* erlaubt.

Die Bedeutungen der Felder sind wie folgt:

Benutzername
> Der Benutzername, der einem Benutzer zugewiesen wurde. Da Benutzernamen die Basis für die Kommunikation zwischen Benutzern bilden, handelt es sich dabei nicht um private oder geschützte Informationen. Die meisten Sites generieren die Benutzernamen für alle ihre Benutzer auf die gleiche Art: zum Beispiel anhand des Nachnamens oder der ersten Initiale plus dem Nachnamen. Benutzernamen sind auf Unix-Systemen im Allgemeinen auf 8 Zeichen beschränkt, auch wenn einige Unix-Versionen längere unterstützen.

x
> Normalerweise enthält das zweite Feld in jedem Eintrag der Passwortdatei das codierte Passwort des Benutzers. Wenn sich eine Shadow-Passwortdatei im Einsatz

befindet (wird unten behandelt) – was auf den meisten Unix-Systemen der Fall ist –, wird dieses Feld üblicherweise auf das einzelne Zeichen »x« gesetzt. AIX verwendet ein Ausrufezeichen (!) und FreeBSD und Trusted HP-UX setzen ein Sternchen (*) ein.

UID

Die Identifizierungsnummer des Benutzers. Jeder einzelne menschliche Benutzer sollte eine eindeutige UID besitzen. Normalerweise werden die UIDs unterhalb von 100 für System-Accounts benutzt (Linux verwendet jetzt 500 als Abgrenzung und FreeBSD 1000). Einige Sites ziehen es vor, die Werte der UIDs einem Codierungssystem entsprechend zuzuweisen, wobei die Bereiche der UIDs Projekten oder Abteilungen entsprechen (zum Beispiel wird 200–299 für die Benutzer der Chemieabteilung verwendet, 300–399 für die Physiker und so weiter).

Aus der Sicht des Systems entsprechen Benutzer-Accounts mit der gleichen UID dem gleichen Account, selbst wenn sich der Benutzername unterscheidet. Wenn Sie können, ist es das Beste, UIDs für die gesamte Site eindeutig zu halten und für einen bestimmten Benutzer die gleiche UID auf jedem System zu verwenden, auf dem ihm Zugriff gegeben wurde.

GID

Die primäre Gruppenmitgliedschaft des Benutzers. Diese Nummer ist normalerweise die Identifikationsnummer, die einer Gruppe in der Datei */etc/group* zugeordnet ist (wird später in diesem Kapitel behandelt), technisch gesehen jedoch muss die GID dort nicht aufgeführt werden.[1] Dieses Feld legt die Gruppeneigentümerschaft von Dateien fest, die der Benutzer erzeugt. Zusätzlich gewährt es dem Benutzer Zugriff auf Dateien, die für diese Gruppe zur Verfügung stehen. Üblicherweise werden GIDs unterhalb von 100 für Systemgruppen verwendet.

Benutzerinformationen

Enthält üblicherweise den vollen Namen des Benutzers und möglicherweise andere jobbezogene Informationen. Dieses Feld wird auch GECOS[2]-Feld genannt, nach dem Namen des Betriebssystems, dessen entfernte Login-Informationen ursprünglich in diesem Feld gespeichert wurden. Zusätzliche Informationen wie Büroadresse sowie geschäftliche und private Telefonnummern könnten hier auch abgelegt werden. Bis zu fünf einzelne Einträge, getrennt durch Kommas, könnten darin platziert werden. Die Interpretationen dieser fünf Unterfelder variieren erheblich von System zu System.

Home-Verzeichnis

Das Home-Verzeichnis des Benutzers. Wenn sich die Benutzerin einloggt, ist dies ihr Anfangsarbeitsverzeichnis, und es ist auch der Ort, wo sie ihre persönlichen Dateien ablegen wird.

---

1 Ausgenommen unter AIX. Niemand wird in der Lage sein, sich auf einem AIX-System ohne Gruppendatei einzuloggen; ähnlich wird kein Benutzer dazu in der Lage sein, sich einzuloggen, dessen Eintrag in der Passwortdatei eine GID aufführt, die nicht in */etc/group* vorhanden ist.

2 Manchmal auch »GCOS« geschrieben.

Login-Shell
Das Programm, das als Befehlsinterpreter für diesen Benutzer verwendet wird. Immer wenn sich der Benutzer einloggt, wird dieses Programm automatisch gestartet. Dies ist normalerweise entweder */bin/sh* (Bourne-Shell), */bin/csh* (C-Shell) oder */bin/ksh* (Korn-Shell).[3] Auch alternative Shells sind allgemein gebräuchlich, inklusive der *bash*, der Bourne-Again-Shell (ein Bourne-Shell-kompatibler Ersatz mit vielen C-Shell-Erweiterungen und Erweiterungen, die der Korn-Shell ähneln), sowie der *tcsh*, einer erweiterten C-Shell-kompatiblen Shell.

Auf den meisten Systemen führt die Datei */etc/shells* den vollen Pfadnamen der Programme auf, die als Benutzer-Shells verwendet werden könnten (Accounts mit einer ungültigen Shell werden beim Login abgewiesen). Auf AIX-Systemen werden die gültigen Shells im Feld *shells* aufgeführt, das sich im Abschnitt *usw* von */etc/security/login.cfg* befindet:

```
usw:
    shells = /bin/sh,/bin/csh,/bin/ksh,/usr/bin/tcsh,...
```

Hier ist ein typischer Eintrag in */etc/passwd*:

```
chavez:x:190:100:Rachel Chavez:/home/chavez:/bin/tcsh
```

Dieser Eintrag definiert eine Benutzerin, deren Benutzername *chavez* ist. Ihre UID ist 190, ihre primäre Gruppe ist die Gruppe 100, ihr voller Name lautet Rachel Chavez, ihr Home-Verzeichnis ist */home/chavez* und sie führt die erweiterte C-Shell als Befehlsinterpreter aus.

Da */etc/passwd* eine gewöhnliche ASCII-Textdatei ist, können Sie die Datei mit jedem Texteditor bearbeiten. Wenn Sie die Passwortdatei manuell bearbeiten, ist es eine gute Idee, eine Kopie der unbearbeiteten Version abzuspeichern, damit Sie sich aus Fehlern wieder befreien können:

```
# cd /etc
# cp passwd passwd.sav        Speichern Sie eine Kopie der aktuellen Datei
# chmod go= passwd.sav        Schützen Sie die Kopie (oder verwenden Sie eine Umask,
                              die dies übernimmt)
# emacs passwd
```

Wenn Sie noch vorsichtiger sein möchten, können Sie die Passwortdatei noch einmal in etwas wie *passwd.new* kopieren und dann die neue Kopie bearbeiten. Benennen Sie die neue Kopie nur dann nach */etc/passwd* um, wenn Sie den Editor erfolgreich verlassen haben. Dies wird Sie davor bewahren, die Datei in den seltenen Fällen aus *passwd.sav* wieder zurückkopieren zu müssen, wenn Sie sie in dem Editor vollkommen zerstört haben.

Jedoch ist es besser, den Befehl vipw einzusetzen, um den Vorgang zu erleichtern und es dem Befehl zu überlassen, für Sie aufzupassen. vipw ruft einen Editor auf einer Kopie der Passwortdatei auf (üblicherweise */etc/ptmp* oder */etc/opasswd*, allerdings variiert der Name). Das Vorhandensein dieser Kopie dient als Locking-Mechanismus, um das gleich-

---

[3] Die tatsächlichen Shell-Programme sind selten wirklich – eigentlich fast nie – in */bin* abgelegt. In der Tat haben viele Systeme nicht einmal ein echtes */bin*-Verzeichnis – aber es gibt normalerweise Links aus dem echten Pfad zu diesem Speicherort.

zeitige Bearbeiten der Passwortdatei durch zwei unterschiedliche Benutzer zu verhindern. Der Texteditor, der eingesetzt wird, wird über die Umgebungsvariable *EDITOR* ausgewählt (die Standardeinstellung ist vi).

Wenn Sie die Datei speichern und den Editor verlassen, führt vipw einige einfache Konsistenzprüfungen durch. Wenn diese erfolgreich sind, benennt er die temporäre Datei nach */etc/passwd* um. Auf Linux-Systemen speichert er auch noch eine Kopie der vorangegangenen Passwortdatei als */etc/passwd.OLD* (Red Hat) oder */etc/passwd–* (SuSE) ab.

Der Befehl vipw hat auch noch den Vorteil, dass er weitere verwandte Aktivitäten automatisch ausführt – oder Sie daran erinnert –, die benötigt werden, um die Änderungen zu aktivieren, die Sie durchgeführt haben. Auf Solaris-Systemen zum Beispiel bietet er Ihnen die Gelegenheit, auch die Shadow-Passwortdatei zu bearbeiten. Noch viel wichtiger ist, dass er auf FreeBSD- und Tru64-Systemen automatisch den Befehl zur Erzeugung der binären Passwortdatenbank ausführt, der die Textdatei in das binäre Format umwandelt, das auf diesen Systemen verwendet wird (pwd_mkdb beziehungsweise mkpasswd).

AIX stellt kein vipw zur Verfügung.

Die Shadow-Passwortdatei /etc/shadow

Die meisten Unix-Betriebssysteme unterstützen eine *Shadow-Passwortdatei*: eine zusätzliche Datenbankdatei für Benutzer-Accounts, die entwickelt wurde, um verschlüsselte Passwörter abzuspeichern. Auf den meisten Systemen muss die Passwortdatei globale Leserechte besitzen, damit jeder Befehl oder Dienst richtig funktioniert, der Benutzernamen auf/aus UIDs umsetzt. Jedoch bedeutet eine Passwortdatei mit globalen Leserechten, dass es für die bösen Jungs sehr einfach ist, eine Kopie davon zu erhalten. Wenn die verschlüsselten Passwörter dort enthalten sind, könnte ein Programm, das Passwörter knackt, gegen diese ausgeführt werden und möglicherweise einige schlecht ausgewählte Passwörter entschlüsseln. Eine Shadow-Passwortdatei hat den Vorteil, dass sie gegen jeden geschützt werden kann, der auf sie zugreifen möchte, mit Ausnahme des Superusers. Dies macht es für jeden schwieriger, an verschlüsselte Passwörter zu gelangen (Sie können nicht etwas knacken, was Sie nicht bekommen können).[4]

Hier sind die Speicherorte der Shadow-Passwortdatei auf den verschiedenen Systemen, die wir betrachten:

AIX	*/etc/security/passwd*
FreeBSD	*/etc/master.passwd*
Linux	*/etc/shadow*
Solaris	*/etc/shadow*

---

4 Seien Sie auf Grund dieser Tatsache nicht zu zuversichtlich oder lassen Sie sich davon nicht dazu verleiten, zu selbstzufrieden bezüglich der Sicherheit der Benutzer-Accounts zu sein. Shadow-Passwortdateien sind nur eine weitere Barriere gegen die bösen Jungs, nichts weiter, und sie sind nicht unverwundbar. Zum Beispiel hatten einige Netzwerkclients und Netzwerkdienste in der Vergangenheit Fehler, die sie verwundbar gegenüber Attacken auf Basis von Pufferüberläufen machten, die dazu führen konnten, dass sie während der Authentifizierungsphase abstürzten. In den entstehenden Coredumps könnten verschlüsselte Passwörter aus der Shadow-Passwortdatei vorhanden sein.

HP-UX und Tru64 legen codierte Passwörter in der geschützten Passwortdatenbank ab, wenn die erweiterte Sicherheit installiert ist (wie wir noch sehen werden). Tru64 hat auch die Möglichkeit, mit dem erweiterten Sicherheitspaket eine herkömmliche Shadow-Passwortdatei einzusetzen.

Gegenwärtig haben Einträge in der Shadow-Passwortdatei normalerweise die folgende Syntax:

    Benutzer:Passwort:Geändert:Min:Max:Warnung:Inaktiv:Ablaufdatum:Reserviert

Benutzer ist der Name des Benutzer-Accounts und *Passwort* entspricht dem codierten Benutzer-Passwort (oft wird es fälschlicherweise als »verschlüsseltes Passwort« bezeichnet). Die übrigen Felder innerhalb jedes Eintrags sind Einstellungen für das *Passwort-Aging*. Diese Punkte kontrollieren die Bedingungen, unter denen es einem Benutzer erlaubt ist oder er dazu gezwungen wird, sein Passwort zu ändern, ebenso wie ein optionales Ablaufdatum des Accounts. Wir werden diese Punkte später in diesem Kapitel im Detail behandeln.

Die SuSE Linux-Version des Befehls vipw nimmt eine Option -s an, mit der anstelle der normalen Passwortdatei die Shadow-Passwortdatei bearbeitet wird. Auf anderen Systemen wird das Bearbeiten der Shadow-Passwortdatei per Hand jedoch nicht empfohlen. Der Befehl passwd und verwandte Befehle stehen zur Verfügung, um Einträge innerhalb der Datei hinzuzufügen und zu modifizieren (wie wir noch sehen werden) – eine Aufgabe, die auch über die verschiedenen grafischen Verwaltungswerkzeuge für Benutzer-Accounts erledigt werden kann (wird später in diesem Kapitel behandelt).

Die /etc/master.passwd-Datei von FreeBSD

FreeBSD verwendet eine andere Passwortdatei, */etc/master.passwd*, die auch als Shadow-Passwortdatei dienen kann, in der es die codierten Passwörter abspeichert und diese gegen jeglichen Nicht-*root*-Zugriff schützt. FreeBSD unterhält auch */etc/passwd*.

Hier ist ein Beispieleintrag aus *master.passwd*:

    ng:encoded-pwd:194:100:**staff:0:1136005200:**J. Ng:/home/ng:/bin/tcsh

Einträge in dieser Datei enthalten drei zusätzliche Felder, die zwischen der GID und dem vollen Namen des Benutzers eingezwängt sind (in dem Beispieleintrag hervorgehoben): eine Benutzerklasse (sehen Sie hierzu auch »Benutzer-Account-Controls unter FreeBSD« später in diesem Kapitel), das Ablaufdatum des Passwortes und das Ablaufdatum des Accounts (Letztere werden in Sekunden seit Mitternacht des 01. Januar 1970 GMT ausgegeben). In diesem Fall wurde der Benutzer *ng* der Benutzerklasse *staff* zugewiesen, es existiert kein Ablaufdatum für das Passwort und das Ablaufdatum für den Account ist der 01. Juni 2002. Wir werden diese Felder später in diesem Kapitel detaillierter betrachten.

Die geschützte Passwortdatenbank unter HP-UX und Tru64

Systeme, die dem C2-Sicherheitsniveau entsprechen müssen (eine Spezifikation für Systemsicherheit der US-Regierung), stellen zusätzliche Anforderungen an Benutzer-Accounts. C2-Sicherheit erfordert viele System-Features, inklusive Anforderungen an Passwörter auf

Benutzerebene, Aging-Spezifikationen und codierte Passwörter, auf die nicht zugegriffen werden kann. Wenn die optionalen erweiterten Sicherheits-Features auf HP-UX- und Tru64-Systemen installiert und aktiviert wurden, wird zusätzlich zu */etc/passwd* noch eine *geschützte Passwortdatenbank* verwendet. (Sie ist Teil der Trusted Computing Base auf diesen Systemen.)

Unter HP-UX besteht die geschützte Passwortdatenbank aus einer Reihe von Dateien, eine pro Benutzer, die in der Verzeichnishierarchie */tcb/files/auth/x* abgelegt sind, wobei *x* einen Kleinbuchstaben darstellt. Jeder Eintrag für einen Benutzer wird in eine Datei eingestellt, die den gleichen Namen wie der Benutzername hat und sich in dem Unterverzeichnis befindet, das zu dessen Anfangsbuchstaben gehört: Der Eintrag in der geschützten Passwortdatenbank für *chavez* entspricht */tcb/files/auth/c/chavez*. Auf Tru64-Systemen werden die Daten in der binären Datenbank */tcb/files/auth.db* abgelegt.

Die HP-UX-Dateien werden als *authcap*-Einträge strukturiert (so wie Terminal-Fähigkeiten auf einigen Systemen über *termcap*-Einträge angegeben werden) und bestehen aus einer Reihe von Schlüsselwörtern, die über Doppelpunkte getrennt sind und wobei jedes ein bestimmtes Account-Attribut angibt (sehen Sie sich für Details hierzu die Manpage zu *authcap* an).

Dies alles wird am besten anhand eines Ausschnitts aus der Datei von *chavez* erklärt:

```
chavez:u_name=chavez:u_id#190:\
    :u_pwd=*dkIkf,/Jd.:u_lock@:u_pickpw:chkent:
```

Der Eintrag beginnt mit dem Benutzernamen, auf den er angewendet wird. Das Feld *u_name* gibt wieder den Benutzernamen an und veranschaulicht das Format für Attribute, die als Wert eine Zeichenkette akzeptieren. Das Feld *u_id* setzt die UID und veranschaulicht ein Attribut mit einem numerischen Wert; *u_pwd* hält das codierte Passwort vor. Die Felder *u_lock* und *u_pickpw* sind Boolesche Attribute, für die wahr die Standardeinstellung ist, wenn der Name alleine auftaucht; ein Wert von falsch wird durch ein angehängtes At-Zeichen (@) gekennzeichnet. In diesem Fall geben die Einstellungen an, dass der Account momentan nicht gesperrt ist und dass es der Benutzerin *chavez* erlaubt ist, ihr Passwort auszuwählen. Das Schlüsselwort *chkent* vervollständigt den Eintrag.

Tabelle 6-1 führt die Felder in der geschützten Passwortdatenbank auf. Beachten Sie, dass alle Zeitspannen in Sekunden abgelegt werden und dass Datumsangaben in Sekunden seit dem Beginn der Unix-Zeit gespeichert werden (auch wenn die Werkzeuge zur Bearbeitung dieser Einträge nach Tagen oder Wochen und tatsächlichen Datumsangaben fragen werden).

Tabelle 6-1: Felder der geschützten Passwortdatenbank

Feld	Bedeutung
u_name	Benutzername.
u_id	UID.
u_pwd	Verschlüsseltes Passwort.
u_succhg	Datum der letzten erfolgreichen Passwortänderung.
u_lock	Gibt an, ob der Account gesperrt ist.

Tabelle 6-1: Felder der geschützten Passwortdatenbank (Fortsetzung)

Feld	Bedeutung
u_nullpw	Gibt an, ob ein Null-Passwort erlaubt ist.
u_minlen	Minimale Passwortlänge in Zeichen (nur Tru64).
u_maxlen	Maximale Passwortlänge.
u_minchg	Minimale Zeit zwischen Passwortänderungen.
u_exp	Zeitspanne zwischen erzwungenen Passwortänderungen.
u_life	Zeitspanne, nach der ein Account gesperrt wird, wenn das Passwort nicht geändert wird.
u_maxtries	Anzahl an aufeinander folgenden ungültigen Versuchen der Passworteingabe, nach der ein Account gesperrt wird.
u_unlock	Zeitspanne, nach der ein Account, der auf Grund von *u_maxtries* gesperrt wurde, entsperrt wird (nur Tru64).
u_expdate	Datum, an dem ein Account abläuft (nur Tru64).
u_acct_expire	Lebensdauer eines Accounts (nur HP-UX).
u_pickpw	Gibt an, ob es einem Benutzer erlaubt ist, ein Passwort auszuwählen.
u_genpw	Gibt an, ob es einem Benutzer erlaubt ist, den Passwort-Generator des Systems zu verwenden.
u_restrict	Gibt an, ob die Qualität vorgeschlagener neuer Passwörter überprüft wird.
u_policy	Site-spezifisches Programm, das verwendet wird, um vorgeschlagene Passwörter zu überprüfen (nur Tru64).
u_retired	Account ist nicht mehr aktiv: nicht länger in Benutzung und gesperrt (nur Tru64).
u_booauth	Wenn > 0, kann der Benutzer das System für den Fall booten, dass *d_boot_authenticate* in der Standarddatei des Systems auf true gesetzt ist (nur HP-UX).
u_pw_admin_num	Zufallszahl, die als Anfangspasswort des Accounts dient.

Alle zur Verfügung stehenden Felder sind in der Manpage von `prpwd` dokumentiert.

Standardwerte des Systems für die Felder der geschützten Passwortdatenbank werden unter Tru64 in */etc/auth/system/default* gespeichert und unter HP-UX in */tcb/files/auth/system/default*. Die Werte in den Einträgen zu den Benutzern enthalten die Veränderungen hinsichtlich dieser Einstellungen. Zusätzlich könnten diese systemweiten Standardeinstellungen in der *default*-Datei gesetzt sein:

- Tru64: *d_pw_expire_warning*, die Standard-Zeitspanne für Warnmeldungen zu Passwörtern, die bald ablaufen.

- HP-UX: *d_boot_authenticate*, was angibt, ob der Boot-Befehl passwortgeschützt ist oder nicht.

Es ist nicht notwendig, die geschützte Passwortdatenbank direkt zu editieren. Tatsächlich raten die einschlägigen Manpages davon ab, dies zu tun. Stattdessen werden Sie dazu ermuntert, die grafischen Utilities einzusetzen, die mitgeliefert werden. Diese auch einzusetzen ist oft hilfreich, da sie die verschiedenen Einstellungen in einer verständlicheren Form beschreiben als diejenige Form, die von den entsprechenden Feldbezeichnungen alleine geliefert wird. Dennoch wird es Zeiten geben, in denen die Untersuchung des Eintrags für einen bestimmten Benutzer der beste Weg ist, um ein Problem mit einem Account festzustellen. Deshalb müssen Sie in der Lage sein, diese Dateien zu interpretieren. Wir werden die wichtigsten davon betrachten, wenn wir später in diesem Kapitel die Passwortverwaltung behandeln.

Die Gruppendatei /etc/group

Unix-Gruppen werden zur Verfügung gestellt, um es willkürlichen Ansammlungen von Benutzern zu ermöglichen, Dateien und andere Systemressourcen gemeinsam zu verwenden. Als solches bilden sie einen der Eckpfeiler der Systemsicherheit.

Gruppen können auf zwei Arten definiert werden:

- Implizit über die GID; immer wenn eine neue GID im vierten Feld der Passwortdatei erscheint, wird eine neue Gruppe definiert.
- Explizit anhand eines Namens und der GID, über einen Eintrag in der Datei /etc/group.

> Die beste administrative Praxis ist es, *alle* Gruppen explizit in der Datei /etc/group zu definieren, auch wenn dies außer unter AIX nicht nötig ist.

Jeder Eintrag in */etc/group* besteht aus einer einzigen Zeile der folgenden Form:

    Name:*:GID:Zusätzliche_Benutzer

Die Bedeutungen dieser Felder sind wie folgt:

Name
: Ein Name, der die Gruppe angibt. Zum Beispiel könnte eine Entwicklergruppe, die an einer neuen Simulationssoftware arbeitet, den Namen *simulate* besitzen. Oft werden Namen auf acht Zeichen beschränkt.

* oder !
: Das zweite Feld ist das traditionelle Feld für das Gruppenpasswort, enthält jetzt aber eine Art von Platzhalterzeichen. Gruppenpasswörter werden nicht mehr in der Gruppendatei abgespeichert (und sie werden eigentlich nur von Linux-Systemen verwendet).

GID
: Dies ist die Identifikationsnummer der Gruppe. Benutzergruppennummern beginnen im Allgemeinen bei 100.[5]

Zusätzliche_Benutzer
: Dieses Feld enthält eine Liste mit Benutzern (und auf einigen Systemen Gruppen), die Mitglieder der Gruppe sind, *zusätzlich* zu denjenigen Benutzern, die auf Grund von /etc/passwd zu dieser Gruppe gehören (und die nicht aufgelistet werden müssen).

---

[5] Benutzernamen und Gruppennamen sind unabhängig voneinander, selbst wenn der gleiche Name sowohl ein Benutzername als auch ein Gruppenname ist. Ähnlich haben UIDs und GIDs, die sich den gleichen numerischen Wert teilen, keine wirkliche Beziehung zueinander.

Namen müssen durch Kommas getrennt werden (aber es sollten keine Leerzeichen innerhalb der Liste auftauchen).

Hier sind einige typische Einträge aus einer */etc/group*-Datei:

```
chem:!:200:root,williams,wong,jones
bio:!:300:root,chavez,harvey
genome:!:360:root
```

Die erste Zeile definiert die Gruppe *chem*. Sie weist dieser Gruppe die Gruppenidentifikationsnummer (GID) 200 zu. Unix wird es allen Benutzern in der Passwortdatei mit GID 200 plus den zusätzlichen Benutzern *williams*, *wong*, *jones* und *root* erlauben, auf die Dateien dieser Gruppe zuzugreifen. Ebenso werden die Gruppen *bio* und *genome* mit den GIDs 300 beziehungsweise 360 definiert. Die Benutzer *chavez* und *harvey* sind Mitglieder der Gruppe *bio* und *root* ist Mitglied beider Gruppen.

Im Allgemeinen besitzen die verschiedenen Werkzeuge zur Verwaltung von Benutzer-Accounts auch Einrichtungen zur Bearbeitung von Gruppen und Gruppenmitgliedschaften. Zudem könnte die Gruppendatei auch direkt editiert werden.

Auf Linux-Systemen könnte der Befehl vigr verwendet werden, um die Gruppendatei zu bearbeiten, wobei während des Vorgangs ein sicheres Sperren gewährleistet wäre. Er arbeitet auf eine analoge Art zu vipw, indem er eine temporäre Kopie der Gruppendatei für die tatsächliche Bearbeitung erstellt und eine Kopie der vorherigen Gruppendatei sichert, wenn die Bearbeitungen abgeschlossen sind.

> Wenn Ihr Linux-System vipw besitzt, aber nicht vigr, bestehen dennoch Chancen, dass Letzterer unterstützt wird. Erzeugen Sie in dem gleichen Verzeichnis wie der Erstere einen symbolischen Link auf vipw mit dem Namen vigr, um die unterschiedliche Version des Befehls zu aktivieren: `ln -s /usr/sbin/vipw /usr/sbin/vigr`.

Die meisten Unix-Systeme erzwingen ein Limit von 16 (oder manchmal 32) Gruppenmitgliedschaften pro Benutzer. Tru64 beschränkt zudem jede Zeile in */etc/group* auf 225 Zeichen. Jedoch können sich Gruppendefinitionen über mehrere Zeilen erstrecken, indem die ersten drei Felder wiederholt werden.

Benutzereigene Gruppen

Red Hat Linux verwendet für die Zuweisung der primären Gruppenmitgliedschaft eines Benutzers eine unterschiedliche Methode, bekannt als *benutzereigene Gruppen* (UPGs, engl. user-private groups). In diesem System ist jeder Benutzer das einzige Mitglied einer Gruppe, deren Name dem Benutzernamen des Benutzers entspricht. Die GID des Benutzers ist die gleiche wie seine UID. Die Benutzer können dann wie benötigt als zusätzliche Mitglieder zu anderen Gruppen hinzugefügt werden.

Dieser Ansatz wurde entwickelt, um die gemeinsame Verwendung von Projektdateien zu vereinfachen. Das Ziel ist es, einer Gruppe von Benutzern, sagen wir *chem*, zu erlauben,

Dateien in einem Verzeichnis gemeinsam zu verwenden, wobei jedes Gruppenmitglied in der Lage ist, jede Datei zu bearbeiten. Um dies zu erreichen, ändern Sie die Gruppeneigentümerschaft des Verzeichnisses und dessen Dateien auf *chem* und setzen Sie dann den Zugriffsmodus setgid für das Verzeichnis (chmod g+s). Dies bewirkt, dass neue Dateien, die dort erzeugt werden, ihre Gruppeneigentümerschaft von dem Verzeichnis erhalten statt von der primären Gruppe des Benutzers.

Die Ernüchterung für diese Argumentationslinie kommt, wenn man sich entscheiden muss, wie der Schreibzugriff für die Gruppe auf Dateien in dem geteilten Verzeichnis aktiviert werden sollte. UPG-Befürworter argumentieren, dass dies automatisch unter Verwendung einer umask von 002 geschehen muss. Jedoch besteht der Nebeneffekt dieser Annehmlichkeit – die Benutzer müssen nicht explizit die Schreibzugriffsrechte für Dateien zuweisen, die sie teilen möchten – darin, dass andere Dateien, die der Benutzer erzeugt (zum Beispiel diejenigen in seinem Home-Verzeichnis), auch gruppenweite Schreibrechte besitzen – aus Sicherheitsgründen ein äußerst unerwünschtes Ergebnis. Die »Lösung« besteht darin, die primäre Gruppe des Benutzers zu einer benutzereigenen Gruppe zu machen, bei der das Gewähren von Schreibzugriffen freundlich oder belanglos ist, da die Gruppe dem Benutzer entspricht.

Letztlich sind UPGs jedoch so stark in Red Hat Linux eingebunden, dass Administratoren von Red Hat-Systemen nichts anderes übrig bleibt, als mit ihnen zu leben.

UPGs werden auch vom FreeBSD-Befehl adduser erzeugt.

Dynamische Gruppenmitgliedschaften

In den meisten Fällen unterscheidet Unix nicht zwischen den beiden Arten, auf die eine Gruppenmitgliedschaft eingerichtet wird; Ausnahmen bilden die Gruppeneigentümerschaft neuer Dateien und Accounting-Datensätze, die beide im Allgemeinen die aktuelle primäre Gruppenmitgliedschaft widerspiegeln bzw. protokollieren. In anderen Zusammenhängen – zum Beispiel Dateizugriff – ist eine Benutzerin gleichzeitig Mitglied aller ihrer Gruppen: ihrer primären Gruppe und aller Gruppen, für die sie als zusätzliches Mitglied in */etc/group* aufgeführt ist.

Der Befehl groups zeigt die aktuellen Gruppenmitgliedschaften eines Benutzers an:

```
$ groups
chem bio phys wheel
```

Der Befehl groups nimmt auch einen Benutzernamen als Argument entgegen. In diesem Fall führt er diejenigen Gruppen auf, denen der angegebene Benutzer angehört. Der folgende Befehl zum Beispiel führt die Gruppen auf, in denen die Benutzerin *chavez* Mitglied ist:

```
$ groups chavez
users bio
```

Unter manchen Umständen ist die primäre Gruppe eines Benutzers wichtig. Das häufigste Beispiel sind Accounting-Systeme, bei denen der Ressourcenverbrauch zusätzlich zum Benutzer auch anhand des Projekts oder der Abteilung nachverfolgt wird. In solchen Kontexten ist die primäre Gruppe normalerweise diejenige, die für den Ressourcenverbrauch eines Benutzers belastet wird.[6]

Für solche Fälle kann eine Benutzerin temporär die Gruppe wechseln, die als ihre primäre Gruppe bestimmt ist, indem sie den Befehl newgrp benutzt:

```
$ newgrp chem
```

Der Befehl newgrp erzeugt für diesen Benutzer eine neue Shell und setzt die primäre Gruppe auf *chem*. Ohne Argument setzt newgrp die primäre Gruppe zurück auf diejenige, die in der Passwortdatei angegeben ist. Der Benutzer muss Mitglied der Gruppe sein, die als Argument für diesen Befehl angegeben wird.

FreeBSD unterstützt den Wechsel der primären Gruppe nicht und stellt deshalb auch kein newgrp zur Verfügung.

Der Befehl id kann verwendet werden, um die aktuell aktiven primären und sekundären Gruppenmitgliedschaften anzuzeigen:

```
$ id
uid=190(chavez) gid=200(chem) groups=100(users),300(bio)
```

Die aktuelle primäre Gruppenmitgliedschaft wird durch das Feld »gid=« in der Ausgabe des Befehls angegeben. Auf Solaris-Systemen müssen Sie die Option -a mit angeben, um die entsprechenden Informationen zu sehen.

Die Gruppen-Shadow-Datei /etc/gshadow von Linux

Auf Linux-Systemen wird eine zusätzliche Gruppenkonfigurationsdatei eingesetzt. Die Datei */etc/gshadow* ist die Gruppen-Shadow-Passwortdatei. Sie enthält Einträge der Form:

```
Gruppe:Passwort:Gruppenadministratoren:Weitere_Benutzer
```

Dabei sind *Gruppe* der Name der Gruppe und *Passwort* die codierte Version des Gruppenpassworts. *Gruppenadministratoren* stellt eine Liste von Benutzern dar, denen es erlaubt ist, die Gruppe zu administrieren, indem sie deren Passwort ändern und die Mitgliedschaften innerhalb der Gruppe bearbeiten (beachten Sie, dass diese Vorrechte noch nicht zu einem Mitglied der angegebenen Gruppe machen). *Weitere_Benutzer* ist fast immer eine Kopie der Liste der zusätzlichen Gruppenmitglieder aus */etc/group*; sie wird von dem Befehl newgrp dazu verwendet, um zu erkennen, welche Benutzer diese Gruppe als ihre primäre Gruppe zuweisen können (siehe weiter unten). Beide Listen sind kommasepariert und sollten keine Leerzeichen enthalten.

Hier sind einige Beispieleinträge aus einer Gruppen-Shadow-Datei:

```
drama:xxxxxxxxx:foster:langtree,siddons
bio:*:root:root,chavez,harvey
```

---

[6] Solaris stellt eine andere Möglichkeit für ein projektbasiertes Accounting zur Verfügung. Sehen Sie für weitere Details hierzu auch »Accounting auf System V: AIX, HP-UX und Solaris« in Kapitel 17.

Die Gruppe *drama* besitzt ein Gruppenpasswort und die Benutzer *langtree* und *siddons* sind Mitglieder dieser Gruppe (so wie dies alle Benutzer sind, die diese Gruppe als ihre primäre Gruppe haben, wie in */etc/passwd* definiert). Deren Gruppenadministrator ist der Benutzer *foster* (der ein Mitglied dieser Gruppe sein könnte oder auch nicht). Im Gegensatz dazu hat die Gruppe *bio* das Gruppenpasswort deaktiviert (da ein Sternchen keine gültige Codierung für irgendein Passwortzeichen darstellt), *root* ist deren Gruppenadministrator und die Benutzer *root*, *chavez* und *harvey* sind zusätzliche Mitglieder dieser Gruppe.

Die SuSE-Version des Befehls vigr akzeptiert eine Option -s, um anstelle der normalen Gruppendatei die Gruppen-Shadow-Datei zu bearbeiten.

Auf Linux-Systemen arbeitet der Befehl newgrp geringfügig anders, abhängig von dem Eintrag der Gruppe in der Gruppenpasswortdatei:

- Wenn die Gruppe kein Passwort besitzt, schlägt newgrp fehl, es sei denn, die Benutzerin ist Mitglied der angegebenen neuen Gruppe, sei es, weil es sich um ihre primäre Gruppe handelt oder weil ihr Benutzername in der Liste der zusätzlichen Mitglieder der Gruppen-Shadow-Passwortdatei */etc/gshadow* vorhanden ist.

  Da die sekundären Gruppenmitgliedschaften für Zwecke des Dateizugriffs aus der Datei */etc/group* genommen werden, ist es für einen Benutzer nicht sinnvoll, in der Gruppen-Shadow-Datei aufzutauchen, aber nicht in der hauptsächlichen Gruppendatei. Das Weglassen eines sekundären Benutzers, der in */etc/group* definiert ist, in der Shadow-Gruppenliste hält ihn davon ab, newgrp mit dieser Gruppe zu benutzen, was unter einigen ungewöhnlichen Umständen wünschenswert sein könnte.

- Wenn für die Gruppe ein Passwort definiert ist, kann jeder Benutzer, der das Passwort kennt, mit newgrp zu dieser Gruppe wechseln (der Befehl fordert zur Eingabe des Gruppenpassworts auf).

- Wenn die Gruppe ein deaktiviertes Passwort besitzt (gekennzeichnet durch ein Sternchen im Passwortfeld von */etc/gshadow*), darf kein Benutzer mit newgrp seine primäre Gruppe auf diese Gruppe ändern.

Die Datei /etc/logingroup unter HP-UX

Wenn die Datei */etc/logingroup* auf HP-UX-Systemen existiert, werden deren Inhalte dazu verwendet, um die anfängliche Gruppenmitgliedschaft zu bestimmen, wenn sich ein Benutzer einloggt. In diesem Fall wird die Liste mit den zusätzlichen Mitgliedern in der Gruppendatei dazu verwendet, um zu entscheiden, welche Benutzer ihre primäre Gruppe mit newgrp auf eine angegebene Gruppe ändern dürfen. Der gesunde Menschenverstand gibt vor, dass die Liste mit den zusätzlichen Mitgliedern in der Datei *logingroup* eine Obermenge der Liste in dem entsprechenden Eintrag in */etc/group* darstellt.

AIX-Gruppenmengen

AIX erweitert den grundlegenden Gruppenmechanismus unter Unix, um eine Unterscheidung zwischen denjenigen Gruppen zu treffen, denen ein Benutzer angehört und die durch die Passwort- und Gruppendateien definiert werden, und denjenigen, die momentan aktiv sind. Letztere werden auch als *Concurrent Group Set* bezeichnet; wir werden diese einfach »Gruppenmenge« nennen. Die aktuelle *Real Group* und die Gruppenmenge werden für eine Vielzahl von Accounting- und Sicherheitsfunktionen eingesetzt. Die Real Group zum Zeitpunkt der Anmeldung ist die primäre Gruppe des Benutzers, wie in der Passwortdatei definiert. Wenn sich ein Benutzer einloggt, wird die Gruppenmenge auf die gesamte Gruppenliste gesetzt, der ein Benutzer angehört.

Der Befehl setgroups wird verwendet, um die aktive Gruppenmenge und die zugewiesene Real Group zu ändern. Die gewünschte Aktion wird über die Optionen des Befehls angegeben, die in Tabelle 6-2 aufgeführt sind.

Tabelle 6-2: Optionen für den Befehl setgroups von AIX

Option	Bedeutung
-a gliste	Fügt die aufgeführten Gruppen der Gruppenmenge hinzu.
-d gliste	Entfernt die aufgeführten Gruppen aus der Gruppenmenge.
-s gliste	Setzt die Gruppenmenge auf die angegebene Gruppenliste.
-r gruppe	Setzt die Real Group (Eigentümergruppe von neuen Dateien und Prozessen usw.).

Der folgende Befehl zum Beispiel fügt der aktuellen Gruppenmenge des Benutzers die Gruppen *phys* und *bio* hinzu:

```
$ setgroups -a phys,bio
```

Der folgende Befehl fügt *phys* der aktuellen Gruppenmenge hinzu (wenn nötig) und bestimmt sie als die Real Group ID:

```
$ setgroups -r phys
```

Der folgende Befehl entfernt die Gruppe *phys* aus der aktuellen Gruppenmenge:

```
$ setgroups -d phys
```

Wenn die Gruppe *phys* auch die aktuelle Real Group war, wird die nächste Gruppe in der Liste (in diesem Fall *bio*) die Real Group, wenn *phys* aus der aktuellen Gruppenmenge entfernt wird. Beachten Sie, dass jedes Mal, wenn ein setgroups-Befehl ausgeführt wird, eine neue Shell erzeugt wird.

Ohne Argumente führt setgroups die definierten Gruppen des Benutzers und die aktuelle Gruppenmenge auf:

```
$ setgroups
chavez:
user groups = chem,bio,phys,genome,staff
process groups = phys,bio,chem
```

Die Gruppen, die als »user groups« angegeben sind, entsprechen der gesamten Menge an Gruppen, der die Benutzerin *chavez* angehört, und die Gruppen, die als »process groups« angegeben sind, bilden die aktuelle Gruppenmenge.

Dateizugriffsrechte auf die Benutzer-Account-Datenbank

Richtige Dateieigentümer- und Dateizugriffsrechte für die Dateien der Benutzer-Account-Datenbank sind äußerst wichtig, um die Systemsicherheit zu erhalten. Alle diese Dateien müssen sich im Besitz von *root* und einer Systemgruppe wie GID 0 befinden. Die beiden Shadow-Dateien sollten außerdem den Zugriff durch jemand anderes als deren Eigentümer verhindern. *root* darf Schreibzugriff auf jede dieser Dateien besitzen.

Wenden Sie die gleichen Eigentümer- und Zugriffsrechte auf alle Kopien dieser Dateien an, die Sie machen. Hier ist zum Beispiel eine lange Verzeichnisauflistung der verschiedenen Dateien von einem unserer Systeme:

```
# ls -l /etc/pass* /etc/group* /etc/*shad*
-rw-r--r--   1 root     root          681 Mar 20 16:15 /etc/group
-rw-r--r--   1 root     root          752 Mar 20 16:11 /etc/group-
-r--r--r--   1 root     root          631 Mar  6 12:46 /etc/group.orig
-rw-r--r--   1 root     root         2679 Mar 19 13:15 /etc/passwd
-rw-r--r--   1 root     root         2674 Mar 19 13:15 /etc/passwd-
-rw-------   1 root     shadow       1285 Mar 19 13:11 /etc/shadow
-rw-------   1 root     shadow       1285 Mar 15 08:37 /etc/shadow-
```

Wir haben eine Kopie der Gruppendatei angefertigt (*group.orig*), die wir gegen jeglichen Schreibzugriff geschützt haben. Die Dateien mit dem Bindestrich, der an deren Namen angehängt ist, sind Backup-Dateien, die von den Utilities vipw und vigr erzeugt wurden. Was auch immer diese speziellen Dateien auf Ihrem System darstellen, stellen Sie sicher, dass alle davon richtig geschützt sind, und stellen Sie doppelt sicher, dass keine Shadow-Datei von irgendjemand anderes als dem Superuser lesbar ist.

Unix-Standardbenutzer und -gruppen

Alle Unix-Systeme definieren normalerweise viele Benutzer-Accounts vor. Mit Ausnahme von *root* werden diese Accounts selten für Logins verwendet. Im Auslieferungszustand sind diese Accounts in der Passwortdatei normalerweise deaktiviert. Vergessen Sie jedoch nicht die Shadow-Passwortdatei auf Ihrem System zu überprüfen. System-Accounts ohne Passwörter stellen gravierende Sicherheitslöcher dar, die sofort behoben werden sollten.

Die häufigsten Systembenutzer-Accounts werden in Tabelle 6-3 aufgeführt.

Tabelle 6-3: Unix-Standardbenutzer-Accounts

Benutzernamen	Beschreibung
root	Benutzer 0, der Superuser. Das entscheidende Feature des Superuser-Accounts ist UID 0, nicht der Benutzername *root*; jeder Account mit UID 0 ist ein Superuser-Account.
bin, daemon, adm, lp, sync, shutdown, sys	System-Accounts, die normalerweise dazu verwendet werden, um Systemdateien zu besitzen und/oder die entsprechenden Serverprozesse des Systems auszuführen. Zwar definieren viele Unix-Versionen diese Benutzer, verwenden sie allerdings niemals wirklich für Dateieigentümerrechte oder die Ausführung von Prozessen.
mail, news, ppp	Accounts, die mit verschiedenen Subsystemen und Einrichtungen verbunden sind. Wieder dienen diese Accounts dazu, um die zugehörigen Dateien zu besitzen und die Prozesse der Komponenten auszuführen.

Tabelle 6-3: Unix-Standardbenutzer-Accounts (Fortsetzung)

Benutzernamen	Beschreibung
postgres, mysql, xfs	Accounts, die von optionalen Einrichtungen erzeugt und auf dem System installiert wurden, um deren Dienste zu administrieren und auszuführen. Diese drei Beispiele sind Accounts, die zu Postgres, MySQL und dem X-Font-Server gehören, in dieser Reihenfolge.
tcb	Administrativer Account, der auf einigen Systemen mit erweiterter Sicherheit (tcb=Trusted Computing Base) im Besitz der sicherheitsbezogenen Dateien und Datenbanken im C2-Stil ist.
nobody	Account, der von NFS und einigen anderen Einrichtungen verwendet wird. So wie es auf BSD-Systemen definiert ist, besitzt *nobody* traditionell die UID −2, die in der Passwortdatei normalerweise als 65534=2^{16}−2 erscheint (UIDs sind vom Datentyp Unsigned: Auf 64-Bit-Systemen kann diese Zahl viel größer sein). Die UID von *nobody* auf System V ist 60001. Einige Systeme definieren Benutzernamen für beide UIDs. Unerklärlicherweise benutzt Red Hat 99 als UID für *nobody*, obwohl es für die traditionellen Werte andere Benutzernamen definiert.

Auf ähnliche Weise werden Unix-Systeme mit einer Datei */etc/group* ausgeliefert, die Einträge für Standardgruppen enthält. Die wichtigsten davon sind:

- *root, system, wheel* oder *sys*: die Gruppe mit GID 0. Wie der Superuser ist diese Gruppe sehr mächtig und es ist die Eigentümergruppe der meisten Systemdateien.
- Die meisten Systeme definieren eine Reihe von Systemgruppen, analog zu den ähnlich benannten Systembenutzer-Accounts: *bin, daemon, sys, adm, tty, disk, lp* und so weiter. Normalerweise besitzen diese Gruppen verschiedene Systemdateien (zum Beispiel besitzt *tty* häufig alle Spezialdateien, die mit seriellen Leitungen verbunden sind); jedoch werden nicht alle von ihnen auch tatsächlich auf jedem Unix-System eingesetzt.
- FreeBSD und andere auf BSD basierende Systeme verwenden die Gruppe *kmem* als Eigentümer von Programmen, die benötigt werden, um den Kernel-Speicher zu lesen.
- *mail, news, cron, uucp*: Gruppen, die zu verschiedenen Systemeinrichtungen gehören.
- *users* oder *staff* (oft GID 100): Viele Unix-Systeme liefern eine Gruppe als Standardeinstellung für die primäre Gruppe normaler Benutzer-Accounts.

Gruppen effektiv einsetzen

Wirkungsvolle Dateizugriffsrechte sind eng mit der Struktur Ihrer Systemgruppen verbunden. Auf vielen Systemen sind Gruppen die einzige Methode, die das Betriebssystem zur Verfügung stellt, um sich auf willkürliche Mengen von Benutzern zu beziehen oder mit ihnen zu arbeiten. Einige Sites definieren die Gruppen auf ihren Systemen so, dass sie die organisatorische Aufteilung ihrer Institution oder Firma widerspiegeln: Zum Beispiel erhält jede Abteilung eine Gruppe (vorausgesetzt eine Abteilung stellt eine relativ kleine organisatorische Einheit dar). Jedoch ist dies nicht notwendigerweise auch aus der Sicht der Systemsicherheit am sinnvollsten.

Gruppen sollten auf Basis der Anforderungen für den gemeinsamen Zugriff auf Dateien definiert werden und entsprechend der Anforderungen zum Schutz der Dateien vor ungewolltem Zugriff. Dies könnte die Kombination mehrerer organisatorischer Einheiten zu einer Gruppe oder die Aufteilung einer einzelnen organisatorischen Einheit in mehrere getrennte Gruppen umfassen. Gruppen müssen nicht unbedingt ein Spiegelbild der »Realität« sein, wenn dies nicht das ist, wonach die Sicherheitsüberlegungen verlangen.

Gruppenaufteilungen werden oft um Projekte herum strukturiert; Leute, die zusammenarbeiten müssen und eine Menge an gemeinsamen Dateien und Programmen verwenden, werden zu einer Gruppe. Benutzer besitzen diejenigen Dateien, die sie nur ausschließlich selbst benutzen (oder manchmal besitzt ein Gruppenadministrator alle Dateien der Gruppe), gemeinsame Dateien werden geschützt, um den Gruppenzugriff zu erlauben, und alle Dateien der Gruppe können den Zugriff durch jemanden ausschließen, der nicht Mitglied der Gruppe ist, ohne dass dies Auswirkungen auf jemanden in der Gruppe hat. Wenn jemand in mehr als einem Projekt arbeitet, wird er zum Mitglied aller relevanten Gruppen gemacht.

Wenn ein neues Projekt beginnt, können Sie cine neue Gruppe hierfür erzeugen und einige übliche Verzeichnisse einrichten, die die gemeinsamen Dateien des Projekts enthalten und diese schützen, um den Gruppenzugriff zu erlauben (Lese- und Ausführungsrechte, wenn Mitglieder keine Dateien hinzufügen oder löschen müssen, und Lese-, Schreib- und Ausführungsrechte, wenn sie dies müssen). Auf ähnliche Weise werden den Dateien, wenn sie erzeugt werden, die geeigneten Gruppenzugriffsrechte gegeben, basierend auf dem Zugriff, den die Gruppenmitglieder benötigen werden. Neue Benutzer, die dem System für dieses Projekt hinzugefügt werden, können die neue Gruppe als ihre primäre Gruppe erhalten; relevante bereits bestehende Benutzer können dem Projekt als sekundäre Gruppenmitglieder in der Gruppendatei hinzugefügt werden.

Jedoch ist der Unix-Gruppenmechanismus keine perfekte Sicherheitslösung. Stellen Sie sich zum Beispiel vor, dass eine Benutzerin nur Zugriff auf eine oder zwei Dateien benötigt, die im Besitz einer Gruppe sind, der sie nicht angehört, und Sie die Benutzerin nicht zu einem Mitglied der zweiten Gruppe machen möchten, da ihr dies weitere Rechte einräumen würde, die Sie ihr nicht geben wollen. Eine Lösung wäre es, ein setgid-Programm zur Verfügung zu stellen, das ihr den Zugriff auf die benötigten Dateien erlaubt; die setuid- und setgid-Zugriffsarten sind Gegenstand des nächsten Unterabschnitts. Um diesem Dilemma jedoch richtig zu begegnen, müssen Sie über das hinausgehen, was durch das Standardgruppensystem von Unix angeboten wird. Zugriffskontrolllisten – ein Mechanismus, der es ermöglicht, Dateizugriffsrechte auf Basis einzelner Benutzer anzugeben – stellen die beste Lösung für solche Probleme dar. Wir werden diese in »Dateien und das Dateisystem schützen« in Kapitel 7 betrachten.

Verwalten von Benutzer-Accounts

In diesem Abschnitt werden wir die Prozesse für das Hinzufügen, die Konfiguration und das Entfernen von Benutzer-Accounts auf Unix-Systemen betrachten.

Anlegen eines neuen Benutzer-Accounts

Das Anlegen eines neuen Benutzers auf dem System umfasst die folgenden Aufgaben:

- Weisen Sie dem Benutzer einen Benutzernamen, eine Benutzer-ID-Nummer und eine primäre Gruppe zu und bestimmen Sie, in welchen Gruppen er Mitglied sein sollte (wenn überhaupt). Geben Sie die entsprechenden Daten in den Benutzer-Account-Konfigurationsdateien des Systems ein.
- Weisen Sie dem neuen Account ein Passwort zu.
- Erzeugen Sie ein Home-Verzeichnis für den Benutzer.
- Platzieren Sie Initialisierungsdateien im Home-Verzeichnis des Benutzers.
- Verwenden Sie chown und/oder chgrp, um dem neuen Benutzer die Eigentümerrechte auf sein Home-Verzeichnis und die Initialisierungsdateien zu geben.
- Setzen Sie entsprechend für Ihr System weitere Account-Parameter (dies beinhaltet möglicherweise Passwort-Aging, das Ablaufdatum für den Account, Ressourcenbeschränkungen und Systemprivilegien).
- Fügen Sie den Benutzer wenn nötig jeder anderen Einrichtung hinzu, die im Einsatz ist (zum Beispiel dem Disk-Quota-System, dem Mail-System und dem Druck-System).
- Gewähren oder verweigern Sie wenn nötig den Zugriff auf zusätzliche Systemressourcen, verwenden Sie dabei Dateizugriffsberechtigungen oder die eigenen internen Mechanismen dieser Ressourcen (die Datei */etc/ftpusers* zum Beispiel kontrolliert den Zugriff auf die Einrichtung ftp).
- Führen Sie jede weitere Site-spezifische Initialisierungsaufgabe durch.
- Testen Sie den neuen Account.

Wir werden in diesem Abschnitt jeden dieser Schritte im Detail betrachten. Diese Besprechung setzt voraus, dass Sie einen Benutzer von Hand anlegen. Tatsächlich machen dies nicht mehr viele Leute so, aber es ist wichtig, den gesamten Prozess zu verstehen, selbst wenn Sie ein Werkzeug verwenden, das eine Menge davon für Sie automatisiert. Die zur Verfügung stehenden Werkzeuge werden später in diesem Kapitel behandelt.

Festlegen eines neuen Benutzer-Accounts

Der Vorgang für das Erzeugen eines neuen Benutzer-Accounts beginnt bei der Entscheidung über dessen grundlegende Einstellungen: Benutzername, UID, primäre Gruppe, Speicherort des Home-Verzeichnisses, Login-Shell und so weiter. Wenn Sie UIDs per Hand zuweisen, ist es normalerweise am einfachsten, dies entsprechend irgendeines Systems vorzunehmen. Sie könnten sich zum Beispiel dazu entscheiden, die nächste verfügbare UID zu nehmen, UIDs aus einem Bereich von 100 für die Abteilung zuzuweisen oder irgendetwas durchzuführen, das für Ihre Site sinnvoll ist. Auf jeden Fall kann der neue Account in die Passwortdatei eingegeben werden, sobald diese Parameter ausgewählt wurden.

 Wenn Sie sich dann entschließen, die Passwortdatei direkt zu bearbeiten, so sortieren Sie die Einträge darin anhand ihrer ID. Neue Einträge sind einfacher hinzuzufügen und es wird weniger wahrscheinlich, dass Sie ungewollte Duplikate erzeugen.

Zuweisen einer Shell

Wie wir bereits gesehen haben, gibt das letzte Feld in der Passwortdatei die Login-Shell für jeden Benutzer an. Wenn dieses Feld leer ist, ist die Standardeinstellung normalerweise */bin/sh*, die Bourne-Shell.[7] Auf Linux-Systemen ist dies ein Link auf die Bourne-Again-Shell bash (normalerweise */bin/bash*).

Benutzer können ihre Login-Shell ändern, indem sie den Befehl chsh verwenden (oder einen ähnlichen Befehl; siehe Tabelle 6-4), und der Systemadministrator kann chsh ebenfalls verwenden, um dieses Feld der Passwortdatei zu setzen oder zu modifizieren. Der folgende Befehl zum Beispiel wird die Login-Shell der Benutzerin *chavez* auf die erweiterte C-Shell setzen:

```
# chsh -s /bin/tcsh chavez
```

Für diesen Zweck werden die erlaubten Shells in der Datei */etc/shells* definiert; nur Programme, deren Pfadnamen hier aufgelistet sind, dürfen von anderen Benutzern als dem Benutzer *root* ausgewählt werden.[8] Hier ist eine beispielhafte */etc/shells*-Datei:

```
/bin/sh
/bin/csh
/bin/false
/usr/bin/bash
/usr/bin/csh
/usr/bin/ksh
/usr/bin/tcsh
```

Vermutlich sind Ihnen die meisten dieser Shells vertraut. Die ungewöhnliche */bin/false* ist eine Shell, die verwendet wird, um den Zugriff auf einen Account zu deaktivieren;[9] sie führt zu einer sofortigen Abmeldung für jeden Account, der sie als Login-Shell verwendet.

Wenn nötig, können Sie dieser Datei zusätzliche Einträge hinzufügen. Vergessen Sie nicht, einen vollen Pfadnamen anzugeben (in dem kein Bestandteil des Verzeichnisses globale Schreibrechte besitzt).

Tabelle 6-4: Befehle für die Bearbeitung der Shell und der vollen Namen

Aufgabe	Befehl
Ändern der Login-Shell	Normalerweise: chsh Solaris: passwd -e (nur für *root*)
Ändern des vollen Namens (GECOS-Feld)	Normalerweise: chfn Solaris: passwd -g (nur für *root*)

---

7 Oder die – oberflächlich gesehen – ähnliche POSIX-Shell (die der Korn-Shell noch ähnlicher ist).

8 Tatsächlich ist dies eine Konfigurationsoption des chsh-Befehls, weshalb diese Einschränkung auf Ihrem System erzwungen sein könnte oder auch nicht.

9 Um genauer zu sein, beendet sich der false-Befehl immer sofort mit einem Rückgabewert, der einen Fehler andeutet (der Wert 1). Wenn dieser Befehl als Login-Shell verwendet wird, resultiert daraus das geschilderte Verhalten.

Eingefangene Accounts

Manchmal ist es wünschenswert einzuschränken, was Benutzer auf einem System vornehmen können. Wenn zum Beispiel Benutzer ihre gesamte Zeit damit verbringen, ein einziges Anwendungsprogramm laufen zu lassen, dann können Sie sicherstellen, dass dies alles ist, was die Benutzer machen, indem Sie dieses Programm zu deren Login-Shell bestimmen (wie es in der Passwortdatei definiert ist). Nachdem sich der Benutzer erfolgreich angemeldet hat, beginnt das Programm mit seiner Ausführung, und wenn der Benutzer das Programm verlässt, wird er automatisch abgemeldet.

Jedoch können nicht alle Programme auf diese Weise eingesetzt werden. Wenn zum Beispiel eine interaktive Eingabe benötigt wird und es keinen einzigen richtigen Weg gibt, das Programm aufzurufen, dann wird die einfache Verwendung des Programms als Login-Shell nicht funktionieren. Unix liefert eine *eingeschränkte* (»restricted«) *Shell*, um solchen Problemen zu begegnen.

Eine eingeschränkte Shell ist eine modifizierte Version der Bourne- oder der Korn-Shell. Der Name und der Speicherort der eingeschränkten Bourne-Shell innerhalb des Dateisystems variiert, ist aber normalerweise */bin/Rsh* (oft ist dies ein Link auf */usr/bin/Rsh*). rksh ist die eingeschränkte Korn-Shell und rbash ist die eingeschränkte Bourne-Again-Shell. Diese Dateien sind harte Links auf die gleiche Datei wie die reguläre Shell, arbeiten allerdings unterschiedlich, wenn sie unter dem alternativen Namen aufgerufen werden. AIX und Tru64 liefern Rsh, HP-UX und Solaris liefern rksh und Linux-Systeme liefern rbash. Einige Shells lassen Sie den eingeschränkten Modus mit einem Kommandozeilen-Flag angeben (zum Beispiel bash -restricted).

Eingeschränkte Shells sind dazu geeignet, *eingefangene* (»captive«) *Accounts* zu erzeugen: Benutzer-Accounts, die nur einen vom Administrator angegebenen Satz an Aktionen ausführen und die automatisch ausgeloggt werden, wenn sie damit fertig sind. Zum Beispiel könnte ein eingefangener Account für einen Operator eingesetzt werden, der Backups über ein Menü ausführt, das vom Administrator eingerichtet wurde. Oder ein eingefangener Account könnte dazu verwendet werden, um Benutzer bei der Anmeldung direkt in ein Anwendungsprogramm zu platzieren. Ein eingefangener Account wird eingerichtet, indem die eingeschränkte Shell als Login-Shell des Benutzers angegeben wird und eine *.profile*-Datei erzeugt wird, um die gewünschten Aktionen auszuführen.

Die eingeschränkte Shell nimmt der normalen Shell einiges von ihrer Funktionalität. Speziell dürfen Benutzer einer eingeschränkten Shell folgende Dinge nicht:

- Den Befehl cd verwenden.
- Werte für die Variablen *PATH*, *ENV* oder *SHELL* setzen oder ändern.
- Einen Befehl oder einen Dateinamen angeben, der einen Slash (/) enthält. Mit anderen Worten: Es können nur Dateien in dem aktuellen Verzeichnis verwendet werden.
- Die Ausgabeumleitung verwenden (> oder >>).

Nimmt man diese Einschränkungen, dann muss ein Benutzer, der aus einem eingefangenen Account heraus ausgeführt wird, in dem Verzeichnis bleiben, in das ihn die Datei

.profile platziert. Dieses Verzeichnis sollte nicht sein Home-Verzeichnis sein, auf das er wahrscheinlich Schreibzugriff besitzt; sollte er dort landen, dann könnte er die Datei *.profile* ersetzen, die seine Aktionen kontrolliert. Die Variable *PATH* sollte so minimal wie möglich gesetzt sein.

Ein eingefangener Account darf nicht in der Lage sein, auf irgendeines der Verzeichnisse in dem definierten Pfad zu schreiben. Ansonsten könnte ein raffinierter Benutzer einen der Befehle, die er ausführen darf, durch seine eigene ausführbare Datei ersetzen, die es ihm gestattet, aus seiner Gefangenschaft auszubrechen. Dies bedeutet in der Praxis, dass der Benutzer nicht in jedes beliebige Verzeichnis im Pfad mit seinem Bestimmungsort gesetzt werden sollte und dass das aktuelle Verzeichnis sich *nicht* im Suchpfad befinden sollte, wenn das aktuelle Verzeichnis schreibbar ist.

Einige Administratoren führen diese Idee zu ihrem logischen Schluss, indem sie ein separates *rbin*-Verzeichnis einrichten – oft als Unterverzeichnis im Home-Verzeichnis des eingefangenen Accounts –, das harte Links auf den Satz an Befehlen enthält, die der eingefangene Benutzer ausführen darf. Dann setzt der Administrator den Suchpfad des Benutzers so, dass er nur dorthin zeigt. Wenn Sie jedoch diesen Ansatz verwenden, müssen Sie vorsichtig dabei sein, wenn Sie den Satz an Befehlen auswählen, die Sie dem Benutzer geben. Viele Unix-Befehle besitzen *Shell-Escape*-Befehle: Wege, einen anderen Unix-Befehl aus diesem Befehl heraus auszuführen. In vi zum Beispiel können Sie einen Shell-Befehl ausführen, indem Sie ihm ein Ausrufezeichen voranstellen und ihn an der Eingabeaufforderung mit dem Doppelpunkt eingeben (wenn verfügbar, entfernt die eingeschränkte Version rvi dieses Feature). Wenn ein Befehl Shell-Escapes unterstützt, kann der Benutzer im Allgemeinen jeden Befehl ausführen, inklusive einer uneingeschränkten Shell. Während der Pfad, den Sie einrichten, für die Befehle, die auf diese Weise ausgeführt werden, aktiv bleibt, wird der Benutzer nicht davon abgehalten, einen vollen Pfadnamen in einem Shell-Escape-Befehl anzugeben. Dementsprechend kann es selbst ein Befehl, der anscheinend so harmlos ist wie more, einem Benutzer ermöglichen, aus seinem eingefangenen Account auszubrechen, da ein Shell-Befehl von more (und man) aus ausgeführt werden könnte, indem ihm ein Ausrufezeichen vorangestellt wird.

Vergessen Sie nicht, die Manpages sorgfältig zu überprüfen, bevor Sie einen Befehl an den eingeschränkten Satz anfügen. Leider sind Shell-Escapes hin und wieder nicht dokumentiert, obwohl dies meist nur auf Spielprogramme zutrifft. In vielen Fällen werden Shell-Escapes über ein einleitendes Ausrufezeichen oder ein Ausrufezeichen mit einer Tilde (~!) ausgeführt.

Im Allgemeinen sollten Sie vorsichtig mit Befehlen umgehen, die es erlauben, irgendein anderes Programm aus ihnen heraus auszuführen, selbst wenn diese nicht explizit Shell-Escapes enthalten. Zum Beispiel könnte ein Mail-Programm einen Benutzer einen Editor aufrufen lassen, und die meisten Editoren wiederum erlauben Shell-Escapes.

Zuweisen eines Passwortes

Weil Passwörter eine Schlüsselrolle in der gesamten Systemsicherheit spielen, sollte jeder Benutzer-Account ein Passwort besitzen. Der Befehl passwd kann dazu verwendet werden, um einem Benutzer-Account ein Anfangspasswort zuzuweisen. Wenn er für diesen Zweck eingesetzt wird, nimmt er den entsprechenden Benutzernamen als Argument entgegen. Der folgende Befehl zum Beispiel weist der Benutzerin *chavez* ein Passwort zu:

```
# passwd chavez
```

Sie werden dazu aufgefordert, das Passwort zweimal einzugeben, und es erscheint nicht auf dem Monitor. Der gleiche Befehl kann auch dazu verwendet werden, um das Passwort eines Benutzers zu ändern, sollte dies je notwendig sein (zum Beispiel, wenn er es vergessen hat).

Die Kriterien für die Auswahl guter Passwörter und die Techniken zum Überprüfen der Stärke von Passwörtern sowie für die Angabe von Lebensdauern für Passwörter werden später in diesem Kapitel behandelt, nachdem wir unsere Überlegungen zum Erstellen von Benutzer-Accounts beendet haben.

Unter AIX wird immer dann, wenn der Superuser einem Account ein Passwort mit passwd zuweist (entweder manuell oder indirekt über SMIT), dieses Passwort als vorläufig abgelaufen markiert, und der Benutzer muss es bei der nächsten Anmeldung ändern. Normalerweise werden Unix-Passwörter auf eine maximale Länge von 8 Zeichen beschränkt. Aktuelle Systeme erlauben viel längere Passwörter (mindestens 128 Zeichen), hierzu gehören FreeBSD sowie Linux, wenn sie den Codierungsmechanismus MD5 einsetzen, und HP-UX sowie Tru64 im erweiterten Sicherheitsmodus. AIX und Solaris beschränken derzeit nach wie vor die Passwörter auf 8 Zeichen.

Erstellen eines Home-Verzeichnisses

Nach dem Hinzufügen eines Benutzers an die Datei */etc/passwd* müssen Sie ein Home-Verzeichnis für diesen Benutzer erstellen. Verwenden Sie den Befehl mkdir, um das Verzeichnis am entsprechenden Speicherort zu erzeugen, und setzen Sie dann die Zugriffs- und Eigentümerrechte passend für das neue Verzeichnis. Zum Beispiel:

```
# mkdir /home/chavez
# chown chavez.chem /home/chavez
# chmod 755 /home/chavez
```

Auf Unix-Systemen sind die Home-Verzeichnisse der Benutzer normalerweise im Verzeichnis */home* abgelegt, Sie können sie allerdings an jedem Speicherort platzieren, der Ihnen gefällt.

Die Initialisierungsdateien der Benutzerumgebung

Als Nächstes sollten Sie dem Benutzer Kopien der zugehörigen Initialisierungsdateien für die Shell und die grafische Umgebung geben, die der Account ausführen wird (ebenso wie alle zusätzlichen Dateien, die von gemeinsam benutzten Einrichtungen auf Ihrem System verwendet werden).

Die verschiedenen Shell-Initialisierungsdateien sind:

Bourne-Shell	.profile
C-Shell	.login, .logout und .cshrc
Bourne-Again-Shell	.profile, .bash_profile, .bash_login, .bash_logout und .bashrc
Erweiterte C-Shell	.login, .logout und .tcshrc (oder .cshrc)
Korn-Shell	.profile und jede Datei, die in der Umgebungsvariable ENV angegeben ist (normalerweise .kshrc)

Diese Dateien müssen im Home-Verzeichnis des Benutzers untergebracht sein. Sie sind alle Shell-Skripten (jedes für seine jeweilige Shell), die im Standardeingabestrom der Login-Shell ausgeführt werden, als ob sie mit source (C-Shells) oder . (sh, bash oder ksh) aufgerufen wurden. Die Initialisierungsdateien .profile, .bash_profile, .bash_login und .login werden beim Login ausgeführt.[10] .cshrc, .tcshrc, .bashrc und .kshrc werden jedes Mal ausgeführt, wenn eine neue Shell gestarted wird. .logout und .bash_logout werden ausgeführt, wenn sich der Benutzer abmeldet.

Als Administrator sollten Sie Standardinitialisierungsdateien für Ihr System erzeugen und diese an einem Standardspeicherort ablegen. Der Konvention entsprechend ist das Verzeichnis, das für diesen Zweck verwendet wird, /etc/skel, und die meisten Unix-Versionen stellen eine Vielzahl an Starter-Initialisierungsdateien in diesem Speicherort zur Verfügung. Diese Standardinitialisierungsdateien und der gesamte Verzeichnisbaum, in dem sie aufbewahrt werden, sollten nur für *root* schreibbar sein.

Hier sind die Speicherorte für die Skeleton-Verzeichnisse der Initialisierungsdateien auf den verschiedenen Systemen:

AIX	/etc/security (enthält nur .profile)
FreeBSD	/usr/share/skel
HP-UX	/etc/skel
Linux	/etc/skel
Solaris	/etc/skel
Tru64	/usr/skel

Auf jeden Fall sollten Sie die relevante(n) Datei(en) in das Home-Verzeichnis des Benutzers kopieren, nachdem Sie es erzeugt haben. Zum Beispiel:

```
# cp /etc/skel/.bash* /home/chavez
# cp /etc/skel/.log{in,out} /home/chavez
# cp /etc/skel/.tcshrc /home/chavez
# chown chavez.chem /home/chavez/.[a-z]*
```

---

10 Die Bash-Shell führt so viele .bash_profile, .bash_login und .profile aus, wie in dem Home-Verzeichnis des Benutzers existieren (in dieser Reihenfolge).

Natürlich gibt es noch raffiniertere Möglichkeiten, dies auszuführen. Ich neige dazu, alle Standardinitialisierungsdateien in einen neuen Account zu kopieren, für den Fall, dass die Benutzerin zu einem späteren Zeitpunkt eine andere Shell einsetzen möchte. Es ist Sache der Benutzerin, diese Dateien zu modifizieren, um ihre eigene Benutzerumgebung anzupassen.

Abhängig davon, wie Sie Ihr System einsetzen, könnten einige weitere Initialisierungsdateien von Interesse sein. Viele Editoren zum Beispiel besitzen Konfigurationsdateien (beispielsweise *.emacs*), ebenso wie Benutzer-Mail-Programme. Zusätzlich hierzu setzen die grafischen Umgebungen von Unix verschiedene Konfigurationsdateien ein.

Beispiele für Login-Initialisierungsdateien

Die Dateien *.*login* oder *.*profile* werden zur Durchführung von Aufgaben verwendet, die nur während des Login ausgeführt werden müssen, wie zum Beispiel:

- Setzen des Suchpfades
- Setzen der Standarddateizugriffsrechte (mit umask)
- Setzen des Terminal-Typs und Initialisieren des Terminals
- Setzen weiterer Umgebungsvariablen
- Durchführen weiterer Anpassungsfunktionen, die auf Ihrer Site notwendig sind

Die Inhalte einer einfachen *.login*-Datei werden unten aufgeführt; sie dient dazu, einige ihrer möglichen Einsatzgebiete darzustellen (die wir mit Kommentaren versehen haben):

```
# Beispiel für eine .login-Datei
limit coredumpsize 0k          # unterdrückt Core-Dateien
umask 022                      # setzt die Standard-Umask
mesg y                         # aktiviert Nachrichten über write
biff y                         # aktiviert neue Mail-Nachrichten
# fügt dem Systempfad Einträge hinzu
setenv PATH "$PATH:/usr/local/bin:~/bin:."
setenv PRINTER ps              # Standarddrucker
setenv EDITOR emacs            # bevorzugter Editor
setenv MORE -c                 # bringt make dazu, immer den Bildschirm zu löschen
# setzt eine anwendungsspezifische Umgebungsvariable
setenv ARCH_DIR /home/pubg95/archdir/
# setzt den Befehls-Prompt auf den Hostnamen plus die aktuelle Nummer des Befehls
set prompt = '`hostname`-\!> '
# sehr einfache Terminal-Behandlung
echo -n "Geben Sie den Terminal-Typ ein: "; set tt=$<
if ("$tt" == "") then
   set tt="vt100"
endif
setenv TERM $tt
```

Wir können eine sehr ähnliche *.profile*-Datei erzeugen:

```
# .profile-Beispieldatei
ulimit -c 0
umask 022
mesg y
```

```
biff y
PATH=$PATH:usr/local/bin:$HOME/bin:.
PRINTER=ps
EDITOR=emacs
MORE=-c
ARCH_DIR=/home/pubg95/archdir/
PS1="`hostname`-\!> "
export PATH PRINTER EDITOR MORE ARCH_DIR PS1
echo -n "Geben Sie den Terminal-Typ ein: "; read tt
if [ "$tt" = "" ]; then
   tt="vt100"
fi
export TERM=$tt
```

Die wesentlichen Unterschiede betreffen den ulimit-Befehl, die unterschiedliche Syntax für Umgebungsvariablen (inklusive des export-Befehls) und den unterschiedlichen Mechanismus für die Entgegennahme und das Testen der Benutzereingabe.

Beispiele für Shell-Initialisierungsdateien

Shell-Initialisierungsdateien wurden entwickelt, um Aufgaben auszuführen, die immer dann durchgeführt werden müssen, wenn eine neue Shell erzeugt wird. Diese Aufgaben beinhalten das Setzen von Shell-Variablen (einige davon besitzen wichtige Funktionen; andere sind nützliche Abkürzungen) und das Definieren von Aliases (alternative Namen für Befehle). Im Gegensatz zu Umgebungsvariablen wie zum Beispiel *TERM* werden Shell-Variablen und Aliase neuen Shells nicht automatisch übergeben; deshalb müssen sie immer dann eingerichtet werden, wenn das Betriebssystem eine neue Shell startet.

Die Inhalte einer einfachen *.cshrc*-Datei werden anhand dieses Beispiels dargestellt:

```
# beispielhafte .cshrc-Datei
alias j jobs                    # definiert einige Aliase
alias h history
alias l ls -aFx
alias ll ls -aFxl
alias psa "ps aux | head"
# der nächste Alias zeigt die Methode für das Einfügen eines
# austauschbaren Kommandozeilenparameters innerhalb einer
# Alias-Definition: \!:1 => $1
alias psg "ps aux | egrep 'PID|\!:1' | more -c"
# setzt für verschiedene Features Shell-Variablen
set history = 100               # erinnert sich an 100 Befehle
set savehist = 100              # speichert über die Logins 100 Befehle
set nobeep                      # kein Piepen
set autologout 60               # Ausloggen nach 1 Stunde Leerlaufzeit
set noclobber                   # warnt vor dem Überschreiben von Dateien
set ignoreeof                   # interpretiert ^D nicht als Logout
set prompt = "`hostname-\!>> "  # setzt den Prompt
```

Wenn Sie die erweiterte C-Shell tcsh einsetzen, könnten Sie die letzten beiden Befehle bearbeiten und eine Reihe weiterer hinzufügen:

```
set correct cmd                 # versucht falsch eingegebene Befehle zu korrigieren
set ignoreeof 2                 # 2 ^D's => Logout
```

```
set rmstar                          # führt zu Bestätigungen von rm *-Befehlen
set prompt="%m:%~-%h>> "            # der Prompt ist: hostname:verz-befehlnr>>
```

Die Bourne-Again-Shell verwendet auf ähnliche Weise *.bashrc* als ihre Shell-Initialisierungsdatei. In der Korn-Shell könnte eine Shell-Initialisierungsdatei über die Umgebungsvariable *ENV* definiert werden (normalerweise in *.profile*):

```
export ENV=$HOME/.kshrc
```

Eine alternative Shell-Initialisierungsdatei kann für die bash über die Umgebungsvariable *BASH_ENV* angegeben werden.

Diese beiden Shells definieren Aliase, indem sie eine leicht unterschiedliche Syntax verwenden; ein Gleichheitszeichen wird zwischen den Alias und seine Definition eingefügt:

```
alias l="ls -lxF"
```

Ziehen Sie für jede dieser Shells die Dokumentation zu Rate, um die zur Verfügung stehenden Optionen und Features herauszubekommen und die Shell-Variablen, die verwendet werden, um diese zu aktivieren.

Denken Sie daran, dass sich die Bourne-Again-Shell (bash) unterschiedlich verhält, abhängig davon, ob sie als */bin/sh* aufgerufen wurde oder nicht. (Wurde sie als */bin/sh* aufgerufen, dann emuliert sie in einigen Bereichen die traditionelle Bourne-Shell.)

Die Datei /etc/security/environ von AIX

AIX liefert eine zusätzliche Konfigurationsdatei, in der Sie Umgebungsvariablen setzen können, die auf den Prozess eines Benutzer beim Anmelden angewendet werden. Hier ist ein beispielhafter Abschnitt aus dieser Datei:

```
chavez:
    userenv = "MAIL=/var/spool/mail/chavez,MAILCHECK=1800"
    sysenv =  "NAME=chavez@dalton"
```

Dieser Eintrag gibt drei Umgebungsvariablen für die Benutzerin *chavez* an. Diese geben deren Mail-Spool-Ordner an, wie oft auf neue Mail geprüft werden soll (alle 30 Minuten) und den Wert der Umgebungsvariable *NAME*, in dieser Reihenfolge. Die Einträge *userenv* und *sysenv* unterscheiden sich dadurch, dass Letzterer nicht modifiziert werden kann.

Wenn Sie in dieser Datei einen Eintrag namens *default* einfügen, werden dessen Einstellungen auf alle Benutzer angewandt, die keinen expliziten Abschnitt für sich alleine haben.

Initialisierungsdateien für die Desktop-Umgebung

Systemadministratoren werden häufig darum gebeten, Konfigurationsdateien zur Verfügung zu stellen, die die grafische Umgebung eines Benutzers initialisieren. Diese Umgebungen basieren alle auf dem X Window System und dessen am häufigsten eingesetzte Initialisierungsdateien heißen *.xinitrc*, *.xsession* und *.Xauthority*. Bestimmte Window-Manager und Desktop-Umgebungen unterstützen im Allgemeinen auch eine oder mehrere getrennte Konfigurationsdateien. Das Common Desktop Environment (CDE) zum Beispiel verwendet die Initialisierungsdatei *.dtprofile* ebenso wie viele Dateien unterhalb des Verzeichnisses *~/.dt*.

Kommerzielle Unix-Versionen installieren im Allgemeinen CDE als Standard-Window-System. Unix-Versionen, die frei erhältlich sind, erlauben es ihren Benutzern, aus mehreren Angeboten auszuwählen, normalerweise zum Zeitpunkt der Installation (FreeBSD arbeitet auf diese Weise). Auf Linux-Systemen wählen die systemweiten X-Initialisierungsdateien dynamisch eine Desktop-Umgebung aus, wenn X gestartet wird.

Auf Red Hat Linux-Systemen zum Beispiel findet beim Fehlen irgendeiner anderen Konfiguration die Desktop-Initialisierung über die Datei */etc/X11/xinit/xinitrc* statt, die dann */etc/X11/xinit/Xclients* ausführt. Letztere Datei verwendet den folgenden Prozess, um festzustellen, welche Umgebung gestartet werden soll:

- Wenn die Datei */etc/sysconfig/desktop* existiert, werden deren Inhalte mit den Schlüsselwörtern GNOME, KDE und AnotherLevel verglichen (in dieser Reihenfolge). Wenn ein Schlüsselwort innerhalb der Datei gefunden wurde, wird die zugehörige Umgebung gestartet, wenn sie zur Verfügung steht. Wenn nicht, versucht das System, die GNOME-Desktop-Umgebung zu starten, und versucht im Falle eines Fehlers, auf KDE zurückzugreifen (zum Beispiel wenn GNOME nicht installiert ist).
- Als Nächstes wird im Home-Verzeichnis des Benutzers nach der Datei *.wm_style* gesucht. Wenn sie gefunden wurde und sie irgendeines der Schlüsselwörter AfterStep, WindowMaker, fvwm95, Mwm oder Lesstif enthält (es wird in dieser Reihenfolge gesucht und nur der erste Treffer genommen), wird der entsprechende Window-Manager gestartet, wenn er zur Verfügung steht.
- Wenn nichts anderes ausgewählt wurde oder zu diesem Zeitpunkt zur Verfügung steht, werden die einfachen Window-Manager fvwm (wird zuerst ausprobiert) oder twm gestartet (Letzterer ist praktisch auf jedem Unix-System verfügbar, da er Teil der X11-Distribution ist).

Wie Sie sehen können, versucht der Standardprozess zuerst, eine ausgefallene grafische Umgebung zu starten, und geht dann wenn nötig auf einfachere über.

Was auf SuSE Linux-Systemen passiert, hängt davon ab, wie der Benutzer-Account erstellt wurde:

- Wenn im Home-Verzeichnis des Benutzers keine *.xinitrc*-Datei zur Verfügung steht, versucht die Standard-Initialisierungsdatei von X (*/usr/lib/X11/xinit/xinitrc*), die Window-Manager fvwm2, fvwm und twm zu starten (in dieser Reihenfolge).
- Wenn die standardmäßige *.xinitrc*-Datei (ist in */etc/skel* enthalten) in das Home-Verzeichnis des Benutzers kopiert wurde, wird eine andere Prozedur verwendet. Zuerst überprüft das Skript, ob die Umgebungsvariable *WINDOWMANAGER* gesetzt ist. Wenn dem so ist, verwendet es den Pfad, der als dessen Wert angegeben ist, als Ort für den gewünschten Window-Manager.

Wenn diese Umgebungsvariable nicht gesetzt ist, versucht die Initialisierungsdatei, auf dem System die Umgebungsdateien von KDE ausfindig zu machen. Wenn diese Dateien nicht lokalisiert werden können, werden als Nächstes diejenigen für fvwm2 ausprobiert, gefolgt von allen Window-Managern, die in der Datei */usr/X11/bin/wmlist* aufgeführt sind.

Der erste Window-Manager, der ausfindig gemacht wurde, wird als Wert der Umgebungsvariable *WINDOWMANAGER* gesetzt. Nach der Bearbeitung von *xinitrc* wird diese Variable dazu verwendet, um die ausgewählte grafische Umgebung zu initialisieren. Auf diese Weise unterscheidet sich das SuSE-System von Red Hat, indem es nur einen einzigen Window-Manager zu starten versucht.

Systemweite Initialisierungsdateien

Für Benutzer der Bourne-, Bourne-Again- und der Korn-Shell dient die Datei */etc/profile* als systemweite Initialisierungsdatei, die vor der persönlichen Login-Initialisierungsdatei des Benutzers ausgeführt wird. Die *PATH*-Variable wird beinahe immer in ihr definiert; deshalb wird sie auf Benutzer angewandt, die keine expliziten *PATH*-Variablen in ihrer *.profile* gesetzt haben. Manchmal wird hier auch eine Standard-Umask angegeben. Hier ist eine einfache */etc/profile*-Datei, die für die bash-Shell entwickelt und von einem Red Hat Linux-System angepasst wurde; wir haben sie mit Kommentaren versehen:

```
PATH="$PATH:/usr/X11R6/bin"
PS1="[\u@\h \w]\\$ "         # Prompt: [benutzer@host verzeichnis]$
ulimit -c 0                   # unterdrückt Core-Dateien
# setzt Umask, abhängig davon, ob UPGs eingesetzt werden oder nicht
alias id=/usr/bin/id          # Kurzschrift, um Platz zu sparen
if [ `id -gn` = `id -un` -a `id -u` -gt 99 ]; then
    umask 002                 # UID=GID>99, deshalb ist es eine UPG
else
    umask 022
fi
USER=`id -un`
unalias id                    # entfernt id-Alias
LOGNAME=$USER
MAIL="/var/spool/mail/$USER"
HOSTNAME=`/bin/hostname`
HISTSIZE=100
HISTFILESIZE=100
export PATH PS1 USER LOGNAME MAIL HOSTNAME HISTSIZE HISTFILESIZE
# führt alle ausführbaren Shell-Skripten in /etc/profile.d aus
for i in /etc/profile.d/*.sh ; do
    if [ -x $i ]; then
        . $i
    fi
done
unset i                       # räumt auf
```

Unter Red Hat Linux initialisieren die Dateien in dem installierten Verzeichnis */etc/profile.d* die Sprachumgebung des Benutzers und richten auch verschiedene optionale Einrichtungen ein. Der Systemadministrator könnte natürlich, wenn gewünscht, diesem Verzeichnis weitere Skripten hinzufügen.

Alle systemweiten Initialisierungsdateien sollten nur vom Superuser schreibbar sein.

Auch die tcsh-Shell besitzt systemweite Initialisierungsdateien: */etc/csh.cshrc*, */etc/csh.login* und */etc/csh.logout*.

AIX unterstützt eine zusätzliche systemweite Initialisierungsdatei, */etc/environment* (zusätzlich zu */etc/security/environ*, die schon früher erwähnt wurde). Diese Datei wird von init ausgeführt und beeinflusst alle Login-Shells über die Umgebung, die sie von init erben. Sie wird verwendet, um den Anfangspfad und eine Vielzahl an Umgebungsvariablen zu setzen.

Der beste Weg, um systemweite Initialisierungsdateien anzupassen, ist es, Ihre eigenen Skripten zu erzeugen, die so entwickelt werden, dass sie ablaufen, nachdem die Standardskripten fertig sind. Manchmal werden Ihnen Hooks mitgeliefert. Auf SuSE Linux-Systemen zum Beispiel ruft */etc/profile* als letzte Aktion das Skript */etc/profile.local* auf, wenn es existiert. Selbst wenn Ihre Version der Initialisierungsdatei keinen solchen Hook besitzt, ist es einfach genug, einen hinzuzufügen (abhängig von der Shell über den Befehl . oder source).

Dieser Ansatz ist dem Modifizieren der vom Hersteller mitgelieferten Datei vorzuziehen, da zukünftige Upgrades des Betriebssystems diese Dateien oft ohne Warnmeldungen ersetzen. Wenn ein einfacher Aufruf Ihres eigenen lokalen, systemweiten Initialisierungsskripts alles ist, was Sie dieser Datei hinzugefügt haben, wird es einfach sein, das gleiche der neuen Version der Herstellerdatei hinzuzufügen. Wenn Sie sich andererseits dazu entschließen, die Originaldateien zu bearbeiten, vergessen Sie nicht, eine Kopie Ihrer bearbeiteten Version an einem sicheren Speicherort aufzubewahren, damit Sie diese nach dem Upgrade wiederherstellen oder sie in die neue Herstellerdatei aufnehmen können.

Setzen der Dateieigentümerrechte

Nachdem Sie die entsprechenden Initialisierungsdateien in das Home-Verzeichnis des Benutzers kopiert haben, müssen Sie den neuen Benutzer zum Eigentümer des Home-Verzeichnisses und aller Dateien und Unterverzeichnisse des Home-Verzeichnisses machen. Um dies vorzunehmen, führen Sie einen Befehl wie diesen aus:

```
# chown -R chavez:chem /home/chavez
```

Die Option -R (»rekursiv«) ändert die Eigentümerrechte des Verzeichnisses und aller Dateien und Unterverzeichnisse, die es enthält. Beachten Sie, dass der zweite Bestandteil des ersten Parameters von chown die primäre Gruppe des Benutzers sein sollte.

Hinzufügen des Benutzers zu weiteren Einrichtungen des Systems

Der Benutzer sollte auch den weiteren Einrichtungen hinzugefügt werden, die in Ihrer Site im Einsatz sind. Dies könnte die folgenden Aktivitäten beinhalten:

- Hinzufügen des Benutzers zu den verschiedenen Sicherheitseinrichtungen, die das Zuweisen von Systemprivilegien beinhalten könnten. Einige davon werden später in diesem Kapitel behandelt.
- Zuweisen von Disk-Quotas (siehe »Überwachung und Verwaltung des Festplattenplatzes« in Kapitel 15).
- Definieren eines Mail-Alias und Erfüllen aller weiteren Anforderungen des Mail-Systems, das im Einsatz ist (siehe Kapitel 9).
- Setzen des Zugriffs auf die Drucker-Queue (siehe Kapitel 13).

Alle anderen Site-spezifischen Aufgaben für die Benutzer-Accounts, sowohl für die lokalen Anwendungen als auch für Anwendungen von Drittanbietern, sollten idealerweise als Teil des Prozesses zum Anlegen eines Accounts durchgeführt werden.

Angeben weiterer Benutzer-Account-Controls

Viele Systeme stellen zusätzliche Methoden zur Angabe verschiedener Eigenschaften von Benutzer-Accounts zur Verfügung. Diese Arten von Controls (Einstellungsmöglichkeiten) umfassen Passwortänderung und -inhalt, gültige Login-Zeiten und -Orte sowie Ressourcenbeschränkungen. Tabelle 6-5 führt die allgemeinen Arten der Account-Attribute auf, die von den verschiedenen Unix-Richtungen zur Verfügung gestellt werden.

Tabelle 6-5: Verfügbare Attributtypen für Benutzer-Accounts

	Passwort-lebensdauer	Passwortstärke	Login-Zeiten	Login-Orte	Ressourcen-beschränkungen
AIX	ja	ja	ja	ja	ja
FreeBSD	ja	nein	ja	ja	ja
HP-UX	ja	ja	ja	nein	nein
Linux	ja	ja	PAM[a]	PAM[a]	PAM[a]
Solaris	ja	ja	nein	nein	nein
Tru64	ja	ja	ja	nein	ja

a Die Funktionalität wird von der PAM-Einrichtung zur Verfügung gestellt (wird später in diesem Kapitel behandelt).

Wir werden die Betrachtung passwortbezogener Account-Controls auf später in diesem Kapitel verschieben. In diesem Abschnitt werden wir die für jedes Betriebssystem zur Verfügung stehenden Controls betrachten, die darüber wachen, wann und wo Logins auftreten können und wie in anderen Zusammenhängen Ressourcenbeschränkungen für Benutzer-Accounts gesetzt werden können. Wir werden auch, wenn angebracht, weitere Einstellungen betrachten, die den Login-Prozess betreffen.

Benutzer-Account-Controls unter AIX

AIX liefert mehrere Klassen von Benutzer-Account-Attributen, die in einer Reihe von Dateien unter */etc/security* abgelegt sind:

/etc/security/environ
: Einstellungen für Umgebungsvariablen (wurde schon früher behandelt)

/etc/security/group
: Gruppenadministratoren

/etc/security/limits
: Ressourcenbeschränkungen pro Account

/etc/security/login.cfg
: Login-Zeiten pro tty und systemweit gültige Login-Shells

/etc/security/passwd
: Benutzerpasswörter sowie Daten und Flags zur Passwortänderung

/etc/security/user
: Login-Controls und Attribute pro Benutzer-Account

Die Inhalte dieser Dateien könnten sowohl mit dem Befehl chuser als auch mit SMIT bearbeitet werden. Wir werden uns in diesem Unterabschnitt mehrere dieser Dateien ansehen und später in diesem Kapitel einen Blick auf */etc/security/passwd* und die passwortbezogenen Controls in */etc/security/user* werfen.

Hier sind zwei Beispielausschnitte aus */etc/security/user*:

```
default:
    admin = false              Es handelt sich nicht um einen administrativen Benutzer.
    login = true               Kann sich lokal einloggen.
    daemon = true              Darf cron /SRC-Prozesse ausführen.
    rlogin = true              Kann sich über rlogin verbinden.
    su = true                  Benutzer können su auf diesen Account anwenden.
    sugroups = ALL             Gruppen, die su auf diesen Benutzer anwenden können.
    logintimes = ALL           Gültige Login-Zeiten.
    ttys = ALL                 Gültige Terminal-Orte.
    umask = 022                Standard-Umask.
    expires = 0                Ablaufdatum (0=niemals).
    account_locked = false     Account ist nicht gesperrt.
    loginretries = 0           Unbegrenzte Anzahl an Versuchen, bevor der Account
                               gesperrt wird.
chavez:
    admin = true
    admingroups = chem,bio     Gruppen, die sie administriert.
    expires = 1231013004       Account läuft am 31.12.04 um 01:30 Uhr ab.
    loginretries = 5           Account wird nach 5 fehlgeschlagenen Logins gesperrt.
    logintimes = 1-5:0800-2000 Benutzer kann sich Mo.-Fr. von 08:00 - 18:00 Uhr anmelden.
```

Der erste Abschnitt gibt Standardwerte für verschiedene Einstellungen an. Diese Werte werden verwendet, wenn eine Benutzerin keinen spezifischen Abschnitt für ihren Account besitzt und wenn ihr Abschnitt eine dieser Einstellungen weglässt. Der zweite Abschnitt setzt einige Eigenschaften für den Account der Benutzerin *chavez*, inklusive eines Ablaufdatums und der erlaubten Login-Zeiten.

Hier ist ein Beispielabschnitt aus */etc/security/limits*, der Ressourcenbeschränkungen für Benutzerprozesse setzt:

```
chavez:
    fsize = 2097151
    core = 0
    cpu = -1
    data = 262144
    rss = 65536
    stack = 65536
    nofiles = 2000
```

Der Abschnitt *default* gibt Standardwerte an. Ressourcenbeschränkungen werden im Detail in »Überwachung und Steuerung von Prozessen« in Kapitel 15 behandelt.

Die Datei */etc/security/login.cfg* enthält Login-bezogene Einstellungen auf tty-Basis. Hier ist ein Beispiel für einen *default*-Abschnitt:

```
default:
    logintimes       =        Gültige Login-Zeiten (leer=alle).
    logindisable     = 10     Deaktiviert das Terminal nach 10 erfolglosen Versuchen.
    logindelay       = 5      Wartet 5* Anzahl der Versuche (in Sekunden) zwischen den Login-Versuchen.
    logininterval    = 60     Setzt die Fehlerzahl nach 60 Sekunden zurück.
    loginreenable    = 30     Entsperrt einen gesperrten Port nach 30 Minuten (0=nie).
```

Diese Datei enthält in ihrem Abschnitt *usw* auch die Liste der gültigen Shells (wie vorhin angemerkt).

Benutzer-Account-Controls unter FreeBSD

FreeBSD verwendet zwei zusätzliche Konfigurationsdateien, um den Benutzerzugriff auf das System zu kontrollieren und um weitere Benutzer-Account-Attribute zu setzen. Die erste davon, */etc/login.access*, kontrolliert den Systemzugriff durch den Benutzer und/oder durch das System und/oder durch den tty-Port. Hier sind einige Beispieleinträge:

```
+:chavez:dalton.ahania.com       Chavez kann sich von dalton aus einloggen.
+:users:.ahania.com              Die Gruppe users kann sich von dieser Domain aus einloggen.
-:ALL EXCEPT wheel:console       Nur Administratoren über die Konsole.
```

Die drei Felder enthalten + oder – (für erlauben und verbieten), eine Liste mit Benutzern und/oder Gruppen und einen Login-Herkunftsort, in dieser Reihenfolge.

Die Reihenfolge der Einträge innerhalb dieser Datei ist wichtig: Der erste zutreffende Eintrag wird verwendet. Dementsprechend würde die Beispieldatei nicht richtig funktionieren, da Benutzer, die nicht Mitglieder der Gruppe *wheel* sind, auf Grund der zweiten Regel immer noch in der Lage wären, sich über die Konsole einzuloggen. Wir müssten den dritten Eintrag an den Anfang der Datei verschieben, um dies zu korrigieren. Im Allgemeinen sollten sich die Einträge von dem spezifischsten zum allgemeinsten Eintrag bewegen.

Die Datei */etc/login.conf* wird verwendet, um eine große Vielzahl an Benutzer-Account-Attributen anzugeben. Sie macht dies, indem sie Benutzerklassen definiert, die aus benannten Gruppen von Einstellungen bestehen. Benutzer-Accounts werden einer Gruppe über das fünfte Feld in der Datei */etc/master.passwd* zugewiesen.

Die folgende Beispieldatei definiert drei Klassen: die *default*-Klasse, die für Benutzer verwendet wird, die keiner bestimmten Klasse zugewiesen sind, und die Klassen *standard* und *gauss*:

```
default:\
# Anfangseinstellungen zur Umgebung
        :copyright=/etc/COPYRIGHT:\
        :welcome=/etc/motd:\
        :nologin=/etc/nologin:\
        :requirehome:\
        :setenv=PRINTER=picasso,EDITOR=emacs:
        :path=/bin /usr/bin /usr/X11R6/bin ...:\
        :umask=022:\
# Einstellungen zu Login-Zeiten und Login-Herkunft
        :times.allow=MoTuWeThFr0700-1800,Sa0900-1700:\
        :ttys.deny=console:\
        :hosts.allow=*.ahania.com:\
# Einstellungen zu Systemressourcen
        :cputime=3600:\
        :maxproc=20:\
        :priority=0:\
# Einstellungen zum Passwort
        :passwd_format=md5:\
        :minpasswordlen=8:
standard:\
        :tc=default:
gauss:\
        :cputime=unlimited:\
        :coredumpsize=0:\
        :priority=1:\
        :times.allow=:times.deny=:
        :tc=default:
```

Die Klasse *default* enthält Einstellungen, die sich auf die anfängliche Benutzerumgebung beziehen (Login-Benachrichtigungsdateien, der Speicherort für die Datei *nologin*, Einstellungen für Umgebungsvariablen und die Umask), erlaubte und/oder verbotene Login-Zeiten, Herkunfts-ttys und/oder -Hosts (wenn es Konflikte gibt, haben die Verbote Vorrang vor den Genehmigungen), Einstellungen zu Systemressourcen (siehe »Überwachung und Steuerung von Prozessen« in Kapitel 15 für weitere Informationen) und Einstellungen, die sich auf die Codierung des Passworts sowie dessen Auswahl und Lebensdauer beziehen (wird später in diesem Kapitel behandelt).

Die Klasse *standard* entspricht der Klasse *default*, da deren einziges Attribut die Include-Direktive *tc* ist (wird verwendet, um die Einstellungen aus einem Eintrag innerhalb eines anderen aufzunehmen). Die Klasse *gauss* definiert eine großzügigere Einstellung zur maximalen CPU-Nutzung, deaktiviert die Erzeugung von Core-Dateien, setzt die Standard-Prozesspriorität auf 1 (eine Stufe niedriger als normal) und erlaubt Logins zu jeder Zeit. Deren letztes Attribut nimmt auch die Einstellungen der Klasse *default* auf. Die vorangegangenen Attribute überschreiben die Standardeinstellungen, da die erste Instanz eines Attributs innerhalb eines Eintrags diejenige ist, die angewandt wird.

Nach dem Bearbeiten der Datei *login.conf* müssen Sie den Befehl cap_mkdb ausführen:

```
# cap_mkdb -v /etc/login.conf
cap_mkdb: 9 capability records
```

Benutzer-Account-Controls unter Linux

Auf Linux-Systemen enthält die Datei */etc/login.defs* Einstellungen, die sich auf den allgemeinen Login-Prozess beziehen sowie auf die Generierung und Bearbeitung des Benutzer-Accounts. Die wichtigsten Einträge in dieser Datei werden in der folgenden Beispieldatei mit Anmerkungen beschrieben:

ENV_PATH Pfad	*Suchpfad für Benutzer und für root.*
ENV_ROOTPATH Pfad	
FAIL_DELAY 10	*Wartet 10 Sekunden zwischen Login-Versuchen.*
LOGIN_RETRIES 5	*Maximale Anzahl an Login-Versuchen.*
LOGIN_TIMEOUT 30	*Sekunden, während denen auf ein Passwort gewartet wird.*
FAILLOG_ENAB yes	*Nimmt Login-Fehler in /var/log/faillog auf.*
LOG_UNKFAIL_ENAB yes	*Nimmt Benutzernamen in der Fehlerprotokolldatei auf.*
LASTLOG_ENAB yes	*Nimmt alle Logins in /var/log/lastlog auf.*
MOTD_FILE /etc/motd;/etc/motd.1	*Liste mit message-of-the-day-Dateien.*
HUSHLOGIN_FILE .hushlogin	*Name der hushlogin-Datei (siehe unten).*
DEFAULT_HOME yes	*Erlaubt Logins, wenn nicht auf das Home-Verzeichnis des Benutzers zugegriffen werden kann.*
UID_MIN 100	*Minimale und maximale Werte für UIDs und GIDs*
UID_MAX 20000	*(wird von den Standardwerkzeugen zur*
GID_MIN 100	*Erzeugung von Benutzer-Accounts eingesetzt).*
GID_MAX 2000	
CHFN_AUTH no	*Erwartet kein Passwort zur Verwendung von chfn.*
CHFN_RESTRICT frw	*Erlaubt Änderungen für den vollen Namen, das Büro und die geschäftliche Telefonnummer.*

Die Einstellung HUSHLOGIN_FILE kontrolliert, ob die message-of-the-day-Anzeige auf Benutzerbasis unterdrückt werden kann. Wenn dieser Parameter auf einen Dateinamen ohne Pfad gesetzt ist (üblicherweise *.hushlogin*), werden diese Nachrichten nicht angezeigt, wenn sich eine Datei dieses Namens im Home-Verzeichnis des Benutzers befindet (die Inhalte dieser Datei sind ohne Bedeutung).

Dieser Parameter könnte auch auf einen vollen Pfadnamen gesetzt sein, zum Beispiel */etc/hushlogin*. In diesem Fall ist sein Inhalt eine Liste mit Benutzernamen und/oder Login-Shells; wenn sich ein Benutzer anmeldet und entweder der Login-Name des Benutzers oder die Shell innerhalb dieser Datei aufgeführt ist, werden die Nachrichten nicht angezeigt.

Zusätzlich zu den Einstellungen, die in der Beispieldatei aufgeführt sind, umfasst */etc/login.defs* mehrere weitere Einstellungen, die sich auf die Benutzerpasswörter beziehen; wir werden diese später in diesem Kapitel betrachten. Sehen Sie sich für zusätzliche Informationen über die Inhalte dieser Konfigurationsdatei die Manpage zu *login.defs* an.

Einstellungen zum Login-Prozess unter Solaris

Solaris unterstützt eine systemweite Konfigurationsdatei für den Login-Prozess, */etc/default/login*. Hier sind einige der nützlichsten Login-bezogenen Einstellungen in dieser Datei:

CONSOLE=/dev/console	*Wenn definiert, beschränkt es die Logins für dieses auf root tty.*
TIMEOUT=300	*Abbruch des Login-Versuchs nach 5 Minuten.*
SYSLOG=YES	*Protokolliert root-Logins und Login-Fehler auf syslog.*

```
SLEEPTIME=4                    Wartet zwischen fehlgeschlagenen Logins 4 Sekunden.
SYSLOG_FAILED_LOGINS=1         Generiert nach dem zweiten Fehler syslog-Einträge.
```

Angeben von Login-Zeiteinschränkungen unter HP-UX und Tru64

HP-UX und Tru64 erlauben es dem Systemadministrator anzugeben, wann während eines Tages, einer Woche oder eines anderen Zeitraums ein Benutzer-Account verwendet werden kann. Dies wird mit dem Attribut u_tod in der geschützten Passwortdatenbank erreicht. Der folgende Eintrag von einem HP-UX-System zum Beispiel erlaubt allgemein den Zugriff an Wochentagen und am Wochenende tagsüber (von 06:00–18:00 Uhr), verbietet aber an jedem Tag den Zugriff zwischen 02:00 Uhr und 05:00 Uhr:

```
u_tod=Wk0500-2359,Sa0600-1800,Su0600-1800
```

Hier ist die entsprechende Einstellung unter Tru64:

```
u_tod=Wk,Sa-Su0600-1800,NeverU200-0500
```

Das Schlüsselwort *Never*, das von Tru64 unterstützt wird, ermöglicht eine kompaktere Beschreibung der gleichen Einschränkungen.

Testen des neuen Accounts

Sie sollten mindestens versuchen, sich testweise als der neue Benutzer anzumelden. Ein erfolgreiches Login wird bestätigen, dass der Benutzername und das Passwort gültig sind und dass das Home-Verzeichnis existiert und darauf zugegriffen werden kann. Als Nächstes überprüfen Sie, ob die Initialisierungsdateien ausgeführt wurden: Sehen Sie sich zum Beispiel die Umgebungsvariablen an oder probieren Sie einen Alias aus, von dem Sie erwarten, dass er definiert ist. Dadurch können Sie feststellen, ob die Eigentümerrechte der Initialisierungsdateien korrekt sind; sie werden nicht ausgeführt, wenn dem nicht so ist. (Sie sollten die Initialisierungsdateien separat testen, bevor Sie diese im Skeleton-Verzeichnis installieren.) Versuchen Sie den Terminal-Bildschirm zu löschen. Dies wird den Abschnitt der Initialisierungsdatei zur Einrichtung des Terminal-Typs testen.

su verwenden, um eine Benutzerumgebung neu zu erzeugen

Der Befehl su ist ideal für einige Arten von Tests auf neu angelegte Accounts. Wenn ein Benutzername als Argument übergeben wird, erlaubt es su einem Benutzer, temporär ein anderer Benutzer zu werden (*root* ist einfach der Standardbenutzername, auf den gewechselt wird, wenn kein Benutzername angegeben wird). Unter dem Standardbetriebsmodus bleiben die meisten Einstellungen der Benutzerumgebung durch den su-Befehl unverändert: Das aktuelle Verzeichnis ändert sich nicht, die meisten Werte der Umgebungsvariablen ändern sich nicht (inklusive *USER*) und so weiter. Jedoch könnte die Option – (ein alleine stehendes Minuszeichen) verwendet werden, um ein volles Login durch einen anderen Benutzer zu simulieren, ohne sich selbst tatsächlich abzumelden. Diese Option ist sowohl für das Testen neuer Benutzer-Accounts nützlich als auch um Probleme von Benutzern nachzuvollziehen.

Der folgende Befehl zum Beispiel simuliert eine Login-Sitzung für den Benutzer *harvey*:

```
# su - harvey
********************************************************
**   Heute regulaere Wartung von 20:00 - 23:00 Uhr    **
********************************************************
harvey@phoenix /home/harvey>> clear
```

Zusätzlich zu dessen Nützlichkeit beim Testen neuer Accounts ist eine solche Technik sehr praktisch, wenn sich die Benutzer über »abgebrochene« Befehle und Ähnliches beschweren.

Sobald das Testen vollständig durchgeführt wurde, ist der neue Benutzer-Account bereit für den Einsatz.

Deaktivieren und Entfernen von Benutzer-Accounts

Benutzer kommen und Benutzer gehen, allerdings ist nicht immer ganz klar, was mit ihren Accounts geschehen soll, wenn sie gehen. Zum einen kommen sie manchmal wieder. Selbst wenn sie das nicht tun, wird möglicherweise irgendjemand anderes ihren Platz einnehmen und könnte Dateien benötigen, die zu Projekten gehören, die noch aktiv waren, als sie gingen.

Wenn jemand aufhört, einen bestimmten Computer zu benutzen, oder die Organisation verlässt, ist es eine gute Idee, deren Account(s) zu deaktivieren, sobald Sie darüber informiert werden. Wenn die Person entlassen wurde oder unter nicht gerade idealen Umständen ging, ist es zwingend erforderlich, derart vorzugehen. Das Deaktivieren eines Accounts ist eine Aufgabe, die Sie sehr schnell ausführen können: Fügen Sie einfach ein Sternchen an den Anfang des codierten Passworts[11] in der Shadow-Passwortdatei hinzu und die entsprechenden Benutzer werden nicht länger in der Lage sein, sich einzuloggen. Sie können dann durchführen, was auch immer getan werden muss, um deren Account zu entfernen oder in den Ruhestand zu versetzen (die Daten des Accounts, aber nicht der Account selbst werden entfernt, und der Account ist nicht mehr benutzbar) – und zwar in der gebotenen Eile.

Auf vielen Systemen können Sie einen Account auch von der Kommandozeile aus sperren, indem Sie die Option -l des Befehls passwd einsetzen. Das Sperren eines Accounts über einen administrativen Befehl verwendet im Allgemeinen die gleiche Strategie, dem codierten Passwort ein Zeichen voranzustellen.

Der folgende Befehl zum Beispiel sperrt den Account der Benutzerin *chavez*:

```
# passwd -l chavez
```

Das Deaktivieren oder Sperren eines Accounts, anstatt sofort dessen Eintrag in der Passwortdatei zu löschen, verhindert Probleme mit Dateieigentümerrechten, die auftreten kön-

---

11 Indem Sie ein Sternchen am Anfang des Passwortfeldes hinzufügen, können Sie den Account zu einem späteren Zeitpunkt mit seinem intakten Passwort wiederherstellen, sollte dies nötig sein. Dies ist ein Beispiel für die empfohlene Praxis, eine Aktion – wann immer möglich und praktisch durchführbar – umkehrbar zu halten.

nen, wenn ein Benutzername gelöscht wird. Auf einigen Systemen könnte die Option -u des Befehls passwd verwendet werden, um einen gesperrten Benutzer-Account zu entsperren; das Ändern des Benutzer-Passworts hat ebenfalls den Nebeneffekt, dass der Account entsperrt wird.

Hier sind die Besonderheiten für die Systeme, die wir betrachten (alle Befehle nehmen als letztes Argument den Benutzernamen entgegen):

System	Sperren des Accounts	Entsperren des Accounts
AIX	chuser account_locked=true	chuser account_locked=false
FreeBSD	chpass -e	chpass -e
HP-UX	passwd -l	Bearbeiten Sie /etc/passwd per Hand
Linux	passwd -l	passwd -u
Solaris	passwd -l	Bearbeiten Sie /etc/shadow per Hand
Tru64	usermod -x administrative_lock_applied=1	usermod -x administrative_lock_applied=0

Auf FreeBSD-Systemen können Sie einen Account deaktivieren, indem Sie das Ablaufdatum des Accounts mit chpass -e auf ein Datum in der Vergangenheit setzen, oder Sie können die Shadow-Passwortdatei manuell bearbeiten.

Auf HP-UX- und Tru64-Systemen, auf denen die erweiterte Sicherheit läuft, wird ein Benutzer-Account über das Attribut *u_lock* in der geschützten Passwortdatenbank gesperrt (wobei *u_lock* gesperrt und *u_lock@* entsperrt bedeutet) anstatt über die Mechanismen zur Passwortbearbeitung.

Wenn es klar ist, dass der Benutzer-Account nicht länger benötigt wird, kann er entweder *in den Ruhestand versetzt* werden oder komplett aus dem System entfernt werden (indem das Home-Verzeichnis des Benutzers gelöscht wird und die Eigentümerrechte aller Dateien, die sich in seinem Besitz befanden, geändert werden). Ein in den Ruhestand versetzter Account existiert weiter als eine UID innerhalb der Benutzer-Account-Datenbank,[12] es ist aber kein Zugriff durch ihn erlaubt; sein Passwort ist auf Sternchen gesetzt und sein Ablaufdatum wird oft auf das Datum gesetzt, an dem der Benutzer fortgegangen ist. Sie möchten vielleicht auch die Login-Shell auf */bin/false* ändern, um einen Zugang über Kerberos oder ssh zu verhindern.

Entfernen eines Benutzer-Accounts

Wenn Sie den Account einer Benutzerin aus dem System entfernen oder in den Ruhestand versetzen, gibt es einige weitere Dinge, die eventuell durchzuführen sind, inklusive der folgenden:

---

12 C2 und höhere Sicherheitsstufen der US-Regierung erwarten, dass Accounts in den Ruhestand versetzt werden, anstatt sie zu entfernen, damit deren UIDs nicht wiederverwendet werden und die Systemüberwachung, das Accounting und andere Einträge unzweideutig bleiben.

- Ändern weiterer Passwörter, die der Benutzerin bekannt waren.
- Beenden aller laufenden Prozesse, die der Benutzerin gehören (möglicherweise nachdem Sie alle untersucht haben, die merkwürdig oder verdächtig erscheinen).
- Entfernen der Benutzerin aus jeder sekundären Gruppe.
- Entfernen der Mail-Spool-Datei der Benutzerin (möglicherweise archivieren Sie diese zuerst).
- Definieren bzw. ändern Sie einen Mail-Alias für den Benutzer-Account in der Mail-Aliases-Datei *(/etc/aliases)* und allen Include-Dateien, die darin referenziert werden. Dadurch wird die Mail, wenn nötig, an jemand anderes oder an die neue E-Mail-Adresse der Benutzerin geschickt. Vergessen Sie nicht, die Benutzerin aus allen Mailinglisten zu entfernen.
- Überzeugen Sie sich davon, dass die Benutzerin keine cron- oder at-Jobs zurückgelassen hat. Sollte irgendein anderes Batch-System im Einsatz sein, so überprüfen Sie auch dessen Queues. Sehen Sie nach, ob die Benutzerin noch laufende Druck-Jobs besitzt, und löschen Sie diese gegebenenfalls. (Ich fand bei einer Gelegenheit einen riesigen, grundlosen Druck-Job.)
- Machen Sie ein Backup des Home-Verzeichnisses der Benutzerin und löschen Sie es dann, ändern Sie dessen Eigentümerrechte, entfernen Sie alle Teile davon oder lassen Sie es stehen, wenn nötig.
- Durchsuchen Sie das System nach weiteren Dateien, die sich im Besitz der Benutzerin befinden, und gehen Sie mit diesen entsprechend um (`find` wird hier hilfreich sein).
- Entfernen Sie die Benutzerin aus dem Quota-System oder setzen Sie die Quota des Accounts auf 0.
- Entfernen Sie die Benutzerin aus jeder weiteren Systemeinrichtung, in der ihr Benutzername angegeben sein könnte (zum Beispiel Druckerberechtigungen, */etc/hosts.equiv* und *.rhosts*-Dateien, wenn sie sich im Einsatz befinden).
- Führen Sie alle weiteren Site-spezifischen Aktivitäten zur Beendigung durch, die notwendig sein könnten.

In den meisten Fällen ist das Schreiben eines Skripts sehr hilfreich, um alle diese Aktivitäten durchzuführen, und spart auf lange Sicht Zeit.

Administrative Werkzeuge zur Verwaltung von Benutzer-Accounts

Shell-Skripten zur Automatisierung des Prozesses zum Anlegen von Benutzer-Accounts sind auf Unix-Systemen seit langer Zeit üblich und die meisten Unix-Hersteller/Umgebungen stellen auch ein grafisches Utility für den gleichen Zweck zur Verfügung. Die letzteren Werkzeuge ermöglichen es Ihnen, Auswahlen aus Auswahllisten und Radio-Buttons zu treffen und Informationen in leere Felder einzugeben, um die verschiedenen Einstellungen des Benutzer-Accounts anzugeben.

Der Vorteil dieser Werkzeuge ist, dass sie sich für Sie an eine Menge der Schritte in diesem Vorgang erinnern. Sie fügen normalerweise Einträge an alle relevanten Account-Konfigurationsdateien hinzu (inklusive derer, die sich auf die erweiterte Sicherheit beziehen, wenn nötig) und sie überzeugen sich davon, dass die Einträge korrekt formatiert sind. Normalerweise erzeugen sie auch das Home-Verzeichnis des Benutzers, kopieren die Initialisierungsdateien dorthin und setzen die richtigen Eigentümer- und Zugriffsrechte. Die meisten dieser Werkzeuge sind sehr einfach zu benutzen, auch wenn sie manchmal langweilig und gelegentlich zeitraubend sind.

Aber alle diese Werkzeuge leiden unter dem gleichen Nachteil: Ihre Fähigkeiten enden normalerweise nach der Ausführung der Aktivitäten, die ich bereits aufgeführt habe. Ein paar davon führen eine oder zwei zusätzliche Aufgaben durch – das Hinzufügen des Benutzers zum Mail-System ist eine der häufigsten –, aber dies hinterlässt immer noch eine Menge, das zu tun ist. Die besten dieser Werkzeuge ermöglichen es Ihnen, die Aktivitäten anzupassen, die durchgeführt werden, ebenso wie die Standardwerte für die zur Verfügung stehenden Account-Einstellungen; leider mangelt es vielen der momentan zur Verfügung stehenden Verwaltungseinrichtungen für Unix-Benutzer-Accounts an ernsthaften Anpassungsmöglichkeiten.

Am besten setzen Sie diese Werkzeuge ein, indem Sie zuerst Standardwerte einrichten, die widerspiegeln, wie die Dinge auf Ihrem System durchgeführt werden, soweit dies das Werkzeug, das Sie ausgewählt haben, erlaubt. Wenn Sie so vorgehen, wird dies die Zeit minimieren, die nötig ist, um den Konfigurationsdateien einen neuen Benutzer-Account anzufügen. Schreiben Sie dann ein Skript, das Sie per Hand ausführen können, nachdem das Werkzeug seine Arbeit beendet hat, um den Rest der Schritte zu automatisieren, die nötig sind, um einen neuen Account vollständig einzurichten.

In diesem Abschnitt werden wir die wichtigsten und nützlichsten Kommandozeilen-Utilities und grafischen Einrichtungen zur Verwaltung von Benutzer-Accounts betrachten, die für die Unix-Systeme zur Verfügung stehen, die wir hier behandeln.

Kommandozeilen-Utilities

Die meisten Systeme stellen irgendetwas im Hinblick auf Kommandozeilen-Utilities zur Bearbeitung von Benutzer-Accounts und manchmal auch von Gruppen zur Verfügung. Beachten Sie, dass in den meisten Fällen die Benutzer-Passwörter immer noch unter Verwendung des Befehls passwd separat gesetzt werden müssen.

Der Befehl useradd: HP-UX, Linux, Solaris und Tru64

Drei Befehle zur Verwaltung von Benutzer-Accounts werden auf vielen Unix-Systemen zur Verfügung gestellt: useradd für das Hinzufügen neuer Accounts, usermod für das Ändern der Einstellungen von bestehenden Accounts und userdel zum Löschen von Benutzer-Accounts. HP-UX, Linux, Solaris und Tru64 unterstützen diese Befehle.

Der Befehl useradd besitzt zwei Modi: Definieren eines neuen Benutzers und Setzen systemweiter Standardeinstellungen. Standardmäßig fügt useradd dem System einen neuen Benutzer hinzu, wobei der gewünschte Benutzername als dessen letztes Argument angegeben wird. Weitere Attribute des Benutzer-Accounts werden durch die vielen Optionen von useradd angegeben, die in Tabelle 6-6 beschrieben werden.

Tabelle 6-6: Befehlsoptionen von useradd

Option	Bedeutung
-u *uid*	UID (standardmäßig die nächsthöhere noch nicht verwendete UID).
-g *gruppe*	Primäre Gruppe.
-G *Gruppen*	Kommaseparierte Liste der sekundären Gruppen.
-d *Verzeichnis*	Voller Pfadname des Home-Verzeichnisses (standardmäßig *aktuelles-basis-verzeichnis/benutzername*; das aktuelle Basis-Verzeichnis selbst wird über die Option -D von useradd angegeben und ist normalerweise auf */home* gesetzt). Tru64 liefert auch die Option -H zur Angabe der Basis für das Home-Verzeichnis, wenn ein neuer Benutzer-Account erzeugt wird.
-s *Shell*	Voller Pfad zur Login-Shell.
-c *Name*	Voller Name (Text des GECOS-Feldes).
-m	Erzeugt das Home-Verzeichnis des Benutzers und kopiert die Standardinitialisierungsdateien dorthin.
-k *Verzeichnis*	Skeleton-Verzeichnis, das Initialisierungsdateien enthält (standardmäßig auf */etc/skel* gesetzt); nur gültig mit -m. Wird von Tru64 nicht bereitgestellt.
-e *Datum*	Ablaufdatum des Accounts (Standard ist kein Ablaufdatum); Format: *jjjj-mm-tt*.
-f *n*	Anzahl der Tage, die der Account inaktiv sein kann, bevor er automatisch deaktiviert wird.
-p	Verlangt auf Tru64-Systemen einen Prompt für das Anfangspasswort des Benutzers. Auf Linux-Systemen benötigt diese Option das codierte Passwort als Parameter, was für Skripten hilfreich ist, in denen Sie Benutzer-Accounts aus einer Passwortdatei eines anderen Unix-Systems importieren; wird ansonsten aber nur wenig eingesetzt. Solaris und HP-UX liefern diese Option nicht mit.
-D	Setzt die Standardwerte für Optionen, die die Optionen -f, -e, -g und -b verwenden (die letzte Option ist auf Tru64-Systemen -d). Die Option -s könnte auch auf Linux-Systemen verwendet werden und die Option -x skel_dir=*Pfad* liefert unter Tru64 die gleiche Funktionalität.
-b *Verzeichnis*	Standard-Basis-Verzeichnis für Benutzer-Home-Verzeichnisse (zum Beispiel */home*); nur gültig mit -D. Tru64 verwendet für diese Funktion -d (ebenso für deren normale Rolle, wenn ein Benutzer-Account angelegt wird).

Hier ist der Befehl useradd, um die Benutzerin *chavez* anzulegen:

```
# useradd -g chem -G bio,phys -s /bin/tcsh -c "Rachel Chavez" -m chavez
```

Dieser Befehl generiert die Benutzerin *chavez*, erzeugt das Verzeichnis */home/chavez*, wenn es nicht schon existiert (der Pfadname des Home-Verzeichnisses ist die Verkettung des Basisverzeichnisses und des Benutzernamens), und kopiert Initialisierungsdateien von */etc/skel* in das neue Verzeichnis. Auch platziert er *chavez* in den Gruppen *chem*, *bio* und *phys* (die erste ist ihre primäre Gruppe). Ihre UID wird die nächste zur Verfügung stehende Zahl auf dem System sein.

Die Tru64-Version von useradd unterstützt unter Verwendung der Option -x noch das Setzen einiger erweiterter Attribute. Der folgende Befehl zum Beispiel setzt die gültigen Login-Stunden für die Benutzerin *chavez* an Wochentagen auf die normalen Geschäftsstunden:

```
# useradd normale Optionen -x logon_hours=Wk0900-1700 chavez
```

Setzen der Standardwerte von useradd. Die Option -D sagt useradd, dass es die systemweiten Standardwerte für verschiedene Account-Attribute setzen soll, die verwendet werden, wenn neue Benutzer angelegt werden. Der folgende Befehl zum Beispiel setzt die Standardgruppe auf *chem*, setzt das Basis-Verzeichnis auf */abode* und deaktiviert das Feature Account-Inaktivität.

```
# useradd -D -g chem -b /abode -f -1
```

Sie können sich die aktuellen Optionen anzeigen lassen, indem Sie useradd -D alleine ausführen oder indem Sie die Konfigurationsdatei */etc/default/useradd* des Befehls untersuchen; hier ist eine Beispieldatei:

```
GROUP=100
HOME=/home
INACTIVE=-1
EXPIRE=2005-01-01
SHELL=/bin/bash
SKEL=/etc/skel
```

Wenn es auch keine Befehlsoption gibt, um dies auszuführen, so können Sie den Standardspeicherort des Skeleton-Verzeichnisses ändern, indem Sie die SKEL-Zeile in der Datei bearbeiten.

Bearbeiten der Accounts mit usermod. Die aktuellen Attribute eines Benutzers könnten mit dem Befehl usermod geändert werden, der alle useradd-Optionen akzeptiert mit Ausnahme von -k. Die Optionen -d und -m beziehen sich jetzt auf das neue Home-Verzeichnis für den Benutzer (und -m benötigt jetzt -d). Zusätzlich unterstützt usermod eine Option -l, die verwendet wird, um den Benutzernamen für einen bestehenden Benutzer zu ändern. Der folgende Befehl zum Beispiel ändert den Benutzernamen von *chavez* auf *vasquez* und verschiebt dementsprechend ihr Home-Verzeichnis:

```
# usermod -m -l vasquez chavez
```

Zusätzlich zu diesen Befehlen könnten die normalen Befehle chsh und chfn, die für alle Benutzer zur Verfügung stehen, vom Superuser eingesetzt werden, um die Felder für die Login-Shell und die Benutzerinformation für einen Benutzer-Account schnell zu ändern – in dieser Reihenfolge (passwd -e und -g unter Solaris).

Auf einem Linux-System zum Beispiel ändern die folgenden Befehle die Login-Shell des Benutzers *harvey* auf die Korn-Shell und geben eine Vielzahl an Informationen an, die in dem Benutzer-Informationsfeld seines Eintrags in der Passwortdatei abgelegt werden sollen:

```
# chsh -s /bin/ksh harvey
# chfn -f "Harvey Thomas" -o 220 -p 555-9876 -h 555-1234 harvey
```

Der Passwortdateieintrag des Benutzers *harvey* sieht jetzt wie folgt aus:

```
harvey:x:500:502:Harvey Thomas,220,555-9876,555-1234:/home/harvey:/bin/ksh
```

Die verschiedenen Informationseinträge, die innerhalb des Benutzer-Informationsfeldes abgespeichert werden, sind durch Kommas getrennt.

> Es gibt keine bindende Konvention, wofür die verschiedenen Unterfelder des Benutzer-Informationsfeldes in der Passwortdatei verwendet werden sollten, und unterschiedliche Werkzeuge legen unterschiedliche Informationen darin ab. Dementsprechend variiert das Format des chfn-Befehls in unterschiedlichen Unix-Versionen und selbst innerhalb einzelner Versionen etwas. Das vorangegangene Beispiel stammte von einem Red Hat Linux-System; die SuSE Linux-Version des Befehls wäre:
>
> ```
> # chfn -f "Harvey Thomas" -r 220 -w 555-9876 \
>   -h 555-1234 harvey
> ```
>
> Auf die gleiche Weise teilen auch die GUI-Werkzeuge zur Verwaltung von Benutzer-Accounts dieses Feld unter Verwendung unterschiedlicher Systeme auf.

Entfernen von Accounts mit userdel. Der Befehl userdel wird verwendet, um einen Benutzer-Account zu entfernen. Der folgende Befehl zum Beispiel entfernt die Benutzerin *chavez* aus der Passwort- und der Shadow-Passwortdatei:

```
# userdel chavez
```

Die Option -r könnte hinzugefügt werden, um ihr Home-Verzeichnis und alle Dateien darin sowie den Account selbst zu entfernen.

Auf Tru64-Systemen versetzt userdel die Benutzer-Accounts standardmäßig in den Ruhestand. Sie müssen die Option -D verwenden, um sie tatsächlich zu löschen.

Befehle zur Verwaltung von Gruppen

Ähnlich könnten die Befehle groupadd und groupmod verwendet werden, um neue Gruppen einzurichten und zu bearbeiten (jedoch nicht deren Mitgliedschaften). Der folgende Befehl zum Beispiel fügt eine neue Gruppe namens *socio* hinzu:

```
# groupadd socio
```

Der neuen Gruppe wird die nächste verfügbare Benutzergruppenzahl GID zugewiesen (größer als 99); alternativ könnte eine bestimmte GID angegeben werden, indem die Option -g an den Befehl angefügt wird.

Der folgende Befehl benennt die Gruppe *bio* zu *biochem* um:

```
# groupmod -n biochem bio
```

Die GID einer Gruppe könnte ebenso mit der Option -g von groupmod geändert werden.

Schließlich können Sie unerwünschte Gruppen analog zu userdel mit dem Befehl groupdel entfernen, der als Argument den Namen der Gruppe entgegennimmt, die gelöscht werden

soll. Beachten Sie, dass Sie dieser Befehl keine Gruppe entfernen lässt, die irgendeinem
Benutzer-Account als primäre Gruppe dient.

Der Linux-Befehl gpasswd

Linux-Systeme stellen den Befehl gpasswd zur Verfügung, der zum Hinzufügen und Entfernen von Gruppenmitgliedern und zur Angabe von Gruppenadministratoren dient. Der folgende Befehl zum Beispiel fügt die Benutzerin *chavez* der Gruppe *drama* hinzu:

```
# gpasswd -a chavez drama
```

Auf ähnliche Weise kann die Option -d verwendet werden, um den Benutzer aus einer Gruppe zu entfernen.

Die Optionen -A und -M werden verwendet, um die Liste der Gruppenadministratoren und zusätzlichen Gruppenmitglieder (denen es erlaubt ist, newgrp zu verwenden) in der Gruppen-Shadow-Datei anzugeben. Der folgende Befehl zum Beispiel bestimmt die Benutzer *root* und *nielsen* als Gruppenadministratoren für die Gruppe *bio*:

```
# gpasswd -A root,nielsen bio
```

Die Liste der Benutzer, die als Argument zu jeglicher Option angegeben werden, ist kommasepariert und darf keine internen Leerzeichen enthalten. Beachten Sie, dass diese Optionen die aktuellen Einstellungen in */etc/gshadow* ersetzen; sie fügen keine zusätzlichen Benutzer an die bestehende Liste an.

Die Benutzer-Account-Utilities von FreeBSD

FreeBSD liefert den Befehl adduser zum Erstellen neuer Benutzer-Accounts. Er geht dabei so vor, dass er Sie zur Eingabe aller benötigten Informationen auffordert, so wie in diesem Beispiel, das einen Account für den Benutzer *zelda* anlegt:

```
# adduser -s
Enter username [a-z0-9_-]: zelda
Enter full name []: Zelda Zelinski
Enter shell csh ... ksh [tcsh]: Return
Enter home directory (full path) [/home/zelda]: Return
Uid [1021]: Return
Enter login class: default []: staff
Login group zelda [zelda]: Return
Login group is ``zelda''.
Invite zelda into other groups: chem phys bio no
[no]: chem
Enter password []: wird nicht angezeigt
Enter password again []: wird nicht angezeigt
Name:     zelda
Password: ****
Fullname: Zelda Zelinski
Uid:      1021
Gid:      1021 (zelda)
Class:    staff
Groups:   zelda chem
```

```
HOME:       /home/zelda
Shell:      /bin/tcsh
OK? (y/n) [y]: y
Add another user? (y/n) [y]: n
```

Die (stille) Option -s des Befehls liefert eine weniger geschwätzige Eingabesequenz. Das Gegenteil ist -v, das Sie zur Eingabe der Standardeinstellungen für diese Sitzung auffordert, bevor die Benutzer hinzugefügt werden:

```
# adduser -v
Enter your default shell: csh ... ksh no [sh]: tcsh
Your default shell is: tcsh -> /bin/tcsh
Enter your default HOME partition: [/home]: Return
Copy dotfiles from: /usr/share/skel no [/usr/share/skel]: Return
Send message from file: /etc/adduser.message no
[/etc/adduser.message]: Return
Use passwords (y/n) [y]: Return
...
```

Der wortreiche Modus fügt zusätzliche Eingabeaufforderungen für eine alternative Nachrichtendatei und einen zusätzlichen Nachrichtenempfänger ein und erlaubt es Ihnen, die Nachricht zu erzeugen, bevor sie verschickt wird. Die wortreiche/stille Einstellung für den Befehl ist »sticky«: Wenn keine Option angefügt wird, wird standardmäßig der letzte Wert verwendet, auf den sie gesetzt wurde.

Normalerweise generiert der Befehl adduser eine Mail-Nachricht für den neuen Benutzer, wenn der Account erzeugt wurde. Die Standardnachrichtenvorlage wird in */etc/adduser.message* abgelegt. Hier ist die Nachricht für unseren neuen Benutzer *zelda*:

```
To: zelda
Subject: Welcome
Zelda Zelinski,
your account ``zelda'' was created.
Have fun!
See also chpass(1), finger(1), passwd(1)
```

Ich bearbeite immer die Standard-Nachrichtendatei, um den Fehler mit der Großschreibung und den abscheulichen Anführungszeichen zu beheben. Dies ist ein Fall, bei dem ich mich nicht damit herumärgere, eine Kopie des Originals aufzubewahren!

Die Standardwerte von adduser werden in der Konfigurationsdatei */etc/adduser.conf* aufbewahrt. Hier ist ein Beispiel:

```
defaultpasswd = yes         Benötigt Passwörter.
dotdir = "/usr/share/skel"
send_message = "/etc/adduser.message"
logfile = "/var/log/adduser"
home = "/home"
path = ('/bin', '/usr/bin', '/usr/local/bin')
shellpref = ('csh', 'sh', 'bash', 'tcsh', 'ksh', 'no')
defaultshell = "tcsh"
defaultgroup = USER         Diese Einstellung aktiviert benutzereigene Gruppen.
defaultclass = "users"      Standard-Benutzerklasse (anfänglich leer).
uid_start = "1000"          Niedrigste zugewiesene UID.
```

Wie ich in dem Kommentar angemerkt habe, ist die Variable *defaultclass* ursprünglich nicht zugewiesen. Wenn Sie eine bestimmte Login-Klasse haben möchten, die neuen Accounts zugewiesen wird, werden Sie diesen Eintrag in der Konfigurationsdatei bearbeiten müssen (wie wir das oben getan haben). Benutzerklassen werden im Detail später in diesem Kapitel beschrieben.

Sie können auch einige dieser Punkte über die Optionen von adduser angeben, so wie in diesem Beispiel:

```
# adduser -dotdir /etc/skel -group chem -home /homes2 \
        -shell /usr/bin/tcsh -class users
```

Der Befehl chpass könnte verwendet werden, um bestehende Benutzer-Accounts zu bearbeiten. Wenn er aufgerufen wird, führt er Sie in ein Formular innerhalb eines Editors (der mit der Umgebungsvariable *EDITOR* ausgewählt wird), wo Sie die Account-Einstellungen bearbeiten können. Hier ist das Formular, das Sie bearbeiten werden:

```
#Changing user database information for zelda.
Login: zelda
Password: $1$dGoBvscW$kE7rMy8xCPnrBuxkw//QHO
Uid [#]: 1021
Gid [# or name]: 1021
Change [month day year]: January 1, 2002      Aktuellste Änderung des Passworts.
Expire [month day year]: December 31, 2005    Ablaufdatum des Accounts.
Class: staff
Home directory: /home/zelda
Shell: /bin/tcsh
Full Name: Zelda Zelinski
Office Location:                              Zusätzliche (optionale) GECOS-Unterfelder.
Office Phone:
Home Phone:
Other information:
```

Vergessen Sie nicht, nur die Einstellungsdaten zu bearbeiten und die allgemeine Struktur des Formulars intakt zu lassen.

Der Befehl rmuser könnte verwendet werden, um einen Benutzer-Account zu entfernen, so wie in diesem Beispiel:

```
# rmuser zelda
Matching password entry:
zelda:*:1021:1021:staff:0:0:Zelda Zelinski:/home/zelda:/bin/tcsh
Is this the entry you wish to remove? y
Remove user's home directory (/home/zelda)? y
```

Der Befehl entfernt auch die zu den Benutzern gehörenden Dateien aus den verschiedenen temporären Verzeichnissen des Systems.

Die Benutzer-Account-Utilities von AIX

AIX stellt die Befehle mkuser, chuser und rmuser zum Erzeugen, Bearbeiten und Löschen von Benutzer-Accounts zur Verfügung – in dieser Reihenfolge. Deren Syntax ist jedoch so geschwätzig, dass es normalerweise viel einfacher ist, das SMIT-Werkzeug zu verwenden, wenn Benutzer interaktiv hinzugefügt werden.

Der Befehl mkuser benötigt eine Reihe von *Attribut=Wert*-Paaren, die die Eigenschaften des Accounts angeben, zuletzt gefolgt von dem Benutzernamen. Hier ist ein Beispiel für die Verwendung von mkuser, um einen neuen Benutzer-Account anzufügen:

```
# mkuser home=/home/chavez gecos="Rachel Chavez" pgrp=chem chavez
```

Für die Standardfelder der Passwortdatei erlauben wir es mkuser, die UID auszuwählen und die Standard-Shell zuzuweisen. mkuser verwendet die Einstellungen in */usr/lib/security/mkuser.default* für die grundlegenden Standardwerte der Account-Attribute, so wie in dieser Beispieldatei:

```
user:
        pgrp = staff
        groups = staff
        shell = /usr/bin/ksh
        home = /home/$USER
admin:
        pgrp = system
        groups = system
        shell = /usr/bin/ksh
        home = /home/$USER
```

Die beiden Abschnitte geben die Standardwerte für normale beziehungsweise administrative Benutzer an. Sie erzeugen einen administrativen Benutzer, indem Sie die Option -a beim Befehl mkuser mit angeben oder indem Sie das Attribut *admin=true* entweder bei mkuser oder chuser mit angeben.

Tabelle 6-7 führt die nützlichsten Account-Attribute auf, die mit mkuser und chuser angegeben werden können. Passwortbezogene Attribute werden weggelassen; sie werden später in diesem Kapitel behandelt.

Tabelle 6-7: Benutzer-Account-Attribute unter AIX

Attribut	Bedeutung
id=*UID*	UID
prgp=*Gruppe*	Primäre Gruppe
groups=*Liste*	Gruppenmitgliedschaften (sollte die primäre Gruppe enthalten)
gecos="*Voller Name*"	Eintrag im GECOS-Feld
shell=*Pfad*	Login-Shell
home=*Pfad*	Home-Verzeichnis
login=*true/false*	Gibt an, ob lokale Logins erlaubt sind
rlogin=*true/false*	Gibt an, ob entfernte Logins erlaubt sind
daemon=*true/false*	Gibt an, ob der Benutzer cron oder SRC verwenden kann
logintimes=*Liste*	Gültige Login-Zeiten
ttys=*Liste*	Gültige tty-Orte
loginretries=*n*	Anzahl der Login-Fehler, nach denen der Account gesperrt wird
expire=*Datum*	Ablaufdatum des Accounts
su=*true/false*	Gibt an, ob andere Benutzer su auf diesen Account anwenden können

Tabelle 6-7: Benutzer-Account-Attribute unter AIX (Fortsetzung)

Attribut	Bedeutung
sugroups=*Liste*	Gruppen, denen es erlaubt ist, su auf diesen Account anzuwenden
admin=*true/false*	Gibt an, ob der Account ein administrativer Account ist
admgroups=*Liste*	Gruppen, die diesen Account administrieren
umask=*Maske*	Umask-Anfangswert
usrenv=*Liste*	Liste der Umgebungsvariablenzuweisungen (im Kontext normaler Benutzer)
sysenv=*Liste*	Liste der Umgebungsvariablenzuweisungen (im Kontext administrativer Benutzer)

Der Befehl mkuser führt das Skript *mkuser.sys* in */usr/lib/security* als Teil seines Prozesses zur Generierung des Accounts aus. Dem Skript werden vier Argumente übergeben: das Home-Verzeichnis, der Benutzername, die Gruppe und die Shell für den neuen Benutzer-Account.

Dieses Skript dient dazu, das Home-Verzeichnis des Benutzers zu erstellen und eine oder beide der Dateien */etc/security/.profile* und der intern erzeugten *.login* dorthin zu kopieren. Hier ist die *.login*-Datei, die das Skript erzeugt:

```
#!/bin/csh
set path = ( /usr/bin /etc /usr/sbin /usr/ucb $HOME/bin ... )
setenv MAIL "/var/spool/mail/$LOGNAME"
setenv MAILMSG "[YOU HAVE NEW MAIL]"
if ( -f "$MAIL" && ! -z "$MAIL") then
      echo "$MAILMSG"
endif
```

Sie entspricht der Standarddatei *.profile*.

Wenn gewünscht, können Sie dieses Skript modifizieren oder ersetzen, um mehr und/oder andere Aktivitäten durchzuführen. Sie könnten zum Beispiel das if-Statement so ersetzen, das es Initialisierungsdateien kopiert (die Befehle verwenden ein Standard-Skeleton-Dateiverzeichnis):

```
if [ -d /etc/skel ]; then
    for f in .profile .login .logout .cshrc .kshrc; do
        if [ -f /etc/skel/$f ] && [ ! -f $1/$f ]; then
            cp /etc/skel/$f $1
            chmod u+rwx,go-w $1/$f
            chown $2 $1/$f
            chgrp $3 $1/$f
        fi
    done
fi
```

Diese Befehle stellen sicher, dass das Skeleton-Verzeichnis und die Dateien darin existieren, bevor sie versuchen diese zu kopieren. Sie achten auch darauf, bestehende Dateien nicht zu überschreiben.

Da */usr/lib/security* während eines Betriebssystem-Upgrades überschrieben werden könnte, müssen Sie eine Kopie der neuen Version von *mkuser.sys* sichern, wenn Sie diese bearbeiten.

Entfernen von Benutzer-Accounts. Der Befehl `rmuser` entfernt einen Benutzer-Account. Fügen Sie die Option `-p` an, um die entsprechenden Abschnitte aus allen Account-Konfigurationsdateien zu entfernen anstatt nur aus der Passwortdatei. Der folgende Befehl zum Beispiel entfernt alle Einstellungen für die Benutzerin *chavez*:

```
# rmuser -p chavez
```

Utilities für die Verwaltung von Gruppen. Die Befehle `mkgroup`, `chgroup` und `rmgroup` könnten verwendet werden, um Gruppen unter AIX hinzuzufügen, zu bearbeiten oder zu entfernen. Wieder einmal ist die Schnittstelle SMIT zumindest genauso nützlich wie die rohen Befehle, auch wenn diese manchmal praktisch sind. Der folgende Befehl zum Beispiel erzeugt eine neue Gruppe namens *webart* und weist ihr Benutzer zu (über die sekundäre Mitgliedschaft):

```
# mkgroup users=lasala,yale,cox,dubail  webart
```

Grafische Benutzer-Account-Manager

Mit Ausnahme von FreeBSD liefern alle Unix-Varianten, die wir hier betrachten, irgendeine Art von grafischem Werkzeug für die Verwaltung von Benutzer-Accounts. Einige von ihnen, vor allem Linux, bieten mehrere Werkzeuge. Wir werden die nützlichsten davon für jedes Betriebssystem betrachten.

Verwalten von Benutzern mit SMIT unter AIX

Abbildung 6-1 stellt die SMIT-Benutzerverwaltungseinrichtung dar. Das Dialogfenster auf der linken Seite (und hinten) zeigt das Untermenü SECURITY AND USERS und das Dialogfenster auf der rechten Seite zeigt den Dialog der Benutzer-Account-Attribute. In diesem Fall fügen wir einen neuen Benutzer hinzu, allerdings handelt es sich bei dem Dialog um den gleichen wie beim Bearbeiten eines Benutzer-Accounts. Die verschiedenen Felder in dem Dialog entsprechen den Feldern innerhalb der Passwortdatei und der verschiedenen sekundären Account-Konfigurationsdateien innerhalb von */etc/security*.

Die SMIT-Einrichtung dient als Benutzeroberfläche für `mkuser` und verwandte Befehle, die wir schon früher betrachtet haben, und es ist ziemlich offensichtlich, welche Attribute den verschiedenen Dialogfeldern entsprechen. SMIT verwendet auch die gleichen Standardwerte wie `mkuser`.

Verwalten von Benutzern mit SAM unter HP-UX

Abbildung 6-2 stellt die SAM-Benutzerverwaltungseinrichtung auf HP-UX-Systemen dar. Das Dialogfenster auf der linken Seite zeigt die Punkte, die zur Verfügung stehen, wenn der Punkt ACCOUNTS FOR USERS AND GROUPS im Hauptfenster von SAM ausgewählt wird. Das Dialogfenster auf der linken oberen Seite wird verwendet, um Zugang zu den Benutzer-Account-Attributen zu erhalten, wenn ein Benutzer hinzugefügt oder bearbeitet wird (wir machen hier Letzteres). Dessen Felder entsprechen den üblichen Einträgen in der Passwortdatei.

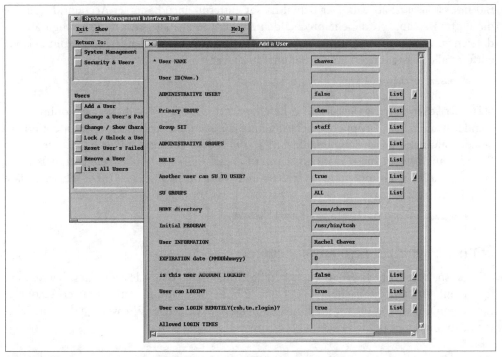

Abbildung 6-1: Benutzer-Account-Verwaltung mit SMIT

Das Dialogfenster am unteren Rand der Abbildung erscheint, wenn auf die Schaltfläche MODIFY PASSWORD OPTIONS im Benutzer-Account-Hauptfenster geklickt wurde. Wir werden dessen Inhalte später in diesem Kapitel betrachten.

Sie können die Vorgänge zur Erstellung und Entfernung von Benutzer-Accounts über den Menüpfad ACTIONS → TASK CUSTOMIZATION aus dem Haupt-Benutzer-Account-Fenster heraus anpassen. Dies erzeugt ein Dialogfenster, in dem Sie die Pfade zu Skripten eingeben können, die vor und nach dem Erstellen oder Entfernen eines Benutzer-Accounts ausgeführt werden sollen. SAM muss der volle Pfadname für das Programm übergeben werden, *root* muss im Besitz davon sein, es muss einen Modus von entweder 500 oder 700 haben – mit anderen Worten: kein Zugriff für eine Gruppe oder andere und kein Schreibzugriff außer für *root* – und jedes Verzeichnis in seinem Pfadnamen darf nur für *root* schreibbar sein. (All dies sind auch allgemein ausgezeichnete Sicherheitsvorkehrungen für Systemprogramme und -skripten, die Sie erstellen.)

Die Programme werden wie folgt aufgerufen:

```
prog_name -l login -u uid -h home_verz -g gruppe -s shell -p passwort \
          -R real_name -L buero -H tel_privat -O tel_buero
```

SAM ermöglicht es Ihnen auch, Benutzer-Templates (Vorlagen) zu definieren: benannte Sätze an Benutzer-Account-Einstellungen, die den Vorgang zur Erstellung eines Accounts anpassen und beschleunigen können. Das Untermenü ACTIONS → USER TEMPLATES

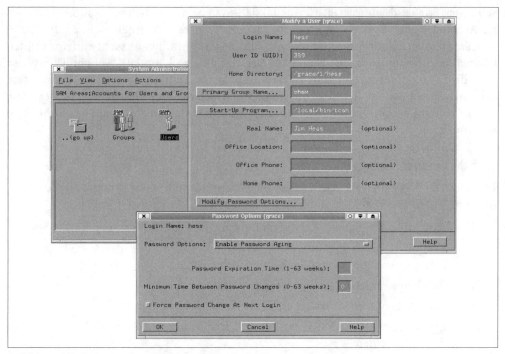

Abbildung 6-2: Benutzer-Account-Verwaltung mit SAM

erlaubt es, Vorlagen zu erzeugen, zu bearbeiten und zu aktivieren. Wenn Sie eine Vorlage definieren oder bearbeiten, verwenden Sie Dialoge, die im Wesentlichen identisch mit denjenigen sind, die für normale Benutzer-Accounts verwendet werden.

Wählen Sie den Menüpunkt ACTIONS → USER TEMPLATES → SELECT, um eine Vorlage zu aktivieren (indem Sie die gewünschte Vorlage aus dem Dialog auswählen, das darauf folgt). Sobald dies gemacht wurde, werden die Standardeinstellungen der Vorlage für alle neuen Benutzer-Accounts verwendet, die in dieser SAM-Sitzung angelegt werden, und zwar so lange, bis die Vorlage geändert oder abgewählt wird.

Standardeinstellungen für Benutzer-Accounts, die ohne eine Vorlage erstellt werden, stammen aus der Datei */usr/sam/lib/C/ug.ui*. Durchsuchen Sie die Datei nach der Zeichenkette »default«; es sollte offensichtlich sein, welche die Standardeinstellungen für Account-Attribute setzen. Sie können diese mit einem Texteditor ändern und die neuen Werte werden dann in Kraft treten, wenn Sie SAM das nächste Mal ausführen. Beachten Sie, dass einige Standardeinstellungen (zum Beispiel das Basis-Home-Verzeichnis) innerhalb der Datei mehr als einmal auftauchen. Offensichtlich müssen Sie vorsichtig sein, wenn Sie diese Datei bearbeiten. Kopieren Sie das Original, bevor Sie es bearbeiten, damit Sie eine Möglichkeit zur Wiederherstellung haben, sollte etwas schief gehen.

Account- und Dateiausschlüsse unter HP-UX. Auf HP-UX-Systemen erlaubt es Ihnen SAM, Benutzer-Accounts und Dateien anzugeben, die es niemals entfernen sollte. Die Datei */etc/sam/rmuser.excl* führt Benutzernamen auf, die aus SAM heraus nicht entfernt werden können (auch wenn sie in den Ruhestand versetzt werden könnten). Auf ähnliche Weise führt die Datei *rmfiles.excl* im selben Verzeichnis Dateien auf, die niemals aus dem System entfernt werden sollten, selbst dann nicht, wenn der Account des Benutzers, der diese besitzt, entfernt wurde. Natürlich haben diese Einschränkungen außerhalb von SAM keine Bedeutung.

Grafische Benutzer-Manager unter Linux

Es gibt eine Überfülle an Auswahlmöglichkeiten für die Verwaltung von Benutzer-Accounts auf Linux-Systemen, unter anderem folgende:

- Die Einrichtung Linuxconf, ein distributionsunabhängiges Werkzeug für die Systemadministration
- Das Benutzer-Account-Modul der Ximian Setup Tools
- Der KDE-Benutzer-Manager
- Der Red Hat-Benutzer-Verwalter auf Red Hat Linux-Systemen
- Das menübasierte Utility YaST und der grafische Benutzer-Account-Editor YaST2 auf SuSE Linux-Systemen

Wir werden uns drei davon ansehen: Linuxconf sowie den KDE- und den Red Hat-Benutzer-Manager.

Verwalten von Benutzern mit Linuxconf. Das Linuxconf-Paket ist ein grafisches Werkzeug für die Systemadministration, das speziell für Linux entwickelt wurde und standardmäßig auf einigen Red Hat-Systemen zur Verfügung steht. Es enthält ein Modul zur Verwaltung von Benutzer-Accounts, auf das über den Haupt-Navigationsbaum von Linuxconf zugegriffen werden kann oder das separat und direkt durch Eingabe des Befehls userconf ausgeführt werden kann. Sobald Sie einen Benutzer auswählen, wird das Dialogfenster BENUTZERINFORMATION angezeigt (siehe Abbildung 6-3).

Die Reiterkarte GRUNDINFORMATION ermöglicht es Ihnen, Informationen in die üblichen Passwortdateifelder einzugeben; Sie könnten aus vordefinierten Listen von Gruppen und Login-Shells auswählen, um diese Felder anzugeben. Das Feld BENUTZER ID ist optional; wenn es leer gelassen wird, weist Linuxconf einem neuen Benutzer-Account die nächste verfügbare UID-Nummer zu. Ein Benutzer-Account könnte auch deaktiviert werden, indem die Checkbox am oberen Ende des Formulars abgewählt wird.

Auf Red Hat-Systemen erzeugt dieses Werkzeug automatisch eine benutzereigene Gruppe, wenn ein neuer Benutzer-Account hinzugefügt wird. Es erstellt auch automatisch das Home-Verzeichnis des Benutzers und bevölkert es mit den Dateien aus */etc/skel*. Wir werden das Vorgehen zur Modifikation des Standardverhaltens dieses Werkzeugs später in diesem Abschnitt behandeln.

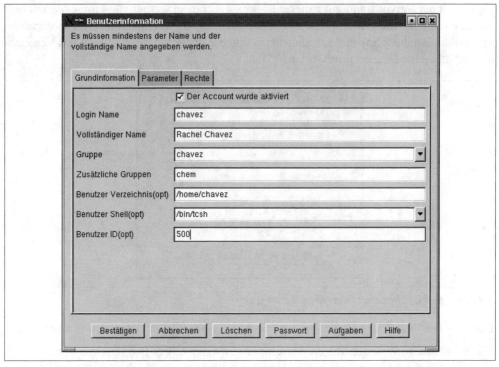

Abbildung 6-3: Verwalten von Benutzer-Accounts mit Linuxconf

Die Reiterkarte PARAMETER enthält Einstellungen, die sich auf das Passwort-Aging beziehen, und wir werden sie später in diesem Kapitel betrachten. Die letzte Reiterkarte ganz rechts, RECHTE, enthält Einstellungen, die sich auf die Möglichkeiten des Benutzers beziehen, das Werkzeug Linuxconf für Aufgaben der Systemadministration einzusetzen (wird in »Rollenbasierte Zugriffskontrolle« in Kapitel 7 behandelt).

Sobald Sie damit fertig sind, einen Benutzer-Account einzugeben oder zu bearbeiten, verwenden Sie die Schaltflächen am unteren Ende des Dialogfeldes, um den Vorgang abzuschließen. Die Schaltfläche BESTÄTIGEN bestätigt das Hinzufügen oder die Veränderung und die Schaltfläche ABBRECHEN verwirft diese. Die Schaltfläche PASSWORT könnte verwendet werden, um das Passwort des Benutzers zu setzen oder zu ändern, und die Schaltfläche LÖSCHEN löscht den aktuellen Benutzer-Account.

Das Löschen eines Benutzer-Accounts findet über das Dialogfenster in Abbildung 6-4 statt. Es bittet Sie darum, den Vorgang zu bestätigen, und ermöglicht Ihnen anzugeben, wie mit dem Home-Verzeichnis des Benutzers verfahren werden soll. Die erste Möglichkeit (Archiviere die Daten des Accounts) kopiert das Home-Verzeichnis in eine komprimierte tar-Datei, zum Beispiel in */home/oldaccounts*, mit einem Namen wie zum Beispiel *gomez-2002-04-02-12061.tar.gz*, wobei die ersten fünf Bestandteile mit dem Benutzernamen, Jahr, Monat, Tag und der Zeit ausgefüllt werden; das Unterverzeichnis *oldaccounts* wird im momentanen Standardspeicherort der Home-Verzeichnisse von Linuxconf abgelegt. Nach der Vervollständigung dieser Backup-Operation werden das Home-Verzeichnis und alle seine Inhalte gelöscht. Die zweite Möglichkeit löscht einfach das Home-Verzeichnis und die Inhalte, ohne diese zu speichern, und die dritte Möglichkeit lässt das Verzeichnis und alle seine Dateien unverändert.

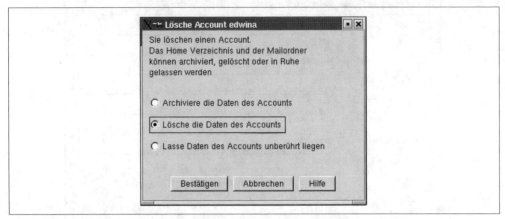

Abbildung 6-4: Löschen eines Benutzers mit Linuxconf

Linuxconf stellt ähnliche Einrichtungen für die Verwaltung von Gruppen zur Verfügung.

Die Standardeinstellungen für die verschiedenen Aspekte der Benutzer-Account-Verwaltung mit Linuxconf können über den Menüpfad VERWALTUNG → BENUTZER → REGELN → PASSWORT- UND ACCOUNTREGELN angegeben werden. Das resultierende Dialogfenster wird in Abbildung 6-5 dargestellt.

Die einsame Checkbox in dem Dialogfenster gibt an, ob benutzereigene Gruppen im Einsatz sind. Die nächsten beiden Felder geben das Basisverzeichnis und den Modus für die Standardzugriffsrechte für das Home-Verzeichnis des Benutzers an. Die vier Felder auf der Reiterkarte Scripts geben Skripten an, die ausgeführt werden sollen, wenn verschiedene Aktionen durchgeführt werden. Standardmäßig sind die ersten beiden dieser Felder ausgefüllt und enthalten die Pfade auf die Skripten, die Linuxconf einsetzt, wenn ein Benutzer-Account gelöscht wird: das erste Feld (Account-Lösch-Befehl) gibt das Skript an, das verwendet wird, wenn ein Benutzer-Account und das Home-Verzeichnis einfach gelöscht werden, und das zweite (Account-Archivierungs-Befehl) gibt das Skript an, das verwendet wird, um das Home-Verzeichnis eines Benutzers zu archivieren und dann den Benutzer-Account zu löschen.

Ich empfehle nicht, eines dieser Skripten zu bearbeiten oder zu ersetzen – auch wenn deren Untersuchung lehrreich sein kann. Verwenden Sie stattdessen die nächsten beiden Felder, um zusätzliche Skripten anzugeben, die ausgeführt werden sollen, wenn Accounts erstellt und gelöscht werden. Beachten Sie, dass das Skript zum Erstellen eines Accounts ausgeführt wird, nachdem Linuxconf seine normalen Operationen beendet hat, und dass das Skript zum Löschen eines Accounts ausgeführt wird, bevor Linuxconf seine Löschoperationen auf den Account durchgeführt hat.

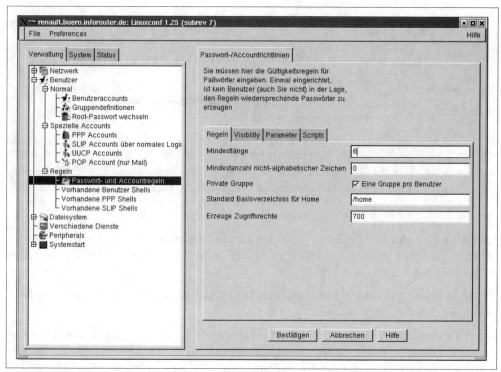

Abbildung 6-5: Angaben von Account-Standardeinstellungen mit Linuxconf

Die übrigen Einstellungen in diesem Dialogfenster beziehen sich auf das Passwort-Aging und wir werden sie später in diesem Kapitel betrachten.

Der KDE-Benutzer-Manager. Der KDE-Benutzer-Manager (geschrieben von Denis Perchine) ist Teil der KDE-Desktop-Umgebung. Sie starten diese Einrichtung, indem Sie den Menüpfad SYSTEM → USER MANAGER im KDE-Hauptmenü auswählen oder indem Sie den Befehl kuser ausführen. Abbildung 6-6 stellt das Fenster der Einrichtung mit den Benutzer-Account-Eigenschaften dar.

Die Reiterkarte BENUTZERINFORMATION (in der Abbildung auf der linken Seite) wird verwendet, um sowohl die üblichen Felder der Passwortdatei zu setzen als auch das Passwort selbst. Der hervorgehobene Teil erscheint nur, wenn ein neuer Benutzer-Account hinzugefügt wird, und er ermöglicht es Ihnen, optional das Home-Verzeichnis des Benutzers unter */home* zu erstellen, die Dateien aus dem Skeleton-Verzeichnis (*/etc/skel*) zu kopieren und eine benutzereigene Gruppe für den Benutzer-Account zu erzeugen. Wie Sie sehen können, liefert das Werkzeug auch eine Interpretation der verschiedenen optionalen Felder des GECOS-Feldes.

Die Reiterkarte GRUPPEN zeigt die primären und sekundären Gruppenmitgliedschaften des Benutzers an.

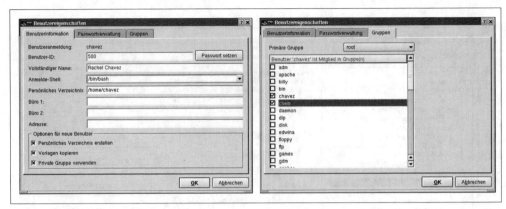

Abbildung 6-6: Der KDE-Benutzer-Manager

Die dritte Reiterkarte in diesem Dialogfenster, gekennzeichnet mit PASSWORTVERWAL-TUNG, befasst sich mit den Einstellungen des Passwort-Aging. Wir werden sie uns später in diesem Kapitel ansehen.

Der KDE-Benutzer-Manager liefert auch ähnliche Dialogfenster für das Hinzufügen, Bearbeiten und Löschen von Gruppen.

Der KDE-Benutzer-Manager besitzt eine Reiterkarte BENUTZER (erreichbar über den Menüpfad EINSTELLUNGEN → KUSER EINRICHTEN ...), die es Ihnen ermöglicht, ein anderes Standardbasisverzeichnis für das Home-Verzeichnis und eine andere Standard-Login-Shell anzugeben. Außerdem können Sie festlegen, ob das Home-Verzeichnis automatisch erstellt und/oder die Dateien aus */etc/skel* kopiert werden sollen. Sie gibt auch an, ob das System der benutzereigenen Gruppen verwendet werden soll.

Der Red Hat-Benutzer-Manager. Red Hat Linux liefert sein eigenes Utility für die Benutzerverwaltung (zu sehen in Abbildung 6-7). Sie können es aus den Menüs der KDE- und Gnome-Desktops aufrufen sowie mit dem Befehl redhat-config-users.

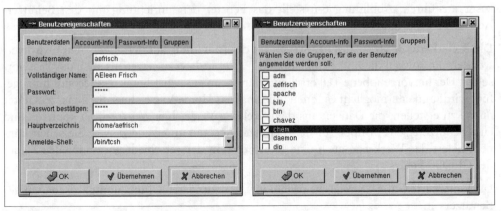

Abbildung 6-7: Der Red Hat-Benutzer-Manager

Das Dialogfenster BENUTZEREIGENSCHAFTEN dieses Werkzeugs enthält vier Reiterkarten. Die Reiterkarte BENUTZERDATEN (wird auf der linken Seite der Abbildung angezeigt) hält die üblichen Felder des Eintrags in der Passwortdatei vor. Die Reiterkarte GRUPPEN (in der Abbildung auf der rechten Seite) führt die Gruppen auf, in denen der Benutzer Mitglied ist. Beachten Sie, dass die primäre Gruppe nicht angezeigt wird, da immer benutzereigene Gruppen eingesetzt werden und deshalb der Name der primären Gruppe immer dem Namen des Benutzer-Accounts entspricht.

Die Reiterkarte ACCOUNT-INFO zeigt Informationen darüber an, ob der Benutzer-Account gesperrt ist, sowie alle Ablaufdaten des Accounts, die zugewiesen wurden. Die Reiterkarte PASSWORT-INFO zeigt die Daten zur Lebensdauer des Passworts an (wie wir noch sehen werden).

GUI-Werkzeuge von Solaris zur Verwaltung von Benutzer-Accounts

Auf Solaris-Systemen könnte die Sun Management Console verwendet werden, um Benutzer-Accounts zu administrieren. Auf das entsprechende Modul kann über den Menüpfad INFRASTRUCTURE → ADMINSUITE zugegriffen werden (und nicht über die anscheinend offensichtlichere letzte Option des Hauptmenüs). Es wird in Abbildung 6-8 dargestellt.

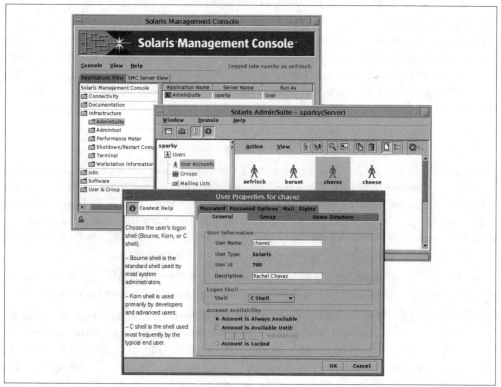

Abbildung 6-8: Der Solaris AdminSuite-Benutzer-Manager

Das untere Dialogfenster der Abbildung stellt die Benutzeroberfläche für die Bearbeitung eines bestimmten Benutzer-Accounts dar. Die Reiterkarte GENERAL (ist abgebildet) hält einige der üblichen Informationen der Passwortdatei vor sowie Einstellungen zur Sperrung und zum Ablaufdatum des Accounts. Die anderen Reiterkarten sind GROUP (Gruppenmitgliedschaften), HOME DIRECTORY (gibt den Server und das Verzeichnis des Home-Verzeichnisses an, ob es automatisch eingebunden werden soll, sowie seine Zugriffsberechtigungen für den gemeinsamen Zugriff), PASSWORD (erlaubt es Ihnen, ein Passwort zu setzen und eine Passwortänderung zu erzwingen), PASSWORD OPTIONS (Einstellungen für das Passwort-Aging, wird später in diesem Kapitel behandelt), MAIL (Informationen über den E-Mail-Account) und RIGHTS (zugewiesene Rollen, wird in »Rollenbasierte Zugriffskontrolle« in Kapitel 7 behandelt).

Verwalten von Benutzer-Accounts mit dxaccounts unter Tru64

Der Tru64-Befehl dxaccounts startet die Einrichtung für die Benutzer-Account-Verwaltung. Sie könnte auch über sysman erreicht werden. Sie wird in Abbildung 6-9 dargestellt.

Das Fenster am oberen Ende der Abbildung zeigt Icons für die Benutzer-Accounts an. Die Schaltflächen unterhalb der Menüleiste können verwendet werden, um verschiedene Operationen auf dem ausgewählten Account durchzuführen.

Das Fenster am unteren Ende der Abbildung zeigt das Hauptdialogfenster für den Benutzer-Account (in diesem Fall bearbeiten wir einen Benutzer-Account). Es enthält die gewohnten Felder der Passwortdatei sowie Schaltflächen, die verwendet werden könnten, um sekundäre Gruppenmitgliedschaften und ein Passwort zuzuweisen. Die Checkboxen im unteren Abschnitt des Dialogfensters erlauben es Ihnen, den Speicherort des Home-Verzeichnisses des Benutzers zu ändern und den Account zu sperren und zu entsperren.

Die Schaltfläche SECURITY ist nur dann vorhanden, wenn die erweiterte Sicherheit auf dem System aktiviert ist. Wir werden ihre Verwendung später behandeln.

Der Menüpfad OPTIONS → GENERAL aus dem Fenster mit den Benutzer-Icons erlaubt es Ihnen, Standardeinstellungen für neue Benutzer-Accounts anzugeben. Seine Auswahl führt zu dem Dialogfenster, das in Abbildung 6-10 gezeigt wird. Es erlaubt Ihnen folgende Einstellungen: minimale und maximale Benutzer- und Gruppen-IDs, die Standardeinstellung für die primäre Gruppe, die Basis des Home-Verzeichnisses, Speicherorte der Shell und des Skeleton-Verzeichnisses sowie mehrere andere Einstellungen.

Tatsächlich werden diese Standardeinstellungen in der Datei *$HOME/.sysman/Account_defaults* abgelegt. Sie können sie oft schneller einrichten, wenn Sie diese Datei bearbeiten.

Der Tru64-Account-Manager erlaubt es Ihnen auch, Vorlagen für Benutzer-Accounts zu definieren: benannte Gruppen von Account-Einstellungen, die als Standardwerte verwendet werden können, wenn neue Accounts erstellt werden, und die auch auf bestehende Accounts als Einstellungsgruppe angewandt werden könnten. Sie können sich die vorhandenen Vorlagen über den Menüpfad VIEW → LOCAL TEMPLATES aus dem Hauptfenster heraus ansehen (dargestellt in Abbildung 6-11).

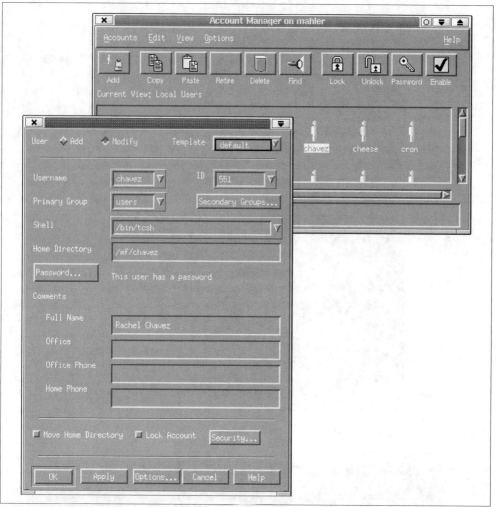

Abbildung 6-9: Der Tru64-Account-Manager

Wenn Sie eine Vorlage erstellen oder bearbeiten, können Sie Dialogfenster verwenden, die im Wesentlichen identisch mit denen sind, die in dem Security-Abschnitt für einzelne Benutzer-Accounts eingesetzt werden.

Vorlagen werden über das Pull-down-Menü Template in der oberen rechten Seite des Hauptdialogfensters für Benutzer-Accounts ausgewählt und angewandt (siehe Abbildung 6-9). Bei neuen Accounts füllt das Auswählen einer Vorlage die verschiedenen Felder in dem Dialogfenster mit den Werten aus der Vorlage aus. Wenn Sie die Vorlage für einen bestehenden Account ändern oder einfach die gleiche Vorlage noch einmal auswählen, dann wenden Sie dessen aktuelle Einstellungen auf den aktuellen Account an.

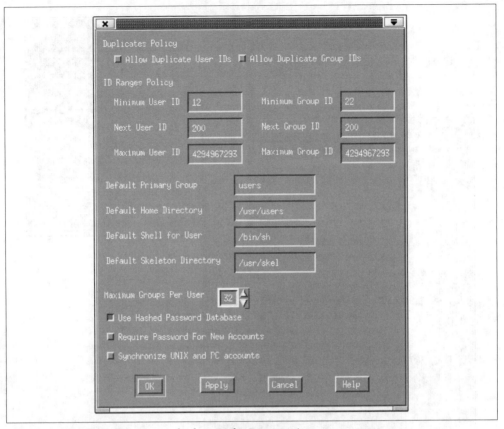

Abbildung 6-10: Einstellen von Standardwerten für Benutzer-Accounts

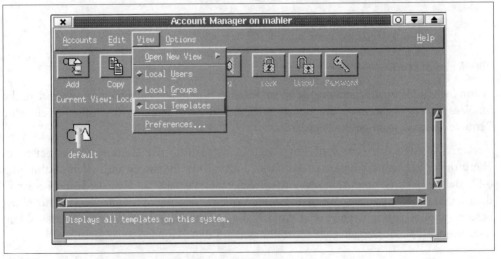

Abbildung 6-11: Tru64-Benutzer-Account-Vorlagen

Automatisierung, die Sie selbst durchführen müssen

Wie wir bereits angemerkt haben, führen momentan selbst die am besten ausgestatteten automatisierten Werkzeuge für die Account-Erstellung nicht alles aus, was getan werden muss, um einen Account für einen neuen Benutzer vollständig vorzubereiten. Sie können jedoch selbst ein Skript erstellen, um all das auszuführen, was das Werkzeug für die Account-Erstellung, das Sie ausgewählt haben, weglässt, und die Zeit, die Sie darauf verwenden, wird ohne Zweifel durch die erhöhte Effizienz und die verringerte Frustration, mit der Sie danach neue Benutzer hinzufügen, wieder mehr als wettgemacht.

Das Folgende ist ein Ansatz für ein solches Skript (entwickelt für ein Linux-System, kann aber einfach auf andere Systeme angepasst werden). Es erwartet als erstes Argument einen Benutzernamen und nimmt dann eine von mehreren Optionen entgegen, führt jede Option der Reihe nach aus und ignoriert diejenigen, die es nicht kennt. Aus Platzgründen enthält dieser Ansatz nur eine minimale Fehlerüberprüfung (allerdings führt er auch keine besonders riskanten Dinge aus):

```sh
#!/bin/sh
# local_add_user - schließt den Erstellungsvorgang eines Accounts ab
if [ $# -eq 0 ]; then              # kein Benutzername
  exit
fi
do_mail=1                          # schickt Mail, bis ihm gesagt wird, es nicht zu tun
user=$1; shift                     # speichert den Benutzernamen
/usr/bin/chage -d 0 $user          # erzwingt Passwortänderung
while [ $# -gt 0 ]; do             # Schleife über die Optionen
  case $1 in                       # bearbeitet jede Option
    "-m")                          # keine Mail versenden
        do_mail=0
        ;;
    "-q")                          # schaltet Disk-Quotas an
        (cd /chem; /usr/sbin/edquota -p proto $user)
        ;;
    "-p")                          # aktiviert die Verwendung von LPRng-Druckern
        # sicherstellen, dass es einen gültigen lokalen Druckergruppennamen gibt
        if [ $# -gt 1 ]; then
            val=`/usr/bin/grep -c "ACCEPT .* GROUP=$2" /etc/lpd.perms`
            if [ $val -gt 0 ]; then
              # Fügt den Benutzer zu dieser Druckergruppe hinzu
              /usr/bin/gpasswd -a $user $2
            else
              /bin/echo "Ungueltiger Druckergruppenname: $2"
            fi
            shift                  # frisst den Druckernamen
        else
            /bin/echo "Sie muessen mit -p einen Druckergruppennamen angeben"
        fi
        ;;
    "-g")                          # richtet ein Anwendungsprogramm ein
        /bin/cat /chem/bin/g2k+/login >> /home/$user/.login
```

```
            /bin/cat /chem/bin/g2k+/profile >> /home/$user/.profile
            /chem/bin/g2k+/setup $user
            ;;
    *)                                  # alles andere
            /bin/echo "Wertlose Eingabe, keine Ausgabe: $1"
            ;;
    esac
    shift                               # entfernt die vervollständigte Option aus der Liste
done
if [ $do_mail -eq 1 ]; then
    /usr/bin/mail -s Willkommen $user < /chem/sys/welcome.txt
fi
```

Nach Ermessen des Systemadministrators kann das Skript den Benutzer zur Disk-Quota-Einrichtung hinzufügen (siehe »Überwachung und Verwaltung des Festplattenplatzes« in Kapitel 15) oder zum LPRng-Druck-Subsystem (siehe »LPRng« in Kapitel 13), es kann eine Willkommens-Mail-Nachricht verschicken und den Account zur Verwendung eines Anwendungsprogramms konfigurieren. Es zwingt den Benutzer auch dazu, sein Passwort bei der nächsten Anmeldung zu ändern. Wir werden Benutzerpasswörter und ihre Administration im nächsten Abschnitt genauer besprechen.

Administrieren von Benutzerpasswörtern

Da Passwörter eine zentrale Rolle bei der gesamten Systemsicherheit spielen, sollten alle Benutzer-Accounts Passwörter besitzen.[13] Jedoch ist der einfache Besitz eines Passwortes nur der erste Schritt zum Absichern eines Benutzer-Accounts. Wenn das Passwort einfach herauszubekommen oder zu erraten ist, wird es nur einen geringen Schutz liefern. In diesem Abschnitt werden wir uns die Eigenschaften guter und schlechter Passwörter ansehen. Die Überlegungen, die hier angestellt werden, treffen sowohl auf das *root*-Passwort (das der Systemadministrator auswählt) als auch auf die Benutzerpasswörter zu. Im letzteren Fall besteht Ihre Aufgabe normalerweise darin, die Benutzer über gute und schlechte Auswahlen aufzuklären.

Auswahl effektiver Passwörter

Der Zweck von Passwörtern ist es, nicht autorisierte Personen davon abzuhalten, auf Benutzer-Accounts und das System im Allgemeinen zuzugreifen. Das grundlegende Auswahlprinzip lautet: *Passwörter sollten einfach zu merken, aber schwer herauszubekommen, zu erraten oder zu knacken sein.*

Der erste Teil dieses Prinzips spricht gegen automatisch generierte Zufallspasswörter (es sei denn, dass Regierungs- oder andere Sicherheitsrichtlinien dies verlangen). Vielen

---

13 Die einzige mögliche Ausnahme, die ich sehe, ist ein isoliertes, nicht vernetztes System ohne Dial-in-Modems in einer privaten Wohnung, aber selbst dann sollten Sie über die möglichen Gefahren nachdenken, die von Handwerkern, Gästen des Hauses, Kindern der Nachbarschaft und so weiter ausgehen, bevor Sie sich dazu entschließen, keine Passwörter zu verwenden. Jedes System in einem kommerziellen Umfeld, selbst Einzelbenutzersysteme in abgesperrten Büros, sollte Passwörter einsetzen.

Benutzern fällt es schwer, sich solche Passwörter zu merken, und meine Erfahrung zeigt, dass sich die meisten Benutzer für einen bestimmten Zeitraum eine schriftliche Aufzeichnung ihres Passworts aufheben, nachdem sie es zum ersten Mal erhalten haben, selbst wenn dies explizit verboten ist.

Wenn Benutzer über einfachere Wege unterrichtet werden, wie gute Passwörter erstellt werden, *und* Sie die Vorteile der Sonderfunktionen nutzen, die Unix-Systeme zur Verfügung stellen, indem Sie Passwörter in einer angemessenen Länge fordern, dann können Benutzer Passwörter auswählen, die genauso gut sind wie vom System generierte Passwörter. Wird den Benutzern die Auswahl ihrer eigenen Passwörter gestattet, ist es viel wahrscheinlicher, dass sie sich welche aussuchen werden, die sie sich einfach merken können.

Praktisch gesehen bedeutet der zweite Teil des Prinzips, dass Passwörter schwer zu erraten sein sollten, selbst wenn jemand bereit ist, ziemlich viel Aufwand darauf zu verwenden – und es gibt eine Menge Leute, die dazu bereit sind. Dies bedeutet, dass die folgenden Dinge als Passwörter oder auch als Bestandteile von Passwörtern vermieden werden sollten:

- Jeder Teil Ihres Namens oder des Namens irgendeines Mitglieds aus Ihrem erweiterten Familienkreis (inklusive wichtiger anderer Personen und von Haustieren) sowie aus Ihrem Freundeskreis. Der Mädchenname Ihrer Großmutter mütterlicherseits ist viel einfacher herauszufinden, als Sie denken.
- Wichtige Zahlen für Sie oder für jemanden, der Ihnen nahe steht: Sozialversicherungsnummern, Kfz-Zulassungszeichen, Telefonnummern, Geburtstage usw.
- Der Name von etwas, das für Sie wichtig ist oder war, wie zum Beispiel Ihrem Lieblingsessen, Lieblingssänger, Lieblingsfilm oder TV-Darsteller, Ihrem Lieblingsort, Ihrer Lieblingsmannschaft, Ihrem Hobby usw. Ähnlich verhält es sich, wenn Ihre Dissertation über Benzol ging, dann suchen Sie sich nicht Benzol als Passwort aus. Das Gleiche gilt auch für Leute, Orte und Dinge, die Sie überhaupt nicht mögen.
- Alle Namen, Zahlen, Orte oder andere Dinge, die mit Ihrer Firma oder Institution oder deren Produkten im Zusammenhang stehen.

Klar könnten wir noch mehr solcher Punkte aufführen, aber dies sollte die zugrunde liegende Idee veranschaulichen.

Passwörter sollten auch so immun wie möglich gegen Angriffe durch Passwort knackende Programme sein, was bedeutet, dass die folgenden Dinge nicht als Passwörter gewählt werden sollten:

- Englische Wörter, die richtig geschrieben sind (da Listen davon ohne weiteres in Online-Wörterbüchern zur Verfügung stehen). Sie können spell oder einen ähnlichen Befehl einsetzen, um zu sehen, ob ein Wort in einem Standardwörterbuch auftaucht:

    ```
    $ echo cerise xyzzy | spell -l
    xyzzy
    ```

    In diesem Fall kennt spell das Wort cerise (eine Farbe), aber nicht xyzzy (auch wenn xyzzy aus anderen Gründen kein gutes Passwort ist). Beachten Sie, dass das Standardwörterbuch ziemlich eingeschränkt ist (auch wenn umfangreichere im Web zur Verfügung stehen) und dass mit der weiten Verfügbarkeit von Wörterbüchern auf CD-ROM im Grunde alle Wörter (die in ispell-Wörterbüchern vorkommen können) vermieden werden sollten.

- In Anbetracht des weithin möglichen und einfachen Zugriffs auf Online-Wörterbücher ist diese Einschränkung auch für Sites eine gute Idee, die nicht Englisch sprechen. Wenn auf Ihrer Site oder in dem Bereich, in dem sich die Site befindet, zwei oder mehr Sprachen im Einsatz sind, sollten Wörter aus allen diesen Sprachen vermieden werden. Wörter aus anderen Arten veröffentlichter Listen sollten ebenso vermieden werden (zum Beispiel Klingonen-Wörter).
- Gekürzte Wörter, die korrekt geschrieben sind, sollten auch vermieden werden: »konsequ« ist ebenso schlecht wie »konsequenz«. Solche Zeichenketten sind ebenso für wörterbuchbasierende Angriffe verwundbar wie das gesamte Wort, und die meisten existierenden Passwort knackenden Programme halten besonders nach ihnen Ausschau.
- Die Namen berühmter Persönlichkeiten, Orte, Dinge, Romanfiguren, Filme, TV-Shows, Lieder, Werbesprüche und Ähnliches.
- Veröffentlichte Passwortbeispiele.

Wenn Sie es vermeiden, Dinge aus der ersten Liste als Passwort zu verwenden, wird es schwerer, Ihr Passwort herauszubekommen. Das Vermeiden von Punkten aus der zweiten Liste macht es schwerer, unter Verwendung einer Brute-Force- oder einer Trial-and-Error-Methode, wie zum Beispiel einem Computerprogramm, erfolgreich in einen Account einzubrechen.

Wenn es weit hergeholt scheint, dass sich jemand die Mühe macht, eine Menge über Sie herauszubekommen, nur um in Ihren Computer-Account einzubrechen, so bedenken Sie, dass Hacker, die im Internet herumwandern und sich nach einem System umschauen, in das sie einbrechen können, nur eine Art der Sicherheitsbedrohung darstellen. Interne Sicherheitsbedrohungen sind für viele Sites mindestens genauso bedeutend, denn Insider haben es leichter, persönliche Informationen über andere Benutzer ausfindig zu machen.

Auf jeden Fall ist das Erreichen eines bestimmten Systems über irgendeinen Account oft nur der erste Schritt in Richtung des endgültigen Ziels (oder in einem zufälligen Spaziergang im Internet); der Account, der die Tür öffnet, muss nicht notwendigerweise eine offensichtliche Verbindung zum wirklichen Ziel besitzen, das irgendwo sonst auf dem gleichen System oder auf einem komplett anderen Computer oder einer anderen Site sein könnte.

Einfache Veränderungen dieser schlechten Passwörter, die durch das Hinzufügen eines einzigen zusätzlichen Zeichens erzeugt werden, durch Rückwärtsbuchstabieren oder durch Vertauschen der Buchstaben, stellen immer noch schlechte Passwörter dar und sollten vermieden werden. Vermeiden Sie zum Beispiel nicht nur »john«, sondern auch »nhoj« sowie »ohnj« und »john2«. Ein Programm, das Passwörter errät, braucht nicht sehr lange, um alle Kombinationen auszuprobieren, die ein Zeichen hinzufügen, umstellen oder vertauschen.

Auch wenn sie selbst riskant sind, können Punkte aus der zweiten Liste als Basis für die Erstellung eines besseren Passwortes dienen (ich empfehle trotzdem nicht die Verwendung irgendwelcher persönlichen Dinge in Passwörtern). Passwörter, die *zwei oder mehr* der folgenden Veränderungen auf gewöhnliche Wörter anwenden, entsprechen viel wahrscheinlicher einer guten Auswahl:

- Einbinden eines oder mehrerer Sonderzeichen, insbesondere Symbole und Steuerzeichen.
- Fehlerhafte Schreibweise.
- Verwenden ungewöhnlicher Großschreibung. Alles in Kleinbuchstaben ist nicht ungewöhnlich; Großschreibung oder umgekehrte Großschreibung des Wortes ist auch nicht ungewöhnlich (zum Beispiel »StarTrek«, »sTARtREK«); Vokale immer großzuschreiben ist ebenfalls nicht ungewöhnlich.
- Verknüpfen zweier oder mehrerer Wörter oder Teile von Wörtern.
- Einbinden eines Wortes in die Mitte eines anderen Wortes (»kätzhundchen« bindet »hund« innerhalb von »kätzchen« ein).
- Verschachteln zweier oder mehrerer Wörter: »hkuantdz« verschachtelt zum Beispiel »hund« und »katz«. Mit ein bisschen Übung können einige Menschen dies sehr einfach in ihren Köpfen durchführen, andere können dies nicht. Wenn Sie für die Eingabe eines solchen Passwortes spürbar viel Zeit benötigen, dann verwenden Sie es nicht.

Tabelle 6-8 veranschaulicht einige dieser Empfehlungen und verwendet dafür »StarTrek« als Basis (auch wenn ich empfehle, alles in Passwörtern zu vermeiden, das irgendwie mit Star Trek in Verbindung steht).

Tabelle 6-8: Erzeugen guter Passwörter aus schlechten

Schlecht	Besser	Noch besser
StarTrek *(vorhersehbare Großschreibung)*	sTartRek *(ungewöhnliche Großschreibung)*	sTarkErT *(ungewöhnliche Großschreibung und Umkehrung)*
startrak *(Rechtschreibfehler)*	starTraK *(Rechtschreibfehler und ungewöhnliche Großschreibung)*	$taRTra# *(Rechtschreibfehler, Symbole und ungewöhnliche Großschreibung)*
StarDrek *(Umgangssprache)*	jetrekdi *(Einbindung)*	jetr@kdi *(Einbindung und Symbole)*
trekstar *(Vertauschen von Wörtern)*	sttraerk *(Verschachtelung)*	sttr@erK *(Verschachtelung, ungewöhnliche Großschreibung und Symbole)*

Natürlich wären dies jetzt alles schlechte Passwörter. Wenn Sie Passwörter auswählen und die Benutzer beraten, wie sie dies machen sollen, so vergessen Sie nicht, dass das Hauptziel darin besteht, dass Passwörter für Menschen und Programme zwar schwer zu erraten, aber einfach zu merken und schnell einzugeben sein sollen.

Außer der Verwendung echter Wörter als Basis gibt es noch andere Möglichkeiten, Passwörter auszuwählen. Hier sind zwei weit verbreitete Beispiele:

- Bilden Sie ein Passwort aus den Anfangsbuchstaben jedes Wortes einer gut zu merkenden Phrase, oft ein Liedtext. Solche Passwörter sind trotz der unsinnigen Zeichenkette einfach zu merken. Das Umformen der entstehenden Zeichenkette führt zu einem noch besseren Passwort. Zwei Beispiele werden in Tabelle 6-9 gezeigt.

Tabelle 6-9: Bilden von Passwörtern aus gut zu merkenden Phrasen

Phrase[a]	Passwort	Besseres Passwort
»Now it's a disco, but not for Lola«	niadbnfl	Ni1db!4L
»I can well recall the first time I ever went to sea«	icwrtftiewts	@cWrt1t@eP2c

[a] Die Zeilen stammen aus den Liedern »Copa Cabana« von Barry Manilow und »Old Admirals« von Al Stewart. Natürlich sollten Sie jetzt keines dieser Passwörter mehr verwenden.

Wie das letzte Beispiel zeigt, können Unix-Passwörter länger als acht Zeichen sein, wenn Sie das System entsprechend konfiguriert haben (wird später in diesem Kapitel behandelt).

- Bilden Sie ein Passwort durch Tastaturverschiebung: Wählen Sie ein Wort oder eine Phrase aus, die Sie einfach eingeben können, und verschieben Sie dann Ihre Hände auf der Tastatur auf irgendeine Weise, bevor Sie das Wort oder die Phrase eingeben (zum Beispiel eine Hand nach oben und eine Hand zur Seite).[14] Sie müssen für diese Methode ziemlich geschickt sein, damit sie für Sie praktikabel ist, aber sie erzeugt schwer zu knackende Passwörter, da sie im Wesentlichen zufällig sind.

Selbst wenn Sie diese Techniken einsetzen, sind solche Passwörter grundsätzlich unsicher, die irgendeinen Teil Ihres Benutzer-Account-Namens, Ihres vollen Namens oder irgendeines anderen Punktes enthalten, der in Ihrem Eintrag in der Passwortdatei erscheint. Passwort knackende Programme führen bei dem Versuch, Passwörter zu knacken, eine wahrlich umwerfende Menge an Umformungen auf diese Informationen durch (inklusive einfacher Tastaturverschiebungen!).

Hier sind einige zusätzliche allgemeine Empfehlungen hinsichtlich Passwörtern und Systemsicherheit:

- Auf dem System sollte es keine ungeschützten Accounts geben. Dies schließt Accounts ohne Passwörter ein sowie Accounts, deren Benutzer das System verlassen haben, deren Passwörter allerdings unverändert bleiben. Wenn eine Benutzerin geht, so deaktivieren Sie immer ihren Account.
- Geben Sie eine minimale Passwortlänge vor. Wir empfehlen diese mindestens auf acht Zeichen zu setzen. Dies ist die übliche maximale Passwortlänge unter Unix, die trotzdem nicht wirklich lang genug ist. Die meisten Unix-Systeme haben die Fähigkeit, sehr lange Passwörter einzusetzen; sehen Sie für Details hierzu auch den Abschnitt über die PAM-Einrichtung später in diesem Kapitel.

---

[14] Einige aktuelle Passwort knackende Programme können Wörter knacken, die um eine Position nach links oder rechts verschoben wurden, deshalb ist eine komplexere Verschiebung nötig.

- Passwörter *müssen* unter jedem dieser (und ähnlicher) Umstände geändert werden:
  - Immer wenn jemand anderes als der Benutzer, dem es gehört, Kenntnis davon erlangt hat, muss das Passwort geändert werden.
  - Wenn ein Benutzer geht, müssen alle Passwörter geändert werden, von denen er Kenntnis besaß.
  - Wenn ein Systemadministrator geht, müssen das *root*-Passwort und alle anderen systemweiten Passwörter (zum Beispiel Dialup-Passwörter) geändert werden. Ob die Benutzer gezwungen werden, ihre Passwörter zu ändern, ist eine Ermessensfrage, aber bedenken Sie, dass der Systemadministrator vollen Zugang auf die Shadow-Passwortdatei hatte.
  - Wenn ein Systemadministrator gefeuert wurde, sollte jedes Passwort auf dem System geändert werden, da er Zugang zur Liste mit den verschlüsselten Passwörtern hatte.
  - Wenn Sie auch nur den geringsten Verdacht hegen, dass die Shadow-Passwortdatei über das Netzwerk gelesen wurde, ist es wieder am vernünftigsten, jedes Passwort auf dem System zu ändern.
- Das *root*-Passwort sollte auf jeden Fall in regelmäßigen Abständen geändert werden. Nicht jede Site muss es peinlichst genau einmal im Monat ändern. Wenn Sie es allerdings ab und zu ändern, wenn Sie auch nicht glauben, dass jemand es erfahren hat, so sind Sie auf der sicheren Seite, nur für den Fall, dass Sie sich irren.Benutzer können hinterlistig sein; wenn Sie glauben, dass jemand Ihren Fingern ein bisschen zu viel Aufmerksamkeit widmet, wenn Sie das *root*-Passwort eingeben, dann ändern Sie es.
- Ähnlich wichtige Überlegungen müssen auf das Formulieren von Passwortrichtlinien für Benutzer angewendet werden, die Accounts auf mehreren Sites besitzen. Wenn wir einem neuen Benutzer einen Account geben, betonen wir immer, wie wichtig es ist, für unsere Site ein völlig neues Passwort auszuwählen und nicht auf einen seiner alten Favoriten zurückzugreifen. Gleichzeitig wird er entsprechend angewiesen, keines der Passwörter, die in unserer Site im Einsatz sind, in irgendeinem anderen Zusammenhang einzusetzen, egal ob jetzt oder in der Zukunft. Solche Regelungen kommen einigen Benutzern übertrieben paranoid vor, dabei entsprechen sie wirklich nur dem gesunden Menschenverstand.

Unix bietet Möglichkeiten zur Durchsetzung von Richtlinien für die Auswahl von Passwörtern; sie werden später in diesem Abschnitt behandelt. Wenn Sie hierfür Zuckerbrot und Peitsche einsetzen möchten, so sehen Sie sich den Abschnitt über die Unterrichtung von Benutzern über Passwörter später in diesem Kapitel an.

Erzwingen einer Passwortänderung

Die meisten Unix-Systeme stellen Befehle zur Verfügung, die es Ihnen erlauben, einen Benutzer dazu zu zwingen, sein Passwort bei der nächsten Anmeldung zu ändern. Sie können solche Befehle in den (hoffentlich seltenen) Fällen, in denen jeder sein Passwort sofort ändern muss, in einem Skript verwenden.

Dies sind die Befehle, die von den Versionen zur Verfügung gestellt werden, die wir hier betrachten (sie nehmen alle als letztes Argument einen Benutzernamen entgegen):

AIX	`pwdadm -f ADMCHG`
FreeBSD	`chpass` (interaktiv, siehe aber auch unten)
HP-UX	`passwd -f`
Linux	`chage -d 0 -M 999` (wenn kein Aging eingesetzt wird)
Solaris	`passwd -f`
Tru64	`usermod -x password_must_change=1`

Der Linux-Befehl setzt das Datum der letzten Passwortänderung auf den 1. Januar 1970 und die maximale Passwortlebensdauer auf 999 Tage. Das ist ein bisschen zusammengeschustert, aber es führt den Job aus, wenn sich kein Passwort-Aging im Einsatz befindet (wenn gewünscht, können Sie später zurückgehen und die maximale Passwortlebensdauer wieder entfernen). Wenn Sie jedoch Passwort-Aging einsetzen, können Sie die Option -M weglassen und es der normalen Einstellung gestatten, die gleiche Funktion durchzuführen.

Auf FreeBSD-Systemen ist das Utility zur Bearbeitung von Benutzer-Accounts interaktiv und setzt Sie standardmäßig in eine Editor-Sitzung. Sie können jedoch das folgende Skript verwenden, um den Prozess zur Erzwingung einer Passwortänderung zu automatisieren (dies geschieht, indem das Formularfeld Change auf ein Datum in der Vergangenheit gesetzt wird):

```
#!/bin/tcsh
setenv EDITOR ed
/usr/bin/chpass $1 <<END
/Change/
s/:.*$/: 12 31 1999/
w
q
END
```

Sie können jedes vergangene Datum wählen, das Sie möchten.

Dutzende von Passwörtern verwalten

Wenn Sie aufeinander folgende Passwörter wählen – und insbesondere bei *root*-Passwörtern – dann versuchen Sie zu vermeiden, auf *einfache* wieder erkennbare Muster zurückzugreifen. Wenn Sie zum Beispiel immer die Vokale großschreiben und dies irgendjemand weiß, dann verlieren Sie tatsächlich den Wert der ungewöhnlichen Großschreibung. Ähnlich werden aufeinander folgende Passwörter oft auf die gleiche Weise ausgewählt; wählen Sie für Passwörter nicht immer die Namen von Planeten aus. Es ist besonders dann wichtig, solche Muster zu unterbrechen, wenn jemand mit einem Langzeitzugriff auf den *root*-Account – der dementsprechend gut informiert ist über die vergangenen Muster in den Passwörtern – das System verlässt oder den *root*-Zugang verliert.

Andererseits ist es für die meisten Menschen unmöglich – selbst für Systemadministratoren –, sich an alle *root*-Passwörter zu erinnern, die sie eventuell in einem großen Unternehmen kennen müssen, ohne dass ein Schema für die Generierung bzw. Vorhersage des Passwortes auf jedem System vorhanden ist.

Ein Ansatz geht dahin, das gleiche *root*-Passwort auf allen Systemen einzusetzen, die von der gleichen Person oder Gruppe von Leuten administriert werden. Dies könnte für einige Sites effektiv sein, hat aber den Nachteil, dass – wenn auf irgendeinem System das *root*-Passwort kompromittiert wird – die gesamte Gruppe der Systeme für einen unautorisierten Zugriff auf *root*-Ebene weit offen steht. Sites, die die Erfahrung eines solchen Einbruchs gemacht haben, tendieren dazu, die Bequemlichkeit eines einzigen *root*-Passwortes aufzugeben zugunsten einer erweiterten Sicherheit und der Möglichkeit, einen Eindringling in Schach zu halten, sollte denn der schlimmste Fall eintreten.

Die Lösung in diesem Fall besteht darin, ein Schema (Algorithmus) für die Generierung von root-Passwörtern zu haben, das auf einigen Eigenschaften des fraglichen Computersystems basiert. Hier ist ein einfaches Beispiel, das zeigt, wie der Reihe nach jedes Zeichen des Passwortes generiert werden kann:

- Erster Buchstabe des Computerherstellers
- Anzahl der Zeichen im Hostnamen
- Letzter Buchstabe des Hostnamens als Großbuchstabe
- Erster Buchstabe des Namens des Betriebssystems
- Versionsnummer des Betriebssystems (erste Zahl)
- Das Symbolzeichen, das sich auf der gleichen Diagonalen der Tastatur befindet wie der erste Buchstabe des Hostnamens (indem man sich nach oben und nach rechts bewegt)

Auf einem Sun-System namens *dalton*, auf dem Solaris 7 läuft, würde dies das Passwort »s6Ns7%« ergeben; ähnlich wäre bei einer IBM RS/6000 namens *venus*, auf der AIX 4.3 läuft, das Passwort »i5Sa4&«. Auch wenn sie mit nur 6 Zeichen zu kurz sind, sind dies anständige Passwörter hinsichtlich der Zeichenvielfalt sowie der Großschreibung, und sie können auch mit nur wenig Praxis und ohne geistige Höchstleistungen gebildet werden.

Ein anderes Problem, das in Verbindung mit *root*-Passwörtern auftritt, die nach einem Plan regelmäßig geändert werden, ist die Koordination der Änderungen und die Verteilung des neuen Wertes an jeden, der davon betroffen ist. Wieder ist dies ein Fall, bei dem ein Algorithmus von großem Nutzen sein kann. Angenommen das *root*-Passwort muss monatlich geändert werden. Aufeinander folgende Passwörter können aus einer Basiskomponente generiert werden, die jeder kennt, sowie einem variablen Teil, der aus dem aktuellen Monat und dem Jahr erzeugt wird. Wir werden in einem einfachen Beispiel »xxxx« – eine miserable Wahl, natürlich – für unsere Basiskomponente verwenden. Jeden Monat hängen wir daran den Monat und das Jahr an und fügen ein zusätzliches »x« für Monate kleiner als 10 an. Im Jahr 2000 würde dies die folgenden Passwörter ergeben: xxxxx100, xxxxx200, ..., xxxx1200.

Ein echtes Schema müsste natürlich komplexer sein. Dies könnte erreicht werden, indem eine obskurere Basiskomponente gewählt wird und die Generierung des variablen Teils anhand eines komplexeren Algorithmus erfolgen würde: zum Beispiel eine einfache mathematische Berechnung, die Monate und Jahre als Variablen verwendet.

Der Vorteil eines solchen Systems ist, dass jeder Administrator das monatliche *root*-Passwort ändern kann, ohne andere Administratoren zu belästigen. Wenn jemand versucht, das alte *root*-Passwort zu verwenden, und dabei keinen Erfolg hat, dann wird derjenige merken, dass die monatliche Änderung vorgenommen wurde, und bereits das neue Passwort kennen.

Tatsächlich könnten diese beiden separaten Ansätze auch kombiniert werden. Die übrig gebliebenen zwei (oder mehr) Zeichen des Passwortes, das auf den Systeminformationen basiert, könnten für den variablen Teil verwendet werden, der auf der Zeitperiode basiert.

Benutzer zur Auswahl wirkungsvoller Passwörter anleiten

Den Benutzern dabei zu helfen, das System effizienter zu benutzen, ist ein Teil des Jobs eines Systemadministrators. Manchmal bedeutet dies auch, ihnen die Informationen zu liefern, die sie benötigen, um etwas auszuführen – in diesem Fall, ein gutes Passwort auszuwählen. Es gibt eine Vielzahl an Wegen, um Informationen und Anregungen zur Passwortauswahl an die Benutzer auf Ihren Systemen oder Ihrer Site zu übermitteln:

- Ein Informationsblatt (ein- oder zweiseitig, wie es eben passt)
- Eine Mail-Nachricht, die an alle neuen Benutzer geschickt wird und gelegentlich an jeden mit einem Account
- Eine Manpage, die Sie erstellen – nennen Sie sie so ähnlich wie *goodpass* – und in das lokale Manpage-Verzeichnis einstellen
- Ein Skript namens *passwd*, das (vielleicht optional) einen kurzen Rat bietet, wie gute Passwörter ausgewählt werden, und dann den echten passwd-Befehl aufruft.

Eine oder mehrere dieser Anregungen könnten für Ihre Site sinnvoll sein.

Passwortratschläge im Zeitalter des Internet

Das Internet und seine unzähligen Websites, von denen jetzt viele für den Zugriff nach Benutzernamen und Passwörtern fragen oder diese fordern, machte das Beraten der Benutzer über den guten Umgang mit Passwörtern deutlich komplizierter. Wie wir bereits angemerkt haben, sollte es den Benutzern untersagt werden, das Passwort oder die Passwörter für die lokale Site in irgendeinem anderen Kontext zu verwenden, und insbesondere nicht im Internet. Aber darüber hinaus müssen den Benutzern von Zeit zu Zeit die Gefahren, die mit dem Internetzugang und den Internettransaktionen zusammenhängen, explizit klar gemacht werden, begleitet von einer Erinnerung daran, dass die Passwörter, die sie auswählen, um solche Aktivitäten abzusichern, ihre einzige Verteidigung gegen die bösen Jungs darstellen.

Es ist für einen Benutzer nicht ungewöhnlich, dass er mehrere Dutzend solcher Websites regelmäßig besucht. In der Theorie ist es das beste Vorgehen, für jede davon ein anderes Passwort zu benutzen. Realistisch gesehen sind jedoch sehr wenige Benutzer in der Lage, sich dementsprechend viele Passwörter zu merken, insbesondere dann, wenn einige der entsprechenden Sites ziemlich unregelmäßig besucht werden (sagen wir zum Beispiel weniger als einmal im Monat). Ohne Zweifel müssen wir unsere üblichen Ratschläge zur Auswahl und zum Umgang mit Passwörtern überarbeiten, um auf die Realitäten des Internet einzugehen und um den Benutzern eine echte Hilfe zu sein.

Werden alle Websites gleich behandelt, die nach einem Account-Namen und einem Passwort fragen, verschlimmert das nur das Problem und seine innewohnenden Zusammenhänge. Stattdessen können wir solche Websites in Klassen aufteilen, die auf den möglichen Verlusten beruhen, die auftreten könnten, wenn der damit in Verbindung stehende Benutzername und das Passwort von einer skrupellosen Person aufgedeckt wurden: mit anderen Worten darauf, was wir zu verlieren haben (wenn wir etwas verlieren). Es gibt mehrere allgemeine Typen solcher Sites:

Reine Informationsseiten
    Diese Sites stellen ihren Benutzern nur Informationen zur Verfügung. Sie erfordern ein Passwort, um Zugang zu diesen Informationen zu erlangen. Ein Benutzername und ein Passwort sind für den Anfragenden verfügbar und es sind damit keine zusätzlichen Kosten verbunden. Ein Beispiel für eine solche Site wäre der Bereich mit dem technischen Support auf der Website eines Herstellers. Solche Sites scheinen Benutzerinformationen ausschließlich zu Marketing-Zwecken zu sammeln und ihren informativen Inhalt nach wie vor kostenlos anzubieten. Aus der Sicht des Benutzers ist das Passwort unwichtig, das auf einer solchen Site verwendet wird, da kein Verlust oder andere negativen Auswirkungen zu befürchten wären, selbst wenn jemand in der Lage wäre, es herauszubekommen.

Gebührenpflichtige informative Sites
    Diese Sites stellen ihren Benutzern nach Zahlung einer Gebühr Informationen zur Verfügung (normalerweise auf einer Subskriptionsbasis, manchmal aber auch basierend auf der Anzahl der Abrufe). Ein Beispiel dieser Art von Sites wäre die online zur Verfügung stehende Subskriptionsseite einer Zeitschrift, die ihren Abonnenten zusätzliche Informationen bietet, die über das hinausgehen, was sie auf ihrer allgemeinen öffentlichen Website anbietet. Die Entdeckung dieser Art von Passwort würde es einer unautorisierten Person erlauben, Zugang auf diese Informationen zu erlangen, würde aber normalerweise dem Benutzer selbst keinen Schaden zufügen, vorausgesetzt die Site hat normale Sicherheitsvorkehrungen getroffen und keine sensiblen Informationen (wie zum Beispiel Kreditkartennummern) enthüllt, auch nicht dem Account-Inhaber.

Passwortgeschützte Einkäufe, Auktionsgebote und andere finanzielle Transaktionen
    Auf diesen Sites werden ein Benutzername und ein Passwort benötigt, um etwas zu kaufen, allerdings wird keine Account-Information abgespeichert, die sich auf die Einkäufe bezieht. Diese Arten von Sites erlauben es nur registrierten Benutzern, Ein-

käufe zu tätigen, benötigen dazu aber keine Einrichtung eines vollen Accounts inklusive Rechnungs- und Lieferadresse, Kreditkartennummern und so weiter wird. Stattdessen zwingen sie die Benutzer dazu, ihre Informationen für jede Bestellung einzugeben (oder geben den Benutzern die Möglichkeit, dies so zu machen), ohne die Ergebnisse permanent zu speichern. Auktionsseiten funktionieren ähnlich (aus der Sicht des Käufers): Sie verlangen von den Bietern, dass sie einen registrierten Account besitzen, der tatsächliche Verkauf und der zugehörige Austausch sensibler Informationen finden aber privat zwischen dem Käufer und dem Verkäufer statt. Die Auswirkungen auf die Sicherheit, die mit diesem Typ von Passwort in Verbindung stehen, sind ernster als diejenigen für die informationsbasierten Sites, aber der mögliche Verlust aus einem entdeckten Passwort ist immer noch ziemlich gering. Der böse Junge benötigt nach wie vor zusätzliche Informationen, um tatsächlich einen Einkauf durchzuführen (im Falle einer Auktion könnte er ein falsches Gebot machen, während er sich als legitimer Account-Besitzer ausgibt, einen tatsächlichen Einkauf könnte er allerdings nicht erzwingen).

Sites mit fortwährenden Einkauf-Accounts
Diese Sites weisen registrierten Benutzern einen Benutzernamen und ein Passwort zu und speichern ihre kompletten Account-Informationen ab, um zukünftige Einkäufe zu vereinfachen. Diese enthalten die Rechnungsadresse, Lieferadresse und mehrere Kreditkartennummern. Die meisten Online-Händler bieten solche Einrichtungen an und tatsächlich werden Sie oft gar nicht gefragt, ob ein Account für Sie eingerichtet wird oder nicht, selbst wenn Sie nur einen einmaligen Einkauf tätigen möchten. Die unautorisierte Entdeckung eines Passwortes einer solche Site kann gravierende finanzielle Auswirkungen haben, da der böse Junge unter Verwendung der legitimierten Benutzerinformationen Einkäufe tätigen und ihre Auslieferung an irgendeinen beliebigen Ort umleiten kann. Die Entscheidung eines Teils solcher Sites, den kompletten Zugang auf Basis eines einzigen Passwortes zu gestatten, setzt ganz klar die Bequemlichkeit vor die Sicherheit.

Beachten Sie, dass Sites, die wichtige Informationen über den Benutzer oder etwas, das der Benutzer besitzt oder verwaltet, abspeichern, auch in diese Klasse fallen. Wenn zum Beispiel das Passwort kompromittiert wurde, das zu einem Account auf einer Site gehört, auf der die offiziellen Informationen über eine Internet-Domain gespeichert werden, könnte der böse Junge diese Informationen überarbeiten, und die Folgen könnten von gravierenden Unannehmlichkeiten bis hin zu einer totalen Zerstörung reichen.

Sites, die die Finanzen eines Benutzers verwalten
Diese Websites erlauben es den Account-Besitzern, auf ihre Bankkonten, Aktiendepots und ähnliche finanzielle Einrichtungen zuzugreifen, und sie bergen für den Benutzer offensichtlich das größte Risiko eines unmittelbaren finanziellen Verlustes. Einige von ihnen werden nur durch einen Benutzernamen und ein Passwort geschützt; die Passwörter für solche Sites müssen in der Tat sehr vorsichtig ausgewählt werden.

Beachten Sie, dass selbst die harmlosesten Sites ihren Charakter im Laufe der Zeit verändern können. Eine Site zum Beispiel, die heute nur Zugang zu Informationen bietet, könnte zu irgendeinem Zeitpunkt in der Zukunft weitere Dienste hinzufügen; zu diesem Zeitpunkt müsste das Passwort, das dort im Einsatz ist, erneut überdacht werden.

Offensichtlich stellen die unterschiedlichen Sicherheitsanforderungen der verschiedenen Arten von Sites unterschiedliche Anforderungen an die Strenge der Passwortauswahl. Bedenkt man dies, so ist es selten praktikabel, nur ein einziges Passwort für jede Internet-Site zu besitzen. Wir können die folgenden Empfehlungen geben:

- Verwenden Sie kein Passwort von einem Ihrer regulären Accounts für irgendeine Internet-Site und umgekehrt (ich kann dies nicht oft genug wiederholen).
- Wählen Sie alle Passwörter für Internet-Sites unter den gleichen Auswahlprinzipien für gute Passwörter aus wie jedes andere Passwort auch.
- Es besteht keine Gefahr bei der Verwendung des gleichen Passwortes für alle unwichtigen Sites, insbesondere bei denen, die ein (ärgerliches) Passwort für den Zugang zu ansonsten freien Informationen fordern.
- Sie könnten sich auch entscheiden, das gleiche Passwort für kostenpflichtige Informationsseiten zu verwenden (abhängig von dem Grad, bis zu dem Sie sich gegen den unautorisierten Zugriff auf solche Sites schützen möchten), oder Sie könnten sich dafür entscheiden, ein unterschiedliches Passwort zu verwenden, aber wiederum besteht vermutlich keine Gefahr, wenn Sie das gleiche Passwort für mehr als eine Site verwenden.
- Denken Sie daran, unterschiedliche Passwörter für jede Site einzusetzen, auf der es etwas zu verlieren gibt. Dies könnte aber weiterhin dazu führen, dass Sie sich eine große Anzahl von Passwörtern merken müssen, und dafür gibt es viele Strategien, um damit umzugehen. Die offensichtlichste ist es, diese aufzuschreiben. Ich neige dazu, diesen Ansatz nicht zu befürworten; das könnte daran liegen, dass zu viele Jahre der Systemadministration den bloßen Gedanken, irgendein Passwort aufzuschreiben, für mich zu einem Fluch gemacht haben, aber eine solche Liste an einem sicheren Ort zu Hause aufzubewahren stellt wahrscheinlich ein akzeptables Risiko dar (ich würde eine solche Liste nicht in meiner Geldtasche oder in meinem PDA aufbewahren).

Ein anderer Ansatz besteht darin, für jede Site unterschiedliche Passwörter zu verwenden, aber ein konsistentes Schema für deren Auswahl zu benutzen. Als ein einfaches Beispiel könnte jemand alle Passwörter generieren, indem er den Namen einer berühmten Frau nimmt, der mit dem gleichen Buchstaben anfängt wie das wichtigste Wort im Namen der Site, die Schreibweise entsprechend irgendeiner Regel umformt und eine Lieblingszahl anfügt. Da die Passwörter für jede Site auf die gleiche Weise erstellt werden, können Sie das Passwort für eine bestimmte Site immer rekonstruieren, wenn Sie es einmal vergessen haben. Idealerweise würden Sie sich ein Passwortschema ausdenken, das ein deterministisches Passwort für eine bestimmte Site generiert und häufige Duplikate verhindert (Letzteres trifft wahrscheinlich auf dieses einfache Beispiel nicht zu).

Setzen von Passwortrestriktionen

Benutzer ändern ihre Passwörter nicht gerne. Jedoch bietet Unix Mechanismen, mit denen Sie die Benutzer dazu zwingen können, dies doch zu tun. Sie können angeben, wie lange ein Benutzer das gleiche Passwort behalten kann, bevor er dazu gezwungen wird, es zu ändern (die *maximale Passwortlebensdauer*), wie lange er ein neues Passwort behalten muss, bevor ihm erlaubt wird, es wieder zu ändern (die *minimale Passwortlebensdauer*), die minimale Passwortlänge und einige weitere verwandte Parameter. Das Setzen der minimalen und maximalen Passwortlebensdauer wird auch als die Angabe von Informationen zum *Passwort-Aging* bezeichnet.

Bevor Sie beschließen, Passwort-Aging auf Ihrem System zu aktivieren, sollten Sie sorgfältig darüber nachdenken, wie viel Passwortdiktatur Sie tatsächlich benötigen. Benutzer gegen ihren Willen dazu zu zwingen, ihre Passwörter zu ändern, ist eine der am wenigsten wirksamen Taktiken der Systemsicherheit. Sicherlich gibt es Momente, in denen Passwörter geändert werden müssen, ob das die Benutzer möchten oder nicht. Zum Beispiel dann, wenn einem Arbeitnehmer mit High-level-Systemzugriff gekündigt wird. Zufällig erzwungene Passwortänderungen garantieren jedoch nicht, dass auch gute Passwörter ausgewählt werden (tatsächlich ist der gegenteilige Effekt wahrscheinlicher). Und die Verwendung einer minimalen Passwortlebensdauer, die dazu gedacht ist, die Benutzerin davon abzuhalten, ihr Passwort gleich wieder in dasjenige abzuändern, das sie vorher verwendet hatte (ein Passwort, das sie mochte und sich merken konnte, ohne es aufzuschreiben), kann ebenso einige unerwartete Nebeneffekte zeitigen.

Ein potenzielles Problem im Zusammenhang mit einer minimalen Passwortlebensdauer entsteht, wenn ein Passwort tatsächlich geändert werden muss – zum Beispiel wenn jemand, der es nicht kennen sollte, es dennoch kennt. In solchen Momenten wäre ein Benutzer nicht in der Lage, sein Passwort zu ändern, obwohl er es müsste. Natürlich kann der Superuser das Passwort immer ändern, aber dazu müsste der Benutzer den Systemadministrator aufsuchen, zugeben, was passiert ist, und es dann ändern lassen. Abhängig von den Sicherheitsrichtlinien und der allgemeinen Stimmung auf Ihrer Site, könnte der Benutzer beschließen, so lange zu warten, bis die minimale Lebensdauer abläuft, um es dann selbst zu ändern, und bis dahin mit dem Risiko leben. Sie werden sich entscheiden müssen, was auf Ihrem System wahrscheinlicher ist: Benutzer, die versuchen, ein notwendiges Passwort-Aging zu umgehen, oder Benutzer, die in der Lage sein müssen, auf Wunsch ihr Passwort ändern zu können; eines von beiden könnte für die Systemsicherheit in Ihrer speziellen Situation wichtiger sein.

Viele Unix-Versionen bieten noch weitere Kontrollmöglichkeiten, die sich auf die Passwortauswahl und verwandte Themen beziehen:

- Minimale Passwortlänge
- Kontrollen bei der Passwortauswahl, wie zum Beispiel, dass mehr als eine Zeichenklasse verwendet wird (Kleinbuchstaben, Großbuchstaben, Zahlen und Symbole) und dass keine persönlichen Informationen sowie Wörter aus Wörterbüchern verwendet werden

- Passwörter, die in Listen gespeichert werden, um die Benutzer davon abzuhalten, aktuelle Passwörter noch einmal auszuwählen
- Automatische Account-Sperrung, nachdem zu viele fehlgeschlagene Login-Versuche stattgefunden haben (wurde schon behandelt)
- Account-Ablaufdaten

Passwort-Aging

Auf den meisten Systemen werden die Einstellungen für das Passwort-Aging mit den Einträgen in der Shadow-Passwortdatei abgespeichert. Wie wir schon früher angemerkt haben, besitzen die Einträge in der Shadow-Passwortdatei die folgende Syntax:

Benutzer:Passwort:Geändert:Min:Max:Warnung:Inaktiv:Ablaufdatum:Reserviert

Dabei entspricht *Benutzer* dem Namen des Benutzer-Accounts und *Passwort* dem codierten Benutzerpasswort. Die übrigen Felder in jedem Eintrag überwachen die Bedingungen, unter denen es einem Benutzer erlaubt ist und unter denen er gezwungen wird, sein Passwort zu ändern, und enthalten ein optionales Ablaufdatum des Accounts:

Geändert
Speichert das Datum der letzten Passwortänderung als Anzahl der Tage seit dem 01. Januar 1970. Setzen Sie es auf 0, um eine Passwortänderung bei der nächsten Anmeldung zu erzwingen (funktioniert nur, wenn *max_days* größer als 0 und kleiner als die Anzahl der Tage seit dem 01.01.1970 ist).

Max
Gibt die maximale Anzahl der Tage an, die es einem Benutzer erlaubt ist, das gleiche Passwort zu behalten (üblicherweise auf einen hohen Wert gesetzt, wie zum Beispiel 9999, um dieses Feature zu deaktivieren).

Min
Gibt an, wie lange ein Benutzer sein neues Passwort behalten muss, bevor es ihm erlaubt ist, es wieder zu ändern; dies wurde entwickelt, um einen Benutzer davon abzuhalten, eine erzwungene Passwortänderung zu umgehen, indem er sein Passwort ändert und dann gleich wieder auf den alten Wert zurücksetzt (setzen Sie es auf null, um dieses Feature zu deaktivieren).

Warnung
Gibt an, wie viele Tage im Voraus der Benutzer über einen bevorstehenden Ablauf des Passwortes benachrichtigt wird (lassen Sie es leer, um dieses Feature zu deaktivieren).

Inaktiv
Gibt die Anzahl der Tage nach dem Ablauf des Passwortes an, nach denen der Account automatisch deaktiviert wird, wenn das Passwort nicht geändert wurde (setzen Sie es auf −1, um dieses Feature zu deaktivieren).

Ablaufdatum
Gibt den Zeitpunkt an, zu dem der Account abläuft und automatisch deaktiviert wird (lassen Sie es leer, um dieses Feature zu deaktivieren).

Die Einstellungen statten den Systemadministrator mit beachtlichen Kontrollmöglichkeiten über das Benutzerverhalten bei der Passwortaktualisierung aus.

Sie können diese Felder direkt in der Shadow-Passwortdatei bearbeiten oder Sie könnten auch den Befehl verwenden, der vom System zur Verfügung gestellt wird, normalerweise passwd (Linux-Systeme verwenden den Befehl chage). Die Optionen, die den einzelnen Einstellungen entsprechen, werden in Tabelle 6-10 aufgeführt.

HP-UX- und Tru64-Systeme, auf denen die erweiterte Sicherheit läuft, sowie AIX liefern über einen anderen Mechanismus die gleiche Funktionalität: die geschützte Passwortdatenbank beziehungsweise die Einstellungen in der Konfigurationsdatei */etc/security/user*. FreeBSD liefert ein Account-Ablaufdatum über ein Feld in der Datei *master.passwd*. Tabelle 6-10 führt auch die Befehle zur Bearbeitung dieser Daten auf.

Tabelle 6-10: Einstellungen für das Passwort-Aging bei Benutzer-Accounts

Einstellung	Befehl
Minimale Lebensdauer	**AIX:** chuser minage=*Wochen* **HP-UX:** passwd -n *Tage* **Linux:** chage -m *Tage* **Solaris:** passwd -n *Tage* **Tru64:** usermod -x password_min_change_time=*Tage*
Maximale Lebensdauer	**AIX:** chuser maxage=*Wochen* **HP-UX:** passwd -x *Tage* **Linux:** chage -M *Tage* **Solaris:** passwd -x *Tage* **Tru64:** usermod -x password_expire_time=*Tage*
Alarmierungszeitspanne	**AIX:** chuser pwdwarntime=*Tage* **HP-UX:** passwd -w *Tage* **Linux:** chage -W *Tage* **Solaris:** passwd -w *Tage*
Zeitspanne der Inaktivität	**AIX:** chuser minage=*Wochen* **Linux:** chage -I *Tage* **Tru64:** usermod -x account_inactive=*Tage*
Ablaufdatum	**AIX:** chuser minage=*Wochen* **FreeBSD:** chpass -e *Tage* **Linux:** chage -E *Tage* **Tru64:** usermod -x account_expiration=*Datum*
Letztes Änderungsdatum	**FreeBSD:** chpass (interaktiv) **Linux:** chage -d *jjjj-mm-tt* (oder *Tage-seit-01.01.1970*)
Einstellungen ansehen	**AIX:** lsuser -f **HP-UX:** passwd -s **Linux:** chage -l **Solaris:** passwd -s **Tru64:** edauth -g

Die folgenden Befehle zum Beispiel setzen für die Benutzerin *chavez* das minimale Passwortalter auf sieben Tage und das maximale Passwortalter auf ein Jahr:

```
# passwd -n 7 -x 365 chavez                     HP-UX und Solaris
# chage -m 7 -M 365 chavez                      Linux
# chuser maxage=52 minage=1 chavez              AIX
# usermod -x password_min_change_time=7 \       Tru64
  password_expire_time=365 chavez
```

Hier ist die Ausgabe, die von passwd -s zur Auflistung der Einstellungen für das Passwort-Aging eines Benutzers produziert wird:

```
# passwd -s chavez
chavez PS 05/12/2000 0 183 7 -1
```

Der zweite Eintrag in der Anzeige ist der Passwortstatus, der aus PS oder P (Passwort ist definiert), NP (kein Passwort) sowie LK oder L (Account wurde durch eine Passwortüberarbeitung gesperrt) bestehen kann. Der dritte Eintrag ist das Datum, an dem *chavez* das letzte Mal ihr Passwort geändert hat. Der vierte und der fünfte Eintrag kennzeichnen die minimale und die maximale Lebensdauer des Passwortes (in Tagen) und der sechste Eintrag zeigt die Anzahl der Tage vor dem Ablauf des Passwortes, an denen damit begonnen wird, *chavez* über diesen Tatbestand zu informieren. Die letzte Spalte gibt die Zeitspanne der Inaktivität an. In unserem Beispiel muss *chavez* ihr Passwort etwa zweimal im Jahr ändern und sie wird sieben Tage vor dem Ablauf ihres Passwortes darüber informiert; das minimale Passwortalter und die Zeitspanne der Inaktivität werden nicht verwendet.

Hier ist die entsprechende Ausgabe, die unter Linux von chage erzeugt wird. Sie ist informativer und selbsterklärend:

```
# chage -l harvey
Minimum:             0
Maximum:             99999
Warning:             0
Inactive:            -1
Last Change:         Sep 05, 2002
Password Expires:    Never
Password Inactive:   Never
Account Expires:     Never
```

Diese Einstellungen belästigen den Benutzer *harvey* nicht damit, wann (oder ob) er sein Passwort ändern muss.

Sie können auch mit den meisten grafischen Administrationswerkzeugen, die wir schon früher betrachtet haben, die Einstellungen zum Passwort-Aging für die Benutzer-Accounts setzen. Abbildung 6-12 stellt diese Features dar.

Wenn wir von oben links starten und uns im Uhrzeigersinn bewegen, dann zeigt die Abbildung die Formulare, die von SAM auf HP-UX, SMC auf Solaris, SMIT auf AIX, dem Red Hat-Benutzer-Verwalter und YaST2 zur Verfügung gestellt werden. Letzteres bietet eine bequeme Möglichkeit, die Standardeinstellungen für das Passwort-Aging und die Passwortlänge einzustellen (über den Pfad SICHERHEIT & BENUTZER → EINSTELLUNGEN ZUR SICHERHEIT → BENUTZERDEFINIERT aus dem Haupt-Panel heraus). Beachten Sie, dass vier der fünf

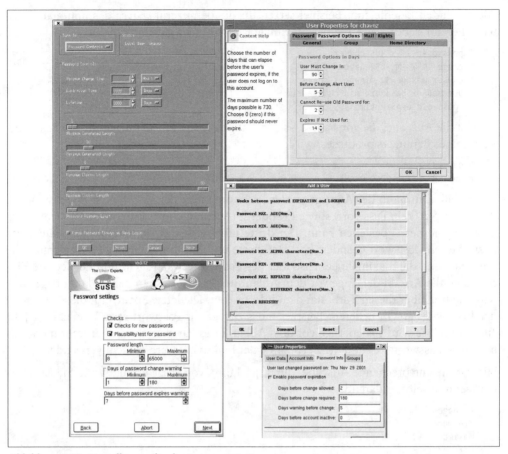

Abbildung 6-12: Einstellungen für das Passwort-Aging

Dialogfenster zusätzlich zu den Aging-Einstellungen noch weitere passwortbezogene Kontrollmöglichkeiten enthalten. Wir werden diese in den nächsten Unterabschnitten dieses Kapitels betrachten.

Trivialitätstests für Passwörter

Es gibt zweierlei Arten von Sicherheitsmängeln, die aus Benutzerpasswörtern entstehen: Schlecht ausgewählte Passwörter sind einfach zu erraten oder zu knacken und Passwörter jeder Qualitätsstufe könnten auf mehrere Arten entdeckt oder unabsichtlich verraten werden. Der Einsatz von Passwort-Aging-Restriktionen stellt einen Versuch dar, mit der zweiten Art des Risikos fertig zu werden, indem man sich eingesteht, dass hin und wieder Passwörter aufgedeckt werden, und dahin gehend argumentiert, dass mit dieser Notlage umgegangen werden kann, wenn die Passwörter regelmäßig geändert werden.

Das Ziel von Systemen zur Überprüfung der Passworttrivialität besteht darin, Benutzern von vornherein zu helfen, bessere, sicherere Passwörter auszuwählen (der Vorgang ist auch als

> ### Diktator oder Sklave?
>
> Manchmal scheint es, als wäre dies die Wahl, die Systemadministratoren haben. Wenn Sie Ihr System nicht mit eiserner Hand führen und die Benutzer auf ihre Plätze verweisen, dann werden genau diese Benutzerhorden ihren Vorteil daraus ziehen und Sie unter fortwährenden Forderungen begraben. Die Rolle des lokalen Guru oder Unix-Wizard bietet nicht wirklich eine Alternative zu diesen beiden Extremen; es handelt sich dabei nur um eine gütigere Ausführung eines Diktators – der Systemadministrator ist immer noch irgendwie grundlegend anders als die Benutzer und genauso unflexibel und unerreichbar wie der offenkundige Despot.
>
> Natürlich gibt es Alternativen, aber ich denke dabei nicht an irgendeine Art einer stereotypen, glücklich in der Mitte liegenden Lösung, als wäre sie tatsächlich möglich. Die Lösung in diesem Fall ist nicht irgendein Schatten von Grau, sondern eine komplett andere Farbe. Es ist an der Zeit, über andere Metaphern nachzudenken, die dazu verwendet werden könnten, um die Beziehung eines Systemadministrators zu seiner Benutzergemeinde zu beschreiben. Es gibt viele Möglichkeiten – *Ressource*, *Dienstleister*, *Mentor*, *technischer Attaché*, *Regent*, *Leiter* (wie in einem Orchester und nicht wie in einem Zug oder bei der Elektrizität), *Katalysator* – und offensichtlich gibt es nicht nur eine richtige Antwort. Was alle diese vorgeschlagenen Alternativen versuchen, ist den Sinn der gegenseitigen Abhängigkeit von Systemadministratoren und den Benutzern zu erfassen, mit denen sie verbunden sind.
>
> Beachten Sie, dass das Definieren der Rolle von Systemadministrator oder Benutzer auf eine andere Weise einfach wäre. Benutzer fühlen sich mindestens ebenso wohl wie die Systemadministratoren mit der vertrauten, stereotypen Art, mit der über die Arbeit nachgedacht wird, gerade dann, wenn sie nicht gerade zufrieden sind mit dem, was sie in der Praxis hervorbringen.

Unbekanntheitstest oder Prüfung auf Offensichtlichkeit bekannt). Dieser Ansatz beinhaltet die Überprüfung eines neuen Passwortes, das von einem Benutzer vorgegeben wurde, hinsichtlich verschiedener Eigenschaften, die dazu führen, dass es einfach zu knacken ist, und das Passwort dann zurückzuweisen, wenn diese Eigenschaften entdeckt wurden. Fähigkeiten zu Unbekanntheitstests werden normalerweise in den Befehl passwd integriert und könnten verschiedene Arten von Passwörtern zurückweisen, inklusive der folgenden:

- Passwörter, die kürzer sind als eine bestimmte minimale Länge
- Alle Passwörter in Kleinbuchstaben oder solche, die nur aus Buchstaben bestehen
- Passwörter, die dem Benutzernamen des Accounts entsprechen oder irgendeiner Information aus dem GECOS-Feld des Eintrags in der Passwortdatei
- Einfache Umformungen der Einträge aus dem GECOS-Feld: Umkehrungen, Umdrehungen, Verdopplungen
- Passwörter oder Teile von Passwörtern, die in Online-Wörterbüchern vorkommen
- Passwörter, die einfachen Tastaturmustern entsprechen – zum Beispiel qwertz oder 123456 – und dementsprechend einfach von Beobachtern erkannt werden können

Viele Unix-Systeme prüfen automatisch den zweiten und den dritten Punkt dieser Liste. Leider akzeptieren diese Tests immer noch viele schlechte Passwörter. Einige Versionen erlauben es Ihnen, optional zusätzliche Überprüfungen zu veranlassen.

Tru64. Tru64 überprüft automatisch, dass die neuen Passwörter nicht irgendeinem lokalen Benutzernamen oder Gruppennamen entsprechen, keine Palindrome sind und nicht von dem Utility spell erkannt werden (der letzte Test bedeutet, dass das Passwort weder in dem Online-Wörterbuch */usr/share/dict/words* auftaucht noch eine einfache Umformung eines Wortes daraus ist, wie zum Beispiel eine Pluralform). Trivialitätstests werden durchgeführt, wenn die geschützte Passwortdatenbankdatei des Benutzers das Feld *u_restrict* enthält, das der Checkbox TRIVIALITY CHECKS auf dem Formular MODIFY ACCOUNT entspricht.

AIX. AIX liefert über diese Account-Attribute (sie werden in */etc/security/user* gespeichert) eine andere Untermenge an Fähigkeiten für die Trivialitätstests, die auch unter Verwendung des Befehls chuser angegeben werden könnten:

minalpha
Minimale Anzahl an alphabetischen Zeichen im Passwort.

minother
Minimale Anzahl an nichtalphabetischen Zeichen im neuen Passwort.

mindiff
Minimale Anzahl an Zeichen im neuen Passwort, die nicht im alten Passwort vorhanden sind.

maxrepeats
Maximale Anzahl von Wiederholungen einzelner Zeichen, die im Passwort vorkommen können.

minlen
Minimale Passwortlänge. Wenn jedoch die Summe aus *minalpha* und *minother* kleiner ist als *minlen*, entspricht Erstere bis zu einem systemweiten Maximum von 8 der minimalen Länge, die tatsächlich festgelegt wurde.

dictionlist
Kommaseparierte Liste mit Wörterbuchdateien, die nicht akzeptierbare Passwörter enthalten.

pwdchecks
Liste mit Site-spezifischen ladbaren Programmmodulen zur Durchführung zusätzlicher Vorauswahlprüfungen der Passwörter (siehe die Manpage der Subroutine pwdrestrict_method).

Standardmäßig wird der Passworttrivialitätstest nicht erzwungen. Das Attribut *dictionlist* erlaubt das Hinzufügen Site-spezifischer Wörterlisten an das Standard-Online-Wörterbuch und das Attribut *pwdchecks* bietet eine Möglichkeit für beliebige Überprüfungen, die eine Site für geeignet erachtet, auch wenn die Entwicklung solcher Module zeitaufwändig ist.

Hier sind einige Beispieleinstellungen, die einen vernünftigen Satz an Restriktionen für den Passwortinhalt festlegen:

```
minalpha=6
minother=2
maxrepeats=2
mindiff=2
```

Linux. Linux-Systeme liefern eine sehr einfache Einrichtung für Unbekanntheitstests (»Obscurity Checks«). Sie wird über den Eintrag OBSCURE_CHECK_ENAB in der Konfigurationsdatei */etc/login.defs* aktiviert. Die Einrichtung führt selbst einige einfache Prüfungen durch und ruft dann die Bibliothek auf, die mit dem Passwort knackenden Paket Crack geliefert wird (wird später in diesem Kapitel beschrieben). Der Pfad auf die zugehörigen Wörterbuchdateien kann mit dem Eintrag CRACKLIB_DICTPATH in der gleichen Datei angegeben werden.

Beachten Sie, dass die Unbekanntheitstests nicht angewendet werden, wenn der Superuser ein Passwort ändert. Sie können aber über die Einstellung PASS_ALWAYS_WARN angeben, ob *root* benachrichtigt werden soll, wenn ein angegebenes Passwort den Test nicht besteht.

FreeBSD. FreeBSD bietet über Benutzerklassen die Kontrollmöglichkeiten für Passwortinhalte; die Einstellungen werden dementsprechend in */etc/login.conf* angegeben. Dies sind die nützlichsten:

minpasswordlen
　　Minimale Passwortlänge.

passwd_format
　　Codierungsschema des Passworts. Die Einstellung *md5* aktiviert Passwörter mit mehr als 8 Zeichen.

mixpasswordcase
　　Wenn dies auf true gesetzt ist, sind keine Passwörter in Kleinbuchstaben erlaubt.

Der frei verfügbare Befehl npasswd

Wenn Sie gerne Benutzerpasswörter vorab überprüfen möchten, Ihre Unix-Version dieses Feature aber nicht liefert, oder wenn Sie strengere Restriktionen auf die Passwortauswahl anwenden möchten, als Ihr System sie unterstützt, dann gibt es ein frei verfügbares Programm, das Sie für diesen Zweck einsetzen können. Das Paket npasswd (geschrieben von Clyde Hoover) zum Beispiel steht für viele Systeme zur Verfügung (inklusive aller Systeme, die wir behandeln). Es liefert einen Ersatz für den normalen passwd-Befehl, der so konfiguriert werden kann, dass er die vorgeschlagenen Passwörter anhand einer Vielzahl von Kriterien überprüft.

Ein Blick auf die Konfigurationsdatei von npasswd, die standardmäßig */usr/lib/passwd/passwd.conf* ist, liefert einen guten Einblick in die Art von Überprüfungen, die das Paket durchführt:

```
# npasswd-Konfigurationsdatei
# Wörterbücher
passwd.dictionaries   /usr/dict/words
passwd.dictionaries   /usr/dict/new_words
passwd.dictionaries   /etc/local_words
# Inhaltskontrollen
passwd.singlecase       no      Erlaubt keine Passwörter nur in Klein- oder Großbuchstaben.
passwd.alphaonly        no      Erlaubt keine Passwörter nur in alphabetischen Zeichen.
passwd.charclasses      2       Minimale Anzahl an Zeichentypen in Passwörtern.
passwd.whitespace       yes     Erlaubt Whitespace-Zeichen in Passwörtern.
passwd.printableonly    no      Erlaubt nichtdruckbare Zeichen in Passwörtern.
passwd.maxrepeat        2       Nur zwei aufeinander folgende Zeichen können gleich sein.
# Minimale Passwortlänge
passwd.minpassword      8
```

npasswd führt einige einfache Längen- und Zeichentypentests auf das vorgeschlagene Passwort durch und prüft es dann gegen die Wörter in den Wörterbüchern, die in der Konfigurationsdatei angegeben sind.

Das Prüfen eines vorgeschlagenen Passwortes gegen jeden Login-Namen, Gruppennamen und so weiter auf dem System – anstatt bloß gegen den eigenen Namen des Benutzers – scheint eine eindeutige Verbesserung zu sein. Es ist ziemlich einfach, eine Liste aus solchen Wörtern zu generieren. Das folgende Skript führt eine grundlegende Version dieser Aufgabe aus:

```
#!/bin/sh
# mk_local_words - generiert eine Listendatei aus lokalen Wörtern
PATH=/bin:/usr/bin:/usr/ucb; export PATH
umask 077 # schützt vor neugierigen Blicken
rm -f /etc/local_words
set `hostname | awk -F. '{print $1,$2,$3,$4,$5,$6,$7}'`
while [ $# -gt 0 ]; do
    echo $1 >> /etc/local_tmp; shift
done
set `domainname | awk -F. '{print $1,$2,$3,$4,$5,$6,$7}'`
while [ $# -gt 0 ]; do
    echo $1 >> /etc/local_tmp; shift
done
# Benutzernamen, dann GECOS-Namen
cat /etc/passwd | awk -F: '{print $1}' >> /etc/local_tmp
cat /etc/passwd | awk -F: '{print $5}' | \
    awk -F, '{print $1}' | \
    awk '{print tolower($1)};{print tolower($2)}' | \
    grep -v '^$' >> /etc/local_tmp
cat /etc/group | awk -F: '{print $1}' >> /etc/local_tmp
cat /etc/hosts.equiv >> /etc/local_tmp
# fügt weitere lokale Dinge an diese Datei an (z.B. Organisationsname)
if [ -f /etc/local_names ]; then
    chmod 400 /etc/local_names
    cat /etc/local_names >> /etc/local_tmp
fi
sort /etc/local_tmp | uniq > /etc/local_words
rm -f /etc/local_tmp
```

Diese Version kann sehr einfach bearbeitet oder erweitert werden, um die wichtigen Wörter auf Ihrem System zu erfassen. Beachten Sie, dass Standard-awk nicht die Funktion *tolower* enthält, sehr wohl aber nawk als auch gawk (GNU awk).

Passwort-History-Listen

Benutzer neigen dazu, das Erzeugen neuer Passwörter nicht zu mögen, ebenso wie sie es nicht mögen, diese zuerst ändern zu müssen. Deshalb ist es für die Benutzer ein übliches Vorgehen, zwischen den gleichen beiden Passwörtern hin und her zu pendeln. Passwort-History-Einträge wurden entwickelt, um dies zu verhindern. Das System merkt sich für jeden Benutzer eine bestimmte Anzahl früherer Passwörter, die nicht wieder ausgewählt werden können. Die Passworteinrichtungen von HP-UX, Tru64 und AIX bieten dieses Feature an. Beachten Sie, dass das Passwort-History-Feature nur dann aktiv ist, wenn es mit einer minimalen Passwortlebensdauer kombiniert wird (ansonsten kann ein Benutzer sein Passwort so lange ändern, bis dasjenige, das er möchte, aus der Liste herausfällt).

Unter AIX kontrollieren die folgenden Attribute in */etc/security/user,* wie und wann frühere Passwörter wieder verwendet werden können:

histexpire
Anzahl an Wochen, bis ein Benutzer ein altes Passwort wieder verwenden kann (das Maximum beträgt 260 Wochen, was 5 Jahren entspricht).

histsize
Die Anzahl alter Passwörter, die gemerkt und abgewiesen werden sollen, wenn sie zu früh wieder ausgewählt werden (das Maximum beträgt 50).

Auf Tru64-Systemen ist dieses Feature aktiviert, wenn *u_pwdepth* in der geschützten Passwortdatenbankdatei eines Benutzers nicht 0 ist. Sein maximaler Wert ist 9. Es entspricht dem Schieberegler PASSWORD HISTORY LIMIT im Bearbeitungsbildschirm für die Benutzer-Accounts. Die Liste der alten Passwörter wird in dem Feld *u_pwdict* abgespeichert und die Einträge können nicht wieder ausgewählt werden, solange sie in der History-Liste verbleiben.

Auf HP-UX-Systemen können die Passwort-History-Einstellungen systemweit in der Datei */etc/default/security* angegeben werden, so wie in diesem Beispiel:

```
PASSWORD_HISTORY_DEPTH=5      Merkt sich 5 Passwörter.
```

Die maximale Einstellung beträgt 10.

Standardwerte für Passworteinstellungen

Standardwerte für Passwort-Aging-Einstellungen können auf denjenigen Systemen angegeben werden, die sie auch einsetzen. Dies sind die Speicherorte für Standardwerte auf den in diesem Buch behandelten Systemen:

AIX	Der Abschnitt *default* in */etc/security/user*
FreeBSD	Die Benutzerklasse *default* in */etc/login.conf* (obwohl dies nur für die Benutzer als Standard dient, die nicht einer bestimmten Klasse zugewiesen sind)
HP-UX	*/etc/default/security* und */tcb/auth/files/system/default*

Linux   /etc/login.defs
Solaris /etc/default/passwd und /etc/default/login
Tru64   /etc/auth/system/default

Wir haben bereits Beispiele für die meisten davon gesehen.

Hier ist ein Beispiel für die Linux-Standarddatei /etc/login.defs:

```
PASS_MAX_DAYS         90                      Muss alle 3 Monate geändert werden.
PASS_MIN_DAYS         3                       Behält neue Passwörter für 3 Tage.
PASS_WARN_AGE         7                       Warnt 7 Tage vor Ablauf.
PASS_MIN_LEN          8                       Passwörter müssen mindestens 8 Zeichen lang sein.
OBSCURE_CHECKS_ENABLE yes                     Lehnt sehr schlechte Passwörter ab.
PASS_CHANGE_TRIES     3                       Benutzer erhalten 3 Versuche, ein gültiges Passwort auszuwählen.
PASS_ALWAYS_WARN      yes                     Warnt root vor schlechten Passwörtern (erlaubt sie aber).
PASS_MAX_LEN          8                       Codiert entsprechend viele Passwortzeichen.
CRACKLIB_DICTPATH     /usr/lib/cracklib_dict  Pfad zu den Wörterbuchdateien.
```

Beachten Sie, dass einige dieser Einstellungen mit der PAM-Einrichtung zusammenspielen können, die auf den meisten Linux-Systemen eingesetzt wird, weshalb sie eventuell nicht exakt so arbeiten wie in diesem Abschnitt beschrieben. PAM wird später in diesem Kapitel besprochen.

Die Solaris-Datei /etc/default/passwd ist ziemlich ähnlich (wenn auch die Namen der Attribute unterschiedlich geschrieben werden):

```
MAXWEEKS=1     Behalt neue Passwörter für eine Woche.
MINWEEKS=26    Passwort läuft nach 6 Monaten ab.
PASSLENGTH=6   Minimale Passwortlänge.
WARNWEEKS=1    Warnt den Benutzer 7 Tage vor dem Ablauf.
```

Testen der Benutzerpasswörter auf Schwachstellen

Wie wir bereits angemerkt haben, ist es zum Schutz der Systemsicherheit am besten, wenn Benutzer wirkungsvolle Passwörter auswählen müssen, und die Benutzer über gute Auswahlprinzipien zu unterrichten ist ein Schritt in die richtige Richtung. Manchmal jedoch möchten Sie einschätzen können, wie gut die Benutzer diese Aufgabe ausführen. Der Versuch, Benutzerpasswörter unter Verwendung eines Passwort knackenden Programms herauszubekommen, ist ein Weg, um dies festzustellen. In diesem Abschnitt werden wir zwei solcher Programme betrachten, crack und john. Wir beginnen mit Letzterem, der etwas einfacheren Einrichtung.

 Es ist normalerweise sinnvoll, die Sicherheit von Passwörtern auf Systemen zu überprüfen, die Sie verwalten (abhängig von den Richtlinien der Site). Jedoch erhalten vorsichtige Administratoren eine schriftliche Genehmigung, Passwort knackende Programme gegen ihre eigenen Systeme einsetzen zu dürfen.

Im Gegensatz hierzu ist der Versuch, Passwörter auf Computern zu knacken, die Sie nicht verwalten, sowohl unethisch als auch (in den meisten Fällen) illegal. Gehen Sie dieser Versuchung und den Komplikationen, die sich daraus ergeben, aus dem Weg.

John the Ripper

Das John-Paket – dessen voller Name John the Ripper ist – ist eine einfach zu verwendende und wirksame Einrichtung zum Knacken von Passwörtern. Sie steht für alle Unix-Systeme zur Verfügung, die wir hier betrachten.

Sobald das Paket installiert ist, wird der Befehl john dazu verwendet, um die Passwörter zu testen, die in der Passwortdatei enthalten sind, die ihm als Argument übergeben wurde. Das Paket enthält den Befehl unshadow, der verwendet werden kann, um aus den Dateien *passwd* und *shadow* eine herkömmliche Unix-Passwortdatei zu erzeugen.

Hier ist ein einfaches Beispiel der Ausführung von john:

```
# unshadow /etc/passwd /etc/shadow > /secure/pwdtest
# chmod go= /secure/pwdtest
# john -rules -wordfile:/usr/dict/many_words /secure/pwdtest
```

Der erste Befehl erzeugt eine Passwortdatei für den Test und der zweite Befehl schützt diese vor unautorisiertem Zugriff. Der letzte Befehl initialisiert eine john-Sitzung (die im Hintergrund startet), in diesem Fall mit der Überprüfung der Passwörter gegen die Wörter in der angegebenen Wörterbuchdatei und viele Umformungen dieser Wörter.

Wenn john läuft, schreibt es regelmäßig Statusinformationen in Dateien in seinem Installationsverzeichnis (normalerweise */usr/lib/john*); die Datei *john.pot* enthält Informationen über die Passwörter, die bisher geknackt wurden, und die Datei *restore* enthält Informationen, die für den Neustart der aktuellen Sitzung nötig sind, sollte diese unterbrochen werden (der Befehl, um dies auszuführen, ist einfach john -restore). Sie können einen alternativen Dateinamen für den Neustart angeben, indem Sie die Option -session:*name* auf der Kommandozeile von john mit angeben. Diese nimmt den gewünschten Sitzungsnamen als Argument entgegen und benennt die Datei entsprechend.

Die Einrichtung john kann in mehreren unterschiedlichen Passwort knackenden Modi arbeiten (die über verschiedene Optionen des john-Befehls angefordert werden):

Single-Crack-Modus (-single*)*
  Die Passwörter werden gegen die Informationen des GECOS-Feldes und eine Menge Umformungen davon getestet.

Wörterlistenmodus (-rules*)*
  Die Passwörter werden gegen die Wörter in einer Wörterbuchdatei geprüft – eine Textdatei, die ein Wort pro Zeile enthält –, deren Speicherort als Argument der Option -wordfile angegeben werden kann. Die Standarddatei ist */var/lib/john/password.lst*. Die Umformungen werden in der Konfigurationsdatei der Einrichtung definiert und können vom Systemadministrator erweitert und/oder angepasst werden.

Inkrementeller Modus (-incremental[:modename]*)*
  Probiert alle Kombinationen von Zeichen oder Untermengen von Zeichen in einem Brute-Force-Versuch aus, um die Passwörter zu knacken. Der optionale *modename* gibt die Untermenge an Zeichen an, die verwendet werden sollen, so wie es in der Konfigurationsdatei von john definiert ist (wird weiter unten behandelt). Dieser Modus kann eine beliebig lange Zeit benötigen, um komplett durchzulaufen.

Externer Modus (-external:modename)
: Versucht Passwörter unter Verwendung einer vom Administrator vorgegebenen Prozedur zu knacken, die in der Konfigurationsdatei angegeben ist (geschrieben in einer C-ähnlichen Sprache). Der *modename* gibt an, welche Prozedur zu verwenden ist.

Wie wir bereits angemerkt haben, zeichnet John seine Fortschritte regelmäßig in seiner Neustartdatei auf. Sie können eine Darstellung dieser Informationen durch folgende Befehle erzwingen:

```
# kill -HUP  pid
# john -status
guesses: 3  time: 0:00:21:52 68%  c/s: 46329
```

Auf ähnliche Weise gibt der folgende Befehl die letzten aufgezeichneten Statusinformationen für die Sitzung namens *urgent* aus:

```
# john -status:urgent
```

Einige Aspekte der Funktionsweise von john werden von der Konfigurationsdatei der Einrichtung kontrolliert, normalerweise */var/lib/john/john.ini*. Hier sind einige Beispieleinträge aus dieser Datei:

```
# John-Einstellungen
[Optionen]
# Dateiname der Wörterliste, die im Batch-Modus verwendet wird
Wordfile = /var/lib/john/password.lst
# Wenn Y, werden nur Leerlauf-Zyklen verwendet
Idle = N
# Speicherverzögerung in Sekunden für die Crash-Recovery-Datei
Save = 600
# Piept, wenn ein Passwort gefunden wird (wer braucht dies überhaupt?)
Beep = Y
```

Spätere Abschnitte dieser Datei enthalten Regeln/Spezifikationen für die Prozeduren der einzelnen Modi zum Knacken von Passwörtern.

Verwenden von Crack, um schlecht ausgewählte Passwörter zu finden

Crack ist ein frei verfügbares Paket, das versucht, Unix-Passwörter zu bestimmen, und zwar unter Verwendung der Wörter in einem Online-Wörterbuch als Ausgangspunkt zur Generierung der Rateversuche. Das Paket enthält eine Menge an Dateien und könnte zuerst etwas einschüchternd wirken, aber es lässt sich im Allgemeinen ohne Probleme kompilieren und ist tatsächlich ziemlich einfach zu bedienen. Dies sind die wichtigsten Bestandteile seiner Verzeichnisstruktur (alle relativ zu dessen Top-level-Verzeichnis, das erstellt wird, wenn das Paket entpackt wird):

Crack
: Treiber-Skript von Crack; bearbeiten Sie den ersten Abschnitt des Skripts, um Crack für Ihr System zu konfigurieren und dann das Paket mit dem Befehl `Crack -makeonly` zu kompilieren. Das gleiche Skript wird verwendet, um das Programm selbst auszuführen.

Dict
    Unterverzeichnisbaum, der die Wörterbuchquelldateien enthält (zusätzlich zum Standard-Online-Wörterbuch, normalerweise */usr/dict/words*). Wörterbuchquelldateien sind Textdateien, die ein Wort pro Zeile enthalten und denen die Erweiterung *.dwg* gegeben wurde. Wenn erwünscht, könnten Sie hier Dateien hinzufügen; das Platzieren dieser Dateien in eines der bestehenden Unterverzeichnisse ist der einfachste Weg.

src
    Speicherort des Quellcodes von Crack.

scripts/mkgecosd
    Regeln zur Generierung von Rateversuchen aus den Einträgen des GECOS-Feldes.

conf/rules.*
    Regeln zur Generierung von Rateversuchen aus den Wörtern des Wörterbuches.

run/F-merged
    Textdatei, die alle geknackten Passwörter im Klartext enthält. Wir empfehlen nicht, diese Datei online aufzubewahren, außer Sie führen Crack gerade tatsächlich aus. Während Crack läuft, werden hier noch mehrere andere Dateien aufbewahrt.

run/Dhost.pid
    Ergebnisdateien für einen bestimmten Crack-Durchlauf, inklusive der Passwörter, die während dieses Durchlaufs geknackt wurden (die Bestandteile Hostname und PID-Dateiname werden entsprechend ausgefüllt).

run/dict
    Die komprimierten Crack-Wörterbücher, die während eines Durchlaufs verwendet werden, werden nach Bedarf erstellt und hier abgelegt.

Der gesamte Crack-Verzeichnisbaum sollte im Besitz von *root* sein und niemandem außer *root* den Zugriff gestatten.

Crack bietet auch ein Utility, um die Passwort- und Shadow-Passwortdateien in eine einzige Datei zu konvertieren, die den Konventionen entspricht, die für den Einsatz mit dem Programm vorgesehen sind; es wird *shadowmrg.sv* genannt und im Unterverzeichnis *scripts* abgelegt. Es nimmt die beiden Dateinamen als Argument entgegen und schreibt die zusammengefasste Datei auf die Standardausgabe.

Hier ist ein Beispielaufruf von Crack:

```
# Crack -nice 5 /secure/pwdtest
```

Das Skript erstellt, wenn nötig, die komprimierten Wörterbuchdateien und startet dann das Programm zum Knacken der Passwörter im Hintergrund. Während Crack läuft, können Sie das Skript *Reporter* verwenden, um dessen Fortschritte zu überprüfen (es befindet sich im gleichen Verzeichnis wie das Skript Crack). In diesem Fall läuft Crack auf Grund der Einbindung von -nice mit einer niedrigeren Priorität als normal.

Wenn Sie einen Crack-Durchlauf stoppen möchten, dann führen Sie das Skript plaster im Unterverzeichnis *scripts* aus.

Schließlich – oder kurz darauf, abhängig von der Geschwindigkeit Ihrer CPU und der Länge der Wörterbuchdateien – erstellt Crack eine Ausgabe wie die folgende (in der Datei Dhost.pid, wobei *host* dem Hostnamen und *pid* der Prozess-ID des Hauptprozesses von Crack entspricht):

```
I:968296152:OpenDictStream: status: /ok/ stat=1 look=679 find=679
genset='conf/rules.basic' rule='!?Xc' dgrp='1'
    prog='smartcat run/dict/1.*'
O:968296152:679
I:968296155:LoadDictionary: loaded 130614 words into memory
G:968296209:KHcqrOsvoY8oo:Arcana
```

Die allgemeine Vorgehensweise von Crack wird in dieser Ausgabe sichtbar. Es öffnet der Reihe nach jede Wörterbuchdatei und wendet dann jede Regel aus den verschiedenen Sammlungen der *rules*-Dateien in dem Unterverzeichnis *run* auf die Wörter darin an. Hierbei verwendet es jedes umgeformte Wort als Rateversuch für jedes übrig gebliebene noch nicht geknackte Benutzerpasswort. Wenn es eine Übereinstimmung findet, zeigt es sowohl die geknackte als auch die codierte Version des Passworts in der Ausgabe an; in diesem Beispiel wurde gerade das Passwort »Arcana« geknackt. Sobald eine Regel auf jeden Wörterbucheintrag und jedes Passwort angewandt wurde, fährt Crack mit der nächsten Regel fort und schließlich mit dem nächsten Wörterbuch, bis alle Möglichkeiten ausgeschöpft oder alle Passwörter geknackt wurden.

Regeln geben die Umformungen an, die auf Wörterbucheinträge angewendet werden sollen, und sind unter Verwendung einer Crack-eigenen Metasprache geschrieben. Hier sind einige Beispieleinträge, die einige Features dieser Metasprache veranschaulichen:

!?Al	Wählt nur Wörter, die komplett aus alphabetischen Zeichen bestehen, und konvertiert sie in Kleinbuchstaben, bevor sie als Rateversuch eingesetzt werden.
!?Ac	Wählt nur Wörter, die komplett aus alphabetischen Zeichen bestehen, und setzt sie in Großbuchstaben.
>4r	Wählt Wörter aus, die länger als vier Zeichen sind, und dreht diese um. Weitere Umformungen sind Spiegelung (f) und Verdopplung (d).
>2<8!?A$0	Wählt reine alphabetische Wörter, die 3–7 Zeichen besitzen, und fügt eine abschließende »0« hinzu.
>2<8!?A$1	Das Gleiche wie vorher, allerdings fügt es eine abschließende »1« hinzu.
>2<7!?A$2$2	Wählt reine alphabetische Wörter mit 3–6 Zeichen und hängt eine »22« an.
>7!?Alx05$9$9	Wählt reine alphabetische Wörter mit 8 oder mehr Zeichen, konvertiert sie in Kleinbuchstaben, extrahiert die ersten 6 Zeichen und hängt eine »99« an (beachten Sie, dass die Zeichennummerierung innerhalb eines Wortes mit 0 beginnt).

Die installierten Regeldateien enthalten mehrere wichtige Umformungstypen und sie können, wenn gewünscht, erweitert und angepasst werden.

Sobald ein Crack-Durchlauf beendet ist, ist es wichtig, alle übrig gebliebenen Zwischendateien zu entfernen, da sie Klartextpasswörter enthalten könnten. Das Ausführen des Befehls make tidy ist ein Weg, um dies durchzuführen. Sie sollten vielleicht auch die *D**-Ergebnisdateien und die Datei *run/F-merged* in einen Offline-Speicher kopieren und die Online-Kopien löschen (und Letztere beim nächsten Mal, wenn Sie Crack ausführen möchten, wieder herstellen).

Im Internet stehen mehrere große Wörterbuchdateien zur Verfügung (sehen Sie sich zum Beispiel *ftp://ftp.ox.ac.uk/pub/wordlists* an). Deren Verwendung zur Vergrößerung des Standard-Unix-Wörterbuchs (und aller vom Paket mitgelieferten Wörterbücher) macht jedes Passwort knackende Programm noch erfolgreicher (aber es wird auch länger brauchen, um vollständig durchzulaufen).

Wie gut arbeiten sie?

Wir haben Crack und John über eine Passwortdatei laufen lassen, die mehrere schlecht ausgewählte Passwörter enthält. Tabelle 6-11 zeigt die Ergebnisse, die wir mit den Standardoptionen und -konfigurationen des Programms erhalten haben. Wir verwendeten nur das Standard-Unix-Wörterbuch, dem die Wörter »arcana« und »vermillion« hinzugefügt wurden.

Tabelle 6-11: Ergebnisse des Passwortknackens

Testpasswort	Crack	John
vermilli	ja	ja
marymary	ja	ja
maryyram	ja	ja
arcana	ja	ja
Arcana	ja	ja
arcana1	ja	ja
arca^Na	nein	nein
arcana#	nein	nein
arcana24	nein	nein

Beide Programme knackten Passwörter mit einfachen Umformungen, aber nicht mit Sonderzeichen oder mit zwei hinzugefügten Zahlen. Das Hinzufügen von Regeln auf beiden Einrichtungen ist jedoch sehr einfach, um auch mit diesen Fällen umzugehen.

Benutzer-Authentifizierung mit PAM

Traditionell erfolgt die Benutzer-Authentifizierung auf Unix-Systemen mit nur wenigen Ausnahmen zum Zeitpunkt der Anmeldung. In den letzten Jahren ist allerdings ein neues System in den Vordergrund getreten, das es erlaubt, den Authentifizierungsprozess für eine Vielzahl von Systemzusammenhängen durchzuführen und anzupassen. Diese Funktionalität wird von der PAM-Einrichtung geliefert.

PAM steht für Pluggable Authentication Modules. PAM ist eine allgemeine Einrichtung für die Benutzer-Authentifizierung, die von den aktuellen Versionen von FreeBSD, HP-UX, Linux und Solaris zur Verfügung gestellt wird. Das Ziel von PAM ist es, einen flexiblen und vom Administrator konfigurierbaren Mechanismus für die Authentifizierung von Benutzern zu liefern, unabhängig von den verschiedenen Programmen und Einrichtungen, die Authentifizierungsdienste benötigen. Auf diese Weise können Programme unabhängig von irgendeinem bestimmten Schema für die Benutzer-Authentifizierung entwickelt werden, anstatt eines explizit oder implizit darin einbinden zu müssen. Wenn dieser Ansatz verwendet wird, rufen Utilities zur Laufzeit verschiedene Authentifizierungsmodule auf, um den eigentlichen Vorgang der Benutzerüberprüfung durchzuführen, und die Utilities reagieren dann entsprechend, abhängig von den Ergebnissen, die die Module ihnen zurückliefern.

Es gibt mehrere Komponenten für die PAM-Einrichtung:

- PAM-Versionen von traditionellen Unix-Authentifizierungsprogrammen (zum Beispiel `login` und `passwd`). Solche Programme werden auch *Dienste* genannt.

- Module, um verschiedene spezielle Authentifizierungsaufgaben durchzuführen. Diese werden als Shared Libraries implementiert (*.so*-Dateien), die unter Linux in */lib/security* abgelegt werden, unter Solaris und HP-UX in */usr/lib/security* und unter FreeBSD in */usr/lib*. Jedes Modul ist nur für einen kleinen Aspekt der Authentifizierung verantwortlich. Nach der Ausführung liefert ein Modul seinen Ergebniswert an die PAM-Einrichtung zurück, der angibt, ob es den Zugriff gewähren oder dem anfragenden Benutzer den Zugriff verweigern wird. Ein Modul könnte auch einen neutralen Wert zurückliefern, was keiner bestimmten Entscheidung entspricht (eigentlich eine Enthaltung von der letztendlichen Entscheidung).[15]

- Konfigurationsdaten legen fest, welcher Authentifizierungsvorgang für jeden unterstützten Dienst durchgeführt werden sollte. Dieser wird über eine oder mehrere PAM-Konfigurationsdateien angegeben. Auf Linux-Systemen hat jeder Dienst seine eigene Konfigurationsdatei – mit dem gleichen Namen wie der Dienst selbst – im Verzeichnis */etc/pam.d* (dementsprechend wäre die Konfigurationsdatei für den Login-Dienst */etc/pam.d/login*). Alternativ könnte die gesamte Einrichtung eine einzige Konfigurationsdatei verwenden, der Konvention entsprechend */etc/pam.conf*; dies ist die Art und Weise, wie die anderen drei Systeme standardmäßig eingerichtet werden.

---

[15] Für weitere Informationen über verfügbare PAM-Module können Sie sich http://www.kernel.org/pub/linux/libs/pam/modules.html ansehen. Auch wenn es sich dabei um den Teil einer Linux-Site handelt, können die meisten PAM-Module auch für andere Systeme kompiliert werden.

Wenn beide Arten von Konfigurationsinformationen vorhanden sind (und die PAM-Einrichtung so kompiliert wurde, dass sie mehrere Konfigurationsquellen erlaubt), erhalten die Dateien in */etc/pam.d* den Vorzug vor den Inhalten von */etc/pam.conf*.

- Zusätzliche Konfigurationseinstellungen, die von einigen der PAM-Module benötigt werden. Diese Konfigurationsdateien werden in */etc/security* abgespeichert und haben den gleichen Namen wie der entsprechende Dienst zuzüglich der angefügten Erweiterung *.conf*.

Der beste Weg, um zu verstehen, wie PAM arbeitet, ist ein Beispiel. Hier ist eine einfache PAM-Konfigurationsdatei von einem Linux-System; diese Datei wird vom Dienst su verwendet:[16]

```
auth       sufficient    /lib/security/pam_rootok.so
auth       required      /lib/security/pam_wheel.so
auth       required      /lib/security/pam_unix.so shadow nullok
account    required      /lib/security/pam_unix.so
password   required      /lib/security/pam_unix.so
session    required      /lib/security/pam_unix.so
```

Wie Sie sehen können, gibt es vier Typen von Einträgen, die innerhalb einer PAM-Konfigurationsdatei auftauchen können. Auth-Einträge geben Prozeduren für die Benutzer-Authentifizierung an. Account-Einträge werden verwendet, um Benutzer-Account-Attribute zu setzen und Account-Kontrollen anzuwenden. Password-Einträge werden eingesetzt, wenn sich ein Passwort innerhalb des Kontexts des aktuellen Dienstes ändert. Session-Einträge werden momentan im Allgemeinen für Login-Zwecke auf die Syslog-Einrichtung verwendet. Die Gruppe von Einträgen eines bestimmten Typs wird der Reihe nach ausgeführt und bildet einen so genannten Stack (»Stapel«). In der Beispieldatei gibt es einen Stack mit drei auth-Einträgen und einen einzelnen Eintrag für jeden der drei anderen Typen.

Das zweite Feld in jedem Eintrag stellt ein Schlüsselwort dar, das angibt, wie die Ergebnisse eines bestimmten Moduls das Resultat des gesamten Authentifizierungsprozesses beeinflussen. In seiner einfachsten Form[17] besteht dieses Feld aus einem von vier Schlüsselwörtern:

sufficient
Wenn dieses Modul dem Benutzer den Zugriff gewährt, werden alle übrigen Module im Stack übersprungen, und dem Dienst wird ein Wert übergeben, der besagt, dass die Authentifizierung erfolgreich war.

requisite
Wenn dieses Modul den Zugriff verweigert, wird dem Dienst ein Wert zurückgeliefert, der besagt, dass die Authentifizierung fehlgeschlagen ist, und alle übrigen Module im Stack werden übersprungen.

---

16 Das Format für die entsprechenden Dateieinträge in */etc/pam.conf* unterscheidet sich nur leicht; der Name des Dienstes wird zum ersten Feld, gefolgt von den übrigen Feldern, wie in diesem Beispiel: su auth sufficient /usr/lib/security/pam_unix.so.

17 Es gibt eine neuere, komplexere Syntax für das Prioritätsfeld, die wir später in diesem Abschnitt betrachten werden.

required
> Dieses Modul muss den Zugriff gewähren, damit der gesamte Authentifizierungsvorgang erfolgreich ist.

optional
> Das Ergebnis dieses Moduls wird nur dann zur Festlegung des Zugangs verwendet, wenn kein anderes Modul sich entscheiden kann.

Die ersten beiden Schlüsselwörter sind einfach zu verstehen, da sie sofort den Zugriff entweder erlauben oder verbieten und den Authentifizierungsvorgang zu diesem Zeitpunkt beenden. Die anderen beiden geben an, ob das Modul ein wesentlicher, integraler Bestandteil des Authentifizierungsvorgangs ist. Wenn kein Modul den Zugriff erlaubt oder verweigert, bevor alle Module im Stack ausgeführt wurden, wird der Erfolg oder das Fehlschlagen der Authentifizierung anhand der Ergebnisse aller benötigten Module festgestellt. Wenn zumindest eines der Module den Zugriff gewährt und keines ihn verweigert, dann ist die Authentifizierung erfolgreich. Optionale Module werden nur dann verwendet, wenn keine endgültige Entscheidung von den benötigten Modulen erzielt wurde.

Das dritte Feld in jedem Konfigurationsdateieintrag ist der Pfad auf das gewünschte Modul (manchmal wird nur ein Dateiname angegeben, in diesem Fall wird der Standardspeicherort der Bibliothek vorausgesetzt). Alle benötigten und/oder optionalen Argumente, die von dem Modul verwendet werden, folgen nach dessen Pfad.

Betrachten wir noch einmal die PAM-Konfigurationsdatei von su, dann können wir nun den Authentifizierungsvorgang decodieren, den sie vorgibt. Wenn eine Benutzerin einen su-Befehl eingibt, werden drei Module verwendet, um festzustellen, ob es ihr erlaubt ist, ihn auszuführen. Zuerst läuft das Modul *pam_rootok*. Dieses Modul überprüft, ob die Benutzerin *root* ist oder nicht (über die tatsächliche UID). Wenn dem so ist, wird dies angezeigt, und die Authentifizierung endet hier wegen dem Schlüsselwort *sufficient* (root muss überhaupt kein Passwort eingeben, um su verwenden zu können); wenn die Benutzerin nicht *root* ist, geht die Authentifizierung mit dem nächsten Modul weiter. Das Modul *pam_wheel* überprüft, ob die Benutzerin ein Mitglied der Systemgruppe ist, der es erlaubt ist, su auf *root* auszuführen, und gibt dementsprechend den Wert für Erfolg oder Fehler zurück (und emuliert dabei ein Feature des BSD-Unix-Systems), wobei es den Zugriff auf den Befehl auf diese Gruppe einschränkt. Der Authentifizierungsprozess fährt dann mit dem Modul *pam_unix* fort, das das passende Passwort für den gewünschten Befehl anfordert und überprüft (was von dem bestimmten Benutzer, der das Ziel von su ist, abhängig ist); abhängig davon, ob das richtige Passwort eingegeben wird, gibt es den Wert für Erfolg oder Fehler zurück. Diesem Modul werden in dieser Instanz zwei Argumente übergeben: *shadow* gibt an, dass eine Shadow-Passwortdatei im Einsatz ist, und *nullok* besagt, dass ein Null-Passwort für den Ziel-Account akzeptabel ist (das Weglassen dieses Schlüsselwortes deaktiviert wirkungsvoll Accounts ohne Passwörter).

Die anderen drei Einträge in der Konfigurationsdatei rufen alle das gleiche Modul auf, *pam_unix*. Im Zusammenhang mit dem Account legt dieses Modul den Status für den Account und das Passwort des Zielbenutzers fest, indem es, wenn nötig, eine automatische Passwortänderung generiert; der Passworteintrag wird aufgerufen, wenn eine solche Passwortänderung notwendig ist, und es geht dann auch mit den Mechanismen für diesen Vorgang um. Schließlich erzeugt der session-Eintrag für diesen Aufruf von su einen Eintrag in Syslog.

Viele PAM-Module erlauben eine weitergehende Konfiguration. Das Modul *pam_wheel* zum Beispiel erlaubt es Ihnen anzugeben, auf welche Gruppe der su-Zugriff beschränkt ist (über die Option *group*). Es erlaubt Ihnen auch, den Zugriff für jeden mit Ausnahme der Mitglieder einer bestimmten Gruppe zu gewähren (über die Option *deny*). Ziehen Sie für vollständige Details zu den Aktivitäten und Optionen zur Verfügung stehender Module die PAM-Dokumentation hinzu, die normalerweise innerhalb des */usr/doc*-Baums zu finden ist.

Hier ist eine komplexere Konfigurationsdatei für den Dienst rlogin, die wieder von einem Linux-System stammt:

```
auth       requisite    /lib/security/pam_securetty.so
auth       requisite    /lib/security/pam_nologin.so
auth       sufficient   /lib/security/pam_rhosts_auth.so
auth       required     /lib/security/pam_unix.so
account    required     /lib/security/pam_unix.so
account    required     /lib/security/pam_time.so
password   required     /lib/security/pam_cracklib.so retry=3 \
                        type=UNIX minlen=10 ocredit=2 \
                        dcredit=2
password   required     /lib/security/pam_unix.so \
                        use_authtok shadow md5
session    required     /lib/security/pam_unix.so
session    optional     /lib/security/pam_motd.so motd=/etc/pmotd
```

Wenn ein Benutzer versucht, sich über den Dienst rlogin mit dem System zu verbinden, erfolgt die Authentifizierung wie folgt: Das Modul *pam_securetty* meldet Verbindungen auf den *root*-Account über rlogin an (wenn jemand versucht, sich über rlogin als *root* anzumelden, gibt das Modul eine Fehlermeldung zurück, und die Authentifizierung wird auf Grund des Schlüsselwortes *requisite* beendet).

Als Nächstes stellt das Modul *pam_nologin* fest, ob die Datei */etc/nologin* existiert; wenn dem so ist, wird dem Benutzer deren Inhalt angezeigt, und die Authentifizierung schlägt sofort fehl. Wenn */etc/nologin* nicht vorhanden ist, stellt das Modul *pam_rhosts_auth* fest, ob der traditionelle Unix-Mechanismus */etc/hosts.equiv* den Zugriff auf das System erlaubt oder nicht; wenn dem so ist, dann ist die Authentifizierung sofort erfolgreich. In allen Fällen fordert das Modul *pam_unix* zur Eingabe eines Benutzerpasswortes auf (das Modul verwendet hier die gleichen Argumente wie in dem vorangegangenen Beispiel).

Wenn die Authentifizierung erfolgreich ist, kommt der account-Stack ins Spiel. Zuerst werden über das Modul *pam_unix* der Benutzer-Account und die Passwortkontrollen überprüft (was sicherstellt, dass der Account nicht abgelaufen ist, und feststellt, ob das Passwort zu diesem Zeitpunkt geändert werden muss). Als Nächstes konsultiert das Modul *pam_time* seine Konfigurationsdatei, um festzustellen, ob es dem Benutzer erlaubt ist, sich zu diesem Zeitpunkt einzuloggen (wird weiter unten behandelt). Damit der Systemzugriff gewährt wird, darf keines dieser Module den Zugriff verweigern, und zumindest eines von ihnen muss den Zugriff explizit gewähren.

Wenn eine Passwortänderung gefordert wird, dann wird der password-Stack verwendet. Das erste Modul, *pam_cracklib*, führt mehrere unterschiedliche Trivialitätstests auf dem neuen Passwort durch, bevor es erlaubt, dieses auszuwählen. Dieses Modul wird später in diesem Abschnitt im Detail behandelt.

Schließlich erzeugt der erste session-Eintrag jedes Mal, wenn der Dienst `rlogin` verwendet wird, einen Eintrag in Syslog. Der zweite session-Eintrag zeigt eine Nachricht-des-Tages am Ende des Login-Vorgangs an, indem er die Inhalte derjenigen Datei darstellt, die über die Option *motd* von *pam_motd* angegeben wird.

PAM-Standardeinstellungen

Die PAM-Einrichtung definiert auch einen zusätzlichen Dienst, der *other* genannt wird und der als Standardauthentifizierungsschema für Befehle und Einrichtungen dient, die nicht als PAM-Dienste definiert sind. Die Einstellungen für die *other*-Dienste werden immer dann verwendet, wenn eine Anwendung eine Authentifizierung erfordert, aber keine individuell definierten Konfigurationsdaten besitzt. Hier ist eine typische *other*-Konfigurationsdatei:

```
auth     required    pam_warn.so
auth     required    pam_deny.so
```

Diese Einträge zeigen dem Benutzer eine Warnmeldung an, dass PAM nicht für den angeforderten Dienst konfiguriert wurde, und verweigern dann den Zugriff in allen Fällen.

PAM-Module unter Linux

Wie diese Beispiele gezeigt haben, stellen Linux-Systeme eine Vielzahl an PAM-Modulen zur Verfügung. Leider sind die anderen Systeme, die wir hier betrachten, standardmäßig nicht so gut ausgestattet, und Sie werden selbst zusätzliche Module bauen müssen, wenn Sie diese haben möchten.

Wir werden jetzt die wichtigsten Linux-PAM-Module kurz auflisten. Zwei der wichtigsten werden in späteren Unterabschnitten dieses Kapitels detaillierter betrachtet. Für jedes Modul werden die Stacks, in denen es aufgerufen werden könnte, in Klammern angegeben.

pam_deny (account, auth, passwd, session)
pam_permit (account, auth, passwd, session)
 Verweigern bzw. erlauben jeglichen Zugriff, indem sie immer Fehler bzw. Erfolg (in dieser Reihenfolge) zurückgeben. Diese Module protokollieren nicht mit, weshalb Sie diese mit *pam_warn* in einen Stack stecken müssen, um die Ereignisse mitzuprotokollieren.

pam_warn (account, auth, passwd, session)
 Protokolliert die Informationen über den aufrufenden Benutzer und den Host nach Syslog.

pam_access (account)
  Gibt den Systemzugriff basierend auf dem Benutzer-Account und dem/der ausgehenden Host/Domain an, so wie bei der weithin eingesetzten Einrichtung logdaemon. Die Konfigurationsdatei ist */etc/security/access.conf*.

pam_unix (account, auth, passwd, session)
pam_pwdb (account, auth, passwd, session)
  Zwei Module zur Überprüfung und Änderung von Benutzerpasswörtern. Wenn sie im auth-Stack verwendet werden, prüfen die Module das eingegebene Benutzerpasswort.

  Wenn sie als ein account-Modul verwendet werden, stellen sie fest, ob eine Passwortänderung nötig ist (basierend auf den Einstellungen des Passwort-Aging in der Shadow-Passwortdatei); wenn dem so ist, verzögern sie den Zugriff auf das System so lange, bis das Passwort geändert wurde.

  Wenn sie als eine Passwortkomponente verwendet werden, aktualisieren die Module das Benutzerpasswort. In diesem Zusammenhang sind die Optionen *shadow* (verwendet die Shadow-Passwortdatei) und *try_first_pass* nützlich; Letzteres zwingt die Module dazu, das Passwort zu verwenden, das einem vorangehenden Modul im Stack übergeben wurde (anstatt einen weiteren, überflüssigen Prompt zur Eingabe eines Passwortes zu erzeugen).

  In jedem dieser Modi wird die Option *nullok* benötigt, wenn Sie den Benutzern erlauben möchten, dass sie auch leere Passwörter besitzen können, auch als ursprüngliches Passwort, das bei der ersten Anmeldung geändert werden muss; ansonsten werden die Module einen Autorisierungsfehler zurückgeben.

pam_cracklib (passwd)
  Trivialitätsüberprüfung des Passwortes. Muss sich in einem Stack mit *pam_pwdb* oder *pam_unix* befinden. Sehen Sie hierzu auch die Beschreibung weiter unten.

pam_pwcheck (passwd)
  Ein weiteres Modul zur Passwortkontrolle, das überprüft, ob das vorgeschlagene Passwort den Einstellungen entspricht, die in */etc/login.defs* angegeben sind (wurde schon weiter vorne in diesem Kapitel behandelt).

pam_env (auth)
  Setzt oder entfernt die Umgebungsvariablen eines PAM-Stack. Es verwendet die Konfigurationsdatei */etc/security/pam_env.conf*.

pam_issue (auth)
pam_motd (session)
  Zeigt eine issue-Datei oder eine message-of-the-day-Datei bei der Anmeldung an. Die issue-Datei (standardmäßig */etc/issue*) wird vor dem Prompt zur Eingabe des Benutzernamens angezeigt und die message-of-the-day-Datei (standardmäßig */etc/motd*) wird am Ende eines erfolgreichen Anmeldevorgangs angezeigt. Der Speicherort der angezeigten Datei kann über ein Argument zu jedem Modul geändert werden.

pam_krb4 (auth, passwd, session)
pam_krb5 (auth, passwd, session)
   Schnittstelle zur Benutzer-Authentifizierung mit Kerberos.

pam_lastlog (auth)
   Fügt einen Eintrag an die Datei */var/log/lastlog* an, die Daten über jede Sitzung einer Benutzeranmeldung enthält.

pam_limits (session)
   Setzt Ressourcenbeschränkungen auf Benutzerprozesse (*root* ist davon nicht betroffen), so wie sie in dessen Konfigurationsdatei */etc/security/limits.conf* angegeben sind (die Datei darf nur für den Superuser lesbar sein). Diese Datei enthält Einträge der Form:

   ```
   name    hard/soft   resource   limit-value
   ```

   Dabei entspricht *name* einem Benutzer oder einem Gruppennamen oder einem Sternchen (das den Standardeintrag anzeigt). Das zweite Feld gibt an, ob es sich um eine weiche (soft) Beschränkung handelt, die der Benutzer, wenn gewünscht, erhöhen kann, oder um eine harte (hard) Beschränkung, der obere Grenzbereich, den der Benutzer nicht überschreiten kann. Die letzten beiden Felder geben die vorliegende Ressource und die Beschränkung an, die ihr zugewiesen wurde. Die definierten Ressourcen sind:

   as
      Maximaler Adressraum

   core
      Maximale Größe von Core-Dateien

   cpu
      CPU-Zeit in Minuten

   data
      Maximale Größe des Datenbereichs im Prozess-Speicher

   fsize
      Maximale Dateigröße

   maxlogins
      Maximale Anzahl gleichzeitiger Login-Sitzungen

   memlock
      Maximale, vor dem Auslagern geschützte Speichermenge

   nofile
      Maximale Anzahl geöffneter Dateien

   rss
      Maximaler Umfang des rss (resident size set)

   stack
      Maximaler Bereich für Stack-Speicher im Adressraum

   Alle Größen werden in Kilobyte angegeben.

pam_listfile (auth)
   Verweigert bzw. erlaubt den Zugriff basierend auf einer Liste von Benutzernamen in einer externen Datei. Dieses Modul wird am besten anhand eines Beispiels erklärt (nehmen Sie an, Folgendes wurde in der PAM-Konfigurationsdatei für die ftp-Einrichtung gefunden):
   ```
   auth    required    pam_listfile.so onerr=fail sense=deny \
                       file=/etc/ftpusers item=user
   ```
   Dieser Eintrag besagt, dass die Datei */etc/ftpusers* (*file*-Argument) eine Liste mit Benutzernamen enthält (*item=user*), denen der Zugriff auf ftp verweigert werden sollte (*sense=deny*). Wenn irgendein Fehler auftritt, wird der Zugriff verweigert (*onerr=fail*). Wenn Sie einer Liste von Benutzern den Zugriff gewähren möchten, verwenden Sie die Option *sense=allow*. Die Option *item* kennzeichnet die Art der Daten, die in der angegebenen Datei vorhanden sind, eine aus *user, group, rhost, ruser, tty* und *shell*.

pam_mail (auth, session)
   Zeigt eine Nachricht an, die aufzeigt, ob der Benutzer Post hat. Der Standardspeicherort der Mail-Datei (*/var/spool/mail*) kann mit dem Argument *dir* geändert werden.

pam_mkhomedir (session)
   Erzeugt das Home-Verzeichnis des Benutzers, wenn es noch nicht existiert, und kopiert die Dateien aus dem Verzeichnis */etc/skel* in das neue Verzeichnis (verwenden Sie die Option *skel*, um einen anderen Ort anzugeben). Sie können die Option *umask* verwenden, um eine Umask anzugeben, die verwendet werden soll, wenn das Verzeichnis erstellt wird (zum Beispiel *umask=022*).

pam_nologin (auth)
   Verhindert Nicht-*root*-Anmeldungen, wenn die Datei */etc/nologin* existiert, deren Inhalte den Benutzern angezeigt werden.

pam_rhosts_auth (auth)
   Führt eine traditionelle Authentifizierung über */etc/rhosts* und *~/.rhosts* für entfernte Sitzungen zwischen vernetzten Hosts durch (siehe »Netzwerksicherheit« in Kapitel 7).

pam_rootok (auth)
   Erlaubt *root*-Zugang ohne Passwort.

pam_securetty (auth)
   Verhindert den *root*-Zugang, bis die aktuelle Terminal-Zeile in der Datei */etc/securetty* aufgeführt wird.

pam_time(account)
   Beschränkt den Zugang anhand der Tageszeit, basierend auf Benutzer, Gruppe, tty und/oder Shell. Wird später in diesem Kapitel detaillierter behandelt.

pam_wheel (auth)
   Entwickelt für die Einrichtung su, verhindert dieses Modul den *root*-Zugang durch irgendeinen Benutzer, der nicht Mitglied einer spezifizierten Gruppe ist (Option *group=name*), die standardmäßig GID 0 entspricht. Sie können die Logik des Testes umdrehen, um den *root*-Zugang für Mitglieder einer bestimmten Gruppe zu verweigern, indem Sie die Option *deny* zusammen mit *group* verwenden.

Überprüfen von Passwörtern zum Zeitpunkt der Auswahl

Wie wir gesehen haben, kann das Modul pam_cracklib dazu verwendet werden, um ein vorgeschlagenes Benutzerpasswort auf seine Stärke hin zu überprüfen. Standardmäßig prüft das Modul das eingegebene neue Passwort gegen jedes Wort in seinem Wörterbuch */usr/lib/cracklib_dict*. Es überprüft auch, ob das neue Passwort nicht eine einfache Umformung des aktuellen ist: keine Umkehrung, kein Palindrom, keine Überarbeitung der Groß- und Kleinschreibung oder eine Umdrehung. Das Modul prüft das Passwort auch gegen die Liste des Moduls mit den früheren Passwörtern des Benutzers, die in */etc/security/opasswd* gespeichert sind.

Die Argumente für dieses Modul geben zusätzliche Kriterien an, die für einige dieser Prüfungen verwendet werden sollen. Dies sind die wichtigsten:

retry=n
:   Anzahl der Versuche, die erlaubt sind, um ein neues Passwort erfolgreich auszuwählen. Der Standardwert ist 1.

type=string
:   Name des Betriebssystems, der in Eingabeaufforderungen verwendet wird (standardmäßig Linux).

minlen=n
:   Minimale »Länge« für das neue Passwort (standardmäßig 10). Dies wird auf Basis der Zeichenanzahl in dem Passwort berechnet, zusammen mit einer bestimmten Gewichtung für unterschiedliche Arten von Zeichen (die über die verschiedenen *credit*-Argumente angegeben werden). Entsprechend dem credit-System für die Zeichenarten sollte dieser Wert größer oder gleich der gewünschten Passwortlänge plus eins sein.

ucredit=u
lcredit=l
dcredit=d
ocredit=o
:   Maximale »Länge«, die für Großbuchstaben, Kleinbuchstaben, Zahlen und andere Zeichen (in dieser Reihenfolge) in vorgeschlagenen Passwörtern angerechnet wird (alle sind standardmäßig auf 1 gesetzt). Wenn gesetzt, fügen die Zeichen jeden Typs 1 an den Wert von »Länge« hinzu, bis zur angegebenen Maximalzahl. Zum Beispiel bedeutet *dcredit*=2, dass für den Fall, dass zwei oder mehr Zahlen im neuen Passwort vorkommen, eine 2 an die Anzahl der Zeichen im Passwort hinzugefügt wird, wenn dessen »Länge« mit *minlen* verglichen wird (eine oder null Zahlen werden entsprechend 1 oder 0 an die »Länge« anfügen).

difok=n
:   Die Anzahl der Zeichen im neuen Passwort, die nicht im alten Passwort vorkommen dürfen (alte Passwörter werden in */etc/security/opasswd* gespeichert). Der Standardwert beträgt 10. Verringern Sie diesen Wert, wenn Sie lange MD5-Passwörter einsetzen.

Betrachten Sie beispielsweise unseren vorangegangenen Aufruf von pam_cracklib:

```
passwordrequiredpam_cracklib.so retry=3 type=Linux \
                    minlen=12 ocredit=2 dcredit=2 difok=3
```

In diesem Fall werden dem Benutzer drei Versuche gestattet, ein geeignetes Passwort auszuwählen (*retry=3*), und das Wort »Linux« wird in der Eingabeaufforderung für das neue Passwort verwendet anstatt Unix (*type=Linux*). Auch muss das Passwort eine minimale Länge von 12 besitzen, wobei jedes Zeichen in dem Passwort als 1 zählt, und bis zu zwei Zahlen (*dcredit=2*) und zwei nichtalphabetische Zeichen (*ocredit=2*) können jeweils eine zusätzliche 1 an die »Länge« anfügen. Dies erzwingt wirksam, dass Passwörter mindestens sieben Zeichen lang sind, und in diesem Fall müssen sie zwei Zahlen und zwei nichtalphabetische Zeichen enthalten (7 Zeichen + 1 Alpha + 2 Zahlen + 2 andere). Passwörter, die nur Groß- und Kleinbuchstaben enthalten, müssen mindestens 10 Zeichen lang sein. Die letzte Option gibt an, dass drei Zeichen in dem neuen Passwort nicht in dem alten Passwort vorkommen dürfen.

Angeben erlaubter Zeiten und Orte für den Systemzugang

Das Modul pam_time verwendet eine Konfigurationsdatei, */etc/security/time.conf*, die Stunden angibt, zu denen die Benutzer auf definierte PAM-Dienste zugreifen dürfen. Hier ist ein Beispiel:

```
#services; ttys; users; times (Mo Tu We Th Fr Sa Su Wk Wd Al)
login;tty*;!root & !harvey & !chavez;Wd0000-2400|Wk0800-2000
games;*;smith|jones|williams|wong|sanchez|ng;!Al0700-2000
```

Die erste Zeile ist ein Kommentar, der die Inhalte der verschiedenen Felder angibt (beachten Sie, dass die Einträge durch Semikolons getrennt sind). Jeder Eintrag innerhalb dieser Konfigurationsdatei gibt an, wann der Zugriff auf die gekennzeichneten Dienste erlaubt ist; der Eintrag wird angewandt, wenn *alle* der ersten drei Felder der aktuellen Situation entsprechen, und der vierte Eintrag gibt die Zeiten an, zu denen der Zugang erlaubt ist.

In unserem Beispiel gibt die erste Zeile an, dass der Zugang auf die Dienste login und rlogin allen Benutzern mit Ausnahme von *root*, *harvey* und *chavez* gestattet wird (das logische NICHT wird durch das einleitende ! gekennzeichnet), und zwar an Wochenenden rund um die Uhr (*Wd*-Schlüsselwort im vierten Feld) und an Wochentagen zwischen 08:00 Uhr und 18:00 Uhr und über jedes seriell verbundene Terminal. Die zweite Zeile verbietet zwischen 07:00 Uhr und 20:00 Uhr den aufgeführten Benutzern den Zugriff auf jedes Spiel, das PAM verwendet (wieder unabhängig von tty); dies geschieht, indem sie den Zugriff zu jeder Zeit mit Ausnahme der angeführten gewährt (wieder gekennzeichnet durch das einleitende Ausrufezeichen). Beachten Sie, dass & und | für das logische UND beziehungsweise ODER verwendet werden und dass ein Sternchen als Wildcard verwendet werden könnte (obwohl eine reine Wildcard nur einmal innerhalb der ersten drei Felder erlaubt ist).

Wenn Sie Einträge für diese Konfigurationsdatei erstellen, dann denken Sie daran, dass Sie Übereinstimmungsregeln erzeugen: Verwenden Sie die ersten drei Felder, um die Anwendbarkeit zu definieren, und das letzte Feld, um die erlaubten oder verbotenen Zeiten anzugeben. Beachten Sie, dass ein kaufmännisches Und (UND) normalerweise negative Einträge (NICHT) miteinander verbindet und eine vertikale Linie (ODER) normalerweise positive Einträge.

Denken Sie daran, dass dieses Modul zeitbasierte Kontrollmechanismen nur für den initialen Systemzugriff zur Verfügung stellen kann. Es unternimmt nichts, um Zeitbeschränkungen zu erzwingen, nachdem sich ein Benutzer bereits angemeldet hat; sie können so lange angemeldet bleiben, wie sie möchten.

MD5-Passwörter

Linux und einige andere Unix-Systeme unterstützen unter Verwendung des MD5-Algorithmus viel längere Passwörter (bis zu mindestens 128 Zeichen). Viele PAM-Module sind auch zu solchen Passwörtern kompatibel und stellen eine *md5*-Option zur Verfügung, die verwendet werden kann, um anzugeben, dass solche Passwörter im Einsatz sind, und um deren Verwendung anzufordern. Zu diesen Modulen gehören pam_pwdb, pam_unix, pam_cracklib und pam_pwcheck.

Wenn Sie sich dazu entschließen, MD5-Passwörter zu aktivieren, werden Sie die Option *md5* in der Konfigurationsdatei an alle relevanten Module für die Dienste login, rlogin, su, sshd und passwd anfügen müssen (und vielleicht auch an andere).

Nicht alle Unix-Einrichtungen sind mit MD5-Passwörtern kompatibel. Einige ftp-Client-Programme zum Beispiel schneiden das eingegebene Passwort immer ab und übertragen deshalb lange Passwörter nicht korrekt und verhindern dabei den ftp-Zugang von Benutzern mit langen Passwörtern. Überprüfen Sie Ihre Umgebung gründlich, bevor Sie beschließen, MD5-Passwörter zu aktivieren.

PAM-Module, die von anderen Unix-Systemen zur Verfügung gestellt werden

Wie wir schon früher angemerkt haben, stellen HP-UX, FreeBSD und Solaris nicht annähernd so viele PAM-Module zur Verfügung, wie das Linux standardmäßig macht. Jedes Betriebssystem liefert zwischen 8 und 12 Module. Alle enthalten eine Version des grundlegenden passwortbasierten Moduls pam_unix (auf HP-UX-Systemen libpam_unix genannt). Es gibt auch ein paar einmalige Module, die von diesen Systemen zur Verfügung gestellt werden, inklusive der folgenden:

System	Modul	Beschreibung
HP-UX	libpam_updbe	Dieses Modul liefert eine Methode für die Definition benutzerspezifischer PAM-Stacks (die in der Konfigurationsdatei /etc/pam_user.conf abgespeichert werden).
Solaris	pam_projects	Dieses Modul führt so lange zum Erfolg, solange der Benutzer einem gültigen Projekt angehört, ansonsten schlägt es fehl. Solaris-Projekte werden in »Accounting auf System V: AIX, HP-UX und Solaris« in Kapitel 17 behandelt.
	pam_dial_auth	Führt eine Dialup-Benutzer-Authentifizierung unter Verwendung der traditionellen Dateien /etc/dialup und /etc/d_passwd durch (siehe »Wiedersehen mit der Benutzer-Authentifizierung« in Kapitel 7).
	pam_roles	Führt die Authentifizierung durch, wenn ein Benutzer versucht, eine neue Rolle anzunehmen (siehe »Rollenbasierte Zugriffskontrolle« in Kapitel 7).
FreeBSD	pam_cleartext_pass_ok	Akzeptiert eine Authentifizierung, die über Passwörter im Klartext durchgeführt wird.

Komplexere PAM-Konfiguration

Die neuesten Versionen von PAM führen eine neue, komplexere Syntax für das letzte Prioritätsfeld ein:

```
return-val=action [, return-val=action [,...]]
```

Dabei ist *return-val* einer von ungefähr fünfzehn definierten Werten, die ein Modul zurückgeben könnte, und *action* ist ein Schlüsselwort, das angibt, welche Aktion vorgenommen werden sollte, wenn dieser Rückgabewert empfangen wird (in anderen Worten, wenn diese Bedingung eintritt). Die zur Verfügung stehenden Aktionen sind *ok* (gewährt den Zugriff), *ignore* (keine Stellungnahme über den Zugriff), *bad* (verweigert den Zugriff), *die* (verweigert sofort den Zugriff), *done* (gewährt sofort den Zugriff) und *reset* (ignoriert die Ergebnisse aller Module, die bisher ausgeführt wurden, und zwingt die übrigen im Stack dazu, die Entscheidung zu treffen). Zusätzlich könnte auch ein positiver Integer-Wert (*n*) als Aktion angegeben werden, der besagt, dass die nächsten *n* Module im Stack übersprungen werden sollen, was es erlaubt, ein einfaches bedingtes Authentifizierungsschema zu erstellen.

Hier ist ein beispielhaftes Prioritätsfeld unter Verwendung der neuen Syntax und der neuen Features:

```
success=ok,open_err=ignore,cred_insufficient=die,\
    acct_expired=die,authtok_expired=die,default=bad
```

Dieser Eintrag besagt, dass ein erfolgreicher Rückgabewert des Moduls den Zugriff gewährt; er muss noch mit den Ergebnissen der anderen Module kombiniert werden, um den gesamten Erfolg oder Fehler der Authentifizierung festzustellen (wie üblich). Ein Fehler beim Öffnen einer Datei führt dazu, dass das Modul ignoriert wird. Wenn das Modul aufzeigt, dass die Vollmachten des Benutzers für den Zugang nicht ausreichen oder dass sein Account oder das Authentifizierungs-Token abgelaufen ist, dann schlägt der gesamte Authentifizierungsvorgang sofort fehl. Der letzte Punkt in der Liste gibt eine Standardaktion an, wenn irgendein anderer Wert von dem Modul zurückgegeben wird; in diesem Fall ist sie auf die Verweigerung des Zugangs gesetzt.

Diese Beispiele haben einige der Features und etwas von der Flexibilität der PAM-Einrichtung gezeigt. Jetzt ist es für Sie an der Zeit, mit dieser im Umfeld der Anforderungen Ihres Systems oder Ihrer Site selbst herumzuexperimentieren und sie weiter zu erkunden. Gehen Sie dabei wie immer sorgfältig vor und führen Sie auf einem unwichtigen System einige vorbereitende Tests durch, bevor Sie irgendwelche Änderungen auf einem in Betrieb befindlichen System vornehmen. Der erfolgreiche Einsatz von PAM verlangt Erfahrung und jeder sperrt sich irgendwie einmal selbst aus, wenn er gerade dabei ist, dies zu lernen.

LDAP: Verwenden eines Verzeichnisdienstes für die Benutzer-Authentifizierung

Seit einigen Jahren steht LDAP ganz weit oben auf der Liste der wichtigsten Themen zur Systemadministration. Viele Sites beginnen jetzt damit, LDAP zur Speicherung von Arbeitnehmerinformationen zu verwenden, inklusive der Benutzer-Account-Informationen, und zur Durchführung der unternehmensweiten Benutzer-Authentifizierung. Auf diese Weise können LDAP-basierte Account-Daten und Authentifizierung separate, systemspezifische Logins und netzwerkbasierte Authentifizierungssysteme wie NIS ersetzen.

In diesem abschließenden Abschnitt des Kapitels werden wir einen kurzen Blick auf LDAP werfen – und insbesondere auf die OpenLDAP-Umgebung – und uns ansehen, wie es für die Benutzer-Authentifizierung eingesetzt werden könnte.

Über LDAP

LDAP ist, wie es sein vollständiger Name – Lightweight Directory Access Protocol – schon andeutet, ein Protokoll, das einen Verzeichnisdienst unterstützt. Die beste Analogie zu einem Verzeichnisdienst ist die Telefonauskunft einer Telefongesellschaft. Die Telefonauskunft hilft den Kunden dabei, die Informationen, die sie benötigen, schnell zu finden. Dabei stellen menschliche Operatoren die (hoffentlich freundliche) Schnittstelle zwischen dem Benutzer (Kunden) und der Datenbank (die Liste der Telefonnummern) dar. Die Telefonauskunft ist nicht dazu da, damit Kunden ihre Telefonnummer ändern können oder um anzugeben, ob ihre Telefonnummern im Telefonbuch aufgeführt werden sollen oder nicht, oder um einen neuen Telefondienst zu erhalten.

Ein computerbasierter Verzeichnisdienst liefert eine ähnliche Funktionalität. Es handelt sich um eine Datenbank und entsprechende Hilfsmittel, um auf die darin enthaltenen Informationen zugreifen zu können. Insbesondere die Datenbank des Verzeichnisdienstes besitzt mehrere spezielle Eigenschaften, die sich zum Beispiel von Datenbanken unterscheiden, die für Transaktionen eingesetzt werden:

- Sie ist für das Lesen optimiert (Schreiben könnte aufwändig sein).
- Sie bietet erweiterte Suchfunktionen.
- Ihre grundlegenden Datenstrukturen – allgemein bekannt als Schema – können entsprechend lokaler Anforderungen erweitert werden.
- Sie hält sich an veröffentlichte Standards, um das Zusammenspiel zwischen den Hersteller-Implementierungen zu gewährleisten (insbesondere eine Bootsladung von RFCs).
- Sie nutzt die Techniken zur verteilten Speicherung und zur Daten-Replikation.

Die Wurzeln von LDAP liegen in dem Verzeichnisdienst X.500 und dessen Protokoll DAP. LDAP wurde als einfacheres und effizienteres Protokoll für den Zugriff auf ein X.500-Verzeichnis entwickelt. Es ist auf mehrere Arten »leichtgewichtig«: LDAP läuft über den

TCP/IP-Netzwerk-Stack (statt über die vollständige Implementierung aller sieben OSI-Schichten von DAP), es liefert nur die wichtigste kleine Untermenge der X.500-Operationen und die Daten werden als einfache Zeichenketten formatiert statt als komplizierte Datenstrukturen. Wie DAP selbst ist LDAP ein Zugangsprotokoll. Die tatsächlichen Datenbankdienste werden von einigen anderen Einrichtungen zur Verfügung gestellt, die oft auch *Backend* genannt werden. LDAP dient als Hilfsmittel für den effizienten Zugriff auf die Informationen, die darin gespeichert werden.

Um diese Unterschiede im Hinblick auf standardmäßige relationale Datenbanken hervorzuheben, wird für die Daten, die in einem Verzeichnis gespeichert werden, eine unterschiedliche Terminologie verwendet. Bei Datensätzen wird von *Einträgen* gesprochen und die Felder eines Datensatzes werden *Attribute* genannt.

LDAP wurde zuerst an der University of Michigan in den frühen 1990ern implementiert. Es stehen viele kommerzielle LDAP-Server zur Verfügung. Zusätzlich ist OpenLDAP eine Open Source-Implementierung, die auf der Arbeit von Michigan (*http://www.openldap.org*) basiert. Das OpenLDAP-Paket enthält Daemons, Konfigurationsdateien, Startskripten, Bibliotheken und Utilities.

Dies sind die wichtigsten OpenLDAP-Komponenten:

Daemons
slapd ist der OpenLDAP-Daemon und slurpd ist der Daemon für die Daten-Replikation.

Eine Datenbankumgebung
OpenLDAP unterstützt die Datenbank-Engines von Berkeley DB und GNU GDBM.

Utilities, die sich auf Verzeichniseinträge beziehen
Diese Utilities sind ldapadd und ldapmodify (bearbeitet Verzeichniseinträge bzw. fügt welche hinzu), ldapdelete (löscht Verzeichniseinträge), ldapsearch (durchsucht Verzeichnisse nach Einträgen, die angegebenen Kriterien entsprechen) und ldappasswd (ändert das Passwort eines Eintrags).

Verwandte Utilities
Verwandte Utilities sind zum Beispiel slappasswd (erzeugt codierte Passwörter).

Konfigurationsdateien
Konfigurationsdateien werden in */etc/openldap* abgespeichert.

Unix-Versionen unterscheiden sich in ihrer LDAP-Unterstützung. Einige, wie Linux und FreeBSD, verwenden ausschließlich OpenLDAP. Andere wie Solaris bieten standardmäßig nur eine Client-Unterstützung (obwohl Solaris als Add-on-Einrichtung einen LDAP-Server gegen Aufpreis anbietet). Vergessen Sie nicht zu überprüfen, was Ihre Version einsetzt, wenn Sie planen, die mitgelieferten Einrichtungen zu verwenden. Alle Systeme, die wir hier betrachten, können optional auf OpenLDAP umgestellt werden.

LDAP-Verzeichnisse

LDAP-Verzeichnisse sind logisch betrachtet Baumstrukturen, deren Wurzel normalerweise ein Konstrukt ist, das dem Domainnamen der Site entspricht und in einem Format wie diesem ausgedrückt wird:

```
dc=ahania,dc=com
```

Jeder Bestandteil des Domainnamens wird zum Wert eines *dc*-Attributs (Domain Component) und alle werden in einer kommaseparierten Liste zusammengefasst. Dies ist als Verzeichnisbasis bekannt, die in diesem Fall *ahania.com* entspricht. Domainnamen mit mehr als zwei Bestandteilen hätten in der Liste zusätzliche *dc*-Attribute (zum Beispiel dc=research,dc=ahania,dc=com).

Eine solche Liste mit *attribut=wert*-Paaren dient dazu, um sich innerhalb des Verzeichnisses auf jede beliebige Position (Eintrag) zu beziehen. Leerzeichen zwischen den Einträgen spielen keine Rolle.

Wenden wir uns jetzt einem Datensatz aus einer Verzeichnisdienstdatenbank zu:

```
dn: cn=Jerry Carter, ou=MyList, dc=ahania, dc-com
objectClass: person
cn: Jerry Carter
sn: Carter
description: Samba and LDAP expert
telephoneNumber: 22
```

Dieses Datenformat ist als LDIF (LDAP Data Interchange Format) bekannt. Es besteht aus einer Reihe von Attribut/Wert-Paaren (durch Kommas getrennt). Das Attribut *telephoneNumber* zum Beispiel besitzt den Wert 22.

Die erste Zeile ist ein Sonderfall. Sie gibt den Distinguished Name (*dn*) des Eintrags an, der als eindeutiger Schlüssel in der Datenbank fungiert. Wie erwartet, besteht sie aus einer kommaseparierten Liste von Attribut/Wert-Paaren. In diesem Fall steht der Eintrag für Common Name »Jerry Carter«, Organizational Unit »MyList« im Beispielverzeichnis für *ahania.com*.

Das Attribut *objectClass* gibt den Typ des Datensatzes an: in diesem Fall eine *Person*. Jeder Eintrag benötigt mindestens ein *objectClass*-Attribut. Gültige Datensatztypen werden im Schema des Verzeichnisses definiert und es gibt eine Vielzahl von Standarddatensatztypen, die bereits definiert wurden (mehr hierzu später). Die anderen Attribute in dem Eintrag geben den Nachnamen der *Person* an, eine Beschreibung und die Telefonnummer.

Der erste Bestandteil von *dn* wird auch als Relative Distinguished Name (*rdn*) des Eintrags bezeichnet. In unserem Beispiel wäre das *cn=Jerry Carter*. Er entspricht dem Ort innerhalb des Teilbaums *ou=MyList,dc=ahania,dc=com*, wo dieser Eintrag sich befindet. Ein *rdn* muss innerhalb seines Teilbaums eindeutig sein, so wie dn innerhalb des gesamten Verzeichnisses eindeutig ist.

Hier ist eine einfache Darstellung des Verzeichnisbaums, wobei nachfolgende (tiefere) Ebenen durch Einrückung gekennzeichnet sind:

```
dc=ahania,dc=com
    ou=MyList,dc=ahania,dc=com
        cn=Jerry Carter,ou=MyList,dc=ahania,dc=com
        cn=Rachel Chavez,ou=MyList,dc=ahania,dc=com
        weitere Personen ...
    ou=HisList,dc=ahania,dc=com
        andere Personen ...
```

Das Verzeichnis ist in zwei Organisationseinheiten (ou) aufgeteilt, von denen jede eine bestimmte Anzahl an Untereinträgen hat (den Personen entsprechend).

Über Schemata

Das *Schema* ist der Name, der einer Sammlung von Objekt- und Attributdefinitionen gegeben wird, die die Struktur der Einträge (Datensätze) in einer LDAP-Datenbank definieren. LDAP-Objekte sind standardisiert, um das Zusammenspiel mit einer Vielzahl an Verzeichnisdienst-Servern zu gewährleisten. Schema-Definitionen werden in Dateien gespeichert, die sich im Unterverzeichnis */etc/openldap/schema* befinden. Das OpenLDAP-Paket stellt alle wichtigen Standard-Schemata zur Verfügung und Sie können, wenn nötig, zusätzliche Definitionen hinzufügen. Sie geben die Dateien, die sich im Einsatz befinden, über Einträge in *slapd.conf* an, so wie in diesen Beispielen:

```
include     /etc/openldap/schema/core.schema
include     /etc/openldap/schema/misc.schema
```

Objekt-Definitionen in den Schema-Dateien sind einigermaßen einfach zu verstehen:[18]

```
objectclass ( 2.5.6.6 NAME 'person' SUP top STRUCTURAL
    MUST ( sn $ cn )
    MAY  ( userPassword $ telephoneNumber $ seeAlso $ description ) )
```

Dies ist die Definition der Objektklasse *person*. Die erste Zeile gibt den Klassennamen an. Sie weist auch darauf hin, dass es sich um ein strukturelles Objekt handelt (die andere Sorte ist ein unterstützendes Objekt, das seinem Eltern-Objekt ergänzende Attribute hinzufügt) und dass dessen Eltern-Klasse *top* ist (ein Pseudo-Objekt, das die Spitze der Hierarchie kennzeichnet). Die übrigen Zeilen geben benötigte und optionale Attribute für das Objekt an.

Attribute werden in separaten Abschnitten definiert, die ein noch obskureres Format haben. Hier ist zum Beispiel die Definition des Attributs *sn* (Nachname):

```
attributetype ( 2.5.4.4 NAME ( 'sn' 'surname' ) SUP name )
attributetype ( 2.5.4.41 NAME 'name'
    EQUALITY caseIgnoreMatch
    SUBSTR   caseIgnoreSubstringsMatch
    SYNTAX   1.3.6.1.4.1.1466.115.121.1.15{32768} )
```

Das Attribut *sn* holt sich seine Definition aus seinem Eltern-Objekt, dem Attribut *name*. Dessen Definition gibt seine Syntax an und wie Vergleiche auf Gleichheit und Teil-Strings

---

18 Für diejenigen unter Ihnen, die mit SNMP vertraut sind: LDAP verwendet die ASN.1-Syntax für seine Schemata und dementsprechend ähneln seine Objekt-Definitionen entfernt den SNMP-MIB-Definitionen.

durchzuführen sind (die selbst wieder über Schlüsselwörter und Werte definiert sind, die irgendwo im Schema definiert werden).

Im Allgemeinen können Sie selbst herausfinden, was mit den meisten Objekten geschieht, indem Sie die entsprechenden Schema-Dateien untersuchen. Die Website *http://ldap.hklc.com* stellt eine sehr komfortable Benutzeroberfläche für die Erkundung der Standard-LDAP-Schema-Objekte zur Verfügung.

Installieren und Konfigurieren von OpenLDAP: Ein Überblick

Das Installieren von OpenLDAP ist nicht schwer, aber es kann zeitaufwändig sein. Der erste Schritt besteht darin, sich die gesamte benötigte Software zu beschaffen. Dies betrifft nicht nur OpenLDAP selbst, sondern auch seine Voraussetzungen:

- Ein Datenbank-Manager: GNU gdbm (*http://www.fsf.org*) oder BerkeleyDB (*http://www.sleepycat.com*)
- Die Bibliotheken der Transport Layer Security (TLS/SSL) (*http://www.openssl.org*)
- Die Cyrus SASL-Bibliotheken (*http://asg.web.cmu.edu/sasl/*)

Sobald die Voraussetzungen geschaffen wurden, können wir OpenLDAP kompilieren und installieren. Die OpenLDAP-Dokumentation hierfür ist ziemlich gut.

Sobald die Software installiert wurde, ist der nächste Schritt, eine Konfigurationsdatei für den slapd-Daemon zu erstellen, */etc/openldap/slapd.conf*:

```
# /etc/openldap/slapd.conf
include    /etc/openldap/schema/core.schema
pidfile    /var/run/slapd.pid
argsfile   /var/run/slapd.args
database   ldbm
suffix     "dc=ahania, dc=com"
rootdn     "cn=Manager, dc=ahania, dc=com"
# codieren mit slappasswd -h '{MD5}' -s <password> -v -u
rootpw     {MD5}Xr4il0zQ4PCOq3aQOqbuaQ==
directory  /var/lib/ldap
```

In Ihrer Datei könnten zusätzliche Einträge vorkommen. Ändern Sie jeden Pfad, der nicht auf Ihr System passt, und setzen Sie die korrekten *dc*-Komponenten in den Einträgen *suffix* (Verzeichnisbasis) und *rootdn* (Datenbankbesitzer – *Manager* entspricht laut Konvention dem üblichen Namen, der für diesen Zweck verwendet wird). Setzen Sie im *rootpw*-Eintrag ein Passwort für die Wurzel *dn*. Dieses könnte im Klartext stehen oder Sie können das Utility slappasswd verwenden, um es zu kodieren.

Vergewissern Sie sich schließlich, dass das angegebene Datenbankverzeichnis existiert, es im Besitz von *root* ist und den Modus 700 hat. Die Konfigurationsdatei selbst sollte nur von *root* lesbar sein.

Sobald die Konfigurationsdatei vorbereitet wurde, können Sie slapd manuell starten. Auf einigen Systemen können Sie das mitgelieferte Startskript verwenden, so wie in diesem Beispiel:

```
# /etc/init.d/ldap start
```

Wenn Sie möchten, dass die LDAP-Daemons während des Hochfahrens gestartet werden, müssen Sie sicherstellen, dass diese Datei von den Startskripten ausgeführt wird.

Als Nächstes erstellen wir über eine Textdatei im LDIF-Format (das standardmäßige textbasierte Import- und Exportformat von LDAP) die ersten Verzeichniseinträge. Zum Beispiel:

```
# Domain-Eintrag
dn: dc=ahania,dc=com
objectclass: dcObject
objectclass: organization
o: Ahania, LLC
dc: ahania.com
# Manager-Eintrag
dn: cn=Manager,dc=ahania,dc=com
objectclass: organizationalRole
cn: Manager
```

Verwenden Sie einen Befehl wie diesen, um die Einträge aus der Datei hinzuzufügen:

```
# ldapadd -x -D "cn=Manager,dc=ahania,dc=com" -W -f /tmp/entry0
Enter LDAP Password:     Wird nicht angezeigt
adding new entry "dc=ahania,dc=com"
adding new entry "cn=Manager,dc=ahania,dc=com"
```

Die Option -f auf `ldapadd` gibt den Speicherort der vorbereiteten LDIF-Datei an. -D gibt den *dn* an, mit dem die Verbindung zum Server erfolgt (dieser Vorgang ist auch als »Binding« bekannt), und -x sowie -W besagen, dass eine einfache Authentifizierung (mehr dazu später) verwendet beziehungsweise dass zur Eingabe des Passwortes aufgefordert werden soll.

Sie können überprüfen, ob alles läuft, indem Sie den folgenden Befehl ausführen, mit dem Sie eine Anfrage an das Verzeichnis stellen:

```
# ldapsearch -x -b 'dc=ahania,dc=com' -s base '(objectclass=*)'
version: 2
...
# ahania,dc=com
dn: dc=ahania,dc=com
objectClass: dcObject
objectClass: organization
o: Ahania, LLC
dc: ahania.com
...
```

Dieser Befehl zeigt den (obersten) Eintrag auf der Basisebene des Verzeichnisses an (wir werden die allgemeine Syntax des Befehls gleich behandeln).

Zu diesem Zeitpunkt ist der Server bereit, die Arbeit aufzunehmen. Für weitere Informationen zur Installation von OpenLDAP ziehen Sie bitte Abschnitt 2, »Quick Start«, des *OpenLDAP 2.0 Administrator's Guide* zu Rate.

Mehr über die LDAP-Suche

Die vollständige Syntax des Befehls `ldapsearch` lautet:

```
ldapsearch Optionen Suchkriterien [Attributliste]
```

Dabei gibt *optionen* an, wie der Befehl auszuführen ist, *Suchkriterien* gibt an, welche Einträge zu holen sind, und *Attributliste* gibt an, welche Attribute anzuzeigen sind (standardmäßig werden alle angezeigt). Die Suchkriterien werden entsprechend der (geheimnisvollen) LDAP-Regeln angegeben. Deren einfachstes Format lautet:

```
(Attributname=Muster)
```

Das Muster kann einen literalen Wert oder eine Zeichenkette einschließen, die Wildcards enthält. Dementsprechend gibt das Kriterium *(objectclass=*)* diejenigen Einträge zurück, die irgendeinen Wert des Attributs *objectclass* besitzen (das heißt alle Einträge).

Der folgende Befehl veranschaulicht einige nützliche Optionen und ein komplexeres Suchkriterium:

```
# ldapsearch -x -b 'dc=ahania,dc=com' -S cn \
    '(&(objectclass=person)(cn=Mike*))' \
    telephoneNumber description
dn: cn=Mike Frisch, ou=MyList, dc=ahania, dc=com
telephoneNumber: 18
description: Computational chemist
dn: cn=Mike Loukides, ou=MyList, dc=ahania, dc=com
telephoneNumber: 14
description: Editor and writer
```

Die Ausgabe ist (erheblich) gekürzt.

Diese Anfrage gibt zwei Einträge zurück. Die Optionen besagen, dass das einfache Authentifizierungsschema zu verwenden ist (-x), dass die Suche bei dem Eintrag *dc=ahania,dc=com* begonnen werden soll (-b) und dass die Einträge nach dem Attribut *cn* zu sortieren sind (-S).

Das Suchkriterium gibt an, dass die *objectclass person* sein soll und der *cn* mit »Mike« beginnen soll (dies stellt die Syntax für eine UND-Bedingung dar). Die übrigen Argumente wählen die beiden Attribute aus, die zusätzlich zu *dn* angezeigt werden sollen.

Der folgende Befehl könnte verwendet werden, um eine ähnliche Anfrage auf einem entfernten Host durchzuführen:

```
# ldapsearch -H ldap://bella.ahania.com -x -b 'dc=ahania,dc=com' \
    '(cn=Mike*)'  telephoneNumber description
```

Die Option -H gibt den URI für den LDAP-Server an: *bella*.

Der Suchkontext für LDAP-Clients kann unter Verwendung der Konfigurationsdatei *ldap.conf* (ebenfalls in */etc/openldap*) voreingestellt werden. Hier ist ein Beispiel:

```
# /etc/openldap/ldap.conf
URI   ldap://bella.ahania.com
BASE  dc=ahania,dc=com
```

Mit dieser Konfigurationsdatei könnte der vorangegangene Befehl folgendermaßen vereinfacht werden:

```
# ldapsearch -x  '(cn=Mike*)'  telephoneNumber description
```

Es steht eine Vielzahl an LDAP-Clients zur Verfügung, um die Ansicht und die Bearbeitung von Verzeichniseinträgen einfacher zu gestalten als bei der Verwendung von LDIF-Dateien und Utilities für die Kommandozeile. Einige der wichtigsten sind kldap (geschrieben von Oliver Jaun, *http://www.mouthpoint.ch/oliver/kldap/*), gq (*http://biot.com/gq/*) und web2ldap (*http://web2ldap.de*). Das Utility gq ist in den Abbildungen 6-13 und 6-14 dargestellt.

Verwenden von OpenLDAP für die Benutzer-Authentifizierung

Benutzer-Authentifizierung auf Unternehmensebene ist eine weitere sinnvolle und nützliche Anwendung für einen OpenLDAP-basierten Verzeichnisdienst. Das Einrichten einer solchen Funktionalität ist zwar nicht schwer, der Vorgang erfordert aber mehrere Schritte.

Wählen Sie ein passendes Schema aus

Sie werden die Informationen über Benutzer-Accounts und verwandte Konfigurationen, die normalerweise in Dateien gespeichert werden (oder in der NIS-Einrichtung), in den Verzeichnisdienst integrieren müssen. Glücklicherweise gibt es für diesen Zweck Standardobjekte. Im Falle von Benutzer-Accounts sind *posixAccount* und *shadowAccount* zu verwenden (beide sind in der Datei *nis.schema* definiert). Wenn Sie Benutzer in eine Organisationseinheit stecken möchten (was dem Standardvorgehen entspricht, wie wir noch sehen werden), dann wird zusätzlich noch das Objekt *account* verwendet (definiert in *cosine.schema*).

Entsprechend werden wir diese Zeilen an *slapd.conf* anfügen:

```
include    /etc/openldap/schema/cosine.schema
include    /etc/openldap/schema/nis.schema
index      cn,uid        eq
index      uidNumber     eq
index      gidNumber     eq
```

Die letzten drei Zeilen erstellen Indizes für die angegebenen Felder, um die Suchanfragen zu beschleunigen.

Während Sie diesen Vorgang durchführen, könnten Sie auch die slapd-Protokollierung über diesen Konfigurationsdateieintrag aktivieren wollen:

```
# protokolliert Verbindungsaufbau, Suchanfragen und versch. Statistiken (8+32+256)
loglevel 296
```

Die Parameter geben die gewünschten Punkte an, die protokolliert werden sollen; es handelt sich um eine Maske, die Bits für die verschiedenen verfügbaren Punkte mit UND verknüpft (sehen Sie sich für eine Liste den *OpenLDAP Administrator's Guide* an). Geben Sie einen Loglevel von 0 an, um die Protokollierung zu deaktivieren. Protokollnachrichten werden an die Syslog-Einrichtung *local4.debug* gesendet.

Vergessen Sie nicht slapd neu zu starten, nachdem Sie seine Konfigurationsdatei bearbeitet haben.

Konvertieren Sie bestehende Benutzer-Account-Daten

Der nächste Schritt besteht darin, die Benutzer-Account-Daten in das Verzeichnis zu transferieren. Der einfachste Weg hierfür ist die Verwendung von Open Source-Migrationswerkzeugen, die von PADL-Software (*http://www.padl.org*) zur Verfügung gestellt werden. Diese bestehen aus einer Reihe von Perl-Skripten, die die benötigten Daten aus dem aktuellen Speicherort extrahieren und entsprechende Verzeichniseinträge erstellen. Sie werden folgendermaßen angewendet:

- Installieren Sie die Skripten in einem geeigneten Verzeichnis.
- Bearbeiten Sie die Datei *migrate_common.ph*. Sie werden mindestens diese Einträge modifizieren müssen: *DEFAULT_BASE*, *DEFAULT_MAIL_DOMAIN*, *DEFAULT_MAIL_HOST* sowie die verschiedenen sendmail-bezogenen Einträge (wenn Sie vorhaben, OpenLDAP auch für diesen Zweck zu verwenden).

    Sie sollten auch *EXTENDED_SCHEMA* auf 1 setzen, wenn Sie möchten, dass die Skripten zusätzlich zu den Account-bezogenen Objekten noch Objekte für Benutzer-Account-Einträge wie zum Beispiel *person*, *organizationalPerson* und *inetOrgPerson* erstellen sollen.

Es gibt zwei Wege, um mit der Migration fortzufahren. Als Erstes können Sie ein Skript ausführen, das automatisch alle Informationen in das Verzeichnis transferiert: *migrate_all_online.pl* wird verwendet, wenn slapd läuft, ansonsten wird *migrate_all_offline.pl* eingesetzt.

Ich bin nicht mutig genug, um nur dies auszuführen; ich führe die verschiedenen Teil-Skripten per Hand aus. So kann ich deren Arbeit überprüfen, bevor ich die entstehenden LDIF-Dateien importiere. Dieser Befehl zum Beispiel konvertiert die normalen und die Shadow-Passwortdateien in das LDIF-Format:

```
# migrate_passwd.pl /etc/passwd passwd.ldif
```

Die gewünschte Ausgabedatei wird als zweiter Parameter angegeben.

Hier ist ein Beispiel für einen Konvertierungsvorgang in Aktion. Das Skript holt sich die folgenden Einträge aus */etc/passwd* und */etc/shadow*:

/etc/passwd	`chavez:x:502:100:Rachel Chavez:/home/chavez:/bin/tcsh`
/etc/shadow	`chavez:zcPv/oXSSS9hJg:11457:0:99999:7:0::`

Es verwendet diese Einträge, um den folgenden Verzeichniseintrag zu erstellen:

```
dn: uid=chavez,ou=People,dc=ahania,dc=com
uid: chavez
cn: Rachel Chavez
objectClass: top
objectClass: account
objectClass: posixAccount
objectClass: shadowAccount
uidNumber: 502
gidNumber: 100
```

```
gecos: Rachel Chavez
homeDirectory: /home/chavez
loginShell: /bin/tcsh
userPassword: {crypt}zcPv/oXSSS9hJg
shadowLastChange: 11457
shadowMax: 99999
shadowWarning: 7
```

Wenn Sie diesen Weg wählen, werden Sie auch das Skript *migrate_base.pl* ausführen müssen, um die Top-level-Verzeichniseinträge zu erstellen, die den *ou*s entsprechen (oben zum Beispiel *People*), in denen die Skripten die Accounts ablegen (und andere Einträge). Ein weiterer Vorteil dieser Methode besteht darin, dass Sie den *ou*-Namen ändern können, wenn Sie ihn nicht mögen, oder ihn aufteilen oder auf andere Weise umformen können, bevor Sie die Daten importieren.

Geben Sie die Suchreihenfolge des Namensdienstes an

Jetzt sind wir bereit, den Verzeichnisdienst für Benutzer-Account-Operationen einzusetzen. Dafür benötigen wir noch zwei zusätzliche Pakete: *nss_ldap* und *pam_ldap* (beide stehen auf *http://www.padl.com* zur Verfügung). Das erste Paket liefert eine Schnittstelle für die Datei */etc/nsswitch*. Die entsprechenden Zeilen müssen bearbeitet werden, um LDAP als Informationsquelle hinzuzufügen:

```
passwd: files ldap
shadow: files ldap
...
```

Diese Zeilen sagen dem Betriebssystem, dass es für Benutzer-Account-Informationen zuerst in der üblichen Konfigurationsdatei nachsehen und dann den OpenLDAP-Server aufsuchen soll.

Dieses Modul benötigt auch einige Einträge in der Client-Konfigurationsdatei *ldap.conf*. Zum Beispiel:

```
nss_base_passwd    ou=People,dc=ahania,dc=com
nss_base_shadow    ou=People,dc=ahania,dc=com
nss_base_group     ou=Group,dc=ahania,dc=com
```

Diese Einträge geben im Verzeichnisbaum die Speicherorte der *ou*s an, die die Benutzer-Account- und die Gruppeninformationen enthalten.

> Diese Konfigurationsdatei befindet sich normalerweise in */etc/openldap*, aber es ist auch möglich, sie direkt in */etc* zu platzieren, wobei letzterer Speicherort den Vorrang erhält. Wenn Sie das Paket *nss_ldap* manuell installieren, wird es möglicherweise eine Beispielkopie nach */etc* kopieren. Dies kann einige Probleme verursachen, die schwer zu debuggen sind, wenn Sie nicht wissen, dass diese Datei sich dort befindet! Das Paket *pam_ldap* macht das Gleiche.

Sobald alles konfiguriert ist, können Sie den folgenden Befehl verwenden, um sich die Benutzer-Accounts anzusehen:

```
# getent passwd
```

In der Testphase werden Sie zuerst ein paar Test-Accounts migrieren wollen und dann diesen Befehl ausführen. Die migrierten Accounts werden so lange zweimal auftauchen, bis Sie sie aus den Konfigurationsdateien entfernen.

Konfigurieren Sie PAM für den Einsatz mit OpenLDAP. Die PAM-Einrichtung (wurde früher schon behandelt) liefert die Hilfsmittel für die Schnittstelle zwischen den OpenLDAP-Verzeichnisdaten und dem Prozess der Benutzer-Authentifizierung. Dementsprechend benötigen Sie das Paket *pam_ldap*, um eine Schnittstelle zu OpenLDAP herzustellen.

Sobald das Paket installiert ist, müssen Sie die Dateien in */etc/pam.d* oder */etc/pam.conf* bearbeiten, um das LDAP-Modul zu verwenden (Beispiele werden mit dem Paket geliefert). Hier ist zum Beispiel die bearbeitete Version der PAM-Konfigurationsdatei für rlogin (in dem Format, das von PAM-Konfigurationsdateien verwendet wird, die pro Dienst erstellt werden):

```
auth        required     /lib/security/pam_securetty.so
auth        required     /lib/security/pam_nologin.so
auth        sufficient   /lib/security/pam_rhosts_auth.so
auth        sufficient   /lib/security/pam_ldap.so
auth        required     /lib/security/pam_unix.so
auth        required     /lib/security/pam_mail.so
account     sufficient   /lib/security/pam_ldap.so
account     required     /lib/security/pam_unix.so
password    sufficient   /lib/security/pam_ldap.so
password    required     /lib/security/pam_unix.so   strict=false
session     required     /lib/security/pam_unix.so   debug
```

Im Allgemeinen wird das Modul *pam_ldap.so* nur oberhalb von *pam_unix.so* (oder einem entsprechenden Modul) in den Stack eingefügt.

Es gibt auch mehrere optionale PAM-bezogene Einträge, die in *ldap.conf* eingebunden werden könnten. Die folgenden *ldap.conf*-Einträge zum Beispiel beschränken den Benutzer-Zugriff auf Hosts, basierend auf den Inhalten des Verzeichniseintrags für den Benutzer:

```
# Gibt die erlaubten Hosts für jeden Benutzer an
pam_check_host_attr    yes
```

Der folgende Verzeichniseintrag zeigt die Methode, mit welcher der Benutzerin *chavez* der Zugriff auf eine Liste von Hosts gewährt wird:

```
dn: uid=chavez,ou=People,dc=ahania,dc=com
objectClass: account                              Eltern von Host.
objectClass: posixAccount                         Unix-Benutzer-Account.
...
# Liste erlaubter Hosts
host: milton.ahania.com
host: shelley.ahania.com
host: yeats.ahania.com
...
```

Ähnlich geben die folgenden Konfigurationsdateieinträge eine Liste erlaubter Benutzer für jeden Host-Computer an:

```
# Beschränkt den Host-Zugriff auf die angegebenen Benutzer
pam_groupdn cn=dalton.ahania.com,dc=ahania,dc=com
pam_member_attribute uniquemember
```

Hier ist der entsprechende Eintrag für einen Host:

```
# Liste erlaubter Benutzer auf dem lokalen Host
dn: cn=dalton.ahania.com,dc=ahania,dc=com
objectClass: device                          Eltern von ipHost.
objectClass: ipHost                          Eltern von groupOfUniqueNames.
objectClass: groupOfUniqueNames
cn: dalton
cn: dalton.ahania.com
uniqueMember: uid=chavez,ou=People,dc=ahania,dc=com
uniqueMember: uid=carter,ou=People,dc=ahania,dc=com
...
```

Konfigurieren Sie eine Verzeichniszugriffskontrolle

Die letzten Schritte bei der Einrichtung schließen die Verzeichniszugriffskontrolle mit ein. Die Datenbankdateien selbst sind gegen jeglichen Nicht-*root*-Zugriff geschützt, weshalb die Zugriffsberechtigungen vom Server durchgeführt werden. Zugriffskontrollinformationen werden in der Konfigurationsdatei des Servers, *slapd.conf*, angegeben. Dies geschieht über Zugriffskontrolleinträge wie diesen:

```
# einfache Zugriffskontrolle: nur lesend mit Ausnahme von Passwörtern
access to dn=".*,dc=ahania,dc=com" attr=userPassword
    by self write
    by dn=root,ou=People,dc=ahania,dc=com write
    by * auth
access to dn=".*,dc=ahania,dc=com"
    by self write
    by * read
```

Der Eintrag *access to* gibt ein Muster an, dem *dn* entsprechen muss, damit der Eintrag angewendet werden kann. Bei mehreren Einträgen, wird der erste Eintrag verwendet, der übereinstimmt, und alle übrigen Einträge werden ignoriert, weshalb die Anordnung mehrerer Einträge sehr wichtig ist. Der erste *access to*-Eintrag wird auf das Attribut *userPassword* für jeden Eintrag angewandt: jeder *dn* in *dc=ahania,dc=com*. Der Besitzer kann den Eintrag bearbeiten, wobei der Besitzer als jemand definiert wird, der die Anbindung an den Server unter Verwendung dieses *dn* und dessen zugehörigem Passwort herstellt. Jeder andere kann darauf nur zu Zwecken der Authentifizierung oder Anbindung zugreifen; sie können ihn jedoch nicht betrachten. Diese Auswirkung wird in Abbildung 6-13 dargestellt, die die Suchergebnisse des Benutzers *a2* für die angegebene Anfrage anzeigt.

Der zweite Zugriffskontrolleintrag dient als Standardeinstellung für den Rest der Datenbank. Wieder kann der Besitzer einen Eintrag bearbeiten und jeder Andere kann ihn lesen: eine Zugriffsebene, die sowohl die Suche als auch die Anzeige erlaubt. Diese Zugriffsrechte sind oft für ein Unternehmensverzeichnis geeignet, sind aber für Benutzer-Account-Daten zu nachlässig. Wir werden die Zugangskontrolleinträge detaillierter untersuchen müssen, um etwas Geeigneteres zu entwickeln.

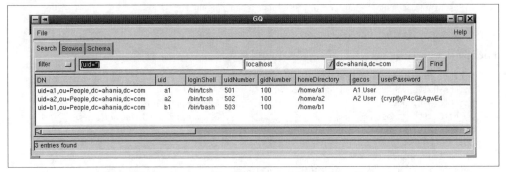

Abbildung 6-13: Der OpenLDAP-Server verhindert unautorisierten Zugriff

OpenLDAP-Zugriffskontrolle

Ein Zugriffskontrolleintrag hat die folgende allgemeine Form:

```
access to welche-daten
    by welche-benutzer erlaubter-zugriff
    [by ... ]
```

Dabei ist *welche-daten* ein Ausdruck für die Einträge und möglichen Attribute, für die diese Direktive angewendet wird. *welche-benutzer* gibt an, wer diese Direktive anwendet, und *erlaubter-zugriff* entspricht der Zugriffsebene, die ihnen gewährt wird. Es kann mehrere *by*-Bestimmungen geben. Alle Variablen können literale Werte sein oder reguläre Ausdrücke enthalten.

Die definierten Zugriffsebenen sind die folgenden:

none
    Kein Zugriff.

auth
    Wird nur zur Authentifizierung verwendet.

compare
    Auf die Werte kann zu Vergleichsoperationen zugegriffen werden.

search
    Suchfilter können auf die Werte zugreifen.

read
    Daten können angesehen werden.

write
    Daten können angesehen und bearbeitet werden.

Das Ziel der *by*-Bestimmung kann viele Möglichkeiten haben, inklusive eines *dn* (der Wildcards enthalten könnte) und dem Schlüsselwort *self* (der Besitzer des Eintrags), *domain* (die einen Ausdruck für eine Domain als Argument entgegennimmt) und *anonymous* (Zugriff durch Benutzer, die noch nicht authentifiziert wurden). Ein einzelnes Sternchen kann verwendet werden, um den Zugriff durch jedermann zu kennzeichnen.

Lassen Sie uns einen Blick auf einige Beispiele werfen. Die folgende Konfigurationsdatei-Direktive erlaubt jedermann den Lesezugriff auf das gesamte angegebene Verzeichnis sowie jedem Besitzer eines Eintrags, diesen Eintrag zu bearbeiten:

```
access to dn=".*,dc=ahania,dc=com"
    by self write
    by * read
```

Die folgenden Beispiel-Direktiven erlauben jedem Besitzer des Eintrags, den gesamten Eintrag zu lesen, aber nur ein paar Attribute zu bearbeiten:

```
access to dn=".*,dc=ahania,dc=com" attrs="cn,sn,description,gecos"
    by self write
access to dn=".*,dc=ahania,dc=com"
    by self read
```

Das folgende Beispiel erlaubt der *uid* von *root* (in jeder Top-level-Organisationseinheit), jedes Passwortattribut im Verzeichnis zu bearbeiten:

```
access to dn=".*,dc=ahania,dc=com" attrs="password"
    by dn="uid=root,ou=[A-Za-z]+,dc=ahania,dc=com" write
```

Beachten Sie, dass wir voraussetzen, dass *ou*-Namen nur Buchstaben enthalten.

Schließlich kontrolliert dieses Beispiel den Zugriff auf die Einträge unterhalb der angegebenen *ou*, indem es den Lesezugriff auf Mitglieder der lokalen Domain beschränkt:

```
access to dn=".*,ou=People,dc=ahania,dc=com"
    by domain=.*\.ahania\.com read
    by anonymous auth
```

Nichtauthentifizierte Benutzer können die Daten in diesem Teilbaum nur zur LDAP-Authentifizierung einsetzen.

Sie können Konstrukte wie diese einsetzen, um alle Zugriffskontrollen zu implementieren, die für Ihre Sicherheitsziele und -anforderungen sinnvoll sind. Ziehen Sie für vollständige Details zu Zugriffskontroll-Direktiven den *OpenLDAP Administrator's Guide* zu Rate.

Absichern der OpenLDAP-Authentifizierung

Bisher haben wir in allen unseren Beispielen nur die einfachste Methode zur Überbringung von Authentifizierungsbestätigungen an den LDAP-Server betrachtet: die Lieferung eines Passwortes, das zu einem Passwortattribut eines bestimmten eindeutigen Namens gehört. Dies ist als einfache Authentifizierung bekannt und es ist der simpelste Weg, sich an einen LDAP-Server anzubinden. Da jedoch die Passwörter im Klartext zum Server geschickt werden, gibt es bei diesem Ansatz signifikante Sicherheitsprobleme.

OpenLDAP unterstützt die üblichen Authentifizierungsschemata: einfache Authentifizierung, die Passwörter benutzt, Kerberos-basierte Authentifizierung und die Verwendung des Authentifizierungsdienstes, der vom Simple Authentication and Security Layer (SASL) zur Verfügung gestellt wird. Die ersten beiden werden anhand der Optionen -x und -k der verschiedenen Befehlen der LDAP-Clients ausgewählt, in dieser Reihenfolge. Die Abwesenheit von beiden impliziert, dass SASL verwendet werden sollte. Die Methode der Kerberos-Authentifizierung wird jedoch abgelehnt, da von SASL eine bessere Kerberos-Funktionalität zur Verfügung steht.

SASL wurde entwickelt, um verbindungsorientierten Netzwerkprotokollen wie LDAP zusätzliche Authentifizierungsmechanismen hinzuzufügen. Unix-Systeme verwenden im Allgemeinen die Cyrus SASL-Bibliothek, die die folgenden Authentifizierungsmethoden zur Verfügung stellt:

ANONYMOUS und PLAIN
: Standardmäßige anonyme und einfache, auf Klartextpasswörtern basierende Anbindungen

DIGEST-MD5
: MD5-codierte Passwörter

KERBEROS_V4 und GSSAPI
: Kerberos-basierte Authentifizierung für Kerberos 4 beziehungsweise Kerberos 5

EXTERNAL
: Site-spezifische Authentifizierungsmodule

Das Installieren und Konfigurieren von SASL ist ziemlich kompliziert und wir haben nicht den Platz, um dies hier zu besprechen. Ziehen Sie für weitere Informationen *http://asg.web.cmu.edu/sasl/* zu Rate.

Glücklicherweise stellt OpenLDAP auch Hilfsmittel zur Absicherung des einfachen Authentifizierungsschemas zur Verfügung. Es setzt eine Schnittstelle zu den Netzwerkfunktionen von Secure Sockets Layer (SSL) und Transport Layer Security (TLS) ein. SSL stellt die verschlüsselte Authentifizierung und den Datenaustausch über den Port 636 (ist dem ldaps-Dienst zugewiesen) zur Verfügung, während TLS dies über den Standard-LDAP-Port 389 bereitstellt. Der Vorteil von Letzterem ist, dass sowohl verschlüsselte als auch unverschlüsselte Clients den gleichen Standard-Port verwenden können. Es ist jedoch normalerweise das Beste, beide zu aktivieren, da die Client-Unterstützung variiert und nicht vorhersehbar ist.

Um SSL und TLS zu verwenden, müssen Sie ein Zertifikat für den LDAP-Server erstellen, indem Sie folgendermaßen vorgehen:

```
# cd /usr/ssl/cert
# openssl req -newkey rsa:1024 -x509 -days 365 \
    keyout slapd_key.pem -out slapd_cert.pem
Using configuration from /usr/ssl/openssl.cnf
Generating a 1024 bit RSA private key
writing new private key to 'newreq.pem'
Enter PEM pass phrase:     Wird nicht angezeigt.
Verifying password - Enter PEM pass phrase:
-----------------------------------------------------
You are about to be asked to enter information that
will be incorporated into your certificate request.
Country Name (2 letter code) [AU]:US
State or Province Name (full name) [Some-State]:Connecticut
...
```

Zuerst wechseln wir in das Verzeichnis mit den SSL-Zertifikaten und führen dann den Befehl aus, der das Zertifikat und die Schlüsseldateien erstellt. Dieser Vorgang erwartet von Ihnen, dass Sie eine Passphrase für den privaten Schlüssel eingeben und viele Informationen liefern, die zur Erstellung des Zertifikats verwendet werden. Wenn dieser Vorgang abgeschlossen ist, wird das Zertifikat in der Datei *slapd_cert.pem* abgelegt, und der Schlüssel wird in *slapd_key.pem* gespeichert.

Die nächsten Schritte bestehen aus dem Entfernen der Passphrase aus der Schlüsseldatei (ansonsten müssen Sie diese jedes Mal eingeben, wenn Sie slapd starten) und dann aus dem Setzen der passenden Eigentümer- und Zugriffsschutzrechte für die Dateien:

```
# openssl rsa -in slapd_key.pem -out slapd_key.pem
# chown slapd-user.sldap-group sl*.pem
# chmod 600 sl*.pem
```

Sobald die Zertifikatdateien erstellt wurden, fügen wir *slapd.conf* Einträge hinzu, die auf die Zertifikatdateien zeigen:

```
# SSL/TLS
TLSCertificateFile /usr/ssl/certs/slapd_cert.pem
TLSCertificateKeyFile /usr/ssl/certs/slapd_key.pem
# Gibt an, welche Verschlüsselung zu verwenden ist
# -- dies ist eine vernünftige Standardeinstellung
TLSCipherSuite HIGH:MEDIUM:+SSLv2
```

Schließlich müssen wir das Startskript bearbeiten, das slapd kontrolliert, und zwar so, dass der Startbefehl sowohl normales als auch sicheres LDAP als unterstützte Protokolle aufführt. Hier ist die entsprechende Zeile:

```
slapd -h "ldap:/// ldaps:///"
```

Nachdem Sie den Server neu gestartet haben, können Sie auf mehrere Arten überprüfen, ob alles funktioniert. Eine einfache Möglichkeit wäre es, einen Suchbefehl laufen zu lassen und den entsprechenden Netzwerkverkehr zu beobachten, wenn der Befehl läuft. Sie können zum Beispiel das Utility ngrep einsetzen, um die beiden LDAP-Ports zu beobachten und um nach verschlüsselten Passwörtern zu suchen. In diesem Beispiel suchen wir nach der Zeichenkette »bbb«, die dem Passwort entspricht, das für die Anbindung an den Server verwendet wird:

```
# ngrep 'bbb' port 636 or port 389
```

Dann führen wir in einem anderen Fenster den Befehl ldapsearch aus, der die Anbindung zu einem Testeintrag in dem Verzeichnis (*uid=a2*) herstellt, indem wir das Passwort zuerst mit -x und dann mit -w angeben und dabei die Dienste ldap beziehungsweise ldaps verwenden. Hier ist der zweite Befehl:

```
# ldapsearch -H ldaps://10.0.49.212:636 -w bbb -x \
    -D 'uid=a2,ou=People,dc=ahania,dc=com' 'uid=a*'
```

Der Suchbefehl sollte beide Male einige Einträge zurückgeben, der ngrep-Befehl wird allerdings keine übereinstimmenden Pakete für die zweite Suche finden, da das Passwort verschlüsselt ist.

Alternativ können Sie einen Client verwenden, der eine oder zwei dieser Einrichtungen unterstützt. Abbildung 6-14 stellt das Server-Eigenschaften-Dialogfenster des Utility gq dar. Sie können die entsprechende Checkbox auswählen, um TLS zu verwenden, und dann einen ähnlichen Test wie den vorangegangenen ausführen. Wieder suchen wir nach dem Klartextpasswort (und werden es nicht finden, wenn TLS aktiviert ist).

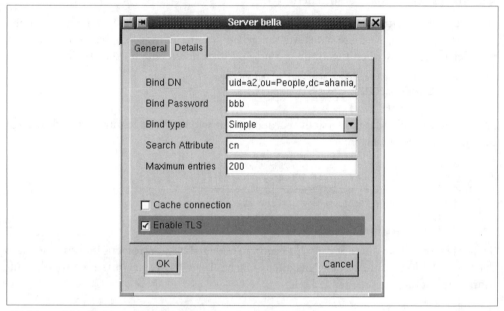

Abbildung 6-14: Aktivieren der TLS-Unterstützung im gq-Client

Wenn Sie Probleme bei der Anbindung an den Server haben, dann stellen Sie sicher, dass das Passwort, das Sie verwenden, das richtige für diesen Eintrag ist und dass die Zugriffsebene für Ihren Testeintrag für diese Operation ausreicht, um erfolgreich zu sein. Vergewissern Sie sich schließlich, dass Sie den slapd-Prozess neu gestartet haben und dass er nicht irgendwelche Fehlermeldungen generiert hat.

 Diese Einführung in OpenLDAP sollte ausreichen, damit Sie selbst damit beginnen können, mit dieser Einrichtung herumzuexperimentieren. Wie bei jeder Veränderung dieser Größe und Komplexität ist es wichtig, Änderungen in einer kontrollierten und eingeschränkten Umgebung zu testen, bevor versucht wird, diese auf Produktionssysteme und/oder im großen Maßstab anzuwenden.

Geht NIS ein?

Der Network Information Service (NIS) ist ein weiterer verteilter Datenbankdienst, der es ermöglicht, einen einzigen Satz an Systemkonfigurationsdateien für ein gesamtes lokales Netzwerk von Computern zu betreiben. NIS wurde von Sun Microsystems entwickelt. Mit

NIS kann eine einzige Passwortdatei für ein gesamtes Computernetzwerk beinahe automatisch gepflegt werden (Sie müssen Einträge noch mit einer Kopie manuell hinzufügen oder bearbeiten). Dieser Abschnitt liefert eine kurze Beschreibung von NIS. Ziehen Sie für weitere Details Ihre Systemdokumentation zu Rate (verwenden Sie `man -k nis` und `man -k yp`, um damit zu beginnen). Zusätzlich enthält *Managing NFS and NIS* von Hal Stern, Mike Eisler und Ricardo Labiaga (O'Reilly & Associates) eine hervorragende Besprechung von NIS.

NIS wurde für eine sehr offene Umgebung entwickelt, in der eine bedeutende Vertrauensstellung zwischen allen Systemen erwünscht ist (und vorausgesetzt wird). Dementsprechend wurden bei seiner Entwicklung viele Überlegungen hinsichtlich des Schutzes der Systeme vor den bösen Jungs – außerhalb und innerhalb – übersehen oder ignoriert. Leider ist es keine Übertreibung zu sagen, dass NIS ein Sicherheitsalptraum ist.

Wenn Ihr Netzwerk eine direkte Verbindung zu anderen Computern außerhalb Ihrer Kontrolle besitzt oder wenn es irgendwelche internen Systeme gibt, die innerhalb des lokalen Netzwerks vor anderen geschützt werden müssen, dann würde ich Ihnen empfehlen, NIS oder auch NIS+ (das nur ein paar der krassesten Sicherheitsmängel von NIS behebt) *nicht* einzusetzen. Verwenden Sie NIS nur, wenn Sie eine offene, auf gegenseitiges Vertrauen beruhende Sicherheitsumgebung in einem gesamten lokalen Netzwerk möchten, bei dem alle Eingänge – sowohl zur außen stehenden Welt sowie zu den nichtvertrauenswürdigen Teilen der gleichen Site – durch strenge Firewalls geschützt sind.

KAPITEL 7
Sicherheit

Heutzutage wird die Redewendung »Computersicherheit« meistens mit dem Schutz vor Einbrüchen in Verbindung gebracht: Versuche einer unbefugten Person, Zugang zu einem Computersystem zu erlangen (und diese Person hat dann eine starke Ähnlichkeit mit dem Darsteller aus einem Film wie *War Games* oder *Hackers*). Solche Individuen gibt es, und sie könnten durch Boshaftigkeit oder einfach Schadenfreude motiviert sein. Wenn die externe Bedrohung auch sehr wichtig ist, umfasst Sicherheit doch viel mehr als den Schutz vor Außenstehenden. So gibt es zum Beispiel beinahe so viele Sicherheitsprobleme, die sich auf *autorisierte* Benutzer beziehen, wie auf potenzielle Eindringlinge.

Dieses Kapitel wird grundlegende Punkte und Techniken der Unix-Sicherheit behandeln sowie zusätzliche wichtige Sicherheitsoptionen, die von einigen Unix-Systemen angeboten werden. Eine hervorragende Abhandlung über Unix-Sicherheit finden Sie in *Practical Internet and Unix Security* von Simson Garfinkel und Gene Spafford (O'Reilly).

Zweifelsfrei wird dieses Kapitel einigen Lesern unangemessen paranoid erscheinen. Meine allgemeine Herangehensweise an die Systemsicherheit erwächst aus der Erfahrung heraus, die ich während der Arbeit in einem großen produzierenden Unternehmen sammeln konnte, das seine gesamte Entwicklung von Neuprodukten auf CAD-CAM-Workstations durchführte, und den Erfahrungen aus der Arbeit in einer Reihe von ziemlich kleinen Software-Firmen. In all diesen Umgebungen existierte ein wichtiger Teil der zukünftigen Produkte und Vermögenswerte der Firma nur online. Natürlich war deren Schutz ein Hauptaugenmerk der Systemadministration und die Möglichkeiten, die für solche Sites geeignet sind, können sich sehr von dem unterscheiden, was in einem anderen Kontext Sinn macht. Dieses Kapitel zeigt Ihnen einige Möglichkeiten, ein Unix-System abzusichern. Es liegt an Ihnen und Ihrer Site, festzulegen, was Sie benötigen.

Sicherheitsüberlegungen ziehen sich durch die meisten Tätigkeiten der Systemadministration und Sicherheitsverfahren funktionieren am besten, wenn sie in andere, normale Systemhandlungen integriert werden. Wenn dem so ist, kann die Besprechung von Sicherheitsaspekten nicht wirklich auf ein einzelnes Kapitel beschränkt werden. Vielmehr tauchen sie immer wieder und wieder im Verlauf dieses Buches auf.

Einleitung: Wo liegt das eigentliche Problem?

Bevor wir uns den Eigenheiten des Absicherns und Überwachens von Unix-Systemen zuwenden, lassen Sie uns einen Blick auf drei wohlbekannte historische Sicherheitsprobleme von Unix werfen (alle wurden vor Jahren behoben):

- Das Sendmail-Paket enthielt einen Debug-Modus, der entwickelt wurde, um Systemadministratoren die Möglichkeit zu geben, per Hand Befehle eingeben zu können und deren Auswirkungen zu beobachten. Weil nun leider jeder das Programm sendmail ausführen kann und dieses mit der SUID *root* läuft, könnte ein ruchloser Benutzer sendmail dazu benutzen, Befehle als *root* auszuführen. Dies ist ein Beispiel für ein Sicherheitsloch, das durch eine Hintertür in einem Programm entstanden ist: ein Ausführungsmodus, der den üblichen Sicherheitsmechanismus eines Programms umgeht.

- Üblicherweise erlaubt es der Befehl passwd -f den Benutzern, die Informationen ihrer Einträge im GECOS-Feld der Passwortdatei zu ändern. Jedoch fügte der Befehl, so wie er ursprünglich implementiert wurde, die neuen Informationen einfach an das GECOS-Feld des Benutzers an, ohne diese vorher nach Zeichen wie zum Beispiel Doppelpunkte oder neue Zeilen zu untersuchen. Diese Nachlässigkeit bedeutete, dass ein hinterhältiger Benutzer diesen Befehl dazu verwenden konnte, einen Eintrag in der Passwortdatei anzufügen. Dies ist ein Beispiel für das Versäumnis eines Programms, seine Eingabe zu überprüfen. Das Programm geht einfach davon aus, dass die erhaltene Eingabe richtig und harmlos ist, ohne zu überprüfen, ob die Eingabe der Form und Länge entspricht, die erwartet wird.

  Eine andere Variante dieses Problems wird *Buffer Overflow* (Pufferüberlauf) genannt. Ein Pufferüberlauf tritt auf, wenn ein Programm mehr Input erhält, als es maximal in der Lage ist zu verarbeiten. Wenn das Programm dann an diesem Input erstickt, können unerwartete Nebeneffekte auftreten, darunter auch die Möglichkeit, willkürliche Befehle unter der Benutzerzugehörigkeit des Programms (oft *root*) auszuführen. Modernere Programme werden normalerweise so geschrieben, dass sie zu langen Input zurückweisen. Wir finden und beheben aber immer noch solche Bugs in Programmen, die in früheren Jahren/Jahrzehnten geschrieben wurden.

- Der finger-Befehl zeigt verschiedene Informationen über den Benutzer an, der als dessen Argument angegeben wurde: seinen vollen Namen und andere Informationen aus der Passwortdatei, ebenso wie den Inhalt der Dateien .plan und .project in seinem Home-Verzeichnis. finger wurde entwickelt, um auf einfache Weise herausfinden zu können, wer sich auf dem System befindet und wie er kontaktiert werden kann. In der Vergangenheit versäumte es der Befehl jedoch zu überprüfen, ob die Datei .plan in dem Home-Verzeichnis eines Benutzers für den Benutzer lesbar ist, der finger ausführt, bevor er ihren Inhalt ausgibt. Dies bedeutete, dass ein skrupelloser Benutzer die Datei .plan als Link zu einer beliebigen Datei auf dem System in seinem eigenen Home-Verzeichnis erstellen, finger auf seinen eigenen Account ausführen konnte und damit in die Lage versetzt würde, den Inhalt der Zieldatei zu betrachten, selbst dann, wenn deren Dateiberechtigungen seinen Zugriff verhindern würden. Dies ist ein Beispiel für einen

Bug, der aus der unsicheren Annahme über den Kontext und die Umstände entsteht, unter denen das Programm laufen könnte.

Was haben diese drei Punkte gemeinsam? Sie alle demonstrieren die grundlegende Ansicht von Unix, dass das System in einer vertrauenswürdigen Umgebung von verantwortungsbewussten Personen besteht. In allen drei Fällen versäumten es die Programme, einen unbeabsichtigten Gebrauch ihrer Funktionen vorauszuahnen oder zu überprüfen. Betrachtet man diese Probleme bloß als alte Fehler, die schon vor langer Zeit beseitigt wurden, so übersieht man den wichtigen Punkt, dass diese Anschauungsweise sehr tief im Unix-Betriebssystem verankert ist. Dieser Glaube wird selbst im Sprachgebrauch offensichtlich, dass Unix-Befehle einfache Werkzeuge sind, die eine bestimmte Aufgabe auf eine allgemeine und optimale Weise erledigen. Sie können mit einem Schraubenzieher sehr viel mehr anrichten, als nur Schrauben festzuziehen oder zu lösen.

Nachdenken über Sicherheit

Diskussionen über Sicherheit beginnen oft mit dem Nachdenken über die Arten der Bedrohungen, die einem System begegnen könnten. Ich möchte zu diesem Punkt aus einem etwas anderen Blickwinkel kommen, indem ich mich zuerst darauf konzentriere, was denn eigentlich geschützt werden muss. Bevor Sie irgendwelche sicherheitsrelevanten Punkte auf Ihrem System angehen können, müssen Sie in der Lage sein, die folgenden Fragen zu beantworten:

- Was versuchen Sie zu schützen?
- Welche Werte könnten verloren gehen?

Wenn Sie diese Fragen beantworten können, haben Sie einen langen Weg hinter sich, auf dem Sie potenzielle Sicherheitsprobleme identifiziert und gelöst haben. Ein Weg, an diese Fragen heranzugehen, wäre sich vorzustellen, eines Morgens zu entdecken, dass Ihr gesamtes Computersystem/Netzwerk während der vergangenen Nacht gestohlen wurde. Ein solcher Vorfall würde beinahe jeden bestürzen, aber aus unterschiedlichen Gründen:

- Aus Gründen der finanziellen Kosten: Was hierbei wertvoll ist, ist der Computer als physikalisches Objekt (der Verlust von Ausstattung).
- Weil sensible oder private Daten verloren gegangen sind, wie zum Beispiel Firmengeheimnisse oder Informationen über Einzelpersonen (eine Art von Datenverlust).
- Weil Sie Ihre Geschäfte nicht mehr weiterführen können: Der Computer ist für die Produktion Ihrer Produkte oder zur Bereitstellung von Dienstleistungen für Ihre Kunden unentbehrlich (Verlust der Verwendbarkeit). In diesem Fall ist die Arbeit des Computers wichtiger als die Hardware an sich.

Natürlich gibt es neben dem kompletten Diebstahl noch viele andere Ursachen für alle drei Arten des Verlustes. Zum Beispiel könnten Daten auch gestohlen werden, indem sie elektronisch kopiert werden oder das Medium, auf denen sie gespeichert werden, herausgenommen wird. Ebenso könnte der Computer an sich gestohlen werden. Es gibt sowohl physikalischen als auch elektronischen Vandalismus. Physikalischer Vandalismus könnte zerstörte oder beschädigte Ausstattung bedeuten (wenn zum Beispiel Diebe in Ihr Büro einbrechen, sich darüber ärgern, dass sie kein Geld finden, und die Tasse mit Kaffee, die auf dem Schreibtisch stehen gelassen wurde, in die Lüftungsschlitze des Computers und auf die Tastatur ausschütten). Elektronischer Vandalismus kann aus verfälschten oder gelöschten Dateien bestehen oder aus einem System, das von so vielen nutzlosen Prozessen überhäuft wird, dass es unbrauchbar wird; diese Art des Angriffs wird *Denial of Service*-Attacke genannt.

Abhängig davon, welche dieser Angelegenheiten wichtig für Sie sind, müssen Sie unterschiedlichen Arten der Bedrohung vorbeugen und ihnen gewappnet sein. Physikalische Bedrohungen beinhalten nicht nur Diebstahl, sondern auch Naturkatastrophen (Feuer, gebrochene Leitungen, Stromausfälle als Folge von Gewitter und so weiter). Datenverlust kann durch Böswilligkeit oder aus Versehen verursacht werden, die Ursachen reichen von vorsätzlichem Diebstahl und Zerstörung über Anwenderfehler bis zu fehlerhaften Programmen, die sich verheerend auswirken. Deshalb bedeutet Schutz vor Datenverlust nicht nur in Erwägung zu ziehen, dass unbefugte Benutzer das System unter Beschuss nehmen und autorisierte Benutzer auf dem System Dinge tun, zu denen sie nicht befugt sind, sondern auch, dass autorisierte Benutzer Dinge tun, die ihnen zwar erlaubt sind, die sie aber überhaupt nicht machen wollen. Und manchmal bedeutet dies auch, hinter Ihnen selbst aufzuräumen.

Wenn Sie erst einmal herausgefunden haben, was geschützt werden muss und was die potenziellen Handlungen und Ereignisse sind, vor denen dies geschützt werden muss, werden Sie in einer viel besseren Position sein, um die konkreten Schritte herauszuarbeiten, die unternommen werden müssen, um Ihr System oder Ihre Site zu schützen.

Wenn zum Beispiel der Diebstahl der Computer selbst Ihre größte Sorge ist, werden Sie mehr über Schlösser nachzudenken haben als darüber, wie oft Ihre Anwender ihre Passwörter ändern. Wenn im Gegensatz hierzu die physikalische Sicherheit kein Problem darstellt, sondern eher ein Datenverlust, müssen Sie über Wege nachdenken, wie Sie versehentlichen und vorsätzlichen Datenverlust verhindern können und wie Daten schnell wiederhergestellt werden können, sollte trotz all Ihrer Vorkehrungen dennoch ein Datenverlust eintreten.

Die letzte Komplikation ist, dass Sicherheit auf Kosten der Benutzerfreundlichkeit geht: Je sicherer ein System ist, desto weniger komfortabel ist es zu benutzen und umgekehrt. Sie und Ihre Organisation müssen den richtigen Satz an Maßnahmen für Ihre Situation finden. So sind zum Beispiel isolierte Systeme viel einfacher abzusichern als solche, die sich in Netzwerken befinden. Aber nur wenige Menschen möchten ein Band beschreiben müssen, um Dateien zwischen zwei lokalen Systemen auszutauschen.

Den Schlüssel zu einem gut abgesicherten System bildet eine Kombination aus Richtlinien, die:

- jeder möglichen Bedrohung vorbeugen, die von Bedeutung ist, in dem Umfang, in dem ihnen vorgebeugt werden kann – und ihnen kann nicht immer vorgebeugt werden –, und in dem Umfang, in dem Sie, Ihre Anwender und Ihre Organisation als Ganzes dazu bereit sind, die Unannehmlichkeiten, die diese Sicherheitsmaßnahmen mit sich bringen, zu akzeptieren (oder sich aufzubürden).

- planen und darauf vorbereiten, was zu tun ist, wenn der schlimmste Fall überhaupt eintritt. Die besten Backup-Pläne entstehen zum Beispiel dann, wenn Sie sich vorstellen, dass Sie morgen früh hereinkommen und alle Ihre Festplatten Headcrashes hatten. Es ist sehr hilfreich, sich vorzustellen, dass selbst das Unmögliche eintreten kann. Wenn es wichtig ist, dass bestimmte Personen keinen Zugang zum *root*-Account erhalten, so lassen Sie *root* niemals auf einem unbeaufsichtigten Terminal eingeloggt, nicht einmal auf der Konsole im abgeschlossenen Maschinenraum, in den diese Benutzer *niemals* hineinkommen können. Niemals tritt fast immer früher ein, als Sie sich vorstellen können.

Bedrohungen können aus einer Vielzahl an Quellen kommen. Externe Bedrohungen reichen von elektronischen Schwarzfahrern, die mehr oder weniger zufällig in ihr System hineinstolpern, bis hin zu Crackern, die es ganz gezielt auf Ihr System abgesehen haben (oder ein anderes System, das über eine Route erreicht werden kann, die auch Ihr System beinhaltet). Interne Bedrohungen kommen von legitimierten Benutzern, die sich daran machen, Dinge zu tun, die ihnen nicht gestattet sind. Deren Motivationen reichen von Neugier und Unbekümmertheit bis hin zu Böswilligkeit und Industriespionage. Sie werden unterschiedliche Schritte in Angriff nehmen müssen, abhängig davon, von welchen Bedrohungen Ihre Site am ehesten betroffen ist.

Schließlich ist gute Sicherheit ebenso wie erfolgreiche Systemadministration im Allgemeinen weitestgehend eine Sache der Planung und der Gewohnheit: die vorsorgliche und sorgfältige Entwicklung von Reaktionen auf die verschiedenen Szenarien und das gewissenhafte Ausführen der routinemäßigen, langweiligen und täglichen Maßnahmen, die notwendig sind, um die verschiedenen von Ihnen vorausgesehenen Katastrophen zu verhindern oder wieder gutzumachen. Auch wenn es Ihnen manchmal so vorkommt, dass die notwendigen vorbeugenden Maßnahmen unverhältnismäßig aufwändig sind, so denke ich doch, dass Sie diese weniger lästig finden als jede noch so kleine Rettungsmaßnahme.

Sicherheitsrichtlinien und Sicherheitspläne

Viele Sites finden schriftliche Sicherheitsrichtlinien und Sicherheitspläne hilfreich. Mit »Sicherheitsrichtlinie« meine ich eine schriftliche Erklärung für die Anwender darüber, was einen angemessenen und was einen unerwünschten Umgang im Gebrauch ihrer Accounts und den damit verbundenen Daten darstellt. Als »Sicherheitsplan« bezeichne ich eine schriftliche Beschreibung periodischer sicherheitsrelevanter Tätigkeiten der Systemadministration. Bei einigen Sites ist die Computer-Sicherheitsrichtlinie Teil einer umfangreicheren Sicherheitsrichtlinie; ähnlich ist ein administrativer Sicherheitsplan oft Teil eines allgemeineren Plans zur Katastrophenbekämpfung.

Sicherheitsrichtlinien

Sicherheitsrichtlinien sind am wirksamsten, wenn die Anwender diese lesen, verstehen und sich einverstanden erklären, sich daran zu halten, wenn sie ihre Computer-Accounts erhalten. Dies geschieht normalerweise, indem sie eine Art Formular unterschreiben (eine

Kopie der schriftlichen Richtlinien erhalten sie zum späteren Nachlesen). Für Arbeitnehmer erfolgt dies normalerweise, wenn sie eingestellt werden, als Teil der Sicherheitseinführung, die sie im Rahmen der ersten Tage ihrer Beschäftigung erhalten. Im Bildungsumfeld kann es für Studenten ebenso erforderlich sein, die schriftlichen Sicherheitsrichtlinien zu unterschreiben, wenn sie ihre Accounts erhalten. Während meiner kurzen Arbeit im akademischen Umfeld war eine meiner Aufgaben die Erstellung und Verbreitung einer BITNET-Sicherheitspräsentation für Studenten, die einen Netzwerkzugang wollten; wäre ich jetzt Systemadministrator an einer Universität, würde ich empfehlen, dass eine Veranstaltung über allgemeine Kenntnisse der Computersicherheit Voraussetzung wäre, bevor ein Student zum ersten Mal einen Account erhält.

Eine gute Sicherheitsrichtlinie für Computer wird folgende Bereiche abdecken:

- Wer ist dazu berechtigt, den Account zu benutzen (normalerweise niemand außer der Benutzer selbst)? Vergessen Sie bei der Ausformulierung dieses Punktes nicht die Ehegatten, wichtige andere Personen und die Kinder.
- Passwortanforderungen und -verbote (verraten Sie es niemandem weiter, benutzen Sie hier kein Passwort, das Sie je an anderer Stelle benutzt haben und umgekehrt etc.). Es kann auch sinnvoll sein, hervorzuheben, dass niemand aus dem Team der Computer-/Systemadministration jemals nach dem Passwort fragen wird, weder am Telefon noch persönlich, und dass dies auch kein Vertreter einer exekutiven Behörde tun wird.
- Richtiger und falscher Gebrauch von lokalen Computern oder denen, die über das Internet erreicht werden können. Das kann nicht nur das Verbot des Hackens beinhalten, sondern auch, ob die private Nutzung eines Accounts erlaubt ist, ob der kommerzielle Gebrauch eines universitären Accounts verboten ist, Richtlinien bezüglich erotischer oder pornografischer Bilder, die gespeichert oder online angezeigt werden, und Ähnliches.
- Bedingungen, unter denen ein Benutzer seinen Account verlieren kann. Dieser Punkt kann auch etwas weiter gefasst sein und zum Beispiel beinhalten, wann ein Job beendet werden könnte (wann das System zu Wartungszwecken heruntergefahren wird, wann ein Job das System überlastet und so weiter).
- Regeln darüber, welche Art der Nutzung auf welchen Computern erlaubt ist (zum Beispiel wann und wo Spiele erlaubt sind, wo große Jobs laufen sollten etc.).
- Die Zustimmung für das Monitoring aller Arten von Account-Aktivitäten durch das Team der Systemadministration, wenn diese für die System-/Netzwerksicherheit, Leistungsoptimierung, allgemeine Konfiguration und/oder zu Accounting-Zwecken benötigt werden.
- Richtlinien, die vorgeben, wie mit gedruckten Datenausgaben umgegangen werden soll, ob sie das Gebäude oder die Site verlassen dürfen, und ähnliche Richtlinien für Bänder und andere Medien.

Einige Sites könnten mehr als eine Richtlinie für unterschiedliche Benutzergruppen benötigen. Wenn Sie eine schriftliche Sicherheitsrichtlinie erarbeiten oder überarbeiten, könnte es angebracht sein, diese von der Rechtsabteilung Ihrer Organisation prüfen zu lassen.

> ### Sicherheit beginnt und endet mit dem Menschen
>
> Anwender dazu zu bringen, sich Gedanken um die Sicherheit zu machen, erfordert Zeit und Anstrengungen. Schließlich ist ein System nur so sicher wie sein verwundbarster Punkt und es ist wichtig, die Benutzer des Systems nicht zu vergessen oder zu missachten. Wenn ein Benutzer Sicherheitsprobleme verursacht, gibt es dafür drei Hauptgründe: Unwissenheit, Faulheit oder Boshaftigkeit.
>
> Der Unwissenheit kann am einfachsten begegnet werden. Die Entwicklung formaler und informeller Trainingsstrategien ist etwas, das im Lauf der Zeit passiert. Die Anwender müssen auch von Zeit zu Zeit an Dinge erinnert werden, die sie schon kennen.
>
> Die Faulheit ist immer eine Versuchung – für Systemadministratoren ebenso wie für die Anwender –, Sie werden aber feststellen, dass dies ein kleineres Problem ist, wenn die Anwender in die Ziele der Systemsicherheit einbezogen wurden. Das erfordert sowohl die Unterstützung des Managements – der Anwender und Ihres – und der Organisation als Ganzes als auch eine formale Verpflichtungserklärung jedes einzelnen Anwenders. Zudem ist eine Atmosphäre, die sich mehr auf Lösungen als auf Schuldzuweisungen konzentriert, im Allgemeinen erfolgreicher als reine Einschüchterung oder Zwang. Sobald Menschen sich darüber Gedanken machen, was passiert, wenn sie in Schwierigkeiten geraten, tendieren sie eher dazu, Probleme zu vertuschen, als sie zu lösen.
>
> Überlegungen zu der dritten Ursache, Boshaftigkeit, müssen noch etwas warten. Die Entwicklung einer Unternehmenskultur, die Loyalität und Offenheit der Arbeitnehmer unterstützt und fördert statt Betrug und Verrat, ist Thema eines anderen Buches, ebenso wie das Erkennen und Bekämpfen von Missständen.

Sicherheitspläne

Das Formulieren oder Überarbeiten eines Sicherheitsplans ist oft eine gute Methode, um den allgemeinen Zustand der Sicherheit auf einem System oder in einem Netzwerk einzuschätzen oder zu überprüfen. Ein solcher Plan wird einige oder alle der folgenden Punkte behandeln:

- Allgemeine Richtlinien für den Zugang zu dem Computer: die allgemeinen Klassen der Benutzer, die auf diesem System vorhanden sind, zusammen mit den Zugriffen und Sonderrechten, die ihnen erlaubt sind oder verweigert werden. Diese Beschreibung enthält auch den Zweck und den Geltungsbereich der verschiedenen Benutzergruppen.
- Zusätzliche Features zur Systemsicherheit, die eingesetzt werden (Passwort-Aging und andere Einschränkungen, Richtlinien zum Ablauf von Benutzer-Accounts und so weiter).
- Eingesetzte vorbeugende Maßnahmen (zum Beispiel der Datensicherungsplan, Maßnahmen, die in Verbindung mit der Installation und dem Upgrade von Betriebssystemen durchgeführt werden, und Ähnliches).
- Welches periodische (oder zusammenhängende) System-Monitoring wird durchgeführt und wie ist es implementiert?

- Wie oft werden komplette Prüfungen der Systemsicherheit durchgeführt und welche Punkte umfassen diese?
- Richtlinien und Strategien für aktives Handeln bei und Beheben von Sicherheitslücken.

Wie jede andere Richtlinie oder Vorgehensweise muss auch der Sicherheitsplan periodisch überprüft und aktualisiert werden.

Die Verteidigungslinien von Unix

Auf der Ebene eines einzelnen Systems bietet Unix drei grundlegende Wege, um Sicherheitsproblemen vorzubeugen:

- Eine Reihe von Mechanismen zur Netzwerksicherheit, die entwickelt wurden, um zu verhindern, dass unberechtigte Verbindungen angenommen werden (wobei unberechtigt auf einem oder mehreren Merkmalen basierend definiert werden kann: Verbindungsquelle, Art der Verbindung, dem angeforderten Dienst und Ähnliches).
- Passwörter wurden entwickelt, um unberechtigte Benutzer daran zu hindern, Zugang zu dem System zu erlangen, selbst über erlaubte Kanäle.
- Dateizugriffsberechtigungen wurden entwickelt, um nur bestimmten Benutzern den Zugriff auf verschiedene Befehle, Dateien, Programme und Systemressourcen zu gestatten.

In der Theorie filtert der Netzwerkschutz alle unberechtigten Verbindungen heraus, schützen Passwörter davor, dass die schlimmen Jungs über erlaubte Wege auf das System gelangen, und schützen die richtigen Dateizugriffsrechte davor, dass normale Benutzer Dinge ausführen, zu denen sie nicht berechtigt sind. Auf einem System, das sowohl physikalisch als auch elektronisch isoliert ist, entspricht die Theorie recht gut der Realität. Aber dieses Bild wird viel komplizierter, wenn Sie erst einmal die Arbeit in Netzwerken in Erwägung ziehen. Zusätzlich können sich die verschiedenen Sicherheitsmechanismen gegenseitig beeinflussen. So umgeht zum Beispiel der Netzwerkzugriff oft die normale Prozedur der Passwort-Authentifizierung. Aus diesen Gründen ist Ihr System letztendlich nur so sicher wie das am schlechtesten geschützte System im Netzwerk.

Zugriffsbeschränkungen, Passwörter und Netzwerkbarrieren sind nur nützlich, wenn sie Bestandteil einer allumfassenden Sicherheitsstrategie für Ihr System sind. Ich finde es hilfreich, über diese im Zusammenhang mit den unterschiedlichen »Verteidigungslinien« nachzudenken, die potenziell aufgebaut werden könnten, um Ihr System vor möglichen Verlusten zu schützen.

Physikalische Sicherheit

Die erste Verteidigungslinie ist der physikalische Zugang zu Ihrem Computer. Die sicherheitsbewusstesten Installationen schützen Ihre Computer, indem sie jeglichen Netzwerk- und Einwahlzugang unterbinden und strikt einschränken, wer physikalisch in die Nähe der Computer gelangen kann. Das äußerste Extrem sind hierbei Systeme in verschlossenen Räumen (die zusätzlich zum Schlüssel für das Türschloss noch ein Passwort erfordern, das auf einem Tastenfeld eingegeben werden muss), isoliert in Bereichen mit beschränktem Zugang, von Anlagen mit bewachten Zugängen (normalerweise für militärische oder Verteidigungszwecke). Um auf diese Systeme zu gelangen, müssen Sie in die Site und in das richtige Gebäude gelangen, Sie müssen an den Wachen im Sicherheitsbereich des Gebäudes vorbeikommen und schließlich in den Computerraum gelangen, bevor Sie sich überhaupt darüber Gedanken machen brauchen, ob Sie das richtige Passwort für das System haben. Ein solcher Ansatz hält Außenstehende und unberechtigte Benutzer wirksam draußen; so können Sicherheitsbedrohungen nur noch von Insidern kommen.

Auch wenn dieses extreme Niveau der physikalischen Sicherheit von den meisten Sites nicht benötigt wird, sehen sich alle Administratoren doch einigen physikalischen Sicherheitsaspekten gegenüberstehen. Einige der üblichsten sind:

- Vorbeugung gegenüber Diebstahl oder Vandalismus, indem die Tür verschlossen wird oder die Ausrüstung an den Tisch oder Schreibtisch festgemacht wird. Sollten dies bedeutende Bedrohungen für Sie sein, müssen Sie noch weitere Aspekte bezüglich des physikalischen Standortes des Computers beachten. So können zum Beispiel die besten Schlösser der Welt grundsätzlich wertlos sein, wenn die Tür ein Glasfenster besitzt.

- Beschränkung des Zugriffs auf die Konsole und die CPU-Einheit, um jemanden davon abzuhalten, das System zum Absturz zu bringen und es im Einzelbenutzer-Modus wieder hochzufahren. Selbst wenn es Ihnen Ihr System erlaubt, den Zugang zum Einzelbenutzer-Modus ohne Passwort zu deaktivieren, könnten hier immer noch Probleme für Sie lauern. Wenn Ihr System zum Beispiel über einen Schlüssel an der Frontblende abgesichert ist, Sie aber diesen Schlüssel in der mittleren Schublade Ihres Schreibtisches aufbewahren (gleich neben den Schlüsseln zum Datenschrank) oder er in der Frontblende steckt, so ist diese Ebene der Sicherheit wirksam entfernt worden.

- Kontrolle von Umgebungsfaktoren, so weit dies realistisch möglich ist. Dieser Punkt kann sowohl spezielle Stromsysteme umfassen (Notstromgeneratoren, Spannungsstabilisatoren, Einrichtung für den Überspannungsschutz und so weiter), um Ausfallzeiten und Datenverlust zu verhindern, als auch Feuermelder und Feuerlöschsysteme, um die Beschädigung der Ausstattung zu verhindern. Dieser Punkt beinhaltet auch einfache, einleuchtende Richtlinien wie zum Beispiel keine offenen Becher mit Flüssigkeit in die Nähe einer Tastatur oder auf einen Monitor zu stellen.

- Einschränkung oder Überwachung des Zugangs auf andere Teile des Systems, wie zum Beispiel Terminals, Workstations, Netzwerkkabel (angreifbar durch Abhören und Belauschen) und so weiter.

- Beschränkung des Zugangs zu Datensicherungsbändern. Wenn die Sicherheit Ihrer Daten für Ihr System von Bedeutung ist, müssen Datensicherungsbänder vor Diebstahl und auch Beschädigung geschützt werden (sehen Sie hierzu auch Kapitel 11). Bedenken Sie auch, dass Datensicherungsbänder sensible Konfigurationsdaten der Systeme beherbergen: die Passwort- und Shadow-Passwortdatei, Dateien mit Sicherheitsschlüsseln und so weiter.

Firewall-Systeme und Netzwerkfilter

Paketfilter und dedizierte Firewall-Systeme repräsentieren einen Ansatz, um die Risiken, die mit der Platzierung eines Systems in ein Netzwerk zusammenhängen, zu mildern. Eine Firewall wird zwischen dem Internet und der zu schützenden Site platziert; Firewall-Systeme können auch innerhalb einer Site oder Organisation verwendet werden, um einige Systeme von anderen zu isolieren (denken Sie daran, dass nicht alle Bedrohungen von außerhalb kommen). Der Einsatz von Paketfiltern beschränkt die Art des Netzwerkverkehrs, den ein System annimmt. Wir werden diese beiden Punkte später in diesem Kapitel detaillierter betrachten.

Passwörter

Sobald jemand Zugriff auf das System erlangt, bilden Passwörter die nächste Verteidigungslinie gegen unbefugte Benutzer und die Risiken, die mit diesen einhergehen. Wie ich bereits vorher gesagt habe, *sollten alle Accounts ein Passwort besitzen* (oder deaktiviert sein). Die Schwäche von Passwörtern ist, dass jemand, der durch Herausfinden des Passwortes in einen Account einbricht, alle Rechte und Privilegien erhält, die diesem Account erteilt wurden. Zusätzlich kann er sich nach Belieben als der legitimierte Benutzer ausgeben. Dateizugriffsrechte bilden die nächste Verteidigungslinie, sowohl gegen die schlimmen Jungs, die erfolgreich in einen Account einbrechen konnten, als auch gegen die legitimierten Benutzer, die versuchen, etwas zu tun, das sie eigentlich nicht tun sollten. Ein richtig angelegter Dateizugriffsschutz kann einer Menge potenzieller Probleme vorbeugen. Der verwundbarste Punkt des Dateizugriffsschutzes sind die setuid- und setgid-Zugriffsmodi, die wir im Detail später in diesem Kapitel betrachten werden.

Einige Unix-Versionen bieten noch andere Möglichkeiten, um den Zugriff von Benutzern, die nicht *root* sind, auf die verschiedenen Systemressourcen zu beschränken. Einrichtungen wie Disk-Quotas, Begrenzung von Systemressourcen und Zugriffsbeschränkungen auf Drucker und Batch-Queues schützen die Subsysteme der Computer vor unberechtigter Benutzung. Dies gilt auch für Angriffe durch »Bakterien«, die speziell dafür entwickelt wurden, Systeme zu überlasten, indem sie deren Ressourcen komplett aufbrauchen.[1]

---

1 Es sieht so aus, als würde keine neue Art der Sicherheitsbedrohung aufgedeckt werden, ohne dass sie einen niedlichen Namen erhält. *Bakterien*, die auch als *Kaninchen* bekannt sind, sind Programme, deren einziger Zweck es ist, sich zu reproduzieren und dabei das System zu überlasten, bis das System still steht. Es gibt noch einige andere Kreaturen im Sicherheitsdschungel, deren Namen Sie kennen sollten. *Viren* sind Programme, die sich selbst in andere Programme, oft legitimierte Programme, setzen und schädliche Nebeneffekte produzieren, wenn deren Wirt später ausgeführt wird. *Würmer* sind Programme, die sich über das Netzwerk von System zu System bewegen, dabei hinterlassen sie manchmal Bakterien, Viren oder andere gefährliche Programme. *Trojanische Pferde* sind Programme, die vortäuschen, eine bestimmte Sache auszuführen, während sie etwas ganz anderes machen. Der gebräuchlichste Typus ist ein Passwort stehlendes Programm, das eine normale Login-Sequenz nachahmt, aber tatsächlich das Passwort, das der Benutzer eingibt, abspeichert und sich dann beendet. Der Begriff wird auch für Programme oder Befehle verwendet, die in bestimmten Dateitypen eingebettet sind und automatisch ausgeführt werden, sobald die Datei bearbeitet wird (PDF-Dateien, Postscript-Dateien und Anhänge von E-Mail-Nachrichten). Hintertüren (*Back Doors*), auch Falltüren (*Trap Doors*) genannt, sind undokumentierte, alternative Zugänge zu ansonsten legitimierten Programmen, die es dem informierten Benutzer ermöglichen, Sicherheits-Features zu umgehen. *Zeitbomben* sind Programme, die entwickelt wurden, um spezielle – normalerweise zerstörerische – Aktionen zu einem bestimmten Datum und zu einem bestimmten Zeitpunkt durchzuführen. Programme mit Zeitbomben können bis zu dem bestimmten Moment gutartig oder inaktiv sein. In der Praxis arbeiten diese Kreaturen zusammen.

Sollte sich jemand erfolgreich als *root* eingeloggt haben (oder in einen Account eingedrungen sein, der Zugang zu wichtigen Dateien oder anderen Systemressourcen besitzt), ist in den meisten Fällen die Systemsicherheit irreparabel beeinträchtigt. Sollte dies eintreten, muss der administrative Fokus von Vorbeugung auf Aufdeckung geändert werden: Sie müssen herausfinden, was mit dem System geschehen ist (und es reparieren), und feststellen, wie das System kompromittiert wurde – und diese Lücke schließen. Wir werden uns beides, sowohl Vorbeugung als auch Aufdeckung, detailliert im Verlauf dieses Kapitels ansehen.

Verschlüsselung von Daten

Es gibt eine Ausnahme für den vollständigen Sicherheitsverlust, falls der *root*-Account kompromittiert werden sollte. Für einige Arten von Daten kann die Verschlüsselung eine vierte Verteidigungslinie bilden, die Schutz gegen *root* und andere privilegierte Accounts bietet.

Backups

Backups bieten die letzte Verteidigungslinie gegen einige Arten von Sicherheitsproblemen und Systemkatastrophen. In diesen Fällen ermöglicht es Ihnen ein gutes Backup-System fast immer, das System auf einen Stand zu bringen, der dem Zustand vor dem Datenverlust nahe kommt (oder es auf einer neuen Hardware wiederherzustellen, falls einige Teile des Computers selbst beschädigt wurden). Sollte jemand jedoch Ihre Daten stehlen, sie aber nicht verändern oder zerstören, sind auch Backups hilflos.

Backups bieten Schutz vor Datenverlust oder Beschädigung des Dateisystems nur in Verbindung mit einer regelmäßigen Systemüberwachung, die dazu dient, Sicherheitsprobleme rasch aufzudecken. Ansonsten könnte ein Problem eventuell für lange Zeit nicht entdeckt werden. Sollte dies eintreten, würden Backups einfach das beschädigte System sichern. Dies würde es notwendig machen, Wochen oder Monate zu einem sauberen Zustand des Systems zurückzugehen, wenn das Problem schließlich entdeckt wird. Neuere Versionen der Dateien müssten per Hand zurückgespielt oder wiederhergestellt werden.

Versionsspezifische Sicherheitseinrichtungen

Jede kommerzielle Unix-Version, die wir hier behandeln, bietet eine erweiterte Sicherheitseinrichtung irgendeiner Art, entweder als Bestandteil des normalen Betriebssystems oder als optional angebotenes Produkt; wir werden viele dieser Eigenschaften im Laufe dieses Kapitels behandeln. Die ursprünglichen Befehle, die mit diesen Einrichtungen zusammenhängen, werden unten aufgeführt, als Hilfestellung für Ihre eigenen Nachforschungen darüber, was auf Ihrem System zur Verfügung steht (mit anderen Worten, konsultieren Sie zuerst diese Manpages). Ich habe auch einige relevante Einrichtungen aufgeführt, die auf FreeBSD- und SuSELinux-Systemen verfügbar sind:

AIX	chuser, audit, tcbck
FreeBSD	/etc/periodic/security/*
HP-UX	audsys, swverify

Linux	harden_suse (SuSE)
Solaris	bsmconv, aset, audit
Tru64	prpwd, secsetup

`man -k secur` (um auf »secure« und »security« zu passen) liefert auch oft Informationen, ebenso wie das Sicherheitshandbuch oder einige Kapitel im Handbuch der Systemdokumentation.

Wiedersehen mit der Benutzer-Authentifizierung

Wir haben bereits in »Administrieren von Benutzerpasswörtern« in Kapitel 6 einen Blick auf die Punkte geworfen, die sich um die Auswahl von Passwörtern und das Passwort-Aging drehen. In diesem Abschnitt werden wir optionale Methoden der Benutzer-Authentifizierung behandeln sowie Techniken, die über den Standard der Passwortauswahl und das Passwort-Aging hinausgehen. Wir werden später in diesem Kapitel auch eine weitere Methode zur Absicherung eines entfernten Zugriffs – die Secure Shell – behandeln.

Smart Cards

Der Zweck aller Systeme zur Benutzer-Authentifizierung, beginnend mit den Passwörtern, ist es, von einem potenziellen Benutzer zu erwarten, dass er nachweist, tatsächlich derjenige zu sein, der er behauptet zu sein. Das Standardverfahren des Unix-Login und die meisten sekundären Authentifikationsprogramme überprüfen die Identität eines Benutzers auf der Basis *von etwas, das er kennt*, etwa ein Passwort, davon ausgehend, dass niemand sonst es kennt.

Es gibt noch andere Ansätze zur Benutzer-Authentifizierung. Ein Benutzer kann auch auf Basis *von etwas, das er ist,* überprüft werden, eine eindeutige und unveränderliche physische Eigenschaft, wie zum Beispiel ein Fingerabdruck[2] oder das Bild der Netzhaut. Auf diese Art überprüfen biometrische Geräte die Identität einer Person. Sie werden normalerweise dazu eingesetzt, um die Zugänge zu Sicherheitseinrichtungen oder -bereichen zu schützen, werden aber nur selten dazu verwendet, um Benutzer auf einem Computersystem zu authentifizieren.

Ein dritter Ansatz besteht darin, einen Benutzer auf Basis von *etwas, das er besitzt,* zu überprüfen. Dieses Etwas, allgemein als *Token* bekannt, kann etwas so Einfaches wie ein Fotoausweis sein. Im Zusammenhang mit einer Login-Authentifizierung werden meistens *Smart Cards* eingesetzt. Smart Cards sind klein, ihre Größe reicht von mehr oder weniger Kreditkartengröße zu etwa derselben Größe, die ein kleiner Taschenrechner besitzt. Einige von ihnen arbeiten wie ein einfaches Token, das in ein Lesegerät gesteckt werden muss, bevor der Zugriff auf den Computer erteilt wird.

---

[2] Vor kurzem wurde demonstriert, dass Fingerabdrücke ziemlich einfach gefälscht werden können, deshalb können sie nicht empfohlen werden.

Andere Smart Cards sehen wie ein Taschenrechner aus, mit einem Tastenfeld und einem Display, in dem eine Zahl erscheint. Die Benutzer müssen zusätzlich zu ihrem normalen Passwort noch eine Nummer vom Display eingeben, wenn sie sich an einem abgesicherten Computer einloggen. Dieser Kartentyp erwartet normalerweise vom Benutzer, dass er eine Personal Identification Number (PIN) eingibt, bevor die Karte die Arbeit aufnimmt (um einen Schutz zu bieten, falls die Karte verloren geht oder gestohlen wird). Smart Cards sind oft so konzipiert, dass sie nicht mehr funktionieren, wenn jemand versucht, sie in Teile zu zerlegen, oder auf andere Weise versucht, Zugriff auf deren geschützten Speicher zu erhalten.

Wurde erst einmal die richtige PIN eingegeben, können Smart Cards auf mehrere unterschiedliche Arten arbeiten. Im gängigsten Operationsmodus wird dem Benutzer beim Versuch, sich einzuloggen, eine Nummer unterbreitet, auch als *Challenge* bekannt. Er gibt diese Nummer in seine Smart Card ein und gibt dann die Nummer, die von der Karte angezeigt wird – die *Response* –, in den Computer ein. Die Werte von Challenge und Response werden über ein kryptografisches Verfahren erzeugt.

Unter einem anderen Verfahren erscheint die Nummer, die dem Computer mitgeteilt werden muss, automatisch, nachdem die richtige PIN eingegeben wurde. In diesem Fall wird die Karte mit einer Software synchronisiert, die auf dem Ziel-Computer läuft; die am weitesten entwickelten Karten dieses Typs können mit mehreren Rechnern synchronisiert werden und können auch im Challenge/Response-Modus arbeiten, um noch auf andere Computer zuzugreifen.

Meiner Meinung nach wurde der komfortabelste Kartentyp von RSA Security hergestellt (*http://www.rsasecurity.com*). Diese Karten generieren automatisch alle 60 Sekunden neue numerische Passwörter. Die Karten besitzen zusätzlich zu ihren kryptografischen Funktionalitäten eine interne Uhr, die sicherstellt, dass die Synchronisation mit der Server-Software, die auf dem Zielsystem läuft, gewährleistet bleibt. Diese Karten werden meistens als zusätzlicher Mechanismus zur Authentifizierung bei Einwählzugriffen oder anderen Remote-Systemen eingesetzt.

Smart Cards sind ein effektives und relativ kostengünstiges Mittel, um die Login-Authentifizierung wesentlich effektiver zu gestalten. Wenn sie auch kein ein gut ausgewähltes Benutzer-Passwort ersetzen können, so kann die Kombination von beiden doch sehr viel dazu beitragen, ein Computersystem gegen Angriffe abzusichern, die auf Benutzer-Accounts basieren.

Einweg-Passwörter

Einweg-Passwörter (OTPs, one-time passwords) stellen einen weiteren Mechanismus dar, der primär als weitere Authentifizierung für entfernte Benutzer entwickelt wurde. Wie der Name schon andeutet, können solche Passwörter nur ein einziges Mal verwendet werden, danach werden sie ungültig. Außerdem sind aufeinander folgende Passwörter nicht einfach vorhersagbar. Aus diesem Grunde sind sie eine gute Wahl für den Fall, dass Klartext-Passwörter für einen entfernten Zugriff notwendig sind.

Das OPIE-Paket – kurz für »One-time Passwords in Everything« – ist eine Open Source-Einrichtung für OTPs. Es wurde von Randall Atkinson, Dan McDonald und Craig Metz geschrieben und lässt sich auf das frühere S/Key-Paket zurückführen. Es ist unter *http://www.inner.net/pub/opie/* erhältlich.

Sobald OPIE kompiliert und installiert wurde, müssen Sie die Befehle login, ftp, su und/oder passwd durch die Versionen ersetzen, die mit dem Paket geliefert werden. Zum Beispiel:

```
# cd /bin
# mv login login.save
# ln -s opielogin login
```

Als Nächstes müssen Sie Benutzer-Accounts einrichten, von denen Sie möchten, dass sie die OTPs verwenden. Als Erstes fügen Sie dem OPIE-System auf der Systemkonsole den Benutzer-Account hinzu:

```
# opiepasswd -c chavez              Muss auf der Systemkonsole ausgeführt werden.
Adding chavez:
Using MD5 to compute responses
Enter new secret pass phrase:       Eingabe wird nicht angezeigt
Again new secret pass phrase:       Eingabe wird nicht angezeigt
ID chavez OTP key is 123 ab4567
ASKS BARD DID LADY MARK EYES
```

So wie jedes Passwort sollte die geheime Passphrase sorgfältig ausgewählt werden.[3] Machen Sie sie so lang wie möglich (ein ganzer Satz ist gut). Der Befehl *opiepasswd* zeigt den Identifikationsschlüssel des Benutzers und das erste Passwort.

OPIE legt seine Informationen in der Datei */etc/opiekeys* ab. Diese Datei ist deshalb extrem gefährdet und sollte vor jeglichem Zugriff geschützt sein, der nicht von *root* kommt.

Der Befehl *opiekey* wird benutzt, um OTPs zu erzeugen:

```
$ opiekey 123 ab4567
Using the MD5 algorithm to compute response.
Enter secret pass phrase:           Eingabe wird nicht angezeigt
ASKS BARD DID LADY MARK EYES

$ opiekey -n 3 123 ab4567
Using the MD5 algorithm to compute response.
Enter secret pass phrase:           Eingabe wird nicht angezeigt
121: TELL BRAD HIDE HIS GREY HATS
122: SAYS BILL NOT HERO FROM MARS
123: ASKS BARD DID LADY MARK EYES
```

Im zweiten Beispiel wurden drei Passwörter generiert. Sie werden in umgekehrter numerischer Reihenfolge verwendet (von der höheren Zahl zur niedrigeren). Eine solche Liste kann für den Gebrauch auf Reisen ausgedruckt werden, vorausgesetzt die Benutzer sind sich über die Notwendigkeit einer sicheren Aufbewahrung im Klaren.

---

3   Alle OPIE-Schlüssel und -Passwörter in diesen Beispielen sind simuliert.

Der opiekey-Befehl darf nicht über das Netzwerk ausgeführt werden, da die geheime Passphrase im Klartext übertragen würde. Dies würde den gesamten OPIE-Sicherheitsmechanismus zunichte machen. Der Befehl muss auf dem lokalen System ausgeführt werden.

So sieht eine Login-Sitzung mit OPIE aus:

```
login: chavez
otp-md5 123 ab4567 ext
Response: ASKS BARD DID LADY MARK EYES
$
```

Das OPIE-Paket enthält ein PAM-Modul für Systeme, die PAM verwenden. In einen Authentifizierungsstapel von rlogin könnte es zum Beispiel folgendermaßen eingebunden werden:

```
auth    required    pam_securetty.so
auth    required    pam_nologin.so
auth    required    pam_opie.so
auth    required    pam_unix.so
```

Diese Form des Stapels verwendet sowohl OPIE als auch die normalen Unix-Passwörter. Alternativ könnten Sie das OPIE-Modul als ausreichend deklarieren und das Modul *pam_unix* entfernen, um die Standard-Passwörter durch OTPs zu ersetzen.

Beachten Sie, dass nur die Benutzer, die mit *opiepasswd* dem OPIE-System hinzugefügt wurden, auch zur Eingabe von OTPs aufgefordert werden. Im Allgemeinen ist es das Beste, alle Benutzer in das OPIE-System zu integrieren, vielleicht mit der Einschränkung, dass das Paket nur auf einem System verwendet wird, das auch Einwähl- und andere Remote-Verbindungen zulässt.

Wenn PAM nicht verwendet wird, können Sie Benutzer über die Konfigurationsdatei */etc/opieaccess* von der Verwendung von OPIE ausschließen. Einträge in dieser Datei haben die Form:

```
Aktion    Netz-oder-Host/Netzwerkmaske
```

Hier sind einige Beispiele:

```
deny    192.168.20.24/255.255.255.0     Erfordert Passwörter von diesem Rechner.
permit  192.168.10.0/255.255.255.0      Schließt dieses Subnetz aus.
```

Wenn diese Datei nicht existiert, benutzt jeglicher Zugriff OPIE. Das ist auch die empfohlene Konfiguration.

Einwähl-Passwörter unter Solaris und HP-UX

Einwähl-Passwörter fügen Systemen, die einen Zugang über Modem-Einwahl erlauben, eine weitere Ebene der Benutzer-Authentifizierung hinzu. Wenn Einwähl-Passwörter eingesetzt werden, wird von den Benutzern gefordert, dass sie zusätzlich zu ihrem Benutzernamen und Passwort noch ein Einwähl-Passwort angeben, bevor ihnen der Zugang über eine Einwählleitung gestattet wird. Einwähl-Passwörter können auch dazu eingesetzt werden, den Einwählzugang nur auf bestimmte Benutzer zu begrenzen (indem nur ihnen das Passwort gegeben wird).

Einwähl-Passwörter werden von HP-UX und Solaris unterstützt.

Die Einrichtung für Einwähl-Passwörter verwendet zwei Konfigurationsdateien: */etc/d_passwd*, die Datei für Einwähl-Passwörter (wird später in diesem Abschnitt beschrieben), und */etc/dialups* (die Datei heißt auf einigen älteren Systemen gelegentlich *dial-ups*), die diejenigen Terminal-Leitungen auflistet, die mit Einwahl-Modems verbunden sind, je eine Leitung pro Zeile:

```
/dev/tty10
/dev/tty11
```

Benutzer, die sich über eine dieser Terminal-Leitungen einloggen, müssen ein Einwähl-Passwort eingeben, wie es in der Datei */etc/d_passwd* aufgeführt ist, oder es wird ihnen nicht erlaubt, auf das System zuzugreifen. Sollten Sie beschließen, Einwähl-Passwörter zu verwenden, so geben Sie in diese Datei *alle* Terminal-Leitungen ein, die mit Modems verbunden sind; schon eine einzige ungesicherte Einwählleitung stellt ein erhebliches Sicherheitsrisiko dar.

Die Datei */etc/d_passwd* enthält einen Satz verschlüsselter Einwähl-Passwörter. Das benötigte Einwähl-Passwort hängt von der Login-Shell des Benutzers ab.

In der folgenden Zeile enthält die Datei *d_passwd* drei durch Doppelpunkte voneinander getrennte Felder:

Shell:*Verschlüsseltes_Passwort*:   *Das letzte Feld wird leer gelassen*

Shell steht für den kompletten Pfadnamen einer Shell, die im *passwd*-Eintrag des Benutzers aufgeführt sein kann. Das zweite Feld stellt das verschlüsselte Passwort dar. Das letzte Feld ist immer leer, allerdings wird der zweite Doppelpunkt benötigt.

Im Allgemeinen bietet die Datei des Einwähl-Passwortes keine Unterstützung, ein verschlüsseltes Passwort zu erzeugen; Sie müssen dieses selbst generieren.

Auf HP-UX-Systemen können Sie dies durchführen, indem Sie die Option -F mit dem Befehl passwd benutzen. Zum Beispiel:

```
# passwd -F /etc/d_passwd /bin/sh
```

Auf Solaris-Systemen können verschlüsselte Einwähl-Passwörter generiert werden, indem Sie Ihr eigenes Passwort ändern und dann die Zeichenkette, die in der Passwortdatei oder der Shadow-Passwortdatei steht, nach */etc/d_passwd* kopieren. Vergessen Sie nicht, Ihr Passwort danach wieder auf das alte Passwort zu ändern.

Sollten Sie beschließen, das gleiche Passwort für alle Benutzer-Shells zu verwenden, sollten Sie es mit einem unterschiedlichen »Salzanteil« verschlüsseln. Die verschlüsselte Darstellung wird in der Datei unterschiedlich aussehen, so ist es nicht offensichtlich, dass es die gleichen Passwörter sind. Wenn Sie Ihr eigenes Passwort ein zweites Mal auf den gleichen Wert ändern, wird ebenfalls ein unterschiedlicher »Salzanteil« verwendet und eine unterschiedlich verschlüsselte Zeichenkette generiert.

Hier ist eine einfache Einwähl-Passwortdatei:

```
/bin/sh:10gw4c39EHIAM:
/bin/csh:p9k3tJ6RzSfKQ:
/bin/ksh:9pk36RksieQd3:
/bin/Rsh:*:
```

In diesem Beispiel finden sich spezielle Einträge für die Bourne-Shell, die Korn-Shell und die C-Shell. Der Einwählzugang über die eingeschränkte Bourne-Shell (*/bin/Rsh*) wurde durch das Sternchen im Passwortfeld deaktiviert. Benutzer, die eine andere Shell benutzen, können sich von entfernten Terminals einloggen, ohne ein zusätzliches Einwähl-Passwort einzugeben. Ich empfehle jedoch, dass Sie jeder Shell, die in Ihrer Site in Gebrauch ist, ein Einwähl-Passwort zuweisen (wenn Sie Einwähl-Passwörter benötigen, benötigen Sie diese für jedermann).[4]

Einwähl-Passwörter sollten regelmäßig geändert werden, selbst wenn Sie den Benutzer-Passwörtern keinerlei Passwort-Aging-Einschränkungen auferlegen. Das Einwähl-Passwort muss immer dann geändert werden, wenn jemand, der das Einwähl-Passwort kennt, aufhört, das System zu benutzen (als Teil der allgemeinen Vorgehensweise bei Account-Deaktivierungen), oder wenn es einen Hinweis darauf gibt, dass eine unbefugte Person Kenntnis davon erlangt hat.

Sekundäre Authentifizierungsprogramme unter AIX

Die Software, die numerische Passwörter von Smart Cards unterstützt, ist ein Typus eines *sekundären Authentifizierungsprogramms*. Im Allgemeinen bezieht sich dieser Begriff auf jedes Programm, das zusätzliche Informationen vom Benutzer erwartet, bevor er als derjenige angenommen wird, der er vorgibt zu sein. Zum Beispiel könnte ein Programm von einem Benutzer erwarten, dass er einige Fragen über seine persönlichen Vorlieben beantwortet (»Welche der folgenden Blumen bevorzugen Sie?«). Das Programm könnte dann die Antworten mit denen vergleichen, die der Benutzer angegeben hat, als er ursprünglich dem System hinzugefügt wurde (die Frage könnte als Multiple-Choice gestellt werden, mit vier oder fünf falschen Antworten, die zufällig aus einer viel umfangreicheren Liste ausgewählt wurden). Die Idee hinter diesem Ansatz ist, dass – selbst wenn jemand Ihr Passwort herausfindet oder errät – er nicht in der Lage ist, Ihre Lieblingsblume, Ihren Lieblingsvogel, Lieblingsfarbe usw. zu erraten. Da die Fragen als Multiple-Choice gestellt werden, müssen Sie sich die Antworten auch nicht aufschreiben, damit Sie sich an sie erinnern. Man muss sich aber auch darauf verlassen, dass es genügend Fragen und Auswahlmöglichkeiten pro Frage gibt, damit es sehr unwahrscheinlich ist, dass blindes Erraten zum Erfolg führt. Um wirksam zu arbeiten, müssen die Accounts automatisch deaktiviert werden, nachdem eine sehr geringe Anzahl an erfolglosen Authentifizierungen erfolgte (zwei oder drei).

AIX stellt eine Methode für eine alternative Login-Authentifizierung bereit, die vom Administrator definiert werden kann. Diese Methode kann zusätzlich zum oder anstatt des

---

4 Sollten Sie beschließen, Einwähl-Passwörter für den PPP-Zugriff zu verwenden, müssen Sie die Chat-Skripten entsprechend abändern, um dem zusätzlichen Prompt Rechnung zu tragen.

Standardpasswortes verwendet werden. In der Datei */etc/security/login.cfg* wird ein Programm als Authentifizierungsprogamm bestimmt. Dies geschieht über einen Abschnitt, der den Namen der Authentifizierungsmethode bestimmt (laut Konvention in Großbuchstaben) und den Pfadnamen zum Authentifizierungsprogramm angibt:

```
LOCALAUTH:
    program = /usr/local/admin/bin/local_auth_prog
```

Dieser Abschnitt definiert eine Authentifizierungsmethode LOCALAUTH, bei der das angegebene Programm verwendet wird. Beachten Sie, dass bei AIX die standardmäßige Authentifizierungsmethode über Passwörter SYSTEM genannt wird.

Sobald eine Methode definiert wurde, kann sie für einen Benutzer zur Anwendung kommen, indem sie in die Liste der *auth1*-Benutzerattribute aufgenommen wird. Sie können dieses Attribut über SMIT verändern, indem Sie den Befehl chuser verwenden, oder aber Sie editieren */etc/security/user* direkt. Der erste Befehl unten ersetzt zum Beispiel die Standard-Passwortauthentifizierung durch die Methode LOCALAUTH für die Benutzerin *chavez*:

```
# chuser auth1=LOCALAUTH chavez
# chuser auth1=SYSTEM,LOCALAUTH chavez
```

Der zweite Befehl fügt LOCALAUTH als eine zusätzliche Authentifizierungsmethode hinzu, die für die Benutzerin *chavez* nach der standardmäßigen Passwortüberprüfung ausgeführt wird. Dem Programm, das in der Methode LOCALAUTH bestimmt wurde, wird das Argument »chavez« übergeben, sobald die Benutzerin *chavez* versucht, sich einzuloggen. Natürlich wäre es klug, eine zusätzliche Authentifizierungsmethode an einem einzelnen Account gründlich zu testen, bevor sie für das ganze System installiert wird.

Benutzer-Accounts besitzen auch ein Attribut namens *auth2*. Dieses Attribut arbeitet genauso wie *auth1*. Jedoch muss der Benutzer den Authentifizierungsvorgang nicht erfolgreich abschließen, um auf dem System zugelassen zu werden; technischer ausgedrückt wird der Rückgabewert von jedem beliebigen Programm, das in *auth2* angegeben wird, ignoriert. Deshalb ist *auth2* eine schlechte Wahl als sekundäres Authentifizierungsprogramm, aber es ermöglicht einem Systemadministrator ein Programm anzugeben, das alle Benutzer zum Zeitpunkt des Logins ausführen müssen.

Bessere Netzwerkauthentifizierung: Kerberos

Bisher haben wir mehrere Versuche gesehen, wie die Benutzerauthentifizierung auf verschiedene Arten verstärkt werden kann. Das Kerberos-System stellt einen anderen Mechanismus zur Verfügung, um Prozesse der Netzwerkauthentifizierung abzusichern. Dessen Ziel ist es, den Systemen und Diensten die Möglichkeit zu geben, dass sie sicher arbeiten können – auch innerhalb einer Netzwerkumgebung, die vom Gegner kontrolliert wird. Um dies zu gewährleisten, stellt Kerberos sicher, dass niemals sensible Daten über das Netzwerk verschickt werden.

> ## Social Engineering
>
> *Social Engineering* ist ein schillernder Begriff, der zur Beschreibung der Versuche von Crackern verwendet wird, die Benutzer dazu zu bewegen, dass sie ihnen ihre Passwörter oder andere Informationen über das System mitteilen. Und keine Diskussion über die Sicherheit von Accounts ist vollständig ohne ein paar Überlegungen hierzu. Die meisten Beschreibungen solcher Versuche scheinen geradezu lächerlich offensichtlich zu sein, aber leider hatte P. T. Barnum Recht. Die Erfahrung zeigt, dass es erforderlich ist, scheinbar offensichtliche Punkte wie diese in die Sicherheitsunterweisung der Benutzer zu integrieren:
>
> - Kein Mitglied der Mannschaften aus der Systemadministration, des EDV-Centers, des Service-Teams und so weiter wird Sie jemals darum bitten, Ihr Passwort oder andere Informationen über das System preiszugeben. (Dies ist zum Schutz vor dem Computer-Pendant des Bankprüfer-Tricks.)
> - Auch wird Sie kein Vertreter der Exekutive oder ein lokaler Sicherheitsbeamter jemals nach solchen Informationen fragen.
> - Geben Sie diese Informationen auch nicht an jemanden heraus, den Sie nicht kennen und der Sie um Hilfe bei dem System bittet (zum Beispiel indem er vorgibt, ein neuer Benutzer zu sein).
> - Berichten Sie alle verdächtigen Fragen, die Ihnen jemand stellt, unverzüglich dem Systemadministrator (oder einer anderen zuständigen Person).
>
> Techniken des Social Engineering sind im Allgemeinen ein Anzeichen dafür, dass jemand Ihre spezielle Einrichtung ins Visier genommen hat. Deshalb müssen verdächtige Fragen von Außenstehenden auch ernst genommen werden.
>
> Vielleicht sollten Sie Ihre Anwender auch vor anderen unklugen Praktiken warnen, wie zum Beispiel dem Versenden von lokal geschützten Informationen oder persönlichen Kreditkartennummern über das Internet (oder allgemein Informationen in E-Mails einzufügen, von denen sie eigentlich möchten, dass sie privat bleiben), auch wenn diese Praktiken die Systemsicherheit als solche nicht beeinflussen.

Dieser Abschnitt liefert eine kurze Einführung in die Version 5 von Kerberos. Abbildung 7-1 stellt das grundlegende Verfahren zur Kerberos-Authentifizierung dar, das sich auf *Tickets* stützt, um Benutzer zu authentifizieren und den Zugang zu Diensten zu genehmigen. Ein Ticket besteht lediglich aus einer verschlüsselten Netzwerknachricht, die eine Anfrage enthält und/oder Authentifizierungsdaten und bestätigte Verfallsdaten (wie wir noch sehen werden).

In der Abbildung werden die Daten, die zwischen der Workstation des Benutzers (Kerberos-Client) und den verschiedenen Servern ausgetauscht werden, in der mittleren Spalte der Zeichnung, zwischen den beiden beteiligten Computern, dargestellt. Die Legende beschreibt den Aufbau dieser Daten. Die enthaltenen Daten sind dunkel hinterlegt und der Schlüssel, der zur Verschlüsselung dieser Daten verwendet wird (wenn einer vorhanden ist), wird auf der linken Seite in der heller schattierten Spalte angezeigt. Der Ablauf der Ereignisse folgt den eingekreisten Nummern.

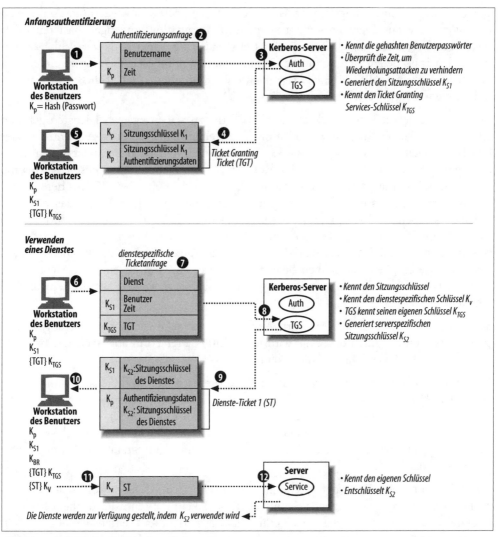

Abbildung 7-1: Kerberos 5-Authentifizierung

Wenn sich ein Benutzer an einer Workstation einloggt, auf der Kerberos aktiviert wurde, und sein Passwort eingibt, wird ein Einweg-Hash aus dem Passwort berechnet (1). Dieser Wert wird als kodierter Schlüssel innerhalb der Kerberos-Authentifizierungsanfrage verwendet (2). Die Anfrage besteht aus dem unverschlüsselten Benutzernamen und der aktuellen Zeit; die Zeit wurde mit Hilfe des Hashs verschlüsselt, der aus dem eingegebenen Passwort generiert wurde (im Diagramm als Kp dargestellt). Diese Anfrage wird dann zum Kerberos-Server geschickt, auf dem dessen Authentifizierungsfunktionalität aufgerufen wird (3).

Der Kerberos-Server kennt das richtige verschlüsselte Passwort des Benutzers (das tatsächlich nicht auf der Workstation abgelegt wird), so kann er auch die Zeit entschlüsseln.

Wenn dieser Vorgang erfolgreich ist, wird die Zeit überprüft (um wiederholte Angriffe zu verhindern, die auf abgefangenen, früheren Kommunikationsvorgängen basieren). Der Server generiert dann einen Sitzungsschlüssel (*Session Key*): ein kodierter Schlüssel, der innerhalb der aktuellen Sitzung für die Kommunikation mit diesem Client verwendet wird (dieser Schlüssel verfällt normalerweise nach etwa 8 Stunden). Der Schlüssel wird in der Abbildung mit K_{S1} bezeichnet.

Der Kerberos-Server kennt auch alle Schlüssel, die zu seinen eigenen Diensten gehören und zu den Diensten, die unter seiner Kontrolle stehen. Einer der eben genannten ist der Kerberos Ticket Granting Service (TGS). Nach der erfolgreichen Benutzerauthentifizierung generiert der Kerberos-Server eine Antwort für den Benutzer (4). Diese Übertragung besitzt zwei Datensätze: den Sitzungsschlüssel, der mit dem Hashwert K_P aus dem Benutzerpasswort verschlüsselt wurde, und ein Ticket-Granting-Ticket (TGT), das mit dem eigenen TGS-Schlüssel (mit K_{TGS} benannt) verschlüsselt wurde. Das TGT enthält eine weitere Kopie des Sitzungsschlüssels ebenso wie die Authentifizierungsdaten des Benutzers und Zeitstempel. Das TGT wird dazu verwendet, um die Tickets für die Dienste anzufordern, die der Client tatsächlich benutzen möchte. Es kann als eine Art Meta-Ticket betrachtet werden: eine Authentifizierung, um tatsächliche Tickets anzufordern und zu erhalten.

Sobald die Workstation diese Antwort empfängt (5), entschlüsselt sie den Sitzungsschlüssel und legt ihn ab. Auch das TGT wird in verschlüsselter Form abgespeichert (weil die Workstation den TGS-Schlüssel nicht kennt).

Der Anfrageprozess für den Zugriff auf einen bestimmten Netzwerkdienst – zum Beispiel einen Dateizugriffsdienst – beginnt mit (6). Der Client stellt eine Anfrage auf ein Ticket für den gewünschten Dienst zusammen, die an den TGS des Kerberos-Servers geschickt wird. Die Anfrage (7) enthält den Namen des gewünschten Dienstes (unverschlüsselt), die Benutzerinformationen und die aktuelle Zeit, die mit dem Sitzungsschlüssel kodiert wurde, und das TGT.

Der TGS kann beide Teile der Nachricht (8) entschlüsseln, da er sowohl den Sitzungsschlüssel als auch seinen eigenen Schlüssel (K_{TGS}) kennt. Wenn die Authentifizierung erfolgreich ist und die Zeit des Tickets innerhalb des erlaubten Zeitfensters liegt, erstellt der TGS ein Ticket für den Client, das mit dem tatsächlichen Dienst verwendet werden kann (9). Als Teil dieses Prozesses generiert er einen weiteren Sitzungsschlüssel zur Verwendung zwischen dem Client und dem Zieldienst (K_{S2}). Der zweite, dienstespezifische Sitzungsschlüssel wird kodiert, indem dann der Sitzungsschlüssel des Kerberos-Servers für den Client, K_{S1}, verwendet wird. Das Ticket, das dem Dienst zur Verfügung gestellt wird, wird mit dem diensteigenen Schlüssel (mit K_V bezeichnet) kodiert, den der Kerberos-Server ebenfalls kennt. Das letztere Ticket besteht aus einer weiteren Kopie des neuen Sitzungsschlüssels und aus den Daten der Benutzerauthentifizierung und der Zeitstempel.

Sobald der Client diese Antwort erhält (10), dekodiert er den neuen Sitzungsschlüssel mit K_{S1} und legt das Dienste-Ticket in verschlüsselter Form ab (weil er K_V nicht kennt). Er überreicht Letzteres (11) an den gewünschten Server (12). Der Dienst entschlüsselt es mit

Hilfe des eigenen Schlüssels (K_V), und indem er dies durchführt, erfährt er den Sitzungsschlüssel (K_{S2}), der für die weitere Kommunikation mit dem Client verwendet wird. Die weitere Kommunikation zwischen diesen beiden ist nur noch auf den letzteren Sitzungsschlüssel angewiesen.

Wie diese Beschreibung erkennen lässt, geht die Kerberos-Methode von einer nichtvertrauenswürdigen Netzwerkumgebung aus und verschlüsselt alle wichtigen Daten. Eine weitere nette Eigenschaft ist, dass es keine Aktion vonseiten des Benutzers benötigt. Alle Anfragen und Ticketübergaben erfolgen automatisch, ausgelöst durch den ursprünglichen Login-Vorgang des Benutzers.

Auf der anderen Seite vertraut Kerberos grundlegend auf die Sicherheit des Kerberos-Servers. Sollte dieser kompromittiert werden, ist die Sicherheit der gesamten Kerberos-Infrastruktur in Gefahr.

Dateien und das Dateisystem schützen

Im Allgemeinen ist das Ziel jeder Sicherheitsmaßnahme auf einem System, die Leute davon abzuhalten, Dinge zu tun, die sie nicht tun sollten. Bei der gegebenen Alles-oder-Nichts-Struktur der Unix-Privilegien bedeutet dies praktisch, dass Sie versuchen, unbefugten Zugriff auf den *root*-Account zu verhindern – das setzt natürlich auch voraus, dass der *root*-Account das ist, worauf die schlimmen Jungs Zugriff erhalten möchten. Sollten sie dies nicht auf dem direkten Weg erreichen, weil das Root-Passwort gut ausgewählt wurde, könnten sie andere, indirekte Wege über das Dateisystem ausprobieren, um den Status des Superusers zu erlangen.

So, wie können Sie eigentlich den *root*-Zugang von einem gewöhnlichen, unprivilegierten Benutzer-Account aus erlangen? Ein Weg bestünde darin, *root* dazu zu bringen, Befehle wie diese auszuführen:

```
# cp /bin/sh /tmp/.junk
# chmod 4755 /tmp/.junk
```

Diese Befehle erzeugen eine setuid-*root*-Version der Bourne-Shell: Jeder Benutzer kann anhand dieser Datei eine Shell starten und jeder Befehl, den er durchführt, wird so ausgeführt, als wäre er *root*. Natürlich würde keine gute Systemadministratorin diese Befehle auf Verlangen hin eingeben. Die Cracker müssten sie schon austricksen, indem sie diese Befehle – oder andere Befehle, die ähnlich tödlich sind – innerhalb von etwas verstecken, das sie ausführen würde. Eine beliebte Vorgehensweise bei Systemangriffen besteht darin, normale, gutartige Systemeinheiten durch gehackte, bösartige Kopien zu ersetzen: ausführbare Unix-Befehle, Login- oder andere Initialisierungsdateien und so weiter. Ist sichergestellt, dass das Dateisystem geschützt ist, werden viele von denen jedoch keinen Erfolg haben.

In diesem Abschnitt betrachten wir die Stellen, die von schlecht ausgewählten Schutzmaßnahmen für das Dateisystem und allgemeiner Unordnung auf dem System herrühren. Im nächsten Abschnitt werden wir uns Wege ansehen, wie wir potenzielle Probleme ausfindig machen und diese beheben können.

Probleme mit dem Suchpfad

Es ist wichtig, das aktuelle Verzeichnis und das Unterverzeichnis *bin* im Home-Verzeichnis des Benutzers an das Ende der Pfadliste zu platzieren, *nach* den Standardspeicherorten für die Unix-Befehle:

```
$ echo $PATH
/usr/ucb:/bin:/usr/bin:/usr/bin/X11:/usr/local/bin:$HOME/bin:.
```

Diese Platzierung schließt ein potenzielles Sicherheitsloch, das bei Suchpfaden besteht. Wenn zum Beispiel das aktuelle Verzeichnis vor den Standardverzeichnissen durchsucht würde, wäre es für jemanden möglich, eine Datei mit dem Namen ls zum Beispiel in ein augenscheinlich harmloses Verzeichnis (wie */tmp*) einzuschmuggeln. Diese Datei würde dann einige bösartige Aktionen durchführen anstatt oder zusätzlich zur Ausgabe einer Verzeichnisauflistung. Ähnliche Auswirkungen wären für ein Unterverzeichnis *bin* des Anwenders möglich, wenn dieses oder einige Bestandteile davon beschreibbar wären.

Am wichtigsten ist hier anzumerken, dass das aktuelle Verzeichnis im Suchpfad von *root* überhaupt nicht erscheinen sollte, noch sollte irgendein relativer Pfadname hier auftauchen. Zusätzlich sollte keines der Verzeichnisse im Suchpfad von *root* oder irgendein Bestandteil aus den höheren Ebenen dieser Verzeichnisse für jemand anderes als *root* mit Schreibrechten versehen sein; ansonsten könnte wiederum jemand einen Standardbefehl durch irgendetwas anderes ersetzen, das dann ungewollt von oder als *root* ausgeführt werden würde.

Skripten sollten als Erstes immer den Suchpfad setzen (dieser enthält nur Systemverzeichnisse, die vor einem unberechtigten Schreibzugriff geschützt sind). Alternativ kann ein Skript auch den vollen Pfadnamen für jeden Befehl verwenden, allerdings ist es sehr einfach, beim Verwenden dieses letzten Ansatzes einen Fehler zu machen.

Kleine Fehler summieren sich zu großen Löchern

Es ist möglich und wahrscheinlich sogar üblich, dass große Sicherheitsprobleme aus kleinen Fehlern entstehen – eine Auswirkung, die nahe verwandt ist mit der, die in der Science-Fiction-Story »Spell My Name with an S«[5] von Isaac Asimov beschrieben wird. Betrachten Sie einmal diese beiden kleinen Fehler im Dateischutz:

- Die Datei *.login* der Benutzerin *chavez* ist für die Eigentümergruppe (*chem*) beschreibbar.
- Das Verzeichnis */etc* ist für dessen Eigentümer und die Eigentümergruppe beschreibbar (*root* und *system*, in dieser Reihenfolge).

Stellen Sie sich jetzt vor, dass die Benutzerin *chavez* auch Mitglied der Gruppe *system* ist: Sie haben jetzt eine Situation, in der jeder in der Gruppe *chem* eine gute Chance besitzt, die Passwortdatei auszutauschen.

---

5 Deutsche Ausgabe: »Schreibt meinen Namen mit S« – Anm. d. Ü.

Wie das funktioniert? Wenn ~chavez/.login für die Gruppe chem beschreibbar ist, kann sie jeder in der Gruppe editieren und Befehle wie die folgenden hinzufügen:

```
rm -f /etc/passwd
cp /tmp/data526 /etc/passwd
```

Da *chavez* ein Mitglied der Gruppe *system* ist und /etc für die Gruppe *system* beschreibbar ist, werden beide Befehle erfolgreich ausgeführt, wenn sich *chavez* das nächste Mal einloggt (es sei denn, sie stellt fest, dass die Datei verändert wurde – würden Sie das feststellen?). Denken Sie immer daran, wie mächtig Schreibzugriff auf ein Verzeichnis sein kann.

Noch subtilere Varianten zu diesem Thema sind diejenigen, die normalerweise in der Praxis auftreten; dass /etc beschreibbar ist, ist nicht wirklich ein kleiner Fehler. Stellen Sie sich stattdessen vor, dass die Systemadministratorin leichtsinnig war und die falsche umask verwendete, als sie ein neues Programm, xpostit (dieses Programm erzeugt Fenster mit Merkzetteln unter X), nach /usr/local/bin installierte, und dass diese Datei für die Gruppe *system* beschreibbar wäre. Nun ist der böse Junge nur in der Lage, die ausführbare Datei xpostit zu ersetzen. Um diese Schwachstelle auszunutzen, braucht man mehr Aufwand als in dem vorhergehenden Fall, ist aber letzten Endes genauso erfolgreich: Man muss ein Programm schreiben, das lediglich das echte xpostit startet, wenn die meisten Benutzer es ausführen, das aber etwas anderes zuerst ausführt, wenn es von *root* ausgeführt wird. (Eine clevere Version des Programms würde sich selbst durch das echte xpostit ersetzen, nachdem *root* es verwendet hat, um seine Spuren zu verwischen.)

Es ist normalerweise nicht schwer, *root* dazu zu bringen, das behandelte xpostit auszuführen. Die Systemadministratorin könnte es sowieso schon benutzen. Wenn nicht und wenn der böse Junge dreist genug ist, könnte er zum Schreibtisch der Systemadministratorin gehen und behaupten, dass er mit dem Programm Probleme hat, in der Hoffnung, dass sie es selbst ausprobiert, um zu sehen, ob es funktioniert. Ich bin mir sicher, dass Sie sich noch andere Wege vorstellen können.

Außer dass sie noch einmal die Bedeutung der geeigneten Besitzrechte und des Schutzes aller wichtigen Dateien und Verzeichnisse auf dem System hervorhebt, verdeutlicht die vorhergehende Geschichte zusätzlich noch andere Punkte:

- Weil es immer für alle beschreibbar ist, sollten Sie /tmp nicht als das Home-Verzeichnis eines Benutzers verwenden, nicht einmal für einen Pseudo-Benutzer, der sich niemals tatsächlich einloggen würde.
- Überlegen Sie sorgfältig, welche Benutzer zusätzliche Mitglieder der Gruppe 0 und aller anderen Systemgruppen sein sollen, und vergewissern Sie sich, dass diese die sich daraus ergebenden Folgen verstehen.
- Die umask von *root* sollte 077 oder eine noch restriktivere Einstellung sein. Systemadministratoren sollten zusätzliche Zugriffsrechte wenn nötig per Hand einstellen.

Die Zugriffsmodi setuid und setgid

Die Dateizugriffsmodi SUID (setuid) und SGID (setgid) bieten einen Weg, um Benutzern für einen bestimmten Befehl erweiterten Systemzugriff zuzugestehen. Allerdings ist vor allem der Zugriff mit setuid ein zweischneidiges Schwert. Wird es richtig eingesetzt, so erlaubt es den Benutzern den Zugriff auf bestimmte Systemdateien und Ressourcen unter kontrollierten Verhältnissen, wird es allerdings falsch eingesetzt, können daraus ernste negative Folgen für die Sicherheit entstehen.

Die Zugriffe mit setuid und setgid werden mit dem Zugriffscode s von chmod hinzugefügt (und sie können auch genauso bei langen Verzeichnisauflistungen erkannt werden):

```
# chmod u+s Datei            setuid-Zugriff
# chmod g+s Datei            setgid-Zugriff
```

Wenn eine Datei mit setuid-Zugriff ausgeführt wird, so wird die effektive UID (EUID) des Prozesses in diejenige des Eigentümers der Datei abgeändert, und die Datei benutzt diese UID-Zugriffsrechte für den weiteren Datei- und Ressourcenzugriff. Auf dieselbe Weise wird, sobald eine Datei mit setgid-Zugriff ausgeführt wird, die effektive GID des Prozesses in diejenige der Eigentümergruppe der Datei abgeändert, wobei die Zugriffsrechte der Gruppe erlangt werden.

Der Befehl passwd ist ein gutes Beispiel für einen Befehl, der den setuid-Zugriff verwendet. Das ausführbare Abbild dieses Befehls, */bin/passwd*, besitzt normalerweise die folgenden Berechtigungen:

```
$ ls -lo /bin/passwd
-rwsr-xr-x 3 root 55552 Jan 29 2002 /bin/passwd
```

Die Datei ist im Besitz von *root* und hat den setuid-Zugriffsmodus gesetzt, so dass, sobald jemand diesen Befehl ausführt, seine EUID nach *root* abgeändert wird, solange der Befehl läuft. Der setuid-Zugriff ist notwendig für passwd, weil der Befehl das neue Passwort des Benutzers in die Passwortdatei schreiben muss und nur *root* Schreibrechte auf die Passwortdatei (oder die Shadow-Passwortdatei) besitzt.

Die verschiedenen Befehle für den Zugriff auf die Druckerwarteschlangen sind normalerweise auch setuid-Dateien. Auf Systemen mit einem Druckersubsystem im BSD-Stil sind die Druckerbefehle normalerweise auf die SUID des Benutzers *root* gesetzt, da sie Zugriff auf den Druckerport */dev/printer* (der sich im Besitz von *root* befindet) benötigen. Im System V-Verfahren sind die druckerbezogenen Befehle manchmal auf die SUID des speziellen Benutzers *lp* gesetzt. Im Allgemeinen ist der setuid-Zugriff auf einen speziellen Benutzer der SUID *root* vorzuziehen, da er dem Prozess weniger nicht benötigte Privilegien zubilligt.

Weitere übliche Verwendungen für den setuid-Zugriffsmodus sind die Einrichtungen von at, batch und der Mailer-Software, die alle auf die zentralen Spool-Verzeichnisse schreiben müssen, zu denen den Benutzern normalerweise der Zugriff verweigert wird.

setgid arbeitet auf die gleiche Weise, wird aber auf die Eigentümergruppe der Befehlsdatei angewandt statt auf den Eigentümer. Zum Beispiel besitzt der Befehl wall die SGID der

Gruppe *tty*, die Eigentümergruppe der Spezialdateien, die für den Zugriff auf die Benutzerterminals verwendet werden. Wenn ein Benutzer wall ausführt, wird die EGID des Prozesses auf die Eigentümergruppe von */usr/bin/wall* gesetzt, wodurch es ihm erlaubt ist, auf alle TTY-Geräte zu schreiben.

Wie die von uns behandelten Beispiele zeigen, unterscheidet sich der Zugriff auf Systemdateien mit setuid und setgid ein wenig von System zu System (so wie sich auch die Besitzrechte der Dateien und selbst die Verzeichnisse unterscheiden). Sie sollten sich selbst mit den setuid- und setgid-Dateien auf Ihrem System vertraut machen (wie alle dieser Dateien gefunden werden können, wird später in diesem Kapitel behandelt).

Um sicher zu sein, darf ein Befehl oder Programm mit setuid- oder setgid-Zugriffsmodus es dem Benutzer nicht erlauben, eine andere als die vorgesehene Aktion auszuführen. Das gilt auch für das Zurückbehalten des setuid- oder setgid-Status, nachdem der Befehl oder das Programm fertig durchgelaufen ist. Die Bedrohung ist offensichtlich bei denjenigen Programmen am größten, die die SUID *root* besitzen.

Abgesehen von den Befehlen, die Bestandteil von Unix sind, sollten weitere setuid- und setgid-Programme dem System nur mit großer Sorgfalt hinzugefügt werden. Wenn es irgendwie möglich ist, so besorgen Sie sich den Quellcode für jedes neue setuid- oder setgid-Programm, über das nachgedacht wird, und untersuchen Sie ihn sorgfältig, bevor Sie das Programm installieren. Dies ist bei Anwendungen von Drittanbietern nicht immer möglich, allerdings sind solche Programme normalerweise weniger riskant als freie Programme. Idealerweise kann der Teil, der privilegierten Zugriff benötigt, auf einen kleinen Teil des Pakets isoliert werden (wenn dem nicht so ist, würde ich eine Menge Fragen stellen, bevor ich das Programm kaufe). Im nächsten Abschnitt werden Methoden zur Gewährleistung der Sicherheit beim Erstellen Ihrer eigenen setuid- und setgid-Programme behandelt.

Schreiben von setuid/setgid-Programmen

In den seltenen Fällen, in denen Sie setuid- oder setgid-Programme schreiben müssen, sollten Sie zwei Prinzipien berücksichtigen:

Verwenden Sie das Minimum an Privilegien, die für den Job benötigt werden.

Wann immer es möglich ist, entwickeln Sie das Programm mit setgid-Rechten anstatt mit setuid-Rechten. 99 Prozent aller Probleme können gelöst werden, indem Sie eine spezielle Gruppe erstellen (oder eine bestehende verwenden) und das Programm mit setgid-Rechten versehen. Beinahe alle Probleme des verbleibenden 1 Prozent können gelöst werden, indem Sie einen speziellen Benutzer anlegen und die setuid-Rechte für diese spezielle Benutzer-ID verwenden. Die SUID von *root* zu verwenden, ist eine schlechte Idee wegen den Schwierigkeiten beim Vorhersehen und Abwenden jeder möglichen Komplikation, wegen der Interaktion mit Systemaufrufen oder anderen obskuren Situationen, die Ihr nettes kleines Programm in ein Sicherheitsloch verwandeln können. Sollte Ihr Programm den setuid- oder setgid-Zugriff nicht für seine gesamte Lebensdauer benötigen, so setzen Sie zum geeigneten Zeitpunkt seine effektive UID oder GID zurück auf die tatsächliche UID oder GID des Prozesses.

Vermeiden Sie zusätzliche Programmein- und -ausgänge.

Zusätzlich zum Hineinschreiben von expliziten Hintertüren (Back Doors) streicht dieses Prinzip auch viele unterschiedliche Features und Programmierpraktiken. Zum Beispiel sollte das Programm keine Shell-Escapes[6] unterstützen, die es einem Shell-Befehl erlauben, innerhalb eines anderen Programms ausgeführt zu werden. Wenn ein setuid-Programm ein Shell-Escape besitzt, wird jeder Shell-Befehl, der daraus ausgeführt wird, mit der effektiven UID des Prozesses laufen (mit anderen Worten: als *root*, falls das Programm die SUID *root* besitzt). Um vollständig sicher zu gehen, sollte das Programm keine weiteren Programme aufrufen (sollte das Programm dies dennoch tun, erbt es die Sicherheitslöcher des sekundären Programms). Wenn Sie folglich ein setuid-Programm einen Editor aufrufen lässt und dieser Editor Shell-Escapes besitzt, so ist es gerade so, als würde das erste Programm die Shell-Escapes besitzen.

Das bedeutet auch, dass Sie Systemaufrufe vermeiden sollten, die eine Shell aufrufen (popen, system, exec{vp,lp,ve} und so weiter). Diese Aufrufe sind anfällig für Angriffe von raffinierten Benutzern.

Zugriffskontrolllisten

Zugriffskontrolllisten (Access Control Lists, ACLs) bieten eine weitere Verfeinerung der Unix-Standardfähigkeiten für Dateiberechtigungen. ACLs ermöglichen es Ihnen, Dateizugriffe für gänzlich willkürliche Untermengen von Benutzern und/oder Gruppen anzugeben. Alle unsere Referenz-Betriebssysteme unterstützen ACLs, mit Ausnahme von FreeBSD.[7]

Der erste Teil dieses Abschnitts beschreibt ACLs unter AIX. Er dient ebenso als generelle Einführung in ACLs und sollte von allen Administratoren gelesen werden, die diesem Thema zum ersten Mal begegnen. Tabelle 7-1 führt die Eigenschaften der ACL-Implementierungen auf den Systemen auf, die wir behandeln.

Tabelle 7-1: ACL-Eigenschaften nach Betriebssystem

Eigenschaft	AIX	FreeBSD[a]	HP-UX	Linux	Solaris	Tru64
Folgt dem POSIX-Standard?	nein	ja	nein	ja	ja	ja
chmod löscht erweiterte ACEs?	nur der numerische Modus	nein	variiert[b]	nein	nein	nein
Erben von ACLs, die im übergeordneten Verzeichnis Standard-ACLs sind?	nein	ja	nein	ja	ja	ja

---

6 Genau genommen wären Shell-Escapes in Ordnung, solange das Programm sicherstellt, dass jeder erzeugte Kindprozess nicht den setuid- oder setgid-Status des Elternprozesses erbt (indem er zwischen fork und exec zurückgesetzt wird).

7 Tatsächlich ist die Funktionalität von POSIX-ACLs in aktuellen Releases von FreeBSD teilweise vorhanden, aber die Einrichtung wird noch immer als experimentell betrachtet.

Tabelle 7-1: ACL-Eigenschaften nach Betriebssystem (Fortsetzung)

Eigenschaft	AIX	FreeBSD[a]	HP-UX	Linux	Solaris	Tru64
NFS-Unterstützung?	ja	nein	nein	ja	ja	ja
Unterstützung für Sicherung/Wiederherstellung von ACLs?	backup (pro Inode)	nein	fbackup	star[c]	ufsdump	dump

a ACL-Unterstützung unter FreeBSD ist in Vorbereitung.
b Die neuesten Versionen von chmod unterstützen die Option -A, die ACL-Einstellungen beibehält.
c Sehen Sie auch auf *http://www.fokus.gmd.de/research/cc/glone/employees/joerg.schilling/private/star.html*.

Beachten Sie, dass sich die NFS-Unterstützung, wie sie in der Tabelle aufgelistet ist, darauf bezieht, ob NFS-Dateioperationen die ACLs auch für andere Systeme berücksichtigen, die das gleiche Betriebssystem betreiben (homogenes NFS, wenn Sie so wollen). Heterogene NFS-Unterstützung wird selten angeboten. Selbst wenn NFS unterstützt wird, können noch gesonderte Probleme auftreten, die aus dem NFS-Verfahren des Datei-Cachings und den Schreibberechtigungen entstehen. Konsultieren Sie die Dokumentation Ihrer Systeme, um herauszufinden, wie mit solchen Situationen umzugehen ist.

Einführung in Zugriffskontrolllisten

Auf einem AIX-System sieht eine Zugriffskontrollliste wie folgt aus:

    attributes: Spezialmodi wie setuid.
    base permissions   Normale Unix-Dateizugriffsmodi:
       owner(chavez): rw-   Zugriff des Benutzers.
       group(chem): rw-   Zugriff der Gruppe.
       others: r--   Zugriff durch alle Anderen.
    extended permissions   Speziellere Berechtigungseinträge:
       enabled   Angabe, ob diese verwendet werden oder nicht.
       specify r-- u:harvey   Berechtigungen für den Benutzer harvey.
       deny -w- g:organic   Berechtigungen für die Gruppe organic.
       permit rw- u:hill, g:bio   Berechtigungen für hill, wenn die Gruppe bio aktiv
                                         ist.

Die erste Zeile gibt alle speziellen Attribute für die Datei (oder das Verzeichnis) an. Die möglichen Schlüsselwörter für die Attribute sind SETUID, SETGID und SVTX (das Sticky Bit wird für das Verzeichnis gesetzt). Mehrere Attribute werden alle in einer Zeile aufgeführt und durch Kommas getrennt.

Der nächste Abschnitt der ACL führt die Basisberechtigungen, (*base permissions*) für die Datei oder das Verzeichnis auf. Diese entsprechen exakt den Unix-Dateizugriffsmodi. So besitzt der Eigentümer (es handelt sich um *chavez*) für die Datei, die wir betrachten, Lese- und Schreibzugriff, die Mitglieder der Gruppe *chem* (die Eigentümergruppe der Datei) besitzen ebenso Lese- und Schreibzugriff und alle Anderen besitzen Lesezugriff.

Der letzte Abschnitt gibt die erweiterten Berechtigungen, (*extended permissions*) für die Datei an: Zugriffsinformationen, definiert durch Benutzer- und Gruppennamen. Die erste Zeile in diesem Abschnitt besteht aus den Wörtern *enabled* oder *disabled*, die angeben, ob die folgenden erweiterten Berechtigungen tatsächlich für die Bestimmung der Dateizugriffsrechte verwendet werden. In unserem Beispiel sind die erweiterten Berechtigungen im Einsatz.

Die restlichen Zeilen in der ACL sind die so genannten Zugriffskontrolleinträge (Access Control Entries, ACEs), die das folgende Format besitzen:

```
Operation    Zugriffsarten    Benutzer- und Gruppeninformationen
```

Die *Operation* besteht aus einem der Schlüsselwörter permit, deny und specify, die den Operatoren +, - und = von chmod entsprechen, in genau dieser Reihenfolge. permit besagt, dass die angegebenen Berechtigungen denjenigen Benutzerberechtigungen hinzugefügt werden, die der Benutzer schon aus den Basisberechtigungen besitzt; deny besagt, dass die angegebenen Zugriffsberechtigungen weggenommen werden; und specify setzt die Zugriffsrechte des Benutzers auf den aufgeführten Wert. Die *Zugriffsarten* sind die gleichen wie bei den normalen Unix-Dateizugriffsmodi. Die *Benutzer- und Gruppeninformationen* bestehen aus einem Benutzernamen (mit einem vorangestellten u:) oder einem oder mehreren Gruppennamen (jeder mit einem vorangestellten g:) oder aus beiden. Mehrere Einträge werden durch Kommas getrennt.

Lassen Sie uns noch einmal einen Blick auf die ACEs in unserer Beispiel-ACL werfen:

```
specify   r--   u:harvey              Berechtigungen für den Benutzer harvey.
deny      -w-   g:organic             Berechtigungen für die Gruppe organic.
permit    rw-   u:hill, g:bio         Berechtigungen für hill, wenn die Gruppe bio aktiv ist.
```

Die erste Zeile gewährt dem Benutzer *harvey* nur Lesezugriff auf diese Datei. Die zweite Zeile entzieht der Gruppe *organic* den Schreibzugriff, gleich welche Berechtigungen ein Benutzer in dieser Gruppe auch besitzen mag. Die letzte Zeile fügt dem Benutzer *hill* Lese- und Schreibzugriff hinzu, wenn die Gruppe *bio* Teil seiner aktuellen Gruppenmenge ist (sehen Sie hierzu auch »Unix-Benutzer und Unix-Gruppen« in Kapitel 6). Standardmäßig besteht die aktuelle Gruppenmenge aus allen Gruppen, denen der Benutzer angehört.

ACLs, die einen Benutzernamen und eine Gruppe angeben, sind hauptsächlich für Accounting-Zwecke nützlich; die vorige ACL stellt sicher, dass die Benutzerin *hill* die Gruppe *bio* aktiviert hat, wenn sie mit der Datei arbeitet. Sie sind auch nützlich, wenn Sie einen Benutzer temporär zu einer Gruppe hinzufügen, da sie sicherstellen, dass der hinzugefügte Dateizugriff auch wieder entfernt wird, wenn der Benutzer später wieder aus der Gruppe entfernt wird. Im vorausgegangenen Beispiel hätte die Benutzerin *hill* keinen Zugriff mehr auf die Datei, wenn sie aus der Gruppe *bio* entfernt werden würde (es sei denn, die Basisberechtigungen würden ihr den Zugriff gestatten).

Enthält die *Benutzer- und Gruppeninformation* mehr als einen Punkt, müssen alle Punkte für diesen Eintrag zutreffen, damit sie auf einen Prozess angewandt werden (Boolesche UND-Verknüpfung). So wird zum Beispiel die erste unten aufgeführte ACE nur auf Benutzer angewandt, die sowohl *bio* als auch *chem* in ihren Gruppenmengen besitzen (das entspricht oft »...sind Mitglieder sowohl der Gruppe *chem* als auch der Gruppe *bio*«):

```
permit    r--   g:chem, g:bio
permit    rw-   u:hill, g:chem, g:bio
```

Die zweite ACE wird nur dann auf die Benutzerin *hill* angewandt, wenn sie beide Gruppen in ihrer aktuellen Gruppenmenge besitzt. Wenn Sie jedem Schreibzugriff gewähren möchten, der entweder Mitglied der Gruppe *chem* oder der Gruppe *bio* ist, würden Sie dies in zwei separaten Einträgen angeben:

```
permit   rw-   g:bio
permit   rw-   g:chem
```

Zu diesem Zeitpunkt wäre es nur natürlich, sich zu fragen, was passiert, wenn mehr als ein Eintrag zutreffen würde. Wenn ein Prozess Zugriff auf eine Datei mit erweiterten Berechtigungen fordert, werden die erlaubten Zugriffe aus den Basisberechtigungen und *alle* zutreffenden ACEs – alle ACEs, die auf die Benutzer- und Gruppenidentität des Prozesses passen – mit einer Verknüpfungsoperation kombiniert. Die verweigerten Zugriffe aus den Basisberechtigungen und alle passenden ACEs werden ebenfalls kombiniert. Wenn der angeforderte Zugriff erlaubt ist *und* nicht explizit verweigert wird, wird der Zugriff gewährt. So werden Widersprüche innerhalb der ACEs auf die konservativste Weise aufgelöst: Der Zugriff wird so lange verweigert, bis er sowohl erlaubt und zusätzlich nicht verweigert wird.

Dieser konservative Ansatz mit geringsten Privilegien trifft auf alle ACL-Implementierungen zu, die wir behandeln.

Beachten Sie zum Beispiel die unten aufgeführte ACL:

```
attributes:
base permissions
    owner(chavez):  rw-
    group(chem):    r-
    others:         ---
extended permissions
    enabled
    specify  r--  u:stein
    permit   rw-  g:organic, g:bio
    deny     rwx  g:physics
```

Stellen Sie sich nun vor, dass der Benutzer *stein*, der sowohl Mitglied der Gruppe *organic* als auch der Gruppe *bio* ist (und nicht Mitglied der Gruppe *chem*), Schreibzugriff auf diese Datei möchte. Die Basisberechtigungen gewähren *stein* eindeutig überhaupt keinen Zugriff auf diese Datei. Die ACEs in den Zeilen eins und zwei der erweiterten Berechtigungen treffen auf *stein* zu. Diese ACEs gewähren ihm Lesezugriff (Zeilen eins und zwei) und Schreibzugriff (Zeile zwei). Ebenso verweigern sie ihm die Zugriffsrechte für das Schreiben und das Ausführen (implizit in Zeile eins). Daher erhält *stein* keinen Schreibzugriff, da er ihm zwar durch die kombinierten ACEs gewährt wird, diese den Schreibzugriff aber auch verweigern. Die Anfrage wird demnach fehlschlagen.

Bearbeitung von ACLs unter AIX

ACLs können mit dem Befehl `acledit` angewandt und bearbeitet werden. `acledit` holt sich die aktuelle ACL aus der Datei, die als Argument angegeben wurde, und öffnet die ACL für die Bearbeitung. Dabei wird der Texteditor verwendet, der in der Umgebungsvariable EDITOR angegeben ist. Die Verwendung dieser Variable unter AIX unterscheidet sich von der Verwendung auf anderen Systemen. Zum einen gibt es keinen Standardwert (die meisten Unix-Implementierungen verwenden vi, wenn EDITOR nicht gesetzt ist). Zum anderen fordert AIX, dass der volle Pfadname zum Editor geliefert wird, /usr/bin/vi, nicht nur sein Name. Geben Sie alle gewünschten Änderungen zur ACL ein, sobald Sie sich im Editor befinden. Sollten Sie erweiterte Berechtigungen durch ACEs hinzufügen, vergessen Sie nicht, in der ersten Zeile dieses Abschnitts von *disabled* nach *enabled* zu wechseln. Verlassen Sie den Editor auf dem normalen Weg, sobald Sie fertig sind. AIX wird dann die folgende Nachricht ausgeben:

```
Should the modified ACL be applied? (y)
```

Möchten Sie Ihre Änderungen an der ACL verwerfen, so geben Sie »n« ein; ansonsten sollten Sie Return drücken. AIX überprüft dann die neue ACL und wendet diese auf die Datei an, wenn sie keine Fehler enthält. Sollten Fehler in der ACL auftreten (falsch geschriebene Schlüsselwörter oder Benutzernamen sind die häufigsten), werden Sie wieder in den Editor geführt. Hier können Sie die Fehler verbessern und es erneut versuchen. AIX gibt die Fehlermeldungen am Ende der Datei aus und beschreibt die Fehler, die es gefunden hat, wie in den folgenden Zeilen:

```
* line number 9: unknown keyword: spceify
* line number 10: unknown user: chavze
```

Es ist nicht nötig, dass Sie die Fehlermeldungen aus der ACL löschen.

Dies ist allerdings die langsame Methode, eine ACL anzuwenden. Die Befehle aclget und aclput bieten alternative Wege, um ACLs von Dateien anzuzeigen und auf diese anzuwenden. aclget nimmt einen Dateinamen als Argument und zeigt die zugehörige ACL auf der Standardausgabe an (oder in der Datei, die mit der Option -o angegeben wird). Der Befehl aclput wird verwendet, um eine ACL von einer Textdatei einzulesen. Standardmäßig nimmt er die Eingabe von der Standardeingabe oder von einer Eingabedatei, die mit der Option -i angegeben wird. So können Sie den folgenden Befehl verwenden, wenn Sie die ACL für die Datei *gold* auf die ACL setzen möchten, die in der Datei *metal.acl* abgelegt ist:

```
$ aclput -i metal.acl gold
```

Diese Form von aclput ist nützlich, wenn Sie nur einige, unterschiedliche ACLs einsetzen, die alle als separate Dateien abgespeichert sind und dann angewandt werden, wenn sie gebraucht werden.

Wenn Sie eine ACL von einer Datei auf eine andere kopieren möchten, können Sie aclget und aclput mit einer Pipe zusammensetzen. So kopiert zum Beispiel der unten angeführte Befehl die ACL von der Datei *silver* auf die Datei *emerald*:

```
$ aclget silver | aclput emerald
```

Wenn Sie eine ACL von einer Datei auf eine Gruppe von Dateien kopieren möchten, können Sie dazu xargs verwenden:

```
$ ls *.dat *.old | xargs -i /bin/sh -c "aclget silver | aclput {}"
```

Diese Befehle kopieren die ACL von *silver* auf alle Dateien im aktuellen Verzeichnis, die auf *.dat* oder *.old* enden.

Sie können den Befehl ls -le verwenden, um schnell festzustellen, ob eine Datei erweiterte Berechtigungen gesetzt hat oder nicht:

```
-rw-r-----+  1 chavez chem   51 Mar 20 13:27 has_acl
-rwxrws----  2 chavez chem  512 Feb 08 17:58 no_acl
```

Das Pluszeichen, das an die normale Modus-Zeichenkette angehängt ist, zeigt das Vorhandensein von erweiterten Berechtigungen an; ein Minuszeichen zeigt an, dass keine erweiterten Berechtigungen vorhanden sind.

Weitere Anmerkungen zu ACLs unter AIX:

- Die Basisberechtigungen auf einer Datei mit einer erweiterten Zugriffskontrollliste können mit dem symbolischen Modus von chmod verändert werden und alle Änderungen, die auf diese Weise vorgenommen werden, werden auch im Abschnitt mit den Basisberechtigungen der ACL berücksichtigt. Jedoch darf der numerische Modus von chmod nicht für Dateien mit erweiterten Berechtigungen verwendet werden, da dessen Verwendung automatisch alle vorhandenen ACEs entfernt.
- Nur der Befehl backup im Modus Backup-pro-Inode kann die ACLs entlang dieser Dateien sichern und wiederherstellen.

Anders als andere ACL-Implementierungen erben die Dateien ihre anfänglichen ACLs nicht von ihrem übergeordneten Verzeichnis. Es muss nicht extra betont werden, dass dies ein sehr schlechtes Design darstellt.

Die ACLs von HP-UX

Der Befehl lsacl kann verwendet werden, um die ACL für eine Datei zu betrachten. Für eine Datei, bei der lediglich normale Unix-Dateizugriffsmodi gesetzt sind, sieht die Ausgabe folgendermaßen aus:

```
(chavez.%,rw-)(%.chem,r--)(%.%,---) bronze
```

Dies zeigt das Format, das eine ACL unter HP-UX annimmt. Jeder in Klammern stehende Eintrag ist als ein *Zugriffskontrolllisten-Eintrag* bekannt, ich werde sie allerdings einfach »Einträge« nennen. Das Prozentzeichen dient als Wildcard innerhalb eines Eintrags. Die drei Einträge in der vorangegangenen Ausgabe geben in genau dieser Reihenfolge die Zugriffsrechte für die Benutzerin *chavez* als Mitglied von jeder Gruppe, für jeden Benutzer in der Gruppe *chem* und für alle anderen Benutzer und Gruppen an.

Eine Datei kann bis zu 16 ACL-Einträge besitzen: drei Basiseinträge, die den normalen Dateizugriffsmodi entsprechen, und bis zu 13 optionale Einträge. Hier die ACL für eine andere Datei (diesmal mit lsacl -l erzeugt):

```
silver:
rwx chavez.%
r-x %.chem
r-x %.phys
```

```
r-x hill.bio
rwx harvey.%
--- %.%
```

Diese ACL gewährt der Benutzerin *chavez* vollen Zugriff unter allen aktuellen Gruppenmitgliedschaften (sie ist die Eigentümerin der Datei). Die ACL gewährt den Mitgliedern der Gruppen *chem* und *phys* die Lese- und Ausführungsrechte, desgleichen auch dem Benutzer *hill*, wenn er Mitglied der Gruppe *bio* ist. Zusätzlich gewährt sie dem Benutzer *harvey* Lese-, Schreib- und Ausführungsrechte unabhängig von seiner Gruppenmitgliedschaft sowie überhaupt keinen Zugriff für alle anderen Benutzer und Gruppen.

Unter HP-UX werden Einträge innerhalb einer Zugriffskontrollliste in der Reihenfolge der abnehmenden Spezifität überprüft: Einträge mit einem spezifischen Benutzer und einer spezifischen Gruppe werden zuerst behandelt, gefolgt von denen mit nur einem spezifischen Benutzer, dann denen mit nur einer spezifischen Gruppe und zuletzt von den anderen Einträgen. Innerhalb einer Klasse werden die Einträge der Reihe nach überprüft. Zur Überprüfung, ob der Dateizugriff gestattet werden soll, wird der erste passende Eintrag verwendet. So erhält der Benutzer *harvey* selbst dann Schreibzugriff auf die Datei *silver*, wenn er Mitglied der Gruppen *chem* oder *phys* ist.

Der Befehl chacl wird verwendet, um die ACL einer Datei zu modifizieren. Die ACLs für chacl können auf zwei unterschiedliche Arten angegeben werden: als eine Liste von Einträgen oder mit einer chmod-ähnlichen Syntax. Standardmäßig fügt chacl Einträge zur aktuellen ACL hinzu. Zum Beispiel fügen diese zwei Befehle beide Lesezugriff für die Gruppe *bio* und Lese- und Ausführungsrechte für den Benutzer *hill* zur ACL Datei *silver* hinzu:

```
$ chacl "(%.bio,r--) (hill.%,r-x)" silver
$ chacl "%.bio = r, hill.% = rx" silver
```

In beiden Formaten muss die ACL als ein einzelnes Argument an chacl übergeben werden. Das zweite Format enthält auch die Operatoren + und -, wie bei chmod. Zum Beispiel fügt dieser Befehl Lesezugriff für die Gruppe *chem* und den Benutzer *harvey* hinzu und entfernt den Schreibzugriff für die Gruppe *chem*, indem ACL-Einträge wie benötigt hinzugefügt oder modifiziert werden:

```
$ chacl "%.chem -w+r, harvey.% +r" silver
```

Die Option -r von chacl kann verwendet werden, um die aktuelle ACL zu ersetzen:

```
$ chacl -r "@.% = 7, %.@ = rx, %.bio = r, %.% = " *.dat
```

Das @-Zeichen ist eine Abkürzung für den aktuellen Eigentümer oder die aktuelle Eigentümergruppe, wie es gerade passt, und ermöglicht ebenfalls die Konstruktion von benutzerunabhängigen ACLs. Die Option -f von chacl kann dazu verwendet werden, um die ACL von einer Datei auf eine andere Datei oder eine Gruppe von Dateien zu kopieren. Dieser Befehl wendet die ACL der Datei *silver* auf alle Dateien mit der Endung .dat im aktuellen Verzeichnis an:

```
$ chacl -f silver *.dat
```

Seien Sie vorsichtig im Umgang mit dieser Option: Wenn nötig, ändert sie die Eigentumsrechte der Zieldatei, so dass die ACL exakt auf die der angegebenen Datei passt. Wenn Sie lediglich eine Standard-ACL auf einen Satz von Dateien anwenden möchten, tun Sie besser daran, wenn Sie eine Datei erzeugen, die die gewünschte ACL enthält. Verwenden Sie hierbei die @-Zeichen so, wie Sie sie benötigen, und wenden Sie sie dann auf die folgende Weise auf die Dateien an:

```
$ chacl -r "`cat acl.metal`" *.dat
```

Sie können das anfängliche Template erzeugen, indem Sie lsacl auf eine bestehende Datei anwenden und die Ausgabe aufzeichnen.

Wenn Sie die Option -A verwenden, können Sie auch noch chmod verwenden, um die Basiseinträge einer Datei mit einer ACL zu verändern. Dateien mit optionalen Einträgen werden mit einem Pluszeichen markiert, das in langen Verzeichnisauflistungen an die Moduszeichenkette angehängt wird:

```
-rw-------+  1 chavez chem   8684 Jun 20 16:08 has_one
-rw-r--r--   1 chavez chem 648205 Jun 20 11:12 none_here
```

Einige Anmerkungen zu ACLs unter HP-UX:

- ACLs für neue Dateien werden nicht vom darüber liegenden Verzeichnis geerbt.
- NFS-Unterstützung für ACLs ist in der Implementierung nicht enthalten.
- Die Verwendung jeglicher Form des Befehls chmod auf eine Datei entfernt alle ACEs mit Ausnahme der ACEs für den Eigentümer, die Eigentümergruppe und den Zugriff für Andere.

POSIX-konforme Zugriffskontrolllisten: Linux, Solaris und Tru64

Solaris, Linux und Tru64 bieten alle eine Version der POSIX-ACLs an und eine stabile Implementierung unter FreeBSD steht bevor. Auf Linux-Systemen muss die ACL-Unterstützung manuell hinzugefügt werden (sehen Sie hierzu auch *http://acl.bestbits.ac*); das Gleiche gilt für die in Vorbereitung befindliche Version für FreeBSD als Teil des Trusted-BSD-Projekts (sehen Sie hierzu auch *http://www.freebsd.org/news/status/report-dec-2001-jan-2002.html* sowie die Homepage des Projekts unter *http://www.trustedbsd.org*). Linux-Systeme erfordern zudem, dass das Dateisystem mit der Option -o acl gemountet wird.

So sieht eine einfache POSIX-Zugriffskontrollliste aus:

u::rwx	*Zugriff des Eigentümers.*
g::rwx	*Zugriff der Eigentümergruppe.*
o:---	*Zugriff für Andere.*
u:chavez:rw-	*Zugriff für die Benutzerin chavez.*
g:chem:r-x	*Zugriff für die Gruppe chem.*
g:bio:rw-	*Zugriff für die Gruppe bio.*
g:phys:-w-	*Zugriff für die Gruppe phys.*
m:r-x	*Zugriffsmaske: setzt die maximal erlaubten Zugriffsrechte.*

Die ersten drei Punkte entsprechen den üblichen Unix-Dateizugriffsmodi. Die nächsten vier Einträge stellen die ACEs für bestimmte Benutzer und Gruppen dar; beachten Sie, dass in jedem Eintrag nur ein Name enthalten sein kann. Der letzte Eintrag gibt eine Schutzmaske an. Dieser Punkt setzt den maximal erlaubten Zugriffs-Level, der für alle gilt, mit Ausnahme der Zugriffsrechte für den Eigentümer und für Andere.

Wenn eine angeforderte Berechtigung innerhalb der ACL nicht gewährt wird, wird im Allgemeinen der entsprechende Zugriff verweigert. Lassen Sie uns anhand der vorigen ACL einige Beispiele betrachten. Stellen Sie sich vor, *harvey* wäre der Eigentümer der Datei und die Eigentümergruppe wäre *prog*. Die ACL würde dann wie folgt angewendet werden:

- Der Eigentümer, *harvey* in diesem Fall, benutzt immer den Eintrag u::, demnach besitzt *harvey* rwx-Zugriffsrechte auf die Datei. Alle Gruppeneinträge werden für den Eigentümer ignoriert.
- Jeder Benutzer mit einem speziellen u:-Eintrag benutzt auch immer diesen Eintrag (und alle Gruppeneinträge werden für ihn ignoriert). So verwendet auch die Benutzerin *chavez* den entsprechenden Eintrag. Da er jedoch auch Gegenstand des Maskeneintrags ist, wird ihr tatsächlicher Zugriff nur lesend sein (der zugewiesene Schreibmodus ist maskiert).
- Benutzer ohne spezifische Einträge verwenden jeden zutreffenden Gruppeneintrag. So besitzen die Mitglieder der Gruppe *prog* r-x-Zugriff und Mitglieder der Gruppe *bio* besitzen den Zugriff r-- (die Maskierung wird auf beide Fälle angewendet). Unter Solaris und Tru64 werden alle zutreffenden Gruppeneinträge kombiniert (und dann wird die Maskierung angewendet). Auf Linux-Systemen hingegen werden die Gruppeneinträge nicht akkumuliert (mehr dazu in einer Minute).
- Alle anderen verwenden den angegebenen Zugriff für Andere. In diesem Fall bedeutet dies, dass überhaupt kein Zugriff auf die Datei erlaubt ist.

Auf Linux-Systemen können Benutzer ohne spezifische Einträge, die mehr als einer in der ACL angegebenen Gruppe angehören, alle diese Einträge verwenden. Aber die Gruppeneinträge werden vor der Anwendung nicht kombiniert. Beachten Sie diesen Ausschnitt einer ACL:

```
g:chem:r--
g:phys:--x
m:rwx
```

Die Maskierung ist jetzt auf rwx gesetzt, so entsprechen die Berechtigungen in den ACEs dem, was dort auch gewährt wird. In diesem Fall können die Zugriffsrechte für Benutzer, die Mitglieder der Gruppe *chem* und der Gruppe *phys* sind, beide ACEs verwenden. Wäre diese Datei ein Skript, wären sie nicht in der Lage, dieses auszuführen, da sie nicht die Zugriffsrechte rx besitzen. Wenn sie versuchen, die Datei zu lesen, werden sie Erfolg haben, weil die ACE für *chem* ihnen das Leserecht gibt. Wenn sie jedoch versuchen, die Datei auszuführen, gibt ihnen keiner der beiden ACEs sowohl r als auch x. Die getrennten Berechtigungen in den beiden ACEs werden nicht kombiniert.

Neue Dateien erhalten ACLs, die sich aus dem Verzeichnis ableiten, in dem sie sich befinden. Jedoch wird hierbei der Satz an verzeichniseigenen Zugriffsberechtigungen nicht verwendet. Vielmehr werden separate ACEs für die Verwendung mit neuen Dateien definiert. Hier sind einige Beispiele dieser Standard-ACEs:

```
d:u::rwx            Standard-ACE für den Eigentümer.
d:g::r-x            Standard-ACE für die Eigentümergruppe.
```

```
d:o:r--              Standard-ACE für Andere.
d:m:rwx              Standardmaske.
d:u:chavez:rwx       Standard-ACE für die Benutzerin chavez.
d:g:chem:r-x         Standard-ACE für die Gruppe chem.
```

Jeder Eintrag beginnt mit `d:`, was bedeutet, dass es sich um einen Standardeintrag handelt. Die gewünschte ACE folgt auf dieses Präfix.

Wir wenden uns nun einigen Beispielen von ACL-bezogenen Befehlen zu. Die folgenden Befehle wenden zwei Zugriffskontrolleinträge auf die Datei *gold* an:

Solaris und Linux
```
# setfacl -m user:harvey:r-x,group:geo:r-- gold
```
Tru64
```
# setacl -u user:harvey:r-x,group:geo:r-- gold
```

Die folgenden Befehle wenden die ACL von *gold* auf *silver* an:

Solaris
```
# getfacl gold > acl; setfacl -f acl silver
```
Linux
```
# getfacl gold > acl; setfacl -S acl silver
```
Tru64
```
# getacl gold > acl; setacl -b -U acl silver
```

Wie die vorhergehenden Befehle schon andeuten, wird der Befehl `getfacl` dazu verwendet, um eine ACL unter Solaris und Linux anzeigen zu lassen, und `getacl` wird auf Tru64-Systemen eingesetzt.

Die folgenden Befehle geben für das Verzeichnis */metals* die Standard-ACE für Andere an:

Solaris
```
# setfacl -m d:o:r-x /metals
```
Linux
```
# setfacl -d -m o:r-x /metals
```
Tru64
```
# setacl -d -u o:r-x /metals
```

Tabelle 7-2 führt weitere nützliche Optionen für diese Befehle auf.

Tabelle 7-2: Nützliche Befehle zur Bearbeitung von ACLs

Operation	Linux	Solaris	Tru64
Hinzufügen/Bearbeiten von ACEs	setfacl -m *Einträge* setfacl -M *ACL-Datei*	setfacl -m *Einträge* setfacl -m -f *ACL-Datei*	setacl -u *Einträge* setacl -U *ACL-Datei*
Ersetzen einer ACL	setfacl -s *Einträge* setfacl -S *ACL-Datei*	setfacl -s *Einträge* setfacl -s -f *ACL-Datei*	setacl -b -u *Einträge* setacl -b -U *ACL-Datei*
Entfernen von ACEs	setfacl -x *Einträge* setfacl -X *ACL-Datei*	setfacl -d *Einträge*	setacl -x *Einträge* setacl -X *ACL-Datei*
Entfernen einer kompletten ACL	setfacl -b		setacl -b
Ausführen einer Standard-ACL auf ein Verzeichnis	setfacl -d	setfacl -m d:*Eintrag*	setacl -d

Tabelle 7-2: Nützliche Befehle zur Bearbeitung von ACLs (Fortsetzung)

Operation	Linux	Solaris	Tru64
Entfernen einer Standard-ACL	setfacl -k		setacl -k
Bearbeiten einer ACL im Editor			setacl -E

Auf Linux-Systemen können Sie auch ACLs sichern und wiederherstellen, indem Sie Befehle wie die folgenden verwenden:

```
# getfacl -R --skip-base / > backup.acl
# setfacl --restore=backup.acl
```

Der erste Befehl sichert die ACLs von allen Dateien in der Datei *backup.acl*, und der zweite Befehl stellt die ACLs, die in dieser Datei gespeichert sind, wieder her.

Auf Tru64-Systemen muss für die ACL-Unterstützung im Kernel die Einstellung acl_mode aktiviert werden.

Verschlüsselung

Die Verschlüsselung bietet für einige Dateitypen eine weitere Methode des Schutzes. Verschlüsselung umfasst das Umwandeln der Originaldatei (den *Plain-* oder *Klartext*) unter Verwendung einer mathematischen Funktion oder Technik. Eine Verschlüsselung könnte die Daten, die in Dateien abgelegt sind, unter bestimmten Umständen schützen, zum Beispiel:

- Jemand bricht in den Account *root* auf Ihrem System ein und kopiert Dateien (oder macht sich an ihnen zu schaffen) oder ein autorisierter Benutzer *root* unternimmt ähnliche Dinge
- Jemand stiehlt bei dem Versuch, an die Daten heranzukommen, Ihre Festplatte oder Ihre Datensicherungsbänder (oder Disketten) oder den Computer selbst
- Jemand gelangt über das Netzwerk an die Dateien

Allen gemeinsam ist, dass eine Verschlüsselung die Sicherheit von Daten auch dann sicherstellen kann, wenn die Dateien selbst irgendwie in die falschen Hände geraten. (Jedoch können nicht alle Pannen verhindert werden, zum Beispiel wenn ein unberechtigter Benutzer *root* die Dateien löscht. Backups können dieses Szenario aber abdecken.)

Die meisten Verschlüsselungsalgorithmen verwenden eine Art von *Schlüssel* (Key) als Teil der Umwandlung und der gleiche Schlüssel wird auch später wieder für das Entschlüsseln der Datei benötigt. Die einfachsten Arten von Verschlüsselungsalgorithmen verwenden externe Schlüssel, die so ähnlich wie Passwörter funktionieren; anspruchsvollere Methoden der Verschlüsselung verwenden einen Teil der Eingabedaten als Bestandteil des Schlüssels.

Der Befehl crypt

Die meisten Unix-Systeme stellen ein einfaches Verschlüsselungsprogramm, crypt, zur Verfügung.[8] Der Befehl crypt nimmt den Verschlüsselungs-Key als Argument und verschlüsselt unter Verwendung dieses Keys die Standardeingabe auf die Standardausgabe. Beim Entschlüsseln einer Datei wird crypt wieder mit dem gleichen Schlüssel verwendet. Nach der Verschlüsselung ist es wichtig, die Originaldatei zu entfernen, da der Besitz beider Versionen – Klartext und verschlüsselte Version – es jemandem sehr einfach macht, diejenigen Schlüssel herauszubekommen, die zum Verschlüsseln der Originaldatei verwendet wurden.

crypt ist ein sehr schwaches Verschlüsselungsprogramm (es verwendet das gleiche grundlegende Verschlüsselungsschema wie die Enigma-Maschine aus dem Zweiten Weltkrieg, was bedeutet, dass es seit mindestens 50 Jahren veraltet ist). crypt kann etwas sicherer gemacht werden, indem es mehrere Male hintereinander auf dieselbe Datei angewendet wird, zum Beispiel:

```
$ crypt Schlüssel1 < Klartextdatei | crypt Schlüssel2 | crypt Schlüssel3 >
Verschlüsselte_Datei
$ rm Klartextdatei
```

Jeder weitere Aufruf von crypt entspricht dem Hinzufügen eines Rotors an die Enigma-Maschine (die echte Maschine hatte drei oder vier Rotoren). Wenn die Datei entschlüsselt wird, werden die Schlüssel in umgekehrter Reihenfolge angegeben. Ein anderer Weg, um crypt sicherer zu machen, wäre die Textdatei zu komprimieren, bevor sie verschlüsselt wird (verschlüsselte Binärdaten sind etwas schwieriger zu entschlüsseln als verschlüsselte ASCII-Zeichen).

Auf jeden Fall ist crypt keine Herausforderung für jemanden, der etwas Erfahrung mit dem Knacken von Verschlüsselungen besitzt – oder Zugriff auf das *cbw*-Paket hat.[9] Trotzdem ist es unter einigen Umständen immer noch nützlich. Ich verwende crypt zum Verschlüsseln von Dateien, die nicht jeder sehen soll, ob zufällig oder beim Herumschnüffeln als *root* auf dem System. Meine Annahme hierbei ist, dass die Leute, vor denen ich die Dateien schütze, vielleicht versuchen könnten, als *root* einen Blick auf geschützte Dateien zu werfen, sich aber nicht die Mühe machen, die Dateien zu entschlüsseln. Hinter vielen einfachen Sicherheitssystemen für Automobile steckt die gleiche Philosophie; der Aufkleber am Fenster oder das Gerät am Lenkrad ist dazu gedacht, die potenziellen Diebe abzuschrecken und dazu zu ermutigen, ihre Energie woanders zu verbrauchen, aber in Wirklichkeit stellt es nicht mehr als ein einfaches Hindernis auf ihrem Weg dar. Für Fälle wie diese ist crypt sehr gut geeignet. Wenn Sie irgendeinen Versuch erwarten, dass die verschlüsselten Dateien dekodiert werden könnten – wie es zum Beispiel der Fall wäre, wenn es jemand speziell auf Ihr System abgesehen hat – dann verlassen Sie sich nicht auf crypt.

---

[8] Unter manchen Umständen verbieten US-amerikanische Regierungsverordnungen, dass auf Systemen, die an ausländische Sites geliefert werden, Verschlüsselungssoftware integriert sein darf.

[9] Sehen Sie für Informationen über die verschiedenen allgemeinen Tools und Websites auch unter *http://www.jjtc.com/Security/cryptanalysis.htm* nach.

Verschlüsselung mit öffentlichen Schlüsseln: PGP und GnuPG

Eine weitere Möglichkeit der Verschlüsselung besteht darin, freie Verschlüsselungspakete mit öffentlichen Schlüsseln (Public Keys) zu verwenden. Das erste und auch bekannteste von diesen Paketen ist Pretty Good Privacy (PGP), das von Phil Zimmerman geschrieben wurde (*http://www.pgpi.com*). Vor einiger Zeit wurde Gnu Privacy Guard (GnuPG) entwickelt, um die gleichen Funktionen zu erfüllen, dabei aber einige rechtliche und kommerzielle Verwicklungen zu umgehen, die PGP betreffen (siehe *http://www.gnupg.org*).

Im Gegensatz zu den einfachen Verschlüsselungsschemata, die nur einen einzigen Schlüssel sowohl für das Verschlüsseln als auch für das Entschlüsseln verwenden, verwenden Verschlüsselungssysteme mit *öffentlichen Schlüsseln* zwei mathematisch verwandte Schlüssel. Ein Schlüssel – normalerweise der *öffentliche Schlüssel*, der für jeden verfügbar ist – wird dazu verwendet, um die Datei oder die Nachricht zu verschlüsseln. Dieser Schlüssel kann aber nicht dazu verwendet werden, sie wieder zu entschlüsseln. Vielmehr kann die Nachricht nur mit dem anderen Schlüssel aus dem Paar entschlüsselt werden: Dem *privaten Schlüssel* (Private Key), der mit Ausnahme des Eigentümers für jeden geheim gehalten wird. Zum Beispiel verschlüsselt jemand, der Ihnen eine verschlüsselte Datei schicken möchte, diese mit Ihrem öffentlichen Schlüssel. Wenn Sie die Nachricht erhalten, entschlüsseln Sie diese mit Ihrem privaten Schlüssel.

Öffentliche Schlüssel können an diejenigen Menschen geschickt werden, mit denen Sie auf sichere Weise kommunizieren möchten, der private Schlüssel allerdings bleibt geheim, verfügbar nur für den Benutzer, dem er auch gehört. Der Vorteil dieses Zwei-Schlüssel-Systems liegt darin, dass öffentliche Schlüssel ohne jegliche Einschränkung für die Sicherheit veröffentlicht und verteilt werden können, da diese Schlüssel nur zum Verschlüsseln von Nachrichten verwendet werden können, aber nicht, um diese zu entschlüsseln. Es gibt im Internet verschiedene Aufbewahrungsorte für öffentliche Schlüssel, zwei der bekanntesten Public-Key-Server sind *http://pgp.mit.edu* und *http://www.keyserver.net*. Der Erste von beiden wird in Abbildung 7-2 dargestellt.

Sowohl PGP als auch GnuPG haben folgende Verwendungen:

Verschlüsselung

Sie können dazu verwendet werden, um Daten vor neugierigen Blicken zu schützen.

Validierung

Nachrichten und Dateien können digital signiert werden, um sicherzustellen, dass sie tatsächlich aus der Quelle stammen, von der sie behaupten zu kommen.

Diese Programme können als eigenständige Utilities eingesetzt werden. Beide Pakete können aber auch in die weit verbreiteten E-Mail-Programme integriert werden, um elektronische Nachrichten automatisch zu schützen und zu signieren.

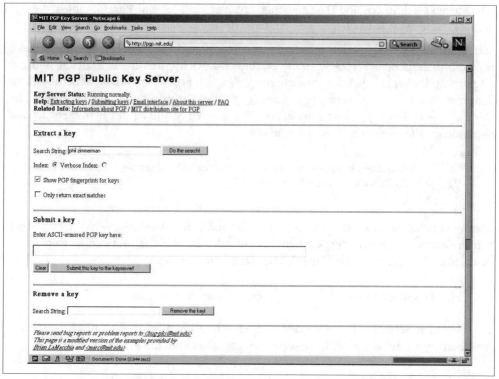

Abbildung 7-2: Zugriff auf einen Public-Key-Server

Die Verwendung beider Pakete beginnt damit, dass ein Benutzer sein Schlüsselpaar erzeugt:

PGP
```
$ pgp -kg
```

GnuPG
```
$ gpg --gen-key
```

Jedem dieser Befehle folgen mehrere Informationsnachrichten und einige Eingabeaufforderungen. Die wichtigsten Eingabeaufforderungen sind der Identifikations-String, der mit dem Schlüssel verknüpft werden soll, sowie die Passphrase. Der Identifikations-String hat normalerweise die folgende Form:

```
Harvey Thomas <harvey@ahania.com>
```

Manchmal wird ein zusätzlicher, in Klammern stehender Kommentar zwischen dem vollen Namen und der E-Mail-Adresse eingefügt. Achten Sie auf die Eingabeaufforderungen, wenn Sie nach diesem Punkt gefragt werden, denn beide Programme nehmen es ziemlich genau damit, wie und wann die verschiedenen Bestandteile davon eingegeben werden.

Die Passphrase ist ein Passwort, das den Benutzer gegenüber dem Verschlüsselungssystem identifiziert. Folglich funktioniert die Passphrase auch wie ein Passwort und Sie müssen sie beim Ausführen der meisten PGP- oder GnuPG-Funktionen eingeben. Die Sicherheit Ihrer verschlüsselten Nachrichten und Dateien hängt davon ab, dass Sie eine Phrase wählen, die nicht geknackt werden kann. Überlegen Sie sich etwas, das mindestens mehrere Wörter lang ist.

Sobald Ihre Schlüssel generiert wurden, werden mehrere Dateien in Ihrem Unterverzeichnis *$HOME/.pgp* oder *$HOME/.gnupg* erzeugt. Die wichtigsten dieser Dateien sind *pubring.pgp* (oder *.gpg*), die den Speicherort (Ring) für den öffentlichen Schlüssel des Benutzers darstellt, und *secring.pgp* (oder *.gpg*), die den privaten Schlüssel aufbewahrt. Der Public-Key-Ring speichert sowohl den öffentlichen Schlüssel des Benutzers als auch alle anderen öffentlichen Schlüssel, die er erwirbt.

Alle Dateien in diesem Schlüssel-Unterverzeichnis sollten als Modus für die Zugriffsberechtigung 600 besitzen.

Wenn ein Schlüssel erworben wurde, entweder von einem Public-Key-Server oder direkt von einem anderen Anwender, können die folgenden Befehle dazu verwendet werden, um den Schlüssel zum Public-Key-Ring des Benutzers hinzuzufügen:

PGP
`$ pgp -ka Schlüsseldatei`

GnuPG
`$ gpg --import Schlüsseldatei`

Die folgenden Befehle extrahieren den eigenen öffentlichen Schlüssel eines Benutzers für die Übertragung auf einen Schlüsselserver oder zu einer anderen Person in eine Datei:

PGP
`$ pgp -kxa Schlüsseldatei`

GnuPG
`$ gpg -a --export -o Schlüsseldatei Benutzer`

Beide Pakete können auf einfache Weise für die Verschlüsselung und die digitale Signatur eingesetzt werden. Zum Beispiel könnte der Benutzer *harvey* die folgenden Befehle zum Verschlüsseln (-e) und digitalen Signieren (-s) einer Datei verwenden, die für die Benutzerin *chavez* bestimmt ist:

PGP
`$ pgp -e -s Datei chavez@ahania.com`

GnuPG
`$ gpg -e -s -r chavez@ahania.com Datei`

Das einfache Verschlüsseln einer Datei für den privaten Gebrauch ist noch viel einfacher; Sie müssen nur die Option -c mit einem der beiden Befehle verwenden:

PGP
`$ pgp -c Datei`

GnuPG
`$ gpg -c Datei`

Diese Befehle führen zu einer Datei, die mit einem Schlüssel verschlüsselt wurde, den Sie angeben und der einen konventionellen symmetrischen Verschlüsselungsalgorithmus verwendet (das heißt, derselbe Schlüssel wird auch für die Entschlüsselung verwendet). Sollten Sie diese Verschlüsselungsmethode einsetzen, vergessen Sie nicht, die Klartextdatei nach der Verschlüsselung zu entfernen. Sie können den Befehl pgp dazu bringen, dies automatisch durchzuführen, indem Sie die Option -w (»wipe«, deutsch »bereinigen«) hinzufügen.

Ich empfehle es nicht, dass Sie Ihre normale Passphrase zur Verschlüsselung von Dateien verwenden, wenn Sie konventionelle Kryptographie einsetzen. Es kann nur allzu leicht vorkommen, dass Sie beide Versionen – die Klartext- und die verschlüsselte Version – einer Datei zur gleichen Zeit auf dem System haben. Sollte so ein Fehler dazu führen, dass Ihre Passphrase aufgedeckt wird, kann der Einsatz einer Passphrase, die sich von derjenigen unterscheidet, die für die Public-Key-Verschlüsselung verwendet wird, den Schaden begrenzen.

Folgende Befehle können zur Entschlüsselung einer Datei verwendet werden:

PGP
$ pgp *Verschlüsselte_Datei*

GnuPG
$ gpg -d *Verschlüsselte_Datei*

Wenn die Datei mit Ihrem öffentlichen Schlüssel verschlüsselt wurde, wird sie automatisch entschlüsselt, und beide Befehle überprüfen auch automatisch die digitale Signatur der Datei, vorausgesetzt der öffentliche Schlüssel des Absenders befindet sich in Ihrem Public-Key-Ring. Sollte die Datei unter Verwendung des konventionellen Algorithmus verschlüsselt worden sein, erhalten Sie eine Eingabeaufforderung zur Eingabe der zugehörigen Passphrase.

Auswahl von Passphrasen

Für alle Verschlüsselungsschemata ist die Wahl eines guten Schlüssels oder einer guten Passphrase zwingend erforderlich. Im Allgemeinen treffen dieselben Richtlinien, die für Passwörter gelten, auch für Verschlüsselungs-Keys zu. Wie immer sind längere Schlüssel im Allgemeinen besser als kürzere. Und verwenden Sie keines Ihrer Passwörter als Verschlüsselungs-Key; das ist das Erste, was jemand, der in Ihren Account einbricht, ausprobieren wird.

Genauso wichtig ist es sicherzustellen, dass Ihr Schlüssel nicht zufällig entdeckt werden kann, weil er anderen Benutzern auf dem System angezeigt wird. Seien Sie im Einzelnen vorsichtig im Umgang mit folgenden Dingen:

- Löschen Sie Ihren Terminalbildschirm so möglichst schnell, wenn Passphrasen darauf erscheinen.
- Verwenden Sie keinen Schlüssel als Parameter zu einem Befehl, Skript oder Programm. Er könnte in ps-Anzeigen ausgegeben werden (oder in der Ausgabe von lastcomm).
- Auch wenn der Befehl crypt sicherstellt, dass der Schlüssel in ps-Anzeigen nicht erscheint, so unternimmt er nichts gegen Einträge in der History von Shell-Befehlen. Wenn Sie crypt in einer Shell verwenden, die dieses Feature hat, so schalten Sie die History ab, bevor Sie crypt verwenden, oder führen Sie crypt über ein Skript aus, das die Eingabe des Schlüssels erfordert (und die Eingabe nur über */dev/tty* annimmt).

Rollenbasierte Zugriffskontrolle

Bisher haben wir Pläne für eine stärkere Benutzerauthentifizierung und für einen besseren Schutz des Dateisystems behandelt. Der Punkt, dem wir uns als Nächstes zuwenden, ist eine Ergänzung zu diesen beiden Bereichen. Rollenbasierte Zugriffskontrolle (RBAC, Role-Based Access Control) ist ein Verfahren zur Kontrolle von Aktionen, die einzelnen Benutzern gestattet werden, ungeachtet des Ziels dieser Aktionen und unabhängig von den Berechtigungen auf ein bestimmtes Ziel.

Stellen Sie sich zum Beispiel vor, Sie möchten die einzelne Aufgabe des Zuweisens und Zurücksetzens der Passwörter von Benutzer-Accounts an die Benutzerin *chavez* übertragen. Auf den üblichen Unix-Systemen gibt es drei Ansätze, um diese Privilegien zu gewähren:

- Geben Sie *chavez* das *root*-Passwort. Dies gibt ihr die Möglichkeit, die Aufgabe durchzuführen. Allerdings erlaubt ihr das auch, zusätzlich viele andere Dinge zu machen. Sie zu einer Systemgruppe hinzuzufügen, die administrative Funktionen durchführen kann, hat normalerweise den gleichen Haken.
- Geben Sie *chavez* Schreibzugriff auf die passende Datenbankdatei der Benutzer-Accounts (vielleicht über eine ACL, um diesen Zugriff nur für sie zu erweitern). Leider gibt ihr dieses Vorgehen auch Zugriff auf viele andere Attribute der Accounts – auch dies ist wieder mehr, als Sie ihr eigentlich geben möchten.
- Geben Sie ihr über die sudo-Einrichtung nur den Superuser-Zugriff auf den Befehl passwd. Jedoch beinhaltet dies wieder einmal mehr Sonderrechte, als sie benötigt: Sie hat jetzt die Möglichkeit, auf vielen Systemen auch die Shell der Benutzer und die Informationen im GECOS-Feld zu ändern.

RBAC kann ein Weg sein, einem Benutzer zu erlauben, eine Aktivität durchzuführen, die normalerweise vom Superuser bearbeitet werden muss. Das System basiert auf dem Konzept von so genannten *Rollen*: ein definierbarer und beschränkter Bereich an administrativen Sonderrechten, die Benutzern zugewiesen werden können. Rollen ermöglichen es einem Benutzer, Aktionen durchzuführen, die die Sicherheitseinstellungen des Systems ansonsten nicht erlauben würden. Hierbei halten sich die Rollen an das Prinzip des minimalen Sonderrechts, indem sie nur genau die Zugriffsrechte gewähren, die für die Ausführung der Aufgabe benötigt werden. So können Rollen auch als ein Weg betrachtet werden, um all die mächtigen Sonderrechte des Benutzers *root* in einzelne Bestandteile aufzuteilen.

Idealerweise werden Rollen im Unix-Kernel implementiert und nicht einfach aus den üblichen Einrichtungen des Dateizugriffsschutzes wie den setuid- und setgid-Modi zusammengestückelt. Sie unterscheiden sich von dem Befehl setuid darin, dass ihre Sonderrechte nur denjenigen Benutzern gewährt werden, denen diese Rolle auch zugewiesen wurde (statt jedem, der gerade den Befehl ausführt). Außerdem müssen die üblichen administrativen Werkzeuge für die Arbeit mit Rollen eingerichtet werden, sodass sie die Aufgaben nur entsprechend der rollenbasierten Rechte durchführen. Natürlich variieren die Entwicklungsdetails, Implementierungsbesonderheiten und selbst die Terminologie sehr stark auf den Systemen, die RBAC oder ähnliche Einrichtungen anbieten.

Weiter vorn in diesem Buch haben wir schon Einrichtungen gesehen, die irgendwie ähnlich sind, wenn auch eingeschränkter: den Befehl sudo und dessen Konfigurationsdatei *sudoers* (siehe »Einloggen als Superuser« in Kapitel 1) sowie das Modul pam_listfile unter Linux (siehe »Benutzer-Authentifizierung mit PAM« in Kapitel 6).

Derzeit bieten AIX und Solaris Einrichtungen für rollenbasierte Sonderrechte an. Es gibt auch Projekte für Linux[10] und FreeBSD[11]. Die Open Source-Projekte benutzen im Zusammenhang mit Rollen und rollenbasierten Zugriffsrechten den Begriff Fähigkeiten (*Capabilities*).

Rollen unter AIX

AIX bietet eine ziemlich einfache Einrichtung für Rollen. Sie basiert auf einer Reihe von vordefinierten Berechtigungen (*Authorizations*), die die Fähigkeit bieten, eine bestimmte Art von Aufgabe durchführen zu können. Tabelle 7-3 führt die definierten Berechtigungen auf.

Tabelle 7-3: AIX-Berechtigungen

Berechtigung	Bedeutung
UserAdmin	Hinzufügen/Entfernen aller Benutzer, Modifizieren aller Account-Attribute.
UserAudit	Modifizieren aller Prüfeinstellungen der Benutzer-Accounts.
GroupAdmin	Verwalten administrativer Gruppen.
PasswdManage	Ändern der Passwörter von nichtadministrativen Benutzern.
PasswdAdmin	Ändern der Passwörter von administrativen Benutzern.
Backup	Durchführen von System-Backups.
Restore	Wiederherstellen von System-Backups.
RoleAdmin	Verwalten von Rollendefinitionen.
ListAuditClasses	Anzeigen von Prüfklassen.
Diagnostics	Ausführen von Systemdiagnosen.

Die Berechtigungen werden zu einer Serie von vordefinierten Rollen kombiniert; die Definitionen werden in der Datei */etc/security/roles* abgelegt. Hier sind zwei Abschnitte aus dieser Datei:

```
ManageBasicUsers:                          Rollenname.
    authorizations=UserAudit,ListAuditClasses   Liste der Berechtigungen.
    rolelist=
    groups=security                        Die Benutzer sollten Mitglied dieser Gruppe sein.
    screens=*                              Entsprechende SMIT-Dialoge.
ManageAllUsers:
    authorizations=UserAdmin,RoleAdmin,PasswdAdmin,GroupAdmin
    rolelist=ManageBasicUsers              Schließt eine andere Rolle innerhalb dieser mit ein.
```

---

10 Das Linux-Projekt kann, kann aber auch nicht aktiv sein. Derzeit erhalten Sie die besten Informationen unter *http://www.kernel.org/pub/linux/libs/security/linux-privs/kernel-2.4/capfaq-0.2.txt*.

11 Siehe *http://www.trustedbsd.org/components.html*.

Die Rolle ManageBasicUsers besteht aus zwei Berechtigungen, die sich auf das Prüfen der Aktivitäten von Benutzer-Accounts beziehen. Das Attribut groups führt eine Gruppe auf, in der der Benutzer Mitglied sein sollte, um die Rolle nutzen zu können. In diesem Fall sollte der Benutzer Mitglied der Gruppe *security* sein. Die Mitgliedschaft in dieser Gruppe allein erlaubt es einem Benutzer bereits, die Prüfungen von nichtadministrativen Benutzer-Accounts zu verwalten (ebenso wie deren andere Attribute). Diese Rolle ergänzt diese Fähigkeiten, indem sie sie auf alle Benutzer-Accounts erweitert – gleichermaßen normale und administrative.

Die Rolle ManageAllUsers besteht aus vier zusätzlichen Berechtigungen. Sie enthält auch die Rolle ManageBasicUsers als Teil ihrer Fähigkeiten. Wenn einem Benutzer in der Gruppe *security* die Rolle ManageAllUsers gegeben wird, kann er hinsichtlich aller Benutzer-Accounts und Account-Attribute wie *root* agieren.

Tabelle 7-4 fasst die unter AIX definierten Rollen zusammen.

Tabelle 7-4: Vordefinierte Rollen unter AIX

Rolle	Gruppe	Berechtigungen	Fähigkeiten
ManageBasicUsers	security	UserAudit ListAuditClasses	Modifizieren aller Prüfeinstellungen für jeden Benutzer-Account.
ManageAllUsers	security	UserAudit ListAuditClasses UserAdmin RoleAdmin PasswdAdmin GroupAdmin	Hinzufügen/Entfernen von Benutzer-Accounts; Modifizieren der Attribute jedes Benutzer-Accounts.
ManageBasicPasswds	security[a]	PasswdManage	Ändern der Passwörter von allen nichtadministrativen Benutzern.
ManageAllPasswds	security	PasswdManage PasswdAdmin	Ändern der Passwörter von allen Benutzern.
ManageRoles		RoleAdmin	Administrieren von Rollendefinitionen.
ManageBackup		Backup	Sichern aller Dateien.
ManageBackupRestore		Backup Restore	Sichern und Wiederherstellen von allen Dateien.
RunDiagnostics		Diagnostics	Ausführen von Diagnose-Utilities; Herunterfahren oder Neustart des Systems.
ManageShutdown[b]	shutdown		Herunterfahren oder Neustart des Systems.

a Hinsichtlich der Änderung von Passwörtern entspricht die Mitgliedschaft in der Gruppe *security* tatsächlich der Rolle ManageBasicPasswd.
b Das ist tatsächlich eine Pseudo-Rolle, die nur über eine Gruppenmitgliedschaft definiert wird und die keine Berechtigungen verwendet.

Rollen werden den Benutzern in der Datei */etc/security/user.roles* zugewiesen. Hier ein Beispielabschnitt:

```
chavez:
    roles = ManageAllPasswds
```

Dieser Abschnitt weist der Benutzerin *chavez* die Fähigkeit zu, die Passwörter jedes Benutzer-Accounts zu verändern.

Sie können auch SMIT verwenden, um Rollen zuzuweisen, oder den Befehl chuser:

```
# chuser roles=ManageAllUsers aefrisch
```

In einigen Fällen empfiehlt die Dokumentation zu AIX weitere Schritte beim Zuweisen von Rollen. Wenn Sie zum Beispiel die Rollen ManageBackup oder ManageBackupRestore zuweisen, schlägt sie die folgenden Schritte vor:

- Erstellen Sie eine Gruppe namens *backup*.
- Weisen Sie die die Eigentümerrechte des Geräts für das System-Backup und die Systemwiederherstellung dem Benutzer *root* und der Gruppe *backup* mit dem Modus 660 zu.
- Nehmen Sie Benutzer, die beide Backup-bezogenen Rollen innehaben, in die Gruppe *backup* auf.

Überprüfen Sie die aktuelle Dokumentation zu AIX auf Ratschläge, die sich auf andere Rollen beziehen.

Die Rollen selbst können Sie mit SMIT administrieren oder indem Sie die Befehle mkrole, rmrole, lsrole und chrole verwenden. Sie können dem System nach Bedarf neue Rollen hinzufügen, sind dabei aber durch den vordefinierten Satz an Berechtigungen beschränkt.

Rollenbasierte Zugriffskontrolle unter Solaris

Die RBAC-Einrichtung unter Solaris basiert ebenfalls auf einem Satz von grundlegenden Berechtigungen. Sie werden in der Datei */etc/security/auth_attr* aufgelistet. Hier sind einige Beispieleinträge aus dieser Datei:

```
# authorization name  :::description   ::attributes
solaris.admin.usermgr.:::User Accounts::help=AuthUsermgrHeader.html
solaris.admin.usermgr.pswd:::Change Password::help=AuthUserMgrPswd.html
solaris.admin.usermgr.read:::View Users and Roles::help=AuthUsermgrRead.html
solaris.admin.usermgr.write:::Manage Users::help=AuthUsermgrWrite.html
```

Das erste Feld in jedem Eintrag ist der Name des Attributs; die Namenskonvention verwendet ein hierarchisches Format, um zusammengehörige Berechtigungen zu gruppieren. Viele der Felder innerhalb der Einträge sind reserviert oder werden nicht verwendet. Im Allgemeinen werden nur die Felder Name (erstes Feld), Kurzbeschreibung (viertes Feld) und Attribute (siebtes Feld) verwendet. Das letztere Feld enthält normalerweise nur den Namen der Hilfedatei, die zur Berechtigung gehört (die HTML-Dateien befinden sich im Verzeichnis */usr/lib/help/auths/locale/C*).

Der erste Eintrag nach dem Kommentar führt eine Gruppe ein, deren Berechtigungen sich auf die Verwaltung der Benutzer-Accounts beziehen. Die folgenden drei Einträge führen Berechtigungen auf, die es ihren Besitzern ermöglichen, Passwörter zu ändern, Attribute von Benutzer-Accounts anzuzeigen und Benutzer-Accounts zu modifizieren (inklusive dem Erstellen von neuen Benutzer-Accounts und dem Löschen von Accounts) – in dieser

Reihenfolge. Beachten Sie, dass diese Datei nur eine Liste von implementierten Berechtigungen ist. Sie sollten sie nicht bearbeiten.

Berechtigungen können Benutzer-Accounts auf drei unterschiedliche Arten zugewiesen werden:

- Direkt, als reine Berechtigung.
- Als Teil eines *Profils*, einer benannten Gruppe von Berechtigungen.
- Über eine *Rolle*, d.h. einen Pseudo-Account, den Benutzer annehmen können (über den Befehl su), um zusätzliche Sonderrechte zu erhalten. Den Rollen können Berechtigungen direkt oder über Profile zugewiesen werden.

Profile sind benannte Sammlungen von Berechtigungen, die in */etc/security/prof_attr* definiert werden. Hier sind einige Beispieleinträge (Zeilenumbruch angepasst):

```
User Management:::Manage users, groups, home directory:
    auths=solaris.profmgr.read,solaris.admin.usermgr.write,
    solaris.admin.usermgr.read;help=RtUserMngmnt.html
User Security:::Manage passwords,clearances:
    auths=solaris.role.*,solaris.profmgr.*,
    solaris.admin.usermgr.*;help=RtUserSecurity.html
```

Die Einträge in dieser Datei haben auch leere Felder, die für den zukünftigen Gebrauch reserviert sind. Diejenigen Felder, die in Gebrauch sind, enthalten den Profilnamen (erstes Feld), die Beschreibung (Feld vier) und die Attribute (Feld fünf). Das letzte Feld besteht aus einem oder mehreren Punkten in der Form *Schlüsselwort=Werteliste*. Die Punkte in der Werteliste werden dabei durch Kommas getrennt und mehrere Schlüsselwörter werden durch Semikolons getrennt.

Der erste Eintrag definiert zum Beispiel das Profil User Management als einen Satz von drei Berechtigungen (angegeben im Attribut auths) und gibt noch eine Hilfedatei für das Profil an (über das Attribut help). Das Profil ermöglicht es einem Benutzer, Informationen über Profile und Benutzer-Accounts zu lesen und die Attribute von Benutzer-Accounts zu modifizieren (aber keine Passwörter, da solaris.admin.usermgr.pswd nicht gewährt wurde).

Der zweite Eintrag gibt ein viel mächtigeres Profil an, das alle Berechtigungen für die Benutzer-Accounts, das Profilmanagement und das Rollenmanagement enthält (gekennzeichnet durch die Wildcards). Dieses Profil erlaubt es einem Benutzer, beliebige Benutzermodifikationen durchzuführen.

Solaris definiert eine ziemlich große Anzahl an Profilen und Sie können selbst noch zusätzliche erstellen, um Ihre lokale Sicherheitsrichtlinie zu implementieren. Tabelle 7-5 führt die wichtigsten Profile unter Solaris auf. Die ersten vier Profile sind generisch und stellen die aufsteigenden Ebenen der Systemprivilegien dar. Der Rest ist spezifisch für ein einzelnes Subsystem.

Tabelle 7-5: RBAC-Profile unter Solaris

Profil	Fähigkeiten
Basic Solaris User	Standard-Berechtigung.
Operator	Durchführen von einfachen, risikolosen administrativen Aufgaben.

Tabelle 7-5: RBAC-Profile unter Solaris (Fortsetzung)

Profil	Fähigkeiten
System Administrator	Durchführen von Aufgaben, die nicht sicherheitsrelevant sind.
Primary Administrator	Durchführen aller administrativen Aufgaben.
Audit Control	Konfiguration der Überprüfung.
Audit Review	Überprüfung der Prüfprotokolle.
Cron Management	Verwalten von at- und cron-Jobs.
Device Management	Verwalten von Wechselmedien.
Device Security	Verwalten der Geräte und des LVM.
DHCP Management	Verwalten des DHCP-Dienstes.
Filesystem Management	Mounten und Freigeben von Dateisystemen.
Filesystem Security	Verwalten von Sicherheitsattributen des Dateisystems.
FTP Management	Verwalten des FTP-Servers.
Mail Management	Verwalten von sendmail und den Mail-Queues.
Media Backup	Sichern von Dateien und Dateisystemen.
Media Restore	Wiederherstellen von Dateien aus Backups.
Name Service Management	Ausführen von Befehlen des Namensdienstes, die nicht sicherheitsrelevant sind.
Name Service Security	Ausführen von sicherheitsrelevanten Befehlen des Namensdienstes.
Network Management	Verwalten der Host- und Netzwerkkonfiguration.
Network Security	Verwalten der Netzwerk- und Hostsicherheit.
Object Access Management	Ändern von Eigentumsrechten/Berechtigungen auf Dateien.
Printer Management	Verwalten von Druckern, Daemons und Spool-Systemen.
Process Management	Verwalten von Prozessen.
Software Installation	Dem System Anwendungssoftware hinzufügen.
User Management	Verwalten von Benutzern und Gruppen (mit Ausnahme der Passwörter).
User Security	Verwalten aller Gesichtspunkte bei Benutzern und Gruppen.

Durch die Angabe des entsprechenden UID- und GID-Kontextes bei der Ausführung der entsprechenden Befehle werden in der Konfigurationsdatei */etc/security/exec_attr* die Profildefinitionen ausführlich herausgearbeitet. Hier die Einträge für die beiden Profile, die wir im Detail behandeln:

```
User Management:suser:cmd:::/etc/init.d/utmpd:uid=0;gid=sys
User Management:suser:cmd:::/usr/sbin/grpck:euid=0
User Management:suser:cmd:::/usr/sbin/pwck:euid=0
User Security:suser:cmd:::/usr/bin/passwd:euid=0
User Security:suser:cmd:::/usr/sbin/pwck:euid=0
User Security:suser:cmd:::/usr/sbin/pwconv:euid=0
```

In der Konfiguration unter */etc/user_attr* werden die Benutzer-Accounts und Profile und/oder die Berechtigungen zugewiesen. Hier sind einige Beispieleinträge (Zeilenumbruch angepasst):

```
#acct ::::attributes (can include auths;profiles;roles;type;project)
chavez::::type=normal;profiles=System Adminstrator
harvey::::type=normal;profiles=Operator,Printer Management;
    auths=solaris.admin.usermgr.pswd
sofficer::::type=role;profiles=Device Security,File System Security,
    Name Service Security,Network Security,User Security,
    Object Access Management;auths=solaris.admin.usermgr.read
sharon::::type=normal;roles=sofficer
```

Der erste Eintrag weist der Benutzerin *chavez* das Profil System Administrator zu. Der zweite Eintrag weist dem Benutzer *harvey* zwei Profile und eine zusätzliche Berechtigung zu.

Der dritte Eintrag definiert eine Rolle namens *sofficer* (Security Officer), indem ihr die aufgeführten Profile und die Berechtigung zugewiesen werden. In der Passwortdatei muss zwar ein Eintrag für *sofficer* existieren, es wird aber niemandem erlaubt, sich unter dessen Verwendung einzuloggen. Stattdessen müssen berechtigte Benutzer den Befehl su verwenden, um die Rolle anzunehmen. Der letzte Eintrag gewährt der Benutzerin *sharon* das Recht, so zu verfahren.

Die letzte Konfigurationsdatei, die sich auf Benutzerrollen und Profile auswirkt, ist */etc/security/policy.conf*. Hier ist ein Beispiel für diese Datei:

```
AUTHS_GRANTED=solaris.device.cdrw
PROFS_GRANTED=Basic Solaris User
```

Die beiden Einträge geben die Berechtigungen und Profile an, die allen Benutzern gewährt werden.

Benutzer können ihre Rollen, Profile und Berechtigungen auflisten, indem sie die Befehle roles, profiles und auths verwenden – in dieser Reihenfolge. Hier ist ein Beispiel für die Verwendung von profiles:

```
$ profiles
Operator
Printer Management
Media Backup
Basic Solaris User
```

Hier ein Beispiel, das den Befehl auths verwendet, der an eine Pipe geschickt wird. Die Pipe wurde entworfen, um dessen Output lesbarer zu gestalten:

```
$ auths | sed 's/,/ /g' | fold -s -w 30 | sort
solaris.admin.printer.delete
solaris.admin.printer.modify
solaris.admin.printer.read
solaris.admin.usermgr.pswd
solaris.admin.usermgr.read
solaris.device.cdrw
solaris.jobs.user
solaris.jobs.users
...
```

Solaris enthält auch ein PAM-Modul, *pam_roles.so*, das darüber entscheidet, ob der Benutzer das Recht hat, die Rolle anzunehmen, die er gerade versucht anzunehmen.

Netzwerksicherheit

Wir wenden unsere Aufmerksamkeit nun von den einzelnen Systemen ab und behandeln die Sicherheit in einem Netzwerkumfeld. Wie bei allen Arten der Systemsicherheit erfordert es auch die Sicherheit in TCP/IP-Netzwerken, Kompromisse einzugehen zwischen einer einfachen Handhabung und dem Schutz vor (normalerweise externen) Bedrohungen. Und wie es nur allzu oft bei Unix-Systemen der Fall ist, beschränken sich Ihre Alternativen in vielen Fällen nur auf alles oder nichts.

Erfolgreiche netzwerkbasierte Angriffe entstehen aus einer Vielzahl an Problemen. Dies sind die üblichsten:

- Schwach konzeptionierte Dienste, die eine unzureichende Authentifizierung durchführen (oder überhaupt keine) oder ansonsten schon in einer von sich aus unsicheren Art arbeiten. (NFS und X11 sind Beispiele für Einrichtungen, die solche Schwachstellen haben, die auch viel und permanent ausgenutzt worden sind.)
- Software-Fehler, für gewöhnlich in einer netzwerkbasierten Einrichtung (zum Beispiel sendmail) und manchmal auch im Unix-Kernel. Aber gelegentlich können von Crackern auch Fehler in lokalen Einrichtungen über das Netzwerk ausgenutzt werden.
- Missbrauch von erlaubten Einrichtungen und Mechanismen. Zum Beispiel könnte ein Benutzer eine *.rhosts*-Datei in seinem Verzeichnis erstellen, die sehr effizient und gründlich die Systemsicherheit kompromittieren würde (solche Dateien werden später in diesem Abschnitt behandelt).
- Ausnutzung der vorhandenen Mechanismen zur Überprüfung der Vertrauenswürdigkeit, indem gefälschte Netzwerkpakete erzeugt werden, die sich als vertrauenswürdige Systeme ausgeben (bekannt als *IP Spoofing*).
- Benutzerfehler der verschiedensten Art. Diese reichen von unschuldigen Irrtümern bis hin zum vorsätzlichen Umgehen von Sicherheitsmechanismen und -richtlinien.
- Probleme im zu Grunde liegenden Protokolldesign. Normalerweise handelt es sich dabei um das Versäumnis, einem bösartigen Gebrauch vorzubeugen. Oft sind es diese Arten von Problemen, die zum Erfolg von Denial-of-Service-Angriffen beitragen.

Angriffe nutzen häufig eine Kombination aus mehreren Schwachstellen aus.

Das Pflegen eines sicheren Systems ist ein laufender Prozess, der eine Menge an anfänglichem Aufwand erfordert sowie ein erhebliches Arbeitspensum, das permanent zu leisten ist. Eines der wichtigsten Dinge, die Sie im Hinblick auf die System- und Netzwerksicherheit tun können, ist es, sich selbst darüber zu informieren, welche existierenden Bedrohungen es gibt und was unternommen werden kann, um sich vor ihnen zu schützen. Zum Einstieg empfehle ich die folgenden ausgezeichneten Schriftstücke:

- Steven M. Bellovin, »Security Problems in the TCP/IP Protocol Suite«. Der Klassiker unter den Abhandlungen zur TCP/IP-Sicherheit, verfügbar unter *http://www.research.att.com/~smb/papers/*. Viele seiner anderen Schriftstücke sind ebenso nützlich und interessant.

- Dan Farmer und Wietse Venema, »Improving the Security of Your Site by Breaking Into It«, verfügbar unter *ftp://ftp.porcupine.org/pub/security/index.html*. Eine weitere ausgezeichnete Abhandlung über die Risiken, die bei einer Verbindung mit dem Internet bestehen.

Wir werden die Sicherheit in TCP/IP-Netzwerken behandeln, indem wir uns ansehen, wie die Systeme eines Netzwerks normalerweise konfiguriert werden, um sich gegenseitig zu vertrauen und um jedem Benutzer der anderen Systeme einen einfachen Zugriff zu ermöglichen. Dann werden wir uns einige Verfahren ansehen, mit deren Hilfe Sie aus dieser offenen, verwundbaren Lage herauskommen, indem wir Methoden und Werkzeuge beschreiben, die den Zugriff einschränken und die verwundbaren Punkte auf Ihrem System und in Ihrem Netzwerk beurteilen.

Security-Alert-Mailinglisten

Eine der wichtigsten laufenden Sicherheitsaktivitäten besteht darin, mit den jüngsten Fehlern und Bedrohungen Schritt zu halten. Ein Weg, dies zu bewerkstelligen, ist das Lesen der Ratschläge des CERT oder CIAC und *sich danach zu richten*. Dies kann oft lästig sein – das Schließen eines Sicherheitslochs erfordert oft irgendeine Art von Software-Update des Herstellers – , ist aber die einzig vernünftige Vorgehensweise.

Eine der Aktivitäten des Computer Emergency Response Team (CERT) ist das Verwalten einer elektronischen Mailingliste, auf der dessen Sicherheitsratschläge, wenn nötig, abgelegt werden. Diese Ratschläge enthalten eine allgemeine Beschreibung der Schwachstelle, detaillierte Informationen über die Systeme, für die das zutrifft, und verfügbare Lösungen. Sie können sich selbst dieser Mailingliste des CERT hinzufügen, indem Sie eine E-Mail an *majordomo@cert.org* schicken, mit dem Eintrag »subscribe cert-advisory« im Body der Nachricht. Ältere Ratschläge und weitere Informationen sind auf der Website des CERT verfügbar, unter *http://www.cert.org*.

Die Computer Incident Advisory Capability (CIAC) hat eine ähnliche Aufgabe, hauptsächlich für Sites des US-Department of Energy. Ihre ausgezeichnete Website finden Sie unter *http://www.ciac.org/ciac/*.

Vertrauen aufbauen

Sofern nichts anderes vorgesehen ist, müssen Benutzer jedes Mal ein Passwort eingeben, wenn sie auf einen anderen Rechner im Netzwerk zugreifen möchten. Dies wurde oft als sehr lästig empfunden und so enstand ein Mechanismus, der zwischen Computersystemen ein Vertrauensverhältnis einrichtet, das dann den entfernten Zugriff ohne Passwörter erlaubte. Dieses Vertrauensverhältnis ist auch unter dem Begriff *Äquivalenz* bekannt.

Die erste Stufe der Äquivalenz ist die Host-Ebene. Die Konfigurationsdatei */etc/hosts.equiv* führt sie ein. Diese Datei besteht einfach aus einer Liste von Hostnamen, wobei sich jeder in einer einzelnen Zeile befindet.¹² Zum Beispiel könnte die Datei für das System *france* so aussehen:

```
spain.ahania.com
italy.ahania.com
france.ahania.com
```

Keiner, einige oder alle Hosts im Netzwerk können in eine */etc/hosts.equiv*-Datei aufgenommen werden. Es ist zweckmäßig, den Namen des eigenen Rechners in */etc/hosts.equiv* aufzunehmen und den Host somit als äquivalent zu sich selbst zu deklarieren. Sobald ein Benutzer von einem entfernten Host einen Zugriff versucht (mit `rlogin`, `rsh` oder `rcp`), überprüft der lokale Rechner die Datei */etc/hosts.equiv*. Wird der Host, der den Zugriff vornimmt, in */etc/hosts.equiv* aufgeführt und existiert ein Account mit dem Benutzernamen des entfernten Benutzers, wird der entfernte Zugriff erlaubt, ohne dass ein Passwort erforderlich ist.

Sollte ein Benutzer versuchen, sich unter einem anderen Benutzernamen einzuloggen (indem er die Option `-l` mit `rsh` oder `rlogin` verwendet), wird die Datei */etc/hosts.equiv* nicht verwendet. Die Datei */etc/hosts.equiv* ist ebenso nicht ausreichend, um es einem Superuser auf einem Host zu erlauben, sich entfernt als *root* auf einem anderen Host einzuloggen.

Die zweite Art der Äquivalenz ist die Äquivalenz auf Account-Ebene, die in einer Datei namens *.rhosts* im Home-Verzeichnis eines Benutzers definiert wird. Es gibt verschiedene Gründe dafür, die Äquivalenz auf Account-Ebene zu verwenden anstatt auf Host-Ebene. Sie wird am häufigsten dann verwendet, wenn Benutzer unterschiedliche Account-Namen auf unterschiedlichen Hosts besitzen oder wenn Sie die Verwendung des Mechanismus *.rhosts* nur auf einige Benutzer einschränken möchten.

Jede Zeile von *.rhosts* besteht aus einem *Hostname*n und optional aus einer Liste von *Benutzernamen*:

```
Hostname [Benutzernamen]
```

Sollte kein *Benutzername* vorhanden sein, kann sich von *Hostname* aus nur der Benutzername einloggen, der dem Benutzernamen des Eigentümers der Datei *.rhosts* entspricht. Betrachten Sie zum Beispiel die folgende Datei *.rhosts* im Home-Verzeichnis eines Benutzers namens *wang*:

```
england.ahania.com      guy donald kim
russia.ahania.com       felix
usa.ahania.com          felix
```

.rhosts erlaubt es dem Benutzer *felix*, sich vom Host *russia* oder *usa* aus einzuloggen, und Benutzern mit dem Namen *guy, donald* oder *kim*, sich vom Host *england* aus einzuloggen.

---

12 Die Datei könnte auch NIS-Netzgruppennamen in der Form +@*name* enthalten. Jedoch sollte die Datei *hosts.equiv* niemals einen Eintrag enthalten, der nur aus einem einzelnen Pluszeichen besteht, da dies auf jeden entfernten Benutzer zutrifft, der den gleichen Login-Namen besitzt wie ein Eintrag aus der lokalen Passwortdatei (mit Ausnahme von *root*).

Wenn ein entfernter Zugriff versucht wird und der Zugriff den Äquivalenztest auf Host-Ebene nicht besteht, überprüft der entfernte Host die Datei *.rhosts* im Home-Verzeichnis des Ziel-Accounts. Sollte er den Hostnamen und den Benutzernamen der Person finden, die den Zugriff versucht, so gewährt der entfernte Host den Zugriff, ohne dass der Benutzer aufgefordert wird, ein Passwort einzugeben.

Äquivalenz auf Host-Ebene ist empfänglich gegenüber Spoofing-Angriffen und deshalb inzwischen nur noch selten tragbar. Jedoch kann sie in einer isolierten Netzwerkumgebung auf sichere Weise eingesetzt werden, wenn sie sorgfältig und im Einklang mit den Sicherheitsrichtlinien der Site aufgesetzt wird.

Äquivalenz auf Account-Ebene ist immer eine schlechte Idee, da es dem Benutzer freisteht, seinen Account nach Belieben jedem gegenüber zu öffnen, und es wäre eine Katastrophe, wenn dies auf den *root*-Account angewandt werden würde. Ich erlaube es auf keinem meiner Systeme.

Die Konsequenzen des Vertrauens

Das Einrichten jeder Art von Vertrauensverhältnis zwischen Computersystemen birgt auch ein gewisses Risiko. Jedoch reichen die Risiken über die Interaktion zwischen diesen beiden Systemen hinaus. Zum einen arbeiten Vertrauensverhältnisse auf eine transitive Weise (*Transitive Trust*). Wenn *hamlet laertes* vertraut und *laertes ophelia* vertraut, dann vertraut *hamlet* auch *ophelia*, gerade so, als wäre *ophelia* in der Datei */etc/hosts.equiv* von *hamlet* aufgeführt. Diese Stufe der Transitivität ist für einen Benutzer, der auf allen drei Systemen Accounts besitzt, einfach zu erkennen; sie besteht auch für alle Benutzer auf *ophelia* mit Zugang zu einem Account auf *laertes*, der wiederum Zugriff auf einen Account auf *hamlet* besitzt.

Es gibt aber auch keinen Grund dafür, dass so eine Kette nach drei Systemen aufhört. Der Punkt hierbei ist, dass *hamlet ophelia* vertraut, ungeachtet der Tatsache, dass der Systemadministrator von *hamlet* sich dazu entschlossen hat, kein Vertrauensverhältnis zwischen diesen beiden Systemen einzurichten (indem er *ophelia* nicht in */etc/hosts.equiv* aufgenommen hat). Der Systemadministrator von *hamlet* könnte überhaupt keine Kontrolle über *ophelia* haben, obwohl seine Systemsicherheit stark davon abhängig ist, dass *ophelia* sicher bleibt.

Tatsächlich führen Dan Farmer und Wietse Venema überzeugend an, dass ein implizites Vertrauensverhältnis *immer* zwischen zwei Systemen besteht, die sich gegenseitig das Einloggen von Benutzern erlauben. Stellen Sie sich vor, das System *yorick* erlaubt entfernte Logins von *hamlet* und erfordert in allen Fällen Passwörter. Würde *hamlet* kompromittiert werden, so wäre auch *yorick* in Gefahr. Zum Beispiel werden zweifelsfrei einige der Benutzer von *hamlet* das gleiche Passwort auf beiden Systemen einsetzen – dies stellt eine benutzereigene Form der Äquivalenz auf Account-Ebene dar – und ein Eindringling in den *root*-Account auf *hamlet* hat dann Zugriff auf die verschlüsselten Passwörter und wird sehr wahrscheinlich in der Lage sein, einige von ihnen zu knacken.

Führt man dies zu einem logischen Abschluss, dann lässt diese Argumentationskette vermuten, dass immer, wenn zwei Systeme miteinander über ein Netzwerk verbunden werden, ihre Sicherheit zu einem gewissen Grade miteinander verflochten ist. Letztendlich ist Ihre Systemsicherheit nicht besser als diejenige, die auf dem am wenigsten abgesicherten System im Netzwerk vorhanden ist.

Die Secure Shell

Die Secure Shell wird zum allgemein anerkannten Verfahren für den Zugriff auf entfernte Systeme. Die am weitesten verbreitete Version ist OpenSSH (siehe *http://www.openssh.org*). OpenSSH basiert auf der Version, die ursprünglich von Tatu Ylönen geschrieben wurde. Jetzt wird sie vom OpenBSD-Team betreut. Die Secure Shell bietet eine Alternative zu den herkömmlichen Remote-Sitzungen im Klartext bei Verwendung von telnet oder rlogin, da die gesamte Sitzung verschlüsselt wird.

Aus administrativer Sicht ist OpenSSH herrlich einfach einzurichten und die Standardkonfiguration ist in den meisten Umgebungen oft ziemlich akzeptabel. Das Paket besteht in der Hauptsache aus einem Daemon, sshd, mehreren Anwenderwerkzeugen (ssh, die Remote-Shell, sftp, ein ftp-Ersatz, und scp, ein rcp-Ersatz) und einigen weiteren administrativen Utilities und Servern (zum Beispiel sftp-server).

Vergewissern Sie sich, dass Sie eine aktuelle Version von OpenSSH einsetzen: Einige ältere Versionen haben erhebliche Sicherheitslücken. Ebenso empfehle ich, das SSH-Protokoll in der Version 2 statt des früheren Protokolls 1 zu verwenden, da sie mehrere Sicherheitslöcher schließt.

Die Konfigurationsdateien von OpenSSH werden in */etc/ssh* abgelegt. Die wichtigste dieser Dateien ist */etc/ssh/sshd_config*. Hier ist ein einfaches, kommentiertes Beispiel dieser Datei:

```
Protocol 2                              Verwende nur das SSH-Protokoll 2.
Port 22                                 Verwende den Standard-Port.
ListenAddress 0.0.0.0                   Akzeptiere nur IPv4-Adressen.
AllowTcpForwarding no                   Akzeptiere kein Port-Forwarding.
SyslogFacility auth                     Protokollierungseinstellungen.
LogLevel info
Banner /etc/issue                       Zeige diese Datei vor der Eingabeaufforderung an.

PermitEmptyPasswords no                 Akzeptiere keine Verbindungen für Accounts ohne Passwörter.
PermitRootLogin no                      Keine root-Logins sind erlaubt.
LoginGraceTime 600                      Trenne die Verbindung nach 5 Minuten, wenn kein Login eintritt.
KeepAlive yes                           Schicke Keep-alive-Nachrichten an den Client.
X11Forwarding no                        Keine X11-Unterstützung.
X11DisplayOffset 10

# sftp subsystem                        Aktiviere das Subsystem sftp.
Subsystem sftp /usr/lib/ssh/sftp-server
```

Diese Datei wurde für einen Server entworfen, der SSH auf seine einfachste Weise verwendet: Die Benutzerauthentifizierung erfolgt über die normalen Benutzerpasswörter (verschlüsselt für die Übertragung). Das Paket bietet auch noch eine strengere Authentifizierung; diese umfasst die Verschlüsselung mit öffentlichen Schlüsseln, um sicherzustellen, dass die entfernte Sitzung von einem bekannten Host ausgeht. Sehen Sie für weitere Details zu dieser Eigenschaft in der Dokumentation nach.

Absichern von Netzwerk-Daemons

TCP/IP-verwandte Netzwerk-Daemons werden auf zwei verschiedene Arten gestartet. Die Haupt-Daemons wie named werden während des Startvorgangs von einem Startskript gestartet. Die zweite Klasse von Daemons wird bei Bedarf angestoßen, sobald ein Client ihre Dienste anfordert. Dies wird vom TCP/IP-»Super-Daemon«, inetd, erledigt. inetd selbst wird während des Startvorgangs gestartet und ist bei Bedarf für das Starten der anderen Daemons verantwortlich, die er überwacht. Die Daemons, die von inetd überwacht werden, liefern die gebräuchlichsten benutzerorientierten TCP/IP-Dienste: telnet, ftp, entfernten Zugriff sowie Shells, E-Mail-Abrufe und so weiter.

inetd wird über die Datei */etc/inetd.conf* konfiguriert. Hier sind einige Beispieleinträge in ihrer üblichen Form:

```
#service  socket  prot  wait?   user  program arguments
telnet    stream  tcp   nowait  root  /usr/sbin/in.telnetd in.telnetd
tftp      dgram   udp   wait    root  /usr/sbin/in.tftpd in.tftpd -s /tftpboot
```

Wie in der Kommentarzeile bereits angedeutet, enthalten die Felder den Dienstenamen (so wie er in */etc/services* angegeben ist), den Socket-Typ, das Protokoll, ob oder ob nicht auf den Befehl zur Eingabe gewartet werden soll, nachdem er gestartet wurde, den Benutzer, der den Befehl ausführen sollte, und den Befehl, der ausgeführt werden soll, inklusive dessen Argumente.

Normalerweise haben die gebräuchlichsten Dienste bereits Einträge in */etc/inetd.conf*. Es kann jedoch vorkommen, dass Sie für einige neu hinzugekommene Dienste noch Einträge hinzufügen müssen (zum Beispiel Samba-Server).

TCP-Wrapper: Bessere Zugriffskontrolle und -protokollierung für inetd

Die freie Einrichtung des TCP-Wrappers bietet eine feinere Kontrolle darüber, welchen Hosts der Zugriff auf welche lokalen Netzwerkdienste erlaubt wird, als sie von den Standardmechanismen von TCP/IP zur Verfügung gestellt wird (die Dateien *hosts.equiv* und *.rhosts*). Sie sorgt auch für eine erweiterte Protokollierung der inetd-basierten Netzwerkoperationen auf die Einrichtung syslog. Das Paket wurde von Wietse Venema geschrieben und ist auf den meisten Unix-Systemen automatisch integriert. Es ist auch unter *ftp://ftp.porcupine.org/pub/security/tcp_wrapper_7.6-ipv61.tar.gz* (der Dateiname wird sich jedoch zweifelsohne im Laufe der Zeit ändern) erhältlich.

Das Paket dreht sich rund um tcpd, einen zusätzlichen Daemon, der zwischen inetd und den Subdaemons, die er verwaltet, positioniert ist. Es ist erforderlich, dass Sie die Konfigurationsdatei von inetd, */etc/inetd.conf*, modifizieren, indem Sie die Standard-Daemons, von denen Sie möchten, dass sie durch diese Einrichtung überwacht werden, durch tcpd ersetzen, so wie in diesen Beispielen:

```
Vorher:
#service  socket  protocol  wait?   user   program arguments
shell     stream  tcp       nowait  root   /usr/sbin/rshd rshd
login     stream  tcp       nowait  root   /usr/sbin/rlogind rlogind

Nachher:
#service  socket  protocol  wait?   user   program arguments
shell     stream  tcp       nowait  root   /usr/sbin/tcpd /usr/sbin/rshd
login     stream  tcp       nowait  root   /usr/sbin/tcpd /usr/sbin/rlogind
```

(Beachten Sie, dass die Namen und Speicherorte der Daemons von System zu System unterschiedlich sind.) Das Programm tcpd ersetzt das ursprüngliche Programm für jeden Dienst, den Sie unter dessen Kontrolle setzen möchten. Nachdem Sie *inetd.conf* bearbeitet haben, können Sie wie gewohnt ein HUP-Signal an den inetd-Prozess schicken.

Sobald inetd eingerichtet ist, ist der nächste Schritt, die Dateien */etc/hosts.allow* und */etc/hosts.deny* zu erzeugen, die kontrollieren, welcher Host welche Dienste verwenden darf. Sobald von einem entfernten Host eine Anfrage für einen Netzwerkdienst hereinkommt, wird über den Zugriff wie folgt entschieden:

- Wenn */etc/hosts.allow* diesen Dienst für diesen Host autorisiert, wird die Anfrage angenommen, und der echte Daemon wird gestartet. Die erste zutreffende Zeile in */etc/hosts.allow* wird verwendet.
- Wenn keine Zeile in *hosts.allow* zutrifft, wird als Nächstes *hosts.deny* überprüft. Sollte die Datei den Dienst für den entfernten Host verbieten, wird die Anfrage abgelehnt. Wieder wird der erste passende Eintrag verwendet.
- In allen anderen Fällen wird die Anfrage zugelassen.

Hier sind einige Beispieleinträge aus *hosts.allow*:

```
fingerd         : ophelia hamlet laertes yorick lear duncan
rshd, rlogind   : LOCAL EXCEPT hamlet
ftpd            : LOCAL, .ahania.com, 192.168.4
```

Der erste Eintrag gewährt den Benutzern auf jedem der aufgeführten Hosts den Zugriff auf den entfernten finger-Dienst (Hostnamen können durch Kommas und/oder Leerzeichen getrennt werden). Der zweite Eintrag erlaubt den Benutzern von jedem lokalen Host – definiert als einer, dessen Hostname keinen Punkt enthält – rsh- und rlogin-Zugriff, mit Ausnahme des Hosts *hamlet*. Der dritte Eintrag erlaubt den ftp-Zugang für alle lokalen Hosts, alle Hosts in der Domain *ahania.com* und alle Hosts im Subnetz 192.168.4.

Hier die Datei */etc/hosts.deny*:

```
tftpd : ALL : (/usr/sbin/safe_finger -l @%h | /usr/bin/mail -s %d-%h root) &
ALL : ALL :
```

Der erste Eintrag verweigert allen Hosts den Zugriff auf Trivial FTP. Er veranschaulicht auch das optionale dritte Feld in diesen Dateien: ein Befehl, der immer dann ausgeführt wird, wenn eine Anfrage auf diesen Eintrag passt.[13] In diesem Fall wird der Befehl safe_finger ausgeführt (er wird als Bestandteil des Pakets mitgeliefert), um festzustellen, wer den Befehl tftp eingeleitet hat. Die Ergebnisse werden per E-Mail an *root* geschickt (*%h* expandiert zum entfernten Hostnamen, von dem die Anfrage ausging, und *%d* expandiert zum Namen des Daemons für diesen Dienst). Dieser Eintrag bewirkt, dass Anfragen auf unerwünschte Dienste abgefangen werden (der Autor des Pakets, Wietse Venema, spricht dabei vom »Abhören« dieses Dienstes und von einem »Frühwarnsystem« für möglichen Ärger mit Eindringlingen). Beachten Sie, dass der Daemon innerhalb von */etc/inetd.conf* hierfür aktiviert sein muss, um wirksam zu sein; sollten Sie eine solche Protokollierung nicht benötigen oder wünschen, ist es besser, die entsprechende Zeile in */etc/inetd.conf* auszukommentieren und den Dienst damit zu deaktivieren.

Der zweite Eintrag in der Beispieldatei *hosts.deny* dient als letzter Notbehelf, indem jeder Zugriff verhindert wird, der nicht explizit erlaubt wurde.

tcpd benutzt den syslog-*Daemon* unter Verwendung der Prioritätsstufen *warning* (für die Ablehnung von Diensten) und *info* (für Syntaxfehler in der Konfigurationsdatei). Eventuell möchten Sie in Anbetracht der enormen Mengen an Logging-Informationen die Einrichtung swatch oder ein ähnliches Werkzeug zum Durchsieben verwenden (sehen Sie hierzu »Grundlegende Techniken der Administration« in Kapitel 3).

Dieser Abschnitt beschreibt die Basisfunktionalität des TCP-Wrappers. Für eine feinkörnigere Zugriffskontrolle ist noch eine erweiterte Konfigurationssprache verfügbar. Sehen Sie für weitere Details in die Manpage zu *hosts_options*.

xinetd

Die Linux-Systeme von Red Hat stellen eine alternative Version von inetd namens xinetd zur Verfügung, die von Panos Tsirigotis und Rob Braun geschrieben wurde. Das Paket ist auch für die meisten Unix-Versionen verfügbar. xinetd bietet viel mehr Features für die Zugriffskontrolle und die Protokollierung als der herkömmliche Daemon. Einige seiner Funktionalitäten überschneiden sich mit denen des TCP-Wrappers, obwohl Sie auch beide Pakete zusammen einsetzen können. Die Homepage des Pakets befindet sich unter *http://www.xinetd.org*.

xinetd verwendet die Konfigurationsdatei */etc/xinetd*. Hier ist ein Beispiel von einem Red Hat-System:

---

13 Wenn Sie versuchen, einen Befehl in eine der beiden Dateien zu platzieren, könnten Sie Fehlermeldungen erhalten, die ähnlich dieser aus syslog sind:

    error: /etc/hosts.deny, line 3: bad option name or syntax

Kommentieren Sie die folgende Zeile im Makefile aus und kompilieren Sie tcpd erneut:

    #STYLE = -DPROCESS_OPTIONS # Enable language extensions.

Alternativ können Sie die Datei in die erweiterte Version der Zugriffssprachen konvertieren, so wie es in der Manpage zu *hosts_options* beschrieben ist.

```
defaults
{
    log_type            = SYSLOG authpriv
    log_on_success      = HOST PID
    log_on_failure      = HOST
    instances           = 20
}
includedir /etc/xinetd.d
```

Der Abschnitt defaults führt die Standardeinstellungen auf, die auf alle Subdaemons zutreffen, die von xinetd überwacht werden, es sei denn, sie sind ausdrücklich überschrieben worden. In diesem Fall gibt die Datei an, dass die Protokollierung auf die Einrichtung authpriv von syslog geht, und wählt diejenigen Punkte aus, die in die Log-Nachrichten für erfolgreiche und fehlgeschlagene Verbindungsversuche aufgenommen werden. Zusätzlich kann kein Server mehr als 20 Prozesse am Laufen haben; dieses Limit betrifft Dienste, die weitere Serverprozesse starten, um angestiegene Mengen an Anfragen zu bearbeiten.

Die letzte Zeile gibt an, wo weitere Konfigurationsdateien abgelegt werden. Jede Datei in dem angegebenen Verzeichnis wird von xinetd verwendet. Diese Eigenschaft ermöglicht es Ihnen, die Einstellungen für jeden einzelnen Subdaemon in ihren eigenen Dateien abzulegen.

Hier ist die Konfigurationsdatei für rlogin, in der die gleichen Einstellungen definiert werden wie in einem herkömmlichen Eintrag in /etc/inetd.conf:

```
service rlogin
{
        socket_type         = stream
        protocol            = tcp
        wait                = no
        user                = root
        server              = /usr/sbin/in.rlogind
        server-args         = -l
        log_on_success      += USERID
        log_on_failure      += USERID
        disable             = no
}
```

Der Eintrag gibt Punkte an, die zusätzlich zu denen in der Standardeinstellung (die Bedeutung von +=) in die Log-Nachrichten eingebunden werden sollen. Der letzte Punkt aktiviert den Subdaemon.

Wenn Sie TCP-Wrapper in Verbindung mit xinetd verwenden möchten, geben Sie tcpd als den Server an und die Subdaemons als Argument. Diese Konfigurationseinträge beispielsweise veranlassen den TCP-Wrapper zur Überwachung des telnetd-Daemons:[14]

---

14 Die meisten Daemons, die von inetd überwacht werden, nehmen den Daemon-Namen als ihr erstes Argument. xinetd weiß das und übergibt deshalb automatisch den Befehlsnamen des Servereintrags als erstes Argument, sobald der Daemon gestartet wird. Dies ist eine praktische Eigenschaft, die es überflüssig macht, den Servernamen in den Eintrag server_args einzubinden. Jedoch wäre dieses Vorgehen falsch, sobald der TCP-Wrapper im Spiel ist, da der Daemon nun in server_args eingetragen wird und nicht in server. Dieses Flag wurde entwickelt, um diesen Fall abzudecken, und führt dazu, dass der Befehlsname von server_args an der richtigen Stelle im resultierenden Daemon-Startbefehl eingefügt wird.

```
        flags       = NAMEINARGS
        server      = /usr/sbin/tcpd
        server_args = /usr/sbin/in.telnetd
```

Hier ist ein Beispieleintrag für den `imapd`-Daemon, der die Verwendung der Zugriffskontrolle veranschaulicht:

```
service imap
{
        socket_type    = stream
        protocol       = tcp
        wait           = no
        user           = root
        server         = /usr/sbin/imapd
        only_from      = 192.168.10.0 localhost
        no_access      = dalton.ahania.com
        access_times   = 07:00-20:00
        banner_fail    = /usr/etc/deny_banner
}
```

Der Eintrag only_from gibt die Hosts an, denen es erlaubt ist, diesen Dienst zu verwenden; Anfragen von jedem entfernten Host, der sich nicht in dem angegebenen Subnetz befindet, werden abgelehnt. Der Eintrag no_access arbeitet genau andersherum und verweigert den angegebenen Hosts den Zugriff.

Der Eintrag access_times gibt an, wann der Dienst den Benutzern zur Verfügung steht, denen es erlaubt ist, ihn zu verwenden.

Der letzte Eintrag gibt eine Datei an, die immer dann angezeigt wird, wenn eine Verbindung abgelehnt wurde (oder aus einem anderen Grund scheiterte).

Sehen Sie sich die Manpage *xinetd.conf* an, um Details zu den zur Verfügung stehenden Konfigurationsmöglichkeiten zu erhalten.

Deaktivieren Sie, was Sie nicht benötigen

Eine bessere Lösung zum Absichern von einigen Diensten besteht darin, sie gänzlich zu entfernen. Im Interesse der Systemsicherheit oder der Systemleistung (jeder Daemon stellt eine kleine, aber messbare Belastung des Systems dar) könnten Sie sich dazu entschließen, einige der TCP/IP-Daemons zu deaktivieren. Natürlich hat das Ausschalten bestimmter Dienste weitere Auswirkungen. Wenn Sie zum Beispiel `rwhod` deaktivieren, dann werden die Befehle `rwho` und `ruptime` nicht mehr arbeiten.

Zum Deaktivieren eines Daemons wie `rwhod` kommentieren Sie in den Initialisierungsdateien Ihres Systems diejenigen Zeilen aus, die ihn starten. Zum Beispiel sind die folgenden Zeilen typisch für diejenigen Zeilen, die zum Starten von `rwhod` verwendet werden:

```
#if [ -f /etc/rwhod ]; then
#       /etc/rwhod; echo -n ' rwhod' > /dev/console
#fi
```

Das Deaktivieren von Diensten, die vom `inetd`-Daemon verwaltet werden, geschieht durch das Auskommentieren der entsprechenden Zeile in */etc/inetd.conf*. So deaktivieren zum Beispiel diese Zeilen die Dienste tftp und rexd (beide sind berüchtigte Sicherheitslöcher):

```
#service   socket      protocol  wait?   user     program arguments
#
#tftp      dgram       udp       nowait  nobody   /usr/sbin/tftpdtftpd -n
#rexd      sunrpc_tcp  tcp       wait    root     /usr/sbin/rpc.rexd  rexd 100017 1
```

Sollte inetd laufen, schicken Sie ihm ein HUP-Signal, um ihn dazu zu bringen, seine Konfigurationsdatei neu einzulesen.

Im Allgemeinen sollten Sie die `inetd`-Dienste deaktivieren, die Sie nicht verwenden. Machen Sie es sich zu einem Ihrer kurzfristigen Ziele, herauszubekommen, was jeder Eintrag in seiner Konfigurationsdatei macht, und diejenigen loszuwerden, die Sie nicht benötigen. Einige wahrscheinliche Kandidaten für das Auskommentieren sind: tftp und bootps (ausgenommen bei Boot-Servern für plattenlose Arbeitsstationen), rexd, uucp (hat selten irgendeine Auswirkung auf die tatsächliche uucp-Einrichtung), pop-2 und pop-3 (für den Fall, dass Sie diese E-Mail-Dienste nicht einsetzen) und netstat, systat und finger (die letzten drei geben zu viele Informationen preis, die Crackern nützlich sind – führen Sie für die ersten beiden den Befehl telnet localhost aus, um zu sehen warum).

Verwenden Sie auf AIX-Systemen SMIT, um Dienste zu entfernen, die vom System Resource Controller überwacht werden.

Scannen von Ports

Ein Portscan ist der Vorgang, ein Netzwerk auf verfügbare Netzwerkdienste abzusuchen. Dieses Verfahren wird von potenziellen Eindringlingen eingesetzt, um mögliche Angriffspunkte auf einem System ausfindig zu machen. Aus diesem Grund sollten Sie zumindest ein grundlegendes Verständnis von Portscan-Werkzeugen besitzen.

Das Utility nmap ist einer der am meisten eingesetzten Portscanner. Seine Homepage finden Sie unter *http://www.insecure.org/nmap/*.

Hier ist ein Beispiellauf von nmap, der die Ports auf dem Host *kali* scannt:

```
# nmap kali
Starting nmap ( www.insecure.org/nmap/ )
Interesting ports on kali.ahania.com (192.168.19.84):
(The 1529 ports scanned but not shown below are in state: closed)
Port       State       Service
22/tcp     open        ssh
23/tcp     open        telnet
25/tcp     open        smtp
37/tcp     open        time
79/tcp     open        finger
80/tcp     open        http
512/tcp    open        exec
```

```
513/tcp     open        login
514/tcp     open        shell
515/tcp     open        printer
4559/tcp    open        hylafax
6000/tcp    open        X11
Nmap run completed -- 1 IP address (1 host up) scanned in 0 seconds
```

Diese Informationen sind für einen Systemadministrator ziemlich nützlich. Sie decken auf, dass zumindest ein bedenklicher Dienst läuft (der finger-Dienst). Zusätzlich sagt mir das, dass ich vergessen habe, den Webserver aus dem System zu entfernen (warum jeder denkt, es sei eine gute Idee, einen Webserver als Teil der Betriebssysteminstallation zu aktivieren, geht über meinen Verstand hinaus).

Wie dieses Beispiel veranschaulicht, kann das Ausführen von nmap auf Ihren eigenen Hosts ein nützliches Sicherheits-Diagnosewerkzeug sein. Seien Sie sich aber dessen bewusst, dass seine Ausführung auf Systemen, die Sie nicht kontrollieren, ein ernster ethischer Verstoß ist.

Es gibt viele Utilities, die nach versuchten Portscans Ausschau halten und darüber berichten. Allerdings habe ich mit keinem davon aktuelle Erfahrungen und kann deshalb auch kein bestimmtes Paket empfehlen. Eine Web-Recherche nach »Portscan aufdecken« und ähnlichen Phrasen wird jedoch sicherlich zu einer Fülle an Kandidaten führen.

Verteidigung der Grenzen: Firewalls und Paketfilterung

Firewall-Systeme stellen den Versuch dar, einige der Vorteile einer direkten Internet-Verbindung aufrechtzuerhalten, während möglichst viele der damit verbundenen Risiken eingedämmt werden. Eine Firewall wird zwischen dem größeren Internet und der Site, die geschützt werden soll, platziert. Firewalls können auch innerhalb einer Site oder Organisation dazu verwendet werden, um einige Systeme von anderen zu isolieren (denken Sie daran, dass nicht alle Bedrohungen von außen kommen).

Das maßgebliche Werk über Firewalls ist *Firewalls and Internet Security: Repelling the Wily Hacker* von William R. Cheswick und Steven M. Bellovin (Addison-Wesley). Ein weiteres hervorragendes Werk ist *Einrichten von Internet Firewalls* von Elizabeth D. Zwicky, Simon Cooper und D. Brent Chapman (O'Reilly Verlag).

Unterschätzen Sie nicht den Arbeitsaufwand, der nötig ist, um ein wirksames Firewall-System einzurichten und zu betreiben. Die Lernkurve ist enorm und nur ein sorgfältiges und ununterbrochenes Beobachten kann einen fortwährenden Schutz gewährleisten. Sorgen Sie dafür, dass auch Ihr Management, Ihre Kollegen oder Ihre Anwender den Aufwand nicht unterschätzen. Und im Gegensatz zu dem, was Ihnen viele Firmen im Firewall-Geschäft erzählen möchten, sind Firewall-Systeme nichts, was Sie von der Stange kaufen können.

Da sie zwischen die zu schützenden Systeme und diejenigen, vor denen diese geschützt werden müssen, platziert wird, befindet sich die Firewall in einer Position, von der aus sie

Angriffe und Eindringlinge stoppen kann, bevor diese überhaupt ihr Ziel erreichen. Firewalls können hierzu eine Vielzahl an Verfahren verwenden. Cheswick und Bellovin definieren drei hauptsächliche Schutzmechanismen:

Paketfilterung

Netzwerkpakete werden untersucht, bevor sie durchgereicht werden, und diejenigen, die einen Zugriff anfordern, der nicht erlaubt ist, oder die auf irgendeine Weise verdächtig sind, werden verworfen (oder auf eine andere Art bearbeitet). Zum Beispiel wird das Ausfiltern von Paketen, die vom externen Netz kommen und vorgeben, von einem Host im internen Netz zu stammen, die Versuche des IP-Spoofing erkennen und verhindern.

Paketfilterung kann anhand einer Vielzahl von Kriterien vorgenommen werden und könnte von einem Router, einem PC mit spezieller Software oder einem Unix-System mit dieser Fähigkeit durchgeführt werden. Die wirksamsten Paketfilter, egal ob Hardware- oder Software-basiert, haben die folgenden Eigenschaften:

- Die Fähigkeit, auf Quellsystem, Zielsystem, Protokoll, Port, Flags und/oder Nachrichtentyp zu filtern.
- Die Fähigkeit, beides zu filtern: wenn ein Paket das erste Mal vom Gerät empfangen wird (also beim Eingang) und wenn es das Gerät verlässt (also beim Ausgang).
- Die Fähigkeit, sowohl eingehende als auch ausgehende Pakete zu filtern.
- Die Fähigkeit, sowohl auf der Basis des Quellports als auch des Zielports zu filtern. Allgemein gilt: Je flexibler die Filterkriterien untereinander kombiniert werden können, desto besser.
- Die Fähigkeit, Routen zu filtern, die von externen Quellen entnommen werden.
- Die Fähigkeit, Quell-Routing zu deaktivieren.
- Die Fähigkeit, eine Neukonfiguration vom Netzwerk aus zu deaktivieren (oder von jeder anderen Stelle außer der Konsole).

Selbst wenn ein Server nicht als Firewall oder Router fungiert, könnten Sie dennoch auf diesem Paketfilterung durchführen, da dies viele Angriffsarten verhindern könnte. Zu einer minimalen Filterung gehört es sicherzustellen, dass ausgehende Pakete eine Quelladresse besitzen, die zu Ihrem Netzwerk gehört (das ist die Good-Citizen-Filterung, die IP-Spoofing innerhalb Ihres Netzwerks aufdeckt), und zu überprüfen, ob eingehende Pakete nicht vorgeben, von innerhalb Ihres Netzwerks zu kommen (dies vereitelt die meisten eingehenden Versuche des IP-Spoofing).

Schutz auf Anwendungsebene

Hinsichtlich Netzwerkdiensten bieten Firewalls normalerweise nur sehr wenig an; tatsächlich ist ein Weg, eine Firewall einzurichten, anfänglich jede netzwerkbezogene Anwendung zu entfernen oder zu deaktivieren und dann langsam und vorsichtig einige wenige von ihnen wieder hinzuzufügen. Alle nicht unbedingt notwendigen

Dienste werden von einer Firewall entfernt und diejenigen, die angeboten werden, sind oft Ersetzungen der Standardversionen, mit erweiterten Fähigkeiten zur Authentifizierung, Sicherheitsüberprüfung und Protokollierung.

Das Einsetzen von alternativen – meist auch viel einfacheren, unkomplizierteren und mit weniger Sonderfunktionen ausgestatteten – Versionen der üblichen Anwendungen besitzt den zusätzlichen Vorteil, dass die meisten Angriffe von Crackern bedeutungslos werden, da sie normalerweise auf die Standardnetzwerkkomponenten abzielen. Die verwundbaren Stellen von beispielsweise sendmail sind nicht so wichtig, wenn Sie etwas anderes einsetzen, um elektronische Post über die Firewall zu verschicken.

Verbindungsvermittlung für ausgehenden Verkehr
Benutzer innerhalb der Firewall können immer noch ohne weitere Risiken auf den Rest der Welt zugreifen, wenn die Firewall die Verbindung zwischen Innen und Außen selbst vervollständigt (anstatt sich auf die Standardmechanismen zu verlassen). Zum Beispiel können TCP/IP-Verbindungen von einem einfachen Programm vermittelt werden, das die Daten zwischen den beiden getrennten Netzwerken durchreicht, unabhängig von irgendeinem TCP/IP-Protokoll.

Die meisten Firewalls setzen eine Kombination dieser Strategien ein. (Beachten Sie, dass Cheswick und Bellovin davon abraten, einzig und alleine Paketfilterung beim Aufbau einer Firewall zu verwenden.)

Das Firewall-System selbst muss gegenüber Angriffen abgesichert werden. Normalerweise werden alle nicht zwingend notwendigen Befehle und Sonderfunktionen des Betriebssystems entfernt (nicht nur die netzwerkbezogenen). Ausführliche Protokollierung wird auf jeder Ebene des Systems ausgeführt, normalerweise in Verbindung mit einer automatischen Überwachung (Firewall-Systeme benötigen eine Menge an Plattenplatz) und eventuell mit einiger Redundanz auf einen Logging-Host, der nur mit Schreibzugriff versehen ist, und/oder einem Hardcopy-Gerät. Der *root*-Account ist normalerweise mit einer Smart Card oder einem anderen zusätzlichen Authentifizierungssystem geschützt und es gibt nur wenige oder gar keine weiteren Benutzer-Accounts auf dem Firewall-System.

Abbildung 7-3 zeigt einige mögliche Firewall-Konfigurationen.

Konfiguration 1 verwendet einen einzelnen Host, der über getrennte Netzwerkadapter mit dem internen und dem externen Netzwerk verbunden ist. In diesem Schema könnte auch ein Router vor dem Computer platziert werden. Pakete werden nicht zwischen den beiden Netzwerk-Interfaces über TCP/IP weitergeleitet; stattdessen werden sie auf der Anwendungsschicht oder der Schaltebene (Circuit-Level) verarbeitet. Es ist sehr kompliziert, diese Art der Konfiguration abzusichern, da der Firewall-Host physikalisch in beiden Netzwerken präsent ist.

Konfiguration 2, eine Anordnung, die *Belt-und-Suspender* genannt wird (auf Grund dessen, wie die Verbindungen untereinander in Diagrammen wie diesem dargestellt werden), trennt die Verbindungen zum internen und externen Netzwerk physikalisch über zwei verschiedene Hosts. In einer Variante dieser Anordnung wird der Router zwischen den beiden

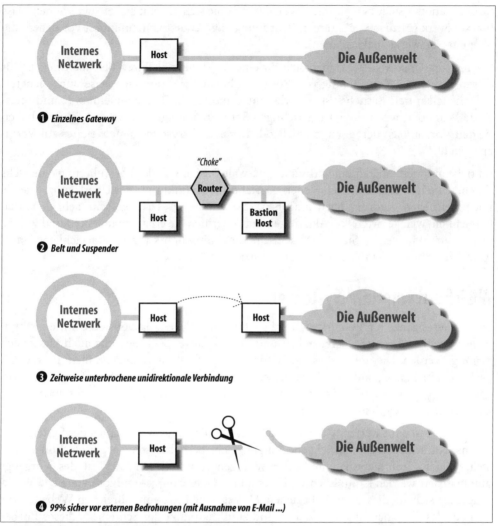

Abbildung 7-3: Einige Möglichkeiten für Firewall-Konfigurationen

Hosts durch eine direkte Netzwerkverbindung ersetzt, indem zwei getrennte Netzwerkadapter eingesetzt werden; dieses Firewall-Mini-Netzwerk muss nicht einmal mit TCP/IP laufen.

Konfiguration 3 ist eine noch paranoidere Abwandlung von Nummer 2, bei der die Verbindung zwischen den beiden Firewall-Systemen nicht ständig aktiv ist, sondern erst bei Bedarf aufgebaut wird. Wieder wird ein separater Mechanismus vom Netzwerk-Interface zu den internen und externen Netzwerken verwendet.

Konfiguration 4 stellt den einzigen Weg dar, wie Sie sich absolut sicher sein können, dass Ihr Netzwerk gänzlich vor externen Bedrohungen geschützt ist (zumindest vor denen, die über ein Netzwerkkabel kommen).

Die meisten Unix-Systeme eignen sich für eine Anpassung als Firewalls, allerdings ist für diesen Zweck die Verwendung von Routern üblicher und normalerweise auch sicherer. Jedoch stellen freie Betriebssysteme wie Linux und FreeBSD eine annehmbare und preiswerte Wahl dar, wenn sie mit der richtigen Software konfiguriert werden. Zudem haben sie den Vorteil, dass der gesamte Quellcode des Betriebssystems ohne weiteres zur Verfügung steht.

Im tiefsten Inneren hängt ein wirksames Firewall-Design von der Formulierung einer sehr durchdachten und detaillierten Sicherheitsrichtlinie ab (inklusive der Überlegung, wie Sie mit potenziellen Eindringlingen umgehen). Sie müssen in der Lage sein, sehr genau zu bezeichnen, welche Arten von Aktivitäten und Zugriffen Sie erlauben möchten und welche nicht. Nur dann werden Sie in der Lage sein, diese Einschränkungen in tatsächliche Hardware- oder Software-Implementierungen umzusetzen.

Absichern von Unix-Systemen

Durch dieses ganze Kapitel hindurch habe ich vorgeschlagen, dass Systeme nur eine minimale Anzahl an Diensten bereitstellen und nur diejenigen Zugänge, die auch tatsächlich benötigt werden. Dies gilt insbesondere für wichtige Serversysteme, vor allem für diejenigen – aber nicht allein auf diese beschränkt –, die an den Grenzen der Site stehen. Der Vorgang, ein System sicherer als eine Standardinstallation eines Betriebssystems zu machen, ist als *Absichern des Systems* bekannt.

In diesem Abschnitt werfen wir einen Blick auf die allgemeinen Prinzipien des Systemabsicherns. Natürlich ist der tatsächliche Vorgang sehr betriebssystemspezifisch. Einige Hersteller liefern Informationen und/oder Werkzeuge, mit denen ein Teil des Vorgangs automatisiert werden kann. Ebenso gibt es einige Open Source- und kommerzielle Werkzeuge, die sich auf diesen Punkt beziehen. Hier ist eine Liste von hilfreichen Websites, die sich auf das Systemabsichern beziehen und zum Zeitpunkt des Schreibens dieses Buches (Juli 2002) zur Verfügung standen:

AIX	*http://biss.beckman.uiuc.edu/security/workshops/1999-10/*
FreeBSD	*http://www.trustedbsd.org*
	http://draenor.org/securebsd/
HP-UX	*http://www.interex.org/conference/iworks2001/proceedings/5103/5103.pdf*
	http://www.bastille-linux.org (funktioniert auch unter HP-UX)
Linux	*http://www.linux-sec.net/Distro/distro.gwif.html*
	http://www.bastille-linux.org
Solaris	*http://wwws.sun.com/software/security/blueprints/*
	http://www.yassp.org
Tru64	*http://www.maths.usyd.edu.au/u/psz/securedu.html*

Viele Betriebssysteme sind in einer Version mit erweiterter Sicherheit oder einer »trusted« Version erhältlich. Dies gilt für AIX, HP-UX, Solaris und Tru64. Es gibt auch mehrere sicherheitsverstärkte Linux-Distributionen und BSD-Projekte mit demselben Ziel.

Es folgt eine Erläuterung der wichtigsten Konzepte und Aufgaben, die das Systemabsichern betreffen. Beachten Sie dabei, dass die Reihenfolge der Schritte in dieser Erläuterung nicht zwingend ist. Die tatsächliche Reihenfolge sollte immer sorgfältig bedacht sein, bevor Änderungen am System vorgenommen werden.

Bevor das System das erste Mal in das Netzwerk eingebunden wird, müssen die Aktivitäten des Absicherns abgeschlossen sein.

Planen Sie, bevor Sie handeln

Es versteht sich von selbst, die einzelnen Schritte vorab zu planen, bevor Sie mit dem Prozess des Absicherns beginnen. Zusätzlich ist es eine gute Idee, den Vorgang auf einem Testsystem durchzuführen, bevor Sie dies auf einem in Betrieb befindlichen System tun. Weitere wichtige vorbereitende Aktivitäten beinhalten:

- Behalten Sie beim Planen des Dateisystems und bei der Partitionierung der Festplatte die Sicherheit im Auge (siehe unten).
- Machen Sie sich mit den aktuellen Sicherheitsberichten vertraut.
- Tragen Sie sich für Sicherheits-Mailinglisten ein, wenn Sie das nicht schon getan haben.
- Laden Sie sich jedes Softwarepaket herunter, das Sie benötigen.

Und wenn Sie schließlich den Prozess des Absicherns durchlaufen, machen Sie sich zu Dokumentationszwecken Notizen darüber, welche Änderungen Sie vorgenommen haben.

Sichern Sie das physikalische System

Eine der ersten Entscheidungen, die zu treffen sind, ist die Frage, wo der Server physikalisch untergebracht werden soll. Wichtige Server sollten nicht in öffentlich zugänglichen Bereichen stehen. Beachten Sie außerdem diese Punkte:

- Sichern Sie den physikalischen Aufenthaltsort mit Schlössern und Ähnlichem.
- Weisen Sie ein BIOS/RAM/EEPROM-Passwort zu, um unberechtigte Benutzer davon abzuhalten, Setup-Einstellungen zu modifizieren oder unautorisierte Systemstarts durchzuführen.
- Bringen Sie jedes Etikett/jeden Aufkleber zur Kennzeichnung der Ausstattung an, die von Ihrer Organisation für Computer und deren Komponenten verwendet werden.

Installieren Sie das Betriebssystem

Es ist viel einfacher, ein System abzusichern, dessen Betriebssystem Sie selbst installiert haben, da Sie wissen, was darin integriert ist. Sie wollen vielleicht nur eine minimale bootbare Konfiguration installieren und dann zusätzliche Pakete, die Sie benötigen, in einem separaten Schritt hinzufügen. Sobald Sie Letzteres durchgeführt haben, sind noch einige weitere Aufgaben zu erledigen:

- Einrichten der Festplattenpartitionierung (oder der logischen Volumes). Beachten Sie hierbei die Sicherheitsüberlegungen (siehe unten).
- Anwenden sämtlicher Patches für das Betriebssystem, die herausgegeben wurden, seit das Installationsmedium erzeugt wurde.
- Aktivieren der High-Security/Trusted Version, wenn möglich.
- Kompilieren Sie einen angepassten Kernel, der nur die Sonderfunktionen unterstützt, die Sie wirklich benötigen. Entfernen Sie die Unterstützung für diejenigen, die Sie nicht benötigen. Auf Systemen, die nicht als Router arbeiten, sollten Sie die Funktionalität des IP-Forwarding entfernen. Eindringlinge können keine Sonderfunktionen ausnutzen, die es nicht gibt.
- Konfigurieren Sie einen Automatismus, sodass der Eingriff des Administrators nicht erlaubt ist (wenn möglich).

Sichern Sie das lokale Dateisystem

Sie werden auch Ihr Dateisystem absichern müssen. Diese Aufgabe umfasst Folgendes:

- Sehen Sie sich nach unangemessenen Datei- und Verzeichnisrechten um und korrigieren sie jedes Problem, das gefunden wurde. Die wichtigsten dieser Probleme sind:
  - Ausführbare Systemdateien und Verzeichnisse besitzen Schreibrechte für die Gruppe und/oder globale Schreibrechte
  - Setuid- und setgid-Befehle
- Bestimmen Sie die Mount-Optionen für lokale Dateisysteme. Nutzen Sie dabei jede Sicherheitssonderfunktion, die vom Betriebssystem angeboten wird. Zum Beispiel erlaubt Ihnen Solaris, dass Sie ein Dateisystem mit der Option nosuid mounten können, die auf jeder Datei innerhalb dieses Dateisystems das setuid-Bit deaktiviert. Die Isolierung von Dateien, die nicht zum System gehören, in ein eigenes Dateisystem erlaubt es Ihnen, diese Option auf diese Dateien anzuwenden.
- Unter bestimmten Umständen kann /usr auf einigen Systemen nur mit Leserechten gemountet werden, wenn es sich in einem separaten Dateisystem befindet.
- Verschlüsseln Sie sensible Daten, die sich auf dem System befinden.

Absichern von Diensten

Das Absichern der Systemdienste stellt einen großen Teil des Systemabsicherns dar. In diesem Bereich sollte der Leitgedanke sein, nur diejenigen Dienste zu installieren oder zu aktivieren, die das System tatsächlich benötigt.

- Deaktivieren Sie alle unnötigen Dienste. Denken Sie daran, dass Dienste auf verschiedenste Weise gestartet werden: innerhalb von */etc/inittab*, von einem Systemstartskript und von `inetd`. Wenn möglich, kann die Software für einen nicht benötigten Dienst auch ganz vom System entfernt werden.
- Verwenden Sie sichere Versionen von Daemons, wenn diese zur Verfügung stehen.
- Lassen Sie wenn möglich die Serverprozesse unter einem speziellen Benutzer laufen, der extra für diesen Zweck angelegt wurde, und nicht als *root*.
- Geben Sie für jeden Server, der dies zulässt, eine maximale Anzahl von gleichzeitig laufenden Instanzen an oder verwenden Sie `xinetd`. Dies kann helfen, Denial-of-Service-Angriffe zu verhindern.
- Geben Sie für alle Dienste die Zugriffskontrollen und Protokollierungen an. Installieren Sie wenn nötig den TCP-Wrapper. Erlauben Sie nur das Minimum des notwendigen Zugriffs. Fügen Sie einen Eintrag in */etc/hosts.deny* ein, der den Zugriff für jeden verbietet (damit wird nur der Zugriff gestattet, der in */etc/hosts.allow* erlaubt wurde).
- Verwenden Sie pro Dienst jede Zugriffskontrolle auf Benutzerebene, die angeboten wird. Zum Beispiel erlauben es Ihnen die Subsysteme von `cron` und `at` einzuschränken, welche Benutzer diese überhaupt verwenden dürfen. Einige Leute empfehlen, `at` und `cron` auf Administratoren einzuschränken.
- Sichern Sie alle Dienste, egal ob sie sicherheitsrelevant erscheinen oder nicht (zum Beispiel Drucken).

Schränken Sie den root-Zugriff ein

Stellen Sie sicher, dass nur berechtigte Personen *root*-Rechte verwenden können:

- Wählen Sie ein sicheres *root*-Passwort und erstellen Sie einen Plan für das regelmäßige Ändern des Passwortes.
- Verwenden Sie `sudo` oder Systemrollen, um gewöhnlichen Benutzern eingeschränkte root-Rechte einzuräumen.
- Verhindern Sie *root*-Logins, mit Ausnahme über die Konsole.

Konfigurieren Sie Benutzerauthentifizierung und Account-Standardeinstellungen

Legen Sie Benutzer-Account-Kontrollen fest und setzen Sie diese auch um. Richten Sie wenn möglich die Standardeinstellungen ein, bevor Sie Benutzer hinzufügen. Verwandte Aktivitäten beinhalten:

- Wenn nötig, richten Sie die Shadow-Passwortdatei ein.
- Konfigurieren Sie PAM passend auf die entsprechenden Befehle.
- Geben Sie Einstellungen für die Auswahl der Benutzerpasswörter und deren Ablauffristen an.
- Richten Sie die weiteren Standardeinschränkungen für die Benutzer-Accounts entsprechend ein (zum Beispiel Ressourcenbeschränkungen).
- Wenn nötig, planen Sie die Gruppenstruktur für das System ebenso wie weitere ähnliche Punkte, zum Beispiel Projekte.
- Richten Sie die Standardinitialisierungsdateien für Benutzer in /etc/skel oder an anderer Stelle ein.
- Stellen Sie sicher, dass administrative und andere Accounts, in die sich niemals jemand einloggen sollte, ein deaktiviertes Passwort besitzen sowie /bin/false oder eine andere Shell, über die sie sich nicht einloggen können.
- Entfernen Sie nicht benötigte vordefinierte Accounts.

Richten Sie die Remote-Authentifizierung ein

- Deaktivieren Sie die passwortlose Authentifizierung über *hosts.equiv* und *.rhosts*.
- Verwenden Sie ssh für den enftfernten Benutzerzugriff.
- Konfigurieren Sie PAM passend auf die entsprechenden Befehle.

Installieren und konfigurieren Sie ein laufendes Monitoring

Richten Sie ein laufendes Monitoring und Überwachen ein, einschließlich von Prozeduren zum Überprüfen der Ergebnisse.

- Konfigurieren Sie syslog. Schicken/kopieren Sie zu Zwecken der Redundanz syslog-Nachrichten auf einen zentralen syslog-Server.
- Aktivieren Sie Prozess-Accounting.
- Installieren und konfigurieren Sie jede benötigte Software (zum Beispiel swatch) und schreiben Sie alle notwendigen Skripten.
- Installieren Sie Tripwire, konfigurieren Sie es und nehmen Sie die System-Grunddaten auf. Schreiben Sie die Daten auf ein Wechselmedium und entfernen Sie es aus dem System.

Machen Sie Backups

Das Entwickeln und Umsetzen eines Datensicherungsplans ist ein wichtiger Teil beim Absichern eines Systems. Außerdem ist das Durchführen eines vollständigen Backups unentbehrlich, nachdem das System eingerichtet wurde:

- Führen Sie das Backup durch und überprüfen Sie die Daten.
- Es ist eine gute Idee, zwei Kopien des Mediums zu erstellen.

Weitere Aktivitäten

Wenn nötig, fügen Sie den Host den Sicherheitskonfigurationen auf anderen Systemen hinzu, zum Beispiel auf Zugriffskontrolllisten von Routern und so weiter.

Aufspüren von Problemen

Bisher haben wir eine Menge an Verfahren betrachtet, mit denen Sicherheitsproblemen vorgebeugt werden kann. Den Rest dieses Kapitels werden wir einen Blick auf die Möglichkeiten werfen, wie Sicherheitslücken aufgespürt und untersucht werden können. Wir werden all die verschiedenen Überwachungsaktivitäten behandeln, die Sie eventuell durchführen möchten, so wie sie per Hand und unabhängig voneinander durchgeführt werden würden. Es gibt sowohl herstellereigene als auch freie Werkzeuge zur Vereinfachung und Automatisierung dieses Vorgangs und Sie könnten sich sehr wohl dazu entschließen, eines von ihnen einsetzen zu wollen. Jedoch wird Ihnen das Wissen darüber, wonach Sie suchen sollen und wie Sie es finden können, dabei helfen, diese Werkzeuge zu beurteilen und sie wirkungsvoller einzusetzen. Das ausgeklügelste System an Überwachungspaketen ist schließlich nur so gut wie die Person, die dessen erzeugte Informationen liest, interpretiert und dementsprechend handelt.

Die grundlegende Voraussetzung für eine wirksame Systemüberwachung ist das Wissen darüber, was normal ist, das heißt zu wissen, wie die Dinge eigentlich sein sollten im Hinblick auf:

- Das allgemeine Niveau der Systemaktivitäten und wie sich diese im Laufe eines Tages und einer Woche verändern.
- Normale Aktivitäten für all die verschiedenen Benutzer auf einem System.
- Die Struktur, die Attribute und Inhalte des Dateisystems selbst, der Systemverzeichnisse mit Schlüsselfunktionen und von wichtigen Dateien.
- Die richtigen Formate und Einstellungen innerhalb der wichtigen Systemkonfigurationsdateien.

Einige dieser Dinge können aus der aktuellen Systemkonfiguration bestimmt werden (und möglicherweise durch den Vergleich mit einem neu installierten System). Andere sind Gegenstand von Vertrautheit und Erfahrung und müssen im Laufe der Zeit erworben werden.

Probleme mit der Passwortdatei

Es ist wichtig, die Passwortdatei regelmäßig nach Sicherheitsproblemen auf Benutzerebene zu untersuchen ebenso wie die Shadow-Passwortdatei, wenn vorhanden. Im Einzelnen sollte nach folgenden Dingen gesucht werden:

- Accounts ohne Passwörter.
- UIDs mit dem Eintrag 0 für Accounts, die nicht der *root*-Account sind (diese sind ebenfalls Superuser-Accounts).

- GIDs mit dem Eintrag 0 für Accounts, die nicht der *root*-Account sind. Normalerweise haben Benutzer nicht die Gruppe 0 als ihre primäre Gruppe.
- Accounts, die ohne Ihr Wissen hinzugefügt oder entfernt wurden.
- Weitere ungültige oder falsch formatierte Einträge.
- Die eigenen Eigentümer- und Zugriffsrechte der Passwort- und der Shadow-Dateien.

Auf manchen Systemen führt der Befehl `pwck` einige einfache Syntaxüberprüfungen auf der Passwortdatei durch und kann dabei einige Sicherheitsprobleme erkennen (AIX bietet einen sehr ähnlichen Befehl `pwdck`, um seine verschiedenen Datenbankdateien für die Benutzer-Accounts zu überprüfen). `pwck` berichtet über ungültige Benutzernamen (auch sog. Nulleinträge), UIDs und GIDs, keine oder nichtexistierende Home-Verzeichnisse, ungültige Shells und Einträge mit der falschen Anzahl an Feldern (oft ein Anzeichen für zusätzliche oder fehlende Doppelpunkte und andere Tippfehler). Jedoch wird es nicht viele der anderen, ernsteren Sicherheitsprobleme finden. Sie müssen diese in regelmäßigen Abständen auf eine andere Weise überprüfen. (Der Befehl `grpck` führt eine ähnlich einfache Syntaxüberprüfung der Datei */etc/group* durch.)

Sie können Accounts ohne Passwörter mit einem einfachen grep-Befehl ausfindig machen:

```
# grep '^[^:]*::' /etc/passwd
root::NqI27UZyZoq3.:0:0:SuperUser:/:/bin/csh
demo::7:17:Demo User:/home/demo:/bin/sh
::0:0:::
```

Dieser grep-Befehl sucht nach zwei aufeinander folgenden Doppelpunkten, die die ersten Doppelpunkte in der Zeile sind. Dieser Befehl fand drei dieser Einträge. Auf den ersten Blick scheint der Eintrag für *root* ein Passwort zu besitzen, aber der zusätzliche Doppelpunkt erzeugt einen Benutzer *root* mit einer unsinnigen UID und keinem Passwort; dieser Fehler ist sicherlich ein Tippfehler. Die zweite Zeile ist ein Eintrag für einen vordefinierten Account, der zu Demonstrationszwecken verwendet wird, wahrscheinlich steht er so in der Passwortdatei, wie er mit dem System ausgeliefert wurde. Die dritte Zeile habe ich mehr als einmal gefunden und stellt eine signifikante Sicherheitslücke dar. Sie erzeugt einen Account mit einem Nulleintrag als Benutzernamen und ohne Passwort mit der UID und der GID 0: einen Superuser-Account. Während die Login-Eingabeaufforderung keine Nulleinträge als Benutzernamen akzeptiert, tun dies jedoch einige Versionen von su:

```
$ su ""
# Keine Passwort-Eingabeaufforderung!
```

In dieser Passwortdatei, die mit grep untersucht wurde, sollte der zusätzliche Doppelpunkt des *root*-Eintrags entfernt werden, dem *demo*-Account sollte ein Passwort zugewiesen werden (oder er sollte mit einem Sternchen im Passwortfeld von */etc/passwd* deaktiviert oder vielleicht einfach gelöscht werden) und der Nulleintrag des Benutzernamens sollte entfernt werden.

Accounts mit einer UID oder GID mit dem Eintrag 0 können ebenfalls mit grep ausfindig gemacht werden:

```
# grep ':00*:' /etc/passwd
root:NqI27UZyZoq3.:0:0:SuperUser:/:/bin/csh
harvey:xyNjgMPtdlx*Q:145:0:Thomas G. Harvey:/home/harvey:/bin/ksh
badguy:mksU/.m7hwk0a:0:203:Bad Guy:/home/bg:/bin/sh
larooti:lso9/.7sJUhhs:000:203:George Larooti:/home/harvey:/bin/csh
```

Die letzte Zeile der Ausgabe verdeutlicht, warum Sie der Versuchung widerstehen sollten, einen Befehl wie den folgenden zu verwenden:

```
# grep ':0:' /etc/passwd | grep -v root     Dies würde nicht alles finden.
```

Wer auch immer den Benutzer *larooti* hinzugefügt hat, war clever genug, mehrere Nullen als UID und das Wort »root« in das GECOS-Feld einzufügen. Diese Person hat ebenfalls versucht, den Verdacht auf den Benutzer *harvey* zu lenken, indem sie dessen Home-Verzeichnis in diesen Eintrag aufgenommen hat. Das ist eine von seinen zwei Funktionen; die andere ist es, den Eintrag zu aktivieren und einige Prüfprogramme für Passwortdateien dabei ins Leere laufen zu lassen (inklusive pwck). Es scheint unwahrscheinlich, allerdings nicht unmöglich, dass der Benutzer *harvey* tatsächlich für diesen Eintrag verantwortlich ist; *harvey* könnte sehr verschlagen sein (oder ungeheuer blöde, was sehr ähnlich aussehen kann). Ich würde in beiden Fällen über eine gründliche Untersuchung des Home-Verzeichnisses nachdenken.

Sie können neue Accounts ausfindig machen, indem Sie die Passwortdatei per Hand durchsuchen oder indem Sie diese mit einer gespeicherten Version vergleichen, die Sie an einem geheimen Ort versteckt haben. Der letztere ist der beste Weg, um fehlende Accounts ausfindig zu machen. Hier ist ein Beispielbefehl:

```
# diff /etc/passwd /usr/local/bin/old/opg
36c36,37
< chavez:9Sl.sd/i7snso:190:20:Rachel Chavez:/home/chavez:/bin/csh
---
> claire:dgJ6GLVsmOtmI:507:302:Theresa Claire:/home/claire:/bin/csh
> chavez:9So9sd/i7snso:190:20:Rachel Chavez:/home/chavez:/bin/csh
38d38
< wang:l9jsTHn7Hg./a:308:302:Rich Wang:/home/wang:/bin/sh
```

Die Kopie der Passwortdatei ist im Verzeichnis */usr/local/bin/old* abgelegt und heißt *opg*. Es ist eine gute Idee, einen relativ unüblichen Speicherort und irreführende Namen für die sicherheitsrelevanten Datendateien zu wählen. Wenn Sie zum Beispiel die Kopie der Passwortdatei in */etc*[15] oder */var/adm* (dem Standardverzeichnis für administrative Zwecke) ablegen und sie mit *passwd.copy* benennen, wäre es für einen unternehmungslustigen Benutzer nicht sonderlich schwer, diese zu finden und zu verändern, wenn er die echte Datei austauscht. Wenn Ihre Kopie nicht sicher ist, ist der Vergleich mit ihr sinnlos. Der oben im Beispiel angeführte Speicherort ist ebenfalls eine schreckliche Wahl, aber er stellt nur einen Platzhalter dar. Sie werden schon wissen, wo auf Ihrem System eine gute Wahl zu finden ist. Sie könnten ebenso darüber nachdenken, die Kopie zu verschlüsseln (voraus-

---

15 Es könnten sich Kopien der Passwortdatei in */etc* befinden, aber diese sind eher für Sicherungszwecke als für Sicherheitszwecke bestimmt.

gesetzt Sie haben Zugriff auf ein wirksames Verschlüsselungsprogramm) oder sie auf Wechselmedien abzulegen (die im Allgemeinen nicht zur Verfügung stehen).

Die vorhin dargestellte Beispielausgabe lässt erkennen, dass der Benutzer *wang* hinzugefügt wurde, die Benutzerin *claire* gelöscht wurde und sich der Eintrag für die Benutzerin *chavez* seit dem letzten Mal, als die Kopie aktualisiert wurde, verändert hat (in diesem Fall hat sich ihr Passwort geändert). Dieser Befehl stellt den einfachsten Weg dar, wie zwei Dateien miteinander verglichen werden können (wir werden uns bald komplexere ansehen).

Schließlich sollten Sie regelmäßig die Eigentümer- und Zugriffsrechte der Passwortdatei überprüfen (und jeder Shadow-Passwortdatei, die verwendet wird). In den meisten Fällen sollte sich die Passwortdatei im Besitz von *root* und einer administrativen Systemgruppe befinden, lesbar für jedermann, aber schreibbar nur vom Eigentümer; die Shadow-Passwortdatei sollte für niemanden lesbar sein außer für *root*. Alle Sicherungskopien der beiden Dateien sollten die gleichen Eigentümer- und Zugriffsrechte besitzen:

```
$ cd /etc; ls -l *passwd* *shadow*
-rw-r-r--   1 root   system   2732 Jun 23 12:43 /etc/passwd.sav
-rw-r-r--   1 root   system   2971 Jul 12 09:52 /etc/passwd
-rw-------  1 root   system   1314 Jul 12 09:55 /etc/shadow
-rw-------  1 root   system   1056 Apr 29 18:39 /etc/shadow.old
-rw-------  1 root   system   1276 Jun 23 12:54 /etc/shadow.sav
```

Überwachen des Dateisystems

Das Überprüfen der Inhalte von wichtigen Konfigurationsdateien wie */etc/passwd* ist eine wichtige Überwachungsaktivität. Jedoch ist es ebenso wichtig, die Attribute der Datei selbst zu überprüfen und diejenigen des Verzeichnisses, in dem sie abgelegt ist. Sich davon zu überzeugen, dass die Eigentümer- und Schutzrechte der Systemdateien und -verzeichnisse über die Zeit intakt bleiben, ist für die Gewährleistung einer fortwährenden Sicherheit lebensnotwendig. Dies beinhaltet:

- Überprüfen der Eigentümer- und Schutzrechte von wichtigen Systemkonfigurationsdateien.
- Überprüfen der Eigentümerrechte und des Schutzes von wichtigen Verzeichnissen.
- Nachprüfen der Integrität von wichtigen binären Systemdateien.
- Die Anwesenheit oder Abwesenheit bestimmter Dateien überprüfen (zum Beispiel */etc/ftpusers* und */.rhosts*).

Mögliche Wege, um diese Aufgaben anzugehen, werden in den folgenden Unterabschnitten dieses Kapitels behandelt. Jeder einzelne Punkt führt zu einem höheren Level an Vorsicht; Sie müssen selbst entscheiden, wie viel Überwachungsarbeit auf Ihrem System notwendig ist.

Überprüfen der Dateieigentümerrechte und der Dateisicherheit

Als minimale Sicherheitsmaßnahme sollten Sie in regelmäßigen Abständen die Eigentümer- und Zugriffsrechte von wichtigen Systemdateien und -verzeichnissen überprüfen. Letzteres ist deshalb wichtig, da für den Fall, dass ein Verzeichnis schreibbar ist, ein Benutzer eine neue Version einer wichtigen Datei für die echte einsetzen könnte, selbst wenn die Datei an sich geschützt ist (wie wir bereits gesehen haben).

Die wichtigen Systemdateien, die überwacht werden müssen, sind in Tabelle 7-6 aufgelistet (beachten Sie, dass Dateinamen und Speicherorte zwischen den Unix-Versionen etwas variieren). Normalerweise sind diese Dateien im Besitz von *root* oder einem anderen Systembenutzer; keine dieser Dateien sollte globale Schreibrechte besitzen. Sie sollten sich mit allen diesen Dateien vertraut machen und deren korrekte Eigentümer- und Schutzrechte erlernen.

Tabelle 7-6: Wichtige Dateien und Verzeichnisse, die geschützt und überwacht werden müssen

Datei(en)	Zweck
/.cshrc, /.login, /.logout, /.kshrc, /.profile und so weiter	Initialisierungsdateien des *root*-Accounts (üblicher Speicherort)
/.forward, /.mailrc	E-Mail-Initialisierungsdateien von *root*
/.emacs, /.exrc	Editor-Initialisierungsdateien von *root*
/.rhosts	Sollte nicht existieren
~, ~/.cshrc, ~/.login, ~/.profile	Home-Verzeichnisse und Initialisierungsdateien der Benutzer
~/.rhosts	Sollte vermutlich nicht existieren
~/bin	Verzeichnis für Binärdateien des Benutzers (herkömmlicher Speicherort)
/dev/*	Spezielle Dateien (die kritischsten sind die Festplatten- und Speichergeräte)
/etc/*	Konfigurationsdateien in */etc* und dessen Unterverzeichnisse (verwenden Sie `/etc -type f`, um sie alle zu finden)
/sbin/init.d	Auf einigen Systemen der Speicherort für die Startskripten
/tcb	Verzeichnis für erweiterte Sicherheit (HP-UX und Tru64)
/var/adm/*	Administrative Datenbanken und Skripten
/var/spool/*, /usr/spool/*	Spool-Verzeichnisse
/bin, /usr/bin, /usr/ucb, /sbin, /usr/sbin	Verzeichnisse für systemweite (und lokale) Binärdateien
/usr/local/bin, ...	Verzeichnis für lokale Binärdateien (ebenso wie jeder andere dieser Speicherorte, die sich im Einsatz befinden)
/lib/*, /usr/lib/*	Verzeichnis für Systembibliotheken (Libraries); Shared Libraries (gemeinsamer Code, der von Standardbefehlen zur Laufzeit aufgerufen wird) sind die verwundbarsten
/usr/include	Header-Dateien (*.h*) des Systems (das Ersetzen einer dieser Dateien kann beim nächsten Mal, wenn ein Programm lokal kompiliert wird, veränderten Code einführen)
Alle setuid- und setgid-Dateien	Wo immer sie sich auch befinden mögen

Sie sollten mit den richtigen Eigentümer- und Schutzrechten dieser Dateien vertraut sein (ebenso mit denjenigen aller anderen Dateien, die für Ihr System von Bedeutung sind). Sie können die Aufgabe, diese zu überprüfen, mit einem Skript vereinfachen, das einen Befehl wie `ls -l` auf jeder einzelnen Datei ausführt, die Ausgabe abspeichert und sie mit einer abgelegten Liste der korrekten Eigentümer- und Zugriffsrechte vergleicht. So ein Skript kann sehr einfach sein:

```
#!/bin/csh
# sys_check - führe grundlegende Sicherheitsüberprüfungen des Dateisystems durch
umask 077

# Stelle sicher, dass die Ausgabedatei leer ist.
/usr/bin/cp /dev/null perm.ck
alias ck "/usr/bin/ls -l \!:* >> perm.ck"
ck /.[a-z]*
ck /dev/{,r}disk*
. . .
ck /usr/lib/lib*

/usr/bin/diff /usr/local/bin/old/pm perm.ck > perm.diff
```

Dieses Skript ist ein C-Shell-Skript, weshalb es einen Alias definieren kann, um die Arbeit zu verrichten; Sie könnten das Gleiche auch mit einer Funktion der Bourne-Shell vornehmen. Das Skript führt den Befehl `ls -l` auf den gewünschten Dateien aus und speichert die Ausgabe in der Datei *perm.ck*. Schließlich vergleicht es die aktuelle Ausgabe mit einer abgespeicherten Datendatei. Wenn sich die Dateien auf Ihrem System häufig ändern, wird dieses Skript eine Menge an falschen Treffern produzieren: Dateien, die verdächtig aussehen, weil sich ihr Bearbeitungsdatum geändert hat, deren Eigentümer- und Schutzrechte allerdings in Ordnung sind. Sie können dies umgehen, indem Sie den `ls`-Befehl ein bisschen komplexer gestalten:[16]

```
ls -l files | awk '{print $1,$3,$4,$NF}' >> perm.ck
```

Dieser Befehl vergleicht nur die Dateimodi Eigentümer, Eigentümergruppe und Dateinamenfelder des `ls`-Befehls.

Zusätzlich zur Überprüfung einzelner Dateien ist es wichtig, den Schutz aller Verzeichnisse zu überprüfen, die wichtige Dateien enthalten. Vergewissern Sie sich, dass sie im Besitz des richtigen Benutzers sind und keine globalen Schreibrechte besitzen. Dies betrifft sowohl Verzeichnisse, in denen Unix-Befehle abgelegt sind (administrative Verzeichnisse wie */var/adm* und die Unterverzeichnisse von */etc*), sowie die Spool-Verzeichnisse unter */var/spool*. Jedes weitere Verzeichnis, das eine setuid- oder setgid-Datei enthält, sollte ebenfalls überprüft werden.

Nach setuid- und setgid-Dateien suchen

Die Anzahl an setuid-Befehlen auf Ihrem System sollte auf ein Minimum beschränkt werden. Das Überprüfen des Dateisystems auf neue Einträge sollte Bestandteil einer allgemei-

---

16 Der entsprechende Alias-Befehl lautet:
```
alias ck "ls -l \!:* | awk '{print "'$1,$3,$4,$NF'"}' >> perm.ck"
```
Der Trick hierbei ist, dass die Anführungszeichen im awk-Befehl benötigt werden, um die Platzhalterzeichen des Arguments selbst und nicht ihre aktuellen Werte in den Alias einzufügen.

nen Sicherheitsüberwachung des Systems sein. Der folgende Befehl wird alle Dateien auflisten, bei denen der Zugriffsmodus auf SUID oder SGID gesetzt ist:

```
# find / \( -perm -2000 -o -perm -4000 \) -type f -print
```

Sie können die Ausgabe dieses Befehls mit einer gespeicherten Liste von setuid- und setgid-Dateien abgleichen und dabei auf einfache Weise alle Änderungen am System ausfindig machen. Sie können wiederum einen umfangreicheren Vergleich durchführen, indem Sie ls -l auf jeder Datei ausführen und die Ausgabe mit einer gespeicherten Liste vergleichen:

```
# find / -type f \( -perm -2000 -o -perm -4000 \) \
      -exec ls -l {} \; | diff - /usr/local/bin/old/fs
2d1
< -rwsr-xr-x 1 root bin 41792 Jun 7 1995 /usr/local/bin/xpostit
```

Alle Unterschiede sollten sofort untersucht werden. Nachdem Sie alle setuid- und setgid-Dateien auf dem System überprüft haben und von ihnen wissen, dass sie sicher sind, kann die Datei, die die erwarteten Daten der setuid- und setgid-Dateien speichert, das erste Mal mit dem gleichen find-Befehl erzeugt werden. Wie schon zuvor muss diese Datei selbst sicher aufbewahrt werden und Offline-Kopien sollten vorhanden sein. Die Datendatei und alle Skripten, die sie verwenden, sollten sich im Besitz von *root* befinden und vor jedem Zugriff von Gruppen oder anderen Zugriffen geschützt sein. Selbst mit diesen Sicherheitsvorkehrungen ist es wichtig, dass Sie mit den Dateien auf Ihrem System vertraut sind, zusätzlich zu allen Sicherheitsüberprüfungen, die Sie über Skripten ausführen, anstatt sich einzig auf Datendateien zu verlassen, die Sie vor langer Zeit eingerichtet haben.

Überprüfen des Bearbeitungsdatums und der Inode-Nummern

Falls Sie eine sorgfältigere Überwachung der Systemdateien durchführen möchten, sollten Sie nicht nur die Eigentümer- und Schutzrechte der Datei vergleichen, sondern ebenfalls das Bearbeitungsdatum, die Inode-Nummern und Prüfsummen (sehen Sie hierzu den nächsten Abschnitt). Für die ersten beiden Punkte können Sie den Befehl ls mit der Option -lsid auf die entsprechenden Dateien und Verzeichnisse anwenden. Diese Optionen zeigen die Inode-Nummer, Größe (sowohl in Blöcken als auch in Bytes), Eigentümer, Schutzmodi, das Bearbeitungsdatum und den Namen der Datei an. Zum Beispiel:

```
$ ls -lsid /etc/rc*
690 3 -rwxr-xr-x 1 root root 1325 Mar 20 12:58 /etc/rc0
691 4 -rwxr-xr-x 1 root root 1655 Mar 20 12:58 /etc/rc2
692 1 drwxr-xr-x 2 root root  272 Jul 22 07:33 /etc/rc2.d
704 2 -rwxr-xr-x 1 root root  874 Mar 20 12:58 /etc/rc3
705 1 drwxr-xr-x 2 root root   32 Mar 13 16:14 /etc/rc3.d
```

Die Option -d ermöglicht es, die Informationen der Verzeichnisse selbst anzuzeigen, anstatt deren Inhalte aufzulisten.

Wenn Sie diese Daten regelmäßig überprüfen und sie mit einer vorher abgespeicherten Datei der zu erwartenden Ausgabe vergleichen, werden Sie sehr schnell alle Veränderungen erfassen können. Zusätzlich ist es für jemanden schwieriger, eine Datei zu modifizieren, ohne entdeckt zu werden (leider und bei weitem nicht unmöglich – das Manipulieren von Bearbeitungszeiten einer Datei ist nicht wirklich schwierig). Diese Methode erfordert zwangsläufig, dass Sie die abgespeicherte Datendatei jedes Mal aktualisieren, wenn Sie selbst eine Änderung vornehmen. Ansonsten werden Sie sich durch eine Menge an falschen Treffern hindurchkämpfen müssen, wenn Sie die Ausgabe untersuchen. Wie immer ist es wichtig, dass die Datendatei an einem sicheren Ort aufbewahrt wird, um sie vor Modifikationen zu schützen.

Berechnen von Prüfsummen

Prüfsummen stellen eine raffiniertere Methode dar, um herauszufinden, ob sich der Inhalt einer Datei verändert hat. Eine *Prüfsumme* ist eine Zahl, die aus den binären Bytes der Datei errechnet wurde; diese Zahl kann dann dazu verwendet werden, um herauszufinden, ob die Inhalte einer Datei korrekt sind. Am häufigsten werden Prüfsummen verwendet, um Dateien zu überprüfen, die von einem Band auf die Festplatte geschrieben wurden. Dabei soll sichergestellt werden, dass keine I/O-Fehler aufgetreten sind. Sie können aber auch zu Sicherheitszwecken verwendet werden, um zu sehen, ob sich die Inhalte einer Datei im Laufe der Zeit verändern.

Sie können zum Beispiel Prüfsummen für die ausführbaren Dateien der Systembefehle erzeugen und diese Daten abspeichern. Zu einem späteren Zeitpunkt können Sie dann die Prüfsummen für die gleichen Dateien erneut berechnen lassen und die Ergebnisse vergleichen. Sollten sie für eine Datei nicht identisch sein, hat sich diese Datei verändert, und es ist möglich, dass jemand den tatsächlichen Befehl durch etwas anderes ersetzt hat.

Der Befehl cksum berechnet Prüfsummen; er nimmt einen oder mehrere Dateinamen als Argument entgegen und zeigt für jede Datei die Prüfsumme und Größe in Blöcken an:

```
$ cksum /bin/*
09962 4 /bin/[
05519 69 /bin/adb
...
```

Diese Methode ist weit davon entfernt, idiotensicher zu sein. Zum Beispiel wurden Fälle bekannt, in denen Cracker eine kleinere Datei mit sinnlosen Zeichen auffüllten, damit deren Prüfsumme auf den alten Wert passt. Leider berechnet cksum eine Dateisignatur, die sehr leicht nachzubilden ist. Es sind sogar Fälle von Viren bekannt, die sich im Speicher halten, Befehle zur Verzeichnisauflistung und für Prüfsummen entgegennehmen und die richtigen Informationen zurückgeben (die der Virus abgespeichert hat, bevor er Veränderungen auf dem System durchgeführt hat).

Das GNU-Utility md5sum eignet sich besser zum Erstellen von Prüfsummen. Es ist Bestandteil des Pakets textutils und ist bei einigen Linux-Distributionen enthalten. Für weitere Informationen sehen Sie unter *http://www.gnu.org/manual/textutils-2.0/html_node/textutils_21.html* nach.

Sollten Sie den Verdacht haben, dass das System kompromittiert wurde, müssen Sie auf jeden Fall die folgenden Vorsichtsmaßnahmen ergreifen, wenn Sie Prüfsummen berechnen und vergleichen:

- Vergewissern Sie sich, dass Sie eine Kopie von checksum besitzen, von der Sie wissen, dass sie sicher ist. Das bedeutet die Wiederherstellung des Utilities vom Originalmedium des Betriebssystems oder von einem Backup, das Sie nach der Installation durchgeführt haben, wenn Sie auch nur den geringsten Zweifel an der Integrität des Systems haben.
- Vergleichen Sie den aktuellen Systemstatus mit einer Datendatei, die offline aufbewahrt wurde, da die Kopie auf der Festplatte verändert worden sein könnte.
- Führen Sie den Vergleich nach einem Neustart in den Einzelbenutzer-Modus durch.

Paranoia gehört zum gesunden Menschenverstand

Früher oder später wird Sie eine widerspenstige Benutzerin beschuldigen, dass Sie allzu paranoid seien, da sie sich über einige Einschränkungen ärgert, die ihr vernünftige Sicherheitsmaßnahmen auferlegen. Es gibt nicht viel, was Sie darauf antworten können, außer wieder einmal zu erklären, warum Sicherheit wichtig ist und wovor Sie sich zu schützen versuchen. Im Allgemeinen sind die Schreie von »Paranoia« in Wirklichkeit nur ein Zeichen dafür, dass Sie Ihren Job gut machen. Im Grunde ist es Ihr Job, mindestens eine Stufe paranoider zu sein als die Stufe, von der Ihre Benutzer meinen, dass sie ausreicht – und von der potenzielle Eindringlinge hoffen, dass Sie diese nicht überschreiten.

Führen Sie gelegentlich fsck aus

Es ist ebenso möglich, dass Modifikationen am Dateisystem durchgeführt wurden, wenn jemand erfolgreich in ein System eingebrochen ist, normalerweise über das Utility fsdb. Gelegentlich fsck auszuführen, selbst wenn es nicht zu Zwecken der Dateisystemintegrität nötig ist, schadet niemals. Sie sollten ebenso nach einem Neustart fsck ausführen, wenn Sie denken, dass jemand erfolgreich in das System eingebrochen ist.

Automatisieren der Sicherheitsüberwachung

Es steht eine Vielzahl an Werkzeugen zur Automatisierung vieler Aktivitäten der Sicherheitsüberwachung, die wir bisher behandelt haben, zur Verfügung. Einige davon werden wir in diesem Abschnitt kurz betrachten.

Überprüfung mit einer Trusted Computing Base

Eine *Trusted Computing Base* (TCB) ist eine Systemumgebung, deren Sicherheit nachweislich vertrauenswürdig ist und die die Fähigkeit besitzt, ihre fortwährende Integrität zu gewährleisten. Die TCB könnte auf einem Computer mit weiterer Software vorhanden sein und die Benutzer würden mit dem System in einem sicheren Modus über einen sicheren Pfad (*Trusted Path*) interagieren. Dies schließt jede ungesicherte Anwendung und Komponente des Betriebssystems aus, bevor der Zugriff auf die TCB erlaubt wird. Die Kommunikation mit der TCB wird auf solchen Systemen normalerweise von einer speziellen Tastenkombination initiiert; auf AIX-Systemen zum Beispiel wird die TCB durch Drücken der Sicherheits-Tastenkombination (standardmäßig Strg-X Strg-R) erreicht. Diese Einrichtungen werden in Systemen mit dem Sicherheitsstandard B1 oder höher eingesetzt und die Anforderungen geben an, dass das Betriebssystem für diesen hohen Sicherheitsmodus neu installiert werden muss (eine TCB kann keinem existierenden System hinzugefügt werden).

Eine umfassende Behandlung des Trusted Computing kann im Rahmen dieses Buches nicht stattfinden. Jedoch können einige der Utilities, die als Bestandteil der TCB-Unterstützung mitgeliefert werden, auch dann für die allgemeine Überwachung des Dateisystems eingesetzt werden, wenn die TCB-Einrichtung nicht aktiv ist. Normalerweise vergleichen diese Utilities alle wichtigen Systemdateien mit einer Liste von korrekten Attributen, die zum Zeitpunkt der Installation erzeugt wurde. Dabei werden die Eigentümerrechte, die Schutzmodi, Größen und Prüfsummen der Dateien überprüft und in einigen Fällen auch das Bearbeitungsdatum. Die Utilities der TCB-Prüfung und ähnliche Programme besitzen normalerweise auch die Fähigkeit, die Probleme, die sie aufgedeckt haben, korrigieren zu können.

Dies sind die Einrichtungen der Unix-Versionen, die wir behandeln (deren Fähigkeiten variieren etwas):

AIX	tcbck
HP-UX	swverify
Solaris	aset
Tru64	fverify

Prüfen der Systemintegrität mit Tripwire

Tripwire, ursprünglich aus dem COAST-Projekt der Universität Purdue entstanden, ist ohne Frage eines der großartigsten freien Softwarepakete, die es gibt. Die aktuelle Homepage ist unter *http://www.tripwire.org* zu finden.

Tripwire vergleicht den aktuellen Status wichtiger Dateien und Verzeichnisse mit ihren abgespeicherten korrekten Attributen anhand von Kriterien, die vom Systemadministrator festgelegt wurden. Es kann alle wichtigen Dateieigenschaften vergleichen (genauer gesagt, alle Inode-Eigenschaften) und es besitzt die Fähigkeit, Dateisignaturen auf viele unterschiedliche Arten zu berechnen (bei der Fertigstellung dieses Buches waren es neun Varianten). Der Vergleich von Dateiprüfsummen, die mit zwei unterschiedlichen Algorithmen berechnet wurden, macht es extrem schwer, eine Datei zu ändern, ohne dass dies entdeckt würde.

Tripwire verwendet eine ASCII-Datenbank, um die Dateiattribute zu speichern, die für zukünftige Vergleiche benutzt werden sollen. Diese Datenbank wird zu dem Zeitpunkt erzeugt, zu dem Sie den Befehl `tripwire` das erste Mal ausführen (indem Sie die Option `-init` einsetzen). Idealerweise sollten Sie diese Option auch nach der Neuinstallation des Betriebssystems von den Originalmedien verwenden, um die Möglichkeit auszuschließen, dass das System immer noch korrumpiert sein könnte. Basierend auf den Vorgaben in seiner Konfigurationsdatei erzeugt `tripwire` Datenbankeinträge und führt Vergleiche zu diesen durch. Standardmäßig ist diese Datei *tw.config*.

Hier folgt ein Ausschnitt aus einer Konfigurationsdatei:

```
# Pfadname         Zu überprüfende Attribute
/usr/bin           +ugpinsm12-a
/usr/local/bin     R
/usr/lib           R-2
  ...
/usr/bin/at        R+8-2
```

Der erste Eintrag gibt an, dass die Eigentümer und die Eigentümergruppen, der Zugriffsschutz, die Inode-Nummer, die Anzahl der Links, der Zeitpunkt der Erstellung der Inode und die Bearbeitungszeiten der Datei sowie die Dateisignaturen 1 und 2 (die dem MD5- und dem Snefru-Algorithmus entsprechen) für die Dateien in */usr/bin* überprüft werden und dass alle Änderungen in den Dateizugriffszeiten ignoriert werden. Der zweite Eintrag führt die gleiche Überprüfung für die Dateien in */usr/local/bin* durch, da *R* ein eingebautes Synonym für die Zeichenkette ist, die für */usr/bin* angegeben wurde (es handelt sich dabei gleichzeitig um die Standardeinstellung). Für die Dateien in */usr/lib* werden alle Überprüfungen – mit Ausnahme der Dateisignatur 2 – durchgeführt. Der letzte Eintrag bezieht sich auf eine Datei anstatt auf ein Verzeichnis und er ersetzt für den ausführbaren Befehl *at* die Signatur 2 mit der Dateisignatur 8 (Haval). Er überschreibt dabei die Angabe, die er ansonsten von dem ersten Beispieleintrag erhalten hätte.

So ist es sehr einfach, abhängig von den einzelnen Sicherheitsfunktionen, verschiedene Tests auf unterschiedlichen Teilen des Dateisystems durchzuführen. Die Syntax der Konfigurationsdatei enthält auch Direktiven in Form des C-Präprozessors. Damit kann eine einzige Konfigurationsdatei auf mehreren Systemen eingesetzt werden.

Sobald die Tripwire-Datenbank erzeugt wurde, ist es wichtig, sie vor Korrumpierung und unberechtigten Blicken zu schützen. Wie die Dokumentation von Tripwire mehrfach feststellt, ist die beste Methode hierfür, die Datenbank auf einem entfernbaren, vor Schreibzugriff sicheren Medium abzuspeichern, zum Beispiel einer Diskette; die gesperrte Diskette mit der Datenbank wird nur dann in das Laufwerk gesteckt, wenn es an der Zeit ist, Tripwire auszuführen. Tatsächlich passen in den meisten Fällen sowohl die Datenbank als auch die ausführbaren Dateien leicht auf eine einzige Diskette. Auf jeden Fall sollten Sie eine sichere Backup-Kopie sowohl von `tripwire` als auch vom zugehörigen `siggen`-Utility machen, nachdem Sie es kompiliert haben. Die online vorhandene Kopie kann dann im Falle eines Problems einfach wiederhergestellt werden.

Wenn Sie die anfängliche Datenbank für ein System erzeugen, nehmen Sie sich die Zeit, um alle Dateisignaturen zu generieren, von denen Sie denken, dass Sie sie brauchen könnten. Die von Ihnen ausgewählte Menge sollte zwei schwer zu fälschende Signaturen enthalten; Sie könnten zusätzlich noch eine schnell berechnete Signatur von niedriger Qualität einbinden. Sie müssen für regelmäßige Aufgaben kein zeitraubendes Verfahren einsetzen – zum Beispiel könnten Sie eine schnelle und eine gute Signatur für Routineprüfungen verwenden –, die Daten würden aber zur Verfügung stehen, sollten Sie sie jemals benötigen.

Hier ist ein Teil eines Berichts, der durch das Ausführen von tripwire erzeugt wurde:

```
changed: -rwsrwsr-x root 40120 Apr 28 14:32:54 2002 /usr/bin/at
deleted: -rwsr-sr-x root 149848 Feb 17 12:09:22 2002
    /usr/local/bin/chost
added: -rwsr-xr-x root 10056 Apr 28 17:32:01 2002 /usr/local/bin/cnet2
changed: -rwsr-xr-x root 155160 Apr 28 15:56:37 2002
    /usr/local/bin/cpeople
...
### Attr Observed (what it is) Expected (what it should be)
###=========== =============================== =================
/usr/bin/at
  st_mode: 104775 104755
  st_gid: 302 0
  st_ctime: Fri Feb 17 12:09:13 2002 Fri Apr 28 14:32:54 2002
/usr/local/bin/cpeople
  st_size: 155160 439400
  st_mtime: Fri Feb 17 12:10:47 2002 Fri Apr 28 15:56:37 2002
  md5 (sig1): 1Th46QB8YvkFTfiGzhhLsG 2MIGPzGWLxt6aEL.GXrbbM
```

Auf diesem System wurde der ausführbare Befehl chost gelöscht und eine Datei namens cnet2 wurde hinzugefügt (beide in */usr/local/bin*). Die anderen Dateien auf dem System wurden verändert. Die Eigentümergruppe des at-Befehls wurde auf die Gruppe 302 geändert und */usr/bin/at* besitzt Gruppenschreibrechte. Die ausführbare Datei cpeople wurde ersetzt: Sie hat eine abweichende Größe, eine andere Signatur und eine abweichende Bearbeitungszeit.

Weitere administrative Tugenden

Sicherheitsüberwachung erfordert in erster Linie zwei der sieben administrativen Tugenden: die Beachtung von Details und das Festhalten an der Routine. Sie sind natürlich miteinander verwandt und verstärken sich gegenseitig. Beide hängen ebenso von der Übertugend Voraussicht ab, um Sie in den Zeiten, in denen es nach zu viel Ärger aussieht, auf den richtigen Pfad zu bringen.

- Beachtung von Details. Viele große Sicherheitsprobleme zeigen nur kleine Symptome, die ein unaufmerksamer Systemadministrator übersehen könnte. Aber Sie (und Ihre Werkzeuge und Skripten) werden das nicht.
- Festhalten an der Routine. Die Nacht, für die Sie beschließen, auf die Sicherheitsüberwachung zu verzichten, damit ein anderer Job über Nacht durchlaufen kann, hat mehr als nur durchschnittliche Chancen, die Nacht zu werden, in der Cracker Ihr System finden.

Scannen von Schwachstellen

Der nächste Schritt zu einer intensiveren Überwachung besteht darin, aktiv nach bekannten Problemen und Schwachstellen innerhalb des Systems oder des Netzwerkes zu suchen. In diesem Abschnitt werfen wir einen Blick auf einige der Pakete, die zu diesem Zweck entwickelt wurden (und für einiges mehr).

Allgemeine Sicherheitsüberwachung des Systems mit COPS.

Das freie Computer Oracle and Password System (COPS) kann eine Vielzahl der Aktivitäten zur Überwachung der Sicherheit auf einem einzelnen System automatisieren. Seine Fähigkeiten überschneiden sich etwas mit denen von Crack und Tripwire, es bietet aber auch viele einzigartige Fähigkeiten an. Es wurde von Dan Farmer geschrieben und seine Homepage liegt auf *http://dan.drydog.com/cops/software/*.

Dies sind die wichtigsten Fähigkeiten von COPS:

- Es überprüft die *root*-Umgebung, indem es die Initialisierungsdateien des Accounts im root-Verzeichnis nach umask- und Pfadbeschreibungsbefehlen durchsucht (und dann die Bestandteile des Pfades nach schreibbaren Verzeichnissen und Binärdateien kontrolliert) ebenso wie die Eigentümer- und Schutzrechte der Dateien selbst. Es prüft auch in jeder */.rhosts*-Datei auf Einträge, die nicht von root stammen.

    COPS führt auch für jeden Account, der in der Passwortdatei angegeben ist, ähnliche Überprüfungen der Benutzerumgebung durch.
- Es überprüft die Berechtigungen auf spezielle Dateien, die zu Einträgen in der Konfigurationsdatei des Dateisystems, */etc/fstab*, gehören.
- Es kontrolliert, ob die Befehle oder Dateien, auf die in den Startskripten verwiesen wird, schreibbar sind.
- Es kontrolliert, ob die Befehle oder Dateien, die in Einträgen von crontab erwähnt werden, schreibbar sind.
- Es überprüft die Einträge in der Passwortdatei auf Syntaxfehler, doppelte UIDs, Benutzer mit der UID 0, die nicht *root*-Benutzer sind, und Ähnliches. Es führt eine ähnliche Überprüfung für die Gruppendatei durch.
- Es kontrolliert die Konfiguration des anonymen FTP auf dem System (falls vorhanden) ebenso wie die Sicherheit der tftp-Einrichtung und einiger anderer Einrichtungen.
- Es überprüft die Daten von verfügbaren binären Systembefehlen anhand derjenigen Daten, die in den CERT-Hinweisen angegeben sind, um festzustellen, ob bekannte Schwachstellen noch vorhanden sind.
- Es führt das Programm Kuang aus, ein Expertensystem, das festzustellen versucht, ob Ihr System über seine aktuellen Eigentümer- und Schutzrechte für Dateien und Verzeichnisse kompromittiert werden kann (sehen Sie hierzu auch die nachfolgende Beispielausgabe). Es versucht indirekte Wege auf den *root*-Zugang zu finden, wie zum Beispiel solche, die wir weiter vorne in diesem Kapitel behandelt haben.

- Das COPS-Paket besitzt auch die (optionale) Fähigkeit, das System auf neue setuid- und setgid-Dateien hin zu überprüfen sowie Prüfsummen für Dateien zu berechnen und diese mit gespeicherten Werten zu vergleichen. Sowohl die C/Shell-Skript-Version als auch die Perl-Version werden über das Skript cops aufgerufen. Sie können die erste Version konfigurieren, indem Sie sowohl dieses Skript als auch das *Makefile* editieren, bevor Sie die COPS-Binärdateien kompilieren. Die Perl-Version, die im Unterverzeichnis *perl* des Stammverzeichnisses von COPS liegt, konfigurieren Sie, indem Sie das Skript cops und seine Konfigurationsdatei *cops.cf* editieren. Die folgende Ausgabe ist ein Ausschnitt eines COPS-Berichts. Die Zeilen, die mit Sternchen beginnen, geben das Skript oder Programm innerhalb des COPS-Pakets an, das den darauf folgenden Ausgabeabschnitt erzeugt hat (verwenden Sie -v, um diese »geschwätzige« Ausgabe zu erzeugen):

```
**** dev.chk ****           Prüft die Gerätedateien für lokale Dateisysteme.
Warning! /dev/sonycd_31a is _World_ readable!
**** rc.chk ****            Kontrolliert den Inhalt der Startskripten.
Warning! File /etc/mice (inside /etc/rc.local) is _World_writable (*)!
**** passwd.chk ****        Überprüft die Passwortdatei.
Warning! Passwd file, line 2, user install has uid == 0 and is not root
install:x:0:0:Installation program:/:/INSTALL/install
Warning! Passwd file, line 8, invalid home directory:
admin:x:10:10:basic admin::
**** user.chk ****          Überprüft die Initialisierungsdateien der Benutzer.
Warning! /home/chavez/.cshrc is _World_ writable!
**** kuang ****             Sucht nach Schwachstellen des Systems.
Success! grant uid -1 replace /home/chavez/.cshrc grant uid 190
   grant gid 0 replace /etc/passwd grant uid 0
```

Der letzte Abschnitt der Ausgabe von Kuang bedarf einer kurzen Erklärung. Die Ausgabe hier beschreibt eine Kette von Aktionen, die dazu führen können, dass basierend auf den aktuellen Systemberechtigungen *root*-Zugang erlangt werden kann. Der Eintrag hier zeigt auf, dass der Benutzer *nobody* – was in diesem Fall jeder, der möchte, bedeutet – die Datei *.cshrc* im Home-Verzeichnis der Benutzerin *chavez* ersetzen kann (da sie mit globalen Schreibrechten ausgestattet ist), indem er den Benutzer 190 (*chavez*) zum Eigentümer und die Gruppe 0 zur Eigentümergruppe macht (dies ist möglich, da *chavez* Mitglied der Gruppe *system* ist). Befehle in dieser Datei können die Passwortdatei ersetzen (da sie für die Gruppe schreibbar ist), was wiederum bedeutet, dass der *root*-Zugang erlangt werden kann.

Die Beispielausgabe zeigt auch, dass COPS falsche Treffer produzieren kann. Zum Beispiel ist die Tatsache, dass */dev/sonycd_31a* mit globalen Leserechten versehen ist, kein Problem, da dieses Gerät für den Zugriff auf das CD-ROM-Laufwerk des Systems verwendet wird. Die Erkenntnis daraus ist, dass es immer noch eines Menschen bedarf, um den Ergebnissen einen Sinn abzugewinnen, auch wenn sie automatisch erzeugt werden können.

Scannen auf Netzwerkschwachstellen

Für die Überprüfung der Systeme auf netzwerkbasierte Schwachstellen, die potenziellen Eindringlingen eine Lücke bieten könnten, stehen mittlerweile mehrere Werkzeuge zur

Verfügung. Eines der besten ist das Security Administrator's Integrated Network Tool (Saint), das ebenfalls von Dan Farmer (sehen Sie hierzu auch *http://www.wwdsi.com/saint/*) geschrieben wurde. Es basiert auf Dans früherem und inzwischen berüchtigten Werkzeug Satan[17]. Es wurde entwickelt, um ein Netzwerk auf eine Reihe von bekannten Schwachstellen und Sicherheitslöchern hin zu überprüfen, inklusive der folgenden:

- NFS-Schwachstellen: Exportieren von Dateisystemen, die mit globalen Leserechten versehen sind, Anfragen von (unberechtigten) Benutzerprogrammen und NFS-bezogene Sicherheitslöcher des Portmappers.
- Ob die NIS-Passwortdatei abgerufen werden kann.
- ftp- und tftp-Probleme, inklusive des Problems, ob das Home-Verzeichnis von *ftp* schreibbar ist und ob tftp Zugriff auf Teile des Dateisystems besitzt, auf die es keinen Zugriff haben sollte.
- Ein +-Eintrag in */etc/hosts.equiv*, der den Zugriff für jeden Benutzer gewährt, der auf einem beliebigen erreichbaren System den gleichen Namen besitzt wie ein lokaler Nicht-*root*-Account.
- Das Vorhandensein eines ungeschützten Modems auf dem System (das von einem Eindringling als Transportweg auf andere Systeme seines Interesses verwendet werden könnte).
- Ob die Zugriffskontrolle des X-Servers aktiviert ist.
- Ob die rexd-Einrichtung aktiviert ist (diese ist so unsicher, dass sie niemals eingesetzt werden sollte).
- Ob irgendeine Softwareversion, von der Schwachstellen berichtet wurden, vorhanden ist. Die Software wird mit neuen Sicherheitsschwachstellen aktualisiert, sobald welche aufgedeckt werden.
- Ob irgendeine der Top-20-Schwachstellen von SANS vorhanden ist. Sehen Sie für eine aktuelle Liste unter *http://www.sans.org/top20.htm* nach (überblättern Sie den sehr langen Abschnitt der Selbstvermarktung und Sie werden die Liste finden).

Saint ermöglicht es Ihnen, ein System oder Subnetz für den Scan auszuwählen, überprüft die Systeme, die Sie angegeben haben, auf einer von drei Intensitätsstufen und berichtet Ihnen schließlich seine Erkenntnisse. Saint unterscheidet sich von den meisten anderen Sicherheitsüberwachungssystemen insofern, dass es von außen statt von innen nach Schwachstellen sucht. (Dies war einer der Hauptgründe für die kontroverse Auseinandersetzung nach der Veröffentlichung von Satan, obwohl es nicht das erste System war, das auf diese Weise arbeitete.)

Ein herausragendes Feature von Saint ist, dass die Dokumentation auch sagt, wie Sie die gefundenen Schwachstellen beheben können. Die Add-on-Schnittstellen enthalten auch viele hilfreiche Links auf Artikel und CERT-Hinweise, die sich auf die Untersuchungen als auch auf Software beziehen, die dazu entwickelt wurde, die gefundenen Löcher zu stopfen.

---

17 Security Administrator Tool for Analyzing Networks, kurz SATAN.

Abbildung 7-4 stellt einen der Berichte dar, die von Saint erzeugt werden können. Dabei wird das Berichts-Tool-Zusatzpaket verwendet. Dieser Bericht zeigt eine Zusammenfassung der Schwachstellen, die Saint gefunden hat. Sie werden nach Typen gruppiert und die Detailansicht der ersten Gruppierung wird ebenfalls angezeigt.

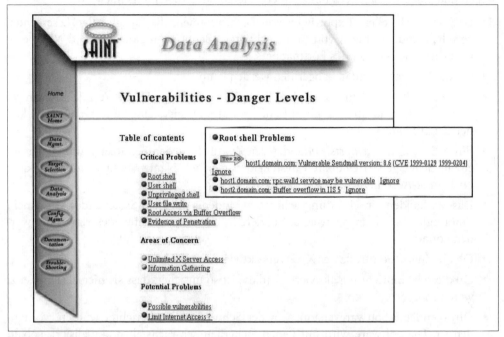

Abbildung 7-4: Übersicht über die von Saint aufgespürten Schwachstellen

Das von Renaud Deraison entwickelte Nessus-Paket hat ähnliche Ziele wie Saint. Weitere Informationen hierzu finden Sie unter *http://www.nessus.org*.

Was ist zu unternehmen, wenn Sie ein Problem entdecken?

Wenn eines der von Ihnen eingesetzten Werkzeuge zur Sicherheitsüberwachung ein Problem entdeckt, gibt es zwei Dinge, die Sie angehen müssen: weiteren Schaden verhindern und das aktuelle Problem beheben, was auch immer das sein mag. Wie heftig reagiert werden muss, hängt zu einem großen Teil von den Sicherheitsanforderungen Ihrer Site ab; jedermann muss jeder unerwarteten Veränderung des Systems nachforschen, die während einer Sicherheitsüberprüfung aufgedeckt wurde, aber wie schnell dies zu geschehen hat und was in der Zwischenzeit zu unternehmen ist, hängt davon ab, um welches Problem es sich handelt und wie viel Risiko Sie und Ihre Site bereit sind, auf sich zu nehmen.

Stellen Sie sich zum Beispiel vor, Tripwire entdeckt eine einzige Änderung auf dem System: Die Eigentümergruppe von */usr/local/bin* wurde von *bin* auf *system* geändert. Angenommen Sie haben eine passende Konfigurationsdatei eingerichtet und führen Tripwire

> ### Sicherheit und die Medien: Eine nicht gerade hilfreiche Kombination
>
> *Viele Menschen, die es gut meinen, behaupten, dass die Diskussion um die Mittel zur Überlistung der erhofften Sicherheit von Schlössern eine Dreingabe für die Unredlichkeit bietet, indem anderen gezeigt wird, wie man unredlich sein kann. Dies ist ein Trugschluss.... Schurken kannten schon lange die guten Möglichkeiten des Schlösserknackens, bevor Schlosser darüber untereinander diskutiert haben.*
>
> > –Rudimentary Treatise on the Construction of Locks (1853)
> > [Zitiert in Cheswick und Bellovin (1994)]
>
> Intelligente Menschen sind sich uneins darüber, wie viele Details bei Diskussionen von Sicherheitsproblemen preisgegeben werden sollten. Einige sagen, dass niemals etwas erwähnt werden sollte, das Eindringlinge verwenden könnten; jedoch ist es für Systemadministratoren schwer herauszufinden, wie verwundbar ihr System ist, ohne zu verstehen, wie potenzielle Bedrohungen funktionieren. Nimmt man die bloße Anzahl an Sicherheitsalarmen, so benötigen die Leute ausreichend Details, um in der Lage zu sein, einem Problem sowohl technisch als auch emotional ernsthaft entgegentreten zu können.
>
> Jedoch ist aus meiner Sicht die Berichterstattung der Medien über auftauchende Sicherheitsprobleme selten hilfreich. Jeder Gewinn, der durch die schnelle Verbreitung von Informationen erzielt wird, zählt hier mehr als der Schaden, der durch die Panik entsteht, die unter den Nicht-Technikern auf Grund der unvollständigen, aufgebauschten und oft falschen Berichterstattung eintritt. Manager neigen nur allzu oft zu Überreaktionen auf solche Medienberichte, insbesondere wenn Open Source-Betriebssysteme involviert sind. Forderungen, unverzüglich Dienste zu entfernen, die tatsächlich benötigt werden, sind nur allzu häufig. Ein Teil des Jobs eines Administrators ist es zu versuchen, die wichtigen Dinge im Auge zu behalten – zusammen mit den Managern und auch den Benutzern.
>
> Es ist wichtig, sich in diesen Fällen an die Beweggründe der Medien zu erinnern: das Einfangen von Fernsehzuschauern und das Verkaufen von Zeitungen. Sicherheitsbedenken sind nicht die vordergründigen Beweggründe für solche Stories und eine bessere Computersicherheit befindet sich nicht unter den Gewinnen, die sie dabei einfahren.

über Nacht aus, dann bräuchten Sie wahrscheinlich nur die Eigentümergruppe wieder auf den alten Stand zu bringen und herauszufinden, welcher Systemadministrator diesen dummen Fehler begangen hat. Wenn dagegen, als das andere Extrem, diese eine Veränderung der Austausch von */etc/passwd* wäre und Sie nur eine minimale Sicherheitsüberwachung durchführen – Überprüfen der Eigentümerrechte, Zugriffsmodi, Größe und Bearbeitungszeiten von Dateien –, dann haben Sie ein viel größeres Problem. Sie können keiner Datei mehr auf dem System wirklich vertrauen, da die Daten, die Sie besitzen, nicht ausreichend, um festzustellen, welche Dateien verändert wurden. In solch einem extremen Fall ist dies die richtige – wenn auch schmerzliche – Vorgehensweise:

- Nehmen Sie das System von jedem ungesicherten Netzwerk (was so gut wie jedes Netzwerk ist).

- Führen Sie sofort einen Neustart in den Einzelbenutzer-Modus durch, um zu versuchen, alle bösartigen Benutzer oder Prozesse loszuwerden. Für den Umgang mit einem gerade laufenden Einbruch gibt es noch komplexere Strategien; allerdings werden diese nicht für Personen empfohlen, die darin unerfahren oder ängstlich sind.
- Sichern Sie alle Dateien, bei denen Sie es sich nicht leisten können, sie zu verlieren (aber bedenken Sie, dass sie inzwischen befallen sein könnten). Sichern Sie alle Protokoll- und Accounting-Dateien, damit sie Ihnen bei zukünftigen Untersuchungen des Problems behilflich sein können.
- Sie könnten das System heruntergefahren lassen, während Sie die Untersuchungen durchführen. Wenn Sie wieder so weit sind, das System online zu bringen, installieren Sie das Betriebssystem von Grund auf neu (inklusive Neuerstellung der Dateisysteme). Stellen Sie andere Dateien per Hand wieder her und überprüfen Sie diese sorgfältig auf einem sicheren Dateisystem. Kompilieren Sie erneut alle ausführbaren Programmdateien, von denen Sie den Quellcode besitzen erneut.

Sollten Sie im Zusammenhang mit dem Einbruch juristische Schritte in Erwägung ziehen, müssen Sie die Originalplatten des Systems unverändert aufbewahren. Sie werden die Festplatten ersetzen müssen, um das System anschließend wieder neu zu installieren und online zu bringen.

Die ausführliche Darstellung dieses aufwändigen Verfahrens zur Fehlerbeseitigung sollte Ihnen noch einmal verdeutlichen, wie wichtig das Ausformulieren und Umsetzen einer wirksamen Sicherheitsüberwachung ist.

Die Systemaktivität untersuchen

Das regelmäßige Überwachen der Prozesse, die auf Ihrem System laufen, ist eine weitere Möglichkeit, die Wahrscheinlichkeit von Sicherheitsverstößen zu minimieren. Sie sollten dies in regelmäßigen Abständen durchführen, vielleicht mehrmals am Tag. Sie werden sehr schnell ein gutes Gespür dafür bekommen, was »normale« Systemaktivität bedeutet: welche Programme laufen, wie lange sie schon laufen, wer sie ausführt und so weiter. Ebenso werden Sie in einer ziemlich guten Position sein, um alle ungewöhnlichen Aktivitäten zu bemerken: Benutzer, die andere Programme als gewöhnlich ausführen, Prozesse, die über lange Zeiträume untätig bleiben (potenzielle Trojanische Pferde), Benutzer, die sich zu ungewöhnlichen Zeiten oder von ungewöhnlichen Orten einloggen, und Ähnliches.

Wie Sie wissen, führt der Befehl ps die Eigenschaften von Systemprozessen auf. Sie sollten mit all seinen Optionen vertraut sein. Lassen Sie uns einen Blick auf einige Beispiele werfen, wie Sie einige dieser Optionen verwenden könnten. Wenn Sie das Befehlsformat von BSD einsetzen, können Sie ww verwenden, um den gesamten Befehl, der von einem Benutzer ausgeführt wird, auf die Ausgabe zu bringen (Zeilenumbruch ist hier angepasst).

```
$ ps ax | egrep 'PID|harvey'
241 co R 0:02 rm /home/harvey/newest/g04/l913.exe /home/har

$ ps axww | egrep 'PID|harvey'
```

```
PID TT STAT TIME COMMAND
241 co R 0:02 rm /home/harvey/newest/g04/l913.exe
   /home/harvey/newest/g04-221.chk  /home/harvey/newest/g04-271.int
   /home/harvey/newest/g04-231.rwf  /home/harvey/newest/g04-291.d2e
   /home/harvey/newest/g04-251.scr  /usr/local/src/local_g04
```

In diesem Fall können Sie alle Dateien sehen, die gerade gelöscht werden, indem Sie zweimal w verwenden.

Die Option c verrät den tatsächlich ausgeführten Befehl und nicht den Befehl, der auf der Kommandozeile eingegeben wurde. Dies ist hin und wieder zur Enttarnung von Programmen nützlich, die über einen symbolischen Link ausgeführt werden:

```
$ ps aux | egrep 'PID|smith'
USER PID %CPU %MEM SZ RSS TT STAT TIME COMMAND
smith 25318 6.7 1.1 1824 544 p4 S 0:00 vi
smith 23888 0.0 1.4 2080 736 p2 I 0:02 -csh (csh)

$ ps -auxc | egrep 'PID|smith'
USER PID %CPU %MEM SZ RSS TT STAT TIME COMMAND
smith 25318 6.7 1.1 1824 544 p4 S 0:00 backgammon
smith 23888 0.0 1.4 2080 736 p2 I 0:02 -csh (csh)
```

Der Benutzer *smith* hat in seinem aktuellen Verzeichnis offensichtlich eine Datei namens vi, die ein symbolischer Link auf */usr/games/backgammon* ist.

Die Option -f unter System V kann helfen, Prozesse zu identifizieren, die über lange Zeit untätig waren:

```
$ ps -ef
UID PID PPID C STIME TTY TIME COMMAND
chavez 2387 1123 0 Apr 22 ? 0:05 comp_h2o
```

Dieser Prozess ist schon seit langer Zeit vorhanden, hat aber nur sehr wenig CPU-Zeit angesammelt. Wäre zum Beispiel heute der 5. Mai, wäre es an der Zeit, sich diesen Prozess genauer anzusehen. Hoffentlich würden Sie diesen Prozess in Wirklichkeit vor dem 5. Mai bemerken.

Wie diese Beispiele aufzeigen, ist der kreative Gebrauch von gewöhnlichen Befehlen das, was in vielen Fällen benötigt wird. Je vertrauter Sie mit den Fähigkeiten der Befehle sind, desto einfacher wird es sein, zu wissen, was in den Situationen, in die Sie geraten, anzuwenden ist.

Überwachung erfolgloser Login-Versuche

Wiederholte erfolglose Login-Versuche von irgendeinem Benutzer-Account können ein Anzeichen dafür sein, dass jemand versucht, in das System einzubrechen. Das Standard-Unix verfolgt diese Statistiken nicht, allerdings bieten viele Unix-Versionen hierfür Einrichtungen an.

Unter AIX ist das Prüfen auf viele erfolglose Login-Versuche relativ einfach. Die Datei */etc/security/user* enthält das Schlüsselwort *unsuccessful_login_count* im Abschnitt eines jeden Benutzers:

```
chavez:
    admin = false
    time_last_login = 679297672
    unsuccessful_login_count = 27
    tty_last_unsuccessful_login = pts/2
    time_last_unsuccessful_login = 680904983
    host_last_unsuccessful_login = hades
```

Dies ist zweifellos eine Menge an erfolglosen Login-Versuchen. Alles über zwei oder drei ist sicherlich eine nähere Untersuchung wert. Der folgende Befehl zeigt den Benutzernamen und die Anzahl der erfolglosen Logins an, wenn der Wert größer als 3 ist:

```
# egrep '^[^*].*:$|gin_coun' /etc/security/user | \
awk '{if (NF>1 && $3>3) {print s,$0}} ; NF==1 {s=$0}'
chavez: unsuccessful_login_count = 27
```

Der Befehl egrep gibt die Zeilen in /etc/security/user aus, die nicht mit einem Sternchen beginnen und mit einem Doppelpunkt enden (die Zeilen der Benutzernamen) und die die Zeichenkette »gin_coun« enthalten (die Zeilen mit dem Zähler der erfolglosen Logins). Für jede Zeile, die von egrep ausgegeben wird, prüft der awk-Befehl, ob der Wert des dritten Feldes größer als 3 ist, für den Fall, dass es mehr als ein Feld in der Zeile gibt (die Zeilen mit den Benutzernamen besitzen nur ein Feld). Wenn dem so ist, gibt er den Benutzernamen (der in der Variable s gespeichert ist) und die aktuelle Zeile aus.

Wenn sich die Benutzerin einloggt, erhält sie eine Nachricht über die Anzahl der erfolglosen Login-Versuche und das Feld in /etc/security/user wird gelöscht. Wenn Sie diese Datei jedoch regelmäßig überprüfen, indem Sie cron verwenden, können Sie die meisten Zeichenketten über erfolglose Login-Versuche erwischen, bevor sie gelöscht werden. Die Benutzer sollten ebenso dazu ermuntert werden, Ihnen alle unerwarteten erfolglosen Login-Versuche, über die sie zum Zeitpunkt des Logins informiert werden, zu berichten.

Tru64 verfolgt die erfolglosen Login-Versuche auch auf diese Weise und speichert die aktuelle Anzahl im Feld *u_numunsuclog* in der geschützten Passwortdatenbankdatei jedes Benutzers.

su-Logdateien

Im Grunde liefern alle Unix-Implementierungen irgendeine Art von Mechanismus, um alle Versuche, Superuser zu werden, zu protokollieren. Solche Protokolldateien können sehr nützlich sein, wenn Sie nachvollziehen möchten, wer etwas Regelwidriges unternommen hat. Nachrichten von su werden normalerweise in die Datei /var/adm/sulog geschrieben und sehen in etwa so aus:

```
SU 07/20 07:27 - ttyp0 chavez-root
SU 07/20 14:00 + ttyp0 chavez-root
SU 07/21 18:36 + ttyp1 harvey-chavez
SU 07/21 18:39 + ttyp1 chavez-root
```

Diese Anzeige führt alle Verwendungen des Befehls su auf, nicht nur diejenigen, die su auf *root* verwenden, so wie Benutzer *harvey* zuerst su auf *chavez* und dann nach *root* ausgeführt hat. Wenn Sie nur auf die su-Befehle nach *root* schauen, könnten Sie fälschlicherweise *chavez* verdächtigen, etwas unternommen zu haben, wofür aber tatsächlich *harvey* verantwortlich war. Auf einigen Systemen werden die su-Protokollnachrichten immer nur unter dem tatsächlichen Benutzernamen eingetragen und alle zwischenzeitlichen su-Befehle ignoriert.

Hier sind die Speicherorte der su-Protokolldateien auf den verschiedenen Systemen:

AIX	*/var/adm/sulog*
FreeBSD	Innerhalb von */var/log/messages*
HP-UX	*/var/adm/sulog*
Linux	Innerhalb von */var/log/messages*
Tru64	*/var/adm/sialog*
Solaris	Angegeben in den Einstellungen von SULOG in */etc/default/su*
sudo-Einrichtung	*/var/adm/sudo.log*

Die History auf den root-Account

Um Informationen darüber zu erhalten, was als *root* unternommen wurde, können Sie *root* einfach eine Shell geben, die einen History-Mechanismus unterstützt, und die Zahl der gespeicherten Befehle, die über die Login-Sitzungen aufgezeichnet wurden, in der Initialisierungsdatei von *root* auf einen hohen Wert setzen. Zum Beispiel veranlasst der folgende Befehl, dass die letzten 200 Befehle, die von *root* eingegeben wurden, gespeichert werden:

```
C-Shell                          Korn-Shell
set history = 200                export HISTSIZE=200
set savehist = 200               export HISTFILE=/var/adm/.rh
```

Unter der C-Shell werden für *root* die Befehle in der Datei */.history* gespeichert. Unter der Korn-Shell werden die Befehle in die Datei geschrieben, die in der *HISTFILE*-Umgebungsvariable aufgeführt wird (standardmäßig *$HOME/.sh_history*). Natürlich kann ein schlauer Benutzer die History-Eigenschaft ausschalten, bevor er sich mit dem *root*-Account schlecht benimmt, aber sie kann genauso oft übersehen werden (insbesondere wenn Sie die Anzahl der Befehle nicht in der Eingabeaufforderung mit angeben). Alternativ können Sie die History-Datei auch über *cron* regelmäßig an einen sicheren Speicherort kopieren.

Verfolgen von Benutzeraktivitäten

Es gibt noch andere Utilities, die Sie verwenden können, um festzustellen, was die Benutzer auf dem System gemacht haben. Manchmal versetzen diese Sie in die Lage, ein Sicherheitsproblem bis zur Ursache hin nachverfolgen zu können. Diese Befehle werden in Tabelle 7-7 aufgeführt.

Tabelle 7-7: Utilities für die Befehlsauflistung

Befehl	Unix-Versionen	Zeigt Informationen über
last	Alle	Login-Sitzungen der Benutzer
lastcomm	Alle	Alle Befehle, die ausgeführt wurden (nach Benutzer und TTY)
acctcom	AIX, HP-UX, Solaris, Tru64	Alle Befehle, die ausgeführt wurden (nach Benutzer und TTY)

Diese Befehle beziehen ihre Informationen von den Dateien des System-Accounting, deren Alter die Zeitspanne bestimmt, die sie abdecken. Beachten Sie, dass das Accounting auf dem System laufen muss, damit diese Befehle zur Verfügung stehen (siehe Kapitel 17).

Der last-Befehl zeigt die Daten für jeden Zeitpunkt an, an dem sich ein Benutzer im System eingeloggt hat. Auf last kann optional eine Liste von Benutzernamen und/oder Terminalnamen folgen. Wenn irgendwelche Argumente unterschieden werden, ist der Bericht auf die Einträge beschränkt, die mindestens auf einen davon zutreffen (ODER-Logik):

```
$ last
harvey ttyp1  iago    Fri Sep 16 10:07  still logged in
ng     ttyp6          Fri Sep 16 10:00  10:03 (00:02)
harvey ttyp1  iago    Fri Sep 16 09:57  10:07 (00:09)
chavez ttyp5          Fri Sep 16 09:29  still logged in

$ last chavez
chavez ttyp5          Fri Sep 16 09:29  still logged in
chavez ttypc  duncan  Thu Sep 15 21:46 - 21:50 (00:04)
chavez ttyp9          Thu Sep 15 11:53 - 18:30 (07:23)

$ last dalton console
dump   console        Wed Sep 14 17:06 - 18:56 (01:49)
dalton ttyq4  newton  Wed Sep 14 15:58 - 16:29 (00:31)
dalton ttypc  newton  Tue Sep 13 22:50 - 00:19 (01:28)
dalton console        Tue Sep 13 17:30 - 17:49 (00:19)
ng     console        Tue Sep 13 08:50 - 08:53 (00:02)
```

last führt den Benutzernamen, tty, den entfernten Hostnamen (für entfernte Logins), Start- und Endzeit sowie die gesamte Verbindungszeit für jede Login-Sitzung auf. Bei aktuellen Sitzungen wird die Endzeit durch die Phrase »still logged in« ersetzt. Am Ende jeder Auflistung merkt last das Datum seiner Datendatei an, normalerweise */var/adm/wtmp*, das Auskunft über die Zeitspanne gibt, die der Bericht abdeckt.

Der Benutzername *reboot* kann verwendet werden, um die Zeiten der Systemstarts aufzulisten:

```
$ last reboot
reboot ~  Fri Sep 9 17:36
reboot ~  Mon Sep 5 20:04
```

lastcomm zeigt Informationen über früher ausgeführte Befehle an. Seine Standardanzeige sieht folgendermaßen aus:

```
$ lastcomm
lpd       F  root             0.08 secs  Mon Sep 19 15:06
date         harvey   ttyp7   0.02 secs  Mon Sep 19 15:06
sh           smith    ttyp3   0.05 secs  Mon Sep 19 15:04
calculus  D  chavez   ttyq8   0.95 secs  Mon Sep 19 15:09
more      X  ng       ttypf   0.17 secs  Mon Sep 19 15:03
ruptime      harvey   console 0.14 secs  Mon Sep 19 15:03
mail      S  root     ttyp0   0.95 secs  Fri Sep 16 10:46
```

Die Anzeige führt den Befehlsnamen auf, dem Prozess zugehörige Flags, den Benutzernamen und das entsprechende Terminal, die Summe der durch die Ausführung verbrauchten CPU-Zeit sowie den Zeitpunkt, zu dem der Prozess beendet wurde. Die Flags können eines oder mehrere der folgenden sein:

S Befehl wurde vom Superuser ausgeführt.

F Befehl lief nach einem Forking.

D Befehl beendete mit einem Coredump.

X Befehl wurde von einem Signal beendet (oft STRG-C).

Optional nimmt der Befehl auch einen oder mehrere Programm- oder Befehlsnamen, Benutzernamen oder Terminal-Namen entgegen, um die Anzeige weiter einzuschränken. Wenn mehr als einer dieser Punkte angegeben wird, werden nur diejenigen Zeilen aufgeführt, die alle diese Punkte enthalten (Boolesche UND-Logik). Der folgende Befehl zum Beispiel listet die Einträge aller ausgeführten *calculus*-Programme der Benutzerin *chavez* auf:

```
$ lastcomm chavez calculus
calculus  D  chavez   ttyq8    0.95 secs  Mon Sep 19 15:09
calculus     chavez   ttyp3   10.33 secs  Mon Sep 19 22:32
```

Der `acctcom`-Befehl unter System V erzeugt ähnliche Informationen (die Ausgabe ist gekürzt):

```
$ acctcom
COMMAND                       START     END       CPU
NAME      USER     TTYNAME    TIME      TIME      (SECS)
calculus  chavez   ttyq8      15:52:49  16:12:23  0.95
grep      harvey   ttyq3      15:52:51  15:52:55  0.02
rm        root     tty02      15:52:55  15:55:56  0.01
```

Die nützlichsten Optionen von `acctcom` sind -u und -t, die die Anzeige auf den Benutzer oder auf TTY (in dieser Reihenfolge) begrenzen, die als Argument in der Option angegeben wurden, sowie -n *Muster*, das die Anzeige auf die Zeilen beschränkt, die *Muster* enthalten. Das Muster kann aus einer Zeichenkette oder einem regulären Ausdruck bestehen. Diese Option wird oft dazu verwendet, um die Anzeige durch einen Befehlsnamen zu beschränken. Wenn mehr als eine Option angegeben wird, müssen die Einträge auf alle passen, die darin enthalten sind (UND-Logik). Zum Beispiel zeigt der folgende Befehl alle vi-Befehle an, die von *root* ausgeführt wurden:

```
$ acctcom -u root -n vi
COMMAND                       START     END       CPU
NAME      USER     TTYNAME    TIME      TIME      (SECS)
```

```
vi        root      tty01     10:33:12  10:37:44  0.04
vi        root      ttyp2     12:34:29  13:51:47  0.11
vi        root      ttyp5     11:43:28  11:45:38  0.08
```

Leider zeigt `acctcom` nicht wie `lastcomm` in jeder Zeile das Datum an. Aber Sie können es herausbekommen, da Sie wissen, wann seine Datendatei (*/var/adm/pacct*) erzeugt wurde, und sehen, wie sich das Datum in der Anzeige ändert (die Einträge sind chronologisch angeordnet). Wenn Sie versuchen, ein jüngeres Ereignis nachzuverfolgen, so verwenden Sie die Option -b, die die Einträge in umgekehrt chronologischer Reihenfolge anzeigt.

Was können Sie jetzt mit diesen Befehlen anstellen? Stellen Sie sich vor, Sie entdecken einen neuen Account mit der UID 0 in der Passwortdatei und Sie wissen, dass die Datei gestern noch in Ordnung war. Nachdem Sie ihre Bearbeitungszeit überprüft haben, können Sie anhand der su-Protokolldatei feststellen, wer um diese Zeit *root* wurde; last kann Ihnen mitteilen, ob *root* zu diesem Zeitpunkt direkt eingeloggt war. Angenommen *root* war nicht direkt eingeloggt, so können Sie dann `lastcomm` oder `acctcom` verwenden, um herauszufinden, wer um etwa diese Zeit einen Editor ausgeführt hat. Sie könnten zwar nicht endgültig sicher sein, wer die Veränderungen vorgenommen hat, aber es könnte Ihnen helfen, die Möglichkeiten einzuschränken; dann können Sie diese Benutzer auch persönlich ansprechen. Natürlich gibt es Methoden, um eine Passwortdatei zu verändern, die sich einer Aufdeckung über diese Methode entziehen. Es gibt also keine Alternative dazu, den Zugriff auf den *root*-Account auf vertrauenswürdige Personen einzuschränken. Dieses Beispiel verdeutlicht auch, wie wichtig es ist, Sicherheitsprobleme rasch zu entdecken; wenn Sie nicht exakt den Zeitpunkt einschränken können, wann die Passwortdatei verändert wurde, werden Sie sicherlich auch unmöglich herausbekommen, wer sie verändert hat.

Systeme zur Ereignisüberwachung

Ereignisüberwachungssysteme (Event-Auditing Systems) sind sehr ausgefeilte Werkzeuge zur Nachverfolgung von Systemaktivitäten und sie sind dementsprechend auch viel nützlicher als die einfachen Werkzeuge, die von Standard-Unix-Systemen zur Verfügung gestellt werden. Auditing ist ein notwendiger Bestandteil der Sicherheitsstufe C2 oder höher der U.S.-Regierung. Alle kommerziellen Unix-Versionen, die wir behandeln, besitzen standardmäßig oder als optionale Komponente eine Auditing-Einrichtung.

Alle Auditing-Systeme arbeiten grundsätzlich auf dieselbe Weise, wenn auch die Details der Mechanismen zur Einrichtung und Administration des Auditing unterschiedlich sind. Wenn Sie erst einmal verstanden haben, wie ein Auditing-System arbeitet, können Sie auch sehr leicht mit einem anderen arbeiten. Dies sind die Hauptschritte, die erforderlich sind, um die Ereignisüberwachung auf einem System einzurichten:

- Wählen Sie aus, welche Ereignisse Sie nachverfolgen möchten. Im Allgemeinen werden die Auditing-Ereignisse auf der Ebene der Systemaufrufe angegeben. So können Sie das Öffnen, Schließen, Lesen, Schreiben, Unlinken (Löschen) und so weiter von Dateien nachverfolgen, nicht aber die Bearbeitung einer Datei mit vi. Einige Systeme lassen Sie neue Ereignisse angeben, dies ist aber selten notwendig.

- Wählen Sie, welche System-Objekte – zum überwiegenden Teil sind dies einzelne Dateien – Sie überwachen möchten. Nicht alle Auditing-Systeme lassen Sie den Bereich auf spezielle Dateien einschränken.
- Gruppieren Sie Ereignisse und/oder Objekte in Klassen verwandter Punkte. Manchmal wird dieser Schritt für Sie vorgenommen und Sie haben keinen Einfluss darauf, wie die Klassen definiert werden.
- Erstellen Sie die systemweite Standardliste der Auditing-Ereignisse (oder Klassen) und geben Sie dann an, welche Ereignisse oder Klassen für die verschiedenen Benutzer auf dem System überwacht werden sollen. Auf einigen Systemen müssen Sie beide Varianten dieser Aufgabe durchführen: die Standardeinstellungen des Systems bestimmen, inklusive einer Liste mit Benutzern, die überwacht werden sollen, und dann angeben, was für welchen Benutzer zu überwachen ist.
- Entscheiden Sie, wo im Dateisystem die Dateien mit den Überwachungsdaten abgelegt werden sollen. Viele Auditing-Systeme erlauben es Ihnen oder fordern es gar, dass Sie eine Liste mit Protokollverzeichnissen angeben (so dass schon das nächste bereitsteht, wenn eines voll läuft).
- Setzen Sie alle weiteren Systemparameter für das Auditing: wie groß Auditing-Dateien werden können, wie oft eine neue Datei verwendet werden soll, welches Dateiformat zu verwenden ist und so weiter.
- Ändern Sie die Startskripten so, dass das Auditing beim Systemstart automatisch gestartet und vor dem Herunterfahren beendet wird.

Auditing ist einer der Fälle, in denen ein gut entwickeltes Werkzeug zur Systemadministration eine enorme Hilfe sein kann – auf Grund der Anzahl an integrierten Aufgaben, die ein Auditing-System durchführt, und der fantastischen Menge an Daten, die es erzeugt. Jedoch benötigt es manchmal etwas Zeit, um den Zusammenhang zwischen den wenig intuitiven Beschreibungen der zur Verfügung stehenden Ereignisse und dem, wonach Sie tatsächlich Ausschau halten möchten, zu verstehen.

Sobald das Auditing einmal im Einsatz ist, ist der nächste Schritt herauszubekommen, wie aus den Daten Berichte generiert werden können. Das kann einige Zeit in Anspruch nehmen. Der beste Weg, um zu lernen, wie das vor sich gehen könnte, ist es, die Arten der Ereignisse, die Sie aufzudecken in der Lage sein möchten, auf einem ungenutzten System zu simulieren: Schalten Sie Auditing für alle Ereignisse ein (stellen Sie sicher, dass die Einträge in eine neue Protokolldatei wandern), führen Sie etwas aus, von dem Sie möchten, dass Sie es nachverfolgen können (zum Beispiel eine einfache Änderung an der Passwortdatei, das Löschen einer Datei in /tmp, das Ändern des Eigentümers einer Datei usw.), und schalten Sie dann das Auditing ab.[18] Sehen Sie sich jetzt die Auditing-Einträge an, die Sie soeben mit dem Berichtwerkzeug des Systems generiert haben. Dieses Vorgehen versetzt

---

18 Auf manchen Systemen müssen Sie einige Befehle ausführen, um zu erzwingen, dass die Auditing-Einträge auf die Festplatte geschrieben werden; ls -l, ein paar Mal ausgeführt, würde normalerweise für diesen Zweck ausreichen.

Sie sowohl in die Lage zu erkennen, wie das Ergebnis unter den Bedingungen der Ereignisüberwachung aussieht, als auch die Entsprechungen bei der Überwachung von Ereignissen und Klassen sowie Befehlen auf höherer Ebene zu erlernen. In einigen Fällen kann das Ausführen verschiedener Befehle – unter unterschiedlichen Benutzernamen – hilfreich sein, um die Dinge anzupacken.

Eindringlinge können lesen

An vielen Stellen in diesem Kapitel habe ich angemerkt, dass Eindringlinge sehr weit gehen, um ihre Spuren zu verwischen. Die raffiniertesten Eindringlinge kennen die zur Verfügung stehenden Schutzmaßnahmen und Überwachungseinrichtungen für die Systeme in- und auswendig – und alle ihre Schwachstellen. Deshalb ist es so wichtig, Werkzeuge zur Systemüberprüfung und deren zugehörige Datendateien zu besitzen, die außerhalb der Reichweite eines jeden Systemeindringlings liegen.

Es gibt verschiedene Methoden, um dies zu bewerkstelligen:

- Sie sollten Sicherheitskopien wichtiger Werkzeuge besitzen, die Sie am besten zum Zeitpunkt ihrer Originalinstallation erstellt haben. Abhängig vom Medientyp, könnten zwei Sicherheitskopien erforderlich sein.

- Seien Sie vorsichtig im Umgang mit Datendateien, die Sie online aufbewahren und die die richtige Systemkonfiguration beschreiben. Diese Daten auf einer schreibgeschützten Diskette abzulegen, auf die nur bei Bedarf zugegriffen wird, ist eine Möglichkeit (vorausgesetzt die Datenbank ist klein genug, um auf die Diskette zu passen). Auch redundante Kopien sind sicherlich eine gute Idee. Das Anfertigen eines Ausdrucks ist eine weitere Möglichkeit, solche Daten zu schützen (vorausgesetzt sie liegen im ASCII-Format vor).

- Auch die Protokolldateien des Systems – von su, der syslog-Einrichtung, dem Auditing-Subsystem und so weiter – benötigen restriktive Zugriffsberechtigungen und müssen häufig gesichert werden. Redundante Kopien wären hier ebenfalls eine Möglichkeit. Sie können die syslog-Nachrichten zum Beispiel lokal mitprotokollieren und auf einem sicheren Remote-System, und so müssten die Cracker beide Spuren verändern, um eine Aktion zu verbergen. Wichtige Protokolldateien können auch regelmäßig oder in Echtzeit ausgedruckt werden; diese alten Hardcopy-Systemkonsolen hatten schon ihren Nutzen.

Sie müssen beim Aufbewahren dieser Sicherheitskopien vorsichtig sein. Denken Sie daran, dass Bedrohungen nicht immer von Außenstehenden kommen müssen.

KAPITEL 8
Verwalten von Netzwerkdiensten

Die Benutzer erwarten und verlassen sich inzwischen auf eine Vielzahl an Netzwerkdiensten: Einloggen in entfernte Systeme, Zugriff auf Dateien, die auf einem entfernten System abgelegt sind, Betrachten von Informationen verschiedener Websites und so weiter. Netzwerkoperationen der höheren Schichten verwenden normalerweise einen Hostnamen, um einen Netzwerkort anzugeben, ein einfaches und bequemes Verfahren für die Benutzer. Dementsprechend hängen Netzwerkoperationen grundlegend von zwei wesentlichen Fähigkeiten ab: die Umwandlung eines Hostnamens in eine IP-Adresse und das Herausfinden der Route zu dem gewünschten entfernten Ziel. Aus diesem Grunde werden die Konfiguration und Verwaltung von Diensten, die Namensauflösung und Routing durchführen, einen großen Teil in diesem Kapitel einnehmen. Nachdem wir diese Punkte im Detail behandelt haben, werden wir uns noch andere wichtige Netzwerkdienste ansehen, inklusive DHCP, der für das Zuweisen von IP-Adressen verantwortlich ist, und den Dienst, der die aktuelle Zeit auf den verschiedenen Systemen innerhalb des Netzwerks synchronisiert. Der letzte Abschnitt des Kapitels wird Software und Techniken zur Überwachung des Netzwerkstatus über die Zeit hinweg behandeln.

 inetd ist ein weiterer wichtiger Netzwerkdienst. Er überwacht viele anwendungsbezogene Dienste (wie zum Beispiel ftp und telnet). Er wird in »Netzwerksicherheit« in Kapitel 7 in Verbindung mit dem Paket TCP-Wrapper behandelt, da seine Konfiguration potenziell große Auswirkungen auf die Systemsicherheit haben kann.

Verwalten von DNS-Servern

Das Domain Name System (DNS) ist diejenige Einrichtung, die die Dienste der Namensauflösung zur Verfügung stellt.[1] Dieser Dienst besteht aus zwei eigenständigen Aktivitäten: die

---

1 Tatsächlich, um absolut technisch korrekt zu sein, ist DNS die Spezifikation für Dienste zur Namensauflösung. Auf Unix-Systemen wird die tatsächliche Implementierung Berkeley Internet Name Domain (BIND) genannt. Andere Systeme, wie zum Beispiel Windows NT und seine Nachfolger, nennen die Implementierung auch DNS und machen somit diese Unterscheidung überflüssig. Im Sprachgebrauch von Unix wird die Bezeichnung »DNS« auch häufig für beides verwendet, sowohl für die Spezifikation als auch für die Implementierung, so wie ich es im oben stehenden Text gemacht habe.

tatsächliche Umwandlung von Hostnamen in IP-Adressen und Verteilungsmechanismen für die zu Grunde liegenden Abbildungsdaten. Von der Struktur her ist DNS eine verteilte Datenbank, deren Inhalte über das gesamte Internet verstreut sind, mit einzelnen DNS-Servern, die nur die Teilmenge an Daten speichern, für die sie verantwortlich sind. Anfragen an diese weit verteilte Datenbank funktionieren deshalb, weil DNS die Fähigkeit besitzt, Abbildungsanfragen automatisch an die entsprechenden Server weiterzuleiten, auf eine Weise, die sehr gut skaliert. Die Gesamtsumme aller DNS-Daten wird auch als der DNS-Namensraum (*Namespace*) bezeichnet.

Die Organisationsstruktur von DNS definiert die Domainnamenhierarchie, wie sie den meisten Benutzern im Internet bekannt ist (siehe Abbildung 8-1). Domainnamen werden innerhalb einer Baumstruktur angeordnet, deren Wurzeln bei der *Root-Domain* liegen, die mit einem einzigen Punkt gekennzeichnet ist: ».«. Unterhalb der Root-Domain befinden sich eine Reihe von so genannten *Top-Level-Domains* (TLDs), deren Namen zwei Formen annehmen können: generische Suffixe (gTLDs), die den Organisationstyp kennzeichnen sollen, und zwei Zeichen zählende Ländercodes (ccTLDs; country code TLDs). Die aktuell definierten generischen TLDs werden in Tabelle 8-1 zusammengefasst (die aktuellsten Informationen erhalten Sie unter *http://www.icann.org/tlds/*).

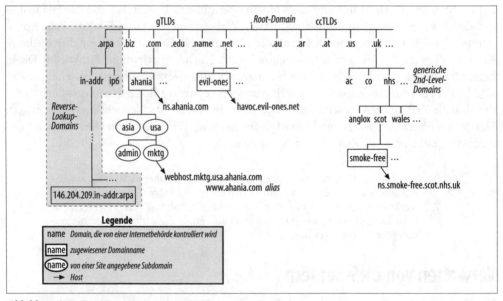

Abbildung 8-1: Der Namensraum von DNS

Tabelle 8-1: Generische TLDs

gTLD	Derzeitige Verwendung
.com	Kommerzielle Einrichtung (wird weltweit von Unternehmen eingesetzt)
.edu	US-Institutionen höherer Bildungseinrichtungen, die ein Diplom verleihen (zum Beispiel akkreditierte Colleges und Universitäten)

Tabelle 8-1: Generische TLDs (Fortsetzung)

gTLD	Derzeitige Verwendung
.org	Ursprünglich für nichtkommerzielle Einrichtungen gedacht, wird aber inzwischen allgemein verwendet
.net	Ursprünglich für Organisationen der Internet-Infrastruktur gedacht (zum Beispiel ISPs), wird aber inzwischen allgemein verwendet
.gov	Einrichtung der US-Regierung
.mil	US-Militär
.int	»International«: Organisationen, die durch Verträge zwischen Nationen eingeführt wurden (zum Beispiel NATO)
.biz	Selbstständige und Gewerbetreibende
.info	»Informational«: allgemein
.name	Einzelpersonen
.aero	Luftfahrtindustrie
.coop	Genossenschaftliche Vereinigungen/Organisationen (sehen Sie für Definitionen und weitere Informationen unter *http://www.coop.org* nach)
.museum	Museen
.pro	»Professionals«: zum Beispiel Ärzte, Anwälte
.arpa	TLD für *Reverse-Lookup-Domains* (führen die Abbildung von IP-Adressen auf Hostnamen durch); Site-spezifische Reverse-Lookup-Domains sind Subdomains von *in-addr.arpa*

Beispiele für Ländercode-TLDs sind *.us* (USA),[2] *.uk* (Großbritannien), *.jp* (Japan), *.fr* (Frankreich), *.it* (Italien), *.de* (Deutschland), *.at* (Österreich), *.es* (Spanien), *.ar* (Argentinien), *.mx* (Mexiko), *.fi* (Finnland), *.cn* (China), *.pl* (Polen) und *.au* (Australien). Wie diese Beispiele zeigen, können sich die Ländercodes entweder vom englischen oder muttersprachlichen Ländernamen herleiten (zum Beispiel Japan/*.jp* gegenüber España/*.es*). Eine komplette Liste der Ländercode-TLDs finden Sie unter *http://www.iana.org/cctld/cctld-whois.htm*.

Durch Erzeugen einer generischen Second-Level-Domain werden einige dieser TLDs weiter unterteilt, bevor organisationsspezifische Domainnamen zugewiesen werden.[3] Zum Beispiel enthält die ccTLD *.uk* die Subdomains *co.uk*, *ac.uk* und *nhs.uk*, die für kommerzielle und akademische Einrichtungen sowie nationale Gesundheitsorganisationen bestimmt sind – in dieser Reihenfolge (so wie viele weitere; *http://www.ilrt.bris.ac.uk/people/cmdjb/projects/uksites/uk-domains.html* führt alle Details auf).

Für eine Liste von Second-Level-Domains, geordnet nach Ländercode, können Sie unter *http://www.alldomains.com/alltlds.html* nachsehen. Diese Domains werden manchmal durch die nationale Behörde unterteilt. Zum Beispiel ist *scot.nhs.uk* die Domain für den

---

2   Früher reserviert für staatliche, regionale und lokale Bildungseinrichtungen der ersten und zweiten Stufe sowie für weitere öffentliche Einrichtungen. Second-Level-*.us*-Subdomains stehen jetzt US-Bürgern und US-Organisationen zur Verfügung.

3   Sie können auch sagen, dass *co.uk* und die anderen Subdomains der TLD *.uk* sind. Tatsächlich sind alle Domains Subdomains, da selbst TLDs Subdomains der Root-Domain sind.

Nationalen Gesundheitsdienst in Schottland und den Organisationen darin werden Fourth-Level-Domainnamen zugewiesen (zum Beispiel könnte die Schottische Anti-Raucher-Versammlung – eine fiktive Organisation – die Domain *smoke-free.scot.nhs.uk* besitzen).

Um Ihre eigene Domain zu erhalten, müssen Sie sich bei der zuständigen Behörde für diese TLD registrieren, innerhalb derer Sie Ihre Domain eingerichtet haben möchten. Auf den folgenden Websites finden Sie Listen von akkreditierten Registraturen:

gTLDs
   http://www.icann.org/registrars/accredited-list.html

ccTLDs
   Folgen Sie dem Link »URL for registration services« auf der entsprechenden Seite *http://www.iana.org/root-whois/cc.htm* (wobei *cc* den Ländercode darstellt). Beachten Sie, dass einige Länder noch weitere Registraturen besitzen, Sie aber wahrscheinlich eine Webrecherche durchführen müssen, um diese zu finden.

.us-Subdomains
   http://www.nic.us

Sobald eine Organisation einen eigenen Domainnamen erhalten hat, kann sie diese Domain weiter unterteilen, wenn das sinnvoll ist. Wie zum Beispiel in Abbildung 8-1 dargestellt wird, ist *ahania.com* in zwei Subdomains unterteilt, gegliedert nach der geografischen Lage, und die Subdomain *usa.ahania.com* ist noch einmal unterteilt, basierend auf der organisatorischen Funktion. Jede Ebene einer Domain kann sowohl Hosteinträge als auch Subdomains enthalten.

Wenn Sie einem Zweig des Domain-Baums nur lange genug folgen, werden Sie schließlich einen tatsächlichen Host erreichen. In Abbildung 8-1 befinden sich sowohl der Host *ns.smoke-free.scot.nhs.uk* als auch der Host *webhost.mktg.usa.ahania.com* in Fourth-Level-Domains innerhalb des gesamten Baums. Jedoch befindet sich Ersterer auf der obersten Ebene seiner speziellen Domain *smoke-free.scot.nhs.uk*, während Letzterer sich innerhalb einer Third-Level-Subdomain von *ahania.com* befindet. Strukturell gesehen ist der Host *havoc.evil-ones.net* dem Rechner *ns.smoke-free.scot.nhs.uk* ähnlich, und zwar insofern, dass er sich auf oberster Ebene seiner Domain *evil-ones.com* befindet. Wir werden weitere Punkte dieser Abbildung an verschiedenen Stellen innerhalb dieses Abschnitts behandeln.

Über Domainnamen

Domainnamen beachten keine Groß- und Kleinschreibung. Jeder Teil einer Subdomain ist auf 63 Zeichen beschränkt. Ein vollständig qualifizierter Hostname ist auf 255 Zeichen beschränkt. Es wird empfohlen, Second-Level-Domainnamen auf 12 oder weniger Zeichen einzuschränken. Der Zeichensatz für Namen ist beschränkt auf Buchstaben, Nummern und Bindestriche. Das erste und das letzte Zeichen darf kein Bindestrich sein. Jedermann zieht kürzere Namen den längeren vor (weniger Tipparbeit).

Implementierungen von DNS, inklusive der Berkeley Internet Name Domain (BIND) von Unix, enthalten folgende Bestandteile:

Resolver
Eine Subroutinen-Bibliothek, die von Befehlen und Benutzerprogrammen verwendet wird (insbesondere von *gethostbyname* und seinen Verwandten). Wir haben die Konfiguration des Resolvers in »Hinzufügen eines neuen Netzwerkrechners« in Kapitel 5 behandelt.

Nameserver
Auf Unix-Systemen ist dies der Daemon named. Dieser Server wird anhand einer Sammlung von ASCII-Konfigurationsdateien konfiguriert. (Der Name des Daemons wird »name-D« ausgesprochen.)

Zonen

Nameserver liefern die Dienste zur Namensauflösung für eine DNS-*Zone*. Eine Zone ist der Name, der einer Sammlung von Hosts innerhalb einer Domain gegeben wird, mit Ausnahme der Subdomains. In Abbildung 8-1 zum Beispiel besteht die Zone *ahania.com* aus allen Hosts innerhalb von *ahania.com* selbst, aber nicht aus denen der Subdomains oder ihrer Kinder. Wenn jede Subdomain ihren eigenen autoritativen Nameserver (wird unten erklärt) besäße, würde die Domain *ahania.com* fünf (Forward-)Zonen enthalten: *ahania.com*, *usa.ahania.com*, *asia.ahania.com*, *admin.usa.ahania.com* und *mktg.usa.ahania.com*.

Einige Zonendateien enthalten Einträge, die Namen auf IP-Adressen abbilden und für DNS-Anfragen verwendet werden. Andere geben *Reverse-Lookup-*Zonen an und werden dazu verwendet, die umgekehrte Anfrage auszuführen: die Abbildung einer IP-Adresse auf einen Hostnamen. Reverse-Lookup-Zonen sind zugewiesene Namen in der Form *c.b.a.in-addr.arpa*, wobei *c*, *b* und *a* in dieser Reihenfolge den dritten, zweiten und ersten Bestandteil einer lokalen Netzwerkadresse darstellen. Zum Beispiel ist *10.168.192.in-addr.arpa* die Reverse-Lookup-Zone für das Subnetz 192.168.10. Die Reihenfolge der Zahlen innerhalb der Netzwerkadresse wird im Namen der Reverse-Lookup-Zone umgedreht. Die erste Komponente, *c*, wird weggelassen, wenn sie nicht für den Netzwerkteil der IP-Adressen verwendet wird: Beispielsweise ist *1.10.in-addr.arpa* die Reverse-Lookup-Zone für das Subnetz 10.1.

Jede Forward-Zone besitzt mindestens eine entsprechende Reverse-Lookup-Zone. Dementsprechend würde die Domain *ahania.com* in Abbildung 8-1 auch fünf Reverse-Lookup-Zonen enthalten (auch wenn ihre Namen in der Abbildung nicht klar ersichtlich sind). Die Abbildung enthält zu Demonstrationszwecken eine Reverse-Lookup-Zone.

Arten von Nameservern

Nameserver können auf viele unterschiedliche Arten arbeiten:

- Sie können als Antwort zu den Anfragen *rekursive* oder *nichtrekursive* Suchabfragen durchführen. Stellen Sie sich vor, der Server *tom* hat die Antwort auf eine Frage, Sie fragen aber den Server *bill* (der die Antwort nicht kennt). Bei einer rekursiven Frage wird *bill* für Sie *tom* befragen und dann die Antwort an Sie weitergeben. Bei einer nichtrekursiven Frage wird *bill* antworten, dass er die Antwort nicht kennt, und wird Ihnen sagen, dass Sie als Nächstes *tom* befragen sollen. Die meisten Unix-Clients erwarten, dass Nameserver rekursive Anfragen durchführen, und dies ist auch deren Standardeinstellung.

- Sie können *autoritative* oder *nichtautoritative* Antworten auf eine Anfrage geben. Autoritative Antworten werden von Servern zurückgegeben, die als Besitzer eines bestimmten Satzes an Daten bestimmt wurden (siehe weiter unten). Nichtautoritative Antworten kommen von Servern, die zufällig die gewünschte Information als Ergebnis einer früheren Anfrage kennen. Im Allgemeinen behalten Nameserver die Informationen, die sie »erlernt« haben, für eine bestimmte Zeitspanne in ihrem *Cache* (nach dieser Zeitspanne werden die Informationen verworfen). Dieser Cache wird jedes Mal, wenn der Server neu gestartet wird, neu initialisiert. Bei den Versionen von BIND, die wir hier behandeln, werden negative Antworten ebenso im Cache behalten. Das bedeutet, dass der Nameserver die Namen, die er nicht auflösen konnte, mitverfolgt und auch nicht versucht, diese noch einmal aufzulösen, bis die Daten aus dem Cache verfallen. Der Timeout-Wert des Caches wird von dem Server bestimmt, der die Originalinformation geliefert hat.

- Autoritative Server gibt es in unterschiedlichen Variationen:
  - *Master-Nameserver* halten die offizielle Kopie der DNS-Dateneinträge einer Zone. Diese Daten werden in Konfigurationsdateien abgelegt. Früher wurden Master-Nameserver *Primäre Nameserver* genannt und Sie könnten auch noch hier und da einmal dem Begriff *Primärer Master-Nameserver* begegnen.
  - *Slave-Nameserver*, die im Hinblick auf die Daten ihrer Zone ebenfalls autoritativ sind. Diese Server erhalten die DNS-Dateneinträge von den Master-Servern der Zone. Slave-Nameserver wurden früher *Sekundäre Nameserver* genannt.
  - *Stub-Nameserver* funktionieren wie Slave-Nameserver, schränken ihre Daten allerdings auf die Einträge ein, die den Systemen von Nameservern gehören.[4] Anders ausgedrückt, gewöhnliche Host-Einträge sind ausgeschlossen. Diese Nameserver sind dazu da, eine Aktualisierung der Zeiger in einer Elternzone zu vereinfachen, wenn sich die Nameserver in einer der Subdomains ändern.
  - *Distribution-Nameserver* sind Nameserver (normalerweise Slave oder Stub), deren Existenz außerhalb der lokalen Domain nicht publik gemacht wird. Aus diesem Grunde werden sie manchmal auch *Stealth-Nameserver* genannt. Jedoch sind diese Server nicht wirklich unsichtbar. Jeder, der ihre IP-Adresse kennt, kann Anfragen an sie schicken.

  Ist der Eltern-Nameserver einer Subdomain nicht richtig konfiguriert, können Stealth-Server auch versehentlich erzeugt werden. Wenn der Eltern-Nameserver den falschen

---

[4] Genau genommen halten sie nur die SOA-Einträge, die NS-Einträge und die A-Einträge der entsprechenden Hosts in den NS-Einträgen vor.

Server als Nameserver der Subdomain aufgeführt hat, dann ist der echte Nameserver der Subdomain für niemanden auffindbar (weil der Nameserver der Elternzone die falsche Adresse ausgibt).

- Server, die keine offiziellen DNS-Einträge für eine Zone vorhalten, sind als *Caching-Only-Nameserver* bekannt. Dies auf Grund der Tatsache, dass sie alle Informationen, die sie erlernt haben, innerhalb ihres Caches aufbewahren (zumindest für eine bestimmte Zeit).

- *Forwarders* sind Nameserver außerhalb der lokalen Domain, die als Ziel für Anfragen bestimmt wurden (insbesondere für externe Anfragen). Wenn ein Nameserver für die Verwendung mit einem Forwarder konfiguriert wurde, schickt er jede Anfrage für Hosts, die er nicht kennt, an den Forwarder. Sollte der Forwarder keine Antwort liefern können, wird er versuchen, die Antwort selbst herauszubekommen, indem er weitere Nameserver kontaktiert, von denen er Kenntnis hat.

  Wenn ein Nameserver so konfiguriert ist, dass er sich komplett auf bestimmte Forwarder verlässt, spricht man von einem *Forward-Only-Nameserver*. In diesem Fall würde die Anfrage einfach fehlschlagen, sollte der Forwarder keine Antwort zurückliefern.

  Hinter Forwarder stecken zwei Ideen: die Kanalisierung der meisten Anfragen auf wenige bestimmte Server und die Reduzierung der Last auf den anderen DNS-Servern. Normalerweise sind die Anfragen, die weitergeleitet werden, Adressen außerhalb der lokalen Domain, sodass die lokale Namensauflösung niemals von entfernten Operationen beeinflusst wird.

  Der zweite Vorteil von Forwardern liegt darin, dass sie mit der Zeit einen Cache mit einem großen Datenbestand der entfernten Anfragen aufbauen. Dadurch, dass Forwarder eingesetzt werden, um alle diese Anfragen durchzuführen, befinden sich diese Daten alle an einem Ort. Sollen dann für alle entfernten Anfragen zuerst diese Server überprüft werden, so können diese den größtmöglichen Vorteil aus den Ergebnissen früherer Anfragen ziehen (was die Chancen erhöht, dass eine gewünschte Adresse schon bekannt ist). Vergleichen Sie dies mit der Situation, in der jeder DNS-Server jede Anfrage, die er erhält, selbst durchführt; in diesem Fall würden die Ergebnisse von früheren Anfragen für entfernte Sites über das gesamte lokale Netzwerk verstreut sein und die Chancen, dass Anfragen unnötigerweise wiederholt würden, wären viel größer.

Wir werden später in diesem Abschnitt jeden unterschiedlichen Typ von Nameserver im Detail behandeln.

Über BIND

Die erste Version von dem, was dann BIND wurde, wurde 1984 geschrieben und seitdem wurden viele Versionen herausgegeben. Derzeit wird die Wartung und Entwicklung vom Internet Software Consortium vorgenommen und Sie können den aktuellen Quellcode von dort erhalten (*http://www.isc.org/products/BIND/*). Als ich dieses Kapitel schrieb, war die aktuelle Version BIND 9.2.1 (veröffentlicht im Mai 2002).

Leider befinden sich momentan drei Hauptversionen von BIND im tatsächlichen Gebrauch: BIND 4, BIND 8 und BIND 9 (diese sind trotz der Nummerierung aufeinander folgende Hauptversionen). Die Hersteller sind sehr langsam, wenn es darum geht, die gelieferte Version von BIND zu ersetzen, und die Sicherheits-Patches von BIND werden viel häufiger herausgegeben als die Updates der Betriebssysteme. Tabelle 8-2 führt die Versionen von BIND auf, die mit unseren Referenz-Betriebssystemen ausgeliefert werden. Schraffierte Zeilen weisen auf Versionen mit bekannten Sicherheitslöchern hin, die aktualisiert werden sollten. Beachten Sie, dass in einigen Fällen aktuellere Versionen auf der Website des Herstellers zum Download zur Verfügung stehen.

Tabelle 8-2: Empfohlene BIND-Versionen gegenüber den vom Hersteller gelieferten Versionen

Umgebung	Version
ISC-Empfehlungen	BIND 4: 4.9.8 (minimale Stufe)
	BIND 8: 8.2.5 (minimale Stufe); 8.3.1 (aktuelle Ausgabe)
	BIND 9: 9.2.1 (aktuelle Ausgabe)
AIX 5.1	4.9.3
FreeBSD 4.6	8.3.2
HP-UX 11	4.9.7
HP-UX 11i	9.2.0
Linux: Red Hat 7	9.1.3 oder 9.2.0
SuSE 7 oder 8	9.1.3
Solaris 8	8.1.2
Solaris 9	8.2.4
Tru64 5.1	8.2.2-P5 plus Sicherheits-Patches

Sie können die BIND-Version, die auf einem System läuft, herausbekommen, indem Sie die Datei mit den Systemnachrichten überprüfen, die von syslog erzeugt werden (für das Daemon-System), als auch mit dem Utility dig (wird später in diesem Abschnitt behandelt). Sollte kein Nameserver konfiguriert worden sein, können Sie dennoch herausbekommen, welche Version Ihr System enthält, indem Sie named per Hand starten; normalerweise startet er, gibt Auskunft über seine Version und weitere Informationen und beendet sich dann, wenn er keine gültigen Konfigurationsdateien findet.

In vielen Fällen war die Version von BIND, die von einem Hersteller ausgeliefert wird, zu dem Zeitpunkt, als das Betriebssystem herausgebracht wurde, die aktuelle zur Verfügung stehende Version. Sicherheitsprobleme mit dieser Version wurden erst nach dem Veröffentlichungsdatum aufgedeckt. Wie die Tabelle andeutet, sollten mehrere Betriebssystemversionen von BIND auf den neuesten Stand gebracht werden (Updates stehen manchmal auf der Website der Hersteller zur Verfügung).

Im Fall von AIX und HP-UX 11 ist die Ausgabe so alt, dass ich empfehle, diese wenn möglich komplett durch BIND 9 zu ersetzen.[5]

> ### Ersetzen von Software, die vom Hersteller geliefert wurde
>
> Einige Systemadministratoren schrecken davor zurück, größere Ersetzungen der Software vorzunehmen, die mit ihren Systemen geliefert wurde. Die Hersteller raten davon ab, einen Teil des Betriebssystems, das sie liefern, zu ersetzen. In der Tat unterstützen sie es oft nicht, wenn Sie es doch tun. Dieser Grund zusammen mit dem einfachen gesunden Menschenverstand besagt, dass das Ersetzen von Standardsoftware durch irgendetwas anderes nichts ist, das Sie leichtfertig durchführen sollten.
>
> Trotzdem gibt es Zeiten, in denen es ungeachtet dieser Überlegungen am besten ist, so vorzugehen: wenn die vom Hersteller gelieferte Software Sicherheitsprobleme aufweist, wenn sie wichtige Sonderfunktionen vermissen lässt, auf die Ihre Site angewiesen ist, oder wenn sie nicht mit zugehörigen Einrichtungen auf anderen Systemen zusammenarbeitet (sie nicht zusammenspielen). In diesen Fällen ist die Installation besserer Software der richtige Schritt. Gerade deswegen installiere ich nur vollständige und getestete Software auf Produktionssystemen (Beta-Software läuft nur auf meinen Testsystemen).
>
> Sollten Sie sich dazu entschließen, ein Paket zu ersetzen, empfiehlt es sich, alle Bestandteile der ursprünglich installierten Version zu sichern, für den Fall, dass Sie wieder auf die alte Version zurückgreifen müssen.

Unter den BIND-Versionen gibt es beträchtliche Unterschiede. Tabelle 8-3 fasst diese zusammen; die meisten dieser Sonderfunktionen werden im Verlauf dieses Abschnitts behandelt (wenn auch die Systemleistung von DNS in »Netzwerk-Performance« in Kapitel 15 abgedeckt wird).

Tabelle 8-3: Vergleich wichtiger BIND-Versionen

Sonderfunktion	BIND 4.9.3[a]	BIND 8.1.2	BIND 9.1.0 und später
Zugriffskontrolle	Hack	ja	ja
DNS-Sicherheitserweiterungen	nein	einige	ja
Dynamische Aktualisierung	nein	ja	ja
Forwarding	ja	ja	ja
Forward-Zonen	nein	nein[b]	ja
Inkrementelle Zonentransfers	nein	nein[b]	ja
Unterstützung von IPv6	nein	ja	ja

---

5 Einige Versionen von HP-UX sind nicht kompatibel zu BIND 9 (Vanilla) und müssen BIND 8 verwenden; für Details können Sie auf der Website von ISC nachsehen. Sie können sich jedoch die von HP portierte Version von BIND 9 hier herunterladen: *http://www.software.hp.com/cgi-bin/swdepot_parser.cgi/cgi/displayProductInfo.pl?productNumber=BIND9.2*.

Tabelle 8-3: Vergleich wichtiger BIND-Versionen (Fortsetzung)

Sonderfunktion	BIND 4.9.3[a]	BIND 8.1.2	BIND 9.1.0 und später
Multiprocessing (Threads)	nein	nein	ja
Rekursion kann deaktiviert werden	ja	ja	ja
Round-Robin-Lastverteilung	ja	ja	ja
Benachrichtigung bei Updates	nein	ja	ja
Views	nein	nein	ja

a Einige Features, die mit »nein« markiert sind, waren in experimenteller Form vorhanden.
b Wurde in BIND 8.2 hinzugefügt.

Im Rest unserer Abhandlung werden wir nur BIND 8 und 9 behandeln und die Benennung »BIND 8« wird sich auf BIND 8.2.0 und spätere Versionen beziehen. BIND 8-spezifische Punkte werden mit einer ❽ markiert; BIND 9 mit einer ❾.

Konfigurieren von named

Der Server named verwendet mehrere Konfigurationsdateien. Wir werden damit beginnen, dass wir einen kurzen Blick auf die vollständige Liste werfen, und behandeln dann Beispielkonfigurationen für verschiedene Szenarien, wie sie auch tatsächlich vorkommen können. Für weitere Informationen zu DNS und BIND, inklusive vollständiger Details zu den verschiedenen Konfigurationsdateien, beachten Sie bitte das ausgezeichnete Buch von Paul Albitz und Cricket Liu, *DNS und BIND* (O'Reilly Verlag).

DNS-Konfigurationsdateien sind erstklassige Beispiele für Konfigurationsdateien, die von einem Versionsverwaltungssystem (Revision Control System) profitieren können. Diese Dateien sind sehr wichtig und besitzen auch eine etwas obskure Syntax. Ein Versionsverwaltungssystem wie CVS oder RCS verfolgt nicht nur automatisch die Veränderungen an diesen Dateien, sondern macht es einem auch sehr einfach, wieder zu einer funktionierenden Version zurückzukehren, sollte eine dieser Dateien durch Tippfehler oder sonstige Fehler verpfuscht werden.

Tabelle 8-4 führt die Speicherorte der Bind-Komponenten auf den verschiedenen Betriebssystemen auf.

Tabelle 8-4: Speicherorte von BIND-Komponenten

Komponente	Speicherort[a]
Hauptkonfigurationsdatei von named	Üblich/ISC: /etc/named.conf
	FreeBSD: /etc/namedb/named.conf
Ausführbare Dateien von named	Üblich/ISC: /usr/sbin/named
	Solaris: /usr/sbin/in.named
	Tru64: /sbin/named

Tabelle 8-4: Speicherorte von BIND-Komponenten (Fortsetzung)

Komponente	Speicherort[a]
Das für die Dateien von named bestimmte Verzeichnis	**Üblich/ISC:** keines **FreeBSD:** /etc/namedb **Tru64:** /etc/namedb
Standardname der Hints-Datei	**Üblich/ISC:** nicht definiert **FreeBSD:** named.root **Linux:** root.hint
Startskript, das named startet	**Üblich/ISC:** /etc/init.d/named **FreeBSD:** /etc/rc.network **Solaris:** /etc/init.d/inetsvc **Tru64:** /sbin/init.d/named
Konfigurationsdatei des Startskripts: named-bezogene Einträge	**ISC:** keine **FreeBSD:** /etc/rc.conf und /oder /etc/rc.conf.local: named_enable="YES", named_flags="named-args" **Red Hat:** /etc/sysconfig/named: ROOTDIR=dir-for-chroot; OPTIONS="named-args" (verwenden Sie nicht -t) **SuSE 7:** /etc/rc.config: START_NAMED="yes" **Solaris:** es wird keine verwendet **Tru64:** /etc/rc.config: BIND_CONF="YES"; BIND_SERVERARGS="named-args"; BIND_SERVERTYPE="keyword"

[a] AIX und HP-UX sind von dieser Tabelle ausgeschlossen, da sie nur BIND 4 zur Verfügung stellen. Im Allgemeinen wird für diese Systeme die aktuelle Version von BIND 9 vom ISC empfohlen.

Die Master-Konfigurationsdatei: named.conf

Die Datei */etc/named.conf* ist die Hauptkonfigurationsdatei für named.[6] Sie gibt die Art des Nameservers an, der laufen wird, und alle seine Betriebseigenschaften. Einträge in dieser Datei haben die folgende allgemeine Syntax:

```
Schlüsselwort [Argument] {
/* Das ist ein Kommentar */
    Punkt;    // Kommentar
    Punkt;    # ein weiterer Kommentar
    ...
};
```

Beachten Sie, dass der Abschnitt des Schlüsselwortes und jeder darin aufgeführte Punkt durch einen Strichpunkt beendet werden müssen. Wie das Beispiel erkennen lässt, gibt es drei unterschiedliche gültige Kommentararten. Die erste, im C-artigen Format (/* Kommentar */), kann sich über mehrere Zeilen erstrecken. Zusätzlich können Angaben ohne eine spezielle Trennungslinie über mehrere Zeilen reichen, da sie immer durch einen Strichpunkt abgeschlossen werden.

---

[6] Unter BIND 4 ist diese Datei */etc/named.boot* und wird für gewöhnlich Startdatei (*boot file*) genannt. Die Datei hat auch eine ganz andere Syntax. Beachten Sie insbesondere, dass Strichpunkte in der neuen Version keine Kommentare mehr kennzeichnen, sondern stattdessen eine wichtige syntaktische Rolle innerhalb der Einträge einnehmen.

Hier ist eine einfache Version einer *named.conf*-Datei, die deren grundlegende Features veranschaulicht:

```
options {                              Setzen globaler Optionen.
    directory "/var/named";            Verzeichnis für weitere Konfigurationsdateien.
    pid-file "/var/run/named";         Enthält die PID des named-Prozesses.
};

zone "." {                             Gibt die Zone für den Cache des Root-Servers an.
    type hint;                         Zonentyp.
    file "named.cache";                Datei, die die Dateneinträge enthält.
};

zone "0.0.127.in-addr.arpa" {          Reverse-Lookup-Zone für die Loopback-Adresse.
    type master;                       Dies ist der Master-Server für diese Zone.
    file "localhost.rev";              Datei, die den Dateneintrag enthält.
    notify no;                         Benachrichtige Slave-Server nicht über Updates.
};
```

Diese Datei enthält drei Angaben. Die erste, options, setzt globale Optionen für diesen Server. In diesem Fall geben wir das Verzeichnis an, in dem die restlichen Konfigurationsdateien abgelegt sind, und einen Pfadnamen für die Datei, die die PID des named-Prozesses enthält.

Die restlichen beiden Angaben geben Zonen und deren Eigenschaften an. Der Zonenname folgt dem Schlüsselwort und die Option type gibt an, um welche Art von Zone es sich handelt. In diesem Beispiel entspricht der erste Zonenausdruck der Root-Domain und dessen Typ ist der spezielle Typ hint. Solche Zoneneinträge werden verwendet, um den Speicherort der Root-Hints-Datei anzugeben, die die Adressen der Nameserver der Root-Zonen enthält (wird im nächsten Unterabschnitt behandelt). Hier wird die Datei mit */var/named/named.cache* angegeben.

Die zweite Zonenangabe gibt eine Zone mit dem Namen *0.0.127.in-addr.arpa* an, für die dieser Host der Master-Nameserver ist. Diese Zone ist eine Reverse-Lookup-Zone. Sie wird verwendet, um eine IP-Adresse auf einen Hostnamen abzubilden. In diesem Fall wird seine Datendatei 127.0.0.1 auf *localhost* abgebildet. Die Dateneinträge für diese Zone werden in der Datei */var/named/localhost.rev* abgelegt. Zonendateien werden später in diesem Abschnitt im Detail behandelt.

Einträge wie diese beiden werden in jeder *named.conf*-Datei vorhanden sein. Tatsächlich reicht die gezeigte Version aus, um einen Caching-Only-Nameserver zu konfigurieren.

Hier ist eine einfache Zonenangabe, die einen Master-Nameserver definiert:

```
zone "ahania.com" {
  type master;
  file "ahania.com.db";                Dateiname der Zone.
};

zone "10.168.192.in-addr.arpa" {
  type master;
  file "192.168.10.rev";               Dateiname der Reverse-Zone.
};
```

Diese beiden Angaben ähneln denen, die wir bereits gesehen haben. Sie kennzeichnen diesen Server als einen Master-Nameserver für die Zonen *ahania.com* und *10.168.192.in-addr.arpa*, bei denen es sich um die Forward- und Reverse-Zonen für den gleichen Satz an Hosts handelt. In jedem Ausdruck gibt die Option file den Speicherort der Zonendatei an, die die DNS-Dateneinträge vorhält (relativ zum Standardverzeichnis). Beachten Sie, dass die gesamte Datei *named.conf* ebenfalls eine Angabe options enthält sowie Zonenangaben für die Root-Hints-Datei und die Loopback-Reverse-Lookup-Zone, die denen ähneln, die wir früher schon untersucht haben.

Ein Slave-Server ist für seine grundlegendste Form ähnlich einfach zu konfigurieren. Er enthält eine Zonenangabe wie diese, zusätzlich zur Angabe options sowie der Root-Hinweisdatei und den Angaben zur Loopback-Reverse-Lookup-Zone:

```
zone "ahania.com" {
  type slave;
  masters { 192.168.10.1; };    # Maximum = 10 Master-Server
  file "back/ahania.com.bak";   # vereinfacht das Auffinden der Backup-Datei
};
zone "10.168.192.in-addr.arpa" {
  type slave;
  masters { 192.168.10.1; };
  file "back/192.168.10.bak";
};
```

In diesen Zonenangaben handelt es sich nun um den Servertyp Slave. Die Angabe masters nimmt eine Liste von IP-Adressen der Master-Nameserver entgegen, von denen sich dieser Slave die Zonendaten verschaffen soll. Mehrere Server werden in der Reihenfolge kontaktiert, in der sie aufgeführt sind, bis eine Antwort empfangen wird.

Sollte eine Option file enthalten sein, wird diese Datei als lokale Sicherungsdatei für die Zonendaten verwendet. Sie wird jedes Mal aktualisiert, wenn der Slave-Nameserver neue Daten vom Master-Nameserver erhält, und sie wird beim Starten des Servers geladen. Sollte dies der Fall sein, dann überprüft der Slave-Nameserver einfach, ob der Master-Nameserver aktuellere Daten besitzt, lädt diese nur wenn nötig herunter und sorgt damit für ein schnelleres Starten des Servers.

Ein vorhandener Nameserver kann Master-Server für mehr als eine Zone sein, kann aber auch ein Master-Server für einige Zonen und gleichzeitig Slave-Server für andere sein.

Legen Sie auf Slave-Servern aktuelle Kopien der Zonendateien in einem separaten Verzeichnis ab. Auf diese Weise wird es einfach sein, einen Slave-Nameserver rasch zu einem Master-Nameserver zu machen.

Tabelle 8-5 führt die wichtigsten Angaben und Optionen auf, die in einer Konfigurationsdatei von named vorkommen können.

Tabelle 8-5: Wichtige Angaben und Optionen in named.conf

Angabe und Verwendungszweck Grundlegende Syntax	Bedeutung der Option
options: gibt globale Optionen an, die auf alle Zonen zutreffen, die diese nicht überschreiben.	
`options {`	
`  [allow-query { Liste; };]`	Akzeptiere Anfragen nur von diesen Servern.
`  [allow-transfer { Liste; };]`	Schicke Zonentransfers nur an diese Server.
`  [allow-notify { Liste; };]`	Gültige Quellen für Update-Benachrichtigungen.
`  [also-notify { Liste; };]`	Schicke Update-Meldungen an alle Slaves zzgl. diesen.
`  [blackhole { Liste; };]`	Ignoriere diese Hosts komplett.
`  [directory "Pfad";]`	Standardverzeichnis für relative Pfadnamen.
`  [forward only|first;]`	Verwende ausschließlich/zuerst Forwarding.
`  [forwarders { Liste; };]`	Server, an die externe Anfragen weitergegeben werden.
`  [maintain-ixfr-base yes|no;]` ❽	Halte Daten für inkrementelle Zonentransfers.
`  [notify yes|no|explicit` ❾ `;]`	Schicke Update-Meldungen (explicit=nur an die Liste).
`  [provide-ixfr yes|no;]` ❾	Schicke inkrementelle Zonentransfers.
`  [pid-file "Name";]`	Pfad zur Datei, die die PID des named-Prozesses enthält.
`  [request-xfer yes|no;]`	Frage inkrementelle Zonentransfers an.
`  [weitere Optionen]`	
`};`	
zone: gibt eine Zone und deren Eigenschaften an.	
`zone "Name" {`	
`  type Schlüsselwort;`	Servertyp: master, slave, stub, forward usw.
`  [file "Pfad";]`	Pfadname zur Zonendatei.
`  [masters { Liste; };]`	Liste mit Master-Nameservern.
`  [allow-query { Liste; };]`	Nimm Anfragen nur von diesen Servern an.
`  [allow-transfer { Liste; };]`	Sende Zonentransfers nur an diese Server.
`  [allow-update { Liste; };]`	Gültige Quellen für dynamische Updates.
`  [allow-update-forwarding { Liste; };]` ❾	Gültige Quellen für Updates, die an den Master gesendet werden.
`  [also-notify { Liste; };]`	Schicke Update-Meldungen an alle Slaves zzgl. diesen.
`  [forward only|first;]`	Verwende ausschließlich/zuerst Forwarding.
`  [forwarders { Liste; };]`	Server, an die externe Anfragen weitergegeben werden.
`  [notify yes|no|explicit`❾`;]`	Schicke Update-Meldungen (explicit=nur an die Liste).
`  [update-policy { Regel-Liste; };]` ❾	Gibt an, wer was dynamisch aktualisieren darf. Syntax der Regeln: `grant|deny Wer-Schlüssel Was Wo [Typen];`
`  [weitere Optionen]`	
`};`	
logging: gibt das Protokollierungsverhalten an.	
`logging {`	
`  channel Name {`	Gib Protokollziel an.
`    syslog Einrichtung;`	Schicke Nachrichten an diese syslog-Einrichtung.
`    [severity Stufe];`	Gib die Protokollstufe von syslog an.
`	file "Pfad";`	Schicke Nachrichten an diese Datei.
`	null;`	Verwirf Nachrichten.
`  };`	
`  [channel ...]`	
`  [category Schlüsselwörter` `    { Channel-Liste; };]`	Schicke bestimmte Arten von Protokolldaten an Channel(s).
`  [category default { Channel-Liste; };]`	Schicke Standardnachrichten an Channel(s).
`};`	

Tabelle 8-5: Wichtige Angaben und Optionen in named.conf (Fortsetzung)

Angabe und Verwendungszweck Grundlegende Syntax	Bedeutung der Option
server: gibt an, wie mit einem bestimmten Nameserver kommuniziert werden soll.	

`server IP-Adresse {`
`  [provide-ixfr yes|no;]` ❾
`  [request-ixfr yes|no;]` ❾
`  [support-ixfr yes|no;]` ❽
 	
`  [keys { Schlüssel; };]`
`};`
	Liefere IXFR an diesen Server.
	Erfrage IXFR von diesem Server.
	Dieser Server unterstützt inkrementelle Zonentransfers.
	Gib einen TSIG-Schlüssel an, der mit diesem Server verwendet werden soll.

acl: gibt eine Vergleichsliste (Match List) mit IP-Adressen an.	

`acl "Name" {`
`  [!] Match-String; ... [!] Match-String;`
`};`
	Jeder Match-String kann eine IP- oder Netzwerkadresse sein oder der Name einer anderen Adressenliste.
	! = soll nicht zutreffen.

key: gibt einen Schlüssel an (Shared Secret Security).	

`key "Name" {`
`  algorithm hmac-md5;`
`  secret "codierter Schlüssel";`
`};`
	Dies ist der einzige unterstützte Algorithmus.
	Codiert den Schlüssel unter Verwendung von dnskeygen ❽ *oder dnssec-keygen* ❾*.*

view: gibt eine View von BIND 9 an.	

`view "Name" {` ❾
`  match-clients { Liste; };`
`  zone "Zonenname" { ... };`
`  [zone ...]`
`  [weitere Optionen]`
`};`
	Hosts, die auf diese Zone über diese View zugreifen.
	Zone(n), wie sie in dieser View angegeben wurden.
	Andere Optionen, die für diese View zutreffend sind.

controls: gibt den **ndc/rndc**-Serverzugriff an.	

`controls {` ❾
`  inet Adresse allow { Hosts; }`
`  keys { Schlüssel; };`
`};`
	Erlaubt es den aufgeführten Hosts, diesen Nameserver mit rndc über eine bestimmte Adresse (Port ist optional) unter Verwendung von kryptografischen Schlüsseln zu verwalten.

include: fügt die Inhalte einer externen Datei ein.	
`include "Pfad";`	*Include-Mechanismus von BIND für Dateien.*

Wenn wir die verschiedenen BIND-Features behandeln, werden wir Beispiele zu den meisten dieser Angaben sehen. Bevor wir dies jedoch tun, werden wir unser Gesamtbild von BIND komplettieren, indem wir die anderen Konfigurationsdateien betrachten.

Die Root-Hints-Datei

Zusätzlich zu den Dateneinträgen der Zonen, die sie bedienen, benötigen alle Nameserver noch Informationen über die DNS-Root-Domain, um Hostnamen außerhalb der lokalen Domain auflösen zu können (da eine Anfrage für eine entfernte Site eventuell dahin weitergeleitet werden muss). Wie wir schon gesehen haben, enthält die Datei *named.conf* eine Zonendefinition für die Root-Zone, die den Zonentyp hint besitzt. Die Datei, die hier angegeben wird, ist als *Root-Hints-Datei* bekannt. Sie enthält die IP-Adressen der Nameserver für die Root-Domain. Sie können einen beliebigen Namen für diese Datei auswählen. Häufig verwendete Namen sind *named.root*, *db.cache* und *root.hint*.

Die Root-Hints-Datei besitzt auf jedem DNS-Nameserver die gleiche Form und den gleichen Inhalt (zumindest sollte sie das). Sie können diese Standarddatei bekommen, indem Sie sich über anonymes FTP die Datei */domain/named.root* von *ftp.rs.internic.net* holen.

Hier ist ein Teil der aktuellen Version dieser Datei, mit zusätzlichen Anmerkungen:

```
; Definitionen der Nameserver
;Zone              TTL       Class  Type  Host
.                  3600000   IN     NS    A.ROOT-SERVERS.NET.
.                  3600000   IN     NS    B.ROOT-SERVERS.NET.
;
; Bildet die Hostnamen auf IP-Adressen ab
;Host              TTL       Class  Type  IP Address
A.ROOT-SERVERS.NET. 3600000  IN     A     198.41.0.4
B.ROOT-SERVERS.NET. 3600000  IN     A     128.9.0.107
```

Dieser Auszug gibt in seinen ersten beiden Einträgen in Zeile 3 und 4 nach den Kommentaren (die durch Strichpunkte gekennzeichnet sind) zwei Nameserver für die Root-Zone an. Die Felder in diesen beiden Einträgen enthalten den Zonennamen, die Lebensdauer (time-to-live oder TTL) des Caches für diesen Record auf entfernten Servern (in Sekunden), die Klasse (eigentlich für das Internet immer auf IN gesetzt), den Record-Typ (hier NS für Nameserver) und den Hostnamen des Nameservers.

Die letzten beiden Zeilen dieser Datei geben die IP-Adressen an, die zu diesen Nameservern gehören. Die Felder in diesen Einträgen enthalten den Hostnamen, die TTL des Caches, die Klasse, den Record-Typ (A für Adresse) und schließlich die IP-Adresse, die diesem Host zugewiesen wurde.

Das Format der Einträge in dieser Datei ist dasselbe wie das jeder anderen DNS-Zonendatei. Wir werden deren Formate im Detail im nächsten Abschnitt behandeln. Die Einträge in der Root-Hints-Datei werden in den Nameserver geladen, sobald er startet, und die Datei wird danach nicht mehr befragt. Sie werden sich von Zeit zu Zeit die aktuelle Version dieser Datei besorgen müssen (ein paar Mal im Jahr).

Zonendateien

Zonendateien halten die tatsächlichen DNS-Dateneinträge der Master-Nameserver vor. Diese Daten werden dann geladen, wenn der Server hochfährt. Einträge innerhalb einer Zonendatei werden DNS-Ressourceneinträge (*DNS Resource Records*) genannt und haben die folgende allgemeine Syntax:

Entity-Name [*ttl*] IN *Record-Typ Daten*

Bei *Entity-Name* handelt es sich um den Punkt, der definiert oder angegeben wird, *ttl* ist ein optionaler Time-to-live-Wert (Lebensdauer des Caches in Sekunden), IN entspricht der Klasse (Internet), *Record-Typ* ist eine Zeichenkette, die angibt, um welchen Record-Typ es sich handelt, und *Daten* ist der Wert, der abgebildet wird, oder steht für andere Daten, die mit diesem Eintrag in Verbindung stehen.

Tabelle 8-6 führt die wichtigsten Typen von DNS-Ressourceneinträgen auf, zusammen mit ihrer grundlegenden Syntax in der Zonendatei. Wir haben das optionale TTL-Feld in der Tabelle weggelassen.

Tabelle 8-6: Wichtige Typen von DNS-Ressourceneinträgen

Typ und Verwendungszweck	Grundlegende Syntax

SOA: Eintrag für den Start der Autorität (Start of Authority-Record), gibt die grundlegenden Parameter für diese Zone an
 	
Zeit-Syntax: `n[s|m|h|d|w]`
	`@ IN SOA` *Hostname Admin* `(`
	   s `;` *laufende Nummer (32 Bit)*
	   Zeit `;` *Prüfintervall für das Update des Slaves*
	   Zeit `;` *Wiederholungsintervall für fehlgeschlagene Updates*
	   Zeit `;` *Timeout für das Verwerfen, falls Master nicht erreichbar ist*
	   Zeit `;` *TTL für negative Antworten* ❾ *oder Daten im Cache* ❽
	`)`

NS: Nameserver-Definitionen	*Zone* `IN NS` *Server-Hostname*
A: Abbildung von Hostnamen auf IP-Adressen	*Hostname* `IN A` *IP-Adresse*
CNAME: Alias für Host-Definitionen	*Alias* `IN CNAME` *Hostname*
MX: Bestimmen eines Mailservers für einen Host	*Hostname* `IN MX` *Priorität Mailserver*
PTR: Abbildung von IP-Adressen auf Hostnamen	*Hostteil-der-Adresse* `IN PTR` *Hostname*
SRV: Bekanntmachen eines zur Verfügung stehenden Dienstes	`_`*Dienst*`._`*Proto.Domain* `IN SRVP` *Priorität Gewichtung Port Host*
AAAA: IPv6-Abbildung von Hostnamen auf IP-Adressen	*Hostname* `IN AAAA` *IPv6-Adresse*

Es gibt auch noch ein paar Direktiven, die in einer Zonendatei verwendet werden könnten:

```
$TTL Zeit                        Standard-TTL für die Abbildung von Adressen im Cache.
$ORIGIN Domain                   Spezifiziert den Standardinhalt der Domain.
$GENERATE Bereich Record-Template Generiert automatisch Ressourceneinträge.
$INCLUDE Pfad                    Fügt den Inhalt einer externen Datei ein.
```

BIND 9 erwartet eine $TTL-Anfangsdirektive. Deren Argument ist eine Zeitspanne, die entweder als einfache Zahl (wird als Sekunden gedeutet) oder als eine Zahl, gefolgt von einem Einheitenkennzeichen, ausgedrückt wird: s (Sekunden), m (Minuten), h (Stunden), d (Tage) oder w (Wochen). Die gleichen Kennzeichen können auch für das TTL-Feld anderer Ressourceneinträge und innerhalb des entsprechenden Feldes im Start of Authority-Record verwendet werden.

Wir werden jetzt Ausschnitte aus einer Forward-Zonendatei untersuchen, die viele dieser Ressourcenarten veranschaulichen. Hier ist der Anfang der Datei:

```
$TTL 24h                                 Lebensdauer für Abbildungen im Cache.
@ SOA IN ns.ahania.com. chavez.dalton.ahania.com. (
   200204010 ; laufend                   Kennzeichnet die Version der Zonendatei.
       5h ; Refresh (5 Stunden)          Slaves prüfen dementsprechend häufig auf Updates.
```

```
       1200 ; Retry (20 Minuten)          Nach dieser Zeitspanne erfolgt ein neuer Versuch nach
                                          einem fehlgeschlagenen Update.
         4w ; Expire (28 Tage)            Sollte der Master diese Zeitspanne über nicht erreichbar
                                          sein, werden die Zonendaten verworfen.
       3600 ; Minimum (1 Stunde)          Lebensdauer des Caches bei negativen Antworten.
   )
```

Die Zonendatei beginnt mit einer $TTL-Direktive, die den Timeout-Standardwert für im Cache befindliche Abbildungen auf zwei Stunden setzt.

Als Nächstes kommt der SOA-Record. Wie von den Klammern gekennzeichnet, verläuft dieser über mehrere Zeilen. Die erste Zeile gibt die Zone an (das @-Symbol ist eine Abkürzung für die Zone, die in der entsprechenden Zonenangabe von *named.conf* angegeben wurde), Record-Typ und Klasse (SOA und IN), den Master-Nameserver der Zone sowie die E-Mail-Adresse der administrativen Kontaktperson. Die Zonenangabe, die sich auf diese Datei bezieht, definiert die Zone *ahania.com*.

Beachten Sie, dass die letzten beiden Felder eine Variante der normalen Syntax verwenden. Erstens enden beide mit einem Punkt. In DNS-Ressourceneinträgen enden absolute Host- und Domainnamen mit einem Punkt (der die Root-Domain repräsentiert). Von Namen, die nicht mit einem Punkt enden, wird vermutet, dass sie sich relativ zur aktuellen Zone befinden. Das Weglassen eines Punktes, wenn er benötigt wird, ist der häufigste Fehler, der von Anfängern gemacht wird, und dies bewirkt, dass Anfragen für diesen Namen fehlschlagen. Zweitens wird das @-Zeichen, das normalerweise in E-Mail-Adressen vorhanden ist, durch einen Punkt ersetzt.

Die übrigen Felder im SOA-Record geben verschiedene Zeitspannen an. Die meisten von ihnen gehören zu den Slave-Servern dieser Zone. Ihre Bedeutung wird in den Anmerkungen beschrieben. Jedoch sind noch einige weitere Punkte zu beachten:

- Das Feld mit der laufenden Nummer sollte jedes Mal, wenn die Zonendatei bearbeitet wurde, heraufgesetzt werden. Es wird von den Slave-Servern verwendet, um zu erkennen, ob ihre Daten aktuell sind. Laufende Nummern müssen nicht aufeinander folgend sein, müssen sich aber immer erhöhen. (Es handelt sich um einen 32-Bit-Wert ohne Vorzeichen.)

  Es ist üblich, eine laufende Nummer der Form *jjjjmmttn* (zum Beispiel 200210243) zu verwenden. Dies erlaubt bis zu 10 Änderungen pro Tag und Sie können zwei *n*-Ziffern verwenden, wenn Sie mehr als diese benötigen (und Sie haben meine Sympathie).

- Das letzte Feld hat in BIND 8 und BIND 9 unterschiedliche Bedeutung. In Ersterer setzt es den TTL-Wert des Standardeintrags sowohl für positive als auch für negative Antworten auf Anfragen. In Version 8.2 und höher setzt es nur letzteren Wert. Der Standard-TTL-Wert wird in diesen Versionen mit $TTL gesetzt.

- Empfehlungen für Timeout-Zeitspannen:
  - Refresh-Zeitspannen betragen im Allgemeinen ein paar Stunden, allerdings könnte eine kürzere oder längere Zeitspanne zweckmäßig sein, das hängt von der Lebhaftigkeit Ihrer Site ab (ich setze diesen Wert auf zwei Stunden, wenn auch DHCP verwendet wird).

- Die Zeitspanne für den Verfall der Daten wird normalerweise auf eine oder zwei Wochen gesetzt.
- Eine oder zwei Stunden ist ein guter Bereich für die Lebensdauer des Caches der negativen Anfragen (Letzterer stellt das Maximum dar). Die Lebensdauer für den positiven Cache ist im Allgemeinen länger; ich verwende auf meinen Systemen einen Tag.
- Das beste Retry-Intervall hängt in starkem Maße davon ab, was in der Regel die Ursache für Serverausfälle ist und wie lange sie normalerweise dauern. Ich wähle einen Wert von 20 Minuten, da es ein guter Wert ist, wenn ein System auf Grund eines Stromausfalls abstürzt, der von einem Gewittersturm verursacht wurde, meine größte Heimsuchung, wenn es um die Uptime (Laufzeit) von Systemen geht.

Hier ist der nächste Abschnitt der Datei:

```
; Gibt die Nameserver für diese Zone an.
ahania.com.             IN   NS    ns.ahania.com.
ahania.com.             IN   NS    lyta.ahania.com.

; Gibt einige Abbildungen von Namen zu IP-Adressen an.
ns.ahania.com.          IN   A     192.168.10.1
lyta.ahania.com.        IN   A     192.168.10.10
talia                   IN   A     192.168.10.12
```

Die ersten beiden Einträge definieren autoritative Nameserver für die angegebene Zone *ahania.com*. Die Einträge unterscheiden nicht zwischen Master- und Slave-Servern; dies wird in *named.conf* vorgenommen. Im Allgemeinen sind alle autoritativen Nameserver für die aktuelle Zone und alle ihre Subdomains (Kindzonen) in der Zonendatei enthalten. Für Letztere werden wir Beispiele weiter hinten in diesem Abschnitt sehen.

Der zweite Abschnitt im vorangegangenen Ausschnitt der Zonendatei gibt drei Abbildungen von Hostnamen auf IP-Adressen für Hosts in dieser Zone an. Der dritte Eintrag für den Host *talia* veranschaulicht die Verwendung eines relativen Hostnamens (ohne den abschließenden Punkt).

Die folgenden Einträge veranschaulichen sowohl einige Sonderfunktionen für Abkürzungen als auch weitere Record-Typen:

```
; Einige Einträge für den Host susan.
susan.ahania.com.        IN   A      192.168.10.11
                         IN   MX     10 susan.ahania.com.
www.ahania.com           IN   CNAME  susan.ahania.com.

; Benachrichtigung über den FTP-Dienst.
_ftp._tcp.ahania.com.    IN   SRV    10 0 21 lyta.ahania.com.
_finger._tcp.ahania.com. IN   SRV    0 0 79 .    ; keiner verfügbar
```

Die ersten drei Einträge gehören alle zu dem Host *susan*. Da das erste Feld in jeder der beiden ersten Zeilen gleich ist, kann es für die zweite Zeile weggelassen werden. Der erste Eintrag ist ein A-Record, der die IP-Adresse von *susan* angibt.

Der zweite Eintrag für den Host *susan* ist ein MX-Record (»Mail Exchanger«). Dieser Record-Typ gibt den Host an, an den E-Mails ausgeliefert werden sollten, die an *jedermann@susan.ahania.com* adressiert sind. In diesem Fall ist es der Host *susan* selbst. MX-Records werden im Detail in »Über elektronische Post« in Kapitel 9 behandelt.

Die dritte Zeile hält einen CNAME-Record vor, der einen alternativen Namen für den Host *susan* angibt (um genauer zu sein, bildet er einen Alias auf den *kanonischen Namen* des Hosts ab). Er definiert *www.ahania.com* als einen Alias für *susan.ahania.com* und die Anfragen für den Alias werden die IP-Adresse zurückliefern, die zu *susan* gehört.

Die letzten beiden Einträge im vorangegangenen Beispiel sind SRV-Records (»Server Selection«). Dieser Record-Typ wird verwendet, um die Verfügbarkeit eines bestimmten Netzwerkdienstes innerhalb einer angegebenen Domain bekannt zu geben.[7] Es wird gerade erst damit begonnen, diese Einträge in der Unix-Welt einzusetzen, aber Windows 2000 und seine Nachfolger machen von ihnen schon intensiven Gebrauch. Das erste Feld in dem Eintrag hält die codierte Spezifikation des Dienstes vor (*_dienst._tcp-oder-udp.domain*) und die letzten vier Felder die Priorität des Servers (wird dazu verwendet, um zwischen mehreren verfügbaren Servern auszuwählen), den Wert der Gewichtung (wird dazu verwendet, um eine einfache Lastverteilung zwischen den Servern gleicher Priorität durchzuführen), die Portnummer und den Host, der den Dienst anbietet. SRV-Records werden in *DNS und BIND* im Detail behandelt.

Der erste SRV-Record gibt an, dass *lyta* den FTP-Dienst für die Domain *ahania.com* anbietet und den Standard-FTP-Port (21/tcp) verwendet. Der zweite SRV-Record verwendet einen Punkt als Hostnamen des Servers, was zu negativen Antworten auf allgemeine DNS-Anfragen führt, wenn versucht wird, einen finger-Dienst in dieser Domain auszumachen. Die Namen der Dienste sind diejenigen, die in */etc/services* angegeben sind, und das Protokoll ist immer _tcp oder _udp.

Übliche Fehler

Angehende DNS-Administratoren begehen oft diese beiden Fehler: Sie vergessen, die laufende Nummer zu aktualisieren, wenn sie eine Zonendatei editiert haben, und sie vergessen, den abschließenden Punkt einzufügen, wenn sie absolute Hostnamen angeben. Der erste Fehler führt dazu, dass sekundäre Server nicht aktualisiert werden, wenn sie sollten, und der zweite Fehler führt zur Definition von Namen wie *irgendetwas.ahania.com.ahania.com*.

Reverse-Zonendateien und PTR-Records. Reverse-Zonendateien sind den Zonendateien, die wir gerade betrachtet haben, sehr ähnlich. Hier ist zum Beispiel eine Datei, die für die Zone *0.0.127.in-addr.arpa* verwendet werden kann, die auf jedem Nameserver vorhanden ist:

```
$TTL 4w
```

---

7 Früher war die Bekanntgabe solcher Dienste darauf angewiesen, dass generische Hostnamen erzeugt wurden, wie zum Beispiel *ftp.ahania.com*.

```
@   IN  SOA ns.ahania.com. chavez.dalton.ahania.com. (
    ...Übliche Punkte.
    )

1   IN  PTR localhost.
```

Dem SOA-Record folgend, bildet der einzige Eintrag dieser Datei die Hostadresse 1 auf den Hostnamen *localhost* ab. Die Hostadresse wird der Netzwerkadresse, die im Zonennamen angeben ist, hinzugefügt, so dass der PTR-Record (»pointer«) 127.0.0.1 auf *localhost* abbildet.

Hier sind die PTR-Records, die den Hosts in der vorhergehenden Forward-Zonendatei für *ahania.com* entsprechen:

```
1   IN  PTR ns.ahania.com.
10  IN  PTR lyta.ahania.com.
11  IN  PTR susan.ahania.com.
12  IN  PTR talia.ahania.com.
```

Diese Einträge wären in der Zonendatei für die Reverse-Lookup-Zone *10.168.192.in-addr.arpa* zu finden. Alle Hostnamen sind in absoluter Form angegeben, da das Umfeld der Standardzone die Reverse-Lookup-Zone ist (und nicht die entsprechende Forward-Zone).

Wenn es angebracht ist, können Sie mehrere Subnetze in der gleichen Reverse-Zonendatei einfügen. Diese Einträge kommen zum Beispiel von der Datei *168.192.in-addr.arpa*:

```
1.10    IN  PTR ns.ahania.com.
10.10   IN  PTR lyta.ahania.com.
11.10   IN  PTR susan.ahania.com.
12.10   IN  PTR talia.ahania.com.
1.20    IN  PTR moonlight.ahania.com.
2.20    IN  PTR starlight.ahania.com.
```

Diese Datei enthält PTR-Records für die Hosts in den Subnetzen 192.168.10 und 192.168.20.

Ressourceneinträge für eine IPv6-Zonendatei. Die normalen A-Records unterstützen keine IPv6-Adressen, weshalb ein zusätzlicher Ressourceneintragtyp definiert wurde: AAAA.[8] Hier ist ein Beispiel:

```
six.ahania.com. IN  AAAA    4321:0:1:2:3:4:567:89ab
```

Für diese Adressen wurde ein zusätzlicher Reverse-Abbildungsraum angegeben: *ip6.int*, der für diese Hosts in PTR-Records angegeben wird. Hier ist der Pointer-Record für das vorhergehende Beispiel (umbrochen):

---

8   Ein anderes Schema, das die Typen A6 und DNAME für Ressourceneinträge verwendet, ist ebenfalls in BIND 9 implementiert. Für eine lange Zeit haben diese beiden Schemata miteinander konkurriert und es sah beinahe so aus, als würde A6 gewinnen. Jedoch wurde in der Mitte des Jahres 2002 der vorgeschlagene Standard in den experimentellen Status zurückgestuft. Zum Zeitpunkt dieses Schreibens ist das AAAA-basierte Schema nach wie vor ein vorgeschlagener Standard. Für Details können Sie unter *http://www.ietf.org/internet-drafts/draft-ietf-dnsext-ipv6-addresses-02.txt* nachsehen.

```
b.a.9.8.7.6.5.0.4.0.0.0.3.0.0.0.2.0.0.0.1.0.0.0.0.0.0.0.1.2.3.4.ip6.int. IN PTR
six.ahania.com.
```

Beachten Sie, dass in der Reverse-Adresse alle Nullen enthalten sein müssen.

Geläufige Fehler, die es zu vermeiden gilt

Hier sind einige Fehler, die für gewöhnlich von neuen DNS-Administratoren begangen werden, die Sie aber vermeiden können:

- Das Leben mit und die Administration von DNS ist viel einfacher, wenn Sie die Hostnamen auf alphanumerische Zeichen beschränken.
- Systeme, die in NS-Records aufgeführt werden, müssen immer den tatsächlichen, voll qualifizierten Domainnamen des Hosts verwenden. Verwenden Sie in diesem Zusammenhang niemals einen CNAME-Alias.
- Dies gilt auch für MX-Records: Geben Sie nur echte, voll qualifizierte Domainnamen als Zielrechner an.
- Probleme mit der Auslieferung von E-Mail liegen oft in falschen oder fehlenden PTR-Records für Nameserver oder MX-Rechner begründet. Vergewissern Sie sich, dass diese Einträge existieren und dass sie korrekt sind.
- Verwenden Sie in MX-Records keine Wildcards.

Verwenden von Subdomains

Das Definieren von Subdomains ist nur ein bisschen komplizierter als die Konfiguration von Domains mit nur einer Ebene. Hier sind die dazu nötigen Schritte:

- Entscheiden Sie sich für die Strategie und die Aufteilung der Subdomain und weisen Sie die Verantwortlichkeiten dem bzw. den entsprechenden Administrator(en) zu.
- Erzeugen Sie die Datei *named.conf* und die Forward- und Reverse-Zonendateien für die Master-Nameserver der neuen Subdomain.
- Delegieren Sie über NS-Angaben innerhalb der Elternzone die Autorität für die neue Subdomain.

Zum Beispiel geben diese Ressourceneinträge die Subdomain *asia.ahania.com* an, wenn sie in der Zonendatei für *ahania.com* erscheinen:

```
; Subdomain Asia
asia.ahania.com.        IN  NS   ns.asia.ahania.com.
                        IN  NS   test.asia.ahania.com.
                        IN  NS   atlas.zoas.org.

; Glue-Records
ns.asia.ahania.com.     IN  A    192.168.24.10
test.asia.ahania.com.   IN  A    192.168.24.24
```

Die ersten drei Einträge geben die Nameserver für die Subdomain *asia.ahania.com* an, wobei sie die Autorität für diese Zonen an diese delegieren. Die anderen beiden Einträge in der Datei sind normale A-Records, die die IP-Adressen dieser Nameserver definieren. Diese werden auch *Glue-Records* genannt, da sie die Daten liefern, die für das Auffinden der Nameserver dieser Subdomain notwendig sind. Ohne diese Einträge hätten zum Beispiel die Nameserver der Elternzone keine Möglichkeit, den Hostnamen *ns.asia.ahania.com* aufzulösen (es handelt sich dabei um ein Henne-und-Ei-Problem), und wären damit auch nicht in der Lage, Anfragen in diese Subdomain zu verweisen oder zu verfolgen. Trotzdem sind die Einträge der Elternzonendatei wirklich fremd. Beachten Sie, dass für den dritten Nameserver *atlas.zoas.org* kein Glue-Record benötigt wird, da seine IP-Adresse mit einer normalen DNS-Anfrage ermittelt werden kann.

Das Delegieren der entsprechenden Reverse-Lookup-Zone ist einfach, wenn die neue Zone ein eigenes Subnetz ist und die Elternzone sich in der Hierarchie eine Ebene darüber befindet. In diesem Fall gehört die neue Zone zum Subnetz 192.168.24. Wenn die Nameserver von *ahania.com* auch die Zone *168.192.in-addr.arpa* bearbeiten, dann delegieren Einträge wie die folgenden die Zone *24.168.192.in-addr.arpa* an die gleichen Nameserver wie für *asia.ahania.com*:

```
; Subdomain 24.168.192.in-addr.arpa
24      IN  NS   ns.asia.ahania.com.
24      IN  NS   test.asia.ahania.com.
```

Beachten Sie, dass hier keine Glue-Records benötigt werden, da die IP-Adressen der Nameserver anhand einer gewöhnlichen DNS-Anfrage ermittelt werden können.

Reverse-Zonendateien mit willkürlichem Subnetting. Die standardmäßigen Reverse-Zonendateien und PTR-Records von DNS gehen davon aus, dass die Trennung zwischen Netzwerk- und Hostadressen auf eine Byte-Grenze fällt. Sollte dies nicht der Fall sein, so gibt es eine Technik, mit der diese Begrenzung umgangen werden kann. Diese Technik ist als der »CNAME-Hack« bekannt (obwohl er mittlerweile im RFC 2317 offiziellen Status erhalten hat). Sie besteht aus dem Erzeugen einer Serie von CNAME-Records für jede numerische Host-ID zusammen mit NS-Records für die Nameserver, die die tatsächlichen PTR-Records für jedes Subnetz vorhalten.

Stellen Sie sich zum Beispiel vor, unser Netzwerk wäre 192.168.88.0/27. Wir haben 8 Subnetze mit je 30 Hosts. Wenn wir die PTR-Records für jedes Subnetz an ihren eigenen Nameserver delegieren möchten, verwenden wir Ressourceneinträge wie die folgenden:

```
Zonendatei für die Domain 192.168.88
$ORIGIN 88.168.192.in-addr.arpa.         Einrichten der Standard-Domain: Anhang an relative Namen
1       IN  CNAME   1.sub0               1.sub0 ist ein Alias für 1.88.168.192.in-addr.arpa
2       IN  CNAME   2.sub0
...
30      IN  CNAME   30.sub0
33      IN  CNAME   33.sub1
...

sub0    IN  NS      ns.zoas.org.         Nameserver für die ersten beiden Subnetze
sub1    IN  NS      ns2.essadm.com.
```

Reverse-Zonendatei für sub0.88.168.192.in-addr.arpa (auf ns.zoas.org)
```
1     IN PTR    spring.zoas.org.
2     IN PTR    charles.zoas.org.
...
30    IN PTR    helen.zoas.org.
```

Reverse-Zonendatei für sub1.88.168.192.in-addr.arpa (auf ns2.essadm.com)
```
33    IN PTR    monica.essadm.com.
...
```

Was passiert, wenn der Nameserver der Domain eine Anfrage für die Abbildung von 192.168.88.2 erhält? Dies ist eine Anfrage für den PTR-Record, der zu *2.88.168.192.in-addr.arpa* gehört. Der Nameserver erkennt diesen Namen und gibt das Ziel des CNAME-Records zurück, hier *2.sub0.88.168.192.in-addr.arpa*, ebenso wie die Adresse des Nameservers für die entsprechende Reverse-Zone, *ns.zoas.org* (wir haben nur einen aufgeführt, aber echte Dateien haben mindestens zwei pro Subnetz). Auf diesem Weg wird durch die CNAME-Records die Anfrage für eine IP-Adressen-Umsetzung an den richtigen Nameserver des entsprechenden Subnetzes weitergeleitet. Wenn dieser Server kontaktiert wird, kann er mit dem tatsächlichen Hostnamen für den PTR-Record von 192.168.88.2 antworten: *charles.zoas.org*.

Der Erfolg dieser Strategie liegt darin, eine zusätzliche Pseudo-Komponente in die Zonenstruktur einzufügen, die pro Subnetz variieren kann. Hier haben wir *sub0*, *sub1* und so weiter verwendet. In diesem Fall ist jedes Subnetz auch tatsächlich eine andere Site (so wie es bei einem ISP üblich sein könnte).

In der Praxis wird die Subnetz-Komponente nach dem numerischen Bereich des Hostteils der IP-Adressen innerhalb des Subnetzes benannt. Mit anderen Worten: *sub0* wäre 0–31, *sub1* wäre 32–63 und so weiter. Auf dieselbe Weise wären die Ressourceneinträge für den Host 2:

```
$ORIGIN 88.168.192.in-addr.arpa.
2                               IN CNAME   2.0-31
2.0-31.88.168.192.in-addr.arpa. IN NS      ns.zoas.org.
```

Wie im NS-Record gezeigt wurde, werden in den Ressourceneinträgen auch häufig absolute Namen verwendet. Diese Sorte von Namen ist für erfahrene Administratoren aussagekräftiger, aber ich denke, dass diese Technik schwerer zu verstehen ist, wenn man das erste Mal mit Namen konfrontiert wird, die so schwer in ihre Bestandteile zu zerlegen sind wie diese.

Diese Technik kann eine sehr lange und weitschweifige Zonendatei produzieren. Die Direktive $GENERATE kann dazu verwendet werden, um die erforderlichen Einträge mit einer einzigen Operation schnell zu erzeugen. Zum Beispiel erzeugen diese Direktiven alle CNAME-Records, die für die ersten beiden Subnetze in dem vorherigen Beispiel benötigt werden:

```
$ORIGIN 88.168.192.in-addr.arpa.
$GENERATE 1-30  $ IN CNAME $.0-31
$GENERATE 33-62 $ IN CNAME $.33-63
0-31  IN NS ns.zoas.org.
32-63 IN NS ns2.essadm.com.
```

Das Dollar-Zeichen innerhalb der Direktive $GENERATE des Record-Templates wird nacheinander durch jede Zahl im angegebenen Bereich ersetzt, was jede dieser Direktiven dazu veranlasst, 32 CNAME-Records zu erzeugen.

Sehen Sie für sämtliche Details zu diesem Punkt in *DNS und BIND* nach.

Forwarder

Bisher haben wir die grundlegenden Details, wie DNS-Anfragen durchgeführt werden, unberücksichtigt gelassen, dies können wir jetzt aber nicht mehr länger tun. Wenn ein Hostname in eine IP-Adresse aufgelöst werden muss, wird als Erstes ein lokaler Nameserver aufgesucht. Sollte der lokale Nameserver seine Adresse oder die Adresse eines Nameservers in der zugehörigen Domain nicht kennen, so sucht der Nameserver einen der Server in der Root-Zone auf. Der Nameserver fragt den Root-Nameserver nach der Adresse eines Nameservers in der entsprechenden TLD und arbeitet sich dann nach und nach in der Domain-Hierarchie nach unten durch, bis er in der Ziel-Domain angekommen ist und die gewünschte IP-Adresse erhält.

Wenn zum Beispiel versucht wird, *ns.asia.ahania.com* von – sagen wir einmal – *four.zoas.org* aufzulösen, dann kontaktiert letzterer Host zuerst einen lokalen Nameserver. Dieser Server könnte den Ziel-Host oder auch irgendeinen Teil der Domain, die innerhalb des Namens aufgeführt wird, nicht erkennen und würde so einen der Root-Nameserver kontaktieren. In diesem Fall könnte der lokale Nameserver weder *asia.ahania.com* noch *ahania.com* und auch kein *.com* kennen, so dass er den Root-Nameserver um Hilfe fragen müsste. Der Root-Nameserver beliefert den lokalen Nameserver mit einem Verweis auf einen Nameserver für *.com*. Die Dinge gehen nun auf diese Weise weiter, indem es bis *ahania.com* nach unten geht und schließlich bis *asia.ahania.com*, wo die gewünschte Adresse in Empfang genommen wird.

Wenn Sie sich eine große, äußerst aktive Site mit vielen Verbindungen zu fremden Sites vorstellen, wird klar, dass es nicht die effizienteste Strategie ist, wenn jeder Nameserver solche Hostnamen auflösen soll. Clients zum Beispiel, die in zwei getrennten Subdomains versuchen, sich mit der gleichen fremden Site zu verbinden, würden beide ihre Nameserver dazu veranlassen, die ganze Arbeit für die Auflösung des Hostnamens durchzuführen.

Das Forwarding (Weiterleiten) bietet eine Möglichkeit, um die Anfragen zur Auflösung externer Namen auf einige bestimmte Server zu kanalisieren. Dies hat mehrere Vorteile:

- Identische Anfragen werden während der Cache-Lebensdauer des Eintrags nicht wiederholt.
- Informationen, die von einer Anfrage gesammelt wurden, können für andere Anfragen verwendet werden. Zum Beispiel muss das Auffinden eines Nameservers für *.com* nur einmal durchgeführt werden.
- Die Informationen zu allen externen Hostnamen können an einer oder einigen wenigen Stellen gesammelt werden, wo sie für jeden in der Site einfach zu erreichen sind.
- Die Last, die auf den lokalen Nameservern durch die Anfragen auf entfernte Sites entsteht, wird minimiert.

Forwarder werden bestimmt, indem andere Nameserver auf diese verweisen, anstatt über irgendeine Konfigurationsoption auf dem Server selbst. Zum Beispiel konfigurieren die folgenden Optionen den Server dahin gehend, bestimmte Forwarder für alle Zonen zu verwenden:

```
options {
  forwarders { 192.168.10.50; 192.168.24.6; };
  forward first;
};
```

Die Option forwarders gibt eine Liste von Nameservern an, die für externe Anfragen, die nicht durch seine Übersetzungsdaten im Cache aufgelöst werden können, aufgesucht werden sollen. In diesem Beispiel werden zwei Nameserver aufgeführt. Die Option forward nimmt ein Schlüsselwort als Argument entgegen. Das Schlüsselwort *first* besagt, dass die Forwarder für entsprechende externe Anfragen zuerst aufgesucht werden sollten (in der Reihenfolge, in der sie aufgeführt werden), sollte aber keiner von diesen Erfolg bei der Auflösung des Hostnamens haben, dann wird der Server versuchen, die Auflösung selbst vorzunehmen (dies ist die Standardeinstellung). Das andere mögliche Schlüsselwort, *only*, unterdrückt den Versuch des Servers, die Namensauflösung selbst durchzuführen, sollten alle Forwarder dabei versagen.

Diese Optionen könnten auch innerhalb einer Zonenangabe auftauchen, um das Forwarding auf diese Zone zu beschränken, um eine andere Forwarder-Liste für diese Zone zu bestimmen oder um ein unterschiedliches Forwarding-Verhalten für diese Zone anzugeben. In diesem Fall wird der Zonentyp normalerweise auf forward gesetzt:

```
zone "forward.ahania.com" {
  type forward;
  forward only;
  forwarders { 192.168.10.50; 192.168.24.6; };
};
```

Nicht alle stimmen darin überein, dass die Verwendung von Forwardern immer der richtige Weg ist. Einer der technischen Korrektoren dieses Buches erklärt die alternative Sichtweise:

> Während Forwarder sicherlich ihre Berechtigung haben, bin ich persönlich der Meinung, dass es viel besser ist, die Anzahl der Nameserver pro physikalischer Site einzuschränken. Wir haben zwei Caching-only-Nameserver, die etwa 90% unseres 45K-Host-Netzwerkes bedienen. Wir haben eine wirklich gute Cache-Leistung, da jeder diese Nameserver verwendet. Jedem Netzwerk seinen eigenen Nameserver zu geben, wäre nur eine Verschwendung von Ressourcen.
>
> Der einzige gute Grund, Forwarder oder mehr Caching-only-Nameserver einzusetzen, wäre, wenn Sie zwei unterschiedliche physikalische Sites haben, die beide ihre eigene ISP-Verbindung besitzen. Sie würden die Verwendbarkeit der Verbindung der einen Site nicht von der der anderen Site abhängig machen wollen.

Benachrichtigung von Slave-Nameservern

Wie ich bereits erwähnt habe, überprüfen die Slave-Server jedes Mal, wenn sie hochfahren, ob ihre Daten aktualisiert werden müssen. Zusätzlich benachrichtigen in der Standardeinstellung die Master jedes Mal alle ihnen bekannten Slave-Server, wenn sich die Zonendaten ändern, entweder weil die Zonendatei editiert wurde oder auf Grund von dynamischen Aktualisierungen ihrer Daten durch DHCP (wird unten behandelt). Wenn die Slave-Server solche DNS-Benachrichtigungen erhalten, vergleichen sie die Seriennummer des Masters mit der Version, die sie besitzen, und holen sich wenn nötig die aktualisierten Daten.

Standardmäßig ist die Benachrichtigung aktiviert, kann aber mit der folgenden Option in den Angaben zu options oder zone deaktiviert werden:

    notify no;   *Die Standardeinstellung ist yes.*

BIND 9 fügt ein drittes Schlüsselwort hinzu: explicit. Dieses Schlüsselwort ermöglicht es Ihnen, die Update-Benachrichtigungen auf eine Liste von Nameservern zu beschränken, die in der options-Angabe mit der Option allow-notify angegeben sind. Zum Beispiel:

```
options {
  notify explicit;
  allow-notify { 192.168.10.1; 192.168.20.2; ...; };
};
```

Schließlich können Sie mit der Unteranweisung also-notify weitere Slave-Nameserver angeben, die über Änderungen benachrichtigt werden sollen. Diese Unteranweisung kann entweder mit der options- oder mit der zone-Angabe verwendet werden. Diese Option wird dann benötigt, wenn es einen Slave-Nameserver gibt, der aktualisiert werden muss, aber nicht in einem NS-Record in der Zonendatei aufgeführt ist; zum Beispiel ein Slave-Nameserver, auf den nur von innerhalb der Site zugegriffen werden kann, der aber Updates von einem Nameserver erhalten muss, der eine externe Namensauflösung für interne Namen liefert.

Dynamische Aktualisierungen

Die Verwendung von DHCP zur Zuweisung von Client-Adressen kompliziert das ursprüngliche DNS-Schema in hohem Maße. Die herkömmlichen Server gehen nicht davon aus, dass sich die Abbildungen der Hostnamen besonders häufig ändern, deshalb stellen die statischen Datendateien, die von herkömmlichem DNS verwendet werden, einen Speichermechanismus dar, der sehr gut arbeitet. Wenn sich IP-Adressen allerdings sehr häufig ändern, wird die manuelle Pflege von DNS-Einträgen unpraktisch.

BIND kann so konfiguriert werden, dass es dynamische Aktualisierungen (*Dynamic Updates*) akzeptiert: Paare von Hostnamen und IP-Adressen, wie sie von DHCP-Servern zugewiesen werden. Solche Aktualisierungen können DNS-Einträge hinzufügen und/oder ändern. Dynamische Updates müssen an einen autoritativen Nameserver für die Zone geschickt werden. Slave-Nameserver, die diese entgegennehmen, leiten sie an den Master-Nameserver weiter (der die einzige änderbare Kopie der Zonendaten besitzt).

In der Praxis funktionieren dynamische Aktualisierungen im Allgemeinen nur, wenn der DHCP-Server und der DNS-Server von der gleichen Implementierung stammen.

Dynamische Aktualisierungen werden auf Basis einer Zone aktiviert, dies geschieht über die Option allow-update in der zone-Angabe. Die folgende Angabe zum Beispiel aktiviert die dynamische Aktualisierung für die Zone *dhcp.ahania.com*:

```
zone "dhcp.ahania.com" {
  type master;
  file "dhcp.ahania.com.db";
  allow-update { 192.168.33.3; 192.168.33.5; };
};
```

In diesem Fall werden dynamische Aktualisierungen nur von den beiden aufgeführten Servern angenommen.

Sie sollten niemals durch Bearbeiten der Zonendatei Einträge zu einer Zone hinzufügen, die dynamische Aktualisierungen akzeptiert. Manuelle und dynamische Aktualisierungen können nicht einfach miteinander kombiniert werden. Deshalb trennen viele Sites alle ihre DHCP-Clients in eine oder mehrere separate Zonen ab.

Die Option allow-update-forwarding in BIND 9 kann eine Liste mit Servern angeben, von denen aus ein Slave-Nameserver dynamische Aktualisierungen an den Master-Nameserver weiterleitet:

```
zone "dhcp.ahania.com" {
  type slave;
  masters { 192.168.33.62; };
  file "back/ahania.com.bak";
  allow-update-forwarding { 192.168.33.32/27; };
};
```

Wie Sie sehen können, ist deren Syntax sehr ähnlich zu der von allow-update. In diesem Fall sind Aktualisierungen von jedem System aus dem angegebenen Subnetz erlaubt.

BIND 9 liefert auch die Option update-policy als eine Alternative zu allow-update. Als Argument nimmt sie eine viel komplexere Angabe des dynamischen Zugriffs entgegen, die aus einer oder mehreren Zugriffsregeln besteht, die diese allgemeine Form haben:

```
grant|deny Wer-Schlüssel Was Wo [Record-Typen];
```

Wer gibt über den Schlüsselnamen für diese Entität (Schlüssel werden in einem späteren Unterabschnitt behandelt) die Quelle der Aktualisierung an. Dies bewirkt, dass alle dynamischen Aktualisierungen kryptografisch signiert werden.

Was ist ein Schlüsselwort, das die Untermenge des nächsten Arguments angibt, auf die Aktualisierungen durchgeführt werden sollen. *Wo* entspricht der zu aktualisierenden Domain oder Subdomain und *Record-Typen* stellt eine Liste von Schlüsselwörtern für Ressourceneinträge dar, für die die Regel gilt.

Die möglichen Werte für *Was* sind:

name
    Die Aktualisierung muss auf die Domain im *Wo*-Feld durchgeführt werden.

subdomain
: Die Aktualisierung muss auf eine Subdomain der Domain im Wo-Feld durchgeführt werden (innerhalb der gleichen Zone). Mit anderen Worten: Der zu aktualisierende Name muss im Wo-Feld enden.

wildcard
: Die zu aktualisierende Domain muss der Wildcard-Zeichenkette im Wo-Feld entsprechen.

self
: Die Aktualisierung muss auf die Entität im Wer-Feld selbst durchgeführt werden. In diesem Fall muss Wo dennoch angegeben werden, es wird aber nicht verwendet.

Hier sind einige Beispiele:

Erlaubt ns.dhcp.ahania.com, Domain-Einträge über signierte Updates zu verändern
```
grant ns.dhcp.ahania.com. name ns.dhcp.ahania.com.;
```

Erlaubt Clients der Subdomain, nur ihre eigenen Adressen-Einträge zu aktualisieren
```
grant *.dhcp.ahania.com. self dhcp.ahania.com. A;
```

Erlaubt nur ns.win2k.ahania.com das Verändern von SRV-Records in dieser Zone
```
grant ns.win2k.ahania.com. subdomain _udp.win2k.ahania.com. SRV;
grant ns.win2k.ahania.com. subdomain _tcp.win2k.ahania.com. SRV;
deny *.win2k.ahania.com. wildcard *.win2k.ahania.com. SRV;
```

Die Regelliste wird als Argument von update-policy angegeben:

```
zone "dhcp.ahania.com" {
  type master;
  file "dhcp.ahania.com.db";
  update-policy {
    grant *.dhcp.ahania.com. self dhcp.ahania.com. A;
  };
};
```

Beachten Sie, dass die Reihenfolge innerhalb der Regelliste wichtig ist, da die erste passende Regel verwendet wird, selbst wenn eine spätere Regel noch besser (expliziter) passen sollte. Wie üblich, gehen im Allgemeinen die spezifischeren Regeln denen voraus, die weiter gefasst sind.

Für anspruchsvollere Beispiele zu dieser Option sehen Sie in *DNS und BIND* nach.

Inkrementelle Zonentransfers

Wenn ein Master-Nameserver die Zonendaten an einen Slave-Nameserver schickt, wird dieser Vorgang *Zonentransfer* genannt. Standardmäßig werden die Inhalte der gesamten Zone übermittelt. Allerdings kann der Master-Nameserver unter bestimmten Umständen nur diejenigen Einträge verschicken, die sich seit der letzten Aktualisierung geändert haben. Dies geschieht über einen *inkrementellen Zonentransfer*. Diese beiden Typen sind auch als AXFR und IXFR bekannt, in dieser Reihenfolge (nach dem Anfragetyp, der verwendet wird).

Inkrementelle Zonentransfers sind nicht kompatibel zur manuellen Bearbeitung von Zonendateien, weshalb sie nur für Zonen mit dynamischer Aktualisierung verwendet werden sollten.

Inkrementelle Zonentransfers werden in der Datei *named.conf* über die options- und/oder server-Angaben aktiviert. Die letztere Angabe wird dazu verwendet, um anzugeben, wie der lokale Server mit bestimmten anderen Nameservern kommunizieren sollte. Hier ist eine Beispielangabe für die Aktivierung eines inkrementellen Zonentransfers:

BIND 8
```
options {
  maintain-ixfr-base yes;
  ...
};

server 192.168.33.62 {
  support-ixfr yes;
};
```

BIND 9

Es werden keine globalen Optionen benötigt.

```
server 192.168.33.62 {
  provide-ixfr yes;
  request-ixfr yes;
};
```

Unter BIND 8 weist die Option maintain-ixfr-base den Nameserver an, ein Transaktionsprotokoll zu führen, aus dem inkrementelle Transferdaten entnommen werden können. Die server-Angabe besagt, dass IXFR verwendet wird, wenn mit dem angegebenen Serversystem kommuniziert wird.

Unter BIND 9 werden inkrementelle Zonentransfers standardmäßig für alle Zonen aktiviert, die für dynamische Aktualisierungen konfiguriert wurden (und die transaktionsbasierten Daten werden immer mitgeführt). Die beiden Optionen innerhalb der server-Angabe geben an, ob der lokale Server dem angegebenen System inkrementelle Zonentransfers liefern oder welche von ihm annehmen wird. Die Option provide-ixfr trifft nur zu, wenn mit Slave-Nameservern kommuniziert wird, und request-ixfr trifft nur zu, wenn mit einem Master-Nameserver kommuniziert wird.

In der Praxis werden diese Optionen oft verwendet, um IXFR zu deaktivieren (mit dem Argument no), da standardmäßig inkrementelle Zonentransfers verwendet werden. Sie werden auch verwendet, um Server zu identifizieren, die IXFR innerhalb eines Netzwerks mit Nameservern, die unterschiedliche DNS-Versionen einsetzen und dementsprechend unterschiedliche Fähigkeiten haben, unterstützen oder nicht unterstützen.

Zugriffskontrolle

Wie wir bereits gesehen haben, nehmen viele BIND-Angaben eine Liste von Adressen als Argument entgegen. Bisher haben wir nur literale Listen von IP-Adressen geliefert. Es gibt jedoch noch eine weitere Möglichkeit. Die acl-Angabe[9] wird verwendet, um eine *Adressübereinstimmungsliste* (Address Match List) anzugeben. Hier ist ein Beispiel:

---

9 Ungeachtet ihres Namens, definiert diese Angabe keine wirkliche Zugriffskontrollliste, sondern lediglich eine Liste von IP-Adressen und Mustern, die zutreffend sein müssen und in weiteren sicherheitsbezogenen Angaben verwendet werden können.

```
# Definiert eine Liste mit unseren Nameservern.
acl "servers" { 10.1.10.50; 10.1.20.1; 10.1.30.200; };
# Definiert eine weitere Liste.
acl "sample" {                Der Listenname ist "sample".
    10.1.10.1;                IP-Adresse.
    ! 10.1.20.200;            ! bedeutet NICHT: Diese IP-Adresse ausschließen.
    10.1.20/24;               Gibt ein Subnetz an.
    servers;                  Fügt eine weitere Adressübereinstimmungsliste ein.
};
```

Wie gewohnt, ist die Anordnung einer Adressübereinstimmungsliste wichtig, da der erste zutreffende Eintrag verwendet wird (dies spielt eine Rolle, wenn Sie positive und negative Treffer kombinieren). Beachten Sie, dass das Ausrufezeichen ein Negierungszeichen ist, das nur auf den Eintrag zutrifft, dem es vorausgeht (das heißt, es bleibt nicht »kleben«). Adressübereinstimmungslisten müssen definiert werden, bevor sie verwendet werden. Im Allgemeinen könnten Adressübereinstimmungslisten überall dort verwendet werden, wo eine Liste mit Hosts erwartet wird.

BIND stellt vier vordefinierte Adressübereinstimmungslisten zur Verfügung: *none* (trifft auf gar nichts zu), *all* (trifft auf jede IP-Adresse zu), *localhost* (trifft auf alle IP-Adressen zu, die dem lokalen System zugewiesen sind) und *localnets* (trifft auf alle Subnetze zu, zu denen das lokale System ein Interface besitzt).

Hier sind einige Beispiele für die Verwendung von Adressübereinstimmungslisten:

```
acl "extern" { 192.168.1.100; 192.168.20.200; };
acl "hidden" { 192.168.50.25; 192.168.50.26; };
acl "testers" { 10.20.30.100; 10.20.30.101; };

options {
  directory "/var/named";
  forwarders { extern; };
  also-notify { hidden; 192.168.51.77; };
  allow-query { localnets; };
  ...
};

zone "experiment.zoas.org." {
  type master;
  file "exper.zoas.org";
  allow-query { testers; };
};
```

Verschiedene Punkte in der options-Angabe verwenden Adressübereinstimmungslisten, um die Liste der Forwarders anzugeben, um die meisten aus der Liste der zusätzlichen Server anzugeben, denen die Benachrichtigungen über die Bearbeitung der Zonendateidaten gesendet werden sollten, und um die Liste der Hosts anzugeben, denen es erlaubt ist, Anfragen an diesen Nameserver zu schicken. Außerdem wird eine Adressübereinstimmungsliste verwendet, um die Hosts, denen es erlaubt ist, Anfragen an diesen Nameserver für die Zone *experiment.zoas.org* zu schicken, auf die beiden einzugrenzen, die in der Liste *testers* angegeben sind.

Die Option allow-query ist eine von mehreren, die Sie in die Lage versetzen, die verschiedenen Zugriffsarten auf die Daten eines Nameservers einzuschränken. Die komplette Liste wird in Tabelle 8-7 aufgeführt. Diese Optionen können sowohl in der options-Angabe als auch in der zone-Angabe vorkommen.

Tabelle 8-7: Optionen für die Zugriffskontrolle bei DNS-Servern

Option	Beschreibung
allow-query	*Bedeutung*: Erlaube nur diesen Hosts, diesen Nameserver zu befragen.
	Ergebnis: Die Daten werden keinem unbefugten Außenstehenden verraten.
allow-transfer	*Bedeutung*: Erlaube nur diesen Hosts, Zonentransfers anzufragen.
	Ergebnis: Verhindert unautorisierte Zonentransfers.
allow-update	*Bedeutung*: Akzeptiere dynamische Aktualisierungen nur von diesen Hosts.
	Ergebnis: Verhindert die unbefugte Bearbeitung von Zonendaten.
blackhole	*Bedeutung*: Liste mit Hosts, die komplett ignoriert werden.
	Ergebnis: Verweigert das Zusammenspiel mit ungewollten Partnern.
bogus	*Bedeutung*: Liste mit Hosts, die niemals befragt werden sollten.
	Ergebnis: Verhindert ungültige/bösartige Daten in Ihrem Cache.

Während Adressübereinstimmungslisten Möglichkeiten bieten, um den Zugriff auf die Dateneinträge einzuschränken, so handelt es sich dennoch nicht um einen todsicheren Mechanismus. Zum Beispiel könnte die Quelle einer Anfrage durch böse Jungs gefälscht werden. Für eine wirklich sichere DNS-Umgebung werden kryptografische Techniken zur Absicherung und Authentifizierung der Kommunikation benötigt. Der nächste Abschnitt behandelt die verschiedenen zur Verfügung stehenden Möglichkeiten.

Absicherung der DNS-Kommunikation

Sowohl BIND 8 als auch 9 können so konfiguriert werden, dass sie Transaktionssignaturen für die Kommunikation zwischen Nameserver-Paaren verwenden. Dieser Mechanismus, bekannt als TSIG, verwendet ein symmetrisches Verschlüsselungssystem (derselbe Schlüssel wird für das Verschlüsseln und Entschlüsseln einer Nachricht verwendet), um Server-zu-Server-Anfragen und -Antworten zu signieren. Auf diese Weise können Nachrichten, die vorgeben, von einem bestimmten Server zu kommen, als von diesem Server stammend bestätigt werden. Beachten Sie, dass dieses System die Nachrichten einfach nur signiert; die übertragenen Daten werden nicht verschlüsselt (da sie nicht geheim sind). Lesen Sie für eine detaillierte Erläuterung von Signieren und Verschlüsseln auch »Dateien und das Dateisystem schützen« in Kapitel 7.

Sie richten Nameserver zur Verwendung von TSIG folgendermaßen ein:

- Erzeugen Sie auf einem System einen Schlüssel, indem Sie ein Utility verwenden, das mit BIND geliefert wird.
- Schicken Sie den Schlüssel auf einem sicheren Weg zu dem anderen System (zum Beispiel über Telefon, indem Sie eine ssh-basierte Kopierfunktion verwenden usw.).

- Definieren Sie den Schlüssel mit den Schlüsselangaben und geben Sie ihn zur Verwendung in den server- und den zone-Angaben innerhalb der beiden *named.conf*-Dateien an. Beachten Sie, dass dem Schlüssel auf beiden Systemen derselbe Name gegeben werden muss (so wie er auch denselben Wert besitzen muss).
- Starten Sie beide Nameserver neu. Die nun folgende Kommunikation zwischen diesen beiden wird signiert sein.

Hier sind die Befehle, um einen Schlüssel zu erzeugen:

```
# dnskeygen -H 128 -h -n apricot-mango.ahania.com.         BIND 8
# dnssec-keygen -a HMAC-MD5 -b 128 -n HOST \               BIND 9
    apricot-mango.ahania.com.
Kapricot-mango.ahania.com.+157+52961
```

Jeder Befehl erzeugt den angegebenen Schlüssel mit einer Länge von 128 Bit, vom Typ HOST und unter Verwendung des Algorithmus HMAC-MD5. Üblicherweise sind Schlüsselnamen den Domainnamen ähnlich, mit dem Systempaar als erste Komponente, auf die die Schlüssel angewandt werden (hier sind es *apricot* und *mango*).

Die Befehle erzeugen zwei Dateien, die mit dem Namen beginnen, der in der Ausgabe dargestellt wird. Die eine Datei besitzt die Erweiterung *.key* und die andere die Erweiterung *.private*. Der Dateiname hat die Form *Kschlüsselname+algorithmus+fingerprint*, wobei *algorithmus* die Nummer des Algorithmus darstellt und *fingerprint* ein Hashwert ist, der aus dem Schlüssel berechnet wurde, um ihn zu identifizieren (funktioniert wie eine Instanzen-Kennzahl).

Der tatsächliche Schlüssel ist in beiden Dateien enthalten. Zum Beispiel:

```
# cat Kapricot-mango.ahania.com.+157+52961.private
Private-key-format: v1.2
Algorithm: 157 (HMAC)
Key: QiL+oT+iV9EHxhbYRcdG8g==         Das ist die Zeichenkette, die Sie haben möchten.
```

Der Schlüssel muss jetzt auf einem sicheren Weg zum anderen System übertragen werden (das heißt nicht über eine Netzwerkübertragung im Klartext).

Sobald die Dateien auf beiden Systemen vorhanden sind, können die Server für die Verwendung mit TSIG-Kommunikation konfiguriert werden. Hier sind einige Beispielangaben von *named.conf* auf dem Slave-Nameserver *mango*, der diesen Schlüssel verwendet:

```
include "schluessel.liste";    Die Schlüssel werden in einer separaten, nicht lesbaren Datei abgelegt.

zone paranoia.ahania.com. {
  type slave;
  masters { 192.168.10.214; ... };
};

server 192.168.10.214 {  # apricot
  keys { "apricot-mango.ahania.com." };
};
```

Die erste Angabe schließt in dieser Konfigurationsdatei den Inhalt einer anderen Datei mit ein und die zweite Angabe bestimmt eine Zone. Die letzte Anweisung gibt an, dass Zonentransfer-Anfragen an 192.168.10.214 mit dem angegebenen Schlüssel signiert werden.

Die tatsächliche Schlüsselangabe befindet sich innerhalb der eingeschlossenen Datei (die auch vor dem Zugriff von Nicht-Eigentümern geschützt ist):

```
# schluessel.liste
key "apricot-mango.ahania.com." {
  algorithm hmac-md5;
  secret "verschluesselte=zeichenkette=steht=hier";
};
```

Auf dem Master-Nameserver *apricot* wird der Schlüssel in der zone-Angabe verwendet, um dafür zu sorgen, dass Zonentransfer-Anfragen mit diesem Schlüssel signiert werden, um akzeptiert zu werden:

```
include "schluessel.liste";          Die gleiche Datei wie auf mango.

server 192.168.10.100 { # mango
  keys { apricot-mango.ahania.com.; };
};

zone paranoia.ahania.com. {
  type master;
  file "paranoia.ahania.com";
  allow-transfer { key apricot-mango.ahania.com.; };
};
```

Das Konstrukt key *Name* ersetzt die Adressenliste in der Option allow-transfer. Schlüssel können auf dieselbe Weise auch in der zone-Angabe innerhalb der Optionen allow-update und update-policy angegeben werden.

> Obwohl diese Zeichenketten mit *Schlüssel* und *verschlüsselt* bezeichnet werden, ist alles, woraus sie bestehen, eine 128-Bit-Zeichenkette aus zufälligen Bits, die auf der Basis 64 dargestellt werden. Zeichenketten im Format 24-Zeichen-ASCII besitzen die gleiche Struktur und jede dieser Zeichenketten könnte zu diesem Zwecke verwendet werden (Sie brauchen sie nicht mittels eines kryptografischen Werkzeugs zu generieren). Am Ende umgibt die TSIG-Schlüssel nichts Magisches und sie funktionieren einfach wie gemeinsame Geheimnisse (Shared Secrets), die nur den beiden Servern, die sie verwenden, bekannt sind.

Zukünftige BIND 9-Sicherheit. Während der TSIG-Mechanismus bei der Kommunikation zwischen zwei Hosts gut arbeitet, skaliert er in großen Sites mit vielen Nameservern nicht gut. Das kommt sowohl von dem erheblichen Arbeitsaufwand, der selbst in einer mittelgroßen Site nötig ist, um die Nameserver zu konfigurieren und periodisch Schlüssel zu generieren (wie bei jedem gemeinsamen Geheimnis sollten die Schlüssel regelmäßig geändert werden), als auch von der logistischen Unmöglichkeit, weltweit TSIG zwischen jedem Nameserver-Paar einzurichten, das eventuell einmal miteinander kommunizieren möchte. Der erste dieser Punkte könnte durch eine Automatisierung der Schlüsselgenerierung und -verteilung angegangen werden.

BIND 9 erweitert die TSIG-Einrichtung über die Verwendung des TKEY-Mechanismus. In diesem System, das als Diffie-Hellman-Algorithmus bekannt ist, tauschen die beiden Server automatisch Datenwerte aus, die jeder einzelne aus einer Zufallszahl und seinem Schlüssel berechnet hat. Unter Verwendung der Daten des anderen Servers und dem eigenen Schlüssel berechnen sie dann den gleichen Shared-Secret-Schlüssel. Der Vorteil von TKEY ist, dass der tatsächliche Schlüssel selbst nicht von einem zum anderen Server geschickt werden muss. Obwohl einiges der Infrastruktur des TKEY-Mechanismus in Optionen der Konfigurationsdatei vorhanden ist, unterstützt der named-Server TKEY derzeit noch nicht (Version 9.2.0 ist die letzte berücksichtigte Version).

BIND 9 enthält auch die DNS Security Extensions (DNSSEC), einen weitaus durchdachteren und anspruchsvolleren Satz an Mechanismen und Prozeduren zur Absicherung der DNS-Kommunikation unter Verwendung von Public-Key-Kryptografie. Asymmetrische Schlüsselpaare werden zum Erzeugen der digitalen Signaturen eingesetzt, mit einem privaten Schlüssel zum Entschlüsseln von dem, was der öffentliche Schlüssel verschlüsselt hat (oder umgekehrt; sehen Sie hierzu auch »Dateien und das Dateisystem schützen« in Kapitel 7). Wieder einmal werden die Daten selbst nicht verschlüsselt.

DNSSEC verwendet mehrere neue Typen von Ressourceneinträgen:

- KEY-Records werden verwendet, um den öffentlichen Schlüssel einer Zone aufzubewahren. Die Schlüssel einer Zone müssen von der Elternzone signiert sein, um eine Vertrauenskette (*chain of trust*) für die DNS-Kommunikation zu erzeugen.

- SIG-Records werden verwendet, um die digitale Signatur abzuspeichern, die von dem privaten Schlüssel der Zone für jede Gruppe von Ressourceneinträgen (*Resource Record Set*) hergestellt wird (die Gruppe aller Einträge eines bestimmten Typs: alle A-Records, alle MX-Records und so weiter). Diese Signatur ist ein sicherer Hash, der unter Verwendung des privaten Schlüssels auf den Zonendaten durchgeführt wird.

- NXT-Records werden verwendet, um den nächsten Eintrag innerhalb der Zone anzugeben, wenn sie in kanonischer Reihenfolge (*Canonical Order*) aufgeführt ist (eine hierarchische und alphabetische Reihenfolge, die als Teil von DNSSEC definiert ist). Diese Einträge werden immer dann zurückgegeben, wenn eine negative Antwort auf eine Anfrage – zum Beispiel, dass ein Host nicht existiert – erforderlich ist, und sie können auch signiert werden (während eine Null-Antwort dies nicht kann).

Zu diesem Zeitpunkt wird DNSSEC noch als experimentell betrachtet und es gibt noch mehrere zu klärende Punkte, die zwischen seiner jetzigen Form und einem produktiven Einsatz stehen.

- Entscheidende Bestandteile der Infrastruktur gibt es nicht (zum Beispiel die Möglichkeit für Zonen, von der *.com*-Domain signiert zu werden). Jedoch kann DNSSEC lokal verwendet werden.

- Es erfordert eine erhebliche Menge an CPU-Ressourcen und an Zeit, um die SIG- und NXT-Records zu erzeugen, und nicht alle aktuellen Systeme, die DNS-Server betreiben, wären dieser Aufgabe gewachsen. Zusätzlich erscheint die Zeit, die benötigt würde, um die Haupt-TLDs zu signieren, in Anbetracht praktischer Überlegungen als unrealistisch.
- Die Anzahl der Daten innerhalb einer Zone multipliziert sich mit dem Faktor drei oder mehr. Dies erhöht die Anforderungen an die Bandbreite des DNS-Netzwerks erheblich.
- Nicht alle Funktionen arbeiten, wenn sowohl DNSSEC- als auch Nicht-DNSSEC-Implementierungen innerhalb des gleichen Netzwerks eingesetzt werden (zum Beispiel Anfragen eines DNSSEC-Resolvers an einen Nicht-DNSSEC-Forwarder).

Zusammenfassend lässt sich sagen, dass – während es sicherlich an der Zeit ist, etwas über DNSSEC zu lernen und damit herumzuexperimentieren – DNSSEC doch noch ziemlich weit von einem tatsächlichen Einsatz entfernt ist.

BIND 9-Views

Ich habe auf die Praxis hingewiesen, interne DNS-Daten privat und unzugänglich für externe Anfragen zu halten und es internen Benutzern bei Bedarf dennoch zu erlauben, externe Nameserver aufzulösen. Eine solche Trennung wird manchmal geteiltes DNS (*Split DNS*) genannt. BIND 9 bietet eine neue Sonderfunktion, die eine Implementierung eines solchen Entwurfs sehr einfach macht: Views (Ansichten).

Views sind ein Mittel, um die Eigenschaften einer Zone zu verändern, abhängig davon, wer sie benutzt. Zum Beispiel kann die Zone für interne Benutzer auf die eine Weise erscheinen und auf eine andere Weise für externe Benutzer. Hier sind einige Beispielangaben für Views, die dieses Feature veranschaulichen:

```
acl "internal" { 10.1.1.0/24; };        Die acl-Angabe muss außerhalb von Views sein.
acl "external" { any; };                Das Schlüsselwort any gilt für jede Adresse.

view "inside" {                         Zonendefinition für interne Clients.
  match-clients { "internal"; };
  zone "public.zoas.org." {
    type master;
    file "public.zoas.org.zone.internal";
  };
};

view "outside" {                        Zonendefinition für jedermann sonst.
  match-clients { "external"; };
  recursion no;
  zone "public.zoas.org." {
    type master;
    file "public.zoas.org.zone.external";
  };
};
```

Zuerst definieren wir zwei Adressübereinstimmungslisten, die zusammen mit der Option match-clients innerhalb der beiden view-Angaben verwendet werden. Wie üblich, wird die erste zutreffende Option match-clients verwendet, weshalb die Reihenfolge von Views von Bedeutung ist (wären diese beiden Views umgekehrt aufgeführt, so würde jedermann nur die View *outside* sehen).

Die gleiche Zone, *public.zoas.org*, wird in jeder Ansicht definiert, aber es werden jedes Mal unterschiedliche Zonendateien verwendet. Zusätzlich sind in der View outside rekursive Anfragen deaktiviert; sollte der Nameserver einen Namen nicht auflösen können, so kontaktiert er keinen weiteren Server, um es dennoch zu versuchen.

Eine Folge der Verwendung von Views ist, dass es keine unabhängigen Zonenangaben in *named.conf* geben kann. Alle Zonen müssen Teil einer View sein.

Für komplexere Szenarien mit Views sehen Sie sich den ausgezeichneten Artikel »Supporting Screened Hosts with BIND 9.x Views« von Scott DeJong an (*Sys Admin*-Magazin 11:5, Mai 2002).

Absichern des named-Prozesses

Das Absichern der Server-zu-Server-Kommunikation und des Zonendatenzugriffs ist wichtig, aber Sie müssen auch sicherstellen, dass der BIND-Server selbst keine Probleme bereitet. Es gibt drei Dinge, die Sie unternehmen können, um ihn zu schützen:

- Überzeugen Sie sich, dass named mit allen zur Verfügung stehenden Sicherheitslösungen geflickt wurde. Überprüfen Sie die Website des Herstellers oder die vom ISC regelmäßig, um festzustellen, ob irgendwelche neuen Fixes herausgegeben wurden, und installieren Sie diese sofort. Beobachten Sie die Sicherheits-Newsgruppen und/oder Mailinglisten, um sicherzugehen, dass Sie sofort von aufgedeckten Problemen Wind bekommen.

- Lassen Sie named nicht als root laufen. Erzeugen Sie einen speziellen Benutzer und eine spezielle Gruppe, oft *named* genannt, um ihn auszuführen. Verwenden Sie die Option -u *Benutzername* des Befehls named, um den Server zu starten, damit er unter dem angegebenen Benutzer läuft. Gewähren Sie diesem Benutzer Zugriff auf die verschiedenen Konfigurationsdateien, indem Sie deren Eigentümerrechte (zum Beispiel für die Schlüsseldateien) oder deren Schutzrechte ändern.

- Lassen Sie named in einer chroot-Umgebung laufen. Die Option -t *Verzeichnis* des named-Befehls kann dazu verwendet werden, um ein neues Wurzel-Verzeichnis anzugeben. Natürlich werden Sie die Struktur des benötigten Verzeichnisses unter dem ausgewählten Wurzel-Verzeichnis aufbauen und alle erforderlichen Dateien dorthin kopieren müssen:

    – */etc/named.conf*

- Die ausführbaren Dateien von named, zusammen mit allen benötigten Bibliotheken (nur BIND 8). Alternativ können Sie named beim Kompilieren statisch linken, um alle Abhängigkeiten zu vermeiden.
- */dev/null* und möglicherweise */dev/random*. Verwenden Sie mknod, um diese zu erzeugen. Hier sind Beispielbefehle für ein Linux-System:

  ```
  # mknod /named-root/dev/null   c 1 3
  # mknod /named-root/dev/random c 1 8
  ```
- Die Haupt- und Nebennummern variieren unter den Unix-Versionen; verwenden Sie ls -l, um die richtigen Werte für die Verwendung festzustellen.
- Unter BIND 8 eine Version der Passwort- und Gruppendateien, die nur den Benutzer und die Gruppe von named enthalten. BIND 9 befragt diese Dateien vor dem Chrooting, deshalb ist das Kopieren nicht nötig. Beachten Sie, dass das Home-Verzeichnis für den Benutzer named in beiden Fällen / sein sollte und nicht das ausgewählte Wurzel-Verzeichnis (da das angegebene Home-Verzeichnis aus der Sicht des named-Prozesses interpretiert wird).

Sie werden auch den Ort des Standardverzeichnisses in der options-Angabe von *named.conf* nach / ändern müssen.

Konfiguration der Protokollierung

Das Ziel für die Status- und Fehlernachrichten ebenso wie die Arten der zu speichernden Nachrichten sind in BIND in hohem Maße konfigurierbar. Dies geschieht über die logging-Angabe. Diese Angabe besteht aus zwei getrennten Bestandteilen: den Definitionen der Nachrichten-*Kanäle* (Ausgabeziele) und den Verbindungen von Nachrichten-*Kategorien* mit den Zielkanälen.

Hier ist eine einfache logging-Angabe, um diese Features zu veranschaulichen:

```
logging {
  channel "xfers" {
    file "logs/named.xfers";
  };
  channel "to-syslog" {
    syslog local1;                       Syslog-Einrichtung.
    severity warning;                    Minimaler Schweregrad-Level von syslog.
  };
  channel "to-file" { file "logs/named.log"; };
  category xfer-in  { "xfers"; };
  category xfer-out { "xfers"; };
  category security { "to-file"; "to-syslog"; };
};
```

Diese Angabe definiert drei Kanäle: die syslog-local1-Einrichtung und zwei Dateien im Unterverzeichnis *logs* des Standardverzeichnisses von named.

Die drei category-Zeilen geben an, welche Nachrichten tatsächlich zu jedem potenziellen Ziel gehen. Die Datei *logs/named.xfers* wird alle Nachrichten über hereinkommende und herausgehende Zonentransfers erhalten, die Datei *logs/named.log* wird alle sicherheitsrelevanten Nachrichten erhalten (Genehmigungen und Verweigerungen von Anfragen) und die sicherheitsrelevanten Nachrichten vom Level warning und höher werden ebenso in der syslog-local1-Einrichtung mitprotokolliert (so wie es in der Option severity in der entsprechenden Kanaldefinition angegeben wurde).

Es gibt ein paar vordefinierte Protokollierungskanäle:

```
default_syslog        Der Syslog-Daemon.
default_debug         Die Datei named.run im Standardverzeichnis.
default_stderr        Schickt Nachrichten an Standard-Error von named.
null                  Verwirft Nachrichten.
```

Die Standardkanäle verwenden alle die Informationen der Schweregrad-Level von syslog (wenn anwendbar).

Tabelle 8-8 führt die wichtigsten Kategorien der BIND-Protokollierung auf. In BIND 9 schickt das Standardprotokollierungsverhalten die Protokollierungskategorie default an die Kanäle *default_syslog* und *default_debug*. BIND 8 protokolliert noch ein paar weitere Nachrichtenarten an beide Orte sowie panic-Nachrichten nach *default_stderr*.

Tabelle 8-8: Nützliche Protokollierungskategorien von BIND

Kategorie	Betroffene Nachrichten
default	Bezieht sich auf alle Nachrichten, für die kein expliziter Kanal angegeben ist.
general	Verschiedene unklassifizierte Nachrichten.
config	Verarbeiten von Nachrichten der Konfigurationsdatei.
dnssec	TSIG- und DNSSEC-bezogene Nachrichten.
lame-servers	Falsch konfigurierte entfernte Server, die von named entdeckt wurden, als er versuchte, diese zu befragen.
network ❾	Netzwerkoperationen.
notify	Nachrichten, die aus Benachrichtigungen entstehen.
queries	Protokollnachrichten pro Anfrage.
resolver	DNS-Auflösungsoperationen (zum Beispiel rekursive Lookups nach Clients).
security	Anfragegenehmigungen und -verweigerungen.
update	Dynamische Aktualisierungen.
xfer-in	Zonentransfers, die der Server empfängt.
xfer-out	Zonentransfers, die der Server verschickt.
cname ❽	Abbildungsbezogene Nachrichten für CNAME.
ncache ❽	Nachrichten, die sich auf negative Cache-Einträge beziehen.
panic ❽	Server-Panik (schwere Fehler).
packet ❽	Dumps von allen Paketen, die geschickt und empfangen wurden.
statistics ❽	Zusammengefasste Auswertungen über die Operationen des Nameservers.

Einige der Nur-BIND 8-Kategorien könnten eventuell in einer zukünftigen Version von BIND 9 implementiert werden. Sie werden in *named.conf* ignoriert (mit einer Warnung).

Instandhaltung und Troubleshooting von Nameservern

Die Konfiguration eines DNS-Nameservers kann ein ziemliches Stück Arbeit sein, aber selbst wenn das einmal erledigt ist, gibt es noch weitere Aufgaben, die erforderlich sind, um ihn am Laufen zu halten:

- Fügen Sie weitere Nameserver hinzu, wenn die Last auf den bestehenden zu groß wird oder sich die Topologie Ihres Netzwerks signifikant ändert. Wie Sie mit dem erwarteten zukünftigen Wachstum umgehen, sollte Bestandteil Ihres Server-Entwicklungsplans sein.
- Prüfen Sie häufig auf Software-Patches und wenden Sie diese an.
- Aktualisieren Sie die Root-Hints-Datei mehrmals pro Jahr.
- Aktualisieren Sie die Zonendateien, wenn nötig. Aktualisieren Sie die Reverse-Zonen zur gleichen Zeit und vergessen Sie nicht die Seriennummer in jeder Datei heraufzusetzen.
- Überprüfen Sie regelmäßig die Informationen der DNS-Protokollierung.
- Beobachten Sie die Zuverlässigkeit und Leistungsfähigkeit Ihres Nameservers im Zusammenhang der gesamten Netzwerkaktivität (sehen Sie hierzu auch »Netzwerk-Performance« in Kapitel 15).

Überwachen des Serverprozesses von named

Der named-Prozess wird normalerweise zur Boot-Zeit von einem der üblichen Startskripten gestartet (häufig */etc/init.d/named*). Auf Systemen mit Startskripten im System V-Stil können Sie dasselbe Skript auch zum Anhalten oder Neustarten des Daemon verwenden:

```
# /etc/init.d/named restart
```

Wie wir gesehen haben, können Sie den Speicherort der Datei angeben, die die PID des Daemon vorhält; diese Datei ist normalerweise */var/run/named.pid*. Sie können diese Information verwenden, um dem named-Prozess per Hand ein Signal zu schicken, wie in diesem Beispiel:

```
# kill `cat /var/run/named.pid`
```

Beachten Sie, dass das »Killen« des Daemon im Allgemeinen nicht empfohlen wird, und insbesondere dann nicht, wenn Sie dynamische Aktualisierungen verwenden.

Die Distribution der BIND-Software enthält auch ein Utility zur Bearbeitung des Nameserver-Prozesses. Dieser Befehl wird unter BIND 8 ndc und unter BIND 9 rndc genannt. Beide unterstützen mehrere Unterbefehle: stop beendet den Serverprozess, nachdem alle anstehenden Aktualisierungen komplett sind, halt stoppt den Server sofort, reload veranlasst den Server, seine Konfigurations- und Zonendateien neu zu laden (oder nur eine Zone, wenn deren Name als Argument des Unterbefehls angegeben wurde), und dumpdb und stats schreiben den Cache-Inhalt und Server-Statistiken in eine Protokolldatei (standardmäßig *named_dump.db* und *named.stats*, in dieser Reihenfolge). ndc unterstützt auch einen Unterbefehl restart (der das Offensichtliche durchführt).

Hier sind einige Beispiele:

# rndc reload	*Lade die Konfigurations- und Zonendatei neu.*
# ndc reload	
# rndc -s apricot stop	*Beende einen entfernten Nameserver-Prozess.*

ndc unterstützt auch eine entfernte Serververwaltung, aber es ist unsicher: Jeder Benutzer, der ndc auf einem erlaubten entfernten System ausführen kann, kann auch eine Operation auf den DNS-Servern des Systems durchführen. Aus diesem Grund empfehle ich die Verwendung dieser Sonderfunktion nicht. Unter BIND 9 können Sie die controls-Angaben in *named.conf* verwenden, um einen Schlüssel anzugeben, mit dem rndc seine Nachrichten signieren muss:

```
include "rncd.key";
controls {
  inet * allow { 192.168.10/24; } keys { "rndc-key";};
};
```

Die eingeschlossene Datei enthält eine key-Angabe, die den angegebenen Schlüssel auf die gleiche Weise definiert, wie wir das schon früher gesehen haben.

Der Befehl rndc verlangt auch, dass der Schlüssel in seiner Konfigurationsdatei */etc/rndc.conf* definiert wird:

```
options {
  default-server localhost;           Verwalte standardmäßig diesen Server.
  default-key "rndc-key";             Signiere Nachrichten standardmäßig mit diesem Schlüssel.
};

key "rndc-key" {
  algorithm hmac-md5;
  secret "a=whole=lotta=characters";
};
```

Sie können Kommandozeilenoptionen verwenden, um sowohl den Standardserver (-s) als auch den Standardschlüssel (-y) zu überschreiben.

Verwenden der Utilities nslookup und dig

Der Befehl nslookup ist ein weiteres Utility, das zusammen mit dem BIND-Paket zur Verfügung gestellt wird. Es wird verwendet, um Ad-hoc-DNS-Anfragen durchzuführen, und ist für Zwecke des Troubleshooting sehr nützlich.

Hier ist ein Beispiel für die Verwendung von nslookup in seinem Standardmodus:

$ **nslookup**		*Dieser Befehl startet eine interaktive Sitzung.*
> **mango**		*Suche nach diesem Hostnamen (es wird eine lokale Domain angenommen).*
Server:	localhost	
Address:	127.0.0.1#53	
Name:	mango.ahania.com	
Address:	192.168.10.100	
> **set type=PTR**		*Frage PTR-Records an (der Standard ist A).*

```
> server 10.18.114.44           Verwende diesen Server für Anfragen.
Default server: freya
Address: 10.18.14.44#53
> 192.168.10.214
Server:         10.18.114.44
Address:        10.18.114.44#53

214.10.168.192.in-addr.arpa   name = apricot.ahania.com.
> exit
```

Diese Befehle veranschaulichen die Verwendung von nslookup für Forward- und Reverse-Anfragen, inklusive über einen anderen Nameserver.

Die Untersuchung des SOA-Records einer Zone kann bisweilen hilfreich sein. Er zeigt die Nameserver der Zone und die E-Mail-Adresse des Zonen-Administrators an:

```
$ nslookup
> set type=SOA
> state.ct.us
Server:   ns1.worldnet.att.net
Address:  204.127.129.1

Non-authoritative answer:
state.ct.us
        primary name server = info.das.state.ct.us
        responsible mail addr = hostmaster.po.state.ct.us
        serial  = 2002041801
        refresh = 14400 (4 hours)
        retry   = 600 (10 mins)
        expire  = 604800 (7 days)
        default TTL = 604800 (7 days)
state.ct.us     nameserver = info.das.state.ct.us
state.ct.us     nameserver = dbru.br.ns.els-gms.att.net
info.das.state.ct.us      internet address = 159.247.0.198
dbru.br.ns.els-gms.att.net       internet address = 199.191.128.106
```

Wenn Sie auf der Fehlersuche zu Zonentransfer-Problemen sind, können Sie auch die Daten der Seriennummer in solchen Einträgen verwenden, um die Datenversionen auf den Master- und Slave-Servern zu vergleichen.

Indem Sie den Typ auf NS setzen, sind Sie in der Lage, die autoritativen Nameserver für eine Zone oder Website zu bestimmen. Ein Typ von ANY gibt alle Einträge zurück, die mit einem Namen zusammenhängen.

Das neuere Utility dig führt die gleichen Funktionen aus wie nslookup. Es besitzt die folgende allgemeine Syntax:

```
dig [@Server] Name [Typ] [Optionen]
```

Dieser Befehl stellt zum Beispiel fest, welche BIND-Version auf einem Server läuft:

```
$ dig @bonita.ahania.com version.bind txt chaos
...
;; QUESTION SECTION:
;version.bind.                  CH       TXT
```

```
;; ANSWER SECTION:
version.bind.          0     CH     TXT     "9.1.3"
...
```

Die Ausgabe sagt uns, dass auf diesem Server BIND 9.1.3 läuft.[10]

Routing-Daemons

Nachdem wir nun den ersten Schritt jeder Netzwerkoperation ausreichend besprochen haben – das Herausfinden der Adresse des gewünschten Hosts –, ist es jetzt an der Zeit, uns der zweiten Voraussetzung zuzuwenden: festzustellen, wie wir dorthin kommen. Der Routing-Bedarf vieler Sites kann durch die Installation von Routern und das Einrichten von Standard-Gateways und statischen Routen auf den Client-Systemen gedeckt werden (so wie wir es in »Hinzufügen eines neuen Netzwerkrechners« in Kapitel 5 gesehen haben). Jedoch verlangen einige Situationen nach ausgefeilteren Routing-Diensten. Dieser Abschnitt gibt eine Einführung in die Daemons, die solche Dienste liefern. Die Prozesse und Algorithmen, die hier beschrieben werden, werden auch bei dedizierten Routern verwendet.

Routing-Daemons wählen unter den vielen Pfaden zu dem vorgegebenen Bestimmungsort eines Pakets die beste Route aus. Genauer gesagt wird bestimmt, wie der nächste Schritt auf dem Weg in Richtung dieses Bestimmungsortes am besten aussehen sollte, da das allerletzte Ziel weit hinter deren Einsichtsbereich liegen könnte.

Router speichern die Informationen zwischen, die sie im Laufe ihrer Arbeit gewonnen haben, und die Router und Daemons innerhalb eines Netzwerks verwenden verschiedene Systeme, um Routing-Informationen auszutauschen.

Es gibt zwei Routing-Daemons, die von Unix-Systemen zur Verfügung gestellt werden: routed und gated. routed (wird »route-D« ausgesprochen) ist der ältere und einfachere der beiden und wird heutzutage selten eingesetzt. gated (wird »gate-D« ausgesprochen) ist ein Routing-Daemon für den allgemeinen Einsatz und wird bevorzugt von den meisten Sites verwendet.

Für detaillierte Informationen über die Themen und Daemons, die in diesem Abschnitt behandelt werden, sehen Sie sich auch *TCP-IP Netzwerk-Administration* von Craig Hunt (O'Reilly Verlag) an.

Routing-Konzepte und -Protokolle

Wie wir angemerkt haben, benötigen viele Sites lediglich *minimales Routing* (die Angabe eines Standard-Gateways auf jedem System) oder *statisches Routing* (das Definieren einiger statischer Routen, wenn nötig). Diese Ansätze funktionieren gut für Netzwerke, die ziemlich einfach sind (es gibt nicht viele alternative Wege zu den Bestimmungsorten), die rela-

---

10 Zumindest behauptet er das von sich. Tatsächlich kann der Systemadministrator diese Zeichenkette auf jeden beliebigen Wert setzen (auch wenn das die meisten Leute nicht tun), so dass diese Information nicht immer verfügbar oder zuverlässig ist.

tiv stabil sind (die Router fallen selten aus) und die ausreichend Netzwerk-Bandbreite besitzen (die Effizienz des Routing ist kein Hauptaspekt im Netzwerkverkehr).

Komplexe Netzwerke jedoch erfordern den Einsatz des *dynamischen Routing*, das folgende Eigenschaften beinhaltet:

- Auswahl der besten Route unter mehreren Routen zu einem Bestimmungsort, basierend auf den aktuellen Netzwerkbedingungen.
- Pflegen und Aktualisieren der Routing-Tabelle, basierend auf den Informationen, die über Routing-Protokolle erlangt werden.

Mit anderen Worten: Sowohl die Auswahl der Route als auch die Daten, auf denen die Auswahl beruht, werden fortlaufend aktualisiert, um den aktuellen Netzwerkstatus widerzuspiegeln. Die Daten darüber, welche Routen existieren und betriebsbereit sind, werden *Erreichbarkeitsinformationen* (Reachability Information) genannt.

Routing-Protokolle geben die Methoden zum Erkennen der besten Route zu einem Bestimmungsort an und die Mittel, über die Informationen zwischen einzelnen Routing-Daemons ausgetauscht und unter ihnen verteilt werden. Sie werden auf zwei unterschiedliche Arten unterteilt:

Anhand des Verwendungskontexts: interne gegenüber externen Protokollen
Interne Protokolle werden für das interne Routing innerhalb eines *autonomen Systems* eingesetzt: ein Netzwerk unter der Kontrolle einer einzelnen administrativen Einheit (entspricht normalerweise einer Site). Externe Protokolle wurden für das Routing zwischen autonomen Systemen entwickelt.

Anhand des Algorithmus: Distanzvektor- gegenüber Link-Status-Protokollen
Distanzvektor-Protokolle ermitteln die beste Route anhand einer Messung der Entfernung zum Bestimmungsort (zum Beispiel wird eine Route mit weniger Hops derjenigen vorgezogen, die mehr Hops benötigt). Im Gegensatz dazu berechnen Link-Status-Protokolle jede mögliche Route basierend auf einer aktuellen »Landkarte« der Netzwerk-Topologie. Diese Landkarten werden von jedem Router fortlaufend gepflegt und aktualisiert, basierend auf den Informationen, die er von den benachbarten Routern erhält.

Distanzvektor-Protokolle sind einfach und minimieren die Datenmenge, die zwischen den Routern ausgetauscht werden muss, aber es kann unannehmbar lange dauern, bis sie sich an Änderungen im Netzwerk anpassen (zum Beispiel die Verfügbarkeit von Routern). Link-Status-Protokolle reagieren auf Veränderungen schneller, aber sie benötigen bedeutend mehr CPU- und Speicher-Ressourcen auf dem Router.

Es befinden sich mehrere Routing-Protokolle im Einsatz. Für das interne Routing gibt es zwei, die überwiegend verwendet werden: RIP und OSPF.

Das Routing Information Protocol (RIP) ist ein einfaches Distanzvektor-Protokoll. Jeder Router sendet periodisch die Inhalte seiner Routing-Tabelle aus, insbesondere die Adressen der Bestimmungsorte, die er kennt, und die Anzahl der Hops, die benötigt werden, um dorthin zu gelangen. Die Routing-Informationen werden in aktuelleren Versionen von RIP auch als Antwort auf die Aktualisierungsanfragen anderer RIP-Router und Daemons versendet.

Ein bestimmter Router oder Daemon verwendet die Informationen, die von seinen Nachbarn geliefert werden (angrenzende Router, die einen Hop entfernt sind), um die Kosten jeder möglichen Route festzustellen und schließlich die kürzeste Route auszuwählen.

Die weiteste Entfernung, die in Betracht kommt, beträgt 15 Hops; Bestimmungsorte, die weiter entfernt liegen, werden alle so betrachtet, als wären sie unendlich weit entfernt. Zusätzlich zu diesem begrenzten Bereich ist ein weiterer Hauptnachteil von RIP seine *langsame Konvergenz* im Hinblick auf die Veränderung von Netzwerkbedingungen. Lange Timeout-Perioden und Standardaktualisierungsintervalle in Verbindung mit dem Algorithmus, den es für die Neuberechnung von Routen verwendet, führen dazu, dass die Routing-Informationen für unannehmbar lange Zeitspannen (mehrere Minuten) nicht aktuell sind. Solange die Routing-Informationen nicht aktuell sind, sind die betroffenen Ziel-Hosts nicht erreichbar. Es gibt Erweiterungen für RIP (und die Nachfolger-Version RIP-2), die dieses Verhalten verbessern, aber nicht alle RIP-Implementierungen enthalten diese.

Das Protokoll Open Shortest Path First (OSPF) ist ein Link-Status-Protokoll. OSPF-Router erstellen und pflegen eine *Link-Status-Datenbank*, die die Abbildung eines gerichteten Graphen für das gesamte Netzwerk aus der Sicht dieses Routers darstellt. Diese Daten werden dann mit den benachbarten Routern geteilt und deren Landkarten dementsprechend aktualisiert. OSPF-Router wählen die beste Route zu dem Bestimmungsort, indem sie die Route mit der kürzesten Entfernung anhand ihrer aktuellen Informationen berechnen.

OSPF ermöglicht die Aufteilung von großen Netzwerken in Bereiche (*Areas*), um dadurch die Computeranforderungen für das Berechnen und Speichern der Daten der Netzwerktopologie zu reduzieren. Das Routing zwischen den Bereichen wird von bestimmten *Area-Border-Routern* durchgeführt. Wenn Bereiche verwendet werden, ist der Backbone ein bestimmter Bereich, mit dem alle anderen Bereiche verbunden sind (ohne Bereiche ist die gesamte Site der Backbone).

Der routed-Daemon verwendet das RIP-Protokoll, während der gated-Daemon mehrere unterschiedliche Protokolle verwenden kann, inklusive RIP und OSPF. Beachten Sie, dass nur einer dieser Daemons zur gleichen Zeit laufen sollte.

Konfigurieren von routed

Obwohl er nur RIP ausführt, steht routed doch auf beinahe allen Unix-Systemen zur Verfügung und ist extrem einfach zu administrieren. Dieser Daemon besitzt zwei Modi, den Server-Modus und den Quiet-Modus, die jeweils über die Kommandozeilenoptionen -s und -q ausgewählt werden (in dieser Reihenfolge). Daemons, die sich im Quiet-Modus befinden, horchen nach RIP-Aktualisierungen, aber versenden selbst keine Daten. Die meisten Systeme arbeiten auf diese Weise. Nur Router und Host-Systeme, die wie Router arbeiten (über mehrere Netzwerk-Interfaces), sollten im Server-Modus operieren.

routed kann optional eine Liste bekannter Gateways aus der Konfigurationsdatei */etc/gateways* laden, wenn er startet, aber dies ist selten notwendig, da das RIP-Protokoll seine Nachbarn sehr schnell ausfindig macht. Im Übrigen ist keine weitere Konfiguration für routed selbst notwendig.

Der Daemon wird im Allgemeinen während des Hochfahrens in einem der Startskripten des Systems gestartet. Hier sind die Besonderheiten der verschiedenen Betriebssysteme, die wir behandeln:

AIX
: Wird von */etc/rc.tcpip* gestartet.
  Wird durch Entfernen von # aus den Befehlen innerhalb von *rc.tcpip* aktiviert.

FreeBSD
: Wird in */etc/rc.network* gestartet.
  Wird in */etc/rc.conf* und/oder */etc/rc.conf.local* aktiviert:
  ```
  router_enable="YES", router="routed"
  router_flags="named-args"
  ```

HP-UX
: Wird nicht bereitgestellt; verwenden Sie gated (siehe weiter unten).

Red Hat Linux
: Wird in */etc/init.d/routed* gestartet.
  Wird in */etc/sysconfig/routed* konfiguriert:
  ```
  SILENT="true-oder-false"
  ```

SuSE Linux
: Wird in */etc/init.d/routed* gestartet.
  Wird in */etc/rc.config* aktiviert (nur SuSE 7):
  ```
  START_ROUTED="yes"
  ```

Solaris
: Wird in */etc/init.d/inetinit* gestartet.

Tru64
: Wird in */sbin/init.d/route* gestartet.
  Wird in */etc/rc.config* konfiguriert:
  ```
  ROUTED="yes";
  ROUTED_FLAGS="args";
  ```

Beachten Sie, dass Solaris diesen Daemon in.routed nennt.

Konfigurieren von gated

gated ist ein anspruchsvollerer Routing-Daemon, der in der Lage ist, mehrere Routing-Protokolle zu unterstützen (sowohl interne als auch externe). Er wird von AIX, HP-UX und Tru64 bereitgestellt.

Die Software war ursprünglich frei, wurde aber später vom Merit GateD Consortium übernommen, und darauf folgende Versionen, die von diesem Konsortium produziert wurden, standen in erster Linie für Mitglieder dieses Konsortiums zur Verfügung. Aktuelle Versionen sind als kommerzielle Software von NextHop Technologies (*http://www.nexthop.com*) erhältlich. Die letzte freie[11] Version war 3.6, ist aber für die Belange der meisten Sites

---

11 Die Version 3.6 ist frei, aber das Durchführen und Verteilen von Änderungen könnte technisch verboten sein (Freshmeat beschreibt die Lizenz als »frei zur Verwendung, aber eingeschränkt«). Die letzte uneingeschränkte Version scheint 3.5.10 zu sein.

ausreichend. Sie kann leicht im Internet gefunden werden: zum Beispiel unter *http://freshmeat.net/projects/gated/*.

Die Konfigurationsdatei von gated ist */etc/gated.conf*. Diese Datei besitzt ein spezielles Format, das eingehalten werden muss. Dies ist das allgemeine Layout: Optionen, Interface-Beschreibungen, Protokollauswahl und -konfiguration, statische Routen, Import und Export von Routen. Hier ist ein Beispiel der ersten beiden Abschnitte:

```
options syslog upto info ;          Globale Optionen.
interfaces {                        Deklaration eines Interfaces für den späteren Gebrauch.
    interface 192.168.10.150 ;
} ;
router-id 192.168.10.150 ;          Wird für OSPF benötigt.
```

Die options-Angabe gibt an, dass die Protokollierung an die Syslog-Einrichtung gehen und die Nachrichten des Schweregrades info und höher enthalten soll. Diese Einstellung ist tatsächlich auch die Standardeinstellung und ist hier nur zur Veranschaulichung der options-Angabe enthalten (die in der Tat in vielen Fällen überhaupt nicht benötigt wird).

Die zweite Angabe definiert ein Netzwerk-Interface für gated. Dies wird nur benötigt, wenn man sich später in der Konfigurationsdatei auf das Interface beziehen will.

Als Nächstes folgen die Protokollauswahlen und deren Konfiguration. Die folgende Angabe zum Beispiel aktiviert das RIP-Protokoll:

```
# RIP aktivieren
rip yes {                                       Verwende RIP.
    nobroadcast ;                               Entspricht routed -q.
    interface 191.168.10.150 {
        version 2 ;                             Verwende RIP-2.
        authentication simple "ein-passwort" ;
    } ;
} ;
```

Diese Angabe besagt, dass RIP-2 im Quiet-Modus verwendet werden soll, und gibt ein Authentifizierungspasswort an, das in allen gültigen Aktualisierungen enthalten ist und erwartet wird. Es liefert minimalen Schutz gegen bösartige Routing-Daten. MD5-Passwörter werden ebenfalls unterstützt.

Sollten Sie RIP deaktivieren wollen, würden Sie diese Angabe verwenden:

```
rip no ;
```

Hier ist eine einfache Konfigurationsangabe für das OSPF-Protokoll:

```
ospf yes {
  backbone {
    interface 192.168.10.150 {
      priority 5 ;
      authentication simple "ein-anderes-passwort" ;
    } ;
  } ;
} ;
```

Diese Angabe aktiviert OSPF. Sie gibt an, dass das System Bestandteil des Bereichs Backbone ist, und gibt das Interface an, über das das System angeschlossen ist. Zusätzlich wird ein Authentifizierungsmechanismus angegeben, der mit den anderen Routern in diesem Bereich verwendet wird. Der Priority-Wert wird verwendet, wenn verschiedene OSPF-Router versuchen, einen designierten Router für einen Bereich auszuwählen, wobei höhere Werte eine geringere Wahrscheinlichkeit für die Auswahl bedeuten (der Standardwert beträgt 10).

Diese Angabe könnte weitere Bereichsunterangaben enthalten, wenn das System mehrere Interfaces – die mit unterschiedlichen Bereichen verbunden sind – besitzen würde, und das System dazu aktivieren, als *Area Border Router* zu arbeiten. Diese Zeilen folgen der gleichen Syntax wie die Backbone-Konfiguration, mit der Ausnahme, dass sie von einer Zeile der folgenden Form eingeleitet werden:

    area Name

Wie wir angemerkt haben, definieren zusätzliche Abschnitte der Konfigurationsdatei statische Routen und welche Routen-Informationen externen Routern mitgeteilt werden sollen. Wir werden sie in dieser kurzen Einführung nicht behandeln.

Herstellerbesonderheiten. gated wird von AIX, HP-UX und Tru64 zur Verfügung gestellt (vermutlich waren IBM, HP und DEC/Compaq Mitglieder des Konsortiums). Hier sind die Besonderheiten für diese Systeme:

AIX	Wird von */etc/rc.tcpip* gestartet.
	Wird durch Entfernen von # aus den Befehlen innerhalb von *rc.tcpip* aktiviert.
HP-UX	Wird von */sbin/init.d/gated* gestartet.
Tru64	Wird in */sbin/init.d/gateway* gestartet.
	Wird in */etc/rc.config* konfiguriert:
	GATED="yes";
	GATED_FLAGS="*args*";

Sie können gated für jedes andere System, das in diesem Buch behandelt wird, erhalten oder kompilieren. Zum Beispiel gibt es eine FreeBSD-Version in der Ports-Sammlung und viele Linux-Distributionen enthalten gated als optionale Komponente.

Konfigurieren eines DHCP-Servers

In »Hinzufügen eines neuen Netzwerkrechners« in Kapitel 5 haben wir den Konfigurationsprozess auf einem Client-System behandelt, mit dem eine IP-Adresse von einem DHCP-Server angefordert werden kann. In diesem Abschnitt vervollständigen wir dieses Bild, indem wir die Konfiguration und die Verwaltung eines DHCP-Servers besprechen.

DHCP-Server variieren von System zu System ein wenig, aber die grundlegenden Konzepte, die auf alle zutreffen, tun das nicht. Wir werden diese Konzepte besprechen, bevor wir in die Spezifika der Server-Konfiguration auf den verschiedenen Unix-Systemen eintauchen.

DHCP-Server beziehen die IP-Adressen, die sie liefern, aus Listen von Adressen, die ihnen zur Verwaltung übergeben wurden. Diese Listen sind als Geltungsbereiche (*Scopes*) bekannt. DHCP-Server unter Unix können einen oder mehrere Geltungsbereiche verwalten. Stellen Sie sich zum Beispiel vor, wir hätten ein Netzwerk mit zwei Subnetzen, 10.10.1.0/24 und 10.10.20.0/24, und wir platzieren einen DHCP-Server in jedes Subnetz. Wir möchten 101 IP-Adressen aus jedem Subnetz für die dynamische Zuweisung verwenden, und zwar für die Hosts 100 bis 200. Wir könnten die Adressen auf diese Art einteilen:

DHCP-Server Subnetz 1
10.10.1.100–10.10.1.175
10.10.20.176–10.10.20.200

DHCP-Server Subnetz 2
10.10.20.100–10.10.20.175
10.10.1.176–10.10.1.200

Jedem Server ist ein Teil aus dem Adressbereich jedes Subnetzes zugewiesen. Sobald ein Client eine IP-Adresse anfragt, weist der DHCP-Server immer eine aus dem zugehörigen Subnetz zu (sollte keine zur Verfügung stehen, schlägt die Anfrage fehl). Die Aufteilung der Adressen auf diesem Weg bietet etwas Fehlertoleranz. Sollte einer der beiden Server ausfallen, kann in seinem Subnetz temporär ein DHCP-Relay (siehe weiter unten) eingerichtet werden, das auf den anderen Server verweist, und die Zuweisung der IP-Adressen würde weitergehen.

Innerhalb eines Geltungsbereichs können bestimmte IP-Adressen *ausgeschlossen* werden, was bedeutet, dass sie für die Zuweisung dauerhaft nicht zur Verfügung stehen (vielleicht weil ein Server eine als seine statische IP-Adresse verwendet). Außerdem können bestimmte Adressen für bestimmte Hosts *reserviert* werden, diese werden anhand ihrer MAC-Adresse identifiziert (zum Beispiel für ein Laptop, von dem Sie möchten, dass es immer dieselbe IP-Adresse erhält, wenn es an ein bestimmtes Subnetz angeschlossen wird, das aber weiterhin seine IP-Adresse ändert, wenn es umherzieht). Wenn möglich, werden wir in unseren Konfigurationsbeispielen die Adresse 10.10.1.125 ausschließen und die Adresse 10.10.1.105 reservieren (beide befinden sich im Subnetz 1).

Da DHCP über Broadcasts arbeitet (siehe »Hinzufügen eines neuen Netzwerkrechners« in Kapitel 5), erreichen die Anfragen im Allgemeinen nur DHCP-Server im lokalen Subnetz. Ich empfehle die Platzierung eines DHCP-Servers in jedem Subnetz, dies ist aber nicht immer durchführbar. Sollte dies nicht der Fall sein, können DHCP-Clients ihre Adresszuweisung immer noch von einem Server in einem anderen Subnetz über einen *DHCP-Relay-Server* erhalten. Dieser Server leitet die DHCP-Anfragen aus dem lokalen Subnetz an einen designierten DHCP-Server weiter.

 Einige Router können so konfiguriert werden, dass sie DHCP-bezogene Broadcast-Pakete zwischen Subnetzen weiterleiten. In diesem Fall wäre ein DHCP-Server nicht notwendig.

Tabelle 8-9 fasst die DHCP-Serversysteme zusammen, die auf den verschiedenen von uns behandelten Betriebssystemen vorkommen. Die restlichen Teile dieses Abschnitts werden die DHCP-Konfiguration auf jedem einzelnen Betriebssystem behandeln.

Tabelle 8-9: Speicherorte der DHCP-Server-Komponenten

Komponente	DHCP-Server	DHCP-Relay
Ausführbares Server-Programm	AIX: */usr/sbin/dhcpsd* HP-UX: */usr/lbin/bootpd* ISC: */usr/sbin/dhcpd* Solaris: */usr/lib/inet/in.dhcpd* Tru64: */usr/sbin/joind*	AIX: */usr/sbin/dhcprd* ISC: */usr/sbin/dhcrelay* Solaris: */usr/lib/inet/in.dhcp* Tru64: */usr/sbin/bprelay*
Konfigurationsdatei	ISC: */etc/dhcpd.conf* AIX: */etc/dhcpsd.cnf* HP-UX: */etc/dhcptab* Solaris: */var/dhcp/dhcptab* und Netzwerkdateien in */var/dhcp* Tru64: */etc/join/server.pcy*, */etc/join/nets*, */etc/join/dhcpcap*	ISC: keine AIX: */etc/dhcprd.cnf* Solaris: keine Tru64: keine
Boot-Skript, das den DHCP-Server startet	ISC: */etc/init.d/dhcpd* (muss unter FreeBSD manuell hinzugefügt werden) AIX: */etc/rc.tcpip* HP-UX: keines (wird von inetd ausgeführt) Solaris: */etc/init.d/dhcp* Tru64: */sbin/init.d/dhcp*	ISC: */etc/init.d/dhcrelay* (muss unter FreeBSD manuell hinzugefügt werden) AIX: */etc/rc.tcpip* Solaris: */etc/init.d/dhcp* Tru64: keines

Konfigurationsdatei des Boot-Skripts: DHCP-Server-bezogene Einträge	AIX: keine
	HP-UX: keine
	Red Hat: */etc/sysconfig/dhcpd*
	  DHCPDARGS="args"
	SuSE 7: */etc/rc.config*
	  DHCP_INTERFACE="eth0"
	  DHCP_RUN_CHROOTED="yes|no"
	  DHCP_RUN_AS="user"
	SuSE 8: */etc/sysconfig/dhcpd*
	  DHCP_INTERFACE="eth0"
	  DHCP_RUN_CHROOTED
	  DHCP_RUN_AS="user"
	  DHCP_OTHER_ARGS="args"
	Solaris 8: */etc/default/dhcp*
	  RUN_MODE=server PATH=/var/dhcp
	Solaris 9: */etc/inet/dhcpsvc.conf*
	  DAEMON_ENABLED="TRUE"
	Tru64: */etc/rc.config*
	  JOIND="yes"
	  JOIND_FLAGS="args"
		AIX: keine
		HP-UX: N/A
		Red Hat: keine
		SuSE 7: */etc/rc.config*
		  DHCRELAY_INTERFACES="eth0":DHCRELAY_SERVERS="host"
		SuSE 8: */etc/sysconfig/dhcpd*
		  DHCRELAY_INTERFACES="eth0"
		  DHCRELAY_SERVERS="host"
		Solaris 8: */etc/default/dhcp*
		  RUNMODE=relay
		  RELAY_DESTINATIONS=server
		Solaris 9: */etc/inet/dhcpsvc.conf*
		  DAEMON_ENABLED=TRUE
		  RUN_MODE=relay
		  RELAY_DESTINATIONS=server
		Tru64: keine

Tabelle 8-9: Speicherorte der DHCP-Server-Komponenten (Fortsetzung)

Komponente	DHCP-Server	DHCP-Relay
Datendateien für Leases	ISC: */var/lib/dhcp/dhcpd.leases* AIX: */etc/dhcpsd.ar, /etc/dhcpsd.cr* HP-UX: */var/tmp/bootp.dump* Solaris: Netzwerkdateien in */var/dhcp* Tru64: */var/join/*.btr*	

AIX

Der AIX-DHCP-Server ist dhcpsd. Er wird über die Konfigurationsdatei */etc/dhcpsd.cnf* konfiguriert. Hier eine Konfigurationsdatei, die ich mit Kommentaren versehen habe:

```
logFileName  /var/log/dhcp/dhcpsd.log
logFileSize  1000                       Verwende abwechselnd vier Protokolldateien mit 1000K.
numLogFiles  4
logItem      SYSERR                     Protokollierungspunkte: System-, Objekt- und Protokollfehler
logItem      OBJERR                     und alle Warnungen. Andere Auswahlmöglichkeiten wären:
logItem      PROTERR                        EVENT (das eingetreten ist), ACTION (durchgeführt), INFO
logItem      WARNING                    (unterschiedliche Informationen), ACNTING (Zug-um-Zug).

leaseTimeDefault  240 minute            Standard-Lease-Zeit.
supportBOOTP          No                Unterstütze kein entferntes Booting.
supportUnlistedClients Yes              Nimm Anfragen von jedem Client an.

network 10.10.0.0 24                    Unsere Netzwerkadresse und -länge.
{
  subnet 10.10.1.0 10.10.1.100-10.10.1.175    Zuzuweisender Adressbereich.
  {
    client 1 aa:bb:cc:dd:ee:ff 10.10.1.105    Reservierung.
    {
      option 51 36000                   Längere Lease-Zeit für diesen Client.
    }
    client 0 0 10.10.1.125              Adressenausschluss.
    option 3 10.10.1.5                  Subnetz-spezifische Option (Standard-Gateway).
    option 28 10.10.1.255               Broadcast-Adresse.
  }
  subnet 10.10.20.0 10.10.20.176-10.10.20.200  Zuzuweisender Adressbereich.
  {
    option 3 10.10.20.88                Standard-Gateway für dieses Subnetz.
    option 48 10.10.20.45               X-Font-Server.
    option 28 10.10.20.255              Broadcast-Adresse.
  }
  option 15 zoas.org                    Globale Optionen: Domain
  option 1 255.255.255.0                Netzmaske
}

# Befehle zur dynamischen DNS-Aktualisierung
updateDNS "/usr/sbin/dhcpaction '%s' '%s' '%s' '%s' BOTH NONIM >>/tmp/updns.out 2>&1 "
removeDNS "/usr/sbin/dhcpremove '%s' BOTH NONIM >>/tmp/rmdns.out 2>&1 "
```

Die Subnetz-Angaben enthalten die tatsächlichen IP-Adressbereiche, die von diesem Server zugewiesen werden. Wie diese Datei veranschaulicht, verwendet AIX die Standardnummern der DHCP-Optionen, um diese Optionen zu identifizieren; sehen Sie sich für Übersetzungen die DHCP_Server-Manpage (Abschnitt 4) an.

Dynamische DNS-Aktualisierungen werden von den Angaben updateDNS und removeDNS ausgelöst, wenn sie in der Konfigurationsdatei enthalten sind. Jede dieser Angaben gibt den Befehl an, mit dem die entsprechende Aktualisierungsoperation durchgeführt wird. Ich ändere diese Einstellungen nicht, die von der mitgelieferten Konfigurationsdatei zur Verfügung gestellt werden. Der DNS-Server muss ebenfalls auf dem lokalen System laufen.

AIX stellt auch einige Werkzeuge zur Verwaltung der Konfiguration und für den Betrieb des DHCP-Servers zur Verfügung. Der `dhcpsconf`-Befehl startet ein GUI-Werkzeug, das zur Erstellung einer Konfigurationsdatei und auch zur Verwaltung des DHCP-Servers verwendet werden kann. Es wird in Abbildung 8-2 dargestellt.

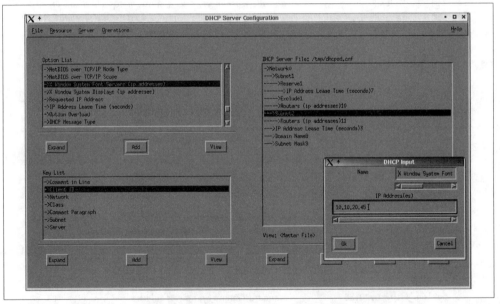

Abbildung 8-2: Das Konfigurations-Utility für DHCP-Server unter AIX

Das Hauptfenster besitzt drei Hauptbereiche: OPTION LIST (die Liste der zur Verfügung stehenden DHCP-Optionen), KEY LIST (die Haupttypen für Angaben, die der Konfigurationsdatei hinzugefügt werden) und DHCP SERVER FILE (veranschaulicht die bisherige Struktur der Datei). Sie beginnen eine neue Konfigurationsdatei, indem Sie ein Netzwerk hinzufügen (wählen Sie es im Bereich KEY LIST aus und klicken Sie dann auf ADD) und darunter dann noch mindestens ein Subnetz.

Im Allgemeinen wird die aktuelle Auswahl unmittelbar unterhalb dessen platziert, was derzeit im rechten Feld ausgewählt ist. Das Hinzufügen einer Option, während das Netzwerk ausgewählt wird, macht diese Option zu einer globalen Option für dieses Netzwerk. Das Hinzufügen einer Option, während ein Subnetz oder Client ausgewählt wird, begrenzt hingegen den Geltungsbereich der Option auf diese Einheit. In der Abbildung sind wir gerade dabei, die Option X-FONT-SERVER dem Subnetz 2 hinzuzufügen. Verwenden Sie den Menü-Pfad SERVER → SERVER DEFAULTS, um globale Optionen und andere Server-Eigenschaften anzugeben.

Die Punkte im Menü OPERATIONS kontrollieren den DHCP-Server-Prozess und sie können dazu verwendet werden, um ihn zu starten, zu stoppen, seinen Status zu erfahren oder ihn dazu zu bringen, seine Konfigurationsdatei neu einzulesen (Refresh).

AIX bietet auch den Befehl `dadmin`, um einen DHCP-Server abzufragen. Zum Beispiel fragt der folgende Befehl den DHCP-Server auf *kumquat* nach dem Status der angegebenen IP-Adresse:

```
# dadmin -h kumquat -q 192.168.44.23
PLEASE WAIT....Gathering Information From the Server....
IP Address    Status   Lease Time Start Time  Last Leased Proxy ...
10.10.20.180 Free
```

Diese IP-Adresse wird derzeit nicht verwendet.

Der DHCP-Relay-Server unter AIX ist `dhcprs` und seine Konfigurationsdatei ist */etc/dhcprs.cnf*. Hier ist ein Beispiel:

```
Protokolldatei-Direktiven wie für den DHCP-Server
server         10.10.30.1
```

Die server-Angabe ist die wichtigste in der Datei, denn sie gibt an, an welchen entfernten DHCP-Server die Anfragen weitergeleitet werden sollen.

ISC DHCP: FreeBSD und Linux

Die Open Source-Betriebssysteme verwenden alle die DHCP-Implementierung des Internet Software Consortium (siehe *http://www.isc.org*). Der DHCP-Server ist `dhcpd`. Er verwendet die Konfigurationsdatei */etc/dhcpd.conf*. Hier ist eine Beispielversion, die seine Features veranschaulicht:

```
default-lease-time 14400;              Globale Optionen.
option subnet-mask 255.255.255.0;
option domain zoas.org;

subnet 10.10.1.0 netmask 255.255.255.0 {
   range 10.10.1.100 10.10.1.104;      Für die Zuweisung verfügbare IP-Adressen.
   range 10.10.1.106 10.10.1.124;
   range 10.10.1.126 10.10.1.175;
   option routers 10.10.1.5;           Optionen, die an diese Clients geschickt werden.
   option broadcast-address 10.10.1.255;
}
```

```
subnet 10.10.20.0 netmask 255.255.255.0 {
  range 10.10.20.176 10.10.20.200;           Anderer Adressbereich.
  option routers 10.10.20.88;                Optionen für diese Clients.
  option broadcast-address 10.10.20.255;
  option font-servers 10.10.20.45;
}

host special {                               Eine Reservierung.
  hardware ethernet aa:bb:cc:dd:ee:ff;
  fixed-address 10.10.1.105;
  default-lease-time 36000;                  Längere Lease-Zeit für diesen Host.
}
```

Diese Konfigurationsdatei ist sehr einfach zu verstehen. Beachten Sie, dass wir Ausschlüsse angeben mussten, indem wir mehrere Bereiche für das Subnetz 10.10.1.0 definierten (wenn auch die Möglichkeit, mehr als einen Bereich angeben zu können, einer der Vorteile dieses DHCP-Servers ist).

Feste IP-Adressen können auch anhand der Client-ID zugewiesen werden, die in der Konfiguration des Client definiert wird. Dies kann zum Beispiel dann nützlich sein, wenn eine Firma eine Auswahl an Wireless-LAN-Karten besitzt, die sich die Mitarbeiter ausleihen. Einige von ihnen verwenden die Option Client-ID, um sicherzustellen, dass sie die gleiche Adresse erhalten, egal welche Karte sie zufällig ausgeliehen haben. Fügen Sie die folgende Option innerhalb der Konfiguration des Hosts ein, um dies zu erreichen:

```
option dhcp-client-identifier Zeichenkette;
```

Der entsprechende Eintrag in der Konfigurationsdatei des Client lautet:

```
send dhcp-client-identifier Zeichenkette;
```

Bevor Sie den ISC DHCP-Server zum ersten Mal ausführen können, müssen Sie seine Lease-Datei erzeugen, indem Sie diesen Befehl verwenden:

```
# touch /var/lib/dhcp/dhcpd.leases
```

Die Datei muss vorhanden sein, bevor der Server starten kann. Der Server erzeugt auch eine Backup-Datei namens *dhcpd.leases~* im gleichen Speicherort, die während der Aktualisierung der Lease-Datei verwendet wird. Sollte der Prozess jemals abstürzen und das System ohne eine Lease-Datei zurücklassen, müssen Sie die Backup-Datei auf den normalen Dateinamen kopieren, bevor Sie den DHCP-Server neu starten. Ansonsten werden in den betroffenen Subnetzen doppelte Leases im Überfluss vorhanden sein und Sie werden einen nicht enden wollenden Spaß damit haben, die Unordnung wieder aufzuräumen.

Vom ISC gibt es auch einen DHCP-Relay-Server, dhcrelay. Er benötigt keine Konfigurationsdatei und nimmt den gewünschten DHCP-Server als Argument entgegen wie in diesem Beispiel:

```
# dhcrelay 10.10.30.1
```

Der Server wird normalerweise von einem Startskript gestartet. Einige Systeme besitzen andere Konfigurationsmöglichkeiten als das Editieren der entsprechenden Skriptdatei; sehen Sie sich Tabelle 8-9 für Details an.

Es gibt ein grafisches Utility für die Konfiguration des DHCP-Servers, verfügbar in der KDE-Desktop-Umgebung. Es heißt kcmdhcpd, wurde von Karl Backström geschrieben (*http://www.lysator.liu.se/~backstrom/kcmdhcpd/*) und wird in Abbildung 8-3 dargestellt.

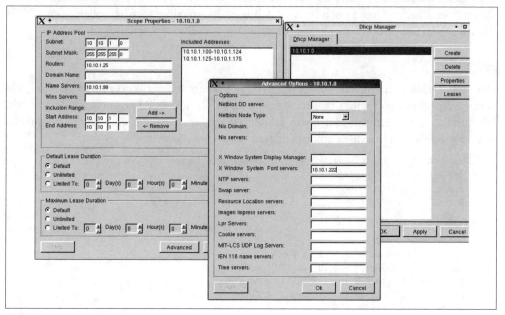

Abbildung 8-3: Das Utility kcmdhcpd

In der Abbildung wird der Geltungsbereich für das Subnetz 10.10.1.0 eingerichtet. Das Fenster auf der linken Seite wird dazu verwendet, um die wichtigsten Eigenschaften des Geltungsbereichs anzugeben. Wir haben auch auf die Schaltfläche Advanced dieses Fensters geklickt, um das schmalere Fenster im Vordergrund zu öffnen (wo wir die Option für einen X-Font-Server einrichten). Das Hauptfenster des Utility erscheint auf der rechten Seite.

Die Version 3 von ISC DHCP fügt die Unterstützung für dynamische DNS-Aktualisierungen hinzu.[12] Dieses Feature befindet sich in einem vorläufigen Status und könnte sich über die Zeit noch ändern. Derzeit funktioniert es nur auf Systemen, die nur ein einziges Netzwerk-Interface besitzen. Der aktuellen Implementierung fehlt es noch an Sicherheits-Features und sie sollte deshalb nur verwendet werden, wenn das Verhindern von unberechtigten Aktualisierungen kein Thema ist.

Der folgende Ausschnitt aus der Konfigurationsdatei veranschaulicht die Methode zum Aktivieren der dynamischen Aktualisierungen:

```
subnet ... {
    normale Angaben ...
```

---

12 Ebenso wie viele andere coole Features!

```
    ddns-domainname "dhcp.zoas.org";
    ddns-rev-domainname "in-addr.arpa";
}
```

Die beiden zusätzlichen Unterangaben geben die DNS-Domain und die Reverse-Lookup-Domain an, die den Hostnamen bzw. IP-Adressen hinzugefügt werden sollen, wenn DNS-A- und DNS-PTR-Records für diese erzeugt werden (in dieser Reihenfolge).

HP-UX

Der DHCP-Daemon von HP-UX ist eher etwas exzentrisch. Er wird `bootpd` genannt, ein Name, der seinen doppelten Einsatzzweck als DHCP- und BOOTP-Server widerspiegelt. Die primäre Konfigurationsdatei von DHCP ist */etc/dhcptab*, die eine termcap-ähnliche Syntax verwendet. Hier ist eine Beispieldatei:

```
dhcp_default_client_settings:\         Globale Einstellungen.
    lease-time=14400:dn=zoas.org:\
    lease-policy=accept-new-clients:\
    subnet-mask=255.255.255.0:

dhcp_pool_group:\                      Definiert einen Geltungsbereich und seine Eigenschaften.
    pool-name=subnet1:\
    addr-pool-start-address=10.10.1.100:\
    addr-pool-last-address=10.10.1.175:\
    reserved-for-other=10.10.1.125:\   Ausschluss.
    reserved-for-other=10.10.1.105:\   Reservierung.
    allow-bootp-clients=FALSE:\
    gw=10.10.1.5:\                     Standard-Gateway.
    ba=10.10.1.255:                    Broadcast-Adresse.

dhcp_pool_group:\
    pool-name=subnet2:\
    addr-pool-start-address=10.10.20.100:\
    addr-pool-last-address=10.10.20.200:\
    gw=10.10.20.88:\                   Standard-Gateway.
    ba=10.10.20.255:\                  Broadcast-Adresse.
    xf=10.10.20.45:                    X-Font-Server.
```

Hier haben wir unsere üblichen Adressbereiche für die beiden Subnetze definiert, inklusive ihrer zugehörigen Optionen. Beachten Sie, dass IP-Adressen für Reservierungen in der Ausschlussliste enthalten sind.

Die Reservierungen selbst werden in einer anderen Konfigurationsdatei behandelt, */etc/bootptab*. Hier ist ein Beispieleintrag:

```
pandora:\
    ht=ethernet:\              Identifizierungstyp.
    ha=aabbccddeeff:\          Hardware-Adresse.
    ip=10.10.1.105:\           Zuzuweisende IP-Adresse.
    vm=rfc1048:\               Implementierungsart.
    sm=255.0.0.0:\             Subnetzmaske.
    ba=10.10.1.255             Broadcast-Adresse.
```

Der `bootpd`-Daemon dient als ein DHCP-Relay-Agent (zusätzlich zu seinen Funktionen des entfernten Bootings). Wie die Reservierungen wird das Relaying in der Datei */etc/bootptab* angegeben, wie in diesem Beispiel:

```
subnet3:\                              Gruppenname von dhcptab.
       ht=ethernet:\
       ha=000000000000:\               Dies trifft auf jede MAC-Adresse zu.
       hm=000000000000:\
       bp=10.10.2.99 :\                IP-Adresse des Relay-Hosts.
       th=0:\                          Zu wartende Sekunden vor dem Relaying.
       hp=4                            Maximale Hops.
```

Sie können das Relaying auch für einzelne Hosts angeben, indem Sie dessen MAC-Adresse als Host-Adresse (ha) angeben und eine Maske aus lauter Nullen (hm) verwenden.

Der DHCP-Server von HP-UX unterstützt dynamische Aktualisierungen des DNS nur in der Version 11i. Sie werden über Optionen in der »pool group«-Definition aktiviert, wie in diesem Beispiel:

```
dhcp_pool_group:\
  pool-name=subnet2:\
  ...
  pcsn:\                               Verwende Hostnamen, die vom Client angegeben werden.
  ddns-address=10.10.1.100:\           DNS-Server-Adresse.
```

Im Allgemeinen können Sie die Konfigurationsdateien manuell editieren oder Sie können SAM verwenden, um die verschiedenen Einstellungen innerhalb der Dateien zu kontrollieren. Beachten Sie, dass die entsprechenden SAM-Bereiche mit einem Verweis auf das entfernte Booting (insbesondere BOOTP) ausgezeichnet sind, sie können aber auch dazu verwendet werden, um DHCP zu administrieren; der Pfad aus dem Hauptmenü lautet NETWORKING AND COMMUNICATIONS → BOOTABLE DEVICES.

Solaris

Der DHCP-Server unter Solaris wird `in.dhcpd` genannt (was der normalen Namenskonvention für Netzwerk-Daemons von Solaris entspricht). Seine Konfigurationsdateien befinden sich in */var/dhcp*. Er verwendet zwei separate Dateien. Die erste Datei, *dhcptab*, definiert globale und Subnetz- oder Client-spezifische Optionen. Hier ist ein Beispiel, das das termcap-ähnliche Format dieser Datei veranschaulicht:

```
Locale     m  :UTCoffst=-14400:DNSdname="zoas.org":\
              :Subnet=255.255.255.0:
plum       m  :Include=Locale:LeaseTim=14400:LeaseNeg:
special    m  :Include=Locale:LeaseTim=36000:
10.10.1.0  m  :Subnet=255.255.255.0:Router=10.10.1.5:\
              :Broadcst=10.10.1.255:
10.10.20.0 m  :Subnet=255.255.255.0:Router=10.10.20.88:\
              :Broadcst=10.10.20.255:XfontSrv=10.10.20.45:
```

Diese Datei gibt eine Reihe von *Makros* an, das sind benannte Gruppeneinstellungen. Sie ermöglicht auch die Verwendung der Include-Einstellung, die es einem Makro zeigt, innerhalb eines anderen Makros als Ganzes eingetragen zu werden. Die Einstellungen selbst haben leicht verständliche Namen.

Die ersten beiden Einträge werden verwendet, um globale Optionen anzugeben (beachten Sie, dass der erste Eintrag im zweiten und dritten Einträgen verwendet wird). Der zweite Eintrag, *plum*, wird den meisten IP-Adressen im Geltungsbereich zugewiesen, wodurch er als globale Standardeinstellung fungiert (auch wenn man dies aus der Konfigurationsdatei nicht ablesen kann). Laut Konvention hat dieser Eintrag denselben Namen wie der Hostname des DHCP-Servers.

Der dritte Eintrag wird dazu verwendet, um unterschiedliche Einstellungen auf unsere reservierte IP-Adresse anzuwenden. Die letzten beiden Einträge definieren Einstellungen, die auf die Geltungsbereiche der angegebenen Subnetze angewendet werden. Das anfängliche Namensfeld muss der Subnetz-Adresse entsprechen.

Die tatsächlich zuzuweisenden IP-Adressen werden in Dateien (bekannt als *Netzwerkdateien*) im gleichen Verzeichnis abgespeichert und erhalten Namen, die erzeugt werden, indem alle Punkte in der Subnetz-Adresse durch Unterstriche ersetzt werden. Zum Beispiel sehen Sie hier die Datei namens *10_10_1_0*, die zum Subnetz 10.10.1.0 gehört:

client	flags	IP address	DHCP server	Expires	Macro
00	00	10.10.1.100	10.10.1.50	0	plum
00	00	10.10.1.101	10.10.1.50	0	plum
00	00	10.10.1.102	10.10.1.50	0	plum
00	00	10.10.1.103	10.10.1.50	0	plum
00	00	10.10.1.104	10.10.1.50	0	plum
01AABBCCDDEEFF	02	10.10.1.105	10.10.1.50	0	special
00	00	10.10.1.106	10.10.1.50	0	plum
...					
00	01	10.10.1.125	10.10.1.50	0	plum
...					
00	00	10.10.1.200	10.10.1.50	0	plum

Jede Zeile in der Datei definiert eine IP-Adresse innerhalb des Geltungsbereichs. Die Felder in dieser Datei enthalten die Client-ID, die die IP-Adresse momentan verwendet (oder 00, falls sie frei ist), Flags, die zu diesem Eintrag gehören (00 für Adressen, die für normale Zuweisungen verwendet werden), die IP-Adresse selbst, die IP-Adresse des DHCP-Servers, der sie verwaltet, die Ablaufzeit der Lease (0, wenn keine zugewiesen ist) und das Makro innerhalb der Datei *dhcptab*, das die Optionen für diese IP-Adresse liefert.

In diesem Fall betrachten wir eine Datei, bevor der DHCP-Dienst gestartet wurde. Deshalb behalten alle dynamischen Felder in der Datei ihre Starteinträge.

Die reservierte Adresse 10.10.1.105 hat ein etwas anderes Format. Die Client-ID ist auf die Zeichenkette gesetzt, die aus 01 besteht (die angibt, dass es sich um eine Ethernet-Adresse handelt), gefolgt von der MAC-Adresse (ohne Doppelpunkte). Das Flags-Feld ist auf 2 gesetzt, was bedeutet, dass die Adresse dauerhaft zugewiesen ist. Dieser Eintrag verwendet auch ein anderes Makro aus der Datei *dhcptab*, um seine längere Lease-Zeit zu erhalten.

Der ausgeschlossenen Adresse, Host 125, wurde ein Flag-Wert von 1 zugewiesen, der angibt, dass die Adresse für Zuweisungen nicht zur Verfügung steht. Derzeit unterstützt der DHCP-Server unter Solaris keine dynamischen Aktualisierungen des DNS.

in.dhcpd kann auch als DHCP-Relay-Server fungieren. Sie geben dieses Verhalten über die Boot-Konfigurationsdatei der Einrichtung an: */etc/default/dhcp* unter Solaris 8 und */etc/inet/dhcpsvc.conf* unter Solaris 9. Hier sind Beispiele, die die relevanten Einträge veranschaulichen:

```
/etc/default/dhcp (Solaris 8):         /etc/inet/dhcpsvc.conf (Solaris 9):
RUNMODE=relay                          RUNMODE=relay
RELAY_DESTINATIONS=10.10.30.1          RELAY_DESTINATIONS=10.10.30.1
                                       DAEMON_ENABLED=TRUE
```

Solaris stellt das grafische Utility DHCP Manager für die Konfiguration von DHCP zur Verfügung. Es kann aus dem administrativen Bereich des Desktops gestartet werden oder durch den Befehl `dhcpmgr` in */usr/sadm/admin/bin*. Solaris 8 bietet auch das nichtgrafische, menübasierte Utility `dhcpconfig` für den gleichen Zweck (das Utility existiert auch unter Solaris 9, aber diese Funktionalität wurde entfernt).

Tru64

Der DHCP-Server unter Tru64 wird `joind` genannt. Er verwendet mehrere Konfigurationsdateien in */etc/join*. Die erste davon ist *server.pcy*, die verwendet wird, um globale Server-Optionen anzugeben. Hier ist eine Beispielversion dieser Datei:

```
accept_client_name          Erlaube den Clients, ihre eigenen Hostnamen anzugeben.
#support_bootp              Unterstütze kein BOOTP.
#registered_clients_only    Nimm Anfragen von jedermann an.
send_options_in_offer       Nimm DHCP-Optionen im ersten Angebot mit auf.
use_macaddr_as_id           Verwende die MAC-Adresse, um bestimmte Clients zu identifizieren.
```

Die nächste Datei wird *nets* genannt und wird dazu verwendet, um die verschiedenen Geltungsbereiche, die von diesem DHCP-Server verwaltet werden, und den Bereich der innerhalb dieser Geltungsbereiche zur Verfügung stehenden Adressen anzugeben:

```
10.10.1.0     10.10.1.22    10.10.1.100-10.10.1.104
                            10.10.1.106-10.10.1.124
                            10.10.1.126-10.10.1.175

10.10.20.0    10.10.1.22    10.10.20.175-10.10.20.200
```

Der erste Geltungsbereich ist für das Subnetz 10.10.1.0 bestimmt und wird mit drei Adressbereichen definiert. Der zweite Geltungsbereich ist für das Subnetz 10.10.20.0 bestimmt und wird über einen einzigen Adressbereich definiert. Das zweite Feld in jeder Zeile gibt den DHCP-Server an, der den Geltungsbereich verwaltet. Beachten Sie, dass Felder, die in den darauf folgenden Zeilen gleich sind, nicht wiederholt werden müssen.

Die letzte Konfigurationsdatei ist *dhcpcap*, eine Konfigurationsdatei im termcap-Stil, die dazu dient, DHCP-Optionen anzugeben. Hier sind einige Beispieleinträge:

```
special:\
  :ht=ether:ha=aabbccddeeff:\       Identifiziere diesen Client über seine MAC-Adresse.
  :ip=10.10.1.105:\                 Weise diese IP-Adresse zu.
  :gw=10.10.1.5:\                   Standard-Gateway.
```

```
    :ba=10.10.1.255:\              Broadcast-Adresse.
    :sm=255.255.255.0:\            Subnetzmaske.
    :dn="zoas.org":\               DNS-Domainname.
    :lt=36000:                     Lease-Zeit.

subnet1:\
    :nw=10.10.1.0:\                Netzwerk-Adresse.
    :gw=10.10.1.5:\                Standard-Gateway.
    ...Die gleichen Optionen wie oben.
    :lt=14400:                     Lease-Zeit.

subnet2:\
    :nw=10.10.20.0:\               Netzwerk-Adresse.
    :gw=10.10.20.88:\              Standard-Gateway.
    :ba=10.10.20.255:\             Broadcast-Adresse.

    ...Die gleichen Optionen wie oben.
    :lt=14400:\                    Lease-Zeit.
    :xf=10.10.20.45:               X-Font-Server.
```

Beachten Sie, dass viele Einstellungen in jedem Abschnitt wiederholt werden müssen, da es keinen globalen Abschnitt oder Include-Mechanismus gibt.

Diese Konfigurationsdateien können manuell erzeugt und bearbeitet werden. Jedoch liefert Tru64 zu diesem Zweck auch das Utility xjoin. Es wird in Abbildung 8-4 dargestellt.

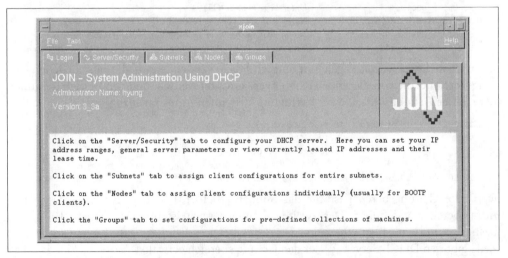

Abbildung 8-4: Die xjoin-Einrichtung von Tru64

Der DHCP-Server von Tru64 bietet keine dynamischen Aktualisierungen für den DNS.

Der DHCP-Relay-Server wird bprelay genannt und von einem Befehl der folgenden Form gestartet, wobei das Argument die Adresse des DHCP-Servers ist, auf den die Anfragen weitergeleitet werden:

```
# bprelay 10.10.30.1
```

Beachten Sie, dass dieser Server nicht durch ein Boot-Skript gestartet wird. Sie werden also ein Startskript bearbeiten müssen, wenn Sie ihn standardmäßig laufen lassen möchten.

Zeitsynchronisierung mit NTP

Oft arbeiten Computer nicht richtig, wenn die Hosts in einem Netzwerk unterschiedliche Vorstellungen davon haben, wie spät es gerade ist. DNS-Server zum Beispiel kommen stark durcheinander, wenn die Vorstellungen des Master-Servers und des Slave-Servers über die aktuelle Zeit signifikant unterschiedlich sind, und werden unter solchen Bedingungen keine Zonentransfers annehmen. Auch viele Sicherheitsprotokolle, wie zum Beispiel Kerberos, haben Timeout-Werte, die von exakten Uhren abhängig sind.

Das Network Time Protocol (NTP) wurde entwickelt, um diese Situation in Ordnung zu bringen, indem die Zeitsynchronisierung über das Netzwerk automatisiert wird.[13] Die Homepage von NTP ist *http://www.ntp.org*. Es stehen auch eine Menge nützlicher Informationen unter *http://www.eecis.udel.edu/~mills/ntp.htm* zur Verfügung.

Sie könnten sich als Erstes fragen, wie Computer-Uhren aus der Synchronisation geraten können. Computer enthalten einen Oszilator zusammen mit etwas Hardware als Schnittstelle zur CPU. Jedoch führen sowohl Instabilitäten im Oszilator (zum Beispiel auf Grund von Temperaturveränderungen) als auch Latenzzeiten in der Computer-Hardware und -Software zu Fehlern in der System-Uhr (bekannt als *Wander* und *Jitter*). Folglich werden im Laufe der Zeit die Uhreinstellungen unterschiedlicher Computer, die ursprünglich auf die gleiche Zeit gesetzt wurden, auseinander gehen, weil die Fehler, die von deren zugehöriger Hardware hervorgerufen wurden, unterschiedlich sein werden.

NTP wurde entwickelt, um mit diesen Tatsachen auf eine sehr ausgeklügelte Weise umzugehen. Es existiert seit etwa 1980 und wurde von Professor David L. Mills von der University of Delaware und seinen Studenten entwickelt und geschrieben. Dieses Protokoll bietet für alle Computer innerhalb eines Netzwerks eine Zeitsynchronisierung und ist so konstruiert, dass es in sehr großen Netzwerken sowohl fehlertolerant als auch skalierbar ist. Es enthält auch Sonderfunktionen für die Authentifizierung zwischen Clients und Servern und für das Sammeln und Anzeigen von Statistiken über seine Operationen. Das Protokoll besitzt eine anvisierte Genauigkeit von etwa 232 Picosekunden.

Wie NTP funktioniert

NTP basiert auf einem hierarchischen Client/Server-Modell mit autoritativen Zeitwerten, die sich von den Top-Level-Servern über die Lower-Level-Server bis zu den Clients nach unten bewegen. Das gesamte System basiert auf der Verfügbarkeit von etwas, das es *Stratum-1-Server* nennt: Server, die ihre aktuellen Zeitaktualisierungen von einer als zuverläs-

---

[13] Ein älterer Mechanismus verwendet den Daemon timed. Ich empfehle, diesen durch ntpd zu ersetzen, der den Vorteil hat, dass alle Uhren auf die richtige Zeit eingestellt werden. timed setzt sie alle nur auf die gleiche Zeit des Master-Servers und hat keinen Mechanismus, um sicherzustellen, dass die Zeit korrekt ist.

> ## Was ist Zeit?
> Hier betrachten wir die Zeit streng aus der Sicht eines Standards.
>
> 1967 wurde eine Sekunde definiert als »die Dauer von 9.192.631.770 Strahlungsperioden, die dem Übergang zwischen den beiden Hyperfeinstruktur-Niveaus aus dem Grundzustand des Cäsium-133-Atoms entsprechen«. (Cäsium-Atome sind sehr geschäftig.) Vor 1967 wurde die Länge einer Sekunde anhand der Erdrotation festgemacht und die exakte Länge einer Sekunde wäre jedes Jahr länger geworden. Der Zeitstandard, der auf diesem Standard von 1967 beruht, ist bekannt als TAI (International Atomic Time).
>
> Coordinated Universal Time (UTC) ist der offizielle Standard für die aktuelle Zeit, der von NTP verwendet wird. UTC entwickelte sich aus dem vorhergehenden Standard Greenwich Mean Time (GMT).
>
> Leider stimmt die TAI-Zeit nicht exakt damit überein, wie lange es wirklich dauert, bis sich die Erde um ihre Achse dreht. Deshalb werden etwa alle 18 Monate Schaltsekunden in UTC eingefügt, um die Synchronisation mit der leicht unregelmäßigen und langsamer werdenden Rotation des Planeten aufrechtzuerhalten. Die Schaltsekunden stellen sicher, dass sich die Sonne im Durchschnitt um 12:00:00 UTC +/- 0,9 Sekunden direkt oberhalb des Meridians von Greenwich, U.K. befindet.

sig bekannten Quelle erhalten, wie zum Beispiel einer angeschlossenen Referenzuhr. Server, die Zeitwerte von diesen Servern erhalten, sind als *Stratum-2-Server* bekannt (und so weiter, entlang der Server-Hierarchie nach unten).

Es gibt mehrere Möglichkeiten, die autoritative Zeit zu erhalten:

- Das System kann mit einer externen Atomuhr verbunden sein.
- Sie können sich per Modem mit dem National Institute of Standards and Technology (NIST) verbinden und die Daten erhalten.[14]
- Sie können ein Gerät verwenden, das auf dem Global Positioning System (GPS) basiert und sowohl Zeitwerte als auch Positionierungsinformationen von Satelliten empfangen kann.
- Sie können die autoritativen Zeitwerte für Ihr Netzwerk von einem externen Stratum-1-NTP-Server im Internet erhalten. Dies ist in der Tat das üblichste Verfahren für Organisationen, die mit dem Internet verbunden sind und keine extreme Genauigkeit brauchen, wie sie für ein paar Echtzeit-Anwendungen benötigt wird (zum Beispiel Flugsicherung).

Die Website *http://www.eecis.udel.edu/~mills/ntp/servers.htm* enthält Links auf Listen von Stratum-1- und Stratum-2-Servern, die über das Internet erreichbar sind. Für die meisten Sites ist ein Stratum-2-Server ausreichend. Beachten Sie, dass einige Server

---

14 In Deutschland die Physikalisch-Technische Bundesanstalt in Braunschweig – Anm. d. Ü.

erweiterte Berechtigungen benötigen, bevor Sie sich mit diesen verbinden können. Überprüfen Sie deshalb die Anforderungen sorgfältig, bevor Sie eine Verbindung zu einem Internet-NTP-Server einrichten.

Im Client-Modus nimmt NTP periodische Anpassungen der System-Uhr vor, basierend auf den autoritativen Zeitdaten, die es von den entsprechenden Servern erhält. Sollte sich die aktuelle Zeit auf dem System von der korrekten Zeit um mehr als 128 Millisekunden unterscheiden, stellt NTP die System-Uhr nach. In seinem normalen Modus führt NTP die Anpassungen der System-Uhr jedoch nach und nach durch, indem es seine Parameter anpasst, um die benötigte Korrektur zu erreichen. Über die Zeit zeichnet der NTP-Daemon auf dem System die aufeinander folgenden Zeitfehler – bekannt als *Zeit-Drift* – auf und analysiert diese. Basierend auf diesen Daten, fährt er mit der Korrektur der Zeit automatisch fort, selbst wenn er sein Zeit-Server-System nicht erreichen kann. Dieser gesamte Vorgang ist auch als *Disziplinierung* der System-Uhr bekannt.

In der Praxis benötigt NTP mehrere Quellen für die autoritative Zeit. Diese Strategie dient dazu, um sich sowohl gegen eine einzige Fehlerquelle als auch gegen die Unzuverlässigkeit eines einzelnen Servers zu schützen (auf Grund von Hardware-Fehlern, böswilliger Verfälschung und so weiter). Mit anderen Worten, NTP betrachtet alle Zeitdaten mit einem gewissen Maß an Misstrauen und seine Algorithmen bevorzugen mindestens drei verschiedene Zeitquellen. Jeder einzelne Server wird mehrere Male abgefragt und der NTP-Algorithmus bestimmt den besten Wert, der für die aktuelle Zeit verwendet werden soll, aus all diesen Daten (natürlich beachtet er dabei die Latenzzeit des Netzwerks, die Zeitspanne, die benötigt wird, um den Zeitwert vom entfernten Server auf das lokale System zu übertragen). Dieser Wert wird dann dazu verwendet, um die Zeit auf dem lokalen System wie oben beschrieben einzustellen. Auf ähnliche Weise können Client-Systeme so konfiguriert werden, dass sie die Zeitdaten von mehreren NTP-Servern anfragen.[15]

Alles in allem funktioniert NTP sehr gut und alle Systeme innerhalb eines Netzwerks können innerhalb weniger Millisekunden miteinander synchronisiert werden. Diese Genauigkeitsstufe ist für die meisten Organisationen mehr als ausreichend.

Einrichten von NTP

Der erste Schritt zur Implementierung von NTP innerhalb Ihres Netzwerks ist, wie üblich, die Planung. Sie werden mehrere Dinge entscheiden müssen, inklusive wie und von wo die autoritativen Zeitwerte geliefert werden, die Platzierung der NTP-Server innerhalb des Netzwerks und welche Clients sich mit welchen Servern verbinden werden. Für den Anfang könnten Sie einen oder zwei lokale Server mit drei externen Stratum-2-Servern verbinden; die lokalen Server werden zu den Top-Level-NTP-Servern innerhalb Ihrer Organi-

---

15 Die Leser, die an sehr exakten Zeiten interessiert sind, könnten sich auch für den Kommentar von einem der Gutachter dieses Buches interessieren: »Eine der Unzulänglichkeiten von NTP ist seine Unfähigkeit, asymmetrische Pfadverzögerungen zu behandeln. Die letzten Versionen von NTP mildern dies, indem sie den »huff 'n' puff«-Filter einsetzen (sehen Sie hierzu auch den Befehl *tinker* und das Schlüsselwort *huffpuff* in der Dokumentation zu den »Miscellaneous Options«).«

sation. Dann können Sie Clients mit den Servern verbinden und die Zeitsynchronisierung wird beginnen.

Wenn das funktioniert, können Sie sich der empfohlenen Konfiguration mit drei lokalen Servern zuwenden, von denen jeder mit drei externen Servern verbunden ist, wobei diese wiederum insgesamt mindestens fünf externe Server verwenden. Wenn nötig, können Sie später Top-Level-Server oder auch eine andere Ebene von Servern innerhalb Ihrer Organisation hinzufügen, die die extern verbundenen Server als ihre autoritative Zeitquelle verwenden.

Innerhalb eines individuellen Systems besteht die NTP-Einrichtung aus einem Daemon-Prozess, einem Startskript, einer Konfigurationsdatei, verschiedenen Protokolldateien und ein paar wenigen Utilities. Die Installation ist sehr einfach. Sie können entweder den Quellcode herunterladen und das Paket daraus kompilieren oder es aus einem Paket installieren, das vom Hersteller Ihres Betriebssystems geliefert wird.

Sobald die Software installiert wurde, ist der nächste Schritt die Konfiguration der Einrichtung. Die Konfigurationsdatei von NTP ist üblicherweise *etc/ntp.conf*. Hier ist ein sehr einfaches Beispiel für ein Client-System:

```
server     192.168.15.33
logfile    /var/log/ntp
driftfile  /etc/ntp.drift
```

Die erste Zeile gibt einen Server an, der verwendet werden soll, wenn wir uns die Zeitdaten verschaffen, und die übrigen Zeilen geben in dieser Reihenfolge die Speicherorte für die Protokolldatei von NTP und die Drift-Datei an (Letztere speichert Daten über die Fehler der lokalen Uhr für die zukünftige Zeitkorrektur).

Die Konfigurationsdateien für Server enthalten auch einen Server-Eintrag für ihre Quellen für die Zeitdaten. Zusätzlich könnten sie noch Zeilen wie diese enthalten:

```
peer 192.168.15.56 key 7
```

Dieser Eintrag gibt an, dass der angegebene Server ein Peer ist, ein Computer, mit dem das lokale System Zeitdaten austauschen wird – senden und empfangen. Im Allgemeinen können die Top-Level-Server innerhalb der Organisation als Peers konfiguriert werden, da sie sowohl als Clients als auch als Server untereinander und als Server aus der Sicht von allgemeinen Client-Systemen arbeiten. Das Schlüsselwort key wird verwendet, um einen Authentifizierungsschlüssel für diese Verbindung anzugeben (wird weiter unten besprochen).

Wenn ein Server eine Referenzuhr angeschlossen hat, sieht der Server-Eintrag innerhalb der Konfigurationsdatei etwas anders aus:

```
server 127.127.8.0 mode 5
```

Referenzuhren werden normalerweise über eine serielle Leitung angeschlossen und sie werden mit einer IP-Adresse angegeben, die mit 127.127 beginnt. Die letzten beiden Komponenten der IP-Adresse bestimmen den Gerätetyp (überprüfen Sie die Dokumentation des Gerätes) und eine Einheitennummer, in dieser Reihenfolge.

NTP enthält auch eine Authentifizierungseinrichtung, die es den Clients und Servern ermöglicht zu überprüfen, ob sie mit bekannten und vertrauenswürdigen Computern kommunizieren. Die Einrichtung basiert auf einem System mit privaten Schlüsseln; Schlüssel werden üblicherweise in der Datei */etc/ntp.keys* gespeichert. Diese Datei kann bis zu 65.536 32-Bit-Schlüssel enthalten. Wenn diese Einrichtung verwendet wird, fügt sie mehrere Zeilen an die Konfigurationsdatei an:

```
keys /etc/ntp.keys
trustedkey 1 2 3 4 5 6 7 15
request key 15
control key 15
```

Die erste Zeile identifiziert die Schlüsseldatei von NTP. Die zweite Zeile aktiviert die angegebenen Schlüssel innerhalb der Datei und die übrigen beiden Zeilen geben an, welcher Schlüssel für NTP-Anfragen und Konfigurationsänderungen verwendet werden soll, wobei der angegebene Schlüssel in diesem Zusammenhang wie ein Passwort verwendet wird (entsprechend den Utilities `ntpdc` und `ntpq`). Sobald sie angegeben und aktiviert wurden, müssen diese Schlüssel mit dem Schlüsselwort `key` bei den server- und peer-Einträgen verwendet werden.

Die aktuellsten Versionen von NTP enthalten auch noch eine weitere Authentifizierungsmöglichkeit, die als *Autokey*-Mechanismus bezeichnet wird. Dieses System wurde für den Multicast-Modus von NTP entwickelt, bei dem die Zeitdaten verbreitet werden, anstatt explizit zwischen Client und Server ausgetauscht zu werden. Bei dessen Verwendung können die Clients Sitzungsschlüssel generieren, die dazu verwendet werden können, um die Gültigkeit der erhaltenen Daten zu bestätigen.

Sobald er eingerichtet wurde, muss der NTP-Daemon während des Boot-Vorgangs gestartet werden. Auf Systemen im System-V-Stil wird dies über ein Boot-Skript innerhalb der üblichen Skript-Hierarchie von */etc/rcn.d* erreicht (ist als Bestandteil des NTP-Pakets enthalten); auf Systemen im BSD-Stil werden Sie den Befehl zu einem der Startskripten hinzufügen müssen.

Auf Client-Maschinen kann die Systemzeit während des Startvorgangs explizit mit der des Servers synchronisiert werden, indem das Utility `ntpdate` ausgeführt wird, das im Paket enthalten ist. Der Befehl hat eine Form, die in etwa der folgenden entspricht:

```
ntpdate -bs 192.168.15.56
```

Die Option `-b` besagt, dass die Systemzeit explizit gesetzt wird (anstatt sie auf normale Weise anzupassen), und die Option `-s` besagt, dass die Ausgabe des Befehls an die Syslog-Einrichtung geschickt wird (anstatt auf die Standardausgabe). Der übrige Punkt in dieser einfachen Befehlszeile ist die IP-Adresse eines Servers, von dem die aktuelle Zeit angefragt werden soll. Wenn gewünscht, können mehrere Server angegeben werden. Denken Sie daran, dass `ntpdate` ausgeführt werden muss, bevor der NTP-Daemon gestartet wird. Außerdem reagieren viele Anwendungsprogramme und ihre zugehörigen Server-Prozesse sehr schlecht auf wesentliche Zeitveränderungen, nachdem sie gestartet wurden. Deshalb ist es eine gute Idee, die Aktivitäten der Zeitsynchronisierung früh genug im Startvorgang durchzuführen, damit sie dem Start anderer Server vorangehen, die von ihnen abhängig sein könnten.

Eventuell wird der Befehl ntpdate außer Kraft gesetzt, da seine Funktionalität in den neuesten Versionen in ntpd eingegangen ist. Die Befehlsform ntpd -g -q ist die entsprechende Form und sie fragt die Zeit an und stellt die Uhr danach; danach beendet sich der Befehl. Der Server, der kontaktiert werden soll, wird wie üblich in der Konfigurationsdatei angegeben.

Aktivieren von ntpd unter FreeBSD

FreeBSD-Systeme enthalten ntpd standardmäßig. Der Daemon wird von dem Startskript rc.network immer dann während des Startvorgangs gestartet, wenn die folgenden Variablen in *rc.conf* oder *rc.config.local* in */etc* gesetzt sind:

xntpd_enable="YES"	*Starte den ntpd-Daemon.*
ntpdate_enable="YES"	*Führe den Befehl ntpdate während des Startvorgangs aus.*
ntpdate_flags="-bs 10.1.5.22"	*Gib Optionen für ntpdate an (zum Beispiel den gewünschten Host).*

In der Standardeinstellung ist ntpd deaktiviert.

Eine einfache Möglichkeit für eine zuverlässige Zeit

Für viele Sites bringen die üblichen Möglichkeiten für eine zuverlässige Zeit erhebliche Unannehmlichkeiten mit sich. Referenzuhren und GPS-Geräte können teuer sein und die Verwendung von Internet-basierten Zeit-Servern kann unkomfortabel sein, wenn Ihre Verbindung zum Internet zeitweilig unterbrochen ist. Für meine Site haben wir eine billige und einfache Lösung gefunden, die für unser Netzwerk angemessen ist. Sie umfasst die Verwendung einer billigen Uhr, die sich automatisch mit dem WWVB-Zeitcode von NIST synchronisiert, indem sie dessen Funkübertragung empfängt.[16] In meinem Fall ist diese bestimmte Uhr eine Atomic Time PC Desktop Clock (siehe *http://www.arctime.com* unter Desktop Clocks für weitere Details), die für etwa US-$ 100 verkauft wird. Das Gerät wird in Abbildung 8-5 gezeigt.

Geräte dieses Typs können als Referenzuhren unter Verwendung der NTP-Einrichtung benutzt werden, allerdings wird dieses Modell nicht unterstützt. Für meine Site stellt das allerdings kein Problem dar. Wir setzen ein einfaches Expect-Skript ein, um mit dem Gerät zu kommunizieren (das an dem seriellen Port des Computers angeschlossen ist), und holen uns die aktuelle Zeit:

```
#!/usr/bin/expect

set clock /dev/ttyS0
spawn -open [open $clock r+]
```

---

[16] Ein Gutachter merkt an: »Sie können etwas Ähnliches mit einem Handheld-GPS mit Kommunikationsanschluss machen. Diese sprechen normalerweise einen Marine-Steuerungscode, es ist allerdings einfach, diesen nach RS-232 zu konvertieren.«

Abbildung 8-5: Atomic Time PC Desktop Clock

```
# setze die Eigenschaften der seriellen Verbindung
stty ispeed 300 ospeed 300 parenb -parodd \
    cs7 hupcl -cstopb cread clocal -icrnl \
    -opost -isig -icanon -iexten -echo -noflsh < $clock

send "o"
expect -re "(.)"
send "\r"
expect -re "(.)"
# erwartet 16 oder mehr Zeichen
expect -re "(...............*)"
exit
```

Das Skript definiert eine Variable, die auf die passende serielle Verbindung zeigt, setzt die Eigenschaften der Verbindung unter Verwendung des Befehls `stty` und kommuniziert dann mit dem Gerät über eine Reihe von send- und expect-Befehlen. Dies sagt der Uhr, dass sie die aktuelle Zeit übertragen soll, und das Skript gibt die resultierenden Daten auf der Standardausgabe aus:

```
Mon Oct 07 13:32:22 2002 -0.975372 seconds
```

Wir verwenden dann ein Perl-Skript, um die Daten zu parsen und in eine Form zu bringen, die von dem Befehl date verlangt wird; zum Beispiel:

```
date 100713322002.22
```

(Denken Sie daran, dass das Format für das Argument von date *mmddhhmmyyyy.ss* ist.) Wir können dann Konfigurationsdateieinträge wie die folgenden verwenden, um NTP auf diesem Computer einzusetzen:

```
server 127.127.1.1                  # LCL (die lokale Uhr)
fudge 127.127.1.1 stratum 12
```

Diese Zeilen geben die lokale Systemuhr als die NTP-Zeitquelle an. Der Server wird dann für alle anderen Systeme innerhalb des Netzwerks zur autoritativen Quelle für die Zeitinformation. Diese anderen Systeme verwenden dann die Standard-NTP-Einrichtung zur Synchronisation mit dieser Zeitquelle. Diese Stufe der höchsten Zeitgenauigkeit entspricht exakt unseren einfachen Anforderungen. Jedoch setzen wir den Stratum-Wert des Servers auf den höchsten Wert, damit niemand auf die Idee kommt, unsere Zeit als autoritativ anzusehen.

Eine noch einfachere Alternative wäre es, einfach cron-Jobs zu definieren, um die Zeit von diesem Master-Server einmal oder zweimal pro Tag zu aktualisieren (unter Verwendung von ntpdate oder ntpd -g -q). Dieser Ansatz würde auch die Latenzzeiten vermeiden, die von den entstandenen Unterprozessen verursacht werden.

Verwalten von Netzwerk-Daemons unter AIX

Im Allgemeinen verwendet AIX den System Resource Controller, um Daemons zu verwalten, und die Daemons, die sich auf das Netzwerk beziehen, bilden dabei keine Ausnahme. Die Befehle startsrc und stopsrc werden verwendet, um die Serverprozesse innerhalb des SRC per Hand zu starten und zu stoppen. Die folgenden Befehle veranschaulichen die Verwendung dieser Einrichtung mit mehreren üblichen TCP/IP-Daemons:

```
# stopsrc -g tcpip          Stoppe alle TCP/IP-bezogenen Daemons.
# stopsrc -s named          Stoppe den DNS-Nameserver.
# startsrc -s inetd         Starte den Master-Netzwerkserver.
# startsrc -g nfs           Starte alle NFS-bezogenen Daemons.
```

Wie diese Befehle zeigen, werden die Optionen -s und -g dazu verwendet, um den individuellen Server oder die Server-Gruppe anzugeben auf den bzw. die der Befehl angewendet werden soll. Wie üblich kann der Befehl lssrc dazu verwendet werden, um den Status der Daemons anzuzeigen, die vom SRC kontrolliert werden, so wie in diesem Befehl, der die Server innerhalb der nfs-Gruppe aufführt:

```
# lssrc -g nfs
Subsystem       Group       PID         Status
biod            nfs         344156      active
rpc.statd       nfs         376926      active
rpc.lockd       nfs         385120      active
nfsd            nfs                     inoperative
rpc.mountd      nfs                     inoperative
```

Auf diesem System sind die Daemons am Laufen, die sich auf den Zugriff entfernter Dateisysteme beziehen, während diejenigen, die sich auf die Bereitstellung eines entfernten Zugriffs auf das lokale Dateisystem beziehen, nicht am Laufen sind.

Überwachen des Netzwerks

Für die meisten von uns stellen Aufgaben, die sich auf das Netzwerk beziehen, einen grossen Teil unserer Pflichten der Systemadministration dar. Die Installation und Konfiguration eines Netzwerks kann eine gewaltige Aufgabe sein, insbesondere dann, wenn Sie von null anfangen. Aber das permanente Überwachen (Monitoring) und Verwalten des Netzwerks kann mindestens genauso anspruchsvoll sein, insbesondere für sehr große Netzwerke. Glücklicherweise gibt es eine Vielzahl an Werkzeugen, die uns bei dieser Aufgabe helfen. Sie reichen von einfachen Single-Host-Utilities für den Netzwerkstatus bis hin zu komplexen Paketen für die Netzwerküberwachung und -verwaltung. In diesem Abschnitt werden wir einen Blick auf typische Vertreter jedes Typs werfen, wobei wir Sie in die Lage versetzen, die Vorgehensweise und die Software auswählen zu können, die für Ihre Site angemessen sind.

Standard-Netzwerk-Utilities

Wir werden mit den Standardbefehlen unter Unix beginnen, die für verschiedene Aufgaben der Netzwerküberwachung und des Troubleshooting auf dem lokalen System entwickelt wurden. Jeder Befehl liefert einen bestimmten Typus an Netzwerkinformationen und erlaubt Ihnen, verschiedene Aspekte der Netzwerkfunktionalität zu untersuchen und zu überwachen. (Wir haben bereits drei solcher Werkzeuge behandelt: ping und arp in »Durchführen von Tests und Troubleshooting im Netzwerk« in Kapitel 5 und nslookup in »Verwenden der Utilities nslookup und dig« weiter vorn in diesem Kapitel.)

Der Befehl netstat ist das allgemeinste dieser Werkzeuge. Er wird benutzt, um die TCP/IP-Netzwerkaktivitäten eines Systems zu überwachen. Er kann einige grundlegende Daten darüber liefern, wie viele und welche Art von Netzwerkaktivitäten gerade ablaufen, und kann auch die Informationen der jüngsten Vergangenheit zusammenfassen.

Die spezifische Ausgabe des Befehls netstat variiert etwas von System zu System, obwohl die grundlegenden Daten, die er liefert, dieselben sind. Die Umsetzung dieser allgemeinen Beispiele auf das Format Ihrer Systeme wird sehr einfach sein.

Ohne Argumente listet netstat alle aktiven Netzwerkverbindungen mit dem lokalen Host auf.[17] Bei dieser Ausgabe ist es oft nützlich, Zeilen herauszufiltern, die »localhost« enthalten, um die Anzeige auf die interessanten Daten zu beschränken:

```
# netstat | grep -v localhost
Active Internet connections
Proto Recv-Q Send-Q Local Address   Foreign Address (state)
tcp        0    737 hamlet.1018     duncan.shell    ESTABLISHED
tcp        0      0 hamlet.1019     portia.shell    ESTABLISHED
tcp      348      0 hamlet.1020     portia.login    ESTABLISHED
tcp      120      0 hamlet.1021     laertes.login   ESTABLISHED
tcp      484      0 hamlet.1022     lear.login      ESTABLISHED
tcp     1018      0 hamlet.1023     duncan.login    ESTABLISHED
tcp        0      0 hamlet.login    lear.1023       ESTABLISHED
```

Auf diesem Host, *hamlet*, gibt es aktuell je zwei Verbindungen zu *portia*, *lear* und *duncan* und eine Verbindung zu *laertes*. Alle bis auf eine dieser Verbindungen – eine Verbindung zu *lear* – sind ausgehende Verbindungen: Die Adressenform eines Hostnamens mit einer angehängten Portnummer kennzeichnet das System, von dem die Verbindung ausging.[18]

---

17 Einige Versionen von netstat enthalten in diesem Bericht auch Daten über Unix-Domain-Sockets (wird für das kommende Beispiel weggelassen).

18 Warum ist das so? Verbindungen auf dem empfangenden System verwenden die definierten Portnummern für diesen Service und netstat ist in der Lage, diese in einen Dienstenamen wie *login* oder *shell* zu übersetzen. Der Port an dem sendenden Ende ist nur ein willkürlicher Port ohne wirkliche Bedeutung und bleibt deshalb unübersetzt.

Das Suffix *.login* kennzeichnet eine Verbindung, die mit rlogin oder mit rsh ohne Argumente durchgeführt wurde; der Anhang *.shell* kennzeichnet eine Verbindung, die einem einzelnen Befehl dient.

Die Spalten Recv-Q und Send-Q geben an, wie viele Daten aktuell zwischen den beiden Systemen über jede Verbindung in der Warteschlange stehen. Diese Zahlen geben die aktuellen, anstehenden Daten (in Bytes) an, nicht die Gesamtsumme der übertragenen Daten, seit die Verbindung besteht. (Einige Versionen von netstat liefern diese Informationen nicht mit, weshalb sie immer Nullen in diesen Spalten anzeigen.)

Wenn Sie die Option -a von netstat mit angeben, enthält die Anzeige auch passive Verbindungen: Netzwerkports, an denen ein Dienst auf Anfragen lauscht. Hier ist ein Beispiel der Ausgabe:

```
Proto Recv-Q Send-Q  Local Address  Foreign Address  (state)
tcp       0      0   *:imap         *:*              LISTEN
```

Passive Verbindungen werden mit dem Schlüsselwort LISTEN in der state-Spalte dargestellt.

Die Option -i wird verwendet, um eine Zusammenfassung der Netzwerk-Interfaces auf dem System anzuzeigen:

```
# netstat -i
Name  Mtu   Network       Address    Ipkts    Opkts
lan0  1500  192.168.9.0   greta      2399283  932981
lo0   4136  127.0.0.0     loopback   15856    15856
```

Dieses HP-UX-System besitzt ein Ethernet-Interface namens *lan0*. Die Ausgabe gibt auch die Größe der Maximum Transmission Unit (MTU) für jedes lokale Netzwerk des Interfaces an und die Anzahl der eingehenden und ausgehenden Pakete seit dem letzten Boot-Vorgang. Einige Versionen dieses Befehls geben auch noch die Anzahl der Fehler an.

Auf den meisten Systemen können Sie der Option -i als Argument ein Zeitintervall folgen lassen (in Sekunden), um eine völlig andere Anzeige zu erhalten, die den Netzwerkverkehr und die Fehler- und Kollisionsraten vergleicht (tatsächlich ist -i häufig optional). Verwenden Sie auf Linux-Systemen -i -c.

Hier ist ein Beispiel dieses Berichts von netstat:

```
# netstat -i 5 | awk 'NR!=3 {print $0}'
       input   (en0)    output            input   (Total)  output
packets errs  packets errs colls  packets errs  packets errs colls
47      0     66      0    0      47      0     66      0    0
114     0     180     0    0      114     0     180     0    0
146     0     227     0    0      146     0     227     0    0
28      0     52      0    0      28      0     52      0    0
^C
```

Dieser Befehl zeigt alle fünf Sekunden Netzwerkstatistiken an.[19] Diese Beispielausgabe ist zweigeteilt: Sie enthält zwei Sätze an Eingabe- und Ausgabestatistiken. Die linke Hälfte der

---

[19] Der awk-Befehl entfernt die erste Zeile nach den Headern, die die kumulierte Summe seit dem letzten Neustart anzeigt.

Tabelle (die ersten fünf Spalten) zeigt die Daten für das primäre Netzwerk-Interface; die zweite Hälfte zeigt die Gesamtwerte für alle Netzwerk-Interfaces auf dem System. Auf diesem System gibt es wie bei vielen anderen nur ein Interface, deshalb sind die beiden Seiten der Tabelle identisch.

Die input-Spalten zeigen Daten für den eingehenden Netzwerkverkehr und die output-Spalten zeigen Daten für den ausgehenden Verkehr. Die errs-Spalten zeigen die Anzahl der Fehler, die auftraten, während die angezeigte Anzahl an Netzwerkpaketen übertragen wurde. Diese Zahlen sollten niedrig sein, weniger als ein Prozent von der Anzahl der Pakete. Größere Werte weisen auf schwerwiegende Netzwerkprobleme hin.

Die colls-Spalte führt die Anzahl der Kollisionen auf. Eine Kollision tritt dann auf, wenn zwei Hosts im Netzwerk versuchen, innerhalb weniger Millisekunden hintereinander ein Paket zu verschicken.[20] Wenn dies eintritt, wartet jeder Host eine zufällige Zeitspanne, bevor er die Übertragung erneut durchzuführen versucht; diese Methode schließt eigentlich wiederholte Kollisionen durch die gleichen Hosts aus. Die Anzahl der Kollisionen ist eine Maßeinheit dafür, wie viel Netzwerkverkehr vorhanden ist, da die Wahrscheinlichkeit des Eintretens von Kollisionen direkt proportional zur Anzahl der Netzwerkaktivität ist. Kollisionen werden nur von den Sender-Hosts aufgezeichnet. Auf einigen Systemen werden die Kollisionsdaten nicht separat aufgespürt, sondern gehen vielmehr in der Darstellung der ausgehenden Fehler auf.

In einem durchschnittlichen Netzwerk mit gutem Benehmen, das Hubs oder Koax-Kabel verwendet, ist die Kollisionsrate niedrig und beträgt nur ein paar wenige Prozent des gesamten Verkehrs. Sie sollten anfangen, sich Sorgen zu machen, wenn sie auf etwa über fünf Prozent ansteigt. Netzwerksegmente, die Full-Duplex-Switches einsetzen, sollten überhaupt keine Kollisionen sehen, sind dennoch welche vorhanden, ist das ein Zeichen dafür, dass der Switch überlastet ist.

Die Option -s zeigt nützliche Statistiken für jedes Netzwerkprotokoll an (kumuliert, seit dem letzten Startvorgang). Hier ist eine Beispielausgabe für das TCP-Protokoll:

```
# netstat -s
...
Tcp:
    50 active connections openings
    0 passive connection openings
    0 failed connection attempts
    0 connection resets received
    3 connections established
    45172 segments received
    48365 segments send out
    1 segments retransmitted
    0 bad segments received
    3 resets sent
```

---

20 Vergessen Sie nicht, dass Kollisionen nur in Netzwerken mit CSMA/CD-Ethernet auftreten; Token-Ring-Netzwerke beispielsweise kennen keine Kollisionen.

Einige Versionen von netstat liefern noch detailliertere Informationen pro Protokoll.

netstat kann unter Verwendung seiner Option -r auch die Routing-Tabellen anzeigen. Sehen Sie für eine Beschreibung dieses Modus auch »Hinzufügen eines neuen Netzwerkrechners« in Kapitel 5.

Immer häufiger werden auch grafische Utilities zur Anzeige ähnlicher Daten eingesetzt. Abbildung 8-6 zum Beispiel stellt einen Teil der Ausgabe dar, die von dem Befehl ntop, geschrieben von Luca Deri (*http://www.ntop.org*), erzeugt wurde. Wenn er ausgeführt wird, generiert der Befehl Webseiten, die die gesammelten Informationen enthalten.

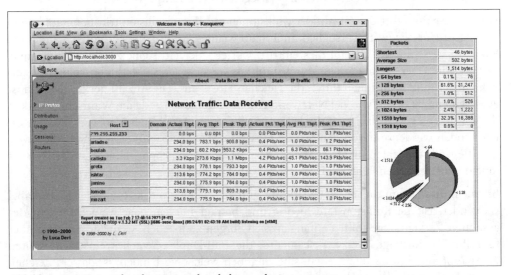

Abbildung 8-6: Daten über den Netzwerkverkehr, produziert von ntop

Das Fenster auf der linken Seite der Abbildung stellt die nützlichsten Anzeigen von ntop dar. Es zeigt den eingehenden Netzwerkverkehr für das lokale System, sortiert nach der jeweiligen Herkunft. Die verschiedenen Spalten führen die durchschnittlichen und maximalen Datenübertragungsraten für jede einzelne Quelle auf. Eine entsprechende Anzeige für den ausgehenden Netzwerkverkehr steht ebenfalls zur Verfügung. Diese Informationen können sehr nützlich sein, wenn Probleme mit der Netzwerkleistung auf die bestimmten Systeme eingeschränkt werden sollen, die involviert sind.

ntop liefert viele weitere Tabellen und Graphen nützlicher Netzwerkdaten. Zum Beispiel stellt das Tortendiagramm auf der rechten Seite der Abbildung eine Aufgliederung des Netzwerkverkehrs nach der Paketlänge dar.

Wie wir bereits gesehen haben, ist der Befehl ping zum Testen der grundlegenden Netzwerkverbindung nützlich. Er kann auch für die Überwachung des Netzwerkverkehrs nützlich sein, indem er über längere Zeit die Umlaufzeit zwischen zwei Orten beobachtet. Dazu sollte ping am besten eine bestimmte Anzahl von Anfragen verschicken. Das Befehlsformat hierfür hängt vom System ab:

AIX und HP-UX	ping *Host Paketgröße Anzahl*
AIX, FreeBSD, Linux und Tru64	ping -c *Anzahl* [-s *Paketgröße*] *Host*
Solaris	ping -s *Host Paketgröße Anzahl*

Hier ein Beispiel von einem AIX-System:

```
# ping beulah 64 5
PING beulah: (192.168.9.84): 56 data bytes
64 bytes from 192.168.9.84: icmp_seq=0 ttl=255 time=1 ms
64 bytes from 192.168.9.84: icmp_seq=1 ttl=255 time=0 ms
64 bytes from 192.168.9.84: icmp_seq=2 ttl=255 time=0 ms
64 bytes from 192.168.9.84: icmp_seq=3 ttl=255 time=0 ms
64 bytes from 192.168.9.84: icmp_seq=4 ttl=255 time=0 ms
----beulah PING Statistics----
5 packets transmitted, 5 packets received, 0% packet loss
round-trip min/avg/max = 5/5/6 ms
```

Dieser Befehl pingt *beulah* fünfmal an, wobei er die Standardpaketgröße von 64 Byte verwendet. Die Zusammenfassung am Ende der Ausgabe zeigt Statistiken über verloren gegangene Pakete (hier keines) und die Umlaufzeit an. Auf diese Weise verwendet, kann ping eine schnelle Einschätzung der Netzwerkleistung liefern, vorausgesetzt Sie wissen, was für die abgefragte Verbindung normal ist.

Sie können die Paketgröße auf einen Wert größer als die MTU erhöhen, um die Paketfragmentierung zu erzwingen (ein Wert oberhalb von 1500 ist für Ethernet-Netzwerke normalerweise ausreichend), und dabei ping zur Überwachung der Leistung unter diesen Bedingungen verwenden.[21]

Der Befehl traceroute (ausgedacht von Van Jacobson) wird verwendet, um die Route festzustellen, die die Netzwerkpakete nehmen, um ihren Bestimmungsort zu erreichen. Er erhält seine Routeninformationen anhand eines geschickten Systems, das das Feld Time-To-Live (TTL) des Pakets ausnutzt, das die maximale Anzahl an Hops angibt, die ein Paket entlanglaufen kann, bevor es verworfen wird. Dieses Feld wird von jedem Gateway, das das Paket weiterreicht, automatisch heruntergezählt. Wenn sein Wert 0 erreicht, verwirft das Gateway das Paket und gibt dem Quellhost eine Nachricht zurück, im Speziellen eine ICMP-Time-Exceeded-Nachricht (Zeitüberschreitung).

traceroute verwendet dieses Verhalten, um jeden Ort auf dem Weg zum Bestimmungsort zu kennzeichnen. Es beginnt mit einem TTL-Wert von 1, so dass die Pakete vom ersten Gateway verworfen werden. traceroute erhält dann die Gateway-Adresse von der daraus entstehenden ICMP-Nachricht. Nach einer festen Anzahl von Paketen mit TTL 1 (normalerweise 3) wird der TTL-Wert auf 2 erhöht. Auf dieselbe Weise wird das Paket vom zweiten Gateway verworfen, dessen Identität anhand der entstehenden Fehlernachricht festgestellt werden kann. Der TTL-Wert wird auf diese Weise nach und nach erhöht, bis ein Paket seinen Bestimmungsort erreicht.

---

21 Die »Ping of Death«-Attacken (1998) bestanden aus fragmentierten ping-Paketen, die zu groß für ihren Speicherpuffer waren. Wenn das Paket wieder zusammengesetzt wurde und der Puffer überlief, stürzte das System ab.

Hier ist ein Beispiel von traceroute in Aktion:

```
# traceroute www.fawc.org
traceroute to fawc.org (64.226.114.72),30 hops max,40 byte packets
 1  route129a.ycp.edu (208.192.129.2) 1.870 ms  1.041 ms  0.976 ms
 2  209.222.29.105 (209.222.29.105) 3.345 ms  3.929 ms  3.524 ms
 3  Serial2-2.GW4.BWI1.ALTER.NET (157.130.25.173) 9.155 ms ...
 4  500.at-0-1-0.XL2.DCA8.ALTER.NET (152.63.42.94) 8.316 ms ...
 5  0.so-0-0-0.TL2.DCA6.ALTER.NET (152.63.38.73) 9.931 ms ...
 6  0.so-7-0-0.TL2.ATL5.ALTER.NET (152.63.146.41) 24.248 ms ...
 7  0.so-4-1-0.XL2.ATL5.ALTER.NET (152.63.146.1) 25.320 ms ...
 8  0.so-7-0-0.XR2.ATL5.ALTER.NET (152.63.85.194) 24.330 ms ...
 9  192.ATM7-0.GW5.ATL5.ALTER.NET (152.63.82.13) 26.824 ms ...
10  interland1-gw.customer.alter.net (157.130.255.134) 24.498 ms ...
11  * * *   Von diesen Hosts wurden keine Nachrichten empfangen.
12  * * *
13  64.224.0.67 (64.224.0.67) 24.937 ms  25.155 ms  24.738 ms
14  64.226.114.72 (64.226.114.72) 26.058 ms  24.587 ms  26.677 ms
```

Jede nummerierte Zeile entspricht einem nachfolgenden Gateway in der Route und jede Zeile zeigt den Hostnamen (wenn verfügbar), die IP-Adresse und die Umlaufzeit für jedes der drei Pakete an. (Ich habe lange Zeilen abgeschnitten, damit sie auf die Seite passen.) Diese bestimmte Route nahm sich viel Zeit für ihre Reise durch *alter.net*.

Manchmal verwerfen Router oder Firewalls ICMP-Pakete oder unterlassen es, Fehlernachrichten zu verschicken. Diese Situationen führen zu Zeilen wie in 11 und 12, in denen drei Sternchen kennzeichnen, dass das Gateway nicht identifiziert werden konnte. Andere Zeilen könnten aus ähnlichen Gründen ebenfalls Sternchen enthalten. Gelegentlich nehmen die aufeinander folgenden ausgehenden Pakete unterschiedliche Routen zum Bestimmungsort und es werden unterschiedliche Daten über die dazwischen liegenden Gateways zurückgegeben. In solchen Fällen werden alle Gateways aufgelistet.

Sowohl traceroute als auch netstat bieten eine Option -n, die angibt, dass die Ausgabe nur IP-Adressen enthält (und die Auflösung von Hostnamen nicht versucht werden sollte). Diese Optionen sind nützlich zum Ermitteln von Netzwerkinformationen, wenn die DNS-Namensauflösung nicht funktioniert oder nicht zur Verfügung steht.

Paket-Sniffer

Paket-Sniffer stellen ein Verfahren zur Verfügung, um den Netzwerkverkehr anhand eines einzelnen Pakets zu untersuchen. Sie können unschätzbar wertvoll für das Troubleshooting von Problemen sein, die sich auf eine spezielle Netzwerkoperation beziehen, wie zum Beispiel eine Client/Server-Anwendung, und nicht so sehr für die Probleme genereller Netzwerkverbindungen. Natürlich können sie auch missbraucht und für Abhörzwecke benutzt werden. Aus diesem Grund müssen sie als *root* ausgeführt werden.

Das freie Utility tcpdump ist das bekannteste Werkzeug dieses Typus (es wurde ursprünglich von Van Jacobson, Craig Leres und Steven McCanne geschrieben und ist unter *http://www.tcpdump.org* erhältlich). Es wird von vielen Herstellern mit dem Betriebssystem geliefert – alle außer HP-UX und Solaris in unserem Fall –, aber es kann auch für diese Systeme kompiliert werden. (Solaris liefert stattdessen das Utility snoop, das wir später in diesem Unterabschnitt behandeln werden.)

tcpdump ermöglicht es Ihnen, die Header der TCP/IP-Pakete zu untersuchen. Der folgende Befehl zum Beispiel zeigt die Header des gesamten Verkehrs an, an dem der Host *romeo* beteiligt ist (einige anfängliche und nachfolgende Ausgabespalten wurden abgeschnitten, um Platz zu sparen):

```
# tcpdump -e -t host romeo
arp 42: arp who-has spain tell romeo
arp 60: arp reply spain is-at 03:05:f3:a1:74:e3
ip 58: romeo.1014 > spain.login: S 27643873:27643873(0) win 16384
ip 60: spain.login > romeo.1014: S 19898809:19898809(0) ack
                                  27643874 win 14335
ip 54: romeo.1014 > spain.login: . ack 1 win 15796
ip 55: romeo.1014 > spain.login: P 1:2(1) ack 1 win 15796
ip 60: spain.login > romeo.1014: . ack 2 win 14334
ip 85: romeo.1014 > spain.login: P 2:33(31) ack 1 win 15796
ip 60: spain.login > romeo.1014: . ack 33 win 14303
ip 60: spain.login > romeo.1014: P 1:2(1) ack 33 win 14335
...
ip 60: spain.login > romeo.1014: F 177:177(0) ack 54 win 14335
ip 54: romeo.1014 > spain.login: . ack 178 win 15788
ip 54: romeo.1014 > spain.login: F 54:54(0) ack 178 win 15796
ip 60: spain.login > romeo.1014: . ack 55 win 14334
```

Diese Ausgabe zeigt das Protokoll und die Paketlänge an, gefolgt von den Quell- und Ziel-Hosts sowie den Ports. Bei TCP-Paketen folgen diesen Informationen die TCP-Flags (ein Punkt oder ein oder mehrere Großbuchstaben), ack plus die Sequenznummer der Bestätigung und win plus der Inhalt des Feldes der TCP-Fenstergröße. Beachten Sie, dass die eigentlichen Sequenznummern nur im ersten Paket in jeder Richtung dargestellt werden; danach werden relative Zahlenwerte verwendet, um die Lesbarkeit zu verbessern.

Für was ist diese Ausgabe jetzt gut? Sie können den Verlauf einer TCP/IP-Operation überwachen (die Pakete, die angezeigt werden, können auf viele Arten angegeben werden); hier sehen wir den Verbindungsaufbau und die Beendigung einer rlogin-Verbindung von *romeo* zu *spain*. Sie können auch überwachen, wie sich der Netzwerkverkehr auf die Verbindung Ihres Interesses auswirkt, indem Sie die Werte im Window-Feld beobachten. Dieses Feld gibt das Datenfenster an, das der sendende Host in zukünftigen Paketen annehmen wird, indem er die maximale Anzahl an Bytes angibt. Das Window-Feld dient auch als Mechanismus für die TCP-Flusskontrolle und ein Host wird den Wert reduzieren, den er dort einfügt, wenn sich die Daten auf dem Host stauen oder der Host überlastet ist (er kann auch einen Wert von 0 verwenden, um die eingehenden Übertragungen temporär zu stoppen). In unserem Beispiel gibt es auf beiden Hosts keine Probleme mit Staus.

tcpdump kann auch benutzt werden, um den Inhalt von TCP/IP-Paketen anzuzeigen, indem seine Option -X verwendet wird, die Paketdaten in Hex und ASCII anzeigt. Dieser Befehl zum Beispiel zeigt die Paketdaten von Paketen an, die von *mozart* an *salieri* geschickt werden:

```
# tcpdump -X -s 0 src mozart and dst salieri
...
0x0000   4510 0053 dd9e 4000 3c06 cbe8 c100 0935   E..S..@.<......5
0x0010   c100 09d8 0201 03fd 1ead 846c c70d c3d6   ...........l....
0x0020   5018 f000 6e99 0000 4672 6920 4d61 7220   P...n...Fri.Mar.
0x0030   2031 2030 393a 3438 3a32 3120 4553 5420   .1.09:48:21.EST.
0x0040   3230 3032 0d0a 6d61 686c 6572 2d32 3032   2002..mozart-202
0x0050   3e3e                                      >>
```

Die Ausgabe zeigt nur ein Paket an. Es enthält das aktuelle Datum und die aktuelle Zeit sowie den anfänglichen Prompt nach einem erfolgreichen rlogin-Befehl von *salieri* auf *mozart*.

Die Option -s 0 sagt tcpdump, dass es die Anzahl der Bytes aus den Daten, die aus jedem Paket ausgeschüttet werden, auf den Wert heraufsetzt, der nötig ist, um das gesamte Paket anzuzeigen (der Standard ist normalerweise 60 bis 80).

Wir haben jetzt zwei Beispiele von Argumenten für tcpdump gesehen, die aus einem Ausdruck bestehen, der die Pakete angibt, die anzuzeigen sind. Mit anderen Worten: tcpdump funktioniert wie ein Filter auf eingehende Pakete. Eine Vielzahl an Schlüsselwörtern wurde für diesen Zweck definiert und es werden logische Verknüpfungen für das Erzeugen von komplexen Bedingungen zur Verfügung gestellt. So wie in diesem Beispiel:

```
# tcpdump src \( mozart or salieri \) and tcp port 21 and not dst vienna
```

Der Ausdruck in diesem Befehl selektiert Pakete von *mozart* oder *salieri*, die den TCP-Port 21 verwenden (den Kontrollport von FTP) und nicht für *vienna* bestimmt sind.

Wenn Sie die Option -w verwenden, können Sie Pakete in eine Datei abspeichern, anstatt sie sofort anzuzeigen. Sie können dann die Option -r verwenden, um aus einer Datei zu lesen, anstatt den aktuellen Netzwerkverkehr anzuzeigen.

Ein paar vom Hersteller bereitgestellte Versionen von tcpdump besitzen einige Eigenheiten:

- Die AIX-Version stellt die Option -X nicht zur Verfügung (obwohl Sie mit -x Pakete in Hex ausschütten können). Ich empfehle, es durch die letzte Version von *http://www.tcpdump.org* zu ersetzen, wenn Sie die Paketinhalte untersuchen müssen.

- Tru64 verlangt, dass der Kernel mit aktivierter Paketfilterung kompiliert wurde (über die Direktive options PACKETFILTER). Sie müssen auch das *pfilt*-Gerät (Interface) erzeugen:

    ```
    # cd /dev; MAKEDEV pfilt
    ```

    Schließlich müssen Sie das Interface so konfigurieren, dass es tcpdump erlaubt, es in den Promiskuitätsmodus zu setzen und auf die Frame-Header zuzugreifen:

    ```
    # pfconfig +p +c Netzwerk-Interface
    ```

Häufig ist es nützlich, die Ausgabe von tcpdump auf grep umzuleiten, um die angezeigte Ausgabe weiter zu verfeinern. Alternativ können Sie den Befehl ngrep verwenden (geschrieben von Jordan Ritter, *http://www.packetfactory.net/projects/ngrep/*), der die Funktionalität von grep in ein Paketfilter-Utility einbaut. Ein Beispiel für die Verwendung von ngrep sehen Sie in »LDAP: Verwenden eines Verzeichnisdienstes für die Benutzer-Authentifizierung« in Kapitel 6.

Der Solaris-Befehl snoop

Der Solaris-Befehl snoop ist im Wesentlichen gleichwertig mit tcpdump, obwohl ich finde, dass dessen Ausgabe komfortabler und intuitiver ist. Hier ist ein Beispiel für seine Verwendung:

```
# snoop src bagel and dst acrasia and port 23
Using device /dev/eri (promiscuous mode)
        bagel -> acrasia     TELNET C port=32574 a
        bagel -> acrasia     TELNET C port=32574
        bagel -> acrasia     TELNET C port=32574 e
        bagel -> acrasia     TELNET C port=32574
        bagel -> acrasia     TELNET C port=32574 f
        bagel -> acrasia     TELNET C port=32574
        bagel -> acrasia     TELNET C port=32574 r
        bagel -> acrasia     TELNET C port=32574
        bagel -> acrasia     TELNET C port=32574 i
        bagel -> acrasia     TELNET C port=32574
        bagel -> acrasia     TELNET C port=32574 s
        bagel -> acrasia     TELNET C port=32574
        bagel -> acrasia     TELNET C port=32574 c
        bagel -> acrasia     TELNET C port=32574
        bagel -> acrasia     TELNET C port=32574 h
```

Wie dieses Beispiel zeigt, nimmt der Befehl snoop zum Filtern der anzuzeigenden Pakete die gleichen Ausdrücke an wie tcpdump. Diese Ausgabe zeigt einen Teil der Anmeldesequenz einer telnet-Sitzung. Die Daten des Pakets werden rechts von den Header-Informationen angezeigt; hier sehen wir den Anmeldenamen, der eingegeben wurde.

snoop besitzt mehrere nützliche Optionen, wie in diesen Beispielen gezeigt:

# snoop -o *Datei* -q	*Sichere die Pakete in einer Datei.*
# snoop -i *Datei*	*Lies Pakete aus einer Datei.*
# snoop -v [-p *n*]	*Zeige Paketdetails an (für Paket n).*

Sammeln von Paketen unter AIX und HP-UX

Die Einrichtung nettl von HP-UX und die Utilities iptrace und ipreport von AIX sind allgemein einsetzbare Pakete für die Paketsammlung. Beide sammeln Daten von Netzwerkpaketen in einer binären Datei und können bestimmte Informationen aus solchen Dateien in einem einfach zu lesenden Format anzeigen. Sie besitzen den Vorteil, dass die Datensammlung von ihrer Anzeige grundlegend entkoppelt ist.

Die bestimmten Daten, die zu speichern sind, sind in hohem Maße konfigurierbar und die Sammlung der Daten findet automatisch über einen Netzwerk-Daemon oder einen cron-Job statt. Dies ermöglicht es der Einrichtung, einen Stamm von Netzwerkinformationen einzusammeln und anzuhäufen, der für das Troubleshooting und die Leistungsanalyse verwendet werden kann. Zusätzlich können danach Ad-hoc-Filter eingesetzt werden, die eine viel komplexere Berichterstattung ermöglichen.

Das Simple Network Management Protocol

Die Werkzeuge, die wir in den vorangegangenen Unterabschnitten behandelt haben, können sehr nützlich für die Untersuchung von Netzwerkoperationen und/oder -verkehr für ein oder zwei Systeme sein. Jedoch könnten Sie eventuell auch den Netzwerkverkehr und andere Daten im Zusammenhang mit dem Netzwerk als Ganzes untersuchen wollen und dabei die Sichtweise der einzelnen Systeme hinter sich lassen. Für diese Aufgabe werden viel ausgeklügeltere Werkzeuge benötigt. Wir werden verschiedene Beispiele solcher Pakete im nächsten Abschnitt behandeln. Um zu verstehen, wie diese arbeiten, müssen wir jedoch das Simple Network Management Protocol (SNMP) besprechen, den Netzwerkdienst, der einem großen Teil der Funktionalität der meisten Netzwerk-Management-Programme zu Grunde liegt. Wir werden mit einem kurzen Blick auf die grundlegenden Konzepte und Datenstrukturen von SNMP beginnen und uns dann der praktischen Anwendung auf Unix-Systemen zuwenden. Schließlich werden wir einige Sicherheitsprobleme behandeln, die bei der Verwendung von SNMP gelöst werden müssen.

Für eine umfassendere Behandlung von SNMP empfehle ich *Essential SNMP* von Douglas Mauro und Kevin Schmidt (O'Reilly & Associates).

SNMP-Konzepte und -Entwürfe

SNMP wurde als ständige Schnittstelle sowohl für das Datensammeln von verschiedenen Netzwerkgeräten als auch für das Setzen von Parametern auf diesen Netzwerkgeräten entwickelt. Die verwalteten Geräte können von Switches und Routern bis hin zu Netzwerk-Hosts (Computer) reichen, auf denen beinahe jedes Betriebssystem läuft. SNMP gelingt dies ziemlich gut, sobald Sie es erst einmal konfiguriert und überall dort laufen haben, wo Sie es benötigen. Der schwierigste Teil ist die Gewöhnung an die etwas ungewöhnliche Terminologie, die ich in diesem Abschnitt zu entschlüsseln versuchen werde.

SNMP gibt es schon seit einiger Zeit und es existieren viele Versionen davon (inklusive mehrerer Varianten von Version 2). Diejenigen, die derzeit implementiert werden, sind Version 1 und Version 2c. Es gibt auch eine Version 3, die sich zum Zeitpunkt dieses Schreibens in der Entwicklung befindet. Wenn angebracht, werden wir versionsspezifische Punkte ansprechen.

Abbildung 8-7 stellt einen grundlegenden SNMP-Aufbau dar. In diesem Bild ist ein Computer die Netzwerk-Management-Station (NMS). Ihr Job ist es, Informationen von den verschiedenen Geräten, die überwacht werden, zu sammeln und darauf zu reagieren. Letztere sind auf der rechten Seite der Abbildung angeordnet und umfassen zwei Computer, einen Router, einen Netzwerkdrucker und ein Gerät zur Überwachung der Umgebung (diese sind nur ein kleiner Teil aus der Vielzahl von Geräten, die SNMP unterstützen).

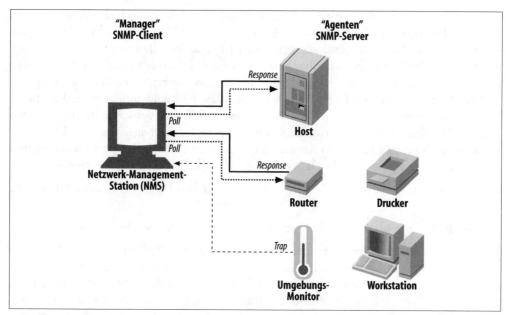

Abbildung 8-7: SNMP-Manager und -Agenten

Im einfachsten Fall »pollt« die NMS regelmäßig die Geräte, die sie verwaltet, indem sie Anfragen nach den aktuellen Statusinformationen der Geräte sendet. Die Geräte antworten mit der Übertragung der angeforderten Daten. Zusätzlich können überwachte Geräte auch Traps senden: unaufgeforderte Nachrichten an die NMS, die normalerweise erzeugt werden, wenn der Wert eines überwachten Parameters aus einem akzeptablen Bereich herausfällt. Ein Gerät zur Überwachung der Umgebung könnte zum Beispiel einen Trap senden, wenn die Temperatur oder Luftfeuchtigkeit zu niedrig oder zu hoch ist.

Der Begriff *Manager* wird sowohl verwendet, wenn von der Überwachungssoftware gesprochen wird, die auf der NMS läuft, als auch von dem Computer (oder einem anderen Gerät), auf dem die Software läuft. Ähnlich bezieht sich der Begriff *Agent* auf die Software, die von den überwachten Geräten verwendet wird, um ihre Statusdaten zu generieren und zu versenden, wie auch auf das Gerät, das überwacht wird. Zweifellos handelt es sich bei SNMP um ein Client/Server-Protokoll, aber seine Verwendung von »Client« und »Server« wird gegenüber dem normalen Gebrauch umgedreht: Der lokale Manager fungiert als der Client und die entfernten Agenten fungieren als Server. Dies verhält sich ähnlich zu der Verwendung dieser Begriffe beim X Window System: X-Clients auf dem entfernten Host werden von dem X-Server auf dem lokalen Host dargestellt. SNMP-Nachrichten verwenden die TCP- und UDP-Ports 161 und die Traps verwenden die TCP- und UDP-Ports 162. Einige Hersteller verwenden zusätzliche Ports für die Traps (zum Beispiel verwendet Cisco die TCP- und UDP-Ports 1993).

Für die Kommunikation eines SNMP-Managers mit einem Agenten muss sich der Manager der verschiedenen Datenwerte bewusst sein, die der Agent verfolgt. Die Namen und

Inhalte dieser Datenwerte werden in einer oder mehreren Management Information Bases (MIBs) definiert. Eine MIB ist nur eine Ansammlung von Definitionen für Werte/Eigenschaften, deren Namen in einer standardisierten Hierarchie (Baumstruktur) angeordnet werden. Eine MIB ist keine Datenbank, sondern vielmehr ein Schema. Eine MIB enthält keine Datenwerte; es ist einfach eine Definition von Datenwerten, die überwacht werden und die abgefragt und modifiziert werden können. Diese Datendefinitionen und Namenskonventionen werden intern von der SNMP-Agenten-Software verwendet und sie werden auch als Textdateien für die Verwendung durch die SNMP-Manager abgelegt. MIBs können standardisiert und bei jedem Agenten implementiert sein oder sie sind proprietär und beschreiben herstellerspezifische Datenwerte oder möglicherweise eine Geräteklasse.

Dies wird klarer, wenn wir den Namen eines tatsächlichen Datenwertes betrachten, etwa diesen:

iso.org.dod.internet.mgmt.mib-2.system.sysLocation = "Dabney Alley 6 Closet"

Der Name dieses Datenwertes ist die lange, kursiv gesetzte Zeichenkette auf der linken Seite des Gleichheitszeichens. Die verschiedenen Bestandteile des Namens – getrennt durch Punkte – entsprechen den unterschiedlichen Ebenen des MIB-Baums (beginnend mit *iso* an der Spitze). Dementsprechend befindet sich *sysLocation* acht Ebenen tief in dieser Hierarchie. Die Baumstruktur wird verwendet, um verwandte Datenwerte zusammenzufassen. Die Gruppe *system* definiert zum Beispiel Datenpunkte, die sich auf das gesamte System (oder Gerät) beziehen, inklusive seines Namens, des physikalischen Standorts (*sysLocation*) und der wichtigsten Kontaktperson. Wie dieses Beispiel zeigt, müssen nicht alle SNMP-Daten dynamisch sein.

Abbildung 8-8 stellt die gesamte SNMP-Namensraum-Hierarchie dar. Die obersten Ebenen existieren hauptsächlich aus historischen Gründen und die meisten Daten befinden sich in den Teilbäumen *mgmt.mib-2* und *private.enterprises*. Ersterer implementiert das, was jetzt die Standard-MIB namens MIB II darstellt (eine Erweiterung des ursprünglichen Standards), und besitzt eine große Anzahl an Unterpunkten. Nur zwei seiner direkten Kinder sind in der Darstellung enthalten: system, das generelle Daten über das Gerät enthält, und host, das Daten enthält, die sich auf Computersysteme beziehen. Weitere wichtige Kinder von *mib-2* sind *interfaces* (Netzwerk-Interfaces), *ip*, *tcp* und *udp* (protokollspezifische Daten) und *snmp* (SNMP-Verkehrsdaten). Beachten Sie, dass alle Daten innerhalb der MIB Groß- und Kleinschreibung beachten. Natürlich werden nicht alle Bestandteile der Hierarchie auf alle Geräte angewandt und von den meisten Agenten werden nur die relevanten Teile umgesetzt.

Die hervorgehobenen Punkte in der Abbildung sind Knoten, die tatsächlich Datenwerte enthalten. Hier sehen wir die Beschreibung des System-Standorts, die aktuelle Anzahl an Prozessen auf dem System und die durchschnittliche Auslastung des Systems (von links nach rechts).

Jeder der Punkte aus der MIB-Hierarchie besitzt sowohl einen Namen als auch eine Nummer, die damit verknüpft ist. Die Nummern für jeden der Punkte werden in der Abbildung auch angegeben. Sie können sich auf einen Datenpunkt beziehen, indem Sie entweder den

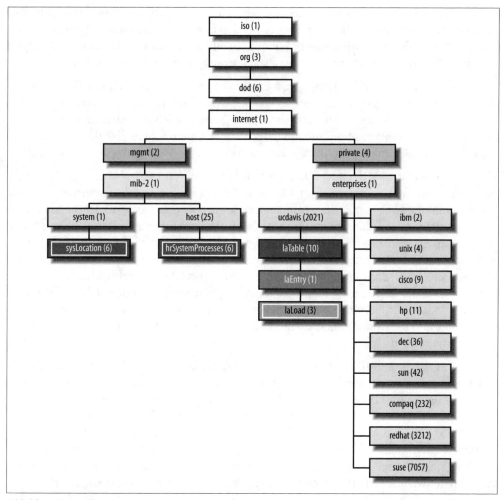

Abbildung 8-8: Allgemeine SNMP-MIB-Hierarchie

Namen oder die Nummer angeben. Zum Beispiel kann *iso.org.dod.internet.mgmt.mib-2.system.sysLocation* auch als 1.3.6.1.2.1.1.6 angegeben werden. Entsprechend kann der Datenwert *laLoad* sowohl als *iso.org.dod.internet.private.enterprises.ucdavis.laTable.laEntry.laLoad* als auch als 1.3.6.1.4.1.2021.10.1.3 angegeben werden. Jeder dieser Namenstypen ist allgemein als OID (Objekt-ID) bekannt. In der Regel wird nur der Name des letzten Knotens – *sysLocation* oder *laLoad* – benötigt, um sich auf einen Datenpunkt zu beziehen, aber gelegentlich muss die volle Version der OID angegeben werden (wie wir noch sehen werden).

Der Teil *private.enterprises* aus dem MIB-Baum enthält herstellerspezifische Datendefinitionen. Jeder Organisation, die sich für eine angemeldet hat, wird unter diesem Modus eine eindeutige Identifikationsnummer zugewiesen; diejenigen, die zu den Herstellern unserer

Betriebssysteme – U.C. Davis und Cisco – gehören, sind abgebildet. Eine Auflistung aller zugewiesenen Nummern erhalten Sie unter *ftp://ftp.isi.edu/in-notes/iana/assignments/enterprise-numbers/*. Für Ihre Organisation können Sie eine Nummer von der Internet Assigned Numbers Authority (IANA) unter *http://www.iana.org/cgi-bin/enterprise.pl* anfordern.

Der Teilbaum *ucdavis* ist für Linux- und FreeBSD-Systeme wichtig, da das Open Source-Paket Net-SNMP auf diesen Systemen eingesetzt wird. Dieses Paket wurde vor langer Zeit von U.C. Davis entwickelt (und davor von der Carnegie Mellon University) und dies ist der unternehmensspezifische Teilbaum, der für die Open Source-SNMP-Agenten angewandt wird. Dieses Paket steht für alle Betriebssysteme zur Verfügung, die wir behandeln.

Eine weitere wichtige MIB ist RMON, die MIB für die entfernte Überwachung. Diese MIB definiert einen Satz an generischen Netzwerkstatistiken. Sie wurde entwickelt, um die Datensammlung von einer Reihe unabhängiger Sonden zu ermöglichen, die über das Netzwerk positioniert sind und die im Grunde Zusammenfassungen von Daten an einen zentralen Manager übertragen. Sondierungsfähigkeiten werden von vielen aktuellen Routern, Switches und anderen Netzwerkgeräten unterstützt. Die Platzierung von Sonden an strategischen Punkten überall im WAN kann den Netzwerkverkehr erheblich reduzieren, der nötig ist, um die Leistung entlang des gesamten Netzwerks zu überwachen. Dies wird erreicht, indem die Sammlung der noch nicht ausgewerteten Daten auf die Sonden beschränkt und die Kommunikation mit einer entfernten NMS auf die zusammengefasste Form minimiert wird.

Der Zugriff auf die SNMP-Daten wird über Passwörter kontrolliert, die *Community Names* (oder Strings) genannt werden. Allgemein gibt es separate Community-Namen für die Modi Nur-Lesen und Lesen/Schreiben der Agenten, ebenso wie ein zusätzlicher Name mit den Traps verwendet wird. Jeder SNMP-Agent kennt seinen Namen (das heißt Passwort) für jeden Modus und wird Anfragen, die etwas anderes angeben, nicht beantworten. Community-Namen können bis zu 32 Zeichen lang sein und sollten unter Verwendung der gleichen Sicherheitsbetrachtungen wie *root*-Passwörter ausgewählt werden. Wir werden etwas später weitere Sicherheitskonsequenzen bei Community-Namen behandeln.

Leider werden viele Geräte mit aktiviertem SNMP ausgeliefert und dabei der Standard-Community-String *public* für Nur-Lesen und manchmal der Standard-Community-String *private* für Lesen/Schreiben verwendet. Es ist unbedingt erforderlich, dass Sie diese Werte ändern, *bevor* das Gerät im Netzwerk platziert wird (oder dass Sie SNMP für dieses Gerät deaktivieren). Ansonsten setzen Sie das Gerät sofort der Gefahr aus, von Hackern für Überfälle und Verfälschungen einfach angegriffen zu werden, und seine Verwundbarkeit kann weitere Teile Ihres Netzwerks in Gefahr bringen.

Das Vorgehen zum Ändern dieses Wertes variiert von Gerät zu Gerät. Bei Hosts ändern Sie ihn in der Konfigurationsdatei, die zu dem SNMP-Agenten gehört. Ziehen Sie bei anderen Gerätetypen, wie zum Beispiel Routern, die vom Hersteller gelieferte Dokumentation zu Rate.

Im Gegensatz zur relativen Komplexität der Datendefinition ist der Satz an SNMP-Operationen, die Geräte überwachen und verwalten, ziemlich eingeschränkt. Sie bestehen aus *get* (um einen Wert von einem Gerät anzufordern), *set* (um den Wert eines veränderbaren Geräteparameters anzugeben) und *trap* (um eine Trap-Nachricht zu einem bestimmten Manager zu schicken). Zusätzlich gibt es ein paar Varianten dieser grundlegenden Operationen, wie zum Beispiel *get-next*, das die nächsten Daten in der MIB-Hierarchie anfordert. Wir werden diese Operationen im nächsten Unterabschnitt in Aktion sehen.

SNMP-Implementierungen

Die kommerziellen Unix-Betriebssysteme, die wir behandeln, liefern alle einen SNMP-Agenten, der als einzelner Daemon oder als eine Serie von Daemons implementiert ist. Zusätzlich bietet das Paket Net-SNMP SNMP-Funktionalität für Linux, FreeBSD und andere freie Betriebssysteme. Es kann auch mit kommerziellen Unix-Systemen verwendet werden, die keine SNMP-Unterstützung liefern.

AIX und Net-SNMP stellen auch einige einfache Utilities für die Durchführung von Client-Operationen zur Verfügung. Die Utilities aus Letzterem können auch für Systeme kompiliert und eingesetzt werden, die ihre eigenen SNMP-Agenten liefern.

Tabelle 8-10 führt die verschiedenen Komponenten der SNMP-Pakete auf, die von den verschiedenen Betriebssystemen, die wir behandeln, geliefert werden und für diese zur Verfügung stehen.

Tabelle 8-10: SNMP-Komponenten

Komponente	Speicherort
Läuft nach der ersten Installation des OS ein unsicherer Agent?	AIX: ja HP-UX: ja Net-SNMP[a]: nein Solaris: ja Tru64: ja
Primärer Agenten-Daemon	AIX: */usr/sbin/snmpd* HP-UX: */usr/sbin/snmpdm* Net-SNMP: */usr/local/sbin/snmpd /usr/sbin/snmpd* (SuSE Linux) Solaris: */usr/lib/snmp/snmpdx* Tru64: */usr/sbin/snmpd*
Konfigurationsdatei(en) des Agenten	AIX: */etc/snmpd.conf* HP-UX: */etc/SnmpAgent.d/snmpd.conf* Net-SNMP: */usr/local/share/snmp/snmpd.conf /usr/share/snmp/snmpd.conf* (SuSE Linux) Solaris: */etc/snmp/conf/snmpdx.** und */etc/snmp/conf/snmpd.conf* Tru64: */etc/snmpd.conf*
MIB-Dateien	AIX: */etc/mib.defs* HP-UX: */etc/SnmpAgent.d/snmpinfo.dat /opt/OV/snmp_mibs/** (OpenView) Net-SNMP: */usr/share/snmp/mibs/** Solaris: */var/snmp/mib/** Tru64: */usr/examples/esnmp/**

Tabelle 8-10: SNMP-Komponenten (Fortsetzung)

Komponente	Speicherort
Unternehmensnummer(n)	**AIX:** 2 *(ibm)*, 4 *(unix)* **HP-UX:** 11 *(hp)* **Net-SNMP:** 2021 *(ucdavis)* **Linux:** Red Hat: 3212; SuSE: 7057 **Solaris:** 42 *(sun)* **Tru64:** 36 *(dec)*, 232 *(compaq)*
Verwaltungs-/Überwachungspaket	**AIX:** Tivoli **HP-UX:** OpenView **Solaris:** Solstice Enterprise Manager
Startskript, das den (die) SNMP-Agenten startet	**AIX:** */etc/rc.tcpip* **FreeBSD:** */etc/rc* (fügen Sie den Befehl per Hand ein) **HP-UX:** */sbin/init.d/Snmp** **Linux:** */etc/init.d/snmpd* **Solaris:** */etc/init.d/init.snmpdx* **Tru64:** */sbin/init.d/snmpd*
Konfigurationsdatei des Startskripts: relevante Einträge	**Normalerweise:** es wird keine verwendet **HP-UX:** */etc/rc.config.d/Snmp*: SNMP_*_START=1* **Linux:** SuSE 7: */etc/rc.config: START_SNMPD="yes"*

[a] Net-SNMP wird von FreeBSD- und Linux-Systemen verwendet.

Wir werden einige Besonderheiten der verschiedenen Betriebssysteme etwas später in diesem Abschnitt behandeln.

Utilities für den Net-SNMP-Client

Im Gegensatz zu den meisten Implementierungen enthält das Paket Net-SNMP mehrere nützliche Utilities, die zur Abfrage von SNMP-Geräten verwendet werden können. Sie können diese Tools in den meisten Betriebssystemen einbauen, selbst wenn sie ihren eigenen SNMP-Agenten mitliefern. Deshalb werden wir diese Utilities in diesem Abschnitt etwas detaillierter behandeln. Zusätzlich werden Sie durch diese Beispiele besser verstehen, wie SNMP funktioniert, unabhängig von den verschiedenen Implementierungen.

Das erste Werkzeug, das wir behandeln werden, ist snmptranslate, das Informationen über die MIB-Struktur und deren Einträge liefert (aber keine tatsächlichen Daten anzeigt). Tabelle 8-11 führt die nützlichsten Befehle von snmptranslate auf.

Tabelle 8-11: Nützliche snmptranslate-Befehle

Zweck	Befehl
Anzeigen eines MIB-Teilbaums	snmptranslate -Tp .*OID*[a]
Textbeschreibung der OID	snmptranslate -Td .*OID*[a]
Zeige den vollen OID-Namen an (nur *mib-2*-Teilbaum)	snmptranslate -IR -On *Name*
Übersetze den OID-Namen in die Nummer	snmptranslate -IR *Name*

Tabelle 8-11: Nützliche snmptranslate-Befehle (Fortsetzung)

Zweck	Befehl
Übersetze die OID-Nummer in den Namen	snmptranslate -On .*Nummer*[a]

a Absoluten OIDs (numerisch oder textuell) geht ein Punkt voraus.

Als Beispiel definieren wir einen Alias (unter Verwendung der C-Shell), der als Argument einen Blattnamen (im *mib-2*-Teilbaum) entgegennimmt und dann die Definition für diesen Punkt anzeigt, inklusive seiner vollen OID-Zeichenkette und der numerischen Entsprechung. Hier ist die Definition des Alias:

```
% alias snmpwhat 'snmptranslate -Td `snmptranslate -IR -On \!:1`'
```

Der Alias verwendet zwei snmptranslate-Befehle. Derjenige in Backticks (`` `...` ``) findet die volle OID für den angegebenen Namen (vertreten durch !:1) heraus. Seine Ausgabe wird das Argument des zweiten Befehls, der die Beschreibung des Datenpunkts anzeigt.

Hier ist ein Beispiel für die Verwendung des Alias, der die Beschreibung für den Punkt *sysLocation* anzeigt, den wir schon früher betrachtet haben:

```
% snmpwhat sysLocation
.1.3.6.1.2.1.1.6
sysLocation OBJECT-TYPE
    -- FROM        SNMPv2-MIB, RFC1213-MIB
    -- TEXTUAL CONVENTION DisplayString
    SYNTAX         OCTET STRING (0..255)
    DISPLAY-HINT   "255a"
    MAX-ACCESS     read-write
    STATUS         current
    DESCRIPTION    "The physical location of this node (e.g.,
                   'telephone closet, 3rd floor'). If the location is
                   unknown, the value is the zero-length string."
::={ iso(1) org(3) dod(6) internet(1) mgmt(2) mib-2(1) system(1) 6 }
```

Andere Formen des Befehls snmptranslate liefern ähnliche Informationen.

Der Befehl snmpget holt Daten von einem SNMP-Agenten. Der folgende Befehl zum Beispiel zeigt den Wert von *sysLocation* des Agenten auf *beulah* an und gibt den Community-String als *somethingsecure* an:

```
# snmpget beulah somethingsecure sysLocation.0
system.sysLocation.0 = "Receptionist Printer"
```

Dem angegebenen Datenstandort folgt eine *Instance*-Nummer, die dazu verwendet wird, um die Spaltenzahl innerhalb einer Datentabelle anzuzeigen. Werte, die sich nicht in einer Tabelle befinden – Skalare –, besitzen immer den Wert 0.

Für Tabellendaten, gekennzeichnet durch einen Eintrag mit dem Namen *irgendetwasTable* innerhalb der OID, stellt die Instance-Nummer das gewünschte Tabellenelement dar. Dieser Befehl zum Beispiel holt den 5-Minuten-Durchschnittswert für die Auslastung, da die 1-, 5- und 15-Minuten-Durchschnittswerte für die Auslastung in den aufeinander folgenden Spalten der Tabelle *enterprises.ucdavis.laTable* abgespeichert werden (wie in der MIB definiert):

```
# snmpget beulah somethingsecure laLoad.2
enterprises.ucdavis.laTable.laEntry.laLoad.2 = 1.22
```

Der Befehl snmpwalk zeigt den gesamten Teilbaum unterhalb des angegebenen Knotens an. Zum Beispiel zeigt dieser Befehl alle Datenwerte unterhalb von *iso.org.dod.internet. mgmt.mib-2.host.hrSystem* an:

```
# snmpwalk beulah somethingsecure host.hrSystem
host.hrSystem.hrSystemUptime.0 = Timeticks: (31861126)
                                3 days, 16:30:11.26
host.hrSystem.hrSystemDate.0 = 2002-2-8,11:5:4.0,-5:0
host.hrSystem.hrSystemInitialLoadDevice.0 = 1536
host.hrSystem.hrSystemInitialLoadParameters.0 =
   "auto BOOT_IMAGE=linux ro root=2107
    BOOT_FILE=/boot/vmlinuz enableapic vga=0x0314."
host.hrSystem.hrSystemNumUsers.0 = Gauge32: 1
host.hrSystem.hrSystemProcesses.0 = Gauge32: 205
host.hrSystem.hrSystemMaxProcesses.0 = 0
```

Das Format jeder Ausgabezeile ist:

```
OID = [Datentyp:] Wert
```

Sollten Sie neugierig sein, was diese Punkte bedeuten, so verwenden Sie snmptranslate, um deren volle Beschreibung zu erhalten.

Schließlich kann der Befehl snmpset dazu verwendet werden, um schreibbare Datenwerte zu modifizieren, wie in diesem Befehl, der den Hauptkontakt für das Gerät ändert (der Parameter s kennzeichnet den Datentyp String):

```
# snmpset beulah somethingelse sysContact.0 s "chavez@ahania.com"
system.sysContact.0 = chavez@ahania.com
```

Weitere nützliche Datentypen sind i für Integer, d für Dezimalzahl und a für IP-Adresse (sehen Sie für die gesamte Liste in der Manpage nach).

Erzeugen von Traps. Das Paket Net-SNMP enthält den Befehl snmptrap, um manuell Traps zu erzeugen. Hier ist ein Beispiel seiner Verwendung, das die allgemeinen Eigenschaften von Traps veranschaulicht:

```
# snmptrap -v2c dalton anothername '' .1.3.6.1.6.3.1.1.5.3 \
    ifIndex i 2 ifAdminStatus i 1 ifOperStatus i 1
```

Die Option -v2c besagt, dass ein Trap der SNMP-Version 2c gesendet werden soll (technisch gesehen, werden Traps der Version 2 Benachrichtigungen [*Notifications*] genannt). Die nächsten beiden Argumente sind der Bestimmungsort (Manager) und der Community-Name. Das nächste Argument stellt die Laufzeit (Uptime) des Gerätes dar und wird für alle Traps benötigt. Hier geben wir einen Null-String an, der standardmäßig zur aktuellen Uptime führt. Das letzte Argument in der ersten Zeile ist die OID des Traps; diese OIDs werden in einer der MIBs definiert, die von dem Gerät verwendet werden. Dieses gehört zu *linkDown* (wie in der IF-MIB definiert), definiert als ein wechselnder Status des Netzwerk-Interfaces.

Der Rest des Arguments (beginnend mit ifIndex) wird von dem speziellen Trap bestimmt, der gesendet wird. Dieser verlangt die Nummer des Interfaces und seinen administrativen und operativen Status, jeder angegeben über ein Schlüsselwort-Datentyp-Wert-Tripel (diese einzelnen Datentypen sind alle Integer-Werte). In diesem Fall gibt der Trap Interface 2 an. Ein Statuswert von 1 gibt an, dass das Interface aktiv ist, deshalb ist dieser Trap eine Benachrichtigung, dass es wieder online ist, nachdem es heruntergefahren war.

Hier ist die syslog-Nachricht, die von diesem Trap erzeugt werden könnte:

```
Feb 25 11:44:21 beulah snmptrapd[8675]: beulah.local[192.168.9.8]:
Trap system.sysUpTime.0 = Timeticks:(144235905) 6 days, 06:39:19,
  .iso.org.dod.internet.snmpV2.snmpModules.snmpMIB.snmpMIBObjects.
  snmpTrap.snmpTrapOID.0 = OID: 1.1.5.3,
interfaces.ifTable.ifEntry.ifIndex = 2,
interfaces.ifTable.ifEntry.ifAdminStatus = up(1),
interfaces.ifTable.ifEntry.ifOperStatus = up(1)
```

SNMP-verwaltete Geräte kommen im Allgemeinen mit vordefinierten Traps, die Sie manchmal während der Konfiguration aktivieren/deaktivieren können. Einige Agenten sind auch noch erweiterbar und ermöglichen es Ihnen, zusätzliche Traps zu definieren.

AIX- und Tru64-Clients. Auch AIX liefert ein Utility für den SNMP-Client, snmpinfo. Hier ist ein Beispiel für seine Verwendung:

```
# snmpinfo -c somethingsecure -h beulah -m get sysLocation.0
system.sysLocation.0 = "Receptionist Printer"
```

Die Optionen -c und -h geben den Community-Namen und den Host für die Operation an – in dieser Reihenfolge. Die Option -m gibt die SNMP-Operation an, die durchgeführt werden soll – hier get –, und weitere Möglichkeiten sind next und set.

Hier ist der entsprechende Befehl, wenn er auf einem Tru64-System laufen würde:

```
# snmp_request beulah somethingsecure get 1.3.6.1.2.1.1.6.0
```

Ja, er benötigt tatsächlich die volle OID. Das dritte Argument gibt die SNMP-Operation an und weitere Schlüsselwörter, die dort verwendet werden, sind getnext, getbulk und set.

Konfigurieren von SNMP-Agenten

In diesem Abschnitt werden wir die Konfigurationsdatei für jedes der Betriebssysteme betrachten.

Der snmpd-Daemon von Net-SNMP (FreeBSD und Linux). FreeBSD- und Linux-Systeme verwenden das Paket Net-SNMP (*http://www.net-snmp.org*), früher auch als UCD-SNMP bekannt. Das Paket liefert sowohl einen Agenten für einen Unix-Host (den snmpd-Daemon) als auch eine Reihe von Client-Utilities.

Auf Linux-Systemen wird dieser Daemon mit dem Startskript */etc/init.d/snmp* gestartet und verwendet standardmäßig die Konfigurationsdatei */usr/local/share/snmp/snmpd.conf*.[22] Auf

---

22 Beachten Sie, dass die RPMs, die mit aktuellen SuSE-Betriebssystemen geliefert werden, stattdessen die Konfigurationsdatei */etc/ucdsnmpd.conf* verwenden, obwohl Sie dies ändern können, indem Sie das Startskript editieren. Der Speicherort der kanonischen Konfigurationsdatei ist unter SuSE ebenfalls ein anderer: */usr/share/snmp*.

FreeBSD-Systemen müssen Sie einen Befehl wie den folgenden zu einem der Startskripten des Systems hinzufügen (zum Beispiel */etc/rc*):

```
/usr/local/sbin/snmpd -L -A
```

Die Optionen weisen den Daemon an, Protokollnachrichten statt an eine Datei an die Standardausgabe und die Standardfehlerausgabe zu schicken. Sie können auch eine alternative Konfigurationsdatei angeben, indem Sie die Option -c verwenden.

Hier ist eine beispielhafte snmpd.conf-Datei für Net-SNMP:

```
# snmpd.conf
rocommunity     somethingsecure
rwcommunity     somethingelse
trapcommunity   anothername
trapsink        dalton.ahania.com
trap2sink       dalton.ahania.com

syslocation     "Building 2 Main Machine Room"
syscontact      "chavez@ahania.com"

# Net-SNMP-spezifische Punkte: Bedingungen für Error-Flags
#keyw [args] limit(s)
load    5.0 6.0 7.0        1,5,15-Durchschnittswerte der maximalen Auslastung.
disk    / 3%               root-Dateisystem besitzt weniger als 3% freien Platz.
proc    portmap 1 1        Es muss genau ein portmap-Prozess laufen.
proc    cron 1 1           Erwartet genau einen cron-Prozess.
proc    sendmail           Erwartet mindestens einen sendmail-Prozess.
```

Die ersten drei Zeilen der Datei geben den Community-Namen für den Zugriff auf den Agenten in den Modi Nur-Lesen und Lesen/Schreiben an und den Namen, der verwendet wird, wenn der Agent Traps verschickt (die keine unterschiedlichen Werte wie oben sein müssen). Die nächsten beiden Zeilen geben das Trap-Ziel für Traps der SNMP-Version 1 und der Version 2 an; hier ist es der Host *dalton*.

Der nächste Abschnitt gibt die Werte von zwei MIB II-Variablen an, die den Standort des Geräts und seinen primären Kontakt beschreiben. Sie befinden sich beide unter *mib-2.system*.

Der letzte Abschnitt definiert einige Net-SNMP-spezifische Überwachungspunkte. Diese Punkte prüfen auf eine durchschnittliche Auslastung über 1, 5 oder 15 Minuten von über 5,0, 6,0 oder 7,0 (in dieser Reihenfolge), ob der freie Speicherplatz des root-Dateisystems unter 3% gefallen ist und ob die portmap-, cron- und sendmail-Daemons laufen. Wenn der entsprechende Wert nicht im erlaubten Bereich liegt, setzt der SNMP-Daemon den Datenwert des entsprechenden Error-Flags unter *enterprises.ucdavis* für die Tabellenspalte, die dem angegebenen Überwachungspunkt gehört: *laTable.laEntry.laErrorFlag*, *dskTable.dskEntry.dskErrorFlag* und *prTable.prEntry.prErrorFlag* – in dieser Reihenfolge. Beachten Sie, dass keine Traps erzeugt werden.

Sie können auch den Befehl snmpconf -g verwenden, um eine *snmpd.conf*-Datei zu konfigurieren. Fügen Sie die Option -i hinzu, wenn Sie möchten, dass der Befehl die neue Datei automatisch im richtigen Verzeichnis installiert (anstatt sie im aktuellen Verzeichnis abzulegen).

Net-SNMP-Zugriffskontrolle. Die Community-Definitionseinträge, die oben eingeführt wurden, haben auch eine komplexere Form, in der sie zusätzliche Parameter für die Angabe der Zugriffskontrolle akzeptieren. Der folgende Befehl zum Beispiel definiert die Community für den Lesen/Schreiben-Zugriff als *localonly* für das Subnetz 192.168.10.0:

```
rwcommunity localonly 192.168.10.0/24
```

Das Subnetz, auf das der Eintrag angewandt wird, wird im zweiten Parameter angegeben.

Ähnlich gibt der folgende Befehl den Community-Namen *secureread* für den Nur-Lesen-Zugriff für den Host *callisto* an und begrenzt den Zugriff von diesem Host auf den *mib-2.hosts*-Teilbaum.

```
rocommunity secureread callisto .1.3.6.1.2.1.25
```

Der Startpunkt für den erlaubten Zugriff wird im dritten Parameter des Eintrags angegeben.

Tatsächlich ist diese Syntax eine kompakte Form der allgemeinen Net-SNMP-Direktiven für die Zugriffskontrolle: com2sec, view, group und access. Die ersten beiden sind die einfachsten:

```
#com2sec  Name      Herkunft          Community
com2sec   localnet  192.168.10.0/24   somethinggood
com2sec   canwrite  192.168.10.22     somethingbetter

#view  Name   in oder out  Teilbaum       [Maske]
view   mibii  included     .1.3.6.1.2.1
view   sys    included     .1.3.6.1.2.1.1
```

Die Direktive com2sec gibt ein benanntes Paar aus Anfragequelle und Community-Namen an; dieser Punkt ist als *Security-Name* bekannt. In unserem Beispiel geben wir den Namen *localnet* für Anfragen an, die aus dem Subnetz 192.168.10 stammen und den Community-Namen *somethinggood* verwenden.

Die Direktive view weist einem bestimmten Teilbaum einen Namen zu; hier geben wir dem Teilbaum *mib-2* die Bezeichnung *mibii* und dem Teilbaum *system* den Namen *sys*. Der zweite Parameter gibt an, ob der angegebene Teilbaum in der aufgeführten View enthalten ist oder ausgeschlossen wird (mit dem gleichen View-Namen kann mehr als eine View-Direktive angewandt werden). Das optionale Feld Maske nimmt eine hexadezimale Zahl entgegen, die als eine Maske interpretiert wird, die den Zugriff innerhalb des vorgegebenen Teilbaums weiter einschränkt; zum Beispiel auf bestimmte Spalten innerhalb einer Tabelle (sehen Sie für weitere Details in der Manpage nach).

Die Direktive group verknüpft einen Security-Namen (von com2sec) mit einem Sicherheitsmodell (entspricht einer Versionsstufe von SNMP). Die folgenden Einträge zum Beispiel definieren die Gruppe *local* als den Security-Namen *localnet* für jedes der verfügbaren Sicherheitsmodelle:

```
#group  Grp.-Name  Modell  Sec.-Name
group   local      v1      localnet
group   local      v2c     localnet
```

```
         group     local     usm     localnet              usm bedeutet Version 3.
         group     admin     v2c     canwrite
```

Der letzte Eintrag gibt die Gruppe *admin* als den Security-Namen *canwrite* für die SNMP-Version 2c an.

Schließlich führt der Eintrag access alle diese Punkte zusammen, um einen bestimmten Zugriff anzugeben:

```
     #         Grp.-                                      read-   write-  notify-
     #access   Name    Kontext  Modell  Stufe    Match    View    View    View
     access   local   ""       any     noauth   exact    mibii   none    none
     access   admin   ""               v2c      noauth   exact   all     sys     all
```

Der erste Eintrag erlaubt alle Abfragen des Teilbaums *mib-2* aus dem Subnetz 192.168.10 unter Verwendung des Community-Strings *somethinggood*, wobei er jedoch alle anderen Operationen zurückweist (der Zugriff erfolgt über View *mibii*). Der zweite Eintrag erlaubt alle Abfragen und Benachrichtigungen von 192.168.10.22 und er erlaubt auch Einstell-Operationen innerhalb des Teilbaums *system*, wenn sie aus dieser Quelle stammen und Clients der SNMP-Version 2c verwenden, immer unter Verwendung des Community-Namens *somethingbetter*.

Sehen Sie für vollständige Details zu diesen Direktiven in der Manpage von *snmpd.conf* nach.

Der Trap-Daemon von Net-SNMP. Das Paket Net-SNMP enthält auch den snmptrapd-Daemon, um die Traps zu verarbeiten, die empfangen werden. Sie können den Daemon per Hand starten, indem Sie den Befehl snmptrapd -s eingeben, der besagt, dass Trap-Nachrichten an die syslog-Einrichtung Local0 geschickt werden sollen (Stufe mit Warnungen). Wenn Sie möchten, dass er während des Hochfahrens gestartet wird, müssen Sie diesen Befehl zum Startskript */etc/init.d/snmp* hinzufügen.

Der Daemon kann auch über die Datei */usr/share/snmp/snmptrapd.conf* konfiguriert werden. Einträge in dieser Datei haben das folgende Format:

```
     traphandle OID|default Programm [Argumente]
```

traphandle ist ein Schlüsselwort, das zweite Feld enthält die OID des Traps oder das Schlüsselwort default und die restlichen Punkte geben ein Programm inklusive der Argumente an, das ausgeführt werden soll, wenn der Trap empfangen wird. Eine Vielzahl an Daten wird dem Programm übergeben, wenn es aufgerufen wird, inklusive des Hostnamens des Gerätes, der IP-Adresse und der Trap-OID sowie Variablen. Sehen Sie für vollständige Details in der Dokumentation nach.

Beachten Sie, dass snmptrapd ein sehr einfacher Trap-Handler ist. Er ist nützlich, wenn Sie auf einem System ohne Manager Traps aufzeichnen oder verarbeiten möchten, aber auch zu Experimentier- und Schulungszwecken. Jedoch werden Sie auf lange Sicht einen ausgereifteren Manager haben wollen. Wir werden einige davon später in diesem Abschnitt behandeln.

Konfigurieren von SNMP unter HP-UX. HP-UX verwendet eine Reihe von SNMP-Daemons (Sub-Agenten), die alle vom SNMP-Master-Agenten snmpdm kontrolliert werden. Die Daemons werden von Skripten aus dem Unterverzeichnis */sbin/init.d* gestartet. Das Skript *SnmpMaster* startet den Master-Agenten.

Die Sub-Agenten sind:

- Der HP-UX-Sub-Agent (*/usr/sbin/hp_unixagt*), wird vom Skript *SnmpHpunix* gestartet.
- Der MIB2-Sub-Agent (*/usr/sbin/mib2agt*), wird vom Skript *SnmpMib2* gestartet.
- Der Trap-Destination-Sub-Agent (*/usr/sbin/trapdestagt*), wird vom Skript *SnmpTrpDst* gestartet.

HP-UX bietet auch das Skript */usr/lib/snmp/snmpd* zum Starten aller Daemons in einem einzigen Vorgang.

Die Hauptkonfigurationsdatei ist */etc/SnmpAgent.d/snmpd.conf*. Hier ist ein Beispiel dieser Datei:

```
get-community-name:     somethingsecure
set-community-name:     somethingelse
max-trap-dest:          10              Max. Anzahl von Trap-Zielen.
trap-dest:              dalton.ahania.com
location:               "machine room"
contact:                "chavez@ahania.com"
```

Es gibt auch komplexere Versionen der Definitionseinträge für den Community-Namen, die es Ihnen ermöglichen, Zugriffskontrollen auf Ebene einzelner Hosts anzugeben, so wie in diesem Beispiel:

```
get-community-name: somethingsecure \
  IP: 192.168.10.22 192.168.10.222 \
  VIEW: mib-2 enterprises -host          Verwenden Sie -name, um einen Teilbaum auszuschließen.
default-mibVIEW: internet                Zugriffsstandardbaum.
```

Der erste Eintrag (wird über drei Zeilen weitergeführt) erlaubt es den Hosts aus dem Subnetz 192.168.10, auf die Teilbäume *mib-2* und *enterprises* (mit Ausnahme des Teilbaums *host* von Ersterem) nur lesend und unter Verwendung des Community-Namen *somethingsecure* zuzugreifen. Der zweite Eintrag gibt den Standard-MIB-Zugriff an; er wird auf Anfragen von Hosts angewandt, für die keine spezielle View definiert wurde.

Die SNMP-Einrichtung von HP-UX wurde für den Einsatz mit der Netzwerk-Management-Einrichtung OpenView entwickelt. Es handelt sich dabei um ein ausgeklügeltes Paket, das es Ihnen erlaubt, viele Aspekte von Computern und anderen Netzwerkgeräten von einer zentralen Kontrollstation aus zu verwalten. Fehlt dieses Paket, handelt es sich um eine äußerst minimale SNMP-Implementierung.

Konfigurieren von SNMP unter Solaris. Der SNMP-Agent von Solaris ist der snmpdx-Daemon.[23] Er kontrolliert eine Reihe von Sub-Agenten. Der wichtigste von ihnen ist mibiisa, der auf

---

23 Solaris unterstützt auch den Netzwerk-Management-Standard Desktop Management Interface (DMI), und seine Daemons können auf diesen Systemen mit snmpdx interagieren.

Standard-SNMP-Anfragen innerhalb der Teilbäume *mib-2* und *enterprises.sun* antwortet (jedoch ist MIB II nur teilweise implementiert).

Die Daemons verwenden Konfigurationsdateien in */etc/snmp/conf*. Die primären Einstellungen sind in *snmpd.conf* enthalten. Hier ist ein Beispiel:

```
# Setzen einiger Systemwerte
sysdescr    "old Sparc used as a router"
syscontact  "chavez@ahania.com"
syslocation "Ricketts basement"

# Standard-Communities und Trap-Ziele
read-community    hardtoguess
write-community   hardertoguess
trap-community    usedintraps
trap              dalton.ahania.com           Maximal 5 Ziele.

# Hosts, denen Abfragen erlaubt werden (5/Zeile, max=32)
manager localhost dalton.ahania.com hogarth.ahania.com
manager blake.ahania.com
```

Seien Sie sich des Unterschieds bewusst zwischen den Einträgen für die Community-Definition im vorangegangenen Beispiel und denen, die system-read|write-community genannt werden; Letztere erlauben nur den Zugriff auf den Teilbaum *system*.

Die Konfigurationsdatei *snmpdx.acl* kann zur Definition einer komplexeren Zugriffskontrolle verwendet werden. Dies geschieht über Einträge wie diesen:

```
acl = {
        {
            communities = somethinggreat
            access = read-write
            managers = localhost, dalton.ahania.com
        }
        {
            communities = somethinggood
            access = read-only
            managers = iago.ahania.com, hamlet.ahania.com, ...
        }
     }
```

Dieser Zugriffskontrolleintrag gibt die Zugriffsebenen und die zugehörigen Community-Strings für zwei Host-Listen an: Das lokale System und *dalton* erhalten Lese- und Schreibzugriff unter Verwendung des Community-Namen *somethinggreat* und die zweite Liste von Hosts erhält Nur-Lese-Zugriff unter Verwendung des Community-Namen *somethinggood*.

Der AIX-snmpd-Daemon. Der snmpd-Agent von AIX wird über die Konfigurationsdatei */etc/snmpd.conf* konfiguriert. Hier ist ein Beispiel:

```
# Was und wo es zu protokollieren ist
logging  file=/usr/tmp/snmpd.log  enabled
logging  size=0  level=0
```

```
# Agenten-Information
syscontact   "chavez@ahania.com"
syslocation  "Main machine room"

#community Name      [IP-Adresse  Netzmaske       [Zugriff   [View]]]
community  something
community  differs   127.0.0.1    255.255.255.255 readWrite
community  sysonly   127.0.0.1    255.255.255.255 readWrite  1.17.2
community  netset    192.168.10.2 255.255.255.0   readWrite  1.3.6.1

#view  Name    [Teilbaum]
view   1.17.2  system enterprises
view   1.3.6.1 internet

#trap  Community  Ziel     View     Maske
trap   trapcomm   dalton   1.3.6.1  fe
```

Diese Datei stellt sowohl die allgemeine Serverkonfiguration als auch die Zugriffskontrolle dar. Letzteres wird über die Community-Einträge erreicht, die nicht nur einen Community-Namen definieren, sondern auch optional seine Verwendung auf einen Host und möglicherweise auf einen Zugriffstyp (Nur-Lesen oder Lesen/Schreiben) und einen MIB-Teilbaum einschränken. Letzterer wird in View-Direktiven definiert. Hier definieren wir eine View, die aus den Teilbäumen *system* und *enterprises* besteht, und eine weitere, die aus dem gesamten Teilbaum *internet* besteht. Beachten Sie, dass die View-Namen aus einer OID-ähnlichen Zeichenkette in Punktnotation bestehen müssen.

Der Tru64-snmpd-Daemon. Der Tru64-snmpd-Agent wird auch über die Konfigurationsdatei */etc/snmpd.conf* konfiguriert. Hier ist ein Beispiel:

```
sysLocation  "Machine Room"
sysContact   "chavez@ahania.com"

#community Name      IP-Adresse    Zugriff
community  something 0.0.0.0       read       Trifft auf alle Hosts zu.
community  another   192.168.10.2  write

#trap [Version]  Community  Ziel[:Port]
trap             trapcomm   192.168.10.22
trap  v2c        trap2comm  192.168.10.212
```

Der erste Abschnitt der Datei gibt die üblichen MIB-Variablen an, die diesen Agenten beschreiben. Der zweite Abschnitt definiert Community-Namen; die Argumente geben den Namen an, den Host, auf den er zutrifft (0.0.0.0 bedeutet alle Hosts), und den Zugriffstyp. Der letzte Abschnitt gibt Trap-Ziele für alle Traps und für Traps der Version 2c an.

SNMP und Sicherheit

Wie bei jedem Netzwerkdienst gibt es auch bei SNMP eine Vielzahl an Sicherheitsbedenken und -kompromissen. Zum Zeitpunkt dieses Schreibens (Anfang 2002) wurde eine größere Verwundbarkeit in SNMP aufgedeckt und deren Existenz weit in der Öffentlichkeit bekannt gemacht (sehen Sie hierzu auch *http://www.cert.org/advisories/CA-2002-03.html*).

Interessanterweise war Net-SNMP eine der wenigen Implementierungen, die dieses Problem nicht hatten, während alle kommerziellen Netzwerk-Management-Pakete davon betroffen waren.

In Wahrheit ist SNMP in den Versionen vor Version 3 nicht sehr sicher. Leider unterstützen viele Geräte diese Version noch nicht, die sich immer noch in der Entwicklung befindet und einen Draft-Standard besitzt und keinen abgeschlossenen. Ein Hauptproblem ist, dass Community-Namen im Klartext über das Netzwerk verschickt werden. Schwache Programmierpraktiken in den SNMP-Agenten führen auch dazu, dass einige Geräte für eine Übernahme durch Angriffe auf Basis von Pufferüberläufen anfällig sind, zumindest bis ihre Hersteller Patches liefern. Dementsprechend bedeutet die Entscheidung, SNMP einzusetzen, einen Ausgleich zu finden zwischen den Sicherheitsanforderungen und der Funktionalität und dem Komfort, den es bietet. Entlang dieser Zeilen kann ich die folgenden Empfehlungen aussprechen:

- Deaktivieren Sie SNMP auf Geräten, auf denen Sie es nicht verwenden. Entfernen Sie unter Linux alle Links nach */etc/init.d/snmp* in den Unterverzeichnissen *rcn.d*.
- Wählen Sie gute Community-Namen aus.
- Ändern Sie die Standard-Community-Namen, bevor Sie dem Netzwerk Geräte hinzufügen.
- Verwenden Sie sooft wie möglich Clients der SNMP-Version 3, um ein Kompromittieren Ihrer gut ausgewählten Community-Namen zu verhindern.
- Verhindern Sie externen Zugriff auf die SNMP-Ports: TCP- und UDP-Ports 161 und 162, ebenso wie jeden zusätzlichen herstellerspezifischen Port (zum Beispiel TCP- und UDP-Port 1993 für Cisco). Sie könnten dies auch für einige Teile des internen Netzwerks ähnlich handhaben.
- Konfigurieren Sie die Agenten so, dass sie mit Ausnahme einer kleinen Liste von Herkunftsorten alle Anfragen zurückweisen (wenn möglich).
- Wenn Sie SNMP-Operationen über das Internet einsetzen müssen (zum Beispiel von zu Hause), dann machen Sie das über ein virtuelles privates Netzwerk (VPN) oder über einen Zugriff auf die Daten mit einem Webbrowser unter Verwendung von SSL. Einige Anwendungen, die SNMP-Daten anzeigen, werden im nächsten Abschnitt dieses Kapitels behandelt.
- Sollte Ihr internes Netzwerk nicht sicher sein und die SNMP-Version 3 keine Alternative darstellen, denken Sie über das Hinzufügen eines separaten administrativen Netzwerks für den SNMP-Verkehr nach. Jedoch ist dies eine teure Alternative und sie skaliert nicht sehr gut.

Wie ich bereits oben angedeutet habe, unternimmt die SNMP-Version 3 einen großen Schritt in Richtung Behebung der krassesten SNMP-Sicherheitsprobleme und -Einschränkungen. Im Einzelnen verschickt es Community-Strings nur in kryptografisch verschlüsselter Form. Es bietet für SNMP-Operationen auch optional eine benutzerbezogene authentifizierte Zugriffskontrolle. Alles in allem nutzen Sie Ihre Zeit sinnvoll, wenn Sie etwas über die SNMP-Version 3 lernen und zu ihr überwechseln.

Netzwerk-Management-Pakete

Werkzeuge für das Netzwerk-Management wurden entwickelt, um Ressourcen und andere Systemstatusanalysen auf Gruppen von Computersystemen oder anderen Netzwerkgeräten (Drucker, Router, USV-Geräte und so weiter) zu überwachen. In einigen Fällen können auch Leistungsdaten überwacht werden. Die aktuellen Daten werden für die sofortige Anzeige zur Verfügung gestellt, normalerweise über eine Webschnittstelle, und die Software aktualisiert die Anzeige regelmäßig.

Einige Programme wurden auch dahingehend entwickelt, die Initiative zu ergreifen und aktiv nach Problemen zu suchen: Situationen, in denen ein System oder ein Dienst nicht verwendet werden kann (grundlegende Verbindungstests schlagen fehl), oder der Wert einer Messanalyse hat sich außerhalb des akzeptablen Bereiches bewegt (zum Beispiel steigt der Auslastungsdurchschnitt auf einem Computersystem über einen voreingestellten Wert, was bedeutet, dass die CPU-Ressourcen knapp werden). Der Netzwerk-Monitor wird dann die Systemadministratorin über das potenzielle Problem benachrichtigen und ihr erlauben einzuschreiten, bevor die Situation kritisch wird. Die ausgereiftesten Systeme können außerdem damit beginnen, einige Probleme selbst zu lösen, wenn sie entdeckt werden.

Standard-Unix-Betriebssysteme bieten sehr wenig, was die Werkzeuge für die Statusüberwachung betrifft, und diejenigen Utilities, die enthalten sind, sind im Allgemeinen auf die Untersuchung von lokalen Systemen und deren eigener Netzwerkumgebung beschränkt. Sie können zum Beispiel die aktuelle CPU-Nutzung mit dem Befehl uptime feststellen, die Speichernutzung mit dem Befehl vmstat und verschiedene Aspekte der Netzwerkverbindung und -nutzung mit den Befehlen ping, traceroute und netstat (und ihren GUI-basierten Entsprechungen).

In den letzten Jahren sind mehrere flexiblere Utilities aufgetaucht. Diese Werkzeuge erlauben es Ihnen, grundlegende System-Statusdaten für Gruppen von Computern von einem einzigen Überwachungsprogramm auf einem System aus zu untersuchen. Zum Beispiel stellt Abbildung 8-9 einige einfache Ausgaben des Programms Angel Network Monitor dar, geschrieben von Marco Paganini (*http://www.paganini.net/angel/*). Das Bild wurde vom farbigen Original nach Schwarz-Weiß konvertiert.

Die Anzeige, die von diesem Paket erzeugt wird, besteht aus einer Matrix aus Systemen und überwachten Punkten, und es liefert für jede gültige Kombination eine einfach zu verstehende Zusammenfassung des aktuellen Status. Jede Zeile der Tabelle entspricht dem angegebenen Computersystem und die verschiedenen Spalten stellen einen anderen Netzwerkdienst oder eine andere Systemeigenschaft dar, die überwacht wird. In diesem Fall überwachen wir den Status der FTP-Einrichtung, den Webserver-Dienst, die durchschnittliche Systemauslastung und das Protokoll für die elektronische Post, wenn auch nicht jeder Punkt auf jedem System überwacht wird.

In seinem farbigen Modus verwendet das Werkzeug grüne Balken, um anzuzeigen, dass alles in Ordnung ist (weiße in der Abbildung), gelbe Balken für Warn-Zustände, rote Balken für kritische Zustände (grau in der Abbildung) und schwarze Balken, um zu kenn-

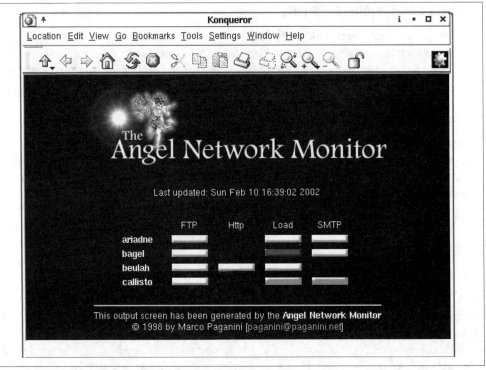

Abbildung 8-9: Der Angel Network Monitor

zeichnen, dass die Datensammlung fehlschlug (schwarz in der Abbildung). Ein fehlender Balken bedeutet, dass der Datenpunkt für dieses befragte System nicht gesammelt wird.

In diesem Fall hat das System *callisto* Probleme mit seiner durchschnittlichen Auslastung (sie ist wahrscheinlich zu hoch) und seinem SMTP-Dienst (wahrscheinlich antwortet er nicht). Zusätzlich schlug die Prüfung der durchschnittlichen Auslastung auf dem System *bagel* fehl. Alles andere arbeitet derzeit so, wie es soll.

Der Befehl angel wurde entwickelt, um manuell ausgeführt zu werden. Sobald er beendet wird, erscheint eine Datei namens *index.html* im Unterverzeichnis *html* des Pakets, die die Anzeige enthält, die wir gerade untersucht haben. Die Seite wird jedes Mal aktualisiert, wenn der Befehl ausgeführt wird. Sollten Sie fortlaufende Aktualisierungen wünschen, können Sie die Einrichtung cron verwenden, um den Befehl periodisch auszuführen. Wenn Sie die Statusinformationen von jedem Standort aus betrachten möchten, sollten Sie innerhalb des Dokumenten-Verzeichnisses des Webservers einen Link auf *index.html* erzeugen.

Der Angel Network Monitor ist auch sehr einfach zu konfigurieren. Er besteht aus einem Haupt-Perl-Skript (angel) und verschiedenen Plugins, Hilfsskripten, die die tatsächliche Datensammlung durchführen. Die Einrichtung verwendet zwei Konfigurationsdateien, die im Unterverzeichnis *conf* des Top-Level-Verzeichnisses des Pakets abgelegt werden. Ich musste nur eines von ihnen verändern, *hosts.conf*, um die Betrachtung der Statusdaten zu starten.

Hier ist ein Beispieleintrag aus dieser Datei:

```
#label  :plug-in    :args          :column:images
#                   host!port     critical!warning   !failure
ariadne:Check_tcp:ariadne!ftp:FTP:alertred!alertyellow!alertblack
```

Die (durch Doppelpunkte getrennten) Felder enthalten die Bezeichnung für den Eintrag (der in der Anzeige erscheint), das auszuführende Plugin, seine Argumente (getrennt durch mehrere !), den Spaltenkopf der Tabelle und die Grafik, die angezeigt werden soll, wenn der empfangene Wert einen kritischen Zustand, einen Warn-Zustand oder einen Plugin-Fehler anzeigt. Dieser Eintrag überprüft den FTP-Dienst auf *ariadne*, indem er versucht, auf seinen Standard-Port zuzugreifen (es kann auch eine Portnummer angegeben werden), und verwendet die Standardbalken rot, gelb und schwarz für die drei Status (der OK-Status ist immer grün).

Die anderen mitgelieferten Plugins erlauben Ihnen die Überprüfung, ob ein Gerät am Leben ist (über `ping`), die Überprüfung der durchschnittlichen Systemauslastung (`uptime`) und des verfügbaren Festplattenplatzes (`df`). Seine Funktionalität kann durch das Schreiben zusätzlicher Plugins erweitert werden und sein Verhalten kann durch Bearbeiten seiner Hauptkonfigurationsdatei verändert werden.

Der Angel Network Monitor bringt gute Leistungen in dem Job, für den er entwickelt wurde: das Liefern einer einfachen Statusanzeige für eine Gruppe von Hosts. Er erreicht das, indem er aus der Sichtweise des lokalen Systems arbeitet und die Punkte überwacht, die durch externe Überprüfungen einfach überwacht werden können, wie zum Beispiel das Verbinden mit einem Port auf einem entfernten System oder das Ausführen einfacher Befehle über `rsh` oder `ssh`. Wenn seine Funktionalität auch erweitert werden kann, so kann komplexeren Überwachungsanforderungen oft mit einem ausgereifteren Paket besser entsprochen werden.

Proaktive Netzwerküberwachung

Es gibt keinen Mangel an Paketen, die komplexere Fähigkeiten für die Überwachung und das Behandeln von Ereignissen bieten. Während diese Pakete sehr mächtige Werkzeuge für die Sammlung von Informationen sein können, steigt die Komplexität ihrer Installation und Konfiguration doch zumindest linear mit ihren Sonderfunktionen an. Es gibt verschiedene kommerzielle Programme, die diese Funktionalität bieten, inklusive Unicenter von Computer Associates und OpenView von Hewlett-Packard (sehen Sie sich für eine ausgezeichnete Übersicht den Cover-Artikel der Januar 2000-Ausgabe des Magazins *Server-Workstation Expert* an, erhältlich unter *http://swexpert.com/F/SE.F1.JAN.00.pdf*). Es gibt auch viele freie und Open Source-Programme und -Projekte, inklusive OpenNMS (*http://www.opennms.com*), Sean MacGuires Big Brother (frei für nichtkommerzielle Einsatzzwecke, *http://www.bb4.com*) und Thomas Aebys Big Sister (*http://bigsister.graeff.com*). Wir werden das weithin eingesetzte Paket NetSaint betrachten, das von Ethan Galstad (*http://netsaint.org*) geschrieben wurde.

NetSaint. NetSaint ist ein voll ausgestattetes Paket zur Netzwerküberwachung, das nicht nur Informationen über den System/Ressourcen-Status entlang eines gesamten Netzwerks liefern kann, sondern es kann auch so konfiguriert werden, dass es Alarmmeldungen versendet und weitere Aktionen durchführt, wenn Fehler aufgespürt werden.

Die fortlaufende Entwicklung von NetSaint findet unter einem neuen Namen, Nagios, mit einer neuen Website (*http://www.nagios.com*) statt. Zum Zeitpunkt dieses Schreibens befindet sich das neue Paket immer noch in einer Alpha-Version, weshalb wir hier NetSaint behandeln werden. Nagios sollte zu 100% rückwärtskompatibel mit NetSaint sein, so wie es sich in Richtung Version 1.0 entwickelt.

Die Installation von NetSaint ist unkompliziert. Wie die meisten dieser Pakete hat es verschiedene Voraussetzungen (inklusive MySQL und den Befehl mping).[24] Dies sind die wichtigsten Komponenten von NetSaint:

- Der netsaint-Daemon, der ununterbrochen Daten sammelt, Aktualisierungen anzeigt und Alarme generiert und bearbeitet. Der Daemon wird normalerweise während des Hochfahrens über einen Link auf das Skript *netsaint* aus */etc/init.d* gestartet.
- Plugin-Programme, die die tatsächlichen Überprüfungen der Geräte und Ressourcen durchführen.
- Konfigurationsdateien, die Geräte und Dienste angeben, die überwacht werden sollen.
- CGI-Programme, die den Webzugriff auf die Anzeigen unterstützen.

Abbildung 8-10 zeigt die Ausgabe Tactical Overview von NetSaint an. Es liefert zusammenfassende Informationen über den aktuellen Status von allem, was überwacht wird. In diesem Fall überwachen wir 20 Hosts, von denen 4 derzeit Probleme haben. Wir überwachen auch 40 Server, 5 von ihnen haben ihren kritischen Status oder Warn-Status erreicht. Die Anzeige zeigt eine abnormal hohe Anzahl an Fehlern, um die Behandlung interessanter zu gestalten.

Abbildung 8-10 zeigt im linken Rahmen des Fensters auch die Menüleiste von NetSaint. Die Punkte unter Monitoring wählen verschiedene Statusanzeigen aus. Abbildung 8-11 ist eine gemischte Darstellung, die ausgewählte Punkte darstellt, die zu der zweiten und dritten Menüauswahl gehören.

Die beiden Tabellen am oberen Ende der Abbildung stellen die Gesamtstatus-Darstellungen in tabellarischer Form dar. Die Punkte in der mittleren Zeile der Abbildung liefern den Status für Hosts und Dienste entsprechend dem Computer-Standort (links) ebenso wie die Details für jedes Gerät in der Host-Gruppe Printers. Auf diesem Weg kann der Problem-Standort sehr schnell erkannt werden.

---

24 Neuere SuSE-Linux-Distributionen enthalten NetSaint (wenngleich sie das Paket in nichtstandardisierte Speicherorte installieren).

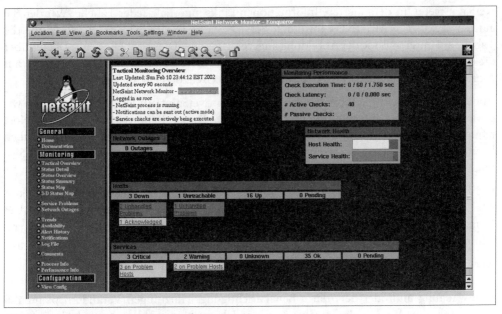

Abbildung 8-10: Der NetSaint-Netzwerk-Monitor

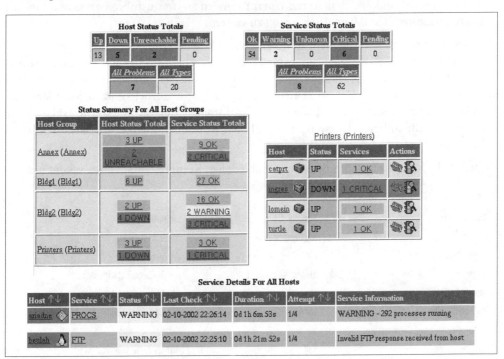

Abbildung 8-11: Status-Zusammenfassungen von NetSaint

Überwachen des Netzwerks | 549

NetSaint bietet für detailliertere Informationen Links innerhalb jeder Tabelle. Würden Sie auf den Text »2 WARNING« im Punkt Service Status von Bldg2 klicken, so würde die Tabelle am unteren Ende der Abbildung angezeigt werden. Diese Tabelle liefert Details über die beiden Zustände der Warn-Stufe: Der FTP-Dienst antwortet nicht wie erwartet auf Anfragen und es laufen 292 Prozesse (was über dem Grenzbereich für Warnungen liegt).

Abbildung 8-12 stellt die individuellen Reports von NetSaint auf Host-Ebene dar (die wir etwas umformatiert haben, um Platz zu sparen). Dieser Report steht für einen Host namens *leah*, ein Windows-System (wenn man dem benutzerdefinierten Icon glauben kann). Vorher war das System für über 2 Stunden abgeschaltet. Tatsächlich war das System nur die Hälfte der Zeit, die es überwacht wurde, angeschaltet.

Die Tabelle Host State Information zeigt eine Vielzahl spezieller Informationen über die aktuelle Überwachungshistorie des Hosts und seine aktuelle Überwachungskonfiguration an. Der Kommentar, der am unteren Ende der Abbildung angezeigt wird, wurde vom Systemadministrator eingegeben und liefert einen Grund für den jüngsten Ausfall des Systems.

Der Bereich Host Commands ermöglicht es dem Administrator, viele Aspekte der Konfiguration für die Host-Überwachung zu ändern, inklusive Aktivieren/Deaktivieren der Überwachung und/oder der Alarm-Benachrichtigung, Hinzufügen/Verändern planmäßiger Ausfallzeiten für den Host (während denen Überwachungsabbrüche und Alarme nicht gesendet werden) und alle definierten Überprüfungen sofort ausführen zu lassen (anstatt auf deren nächste planmäßige Ausführung zu warten).

Der zweite Menüpunkt ermöglicht es Ihnen, jedes aktuelle Problem zu bestätigen. Bestätigen bedeutet einfach: »Ich weiß über das Problem Bescheid und es wird gerade bearbeitet.« NetSaint markiert das entsprechende Ereignis als solches und weitere Alarme werden unterdrückt, bis der Eintrag zu seinem normalen Status zurückkehrt. Dieser Vorgang erlaubt es Ihnen auch, einen Kommentar einzutragen, der die Situation erklärt, eine Aktion, die sehr hilfreich ist, wenn mehr als ein Administrator die überwachten Daten untersucht.

Tabelle 8-12 führt die Speicherorte der verschiedenen Komponenten von NetSaint auf.

Tabelle 8-12: NetSaint-Komponenten

Komponente	Standard[a]	SuSE-RPM
Daemon	*bin/netsaint*	*/usr/sbin/netsaint*
Konfigurationsdateien	*etc*	*/etc/netsaint*
Plugins	*libexec*	*/usr/lib/netsaint/plugins*
Generierte HTML-Seiten	*share/images*	*/usr/share/netsaint/images*
Webschnittstelle	*sbin*	*/usr/lib/netsaint/cgi*
Protokolldateien und Kommentare	*var/log*	*/var/log/netsaint*
Dokumentation	keine	*/usr/share/netsaint/doc*

a Relativ zu */usr/local/netsaint*.

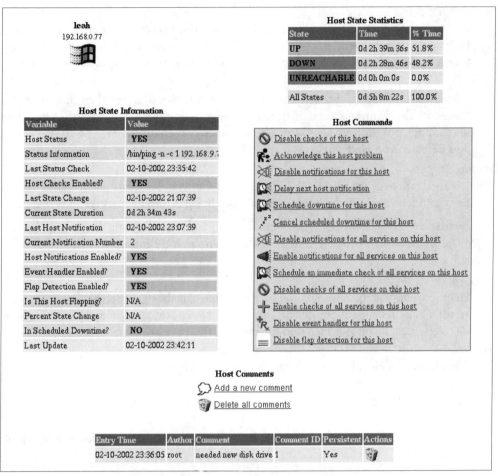

Abbildung 8-12: Host-spezifische Informationen von NetSaint

Das Konfigurieren von NetSaint kann zuerst einschüchternd wirken, aber tatsächlich geht es relativ einfach, wenn Sie erst einmal alle Teile verstanden haben. Es gibt mehrere Konfigurationsdateien:

netsaint.cfg
> Definiert die Verzeichnisorte für die verschiedenen Komponenten des Pakets, die Benutzer- und Gruppenumgebung für den Daemon `netsaint`, welche Punkte zu protokollieren sind, die Einstellungen für die Rotation der Protokolldateien, verschiedene Einstellungen für Timeouts und andere leistungsbezogene Einstellungen und zusätzliche Punkte, die zu einigen der erweiterten Features des Pakets gehören (zum Beispiel das Aktivieren des Event-Handling (Ereignisbehandlung) und das Definieren globaler Event-Handler).

commands.cfg und hosts.cfg
: Definieren Testbefehle für Hosts und Dienste und geben an, welche Hosts und Dienste überwacht werden. Diese beiden Dateien enthalten die gleiche Sorte von Einträgen und sind einfach aus praktischen Gründen als getrennte Dateien vorhanden.

nscgi.cfg
: Enthält Einstellungen, die sich auf die Anzeige von NetSaint beziehen, inklusive des Pfades zu den Einträgen und Skripten der Webseiten und einer Auswahl von Icons und Sounds pro Eintrag. Die Datei definiert auch den erlaubten Zugang zu den Daten und Befehlen von NetSaint.

resource.cfg
: Definiert Makros, die innerhalb anderer Einstellungen aus Transparenz- und Sicherheitsgründen verwendet werden können (zum Beispiel, um Passwörter zu verbergen).

Wir werden an dieser Stelle kurz die Einträge in der zweiten Kategorie der Dateien behandeln. Die Datei enthält mehrere unterschiedliche Arten von Einträgen, inklusive den folgenden:

command
: Definiert eine Überwachungsaufgabe und deren zugehörigen Befehl. Diese Einträge werden auch dazu benutzt, um Befehle zu definieren, die für Dinge wie zum Beispiel das Verschicken von Alarmen und für Event-Handler verwendet werden.

host
: Definiert einen Host bzw. ein Gerät, der bzw. das überwacht werden soll.

hostgroup
: Erzeugt eine Liste von Hosts, die in der Anzeige zusammengefasst werden.

service
: Definiert einen Punkt auf einem Host bzw. Gerät, der bzw. das periodisch überprüft werden soll.

contact
: Gibt eine Liste von Empfängern für Alarme an.

timeperiod
: Weist einer bestimmten Zeitspanne einen Namen zu.

Hier zwei Beispiele für Befehlsdefinitionen:

```
command[do_ping]=/bin/ping -c 1 $HOSTADDRESS$
command[check_telnet]=/usr/local/netsaint/libexec/check_tcp -H $HOSTADDRESS$ -p 23
```

Der erste Eintrag definiert einen Befehl namens `do_ping`, der den Befehl `ping` ausführt, um ein einzelnes ICMP-Paket an den Host zu schicken. Wenn dieser Befehl in einem Service-Eintrag erscheint, wird das eingebaute NetSaint-Makro `$HOSTADDRESS$` automatisch durch den entsprechenden Host ersetzt.

Der zweite Eintrag definiert den Befehl `check_telnet`, der das Plugin `check_tcp` ausführt, das wiederum versucht, sich mit dem durch `-p` angegebenen TCP-Port auf dem gekennzeichneten Host zu verbinden.

Es ist auch möglich, Befehle mit Argumenten zu definieren, die während der Ausführungszeit ersetzt werden. Dies geschieht mit Hilfe von Makros der Form $ARG*n*$, so wie in diesem Beispiel:

```
command[check_tcp]=/usr/local/netsaint/libexec/check_tcp -H $HOSTADDRESS$ -p $ARG1$
```

Der Eintrag definiert den Befehl `check_tcp` und ruft das gleiche Plugin auf, allerdings verwendet er das erste Argument als die gewünschte Portnummer.

Viele Plugins verwenden die Optionen `-w` und `-c`, um Wertebereiche zu definieren, die Alarme der Stufen Warnung und kritisch erzeugen – in dieser Reihenfolge. Es ist etwas ungewöhnlich, dass diese Optionen einen Bereich von akzeptierten Werten als Argument erwarten. Zum Beispiel definiert der folgende Eintrag den Befehl `snmp_load5` und setzt die Stufe Warnung auf Werte über 150:

```
command[snmp_load5]=/usr/local/netsaint/libexec/check_snmp
    -H $HOSTADDRESS$ -C $ARG1$ -o .1.3.6.1.4.1.2021.10.1.5.2
    -w 0:150 -c :300 -l load5         (Ausgabe wurde hier umbrochen.)
```

Er ruft den Befehl `check_snmp` auf, der mit dem Paket für den aktuellen Host geliefert wird, verwendet als erstes Befehlsargument den SNMP-Community-Namen, holt sich den durchschnittlichen Auslastungswert für 5 Minuten (in 3-Zeichen-Form) und kennzeichnet die Daten mit »label5«. Der Wert wird einen Warn-Alarm auslösen, wenn er über 150 liegt; `-w 0:150` bedeutet, dass Werte zwischen 0 und 150 nicht im Bereich einer Warnung liegen. Er wird auch einen kritischen Alarm auslösen, wenn er über 300 liegt, das heißt nicht im Bereich 0 (optional) bis 300. Sollten beide ausgelöst werden, gewinnt der kritische Alarm.

Die folgenden Einträge stellen die Definitionen für Hosts dar:

```
#host[label]=descr.; IP address;parent;check command
host[ishtar]=ishtar;192.168.76.98;taurus;check-printer-alive;10;120;24x7;1;1;1;
host[callisto]=callisto;192.168.22.124;;check-host-alive;10;120;24x7;1;1;1;
```

Lassen Sie uns diese Einträge auseinander nehmen, und zwar Feld für Feld (sie sind durch Semikolons getrennt). Das erste ist das komplizierteste und besitzt folgende Syntax: `host[`*Label*`]=`*Beschreibung*, wobei *Label* die Bezeichnung ist, die in den Statusanzeigen verwendet wird, und *Beschreibung* eine (möglicherweise längere) Phrase ist, die das Gerät beschreibt (wir haben den gleichen Text für beide verwendet). Das nächste Feld enthält die IP-Adresse des Geräts, was dem Punkt entspricht, der tatsächlich das gewünschte Gerät identifiziert (die vorangegangenen Einträge sind nur willkürliche Bezeichnungen).

Das dritte Feld gibt das Elterngerät für den Eintrag an: eine Liste von einer oder mehr Bezeichnungen für die dazwischen liegenden Geräte, die zwischen dem aktuellen Gerät und diesem liegen. Zum Beispiel müssen wir durch den Router namens *taurus* hindurchgehen, um *ishtar* zu erreichen, deshalb wird *taurus* als dessen Elterngerät angegeben. Das vierte Feld gibt den Befehl an, den NetSaint verwenden sollte, um zu erkennen, ob der Host erreichbar ist (»alive«), und das fünfte Feld gibt an, wie viele Prüfungen fehlschlagen müssen, bevor vermutet wird, dass der Host ausgefallen ist (10 in unserem Beispiel). Das Feld *parent* ist optional und der Eintrag für *callisto* verwendet es nicht.

Die übrigen Felder in den Beispieleinträgen beziehen sich auf die Alarm-Benachrichtigungen. Sie enthalten das Zeitintervall in Minuten (hier zwei Stunden) zwischen den Alarmen, wenn ein Host weiterhin nicht zur Verfügung steht, die Zeitspanne, während der Alarme gesendet werden sollten, und drei Flags, die angeben, ob Benachrichtigungen verschickt werden sollen, wenn der Host wieder einsatzbereit ist, nachdem er ausgefallen war, wenn der Host herunterfährt und wenn der Host auf Grund eines Fehlers auf einem dazwischen liegenden Host nicht erreichbar ist – in dieser Reihenfolge (wobei 0 nein bedeutet und 1 ja). Die Zeitspanne wird irgendwo in der Konfigurationsdatei definiert. Diese namens 24x7 ist in der Standarddatei enthalten und bedeutet »die ganze Zeit«. Es ist eine komfortable Auswahl, wenn Sie gerade damit beginnen, NetSaint zu verwenden. In unserem Beispiel sind alle Flags auf ja gesetzt.

Jetzt, da wir sowohl Einträge für Befehle als auch für Hosts haben, sind wir bereit, spezifische Einträge zu definieren, die NetSaint überwachen sollte. Diese Einträge sind als *services* bekannt. Hier sind ein paar Beispieleinträge:

```
#service[host]   =label;;   when;;;;   notify;;;;;;          check-command
service[callisto]=TELNET;0;24x7;4;5;1;admins;960;24x7;0;0;0;;check_telnet
service[callisto]=PROCS;0;24x7;4;5;1;admins;960;24x7;0;0;0;;snmp_nproc!commune!250!400
service[ingres]=HPJD;0;24x7;4;5;1;localhost;960;24x7;0;0;0;;check_hpjd
```

Die wichtigsten Felder in diesen Einträgen sind das erste, dritte, siebente und das letzte Feld, die folgende Einstellungen enthalten:

- Die Service-Beschreibung (Feld 1) verwendet die Syntax service[*Host-Label*]=*Service-Label*. Zum Beispiel definiert der erste Beispieleintrag einen Dienst namens TELNET für den Host-Eintrag mit dem Namen *callisto*.

- Den Namen der Zeitspanne, während der diese Überprüfung durchgeführt werden soll (Feld 3), wiederum in einem Zeitspanneneintrag definiert.

- Den Kontaktnamen (Feld 7): Dieser Punkt enthält den Namen eines Kontakteintrags, der irgendwo in der Datei definiert wird. Der letzte Eintragstyp wird verwendet, um eine Liste von Benutzern anzugeben, die kontaktiert werden, sobald ein Alarm generiert wird.

- Der Befehl, der ausgeführt werden soll, um die Prüfung durchzuführen (das letzte Feld), definiert über einen Befehlseintrag irgendwo in der Konfigurationsdatei. Argumente für den Befehl werden dem Befehl als separate Unterfelder übergeben, die durch ! getrennt werden.

Die anderen Felder enthalten das Flüchtigkeits-Flag (Feld 2), die maximale Anzahl an Prüfungen, bevor der Dienst als ausgefallen betrachtet wird (4), die Anzahl von Minuten zwischen normalen Überprüfungen und Fehler-Wiederholungsprüfungen (5 und 6), die Anzahl von Minuten zwischen Fehleralarmen, in denen der Dienst weiterhin nicht zur Verfügung steht (8), die Zeitspanne, während der Alarme verschickt werden (9), und drei Alarm-Flags, die zur Wiederherstellung des Dienstes gehören und die angeben, ob kritische Alarme und Warn-Alarme verschickt werden sollen oder nicht – in dieser Reihenfolge. Das vorletzte Feld enthält den Namen des Befehls für den Event-Handler dieses

Dienstes (siehe oben); in diesen Fällen ist kein Event-Handler angegeben. Die Standardwerte, die in diesen Beispielen verwendet werden, sind gute Ausgangspunkte.

Wie wir in Abbildung 8-11 gesehen haben, können NetSaint-Anzeigen Statusinformationen für eine Gruppe von Geräten anzeigen. Sie geben dies an, indem Sie eine Host-Gruppe definieren. Der folgende Konfigurationsdateieintrag zum Beispiel definiert die Host-Gruppe Printers (wie in der Abbildung in der rechten Tabelle der mittleren Zeile dargestellt):

```
hostgroup[Printers]=Printers;localhost;ingres,lomein,turtle,catprt
```

Die Syntax ist einfach:

```
hostgroup[Label]=Beschreibung;Kontakt-Gruppe;Liste-der-Hostnamen
```

Denken Sie daran, dass sich die Host-Label auf die Namen von Host-Definitionen in der Konfigurationsdatei von NetSaint beziehen (und nicht notwendigerweise auf tatsächliche Hostnamen). Die Mitglieder der angegebenen Kontaktgruppe werden immer dann benachrichtigt, wenn es ein Problem mit einem Gerät aus der Liste gibt.

Zusätzlich zum Versenden von Alarm-Nachrichten bietet NetSaint auch die Unterstützung von Event-Handlern: Befehle, die durchgeführt werden, wenn eine Dienst-Überprüfung fehlgeschlagen ist. Auf diese Weise können Sie damit beginnen, ein Problem zu beheben, bevor Sie überhaupt davon erfahren haben. Hier sind die Einträge, die zu einem einfachen Event-Handler gehören:

```
#Event-Handler für Fehler auf Grund einer vollen Festplatte
command[clean]=/usr/local/netsaint/local/clean $STATETYPE$
service[beulah]=DISK;0;24x7;4;5;1;localhost;960;24x7;0;0;0;clean;check_disk!/!15!5
```

Als Erstes definieren wir einen Befehl namens clean, der ein Skript angibt, das ausgeführt werden soll. Dessen einziges Argument ist der Wert des NetSaint-Makros $STATETYPE$, der auf HARD für kritische Fehler und auf SOFT für Warnungen gesetzt wird. Der Befehl clean wird dann als Event-Handler für den Service DISK auf *beulah* angegeben. Das Skript verwendet den Befehl find, um »Schrott«-Dateien auf dem Dateisystem zu löschen, und den Wert des Arguments, um zu entscheiden, wie aggressiv es dabei vorgehen soll. In diesem Fall bedeutet die Warn-Stufe, dass die Festplatte zu 85% voll ist, und kritische Alarme entsprechen 95% voll. Diese Werte werden über die letzten beiden Parameter des Befehls zur Service-Überwachung namens check_disk angegeben (der irgendwo definiert wurde), dessen erstes Argument das Dateisystem darstellt, das überprüft werden soll.

NetSaint besitzt ein paar weitere nette Features, die wir sehr kurz behandeln werden. Vor allen Dingen kann es Daten zwischen zwei Durchläufen speichern (und macht dies auch unter der Standardkonfiguration). Sie können auch angeben, ob die gespeicherten Statusinformationen angezeigt werden sollen, wenn die Seite das erste Mal geöffnet wird. Die folgenden Einträge in *netsaint.cfg* kontrollieren dieses Feature:

```
retain_state_information=1
retention_update_interval=60
use_retained_program_state=1
```

Sie können auch die Daten, die von den Statusbefehlen produziert werden, für eine zukünftige Verwendung außerhalb von NetSaint abspeichern, indem Sie diese Einträge in der Hauptkonfigurationsdatei verwenden:

```
process_performance_data=1
service_perfdata_command=process-service-perfdata
```

Der Befehl, der im zweiten Eintrag angegeben wird, muss in *hosts.cfg* oder einer anderen Konfigurationsdatei definiert werden. Normalerweise schreibt dieser Befehl die Ausgabe des Befehls einfach auf eine externe Datei: zum Beispiel echo $OUTPUT$ >> *Datei*. Das Makro $OUTPUT$ erweitert sich auf die volle Ausgabe, die von dem Überwachungsbefehl zurückgegeben wird. Sie können auch einen separat durchzuführenden Befehl für die Überwachungsbefehle für den Host-Status angeben. Die Daten in der Datei können analysiert, an eine Datenbank geschickt (siehe hierzu den nächsten Abschnitt) oder auf jede andere Art bearbeitet werden, die Sie gerne möchten.

Bisher haben wir NetSaint im Umfeld eines einzelnen Überwachungsortes behandelt. Mit anderen Worten: Alle Überwachungsbefehle kommen von einem einzelnen Master-System. Jedoch kann der NetSaint-Daemon auch so konfiguriert werden, dass er Daten annimmt, die von außen stehenden Quellen geschickt wurden. Bei dieser Option spricht man vom Passiv-Modus, der über die Direktive check_external_commands in der Hauptkonfigurationsdatei aktiviert werden kann.

Wie wir schon früher angemerkt haben, wird der Zugriff auf NetSaint in der Konfigurationsdatei *nscgi.cfg* definiert. Hier sind einige Beispieleinträge aus dieser Datei:

```
use_authentication=1
authorized_for_configuration_information=netsaintadmin,root,chavez
authorized_for_all_services=netsaintadmin,root,chavez,maresca
hostextinfo[bagel]=;redhat.gif;;redhat.gd2;;168,36;,,;
```

Der erste Eintrag aktiviert den Mechanismus für die Zugriffskontrolle. Die nächsten beiden Einträge geben Benutzer an, denen es erlaubt ist, die Informationen der NetSaint-Konfiguration und die Status der Dienste anzusehen (in dieser Reihenfolge). Beachten Sie, dass sich alle Benutzer über den Apache-Mechanismus htpasswd gegenüber dem Webserver authentifizieren müssen.

Der letzte Eintrag gibt erweiterte Attribute für den Host an, der in dem mit *bagel* gekennzeichneten Eintrag definiert wird. Die Dateinamen in diesem Beispiel geben Bilddateien für den Host in der Statustabelle (GIF-Format) und in der Statuskarte (GD2-Format) an und die beiden numerischen Werte geben den Standort des Gerätes innerhalb der Statuskarte an. Die Statuskarten von NetSaint bieten einen schnellen Zugriff auf Informationen zu einzelnen Geräten. Eine beispielhafte Statuskarte wird in Abbildung 8-13 gezeigt. Die Abbildung zeigt das Utility saintmap, geschrieben von David Kmoch (*http://www.netsaint.org/download/*), das einen komfortablen Weg für das Erzeugen von Statuskarten liefert. In diesem Fall haben wir Geräte anhand ihrer physikalischen Standorte gruppiert (obwohl wir uns nicht die Mühe gemacht haben, die Gruppen zu kennzeichnen). Die Linien von *taurus* zu jedem Gerät in der unteren Gruppe veranschaulichen die Tatsache, dass *taurus* das Gateway zu diesem Standort ist. Wenn es von NetSaint benutzt wird, wird jedes Icon eine Statusanzeige – up oder down – besitzen, die ihm hinzugefügt wird. Dies versetzt den Administrator in die Lage, sofort einen Gesamtüberblick über den Sachverhalt zu erhalten, selbst wenn das Netzwerk sehr groß und komplex ist.

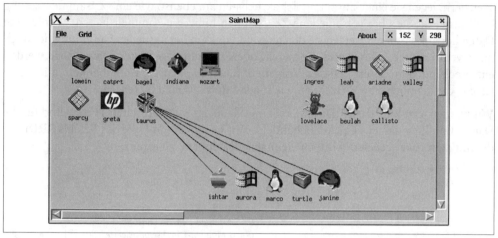

Abbildung 8-13: Die Verwendung von NetSaint, um Statuskarten zu erzeugen

Entwicklungen über einen längeren Zeitraum hinweg erkennen

NetSaint ist sehr gut dafür geeignet, Statusinformationen zu liefern, die den aktuellen Zustand bis zur letzten Minute wiedergeben. Aber es gibt auch Momente, in denen es hilfreich ist, die aktuelle Situation mit dem Zustand in der Vergangenheit zu vergleichen. Folglich wenden wir uns jetzt Werkzeugen zu, die den Status und die Leistungsdaten über einen längeren Zeitraum hinweg verfolgen und dabei die Sorte von historischen Nutzungsdaten liefern, die für die Planung der Leistungssteigerung und der Leistungsfähigkeit unentbehrlich sind.

MRTG und RRDtool. Eines der bekanntesten Pakete dieses Typs ist der Multi-Router Traffic Grapher (MRTG), der von Tobias Oetiker und Dave Rand geschrieben wurde. Er sammelt über einen längeren Zeitraum hinweg Daten und erzeugt darüber automatisch Graphen über verschiedene Zeitspannen (sehen Sie hierzu auch *http://www.mrtg.org*). Wie sein Name schon andeutet, wurde er vor allen Dingen entwickelt, um die derzeitige Leistung der Router in einem Netzwerk zu verfolgen, kann aber für eine Vielzahl an Daten eingesetzt werden (sogar über den Computerbereich hinaus). Der allgemeine Begriff für diese Sorte von Daten ist »Zeitreihendaten« und setzt sich aus jedem Wert zusammen, der über einen längeren Zeitraum hinweg verfolgt werden kann.

Vor kurzem wurde MRTG von Oetikers neuerem Paket RRDtool (*http://people.ee.ethz.ch/~oetiker/webtools/rrdtool/*) verdrängt. RRDtool besitzt viel mächtigere – und konfigurierbare – Einrichtungen für das Erzeugen von Graphen, obwohl es ein separates

Skript oder Paket für die Datensammlung benötigt (die Website enthält eine Liste mit einigen Paketen).

Beide Werkzeuge arbeiten auf die Weise, dass sie nur die Daten speichern, die benötigt werden, um die verschiedenen Graphentypen zu erzeugen. Anstatt jeden Datenpunkt zu speichern, legen sie eine Sammlung der aktuellsten an, ebenso wie eine Zusammenfassung der Werte, die sie über verschiedene Zeitspannen hinweg gesammelt haben. Wenn neue Daten hereinkommen, ersetzen sie den ältesten Punkt in der aktuellen Sammlung der noch nicht verarbeiteten Werte, und die zugehörigen zusammengefassten Datenwerte werden entsprechend aktualisiert. Dieses Vorgehen führt zu kleinen Datenbanken mit fester Größe, die dennoch eine Vielzahl an wichtigen Informationen bieten.

Wir werden jetzt kurz das RRDtool-Paket und dann ein weit verbreitetes Front-End für die Datensammlung namens Cricket behandeln. Wir beginnen mit Hilfe des Befehls RRDtool, der mit dem Paket geliefert wird, eine einfache Datenbank zu erzeugen:

```
# rrdtool create ping.rrd \
   --step 300 \                    Das Intervall beträgt 5 Minuten.
   DS:trip:GAUGE:600:U:U \
   DS:lost:GAUGE:600:U:U \
   RRA:AVERAGE:0.5:1:600 \         600 5-Minuten-Durchschnittswerte.
   RRA:AVERAGE:0.5:6:700 \         700 30-Minuten-Durchschnittswerte.
   RRA:AVERAGE:0.5:24:775 \        775 2-Stunden-Durchschnittswerte.
   RRA:AVERAGE:0.5:288:750 \       750 Tages-Durchschnittswerte.
   RRA:MAX:0.5:1:600 \
   RRA:MAX:0.5:6:700 \
   RRA:MAX:0.5:24:775 \
   RRA:MAX:0.5:288:797
```

Dieser Befehl erzeugt eine Datenbank namens *ping.rrd*, die aus zwei Feldern, trip und lost, besteht, die über die beiden DS-Zeilen definiert werden (DS steht für »Data Set«). Sie werden die Umlaufzeit für ICMP-Pakete und den Prozentsatz an verlorenen Paketen enthalten, die aus dem Durchführen des Befehls ping entstehen. Beide sind vom Typ GAUGE, was bedeutet, dass die Daten für diese Felder als eigenständige Werte interpretiert werden sollen. Die anderen Datentypen beziehen sich auf Zähler verschiedener Arten und ihre Werte werden als Veränderung im Hinblick auf den vorangegangenen Wert interpretiert; sie enthalten COUNTER für monoton ansteigende Daten und DERIVE für Daten, die nach oben oder unten variieren können.

Das vierte Feld in jeder DS-Zeile entspricht der Zeitspanne zwischen Datenstichproben in Sekunden (hier 10 Minuten), und die letzten beiden Felder enthalten den gültigen Datenbereich. Eine Einstellung auf U steht für unbekannt, und zwei Us zusammen bewirken, dass es den Daten selbst erlaubt wird, den gültigen Bereich zu definieren (zum Beispiel, akzeptiere jeden Wert).

Die übrigen Zeilen des Befehls, gekennzeichnet mit RRA, erzeugen Round-Robin-Archivdaten innerhalb der Datenbank. Jeder RRA wird auf jeden DS angewandt, der in der Datei definiert wird. Das zweite RRA-Feld kennzeichnet die Art des zusammengefassten Wertes, der berechnet werden soll; hier berechnen wir Durchschnittswerte und Maximalwerte. Die übrigen Felder geben den maximalen Prozentsatz der erforderlichen Daten an, die verloren gehen können, die Anzahl der unverarbeiteten Werte, die kombiniert werden sollen, und die Anzahl an Datenpunkten dieses Typs, die gespeichert werden sollen.

Diese beiden letzten Felder können anfangs etwas verwirrend sein. Lassen Sie uns ein einfaches Beispiel betrachten: Werte von 6 und 100 würden bedeuten, dass der Durchschnitt (oder andere Funktionen) von 6 unverarbeiteten Werten berechnet werden würde und die aktuellsten 100 Durchschnittswerte gespeichert werden würden. Wenn die Zeitspanne zwischen zwei Datenpunkten 300 Sekunden beträgt (der Standardwert, wird auch über die Option --step angegeben), wäre dies ein 30-Minuten-Durchschnittswert (6*5 Minuten), und wir hätten 30-Minuten-Durchschnittswerte, die 50 Stunden (100*6*5) zurückreichen. Beachten Sie, dass sich die zusammengesetzten Zeitspannen nicht überschneiden; die 30-Minuten-Werte stehen für die vorangegangenen 30 Minuten, die 30 Minuten davor und so weiter. Außerdem starten die zusammengefassten Definitionen immer vom gegenwärtigen Zeitpunkt aus.[25]

Dementsprechend erzeugen wir in unserer Beispieldatenbank 5-Minuten-Durchschnitts- und -Maximalwerte (--step 300), 30-Minuten-Werte jeden Typs (5*6=30), 2-Stunden-Werte (5*24=120) und Tageswerte (5*288=1440=24 Stunden). Schließlich werden wir Daten haben, die über 2 Jahre zurückreichen. Zu jedem beliebigen Zeitpunkt werden wir über 50 Stunden hinweg Werte von 5-Minuten-Durchschnittswerten (600*5 Minuten) besitzen, etwa 14,5 Tage mit 30-Minuten-Durchschnittswerten, etwa 64,5 Tage mit 2-Stunden-Durchschnittswerten und 750 Tage mit Tages-Durchschnittswerten. Wir werden ebenso die maximalen Datenwerte für jeden Punkt besitzen.

Es gibt viele Wege, um den RRDtool-Datenbanken Daten hinzuzufügen. Hier ist ein Skript, das einen der einfachsten veranschaulicht. Es verwendet das Schlüsselwort update von rrdtool:

```
#!/bin/csh
ping -w 30 -c 10 $1 > /tmp/ping_$1
set trip=`tail -1 /tmp/ping_$1 | awk -F= '{print $2}' | \
        awk -F/ '{print $2}'`
set lost=`grep transmitted /tmp/ping_$1 | awk -F, '{print $3}' \
        | awk -F% '{print $1}'`
rm -f /tmp/ping_$1
rrdtool update ping.rrd "N:"$trip":"$lost
```

Wir verwenden den Befehl ping, um die Daten zu generieren, dann zerlegen wir die Ausgabe und schließlich verwenden wir rrdtool update, um sie in unsere Datenbank einzugeben. Das letzte Argument zu dem Befehl ist eine durch Doppelpunkte getrennte Liste von Datenwerten, beginnend mit der Zeit, die mit den Daten verknüpft wird (N bedeutet jetzt, »now«), gefolgt von dem Wert für jedes definierte Datenfeld. In diesem Fall verwenden wir normale Unix-Befehle, um die Daten zu erhalten, die wir benötigen. Wir hätten aber auch SNMP als Quelle verwenden können.

---

25 Mit anderen Worten: Im Gegensatz zu MRTG fangen sie nicht da an, wo die Vorangegangenen aufgehört haben.

Sobald wir für eine Weile Daten angesammelt haben, können wir Graphen erzeugen, wieder unter Verwendung von rrdtool. Zum Beispiel erzeugt der folgende Befehl (wurde einem Skript entnommen) einen einfachen Graphen aus den Daten der vorausgegangenen 24 Stunden:

```
rrdtool graph ping.gif \
    --title "Packet Trip Times" \
    DEF:time=ping.rrd:trip:AVERAGE \
    LINE2:time\#0000FF
```

Dieser Befehl definiert einen Graphen für einen einzelnen Wert, der über die Zeile DEF (Definition) angegeben wird. Die grafisch dargestellte Variable wird *time* genannt und stammt aus den gespeicherten Durchschnittswerten des Trip-Felds in der Datenbank *ping.rrd* (unbearbeitete Werte können nicht grafisch dargestellt werden). Die Zeile LINE2 entspricht dem, was tatsächlich seine Werte grafisch aufbereitet. Diese Zeile verweist auf eine 2-Punkte-Linie aus der angegebenen Variablen time, die in der Farbe angezeigt wird, die dem RGB-Wert #0000FF (blau) entspricht. Der Backslash vor dem Nummernzeichen ist erforderlich, um es vor der Shell zu schützen; er ist nicht Bestandteil der Befehlssyntax. Die daraus hervorgehende Ausgabedatei namens *ping.gif* wird in Abbildung 8-14 angezeigt (wenn auch die blaue Linie in dieser Version schwarz erscheint).

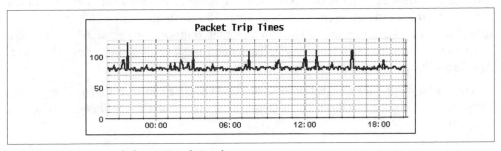

Abbildung 8-14: Ein einfacher RRDtool-Graph

In dem Graphen verläuft die Zeit von links nach rechts und die aktuelle Zeit befindet sich ganz rechts (hier etwa 20:00 Uhr).

Sie können pro Graphen mehr als einen Wert anzeigen. Betrachten Sie Abbildung 8-15, die die 5-Minuten-Durchschnittswerte für die Auslastung (schwarze Linie) und die Anzahl der Prozesse (graue Linie) für ein System anzeigt.

Der obere Graph zeigt die Werte in ihrem normalen Bereich an. In diesem Fall können wir nicht viele Details in der Linie mit den Durchschnittswerten für die Auslastung sehen, da deren Werte in Anbetracht der Anzahl der Prozesse zu klein sind. Im unteren Graphen korrigieren wir dies, indem wir die Durchschnittswerte für die Auslastung mit 10 multiplizieren, um die beiden Datensätze in den gleichen allgemeinen numerischen Bereich zu bringen. Auch wenn die Durchschnittswerte für die Auslastung irgendwie eine etwas willkürliche Maßzahl darstellen, so verdreht es doch nicht die Daten (da nur relative Durchschnittswerte für die Auslastung tatsächlich aussagekräftig sind).

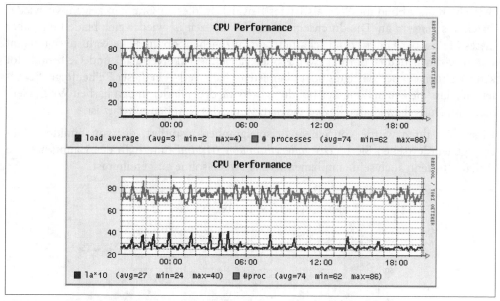

Abbildung 8-15: Graphen-Darstellung zweier Werte

Hier ist der Befehl aus dem Skript, der den unteren Graphen erzeugt hat:

```
rrdtool graph cpu.gif \
  --title "CPU Performance" \
  DEF:la=cpu.rrd:la5:AVERAGE \
  CDEF:xla=la,10,* \
  DEF:np=cpu.rrd:nproc:AVERAGE \
  LINE2:xla\#0000FF:"la*10" \
  'GPRINT:la:AVERAGE:(avg=%.0lf' \
  'GPRINT:la:MIN:min=%.0lf' \
  'GPRINT:la:MAX:max=%.0lf)' \
  LINE2:np\#FF0000:"# procs" \
  'GPRINT:np:AVERAGE:(avg=%.0lf' \
  'GPRINT:np:MIN:min=%.0lf' \
  'GPRINT:np:MAX:max=%.0lf)'
```

Der Befehl CDEF (Computed Definition) wird verwendet, um eine neue Graphen-Variable zu erzeugen, die auf einem Ausdruck basiert. In diesem Fall definieren wir die Variable *xla*, indem wir die Variable *la* mit 10 multiplizieren. Der Ausdruck wird in der Reverse Polish Notation (RPN; sehen Sie in der Dokumentation von RRDtool nach, wenn Ihnen dies unbekannt ist) angegeben. Beide Variablen werden durch die Unterbefehle LINE2 grafisch dargestellt und diese Beispiele verwenden das optionale dritte Feld, um eine Bezeichnung für die Linie festzulegen. Zusätzlich werden über die Unterbefehle GPRINT (die von einfachen Anführungszeichen umschlossen sind, um bestimmte Zeichen vor der Shell zu schützen) die in Klammern stehenden, zusammengefassten Daten für jede Variable am unteren Ende des Graphen erzeugt.

Betrachten Sie Abbildung 8-16 als letztes Beispiel. In diesem Graphen zeigen wir wieder Daten aus *ping.rrd* an. Die durchschnittliche Umlaufzeit ist wieder eine blaue Linie, aber dieses Mal ist der Hintergrund schattiert, um anzugeben, ob die Paketverluste signifikant waren: Grün bedeutet normal (wenig oder gar keine Paketverluste) und Gelb und Rot kennzeichnen ein beschäftigtes oder überlastetes Netzwerk – in dieser Reihenfolge. Beachten Sie, dass die Darstellung in Abbildung 8-16 die drei Bänder in den Farben Weiß, Hellgrau und Dunkelgrau darstellt und die blaue Linie des Graphen schwarz ist.

Dieses Verfahren wurde von einem Beispielgraphen inspiriert, der von Brandon Gant erzeugt wurde (sehen Sie hierzu *gallery/brandon_01.html* unterhalb der Hauptseite von RRDtool), wenn auch seine Implementierung zweifelsohne ausgereifter ist.

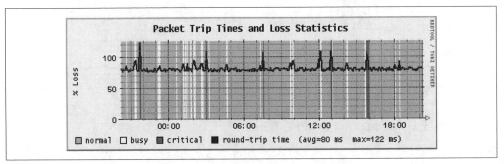

Abbildung 8-16: Schattieren eines Graphen auf der Basis von Datenwerten

Hier ist der Befehlsabschnitt, der die schattierten Bänder (engl. bands) erzeugte:

```
DEF:stat=ping.rrd:lost:AVERAGE \
CDEF:band0=stat,0,GE,m,13,LT,+,2,EQ,INF,0,IF \
CDEF:band1=stat,13,GE,m,27,LT,+,2,EQ,INF,0,IF \
CDEF:band2=stat,27,GE,m,1000,LT,+,2,EQ,INF,0,IF \
AREA:band0\#00FF00:"normal" \
...
```

Wir definieren die Variable *stat* und weisen sie dem Feld lost aus *ping.rrd* zu. Als Nächstes erzeugen wir drei weitere Variablen namens *band0*, *band1* und *band2*. Dies geschieht über einen komplexen bedingten Ausdruck, der den Wert der Variablen auf eine unendliche Größe (INF) setzt, wenn er wahr ist, und im anderen Fall auf 0. Zum Beispiel entspricht der erste RPN-Ausdruck 0 <= *stat* < 13. Wie oben definiert wurde, generiert der Unterbefehl AREA einen grünen Bereich, der als »normal« bezeichnet wird, der in diesem Fall aus einer Serie von vertikalen grünen Linien und weißen Bereichen (wenn die Variable 0 oder unendlich ist) besteht. In dem vollständigen Befehl befinden sich noch zwei zusätzliche AREA-Zeilen für die beiden anderen Bänder. Wenn sich jeder Wert von *stat* in einem der drei Bänder befindet, dann ist der gesamte Hintergrund des Graphen ausgefüllt.

Das Erzeugen von derartigen Graphen kann ziemlich ermüdend sein, aber glücklicherweise gibt es ein Utility namens RRGrapher, das diesen Prozess automatisiert. Dieses CGI-Skript, das von Dave Plonka (*http://net.doit.wisc.edu/~plonka/RRGrapher/*) geschrieben wurde, wird in Abbildung 8-17 dargestellt.

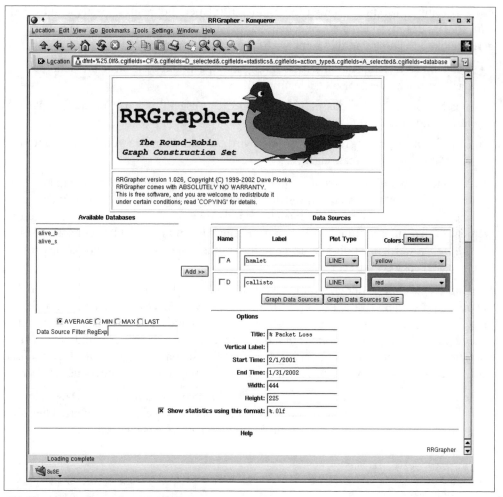

Abbildung 8-17: Das Utility RRGrapher

Sie können dieses Werkzeug verwenden, um Graphen zu erzeugen, die Daten von mehreren RRD-Datenbanken zeichnen. In diesem Beispiel stellen wir Datenwerte von zwei Datenbanken über einen bestimmten Zeitraum dar. Letzteres ist eines der komfortabelsten Features von RRGrapher, da rrdtool Zeiten erfordert, die im Standard-Unix-Format angegeben werden (Sekunden seit dem 01.01.1970), diese können Sie aber hier in einem lesbaren Format eingeben.

Verwenden von Cricket, um RRDtool zu füttern. Um RRDtool für das Sammeln und Darstellen von Daten aus mehr als nur ein paar Quellen zu verwenden, werden Sie eine Art von Front-End-Paket benötigen, um den Vorgang zu automatisieren. Das Paket Cricket ist eine ausgezeichnete Wahl für diesen Zweck. Es wurde von Jeff Allen (*http://www.afn.org/~jam/software/cricket/*) entwickelt. Cricket wurde in Perl geschrieben und benötigt eine sehr große Anzahl an Modulen, um zu funktionieren (planen Sie mehrere Besuche auf CPAN ein), so dass das Installieren ein bisschen Zeit in Anspruch nehmen könnte. Sobald es eingerichtet ist und läuft, sind dies seine wichtigsten Komponenten:

- Der Unterverzeichnisbaum *cricket-config*, der Spezifikationen für jedes Gerät enthält, das überwacht werden soll (siehe unten).
- Das Skript `collector`, das periodisch von `cron` ausgeführt wird (normalerweise alle fünf Minuten).
- Das Skript `grapher.cgi`, das verwendet wird, um die Graphen von Cricket innerhalb eines Webbrowsers anzuzeigen.

Der Verzeichnisbaum *cricket-config* enthält die Konfigurationsdateien, die dem Skript collector mitteilen, welche Daten von welchen Geräten zu holen sind. Er enthält einen hierarchischen Satz an Konfigurationsdateien. Standardwerte, die auf jeder Ebene gesetzt werden, finden auf den unteren Ebenen weiterhin Anwendung – so lange, bis sie explizit überschrieben werden. Ist die anfängliche Einrichtung erst einmal komplett, ist das Hinzufügen zusätzlicher Geräte sehr einfach.

Die Unterverzeichnisse der ersten Ebene innerhalb dieses Baums verweisen auf die ausgedehnten Klassen der Geräte: Router, Switches und so weiter. Wir werden die Geräteklasse Hosts untersuchen. Sie ist kein Bestandteil des Standardbaums, steht aber unter *http://www.certaintysolutions.com/tech-advice/cricket-contrib/* zur Verfügung (sie wurde von James Moore erzeugt). Wir verwenden diese Klasse, da sie relativ einfach ist und auf Messwerte verweist, die wir schon in einem anderen Zusammenhang untersucht haben.

Innerhalb des Unterverzeichnisses *hosts* von *cricket-config* gibt es eine Datei namens *Defaults*, die Standardwerte für Einträge innerhalb dieses Teilbaums liefert. Hier sind einige Zeilen aus dieser Datei, die wir mit Kommentarzeilen versehen haben:

```
# cricket-config/hosts/Defaults
# Geräte-Spezifikation
target --default--
    snmp-host = %server%

# Definiere symbolische Namen für einige SNMP-OIDs
OID     ucd_load1min       1.3.6.1.4.1.2021.10.1.3.1
OID     ucd_load5min       1.3.6.1.4.1.2021.10.1.3.2
OID     ucd_load15min      1.3.6.1.4.1.2021.10.1.3.3

# Definiere bestimmte Datenwerte, die gesammelt werden sollen (RRD-Datenquellen)
datasource ucd_load1min
    ds-source = snmp://%snmp%/ucd_load1min
datasource ucd_load5min
    ds-source = snmp://%snmp%/ucd_load5min
datasource ucd_load15min
    ds-source = snmp://%snmp%/ucd_load15min

# Definiere eine Datenquellengruppe namens ucd_System
targetType    ucd_System
```

```
    ds      =   "ucd_cpuUser, ucd_cpuSystem, ucd_cpuIdle,
                ucd_memrealAvail, ucd_memswapAvail,
                ucd_memtotalAvail, ucd_load1min, ucd_load5min,
                ucd_load15min"

    # Definiere für die grafische Aufbereitung 3 Untergruppen von ucd_System
    view    =   "cpu: ucd_cpuUser ucd_cpuSystem ucd_cpuIdle,
                Memory: ucd_memrealAvail ucd_memswapAvail
                ucd_memtotalAvail, Load: ucd_load1min ucd_
                load5min ucd_load15min"

    # Definiere Graphen, die generiert werden sollen
    graph   ucd_load5min
        legend      =   "5 Min Load Av"
        si-units=   false
    graph   ucd_memrealAvail
        legend      =   "Used RAM"
        scale       =   1024,*
        bytes       =   true
        units       =   "Bytes"
```

Diese Einträge sind alle ziemlich selbsterklärend. Wir können die zugrunde liegende RRD-Datenbankstruktur sehen, die für diese Daten verwendet wird, aber da wir Cricket verwenden, müssen wir uns darüber keine Gedanken machen. Die Einträge, die den Definitionen zu den Datenquellen folgen, beziehen sich auf die Berichtsstruktur von Cricket (wie wir noch sehen werden).

Bestimmte Hosts, die überwacht werden sollen, werden im Allgemeinen in Dateien namens *Targets* definiert. Jeder Host besitzt ein Unterverzeichnis unter *hosts*, in dem eine solche Datei existiert. Hier sind einige Auszüge aus der Datei für den Host *callisto*:

```
# cricket-config/hosts/callisto/Targets
Target --default--
    server          =   callisto
    snmp-community  =   somethingsecure
# Gibt Datenquellengruppen an, die gesammelt werden sollen
target ucd_sys
    target-type     =   ucd_System
    short-desc      =   "CPU, Speicher und Auslastung"
target boot
    target-type     =   ucd_Storage
    inst            =   1
    short-desc      =   "Bytes, die auf /boot verwendet werden"
    max-size        =   19487
    storage         =   boot
```

Diese Datei weist Cricket an, Werte für alle Einträge zu sammeln, die in den Gruppen ucd_System und ucd_Storage definiert werden. Jedes Ziel wird als eine Option innerhalb der Webschnittstelle für diesen Host erscheinen.

Abbildung 8-18 veranschaulicht einen Teil der Ausgabe von Cricket. Das Fenster oben links führt das Menü auf der ersten Ebene auf; jeder dieser Punkte entspricht einem Top-Level-Unterverzeichnis unter *cricket-config*. Der Graph unten rechts zeigt die Seite, die dem Ziel ucd_sys für den Host *callisto* entspricht. Sie beginnt mit einer Zusammenfassung der aktuellen Daten und zeigt dann einen oder mehrere Graphen an, die die Daten über einen längeren Zeitraum hinweg darstellen (Sie können über die Links in der rechten Zelle der Summary-Tabelle auswählen, welche erscheinen).

Abbildung 8-18: Status- und History-Berichte von Cricket

In diesem Fall haben wir den wöchentlichen Graphen ausgewählt. Er zeigt ganz klar, dass *callisto* im Allgemeinen nur sehr wenige seiner CPU-Ressourcen in den vergangenen sieben Tagen verwendet hat. Allerdings gab es eine außergewöhnliche Zeitspanne am vorigen Sonntag (selbst wenn die Durchschnittswerte für die Auslastung niemals sehr hoch waren). Graphen wie diese können sehr hilfreich sein, um zu erkennen, was der normale Verhaltensbereich der verschiedenen Geräte ist, für die Sie verantwortlich sind. Wenn Sie den normalen Status und die Abweichungen verstanden haben, befinden Sie sich in einer viel besseren Position, um die Bedeutung von Anomalien, die auftreten, zu erkennen und zu verstehen.

Wir wir gesehen haben, kann Netzwerküberwachungssoftware ein mächtiges Werkzeug zur Verfolgung von Systemstatus sein, sowohl zu einem aktuellen Zeitpunkt als auch über einen längeren Zeitraum hinweg. Unterschätzen Sie jedoch nicht den Zeitaufwand, den die Implementierung einer Überwachungsstrategie in einer real existierenden Umgebung in Anspruch nimmt. Wie bei den meisten Dingen kann eine sorgfältige Planung den Zeitaufwand minimieren, der dazu nötig ist, allerdings ist das Einführen einer Überwachungsstrategie immer eine große Aufgabe. Sie müssen nicht nur über die Installation und Konfiguration nachdenken, sondern auch über die Leistungsauswirkung auf Ihr Netzwerk und die Sicherheitsverzweigungen der Daemonen und Protokolle, die Sie aktivieren. Während dies eine entmutigende Aufgabe sein kann und nicht überstürzt erledigt werden sollte, so ist es am Ende den Aufwand doch wert.

KAPITEL 9
Elektronische Post

Sicherzustellen, dass E-Mails verschickt und ausgeliefert werden, ist eine der wichtigsten Aufgaben eines Systemadministrators und es ist auch eine Aufgabe, bei der es außergewöhnlich stark auffällt, sollte dabei etwas schief gehen. Zwangsläufig ist die Administration von E-Mail zeitraubend und frustrierend, zumindest zeitweilig. Sie umfasst auch einen Satz an Aufgaben, die auf einen Neuling ziemlich einschüchternd wirken können. Lassen Sie sich jedoch nicht von irgendwelchen anfänglichen Gefühlen der Verwirrung entmutigen oder überwältigen; in einer überraschend kurzen Zeit werden Sie die meisten davon unter Kontrolle haben und sich über die Verschrobenheiten und Unzulänglichkeiten des Mail-Systems beklagen.

Über elektronische Post

Wie bei der normalen Post hängt auch ein gut funktionierendes elektronisches Postsystem von einer Reihe einzelner und oft geografisch getrennter Einrichtungen und Prozesse ab, die zusammenarbeiten. Normalerweise wird jeder dieser Bestandteile von einem oder von mehreren Programmen verarbeitet, die speziell entwickelt wurden, um die entsprechenden Aufgaben durchzuführen.

Im Allgemeinen besteht auf Unix-Systemen die E-Mail-Einrichtung aus den folgenden Komponenten:

Programme, die es den Benutzern ermöglichen, Mail-Nachrichten zu lesen und zu schreiben
In der Fachsprache sind solche Programme als *Mail User Agents* bekannt. Es stehen eine Vielzahl solcher Programme zur Verfügung, die vom traditionellen (und primitiven) mail-Befehl über zeichenbasierte, menügesteuerte Programme wie elm, mutt, pine und der mh-Familie bis hin zu Internet-integrierten Paketen wie zum Beispiel Netscape reichen (einige Anwender bevorzugen auch die Mail-Einrichtungen, die innerhalb ihres favorisierten Editors, wie zum Beispiel emacs, integriert sind). Diese Programme benötigen nur wenig administrative Zeit und Aufmerksamkeit, die normalerweise darin besteht, systemweite Standardwerte für die verschiedenen Pakete einzurichten.

Programme, die ausgehende E-Mail annehmen (Submission-Agents), diese auf ihren Weg bringen und mit dem Auslieferungsprozess beginnen

Das Ausliefern von Mail an ihren endgültigen Bestimmungsort liegt in der Verantwortung der *Mail Transport Agents*, die Mail-Nachrichten innerhalb einer Site oder nach draußen in das Internet, in Richtung ihrer endgültigen Bestimmungsorte, weiterleiten. Transport-Agents laufen als Daemons und sie verwenden im Allgemeinen das Verzeichnis */var/spool/mqueue* als Arbeitsverzeichnis, um Nachrichten aufzubewahren, die auf ihre Verarbeitung warten.

sendmail ist der traditionelle Transport-Agent unter Unix. sendmail arbeitet normalerweise auch als Submission-Agent, obwohl einige Mail-Programme (User-Agents) diese Fähigkeit jetzt selbst eingebaut haben. Aktuelle Schätzungen geben an, dass sendmail über 75% aller E-Mails verarbeitet. Andere zur Verfügung stehende Transport-Agents wären zum Beispiel Postfix, qmail und smail. Momentan verwenden Transport-Agents am häufigsten das Simple Mail Transfer Protocol (SMTP), um Daten auszutauschen, obwohl auch hin und wieder andere Transportprotokolle gesichtet werden (zum Beispiel UUCP).

Programme, die Nachrichten an die Mailbox der Anwender übertragen

Sobald die Mail an ihrem Bestimmungsort eintrifft, übergibt sie der Transport-Agent dem *Delivery-Agent*, der die Nachrichten dann tatsächlich in die entsprechenden Mailboxen der Benutzer einstellt (unter anderen Aufgaben). Die Mailboxen der Benutzer befinden sich in */var/mail* (*/var/spool/mail* unter AIX, FreeBSD und Tru64) und bestehen aus Textdateien, die nach dem entsprechenden Benutzer-Account benannt sind.

Es könnten unterschiedliche Delivery-Agents für die verschiedenen Klassen an Nachrichten (zum Beispiel lokale gegenüber entfernten) sowie für unterschiedliche Transportprotokolle (zum Beispiel SMTP gegenüber UUCP) vorhanden sein. Üblicherweise eingesetzte Delivery-Agents sind zum Beispiel procmail, mail, rmail und mail.local (Letzterer ist Teil des sendmail-Pakets).

Programme, die abgespeicherte Nachrichten von einem ISP oder einem anderen Aufbewahrungsort abholen

Wenn ein Benutzer oder eine Organisation nur eine zeitweise Verbindung mit dem Internet besitzt, werden eingehende entfernte Nachrichten normalerweise so lange auf dem Server ihres ISP abgelegt, bis sie bereit sind, diese einzusammeln. Solche Benutzer/Sites müssen regelmäßig eine Verbindung zum ISP aufbauen und alle neuen Nachrichten verschicken und diejenigen abholen, die auf sie warten. Das Programm, das diese Aktionen durchführt, könnte als *Retrieval-Agent*[1] bezeichnet werden und fetchmail ist der am häufigsten eingesetzte. Sobald die Nachrichten heruntergeladen wurden, werden sie normalerweise an den Transport-Agent für das lokale Routing und die Auslieferung übergeben.

---

1 Was ich einen Retrieval-Agent nenne, kann auch als eine Art von Access-Agent angesehen werden (siehe hierzu auch den folgenden Absatz).

Programme, um von einem anderen Computer aus auf ausgelieferte Nachrichten zuzugreifen

Einige Organisationen und einzelne Benutzer ziehen es vor, von einem anderen Computer aus auf E-Mail zuzugreifen als von dem, auf dem sich ihre Mailbox befindet (dem Zielspeicherort des Delivery-Agent). Zum Beispiel könnte es ein Benutzer in einer Site mit einem zentralen Mailserver vorziehen, seine Mail auf seiner Workstation anstatt auf dem designierten Server zu lesen. Solche Systeme verwenden einen *Nachrichtenspeicher*, um angesammelte Nachrichten aufzubewahren. Sie könnten in herkömmlichen Benutzer-Mailboxen gespeichert werden – Dateien innerhalb des vorgesehenen Mail-Spool-Verzeichnisses – oder als Einträge in einer Datenbank. Der User-Agent muss sich mit dem Nachrichtenspeicher verbinden, um die Nachrichten anzusehen, auf sie zuzugreifen, sie zu bearbeiten und sie möglicherweise herunterzuladen. Wenn er dies so macht, dann arbeitet der User-Agent wie ein *Access-Agent*. Die Prozesse zur Nachrichtenabholung verwenden für die Kommunikation das Post Office Protocol (POP3) oder das Internet Message Access Protocol (IMAP).

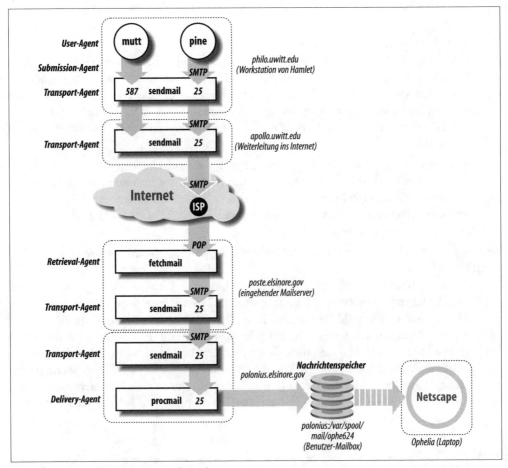

Abbildung 9-1: Beispiel einer E-Mail-Konfiguration

Abbildung 9-1 veranschaulicht einige dieser Komponenten und Konzepte anhand einer beispielhaften Mail-Nachricht, die von Hamlet (Benutzer-Account *hamlet* auf *uwitt.edu*) an seine Freundin Ophelia (*ophe624@elsinore.gov*) geschickt wird.

Hamlet verfasst seine Nachricht an Ophelia, indem er ein Mailer-Programm wie pine oder mutt auf einer der Workstations in seiner Abteilung (Hostname *philo*) einsetzt. Abhängig von seinem User-Agent und dessen genauer Konfiguration, könnte dieser die Nachricht an den lokalen sendmail-Prozess unter Verwendung des Ports 587 weiterleiten und es sendmail erlauben, die Nachricht an die Mail-Einrichtung abzuschicken, oder er könnte das Abschicken selbst vornehmen, indem er mit sendmail über SMTP auf Port 25 kommuniziert (dem Standard-Port des Transport-Agent). In unserem Beispiel wurde pine so konfiguriert, dass er sowohl als Submission-Agent als auch als User-Agent arbeitet, während mutt für das Abschicken der Mail auf sendmail vertraut.

Auf dieser Site wird die gesamte ausgehende Mail durch einen einzelnen Mail-Relay-Host namens *apollo* geschleust, weshalb der sendmail-Prozess auf *philo* die Nachricht an den entsprechenden Prozess auf *apollo* durchreicht, der sie wiederum an das Internet weiterleitet. Von hier aus wird die Nachricht schließlich an *ophe624@elsinore.gov* geschickt und beim ISP auf ein System umgeleitet (über einen MX-Record des DNS), das von der Site *elsinore.gov* verwendet wird.

Wenn es gerade passt, verbindet sich der eingehende Mailserver von *elsinore.gov*, der den Namen *poste* trägt, mit dem ISP und verwendet das Programm fetchmail, um wartende Nachrichten abzuholen. fetchmail leitet dann die Daten unter Verwendung des SMTP-Protokolls und Port 25 an sendmail weiter, wobei er eine normale eingehende TCP/IP-Mail vortäuscht. Der sendmail-Prozess auf *poste* schickt die Nachrichten für den Benutzer *ophe624* zu dem sendmail-Prozess auf *polonius*, wo sie das Programm procmail in die richtige Mailbox platziert, */var/spool/mail/ophe624*.

Aus Sichtweise des Transport-Agent sendmail ist die Nachricht jetzt ausgeliefert. Jedoch hat Ophelia die Nachricht noch nicht gesehen. Sie liest ihre Post normalerweise auf ihrem Laptop. Hierfür hat sie die E-Mail-Komponente von Netscape so konfiguriert, dass sie sich mit dem Nachrichtenspeicher verbindet – in diesem Fall ist es ihre Mailbox auf *polonius* (den richtigen Benutzernamen und das Passwort für die Authentifizierung liefernd). Sobald sie sich verbunden hat, zeigt Netscape Informationen über die Nachrichten in ihrer Mailbox an, indem er ihr, wenn gewünscht, die tatsächliche Nachricht anzeigt und die gesamten Daten über das IMAP-Protokoll abholt. Je nach Wunsch kann Ophelia die Nachricht löschen, auf ihr Laptop herunterladen oder sie in einen ihrer Mail-Ordner auf *polonius* verschieben (oder sie auch in ihrer eingehenden Mailbox liegen lassen).

Hätte *elsinore.gov* eine direkte Internet-Anbindung, dann würde die anfängliche Auslieferung von Mail-Nachrichten an ihre Site etwas anders verlaufen. Anstatt Nachrichten von einer entfernten ISP-Site über fetchmail abzuholen, würde die Mail auf dem Computer ankommen, der für diese Domain über DNS-MX-Records dafür bestimmt wurde. Meistens ist dies die Firewall der Site, auf der einige besondere Vorkehrungen getroffen wurden. Anstatt sendmail auf einer Firewall laufen zu lassen, was signifikante Sicherheitsrisiken beinhalten würde, kann ein viel einfacherer, unprivilegierter Daemon betrieben werden, der SMTP-Pakete an den vorgesehenen Host innerhalb der Firewall weiterleitet (in unserem Beispiel könnte für Letzteres wieder *poste* auf *elsinore.gov* verwendet werden). Ein solcher Daemon ist als *SMTP-Proxy* bekannt.

Für zusätzliche Sicherheit kann diese Funktion in zwei nicht miteinander kommunizierende Prozesse aufgeteilt werden. Tatsächlich ist die am weitesten verbreitete SMTP-Proxy-Einrichtung die Kombination von smtpd, um eingehende SMTP-Daten zu empfangen und zu speichern, mit smtpfwdd, um SMTP-Daten an den eingehenden Mailserver weiterzuleiten (erhältlich unter *http://www.obtuse.com*). Der smtpd-Daemon nimmt die SMTP-Pakete einfach entgegen, konstruiert Mail-Nachrichten und schreibt diese in ein Spool-Verzeichnis auf der Festplatte (zum Beispiel */var/spool/smtpd*). Etwas später liest smtpfwdd die Nachrichten aus diesem Speicherort aus und ruft ein Programm auf, um diese an das Mail-System abzuschicken. Normalerweise ist dieses Programm sendmail und es leitet die Nachrichten an den Transport-Agent innerhalb der Firewall weiter. Auf dem Firewall-System läuft sendmail jedoch nicht als Daemon und ist so konfiguriert, dass er Mails nur von smtpfwdd annimmt. Diese Konfiguration wird in Abbildung 9-2 dargestellt.

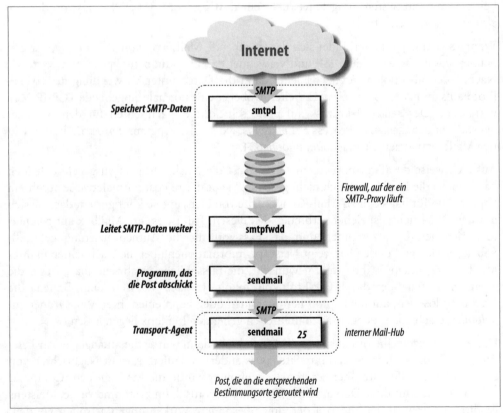

Abbildung 9-2: Ein SMTP-Proxy auf einer Firewall

Beide Daemons führen nur einen minimalen Satz an SMTP-Befehlen aus, um ihre Aufgaben durchzuführen. Indem die Funktionen der Proxy-Prozesse nur auf einfaches Lesen und Schreiben beschränkt werden, werden alle potenziellen Probleme vermieden, die aus bösartigen SMTP-Befehlen entstehen können. Zusätzlich kann smtpd optional Nachrichten basierend auf einer Vielzahl an Zugriffskontrolleinstellungen filtern und smtpfwdd kann Nachrichten auf Basis des Inhalts filtern.

smtpd wurde so entwickelt, dass er bei einer Anforderung von inetd aufgerufen wird, weshalb das Hinzufügen eines Eintrags für ihn in die Konfigurationsdatei */etc/inetd.conf* Bestandteil des Installationsprozesses ist. smtpfwdd läuft als Daemon und wird dementsprechend während des Startvorgangs gestartet. Ziehen Sie die beigefügte Dokumentation für weitere Informationen über diese Programme zu Rate.

Mail-Adressierung und -Auslieferung

Bisher haben wir nur den einfachsten Fall der Mail-Adressierung behandelt: Eine Nachricht ist an einen Benutzer in einer bestimmten Site adressiert. Jedoch können verschiedene Komplikationen auftreten, die eine Auslieferung von tatsächlichen Mail-Nachrichten in einer real existierenden Umgebung viel komplizierter gestalten:

- DNS-MX-Records können eine Nachricht an einen anderen Host umleiten als an denjenigen, an den die Nachricht gerichtet war.
- Funktionen zur Namensabbildung im Transport-Agent können öffentliche E-Mail-Adressen auf lokale Benutzer-Accounts und/oder Hosts abbilden (zum Beispiel *Rachel_Chavez@ahania.com* auf *chavez@dalton*).
- E-Mail-Aliase können eingehende Nachrichten für einen Benutzer auf einen anderen Host und/oder Benutzer umleiten (oder auch auf eine Gruppe von Benutzern).
- Auch Mechanismen zur Mail-Weiterleitung können Post auf eine andere Zieladresse umleiten – eine Einrichtung, die normalerweise für Benutzer eingesetzt wird, die für eine längere Zeitspanne nicht in ihrer Heimat-Site sind (zum Beispiel im Urlaub), oder Benutzer, die eine Organisation ganz verlassen haben.

Wir werden den ersten, dritten und vierten Punkt in diesem Abschnitt behandeln. Die Namensabbildung von Transport-Agents wird später in diesem Kapitel behandelt.

DNS-MX-Records

DNS-MX-Records geben den oder die Host(s) an, der bzw. die E-Mail für einen bestimmten Computer verarbeiten. Sie sorgen dafür, dass E-Mail, die an diesen Host adressiert ist, an ein neues Zielsystem geschickt wird, anstatt an diesen Host selbst ausgeliefert zu werden. MX-Records haben dieses allgemeine Format:

```
Host [ttl] IN MX n Zielsystem
```

Host ist der Computer, auf den der Eintrag angewandt wird, *n* entspricht einer Zahl, die den Prioritätsgrad des Eintrags kennzeichnet (niedrigere Nummern kennzeichnen eine höhere Priorität), und `Zielsystem` stellt den Namen des Hosts dar, an den die Mail (um)geleitet werden soll. Beachten Sie, dass das Zielsystem der Host selbst sein kann, und oft ist das auch der Fall. Der angegebene Hostname muss dem entsprechen, der im zugehörigen A-Record verwendet wird; CNAMEs sind nicht erlaubt. (`ttl` entspricht dem üblichen, optionalen Parameter time-to-live für die Zwischenspeicherung.)

Hier sind einige Beispiele für die Domain *ahania.com*:

```
dalton       IN   MX   10   dalton
             IN   MX   20   postal
             IN   MX   90   remote.ahania.com.

newton       IN   MX   10   apple
             IN   MX   20   postal

ahania.com.  IN   MX   10   granada.ahania.com.
             IN   MX   20   laguna.ahania.com.
```

Der Host *dalton* empfängt normalerweise seine eigene Mail, da er als sein eigener Ziel-Host mit der höchsten Priorität aufgeführt ist. Dies ist der Grund, warum Mail, die an *jemand@dalton* oder *jemand@dalton.ahania.com* adressiert ist, an den Host *dalton* ausgeliefert wird. Sollte *dalton* nicht erreichbar sein, wird die Mail zuerst an den Host *postal* umgeleitet (das heißt an *postal.ahania.com*) und dann an den Host *remote.ahania.com*, wenn *postal* auch nicht zur Verfügung stehen sollte. Im Gegensatz hierzu wird E-Mail, die für den Host *newton* bestimmt ist, unter normalen Bedingungen an den Host *apple* umgeleitet. Mit anderen Worten: Mail an *jemand@newton* oder *jemand@newton.ahania.com* wird in Wirklichkeit an den Host *apple* ausgeliefert. Sollte *apple* nicht erreichbar sein, geht die Mail stattdessen an *postal*. Dementsprechend dient *postal* in diesem Beispiel als Backup-Mailserver für beide Hosts.

Die letzten beiden Zeilen geben ein Standard-Zielsystem für Mail mit Adressen der Form *jemand@ahania.com* an. Standardmäßig wird Mail, die an einen Benutzer dieser Site adressiert ist – ohne Angabe irgendeines Hostnamens in der Adresse –, an das System *granada* geroutet, das als eingehender Mailserver für diese Site dient. Das System *laguna* wird als Backup-Zielsystem für Mail angegeben.

Mail-Aliase

Mail-Aliase sind ein weiterer Weg, um E-Mail umzuleiten. Im Gegensatz zu DNS-MX-Records arbeiten sie auf Basis eines Benutzers. Mail-Aliase werden normalerweise in der Datei */etc/aliases* definiert (oder gelegentlich in */etc/mail/aliases*); diese Einrichtung wird von dem Transport-Agent geliefert. Diese Aliase werden automatisch auf die lokalen Empfänger von eingehender Mail angewandt. Die Namen, die in den Adressen der E-Mail-Nachrichten angegeben werden, werden mit den Einträgen in der Alias-Datei verglichen und entsprechend ihrer Direktiven übersetzt.[2]

---

[2] Dies ist für die meisten üblichen Systemkonfigurationen richtig. Wenn NIS oder LDAP eingesetzt wird, kann die Situation ein bisschen komplizierter sein. Dieser Punkt wird im Detail bei der Behandlung von Transport-Agents später in diesem Kapitel abgedeckt.

Einige Mail-Programme erlauben es den Benutzern, persönliche Mail-Aliase zu definieren, allerdings werden diese nur auf ausgehende Nachrichten angewandt, die von einem bestimmten Benutzer erzeugt wurden. Sie werden hier nicht behandelt, da sie erweitert werden, *bevor* die Nachricht in das größere Mail-System gelangt.

Einträge in der Alias-Datei haben das folgende Format:

```
Lokaler-Name: Benutzer [, Benutzer …]
```

Aliase können über so viele Zeilen wie nötig fortgeführt werden, indem die zweite und folgende Zeilen eingerückt werden. Diese Zeile sorgt dafür, dass der angegebene *Lokale-Name* in seine entsprechende Erweiterung übersetzt wird (was auch immer dem Doppelpunkt folgt), sobald der Transport-Agent des lokalen Systems auf ihn als E-Mail-Adresse stößt.

Hier sind einige Beispieleinträge:

```
eve:       ewood
ewood:     ewood@altos
ike:       \issac@newton

chem:      enzo, nadia, vala
phys:
  ike,
  enzo,
  kip
science:   chem, phys, max
vala:      vala@zoas.com
```

Die ersten drei Einträge zeigen Aliase für Benutzer-Accounts. In diesem Fall wird Mail an *eve* auf *ewood* umgeleitet. Der Name *ewood* selbst ist wiederum ein Alias und expandiert zu *ewood@altos*, weshalb Mail, die für *eve* auf dieses System käme, nach *ewood@altos* gehen würde (zumindest für den Anfang). Aliase können bis zu zehn Stufen tief erweitert werden. Auf die gleiche Weise definiert der dritte Eintrag einen Alias für *ike*: *issac@newton*. Dies ist ein *Terminal-Alias*: Der anfängliche Backslash verhindert jegliche weitere Expansion auf dem lokalen System, auch über *.forward*-Dateien (siehe unten).

Die nächsten drei Beispieleinträge werden verwendet, um einige lokale Mailinglisten zu definieren. Die ersten beiden Listen besitzen je drei Mitglieder. Die dritte Liste, *science*, besitzt zwei weitere Mailinglisten als Mitglieder (und zusätzlich *max*). Alle Duplikate in der entstehenden Liste werden automatisch von sendmail entfernt (in unserem Beispiel der Benutzer *enzo*). Beachten Sie, dass die Reihenfolge der Einträge in der Alias-Datei keine Rolle spielt. Dementsprechend muss der Alias, der *vala* definiert, nicht seiner Verwendung in der Mailingliste *chem* vorangehen.

Die E-Mail-Adressen, die einen Bestandteil der Mailinglisten darstellen, könnten auch in einer externen Datei aufgeführt werden; der Alias selbst würde dann über eine include-Direktive in der Alias-Datei definiert werden, so wie in diesem Beispiel:

```
curry:  :include:/usr/local/mail_lists/curry_lovers.list
```

Es muss der vollständige Pfad auf die Include-Datei angegeben werden (der Verzeichnisort in dem Beispiel wurde willkürlich gewählt). In diesem Fall ist *curry_lovers.list* eine Textdatei, die eine Liste der E-Mail-Adressen für diese Mailingliste enthält. Sie werden auch Aliase wie zum Beispiel owner-curry und ähnliche Namen sehen, die für die Administration der Mailingliste verwendet werden.

Von Namen, die in E-Mail-Adressen auftauchen und nicht in der Alias-Datei definiert sind, wird unter normalen Bedingungen angenommen, dass sie Benutzernamen auf dem lokalen System darstellen. Sie können auch einige Transport-Agents so konfigurieren, dass sie weitere Arten von Adressen-Lookups durchführen (wie wir noch sehen werden). Auf ähnliche Weise werden unqualifizierte Namen (das heißt Namen ohne einen @*host*-Teil) in Alias-Definitionen innerhalb der Alias-Datei auch als lokale Benutzernamen interpretiert.

Die sendmail-Einrichtung und andere Transport-Agents greifen nicht direkt auf die Alias-Datei zu. Stattdessen verwenden sie binäre Datenbanken mit einem zufälligen Zugriff, um den Prozess der Alias-Erweiterung zu beschleunigen. Jedes Mal wenn Sie die Alias-Datei bearbeiten, müssen Sie auch diese binären Dateien aktualisieren, indem Sie den Befehl newaliases ausführen (es werden keine Argumente benötigt).[3] Jedoch muss newaliases nicht ausgeführt werden, wenn Sie eine Listdatei bearbeiten, die mit einer Include-Direktive angegeben wurde.

Aliase könnten auch verwendet werden, um Mail-Nachrichten an eine Datei oder ein Programm umzuleiten. Dies geschieht über Einträge wie die folgenden:

```
help:   help-list, /data/help/incoming
info:   "|/usr/local/admin/send_info"
```

Der erste Alias leitet Mail, die an *help* adressiert ist, an *help-list* weiter und hängt sie zusätzlich an die Datei */data/help/incoming* an. Der zweite Alias leitet Mail-Nachrichten an das angegebene Programm um.

Jede Datei, die in einem Eintrag einer Alias-Datei angegeben wird, muss auch wirklich vorhanden sein. Im Falle von sendmail muss die Datei für den Standardbenutzer des Pakets auch schreibbar sein (eine Konfigurationsoption, die später in diesem Kapitel behandelt wird) und sie muss das SETUID-Bit für den Eigentümer gesetzt haben, darf aber nicht ausführbar sein (das heißt chmod -x,u+s). Diese ungewöhnliche Anforderung an die Zugriffsrechte macht es ziemlich unwahrscheinlich, dass irgendeine Datei unbeabsichtigt überschrieben wird. Postfix erwartet auch, dass die Datei für den Standardbenutzer schreibbar ist.

Das Definieren einer Pipe als Alias schickt die Mail-Nachricht an die Standardeingabe des angegebenen Programms. Das Programm läuft unter dem Standardbenutzer des Transport-Agent und das Arbeitsverzeichnis des Programms wird auf das Verzeichnis der Mail-Queue gesetzt (normalerweise */var/spool/mqueue*). Standardmäßig wird das Programm unter sendmail von /bin/sh ausgeführt, jedoch können (und sollten) Sie aus Sicherheitsgründen eine andere Shell angeben (wird später behandelt). Postfix versucht das Programm direkt auszuführen, greift aber wenn nötig auf /bin/sh zurück.

---

3 newaliases ist äquivalent zu sendmail -bi, das in den seltenen Fällen verwendet werden könnte, in denen kein newaliases-Befehl zur Verfügung steht.

Verwenden Sie eine einzige Alias-Datei
Die Verwendung einer einzigen Alias-Datei hat eine Vielzahl von Vorteilen, inklusive der Einschränkung der Alias-Administration auf eine einzige Stelle und dem Vermeiden von Problemen mit zurückgeschickter Mail. Eine solche Datei führt jeden Benutzer der Site auf und definiert für jeden einen Alias, der auf das System zeigt, wo er seine E-Mail empfängt oder sammelt. Diese Master-Alias-Datei kann mit Hilfe einer der Methoden, die in Kapitel 14 beschrieben werden, verteilt werden.

Mail-Weiterleitung

Mail-Weiterleitung ist der dritte Mechanismus für Mail-Umleitungen, den wir behandeln werden. Mail-Weiterleitung für einen bestimmten Benutzer kann unter Verwendung der Features des Transport-Agent auf Site-Ebene angegeben werden oder sie kann von einem einzelnen Benutzer selbst ausgeführt werden. Mail-Umleitung unter Verwendung von sendmail und anderen Transport-Agents wird normalerweise dann durchgeführt, wenn ein Benutzer eine Organisation dauerhaft verlassen hat. Wir werden diese Einrichtungen später in diesem Kapitel behandeln, wenn wir sendmail und Postfix im Detail betrachten.

Benutzerspezifische Mail-Weiterleitung verwendet die gleiche grundlegende Idee wie Mail-Aliase. Ein Benutzer kann veranlassen, dass seine Mail automatisch an eine andere Adresse weitergeleitet wird, indem er eine Datei namens *.forward* in seinem Home-Verzeichnis erzeugt.[4] Diese Datei enthält eine oder mehrere E-Mail-Adressen, an die E-Mail weitergeleitet werden soll (es ist am einfachsten, jede Adresse in eine separate Zeile einzutragen). Würde zum Beispiel die Datei *.forward* im Home-Verzeichnis der Benutzerin *chavez* die einzelne Zeile *rachelc@zoas.org* enthalten, so würde ihre E-Mail an die angegebene Adresse weitergeleitet werden. Wenn sie noch eine lokale Kopie der Mail behalten möchte, könnte sie diese *.forward*-Datei verwenden:

```
rachelc@zoas.org, "/home/chavez/mail_pile"
```

Diese Datei würde die Mail an die gleiche Adresse weiterleiten und ebenso eine Kopie jeder weitergeleiteten Nachricht in die Datei *mail_pile* in ihrem Home-Verzeichnis schreiben. Die Zieldatei muss tatsächlich existieren und sich im Besitz der Benutzerin *chavez* befinden. Der gesunde Menschenverstand besagt zudem, dass sie nur für die Benutzerin selbst schreibbar sein sollte, wie dies für jeden Bestandteil des Verzeichnisbaums gelten sollte, in dem sie sich befindet.

In einigen Konfigurationen/Versionen erzwingt sendmail diese Anforderungen an die Dateiberechtigungen und wird keine Mail an Dateien anhängen, die für die Gruppe oder für alle anderen schreibbar sind oder sich in einem unsicheren Verzeichnis befinden. Postfix besitzt ähnliche Anforderungen.

---

[4] Tatsächlich ist der Dateipfad für die Mail-Weiterleitung eine konfigurierbare Liste innerhalb des Transport-Agent.

Im Falle von `sendmail` erfordert das Weiterleiten von Nachrichten auf Pipes oder Dateien zusätzlich, dass die Login-Shell des Benutzers in der Datei */etc/shells* aufgeführt ist. Sollte diese Datei nicht verwendet werden (zum Beispiel unter AIX), müssen Sie sie per Hand erzeugen (oder sich auf die interne Standardliste von */bin/sh* und */bin/csh* verlassen). Sie können diese Anforderung deaktivieren, indem Sie die folgende Zeile innerhalb der Datei shells einfügen:

```
/SENDMAIL/ANY/SHELL/
```

Ein solcher Eintrag ist notwendig, um die Weiterleitung für Benutzer zu aktivieren, deren Shell ein Einloggen in den Mailserver verhindert (zum Beispiel wenn sie `nologin` als Shell besitzen).

Alles zusammensetzen

Wie arbeiten jetzt all diese verschiedenen Bestandteile zusammen, um Mail auszuliefern? Als Erstes werden die MX-Records untersucht, um zu sehen, ob E-Mail auf Ebene des DNS umgeleitet wird. Wenn dem so ist, wird die Mail an den gleichen Benutzer auf dem neuen Host geschickt.

Wenn kein MX-Record veranlasst, dass die Mail an einen anderen Host geht, wird die Adresse für das Aliasing über die Alias-Datei und dann über den Weiterleitungsmechanismus verarbeitet. Jeder davon besitzt die Möglichkeit, die Mail an einen anderen Benutzer und/oder Host umzuleiten. Sollte sich der Host ändern, wird die Nachricht an den angegebenen Host geleitet (wo das Überprüfen des MX-Records von vorne beginnt). Sollte andererseits das Aliasing die Nachricht nicht auf einen anderen Host umleiten, wird die Nachricht an den entsprechenden Benutzer auf dem lokalen System ausgeliefert.

Lassen Sie uns ein Beispiel betrachten (wird in Abbildung 9-3 dargestellt).[5] Stellen Sie sich eine Nachricht vor, die an *jane_smith@ahania.com* adressiert ist (und von einem entfernten Absender stammt). Die Nachricht wird zuerst an den eingehenden Mailserver *poffice.ahania.com* geleitet, das Zielsystem, das über einen MX-Record für die Domain *ahania.com* bestimmt wird.

Die Konfiguration von sendmail auf *poffice* gibt an, dass die gesamte eingehende Mail, die an *ahania.com* adressiert ist, an den gleichen Benutzer auf dem Host *incognito* geschickt werden soll. Auf *incognito* zeigt ein Alias für *jane* nach *jane@dalton*. Schließlich wird *jane* auf *dalton* auf den Alias *jsmith* umgesetzt, einen lokalen Benutzer-Account. Jedoch hat die Benutzerin *jsmith* eine *.forward*-Datei in ihrem Home-Verzeichnis, die aus dem Eintrag *janes@zoas.org* besteht. Deshalb wird die Mail dementsprechend umadressiert und das Mail-System in der Domain *ahania.com* schickt die Nachricht wieder zurück in das Internet. Wenn die Nachricht dann in der Domain *zoas.org* ankommt, beginnt der gesamte Prozess noch einmal.

---

5   Um die verschiedenen Möglichkeiten der Mail-Umleitung zu veranschaulichen, verletzt dieses Beispiel viele Design-Prinzipien eines effektiven und effizienten E-Mail-Systems: eine zentrale Alias-Datei, einen logischen und gut sortierten Satz an DNS-MX-Records und so weiter.

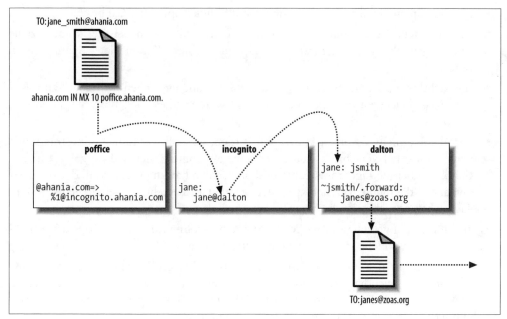

Abbildung 9-3: Mail-Umleitung

Richtlinien für elektronische Post

Häufig fördert E-Mail genauso viele soziale Probleme wie technische zu Tage. Ein Teil des Jobs eines Systemadministrators ist es, die Benutzer über die richtige Verwendung von E-Mail und die damit verbundenen Gefahren zu unterrichten. Viele Sites implementieren eine Richtlinie für E-Mail, um den angemessenen und unangemessenen Einsatz von E-Mail-Accounts festzulegen und um die Benutzer über ihre Rechte zu informieren (und deren Einschränkungen).

Im Folgenden wird eine Liste mit Punkten aufgeführt, bei denen Sie überlegen sollten, ob Sie diese in ein Schulungs- oder Richtliniendokument über E-Mail mit aufnehmen wollen:

- Erinnerungen, E-Mail kurz und auf den Punkt gebracht zu halten sowie die gleiche Stufe der Höflichkeit zu verwenden, die man in einer verbalen Kommunikation verwenden würde (Vermeidung von »Flaming«). Warten Sie einen Tag oder so, bevor Sie auf eine emotional geladene Nachricht antworten oder eine solche verschicken. (Im letzteren Fall ist es auch eine gute Idee, jemand anderes die Nachricht lesen zu lassen, bevor Sie sie verschicken.)

- Schränken Sie die Empfänger einer Nachricht so weit wie möglich ein. In anderen Worten, halten Sie sich beim Kopieren (Verwenden von CC) an weitere Empfänger zurück. Wenn Sie antworten, schicken Sie Ihre Antwort nur an den Autor der Nachricht oder entfernen Sie zumindest fremde Empfänger aus der Liste. Vermeiden Sie es, »Antwort an alle« zur Standardeinstellung Ihres Mail-Programms zu machen.

- Alle Richtlinien, die Ihre Site im Hinblick auf blinde Kopien (BCCs) besitzt.
- Jede verbotene Verwendung von E-Mail auf Ihrer Site: zum Beispiel kommerzielle Handlungen, die nicht zu Ihrer Organisation gehören, Kettenbriefe, Spam und so weiter.
- Alle Richtlinien, die Sie im Hinblick auf E-Mail-Anhänge eingeführt haben (zum Beispiel, dass diejenigen in Quarantäne gestellt werden, die möglicherweise Viren enthalten).
- E-Mail sollte nicht als privat betrachtet werden, weshalb vertrauliche Informationen nicht per E-Mail verschickt werden sollten. Sie sollten auch jede organisatorische Richtlinie über die Eigentumsrechte und die Geheimhaltung von E-Mail der Benutzer erwähnen (das heißt, ob sich das Management das Recht vorbehält, jede E-Mail-Nachricht zu untersuchen).
- Die Höflichkeit gebietet, dass E-Mail-Nachrichten ohne Zustimmung des ursprünglichen Absenders nicht an Dritte weitergeleitet werden.
- E-Mail wird in den meisten Fällen nicht als rechtsverbindliche Benachrichtigung anerkannt. Verwenden Sie die schriftliche Kommunikation (ein Memo oder einen Brief) anstelle oder in Ergänzung zur E-Mail, wenn Sie eine offizielle bzw. rechtsverbindliche Übermittlung von Informationen benötigen.
- E-Mail kann gefälscht werden, vertrauen Sie deshalb Ihren Instinkten bei verdächtigen Nachrichten und untersuchen Sie diese, bevor Sie irgendwelche Aktionen unternehmen.

E-Mail-Ethik für Systemadministratoren

Jeder mit Root-Zugriff auf einem System kann natürlich jede Datei darauf lesen, das beinhaltet auch die E-Mail der Benutzer. Jedoch sollten Systemadministratoren dies im Allgemeinen natürlich nicht tun und sie sollten jede Anstrengung auf sich nehmen, das Betrachten von tatsächlichen Nachrichten zu vermeiden, selbst wenn sie auf dem Mail-System Fehler beseitigen müssen. Meistens können Test-Nachrichten geschickt werden, um tatsächlichen Mail-Verkehr zu simulieren. Selbst wenn Sie echte Mail-Nachrichten untersuchen müssen, ist die Untersuchung der Mail-Header in den meisten Fällen ausreichend.

Konfigurieren von Mail-Programmen für Anwender

Wie wir bereits angemerkt haben, gibt es eine Vielzahl von Mail-Programmen, die für die Verwendung als User-Agents zur Verfügung stehen. Einige der bekanntesten werden in Tabelle 9-1 aufgeführt. Einige davon – pine, die mh-Familie und Netscape – können so konfiguriert werden, dass sie als direkte Mail-Submission-Agents arbeiten; die anderen vertrauen für diese Aufgabe auf den Transport-Agent.

Tabelle 9-1: Mail-Programme, die von Unix-Systemen zur Verfügung gestellt werden

	AIX	FreeBSD	HP-UX	Linux	Solaris	Tru64
System V-mail			✓		✓	✓
BSD-mail	✓	✓	✓	✓	✓[a]	✓[a]
elm (ftp://ftp.virginia.edu/pub/elm/)	■	✓	✓[a]	✓	■	■
mutt (http://www.mutt.org)	■	✓	■	✓	■	■
pine (http://www.washington.edu/pine/)	■	✓	■	✓	✓	■
Netscape (http://www.netscape.com)	✓	✓	■	✓	✓	✓
mh und Varianten davon (http://www.mhost.com/nmh/)	✓	✓	■	✓	✓	✓
Der interne Mailer von Emacs, rmail (http://www.gnu.org)	■	✓	■	✓	✓	✓

a Der zugehörige Befehl lautet mailx.

In Tabelle 9-1 kennzeichnet ✓, dass das Programm zusammen mit dem Betriebssystem installiert wird oder als optionales Paket innerhalb des Installationsmediums zur Verfügung gestellt wird. Ein Programm, das mit ■ gekennzeichnet ist, steht über das Internet als Download zur Verfügung.

Die Auswahl eines Mail-Programms ist im Allgemeinen eine Angelegenheit von persönlichen Vorlieben. Weil dem so ist, werden wir hier nicht die normalen Funktionen behandeln. Stattdessen werden wir uns auf die den Systemadministrator betreffenden Konfigurationsprobleme bei dreien der am weitesten verbreiteten Mailer konzentrieren: BSD-mail, mutt und pine. Jedoch gibt es zwei Dinge hinsichtlich der anderen Mailer-Agents, die Sie wissen sollten:

- elm (von David Taylor) ist nach wie vor als Mail-Programm weit verbreitet, allerdings wurde seine Funktionalität von mutt ziemlich gut übertroffen. Das Interface von mutt ist beinahe identisch zu dem von elm und es ist ein erheblich mächtigeres Programm (insbesondere im Vergleich zu Vanilla-elm, ohne die vielen separat zur Verfügung stehenden Modifikationen, die installiert wurden). Anwender, die elm mögen, sollten auch mutt ausprobieren.

- Die mh-Familie (mh, nmh, xmh, exmh) verwendet ein Mailbox-Format, das sich grundsätzlich von denen unterscheidet, die von anderen User-Agents verwendet werden. Das am weitesten verbreitete Mailbox-Format auf Unix-Systemen ist das Format *mbox*, in dem alle Nachrichten innerhalb einer einzigen Datei gespeichert und durch Zeilen getrennt werden, die mit »From« beginnen (das heißt gefolgt von einem Leerzeichen und keinem Doppelpunkt). Deshalb wird dieses Format manchmal auch *From_* -Format genannt.

  Im Gegensatz hierzu stellt die mh-Mailbox ein Verzeichnis dar, in dem einzelne Mail-Nachrichten als separate Dateien, mit der Nachrichtennummer als Dateiname, abgelegt werden. Gelöschte Nachrichten haben Namen der Form ,*n*: der originale Dateiname, dem ein Komma vorangestellt wurde. Einige andere Mail-Programme (zum Beispiel mutt) können so konfiguriert werden, dass sie mh-Mailboxen lesen können.

Die eine Aufgabe, die User-Agents immer wieder vom Systemadministrator verlangen, ist die Konfiguration von systemweiten Standardeinstellungen. Zusätzlich könnten die Benutzer auch Hilfe beim Einrichten der erweiterten Features dieser Programme benötigen. Im Rest dieses Abschnitts werden wir die Konfigurationsdateien des BSD-mail-Programms sowie diejenigen von mutt und pine betrachten. Wir werden dann darüber nachdenken, wie die letzten beiden Programme eingerichtet werden müssen, damit sie PGP für das Verschlüsseln von E-Mail-Nachrichten verwenden können.

Tabelle 9-2 führt die benutzerspezifischen und die systemweiten Konfigurationsdateien auf, die zu diesen drei User-Agents gehören. Beachten Sie, dass systemweite Konfigurationsdateien vor der benutzereigenen Datei angewendet werden, weshalb systemweite Einstellungen von einzelnen Benutzern überschrieben werden können. Die Tabelle führt auch den Befehl auf, der verwendet werden kann, um die Konfigurationsdatei des Systems ganz zu umgehen. Jedoch besitzt pine die Fähigkeit, den Benutzern die systemweiten Einstellungen aufzuzwingen (wie wir noch sehen werden).

Tabelle 9-2: Mailer-Konfigurationsdateien und Optionen

Mailer	Systemdatei	Benutzerdatei	Option, um die Systemkonfigurationsdatei zu umgehen
BSD-mail	/etc/mail.rc	~/.mailrc	mail -n
mutt	/etc/Muttrc	~/.muttrc	mutt -n
pine	/usr/lib/pine.conf und /usr/lib/pine.conf.fixed[a]	~/.pinerc	pine -P /dev/null

[a] Diese Konfigurationsdateien werden stattdessen auch manchmal in /usr/local/lib abgelegt.

Hier ist ein Beispiel für die Konfigurationsdatei *mail.rc* für das Programm mail (mit Anmerkungen):

```
set append            Hängt Dateien an die Mailbox an (anstatt sie voranzustellen).
set asksub askcc      Eingabeaufforderung für Subject und die Liste CC.
set autoprint         Gibt nach einem Löschen-Befehl die nächste Nachricht aus.
set metoo             Entfernt den Absender nicht aus den Gruppenlisten.
set nosave            Speichert abgebrochene Nachrichten nicht in dead.letter.
set Replyall          r-Befehl = Antwort nur an den Absender.
ignore Received Message-Id Resent-Message-Id Status Mail-From Via
```

Die ersten fünf Einträge setzen einige nützliche mail-Optionen und sind im Allgemeinen selbsterklärend. Die Option *Replyall* bewirkt, dass der Befehl r eine Antwort mit mail standardmäßig nur an den Absender des Briefes sendet anstatt an die gesamte Empfängerliste. Mit anderen Worten: Die Funktionen der Unterbefehle r und R von mail werden vertauscht. Diese Einstellung unterbindet eine Menge unnötigen Mail-Verkehrs und könnte auch einige Verlegenheiten aufseiten neuer Mail-Benutzer verhindern. Jedoch kann es sein, dass Sie erfahrene Benutzer über eine solche Änderung informieren müssen, wenn Sie diese auf einem existierenden System durchführen.

Die übrigen Zeilen in der Konfigurationsdatei sagen mail, dass es die aufgeführten Mail-Header-Zeilen ignorieren soll, wenn es erkennt, an wen die Antwort gehen soll.

Die Benutzer möchten manchmal den Texteditor ändern, der über den Befehl e des `mail`-Programms verwendet wird (um eine Nachricht zu bearbeiten). `mail` verwendet in diesem Zusammenhang jeden Editor, der in der Umgebungsvariable *EDITOR* angegeben wird.

`mutt` (geschrieben von Michael Elkins und anderen) kommt mit einer ausgezeichneten Konfigurationsdateivorlage daher, die alle zur Verfügung stehenden Optionen auflistet und beschreibt. Hier ist ein mit Anmerkungen versehenes Beispiel für eine systemweite *Muttrc*-Datei:

```
# System-Konfigurationsdatei für Mutt
# ignoriert bestimmte Header, wenn der Empfänger der Antwort festgestellt werden kann
ignore "from " received content- mime-version status sender
ignore references return-path lines x-status message-id
# setzt einige Optionen
set abort_nosubject=ask-yes    Abbruchsaufforderung, falls kein Subject angegeben ist
                               (Default=yes).
set askcc=yes                  Eingabeaufforderung für die CC-Liste.
set askbcc=no                  Keine Eingabeaufforderung für die BCC-Liste.

set beep=no                    Piepton ausschalten!
set beep_new=no                Selbst beim Eintreffen neuer Nachrichten.

set confirmappend=no           Keine Bestätigungsaufforderung beim Anhängen
set confirmcreate=yes          an einen Mail-Ordner, aber bestätigt das Erzeugen von Ordnern.

set header=no                  Fügt keine Header bei zitierten Nachrichten an.
set mail_check=300             Überprüft alle 5 Minuten auf neue Post.
set mime_forward=no            Fügt beantwortete Nachrichten als Text an (statt
                               als MIME-Anhang).
```

Diese Datei führt einige nützliche Optionen für `mutt` auf. Beachten Sie, dass auch `mutt` automatisch denjenigen Texteditor als internen Editor zum Erzeugen neuer Mail-Nachrichten verwendet, der in der Umgebungsvariable *EDITOR* angegeben ist.

`pine` (geschrieben an der University of Washington) unterstützt zwei systemweite Konfigurationsdateien: *pine.conf* und *pine.conf.fixed*. Letztere Datei enthält verbindliche Einstellungen, die vom Benutzer nicht auf irgendeine Weise überschrieben werden können (sie werden als Letztes angewandt, nach allen anderen Konfigurationsdateien und Kommandozeilenoptionen). Ansonsten sind die beiden Dateien weder anhand des Formats noch anhand des Verzeichnisses zu unterscheiden.

Vorlagen für die Konfigurationsdateien können mit dem Befehl `pine -conf` erzeugt werden. Die daraus entstehende Vorlagendatei, die alle wichtigen Einstellungen mit Beschreibungen enthält, wird an die Standardausgabe geschickt. Sie können auch die Optionen der Konfigurationsdatei einstellen, wozu Sie die internen Konfigurationseinrichtungen des Programms verwenden (wählen Sie hierzu im Menü zuerst s und dann c aus).

Hier ist eine mit Anmerkungen versehene Konfigurationsdatei von `pine`:

```
# Konfigurationsdatei für pine
editor=/usr/bin/jove           Gibt den Editor für Mail-Nachrichten an;
                               Standardeinstellung ist pico (im pine-Paket).
```

```
# setzt einige Optionen
feature-list=enable-suspend,            Lässt pine-Sitzungen mit ^Z unterbrechen.
# Editor starten, sobald eine Nachricht erstellt wird
    enable-alternate-editor-implicitly,
# macht zitierte Nachrichten in Antworten so kurz wie möglich
    no-include-header-in-reply,         Entfernt Header.
    no-include-attachments-in-reply,    Anhänge auch.
    strip-from-sigdashes-on-reply,      Sowie Signaturen.

    enable-bounce-command,              Erlaubt den Befehl: Nachrichten zurückschicken (resend).
    enable-full-headers-cmd,            Erlaubt den Benutzern optional alle Header anzusehen.
    enable-jump-shortcut,               Das Eingeben einer Zahl führt zum Anspringen dieser Nachricht.
    enable-tab-completion,              Aktivieren der Dateivervollständigung durch die Tab-Taste.
    quell-status-message-beeping,       Kein Piepton!
    quit-without-confirm,               Unterdrückt Bestätigung beim Verlassen.
    save-will-advance                   Geht nach dem Speichern einer Nachricht zur nächsten.

# zeigt diese Felder an, wenn eine neue Mail-Nachricht erzeugt wird
default-composer-hdrs=To:,Subject:,Cc:
```

Anders als die anderen Mail-Programme, die wir behandelt haben, beachtet pine nicht die Einstellung der Umgebungsvariable *EDITOR*. Stattdessen müssen die Benutzer die programmeigene *editor*-Einstellung verwenden, um einen alternativen Editor für das Erstellen von Nachrichten anzugeben. Die Einstellung *enable-alternate-editor-implicitly* führt dazu, dass der angegebene Editor sofort aufgerufen wird, wenn der Cursor im Body-Bereich einer neuen Nachricht steht (statt den Befehl ^_ von pine eingeben zu müssen). Die anderen Einträge in dieser Konfigurationsdatei sind einfach zu verstehen.

Automatisierte Verschlüsselung von E-Mail-Nachrichten

PGP kann genauso gut zum Verschlüsseln und Entschlüsseln von E-Mail-Nachrichten verwendet werden wie für normale Dateien; tatsächlich ist dies einer ihrer wichtigsten Einsatzbereiche. Obwohl die Anwender diese Prozesse manuell durchführen könnten (wie in Kapitel 7 beschrieben), ziehen es die meisten vor, dass dies innerhalb ihres Mail-Programms geschieht. Sowohl mutt als auch pine können diese Funktionalität zur Verfügung stellen (PGP muss auf dem lokalen System installiert sein und sich im Suchpfad befinden).

mutt muss mit PGP-Unterstützung kompiliert worden sein, um dieses Feature verwenden zu können. Sie können die Build-Optionen überprüfen, indem Sie den Befehl mutt -v verwenden; prüfen Sie auf die Option HAVE_PGP.

Damit mutt mit PGP zusammenarbeitet, ist es nötig, einige Einträge an eine seiner Konfigurationsdateien hinzuzufügen. Glücklicherweise liefert das Paket in einigen Beispielkonfigurationsdateien die genauen Einträge, die Sie benötigen (sie tragen den Namen *pgp*.rc*). Hier sind ein paar Zeilen aus der Datei für die PGP-Version 6, die die Beschaffenheit des gesamten Satzes zusätzlicher Einträge veranschaulichen:

```
# -*-muttrc-*-
# PGP-Befehlsformate für PGP 6.
```

```
# entschlüsselt einen pgp/mime-Anhang
set pgp_decrypt_command="PGPPASSFD=0; export PGPPASSFD; cat - %f |
  pgp6 +compatible +verbose=0 +batchmode -f"

# erzeugt einen pgp/mime-signierten Anhang
set pgp_sign_command="PGPPASSFD=0; export PGPPASSFD; cat - %f |
  pgp6 +compatible +batchmode -abfst %?a? -u %a?"
...
```

Wie dieses Listing erkennen lässt, führt mutt externe Prozesse aus, um PGP-Operationen auf einer Mail-Nachricht durchzuführen, und die tatsächlichen Befehle, die ausgeführt werden, werden in Einträgen wie diesen definiert.

Um PGP mit mutt zu verwenden, um eine ausgehende Nachricht zu signieren oder zu verschlüsseln, geben Sie den Befehl p ein, bevor Sie diese verschicken. Dies ruft das PGP-Menü auf; dessen wichtigste Menüpunkte sind e (Nachricht verschlüsseln, »encrypt«), s (Nachricht signieren), b (mache beides) und f (Abbruch, »forget it«). Die Auswahl von Punkten aus diesem Menü setzt nur ein Flag an die gewünschte PGP-Operation für diese Nachricht. Sie werden tatsächlich erst dann ausgeführt, wenn der Senden-Befehl (y) gegeben wird. An dieser Stelle erhalten Sie eine Eingabeaufforderung für den einzusetzenden Schlüssel und die zugehörige Passphrase.

Die PGP-Entschlüsselung in mutt verläuft noch automatisierter. Wenn eine verschlüsselte und/oder signierte Nachricht geöffnet wird, werden die notwendigen PGP-Operationen automatisch durchgeführt, sobald mutt Sie zur Eingabe der PGP-Passphrase aufgefordert hat.

mutt erzeugt verschlüsselte Mail-Nachrichten als MIME-Anhänge mit dem Content-Type »application/pgp-encrypted« und nicht als eingebundenen Text. Es kann auch nur Nachrichten in diesem Format entschlüsseln.

Auch pine unterstützt über Add-on-Utilities die Verschlüsselung und Entschlüsselung mit PGP. Eines der am häufigsten eingesetzten Utilities ist pgp4pine (von Holger Lamm; *http://pgp4-pine.flatline.de*). pine platziert den verschlüsselten Text – umgeben von Header-Zeilen – innerhalb des Haupttextes der E-Mail-Nachricht; es bearbeitet keine MIME-Anhänge.

Sobald pgp4pine installiert wurde, müssen Sie zwei Konfigurationsdatei-Einstellungen angeben, um es aus pine heraus aufrufen zu können:

```
# Programmiert, dass der Nachrichtentext vor der Anzeige hierher umgeleitet wird
display-filters=_BEGINNING("-----BEGIN PGP")_ /usr/bin/pgp4pine -d -i TMPDATEI
# Programmiert, dass der Nachrichtentext vor dem Versenden hierher umgeleitet wird
sending-filters=/usr/bin/pgp4pine -e -i TMPDATEI -r EMPFAENGER
```

Der erste Eintrag definiert ein Muster, nach dem in eingehenden Mail-Nachrichten gesucht werden soll: in diesem Fall der Text »-----BEGIN PGP«, gefolgt von einem Befehl, mit dem die Nachricht verarbeitet werden soll (um sie zu entschlüsseln, in diesem Fall). Sobald dies definiert wurde, werden Mail-Nachrichten, die PGP-verschlüsselten Text innerhalb ihres Bodys enthalten, automatisch entschlüsselt (nachdem die Passphrase eingegeben wurde).

Der zweite Eintrag wird verwendet, um eine Reihe von Filtern zu definieren, die optional auf ausgehende Mail-Nachrichten angewendet werden können. Dieser Eintrag definiert einen einzigen Filter, der PGP-Verschlüsselung und/oder -Signierung durchführt.

Um eine verschlüsselte Mail-Nachricht zu erzeugen, müssen Sie einen Filter auswählen, nachdem Sie den Senden-Befehl von `pine` ausgelöst haben; unter dieser Konfiguration veranlasst die Tastenkombination Strg-X Strg-N das Versenden und wählt den ersten Filter `pgp4pine` aus, was das folgende Menü erzeugt:

```
You may:
  a) Sign and encrypt the message
  b) Sign the message
  c) Encrypt the message
  d) Send it unmodified
  q) Abort and Quit
```

Sollten Sie eine der ersten drei Optionen auswählen, werden Sie zur Eingabe der Passphrase aufgefordert. Beachten Sie, dass ein Schlüssel in ihrem Schlüssel-Ring vorhanden sein muss, der zu der E-Mail-Adresse des Empfängers gehört. (Sie können keinen Schlüssel auswählen, wenn `pine` nicht erkennen kann, welcher Schlüssel verwendet werden soll.)

Möchten Sie PGP standardmäßig für Mail-Nachrichten verwenden, so fügen Sie in einer der Konfigurationsdateien von `pine` den *compose-send-offers-first-filter* zur *feature-list* hinzu.

Die `pgp4pine`-Einrichtung hat auch ihre eigene Konfigurationsdatei, *~/.pgp4pinerc*. Im Allgemeinen funktioniert die mitgelieferte Datei recht gut – auch ohne Modifikation. Vielleicht wollen Sie aber die Einstellungen überprüfen, die den Namen des PGP-Hauptbefehls für Ihre PGP-Version angeben. Hier ist zum Beispiel die Einstellung, die zu PGP Version 6 gehört:

```
profile_pgp6_pgp6bin=pgp
```

Dieser Eintrag besagt, dass der pgp-Befehl verwendet werden soll. Überprüfen Sie, dass alle Einträge, deren Namen mit »profile_pgp*n*« beginnen, für die entsprechende Version von PGP korrekt sind.

Ein Nachteil von `pgp4pine` ist, dass es einen vorhersagbaren Namen für seine temporäre Datei verwendet. Die Benutzer sollten sicherstellen, dass alle Dateien dieser Art, die nach einem Crash übrig geblieben sind, gelöscht werden (auch wenn dies nur sehr selten vorkommt).

Konfigurieren von Access-Agents

Es gibt mehrere administrative Aufgaben, die mit der Verwendung von Nachrichtenspeichern für einige oder alle E-Mail-Empfänger zusammenhängen:

- Auswählen und Zuweisen eines Mailservers für den Nachrichtenspeicher. In großen Sites erweitert sich diese Aufgabe auf das Entwerfen und Entwickeln eines Systems, in dem sich mehrere Server diese Aufgabe teilen.
- Konfigurieren von Daemons, um POP und/oder IMAP auf den Mailservern laufen zu lassen.

- Einrichten von Mail-Programmen der Benutzer, um auf den Nachrichtenspeicher zuzugreifen anstatt oder zusätzlich zum Zugriff auf die lokale Standard-Mailbox.

Der erste Punkt ist eng verbunden mit der gesamten Netzwerkarchitektur und Kapazitätsplanung und wird daher in diesem Zusammenhang in Kapitel 15 behandelt.

Der zweite Punkt handelt von einer serverseitigen Unterstützung entfernter E-Mail-Clients, die auf Nachrichten zugreifen und diese abholen möchten. Es gibt zwei Hauptprotokolle, die für diesen Zweck verwendet werden: das Post Office Protocol Version 3 (POP3 oder einfach POP) und das Internet Message Access Protocol Version 4 (IMAP4 oder einfach IMAP).

POP ist das ältere dieser Protokolle und es ist auch einfacher als IMAP. Es wurde für die »Offline«-Verarbeitung von Mail entwickelt; das Mail-Programm des Benutzers verbindet sich mit dem Mailserver und lädt alle neuen Mail-Nachrichten auf das lokale System herunter (normalerweise löscht es diese Nachrichten danach vom Server). In diesem System fungiert der entfernte Server ausschließlich als temporärer entfernter Speicherort. Auch wenn POP-Clients so konfiguriert werden können, dass sie den Mailserver periodisch »pollen«, bleibt POP im Großen und Ganzen doch eine manuelle Übertragungsmethode.

IMAP implementiert ein interaktives Client/Server-Modell für das Zusammenspiel zwischen dem Mailserver und der Client-Software. Die Mail kann auf das lokale System heruntergeladen werden wie mit POP. Aber ein IMAP-Client kann auch dazu verwendet werden, um auf eine zentral abgelegte Mailbox von jedem beliebigen entfernten Ort aus zuzugreifen und diese zu verwalten. Wenn ein IMAP-Client auf eine entfernte Mailbox zugreift, kann er Operationen auf den Nachrichten durchführen, die dort abgelegt sind, ohne irgendeine davon vorher heruntergeladen zu haben. Standardmäßig werden nur Mail-Header an den Client übertragen (um Bandbreite zu sparen). Der Body-Bereich einer Nachricht wird nur dann heruntergeladen, wenn die Nachricht für die Ansicht markiert wurde, und wird nicht vom Server gelöscht. Nachrichten können mit verschiedenen Status-Flags markiert werden (zum Beispiel gelesen versus ungelesen) und diese Daten werden zusammen mit der Nachricht abgespeichert (und erscheinen dementsprechend in den darauf folgenden IMAP-Sitzungen). Ein IMAP-Client kann auch auf mehrere Mailboxen zugreifen sowie auf Mailboxen, die von einer Gruppe von Benutzern verwendet werden.

Der funktionale Unterschied zwischen diesen beiden Protokollen wird anhand eines Beispiels deutlich. Nehmen Sie einmal an, dass die Mail der Benutzerin *chavez* auf ein System namens *poffice* ausgeliefert wird. Wenn ihr Mail-Programm POP unterstützt, kann *chavez* die Nachrichten, die auf *poffice* ankommen, auf ein anderes System übertragen. Meistens ist dies ihre übliche Workstation. Unter dieser POP-Konfiguration dient die Mailbox von *chavez* auf *poffice* als Nachrichtenspeicher und die Mailbox auf ihrem lokalen System ist die »echte«. Sie kann auswählen, ob sie die heruntergeladenen Nachrichten auf dem Server belässt oder löscht (über eine Konfigurationsoption). Wenn sie Letzteres wählt, werden das nächste Mal, wenn sie sich mit dem Nachrichtenspeicher verbindet, nur diejenigen Nachrichten vorhanden sein, die seit ihrem letzten Zugriff angekommen sind.

Der POP-Ansatz kann vorteilhaft für das Abholen von Mail aus entfernten Einwahlorten sein, da er die Zeit minimiert, die Sie mit dem Mailserver verbunden sein müssen.

Im Gegensatz dazu befindet sich bei IMAP die »echte« Mailbox der Benutzerin *chavez* auf *poffice* selbst und sie kann darauf von jedem System innerhalb des Netzwerks aus zugreifen. Wenn sie sich darauf über ein Mail-Programm verbindet, auf dem IMAP läuft, wird sie alle Nachrichten in ihrer Mailbox sehen. Sie wird in der Lage sein, die neuen Nachrichten von denjenigen zu unterscheiden, die sie bereits gelesen hat (sie könnte auch einige Nachrichten haben, die als gelöscht markiert sind, aber noch nicht tatsächlich ausrangiert wurden). Sie kann auch Nachrichten aus ihrer Standard-Mailbox – bekannt als ihre »Inbox« – in andere Mail-Ordner ablegen, die sie erzeugt hat (diese befinden sich häufig im Verzeichnisbaum unterhalb von *~chavez/Mail* auf dem Server).

Es gibt viele Quellen für POP- und IMAP-Daemons und viele Unix-Hersteller liefern einen mit dem Betriebssystem mit (oder als ein optionales Paket). Die folgende Liste gibt die Pfade zu den Daemons an, die von den hier behandelten Unix-Versionen zur Verfügung gestellt werden:

AIX	*/usr/sbin/pop3d* und */usr/sbin/imapd*
FreeBSD	in der Ports-Collection werden mehrere zur Verfügung gestellt
HP-UX	es werden keine zur Verfügung gestellt
Red Hat Linux	*/usr/sbin/ipop3d* und */usr/sbin/imapd*
SuSE Linux	*/usr/sbin/pop3d* und */usr/sbin/imapd*
Solaris	*/opt/sfw/sbin/ipop3d* und */opt/sfw/sbin/imapd*
Tru64	*/usr/sbin/pop3d* und */usr/sbin/imapd*

Zusätzlich gibt es ein weithin eingesetztes POP/IMAP-Server-Paket von der University of Washington (*http://www.washington.edu/imap/*), das kostenlos zur Verfügung steht. Tatsächlich entsprechen einige der von den Herstellern mitgelieferten Versionen einfach diesem Paket.

Normalerweise werden sowohl POP- als auch IMAP-Daemons von `inetd` kontrolliert. Dies geschieht unter Verwendung von Einträgen wie den folgenden in der Konfigurationsdatei */etc/inetd.conf*:

```
pop-3   stream  tcp  nowait  root  /usr/sbin/tcpd  ipop3d
imap    stream  tcp  nowait  root  /usr/sbin/tcpd  imapd
```

Beide Daemons sollten für die Zugangskontrolle `tcpwrappers` verwenden. In einigen `inetd`-Konfigurationsdateien könnten noch weitere POP- und IMAP-bezogene Einträge vorhanden sein, die zu anderen Versionen/Konfigurationen der Protokolle gehören.

Die Dienste, die zu diesen Protokollen gehören, werden in */etc/services* mit Einträgen wie diesen definiert:

```
pop3    110/tcp             # Post Office Protocol - Version 3
pop3    110/udp             # Post Office Protocol - Version 3
imap    143/tcp    imap2    # Internet Message Access Protocol
imap    143/udp    imap2    # Internet Message Access Protocol
```

Sie könnten auch Einträge für POP2 (im Allgemeinen Port 109) und IMAP Version 3 (Port 220) finden, die sich kaum noch im Einsatz befinden, ebenso wie einige Varianten mit aktiviertem SSL. Letztere sind vorzuziehen, um das Versenden von Klartext-Passwörtern über das Netzwerk zu vermeiden.

Sollten Sie einem System POP- oder IMAP-Daemons hinzufügen, vergessen Sie nicht zu überprüfen, dass die erforderlichen Einträge in */etc/services* und */etc/inetd.conf* vorhanden und aktiviert sind (das heißt nicht auskommentiert sind). Sie könnten in einigen Fällen die Einträge auch modifizieren müssen (das trifft meistens für die Konfigurationseinträge von inetd zu).

Normalerweise verlassen sich sowohl POP als auch IMAP für die Benutzerauthentifizierung auf Passwörter. Einige einzelne, schlecht implementierte Clients erwarten, dass das Passwort für jede IMAP-Operation erneut eingegeben wird, was sehr nervig sein kann. In diesen Fällen könnte man eine Äquivalenz-Authentifizierung auf Hostebene (*hosts.equiv*-Typ) vorziehen. Die meisten IMAP-Daemons können so konfiguriert werden, dass sie dies unterstützen, indem ein Link von der IMAP-Server-Datei auf */etc/rimapd* erzeugt wird. Sehen Sie für weitere Informationen zu `inetd`, */etc/services* und Äquivalenz auf Hostebene in »Netzwerksicherheit« in Kapitel 7 nach.

Die Carnegie Mellon University hat eine viel ausgereiftere Einrichtung eines IMAP-Daemons entwickelt, die als Cyrus bekannt ist. Dieses Paket wurde entworfen, um selbst für sehr große Sites effizient und sicher zu sein. Cyrus hat eine Menge interessanter Eigenschaften:

- Den Benutzern ist es nicht erlaubt, sich in Mailserver-Systeme einzuloggen. Auf die tatsächlichen Dateien kann nur über den Cyrus-Prozess direkt zugegriffen werden, und zwar über einen speziellen Benutzer-Account, der für diese Einrichtung erzeugt wurde. Die Benutzer können auf Mailboxen nur über Mail-Programme zugreifen, in denen IMAP (oder POP) implementiert ist.
- Das Mailbox-Format entspricht nicht dem Standard und wurde für die Skalierbarkeit entwickelt. Einzelne Nachrichten werden in separaten Dateien abgespeichert. Zusätzlich werden Benutzer-Mailboxen mit Zugriffskontrolllisten geschützt.
- Die Benutzerauthentifizierung kann auf eine von mehreren Arten durchgeführt werden: Standard-Unix-Passwörter, Kerberos, PAM.
- Wenn gewünscht, können den Benutzer-Mailboxen Quotas für die Festplattennutzung auferlegt werden.

Für weitere Informationen über IMAP im Allgemeinen und über das Cyrus-Paket sehen Sie sich das Buch *Mailmanagement mit IMAP* von Dianna Mullet und Kevin Mullet (O'Reilly Verlag) an.

Einrichten von User-Agents für die Verwendung mit POP und IMAP

Viele Mail-Programme unterstützen den POP- und IMAP-Zugriff auf entfernte Mailboxen, darunter befinden sich mutt, pine, die mh-Familie und Netscape. In diesem Abschnitt werden wir uns kurz überlegen, wie einige davon zu konfigurieren sind, damit sie entfernte Mailboxen verwenden. Im Gegensatz zu den Einstellungen für PGP und die Mail-Verschlüsselung sind die Einstellungen für POP und IMAP benutzerspezifisch und befinden sich dementsprechend normalerweise in der benutzerspezifischen Konfigurationsdatei.

Die mutt-Unterstützung für POP und IMAP muss zum Zeitpunkt des Kompilierens ausgewählt werden (verwenden Sie die Option -v und suchen Sie nach USE_POP und USE_IMAP). Die folgenden Konfigurationsdateieinträge richten mutt als POP-Client ein.

```
set pop_host=poffice
set pop_user=chavez
set pop_pass=xxx
set pop_delete=yes          Löscht nach dem Herunterladen die Nachrichten auf dem Server.
```

In diesem Fall verbindet sich dieser Benutzer über POP mit dem Host *poffice* als Benutzerin *chavez* (ihre Mailbox befindet sich am üblichen Speicherort) unter Verwendung des angegebenen Passworts für die Authentifizierung (es leuchtet ein, dass das Einfügen dieses dritten Eintrags einen vorsichtigen Umgang mit den Zugriffsberechtigungen auf die Konfigurationsdatei erfordert). Sobald eine Nachricht vom Server heruntergeladen wurde, wird sie aus der Mailbox gelöscht. Der Befehl G von mutt wird verwendet, um das Abholen von Mail über POP zu veranlassen.

Hier sind die Einträge, die benötigt werden, um sich mit dem gleichen Server als der gleiche Benutzer unter Verwendung von IMAP zu verbinden:

```
set spoolfile={poffice}INBOX       Wo neue Nachrichten ankommen.
set folder={poffice}Mail           Verzeichnis für gespeicherte Mail.
set imap_user=chavez               Verbinden als dieser Benutzer...
set imap_pass=xxx                  ...mit diesem Passwort.
set imap_checkinterval=900         Prüft alle 15 Minuten auf neue Mail.
set imap_passive=no                Öffnet neue IMAP-Verbindungen, wenn nötig.
```

Der erste Eintrag gibt die Mail-Spool-Datei als übliche Benutzer-Mailbox auf dem angegebenen Server an (entspricht der Bedeutung des Schlüsselwortes *INBOX*). Der zweite Eintrag definiert einen weiteren Speicherort für Mail – in IMAP auch als *Namensbereich* bezeichnet – als ~/Mail (wobei sich ~ auf den Benutzer-Account bezieht, der für den Zugriff verwendet wird, hier in Zeile 3 als *chavez* angegeben).

pine verwendet für diesen Zweck auch sehr einfache Konfigurationsdateieinträge. Es wird nur ein Eintrag benötigt, um den POP-Client zu konfigurieren:

```
inbox-path={poffice/pop3}
```

Dies macht die Standard-Mailbox für pine zur entfernten Mailbox des Benutzers auf dem System *poffice* (auf die über das POP3-Protokoll zugegriffen wird) unter Verwendung des gleichen Benutzernamens wie auf dem lokalen System.

Die Einträge für einen IMAP-Server sind sehr ähnlich:

```
inbox-path={poffice/user=chavez}inbox
folder-collections={poffice/user=chavez}Mail/[]
```

Der erste Eintrag gibt an, dass die Standard-Mailbox des Benutzers der Mailbox der Benutzerin *chavez* auf dem System *poffice* entspricht (es wird kein Protokoll angegeben, da IMAP die Standardeinstellung ist). Der zweite Eintrag definiert, dass die Ansammlung der Mail-Ordner das Verzeichnis *poffice:~chavez/Mail* ist.

Auch Netscape kann für die Verwendung von POP oder IMAP konfiguriert werden, um Mail von einem entfernten System abzuholen oder darauf zuzugreifen, und es ist eine sehr beliebte Wahl für PC- und Macintosh-Anwender. Die entsprechenden Einstellungen erhält man, indem der Menüpfad BEARBEITEN → EINSTELLUNGEN ausgewählt wird und dann auf den Punkt MAIL-SERVER unter MAIL & DISKUSSIONSFOREN geklickt wird. Der Bereich SERVER FÜR EINGEHENDE MAIL des entstandenen Dialogfensters führt alle konfigurierten entfernten Mailserver auf. Sie können einen einrichten, indem Sie auf die entsprechende Schaltfläche HINZUFÜGEN oder BEARBEITEN klicken.

Abbildung 9-4 stellt den Dialog dar, der zur Konfiguration eines POP-Servers verwendet wird.

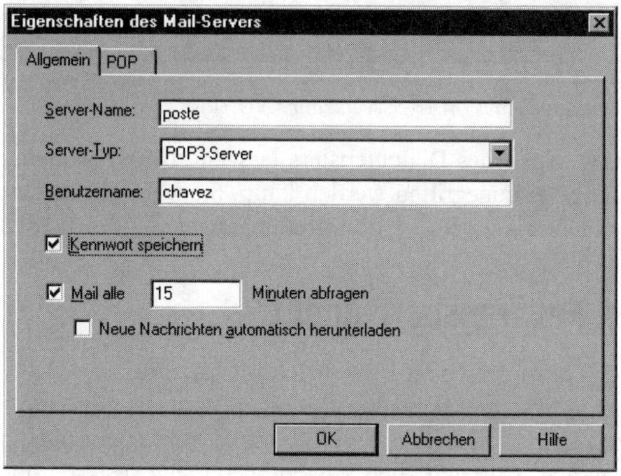

Abbildung 9-4: Konfigurieren von Netscape zur Verwendung mit POP

Die Felder in diesem Dialog sind im Allgemeinen selbsterklärend. Das Feld SERVER-TYP erlaubt es Ihnen, das Protokoll für den entfernten Mail-Zugriff auszuwählen (hier wurde POP ausgewählt). Die Reiterkarte POP lässt Sie angeben, ob die Nachrichten nach dem Herunterladen auf dem Server bleiben oder gelöscht werden sollen.

Die entsprechenden Dialoge für einen IMAP-Server werden in Abbildung 9-5 dargestellt. Die Reiterkarte ALLGEMEIN führt wieder den Servernamen, das Protokoll, den Benutzernamen, die Einstellung für das Speichern des Passwortes und das Intervall für das Prüfen auf Mail (wenn eingerichtet) auf.

Die Reiterkarte IMAP, die in der Abbildung auf der rechten Seite gezeigt wird, enthält die Einstellungen, die sich auf das Offline-Herunterladen beziehen, die Verwendung einer SSL-gesicherten Sitzung und den Umgang mit gelöschten Dateien. Wenn eine Nachricht mit IMAP gelöscht wurde, dann wird die Nachricht als solche gekennzeichnet, wird aber standardmäßig auf dem Server belassen; sie ist tatsächlich erst dann weg, wenn der Mail-Ordner »geleert« wird (bekannt als »Entfernen«). Mit diesen Optionen kann ein Benutzer auswählen, wie gelöschte Nachrichten behandelt werden und ob bzw. wann sie automatisch entfernt werden.

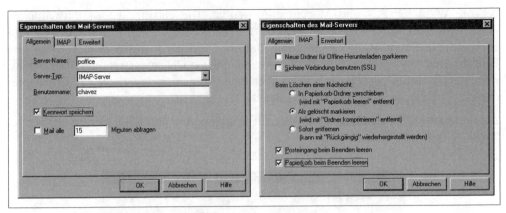

Abbildung 9-5: Konfigurieren eines IMAP-Servers unter Netscape

Die Reiterkarte ERWEITERT des Dialogfensters lässt Sie IMAP-Namensbereiche angeben, auf die auf diesem Server zugegriffen werden kann. Sie kommt nur dann ins Spiel, wenn andere Namensbereiche als die Standardeinstellungen verwendet werden.

Konfigurieren des Transport-Agent

Das Einrichten des Transport-Agent ist vielleicht der anspruchsvollste Mail-bezogene Job überhaupt, der einem Systemadministrator geboten wird. Es gibt eine Vielzahl an Transport-Agents, die auf Unix-Systemen zur Verfügung stehen, aber sendmail wird bei weitem am häufigsten eingesetzt. Laut aktuellen Schätzungen regelt sendmail über 75% des *gesamten* Internet-Mail-Verkehrs (gleichermaßen Unix und Nicht-Unix). Andere Transport-Agents, die auf Unix-Systemen eingesetzt werden, sind unter anderem Postfix, smail, qmail und exim. Wir werden nur sendmail und Postfix näher betrachten.

sendmail

Eric Allmans sendmail-Paket ist eine sehr mächtige Einrichtung, die in der Lage ist, E-Mail von dem Moment an zu verarbeiten, wenn ein Benutzer eine Nachricht von einem Mail-Programm abschickt. Es transportiert die Nachricht über ein LAN oder das Internet an das richtige Zielsystem und übergibt sie schließlich dem Delivery-Agent, der dann die Nachricht tatsächlich in die Mailbox des Benutzers platziert. Da das Paket ein Delivery-Agent-Programm enthält, kann die Einrichtung als Ganzes tatsächlich jeden Aspekt der elektronischen Post bearbeiten, mit Ausnahme des Erstellens und Lesens von Nachrichten und des Abholens der Mail von Nachrichtenspeichern. sendmail ist auch eine ausreichend getestete Einrichtung und zu diesem Zeitpunkt ist es ziemlich sicher, vorausgesetzt es wurde korrekt konfiguriert.

Es gibt kommerzielle und freie Versionen von sendmail. Die kommerziellen Versionen, entwickelt und verkauft von Sendmail Inc., enthalten zusätzliche Features wie auch einfach zu verwendende grafische Schnittstellen, Integration mit anderen verwandten kommerziellen Produkten und technischen Support. Die Versionen von sendmail, die von den Herstellern geliefert werden, wurden aus dem freien Paket erzeugt.

sendmail steht unter *http://www.sendmail.org* zur Verfügung; sehen Sie sich auch *http://www.sendmail.net* an, die Website von Sendmail Inc. für die freie Version. Für Informationen über die kommerziellen sendmail-Produkte können Sie unter *http://www.sendmail.com* nachsehen.

Die aktuelle Versionsreihe von sendmail ist 8.12.9 (Stand April 2003). Die Hauptversionsnummer von sendmail – 8 – verweist auf die umfangreiche Überarbeitung von sendmail, die im Jahre 1993 von seinem Autor Eric Allman vorgenommen wurde. Die anderen Nummern sind Überarbeitungen innerhalb dieser Reihe.[6] Leider neigen die Versionen von sendmail, die von den Herstellern mitgeliefert werden, dazu, dass sie einige Stufen hinter der aktuellen Version zurückbleiben, wobei die freien Betriebssysteme der aktuellen Version am nächsten kommen. (Momentan reichen die sendmail-Versionen, die bei kommerziellen Betriebssystemen der von uns behandelten Unix-Richtungen enthalten sind, von 8.8 bis 8.10.)

Sie können feststellen, welche Version von sendmail auf einem System läuft, indem Sie den folgenden Befehl ausführen:

```
$ echo | sendmail -bt -d0
Version 8.11.3
Compiled with: LDAPMAP MAP_REGEX LOG MATCHGECOS MIME7TO8 MIME8TO7
               NAMED_BIND NETINET NETUNIX NEWDB NIS QUEUE SASL
               SCANF SMTP USERDB

============ SYSTEM IDENTITY (after readcf) ============
      (short domain name) $w = poffice
  (canonical domain name) $j = poffice.ahania.com
         (subdomain name) $m = ahania.com
              (node name) $k = poffice.ahania.com
========================================================
ADDRESS TEST MODE (ruleset 3 NOT automatically invoked)
Enter <ruleset> <address>
```

Dieser sendmail-Befehl führt die Einrichtung in ihrem interaktiven Adress-Testmodus mit einigen zusätzlich aktivierten Diagnoseausgaben aus; in diesem Fall wird die Eingabe von der Standardeingabe entgegengenommen, die null entspricht und dementsprechend die Sitzung nach der Anzeige der anfänglichen Nachrichten beendet (*/dev/null* könnte auch als Eingabequelle verwendet werden).

Die entstehende Ausgabe gibt die Versionsinformationen von sendmail an und den Satz an Kompilierungsoptionen, mit denen es gebaut wurde. Zum Beispiel beinhaltet diese Ver-

---

[6] sendmail Version 9 befindet sich zum Zeitpunkt dieses Schreibens in der Entwicklung.

sion die Unterstützung einer Schnittstelle zu einer LDAP-Datenbank (gekennzeichnet durch das erste Schlüsselwort in der Liste). Der zweite Abschnitt der Ausgabe zeigt Informationen über das lokale System und dessen DNS-Domain-Umgebung an. Die letzten Zeilen gehören zur E-Mail-Adressenübersetzung und können dementsprechend hier ignoriert werden.

Wenn Sie die sendmail-Version ermitteln möchten, die auf einem entfernten System läuft, dann führen Sie telnet auf Port 25 aus (angegeben als zweiter Parameter von telnet):

```
$ telnet pauling 25
Trying 192.168.9.220...
Connected to pauling.
Escape character is `^]'.
220 pauling ESMTP Sendmail 8.11.0/8.11.0; Sun, 4 Mar 2001 ...
^]
telnet> quit
```

Nimmt man die letzten Jahre als Maßstab, erscheinen Upgrades für sendmail sehr häufig – alle 2-3 Monate – und schließen große Fehler und Sicherheitslöcher aus. Idealerweise sollten Hosts, die Mail in und aus Ihrer Site weiterleiten, mit der letzten Version von sendmail betrieben werden, da dies Ihre verwundbarsten Sicherheitspunkte sind. Andere Hosts, die sich normalerweise auf einen zentralen Mailserver für den Mail-Transport verlassen, können wahrscheinlich mit der Version arbeiten, die mit dem Betriebssystem mitkommt (bis ein großes Sicherheitsproblem aufgedeckt wird). Auf jeden Fall sollten Sie regelmäßig Sicherheits-Sites und Mailinglisten (ebenso wie die Homepage von sendmail) auf Hinweise auf jüngst entdeckte Verwundbarkeiten von sendmail und passende Fixes hin überprüfen.

Die Einrichtung sendmail besteht aus vielen Komponenten: dem sendmail-Daemon, einigen verwandten Befehlen und Programmen, mehreren Konfigurationsdateien und Datenbanken sowie Werkzeugen zum Erstellen von Konfigurationsdateien. Diese Dateien werden nur dann in die Standardspeicherorte gelegt, wenn Sie sendmail eigenhändig aus dem Quellcode installieren. Tabelle 9-3 führt die Hauptkomponenten von sendmail zusammen mit ihren Speicherorten für die verschiedenen Unix-Betriebssysteme auf.

Tabelle 9-3: Wo die Komponenten des sendmail-Pakets zu finden sind

sendmail-Komponente	Speicherort
sendmail-Binary	**Normal:** /usr/sbin
	Solaris: /usr/lib
Boot-Skript, das sendmail startet	**AIX:** /etc/rc.tcpip
	FreeBSD: /etc/rc
	HP-UX: /sbin/init.d/sendmail
	Linux: /etc/init.d/sendmail
	Solaris: /etc/init.d/sendmail
	Tru64: /sbin/init.d/sendmail
Konfigurationsdatei für das Boot-Skript (und Einträge, die sendmail aktivieren)	**AIX:** es wird keines verwendet
	FreeBSD: /etc/defaults/rc.conf, /etc/rc.conf[a] (sendmail_enable="YES")

Tabelle 9-3: Wo die Komponenten des sendmail-Pakets zu finden sind (Fortsetzung)

sendmail-Komponente	Speicherort
	HP-UX: */etc/rc.config.d/mailservs*[a] (export SENDMAIL_SERVER=1) **Linux:** */etc/sysconfig/sendmail*[b] */etc/rc.config.d/sendmail.rc.config*[a] (SuSE 7) (START_SENDMAIL="yes") **Solaris:** */etc/default/sendmail*[a] (DAEMON=yes) **Tru64:** */etc/rc.config.** (setzt nur Argumente)
`vacation`-Utility	**Normal:** */usr/bin* **Linux:** wird bei Red Hat nicht standardmäßig mitgeliefert
`newaliases`- und `mailq`-Befehle	**Normal:** */usr/bin* **AIX:** */usr/sbin* **Tru64:** */usr/sbin*
`smrsh` Restricted-Shell (für das Umleiten von Befehlen in Mail-Aliase)	**AIX:** wird nicht mitgeliefert **FreeBSD:** */usr/libexec* **HP-UX:** */usr/sbin* **Linux:** */usr/sbin* (Red Hat) */usr/lib/sendmail.d/bin* (SuSE) **Solaris:** */usr/lib* **Tru64:** wird nicht mitgeliefert
`mail.local` (lokaler Delivery-Agent)	**AIX:** wird nicht mitgeliefert **FreeBSD:** */usr/libexec* **HP-UX:** wird nicht mitgeliefert **Linux:** */usr/bin* (Red Hat) */usr/lib/sendmail.d/bin* (SuSE) **Solaris:** */usr/lib* **Tru64:** wird nicht mitgeliefert
aliases-Datei	**Normal:** */etc* **FreeBSD:** */etc/mail* **HP-UX:** */etc/mail* **Tru64:** */var/adm/sendmail*
sendmail.cf (primäre Konfigurationsdatei)	**Normal:** */etc/mail* **AIX:** */etc* **Linux:** */etc* **Tru64:** */var/adm/sendmail*
Zusätzliche Konfigurationsdateien	**Normal:** */etc/mail* **AIX:** */etc* **Tru64:** */var/adm/sendmail*
Build-Bereich der Konfigurationsdatei (das heißt der Speicherort des `Build`-Skripts)	**AIX:** */usr/samples/tcpip/sendmail/cf* **FreeBSD:** */usr/share/sendmail/cf/cf* **HP-UX:** */usr/newconfig/etc/mail/cf/cf*

Tabelle 9-3: Wo die Komponenten des sendmail-Pakets zu finden sind (Fortsetzung)

sendmail-Komponente	Speicherort
	Linux: /usr/share/sendmail-cf/cf (Red Hat)[c]
	/usr/share/sendmail/cf (SuSE)
	Solaris: /usr/lib/mail/cf
	Tru64: wird nicht mitgeliefert [d]
sendmail.pid (enthält die PID des sendmail-Prozesses)	AIX: /etc
	FreeBSD: /var/run
	HP-UX: /etc/mail
	Linux: /var/run
	Solaris: /etc/mail
	Tru64: /var/run
syslog-Nachrichten der *mail*-Einrichtung	AIX: nicht konfiguriert
	FreeBSD: /var/adm/messages
	HP-UX: /var/adm/syslog/mail.log
	Linux: /var/log/maillog (Red Hat)
	/var/log/mail (SuSE)
	Solaris: /var/adm/messages
	Tru64: /var/adm/syslog.dated/*/mail.log

a Andere Features können in diesen Dateien auch angegeben werden (zum Beispiel Daemon-Optionen).
b Die Datei */etc/sysconfig/sendmail* ist standardmäßig nicht vorhanden und muss, wenn gewünscht, erzeugt werden.
c Auf Red Hat-Systemen müssen Sie das separate *sendmail-cf*-Paket installieren, wenn Sie Ihre sendmail-Konfiguration bearbeiten möchten.
d Der Abschnitt Mail des sysman-Utility bietet eine kommandozeilenbasierte Einrichtung für das Einstellen von *sendmail.cf* (der direkte Befehl ist mailsetup). Ich ignoriere das und verwende das echte Ding.

Die Tätigkeit von sendmail wird von dem sendmail-Daemon kontrolliert und alle anderen Komponenten arbeiten unter dessen Leitung. Der Daemon wird im Allgemeinen während des Hochfahrens mit einem Befehl wie dem folgenden gestartet:

    sendmail -bd -q30m

Dieser Befehl lässt sendmail als Hintergrund-Daemon arbeiten und überprüft alle 30 Minuten dessen Arbeits-Queue. In Boot-Skripten gehen dem Starten des Daemon im Allgemeinen Befehle voraus, die übrig gebliebene Mülldateien aus dem Queue-Verzeichnis von sendmail entfernen.

Auf Systemen mit Startskripten im System V-Stil können Sie den sendmail-Daemon mit einem Befehl wie diesem starten oder neu starten:

    # /sbin/init.d/sendmail restart

Sehen Sie in Tabelle 9-3 nach, um den Speicherort der Konfigurationsdatei auf Ihrem System festzustellen.

Auf AIX-Systemen verwenden Sie diese Befehle, um den System Resource Controller anzuweisen, den Daemon zu starten oder neu zu starten:

```
# startsrc -s sendmail
# refresh -s sendmail
```

Konfigurieren von sendmail

Früher war das Konfigurieren von sendmail so etwas wie schwarze Magie; man benötigte eine lange Zeit, um zu lernen, wie es funktioniert, und selbst dann blieb dieser Vorgang für alle, mit Ausnahme der wirklichen Gurus, ein wenig mysteriös. Seit jedoch der sendmail-Konfigurationsprozess begann, den Präprozessor für m4-Makros zum Erzeugen von *sendmail.cf*-Konfigurationsdateien zu verwenden, wurde dieser Job viel, viel einfacher. Die Besprechung, die jetzt folgt, bietet eine Einführung in die Konfiguration von sendmail; notwendigerweise werden gelegentlich einige der komplexeren Details von sendmail hierbei übergangen.

Wenn Sie eine sendmail-Konfigurationsdatei erzeugen, erzählen Sie sendmail etwas über die Besonderheiten der Mail-Versendung und -Auslieferung auf dem lokalen Computersystem. sendmail ist in einem hohen Maße konfigurierbar und erlaubt es Ihnen, das gewünschte Verhalten im Detail anzugeben und beinahe alle seiner Standardeinstellungen zu modifizieren. Glücklicherweise sind diese Standardeinstellungen jedoch sehr gut gewählt und das Konfigurieren von sendmail ist für die meisten üblicherweise eingesetzten Mail-Szenarien ziemlich einfach.

Die Hauptkonfigurationsdatei von sendmail, *sendmail.cf*, wird erzeugt, indem eine viel einfachere Quelldatei durch den m4-Makroprozessor ausgeführt wird. Um eine angepasste Konfiguration zu erstellen, müssen Sie diese zweite Datei erzeugen, sie verarbeiten, die daraus entstandene Datei in das richtige Verzeichnis installieren und dem Daemon bekannt geben, dass er sie neu einlesen soll.

Das Build-Verzeichnis der Konfigurationsdatei variiert unter den verschiedenen Linux-Distributionen (sehen Sie hierzu auch Tabelle 9-3). Das Hauptverzeichnis enthält eine Vielzahl an Quelldateien mit Beispielkonfigurationen (deren Dateierweiterung lautet *.mc*) und Sie können normalerweise eine Konfiguration beginnen, indem Sie eine davon kopieren und dann bearbeiten. In ihrer einfachsten Form enthalten diese Dateien drei Haupttypen von Einträgen:

Makroaufrufe
> Diese Einträge sind vordefinierte Makros, die sich zu den Parametern erweitern, die notwendig sind, um ein bestimmtes sendmail-Feature oder eine Einstellung zu aktivieren. Makros werden der Konvention entsprechend in Großbuchstaben geschrieben und ihre Argumente werden als eine in Klammern stehende, kommaseparierte Liste angegeben. Das am meisten eingesetzte Makro ist FEATURE, das das sendmail-Feature auswählt, das seinem Argument entspricht. Feature-Namen sind Schlüsselwörter mit Namen in Kleinbuchstaben: zum Beispiel FEATURE(`smrsh'). Features werden in Dateien mit Namen wie *../feature/name.m4* definiert und Sie können diese Dateien untersuchen, um zu sehen, was ein bestimmtes FEATURE-Makro tatsächlich macht.

Zusätzliche Makrodefinitionen
> Diese Makros werden über den m4-Befehl *define* ausgeführt, der diese Form hat:
> define(`NAME_DES_PARAMETERS',`Wert')

Parameternamen werden in Großbuchstaben geschrieben (zum Beispiel
MASQUERADE_AS). Solche define-Angaben werden sowohl zum Aktivieren von sendmail-Features verwendet als auch zum Setzen der Werte von verschiedenen sendmail-Parametern. Letztere haben Namen, die mit conf beginnen (zum Beispiel confALIAS_FILE).

Kommentare
Quelldateien beginnen normalerweise mit einem Block von Kommentaren, die von den Befehlen divert(-1) und divert(0) abgegrenzt werden (diese sagen dem Präprozessor, dass er alle Zeilen zwischen ihnen ignorieren soll). Zusätzliche Kommentare können irgendwo in der Datei erscheinen und folgen der Zeichenkette »dnl«.[7]

Wie die Beispiele veranschaulichen, werden Zeichenketten, die als Argumente für Makros angegeben werden, von einem Backtick-Zeichen und einem einfachen Anführungszeichen umgeben:

`zeichenkette'   *Beachten Sie die unterschiedlichen Anführungszeichen.*

Sie können in der *README*-Datei in der obersten Ebene des *sendmail.cf*-Build-Verzeichnisses Informationen über alle m4-basierten Konfigurationsoptionen von sendmail finden (das heißt ../ relativ zu dem Verzeichnis, das in Tabelle 9-3 aufgeführt wird); dieses Dokument trägt den Titel »Sendmail Configuration Files« und steht auch auf der Website von sendmail zur Verfügung. Ziehen Sie für die blutigsten Details das Buch *sendmail* von Brian Costales und Eric Allman (O'Reilly & Associates) zu Rate.

Lassen Sie uns beginnen: Eine einfache Konfiguration eines Mail-Client

Das unten stehende Listing veranschaulicht die Verwendung der verschiedenen Parameter innerhalb einer sendmail-Quelldatei. Diese Datei wird auf den Clientsystemen einer Site eingesetzt, die einen zugewiesenen Mail-Hub für die gesamte nichtlokale ausgehende Mail verwendet; mit anderen Worten: Mail, die auf einem Clientsystem abgeschickt wird und für irgendein lokales System bestimmt ist, wird direkt ausgeliefert, die gesamte Mail jedoch, die für Systeme außerhalb der lokalen Domain bestimmt ist, wird an den Mail-Hub weitergeleitet. Diese Konfiguration setzt voraus, dass die Alias-Datei auf jedem System das endgültige E-Mail-Ziel für alle Benutzer in der Domain definiert.

```
divert(-1)
#####################################################

    If you modify this file, you will have
    to regenerate /etc/sendmail.cf (run ./Build)

#####################################################
divert(0)
VERSIONID(`Config file for Red Hat Linux')
OSTYPE(`linux')
```

---

[7] Sie könnten diese Zeichenkette auch am Ende einiger Konfigurationsdateizeilen sehen. Das dnl-Makro ist ein m4-Konstrukt, das besagt, dass während der Ausführung der Datei alles, was ihm folgt, verworfen werden soll, bis das Newline-Zeichen kommt.

```
FEATURE(`smrsh')
define(`PROCMAIL_MAILER_PATH',`/usr/bin/procmail')
FEATURE(`local_procmail')
define(`SMART_HOST',`poffice.ahania.com. ')
define(`STATUS_FILE',`/var/log/mail.stats')
MAILER(`smtp')
MAILER(`procmail')
```

Wie üblich beginnt die Quelldatei mit Kommentaren. Das erste Makro in der Datei, VERSIONID, gibt einen Versionsstring an, der diese bestimmte Version der Quelldatei identifiziert; oft ist der Wert dieses Makros ein ID-String eines Source-Control-Systems,[8] jedoch besteht er in unserem Fall einfach aus ein paar beschreibenden Worten.

Das nächste Makro, OSTYPE, gibt den Typ des Betriebssystems auf dem Zielsystem an; in diesem Fall ist Linux ausgewählt. Dieses Makro sorgt dafür, dass eine weitere OS-spezifische Quelldatei in diese Quelldatei eingefügt wird. Die verschiedenen definierten *ostypes* und die zugehörigen Quelldateien werden in dem Unterverzeichnis *../ostype* abgelegt (relativ zum Build-Verzeichnis). Sie sollten diejenige Datei, die zu Ihrem Betriebssystem gehört, auswählen – und untersuchen. Einen Blick auf diese Datei zu werfen ist wichtig, damit Sie sich bewusst werden, welche vordefinierten Standardeinstellungen hier gesetzt werden.

Die nächsten drei Makros wählen zwei sendmail-Features aus: Das erste FEATURE-Makro, smrsh, besagt, dass das Programm smrsh von sendmail als die Shell verwendet werden soll, durch die Post an Dateien und Programme geschickt wird. Das zweite Feature, local_procmail, besagt, dass procmail zum lokalen Standard-Delivery-Agent gemacht wird. Die dazwischen liegende Zeile definiert den Pfad zum Programm procmail (die Standardeinstellung ist */usr/local/bin/procmail*).

Die nächsten beiden Zeilen verwenden das define-Makro, um das System zu kennzeichnen, das dem ausgehenden Mail-Hub für Post außerhalb der lokalen Domain entspricht (*poffice*), und um einen alternativen Speicherort für die Status-/Statistikdatei von sendmail anzugeben (normalerweise */etc/mail/statistics*). Die letzten beiden Zeilen der Datei verwenden das MAILER-Makro, um anzugeben, dass SMTP und procmail auf diesem System als Delivery-Agents verwendet werden – SMTP für entfernte Sites und procmail für lokale Mails.

Beachten Sie, dass die Reihenfolge der Parameter innerhalb dieser Datei wichtig ist. Dies ist die allgemeine Struktur einer *.mc*-Quelldatei:

```
VERSIONID
OSTYPE
DOMAIN           Domainweite Konfigurationsdatei
FEATURE
define
MAILER           Erst »smtp«, dann »local«, dann andere
LOCAL_RULE_*     Lokale Regelsätze (erweitertes Feature)
LOCAL_RULESET
```

---

8 Mit anderen Worten: »Id« innerhalb der Quelldatei, die mit einem wortreichen und hässlichen Versionsstring ausgefüllt wird, wenn Sie die Datei »auschecken«.

Dementsprechend kommt FEATURE im Allgemeinen vor define. Wenn jedoch eine Einstellung, die zu einem Feature gehört, in einem define-Makro angegeben wird, sollte dieses define dem zugehörigen FEATURE vorangehen. Wir haben ein Beispiel für Letzteres mit dem Feature local_procmail in unserem Beispiel gesehen.

Das Makro DOMAIN kann verwendet werden, um eine domainweite Konfigurationsdatei anzugeben, die Einstellungen enthält, die für jeden Host erwünscht sind (oder für eine Gruppe von Hosts), so wie in diesem Beispiel, das die Domain *generic* auswählt:

```
DOMAIN(`generic')
```

Das Argument wird als Name einer *.m4*-Datei verwendet, die sich in *../domain* relativ zum Build-Verzeichnis befindet (*../domain/generic.m4* in diesem Beispiel).

Hin und wieder möchten Sie vielleicht sicherstellen, dass ein bestimmtes Feature deaktiviert ist. In diesem Fall wird das Makro undefine verwendet, so wie in diesem Beispiel, das die Alias-Erweiterung deaktiviert:

```
undefine(`ALIAS_FILE')
```

Erstellen der Datei sendmail.cf

Das *Build*-Skript im Build-Unterverzeichnis wird verwendet, um eine Konfigurationsdatei aus einer *.mc*-Quelldatei zu erzeugen. Ich tendiere dazu, ein bisschen vorsichtig beim Installieren einer neuen Datei zu sein, weshalb ich einen Vorgang wie den folgenden verwende:

```
# cd Build-Verzeichnis
# emacs test.mc
# ./Build test.cf
# cp /etc/mail/sendmail.cf /etc/mail/sendmail.cf.save
# cp test.cf /etc/mail/sendmail.cf
# chmod 444 /etc/mail/sendmail.cf
```

Immer wenn Sie Ihre sendmail-Konfiguration ändern, müssen Sie dem laufenden Daemon ein HUP-Signal schicken:

```
# kill -HUP `head -1 /location/sendmail.pid`
```

Die Datei *sendmail.pid* speichert die Prozess-ID des sendmail-Daemon (in seiner ersten Zeile) zusammen mit dem Befehl, der verwendet wird, um ihn zu initialisieren (Zeile zwei).

Einige Systeme stellen kein *Build*-Skript zur Verfügung. Verwenden Sie in diesen Fällen einen der folgenden Befehle (ausgeführt im Build-Verzeichnis):

```
# make test.cf
# m4 ../m4/cf.m4 test.mc > test.cf
```

Der erste Befehl wird verwendet, wenn es ein *Makefile* im Build-Verzeichnis gibt, und der zweite ist der Aufruf des m4-Makroprozessors. Im letzteren Fall stellt der Befehl explizit die Standard-m4-Include-Datei vor die Quelldatei; diesen Schritt übernimmt das *Build*-Skript oder das *Makefile* für Sie.

Konfigurieren des Mail-Hub

Hier ist eine Quelldatei, die verwendet werden könnte, um die Datei *sendmail.cf* für das Computersystem des Mail-Hub zu erstellen (der anfängliche Kommentarblock sowie die VERSIONID- und OSTYPE-Makros wurden weggelassen):

```
FEATURE(`use_cw_file')
dnl Versendet die gesamte Post als benutzer@ahania.com
MASQUERADE_AS(`ahania.com')
FEATURE(`masquerade_envelope')
FEATURE(`allmasquerade')
MAILER(`smtp')
MAILER(`local')
```

Das erste Feature gibt an, dass eine externe Konfigurationsdatei verwendet wird, um eine Liste von Hosts und Domains anzugeben, für die dieses System Post annehmen und lokal ausliefern wird (üblicherweise als die *cw-Datei* bekannt, nach der internen »Klasse w« von sendmail). Die Standarddatei für diesen Zweck ist */etc/mail/local-host-names*, eine einfache Textdatei, die einen Namen pro Zeile enthält. Als Minimum sollte diese Datei alle Aliase für den lokalen Hostnamen enthalten. Sie werden eventuell die lokale Domain in die Datei einfügen müssen, um die lokale Auslieferung von Adressen der Form *benutzer@lokale-domain* zu unterstützen (das heißt in unserem Beispiel *benutzer@ahania.com*).

Dieses Makro ist standardmäßig tatsächlich in den meisten sendmail-Konfigurationen enthalten. Folglich verwenden auch Mail-Client-Systeme diese Datei (wird innerhalb einer m4-Include-Datei aktiviert) und Sie sollten es auf solchen Systemen auch konfigurieren.

Die drei Zeilen, die dem Kommentar folgen, aktivieren das Masquerading auf diesem Host. Masquerading stellt eine einzige, gemeinsame Stelle für alle ausgehende Mail dar. Zum Beispiel kann es verwendet werden, um alle E-Mails so erscheinen zu lassen, als würden sie von einem einzigen System stammen, unabhängig von wo sie tatsächlich abgeschickt wurden. Es kann auch verwendet werden, um alle lokalen Absenderadressen konform zu einer bestimmten Form zu machen (oft *benutzer@site*).

In diesem Fall sorgt das Makro MASQUERADE_AS dafür, dass die gesamte Mail, die die Site verlässt, so erscheint, als würde sie von dem Benutzer auf *ahania.com* stammen, und alle Verweise auf irgendwelche lokalen Computer werden entfernt. Das Feature masquerade_envelope bewirkt, dass das Masquerading innerhalb des Envelope[9] der Nachricht vorgenommen wird, ebenso wie innerhalb der Standard-Mail-Header, und allmasquerade besagt, dass alle Empfängernamen sowie Absendernamen maskiert werden. (Letzteres ist nützlich, wenn die Empfängerliste sowohl lokale als auch nichtlokale Personen beinhaltet.)

---

9 Der Envelope entspricht Daten, die die tatsächlichen Nachrichten-Header und den Inhalt umhüllen. Er enthält die tatsächliche Auslieferungsadresse und wird vom Mailer (Delivery-Agent) aus den Mail-Headern der Nachrichten erstellt.

Sie können einige Hosts und/oder Domains vom Masquerading ausschließen, indem Sie das Makro MASQUERADE_EXCEPTION verwenden, das als Argument den Host oder die Domain entgegennimmt, der oder die ausgeschlossen werden soll.

Ein verwandtes Feature ist always_add_domain, das die lokale Domain an unqualifizierte Benutzernamen anhängt (auch wenn dies viele Mailer ebenso machen). Es respektiert die Einstellungen von MASQUERADE_AS. Das Einfügen dieses Features ist eigentlich immer sicher.

Wenn Sie sich dazu entschließen, Masquerading einzusetzen, möchten Sie eventuell einige Benutzernamen von diesem Übersetzungsprozess ausschließen. Dazu verwenden Sie das Makro EXPOSED_USER. Das folgende Makro beispielsweise schließt *root* vom Masquerading aus:

EXPOSED_USER(`root')

Andere systembezogene Mail-Adressen sollten ebenfalls ausgeschlossen werden, dies betrifft *Mailer-Daemon*, *postmaster* und so weiter.

Wir werden zusätzliche das Masquerading betreffende Features im Abschnitt »Virtuelles Hosting« später in diesem Kapitel behandeln.

Auswählen der Mailer

Die letzten beiden Zeilen der Beispielkonfigurationsdatei des Mail-Hubs – die MAILER-Makros – aktivieren verschiedene Delivery-Agents: in diesem Fall SMTP und den lokalen Standard-Delivery-Agent.

sendmail besitzt viele definierte Mailer, inklusive der folgenden:

local
  Lokale Mail-Auslieferung (verwendet Standardprogramme oder definierte Programme)

smtp
  SMTP-Mail-Transport

procmail
  Auslieferung über procmail

cyrus
  Auslieferung an die Cyrus-Einrichtung

fax
  Auslieferung an HylaFAX (von Sam Leffler; sehen Sie hierzu auch *http://www.hylafax.org*)

qpage
  Auslieferung an die Paging-Einrichtung QuickPage (*http://www.qpage.org*)

usenet
  Auslieferung an Usenet-News

uucp
  UUCP-Mail-Transport

Wieder einmal spielt die Reihenfolge unter den ausgewählten Mailern eine Rolle. Sie werden sich auf der sicheren Seite befinden, wenn Sie *smtp* zuerst platzieren, dann *local* folgen lassen und dann alle anderen Mailer aufführen. Beachten Sie, dass die Mailer *local* und *procmail* als gleichwertig angesehen werden, wenn Sie `FEATURE(`local_procmail')` einfügen.

Am besten fügen Sie `MAILER`-Makros nur für diejenigen Mailer ein, die Ihre Site auch tatsächlich benutzt.

Jeder dieser definierten Mailer besitzt einige zugehörige Parameter, die festgelegt werden können, inklusive `Mailer_MAILER_PATH` und `Mailer_MAILER_ARGS`, die den Pfad zu dem ausführbaren Programm beziehungsweise die gewünschten Befehlsargumente angeben (wobei `Mailer` durch den Mailer-Namen in Großbuchstaben ersetzt wird). Wir werden uns gleich ein Beispiel hierzu ansehen.

Das Programm, das für die lokale Mail-Auslieferung verwendet wird – `MAILER(local)` –, unterscheidet sich von Unix-Version zu Unix-Version ein wenig:

AIX	*/bin/bellmail*
FreeBSD	*/usr/libexec/mail.local*
HP-UX	*/usr/bin/rmail*
Linux	*/usr/bin/procmail*
Solaris	*/usr/lib/mail.local*
Tru64	*/bin/mail*

Im Allgemeinen können Sie den lokalen Standard-Mailer feststellen, indem Sie einen Befehl wie den folgenden ausführen (der Speicherort der Konfigurationsdatei wird sich unterscheiden):

```
$ grep Mlocal /etc/sendmail.cf
Mlocal,       P=/usr/bin/procmail, ...
```

Der Pfad, der »P=« folgt, kennzeichnet den lokalen Delivery-Agent. Auf Unix-Systemen befinden sich viele Delivery-Agents im Einsatz: `mail`, `rmail`, `deliver`, `mail.local` (ist Bestandteil des `sendmail`-Pakets), `procmail` und `uux` zusammen mit `rmail` (für Mail, die über UUCP transportiert wird).

Der lokale Standard-Delivery-Agent ist */bin/mail* für Mail-Nachrichten und */bin/sh* für Nachrichten, die an Dateien oder Programme umgeleitet werden. Sie können diese Programme und/oder Speicherorte mit `define`-Makros wie diesen hier überschreiben:

```
define(`LOCAL_MAILER_PATH', `/usr/bin/rmail')
define(`LOCAL_MAILER_ARGS', `rmail -d $u')
define(`LOCAL_SHELL_PATH', `/usr/bin/sh')
define(`LOCAL_SHELL_ARGS',`sh -c $u')
```

Diese Einträge definieren, dass der lokale Delivery-Agent */usr/bin/rmail* sein soll, und geben einen alternativen Ort für die Shell an. Die Parameter `_ARGS` geben den Befehl an, der in jedem der Fälle ausgeführt werden soll: rmail wird die Option -d verwenden, gefolgt von der Auslieferungsadresse ($u, das den zugehörigen Benutzernamen auflöst), und die umgeleitete E-Mail wird mit sh -c *Adresse* verarbeitet (wobei sich $u wieder auf die Auslieferungsadresse erweitern wird – in diesem Fall der Befehl, der als Alias-Umsetzung angegeben wird).

Wenn Sie das mail.local-Programm von sendmail als lokalen Delivery-Agent einsetzen möchten, können Sie einfach dieses Makro in Ihre Konfigurationsquelldatei einfügen:

FEATURE(`local_lmtp',`*Pfad-zu-Mail.local*')

Das zweite Argument ist optional und standardmäßig auf */usr/libexec/mail.local* gesetzt.[10]

Wie beim lokalen Delivery-Agent können Sie feststellen, welches Programm für umgeleitete Mail-Nachrichten eingesetzt wird, indem Sie einen Befehl wie zum Beispiel grep Mprog /etc/sendmail.cf verwenden. Da umgeleitete E-Mail ein übliches Sicherheitsloch darstellt, ziehen es viele Administratoren vor, sh durch eine restriktivere Shell zu ersetzen. Die Shell smrsh, die bei sendmail enthalten ist, entspricht dieser Vorgabe ziemlich gut (sie wird »smursh« ausgesprochen, steht aber für »sendmail restricted shell«).

Wie wir bereits gesehen haben, kann smrsh ausgewählt werden, indem das folgende FEATURE-Makro verwendet wird:

FEATURE(`smrsh',`*Pfad*')

Das zweite Argument ist wieder optional und standardmäßig auf */usr/libexec/smrsh* gesetzt.

Wie andere Restricted Shells (sehen Sie hierzu Kapitel 7) ignoriert smrsh alle I/O-Umleitungen innerhalb von Befehlen, entfernt alle einleitenden Pfadangaben von den Befehlsnamen und beschränkt erlaubte Befehle auf diejenigen, die in ihrem Verzeichnis mit den ausführbaren Programmen abgelegt sind, normalerweise */usr/lib/sendmail.d/bin*. Der Administrator platziert dann erlaubte (sichere) Befehle (zum Beispiel vacation) in diesem Verzeichnis, normalerweise über symbolische Links, und sorgt dafür, dass unsichere Befehle ausgeschlossen werden, wie zum Beispiel Shells (andere als smrsh selbst), Befehls-Interpreter (zum Beispiel Perl, Python) und Programme, die Shell-Escapes anbieten. Weder das Verzeichnis noch die Dateien darin sollten Schreibrechte für die Gruppe oder andere besitzen.

procmail kann eine Subshell hervorbringen, weshalb es wahrscheinlich nicht in die Reihe der von smrsh erlaubten Befehle aufgenommen werden sollte (obwohl es dennoch oft irgendwie enthalten ist). Eine alternative Methode, um es den Benutzern zu erlauben, procmail einzusetzen, ist, es zum lokalen Mailer zu machen (wie es die Standardeinstellung auf Linux-Systemen ist). Sie werden entscheiden müssen, welcher Kompromiss weniger schlecht für Ihr System ist, wenn die Benutzer procmail benötigen und Sie möchten, dass sie smrsh für umgeleitete E-Mail einsetzen.

---

10 Ein alternatives Standardverzeichnis für mail.local und smrsh kann gesetzt werden, indem der confEBINDIR-Parameter definiert wird.

Mehr über Pipes auf Dateien und Programme. Normalerweise können Pipes auf Dateien auf normale Dateien, Geräte und andere Dateisystem-Entities eingerichtet werden. Sie könnten diese auf normale Dateien einschränken wollen (um Gerätezugriff zu verbieten und unbeabsichtigte Fehler, wie zum Beispiel das Überschreiben von Verzeichnissen, zu vermeiden), indem Sie confSAFE_FILE_ENV definieren:

```
define(`confSAFE_FILE_ENV',`/')
```

Wenn Sie zudem die erlaubten Speicherorte für Schreibzugriffe auf Dateien einschränken möchten, geben Sie die Wurzel des gewünschten Verzeichnisses als zweiten Parameter an. Der folgende Eintrag zum Beispiel beschränkt solche Schreibzugriffe auf Dateien unterhalb von */home*:

```
define(`confSAFE_FILE_ENV',`/home')
```

Schließlich können Sie das Weiterleiten von Mail-Nachrichten an Dateien und Programme deaktivieren, indem Sie die Zeichen / und | aus der Liste der Flags entfernen, die dem lokalen Mailer übergeben werden:

```
MODIFY_MAILER_FLAGS(`LOCAL',`-|/')
```

Einige Variationen für Clients und Mail-Hubs

In diesem Abschnitt werden wir kurz ein Potpourri an zusätzlichen Features betrachten, die sich auf die allgemeine Konfiguration von Clients oder Hubs beziehen.

Ein isoliertes internes Netzwerk. Ein LAN, das nicht mit dem Internet verbunden ist, kann sich einfach auf einen einzelnen Host verlassen, der als dessen Leitung zur Außenwelt dient. Die Clientsysteme in einem solchen Netzwerk verwenden ein zusätzliches Feature: nocanonify. Dieses Feature sagt sendmail, keine E-Mail-Adressen auf ihre vollständig qualifizierte Form auf dem lokalen System zu erweitern. Stattdessen wird dies auf dem Mail-Hub vorgenommen. Indem Sie es bis zu diesem Zeitpunkt verschieben, sparen Sie lokal einige unnötige oder redundante DNS-Lookups, selbst bei Hosts mit Verbindungen zum Internet. Außerdem ist es wichtig, dieses Feature einzufügen, wenn Clients mit eingeschränktem oder keinem DNS-Zugriff Nachrichten an willkürliche Internet-Zielorte schicken, die sie eventuell nicht auflösen können.

Auf dem Mail-Hub erlaubt das Feature relay_entire_domain diesem System, Mail von jedem Host in der lokalen Domain für die Weiterleitung anzunehmen. Das Relaying wird detaillierter besprochen, wenn wir später in diesem Abschnitt die Anti-Spam-Features von sendmail behandeln.

Ein Null-Client. Es ist möglich, ein noch minimaleres Clientsystem zu definieren als dasjenige, das wir schon früher untersucht haben. sendmail bietet die Option eines »Null-Client«-Systems, in dem die gesamte Mail für die Verarbeitung an einen anderen Host geschickt wird. Es verwendet eine minimale Konfigurationsdatei, die nur aus dem OSTYPE-Makro und einem FEATURE-Makro besteht:

```
FEATURE(`nullclient',`poffice')
```

Dieses System gibt den Zielhost – das System, zu dem ausgehende Mail weitergeleitet wird – mit *poffice* an. Dieses Feature schaltet auch automatisch das gesamte Aliasing für Adressen aus sowie die Features für die Weiterleitung.[11]

Wenn Sie sich dazu entscheiden, ein Null-Client-System einzurichten, sollten Sie die zugehörige betriebssystemspezifische Include-Datei (in *../ostype*) untersuchen, um sicherzustellen, dass dort keine ungewollten Features aktiviert sind. Zudem gibt es keinen Bedarf, den sendmail-Daemon auf einem solchen Clientsystem laufen zu lassen (die User-Agents werden ihn wenn nötig selbst aufrufen).

Mailer-spezifische und andere lokale Relays. Es können auch komplexere Mail-Transportsysteme implementiert werden, zusätzlich zu dem, was durch das Feature SMART_HOST zur Verfügung gestellt wird (das einen Host angibt, der Mail bearbeiten soll, die an Hosts außerhalb der lokalen Domain adressiert ist). Zum Beispiel können unterschiedliche Mailer je einen bestimmten Relay-Host für das Weiterleiten von Mail unter Verwendung des entsprechenden Protokolls besitzen. Das folgende Makro zum Beispiel definiert *oldmail* als Relay-Host für Mail, die auf UUCP basiert:

```
define(`UUCP_RELAY',`oldmail')
```

Mailer-spezifische Relay-Einstellungen haben Vorrang vor SMART_HOST.

Das Feature MAIL_HUB routet die *gesamte* ausgehende Post an einen bestimmten Host, so wie in diesem Beispiel:

```
define(`MAIL_HUB',`poffice')
```

Alternativ kann LOCAL_RELAY definiert werden, um unqualifizierte Mail-Adressen an einen bestimmten Host zu routen:

```
define(`LOCAL_RELAY',`poste')
LOCAL_USER(`root admin')
```

Diese Makros veranlassen, dass die gesamte Post, die nur an einen Benutzernamen adressiert ist, für die Verarbeitung an *poste* geroutet wird, wenn auch Mail an *root* und an *admin* davon ausgeschlossen ist. Die Einträge in der Alias-Datei werden für solche umgeleitete Adressen nicht verwendet.[12]

Hier ist eine Zusammenfassung der verschiedenen Makros für die Mail-Hub-Spezifikation:

SMART_HOST
: Bearbeitet Mail, die nach außerhalb der Domain geht

MAIL_HUB
: Bearbeitet Mail der lokalen Domain

LOCAL_RELAY
: Bearbeitet lokale unqualifizierte Adressen

---

11 Sie können das Aliasing und/oder die Weiterleitung mit den Makros undefine(`ALIAS_FILE') beziehungsweise define(`confFORWARD_PATH',`') deaktivieren.

12 Wenn Sie sowohl MAIL_HUB als auch LOCAL_RELAY verwenden, gewinnt MAIL_HUB so lange, bis Sie auch das Feature stickyhost einfügen. Im letzteren Fall geht Mail an unqualifizierte Benutzernamen an den LOCAL_RELAY-Zielort und die gesamte andere, lokale ausgehende Post geht an den MAIL_HUB-Zielort.

Mehr Möglichkeiten für die Adressierung

Zusätzlich zu den Mechanismen Alias-Datei und Weiterleitung unterstützt sendmail mehrere Wege der Implementierung von Aliasing unterschiedlicher Art, darunter NIS/NIS+, LDAP und Lookup-Tabellen (tatsächlich sind es Datenbanken). In diesem Abschnitt behandeln wir einige dieser Aliasing-Methoden zusammen mit einigen verwandten Punkten.

Absender-Aliasing. Zusätzlich zu den Standardmechanismen unterstützt sendmail Aliasing basierend auf Lookup-Tabellen; die Datenbanken, die für diese Lookups verwendet werden, sind im Allgemeinen als »Maps« bekannt. Das Feature genericstable aktiviert Map-Lookup für ausgehende Absenderadressen. Sie aktivieren es mit Einträgen wie den folgenden in der Konfigurationsquelldatei:

```
FEATURE(`genericstable',`hash /etc/mail/senders')
GENERICS_DOMAIN_FILE(`/etc/mail/local-host-names')
```

Der erste Eintrag wählt das Feature genericstable aus und gibt die Datenbank */etc/mail/senders.db* als eine Berkeley DB-Datei im Hashformat an (die Syntax des Arguments ist dementsprechend *db-typ pfad*). Die Standardeinstellung ist *hash /etc/mail/genericstable*.

Das zweite Makro gibt an, dass die Datei, die diejenigen Domains auflistet, auf die die Map angewendet werden soll, */etc/mail/local-host-names* ist (die gleiche Datei führt Hosts und Domains auf, die als lokal betrachtet werden sollen). Alternativ könnte eine andere Datei angegeben werden oder das Makro GENERICS_DOMAIN könnte verwendet werden, um die lokalen Domains explizit aufzuführen.

Offensichtlich muss die zugehörige Datenbankdatei zusätzlich erzeugt werden. Der dafür nötige Prozess ist einfach:

- Erzeugen Sie eine Textdatei, die Einträge im folgenden Format enthält:

    Absenderadresse Gewünschte_Umsetzung

    Zum Beispiel:
    ```
    chavez    rachel_chavez@ahania.com
    carr      steve_carr@zoas.org
    ewood     eve_wood@ahania.com
    ```
    Namen in der linken Spalte haben implizit die lokale Domain angehängt, da nur vollständig qualifizierte Absendernamen von dem Feature genericstable umgesetzt werden. (Komplexere Einträge werden ebenfalls unterstützt; sehen Sie sich für weitere Details die sendmail-Dokumentation an.)

- Erzeugen Sie aus der Textdatei eine Datenbankdatei, indem Sie den Befehl makemap verwenden. Um eine Datenbank aus der Datei *senders.txt* zu erzeugen, würden Sie im Allgemeinen diesen Befehl verwenden, der die Datei */etc/mail/senders.db* generiert:
    ```
    # cd /etc/mail; makemap hash senders < senders.txt
    ```
    sendmail unterstützt verschiedene Datenbankformate. Die Hashvariante der Berkeley DB-Datenbank, die oben verwendet wurde, wird im Allgemeinen bevorzugt und wird von allen Systemen, die wir behandeln, unterstützt – mit Ausnahme von AIX. Ver-

wenden Sie auf AIX-Systemen den Dateityp *dbm*.[13] Beachten Sie auch, dass die Datenbankunterstützung zum Zeitpunkt der Kompilierung ausgewählt wird; überprüfen Sie, dass die Liste der Compiler-Optionen `NEWDB` beinhaltet (was auf Berkeley DB-Unterstützung hinweist) und/oder `NDBM` (DBM-Unterstützung).

Was passiert jetzt, wenn jemand auf eine dieser generisch erzeugten E-Mail-Adressen antwortet? Die Mechanismen für das Aliasing in der lokalen Domain müssen folglich die Adresse für die Mail erkennen und umsetzen (etwa über einen Alias-Dateieintrag), damit sie an den richtigen Empfänger ausgeliefert werden kann. Sie können auch das Feature virtusertable für die umgekehrte Umwandlung verwenden (wird unter »Virtuelles Hosting« etwas später in diesem Abschnitt behandelt).

Ein paar weitere Punkte: Als Erstes ist es oft eine gute Idee, das Feature `always_add_domain` einzufügen, wenn eine generische Tabelle verwendet wird, um sicherzustellen, dass alle Namen vollständig qualifiziert sind. Zweitens kann das Feature `generics_entire_domain` verwendet werden, um die Umwandlung mit generischen Tabellen auf Absender von Subdomains derjenigen Domains anzuwenden, die das Feature einsetzen. Seien Sie sich schließlich dessen bewusst, dass die Map-Umwandlung nicht rekursiv ist; es wird nur eine einzige Lookup-Operation durchgeführt.

Verwenden von LDAP für eingehende Mail-Adressen. Eine andere Möglichkeit für das Aliasing von Adressen ist, eine LDAP-Datenbank zu verwenden, um die zugehörigen Informationen zu speichern. Aktuelle Versionen von `sendmail` bieten die Möglichkeit, LDAP-Abfragen in Umlauf zu bringen (vorausgesetzt, diese Option wurde zum Zeitpunkt des Kompilierens ausgewählt; überprüfen Sie die Optionen auf `LDAPMAP`). Die folgenden Makros in der Konfigurationsquelldatei aktivieren die LDAP-Unterstützung für unsere Beispiel-Domain:

```
FEATURE(`ldap_routing')
LDAP_ROUTE_DOMAIN(`ahania.com')
define(`confLDAP_DEFAULT_SPEC', `-h orwell.ahania.com -b ou=People,dc=ahania,dc=com')
```

Das erste Feature aktiviert die LDAP-Unterstützung und das zweite Makro gibt die Domain an, auf die sie angewendet werden soll. Das letzte Makro gibt den LDAP-Server und den Base Distinguished Name an, bei dem mit der Suche begonnen werden soll (sehen Sie für eine detaillierte Behandlung von LDAP in Kapitel 6 nach).

Einmal aktiviert, verwendet `sendmail` die folgenden LDAP-Attribute der Objektklasse *inetLocalMailRecipient*:[14]

mailLocalAddress
    Eingehende Mail-Adresse

mailRoutingAddress
    Lokale Adressen, an die Mail ausgeliefert werden soll

---

13 Unter AIX müssen Sie auch das `makemap`-Utility aus der `sendmail`-Quelldistribution zusammenbauen; es wird nicht mitgeliefert.
14 Sie können diese Klasse und andere LDAP-bezogene Standardeinstellungen ändern, indem Sie optionale Argumente für das Feature `ldap_routing` verwenden.

```
mailHost
```
   Host, an den Mail geroutet wird (wird nicht oft verwendet)

Hier sind einige beispielhafte LDAP-Records:

```
dn: uid=chavez,ou=People,dc=ahania,dc=com
uid: chavez
objectClass: posixAccount
objectClass: inetLocalMailRecipient
mailLocalAddress: rachel_chavez@ahania.com
mailRoutingAddress: chavez@dalton.ahania.com

dn: uid=nadia,ou=People,dc=ahania,dc=com
uid: nadia
objectClass: posixAccount
objectClass: inetLocalMailRecipient
mailLocalAddress: nadia_rega@ahania.com
mailRoutingAddress: nrega

dn: uid=scarr,ou=People,dc=ahania,dc=com
uid: scarr
objectClass: posixAccount
objectClass: inetLocalMailRecipient
mailLocalAddress: steve_carr@ahania.com
mailRoutingAddress: scarr@zoas.org
mailHost: oldmail.ahania.com
```

(Beachten Sie, dass nur die relevanten Attribute gezeigt werden; in der Praxis würden diese Einträge möglicherweise zusätzliche Objektklassen und deren zugehörige Attribute enthalten.)

Die ersten beiden Beispiele übersetzen generische eingehende Adressen: eine vollständig qualifizierte Adresse und einen (lokalen) Alias, in dieser Reihenfolge. Das letzte Beispiel führt eine ähnliche Umsetzung durch, diesmal wird eine andere Domain in der Zieladresse eingeführt. Zudem wird die Mail an den Host *oldmail* geroutet (wie in dem Attribut `mailHost` angegeben). Mit anderen Worten: Eingehende Nachrichten, die an *steve_carr@ahania.com* adressiert sind, werden an den Host *oldmail* geroutet, der diese dann an *scarr@zoas.org* ausliefert.

Das redirect-Feature. sendmail bietet einen sehr komfortablen Weg, um mit E-Mail umzugehen, die an Personen geht, die eine Organisation verlassen haben: sein `redirect`-Feature. Wenn es in der Konfigurationsquelldatei enthalten ist, wird Mail an jeden Empfänger der Form *someone@anywhere.REDIRECT* mit folgender Nachricht an den Absender zurückgeschickt:

```
551 User has moved; please try someone@anywhere
```

Um dieses Feature einzusetzen, müssen Sie Aliase in der richtigen Form für die Benutzer einrichten, die gegangen sind. Zum Beispiel wird dieser Alias jeden, der eine Nachricht an *erika* schickt, darüber benachrichtigen, dass ihre Post jetzt an *eps@essadm.com* geht:

```
erika:    eps@essadm.com.REDIRECT
```

Virtuelles Hosting

Wir sahen ein einfaches Beispiel für die Maskierung von Adressen, als wir weiter vorn die Mail-Hub-Konfiguration behandelt haben. Oft muss jedoch ein Mail-Host Mail-Dienste für mehrere unterschiedliche Domains liefern (oft im Umfeld des Website-Hosting). Dieser Vorgang ist als *Virtuelles Hosting* bekannt und sendmail bietet mehrere Features, um dies zu unterstützen. Das wichtigste Feature ist dabei die virtuelle Benutzertabelle (virtual user table), die eingehende Adressen entsprechend einer Map umsetzt, die Sie eingerichtet haben.

Hier sind einige Beispieleinträge einer Konfigurationsdatei, die dieses Feature verwenden:

```
FEATURE(`virtusertable',`hash /etc/mail/vuser')
VIRTUSER_DOMAIN_FILE(`/etc/mail/local-host-names')
```

Wie Sie sehen können, sind die Einträge des Features virtusertable ziemlich ähnlich zu denen, die mit dem Feature genericstable verwendet wurden.

Das Format für die Quelldatei der virtuellen Benutzertabelle lautet:

Eingehende_Adresse Gewünschter_lokaler_Empfänger

Die Einträge in dieser Datei enthalten normalerweise nicht nur Umsetzungen für einzelne Benutzeradressen, sondern auch unausgefüllte Umwandlungen von Adressen für ganze Domains. Hier sind einige Beispiele (nehmen Sie an, *ahania.com* ist die lokale Domain):

```
rachel_chavez@ahania.com    chavez@dalton.ahania.com
erika@ahania.com            erikap@mango.essadm.com
help@ahania.com             error:No such user
@essadm.com                 czarina@essadm.com
@zoas.org                   %1@ahania.com
```

Die ersten beiden Einträge setzen Adressen auf unterschiedliche Benutzer innerhalb der gleichen beziehungsweise einer anderen Domain um. Der dritte Eintrag gibt dem Absender für jede Nachricht, die an *help* in der lokalen Domain adressiert ist, eine Fehlermeldung zurück.

Die letzten beiden Einträge treffen auf jede Adresse der angegebenen Domain zu. Der Eintrag für *essadm.com* schickt alle Nachrichten an irgendeinen Benutzer in dieser Domain an den Benutzer *czarina*. Die letzte Zeile setzt alle Adressen der Form *user@zoas.com* auf den gleichen Benutzernamen in der lokalen Domain um. Beachten Sie, dass komplexere Konstrukte möglich sind; sehen Sie in der sendmail-Dokumentation für Details zu der Syntax nach.

Wieder einmal wird der Befehl makemap verwendet, um die Datenbankdatei zu erzeugen. Zum Beispiel:

```
# cd /etc/mail; makemap hash vuser < vuser.txt
```

Standardmäßig wird die Map nur für vollständig qualifizierte Adressen in der lokalen Domain verwendet. Das Feature virtuser_entire_domain kann eingesetzt werden, um die Umsetzung mit virtuellen Benutzertabellen auf Adressen anzuwenden, die sich auf Subdomains der entsprechenden Domain(s) beziehen.

Virtuelles Hosting erfordert, dass die DNS-Einstellung für die gehosteten Domains den Einstellungen für sendmail entspricht. Vor allem sollten die MX-Records für diese Domains auf das entsprechende System in der Host-Domain zeigen.

Die Name Service Switch-Datei

Die Reihenfolge der verschiedenen Namens-Lookup-Dienste wird wie üblich von der Name Service Switch-Datei kontrolliert, die auf Linux- und Solaris-Systemen */etc/nsswitch.conf* ist (um genauer zu sein, wird sie von den *aliases*-Einträgen kontrolliert). Der folgende Eintrag zum Beispiel gibt an, dass die Standarddatei für Aliase verwendet werden soll, gefolgt von allen NIS- und dann von den NIS+-Maps:

```
aliases: files nis nisplus
```

Für Systeme, die die Name Service Switch-Datei nicht unterstützen, bietet sendmail eine ähnliche Funktionalität über die Einstellung von confSERVICE_SWITCH_FILE:

```
define(`confSERVICE_SWITCH_FILE',`/etc/mail/service.switch')
```

Die oben angeführte Datei wählt den üblichen Namen und den Speicherort für diese Datei aus (diese Einstellung ist jedoch auf vielen Systemen überhaupt nicht konfiguriert). Die Datei hat ein leicht unterschiedliches Format, es lässt den Doppelpunkt weg, der dem anfänglichen Schlüsselwort folgt:

```
aliases     files nis nisplus
hosts       files dns nis nisplus
```

Wie dieses Beispiel erkennen lässt, kann die sendmail-Service Switch-Datei sowohl Einträge für *aliases* als auch für *hosts* enthalten, was Suchreihenfolgen für Mail-Adressen und Hostnamen liefert, in dieser Reihenfolge. Sehen Sie für mehr Informationen über die Name Service Switch-Datei in »Hinzufügen eines neuen Netzwerkrechners« in Kapitel 5 nach.

Unterdrückung von Spam

sendmail bietet mehrere Features, die entwickelt wurden, um mit Spam umzugehen, der elektronischen Entsprechung von Werbepost.[15] Diese Features können in vier Bereiche gruppiert werden:

Relaying von Nachrichten
   Aktuelle Versionen von sendmail deaktivieren das Relaying, das Weiterreichen von empfangenen Nachrichten, die nicht an einen lokalen Benutzer gerichtet sind. Dieses Vorgehen hindert die bösen Jungs daran, Ihren Mailserver als Leitung für die Generierung von Spam-Verkehr zu benutzen, wobei sie Ihre Ressourcen verbrauchen (stehlen). Dementsprechend betrifft dieser Punkt eher die allgemeine Verhinderung von Spam und nicht die lokale Beseitigung desselben.

---

15 Der offizielle technische Fachbegriff für Spam ist Unsolicited Commercial Email oder UCE; es wird auch hin und wieder als Unsolicited Bulk Email (UBE) bezeichnet.

Überprüfen von Absenderdaten
Standardmäßig weist sendmail diejenige Mail ab, die von einer DNS-Domain kommt, deren Name nicht aufgelöst werden kann, und die von einem Absender ohne vollständig qualifizierte Mail-Adresse kommt (es gibt Features, mit denen diese Standardeinstellungen überschrieben werden können). Solche Nachrichten haben wahrscheinlich gefälschte Header und sind Spam. Sie können die Zugriffsdatenbank verwenden, um Ausnahmen für diese Tests zu definieren, wenn Sie dies müssen (sehen Sie hierzu auch den nächsten Punkt).

Adressenbasierte Mail-Filterung über eine Zugriffsdatenbank und öffentliche schwarze Listen (Blacklists)
Mail von verschiedenen Benutzern und/oder Sites kann abgewiesen werden. Diese Features sind in hohem Maße konfigurierbar, um sowohl eingeschränktes Relaying zu erlauben als auch die Angabe von Mail-Quellen, deren Nachrichten Sie ignorieren oder abweisen wollen.

Überprüfen der Mail-Header
sendmail kann eine Serie von Prüfungen auf Mail-Header anwenden, die vom Administrator definiert wurden, um zu entscheiden, ob die Mail angenommen werden soll. Sehen Sie sich für weitere Informationen und Beispiele die sendmail-Dokumentation und die Datei *knetch.mc* an (angeblich von Eric Allmans eigenem System), die normalerweise im Build-Verzeichnis enthalten ist.

Wir werden den ersten und dritten Punkt detaillierter im Rest dieses Abschnitts behandeln. Sehen Sie sich für einen unterschiedlichen Ansatz zum Erkennen und Bearbeiten von Spam den Abschnitt über procmail später in diesem Kapitel an.

Relaying von Nachrichten. Vor der sendmail-Version 8.9 arbeitete der Transport-Agent in einem freundschaftlichen Modus, indem er jede Mail weitergab, die ihm übergeben wurde. Dies ist als »Promiscuous Relaying« bekannt. Leider wurden Systeme, die ein solches Relaying erlaubten – sie werden auch »offene Relays« genannt –, von Spammern missbraucht, die Nachrichten über solche Systeme verschicken und damit die wirkliche Herkunft der Nachrichten tarnen oder ganz auslöschen. Dies stellt ein Problem für das Relay-System dar, da die Spammer Bandbreite und Systemressourcen auf dem Relay-Host verbrauchen. Zum Beispiel werden alle DNS-Lookups, die benötigt werden, um sagen wir einmal 10.000 Spam-E-Mail-Nachrichten zu verschicken, auf Ihrem System ausgeführt anstatt auf deren.

Als Konsequenz daraus wird auf aktuellen sendmail-Versionen standardmäßig das gesamte Relaying ausgeschaltet. Jedoch enthält sendmail Möglichkeiten, um das Relaying nur dann anzuschalten, wenn es benötigt wird, und zwar auf eine eingeschränkte und kontrollierte Weise. Wir haben bereits ein Beispiel hierzu in dem Feature relay_entire_domain gesehen. Auch wenn Sie die Datei cw für die Domain-Listen der generischen und/oder virtuellen Benutzertabellen einsetzen, schalten Sie wirksam das Relaying für die enthaltenen Domains an.

Die Makros RELAY_DOMAIN und RELAY_DOMAIN_FILE können verwendet werden, um zusätzliche Domains für das Relaying anzugeben. Diese Makros nehmen eine Domain-Liste und einen Dateinamen (der die Domain-Liste enthält) als Argumente entgegen – in dieser Reihenfolge. Sie können auch die Zugriffsdatenbank verwenden, um erlaubte Relay-Domains und Hosts anzugeben (sehen Sie hierzu den nächsten Abschnitt).

Sie könnten auch Mail zurückweisen wollen, die an nicht existente lokale Adressen geht. Das Makro LUSER_RELAY gibt an, wie solche Nachrichten behandelt werden sollten. Zum Beispiel:

```
define(`LUSER_RELAY',`tundra.ahania.com')
define(`LUSER_RELAY',`local:trashman')
define(`LUSER_RELAY',`error:wrong number bozo')
```

Das erste Beispiel leitet solche Nachrichten an den Host *tundra* um. Das zweite schickt diese an eine lokale Adresse (über den LOCAL-Mailer); diese Adresse kann ein Alias sein, der auf alles verweisen kann, was Sie möchten. Schließlich gibt das dritte Beispiel auf solche Nachrichten die angegebene Fehlermeldung zurück (diese könnte für den Einsatz in Ihrer Site nicht geeignet sein).

Wenn Sie ein eingeschränktes Relaying verwenden, könnte es das beste sein, mit undefine die Relay-Einstellungen für Mailer, die Sie nicht verwenden, zu deaktivieren, um Ihre Site für den Missbrauch durch Spammer weniger verwundbar zu machen. Zum Beispiel:

```
undefine(`UUCP_RELAY')
```

und ähnliche Einträge für andere nicht benutzte Mailer (zum Beispiel DECNET, BITNET und so weiter).

Einige Leute raten dazu, alle Mails zurückzuweisen, die in irgendeiner Form eine Adresse im UUCP-Stil besitzen, und zwar unter Verwendung dieses Makros:

```
FEATURE(`nouucp',`reject')
```

Dieser Ratschlag entstand, da Spammer gelegentlich dazu übergingen, solche Adressen zu verwenden, um sendmail auszutricksen. Jedoch weist dies die gesamte legitime E-Mail von Sites zurück, die immer noch UUCP verwenden (und davon gibt es mehr, als Sie glauben). Alles in allem hat dieses Feature keine nennenswerten Auswirkungen auf Spam und kann echte elektronische Post blockieren. Aus diesem Grunde rate ich Ihnen stark davon ab, es einzusetzen.

Öffentliche schwarze Listen und die Zugriffsdatenbank

Wir kommen jetzt zu zwei Features, die darauf spezialisiert sind, Spam auf dem eingehenden Mail-Host zu stoppen und daran zu hindern, die Benutzer-Mailboxen überhaupt zu erreichen.

Das erste Feature ist die Fähigkeit, Mail von jeder Site zurückzuweisen, die in einer der öffentlichen Listen über Spammer und offene Relays steht:

```
FEATURE(`dnsbl')
```

Dieses Feature sagt sendmail, die Absender gegen eine solche Liste zu prüfen. Solche Einrichtungen verwenden Standard-DNS-Einrichtungen, um einen Vorteil aus der normalerweise nicht verwendeten IP-Adresse 127.0.0.2 zu ziehen; diese Einrichtungen richten einen ansonsten normalen DNS-Server ein, der diese Adresse für alle Sites (IP-Adressen) in ihrer Liste zurückgibt. Die Transport-Agents können dann diese Adresse so interpretieren, dass sie eine böse Site markiert, und sendmail weist Mail von diesen Sites zurück, wenn dieses Feature aktiviert ist.[16]

Die Standardliste zur Überprüfung ist die Realtime Blackhole List, die von Paul Vixie und Mitarbeitern im Projekt Mail Abuse Prevention System (MAPS) geführt wird (sehen Sie auf *http://maps.vix.com* für weitere Informationen nach; der tatsächliche Server ist *rbl.maps.vix.com*). Sie können einen anderen Server angeben, um über das zweite Argument des Makros abzufragen, und Sie möchten das Feature vielleicht mehrmals einsetzen, um mehrere Blacklist-Server zu verwenden. MAPS liefert auch weitere Listen, so wie dies mehrere andere Organisationen auch machen (zum Beispiel das Open Relay Behaviour-modification System (ORBS); siehe *http://www.orbs.org*).

Es besteht immer eine kleine Möglichkeit, dass auch legitime Mail-Nachrichten zurückgewiesen werden, wenn dieses Feature eingesetzt wird. Wenn dies der Fall ist, können Sie die Zugriffsdatenbank verwenden, um Ausnahmen einzurichten, ohne das gesamte Feature zu deaktivieren.

Sie aktivieren den Einsatz einer Zugriffsdatenbank (Map) durch folgende Features:

```
FEATURE(`access_db', `hash /etc/mail/access')
FEATURE(`blacklist_recipients')
```

Das Feature-Argument access_db gibt den Typ und den Pfadnamen für die Datenbankdatei an (wie bei den generischen und virtuellen Benutzertabellen); der Standarddateityp und -speicherort sind in dem Beispiel angegeben.

Das zweite Feature ist optional. Das Feature blacklist_recipients erlaubt es Ihnen, Einträge in die Zugriffsdatenbank einzufügen, die eingehende Nachrichten für lokale Mail-Empfänger und Hosts blockieren.

Sie erzeugen die Zugriffsdatenbankdatei über den Befehl makemap:

```
# cd /etc/mail; makemap hash access < access.txt
```

Einträge in der Zugriffsdatenbank haben folgendes Format:

Eintrag Aktion

Dabei ist *Eintrag* ein Benutzername, ein Host, eine Domain oder ein Netzwerk und *Aktion* ist ein Schlüsselwort, das angibt, wie E-Mail von einer solchen Quelle behandelt werden soll. Die zur Verfügung stehenden Schlüsselwörter sind:

OK
  Akzeptiert E-Mail, selbst wenn sie andere Tests nicht besteht.

---

16 Sie können diese Listen auch über das Mail-Filterprogramm procmail abfragen und haben damit mehr Möglichkeiten für den Umgang mit den entsprechenden Nachrichten zur Verfügung (sehen Sie hierzu auch die Besprechung dieser Einrichtung später in diesem Kapitel).

RELAY
: Leitet Nachrichten von dieser Quelle weiter.

REJECT
: Weist Nachrichten von dieser Quelle ab.

ERROR
: Weist Nachrichten mit einer angegebenen Fehlermeldung zurück (sehen Sie hierzu auch die Beispiele).

DISCARD
: Ignoriert Nachrichten von dieser Quelle stillschweigend.

Sollte ein Eintrag zu einer Site in der Zugriffsdatenbank angeben, dass Mail auf irgendeine Art zurückgewiesen werden soll, wird zudem die ausgehende Mail, die dorthin gerichtet ist, ebenfalls verboten.

Hier sind einige Beispiele:

```
bad-guys.org                    REJECT
evil-ones.net                   ERROR:"550 No spam accepted"
mole.bad-guys.org               OK
zoas.org                        RELAY
10.0.22                         RELAY
something4nothing@notaol.org    DISCARD
mybadguy@                       REJECT
fortress.ahania.com             ERROR:"550 No mail allowed"
```

Die ersten beiden Einträge weisen Mail von den angegebenen Domains zurück. Hierbei verwenden sie die Standardmeldung beziehungsweise die angegebene Fehlermeldung. Beachten Sie, dass Fehlermeldungen, die Sie angeben, mit dem Fehlercode 550 beginnen müssen. Der dritte Eintrag definiert eine Ausnahme zu der vorangehenden Abweisung der Mail von der Domain *bad-guys.org*, indem er Mail erlaubt, die von dem Host *mole* kommt.

Der vierte und fünfte Eintrag erlauben das Relaying von Post, die aus der Domain *zoas.org* und von irgendeinem Host aus dem Subnetz 10.0.22 stammt. Die folgenden beiden Einträge werden auf bestimmte Mail-Accounts angewandt. Sie verwerfen sämtliche Mail, die von dem Absender *something4nothing* in der Domain *notaol.org* empfangen wird, und weisen eingehende Mail zurück, die an *mybadguy* in der lokalen Domain adressiert ist. Der letzte Eintrag weist Mail ab, die an irgendjemanden auf dem Host *fortress* in der lokalen Domain adressiert ist.

Beachten Sie, dass die letzten beiden Einträge, die auf lokale Empfänger statt auf entfernte Absender angewandt werden, das Feature `blacklist_recipients` benötigen, um gültig zu sein.

Sollte eine feinere Zugriffskontrolle erwünscht sein, unterstützt die Zugriffsdatenbank auch eine leicht modifizierte Syntaxvariante, die separate Einträge für Absender, Empfänger und Verbindungen zu einer Site erlaubt. Sie besteht aus dem Voranstellen eines *From:*, *Connect:* oder *To:* an die einfacheren Einträge. Zum Beispiel weist der folgende Eintrag Mail zurück, die von der angegebenen Adresse kommt, erlaubt aber ausgehende Nachrichten, die an diese adressiert sind:

```
From:spammer@notaol.org         REJECT
```

Auf ähnliche Art weisen die folgenden Einträge Mail zurück, die von *evil-ones.org* kommt und dorthin geht, definieren aber eine Ausnahme für einen Absender und eine andere für einen Empfänger:

```
From:evil-ones.org          REJECT
To:evil-ones.org            REJECT
From:myguy@evil-ones.org    OK
To:mygal@evil-ones.org      OK
```

Sie können die Zugriffsdatenbank auch dazu verwenden, um unidirektionales Relaying zu implementieren. Dieser Eintrag zum Beispiel leitet Nachrichten von *zoas.org* weiter, leitet aber keine Nachrichten aus einer anderen Quelle an diese Domain weiter:

```
Connect:zoas.org            RELAY
```

Beachten Sie, dass *Connect:* verwendet wird und nicht *From:*. Verwenden Sie *To:*, um das Relaying an einen bestimmten Zielort zu erlauben.

Zugriffskontrolleinträge, die den Zugriff von bestimmten Sites oder Absendern erlauben, können nicht vor Adressen-Spoofing schützen.

Die Einträge in der Zugriffsdatenbank werden von drei unterschiedlichen Phasen verwendet, in denen sendmail die Nachrichten untersucht.[17] Nachrichten werden als Erstes auf die Erlaubnis für das Relaying überprüft (basierend auf dem Hostnamen und der Adresse des Client), dann auf einen erlaubten Absender und schließlich auf einen erlaubten Empfänger. Sollte eine Nachricht in einer Phase zurückgewiesen werden, kann sie später nicht wiederhergestellt werden. Das bedeutet, dass die vorangehende Syntax keine Angabe zuverlässiger Ausnahmen erlaubt. Zum Beispiel können Sie nicht erlauben, dass die E-Mail an einen bestimmten Benutzer unabhängig von ihrer Herkunft immer durchgelassen wird, da die Prüfungen für die lokalen Adressen nach den Prüfungen für die Nachrichtenquellen durchgeführt werden.

Sie können jedoch das Feature delay_checks verwenden, um die Reihenfolge der drei Testphasen umzudrehen. In diesem Modus besitzen die Zugriffskontrollen auf Empfängerebene die höchste Priorität statt der niedrigsten.

Wenn Sie zusätzlich das Argument friend hinzufügen, sobald Sie das Feature delay_checks aufrufen, können Sie lokale Adressen definieren, die von den Zugriffsprüfungen ausgenommen werden sollen. Verwenden Sie hierzu folgende Syntax:

```
To:rubbish@ahania.com       SPAMFRIEND
```

Dieser Eintrag stellt die gesamte Mail, die an *rubbish* in der lokalen Domain adressiert ist, von Zugriffskontrolltests frei, was dazu führt, dass sie unabhängig von ihrer Herkunft akzeptiert wird. (Dementsprechend wird »spamfriend« verwendet, um Empfänger zu kennzeichnen, denen es nichts ausmacht, Spam zu erhalten.)

---

17 Um technisch korrekter zu sein, die Einträge werden von drei unterschiedlichen sendmail-»Regelsätzen« verwendet: *check_relay*, *check_mail* und *check_rcpt*.

sendmail-Sicherheit

In diesem Abschnitt nehmen wir verschiedene Punkte auf, die sich auf die Sicherheit von sendmail beziehen. Wir werden damit beginnen, dass wir die Eigentümer- und Zugriffsrechte der verschiedenen Dateien und Verzeichnisse behandeln, die zu sendmail gehören und auf die ich im Verlauf dieser Besprechung schon mehrmals hingewiesen habe. Es gibt mehrere Punkte, die bedacht werden müssen:

- Die Verzeichnisse aller Dateien, die zu sendmail gehören – ausführbare Dateien, Konfigurationsdateien, das Spool-Verzeichnis und so weiter –, sollten sicher sein: *root* sollte im Besitz jedes Unterverzeichnisses im Pfad sein (zusammen mit der zugehörigen Gruppe) und keine Komponente eines beliebigen Pfades sollte globale Schreibrechte besitzen.

- Die Konfigurationsdateien selbst sollten ebenfalls keine globalen Schreibrechte aufweisen. Dies gilt für *sendmail.cf* sowie alle anderen Konfigurationsdateien, die Sie einsetzen (die sich normalerweise in */etc/mail* befinden).

- Idealerweise sollte das Spool-Verzeichnis gegen jeglichen Zugriff mit Ausnahme von *root*[18] geschützt sein. Verwenden Sie hierzu den Modus 700. Jedoch verhindert die Einschränkung des Zugriffs auf diese Weise, dass einfache Benutzer die Inhalte der Queue mit mailq auflisten können. Sollte dies ein Problem darstellen, so haben Sie die Wahl, die Zugriffsrechte mit einem weniger restriktiven Modus zu lockern oder eine privacy-Option einzusetzen, um entgegen dem Zugriffsschutz bestimmten Benutzern zu erlauben, die Queue anzusehen (wird unten behandelt).

Der sendmail-Standardbenutzer. Auch wenn es sich um ein Programm handelt, das unter SETUID *root* läuft, so versucht der sendmail-Prozess doch immer seine Privilegien auf ein Minimum zu reduzieren, das nötig ist, um eine Aufgabe durchzuführen. Dies geschieht, indem er seine *root*-Privilegien für ein anderes Benutzerumfeld abgibt, das für die durchzuführende Aufgabe geeignet ist. Zum Beispiel nimmt er die Identität des Empfängers an, wenn er eine bestimmte Aufgabe für das Weiterleiten von Mail durchführt.

Der Parameter confDEF_USER_ID gibt die Benutzer-/Gruppenkombination an, die verwendet werden soll, wenn sendmail seine Privilegien herabsetzen möchte, es aber keine bestimmte Benutzeridentität gibt, die es annehmen könnte. Hier ist ein Beispiel:

```
define(`confDEF_USER_ID',`mailnull:mailngrp')
```

Das Makro setzt die Benutzer- und Gruppenidentitäten, die sendmail annimmt, auf den Benutzer und die Gruppe mit den Namen *mailnull* beziehungsweise *mailngrp*. Der Benutzer *mailnull* sollte mit einem Passwortdateieintrag wie diesem definiert werden:

```
mailnull:***:9947:9947:sendmail default:/not/real:/dev/null
```

Das Home-Verzeichnis des Benutzers sollte nicht existieren und es sollte keine gültige Login-Shell angegeben werden. Das Passwort für diesen Account sollte auf ein Sternchen

---

18 Oder einem anderen Benutzer, der über den Parameter confRunAsUser angegeben wird.

oder sonst ein ungültiges Zeichen gesetzt werden (entweder hier oder in der Shadow-Passwortdatei, wenn sie eingesetzt wird).

Die Gruppe wird auf ähnliche Weise eingerichtet, zum Beispiel:

```
mailngrp:*:9947:
```

Die tatsächliche UID und GID spielen keine Rolle, aber dieser Benutzer und diese Gruppe sollten keine Dateien besitzen und nicht für einen anderen Einsatzzweck verwendet werden. Daraus ergibt sich, dass der Benutzer *nobody* nicht als Standardbenutzer verwendet werden sollte.

Privacy-Optionen. sendmail liefert über den Parameter confPRIVACY_FLAGS eine Anzahl an Optionen für das Einschränken oder Entfernen verschiedener sensibler Aufgaben:

```
define(`confPRIVACY_FLAGS',`Flag-Liste')
```

Das zweite Argument stellt eine kommaseparierte Liste mit Flags dar, die Sie aktivieren möchten. Es gibt mehrere Flags, bei denen Sie es sich überlegen sollten, ob Sie diese einfügen möchten:

- authwarnings ist die Standardeinstellung für diesen Parameter. Sie veranlasst sendmail, Warn-Header für die Authentifizierung an verdächtige Mail-Nachrichten anzufügen (sehen Sie sich für Details zu diesen Prüfungen die sendmail-Dokumentation an).
- noexpn und novrfy verhindern Antworten auf die SMTP-Befehle EXPN beziehungsweise VRFY. Diese Befehle wurden entwickelt, um Aliase zu erweitern und Mail-Adressen zu überprüfen, werden aber oft von Spammern und anderen bösen Jungs missbraucht (um legitime E-Mail-Adressen herauszubekommen). Sie könnten es auch vorziehen, goaway einzusetzen, das sämtliche SMTP-Überprüfungen und Status-Abfragen deaktiviert.
- restrictmailq schränkt die Verwendung des Befehls mailq auf Benutzer aus der Gruppe ein, die das Verzeichnis */var/spool/mqueue* besitzt. Zusätzlich ermöglicht es den Gruppenmitgliedern, die Queue selbst dann anzusehen, wenn die Verzeichnisberechtigungen keinen Dateizugriff gestatten, was es Ihnen wiederum ermöglicht, einen Sicherheitsmodus von 700 einzusetzen, ohne den Befehl mailq zu unterbinden.
- restrictqrun verhindert, dass irgendjemand mit Ausnahme des Eigentümers des Queue-Verzeichnisses (normalerweise *root*) die Queue abarbeiten kann.
- noreceipts veranlasst sendmail, Anfragen nach Empfangsbestätigungen zu ignorieren (schließt die zugehörige Vergeudung von Bandbreite aus).

SASL-Authentifizierung. Der Simple Authentication and Security Layer (SASL) liefert Authentifizierungsfähigkeiten für die verbindungsorientierte Netzwerkkommunikation (sehen Sie für weitere Informationen hierzu unter *http://asg.web.cmu.edu/sasl/* nach). SASL-Authentifizierung kann unter Verwendung einer Vielzahl an Mechanismen durchgeführt werden und die Kommunikationspartner können auch eine Schutzmaßnahme (zum Beispiel Verschlüsselung) für zukünftige Nachrichten aushandeln. Eine Vielzahl von Netzwerkeinrichtungen verwendet SASL, inklusive OpenLDAP und sendmail.

Die Authentifizierung für SMTP-Verbindungen über SASL wird seit der sendmail-Version 8.10 unterstützt und verwendet dabei die Cyrus SASL-Einrichtung (*http://asg.web.cmu.edu/cyrus/*), und die Version 8.11 fügt die Unterstützung für Verschlüsselung über TLS hinzu (das Transport Layer Security-Protokoll wurde entwickelt, um SSL zu ersetzen; sehen Sie hierzu auch unter *http://www.openssl.org* nach). Die SASL-Unterstützung muss während des Kompiliervorgangs aktiviert werden (überprüfen Sie auf die Option SASL).

sendmail liefert Makros, die es Ihnen erlauben, Folgendes anzugeben:

- Erlaubte Authentifizierungsmechanismen, ebenso wie diejenigen, die für das Relaying akzeptiert werden
- Authentifizierungsanforderungen und Authentifizierungsdaten (oder Speicherorte) für den lokalen Server
- Authentifizierungs- und Verschlüsselungsanforderungen auf Domain- oder Host-Ebene, über Einträge in der normalen Zugriffs-Map

Um diese Features zu verwenden, müssen Sie die Cyrus SASL-Bibliothek installieren (sehen Sie hierzu auch *http://asg.web.cmu.edu/cyrus/*), sendmail mit SASL-Unterstützung kompilieren und dann entsprechend konfigurieren. Ziehen Sie für weitere Informationen Folgendes zu Rate:

- Die Abschnitte »STARTTLS« und »SMTP Authentication« aus der *README*-Datei der sendmail-Konfiguration
- Die Seiten *auth.html* und *starttls.html* unter *http://www.sendmail.org/~ca/email/* und die Seite *sysadmin.html* im Unterverzeichnis *cyrus* am selben Ort

Verringern der Privilegien des sendmail-Daemon. In der Vergangenheit war die Tatsache, dass sendmail unter SETUID *root* läuft, einer der Umstände, die Sicherheitsverletzungen zuließen. Als Konsequenz daraus tauchen häufig Vorschläge auf, den Level der Privilegien für den Daemon herabzusetzen. Eine Methode dazu ist die Einrichtung chroot (siehe Kapitel 3). Dieser Ansatz lässt zwar den setuid-Status unberührt, beschränkt aber den Funktionsbereich des Daemon auf ein minimales, isoliertes Dateisystem.

Version 8.12 liefert eine andere Technologie, um dieses Problem anzugehen. Sie teilt sendmail in zwei Daemons auf, einer arbeitet als Transport-Agent und ein anderer als Mail-Submission-Agent, der die Mail von denjenigen Mail-Programmen bearbeitet, die Nachrichtenauslieferungsdienste benötigen. Deren Eigenschaften werden in Tabelle 9-4 beschrieben.

Tabelle 9-4: Aufteilen des sendmail-Daemon

	Transport-Agent	**Auslieferungsprogramm**
Name	sm-mta	sendmail
Eigentümer (Benutzer, Gruppe)	*root*, GID 0	*sm-msp*, *sm-msp*
Dateizugriffsschutz	550 (nicht SETUID)	555 + SETGID
Läuft als Daemon?	ja	nein
Arbeits-Queue	*/var/spool/mqueue*	*/var/spool/clientmqueue*
Konfigurationsdatei	*sendmail.cf*	*submit.cf*

Die Binaries der beiden Dateien sind Kopien der gleichen ausführbaren Datei mit unterschiedlichen Eigentümer- und Zugriffsrechten. Das Programm sm-mta stellt eine Ersetzung des aktuellen sendmail-Daemons dar. Dazu muss der Name des Programms in den Startdateien des Systems geändert und die Option -L sm-mta an den Startbefehl hinzugefügt werden. Zum Beispiel:

```
/usr/sbin/sm-mta -L sm-mta -bd -q30m
```

Das andere Programm befindet sich im Besitz eines neuen Benutzers und einer neuen Gruppe und wird auf die SETGID dieser Gruppe gesetzt. Dessen Arbeits-Queue muss ebenfalls im Besitz dieses Benutzers und dieser Gruppe sein und den Modus 660 besitzen. Es wird nicht als Daemon ausgeführt und hat eine separate Konfigurationsdatei, die oben *submit.cf* genannt wird. Letztere enthält das Feature msp:

```
FEATURE(`msp')
```

Das Feature aktiviert und setzt die verschiedenen Parameter, die sich auf das Mail-Auslieferungsprogramm beziehen (zum Beispiel das Verzeichnis der Arbeits-Queue).

Prüfen Sie die Dokumentation der letzten Version von sendmail auf aktuelle Informationen zu diesen Features.

Überwachung des laufenden Betriebs

sendmail liefert mehrere Utilities zum Überwachen seines laufenden Betriebs. Das wichtigste davon ist mailq (entspricht sendmail -bp), das den Inhalt der Arbeits-Queue von sendmail auflistet (*/var/spool/mqueue*):

```
# mailq
f3FHZeI08989    1240 Sun Apr 15 13:35 chavez
        (Deferred: Connection refused by dalton.ahania.com.)
                            jones@dalton.ahania.com
```

Diese Ausgabe führt nur einen einzigen Eintrag auf. Die erste Zeile zeigt den Namen der Nachrichtendatei im Verzeichnis der Arbeits-Queue an, zusammen mit der Auslieferungszeit und dem Absender. Die zweite Zeile in diesem Eintrag gibt den Nachrichtenstatus an; in diesem Fall antwortet der entfernte Host nicht, an den die Nachricht adressiert ist. Die letzte Zeile führt die Empfängeradresse auf.

Im Verzeichnis der Arbeits-Queue können mehrere unterschiedliche Dateitypen vorhanden sein; alle haben Namen, die aus einem Präfix plus der Nachrichten-ID bestehen. Das Präfix kennzeichnet den Inhaltstyp der Datei:

qf Steuerdatei (enthält Nachrichten-Header)

df Datendatei (Nachrichtentext)

xf Enthält Mailer-Fehlermeldungen (»Transkript-Datei«)

Qf Kennzeichnet eine zurückgeschickte Nachricht

tf Temporäre Datei, die als Ausgangspunkt verwendet wird, wenn die *qf*-Datei aktualisiert wird

Tf Die Nachrichtenverarbeitung hat 32 oder mehr Locking-Fehler generiert

Es gibt eine Reihe von Situationen, in denen Sie mit den Inhalten der Mail-Arbeits-Queue umgehen müssen:

- Wenn die Queue ernsthaft überlastet ist, kann die Leistung von sendmail und/oder des Systems übermäßig beansprucht werden. In solchen Fällen ist die beste Reaktion, den sendmail-Daemon temporär zu stoppen, die Dateien in ein alternatives Verzeichnis zu verschieben (oder *mqueue* umzubenennen, neu zu erzeugen und sicherzugehen, dass die Eigentümer- und Zugriffsrechte richtig gesetzt sind: *root* und 700) und den Daemon neu zu starten. Dann können Sie sendmail zu einem geeigneteren Zeitpunkt per Hand über die gesicherten Dateien laufen lassen, ohne Auswirkungen auf weitere eingehende Mail. Um dies durchzuführen, verwenden Sie einen Befehl wie den folgenden, wobei *save_queue* der Speicherort für die verschobenen Dateien ist:

  ```
  # sendmail -oQ/var/spool/save_queue -q
  ```

- Überprüfen Sie die Queue hin und wieder auf Dateien, die niemals erfolgreich verarbeitet werden. Zum Beispiel werden Sie von Zeit zu Zeit auf verwaiste *df*-Dateien stossen, Nachrichten ohne irgendeine Steuerdatei (die deshalb nicht ausgeliefert werden können). Sie können diese Dateien archivieren oder löschen, so wie es Ihnen passt.

Sie können die Operationen von sendmail auch untersuchen, indem Sie mit dem Befehl mailstats auf die Inhalte der Statistikdatei sehen, ein separates Utility, das im sendmail-Paket enthalten ist (der Speicherort der Statistikdatei wird durch die Definition von *STATUS_FILE* gesetzt und lautet standardmäßig */etc/mail/statistics*). Hier ist ein Beispiel für die Ausführung von mailstats:

```
# mailstats
Statistics from Sun Apr  8 14:38:37 2001
 msgsfr  bytes_from   msgsto   bytes_to  msgsrej  msgsdis  Mailer
     53        378K        5        12K        0        0  local
   1231       7425K        0         0K        0        0  relay
---------------------------------------------------------
T  1284       7803K        5        12K        0        0
C  1284                    5         0
```

(Die erste Spalte, die die Mailer-Nummern anzeigt, wird weggelassen, um Platz zu sparen.) Die Spalten zeigen die Anzahl der Nachrichten, die empfangen (*msgsfr*), verschickt (*msgsto*), zurückgewiesen (*msgsrej*) und verworfen wurden (*msgsdis*), ebenso wie die Anzahl der Bytes, die empfangen (*bytes_from*) und verschickt wurden (*bytes_to*), aufgeteilt auf die Mailer. Diese Ausgabe stammt von einem System, das sehr wenige Benutzer-Mailboxen vorhält, weshalb der lokale Verkehr ziemlich eingeschränkt ist. Die meisten Nachrichten werden für die Verarbeitung an einen Mail-Hub weitergeleitet. Die letzten beiden Zeilen in der Ausgabe zeigen die Gesamtsummen für jede Spalte und für die Verbindungen. Möglicherweise werden in der Ausgabe eines typischen Systems in Ihrer Site viel grössere Zahlen und zusätzliche Mailer auftauchen.

sendmail bietet die Möglichkeit, über Hosts auf dem Laufenden zu bleiben, an die eine Auslieferung fehlschlug, und diese Daten zu verwenden, um zukünftige Arbeit zu priorisieren. Das folgende Makro aktiviert dieses Feature unter Verwendung des üblichen Verzeichnisses:

```
define(`confHOST_STATUS_DIRECTORY',`/var/spool/mqueue/.hoststat')
```

Sie können sich die aktuellen Statusdaten mit dem Befehl hoststat ansehen (entspricht sendmail -bh):

```
# hoststat
---Hostname--------------How long ago----------Results---------
dalton.ahania.com         00:00:30   Deferred: Connection refu
newton.ahania.com         01:47:03   250 2.0.0 f32Hl3720131 Me
```

Die Einträge geben den Zeitpunkt und die Ergebnisse des letzten Verbindungsversuchs für jeden Host an. Sie können die gesamten Verbindungsdaten für die Hosts zurücksetzen, indem Sie den Befehl purgestat ausführen (entspricht sendmail -bH).

Leistung

In diesem Abschnitt sehen wir uns einige der Parameter an, die sendmail zu seiner Leistungsoptimierung zur Verfügung stellt.

Mail-Queues können sehr groß werden, wenn eine große Menge an Post zur gleichen Zeit ankommt. Die Mail-Queue kann ebenso zu anderen Momenten groß werden. Wie wir zum Beispiel gesehen haben, werden die Mail-Nachrichten in der Arbeits-Queue gehalten, wenn der erste Versuch der Auslieferung fehlschlägt. Dies kann zwei Arten von Engpässen verursachen. Zum einen kann der Festplatten-I/O selbst seine I/O-Kapazität einfach überlasten. Zusätzlich leiden sehr große Queue-Verzeichnisse unter der absinkenden Leistung bei Verzeichnis-Lookups der Unix-Betriebssysteme (was für typische nichtgeloggte Unix-Dateisysteme bei etwa 2000 Dateien unerträglich wird).

Eine Lösung für beide Arten von I/O-Engpässen besteht darin, mehrere Queue-Verzeichnisse zu verwenden. Idealerweise befindet sich dabei jedes Verzeichnis auf einer anderen physikalischen Festplatte. Das folgende Makro konfiguriert sendmail für die Verwendung mit mehreren Arbeits-Queues:

```
define(`QUEUE_DIR',`/var/spool/mqueue/q*')
```

Das Makro sagt sendmail, dass es unter dem üblichen Verzeichnis alle Unterverzeichnisse mit Namen, die mit »q« beginnen, als seine Arbeits-Queues verwenden soll (sendmail wählt die Queue für jede Nachricht zufällig aus). Die Verzeichnisse können lokale Unterverzeichnisse oder (noch besser) symbolische Links auf tatsächliche Verzeichnisse auf unterschiedlichen Festplatten sein. Mehrere Queue-Verzeichnisse können es auch erlauben, dass die Verarbeitung der Mail-Nachrichten in jedem Arbeitsverzeichnis parallel ablaufen kann. Dateien können zwischen den Queue-Verzeichnissen auf dem gleichen System verschoben werden, da der Algorithmus, der für die Generierung ihrer Namen verwendet wird, garantiert, dass die Namen für einen Zeitraum von 60 Jahren nicht wiederholt werden.

Hier sind einige zusätzliche Einstellungen, die in einigen Situationen nützlich sein können. Die meisten davon definieren Parameter, die dafür sorgen, dass die Arbeitslast gedrosselt wird, wenn Dinge überlastet werden:

define(`confMAX_DAEMON_CHILDREN',n)
: Wenn nötig, wird der Haupt-Daemon von sendmail zusätzliche Kindprozesse erzeugen, um zu helfen. Dies stellt die maximale Anzahl zusätzlicher Prozesse ein; weitere Verbindungen werden zurückgewiesen, wenn das Maximum erreicht ist. Standardmäßig ist kein Limit eingestellt.

define(`confFALLBACK_MX',`host')
: Der Fallback-Host, an den zurückgeschickte Nachrichten und Nachrichten mit falschen Adressen für die weitere Verarbeitung geschickt werden. Dies kann die Last auf dem lokalen Server etwas reduzieren. Diese Einstellung ist standardmäßig nicht definiert.

define(`CONNECTION_RATE_THROTTLE',n)
: Die Rate, mit der Verbindungen angenommen werden, in n pro Sekunde (standardmäßig ist kein Limit eingestellt). Zusätzliche Verbindungen werden verzögert angenommen. Diese Einstellung kann sowohl zum Abglätten von Spitzen im Mail-Verkehr als auch zur Regelung der allgemeinen Flussrate nützlich sein.

define(`confMIN_QUEUE_AGE',`zeit')
: Die minimale Zeit, die eine Nachricht in der Queue warten muss, bis sie verarbeitet wird. Dies kann auf einem beschäftigten Server dazu dienen, nur einen Teil der Queue zu einem Zeitpunkt zu verarbeiten, da jeder Queue-Durchlauf Jobs überspringen wird, die jünger sind. Die Zeit wird als eine Zahl angegeben, der ein s (Sekunden), m (Minuten) oder h (Stunden) folgt: zum Beispiel 5m. Der Standardwert ist 0, was keine Verzögerung bedeutet.

define(`confQUEUE_LA',nq)
define(`confREFUSE_LA',nr)
: Lastdurchschnittswerte, zu denen die gesamte eingehende Mail in die Queue gestellt wird (unterdrückt Versuche, sofort auszuliefern) und zu denen zusätzliche Verbindungen zurückgewiesen werden (sind standardmäßig auf den achtfachen beziehungsweise den zwölffachen Wert der CPU-Anzahl eingestellt). Dies muss eventuell auf sehr beschäftigten Systemen mit langsameren CPUs etwas herabgesetzt werden.

define(`confMIN_FREE_BLOCKS',n)
: Die Anzahl der Blöcke mit freiem Festplattenspeicher, der auf dem Dateisystem der Arbeits-Queue vorhanden sein muss, damit weitere Mail angenommen wird. Der Standardwert ist 100. Dieser Parameter bietet die Möglichkeit, einen Teil des Festplattenplatzes zu reservieren, den das (gierige) sendmail nicht nutzen kann.

define(`confMAX_MESSAGE_SIZE',bytes)
define(`mailer_MAILER_MAX',bytes)
: Die maximale Größe akzeptierter Nachrichten (größere werden zurückgewiesen). Das erste Makro setzt die Limits für das System; die zweite Form gibt ein Limit für einen einzelnen Mailer an.

define(`confCON_EXPENSIVE',`True')
define(`SMTP_MAILER_FLAGS',`e')
: Diese beiden Makros können eingesetzt werden, um ausgehende SMTP-Mail ohne weitere Verarbeitung in die Queue zu stellen. Sie können für ein sehr beschäftigtes

System mit unterbrochener ISP-Verbindung nützlich sein, auf dem das bloße Ansammeln von Mail in der Queue eine zu große Leistungsspitze darstellt.

define(`confTO_parameter',n)
sendmail liefert eine Überfülle an konfigurierbaren Timeout-Parametern für jede Phase der Nachrichtenverarbeitung. In den meisten Fällen sind die Standardwerte akzeptabel, aber Sie könnten auf sehr beschäftigten Servern einige von ihnen heruntersetzen wollen.

Debugging-Techniken

Es gibt mehrere verschiedene Informationsquellen, die für das Debugging von sendmail-Konfigurationen und deren Operationen nützlich sein können. Sehen Sie sich das Buch *sendmail* von Brian Costales und Eric Allman (O'Reilly & Associates) an, wenn Sie umfassende Informationen über die Debugging-Features erhalten möchten, die wir in diesem Abschnitt behandeln.

Das erste Feature ist die Protokolldatei. Hier sind einige Beispieleinträge (mit angepasstem Zeilenumbruch):

```
Apr 15 12:44:12 kevin sendmail[25907]: f3FGhti25833:
to=chavez@newton.ahania.com, ctladdr=jones (133/78),
delay=00:00:17, xdelay=00:00:00, mailer= esmtp, pri=210301,
relay=newton.ahania.com., dsn=4.0.0,
stat=Deferred: Connection refused by newton.ahania.com.

Apr 15 12:49:49 kevin sendmail[25927]: f3FGnmd25925:
to=ahania@newton.ahania.com, ctladdr=root (0/0),
delay=00:00:01, xdelay=00:00:01, mailer=esmtp, pri=30056,
relay=newton.ahania.com. [192.168.9.216], dsn=5.1.1,
stat=User unknown

Apr 15 16:22:35 kevin sendmail[20388]: f36KK5h20388:
ruleset=check_mail, arg1=<someone@zoas.org>,
relay=IDENT:root@[10.0.19.223],
reject=451 4.1.8 <someone@zoas.org>...
Domain of sender address someone@zoas.org does not resolve
```

Alle drei dieser Einträge zeigen eindeutig bestimmte Probleme mit der Mail-Auslieferung an. Der erste Eintrag gibt an, dass der Host *newton* momentan nicht auf SMTP-Anfragen antwortet, und deshalb wurde diese Nachricht von dem lokalen Benutzer *jones* (UID 133, GID 78) in die Arbeits-Queue geschickt. Der zweite Eintrag besagt, dass der Benutzer *ahania* auf dem Host *newton* nicht bekannt ist. Schließlich gibt der dritte Eintrag an, dass der Domainname in der Absenderadresse über DNS nicht aufgelöst werden kann.

Sie können auch den Befehl telnet verwenden, um die Ergebnisse für verschiedene Absender und Empfänger einzusehen, indem Sie sich mit dem Port 25 verbinden. In diesem Beispiel spielt das System *kevin* den Postboten für die lokale Domain. In diesem Modus können Sie tatsächlich SMTP-Befehle per Hand eingeben.

Hier ist der Anfangsbefehl für den Verbindungsaufbau:

```
# telnet kevin 25
Trying 10.0.19.223...
Connected to kevin.
Escape character is `^]'.
220 kevin.ahania.com ESMTP Sendmail 8.11.0/8.11.0; Mon, 16 Apr 2001 11:22:54 -0400
HELO zebra
250 kevin.ahania.com Hello zebra [10.0.19.184], pleased to meet you
```

(Wenn nötig, haben wir in dieser Ausgabe die Zeilen umbrochen.)

Die Testsitzung beginnt mit dem Einsatz eines HELO[19]-Befehls, der eine SMTP-Sitzung beginnt und den Hostnamen des Hosts, der sich verbindet, als Argument übergibt. Als Nächstes setzen wir eine Test-Mail ab, indem wir den Absender angeben:

```
MAIL From: luc@bad-guys.org
550 5.7.1 luc@bad-guys.org... Access denied
```

Der Zugriff von diesem Absender aus ist verboten, so wie wir es in der Zugriffs-Map angegeben haben. Wir bereinigen den Nachrichtenstatus und probieren eine andere Testnachricht aus:

```
RSET
250 2.0.0 Reset state
MAIL From: bill@zoas.org
250 2.1.0 bill@zoas.org... Sender ok
RCPT To: mybadguy
550 5.7.1 mybadguy... Access denied
```

Der Fehler taucht diesmal auf, da es dem Empfänger durch die Zugriffs-Map verboten ist, Mail zu empfangen. Hier ist unser nächster Versuch:

```
RSET
250 2.0.0 Reset state
MAIL From: bond@mole.bad-guys.org
250 2.1.0 bond@mole.bad-guys.org... Sender ok
RCPT To: chavez
250 2.1.5 chavez... Recipient ok
DATA
354 Enter mail, end with "." on a line by itself
This is a test message.
.
250 2.0.0 f3GFOD728166 Message accepted for delivery
QUIT
221 2.0.0 kevin.ahania.com closing connection
Connection closed by foreign host.
```

Die Nachricht hatte Erfolg und wir geben den Nachrichtentext mit dem SMTP-Befehl DATA ein (auch wenn es hierzu keinen Bedarf gibt, wenn es das Testen der Adressierung ist, hinter dem wir her sind). Nachdem die Nachricht verschickt wurde, beenden wir die telnet-Sitzung.

---

19 Die ESMTP-Version ist EHLO.

Um die Ausgabe solcher Testsitzungen richtig interpretieren zu können, benötigt man Kenntnisse über die lokale sendmail-Konfiguration. Wenn die lokale Konfiguration zum Beispiel das Feature delay_checks einsetzen würde, wäre die Ausgabe für den ersten Versuch anders:

```
MAIL From: luc@bad-guys.org
250 2.1.0 luc@bad-guys.org... Sender ok
RCPT To: chavez
550 5.7.1 chavez... Access denied
```

In diesem Fall scheint es so, als würde die verbotene Adresse funktionieren, und die Empfängerin *chavez* scheint das Problem zu sein. Dies ist einfach das Ergebnis der Verzögerung der Absenderüberprüfung bis zum Zeitpunkt nach der Empfängerüberprüfung; die Nachricht »Access denied« erscheint nach dem Empfänger, wird aber auf den Absender angewandt.

Ein weiterer nützlicher SMTP-Befehl ist ETRN, der dem sendmail-Daemon sagt, die Queue für den Host abzuarbeiten, der als dessen Argument übergeben wird:

```
ETRN zebra.ahania.com
250 2.0.0 Queuing for node zebra.ahania.com started
```

Solche Befehle können eingesetzt werden, um Nachrichten per Hand von einer entfernten Quelle, wie zum Beispiel einem ISP, abzuholen.

Sie können zusehen, wie sendmail die SMTP-Transaktionen für eine Nachricht durchführt, indem Sie dessen »geschwätzige« Option -v verwenden, wie etwa in diesem Beispiel:

```
# sendmail -v chavez@ahania.com < /dev/null
```

Der Überprüfungsmodus (-bv) von sendmail kann verwendet werden, um eine Empfängeradresse zu überprüfen, so wie in diesem Beispiel, das die Adresse *chavez* überprüft:

```
# sendmail -bv chavez
chavez@newton.ahania.com... deliverable:
mailer relay, host kevin, user chavez@newton.ahania.com
```

Die Ausgabe gibt an, dass die Adresse zustellbar ist: Sie wird an die Benutzerin *chavez* auf dem Host *newton* in der lokalen Domain über das Relay-System *kevin* weitergeleitet.

Ein weiteres nützliches sendmail-Feature ist der Adressumsetzungsmodus (-bt). Üblicherweise wurde dieser Modus verwendet, um die komplexen Regelsätze für die Adressumschreibung zu überprüfen und zu debuggen, die in früheren Versionen von sendmail benötigt wurden, und er kann immer noch für diese Aufgabe eingesetzt werden. Über die Jahre wurden jedoch viele andere nützliche interne Befehle hinzugefügt. Mehrere davon werden in der folgenden kommentierten Sitzung veranschaulicht:

```
# sendmail -bt
ADDRESS TEST MODE (ruleset 3 NOT automatically invoked)
Enter <ruleset> <address>
> /mx zebra                          Führt MX-Records für den Host auf.
getmxrr(zebra) returns 2 value(s):
        zebra.ahania.com.
        bella.ahania.com.ahania.com.
```

```
> $m                                   Zeigt den Wert der internen Variable an.
ahania.com
> $=w                                  Zeigt die Mitglieder einer Klasse an (hier lokale Hosts).
[192.168.9.220]
kevin
localhost
[127.0.0.1]
ahania.com
> .Cwsalk                              Fügt ein Mitglied zur Klasse w (lokale Hosts) hinzu: salk.
> /map virtuser rachel_chavez@ahania.com
map_lookup:                            Setzt eine Adresse unter Verwendung der Virtual User Map um.
virtuser (rachel_chavez@ahania.com)
returns chavez@ahania.com              Dies ist die Umsetzung (lokale Adresse).
> /try smtp chavez                     Zeigt die Adressumsetzung für den Mailer/Empfänger an.
Trying envelope recipient address chavez for mailer smtp
canonify           returns: chavez     Ausgabe gekürzt!
PseudoToReal       returns: chavez
MasqSMTP           returns: chavez < @ LOCAL >
EnvToSMTP          returns: chavez < @ kevin . ahania . com . >
final              returns: chavez @ kevin . ahania . com
Rcode = 0, addr = chavez@kevin.ahania.com
> /tryflags S                          Der /try-Befehl wird jetzt auf Absender angewandt.
> /try smtp chavez                     Zeigt die Adressumsetzung für den Mailer/Absender an.
Trying envelope sender address chavez for mailer smtp
...
Rcode = 0, addr = rachel_chavez@ahania.com
> ^D
```

Die beiden /try-Unterbefehle zeigen an, dass eingehende Mail an die Empfängerin *chavez*, die über SMTP transportiert wird, an *chavez* auf dem Host *kevin* geht (wo sie an ihre endgültige Zieladresse weitergeleitet wird, wie wir gesehen haben) und dass ausgehende Nachrichten von der Benutzerin *chavez*, die über SMTP transportiert werden, als Absender *rachel_chavez@ahania.com* tragen werden (die gleiche Information wurde auch über den früheren /map-Unterbefehl herausgegeben).

Weitere nützliche Unterbefehle sind =M, der die definierten Mailer auflistet, und -d*n*.m, der den angegebenen Debugging-Level anschaltet, ein Punkt, dem wir uns jetzt zuwenden.

sendmail liefert auch einen erschöpfenden Debugging-Modus, der mit der Option -d des Befehls ausgewählt wird. Die Option nimmt einen Debugging-Level und einen optionalen Sublevel als Argument entgegen – die Syntax lautet -d*Level.Sublevel* –, wobei der Level den allgemeinen Bereich der Ausgabeinformationen angibt und der Sublevel die Ausführlichkeitsstufe (der Standardwert für Letztere ist 1, die am wenigsten detaillierte Stufe). Durch Kommas getrennt können mehrere Level-Angaben aufgeführt werden.

Tabelle 9-5 führt die nützlichsten Debugging-Optionen auf. Beachten Sie, dass diese Optionen bei normalen sendmail-Befehlen auftauchen: meistens beim Versenden einer Testnachricht, manchmal aber auch bei der Verwendung von -q, um die Arbeits-Queue abzuarbeiten. In einigen Fällen müssen Sie -v mit angeben, damit die Debugging-Ausgabe angezeigt wird.

Tabelle 9-5: Nützliche Debugging-Optionen von sendmail

Option	Ergebnis
-d0	Zeigt die sendmail-Version, Compiler-Flags sowie Host- und Domain-Informationen an.
-d0.15	Zeigt zusätzlich die definierten Mailer an, mit Flags (»F=«).
-d8.7	Zeigt den Vorgang der DNS-Namensauflösung an.
-d11.2	Verfolgt den Auslieferungsprozess.
-d17	Zeigt MX-Hosts an.
-d27	Zeigt die Alias-Umsetzung an, inklusive der Weiterleitung.
-d34.11	Verfolgt die Generierung der Header (inklusive der übersprungenen).
-d35.9	Zeigt interne Makrowerte an (zum Beispiel $k).
-d37	Zeigt die eingestellten Optionen an.
-d37.8	Zeigt zusätzlich jeden Parameter an, der zu Klassenlisten hinzugefügt wurde (zum Beispiel Klasse w, die die lokalen Hosts/Domains enthält).
-d40	Beobachtet die Abarbeitung der Queue.
-d44.5	Zeigt alle Versuche an, Dateien zu öffnen (in erster Linie nützlich für Fehler, die mit dem Öffnen von Dateien zusammenhängen).
-d60	Zeigt Map-Lookup-Operationen an.

Hier ist ein Beispiel, das den Auslieferungsprozess für den lokalen Empfänger *trucks* anzeigt:

```
# sendmail -v -d11.2 trucks < /dev/null
trucks... aliased to trucks@zebra.ahania.com
openmailer: procmail -Y -a  -d trucks
trucks... Connecting to local...
openmailer: openmailer: running as r/euid=371/0, r/egid=0/0
MCI@80efaf0: flags=2<TEMP>,
        errno=0, herrno=0, exitstat=0, state=2, pid=13143,
        maxsize=0, phase=NULL, mailer=local,
        status=NULL, rstatus=NULL,
        host=NULL, lastuse=Wed Dec 31 19:00:00 1969
trucks... Sent
giveresponse: status=0, dsn=2.0.0, e->e_message=<NULL>
```

Hier sehen wir, dass der lokale Mailer procmail ist, und wir sehen etliche Informationen über den Prozess, der die Mail ausliefert.

Auf ähnliche Weise zeigt der folgende Befehl den Prozess der Alias-Umsetzung für den Benutzer *lilith* auf dem Host *dalton* (die Ausgabe ist gekürzt):

```
# /usr/sbin/sendmail -d27 lilith < /dev/null
alias(lilith)
lilith (, lilith) aliased to ldonna
alias(ldonna)
ldonna (, ldonna) aliased to lcapri
alias(lcapri)
lcapri (, lcapri) aliased to lmc2499@dalton.ahania.com
forward(lmc2499)
```

```
alias(lil)
lil (, lil) aliased to lil@garden.ahania.com
```

Diese Ausgabe gibt eine etwas längere Aliaskette wieder, die schließlich *lilith* auf *lil@garden.ahania.com* umsetzt.

Makro-Zusammenfassung

Wir werden unsere Behandlung von `sendmail` mit Tabelle 9-6 abschließen, die alle Makros aufführt, die wir in diesem Abschnitt behandelt haben (alphabetisch geordnet nach dem Namen des wichtigsten Bestandteils).

Tabelle 9-6: Wesentliche sendmail-Makros

Makro	Bedeutung und Verwendung
`define(`ALIAS_FILE',`Pfad')`	Speicherort der Alias-Datei.
`undefine(`ALIAS_FILE')`	Deaktiviert die Alias-Datei.
`define(`confCON_EXPENSIVE',`True')`	Hält (aber transportiert nicht) die Mail für teure Mailer.
`define(`confDEF_USER_ID',`Benutzer:Gruppe')`	Standardbenutzer und -gruppe.
`define(`confEBINDIR',`Pfad')`	Speicherort von `smrsh` und `mail.local`.
`define(`confFALLBACK_MX',`Host')`	Sendet zurückgeschickte/falsche Mail dorthin.
`define(`confFORWARD_FILE',`Pfad[:Pfad…]')`	Pfad, unter dem nach .forward-Dateien gesucht werden soll ($z = ~).
`define(`confLDAP_DEFAULT_SPEC', `-h LDAP-Host -b root-Key')`	Gibt den LDAP-Server und den root-Key an.
`define(`confMAX_DAEMON_CHILDREN',n)`	Maximale Anzahl der Kindprozesse.
`define(`confMAX_MESSAGE_SIZE',Bytes)`	Größte akzeptierte Nachricht.
`define(`confMIN_FREE_BLOCKS',Blöcke)`	Benötigter freier Speicherplatz des Dateisystems.
`define(`confMIN_QUEUE_AGE',`Zeit')`	Nachrichten bleiben mindestens so lange in der Queue.
`define(`confPRIVACY_FLAGS',`Flag-Liste')`	SMTP-Privacy-Optionen.
`define(`confQUEUE_LA',Lastdurchschnittswert)`	Stellt die gesamte eingehende Mail in die Queue, wenn der Lastdurchschnittswert über diesem Level liegt.
`define(`confREFUSE_LA',Lastdurchschnittswert)`	Weist Verbindungen zurück, wenn der Lastdurchschnittswert über diesem Level liegt.
`define(`confSAFE_FILE_ENV',`Pfad')`	Leitet Mail nur an reguläre Dateien unter dem angegebenen Pfad weiter.
`define(`confSERVICE_SWITCH_FILE',`Pfad')`	Speicherort der Name Service Switch-Datei (wenn sie vom Betriebssystem nicht mitgeliefert wird).
`define(`confTO_parameter',n)`	Setzt die Länge des Timeout.
`define(`CONNECTION_RATE_THROTTLE',n)`	Nimmt nur *n* Verbindungen pro Sekunde an.
`define(`LOCAL_MAILER_ARGS',`Befehl')`	Wie das lokale Mail-Programm ausgeführt werden soll.
`define(`LOCAL_MAILER_PATH',`Pfad')`	Pfad zur ausführbaren Datei des lokalen Mail-Programms.
`define(`LOCAL_RELAY',`Host')`	Sendet Mail an nicht qualifizierte Namen dorthin.

Tabelle 9-6: Wesentliche sendmail-Makros (Fortsetzung)

Makro	Bedeutung und Verwendung
FEATURE(`stickyhost')	Macht dies auch dann, wenn das Feature MAIL_HUB eingesetzt wird.
define(`LOCAL_SHELL_ARGS',`Befehl')	Wie der Mailer für umgeleitete Nachrichten ausgeführt werden soll.
define(`LOCAL_SHELL_PATH',`Pfad')	Pfad zu dem Shell-Programm.
define(`MAIL_HUB',`Host')	Schickt lokale Mail an einen anderen Host.
define(`mailer_MAILER_ARGS',`Befehl')	Wie das angegebene Mailer-Programm ausgeführt werden soll.
define(`mailer_MAILER_FLAGS',`Flags')	Fügt Flags an den normalen Satz für den angegebenen Mailer an.
define(`mailer_MAILER_MAX',Bytes)	Maximale Nachrichtengröße für den angegebenen Mailer.
define(`mailer_MAILER_PATH',`Pfad')	Pfad zu der ausführbaren Datei des angegebenen Mailer.
define(`mailer_RELAY',`Host')	Verwendet diesen Host, um Mail für den angegebenen Mailer weiterzuleiten.
define(`PROCMAIL_MAILER_PATH',`Pfad')	Der Pfad zu procmail.
define(`SMART_HOST',`Host')	Schickt die gesamte nichtlokale Mail an diesen Host.
define(`SMTP_MAILER_FLAGS',`e')	Macht den SMTP-Mailer »teuer«.
define(`STATUS_FILE',`Pfad')	Speicherort der Statistikdatei.
DOMAIN(`Name')	Fügt die Datei ../domain/name.m4 ein.
EXPOSED_USER(`Benutzer')	Schließt den Benutzer vom Masquerading aus.
FEATURE(`access_db', `DB-Typ Pfad')	Verwendet die angegebene Zugriffsdatenbank.
FEATURE(`allmasquerade')	Maskiert auch Empfänger.
FEATURE(`always_add_domain')	Fügt die Domain an nicht qualifizierte Namen an.
FEATURE(`blacklist_recipients')	Erlaubt Einträge für eingehende Adressen in der Zugriffs-Map.
FEATURE(`delay_checks'[, `friend'])	Dreht die Reihenfolge der Zugriffsprüfungen um. Wenn das Argument angegeben ist, aktiviert es das Feature SPAM-FRIEND (setzt sich über die Prüfungen hinweg).
FEATURE(`dnsbl'[,`Server'])	Verwendet die Internet-Blacklist auf dem angegebenen Server.
FEATURE(`generics_entire_domain')	Verwendet die genericstable für Hosts in Subdomains aus jeder relevanten Domain.
FEATURE(`genericstable',`DB-Typ Pfad')	Verwendet die angegebene genericstable-Map für das Umschreiben ausgehender Absenderadressen.
FEATURE(`ldap_routing')	Verwendet LDAP für das Mail-Routing.
FEATURE(`local_lmtp'[,`Pfad-zu-Mail.local'])	Verwendet mail.local als lokalen Mailer für Umleitungen auf Dateien und Programme (und gibt wenn nötig den Pfad auf die ausführbare Datei an).
FEATURE(`local_procmail')	Verwendet procmail als lokalen Mailer.
FEATURE(`masquerade_envelope')	Maskiert Envelopes ebenso wie die Header.
FEATURE(`msp')	Setzt getrennte Prozesse für MTA und MSA ein.
FEATURE(`nocanonify')	Schiebt DNS-Lookups auf (normalerweise bei Mail-Hubs).
FEATURE(`nouucp',`reject')	Weist Mail-Adressen im UUCP-Stil zurück.

Tabelle 9-6: Wesentliche sendmail-Makros (Fortsetzung)

Makro	Bedeutung und Verwendung
FEATURE(`nullclient',`Mail-Hub')	Schickt die gesamte Mail zur Verarbeitung an den angegebenen Server.
FEATURE(`redirect')	Aktiviert die Unterstützung für das Alias-Suffix *.REDIRECT* für Benutzer, die die Organisation verlassen haben.
FEATURE(`relay_entire_domain')	Führt Relaying für jeden Host in einer lokalen Domain durch.
FEATURE(`smrsh'[,`Pfad-zu-smrsh'])	Verwendet smrsh für umgeleitete E-Mail-Nachrichten.
FEATURE(`use_cw_file')	Definiert lokale Hosts und Domains in einer Datei.
define(`confCW_FILE',`Pfad')	Gibt den Pfad zu dieser Datei an.
FEATURE(`virtuser_entire_domain')	Verwendet die virtuelle Benutzertabelle für Hosts in Subdomains aus jeder relevanten Domain.
FEATURE(`virtusertable',`DB-Typ Pfad')	Verwendet die angegebene Map der virtuellen Benutzertabelle für das Routing eingehender Adressen.
GENERICS_DOMAIN(`Domain') GENERICS_DOMAIN_FILE(`Pfad')	Verwendet die genericstable für die angegebene Domain oder die Domains, die in der aufgeführten Datei aufgelistet sind.
LDAP_ROUTE_DOMAIN(`LDAP-Domain') LDAP_ROUTE_DOMAIN_FILE(`Pfad')	Setzt LDAP für das Routing der angegebenen Domain ein oder für diejenigen Domains, die in der aufgeführten Datei aufgelistet sind.
LOCAL_USER(`Name')	Nimmt den Benutzer von den Auswirkungen von LOCAL_RELAY aus.
LUSER_RELAY(`Host, Adresse oder Fehler')	Ziel/Fehlermeldung für ungültige lokale Adressen.
MASQUERADE_AS(`Domain')	Lässt alle Nachrichten so aussehen, als würden sie von der angegebenen Domain kommen.
MASQUERADE_EXCEPTION(`Host oder Domain')	Wendet auf diesen Host oder diese Domain kein Masquerading an.
MODIFY_MAILER_FLAGS(`Mailer',`+|-Flags')	Fügt die angegebenen Flags zu der Standardliste des angegebenen Mailers hinzu oder entfernt sie daraus.
OSTYPE(`Name')	Gibt das Betriebssystem an.
RELAY_DOMAIN(`Domain') RELAY_DOMAIN_FILE(`Pfad')	Leitet Nachrichten für die angegebene Domain weiter oder für diejenigen Domains, die in der aufgeführten Datei aufgelistet sind.
VERSIONID(`String')	Kennzeichnet die Version der Konfigurationsquelldatei.
VIRTUSER_DOMAIN(`Domain') VIRTUSER_DOMAIN_FILE(`Pfad')	Setzt die virtuelle Benutzerdatei für die angegebene Domain ein oder für diejenigen Domains, die in der aufgeführten Datei aufgelistet sind.

Postfix

Postfix ist ein alternativer Mail-Transport-Agent, der in den letzten Jahren viel Aufmerksamkeit erfahren hat. Es ist das Werk von Wietse Venema; er schrieb die ursprüngliche Version, während er sein Urlaubsjahr bei IBMs Thomas J. Watson Research Center verbrachte (wo das Programm VMailer genannt wurde). Die erste Version von Postfix in Produktionsqualität wurde 1999 herausgegeben und wird nach wie vor bearbeitet. Die Homepage des Pakets ist *http://www.postfix.org*.

Diese Beschreibung basiert auf der Postfix-Version, die zum Zeitpunkt dieses Schreibens aktuell war (20010228 Patchlevel 01). Zum Glück seiner Anwender, aber zum Leidwesen für Autoren, entwickelt sich dieses Paket sehr rasch weiter. Diese Besprechung setzt auch eine gewisse Vertrautheit mit den üblichen Konzepten elektronischer Post-Einrichtungen voraus. Sehen Sie sich die vorangegangene Besprechung von `sendmail` an, falls Sie solche Informationen benötigen (selbst wenn Sie nicht planen, `sendmail` einzusetzen).

Postfix wurde entwickelt, um `sendmail` zu ersetzen, mit mehreren Zielen im Hinterkopf:

Hohe Sicherheit
Die Vorgänge der Mail-Verarbeitung werden auf mehrere einzelne Prozesse aufgeteilt, um diese zu isolieren (und es gibt keine Eltern-/Kindbeziehungen unter diesen verschiedenen Prozessen). Diese Trennung bedeutet, dass es keinen direkten Weg aus dem Internet auf die privilegiertesten Bestandteile der Einrichtung gibt. Zusätzlich sind keine der Komponenten mit einer SETUID gesetzt und die meisten der Bestandteile können optional in einer `chroot`-Umgebung laufen.

Leistungsfähigkeit unter hoher Belastung
Die Dokumentation erwähnt, dass Postfix auf einem Desktop-PC über 1.000.000 Mail-Nachrichten an einem Tag verarbeiten und auslicfern kann (die Konfiguration wird nicht angegeben). Postfix enthält eine beachtliche Anzahl an Einstellungen, die Sie verwenden können, um seine Funktionsfähigkeit in Ihrer bestimmten Umgebung zu optimieren.

Einfache Konfiguration und Administration
Die Konfigurationsdateien von Postfix sind einfach und Sie können selbst eine ziemlich komplexe Konfiguration im Zeitraum von Minuten einrichten und laufen lassen.

Kompatibilität mit bestehenden Mail-Einstellungen
Postfix bietet mehrere Befehle für die Kompatibilität mit bestehenden Gewohnheiten und Skripten, inklusive `sendmail`, `newaliases` und `mailq`, und es unterstützt die üblichen Mechanismen für Mail-Aliasing und die Weiterleitung.

Abbildung 9-6 stellt den grundlegenden Mail-Transportprozess von Postfix dar. Wie die Abbildung erkennen lässt, ist das Design des Pakets modular aufgebaut, indem die verschiedenen Prozesse voneinander abgetrennt sind. Dies ermöglicht es Ihnen auf einfache Weise, diejenigen Features zu deaktivieren, die Sie nicht einsetzen müssen. In der Abbildung stellt jedes der umrandeten Rechtecke einen Daemon dar. Die schattierten Rechtecke kennzeichnen den Weg des Nachrichtenflusses durch die Einrichtung und die weißen Rechtecke liefern bestimmte Hilfsdienste.

Der übrige Teil der Abbildung stellt dar, wie Postfix eingehende Post empfängt. Mail, die auf dem lokalen System erzeugt wurde, wird von einer Komponente namens `sendmail` bearbeitet, die die Post an die Queue *maildrop* schickt, um dort der Verarbeitung entgegenzusehen. Diese Queue wird vom `pickup`-Daemon verarbeitet, der die Nachrichten in den `cleanup`-Daemon einspeist. Eingehende Mail aus Quellen von außerhalb wird vom `smtpd`-Daemon bearbeitet, der diese auf ähnliche Weise an den `cleanup`-Daemon schickt.

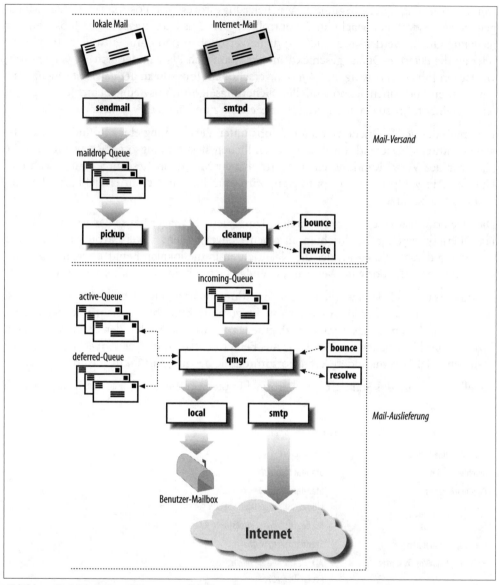

Abbildung 9-6: Mail-Verarbeitung von Postfix

Der cleanup-Daemon bereitet die Nachrichten für die Auslieferung vor, indem er sämtliche benötigten Header hinzufügt, optional die Adressen umformt, ungültige und nicht akzeptierte Nachrichten zurückschickt und so weiter. Die Daemons rewrite (Umschreiben von Adressen) und bounce helfen bei diesem Vorgang. Wenn das abgeschlossen ist, schickt cleanup die Nachricht an die *incoming*-Queue, wo sie auf ihre Auslieferung wartet (zusammengepackt als eine einzelne Datei).

Mit der incoming-Queue beginnt der Auslieferungsprozess von Postfix. Der Queue-Manager-Prozess (qmgr) überwacht und kontrolliert den Auslieferungsprozess. Jobs von der *incoming*-Queue werden in die *active*-Queue verschoben und dann entweder ausgeliefert oder an die *deferred*-Queue geschickt. Immer wenn sich Platz in der *active*-Queue auftut, wird je ein Job aus *incoming* und *deferred* verschoben. Jobs, die in der *deferred*-Queue warten, werden über einen »exponentiellen Sicherungsalgorithmus« eingeplant: Jeder Auslieferungsfehler führt zu einer längeren Wartezeit bis zum nächsten Versuch.

Innerhalb der *active*-Queue werden die Jobs unter Verwendung eines Round-Robin-Auswahlverfahrens basierend auf ihrem letztendlichen Bestimmungsort ausgewählt (um die Sites vor der Verschwendung einer übertriebenen Menge an Ressourcen zu bewahren). Um den Auswahlprozess zu optimieren, wird eine Liste mit nicht erreichbaren Bestimmungsorten benutzt.

Die Daemons bounce und resolve helfen dem Queue-Manager bei seiner Arbeit. Schließlich übergibt qmgr die Nachrichten an einen Delivery-Agent. Zwei davon werden in der Abbildung dargestellt: local, der die Nachrichten in die lokalen Benutzer-Mailboxen einstellt, und smtp, der normalerweise ausgehende Nachrichten in das Internet routet.

Ein paar Teile des Pakets werden in der Abbildung nicht gezeigt. Der wichtigste davon ist der master-Daemon, der als Aufseher für die gesamte Einrichtung dient und der einzige Daemon ist, der immer läuft. Zusätzlich gibt es zwei weitere Mailer: den error-Mailer zum Erzeugen und Bearbeiten von Mail, die aus Fehlern entsteht, und den pipe-Mailer, der die Mail behandelt, die für andere Transportprotokolle bestimmt ist (aktuell ist das UUCP).

Tabelle 9-7 führt die Standardspeicherorte für die verschiedenen Postfix-Komponenten auf.

Tabelle 9-7: Postfix-Komponenten und ihre Speicherorte

Postfix-Komponente	Speicherort
Befehls-Binaries	**Standard:** */usr/sbin*[a]
Daemon-Binaries	**Standard:** */usr/libexec/postfix*
	Linux: */usr/lib/postfix* (SuSE)
Queue-Verzeichnis	**Standard:** */var/spool/postfix*
Konfigurationsdateien	**Standard:** */etc/postfix*
Boot-Skript, das Postfix startet	**AIX:** Bearbeiten Sie */etc/rc.tcpip*
	FreeBSD: */etc/rc*
	HP-UX: Erzeugen Sie */sbin/init.d/postfix*[b]
	Linux: */etc/init.d/postfix* wird in RPMs mitgeliefert[b]
	Solaris: Erzeugen Sie */etc/init.d/postfix*[b]
	Tru64: Erzeugen Sie */sbin/init.d/postfix*[b]
Konfigurationsdatei für das Boot-Skript	**Standard:** Es wird keine verwendet
	Linux: */etc/rc.config.d/postfix.rc.config* (SuSE 7)
	Überprüfen Sie *POSTFIX_CREATECF="no"*
	/etc/sysconfig/postfix (SuSE 8)

Tabelle 9-7: Postfix-Komponenten und ihre Speicherorte (Fortsetzung)

Postfix-Komponente	Speicherort
syslog-Nachrichten der Mail-Einrichtung	**AIX:** Nicht konfiguriert **FreeBSD:** /var/log/maillog **HP-UX:** /var/adm/syslog/mail.log **Linux:** /var/log/maillog (Red Hat) /var/log/mail (SuSE) **Solaris:** /var/adm/messages **Tru64:** /var/adm/syslog.dated/*/mail.log

a   Die Ports-Collection von FreeBSD installiert Postfix standardmäßig unter */usr/local*.
b   Sie müssen die Links auf die gewünschten S- und K-Dateien erzeugen/überprüfen.

Zusätzlich zu den Daemons enthält die Postfix-Einrichtung mehrere administrative Utilities. Die wichtigsten davon sind `postfix` (wird für den Start und Stopp der Einrichtung sowie ähnliche Aktionen verwendet) und `postmap` (erzeugt Postfix-Lookup-Maps). Wir werden Beispiele zu deren Verwendung später in diesem Abschnitt betrachten. Weitere Befehle sind:

`postalias`
    Unterhält die Alias-Datenbank (wird von `newaliases` verwendet)

`postconf`
    Zeigt Konfigurationsparameter von Postfix an

`postsuper`
    Pflegt bzw. bereinigt Postfix-Queues

`postcat`
    Zeigt den Inhalt von Queue-Dateien an

`postdrop`
    Schickt Post an die *maildrop*-Queue, wenn die Queue keine globalen Schreibrechte hat

`postkick`, `postlock` *und* `postlog`
    Skriptfähige Schnittstellen zu Postfix-Features

Schließlich befinden sich die Konfigurationsdateien von Postfix in */etc/postfix*. Die einzige Ausnahme ist die *aliases*-Datei, die sich normalerweise in */etc* befindet.

Installieren von Postfix

Das Installieren von Postfix ist nicht schwer, erfordert aber einige Sorgfalt. Es ist möglich, sowohl Postfix als auch `sendmail` auf dem gleichen System einzusetzen, und die Verfahren, um dies durchzuführen, werden in der *INSTALL*-Datei in der Postfix-Quelldistribution behandelt. In dieser Beschreibung werden wir voraussetzen, dass Postfix `sendmail` ersetzt.

Dies sind die erforderlichen Schritte, um Postfix zu installieren:

- Sichern Sie Ihre aktuelle `sendmail`-Installation. Stellen Sie sicher, dass Sie alle Komponenten des Pakets sichern: Binaries, Konfigurationsdateien sowie das Build-Verzeichnis, die Map-Quelldateien und so weiter.

- Stellen Sie sicher, dass alle `sendmail`-Queues leer sind (leeren Sie diese, wenn nötig). Dann stoppen Sie den Daemon und deaktivieren die zugehörigen Befehle/Dateien der Boot-Skripten.
- Entfernen Sie alle `sendmail`-Komponenten mit Ausnahme der *aliases*-Datei und des Verzeichnisses, in dem sie sich befindet. Alternativ können Sie die *aliases*-Datei nach */etc* kopieren, wenn dies nicht ihr Standardspeicherort sein sollte (sehen Sie hierzu auch Tabelle 9-3).

  Auf Systemen mit einem Paketmanager können Sie das passende Utility verwenden, um das bzw. die entsprechende(n) Paket(e) zu entfernen (sehen Sie hierzu auch »Grundlegende Techniken der Administration« in Kapitel 3). Auf Linux-Systemen werden Sie die Option `--nodeps` zusammen mit dem Befehl `rpm -e` angeben müssen, um die `sendmail`-RPMs erfolgreich zu entfernen. Dies ist ein sicheres Verfahren, da diejenigen Komponenten, von denen andere Programme abhängig sind, alle in Postfix enthalten sind und deshalb wieder zur Verfügung stehen, sobald es installiert ist.
- Installieren Sie Postfix entweder von einem Binär-Paket (aktuell stehen diese für Linux und FreeBSD zur Verfügung) oder aus dem Quellcode.
- Richten Sie die Konfigurationsdateien von Postfix ein. Führen Sie den Befehl `newaliases` aus, um sicherzustellen, dass die binäre Datenbank der Alias-Datei erzeugt wurde.
- Modifizieren oder erzeugen Sie die benötigten Skripten, um Postfix während des Hochfahrens zu starten (sehen Sie hierzu auch Tabelle 9-7). Zumindest werden Sie den Befehl `postfix start` ausführen müssen.
- Starten Sie Postfix und testen Sie das neue Mail-System.

Ich empfehle Ihnen, diesen Vorgang das erste Mal auf einem Testsystem auszuprobieren anstatt auf Ihrem zentralen Mail-Hub!

Konfigurieren von Postfix

Postfix-Konfigurationsdateien befinden sich in dem Verzeichnis */etc/postfix*. Dieser Speicherort wird in der folgenden Beschreibung vorausgesetzt.

Die primäre Konfigurationsdatei von Postfix ist *main.cf*. Das Postfix-Paket enthält eine Beispielversion von *main.cf*, die die meisten ihrer möglichen Einträge beschreibt. Das Paket liefert auch eine Anzahl kleinerer Beispieldateien, um die Features darzustellen, die sich auf bestimmte Einsatzzwecke beziehen (sie sind mit *sample-*.cf* benannt).

Die Datei *main.cf* beginnt oft mit Einträgen, die die Datei des Pakets und das Verzeichnis angeben. Diese Beispieleinträge führen die Standardeinstellungen auf:[20]

```
config_directory = /etc/postfix
queue_directory = /var/spool/postfix
daemon_directory = /usr/libexec/postfix
command_directory = /usr/sbin
```

---

20 Wenn die Speicherorte für den Daemon und den Befehl gleich sind, könnte der Eintrag *program_directory* vorhanden sein an Stelle zweier separater Einträge in diesem Beispiel.

Diese Einträge veranschaulichen auch das allgemeine Format der Einträge: *einstellung = wert*. Wenn *wert* eine Liste ist, werden die einzelnen Punkte durch Leerzeichen oder optional durch Kommas getrennt. Die Einträge in der Konfigurationsdatei können über so viele Zeilen gehen wie nötig, indem die zweite und die folgenden Zeilen mit Leerraum-Zeichen begonnen werden.

Es gibt mehrere verwandte Einstellungen, von denen Sie wissen sollten (für die aber die Standardwerte oft in Ordnung sind):

```
myhostname = garden.ahania.com
mydomain = ahania.com
mydestination = $myhostname, localhost.$mydomain
```

Diese Einträge geben den lokalen Hostnamen, die lokale Domain (entspricht standardmäßig dem Domain-Teil von *myhostname*) und eine Liste von Zielorten, die als lokal betrachtet werden sollten (der lokale Host), in dieser Reihenfolge an. Beachten Sie, dass Parametereinstellungen in anderen Einträgen verwendet werden könnten, indem dem Parameternamen ein Dollarzeichen vorangestellt wird.

Auf SuSE 7-Linux-Systemen wird SuSEconfig, die automatisierte Systemkonfigurationseinrichtung, Ihre Datei *main.cf* jedes Mal überschreiben, wenn sie ausgeführt wird, und zwar so lange, bis Sie dies in der Konfigurationsdatei */etc/sysconfig/postfix* deaktivieren (oder in */etc/rc.config.d/postfix.rc.config* auf Systemen, auf denen SuSE 7 läuft):

```
POSTFIX_CREATECF="no"
```

Benachrichtigen des Daemon. Jedes Mal wenn Sie die Postfix-Konfiguration ändern, werden Sie den Master-Daemon mit diesem Befehl benachrichtigen müssen:

```
# postfix reload
```

Dieser Befehl sagt dem Prozess, dass er seine Konfigurationsdateien neu einlesen soll.

Clientsysteme. Als Nächstes behandeln wir einige Einstellungen, die sich auf die Mail-Client-Systeme beziehen. Für eine minimale Clientkonfiguration werden nur zwei zusätzliche Einträge benötigt:

```
relayhost = poffice.ahania.com
mynetworks_class = host
```

Der erste Eintrag gibt einen Bestimmungsort für die gesamte nichtlokale Mail an und der zweite hält Postfix davon ab, Mail für irgendeinen Computer mit Ausnahme des lokalen Hosts weiterzuleiten.

Sie können auch einen Host angeben, der alle unbekannten lokalen Benutzer bearbeiten soll. Dieses Beispiel leitet die Mail für unbekannte lokale Benutzer an den gleichen Benutzer auf dem System *poffice* weiter:

```
luser_relay = $user@poffice.ahania.com
```

Wenn Sie schließlich ein Null-Client-System definieren möchten, das selbst anscheinend lokale Mail an einen Mailserver weiterleitet, so definieren Sie einen *relayhost* und kommentieren Sie die Einträge für *smtp unix* und *local unix* in der Konfigurationsdatei *master.cf* aus.

Der Mail-Hub. Die Konfigurationsdatei auf dem Mail-Hub hat normalerweise einige zusätzliche Einträge. Hier sind einige kommentierte Beispiele:

```
# fügt die Domain zur Liste lokaler Zielorte hinzu
mydestination = $myhostname, localhost.$mydomain,   $mydomain
# leitet Mail von diesen Herkunftsorten weiter:
# jeder Host in der Domain
relay_domains = $mydestination, $mydomain
```

In beiden Fällen wird *mydomain* zur Standardliste des Parameters hinzugefügt. In Einklang mit den aktuellen Sicherheitsempfehlungen wird das Relaying standardmäßig in Postfix deaktiviert.

In der Standardeinstellung leitet Postfix Mail für alle Hosts aus den Domains weiter, die in *relay_domains* aufgeführt sind. Es leitet Mail auch für Hosts aus jedem Subnetz weiter, dem der lokale Host vertraut, so wie es durch den Parameter *mynetworks* definiert wird:

```
mynetworks = 10.0.19.0/24, 10.0.13.0/24, 127.0.0.0/8
```

In diesem Fall wird Postfix jedem Host aus den Subnetzen 10.0.19 und 10.0.13 vertrauen, ebenso wie dem lokalen Host. Es ist wichtig, die Einstellung für *mynetworks* korrekt anzugeben. Sie sollte nur aus vertrauten lokalen Subnetzen bestehen (und nicht aus der gesamten Class A-, B- oder C-Adresse).[21] Wenn dieser Parameter nicht explizit definiert wird, ist die Liste standardmäßig auf das lokale Subnetz und 127.0.0.0 gesetzt.

Postfix kann auch automatisch alle lokalen Absenderadressen für ausgehende Mail auf die Form *benutzer@domain* umschreiben, indem diese Einträge eingefügt werden:

```
masquerade_domains = $mydomain
masquerade_exceptions = root, postmaster
```

Der erste Eintrag setzt die Domain, die für das Masquerading der Adressen verwendet werden soll, und der zweite Eintrag führt die Benutzer auf, die von dieser Operation ausgenommen werden sollen.

Der lokale Delivery-Agent. Standardmäßig verwendet Postfix seinen eigenen local-Daemon für die lokale Mail-Auslieferung. Sie können ein anderes Programm mit dem Parameter *mailbox_command* angeben. Dieser Eintrag zum Beispiel macht procmail zum lokalen Delivery-Agent:

```
mailbox_command = /usr/bin/procmail
```

Wenn Sie procmail auf diese Art einsetzen, müssen Sie einen Alias für *root* definieren, oder die Post an den Superuser geht verloren.

---

21 Wie diese Liste interpretiert wird, wird durch den Parameter *mynetworks_style* festgelegt, dessen Standardeinstellung *subnet* ist.

Der Parameter *mail_spool_directory* kann verwendet werden, um ein alternatives Verzeichnis für die Benutzer-Mailboxen anzugeben, so wie in diesem Beispiel:

```
mail_spool_directory = /var/newmail
```

Systeme mit zeitweisen Internet-Verbindungen. Auf Mail-Hubs, die nur zeitweise Internet-Verbindungen besitzen (zum Beispiel über einen Dialup-ISP), können Sie diese Einträge einsetzen, um die Nachrichten zwischen den Verbindungen anzusammeln:

relayhost = *ISP-Host*	*Leitet externe Mail an diesen Host weiter.*
defer_transports = smtp	*Hält ausgehende Mail, die über SMTP transportiert wird.*
disable_dns_lookups = yes	*Führt keine Tests der DNS-Namensauflösung durch.*

Der letzte Eintrag ist notwendig, um zu vermeiden, dass Mail auf Grund von Fehlern bei der Namensauflösung zurückgewiesen wird. Er kann auf jedem System eingesetzt werden, das keine Fähigkeiten für externe DNS-Lookups besitzt.

Postfix enthält auch ein Feature, das entwickelt wurde, um den Prozess für die Auslieferung von Mail an eine zeitweise verbundene Site zu optimieren; der Daemon, der diese Funktionalität bietet, ist als der *flush*-Daemon bekannt. Er wird über den Parameter *fast_flush_domains* konfiguriert:

```
fast_flush_domains = $relay_domains
```

Dieser Eintrag sorgt dafür, dass der Fast-Flush-Dienst für alle Domains verwendet wird, für die dieser Server Mail weiterleitet. Wenn die Verbindung zu einem dieser Orte aufgebaut wurde,[22] sorgt dieser Dienst dafür, dass Postfix versucht, nur diejenige Mail auszuliefern, die für diesen bestimmten Zielort gedacht ist, anstatt die gesamte Queue zu leeren. Offensichtlich ist dies sowohl für den Client als auch für den Mailserver viel effizienter.

Adressumwandlungen. Postfix kann eine Vielzahl an Operationen zur Adressumwandlung auf Absender- und Empfängeradressen durchführen. Die einfachste davon ist, die lokale Domain an nicht qualifizierte ausgehende Absenderadressen unter Verwendung des Parameters *myorigin* anzuhängen:

```
myorigin = $mydomain
```

Dieser Eintrag ist oft sowohl auf dem Mail-Hub als auch auf Clientsystemen enthalten.

Wie `sendmail` kann auch Postfix binäre Lookup-Tabellen – Maps genannt – verwenden, sowohl zum Durchführen von verschiedenen Arten der Adressumwandlung als auch für andere Zwecke, wie zum Beispiel die Zugriffskontrolle. Maps werden aus einer Textquelldatei mit dem Befehl `postmap` erzeugt.

Die Abbildung ausgehender Mail-Adressen – zum Beispiel auf eine Standardform wie *vorname.nachname@domain* – geschieht über die *canonical*-Map, die über diesen Eintrag in der Konfigurationsdatei angegeben wird:

```
canonical_maps = hash:/etc/postfix/canonical.db
```

---

22 Genauer gesagt, wenn das verbindende System einen SMTP ETRN-Befehl ausgibt (wird bei der Besprechung von `fetchmail` später in diesem Kapitel behandelt).

Dieses Beispiel gibt an, dass die Datei *canonical.db* im Konfigurationsverzeichnis von Postfix als die Map für kanonische Adressen verwendet werden soll und dass diese Datei eine Hash-Datenbank ist.

Hier sind einige Beispieleinträge aus der Quelldatei dieser Map:

```
chavez      rachel_chavez@ahania.com
carr        steve_carr@zoas.org
ewood       eve_wood@ahania.com
```

Wenn diese Map verwendet wird, wird der Absendername in der linken Spalte in die Form umgesetzt, die in der rechten Spalte angegeben ist.

Der folgende Befehl könnte verwendet werden, um die *canonical.db*-Map aus einer Quelldatei namens *canonical* zu erzeugen:

```
# postmap hash:canonical
```

Das Präfix *hash:* gibt den Datenbanktyp an (Hash ist die Standardeinstellung, weshalb das Präfix hier tatsächlich optional ist). Verwenden Sie den Befehl postconf -m, um die Datenbanktypen aufzulisten, die auf Ihrem System unterstützt werden; das sind unter anderem *hash*, *dbm* und *btree*.

Die standardmäßige *canonical*-Map wird sowohl auf Absender als auch auf Empfänger innerhalb der Nachricht und des Envelope angewandt. Alternativ können Sie über diese Parameter in der Konfigurationsdatei eine Map angeben, die nur für Absenderadressen oder nur für Empfängeradressen verwendet wird:

```
sender_canonical_maps = hash:/etc/postfix/sender_canonical
recipient_canonical_maps = hash:/etc/postfix/recipient_canonical
```

Diese Maps werden vor der allgemeinen *canonical*-Map angewandt, wenn diese ebenfalls aktiviert ist.

Postfix-Maps für Adressen

Postfix kann unter Verwendung seiner *virtual*-Map (wird später in diesem Abschnitt behandelt) auf ähnliche Weise auf Map-Lookups basierende Umwandlungen auf eingehenden Empfängeradressen durchführen.

Postfix bietet auch eine Map für das Generieren von Mail-Nachrichten, die die neuen Adressen fortgegangener Benutzer angeben. Sie wird die *relocated*-Map genannt. Hier sind die entsprechenden Einträge in der Konfigurationsdatei:

```
relocated_maps = hash:/etc/postfix/relocated
local_recipient_maps = $relocated_maps, $alias_maps,
                       unix:passwd.byname
```

Der erste Eintrag gibt wie gewohnt den Typ und den Dateispeicherort für die Map-Datei an. Der zweite Eintrag fügt die *relocated*-Map an den Anfang der Liste mit Einträgen hinzu, die für das Durchsuchen eingehender Mail-Empfänger verwendet werden soll. In diesem Fall wird die *relocated*-Map als Erstes überprüft, gefolgt von der *aliases*-Datenbank und der Passwortdatei.

Einträge in der *relocated*-Map bestehen aus dem lokalen Benutzernamen und der neuen E-Mail-Adresse. Hier ist ein Beispiel:

```
erika       eps@essadm.com
```

Virtuelle Domains. Postfix kann so konfiguriert werden, dass es virtuelle Domains unterstützt. Dies geschieht mit Hilfe seiner Einrichtung *virtual*-Map. Hier ist ein Beispieleintrag für die Konfigurationsdatei, der dieses Feature unter Verwendung der *virtual.db*-Map-Datei aktiviert:

```
virtual_maps = hash:/etc/postfix/virtual
```

Die Map-Datei führt zwei Funktionen aus: Sie aktiviert die Unterstützung von virtuellen Domains für die aufgeführten Domains und sie gibt die Umwandlung von eingehenden Empfängeradressen an. Hier sind einige Beispieleinträge aus der *virtual*-Map-Quelldatei (nehmen Sie an, *ahania.com* ist die lokale Domain):

```
zoas.org                    wasauchimmer
essadm.com                  wasauchimmer

webmaster@essadm.com        czarina@lecarre.ahania.com
smith@zoas.org              hayes@oldwest.ahania.com
jones@zoas.org              kidcurry@oldwest.ahania.com
@zoas.org                   @ahania.com
rachel_chavez@ahania.com    chavez@dalton.ahania.com
```

Die ersten beiden Einträge aktivieren das virtuelle Hosting für die Domains *zoas.org* und *essadm.com*; der Text in der zweiten Spalte für solche Einträge wird ignoriert. Der dritte Eintrag leitet die Post für *webmaster@essadm.com* auf einen bestimmten lokalen Benutzer um. Der vierte und fünfte Eintrag geben die lokalen Empfänger für die Benutzer *smith* und *jones* auf *zoas.org* an. Der sechste Eintrag, für *@zoas.org*, wird für jeden anderen Empfänger in dieser Domain verwendet; in diesem Fall wird die Mail an den gleichen Benutzer in *ahania.com*, der lokalen Domain, umgeleitet. Der letzte Eintrag veranschaulicht, dass diese Map auch für allgemeine eingehende Empfängeradressen verwendet werden könnte, ohne Bezug auf das virtuelle Hosting. In diesem Fall für die Umwandlung der Adresse *rachel_chavez@ahania.com* auf die entsprechende, vollständig qualifizierte Empfängeradresse.

Wie gewohnt, wird die Datenbank *virtual*-Map mit `postmap` erzeugt. Dieser Befehl zum Beispiel würde die Hash-Datenbank *virtual.db* aus der Quelldatei *virtual* erzeugen:

```
# postmap virtual
```

Postfix behandelt virtuelle Domains etwas anders, als es die `sendmail`-Benutzer gewohnt sein könnten. Im Besonderen werden Benutzernamen, die in der lokalen Domain existieren, standardmäßig nicht in virtuellen Domains erkannt. Mit anderen Worten: Wäre *chavez* eine Benutzerin in *ahania.com*, *essadm.com* eine gehostete virtuelle Domain und gäbe es keinen Eintrag in der virtual-Map für *chavez@essadm.com*, so würde die Mail an diese Adresse zurückgeschickt werden. Im Gegensatz hierzu versuchen virtuelle Domains im sendmail-Stil solche Mail an *chavez@ahania.com* auszuliefern (sie würden sie zurückschicken, wenn kein identischer Benutzername existieren würde).

Sie können virtuelle Domains im sendmail-Stil implementieren, indem Sie zwei Veränderungen an der Postfix-Konfiguration vornehmen:

- Entfernen Sie den Eintrag für die virtuelle Domain aus der *virtual*-Map.
- Fügen Sie den Namen der virtuellen Domain zur Liste *mydestination* hinzu.

LDAP-Lookups. Postfix kann auch so konfiguriert werden, dass es LDAP für die Umwandlung lokaler Empfängeradressen einsetzt. Diese Fähigkeit muss zum Zeitpunkt des Kompilierens ausgewählt werden. Sie können mit dem Befehl postconf -m festlegen, ob Ihre Installation LDAP unterstützt.

Hier sind einige Beispieleinträge der Konfigurationsdatei:

```
alias_maps = hash:/etc/aliases, ldap:ldapsource
ldapaliases_server_host = orwell.ahania.com
ldapaliases_search_base = dc=ahania,dc=com
ldapaliases_query_filter = (mailacceptinggeneralid=%s)
ldapaliases_result_attribute = maildrop
```

Der erste Eintrag fügt LDAP zur Liste mit Einträgen hinzu, die für die Adressumwandlung verwendet werden sollen. LDAP wird hier nach der *aliases*-Datei geprüft. Die übrigen Einträge geben den LDAP-Server an, mit dem eine Verbindung hergestellt werden soll, die Wurzel des Baums, der durchsucht werden soll, die Anfrage, die ausgeführt werden soll, und das Record-Feld, das an Postfix zurückgegeben werden soll (in dieser Reihenfolge). In diesem Fall wird die LDAP-Datenbank abgefragt, indem das Feld *mailacceptinggeneralid* nach der Adresse durchsucht wird; die Inhalte des Feldes *maildrop* des bzw. der zutreffenden Records werden als die neuen Adressen verwendet.

Hier ist ein beispielhafter LDAP-Eintrag, der diese Standardattribute verwendet:

```
dn: cn=Objekt, dc=ahania, dc=com
...
mailacceptinggeneralid: help@zoas.org
mailacceptinggeneralid: oliviav@essadm.com
maildrop:               vargas@dalton.ahania.com
```

Dieses Beispiel veranschaulicht die Verwendung mehrfacher Schlüsselfelder, von denen jedes auf die lokale Mail-Adresse *vargas@dalton.ahania.com* umgewandelt wird. Natürlich können Sie jeden beliebigen Objekttyp, jedes Schlüsselfeld und Rückgabefeld verwenden, das im Umfeld des lokalen LDAP-Systems sinnvoll ist.

Zugriffskontrolle und Unterdrückung von Spam

Postfix enthält eine Zugriffskontrolleinrichtung, die sowohl für sicherheitsbezogene Zwecke als auch zur Unterdrückung von Spam eingesetzt werden kann. Postfix ermöglicht es Ihnen, Beschränkungen für eingehende Mail anzugeben. Dies kann basierend auf dem verbindenden System (dem »Client«), dem Absender und/oder dem Empfänger geschehen, und zwar anhand der Konfigurationsdateieinträge *smtpd_client_restrictions*, *smtpd_sender_restrictions* beziehungsweise *smtpd_recipient_restrictions*. Postfix bietet auch die Parameter *smtpd_helo_restrictions* und *smtpd_etrn_restrictions*, um Einschränkungen für Hosts anzugeben, die versuchen, folgende SMTP-Befehle zu verwenden: HELO/EHLO (um eine SMTP-Sitzung zu initiieren) und ETRN (um wartende Mail übertragen zu lassen).

Die Einstellung für jeden dieser Parameter ist eine Liste an Punkten, die Postfix-Schlüsselwörter und/oder eine *typ:datei*-Spezifikation für eine externe Map enthalten kann. Die wichtigsten Schlüsselwörter werden in Tabelle 9-8 aufgeführt.

Tabelle 9-8: Schlüsselwörter für die Zugriffskontrolle von Postfix

Schlüsselwort	Bedeutung
reject_unknown_client reject_unknown_sender_domain reject_unknown_recipient_domain	Weist zurück, wenn DNS nicht die Adresse des verbindenden Systems/Absenders/Empfängers auflösen kann (in dieser Reihenfolge).
reject_non_fqdn_hostname reject_non_fqdn_sender reject_non_fqdn_recipient	Weist zurück, wenn der Hostname des verbindenden Systems/Absenders/Empfängers nicht vollständig qualifiziert ist.
permit_mynetworks	Nimmt an, wenn das verbindende System Mitglied eines vertrauten Netzwerks ist.
check_relay_domains	Nimmt an, wenn das Clientsystem Mitglied einer der Domains ist, die in *relay_domains* aufgeführt werden.
reject_unauth_destination permit_auth_destination	Weist zurück/nimmt an, wenn sich die Zieladresse in *relay_domains* oder *my_destinations* befindet.
reject_maps_rbl	Weist Mail von Sites zurück, die in einer Blacklist stehen, die über den Parameter *maps_rbl_domains* definiert wird.
reject_unauth_pipelining	Verhindert unüberprüftes SMTP-Umleiten (wird von einigen Bulk-Mailern ausgenutzt).
reject_unknown_hostname	Weist HELO/EHLO-SMTP-Befehle von Clientsystemen zurück, deren Hostnamen nicht aufgelöst werden können.
reject_invalid_hostname	Weist zurück, wenn der Hostname in dem HELO/EHLO-SMTP-Befehl eine ungültige Syntax verwendet.
check_client_access type:map check_sender_access type:map check_recipient_access type:map check_helo_access type:map	Entscheidet über den Zugriff, indem der angegebene Eintrag in der gekennzeichneten Zugriffs-Map nachgeschlagen wird.[a]
permit	Erlaubt den Zugriff (ohne Bedingungen).
reject	Lehnt den Zugriff ab (ohne Bedingungen).

a Das Schlüsselwort ist optional, wenn es im zugehörigen Einschränkungsparameter verwendet wird. Dementsprechend ist *check_sender_access* in *smtpd_sender_restrictions* optional, und ein einfacher Listenpunkt *typ:datei* wird als Absender-Zugriffs-Map interpretiert.

Hier sind einige Beispiele, die noch ein paar weitere verwandte Parameter einführen:

```
smtpd_sender_restrictions: hash:/etc/postfix/senders,
   reject_non_fqdn_sender, reject_unknown_client,
   reject_unknown_sender_domain, reject_unauth_destination,
   reject_unauth_pipelining, reject_maps_rbl
maps_rbl_domains = blackholes.mail-abuse.org, rbl.maps.vix.com
smtpd_recipient_restrictions: hash:/etc/postfix/no-mail, permit
smtpd_helo_restrictions = reject_maps_rbl, reject_invalid_hostname
```

```
smtpd_helo_required = yes
smtpd_etrn_restrictions = permit_mynetworks
```

Diese Konfiguration ist ziemlich restriktiv. Nachrichten von unbekannten Clients und unbekannten Absendern werden zurückgewiesen, ebenso diejenigen, die von oder nach Domains geschickt werden, die in einer Blacklist stehen (Zeilen 1-3), die in den beiden Sites im zweiten Eintrag definiert sind (Zeile 4). Ebenso werden auch Nachrichten an nichtlokale Bestimmungsorte zurückgewiesen (Zeile 2). Absender (Zeile 1) und Empfänger (Zeile 6) werden gegen Zugriffs-Maps geprüft. Empfänger werden unter der Bedingung akzeptiert, dass sie alle Restriktionen in der Zugriffs-Map bestehen (Zeile 5). Sites, die in einer Blacklist stehen, ist es nicht erlaubt, sich mit diesem Server zu verbinden, und Verbindungen, die ungültige HELO/EHLO-SMTP-Befehle verwenden, werden ebenfalls zurückgewiesen (Zeile 7), auch wenn dieser Befehl für eine erfolgreiche Verbindung benötigt wird (Zeile 8). Schließlich können nur Systeme im lokalen Netzwerk den SMTP-Befehl ETRN verwenden, um ihre Mail abzuholen (Zeile 9).

Der Empfänger-Eintrag veranschaulicht die Verwendung des generischen Schlüsselwortes *permit*, das einfach nur die Auswirkungen des Eintrags offensichtlich macht; mit anderen Worten, alle Zeilen enden mit einem impliziten *permit*, es sei denn, Sie fügen ein explizites *reject* ein. Wenn der Zugriff festgelegt ist, werden die Listeneinträge der Reihe nach angewandt.

Quelldateien von Zugriffs-Maps bestehen aus Benutzer- und/oder Domainnamen, gefolgt von der gewünschten Aktion. Momentan bestehen Aktionen aus dem Zurückweisen, das auf zwei Arten angegeben werden kann (so wie es in den Beispielen unten dargestellt wird), dem Akzeptieren und aus irgendeinem der Schlüsselwörter für die Restriktionen. Hier ist ein Beispiel, das Teil einer Absender-Zugriffs-Map sein könnte:

```
bad-guys.org            REJECT
evil-ones.net           550 No spam allowed.
zoas.org                OK
mybadguy@               permit_mynetworks
```

Diese Einträge weisen die gesamte Mail von jedem von *bad-guys.org* und *evil-ones.net* zurück (im letzteren Fall unter Verwendung des angegebenen Fehlercodes und der Nachricht). Mail von *zoas.org* wird angenommen. Wenn ein Benutzer mit dem Namen *mybadguy* eine Nachricht schickt, wird sie zurückgewiesen, es sei denn, das Clientsystem ist Mitglied eines der lokalen Netzwerke.

Sie erzeugen die binäre Form der Map wie gewohnt unter Verwendung des Befehls postmap:

```
# cd /etc/postfix; postmap senders
```

 Zugriffskontrolleinträge, die den Zugriff von bestimmten Sites und/oder Absendern erlauben, können nicht vor Adress-Spoofing schützen.

Postfix erlaubt es Ihnen auch *Restriction Classes* zu definieren: benannte Gruppen von Schlüsselwörtern, die innerhalb von Zugriffs-Maps verwendet werden können. Wenn Sie einen Verweis auf eine Zugriffs-Map innerhalb eines Zugriffs-Map-Eintrags verwenden möchten, müssen Sie dies über eine Restriction Class tun,[23] so wie in diesem Beispiel:

main.cf:
```
smtpd_restriction_classes = no_unknown, check_sender, accept_iffy
no_unknown = reject_unknown_sender_domain, reject_unknown_client,
             reject_non_fqdn_sender, reject_non_fqdn_hostname
check_sender = check_sender_access hash:/etc/postfix/senders
accept_iffy = check_sender_access hash:/etc/postfix/iffy
smtpd_recipient_restrictions = /etc/postfix/our-mail
```

/etc/postfix/senders:
```
bad-guys.org            REJECT
```

/etc/postfix/iffy:
```
mole@bad-guys.org       OK
weasel@bad-guys.org     OK
ferret@bad-guys.org     OK
bad-guys.org            REJECT
```

/etc/postfix/our-mail:
```
chavez@ahania.com       OK
ahania.com              no_unknown
essadm.org              check_sender
zoas.org                accept_iffy
```

Diese Konfiguration definiert drei Restriction Classes: *no_unknown*, die Mail aus unbekannten Quellen zurückweist; *check_sender*, die den Absender in einer Zugriffs-Map mit dem Namen *senders* nachschlägt; und *accept_iffy*, die den Absender in einer anderen Zugriffs-Map nachschlägt, nämlich *iffy*. Zusätzlich werden Empfänger gegen die Zugriffs-Map *our-mail* geprüft. Diese Einstellung erlaubt es Empfängern in verschiedenen lokalen Domains, unterschiedliche Prüfungen zu haben, die auf ihre eingehende Post angewendet werden.

Diese Restriction Classes werden tatsächlich in der Empfänger-Map *our-mail* angewandt. Nachrichten an *chavez* werden ohne weitere Überprüfung angenommen. Nachrichten an andere Benutzer in der Domain *ahania.com* werden auf unbekannte Client- und Absenderadressen überprüft, bevor sie für die Auslieferung akzeptiert werden. Nachrichten an Benutzer in der Domain *essadm.org* werden zurückgewiesen, wenn sie von einem Absender aus *bad-guys.org* kommen (über den einzigen Eintrag in der Map *senders*). Schließlich werden Nachrichten an die Benutzer in *zoas.org* normalerweise zurückgewiesen, wenn sie von jemandem aus *bad-guys.org* kommen, werden aber für die drei *bad-guys.org*-Benutzer akzeptiert, die in der *iffy*-Map aufgeführt werden.

---

23 Dies ist notwendig, da die entsprechenden Map-Dateien schon geöffnet sein müssen, wenn die Zugriffs-Map verarbeitet wird. Dass die Map-Datei bereits geöffnet ist, ist eine Auswirkung davon, dass die Restriction Class in der Hauptkonfigurationsdatei von Postfix definiert wird.

Postfix kann Mail auch basierend auf den Inhalten der Nachrichten-Header oder auch der Body-Inhalte akzeptieren oder zurückweisen. Dies geschieht unter Verwendung dieser Einträge in der Konfigurationsdatei:

```
header_checks = regexp:/etc/postfix/header_checks
body_checks = regexp:/etc/postfix/body_checks
```

Diese Beispiele definieren den Pfadnamen für die Map, die verwendet wird, um die gewünschten Header/Body-Prüfungen anzugeben. Sie verwenden den Map-Typ *regexp*, der angibt, dass die angegebene Datei eine Map mit regulären Ausdrücken ist, ein weiterer unterstützter Map-Typ (der für jede Map innerhalb der Postfix-Einrichtung verwendet werden könnte). Die Quelldatei der Map sieht wie folgt aus:

```
/viagra/                        REJECT
/^Subject: [-A-Z0-9! ]*$/       REJECT
/^To: .*@bad-guys.org/          REJECT
/[%!@].*[%!@]/                  550 Sender-specified routing rejected
```

Diese Map, die für die Überprüfung von Mail-Headern entwickelt wurde, weist Mail zurück, die irgendwo im Mail-Header »viagra« enthält, ein Subject besitzt, das nur Großbuchstaben, Nummern, Gedankenstriche, Ausrufezeichen und Leerzeichen enthält, an irgendeinen Benutzer *@bad-guys.org* adressiert ist oder explizites Routing innerhalb der Adresse enthält. Im letzteren Fall ist die Nachricht eingeschränkt und führt zu dem angegebenen Fehlercode und Nachrichtentext.

Wie üblich muss die binäre Map-Datei unter Verwendung des Befehls `postmap` aus dieser Quelldatei erzeugt werden.

Zusätzlich zu dieser Filterung, die auf regulären Ausdrücken basiert, enthält Postfix auch noch vollständige Content-Filter (à la `procmail`). Sehen Sie sich für Details hierzu die Datei *FILTER_README* im obersten Verzeichnis des Postfix-Quellbaums an.

Postfix-Sicherheit

Postfix wurde dahin gehend entwickelt, sehr sicher zu sein. In diesem Abschnitt werden wir verschiedene Kleinigkeiten abdecken, die die Sicherheit von Postfix betreffen. Wir beginnen dabei mit diesen beiden Parametern der Konfigurationsdatei:

```
mail_owner = postfix
default_privs = nobody
```

Diese Einträge geben den Eigentümer der Postfix-Prozesse und des Queue-Verzeichnisses an sowie die Benutzeridentität, die Postfix annimmt, wenn Nachrichten an eine Datei oder ein Programm ausgeliefert werden und es keinen entsprechenden Benutzerkontext gibt (in dieser Reihenfolge). Der Benutzer-Account *postfix* sollte eine eindeutige UID und Gruppe (normalerweise auch *postfix* genannt) besitzen.

Wie bei jeder administrativen Einrichtung müssen Sie sicherstellen, dass die Postfix-Dateien und -Verzeichnisse die richtigen Eigentümer- und Zugriffsrechte besitzen. Der Befehl `postfix check` kann verwendet werden, um die Installation auf diese Probleme hin zu untersuchen, und sollte regelmäßig ausgeführt werden.

> ### Warnung: Programme, die sendmail-Zugriffsrechte »fixen«
>
> Die Zugriffsrechte der Postfix-Dateien und -Verzeichnisse können auf Linux-Systemen von dem automatisierten System-Konfigurations-Utility geändert werden: Aus der Postfix-FAQ:
>
> > Leider besitzen einige Linux-Systeme ein hilfreiches Utility namens `linuxconf`, das automatisch die Dateizugriffsberechtigungen auf diejenigen ›fixt‹, die für den sendmail-Befehl von Sendmail angenommen werden. Selbst wenn Sie das SETUID-Bit auf der ausführbaren `sendmail`-Datei von Postfix zurücksetzen, wird `linuxconf` es für Sie wieder anschalten.
>
> > Momentan gibt es keinen Weg, um `linuxconf` davon abzuhalten.
>
> Auf einigen älteren SuSE-Systemen macht die Einrichtung `SuSEconfig` das Gleiche. Jedoch können Sie sich darüber hinwegsetzen, indem Sie die folgende Zeile an */etc/permissions.local* hinzufügen:
>
> ```
> /usr/sbin/sendmail root.root 755
> ```
>
> Sie werden auch diese Einträge in */etc/sysconfig/security* (oder in */etc/rc.config* auf Systemen vor Version 8) überprüfen wollen:
>
> ```
> CHECK_PERMISSIONS=set              Korrigiert falsche Berechtigungen
> PERMISSION_SECURITY="secure local" Dateiliste für Berechtigungsangaben
> ```
>
> Eine Korrektur von Berechtigungen wird nur dann durchgeführt, wenn der erste Eintrag den Wert *set* besitzt. Der zweite Eintrag gibt an, welche Dateien die richtigen Eigentümer- und Zugriffsberechtigungen besitzen; die Liste der Einträge wird als Erweiterungen auf Dateien der Form */etc/permissions.** verwendet. Beachten Sie auch, dass – sollte Ihr System auf *easy* gesetzt sein statt auf *secure* – Sie sich überlegen sollten, dies zu ändern (siehe Kapitel 7).

Wie ich schon vorher angemerkt habe, gibt Ihnen Postfix im Hinblick auf die *maildrop*-Queue zwei Konfigurationsoptionen: Das Queue-Verzeichnis kann globale Schreibrechte besitzen (über `chmod o+t`) oder es kann nur für die Gruppe schreibbar sein. Im letzteren Fall verwendet Postfix ein SETGID-Programm für das lokale Verschicken von Mail (das sich im Besitz des Benutzers und der Gruppe *postfix* befindet). Die Konfiguration ohne SETGID ist die Standardeinstellung. Um auf die zweite Option umzuschalten, müssen Sie:

- Dem *maildrop*-Queue-Verzeichnis den richtigen Eigentümer und die Berechtigungen zuweisen.
- Führen Sie das Skript *INSTALL.sh* aus (befindet sich in der Wurzel des Postfix-Quellbaums) und geben Sie diese Gruppe an der Eingabeaufforderung der SETGID-Privilegien an.

Schließlich lassen viele Administratoren Postfix in einer `chroot`-Umgebung laufen (wobei */var/spool/postfix* als Root-Verzeichnis dient). Dies ist zwar einfach zu konfigurieren, aber keine Standardeinstellung. Das Unterverzeichnis *examples/chroot-setup* des Quellbaums enthält Beispielskripten, die die notwendigen Schritte zum Konvertieren auf eine solche Einstellung für die verschiedenen Betriebssysteme zeigen. Zum Beispiel sind hier die Dateien für ein FreeBSD- und für ein AIX-System:

```
FreeBSD:
umask 022
mkdir /var/spool/postfix/etc
chmod 755 /var/spool/postfix/etc
cd /etc
cp host.conf localtime services resolv.conf /var/spool/postfix/etc

AIX:
umask 022
mkdir /var/spool/postfix/etc
chmod 755 /var/spool/postfix/etc
for file in /etc/environment /etc/netsvc.conf /etc/localtime
do
    test -e $file && cp $file /var/spool/postfix/etc
done
cp /etc/services /etc/resolv.conf /var/spool/postfix/etc
mkdir /var/spool/postfix/dev
chmod 755 /var/spool/postfix/dev
mknod /var/spool/postfix/dev/null c 2 2
chmod 666 /var/spool/postfix/dev/null
```

FreeBSD verlangt nur, dass ein paar Dateien aus *etc* im chroot-Gefängnis existieren. Das Skript für AIX kopiert unter Vorbehalt eine Liste von Dateien (das heißt, wenn sie existieren), kopiert zwei Dateien, von denen es weiß, dass sie benötigt werden, und erzeugt ein Gerät */dev/null* in dem Gefängnis (unter Verwendung des Befehls mknod). Beachten Sie, dass beide Skripten sehr sorgfältig dabei vorgehen, wenn sie die umask entsprechend setzen und die Eigentümer- und Zugriffsrechte für jedes Unterverzeichnis, das sie erzeugen, einrichten.

Überwachung und Leistung

Wie jedes System benötigt auch Postfix eine gewisse laufende Überwachung und gelegentliche Instandhaltung. In diesem Abschnitt sehen wir uns einige der Features an, die sich auf die Überwachung und die Leistungsoptimierung beziehen.

Wir haben den Befehl postfix jetzt schon mehrere Male gesehen. Drei seiner wichtigsten Optionen sind *start* und *stop*, die die Einrichtung starten und stoppen, und *flush*, das verwendet werden kann, um die Abarbeitung der Mail-Queue zu erzwingen. Diese Befehle könnten auch dazu verwendet werden, um sich um häufige einrichtungsweite Fehler und Rückstände zu kümmern.

Postfix erlaubt es Ihnen auch zu konfigurieren, welche Arten von Fehlern an *postmaster* berichtet werden sollten:

    notify_classes = Liste

Die Liste enthält ein oder mehrere Schlüsselwörter: *bounce* (kopiert Nachrichten), *2bounce* (für doppelte Nachrichtenkopien), *delay* (schickt nur die Header), *policy* (UCE-Zurückweisung auf Grund von Restriktionen), *protocol* (Protokollfehler), *resource* (Ausfälle/Probleme) und *software* (Probleme, die zum Fehlschlagen der Auslieferung führen). Die Standardliste ist *resource, software*.

Postfix stellt auch viele Einstellungen zur Verfügung, die sich auf den Gebrauch von Ressourcen und die Leistung beziehen. Diese können eingesetzt werden, um die Konfiguration von Postfix auf Ihrem System zu optimieren. Die wichtigsten davon werden in Tabelle 9-9 aufgeführt.

Tabelle 9-9: Einige Postfix-Parameter zum Gebrauch von Ressourcen und für die Leistung

Parameter	Bedeutung
default_destination_concurrency_limit	Anzahl der parallelen Auslieferungen an den gleichen Bestimmungsort. Der Standardwert ist 10, kann aber herabgesetzt werden, wenn eine bzw. einige Site(s) einen Engpass für die Auslieferung anderer Post darstellen.
default_destination_recipient_limit	Maximale Anzahl an Empfängern pro Nachrichtenauslieferung (mehr werden im Stapel verarbeitet). Der Standardwert ist 50.
minimal_backoff_time	Zeitspanne, die nach dem ersten fehlgeschlagenen Auslieferungsversuch gewartet werden soll. Der Standardwert beträgt *1000s* (die Einheiten müssen angegeben werden), etwa 17 Minuten.
maximal_backoff_time	Maximale Zeitspanne, die nach einem fehlgeschlagenen Auslieferungsversuch gewartet werden soll (die Wartezeit steigt mit jedem Fehler auf dieses Limit an). Der Standardwert beträgt *4000s* (etwa 67 Minuten).
queue_run_delay	Anzahl der Sekunden zwischen den qmgr-Versuchen, die Queue abzuarbeiten. Der Standardwert beträgt *1000s*.
bounce_size_limit	Maximale Größe in Bytes des Body-Textes, der in einer zurückgeschickten Mail enthalten ist. Der Standardwert ist 50.000.
default_process_limit	Maximale Anzahl an -Prozessen für jedes Postfix-Subsystem.
message_size_limit	Maximale Größe einer Nachricht in Bytes. Der Standardwert beträgt 1.024.000 (ein Pseudo-MB).
qmgr_message_active_limit	Maximale Anzahl an Einträgen in der *active*-Queue.
queue_minfree	Anzahl an freiem Speicherplatz, der auf dem Dateisystem zur Verfügung stehen muss, das die Queue-Verzeichnisse enthält (der Standardwert ist 0).

Debugging

Es stehen drei Hauptquellen für Informationen zum Troubleshooting mit Postfix zur Verfügung: syslog-Einträge, »geschwätzige« Befehls-Modi und die Aufzeichnung von Systemaufrufen. Wir werden alle der Reihe nach betrachten.

Normalerweise schickt Postfix Status- und Fehlernachrichten an die syslog-Einrichtung. Sie können den minimalen Schweregrad-Level konfigurieren, von dem Sie Nachrichten auf die übliche Weise berichtet haben möchten, indem Sie die Konfigurationsdatei */etc/syslog.conf* verwenden.

Sie können eine »geschwätzige« (engl. verbose) Protokollierung der verschiedenen Postfix-Daemons aktivieren, indem Sie die Option -v an den entsprechenden Befehl in den Spezifikationen von */etc/postfix/master.cf* anfügen (in der letzter Spalte). Die folgende Modifikation zum Beispiel aktiviert den Verbose-Modus für den smtpd-Daemon:

```
smtp      inet  n  -  n  -  -  smtpd -v
```

Die letzte Quelle für Debugging-Informationen stammt aus der Aufzeichnung der Systemaufrufe. Beachten Sie aber, dass diese Daten extrem wortreich sind und oft auch obskur. Sie können die Aufzeichnung auf diesem Weg aktivieren:

- Fügen Sie -D an die smtpd-Zeile in *master.cf* hinzu.
- Konfigurieren Sie debugger_command in der Konfigurationsdatei *main.cf*:

```
debugger_command =
    PATH=/usr/bin:/usr/X11/bin
    strace -p $process_id -o /tmp/pfx_$process_id & sleep 5
```

Dieser Eintrag stammt von einem Linux-System. strace könnte durch trace, ktrace, truss oder einen anderen Befehl auf Ihrem System ersetzt werden müssen.

Sobald der Daemon aufgerufen wurde, geht die Ausgabe der Systemaufrufaufzeichnung an die angegebene Datei im */tmp*-Verzeichnis. Sie können diese Datei untersuchen, während der Daemon läuft, und Sie können den gleichen Befehl verwenden, um die Aufzeichnungsoperation zu beenden, wenn gewünscht.

Es ist auch möglich, Postfix-Daemons unter einem symbolischen Debugger laufen zu lassen. Sehen Sie sich die Dokumentation für Details darüber an, wie dies zu bewerkstelligen ist.

Abholen von Mail-Nachrichten

Wie wir schon gesehen haben, können Sites, die nur zeitweise mit dem Internet verbunden sind, das Weiterleiten und Ausliefern von Mail verkomplizieren. Das zentrale Problem solcher Sites stellt die Methode dar, die Mail dazu zu bringen, auf irgendeine automatisierte Weise periodisch verschickt und abgeholt zu werden. Im Grunde muss die lokale Queue leer geräumt werden (zum Beispiel über sendmail -q oder postfix flush), wenn die Verbindung aufgebaut wird, und die Mail für lokale Benutzer muss abgeholt werden. (Natürlich können diese beiden Vorgänge von unterschiedlichen Servern bearbeitet werden und müssen deshalb nicht zur gleichen Zeit stattfinden.) Das Verschicken lokaler Mail kann auf einfache Weise durchgeführt werden, indem der entsprechende Befehl an das Verbindungsskript angehängt wird (oder indem ein Skript erzeugt wird, das die Verbindung aktiviert, die Queue leer räumt und dann die Verbindung beendet).

Das Abholen der Mail kann auf entfernten Servern, die SMTP-Verbindungen erlauben und das erweiterte SMTP-Protokoll unterstützen, per Hand über den SMTP-Befehl ETRN erfolgen. Hier ist ein Beispiel:

```
# telnet kevin.ahania.com 25
Trying 10.0.19.223...
Connected to kevin.
Escape character is '^]'.
220 kevin.ahania.com ESMTP Sendmail 8.11.0/8.11.0;
Mon, 16 Apr 2001 11:22:54 -0400
EHLO astarte
250 kevin.ahania.com Hello astarte
...
ETRN mailhost.zoas.org
```

Der letzte Befehl fordert die Mail für den angegebenen Host an.

Das Programm fetchmail, geschrieben von Eric Raymond, stellt Fähigkeiten zur Verfügung, um Mail automatisch abzuholen. Es ist ein mächtiges Programm, das eine Vielzahl an Transportprotokollen und Authentifizierungsmechanismen unterstützt. Es funktioniert, indem es Nachrichten von einem entfernten Mailserver abholt und diese an den SMTP-Port 25 auf dem lokalen System schickt (oder auf einem angegebenen entfernten System). Folglich sehen sie für den Transport-Agent wie normale eingehende Mail-Nachrichten aus.

Oft werden Sie sich vergewissern müssen, dass *localhost* in der Liste des Transport-Agent mit den erlaubten Relay-Hosts enthalten ist, damit fetchmail richtig funktioniert.

Der fetchmail-Befehl ist das Herz des Pakets. Er wird im Allgemeinen während des Hochfahrens über einen Befehl wie diesen gestartet:

```
fetchmail -d 900
```

Dieser Befehl startet das Programm im Daemon-Modus und gibt an, dass es alle 900 Sekunden jeden entfernten Mailserver »pollen« soll (viermal in der Stunde). Wenn der Daemon läuft, weckt der Befehl fetchmail (ohne Argumente) den Daemon auf und erzwingt ein sofortiges Pollen aller Server, die in der Konfigurationsdatei definiert sind. Alternativ können Sie Hosts angeben, die gepollt werden sollen, indem Sie deren Namen als Argumente übergeben, so wie in diesem Beispiel:

```
# fetchmail mailer.notaol.com
```

Dieser Befehl pollt den angegebenen Host sofort und ermittelt die Verbindungsinformationen aus dessen Eintrag in der Konfigurationsdatei (wird unten behandelt). Alternativ können Sie verschiedene Verbindungsparameter über Kommandozeilenoptionen angeben (die die Einstellungen im Eintrag der Konfigurationsdatei überschreiben).

Die Befehlsform fetchmail --quit beendet den laufenden Daemon. Sie können auch -v oder -v -v für eine »geschwätzige« (engl. »verbose«) bzw. »ultrageschwätzige« Ausgabe angeben.

Die Standardkonfigurationsdatei von fetchmail lautet *~/.fetchmailrc* (das heißt, sie befindet sich im Home-Verzeichnis des Benutzers, der den Befehl fetchmail erteilt, normalerweise *root*). Ein alternativer Speicherort könnte mit der Umgebungsvariable *FETCHMAILHOME* angegeben werden oder mit der Kommandozeilenoption -f. Die Konfigurationsdatei muss den Zugriffsschutz 600 besitzen.

Tabelle 9-10 führt die wichtigsten Konfigurationsparameter von fetchmail auf, sowohl als Eintrag in der Konfigurationsdatei als auch als Kommandozeilenoption.

Tabelle 9-10: Wichtige fetchmail-Parameter

Schlüsselwort	Bedeutung	Kommandozeilenoption
set daemon *Sekunden*	Setzt das Poll-Intervall in Sekunden, wenn fetchmail als Daemon läuft.	-d
set logfile *Pfad*	Aktiviert die Protokollierung auf die angegebene Datei.	-L
set syslog set nosyslog	Verwendet bzw. verwendet kein syslog für Nachrichten (fetchmail protokolliert in die *mail*-Einrichtung und verwendet *info*, *alert* und *err* als Schweregrad-Level).	--syslog --nosyslog
defaults *Einstellungen*	Gibt Standardwerte für verschiedene Einstellungen an.	
poll *Host*	Definiert einen entfernten Mailserver.	
proto *Protokoll*	Verbindungsprotokoll, das verwendet werden soll (zum Beispiel *pop3*, *imap*, *etrn*).	-p
user *Benutzername*[a]	Benutzer-Account auf dem entfernten Server.	-u
is *Benutzer*[a] to *Benutzer*[a]	Zugehöriger lokaler Benutzer-Account (die beiden Schlüsselwörter werden synonym verwendet).	
password *Zeichenkette*[a]	Passwort für den entfernten Account.	
auth *System*	Gibt das verwendete Authentifizierungssystem an: zum Beispiel *password*, *kerberos*, *kerberos_v5*, *ntlm*, *ssh*, *any* (probiert verschiedene der Reihe nach durch).	-A
localdomains *Liste*	Domains, die als lokale Domains behandelt werden sollen.	
smtphost *Host(s)*[a]	Schickt eingehende Mail an diesen Host (oder den ersten verfügbaren Host, wenn das Argument eine Liste ist). Hostnamen können eine optionale Portnummer enthalten: *host/port* (der Standardwert ist Port 25).	-S *Host*
limit *Bytes*[a]	Begrenzt Nachrichten auf diese Größe (wird vom ETRN-Protokoll ignoriert).	-l
keep[a] nokeep[a]	Belässt bzw. belässt keine heruntergeladenen Nachrichten auf dem Server (die Verwendung von ETRN geht von *nokeep* aus).	-k -K
flush[a]	Löscht alte Nachrichten auf dem Server, bevor neue geholt werden (gilt nur für die POP3/IMAP-Protokolle).	-F
folder *Pfad(e)*[a]	Gibt den entfernten Mailbox-Pfad an (gilt nur für IMAP).	-r *Pfad*
preconnect *Befehl*[a]	Führt diesen Befehl vor der Verbindung aus.	
postconnect *Befehl*[a]	Führt diesen Befehl nach der Verbindung aus.	
plugin *Befehl*	Setzt diesen Befehl für den Aufbau der Serververbindung ein.	--plugin
skip *Host*	Pollt diesen Host nur, wenn er explizit auf der Kommandozeile aufgeführt wird (zum Beispiel fetchmail [*Optionen*] *Host*).	
via *Host*	Pollt diesen DNS-Namen; wenn eingesetzt, wird die Zeichenkette, die auf *poll* folgt, nur wie ein Label behandelt.	
interval *n*	Pollt diese Site nur bei jedem *n*-ten Poll (das heißt weniger häufig als normal).	

[a] Dies sind benutzerbezogene Optionen, die allen serverbezogenen Optionen (ohne Markierung) in den Einträgen der Konfigurationsdatei folgen müssen.

Hier ist eine beispielhafte *.fetchmailrc*-Datei:

```
set logfile /var/log/fetchmail.logset syslog
defaults proto pop3 user "ispuser"

poll pop.essadm.org pass "Passwort"
poll mailer.notaol.org proto imap
    user "rjchavez24" there has password "Ein-anderes-Passwort"
    and is chavez here
poll getmail via pop.essadm.org proto etrn
poll poffice.ahanai.com proto imap auth ssh
    plugin "ssh %h /usr/sbin/imapd"
```

Der erste Abschnitt dieser Konfigurationsdatei definiert einige globale Einstellungen und liefert Standardwerte für einige der Parameter in den Einträgen, die darauf folgen. In diesem Fall gchen die Protokollierungsnachrichten an die angegebene Protokolldatei und auch an die syslog-Einrichtung. Das Standardverbindungsprotokoll ist POP3 und der Standardbenutzer ist *ispuser*.

Der erste *poll*-Eintrag definiert eine POP3-Verbindung auf *pop.essadm.org* und der Eintrag gibt das Passwort für den Account *ispuser* auf dem entfernten System an.

Der zweite *poll*-Eintrag definiert einen IMAP-Mailserver (auf *mailer.notaol.org*), mit dem sich der lokale Host als Benutzer *rjchavez24* verbindet (mit dem angegebenen Passwort), der zum lokalen Benutzer *chavez* gehört. Mit anderen Worten: Dieser Eintrag holt die Mail für *rjchavez24* von dem angegebenen Server ab und liefert sie an die Benutzerin *chavez* aus. Beachten Sie, dass Sie mehrere *user*-Schlüsselwörter angeben können, um die Mail für mehrere Benutzer in einem einzigen Vorgang abzuholen.

Der dritte *poll*-Eintrag holt ebenfalls die Mail von *pop.essadm.org* (so wie es der erste *poll*-Eintrag macht). Hier wird das Ziel mit *getmail* angegeben, das einfach wie ein Eintrags-Label funktioniert (auf das sich über die fetchmail-Kommandozeile bezogen werden kann), und der Host, mit dem eine Verbindung hergestellt werden soll, folgt auf das Schlüsselwort *via*. Dieser Eintrag gibt das ETRN-Protokoll an, was *fetchmail* dazu veranlasst, im Namen des lokalen Hosts einen ETRN-SMTP-Befehl an den entfernten Server zu schicken.

Der letzte Eintrag veranschaulicht die Verwendung von ssh, um sich mit einem entfernten Mailserver zu verbinden, in diesem Fall mit *poffice.ahania.com*.

In fetchmail-Konfigurationsdateien werden Sie manchmal Einträge wie diesen sehen, der entwickelt wurde, um Mail für mehrere lokale Benutzer von einer üblichen (»multidrop«) Mailbox auf dem Mailserver abzuholen:

```
poll pop.essadm.org proto pop3 localdomains zoas.org ahania.com
    user "ispuser" pass "passwort" to trucks * here
```

Dieser Eintrag pollt auf *pop.essadm.org* unter Verwendung des POP3-Protokolls, bildet den entfernten Benutzer *ispuser* auf den lokalen Benutzer *trucks* ab und reicht die gesamte Mail der anderen Benutzer auf den lokalen Host durch (wird durch das Sternchen als letzter Eintrag in der Benutzerliste *to* angegeben). Jedoch sollten Sie sich darüber im Klaren sein, dass dieser Ansatz zu vielen Problemen neigt: Mail an Mailinglisten kann derart enden, dass sie an den Account ausgeliefert wird, der `fetchmail` ausführt, statt an den lokal eingeschriebenen Benutzer, Mail, die für Bcc-Empfänger bestimmt ist, kann verloren gehen, Mail-Schleifen können entstehen – die Liste lässt sich beliebig fortführen. Die `fetchmail`-Dokumentation empfiehlt, dass Sie unter solchen Umständen stattdessen das ETRN-Protokoll verwenden sollten.

Es gibt einige weitere `fetchmail`-Features, auf die wir hier aber nicht detailliert eingehen können. Ziehen Sie für weitere Informationen die Tabelle 9-10 und die `fetchmail`-Dokumentation zu Rate.

Das `fetchmail`-Paket enthält auch ein grafisches Konfigurationswerkzeug namens `fetchmailconf`, das die Einrichtung von Einträgen in der Konfigurationsdatei für neue `fetchmail`-Benutzer einfacher gestaltet. Abbildung 9-7 veranschaulicht dessen Dialoge im Anfängermodus; diese speziellen Einstellungen würden Einträge erzeugen, die denen ähnlich sind, die wir bereits früher gesehen haben.

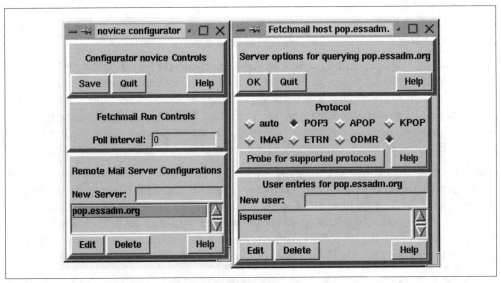

Abbildung 9-7: Das Konfigurations-Utility von fetchmail

Das Programm besitzt auch einen erweiterten Konfigurationsmodus, mit dem Sie Einträge einrichten können, die so komplex wie nötig sind.

Mail-Filterung mit procmail

Zuvor haben wir bereits Features zur Unterdrückung von Spam sowohl bei `sendmail` als auch bei Postfix betrachtet. Diese Features können äußerst effektiv Spam abblocken, bevor er Ihre Site überhaupt erreicht. Das Programm `procmail`, geschrieben von Stephen van den Berg, bietet eine andere Methode, um diese Aufgabe zu erfüllen. Die Homepage des Pakets ist *http://www.procmail.org*.

Tatsächlich handelt es sich bei procmail um eine sehr mächtige, universelle Mail-Filtereinrichtung. Seine Fähigkeiten beschränken sich nicht darauf, Spam zu beseitigen; procmail kann für mehrere verschiedene Zwecke eingesetzt werden:

- Um Spam-Nachrichten zu identifizieren, die dann weggeworfen oder für eine spätere Untersuchung beiseite gelegt werden können.
- Um Mail auf Sicherheitsprobleme zu scannen, wie zum Beispiel Viren, Makros innerhalb von Mail-Anhängen und so weiter, und es Ihnen dabei zu ermöglichen, verdächtige Nachrichten wegzuwerfen oder unter Quarantäne zu stellen.
- Um eingehende Mail-Nachrichten nach dem Absender zu sortieren, nach dem Betreff oder nach irgendeinem anderen System, das Sie für sinnvoll erachten.
- Um Mail von bestimmten Benutzern oder Sites oder mit bestimmten Eigenschaften oder Inhalten (die lokal definiert werden) zurückzuweisen; wieder können solche Mails je nach Bedarf entweder verworfen oder beiseite gelegt werden.

Tatsächlich ist für die meisten Benutzer auf Unix-Systemen procmail das Mail-Filterwerkzeug ihrer Wahl.

procmail kann auf zwei Hauptarten auf eingehende Mail angewendet werden:[24] indem es als lokaler Delivery-Agent eingesetzt wird (das Programm, an das der Transport-Agent lokale Nachrichten für die tatsächliche Auslieferung übergibt) oder indem eingehende Mail für bestimmte Benutzer darauf umgeleitet wird, normalerweise in der *.forward*-Datei, so wie in diesem kanonischen Beispiel:

```
"|IFS=' ' && exec /usr/bin/procmail -Yf- || exit 75 #Benutzername"
```

Dieses Beispiel setzt zuerst das Shell-Trennzeichen für die einzelnen Felder auf ein Leerzeichen (siehe Kapitel 3) und führt dann das Programm procmail aus, und zwar unter Angabe von -Y (geht von einem BSD-Mailbox-Format aus) und -f- (sagt dem Programm, dass es den Zeitstempel im führenden *From*-Header aktualisieren soll). Sie müssen eventuell den Pfad so modifizieren, dass er auf Ihr System zutrifft. Wenn Sie besonders vorsichtig sein möchten, können Sie einen Eintrag wie diesen verwenden:

```
"|IFS=' ' && p=/usr/bin/procmail && test -f $p
  && exec $p -Yf- || exit 75 #Benutzername"
```

Diese Version testet, ob die ausführbare procmail-Datei vorhanden ist, bevor procmail ausgeführt wird. Die Ausgabe wird hier umbrochen, entspricht aber in der *.forward*-Datei einer einzigen Zeile.

Sollte das procmail-Programm fehlschlagen, gibt der Prozess in jedem Fall einen Exit-Code von 75 zurück. Der letzte Eintrag ist ein Shell-Kommentar, wird aber benötigt. Laut der Manpage von procmail ist dieser Eintrag »nicht wirklich ein Parameter, der von procmail

---

24 procmail kann auch verwendet werden, um eine bestehende Mailbox zu verarbeiten; sehen Sie sich für ein Beispielskript den »Notes«-Abschnitt der Manpage an oder verwenden Sie einen Befehl wie cat *Datei* | formail -s procmail. Seien Sie sehr vorsichtig, wenn Sie diese Technik bei einer Mail-Spool-Datei einsetzen: Es ist sehr einfach, Endlosschleifen zu erzeugen, die ununterbrochen neue Mail-Nachrichten generieren.

benötigt wird; tatsächlich wird er von sh verworfen, bevor ihn procmail überhaupt zu Gesicht bekommt; es handelt sich dabei jedoch um einen notwendigen Hack gegen überoptimierte sendmail-Programme«. Wie auch immer.

Die einzelnen Einträge der *.forward*-Benutzerdatei werden nicht benötigt – und sollten auch nicht verwendet werden –, wenn procmail der lokale Delivery-Agent ist.

Konfigurieren von procmail

procmail erhält seine Anweisungen darüber, welche Mail-Filteroperationen auszuführen sind, aus einer Konfigurationsdatei. Die systemweite Konfigurationsdatei ist */etc/procmailrc*. Die benutzerspezifische Konfigurationsdatei von procmail ist *~/.procmailrc*. Die systemweite Konfigurationsdatei wird auch dann aufgerufen, wenn einzelne Benutzer procmail ausführen, es sei denn, dessen Option -p ist enthalten oder die zu verwendende Konfigurationsdatei wird explizit als letztes Argument des Befehls angegeben.

Wenn procmail nur auf Basis einzelner Benutzer eingesetzt wird, ist es das Beste, die globale Konfigurationsdatei leer zu lassen. Aktionen, die in der globalen Konfigurationsdatei angegeben werden, werden im Kontext des *root*-Accounts ausgeführt, und Sie müssen diese Datei sehr sorgfältig einrichten, um Sicherheitsrisiken zu vermeiden.

procmail untersucht jede aufeinander folgende Mail-Nachricht, die es empfängt, und wendet die verschiedenen Filter, die in der Konfigurationsdatei definiert sind (auch als »Rezepte« bekannt), der Reihe nach an. Das erste Rezept, das zu einem Bestimmungsort oder einer anderen Disposition der Nachricht führt, veranlasst den Stopp der weiteren Verarbeitung. Wenn alle Rezepte ohne Auswirkungen angewandt wurden – anders ausgedrückt, wenn die Nachricht ohne Auswirkungen durch sämtliche Filter hindurchkommt –, wird die Mail an die normale Mailbox des Benutzers angehängt (die über die *DEFAULT*-Variable von procmail definiert werden kann).

procmail-Konfigurationsdatei-Einträge haben dieses allgemeine Format:

```
:0 [Flags]       Kennzeichnet den Beginn eines neuen Rezepts.
* Condition      Keine oder mehrere Zeilen mit regulären Ausdrücken.
Disposition      Bestimmungsort/Behandlung zutreffender Nachrichten.
```

Lassen Sie uns mit einigen einfachen Beispielen beginnen:

```
# Definiert Variablen.
PATH=/bin:/usr/bin:/usr/local/bin:$HOME/bin:/usr/sbin
MAILDIR=$HOME/Mail
DEFAULT=$MAILDIR/unseen

# Verwirft Nachrichten von diesem Benutzer.
:0
```

```
* ^From.*jerk@bad-guys.org
/dev/null

# Kopiert alle Mail-Nachrichten in meine Nachrichtenarchivdatei.
:0c:
archive
```

Der erste Abschnitt der Konfigurationsdatei definiert einige `procmail`-Variablen: den Suchpfad, das Mail-Verzeichnis und das Standard-Nachrichtenziel für Nachrichten, die nicht durch irgendein Rezept umgeleitet oder verworfen werden.

Das erste Rezept filtert Mail von dem Benutzer *jerk* auf *bad-guys.org* aus, indem es die Mail nach */dev/null* umleitet. Beachten Sie, dass die Bedingung ein regulärer Ausdruck ist, gegen den der eingehende Nachrichtentext abgeglichen wird. Entgegen den Erwartungen jedoch unterscheidet die Mustererkennung standardmäßig nicht zwischen Groß- und Kleinschreibung.

Das zweite Rezept kopiert bedingungslos alle eingehenden Nachrichten in die Datei *~/Mail/archive* – relative Pfadnamen werden in Bezug auf *MAILDIR* interpretiert –, während die Originalnachricht im Eingangsstrom bleibt. Da keine Bedingung angegeben wurde, werden alle Nachrichten darauf passen und von dem Rezept verarbeitet werden.

Das Kopieren erfolgt, da das Flag c (klone die Nachricht) in der Startzeile enthalten ist. Wie das Rezept andeutet, kann die Startzeile potenziell eine Vielzahl an Einträgen enthalten. Der 0 können ein oder mehrere Schlüsselbuchstaben folgen (Flags, die Variationen der Nachrichtenbehandlung angeben) und der gesamten Zeichenkette kann ein weiterer Doppelpunkt folgen, der `procmail` dazu veranlasst, eine Lock-Datei einzusetzen, wenn eine Nachricht mit diesem Rezept verarbeitet wird. Die Lock-Datei dient dazu, mehrere `procmail`-Prozesse, die unterschiedliche Mail-Nachrichten bearbeiten (so wie sie von dem Transport-Agent erzeugt werden könnten, wenn die Mail sehr schnell eintrifft), davon abzuhalten, gleichzeitig zu versuchen, in dieselbe Datei zu schreiben. Dem abschließenden Doppelpunkt kann optional der Name einer Lock-Datei folgen. In den meisten Fällen wird der Dateiname leer gelassen (wie in diesem Fall), was `procmail` erlaubt, den Namen selbst zu generieren.

Wenn dies die gesamte Konfigurationsdatei *.procmailrc* wäre, würden alle Nachrichten, die nicht von dem ersten Rezept verworfen werden, in dem Speicherort enden, der über die Variable *DEFAULT* angegeben wurde: *~/Mail/unseen*.

Ähnliche Rezepte können verwendet werden, um `procmail` anzuweisen, eingehende Mail in Boxen einzusortieren:

```
# Setzt das Verzeichnis für relative Pfadnamen
HOME=/home/aefrisch/Mail

# Sortiert und verschiebt verschiedene Arten von Nachrichten
:0:
* ^From: (patti_singleton|craig_stone|todd_stone)@notaol\.org
new-family
```

```
:0c:
* ^TO_help@zoas\.org
support/archive

:0:
* ^TO_help@zoas\.org
* ^Subject: Case.*[GVPM][0-9][0-9][0-9]+
support/existing
:0:
* ^TO_help@zoas\.org
support/incoming
```

Das erste Rezept schickt Mail von verschiedenen Benutzern aus *notaol.org* an den angegebenen Mail-Ordner (es handelt sich dabei um einige meiner Geschwister). Die übrigen drei Rezepte kopieren alle Nachrichten, die an *help* adressiert sind, in die Datei *archive* in dem angegebenen Verzeichnis und sortieren die Nachrichten in zwei weitere Mail-Ordner ein. Das dritte Rezept leitet Nachrichten, deren Betreffzeile mit »Case« beginnt und einen der angegebenen Buchstaben, gefolgt von drei oder mehr Zahlen, enthält, in die Datei *existing*. Alle anderen Nachrichten gehen in die Datei *incoming* (beide befinden sich in meinem Unterverzeichnis ~/support).

Die Anordnung der Rezepte in der Konfigurationsdatei kann wichtig sein. Zum Beispiel wird Mail an *help* von einem meiner Geschwister immer noch in meine Datei *new-family* gehen und nicht in eine der ~/Mail/support-Dateien.

Die Komponente ^TO_, die in einigen der vorangegangenen Rezepte verwendet wurde, ist tatsächlich ein procmail-Schlüsselwort und bringt das Programm dazu, für das angegebene Muster alle Header zu überprüfen, die sich auf den Empfänger beziehen.

Sie können mehr als eine Bedingung angeben, indem Sie mehrere Zeilen mit Sternchen einfügen:

```
# Definiert FROM-Header
FROM="^(From[     ]|(Resent-)?(From|Reply-To|Sender):)"
# Verwirft einigen Plunder
:0H
* $ $(FROM).*@bad-guys\.org
* ^Subject: .*what a deal
/dev/null

:0
* ^Subject:.*last chance|\
  ^Subject:.*viagra|\
  ^Subject:.*??
/dev/null
```

Das erste Rezept verwirft Mail von jedem in der angegebenen Domain, die die angegebene Zeichenkette in der Betreffzeile enthält. Denken Sie daran, dass Bedingungen mit der UND-Logik verknüpft werden. Wenn Sie die ODER-Logik verwenden möchten, müssen Sie unter Verwendung des Konstrukts | der regulären Ausdrücke eine einzelne Bedingung konstruieren. Das zweite Rezept liefert ein Beispiel hierfür. Dessen Suchausdruck könnte etwas knapper geschrieben werden, allerdings ist er so einfacher zu lesen.

Dieses Rezept veranschaulicht auch die Verwendung der Variablen aus der Konfigurationsdatei. Wir definieren eine mit dem Namen *FROM*, die auf eine Vielzahl an Headern zutrifft, die den Absender bzw. Ursprung der Nachricht kennzeichnen (die eckigen Klammern enthalten ein Leer- und ein Tabulatorzeichen). Die Variable wird dann in der ersten Bedingung eingesetzt und das führende Dollarzeichen wird benötigt, um die Variablen-Dereferenzierung innerhalb des Musters zu erzwingen.

Weitere Optionen bei procmail

Sie können auch eine Pipe (Umleitung) als Bestimmungsort verwenden, indem Sie einen vertikalen Balken als erstes Zeichen in der Zeile einfügen:

```
# Verarbeitet die Nachricht über ein Skript
# (mit Ausnahme von root und cron)
:0
* !^From: (root|cron)
| $HOME/bin/chomp_mail.pl
```

Dieses Rezept schickt alle Nachrichten, die nicht von *root* oder *cron* kommen (das Ausrufezeichen kennzeichnet einen negativen Test), an das angegebene Perl-Skript. Wir verwenden hier procmail nicht für das Locking; sollte das Skript irgendeinen Schreibvorgang auf Dateien ausführen, wird es hier sein eigenes Locking durchführen müssen (procmail-Locking wird für diesen Einsatzzweck nicht empfohlen).

Seien Sie sich dessen bewusst, dass procmail annimmt, dass Befehle im Kontext der Bourne-Shell (sh) ausgeführt werden – und dies auf einer sehr tiefen Ebene. Sollte Ihre Login-Shell eine Variante der C-Shell sein, platzieren Sie den folgenden Befehl an den Anfang Ihrer procmail-Konfigurationsdatei, um ungewollte Verwicklungen zu vermeiden:
$SHELL=/bin/sh

In diesen nächsten Beispielen leiten wir Mail an einen anderen Benutzer weiter und generieren und verschicken eine Mail-Nachricht innerhalb des procmail-Rezepts:

```
# Verteilt CCL-Mailinglisten-Nachrichten, die sich auf Gaussian beziehen
:0
* ^Subject: CCL:.*g(aussian|9)
! ccl_gauss,ccl_all

# Verteilt die übrigen CCL-Mailinglisten-Nachrichten
:0
* ^Subject: CCL:
! ccl_all

# Schickt eine Nachricht über die Abweisung an diesen Kerl
:0
* ^From:.*persistent@bad-guys\.org
* !X-Loop: chavez@ahania.com
| ( formail -r -a "X-Loop: chavez@ahania.com"; \
    echo "This is an auto-generated reply."; \
    echo "Mail rejected; it will never be read." ) \
  | sendmail -t -oi
```

Das erste Rezept verteilt ausgewählte Einträge aus einer Mailingliste an eine Gruppe lokaler Benutzer. Nachrichten aus der Mailingliste können über den Anfang ihrer Betreffzeile identifiziert werden und das Rezept wählt Nachrichten aus, die entweder »gaussian« oder »g9« in der Betreffzeile stehen haben. Die ausgewählten Nachrichten werden an die beiden angegebenen lokalen Benutzer weitergeleitet, die eigentlich Aliase sind, die sich auf eine Liste mit Benutzern erweitern.

Das zweite Rezept schickt die gesamten übrigen Nachrichten von der gleichen Liste an den Alias *ccl_all*. Die Benutzer in dieser internen Liste möchten die gesamte Mailingliste empfangen und die Kombination der Rezepte 1 und 2 macht dies möglich.

Das letzte Rezept schickt eine Antwort auf alle Mail-Nachrichten von dem angegebenen Benutzer. Es verwendet das Utility `formail`, das Bestandteil des `procmail`-Pakets ist. Der Befehl `formail -r` erzeugt eine Antwort auf die Mail-Nachricht, die der Befehl als Eingabe empfängt, und verwirft die bestehenden Nachrichten-Header und den Body der Nachricht. Der neue Body-Text wird über die beiden folgenden `echo`-Befehle erzeugt und die komplettierte Nachricht wird für die Auslieferung an die Mail-Einrichtung an `sendmail` umgeleitet. Die Option -t von `sendmail` sagt dem Programm, dass es die Empfänger aus dem Nachrichten-Header feststellen soll, und -oi sorgt dafür, dass es keine Zeile behandelt, die nur einen einzigen Punkt als Eingabe enthält (wird nur selten gebraucht, wird aber üblicherweise eingefügt, um sicherzugehen).

Diese Nachricht veranschaulicht auch eine Technik zur Vermeidung von Mail-Schleifen mit `procmail`. Der Befehl `formail` fügt einen *X-Loop*-Header an die ausgehende Mail-Nachricht an (über die Option -a). Die Bedingungen prüfen auch, ob dieser Header vorhanden ist, und übergeben die Nachricht, wenn er gefunden wurde. Auf diesem Weg hindert dieses Rezept `procmail` daran, die erzeugte Nachricht zu verarbeiten, sollte sie zurückgeschickt werden.

Tabelle 9-11 führt einige nützliche `formail`-Optionen auf.

Tabelle 9-11: Nützliche formail-Optionen

Option	Bedeutung
-r	Generiert eine Antwort und löscht bestehende Header und den Body.
-X *Header*:	Extrahiert bzw. bewahrt den benannten Nachrichten-Header.
-k	Behält den Body der Nachricht auch bei der Verwendung von -r oder -X.
-a *Header*:*Text*	Fügt den angegebenen Header an, wenn er nicht schon vorhanden ist.
-A *Header*:*Text*	Fügt den angegebenen Header auf jeden Fall an.
-i *Header*:*Text*	Fügt den angegebenen Header an, stellt *Old-* an den Beginn des Namens des bestehenden Headers (falls einer vorhanden ist).
-I *Header*:*Text*	Ersetzt die bestehende Header-Zeile.
-u *Header*:	Behält nur das erste Vorkommen des benannten Headers.
-U *Header*:	Behält nur das letzte Vorkommen des benannten Headers.
-x *Header*:	Extrahiert nur den benannten Header.

Tabelle 9-11: Nützliche formail-Optionen (Fortsetzung)

Option	Bedeutung
-z	Stellt sicher, dass ein Leerzeichen auf jeden Header-Feldnamen folgt, und entfernt (»zapt«) Header ohne Inhalte. Bei Verwendung mit -x werden auch Leerzeichen am Anfang und am Ende der entstehenden Ausgabe abgeschnitten.

procmail-Rezepte können auch verwendet werden, um eingehende Mail-Nachrichten umzuwandeln. Hier ist ein nettes Beispiel von Tony Nugent (leicht modifiziert):

```
# --- Strip out PGP stuff ---
:0fBbw
* (BEGIN|END) PGP (SIG(NATURE|NED MESSAGE)|PUBLIC KEY BLOCK)
| sed -e 's+^- -+-+' \
    -e '/BEGIN PGP SIGNED MESSAGE/d' \
    -e '/BEGIN PGP SIGNATURE/,/END PGP SIGNATURE/d' \
    -e '/BEGIN PGP PUBLIC KEY BLOCK/,/END PGP PUBLIC KEY BLOCK/d'

# Add (or replace) an X-PGP header
:0Afhw
| formail -I "X-PGP: PGP Signature stripped"
```

Dieses Rezept führt mehrere neue procmail-Flags ein. Der Satz in dem ersten Rezept, Bfw, teilt procmail mit, dass es nur den Nachrichten-Body durchsuchen soll (B) (die Standardeinstellung ist die gesamte Nachricht), dass das Rezept ein Filter ist (f), dass die Nachrichten von den späteren Einträgen in der Konfigurationsdatei weiterverarbeitet werden sollten und dass das Programm warten sollte, bis das Filterprogramm fertig ist, bevor es sich zum nächsten Rezept in der Konfigurationsdatei begibt (w).

Der sed-Befehl sucht nach verschiedenen PGP-bezogenen Zeichenketten innerhalb des Nachrichten-Body (Flag b). Wenn er fündig wird, bearbeitet er die Nachricht, indem er zwei durch ein Leerzeichen getrennte Gedankenstriche am Anfang einer Zeile durch einen einzelnen Gedankenstrich ersetzt und verschiedene PGP-bezogene Texte, Signaturblöcke und Blöcke mit öffentlichen Schlüsseln entfernt. (Für die letzten beiden Operationen verwendet er das sed-Feature zum Entfernen von Textabschnitten.)

Das nächste Rezept wird nur auf diejenigen Nachrichten angewandt, die den Bedingungen in dem vorhergehenden Rezept entsprachen (das A-Flag), es arbeitet als Filter (f) ausschließlich auf den Nachrichten-Headern (h) und wartet darauf, dass das Filterprogramm fertig ist, bevor es mit dem Rest der Konfigurationsdatei weitermacht (w). Die Entscheidung führt dazu, dass die Nachricht an formail umgeleitet wird, wo ein *X-PGP*-Header an die Nachricht angefügt wird oder ein bestehender Header dieses Typs ersetzt wird (Option -I).

Tabelle 9-12 führt die wichtigsten Startzeilen-Flags von procmail auf.

Tabelle 9-12: procmail-Flags

Flag	Bedeutung
H[a]	Durchsucht den Nachrichten-Header.
B[a]	Durchsucht den Nachrichten-Body.

Tabelle 9-12: procmail-Flags (Fortsetzung)

Flag	Bedeutung
h[a]	Bearbeitet den Nachrichten-Header.
b[a]	Bearbeitet den Nachrichten-Body.
c	Führt die Operation auf einer Kopie der Nachricht aus.
D	Führt einen Abgleich auf einen regulären Ausdruck durch, der zwischen Groß- und Kleinschreibung unterscheidet.
f	Das Rezept ist nur ein Filter; zutreffende Nachrichten bleiben im Eingabestrom.
A	Kettet dieses Rezept an das unmittelbar vorangehende und wird nur ausgeführt, wenn eine Nachricht den Mustern im vorangehenden Rezept entsprach (das das f-Flag enthalten muss).
a	Bearbeitet dieses Rezept nur, wenn das vorangegangene erfolgreich war.
e	Bearbeitet dieses Rezept nur, wenn das vorangegangene fehlschlug.
E	Bearbeitet dieses Rezept nur, wenn die Bedingungen des vorangegangenen Rezepts nicht auf die aktuelle Nachricht zutrafen (das heißt, es erzeugt eine ELSE-Bedingung).
w	Wartet darauf, dass das Filterprogramm fertig ist, und prüft dessen Exit-Code, bevor es mit dem nächsten Rezept weitermacht. Die W-Form macht das Gleiche, wobei alle »Programmfehler«-Nachrichten unterdrückt werden.

a Die Standardaktionen sind H und bh, wenn keine relevanten Flags angegeben werden. Jedoch impliziert H alleine, dass B ausgeschaltet ist (durchsucht nur die Header), b ohne h besagt, dass nur der Nachrichten-Body bearbeitet werden soll, und so weiter.

Spam-Filter mit procmail

procmail kann sehr nützlich zum Identifizieren und Entfernen von Spam-Nachrichten sein. Damit es erfolgreich ist, müssen Sie übliche Muster in den Nachrichten angeben können, die Sie als Spam behandeln möchten, und dementsprechende Rezepte schreiben.

In diesem Abschnitt werden wir uns eine Vielzahl an Rezepten ansehen, die als Ausgangspunkt für den Umgang mit Spam nützlich sein könnten. Zufälligerweise stammen sie aus meiner eigenen *.procmailrc*-Datei und werden deshalb nur auf meine Mail angewandt. Als Administrator können Sie auf mehreren Ebenen mit Spam umgehen: über den Transport-Agent (zum Beispiel zum Prüfen gegen eine Blacklist), auf der Systemebene und/oder auf Basis einzelner Benutzer. Im Falle einer procmail-basierten Filterung können Anti-Spam-Rezepte in einer systemweiten *procmailrc*-Datei eingesetzt werden oder für Benutzer zur Verfügung gestellt werden, die ihre eigene Post filtern möchten.

Das folgende Rezept ist am Anfang jeder Konfigurationsdatei von procmail nützlich, da es Mail-Header in ein voraussagbares Format umwandelt:

```
# Sorgt dafür, dass nach Header-Namen ein Leerzeichen steht
:0fwh
|formail -z
```

Die nächsten beiden Rezepte liefern einfache Beispiele für einen Ansatz, mit Spam umzugehen:

```
# Mail von Mailinglisten, die ich abonniert habe
:0:
* ^From: RISKS List Owner|\
  ^From: Mark Russinovich
to-read
```

```
# Jede andere Mail, die nicht an mich adressiert ist, ist Spam
# Warnung: könnte BCC-Nachrichten an mich verwerfen
:0
* !To: .*aefrisch
/dev/null
```

Spam wird von dem zweiten Rezept verworfen, das Spam als diejenige Mail definiert, die nicht an mich adressiert ist. Das erste Rezept speichert Mail von einer Reihe bestimmter Absender in der Datei *to-read*. Es dient dazu, um Ausnahmen für das zweite Rezept zu definieren, da es Nachrichten von diesen beiden Absendern speichert, unabhängig davon, an wen sie adressiert sind. Dieses Rezept ist enthalten, da ich Mail von der Mailingliste aufbewahren möchte, die zu diesen beiden Absendern gehört, aber nicht an mich adressiert ankommt.

Tatsächlich gibt es weitere Rezepte, die zwischen diesen beiden liegen, da es eine Menge Ausnahmen gibt, die behandelt werden müssen, bevor ich jede Nachricht verwerfen kann, die nicht an mich adressiert ist. Hier sind zwei davon:

```
# Mail, die nicht an mich adressiert ist, von der ich aber weiß,
# dass ich sie gerne hätte
:0:
* !To: .*aefrisch
* ^From: .*oreilly\.com|\
  ^From: .*marj@zoas\.org|\
  ^From: aefrisch
$DEFAULT

# Behalte diese, nur für alle Fälle
:0:
* ^To: .*undisclosed.*recipients
spam
```

Das erste Rezept speichert über die ersten beiden Bedingungszeilen Mail, die von der angegebenen Domain und dem entfernten Benutzer *marj@zoas.org* kommt. Ich füge dieses Rezept ein, da ich Mail aus diesen Quellen empfange, die nicht an mich adressiert ist – und dementsprechend Spam ähnelt –, das liegt an der Art, wie deren Mail-Programme mit persönlichen Mailinglisten umgehen. Ich bewahre auch Nachrichten von mir selbst auf, die sich aus einem CC oder BCC einer ausgehenden Nachricht ergeben.

Das zweite Rezept speichert Mail, die an irgendeine Variante von »Undisclosed Recipients« adressiert ist, in einer Datei namens *spam*. Solche Mail ist beinahe immer Spam, aber hin und wieder entdecke ich eine neue Ausnahme.

Die nächsten fünf Rezepte in meiner Konfigurationsdatei behandeln Mail, die an mich adressiert ist, aber dennoch Spam ist. Das folgende Rezept verwirft Mail, die irgendwo in den Nachrichten-Headern eine der angegebenen Zeichenketten enthält:

```
# Anbieter, deren Mailings nicht abbestellt werden können
:0H
* cdw buyer|spiegel|ebizmart|bluefly gifts|examcram
/dev/null
```

Solche Nachrichten sind Spam, der von Händlern verschickt wird, bei denen ich einmal etwas gekauft habe und die meine Bitten ignorieren, mir keine Mail mehr zu schicken.

Die nächsten beiden Rezepte identifizieren basierend auf dem *Subject:*-Header weitere Spam-Nachrichten:

```
# Geht davon aus, dass schreiende Nachrichten Spam sind
:0D
* ^Subject: [-A-Z0-9\?!._ ]*$
/dev/null

# Weitere Spam-Muster
:0
* ^Subject: .*(\?\?|!!|\$\$|viagra|make.*money|out.*debt)
/dev/null
```

Das erste Rezept verwirft Nachrichten, deren Betreffzeilen komplett aus Großbuchstaben, Zahlen und ein paar weiteren Zeichen bestehen. Das zweite Rezept verwirft Nachrichten, deren Betreffzeilen zwei aufeinander folgende Ausrufezeichen, Fragezeichen oder Dollarzeichen enthalten, das Wort »viagra«, »make« gefolgt von »money« oder »out« gefolgt von »debt« (mit irgendeinem dazwischen liegenden Text in den letzten beiden Fällen).

Es ist auch möglich, Mail-Absender gegen die Inhalte einer externen Datei zu prüfen, die Spam-Adressen, teilweise Adressen oder irgendwelche weiteren Muster enthält, denen entsprochen werden muss:

```
# Überprüfe meine Blacklist (à la Timo Salmi)
:0
* ? formail -x"From" -x"From:" -x"Sender:" -x"X-Sender:" \
        -x"Reply-To:" -x"Return-Path" -x"To:" | \
    egrep -i -f $HOME/.spammers
/dev/null
```

Dieses Rezept ist etwas vereinfacht gegenüber dem von Timo Salmi. Es verwendet formail, um nur den Text von den ausgewählten Headern zu extrahieren, und leitet die entstehende Ausgabe auf den Befehl egrep um und gibt alle Muster weiter, die mit denen in der mit -f angegebenen Datei übereinstimmen (-i führt dazu, dass die Übereinstimmungen nicht auf Groß- und Kleinschreibung geprüft werden).

Meine Techniken zur Identifikation von Spam sind sehr einfach und deshalb auch ziemlich aggressiv. Einige Umstände verlangen nach mehr Einschränkungen, als ich geneigt bin einzusetzen. Es gibt mehrere Arten, solch ein rigoroses Herangehen abzumildern. Die offensichtlichste ist, Spam-Nachrichten in einer Datei zu speichern, anstatt sie zu verwerfen. Eine andere besteht darin, detailliertere und feinere Rezepte zur Identifizierung von Spam zu schreiben. Hier ist ein Beispiel:

```
# Verwirft, wenn From:=To: ist
SENTBY=`formail -z -x"From:"`
:0
* ! ^To: aefrisch
* ? ^To: .*$SENTBY
/dev/null
```

Dieses Rezept verwirft Nachrichten, bei denen die Absender- und Empfängeradresse gleich ist – ein klassisches Spam-Merkmal – und sich von meiner Adresse unterscheidet. Die Inhalte des *From:*-Headers werden über den zwischen Backtick-Zeichen stehenden formail-Befehl in die Variable *SENTBY* extrahiert. Diese Variable wird in der zweiten Bedingung verwendet, die den *To:*-Header auf die gleiche Zeichenkette hin untersucht. Komplexere Versionen solch eines Tests sind ebenfalls möglich (zum Beispiel könnte eine Version mehrere Header als nur *From:* untersuchen).

Auch sind im Web Myriaden bereits bestehender Spam-Rezepte vorhanden, die irgendwelche Leute erzeugt haben.

procmail für das Sicherheits-Scannen verwenden

Die Features von procmail zur Mustererkennung und Nachrichtendisposition können auch dazu verwendet werden, um eingehende Mail-Nachrichten zu Sicherheitszwecken zu scannen: auf Viren, unsichere Makros und so weiter. Sie können Ihre eigenen Rezepte hierfür erzeugen oder Sie können einen Vorteil aus den Rezepten ziehen, die andere Leute schon geschrieben und großzügigerweise zur Verfügung gestellt haben. In diesem kurzen Abschnitt werden wir einen Blick auf den Anomy Sanitizer von Bjarni Einarsson werfen (sehen Sie hierzu auch *http://mailtools.anomy.net/sanitizer.html*). Dieses Paket wurde in Perl geschrieben und man benötigt gewisse Grundkenntnisse über die regulären Ausdrücke von Perl, um es zu konfigurieren.[25] Sobald es konfiguriert ist, können Sie das Programm über procmail ausführen, indem Sie ein Rezept wie dieses verwenden:

```
:0fw
|/usr/local/bin/sanitizer.pl /etc/sanitizer.cfg
```

Dieses Rezept verwendet das Skript *sanitizer.pl* als einen Filter auf alle Nachrichten (wird gleichzeitig ausgeführt) unter Verwendung der Konfigurationsdatei, die dem Skript als Argument übergeben wird.

Die Konfigurationsdatei des Pakets, normalerweise */etc/sanitizer.cfg*, enthält zwei Arten von Einträgen: allgemeine Parameter, die die gewünschten Features und das Programmverhalten angeben, und Typen-Definitionen von Dateien und Anhängen und die Art, auf die diese untersucht und modifiziert werden sollten.

Hier sind einige Beispiele für die erste Art von Konfigurationsdateieinträgen:

```
# Globale Parameter
feat_log_inline = 1      # Fügt ein Protokoll an modifizierte Nachrichten an.
feat_log_stderr = 0      # Protokolliert nicht auf die Standardfehlerausgabe.
feat_verbose = 0         # Hält die Protokollierung kurz.
feat_scripts = 1         # Macht eingehende Shell-Skripten unschädlich.
feat_html = 1            # Macht aktiven HTML-Inhalt unschädlich.
feat_forwards = 1        # Macht weitergeleitete Nachrichten unschädlich.
```

---

25 Das Programm verlangt auch, dass seine Bibliotheksdatei und diejenigen Dateien aus dem Modul MIME:Base64, die es verwendet, innerhalb des Perl-Baums zur Verfügung stehen. Sehen Sie sich für weitere Details die Installationsanweisungen an.

```
# Template für abgespeicherte Dateinamen
file_name_tpl      = /var/quarantine/saved-$F-$T.$$
```

Die erste Gruppe von Einträgen gibt verschiedene Aspekte für das Verhalten von *sanitize.pl* an, inklusive des Detaillierungsgrades und der Zielorte für dessen Protokollnachrichten sowie, ob bestimmte Arten von Nachrichteninhalten »unschädlich« gemacht werden sollten: untersucht und möglicherweise umgeformt, um Sicherheitsprobleme zu vermeiden. Der letzte Eintrag gibt den Speicherort für den Quarantänebereich des Pakets an: das Verzeichnis, in dem potenziell gefährliche Teile von Mail-Nachrichten gespeichert werden, nachdem sie entfernt wurden.

Der nächste Satz an Einträgen aktiviert das Scannen auf Basis von Datei/Anhang-Erweiterungen und gibt die Anzahl von Erweiterungsgruppen an, die definiert werden, sowie Standardaktionen für alle anderen Typen:

```
feat_files = 1                          # Verwendet typenbasiertes Scannen.
file_list_rules = 3                     # Wir werden 3 Gruppen definieren.
# Setzt Standardwerte für alle anderen Typen
file_default_policy = defang            # Schreibt riskante Konstrukte um.
file_default_filename = unnamed.file    # Wird verwendet, wenn kein Dateiname
                                        # angegeben ist.
```

Eine Sanitizer-Richtlinie gibt an, wie ein Teil bzw. Anhang einer Mail behandelt wird, wenn man auf ihn stößt. Dies sind die wichtigsten definierten Richtlinien:

mangle
Schreibt den Dateinamen um, um den Bezug auf eine potenziell gefährliche Erweiterung zu vermeiden (zum Beispiel umschreiben auf etwas in der Form *DEFANGED-nnnnn*).

defang
Schreibt und benennt den Dateiinhalt um, um potenziell gefährliche Einträge zu entfernen. Zum Beispiel werden in JavaScript geschriebene Skripten in HTML-Anhängen neutralisiert, indem ihre Eröffnungszeile umgeschrieben wird:

```
<DEFANGED_SCRIPT language=JavaScript>
```

accept
Nimmt den Anhang so wie er ist an.

drop
Löscht den Anhang, ohne ihn zu speichern.

save
Entfernt den Anhang, speichert ihn aber im Quarantäne-Verzeichnis.

Wir wenden uns nun einigen Beispieldefinitionen für Dateiarten zu. Dieser Satz an Einträgen definiert die erste Dateiart als den Dateinamen *winmail.dat* (das zusammengesetzte Archiv aus Mail-Nachrichten und Anhängen, das von einigen Microsoft-Mailern erzeugt wird) und alle Dateien mit den Erweiterungen *.exe, .vbs, .vbe, .com, .chm, .bat, .sys* oder *.scr*:

```
# Stellt diese Dateiarten immer unter Quarantäne
file_list_1_scanner = 0
```

```
file_list_1_policy  = save
file_list_1         = (?i)(winmail\.dat
file_list_1         += |\.(exe|vb[es]|c(om|hm)|bat|s(ys|cr))*)$
```

Beachten Sie, dass der Parameter *file_list_1* die Liste mit Dateinamen und Erweiterungen unter Verwendung der Perl-Syntax für reguläre Ausdrücke definiert. Die Richtlinie für diese Gruppe von Dateien ist *save*, was bedeutet, dass Dateien dieses Typs immer aus der Mail-Nachricht entfernt und im Quarantänebereich abgespeichert werden. Der Anhang wird durch einen erläuternden Text innerhalb der modifizierten Mail-Nachricht ersetzt:

```
NOTE:  An attachment was deleted from this part of the message,
because it failed one or more checks by the virus scanning system.
The file has been quarantined on the mail server, with the following file name:[26]

saved-Putty.exe-3af65504.4R
```

Diese Nachricht ist nicht ganz korrekt, da der Anhang in diesem Fall nicht tatsächlich auf Viren gescannt, sondern nur über seinen Dateityp identifiziert wurde. Die Informationen, die der Anwender benötigt, sind allerdings enthalten.

Zweifellos wird es notwendig sein, Ihre Benutzer über jedes Entfernen von Anhängen und/oder über Scan-Richtlinien zu informieren, die Sie einsetzen. Es wird auch hilfreich sein, sie mit alternativen Methoden für das Empfangen von verbotenen Dateitypen zu versorgen, die sie tatsächlich benötigen könnten. Zum Beispiel könnte ihnen beigebracht werden, dass sie Textverarbeitungsdokumente als Rich Text Format-Dateien verschicken und empfangen können anstatt zum Beispiel als Word-Dokumente.

Hier sind zwei weitere Beispiele für Definitionen von Dateigruppen:

```
# Erlaubt diesen Dateiarten freien Durchgang: Bilder, Musik, Sound usw.
file_list_2_scanner = 0
file_list_2_policy  = accept
file_list_2         = (?i)\.(jpe?g|pn[mg]
file_list_2         += |x[pb]m|dvi|e?ps|p(df|cx)|bmp
file_list_2         += |mp[32]|wav|au|ram?
file_list_2         += |avi|mov|mpe?g)*$

# Scannt diese Dateiarten auf Makros und Viren
file_list_3_scanner = 0:1:2:builtin 25
file_list_3_policy  = accept:save:save:defang
file_list_3         = (?i)\.(xls|d(at|oc|ot)|p(pt|l)|rtf
file_list_3         += |ar[cj]|lha|[tr]ar|rpm|deb|slp|tgz
file_list_3         += |(\.g?z|\.bz\d?))*$
```

Der erste Abschnitt mit Einträgen definiert einige Dateitypen, die ohne Untersuchung durchgelassen werden können (über die Richtlinie *accept*). Die zweite Gruppe definiert einige Erweiterungen, für die wir den Inhalt explizit auf gefährliche Dinge hin scannen

---

[26] Hinweis: Ein Anhang wurde aus diesem Teil der Nachricht gelöscht, da er eine oder mehrere Prüfungen des Viren-Scan-Systems nicht bestanden hat. Die Datei wurde unter folgendem Namen auf dem Mailserver unter Quarantäne gestellt.

möchten, inklusive Viren und eingebettete Makros in Microsoft-Dokumenten. Die Erweiterungsliste *file_list_3* enthält Erweiterungen, die zu verschiedenen Microsoft-Dokumenten und -Vorlagendateien gehören (zum Beispiel *.doc*, *.xls*, *.dot*, *.ppt* und so weiter), und eine Vielzahl an weit verbreiteten Archiverweiterungen.

Die Scanner- und Richtlinienparameter für diese Dateigruppe enthalten jetzt vier Einträge. Die vier durch Doppelpunkte getrennten Unterfelder des Parameters *file_list_3_scanner* definieren vier Sätze an Rückgabewerten für das angegebene Scan-Programm: die Werte 0, 1 und 2 und alle anderen Rückgabewerte, die sich aus dem Durchlauf des Programms *builtin* ergeben. Das letzte Unterfeld gibt das Programm an, das ausgeführt werden soll – hier handelt es sich um ein Schlüsselwort, das die eingebauten Scan-Routinen von *sanitizer.pl* mit dem Argument 25 anfordert –, und dient als Platzhalter für alle anderen möglichen Rückgabewerte, die nicht explizit in vorangegangenen Unterfeldern benannt wurden (jedes Unterfeld kann einen einzelnen Rückgabewert oder eine kommaseparierte Liste mit Rückgabewerten enthalten).

Die Unterfelder des Parameters *file_list_policy_3* definieren die Richtlinie, die angewandt werden soll, wenn der jeweilige Rückgabewert empfangen wird. In diesem Fall haben wir das folgende Verhalten:

Rückgabewert	Aktion
0	Akzeptiert den Anhang.
1 und 2	Entfernt und sichert den Anhang.[a]
alle anderen	Modifiziert den Anhang, um alle gefährlichen Konstrukte zu zerstören.

a Warum gibt es hier zwei Werte? Die Viren-Scan-Features des Werkzeugs benötigen vier Rückgabewerte, deshalb müssen für die anderen Features auch vier definiert werden.

Standardmäßig prüft das Skript *sanitizer.pl* Makros in Microsoft-Dokumenten auf gefährliche Operationen (zum Beispiel den Versuch, die System-Registry oder die Normal-Vorlage zu modifizieren). Jedoch möchte ich vorsichtiger sein und stelle alle Dokumente unter Quarantäne, die irgendwelche Makros enthalten. Um dies zu erreichen, muss ich den Quellcode des Skripts modifizieren. Hier ist eine »Quick-and-dirty-Lösung« für mein Problem, die daraus besteht, eine einzige Zeile an das Skript anzufügen:

```
# Hier sind viele while-Schleifen - wir ersetzen den führenden
# \000-Bereich durch 'x'-Zeichen, um sicherzugehen,
# dass diese schließlich fertig gestellt werden.
#
$score += 99 while ($buff =~ s/\000Macro recorded/x$1/i);
$score += 99 while ($buff =~ s/\000(VirusProtection)/x$1/i);
```

Die fett dargestellte Zeile wird hinzugefügt. Sie ermittelt innerhalb des Dokuments Makros, die vom Benutzer aufgenommen wurden. Diese Lösung ist keine ideale, da es andere Methoden zum Erzeugen von Makros gibt, die wir durch diese Zeichenkette nicht entdecken würden, aber sie veranschaulicht, was das Erweitern dieses Skripts alles umfasst, wenn es benötigt wird.

Debuggen von procmail

Das Einrichten von procmail-Konfigurationsdateien kann sowohl süchtig machen als auch zeitaufwändig sein. Um das Debuggen einfacher zu gestalten, stellt procmail einige Protokollierungsfähigkeiten zur Verfügung, die über diese Konfigurationsdatei-Einträge angegeben werden:

```
LOGFILE=Pfad
LOGABSTRACT=all
```

Diese Variablen setzen den Pfad auf die Protokolldatei und sorgen dafür, dass alle Nachrichten, die sich auf Dateien beziehen, protokolliert werden. Wenn Sie noch mehr Informationen möchten, inklusive einer Zusammenfassung je Rezept für jede eingehende Nachricht, dann fügen Sie auch diesen Eintrag hinzu:

```
VERBOSE=yes
```

Hier sind einige zusätzliche Tipps für das Debuggen von procmail-Rezepten:

- Trennen Sie alles, was Sie können, von dem tatsächlichen Mail-System. Verwenden Sie ein Testverzeichnis als *MAILDIR*, wenn Sie neue Rezepte entwickeln, um zu verhindern, dass irgendeine echte Mail in Mitleidenschaft gezogen wird, und platzieren Sie die Rezepte in einer separaten Konfigurationsdatei. Setzen Sie auf ähnliche Weise eine Testdatei von Nachrichten ein statt irgendwelche echte Mail. Verwenden Sie hierfür einen Befehl wie diesen:

    cat *Datei* | formail -s procmail *rcfile*

    Dieser Befehl ermöglicht es Ihnen, die vorbereitete Nachrichtendatei zu verwenden und eine alternative Konfigurationsdatei anzugeben.

- Wenn Sie Rezepte testen, die sich auf Spam beziehen, dann schicken Sie die Nachrichten während des Debuggens an eine Datei statt nach */dev/null*.

- Wenn Sie versuchen, den Teil eines Rezepts zu testen, in dem die Bedingungen für die Mustererkennung angegeben sind, dann verwenden Sie eine einfache, eindeutig benannte Datei als Zielort und integrieren Sie den möglicherweise komplexeren Ausdruck für den Zielort nur, wenn Sie überprüft haben, dass die Bedingungen korrekt angegeben sind.

Sie können das Skript *sanitizer.pl* auch mit einem Befehl wie diesem laufen lassen, um Ihre Konfiguration zu testen:

    # cat *Maildatei* | /pfad/sanitizer.pl *Konfigurationsdatei*

Sie möchten vielleicht auch diese Zeile in die Konfigurationsdatei einfügen:

    feat_verbose = 1   # Maximaler Detailliertheitsgrad der Protokollnachrichten.

Zusätzliche Informationen

Hier sind einige weitere nützliche Webseiten, die sich auf procmail beziehen:

http://www.ii.com/internet/robots/procmail/qs/
   »Procmail Quick Start« von Nancy McGough/Infinite Ink

http://www.uwasa.fi/~ts/info/proctips.html
   Timo Salmis wundervolle Seite »Procmail Tips and Recipes«

http://www.iki.fi/era/procmail/mini-faq.html
> Die offizielle procmail-FAQ

http://www.ling.Helsinki.fi/users/reriksso/procmail/links.html
> Eine umfangreiche Sammlung von procmail-verwandten Links

Einige letzte Werkzeuge

Wir werden dieses Kapitel über elektronische Post beenden, indem wir ein paar verwandte Werkzeuge und Utilities betrachten.

Sie sollten sich das vacation-Programm merken (es ist im sendmail-Paket enthalten). Es ist ein Utility für das automatische Verschicken von vordefinierten Antworten auf die gesamte ankommende Mail, während ein Benutzer nicht auf seine E-Mail zugreifen kann. Um es einzusetzen, erzeugt der Benutzer eine Datei namens *.vacation.msg* in seinem Home-Verzeichnis und eine *.forward*-Datei, die einen Eintrag wie den folgenden enthält:

```
\Benutzername, "|/usr/bin/vacation Benutzername"
```

Dieser schickt jede Mail-Nachricht an die übliche Mailbox des Benutzers und leitet sie an das vacation-Programm weiter, wobei er den Benutzernamen als Argument übergibt. Der Backslash wird vor dem Benutzernamen benötigt, um einen endgültigen Mail-Zielort zu bestimmen und Endlosschleifen zu vermeiden.

Schließlich aktiviert der Benutzer den Dienst mit folgendem Befehl:

```
$ vacation -I
```

Verschieben oder entfernen Sie einfach die *.forward*-Datei, um vacation zu deaktivieren.

> Das Ausführen des Befehls vacation ohne irgendwelche Argumente löst einen automatisierten Einrichtungsvorgang aus. Zuerst wird eine Nachrichtendatei erzeugt und in einem Texteditor gestartet (der über die Umgebungsvariable *EDITOR* ausgewählt wurde). Das Programm erzeugt dann automatisch eine *.forward*-Datei und führt vacation -I aus. Als Nebeneffekt geht jede bestehende *.forward*-Datei verloren.

Als Nächstes könnten Ihnen diese Befehle von Nutzen sein, die Benutzer darüber informieren, dass sie neue Mail empfangen haben: biff, xbiff und coolmail (ein hübscheres xbiff, geschrieben von Byron C. Darrah und Randall K. Sharpe; ich habe es im Internet unter *http://www.redhat.com/swr/src/coolmail-1.3-9.src_dl.html* gefunden, es kann aber auch auf anderen Systemen einfach installiert werden). Das älteste davon, biff, benötigt den comsat-Netzwerkdienst, der von inetd verwaltet wird. Heutzutage ist es jedoch häufig standardmäßig in */etc/inetd.conf* deaktiviert, da die grafischen Utilities normalerweise biff ersetzt haben. Entfernen Sie das Kommentarzeichen in der entsprechenden Zeile von *inetd.conf* und führen Sie kill -HUP auf dem inetd-Prozess aus, um den comsat-Dienst zu aktivieren.

Postfix schickt comsat-basierte Nachrichten auch direkt und dieses Feature ist standardmäßig aktiviert. Um den Clientcode von comsat im Postfix-Delivery-Agent zu deaktivieren, fügen Sie den folgenden Parameter in */etc/postfix/main.cf* ein:

```
biff = no
```

HP-UX, FreeBSD und Solaris bieten alle ein nettes Utility namens from. Dieses Programm zeigt die Header-Zeilen aller Nachrichten in Ihrer Mailbox an, so wie in diesem Beispiel:

```
$ from
From uunet!modusmedia.com!palm Thu Mar  1 23:04:39 2001
From uunet!ccsilver.com!sales Fri Mar  2 20:16:38 2001
From uunet!suse.de!isupport Fri Mar  2 17:16:39 2001
```

Schließlich ist grepmail ein Utility zum Durchsuchen von Mail-Ordnern; es wurde von David Coppit geschrieben und steht kostenlos unter *http://grepmail.sourceforge.net* zur Verfügung. Es durchsucht die Header und/oder den Nachrichtentext nach einem angegebenen regulären Ausdruck und zeigt die passenden Nachrichten an. Es besitzt viele Optionen; Tabelle 9-13 führt die nützlichsten auf.

Tabelle 9-13: grepmail-Optionen

Option	Bedeutung
-R	Durchsucht Unterverzeichnisse rekursiv.
-b	Der Body muss dem Ausdruck entsprechen.
-h	Der Header muss dem Ausdruck entsprechen.
-i	Unterscheidet bei der Suche nicht zwischen Groß- und Kleinschreibung.
-v	Zeigt Nachrichten an, die nicht passen.
-l	Zeigt nur die Namen von Dateien mit einer passenden Nachricht an.
-d *Datum*	Beschränkt die Suche nach Nachrichten auf das angegebene Datum (ein Format ist *mm/tt/jj*). Sie können auch before *Datum*, after *Datum* und between *Datum* und *Datum* als Argument für diese Option verwenden. Sehen Sie sich für Details hierzu die Manpage an.
-m	Fügt einen *X-Mailfolder:*-Header an angezeigte Nachrichten hinzu.
-M	Sucht nicht nach MIME-Anhängen, die nicht aus Text bestehen.

Hier sind ein paar Beispiele für die Verwendung von grepmail:

```
$ grepmail -R -i -l hilton ~/Mail
Mail/conf/acs_w01

$ grepmail -i hilton ~/Mail/conf/acs_w01 | grep -i telephone
Telephone:  619-231-4040
```

Der erste Befehl sucht nach der Zeichenkette »hilton« (in allen möglichen Varianten) in allen Mail-Dateien im Mail-Verzeichnisbaum des Benutzers und gibt dabei an, dass nur der Dateiname zutreffender Dateien angezeigt werden soll. Der zweite Befehl durchsucht die Datei, die von dem ersten Befehl gefunden wurde, nach der gleichen Zeichenkette. Diesmal zeigt er die gesamte passende Nachricht an. In diesem Fall wird die Ausgabe von grepmail an grep umgeleitet, um nach der Zeichenkette »telephone« zu suchen. Der sich daraus ergebende Befehl gibt eine passende Zeile zurück. Natürlich könnten die beiden grepmail-Befehle auch kombiniert werden, aber ich habe sie hier getrennt, um verschiedene Befehlsoptionen zu veranschaulichen.

KAPITEL 10
Dateisysteme und Festplatten

Die Verwaltung des Unix-Dateisystems gehört zu den wichtigsten Aufgaben des Systemadministrators. Ein Systemadministrator ist dafür verantwortlich, dass die Benutzer Zugriff auf die benötigten Programme und Dateien haben und dass diese Programme und Dateien intakt bleiben und geschützt werden. Die Verwaltung eines Dateisystems umfasst folgende Aufgaben:

- die Bereitstellung lokaler und nichtlokaler Dateien für einen oder mehrere Benutzer
- die Verwaltung und Überwachung der Festplattenkapazitäten
- den Schutz von Dateien vor Hardwareausfällen, Beschädigungen oder Fehlern des Benutzers mit Hilfe einer wohl durchdachten Backup-Strategie
- den Schutz der Daten vor unbefugtem Zugriff durch Vergabe entsprechender Zugriffsrechte
- das Überprüfen und Wiederherstellen beschädigter Dateisysteme
- den Anschluss und die Einbindung neuer Massenspeicher

Einige dieser Aufgaben – wie die Konsistenzprüfung eines Dateisystems – werden üblicherweise automatisch beim Systemstart ausgeführt. Andere – etwa die Überwachung der Speicherkapazitäten oder die Datensicherung – werden bei Bedarf (oder in regelmäßigen Abständen) von Hand erledigt.

Dieses Kapitel beschreibt, wie Unix mit Festplatten und Dateisystemen umgeht. Es behandelt solche Themen wie das Mounten und Unmounten lokaler und entfernter Dateisysteme, die Dateisystem-Konfigurationsdatei, die Bereitstellung lokaler Dateisysteme für entfernte Unix- und Windows-Benutzer, die Prüfung der Integrität des lokalen Dateisystems mittels fsck und das Einbinden neuer Festplatten in das System. Es betrachtet auch einige optionale Dateisystem-Features, die von einigen Unix-Implementierungen angeboten werden.

 Die Zugriffsrechte und den Schutz von Dateien haben wir uns im Abschnitt »Dateien« in Kapitel 2 angesehen. Dieses Kapitel betrachtet den Schutz für im Netzwerk gemeinsam genutzte Dateisysteme. Zu den anderen verwandten Themen, die an verschiedenen Stellen dieses Buches behandelt werden, gehören in Kapitel 15 die Verwaltung der Kapazitäten mit Hilfe von Disk-Quotas (»Überwachung und Verwaltung des Festplattenplatzes«), die I/O-Performance von Festplatten (»Leistung der Festplatten-I/O«) und die Planung des Swap-Speichers (»Speicherverwaltung«) sowie die Planung und Durchführung der Datensicherung in Kapitel 11.

Dateisystem-Typen

Bevor eine Plattenpartition verwendet werden kann, muss ein Dateisystem auf ihr aufgesetzt werden. Wenn ein Dateisystem erzeugt wird, werden bestimmte Datenstrukturen auf die Festplatte geschrieben. Diese Strukturen werden dann für den Zugriff und die Organisation des Plattenspeichers in Dateien verwendet (siehe »Von Festplatten zu Dateisystemen« später in diesem Kapitel).

Tabelle 10-1 führt die wichtigsten Typen von Dateisystemen auf, die für die verschiedenen von uns betrachteten Systeme verfügbar sind.

Tabelle 10-1: Wichtige Dateisystem-Typen

Verwendung	AIX	FreeBSD	HP-UX	Linux	Solaris	Tru64
Lokal (Standard)	jfs oder jfs2	ufs	vxfs[a]	ext3, reiserfs	ufs	ufs oder advfs
NFS	nfs	nfs	nfs	nfs	nfs	nfs
CD-ROM	cdrfs	cd9660	cdfs	iso9660	hsfs	cdfs
Swap	nicht notwendig	swap	swap, swapfs	swap	swap	nicht notwendig
DOS	nicht unterstützt	msdos	nicht unterstützt	msdos	pcfs	pcfs
/proc	procfs	procfs	nicht unterstützt	procfs	procfs	procfs
RAM-basiert	nicht unterstützt	mfs[b]	nicht unterstützt	ramfs, tmpfs	tmpfs	mfs
Andere		union	hfs	ext2	cachefs	

a HP-UX definiert den Standardtyp des Dateisystems in der *LOCAL*-Variable von */etc/default/fs*.
b Dieses Feature ist veraltet und wird in der Version 5 durch md ersetzt.

Unix-Dateisysteme: Ein geschichtlicher Rückblick

Am Anfang war das System V-Dateisystem. Nun, das stimmt eigentlich nicht so ganz, aber wir fangen an dieser Stelle an. Dieser Dateisystem-Typ dominierte einst die System V-basierten Betriebssysteme.[1]

Der Superblock eines System V-Standarddateisystems enthält Informationen zur Allozierung des Speichers im Dateisystem und darüber hinaus auch Informationen zum momentan verfügbaren freien Speicherplatz. Er enthält die Anzahl der freien Inodes und Datenblöcke, die ersten 50 freien Inode-Nummern und die Adressen der ersten 100 freien Blöcke der Festplatte. Auf den Superblock folgen die Inodes, auf die dann die Datenblöcke folgen.

---

1 Das als System V-Dateisystem bekannt gewordene Dateisystem (s5fs) gab es tatsächlich schon vor System V.

Das System V-Dateisystem wurde mit Blick auf eine effektive Speicherung entworfen. Generell wurde eine kleine Blockgröße verwendet: 2 KB oder weniger (im Vergleich zu modernen Standards wahrlich winzig). Traditionell ist der Block die Basiseinheit der Plattenspeicherung;[2] Dateien verbrauchen den Speicher als Vielfaches der Blockgröße und der überzählige Speicher im letzten Block kann nicht von anderen Dateien verwendet werden und geht daher verloren. Wenn ein Dateisystem viele kleine Dateien enthält, minimiert eine kleine Blockgröße den Schwund. Andererseits sind kleine Blockgrößen bei der Übertragung großer Dateien wesentlich ineffektiver. Der System V-Dateisystem-Typ ist mittlerweile veraltet. Er wird von einigen Systemen immer noch unterstützt, wenn auch nur aus Gründen der Rückwärtskompatibilität.

Das Fast File System (FFS) von BSD wurde entworfen, um die Performance-Beschränkungen des System V-Dateisystems aufzuheben. Es unterstützt Blockgrößen von bis zu 64 KB. Weil die bloße Erhöhung der Blockgröße auf diese Dimension furchtbare Auswirkungen auf den verschwendeten Speicherplatz hätte, erweiterten die Entwickler den Block um eine Untereinheit: das *Fragment*. Während der Block als I/O-Transfereinheit erhalten blieb, wurde das Fragment zur Speichereinheit für die Platte (obwohl nur der letzte Teil einer Datei ein Fragment sein kann). Jeder Block kann in ein, zwei, vier oder acht Fragmente unterteilt werden.

Unabhängig von der Gesamt-Performance ist das BSD-Dateisystem eine deutliche Verbesserung gegenüber System V. Aus diesem Grund wurde es in den System V.4-Standard als UFS-Dateisystemtyp aufgenommen. Das ist auch sein Name auf Solaris- und Tru64-Systemen (als auch unter FreeBSD). Eine Zeit lang dominierte dieses Dateisystem den Unix-Bereich.

Neben den Vorteilen in Sachen Performance verbesserte das BSD-Dateisystem auch die Zuverlässigkeit. Zum Beispiel kopiert es den Superblock an verschiedenen Stellen des Dateisystems (die alle synchronisiert werden). Ist der primäre Superblock beschädigt, kann ein anderer für den Zugriff auf das Dateisystem verwendet werden (und das Dateisystem wird nicht unlesbar). Die Utilities, die neue Dateisysteme erzeugen, melden, wo die Ersatz-Superblöcke liegen. Darüber hinaus verteilt FFS die Inodes über das gesamte Dateisystem, statt sie alle am Anfang der Partition abzulegen.

Das Format des BSD-Dateisystems weist auch eine komplexere Organisationsstruktur auf. Es ist um *Zylindergruppen* herum organisiert: logische Subzylinder des gesamten Speicherplatzes der Partition. Jede Zylindergruppe besitzt eine Kopie des Superblocks, eine Zylindergruppentabelle (Map), die die Verwendung der Blöcke innerhalb ihres Gebiets festhält, sowie einen Teil der Inodes für das Dateisystem (und natürlich auch ein paar Datenblöcke). Die Datenstrukturen werden an unterschiedlichen Offsets innerhalb jeder Zylindergruppe platziert, um sicherzustellen, dass sie auf verschiedenen Scheiben landen. Im Fall einer teilweise beschädigten Festplatte liegt so immer noch irgendwo auf der Festplatte eine Kopie des Superblocks und ein wesentlicher Teil der Inodes vor, was potenziell die Wiederherstellung eines großen Teils der Daten ermöglicht. Sind hingegen alle lebenswichtigen Informationen auf einem einzelnen Punkt der Festplatte konzentriert, zerstört eine Beschädigung dieser Stelle effektiv die gesamte Festplatte.

---

2 Dieser Block hat nichts mit den Blöcken zu tun, die in der Standardausgabe von Befehlen wie df und du auftauchen. Verwenden Sie -k mit beiden Befehlen, um sich keine Gedanken um diese Einheiten machen zu müssen.

Das Berkeley Fast File System ist ein exzellentes Dateisystem, hat aber einen ganz wesentlichen Nachteil: die fsck-Performance. Normalerweise muss das Dateisystem bei jedem Systemstart überprüft werden und der fsck-Prozess ist darüber hinaus auch noch sehr langsam. Tatsächlich kann er auf den aktuellen großen Festplatten mehrere Stunden dauern.

Journaling-Dateisysteme

Daher wurde eine neue Dateisystem-Strategie entwickelt: Journaling-Dateisysteme. Viele Betriebssysteme verwenden jetzt standardmäßig solche Dateisysteme. In der Tat ist der aktuelle Solaris UFS-Dateisystemtyp eine Journaling-Version von FFS. Bei diesen Dateisystemen wird die Integrität der Dateisystemstruktur über Techniken sichergestellt, die aus der Echtzeit-Transaktionsverarbeitung stammen. Sie verwenden einen *Transaktions-Log*, der entweder an einer hierfür bereitgestellten Position im Datcisystem oder auf einer separaten, nur zu diesem Zweck reservierten Partition festgehalten wird.

Bei Änderungen im Dateisystem werden alle Änderungen der Metadaten im Log festgehalten, und das Schreiben von Einträgen in den Log setzt zwingend voraus, dass die jeweiligen Puffer auf die Platte geschrieben werden.[3] Sollte das System abstürzen, werden die Einträge im Log noch einmal durchgegangen, um sicherzustellen, dass sich das Dateisystem in einem konsistenten Zustand befindet. Diese Operation geht sehr schnell, weshalb das Dateisystem beinahe ohne Verzögerung wieder genutzt werden kann. Beachten Sie, dass dieser Mechanismus exakt dem traditionellen fsck entspricht, zumindest was das Sicherstellen der Dateisystem-Integrität angeht. Wie bei fsck hat er keinerlei Auswirkungen auf die Integrität der Daten.

Journaling-Dateisysteme können auch effektiver sein als traditionelle Dateisysteme. Zum Beispiel können Schreiboperationen für diverse Änderungen der gleichen Metadaten zu einer einzigen Operation zusammengefasst werden. Werden etwa mehrere Dateien in ein Verzeichnis eingefügt, führt jede zu einem Eintrag im Log, aber alle können zu einer einzelnen Schreiboperation für den das Verzeichnis enthaltenden Block zusammengefasst werden.

BSD Soft Updates

In der BSD-Welt geht die Entwicklung von FFS weiter. Die aktuelle Version bietet ein Feature namens *Soft Updates*, das entwickelt wurde, um Dateisysteme unmittelbar während des Systemstarts verfügbar zu machen.[4]

---

3 Schreiboperationen in den Log selbst können synchron (direkt auf Festplatte) oder gepuffert (Schreiben auf Festplatte nur bei vollem Puffer) erfolgen.

4 Technische Details zu Soft Updates finden Sie in den Artikeln »Metadata Update Performance in File Systems« von Gregory Ganger und Yale Patt, veröffentlicht im *USENIX Symposium on Operating Systems Design and Implementation* (1994; eine erweiterte Online-Version ist auch unter *http://www.ece.cmu.edu/~ganger/papers/CSE-TR-243-95.pdf* verfügbar), und »Soft Updates: A Technique for Eliminating Most Synchronous Writes in the Fast Filesystem« von Marshall Kirk McKusick und Gregory R. Ganger, veröffentlicht in den *Proceedings of 1999 USENIX Annual Technical Conference* (online verfügbar unter *http://www.usenix.org/publications/library/proceedings/usenix 1999/mckusick.html*). Einen Vergleich von FFS mit Soft Updates und Journaling-Dateisystemen finden Sie in »Journaling versus Soft Updates: Asynchronous Meta-data Protection in File Systems« von Margo I. Seltzer, Gregory R. Ganger, M. Kirk McKusick, Keith A. Smith, Craig A. N. Soules und Christopher A. Stein, veröffentlicht in den *Proceedings of 2000 USENIX Annual Technical Conference* (online verfügbar unter *http://www.usenix.org/publications/library/proceedings/usenix2000/general/seltzer.html*).

Das normale FFS schreibt Blöcke synchron auf die Festplatte: nacheinander und immer schön darauf wartend, dass jede Schreiboperation abgeschlossen wurde, bevor die nächste beginnt. Im Gegensatz dazu verwendet die Soft-Updates-Methode einen verzögerten, asynchronen Ansatz, der einen Write-Back-Cache für Metadaten-Blöcke verwaltet (eine als *delayed writes*, also verzögerte Schreiboperationen, bezeichnete Technik). Das führt häufig zu deutlichen Performance-Verbesserungen, da viele Änderungen an Metadaten im Speicher stattfinden können und nicht jede auf der Festplatte durchgeführt werden muss. Nehmen Sie zum Beispiel das Löschen eines Verzeichnisbaums. Mit Soft Updates können die Metadaten-Änderungen für die gesamte Löschoperation möglicherweise mit einer einzigen Schreiboperation erledigt werden – im Vergleich zum traditionellen Ansatz eine deutliche Ersparnis.

Natürlich kann es bei der Änderung der Metadaten auch zu Überschneidungen kommen. Um diese Fälle berücksichtigen zu können, pflegt die Soft-Updates-Einrichtung so genannte *Dependency*-(Abhängigkeits-)Daten. Diese geben die anderen Metadaten-Änderungen an, die nach Ansicht eines gegebenen Updates bereits stattgefunden haben.

Blöcke werden zum Schreiben auf die Festplatte nach einem Algorithmus ausgewählt, der mit Blick auf die allgemeine Dateisystem-Effektivität entworfen wurde. Muss ein Metadaten-Block auf die Festplatte geschrieben werden, untersuchen Soft Updates die mit dem gewählten Block verbundenen Abhängigkeiten. Gibt es Abhängigkeiten, die davon ausgehen, dass andere Blöcke zuerst geschrieben werden, dann werden die diese Abhängigkeiten erzeugenden Änderungen temporär rückgängig gemacht (*Rollback*). Auf diese Weise kann der Block auf die Festplatte geschrieben werden, während das Dateisystem weiterhin konsistent bleibt. Nach Abschluss der Schreiboperation werden die rückgängig gemachten Änderungen am Block wieder hergestellt, um sicherzustellen, dass die im Speicher liegende Version die aktuellen Daten enthält. Das System entfernt außerdem Einträge aus den Abhängigkeitslisten, die durch das Schreiben dieses Blocks erledigt wurden.[5]

Soft Updates haben den Vorteil, dass die einzig mögliche Dateisystem-Inkonsistenz nach einem Absturz darin besteht, dass eigentlich freie Inodes und Blöcke als verwendet markiert sind (warum das so ist, finden Sie in den in der Fußnote angegebenen Artikeln). Weil diese Fehler nicht tragisch sind, kann das Dateisystem direkt nach dem Neustart wieder zur Verfügung gestellt werden. Ein `fsck`-ähnlicher Hintergrundprozess wird dann verwendet, um diese Fehler zu lokalisieren und zu korrigieren.

Lokale Standard-Dateisysteme

Tabelle 10-2 führt die Eigenschaften der lokalen Standard-Dateisystemtypen der verschiedenen Unix-Versionen auf.

---

[5] Gelegentlich verlangen Soft Updates mehr Schreiboperationen als die traditionelle Methode. Besonders die Wiederherstellung von Rollbacks verlangt ein erneutes Schreiben des Blocks. Wenn sich der Block vor dem Schreiben nicht noch einmal ändert, kommt es zu einer Schreiboperation, die eigentlich nicht notwendig wäre. Der Blockauswahl-Algorithmus versucht die Anzahl der Rollbacks zu minimieren, um diese Situationen zu vermeiden.

Tabelle 10-2: Eigenschaften der lokalen Standard-Dateisysteme

Aspekt	AIX	FreeBSD	HP-UX	Linux (Red Hat)	Linux (SuSE)	Solaris	Tru64	Tru64
Typ	jfs	ufs	vxfs	ext3	reiserfs	ufs	ufs	advfs
Journaling	ja	Soft Updates	ja	ja	ja	ja	nein	ja
64 Bit (Dateien > 2 GB)	ja	ja	ja	ja	ja	ja	ja	ja
Dynamische Anpassung der Größe	ja	ja	ja	ja	ja	ja[a]	nein	ja[b]
Sparsefile-Unterstützung	ja	ja	ja	nein	ja	ja	ja	ja
NFSv3-Unterstützung	ja	ja	ja	ja	ja	ja	ja	ja
dump-Version vorhanden	ja	ja	ja	ja	nein	ja	ja	ja

a Nur Solaris 9
b Benötigt die AdvFS-Utilities (eine gegen Aufpreis erhältliche Option)

Dateisysteme verwalten

Dieser Abschnitt behandelt solche Themen wie das Mounten und Unmounten lokaler und entfernter Dateisysteme, die Dateisystem-Konfigurationsdatei und die Prüfung der Konsistenz lokaler Dateisysteme mit dem fsck-Utility. Mit anderen Worten also die ganzen Details der Verwaltung von Dateisystemen.

Mounten und Unmounten von Dateisystemen

Das *Mounten* ist der Prozess, der dem System den Inhalt einer Festplatte zur Verfügung stellt, indem er das Dateisystem auf der Festplatte in die Verzeichnishierarchie eines Unix-Dateisystems einbindet. Ein Dateisystem lässt sich »mounten« oder »unmounten« – es kann also in das Unix-Dateisystem ein- und ausgehängt werden. Es gibt hiervon nur eine einzige Ausnahme: Das root-Dateisystem ist grundsätzlich im root-Verzeichnis gemountet und kann im Betrieb nicht ausgehängt werden.

Im Gegensatz zu anderen Betriebssystemen umfasst das Mounten eines Unix-Dateisystems mehr als die Bereitstellung seiner Daten. Abbildung 10-1 stellt den Zusammenhang zwischen den Festplattenpartitionen (und den entsprechenden Gerätetreibern) und dem gesamten Unix-Dateisystem grafisch dar. Das root-Dateisystem, das sich auf der ersten Partition der root-Festplatte (Platte 0) befindet, enthält die Standardverzeichnisse /bin, /etc usw. Es enthält außerdem die leeren Verzeichnisse /home, /var und /chem, die als *Mountpunkte* für die anderen Dateisysteme dienen. Das Dateisystem lässt sich über die Gerätedatei /dev/dsk/c1d0s0 ansprechen.

In der Abbildung sind auch mehrere andere Dateisysteme dargestellt. Eines davon, über /dev/dsk/c1d0s8 (Partition 8 der root-Festplatte) erreichbar, enthält die Verzeichnisse, die unter /var angesiedelt sind. Ein drittes Dateisystem – Partition 9 auf Festplatte 1 – ist über /dev/dsk/c1d1s9 ansprechbar und enthält die Home-Verzeichnisse der einzelnen Benutzer unter /home.

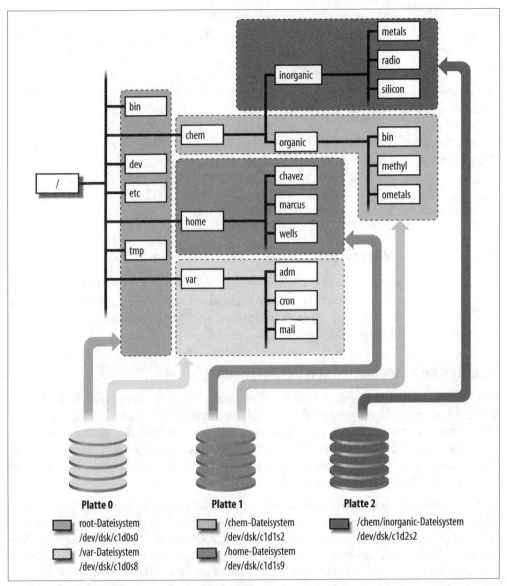

Abbildung 10-1: Mounten von Dateisystemen

Ein weiteres Dateisystem ist auf der Partition 2 von Festplatte 1 abgelegt. Es lässt sich über die Gerätedatei */dev/dsk/c1d1s2* ansprechen. Das root-Verzeichnis dieses Dateisystems enthält die Unterverzeichnisse *./organic* und *./inorganic* und deren Inhalte. Gemäß der Position dieses Dateisystems in der Verzeichnishierarchie nennen wir es das */chem*-Dateisystem. Nach dem Mounten von */dev/dsk/c1d1s2* werden die oben erwähnten Verzeichnisse zu Unterverzeichnissen von */chem*.

Eines der Verzeichnisse unterhalb von /chem, ./inorganic, ist leer. Es dient dazu, ein weiteres Dateisystem zu mounten. Dieses Dateisystem – über /dev/dsk/c1d2s2 zu erreichen und auf Partition 2, Festplatte 2 gelegen – wird nach dem Mounten zu einem Teilbaum des /chem-Dateisystems.

Die Dateien im root-Verzeichnis und alle Systemverzeichnisse befinden sich – ebenso wie die vor dem Mounten anderer Dateisysteme leeren Verzeichnisse /chem, /home und /var – auf der Festplatte 0. Abbildung 10-1 stellt die Tatsache, dass der Inhalt des /chem-Verzeichnisses auf zwei verschiedenen physikalischen Festplatten liegt, grafisch dar.

Beachten Sie, dass es keinen direkten Zusammenhang zwischen einem gegebenen Dateisystem und einer bestimmten Festplattenpartition (und der dazugehörigen Gerätedatei), also z. B. dem /chem-Dateisystem und der Gerätedatei /dev/dsk/c1d1s2, gibt. Die Dateien einer Festplattenpartition können an einem *beliebigen* Verzeichnis im Dateisystem gemountet werden. Nach dem Mounten erfolgt der Zugriff auf das oberste Verzeichnis über den Pfad, an dem das Dateisystem gemountet wurde.

Zur gleichen Zeit ersetzt das root-Verzeichnis des gerade gemounteten Dateisystems das Verzeichnis, in dem es gemountet wurde. Auf Dateien, die ursprünglich im Mountpunkt standen, kann dann nicht mehr zugegriffen werden. In unserem Beispiel verschwinden also alle Dateien, die vor dem Mounten des neuen Dateisystems in /chem lagen, und kommen erst wieder zum Vorschein, wenn das eingebundene Dateisystem deaktiviert wird.

Das folgende Beispiel verdeutlicht dieses Phänomen:

```
# ls -saC /chem                         Inhalt von /chem vor dem Mounten.
total 20
4 .           4 ..         12 README
# mount /dev/dsk/c1d1s2 /chem           Mounte Partition 2 von Disk 1.
# ls -saC /chem                         Inhalt von /chem nach dem Mounten.
total 48
4 .           4 ..          4 inorganic    32 lost+found
4 organic
# du -s /chem                           /chem ist deutlich größer.
587432 /chem
```

Vor dem Mounten des Dateisystems liegt nur eine einzige Datei (*README*) in /chem. Nach dem Mounten von /dev/dsk/c1d1s2 verschwindet *README*. Die Datei existiert zwar noch, man kann jedoch nicht darauf zugreifen, solange das /chem-Dateisystem gemountet ist. Nach dem Unmounten von /chem kommt *README* wieder zum Vorschein. Mit dem Mounten des Dateisystems erscheinen die Verzeichnisse *organic* und *inorganic* mit ihren Inhalten (was sich in den größeren Datenmengen in /chem widerspiegelt).

Auf den meisten Unix-Systemen kann ein Dateisystem zu einem bestimmten Zeitpunkt nur an jeweils einem Punkt gemountet werden (Linux ist da eine Ausnahme).

Namenskonventionen der Festplatten-Gerätedateien

Wir haben uns die Dateinamen der Festplatten-Gerätedateien in Kapitel 2 bereits detailliert angesehen. Die folgende Tabelle fasst die Gerätenamen für SCSI-Festplatten unter den von uns betrachteten Betriebssystemen noch einmal kurz zusammen. Aufgeführt sind die Gerätenamen beispielhaft für eine Partition der dritten SCSI-Festplatte (SCSI ID 4) am ersten SCSI-Controller (im raw-Modus):[6]

AIX	/dev/hdisk2 (verweist auf die gesamte Festplatte)
FreeBSD	/dev/da0s1e (Kurzform: /dev/da1c)
HP-UX	dev/rdsk/c0t4d0
Linux	/dev/sdc1
Solaris	/dev/rdsk/c0t4d0s7
Tru64	/dev/rdisk/dsk2c

Die Befehle mount und umount

Um ein Dateisystem von Hand zu mounten, müssen Sie den mount-Befehl wie folgt verwenden:

```
# mount [-o Optionen] Gerätedatei Mountpunkt
```

Dieser Befehl mountet das Dateisystem auf der angegebenen Festplattenpartition. Das root-Verzeichnis dieses Dateisystems wird am angegebenen *Mountpunkt* innerhalb der Dateisystem-Hierarchie angekoppelt. Dieses Verzeichnis muss bereits existieren, bevor der mount-Befehl ausgeführt wird.

Die Befehlssequenz

```
# mkdir /users2
# mount /dev/dsk/c1t4d0s7 /users2
```

legt das Verzeichnis */users2* an und mountet das Dateisystem auf der angegebenen Festplattenpartition */dev/dsk/c1t4d0s7* an diesem Verzeichnis. Auf einigen Systemen kann die mount-Option -r benutzt werden, um ein Dateisystem ausschließlich zum Lesen zu mounten:

```
# mount -r /dev/dsk/c1t4d0s7 /mnt
```

Wenn Sie mount ohne Optionen aufrufen, erhalten Sie eine Liste der momentan gemounteten Dateisysteme.

Der mount-Befehl kann auch verwendet werden, um entfernte Dateisysteme über NFS zu mounten. Wir betrachten diesen Fall noch an anderer Stelle in diesem Kapitel.

In gleicher Weise lässt sich ein Dateisystem mittels umount unmounten:

```
# umount Name
```

---

6 Unter FreeBSD 4 sind die Block- und Raw-Devices identisch. Zeichenbasierte Geräte sind in der Version 4 verkümmert und sollen in der FreeBSD-Version 5 entfernt werden.

Dieser Befehl unmountet das Dateisystem *Name*, wobei der Name der Gerätedatei oder des Mountpunkts angegeben werden kann. Die Option -f kann verwendet werden, um das Unmounten in bestimmten Fällen zu erzwingen (z.B. wenn es noch offene Dateien gibt), aber diese Option sollte vorsichtig eingesetzt werden.

Dieser Abschnitt hat die einfachsten Formen von mount und umount vorgestellt. Im weiteren Verlauf dieses Kapitels werden Sie noch wesentlich mehr Beispiele kennen lernen.

Bestimmen, wer eine Datei nutzt

Dateisysteme müssen inaktiv sein, bevor sie deaktiviert werden können. Wenn sich ein Benutzer in einem der Verzeichnisse des Dateisystems aufhält oder eine Datei darin geöffnet hat, erhalten Sie beim Versuch, das Dateisystem zu deaktivieren, eine Fehlermeldung der folgenden Art:

```
umount: /dev/hdb1: device is busy
```

Mit dem Befehl fuser können Sie ermitteln, welche Dateien des Dateisystems gerade verwendet werden und welche Prozesse und Benutzer gerade mit ihnen arbeiten. Wird fuser ein Dateiname als Argument übergeben, beschränken sich die zurückgelieferten Informationen nur auf diese Datei. Wenn der Name einer Festplatten-Gerätedatei übergeben wird, erfolgt ein Bericht zu allen Dateien in dem entsprechenden Dateisystem. Mit der Option -u gibt fuser sowohl die UIDs als auch die PIDs mit aus.

Das folgende Beispiel gibt alle Prozesse sowie die entsprechenden Benutzer aus, die auf einem HP-UX-System Dateien auf der angegebenen Festplatte verwenden:

```
$ fuser -u /dev/dsk/c1t1d0
```

Unter Linux können Sie über die Option -m das Dateisystem auch direkt über seinen Namen ansprechen (bei Solaris erfüllt die Option -c diese Aufgabe).

Hier ein Beispiel für die Ausgabe von fuser:

```
/chem: 3119c(chavez)  3229(chavez)  3532(harvey)  3233e(wang)
```

In diesem Augenblick nutzen vier Prozesse das */chem*-Dateisystem. Wie durch die zweite und dritte Prozess-ID deutlich wird (die keinen abschließenden Buchstabencode besitzen), haben die Benutzer *chavez* und *harvey* Dateien geöffnet. Die Benutzerin *chavez* hat auch ihr aktuelles Arbeitsverzeichnis in diesem Dateisystem (was der Buchstabencode c hinter der ersten PID deutlich macht). Der Benutzer *wang* führt ein Programm aus, das in diesem Dateisystem gespeichert ist (was durch den Buchstabencode e hinter der letzten PID deutlich wird).

Die fuser-Option -k kann verwendet werden, um alle Prozesse zu beenden, die die angegebene Datei bzw. das angegebene Dateisystem nutzen.

Der Befehl lsof erfüllt auf FreeBSD-Systemen eine ähnliche Funktion (und ist auch für andere Betriebssysteme verfügbar). Seine Ausgabe ist wesentlich detaillierter. Hier ein kleiner (gekürzter) Teil der Ausgabe:

```
COMMAND PID   USER     FD   TYPE  DEVICE      NAME
vi      74808 aefrisch cwd  VDIR  116,131072  /usr/home/aefrisch
vi      74808 aefrisch rtd  VDIR  116,131072  /
vi      74808 aefrisch txt  VREG  116,131072  /usr/bin/vi
vi      74808 aefrisch txt  VREG  116,131072  /usr/libexec/ld-elf.so.1
vi      74808 aefrisch txt  VREG  116,131072  /usr/lib/libncurses.so.5
vi      74808 aefrisch txt  VREG  116,131072  /usr/lib/libc.so.4
vi      74808 aefrisch 0    VCHR      0,0     /dev/ttyp0
vi      74808 aefrisch 1    VCHR      0,0     /dev/ttyp0
vi      74808 aefrisch 2    VCHR      0,0     /dev/ttyp0
vi      74808 aefrisch 3-W  VREG  116,131072  /usr/home/aefrisch/.login
vi      74808 aefrisch 4    VREG  116,131072  /var/tmp/vi.recover/vi.CJ6cay
vi      74808 aefrisch 5    VREG  116,131072  / (/dev/ad0s1a)
```

Hier sind die Einträge zu sehen, die durch einen vi-Prozess generiert wurden, bei dem die .login-Datei dieses Benutzers bearbeitet wird. Beachten Sie, dass diese Datei mit Schreibrechten geöffnet wurde, was durch das auf die Dateideskriptornummer (Spalte FD) folgende W angegeben wird.

FreeBSD stellt auch den fstat-Befehl zur Verfügung, der eine ähnliche Funktionalität bietet.

Die Dateisystem-Konfigurationsdatei

Da das manuelle Mounten von Dateisystemen recht mühsam und lästig ist, lässt sich der Vorgang automatisieren. Die notwendigen mount-Befehle werden beim Systemstart ausgeführt; die dazu notwendigen Daten finden sich in der Dateisystem-Konfigurationsdatei, die übrigens nicht nur von mount, sondern auch von anderen Befehlen verwendet wird.[7]

/etc/fstab ist bei Unix die Standard-Konfigurationsdatei für das Dateisystem. Sie hat das folgende allgemeine Format:

```
Gerätedatei  Mountpunkt  Typ  Opt  Dumpfreq  fsck-Folge
```

Die Bedeutung der Felder im Einzelnen:

Gerätedatei
    Der Name der Gerätedatei, auf der das Dateisystem liegt. Es muss sich dabei um ein Block-Gerät handeln.

Mountpunkt
    Das Verzeichnis, auf dem das Dateisystem gemountet werden soll. Wenn die Partition zum Swapping verwendet werden soll, müssen Sie in diesem Feld manchmal »/« eintragen.

Typ
    Der Typ des Dateisystems. Der Wert für lokale Dateisysteme ist stark versionsabhängig. Gängige Typen sind nfs für entfernte Volumes, die über NFS gemountet werden, swap oder sw für Swap-Partitionen (Tru64 verwendet hier ebenfalls UFS und HP-UX

---

[7] Dieser Abschnitt behandelt nur lokale Festplatten. Entfernte Festplatten werden später in diesem Kapitel besprochen.

besitzt außerdem den Typ swapfs für das Paging in eine Datei innerhalb des Dateisystems). Mit ignore weisen Sie mount an, diese Zeile zu ignorieren. Eine Übersicht der Dateisystemtypen, die auf den verschiedenen Unix-Versionen verfügbar sind, finden Sie später in diesem Kapitel.

Opt

Dieses Feld besteht aus einer oder mehreren Optionen, die durch Kommas voneinander getrennt sind. Das vorher beschriebene *Typ*-Feld bestimmt dabei, welche Optionen für eine bestimmte Art von Dateisystem erlaubt sind. Steht im Typ-Feld der String *ignore*, wird dieses Feld ignoriert.

Mehrere Optionen werden ohne zusätzliche Leerzeichen durch Kommas voneinander getrennt. Bei vielen Systemen kann das Schlüsselwort defaults in dieses Feld eingetragen werden, wenn keine Optionen notwendig sind. In Tabelle 10-3 finden Sie gängige Optionen für lokale Dateisysteme und Paging/Swapping-Bereiche.

Dumpfreq

Eine Dezimalzahl, die festlegt, wie häufig dieses Dateisystem mit dem dump-Utility gesichert werden soll. Der Wert 1 bedeutet, dass die Sicherung jeden Tag erfolgen soll, 2 bedeutet jeden zweiten Tag und so weiter. Bei einem Wert 0 soll überhaupt keine Sicherung durchgeführt werden (etwa bei einem Swap-Bereich). Nicht alle Systeme verwenden dieses Feld wirklich.

fsck-Folge

Eine Dezimalzahl, die bestimmt, in welcher Reihenfolge fsck die Dateisysteme prüfen soll. Der Wert 1 bedeutet, dass dieses Dateisystem zuerst geprüft werden soll, 2 bedeutet, dass dieses Dateisystem als zweites geprüft werden soll, usw. Die root- und/oder boot-Dateisysteme verwenden generell den Wert 1. Alle anderen Dateisysteme haben entsprechend höhere Werte. Für eine optimale Leistung sollten zwei Dateisysteme, die sich auf einer Platte befinden, unterschiedliche Nummern haben. Dateisysteme auf verschiedenen Platten können hingegen dieselbe Nummer haben, sie können dann von fsck parallel geprüft werden. fsck ist üblicherweise am schnellsten, wenn die im gleichen Durchlauf geprüften Dateisysteme in etwa die gleiche Größe haben. Dieses Feld sollte bei Swap-Bereichen auf 0 stehen (0 deaktiviert eine Prüfung durch fsck).

Tabelle 10-3: Gängige Optionen für Dateisysteme

Option	Bedeutung
rw	Schreib/Lese-Dateisystem (Standard für Schreib/Lese-Geräte).
ro	Nur-Lese-Dateisysteme (Standard für Nur-Lese-Medien wie etwa CDs).
nosuid	Der SetUID-Zugriffsmodus wird in diesem Dateisystem ignoriert. Standard ist suid.
noauto	Kein automatisches Mounten dieses Dateisystems beim Systemstart. Standard ist auto (Linux, FreeBSD).
noexec	Verhindert die Ausführung von Binärprogrammen. Standard ist exec (Linux, FreeBSD, Tru64).
nodev	Verhindert den Zugriff über Gerätedateien (AIX, Linux, FreeBSD, Tru64).

Tabelle 10-3: Gängige Optionen für Dateisysteme (Fortsetzung)

Option	Bedeutung
user	Erlaubt normalen Benutzern das Mounten dieses Dateisystems (Linux).
nogrpid	Vererbung von Gruppen-Besitzrechten bei neuen Dateien im System V-Stil (d. h. die primäre Gruppe des Eigentümers). Standard ist der BSD-Stil (Linux, Tru64).
resuid=UID resgid=GID	Legt die UID/GID fest, die Zugriff auf die reservierten Blöcke des Dateisystems hat (Linux ext2/ext3).
largefiles	Unterstützt Dateien größer 2 GB (HP-UX VxFS, Solaris).
logging	Unterhält einen Transaktionslog (Solaris). Standard ist nologging.
delaylog	Verzögert das Schreiben von Log-Einträgen etwas, um die Performance zu verbessern. Dadurch erhöht sich das Risiko des Datenverlusts ein wenig (HP-UX VxFS).
writeback	Log-Metadaten und Dateisystem-Blöcke in beliebiger Reihenfolge aus dem Puffer schreiben, um die Performance etwas zu verbessern. Erhöht das Risiko eines Datenverlustes im Falle eines Absturzes (Linux ext3).
nolog	Kein Transaktionslog (HP-UX VxFS).
nologging	Kein Transaktionslog (Solaris).
forcedirectio	Verwendet für dieses Dateisystem direkte Ein-/Ausgaben, d. h. keine Pufferung (Solaris). Nützlich für bestimmte Anwendungen wie etwa Datenbanken.
notail	Deaktiviert ein Standardverhalten, bei dem kleine Dateien direkt im Hashbaum gespeichert werden (Linux ReiserFS).
resize=n	Passt die Größe des Dateisystems beim Mounten auf *n* Blöcke an (Linux ReiserFS).
rq	Mit Schreib-/Leserechten mounten und Disk-Quotas aktivieren (Tru64).
quota	Disk-Quotas aktivieren (HP-UX, Solaris).
userquota groupquota	Benutzer- bzw. gruppenbasierte Disk-Quotas aktivieren (FreeBSD).
usrquota grpquota	Benutzer- bzw. gruppenbasierte Disk-Quotas aktivieren (Linux).
pri=n	Legt die Priorität des Swap-Bereichs fest (0 bis 32767). Unter Linux stehen höhere Werte für favorisierte Bereiche, die zuerst verwendet werden sollen. HP-UX favorisiert Bereiche mit kleineren Werten.
xx	Diesen Eintrag ignorieren (FreeBSD).

Hier einige typische */etc/fstab*-Einträge, die ein oder mehrere lokale Dateisysteme, ein CD-ROM-Laufwerk und eine Swap-Partition definieren:

```
# FreeBSD
# Gerät        Mount     Typ       Opt            Dump fsck
/dev/ad0s1a    /         ufs       rw             1 1
/dev/cd0c      /cdrom    cd9660    ro,noauto      0 0
/dev/ad0s2b    none      swap      sw             0 0

# Linux
# Gerät        Mount     Typ       Opt            Dump fsck
/dev/sda2      /         reiserfs  defaults       1 1
/dev/sda1      /boot     ext2      defaults       1 2
/dev/cdrom     /cdrom    auto      ro,noauto,user 0 0
/dev/sda3      swap      swap      pri=42         0 0
```

```
# HP-UX
# Gerät            Mount      Typ     Opt         Dump fsck
/dev/vg00/lvol3    /          vxfs    defaults    0 1
/dev/vg00/lvol1    /stand     hfs     defaults    0 1
/dev/dsk/c1t2d0    /cdrom     cdfs    defaults    0 0
/dev/vg01/swap     ...        swap    pri=0       0 0

# Tru64
# Gerät            Mount      Typ     Opt         Dump fsck
root_domain#root   /          advfs   rw          0 1
/dev/disk/cdrom0c  /cdrom     cdfs    ro          0 2
# Swap-Partition ist in /etc/sysconfigtab definiert
```

HP-UX und Tru64 verwenden standardmäßig einen Logischen Volume Manager für alle lokalen Festplatten. Dementsprechend verweisen die in /etc/fstab eingetragenen Geräte auf logische Volumes und nicht auf Partitionen. Daher auch die recht seltsamen Gerätenamen in den entsprechenden Beispieleinträgen. Logische Volume Manager werden später in diesem Kapitel noch ausführlicher behandelt.

Tru64 legt Swap-Partitionen über die folgende Schablone in der Datei /etc/sysconfigtab fest:

```
vm:
    swapdevice = /dev/disk/dsk0b
```

Solaris: /etc/vfstab

Solaris verwendet eine andere Dateisystem-Konfigurationsdatei namens /etc/vfstab, die ein etwas anderes Format aufweist:

```
Blockgerätedatei Zeichengerätedatei Mountpunkt Typ fsck-Folge Automount? Option
```

Die Reihenfolge hat sich gegenüber den normalen fstab-Feldern etwas geändert und es gibt zwei zusätzliche Felder. Das zweite Feld enthält die der Blockgerätedatei aus dem ersten Feld entsprechende Zeichengerätedatei (die vom fsck-Befehl verwendet wird). Das sechste Feld legt fest, ob das Dateisystem automatisch beim Systemstart gemountet werden soll (beachten Sie, dass das root-Dateisystem auf no gesetzt ist).

Hier eine Beispiel-Konfigurationsdatei:

```
# Solaris
# Mount-           fsck-
# Device           Device           Mount   Typ   fsck  Auto?  Opt
/dev/dsk/c0t3d0s2  /dev/rdsk/c0t3d0s0  /     ufs   1     no     rw
/dev/dsk/c0t3d0s0  /dev/rdsk/c0t3d0s0  /home ufs   2     yes    rw,logging
/dev/dsk/c0t3d0s1  -                   -     swap  -     no     -
```

Beachten Sie, dass in ungenutzten Feldern Bindestriche gesetzt werden.

AIX: /etc/filesystems und /etc/swapspaces

Bei AIX heißt die Dateisystem-Konfigurationsdatei /etc/filesystems. Die Datei wird automatisch durch die verschiedenen AIX-Befehle zur Bearbeitung des Dateisystems (darunter crfs, chfs und rmfs) aktualisiert. */etc/filesystems* enthält neben einigen weiteren Daten auch alle Informationen von */etc/fstab*. Die Daten sind in einem Schablonen-ähnlichen Format in mehreren Abschnitten angeordnet:

```
/:
        dev    = /dev/hd4              Platten-Device.
        vol    = "root"                Beschreibendes Label.
        vfs    = jfs2                  Dateisystem-Typ.
        mount  = automatic             Automatisches Mounten mit mount -a.
        check  = true                  Bei Bedarf fsck-Prüfung.
        log    = /dev/hd8              Device für Dateisystem-Log.

/chem:
        dev     = /dev/us00            Logisches Volume.
        vol     = "chem"               Beschreibendes Label.
        vfs     = jfs2                 Dateisystem-Typ.
        log     = /dev/loglv01         Device für Dateisystem-Log.
        mount   = true                 Automatisches Mounten mit mount -a.
        check   = 2                    Legt die fsck-Reihenfolge fest.
        options = rw,nosuid            Mount-Optionen.
        quota   = userquota            Disk-Quotas für Benutzer aktivieren.
```

Jeder Mountpunkt im gesamten Dateisystem hat seinen eigenen Abschnitt. In diesem Abschnitt wird festgelegt, welches »logische Volume« (in diesem Fall das Gegenstück einer Partition) an dieser Stelle gemountet werden soll. Wie HP-UX und Tru64 verwendet AIX standardmäßig Logische Volume Manager (die später in diesem Kapitel besprochen werden).

Unter AIX sind für das Paging vorgesehene logische Volumes in */etc/swapspaces* aufgeführt. Diese Datei wird mit speziellen Paging-Administrationsbefehlen wie mkps, chps und rmps gewartet und ihr Format ist sehr einfach:

```
hd6:
    dev = /dev/hd6

paging00:
    dev = /dev/paging00
```

Dieses Beispiel führt zwei Paging-Bereiche auf.

Automatisches Mounten von Dateisystemen

Ist die Dateisystem-Konfigurationsdatei (unabhängig von ihrer Form) einmal erstellt, lassen sich die Dateisysteme automatisch mounten. Mit der mount-Option -a können Sie auf den meisten Systemen alle bekannten Dateisysteme mounten. Zusätzlich benötigen die mount- und umount-Befehle nur noch den Mountpunkt oder den Namen der Gerätedatei als Argument. Zum Beispiel sucht der Befehl

```
# mount /chem
```

in der Dateisystem-Konfigurationsdatei nach */chem*, ermittelt, welche Gerätedatei für den Zugriff verwendet wird, und führt dann den korrekten mount-Befehl aus. In gleicher Weise deaktiviert der folgende Befehl das Dateisystem, das über die Gerätedatei */dev/disk1d* erreichbar ist:

```
# umount /dev/disk1d
```

Auch umount besitzt die Option -a, mit der alle Dateisysteme deaktiviert werden können.

Sowohl mount als auch umount besitzen Optionen, mit denen der zu aktivierende/deaktivierende Dateisystemtyp angegeben werden kann. Im Allgemeinen lautet diese Option -t, aber HP-UX und Solaris verwenden -F und AIX verwendet -v. Diese Option kann mit einem -a kombiniert werden, um auf alle Dateisysteme eines bestimmten Typs angewendet zu werden. Beispielsweise mountet der folgende Befehl unter Tru64 alle lokalen Dateisysteme:

```
# mount -a -t advfs
```

Bei FreeBSD, Tru64 und Linux darf dem Typschlüsselwort auch ein no voranstehen. Der Befehl arbeitet dann mit allen Dateisystemtypen außer den aufgelisteten. Zum Beispiel mountet der folgende Linux-Befehl alle Dateisysteme außer DOS- und (entfernten) NFS-Dateisystemen:

```
# mount -tnomsdos,nfs -a
```

Schließlich hat umount unter FreeBSD, Tru64 und Solaris die Option -h, mit der Sie alle entfernten Dateisysteme eines angegebenen Hosts deaktivieren können. So deaktiviert etwa der folgende Befehl alle Dateisysteme von *dalton*:

```
# umount -h dalton
```

Unter AIX kann für diese Aufgabe die Option -n verwendet werden.

Validitätsprüfung des Dateisystems mit fsck

Verschiedene Probleme, vom Bedienungsfehler bis zum Hardwareausfall, können ein Dateisystem beschädigen. Das Utility fsck (»Filesystem Check«) überprüft die Konsistenz des Dateisystems, meldet alle Probleme, die es findet, und behebt sie optional. Nur unter sehr seltenen Umständen führen diese Reparaturen zu einem Datenverlust.

 Das entsprechende Utility für Tru64 AdvFS-Dateisysteme ist verify (unter */sbin/advfs*).

fsck kann die folgenden Dateisystemprobleme aufspüren:

- Ein Block gehört zu mehreren Dateien (Inodes).
- Blöcke, die als frei markiert sind, aber benutzt werden.
- Blöcke, die als benutzt markiert sind, aber frei sind.
- Falsche Anzahl von Links in Inodes (Hinweis auf fehlende oder überzählige Verzeichniseinträge).
- Inkonsistenzen zwischen Inode-Größenangaben und der Anzahl von Datenblöcken, die in den Adressfeldern referenziert werden.
- Unzulässige Blöcke (zum Beispiel Systemtabellen) innerhalb von Dateien.

- Inkonsistente Daten in den Tabellen des Dateisystems.
- Verschollene Dateien (belegte Inodes, die in keinem Verzeichnis aufgeführt sind). fsck schreibt diese Dateien in das Verzeichnis *lost+found* im Hauptverzeichnis des Dateisystems.
- Unzulässige oder nicht belegte Inode-Nummern in Verzeichnissen.

Im Grunde prüft fsck ein Dateisystem auf Konsistenz, d.h., es vergleicht die Liste der freien Blöcke mit den Plattenadressen, die in den Inodes (und indirekten Adressblöcken) gespeichert sind, und die Liste der freien Inodes mit den Inodes in den Verzeichniseinträgen. Es ist wichtig zu verstehen, dass die Möglichkeiten von fsck auf die Reparatur der *Struktur* eines Dateisystems sowie der dazugehörigen Datenstrukturen beschränkt sind. Das Programm kann für beschädigte *Daten* in strukturell intakten Dateien nichts tun.

Auf älteren BSD-basierten Systemen wird fsck automatisch beim Systemstart und Neustart ausgeführt. Bei System V wird fsck beim Systemstart nur dann auf Dateisysteme angewendet, wenn das entsprechende Dateisystem nicht sauber aus der Verzeichnishierarchie ausgehängt wurde (zum Beispiel bei einem Systemabsturz). Systemadministratoren brauchen dieses Utility nur selten manuell auszuführen: beim Systemstart, wenn bestimmte Probleme auftreten, die fsck nicht automatisch korrigieren darf, nach dem Anlegen eines neuen Dateisystems und unter einigen weiteren Umständen. Trotzdem ist es wichtig zu wissen, wie fsck arbeitet. Nur so können Sie sicherstellen, dass der Rechner korrekt bootet, und erkennen, wann eine außergewöhnliche Situation eingetreten ist, die Ihrer besonderen Aufmerksamkeit bedarf.

fsck hat die folgende Syntax:

fsck [Optionen] Dateisystem

Dabei ist Dateisystem der Name der Gerätedatei des Dateisystems. fsck arbeitet auf zeichenorientierten Gerätedateien etwas schneller als auf blockorientierten. Wenn kein Dateisystem-Argument übergeben wird (wie z.B. beim Systemstart), werden alle Dateisysteme geprüft, die in der Dateisystem-Konfigurationsdatei aufgeführt sind (bei AIX alle Dateisysteme, deren *check*-Attribut nicht *false* ist).

 Bei allen Systemen außer FreeBSD und Linux muss für das root-Dateisystem die blockorientierte Gerätedatei angegeben werden, damit es mit fsck geprüft wird.

Findet fsck irgendwelche Probleme, fragt es nach, ob es sie beheben soll oder nicht. Das folgende Beispiel zeigt, wie fsck Dateisystemfehler anzeigt und fragt, wie mit den Fehlern umgegangen werden soll:

```
# fsck /dev/rdisk1e
/dev/rdisk1e
** Phase 1--Check Blocks and Sizes
POSSIBLE FILE SIZE ERROR I = 478
** Phase 2--Check Pathnames
** Phase 3--Check Connectivity
```

```
** Phase 4--Check Reference Counts
UNREF FILE I = 478   OWNER = 190   MODE = 140664
SIZE = 0   MTIME = Sept 18 14:27 1990
CLEAR? y

FREE INODE COUNT WRONG IN SUPERBLOCK
FIX? y

** Phase 5--Check Cylinder Groups
1243 files    28347 blocks    2430 free
*** FILE SYSTEM WAS MODIFIED ***
```

fsck hat einen nichtreferenzierten Inode gefunden – einen Inode, der als in Benutzung gekennzeichnet, aber in keinem Verzeichnis aufgeführt ist. Die Ausgabe von fsck liefert die Nummer des Inodes, die UID des Besitzers und den Modus. Anhand dieser Informationen kann man erkennen, dass die Datei der Benutzerin *chavez* gehört und ein Socket ist. Der Modus wird dabei wie in Abbildung 10-2 zu sehen interpretiert.

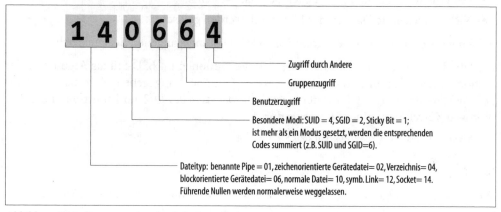

Abbildung 10-2: Interpretation der fsck-Ausgabe

Die ersten ein oder zwei Ziffern des Modusstrings kennzeichnen den Dateityp, in diesem Fall einen Socket, der problemlos entfernt werden kann.

Die verfügbaren Optionen für fsck erlauben es, das Dateisystem automatisch reparieren zu lassen (oder eine Reparatur zu verhindern):

- -p   »Putze« (preen) das Dateisystem; führt automatisch Reparaturen aus, die keine Veränderungen am Inhalt der Dateien vornehmen.
- -n   Antworte auf alle Prompts mit Nein (no); führe alle Probleme auf, repariere sie aber nicht.
- -y   Antworte auf alle Prompts mit Ja (yes); repariere alle Probleme unabhängig vom Schweregrad. Diese Option sollte mit Vorsicht verwendet werden.[8]

---

8   Gleichzeitig gibt es aber eigentlich keine Alternativen. Sie können ein beschädigtes Dateisystem nicht mounten, und solange Sie nicht wirklich mit den Interna des Dateisystems vertraut sind, ist fsck das einzige verfügbare Tool für die Reparatur des Dateisystems.

-p Dateisystem nur putzen, wenn es nicht sauber ist (Tru64).

-f Prüfung des Dateisystems erzwingen, auch wenn es sauber ist (Linux).

-b *n*

    Benutze einen alternativen Superblock an Block *n* (BSD-Syntax). 32 ist immer ein alternativer Superblock.

fsck wird normalerweise mit der Option -p aufgerufen. In diesem Modus werden die folgenden Fehler beseitigt:

- Verlorene Dateien: Sie werden nach ihrer Inode-Nummer benannt und in das *lost+found*-Verzeichnis des Dateisystems geschrieben.
- Zu große Anzahl von Links in den Inodes.
- Fehlende Blöcke in der Liste der freien Blöcke.
- Blöcke, die in der Liste der freien Blöcke stehen, aber auch von Dateien belegt werden.
- Fehlerhafte Zähler in den Tabellen des Dateisystems.
- Nichtreferenzierte Dateien der Länge null werden gelöscht.

Bei schwerwiegenderen Fehlern fragt fsck wie im vorangegangenen Beispiel nach.

Für UFS-Dateisysteme unter Solaris werden die Optionen im BSD-Stil als Argumente der Option -o (das Flag für dateisystemspezifische Optionen) angegeben. Zum Beispiel prüft der folgende Befehl das UFS-Dateisystem auf */dev/dsk/c0t3d0s2* und führt alle nichtdestruktiven Korrekturen ohne Rückfrage durch:

```
# fsck -F ufs -o p /dev/dsk/c0t3d0s2
```

Nach fsck

Wenn fsck Änderungen an irgendeinem Dateisystem vornimmt, erscheint eine Meldung wie:

```
*** FILE SYSTEM WAS MODIFIED ***
```

Wenn das root-Dateisystem modifiziert wurde, erscheint eine zusätzliche Meldung, die anzeigt, was zusätzlich noch getan werden muss:

BSD, wenn der automatische Remount des Dateisystems fehlschlägt:
```
mount reload of /dev/Device failed:
*** REBOOT NOW ***
```

System V:
```
***** REMOUNTING ROOT FILE SYSTEM *****
```

Geschieht dies als Teil des normalen Boot-Vorgangs, wird der Remount oder Reboot automatisch initiiert. Wurde fsck von Hand auf die root-Partition eines BSD-Systems angesetzt, so muss der reboot-Befehl mit der Option -n manuell eingegeben werden:

```
# reboot -n
```

Die Option -n ist sehr wichtig. Sie verhindert, dass der sync-Befehl ausgeführt wird, der die Ausgabepuffer leert und so das Dateisystem erneut beschädigen könnte. Dies ist der einzige Zeitpunkt, zu dem ein Rechner ohne vorheriges Synchronisieren der Festplatten neu gebootet werden sollte.

Von Festplatten zu Dateisystemen

Wie wir gesehen haben, ist die Festplattenpartition unter Unix die grundlegende Speichereinheit. Dateisysteme werden auf Festplattenpartitionen angelegt, und anschließend werden alle Dateisysteme zu einem einzelnen Verzeichnisbaum zusammengefasst. Im ersten Teil dieses Abschnitts betrachten wir den Vorgang, bei dem eine physikalische Festplatte zu einem oder mehreren Dateisystemen eines Unix-Rechners wird, wobei wir uns auf einer konzeptionellen Ebene bewegen. Später beschreiben wir dann, wie eine neue Festplatte in ein System eingebunden wird, und stellen die dazu notwendigen Befehle vor.

Festplattenpartitionen

Traditionell werden die Festplatten auf Unix-Betriebssystemen in Partitionen gleich bleibender Größe organisiert. Die Lage und Größe dieser Partitionen werden bei der Formatierung der Festplatte festgelegt. Unix behandelt Festplattenpartitionen als logisch unabhängige Geräte, auf die so zugegriffen werden kann, als handele es sich um separate Festplatten. So könnte eine Festplatte in vier Partitionen aufgeteilt werden, von denen jede ihr eigenes Dateisystem beherbergt. Andererseits lässt sich eine Festplatte auch nur mit einer Partition konfigurieren, die dann die gesamte Größe der Festplatte umfasst.

Viele Unix-Implementierungen erlauben zusätzlich, mehrere Festplatten zu einer einzigen logischen Partition zusammenzufassen und diese als einzelnes Dateisystem anzusprechen. Systeme, die die Verwaltung *logischer Volumes* anbieten, treiben diese Möglichkeit auf die Spitze, indem sie es ermöglichen, mehrere Festplatten zu einer logischen Festplatte zusammenzufassen und diese dann in mehrere logische Partitionen aufzuteilen. AIX arbeitet nur mit einem LVM und verwendet überhaupt keine traditionellen Partitionen.

Physikalisch betrachtet besteht eine Festplatte aus einem Stapel runder Scheiben, die einen Zylinder bilden. Das Lesen und Schreiben geschieht über eine Reihe von Köpfen, die sich radial über die Oberfläche der einzelnen Scheiben (die sich mit hoher Geschwindigkeit drehen) bewegen. Das Prinzip gleicht dem des Schallplattenspielers (ich hoffe, Sie haben schon einmal einen gesehen), allerdings kann auf beide Seiten gleichzeitig zugegriffen werden.[9]

Partitionen bestehen aus Teilzylindern[10] der Festplatte: Ausgehend von der Spindel (der vertikalen Mitte der Scheiben), wird der Stapel vertikal in Bereiche bestimmter Größe (z. B.

---

9 Darüber hinaus sind die Spuren einer Festplatte konzentrisch und nicht durchgehend wie bei der LP. Wenn Sie nicht wissen, was eine LP ist, stellen Sie sich einfach eine sehr große CD (etwa 30 cm im Durchmesser) vor, die Daten auf beiden Seiten enthält.

10 Wir verwenden diesen Begriff nur im beschreibenden Sinn. Technisch besteht der *Zylinder* einer Festplatte aus der gleichen Menge von Spuren auf allen Scheiben, aus denen die Festplatte besteht. (Eine *Spur* ist dabei der Teil der Scheibenoberfläche, den der Kopf entlang seines Weges erreichen kann.)

den Bereich von 1 Zoll bis 2 Zoll vom Mittelpunkt) unterteilt. Eine Partition benutzt einen bestimmten, auf allen Platten gleich angeordneten und gleich großen Bereich. Die einzelnen Scheiben der Festplatte werden also vertikal und nicht horizontal aufgeteilt.

Partitionen lassen sich während des Einbindens neuer Festplatten definieren. Bei einigen Unix-Versionen werden Standardpartitionen bereits vom Betriebssystem definiert. Diese Standarddefinitionen bieten einen gewissen Grad an Flexibilität, da mehr als ein Aufteilungsschema für eine Platte definiert wird.

Abbildung 10-3 stellt das Partitionsschema von BSD-Systemen dar. Jeder Kreis stellt ein anderes Festplattenlayout dar, d.h. eine Möglichkeit zur Aufteilung der Festplatte. Die verschiedenen Kreise spiegeln grafisch die Anordnung der Partitionen auf der Platte wider. Der schwarze Bereich in der Mitte jeder Scheibe steht für den Bereich auf der Festplatte, auf den nicht zugegriffen werden kann, weil er eine Liste mit defekten Blöcken oder andere Plattendaten enthält.

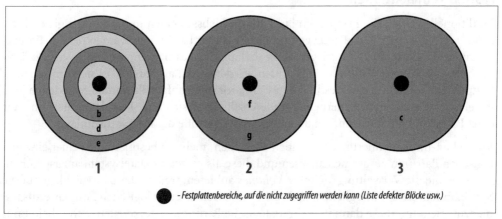

Abbildung 10-3: Beispielhaftes Platten-Partitionierungsschema

Leser, die die numerische der grafischen Darstellung vorziehen, seien auf das numerische Partitionierungsschema in Tabelle 10-4 verwiesen, das den gleichen Sachverhalt darstellt.

Tabelle 10-4: Beispielhaftes Platten-Partitionierungsschema

Partition	Anfang	Ende
a	655360	671739
b	327680	655359
c	0	671739
d	163840	327679
e	0	163839
f	327680	671739
g	0	327679

Sieben verschiedene Partitionen sind für die Platte definiert und mit den Buchstaben *a* bis *g* benannt. Drei Kreise sind notwendig, um alle sieben Partitionen darzustellen, weil sich die Bereiche überschneiden.

Traditionell umfasst die Partition *c* die gesamte Festplatte, einschließlich der verbotenen Bereiche. Aus diesem Grund wird sie bei Standard-BSD auch niemals verwendet. Allerdings können Sie auf den meisten aktuellen Systemen, die dieser Namenskonvention folgen, die Partition *c* verwenden, um ein Dateisystem über eine komplette Festplatte anzulegen. Wenn Sie sich über die Konventionen auf Ihrem System nicht ganz sicher sind, müssen Sie in Ihrer Dokumentation nachsehen.

Die anderen sechs definierten Partitionen sind *a*, *b* und *d* bis *g*. Es ist allerdings nicht möglich, alle Partitionen gleichzeitig zu benutzen, da einige von ihnen die gleichen physikalischen Bereiche auf der Festplatte belegen. In unserem Beispiel belegen die Partitionen *d* und *e* den gleichen Bereich wie die Partition *g*. Daher lassen sich entweder die Partitionen *d* und *e* oder die Partition *g* benutzen, niemals aber alle gleichzeitig. Die Partitionen *a* und *b* verwenden denselben Plattenbereich wie die Partition *f* und die Partitionen *f* und *g* denselben wie die Partition *c*.

Dieses Layout bietet also drei verschiedene Möglichkeiten, die Festplatte zu benutzen: mit einer, zwei oder vier Partitionen, von denen jede ein Dateisystem oder einen Swap-Bereich beherbergen kann. Einige Partitionierungsschemata erlauben zusätzlich alternative Festplattenlayouts. Mit dieser flexiblen Partitionierung versuchen die Hersteller, den verschiedenen Anforderungsprofilen der Benutzer gerecht zu werden.

Diese Flexibilität hat natürlich zur Folge, dass Sie nichts daran hindert, die Festplatte inkonsequent einzusetzen. So hindert Sie beispielsweise nichts daran, */dev/disk2d* und */dev/disk2g* von der gleichen Festplatte zu mounten. Allerdings hat das katastrophale Folgen, weil sich die beiden Partitionen überlappen. Es ist daher am besten, die nicht genutzten Partitionen eines Standardlayouts auf die Länge null zu setzen (oder sie gleich zu löschen).

Heutzutage gelten für Partitionen im Allgemeinen die folgenden Namenskonventionen:

- Die Partition, die das root-(oder boot-)Dateisystem enthält, ist die erste auf der Festplatte und hat den Namen *a* oder Slice 0.
- Die primäre Swap-Partition ist üblicherweise Partition *b*/Slice 1.
- Partition *c* und Slice 2 stehen für die gesamte Festplatte.

Einbinden von Festplatten

In diesem Abschnitt beginnen wir mit der Betrachtung des allgemeinen Prozesses, der zum Einbinden neuer Festplatten auf Unix-Systemen notwendig ist. Dem folgt eine genaue Betrachtung der Befehle und Prozeduren, die auf den verschiedenen Betriebssystemen benötigt werden. Die folgende Liste fasst die verschiedenen Schritte zusammen, die notwendig sind, um den Benutzern eine neue Festplatte bereitzustellen.

- Die Festplatte muss physikalisch an das Computersystem angeschlossen sein. Lesen Sie hierzu das Handbuch zur Festplatte und die Dokumentation zu Ihrer Rechnerhardware.
- In Ihrem Betriebssystem muss ein auf den Festplatten-Controller zugeschnittener Gerätetreiber vorhanden sein. Wenn die Festplatte an einen bereits installierten Controller angeschlossen wird oder Sie einen neuen Controller mit einbauen, der zu der von Ihrem Betriebssystem unterstützten Hardware gehört, so stellt dies kein Problem dar. Andernfalls müssen Sie einen neuen Kernel generieren oder ein entsprechendes Kernel-Modul laden (siehe Kapitel 16).
- Die Festplatte muss formatiert werden.[11] Heutzutage geschieht dies immer schon durch den Hersteller.
- Eine oder mehrere Partitionen müssen auf der Platte definiert werden.
- Die Gerätedateien, die den Zugriff auf die Partitionen der Festplatte ermöglichen, müssen vorhanden sein oder generiert werden.
- Auf jeder Partition, die für Benutzerdateien verwendet werden soll, muss ein Unix-Dateisystem angelegt werden.
- Das neue Dateisystem muss mit `fsck` geprüft werden.
- Das neue Dateisystem muss in die Dateisystem-Konfigurationsdatei eingetragen werden.
- Das neue Dateisystem muss gemountet werden. (Möglicherweise muss vorher ein neues Verzeichnis für den Mountpunkt erzeugt werden.)
- Zusätzliche Site-spezifische Maßnahmen müssen durchgeführt werden (z.B. die Konfiguration von Backups oder die Installation von Disk-Quotas).

Auf die Prozeduren, die hierzu notwendig sind, werde ich in den nächsten Abschnitten eingehen.

Wie üblich sollte der Implementierung eine Planung vorangehen. Bevor eine neue Festplatte eingebunden werden kann, muss der Systemadministrator entscheiden, wie sie verwendet werden soll: welche Partitionen für Dateisysteme benutzt und was für Dateien (Dateitypen) in diesen Dateisystemen abgelegt werden sollen. Das Layout Ihrer Dateisysteme kann die Performance Ihres Rechners merklich beeinflussen. Sie sollten sich daher genug Zeit für die Planung Ihrer Dateisysteme nehmen.

Um eine möglichst hohe Performance zu erreichen, sollten stark belastete Dateisysteme auf eigenen Festplatten liegen und diese nicht mit einer Swap-Partition teilen. Wünschenswert ist außerdem, diese Dateisysteme auf Festplatten zu halten, die an unterschiedlichen Festplatten-Controllern angeschlossen sind. Auf diese Weise lässt sich die Last auf mehrere Festplatten und Controller verteilen. Diese Aspekte werden im Abschnitt »Leistung

---

11 Was hier beschrieben wird, ist nicht mit dem »Formatieren« einer Diskette oder Festplatte bei einem PC-System identisch. Mikrocomputer-Betriebssysteme wie Windows verwenden den Begriff *Format* anders als Unix. Das Formatieren entspricht bei diesen Systemen dem Aufspielen eines Dateisystems unter Unix (und den meisten anderen Betriebssystemen). Die Formatierung einer Platte unter Unix entspricht dem, was Windows als *Low-Level-Format* bezeichnet. Dieser Schritt ist in der Regel in keiner der genannten Umgebungen nötig.

der Festplatten-I/O« in Kapitel 15 detaillierter erläutert. Die Ermittlung des optimalen Layouts kann auch Rücksprache mit verschiedenen Personen verlangen: dem Datenbankadministrator, Software-Entwicklern und so weiter.

Wir wenden uns nun den Techniken zum Einbinden neuer Festplatten zu. Wir beginnen dabei mit den Aspekten des Prozesses, die allen Systemen gemeinsam sind. Die nachfolgenden Unterabschnitte erläutern die Einbindung neuer SCSI-Festplatten auf den verschiedenen in diesem Buch betrachteten Unix-Versionen.

> ### Die Balance zwischen Hardware und Software finden
>
> Einige Systemadministratoren lieben es, mit der Hardware herumzuspielen. Für die ganz Harten ist der Austausch der Hauptplatine die erste Reaktion auf Probleme im System. Das andere Extrem sind die Systemadministratoren, die sich aus jedem Notfall herausprogrammieren, aber die Hände über dem Kopf zusammenschlagen, wenn es gilt, eine neue Festplatte einzubauen.
>
> Ein guter Systemadministrator wird ein gutes Gleichgewicht zwischen Hardware und Software herstellen. Die meisten von uns neigen entweder zum einen oder zum anderen, können es auf lange Sicht aber in beiden Bereichen zu etwas bringen. Die beste Möglichkeit, Ihr Können zu verbessern, besteht darin, ein sicheres Testsystem zu finden, anhand dessen Sie im kleinen Rahmen und völlig ohne Risiko lernen, experimentieren, spielen und Fehler machen können. Mit der Zeit werden Sie vielleicht feststellen, dass Ihnen diese langweiligen, ekelhaften und einschüchternden Aufgaben sogar Spaß machen.

Festplatten vorbereiten und anschließen

Heutzutage sind zwei Arten von Festplatten weit verbreitet: IDE-Festplatten und SCSI-Festplatten. IDE[12]-Festplatten sind preiswerte, für den Mikrocomputermarkt entwickelte Geräte, die man normalerweise in PC-basierten Unix-Systemen findet. SCSI-Festplatten werden üblicherweise auf (Nicht-Intel-)Unix-Workstations und -Servern der renommierten Hardwarehersteller eingesetzt. IDE-Festplatten bringen generell nicht die Leistung von SCSI-Festplatten (den Behauptungen der Hersteller von ATA-2-Laufwerken zum Trotz).

IDE-Festplatten sind einfach in das System einzubinden und die Anweisungen der Hersteller diesbezüglich sind normalerweise recht gut. Wenn Sie eine zweite Festplatte an einen IDE-Controller anschließen, müssen Sie normalerweise einige kleinere Konfigurationsänderungen sowohl an der alten als auch an der neuen Festplatte vornehmen. Eine Platte muss als Master, die andere als Slave festgelegt werden, wobei generell die vorhandene Festplatte zum Master und die neue zum Slave wird.

---

12 IDE steht für »Integrated Drive Electronics«. Diese Festplatten sind auch als ATA-Festplatten (AT Attachment) bekannt. Aktuelle IDE-Festplatten sind fast immer EIDE-Festplatten, das heißt »Enhanced IDE«, eine Erweiterung des ursprünglichen Standards. SCSI steht für »Small Computer Systems Interface«.

Die Master/Slave-Einstellung der Platte wird durch eine Brücke (Jumper) auf der Festplatte selbst festgelegt. Diese Brücke liegt fast immer an der gleichen Stelle, an der auch die Stecker für den Bus und die Stromversorgung zu finden sind. In der Dokumentation der Festplatte finden Sie die genaue Lage des Jumpers und die notwendigen Einstellungen. Bei einer neuen Festplatte ist diese Einstellung einfach vorzunehmen, weil Sie das machen können, bevor Sie die Festplatte einbauen. Prüfen Sie auch die Konfiguration des vorhandenen Laufwerks, weil einzelne Festplatten vom Hersteller meist nicht gebrückt werden. Beachten Sie, dass diese Master/Slave-Einstellung für den Betrieb nicht relevant ist, d.h., vom Betriebssystem werden beide Festplatten gleich behandelt.

SCSI-Festplatten sind sowohl auf PC-Systemen als auch auf traditionellen Unix-Computern weit verbreitet. Wenn die Performance für Sie eine Rolle spielt, sollten Sie SCSI-Festplatten verwenden, weil Highend-SCSI-Subsysteme um ein Vielfaches schneller sind als die besten EIDE-basierten. Die SCSI-Subsysteme sind aber auch teurer als die besten EIDE-basierten Systeme.

SCSI-Platten können intern oder extern angeschlossen sein. Diese Platten werden mit einer Nummer von 0 bis 6 angesprochen, die als ihre SCSI-ID bekannt ist (die SCSI-ID 7 wird vom Controller selbst verwendet). Normale SCSI-Controller unterstützen daher bis zu sieben Geräte, von denen jedes eine eindeutige SCSI-ID aufweisen muss. Wide-SCSI-Controller unterstützen bis zu 15 Geräte (die ID 7 wird aber immer noch vom Controller verwendet). SCSI-IDs werden auf internen Geräten im Allgemeinen über Brücken und auf externen Geräten über Drehrädchen eingestellt. Denken Sie daran, dass Änderungen an der SCSI-ID erst nach einem Aus/Einschaltzyklus gültig werden.

In seltenen Fällen stimmt die ID-Ausgabe auf externen SCSI-Festplatten nicht mit der tatsächlichen Einstellung überein. Ist das der Fall, wurde die Anzeige entweder falsch herum angebracht, oder die Anzeige ist defekt (die SCSI-ID ändert sich, die Anzeige aber nicht). Wenn Sie ein Gerät zum ersten Mal konfigurieren, sollten Sie die Einschaltmeldungen des Controllers beachten. Auf diese Weise können Sie feststellen, ob alle Geräte erkannt wurden und welche SCSI-IDs tatsächlich welchem Gerät zugewiesen wurden. Auch diese Fälle sind eher selten, aber ich habe in meiner Karriere zwei Beispiele für Ersteres und ein Beispiel für Letzteres erlebt.

SCSI-Platten gibt es in vielen Varianten. Die aktuellen Angebote sind in Tabelle 10-5 zusammengefasst. Beachten Sie die Unterscheidung zwischen normalen und *differenziellen* SCSI-Geräten. Der letztgenannte Typ verwendet zwei physikalische Kabel für jedes Signal des Busses und diese Geräte nutzen den Spannungsunterschied zwischen beiden Kabeln als Signalwert. Dieses Design reduziert das Rauschen auf dem Bus und erlaubt längere Kabel. Für solche SCSI-Devices sind spezielle Kabel und Terminatoren (ebenso wie die entsprechende Adapter-Unterstützung) notwendig. Darüber hinaus können normale und differenzielle Geräte nicht vermischt werden. Für die Signale selbst hat man über die Jahre zwei Formen verwendet: »High Voltage Differential« (HVD) und »Low Voltage Differential« (LVD). Beide Formen können nicht vermischt werden. Die neuesten Standards verwenden ausschließlich die letztgenannte Variante.

Tabelle 10-5: SCSI-Versionen

Versionsname	Single-end	Busbreite	Maximale Gesamt-Kabellänge Differenziell	Maximale Geschwindigkeit
SCSI-1, SCSI-2	5 MB/s	8 Bits	6 m	25 m (HVD)
Fast SCSI	10 MB/s	8 Bits	3 m	25 m (HVD)
Fast Wide SCSI	20 MB/s	16 Bits	3 m	25 m (HVD)
Ultra SCSI	20 MB/s	8 Bits	1,5 m	25 m (HVD)
Wide Ultra SCSI	40 MB/s	16 Bits	1,5 m	25 m (HVD)
Ultra2 SCSI	40 MB/s	8 Bits	k. A.	12 m (HVD), 25 m (LVD)
Wide Ultra-2 SCSI	80 MB/s	16 Bits	k. A.	12 m (HVD), 25 m (LVD)
Ultra3 SCSI (a.k.a. Ultra160 SCSI)	160 MB/s	16 Bits	k. A.	12 m (LVD)
Ultra320 SCSI	320 MB/s	16 Bits	k. A.	12 m (LVD)

Tabelle 10-5 kann auch als einfacher Überblick über die Geschichte von SCSI dienen. Sie zeigt die immer weiter ansteigenden Geschwindigkeiten, die diese Geräte zu verarbeiten in der Lage waren. Diese Geschwindigkeitserhöhungen sind einer Kombination aus höheren Busgeschwindigkeiten und mehr Bits für den Bus (die »Wide«-Geräte) zu verdanken. Die jüngsten SCSI-Standards arbeiten alle mit 16 Bits und der Begriff »Wide« (engl. breit) wurde aus dem Namen entfernt, weil es keine »schmalen« Geräte gibt, von denen sie unterschieden werden müssten.

Die in der Tabelle angegebene maximale Kabellänge geht davon aus, dass alle Geräte vom gleichen Typ sind. Hängen verschiedene (kompatible) Gerätetypen am gleichen Strang, reduziert sich die maximale Länge auf das für die verschiedenen Typen erlaubte Minimum. Der kleinste gemeinsame Nenner gewinnt in diesem Fall.

Es gibt eine Vielzahl unterschiedlicher Anschlüsse für SCSI-Geräte. Hier die gängigsten:

- DB-25-Anschlüsse verwenden 25-Pin-Stecker, die denen von seriellen Kabeln ähneln. Sie verwenden 25 abgerundete Pins, die in einem Abstand von etwa 1/8 Zoll in zwei Reihen angeordnet sind. Diese Anschlüsse werden zum Beispiel für externe SCSI-Zip-Laufwerke verwendet.
- 50-Pin-Centronics-Stecker waren einst die am weitesten verbreiteten SCSI-Anschlüsse. Die Pins sind an der oberen und unteren Seite eines schmalen und flachen, etwa 5 cm langen Plastikbalkens angebracht. Der Stecker ist durch kleine Metallbügel an beiden Seiten sicher mit dem Gerät verbunden.
- 50-Pin-Mikrostecker (auch als Mini-Mikrostecker oder SCSI-II-Stecker bekannt) erkennen Sie an ihren flachen und sehr eng zusammenstehenden Pins, die ebenfalls in zwei Reihen angeordnet sind. Dieser Stecker ist mit einer Breite von etwa 3 cm wesentlich kleiner als die anderen.

- 68-Pin-Stecker (auch als SCSI-III-Stecker bekannt) sind eine für Wide-SCSI-Geräte entwickelte 68-Pin-Version der Mikrostecker.

Abbildung 10-4 zeigt die verschiedenen Steckertypen (in den externen Varianten).

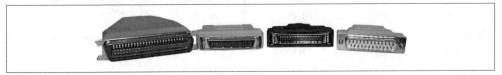

Abbildung 10-4: SCSI-Anschlüsse

Von links nach rechts sehen Sie in Abbildung 10-4 einen Centronics-Stecker, zwei Versionen eines 50-Pin-Mini-Mikrosteckers und einen DB-25-Stecker. 68-Pin-Stecker sehen den 50-Pin-Mini-Mikrosteckern sehr ähnlich, sind aber einfach breiter. Abbildung 10-5 zeigt die Pin-Nummerierungsschemata dieser Anschlüsse.

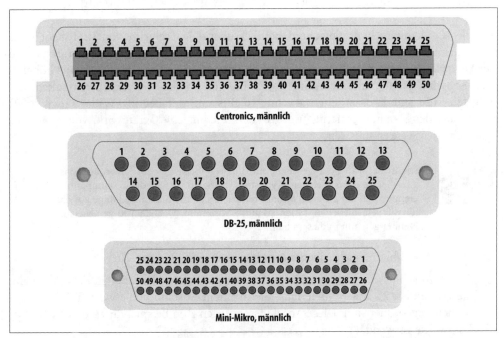

Abbildung 10-5: SCSI-Anschlüsse, Pinout

Sie können Kabel mit jeder Kombination dieser Anschlüsse sowie entsprechende Adapter kaufen.

Die verschiedenen SCSI-Geräte eines Systems sind »in Reihe«, d.h. hintereinander an einer einzigen Leitung, angeschlossen. Das erste und das letzte Gerät dieser SCSI-Kette muss »terminiert« werden, um sauber funktionieren zu können. Liegt der SCSI-Strang beispielsweise vollständig extern, dann besitzt das letzte Gerät einen Terminator, und der SCSI-

Controller selbst übernimmt die Terminierung für den Anfang des Strangs. (Prüfen Sie in der Dokumentation, ob dieses Feature aktiviert sein muss oder nicht.) Besteht der Strang sowohl aus internen als auch aus externen Geräten, muss das erste interne Gerät am SCSI-Bus die Terminierung aktivieren (etwa über einen Jumper einer internen Platte), und an das letzte externe Gerät muss ebenfalls ein Terminator angeschlossen sein.

Die *Terminierung* (der Busabschluss) besteht darin, dass man die Spannung der verschiedenen Leitungen des SCSI-Busses reguliert. Terminatoren verhindern Signalspiegelungen, die an den offenen Enden auftreten würden. Es gibt verschiedene Arten von SCSI-Terminatoren:

- *Passive* Terminatoren bestehen aus Widerständen. Sie versuchen sicherzustellen, dass die Spannungen im SCSI-Strang innerhalb der gültigen Betriebswerte bleiben. Diese Art von Terminator ist die preisgünstigste, neigt aber dazu, nur dann gut zu funktionieren, wenn nur ein oder zwei Geräte am SCSI-Strang hängen und die Aktivität auf dem Bus nicht allzu hoch ist.
- *Aktive* Terminatoren verwenden Spannungsregler und Widerstände, um die Spannungen innerhalb der gültigen Bereiche zu halten. Während passive Terminatoren einfach das eingehende Signal auf den richtigen Pegel reduzieren (und daher gegenüber Spannungsunterschieden anfällig bleiben), verwenden aktive Terminatoren einen Spannungsregler, um einen konstanten Standard für die Generierung der Zielspannung sicherstellen zu können. Aktive Terminatoren sind nur etwas teurer als passive Terminatoren, aber immer zuverlässiger. Tatsächlich verlangt der SCSI-II-Standard eine aktive Terminierung für alle SCSI-Stränge.
- *Forced Perfect Termination (FPT)* verwendet ein etwas komplexeres und genaueres Schema zur Spannungsregulierung, um alle Spannungen auf ihren richtigen Werten zu halten. Bei diesem Schema wird die Standardspannung über die Ausgabe zweier Spannungsregulatoren bestimmt, bei denen Dioden darin auftretende Fluktuationen unterbinden. Das führt zu einer höheren Stabilität gegenüber der aktiven Terminierung. FPT beseitigt jegliche Spitzen in einem SCSI-Strang und sollte immer in Betracht gezogen werden, wenn Ihr Strang aus mehr als drei Geräten besteht (auch wenn diese Art der Terminierung zwei- bis dreimal mehr kostet als die aktive Terminierung).
- Einige hybride Terminatoren sind ebenfalls verfügbar. Bei diesen Geräten werden Schlüsselleitungen über FPT kontrolliert und alle anderen Leitungen mittels aktiver Terminierung. Solche Geräte sind nahezu genauso teuer wie FPT-Terminatoren und sind diesen daher nur selten vorzuziehen.

Einige wenige SCSI-Geräte besitzen fest eingebaute Terminatoren, die über einen Schalter aktiviert oder deaktiviert werden können. Externe Einheiten mit mehreren SCSI-Festplatten beinhalten ebenfalls häufig eine Terminierung. Anhand der Beschreibung Ihres Gerätes sollten Sie herausfinden können, ob ein solches Feature vorhanden ist.

Denken Sie daran, dass Dateisysteme auf SCSI-Festplatten den Wechsel des Controllers nicht notwendigerweise überleben müssen (auch wenn sie es üblicherweise tun). Der Standard legt nicht fest, dass sie kompatibel sein müssen. Wenn Sie also eine SCSI-Festplatte von einem System in ein anderes System mit einem anderen SCSI-Controller einbauen, dann besteht die Möglichkeit, dass Sie an die vorhandenen Daten nicht herankommen und die Festplatte neu formatieren müssen. Ähnlich verhält es sich, wenn Sie den SCSI-Controller eines Rechners tauschen müssen. Am besten ersetzen Sie ihn durch das gleiche Modell.

Nachdem das gesagt ist, möchte ich darauf hinweisen, dass ich SCSI-Festplatten sehr häufig gewechselt habe und einen solchen Fall bisher nur einmal erlebt habe. Er ist selten, kann aber vorkommen.

Nachdem die Festplatte in das System eingebaut ist, kann sie konfiguriert werden. Die nachfolgende Beschreibung geht davon aus, dass die neu einzubindende Festplatte an den Computer angeschlossen ist und Partitionen erlaubt. Heutzutage benötigen Festplatten, wenn überhaupt, nur noch sehr selten eine Formatierung, weshalb wir dieser Aufgabe nur wenig Aufmerksamkeit widmen.

Bevor wir uns den für die verschiedenen Betriebssysteme spezifischen Prozeduren zuwenden, wollen wir uns zuerst generell dem Anlegen von Gerätedateien zuwenden.

Anlegen von Gerätedateien

Bevor auf einer Festplatte Dateisysteme angelegt werden können, müssen die Gerätedateien für die gewünschten Festplattenpartitionen existieren. Manchmal hat man das Glück, dass sie bereits vorhanden sind. Auf vielen Systemen werden Gerätedateien während des Boot-Vorgangs automatisch angelegt, sobald eine neue Hardwarekomponente erkannt wird.

Andernfalls müssen Sie die Gerätedateien selbst anlegen. Hierzu dient der mknod-Befehl. Seine Syntax lautet:

```
# mknod Name | major minor
```

Das erste Argument bezeichnet den Dateinamen und das zweite Argument ist entweder ein c für ein zeichenorientiertes oder ein b für ein blockorientiertes Gerät. Die beiden anderen Argumente sind die Haupt- und die Unternummer des Geräts (die sog. Gerätenummern). Die major- und minor-Gerätenummern werden vom Kernel für die eindeutige Identifizierung von Gerät und Gerätetreiber benutzt. Der major-Wert weist das Gerät einer bestimmten Geräteklasse (Festplatte, serielle Schnittstelle usw.) zu. Der minor-Wert bezeichnet das einzelne Gerät innerhalb einer Geräteklasse.

Diese Ziffern sind hochgradig von der jeweiligen Implementierung abhängig. Um die Ziffern zu bestimmen, die für Sie relevant sind, können Sie den Befehl ls -l benutzen, um sich bereits existierende Device-Einträge für Festplattenpartitionen anzeigen zu lassen. Die major- und minor-Nummern erscheinen in dem Feld, in dem sonst die Größe einer Datei angezeigt wird. Ein Beispiel:

```
$ cd /dev/dsk; ls -l c1d*                    major-, minor-Nummern.
brw-------   1 root root 0,144 Mar 13 19:14 c1d1s0
brw-------   1 root root 0,145 Mar 13 19:14 c1d1s1
```

```
brw-------   1 rootroot0,146 Mar 13 19:14 c1d1s2
...
brw-------   1 rootroot0,150 Mar 13 19:14 c1d1s6
brw-------   1 rootroot0,151 Mar 13 19:14 c1d1s7
brw-------   1 rootroot0,160 Mar 13 19:14 c1d2s0
brw-------   1 rootroot0,161 Mar 13 19:14 c1d2s1
...
$ cd /dev/rdsk; ls -l c1d1*
crw-------   1 rootroot3,144 Mar 13 19:14 c1d1s0
crw-------   1 rootroot3,145 Mar 13 19:14 c1d1s1
...
```

Das Nummerierungsschema ist offensichtlich: Blockorientierte Gerätedateien für Festplatten an Controller 1 tragen die major-Nummer 0, die entsprechenden Einträge für zeichenorientierte Gerätedateien die major-Nummer 3. Die minor-Nummer für die gleiche Partition auf nachfolgenden Festplatten erhält man, indem man den Wert 16 zur minor-Nummer der aktuellen Festplatte addiert. Wenn Sie also die Gerätedatei für die Partition 2 auf der Festplatte 3 anlegen wollen, lautet die minor-Nummer für diese Partition 162+16 = 178. Sie würden also die folgenden mknod-Befehle verwenden:

```
# mknod /dev/dsk/c1d3s2  b 0 178
# mknod /dev/rdsk/c1d3s2 c 3 178
```

Außer bei Linux und FreeBSD-Systemen müssen Sie darauf achten, sowohl die Zeichen- als auch Blockgerätedatei anzulegen.

Auf vielen Systemen finden Sie im /dev-Verzeichnis ein Shell-Skript namens MAKEDEV, das den mknod-Aufruf automatisiert. Es verlangt als Argument das Kürzel für die Gerätedatei und legt die Zeichen- und Blockgerätedateien für dieses Gerät automatisch an. Der folgende Befehl erstellt zum Beispiel die Gerätedateien für eine SCSI-Festplatte unter Linux:

```
# cd /dev
# ./MAKEDEV sdb
```

Der Befehl erzeugt die Gerätedateien /dev/sdb0 bis /dev/sdb16.

FreeBSD

Der erste Schritt besteht darin, die neue Festplatte an das System anzuschließen und es dann neu zu starten.[13] FreeBSD sollte die neue Platte automatisch erkennen. Sie können sich die Boot-Meldungen oder die Ausgabe des dmesg-Befehls ansehen, um sicherzustellen, dass das auch der Fall ist:

```
da1 at adv0 bus 0 target 2 lun 0
da1: <SEAGATE ST15150N 0017> Fixed Direct Access SCSI-2 device
da1: 10.000MB/s transfers (10.000MHz, offset 15), Tagged Queueing Enabled
da1: 4095MB (8388315 512 byte sectors: 255H 63S/T 522C)
```

---

13 Wenn das System Hotswap-fähige SCSI-Festplatten besitzt, können Sie den Befehl cancontrol rescan Bus verwenden, um sie ohne einen Neustart zu erkennen.

Auf Intel-basierten Systemen wird die Reihenfolge der Festplatten beim Systemstart festgelegt. Das Einbinden einer neuen SCSI-Festplatte mit einer kleineren SCSI-ID als die einer vorhandenen Platte führt daher zu einer Neuzuweisung[14] von Gerätedateien und bringt so Ihre *letc/fstab* durcheinander. Versuchen Sie, SCSI-IDs nacheinander zu vergeben, wenn der Einbau zusätzlicher Platten notwendig werden könnte.

Die Partitionierung ist bei FreeBSD etwas komplizierter als bei den anderen hier betrachteten Betriebssystemen. Der Prozess besteht aus zwei Teilen. Zuerst wird die Festplatte in physikalische Partitionen unterteilt, die bei BSD als *Slices* bezeichnet werden. Ein oder mehrere dieser Slices werden an FreeBSD zugewiesen. Der FreeBSD-Slice selbst wird dann in Partitionen unterteilt, auf denen die eigentlichen Dateisysteme erzeugt werden.

Das fdisk-Utility wird verwendet, um eine Festplatte in Slices zu unterteilen. Nachfolgend erzeugen wir einen einzelnen Slice, der die gesamte Festplatte umfasst:

```
# fdisk -i /dev/da1
******* Working on device /dev/da1 *******
...
Information from DOS bootblock is:
The data for partition 1 is:
<UNUSED>
Do you want to change it? [n] y
Supply a decimal value for "sysid (165=FreeBSD)" [0] 165
Supply a decimal value for "start" [0]
Supply a decimal value for "size" [0] 19152
Explicitly specify beg/end address ? [n] n
sysid 165,(FreeBSD/NetBSD/386BSD)
    start 0, size 19152 (9 Meg), flag 0
        beg: cyl 0/ head 0/ sector 1;
        end: cyl 18/ head 15/ sector 63
Are we happy with this entry? [n] y
The data for partition 2 is:
<UNUSED>
Do you want to change it? [n] n
...
Do you want to change the active partition? [n] n
Should we write new partition table? [n] y
```

 Solange Sie nicht mehrere Slices erzeugen möchten, ist dieser Schritt bei einem Intel-basierten System nur für die Boot-Platte notwendig. Wenn Sie aber einen anderen Slice als den ersten verwenden, müssen Sie die entsprechenden Gerätedateien erzeugen, um darauf zugreifen zu können:

```
# cd /dev; ./MAKEDEV /dev/da1s2a
```

Der Befehl disklabel erzeugt FreeBSD-Partitionen innerhalb des FreeBSD-Slices:

```
# disklabel -r -w da1 auto
```

---

14 Das kann auch in anderen Fällen passieren. Beispielsweise können Änderungen an der Glasfaserkonfiguration (wie etwa Switch-Rekonfigurationen) zu unerwarteten Neuzuweisungen von Geräten führen, weil das Betriebssystem vom programmierbaren Switch Informationen zur Hardware-Adressierung erhält.

Der Parameter auto legt fest, dass das Standardlayout für den Slice verwendet werden soll. Sie können sich mit der disklabel-Option -n ansehen, was genau gemacht wird.

Sobald Sie ein Standard-Label (Division) erzeugt haben, können Sie es bearbeiten, indem Sie disklabel -e ausführen. Dieser Befehl startet eine Editor-Session, mit der Sie die Partitionierung ändern können. (Dabei wird der in der Umgebungsvariable *EDITOR* festgelegte Editor verwendet.)

disklabel ist ein sehr empfindliches Utility und bricht häufig mit der folgenden Meldung ab:

disklabel: No space left on device

Diese Meldung entbehrt jeglicher Logik und kommt wesentlich häufiger bei größeren als bei kleineren Platten vor. Sollte dieses Problem bei Ihnen auftreten, versuchen Sie sysinstall auszuführen und wählen Sie das Menü CONFIGURE → LABEL. Diese Variante des Utilities kann üblicherweise zur Zusammenarbeit bewegt werden, aber auch hier werden nicht alle gültigen Partitionsgrößen akzeptiert. Unter Vorbehalt.

Sobald alle Partitionen angelegt sind, erzeugen Sie Dateisysteme mit dem Befehl newfs:

```
# newfs /dev/da1a
/dev/da1a: 19152 sectors in 5 cylinders of 1 tracks, 4096 sectors
  9.4MB in 1 cyl groups (106 c/g, 212.00MB/g, 1280 i/g)
super-block backups (for fsck -b #) at:
 32
```

Die folgenden Optionen können verwendet werden, um newfs anzupassen:

-U Soft Updates aktivieren (empfohlen).

-b *Größe*
  Blockgröße des Dateisystems in Byte (voreingestellt ist 16384; der Wert muss eine Potenz von 2 sein).

-f *Größe*
  Fragmentgröße des Dateisystems: die kleinste allozierbare Einheit an Plattenspeicher. Voreingestellt sind 2048 Byte. Dieser Parameter bestimmt (unter anderem) die minimale Dateigröße. Es muss sich um eine Potenz von 2 handeln, die kleiner oder gleich der Blockgröße ist, aber nicht kleiner als ein Achtel der Blockgröße sein darf. Experten empfehlen, für diesen Wert ein Achtel der Blockgröße des Dateisystems zu verwenden.

-i *Bytes*
  Anzahl der Byte pro Inode (voreingestellt ist die vierfache Fragmentgröße: 8192 bei der Standard-Fragmentgröße). Diese Einstellung legt fest, wie viele Inodes für das neue Dateisystem erzeugt werden. (Die Anzahl der Inodes entspricht der Dateisystemgröße dividiert durch die Bytes pro Inode.) Der Standardwert funktioniert im Allgemeinen recht gut.

-m *frei*
  Prozentsatz des reservierten freien Speichers. Voreingestellt sind 8%; Sie können diesen Wert üblicherweise problemlos auf etwa 5% reduzieren, bei sehr großen Platten sogar auf noch weniger.

`-o speed | space`
Legt die bevorzugte Optimierung fest. speed bedeutet, dass das Dateisystem versucht, die mit der Allozierung von Blöcken zugebrachte Zeit zu minimieren, während bei space versucht wird, die Fragmentierung der Platte zu minimieren. Voreingestellt ist space, wenn der minimale Prozentsatz für freien Speicher unter 8% liegt, andernfalls wird speed verwendet. speed wird also standardmäßig verwendet, wenn der Standard-Prozentsatz für freien Speicher genutzt wird.

Der `tunefs`-Befehl kann verwendet werden, um die Werte von `-m` und `-o` für ein existierendes Dateisystem (mit den gleichen Optionen) zu verändern. Außerdem kann `-n` verwendet werden, um Soft Updates für ein existierendes Dateisystem zu (de-)aktivieren (wobei `enable` bzw. `disable` als Argument verwendet wird).

Abschließend führen wir `fsck` auf das neue Dateisystem aus:

```
# fsck /dev/da1a
** /dev/da1a
** Last Mounted on
** Phase 1 - Check Blocks and Sizes
** Phase 2 - Check Pathnames
** Phase 3 - Check Connectivity
** Phase 4 - Check Reference Counts
** Phase 5 - Check Cyl groups
1 files, 1 used, 4682 free (18 frags, 583 blocks, 0.4% fragmentation)
```

Diese Instanz von `fsck` ist sehr schnell abgeschlossen.

Wenn Sie die menügesteuerte Version von `disklabel` im `sysinstall`-Utility verwenden, können die Befehle `newfs` und `mount` automatisch für Sie ausgeführt werden (was das Utility standardmäßig auch tut).

Der growfs-Befehl kann verwendet werden, um die Größe eines existierenden Dateisystems zu erhöhen:

```
# growfs /dev/da1a
```

Standardmäßig wird die Größe des Dateisystems auf die Größe der zugrunde liegenden Partition erhöht. Sie können bei Bedarf mit der Option `-s` eine neue Größe anlegen.

Linux

Nachdem die neue Platte am System angeschlossen ist, sollte sie vom System beim Hochfahren erkannt werden. Sie können den Befehl `dmesg` verwenden, um sich die Boot-Meldungen ausgeben zu lassen. Hier die Meldungen eines sehr alten, aber immer noch funktionierenden Intel-basierten Linux-Systems:

```
scsi0 : at 0x0388 irq 10 options CAN_QUEUE=32 CMD_PER_LUN=2 ...
scsi0 : Pro Audio Spectrum-16 SCSI
scsi : 1 host.
Detected scsi disk sda at scsi0, id 2, lun 0
scsi : detected 1 SCSI disk total.
```

Die Meldungen zeigen an, dass die Platte unter dem Namen *sda* angesprochen wird.

Wenn nötig, erzeugen Sie die Gerätedateien für die Platte (was nur notwendig ist, wenn Sie sehr, sehr viele Platten besitzen). Zum Beispiel erzeugt der folgende Befehl die Gerätedateien für die sechzehnte SCSI-Festplatte:

```
# cd /dev; ./MAKEDEV sdp
```

Die notwendigen Gerätedateien vorausgesetzt, verwenden Sie fdisk oder cfdisk (eine bildschirmorientierte Version), um die Festplatte in Partitionen zu unterteilen (wir legen zwei Partitionen an). Die folgenden Befehle starten diese Utilities:

```
# fdisk /dev/sda
# cfdisk /dev/sda
```

Die verfügbaren Unterbefehle dieser Utilities sind in Tabelle 10-6 aufgeführt.

Tabelle 10-6: Unterbefehle des Linux-Partitionierungs-Utilities

Operation	fdisk	cfdisk
Neue Partition erzeugen.	N	N
Partitionstyp ändern.	T	T
Partition aktivieren (Boot-fähig machen).	A	B
Partitionstabelle auf Platte schreiben.	W	W
Änderung der Größeneinheit (und ihrer Darstellung).	U	U
Partitionstabelle ausgeben.	P	Immer sichtbar
Ausgabe der verfügbaren Unterbefehle.	m	Untere Bildschirmzeile

cfdisk ist häufig bequemer in der Anwendung, weil die Partitionstabelle immer ausgegeben wird, weshalb wir es hier auch verwenden werden. Die cfdisk-Unterbefehle arbeiten immer mit der aktuellen (hervorgehobenen) Partition. Um also eine neue Partition zu erzeugen, bewegen Sie sich zu der als Free Space (freier Speicher) bezeichneten Zeile und drücken n.

Zuerst müssen Sie eine primäre oder eine logische (erweiterte) Partition auswählen. Plattenpartitionen gibt es bei PCs in zwei unterschiedlichen Typen: *primär* und *erweitert*. Eine Platte kann bis zu vier Partitionen enthalten. Beide Partitionstypen sind eine physikalische Untermenge der gesamten Platte. Erweiterte Partitionen können in Einheiten untergliedert werden, die als *logische* Partitionen (oder Laufwerke) bezeichnet werden, und bieten somit die Möglichkeit, eine physikalische Festplatte in mehr als vier Teile zu untergliedern.

Als Nächstes fragt cfdisk nach den Partitionsinformationen:

```
Primary or logical [pl]: p
Size (in MB): 110
```

Wenn Sie die Größe in anderen Einheiten angeben wollen, verwenden Sie den Unterbefehl u (und die Einheiten wechseln zwischen MB, Sektoren und Zylindern). Sobald diese Fragen beantwortet sind, möchte das Programm wissen, ob die Partition am Anfang oder am Ende des freien Speichers platziert werden soll (wenn es eine Wahl gibt).

Verwenden Sie die gleiche Vorgehensweise, um eine zweite Partition anzulegen, und aktivieren Sie dann die erste Partition mit dem Unterbefehl b. Verwenden Sie nun den Unterbefehl t, um die Partitionstypen der beiden Partitionen zu ändern. Die gängigsten Typcodes sind 6 für Windows FAT16, 82 für eine Linux-Swap-Partition und 83 für eine normale Linux-Partition.

Hier die letztendliche Partitionstabelle (die Ausgabe wurde leicht gekürzt):

```
                cfdisk 2.11i

                  Disk Drive: /dev/hde
                  Size: 3228696576 bytes
    Heads: 128   Sectors per Track: 63   Cylinders: 782

   Name         Flags       Part Type    FS Type      Size (MB)
   -------------------------------------------------------------
   /dev/sda1    Boot        Primary      Linux        110.0
   /dev/sda2                Primary      Linux        52.5
                            Pri/Log      Free Space   0.5
```

(Ja, das ist keine große Platte. Ich sagte doch, dass es ein altes System ist.)

An diesem Punkt starte ich das System neu. Nach allen Änderungen am Partitionslayout einer Festplatte – mit anderen Worten: nach allen Änderungen außer am Typ der verschiedenen Partitionen – starte ich PC-basierte Systeme immer neu. Freunde und Kollegen werfen mir vor, in einem veralteten Windows-Aberglauben gefangen zu sein, und halten das nicht für wirklich notwendig. Andererseits sind viele Entwickler von Linux-Utilities (siehe fdisk) und Dateisystem-Designer (siehe mkreiserfs) meiner Meinung.

Als Nächstes verwenden Sie den mkfs-Befehl, um ein Dateisystem auf der Linux-Partition anzulegen. mkfs wurde in der Linux-Version für den Regelfall optimiert und verlangt nur wenige Eingaben:

```
# mkfs -t ext3 -j /dev/sda1
```

Dieser Befehl[15] erzeugt ein ext3-Dateisystem, das aktuelle Standarddateisystem vieler Linux-Distributionen. Das ext3-Dateisystem ist eine Journaling-Version des ext2-Dateisystems, das viele Jahre lang auf Linux-Systemen verwendet wurde und immer noch weit verbreitet ist. Tatsächlich sind ext3-Dateisysteme rückwärts kompatibel und können im ext2-Modus gemountet werden.

Wenn Sie mkfs anpassen möchten, können Sie die folgenden Optionen verwenden:

-b *Bytes*
    Legt die Blockgröße des Dateisystems in Byte fest (voreingestellt sind 1024).

-c
    Überprüft die Partition auf fehlerhafte Blöcke, bevor das Dateisystem angelegt wird.

---

15 Tatsächlich sind fsck, mkfs, mount und andere Befehle Frontends zu dateisystemspezifischen Versionen. In diesem Fall führt mkfs mke2fs aus.

-i *n*
: Legt den Bytes/Inode-Wert fest, d. h., es wird ein Inode für alle *n* Bytes erzeugt. Der voreingestellte Wert von 4096 erzeugt wahrscheinlich mehr Inodes, als Sie jemals brauchen werden, aber wahrscheinlich lohnt es sich auch nicht, ihn zu ändern.

-m *Prozent*
: Legt den Prozentsatz des zu reservierenden Plattenplatzes fest (der nur für *root* und die Gruppe 0 zugänglich ist). Voreingestellt sind 5% (die Hälfte dessen, was bei anderen Unix-Systemen üblich ist). In Zeiten von Festplatten mit mehreren Gigabyte sollte sogar dieser Prozentsatz überdacht werden.

-J *Device*
: Legt ein separates Device für den Dateisystem-Log fest.

Sobald das Dateisystem erzeugt wurde, führen Sie `fsck` aus:

```
# fsck -f -y /dev/sda1
```

Die Option `-f` ist notwendig, damit `fsck` auch dann ausgeführt wird, wenn das Dateisystem sauber ist. Das neue Dateisystem kann nun gemountet und in */etc/fstab* eingetragen werden.

Der Befehl `tune2fs` kann verwendet werden, um sich die Felder des Superblocks eines ext2-Dateisystems anzusehen und diese zu verändern. Hier ein (gekürztes) Beispiel für dessen Ausgabe:

```
# tune2fs -l /dev/sdb1
Filesystem magic number:  0xEF53
Filesystem revision #:    1 (dynamic)
Filesystem features:      filetype sparse_super
Filesystem state:         not clean
Errors behavior:          Continue
Filesystem OS type:       Linux
Inode count:              253952
Block count:              507016
Reserved block count:     25350
Free blocks:              30043
Free inodes:              89915
First block:              0
Block size:               4096
Last mount time:          Thu Apr  4 11:28:19 2002
Last write time:          Wed May 22 10:00:36 2002
Mount count:              1
Maximum mount count:      20
Last checked:             Thu Apr  4 11:28:01 2002
Check interval:           15552000 (6 months)
Next check after:         Tue Oct  1 12:28:01 2002
Reserved blocks uid:      0 (user root)
Reserved blocks gid:      0 (group root)
```

Die das Wort »check« enthaltenden Elemente (die drei vorvorletzten) in der Liste geben an, wann `fsck` das Dateisystem prüft, auch wenn es sauber ist. Die Linux-Version von `fsck` für ext3-Dateisysteme prüft das Dateisystem entweder, nachdem die maximale Anzahl von

Mount-Operationen ohne Prüfung überschritten wurde, oder wenn das maximale Zeitintervall zwischen den Prüfungen abgelaufen ist (in der vorigen Ausgabe also nach 20-mal bzw. nach sechs Monaten; das Prüfintervall ist in Sekunden angegeben).

Die `tune2fs`-Option -i kann verwendet werden, um das maximale Zeitintervall zwischen den Prüfungen in Tagen anzugeben. Die Option -c legt die maximale Anzahl von Mount-Operationen zwischen den Prüfungen fest. Der folgende Befehl deaktiviert beispielsweise die Zeit-zwischen-Prüfungen-Funktion und setzt die maximale Anzahl von Mount-Operationen auf 25:

```
# tune2fs -i 0 -c 25 /dev/sdb1
Setting maximal mount count to 25
Setting interval between check 0 seconds
```

Eine weitere nützliche `tune2fs`-Option ist -m, mit der Sie den Prozentsatz des reservierten Dateisystemspeichers festlegen können. Die Optionen -u und -g ermöglichen es Ihnen festzulegen, welche Benutzer- bzw. Gruppen-ID auf diesen reservierten Bereich zugreifen darf.

Sie können mit einem Befehl wie dem folgenden ein ext2-Dateisystem in ein ext3-Dateisystem umwandeln:

```
# tune2fs -j /dev/sdb2
```

Die Größe existierender ext2- und ext3-Dateisysteme können Sie mit dem Befehl resize2fs verändern. Er verlangt das Dateisystem und die neue Größe (in 512-Byte-Blöcken) als Parameter. So ändert beispielsweise der folgende Befehl die Größe des angegebenen Dateisystems auf 200.000 Blöcke:

```
# umount /dev/sdc1
# e2fsck -f /dev/sdc1
e2fsck 1.23, 15-Aug-2001 for EXT2 FS 0.5b, 95/08/09
Pass 1: Checking inodes, blocks, and sizes
Pass 2: Checking directory structure
Pass 3: Checking directory connectivity
Pass 4: Checking reference counts
Pass 5: Checking group summary information
/1: 11/247296 files (0.0% non-contiguous), 15979/493998 blocks
# resize2fs -p /dev/sdc1 200000
resize2fs 1.23 (15-Aug-2001)
Begin pass 1 (max = 1)
Extending the inode table     XXXXXXXXXXXXXXXXXXXXXXXXXXXXXXXXXXXX
Begin pass 3 (max = 10)
Scanning inode table          XXXXXXXXXXXXXXXXXXXXXXXXXXXXXXXXXXXX
The filesystem on /dev/sdc1 is now 200000 blocks long.
```

Die Option -p stellt während dieses Vorgangs eine Fortschrittsanzeige (progression bar) dar. Natürlich müssen Sie vorher die Größe der zugrunde liegenden Plattenpartition oder des logischen Volumes (die wir später noch behandeln) erhöhen.

Die Größe eines Dateisystems zu erhöhen ist immer unproblematisch. Wenn die neue Größe der Größe der zugrunde liegenden Partition entspricht – was nahezu immer der Fall ist –, können Sie den Größenparameter im `resize2fs`-Befehl weglassen. Um die Größe des Dateisystems zu verringern, führen Sie zuerst die `resize2fs`-Operation durch und verwenden dann `fdisk` oder `cfdisk`, um die Größe der zugrunde liegenden Partition zu verringern. Beachten Sie, dass ein Datenverlust immer möglich ist, aber noch wahrscheinlicher wird, wenn Sie die Größe des Dateisystems verkleinern, weil keinerlei Vorkehrungen getroffen werden, die Daten vor der Kürzung zu sichern.

Das Reiser-Dateisystem. Einige Linux-Distributionen stellen auch das Reiser-Dateisystem, entworfen von Hans Reiser (siehe *http://www.reiserfs.org*), zur Verfügung. Die zum Anlegen eines Reiser-Dateisystems notwendigen Befehle sind sehr ähnlich:

```
# mkreiserfs /dev/sdb3
<-------------mkreiserfs, 2001------------->
reiserfsprogs 3.x.0k-pre9
mkreiserfs: Guessing about desired format..
mkreiserfs: Kernel 2.4.10-4GB is running.
13107k will be used
Block 16 (0x2142) contains super block of format 3.5 with standard journal
Block count: 76860
Bitmap number: 3
Blocksize: 4096
Free blocks: 68646
Root block: 8211
Tree height: 2
Hash function used to sort names: "r5"
Objectid map size 2, max 1004
Journal parameters:
        Device [0x0]
        Magic [0x18bbe6ba]
        Size 8193 (including journal header) (first block 18)
        Max transaction length 1024
        Max batch size 900
        Max commit age 30
Space reserved by journal: 0
Correctness checked after mount 1
Fsck field 0x0
ATTENTION: YOU SHOULD REBOOT AFTER FDISK!
        ALL DATA WILL BE LOST ON '/dev/hdf2'!
Continue (y/n):y
Initializing journal - 0%....20%....40%....60%....80%....100%
Syncing..ok
ReiserFS core development sponsored by SuSE Labs (suse.com)
Journaling sponsored by MP3.com.
To learn about the programmers and ReiserFS, please go to
http://namesys.com
Have fun.
# reiserfsck -x /dev/sdb3
<-------------reiserfsck, 2001------------->
reiserfsprogs 3.x.0k-pre9
Will read-only check consistency of the filesystem on /dev/hdf2
        Will fix what can be fixed w/o --rebuild-tree
Will put log info to 'stdout'
```

```
        Do you want to run this program?[N/Yes] (note need to type Yes):Yes
        13107k will be used
        ##########
        reiserfsck --check started at Wed May 22 11:36:07 2002
        ##########
        Replaying journal..
        No transactions found
        Checking S+tree..ok
        Comparing bitmaps..ok
        Checking Semantic tree...ok
        No corruptions found
        There are on the filesystem:
                Leaves 1
                Internal nodes 0
                Directories 1
                Other files 0
                Data block pointers 0 (zero of them 0)
        ##########
        reiserfsck finished at Wed May 22 11:36:19 2002
        ##########
```

Die Größe von Reiser-Dateisystemen kann mit dem Befehl `resize_reiserfs -s` verändert werden. Ihre Größe kann auch beim Mounten verändert werden. Eine solche Operation würde einen Befehl wie den folgenden verwenden:

```
# mount -o remount,resize=200000 /dev/sdc1
```

Dieser Befehl ändert die Größe des angegebenen Dateisystems auf 200.000 Blöcke. Auch hier ist die Erhöhung der Größe des Dateisystems eine sichere Angelegenheit, während eine Verkleinerung die Gefahr von Datenverlusten birgt.

Solaris

In diesem Abschnitt binden wir eine SCSI-Festplatte (SCSI-ID 2) in ein Solaris-System ein.

Nachdem die Festplatte eingebaut wurde, booten Sie das System mit `boot -r`. Damit weisen Sie das Betriebssystem an, nach neuen Geräten zu suchen und die entsprechenden Gerätedateien und Links im */devices*-Baum anzulegen.[16] Die neue Festplatte sollte beim Booten des Systems erkannt werden (Ausgabe gekürzt):

```
sd2 at esp0: target 2 lun 0
  corrupt label - wrong magic number
  Vendor 'QUANTUM', product 'CTS160S', 333936 512 byte blocks
```

Die Warnung erscheint, weil bisher kein gültiges Sun-Label (ein von Sun verwendeter, herstellerspezifischer Header-Block auf der Platte) auf die Platte geschrieben wurde. Falls Sie die Meldungen beim Booten nicht gesehen haben, verwenden Sie den `dmesg`-Befehl.

---

16 Sie sollten nach dem Booten prüfen, ob diese Schritte korrekt durchgeführt werden. Wenn nicht, können Sie die */devices*-Einträge und Links in */dev* erzeugen, indem Sie die Befehle `drvconfig` und `disks` ausführen. Beide verlangen keinerlei Argumente.

Wir versehen die Platte nun mit einem Label und legen Partitionen an (die Solaris manchmal als *Slices* bezeichnet). Solaris verwendet für diese Aufgaben das format-Utility.[17] Früher war es häufig notwendig, dem format-Programm die Charakteristika der Platte anzugeben. Heutzutage kennt das Utility die meisten Platten, was das Einbinden neuer Festplatten wesentlich vereinfacht.

Nachfolgend der Befehl zum Start von format und zum Schreiben eines generischen Labels auf die Platte (wenn sie kein Label besitzt):

```
# format /dev/rdsk/c0t2d0s2            Partition 2 = gesamte Platte.
selecting /dev/rdsk/c0t2d0s2
[disk formatted, no defect list found]

FORMAT MENU:
...Hier erscheint das Menü.
format> label                          Schreibe generisches Label auf die Platte.
Ready to label disk, continue? y
```

Sobald das Label geschrieben wurde, können Sie die Partitionen einrichten. Wir teilen die Platte in zwei gleich große Partitionen auf und verwenden den Unterbefehl partition, um sie zu definieren:

```
format> partition
PARTITION MENU:
        0      - change `0' partition
        1      - change `1' partition
        ...
        7      - change `7' partition
        select - select a predefined table
        modify - modify a predefined partition table
        name   - name the current table
        print  - display the current table
        label  - write partition map and label to the disk
        quit
partition>                                     Redefinition von Partition 0
Enter partition id tag[unassigned]: root       Nutzung der Partition festlegen.
Enter partition permission flags[wm]: wm       Schreib-/Leserechte, Mount-fähig.
Enter new starting cyl[0]:
Enter partition size[0b, 0c, 0e, 0.00mb, 0.00gb]: 5.00gb
...
partition> 1
Enter partition id tag[unassigned]:
Enter partition permission flags[wm]: wm
Enter new starting cyl[0]: 10403
Enter partition size[0b, 0c, 0e, 0.00mb, 0.00gb]: 7257c
...
partition> print                               Partitionstabelle ausgeben.
Current partition table (unnamed):
Total disk cylinders available: 17660 + 2 (reserved cylinders)
```

---

17 Solaris besitzt auch eine Version des fdisk-Utilities, das für Betriebssystem-Installationen gedacht ist. Dieses Programm sollten Sie nicht verwenden, um eine neue Festplatte einzubinden.

```
Part      Tag    Flag   Cylinders        Size         Blocks
  0      root    wm      0 - 10402       5.00GB     (10403/0/0)  10486224
  1  unassigned  wm    10403 - 17659     3.49GB      (7257/0/0)   7315056
  2  unassigned  wm        0               0         (0/0/0)         0
...
  7  unassigned  wm        0               0         (0/0/0)         0
```

Wir haben zwei Partitionen, 0 und 1, definiert. Im ersten Fall geben wir den Wert des Startzylinders mit 0 an und die Größe der Partition in GB. Im zweiten Fall geben wir den Startzylinder und die Länge in Zylindern an. Zwischendurch sehen wir uns die Partitionstabelle an, um die entsprechenden Werte zu bestimmen.

Das Partitions-ID-Tag ist ein Label, das die Verwendung der Partition beschreibt. Die Partition 0 wird für das root-Dateisystem verwendet und mit einem entsprechenden Label versehen.

Die Zugriffsrechte-Flags lauten üblicherweise wm (Schreib-/Leserechte, Mount-fähig) und wu (Schreib-/Leserechte, nicht Mount-fähig). Letztere werden für Swap-Partitionen verwendet.

Sobald die Partitionen definiert sind, schreiben wir mit dem label-Befehl eine Kennung auf die Platte:

```
partition> label
Ready to label disk, continue? y
partition> quit
format> quit
```

Das Untermenü partition kennt auch den Befehl name, mit dem eine selbst definierte Partitionstabelle benannt und gespeichert werden kann. Diese kann dann mit dem Befehl select im gleichen Menü bei neuen Festplatten angewendet werden.

Nun erzeugen wir mit dem Befehl newfs Dateisysteme auf den neuen Partitionen:

```
# newfs /dev/rdsk/c0t2d0s0
newfs: construct a new file system /dev/rdsk/c0t2d0s3: (y/n)? y
/dev/rdsk/c0t0d0s3: 10486224 sectors in 10403 cylinders
                    of 16 tracks, 63 sectors
5120.2MB in 119 cyl groups (88 c/g, 43.31MB/g, 5504 i/g)
super-block backups (for fsck -F ufs -o b=#) at:
  32, 88800, 177568, 266336, 355104, 443872, 532640, 621408, 710176, ...
```

Sie sollten diese Liste ausdrucken und an sicherer Stelle aufbewahren, damit Sie die Daten zur Verfügung haben, falls der Superblock oder sein Ersatz an Adresse 32 beschädigt werden sollte.[18]

Abschließend führen wir fsck über das neue Dateisystem aus:

```
# fsck -y /dev/rdsk/c0t2d0s0
** /dev/rdsk/c0t0d0s3
** Last Mounted on
```

---

[18] Ein Tipp von einem der technischen Korrektoren: »Wenn Sie die Liste mit den Backup-Superblöcken verlegt haben, erzeugen Sie ein Dateisystem auf einer Platte der gleichen Größe und notieren Sie die Lage der Superblöcke, wenn Sie mit newfs ein neues Dateisystem auf die Partition aufbringen.«

```
** Phase 1 - Check Blocks and Sizes
** Phase 2 - Check Pathnames
** Phase 3 - Check Connectivity
** Phase 4 - Check Reference Counts
** Phase 5 - Check Cyl groups
2 files, 9 used, 5159309 free (13 frags, 644912 blocks,  0.0% fragmentation)
```

Dieser Prozess wird nun für die andere Partition wiederholt.

Sie können mit Hilfe der folgenden `newfs`-Optionen die Parameter neuer Dateisysteme anpassen:

-b *Größe*

> Blockgröße des Dateisystems in Byte (voreingestellt ist 8192; der Wert muss eine Zweierpotenz sein und im Bereich von 4096 bis 8192 liegen).

-f *Größe*

> Fragmentgröße des Dateisystems: die kleinste zuteilbare Einheit an Festplattenspeicher. Standard ist 1024 Bytes. Der Wert muss eine Zweierpotenz sein und im Bereich zwischen 1024 und 8192 liegen. Dieser Parameter bestimmt unter anderem die minimale Dateigröße. Er muss kleiner oder gleich der Dateisystem-Blockgröße sein und darf nicht weniger als ein Achtel dieser Blockgröße betragen.

-i *Bytes*

> Bytes pro Inode (Standardwert ist 2048). Diese Einstellung bestimmt, wie viele Inodes für das neue Dateisystem generiert werden (Anzahl der Inodes = Größe des Dateisystems/Bytes pro Inode). Der Standardwert von 2048 generiert üblicherweise mehr Inodes, als Sie jemals brauchen werden, es sei denn, Sie arbeiten mit vielen kleinen Dateien. In der Regel können Sie den Wert gefahrlos auf 4098 erhöhen.

-m *Frei*

> Prozentsatz des zu reservierenden freien Speichers. Standardmäßig 10%, die normalerweise bedenkenlos auf 5% verringert werden können. Bei sehr großen Festplatten kann dieser Wert sogar noch kleiner sein.

Mit der `newfs`-Option -N können Sie sich alle Parameter anzeigen lassen, die der Befehl an `mkfs` – das Programm, das die eigentliche Arbeit erledigt – übergibt. Die Werte werden dabei nur ausgegeben, ein Dateisystem wird nicht erzeugt.

Das Logging wird für Solaris UFS-Dateisysteme während des Mountens über die Logging-Mount-Option aktiviert.

AIX, HP-UX und Tru64

Diese Betriebssysteme arbeiten standardmäßig mit einem Logischen Volume Manager (LVM). Das Einbinden von Platten in diese Systeme wird später in diesem Kapitel bei der Betrachtung von LVM behandelt.

Regeneration eines vorhandenen Dateisystems

Gelegentlich kann eine Neukonfiguration der Festplatte notwendig werden. Beispielsweise könnte ein anderes Layout mit einem anderen Satz Partitionen nötig sein. Sie könnten den Wert eines Dateisystem-Parameters, etwa die Blockgröße, ändern wollen. Oder Sie könnten eine zusätzliche Swap-Partition anlegen bzw. eine nicht mehr benötigte loswerden wollen. Manchmal verlangen solche Operationen die Regeneration vorhandener Dateisysteme.

Die Regeneration eines Dateisystems zerstört alle existierenden Daten auf diesem Dateisystem, es ist daher unbedingt notwendig, zuerst eine vollständige Datensicherung durchzuführen (und sicherzustellen, dass die Bänder auch gelesen werden können; siehe Kapitel 11). Zum Beispiel können die folgenden Befehle verwendet werden, um ein Dateisystem unter Linux mit einer Blockgröße von 4K zu regenerieren:

```
# umount /chem                    Dateisystem unmounten.
# dump 0 /dev/sda1                Backup.
# restore -t                      Prüfen, ob Band okay ist!
# mke2fs -b 4096 -j /dev/sda1     Dateisystem regenerieren.
# mount /chem                     Neues Dateisystem mounten.
# cd /chem; restore -r            Dateien wiederherstellen.
```

Ein sehr vorsichtiger Administrator würde zwei Datensicherungen vornehmen.

Logische Volume Manager

Dieser Abschnitt betrachtet die so genannten *Logischen Volume Manager* (LVMs). Der LVM ist die einzige Einrichtung zur Verwaltung von Festplatten, die bei AIX zur Verfügung steht. Standardmäßig werden die entsprechenden Einrichtungen auch unter HP-UX und Tru64 verwendet. Linux und Solaris 9 bieten ebenfalls LVM-Einrichtungen an. Wie üblich, beginnen wir den Abschnitt mit einer konzeptionellen Übersicht Logischer Volume Manager und wenden uns dann den Eigenheiten der verschiedenen Betriebssysteme zu.

Wenn Sie mit einem LVM arbeiten, tun Sie gut daran, alles zu vergessen, was Sie über Plattenpartitionen unter Unix wissen. Diese Einrichtungen verwenden nicht nur ein völlig anderes Vokabular, einige Unix-Begriffe (wie etwa Partition) haben auch eine völlig andere Bedeutung. Wenn Sie allerdings die anfänglichen Hürden genommen haben, ist die Betrachtungsweise des LVM sehr klar und vernünftig und dem normalen Unix-Ansatz zur Handhabung von Festplatten weit überlegen. Ein bisschen Skepsis schadet am Anfang nie.

Generell hat ein LVM die folgenden Vorteile:

- Dateisysteme und einzelne Dateien können größer sein als eine physikalische Festplatte.
- Dateisysteme können in ihrer Größe dynamisch erweitert werden, ohne dass eine Regeneration notwendig ist.
- Software-Mirroring und RAID werden häufig unterstützt. (Diese Verfahren sorgen für Datensicherheit und fortlaufende Verfügbarkeit auch bei Plattenfehlern.)
- Häufig unterstützt LVM das Disk-Striping über Software, um den E/A-Durchsatz zu erhöhen.

Festplatten, Volume-Gruppen und logische Volumes

Am Anfang stehen die *Festplatten*: reale, solide Objekte zum Anfassen, die Schmerzen verursachen, wenn sie einem etwa auf die Zehen fallen. Solche Festplatten müssen initialisiert und zu *physikalischen Volumes* gemacht werden, bevor sie vom LVM benutzt werden können. Nachdem sie Teil einer Volume-Gruppe sind (was das ist, definieren wir gleich), können die Platten in »zuweisbare Speichereinheiten« aufgeteilt werden, die als *Physical Partitions* (AIX) oder *Physical Extents* (HP-UX und Tru64) bezeichnet werden. Die Standardgröße für diese Einheiten beträgt 4 MB. Beachten Sie, dass die Partitions/Extents nur als Einheiten des Plattenspeichers dienen, aber mit den traditionellen Unix-Partitionen nichts zu tun haben.

Eine *Volume-Gruppe* (»Volume Group«) ist eine benannte Gruppe von Festplatten. Volume-Gruppen können auch aus mehreren Festplatten bestehen, die in einer einzigen Hardwareeinheit zusammengefasst werden (z. B. ein RAID-Array). Volume-Gruppen erlauben es einem Dateisystem, sich über mehrere physikalische Festplatten zu erstrecken (obwohl das natürlich nicht der Fall sein muss). Paradoxerweise ist die Volume-Gruppe eines LVM das Äquivalent einer physikalischen Festplatte unter Unix: das Objekt, das in Untereinheiten (die sog. *logischen Volumes*) aufgeteilt werden kann, von denen jede ein Dateisystem enthält. Im Gegensatz zu normalen Unix-Partitionen sind Volume-Gruppen aber sehr flexibel, wenn es um die Aufteilung in Dateisysteme geht.

Bei HP-UX dürfen Volume-Gruppen in eine Reihe von Festplatten unterteilt werden, die als *physikalische Volume-Gruppen* (PVGs) bezeichnet werden. Diese Gruppen von Festplatten werden über separate Controller und/oder Busse angesprochen. Die Einrichtung ist so entworfen worden, dass eine hohe Verfügbarkeit gewährleistet wird, indem die Möglichkeit eines Ausfalls durch einen einzelnen Hardwarefehler minimiert wird.

Auf den logischen Volumes befinden sich die Dateisysteme. Sie können auch Swap-Bereiche, Dump-Bereiche, Speicherbereiche für Boot-Programme und (analog zu Plattenpartitionen im Raw-Modus) Anwendungsprogramme im Raw-Modus enthalten. Sie bestehen aus einer Anzahl fester physikalischer Partitionen, die generell irgendwo innerhalb der Volume-Gruppe liegen. (Einige Implementierungen erlauben optional die Angabe bestimmter physikalischer Volumes, wenn das logische Volume angelegt oder erweitert wird.) Logische Volumes können jede Größe haben, d. h., sie können ein Vielfaches der physikalischen Partitionsgröße ihrer Volume-Gruppe umfassen. Ihr Umfang kann nach der Generierung auf sehr einfache Weise erhöht werden, während das Betriebssystem läuft. Logische Volumes können auch verkleinert werden (wenn auch nicht ohne Konsequenzen für alle darin enthaltenen Dateisysteme).

Logische Volumes werden in *Logical Partitions* (AIX) oder *Logical Extents* (HP-UX) unterteilt. Häufig sind die physikalischen und die logischen Partitionen identisch (oder werden zumindest eins zu eins abgebildet). Logische Volumes haben aber die Fähigkeit, im Bedarfsfall redundante Kopien aller Daten zu speichern. Ein bis zwei zusätzliche Kopien jedes Datenblocks sind möglich. Wird eine Kopie der Daten gespeichert, entspricht eine logische Partition einer physikalischen Partition. Werden zwei Kopien gespeichert, entspricht eine logische Partition zwei physikalischen Partitionen: eine für das Original und eine für die Spiegelung. Bei einem doppelt gespiegelten logischen Volume entspricht jede logische Partition also drei physikalischen Partitionen.

Die Haupt-Speicherentitäten eines LVM sind in Abbildung 10-6 zu erkennen (dargestellt ist ein AIX-System). Die Abbildung zeigt drei physikalische Festplatten, die in einer Volume-Gruppe (namens *chemvg*) zusammengefasst werden. Die einzelnen Platten werden durch unterschiedliche Grautöne kenntlich gemacht.

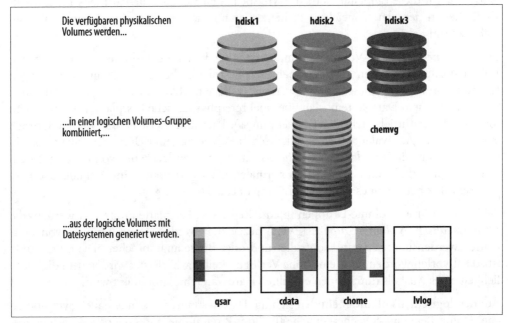

Abbildung 10-6: Datenspeicherung bei einem LVM

Aus *chemvg* werden dann drei logische Benutzer-Volumes definiert.[19] Zwei dieser Volumes – *chome* und *cdata* – speichern eine Kopie der Daten auf physikalischen Partitionen dreier separater Platten. *cdata* arbeitet mit Disk-Striping und schreibt Daten parallel auf alle drei Platten. Es verwendet von jeder Festplatte Abschnitte gleicher Größe. *chome* verdeutlicht, wie sich ein Dateisystem über mehrere physikalische Festplatten erstrecken kann, sogar nicht zusammenhängend wie im Fall von *hdisk3*.

Bei dem anderen logischen Volume (*qsar*) handelt es sich um ein gespiegeltes logisches Volume. Es besteht aus der gleichen Anzahl logischer Partitionen aller drei Festplatten. Es speichert drei Kopien seiner Daten (jeweils auf separaten Festplatten), wobei eine physikalische Partition pro Festplatte für eine logische Partition verwendet wird.

---

19 Zusätzlich zu der Logging-Volume-Gruppe, die AIX für das überwachte Dateisystem (»Journaled Filesystem«) benötigt.

Sobald ein logisches Volume existiert, können Sie darauf ein Dateisystem aufsetzen und es auf normale Weise mounten. Zu diesem Zeitpunkt seiner Lebensdauer kann die Größe des Dateisystems so lange erhöht werden, bis es keine freien physikalischen Partitionen mehr in der Volume-Gruppe gibt. Es müssen zu Beginn keine freien logischen Partitionen innerhalb des logischen Volumes existieren. Im Allgemeinen wird die Größe des logischen Volumes und des Dateisystems mit einem einzigen Befehl angepasst.

Bei einigen Betriebssystemen kann die Größe eines existierenden logischen Volumes auch verringert werden. Wird diese Operation an einem aufgesetzten Dateisystem vorgenommen und ist die neue Größe immer noch etwas größer als das existierende Dateisystem, dann werden keine Daten verloren gehen. Unter allen anderen Bedingungen ist ein Datenverlust sehr, sehr wahrscheinlich. Diese Technik ist also nichts für Leute mit schwachen Nerven.

Momentan gibt es bei AIX und FreeBSD keine einfache Möglichkeit, die Größe eines Dateisystems zu verringern, auch wenn dort genügend ungenutzter Speicher vorhanden ist. Wenn Sie ein Dateisystem verkleinern wollen, müssen Sie die Dateien auf Band sichern (und sicherstellen, dass das Band auch gelesen werden kann!), alle Dateien und das logische Volume löschen, ein neues, kleineres logisches Volume und Dateisystem anlegen und die Dateien wieder vom Band einlesen. Die so freigestellten Partitionen können dann innerhalb ihrer Volume-Gruppe ganz nach Wunsch verwendet werden. Sie können zu einem existierenden logischen Volume hinzugefügt, für ein neues logisches Volume und Dateisystem genutzt, für einen neuen oder existierenden Paging-Bereich verwendet oder einfach als Reserve betrachtet werden.

Tabelle 10-7 führt die LVM-bezogene Terminologie auf, die von den verschiedenen Unix-Betriebssystemen verwendet wird.

Tabelle 10-7: LVM-Terminologie

Begriff	AIX	FreeBSD[a]	HP-UX	Linux	Solaris	Tru64 AdvFS[b]	Tru64 LSM
Einrichtung	Logical Volume Manager	Vinum Volume Manager	Logical Volume Manager	Logical Volume Manager	Volume Manager	Advanced File System	Logical Storage Manager
Virtuelle Platte	Volume-Gruppe	Keine	Volume-Gruppe	Volume-Gruppe	Volume	Domain	Plattengruppe (Disk Group)
Logisches Volume	Logisches Volume	Volume	Logisches Volume	Logisches Volume	Volume, SoftPartition	Fileset	Volume
Allozierungseinheit	Partition	Subdisk	Extent	Extent	Extent	Extent	Extent

a Wie Sie noch sehen werden, ist die Abbildung der Entitäten bei FreeBSD nicht ganz präzise, weil die Konzepte leicht unterschiedlich sind.
b Kein echtes LVM, aber AdvFS besitzt dennoch viele entsprechende Features.

Disk-Striping

Disk-Striping ist eine Option, die immer häufiger vor allem auf Hochleistungsrechnern zur Verfügung steht. Beim Disk-Striping werden mehrere physikalische Festplatten (oder Partitionen) zu einer einzigen logischen Festplatte, die vom Betriebssystem als gewöhnliches

Dateisystem angesehen wird, zusammengefasst. Disk-Striping dient einerseits dazu, Dateisysteme, die sich über mehrere Festplatten erstrecken, anzulegen und andererseits den Eingabe/Ausgabe-Durchsatz zu erhöhen, indem die Daten über mehrere physikalische Festplatten verteilt und parallel aufgezeichnet werden. Auf diese Weise lässt sich die Datenübertragungsgeschwindigkeit drastisch erhöhen (obwohl sie entgegen der Behauptung einiger Vertriebsbeauftragter nicht linear wächst). Durch Disk-Striping wächst vor allem die Geschwindigkeit, mit der ein einzelner Prozess eine sehr große Datei lesen oder schreiben kann. Die Performance des Disk-Stripings wird im Abschnitt »Leistung der Festplatten-I/O« in Kapitel 15 noch ausführlich besprochen.

Viele Hersteller bieten spezielle Striped-Disk-Geräte an. Darüber hinaus stellen viele Unix-Systeme Software zum Disk-Striping zur Verfügung. Sie stellen auch die Utilities zur Verfügung, mit denen sich physikalische Festplatten zu einer »Striped Disk« zusammenfassen lassen. Das Striping selbst erfolgt dann (auf Kosten eines etwas höheren Overheads) durch das Betriebssystem.

Die folgenden Punkte sollten beim Einsatz softwarebasierter Striped-Disks beachtet werden:

- Um den höchsten Durchsatz zu erzielen, sollten die einzelnen Festplatten des gesamten Dateisystems an verschiedenen Festplatten-Controllern hängen. Es ist aber auch zulässig, unterschiedliche Platten eines Controllers in verschiedenen Stripe-Gruppen unterzubringen.
- Einige Betriebssysteme erwarten, dass es sich bei den einzelnen Festplatten um identische Geräte handelt: Sie müssen die gleiche Größe und das gleiche Layout haben und häufig von gleicher Bauart sein. Unterscheiden sich die Layouts, beschränkt sich die nutzbare Kapazität pro Festplatte häufig auf die der kleinsten Festplatte. Der nicht genutzte Platz liegt brach und kann auch nicht für andere Zwecke verwendet werden.
- Generell sollten die beim Disk-Striping eingesetzten Festplatten nicht zu anderen Zwecken verwendet werden. Normale Benutzerdateien auf solchen Platten unterzubringen ist nur selten sinnvoll. Auch ein Swap-Bereich ist auf einer Striping-Disk nur dann sinnvoll, wenn der Paging-Durchsatz der bedeutendste Faktor für den E/A-Durchsatz des Systems ist.
- Auf keinen Fall sollte auf diesen Festplatten das root-Dateisystem angelegt werden. Das ist die logische Konsequenz aus dem vorangegangenen Punkt.
- Die für ein solches Dateisystem gewählte Stripe-Größe ist wichtig. Der optimale Wert ist von den typischen Datentransfer-Eigenschaften und den Anforderungen der Anwendungsprogramme abhängig, für die das Dateisystem gedacht ist. Einige Versuche mit unterschiedlichen Stripe-Größen werden wohl notwendig sein. Wenn die Prozesse, die dieses Dateisystem nutzen, lange E/A-Operationen ausführen, führen längere »Streifen« generell zu einem besseren Durchsatz. Der Nachteil längerer Streifen liegt aber in der damit verbundenen Blockgröße. Das führt zu einer weniger effizienten Bereitstellung und Ausnutzung des Plattenspeichers.
- Das Disk-Striping über Software ist für zwei bis vier Festplatten gedacht. Darüber hinaus sind die Leistungssteigerungen nur minimal.

- SCSI-Festplatten sind beim Software-Striping unter Leistungsgesichtspunkten am sinnvollsten.

Softwarebasiertes Disk-Striping wird generell über den LVM oder eine ähnliche Einrichtung vorgenommen.

Spiegelung von Festplatten und RAID

Ein anderes Verfahren, mehrere Platten zu einer einzigen logischen Einheit zu kombinieren, sind RAID-Devices (RAID steht für *Redundant Array of Inexpensive*[20] *Disks*, was sich als »redundantes Array kostengünstiger Festplatten« übersetzen lässt). RAID-Einheiten sind eher für eine erhöhte Datenintegrität und -verfügbarkeit (über redundante Kopien) entworfen worden als für die Optimierung des Durchsatzes (RAID 0 ist eine Ausnahme).

Sechs verschiedene RAID-Ebenen (Levels) sind definiert. Diese unterscheiden sich in der Art, in der die Festplatten innerhalb der Einheit organisiert und verwendet werden. Die meisten hardwarebasierten RAID-Devices unterstützen eine Kombination der folgenden Level (Level 2 wird in der Praxis nicht verwendet). Tabelle 10-8 fasst die verfügbaren RAID-Level zusammen.

Tabelle 10-8: Gängige RAID-Level

Level	Beschreibung	Vorteile/Nachteile
0	Nur Disk-Striping (keine Datenspiegelung).	+ Bester E/A-Durchsatz bei langen Übertragungen. + Größte Speicherkapazität. – Keine Datenredundanz.
1	Spiegeln der Platten: Jede Festplatte wird für eine 100-prozentige Datenredundanz dupliziert.	+ Höchstmögliche Datenredundanz. + Guter Durchsatz bei kurzen Übertragungen. – Für Fehlertoleranz höchste Anforderungen an die Platten.
3	Disk-Striping mit einer Parity-Platte. Die Daten werden Byte für Byte auf die eingebundenen Festplatten verteilt. Die Parity-Platte ermöglicht die Rekonstruktion der Daten, wenn ein Laufwerk Schaden nehmen sollte.	+ Datenredundanz mit minimalem Overhead. + Ordentlicher E/A-Durchsatz bei Leseoperationen. – Die Parity-Platte ist bei Schreiboperationen der Flaschenhals. – Signifikanter Betriebssystem-Overhead.
4	Disk-Striping mit einer Parity-Platte. Die Daten werden Block für Block auf die eingebundenen Festplatten verteilt. Die Parity-Platte ermöglicht die Rekonstruktion der Daten, wenn ein Laufwerk Schaden nehmen sollte.	+ Datenredundanz mit minimalem Overhead. + Bei langen sequenziellen Schreiboperationen besser als Level 3. – Die Parity-Platte ist bei kurzen Schreiboperationen der Flaschenhals. – Signifikanter Betriebssystem-Overhead.
5	Wie bei Level 3, nur dass die Paritätsinformationen über mehrere Festplatten verteilt werden, damit die Parity-Platte nicht zum E/A-Flaschenhals wird.	+ Datenredundanz mit minimalem Overhead. + Bester Durchsatz bei Schreiboperationen. – Bei Leseoperationen nicht so schnell wie Level 3 und 4. – Signifikanter Betriebssystem-Overhead.

---

20 Manchmal wird diese Stelle des Akronyms auch zu »Independent«, also unabhängig, aufgelöst.

Abbildung 10-7 zeigt RAID 5 mit 5 Platten in Aktion.

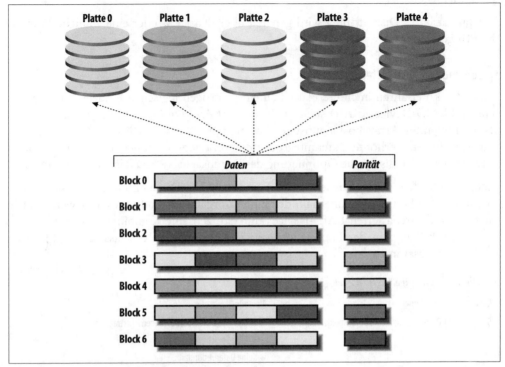

Abbildung 10-7: Verteilung von Daten bei RAID 5

Es gibt auch einige hybride RAID-Level:

- RAID 0+1: Spiegelung »gestripter« Platten. Zwei Stripe-Gruppen spiegeln sich gegenseitig. Die Daten werden über jede Stripe-Gruppe verteilt und die gleichen Daten werden an beide Stripes geschickt. Diese RAID-Variante bietet also einen besseren E/A-Durchsatz in Kombination mit Fehlertoleranz.
- RAID 1+0 (manchmal RAID 10 genannt): Striping über Spiegelungsgruppen. Ähnelt im Ansatz RAID 0+1, d.h., es bietet ähnliche Verbesserungen im Durchsatz und eine leicht erhöhte Fehlertoleranz in der Hinsicht, dass das RAID-Device nach dem Ausfall einer Platte leichter wiederhergestellt werden kann (weil nur die Daten einer Spiegelungsgruppe betroffen sind).

Diese beiden Level arbeiten mit mindestens vier Platten.

Die meisten Hardware-RAID-Devices werden an Standard-SCSI- oder SCSI-2-Controller angeschlossen.[21] Viele Systeme bieten innerhalb ihrer LVMs softwarebasierte RAID-Einrichtungen an (wie wir noch sehen werden).

---

21 Eine kleine Minderheit verwendet Glasfaser.

Die folgenden Überlegungen gelten für alle softwarebasierten RAID-Implementierungen:

- Achten Sie darauf, die Platten-Controller beim Software-RAID nicht zu überlasten, weil das für alle RAID-Level zu deutlichen Einbrüchen im Durchsatz führt. Festplatten auf mehrere Controller zu verteilen ist immer von Vorteil.
- Wie beim reinen Disk-Striping kann die gewählte Streifengröße bei RAID 5 den Durchsatz beeinflussen. Der optimale Wert hängt sehr stark von den typischen E/A-Operationen ab.
- Es ist eine traurige Tatsache, dass Software-RAID (und insbesondere RAID 5) für hohen Durchsatz UND Fehlertoleranz keine gute Wahl ist. RAID 1 (mit Zwei-Wege-Spiegelung) funktioniert recht vernünftig, auch wenn es dem System einigen Overhead aufzwingt. Der zusätzliche Overhead bei RAID 5 ist beträchtlich, etwa 23% mehr als bei normalen E/A-Operationen. Unter dem Strich sollten Sie bei RAID 5 also das Geld für eine Hardwarelösung ausgeben und softwarebasiertes RAID 5 nur nutzen, wenn Sie sich nichts Besseres leisten können. Nachdem das ausgesprochen wurde, sei aber erwähnt, dass softwarebasiertes RAID 5 auf einem dedizierten Dateiserver recht gut funktioniert, wenn viel CPU-Leistung und einige schnelle SCSI-Platten vorhanden sind und nur wenige Schreiboperationen vorkommen.

AIX

AIX definiert die root-Volume-Gruppe *rootvg* bei der Installation des Betriebssystems automatisch. Hier ein typisches Setup:

```
# lsvg rootvg              Ausgabe der Volume-Gruppen-Attribute.
VOLUME GROUP:     rootvg              VG IDENTIFIER:     0000018900004c0...
VG STATE:         active              PP SIZE:           32 megabyte(s)
VG PERMISSION:    read/write          TOTAL PPs:         542 (17344 MB)
MAX LVs:          256                 FREE PPs:          69 (2208 MB)
LVs:              11                  USED PPs:          473 (15136 MB)
OPEN LVs:         10                  QUORUM:            2
TOTAL PVs:        1                   VG DESCRIPTORS:    2
STALE PVs:        0                   STALE PPs:         0
ACTIVE PVs:       1                   AUTO ON:           yes
MAX PPs per PV:   1016                MAX PVs:           32
LTG size:         128 kilobyte(s)     AUTO SYNC:         no
HOT SPARE:        no
# lsvg -l rootvg           Logische Volumes einer Volume-Gruppe ausgeben.
rootvg:
LV NAME           TYPE       LPs    PPs    PVs    LV STATE         MOUNT POINT
hd5               boot       1      1      1      closed/syncd     N/A
hd6               paging     16     16     1      open/syncd       N/A
hd8               jfs2log    1      1      1      open/syncd       N/A
hd4               jfs2       1      1      1      open/syncd       /
hd2               jfs2       49     49     1      open/syncd       /usr
hd9var            jfs2       3      3      1      open/syncd       /var
hd3               jfs2       1      1      1      open/syncd       /tmp
hd1               jfs2       1      1      1      open/syncd       /home
hd10opt           jfs2       1      1      1      open/syncd       /opt
lg_dumplv         sysdump    32     32     1      open/syncd       N/A
```

Das Einbinden neuer Festplatten bei AIX erfolgt grundsätzlich nach denselben Schritten, die auch bei anderen Unix-Systemen erforderlich sind. AIX arbeitet aber mit völlig anderen Befehlen. Sobald die neue Festplatte angeschlossen ist, müssen Sie das System neu hochfahren. Üblicherweise erkennt AIX die neuen Geräte während der Boot-Phase und erzeugt automatisch die benötigten Gerätedateien. Festplatten besitzen Gerätedateien mit Namen wie */dev/hdisk1*. Mit dem Befehl cfgmgr können Sie zwischen den Boot-Vorgängen nach neuen Geräten suchen. Der Befehl verwendet keine Argumente.

Der Befehl lsdev gibt eine Liste aller momentan im System vorhandenen Festplatten aus:

```
$ lsdev -C -c disk
hdisk0 Available 00-00-0S-0,0 1.0 GB SCSI Disk Drive
hdisk1 Available 00-00-0S-2,0 Other SCSI Disk Drive
...
```

Die neue Festplatte muss Teil einer Volume-Gruppe werden. Um eine neue Volume-Gruppe anzulegen, verwenden Sie den Befehl mkvg:

```
# mkvg -y "chemvg" hdisk5 hdisk6
```

Dieser Befehl erzeugt eine Volume-Gruppe namens *chemvg*, die aus den Festplatten *hdisk5* und *hdisk6* besteht. Die mkvg-Option -s spezifiziert die Größe der physikalischen Partition in MB: von 1 bis 1024 (voreingestellt ist 4 MB). Der Wert muss eine gültige Zweierpotenz sein.[22]

Nachdem die Volume-Gruppe generiert wurde, muss sie mit dem Befehl varyonvg aktiviert werden:

```
# varyonvg chemvg
```

Danach wird die Volume-Gruppe bei jedem Boot-Vorgang automatisch aktiviert. Volume-Gruppen werden mit dem Befehl varyoffvg deaktiviert. Vorher müssen alle zugehörigen Dateisysteme mit umount deaktiviert werden.

Sie können eine neue Festplatte mit dem Befehl extendvg in eine existierende Volume-Gruppe aufnehmen. Beispielsweise fügt der folgende Befehl die Festplatte *hdisk4* zur Volume-Gruppe *chemvg* hinzu:

```
# extendvg chemvg hdisk4
```

Die folgenden Befehle arbeiten mit Volume-Gruppen:

chvg
    Ändert die Charakteristika von Volume-Gruppen.

reducevg
    Entfernt eine Festplatte aus einer Volume-Gruppe. (Werden alle Festplatten entfernt, wird die Volume-Gruppe gelöscht.)

---

22 Sie müssen diesen Parameter für Platten mit einer Größe von über 4 GB (1016 * 4 MB) erhöhen, weil die maximale Anzahl physikalischer Partitionen bei 1016 liegt. Das letztgenannte Limit lässt sich mit der Option -t von mkvg und chvg ändern. Der neue Maximalwert ergibt sich aus dem Wert dieser Option mal 1016. Das kann notwendig sein, wenn Sie eine große Festplatte (18 GB und mehr) in eine bestehende Volume-Gruppe mit deutlich kleineren Festplatten einbinden. Eventuell ist das auch für zukünftige sehr, sehr große Festplatten notwendig.

importvg
: Bindet eine existierende Volume-Gruppe in das System ein. (Wird verwendet, um Festplatten zwischen den Systemen zu verschieben und existierende Volume-Gruppen nach dem Ersetzen der root-Festplatte zu aktivieren.)

exportvg
: Entfernt eine Volume-Gruppe aus der Gerätedatenbank, ohne sie zu verändern (wird zum Einbinden der Festplatte in ein anderes System verwendet).

Logische Volumes werden mit dem Befehl `mklv` erzeugt, der die folgende grundlegende Syntax besitzt:

```
mklv -y "Logisches_Volume" Volume-Gruppe n [Platten]
```

Logisches_Volume ist der Name des logischen Volumes, *Volume-Gruppe* ist der Name der Volume-Gruppe und *n* ist die Anzahl der logischen Partitionen. Beispielsweise generiert der Befehl

```
# mklv -y "chome" chemvg 64
```

ein logisches Volume in der Volume-Gruppe *chemvg*, das aus 64 logischen Partitionen (256 MB) besteht und den Namen *chome* trägt. Die Gerätedateien */dev/chome* und */dev/rchome* werden von `mklv` automatisch erzeugt.

Der Befehl `mklv` besitzt sehr viel mehr Optionen, die dem Administrator die Kontrolle darüber geben, wie logische Volumes auf physikalische Festplatten abgebildet werden – und zwar bis hinunter zur physikalischen Partitionsebene. Andererseits funktionieren die Standardeinstellungen bei den meisten Anwendungen ausgezeichnet.

Die folgenden Befehle arbeiten mit logischen Volumes:

extendlv
: Erhöht die Größe eines logischen Volumes.

chlv
: Ändert die Charakteristika eines logischen Volumes.

mklvcopy
: Erhöht die Anzahl der Datenkopien eines logischen Volumes.

rmlv
: Löscht ein logisches Volume.

Ein kleines logisches Volume in jeder Volume-Gruppe wird für das Logging und andere Aufgaben der Festplattenverwaltung verwendet. Solche logischen Volumes werden automatisch von AIX angelegt und haben Namen wie *lvlog00*.

Sobald ein logisches Volume angelegt wurde, können Sie Dateisysteme darauf aufsetzen. AIX besitzt zwar eine `mkfs`-Version, aber `crfs` ist ein wesentlich wirkungsvollerer Befehl zur Generierung von Dateisystemen. Es gibt zwei Wege, ein Dateisystem zu generieren:

- Erzeugung eines logischen Volumes und Generierung eines Dateisystems auf diesem Volume. Das Dateisystem belegt dann das gesamte logische Volume.

- Erzeugung eines Dateisystems, wobei AIX automatisch ein logisches Volume für Sie generiert.

Die zweite Methode ist schneller, aber der Name des logischen Volumes sagt nichts aus (das erste Volume heißt *lv00* und so weiter), und die Größe muss in Blöcken zu 512 Byte und nicht in logischen Partitionen mit einer Standardgröße von jeweils 4 MB angegeben werden.

Der Befehl `crfs` wird verwendet, um ein Dateisystem zu erzeugen. Die folgende Basisform kann verwendet werden, um ein Dateisystem zu generieren:

```
crfs -v jfs2 -g Volume-Gruppe -a size=n -m Mountpunkt -A yesno -p Parameter
```

Die Optionen haben die folgende Bedeutung:

`-v jfs2`
Das Dateisystem ist vom Typ jfs2 (»Enhanced Journaled Filesystem«, das heißt, es verwendet das logische Logging-Volume in seiner Volume-Gruppe). Dieser Typ wird für lokale Dateisysteme empfohlen.

`-g Volume-Gruppe`
Name der Volume-Gruppe.

`-a size=n`
Größe des Dateisystems in Blöcken zu 512 Byte.

`-m Mountpunkt`
Mountpunkt des Dateisystems (wird bei Bedarf angelegt).

`-A yesno`
Legt fest, ob das Dateisystem mit `mount -a`-Befehlen gemountet wird oder nicht.

`-a frag=n`
Nutzt für das Dateisystem eine Fragmentgröße von *n* Bytes. Der Wert muss eine Zweierpotenz sein und im Bereich von 512 bis 4096 liegen. Voreingestellt ist der Wert 4096. Kleinere Größen stellen Plattenspeicher auf effizientere Weise bereit, wenn mit vielen kleinen Dateien gearbeitet wird.

`-a nbpi=n`
Setzt den Byte-pro-Inode-Wert auf *n*. Diese Einstellung gibt an, wie viele Inodes für das neue Dateisystem generiert werden (Anzahl der Inodes = Dateisystemgröße/Bytes pro Inode). Der Standardwert von 4096 erzeugt üblicherweise mehr Inodes, als Sie jemals brauchen werden, es sei denn, Sie arbeiten mit sehr vielen kleinen Dateien. Der Maximalwert ist 16384.

`-a compress=LZ`
Verwendet eine transparente LZ-Komprimierung für die Dateien des Dateisystems. (Diese Option ist standardmäßig deaktiviert.)

Zum Beispiel erzeugt der folgende Befehl ein neues Dateisystem in der Volume-Gruppe *chemvg*:

```
# crfs -v jfs2 -g chemvg -a size=50000 -a frag=1024 -m /organic2 -A yes
# mount /organic2
```

Das neue Dateisystem wird (automatisch beim Booten) an /organic2 gemountet. Es ist 25 MB groß und verwendet eine Fragmentgröße von 1024 Byte. Ein neues logisches Volume wird automatisch erzeugt, und das Dateisystem wird in /etc/filesystems eingetragen. Das erste Mounten muss von Hand durchgeführt werden.

Die Option -d erzeugt ein Dateisystem auf einem existierenden logischen Volume:

```
# crfs -v jfs2 -d chome -m /inorganic2 -A yes
```

Dieser Befehl erzeugt ein Dateisystem auf dem logischen Volume, das wir eben generiert haben. Die Größe und die Optionen der Volume-Gruppe werden in diesem Fall nicht benötigt.

Mit dem Befehl chfs können Sie die Größe des Dateisystems erhöhen. Zum Beispiel erhöht der folgende Befehl die Größe des Dateisystems /inorganic2 (und die Größe seines logischen Volumes chm00):

```
# chfs -a size=+50000 /inorganic
```

Sie können eine absolute oder eine relative Größe (in Blöcken zu 512 Byte) als size-Parameter angeben. Die Größe des logischen Volumes kann mit dem Befehl extendlv erhöht werden, wirkt sich aber nicht auf die Größe des Dateisystems aus.

Die folgenden Befehle arbeiten mit den AIX-Dateisystemen jfs und jfs2:

chfs
  Ändert die Charakteristika des Dateisystems.

rmfs
  Entfernt ein Dateisystem, das mit ihm verbundene logische Volume und den Eintrag in /etc/filesystems.

Ersetzen einer fehlerhaften Platte. Wenn Sie (meist auf Grund eines Hardwarefehlers) eine Festplatte aus dem System entfernen müssen, sind zwei Dinge zu beachten:

- Wenn möglich, sollten Sie die Schritte, die notwendig sind, um eine beschädigte Nicht-root-Festplatte aus der LVM-Konfiguration zu entfernen, durchführen, *bevor* sie vom Kundendienst ausgetauscht wird (andernfalls brauchen Sie etwas Geduld, um das System dazu zu bringen, die alte Festplatte zu vergessen).
- Die Dinge müssen in der entgegengesetzten Reihenfolge entfernt werden, in der sie eingerichtet wurden: Dateisysteme, dann logische Volumes und erst dann Volume-Gruppen.

Die folgenden Befehle entfernen *hdisk4* aus der LVM-Konfiguration (in unserem Beispiel werden die Volume-Gruppe *chemvg2* und das logische Volume *chlv2*, das das Dateisystem /chem2 enthält, verwendet):

```
# umount /chem2              Dateisystem deaktivieren.
# rmfs /chem2                Für alle betroffenen Dateisysteme wiederholen.
# rmlvcopy chlv2 2 hdisk4    Spiegelung von hdisk4 entfernen.
# chps -a n paging02         Paging-Bereich beim nächsten Booten nicht aktivieren.
# shutdown -r now            System erneut hochfahren.
# chpv -v r hdisk4           Physikalische Festplatte »deaktivieren«.
```

```
# reducevg chemvg2 hdisk4
# rmdev -l hdisk4 -d
```
Festplatte aus Volume-Gruppe entfernen.
Definition der Platte entfernen.

Wenn die Ersatzplatte dem System hinzugefügt wird, wird sie von diesem erkannt, und die Gerätedateien werden automatisch erzeugt.

Informationen vom LVM erhalten. AIX stellt viele Befehle und Optionen bereit, die Informationen über verschiedene LVM-Entitäten zurückliefern. Tabelle 10-9 versucht es Ihnen einfacher zu machen, den richtigen Befehl für eine bestimmte Aufgabe herauszufinden.

Tabelle 10-9: Informative LVM-Befehle bei AIX

Wenn Sie Folgendes sehen wollen:	Geben Sie diesen Befehl ein:
Alle Festplatten des Systems	`lspv`
Alle Volume-Gruppen	`lsvg`
Alle logischen Volumes	`lsvg -l 'lsvg'`
Alle Dateisysteme	`lsfs`
Alle Dateisysteme eines bestimmten Typs	`lsfs -v` *Typ*
Alle logischen Volumes einer Volume-Gruppe	`lsvg -l` *Volume-Gruppe*
Die Dateisysteme einer Volume-Gruppe	`lsvgfs` *Volume-Gruppe*
Die Platten einer Volume-Gruppe	`lsvg -p` *Volume-Gruppe*
Die Volume-Gruppe, der eine Platte angehört	`lsvg -n hdisk`*n*
Charakeristika und Einstellungen von Festplatten	`lspv hdisk`*n*
Einstellungen einer Volume-Gruppe	`lsvg` *Volume-Gruppe*
Charakteristika eines logischen Volumes	`lslv` *Logisches_Volume*
Größe eines nicht gemounteten lokalen Dateisystems (in Blöcken) `lslv` *Logisches_*	`lsfs` *Dateisystem*
Ob es unbenutzten Speicher auf einem logischen Volume gibt, das bereits ein Dateisystem enthält (vergleiche Größe des logischen Volumes und des Dateisystems)	`lsfs -q` *Dateisystem*
Auslastung der Festplatte nach Regionen	`lspv -p hdisk`*n*
Positionen freier physikalischer Partitionen auf der Platte, aufgeteilt nach Regionen	`lspv hdisk`*n*
Positionen aller freien physikalischen Partitionen in einer Volume-Gruppe nach Platten und Plattenregionen.	`lsvg -p` *Volume-Gruppe*
Welche logischen Volumes eine bestimmte Platte benutzen, aufgeteilt nach Plattenregionen	`lspv -l hdisk`*n*
Auf welchen Platten ein logisches Volume gespeichert ist, einschließlich der Verteilung über Plattenregionen	`lslv -l` *Logisches_Volume*
Tabelle, die die Abbildung von physikalischen auf logische Partitionen eines logischen Volumes ausgibt	`lslv -m` *Logisches_Volume*
Tabelle, die die Verwendung physikalischer Partitionen einer Platte, aufgeteilt nach logischen Volumes, ausgibt	`lspv -M hdisk`*n*

Disk-Striping und Plattenspiegelung. Ein Striping nutzendes logisches Volume wird mit Hilfe der `mklv`-Option `-S` angelegt. Dieser Option wird die Stripe-Größe übergeben, die eine Zweierpotenz sein und zwischen 4K und 128K liegen muss. Das folgende Beispiel erzeugt ein 500

MB großes logisches Volume mit auf zwei Festplatten verteilten Streifen und insgesamt 125 logischen Partitionen (jede 4 MB groß):

```
# mklv -y cdata -S 64K chemvg 125 hdisk5 hdisk6
```

Beachten Sie, dass die Plattennamen an `mklv` übergeben werden müssen, wenn ein logisches Volume erzeuGt wird, das Striping verwendet.

Mehrere Datenkopien – also die Spiegelung – können mit der Option -c festgelegt werden, die die Anzahl der Kopien (voreingestellt ist 1) als Argument verlangt. Der folgende Befehl erzeugt beispielsweise ein zweifach gespiegeltes logisches Volume:

```
# mklv -c 2 -s s -w y biovg 500 hdisk2 hdisk3
```

Der Befehl legt zwei Kopien fest, ein sehr strenges Allozierungsverfahren (Spiegelung auf die angegebenen, separaten physikalischen Festplatten). Außerdem wird vereinbart, dass während jeder E/A-Operation Schreibsynchronisationen erfolgen müssen (was den E/A-Durchsatz verringert, aber die Datensynchronisation garantiert).

Eine ganze Volume-Gruppe kann ebenfalls gespiegelt werden. Ein solches Setup wird mit dem Befehl `mirrorvg` konfiguriert.

Abschließend wird die Option -a verwendet, um die Platzierung des neuen logischen Volumes innerhalb einer bestimmten Region der Festplatte anzufordern. Mit dem folgenden Befehl soll das logische Volume zum Beispiel so weit es geht im »Zentrum« (center) der Festplatte platziert werden:

```
# mklv -y chome -ac chemvg 64
```

Festplatten werden in fünf Regionen unterteilt, die (beginnend mit dem äußeren Rand) wie folgt benannt sind: *edge*, *middle*, *center*, *inner-middle* und *inner-edge*. Die *middle*-Region ist voreingestellt. Die anderen für -a verfügbaren Argumente sind entsprechend e, im und ie.

AIX unterstützt kein Software-RAID, auch wenn man die Spiegelung und das Striping verwenden kann, um die gleiche Funktionalität zu erreichen wie bei RAID 0, 1 und 1+0.

HP-UX

HP-UX stellt standardmäßig eine andere Version eines LVMs bereit. Die Volume-Gruppe *vg00* enthält die Systemdateien, die sich auf verschiedene logische Volumes verteilen:

```
# vgdisplay vg00                          Volume-Gruppen-Attribute ausgeben.
--- Volume groups ---                     Ausgabe gekürzt.
VG Name               /dev/vg00
VG Write Access       read/write
VG Status             available
Max LV                255
Cur LV                8
Open LV               8
Max PV                16
Cur PV                1
Act PV                1
Max PE per PV         2500
```

```
PE Size (Mbytes)         4
Total PE                 2169
Alloc PE                 1613
Free PE                  556
Total Spare PVs          0
Total Spare PVs in use   0
# bdf                                    Ausgabe zeigt gemountete logische Volumes.
Filesystem          kbytes     used   avail %used Mounted on
/dev/vg00/lvol3     143360    22288  113567  16% /
/dev/vg00/lvol1      83733    32027   43332  42% /stand
/dev/vg00/lvol7    2097152   419675 1572833  21% /var
/dev/vg00/lvol6    1048576   515524  499746  51% /usr
/dev/vg00/lvol5      65536     1128   60386   2% /tmp
/dev/vg00/lvol4    2097152   632916 1372729  32% /opt
/dev/vg00/lvol8      20480     1388   17900   7% /home
```

Der Prozess zur Erzeugung einer Volume-Gruppe beginnt mit der Festlegung der in dieser Gruppe verwendeten Platten (oder Partitionen) als physikalische Volumes. Zu diesem Zweck wird der Befehl pvcreate verwendet:

```
# pvcreate /dev/rdsk/c2t0d0
```

Als Nächstes müssen Sie für diese Volume-Gruppe ein Verzeichnis und eine Gerätedatei in */dev* anlegen:

```
# mkdir /dev/vg01
# mknod /dev/vg01/group c 64 0x010000
```

Die major-Nummer ist immer 64, und die minor-Nummer hat die Form 0x0n0000, wobei n zwischen 0 und 9 liegt und über alle Volume-Gruppen hinweg eindeutig sein muss (ich vergebe die Nummern einfach in aufsteigender Reihenfolge).

Die Volume-Gruppe kann jetzt mit dem Befehl vgcreate erzeugt werden. Als Argumente müssen das Verzeichnis der Volume-Gruppe in */dev* und die zu dieser Gruppe gehörenden Festplatten übergeben werden:

```
# vgcreate /dev/vg01 /dev/dsk/c2t0d0
```

Mit der vgcreate-Option -s können Sie eine andere Größe für das Volume angeben (in Megabytes). Der Standardwert von 4 MB kann für große Platten zu klein sein. Ein zusätzliches Volume lässt sich mit dem Befehl vgextend in eine bestehende Volume-Gruppe einfügen.

Die Befehle vgcreate und vgextend besitzen auch die Option -g, mit der Sie einzeln benannte Untergruppen (so genannte *physikalische Volume-Gruppen*) der Platten in der Volume-Gruppe definieren können. In unserem Beispiel erzeugen wir zwei physikalische Volume-Gruppen in der Volume-Gruppe *vg01*:

```
# vgcreate /dev/vg01 -g groupa /dev/dsk/c2t2d0 /dev/dsk/c2t4d0
# vgextend /dev/vg01 -g groupb /dev/dsk/c1t0d0 /dev/dsk/c1t1d0
```

Die Datei */etc/lvmpvg* enthält die Daten der physikalischen Volume-Gruppen und kann direkt oder mit vgcreate bearbeitet werden:

```
VG     /dev/vg01
PVG    groupa
```

```
        /dev/dsk/c2t0d0
        /dev/dsk/c2t4d0
        PVG    groupb
        /dev/dsk/c1t0d0
        /dev/dsk/c1t1d0
```

Sobald die Volume-Gruppe generiert wurde, können Sie mit dem lvcreate-Befehl logische Volumes erzeugen. So generiert etwa der folgende Befehl ein logisches Volume namens *chemvg* mit insgesamt 200 MB:

```
# lvcreate -n chemvg -L 200 /dev/vg01
```

Ist die angegebene Größe kein genaues Vielfaches der Extent-Größe (4 MB), wird sie auf das nächsthöhere Vielfache aufgerundet.

Wenn das neue logische Volume für das root- oder boot-Dateisystem oder als Swap-Bereich verwendet wird, müssen Sie den Befehl lvlnboot mit der Option -r, -b oder -s aufrufen. Der Befehl verlangt den Gerätenamen des logischen Volumes als Argument:

```
# lvlnboot -r -s /dev/vg01/swaplv
```

Die Option -r erzeugt ein kombiniertes boot/root-Volume, wenn das angegebene logische Volume das erste auf dem physikalischen Volume ist.

Sobald ein logisches Volume generiert wurde, kann darauf ein Dateisystem aufgesetzt werden:

```
# newfs /dev/vg01/rchemvg
```

Der Name des logischen Volumes wird mit dem Volume-Gruppen-Verzeichnis in */dev* zusammengesetzt, um den Namen der Gerätedatei zu bilden, die das logische Volume anspricht. Beachten Sie, dass newfs auf das Raw-Device zugreift. Das neue Dateisystem kann nun gemountet und in die Dateisystem-Konfigurationsdatei aufgenommen werden.

Sie können die Parameter für ein neues VxFS-Dateisystem mit den folgenden newfs-Optionen anpassen:

-b *Größe*
   Blockgröße des Dateisystems in Byte. Voreingestellt sind 1024 für Dateisysteme kleiner 8 GB, 2048 für solche mit bis zu 16 GB, 4096 für Dateisysteme kleiner 32 GB und 8192 für größere Dateisysteme. Der Wert muss eine Zweierpotenz zwischen 4096 und 8192 sein (bzw. 65536 auf Systemen der 700-Serie mit Disk-Striping, das an anderer Stelle noch erläutert wird).

-l
   Erlaubt Dateien größer 2 GB.

Andere Befehle, die mit LVM-Entitäten arbeiten, sind nachfolgend aufgeführt:

vgextend
   Einbinden einer Platte in eine Volume-Gruppe.

vgreduce
   Entfernen einer Platte aus einer Volume-Gruppe.

vgremove
   Entfernen einer Volume-Gruppe.

lvextend
: Einbinden physikalischer Extents oder gespiegelter Kopien in ein logisches Volume.

lvreduce
: Entfernen physikalischer Extents oder gespiegelter Platten aus einem logischen Volume.

lvremove
: Entfernen eines logischen Volumes aus einer Volume-Gruppe.

LVM-Informationen ausgeben. Die folgenden Befehle geben Informationen über LVM-Objekte aus:

pvdisplay *Platte*
: Zusammenfassende Informationen über die Festplatte.

pvdisplay -v *Platte*
: Abbildung pysikalischer Extents auf logische Extents.

vgdisplay *Volume-Gruppe*
: Zusammenfassende Informationen über die Volume-Gruppe.

vgdisplay -v *Volume-Gruppe*
: Kurze Informationen über alle logischen Volumes innerhalb einer Volume-Gruppe.

lvdisplay *Logisches_Volume*
: Zusammenfassende Informationen über das logische Volume.

lvdisplay -v *Logisches_Volume*
: Abbildung logischer auf physikalische Extents des logischen Volumes.

Disk-Striping und Spiegelung. Der LVM wird bei HP-UX-Systemen auch zum Striping und zur Spiegelung verwendet. Der folgende Befehl erzeugt zum Beispiel ein logisches Volume namens *cdata* mit einer Größe von 200 MB, wobei eine Kopie gespiegelt wird:

```
# lvcreate -n cdata -L 200 -m 1 -s g /dev/vg01
```

Die Option -s g legt fest, dass die Spiegelung in eine andere physikalische Volume-Gruppe erfolgen muss.

Bei HP-UX erfolgt das Disk-Striping auf der Ebene der logischen Volumes. Der folgende Befehl erzeugt ein logisches Volume mit einer Größe von 800 MB, das beim Striping mit vier Festplatten und Streifen zu je 64 KB arbeitet:

```
# lvcreate -n tyger -L 400 -i 4 -I 64 /dev/vg01
```

Die Option -i bestimmt die Anzahl der Festplatten und kann nicht größer sein als die Gesamtzahl der in der Volume-Gruppe vorhandenen Festplatten. -I bestimmt die Streifengröße in KB; der gültige Wert ist eine Zweierpotenz zwischen 4 und 64.

Die meisten HP-UX-Versionen stellen kein Software-RAID zur Verfügung.[23]

---

23 Software-RAID wird unter HP-UX über VxVM (den Veritas Volume Manager, der Software-RAID 5, 0+1 und 1+0 unterstützt) angeboten. HP begann die Auslieferung von VxVM mit HP-UX 11i.

Tru64

Tru64 stellt zwei Einrichtungen zur Verfügung, die viele Eigenschaften eines Logical Volume Managers aufweisen:

- Das Advanced File System (AdvFS), dessen Name eigentlich falsch gewählt ist, da es sich sowohl um einen Dateisystem-Typ als auch um einen einfachen LVM handelt. Das Dateisystem ist im Betriebssystem enthalten, es gibt aber auch Zusatzprodukte mit weiteren AdvFS-Utilities.
- Der Logical Storage Manager (LSM) stellt eine fortgeschrittene LVM-Einrichtung dar. Dieses Zusatzprodukt erweitert die üblicherweise bei LVMs vorhandene Struktur um eine zusätzliche Schicht.

Wir betrachten beide in separaten Unterabschnitten.

AdvFS. Das AdvFS definiert die folgenden Entitäten:

- Ein *Volume* ist eine logische Entität, die einer Plattenpartition, einer ganzen Platte, einem LSM-Volume (siehe unten) oder sogar einer externen Speichereinheit wie etwa einem Hardware-RAID-Array entsprechen kann.
- Eine *Domain* ist eine Gruppe von einem oder mehreren Volumes.
- Ein *Fileset* ist ein Verzeichnisbaum, der innerhalb des Dateisystems gemountet werden kann. Domains können mehrere Filesets enthalten.

Im Gegensatz zu anderen LVMs sind Domains und Filesets – physikalischer Speicher und Verzeichnisbäume – unter AdvFS unabhängig, d.h., beide können verändert werden, ohne den jeweils anderen zu beeinflussen (wie Sie noch sehen werden).

Die AdvFS-Einrichtung wird standardmäßig von allen Tru64-Systemen verwendet. Sie definiert zwei Domains und verschiedene Filesets:

```
# showfdmn root_domain            Beschreibe diese Domain.
              Id                   Date Created    LogPgs  Version  Domain Name
3a535b22.000c47c0  Wed Jan  3 12:02:26 2001          512        4  root_domain

      Vol   512-Blks       Free   % Used  Cmode   Rblks   Wblks  Vol Name
       1L     524288      95680      82%     on     256     256  /dev/disk/dsk0a
# mountlist -v                     Gemountete Filesets ausgeben.
           root_domain#root        Root-Dateisystem.
           usr_domain#usr          Gemountet an /usr.
           usr_domain#var          Gemountet an /var.
# showfsets usr_domain             Filesets in einer Domain ausgeben.
usr
           Id              : 3a535b27.0005a120.1.8001
           Files           :      43049,  SLim=          0,  HLim=          0
           Blocks (512)    :    1983812,  SLim=          0,  HLim=          0
           Quota Status    : user=off group=off  Ausgabe gekürzt.
var
           Id              : 3a535b27.0005a120.2.8001
           Files           :       1800,  SLim=          0,  HLim=          0
           Blocks (512)    :      34954,  SLim=          0,  HLim=          0
           Quota Status    : user=off group=off
```

Sie erzeugen eine neue Domain mit dem Befehl mkfdmn:

```
# mkfdmn /dev/disk/dsk1c chem_domain
```

Dieser Befehl erzeugt die Domain *chem_domain*, die aus dem angegebenen Volume besteht (hier eine Plattenpartition). Sind die AdvFS-Utilities bei Ihnen installiert, können Sie Volumes mit dem Befehl addvol in eine Domain aufnehmen. Das folgende Beispiel erweitert die Domain *chem_domain* um eine zweite Plattenpartition:

```
# addvol /dev/disk/dsk2c chem_domain
# balance chem_domain
```

Auf ähnliche Weise können Sie mit dem Befehl rmvol ein Volume aus einer Domain entfernen. Der balance-Befehl wird üblicherweise direkt nach einem der beiden Befehle ausgeführt. Er sorgt für eine gleichmäßige Auslastung des Plattenspeichers über die verschiedenen Volumes einer Domain und verbessert so den Durchsatz.

Sobald eine Domain angelegt wurde, können Sie darin Filesets erzeugen. Dieser Prozess erzeugt eine Entität, bei der es sich de facto um ein reallozierbares Dateisystem handelt. Ein Fileset akzeptiert Dateien, sobald es angelegt wurde (ein mkfs-Schritt ist nicht notwendig), und der Inhalt kann bei Bedarf auf eine andere physikalische Platte innerhalb der Domain verschoben werden.

Die folgenden Befehle erzeugen zwei Filesets in unserer Domain und mounten sie unmittelbar danach in zwei bereits existierende Verzeichnisse:

```
# mkfset chem_domain bronze
# mkfset chem_domain silver
# mount chem_domain#bronze /bronze
# mount chem_domain#silver /silver
```

Sie sprechen das Fileset an, indem Sie seinen Namen, getrennt durch ein Doppelkreuz (#), an den Domainnamen anhängen. Beachten Sie, dass wir keine Plattenpositionen angeben (und auch gar nicht angeben können). Um diese Themen kümmert sich AdvFS selbst.

Der Befehl rmfset kann verwendet werden, um ein Fileset aus einer Domain zu entfernen. Mit dem Befehl renamefset können Sie (wie im folgenden Beispiel) den Namen eines Filesets ändern:

```
# renamefset chem_domain lead gold
```

AdvFS bietet im Rahmen seines optionalen Utility-Pakets eingeschränkte Disk-Striping-Fähigkeiten. Eine Datei kann das Striping nutzen, wenn sie mit dem stripe-Befehl angelegt wird:

```
# stripe -n 2 sulfur
```

Dieser Befehl legt die Datei *sulfur* in zwei Streifen an. Die Datei muss erzeugt werden, bevor irgendwelche Daten darin abgelegt werden. Ein komplexeres Striping über ganze Volumes ist über den Logical Storage Manager möglich, der im nächsten Unterabschnitt beschrieben wird.

LSM. Der Tru64 Logical Storage Manager unterstützt fortgeschrittenere Features wie Disk-Striping und Fehlertoleranz. Es handelt sich um ein Zusatzprodukt, das auf dem grundlegenden Tru64-Betriebssystem aufgesetzt wird.

Beim LSM kommt eine völlig neue Terminologie zum Tragen:

Disk group (Plattengruppe)
Eine benannte Sammlung von Festplatten, die eine gemeinsame LSM-Datenbank benutzen. Dies entspricht in etwa einer Volume-Gruppe.

Plex
Die primäre Einheit zur Datenspeicherung. Ein Plex kann *zusammengesetzt* sein, was bedeutet, dass einzelne Subdisks einfach sequenziell aneinander gehängt werden. Es kann aber auch sein, dass mit *Striping* gearbeitet wird, wobei die Daten für einen höheren Datendurchsatz über mehrere Subdisks verteilt werden. Software-RAID 5-Plexes können ebenfalls erzeugt werden.

Subdisk
Eine Gruppe kontinuierlicher physikalischer Festplattenbereiche. Subdisks werden definiert, um Plexes an spezifische Plattenbereiche zu binden.

Volume
Eine Reihe von Plexes, die konzeptionell die gleiche Funktion übernehmen wie ein logisches Volume. Dateisysteme werden auf Volumes aufgesetzt. Die vom LSM eingeführte Innovation besteht darin, dass die einzelnen Plexes eines gespiegelten Volumes nicht mehr identisch sein müssen. Beispielsweise kann ein Plex aus drei Subdisks und ein anderer aus vier Subdisks bestehen, die die gleiche Gesamtgröße aufweisen.

In den meisten Fällen müssen Sie sich um Plattengruppen und Volumes keine Gedanken machen. Plexes werden vom LSM automatisch verwaltet. Der Rest dieses Abschnitts zeigt kurz einige einfache Beispiele der LSM-Konfiguration. Weiterführende Details finden Sie in der Dokumentation.

Der `voldiskadd`-Befehl wird verwendet, um neue Plattengruppen zu erzeugen.[24] Der Befehl verlangt die Festplatten als Argumente, die in die Gruppe aufgenommen werden sollen:

```
# voldiskadd dsk3 dsk4 ...
```

Es handelt sich um ein interaktives Werkzeug, das die zusätzlichen Informationen von Ihnen erfragt, einschließlich des Namens der Plattengruppe (wir verwenden *dg1* in unseren Beispielen) und der Verwendung jeder einzelnen Platte (Daten oder frei).

Möchten Sie später zusätzliche Platten in eine Plattengruppe aufnehmen, verwenden Sie den `voldg`-Befehl. Im folgenden Beispiel binden wir einige Platten in *dg1* ein:

```
# voldg -g dg1 adddisk dsk9 dsk10 dsk11
```

Volumes werden generell mit dem Befehl `volassist` erzeugt. Das folgende Beispiel erzeugt ein Volume, das aus einem zusammengesetzten Plex namens *chemvol* besteht. Grundsätzlich handelt es sich dabei um ein logisches Volume, das aus dem Speicherplatz mehrerer Festplatten besteht, auf denen ein Dateisystem aufgesetzt werden kann:

---

24 Diese Betrachtung geht davon aus, dass der LSM durch Anlegen der root-Plattengruppe initialisiert wurde. Das geschieht mit dem Befehl `volsetup`, der eine oder mehrere Festplatten als Argumente verlangt. Die vold- und voliod-Daemons müssen ebenfalls laufen (was bei einer erfolgreichen LSM-Installation automatisch der Fall ist).

```
# volassist -g dg1 make chemvol 2g dsk3 dsk4
```

Das Volume wird in der Plattengruppe *dg1* mit den angegebenen Platten erzeugt (die Plattenliste ist optional). Die Größe des Volumes liegt bei 2 GB.

Daraus machen wir nun mit den folgenden Befehlen ein gespiegeltes Plex:

```
# volassist -g dg1 mirror chemvol init=active layout=nolog dsk5 dsk6
# volassist addlog chemvol dsk7
```

Der erste Befehl spiegelt das *chemvol*-Volume (auch hier haben wir wieder die zu verwendende Platte angegeben). Der zweite Befehl fügt den benötigten Logging-Bereich zum Volume hinzu.

Die gleiche Technik kann genutzt werden, um eine einzelne Platte zu spiegeln, indem in jedem `volassist`-Befehl nur eine Platte verwendet wird.

Einen Plex, der Striping verwendet, können wir auf ähnliche Weise erzeugen:

```
# volassist -g dg1 make stripevol 2g layout=stripe nstripe=2 dsk3 dsk4
```

Dieser Befehl erzeugt ein Volume namens *stripevol*, das zwei Streifen benutzt.[25]

Der folgende Befehl erzeugt ein 3 GB großes RAID 5-Volume:

```
# volassist -g dg1 make raidvol 3g layout=raid5 nstripe=5 Platten
```

Für Stripe- und RAID 5-Volumes können Sie auch das Attribut `stripeunit` (hinter `nstripe`) angeben, um die Stripe-Größe festzulegen.

Plattengruppen mit gespiegelten oder mit RAID 5-Volumes sollten gesondert vorgesehene Hot-Spare-Platten enthalten. Die folgenden Befehle bestimmen *dsk9* als Hot-Spare-Platte für unsere Plattengruppe:

```
# voledit -g dg1 set spare=on dsk9
# volwatch -s lsmadmin@ahania.com
```

Der Befehl `volwatch` aktiviert den automatischen Hot-Spare-Ersatz (`-s`), und das Argument ist die E-Mail-Adresse, an die Hinweise gesendet werden, falls dieser Fall auftritt.

Sobald ein LSM-Volume erzeugt wurde, kann es in eine AdvFS-Domain eingebunden und zum Anlegen von Filesets verwendet werden.

Die folgenden Befehle geben Informationen über LSM-Entitäten zurück:

`voldg -g` *Plattengruppe* `free`
    Ausgabe des freien Speichers in einer Plattengruppe.

`voldisk list`
    Gibt alle vom LSM verwendeten Platten aus.

---

25 Für komplexere Stripe- und RAID 5-Plexes müssen Sie möglicherweise Subdisks definieren, um die verschiedenen Stripes auf bestimmten Platten unterzubringen (d. h. um sie auf mehrere Controller zu verteilen), weil die Standardzuweisungen des LSM das häufig nicht machen.

`volprint -v`
    Gibt alle Volumes aus.

`volprint -ht` *Volume*
    Gibt Informationen zu einem bestimmten Volume aus.

`volprint -pt`
    Gibt alle Plexes aus.

`volprint -lp` *Plex*
    Gibt Informationen zu einem bestimmten Plex aus.

`volprint -st`
    Gibt alle Subdisk aus.

`volprint -l` *Subdisk*
    Gibt Informationen über eine bestimmte Subdisk aus.

Abschließend wird der `volsave`-Befehl verwendet, um die LSM-Metadaten in einer Datei zu speichern, die dann gesichert werden kann. Die Standardposition für diese Dateien ist */usr/var/lsm/*db, aber Sie können mit der Option `-d` auch eine Alternative angeben. Die Dateien selbst haben Namen der Form *LSM.n.host*, wobei *n* eine aus 14 Ziffern bestehende Codierung von Datum und Uhrzeit ist. Der Befehl `volrestore` stellt die gesicherten Daten wieder her, falls das jemals nötig sein sollte.

Solaris

Solaris 9 führt einen LVM als Teil des Standard-Betriebssystems ein. Diese Einrichtung war bei früheren Solaris-Versionen ein Zusatzprodukt (auch wenn es da einige Änderungen im Vergleich zu vorherigen Versionen gab – Details finden Sie in der Dokumentation).

Der Solaris Volume Manager unterstützt Striping, Spiegelung, RAID 5, *Soft-Partitionen* (die Fähigkeit, jede Festplatte in mehr als vier Partitionen aufzuteilen) und einige andere Features. Der Volume Manager muss vor seiner ersten Verwendung mit Befehlen wie den folgenden initialisiert werden:

```
# metadb -a -f c0t0d0s7            Ausgangsdatenbank erzeugen.
# metadb -a -c 2 c1t3d0s2           Replikas für die Slice hinzufügen.
```

Nun können wir Volumes erzeugen. Im Rest dieses Abschnitts sehen wir uns einige einfache Beispiele an.

Der Solaris Volume Manager verwendet für Volumes feste Namen der Form *dn*, wobei *n* ein Integerwert zwischen 0 und 127 ist. Die maximale Anzahl von Volumes liegt also bei 128. Der Befehl `metainit` übernimmt beim Erzeugen und Konfigurieren von Volumes den größten Teil der Arbeit.

Der folgende Befehl erzeugt ein aus drei Festplatten *zusammengesetztes* Volume:

```
# metainit d1 3 1 c1t1d0s2 1 c1t2d0s2 1 c1t3d0s2
```

Die Parameter sind der Volume-Name, die Anzahl der Komponenten (bei einem zusammengesetzten Volume immer größer als eins) und die drei Wertepaare, die aus der Nummer der zusammengesetzten Platte (hier immer 1) und der gewünschten Platte bestehen. Nachdem der Befehl abgearbeitet wurde, kann das Volume *d1* als einzelne Plattenpartition behandelt werden.

Sie können ein existierendes Dateisystem mit einem ähnlichen Befehl erweitern. Das folgende Beispiel erweitert das Dateisystem */docs* (ursprünglich auf *c0t0d0s6*):

```
# umount /docs
# metainit d10 2 1 c0t0d0s6 1 c2t3d0s2    Zusätzlichen Plattenspeicher einbinden.
# vi /etc/vfstab                          Geräte des Dateisystems in /dev/md/[r]dsk/md10 ändern.
# mount /docs
# growfs -M /dev/md/rdsk/d10              Größe des Dateisystems auf die Volume-Größe setzen.
```

Der folgende Befehl erzeugt ein Volume, das mit Striping arbeitet:

```
# metainit d2 1 2 c1t1d0s2 c2t2d0s2 -i 64k
```

Die auf den Volume-Namen folgenden Parameter zeigen an, dass wir ein einzelnes Striping-Volume mit zwei Platten erzeugen und dabei mit 64 KB großen Streifen arbeiten (*Interlace*-Wert, -i).

Sie können Volumes mit der `metainit`-Option `-m` spiegeln. Auf diesen Befehl folgt ein entsprechender `metattach`-Befehl:

```
# metainit d20 -f 1 1 c0t3d0s2            Zu spiegelndes Volume erzeugen.
# umount /dev/dsk/c0t3d0s2
# metainit d21 1 1 c2t1d0s2               Als Mirror zu verwendendes Volume erzeugen.
# metainit d22 -n d20                     Zu spiegelndes Volume festlegen.
# vi /etc/vfstab                          Eintrag auf Mirror-Volume zeigen lassen (d22).
# mount /dev/md/dsk/d22                   Dateisystem mounten.
# metattach d22 d21                       Mirror einbinden.
```

In diesem Fall spiegeln wir ein bereits existierendes Dateisystem. Wir verwenden die Option `-f` im ersten `metainit`-Befehl, um ein Volume aus einem existierenden Dateisystem zu erzeugen.

Würden wir das root-Dateisystem spiegeln, würden wir den Befehl metaroot ausführen (und dabei das Mirror-Volume als Argument übergeben) und das System dann neu starten, statt das Dateisystem nur abzukoppeln und dann erneut zu mounten.

Andere Volume-Typen können mit den beiden letzten Befehlen ebenfalls gespiegelt – zusammengesetzt, »gestriped« usw. – werden.

Die Schreib- und Lese-Regeln (Policies) für gespiegelte Volumes können Sie mit dem Befehl `metaparam` festlegen:

```
# metaparam -r geometric -w parallel d22
```

Die Option `-r` legt die Lese-Policy fest, entweder `roundrobin` (Voreinstellung, Leseoperationen gehen nacheinander jede Platte durch), `first` (alle Leseoperationen verwenden die erste Platte) oder `geometric` (Leseoperationen werden zwischen den entsprechenden Platten aufgeteilt, indem jeder Region bestimmte Plattenregionen zugewiesen werden). Die

Lese-Policy geometric kann Suchzeiten minimieren, indem die Bewegung der Plattenköpfe auf einen kleinen Teil der Platte beschränkt wird. Das kann zu messbaren Leistungsverbesserungen bei Suchzeit-abhängigen E/A-Operationen führen (etwa zufälligen Datenzugriffen wie bei einer Datenbank).

Der Parameter -w legt die Schreib-Policy fest. Mögliche Werte sind parallel (voreingestellt, gleichzeitig auf alle Platten schreiben) und serial. Letztere kann die Leistung verbessern, wenn beide Spiegel am gleichen Platten-Controller hängen.

Der folgende Befehl erzeugt ein RAID 5-Volume mit einer Stripe-Größe von 96 KB:

metainit d30 -r Platten -i 96k

Die voreingestellte Stripe-Größe beträgt 16 KB und muss zwischen 8 KB und 100 KB liegen.

Der Zugriff auf ein RAID 5-Volume kann erst nach Abschluss der Initialisierung erfolgen, was eine Weile dauern kann. Sie können den Status mit dem metastat-Befehl prüfen.

Eine fehlerhafte RAID 5-Komponente können Sie mit dem Befehl metareplace ersetzen:

metareplace -e d30 c2t5d0s2

Alternativ können Sie einen *Hot Spare Pool* definieren, aus dem Platten ganz nach Bedarf von allen RAID 5-Geräten verwendet werden können. Der folgende Befehl erzeugt beispielsweise einen Pool namens *hsp001*[26] und bestimmt ihn zur Verwendung durch das RAID 5-Gerät *d30*:

metainit hsp001 c3t1d0s2 c3t2d0s2
metaparam -h hsp001 d30

Sie können die Platten in einem Hot Spare Pool mit dem Befehl metahs und dessen Optionen -a (add, hinzufügen), -r (replace, ersetzen) und -d (delete, löschen) bearbeiten.

Das letzte von uns betrachtete Feature des Volume Managers sind Soft-Partitionen. Soft-Partitionen sind einfach logische Partitionen (Teilmengen) einer Platte. Der folgende Befehl erzeugt zum Beispiel ein Volume, das 2 GB der angegebenen Festplatte umfasst:

metainit d7 -p c2t6d0s2 2g

Auf einer neuen Platte können Sie diesen Befehl mit der Option -e ausführen. Die Platte wird dann so umpartitioniert, dass alles bis auf 4 MB in Slice 0 liegt. (Die 4 MB liegen in Slice 7 und enthalten eine Replika der Zustandsdatenbank.) Der folgende Befehl führt zum Beispiel diese Umpartitionierung durch und weist 3 GB von Slice 0 dem Volume *d8* zu:

metainit d8 -p -e c2t5d0s2 3g

Sobald die Volumes erzeugt wurden, können Sie ein UFS-Dateisystem wie üblich mit dem Befehl newfs aufsetzen. Sie können auch jedes Volume entfernen, indem Sie den Befehl

---

26 Die Namen von Hot Spare Pools müssen die Form *hspnnn* aufweisen, wobei *nnn* zwischen 000 und 999 liegen muss. Warum man 1000 Hot Spare Pools für 128 Volumes brauchen sollte, ist eine gute Frage.

metaclear verwenden und das gewünschte Volume als Argument übergeben. Natürlich gehen dabei alle Daten in diesem Volume verloren.

Die folgenden Befehle liefern nützliche Informationen zum Volume Manager und zu einzelnen Volumes:

metadb
: Gibt alle Kopien der Zustandsdatenbank aus.

metadb -I
: Gibt den Status der Zustandsdatenbank-Kopien aus.

metastat *dn*
: Gibt den Volume-Status aus.

metaparam *dn*
: Gibt die Volume-Einstellungen aus.

Linux

Linux-Systeme können sowohl einen LVM als auch softwarebasiertes Disk-Striping und RAID verwenden, auch wenn diese beiden Einrichtungen getrennt sind. Sie sind allerdings kompatibel, d. h. dass RAID-Volumes beispielsweise als Komponenten im LVM verwendet werden können.

Das LVM-Projekt (Linux Logical Volume Manager) gibt es bereits seit mehreren Jahren (die Homepage des Projekts lautet *http://www.sistina.com/products_lvm.htm*) und die LVM-Unterstützung wurde in den Linux-Kernel 2.4 integriert. Konzeptionell erlaubt es Ihnen der LVM, physikalische Plattenpartitionen auf sehr flexible Art und Weise zu kombinieren bzw. zu untergliedern. Die resultierenden Dateisysteme können in der Größe dynamisch angepasst werden. Die aktuelle Version des LVM unterstützt bis zu 99 Volume-Gruppen und 256 logische Volumes. Die maximale Größe für ein logisches Volume liegt momentan bei 256 GB.

Der Logische Volume Manager ist in den meisten neueren Linux-Distributionen enthalten (bei SuSE beispielsweise seit der Version 6.4). Sollte er in Ihrer Distribution nicht enthalten sein, ist seine Installation recht einfach:

- Laden Sie das LVM-Paket und den entsprechenden Kernel-Patch auf Ihr System herunter.
- Entpacken und kompilieren Sie das LVM-Paket.
- Bei Bedarf patchen Sie den Kernel-Quellcode und generieren einen neuen Kernel. Während der Kernel-Konfiguration muss dabei die LVM-Unterstützung aktiviert worden sein. Ein möglicher Weg hierzu ist der Befehl make xconfig. Verwenden Sie den Button Block Devices aus dem Hauptmenü.
- Wenn Sie sich für die LVM-Unterstützung über ein Modul entschieden haben, müssen Sie entsprechende Einträge in */etc/modules.conf* aufnehmen, damit der modprobe-Befehl das LVM-Modul beim Systemstart laden kann. Hier die notwendigen Einträge:

```
alias   block-major-58   lvm-mod
alias   char-major-109   lvm-mod
```
- Installieren Sie den neuen Kernel im boot-Verzeichnis und aktivieren Sie ihn mit LILO oder GRUB.
- Modifizieren Sie die System-Startup- und Shutdown-Skripten, um die LVM-Konfiguration zu aktivieren bzw. zu deaktivieren. Fügen Sie die folgenden Befehle in Ihre Startup-Skripten ein:

```
vgscan                   # Suche nach Volume-Gruppen
vgchange -a y            # Aktiviere alle Volume-Gruppen
```

Tragen Sie diesen Befehl in Ihr *shutdown*-Skript ein:

```
vgchange -a n            # Deaktiviere alle Volume-Gruppen
```

- Starten Sie das System mit dem neuen Kernel.

Das LVM-Paket enthält eine große Anzahl administrativer Utilities. Jedes dieser Utilities dient zum Erzeugen oder Verändern einer bestimmten LVM-Entität. Die Befehle vgcreate, vgdisplay, vgchange und vgremove erzeugen zum Beispiel Volume-Gruppen, geben Informationen über sie aus, verändern ihre Eigenschaften und löschen sie. Sie können die Konfigurationen der Volume-Gruppen mit vgcfgbackup und vgcfgrestore sichern und wiederherstellen, die Größe einer Volume-Gruppe ändern mit vgextend (die Größe durch Einbinden zusätzlichen Plattenspeichers erhöhen) und vgreduce (Größe verkleinern), Volume-Gruppen unterteilen und zusammenfassen (vgsplit und vgmerge), eine Volume-Gruppe zwischen Computern bewegen (vgexport und vgimport), alle lokalen Platten nach Volume-Gruppen absuchen (vgscan) und eine Volume-Gruppe umbenennen (vgrename). (Viele dieser Befehle ähneln den HP-UX-Gegenstücken.)

Ähnliche Befehle für andere LVM-Entitäten sind:

Physikalische Volumes
   pvcreate, pvdisplay, pvchange, pvmove und pvscan.

Logische Volumes
   lvcreate, lvdisplay, lvchange, lvremove, lvreduce, lvextend, lvscan und lvrename.

Sehen wir uns einige dieser Befehle in Aktion an, indem wir eine Volume-Gruppe und einige logische Volumes erzeugen und darauf dann Dateisysteme aufsetzen.

Der erste Schritt besteht darin, den Partitionstyp der gewünschten Plattenpartition auf 0x8E zu setzen. Dazu verwenden wir fdisk. Hier die Vorgehensweise für die erste Plattenpartition:

```
# fdisk /dev/sdb1
Command (m for help): t
Partition number (1-4): 1
Hex code (type L to list codes): 8e
Command (m for help): w
```

Vor der ersten Verwendung des LVM müssen wir vgscan ausführen, um die Einrichtung zu initialisieren (unter anderem wird dabei die Datei */etc/lvmtab* erzeugt). Als Nächstes legen wir die Plattenpartitionen als physikalische Volumes fest, indem wir die gewünschten Plattenpartitionen als Argumente an den pvcreate-Befehl übergeben (*/dev/sdc2* ist die zweite Partition, die wir in unserer Volume-Gruppe verwenden wollen):

```
# pvcreate /dev/sdb1 /dev/sdc2
pvcreate -- reinitializing physical volume
pvcreate -- physical volume "/dev/sdb1" successfully created
...
```

Wir sind nun bereit, eine Volume-Gruppe zu erzeugen, die wir *vg1* nennen wollen:

```
# vgcreate vg1 /dev/sdb1 /dev/sdc2
vgcreate -- INFO: using default physical extent size 4 MB
vgcreate -- INFO: maximum logical volume size is 255.99 Gigabyte
vgcreate -- doing automatic backup of volume group "vg1"
vgcreate -- volume group "vg1" successfully created and activated
```

Dieser Befehl erzeugt die Volume-Gruppe *vg1* mit den beiden angegebenen Plattenpartitionen. Dabei erzeugt bzw. aktualisiert er die ASCII-Konfigurationsdatei */etc/lvmtab* (die die Namen der Volume-Gruppen des Systems enthält) und legt eine binäre Konfigurationsdatei in den beiden Unterverzeichnissen von */etc: lvmtab.d/vg1* und *lvmconf/vg1.conf* ab (das zweite Verzeichnis speichert auch alte binäre Konfigurationsdateien für die Volume-Gruppe und reflektiert so Änderungen an deren Eigenschaften und Komponenten).

Der Befehl vgcreate erzeugt auch eine Gerätedatei namens */dev/vg1/group*, die verwendet werden kann, um die Volume-Gruppe als Gerät anzusprechen.

Nun können wir zwei 800 MB große logische Volumes anlegen:

```
# lvcreate -L 800M -n chem_lv vg1
lvcreate -- doing automatic backup of "vg1"
lvcreate -- logical volume "/dev/vg1/chem_lv" successfully created
# lvcreate -L 800M -n bio_lv -r 8 -C y vg1
lvcreate -- doing automatic backup of "vg1"
lvcreate -- logical volume "/dev/vg1/bio_lv" successfully created
```

Wir legen die Größen beider logischer Volumes mit der Option -L des lvcreate-Befehls fest. Für das zweite logische Volume *bio_lv* haben wir außerdem über -r festgelegt, dass die Segmentgröße (die Menge der bei sequenziellen Zugriffen zurückgegebenen Daten) für den Read-Ahead-Modus 8 Sektoren beträgt. Wir haben darüber hinaus mit der Option -c y festgelegt, dass ein fortlaufendes logisches Volume erzeugt werden soll.

Wieder werden neue Gerätedateien erzeugt, die nach dem entsprechenden logischen Volume benannt sind und unterhalb des Volume-Gruppen-Verzeichnisses in */dev* (hier */dev/vg1*) abgelegt werden.

Nun können wir Dateisysteme mit dem normalen mke2fs-Befehl erzeugen, wobei wir das logische Volume als Gerät angeben, auf dem das neue Dateisystem aufgesetzt werden soll. Der folgende Befehl erzeugt zum Beispiel ein ext3-Dateisystem auf dem logischen Volume *bio_lv*:

```
# mke2fs -j /dev/vg1/bio_lv
```

Nachdem es erzeugt wurde, kann das Dateisystem wie üblich gemountet werden. Sie können auf einem logischen Volume auch ein Reiser-Dateisystem anlegen.

Zusätzlich zu den vorher genannten Befehlen stellt der LVM den Befehl e2fsadmin zur Verfügung, mit dem die Größe eines logischen Volumes und des darauf enthaltenen ext2- oder ext3-Dateisystems in einer einzigen, nichtdestruktiven Operation verändert werden kann. Dieses Utility verlangt das Programm resize2fs (ursprünglich von PowerQuest als Teil des PartitionMagic-Produkts entwickelt und nun unter der GPL an *http://e2fsprogs. sourceforge.net* verfügbar).

Hier ein Beispiel für seine Verwendung. Der folgende Befehl vergrößert das logische Volume *bio_lv* und das darauf enthaltene Dateisystem um 100 MB:

```
# umount /dev/vg1/bio_lv
# e2fsadm /dev/vg1/bio_lv -L+100M
e2fsck 1.18, 11-Nov-1999 for EXT2 FS 0.5b, 95/08/09
Pass 1: Checking inodes, blocks, and sizes
Pass 2: Checking directory structure
Pass 3: Checking directory connectivity
Pass 4: Checking reference counts
Pass 5: Checking group summary information
/dev/vg1/bio_lv: 11/51200 files (0.0% non-contiguous), 6476/819200 blocks
lvextend -- extending logical volume "/dev/vg1/bio_lv" to 900 MB
lvextend -- doing automatic backup of volume group "vg1"
lvextend -- logical volume "/dev/vg1/bio_lv" successfully extended

resize2fs 1.19 (13-Jul-2000)
Begin pass 1 (max = 5)
Extending the inode table     XXXXXXXXXXXXXXXXXXXXXXXXXXXXXXXXXXXXX
Begin pass 3 (max = 25)
Scanning inode table          XXXXXXXXXXXXXXXXXXXXXXXXXXXXXXXXXXXXX
The filesystem on /dev/vg1/bio_lv is now 921600 blocks long.

e2fsadm -- ext2fs in logical volume "/dev/vg1/bio_lv"
successfully extended to 900 MB
```

Beachten Sie, dass das Dateisystem mit umount deaktiviert werden muss, um seine Größe erhöhen zu können.

Um Software-RAID unter Linux nutzen zu können, müssen Sie die entsprechenden Platten installieren, die RAID-Unterstützung im Kernel aktivieren und die RAID-Konfiguration festlegen. Die zweite Aufgabe können Sie mit einem Utility wie make xconfig erledigen, indem Sie aus dem Hauptmenü in den Bereich »Block Devices« wechseln. Der Treiber für »Multiple Devices« muss aktiviert sein, um alle anderen RAID-bezogenen Punkte ansprechen zu können. Ich empfehle, sie alle zu aktivieren.

RAID-Geräte verwenden Gerätenamen der Form */dev/mdn* (wobei *n* ein Integerwert ist) und werden in der Konfigurationsdatei */etc/raidtab* definiert. Einmal definiert, können Sie sie mit dem Befehl mkraid erzeugen und mit den Befehlen raidstart bzw. raidstop starten und wieder anhalten. Alternativ können Sie sie mit den *Persistent Superblock*-Optionen definieren, was die automatische Erkennung und das Mounten bzw. Unmounten von RAID-Geräten durch den Kernel aktiviert. Meiner Meinung nach ist die zweite Variante immer die bessere Wahl.

Die beste Möglichkeit, um die Datei */etc/raidtab* zu verstehen, ist, sich einige Beispieleinträge anzusehen. Hier die Einträge für die mit zwei Platten arbeitende Striping-Platte, die ich mit Kommentaren versehen habe:

```
raiddev /dev/md0              Definiert RAID-Gerät 0.
raid-level 0                  RAID-Level.
nr-raid-disks 2               Anzahl zugehöriger Festplatten.
chunk-size 64                 Stripe-Größe (in KB).
persistent-superblock 1       Aktiviert das Persistent Superblock-Feature.
device /dev/sdc1              Erste zugehörige Festplatte angeben...
raid-disk 0                   und Nummer vergeben.
device /dev/sdd1              Für alle weiteren Platten wiederholen.
raid-disk 1
```

Hätten wir an Stelle des Stripings eine Spiegelung mit den gleichen zwei Platten definieren wollen, dann hätten wir auf den chunk-size-Parameter verzichtet und den raid-level-Parameter im ersten Abschnitt von 0 auf 1 gesetzt. Die restlichen Einträge würden unverändert bleiben.

Eine RAID 0+1-Platte, d.h. eine mit Striping arbeitende und gespiegelte Platte, können wir wie folgt einrichten:

```
raiddev /dev/md0
...Erste Stripe-Platte festlegen.
raiddev /dev/md1
...Zweite Stripe-Platte festlegen.

raiddev /dev/md2
raid-level 1
nr-raid-disks 2
persistent-superblock 1
device /dev/md0               Die Platten sind ebenfalls md-Geräte.
raid-disk 0
device /dev/md1
raid-disk 1
```

Der folgende Eintrag definiert eine RAID 5-Platte mit 5 Komponentenplatten sowie einer Reserve-Festplatte, die automatisch verwendet wird, wenn eine der aktiven Platten ausfallen sollte:

```
raiddev /dev/md0
raid-level 5                  RAID-Level 5 verwenden.
nr-raid-disks 5               Anzahl aktiver Platten im Device.
persistent-superblock 1
device /dev/sdc1              Die 5 Komponentenplatten festlegen.
raid-disk 0
device /dev/sdd1
raid-disk 1
device /dev/sde1
raid-disk 2
device /dev/sdf1
raid-disk 3
device /dev/sdg1
raid-disk 4
device /dev/sdh1              Die Reserve-Platte angeben.
spare-disk 0
```

Sie können bei Bedarf mehrere Reserve-Festplatten verwenden.

RAID-Geräte können auf Wunsch mit dem Logical Volume Manager verwendet werden.

FreeBSD

FreeBSD stellt den Vinum Volume Manager zur Verfügung. Er verwendet etwas andere Konzepte als andere LVMs. Bei Vinum steht *Drive* (Laufwerk) für eine physikalische Plattenpartition. Plattenspeicher wird von den Laufwerken in vom Benutzer festgelegten Blockgrößen, so genannten *Subdisks*, alloziert. Subdisks werden wiederum zur Definition von *Plexes* verwendet und ein oder mehrere Plexes bilden ein Vinum-*Volume*. Mehrere Plexes innerhalb eines Volumes ergeben eine Spiegelung der Platten.

Üben Sie sich beim Erlernen von Vinum in Geduld. Die Art und Weise, wie Operationen auszuführen sind, ist recht unflexibel. Sie sollten die Prozeduren auf einem sicheren Testsystem erlernen.

Beachten Sie darüber hinaus, dass sich die Einrichtung immer noch in der Entwicklungsphase befindet. Während diese Zeilen geschrieben werden, ist nur die grundlegendste Funktionalität verfügbar.

Um eine Plattenpartition mit Vinum verwenden zu können, muss sie wie folgt vorbereitet werden:

- Erzeugen Sie mit `fdisk` einen oder mehrere Slices.
- Erzeugen Sie ein erstes Disklabel mit `disklabel` oder `sysinstall`. Ich bevorzuge Letzteres. Wenn Sie sich für `sysinstall` entscheiden, erzeugen Sie eine einzelne Swap-Partition in jedem Slice, den Sie mit Vinum verwenden möchten. Ignorieren Sie alle Meldungen darüber, dass eine Swap-Partition nicht gestartet werden kann (was Sie sowieso nicht wollen).
- Modifizieren Sie das Disklabel mit `disklabel -e`. Nur die Partitionsliste am Ende muss geändert werden. Wenn Sie fertig sind, muss sie wie folgt aussehen:
  ```
  #         size       offset    fstype   [fsize bsize bps/cpg]
    c:  11741184            0    unused            # (Cyl.    0 - 11647)
    e: 117411184            0    vinum
  ```
  Wenn Sie `sysinstall` zum Erstellen des ersten Disklabels verwendet haben, müssen Sie nur die letzte Zeile hinzufügen.

Die Partition *e* ist etwas willkürlich gewählt, funktioniert aber. Beachten Sie, dass die Partition *c* nicht mit Vinum verwendet werden kann.

Sobald die Laufwerke vorbereitet sind, erzeugen Sie am besten eine Beschreibungsdatei, die die von Ihnen gewünschten Vinum-Entitäten definiert. Hier eine Datei, die ein Volume namens *big* definiert:

```
drive d1 device /dev/da1s1e       Definiere Laufwerke.
drive d2 device /dev/da2s1e
volume big                        Definiere Volume big.
```

```
plex org concat
    sd length 500m drive d1
    sd length 200m drive d2
```
Erzeuge einen zusammengesetzten Plex.
Erste 500-MB-Subdisk von Laufwerk d1.
Zweite 200-MB-Subdisk von Laufwerk d2.

Die Datei definiert zuerst die zu verwendenden Laufwerke und nennt sie *d1* und *d2*. Beachten Sie, dass diese Operation für jede Partition nur einmal durchgeführt werden muss. Nachfolgende Beispielkonfigurationen lassen die Drive-Definitionen weg.

Der zweite Abschnitt der Datei definiert das Volume *big* als einen zusammengesetzten Plex (org concat). Er besteht aus zwei Subdisks: 500 MB des Speichers von */dev/da1s1e* und 200 MB des Speichers von */dev/da2s1e*. Dieser Plattenspeicher wird später als einzelne Einheit betrachtet.

Sie können diese Entitäten mit dem folgenden Befehl erzeugen:

```
# vinum create /etc/vinum.big.conf
```

Das abschließende Argument gibt den Speicherort der Beschreibungsdatei an.

Sobald ein Volume angelegt wurde, können Sie ein Dateisystem darauf aufsetzen:

```
# newfs -v /dev/vinum/big
```

Das Gerät wird über die Datei in */dev/vinum* angesprochen, die den Namen des Volumes trägt. Die Option `-v` weist `newfs` an, auf dem angegebenen Gerät nicht nach Partitionen zu suchen. Nachdem `newfs` abgeschlossen wurde, kann das Dateisystem gemountet werden. Damit es beim Systemstart aber richtig erkannt wird, muss die folgende Zeile in */etc/rc.conf* stehen:

```
start_vinum="YES"
```

Das sorgt dafür, dass die Vinum-Kernel-Module beim Systemstart geladen werden.

Hier die Beschreibungsdatei für ein mit Striping (RAID 1) arbeitendes Volume:

```
volume fast
    plex org striped 1024k
        sd length 0 drive d1
        sd length 0 drive d2
```

Dieses Stripe-Set besteht aus zwei Komponenten. Die `plex`-Zeile besitzt als zusätzlichen Eintrag die Größe des Streifens. Der Wert muss ein Vielfaches von 512 Byte sein. Die Subdisk-Definitionen geben die Länge 0 an, was für den gesamten Speicherplatz steht, der auf dem Gerät verfügbar ist. Das eigentliche Volume wird wie eben mit dem Befehl `vinum create` erzeugt.

Würde man beide Volumes erzeugen, würden die unterschiedlichen Bereiche der verschiedenen Plattenpartitionen von jedem Volume verwendet werden. Vinum-Drives können unter verschiedenen Volumes aufgeteilt werden. Sie können den Speicherort zusammen mit dem Laufwerk angeben, wenn die Subdisk erzeugt wird (Details finden Sie in der Manpage *vinum(8)*).

Die folgende Konfigurationsdatei erzeugt ein gespiegeltes Volume durch die Definition zweier Plexes:

```
volume mirror
  plex org concat                       Erster Mirror.
    sd length 1000m drive d1
  plex org concat                       Zweiter Mirror.
    sd length 1000m drive d2
```

Die Erzeugung und Aktivierung gespiegelter Volumes verlangt verschiedene vinum-Befehle (deren Ausgabe hier nicht abgedruckt wird):

```
# vinum create Datei                    Volume erzeugen.
# vinum init mirror.p1                  Subdisk initialisieren.
Ende des Befehls abwarten.
# vinum start mirror.p1                 Spiegelung aktivieren.
```

Wenn Sie ein gespiegeltes Volume erstmals anlegen, erscheint der Status des zweiten Plexes in Statusausgaben als fehlerhaft, und die dazugehörige Subdisk hat den Status »empty« (also leer). Der Befehl vinum init initialisiert alle Subdisks von Plex *mirror.p1* und der Befehl vinum start regeneriert den Mirror (tatsächlich erzeugt er ihn erstmalig). Beide Befehle starten Hintergrundprozesse, die die eigentliche Arbeit erledigen, und Sie müssen zuerst das Ende der Initialisierung abwarten, bevor Sie die Regeneration starten können. Sie können deren Status mit dem folgenden Befehl prüfen:

```
# vinum list
```

Sobald diese Befehle ausgeführt wurden, können Sie ein Dateisystem aufsetzen und es mounten.

Die folgende Beschreibungsdatei erzeugt ein RAID 5-Volume namens *safe*:

```
volume safe
  plex org raid5 1024k
    sd length 0 drive d1
    sd length 0 drive d2
    sd length 0 drive d3
    sd length 0 drive d4
    sd length 0 drive d5
```

Das Volume besteht aus einem einzigen Plex mit fünf Subdisks. Die folgenden Befehle können verwendet werden, um das Volume zu erzeugen und zu aktivieren:

```
# vinum create Datei                    Erzeuge das Volume.
# vinum init safe.p0                    Initialisiere die Subdisks.
```

Erneut wird der Initialisierungsprozess im Hintergrund ausgeführt und Sie müssen das Programmende abwarten, bevor Sie ein Dateisystem aufsetzen können.

Betrachten wir als letztes Beispiel die folgende Beschreibungsdatei:

```
volume zebra
  plex org striped 1024k
    sd length 200m drive d1
    sd length 200m drive d2
  plex org striped 1024k
    sd length 200m drive d3
    sd length 200m drive d4
```

Diese Datei definiert ein gespiegeltes Volume (RAID 0+1) namens *zebra*, das Striping verwendet. Das Volume besteht aus zwei Striping nutzenden Plexes, die gespiegelt werden. Die folgenden Befehle sind notwendig, um dieses Volume zu erzeugen und zu aktivieren:

`# vinum create Datei`	*Volume erzeugen.*
`# vinum init zebra.p0 zebra.p1`	*Subdisks initialisieren.*
`# vinum start zebra.p1`	*Mirror regenerieren.*

Die folgenden Befehle geben Vinum-Informationen aus:

`vinum list`
    Informationen zu allen Vinum-Entitäten ausgeben.

`vinum ld`
    Gibt die Laufwerke einschließlich des freien Speicherplatzes aus.

`vinum lv`
    Gibt die Volumes aus.

`vinum ls`
    Gibt die Subdisks aus.

`vinum ls -v`
    Gibt Details zu den Subdisks aus, inklusive des Plexes, dem sie angehören, und der zugehörigen Platten.

`vinum lp`
    Gibt Plexes aus.

`vinum lp -v`
    Gibt Details zum Plex aus, einschließlich des Volumes, dem er angehört.

Sie können an diese Befehle den Namen eines gewünschten Elements anhängen, um die Ausgabe auf dessen Charakeristika zu beschränken.

Hier ist ein Beispiel für den `vinum list`-Befehl:

```
4 drives:
D d1            State: up       Device /dev/ad1s1e      Avail: 2799/2999 MB (93%)
D d2            State: up       Device /dev/ad1s2e      Avail: 2799/2999 MB (93%)
D d3            State: up       Device /dev/ad1s3e      Avail: 2799/2999 MB (93%)
D d4            State: up       Device /dev/ad1s4e      Avail:  532/732  MB (72%)

1 volumes:
V zebra         State: up       Plexes:        2 Size:        400 MB

2 plexes:
P zebra.p0    S State: up       Subdisks:      2 Size:        400 MB
P zebra.p1    S State: faulty   Subdisks:      2 Size:        400 MB

4 subdisks:
S zebra.p0.s0   State: up       PO:       0    B Size:        200 MB
S zebra.p0.s1   State: up       PO:    1024 kB Size:          200 MB
S zebra.p1.s0   State: R 16%    PO:       0    B Size:        200 MB
S zebra.p1.s1   State: R 16%    PO:    1024 kB Size:          200 MB
```

Die Ausgabe zeigt das vorhin definierte *zebra*-Volume. Die Subdisk-Initialisierung ist abgeschlossen. Zu diesem Zeitpunkt ist die Regeneration zu 16% komplett.

Disketten

Steht auf Ihrem System ein Diskettenlaufwerk zur Verfügung, können Sie Unix-Dateisysteme auch auf Disketten anlegen. Vorher müssen die Disketten natürlich formatiert werden. Doch warum die Mühe machen? Heute ist es üblicher, dass Disketten für folgende Aufgaben verwendet werden:

- Zum Mounten von DOS-Dateisystemen, deren Dateien mit Standard-Utilities wie `cp` und `ls` bearbeitet werden können.
- Zur Verwendung von speziellen Utilities, mit denen DOS-Dateien gelesen und geschrieben werden können (wir werden uns gleich einige Beispiele ansehen).

Gerätedateien für Diskettenlaufwerke

Der Zugriff auf Diskettenlaufwerke erfolgt über die folgenden Gerätedateien (die Angaben beziehen sich auf 3,5-Zoll-Disketten mit 1,44 MB):

AIX	*/dev/fd0*
FreeBSD	*/dev/fd0*
HP-UX	*/dev/dsk/c0t1d0* (Normale Namenskonvention für Platten)
Linux	*/dev/fd0*
Solaris	*/dev/diskette*
Tru64	*/dev/fd0*

Gerätedateien für Diskettenlaufwerke werden bei Solaris nur selten benötigt, weil diese vom Media-Handling-Daemon (der später noch erläutert wird) verwaltet werden.

Verwendung von DOS-Disketten auf Unix-Systemen

Die für den Zugriff auf DOS-Disketten verwendeten Methoden unterscheiden sich auf den verschiedenen Systemen sehr stark. In diesem Abschnitt wollen wir für jedes System einen Blick auf die Formatierung von Disketten im DOS-Format und auf das Kopieren von Dateien von diesen und auf diese Disketten werfen.

Unter HP-UX wird eine DOS-Diskette wie folgt formatiert:

```
$ mediainit -v -i2 -f16 /dev/rdsk/c0t1d0
$ newfs -n /dev/rdsk/c0t1d0 ibm1440
```

Die `newfs`-Option `-n` verhindert, dass Boot-Informationen auf die Festplatte geschrieben werden.

HP-UX stellt eine Reihe von Dienstprogrammen für den Dateizugriff auf DOS-Disketten bereit: `doscp`, `dosdf`, `doschmod`, `dosls`, `dosll`, `dosmkdir`, `dosrm` und `dosrmdir`. Nachfolgend ein Beispiel für die Verwendung des `doscp`-Befehls:

```
$ doscp /dev/rdsk/c0d1s0:paper.txt paper.new
```

Der Befehl kopiert die Datei *paper.txt* von der Diskette in das aktuelle HP-UX-Verzeichnis.

Eine ähnliche Strategie funktioniert auch auf Linux- und FreeBSD-Systemen. Die folgenden Befehle formatieren eine DOS-Diskette und beschreiben diese mit Dateien:

Linux
```
# fdformat /dev/fd0
# mkfs -t msdos /dev/fd0
# mount /dev/fd0 /mnt
# cp prop2.txt /mnt
# umount /mnt
```

FreeBSD
```
# fdformat /dev/fd0
# newfs_msdos /dev/fd0
# mount /dev/fd0 /mnt
# cp prop2.txt /mnt
# umount /mnt
```

Die im nächsten Abschnitt beschriebenen Mtools sind ebenfalls auf Linux- und FreeBSD-Systemen verfügbar.

AIX stellt ebenfalls verschiedene Utilities für den Zugriff auf DOS-Disketten bereit: `dosformat`, `dosread`, `doswrite`, `dosdir` und `dosdel`. Allerdings bieten diese Utilities nur eine minimale Funktionalität – zum Beispiel werden keine Wildcards unterstützt. Sie werden daher wesentlich glücklicher sein und sehr viel effektiver arbeiten, wenn Sie sich die Mtools besorgen.

Auf Solaris-Systemen werden Disketten über das Volume-Management-System und dessen `vold`-Daemon kontrolliert. Diese Einrichtung übernimmt die ganze Schnittstelle zum eigentlichen Gerät und integriert es so transparent wie möglich ins normale Solaris-Dateisystem.

Zum Formatieren einer Diskette und zum Anlegen eines DOS-Dateisystems würden Sie die folgenden Befehle verwenden:

```
$ volcheck
$ fdformat -d -b g04
```

Der Befehl `volcheck` weist das Volume-Management-System an, die von ihm kontrollierten Geräte nach neuen Medien abzusuchen. Der Befehl `fdformat` formatiert die Diskette und gibt ihr das Label *g04*.

Die folgenden Befehle veranschaulichen die Methode zum Kopieren von Dateien von der und auf die Diskette:

```
$ volcheck
$ cp ~/proposals/prop2.txt /floppy/g96
$ cp /floppy/g96/drug888.dat ./data
$ eject
```

Die Diskette wird in einem Unterverzeichnis von */floppy* gemountet, das nach dem Label der Diskette benannt ist (oder in */floppy/unnamed_floppy*, wenn die Diskette kein Label besitzt). Die Konfiguration von `vold` wird an anderer Stelle in diesem Kapitel erläutert.

Tru64 unterstützt keine DOS-Disketten. Bei diesem System sind Sie auf die Mtools angewiesen, denen wir uns nun zuwenden wollen.

Die Mtools

Das Mtools-Paket ist für alle von uns betrachteten Unix-Versionen verfügbar. Es wird momentan von David Niemi und Alain Knaff gepflegt (siehe *http://mtools.linux.lu*).

Das Paket besteht aus einer Reihe von Dienstprogrammen für den Zugriff auf DOS-Disketten und -Dateien. Die Programme werden mit den bei DOS üblichen Namen bezeichnet:

mformat
: Formatiert eine Diskette im DOS-Format.

mlabel
: Gibt der DOS-Diskette ein Label.

mcd
: Wechselt das aktuelle Arbeitsverzeichnis.

mdir
: Gibt den Inhalt eines Verzeichnisses der DOS-Diskette aus.

mtype
: Gibt den Inhalt einer DOS-Datei aus.

mcopy
: Kopiert Dateien zwischen einer DOS-Diskette und Unix.

mdel
: Löscht Datei(en) von der Diskette.

mren
: Benennt eine Datei auf der DOS-Diskette um.

mmd
: Erzeugt ein Unterverzeichnis auf der DOS-Diskette.

mrd
: Entfernt ein Unterverzeichnis von der DOS-Diskette.

mattrib
: Ändert die DOS-Dateiattribute.

Hier einige Beispiele für die Verwendung der Mtools:

```
$ mdir
Volume in drive A is GIA024
Directory for A:/
SILVERDAT79       1-29-95    9:36p
PROP43_1 TXT2304  1-29-95    9:33p
REFCARD  DOC73216 1-13-95    5:28p
3 File(s)     1381376 bytes free
$ mren prop43_1.txt prop43_1.old
$ mcopy a:refcard.doc .
Copying REFCARD.DOC
$ mcopy proposal.txt a:
Copying PROPOSAL.TXT
$ mmd data2
$ mcopy gold* a:data2
Copying GOLD.DAT
Copying GOLD1.DAT
$ mcopy "a:\data\*.dat" ./data
Copying NA.DAT
Copying HG.DAT
$ mdel silver.dat
```

Wie diese Beispiele deutlich machen, wurden die Mtools entworfen, um den Zugriff auf Disketten so einfach wie möglich zu machen. Beispielsweise gehen diese Utilities davon aus, dass sich die angegebenen Dateien die ganze Zeit auf der Diskette befinden. Sie müssen nur beim mcopy-Befehl explizit auf die Diskette verweisen (mit dem *a:*-Konstrukt), weil es keine andere Möglichkeit gibt, um zu bestimmen, in welcher Richtung die Kopie vollzogen werden soll. Beachten Sie außerdem, dass bei den Dateinamen auf der Diskette nicht zwischen Groß- und Kleinschreibung unterschieden wird.

Tricks mit DOS-Partitionen

Auf PC-basierten Unix-Systemen können DOS-Partitionen auf der Festplatte im Unix-Dateisystem gemountet werden. Das erlaubt nicht nur das Kopieren von Dateien zwischen DOS und Unix, sondern auch die Bearbeitung ganzer DOS-Partitionen mit Unix-Utilities. Nehmen wir zum Beispiel an, Sie wollten das Partitionierungsschema der Boot-Festplatte ändern und dabei die Größe der DOS-Partitionen verringern (ohne die Unix-Partition zu beeinflussen). Die folgenden Befehle erledigen das, ohne dass DOS, Windows oder *irgendeine* installierte Software neu aufgesetzt werden müsste:

```
# mount -t msdos /dev/hda1 /mnt        Wir verwenden Linux in unserem Beispiel.
# cd /mnt
# tar -c -f /tmp/dos.tar *
# unmount /mnt
```
Partitionen und/oder Dateisysteme bearbeiten.
```
# mount -t msdos /dev/hda1 /mnt
# cd /mnt
# tar -x -f /tmp/dos.tar
# cd /; umount /mnt
```

Sie könnten auch nur einige Dateien aus dem tar-Archiv wiederherstellen, wenn das Sinn macht. Neben den hier genannten können noch viele weitere Operationen mit den DOS-Partitionen durchgeführt werden: Zum Beispiel könnten Sie eine DOS-Partition von der ersten Festplatte auf die zweite verschieben, eine DOS-Partition zwischen Systemen oder über das Netzwerk kopieren usw. Natürlich können Sie diese Aufgaben auch auf andere Weise erledigen, aber diese Prozedur ist normalerweise viel schneller.

Handelt es sich bei der fraglichen Partition um die Windows-Boot-Partition, funktioniert diese Vorgehensweise sehr gut bei älteren oder einfacheren Windows-Versionen wie Windows 98 und Windows ME. Für Windows NT und neuere Versionen müssen Sie die Datei *Boot.Ini* verändern, um das System booten zu können.

CD-ROM-Laufwerke

CD-ROM-Laufwerke werden üblicherweise ähnlich behandelt wie Festplatten. Die folgenden Gerätedateien werden für den Zugriff auf SCSI-CD-ROM-Laufwerke benutzt:

AIX	*/dev/cd0*
FreeBSD	*/dev/cd0c* oder */dev/acd0c* (SCSI oder ATAPI)

Linux	/dev/cdrom
Solaris	/dev/dsk/c0tnd0s02 (Normale Namenskonventionen für Platten)
HP-UX	/dev/dsk/cmtnd0 (Normale Namenskonventionen für Platten)
Tru64	/dev/disk/cdrom0c

Die folgenden Befehle mounten eine CD auf den verschiedenen Systemen:

```
mount -o ro -v cdrfs /dev/cd0 /mnt         AIX
mount -r -t cd9660 /dev/cd0c /mnt          FreeBSD
mount -o ro -F cdfs /dev/dsk/c1t2d0 /mnt   HP-UX
mount -r -t iso9660 /dev/sonycd_31a /mnt   Linux
mount -o ro -t hsfs /dev/c0t2d0s0 /mnt     Solaris
mount -r -t cdfs /dev/disk/cdrom0c /mnt    Tru64
```

Für CD-ROM-Dateisysteme können auch Einträge in die Dateisystem-Konfigurationsdatei aufgenommen werden.

CD-ROM-Laufwerke unter AIX

Auf AIX-Systemen müssen Sie (wie nachfolgend gezeigt) eine Gerätedatei für das CD-ROM-Laufwerk generieren, bevor Sie es verwenden können:

```
# mkdev -c cdrom -r cdrom1 -s scsi -p scsi0 -w 5,0
cd0 available
```

Dieser Befehl erzeugt die CD-ROM-Einheit für SCSI ID 5.

Individuelle CDs werden normalerweise über vordefinierte Dateisysteme gemountet. So mountet etwa der folgende Befehl ein generisches CD-ROM-Dateisystem an /cdrom:

```
# mkdir /cdrom
# crfs -v cdrfs -p ro -d cd0 -m /cdrom -A no
```

Das Dateisystem wird nur mit Leserechten und zudem beim Booten nicht automatisch gemountet. Eine CD könnte nun mit dem Befehl mount /cdrom gemountet werden.

Mit dem Befehl lsfs können Sie sich alle definierten CD-ROM-Dateisysteme ausgeben lassen:

```
$ lsfs -v cdrfs
Name       Nodename   Mount Pt    VFS     Size    Options  Auto  Acct
/dev/cd0   --         /cdrom      cdrfs   --      ro       no    no
```

Der Solaris Media-Handling-Daemon

Solaris hat eine Volume-Management-Einrichtung, die vom vold-Daemon kontrolliert wird. Sie mountet CDs und Disketten in Verzeichnisbäumen, die bei /cdrom und /floppy beginnen. Dabei werden entsprechende Unterverzeichnisse angelegt, die nach den Labeln der aktuellen Medien benannt sind (bzw. *unnamed_cdrom* und *unnamed_floppy*, wenn keine Labels vorhanden sind).

Es gibt zwei Konfigurationsdateien, die mit der Volume-Management-Einrichtung verknüpft sind. */etc/vold.conf* spezifiziert die Geräte, die es kontrolliert, und die Dateisystemtypen, die es unterstützt:

```
# Konfigurationsdatei für den Volume-Daemon
#

# Zu verwendende Datenbank (muss erster Eintrag sein)
db db_mem.so

# Unterstützte Labels
label dos label_dos.so floppy
label cdrom label_cdrom.so cdrom
label sun label_sun.so floppy

# Zu verwendende Geräte
use cdrom drive /dev/dsk/c0t6 dev_cdrom.so cdrom0
use floppy drive /dev/diskette dev_floppy.so floppy0

# Aktionen
insert /vol*/dev/diskette[0-9]/* user=root /usr/sbin/rmmount
insert /vol*/dev/dsk/* user=root /usr/sbin/rmmount
eject /vol*/dev/diskette[0-9]/* user=root /usr/sbin/rmmount
eject /vol*/dev/dsk/* user=root /usr/sbin/rmmount
notify /vol*/rdsk/* group=tty /usr/lib/vold/volmissing -c

# Liste der Dateisysteme, bei denen der Auswurf unsicher ist
unsafe ufs hsfs pcfs
```

Der Abschnitt namens Aktionen enthält die Befehle, die ausgeführt werden, wenn bestimmte Ereignisse eintreten – beispielsweise wenn Medien eingelegt oder entfernt werden. Der letzte Abschnitt führt die Dateisystemtypen auf, die mit umount deaktiviert werden müssen, bevor sie entfernt werden können. Hier muss der Benutzer also den eject-Befehl ausführen.

Wenn Sie eine gemountete CD über das Netzwerk bereitstellen wollen, müssen Sie noch einen Eintrag in */etc/rmmount.conf* aufnehmen:

```
# Zu entfernende Media Mounter-Konfigurationsdatei
#

# Dateisystem-Identifikation
ident hsfs ident_hsfs.so cdrom
ident ufs ident_ufs.so cdrom floppy
ident pcfs ident_pcfs.so floppy

# Aktionen
action -premount floppy action_wabi.so.1
action cdrom action_filemgr.so
action floppy action_filemgr.so

# Dateisystem-Sharing
share cdrom*
share solaris_2.x* -o ro:phys
```

Die Einträge zur gemeinsamen Nutzung von Dateien stehen im letzten Abschnitt. Es ist ein Eintrag enthalten, der die gemeinsame Nutzung von standardmäßigen CD-ROM-Dateisystemen (gemountet an */cdrom/cdrom**) erlaubt. Das -o im zweiten Eintrag dieses

Abschnitts übergibt Optionen an share, die den Zugriff einschränken. Bei Bedarf können Sie den Eintrag für CD-ROM-Laufwerke entsprechend anpassen. Gemeinsam verwendete CD-ROM-Dateisysteme können von anderen Systemen mit dem mount-Befehl eingebunden und in die entsprechenden /etc/vfstab-Dateien eingetragen werden.

Tru64 hat ebenfalls einen vold-Daemon. Allerdings ist er Teil des so genannten Logical Storage Managers und führt daher eine völlig andere Funktion aus.

Dateisysteme gemeinsam nutzen

Der letzte Abschnitt dieses Kapitels behandelt die gemeinsame Nutzung lokaler Dateisysteme mit anderen Systemen (Filesharing), auch mit Windows-Systemen. Wir betrachten dabei NFS, die am weitesten verbreitete Filesharing-Einrichtung unter Unix, und Samba, das Unix-Dateisysteme für Windows-Systeme zugänglich macht.

Weiterführende Informationen zu NFS finden Sie in *NFS und NIS* von Hal Stern, Mike Eisler und Ricardo Labiaga (O'Reilly Verlag). Mehr Informationen zu Samba finden Sie in den Büchern *Teach Yourself Samba in 24 Hours* von Gerald Carter mit Richard Sharpe (SAMS) und *Samba* von Robert Eckstein, David Collier-Brown und Peter Kelly (O'Reilly Verlag).

NFS

Das Network File System (Netzwerk-Dateisystem, kurz NFS) macht es möglich, Dateisysteme, die sich physikalisch auf einem bestimmten Rechner befinden, anderen Rechnern im Netz zur Verfügung zu stellen. Das NFS-Dateisystem stellt sich dabei dem Benutzer als ganz gewöhnliches Dateisystem dar, wie es auch auf einer lokalen Festplatte existiert.[27] NFS ist bei allen Unix-Systemen vorhanden.

NFS verwendet die folgenden Konfigurationsdateien:

/etc/fstab (*/etc/vfstab* unter Solaris)
Entfernte Dateisysteme werden in die Dateisystem-Konfigurationsdatei eingetragen, wobei sie sich nur leicht von regulären Einträgen unterscheiden.

/etc/exports
Legt fest, welche lokalen Dateisysteme entfernten Rechnern zur Verfügung gestellt werden und zu welchen Bedingungen bzw. mit welchen Restriktionen dies geschieht. Auf Solaris-Systemen wird diese Datei nicht verwendet, */etc/dfs/dfstab* übernimmt aber eine vergleichbare Funktion.

Tabelle 10-10 führt die von NFS verwendeten Daemons auf sowie die Dateien, die sie in den verschiedenen Unix-Versionen ausführen.

---

[27] NFS geht allerdings davon aus, dass die Benutzer Accounts besitzen, die auf beiden Systemen die gleiche UID aufweisen.

Tabelle 10-10: NFS-Daemons[a]

Aspekt	AIX	FreeBSD	HP-UX	Linux	Solaris	Tru64
Haupt-NFS-Daemon	nfsd	nfsd	nfsd	rpc.nfsd	nfsd	nfsd
Behandlung von mount-Requests	mountd	mountd	mountd	rpc.mountd	mountd	mountd
Block/asynch. E/A	biod	nfsiod	biod			nfsiod
Locking von Dateien	rpc.lockd	rpc.lockd	rpc.lockd	rpc.lockd	lockd	Rpc.lockd
Monitor zum Netzwerkstatus	rpc.statd	rpc.statd	rpc.statd	rpc.statd	statd	Rpc.statd
RPC-Port-Mapper	portmap	portmap	portmap	portmap	rpcbind	portmap
Boot-Skript(en)[a]	/etc/rc.nfs	/etc/rc.network	/sbin/init.d/nfs.*	/etc/init.d/nfs.*	/etc/init.d/nfs.*	/etc/init.d/nfs.*

a Der portmap-Daemon wird als Teil der allgemeinen TCP/IP-Initialisierung von einer anderen Datei gestartet.

Ein paar Bemerkungen zu einigen dieser Daemons sind wohl angebracht:

- Der nfsd-Daemon kümmert sich um den Export von Dateisystemen und den Dateizugriff von entfernten Systemen. Ein NFS-Server – d.h. jedes System, das seine Dateisysteme anderen Rechnern zugänglich macht – führt mehrere Instanzen dieses Daemons aus.
- Der biod-Daemon führt (blockorientierte) Ein-/Ausgabeoperationen für Client-Prozesse aus. Auf NFS-Servern laufen normalerweise mehrere dieser Daemons.
- Der mountd-Daemon behandelt mount-Anforderungen entfernter Systeme.
- Der rpc.lockd-Daemon verwaltet bei Servern und Clients das Sperren von Dateien.
- Der rpc.statd-Daemon übernimmt für Server und Clients bei Lock-Problemen und Abstürzen die Wiederherstellung.
- Der portmap-Daemon stellt die Verbindung zwischen lokalen und entfernten Servern her (kein echter NFS-Daemon, wird von der Einrichtung aber benötigt, um arbeiten zu können).

Wie Tabelle 10-10 zeigt, variieren die Namen dieser Daemons auf einigen Systemen.

Mounten entfernter Verzeichnisse

Wie bereits erwähnt, können entfernte Dateisysteme in die Dateisystem-Konfigurationsdatei eingetragen werden und so während des Boot-Vorgangs automatisch gemountet werden. Das Format eines NFS-Eintrags sieht wie folgt aus:

```
Host:Pfadname Mountpunkt nfs Optionen 0 0
```

Das erste Feld enthält den Namen des entfernten Hosts, gefolgt von einem Doppelpunkt und dem Pfadnamen zum Mountpunkt des zu exportierenden Dateisystems. Um zum Beispiel das Dateisystem anzusprechen, das auf dem Rechner *duncan* unter */organic* gemountet ist, verwenden Sie *duncan:/organic*. Der Dateisystemtyp lautet nfs und die restlichen

Felder haben ihre übliche Bedeutung. Beachten Sie, dass die Dump-Frequenz und die
fsck-Reihenfolge auf null gesetzt sein sollten.

Hier ein Beispiel:

```
# Gerät              Mountpunkt         Typ    Optionen   dump  fsck
duncan:/organic      /duncan/organic    nfs    bg,intr    0     0
```

Bei Solaris-Systemen sieht der */etc/vfstab*-Eintrag wie folgt aus:

```
# Mount-             fsck-
# Device             Dev    Mountpunkt        Typ   Folge  Auto?  Optionen
duncan:/organic      -      /remote/organic   nfs   -      yes    bg,intr
```

Neben den Optionen für lokale Dateisysteme gibt es viele weitere Optionen für entfernte Dateisysteme. Die wichtigsten sind in Tabelle 10-11 aufgeführt.

Tabelle 10-11: Wichtige NFS-spezifische Mount-Optionen

Option	Bedeutung
bg	Scheitert der erste Versuch, ein Dateisystem über NFS zu mounten, versucht der Rechner es im Hintergrund noch einmal. Diese Option beschleunigt den Boot-Vorgang des Rechners, wenn entfernte Dateisysteme zeitweise nicht zur Verfügung stehen.
retry=n	Legt die Anzahl der Mount-Versuche fest (voreingestellt sind 100.000), bevor der Rechner aufgibt.
timeo=n	Setzt den Timeout auf n Zehntelsekunden. Der Timeout legt fest, wie lange auf eine NFS-Anforderung gewartet werden soll, bevor der Rechner aufgibt. Nach jedem vergeblichen Versuch verdoppelt sich das Timeout-Intervall.
retrans=n	Bestimmt die Anzahl der Versuche (n), eine NFS-Anforderung neu zu übertragen, bevor aufgegeben wird (voreingestellt sind 3 Versuche).
soft, hard	Legt fest, ob trotz retrans-Überlauf weiterhin versucht werden soll, eine Verbindung zum NFS-Server aufzubauen.
intr	Erlaubt, einen hängenden Prozess mit einem Interrupt zu beenden.
rsize=n wsize=n	Die Größe des Schreib- bzw. Lesepuffers in Byte. Die Anpassung dieser Größen kann bei einigen Systemen einen erheblichen Einfluss auf die NFS-Performance haben.

Die Optionen soft und hard bedürfen einer weiteren Erläuterung. Sie legen fest, wie sich ein NFS-Client verhalten soll, wenn ein entferntes Dateisystem nicht oder nicht mehr zur Verfügung steht. Wurde das entfernte Dateisystem mit der Option hard gemountet, wird der NFS-Client versuchen, alle nicht abgeschlossenen I/O-Operationen abzuschließen, selbst wenn der retrans-Wert schon überschritten wurde. Ist das Dateisystem jedoch mit soft gemountet, meldet der NFS-Client einen Fehler und gibt auf.

Ist ein entferntes Dateisystem mit hard und ohne die Option intr gemountet, hängt der Prozess, bis das NFS-Dateisystem wieder zur Verfügung steht. Besonders bei einem interaktiven Prozess ist das mehr als lästig. Wurde beim Mounten die Option intr angegeben, kann der Prozess mit einem Interrupt-Signal beendet werden. Interaktiv geschieht das üblicherweise durch Eingabe von Strg-C (allerdings stirbt der Prozess nicht sofort, Sie müssen den Timeout abwarten). Bei einem Hintergrundprozess hilft es üblicherweise, ein INT (2)- oder QUIT (3)-Signal zu senden (dessen Wirkung aber erneut nicht unmittelbar zu erkennen sein muss):

```
# kill -QUIT 34216
```

Ein KILL-Signal (–9) beendet einen hängenden NFS-Prozess nicht.

Es mag den Anschein haben, dass das soft-Mounten eines NFS-Dateisystems das Problem hängender Prozesse umgeht. Dies ist jedoch nur für nur lesbar gemountete Dateisysteme der Fall. Eine NFS-Anforderung könnte auf ein zum Schreiben gemountetes Dateisystem schreiben wollen. Wird nach einem solchen vergeblichen Versuch zu schnell aufgegeben, könnte dieser Abbruch Dateien beschädigen. Es ist also empfehlenswert, zum Schreiben gemountete Dateisysteme hard zu mounten und die Option intr mit anzugeben, um den Benutzer selbst entscheiden zu lassen, was er mit dem hängenden Prozess anfangen will.

Hier nun einige weitere Beispiele für */etc/fstab*-Einträge entfernter Dateisysteme:

```
duncan:/benzene    /rings    nfs rw,bg,hard,intr,retrans=5  0  0
portia:/propel     /peptides nfs ro,soft,bg,nosuid           0  0
```

Der erste Eintrag mountet das Dateisystem, das auf dem Rechner *duncan* unter */benzene* gemountet ist, lokal unter */rings* zum Lesen und Schreiben. Es handelt sich hierbei um einen hard-Mount, der Interrupts (Option *intr*) zulässt. Der zweite Eintrag mountet das Dateisystem */propel* auf *portia* lokal unter */peptides* zum Lesen. Ein etwaiger SUID-Status einer Datei in diesem Dateisystem wird auf dem lokalen Rechner ignoriert.

Bei AIX besitzen entfernte Dateisysteme Einträge in */etc/filesystems*, die den lokalen Dateisystemen entsprechen, aber einige zusätzliche Schlüsselwörter haben:

```
/rings:  Lokaler Mountpunkt.
    dev      = /benzene         Entferntes Dateisystem.
    vfs      = nfs              Typ ist NFS.
    nodename = duncan           Entfernter Host.
    mount    = true             Beim Booten mounten.
    options  = bg,hard,intr     Mount-Optionen.
```

Sobald die Dateisystem-Konfigurationsdatei richtig definiert ist, kann die Kurzform des mount-Befehls zum Mounten des Dateisystems verwendet werden. Zum Beispiel mountet der folgende Befehl das richtige Dateisystem bei */rings*:

```
# mount /rings
```

Der mount-Befehl kann auch verwendet werden, um das entfernte Dateisystem ad hoc zu mounten:

```
# mount -t nfs -o omrw,hard,bg,intr duncan:/ether /mnt
```

Dieser Befehl mountet des Dateisystem */ether* von *duncan* unter */mnt* im lokalen Dateisystem. Beachten Sie, dass die Option, die den Dateisystem-Typ festlegt, von System zu System variiert. Tatsächlich ist der Dateisystem-Typ häufig überflüssig.

Exportieren lokaler Dateisysteme

Die Datei */etc/exports* kontrolliert (mit Ausnahme von Solaris, siehe unten), welche lokalen Dateisysteme für andere Rechner im Netz zugänglich sind. Normalerweise besteht sie aus einer Anzahl von Zeilen, die den Mountpunkt des Dateisystems, gefolgt von einem oder mehreren Hostnamen, enthalten:

```
/organic    spain canada
/inorganic
```

Die obige Datei erlaubt den Rechnern *spain* und *canada* den Zugriff auf das Dateisystem */organic*. Außerdem stellt sie das Dateisystem */inorganic* allen Rechnern im Netz zur Verfügung.

Die bisherigen Beispiele zeigen nur die einfachsten Optionen für den Export von Dateisystemen. Tatsächlich kann jedes einzelne Dateisystem, jedes Verzeichnis oder jede Datei exportiert werden, nicht nur das gesamte Dateisystem. Darüber hinaus ist eine größere Kontrolle über die Art des erlaubten Zugriffs möglich. Einträge in */etc/exports* bestehen aus Zeilen der Form:

```
Pfadname -Option,Option...
```

Pfadname steht für den absoluten Namen der Datei oder des Verzeichnisses, für den der Netzwerkzugriff erlaubt sein soll. Handelt es sich beim Pfadnamen um ein Verzeichnis, so werden alle Dateien und Verzeichnisse, die sich im gleichen lokalen Dateisystem unterhalb des zu exportierenden Verzeichnisses befinden, mit exportiert. Darin gemountete Dateisysteme werden hingegen nicht exportiert. Das Optionen-Feld bestimmt, wer welchen Zugriff auf das zu exportierende Verzeichnis erhalten soll.

Ein Dateisystem darf an einen bestimmten Host nur einmal exportiert werden. Der Export zweier verschiedener Verzeichnisse innerhalb des gleichen Dateisystems an den gleichen Host funktioniert im Allgemeinen nicht.

Hier einige Beispieleinträge aus */etc/exports* (beachten Sie, dass nur der ersten Option ein Bindestrich voransteht):

```
/organic    -rw=spain,access=brazil:canada,anon=-1
/metal/3    -access=duncan:iago,root=duncan
/inorganic  -ro
```

Diese Datei erlaubt dem Host *spain*, */organic* zu mounten und lesend/schreibend darauf zuzugreifen. Die Hosts *brazil* und *canada* dürfen es zum Lesen mounten. *Anonyme* Benutzer, d.h. Benutzernamen von anderen Hosts, die auf dem lokalen System nicht existieren, und der Benutzer *root* jedes anderen Systems erhalten die UID −1. Das ist der *nobody*-Account und er weist NFS an, einem solchen Benutzer nichts zu erlauben. Eine UID von −2 würde bei manchen Systemen den Zugriff auf Dateien, die allgemein lesbar sind, erlauben. Die Option -rw exportiert das Verzeichnis mit Schreib-/Leseberechtigung an die Hosts, die als Argument übergeben wurden. Alle anderen erlaubten Hosts erhalten nur Leserecht. Dieser Zugriff wird als *read-mostly* bezeichnet.

Beachten Sie, dass die Hosts in einer Liste durch Doppelpunkte voneinander getrennt werden.

Der zweite Eintrag erlaubt den Hosts *duncan* und *iago* den Schreib-/Lesezugriff auf */metal/3*. Den *root*-Benutzern auf *duncan* bleiben dabei der Status und die Zugriffsrechte erhalten. Der dritte Eintrag stellt */inorganic* jedem Host zur Verfügung, der darauf lesend zugreifen möchte.

Tabelle 10-12 führt die nützlichsten Optionen der *exports*-Datei auf.

Tabelle 10-12: Nützliche Optionen der exports-Datei

Option	Bedeutung
rw=Liste ro=Liste	Zugriffslisten mit Schreib/Lese- (rw) bzw. Nur-Lese-Rechten (ro). Voreingestellt ist rw.
root=Liste	Liste der Hosts, bei denen *root*-Status für das Dateisystem erlangt werden kann.
anon=UID	Entfernten Root-Zugriff auf diese UID abbilden.
maproot=UID	Entfernten Root-Zugriff auf diese UID abbilden (FreeBSD).
mapall=UID	Alle entfernten Benutzer auf diese UID abbilden (FreeBSD).
root_squash	UID 0 und GID 0 auf den anonymen Wert abbilden (unter Linux auf den Wert, der über die Optionen anonuid und anongid festgelegt wurde). Entspricht der Voreinstellung.
anonuid=UID anongid=GID	UID/GID, auf die eingehende *root*/group 0-Zugriffe abgebildet werden sollen (Linux).
noaccess	Verhindert den Zugriff auf das angegebene Verzeichnis und dessen Unterverzeichnisse (Linux). Diese Option verhindert den Zugriff auf Teile des Dateibaums, die bereits exportiert wurden.
secure	Zugriffe müssen über den normalen privilegierten NFS-Port erfolgen (Linux). Entspricht der Voreinstellung. Es ist nicht empfehlenswert, jemals die Option insecure zu verwenden.

Wird */etc/exports* modifiziert, muss der Befehl exportfs ausgeführt werden, um die neuen Zugriffsbeschränkungen in Kraft treten zu lassen. Der folgende Befehl aktiviert alle Zugriffsinformationen in */etc/exports*:

```
# exportfs -a
```

FreeBSD stellt keinen exportfs-Befehl zur Verfügung. Sie können stattdessen den folgenden Befehl verwenden:

```
# kill -HUP `cat /var/run/mountd.pid`
```

Tru64 besitzt ebenfalls kein exportfs. Der NFS-Daemon mountd erkennt Änderungen der Datei automatisch.

Der Befehl showmount kann benutzt werden, um die exportierten Dateisysteme aufzuführen (Option -e) oder um die Namen der Rechner, die Dateisysteme vom Server gemountet haben, anzuzeigen (-a). Im folgenden Beispiel haben die Rechner *spain* und *brazil* das Dateisystem */organic* gemountet:

```
# showmount -a
brazil:/organic
spain:/organic
```

Die Daten werden in der Datei */etc/rmtab* gespeichert. Diese Datei wird beim Neustart des Servers nicht gelöscht, so dass sie recht alte Informationen enthalten kann. Es bietet sich also an, sie von Zeit zu Zeit manuell zu löschen, indem man */dev/null* auf sie kopiert (die Boot-Skripten des Systems kümmern sich beim Start von NFS automatisch darum).

Wenn Sie Probleme haben, die lokalen Dateisysteme eines bestimmten Systems zu mounten, dann stellen Sie zuerst sicher, dass die NFS-Server-Daemons alle laufen. Diese Daemons werden oft nicht standardmäßig gestartet. Sollten sie nicht laufen, können Sie sie mit Hilfe des in Tabelle 10-10 aufgeführten Boot-Skripts starten.

Verzeichnisse unter Linux exportieren. Die *exports*-Datei hat bei Linux-Systemen ein etwas anderes Aussehen. Optionen werden in Klammern am Ende des Eintrags eingefügt:

```
/organic    spain(rw) brazil(ro) canada(ro)
/metal/3    *.ahania.com(rw,root_squash)
/inorganic  (ro)
```

Entsprechend dieser Datei wird */organic* mit Schreib-/Leserechten an *spain* und mit Leserechten an *brazil* und *canada* exportiert. */metal/3* wird mit Schreib-/Leserechten an jeden Host in der Domain *ahania.com* exportiert, wobei Zugriffe über UID 0 auf den Account *nobody* abgebildet werden. */inorganic* wird mit Leserechten für alle exportiert.

Dateisysteme unter Solaris exportieren. Bei Solaris-Systemen werden Dateisysteme über die Konfigurationsdatei */etc/dfs/dfstab* exportiert. Diese Datei enthält die zum Export benötigten share-Befehle. Hier das *dfstab*-Äquivalent zur obigen *exports*-Datei:

```
share -F nfs -o rw=spain,access=brazil:canada,anon=-1 /organic
share -F nfs -o access=duncan:iago,root=duncan /metal/3
share -F nfs -o ro /inorganic
```

Der erste Eintrag exportiert das Dateisystem */organic* zum Lesen und Schreiben an den Host *spain* und zum Lesen an *brazil* und *canada*. Benutzern ohne lokalen Account wird der Zugriff verwehrt.

Um die Zugriffsbeschränkungen vor dem nächsten Booten in Kraft treten zu lassen, müssen die gleichen Befehle wie oben von Hand ausgeführt werden (und mountd muss laufen).

Der NFS-Automounter

Sobald ein Netzwerk eine bestimmte Anzahl von Systemen enthält, kann der Versuch, auch nur ein oder zwei Dateisysteme von jedem Rechner zu mounten, zu einem Alptraum werden. Der NFS-Automounter wurde entworfen, um solchen Situationen zu begegnen. Entfernte Verzeichnisse werden nur gemountet, wenn sie benötigt werden, d. h. wenn ein Benutzer oder ein Prozess eine Datei oder ein Verzeichnis innerhalb dieses Dateisystems anspricht. Verzeichnisse, die für eine bestimmte Zeit nicht angesprochen wurden, werden automatisch deaktiviert.

Die Verwendung des Automounters kann die Verwaltung entfernter Verzeichnisse vereinfachen. Die Dateisystem-Konfigurationsdatei ist einfacher, weil sie nur die lokalen Dateisysteme und vielleicht ein oder zwei entfernte Dateisysteme oder Verzeichnisse enthält. Das Booten geht schneller vonstatten, weil NFS-Mounts später ausgeführt werden. Systeme können zudem unerwartet heruntergefahren werden, ohne größere Defekte und aufgehängte Prozesse zu hinterlassen.

Der Automounter arbeitet so, dass er Zugriffe auf die von ihm kontrollierten entfernten Verzeichnisse erkennt. Tritt ein solches Ereignis ein, mountet der Automounter das entfernte Dateisystem in einem Verzeichnis, das als so genannter *Staging-Bereich* – üblicherweise */tmp_mnt* – bezeichnet wird. Gleichzeitig erzeugt der Automounter einen symbolischen Link auf den Mountpunkt, der vom Benutzer erwartet wird. Wenn zum Beispiel ein Benutzer versucht, die Datei */data/organic/strained/propell.com* zu kopieren, und es handelt sich bei */organic* um ein entferntes Verzeichnis auf dem Host *spain*, dann mountet der Automounter das entfernte Verzeichnis an */tmp_mnt* und erzeugt einen Link auf den lokalen Mountpunkt */data/organic*. Für den Benutzer sieht es so aus, als wäre die Datei wirklich in */data/organic/strained* vorhanden. Wenn er aber in das Verzeichnis */data/organic* wechselt und pwd ausführt, wird der echte Mountpunkt sichtbar. (Bis der Benutzer weiß, wie der Automounter funktioniert, können auch Befehle wie cd .. nach dem Wechsel in ein automatisch gemountetes Verzeichnis für Verwirrung sorgen.)

Der Automounter verwendet Konfigurationsdateien, die als *Maps* (Karten) bezeichnet werden. Es gibt zwei Arten solcher Maps:

- Direkte Maps enthalten Einträge entfernter Verzeichnisse, die bei Bedarf vom Automounter gemountet werden sollen. Diese Einträge sind einfach nur gekürzte Versionen der traditionellen */etc/fstab*-Einträge.
- Indirekte Maps werden für lokale Verzeichnisse verwendet, deren Unterverzeichnisse alle über NFS gemountet sind, sehr wahrscheinlich sogar von verschiedenen entfernten Hosts. Zum Beispiel werden üblicherweise alle Home-Verzeichnisse von Benutzern über eine indirekte Map verwaltet. Sie werden alle vom Automounter an einer Standardposition innerhalb des Dateisystems auf jedem System des Netzwerks gemountet, selbst wenn alle physikalisch in einem anderen System liegen.

Indirekte Maps werden wesentlich häufiger verwendet als direkte.

Direkte Maps werden per Konvention in */etc/map.direct* abgelegt. Nachfolgend ein Beispiel für einen Eintrag in einer direkten Map:

```
/metal/3    -intr    dalton:/metal/3
```

Dieser Eintrag stellt das Verzeichnis */metal/3* des Hosts *dalton* unter die Kontrolle des Automounters. Bei Bedarf wird es auf dem lokalen System als */metal/3* bereitgestellt. Verzeichnisse, die mit Hilfe direkter Maps verwaltet werden, verwenden den Staging-Bereich des Automounters nicht. Das zweite Feld des Eintrags enthält die Optionen des mount-Befehls.

Indirekte Maps werden generell nach den lokalen Verzeichnissen benannt, deren (potenziellen) Inhalt sie spezifizieren. Nachfolgend eine Kurzversion der indirekten Map */etc/auto.homes*, die für die Konfiguration des lokalen Verzeichnisses */homes* verwendet wird. Die Einträge spezifizieren die Positionen der verschiedenen Unterverzeichnisse von */homes*:

```
chavez-rw,intr   dalton:/home/chavez
harvey-rw,intr   iago:/home/harvey
wang-rw,intr     portia:/u/wang
stein-rw,intr    hamlet:/home/stein4
```

Das Format ist dem direkter Maps sehr ähnlich. In unserem Fall enthält das erste Feld den Namen des Unterverzeichnisses von /homes, über den das entfernte Verzeichnis logisch angesprochen wird. Beachten Sie, dass wir das Automounting bei /homes und nicht an der üblichen Position /home angesetzt haben, weil das Mischen lokaler und automatisch gemounteter Unterverzeichnisse im gleichen lokalen Verzeichnis nicht erlaubt ist.

Sobald der Automounter auf diese Weise auf jedem System konfiguriert wurde, sind die Home-Verzeichnisse bei allen Systemen, an denen der Benutzer arbeiten möchte, gleich. Sein Home-Verzeichnis wird immer die gleichen Dateien enthalten, gleichgültig, wo er sich einloggt.

Der Automounter verwendet den automount-Daemon, der mit einem Befehl wie dem folgenden gestartet werden kann:

```
# automount -tl 600 /homes /etc/auto.homes /- /etc/auto.direct
```

Die Option -tl legt fest, wie lange ein Verzeichnis unbenutzt gewesen sein muss, bevor es automatisch mit umount deaktiviert wird. Der Wert wird in Sekunden angegeben und ist auf fünf Minuten voreingestellt. Die nächsten beiden Argumente veranschaulichen, mit welcher Methode lokale Verzeichnisse und die entsprechenden indirekten Maps unter die Kontrolle des Automounters gestellt werden. Die beiden letzten Argumente veranschaulichen, wie eine indirekte Map spezifiziert wird. Das lokale Verzeichnis wird für eine direkte Map immer mit /- angegeben. Ein Befehl wie der oben gezeigte muss im System-Initialisierungsskript eingetragen (oder auskommentiert) werden, damit der Automounter beim Booten automatisch gestartet wird.

Wenn Sie den Automounter aus irgendeinem Grund anhalten wollen, müssen Sie den kill-Befehl ohne irgendwelche Signaloptionen angeben. Damit senden Sie dem Prozess ein TERM-Signal und erlauben ihm, sauber abzubrechen und hinter sich aufzuräumen:

```
# kill `ps -ea | grep automoun | awk '{print $1}'`
```

Wenn Sie kill -9 aufrufen, sind hängende Prozesse und nicht zu löschende Phantomdateien das übliche Resultat.

Samba

Das freie Samba erlaubt die Nutzung von Unix-Dateisystemen durch Windows-Rechner. Samba unterstützt hierzu das SMB-Protokoll (Server Message Block),[28] das Microsoft-eigene Protokoll für die gemeinsame Nutzung von Ressourcen im Netzwerk. Das Paket ist für alle von uns betrachteten Unix-Versionen verfügbar.

Mit Samba können Sie Unix-Dateisysteme wie freigegebene Windows-Dateisysteme aussehen lassen und so den Zugriff über normale Windows-Einrichtungen und Befehle wie net use ermöglichen. Linux-Systeme können über eine ähnliche Einrichtung auch Windows-Dateisysteme in das Unix-Dateisystem einbinden.

---

28 Auch als Common Internet File System (CIFS) bekannt (diese Woche...).

Die Installation von Samba ist recht einfach. Die vorhin erwähnten Bücher beschreiben diese Prozedur sehr ausführlich. Sobald Sie Samba kompiliert haben, besteht der nächste Schritt darin, die Samba-Konfigurationsdatei *smb.conf* anzulegen. Diese Datei wird üblicherweise im *lib*-Unterverzeichnis des Samba-Hauptverzeichnisses oder in */etc/samba* abgelegt.

Hier eine einfache Version dieser Datei:

```
[global]                                  Für alle Exporte geltende globale Einstellungen.
hosts allow = vala, pele
hosts deny = lilith
valid users = dagmar, @chem, @phys, @bio, @geo
invalid users = root, admin, administrator
max log size = 2000                       Log-Größe in KB.
[chemdir]                                 Verzeichnis (Share) für den Export definieren.
path = /chem/data/new                     Freizugebender lokaler (Unix-)Pfad.
comment = New Data                        Beschreibung des Dateisystems.
read only = no                            Dateisystem kann auch geschrieben werden.
case sensitive = yes                      Groß-/Kleinschreibung bei Dateinamen beachten.
force group = chemists                    Alle Benutzerzugriffe in diese Unix-Gruppe abbilden.
read list = dagmar, @chem, @phys          Leserechte für diese Benutzer/Gruppen.
write list = @chem                        Schreibrechte für diese Benutzer/Gruppen.
```

Der erste Abschnitt der Konfigurationsdatei, der durch die Zeile [global] eingeleitet wird, legt globale Samba-Einstellungen fest, die für alle über diese Einrichtung exportierten Dateisysteme gelten. Die ersten beiden Zeilen legen entfernte Systeme fest, die auf Samba-Dateisysteme zugreifen bzw. nicht zugreifen dürfen. Die beiden nächsten Zeilen legen in ähnlicher Weise fest, welche Unix-Benutzer und -Gruppen zugreifen bzw. nicht zugreifen dürfen. (Beachten Sie, dass Gruppennamen das at-Zeichen vorangestellt ist: *@chem*.) Die letzte Zeile des ersten Abschnitts gibt die maximale Größe der Samba-Logdatei in KB an.

Der zweite Abschnitt dieser Samba-Konfigurationsdatei definiert ein Dateisystem für den Export (ein sog. Share). In diesem Fall besteht er aus dem lokalen Pfad */chem/data/new*, wobei der Zugriff von entfernten Systemen über den Share-Namen *chemdir* (definiert in der Kopfzeile des Abschnitts) erfolgt. Dieses Dateisystem wird mit Schreib-/Leserechten exportiert und die Groß-/Kleinschreibung von Dateinamen wird beachtet. Alle eingehenden Zugriffe auf das Dateisystem werden behandelt, als wäre der Benutzer ein Mitglied der lokalen Unix-Gruppe *chemists*. Die Windows-Benutzerin *dagmar* und die Gruppen *chem* und *phys* dürfen lesend auf das Dateisystem zugreifen, während die Mitglieder der Windows-Gruppe *chem* auch Schreibrechte besitzen. Ob eine einzelne Datei gelesen oder geschrieben werden darf, wird aber immer noch über ihre jeweiligen Unix-Dateizugriffsrechte festgelegt.

Home-Verzeichnisse von Benutzern werden etwas anders über Konfigurationsdatei-Einträge wie diese festgelegt:

```
[homes]                                   Spezielles Homes-Share.
comment = Home-Verzeichnisse
writeable = yes
valid users = %S                          %S wird zum Share-Namen aufgelöst (hier = Benutzername).
```

Diese Einträge erzeugen ein Share für jedes Home-Verzeichnis lokaler Unix-Benutzer (wie sie in der Passwortdatei definiert sind). Tatsächlich werden diese Shares erst beim Zugriff erzeugt. Versucht die Benutzerin *chavez* zum Beispiel, auf das Share \\india\home zuzugreifen (wobei *india* ein Unix-System ist), wird das Share \\india\chavez erzeugt und ihr präsentiert. Nur sie ist in der Lage, auf dieses Share zuzugreifen, auf Grund der valid users-Zeile in der obigen Definition. Allen anderen Benutzern wird der Zugriff verwehrt. Die Benutzerin *chavez* kann über \\india\homes oder über \\india\chavez auf das Share zugreifen.

Sie können den Befehl testparm verwenden, um die Syntax einer Samba-Konfigurationsdatei vor der Installation zu überprüfen. Alle Details zu den Einträgen in der Konfigurationsdatei finden Sie in der Samba-Dokumentation.

Ein weiteres nützliches Samba-Feature ist die Datei zur Abbildung von Benutzernamen. Sie legen diese Datei mit einem Konfigurationsdatei-Eintrag wie dem folgenden fest:

```
username map = /etc/samba/smbusers
```

Einträge innerhalb dieser Datei sehen wie folgt aus:

```
# Unix = Windows
chavez = rachel
root = Administrator admin          Mehrere Namen sind erlaubt.
quigley = "Filbert Quigley"         Namen mit Leerzeichen in Anführungszeichen setzen.
```

Diese Dateien können unerwartete Effekte nach sich ziehen. Verlangt das Unix-System beispielsweise ein Passwort, bevor der Zugang gewährt wird, dann wird hier das Passwort für den Unix-Account verlangt. Das kann sehr verwirrend sein, wenn die Abbildung den Benutzer auf einen Account verweist, der nicht mit seinem üblichen übereinstimmt. Darüber hinaus spiegeln die Share-Namen wieder den abgebildeten Unix-Benutzernamen wider.

Der Befehl smbstatus kann verwendet werden, um die aktuellen entfernten Benutzer lokaler Dateisysteme des Unix-Systems auszugeben:

```
$ smbstatus
Samba version 1.9.16
Service    uid      gid      pid     machine
---------------------------------------------
chemdir    nobody   chemists 14810   vala (192.168.13.34) Jul 14 11:51:07
No locked files
```

Samba-Authentifizierung

Generell fragt Samba den Benutzer bei Bedarf nach seinem Passwort. Standardmäßig wird dieses Passwort unverschlüsselt (also im Klartext) über das Netzwerk übertragen. Diese Praxis ist sehr unsicher und für die meisten Sites nicht akzeptabel. Samba kann wie folgt modifiziert werden, um nur mit verschlüsselten Passwörtern zu arbeiten:

- Erweitern Sie den globalen Abschnitt der Samba-Konfigurationsdatei um folgende Einträge:

```
encrypt passwords = yes
security = user
```

- Verwenden Sie das dem Samba-Quellcode beiliegende Skript `mksmbpasswd.sh`, um eine erste Samba-Passwortdatei zu generieren. Hier ein Beispiel:

    # cat /etc/passwd | mksmbpasswd.sh > /etc/samba/private/smbpasswd

    Die Datei *smbpasswd* sollte *root* gehören und den Modus 600 aufweisen. Das Unterverzeichnis, in dem diese Datei liegt, sollte mit dem Modus 500 gesichert werden.

Sobald verschlüsselte Passwörter aktiv sind, müssen die Benutzer den `smbpasswd`-Befehl verwenden, um ihre Samba-Passwörter zu setzen.

Sie können einen einzelnen Unix-Server zur Authentifizierung aller Samba-Passwörter verwenden, indem Sie die folgenden Einträge in die Konfigurationsdatei aufnehmen:

    security = server
    password server = Host
    encrypt passwords = yes

Sie können Samba mit einem Windows-Domain-Controller authentifizieren, indem Sie die folgenden Einträge in der Konfigurationsdatei verwenden:

    security = Domain
    workgroup = Domain
    password server = Domain-Controller
    encrypt passwords = yes

Details zu diesem Thema (und wie man einen Samba-Server als Windows-Domain-Controller nutzen kann) finden Sie in der Samba-Dokumentation und den vorhin genannten Büchern.

Mounten von Windows-Dateisystemen unter Linux und FreeBSD. Das Samba-Paket enthält das Utility `smbclient`, mit dessen Hilfe Sie von einem Unix-System aus auf entfernte SMB-basierte Shares zugreifen können. Es verwendet eine FTP-ähnliche Schnittstelle.

Einen wesentlich besseren Ansatz bietet der bei Linux-Systemen fest eingebaute Dateisystem-Typ smbfs. Der folgende Befehl mountet beispielsweise das Share *depot* auf *vala* als lokales Verzeichnis */win_stuff*:

    # mount -t smbfs -o username=Benutzer,password=xxx //vala/depot /win_stuff

Dieser Befehl stellt die Verbindung zum angegebenen Benutzer-Account des Windows-Systems mit dem angegebenen Passwort her. Fehlt das Passwort, werden Sie nach dem richtigen Passwort gefragt. Wenn Sie ein Passwort in */etc/fstab* eintragen, müssen Sie sicherstellen, dass diese Datei vor normalen Benutzern geschützt wird. Generell sollten Sie nicht das Administrator-Passwort verwenden. Legen Sie einen nicht privilegierten Benutzer-Account an, der stattdessen zum Mounten verwendet wird.

Eine ähnliche Einrichtung ist unter FreeBSD Version 4.5 (und höher) verfügbar. Ein Beispiel:

    # mount_smbfs -I vala //chavez@vala/depot /mnt
    Password: Wird nicht ausgegeben.

Passwörter können in einer Datei namens *$HOME/.nsmbrc* gespeichert werden. In diesem Fall erweitern Sie den Befehl um die Option `-N`, um die Passwortabfrage zu unterdrücken. Hier eine Beispieldatei:

```
[VALA:CHAVEZ:DEPOT]                server:benutzer:share
password=xxxxxxxx
```

Ja, die erste Zeile muss wirklich aus Großbuchstaben bestehen. (Uff!)

Sie können solche Dateisysteme auf beiden Systemen auch in */etc/fstab* eintragen. Die Einträge sehen wie folgt aus:

```
# entferntes Share      Mountpunkt    Typ    Optionen
//chavez@vala/depot     /depot/vala   smbfs  noauto 0 0                                FreeBSD
//vala/depot            /depot/vala   smbfs  noauto,username=chavez,password=x 0 0     Linux
```

Unter FreeBSD müssen Sie das Passwort in der Datei *.nsmbrc* eintragen, wenn ein entferntes Share automatisch gemountet werden soll.

KAPITEL 11
Datensicherung und -wiederherstellung

Jeder Benutzer eines Computersystems weiß, dass Dateien gelegentlich verloren gehen. Ein solcher Verlust kann verschiedene Gründe haben: Benutzer löschen aus Versehen ihre Dateien, ein Bug im Programm zerstört die mühsam eingegebenen Daten, ein Hardwarefehler vernichtet die Daten einer ganzen Festplatte und so weiter und so fort. Der Schaden, der sich aus einem solchen Datenverlust ergibt, kann gering, aber auch sehr teuer sein. Um sich dagegen abzusichern, besteht eine der Hauptaufgaben des Systemverwalters darin, ein Backup-System zu entwerfen und zu implementieren, das periodisch alle Daten des Systems sichert. Es ist ebenfalls Aufgabe des Systemverwalters sicherzustellen, dass die Backups pünktlich und regelmäßig durchgeführt und die Backup-Bänder (und anderen Medien) an einem sicheren und wohl behüteten Platz aufbewahrt werden. Dieses Kapitel beginnt mit einer Beschreibung der Backup-Strategien und -Optionen. Danach wenden wir uns den Werkzeugen zu, die die verschiedenen Unix-Versionen zu diesem Zweck bereitstellen.

Ein ausgezeichnetes Referenzwerk zur Datensicherung auf Unix-Systemen ist *Unix Backup and Recovery* von W. Curtis Preston (O'Reilly & Associates). Es behandelt die hier erläuterten Themen im Detail und geht auch auf Dinge ein, die über den Rahmen dieses Buches hinausgehen (z. B. die Sicherung und Wiederherstellung von Datenbanken).

Pläne für Ernstfälle und alltägliche Anwendungen

Die Entwicklung effektiver Backup-Strategien ist ein fortlaufender Prozess. Üblicherweise erben Sie etwas von Ihrem Vorgänger, wenn Sie ein existierendes System übernehmen, und machen die Dinge, die Sie immer machen, wenn Sie ein neues System bekommen. Das mag für eine Weile gut gehen, aber ich habe Unternehmen gesehen, die versucht haben, an ihren operatorbasierten Backup-Regeln festzuhalten, nachdem ihre mit Mainframes voll gestopften Räume durch dezentrale Workstations, die überall im Gebäude verteilt stehen, ersetzt wurden. Ein solcher Versuch ist ebenso komisch wie heldenhaft, endet aber sehr häufig in Verzweiflung, weil die veralteten Regeln nicht durch neue ersetzt wurden. In einem solchen Moment ist genau der richtige Zeitpunkt zur Entwicklung einer guten Backup-Strategie gekommen, ausgehend davon, wie Sie die Dinge gerade handhaben.

Grundsätzlich stellen Backups eine Art Versicherung dar. Sie repräsentieren Zeit, die Sie aufgewendet haben, um zukünftige Datenverluste zu verhindern. Die Zeit, die für einen Backup-Plan aufgewendet wird, muss mit dem Produktivitätsverlust, dem Termindruck und anderen Dingen verglichen werden, die auftreten, wenn die benötigten Dateien nicht vorhanden sind. Die generelle Forderung, die an jeden Backup-Plan gestellt werden muss, ist, dass er in der Lage sein muss, das gesamte System – oder Gruppen von Systemen – in einer angemessenen Zeitspanne wiederherzustellen, falls es zu einem größeren Fehler kommen sollte. Gleichzeitig sollte die Datensicherung aber komfortabel sein, und die Rücksicherung sollte einfach vonstatten gehen. Die Ansätze, die im Katastrophenfall und bei täglichen Sicherungen verwendet werden, sind häufig sehr verschieden. Der letztendliche Backup-Plan muss aber beide Fälle berücksichtigen (und wird die Unterschiede entsprechend widerspiegeln).

Es gibt sehr viele Faktoren, die bei der Entwicklung eines Backup-Plans zu berücksichtigen sind. Die wohl wichtigsten Fragen sind dabei:

Welche Dateien müssen gesichert werden? Die einfachste Antwort ist natürlich: alle. Obwohl alles außer temporären Dateien und Verzeichnissen irgendwo gesichert werden muss, so muss doch nicht alles als Teil eines System-Backups gesichert werden. Wird das Betriebssystem beispielsweise auf einer CD-ROM ausgeliefert, gibt es eigentlich keinen Grund, die Systemdateien zu sichern, obwohl Sie sich aus Bequemlichkeit doch dafür entscheiden könnten.

Wo sind diese Dateien? Bei dieser Frage geht es sowohl darum, wo die wichtigen Dateien innerhalb des Dateisystems liegen, aber auch darum, welche Systeme die wichtigsten Daten hält.

Wer sichert die Dateien? Die Antwort könnte davon abhängen, wo die Dateien sich befinden. Zum Beispiel liegt die Verantwortung für Server-Backups auf vielen Sites beim Systemadministrator, während gleichzeitig die Benutzer für die Dateien verantwortlich sind, die lokal auf ihren Workstations liegen. Das kann eine gute Idee sein, muss es aber nicht, je nachdem, ob alle wichtigen Dateien wirklich gesichert werden.

Wo, wann und unter welchen Bedingungen sollen Backups durchgeführt werden? Wo steht hier für das Computersystem, auf dem das Backup durchgeführt wird, wobei es sich nicht zwangsläufig auch um das System handeln muss, auf dem sich die Daten befinden. Im Idealfall würden alle Backups außerhalb der normalen Betriebszeiten auf nicht gemounteten Dateisystemen durchgeführt werden. Leider ist das im realen Leben nicht immer möglich.

Wie häufig ändern sich diese Dateien? Diese Information hilft Ihnen bei der Entscheidung, wann und wie oft Backups durchzuführen sind und welche Art von Plan Sie aufstellen müssen. Wenn auf Ihrem System etwa ein großes Entwicklungsprojekt abgewickelt wird, werden sich die Dateien wahrscheinlich häufig ändern und müssen mindestens einmal täglich, vielleicht sogar alle paar Stunden gesichert werden. Wenn Sie andererseits nur eine große Datenbank auf Ihrem System liegen haben, deren Inhalt sich laufend ändert, könnte mehrmals täglich eine Sicherung notwendig sein, während alle anderen Dateisysteme nur einmal pro Woche gesichert werden müssen.[1]

Wie schnell muss eine fehlende oder beschädigte Datei wiederhergestellt werden? Backups schützen vor dem Verlust vieler, aber auch einzelner Dateien. Der Zeitraum, der nötig ist, um Schlüsseldateien wiederherzustellen, ist ebenfalls eine Sache, die es zu berücksichtigen gilt. Die Anzahl dieser Schlüsseldateien, wie weit verstreut sie im Dateisystem (oder Netzwerk) liegen und wie groß sie sind, sind ebenfalls Faktoren, die in Betracht zu ziehen sind. Vielleicht gibt es bei Ihnen nur eine einzige nicht ersetzbare Datei, aber je nachdem, ob sie 1 KB oder 1 GB groß ist, müssen Sie sehr unterschiedlich planen. (Beachten Sie, dass selbst eine nur 1 KB große Datei für großen Ärger sorgen kann, etwa wenn es sich um die Lizenzdatei handelt, ohne die das Hauptanwendungsprogramm nicht läuft.)

Wie lange müssen die gesicherten Daten behalten werden? Backups schützen aktuelle Daten vor Unfällen. Daher braucht man sie normalerweise nur eine relativ kurze Zeit (ein paar Monate, vielleicht ein bis zwei Jahre), in der sie nützlich sind. Im Gegensatz dazu benötigen die meisten Sites aber auch dauerhafte Archive für wichtige Daten wie beispielsweise die Software und die Daten der Steuererklärung. Diese müssen für längere Zeit gespeichert werden: viele Jahre, vielleicht sogar Jahrzehnte. Zwar sind die Anforderungen ähnlich, aber die Ziele unterscheiden sich deutlich genug voneinander, um normale Backups für Archivierungszwecke als ungeeignet zu erkennen. Über diese Art von Daten und wie man sie erzeugt und archiviert, muss beim Entwurf eines effizienten Backup-Plans ebenfalls nachgedacht werden.

Wo sollen Backup-Medien gelagert werden? Aktuelle Backups werden generell in der Nähe des Computers aufbewahrt, um Daten schnell wiederherstellen zu können. Längerfristige Backups und Archive sollten an einem sicheren, außerhalb gelegenen Ort gelagert werden.

Wohin werden die Daten zurückgeschrieben? Werden die Sicherungsdateien nur auf dem System verwendet, auf dem sie auch angelegt wurden, oder steht zu erwarten, dass sie im Notfall auch auf einem anderen System zum Einsatz kommen? Wenn die Kompatibilität zwischen mehreren Systemen zeitweise oder dauerhaft wichtig ist, muss dies beim Entwurf des Backup- und Recovery-Plans berücksichtigt werden. So müssen Sie beispielsweise sicherstellen, dass jedes auf einem System verfügbare Komprimierungsschema auch auf allen anderen Zielsystemen verarbeitet werden kann (oder vermeiden Sie die Verwendung herstellerspezifischer Formate). Weitere Beispiele für solche Aspekte sind Zugriffskontroll-Listen, die zusammen mit anderen Daten gesichert werden, und das Backup eines Dateisystems von einem Rechner, dessen Dateisystemgröße die des Zielsystems übersteigt.

---

1 Tatsächlich wird eine Datenbank häufig mit einer vom Hersteller bereitgestellten Software gesichert, aber Sie haben eine Vorstellung von der Aufgabe bekommen.

Backup aktiver Dateisysteme
Nahezu jede Unix-Dokumentation empfiehlt, Dateisysteme (außer dem root-Dateisystem) vor einem Backup mit umount abzukoppeln. Diese Empfehlung wird nur selten befolgt und in der Praxis können Backups auch auf gemounteten Dateisystemen vorgenommen werden. Allerdings müssen Sie die Benutzer darauf aufmerksam machen, dass offene Dateien nicht immer korrekt gesichert werden. Es ist auch richtig, dass es Fälle gibt, bei denen gewisse Ereignisse im aktiven Dateisystem dazu führen können, dass die gesamte Sicherung beschädigt ist. Wir berücksichtigen diejenigen Fälle, die für die verschiedenen Backup-Programme relevant sind, wenn es so weit ist.

Planung der Backup-Kapazitäten

Sobald Sie alle Daten darüber gesammelt haben, was gesichert werden muss und welche Ressourcen dafür zur Verfügung stehen, können Sie eine Prozedur wie die folgende verwenden, um den eigentlichen (detaillierten) Backup-Plan zu entwickeln:

1. Beginnen Sie mit der Festlegung eines idealen Backup-Zeitplans, ohne sich irgendwelchen Zwängen zu unterwerfen, die Ihre aktuelle Situation mit sich bringt. Führen Sie die Daten auf, die gesichert werden sollen, wie häufig diese gesichert werden müssen und welche Unterteilungen der Gesamtdatenmenge sinnvoll sind.
2. Vergleichen Sie den aktuellen Plan nun mit dem, was in Ihrer Umgebung möglich ist. Bedenken Sie dabei auch folgende Punkte:
   - Wenn die Daten zum Backup zur Verfügung stehen: Die Sicherung offener Dateien ist immer problematisch – Sie können bestenfalls auf eine unbeschädigte Momentaufnahme der Datei zum Zeitpunkt des Backups hoffen. Idealerweise werden Datensicherungen also auf ungenutzten Systemen vorgenommen, was üblicherweise außerhalb der normalen Arbeitszeiten geschieht.
   - Wie viele Bandlaufwerke (oder andere Backup-Geräte) stehen zur Verfügung, um die Sicherungen in dieser Zeit durchzuführen? Wie sehen deren maximale Kapazitäten und Übertragungsraten aus? Um Letzteres bestimmen zu können, können Sie mit den Angaben des Herstellers beginnen, sollten aber auch einige eigene Tests unter normalen Bedingungen durchführen, um realistische Transferraten zu ermitteln, die die Systemlasten, Netzwerk-Übertragungsraten und andere Faktoren Ihrer Umgebung berücksichtigen. Sie müssen auch berücksichtigen, ob alle Daten für jedes Backup-Gerät verfügbar sind oder nicht.

An diesem Punkt führt (wie immer bei Kapazitätsplanungen) kein Weg an der Rechnerei vorbei. Betrachten wir ein einfaches Beispiel: Eine Site mit einem Datenvolumen von 180 GB muss einmal pro Woche gesichert werden und es stehen drei Bandlaufwerke zu Sicherungszwecken zur Verfügung (wir gehen davon aus, dass die Daten allen Laufwerken zugänglich sind). Idealerweise sollten Backups nur wochentags zwischen Mitternacht und sechs Uhr morgens stattfinden. Um das zu schaffen, muss jedes Bandlaufwerk in den 30 Stunden, in denen die Daten zur Verfügung stehen, 60 GB an Daten sichern. Das bedeutet, dass jedes Bandlaufwerk 2 GB pro Stunde (333 KB/sec) auf Band sichern muss.

Das entspricht den Kapazitäten aktueller Bandlaufwerke beim Schreiben lokaler Daten.[2] Andererseits sind viele Daten in unserem Beispiel über das Netzwerk verstreut, d. h., es besteht die Möglichkeit, dass die Daten nicht schnell genug zur Verfügung stehen, um die Höchstgeschwindigkeit der Laufwerke nutzen zu können. Einige Backup-Programme machen auch eine Pause, wenn sie eine offene Datei entdecken, um dem System eine Chance zu geben, die Datei zu schließen (die übliche Wartezeit beträgt 30 Sekunden). Sind viele offene Dateien im Backup-Satz enthalten, kann das die Dauer des Backups deutlich erhöhen.

Darüber hinaus haben wir keinerlei Anstalten getroffen, inkrementelle Backups (die wir später noch erläutern) zwischen vollständigen Backups durchzuführen. Das hier gezeigte Beispiel belastet also die verfügbaren Ressourcen.

3. Nehmen Sie Veränderungen an diesem Plan vor, um die Einschränkungen Ihrer Umgebung zu berücksichtigen. Unsere Beispiel-Site reizt die Möglichkeiten ein wenig zu stark aus, aber es gibt mehrere Möglichkeiten, dies zu ändern:
   - Einbinden zusätzlicher Hardware, in diesem Fall ein viertes Bandlaufwerk.
   - Verringerung der zu sichernden Daten oder der Backup-Häufigkeit. So könnten vollständige Backups für einige Daten zum Beispiel nur alle zwei Wochen durchgeführt werden.
   - Die für Backups verfügbare Zeit erhöhen. (Einige Backups könnten am Wochenende durchgeführt werden und inkrementelle Backups in den frühen Abendstunden.)
   - Backups auf Platte zwischenspeichern. Dieses Schema schreibt die Backup-Archive in einen speziell hierfür vorgesehenen Speicherbereich. Die Dateien können dann zu jeder beliebigen Zeit auf Band geschrieben werden. Festplatten sind außerdem schneller als Bandlaufwerke, so dass diese Methode weniger Zeit beansprucht als das direkte Schreiben auf Band. Natürlich braucht man dazu den nötigen Plattenplatz, um die Archive aufnehmen zu können.

4. Testen und verfeinern Sie den Backup-Plan. Die Praxis offenbart häufig Faktoren, die bei der Planung auf dem Papier übersehen wurden.

5. Überprüfen Sie den Backup-Plan regelmäßig, um sicherzustellen, dass er nach wie vor die beste Lösung für die Backup-Anforderungen Ihrer Site darstellt.

Backup-Strategien

Das einfachste und gründlichste Backup-Schema besteht im Kopieren aller Dateien des Systems auf ein Band. Ein *vollständiges Backup* übernimmt genau diese Aufgabe, wobei alle Dateien innerhalb eines bestimmten Datei-Satzes (häufig die eines einzelnen Computers oder einer einzelnen Partition) berücksichtigt werden.[3]

---

2 In der Praxis würden Sie natürlich ein Autoloader-Laufwerk benötigen (oder jemanden, der die Bänder mitten in der Nacht wechselt).

3 Für diese Erläuterung beschränke ich mich auf die Betrachtung von partitionsbezogenen Backups. Denken Sie aber daran, dass das nicht der einzige denkbare Weg ist. Ich spreche zwar auch häufig von »Sicherungsbändern«, was ich dabei sage, trifft in den meisten Fällen aber auch auf andere Sicherungsmedien zu.

Vollständige Backups sind zeitaufwendig und können schwer durchführbar sein. Die Wiederherstellung einer einzelnen Datei von einem großen Backup, das sich über mehrere Bänder erstreckt, ist häufig sehr unbequem. Wenn sich die Dateien nicht sehr häufig ändern, steht die Zeit, die für ein vollständiges Backup benötigt wird, in keiner Relation zur Anzahl der tatsächlich neu zu sichernden Dateien. Wenn sich andererseits die Daten sehr schnell ändern und 50 Benutzer nicht arbeiten können, weil eine der Dateien nicht verfügbar ist, oder wenn die Zeit für eine Datensicherung keine Rolle spielt, könnte sogar ein tägliches vollständiges Backup gerechtfertigt sein.

Inkrementelle Backups werden üblicherweise häufiger ausgeführt. Bei einem inkrementellen Backup kopiert das System nur die Dateien, die sich seit dem letzten Backup verändert haben. Dieses Verfahren wird genutzt, wenn vollständige Backups zu lange dauern und sich nur wenige Daten innerhalb eines bestimmten Zeitraums, sagen wir eines Tages, ändern. In solchen Fällen spart man gegenüber den vollständigen Backups eine Menge Zeit.

Einige Unix-Backup-Programme verwenden das Konzept des *Backup-Levels*, um verschiedene Arten von Backups zu unterscheiden. Jeder Backup-Typ besitzt eine eigene Level-Nummer. Per Definition besitzt das vollständige Backup die Level-Nummer 0. Das Backup auf einem bestimmten Level bedeutet, dass alle Dateien gesichert werden, die sich seit dem letzten Backup des nächstkleineren Levels geändert haben. Ein Level-1-Backup sichert also alle Dateien, die sich seit dem letzten vollständigen Backup (Level 0) geändert haben. Ein Level-2-Backup sichert alle Dateien, die sich seit dem letzten Level-1-Backup geändert haben, usw.[4]

Eine typische Backup-Strategie, die mit mehreren Levels arbeitet, führt zu Beginn der Woche ein vollständiges Backup und an den anderen Tagen ein Level-1-Backup durch (sichert also alle Dateien, die sich seit dem letzten vollständigen Backup geändert haben). Der folgende Backup-Plan fasst diese Vorgehensweise zusammen:

Montag: Level 0 (vollständiges Backup)
Dienstag–Freitag: Level 1 (inkrementelles Backup)

Eine Version dieses Ansatzes, die alle sieben Tage berücksichtigt, ist sehr einfach zu konstruieren.

Der primäre Vorteil dieses Plans besteht darin, dass nur zwei Bänder (das vollständige und das inkrementelle Backup) benötigt werden, um das komplette Dateisystem wiederherzustellen. Der Hauptnachteil besteht darin, dass die täglich zu sichernde Datenmenge stetig wachsen wird und – wenn das System sehr aktiv ist – am Ende der Woche die Größe des vollständigen Backups erreichen kann.

Ein weit verbreiteter Monatsplan für Sites mit sehr aktiven Systemen sieht wie folgt aus:

Erster Montag: Level 0 (vollständig)
Alle anderen Montage: Level 1 (wöchentliche inkrementelle Sicherung für Level 0)
Dienstag–Freitag: Level 2 (tägliche inkrementelle Sicherung für Level 1)

---

4 Nicht alle Backup-Befehle arbeiten explizit mit Level-Nummern. Das Konzept ist aber bei allen verfügbaren Tools gültig oder kann dort implementiert werden, wenn Sie bereit sind, einige der Aufzeichnungen selbst durchzuführen (von Hand oder über ein Skript).

Bei dieser Strategie benötigen Sie drei Bänder für eine komplette Wiederherstellung (die aktuellsten Backups jedes Typs).

Wenn Sie über eine Backup-Strategie nachdenken, müssen Sie auch in Betracht ziehen, wie das System genutzt wird. Die am meisten verwendeten Teile des Dateisystems müssen häufiger gesichert werden als andere (wie etwa das root-Dateisystem, das die Standard-Unix-Programme und -Dateien enthält und sich daher selten ändert). Einige wenige Teile des Systems (etwa /tmp) müssen niemals gesichert werden. Sie können einige zusätzliche Dateisysteme definieren, die niemals gesichert werden. Jeder, der sie verwendet, ist dann selbst für die Sicherung seiner Dateien verantwortlich.

Sie sollten auch ein vollständiges Backup durchführen, wenn Sie signifikante Änderungen am System, wie etwa die Generierung eines neuen Kernels, das Einbinden eines neuen Anwendungspakets oder die Installation einer neuen Betriebssystemversion, vorgenommen haben. Dabei sollten Sie sich nicht daran orientieren, ob Ihr Sicherungsplan gerade eine vollständige Sicherung vorsieht oder nicht. Es kommt nur gelegentlich vor, dass das root-Dateisystem gesichert wird, wenn Sie aber ein Problem mit Ihrer Systemfestplatte haben, werden Sie es zu schätzen wissen, deutlich weniger Zeit mit der Rekonfiguration verbringen zu müssen.

Unbeaufsichtigte Backups

Der schlimmste Teil beim Anlegen von Backups ist das Herumsitzen und Daraufwarten, dass die Sicherung endlich beendet wird. Auf manchen Sites können unbeaufsichtigte Backups dieses Problem lösen. Passt das Backup auf ein einzelnes Band, können Sie es beim Verlassen des Büros ins Bandlaufwerk legen, den Backup-Befehl in der Nacht automatisch von cron ausführen lassen und das Band am nächsten Morgen aus dem Laufwerk nehmen.

Manchmal können unbeaufsichtigte Backups aber ein Sicherheitsrisiko darstellen. Verwenden Sie sie nicht, wenn Unbefugte pysikalischen Zugang zum Bandlaufwerk haben und so das Band stehlen können. Backups müssen genauso geschützt werden wie die wichtigste Datei Ihres Systems.

Sie sollten auch auf unbeaufsichtigte Backups verzichten, wenn Sie nicht verhindern können, dass irgendjemand das Band (oder ein anderes Medium) versehentlich oder absichtlich überschreibt. Das Auswerfen des Bandes nach dem Sicherungslauf kann das manchmal, aber nicht immer verhindern. Wird das Laufwerk häufig benutzt, können Sie diesen Ansatz auch nicht verwenden, weil Ihnen das Laufwerk dann nicht die ganze Nacht zur Verfügung steht.

Verifikation der Daten

In vielen Fällen können die Backups einfach auf das Medium geschrieben werden und das Medium kann direkt am dafür vorgesehenen Ort abgelegt werden. Diese Praxis ist okay, solange Sie hundertprozentig an die Zuverlässigkeit Ihrer Backup-Geräte und -Medien glauben. In allen anderen Fällen ist die Verifikation der Daten eine gute Sache.

Datenverifikation besteht aus einem zweiten Durchlauf der gesicherten Daten, bei dem jede Datei mit der Version auf der Festplatte verglichen wird. Auf diese Weise wird sichergestellt, dass die Datei korrekt gesichert wurde und dass das Medium selbst gelesen werden kann.

Manche Sites werden sich dafür entscheiden, die Daten auf allen Backups zu verifizieren. Alle Sites sollten in regelmäßigen Abständen Verifikationsoperationen für alle Backup-Geräte durchführen. Darüber hinaus fangen viele Geräte mit der Zeit an, »auszuleiern« und Medien zu generieren, die nur im verwendeten Laufwerk erfolgreich gelesen werden können. Wenn Ihre Backups also noch von anderen Geräten oder Systemen gelesen werden müssen, sollten Sie die Lesbarkeit der Medien regelmäßig auch auf den Zielgeräten und -systemen prüfen.

Lagerung der Backups

Die sichere Lagerung der Backup-Bänder, -Disketten oder anderer Medien ist ebenfalls ein wichtiger Teil jedes Backup-Plans. Nachfolgend einige Dinge, die Sie berücksichtigen sollten, wenn Sie entscheiden müssen, wo Ihre Daten gelagert werden sollen:

Wissen, wo die Dinge liegen. Wenn Sie Backups an vorbestimmten Orten lagern, werden Sie sie im Bedarfsfall wesentlich schneller finden. Es ist ebenfalls wichtig, dass jeder, der Daten wiederherstellen muss, weiß, wo sich die Bänder befinden (schließlich werden auch Sie gelegentlich in Urlaub fahren). Installationsmedien, boot-fähige Recover-Bänder, Boot-Disketten und ähnliche Dinge sollten ebenfalls an Stellen gelagert werden, die den Leuten, die sie benötigen könnten, bekannt sind. Ich kann Ihnen aus eigener Erfahrung sagen, dass Systemfehler noch unangenehmer sind, wenn man sich zuerst durch Kisten von Bändern oder CDs wühlen muss, bevor man auch nur eine Chance hat, den Fehler zu beheben.

Ein anderer Aspekt ist zu wissen, welches Band die Datei enthält, die wiederhergestellt werden muss. Die Planung solcher Dinge schließt das Erstellen von Inhaltsverzeichnissen ein, was in diesem Kapitel später noch behandelt wird.

Machen Sie Routine-Restores einfach. Backups sollten nahe genug beim Computer gelagert werden, um verlorene Dateien schnell wiederherstellen zu können. Die Bänder sollten ausreichend gekennzeichnet sein, so dass Sie die benötigten schnell finden.

Idealerweise sollten Sie einen vollständigen Satz von Bändern für jeden Punkt Ihres Backup-Plans besitzen. Wenn Sie zum Beispiel jeden Tag ein Backup anlegen, sollten Sie fünf Bänder besitzen, die Sie jede Woche wiederverwenden können. Wenn Sie sie erübrigen können, sollten Sie sogar 20 haben, so dass Sie die Bänder alle vier Wochen wiederverwenden. Mit nur einem Satz Bändern zu arbeiten beschwört die Probleme geradezu herauf.

Die eindeutige Kennzeichnung der Bänder hilft Ihnen später dabei, die benötigten Daten schnell wiederzufinden. Farbige Aufkleber werden auf vielen Sites als einfache und doch effektive Möglichkeit angesehen, unterschiedliche Sätze von Bändern schnell zu unterscheiden. Ein anderes Extrem wurde auf einer Site verwendet, die ich einmal besuchte. Dort wurde am Ende jedes Backups ein detaillierter Aufkleber für jedes Band gedruckt.

Versehen Sie Backup-Medien mit einem Schreibschutz. Auf diese Weise verhindern Sie, dass das Backup-Medium versehentlich überschrieben wird. Die zu diesem Zweck verwendeten Mechanismen unterscheiden sich auf den verschiedenen Medien etwas, aber in der Regel geht es darum, eine kleine Scheibe oder ein Schildchen in eine vorbestimmte Position zu bringen. Welche Position die richtige ist, ist unterschiedlich: Bei Disketten, optischen Platten und DAT-Bändern (4 mm) kann auf die Medien geschrieben werden, wenn die Öffnung durch das Schildchen verdeckt wird. Bei 8-mm-Bändern und Wechselplatten kann dagegen nur auf die Medien geschrieben werden, wenn es geöffnet ist.

Umgebungsbedingungen. Die meisten Backup-Medien mögen es kühl, trocken und dunkel. Hohe Luftfeuchtigkeit ist wohl die schädlichste Umgebung, besonders wenn die Medien in Kassetten eingeschlossen sind. Direkte Sonneneinstrahlung sollte ebenfalls vermieden werden, besonders bei Disketten. Die meisten Kunststoffe deformieren sich, wenn sie an einem warmen Sommertag der Sonne direkt ausgesetzt werden. Staub kann für die meisten Backup-Medien ebenfalls zum Problem werden. Beispielsweise konnte ich eine Diskette nicht mehr lesen, nachdem ich sie in meiner Manteltasche mit nach Hause genommen hatte (nun bewahre ich sie immer brav in einem passenden Behälter auf).

Die Tatsache, dass Backup-Medien die gleiche Umgebung bevorzugen, die auch in vielen Computerräumen herrscht, bedeutet nicht notwendigerweise, dass diese Medien auch in dem gleichen Raum aufbewahrt werden sollten. Sie würden so riskieren, dass ein größeres Problem sowohl die Daten des Computers als auch die Sicherungen zerstört. Sicherungsbänder sind für manche Probleme tatsächlich wesentlich anfälliger als Computerkomponenten. Zum Beispiel könnte der Computer bei einem Rohrbruch nur leichten Schaden nehmen, während die Sicherungsbänder durch die Feuchtigkeit völlig zerstört werden.

Wenn sich der Ort, an dem die Sicherungsbänder gelagert werden, bezüglich der Temperatur um mehr als ein paar Grad vom Computerbereich unterscheidet, sollten sich die Bänder an die Umgebungstemperatur des Computers akklimatisieren, bevor man etwas darauf schreibt.

Magnetfelder sind ebenfalls zu berücksichtigen. Einer der technischen Korrektoren des Buches gab eine Geschichte zum Besten über »eine ganze Backup-Bibliothek, die nahezu täglich zerstört wurde«. Wie sich herausstellte, wurden die Bänder zwar an einem sicheren Ort gelagert, standen aber an einer Wand, auf deren Rückseite sich ein Lastenaufzug befand. Die durch diesen Aufzug verursachten magnetischen Felder sorgten dafür, dass all die schönen Sicherungsbänder gelöscht wurden. Lustig, aber belehrend.

Behandeln Sie die Medien richtig. Manche Medien stellen spezielle Anforderungen, die Sie berücksichtigen müssen. Zum Beispiel sollten Disketten und Zip-Medien auf der schmalen Kante stehend und nicht übereinander gestapelt aufbewahrt werden. Auch

Cartridges möchten mit vertikal ausgerichteten Spulen (wie die Reifen eines Autos) gelagert werden, und zwar mit der die Köpfe berührenden Seite nach unten. Wenn Sie darauf zählen, dass sie wichtige Daten für Sie aufbewahren, sollten Sie sie gut behandeln und sie so lagern, wie sie es verlangen.

Denken Sie an die Sicherheit. An jedem Ort, an dem Sicherungsbänder aufbewahrt werden, müssen die Regeln physikalischer Sicherheit gelten: Die Bänder sollten so weit wie möglich vor Diebstahl, Vandalismus und umgebungsbedingten Katastrophen geschützt sein.

Lagerung über lange Zeiträume und an anderen Orten

An anderen Orten gelagerte Backups sind die letzte Barriere zwischen Ihrem System und der totalen Vernichtung. Diese vollständigen Backups werden an einem abschließbaren, feuerfesten Ort aufbewahrt, dessen Umgebungsbedingungen vollständig überwacht werden und der sich an einem völlig anderen Ort befindet als Ihre Site. Falls irgend möglich, sollten solche Backups an nicht gemounteten Dateisystemen vorgenommen werden.

Die Vorbereitung eines Backups, das an einem anderen Ort gelagert werden soll, ist einer der wenigen Anlässe, bei denen das einfache Anlegen eines Backups nicht genügt.[5] In diesen Fällen müssen Sie auch sicherstellen, dass die Sicherungsmedien wirklich gelesen werden können. Führen Sie dazu den Restore-Befehl aus, der den Inhalt des Mediums ausgibt. Zwar haben Sie auf diese Weise immer noch keine Garantie, dass die Dateien alle gelesen werden können, aber die Wahrscheinlichkeit ist doch recht hoch. Manche Backup-Utilities stellen entsprechende Prüfmechanismen bereit, bei denen alle Dateien des Backups mit denen auf der Festplatte verglichen werden. Diese Methode sollte, wenn möglich, bei allen kritischen Backups verwendet werden, leider sind diese Prüfmechanismen selten. Diese Methode ist für die Prüfung kritischer Backups zu bevorzugen. Wann immer die Integrität des Backups von Bedeutung ist, sollte der beste verfügbare Prüfmechanismus verwendet werden.

Permanente Backups

Bei für die permanente Archivierung vorgesehenen Daten sollten zwei Backup-Sätze angelegt werden. Die einfache Idee dahinter ist die, dass die redundante Kopie genutzt werden kann, wenn die erste fehlerhaft ist. Das Medium sollte regelmäßig geprüft werden (jährlich, möglichst halbjährlich). Fällt ein Medium aus – und das machen irgendwann alle –, müssen Sie vom zweiten Medium eine Kopie anlegen und die defekte ersetzen.

Sie sollten auch sicherstellen, dass mindestens ein funktionierendes Laufwerk des Typs zur Verfügung steht, mit dem Sie permanente Backups anlegen. Wenn Sie zum Beispiel ein Archiv mit 8mm-Bändern besitzen, brauchen Sie auch ein funktionierendes 8mm-Laufwerk, um diese Bänder lesen zu können. Das gilt so lange, bis sich Ihr primäres Backup-Medium ändert. Gleiches gilt natürlich für die Pflege der Softwarepakete und der Laufzeitumgebung, die notwendig sind, um die Daten auch wirklich nutzen zu können.

---

5 Ein anderer solcher Zeitpunkt ist der Wiederaufbau des Dateisystems.

Schließlich sollten Bänder regelmäßig (vielleicht zweimal im Jahr) vor- und zurückgespult werden, um ihre Lesbarkeit zu erhalten. Auf Grund dieser Anforderungen sind, was die permanente Speicherung von Daten angeht, Bänder durch CDs ersetzt worden.

Wann Zwanghaftigkeit gut ist

Es ist sehr leicht, auf Backups zu verzichten, besonders wenn Sie nur für Ihre eigenen Dateien verantwortlich sind. Die regelmäßige Durchführung von Datensicherungen ist aber lebenswichtig. Grundsätzlich ist es eine gute Idee, sich vorzustellen, dass Sie sich an Ihren Rechner setzen und feststellen, dass alle Festplatten einen Headcrash hatten. Mit einer solchen Katastrophe im Hinterkopf wird deutlich, wozu und wie häufig Datensicherungsläufe notwendig sind. Backups sind nützlich, wenn Dateien versehentlich gelöscht wurden, aber sie sind von elementarer Bedeutung, wenn es zu ernsten Hardwarefehlern oder anderen Katastrophen kommt, und diese Katastrophen werden passieren. Jede Hardware besitzt nur eine beschränkte Lebenserwartung, und irgendwann geht einfach etwas schief.

Wenn wir dieser Tatsache ins Auge sehen, wird ganz klar, warum ein zwanghaftes Festhalten an der Routine für einen effektiven Systemadministrator eine so wichtige Eigenschaft ist. Sich die schlimmsten Fälle vorzustellen ist ein Teil seiner Arbeit. Sollen die anderen Sie ruhig zwanghaft nennen, eines Tages wird Ihre Zwanghaftigkeit sie retten, oder zumindest ihre Daten.

Backup-Medien

Als ich mit meiner Arbeit als Systemadministrator begann, waren 9-Spur-Bänder das einzige Medium, das für Backups in Frage kam.[6] Dies trifft nicht länger zu; heute gibt es eine Vielzahl verschiedener Medien, die für die Speicherung von Backups geeignet sind. Dieser Abschnitt bietet eine kurze Übersicht über die verfügbaren Medien. Diese Liste enthält die meisten heute gängigen Laufwerks- und Medientypen. Die Backup-Strategie für ein bestimmtes System umfasst häufig mehr als einen Medientyp.

Magnetband

Die eine oder andere Art von Magnetband war für Jahrzehnte das traditionelle Backup-Medium. Mit der Zeit kam es zu einer Vielzahl von Größen und Formen. Angefangen hat das Ganze mit den 7- und 9-Spur-Bändern: 0,5 Zoll breiten Bändern, die auf einer Spule aufgewickelt waren. Die Einführung einer das Band und die Spulen enthaltenden Kassette war ein wesentlicher Schritt bei der Reduzierung der Platzanforderungen von Backup-Medien. Das erste Band dieser Art war die 1/4-Zoll-Cartridge (auch als QIC-Tape bekannt), die eine ganze Zeit lang *das* Medium für die meisten Workstations war. Gelegentlich werden diese Bänder heute immer noch verwendet.

---

6 Die einzigen anderen Möglichkeiten waren Lochkarten und Lochstreifenpapier.

Vor etwa 20 Jahren standen dann auch Bänder mit höheren Kapazitäten zur Verfügung, deren Formate ursprünglich für andere Märkte entwickelt worden waren. 8-mm-Bandlaufwerke wurden in den späten 80ern populär und sind immer noch weit verbreitet. Ursprünglich für Video-Zwecke entwickelt, weisen die Bänder in etwa die Größe einer Audiokassette auf. 4-mm-Digital-Audio-Bänder (üblicherweise als DAT-Bänder bezeichnet, auch wenn das zur Datenspeicherung verwendete Schema technisch als DDS bekannt ist) sind ebenfalls weit verbreitet. DAT-Bänder sind etwa 25% kleiner als 8-mm-Bänder.

8-mm- und 4-mm-Bänder gibt es in zwei Güteklassen. Die einen sind für Video- bzw. Audioaufnahmen gedacht und die besseren (und teureren) eignen sich zur Speicherung von Daten. Achten Sie darauf, nur die zur Datenspeicherung gedachten Bänder zu verwenden. Auch wenn die Bänder mit der niedrigeren Qualität scheinbar auch funktionieren, sind sie meiner Erfahrung nach (und allen bekannten Legenden zum Trotz) deutlich unzuverlässiger.

Beide Bandtypen werden heute verwendet, auch wenn DAT wesentlich verbreiteter ist als 8 mm. Beide Bandtypen gibt es in verschiedenen Längen und entsprechenden Datenkapazitäten. Momentan sind die längsten normalen 8-mm-Bänder 160 Meter lang und können bis zu 7 GB an Daten aufnehmen.[7] Es gibt aber auch Bänder für 1,2 GB (54 m) und 2,4 GB (112 m). DAT-Bänder entsprechen den verschiedenen DDS-Leveln:

DDS-1
    2- und 3-GB-Bänder (60 und 90 m)
DDS-2
    4-GB-Bänder (120 m)
DDS-3
    12-GB-Bänder (125 m)
DDS-4
    20-GB-Bänder (150 m)

DDS-3 und DDS-4 verwenden eine andere Technik als die früheren Versionen.

Bedenken Sie, dass nur die neuesten Bandlaufwerke die längsten Bänder unterstützen, aber die meisten Laufwerke sind rückwärts kompatibel (zumindest was das Lesen der Bänder angeht).

Es gibt auch verschiedene neuere Magnetband-Technologien. Mammoth-2[8] von Exabyte und AIT (Advanced Intelligent Tape) von Sony verhelfen 8-mm-Bändern zu wesentlich höheren Speicherkapazitäten: 20, 40, oder 60 GB bzw. 35 oder 50 GB. Beide verwenden die von Sony entwickelte AME-Kassette (Advanced Metal Evaporative, ein neues 8-mm-Format). Einige Mammoth-2-Laufwerke können auch alte 8-mm-Bänder lesen, verlangen

---

7 Das heißt 7 GB an Bits.
8 Die dem vorausgegangene Mammoth-Technologie war für ihre Unzuverlässigkeit berüchtigt. Mammoth-2 scheint besser zu funktionieren.

allerdings nach jeder Instanz eine umfangreiche Säuberung. Diese Laufwerke zählen mit Transferraten von bis zu 12 MB/s bei Mammoth-2 und 6 MB/s bei AIT-Laufwerken zu den schnellsten.

Die DLT-Technologie (Digital Linear Tape) wurde ursprünglich von der Digital Equipment Corporation entwickelt, wurde aber später an die Quantum Corporation verkauft. Dieses Format verwendet Cartridges, die an DECs alte TK-Familie erinnern, die sich als extrem zuverlässig und langlebig erwiesen hat. Dieses Format ist mit Transferraten von bis zu 10 MB/s ebenfalls recht schnell.

Ihre hohe Kapazität macht die Magnetbänder zum idealen Medium für unbeaufsichtigte Backups: Sie können abends ein Band einlegen, das Skript starten, das verschiedene Dateisysteme auf Band sichert, und dann nach Hause gehen.

Bänder haben aber auch einige Nachteile:

- Sie sind extrem anfällig gegen Hitze und Magnetfelder und recht nachtragend, wenn man sie nicht ordentlich behandelt. Elektromagnetische Felder werden von einer ganzen Reihe gängiger Geräte erzeugt, die man in der Nähe von Computern findet. Hierzu gehören unterbrechungsfreie Stromversorgung, externe Peripheriegeräte mit eigener Stromversorgung, Monitore und Lautsprecher. Alleine das einfache Lesen eines Magnetbands sorgt schon für eine Abnutzung.
- Es handelt sich um sequenzielle Speichergeräte. Um eine bestimmte Datei auf dem Band zu erreichen, müssen Sie das Band an die richtige Stelle spulen. Das ist eher ein Problem alter Bandlaufwerke; aktuelle High-End-Laufwerke erreichen einen beliebigen Punkt des Bandes in Sekundenschnelle.

Magneto-optische Platten

Magneto-optische Platten haben die gleiche Größe wie Disketten, sind aber doppelt so dick und können wesentlich mehr Daten speichern. Magneto-optische Platten gibt es in Versionen zu 3,5 und 5,25 Zoll.[9] Die Kapazitäten erreichen bis zu 9,1 GB. Optische Platten sind wesentlich stabiler als rein magnetische Medien. Diese Stabilität verdanken sie der Tatsache, dass die Daten magnetisch geschrieben, aber optisch gelesen werden. Das Lesen der Platte hat also keinen negativen Effekt auf die gespeicherten Daten. Darüber hinaus lässt sich das Medium ganz nach Bedarf löschen und wieder beschreiben. Schließlich haben magneto-optische Platten auch den Vorteil des wahlfreien Zugriffs. Die Transferraten dieser Geräte erreichen in etwa 5 MB/s.

Aktuelle Laufwerke sind noch recht teuer – über 2000 Dollar –, ebenso wie die Medien selbst, aber trotzdem sehr populär. In der vorherigen Auflage dieses Buches (etwa 1995) habe ich geschrieben, es sei wohl anzunehmen, »dass ein wieder beschreibbares Medium,

---

9 Vielleicht wundern Sie sich, was an 3,5 Zoll und 5,25 Zoll so toll ist. Es ist die Tatsache, dass Geräte dieser Größe in die Geräteeinschübe von PCs und die Medien in die entsprechenden Ablageboxen passen.

das permanent über ein Gigabyte an Daten auf der Größe einer Diskette speichern kann, eine Zukunft hat«. Nun sehen wir mehrere Gigabyte an Daten und definitiv eine Zukunft.

Einige weitere optische Formate werden von anderen Herstellern verwendet oder entwickelt.

CDs und DVDs

Schreibbare CDs und DVDs sind auf Grund drastischer Preisreduzierungen sowohl bei den Laufwerken als auch bei den Medien zu erschwinglichen Backup-Medien geworden. Es gibt zwei Arten schreibbarer CDs, die als CD-R (Write-Once CD) und CD-RW (Rewriteable, d.h. wiederbeschreibbare CDs) bezeichnet werden. Beide besitzen eine Kapazität von 640 MB, mittlerweile sind aber auch 700 MB CD-Rs verfügbar.

Schreibbare DVDs erschließen sich zu dem Zeitpunkt, als diese Zeilen geschrieben werden, gerade den Massenmarkt. Es gibt verschiedene DVD-Aufzeichnungsformate:

DVD-RAM
Das erste verfügbare Format. Wird mittlerweile immer weniger eingesetzt, weil es mit normalen DVD-Laufwerken nicht gelesen werden kann.

DVD-R
Write-Once-DVDs (ebenfalls eine alternde Technologie).

DVD-RW
Wiederbeschreibbare DVDs, die von normalen DVD-Laufwerken gelesen werden können.

DVD+RW
Eine gerade eingeführte Technologie, die von mehreren Laufwerksherstellern entwickelt wurde. Diese Laufwerke erzeugen normale (sequenzielle) DVDs ebenso wie Platten mit wahlfreiem Zugriff. Erstere können von normalen DVD-Playern (aber nicht von Recordern anderer Typen) gelesen werden, auch wenn einige ältere Modelle möglicherweise ein Firmware-Update benötigen. DVD+RW-Medien können bis zu 4,7 GB pro Seite aufnehmen.

Während dies geschrieben wird, hat Hewlett-Packard gerade einen sehr preisgünstigen DVD+RW-Writer auf den Markt gebracht, der für PC-basierte Systeme geeignet ist. Dieses System könnte sich mit der Zeit auf diesem Sektor zu einem populären Backup-Gerät mausern.

Wechselplatten: Zip und Jaz

Wechselplatten sind vollständig abgeschlossene Platteneinheiten, die ganz nach Bedarf in ein Laufwerk eingelegt werden. Sie sind deutlich zuverlässiger als Bänder oder Disketten. Auf Unix-Systemen verhalten sie sich im Allgemeinen wie Festplatten, man kann sie aber auch als riesige Diskette betrachten. Sie sind in einigen Umgebungen und unter bestimmten Umständen als Backup-Medien geeignet.

Über die Jahre hat es eine ganze Reihe von Wechselplatten-Technologien gegeben. Die Zip- und Jaz-Laufwerke von Iomega dominieren diesen Markt mittlerweile. Zip-Laufwerke – mit Größen zwischen 100 MB und 250 MB – können auf den meisten Unix-Systemen eingesetzt werden. Jaz-Laufwerke mit einer Kapazität von 1 GB oder 2 GB können ebenfalls verwendet werden. Ich hatte große Schwierigkeiten mit den frühen Jaz-Laufwerken, die für eher seltene, unregelmäßige Backups konzipiert waren und ständig Probleme hatten, selbst wenn man sie nicht fortlaufend nutzte. Neuere Laufwerke sollen da besser sein. Beide Laufwerkstypen sind mit verschiedenen E/A-Schnittstellen verfügbar: SCSI, USB, IDE.

Floppy-Disks

Floppy-Disks finden sich immer noch auf den meisten PC-basierten Computersystemen[10] und haben durchaus einen (wenn auch geringen) Nutzen für die Datensicherung. Zum Beispiel verwenden PC-basierte Unix-Versionen (ebenso wie einige auf größeren Systemen laufende) Floppy-Disks als Notfall-Boot-Geräte. Zusätzlich können Floppy-Disks für Backup-Aufgaben wie etwa das Speichern angepasster System-Konfigurationsdateien des root-Dateisystems sehr nützlich sein. Standarddisketten können 1,44 MB aufnehmen und einige Unix-Workstations besitzen Laufwerke, die diese Kapazität auf 2,8 MB verdoppeln. Gelegentlich könnten Ihnen auch so genannte Super-Disks unterstützende Disketten-Laufwerke beegnen: wie normale Disketten aussehende Medien, die aber 120 MB aufnehmen können.

Festplatten

Es ist fast immer möglich, Daten eines Dateisystems auf einer anderen Festplatte zu sichern. In manchen Situationen kann dies eine durchaus gute Lösung sein. Die bei vielen Computern und RAID-Systemen integrierten Möglichkeiten der Datenspiegelung binden eine solche Art des Backups schon auf Dateisystemebene ein.

Angesichts der heutzutage sehr niedrigen Preise für Festplatten können sie in manchen Situationen eine recht brauchbare Backup-Lösung darstellen. Zum Beispiel stellen einige Sites im lokalen Netzwerk eine große Backup-Festplatte zur Verfügung, auf der Benutzer regelmäßig Kopien ihrer Schlüsseldateien ablegen können. Große Festplatten können auch zu Hilfszwecken verwendet werden, als temporäre Datenspeicher, als Bereiche, um Daten vorzuhalten, und ähnliche Dinge. Sie können auch als Zwischenspeicher verwendet werden, in dem Backups temporär abgelegt werden, bevor sie auf Band oder andere Medien geschrieben werden.

Stacker, Jukeboxen und ähnliche Geräte

Es existieren eine ganze Reihe von Geräten, die die Verwendung von Medien weiter automatisieren sollen und eine große Zahl von Medien speichern und verfügbar machen sollen. Zum Beispiel gibt es automatisch ladende Bandlaufwerke – auch als *Stacker* oder *Stackloader-Laufwerke* bekannt – , die Bänder automatisch aus einem Stapel (von etwa 10 Bän-

---

10 Auch wenn das in ein paar Jahren wahrscheinlich nicht mehr zutrifft.

dern) auswählen und einlegen. Frühe Stacker konnten nur nacheinander auf die Bänder zugreifen, viele aktuelle Geräte können auf jedes beliebige Band zugreifen.

Andere Geräte enthalten mehrere Laufwerke in einer Box, die sich dem Benutzer als ein einziges Bandlaufwerk präsentiert und die Kapazität all ihrer Komponenten bereitstellt. Alternativ können solche Geräte mehrere identische Kopien gleichzeitig anlegen.

Wieder andere Geräte kombinieren mehrere Laufwerke und Autoloading-Fähigkeiten. Solche Geräte werden auch als *Jukeboxen* oder *Libraries* bezeichnet.[11] Die besten Geräte sind in der Lage, ein bestimmtes Band herauszusuchen und ins gewünschte Laufwerk einzulegen. Einige besitzen integrierte Barcode-Leser, so dass die Bänder über ihr Label und nicht über ihre physikalische Lage identifiziert werden können. Ähnliche Geräte existieren auch für optische Laufwerke und wiederbeschreibbare CD-ROMs.

Lebenserwartung von Medien

Von Zeit zu Zeit müssen Sie auch über die realistisch zu erwartende Lebenserwartung Ihres Backup-Mediums nachdenken. Unter den richtigen Bedingungen gelagert, können Bänder mehrere Jahre halten, aber unglücklicherweise können Sie sich darauf nicht verlassen. Einige Hersteller empfehlen den Austausch der Bänder einmal pro Jahr. Wenn Sie sich das leisten können, ist das auch eine gute Idee. Die Art und Weise, in der Bänder und Disketten gelagert werden, können deren Lebenserwartung beeinflussen: Sonnenlicht, Hitze und Feuchtigkeit können sie deutlich reduzieren. Ich ersetze jedes Band, bei dem ein Lesefehler oder ein anderer Fehler mehr als einmal aufgetreten ist, und zwar unabhängig von seinem Alter. Für einige Menschen und Fälle reicht schon ein einzelner Fehler aus. Floppy- und Zip-Disketten werfe ich beim ersten Anzeichen eines Problems weg.

Auch so genannte permanente Medien wie CDs haben eine beschränkte Lebenserwartung. Zum Beispiel fangen CDs nach ungefähr fünf Jahren (und manchmal früher) an, fehlerhaft zu werden. Dementsprechend ist das Anlegen von Kopien wichtiger Daten und deren regelmäßige Überprüfung die einzig sinnvolle Vorgehensweise.

Nach diesen Überlegungen sollten Sie für Ihre Site alternative Medien für außerbetriebliche und der Archivierung dienende Backups erwägen. Die Hersteller optischer Platten geben zum Beispiel eine Lebenserwartung von 15 Jahren für ihre Medien an. (Diese Angaben basieren auf beschleunigten Alterungstests. Während wir diese Zeilen schreiben, wissen wir aber erst in etwa 8-9 Jahren, ob diese Behauptung wirklich stimmt.)

Vergleich von Backup-Medien

Tabelle 11-1 führt die wichtigsten Eigenschaften einer Vielzahl unterschiedlicher Backup-Medien auf. Die Medienkapazitäten waren zum Zeitpunkt, als diese Zeilen geschrieben

---

11 Sehr große Libraries (mit mehr als 500 Volumes) werden auch *Silos* genannt. Die zwei Arten von Geräten wurden danach unterschieden, ob mehrere Hosts angeschlossen werden konnten oder nicht, aber einige Libraries besitzen diese Fähigkeit mittlerweile auch. Separate Silos sind auch in der Lage, Bänder untereinander auszutauschen.

wurden, die größten, die zur Verfügung standen. Die Größenangaben beziehen sich auf die reine Datenkapazität: die tatsächliche Menge an Daten, die auf das Medium geschrieben werden kann.

Der Laufwerkspreis ist der günstigste momentan verfügbare Preis und geht von der günstigsten E/A-Schnittstelle aus. SCSI-Versionen vieler Geräte, die auch als IDE-Einheiten verfügbar sind, kosten mindestens 15% mehr (manchmal sogar noch mehr). Mit 100 Dollar kostet ein USB-Diskettenlaufwerk 10-mal mehr als ein normales.

Die Preise für die Medien beziehen sich auf die niedrigsten allgemein verfügbaren Preise bei Abnahme größerer Mengen (etwa 50–100 für CDs) mit einfacher Verpackung (bei CDs zum Beispiel eine Spindel und keine Jewel-Cases). Alle Preise wurden Mitte 2002 in den Vereinigten Staaten ermittelt.

Die Spalte mit der minimalen Lebenserwartung gibt einen ungefähren Wert für die Lebenserwartung des genannten Mediums an. Natürlich können einzelne Medien in manchen Fällen auch früher defekt sein.

Tabelle 11-1: Populäre Backup-Geräte und -Medien

Typ	Kapazität	Preis Gerät[a]	Preis Medium[a]	Minimale Lebenserwartung
Diskette	1,44 MB[b]	$10	$0,25	2 Jahre
Super-Disk	120 MB	$120	$8	2–3 Jahre
Zip-Laufwerk	100 MB	$70	$5	3–5 Jahre
	250 MB	$140	$12	3–5 Jahre
Jaz-Laufwerk	1 GB	$300	$80	4–5 Jahre
	2 GB	$340	$100	4–5 Jahre
CD-R	700 MB (80 Minuten)	$150	$0,85	5 Jahre
CD-RW	640 MB (74 Minuten)	$150	$1	5 Jahre
DVD-R	4,7 GB (eine Seite)	$700	$8	5 Jahre?
	9,4 GB (beidseitig)	$700	$40	5 Jahre?
DVD+RW	4,7 GB	$600	$8	5 Jahre?
DAT-Band, 4 mm DDS	4 GB (120 m DDS-2)	$550	$6	3–4 Jahre
	12 GB (125 m DDS-3)	$700	$12,50	3–4 Jahre
	20 GB (150 m DDS-4)	$1200	$26	3–4 Jahre
8-mm-Band	7 GB (160 m)	$1200	$6	2–4 Jahre
Mammoth-2 (AME)	20 GB	$2500	$36	3–4 Jahre?
	60 GB	$3700	$45	3–4 Jahre?
AIT-Band	35 GB	$900	$79	3–4 Jahre?
	50 GB	$2600	$85	3–4 Jahre?
	100 GB	$3900	$105	3–4 Jahre?
DLT	40 GB	$4000	$70	10 Jahre
SuperDLT	110 GB	$6000	$150	10 Jahre

Tabelle 11-1: Populäre Backup-Geräte und -Medien (Fortsetzung)

Typ	Kapazität	Preis Gerät[a]	Preis Medium[a]	Minimale Lebenserwartung
Magneto-optisch (RW)	5,2 GB	$2300	$65	15 Jahre?
	9,1 GB	$2700	$93	15 Jahre?
Festplatte	100 GB (IDE)	k. A.	$2–3/GB	5–7 Jahre
	180 GB (SCSI)	k. A.	$10/GB	5–7 Jahre

a   Ungefährer minimaler Preis in US-Dollar.
b   Einige wenige von Unix-Herstellern angebotene Diskettenlaufwerke erhöhen die maximale Kapazität auf 2,8 MB.

Gerätedateien für Bandlaufwerke

Traditionell haben die Gerätedateien für Bandlaufwerke Namen der Form */dev/rmt*n oder */dev/rmt/*n, wobei *n* für die Laufwerksnummer steht. Der Zugriff auf Bandlaufwerke erfolgt nahezu immer über die zeichenorientierte Gerätedatei (Raw-Device). Momentan enthalten die Namen der Gerätedateien üblicherweise weitere Zeichen als Präfixe und/oder Suffixe. Diese zusätzlichen Zeichen geben an, wie auf das Gerät zuzugreifen ist: die zu verwendende Dichte (density), ob die in das Laufwerk integrierte Hardware-Komprimierung verwendet werden soll, ob das Band nach der Operation zurückgespult werden soll und so weiter.

AIX-Systeme besitzen außerdem noch Suffixe, mit denen Sie festlegen können, ob das Band vor der Verwendung einem so genannten Retensioning unterzogen werden soll. Retensioning bezeichnet die gleichmäßige Verteilung der Spannung eines Bandes, indem man das Band zuerst an den Anfang spult, dann an das Ende und dann wieder zurück an den Anfang. Das ist sogar noch langsamer, als es sich anhört. Die Idee ist, latent lockere Bereiche zu beseitigen. In der Praxis ist das allerdings selten notwendig.

Tabelle 11-2 führt die aktuellen Namenskonventionen für die Gerätedateien der von uns betrachteten Betriebssysteme auf.

Tabelle 11-2: Namen der Gerätedateien für Bandlaufwerke

Unix-Version	Format und Beispiele[a]	Präfixe/Suffix	Manpage
AIX	*/dev/rmt*n[.m]	m:	rmt(4)
	/dev/rmt0.1	ohne=Zurückspulen, kein Retensioning, Low Density	
	/dev/rmt0.5	1=kein Zurückspulen, kein Retensioning, Low Density	
	Hinweis: Die Komprimierung wird mit dem chdev-Befehl aktiviert und deaktiviert.	2=Zurückspulen, Retensioning, Low Density	
		3=kein Zurückspulen, Retensioning, Low Density	
		4=Zurückspulen, kein Retensioning, High Density	
		5=kein Zurückspulen, kein Retensioning, High Density	
		6=Zurückspulen, Retensioning, High Density	
		7=kein Zurückspulen, Retensioning, High Density	
FreeBSD	*/dev/*[n]*rast*n	n=kein Zurückspulen	ast
	/dev/[e|n]*rsa*n	e=Band nach Verarbeitung auswerfen	sa(4)
	/dev/nrast0	(Density und Komprimierung werden über das mt-Utility gewählt.)	
	/dev/nrsa0		

Tabelle 11-2: Namen der Gerätedateien für Bandlaufwerke (Fortsetzung)

Unix-Version	Format und Beispiele[a]	Präfixe/Suffixe	Manpage
HP-UX	/dev/rmt/citjd0TYP[b][n] /dev/c0t3d0DDSbn /dev/c0t3d0BESTbn	i=Controller j=SCSI ID n=kein Zurückspulen b=BSD-artige Fehlerkontrolle verwenden TYP=Bandtyp und/oder Dichte angebendes Schlüsselwort (z.B. *BEST, DDS*)	mt(7)
Linux	/dev/[n]stnx /dev/nst0 /dev/nst0m	n=kein Zurückspulen x: ohne=Standarddichte l=Low Density m=Medium Density a=Dichte automatisch wählen	st
Solaris	/dev/rmt/nx[b][n] /dev/rmt/0lbn /dev/rmt/0hbn	b=BSD-artige Fehlerkontrolle verwenden n=kein Zurückspulen x: ohne=Standarddichte l=Low Density m=Medium Density h=High Density c=Hardware-Komprimierung verwenden	st
Tru64[b]	/dev/[n]rmt/tapen_dm /dev/nrmt/tape0_d2 /dev/nrmt/tape0_d3	m: 0=Low Density, Komprimierung 1=High Density, Komprimierung 2=Low Density, Komprimierung 3=High Density, Komprimierung (die Werte 4–7 sind für einige Laufwerke ebenfalls definiert)	tz

a In allen Fällen steht n für die Laufwerksnummer. Die Beispiele sind alle für nicht zurückspulende Bandlaufwerke mit ausgeschalteter Hardware-Komprimierung mit niedrigster und höchster Dichte (nach Verfügbarkeit).
b Ältere Tru64-Systeme verwenden nunmehr veraltete Gerätenamen der Form */dev/tz** und */dev/ta**.

Einige Systeme stellen einfachere Namen als Links auf häufig verwendete Bandgeräte zur Verfügung. Sie können herausfinden, auf welches Gerät diese Namen verweisen, indem Sie sich ein langes Verzeichnis-Listing ansehen. Hier ein Beispiel aus einem HP-UX-System:

```
crw-rw-rw-  2 bin  bin  205 0x003000 Oct 7 1999 0m
crw-rw-rw-  2 bin  bin  205 0x003080 Oct 7 1999 0mb
crw-rw-rw-  2 bin  bin  205 0x003040 Oct 7 1999 0mn
crw-rw-rw-  2 bin  bin  205 0x0030c0 Oct 7 1999 0mnb
crw-rw-rw-  2 bin  bin  205 0x003000 Oct 7 1999 c0t3d0BEST
crw-rw-rw-  2 bin  bin  205 0x003080 Oct 7 1999 c0t3d0BESTb
crw-rw-rw-  2 bin  bin  205 0x003040 Oct 7 1999 c0t3d0BESTn
crw-rw-rw-  2 bin  bin  205 0x0030c0 Oct 7 1999 c0t3d0BESTnb
crw-rw-rw-  1 bin  bin  205 0x003001 Oct 7 1999 c0t3d0DDS
crw-rw-rw-  1 bin  bin  205 0x003081 Oct 7 1999 c0t3d0DDSb
crw-rw-rw-  1 bin  bin  205 0x003041 Oct 7 1999 c0t3d0DDSn
crw-rw-rw-  1 bin  bin  205 0x0030c1 Oct 7 1999 c0t3d0DDSnb
```

In diesem Fall verweisen *0m* und *c0t3d0BEST* auf das gleiche Bandlaufwerk und den gleichen Zugriffsmodus (genau wie die entsprechenden mit Suffixen versehenen Formen).

Das Standard-Bandlaufwerk eines Systems ist üblicherweise das erste Laufwerk in seinem Standardmodus (zurückspulend):

AIX	*/dev/rmt0*
FreeBSD	*/dev/rsa0*
HP-UX	*/dev/rmt/0m*
Linux	*/dev/st0*
Solaris	*/dev/rmt/0*
Tru64	*/dev/rmt/tape0_d0*

Auf Linux-Systemen (und einigen anderen) ist das Gerät */dev/tape* ein Link auf das Standard-Bandgerät des Systems. Sie können diesen Link auf jedes beliebige Laufwerk zeigen lassen, indem Sie den Link neu anlegen. Auf FreeBSD-Systemen verwenden einige Befehle die Umgebungsvariable *TAPE*, um das Standard-Bandlaufwerk zu bestimmen.

Bandgeräte-Attribute bei AIX

Auf AIX-Systemen können Sie den lsattr-Befehl verwenden, um sich die Attribute eines Bandlaufwerks anzusehen:

```
$ lsattr -E -H -l rmt0
attribute      value  description                     user_settable

block_size     1024   BLOCK size (0=variable length)  True
compress       yes    Use data COMPRESSION            True
density_set_1  140    DENSITY setting #1              True
density_set_2  20     DENSITY setting #2              True
extfm          yes    Use EXTENDED file marks         True
mode           yes    Use DEVICE BUFFERS during writes True
```

Dieses 8-mm-Bandlaufwerk nutzt standardmäßig die Datenkomprimierung und eine Blockgröße von 1024 Bytes.

Sie müssen den chdev-Befehl verwenden, um die vielen Attribute eines Bandlaufwerks zu ändern. (Diese Einstellungen werden also nicht wie bei den anderen Systemen in den Namen der Gerätedateien codiert.) Der folgende Befehl ändert beispielsweise die Blockgröße auf 1024 Bytes und deaktiviert die Komprimierung und das Retensioning für Laufwerk 1:

```
# chdev -l rmt0 -a block_size=1024 -a compress=no -a ret=no
```

Sichern von Dateien und Dateisystemen

Die meisten Systeme bieten eine Vielzahl unterschiedlicher Utilities an, mit denen Backups durchgeführt werden können. Diese reichen von allgemeinen Archivierungsprogrammen wie tar und cpio bis hin zu Programmen, die aus mehreren Ebenen bestehende inkrementelle Backup-Schemata auf Basis einzelner Dateisysteme implementieren. Als die größten

Bänder nur wenige hundert Megabyte aufnehmen konnten, war die Wahl des richtigen Utilitys für System-Backups noch einfach. tar und cpio wurden für kleine Sicherungen und schnelle Backups oder Datentransfers verwendet, die »zwischendurch« notwendig waren. Die speziell zu diesem Zweck entwickelten Utilities wurden für System-Backups verwendet, weil sie besondere Fähigkeiten (etwa das automatische Spannen von Bändern und die automatische Durchführung inkrementeller Backups) besaßen, die zur Erledigung des Jobs unbedingt erforderlich waren.

Diese Unterscheidung entfällt zum größten Teil, wenn ein einzelnes Band mehrere Gigabyte an Daten speichern kann. Beispielsweise sind inkrementelle Sicherungen nun weniger wichtig, weil alle wichtigen Daten auf ein oder zwei Bänder passen. Große Bänder haben es auch möglich gemacht, ein System in logisch angeordneten Teilstücken zu sichern, die sich willkürlich über das physikalische Dateisystem verstreuen. Ein erfolgreiches System-Backup kann mit allen Utilities durchgeführt werden, die für Ihr System geeignet zu sein scheinen.

Ein dubioser Ratschlag, der häufig bezüglich der Datensicherung erteilt wird, lautet, die Größe des Dateisystems auf die im System maximal verfügbare Backup-Kapazität zu begrenzen. Multi-Tape-Backups bedeuten hier einfach zu viel Ärger und der Backup-Prozess wird vereinfacht, wenn alle Daten eines Dateisystems auf ein einzelnes Band passen.

Nun ist die Sicherung eines Dateisystems auf ein einzelnes Band sicher bequem, aber ich halte es für einen Fehler, die Planung des Dateisystems in dieser Weise von der aktuellen Kapazität des Sicherungsmediums abhängig zu machen. Die Aufteilung von Platten in viele kleinere Dateisysteme schränkt die Flexibilität bezüglich ihrer Ressourcen ein und dieser Aspekt ist sicher wesentlich wichtiger, als die Komplexität des Backups zu reduzieren. Der Aufbau des Dateisystems muss *alle* Faktoren berücksichtigen, die das System und dessen Effektivität beeinflussen. Wenn bandgroße Backups gewünscht werden, kann man immer noch Skripten schreiben, die das erreichen, wenn die allgemeinen Umstände größere Dateisysteme verlangen.

tar oder cpio reichen häufig aus

In einigen Fällen, insbesondere auf Einzelbenutzersystemen, wird kein ausgefeiltes Backup-Schema benötigt. Vielmehr ist es, da es sich bei Verwalter und Benutzer um die gleiche Person handelt, offensichtlich, welche Dateien wichtig sind und wie oft sie sich ändern. In einem solchen Fall können die einfacheren Befehle tar und cpio ausreichen, um die wichtigen Dateien periodisch auf Band (oder andere Medien) zu sichern.

Ein typisches Beispiel für diese Situation ist eine Workstation mit Unix, aber die Utilities können auch bei Systemen mit relativ kleinen Mengen an kritischen Daten ausreichen. tar und cpio haben auch den Vorteil, neben lokalen auch über NFS gemountete Dateisysteme sichern zu können.

Der tar-Befehl

Wir beginnen mit einem einfachen Beispiel. Der folgende tar-Befehl sichert alle Dateien unter */home* auf dem Standard-Bandlaufwerk:

```
$ tar -c /home
```

-c weist das Programm an, ein Backup-Archiv zu erzeugen.

Die tar-Option -C (großes C) ist nützlich, um Dateien aus verschiedenen Teilen des Dateisystems in einem einzelnen Archiv unterzubringen. Mit dieser Option wird zuerst das Verzeichnis, das als Argument übergeben wurde, als aktuelles Verzeichnis definiert. Erst dann verarbeitet tar alle vorhandenen Pfadnamen. -C kann auch mehrmals in einem Befehl auftauchen. Zum Beispiel speichern die folgenden tar-Befehle alle Dateien unter den Verzeichnissen */home*, */home2* und */chem/public*:

```
$ tar -cf /dev/rmt1 /home /home2 /chem/public
$ tar -cf /dev/rmt1 -C /home . -C /home2 . -C /chem public
```

Die beiden Befehle unterscheiden sich darin, dass der erste alle Dateien mit den absoluten Pfadnamen (z. B. */home/chavez/.login*) speichert, während der zweite Befehl mit relativen Pfadnamen (etwa *./chavez/.login*) arbeitet. Die Dateien aus dem ersten Archiv würden also immer an derselben Position im Dateisystem wiederhergestellt werden, während die Daten aus dem zweiten Archiv immer relativ zum aktuellen Verzeichnis wiederhergestellt werden (d. h. mit anderen Worten: immer relativ zu dem Verzeichnis, aus dem heraus der restore-Befehl ausgeführt wurde).

Es ist eine gute Idee, absolute Pfadnamen als Argument an -C zu übergeben. Relative Pfadnamen werden von -C immer mit Bezug auf das Verzeichnis ermittelt, das gerade aktiv war, als die Option bearbeitet wurde. Die Option bezieht sich nicht auf das Verzeichnis, das aktuell war, als der tar-Befehl gestartet wurde. Aufeinander folgende -C-Optionen werden also akkumuliert, und tar-Befehle, die mehrere davon mit relativen Pfadnamen verwenden, werden nahezu uninterpretierbar.

Traditionell wurden alle tar-Optionen in einer einzelnen Gruppe direkt hinter dem Befehl angegeben, ohne dass der normale Bindestrich nötig gewesen wäre. Der POSIX-Standard spezifiziert eine etwas traditionellere Unix-Syntax. Hierbei wird die zweite der ersten Form des Befehls vorgezogen:

```
$ tar xpfb /dev/rmt1 1024 ...
$ tar -x -p -f /dev/rmt1 -b 1024 ...
```

Die tar-Versionen auf den aktuellen Betriebssystemen akzeptieren in der Regel beide Formate. Möglicherweise wird es in Zukunft aber notwendig sein, zumindest einen Bindestrich zu Beginn anzugeben.

tar-Archive sind häufig komprimiert, weshalb Ihnen häufig komprimierte tar-Archive mit Namen wie *datei.tar.Z*, *datei.tar.gz* oder *datei.tgz* begegnen werden (die beiden letztgenannten Dateien wurden mit dem GNU-Utility gzip komprimiert).

Solaris-Erweiterungen des tar-Befehls. Die Solaris-Version von tar bietet Erweiterungen an, die für Backups auf Systemebene besser geeignet sind. Sie erlauben es, die gesamte oder einen Teil der Liste der zu sichernden Dateien und Verzeichnisse in einer oder mehreren Textdateien unterzubringen (mit jeweils einem Element pro Zeile). Diese Dateien werden in die an tar übergebene Dateiliste eingebunden, indem man ihnen ein -I voranstellt:

```
$ tar cvfX /dev/rst0 Nicht_Sicher /home -I Andere_Benutzerdateien -I Vermischtes
```

Der Befehl sichert die Dateien und Verzeichnisse aus den beiden Include-Dateien und diejenigen in */home*. Der Befehl macht auch den Einsatz der Option -X deutlich, der Sie eine Liste mit Namen und Verzeichnissen übergeben, die von tar ignoriert werden. Beachten Sie, dass Wildcards weder in Include- noch in Ausschluss-Dateien erlaubt sind. Im Falle eines Konflikts hat der Ausschluss Vorrang vor der Aufnahme.

Die -I- und -X-Optionen können auch in Restore-Operationen verwendet werden, die mit tar ausgeführt werden.

Auf Solaris und einer Reihe anderer System V-Systeme kann die Datei */etc/default/tar* verwendet werden, um die Abbildung der Standard-Archivziele festzulegen. Diese Ziele werden bei tar über Codezeichen festgelegt, die aus einer Ziffer bestehen (der Befehl tar 1c legt beispielsweise ein Archiv auf Laufwerk 1 an). Hier ist eine Version eines Solaris-Systems:

```
#                         Block    #
#Archive=Device           Size     Blocks
#
archive0=/dev/rmt/0       20       0
archive1=/dev/rmt/0n      20       0
archive2=/dev/rmt/1       20       0
archive3=/dev/rmt/1n      20       0
archive4=/dev/rmt/0       126      0
archive5=/dev/rmt/0n      126      0
archive6=/dev/rmt/1       126      0
archive7=/dev/rmt/1n      126      0
```

Der erste Eintrag legt das Gerät fest, das verwendet wird, wenn man tar 0 angibt. In diesem Fall ist es das erste Bandlaufwerk mit seinen Standardmodi. Der zweite Eintrag definiert Archiv 1 als das erste Bandlaufwerk im nicht zurückspulenden Modus. Die beiden restlichen Felder sind optional. Sie legen die Blockgröße des Gerätes und dessen Gesamtkapazität fest (Letzteres kann auf null gesetzt werden, um den Befehl die Ende-des-Mediums-Markierung finden zu lassen).

GNU tar: Linux und FreeBSD. Linux-Distributionen und FreeBSD stellen die GNU-Version des tar-Befehls zur Verfügung. Es unterstützt die üblichen Features zur Anpassung von tar sowie einige Verbesserungen, z.B. die Fähigkeit mehrerer Volumes (-M) und den Einsatz der gzip-Komprimierung (-z). Der folgende Befehl extrahiert beispielsweise den Inhalt des angegebenen komprimierten tar-Archivs:

```
$ tar xfz funsoftware.tgz
```

Der cpio-Befehl

cpio kann ebenfalls für Backups verwendet werden. Es bietet mehrere Vorteile:

- Es wurde entworfen, um willkürlich zusammengewürfelte Dateisätze zu sichern. tar ist für Unterverzeichnisse besser geeignet.

- Es packt die Daten auf dem Band wesentlich effizienter als tar. Wenn es für Sie wichtig ist, alle Daten auf ein Band zu bekommen, dann mag cpio die bessere Wahl sein.
- Beim Wiedereinspielen der Daten überspringt es fehlerhafte Stellen auf dem Band; tar hingegen bricht einfach ab.
- Es kann mit mehreren Bändern arbeiten, während die meisten tar-Versionen mit nur einem Band umgehen können.

Bei Verwendung der Option -o kopiert cpio die Dateien, deren Pfadnamen es über die Standardeingabe (oft über ls oder find) erhält, zur Standardausgabe. Die Standardausgabe lässt sich umlenken, um mittels cpio ein Band oder eine Diskette zu beschreiben. Die folgenden Beispiele zeigen, wie sich cpio für Backups einsetzen lässt:

```
$ find /home -print | cpio -o >/dev/rmt0
$ find /home -cpio /dev/rmt0
```

Der erste Befehl kopiert alle Dateien im Verzeichnis */home* und seinen Unterverzeichnissen auf das Band in Laufwerk 0. Der zweite Befehl führt ein identisches Backup durch, wobei mit einer find-Version gearbeitet wird, die die Option -cpio unterstützt.

Inkrementelle Backups mit tar und cpio

Die Kombination von find und tar oder cpio stellt eine einfache Möglichkeit dar, inkrementelle Backups durchzuführen. Dies gilt besonders, wenn nur zwei oder drei unterschiedliche Backup-Level benötigt werden. Beispielsweise kopiert der folgende Befehl mit Ausnahme von Objektdateien (.o) alle heute modifizierten Dateien unter */home* in ein Archiv auf */dev/rmt1*:

```
$ find /home -mtime -1 ! -name \*.o -print | cpio -o >/dev/rmt1
$ tar c1 `find /home -mtime -1 ! -name `*.o' ! -type d -print`
```

Der find-Befehl, der zusammen mit tar verwendet wird, muss Verzeichnisse ausschließen, weil tar automatisch *jede* Datei unter jedem Verzeichnis archiviert, das in der Dateiliste aufgeführt wird. Alle Verzeichnisse, in denen sich *irgendeine* Datei verändert hat, werden aber von find ausgegeben.

Sie können auch die find-Option -newer verwenden, um ein inkrementelles Backup auf diese Weise durchzuführen:

```
$ touch /backup/home_full
$ find /home -print | cpio -o > /dev/rmt0
Einen Tag später...
$ touch /backup/home_incr_1
$ find /home -newer /backup/home_full -print | cpio -o > /dev/rmt0
```

Der erste Befehl markiert die Datei */backup/home_full* mit dem touch-Befehl (*/backup* ist ein Verzeichnis, das zur zeitlichen Kennzeichnung der Backups erzeugt wurde). Der zweite Befehl führt ein vollständiges Backup auf */home* durch. Irgendwann später können die zweiten Befehle genutzt werden, um alle Dateien zu archivieren, die sich seit dem ersten Backup geändert haben. Indem alle Dateien zeitlich gekennzeichnet werden, bevor die

Sicherung beginnt, wird sichergestellt, dass alle Dateien, die während des Schreibens modifiziert werden, beim nächsten Backup gesichert werden. Dabei spielt es keine Rolle, ob die Dateien in diesem Backup berücksichtigt wurden oder nicht.

pax: Frieden zwischen tar und cpio

Der pax-Befehl versucht die Lücke zwischen tar und cpio zu schließen, indem er ein einzelnes allgemein einsetzbares Archivierungs-Utility zur Verfügung stellt.[12] Er kann Archive in beiden Formaten lesen und schreiben (und schreibt standardmäßig tar-Archive) und bietet beiden gegenüber einige Verbesserungen, was es in vielen Umgebungen zu einem ausgezeichneten Utility für System-Backups macht. pax ist für alle hier betrachteten Unix-Versionen verfügbar. Wie bei cpio können sich auch pax-Archive über mehrere Media-Volumes erstrecken.

Die allgemeine Syntax für pax sieht wie folgt aus:

```
pax [modus_option] andere_optionen zu_sichernde_dateien
```

Die *modus_option* legt fest, ob Dateien in ein Archiv geschrieben oder aus einem Archiv extrahiert werden sollen. Dabei steht -w für das Schreiben und -r für das Lesen und Extrahieren eines Archivs. Mit -rw werden Dateien in ein alternatives Verzeichnis auf der Platte kopiert (entspricht cpio -p). Der Standardmodus von pax, bei dem keine *modus_option* angegeben wird, gibt den Inhalt eines Archivs aus.

Die folgenden Befehle zeigen die pax-Modi im Einsatz:

```
$ pax -w -f /dev/rmt0 /home /chem
$ find /home /chem -mtime -1 -print | pax -w -f /dev/rmt0
$ pax -w -X -f /dev/rmt0 /
```

Die ersten beiden Befehle führen ein vollständiges und ein inkrementelles Backup der Dateien in */home* und */chem* durch. In beiden Fällen wird dabei das Standard-Bandlaufwerk verwendet. Der dritte Befehl sichert alle Dateien in der Plattenpartition, die dem root-Verzeichnis entspricht. Die Option -X weist pax an, Dateisystemgrenzen nicht zu überschreiten.

AIX bevorzugt pax gegenüber dem normalen tar und cpio. Der Befehl wurde so erweitert, dass er große Dateien (über 2 GB) unterstützt.

Sichern individueller Dateisysteme mit dump

Das BSD-Utility dump stellt den nächsten Schritt in der Entwicklung von Backup-Systemen unter Unix dar. Es sichert selektiv alle Dateien innerhalb eines Dateisystems (einer einzelnen Partition), indem es die jeder Inode entsprechenden Daten in das Archiv auf dem Backup-Gerät kopiert. Es hat darüber hinaus den Vorteil, jede Art von Datei sichern zu

---

12 Tatsächlich sind cpio und tar auf Systemen, die pax verwenden, häufig nur Links auf pax. Die Syntax von pax ist eine Verschmelzung der beiden, was bei einem von POSIX aufgezwungenen Programm nicht weiter verwunderlich ist (auch wenn der Name für *portable archive exchange* steht).

> ## Benutzer zum Anlegen von Backups bewegen
> Manche Sites delegieren bestimmte Backup-Verantwortlichkeiten an individuelle Benutzer: Wenn eine Site zu viele Workstations besitzt, um die Sicherung aller lokalen Platten praktikabel erscheinen zu lassen, wenn wichtige Daten auch auf Nicht-Unix-Systemen wie PCs liegen (insbesondere wenn diese nicht an das lokale Netzwerk angeschlossen sind) und so weiter.
>
> Allerdings werden Sie, auch wenn Sie die eigentliche Datensicherung nicht selbst vornehmen, wahrscheinlich dennoch für den technischen Support verantwortlich sein. Und wahrscheinlich werden Sie die Benutzer noch viel häufiger daran erinnern müssen, die Backups auch wirklich durchzuführen. Hier einige Ansätze, mit denen ich versucht habe, das zu erreichen:
>
> - Gewöhnen Sie es sich an, die Benutzer zu ermuntern, statt ihnen zu drohen (Drohungen funktionieren sowieso nicht).
> - Nutzen Sie sanften Druck zu Ihrem Vorteil. Die Einrichtung einer zentralen Ablage für die Backups, die Sie sich regelmäßig ansehen, macht deutlich, wer die ihm zugedachten Backups anlegt und wer nicht. Beachten Sie, dass diese Idee ungeeignet ist, wenn sensitive Daten im Spiel sind.
> - Entwickeln Sie Werkzeuge, die den Backup-Prozess für die Benutzer so weit wie möglich automatisieren. Jeder hat die Zeit, vor dem Nach-Hause-Gehen ein Band einzulegen und ein Skript zu starten.
> - Stellen Sie eine zentrale Sammelstelle für wichtige Schlüsseldateien zur Verfügung, die als Teil der System/Site-Prozedur gesichert werden. Benutzer können Schlüsseldateien kopieren und wissen, dass diese wirklich gesichert werden, wenn sie in der Patsche sitzen und wirklich keine Zeit haben, die Backups selbst anzulegen.

können, also auch Gerätedateien und Sparse-Files. Obwohl es zwischen den Implementierungen für die verschiedenen Unix-Varianten kleinere Unterschiede gibt, gilt das im Folgenden Gesagte für:

AIX	backup
FreeBSD	dump
HP-UX	dump und vxdump
Linux	dump (aber das Paket ist standardmäßig normalerweise nicht installiert)
Solaris	ufsdump
Tru64	dump und vdump

Auf Systemen, die mehrere Dateisystemtypen unterstützen, könnte dump auf UFS-Dateisysteme (BSD) beschränkt sein. Bei Linux-Systemen ist es momentan auf ext2/ext3-Dateisysteme beschränkt, auch wenn das XFS-Dateisystem das vergleichbare xfsdump-Utility zur Verfügung stellt. Unter HP-UX unterstützen vxdump und vxrestore die VxFS-Dateisysteme. Tru64 stellt vdump für AdvFS-Dateisysteme zur Verfügung.

dump hält nach, wann es jedes Dateisystem zuletzt gesichert hat und auf welchem Level diese Sicherung erfolgt ist. Diese Information wird in der Datei /etc/dumpdates festgehalten (außer auf HP-UX-Systemen, die mit /var/adm/dumpdates arbeiten). Ein typischer Eintrag in dieser Datei sieht wie folgt aus:

```
/dev/disk2e      2 Sun Feb  5 13:14:56 1995
```

Dieser Eintrag besagt, dass das Dateisystem /dev/disk2e zuletzt am Sonntag, dem 5. Februar, während eines Level-2-Backups gesichert wurde. Findet dump kein Dateisystem in dieser Liste, geht es davon aus, dass es noch nie gesichert wurde.

Wenn die Datei *dumpdates* nicht existiert, legt der folgende Befehl sie an:

```
# touch /path/dumpdates
```

Die *dumpdates*-Datei muss dem Benutzer *root* gehören. Wenn die Datei nicht existiert, legt dump sie nicht an, und Dateisystem-Backups werden nicht festgehalten. Sie sollten diese Datei also anlegen, bevor Sie dump das erste Mal speichern.

Der dump-Befehl hat zwei allgemeine Formen:

```
$ dump Optionen-mit-Argumenten Dateisystem
$ dump Optionsbuchstaben Argumente Dateisystem
```

Dateisystem ist die blockorientierte Gerätedatei, die dem zu sichernden Dateisystem bzw. dem Mountpunkt aus der Dateisystem-Konfigurationsdatei entspricht. Bei der ersten (neueren) Form ist das erste Element eine Liste der beim Backup zu verwendenden Optionen. Die Argumente folgen in der üblichen Art unmittelbar auf den Optionsbuchstaben (z.B. -f /dev/tape).

Bei der zweiten (älteren) Form ist *Optionsbuchstaben* eine Liste mit Buchstaben, die den gewünschten Optionen entsprechen, und *Argumente* sind die zu jeder Option gehörenden Argumente (in der gleichen Reihenfolge). Diese Syntax ist unter Solaris und HP-UX immer noch die einzig verfügbare.

Nicht alle Optionen verlangen nach Argumenten. Trotzdem müssen die Argumente *exakt* in der Reihenfolge und Anzahl mit den Optionen, die nach Argumenten verlangen, übereinstimmen. Betrachten Sie beispielsweise die Optionen 0sd. Die Optionen s und d verlangen nach Argumenten, 0 nicht. Ein dump-Befehl, der diese Optionen verwendet, muss daher die folgende Form haben:

```
$ dump 0sd s-Argument d-Argument Dateisystem
```

Hält man sich nicht an diese Regel, kann das schmerzhafte Konsequenzen haben, wenn man den Befehl als *root* ausführt. Sie können dann beispielsweise das Dateisystem zerstören, wenn Sie das Argument der f-Option und das letzte Argument von dump vertauschen. Sie werden von mir kein Gegenargument hören, wenn Sie jetzt anmerken, dass es sich hier um einen Entwurfsfehler handelt, der schon längst hätte behoben werden müssen. Stellen Sie sicher, dass Sie für jede Option, die nach einem Argument verlangt, ein solches angeben, wenn Sie mit dump arbeiten. Um solche Bedienungsfehler zu vermeiden, sollten Sie Shell-Skripten anlegen, die dump automatisch mit den richtigen Optionen aufrufen.

Die wichtigsten dump-Optionen sind (wir verwenden die neuere Form):

-0, ..., -9
: Die Ziffern 0 bis 9 bezeichnen den Backup-Level, der von diesem Befehl angelegt wird. Für einen gegebenen Level *n* durchsucht dump die Datei */etc/dumpdates* nach einem Eintrag, der das Datum des letzten Backups des Dateisystems mit dem Level *n-1* oder niedriger enthält. dump sichert dann alle Dateien, die sich seit dem letzten Backup geändert haben. Ist *n* gleich null, sichert dump das gesamte Dateisystem. Enthält */etc/dumpdates* keinen Backup-Eintrag mit Level *n-1* oder niedriger, sichert dump ebenfalls das gesamte Dateisystem. Wird kein Level angegeben, führt dump ein Level-9-Backup aus. Diese Option erfordert kein Argument.

Ältere dump-Versionen, die mit Bindestrichen arbeitende Optionen nicht unterstützen, verlangen das Level als erste Option.

-u
: Wenn dump erfolgreich war, bringt diese Option die Datei */etc/dumpdates* auf den neuesten Stand. Sie benötigt kein Argument.

-f *Gerät*
: Diese Option besagt, dass das Backup nicht auf das voreingestellte Bandlaufwerk (also z.B. in eine Datei oder auf ein anderes Gerät) erfolgen soll. Die Standardgeräte der verschiedenen Unix-Versionen wurden ja bereits erwähnt. Wenn Sie diese Option verwenden, müssen Sie ein Argument angeben, und das Argument muss unbedingt vor der Gerätedatei stehen. Das Argument »-« (der Bindestrich) steht für die Standardausgabe.

-W
: Gibt aus, was beim Aufruf des Befehls gesichert werden würde, führt die eigentliche Sicherung aber nicht durch.

-s *Fuß* -d *Dichte*
: Diese Optionen wurden bei älteren dump-Versionen benötigt, um die Kapazität des Backup-Mediums zu bestimmen. Neue dump-Versionen benötigen sie grundsätzlich nicht, weil sie so lange weiterschreiben, bis sie die Medienende-Markierung erkennen.

Falls Sie dump über die Bandlänge etwas vorgaukeln müssen, weil Ihre Version standardmäßig ein Kapazitätslimit verwendet, das sich an veralteten 9-Spur-Laufwerken orientiert, können Sie mit -s die *Größe* des Backup-Bandes in englischen Fuß angeben. -d legt die Dichte des Bandes in Bits pro Zoll fest. Weil dump die Mediumende-Markierung erkennt, bevor es das eigentliche Limit erreicht, können Sie solche Probleme einfach dadurch lösen, dass Sie die Kapazität auf einen Wert setzen, der weit über dem eigentlichen Limit liegt. So definieren die Optionen -d 50000 -s 90000 eine Bandkapazität von etwas über 4 GB.

-b *faktor*
: Legt die für das Band zu verwendende Blockgröße in Einheiten von 1024-Byte-Blöcken (manchmal 512-Byte-Blöcken) fest.

Hier eine typische Anwendung des dump-Befehls:

```
$ dump -1 -u -f /dev/tape /chem
```

Dieser Befehl führt ein inkrementelles Level-1-Backup des /chem-Dateisystems auf das mit /dev/tape verknüpfte Bandlaufwerk durch. dump aktualisiert die *dumpdates*-Datei nach getaner Arbeit.

dump benachrichtigt den Benutzer, wenn eine Interaktion notwendig ist. Meistens hat dump einfach das Band voll geschrieben und verlangt nach einem neuen. Außerdem fragt dump bei Problemen nach, ob es versuchen soll, diese zu beseitigen. Zusätzlich liefert dump Rückmeldungen darüber, was es gerade tut und wie viele Bänder und wie viel Zeit für das Backup voraussichtlich benötigt werden.

Das HP-UX-Utility fbackup

HP-UX stellt für System-Backups die Utilities fbackup und frecover zur Verfügung. Ein signifikanter Vorteil, den sie gegenüber den Standard-Unix-Utilities besitzen, besteht darin, dass sie HP-UX-Zugriffskontroll-Listen zusammen mit anderen Datei-Metadaten sichern und wiederherstellen können.

fbackup ermöglicht, genau wie dump, inkrementelle Backups in 9 Levels. fbackup speichert Backup-Records in der Datei */var/adm/fbackupfiles/dates*. Diese Datei muss vom Systemadministrator angelegt werden, bevor fbackup verwendet wird.

Die folgenden Beispiele machen deutlich, wie fbackup für System-Backups eingesetzt werden könnte:

```
# fbackup -0u -f /dev/rmt/1m -i /chem
# fbackup -1u -i /chem -i /bio -e /bio/med
# fbackup -1u -f /dev/rmt/0m -f /dev/rmt/1m -i /chem
# fbackup -0u -g /backup/chemists.graph -I /backup/chemists.TOC
```

Der erste Befehl führt ein vollständiges Backup von */chem* auf Bandlaufwerk 1 durch und aktualisiert die fbackup-Datenbank. Der zweite Befehl führt ein Level-1-Backup von */chem* und */bio* durch, schließt dabei aber das Verzeichnis */bio/med* aus (Sie können so viele -i- und -e-Optionen wie nötig aufnehmen). Der dritte Befehl führt ein Level-1-Backup von */chem* durch und verwendet dabei mehrere Laufwerke hintereinander.

Der letzte Befehl führt ein vollständiges Backup entsprechend den Vorgaben der so genannten Graph-Datei */backup/chemists.graph* durch. Ein Index des Backups wird dabei in die Datei */backup/chemists.TOC* geschrieben. Eine Graph-Datei ist eine Textdatei mit dem folgenden Format:

```
c    pfad
```

c ist dabei ein Code, der angibt, ob der *pfad* im Backup aufgenommen (i für include) oder vom Backup ausgeschlossen (e für exclude) werden soll.

Verwandte Utilities

Es gibt noch zwei weitere Unix-Utilities, die Sie kennen sollten, weil sie gelegentlich ebenfalls für Backups verwendet werden.

Daten mit dd kopieren und konvertieren

Das dd-Utility transferiert Rohdaten zwischen Geräten. Es ist für die Konvertierung von Daten zwischen einzelnen Systemen und für das Lesen und Schreiben von Daten zu/von Rechnern ohne Unix geeignet. Als Argumente werden eine Reihe von *Option=Wert*-Paaren übergeben. Einige der nützlichsten Optionen sind:

if
:   Input file: Quelle der Daten.

of
:   Output file: Ziel der Daten.

ibs
:   Blockgröße der Eingabe in Bytes (voreingestellt sind 512).

obs
:   Blockgröße der Ausgabe in Bytes (voreingestellt sind 512).

fskip
:   Daten überspringen, bevor Daten übertragen werden (nicht bei allen Implementierungen vorhanden).

count
:   Anzahl der zu übertragenden Blöcke.

conv
:   Schlüsselwort/-wörter, die die Konvertierung der Eingabe vor der Ausgabe spezifizieren: swab bedeutet, dass die Bytes getauscht (»geswappt«) werden sollen, und ist der am häufigsten verwendete Konvertierungstyp. lcase und ucase sorgen für die Umwandlung in Klein-/Großbuchstaben. ascii und ebcdic konvertieren die Daten in ASCII bzw. EBCDIC.

Zum Beispiel verarbeitet der folgende Befehl die dritte Datei des Bandes in Laufwerk 0 mit einer Eingabe-Blockgröße von 1024 Bytes, vertauscht dabei alle Datenbytes und schreibt die konvertierte Ausgabe in die Datei */chem/data/c70o.dat*:

```
$ dd if=/dev/rmt0 of=/chem/data/c70o.dat \
     ibs=1024 fskip=2 conv=swab
```

Wie immer müssen Sie bei der Angabe der richtigen Geräte für if und of sehr vorsichtig sein. Sie zu vertauschen kann furchtbare Konsequenzen haben.

Datenbänder auf Geräteebene mit mt bearbeiten

Unix bietet den Befehl mt für die direkte Bearbeitung von Datenbändern. Sie können damit das Band ausrichten (um beispielsweise Backups zu überspringen), Bänder zurückspulen und ähnliche grundlegende Bandoperationen ausführen. Die Syntax lautet:

```
$ mt [-f Bandeinheit] Befehl
```

Bandeinheit steht für das zu verwendende Bandlaufwerk und *Befehl* für die gewünschte Aktion. Nützliche Schlüsselwörter sind rewind (zum Rückspulen des Bandes), status (für die Ausgabe des Gerätestatus – Sie können etwa sehen, ob das Gerät benutzt wird), fsf *n* (zum Überspringen der nächsten *n* Dateien) und bsf *n* (*n* Dateien zurück).

Um beispielsweise das Band im zweiten Laufwerk zurückzuspulen, müssen Sie den folgenden Befehl benutzen:

```
$ mt -f /dev/rmt1 rewind
```

Die Solaris-Version von mt kennt auch einen asf-Befehl, der das Band zur *n*-ten Datei auf dem Band bewegt (*n* wird dabei asf als Argument übergeben), wobei die aktuelle Position des Bandes keine Rolle spielt.

Unter FreeBSD wird der mt-Befehl verwendet, um Dichte und Komprimierung des Laufwerks einzustellen:

```
$ mt -f /dev/nrsa0 comp on density 0x26
```

AIX enthält das tctl-Utility (mt ist in Wirklichkeit nur ein Link darauf). tctl verwendet die gleiche Syntax wie mt und bietet darüber hinaus einige selten benötigte Operationen.

Dateien aus Backups wiederherstellen

Alle in den vorangegangenen Abschnitten beschriebenen Backup-Einrichtungen besitzen entsprechende Einrichtungen zur Wiederherstellung der Dateien. Wie werden uns in diesem Abschnitt jede dieser Einrichtungen ansehen.

Dateien aus tar- und cpio-Archiven wiederherstellen

Einzelne Dateien oder gesamte Unterbäume können aus tar- und cpio-Archiven auf sehr einfache Weise wiederhergestellt werden. Zum Beispiel stellen die folgenden Befehle die Datei */home/chavez/freeway/quake95.data* und das Home-Verzeichnis des Benutzers *harvey* aus einem Archiv wieder her, das vom Verzeichnis */home* auf einem Band in Laufwerk */dev/rmt0* angelegt wurde:

```
$ tar -xp /home/chavez/freeway/quake95.data
$ cpio -im '*quake95.data' < /dev/rmt0
$ tar -xp /home/harvey
$ cpio -imd '/home/harvey*' < /dev/rmt0
```

Die tar-Option -p und die cpio-Option -m stellen sicher, dass alle Dateien mit den jeweils korrekten Dateiattributen wiederhergestellt werden. Die cpio-Option -d sorgt bei Bedarf für die Generierung von Unterverzeichnissen, wenn ganze Verzeichnisbäume wieder hergestellt werden (tar macht das standardmäßig).[13]

Eine Wiederherstellung mit pax verläuft ähnlich. Der erste der nachfolgenden Befehle gibt zum Beispiel eine Liste mit den Dateien aus, die auf dem Band in Laufwerk 0 enthalten sind, während die restlichen Befehle verschiedene Dateien daraus extrahieren:

```
$ pax -f /dev/rmt0 -v          -v liefert ein etwas detaillierteres Listing.
$ pax -r '/h95/*.exe'          Dateien mit Hilfe eines regulären Ausdrucks auswählen.
```

---

13 Der zweite cpio-Befehl geht außerdem davon aus, dass außer dem Home-Verzeichnis des Benutzers *harvey* keine weiteren Dateien mit »harvey« beginnen.

```
$ pax -r /home/chavez                    Home-Verzeichnis von chavez wiederherstellen.
$ pax -r -f my_archive -c '*.o'          Alles außer Objektdateien wiederherstellen.
# pax -r -pe -f /dev/rmt0                Dateien mit Eigentümer, Modus und Mod.-Zeit
                                         wiederherstellen.
```

Das coolste pax-Feature ist sicherlich seine -s-Option, mit der Sie Dateinamen bearbeiten können, während die Dateien geschrieben, extrahiert oder auch nur aus dem Archiv aufgelistet werden. Die Option verlangt einen Substitutionsbefehl wie bei ed oder sed als Argument (der üblicherweise in einfachen Anführungszeichen eingeschlossen sein muss). Dieser Substitutionsbefehl gibt an, wie die Dateinamen transformiert werden sollen. Der folgende Befehl ändert zum Beispiel die Verzeichnisnamen für jede Datei auf der zweiten Ebene von *chavez* in *harvey*, während die Dateien gelesen werden, und ändert damit das Ziel auf der Festplatte:

```
$ pax -r -s ',^/home/chavez/,/home/harvey/,' \
    -f /dev/rmt0 /home/chavez
```

Die Substitutionsklausel sucht am Anfang jedes wiederherzustellenden Pfadnamens nach */home/chavez* und ändert ihn in */home/harvey*. Der Substitutionsstring verwendet Kommas als Trennzeichen für die einzelnen Felder.

Hier einige weitere -s-Klauseln für spezielle Transformationen:

```
-s ',^/home/chavez/,,'     Verzeichniskomponenten teilweise entfernen.
-s ',^.*//*,,'             Gesamte Verzeichniskomponente entfernen.
-s ',^//*,,'               Pfadnamen relativ zum aktuellen Verzeichnis machen.
```

Mehrere -s-Optionen sind erlaubt, aber nur die erste zutreffende wird für einen gegebenen Dateinamen verwendet.

Beachten Sie, dass auch pax ein wenig exzentrisch sein kann. Eine der ärgerlichsten Eigenheiten ist die Tatsache, dass bei einigen pax-Versionen über Wildcards erkannte Verzeichnisse bei Restore-Operationen nicht vollständig wiederhergestellt werden, sondern nur explizit aufgeführte Verzeichnisse. Beachten Sie, dass das genau im Gegensatz zur Funktionsweise von cpio steht und auch der Arbeitsweise von tar widerspricht. Ich würde es als Bug sehen, wenn er nicht in mehr als einer Herstellerversion (wenn auch nicht in jeder) auftauchen würde. Bei der Verwendung von pax ist Vorsicht angebracht.

Wiederherstellung aus dump-Archiven

Das Utility restore spielt Dateien wieder ein, die auf Backup-Bändern liegen, die mit dump angelegt wurden. Es wird von allen Systemen unterstützt, die über eine Version von dump verfügen. Auf Solaris heißt es allerdings ufsrestore, um eine einheitliche Namensgebung für dessen dump-Version beizubehalten. HP-UX und Tru64 stellen die Befehle vxrestore und vrestore für ihre Standard-Dateisystemtypen zur Verfügung. All diese Befehle haben die gleiche Syntax und die gleichen Optionen. Mit diesen Befehlen können einzelne Dateien, Verzeichnisse oder vollständige Dateisysteme wiederhergestellt werden.

Um ein gesamtes Dateisystem wiederherzustellen, müssen Sie die aktuellsten Backup-Bänder *jedes* Levels wieder einspielen, d. h. die des letzten vollständigen Dumps (0), des letzten Level-1-Dumps usw. Sie müssen jeden Level (beginnend bei 0) nacheinander wiederherstellen. restore speichert die gelesenen Dateien im aktuellen Arbeitsverzeichnis. Um also ein ganzes Dateisystem wiederherzustellen, sollten Sie ein neues, leeres Dateisystem mounten, in das Verzeichnis wechseln, an dem das Dateisystem gemountet wurde, und erst dann die Dateien mit restore wiederherstellen. Beachten Sie, dass solche restore-Operationen den Nebeneffekt haben, gelöschte Dateien wiederherzustellen.

Nach einem vollständigen Restore müssen Sie ein vollständiges Backup (Level 0) durchführen. Der Grund dafür ist der, dass dump die Dateien mit ihren internen Inode-Nummern zurückspielt. Die Dateien, die Sie gerade zurückgespielt haben, werden mit den Inodes des Dateisystems nicht mehr übereinstimmen (die während des Wiedereinspielens sequenziell vergeben werden).

Ganz allgemein hat der restore-Befehl die folgenden Formen (wie bei dump):

```
$ restore Optionen-mit-Argumenten [Dateien-und-Verzeichnisse]
$ restore Optionen Argumente [Dateien-und-Verzeichnisse]
```

Dateien-und-Verzeichnisse ist eine Liste der Dateien und Verzeichnisse, die restore vom Sicherungsband wiederherstellen soll. Werden keine Dateien angegeben, wird das gesamte Band wiederhergestellt.

Bei der ersten (neueren) Form ist das erste Element die Liste der Optionen, die für dieses Backup verwendet werden sollen. Die Argumente folgen wie üblich unmittelbar auf die Optionsbuchstaben (z.B. -f /dev/tape). Bei der zweiten (älteren) Form ist *Optionen* eine Liste mit den Buchstaben der gewünschten Optionen und *Argumente* die Liste der mit jeder Option verknüpften Werte (in der gleichen Reihenfolge). Diese Syntax ist unter AIX und Solaris nach wie vor die einzig verfügbare.

Die meisten restore-Optionen haben keine Argumente. Genau wie bei dump ist es aber wichtig, dass die benötigten Argumente in der Reihenfolge erscheinen, die von den Optionen erwartet wird.

restore schreibt die gelesenen Dateien in das aktuelle Arbeitsverzeichnis. Wird ein Verzeichnis für die Wiederherstellung gewählt, stellt restore sowohl das Verzeichnis als auch alle darin enthaltenen Dateien wieder her, gleichgültig ob die (nachfolgend noch beschriebene) Option -h angegeben wurde oder nicht.

Die wichtigsten restore-Optionen sind:

-r
: *Lies (Read)* das gesamte Band und spiele es wieder ein. Dies ist ein sehr mächtiger Befehl. Er sollte nur verwendet werden, um vollständige Dateisysteme wiederherzustellen, die sich auf einem oder mehreren Bändern befinden. Das Dateisystem, in das das Band eingelesen wird, sollte neu angelegt werden und völlig leer sein. Die Option kann auch verwendet werden, um einen inkrementellen Dump auf ein gerade neu wiederhergestelltes Dateisystem aufzuspielen. Nachdem Sie mit -r also einen voll-

ständigen Dump wiederhergestellt haben, verwenden Sie den Befehl erneut, um nacheinander die inkrementellen Dumps des Dateisystems einzuspielen, bis das Dateisystem vollständig wiederhergestellt ist.

-x

Extrahieren aller angegebenen Dateien und Verzeichnisse und Wiederherstellung im aktuellen Verzeichnis. Jeder zu extrahierende Dateiname muss als vollständiger Pfadname *relativ* zum root-Verzeichnis des wiederherzustellenden Dateisystems angegeben werden. Um beispielsweise die Datei */chem/pub/old/gold.dat* aus einem Dump des */chem*-Dateisystems wiederherzustellen, müssen Sie den Dateinamen als *pub/old/gold.dat* angeben. Sie sollten sich in */chem* befinden, wenn Sie den restore-Befehl ausführen und die Datei an ihrer ursprünglichen Position wieder eingespielt werden soll.

-t

Gibt die Namen der aufgeführten Dateien und Verzeichnisse auf dem Terminal aus, wenn sie auf dem Backup-Band vorhanden sind (Type). Mit dieser Option können Sie schneller herausfinden, ob eine bestimmte Datei auf einem Band vorhanden ist. Wenn Sie diese Option ohne Dateiliste verwenden, prüft sie, ob das dump-Band gelesen werden kann.

-f *Datei*

Das dazugehörige Argument ist der Name der Datei oder des Geräts, die bzw. das den Dump enthält. Wird das Argument weggelassen, geht restore davon aus, dass sich das Band im Standard-Bandlaufwerk befindet. Wird ein Gerät angegeben, liest restore den Dump vom entsprechenden Gerät. Sie können für *Datei* den Bindestrich angeben, um die Standardeingabe festzulegen.

-s *n*

Der Wert *n* bestimmt, welche Datei des Bandes für die Wiederherstellung verwendet werden soll. Zum Beispiel bedeutet -s 3, dass die dritte Datei auf dem Band verwendet werden soll.

-i

Programm im *interaktiven* Modus ausführen. Dies ist immer die bequemste Möglichkeit, kleine Gruppen von Dateien wiederherzustellen. Dieser Modus wird im nächsten Teilabschnitt beschrieben.

Eine typische Anwendung des restore-Befehls sieht wie folgt aus:

```
# cd /home
# restore -x -f /dev/rmt1 chavez/mystuff others/myprogram
```

Dieser Befehl spielt das Verzeichnis */home/chavez/mystuff* und die Datei */home/others/myprogram* wieder von Band ein (wobei wir davon ausgehen, dass */home* das Dateisystem im Archiv ist). Es wird im aktuellen Verzeichnis nach den Verzeichnissen *chavez* und *others* gesucht (falls nötig, werden sie angelegt), und dann werden das angegebene Verzeichnis und die entsprechende Datei wiederhergestellt. Beide standen ursprünglich im Verzeichnis */home*. Beachten Sie, dass der Name des Mountpunkts in diesem restore-Befehl nicht verwendet wird. Der Befehl muss aus */home* heraus aufgerufen werden, um die Dateien an ihren ursprünglichen Positionen wiederherzustellen.

Auf Solaris- und HP-UX-Systemen lauten die entsprechenden Optionen:

```
xf /dev/rmt1 chavez/mystuff others/myprogram
```

dump und restore schreiben die Dateien unabhängig davon, wo das Dateisystem gerade aufgesetzt ist, d. h., die Pfadnamen werden relativ zur Position des *eigenen* Dateisystems, nicht des System-Dateisystems verwendet. Das macht auch Sinn, weil das Dateisystem überall im Verzeichnisbaum aufgesetzt sein könnte, und die wiederhergestellten Dateien könnten dennoch an ihre korrekte Stelle relativ zum Mountpunkt geschrieben werden.

Wenn Sie Dateien wiederherstellen müssen, die versehentlich zerstört wurden, wird Ihr größtes Problem darin bestehen herauszufinden, welche Bänder diese Dateien enthalten. Sie werden viel Zeit damit verbringen, darauf zu warten, dass das System ein oder mehrere Bänder durchsucht. Wenn Sie mit inkrementellen Backups arbeiten, hilft es Ihnen beträchtlich weiter, wenn Sie wissen, wann eine Datei das letzte Mal modifiziert wurde. Das Anlegen von Online-Inhaltsverzeichnissen ist ebenfalls sehr nützlich (wir besprechen dieses Thema später in diesem Kapitel).

Der interaktive Modus von restore

Der interaktive Modus wird mit der restore-Option -i gestartet. Sobald Sie sich in diesem Modus befinden, können Sie sich den Inhalt eines Bandes ansehen und Dateien für die Wiederherstellung auswählen. Die Verwendung dieses Modus wird im folgenden Beispiel deutlich:

```
$ restore -i -f /dev/rmt1              Starten im interaktiven Modus.
restore > help
Available commands are:
   ls [arg] - list directory
   cd arg - change directory
   add [arg] - add `arg' to list of files to be extracted
   delete [arg] - delete `arg' from list of files to be extracted
   extract - extract requested files
...
If no `arg' is supplied, the current directory is used
restore > ls                           Verzeichnis auf Band ausgeben.
chavez/      harvey/       /ng
restore > cd chavez/vp                 Aktuelles Verzeichnis wechseln.
restore > ls
v_a.c      v_a1.c      v_b3.c      v_d23.c     v_early
restore > add v_a1.c                   Dateien auswählen (markieren), die wiederhergestellt werden sollen.
restore > add v_early
restore > ls
v_a.c      *v_a1.c     v_b3.c      v_d23.c     *v_early
restore > delete v_early               Markierung einer Datei wieder aufheben.
restore > extract                      Markierte Dateien in aktuelles Verzeichnis auf der Festplatte schreiben.
You have not read any tapes yet.
Unless you know which volume your file(s) are on you should start
with the last volume and work towards the first.
Specify next volume #: 1               Bandnummer (wenn bekannt).
set owner/mode for '.'? [yn] n         Eigentumsrechte und Schutz von ./'s nicht ändern.
restore > quit                         Interaktiven Modus beenden.
```

Mit dem letzten Prompt fragt restore, ob die Eigentums- und Schutzrechte des aktuellen Verzeichnisses an die des root-Verzeichnisses auf dem Band angepasst werden sollen. Beantworten Sie diese Frage nur mit Ja, wenn Sie ein ganzes Dateisystem wiederherstellen.

Mehrere Backups auf einem Band zusammenfassen

Wollen Sie mehrere Archive auf dem gleichen Band unterbringen, müssen Sie das Band vor dem Schreiben des ersten Archivs zurückspulen (wenn nötig) und dann ein nicht zurückspulendes Gerät für alle nachfolgenden Backup-Operationen verwenden.

Um Dateien von einem mehrere Archive enthaltenden Band wieder einzuspielen, müssen Sie das Band zuerst an der richtigen Stelle positionieren, bevor Sie den Befehl zur Wiederherstellung geben. restore kann das mit der Option -s automatisch tun. Sie übergeben dabei die Nummer des Archivs als Argument.

Bei allen anderen Backup-Typen positionieren Sie das Band mit dem mt-Befehl. Die folgenden Befehle positionieren das Band beispielsweise unmittelbar hinter dem zweiten Archiv auf dem Band:

```
$ mt -f /dev/rmt0 rewind      Falls nötig
$ mt -f /dev/nrmt0 fsf 2
```

Auch hier müssen Sie wieder die nicht zurückspulende Variante des Bandlaufwerks verwenden, da das Band andernfalls nach der Positionierung wieder zurückgespult wird. Einmal am gewünschten Punkt angelangt, können Sie ganz nach Bedarf ein zusätzliches Backup auf Band schreiben oder eine restore-Operation mit dem nächsten Archiv auf dem Band vornehmen.

Das HP-UX-Utility frecover

Das HP-UX-Utility frecover spielt Dateien wieder ein, die mit dem fbackup-Utility archiviert wurden. Die Syntax ist dabei sehr ähnlich. Der erste der beiden folgenden Befehle stellt zum Beispiel den Unterverzeichnis-Baum */chem/fullerenes* wieder her:

```
# frecover -x -i /chem/fullerenes
# frecover -r -f /dev/rmt/1m
```

Der zweite Befehl spielt alle Dateien des Bandes in Laufwerk 1 wieder ein. frecover erkennt auch die Optionen -i, -e und -g. Weitere nützliche Optionen sind:

- -X und -F spielen alle Dateien relativ zum aktuellen Verzeichnis (absolute Pfade werden in relative umgewandelt) bzw. in das aktuelle Verzeichnis (alle Pfade werden entfernt) wieder ein.

- -o legt fest, dass Dateien auf der Platte überschrieben werden sollen, die neueren Datums sind als im Backup.

- -N legt fest, dass das Backup-Medium gelesen werden soll, ohne irgendwelche Dateien wiederherzustellen. Auf diese Weise können Sie die Integrität des Backups prüfen und Dateien mit Inhaltsverzeichnissen anlegen.

Daten zwischen Systemen bewegen

Generell legen tar, cpio und dump Archive an, die von vielen verschiedenen Computern gelesen werden können. Manchmal kann es aber Schwierigkeiten geben, wenn Sie ein Band lesen wollen, das nicht von Ihrem System stammt. Für solche Probleme gibt es in der Regel vier Hauptgründe:

Unterschiedliche Blockgrößen
 Den einfachsten Problemfall beim Lesen von Bändern stellen verschiedene Blockgrößen dar, d.h., das Band wurde mit einer anderen Blockgröße geschrieben, als dies vom lesenden Laufwerk erwartet wird. Einige Bandlaufwerke gehen von festen Blockgrößen aus. Sie können die Blockgröße bei Backup- und Restore-Utilities häufig angeben (gängig ist hier die Option -b), und bei vielen Systemen können Sie auch die Eigenschaften des Laufwerks selbst einstellen. Die am häufigsten verwendeten Blockgrößen sind 512 und 1024.

Inkompatibilitäten der Archiv-Formate
 Die von frühen Unix-Versionen bereitgestellten Backup-Utilities unterscheiden sich von denen, die heutzutage verwendet werden. Sehr alte Computer sind möglicherweise nicht in der Lage, Bänder zu lesen, die mit aktuellen Maschinen geschrieben wurden. Die modernen Versionen der meisten Utilities bieten Optionen an, die die Rückwärtskompatibilität sicherstellen. Mit diesen Optionen können Sie Bänder auf älteren Formaten lesen.

Unterschiedliche Byteordnungen
 Ob ein Computer mit *Big Endian* oder *Little Endian* arbeitet, bestimmt, wie einzelne Bytes in größeren Dateneinheiten wie Wörtern interpretiert werden. Big Endian-Systeme betrachten das Byte an der niedrigsten Adresse als das signifikanteste, während Little Endian-Systeme es als das am wenigsten signifikante betrachten. Archive auf Datenbändern spiegeln dieses grundlegende Hardwareattribut, genau wie alle anderen Daten des Computers, wider. Wenn Sie Bänder lesen wollen, die auf Computern des einen Typs geschrieben wurden, während Ihr System mit dem anderen Typ arbeitet, dann müssen Sie die Byteordnung vertauschen, bevor Utilities wie tar etwas Sinnvolles mit dem Archiv anstellen können.

 Zum Beispiel könnten Sie den folgenden AIX-Befehl verwenden, um sich den Inhalt eines Bandes anzusehen, das auf einem IRIX-System geschrieben wurde:

```
$ dd if=/dev/rmt1 conv=swab | tar tvf -
```

 Der dd-Befehl liest das Band, vertauscht dabei die Byteordnung und übergibt das so konvertierte Archiv an tar, das den Inhalt des gefundenen Archivs auf der Standardausgabe ausgibt. Sie könnten die umgekehrte Reihenfolge verwenden, um ein Archiv mit einer entsprechenden Byteordnung auf Band anzulegen.

Komprimierte Archive
 Wenn Sie auf ein Laufwerk schreiben, auf dem automatisch komprimiert wird, werden Sie nicht in der Lage sein, dieses Band in einem Laufwerk zu lesen, das diese Fähigkeit nicht besitzt. Damit Laufwerke ohne Komprimierung die Daten lesen kön-

nen, müssen Sie das Backup-Utility mit der Gerätedatei verwenden, die für nicht komprimierende Speicherung steht (Details finden Sie in der früheren Erläuterung zu Gerätedateien und in den entsprechenden Manpages Ihres Systems).

Dateien mit Inhaltsverzeichnissen erstellen

Es ist häufig sehr angenehm, Online-Listings des Inhalts der System-Sicherungsbänder zu besitzen. Auf diese Weise wird es einfacher herauszufinden, welche Bänder die von Ihnen benötigten Dateien enthalten (besonders wenn mehrere Levels inkrementeller Backups verwendet werden). Es ist sehr einfach, solche Inhaltsverzeichnisse während des Backups zu erzeugen.

Wenn Sie mit tar oder cpio arbeiten, können Sie die Option -v für die Generierung der Inhaltsverzeichnisse verwenden:

```
$ today='date +%d%b%Y'
$ tar -cv /home > /backup/home_full_$today.TOC
             oder
$ tar -cv /home | tee /backup/home_full_$today.TOC
```

Beide tar-Befehle archivieren den Inhalt von */home* und generieren gleichzeitig eine Liste der Dateinamen (im Stil langer Verzeichnis-Listings), die in einer Datei wie */backup/home_full_21mar1995.TOC* gespeichert wird. Der zweite Befehl gibt die gleiche Ausgabe auch auf dem Bildschirm aus.

cpio sendet die Dateiliste an Standardfehler, muss also etwas anders behandelt werden:

```
$ toc='date +/backup/home_full_%d%b%y.TOC'
$ find /home -print | cpio -ov > /dev/rmt0 2> $toc
```

Wenn Sie die C-Shell verwenden wollen, sehen die Befehle etwas anders aus:

```
% set toc='date +/backup/home_full_%d%b%y.TOC'
% (find /home -print | cpio -ov > /dev/rmt0) >& $toc
```

Die mit solchen cpio-Befehlen generierten Dateilisten enthalten nur die Pfadnamen der Dateien im Archiv. Wenn Sie detailliertere Listings möchten, können Sie diese mit einem zweiten cpio-Befehl oder mit einer etwas komplexeren Pipe erzeugen:

```
$ cpio -itv < /dev/rmt0 > $toc
$ find /home | cpio -o | tee /dev/rmt0 | cpio -t -i -v > $toc
```

Der erste Befehl gibt die Dateien des Archivs aus. Der zweite Befehl verhindert, dass das Backup-Band erneut gelesen werden muss, indem er auf den find-Befehl zurückgreift, um eine Liste der Dateien zu erzeugen, die dann von cpio in einem Archiv abgelegt werden. Dieses Archiv wird dann an ein Bandlaufwerk und einen weiteren cpio-Befehl gesendet. Dieser führt den Inhalt des Archivs auf und schreibt ihn in die angegebene Datei.

Die Generierung eines Inhaltsverzeichnisses eines dump-Bandes benötigt einen zusätzlichen restore-Befehl. Zum Beispiel sehen Sie nachfolgend ein Skript, das ein Backup mit dump und dann ein Inhaltsverzeichnis mit restore anlegt:

```csh
#!/bin/csh
# bkup+toc - Dump durchführen, Band prüfen und Inhaltsverzeichnis anlegen
# $1 = Dateisystem
# $2 = Dump-Level (voreingestellt 0)
#
if ($#argv < 1) then
  echo "do_backup: Dateisystem [Dump-Level]"
  exit 1
endif

set lev=0
if ("$2" != "") set lev=$2
dump -${lev} -u -f /dev/rmt1 $1
if ($status) then
  echo "do_backup: Dump fehlgeschlagen"
  exit 1
endif
restore -t -v -f /dev/rmt1 > /backup/`date +$1:t_%m-%d-%Y.$lev`
```

Das Skript führt den dump-Befehl auf dem Dateisystem aus, das als erstes Argument übergeben wurde. Die Sicherung erfolgt mit dem Backup-Level, der als zweites Argument übergeben wurde (oder standardmäßig mit Level 0). Beendet dump seine Arbeit fehlerfrei, wird der restore-Befehl verwendet, um das Backup zu überprüfen. Gleichzeitig wird der Inhalt des Bandes in eine Datei geschrieben, deren Name sich aus den Angaben zu Dateisystem, Monat, Tag und Jahr der Sicherung zusammensetzt. Als Dateierweiterung wird der Backup-Level verwendet. *chem_06-24-2001.2* wäre also der Dateiname eines Level-2-Backups des */chem*-Dateisystems, das am 24. Juni 2001 angelegt wurde.

Auf einem HP-UX-System können Sie den folgenden frecover-Befehl verwenden, um ein Inhaltsverzeichnis anzulegen:

```
# frecover -r -Nv -f /dev/rmt/0m > $toc
```

Netzwerk-Backup-Systeme

Bisher haben wir uns nur mit Backup- und Restore-Operationen der Platten eines lokalen Computers beschäftigt. Viele Organisationen benötigen aber einen einheitlicheren und umfassenderen Ansatz, um ihren Backup-Bedarf decken zu können. In diesem Abschnitt wollen wir verschiedene Lösungen betrachten, die für dieses Problem zur Verfügung stehen.

Entfernte Backups und Restores

Die einfachste Möglichkeit, die Grenze einfacher Ein-System-Backups hinter sich zu lassen, sind entfernte Backups und Restores. Es ist ein durchaus gängiger Wunsch, Backups über das Netzwerk auszuführen. Die Gründe dafür sind recht unterschiedlich: Ihr System besitzt möglicherweise gar kein Bandlaufwerk. Heutzutage werden nicht mehr alle Systeme standardmäßig mit einem Bandlaufwerk ausgeliefert, auf einem anderen System könnte ein besseres (d.h. schnelleres, mit höherer Kapazität ausgestattetes) Laufwerk vorhanden sein usw.

Die meisten Versionen von dump und restore können netzwerkbasierte Operationen durchführen (Tru64 verlangt die Verwendung der separaten Befehle rdump und rrestore). Man erreicht dies durch Angabe eines Gerätenamens der Form *host:lokales_gerät* als Argument für die Option -f. Dem Hostnamen kann optional auch ein Benutzername und ein at-Zeichen vorangestellt sein. Die Angabe -f chavez@hamlet:/dev/rmt1 führt die Operation also auf dem Gerät */dev/rmt1* auf Host *hamlet* unter dem Benutzer *chavez* durch.

Diese Fähigkeit nutzt die gleichen Netzwerkdienste wie die rsh- und rcp-Befehle. Einrichtungen zum Erstellen entfernter Backups sind vom Daemon */usr/sbin/rmt* (häufig auf */etc/rmt* gelinkt)[14] abhängig. Um den Zugriff auf ein entferntes System zu ermöglichen, muss die Datei *.rhosts* in dessen root-Verzeichnis enthalten sein, die zumindest den Namen des (lokalen) Hosts enthalten muss, von dem die Daten kommen. Diese Datei muss *root* gehören und der Modus darf keinen Zugriff durch Gruppen oder andere Benutzer ermöglichen (z.B. 400). Dieser Mechanismus hat die für ihn typischen negativen Auswirkungen auf die Sicherheit (siehe »Netzwerksicherheit« in Kapitel 7).

Einige tar-Versionen können auch die »remote tape facility« rmt verwenden.

Die HP-UX-Utilities fbackup und frestore akzeptieren entfernte Bandlaufwerke als Argumente für die normale -f-Option. Ein Beispiel:

```
# fbackup -0u -f backuphost:/dev/rmt/1m -i /chem
```

Amanda

Amanda steht für Advanced Maryland Automated Network Disk Archiver. Das System wurde an der University of Maryland entwickelt (James da Silva war der ursprüngliche Autor). Die Homepage des Projekts finden Sie unter *http://www.amanda.org*, wo man es auch kostenlos herunterladen kann. Dieser Abschnitt enthält eine Übersicht über Amanda. In Kapitel 4 von *Unix Backup and Recovery* finden Sie eine sehr ausführliche Betrachtung aller Amanda-Features (dieses Kapitel ist ebenfalls auf der Amanda-Homepage verfügbar).

Über Amanda

Amanda erlaubt es einem Netzwerk von Clients, Backups an einen einzelnen designierten Backup-Server zu senden. Das Paket fungiert dabei als Wrapper um echte Backup-Software wie GNU tar und dump. Die Sicherung von Dateien von Windows-Clients ist über Samba (smbtar) ebenfalls möglich. Es hat eine Reihe schöner Features:

- Es verwendet seine eigenen Netzwerkprotokolle und weist daher nicht die Sicherheitsprobleme auf, die dem rmt-Ansatz innewohnen.

---

14 Auf einigen wenigen älteren Systemen müssen Sie den Link selbst erzeugen.

- Es unterstützt viele gängige Bandgeräte und andere Backup-Geräte (inklusive Stackern und Jukeboxen).
- Es kann vollständige und inkrementelle Backups durchführen und den Backup-Level basierend auf vorgegebenen Konfigurationsparametern automatisch festlegen.
- Es kann die Hardware-Komprimierung nutzen oder Archive komprimieren (wenn keine Hardware-Komprimierung zur Verfügung steht), bevor sie auf Band (oder andere Medien) geschrieben werden. Die Software-Komprimierung kann entweder vom Hauptserver oder vom Clientsystem vorgenommen werden.
- Es bietet hervorragenden Schutz vor dem versehentlichen Überschreiben von Medien.
- Es kann Backup-Archive auf Festplatten zwischenspeichern, um den Schreibdurchsatz auf Band zu erhöhen und um sicherzustellen, dass die Daten gesichert wurden, falls es zu einem Laufwerksfehler kommen sollte. (Das Backup kann dann zu einem späteren Zeitpunkt auf das Backup-Medium geschrieben werden.)
- Neben seinem eigenen Authentifizierungsschema kann es die Kerberos-Authentifizierung verwenden. Die Kerberos-Verschlüsselung kann auch verwendet werden, um die Daten während der Netzwerkübertragung zu schützen.

Momentan besitzt Amanda aber auch eine Reihe lästiger Einschränkungen:

- Es kann ein Backup-Archiv nicht auf mehrere Bänder verteilen. Wird beim Schreiben des Backups eine Bandende-Markierung gefunden, beginnt es auf dem nächsten Band wieder von vorne.
- Es kann keine Backup-Archive anlegen, die größer sind als ein einzelnes Band. Das ist die Konsequenz aus der ersten Einschränkung.
- Es wird nur ein einziger Backup-Server unterstützt.

Wie Amanda arbeitet

Amanda verwendet eine Kombination aus vollständigen und inkrementellen Backups, um alle Daten, für die es verantwortlich ist, mit dem kleinstmöglichen täglichen Backup zu sichern. Sein Schema berechnet zuerst die Gesamtmenge der zu sichernden Daten. Es verwendet diesen Gesamtwert zusammen mit einer Reihe von vom Administrator definierten Parametern, um herauszufinden, was im aktuellen Durchlauf zu tun ist. Hier die Schlüssel-Parameter:

Anzahl der Durchläufe in einem Backup-Zyklus
Bei einer Rate von einem Amanda-Lauf pro Tag entspricht dies der gewünschten Anzahl von Tagen zwischen vollständigen Backups.

Prozentsatz der Daten, die sich zwischen den Amanda-Läufen ändern
Bei einem Durchlauf pro Tag ist dies der Prozentsatz der sich täglich ändernden Daten.

Amanda verfolgt eine Doppel-Strategie: eine vollständige Sicherung der Daten innerhalb jedes Zyklus und gleichzeitige Sicherstellung, dass alle veränderten Daten zwischen den vollständigen Dumps gesichert werden. Die traditionelle Methode besteht darin, ein vollständiges Backup durchzuführen und zwischen diesen Tagen inkrementelle Backups anzulegen. Amanda arbeitet anders.

Bei jedem (nächtlichen) Durchlauf führt Amanda ein vollständiges Backup eines Teils der Daten durch, genauer gesagt, jenes Teils, der benötigt wird, um die vollständigen Daten in einem kompletten Backup-Zyklus zu sichern. Ist dieser Zyklus also beispielsweise 7 Tage lang (mit einem Durchlauf pro Tag), muss täglich 1/7 der Daten gesichert werden, um in 7 Tagen ein vollständiges Backup abschließen zu können. Neben diesem »partiellen« vollständigen Backup nimmt Amanda auch inkrementelle Backups aller Daten vor, die sich seit dem letzten vollständigen Backup verändert haben.

Abbildung 11-1 zeigt einen Amanda-Backup-Zyklus von 4 Tagen, wobei angenommen wird, dass sich täglich 15% der Daten ändern. Das oberste Kästchen in der Abbildung repräsentiert den vollständigen Datenbestand, für den Amanda verantwortlich ist. Wir haben ihn in vier Segmente unterteilt, um die Teile darzustellen, die jeweils einem vollständigen Backup unterzogen werden.

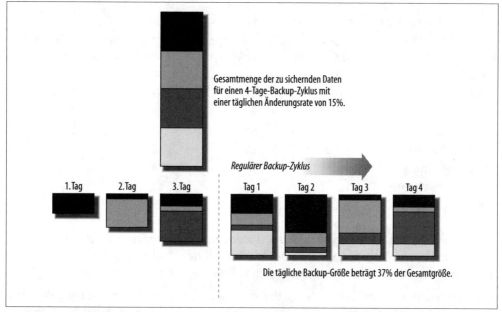

Abbildung 11-1: Das Amanda-Backup-Schema

Die Inhalte der nächtlichen Backups sind am unteren Rand der Abbildung zu sehen. Die ersten drei Tage stellen eine Startphase dar. In der ersten Nacht wird ein Viertel der Daten vollständig gesichert. In der zweiten Nacht wird das zweite Viertel gesichert. Dazu kommen die 15% der Daten der vorigen Nacht, die sich während des zweiten Tages geändert haben. Am dritten Tag wird das dritte Viertel der Gesamtdatenmenge vollständig gesichert, ebenso wie die 15% des Backups des zweiten Tages. Zusätzlich werden 15% des in der ersten Nacht gesicherten Teils bis zum vollständigen Backup in den dazwischen liegenden Nächten gesichert. Mit anderen Worten: 30% dieses Viertels der Gesamtdaten.

Am vierten Tag tritt der normale Zeitplan in Kraft. Jede Nacht wird ein Viertel der gesamten Datenmenge vollständig gesichert, und inkrementelle Sicherungen aller anderen Viertel werden zu gegebener Zeit entsprechend dem letzten vollständigen Backup durchgeführt.

> Dieses Beispiel verwendet nur inkrementelle Backups der ersten Ebene. In der Praxis verwendet Amanda mehrere Level inkrementeller Backups, um die Anforderungen an den Backup-Speicherplatz zu minimieren.

Um Dateien von einem Amanda-Backup wieder einzuspielen, benötigen Sie alle Medien eines vollständigen Zyklus.

Betrachten wir nun ein numerisches Beispiel. Nehmen wir an, wir besitzen 100 GB an Daten, die gesichert werden müssen. Tabelle 11-3 zeigt vier Amanda-Backup-Zeitpläne, die auf unterschiedlich langen Zyklen und täglichen prozentualen Veränderungen basieren.

Tabelle 11-3: Beispiele für Amanda-Backup-Größen (Gesamtdatenmenge=100 GB)

	3-Tage-Zyklus 10% Änderung	5-Tage-Zyklus 10% Änderung	7-Tage-Zyklus 10% Änderung	7-Tage-Zyklus 15% Änderung
Vollständiger Teil	33.3	20.0	14.3	14.3
Vortag	3.4	2.0	1.4	2.2
Vor-Vortag	6.8	4.0	2.8	4.4
Vor-Vor-Vortag		6.0	4.2	6.6
Vor-Vor-Vor-Vortag		8.0	5.6	8.8
Vor-Vor-Vor-Vor-Vortag			7.0	11.0
Vor-Vor-Vor-Vor-Vor-Vortag			8.4	13.2
Tägliche Menge (GB)	43.5	40.0	43.7	60.5

Die Spalten der Tabelle verdeutlichen die Datenmengen, die für das tägliche Backup notwendig sind. Unterteilt ist das Ganze in den Teil mit dem vollständigen Backup und den inkrementellen Daten jedes vorangegangenen vollständigen Backups innerhalb des Zyklus.

Beachten Sie, dass Amanda die Menge der zu sichernden Daten bei jedem Durchlauf neu berechnet, d.h., das Ganze ist nicht so statisch, wie es das Beispiel vielleicht vermittelt. Dennoch liefern die Beispiele ein allgemeines Bild davon, wie die Einrichtung arbeitet.

Im nächsten Abschnitt gehen wir etwas formeller darauf ein, wie die Größe des Backups vom Backup-Zyklus abhängt. Wir stellen auch einige Formeln vor, die zur Berechnung des passenden Backup-Zyklus unter bestimmten Bedingungen herangezogen werden können.

Bestimmung der täglichen Änderungsrate
Sie können den `find`-Befehl verwenden, um die tägliche Änderungsrate zu bestimmen:
```
$ find Verzeichnis -newer /var/adm/gestern -ls | \
   awk '{sum+=$7}; END {print "Differenz =",sum}'
```

Wiederholen Sie den Befehl, bis alle zu sichernden Daten berücksichtigt sind. Verwenden Sie touch, um die Zeit der Datei */var/adm/gestern* zu aktualisieren, nachdem alle find-Befehle ausgeführt wurden.

Teilen Sie diesen Wert dann durch den insgesamt verwendeten Speicherplatz (den Ihnen z.B. die df-Ausgabe liefern kann). Wiederholen Sie diesen Prozess mehrere Tage oder Wochen, um einen Durchschnittswert zu ermitteln.

Die Mathematik

Als Nächstes wollen wir uns einige Formeln ansehen, die zur Berechnung der Ausgangsparameter von Amanda genutzt (und mit der Zeit an die tatsächlichen Gegebenheiten angepasst) werden können. Wenn Sie diese Art der mathematischen Analyse nicht interessiert, können Sie diesen Abschnitt überspringen.

Wir verwenden die folgenden Variablen:

T = gesamte Datenmenge
p = prozentuale Veränderung zwischen den Durchläufen (in dezimaler Form, d. h. zum Beispiel 12% = 0.12)
n = Zahl der Durchläufe eines vollständigen Zyklus (häufig Tage)
S = Menge der Daten, die bei jedem Durchlauf gesichert werden müssen (Tag)
F = Teil der Daten, die bei jedem Durchlauf gesichert werden müssen (Tag): S/T

Um zu berechnen, welche Datenmenge pro Durchlauf gesichert werden muss, verwenden Sie die folgende Formel für S:

$$S = \frac{T}{n} + \frac{Tp(n-1)}{2}$$

Wenn beispielsweise 70 GB an Daten, von denen sich 10% pro Tag ändern, in einem 7-Tage-Zyklus gesichert werden sollen, dann müssen jede Nacht 31 GB auf Band geschrieben werden (70/7 + 70×0,1×6/2 = 10 + 42/2 = 10 + 21 = 31). Wenn diese 31 GB die maximale Kapazität in der zur Verfügung stehenden Zeit überschreiten, müssen Sie die anderen Parameter entsprechend korrigieren (siehe unten).

Wenn Ihnen alternativ pro Durchlauf eine feste Backup-Kapazität zur Verfügung steht, können Sie die benötigte Zykluslänge ermitteln. Wie viel Kapazität Ihnen zur Verfügung steht, haben wir bereits in diesem Kapitel im Abschnitt über die Kapazitätsplanung erläutert.

Um n für eine gegebene nächtliche Kapazität zu ermitteln, verwenden Sie die folgende Formel:

$$n = \frac{x \pm \sqrt{x^2 - 2p}}{p}$$

wobei

$$x = \left(\frac{p}{2} + \frac{S}{T}\right)$$

Wir haben die Variable x eingeführt, um die Formel für n zu vereinfachen. Nehmen wir an, Sie besitzen für das gleiche Szenario (eine gesamte Datenmenge von 70 GB bei einer täglichen Veränderung von 10%) eine Kapazität von 40 GB. Dann ist $x = 0{,}1/2 + 40/70 = 0{,}05 + 0{,}57 = 0{,}62$. Wir können nun n berechnen: $(0{,}62 \pm \sqrt{0{,}38 - 0{,}2})/0{,}1 = (0{,}62 \pm \sqrt{0{,}18})/0{,}1 = (0{,}62 \pm 0{,}42)/0{,}1 = 6{,}2 \pm 4{,}2$.

Diese Berechnung liefert (auf ganze Zahlen gerundet) die Werte 2 und 11. Wir können also jede Nacht vollständige Backups von ungefähr der Hälfte der Daten anlegen oder einen wesentlich längeren Zyklus von 11 Tagen verwenden. Beachten Sie, dass diese Werte die verfügbare Kapazität bis an ihre Grenzen ausreizen.

Nehmen wir nun an, dass wir nur über eine nächtliche Kapazität von 20 GB für das gleiche Szenario verfügen (eine gesamte Datenmenge von 70 GB bei 10% täglicher Änderung). Dann ist $x = 0{,}1/2 + 40/70 = 0{,}05 + 0{,}29 = 0{,}34$ und n: $(0{,}34 \pm \sqrt{0{,}12 - 0{,}2})/0{,}1$. Der die Quadratwurzel enthaltende Ausdruck ist nun imaginär (weil 0.12–0.20 negativ ist), was bedeutet, dass die angedachte Konfiguration in der Praxis nicht funktioniert.[15] Die verfügbare Kapazität ist einfach zu gering.

Ganz allgemein können Sie die minimale Kapazität pro Durchlauf für eine gegebene prozentuale Veränderung pro Durchlauf (p) mit der folgenden Formel berechnen (die F als Teil der zu sichernden Gesamtdatenmenge einführt):

$$F_{min\ für\ festes\ p} = 2\sqrt{\frac{p}{2} - \frac{p}{2}} \quad (\text{wobei } F = \frac{S}{T}); \Rightarrow S_{min} = F_{min} \times T$$

F steht dabei für den Teil der Daten, der bei jedem Durchlauf gesichert werden muss, damit das System Erfolg haben kann. In unserem Fall einer Änderungsrate von 10% ist $F = 2 \times \sqrt{0{,}1/2} - (0{,}1/2) = 2 \times \sqrt{0{,}05} - 0{,}05 = 2 \times 0{,}22 - 0{,}05 = 0{,}44 - 0{,}05 = 0{,}39 \approx 40\%$. Beachten Sie, dass dieser Ausdruck von T (der zu sichernden Gesamtdatenmenge) unabhängig ist. Wann immer sich die Daten pro Durchlauf um etwa 10% verändern, müssen Sie in der Lage sein, zumindest 40% der Gesamtdatenmenge bei jedem Durchlauf zu sichern. In unserem Fall entspricht das einer minimalen Kapazität von $0{,}4 \times 70 = 29$ GB pro Nacht.

Alternativ können Sie den Laufzyklus n berechnen, der notwendig ist, um F (und damit S) für ein gegebenes p zu berechnen. Hier die Formel:[16]

$$n_{min\ S} = \sqrt{\frac{2}{p}}$$

In unserem Fall beträgt der Zyklus, der die zu sichernde Datenmenge minimiert, $\sqrt{2/0{,}01} = \sqrt{20} = 4{,}47 \approx 5$ Tage. Auch dieser Wert ist wieder unabhängig von der Menge der zu sichernden Daten. In unserem Fall, bei dem sich die Daten im Bereich von etwa 10% pro Tag

---

15 Mathematisch gibt es keine reellen Lösungen für die zugrunde liegende quadratische Gleichung.

16 Mathematisch ist dies der Wert von n an der Stelle $\partial F / \partial n = 0$. In diesem spezifischen Fall ist die mathematische Region um das Minimum sehr flach.

ändern, minimiert ein Zyklus von 5 Tagen die Menge an Daten, die jede Nacht zu sichern sind. Das ist die effektivste Zykluslänge für die minimale nächtliche Backup-Kapazität.

Sowohl die minimale Zyklusdauer als auch die Datenmenge der pro Durchlauf zu sichernden Daten werden also nur anhand der Änderungsrate bestimmt. Die tatsächliche Backup-Größe für die Gesamtmenge der zu sichernden Daten lässt sich daraus einfach herleiten. Daher ist eine genaue Bestimmung von p für die rationale Planung von entscheidender Bedeutung.

Diese Betrachtung ignoriert die Komprimierung. Wenn Ihr Bandlaufwerk Daten komprimieren kann oder wenn Sie entscheiden, die Daten vor dem Schreiben auf Band durch Software komprimieren zu lassen, müssen Sie den erwarteten Komprimierungsfaktor in Ihre Berechnungen einfließen lassen.

Amanda konfigurieren

Die Kompilierung und Installation von Amanda ist recht einfach. Da der Prozess gut dokumentiert ist, werden wir hier nicht weiter auf ihn eingehen.

Das Amanda-System umfasst die folgenden Komponenten:

- Client-Programme, von denen amandad das wichtigste ist. Dieser Daemon kommuniziert während der Backup-Läufe mit dem Amanda-Server und ruft bei Bedarf weitere Client-Programme auf: selfcheck (Verifikation der lokalen Amanda-Konfiguration), sendsize (geschätzte Backup-Größe), sendbackup (Durchführung von Backup-Operationen) und amcheck (Verifikation des Amanda-Setups). Diese Programme sind Teil des Amanda-Client-Systems. Auf dem Amanda-Server liegen diese Programme zusammen mit den anderen Hilfsprogrammen des Pakets in */usr/local/lib/amanda* oder */usr/lib/amanda*.

- Server-Programme zur Durchführung der verschiedenen Phasen der eigentlichen Backup-Operationen. Das amdump-Programm stößt einen Amanda-Lauf an und wird üblicherweise in regelmäßigen Abständen von cron ausgeführt. Es kontrolliert eine Reihe weiterer Programme, darunter planner (bestimmt, was gesichert werden muss), driver (Schnittstelle zum Gerät), dumper (kommuniziert mit amandad-Prozessen auf Clients), taper (schreibt Daten auf das Medium) und amreport (erzeugt einen Bericht zu einem Amanda-Lauf).

- Administrative Utilities zur Erledigung entsprechender Aufgaben. Hierzu zählen amcheck (prüft, ob die Amanda-Konfiguration gültig und ob das System betriebsbereit ist), amlabel (bereitet Medien für den Einsatz mit Amanda vor), amcleanup (räumt nach einem abgebrochenen Durchlauf oder einem Systemabsturz auf), amflush (erzwingt das Schreiben von Daten aus dem Zwischenspeicher auf das Backup-Medium) und amadmin (führt verschiedene administrative Funktionen durch).

- Die Konfigurationsdateien, die Amanda-Operationen beschreiben. Diese enthalten Angaben darüber, was wie oft gesichert werden soll, aber auch die Lage und die Eigenschaften des Bandlaufwerks. Diese Dateien heißen *amanda.conf* und *disklist* und liegen in einem Unterverzeichnis des Amanda-Hauptverzeichnisses (eigentlich

/usr/local/etc/amanda, aber auch */etc/amanda*, wenn das Paket schon vorinstalliert ist). Ein typischer Name ist *Daily*. Jedes Unterverzeichnis entspricht einer Amanda-»Konfiguration«, d.h. einem separaten Satz von Einstellungen und Optionen, die über den Verzeichnisnamen angesprochen werden.

- Das amrestore-Utility, mit dessen Hilfe Daten von Amanda-Backups wieder eingespielt werden können. Darüber hinaus unterstützt das amrecover-Utility die interaktive Wiederherstellung von Dateien. Es ist von Daemons abhängig, um seine Arbeit erledigen zu können: amindexd und amidxtaped.

Einrichten eines Amanda-Clients. Sobald Sie die Amanda-Software auf einem Client installiert haben, sind noch einige zusätzliche Schritte notwendig. Zuerst müssen Sie zusätzliche Einträge in die Dateien */etc/inetd.conf* und */etc/services* eintragen, um die Unterstützung der Amanda-Netzwerkdienste zu aktivieren:

```
/etc/services:
amanda      10080/udp
```

```
/etc/inetd.conf:
amanda  dgram   udp    wait    amanda   /Pfad/amandad    amandad
```

Der Amanda-Daemon läuft in diesem Beispiel unter dem Benutzer *amanda*. Sie müssen natürlich den Benutzernamen eintragen, den Sie bei der Installation der Amanda-Software festgelegt haben.

Darüber hinaus müssen Sie sicherstellen, dass alle zu sichernden Daten vom Amanda-Benutzer und der -Gruppe gelesen werden können. Auch die Datei */etc/dumpdates* muss existieren und von der Amanda-Gruppe gelesen werden können.

Abschließend muss das von amandad verwendete Authentifizierungsschema festgelegt werden. Dies geschieht üblicherweise bei der Kompilierung. Sie können die normale *.rhosts*-basierte Authentifizierung, die Kerberos-Authentifizierung (siehe unten) oder eine separate *.amandahosts* (der Standardmechanismus) verwenden. Die Datei *.amandahosts* ähnelt der *.rhosts*-Datei, gilt aber nur für die Amanda-Einrichtung und besitzt daher nicht das gleiche Risiko. Vollständige Informationen zu den Authentifizierungsoptionen finden Sie in der Amanda-Dokumentation.

Wahl eines Amanda-Servers. Die Wahl eines geeigneten Systems für den Amanda-Server ist für einen guten Durchsatz von entscheidender Bedeutung. Sie sollten dabei folgende Dinge berücksichtigen:

- Das System sollte die bestmöglichen Bandlaufwerke (oder andere Backup-Geräte) besitzen.
- Das System sollte über eine ausreichende Netzwerk-Bandbreite für den zu erwartenden Datenfluss verfügen.
- Das System sollte ausreichend Plattenspeicher als Zwischenspeicher zur Verfügung stellen. Ein guter Wert ist das doppelte der größtmöglichen Datenmenge eines Durchlaufs.

- Wenn der Server eine Software-Komprimierung der Daten vornimmt, ist eine schnelle CPU notwendig.
- Große Mengen Arbeitsspeicher wirken sich kaum auf den Backup-Durchsatz aus. Es gibt also keinen Grund, das System mit zu viel Arbeitsspeicher zu versehen.

Einrichten des Amanda-Servers. Nach der Installation der Software sind noch verschiedene Schritte notwendig, um den Amanda-Server zu konfigurieren. Zuerst müssen Sie die gleichen Einträge wie bei den Amanda-Clients auch in den Netzwerk-Konfigurationsdateien des Servers vornehmen:

```
/etc/services:
amanda          10080/udp
amandaidx       10082/tcp
amidxtape       10083/tcp

/etc/inetd.conf:
amandaidx stream tcp nowait amanda /Pfad/amindexd   amindexd
amidxtape stream tcp nowait amanda /Pfad/amidxtaped amidxtaped
```

Als Nächstes müssen Sie Amanda konfigurieren, indem Sie die notwendigen Konfigurationsdateien erstellen. Legen Sie bei Bedarf ein neues Unterverzeichnis *etc/amanda* im obersten Amanda-Verzeichnis an (z.B. */usr/local* oder */*). Wir verwenden *Daily* für unser Beispiel. Dann legen wir die Konfigurationsdateien *amanda.conf* und *disklist* in diesem Unterverzeichnis an und modifizieren sie entsprechend unseren Anforderungen (das Amanda-Paket enthält Beispieldaten, die als Ausgangspunkt dienen können).

Wir beginnen mit *amanda.conf* und sehen uns ihren Inhalt in Gruppen verwandter Einträge an. Wir sehen uns die beiliegende *amanda.conf*-Beispieldatei an.

Die ersten Einträge in der Datei legen normalerweise Informationen zur lokalen Site und der Lage wichtiger Dateien fest:

```
org       "ahania.com"            Name der Organisation in Reports.
mailto    "amanda-rep"            Reports gehen per Mail an diesen Benutzer.
dumpuser  "amanda"                Amanda-Benutzer-Account.
printer   "tlabels"               Drucker für Band-Label.
logdir    "/var/log/amanda"       Log-Dateien finden sich hier.
indexdir  "/var/adm/amindex"      Indexdaten zum Backup-Satz finden sich hier.
```

Die nächsten paar Einträge legen grundsätzliche Parameter für die Backup-Prozedur fest:

```
# Elementare Parameter
dumpcycle 7 days     Länge des Backup-Zyklus (standardmäßig 10 Tage).
runspercycle 5       Amanda-Läufe pro Tag (wenn < 1/Tag).

# Netzwerkrelevante Ressourcen-Einstellungen
netusage 400 kps     Maximale Netzwerk-Bandbreite (standardmäßig 300).
inparallel 20        Max. simultane Backups (standardmäßig 10).
ctimeout 120         Timeout-Zeit für den Client (standardmäßig 30 Sekunden).

# Bump-Parameter für inkrementelle Level
bumpsize 20 mb       Min. Einsparung für Level 2 (standardmäßig 10).
```

```
bumpdays 1          Notwendige Anzahl von Tagen in jedem Level (standardmäßig 2).
bumpmult 2          Multipliziere Bump-Größe mit diesem Wert, um zum jeweils nächsten
                    inkrementellen Level zu kommen (standardmäßig 1,5).
```

Die incremental bump level Parameter legen fest, wann Amanda das Level für inkrementelle Backups erhöhen soll, damit die Größe des Backup-Satzes kleiner wird. Bei unseren Einstellungen wechselt Amanda von Level 1- zu Level 2-Inkrementals, sobald es mindestens 20 MB an Speicherplatz spart. Der Multiplikationsfaktor hat den Effekt, dass zusätzliche Einsparungen notwendig sind, um zum jeweils höheren Level zu wechseln. Der Grenzwert für jeden Level berechnet sich aus diesem Faktor mal der Einsparung des vorherigen Levels, d.h. in unserem Beispiel 40 für Level 2 nach 3, 80 für Level 3 nach 4 und so weiter. Diese Strategie wird verwendet, um sicherzustellen, dass die zusätzliche Komplexität mehrerer Level inkrementeller Backups auch deutliche Einsparungen für die Größe des Backup-Satzes bringen.

Die folgenden Einträge enthalten Informationen über das zu verwendende Bandlaufwerk und das Medium:

```
# Anzahl der Bänder              Geben Sie zumindest die Anzahl der Bänder an, die für einen
                                 vollständigen Zyklus notwendig sind,
tapecycle 25                     sowie einige zusätzliche freie (standardmäßig 15).
labelstr "Daily[0-9][0-9]*"      Format der Tabellen-Label (regulärer Ausdruck).

tapedev "/dev/rmt/0"
tapetype "DLT"

#changerdev "/dev/whatever"
#tpchanger "script-path"         Skript zum Wechseln des nächsten Bandes.
#runtapes 4                      Maximale Anzahl zu nutzender Bänder.
```

Die beiden ersten Einträge legen die Anzahl der zu verwendenden Bänder sowie das Muster für deren elektronische Label fest. Beachten Sie, dass die Bänder vor dem Einsatz mit amlabel vorbereitet werden müssen (was nachfolgend noch erläutert wird).

Die darauf folgenden beiden Einträge geben die Lage des Bandlaufwerks und dessen Typ an. Die letzten drei Einträge werden von Bandwechslern verwendet und sind in diesem Beispiel auskommentiert. Es darf nur *tapedev* oder *tpchanger* verwendet werden.

Bandtypen werden an anderer Stelle der Konfigurationsdatei mit Schablonen wie der folgenden definiert:

```
define tapetype DLT {
    comment "DLT mit 10-GB-Bändern"
    length 12500 mb           Bandkapazität (berücksichtigt die Komprimierung).
    speed 1536 kps            Laufwerksgeschwindigkeit.
    lbl-templ "Datei"         PostScript-Template für gedruckte Label.
}
```

Die Beispiel-Konfigurationsdatei enthält viele definierte Bandtypen. Die *length*- und *speed*-Parameter werden nur für Schätzungen verwendet (z.B. wie viele Bänder benötigt werden). Bei der eigentlichen Datenübertragung auf Band schreibt Amanda so lange weiter, bis die Bandende-Markierung erreicht wird.

Der folgende Eintrag und die *holdingdisk*-Schablone definieren den Zwischenspeicher auf der Festplatte:

```
# Ist das Medium nicht verfügbar, wird dieser Prozentsatz des Zwischenspeichers
# für inkrementelle Backups im degraded-mode reserviert.
reserve 50                 Standardmäßig 100%.

holdingdisk amhold0 {      Name ist amhold0.
   comment "Primärer Zwischenspeicher"
   directory "/scratch/amanda"
# Zu verwendender (+) oder zu reservierender Speicherplatz (-);
# 0=alles verwenden (Standard)
   use -2 Gb               Immer so viel Platz übrig lassen.
}
```

Sie können mehr als einen Festplatten-Zwischenspeicher definieren.

Die letzte in der Konfigurationsdatei vorzunehmende Aufgabe ist die Definition der verschiedenen Dump-Typen: allgemeine Backup-Operationen mit bestimmten Eigenschaften (aber unabhängig von den zu sichernden Daten). Hier ein Beispiel für den *normale*n Backup-Typ (Sie können beliebige Namen auswählen):

```
define dumptype normal {
   comment "Normales Backup"
   holdingdisk yes         Auf Festplatte zwischenspeichern.
   index yes               Index-Informationen zum Inhalt pflegen.
   program "DUMP"          Backup-Befehl.
   priority medium         Relative Backup-Priorität festlegen.
#  24-Stunden-Format ohne Interpunktionszeichen
   starttime 2000          Keine Backups vor diesem Zeitpunkt (hier 8 Uhr abends).
}
```

Dieser Dump-Typ speichert die Daten auf einer Platte zwischen, erzeugt einen Index für den Inhalt des Backup-Satzes (was die interaktive Wiederherstellung ermöglicht) und verwendet das dump-Programm für die eigentliche Sicherung. Im Vergleich zu anderen Backups wird es mit einer mittleren Priorität ausgeführt (die möglichen Werte sind *low* (0), *medium* (1), *high* (2) sowie ein beliebiger Integerwert, wobei höhere Werte für ein früheres Backup stehen). Backups, die diese Methode verwenden, beginnen mit der Sicherung nicht vor acht Uhr abends, unabhängig davon, wann der amdump-Befehl ausgeführt wurde.

Amanda stellt mehrere vordefinierte Dump-Typen in der Beispieldatei *amanda.conf* zur Verfügung, die einfach verwendet oder an die eigenen Bedürfnisse angepasst werden können.

Hier einige weitere Parameter, die bei der Definition von Dump-Typen nützlich sind:

```
program "GNUTAR"           Verwendet GNU tar für Backups.
                           Diesen Wert müssen Sie auch bei Samba-Backups angeben.
exclude ".exclude"         GNU-tar-Ausschluss-Datei (im obersten Verzeichnis
                           des zu sichernden Dateisystems).
compress server "fast"     Verwende Software-Komprimierung auf dem Server
                           mit der schnellsten Komprimierungsmethode. Andere
                           Schlüsselwörter sind »client« und »best«.
auth "krb4"                Verwende Kerberos 4-Benutzer-Authentifizierung.
```

```
kencrypt yes           Verschlüssele übertragene Daten.
ignore yes             Diesen Backup-Typ nicht ausführen.
```

Die Amanda-Konfigurationsdatei *disklist* bestimmt die Dateisysteme, die es eigentlich zu sichern gilt. Hier einige Beispieleinträge:

```
# Host     Partition     Dump-Typ      Spindel-Parameter
hamlet     sd1a          normal        -1
hamlet     sd2a          normal        -1
dalton     /chem         srv_comp      -1
leda       //leda/e      samba         -1    # Windows 2000-System
astarte    /data1        normal         1
astarte    /data2        normal         1
astarte    /home         normal         2
```

Die einzelnen Spalten dieser Datei enthalten den Hostnamen, die Plattenpartition (als Datei in */dev*, vollständiger Name der Gerätedatei oder Mountpunkt), den Dump-Typ und einen Spindel-Parameter. Dieser letzte Parameter kontrolliert, welche Backups auf einem Host zur gleichen Zeit durchgeführt werden können. Der Wert -1 gibt an, dass dieser Parameter ignoriert werden soll. Andere Werte definieren Backup-Gruppen innerhalb eines Hosts. Beim Host *astarte* muss zum Beispiel das */home*-Dateisystem separat von den beiden anderen gesichert werden (die wiederum gleichzeitig gesichert werden können, wenn Amanda es wünscht).

Es sind noch einige letzte Schritte notwendig, um das Setup des Amanda-Servers abzuschließen:

- Vorbereiten der Medien mit dem `amlabel`-Befehl. Der folgende Befehl bereitet beispielsweise ein mit »DAILY05« bezeichnetes Band für die Amanda-Konfiguration *Daily* vor:

    `$ amlabel Daily DAILY05`

    Ähnlich bereitet der folgende Befehl das Band in Slot 5 des entsprechenden Bandlaufwerks als »CHEM101« für die *Chem*-Konfiguration vor:

    `$ amlabel Chem CHEM101 slot 5`

- Verwenden Sie den `amcheck`-Befehl, um die Amanda-Konfiguration zu überprüfen.

- Legen Sie einen `cron`-Job für den Amanda-Benutzer an, der den `amdump`-Befehl regelmäßig (z. B. jede Nacht) ausführt. Der Befehl verlangt die gewünschte Konfiguration als Argument.

Amanda erwartet zu Beginn des Backup-Prozesses das richtige Band im Bandlaufwerk. Sie können bestimmen, welches Band die *Daily*-Konfiguration als Nächstes braucht, indem Sie den folgenden Befehl ausführen:

`# amadmin Daily tape`

Das Amanda-System verlangt eine fortlaufende Administration, inklusive Tuning und einiger Aufräumarbeiten. Letzteres geschieht über die Befehle `amflush` und `amcleanup`. `amflush` wird verwendet, um die Daten des Platten-Zwischenspeichers auf das Backup-Medium zu schreiben. Der Befehl wird normalerweise gebraucht, wenn während eines Sicherungslaufs ein Fehler auf dem Medium auftritt. In solchen Fällen werden die Backup-Daten dennoch in den Zwischenspeicher geschrieben. Der Befehl `amcleanup` muss ausgeführt werden, nachdem ein Amanda-Lauf abgebrochen oder ein Systemabsturz aufgetreten ist.

Schließlich können Sie eine Amanda-Konfiguration temporär deaktivieren, indem Sie eine Datei namens *hold* im entsprechenden Unterverzeichnis anlegen. Solange diese Datei existiert, legt das Amanda-System eine Pause ein. Sie können das nutzen, um die Konfigurationsinformationen zu sichern, falls ein Gerät einen Fehler aufweist oder falls ein Gerät kurzfristig für andere Aufgaben benötigt wird.

Amanda-Reports und -Logs

Das Amanda-System erzeugt einen Bericht, einen Report, für jeden Backup-Lauf und sendet diesen per E-Mail an den in der Konfigurationsdatei *amanda.conf* angegebenen Benutzer. Die Reports sind recht umfangreich und enthalten die folgenden Abschnitte:

- Datum und Uhrzeit des Dumps und die geschätzten Anforderungen an das Medium:
  ```
  These dumps were to tape DAILY05.
  Tonight's dumps should go onto one tape: DAILY05.
  ```
- Eine Zusammenfassung der Fehler und anderer Auffälligkeiten des letzten Durchlaufs:
  ```
  FAILURE AND STRANGE DUMP SUMMARY:
  dalton.ahania.com /chem lev 0 FAILED [request ... timed out.]
  ```
  Der Host *dalton* war ausgeschaltet, weshalb das Backup fehlgeschlagen ist.
- Statistiken zum Durchlauf, einschließlich der Datenmenge und der Schreibgeschwindigkeiten (die Ausgabe wurde gekürzt):
  ```
  STATISTICS:
                            Total      Full      Daily
                            --------   --------  --------
  Dump Time (hrs:min)       2:48       2:21      0:27
  Output Size (meg)         9344.3     7221.1    2123.2
  Original Size (meg)       9344.3     7221.1    2123.2
  Avg Compressed Size (%)   --         --        --
  Tape Used (%)             93.4       72.2      21.2
  Filesystems Dumped        10         2         8
  Avg Dump Rate (k/s)       1032.1     1322.7    398.1
  Avg Tp Write Rate (k/s)   1234.6     1556.2    1123.8
  ```
- Weitere Informationen zu Fehlern bzw. Auffälligkeiten, wenn diese verfügbar sind.
- Informationsmeldungen der verschiedenen von `amdump` aufgerufenen Unterprogramme:
  ```
  NOTES:
      planner: Adding new disk hamlet.ahania.com:/sda2
      taper: tape DAILY05 9568563 kb fm 1 [OK]
  ```
- Eine zusammenfassende Tabelle zu den gesicherten Daten und damit zusammenhängende Informationen:
  ```
  DUMP SUMMARY:
                                DUMPER STATS            TAPER STATS
  HOST   DISK  L ORIG-KB OUT-KB COMP% MMM:SS  KB/s MMM:SS  KB/s
  -----------------------------------------------------------------
  hamlet sd1a  1  28255  28255   --   2:36  180.3  0:21 1321.1
  hamlet sd2a  0  466523 466523  --  36:51  211.1  5:33 1400.8
  ```

```
dalton  /chem 1  FAILED------------------------------------
ada     /home 1  39781    39781    --    5:16 125.7  0:29 1356.7
...
```

Sie sollten diese Reports regelmäßig prüfen, insbesondere die Abschnitte zu Fehlern und Performance.

Amanda kann auch Log-Dateien jedes Durchlaufs (*amdump.n* und *log.datum.n*) erzeugen, die sich im festgelegten Log-Verzeichnis befinden. Dabei handelt es sich um ausführlichere Versionen des E-Mail-Reports, die bei der Suche nach bestimmten Problemen hilfreich sein können.

Wiederherstellung von Dateien aus einem Amanda-Backup

Amanda stellt das interaktive amrecover-Utility zur Wiederherstellung von Dateien aus Amanda-Backups zur Verfügung. Hierzu müssen die Backup-Sätze indexiert (d.h. Sie müssen *index yes* setzen) und die beiden vorhin erwähnten Indexing-Daemons aktiv sein. Das Utility muss unter *root* vom richtigen Clientsystem aufgerufen werden.

Hier eine Beispiel-Sitzung:

```
# amrecover Daily
AMRECOVER Version 2.4.2. Contacting server on depot.ahania.com ...
...
Setting restore date to today (2001-08-12)
200 Working date set to 2001-08-14.
200 Config set to Daily.
200 Dump host set to astarte.ahania.com.
$CWD '/home/chavez/data' is on disk '/home' mounted at '/home'.
200 Disk set to /home.
amrecover> cd chavez/data
/home/chavez/data
amrecover> add jetfuel.jpg
Added /chavez/data/jetfuel.jpg
amrecover> extract
Extracting files using tape drive /dev/rmt0 on host depot...
The following tapes are needed: DAILY02
Restoring files into directory /home
Continue? [Y/n]: y
Load tape DAILY02 now
Continue? [Y/n]: y
warning: ./chavez: File exists
Warning: ./chavez/data: File exists
Set owner/mode for '.'? [yn]: n
amrecover> quit
```

In diesem Fall erinnert der amrecover-Befehl sehr stark an den Standard-restore-Befehl im interaktiven Modus.

Der amrestore-Befehl kann ebenfalls verwendet werden, um Daten aus einem Amanda-Backup wiederherzustellen. Details zu seinem Einsatz finden Sie in der entsprechenden Manpage und dem entsprechenden Abschnitt in *Unix Backup and Restore*.

Kommerzielle Backup-Pakete

Mehrere ausgezeichnete kommerzielle Backup-Einrichtungen stehen zur Verfügung. Eine aktuelle Liste der momentan verfügbaren Pakete finden Sie unter *http://www.storagemountain.com*. Wir wollen hier kein bestimmtes Paket betrachten, sondern vielmehr die wichtigen Features eines allgemein einsetzbaren Backup-Pakets zusammenfassen. Diese Liste können Sie dann als Kriterium für den Vergleich und die Evaluierung der Produkte heranziehen, die für Ihre Site interessant sein könnten.

Die folgenden Features sollten Sie von kommerziellen High-End-Backup-Paketen erwarten, die für mittelgroße bis große Netzwerke ausgelegt sind:

- Die Fähigkeit, Backup-Sätze als beliebige Listen von Dateien zu definieren, die vom jeweiligen Utility ganz nach Bedarf gesichert und wieder eingelesen werden können.
- Die Fähigkeit, die Eigenschaften und Daten zu definieren und zu speichern, aus denen Standard-Backup-Operationen bestehen.
- Eine Einrichtung für Listen auszuschließender Dateien. Mit dieser Einrichtung sollten Listen von Dateien und Verzeichnissen (mit Wildcard-Spezifikationen) erzeugt, gesichert und geladen werden können, die bei Backup-Operationen ausgeschlossen werden sollen.
- Ein automatisiertes Backup-Scheduling-System, das aus dem Backup-Utility selbst aufgerufen und gesteuert werden kann.
- Die Fähigkeit, Standardeinstellungen für Backup- und Restore-Operationen festzulegen.
- Die Fähigkeit, alle wichtigen Dateitypen (z. B. Gerätedateien, Sparse-Files) und Attribute (z. B. Zugriffskontroll-Listen) sichern zu können.
- Die Fähigkeit, offene Dateien sichern oder (je nach Wunsch) ohne Pause überspringen zu können.
- Die Fähigkeit, entfernte Backup- und Restore-Operationen definieren und initiieren zu können.
- Unterstützung mehrerer Backup-Server.
- Unterstützung von High-End-Backup-Geräten wie Stackern, Jukeboxen, Libraries und Silos.
- Unterstützung von RAID-fähigen Bandgeräten, bei denen mehrere physikalische Bänder über parallele Schreiboperationen zu einer einzigen logischen Hochleistungseinheit kombiniert werden.
- Unterstützung von nicht bandorientierten Backup-Geräten wie etwa Wechselplatten.
- Die Fähigkeit, mehrere Operationen gleichzeitig mit verschiedenen Bandgeräten durchzuführen.
- Unterstützung von Multiplex-Backups, bei denen mehrere Daten-Streams gleichzeitig auf einem Bandgerät gesichert werden.
- Die Fähigkeit der Clients, auf allen bei Ihrer Site installierten Betriebssystemen zu laufen.

- Kompatibilität mit Standard-Backup-Utilities, die für einige Sites sehr wichtig sein kann (so dass gesicherte Dateien auf jedem System wiederhergestellt werden können).
- Einrichtungen zur automatischen Archivierung inaktiver Dateien auf alternative Speichergeräte (zum Beispiel Jukeboxen oder optische Platten), um Plattenplatz zu sparen und die Backup-Anforderungen zu minimieren.
- Aufnahme irgendeiner Form von Datenbank-Manager, damit Sie (und die Backup-Software) Abfragen vornehmen können, um die Medien zu finden, die zur Wiederherstellung von Dateien benötigt werden.

Eine umfassendere Erläuterung der Features kommerzieller Backup-Pakete finden Sie in Kapitel 5 von *Unix Backup and Recovery*.

Backup und Restore der System-Dateisysteme

Dieser letzte Abschnitt behandelt die Sicherung und Wiederherstellung des Dateisystems, das das Betriebssystem selbst enthält. Wir besprechen auch den Fall einer fehlerhaften Systemfestplatte. Für das Recovery nach einer solchen Katastrophe hat sich in letzter Zeit der Begriff »Bare Metal Recovery« eingebürgert. *Unix Backup and Restore* enthält umfangreiche Kapitel, die diese Techniken und Prozeduren für verschiedene Unix-Varianten beschreiben.

Dateisysteme, die Betriebssystemdateien wie / und /usr enthalten, werfen einige Probleme auf, wenn Sicherungen verwendet werden sollen, um versehentlich gelöschte oder auf andere Weise verschollene Dateien wiederherzustellen. Wenn es sich bei der fraglichen Datei um eine nicht veränderte Systemdatei handelt, können Sie sie normalerweise von den Betriebssystemmedien wieder einspielen. Voraussetzung ist natürlich, dass Sie die Medien besitzen und unter normalen Bedingungen lesen können. Wenn eine dieser Bedingungen nicht erfüllt ist, sollten Sie von Zeit zu Zeit ein vollständiges Backup der System-Dateisysteme anlegen.

Die von Ihnen modifizierten Dateien in den Systempartitionen sollten regelmäßig gesichert werden. In Kapitel 14 werden wir ein Skript vorstellen, das alle modifizierten Konfigurationsdateien und anderen Dateien des Benutzer-Dateisystems sichert. Die Sicherung erfolgt dabei regelmäßig und automatisch über die System-Backup-Prozeduren. Alternativ könnte das Skript sie direkt auf das Backup-Medium sichern (wenn das Archiv klein genug ist, sogar auf eine Diskette).

Wenn System-Dateisysteme vollständig wiederhergestellt werden müssen (üblicherweise auf Grund eines Hardwareproblems), kommen einige spezielle Erwägungen ins Spiel. Häufig gibt es zwei verschiedene Ansätze, die angewendet werden können:

- Neuinstallation von den Original-Installationsmedien, gefolgt von der Wiederherstellung der von Ihnen modifizierten Dateien. Bei diesem Ansatz könnte die Rekonfiguration einiger Subsysteme notwendig sein.
- Booten von einem alternativen Medium und Wiederherstellung der Dateisysteme von einem vollständigen Backup, das Sie angelegt haben.

Welche Alternative vorzuziehen ist, hängt stark von den Eigenschaften Ihres jeweiligen Systems ab: Wie viele Dateien wurden verändert und wie weit sind diese über die verschiedenen Dateisysteme verstreut, wie viele Geräte- und andere Konfigurationen müssen erneut durchgeführt werden und ähnliche Erwägungen. Wenn Sie mehrere Partitionen wiederherstellen müssen, ist es vielleicht günstiger, das Betriebssystem völlig neu aufzuspielen (es sei denn, es befinden sich nicht gesicherte Daten auf einer anderen Partition der gleichen Platte).

Wenn Sie sich für die zweite Vorgehensweise entscheiden, müssen Sie zuverlässige vollständige Backups des Systems anlegen, und zwar immer dann, wenn Sie signifikante Änderungen vorgenommen haben. Weil Sie in einem Notfall auf diese Bänder angewiesen sind, sollten die Backups immer überprüft oder sogar doppelt angelegt werden.

Auf jeden Fall müssen Sie zwischendurch auch Records der Plattenpartitionen, des assoziierten Dateisystem-Layouts und (wenn ein LVM aktiv ist) der Konfiguration der logischen Volumes zu Rate ziehen. Das ist von besonderer Bedeutung, wenn die Systemfestplatte beschädigt wurde und ersetzt werden muss, um das System in seiner vorherigen Konfiguration wiederherzustellen. Stellen Sie sicher, dass Sie entsprechende Aufzeichnungen von diesen Daten besitzen (siehe unten).

Nachfolgend eine allgemeine Prozedur zur Wiederherstellung eines Schlüssel-Dateisystems aus einem Backup (viele der einzelnen Schritte werden detailliert in Kapitel 10 erläutert):

- Booten Sie von einem alternativen Medium: entweder vom Installationsband bzw. der Installations-CD oder von einer von Ihnen angelegten Boot-Diskette bzw. einem Boot-Band (wie das geht, wird gleich noch erläutert). An diesem Punkt arbeiten Sie mit einem im Speicher liegenden (RAM-Disk) oder einem auf dem Boot-Medium vorhandenen Dateisystem.
- Generieren Sie Gerätedateien für die Festplatten, Plattenpartitionen und/oder Bandlaufwerke, auf die Sie zugreifen müssen. Möglicherweise wurden diese Gerätedateien bereits für Sie angelegt, wenn Sie ein System-Utility zur Generierung boot-fähiger Bänder bzw. Disketten verwendet haben.
- Bereiten Sie die Festplatte so weit wie nötig vor. Dazu gehören (in seltenen Fällen) die Formatierung und die Partitionierung. Stellen Sie sicher, dass Sie alle notwendigen Schritte durchführen, um eine boot-fähige Platte zu erzeugen.
- Generieren Sie bei Bedarf ein neues Dateisystem auf der entsprechenden Partition.
- Mounten Sie das System-Dateisystem (*/mnt* ist der übliche Mountpunkt).
- Wechseln Sie zum Mountpunkt. Spielen Sie die Dateien vom Sicherungsband ein. Wechseln Sie zurück ins root-Verzeichnis und deaktivieren Sie das wiederhergestellte Dateisystem mit umount.
- Wiederholen Sie diesen Prozess für alle weiteren Dateisysteme und starten Sie das System neu.

Es gibt noch einen weiteren Punkt, den es zu beachten gilt, wenn Sie diesen Ansatz verwenden wollen. Das auf Boot-Bändern oder -Disketten vorhandene Dateisystem ist sehr eingeschränkt, d.h., nur ein kleiner Teil der normalen Systembefehle ist verfügbar. Sie müssen also sicherstellen, dass das für die Wiederherstellung benötigte Utility nach dem Booten des alternativen Mediums auch vorhanden ist. Wenn Sie zum Beispiel eine Boot-Diskette haben, auf der sich nur cpio befindet, sollten Sie die Sicherung des root-Dateisystems nicht mit tar durchgeführt haben, andernfalls befinden Sie sich in ernsthaften Schwierigkeiten. Sie müssen darüber hinaus sicherstellen, dass alle vom gewünschten Utility benötigten Shared Libraries vorhanden sind. Überprüfen Sie das, bevor die Katastrophe eintritt.

Wir wollen uns diesen Prozess nun für jedes unserer Unix-Betriebssysteme einzeln ansehen.

AIX: mksysb und savevg

AIX stellt das Utility mksysb zur Verfügung, mit dessen Hilfe boot-fähige Backup-Bänder des aktuellen Systems hergestellt werden können, die sich im Falle eines Fehlers selbst wiederherstellen. Es sichert alle Dateisysteme der Volume-Gruppe root, üblicherweise /, /usr, /var, /home (wenn es nicht verschoben wurde) und /tmp. Zusätzlich werden die Paging-Bereiche in *rootvg* gesichert. mksysb wird wie folgt aufgerufen:

```
# mksysb -i /dev/rmt0
```

mksysb ist von einer Datendatei abhängig, die verschiedene Informationen zur Systemkonfiguration enthält. Sie wird über die mksysb-Option -i aktualisiert. Verwenden Sie stattdessen die Option -m, wenn Sie die exakten Plattenpositionen des Dateisystems in der root-Volume-Gruppe zusammen mit deren Inhalten wiederherstellen wollen (-m legt fest, dass die Logical Volume Maps sowie alle anderen Konfigurationsinformationen gespeichert werden sollen).

Um die root-Volume-Gruppe wiederherzustellen, booten Sie vom mksysb-Band und wählen Sie die gewünschte Option aus dem erscheinenden Menü. Das System wird dann vom mksysb-Band wiederhergestellt.

Sie können eine ähnliche Technik verwenden, um ein System von einem mksysb-Band zu klonen, das auf einem anderen System angelegt wurde. Wenn alle Geräte identisch sind, besteht die einzige Einschränkung darin, dass Sie keinen Multiprozessor-Kernel auf einem System mit nur einer CPU installieren dürfen (und umgekehrt).

Sind die Geräte auf dem Quell- und Zielsystem unterschiedlich, wird eine leicht geänderte Technik verwendet. Zuerst booten Sie vom Installationsmedium und wählen dann die Option zur Wiederherstellung von einem mksysb-Band. In diesem Modus bindet das Betriebssystem automatisch Treiber vom Installationsmedium ein, wenn diejenigen auf dem mksysb-Band nicht zum Zielsystem passen. Beachten Sie, dass diese Methode nur dann funktioniert, wenn das Zielsystem über die Laufwerke verfügt, um das mksysb- und das Installationsmedium gleichzeitig zu verarbeiten.

Einzelne Dateien mit Hilfe eines mksysb-Bandes wiederherstellen

mksysb-Bänder können auch in nicht so dringenden Fällen als Backups des root-Volumes dienen. Es ist sehr einfach, einzelne Dateien von diesen Bändern wieder einzuspielen. Die Bänder enthalten vier verschiedene (Band-)Dateien, und die Dateien des root-Volumes befinden sich in der vierten Datei, bei der es sich um ein restore-Archiv handelt.

Um also die Datei */usr/bin/csh* und das Unterverzeichnis */etc/mf* von einem mksysb-Band wiedereinzuspielen, verwenden Sie den folgenden Befehl:

```
# restore -s 4 -x -q -f /dev/rmt0 ./bin/csh ./etc/mf
```

Die Option -s gibt an, welche Datei verwendet werden soll, und die Option -q unterdrückt dabei die anfängliche Aufforderung, die Enter-Taste zu drücken, nachdem Sie das erste Volume gemountet haben. Verwenden Sie die restore-Option -T, um den Inhalt eine Archivs einzusehen.

Sichern und Wiederherstellen von AIX-Benutzer-Volume-Gruppen

Mit dem savevg-Befehl können Sie eine vollständige Benutzer-Volume-Gruppe sichern, genau wie mksysb das für die root-Volume-Gruppe macht. Zum Beispiel sichert der folgende Befehl alle Dateien der Volume-Gruppe *chemvg* auf das Bandlaufwerk 1:

```
# savevg -i chemvg /dev/rmt1
```

Die Option -i erzeugt die Konfigurationsdatei, die zur Sicherung und Wiederherstellung der Volume-Gruppe benötigt wird. Verwenden Sie stattdessen -m, werden auch die logischen Volume Maps mitgesichert, was die Reproduktion der physikalischen Lage auf der Platte ermöglicht.

savevg kennt auch die Option -e, mit der Sie die Dateien und Verzeichnisse aus dem Sicherungssatz ausschließen können, die in der Datei */etc/exclude.vgname* aufgeführt sind.[17] Wildcards sind in diesen Ausschlusslisten nicht erlaubt.

Alle logischen Volumes und Dateisysteme sowie die Dateien innerhalb einer Volume-Gruppe können von einem savevg-Band wiederhergestellt werden. Diese Operation wird vom restvg-Utility ausgeführt. Zum Beispiel stellen die folgenden Befehle die gerade gesicherte Volume-Gruppe *chemvg* wieder her:

```
# restvg -q -f /dev/rmt1
# restvg -q -s -f /dev/rmt1 hdisk4 hdisk5
```

Der erste Befehl stellt die Volume-Gruppe auf den ursprünglichen Platten wieder her, wobei diese Operation sofort und ohne Frage nach dem ersten Band beginnt. Der zweite Befehl stellt die Struktur und den Inhalt der *chemvg*-Volume-Gruppe auf den Platten 4 und 5 wieder her. Alle logischen Volumes werden dabei auf die minimal notwendige Größe reduziert, die für die Aufnahme der Dateien notwendig ist (-s).

---

[17] Der mksysb-Befehl erkennt -e ebenfalls und seine Ausschlussdatei ist */etc/exclude.rootvg*.

Das von savevg erzeugte Band enthält ein restore-Archiv, so dass einzelne Dateien einfach wieder eingespielt werden können:

```
# restore -f /dev/rmt1 -T -q
# restore -f /dev/rmt1 -x -q -d ./chem/src/h95
```

Der erste Befehl gibt den Inhalt des Archivs aus und der zweite stellt den /chem/src/h95-Unterbaum wieder her, wobei alle notwendigen Unterverzeichnisse erzeugt werden (-d).

FreeBSD

FreeBSD stellt verschiedene Optionen zur Wiederherstellung von Systemdateien zur Verfügung, die aber alle ein vollständiges Backup des Dateisystems verlangen, über das die Wiederherstellung erfolgen soll.

Im Falle eines Platten- oder Boot-Fehlers müssen Sie von einem alternativen Medium (CD-ROM oder einer Boot-Diskette) booten. Dann wählen Sie die Fixit-Option aus dem erscheinenden Hauptmenü. An diesem Punkt können Sie wählen, ob Sie von der zweiten Installations-CD (die als Live-Dateisystem fungiert) oder einer fixit-Diskette booten wollen, oder Sie können eine eingeschränkte Shell starten. Die ersten beiden Optionen sind die nützlichsten.

Die fixit-Diskette enthält ein eingeschränktes FreeBSD-Betriebssystem, auf dem ausreichend Tools vorhanden sind, um ein Backup wiederherstellen zu können. Es unterstützt die tar- und restore-Befehle und Bandlaufwerke. Sie können eine fixit-Diskette erzeugen, indem Sie die erste Installations-CD mounten und einen Befehl wie den folgenden eingeben:

```
# dd if=/cdrom/floppies/fixit of=/dev/rfd0c bs=36b
```

Diese Diskette kann nach dem Anlegen an Ihre besonderen Bedürfnisse angepasst werden.

Um die Layouts der Plattenpartitionen eines FreeBSD-Systems zu sichern, verwenden Sie die Befehle fdisk -s und disklabel. Zusammen mit /etc/fstab erlauben diese Informationen die Rekonstruktion der Plattenpartitionen und des Dateisystem-Layouts. Der disklabel-Befehl kann auch verwendet werden, um einen Boot-Block auf eine Ersatz-Systemfestplatte zu schreiben.

HP-UX: make_recovery

HP-UX stellt die make_recovery-Einrichtung zur Erzeugung boot-fähiger Recovery-Bänder als Teil des Ignite-UX-Pakets zur Verfügung (das Utility liegt in /opt/ignite/bin). Eine gängige Methode für den Einsatz dieses Utilities sieht wie folgt aus:

```
# make_recovery -p -A -d /dev/rmt/1mn
# emacs /var/opt/ignite/recovery/arch.include
# make_recovery -r -A -d /dev/rmt/1mn -C
```

Zuerst führen wir den Befehl im Preview-Modus (-p) aus. Dieser Befehl schreibt keine Daten auf Band, sondern erzeugt stattdessen die Datei /var/opt/ignite/recovery/arch.include, die aus einer Liste der aufzunehmenden Dateien besteht. Hier haben wir uns dazu entschieden, das gesamte root-Dateisystem über -A zu sichern. Standardmäßig wird nur der Teil des Betriebssystems gesichert, der Teil des HP-UX-Betriebssystems ist.

Sobald der Befehl abgearbeitet wurde, überprüfen wir die Logdatei */var/opt/ignite/logs/makrec.log1* auf Fehler oder Warnungen. Wenn es welche gibt, müssen wir die Aktionen durchführen, die zu ihrer Korrektur notwendig sind, und müssen dann den ersten Befehl erneut ausführen.

Sobald alle Fehler behoben wurden, kann die Datei *arch.include* editiert werden, um Elemente hinzuzufügen oder zu entfernen. Dann können Sie make_recovery noch einmal im so genannten Resume-Modus (-r) ausführen.[18] Die Option -C weist den Befehl an, die Daten der letzten make_recovery-Prozedur zu aktualisieren.

Dieser Prozess muss nach jeder bedeutenden Systemänderung wiederholt werden. Mit dem Befehl check_recovery können Sie ermitteln, ob make_recovery ausgeführt werden muss.

Obwohl diese Bänder nicht als Ersatz für normale Backups gedacht sind, ist es möglich, einzelne Dateien daraus wiederherzustellen. Zu diesem Zweck müssen Sie das Band von Hand an der zweiten Datei positionieren und die gewünschten Elemente dann mit tar extrahieren:

```
# cd /
# mt -t /dev/rmt/1mn fsf 1
# tar xvf /dev/rmt/1m relative(r)-pfadname(n)
```

Die Dateiliste muss mit relativen Pfadnamen angegeben werden (z. B. *etc/hosts*, nicht */etc/hosts*).

Die neuesten Versionen des HP Ignite-UX-Pakets stellen auch make_tape_recovery (erzeugt Bänder mit Recovery-Images des Clientsystems und des Ignite-UX-Servers) und make_net_recovery (schreibt ein Recovery-Image über das Netzwerk auf das Diskettenlaufwerk des Ignite-UX-Servers) zur Verfügung. Details finden Sie in der Dokumentation.

Linux

Auf Linux-Systemen können Sie eine Boot-Diskette des aktuellen Kernels mit folgendem Befehl erzeugen:

```
# dd if=/boot/Datei of=/dev/fd0
```

Das einfache Kopieren des komprimierten Kernels auf die Diskette ist alles, was notwendig ist, weil der Linux-Kernel so strukturiert ist, dass er das Image einer boot-fähigen Diskette aufweist (und entweder über den DOS-Boot-Loader oder von lilo geladen werden kann).

Diese Prozedur ermöglicht Ihnen das Booten Ihres Systems, falls es ein Problem mit dem Booten von der Festplatte geben sollte. Ist Ihre System-Festplatte allerdings beschädigt

---

18 In manchen Fällen sind zusätzliche Dinge zu berücksichtigen, wenn einige Systemdateien außerhalb der root-Volume-Gruppe liegen. Details finden Sie in der Manpage.

und das darauf enthaltene root-Dateisystem nicht zugänglich, benötigen Sie ein echtes Recovery-System, um die Dinge wiederherzustellen. In solchen Fällen können Sie von einer *Notfalldiskette* (rescue disk) booten. Um eine solche Diskette zu erzeugen, müssen Sie die Installations-CD mounten und den folgenden Befehl eingeben:

```
# dd if=/cdrom/disks/rescue of=/dev/fd0 bs=18k
```

Diese Notfalldiskette enthält die Werkzeuge, die zur Wiederherstellung eines Backups notwendig sind, inklusive eines Bandgerätes und des tar-Befehls.

Um die Informationen zur Partitionierung der Platte zu speichern, verwenden Sie den Befehl fdisk -l. Zusammen mit */etc/fstab* ermöglichen diese Informationen die Rekonstruktion der Plattenpartitionen und des Dateisystem-Layouts. Sie können lilo verwenden, um einen Boot-Block auf der Ersatzplatte anzulegen. Beachten Sie, dass dessen Option -r sehr nützlich ist, wenn die neue Partition an irgendeinem anderen Punkt (z. B. */mnt*) im Notfall-Dateisystem gemountet wurde.

Die jüngsten Versionen von Red Hat Linux bieten auch beim Booten von der Installations-CD eine Rescue-Option für den Notfall an.

Solaris

Solaris bietet nur wenige Tools für ein System-Backup und -Recovery an. Sie müssen vollständige Backups des root-Dateisystems anlegen. Sie können dann von einem alternativen Medium booten, um ein funktionierendes Minimalsystem anzulegen, und müssen Ihr Backup dann wieder einspielen.

Der prtvtoc-Befehl zusammen mit */etc/checklist* liefert die Informationen, die notwendig sind, um die Plattenpartitionierung und das Dateisystem-Layout wiederherzustellen. Sie können den Befehl installboot verwenden, um einen Boot-Block auf die Systemplatte zu schreiben. Beachten Sie, dass Boot-Images innerhalb des installierten Dateisystems unter */usr/plattform/modell/lib/fs/ufs/bootblk* abgelegt sind, wobei *modell* ein String ist, der Ihrer jeweiligen Sun-Hardware entspricht (z. B. *SUNW-Sun-Blade-100*).

Tru64: btcreate

Tru64 stellt den Befehl btcreate zur Generierung eines boot-fähigen Backup-Bandes des Betriebssystems zur Verfügung. Das Band besteht aus einem boot-fähigen Mini-Betriebssystem und einem vollständigen Backup der Systemdateien.

Die Ausführung von btcreate ist sehr einfach, da Sie nach allen notwendigen Informationen gefragt werden. Die (empfohlenen) Standardantworten sind nahezu immer korrekt. Ein Restore über ein btcreate-Band spielt nicht nur alle Systemdateien wieder ein, sondern regeneriert auch die Konfiguration der logischen Volumes des Originalsystems.

Auf Tru64-Systemen können Sie den Befehl disklabel -r verwenden, um Informationen zur Plattenpartitionierung zu speichern und bei Bedarf wiederherzustellen.

KAPITEL 12
Serielle Schnittstellen und Geräte

Dieses Kapitel beschreibt die Arbeit mit seriellen Schnittstellen bei Unix-Systemen. Traditionell bedeutet das die Konfiguration von Terminals und Modems, aber der Umfang dieses Themas erstreckt sich mittlerweile auch auf verwandte Einrichtungen wie etwa Fax-Dienste und USB.

Dieses Kapitel beginnt mit der Beschreibung traditioneller serieller Schnittstellen. Zuerst sehen wir uns die für serielle Schnittstellen und andere Terminal-Sessions verwendeten Gerätedateien an. Danach erläutern wir, wie man die Eigenschaften einzelner Terminals und generischer Terminaltypen festlegt. Danach wenden wir uns den Aspekten der Konfiguration von Terminalleitungen zu, einschließlich des Anschlusses neuer Terminals und Modems sowie der damit verbundenen Fehlersuche. Wir schließen das Kapitel mit einem kurzen Blick auf das HylaFAX Fax-Paket und USB-Geräte ab.

Celeste Stokelys Website unter *http://www.stokely.com/unix.serial.port.resources* ist eine unverzichtbare Informationsquelle für alle Aspekte der Verwendung serieller Schnittstellen auf Unix-Systemen.

Serielle Schnittstellen

Serielle Schnittstellen wurden zuerst für den Anschluss von Terminals an Computer verwendet. Mit der Zeit wurden aber auch viele andere Geräte mittels serieller Schnittstellen angeschlossen: Modems, Drucker, Digitalkameras und MP3-Player, um nur einige zu nennen. Zwar sind serielle Schnittstellen keine schnellen Kommunikationskanäle, aber sie bieten einen geradlinigen, standardisierten Weg zur Übertragung von Daten von einem Computer. Im traditionellen Kontext verwenden serielle Schnittstellen den Kommunikationsstandard RS-232. Wir betrachten diesen Standard gleich etwas genauer, nachdem wir einige praktische Aspekte der Administration serieller Schnittstellen und Geräte vorgestellt haben.

Gerätedateien für serielle Schnittstellen

Die Gerätedateien für serielle Schnittstellen variieren von System zu System – ihre Namen orientieren sich aber traditionell an der Form /dev/ttyn, wobei n für eine einstellige (System V) oder zweistellige (BSD) Zahl steht, anhand derer die Nummer der seriellen Leitung zu erkennen ist. Die Nummerierung beginnt mit 0 bzw. 00. Zum Beispiel stehen /dev/tty2 und /dev/tty16 für die dritte bzw. siebzehnte serielle Schnittstelle eines Systems (BSD-basierte Systeme verwenden immer zwei Ziffern: /dev/tty02). Über diese Gerätedateien wird direkt auf Terminals, Modems und andere serielle Schnittstellen zugegriffen.

Bei neueren System V-basierten Systemen sind die Gerätedateien für direkt angeschlossene Terminalleitungen im Verzeichnis /dev/term abgelegt und tragen Namen, die der Nummer der Schnittstelle entsprechen, z. B. /dev/term/14. Häufig gibt es auch Links auf die älteren Namen.

Die Datei /dev/tty (ohne Suffix) dient einem besonderen Zweck. Sie steht für das kontrollierende Terminal eines jeden Prozesses und dient dazu sicherzustellen, dass die Ausgabe des Prozesses selbst bei einer Umleitung der Ausgabe zum Terminal geschickt wird.

Die Gerätedatei /dev/console verweist immer auf die System-Konsole. Bei vielen Workstations wird /dev/console aber je nach Einsatz auch redefiniert. Wird das System im Textmodus genutzt, steht /dev/console für den System-Bildschirm, während bei einer Windowing-Session /dev/console zu einem der Fenster werden kann (und nicht das Gerät als Ganzes).

Die Systeme können auch andere Terminal-Gerätedateien für von ihnen unterstützte Geräte besitzen. So verweist zum Beispiel bei AIX die Gerätedatei /dev/lft auf die physikalische Konsole der Workstation. Das ist auch das Gerät, zu dem der X-Server die Verbindung herstellt, wenn die Workstation in ihrem normalen grafischen Modus betrieben wird.

Zusätzlich gibt es noch andere Terminal-Devices in /dev, die für indirekte Login-Sessions über ein Netzwerk oder eine Benutzeroberfläche verwendet werden: die so genannten *Pseudo-Terminals*. Jedes Pseudo-Terminal besteht aus zwei Teilen:

- Dem *Master-* oder *Control*-Pseudo-Terminal, das im Normalfall einen Gerätenamen der Form /dev/pty[p-s]n (BSD) oder /dev/ptc/n (System V) trägt. Viele Systeme unterstützen beide Namensformate.

- Das *Slave*-Pseudo-Terminal (auch *virtuelles Terminal* genannt), dessen Gerätename die Form /dev/tty[p-s]n oder /dev/pts/n besitzt. Es emuliert ein normales serielles Terminal für die Befehlsausgabe.

n ist in beiden Fällen eine hexadezimale Ziffer. Diese Slave-Pseudo-Terminals stellen Benutzerprozessen eine TTY-ähnliche Schnittstelle zur Verfügung. Beide Teile eines Pseudo-Terminals arbeiten Hand in Hand und verfügen über die gleiche Gerätenummer n. Ausgaben erscheinen im virtuellen Terminal, und dieses Gerät erscheint auch bei Ausgaben von Befehlen wie ps. Bei jüngeren System V-basierten Systemen wird nur ein einzelnes Master-Pseudo-Terminal für alle virtuellen Terminals verwendet (das gilt für die System V-Namen unter AIX, HP-UX und Solaris. Tru64 hat die Kontrollfunktionalität in das Slave-Device integriert und so die Gerätedatei für das Master-Pseudo-Terminal eliminiert).

Tabelle 12-1 führt die Gerätenamen serieller Leitungen und Pseudo-Terminals der verschiedenen von uns berücksichtigten Systeme auf. Es wird jeweils der Gerätename der ersten seriellen Leitung und des ersten Pseudo-Terminals aufgeführt.

Tabelle 12-1: Gerätedateien für serielle Leitungen

Version	Serielle Leitung	Form für Dial-Out	Pseudo-Terminal Master	Slave
AIX[a]	/dev/tty0	/dev/tty0	/dev/ptc	/dev/pts/0
FreeBSD	/dev/ttyd0	/dev/cuaa0	/dev/ptyp0	/dev/ttyp0
HP-UX[a]	/dev/tty0p0	/dev/cua0p0, /dev/ttyd0p0[b]	/dev/ptmx	/dev/pts/0
Linux	/dev/ttyS0	/dev/ttyS0	/dev/ptyp0	/dev/ttyp0
Solaris[a]	/dev/term/a	/dev/cua/0	/dev/ptmx	/dev/pts/0
Tru64	/dev/tty00	/dev/tty00	(nicht verwendet)	/dev/pts/0

a Stellt auch Pseudo-Terminal-Gerätenamen im BSD-Stil zur Verfügung.
b Diese Form wird für Dial-In-Modems verwendet.

Wie die Tabelle andeutet, verwenden Dial-Out-Modems (also herauswählende Modems) manchmal andere Gerätenamen als Terminals. So bezeichnet zum Beispiel bei Solaris die Gerätedatei */dev/cua/0* die erste serielle Leitung im Dial-Out-Modus. In ähnlicher Weise bezeichnen unter HP-UX die Gerätenamen */dev/cua0p0* und */dev/ttyd0p0* die gleiche serielle Leitung, verweisen aber auf Dial-Out- bzw. Dial-In-Modems.

Die beiden Gerätedateien unterscheiden sich nur in ihren *Minor-Nummern* (dem Subtyp innerhalb der Geräteklasse), die einen Offset von 128 aufweisen. Sie können den Befehl ls -l verwenden, um die Major- und Minor-Gerätenummern der Gerätedateien zu bestimmen. Diese Nummern erscheinen im Größenfeld:

```
crw-rw-rw-   1 bin    bin    1 0x000201 Feb  1 06:59 cua0p2
crw-rw-rw-   1 bin    bin    1 0x000201 Feb  1 06:59 cul0p2
crw--w--w-   1 bin    bin    1 0x000200 Jan 15 15:52 tty0p2
crw--w----   1 uucp   bin    1 0x000202 Feb  1 06:59 ttyd0p2
```

Diese vier Geräte verwenden alle den gleichen physikalischen seriellen Port, der aber in verschiedenen Modi genutzt wird: als Dial-Out-Modem, als direkte serielle Verbindung zu einem anderen Computer, als Terminal-Verbindung und als Dial-In-Modem.

Sie können MAKEDEV oder mknod verwenden, wenn Sie diese Gerätedateien für eine serielle Leitung anlegen müssen. Der erste Befehl ist (wenn es ihn gibt) vorzuziehen, weil er wesentlich einfacher zu verwenden ist:

```
# cd /dev
# ./MAKEDEV tty4
```

Der obige Befehl erzeugt eine Gerätedatei für die fünfte serielle Leitung.

Bei Systemen ohne MAKEDEV müssen Sie den Befehl mknod ausführen. Zum Beispiel können Sie die beiden folgenden Befehle verwenden, um die zusätzlichen Gerätedateien für ein bidirektionales Modem an der fünften Terminal-Leitung (üblicherweise */dev/tty0p4*) anzulegen:

```
# mknod /dev/cul0p4 c 1 0x401
# mknod /dev/cua0p4 c 1 0x401
```

Diese Befehle erzeugen beide zeichenorientierte Gerätedateien (Codebuchstabe *c*) für die Geräteklasse 1 (serielle Leitungen). Sie können diese Gerätedateien dann verwenden, um die serielle Schnittstelle in den verschiedenen Kontexten zu konfigurieren (wie Sie gleich sehen werden). Alternativ können Sie SAM verwenden, um alle benötigten Gerätedateien anzulegen. Folgen Sie dabei dem Menüpfad PERIPHERAL DEVICES → TERMINALS AND MODEMS → ACTIONS → ADD TERMINAL (oder ADD MODEM).

Der tty-Befehl

Der Befehl tty gibt aus, welche Gerätedatei für die Login-Session verwendet wird:

```
$ hostname
hamlet
$ tty
/dev/tty12
$ rlogin duncan
AIX Version 5
(C) Copyrights by IBM and by others 1982, 2000.
$ tty
/dev/pts/4
```

Dieser Benutzer ist auf *hamlet* direkt über dessen dreizehnte Terminalleitung eingeloggt. Seine entfernte Session auf *duncan* verwendet das Pseudo-Terminal 4.

Festlegung der Terminal-Charakteristika

Unix-Programme werden grundsätzlich so geschrieben, dass sie Terminal-unabhängig sind: Die Programme wissen nicht, welche Charakteristika ein Terminal bietet, sind aber auch nicht von ihnen abhängig. Vielmehr rufen sie eine standardisierte Programmbibliothek zur Bildschirmmanipulation auf. Diese Bibliothek bildet die Schnittstelle zum physikalischen Terminal. Bibliotheken dieser Art dienen dazu, allgemeine Terminal-Charakteristika und -Funktionen (wie das Löschen des Bildschirms) auf die Zeichenfolgen abzubilden, die von den verschiedenen Terminals zur Ausführung dieser Funktionen verlangt werden.

Terminal-Definitionen werden auf dem Rechner in Form von Datenbanken hinterlegt. Benutzer können durch Setzen der Umgebungsvariable *TERM* (dies geschieht meistens beim Login) anzeigen, was für ein Terminal verwendet wird. Die Datenbanken werden unter BSD und System V unterschiedlich behandelt und sind das Thema des nächsten Abschnitts.

termcap und terminfo

Programme verwenden den Namen, der in der Umgebungsvariable *TERM* angegeben ist, als Suchschlüssel für die Datenbank, in der die Terminaldefinitionen abgespeichert sind. Beim BSD-Schema befinden sich die Terminal-Definitionen in der Datei */etc/termcap*. Bei System V sind sie in Unterverzeichnissen von *terminfo* abgelegt. Einige Systeme bieten beide Einrichtungen an:

AIX	*/usr/lib/terminfo*
FreeBSD	*/etc/termcap* (Link auf */usr/share/misc/termcap*)
Linux	*/etc/termcap* und */usr/share/terminfo*
HP-UX	*/usr/lib/terminfo* (Link auf */usr/share/lib/terminfo*)
Solaris	*/etc/termcap* und */usr/share/lib/terminfo*
Tru64	*/usr/share/lib/termcap* und */usr/lib/terminfo*

Dieser Abschnitt gibt eine kurze Übersicht über *termcap*- und *terminfo*-Einträge. Detaillierte Informationen zu Terminal-Datenbanken und zum Modifizieren und Erstellen von Einträgen finden Sie in *termcap & terminfo* von John Strang, Linda Mui und Tim O'Reilly (O'Reilly & Associates).

termcap-Einträge

Bei der *termcap*-Datenbank (BSD) handelt es sich um eine Textdatei, die aus einer Reihe von Einträgen besteht, die die Funktionalität verschiedener Terminals beschreiben. Hier sehen Sie einen Beispiel-Eintrag für ein VT100-Terminal:

```
d0|vt100|vt100am|dec vt100:\
    :co#80:li#24:am:ho=\E[H:\
    :ku=\EOA:kd=\EOB:
```

Dieses Beispiel ist wesentlich kürzer als der eigentliche Eintrag, reicht aber aus, um die wesentlichen Merkmale der *termcap*-Einträge zu erläutern. In der ersten Zeile stehen eine Reihe von Aliases für das Terminal. Jeder Alias, der kein Leerzeichen enthält, kann für die Umgebungsvariable *TERM* verwendet werden. Der Rest des Eintrags besteht aus einer Reihe von Codes und Werten, die die Eigenschaften des Terminals beschreiben. Die Einträge sind durch Doppelpunkte voneinander getrennt. Die Codes können eine Vielzahl von Eigenschaften beschreiben. Hierzu zählen:

Daten über das Terminal
> Im Beispieleintrag sagt uns der Code *co* (für »columns«), über wie viele Spalten der Bildschirm verfügt (80). Der Code *li* (»lines«) gibt Auskunft über die Anzahl der Zeilen (24), und *am* (»auto margin«) sagt uns, dass das Terminal lange Ausgaben automatisch in mehrere Zeilen auf dem Bildschirm umbricht.

Die Zeichensequenz, die an das Terminal gesendet werden muss, um eine bestimmte Aktion durchzuführen
> Im Beispieleintrag bezeichnet *ho*, welche Zeichensequenz benötigt wird, um den Cursor »nach Hause« (»home«, also in die linke obere Ecke des Bildschirms) zu bewegen. In diesen Sequenzen wird das ESCAPE-Zeichen mit \E abgekürzt. Um also ein VT100-Terminal dazu zu veranlassen, den Cursor in die linke obere Ecke zu bewegen, muss ihm die Sequenz »ESCAPE [H« übermittelt werden.[1]

---

[1] Dies bedeutet nicht, dass sich der Cursor bewegt, wenn Sie diese Sequenz direkt eingeben. Die obige Darstellung bezieht sich auf die Zeichensequenzen, die direkt an das Terminal (d. h. *an das Gerät*) gesendet werden, ohne vorher von irgendeiner Hardware interpretiert zu werden.

Die Zeichensequenz, die beim Drücken einer Sondertaste übertragen wird
Im Beispieleintrag steht in *ku* (»key up«) die Sequenz der »Pfeil-nach-oben«-Taste. Ein VT100-Terminal gibt »ESCAPE O A« aus, wenn Sie diese Taste drücken. In der gleichen Weise gibt *kd* die Sequenz an, die bei der »Pfeil-nach-unten«-Taste übertragen wird.

Bei FreeBSD-Systemen müssen Sie nach Änderungen an der termcap-Datei den folgenden Befehl ausführen:

```
# cap_mkdb /usr/share/misc/termcap
```

terminfo-Einträge

Die *terminfo*-Datenbank von System V besteht aus einer Reihe von Binärdateien, die Terminalmerkmale beschreiben. Für jeden Eintrag gibt es eine eigene Datei, die sich in einem Unterverzeichnis des Haupt-*terminfo*-Verzeichnisses befindet. Das Unterverzeichnis heißt nach dem Anfangsbuchstaben des Eintrags. So ist zum Beispiel der *terminfo*-Eintrag für ein VT100-Terminal in der Datei *terminfo/v/vt100* gespeichert. *terminfo*-Einträge werden aus einem Quellcode generiert, der einem *termcap*-Eintrag ähnelt. Der folgende *terminfo*-Quellcode entspricht dem *termcap*-Eintrag aus unserem obigen Beispiel:

```
vt100|vt100am|dec vt100,
    am, cols#80, lines#24, home=\E[H,
    kcud1=\EOB, kcuu1=\EOA,
```

Die folgenden Befehle stehen zur Manipulation von *terminfo*-Einträgen zur Verfügung:

tic
: Kompiliert *terminfo*-Quellcode.

infocmp
: Gibt den Quellcode eines kompilierten *terminfo*-Eintrags zurück. Die Option -C gibt den *termcap*-Eintrag für einen kompilierten *terminfo*-Eintrag zurück (wandelt also *terminfo* in *termcap* um).

captoinfo
: Wandelt einen *termcap*-Eintrag in *terminfo*-Quellcode um.

Einträge modifizieren

Falls Sie einen *termcap*-Eintrag ändern müssen, brauchen Sie nur */etc/termcap* zu editieren; um einen *terminfo*-Eintrag zu modifizieren, lassen Sie sich den Quelltext mit infocmp ausgeben, modifizieren den Quellcode und kompilieren ihn mit tic neu. In jedem Fall ist es sinnvoll, den neuen Eintrag auszuprobieren, indem Sie ihn unter einem leicht veränderten Namen (z.B. *vt100t*) installieren, anstatt den alten einfach zu überschreiben. Die einfachste Methode, einen neuen Eintrag zu erstellen, besteht im Allgemeinen darin, einen existierenden Eintrag für ein ähnliches Gerät zu suchen, diesen umzubenennen und für den neuen Terminaltyp zu modifizieren.

Die oben aufgeführten *terminfo*-Befehle sind nicht nur nützlich, um *terminfo*-Einträge zu modifizieren oder neu zu erstellen, sondern auch, um einen Eintrag von einem Format in das andere zu konvertieren. Zum Beispiel wollte ich ein altes Terminal an einem AIX-System benutzen, auf dem jedoch kein *terminfo*-Eintrag dafür existierte. Glücklicherweise fand ich einen alten *termcap*-Eintrag auf einem BSD-System. Diesen konnte ich nun in eine gesonderte Datei extrahieren, auf den AIX-Rechner bringen und an captoinfo weitergeben. Das Ergebnis ließ ich dann von tic kompilieren.

Benutzer können eigene *termcap*- oder *terminfo*-Datenbanken über die Umgebungsvariablen *TERMCAP* und *TERMINFO* übergeben. Enthalten diese Variablen Dateinamen, so wird die Datei (*TERMCAP*) oder das Verzeichnis (*TERMINFO*) anstelle der üblichen Werte verwendet. Im zweiten Fall muss das angegebene Verzeichnis (wie üblich) Unterverzeichnisse enthalten, die den ersten Buchstaben ihrer Einträge als Namen tragen. Wenn also *TERMINFO* auf */home/chavez/terminfo* und *TERM* auf *etchasketch* gesetzt ist, muss sich in der Datei */home/chavez/terminfo/e/etchasketch* ein kompilierter *terminfo*-Eintrag für dieses Terminal befinden.

Die Umgebungsvariable *TERMCAP* kann auch dazu verwendet werden, einen *termcap*-Eintrag im Voraus einzulesen. Dieses Feature wird im nächsten Unterabschnitt beschrieben.

Der tset-Befehl

Hat der Benutzer den Terminaltyp mit Hilfe der Umgebungsvariable TERM gesetzt, kann er den Befehl tset aufrufen, um das Terminal zu initialisieren. Wird tset ohne weitere Argumente aufgerufen, so konfiguriert es das Terminal. Dies schließt das Setzen der erase-, kill- und interrupt-Zeichen und notwendige Initialisierungssequenzen für den jeweiligen Terminaltyp mit ein. tset wird traditionell in den Benutzer-Initialisierungsdateien aufgerufen, wenn der normale Arbeitsplatz des Benutzers ein Terminal ist.

Obwohl es meist ohne weitere Argumente aufgerufen wird, ist tset ein sehr vielseitiges Dienstprogramm. So kann es – bei Verwendung der Option -m – nach dem Terminaltyp fragen. Beispielsweise gibt der folgende Befehl dem Benutzer als Terminaltyp *vt100* vor, fragt nach dem richtigen Terminaltyp und initialisiert anschließend das Terminal:

```
$ tset -m ":?vt100"
TERM = (vt100)
```

Wenn der Benutzer auf die Return-Taste drückt, verwendet tset *vt100* als Terminaltyp. Anderenfalls benutzt es den Typ, den der Benutzer eingegeben hat. In jedem Fall initialisiert tset danach das Terminal entsprechend. Anstelle von *vt100* lässt sich jeder Terminaltyp wählen, der von Ihrem System unterstützt wird.

In Verbindung mit dem Bindestrich lässt sich tset dazu verwenden, nach der Umgebungsvariable *TERM* zu fragen und diese dann zu setzen, da tset den Terminaltyp an die Standardausgabe ausgibt:

```
$ TERM=`tset - -Q -m ":?vt100"`          Bourne- und Korn-Shells
$ export TERM

% setenv TERM `tset - -Q -m ":?vt100"`   C-Shell
```

Die Option -Q unterdrückt die Meldungen, die tset normalerweise ausgibt.

Bei BSD-basierten Systemen lässt sich tset auch dazu verwenden, die Umgebungsvariable *TERMCAP* zu setzen. Wird tset hierzu verwendet, so nimmt die Umgebungsvariable *TERMCAP* den Inhalt des gesamten *termcap*-Eintrags, auf den die Variable *TERM* verweist, als Wert an. Auf diese Weise können Programme schneller gestartet werden, weil sie nicht mehr die *termcap*-Datenbank nach dem richtigen Eintrag durchsuchen müssen.

Die tset-Option -s generiert die Shell-Befehle, die notwendig sind, um die Umgebungsvariablen *TERM* und *TERMCAP* zu setzen. Die Befehle werden für die Shell erzeugt, die in der Umgebungsvariable *SHELL* angegeben ist. Es gibt mehrere Möglichkeiten, diese Befehle auszuführen – eine übliche Methode stellt die Verwendung des Befehls eval dar:

```
$ eval `tset -sQ -m ":?vt100"`
```

Zuerst wird der tset-Befehl, der in umgekehrten Anführungszeichen (Backticks) steht, ausgeführt. Er fragt nach dem Terminaltyp, initialisiert dann das Terminal und gibt die Befehle aus, die notwendig sind, um *TERM* und *TERMCAP* zu setzen. Diese werden wiederum von eval ausgeführt. Hier sehen Sie die Befehle, die tset für die Bourne-Shell erzeugt:

```
export TERMCAP TERM;
TERM=vt100;
TERMCAP=`d0|vt100:co#80:li#24:am:ho=\E[H: . . .';
```

Eine weitere Möglichkeit, die von tset ausgegebenen Befehle ausführen zu lassen, besteht darin, sie in eine Datei umzuleiten und diese dann mit dem source-Befehl auszuführen (funktioniert nur mit der C-Shell):[2]

```
tset -sQ -m ":?vt100" >! ~/.tmpfile
source ~/.tmpfile
rm ~/.tmpfile
```

Dies sind die Befehle, die in der Initialisierungsdatei eines Benutzers stehen können. Sie können auch in einer separaten Datei stehen, die dann über source ausgeführt wird, wenn es notwendig ist, den Terminaltyp zu ändern. Der erste Befehl fragt nach dem Terminaltyp und initialisiert das Terminal. Die übrigen Befehle generieren die setenv-Befehle zum Setzen von TERM und TERMCAP, führen sie aus und löschen abschließend die temporäre Datei.

Was steht nun in dieser temporären Datei? Nehmen wir an, der Benutzer wählt den Terminaltyp vt100 (als den, den tset vorschlägt), dann steht Folgendes in *~/.tmpfile*:

```
set noglob;
setenv TERM vt100;
setenv TERMCAP 'd0|vt100:co#80:li#24:am:ho=\E[H: ... ';
unset noglob;
```

---

[2] Das Ausrufezeichen nach der Ausgabeumleitung umgeht die Shell-Variable *noclobber*, die verhindert, dass Dateien versehentlich überschrieben werden. Bei der Verwendung des Ausrufezeichens wird eine existierende Datei auf jeden Fall überschrieben.

Der Befehl set noglob verhindert, dass die Shell Sonderzeichen interpretiert (Sternchen und so weiter), die häufig in *termcap*-Einträgen auftauchen. Wenn etwas bei der Ausführung dieser Befehlssequenz schief geht, wird der Befehl unset noglob nicht ausgeführt, und der Benutzer erhält eine Shell, in der Wildcards nicht funktionieren. Dies kommt zwar nur selten vor, stiftet aber gerade deshalb große Verwirrung.

Der stty-Befehl

Während tset dazu dient, eine Terminal-spezifische Initialisierung durchzuführen, wird der Befehl stty dazu verwendet, generische Charakteristika des Terminals und der Terminalleitungen (etwa die Parität) einzustellen. Die allgemeine Syntax des Befehls lautet:

    $ stty Option [Wert]

Nicht für alle Optionen müssen Werte angegeben werden. Vor den Optionen von stty steht kein Bindestrich, einige Optionen verwenden den Bindestrich aber als ersten Buchstaben ihres Optionsnamens. Optionen treten häufig in Paaren auf (z. B. echo und -echo), wobei die zweite Form die erste negiert (in unserem Beispiel also »kein Echo«).

Es gibt eine Vielzahl von stty-Optionen. Die wichtigsten sind in Tabelle 12-2 aufgeführt.

Tabelle 12-2: Gängige stty-Optionen

Option	Bedeutung	Beispiel
n	Baudrate	38400
rows n	Anzahl der Bildschirmzeilen	rows 36
columns n	Anzahl der Bildschirmspalten	columns 80
echo	Eingegebene Zeichen auf dem Bildschirm ausgeben.	-echo
erase c	Setzt das Zeichen für das Löschen des vorangegangenen Zeichens auf c.	erase ^H
kill c	Setzt das Löschbefehlszeichen auf c.	kill ^U
intr c	Setzt das Interrupt-Zeichen auf c.	intr ^C
eof c	Setzt das Dateiende-Zeichen auf c.	eof ^D
susp c	Setzt das »Job-unterbrechen«-Zeichen auf c.	susp ^Z
lnext c	Setzt das Zeichen auf c, das dafür sorgt, dass das nächste Zeichen nicht interpretiert wird.	lnext ^V
werase c	Setzt das »Wort-löschen«-Zeichen auf c.	werase ^W
rprnt c	Setzt das »Zeile wieder ausgeben«-Zeichen auf c.	rprnt ^R
stop c	Setzt das Zeichen zum Anhalten der Terminal-Ein- und -Ausgabe auf c.	stop ^S
start c	Setzt das Zeichen auf c, mit dem ein angehaltenes Terminal wieder gestartet wird.	start ^Q
flush c	Setzt das Zeichen auf c, mit dem alle noch offenen (nicht ausgegebenen) Ausgaben verworfen werden.	flush ^O
quit c	Setzt das Zeichen auf c, mit dem der Befehl im Vordergrund beendet und ein Coredump erzeugt wird.	quit ^\
oddp	Aktiviert ungerade Parität.	oddp
evenp	Aktiviert gerade Parität.	evenp
-parity	Parität wird weder erkannt noch generiert.	-parity

Tabelle 12-2: Gängige stty-Optionen (Fortsetzung)

Option	Bedeutung	Beispiel
cstopb	Verwendet zwei Stopbits.	cstopb
-cstopb	Verwendet ein Startbit.	-cstopb
clocal	Hard Carrier (-clocal für Soft-Carrier).	-clocal
sane	Setzt eine Reihe von Optionen auf vernünftige Werte zurück.	sane

So legt etwa die Option werase fest, welches eingegebene Zeichen das vorherige Wort löschen soll. Voreingestellt ist hierfür Ctrl-W. Probieren Sie es aus – viele Unix-Benutzer kennen dieses Feature nicht einmal.[3] In ähnlicher Weise legt die Option reprint fest, welches Zeichen dafür sorgt, dass das System die Zeile, die Sie gerade eingeben, neu ausgibt. Die Option sane hilft dabei, das Terminal wieder in einen definierten Zustand zu versetzen, wenn Sie versehentlich etwas getan haben, womit Ihr Terminal nicht umgehen kann.

Eine der nützlichsten stty-Optionen ist erase, die die Steuerzeichensequenz definiert, die das vorhergehende Zeichen löscht (mit der Delete- oder Backspace-Taste). Wenn die Taste als ^H oder ^? ausgegeben wird, statt das vorherige Zeichen zu löschen, z.B. hier:

```
$ grpe^H^H
```

sorgt ein Befehl wie dieser für Abhilfe:

```
$ stty erase ^h
```

Dieser Befehl definiert Ctrl-H als Löschzeichen (dieser Wert wird durch die Backspace-Taste generiert). Das erase-Argument lässt sich auf zweierlei Art eingeben: entweder durch Eingabe der gewünschten Tastenkombination oder durch Eingabe der symbolischen Form – dem ^, gefolgt vom entsprechenden Buchstaben. Zwischen Groß- und Kleinschreibung wird nicht unterschieden. Die symbolische Schreibweise lässt sich für alle stty-Optionen verwenden, die eine Zeichenkombination als Argument verlangen. Der Code für die Taste Delete lautet ^?.

Wenn ein Terminal völlig durcheinander ist und auf nichts mehr reagiert, könnte die folgende Befehlssequenz helfen:

```
^J^Jstty sane^J
```

Damit wird jeglicher Müll aus dem Terminalpuffer entfernt und das Terminal wird mit einer Reihe vernünftiger Einstellungen zurückgesetzt.

Mit dem Befehl stty -a können Sie sich die aktuellen Terminaleinstellungen ausgeben lassen:

```
$ stty -a
speed 38400 baud; rows 40; columns 80; line = 0;
intr = ^C; quit = ^\; erase = ^?; kill = ^U; eof = ^D;
eol = <undef>; eol2 = <undef>; start = ^Q; stop = ^S; susp = ^Z;
rprnt = ^R; werase = ^W; lnext = ^V; flush = ^O; min = 1;
```

---

[3] Einige C-Shell-Versionen ändern dieses Verhalten. Mit der Zeile bindkey "^W" backward-delete-word in der Datei .cshrc können Sie das beheben.

```
time = 0; -parenb -parodd cs8 -hupcl -cstopb cread -clocal
-crtscts -ignbrk brkint -ignpar -parmrk -inpck -istrip -inlcr
-igncr icrnl ixon -ixoff -iuclc -ixany imaxbel opost -olcuc
-ocrnl onlcr -onocr -onlret -ofill -ofdel nl0 cr0 tab0 bs0 vt0
ff0 isig icanon iexten echo echoe echok -echonl -noflsh -xcase
-tostop -echoprt echoctl echoke
```

Beachten Sie den Unterschied zwischen den Informationen, die stty einerseits und die Terminaldatenbanken andererseits bereitstellt. *termcap* und *terminfo* halten generische Informationen über alle Terminals eines gegebenen Typs vor. stty -a hingegen gibt über die aktuellen Einstellungen von Optionen Auskunft, die von einem Großteil der Terminals unterstützt werden. So geben zum Beispiel die *vt100*-Einträge eine recht vollständige Auskunft über die Features, die speziell von VT100-Terminals unterstützt werden. Jedoch ermöglichen es weder *termcap* noch *terminfo* oder tset einem Benutzer, besondere gewünschte oder benötigte Einstellungen vorzunehmen – z. B. ein »#« als Löschzeichen (ein Feature sehr, sehr alter Unix-Systeme) oder eine Modemgeschwindigkeit von 9.600 Baud.[4] stty kontrolliert den TTY-Gerätetreiber und erlaubt es einem Benutzer daher, eben solche Optionen zu spezifizieren. Wenn ein Benutzer sich in ein entferntes System einloggt, wird der Nutzen von stty besonders deutlich, denn bei einer nichtlokalen Verbindung stimmen die Verbindungsparameter und Einstellungen häufig nicht mit den Vorgaben überein. Sie müssen explizit geändert werden.

Einbinden eines neuen Geräts

Folgende Schritte sind notwendig, um ein neues Gerät über eine serielle Schnittstelle anzuschließen:

- Das Terminal oder Modem muss physikalisch mit dem Computer verbunden werden.
- Danach ist festzustellen, über welche Gerätedatei in */dev* das Betriebssystem mit der seriellen Leitung kommuniziert.
- Handelt es sich bei dem Gerät um ein Terminal, ist sicherzustellen, dass ein *termcap*- oder *terminfo*-Eintrag für das entsprechende Terminal existiert. Ist der Eintrag nicht vorhanden, muss er erstellt werden.
- Fügen Sie einen Eintrag in den relevanten Konfigurationsdateien ein oder modifizieren Sie einen bestehenden. (Welche Datei zu nutzen sind, hängt vom gewünschten Einsatz ab: Login, Dial-Up, Dial-Out und so weiter.)
- Veranlassen Sie init dazu, die Terminal-Konfigurationsdaten neu zu lesen.

Ich gehe auf die obigen Schritte der Reihe nach ein.

---

[4] Der Begriff folgt dem umgangssprachlichen Gebrauch, bei dem der Begriff Baud fälschlicherweise mit Bits/Sekunde gleichgesetzt wird. Sauber definiert, steht Baud für: »Symbole pro Sekunde, wobei ein Symbol ein oder mehrere Bits codiert. Eine solche Definition ist nur auf den analogen Datenstrom zwischen zwei Modems anzuwenden. Zum Beispiel bietet ein V.32-Modem 9600 Bps bei 2400 Baud und verwendet dabei 16 unterschiedliche Symbole (Punkte im Amplitude/Phase-Raum), die jeweils 4 Bits codieren.« (Dank an Peter Jeremy.)

Der physikalische Anschluss

Dieser Abschnitt behandelt den physikalischen Anschluss eines Terminals oder eines Modems an einen Computer. Die Informationen stammen aus *Managing uucp and Usenet* von Grace Todino und Tim O'Reilly (O'Reilly & Associates) und wurden leicht verändert und erweitert.

Die seriellen Kabel, die zum Anschluss von Terminals oder Modems an einen Computer dienen, werden üblicherweise als RS-232-Kabel bezeichnet. In technischer Hinsicht richten sie sich nach dem RS-232C-Standard, der von der Electronic Industries Association (EIA) erarbeitet wurde. Diese Kabel werden aber auch dazu verwendet, Computer mit allen möglichen anderen seriellen Geräten – Terminals, Drucker, Ports anderer Computer oder auch einfachen Modems – zu verbinden.

Vollständige RS-232-Kabel bestehen aus bis zu 25 Leitungen, von denen jede eine spezifische Funktion zu erfüllen hat und ein unterschiedliches Signal übermitteln soll. Nur zwei Leitungen dienen der Datenübertragung; die restlichen Leitungen werden für verschiedene Steuersignale verwendet. Tatsächlich werden viele Signale, die vom RS-232-Standard definiert sind, nur selten verwendet. Die Signale, die für unsere aktuellen Anliegen relevant sind, sind in Tabelle 12-3 aufgeführt. Dementsprechend verwenden aktuelle Geräte nahezu immer nur eine Teilmenge dieser 25 Pins, und kleinere Steckverbinder, die nur die relevanten Pins enthalten, sind wesentlich weiter verbreitet als der vollständige Satz.

Tabelle 12-3: RS-232-Signale und ihre Funktionen

Pin	Funktion	Richtung (DTE DCE)
1	Frame Ground (FG)	↔
2	Transmit Data (TD)	→
3	Receive Data (RD)	←
4	Request to Send (RTS)	→
5	Clear to Send (CTS)	←
6	Data Set Ready (DSR)	←
7	Signal Ground (GND)	↔
8	Data Carrier Detect (DCD)	←
20	Data Terminal Ready (DTR)	→

Generell funktioniert die serielle Kommunikation so, dass ein Gerät (Computer oder Modem) ein Signal über das Kabel sendet, indem es eine kleine positive oder negative Spannung an einen bestimmten Pin anlegt. Dieses Signal wird über die Drähte im Kabel an den entsprechenden Pin am anderen Ende übertragen, wo es vom anderen Gerät erkannt wird. Diese Spannung kann als fortlaufendes Signal hoch (positiv) sein, oder schnell pulsierend Daten übertragen, wobei die Folge von negativen und positiven Spannungen als Binärwerte interpretiert wird.

Wie aus Tabelle 12-3 abzuleiten ist, werden nur zwei der 25 Pins – die Pins 2 und 3 – tatsächlich zur Datenübertragung verwendet. Diese beiden Leitungen werden bei Computern und Modems unterschiedlich verwendet. Der RS-232-Standard definiert zwei Arten von Geräten: Data Terminal Equipment (DTE; Datenendeinrichtungen) und Data Communications Equipment (DCE; Datenübertragungseinrichtungen). Die meisten Computer (aber nicht alle) sind DTE; Modems sind immer DCE. Ein DTE verwendet Pin 2 zur Übertragung und Pin 3 zum Empfang von Daten. Bei einem DCE ist es genau umgekehrt.

Um ein Terminal oder einen Computer mit einem Modem oder Drucker zu verbinden (DTE↔DCE), müssen die Verbindungen *direkt durchgehen*: Alle Pins des ersten Gerätes sind mit den gleichen Pins des zweiten Gerätes verbunden (siehe Abbildung 12-1). Um eine Verbindung zwischen zwei Computern (DTE↔DTE) oder einem Terminal und einem Computer herzustellen, wird ein Kabel benötigt, bei dem die Leitungen 2 und 3 gekreuzt sind. Dieses Kabel ist als *Nullmodem*-Kabel bekannt. Modems verwenden normale Kabel, keine Nullmodem-Kabel.

```
   Computer    Modem           Computer   Terminal
   DTE         DCE             DTE        DTE
   FG   1 ———— 1  FG           FG   1 ———— 1  FG
   TD   2 ———— 2  TD           TD   2  \ /  2  TD
   RD   3 ———— 3  RD           RD   3  / \  3  RD
   RTS  4 ———— 4  RTS          RTS  4  \ /  4  RTS
   CTS  5 ———— 5  CTS          CTS  5  / \  5  CTS
   DSR  6 ———— 6  DSR          DSR  6  ┐  ┌ 6  DSR
   SG   7 ———— 7  SG           SG   7 ─┼──┤ 7  SG
   DCD  8 ———— 8  DCD          DCD  8 ─┘  └ 8  DCD
   DTR 20 ———— 20 DTR          DTR 20       20 DTR
      Direkt verbunden              Null-Modem
```

Abbildung 12-1: Pin-Belegung serieller Kabel

Wenn Sie nicht wissen, ob es sich bei Ihrem Gerät um ein DTE oder ein DCE handelt, können Sie einfach die Spannung an den Pins 2 und 3 messen. Der Transmitter sollte immer eine negative Spannung aufweisen, auch wenn auf der Leitung nichts passiert. Ist Pin 2 negativ, ist das Gerät ein DTE. Ist Pin 3 negativ, ist das Gerät ein DCE.

Hardware-Handshake und Flusssteuerung

Pin 7 heißt Signal Ground (Signalerde). Diese Leitung stellt die Referenzspannung bereit, mit der die anderen Signale verglichen werden. Man sagt, dass am Pin ein Signal anliegt, wenn eine Spannung größer als ±5 Volt (relativ zur Signalerde) am Pin gemessen werden kann. Auf den Datenleitungen wird eine Spannung negativer als −5 Volt als binär 1, eine Spannung größer als +5 Volt als binär 0 interpretiert.

Auf den Steuerleitungen wird eine positive Spannung als »an« und eine negative Spannung als »aus« interpretiert. Dies steht im direkten Gegensatz zu den Verhältnissen auf den Datenleitungen.

Bei den restlichen RS-232-Leitungen handelt es sich um Steuerleitungen. Die meisten Geräte (einschließlich Modems) sind über einen kontinuierlichen Datenstrom gar nicht glücklich. Sie wünschen mehr Kontrolle über die Datenübertragung und bedienen sich dazu eines Verfahrens, das als *Handshaking* bezeichnet wird. Beim Handshaking müssen die beiden Geräte bereits vor dem Austausch der Nutzdaten kurz miteinander kommunizieren.

Betrachten wir kurz, was für ein Handshaking zwischen einem Computer und einem Modem notwendig ist, um eine Wählverbindung zu einem anderen Computer aufzubauen.

Bei einer ausgehenden Verbindung muss der Computer zuerst einmal wissen, dass das Modem bereit ist, die Verbindung aufzubauen. Dann muss das Modem den Computer informieren, dass die Verbindung aufgebaut ist.

Ein Computer (DTE) aktiviert Pin 20 (Data Terminal Ready), um zu signalisieren, dass er zum Verbindungsaufbau bereit ist. Das Modem (DCE) setzt Pin 6 (Data Set Ready). Nachdem das Modem nun eine Verbindung zu dem Modem am anderen Ende der Leitung aufgebaut hat, setzt es Pin 8 (Data Carrier Detect), um den Computer über den erfolgreichen Verbindungsaufbau zu informieren. Die meisten Unix-Systeme in den USA ignorieren DSR und verlassen sich einfach auf DCD für diese Art von Handshaking (europäische Systeme verwenden häufig DSR). DTR wird gesetzt, wenn ein Programm wie getty das Gerät über den Systemaufruf *open* anspricht. *open* wartet so lange, bis DCD vom Modem oder Terminal am anderen Ende der Leitung gesetzt wird. Während der gesamten Datenübertragung bleiben die Spannungen auf diesen Leitungen üblicherweise erhalten.[5]

Fällt die Spannung auf Pin 20 ab, signalisiert dies dem Modem, dass der Computer unfähig ist, die Übertragung fortzuführen, weil er zum Beispiel abgestürzt ist. Das Modem legt daraufhin, sofern gerade eine Verbindung besteht, auf. Fällt die Spannung an Pin 8 ab, signalisiert das dem Rechner, dass das Modem keine Verbindung mehr zur Gegenstelle hat. Diese Leitungen informieren also in beiden Fällen in recht einfacher Weise (Ja/Nein) über den Status der Datenübertragung. Diese Form des Handshaking wird manchmal auch als *Modemsteuerung* (modem control) bezeichnet.

Es gibt eine weitere Form des Handshaking, die dazu dient, die Geschwindigkeit des Datenflusses zu regeln. Insbesondere dann, wenn große Datenmengen mit hoher Geschwindigkeit übertragen werden sollen, ist es möglich, dass einer der Kommunikationspartner die Daten schneller senden will, als der andere sie empfangen kann. Um dies zu verhindern, gibt es den *Flusskontroll-Handshake*, mit dessen Hilfe jeder Kommunikationspartner den anderen davon abhalten kann, Daten zu senden, bis er ein Startzeichen gibt.

---

5 Moderne Unix-Computer verwenden häufig ein als *Soft-Carrier* bekanntes Schema, bei dem DCD immer als gegeben betrachtet (und die Leitung selbst nicht geprüft) wird. Bei diesem Ansatz sind nur drei Pins für die Kommunikation notwendig: Senden (Pin 2), Empfangen (Pin 3) und Masse (Pin 7). Einige Kabel bestehen nur aus diesen drei Pins. Sie können Soft-Carrier für eine Terminalleitung aktivieren, indem Sie die Option -clocal des stty-Befehls verwenden oder entsprechende Einstellungen in einer Konfigurationsdatei vornehmen.

RTS/CTS wird als eine Art Ventil benutzt. Wenn ein DTE bereit ist, Daten zu *senden*, setzt es Pin 4 (Request to Send). Ist das DCE bereit, Daten zu *empfangen*, setzt es Pin 5 (Clear to Send). Fällt die Spannung an RTS oder CTS ab, so signalisiert dies dem Sender, dass der Empfänger nicht bereit ist, weitere Daten zu empfangen, da die Empfangspuffer voll sind und erst geleert werden müssen. Da diese Handshake-Form in der Hardware der seriellen Schnittstelle implementiert ist, ist sie wesentlich effizienter und zuverlässiger als der Ctrl-S/Ctrl-Q-Handshake (XON/XOFF), der von der Software durchgeführt werden kann.

Tabelle 12-4 zeigt beispielhaft die Unterhaltung zwischen Computer und Modem und macht so die vorgestellten Prinzipien deutlich (ein Pluszeichen signalisiert das Anlegen der Spannung auf der entsprechenden Leitung, ein Minuszeichen das Wegnehmen der Spannung).

Tabelle 12-4: Computer/Modem-Kommunikation

Gerät	Signal	Bedeutung
Computer	DTR +	*Ich will ein anderes System anwählen. Bist du bereit?*
Modem	DSR +	*Ich bin bereit. Fang' an zu wählen.*
Modem	DCD +	*Ich habe den anderen Rechner an der Strippe.*
Computer	RTS +	*Kann ich jetzt Daten senden?*
Modem	CTS +	*Klar. Fang' an.*
Computer	TD ...	*Hier sind die Daten...*
Modem	... RD	*Daten emfangen...*
Modem	CTS -	*Warte mal einen Moment...*
Modem	CTS +	*Bin wieder bereit, weiter geht's.*
Die vorhergehenden vier Schritte können wiederholt werden. Hierbei kann jedes Gerät Daten senden und den Fluss kontrollieren.		
Computer	DTR -	*Ich habe alle Daten übertragen. Bitte leg auf.*
Modem	DCD -	*Wie du willst.*

Die Funktion der Pins 6, 8 und 20 zwischen DTE und DCE ist nicht symmetrisch (genau wie bei den Pins 2 und 3). Ein DTE (Computer oder Terminal) setzt DTR (Pin 20) und erwartet ein DSR (Pin 6) und DCD (Pin 8). Aus diesem Grund muss ein Nullmodem-Kabel diese Leitungen, genau wie die Datenleitungen, kreuzen, damit DTR (Pin 20) an jeder DTE-Schnittstelle sowohl DSR (Pin 6) als auch DCD (Pin 8) der Gegenstelle treiben an. Liegt also an einer Seite DTR an, glaubt die Gegenstelle DSR und DCD empfangen zu haben.

In einigen Publikationen wird empfohlen, die Pins 4 und 5 einfach auf jeder Seite des Kabels miteinander zu verbinden. Braucht ein Computer das Signal zum Fortfahren, erhält er es auch – von sich selbst. Diese Praxis ist eigentlich nicht zu empfehlen. Im Allgemeinen funktioniert das, wenn Sie einfach nur Terminals anbinden, weil die Leute nicht schnell genug tippen, um den Computer in Schwierigkeiten bringen zu können. Dennoch kann es zu Problemen kommen. Zum Beispiel kann eine Funktionstaste, die einen langen String senden soll – oder ein PC, der eine Datei hochladen will – , die Daten zu schnell an ein ausgelastetes System schicken, so dass es nicht alle Zeichen festhalten kann. Es kann also zu fehlenden Zeichen kommen, wenn das System nicht mit einem Flusssteuerungs-Handshake arbeitet.

Aus ähnlichen Gründen werden bei Nullmodem-Kabeln auch die Pins 4 und 5 gekreuzt. Abbildung 12-1 verdeutlichte die Pin-Zuweisungen bei einem durchverbundenen und bei einem Nullmodem-Kabel.

Nachdem wir nun wissen, wie sie arbeiten, wird es Zeit, sich einige reale serielle Kabel anzusehen. Wie in Abbildung 12-2 zu sehen ist, kommen diese Kabel in den unterschiedlichsten Varianten vor.[6] Zu sehen sind (von links nach rechts) die folgenden Kabel:

- USB Type-B- und Type-A-Stecker (beide männlich). USB wird im letzten Abschnitt dieses Kapitels behandelt.
- DB-9-Stecker (weiblich), ein 9-Pin-Kabel, das üblicherweise verwendet wird, um Geräte mit den seriellen Schnittstellen von Computern zu verbinden.
- DB-25-Stecker (männlich), der über alle 25 Pins verfügt.
- 8-Pin Mini DIN-Stecker (männlich). Dieser Steckertyp wurde bei älteren Macintosh-Systemen für serielle Schnittstellen verwendet.
- RJ-12-Stecker mit 6 Leitungen. RJ-45-Stecker (8 Leitungen) werden ebenfalls für serielle Geräte (ebenso wie für Netzwerkkabel) verwendet.

Abbildung 12-2: Steckertypen serieller Kabel

Die beiden letztgenannten Steckertypen werden heutzutage weniger häufig verwendet.

Abbildung 12-3 zeigt die Pin-Nummerierungsschemata der vier traditionellen seriellen Stecker (Ansicht von vorne).

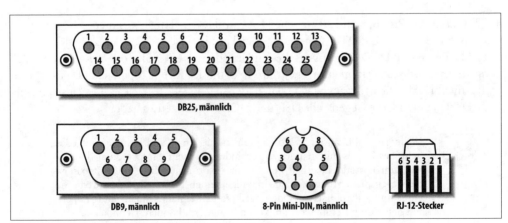

Abbildung 12-3: Pin-Zuweisungen bei seriellen Steckern

---

6 http://www.cablestogo.com/resources/connector_guide.asp ist eine sehr nützliche Informationsquelle über Steckverbinder und enthält exzellente Darstellungen aller Arten von Computerkabeln.

Tabelle 12-5 führt die Pin-Zuordnungen für drei Kabel-Typen auf.

Tabelle 12-5: Pin-Zuweisungen serieller Stecker

Signal	DB25	DB9	Mini DIN
FG	1	--	--
TD	2	3	3
RD	3	2	5
RTS	4	7	6
CTS	5	8	2
DSR	6	6	--
SG	7	5	4, 8
DCD	8	1	7
DTR	20	4	1

Abschließend sei noch erwähnt, dass der RS-232C-Standard die maximale Länge von RS-232-Kabeln mit 50 Fuß (ca. 17 Meter) angibt. In der Praxis sind aber (insbesondere bei niedrigeren Baudraten) wesentlich größere Distanzen möglich (mehrere hundert Fuß).

Konfiguration der Terminalleitungen

Nachdem das Gerät physikalisch an den Computer angeschlossen worden ist, müssen Sie die Daten sammen, die Sie zur Konfiguration der Leitung benötigen:

- Die passende Gerätedatei
- Handelt es sich bei dem Gerät um ein Terminal, wird der Name des zugehörigen *termcap*- oder *terminfo*-Eintrags benötigt.
- Zusätzliche Leitungs- und Gerätecharakteristika, die für die verschiedenen Konfigurationsdateien benötigt werden. Der wichtigste dieser Parameter ist die Leitungsgeschwindigkeit (oder, je nachdem, die maximale Gerätegeschwindigkeit).

Sobald Sie diese Informationen besitzen, können Sie mit der Modifikation der entsprechenden Konfigurationsdateien beginnen. Die für Terminalleitungen relevanten Konfigurationsdateien sind bei den BSD-Paradigmen (von FreeBSD genutzt) und System V-Paradigmen (nahezu alle anderen) sehr verschieden. Solaris verwendet eine proprietäre[7] Einrichtung zur Behandlung serieller Leitungen. Die verschiedenen Versionen werden nachfolgend separat behandelt.

Konfigurationsdateien bei FreeBSD

Neben der *termcap*-Datei verwendet FreeBSD die folgenden Dateien zur Konfiguration von Terminalleitungen:

---

7 Nicht dass irgendwer sonst sie wollte...

/etc/ttys
   Führt die verfügbaren seriellen Leitungen und deren Charakteristika auf.

/etc/gettytab
   Generische Leitungsdefinitionen

/etc/ttys muss einen Eintrag für jede zu nutzende Terminaleinrichtung enthalten. Hierzu gehören auch Geräte, die für andere Zwecke eingesetzt werden (z.B. Drucker) sowie Pseudo-Terminals. Jeder Eintrag in */etc/ttys* besteht aus vier Feldern:

    Port   Befehl   Typ   [Flags]

Die Felder werden durch ein oder mehrere Leerzeichen oder Tabulatoren voneinander getrennt. Kommentare beginnen mit einem Doppelkreuz (#) und dürfen am Ende eines Eintrags oder in einer separaten Zeile stehen. Die Felder haben die folgende Bedeutung:

Port
   Der Name der Gerätedatei in */dev*, über den mit dieser Leitung kommuniziert wird.

Befehl
   Der von init zur Überwachung dieser Terminalleitung auszuführende Befehl. Bei Terminals und Modems handelt es sich bei diesem Befehl um das Programm getty. Für den Fall, dass init keinen Prozess zur Überwachung der Schnittstelle starten soll, muss dieses Feld das Schlüsselwort *none* enthalten. Dies ist der Fall bei Pseudo-Terminals und seriellen Leitungen, an denen sich niemand einloggt: Drucker, reine Ausgabeterminals und so weiter. Verwenden Sie bei allen Befehlen vollständige Pfadnamen und schließen Sie Leerzeichen enthaltende Befehle in Anführungszeichen ein.

Typ
   Bei seriellen Leitungen, die Benutzer-Logins unterstützen, ist *Typ* der Name des in */etc/termcap* beschriebenen Terminaltyps. Wird in diesem Feld ein Terminaltyp aufgeführt, so wird die Umgebungsvariable *TERM* beim Login auf diesen Wert gesetzt. Alternativ kann in diesem Feld das Schlüsselwort network (für Pseudo-Terminals) oder dialin (für Wählmodems) stehen. Diese Schlüsselwörter können von Benutzer-Initialisierungsdateien oder dem tset-Befehl verwendet werden.[8]

Flags
   In diesem Feld stehen null oder mehrere Schlüsselwörter, die durch Leerzeichen voneinander getrennt sind. Die folgenden Schlüsselwörter werden unterstützt:

   on
      Die Leitung ist aktiv und der *Befehl* wird von init ausgeführt.

   off
      Die Leitung ist deaktiviert und der Eintrag wird ignoriert. Es wird kein getty-Prozess erzeugt.

---

8 Was ich als *Schlüsselwörter* bezeichne, besitzt *termcap*-Einträge wie:
```
sa|network:\
   :tc=unknown:
```
Dieser Eintrag definiert den Terminaltyp *network*, dessen Charakteristika denen des Terminaltyps *unknown* entsprechen (also unbekannt sind).

`secure`
: root-Logins sind erlaubt.

`window=`*`Befehl`*
: init muss *Befehl* vor dem Befehl in Feld 2 ausführen.

`group=`*`Gruppenname`*
: Wird zur Definition benannter Gruppen von Terminals verwendet, die in */etc/login.conf* genutzt werden (siehe den Abschnitt »Verwalten von Benutzer-Accounts« in Kapitel 6).

Der Status `off` wird für Leitungen verwendet, die deaktiviert sind, nicht benutzt werden oder für die kein getty-Befehl ausgeführt werden soll (z.B. eine Leitung, an die ein Dial-Out-Modem angeschlossen ist). Mehrere Schlüsselwörter dürfen nicht in Anführungszeichen stehen, sondern sind durch Leerzeichen voneinander zu trennen. Bei Pseudo-Terminals muss das Flag-Feld leer bleiben (nicht `on`).

Hier sehen Sie einige Beispiel-Einträge:

```
# Port   Befehl                         Typ       Flags
ttyd0    "/usr/libexec/getty std.9600"  vt100     on secure
ttyd1    "/usr/libexec/getty std.38400" dialup    off # 555-1111
ttyv0    "/usr/libexec/getty Pc"        cons25    on secure
ttyp0    none                           network   off
```

Der erste Eintrag beschreibt das Terminal an der ersten Terminalleitung. Das Terminal besitzt den Typ *vt100*, ist also ein VT100-Terminal. Wann immer die Leitung ungenutzt ist (d.h. wann immer sich ein Benutzer abmeldet oder wenn das System in den Mehrbenutzer-Modus wechselt), führt init den angegebenen getty-Befehl aus. Es nutzt dabei den *std.9600*-Eintrag in */etc/gettytab*, um Informationen über die Terminalleitung bereitzustellen (siehe unten). Dieses Terminal ist aktiviert und gilt als sicher, d.h., Benutzer können sich als *root* anmelden.

Der zweite Eintrag beschreibt ein Wählmodem an der zweiten seriellen Leitung (die Baudrate hat nur eine beschreibende Funktion, da die Leitung deaktiviert ist). Die dritte Zeile definiert eine virtuelle Terminal-Session für ein direkt angeschlossenes Terminal (oder die Konsole), und die letzte Zeile zeigt den Eintrag für virtuelle Terminals, wie sie bei einem Netzwerk verwendet werden.

Sichere Terminalleitungen. Wenn Sie den Benutzern ermöglichen wollen, sich von einem bestimmten Terminal aus als *root* einzuloggen, können Sie das Schlüsselwort secure in das Flag-Feld des Terminals eintragen. Durch Löschen oder Weglassen dieses Schlüsselwortes können Sie dementsprechend verhindern, dass sich Benutzer über dieses Terminal als *root* einloggen können. Aus Sicherheitsgründen sollten Sie diesen Status nur der Systemkonsole und eventuell einem oder mehreren direkt angeschlossenen Terminals gewähren. Indem man Pseudo-Terminals diesen Status verweigert, erreicht man, dass jeder, der sich über das Netzwerk als *root* anmelden möchte, sich erst einmal unter einem normalen Benutzernamen anmelden muss und erst dann *root* werden kann. Solche Benutzer benötigen also sowohl das Passwort eines normalen Benutzers als auch das *root*-Passwort.

Die Datei /etc/gettyab. Das Befehlsfeld in *etc/ttys* enthält üblicherweise einen getty-Befehl mit der folgenden Syntax:

```
"getty gettytab-Eintrag"
```

gettytab-Eintrag steht dabei für einen bestimmten Eintrag in der Datei */etc/gettytab*, der die Charakteristika der Terminalleitungen festlegt. Das Format dieser Datei ähnelt dem von */etc/termcap*. Die erste Zeile eines jeden Eintrags definiert einen oder mehrere Namen, die diesen Eintrag bezeichnen. Jeder Name, der keine Leerzeichen enthält, kann als gültiges Argument an getty übergeben werden. Die weiteren Zeilen beschreiben verschiedene Leitungscharakteristika. Hier einige Beispiele:

```
# /etc/gettytab
default:\
    :cb:ce:ck:lc:fd#1000:im=\r\n%s/%m (%h) (%t)\r\n\r\n:\
    :sp#1200:if=/etc/issue:
cons8:\
    :p8:sp#9600:
2|std.9600|9600-baud:\
    :sp#9600:
g|std.19200|19200-baud:\
    :sp#19200:
std.38400|38400-baud:\
    :sp#38400:
```

Die Namen *std.n* werden traditionell für Standard-Terminalleitungen mit einer Geschwindigkeit von *n* Baud verwendet. Demzufolge bezeichnet der Eintrag *std.9600* aus dem obigen Beispiel eine Terminalleitung, die mit 9600 Baud betrieben wird. Für Modems, die ihre Baudrate automatisch anpassen, wird ein Eintrag verwendet, der ihrer maximalen Geschwindigkeit entspricht. Solche Einträge legen häufig nur die Leitungsgeschwindigkeit mit dem Parameter *sp* (»line speed«) fest.

Der Eintrag *default* trifft Voreinstellungen für alle Einträge. In individuellen Einträgen festgelegte Charakteristika überschreiben diese Voreinstellungen.

Konfigurationsdateien unter System V

System V verwendet zur Kontrolle von Terminalleitungen ebenfalls das Programm getty, startet es jedoch auf eine andere Weise. Neben den *terminfo*- und/oder *termcap*-Datenbanken, werden bei System V-Systemen die folgenden Dateien zur Konfiguration von Terminalleitungen verwendet:

/etc/inittab
    Konfigurationsdatei zur Initialisierung des Systems

/etc/gettydefs
    Definitionsdatei für Terminalleitungen

Die Zeilen in */etc/inittab*, die getty starten, sehen wie folgt aus:

```
AIX     cons:0123456789:respawn:/usr/sbin/getty /dev/console
        t1:234:respawn:/usr/sbin/getty /dev/tty0
```

HP-UX	`cons:123456:respawn:/usr/sbin/getty console console`
	`t1:234:respawn:/usr/sbin/getty -h tty0p1 57600`
Linux	`1:2345:respawn:/sbin/mingetty --noclear tty1`
	`t1:234:respawn:/sbin/mgetty -D -i /etc/issue -s 57600 ttyS1`
Tru64	`cons:1234:respawn:/usr/sbin/getty console console vt100`
	`t1:234:respawn:/usr/sbin/getty /dev/tty00 57600 vt100`

Von links angefangen, finden sich in der Beispieldatei folgende Felder: Die *inittab*-Kennung, die Run-Level, auf die der Eintrag zutrifft, die auszuführende Aktion sowie der zu initiierende Prozess (in diesem Fall getty). Das Aktionsfeld für Terminalleitungen enthält entweder *off* (für nicht genutzte Leitungen) oder *respawn*, was besagt, dass sofort ein neuer getty-Prozess gestartet werden soll, nachdem getty geendet hat.

Die Syntax des getty-Befehls variiert bei diesen vier Unix-Versionen. Die obigen Beispiele enthielten Einträge für die Konsole und ein Modem an der ersten seriellen Leitung. Generell verwendet der getty-Befehl bei System V zwei Argumente: den TTY-Namen (d.h. den Namen der Gerätedatei ohne das */dev/*) und ein Label, unter dem in der Datei */etc/gettydefs* generische Definitionen zu den Leitungen zu finden sind. Diese Label entsprechen häufig der Leitungsgeschwindigkeit.

Hier einige versionsspezifische Anmerkungen:

- Die AIX-Version von getty verwendet nicht den *gettydefs*- oder den zweiten getty-Parameter (Konfigurationsdaten werden in der ODM-Datenbank gespeichert). Der Befehl verlangt den vollständigen Pfadnamen der Gerätedatei als einziges Argument.
- Die Option `-h` der HP-UX-Version weist getty an, kein Hang-Up auf die Terminalleitung zu legen, bevor diese nicht initialisiert wurde.
- Linux-Systeme definieren die Konsole nicht auf die übliche Art. Stattdessen werden ein oder mehrere virtuelle Konsolen-Sessions definiert, wenn die Konsole als Terminal (und nicht als grafische Workstation) verwendet wird. Die Option `--noclear` des mingetty-Befehls legt fest, dass der Bildschirm vor einem Login-Prompt nicht gelöscht werden soll. Dieser Befehl ist eine Minimalimplementierung von getty, der nur in diesem Kontext verwendet wird.
- Linux bietet verschiedene getty-artige Befehle für seine Termialleitungen und Modems an. Ich bevorzuge mgetty und die jüngeren Red Hat- und SuSE-Distributionen sind da mit mir einer Meinung. Die mgetty-Option `-D` besagt, dass die Leitung eine Datenleitung ist, d.h. dass kein Fax an dieser Leitung hängt (`-F` besagt das Gegenteil). Die Option `-i` legt eine alternative, kürzere Textdatei fest, die vor dem Login-Prompt ausgegeben werden soll. Diese Option wird besonders bei Benutzern langsamerer Modems sehr gerne gesehen. Die Option `-s` legt schließlich die Geschwindigkeit der Leitung fest. Das letzte Element der Kommandozeile ist der von mgetty benötigte Parameter: der Namensteil der Gerätedatei.
- Der getty-Befehl bei Tru64 verwendet einen dritten Parameter, der den Terminaltyp der Terminalleitung angibt.

Wenn Sie ein neues Gerät einbinden, müssen Sie eine neue Zeile in /etc/inittab eintragen (oder eine vorhandene modifizieren). Für jede Terminalleitung, an der sich jemand einloggen kann, muss es in der *inittab*-Datei einen separaten Eintrag geben.

Die Datei /etc/gettydefs. Die Datei */etc/gettydefs* wird von HP-UX- und Tru64-Systemen verwendet. Hier sehen Sie einige Beispiel-Einträge eines HP-UX-Systems:

```
console # B9600 SANE CLOCAL CS8 ISTRIP IXANY TAB3 HUPCL
        # B9600 SANE CLOCAL CS8 ISTRIP IXANY TAB3 HUPCL
        #Console Login: #console
```

Eintrag für eine feste Baudrate von 19200 Baud
```
19200   # B19200 CS8 CLOCAL
        # B19200 SANE -ISTRIP CLOCAL
        #@S login: #19200
```

Modem mit Hardware-Flusskontrolle
```
28800   # B28800 CS8 CRTSCTS
        # B28800 SANE -ISTRIP HUPCL CRTSCTS
        #@S login: #14400

14400   # B14400 CS8 CRTSCTS
        # B14400 SANE -ISTRIP HUPCL CRTSCTS
        #@S login: #9600

9600    # B9600 CS8 CRTSCTS
        # B9600 SANE -ISTRIP HUPCL CRTSCTS
        #@S login: #28800
```

Jeder Eintrag in */etc/gettydefs* beschreibt einen Betriebsmodus. Die einzelnen Einträge müssen durch Leerzeilen voneinander getrennt sein. Es gibt folgende Felder:

```
Label # Start-Flags
      # End-Flags
      # Login-Prompt #nächstes Label
```

Das *Label* dient der Referenzierung des Eintrags durch den getty-Befehl. Die Start- und End-Flags werden vor bzw. nach der Ausführung von login auf der Schnittstelle gesetzt. Gebräuchliche Flags sind:

B*n*
  Baudrate von *n* Baud.

CLOCAL
  Lokal direkt verbundene Leitung.

HUPCL
  Auflegen nach einem close-Systemaufruf (nützlich für Modems).

TAB3
  Tabulatoren werden als Leerzeichen an das Terminal geschickt.

SANE
  Setzt verschiedene Parameter auf vernünftige Werte zurück (wie bei stty).

Im vierten Feld von *gettydefs* steht der Login-Prompt, der für die entsprechende Leitung verwendet werden soll.

Nächstes Label verweist auf den Eintrag, der verwendet werden soll, wenn auf der Leitung ein break-Zeichen empfangen wird. Dies ermöglicht die Verwendung verschiedener Baudraten auf einer Leitung. Entspricht *nächstes Label* dem aktuellen *Label*, wird das Durchschalten durch verschiedene Baudraten unterbunden; auf diese Weise lassen sich fest verdrahtete Leitungen konfigurieren. Bei unserem Beispiel ist der Eintrag *19200* auf eine feste Geschwindigkeit eingestellt, während die anderen Einträge verschiedene Geschwindigkeiten ermöglichen.

Einstellung der Terminaltypen unter HP-UX. Bei HP-UX-Systemen kann der Terminaltyp für jede Terminalleitung in der Datei */etc/ttytype* definiert werden. Ein Eintrag in dieser Datei hat die folgende Form:

    Terminaltyp Leitung

Terminaltyp ist der Name eines *terminfo*-Eintrags und *Leitung* der Name der Gerätedatei (ohne */dev/*). Beispielsweise setzen die folgenden Einträge den Standard-Terminaltyp für die vierte Terminalleitung auf *vt100*:

    vt100 tty0p3   HP-UX
    vt100 tty03   Tru64

Die mgetty-Konfigurationsdateien bei Linux. mgetty verwendet mehrere Konfigurationsdateien, die unterhalb des Verzeichnisses */etc/mgetty+sendfax* abgelegt sind:

mgetty.config
Hauptkonfigurationsdatei für mgetty (Daten- und Faxleitungen haben gemeinsame Einträge).

login.config
Legt die Programme fest, die für einen Verbindungstyp auszuführen sind. Die Standardversion dieser Datei reicht üblicherweise völlig aus. Entfernen Sie einfach den Kommentar von den Einträgen, in denen Ihre unterstützten Typen enthalten sind. Der Eintrag /bin/login wird typischerweise für Wählleitungen verwendet.

dialin.config
Akzeptieren/Ablehnen eingehender Anrufe, basierend auf der Kennung des Anrufers.

/etc/nologin.ttyxx
Wenn diese Datei existiert, wird die entsprechende Leitung deaktiviert.

Konfigurieren der Terminalleitungen unter AIX. Wie bereits erwähnt, verwendet AIX die Datei *inittab* und nicht *gettydefs*. Die Charakteristika der Terminalleitungen werden im ODM gespeichert und können mit dem chdev-Befehl gesetzt bzw. geändert werden. Zum Beispiel aktiviert der folgende Befehl Logins an */dev/tty0*, setzt die Geschwindigkeit auf 19200 Baud, setzt die stty-Modi vor dem Login auf hupcl, cread und tab3 (beim Schließen auflegen, Empfänger aktivieren und Tabulatoren in Leerzeichen umwandeln). Darüber hinaus werden die stty-Modi nach dem login auf cread, echoe und cs8 gesetzt (Empfänger aktivieren, Löschzeichen als Backspace-Leerzeichen-Backspace ausgeben und 8-Bit-Zeichen verwenden):

```
$ chdev -l tty0 -a login=enable -a speed=19200 -a term=vt100 \
        -a runmodes='hupcl,cread,table3' \
        -a logmodes='cread,echoe,cs8'
```

Mit den Attributen *runmodes* und *logmodes* können jegliche stty-Optionen als Start- bzw. Endflags definiert werden.

Das *login*-Attribut für Terminalleitungen legt fest, wie die Leitung verwendet wird. Wird hier der Wert *share* angegeben, können Verbindungen in beiden Richtungen aufgebaut werden:

```
# chdev -l tty0 -a login=share ...
```

Mit dem Wert *disable* wird die Leitung so konfiguriert, dass nur hinaus gewählt werden kann, und mit *enable* kann nur hinein gewählt werden.

Starten der Terminalleitung

Der letzte Schritt bei der Installation eines neuen Geräts besteht darin, die Leitung (neu) zu starten. Um eine Leitung zu starten, muss das Programm init dazu gebracht werden, die Terminal-Initialisierungsdaten neu zu lesen. Sobald dies geschehen ist, registriert init, dass ein neues Gerät angeschlossen wurde, und führt die notwendigen Schritte aus (üblicherweise das Starten eines getty-Prozesses für diese Leitung).

Unter FreeBSD sendet der folgende Befehl ein HUP-Signal (für Hangup) an init (Prozess 1):

```
# kill -HUP 1
```

init fängt dieses Signal ab und interpretiert es als Befehl, seine Initialisierungsdaten neu zu lesen, ohne die Systemaktivitäten zu unterbrechen. kill dient hier nicht zum Abbruch von Prozessen, sondern wird vielmehr als Hilfsmittel zur Übermittlung von Signalen an einen Prozess verwendet. Daher lässt sich durch Modifikation der Konfigurationsdateien und die Ausführung von kill -HUP 1 ein neues Terminal einbinden, ohne dass der Rechner neu gebootet werden muss und der normale Systembetrieb unterbrochen wird.

Bei den meisten System V-basierten Systemen erfüllt der Befehl telinit q den gleichen Zweck. Bei HP-UX und Tru64 müssen Sie stattdessen den Befehl init q ausführen (es sei denn, Sie besitzen einen Link namens telinit).

Nach Ausführung des Befehls sollten Sie das Terminal überprüfen. Wenn dort ein Login-Prompt erscheint und Sie sich einloggen können, ist alles in Ordnung. Wenn nicht, sollten Sie einen Blick auf den nächsten Abschnitt werfen.

Behandlung von Terminals bei Solaris

Bei Solaris werden Terminalleitungen auf deutlich andere Weise behandelt. Die so genannte »Service Access Facility« (SAF) steuert die Terminalleitungen und das Drucken im Netzwerk (SAF wurde aus dem System V.4-Standard abgeleitet). Die scheinbare Komplexität kann zu

Beginn etwas einschüchternd wirken. Tatsächlich ist die Einrichtung aber eher weitschweifig als kompliziert. Die SAF besitzt das Potenzial, große Teile der Fähigkeiten eines Systems zu verwalten; tatsächlich sind diese Fähigkeiten in ihrer jetzigen Form aber recht eingeschränkt. Wir wollen nachfolgend versuchen, ihre Arbeitsweise zu verdeutlichen.

Solaris besitzt ein grafisches Tool als Schnittstelle zur SAF. Es macht das Einrichten wesentlich einfacher und automatisiert einen Teil der Arbeit. In diesem Abschnitt wollen wir uns aber zuerst die zugrunde liegenden Befehle ansehen, damit die Konzepte und Prozeduren deutlich werden.

Die Struktur der Service Access Facility

Die Service Access Facility ist nach der folgenden Hierarchie organisiert:

- An oberster Stelle steht der *Service Access Controller* (SAC), der die gesamte Einrichtung übersieht. Der sac-Daemon wird mit einem Befehl wie dem folgenden über */etc/inittab* gestartet:

  sc:234:respawn:/usr/lib/saf/sac -t 300

  Die Option -t des sac-Befehls bestimmt (in Sekunden), wie oft der Daemon die Portmonitore abfragt (»pollt«), die er kontrolliert.

- Die SAC startet und kontrolliert verschiedene so genannte *Portmonitore*: Prozesse, die dafür verantwortlich sind, dass ein oder mehrere Ports überwacht und eingehende Anforderungen an die richtigen Systemprozesse übergeben werden. sac startet beim Hochfahren alle Portmonitore, die in seiner Konfigurationsdatei */etc/saf/_sactab* aufgeführt sind.

  Momentan gibt es zwei verschiedene Portmonitore: ttymon, verantwortlich für die Terminalleitungen, und listen, das eigentlich für die Verwaltung allgemeiner Netzwerkdienste konzipiert wurde, in der aktuellen Implementierung aber das Drucken im Netzwerk behandelt.[9] Bei vielen Systemen wird es überhaupt nicht verwendet.

- Portmonitore verbinden Anforderungen mit *Diensten* (Services) des lokalen Systems. Beispielsweise verbindet ttymon eingehende Anforderungen serieller Leitungen mit dem Login-Service und dem login-Programm.

Mehrere Instanzen eines Portmonitors können vorhanden sein. So gibt es auf einem System zum Beispiel einen ttymon-Prozess für jede von der SAF verwaltete serielle Leitung.

Mit den folgenden Befehlen werden die SAF und ihre Portmonitore konfiguriert:

sacadm
SAF-Konfiguration auf hohem Niveau: Einbinden, Löschen, Aktivieren, Deaktivieren, Starten und Anhalten von Portmonitoren.

---

9 Ein amüsanter (und nachfolgend frei übersetzter) Kommentar in */etc/init.d/inetsvc* geht auf diese Tatsache ein, indem er erläutert, warum der TCP/IP-Hauptdaemon inetd mit der Option -s gestartet wird:

```
# inetd im "Standalone"-Modus (-s-Flag) ausführen, damit er sich nicht dem Willen von
# SAF unterwerfen muss. Warum bloß haben wir es zugelassen, dass man inetd änderte?
# /usr/sbin/inetd -s
```

pmadm
: Konfiguration von Portmonitor-Diensten (und den zugehörigen Prozessen) für einzelne Ports.

ttyadm
: Hilfsprogramm zur Formatierung von pmadm-Eingaben für serielle Ports.

sttydefs
: Erzeugt und modifiziert Einträge in /etc/ttydefs, die die Charakteristika der Terminalleitungen beschreiben.

Portmonitore

Der Befehl sacadm -l gibt alle Portmonitore aus, die momentan vom sac-Daemon verwaltet werden:

```
# sacadm -l
PMTAG    PMTYPE   FLGS RCNT   STATUS    COMMAND
zsmon    ttymon   -    0      ENABLED   /usr/lib/saf/ttymon #
```

Diese Ausgabe macht die Struktur der SAF etwas deutlicher. Das Feld PMTAG gibt den Namen an, der einer bestimmten Instanz eines Portmonitors zugewiesen wurde. Wenn dies unverständlich klingt, könnte die folgende Erklärung helfen. Der Begriff »Portmonitor« wird in der Solaris-Dokumentation mit wechselnder Bedeutung verwendet. Es gibt drei Arten von Entitäten, die, je nach Kontext, als Portmonitore bezeichnet werden:

- *Portmonitor-Typen*, von denen es nur zwei gibt: *ttymon* und *listen*. Dass dies gleichzeitig die Namen der jeweiligen Portmonitor-Programme sind, ist wohl der Hauptgrund für Irritationen.

- *Portmonitor-Tags* (PMTAG), die Gruppen von einem oder mehreren Portmonitor-Prozessen definieren (und zwar unabhängig davon, ob diese zu irgendeiner Zeit laufen oder nicht). Standardmäßig gibt es pro Monitortyp nur ein definiertes Tag: *zsmon* für ttymon (benannt nach den Zilog-Ports, die bei Sun-CPU-Boards verwendet werden) und *tcp* für listen. Es ist aber möglich, mehr als ein PMTAG pro Portmonitor-Typ zu verwenden. Wie das geht, erklären wir gleich.

- *Reale Portmonitor-Prozesse*, von denen jeder einen einzelnen Port (oder, im Falle des Netzwerk-Drucks, die Request-Quelle) verwaltet. Die Portmonitor-Prozesse für ein bestimmtes Portmonitor-Tag werden in der Datei */etc/saf/pmtag/_pmtab* (beispielsweise */etc/saf/zsmon/_pmtab*) definiert, die vom pmadm-Befehl verwaltet wird. *ttymon*-Portmonitore führen den Befehl ttymon, *listen*-Portmonitore den Befehl listen aus. Die einzelnen Portmonitore werden über sog. *Service-Tags* (SVCTAG) identifiziert.

Sun empfiehlt die Erzeugung eines PMTAGs für jeden Block serieller Ports, die einen eigenen Controller besitzen. Mit dem Befehl sacadm können Sie neue PMTAGs anlegen. Zum Beispiel erzeugt der folgende Befehl *mux0* als Portmonitor des Typs ttymon:

```
# sacadm -a -p mux0 -t ttymon -c /usr/lib/saf/ttymon \
        -v `ttyadm -V` -y "MUX 0 ttymon" -n 9999
```

Die sacadm-Optionen, die im vorangegangenen Beispiel verwendet wurden, haben die folgende Bedeutung:

-a Neuen Portmonitor einbinden.
-t Typ des Portmonitors (ttymon oder listen) spezifizieren.
-p PMTAG spezifizieren.
-c Befehl spezifizieren, der für die entsprechenden Portmonitor-Prozesse ausgeführt werden soll.
-v Versionsnummer spezifizieren (wird vom Befehl ttyadm -V zurückgeliefert).
-y Beschreibung eines _pmtab-Eintrags.
-n Beschreibt, wie oft der Portmonitor wieder gestartet werden soll, wenn er abstürzt.

Der Befehl erzeugt ein Unterverzeichnis von /etc/saf namens mux0. Der Befehl pmadm würde verwendet werden, um die eigentlichen Portmonitore, die mit diesem PMTAG verbunden sind, zu definieren.

pmadm -l kann verwendet werden, um sich die Liste aller Portmonitore eines bestimmten PMTAGs ausgeben zu lassen:[10]

```
$ pmadm -l -p zsmon        Kompakte Form mit -L.
PMTAG  PMTYPE  SVCTAG FLGS ID     <PMSPECIFIC>
zsmon  ttymon  ttya   u    root   /dev/term/a I - /usr/bin/login
- 38400 ldterm,ttcompat ttya login: - tvi925 n   # Bidir. Modem
zsmon  ttymon  ttyb   u    root   /dev/term/b - - /usr/bin/login
- 9600 - ttyb login: - tvi925 -                  # Terminal
```

Bei diesem System enthält das *zsmon*-PMTAG die beiden *ttymon*-Portmonitore *ttya* und *ttyb*, die */dev/term/a* bzw. */dev/term/b* kontrollieren. *ttya* wird für ein bidirektionales (Dial-In/Dial-Out-)Modem und *ttyb* für ein Terminal verwendet.

Portmonitore mit pmadm erzeugen

Der folgende pmadm-Befehl würde zur Generierung des Portmonitors für */dev/term/b* verwendet werden:

```
# pmadm -a -p zsmon -s ttyb -i root -f u -v `ttyadm -V` \
    -m "`ttyadm -d /dev/term/b -T vt100 -s /usr/bin/login \
    -l 57600 -p \"ttyb login: \"`"
```

Weil pmadm ein kompliziertes und sehr allgemein gehaltenes Administrationswerkzeug für Portmonitore darstellt, stellt Solaris einige Hilfsbefehle bereit, mit denen die benötigten Eingaben generiert werden können. Der Hilfsbefehl für serielle Leitungen ist ttyadm.

Sehen wir uns das obige Beispiel genauer an:

pmadm -a	Fügt einen neuen Portmonitor hinzu.
-p zsmon	Portmonitor-Tag.
-s ttyb	Service-Tag (aufgeführt ist der konventionelle Name).

---

10 Die Optionen -t und -s können mit pmadm -l verwendet werden, um Portmonitore eines bestimmten Typs bzw. SVCTAGs auszuführen.

-i root	Führe (den nachfolgend angegebenen) Service als den Benutzer (hier root) aus.
-f u	Erzeuge utmp-Eintrag für Port (wird für login benötigt).
-v `ttyadm -V`	Versionsnummer (wird von ttyadm ermittelt/zurückgegeben).
-m "`ttyadm ...`"	Portmonitor-spezifische Daten, formatiert für ttyadm:
ttyadm -d /dev/term/b	Port-Gerätedatei.
-T vt100	Terminaltyp (definiert in der terminfo-Datenbank).
-s /usr/bin/login	Service-Programm.
-l 57600	Leitungstyp (Label aus /etc/ttydefs).
-p \"ttyb login: \"	Login-Prompt (Anführungszeichen mit Backslashes schützen).

Dieser Befehl bindet (-a; engl. *adds*) den Port, der durch die Gerätedatei */dev/term/b* (-d an ttyadm) gesteuert wird, an zsmon (-p) an. Der pmadm-Befehl verwendet den ttyadm-Befehl zweimal, um die Eingabe korrekt zu formatieren: Die Ausgabe von ttyadm wird dem pmadm-Befehl über Backticks (Akzent- bzw. Gravis-Zeichen: `) übergeben. Der zweite ttyadm-Befehl erledigt den Großteil der Arbeit. Er legt fest, dass der Service */usr/bin/login* ausgeführt wird, wenn an diesem Port eine Verbindung angefordert wird (ttyadm -s), wobei der Login-Prompt wie folgt erscheint:

```
ttyb login:
```

Die Konfiguration der Terminalleitung entspricht dem Eintrag mit der Bezeichnung 57600 in der Datei */etc/ttydefs* (ttyadm -l).

Der Befehl für eine bidirektionale Modemleitung ist recht ähnlich (Änderungen sind in **Fettschrift** markiert):

```
# pmadm -a -p zsmon -s ttya -i root -f u -v `ttyadm -V` \
    -m "`ttyadm -d /dev/term/a -T vt100 -s /usr/bin/login \
    -l 57600E -p \" login: \" \
    -b -S n -t 30 -m ldterm,ttcompat`"
```

Der zweite ttyadm-Befehl verwendet die folgenden zusätzlichen Optionen:

-b
> Legt eine bidirektionale Modemleitung fest.

-S n
> Schaltet Software-Carrier aus.

-t 30
> Login-Timeout (in Sekunden).

-m ldterm,ttcompat
> Zusätzlich zu ladende STREAMS-Module (bei Modems notwendig).

Um die Definition eines Portmonitors zu ändern, müssen Sie die alte Definition zuerst mit pmadm -r entfernen und dann mit pmadm -a eine korrekt konfigurierte Definition einbinden.

Die Datei ttydefs

Die von ttymon verwendete Konfigurationsdatei ist */etc/ttydefs*. Sie kann mit dem Befehl sttydefs ausgegeben und verwaltet werden. Im Moment enthält ttydefs grundsätzlich die gleichen Daten wie gettydefs. Die sttydefs-Schnittstelle ist ein Versuch, Kontinuität bei zukünftigen Änderungen des Dateiformats zu gewährleisten.

Hier einige Beispieleinträge aus */etc/ttydefs*:

```
57600E:57600 hupcl:57600 hupcl::57600E

57600:57600 hupcl evenp:57600 evenp::38400
38400:38400 hupcl evenp:38400 evenp::19200
19200:19200 hupcl evenp:19200 evenp::57600
```

Der erste Eintrag spezifiziert eine Leitung mit einer festen Geschwindigkeit von 57.600 Baud. Die restlichen Zeilen stellen eine Schleife für ein Autobaud-Modem dar. (Das Attribut *hupcl* weist die Leitung an aufzuhängen, wenn die Verbindung beendet wird, und *evenp* wählt eine gerade Parität.)

Mit dem Befehl sttydefs -l können Sie sich auch eine Liste der verfügbaren Leitungsdefinitionen ausgeben lassen. Nachfolgend sehen Sie die Ausgabe, die zum ersten Eintrag unseres obigen Beispiels gehört:

```
$ sttydefs -l 57600E
--------------------------------------------
57600E:57600 hupcl evenp:57600 evenp::57600E
--------------------------------------------

ttylabel:        57600E
initial flags:   57600 hupcl evenp
final flags:     57600 evenp
autobaud:        no
nextlabel:       57600E
```

Der sttydefs-Befehl besitzt zwei weitere Hauptoptionen, nämlich -a und -r, mit denen Sie Einträge in */etc/ttydefs* neu aufnehmen bzw. aus ihr entfernen können. Wenn Sie einen Eintrag einbinden, sind die folgenden zusätzlichen Optionen verfügbar:

-n Nächstes Label

-i Start-Flags

-f End-Flags

-b Autobaud auf Terminalleitung einschalten

Nächstes Label, Start-Flags (Terminaleinstellungen vor dem Login) und End-Flags (Terminaleinstellungen nach dem Login) besitzen die gleiche Bedeutung wie bei */etc/ttydefs*, wobei deren Verwendung allerdings stark erweitert wurde. Alle Flags, die der stty-Befehl kennt, werden in diesem Feld akzeptiert (wobei sie jeweils durch Leerzeichen voneinander getrennt sein müssen). Die Optionen -a und -r verlangen und die Option -l erlaubt die Verwendung eines Labels für den */etc/ttytab*-Eintrag.

Zum Beispiel binden die folgenden Befehle einen neuen Eintrag namens *57600i* ein und löschen den Eintrag namens *1200* aus */etc/ttydefs*:

```
# sttydefs -a 57600i -n 57600i -i "57600 erase ^h" \
           -f "57600 sane crt erase ^?"
# sttydefs -r 1200
```

Konfiguration serieller Leitungen mit admintool

Mit admintool können die gleichen Konfigurationsschritte ausgeführt werden, die wir gerade von Hand durchgeführt haben. Abbildung 12-4 zeigt den Dialog, den das Programm zu diesem Zweck zur Verfügung stellt.

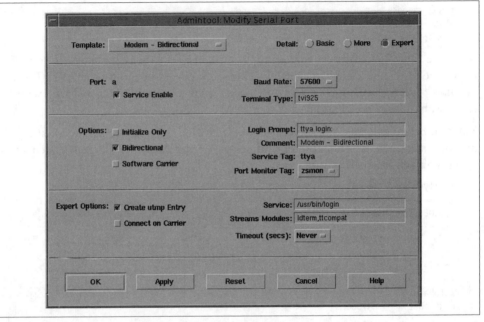

Abbildung 12-4: Konfiguration einer seriellen Leitung mit admintool

Das Tool kennt drei Konfigurationsmodi – basic, more und expert –, die jeweils Zugriff auf sukzessiv mehr Attribute bieten. Es stellt auch eine Reihe von Schablonen bereit: vordefinierte Sammlungen von Einstellungen, die für einen bestimmten Zweck entworfen wurden. Die Abbildung zeigt eine solche Schablone für ein bidirektionales Modem.

Die meisten Felder erklären sich selbst. Aufpassen müssen Sie nur mit dem Feld BAUD RATE. Hier wählen Sie keine literale Baudrate, sondern einen Eintrag aus */etc/gettydefs*.

Fehlersuche bei Terminals

Verstellte Terminals stellen ein Problem dar, mit dem Systemverwalter von Zeit zu Zeit zu kämpfen haben. Wenn ein Terminal »hängt« (also auf keine Eingabe reagiert) oder verrückt spielt, gibt es einige Dinge, die sich ausprobieren lassen und die die häufigsten Probleme lösen:

- Falls der Benutzer weiß, was er zuletzt getan hat, sollte man versuchen, dies rückgängig zu machen. Falls er mit stty-Optionen experimentierte, kann man es beispielsweise mit stty sane versuchen.

- Falls das Terminal überhaupt nicht antwortet, hat der Benutzer unter Umständen versehentlich Ctrl-S, die Pause-Taste, die Hold-Screen-Taste oder eine andere Taste betätigt, die die Ausgabe zeitweilig anhält. Versuchen Sie es zuerst mit Ctrl-Q und dann der Reihe nach mit den anderen Tasten, um zu sehen, ob diese die Dinge wieder zum Laufen bringen.
- Überprüfen Sie die Einstellungen des Terminals mit Hilfe seines Setup-Menüs. Achten Sie besonders darauf, dass die Baudrate richtig gesetzt ist.
- Versuchen Sie es mit der Eingabe des Befehls reset. Falls das nicht funktioniert, drücken Sie vorher und nachher auf Linefeed (Ctrl-J, falls es dafür keine eigene Taste gibt):

  `^Jreset^J`

  stty sane anstelle von reset kann ebenfalls funktionieren. Häufig ist es notwendig, beide Befehle zweimal hintereinander auszuführen.
- Falls der Benutzer das Gerät aus- und wieder eingeschaltet haben sollte, sollten Sie die anderen Werte im Setup – etwa den Emulationsmodus – überprüfen, da diese falsch gesetzt sein könnten. Hat der Benutzer das Gerät nicht aus- und angeschaltet, so können Sie das an seiner Stelle tun, da es einige Fälle gibt, in denen nur das Aus- und Einschalten hilft. Lassen Sie das Terminal ungefähr zehn Sekunden ausgeschaltet, um den internen Kondensatoren die Möglichkeit zu geben, sich vollständig zu entladen.
- Als Nächstes sollten Sie zu einem anderen Terminal gehen und versuchen, den Prozess zu beenden, der gerade lief. Es kann vorkommen, dass nicht das Terminal, sondern das Programm hängt. Versuchen Sie den Prozess mit einer Reihe von Signalen wie TERM (kill-Standardeinstellung), KILL, INT, QUIT und STOP zu neutralisieren. Mit kill -l können Sie sich eine Liste der verfügbaren Signale ausgeben lassen. Alternativ können Sie auch einen Blick in die Datei */usr/include/sys/signal.h* werfen.

  Verwenden Sie den ps-Befehl in Verbindung mit der Option -t, um dessen Ausgabe auf das gewünschte Terminal zu beschränken. -t erwartet als Argument den Namen des Geräts, und zwar in der gleichen Schreibweise, die in der Ausgabe von ps im TTY-Feld erscheint. Der folgende Befehl zeigt die Prozesse an, die auf */dev/tty15* laufen:

  `$ ps -t15`

  Falls nichts anderes hilft, können Sie versuchen, die Login-Shell des Benutzers mit kill zu beenden. Wenn das Terminal sich nicht nach ein paar Sekunden zurückmeldet, versuchen Sie es wieder mit Aus- und Einschalten.
- Falls das Aus- und Einschalten und auch das Beenden aller Prozesse, die sich in Sichtweite befinden, das Terminal nicht mehr zum Leben erweckt, sollten Sie die Kabelverbindungen überprüfen. Steckt zum Beispiel der RS-232-Stecker noch in der Buchse auf der Rückseite des Geräts? (Manchmal bietet es sich an, dies zuerst zu überprüfen.) Falls das Kabel locker ist, fällt es irgendwann einfach zu Boden, selbst wenn das Terminal in den letzten paar Monaten überhaupt nicht bewegt wurde.

Handelt es sich um ein neues Terminal, sollten Sie Folgendes überprüfen:

- Ist das Terminal an die richtige RS-232-Buchse an der Rückseite des Rechners angeschlossen? Es ist recht einfach, die Übersicht über die Kabelverbindungen zwischen

Computer und Terminals zu verlieren. Hier hilft eine gute Buchführung und Beschriftung der Kabel oder der Stecker weiter.

- Arbeitet das Kabel richtig? Sie können das mit einem anderen Kabel (von dem Sie wissen, dass es funktioniert) überprüfen.
- Sind die Helligkeit und der Kontrast richtig eingestellt? Gehen Sie ganz sicher, dass auf dem Bildschirm auch wirklich etwas zu sehen sein kann.
- Ist der Terminal-Port aktiviert, und wird getty richtig aufgerufen?
- Läuft der getty-Prozess? Verwenden Sie ps, und leiten Sie die Ausgabe über eine Pipe an grep weiter, um die Anzahl der getty-Prozesse zu zählen und auf diese Weise zu prüfen, ob die richtige Anzahl von getty-Prozessen läuft. Haben Sie daran gedacht, init ein Signal zu schicken?
- Verwenden Sie das richtige Kabel (Nullmodem bzw. direkt durchverbunden)? Falls nicht, hängt sich ein Befehl wie der folgende auf:

    # cat *Datei* > /dev/tty*n*

    Vergessen Sie nicht, den Prozess mit kill zu beenden, nachdem Sie überprüft haben, ob er hängt.

Ein als Breakout-Box bezeichnetes Gerät kann die Fehlersuche bei Kabeln erheblich vereinfachen, insbesondere dann, wenn Sie versuchen, eigene Kabel aufzubauen. Sie finden solche Geräte zu einem erschwinglichen Preis (unter 50 Euro) in jedem Elektronikladen. Das Gerät verfügt über LEDs, die anzeigen, welche Signale wann aktiv sind. Bei besseren Modellen können Sie die Leitungen des Kabels neu verschalten oder bestimmte Spannungen an einzelnen Pins anlegen.

Den Zugriff auf serielle Leitungen kontrollieren

Die meisten Unix-Versionen bieten irgendeinen Mechanismus an, mit dem direkte *root*-Logins über bestimmte Terminalleitungen unterbunden werden können. Beachten Sie, dass diese Mechanismen keinen Einfluss auf die Möglichkeit eines Benutzers haben, den *root*-Zugriff über den su-Befehl zu erlangen. Wir gehen die von den verschiedenen Betriebssystemen angebotenen Mechanismen nacheinander durch.

Wie wir an einer früheren Stelle dieses Kapitels gesehen haben, bietet FreeBSD Ihnen mit dem Schlüsselwort *secure* in */etc/ttys* eine direkte Möglichkeit festzulegen, ob *root*-Logins über eine bestimmte Leitung erfolgen dürfen oder nicht. Beispielsweise erlauben die folgenden Einträge *root*-Logins am mit der ersten seriellen Leitung verbundenen Terminal, nicht aber mit dem Terminal an der zweiten seriellen Leitung:

```
# Name  getty                        Typ     Flags
ttyd0   "/usr/libexec/getty std.9600"  vt100   on secure
ttyd1   "/usr/libexec/getty std.9600"  vt100   on
```

FreeBSD bietet auch allgemeine, auf Benutzerklassen basierende Terminalbeschränkungen an, die über die *ttys.allow*- und *ttys.deny*-Attribute in */etc/login.conf* festgelegt werden können. Details finden Sie im Abschnitt »Verwalten von Benutzer-Accounts« in Kapitel 6.

Bei Solaris ist es so, dass direkte *root*-Logins auf das jeweilige Gerät beschränkt sind, wenn die Datei */etc/default/login* einen *CONSOLE*-Eintrag enthält. Zum Beispiel beschränkt der folgende Eintrag *root*-Logins auf die Systemkonsole:

```
CONSOLE=/dev/console
```

Bei HP-UX-Systemen enthält die Datei */etc/securetty* die Geräte, auf denen sich *root* einloggen darf. Hier sehen Sie einige Beispiel-Einträge:

```
console
tty00
tty01
```

Beachten Sie, dass */dev/* hier nicht explizit aufgefürt wird. Die HP-UX-Datei beschränkt den Zugriff auf diese Leitungen für alle privilegierten Benutzer, nicht nur für *root*.

Tru64 verwendet die Datei */etc/securettys* auf ähnliche Weise:

```
/dev/console    # console
:0              # X display
local:0
```

Beachten Sie, dass hier der vollständige Pfad angegeben wird. Der zweite und dritte Eintrag ist für solche Dateien ebenfalls typisch und verweist auf X-basierte Sessions.

Linux-Systeme können den Terminalzugriff über die PAM-Einrichtung einschränken. Das *pam_securetty*-Modul unterstützt eine HP-UX-artige */etc/securetty*-Datei, und das *pam_time*-Modul erlaubt es, den Zugriff auf ein Terminal nach Benutzer, Gruppe, PAM-Service und/oder Tag und Uhrzeit festzulegen. Details finden Sie im Abschnitt »Benutzer-Authentifizierung mit PAM« in Kapitel 6.

Bei AIX steht Ihnen der Befehl `lsuser` zur Verfügung, mit dem Sie ermitteln können, bei welchen Terminals direkte *root*-Logins erlaubt sind:

```
# lsuser -fa ttys rlogin root
root:
    ttys=ALL
    rlogin=true
```

Der Befehl gibt auch an, ob *root*-Logins über das Netzwerk kommen können oder nicht. Der folgende Befehl deaktiviert netzwerkbasierte *root*-Logins und beschränkt sie auf die Konsole und das Terminal am ersten seriellen Port:

```
# chuser ttys="/dev/lft,/dev/tty0" rlogin=false root
```

Das *ttys*-Attribut verlangt eine durch Kommas aufgeteilte Liste mit TTY-Gerätedateien, die die Terminals bestimmen, an denen sich ein bestimmter Benutzer einloggen darf. Beachten Sie, dass dieser Mechanismus für alle Benutzer gilt, nicht nur für *root*. Das Schlüsselwort *ALL* steht für alle Terminalleitungen (einschließlich jener des Netzwerks). Wenn Sie einer Gerätedatei ein Ausrufezeichen voranstellen, schließen Sie das entsprechende Gerät damit aus. Zum Beispiel verhindert der folgende Befehl *root*-Logins an den seriellen Leitungen 0 und 1:

```
# chuser ttys="!/dev/tty0,!/dev/tty1" rlogin=false root
```

Dieser Mechanismus ist eine Schnittstelle auf das *ttys*-Attribut der *root*-Schablone in */etc/security/user*. Mit ihm können Beschränkungen für jeden Benutzer eingerichtet werden. Über die *default*-Schablone können Sie auch eine Standard-Terminalliste einrichten. Die Datei kann auch direkt editiert werden.

Leitungsattribute bei HP-UX und Tru64

Bei HP-UX und Tru64 bietet die erweiterte Sicherheitseinrichtung einen Mechanismus an, mit dem sicherheitsrelevante Leitungsattribute für Terminals vergeben werden können. Standardwerte, die auf alle Terminals zutreffen, ohne explizit gesetzt werden zu müssen, finden Sie in den *t_*-Feldern der *default*-Datei, die bei Tru64 unter */etc/auth/system* und bei HP-UX unter */tcb/files/auth/system* abgelegt ist.

Hier sehen Sie ein Beispiel von einem Tru64-System:

```
default:\
      :d_name=default:\
      ...
      :t_logdelay#2:t_maxtries#10:t_unlock#0:\
      :t_login_timeout#15:chkent:
```

Dies sind die einstellbaren Felder mit den Terminalleitungsattributen, die in den Dateien *default* und *ttys* verwendet werden können. Die letztgenannte Datei enthält Einträge für jede Terminalleitung des Systems und ist in */etc/auth/system* bei Tru64 (in Binärform als *ttys.db*) und in */tcb/files/auth/system* bei HP-UX abgelegt:

t_maxtries
  Das Terminal wird nach *t_maxtries*+1 aufeinander folgenden fehlerhaften Login-Versuchen gesperrt.

t_logdelay
  Die Zeit in Sekunden, die nach einem erfolglosen Login-Versuch vor dem Erscheinen des nächsten Login-Prompts gewartet werden soll.

t_lock
  Die Terminalleitung ist gesperrt (bei t_lock@ ist sie nicht gesperrt).

t_login_timeout
  Ein unvollständiges Login nach *t_login_timeout* Sekunden abbrechen.

t_unlock
  Eine Terminalleitung, die aufgrund zu vieler erfolgloser Login-Versuche gesperrt wurde, wird nach *t_unlock* Sekunden wieder freigegeben (nur bei Tru64). Der Wert 0 bedeutet, dass die Leitung vom Systemadministrator explizit freigegeben werden muss.

Nachfolgend sehen Sie ein Beispiel für einen *ttys*-Eintrag:

```
tty02:t_devname=tty02:t_uid=root:t_logtime#791659419:\
   :t_unsucuid=wang:t_unsuctime#793396080:t_prevuid=chavez:\
   :t_prevtime#791659434:t_failures#4:t_maxtries#8:t_logdelay#5:\
   :t_login_timeout#20:chkent:
```

Neben den spezifischen Sicherheitsattributen enthält dieser Eintrag auch Informationen über die jüngsten Login-Aktivitäten auf dieser Leitung: die UID und die Zeit, zu der das letzte erfolgreiche und das letzte erfolglose Login erfolgte, und das letzte Logout an diesem Terminal. Darüber hinaus finden Sie hier die Anzahl der erfolglosen aufeinander folgenden Login-Versuche (dieser Wert wird bei einem erfolgreichen Login auf 0 zurückgesetzt). Weitere Informationen zu allen Terminalleitungsattributen finden Sie in der ttys-Manpage.

Zusätzlich kann das *v_users*-Attribut in der Datei *devassign* eine durch Kommata aufgeteilte Liste mit Benutzern enthalten, die jedes Gerät des Systems ansprechen dürfen. Weitere Informationen finden Sie in der devassign-Manpage.

HylaFAX

Viele aktuelle Unix-Betriebssysteme bieten irgendeine Form der Unterstützung von Fax-Diensten. In diesem Abschnitt betrachten wir das frei verfügbare HylaFAX-Paket (das ursprünglich von Sam Leffler während seiner Zeit bei Silicon Graphics[11] entwickelt wurde), weil es am weitesten verbreitet und für viele verschiedene Unix-Versionen verfügbar ist. HylaFAX ist in der Lage, Faxe auf dem lokalen System zu senden und zu empfangen, und kann darüber hinaus Fax-Jobs von anderen Hosts im Netzwerk verarbeiten. Ausgehende Faxe werden ganz nach Bedarf in einer Queue zwischengespeichert. Eine E-Mail-Schnittstelle ist ebenfalls verfügbar. Die Homepage für das Paket ist *http://www.hylafax.org*.

Fax-Dienste werden von drei Daemons bereitgestellt:

faxq
: Der Queuing-Agent, der Faxdateien vorbereitet sowie ausgehende Faxübertragungen plant und initiiert.

hfaxd
: Der Fax-Server-Daemon, der lokale und entfernte Faxübertragungen unterstützt, Zugriffskontroll- und weitere Managementfunktionen bietet.

faxgetty
: Ein getty-Implementierung, die eingehende Faxe verarbeiten kann.

Das Paket umfasst eine Vielzahl von Utilities, von denen wir uns hier viele näher ansehen werden. Die entsprechenden Binärdateien werden hauptsächlich in */usr/local/bin* und */usr/local/sbin* abgelegt, auch wenn einige in */var/spool/hylafax/bin* liegen (wenn man die Installationsstandardverzeichnisse verwendet).

Die eigentlichen Faxe werden in den Unterverzeichnissen *docq* (ausgehend) und *recvq* (eingehend) unter */var/spool/hylafax* festgehalten. Andere wichtige Unterverzeichnisse dieses Haupt-Spool-Bereiches von HylaFAX sind *sendq* (Job-Kontrolldateien, ausgehend), *log* (Logdateien für jede Fax-Session), *config* (Modem-Typdefinitionen) und *etc* (Großteil der HylaFAX-Konfigurationsdateien).

---

11 Die Firma ist auch auf der im Paket enthaltenen Fax-Standardtitelseite verewigt: Diese enthält das SGI-Logo.

HylaFAX ist auf den meisten Systemen einfach zu installieren, und die Dokumentation ist diesbezüglich sehr umfangreich, weshalb wir uns an dieser Stelle auch nicht weiter damit beschäftigen wollen. Sobald Sie die Software installiert haben, verwenden Sie das Skript faxsetup für die erste Konfiguration. Das Skript stellt eine Reihe von Fragen zu Ihrem System-Setup und zum gewünschten Einsatz des Pakets und generiert dann basierend auf diesen Informationen automatisch die notwendigen Konfigurationsdateien.

Das faxaddmodem-Skript wird zur Konfiguration eines Modems innerhalb des HylaFAX-Systems verwendet und wird von faxsetup während des ersten Setup-Prozesses aufgerufen. Sie können es auch verwenden, um die Einstellungen für ein vorhandenes Modem zu verändern.

Stellen Sie sicher, dass diesen Skripten die Gerätedateien für ausgehende Leitungen übergeben werden, wenn das System mehrere Gerätedateien für die gleiche Leitung benutzt, wie etwa */dev/cuaa0*, */dev/cua0p0* und */dev/cua/0* bei FreeBSD, HP-UX bzw. Solaris.

Nachdem das faxsetup-Skript abgeschlossen wurde, bleiben immer noch ein paar Dinge zu tun:

- Stellen Sie sicher, dass die HylaFAX-Daemons beim Hochfahren des Systems gestartet werden. Bei Systemen mit System V-artigen Initialisierungsdateien muss die im Paket enthaltende Initialsierungsdatei (*hylafax*) in das *init.d*-Unterverzeichnis kopiert werden, und im richtigen *rcn.d*-Unterverzeichnis muss ein Link darauf verweisen. Bei FreeBSD- und AIX-Systemen müssen Sie in eine der Systeminitialisierungsdateien einen Befehl einfügen, der das System ausführt.

Unabhängig vom System ist das Skript der beste Weg, die Hylafax-Daemons zu starten, anzuhalten und wieder neu zu starten.

- Wenn Sie Faxe empfangen wollen, müssen Sie die serielle Leitung so konfigurieren, dass sie das HylaFAX-Programm faxgetty verwendet. Unter FreeBSD geschieht das in */etc/inittab* bzw. */etc/ttys*. Hier sehen Sie als Beispiel einen *inittab*-Eintrag von einem Linux-System:

fax:2345:respawn:/usr/local/sbin/faxgetty ttyS0

Der Befehl benötigt nur die gewünschte serielle Leitung als Argument. Bei Solaris-Systemen müssen Sie diesen Schritt ebenfalls vornehmen und gleichzeitig sicherstellen, dass dem Fax-Port kein ttymon-Monitor zugewiesen ist.

- Richten Sie cron-Jobs ein, die den HylaFAX-Spooling-Bereich regelmäßig pflegen. Der faxqclean-Befehl entfernt automatisch Dateien, die zu bereits verarbeiteten oder älteren fehlgeschlagenen Jobs gehören. Wie häufig es auszuführen ist, hängt von der Menge an Faxen und dem auf Ihrem System verfügbaren Speicherplatz ab. Wenn Sie nur gelegentlich Faxe senden/empfangen, reicht es aus, das Programm einmal in der Woche auszuführen. Wenn das System hingegen als vollwertiger Faxserver eingesetzt wird, dann empfiehlt die aktuelle Dokumentation, es einmal in der Stunde auszuführen.

Der `faxcron`-Befehl entfernt abgeschlossene oder ältere, fehlgeschlagene Jobs und erzeugt darüber hinaus einige nützliche Fax-Service-Berichte. Der Befehl wurde für den täglichen Einsatz entworfen. Für die meisten Sites reichen die Standardeinstellungen völlig aus, aber Sie können `faxcron` ganz nach Bedarf anpassen. Momentan können Sie Folgendes einstellen: wie lange empfangene Faxe, Log-Einträge, temporäre Dateien und ähnliche Dinge gespeichert werden sollen.

Hier sehen Sie einige *crontab*-Einträge:

```
0 * * * *    /usr/local/sbin/faxqclean
0 3 * * *    /usr/local/sbin/faxcron | mail faxadm
```

Die Ausgabe von `faxcron` geht per E-Mail an den Fax-Administrator, weil sie nützliche Berichte enthält. Beachten Sie, dass es sich bei `faxcron` um ein bash-Skript handelt. Wenn Ihr System keine bash besitzt, müssen Sie den Befehl explizit mit sh ausführen:

```
0 3 * * *    /bin/sh /usr/local/sbin/faxcron | mail faxadm
```

Faxe senden

Das HylaFAX-Paket stellt das `sendfax`-Utility zum Senden von Faxen zur Verfügung. Die folgenden Beispiele machen dessen Features und Einsatz deutlich:

```
$ sendfax -s na-let \                Papierformat angeben (a4 steht für DIN A4).
   -T 5 -t 2 \                       Max. 5 Anrufversuche und je 2 Übertragungsversuche.
   -f "Erika Plantagenet" \          Fax-Sender.
   -r "Sales Data" \                 Inhalt des Re:-Feldes (Betreff).
   -c "Call if any questions." \     Kommentare.
   -P high \                         Priorität (alternativ bulk oder normal).
   -h dalton.ahania.com \            An HylaFAX-Server an diesem Host senden.
   -a 20:05 \                        Fax zu dieser Zeit senden.
   -d "Amy Ng@1.293.555.1212" \      Name und Telefonnumer des Empfängers.
   letter.txt graph.tif              Zu sendende Datei.
```

Ein paar Hinweise:

- Die Option -d muss allen anderen Optionen folgen, die auf dieses Fax zutreffen. Die Option kann auch mehr als einmal vorkommen, wenn das Fax an mehrere Empfänger versendet werden soll. Weitere Optionen, die zwischen den Instanzen von -d erscheinen, werden auf das folgende Fax angewandt. Zum Beispiel wird mit dem folgenden Befehl an Amy ein Fax mit hoher Priorität und an Sam ein Fax mit bulk-Priorität geschickt:

  ```
  $ sendfax -P bulk -d "Sam@5551212" -P high -d "Amy@5552121" fax.txt
  ```

- HylaFAX kann ASCII-Text-, PDF-, PostScript- und TIFF-Dateien als Faxinhalt verarbeiten.

- Sie können über die Umgebungsvariable *FAXSERVER* einen Standard-Faxserver festlegen.

- Entferntes Faxen über das Netzwerk muss auf dem Serversystem eingerichtet werden (siehe unten).

- Viele Optionen beziehen sich auf Informationen, die auf dem Fax-Deckblatt erscheinen. Nicht alle Elemente funktionieren mit allen Deckblatt-Schablonen (einschließlich der standardmäßig im Paket enthaltenen Schablone). Die Standard-Schablone finden Sie in der Datei */usr/lib/fax/faxcover.ps*.

Haben Sie keine Angst, nein zu sagen

Ich versuche, mich so gut es geht nicht wie eine Primadonna aufzuführen, aber die Einrichtung einer Fax-Titelseiten-Schablone für HylaFAX ist eine Sache, wo ich die Segel streiche, auf meine Arbeitsplatzbeschreibung verweise und jede Hilfe verweigere. Lassen Sie sich nicht dazu hinreißen, diese Aufgabe zu übernehmen, oder Sie hängen in einer unendlichen Zeitschleife fest. Diese Schablonen müssen im PostScript-Format vorliegen und verwenden den Dictionary-Mechanismus für die Übergabe faxspezifischer Parameter (wie die Namen der Sender und Empfänger). Es gibt keine einfache Möglichkeit, sie zu generieren, und ich bin kein PostScript-Hacker. Ich überlasse das Deckblatt dem Benutzer als Übung (und glücklicherweise hat noch niemand etwas anderes von mir verlangt).

Der wesentliche Punkt für die Benutzer ist einfach der, dass man immer ein Deckblatt als erste Seite des erzeugten Faxes generieren kann. Die Verwendung der sendfax-Option -n unterdrückt das HylaFAX-Deckblatt. Das gleiche erreichen Sie auch, indem Sie AutoCoverPage auf »no« setzen (siehe unten).

Faxe verwalten

HylaFAX bietet verschiedene Utilities an, mit denen das Fax-System überwacht und Fax-Jobs verwaltet werden können. Zum Beispiel liefert der `faxstat`-Befehl Informationen über Fax-Jobs:

```
# faxstat -s -l                              Zu sendende Faxe auflisten.
HylaFAX scheduler on dalton.ahania.com: Running
Modem ttyS0 (1.293.555.9988): Sending job 4

JID  Pri S  Owner   Number      Pages  Dials TTS  Status
4    127 R  chavez  2032390846  0:2    0:12
5    127 B  jones   2032390846  0:0    0:12       Blocked

# faxstat -r -l                              Empfangene Faxe auflisten.
HylaFAX scheduler on dalton.ahania.com: Running
Modem ttyS0 (1.293.555.9988): Sending job 4

Protect Page Owner   Sender/TSI  Recvd@  Filename
-rw----  1   14      2935551122  19:52   fax00012.tif
```

Dieses System sendet momentan ein Fax, ein oder mehrere Jobs warten darauf, gesendet zu werden, und ein Fax wurde jüngst auch empfangen. Der xferfaxstats-Befehl kann verwendet werden, um eine Zusammenfassung aller Faxaktivitäten, unterteilt nach Benutzer, zu erzeugen.

Verschiedene andere Utilities stehen zur Manipulation individueller Fax-Jobs zur Verfügung. Diese Fax-Jobs werden über ihre Job-ID angesprochen (die in der ersten Spalte der Ausgabe von faxstat -s steht). Die Befehle faxrm und faxabort können genutzt werden, um Fax-Jobs zu löschen oder abzubrechen, was die folgenden Beispiele verdeutlichen:

```
$ faxrm 4                      Offenes Fax löschen (Senden ggf. abbrechen).
Job 4 removed.

$ faxrm -a -h mahler 28        Entfernten Fax-Job auf anderem Rechner als Fax-Admin abbrechen.
Password:                      Fax-Administrator-Passwort (siehe unten).
Job 28 removed.
```

Im ersten Beispiel entfernt ein Benutzer einen Fax-Job auf dem lokalen System. Im zweiten Beispiel entfernt ein Benutzer einen Fax-Job auf einem entfernten Host, indem er das richtige administrative Passwort für HylaFAX angibt.

Im Gegensatz zu den meisten Job-Manipulationsbefehlen dieser Art kann der Superuser faxrm nicht verwenden, um den Fax-Job eines Benutzers zu löschen. Vielmehr muss *root* einen Befehl wie den folgenden verwenden:

```
# su chavez -c "faxrm 4"
```

Die Anführungszeichen für das Argument sind notwendig, damit es an den faxrm übergeben werden kann.

Der faxalter-Befehl kann verwendet werden, um die Charakteristika eines offenen Fax-Jobs zu ändern. So legt der folgende Befehl beispielsweise fest, dass Job 24 um 21 Uhr abends übertragen werden soll, und legt dessen Priorität mit bulk (niedrig) fest:

```
$ faxalter -p bulk -a 21:00 24
```

Wie wir wissen, führt der faxstat-Befehl auch den Status der empfangenen Faxe auf, einschließlich der Dateien, in denen sie abgelegt wurden. Der faxabort-Befehl kann verwendet werden, um die Übertragung eines gerade eingehenden Faxes zu unterbrechen. Mit dem faxinfo-Befehl können Sie sich die Charakteristika empfangener Faxe ansehen:

```
# faxinfo fax00027.tif
/var/spool/fax/recvq/fax00027.tif:
    Sender: +12935557778
     Pages: 3
   Quality: Normal
      Page: North American Letter
  Received: 2002:02:02 11:23:21
 TimeToRecv: 0:24
 SignalRate: 38400 bit/s
 DataFormat: 2-D MR
```

Eingehende Faxe werden im TIFF-Format gespeichert. Sie können mit jedem TIFF-Viewer betrachtet werden. Sie können aber auch den fax2ps-Befehl verwenden, um sie in das PostScript-Format umzuwandeln.

Idealerweise würde man eingehende Faxe direkt an den richtigen Empfänger weiterleiten. Leider bietet die aktuelle Fax-Technologie keine allgemeine Möglichkeit, einen Empfänger elektronisch anzugeben.[12] Neben den eigentlichen Faxdaten besitzen alle eingehenden Faxe die Ursprungsrufnummer, die eingehende Rufnummer und/oder den sog. TSI (Transmitting Station Identifier, also eine Kennung der sendenden Station), einen String, der mit der sendenden Faxmaschine (oder dem Modem) verknüpft ist.

HylaFAX kann Faxe anhand dieser Daten weiterleiten. Praktisch gesehen sind die nützlichsten Weiterleitungsangaben die Ursprungsrufnummer (die aus der Anrufer-ID ermittelt werden muss) und die eingehende Rufnummer. Im letztgenannten Fall kann HylaFAX Faxe basierend auf der sog. DID-Rufnummer (Direct Inward Dial) oder der DNIS-Rufnummer (Direct Number Identification Service) weiterleiten. DID und DNIS sind von der Telefongesellschaft angebotene Dienste, bei denen ein Block virtueller Telefonnummern an eine oder mehrere reale Telefonleitungen weitergeleitet wird.[13] Durch die Verwendung eines dieser Dienste können Mitarbeitern eigene, eindeutige Faxnummern zugewiesen werden, während eingehende Faxe gleichzeitig über eine oder mehrere Telefonleitungen hereinkommen, die vom HylaFAX-Server kontrolliert werden. Die DID/DNIS-Nummer des eingehenden Anrufs wird an HylaFAX weitergegeben, das diese dann nutzen kann, um über die Weiterleitung des Faxes zu entscheiden.

Die Verarbeitung empfangener Faxe wird vom Skript */var/spool/hylafax/bin/faxrcvd* automatisch übernommen. In der ausgelieferten Form ruft es ein Skript namens `FaxDispatch` in */var/spool/hylafax/etc* über den Punktbefehl der Shell auf. Dieses Skript ist dafür verantwortlich, die Umgebungsvariablen SENDTO und FILETYPE zu setzen. Diese legen den Mail-Empfänger und den Dateityp fest, der für die Weiterleitung verwendet werden soll. Voreingestellt sind hier FaxMaster und ps.

Diese Datei muss ein gültiges sh-Skript sein. Die HylaFAX-Dokumentation empfiehlt eine Form wie die dieser einfachen Version:

```
case "$DEVICE" in                    Versuche, die eingehende Modemleitung zu erkennen.
ttyS4)
    SENDTO=amy_ng
    ;;
ttyS5)
    SENDTO=sam_wood
    ;;
esac

case "$SENDER" in                    Versuche, die Ursprungsrufnummer im TLS zu bestimmen.
12935551212)
    SENDTO=chavez
    ;;
```

---

12 HylaFAX-Entwickler und -Sympathisanten sehen das ganz anders.

13 DNIS wird auch in anderen Kontexten verwendet (z. B. zur Weiterleitung von Telefonanrufen an die richtige Person, basierend auf der gewählten 800er Rufnummer). In ähnlicher Weise wird auch DID verwendet, um beispielsweise eingehende Anrufe an die Durchwahl des Mitarbeiters weiterzuleiten, ohne eine Vermittlung zu benötigen. Beide Dienste sind teuer. DNIS arbeitet üblicherweise mit einer T1-Leitung, deren monatliche Kosten so bei 100–200 Dollar beginnen. In meiner Gegend (Connecticut, U.S.A.) kostet DID momentan etwa 100 Dollar pro Monat für 20 virtuelle Nummern. Zusätzlich wird eine einmalige Einrichtungsgebühr von 750 Dollar fällig (Stand Juli 2002).

```
        esac
        case "$CIDNUMBER" in              Versuche, die DNIS- oder Anrufer-ID-Nummer zu erkennen.
        8985551212)
            SENDTO=harvey
            FILETYPE=tif
            ;;
        *41255512*)
            SENDTO=mktg
            ;;
        esac
```

Findet *FaxDispatch* einen Treffer, setzt es den Wert von SENDTO und eventuell FILETYPE zurück, die von faxrcvd initialisiert wurden. Abschließend sendet faxrcvd das Fax in einer E-Mail an den Benutzer in SENDTO, wobei es in das in FILETYPE festgelegte Format (standardmäßig PostScript) umgewandelt wird. Das so umgewandelte Fax wird der Mail als MIME-Anhang beigefügt. Beachten Sie, dass die Variable CIDNUMBER sowohl für Anrufer-IDs als auch für DID/DNIS-Nummern verwendet wird (je nachdem, was verwendet wird).

Im Allgemeinen ist die Reihenfolge der Anweisungen in FaxDispatch von Bedeutung. Bei der im vorigen Beispiel verwendeten Logik siegt der zuletzt erkannte Eintrag gegenüber den vorherigen.[14]

Leider ist die Weiterleitungsmöglichkeit für meine Site von keinerlei praktischem Nutzen, weil wir nicht mit DID arbeiten und die Benutzer nicht vorhersehen können, wer ihnen Faxe schicken wird. In einem solchen Fall können Sie faxrcvd so anpassen, dass es für eingehende Faxe beliebige Aktionen ausführt und nicht immer einfach nur Mails generiert. Zum Beispiel können Sie einen Großteil der Logik durch einen Befehl ersetzen, der eingehende Faxe einfach ausdruckt:

```
/usr/bin/fax2ps -S $1 | lpr -P $FAX_PRINTER
```

Faxe werden dann einfach wieder von Hand an die richtige Person weitergeleitet.

HylaFAX-Konfigurationsdateien

Das HylaFAX-Paket verwendet eine Reihe von Konfigurationsdateien. Die wichtigsten sind:

/usr/local/lib/fax/hfaxd.conf
: Konfigurationsdatei für hfaxd. Enthält die Lage wichtiger Konfigurationsdateien, Formate verschiedener Statusausgaben, elementare Timeout-Einstellungen und andere fundamentale Parameter. Diese Datei muss nur selten geändert werden.

/usr/local/lib/fax/hyla.conf
: Einstellungen für sendfax und andere Client-Befehle. Benutzer können eigene Einstellungen in der Datei *~/.hylarc* festlegen. Die systemweit gültige Fassung muss vom Systemadministrator angelegt werden. Hier sehen Sie ein einfaches Beispiel:

---

14 Da FaxDispatch ein Shell-Skript ist, kann es tatsächlich jede gewünschte Funktion durchführen, solange Sie nur genügend Zeit haben, um ein entsprechendes Skript zu schreiben.

```
AutoCoverPage:      no
Cover-From-Company: Ahania, LLC
Cover-From-Voice:   1-293-555-1212
Cover-From-Fax:     1-293-555-1213
```

/var/spool/hylafax/etc/config

Allgemeine Einstellungen der lokalen Site. Hier folgt eine Beispiel-Version:

LogFacility:	daemon	*Syslog-Einrichtung für Meldungen.*
CountryCode:	1	
AreaCode:	293	
LongDistancePrefix:	1	
InternationalPrefix:	011	
DialStringRules:	etc/dialrules	
ServerTracing:	1	*Alle Aktionen des Servers festhalten.*
MaxConcurrentJobs:	1	*Muss Gesamtzahl verfügbarer Modems entsprechen.*
MaxSendPages:	20	*Maximale Faxgröße.*
MaxRecvPages:	50	
MaxDials:	12	*Max. Anzahl Wählversuche.*
MaxTries:	3	*Max. Anzahl Sendeversuche (bei Verbindung).*

Die meisten dieser Einstellungen definieren Punkte, die zur richtigen Wahl der Rufnummern notwendig sind. Die letzten Einstellungen legen die maximale Länge von Faxen (inklusive Deckblatt) sowie die maximale Anzahl von Wähl- und Übertragungsversuchen für jedes zu sendende Fax fest.

*/var/spool/hylafax/etc/config/config.*Leitung

Dies sind modembezogene Konfigurationsdateien. Sie enthalten eine Vielzahl von Kommunikationseinstellungen sowie die Möglichkeit, Einstellungen der Haupt-*config*-Datei zu überschreiben. Diese Dateien besitzen eine Erweiterung, die nach der seriellen Leitung benannt ist, auf die sie sich beziehen. Bei Systemen, die Unterverzeichnisse von */dev* für serielle Gerätedateien verwenden, wird die Erweiterung in der Form *Unterverzeichnis_Gerät* aufgebaut, d. h., unter Solaris würde */dev/cua/0* die Datei *config.cua_0* verwenden.

Den Zugriff auf HylaFAX kontrollieren

Die host- und benutzerbasierte Zugriffskontrolle auf die lokale HylaFAX-Einrichtung wird in der Datei */var/spool/hylafax/etc/hosts.hfaxd* definiert. Einträge in dieser Datei besitzen die folgende Form:

```
Sender:Abbildung-auf-UID:Sende-Passwort:Admin-Passwort
```

Sender ist dabei ein regulärer Ausdruck, der mit potenziellen Fax-Sendern verglichen wird. Das Muster kann den zu erkennenden Benutzer- und/oder Hostnamen enthalten. Das zweite Feld, *Abbildung-auf-UID*, enthält die lokale UID, auf die zutreffende Benutzer für Zugriffsrechte und Account-Zwecke abgebildet werden. *Sende-Passwort* ist ein optional codiertes Passwort, das vor der Annahme eines Faxes zur Validierung verwendet wird. Das *Admin-Passwort* ist ein codiertes Passwort, das von den Benutzern eingegeben werden muss, um administrative Funktionen ausführen zu können (z. B. die Modifikation oder das Entfernen von Faxen anderer Benutzer).

Die Anordnung der Einträge innerhalb der Datei ist wichtig, weil der erste zutreffende Eintrag verwendet wird. Wenn keiner der Einträge zutrifft, wird der Zugriff verweigert. Daher werden die Einträge generell von den genauesten hin zu den ungenauesten sortiert.

Hier sehen Sie ein Beispiel für eine *hosts.hfaxd*-Datei:

```
^chavez@.*ahania\.com$:::xxxxx    chavez kann von überall in der Domain administrieren.
!^s_king@                         Benutzer s_king verbraucht zu viel Papier: Zugriff verweigern.
ahania\.com$::::                  Benutzer innerhalb der Domain können senden (kein Passwort).
zoas\.org$:1234:yyy:              zoas.org-Benutzer brauchen ein Passwort (UID wird abgebildet).
192.168.10.33                     Alle Benutzer auf diesem Host können faxen.
```

Wie der zweite Eintrag andeutet, steht ein führendes Ausrufezeichen für einen Eintrag, der den Zugriff verweigert.

Das HylaFAX-Paket stellt die Befehle `faxadduser` und `faxdeluser` zur Verfügung, mit denen Einträge in dieser Datei hinzugefügt bzw. entfernt werden können. Allerdings benötigen Sie diese Befehle nur, wenn Sie ein codiertes Passwort erzeugen müssen. In allen anderen Fällen kann die Datei genauso einfach direkt editiert werden.

Der folgende `faxadduser`-Befehl erzeugt einen Eintrag, der es dem Benutzer *mercury* erlaubt, das Faxsystem zu administrieren:

```
# faxadduser -a olympus mercury
```

Der Eintrag sieht wie folgt aus:

```
mercury:::UiB7EkUrafx7I
```

Tatsächlich ist das etwas zu weit gefasst, weil jeder Benutzer, dessen vollständig qualifizierter Domainname »mercury« enthält, ebenfalls Zugriff hätte. Sobald das Passwort aber einmal codiert ist, kann der Eintrag einfach manuell editiert werden. Alternativ können Sie einen `faxadduser`-Befehl wie den folgenden verwenden:

```
# faxadduser -a olympus 'mercury@.*ahania\.com'
```

Beachten Sie, dass `faxadduser` nicht darauf achtet, ob ein von Ihnen angegebener Eintrag bereits existiert. Was Sie angeben, wird einfach blind in die Datei aufgenommen.

HylaFAX besitzt noch viele weitere nützliche Features – etwa ein E-Mail-an-Fax-Gateway, Faxen auf Paging-Geräte, Massenversendung von Faxen (Horror!) und die Fähigkeit, Fax-Werbung abzulehnen – wobei uns Platzbeschränkungen hier mal nicht interessieren. Die grundlegenden Features, die wir hier behandelt haben, reichen für viele Umgebungen aber aus.

USB-Geräte

Der Universal Serial Bus (USB) wurde Anfang 1994 von einem Konsortium aus Hard- und Software-Herstellern – Compaq, Intel, Microsoft und NEC – entwickelt. Er wurde entwickelt, um eine standardisierte Möglichkeit zu bieten, eine Vielzahl peripherer Geräte an einen Computer (sprich »Personal Computer«) anschließen zu können, und um einige Einschränkungen traditioneller serieller und paralleler Leitungen aufzuheben.

USB besitzt die folgenden Vorteile:

- Es können bis zu 127 Geräte angeschlossen werden.
- Geräte können eingebunden und entfernt werden, während das System läuft.
- Die Stecker wurden für alle Gerätetypen standardisiert.
- Er ist wesentlich schneller. Die theoretische Bandbreite des USB-Bus liegt bei 12 Mbits/Sek. Der tatsächliche Durchsatz liegt aber so um die 8-8,5 Mbits/Sek. und die Geräte erreichen selten mehr als 2 Mbits/Sek.

USB-Kabel besitzen nur vier Leitungen: Betriebsspannung, Masse, Senden und Empfangen. Die Kommunikation erfolgt hierarchisch unter der Kontrolle eines Masters. Angeschlossene Geräte arbeiten alle als Slaves, wodurch Aspekte wie die Vermeidung von Kollisionen umgangen werden. USB-Steckverbinder sind ganz links in Abbildung 12-2 zu sehen, und Abbildung 12-5 zeigt die entsprechenden Pin-Belegungen.

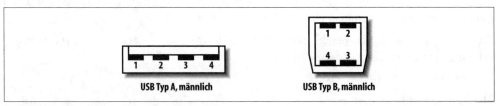

Abbildung 12-5: USB-Steckverbinder

Stecker vom Typ B werden für den USB-Port am Gerät verwendet, und die Stecker vom Typ A werden für den Port am Hub oder am Computer verwendet.

FreeBSD, HP-UX, Linux, Solaris und Tru64 unterstützen USB-Geräte bis zu einem gewissen Grad, auch wenn sich die Unterstützung unter HP-UX und Tru64 auf die USB-Tastaturen und -Mäuse beschränkt, die mit dem System geliefert werden (und entsprechend vom Betriebssystem vorkonfiguriert sind).

Der Rest dieses Abschnitts zeigt als Beispiele die Konfiguration dreier USB-Geräte – einer Maus, eines Zip-Laufwerks und eines Druckers – bei den anderen drei Unix-Systemen.

Tabelle 12-6 fasst die Gerätedateien zusammen, die bei diesen Systemen für diese Geräte verwendet werden.

Tabelle 12-6: USB-Gerätedateien für ausgewählte Geräte

Gerät	FreeBSD	Linux	Solaris
Maus	/dev/ums0	/dev/input/mouse0, /dev/input/mice	/dev/usbms
Zip-Laufwerk	/dev/da0s4	/dev/sda4	/dev/dsk/c1t0d0s0:c
Drucker	/dev/ulpt0	/dev/usblp0	/dev/usbprn0

USB-Unterstützung bei FreeBSD

FreeBSD bietet eine gute Unterstützung für USB-Geräte, auch wenn sich einiges noch im Experimentierstadium befindet. Details zum aktuellen Status finden Sie auf der Homepage des FreeBSD-USB-Projekts unter *http://www.etal.net/~n_hibma/usb/*.

Bevor Sie USB-Geräte verwenden können, müssen Sie den Kernel so konfigurieren, dass USB auch unterstützt wird. Die folgenden Zeilen der Kernel-Konfigurationsdatei beziehen sich auf die USB-Unterstützung:

```
device       uhci       Allgemeine Module zur USB-Unterstützung.
device       usb
device       ugen
device       ohic       Unterstützung für einen alternativen USB-Chipsatz.
device       uhid
device       ukbd       Tastatur.
device       ulpt       Drucker.
device       umass      Massenspeicher: Zip-Laufwerk.
device       umodem     Modem.
device       ums        Maus.
device       uscanner   Scanner.
```

Die ersten vier Punkte sollten Sie immer mit aufnehmen. Binden Sie *uhid* auch ein, wenn Sie eine Maus oder Tastatur verwenden. Binden Sie so viele weitere Elemente ein, wie es für Ihre Konfiguration sinnvoll ist (oder nehmen Sie einfach alle auf, um in Zukunft etwas flexibler zu sein).

Sie können feststellen, ob Ihr Kernel die USB-Unterstützung enthält, die dem USB-Controller Ihres Systems entspricht, indem Sie die Ausgabe von dmesg untersuchen:

```
# dmesg | grep usb
usb0: OHCI version 1.0, legacy support
usb0: <OHCI (generic) USB controller> on ohci0
usb0: USB revision 1.0
```

Dieser Kernel ist mit USB-Unterstützung konfiguriert und hat den Controller erfolgreich erkannt.

Sie können das USB-Kernel-Modul mit dem Befehl kldload usb von Hand laden. Alternativ können Sie die Module, die automatisch geladen werden sollen, in der Datei */boot/loader.conf* angeben. Nachfolgend aktivieren wir die allgemeine USB-Unterstützung und die Module für Maus, Tastatur, Drucker und Zip-Laufwerk:

```
usb_load="YES"
ums_load="YES"
ukdb_load="YES"
umass_load="YES"
ulpt_load="YES"
```

Informationen zur Kompilierung von FreeBSD-Kerneln und -Modulen finden Sie in Kapitel 16.

Die aktuellen USB-Geräte können Sie sich mit dem Befehl usbdevs ausgeben lassen:

```
# usbdevs
addr 1: OHCI root hub, (unknown)
  addr 2: Genius USB Wheel Mouse, KYE
  addr 3: TUSB2046 hub, Texas Instruments
    addr 4: Espon Stylus Photo 1280
    addr 5: USB Zip 250, Iomega
```

Bei diesem System ist eine USB-Maus an einen der USB-Ports des Systems angeschlossen und ein USB-Hub steckt im anderen Port. An diesem Hub hängt ein Drucker und ein 250-MByte-Zip-Laufwerk.

Einige USB-Geräte werden vom usbd-Daemon automatisch konfiguriert, sobald sie erkannt werden. Die durchzuführenden Aktionen sind in der Konfigurationsdatei */etc/usbd.conf* beschrieben. Dies ist der Fall für den Drucker, das Zip-Laufwerk und die USB-Maus, die im Textmodus der Systemkonsole verwendet wird.

Um die Maus auch unter X verwenden zu können, ist aber noch ein zusätzlicher Schritt notwendig. Sie müssen die Datei *XF86Config* (die üblicherweise in */etc* liegt) so konfigurieren, dass X sich der USB-Maus bewusst ist. Unter XFree86 Version 3.3 modifizieren Sie den Pointer-Abschnitt wie folgt:

```
Section "Pointer"
  Device    "/dev/sysmouse"
  Protocol  "MouseSystems"
EndSection
```

Ein USB-Drucker ist einfach zu konfigurieren. Sie richten ihn innerhalb der LPD-Einrichtung wie jeden anderen Drucker ein und verwenden die Gerätedatei */dev/ulpt0*, um auf den Drucker zu verweisen.

Der Zugriff auf ein Zip-Laufwerk erfolgt über den Treiber für USB-Massenspeicher. Durch einen Trick bewegt dieser den SCSI-Standardtreiber dazu, eine USB-Platte zu bedienen. Dementsprechend muss der Kernel auch SCSI unterstützen, um diese USB-Geräte verwenden zu können. Die Gerätedateien von SCSI-Platten dienen daher auch zum Zugriff auf diese Geräte.

Zum Beispiel kann der folgende Befehl verwendet werden, um ein Zip-Laufwerk an */zip* zu mounten:

```
# mount -t msdos /dev/da0s4 /zip
```

Die DOS-Partition des Zip-Laufwerks erscheint bei FreeBSD im vierten Slice.

Alternativ können Sie mit den üblichen Befehlen ein UFS-Dateisystem auf der Zip-Platte anlegen (siehe »Von Festplatten zu Dateisystemen« in Kapitel 10):

```
# disklabel -w -r da0 zip250
# newfs /dev/da0c
# mount -t ufs /dev/da0c /irgendwo
```

USB-Unterstützung bei Linux

Unter Linux werden USB-Geräte ebenfalls gut unterstützt. Auch hier muss diese Unterstützung im Kernel aktiviert werden. Abbildung 12-6 zeigt das USB-Menü von `make xconfig`.

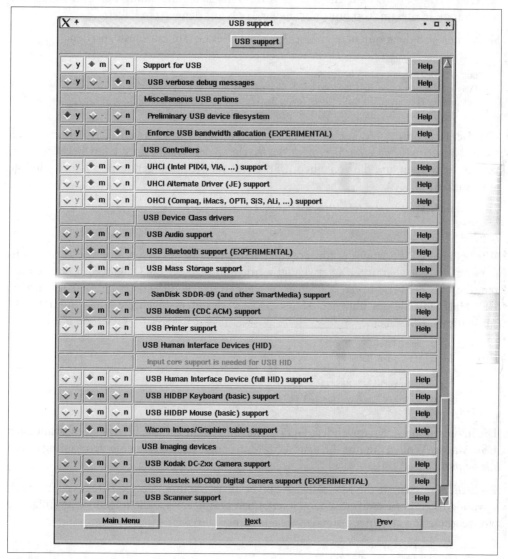

Abbildung 12-6: USB-bezogene Kernel-Parameter bei Linux

Wir zeigen nur einen Teil dieser sehr langen Parameterliste (die Lücke steht für weggelassene Teile). Die Punkte sind in Abschnitte zusammengehöriger Einstellungen untergliedert. Das beginnt mit der allgemeinen USB-Unterstützung, gefolgt von der Unterstützung von Hubs und Geräteklassen bis hin zur Unterstützung einzelner USB-Geräte. Die für unsere drei Geräte benötigten Einstellungen sind entsprechend hervorgehoben. Ich empfehle Ihnen, nach Möglichkeit eine modulbasierte Unterstützung zu wählen.

Sie werden auch das *usbutils*-Paket und eventuell auch das *usbview*-Paket installieren wollen (das letztgenannte stellt einen Befehl zur grafischen Darstellung der USB-Geräte zur Verfügung). In diesem Abschnitt nutzen wir Tools aus dem ersten Paket.

Sie können sich die momentan angeschlossenen USB-Geräte mit lsusb ansehen:

```
# lsusb | grep Bus
Bus 001 Device 001: ID 0000:0000
Bus 001 Device 002: ID 0458:0003 KYE Systems Corp.(Mouse Systems)
Bus 001 Device 003: ID 0451:2046 Texas Instruments TUSB2046 Hub
Bus 001 Device 004: ID 059b:0030 Iomega Corp. Zip 250
```

USB-Geräteattribute sind auch über das */proc*-Dateisystem verfügbar. Die Dateien haben dabei Namen wie */proc/bus/usb/*bus#*/dev*#. Der Befehl usbmodules kann beispielsweise verwendet werden, um die von einem USB-Gerät verwendeten gerätespezifischen Module aufzuführen:

```
# usbmodules --device /proc/bus/usb/001/002
usbmouse
hid
```

Wie bei FreeBSD verlangt der Einsatz einer USB-Maus an der Systemkonsole keine Konfiguration. Soll sie aber unter X verwendet werden, müssen Sie die Datei *XF86Config* editieren, die üblicherweise in */etc/X11* liegt (wir gehen hier von der Version 4 aus). Um eine USB-Maus anstelle des üblichen Maustyps zu verwenden, fügen Sie einen InputDevice-Abschnitt wie diesen ein:

```
Section "InputDevice"
    Identifier "USB Mouse"
    Driver "mouse"
    Option "Protocol" "IMPS/2"
    Option "Device" "/dev/input/mice"
EndSection
```

Die in diesem Beispiel verwendete Gerätedatei *mice* steht für alle im System vorhandenen USB-Mäuse. Wollen Sie nur die erste USB-Maus angeben, ersetzen Sie den Eintrag durch */dev/input/mouse0*.

Zusätzlich müssen Sie die Maus dem X-Server über eine InputDevice-Direktive im ServerLayout-Abschnitt bekannt machen. So erlauben beispielsweise die folgenden Einträge die Verwendung sowohl einer normalen als auch einer USB-Maus:

```
Section "ServerLayout"
    Identifier   "Layout[all]"
    InputDevice  "Mouse[1]" "CorePointer"
    InputDevice  "USB Mouse" "SendCoreEvents"
    ...
EndSection
```

Wenn Sie nur eine USB-Maus verwenden wollen, entfernen Sie den Eintrag für die normale Maus und setzen den zweiten Parameter des USB-Maus-Eintrags auf CorePointer.

Die Konfiguration eines USB-Druckers unterscheidet sich nicht von der Konfiguration eines anderen Druckers. Hierzu die administrativen Werkzeuge zu verwenden ist häufig die schnellste Möglichkeit. Abbildung 12-7 zeigt zum Beispiel die YAST2-Druckerverwaltung von SuSE Linux, bei der die Unterstützung von USB-Druckern integriert ist. Darin sehen wir die zur Verfügung stehenden USB-Geräte.

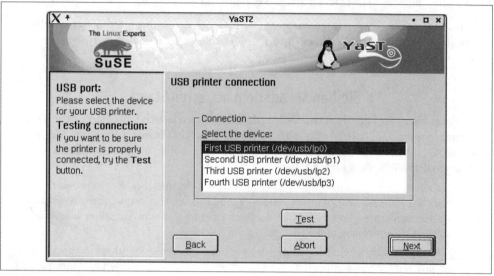

Abbildung 12-7: Einbinden eines USB-Druckers mit YAST2

Alternativ können Sie den Drucker über die gleiche Gerätedatei */dev/usb/lp0* von Hand vornehmen. Bei SuSE 7-Systemen heißt das entsprechende Gerät */dev/usblp0*.

Wie bei FreeBSD nutzt der Zugriff auf ein USB-Zip-Laufwerk eine Schnittstelle auf das SCSI-Subsystem (das ebenfalls im Kernel aktiviert sein muss). So können Sie zum Beispiel mit dem folgenden Befehl ein Zip-Laufwerk an */zip* mounten:

```
# mount -t vfat /dev/sda4 /zip
```

Die DOS-Partition der Zip-Platte wird als Partition 4 auf dem Medium interpretiert. Auf Wunsch können Sie auf Zip-Medien auch andere Dateisystemtypen aufsetzen.

Weitere Informationen zum Linux-USB-Projekt finden Sie unter *http://www.linux-usb.org*.

USB-Unterstützung bei Solaris

Solaris unterstützt ebenfalls USB-Geräte. Tatsächlich werden einige Sun-Systeme, wie meine Sun Blade, standardmäßig mit USB-Tastaturen und -Mäusen ausgeliefert, und eine zusätzliche Konfiguration ist nicht notwendig.

Sie können die USB-Ports des Systems auch für andere Geräte verwenden. Ich habe versucht, auf meiner Sun die gleichen Geräte zu verwenden wie bei den beiden anderen Betriebssystemen. Das Zip-Laufwerk funktionierte ausgezeichnet. Zum Mounten habe ich den folgenden Befehl verwendet:

```
# mount -F pcfs /dev/dsk/c1t0d0s0:c /zip
```

Wie bei den anderen Systemen stellt der Solaris USB-Massenspeicher-Treiber die Schnittstelle zum SCSI-Treiber her, weshalb die Gerätedatei des Zip-Laufwerks der üblichen SCSI-Form entspricht. Die DOS-Partition entspricht dem *c*-Slice.

Solaris unterstützt nur einige wenige USB-Drucker, wobei der Zugriff über die */dev/usbprn**-Gerätedatei oder über die üblichen */dev/printers/**-Dateien erfolgt.

Bleiben Sie auf dem neuesten Stand

Im Bereich serieller Leitungen und Terminals haben in den letzten Jahren drastische Veränderungen stattgefunden, und gerade das verdeutlicht die Gefahr jedes technisch orientierten Berufs: Das Wissen veraltet und ist schnell überholt. Hier einige einfache Dinge, die Sie tun können, damit Ihnen das nicht passiert:

- Nehmen Sie an systemadministrationsorientierten technischen Konferenzen teil, wie etwa der LISA (siehe *http://www.usenix.org/events/*) oder an denen, die von den Hardwareherstellern angeboten werden. Ich versuche, mindestens einmal im Jahr an einer solchen Veranstaltung teilzunehmen.

- Schauen Sie sich regelmäßig administrative oder sicherheitsorientierte Websites, Mailinglisten oder Newsgruppen an. Die neuesten Nachrichten tauchen hier meist zuerst auf. Für Administratoren von Open Source-Betriebssystemen ist das besonders wichtig.

- Abonnieren – und lesen – Sie Fachzeitschriften (wenigstens einige der Artikel und Kolumnen), die sich mit den von Ihnen administrierten Systemen befassen. Ich habe das *SysAdmin*-Magazin (siehe *http://www.samag.com*) sowie einige betriebssystemspezifische Publikationen abonniert.

- Lesen Sie die Manpages des Systems alle sechs Monate noch einmal. Bei einem Freund von mir ist das fast schon zur Religion geworden und es ist seine Empfehlung. Ich muss zugeben, dass ich dazu nicht die Zeit habe, aber ich versuche, alle administrativen Manpages (1m) einmal im Jahr zu lesen. (Und auch das ist viel Arbeit, wenn man zehn verschiedene Systemarten administriert.)

KAPITEL 13
Drucker und das Spooling-Subsystem

Trotz des Hoffens auf das kommende papierlose Büro ist das Drucken mit der Zeit komplexer geworden und nicht einfacher. Normale Benutzer drucken mittlerweile routinemäßig einige zehn oder sogar einige hundert Seiten pro Woche aus, und häufig schließt das auch die Art hochqualitativer Druckausgaben ein, die früher nur selten und auf entsprechend teuren Spezialgeräten ausgedruckt wurden.

Dieses Kapitel geht auf die Drucker-Subsysteme der verschiedenen Unix-Versionen ein, die wir hier berücksichtigen. Nirgendwo sonst unterscheiden sich die einzelnen Betriebssysteme so deutlich wie in der Art und Weise, wie sie Drucker und Drucker-Spooler behandeln. FreeBSD, Linux[1] und Tru64 verwenden das BSD Spooling-System, HP-UX und Solaris verwenden das System V-Spooling-System, und AIX verwendet sein eigenes Spooling-System. Jedes System wird hier getrennt behandelt.

In diesem Kapitel werde ich fast ausschließlich die Bezeichnung »Druck-Job« verwenden, aber die Ausführungen gelten gleichermaßen für andere Ausgabegeräte (wie zum Beispiel Plotter). Tatsächlich sind die Unix-Spool-Systeme flexibel genug, um auch bei Dingen eingesetzt werden zu können, die mit dem Drucken nichts zu tun haben: Datenarchivierung, Programme im Batchmodus ausführen, Abspielen von Musik und vieles mehr.[2]

Ein Spooling-System setzt sich üblicherweise aus den folgenden Komponenten zusammen:

Drucker
Zu den aktuellen Ausgabegeräten gehören Laserdrucker und Tintenstrahldrucker, aber auch Spezialgeräte wie Etikettendrucker. Das Drucken kann über einen Drucker erfolgen, der an den lokalen Computer über eine serielle, parallele oder eine USB-Schnittstelle angeschlossen ist, über einen Drucker auf einem entfernten System oder über ein Standalone-Gerät, das direkt an das lokale Netzwerk angeschlossen ist.

---

1 Linux-Distributionen bieten auch das LPRng-System an, das später in diesem Kapitel noch beschrieben wird. In manchen Fällen ist dieses System mittlerweile sogar Standard.

2 Das Spooling-System kann auch zum Senden von Faxen verwendet werden. Dieses Thema behandeln wir in Kapitel 12 (weil ein Großteil der damit verbundenen administrativen Aufgaben mit seriellen Leitungen und Modems zu tun hat).

Benutzerbefehle, die den Druck starten
Ein Benutzer gibt an, welche Datei gedruckt werden soll und (bei mehr als einer Möglichkeit) auf welchem Drucker sie ausgegeben werden soll. Hierbei gibt der Benutzer gegebenenfalls erforderliche Optionen mit an. Bei BSD wird dies als Druck-Job (print job), bei System V und AIX als Druck-Auftrag (print request) bezeichnet.

Queues
Queues speichern und verarbeiten Druck-Jobs sequenziell. In ihrer einfachsten Form stellt eine solche Queue einfach eine Warteschlange dar, die darauf wartet, ein bestimmtes Gerät benutzen zu dürfen.

Spooling-Verzeichnisse
Spooling-Verzeichnisse enthalten die zu verarbeitenden Jobs. Bei BSD wird die gesamte Datei, die gedruckt werden soll, in ein Spool-Verzeichnis kopiert. Bei AIX und System V wird standardmäßig nur eine kleine Steuerdatei erzeugt. Die eigentliche Datei wird zum gegebenen Zeitpunkt aus ihrer ursprünglichen Position heraus gedruckt.

Server-Prozesse
Server-Prozesse akzeptieren Druck-Aufträge, richten die damit verknüpften Dateien ein, speichern diese ab und übertragen die resultierenden Jobs aus dem Spooling-Verzeichnis zu den eigentlichen Geräten.

Filter
Filter wandeln die zu druckenden Dateien in vom Drucker benötigte interne Formate um. Es handelt sich bei ihnen um Programme, die der Printserver für jeden Druck-Job automatisch ausführt.

Administrative Befehle
Die Befehle dienen dazu, das Subsystem oder einzelne Drucker zu starten oder anzuhalten und Queues und einzelne Druckaufträge zu verwalten. Diese Dateien werden typischerweise von den administrativen Befehlen automatisch modifiziert, aber einige Dateien müssen von Hand editiert werden.

Drucken über das Netzwerk
Heutzutage ist das entfernte Drucken über das Netzwerk mindestens genauso weit verbreitet wie das lokale Drucken. Ein System, das es den Benutzern auf anderen Hosts erlaubt, Druckjobs an einen oder alle seiner Drucker zu senden, wird als *Print-Server* bezeichnet. Die entfernten Systeme, von denen diese Jobs stammen, sind also dementsprechend dessen *Clients*. Wir behandeln das Drucken über das Netzwerk getrennt für jedes der drei Spooling-Subsysteme.

 Eine exzellente Referenz für alle Aspekte des Druckens unter Unix bietet das Buch *Network Printing* von Todd Radermacher und Matthew Gast (O'Reilly & Associates). Trotz des Titels werden sowohl lokale als auch netzwerkbezogene Aspekte des Drucker-Spoolings behandelt, und es gibt einen umfangreichen Abschnitt über Filter.

Tabelle 13-1 ist eine Zusammenfassung der Komponenten der Spooling-Subsysteme der verschiedenen Unix-Versionen.

Tabelle 13-1: Drucksystem-Komponenten

Komponente	Lage
Version	**BSD:** FreeBSD, Linux, Tru64 **System V:** HP-UX, Solaris **Proprietär:** AIX
Spool-Verzeichnisse	**BSD:** */var/spool/lpd/** **System V:** */var/spool/lp/request/** **AIX:** */var/spool/lpd/qdir* und */var/spool/qdaemon* **FreeBSD:** */var/spool/output/lpd/** **Solaris:** */var/spool/lp/requests/**
Konfigurationsdatei(en)	**BSD:** */etc/printcap* **System V:** */etc/lp/** **AIX:** */etc/qconfig* **Solaris:** */etc/printers.conf* (zusätzlich)
Erstes serielles Gerät	**AIX:** */dev/tty0* **FreeBSD:** */dev/ttyd0* **HP-UX:** */dev/ttyp0* **Linux:** */dev/ttyS0* **Solaris:** */dev/term/a* **Tru64:** */dev/tty00*
Erstes paralleles Gerät	**Usual:** */dev/lp0* **FreeBSD:** */dev/lpt0* **HP-UX:** */dev/lp* **Solaris:** */dev/ecpp0* **Linux:** */dev/parport0*, aber ein Modul bildet das üblicherweise auf */dev/lp0* ab
Boot-Skript (startet den Spooling-Daemon)	**AIX:** */etc/inittab* und */etc/rc.tcpip* **FreeBSD:** */etc/rc* **HP-UX:** */sbin/init.d/lp* **Linux:** */etc/init.d/lpd* **Solaris:** */etc/init.d/lp* **Tru64:** */sbin/init.d/lpd*
Boot-Skript-Konfiguration	**FreeBSD:** *lpd_enable="YES"* (und andere) in */etc/rc.conf* oder */etc/rc.conf.local* **HP-UX:** *LP=1* in */etc/rc.config.d/lp* **SuSE:** *START_LPD="yes"* und *DEFAULT_PRINTER* in */etc/rc.config* (SuSE 7) *DEFAULT_PRINTER* in */etcsysconfig/printer* (SuSE 8)
Unterstützung für Netzwerkdruck	**Üblich:** BSD-basiert für ein- und ausgehend **AIX:** BSD, AIX, System V für ausgehend **HP-UX:** BSD und HP-UX für ein- und ausgehend

Wir wollen diesen Abschnitt mit einigen nützlichen und oft gewünschten Benutzerbefehlen abschließen. Diese Befehle haben etwas mit dem Drucken zu tun, gehen aber über das übliche Anstoßen und Manipulieren von Druck-Jobs hinaus. Wir beschreiben jeden Befehl kurz, und Tabelle 13-2 zeigt deren Verfügbarkeit auf den verschiedenen Betriebssystemen.

a2ps *oder* enscript
: Befehle zur Umwandlung von Textdateien nach PostScript. Viele Systeme stellen beide Befehle zur Verfügung (aber auch andere, vergleichbare Befehle).

mpage
: Ein Befehl, mit dessen Hilfe mehrere Seiten einer Text- oder PostScript-Datei auf einem Blatt Papier erscheinen. Voreingestellt sind vier Seiten pro Blatt, das Utility kann aber bis zu 8 Seiten pro Blatt drucken.

lptest *und* pmbpage
: Diese Utilities generieren Testausgaben für Drucker. Der erste Befehl erzeugt das übliche Testmuster, bei dem ein String mit allen verfügbaren Zeichen, jeweils um ein Zeichen versetzt, über die gesamte Seite ausgegeben wird. Der zweite Befehl erzeugt ein Image, mit dessen Hilfe Sie die Grenzen des Druckbereichs einer physikalischen Seite bestimmen können.

pr
: Ein Utility, das Textdateien (unter anderem) in einer Folge von Spalten über die Seite verteilen kann. In diesem Modus kann es für die Vorverarbeitung bestimmter Textdokumente nützlich sein, bevor diese gedruckt werden. Beachten Sie, dass pr in seiner allgemeinen Form auch von verschiedenen traditionellen Druckfilter-Mechanismen verwendet wird.

ghostview, gv *und ähnliche Befehle*
: Utilities, mit denen Sie PostScript-Dateien auf dem Bildschirm betrachten können. Sie sind vom PostScript-System Ghostscript abhängig.

ghostscript
: Ein Befehl, der den Ausdruck einer PostScript-Datei auf einem Nicht-PostScript-Drucker erlaubt.

Screenshot-Utilities
: Die meisten Versionen des X Window-Systems stellen den Befehl xwd zur Verfügung, mit dem eine Image-Datei eines Fensters erzeugt werden kann. Ausgereiftere Screenshot-Einrichtungen sind Teil des gimp-Grafikpakets.

Tabelle 13-2: Verfügbarkeit benutzerbezogener Druck-Utilities[a]

Befehl	AIX	FreeBSD	HP-UX	Linux	Solaris	Tru64
a2ps und/oder enscript	✓	✓	✓	✓	✓	✓
mpage	✓	✓	✓	✓	✓	✓
lptest	✓	✓		✓	✓	✓
pmbpage		✓		✓		

Tabelle 13-2: Verfügbarkeit benutzerbezogener Druck-Utilities[a] (Fortsetzung)

Befehl	AIX	FreeBSD	HP-UX	Linux	Solaris	Tru64
pr	a	✓	a	✓	✓	a
ghostview und/oder gv	a	✓	a	✓	✓	✓
xwd	✓	✓	✓	✓	✓	
gimp	a	✓ oder a	a	✓	✓	a

a   Ein Häkchen (✓) gibt an, dass das Element vom Betriebssystem bereitgestellt oder in dessen optionalen Komponenten enthalten ist. Der Buchstabe *a* bedeutet, dass die Software für dieses Betriebssystem verfügbar ist. Üblicherweise muss sie aus dem Internet heruntergeladen und dann kompiliert werden, auch wenn es in den öffentlichen Software-Archiven schon vorkompilierte Versionen geben kann.

Der BSD-Drucker-Spooler

Das BSD-Drucker-Subsystem wird häufig mit dem Namen seines Spooling-Daemons lpd gleichgesetzt. Auch wir werden es von nun an so nennen. Es kann mehrere lokale und entfernte (remote) Drucker und mehrere Queues verwalten und lässt sich für Laserdrucker, Rasterdrucker und andere Geräte leicht anpassen. In der ausgelieferten Version unterstützt es üblicherweise nur einfache Zeilendrucker.

Benutzer-Befehle

Das LPD-Spooling-System stellt verschiedene Programme zur Verfügung, mit deren Hilfe Druck-Jobs in Auftrag gegeben und verwaltet werden können:

lpr
: Gibt einen Job in Druck. Sobald der Job angestoßen wurde, weist ihm der lpd-Daemon eine Job-ID zu, die in allen anderen Befehlen verwendet werden kann.

lpq
: Gibt die augenblicklichen Jobs in einer Queue aus.

lprm
: Entfernt Jobs aus der Queue. Standardmäßig können Benutzer nur ihre eigenen Jobs löschen, *root* kann aber jeden Job entfernen.

Jeder dieser Befehle kennt die Option -P, mit der Sie den gewünschten Drucker angeben können. Fehlt diese Option, wird der Standarddrucker verwendet. Diesen Standarddrucker können Sie festlegen, indem Sie in der Umgebungsvariable *PRINTER* den Namen des Druckers angeben. Ist diese Variable nicht gesetzt und wird im Befehl kein -P verwendet, dann wird der erste in der Konfigurationsdatei */etc/printcap* (siehe unten) stehende Drucker verwendet (auch wenn einige ältere LPD-Implementierungen standardmäßig den Drucker namens *lp* verwenden).

Die LPD-Benutzer-Befehle werden aus Kompatibilitätsgründen auch bei AIX und Solaris unterstützt.

Manipulation einzelner Druck-Jobs

Der Systemadministrator muss häufig einzelne Druck-Jobs verwalten und manipulieren. Die hierzu verwendeten grundlegenden Techniken stellen wir in diesem Abschnitt vor.

Verwenden Sie den lpq-Befehl dazu, den Inhalt einer Queue anzuzeigen. So gibt der folgende Befehl beispielsweise den Inhalt der Queue für den Drucker *ps* aus:

```
$ lpq -P ps
Rank     Owner     Job     Files      Total Size
1st      chavez    15      11726.f    74578 bytes
2nd      harvey    16      fpppp.F    12394 bytes
```

lprm kann dazu verwendet werden, einzelne Druck-Jobs zu löschen. Die Syntax lautet:

```
# lprm -P Drucker Zu-löschende-Jobs
```

Jobs, die gelöscht werden sollen, lassen sich in unterschiedlichen Formen angeben: in Form einer Liste von Job-IDs und/oder Benutzernamen (im letzten Fall werden alle Jobs des betreffenden Benutzers gelöscht) oder durch einen Bindestrich. Im Fall des Bindestrichs werden alle Jobs entfernt, wenn *root* den Befehl aufruft. Der folgende Befehl löscht Job 15 aus der Queue *ps*:

```
# lprm -P ps 15
```

Wollen Sie hingegen alle Job aus der *plot*-Queue entfernen, verwenden Sie diesen Befehl:

```
# lprm -P plot -
```

Mit dem Administrations-Utility lpc (auf das wir in kürze genauer eingehen) können Sie die Reihenfolge der Jobs innerhalb einer Queue neu anordnen. Hierzu verwenden Sie den lpc-Befehl topq. Der folgende Befehl verschiebt Job 12 an den Anfang der *ps*-Queue:

```
# lpc topq ps 12
```

Der letzte Parameter enthält eine Liste der zu verschiebenden Jobs. Diese Liste muss die Job-IDs und/oder die Benutzernamen enthalten (bei einer Liste mit Benutzernamen werden alle Jobs des genannten Benutzers verschoben). topq verschiebt die angegebenen Jobs für den genannten Drucker an den Anfang der Queue. Wurden mehrere Jobs angegeben, wird ihnen die Reihenfolge zugewiesen, in der sie in der Kommandozeile aufgeführt wurden. Der zuerst aufgeführte Job steht am Schluss auch am Anfang der Queue.

Verwaltung der Queues

Das Utility lpc dient dazu, die meisten administrativen Aufgaben zu erledigen, die bei der Arbeit mit dem Drucker-Spooler unter BSD anfallen. Zu diesen Aufgaben zählt zum Beispiel das Herunterfahren eines Druckers zu Wartungszwecken, die Ausgabe des Druckerstatus und (wie gesehen) die Manipulation von Druck-Jobs in der Queue. Das »Line-Printer-Control«-Programm wird einfach mit `lpc` aufgerufen:

```
# lpc
lpc>
```

`lpc` läuft nun und gibt seinen eigenen Prompt aus. `lpc` stellt mehrere interne Befehle bereit:

status *Drucker*
: Gibt den Status des Spooler-Daemons und der Queue für den angegebenen Drucker aus.

stop *Drucker*
: Stellt das Drucken auf *Drucker* nach dem Ausdruck des aktuellen Jobs ein. Benutzer können immer noch mittels `lpr` neue Jobs in die Queue einreihen, die jedoch so lange nicht gedruckt werden, bis der Drucker neu gestartet wird. Dieser Befehl erlaubt das saubere Herunterfahren eines Druckers und wird für gewöhnlich dann benutzt, wenn Verbrauchsmaterial erneuert oder routinemäßige Wartungsarbeiten durchzuführen sind.

abort *Drucker*
: Beendet jeglichen laufenden Druckvorgang augenblicklich und deaktiviert das Drucken auf *Drucker*. Dieser Befehl löscht keine Jobs aus der Queue; die Jobs, die sich schon in der Queue befinden, werden nach einem Neustart des Druckers ausgedruckt. Zum Neustart des Druckers dient der Befehl start. abort ist dann nützlich, wenn der Spooler meldet, dass ein Daemon läuft, aber augenscheinlich nichts passiert. abort ist die verzögerungsfreie Version von stop.

clean *Drucker*
: Entfernt alle Jobs aus der *Drucker*-Queue. Der laufende Job wird aber noch abgearbeitet.

start *Drucker*
: Startet den Druck auf *Drucker* nach einem abort- oder stop-Befehl neu.

disable *Drucker*
: Hindert Benutzer daran, neue Jobs in die Queue von *Drucker* einzureihen. Der Superuser kann weiterhin Druckaufträge in die Queue schreiben, und das Drucken selbst wird nicht unterbrochen. Das Abschalten der Queue mittels disable, das Warten auf die Beendigung des Drucks und das nachfolgende Anhalten des Druckers mittels stop stellen die sauberste Methode dar, einen Drucker abzuschalten.

enable *Drucker*
: Erlaubt den Benutzern, wieder Jobs in die Queue einzureihen. enable ermöglicht nach dem Absetzen eines disable-Befehls die Wiederaufnahme des normalen Betriebs.

down *Drucker*
: Hält den Druck an und schaltet die Queue für den *Drucker* ab. down ist die Kombination von disable und stop.

up *Drucker*
: Schaltet die Queue für *Drucker* an und startet den Druckvorgang. up ist die Kombination von enable und start.

Sollen alle Drucker angesprochen werden, so lässt sich bei allen lpc-Befehlen anstelle des Druckernamens das Schlüsselwort *all* verwenden. lpc besitzt außerdem einen help-Befehl, mit dem Sie sich eine Liste aller Befehle sowie eine Beschreibung einzelner Befehle ausgeben lassen können.

Es folgen einige Beispiele von `lpc`-Befehlen:

```
# lpc
lpc> status ps
ps:
        queuing is enabled             Infos zu ps-Queue und -Gerät.
        printing enabled
        5 entries in spool area
        daemon started                 Der lpd-Daemon läuft.
lpc> disable ps                        Blockieren neuer Druck-Jobs für ps.
ps:
        queuing disabled
lpc> stop ps                           Anhalten des Druckens auf ps.
ps:
        printing disabled
lpc> quit
```

Einzelne interne `lpc`-Befehle lassen sich auch über die Unix-Kommandozeile ausführen, indem sie als Argument an `lpc` übergeben werden:

```
# lpc up ps
```

Der Spooler-Daemon

Der Spooler-Daemon ist üblicherweise */usr/sbin/lpd*. Er wird beim Booten des Systems von einem Initialisierungsskript (siehe Tabelle 13-1) wie dem folgenden gestartet:

```
if [ -f /usr/sbin/lpd ]; then
    rm -f /dev/printer /var/spool/lpd.lock
    /usr/sbin/lpd; echo -n 'lpd' >/dev/console
fi
```

Wenn das Server-Programm lesbar ist, löscht das Skript die alte Lock-Datei (die sicherstellt, dass nur eine Instanz des Daemons läuft) und den Socket und startet dann den Daemon. Der neue Daemon erzeugt im Zuge seiner Initialisierungsaufgaben automatisch eine Lock-Datei und die Kommunikationsschnittstelle.

Ab und zu hängt sich der Spooler-Daemon auf. Das Hauptsymptom dafür ist, dass eine Queue mit mehreren Jobs existiert, jedoch nichts ausgedruckt wird. In diesem Fall sollte der alte Daemon beendet und ein neuer gestartet werden:

```
# ps aux | grep lpd
root    5990  2.2  0.8  1408  352 p0   S   0:00  grep lpd
root     208  0.0  0.2  1536   32 ?    I   0:00  lpd
# kill -9 208
# rm -f /dev/printer /var/spool/lpd.lock
# /usr/lib/lpd
```

Denken Sie daran, dass auch die alten Sockets und Lock-Dateien entfernt werden müssen.

Die gleichen Arbeiten können (wenn verfügbar) auch vom *lpd*-Boot-Skript durchgeführt werden:

```
# /etc/init.d/lpd restart
```

Queues konfigurieren: Die printcap-Datei

Die Datei */etc/printcap* enthält alle Ausgabegeräte, die vom Spooling-System unterstützt werden.[3] Mit anderen Worten: Die Einträge in der *printcap*-Datei definieren die dem System bekannten Drucker.

Hier folgt ein Beispieleintrag für einen (heutzutage seltenen) einfachen Zeilendrucker:

```
# line printer--system default printer
lp|lpt1|Machine Room Line Printer:\
    :sd=/var/spool/lpd/lpt1:\      Spool-Verzeichnis
    :lp=/dev/lp0:\                 Gerätedatei für den Drucker
    :lf=/var/adm/lpd-errs:\        Pfad auf den Fehlerlog für diesen Drucker
    :pl#66:pw#132:                 Seitenlänge und -breite festlegen
```

Die erste Zeile ist ein Kommentar (angedeutet durch das Doppelkreuz #). Die zweite Zeile enthält die Namen für diesen Eintrag und die damit verknüpften Queues und Drucker. Die einzelnen Namen sind durch vertikale Balken voneinander getrennt. Die hier gezeigte Angabe mehrerer Namen ist typisch: ein kurzer, üblicherweise verwendeter Name sowie zusätzliche Namen, die den Druckertyp und/oder dessen Lage andeuten.

Die Felder innerhalb eines printcap-Eintrags werden durch Doppelpunkte voneinander getrennt. Die Einträge können sich über mehrere Zeilen erstrecken, indem diese mit einem Backslash abgeschlossen werden und die Folgezeilen mit einem Tabulatorzeichen beginnen. Werte einstellende Namen verwenden üblicherweise zwei Buchstaben, auf die üblicherweise ein Gleichheitszeichen und der gewünschte Wert folgen.

Die restlichen Zeilen des obigen printcap-Eintrags haben wir kommentiert. Die Einstellungen sind halbwegs selbsterklärend. Nur die beiden Einstellungen in der letzten Zeile sind etwas schwierig. Es handelt sich um numerische Einstellungen, die die Seitenlänge und -breite (in Zeilen bzw. Zeichen) des Druckers festlegen. Das Zuweisungszeichen ist hier ein Doppelkreuz anstelle eines Gleichheitszeichens.

Hier sehen Sie einen etwas komplexeren printcap-Eintrag für einen Laserdrucker:

```
# laser printer
ps|ps3a|hp4000|3rd Floor Laser Printer:\
    :sd=/var/spool/lpd/ps3a:\        Spool-Verzeichnis
    :lp=/dev/lp0:\                   Gerätedatei für den Drucker
    :lf=/var/adm/lperr/ps-errs:\     Pfad auf den Fehlerlog
    :pl#66:pw#0:\                    Seitenlänge/-breite
    :mx#500:hl:\                     Maximale Dateigröße=500 Blöcke; Bannerseite
                                     zuletzt drucken
    :if=/usr/lbin/pcfof +Chp4000tn.pcf:\   Filter-Spezifikationen
    :vf=/usr/lbin/psrast:\
    :af=/var/adm/lpacct:             Accounting-Datei
```

---

3   Im Gegensatz zur ähnlich benannten und aufgebauten *termcap*-Datei ist die *printcap*-Datei nicht bloß eine Datenbank mit Drucker-Charakteristika. Im Gegenteil: Sie ist eine notwendige Konfigurationsdatei.

Der Eintrag beginnt wie vorhin mit einem Kommentar und einer Zeile, die die verschiedenen Namen für diesen Drucker angibt. Die nächsten vier Zeilen definieren die gleichen Einstellungen wie im obigen Beispiel. Die dann folgende Zeile definiert die maximale Anzahl von Seiten, die ein Job an den Drucker schicken darf (hier 500 Blöcke), und legt fest, dass die Bannerseite am Ende des Druckjobs ausgegeben werden soll und nicht gleich zu Beginn. Diese Einstellung, *hl*, ist eine Boolesche Einstellung. Die Verwendung des Namens aktiviert die Einstellung, und das Anhängen eines at-Zeichens deaktiviert sie: *hl@*.

Die beiden nächsten Felder legen Filter fest, die mit diesem Drucker verwendet werden sollen. *if* gibt ein Programm an, das die Eingabe für den Druck aufbereitet, und *vf* gibt ein Programm an, das Rasterimages enthaltende Eingaben verarbeitet. Die vielen möglichen Filtereinstellungen sind in Tabelle 13-3 aufgeführt. Mehrere Filter werden, wie in der *printcap*-Manpage angegeben, über Pipes miteinander verbunden. Die bei Filterprogrammen verwendeten Aufruf-Argumente finden Sie an gleicher Stelle. Allgemeine Filter-Programme werden häufig vom Betriebssystemhersteller mitgeliefert, aber auch die Hersteller der Drucker können für ihre Geräte angepasste Filter bereitstellen.

Die letzte Zeile im Laserdrucker-Eintrag legt die Accountingdatei fest, die für diesen Drucker verwendet werden soll. Diese Datei wird irgendwann vom pac-Utility verarbeitet, das in Kapitel 17 beschrieben ist. Accounting-Einträge werden nicht automatisch vom LPR-Subsystem generiert, sondern müssen explizit von einem der Filter-Programme erzeugt werden. Traditionell übernimmt der *if*-Filter diese Aufgabe. Einen Beispiel-Filter sehen wir uns später in diesem Abschnitt noch an.

Tabelle 13-3 führt die wichtigsten Felder in printcap-Einträgen auf.

Tabelle 13-3: Nützliche printcap-Einstellungen

Feld	Voreinstellung	Bedeutung
Allgemeine Einstellungen		
br	keine	Baudrate für serielle Drucker.
mc	keine	Maximale Anzahl Kopien, die angefordert werden dürfen (nur FreeBSD).
mj	1 Million	Maximale Anzahl Jobs in der Queue (bei FreeBSD und einigen Linux-Versionen nicht verfügbar).
mx	0	Maximale Dateigröße (0 = kein Limit).
pc	200	Umrechnungseinheit (jede Seite kostet hier 0,2 US-Cent)
pl, pw	66,132	Seitenlänge in Zeilen. Seitenbreite in Zeichen (wird für das Accounting verwendet).
px, py	0, 0	Seitenbreite bzw. länge in Pixeln.
rg	keine	Druck auf die Mitglieder dieser Gruppe beschränken (nicht immer implementiert).
rw	aus	Gerät mit Schreib-/Leserechten öffnen.
Drucker-Operationen		
hl	aus	Bannerseite nach dem Job drucken.
sb	aus	Nur ein einzeiliges Banner verwenden.
sc	aus	Mehrere Kopien unterdrücken.
sf	aus	Formfeed (Seitenvorschub) unterdrücken.

Tabelle 13-3: Nützliche printcap-Einstellungen (Fortsetzung)

Feld	Voreinstellung	Bedeutung
sh	aus	Bannerseiten unterdrücken.
Lage von Dateien/Verzeichnissen		
*f	keine	Filter. Der erste Buchstabe bestimmt den Filtertyp: *if* = Eingabe und Accounting, *of* = Ausgabe allgemein, *cf* = cifplot, *df* = dvi/TEX, *ff* = Fortran (d. h. Formfeed), *gf* = plot, *nf* = ditroff, *tf* = troff, *vf* = Rasterimage, *xf* = durchreichen (pass-through, für vorformatierte Ausgaben).
af	keine	Pfad der Accounting-Datei.
lf	/dev/console	Pfad der Fehlerlog-Datei.
lo	lock	Lock-Dateiname.
lp	/dev/lp	Gerätedatei.
sd	/usr/spool/lp	Spooling-Verzeichnis.
st	status	Status-Dateiname.
Drucken im Netz		
rm	keine	Entfernter Host.
rp	lp	Name der entfernten Queue.
rs	aus	Entfernte Benutzer benötigen einen lokalen Account.

Details zu allen Feldern in printcap-Einträgen finden Sie in der Manpage.

Spool-Verzeichnisse

Wie bereits erwähnt wurde, nimmt ein Spool-Verzeichnis die Dateien, die auf einem bestimmten Drucker ausgedruckt werden sollen, so lange auf, bis der Daemon, lpd, sie ausdrucken kann. Spool-Verzeichnisse finden sich gemäß Konvention in */var/spool/lpd*. Jeder Drucker besitzt im Allgemeinen ein eigenes Spool-Verzeichnis.

Alle Spool-Verzeichnisse müssen dem Benutzer *daemon* und der Gruppe *daemon* gehören und über die Zugriffsberechtigung 755 verfügen (Lesen und Ausführen für jedermann, Lese-, Schreib- und Ausführungsrecht für den Benutzer). Dieser Schutzmechanismus gewährt dem Spooler exklusiven Schreibschutz auf Dateien, die sich schon im Spooler befinden, und zwingt den Benutzer dazu, den Spooler zu verwenden. Gleichzeitig verhindert diese Schutzeinrichtung, dass Benutzer die Spooler-Dateien Dritter löschen oder auf andere Weise Probleme verursachen.

Die folgenden Befehle legen ein neues Spool-Verzeichnis namens */var/spool/lpd/newps* an:

```
# cd /var/spool/lpd
# mkdir newps
# chown daemon.daemon newps
# chmod 755 newps
# ls -ld newps
drwxr-xr-x  2 daemon    daemon    2048 Apr  8 09:44 newps
```

Bei jedem neuen Drucker müssen Sie entsprechend neue Spool-Verzeichnisse anlegen.

Den Zugriff auf Drucker beschränken

Die printcap-Variable *rg* kann genutzt werden, um die Verwendung einer Drucker-Queue auf die Mitglieder einer festgelegten Gruppe zu beschränken. So beschränkt *rg=chem* die Nutzung des Druckers beispielsweise auf die Mitglieder der *chem*-Gruppe. Nicht alle Implementierungen des LPD-Spoolers unterstützen dieses Feature (z.B. Tru64).

Die Mechanismen zur Zugriffsbeschränkung beim Drucken über das Netzwerk sehen wir uns später in diesem Abschnitt noch an.

Ein Filter-Programm

Das folgende einfache Drucker-Filter-Programm verdeutlicht die bei solchen Programmen verwendeten allgemeinen Techniken, einschließlich der Generierung von Accounting-Records (um die Gesamtstruktur klarer zu machen, haben wir den ganzen Code weggelassen, der auf gültige Eingaben, fehlende bzw. leere Dateien und ähnliche Dinge prüft):

```
#!/bin/sh
# Filter, um PostScript-Dateien an einen HP-DeskJet auszugeben

# Programm-Optionen einlesen und verarbeiten.
while getopts a:c:h:m:n:p:q:r option; do
   ...
done
acct_file="$1"          # Echte Filter prüfen auf Nullwert

# Parameter-Voreinstellungen festlegen.
MODEL=""
RESOLUTION="600"
QUALITY="normal"

# Benutzer dürfen Voreinstellungen auf Wunsch überschreiben.
. $HOME/config.hp       # Echte Filter prüfen, ob Datei existiert

# Option für Modell erzeugen, falls definiert
if [ '' != "$MODEL" ]; then
  MODEL="-sModel=$MODEL"
fi

# Drucker zurücksetzen, Treppenstufe vermeiden, drucken
printf '\033E\033&k2G\033&s0C'
gs -q -sDEVICE=hpdj $MODEL -r"$RESOLUTION" \
    -sPrintQuality="$QUALITY" \
    -sPagecountFile="./_pages_$randstring" \
    -sOutputFile=- $PSCONFIGFILE -
printf '\033E'          # Drucker zurücksetzen/letzte Seite auswerfen

# Accounting-Record schreiben
pages=`cat ./_pages_$randstring`
printf '%7.2f\t%s:%s\n' "$pages" "$host" "$user" >> "$acct_file"
rm -f ./_pages_$randstring
```

Das Programm verarbeitet zuerst die Optionen (hier nicht abgebildet) und speichert dann den Namen der Accounting-Datei, die im letzten Argument übergeben wurde. Es setzt dann Standardwerte für einige Druckerparameter – Modell, Auflösung und Druckqualität – und liest dann eine benutzereigene Konfigurationsdatei ein, die einige dieser Werte überschreiben kann. Als Nächstes definiert das Skript die Variable *MODEL* als Option, die im folgenden Druckbefehl verwendet wird, wenn der Benutzer einen bestimmten Drucker angegeben hat. (Standardmäßig ist kein Modell vordefiniert).

Die beiden letzten Abschnitte des Skripts übernehmen die eigentliche Arbeit. Zuerst wird dem Drucker mit dem `printf`-Befehl ein passender Reset-String übergeben (dieses Skript wurde für DeskJet-Drucker von Hewlett-Packard entwickelt). Dann ruft der gs-Befehl die Ghostscript-Einrichtung auf, um die zu druckenden Dateien zu verarbeiten (bei denen von PostScript-Dateien ausgegangen wird). Anschließend wird dem Drucker ein einfacher Reset-Code übermittelt, um die Standardeinstellungen wiederherzustellen und die letzte Seite auszugeben (falls nötig).

Zum Schluss generiert das Skript den Accounting-Record. Es verlässt sich dabei auf die von Ghostscript in einer externen Datei abgelegte Seitenzahl, die wir in der gs-Kommandozeile festgelegt haben (wobei wir uns hier nicht darum kümmern, wie die *randstring*-Variable erzeugt wird). Sobald die Seitenzahl eingelesen wurde, schreibt das Skript einen sauber aufbereiteten Datensatz in die Accounting-Datei und löscht die Hilfsdatei.

Drucken im Netz

Die BSD-Druckeinrichtung kann Dateien auch an Drucker auf entfernten Hosts oder zu direkt im Netzwerk angeschlossenen Druckern schicken, wenn die entfernten Drucker auch das LPD-Spooling-Protokoll unterstützen. Ein einfacher printcap-Eintrag für einen entfernten Drucker sieht wie folgt aus:

```
# Eintrag für entfernten Drucker
remlp|hamlq|hamlet's letter quality printer|:\
    :lp=:\
    :rm=hamlet:rp=lp2:\
    :lf=/var/adm/lpd_rem_errs:\     Logdatei einbinden, wenn Sie Debugging-Infos benötigen.
    :sd=/var/spool/lpd/remlp:
```

Dieser Eintrag legt die Eigenschaften eines Druckers namens *remlp* fest. Das leere *lp*-Feld zeigt, dass hier ein Drucker im Netzwerk beschrieben wird, und das *rm*-Feld enthält das Zielsystem für den Netzwerkdruck (in diesem Fall den Host *hamlet*). Das *rp*-Feld enthält den Namen des gewünschten Druckers auf dem Zielhost. Sendet man bei diesem Beispiel also eine Datei an den Drucker *remlp*, dann wird diese auf dem Drucker *lp2* des Rechners *hamlet* ausgedruckt. Auch wenn dieser Eintrag keine spezifischen Details über den entfernten Drucker enthält, kann der printcap-Eintrag auch Werte für Filter, Accounting-Dateien und andere Einstellunggen enthalten. Alternativ können diese Punkte in der printcap-Datei des entfernten Systems definiert werden. Natürlich muss der lokale printcap-Eintrag alle entsprechenden Druckereinstellungen für netzwerkfähige Drucker enthalten, die LPD unterstützt.

Das Akzeptieren eingehender Netzwerk-Druck-Jobs verlangt ebenfalls eine minimale zusätzliche Konfiguration. Damit ein entfernter Rechner einem System Druck-Jobs schicken kann, muss der Hostname des entfernten Systems in der Datei /etc/hosts.lpd oder /etc/hosts.equiv aufgeführt sein. Wenn die erste Datei existiert, muss der Hostname darin enthalten sein, anderenfalls werden Netzwerk-Druck-Jobs abgelehnt. Wenn /etc/hosts.lpd nicht existiert, wird die Datei /etc/hosts.equiv geprüft (weitere Informationen zur Datei /etc/hosts.equiv finden Sie im Abschnitt »Netzwerksicherheit« in Kapitel 7).

Besitzt der printcap-Eintrag eines entfernten Druckers schließlich die rs-Charakteristik, dann dürfen nur entfernte Benutzer mit Accounts auf dem lokalen System (d.h. einem Account mit der gleichen UID auf dem lokalen und dem entfernten System) Jobs an diesen Drucker schicken.

Einen neuen Drucker hinzufügen

Um einen neuen Drucker in ein BSD-System einzubinden, müssen Sie Folgendes tun:

- Schließen Sie den Drucker (falls nötig) physikalisch an den Rechner an. Folgen Sie dabei bezüglich der Kabel und der generellen Vorgehensweise den Anweisungen des Herstellers.
- Wenn es sich um einen seriellen Drucker handelt, müssen Sie sicherstellen, dass die Leitung deaktiviert ist (d.h. das kein getty-Prozess aktiv ist). Details finden Sie in Kapitel 12.
- Wenn es sich um den ersten Drucker im System handelt, müssen Sie sicherstellen, dass der lpd-Server beim Booten auch gestartet wird: Stellen Sie sicher, dass die relevanten Boot-Skripten vorhanden sind, dass die von lpd benötigten Leitungen nicht auskommentiert sind und dass alle Konfigurationsvariablen richtig gesetzt sind.
- Legen Sie einen Eintrag für den Drucker in /etc/printcap an. Wenn Sie einen Drucker einbinden, der einem schon vorhandenen Drucker gleicht, kopieren Sie dessen Eintrag, ändern Sie den Namen, die Gerätedatei, das Spool-Verzeichnis, die Accounting-Datei, die Fehler-Logdatei und andere relevante Parameter für den neuen Drucker. Die Drucker-Hersteller bieten manchmal printcap-Einträge für ihre Drucker an.
- Legen Sie ein Spool-Verzeichnis für den Drucker an.
- Legen Sie die Accounting-Datei des Druckers (definiert im af-Feld des printcap-Eintrags) mit dem Befehl touch an:
  ```
  # touch /var/adm/lp_acct/ps3
  # chown daemon /var/adm/lp_acct/ps3
  # chmod 755 /var/adm/lp_acct/ps3
  ```
  Wie in diesem Beispiel werden die Accounting-Dateien für Drucker üblicherweise unter /var/adm abgelegt. Sie müssen dem Benutzer daemon gehören und von ihm geschrieben werden können.
- Starten Sie den Drucker und seine Queue:
  ```
  # lpc up ps3
  ```
- Testen Sie den Drucker durch Spoolen einer kleinen Datei.

Hinweise zur Fehlersuche finden Sie im letzten Abschnitt dieses Kapitels.

LPD-Variationen

Wir beschließen diesen Abschnitt mit einem kurzen Blick auf einige Features des LPD-Spool-Systems bei den verschiedenen Betriebssystemumgebungen.

FreeBSD

Neben den bisher vorgestellten Befehlen bietet FreeBSD den Befehl chkprintcap an, der eine einfache Prüfung von printcap-Einträgen vornimmt. Am nützlichsten ist er in der Form mit der Option -d. In diesem Modus wird sichergestellt, dass nicht mehrere Drucker ein Spool-Verzeichnis nutzen. Darüber hinaus werden alle fehlenden Spool-Verzeichnisse erzeugt, die in der printcap-Datei referenziert werden.

Der FreeBSD-Befehl lptcontrol kann gelegentlich ebenfalls nützlich sein. Mit ihm können Sie den Status eines parallelen Ports wie folgt einstellen: Standard, Erweitert (extended), Polling und Interrupt-gesteuert (Details finden Sie in der Manpage). Beachten Sie, dass lptcontrol während des Bootens ausgeführt werden muss, um die gewünschte Einstellung beizubehalten.

Tru64

Tru64 bietet ein exzellentes Utility zur Drucker-Konfiguration namens printconfig an, das in Abbildung 13-1 zu sehen ist.

Das Hauptfenster ist in der Abbildung oben links zu sehen. Dort können Sie einen neuen Drucker einbinden, den Sie in der oberen Scroll-Liste aus einen langen Liste vordefinierter Typen wählen können. Alternativ können Sie in der unteren Liste vorhandene Drucker modifizieren. Sie können auch einen beliebigen Drucker als Standarddrucker festlegen (das Tool weist *lp* automatisch als einen der Namen des Druckers zu und ordnet die printcap-Einträge entsprechend neu an).

Die Fenster oben rechts und in der Mitte zeigen den Prozess des Einbindens eines neuen Druckers (dessen Name hier *laser3* lautet). Die wichtigsten printcap-Felder sind im erstgenannten Fenster, die anderen möglichen Einstellungen in der Scroll-Liste des zweiten Fensters enthalten. Das Utility trägt (basierend auf dem von Ihnen gewählten Drucker) Standardwerte für viele Felder ein, darunter auch die Pfade auf viele Filter-Programme (die vom Betriebssystem zur Verfügung werden).

Tru64 stellt auch ein älteres textbasiertes und menügesteuertes Utility namens lprsetup zur Verfügung. Die folgende kurze Session vermittelt Ihnen einen Eindruck von der generellen Arbeitsweise dieses Programms:

```
# /usr/sbin/lprsetup

Tru64 UNIX Printer Setup Program
Command  < add modify delete exit view quit help >: view
```

```
lp|lp0|0|hp4000:\
        :af=/usr/adm/lpacct:\
        :if=/usr/lbin/pcfof +Chp4000tn.pcf:\
        :lf=/usr/adm/lperr:\
        :lp=/dev/lp:\
        ...

Command  < add modify delete exit view quit help >: quit
```

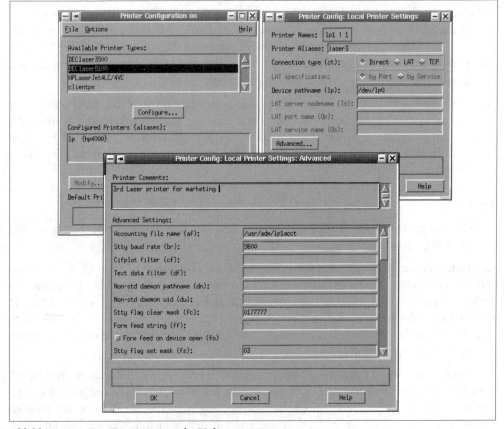

Abbildung 13-1: Das Tru64-printconfig-Utility

Linux

Linux-Systeme verfügen ebenfalls über GUI-Schnittstellen zur Erzeugung von printcap-Einträgen. So kann zum Beispiel das `linuxconf`-Tool zur Konfiguration von Druckern verwendet werden. Auch `yast2` von SuSE können Sie für diese Aufgabe verwenden. Das entsprechende Modul erreichen Sie im Hauptfenster über HARDWARE → PRINTER. Die daraus resultierenden Dialoge sehen Sie in Abbildung 13-2.

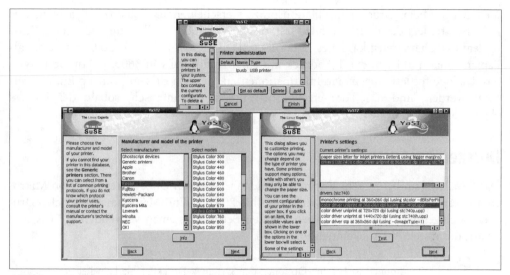

Abbildung 13-2: Druckerkonfiguration mit yast2 bei SuSE Linux

Besondere Behandlung

Aufgrund meiner eigenen Erfahrung assoziiere ich das Drucken immer mit vielen Anfragen der Benutzer nach spezieller, soll heißen: bevorzugter Behandlung. Ich war einmal Systemadministrator bei einem Projekt mit sehr knappen Terminvorgaben; die Arbeit wurde immer in allerletzter Sekunde erledigt. Wir bewältigten unser Pensum zwar immer innerhalb der gesetzten Fristen, aber die technischen Zeichnungen mussten immer noch über ein oder zwei recht langsame elektrostatische Plotter ausgegeben werden. Das Ergebnis war, dass ich mir jeden Tag zwischen vier und fünf haarsträubende Geschichten über einzuhaltende Termine anhören durfte, immer verbunden mit der Bitte, den Job in der Plotter-Queue nach oben zu verschieben.

Das hört sich zwar nach keiner großen Sache an, aber jedem war bewusst, wie langsam diese Plotter waren, und alle achteten wie die Geier auf Queues. Wurde der Job eines Mitarbeiters bevorzugt, war ein anderer beleidigt.

Was letztendlich geholfen hat, die Dinge wieder unter Kontrolle zu bringen, war die Formulierung einer Benutzungsregelung für Plotter und Queue-Prioritäten, die von unserer Geschäftsleitung gebilligt und dann an alle Benutzer verteilt wurde. Auf diese Weise wußte jeder, was er zu erwarten hatte. Wenn wir diese Regelung gelegentlich umgingen, um einem Mitarbeiter, der sich wirklich in Zeitnot befand, aus der Patsche zu helfen, dann hat er zumindest verstanden, dass wir ihm einen Gefallen getan haben (schließlich hatten wir genug anderes zu tun, um uns mit Plotter-Queues aufzuhalten).

Das Hauptfenster des Moduls (ganz oben in der Abbildung) führt die konfigurierten Drucker auf und erlaubt auch das Einbinden neuer Drucker. Die beiden anderen Fenster stammen aus der beim Drucker-Installationsprozess erscheinenden Folge von Dialogen. Das linke Fenster legt das Druckermodell fest, das Sie einbinden wollen, und das rechte Fenster legt die Charakteristika dieses Druckers fest. In diesem Fall verwenden wir Letter als Papierformat und legen den Farbdruck mit einer Auflösung von 360×360 dpi fest. Weitere Dialoge fordern allgemeine Informationen an, die von diesem printcap-Eintrag verlangt werden, und das Tool erzeugt den Eintrag automatisch, sobald der Prozess abgeschlossen ist.

Drucken bei System V

Das Drucksystem bei System V wird auf einer Vielzahl von Unix-Systemen – von Mikrocomputern mit einem einzelnen Drucker bis hin zu High-End-Mainframes mit vielen Druckern - eingesetzt. Von den hier betrachteten Betriebssystemen verwenden HP-UX und Solaris die System V-Druckeinrichtung.

Traditionell ist bei den Optionen der System V-Druckbefehle kein Leerzeichen zwischen dem Optionsbuchstaben und dem Argument erlaubt. Auch wenn einige Implementierungen heutzutage etwas flexibler sind, halten wir hier an der alten Syntax fest.

Benutzer-Befehle

Das System V-Spooler-Subsystem stellt verschiedene Benutzer-Befehle zur Verfügung, mit deren Hilfe Druck-Jobs angestoßen und verwaltet werden können:

lp
: Initiiert Druck-Aufträge. Stößt ein Benutzer einen Druck-Job an, wird diesem eine eindeutige *Request-ID* zugewiesen, über die er danach identifiziert werden kann. Diese ID besteht üblicherweise aus dem Namen des Druckers und einer Nummer, etwa »ps-102«. Der lp-Befehl wird auch wegen der Kompatibilität mit FreeBSD unterstützt.

lpstat
: Gibt den Inhalt und die Konfiguration der Queue aus. Dieser Befehl wird später in einem eigenen Abschnitt beschrieben.

cancel
: Löscht einen noch offenen Druckauftrag. Standardmäßig können Benutzer nur ihre eigenen Jobs löschen, *root* kann aber jeden Job löschen.

Alle diese Befehle werden von AIX als alternative Schnittstelle auf sein eigenes Queueing-System unterstützt.

Der Standarddrucker des Systems

Der lp-Befehl kennt die Option -d, mit deren Hilfe Sie das gewünschte Ziel (destination) angeben können, also den Drucker oder die Druckerklasse (siehe unten). Lassen Sie diese Option weg, wird das in der Umgebungsvariable *LPDEST* eingetragene Ziel verwendet. Ist diese Variable nicht gesetzt und -d im Befehl nicht enthalten, dann wird der Standarddrucker verwendet. Dieser wird vom Systemadministrator mit dem Befehl lpadmin festgelegt. Im folgenden Beispiel wird also *PS2* zum Standardziel:

```
# lpadmin -dPS2
```

Der Befehl lpstat -d gibt das aktuell gültige Standardziel aus:

```
$ lpstat -d
system default destination: PS2
```

Geräteklassen

Der lp-Befehl schickt Druckaufträge an die Queue, die für ein bestimmtes *Ziel* zuständig ist. Bei diesem Ziel kann es sich entweder um einen bestimmten Drucker (ein Gerät) oder um eine *Geräteklasse* handeln. Eine Geräteklasse ermöglicht es, mehrere ähnliche Geräte zusammenzufassen und als äquivalent zu betrachten, sie also gegeneinander auszutauschen.[4] So lassen sich zum Beispiel alle Laserdrucker in eine Klasse *laser* einordnen. Benutzer können dann einen Druckauftrag an das Ziel *laser* schicken. Dieser wird auf dem ersten verfügbaren Gerät der Klasse ausgedruckt. Im übrigen teilen sich alle Geräte einer Klasse eine einzige Queue.

Die Aufgabe von lp ist nun, einen Druckauftrag in eine Queue für ein bestimmtes Gerät oder eine Klasse mit mehreren Geräten einzureihen. Zu einem späteren Zeitpunkt schickt dann der Daemon lpsched die eigentlichen Daten zum Drucker. Darauf, wie man einzelne Drucker in einer Klasse zusammenfasst, gehe ich später in diesem Abschnitt noch ein.

Statusinformationen abfragen

Der Befehl lpstat liefert Statusinformationen über den aktuellen Zustand von Queues und Geräten. Tabelle 13-4 führt die nützlichsten lpstat-Optionen auf.

Tabelle 13-4: lpstat-Optionen

Option	Bedeutung
-a*Liste*	Gibt an, ob die Queues für die in der *Liste* aufgeführten Drucker Aufträge annehmen oder nicht.
-c*Liste*	Gibt die Mitglieder der aufgeführten Klassen aus.
-o*Liste*	Gibt die Druckaufträge aus. In diesem Fall darf die *Liste* Auftragsnummern und Drucker- oder Klassennamen enthalten. Enthält sie Drucker- oder Klassennamen, werden alle zugehörigen Druckaufträge ausgegeben.
-p*Liste*	Gibt den aktuellen Status der angegebenen Drucker aus.
-u*Liste*	Gibt den Status aller Druckaufträge aus, die den aufgeführten Benutzern gehören.
-v*Liste*	Gibt an, auf welche Gerätedateien die angegebenen Drucker zugreifen.
-s	Zusammenfassung (summary): Gibt alle Klassen und deren Mitglieder sowie alle Drucker und zugehörigen Gerätedateien aus.
-t	Gibt alle Statusinformationen aus.
-d	Gibt das Standardziel aus.

---

4 Bei anderen Betriebssystemen wird dieses Konstrukt als *Drucker-Pool* bezeichnet.

Die Einträge einer Liste sind durch Kommata voneinander getrennt; falls sie Sonderzeichen enthalten, die von der Shell interpretiert werden, sind sie in Anführungszeichen zu setzen. Wenn keine Liste übergeben wird, so bezieht sich der Befehl auf alle möglichen Listenelemente des passenden Typs. So gibt

```
# lpstat -uchavez,jones
```

alle Jobs aus, die den Benutzern *chavez* und *jones* gehören. `lpstat -u` gibt die Druckaufträge aller Benutzer aus. In ähnlicher Weise lässt sich `lpstat -c` dazu benutzen, sämtliche Mitglieder aller definierten Klassen anzuzeigen.

Wird lpstat ohne zusätzliche Argumente aufgerufen, so gibt es eine Übersicht über alle Druckaufträge aus, die von dem Benutzer, der lpstat aufruft, abgeschickt werden (dies entspricht also `lpstat -u$USER`).

Der folgende Befehl gibt beispielsweise eine Übersicht aller Jobs an, die sich in der Queue des Druckers *PS* befinden:

```
$ lpstat -oPS
PS-1139    chavez     89427   May 25 07:19 on PS
PS-1140    harvey    302052   May 25 07:21
PS-1141    stein      58357   May 25 07:26
PS-1142    stein       9846   May 25 07:26
```

Der folgende Befehl gibt den aktuellen Status der Ziele *PS* und *PS2* aus:

```
$ lpstat -pPS,LP2
printer PS now printing PS-1139. enabled since May 13 22:12
printer LP2 is idle. enabled since May 13 22:12
```

Der folgende Befehl gibt Auskunft darüber, ob die Queue für die Geräteklasse *laser* neue Jobs akzeptiert oder nicht:

```
$ lpstat -alaser
laser accepting requests since Jan 23 17:52
```

Der folgende Befehl gibt den Namen der Gerätedatei aus, die als Interface für *PS* verwendet wird:

```
$ lpstat -vPS
device for PS: /dev/tty0
```

Manipulation einzelner Druckaufträge

Bei System V kann der Systemadministrator jeden noch nicht gedruckten Job löschen. Hierzu steht ihm der Befehl cancel zur Verfügung, der entweder die Auftrags-IDs der zu löschenden Jobs oder einen oder mehrere Drucker als Argument erwartet. Im ersten Fall werden die angegebenen Jobs gelöscht, selbst wenn sie sich gerade im Druck befinden. Im zweiten Fall wird der Job, der gerade auf dem angegebenen Gerät gedruckt wird, abgebrochen.

Weitere nützliche Optionen von cancel in Kombination mit einer Druckerliste erlauben das Entfernen mehrerer Jobs in einer einzigen Operation: -a entfernt alle Requests des Benutzers, der den Befehl für den genannten Drucker ausgeführt hat, und -e (für »everything«, also alles) entfernt alle Jobs in der Queue. Die Option -i beschränkt alles auf lokale Druck-Jobs, und -u beschränkt alles auf die als Argument übergebenen Benutzer. Die Option -u kann mehrmals angegeben werden, um mehr als nur einen Benutzer festzulegen.

Der folgende Befehl löscht beispielsweise alle Jobs der Benutzer *chavez* und *harvey* auf den Druckern *PS2* und *PS3*:

```
# cancel PS2 PS3 -uchavez -uharvey
```

Ausstehende Druckaufträge lassen sich mit Hilfe des Befehls lpmove auch zwischen Queues verschieben. lpmove hat die folgende Syntax:

```
# lpmove Auftrags-IDs Neues_Ziel
# lpmove Altes_Ziel Neues_Ziel
```

In seiner ersten Form verschiebt der Befehl die angegebenen Jobs zu dem Drucker, der als letztes Argument übergeben wird. In seiner zweiten Form verschiebt der Befehl alle Druckaufträge, die sich in der Queue *Altes_Ziel* befinden, in die Queue *Neues_Ziel*. (Dies ist sinnvoll, wenn ein Drucker ausgefallen ist und ein Ersatzdrucker zur Verfügung steht). Beachten Sie bitte, dass ein lpmove nicht erforderlich ist, wenn *Altes_Ziel* und *Neues_Ziel* sich in der gleichen Klasse befinden. Der Grund ist, dass die Queue für alle Geräte der Klasse zuständig ist und die Druck-Jobs automatisch zum zweiten Drucker leitet, wenn der erste Drucker ausgefallen ist.

Wenn *Altes_Ziel* dagegen aktiv ist und läuft, dann deaktiviert lpmove die Queue und verschiebt alle in ihr enthaltenen Jobs.

Bei vielen Implementierungen (einschließlich HP-UX, nicht aber Solaris) kann lpmove nur dann verwendet werden, wenn der Drucker-Spooler abgeschaltet ist (wie das geht, wird weiter unten in diesem Kapitel erklärt).

Verwaltung der Queues

Beim System V-Drucksystem werden Queues über zwei Befehlspaare kontrolliert: über accept und reject sowie über enable und disable.

Die Befehle accept und reject dienen dazu, das Spoolen in eine Queue zu erlauben bzw. zu verhindern. Beiden wird eine Liste der Ziele als Argument übergeben. Wird reject mit der Option -r aufgerufen, so kann der Systemverwalter eine Begründung für das Verweigern der Annahme angeben, die dann den Benutzern angezeigt wird, die versuchen, Druckaufträge an diese Queue zu schicken. Die folgenden Befehle zum Beispiel sperren und öffnen die Queue für den Drucker *PS*:

```
# reject PS
# accept PS
```

Der folgende Befehl sperrt die Queue für die Klasse *laser*:

```
# reject -r"Im ganzen Gebäude gibt es kein Papier ..." laser
```

Weder accept noch reject haben Einfluss darauf, ob schon gespoolte Jobs weiterhin gedruckt werden oder nicht.

Die Befehle enable und disable dienen dazu, den Status eines bestimmten Druckers zu kontrollieren. Beide Befehle akzeptieren eine Liste von Druckern als Argument. Geräteklassen sind an dieser Stelle nicht als Argumente zugelassen, da beide Befehle reale Geräte ansprechen. Auch für disable gibt es die Option -r, mit der sich ein Grund für das Abschalten eines Druckers angeben lässt. Zusätzlich steht die Option -c zur Verfügung, die automatisch alle Jobs anhält, die sich gerade auf dem angegebenen Gerät im Ausdruck befinden. Per Voreinstellung werden Jobs, die sich beim Aufruf von disable im Ausdruck befinden, auf einem anderen Gerät der gleichen Klasse (sofern vorhanden) oder beim Neustart des abgeschalteten Druckers erneut ausgedruckt. Die folgenden Befehle deaktivieren beispielsweise den Drucker *PS* und aktivieren ihn dann wieder:

```
# disable -r"Wechsel der Toner-Kartusche; Neustart um 11" PS
# lpstat -pPS
Printer PS disabled since May 24 10:53 -
Changing toner cartridge; back by 11
# enable PS
```

Starten und Anhalten des Drucker-Spoolers

Für die eigentliche Abarbeitung der Druckaufträge ist der lpsched-Daemon zuständig, der beim Booten automatisch gestartet wird. Die notwendigen Befehle sehen etwa so aus:

```
if [ "$LP" -eq 1 -a -s /var/spool/lp/pstatus ]; then
    ps -ef | grep lpsched | grep -iv grep > /dev/null 2>&1
    if [ $? = 0 ]; then
        /usr/sbin/lpshut > /dev/null 2>&1
    fi
    rm -f /var/spool/lp/SCHEDLOCK
    /usr/sbin/lpsched && echo line printer scheduler started
fi
```

Diese Befehle stellen zuerst sicher, dass das Druck-Subsystem in den Startup-Konfigurationsdateien aktiviert ist (*LP* ist bei diesem HP-UX-System auf 1 gesetzt) und dass die Statusdatei des Subsystems existiert und nicht leer ist. Dann wird die Prozessliste untersucht, um festzustellen, ob lpsched noch läuft. Stellen Sie sicher, dass die Startup- und Shutdown-Programme für den Server verfügbar sind. Als Nächstes wird die Lock-Datei von lpsched gelöscht (diese Datei stellt sicher, dass nur jeweils eine Instanz von lpsched läuft), und dann wird der neue Daemon gestartet (der seine eigene Lock-Datei erzeugt). Kann lpsched erfolgreich gestartet werden, erscheint eine entsprechende Meldung auf der Standardausgabe.

Mit der lpstat-Option -r können Sie feststellen, ob der Spooler-Daemon läuft:

```
$ lpstat -r
scheduler is running
```

Wie Sie gesehen haben, kann der Drucker-Spooler mit dem Befehl lpshut heruntergefahren werden. Der Befehl deaktiviert alle Geräte; Druckaufträge können aber weiterhin in die Queues eingereiht werden. Der Spooler kann neu gestartet werden, indem man das entsprechende Boot-Skript erneut ausführt. Hier sehen Sie ein HP-UX-Beispiel:

```
# lpshut
# /sbin/init.d/lp start
```

Wenn Sie *lpsched* mit einer anderen Methode abbrechen oder wenn das System abstürzt, müssen Sie die Lock-Datei (*/var/spool/lp/SCHEDLOCK*) von Hand entfernen, falls das Boot-Skript das nicht für Sie übernimmt.

Wie Sie sehen, liegen die administrativen Befehle des System V-Spoolers generell unter */usr/sbin*.

Drucker und Zielklassen verwalten

Der Befehl lpadmin wird verwendet, um die Charakteristika von Druckern oder Druckerklassen festzulegen oder zu ändern. Hierzu sollte er nur dann eingesetzt werden, wenn lpsched mit lpshut angehalten wurde.

Mit der Option -p können Sie angeben, auf welchen Drucker sich der lpadmin-Befehl bezieht. Dieser Befehl kann bei jedem lpadmin-Befehl explizit angegeben werden. lpadmin kennt eine Reihe zusätzlicher Optionen, mit deren Hilfe sich verschiedene administrative Aufgaben innerhalb des Spooler-Subsystems erledigen lassen.

Definition oder Modifikation eines Druckers

In seiner grundlegendsten Form definiert der lpadmin-Befehl einen Drucker durch Angabe der Gerätedatei und einer Modelldefinition:

```
lpadmin -pDrucker -vGerätedatei Schnittstellenoption
```

Hierbei steht *Drucker* für den Namen, der dem Drucker zugeordnet werden soll, und *Gerätedatei* für den Pfadnamen der Gerätedatei, über die der Rechner mit dem Drucker kommuniziert. Wenn der angegebene Drucker bereits existiert, wird dessen Definition modifiziert; anderenfalls wird ein neuer Drucker angelegt.

Die Schnittstellenoption nimmt eine der folgenden Formen an:

-e*Drucker*
: Kopiert die Schnittstelle eines schon vorhandenen Druckers.

-m*Modell*
: Übergibt die Modellbezeichnung des Druckers (eine passende Datei sollte unter */var/spool/lp/model*[5] zu finden sein).

-i*Schnittstellenpfad*
: Übergibt den vollständigen Pfadnamen des Schnittstellenprogramms des Druckers.

---

[5] Die übliche Lage ist häufig nur ein Link. Unter HP-UX 10 ist dies ein Link auf */etc/lp/model* und bei Solaris-Systemen ein Link auf */usr/lib/lp/model*. In der Tat halten beide Betriebssysteme einen Großteil der zum Spooling-Subsystem gehörenden Konfigurationsdaten in Unterverzeichnissen von */etc/lp* vor (mit Links auf die »Standard«-Verzeichnisse).

Der Zweck dieser Optionen ist festzulegen, welche Software-Schnittstelle in Verbindung mit dem neuen Drucker benutzt werden soll. Bei dieser Software-Schnittstelle handelt es sich um ein Shell-Skript, das die verschiedenen Aufgaben erledigt, die notwendig sind, um den Drucker auf den Druckvorgang vorzubereiten und die gewünschten Dateien zum Drucker zu übertragen. Bei der Definition eines Druckers wird dessen Software-Schnittstelle in das Verzeichnis */var/spool/lp/interface* kopiert, wobei die Datei den Namen des Druckers erhält.

Am einfachsten lässt sich die Option -e benutzen, die den Rechner anweist, die Software-Schnittstelle eines schon angeschlossenen Druckers zu verwenden. So definiert der folgende Befehl einen neuen Drucker *PS4*, der über */dev/ttd2* angeschlossen ist. Bei diesem Drucker handelt es sich um das gleiche Modell wie beim Drucker *PS3*:

```
$ lpadmin -pPS4 -ePS3 -v/dev/ttd2
```

Handelt es sich um einen neuen Druckertyp, so finden Sie mit etwas Glück das passende Programm bereits auf dem Rechner, da moderne Betriebssysteme üblicherweise viele dieser Programme in */var/spool/lp/model* zur Verfügung stellen. Häufig werden diese Software-Schnittstellen auch vom Hersteller des Druckers angeboten.

Mit der Option -m wird der Dateiname eines Schnittstellenprogramms übergeben, das in */var/spool/lp/model* liegt. So definiert der folgende Befehl zum Beispiel einen neuen Drucker namens *Arbeitstier*, der sich des Schnittstellenprogramms *laserjet4* bedient und über */dev/ttd5* an den Computer angeschlossen ist:

```
$ lpadmin -pArbeitstier -v/dev/ttd5 -mlaserjet4
```

Der Befehl legt eine Kopie von */var/spool/lp/model/laserjet4* unter */var/spool/lp/interface/Arbeitstier* an.

Mit der Option -i können Sie den Pfad auf das gewünschte Schnittstellenprogramm schließlich noch explizit angeben.

Drucker löschen

Die lpadmin-Option -x entfernt die Definition eines Druckers aus dem System. So entfernt der folgende Befehl zum Beispiel den Drucker *Langsam* aus dem System:

```
# lpadmin -xLangsam
```

Verwaltung von Geräteklassen

Mit der Option -c von lpadmin können Sie einen Drucker einer bestimmten Klasse zuweisen. So weist zum Beispiel der Befehl

```
# lpadmin -pPS2 -claser
```

den Drucker *PS2* der Klasse *laser* zu. Falls die Klasse noch nicht existiert, wird sie erzeugt.

Die Option -r hingegen entfernt einen Drucker aus einer Klasse. Beispielsweise entfernt der folgende Befehl den Drucker *PS1* aus der Klasse *laser*:

```
# lpadmin -pPS1 -rlaser
```

Sie können einen Drucker aber schon bei seiner Installation einer Klasse zuweisen:

```
# lpadmin -pPS7 -v/dev/ttd2 -mpostscript -claser
```

Selbst wenn ein Drucker in eine Klasse eingebunden wurde, können Benutzer immer noch Druck-Jobs in seine eigene Queue einbinden.

Dieser Befehl generiert den PostScript-Drucker *PS7*, der über */dev/ttd2* angeschlossen ist, und trägt ihn in die Klasse *laser* ein.

Wenn Sie einen Drucker aus einer Klasse oder aus dem System mit -r oder -x entfernen und dieser Drucker das einzige Mitglied seiner Klasse ist, dann wird auch diese Klasse gelöscht.

Druckerklassen definieren

Es ist wichtig sicherzustellen, dass alle Drucker innerhalb einer Klasse die gleiche Funktionalität aufweisen. Wenn es sich nicht um Drucker des gleichen Herstellers oder desselben Modells handelt, müssen Sie zumindest sicherstellen, dass sie identische Fähigkeiten besitzen und für einen Druck-Job die gleiche Ausgabe erzeugen.

In-Queue-Prioritäten

Den Druckaufträgen in Ziel-Queues werden Prioritäten zugewiesen, die bestimmen, in welcher Reihenfolge die Aufträge gedruckt werden (standardmäßig in der Reihenfolge ihres Eingangs). Das normale System V-Schema verwendet Prioritäten im Wertebereich von 0 bis 39, wobei kleinere Zahlen für eine höhere Priorität (und damit schnelleren Ausdruck) stehen. Solaris verwendet dieses System, während HP-UX ein anderes System nutzt, bei dem die Prioritäten zwischen 0 und 7 liegen, wobei 7 die höchste Prioritätsebene darstellt. Die beiden Betriebssysteme unterscheiden sich auch in den Befehlen, die sie zur Einstellung und Modifikation der Job-Prioritäten zur Verfügung stellen.

Prioritäten unter HP-UX. Bei HP-UX verfügt lpadmin über die Option -g, mit der eine Standardpriorität für jeden Drucker definiert werden kann. So setzt der folgende Befehl zum Beispiel die Standardpriorität für den Drucker *PS0* auf 2:

```
# lpadmin -pPS0 -g2
```

Voreingestellt ist die Prioritätsebene 0 (die niedrigste Priorität). Im Falle einer Druckerklasse entspricht die Standardpriorität für in der Queue abgelegte Jobs der höchsten Standardpriorität unter den Druckern der Klasse.

Die Prioritätsebenen noch ausstehender Jobs können mit dem Befehl lpalt verändert werden. (Dieser Befehl kann auch einige andere Job-Charakteristika wie den Titel und die Anzahl der Kopien verändern). Zum Beispiel ändert der folgende Befehl die Priorität des angegebenen Jobs auf den Wert 7:

```
# lpalt -p7 PS0-21
```

Die anderen Optionen von lpalt sehen wir uns später in diesem Abschnitt noch an.

Der lpfence-Befehl stellt den letzten Mechanismus zur Prioritätsverwaltung beim Drucken dar. Er setzt eine minimale Prioritätsebene – die sog. *fence* (zu deutsch Zaun) –, die für einen Druck-Job erlaubt ist. Diese Charakteristik wird für eine individuelle Queue (Drucker oder Klasse) festgelegt. Zum Beispiel setzen die folgenden Befehle die Queue *PS1* auf die Standardpriorität 1 und den Fence-Wert auf 4:

```
# lpadmin -pPS1 -g1
# lpfence PS1 4
```

Bei dieser Konfiguration wird neuen Jobs ohne explizite Priorität die Priorität 1 zugewiesen, aber nur Jobs mit der Priorität 4 oder höher werden gedruckt. Wie bei lpadmin kann lpfence nur ausgeführt werden, wenn lpsched nicht läuft.

Initiiert ein Benutzer einen Druck-Job mit dem lp-Befehl, kann er die Priorität mit der Option -p angeben. Im Augenblick gibt es keine Möglichkeit, die von einem Benutzer angegebene Priorität zu beschränken. Das heißt, jedes von Ihnen implementierte Prioritätssystem kann von einem gut informierten Benutzer unterlaufen werden.

Prioritäten unter Solaris. Solaris stellt den lpusers-Befehl zur Verfügung, mit dessen Hilfe die systemweite Standarddruckpriorität sowie benutzerbezogene Prioritätsgrenzen festgelegt werden können.

Die Option -d wird dazu benutzt, die Standardpriorität des Rechners festzulegen. Wird ein Druckauftrag abgeschickt, ohne dass in der lp-Kommandozeile eine Priorität explizit angegeben wurde, erhält der Druckauftrag diese Standardpriorität. Der folgende Befehl setzt die Standardpriorität des Systems auf 15:

```
# lpusers -d15
```

Die Priorität einzelner Druckaufträge lässt sich mit der lp-Option -q festlegen:

```
$ lp -dlaser -q25 grosse_Datei
```

Dieser Benutzer hat die Priorität seines Druckauftrags auf 25 herabgesetzt. In gleicher Weise setzt der folgende Weise die Priorität höher als üblich (indem ein kleinerer Prioritätswert angegeben wird):

```
$ lp -dlaser -q10 wichtige_Datei
```

Der Systemadministrator kann den Wertebereich definieren, der dem Benutzer als Druckpriorität zur Verfügung steht. Hierdurch und mit Hilfe der Standardpriorität lassen sich die Druckprioritäten für unterschiedliche Benutzerklassen auf sehr einfache Weise setzen.

Die lpusers-Option -q bestimmt die untere Grenze des Wertebereichs der Druckprioritäten. Mit Hilfe der Option -u lassen sich ein oder mehrere Benutzernamen angeben, für die der angegebene Wertebereich gilt. Werden keine Benutzernamen angegeben, so setzt -q die untere Grenze, die standardmäßig – also für Benutzer, für die keine expliziten Werte gesetzt sind – verwendet wird. Wird -u ohne -q verwendet (d.h., wenn keine Priorität angegeben wurde), so werden die Grenzen für die angegebenen Benutzer auf die systemweiten Standardwerte zurückgesetzt. Hierzu einige Beispiele:

```
# lpusers -d15              Systemweite Standardpriorität.
# lpusers -q10              Systemweite untere Grenze für die Druckpriorität.
# lpusers -q5 -uchavez,wang Die untere Grenze für diese Benutzer ist 5.
# lpusers -q0 -uharvey      harveys untere Grenze ist 0.
# lpusers -ustein           steins untere Grenze ist 10.
```

Die ersten beiden Befehle setzen die Standarddruckpriorität und die systemweite Grenze für Druckprioritäten auf 15 bzw. 10. Druck-Jobs, denen keine Priorität zugewiesen wird, erhalten daher auf diesem Rechner die Priorität 15. Generell dürfen die Benutzer die Druckpriorität ihrer Jobs bis auf 10 erhöhen. Die Benutzer *chavez* und *wang* dürfen die Priorität ihrer Jobs auf 5, der Benutzer *harvey* sogar bis auf 0 erhöhen. *harvey* erhält damit fast unverzüglichen Zugriff auf einen Drucker, wenn er das wünscht. Abschließend wird die untere Grenze des Wertebereichs für den Benutzer *stein* auf 10 zurückgesetzt.

Der Systemadministrator kann die Priorität eines ausstehenden Druckauftrags ändern, indem er `lp -q` mit der Option `-i` verwendet, die eine Auftragsnummer bezeichnet. Der folgende Befehl setzt zum Beispiel die Druckpriorität des Druck-Jobs PS-313 auf 2 herab:

```
# lp -iPS-313 -q2
```

Diese Option kann verwendet werden, um Jobs innerhalb einer Drucker-Queue umzusortieren.

Die `lp`-Option `-H` stellt einen Job an die Spitze der Queue. Durch Angabe des Schlüsselwortes `immediate` wandert der gewünschte Job augenblicklich an die Spitze der Schlange:

```
# lp -iPS-314 -Himmediate
```

Werden zwei Jobs auf diese Weise an die Spitze der Warteschlange gestellt, so werden sie in umgekehrter chronologischer Reihenfolge ausgedruckt. Das heißt, der Job, der als letzter an die Spitze der Schlange gestellt wurde, wird zuerst ausgedruckt.

Wenn Sie wünschen, dass ein Job unverzüglich und ohne Rücksicht auf den Job, der sich gerade im Ausdruck befindet, gedruckt wird, so kann der augenblickliche Job mit Hilfe des Schlüsselwortes `hold` angehalten werden. Die folgenden Befehle sorgen für den schnellstmöglichen Ausdruck von Druckauftrag PS-314:

```
# lp -iPS-314 -Himmediate
# lp -iPS-209 -Hhold
```

Viele Drucker, insbesondere PostScript-Drucker, können ihre Einstellungen über mehrere Jobs hinweg beibehalten. Inwieweit sich eine Druckunterbrechung auf solche Drucker auswirkt, ist nicht geklärt. Es ist im Allgemeinen besser, den im Druck befindlichen Job ganz ausdrucken zu lassen.

Wenn ein Druck-Job angehalten wurde, lässt er sich später durch Angabe des Schlüsselwortes `resume` (zu `lp -H`) fortsetzen:

```
# lp -iPS-209 -Hresume
```

Drucker-Schnittstellenprogramme

Wir schließen diesen Teilabschnitt mit einem kurzen Blick auf Drucker-Schnittstellenprogramme ab. Die Komplexität dieser Schnittstellenprogramme kann sehr gering, aber auch sehr hoch ausfallen. Per Konvention erkennt ein solches Programm die folgenden Argumente:

Programm	Auftrags-ID	Benutzer	Titel-des-Jobs	Kopien	Drucker-Optionen	Datei(en)
$0	$1	$2	$3	$4	$5	$6

Das Folgende ist ein sehr einfaches Schnittstellenprogramm:[6]

```sh
#!/bin/sh

job=$1; user=$2; title=$3; copies=$4; do_banner=$5
printer=`basename $0`
star="******************************************************"

# Banner ausgeben (wenn es nicht unterdrückt wird)
if [ "$do_banner" != "no" ]; then
    echo "\004\c"
    echo "\n\n\n$star"
    banner $title
    echo "\n\n\nUser: $user"
    echo "Job: $job"
    echo "Printer: $printer"
    echo "Date: `date`"
    echo "\004\c"
fi

# Dateien ausgeben
shift;shift;shift;shift;shift         Alle Argumente bis auf die Dateiliste aussortieren.
files="$*"
while [ $copies -gt 0 ]; do
    for file in $files
    do
        cat "$file" 2>&1
        echo "\004\c"
    done
    copies=`expr $copies - 1`
done
```

Beim Aufruf wird die Standardausgabe der Shell zum Drucker geschickt. Zuerst druckt dieses Skript eine Kopfseite (die sog. Banner-Seite), auf der der Titel des Dokuments sowie weitere Daten wie der Name des Benutzers, des Druckers und das Datum wiederzufinden sind. Danach schickt das Skript die gewünschte Anzahl von Kopien jeder zu druckenden Datei zum Drucker und hängt an jede Datei und jede Kopie einen Seitenvorschub an.

Wenn noch kein Schnittstellenprogramm für Ihren Drucker existiert, so können Sie versuchen, selbst ein solches Programm zu erstellen. Die einfachste Methode ist, eines der schon vorhandenen Programme als Ausgangsbasis zu nehmen und gemäß Ihren Anforderungen zu modifizieren.

---

6 Das einfachste Schnittstellenprogramm würde so aussehen:
```sh
#!/bin/sh
cat $6 2>&1
```
Es ignoriert die meisten seiner Argumente und kann immer nur jeweils eine Datei ausgeben.

Drucken im Netz

Das Drucken im Netz ist beim System V-Spooler weit weniger standardisiert als beim LPD-Spooler. Aus diesem Grund betrachten wir jedes System separat.

Netzwerkdruck bei HP-UX

HP-UX unterstützt ausgehende Druckaufträge an andere HP-UX-Systeme und entfernte LPD-basierte Systeme über das Druckermodell *rmodel*, dessen Queue mit einem normalen lpadmin-Befehl angelegt werden kann. Der folgende Befehl erzeugt eine lokale Queue namens *hamlas* (-p) zum Drucken auf dem Drucker *laser* (-orp) auf dem Host *hamlet* (-orm):

```
# lpadmin -phamlas -v/dev/null -mrmodel -ob3 -ormhamlet -orplaser
```

Die Option -ob3 aktiviert die Numerierung von Anforderungen im BSD-Stil. Beachten Sie, dass die Gerätedatei für den Drucker mit */dev/null* (-v) angegeben wird.

HP-UX akzeptiert auch eingehende Druckaufträge von anderen HP-UX- und LPD-basierten Systemen. Es stellt hierzu den rlpdaemon-Server zur Verfügung, der üblicherweise durch inetd (siehe den Abschnitt »Netzwerksicherheit« in Kapitel 7) gesteuert wird. Der nötige Eintrag in dessen Konfigurationsdatei sieht etwa so aus:

```
printer  stream tcp nowait root /usr/sbin/rlpdaemon  rlpdaemon -i
```

Die Option -i weist rlpdaemon an, sich selbst zu beenden, sobald der Druckauftrag abgearbeitet wurde. Die Option sollte nur verwendet werden, wenn der Server durch inetd kontrolliert wird. Denken Sie daran, dass inetd seine Konfiguration neu einlesen muss, nachdem Sie diese Zeile eingefügt haben. Darüber hinaus muss der entsprechende Dienst in */etc/services* definiert werden:

```
printer   515/tcp   spooler # Netzwerkdruck
```

Empfängt ein System mehr als nur einen gelegentlichen Druckauftrag, sollte rlpdaemon lieber beim Booten gestartet werden (was Sie durch eine Modifikation des *lp*-Boot-Skripts erreichen). Der Eintrag in */etc/inetd.conf* muss dann natürlich auskommentiert werden. Sie können auch SAM nutzen, um das Drucken im Netz einzurichten.

 HP-UX stellt den HPDPS (HP Distributed Print Service) als Teil des DCE (Distributed Computing Environment) zur Verfügung. Wir gehen hier aber nicht weiter darauf ein.

Netzwerkdruck bei Solaris

Die Solaris-Version von lpadmin kennt die Option -s, mit deren Hilfe Sie einen LPD-basierten Netzwerkdrucker definieren können. Als Argument übergeben Sie den entfernten Host und die Queue im Format *host!queue*. Hier ein Beispiel:

```
# lpadmin -pColor -shamlet\!dj200
```

Dieser Befehl erzeugt eine Queue namens *Color*, die Jobs an die Queue *dj200* auf dem Host *hamlet* weiterleitet. In diesem Fall sind keine Modell- oder Gerätespezifikationen notwendig. Beachten Sie, dass das Ausrufezeichen durch einen Backslash geschützt werden muss, um nicht durch die Shell interpretiert zu werden.

Ist der Name der entfernten Queue mit dem identisch, den Sie für die lokale Queue vergeben, müssen Sie nur den Hostnamen an -s übergeben:

```
# lpadmin -pdj200 -shamlet
```

Die Solaris-Version von `lpadmin` kann Druckaufträge auch direkt an einen entfernten Drucker (z. B. einen Netzwerkdrucker) schicken. Hierzu werden die Daten im raw-Modus (bei dem die Jobdaten nicht interpretiert werden) an einen Drucker vom Modell *netstandard* gesendet:

```
# lpadmin -php4k -v/dev/null -mnetstandard -o protocol=tcp \
        -o dest=engprt
```

Sie können an den Namen des entfernten Hosts auch eine Portnummer anhängen, indem Sie einen Doppelpunkt als Trennzeichen verwenden.

Solaris stellt den Daemon `in.lpd` zur Verfügung, der eingehende Druckanforderungen von LPD-basierten Systemen bedient. Der Daemon wird durch den folgenden Konfigurationseintrag von `inetd` kontrolliert:

```
printer  stream  tcp6  nowait  root  /usr/lib/print/in.lpd  in.lpd
```

Sie können diesen Eintrag (aus)kommentieren, um diese Einrichtung zu (de)aktivieren. Der Daemon stellt die Schnittstellen zum restlichen Solaris-Drucksystem her, um eingehende Druckaufträge verarbeiten zu können.

Einbinden eines neuen Druckers

Nach der Betrachtung der einzelnen Bestandteile können wir nun einen neuen Drucker in das System einbinden. Bei System V müssen Sie hierzu:

- den Drucker physikalisch an den Drucker anschließen,
- für serielle Drucker im Run-Level-Feld der */etc/inittab* den entsprechenden seriellen Port auf *off* setzen,
- wenn es sich um den ersten Drucker des Rechners handelt, sicherstellen, dass ein Link von *init.d/lp* zu den entsprechenden »S«- und »K«-Dateien in den Boot-Unterverzeichnissen existiert,
- das Drucksystem mit `lpshut` herunterfahren und danach mit Hilfe von `lpadmin` den neuen Drucker einbinden,
- bei Bedarf den Drucker in eine Geräteklasse aufnehmen,
- das `lpsched`-System neu starten und dann den Drucker und seine Queue aktivieren:

```
# accept PS3; enable PS3
printer "PS3" now accepting requests
printer "PS3" now enabled
```

- den neuen Drucker durch Spoolen einer kleinen Datei austesten. Tips zur Fehlersuche finden Sie im letzten Abschnitt dieses Kapitels.

System V-Variationen des Spooler-Systems

Wie bereits erwähnt wurde, unterscheiden sich die Implementierungen der System V-Spooling-Systeme ein wenig. In diesem Abschnitt wollen wir einige betriebssystemspezifische Charakteristika unserer beiden Systeme betrachten.

Solaris: Zusätzliche Konfigurationsdateien

Bei Solaris-Systemen verwaltet der lpadmin-Befehl die Drucker-Konfigurationsdatei */etc/printers.conf*. Es handelt sich dabei um eine gewöhnliche Textdatei, die man aber besser nicht von Hand editiert, da es sich nur um eine Zusammenfassung der Druckerkonfiguration handelt. Druckerkonfigurationen können auch in einem der verfügbaren Verzeichnisdienste (NIS, NIS+, LDAP und so weiter) gespeichert sein.

Auch eine benutzereigene Konfigurationsdatei ist möglich. Der Benutzer kann eine Datei namens *printers* in seinem Home-Verzeichnis anlegen, in der der Standarddrucker, Optionen für verschiedene Drucker, Aliases für Druckbefehle und ähnliche Dinge abgelegt sind. Details finden Sie in der *printers*-Manpage.

Die Befehle lpset und lpget stehen zur Pflege beider Konfigurationsdatenbanken zur Verfügung.

Solaris: Druckerzugriff kontrollieren

Solaris stellt die lpadmin-Option -u zur Verfügung, die es ermöglicht, den Benutzerzugriff auf Drucker und Klassen einzuschränken. Per Voreinstellung dürfen alle Benutzer alle Ziele verwenden. Die Option -u erlaubt dem Systemadministrator die Definition von allow- und deny-Listen für jedes Gerät.

Bei jedem Ziel, für das eine allow-Liste existiert, wird der Zugriff nur den Benutzern gestattet, die in dieser Liste stehen. Gibt es eine deny-Liste, wird den in dieser Liste stehenden Benutzern der Zugriff auf diesen Drucker verweigert. Sind beide Listen vorhanden, wird die deny-Liste ignoriert. Auf die Benutzer *root* und *lp* haben weder allow- noch deny-Listen irgendeine Wirkung.

Benutzernamen werden in der folgenden Form angegeben:

Host!Benutzername

wobei *Host* für einen Rechnernamen und *Benutzername* für den Namen eines Benutzers auf diesem Host steht. Beide Angaben sind optional und können durch das Schlüsselwort all, das als Wildcard für die jeweilige Komponente dient, ersetzt werden. Wird *Host* weggelassen, so bezieht sich der Eintrag auf den lokalen Rechner. Hier einige Beispiele:

!chavez	*Benutzer chavez auf dem lokalen System.*
hamlet!chavez	*Benutzer chavez auf hamlet.*
chavez	*Benutzer chavez auf einem beliebigen System.*
hamlet!all	*Alle Benutzer von hamlet.*
!all	*Alle lokalen Benutzer.*

Der folgende Befehl erlaubt nur den Benutzern von *hamlet* und *duncan*, auf das Ziel *PS1* zuzugreifen:

```
# lpadmin -pPS1 -uallow:duncan\!all,hamlet\!all
```

Der folgende Befehl verweigert dem Benutzer *harvey* auf dem lokalen Rechner und dem Benutzer *wang* netzwerkweit den Zugriff auf das Ziel *laser*:

```
# lpadmin -plaser -udeny:\!harvey,wang
```

Sie können einen Benutzer aus einer allow-Liste entfernen, indem Sie ihn in eine deny-Liste aufnehmen (und umgekehrt). Zum Beispiel entfernt der folgende Befehl den Benutzer *wang* aus der Liste der verbotenen Benutzer für *laser*:

```
# lpadmin -plaser -uallow:wang
```

Nehmen wir nun an, wir wollen den Benutzer *duncan!idaho* aus der vorhin eingerichteten allow-Liste für *PS1* entfernen. Wenn wir den Befehl

```
# lpadmin -pPS1 -udeny:duncan\!idaho
```

ausführen, wird der Eintrag *duncan!all* aus der allow-Liste entfernt (was auch Sinn macht, wenn man darüber nachdenkt).

Beachten Sie abschließend, dass aufeinander folgende Erweiterungen der allow- oder deny-Liste additiv sind: Die Listen werden nicht ersetzt, sondern immer größer. Wenn Sie eine dieser Listen ganz neu aufbauen wollen, verwenden Sie die Option -uallow:all, um alle aktuellen Einträge zu löschen.

Solaris: Formulare und Filter

Solaris erweitert den `lpadmin`-Befehl in viele Richtungen. Zu den nützlichsten Zusatzoptionen gehören:

-D*string*
    Erzeugt eine Beschreibung des Druckers, die in Statusausgaben erscheint.

-I*typ*
    Definiert die Arten von Jobs, die der Drucker verarbeiten kann.

-f*name*
    Legt die für einen Drucker oder eine Klasse erlaubten Formulare fest.

-o*name=wert*
    Legt zusätzliche Charakteristika des Druckers fest.

Die erste Option ist selbsterklärend und extrem nützlich für Sites, bei denen sehr viele Drucker zur Verfügung stehen. Die restlichen Optionen dienen zur Definition der Variationen, die für einen einzelnen Drucker (oder eine Zielklasse) möglich sind. Zum Beispiel wird die Option -f verwendet, um festzulegen, welche Formulare auf einem Zielgerät erlaubt oder nicht erlaubt sind. *Formulare* (»Forms«) sind alternative Druckmedien, die von einem Gerät unterstützt werden, z.B. unterschiedliche Papierformate, Etiketten oder gedruckte Formulare wie Rechnungen oder Überweisungsträger. Formulare werden mit dem Befehl `lpforms` definiert und in */etc/lp/forms* abgelegt.

Die Option -I wird verwendet, um die Arten von Dateien festzulegen, die auf dem Ziel gedruckt werden können. -I wurde entworfen, um ein vollständig automatisiertes Drucken zu ermöglichen. Idealerweise besitzt der Druck-Service, sobald alle Ziele mit -I konfiguriert wurden, die Fähigkeit herauszufinden, wo ein Auftrag gedruckt werden soll. Das System kann das anhand der Charakteristika einer Datei – als *Inhaltstyp* (content type) bekannt – bestimmen, ohne dass der Benutzer überhaupt noch ein Ziel angeben muss. (Der Benutzer kann den Inhaltstyp einer Datei mit der lp-Option -T angeben). Als *Filter* bekannte Programme werden zur Umwandlung verschiedener Inhaltstypen bereitgestellt. Das Programm lpfilter installiert und verwaltet diese Filterprogramme (die in */etc/lp/fd* abgelegt werden). Details zu Inhaltstypen und Filtern des Solaris-Drucker-Spoolers finden Sie in den lp-, lpfilter- und lpadmin-Manpages.

Das folgende Beispiel illustriert einige dieser Optionen:

```
# lpadmin -p exp2 -v /dev/term/b -c exper \
         -I "simple,fortran,pcl,postscript" \
         -f "allow:plain,invoice,labels,secret" -o width=14i \
         -D "WhizBang Model 2883/XX2 Printer"
```

Der Befehl definiert einen Drucker an */dev/term/b* namens *exp2* und beschreibt ihn als »WhizBang Model 2883/XX2 Printer«. Der Drucker gehört der Klasse *exper* an. Der Drucker kann einfache ASCII-Dateien, Textdateien mit Fortran-Transportinformationen, PCL und PostScript verarbeiten. Die für dieses Gerät erlaubten Formulare sind *invoice*, *plain*, *labels* und *secret*. Die Option -o gibt an, dass der Drucker eine Breite von 14 Zoll hat. Beachten Sie, dass wir der Lesbarkeit halber zwischen den Optionen und deren Argumenten Leerzeichen eingefügt haben (weil Solaris das erlaubt).

HP-UX: Ändern offener Druck-Jobs

Wir haben den lpalt-Befehl früher in diesem Abschnitt bereits im Zusammenhang mit der Prioritätsänderung eines offenen Druck-Jobs (Option -p) kennengelernt. Der Befehl kann auch verwendet werden, um andere Aspekte eines noch offenen Jobs zu ändern. Die nützlichsten Optionen sind:

-n*n*
: Setzt die Anzahl der zu druckenen Kopien auf *n*. Das kann den Mißbrauch von Druckern unterbinden, bevor er geschieht.

-t*Titel*
: Ändert den Job-Titel.

-d*Queue*
: Verschiebt den Job in eine neue Queue. Generiert eine neue Auftrags-ID. Die Option hat gegenüber lpmove den Vorteil, dass der Spooler weiterlaufen kann.

-o*Name=Wert*
: Verändert eine andere (mit lp -o spezifizierte) Job-Option.

Das folgende Beispiel illustriert einige dieser Optionen:

```
# lpalt -n1 -p7 -dPS6 laser-23
request id is PS6-78 (1 file)
```

Der Befehl verschiebt den angegebenen Job in die Queue *PS6*, legt die Zahl der Kopien mit 1 und seine In-Queue-Priorität mit 7 fest. Dem Job wird eine neue Auftrags-ID zugewiesen, sobald er in die neue Queue eingereiht wird.

HP-UX: Analyse der Drucker-Nutzung

HP-UX bietet ein Utility namens `lpana` an, mit dessen Hilfe die Nutzung des Drucker-Spoolers analysiert werden kann. Um entsprechende Daten zu sammeln, muss `lpsched` mit der Option -a ausgeführt werden. Sie müssen */sbin/init.d/lp* anpassen, wenn das der Standardmodus sein soll. Der Befehl `lpana` unterstützt die Option -d, mit der Sie den Drucker oder die Klasse angeben können, die Sie interessiert (anderenfalls werden alle Ziele berücksichtigt).

Das Folgende ist ein Beispiel für einen von diesem Utility erzeugten Bericht:

```
# lpana
performance analysis is done from Aug.18 '01 10:00 through Aug.18 '01 11:03
---printers     ----wait----    ---print---     ---bytes---   -sum-   num_of
    /classes--      AV     SD       AV    SD       AV      SD      KB   requests
PS1             2'11    111     0'19    13      9029    4387    150     17
test            0'13      1     0'44    22     41462  154801   2875     71
```

Der Bericht enthält die Daten für zwei Drucker (*PS1* und *test*) während einer Stunde am 18. August 2001. Angaben zum Gesamtdatenvolumen finden sie ganz rechts in den letzten bei Spalten. Die letzte Spalte gibt die in dieser Zeit verarbeiteten Jobs an, und die vorletzte Spalte fasst deren Gesamtgröße in Kilobytes zusammen.

Die Spalten zwei bis vier geben für jeden Drucker die durchschnittliche Wartezeit, Druckdauer und Größe in Bytes an. Für jede Kennziffer wird auch jeweils die Standardabweichung (SD, Standard Deviation) angegeben. Zeitangaben erscheinen im Format *Minuten'Sekunden*. Aus diesem Bericht können wir ersehen, dass der Drucker *test* nicht nur wesentlich mehr Jobs verarbeitet hat als *PS1*, sondern auch, dass diese Jobs wesentlich schneller (im Durchschnitt etwa 44 Sekunden) gedruckt und im Schnitt auch ungefähr fünfmal größer waren. Die bei *test* eingereihten Jobs mussten auch deutlich kürzer warten, bevor sie gedruckt wurden.

Grafische Administrationstools

HP-UX und Solaris stellen grafische Tools zur Administration des Drucker-Spoolers zur Verfügung. In beiden Fällen kann das Tool sowohl zur Manipulation von Druck-Jobs und Queues als auch zur Konfiguration von Druckern verwendet werden. Wir konzentrieren uns hier auf Letzteres.

Unter HP-UX erreichen Sie die Druckerkonfiguration im SAM-Hauptfenster über PRINTERS AND PLOTTERS → LP SPOOLER. Das daraufhin erscheinende Fenster ist das oberste in Abbildung 13-3.

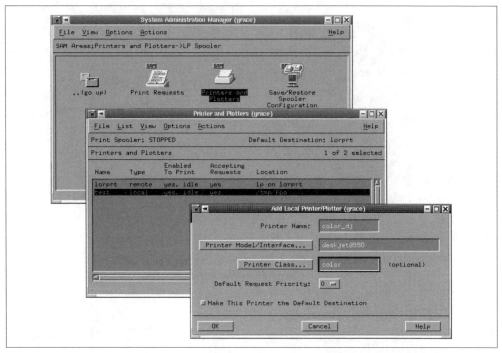

Abbildung 13-3: Druckerkonfiguration mit SAM

Die Wahl von PRINTERS AND PLOTTERS führt zu einer Liste konfigurierter Druckziele (zu sehen im mittleren Fenster). Das untere Fenster zeigt einen Teil des Installationsprozesses für einen neuen Drucker. Hier binden wir einen Drucker namens *color_dj* ein. Wir haben das Modell aus einer Popup-Liste ausgewählt (indem wir den Button PRINTER MODEL/INTERFACE angeklickt haben), in diesem Fall *deskjet8550*. Wir haben den Drucker auch in die Klasse *color* aufgenommen.

Bei Solaris-Systemen kann das Modul PRINT MANAGER der admintool-Einrichtung in ähnlicher Weise verwendet werden, um einen neuen Drucker zu konfigurieren. Es ist in Abbildung 13-4 zu sehen.

Die Abbildung zeigt den Hauptdialog zur Konfiguration eines lokalen Druckers. Wir haben einen Namen und eine Beschreibung des Druckers angegeben und über Popup-Menüs die Gerätedatei, das Modell, die unterstützten Inhalte und die gewünschte Methode zur Benachrichtigung bei Fehlern ausgewählt. Zum Schluss haben wir das unbenannte Feld und den ADD-Button am unteren Rand der Maske genutzt, um eine Liste der Benutzer festzulegen, die diesen Drucker verwenden dürfen. Zwar stellt diese Maske nicht jede Option bereit, die über lpadmin verfügbar ist, aber grundlegende Konfigurationsaufgaben lassen sich schnell und direkt erledigen.

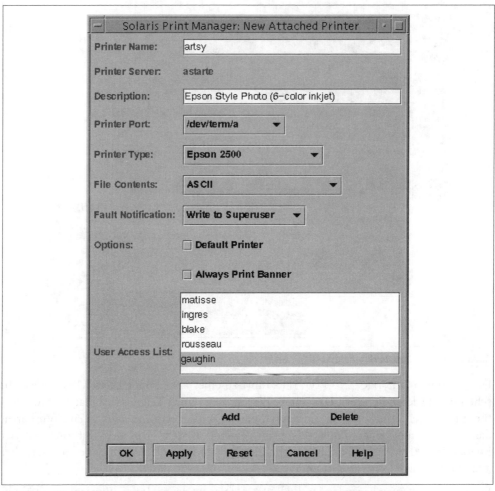

Abbildung 13-4: Konfiguration eines Druckers mit dem Solaris Print Manager

Die Spooler-Einrichtung bei AIX

AIX verwendet für das Drucken und Spoolen einen anderen Ansatz. Dieser basiert auf dem allgemeinen Queueing-System, das bei AIX zur Verfügung steht und für alle Arten von Queues benutzt werden kann. Das Drucken stellt nur eine vordefinierte Art der Nutzung dar. Eine Darstellung der allgemeinen Arbeitsweise des Queueing-Systems finden Sie in Abbildung 13-5.

Benutzer können Druckaufträge über die Befehle qprt und enq (oder andere Befehle, die diese Befehle aufrufen) abschicken. Dateien, die so gespoolt werden, werden in den Spool-Bereich gelinkt. Die Änderung oder das Löschen solcher Dateien vor dem Drucken hat also entsprechende Auswirkungen auf den Ausdruck. Die Option -c kann bei beiden

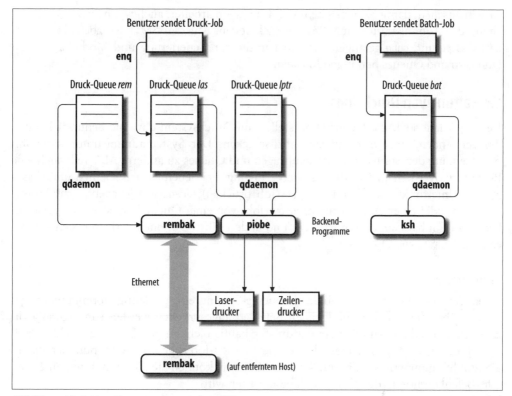

Abbildung 13-5: Das Queueing-System bei AIX

Befehlen verwendet werden, um die Datei in den Spool-Bereich zu kopieren. Druckaufträge werden in */var/spool/lpd/qdir*, gespoolte Dateien in */var/spool/qdaemon* gespeichert.

 Um die Dinge zu vereinfachen, unterstützt AIX auch die BSD- und System V-Druckbefehle: lp, cancel, lpstat, lpr, lpq und lprm.

Die Queues werden vom qdaemon-Daemon überwacht, der für die zeitgerechte Ausführung der Jobs zuständig ist. Wenn ein Job abgearbeitet werden soll, schickt qdaemon die zugehörige Datei an das *backend*-Programm der jeweiligen Queue, das für die weitere Abarbeitung der Jobs verantwortlich ist. Wird lokal gedruckt, wird das Programm */usr/lib/lpd/piobe* als Backend benutzt. Theoretisch lässt sich jedes beliebige Programm als Backend verwenden (worauf wir an anderer Stelle dieses Abschnitts noch eingehen werden). Die Ausgabe des Backends wird bei lokalem Druck an den physikalischen Drucker geschickt. Sie kann aber auch in eine Datei umgeleitet werden.

SMIT bietet eine exzellente Schnittstelle zum Queueing-System an. Es stellt wohl die einfachste Möglichkeit dar, Queues und deren assoziierte Geräte zu erzeugen und zu konfigurieren. In diesem Unterabschnitt wollen wir uns alle Komponenten des Queueing-Systems einzeln ansehen, damit Sie verstehen, wie das System arbeitet, auch wenn Sie zur Vereinfachung der Administration auf SMIT zurückgreifen. Mit den SMIT-Kurzbefehlen (»fastpath«) mkpq und chpq gelangen Sie direkt in die zur Generierung und Modifikation von Druckern und Queues benötigen Masken.

Verwaltung von Druck-Jobs

Der enq-Befehl stellt die Hauptschnittstelle zum Drucksystem dar. Die Benutzer können ihn verwenden, um Druckaufträge abzuschicken. Der Systemadministrator kann ihn benutzen, um den Status von Druckaufträgen und Queues zu ändern. AIX stellt auch eine Reihe intuitiver benannter Utilities zur Verfügung, bei denen es sich letztlich um Aliases auf enq-Unterfunktionen handelt: qprt (Job drucken), qcan (Job löschen), qchk (Status eines Jobs oder einer Queue prüfen), qmov (Jobs von einer Queue in eine andere verschieben), qadm (Subsystem administrieren) und andere. Ihre Optionen verhalten sich wie die entsprechenden enq-Optionen.

Jobnummern

Jedem Druck-Job wird innerhalb des Queueing-Systems eine eindeutige Jobnummer zugewiesen, über die er bei nachfolgenden Befehlen angesprochen werden kann. Unglücklicherweise wird diese Nummer standardmäßig häufig nicht ausgegeben. Die Befehle enq-j, lpr -j und qprt -#j geben aber alle die einem Druck-Job zugeordnete Jobnummer aus. lp gibt die Jobnummern standardmäßig aus. Alternativ können Sie die Jobnummer über den qchk-Befehl ermitteln (der gleich noch beschrieben wird).

Die Standard-Druck-Queue unter AIX

Bei allen für den Druck relevanten AIX-Befehlen lässt sich mit -P die gewünschte Queue auswählen. Wird dieses Argument weggelassen, so wird die Standard-Queue des Rechners – die erste, die in /etc/qconfig aufgeführt ist – verwendet. Die Benutzer können ihre eigenen Standarddrucker über die Umgebungsvariablen *PRINTER* oder *LPDEST* festlegen. Beachten Sie, dass letztere immer Vorrang hat, selbst wenn der BSD-Befehl lpr zum Absetzen von Druck-Jobs verwendet wird.

Ausgabe des Job- und Queue-Status

Der Befehl qchk liefert Statusinformationen zur Druck-Jobs und Queues. Seine -q-Option lässt sich verwenden, um den Status einer bestimmten Queue auszugeben. Der folgende Befehl gibt beispielsweise den Status der Queue *laser3* aus:

```
$ qchk -q -P laser3
Queue   Dev     Status    Job  Files    User      PP  %   Blks  Cp  Rnk
------- -----   --------  ---  -------  --------  --- --  ----- --- ---
laser3  dlas3   RUNNING   30   l213.f   chavez    10  43  324   1   1
                QUEUED    31   hpppp    harvey            41    1   2
                QUEUED    32   fpppp    harvey            83    1   3
                QUEUED    33   x27j.c   king              239   1   4
```

-U *Gerät*
: Schaltet das Gerät wieder ein (»up«).

-K *Gerät*
: Wie -D, aktuelle Jobs werden aber gelöscht.

Wenn eine Queue nur über ein einziges Gerät verfügt, reicht die Angabe des Queue-Namens aus, um das gewünschte Gerät anzusprechen. Kontrolliert die Queue mehr als ein Gerät, so müssen Sie den Namen des Gerätes übergeben, indem Sie ihn – mit einem Doppelpunkt als Trennzeichen – an den Namen der Queue anhängen. Der folgende Befehl schaltet beispielsweise das Gerät *lp0* der Queue *laser* ab:

```
# qadm -D laser:lp0
```

Jobs können auch dann an die Queue geschickt werden, wenn das/die Gerät(e) abgeschaltet ist/sind. Die Queue selbst lässt sich deaktivieren, indem Sie das Attribut *up* in der Datei */etc/qconfig* auf den Wert *FALSE* setzen. Diese Aufgabe können Sie mit dem Befehl chque erledigen. Der folgende Befehl deaktiviert die Queue *laser*:

```
# chque -q laser -a "up = FALSE"
```

Die Leerzeichen um das Gleichheitszeichen, die Anführungszeichen und die Verwendung von Großbuchstaben bei der Angabe des Schlüsselwortes sind unbedingt erforderlich.

Wird die Queue selbst deaktiviert, so werden auch ihre Geräte automatisch angehalten. Sie müssen beim Reaktivieren der Queue wieder hochgefahren werden (mit qadm -U).

Die aktuelle AIX-Dokumentation behauptet immer noch, dass das Queueing-System heruntergefahren werden soll, bevor Änderungen wie die Deaktivierung einer Queue vorgenommen werden. Diese Deaktivierung soll mit den folgenden Befehlen geschehen:

```
# chgsys -s qdaemon -O     automatischen Neustart deaktivieren
# enq -G                   Queueing-Subsystem anhalten
```

Unter AIX 5 scheinen diese Befehle aber keine Wirkung mehr zu besitzen, und der qdaemon-Prozess wird trotzdem sofort wieder neu gestartet. Dennoch ist es klug, größere Änderungen an einer Queue erst vorzunehmen, nachdem die aktuellen Druck-Jobs abgeschlossen wurden, offene Jobs eingefroren oder verschoben wurden und das/die assoziierte(n) Gerät(e) mit qadm -D deaktiviert wurde(n).

Der qdaemon-Server-Prozess

Der qdaemon-Server wird vom System Resource Controller verwaltet. Er wird über die *inittab* mit einem Eintrag wie dem folgenden gestartet:

```
qdaemon:23456789:wait:/usr/bin/startsrc -sqdaemon
```

Sie können den Status des Servers mit dem folgenden Befehl abfragen:

```
# lssrc -s qdaemon
Subsystem        Group            PID        Status
 qdaemon          spooler          311412     active
```

Queues konfigurieren: Die Datei /etc/qconfig

Queues werden in der Datei */etc/qconfig* definiert. Mit jeder Queue sind ein oder mehrere *Geräte* assoziiert, also die Objekte, die eins zu eins auf physikalische Drucker abgebildet werden. Diese Verknüpfung aus Queue und Gerät wird manchmal auch als *virtueller Drucker* bezeichnet. Wir beginnen mit einem Blick auf die Struktur der Queue-Konfigurationsdatei und sehen uns dann die Befehle an, mit denen sie typischerweise manipuliert wird.

Die Queue-Konfigurationsdatei ist eine gewöhnliche Textdatei, sollte aber nur mit sehr großer Vorsicht direkt editiert werden, und zwar von Administratoren, die mit dem gesamten qdaemon-Subsystem sehr gut vertraut sind. Sehr kleine Konfigurationsänderungen sind meist ungefährlich, aber das Einbinden neuer Queues und Geräte sollte mit den bereitgestellten Befehlen oder über SMIT erfolgen, da sie Einträge im ODM anlegen oder ändern, die von Hand nicht einfach durchzuführen sind.

Allgemein sieht die Definition einer Drucker-Queue wie folgt aus:

```
Queue-Name:
    device = Gerät1[,Gerät2 ...]
    Attribut = Wert
    ...
Gerät1:
    backend = /usr/lpd/piobe
    Attribut = Wert
    ...
[Gerät2:
    backend = /usr/lib/lpd/piobe
    Attribut = Wert
    ...]
```

Hier sehen Sie als Beispiel zwei Queue-Einträge aus */etc/qconfig*:

```
lpt:                                    Eine Queue namens lpt
    device = lp0
lp0:                                    und das ihr zugeordnete Gerät
    file = /dev/lp0
    header = never
    trailer = never
    access = both
    backend = /usr/lib/lpd/piobe

laser:                                  Eine Queue namens laser
    device = lp0,lp1                    und die ihr zugeordneten zwei Geräte
    acctfile = /var/adm/qacct
lp0:
    file = /dev/lp0                     Das erste Gerät, noch einmal aufgeführt
    header = always
    trailer = never
    access = both
    backend = /usr/lib/lpd/piobe
lp1:                                    Das zweite Gerät
    file = /dev/lp1
```

```
header = never
trailer = never
access = both
backend = /usr/lib/lpd/piobe
```

Jede vollständige Definition besteht aus mehreren Teilen. Zuerst wird die Queue definiert. Die Definition der Queue beginnt mit einer Kopfzeile, die den Namen der Queue und einen Doppelpunkt enthält. In unserem Beispiel finden Sie zwei solche Kopfzeilen: *lpt* und *laser*. Als Nächstes werden die Queue-Attribute definiert. Für die Queue *lpt* ist nur ein Attribut definiert: das Gerät *lp0*. Für die Queue *laser* hingegen sind zwei Geräte, *lp0* und *lp1*, sowie eine Datei definiert, in der die Accounting-Daten gespeichert werden können.

Die Definitionen für das/die Gerät(e) einer Queue müssen der Queue-Definition unmittelbar folgen. Daher ist *lp0* nach *lpt* und sind *lp0* und *lp1* nach *laser* definiert. Obwohl beide Queues das Gerät *lp0* verwenden, muss dessen Definition für jede Queue-Definition einzeln vorgenommen werden. Tatsächlich können sich, wie in unserem Beispiel, die Einstellungen für das Gerät unterscheiden, und jede Einstellung gilt nur für die Jobs, die von der entsprechenden Queue kommend auf diesem Gerät gedruckt werden.

Wenn eine Queue über mehrere zugehörige Queue-Devices verfügt, so verteilt sie die Jobs gleichmäßig auf die Geräte (die als gleichwertig betrachtet werden). Wenn ein Job gedruckt werden soll, schickt der qdaemon ihn an das erste verfügbare Gerät der Queue. Wenn, wie im vorigen Beispiel, mehr als eine Queue das gleiche Gerät bedient, dann wechselt der Spooler zwischen ihnen, und zwar unabhängig von den relativen Größen, Prioritäten und dem Alter der Jobs innerhalb der Queues (diese Charakteristika werden nicht zwischen Queues, sondern nur zwischen Jobs in einer Queue verglichen, um die Reihenfolge des Ausdrucks zu bestimmen).

Die wichtigsten Queue- und Geräte-Attribute sind in Tabelle 13-5 aufgeführt.

Tabelle 13-5: Wichtige Queue- und Geräte-Attribute bei AIX

Attribut	Bedeutung
Queue-Attribute	
acctfile	Pfadname der Accounting-Datei (per Voreinstellung wird keine Accounting-Datei verwendet).
device	Liste assoziierter Gerätenamen.
discipline	Algorithmus zur Wahl des Jobs: *fcfs* für »first come, first served« (wer zuerst kommt, wird auch zuerst bedient) oder *sjn* für »shortest job next« (der kürzeste Job wird zuerst bedient). Voreingestellt ist *fcfs*.
up	Wird auf *TRUE* oder *FALSE* gesetzt, je nachdem, ob die Queue ein- oder ausgeschaltet ist.
Geräte-Attribute	
access	Zugriffsmodus für den Drucker: *write* (reiner Schreibzugriff) oder *both* (Schreib-/Lesezugriff). Letzterer ist voreingestellt.
align	Bestimmt, ob vor der Ausführung des Jobs ein Seitenvorschub geschickt werden soll (voreingestellt ist *TRUE*).
backend	Pfad auf das Backend-Programm.
file	Mit dem Gerät verknüpfte Gerätedatei, wie im ODM definiert (ist nicht mit der einfachen Gerätedatei für den Port identisch).

Tabelle 13-5: *Wichtige Queue- und Geräte-Attribute bei AIX (Fortsetzung)*

Attribut	Bedeutung
header	Legt fest, ob eine Kopfseite gedruckt werden soll. Zulässige Schlüsselwörter sind: *never* (Standard), *always* und *group* (einmaliger Druck der Kopfseite beim Ausdruck mehrerer Dateien).
trailer	Legt fest, ob eine Fußseite gedruckt werden soll (verwendet die gleichen Schlüsselwörter und Standardwerte wie *header*).

Die einfachste Möglichkeit, sich die Attribute einer Queue oder eines Queue-Gerätes anzusehen, besteht darin, sich die Queue-Konfigurationsdatei anzusehen.

Wenn Sie wirklich alle Details zu einem Drucker wissen wollen, verwenden Sie den folgenden Befehl:

```
# lsvirprt -q Queue -d Gerät | more
```

Queues erzeugen und modifizieren

SMIT bietet die einfachste Möglichkeit, Druck-Queues anzulegen und zu modifizieren. Seine Verwendung ist in Abbildung 13-6 zu sehen.

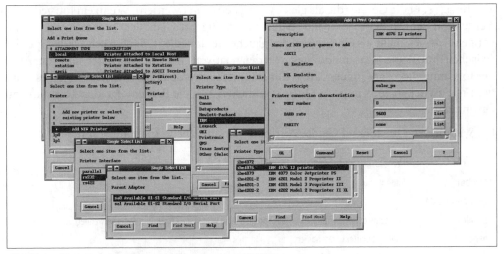

Abbildung 13-6: *Erzeugen einer Druck-Queue mit SMIT*

Wenn Sie die Dialoge von unten (ganz links) nach oben (ganz rechts) verfolgen, erkennen Sie die von SMIT generierten Prompts, die zur Einrichtung eines neuen Druckers und der ihn fütternden Queue notwendig sind. Hier haben wir einen neuen lokalen Drucker eingefügt, der über eine serielle Schnittstelle (Port 0 am sa0-Adapter) angeschlossen ist. Es handelt sich um einen Tintenstrahl-Drucker vom Typ IBM 4076, und wir legen eine Queue für PostScript-Jobs namens *color_ps* an. Optional hätten wir mehrere unterschiedliche Queues für diesen Drucker erzeugen können, von denen jede einen anderen Typ von Druck-Job verarbeitet. Der letzte Dialog erlaubt auch die Konfiguration verschiedener Einstellungen der seriellen Leitung.

AIX stellt verschiedene Befehle zur Verfügung, mit deren Hilfe Drucker und Queues in ähnlicher Weise erzeugt und konfiguriert werden können. Zum Beispiel können Sie den folgenden Befehl verwenden, um eine Queue und ein Gerät in der gleichen Weise einzubinden, wie wir das vorhin mit SMIT gemacht haben (in diesem Fall fügen wir aber einen generischen Drucker hinzu):

```
# /usr/lib/lpd/pio/etc/piomkpq \
    -A local \              Ein lokaler Drucker
    -p generic \            Generischer Druckertyp
    -v osp \                ODM-Datentyp (Ausgabe aller Möglichkeiten mit lsdev -P -c printer)
    -s rs232 -r sa0 -w 0 \  Angegebenen seriellen Adapter und Port verwenden
    -D asc -q text1 \       Eine Queue für ASCII-Daten
    -D ps -q ps1            Weitere Queue für PostScript-Daten
```

Die Definitionen für Druckertypen sind in */usr/lib/lpd/pio/predef* abgelegt. Die vollständige Sammlung wird bei der Betriebssystem-Installation meist nicht berücksichtigt und muss später häufig von Hand nachinstalliert werden.

Der Befehl zum Einbinden des gleichen Druckers an einen parallelen Port sieht wie folgt aus:

```
# /usr/lib/lpd/pio/etc/piomkpq -A local -p generic -v osp \
    -s parallel -r ppa0 -w 0    Informationen zum Parallelport
    -D asc -q text2
```

Der folgende Befehl fügt ein zusätzliches, vorher bereits definiertes Gerät in eine existierende Queue ein:

```
# /usr/lib/lpd/pio/etc/piomkpq -A local -p generic \
    -d lp2 -D asc -Q text0    Gerät und Queue existieren bereits.
```

Die Geräteoptionen werden durch -d ersetzt, und die Queue wird mit -Q anstelle von -q angegeben.

Die Befehle chque und chquedev können verwendet werden, um die Attribute von Queues und Geräten zu verändern. Hier ein Beispiel:

```
# chque -q laser -a "discipline = sjn"
# chquedev -q laser -d lp0 -a "header = never"
```

Der erste Befehl ändert das *discipline*-Attribut für die Queue *laser* auf *sjn* (»shortest job next«, s.o.). Die Leerzeichen um das Gleichheitszeichen sind zwingend notwendig. Der zweite Befehl ändert das *header*-Attribut des Gerätes *lp0* der Queue *laser* auf den Wert *never*. Beachten Sie, dass diese Änderungen den Drucker nur betreffen, wenn der Zugriff über die *laser*-Queue erfolgt.

Mit den Befehlen rmquedev und rmque können Sie Geräte bzw. Queues löschen:

```
# rmquedev -q tek -d lp2
# rmque -q tek
```

Diese Befehle entfernen das Gerät für die Queue *tek* und dann die Queue selbst (Queues können mit rmque nur gelöscht werden, wenn vorher deren Geräte gelöscht wurden). Das Gerät *lp2* ist aber auch weiterhin im ODM definiert. Sollten Sie es jemals entfernen wollen, können Sie mit den folgenden Befehlen zuerst seine Existenz prüfen und es dann entfernen:

```
# lsdev -C -l lp2
lp2 Available 01-S3-00-00 Other serial printer
# rmdev -l lp2 -d
```

Diese Befehle müssen mit Vorsicht eingesetzt werden und auch nur dann, wenn keine Queue das Gerät *lp2* referenziert.

 Wenn Sie eine Queue und dessen Gerät(e) mit SMIT löschen, werden auch die dazugehörigen ODM-Objekte entfernt.

Drucken im Netz

Die folgende Queue-Form wird in */etc/qconfig* verwendet, um eine Queue für einen Drucker auf einem anderen Host zu definieren:

```
rem0:
device = @laertes
host = laertes
up = TRUE
s_statfilter = /usr/lib/lpd/aixshort
l_statfilter = /usr/lib/lpd/aixlong
rq = laser
@laertes:
backend = /usr/lib/lpd/rembak
```

Die Queue *rem0* sendet Druck-Jobs an die Queue *laser* auf dem System *laertes*. Das Backend-Programm für den Netzwerkdruck ist */usr/lib/lpd/rembak*. Ist der entfernte Rechner ein BSD-System, sollten die Filter */usr/lib/lpd/bsdshort* und */usr/lib/lpd/bsdlong* die normalen AIX-Filter in der Queue-Definition ersetzen. Die Filter */usr/lpd/att{short,long}* werden für System V-Systeme verwendet, die den Netzwerkdruck unterstützen (d.h. als Print-Server dienen).

Für eingehende LPD-basierte Druck-Jobs führt AIX den BSD-Daemon lpd aus und verwendet die normale */etc/hosts.lpd* (oder */etc/hosts.equiv*), um entfernten BSD-Systemen das Senden von Druck-Jobs zu ermöglichen. (Wir haben das Verfahren im BSD-Abschnitt dieses Kapitels behandelt.) Möglicherweise müssen Sie den lpd-Daemon aber von Hand starten:

```
# startsrc -s lpd
```

Bei eingehenden Jobs ist es außerdem notwendig, dass der writesrv-Dienst läuft. Dieser wird üblicherweise über die */etc/inittab* gestartet, aber Sie können das mit lssrc überprüfen.

Einbinden eines neuen Druckers

Um einen Drucker in das Queueing-System einzubinden, sind folgende Schritte notwendig:

- Der Drucker ist physikalisch an das System anzuschließen.
- Generieren Sie ein Gerät und eine Queue für diesen Drucker. Ich selbst verwende hierzu am liebsten SMIT. Rufen Sie den Befehl smit mkpq auf, und wählen Sie den

richtigen Drucker aus der Liste. Geben Sie dann an, an welchem Controller und welcher Leitung der Drucker angeschlossen ist.
- Testen Sie den Drucker. Tips zur Fehlersuche geben wir später in diesem Kapitel.

Verwendung des Queueing-Systems zur Batch-Verarbeitung

Das Drucksystem stellt nur eine mögliche Nutzung des AIX-Queueing-Systems dar. Da sich prinzipiell jedes Programm als Backend einer Queue verwenden lässt, ergeben sich viele weitere Möglichkeiten, den Spooler zu nutzen. Ein einfaches Batch-System ist eine dieser Möglichkeiten. Eine Beispielkonfiguration sähe so aus:

```
batch:
    device = batdev
    discipline = fcfs
batdev:
    backend = /bin/csh
```

Durch Angabe einer Shell als Backend können Benutzer Shell-Skripten an die Queue schicken. Die Queue wird vom qdaemon verwaltet, der ein Skript nach dem anderen zur Abarbeitung an die Shell übergibt. Shell-Skripten ermöglichen die Ausführung beliebiger Programme. Zum Beispiel lässt sich das folgende Skript zur Ausführung des Programms bigmodel verwenden:

```
#!/bin/csh
ln -s ~chavez/output/bm.scr fort.8
ln -s ~chavez/output/bm.out fort.6
bigmodel <<END &> ~chavez/output/bm.log
140000
C6H6N6
Na
Hg
END
```

Diese Datei verdeutlicht mehrere wichtige Features der Ausführung von Programmen (in diesem Fall eines Fortran-Programms) aus einem Shell-Skript:

- Die symbolischen Links, die am Anfang der Datei angelegt werden, dienen dazu, Fortran-Units und -Dateien einander zuzuordnen. Per Voreinstellung bedient sich I/O zu Unit *n* einer Datei namens *fort.n*. Symbolische Links erlauben es einem Benutzer, beliebige Pfade für derartige Dateien anzugeben.
- Die Form <<END wird dazu verwendet, die Standardeingabe für einen Befehl oder ein Programm im Shell-Skript anzulegen. Alle Zeilen bis hin zu diesem String, der auf die beiden Kleiner-als-Zeichen folgt, werden als Eingabe für den Befehl oder das Programm interpretiert.
- Da das Queueing-System seinerseits die Ausgabe eines Jobs nicht abspeichern kann, muss das Skript dies selbständig übernehmen.

Einmal konfiguriert, lässt sich der Befehl enq als Schnittstelle zu solch einer Batch-Queue verwenden, da er einerseits den Benutzern erlaubt, Jobs in die Queue zu stellen, und andererseits dem Systemverwalter ermöglicht, diese zu löschen, ihre Priorität zu ändern und ihren Status innerhalb der Batch-Queue in gleicher Weise wie bei Drucker-Queues zu verändern.

Fehlersuche bei Druckern

Im folgenden Abschnitt gebe ich einige Anregungen zur Lösung verschiedener Probleme, die bei der Installation und dem Betrieb von Druckern auftreten können. Der erste Schritt besteht darin, das Problem so genau wie möglich einzugrenzen. Welche Drucker sind betroffen? Sind alle Benutzer betroffen oder nur der mit dem Problem? Sobald Sie das Problem einmal eingekreist haben, können Sie daran gehen, es zu lösen.

Wenn Sie einen Drucker installiert haben, dieser jedoch nicht druckt, können Sie nach der folgenden Checkliste vorgehen:

- Stellen Sie sicher, dass Sie das richtige Anschlusskabel verwenden. Prüfen Sie dies anhand der Dokumentation zum Drucker.
- Überprüfen Sie, ob die Verbindungen in Ordnung sind und Sie in den Konfigurationsbefehlen oder der Konfigurationsdatei den richtigen Port angegeben haben. Wenn Sie den Drucker über eine serielle Leitung angeschlossen haben, muss diese in */etc/ttytab*, */etc/ttys* oder */etc/inittab* deaktiviert sein. Sorgen Sie dafür, dass init seine Konfigurationsdatei neu einliest. Beenden Sie bei Bedarf den getty-Prozess, der die Leitung überwacht.
- Stellen Sie sicher, dass die Queue richtig konfiguriert ist. Schicken Sie eine Datei an die Queue, und überprüfen Sie, ob überhaupt etwas im Spool-Verzeichnis erscheint (rufen Sie das Druckprogramm bei System V und AIX mit der Option -c auf). Erscheint nichts, sind unter Umständen die Zugriffsberechtigungen der Spool-Verzeichnisse oder -Dateien falsch gesetzt. Inbesondere kann etwas *root* gehören, das *root* nicht gehören sollte.

  Bei System V gehören die Spool-Verzeichnisse unter */var/spool/lp/request* im Allgemeinen dem Benutzer *lp* und tragen die Zugriffsberechtigung 755 (Schreibzugriff nur für den Besitzer) oder manchmal 770. Die Dateien in den Spool-Verzeichnissen gehören der Gruppe und dem Benutzer *lp* und verwenden die Zugriffsberechtigung 440.

  Unter BSD gehören die Spool-Verzeichnisse traditionell dem Benutzer *daemon* oder *lp* und der Gruppe *lp* und verwenden ebenfalls die Zugriffsberechtigung 755 (oder noch strenger).

  Bei AIX werden alle ausstehenden Druckaufträge in */var/spool/lpd/qdir* gespeichert (das dem Benutzer *root* und der Gruppe *printq* gehört), und es wird die Zugriffsberechtigung 660 verwendet. Gespoolte Dateien werden in */var/spool/qdaemon* abgelegt, gehören dem Benutzer *bin* und der Gruppe *printq* und arbeiten mit der Zugriffsberechtigung 660.

- Das Entfernen und erneute Anlegen der Queue bringt manchmal Abhilfe. Das funktioniert, wenn die Konfiguration der Queue zwar auf den ersten Blick in Ordnung ist, in Wirklichkeit aber ein (auf dem Bildschirm) nicht darstellbares Zeichen die ordnungsgemäße Funktion verhindert. Diese Vorgehensweise ist auch angemessen, wenn Ihnen plötzlich einfällt, dass Sie beim ersten Anlegen der Queue einen Konfigurationsschritt ausgelassen haben und diesen nun nachholen wollen.

- Wenn alles nichts hilft, prüfen Sie die Logdateien. Fehlermeldungen können an unterschiedlichen Stellen auftauchen: im allgemeinen Fehlerlog syslog, im Fehlerlog der syslog-Einrichtung *lpr* und in den Queue-eigenen Logdateien (wenn diese unterstützt werden). Ist einer dieser Logs nicht definiert, gehen dorthin geschickte Fehlermeldungen natürlich verloren.

Wenn ein Drucker plötzlich den Dienst verweigert, ohne dass sich seine Konfiguration verändert hat, dann sollten Sie Folgendes ausprobieren:

- Läuft der Daemon noch? Falls nicht, muss er neu gestartet werden. Falls ja, kann es trotzdem sinnvoll sein, ihn anzuhalten und neu zu starten, sofern kein anderer Job druckt:

```
# kill -9 PID-des-lpd-Prozesses    BSD
# /usr/lib/lpd
```
```
# lpshut                            System V
# /etc/init.d/lp start
```
```
# enq -G                            AIX
```

- Hat jemand einen sehr großen Job gespoolt? Der Ausdruck einer sehr großen Bitmap kann auf einigen langsamen PostScript-Druckern über eine halbe Stunde dauern. PostScript-Drucker können auch sehr viel Zeit brauchen, um komplexe Grafiken auszugeben. Solange die Processing-LED noch blinkt, ist zumeist alles in Ordnung. Wenn ein Job einen Drucker doch überfordern sollte, gibt dieser üblicherweise eine Fehlerseite aus, anstatt einfach nur hängen zu bleiben. Allerdings wird bis zu diesem Augenblick Ihre Geduld und die der Benutzer wohl schon längst erschöpft sein.

- Ein Abbruch des aktuellen Jobs kann zur Lösung des Problems beitragen (der englische Fachausdruck für solche Jobs ist *wedged*).

- Das Aus- und Einschalten des Druckers hilft in den allermeisten Fällen. Der Nachteil ist, dass Sie den Job, der sich gerade im Ausdruck befindet, verlieren.

Bei Problemen mit dem Netzwerkdruck sollten Sie Folgendes probieren:

- Überprüfen Sie, ob der Drucker lokal funktioniert.

- Sie können den Verbindungsaufbau für entfernte Jobs prüfen, indem Sie eine Datei an eine Queue senden und feststellen, ob sie sauber gespoolt wird. Auf diese Weise können Sie bestimmen, ob es sich um ein allgemeines Netzwerkproblem oder um ein gerätespezifisches Problem handelt. So können Verzögerungen im Netzwerk zu einem Timeout der Queue oder des Druckers führen.

- Schlägt der vorangegangene Test fehl, sollten Sie versuchen, mit telnet eine Verbindung zu Port 515 des entfernten Servers herzustellen. Diese Verbindung sollte hergestellt werden können. Sie erhalten dann möglicherweise eine Fehlermeldung zu einer falschen »from-Adresse«, die aber vom `lpd`-Prozess stammt und für uns nicht von Bedeutung ist.

Netzwerkdrucker unterstützen meist ebenfalls `telnet`, hauptsächlich zu Konfigurationszwecken. Versuchen Sie, mit `telnet` eine Verbindung zu diesem Drucker herzustellen (eine Portnummer ist nicht notwendig). Sie können auf diese Weise prüfen, dass auf den Drucker zugegriffen werden kann. Gleichzeitig können Sie die verschiedenen Einstellungen auf eine fehlerhafte Konfiguration untersuchen.

- Suchen Sie in der Logdatei nach weiteren Informationen. Beachten Sie, dass Sie die verschiedenen Logdateien sowohl auf dem lokalen als auch auf dem entfernten Host durchgehen müssen, weil relevante Informationen, je nach Problem, in jeder dieser Dateien stehen können.

Drucker mit Windows-Systemen teilen

In diesem Abschnitt betrachten wir das Drucken von und über Windows-Systeme.

Von einem Unix-System auf einen Windows-Drucker drucken

Wie die meisten System V-basierten Unix-Betriebssysteme bieten Windows NT- und Windows 2000-Systeme einen LPD-Dienst zur Verarbeitung von Druckaufträgen, die von Nicht-Windows-Systemen eingehen. Die Queues können auf dem Unix-Client eingerichtet werden, wie es für ausgehende Druckaufträge an entfernte LPD-Server üblich ist (und in diesem Kapitel bereits erläutert wurde). Auf dem Windows-Server müssen Sie dann folgende Arbeiten durchführen:

- Installieren Sie (wenn nötig) die LPD-Software. Sie ist Teil der Windows TCP/IP-Implementierung und wird bei der ersten Betriebssystem-Installation standardmäßig nicht mit installiert. Unter Windows NT 4 können Sie das über den Reiter SERVICES in den NETWORK PROPERTIES nachinstallieren.

  Unter Windows 2000 starten Sie SOFTWARE in der Systemsteuerung, klicken auf WINDOWS-KOMPONENTEN HINZUFÜGEN/ENTFERNEN und wählen dann WEITERE DATEI- UND DRUCKDIENSTE FÜR DAS NETZWERK aus. Klicken Sie auf DETAILS, und wählen Sie DRUCKDIENSTE FÜR UNIX.

- Starten Sie den LPD-Dienst. Unter Windows NT 4 führen Sie den Befehl `net start lpdsvc` aus, um den Print-Server für eingehende Jobs zu starten. Diesen Befehl können Sie auch in die Datei *AutoExNT.Bat* aufnehmen, wenn diese Einrichtung bei Ihnen installiert ist.

  Unter Windows 2000 bewegen Sie sich über SERVICES AND APPLICATIONS → SERVICES OBJECT in die Anwendung COMPUTER MANAGEMENT. Hier wählen Sie den Eintrag TCP/IP PRINT SERVER und ändern die Startmethode auf AUTOMATIC (siehe Abbildung 13-7).

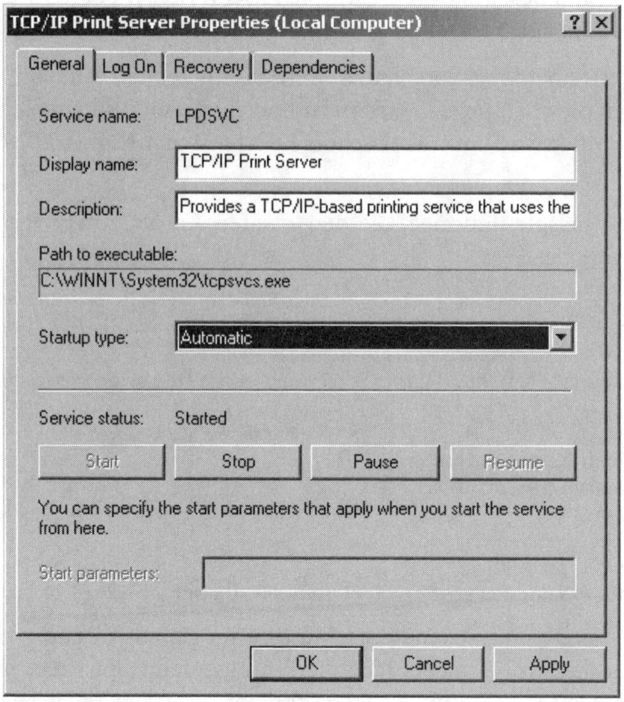

Abbildung 13-7: LPD unter Windows 2000 einrichten

Eingehende Windows-Druck-Jobs über Samba verarbeiten

Das Samba-System kann verwendet werden, um Unix-Drucker als normale Netzwerkdrucker für Windows-Clients nutzbar zu machen (Samba-Grundlagen finden Sie im Abschnitt »Dateisysteme gemeinsam nutzen« in Kapitel 10).

Die Freigabe eines Druckers kann auf zwei Arten erreicht werden: indem man einen Eintrag für einen bestimmten Drucker anlegt oder indem man alle Drucker in einer printcap-Datei freigibt. Hier sehen Sie den Eintrag in der Samba-Konfigurationsdatei, der den Drucker *laser4* freigibt:

```
[laser4]
    printable = yes              Es handelt sich um einen Drucker.
    comment = LW auf dalton      Kurzer Kommentar.
    public = yes
    postscript = yes             Jobs senden PostScript-Dateien.
    printer name = laz4          Name der lokalen Drucker-Queue.
    printer driver = Windows-Name  Offizielle Windows-Bezeichnung.
```

Das letzte Feld legt den Treiber fest, der auf dem Windows-Rechner verwendet wird, wenn auf diesem Drucker gedruckt wird. Hier müssen Sie den String eintragen, der im Druckerinstallations-Assistenten im Druckerauswahl-Dialog erscheint, d. h. den Namen, mit dem Microsoft ihn beschreibt (z. B. »Apple LaserWriter II NTX-J v50.5«). Dieses Feld enthält nicht den Pfad auf die Treiberdatei.

Wenn die Druckertreiber lokal vorgehalten werden sollen (statt auf dem Windows-System zu liegen), können Sie auch *printer driver location* einstellen und eine lokale Freigabe einrichten. Diese Technik wird im früher schon zitierten Buch *Network Printing* ausführlich beschrieben.

Hier folgen einige Beispiel-Einträge, die den zweiten Ansatz zur Freigabe von Druckern mit Samba verdeutlichen:

```
[global]                                        Diese Einträge im global-Abschnitt einfügen.
   load printers = yes                          Alle Drucker in der printcap-Datei freigeben.
   printcap name = /usr/local/samba/lib/printcap
   printing = bsd|sysv|aix|hpux|lprng           Typ des lokalen Drucker-Spoolers festlegen.

[printers]                                      Ein Eintrag für alle Drucker.
   comment = Exportierte Druckre
   path = /var/spool/smb-print
   printable = yes
   guest ok = yes
   guest account = samba
   auto services = david monet                  Auswahllisten enthalten diese Drucker.
```

Dieser Ansatz verlangt verschiedene Einstellungen im *global*-Abschnitt der Samba-Konfigurationsdatei. In diesem Beispiel sorgen die Einträge dafür, dass das Samba-System alle Drucker in der angegebenen printcap-Datei freigibt, und legen gleichzeitig das auf dem lokalen Rechner verwendete Spooling-System fest.

Der *printers*-Eintrag schließt die Drucker-Freigabe ab. Unser Beispiel legt einen Pfad für den Zwischenspeicher fest und gibt auch eine Liste von Druckern an, die in Auswahllisten erscheinen können.

An dieser Stelle seien zwei Bemerkungen erlaubt:

- Innerhalb einer printcap-Datei müssen Sie Drucker für den Export definieren, selbst wenn das lokale Spooling-System nicht auf LPD basiert.
- Beachten Sie, dass der Eintrag *auto services* nur Druckernamen in Auswahllisten aufnimmt. Alle in der angegebenen printcap-Datei enthaltenen Drucker stehen den Benutzern zur Verfügung, wenn diese deren Namen kennen. Verwenden Sie eine eigene printcap-Datei (wie oben), um nur eine Teilmenge der auf dem System verfügbaren Drucker unter Samba zugänglich zu machen.

Queues für Samba-Drucker unter Windows anlegen

Auf dem Windows-Rechner müssen Sie eine Queue für die entfernten Drucker anlegen, indem Sie wie üblich den Druckerinstallations-Assistenten aufrufen. Geben Sie den Druckertyp als lokal an, und legen Sie dann den LPR-Port dafür an (wenn dieser nicht bereits existiert); wählen Sie NEW PORT, geben Sie einen Portnamen an, und wählen Sie dann den Porttyp LPR aus (siehe Abbildung 13-8). Geben Sie dann den Namen des entfernten Systems und des Druckers im nun erscheinenden Dialog an, und führen Sie den Rest des Druckerinstallationsprozesses ganz normal zu Ende.

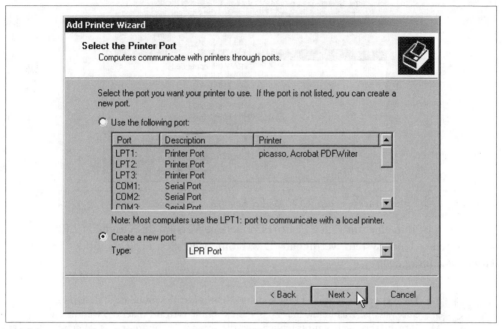

Abbildung 13-8: Einen LPR-Port unter Windows 2000 anlegen

Bei Windows NT 4-Systemen kann es gelegentlich zu Problemen kommen, bei denen PostScript- oder PCL-Dateien als Text und nicht als vom Drucker zu interpretierende Anweisungen verstanden werden. Das kommt vor, weil die Daten des Jobs irgendwie als Textdaten und nicht als Rohdaten (»raw data«) markiert wurden.

Sie können den Drucker so konfigurieren, dass er alle Jobs als Rohdaten betrachtet, indem Sie auf dessen Eigenschaften zugreifen, im Reiter ADVANCED auf den Button PRINT PROCESSOR klicken und in dem dann folgenden Dialog den Standarddatentyp mit RAW angeben (siehe Abbildung 13-9).

Sie können diese Einstellung für den gesamten Drucker-Spooler übernehmen, indem Sie HKEY_LOCAL_MACHINE\System\CurrentControlSet\Services\LPDSVC\Parameters\SimulatePassThrough in der Registrierung auf 1 setzen.

LPRng

Das LPRng-Paket ist eine erweiterte Version des BSD-Drucker-Spoolers LPD. Es wurde ursprünglich Anfang der 90er Jahre von Patrick Powell entwickelt, in erster Linie als Rewrite des LPD-Spoolers, der von den Lizenzproblemen des Originalcodes befreit war. Sehr schnell ging die Entwicklung aber über die üblichen Fähigkeiten von LPD hinaus,

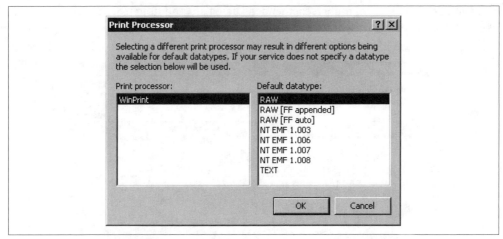

Abbildung 13-9: Einen Drucker in den RAW-Modus zwingen

und LPRng ist nun eine mit vielen Features versehene Version des Originals. LPRng ist für nahezu jedes Unix-System verfügbar. Die Homepage des Projekts finden Sie unter *http://www.lprng.com*.

 Die Verwendung von LPRng verlangt Kenntnisse des Standard-BSD-Druck-Subsystems. Das heißt, Sie müssen sich damit vertraut machen, wenn sich Ihre Erfahrungen hauptsächlich auf die System V- und/oder AIX-Version beschränken.

LPRng bietet die üblichen BSD-Benutzerbefehle an: `lpr`, `lpq` und `lprm`. Zusätzlich stellt es aus Kompatibilitätsgründen Versionen von `lp`, `lpstat` und `cancel` zur Verfügung. Es verwendet das übliche Top-Level-Spool-Verzeichnis */var/spool/lpd*.

Die LPRng-Version von `lpr` ist ein wenig cleverer als die Standardversion. Sie ist in der Lage, Druck-Jobs direkt an entfernte Systeme zu senden, so dass der `lpd`-Daemon nicht länger auf den Hosts laufen muss, die selbst keine Print-Server sind (so lassen sich einige Ressourcen einsparen).

Hier sehen Sie ein `lpr`-Beispiel, das einen Druck-Job direkt an die *matisse*-Queue des Rechners *painters* sendet:

```
$ lpr -Pmatisse@painters Dateien
```

Ein weiteres nettes Feature von LPRng ist, dass `lpd` optional unter dem Benutzer *daemon* anstatt unter *root* ausgeführt werden kann.

Die Installation von LPRng geht einfach vonstatten und ist sowohl im *LPRng-HOWTO* als auch im früher erwähnten *Network Printing*-Buch sehr gut dokumentiert. Die einzelnen Schritte fasse ich daher nur kurz zusammen:

- Deaktivieren Sie alle Jobs, warten Sie das Ende laufender Jobs ab, und halten Sie den aktuellen Druck-Daemon an.
- Sichern Sie alle Komponenten des aktuellen Druck-Systems: Konfigurationsdateien, Programme und so weiter.
- Benennen Sie alte Druck-Aufträge um, oder löschen Sie sie.
- Installieren Sie das LPRng-Paket (wobei die Software in den meisten Fällen aus dem Quellcode kompiliert wird). Soll der lpd-Server weniger privilegiert laufen, entfernen Sie den Kommentar vor der Einstellung *--disable-setuid* im Skript *configure.custom* und führen dieses Skript anstelle des üblichen *configure*-Skripts aus.
- Ändern Sie die Startup-Skripten so ab, dass sie LPRng unterstützen.
- Konfigurieren Sie die Drucker und die Queues innerhalb des neuen Druck-Subsystems.
- Überprüfen Sie die neue Konfiguration mit dem im Paket enthaltenen Befehl checkpc -f. Dieser Befehl überprüft die Einträge von printcap-Dateien, erzeugt die notwendigen Spool-Verzeichnisse, Logdateien, Accounting-Dateien und ähnliche Dinge.
- Starten Sie den Spooler-Daemon, und testen Sie alles sorgfältig aus.
- Gewähren Sie den Benutzern den Zugriff auf die Queues.

Das LPRng bietet für einige Betriebssysteme Skripten an, die einige dieser Aufgaben erledigen. Sie besitzen Namen der Form *preremove.*.sh* (zum Herunterfahren des Druck-Subsystems vor dem Löschen), *preinstall.*.sh* (zum Löschen alter Drucksystem-Komponenten), *postremove.*.sh* (führt Aktionen durch, die nach dem Löschen des alten Drucksystems notwendig werden) und *postinstall.*.sh* (wird ausgeführt, nachdem die LPRng-Software installiert und kompiliert wurde; richtet Konfigurationsdateien, Spool-Verzeichnisse und ähnliche Dinge ein). Die mittlere Komponente jedes Skriptnamens ist der Name des Betriebssystems: z.B. *solaris*, *linux* etc. Sehen Sie sich im Hauptverzeichnis des LPRng-Pakets und in der Dokumentation um, wenn Sie nach Skripten für Ihr System suchen.

Erweiterungen des lpc-Befehls

Die LPRng-Version von lpc kennt einige neue Befehle. Die wichtigsten sind in Tabelle 13-6 aufgeführt.

Tabelle 13-6: LPRng-Erweiterungen des lpc-Befehls

Befehl	Zweck
hold *Queue* [*IDs*]	Bringt den angegebenen Job oder alle Jobs einer Queue in den Hold-Status, d. h. der/die Job(s) werden eingefroren und nicht gedruckt.
release *Queue* [*IDs*]	Gibt den/die eingefrorenen Druck-Job(s) wieder frei.
holdall *Queue*	Friert alle neu in die Queue eingereihten Jobs ein. Verwenden Sie noholdall, um dieses Verhalten aufzuheben. (Eingefrorene Jobs müssen trotzdem explizit wieder freigegeben werden.)
move *alte-Queue IDs neue-Queue*	Verschiebt die angegebenen Druck-Jobs zwischen den Queues.
redirect *alte-Queue neue-Queue*	Leitet die in die alte Queue eingereihten Jobs an die neue Queue weiter. Geben Sie off als zweiten Wert an, um die Umleitung aufzuheben.

Tabelle 13-6: LPRng-Erweiterungen des lpc-Befehls (Fortsetzung)

Befehl	Zweck
redo *Queue* [*ID*]	Druckt den angegebenen Job erneut aus.
kill *Queue*	Entspricht der Kombination abort und start: Bricht den aktuellen Job ab und startet dann die Queue neu.
active *Drucker*[*@Host*]	Bestimmt, ob der angegebene Spooler-Daemon aktiv ist oder nicht.
reread *Drucker*[*@Host*]	Zwingt den angegebenen Spooler-Daemon dazu, seine Konfigurationsdateien erneut einzulesen.
class *Queue Klassenliste*	Beschränkt den Druck der angegebenen Queue auf Jobs der angegebenen Klasse(n). Die *Klassenliste* ist üblicherweise eine durch Kommata getrennte Liste mit einem oder mehreren Klassen-Buchstaben (siehe unten). Das Schlüsselwort off hebt alle momentan bestehenden Klassenbeschränkungen auf.[a]

[a] Dieser Parameter kann auch verwendet werden, um ein Pattern-Matching über Druck-Job-Charakteristika auszuführen (Details finden Sie in der lpc-Manpage).

In den meisten Fällen können Sie das Schlüsselwort all für den Queue-Namen einsetzen. Die lpc-Befehle werden dann auf alle Druck-Queues angewandt.

Druck-Klassen und Job-Prioritäten

LPRng implementiert ein sehr einfaches Schema für die Prioritäten von Druck-Jobs. Dieses Schema wird mit den verwendeten Druck-Job-Klassen kombiniert: Druck-Jobs besitzen eine gemeinsam genutzte Menge von Eigenschaften, die eine spezielle Behandlung und/oder besondere Fähigkeiten des Druckers verlangen. Der häufigste Einsatzbereich für Klassen sind Jobs, die spezielles Papier benötigen.

Ein Benutzer kann einen Job in eine bestimmte Klasse einordnen, indem er den Job mit der Option -C einreiht:

```
$ lpr -Ccheck -Plaser2 Januar
```

Dieser Job wird in die Klasse *scheck* auf dem Drucker *laser2* eingereiht.

Der groß geschriebene erste Buchstabe des Klassennamens wird gleichzeitig als In-Queue-Priorität des Jobs verwendet. Die Prioritäts-Level verlaufen von A (hoch) bis Z. Dem obigen Job wäre also die Priorität S zugeordnet worden. Der Standardwert für Jobs, die keine Klasse angeben, sind die Klasse und die Priorität A.

Standardmäßig werden alle Jobs beliebiger Klassen in einer Druck-Queue gedruckt. Die Reihenfolge orientiert sich nach dem Prioritätsschema. Um den Druck auf eine bestimmte Klasse zu beschränken, verwenden Sie einen lpc-Befehl wie den folgenden:

```
# lpc class laser scheck
```

Auf diese Weise werden nur die Jobs der Klasse *scheck* gedruckt, alle anderen werden eingefroren. Um alle Druckaufträge zu verarbeiten, geben Sie den folgenden Befehl ein:

```
# lpc class laser off
```

Die Verwendung von Klassen kann ein wenig knifflig sein. Wenn Sie zum Beispiel immer zwischen dem Druck von Schecks und normalen Ausdrucken hin- und herwechseln, dann wollen Sie die Klasse *scheck* nicht einfach ausschalten, sobald alle Schecks ausgedruckt wurden. Vielmehr wollen Sie diese Jobs einfrieren, bis wieder das richtige Papier im Drucker liegt. In diesem Fall ist der folgende Befehl wohl effizienter:

```
# lpc class laser A
```

Das setzt die erlaubte Klasse auf die (standardmäßige) Klasse A, d.h. die Jobs der Klasse *scheck* werden wie gewünscht eingefroren.

LPRng konfigurieren

LPRng verwendet drei Konfigurationsdateien, die unter */etc* abgelegt sind: *printcap*, *lpd.conf* und *lpd.perms*. Diese Dateien enthalten die Queue-Konfiguration, die globale Spooler-Konfiguration und die Regeln für den Drucker-Zugriff. Die erste Datei ist eine etwas modifizierte Version der Standard-LPD-printcap-Datei. Sie verwendet eine etwas einfachere Syntax: Alle Felder verwenden das Gleichheitszeichen für die Zuweisung von Werten anstelle datentypspezifischer Zuweisungszeichen (allerdings wird die Form *name@* immer noch genutzt, um Boolesche Werte auszuschalten). Mehrzeilige Einträge benötigen keine Backslash-Zeichen am Zeilenende, und es wird kein abschließender Doppelpunkt benötigt, um die Feldgrenzen aufzuzeigen.

Hier sehen Sie zwei einfache Einträge aus *printcap*:

```
hp:
   :lp=/dev/lp0                              Beispiel für lokalen Drucker.
   :cm=HP Laser Jet Drucker                  Beschreibung für lpq-Befehl.
   :lf=/var/log/lpd.log
   :af=/var/adm/pacct
   :filter=/usr/local/lib/filters/ifhp
   :tc=.common                               Den Abschnitt .common einbinden.

laser:                                       Beispiel für entfernten Drucker.
   :lp=painters@matisse
   :tc=.common                               Den Abschnitt .common einbinden.

.common:                                     Benannte Elementgruppe.
   :sd=/var/spool/lpd/%P
   :mx=0
```

Der erste Eintrag beschreibt einen lokalen Drucker namens *hp* an der ersten parallelen Schnittstelle. Dieser printcap-Eintrag gibt eine Beschreibung für den Drucker an, die Namen seiner Log- und Accounting-Dateien sowie einen Filter, mit dessen Hilfe Jobs zu verarbeiten sind. Das letzte Feld, *tc*, stellt ein »Include«-Feature innerhalb der printcap-Einträge dar. Es verlangt eine Liste von Namen als Argument. In diesem Fall besagt das Feld, dass die Einstellungen des printcap-Eintrags *.common* in den aktuellen Eintrag eingefügt werden sollen. Damit werden also alle Längenbeschränkungen für Druck-Jobs auf dem Drucker *hp* aufgehoben, und das Spool-Verzeichnis wird mit */var/spool/lpd/hp* festgelegt.

Der zweite printcap-Eintrag erzeugt eine Queue für einen entfernten Drucker namens *matisse* auf dem Host *painters*. Er besitzt ebenfalls keine Längenbeschränkung und verwendet das Spool-Verzeichnis */var/spool/lpd/laser*. Die beiden letzten Elemente werden wieder mit Hilfe des Include-Feldes *tc* gesetzt.

LPRng erlaubt in der printcap-Datei die Auflösung von Variablen in printcap-Einträgen. Ein Beispiel hierfür haben Sie im obigen Beispiel im *sd*-Feld schon gesehen. Die folgenden Variablen werden unterstützt:

%P Name des Druckers

%Q Name der Queue

%h Einfacher Hostname

%H Vollständig qualifizierter Hostname

%R Name der entfernten Druck-Queue

%M Hostname des entfernten Rechners

%D Aktuelles Datum

Wir wollen uns nun die zusätzlichen LPRng-Features und die printcap-Einträge ansehen, die diese Features unterstützen.

Separate Client- und Server-Einträge

Standardmäßig gelten printcap-Einträge sowohl für Spooler-Clients (also Benutzerprogramme wie lpr) als auch für Server (also den lpd-Daemon). Sie können aber auch festlegen, dass Einträge nur in einem dieser beiden Kontexte gelten. Die nachfolgenden Beispieleinträge machen das deutlich:

```
laser:server              Eintrag gilt nur für den lpd-Daemon.
  :lp=/dev/lp0

laser:                    Eintrag gilt nur für Client-Programme.
  :lp=matisse@painters
```

Der erste Eintrag definiert den Drucker *laser* als Gerät am ersten parallelen Port. Das *server*-Feld gibt an, dass dieser Eintrag nur aktiv ist, wenn lpd die printcap-Datei verwendet (und nicht, wenn der Zugriff über ein Programm wie lpr erfolgt). Der zweite Eintrag definiert den Drucker *laser* für Client-Programme als entfernten Drucker (*matisse* auf *painters*). Clients sind in der Lage, Jobs direkt an diesen entfernten Drucker zu schicken.

Im nächsten Beispiel müssen die Clients den lokalen Druck-Daemon verwenden, um auf *laser2* drucken zu können:

```
laser2:force_localhost    Clients müssen lokalen Server verwenden.
laser2:server
  :lp=/dev/lp0
  :sd=/var/spool/lpd/%P
```

Die Einstellung *force_localhost* (ein Boolescher Wert, der standardmäßig aus ist) weist Clients, die diesen printcap-Eintrag nutzen, an, Jobs durch den lokalen lpd-Serverprozess zu leiten.

Eine zentrale printcap-Datei für viele Hosts

Die vielleicht mächtigsten Fähigkeiten von LPRng sind die fest eingebauten Features zum Aufbau einer einzelnen, zentralen printcap-Datei, die auf viele Hosts kopiert oder von diesen gemeinsam genutzt werden kann. Diese Flexibilität rührt von der *on*-Einstellung (für »on host«) her. Hier sehen Sie ein Beispiel:

```
laser:
  :oh=*.ahania.com,!astarte.ahania.com
  :lp=/dev/lp0
```

Dieser Eintrag definiert einen Drucker namens *laser* auf jedem Host in der Domain *ahania.com*, außer auf *astarte*. Der Drucker liegt immer am ersten parallelen Port.

Der folgende Eintrag definiert einen Drucker namens *color* für jeden Host im Subnetz 10.0.0. Bei den meisten Hosts zeigt der Drucker auf die *color*-Queue auf 10.0.0.4, während er für 10.0.0.4 selbst auf das Gerät an der ersten parallelen Schnittstelle verweist.

```
color:
  :oh=10.0.0.0/24,!10.0.0.4    Host-Spezifikation über IP-Adresse.
  :lp=%P@10.0.0.4
  :tc=.common

color:
  :oh=10.0.0.4
  :lp=/dev/lp0
  ...
```

Das *%P*-Konstrukt der *lp*-Einstellung des ersten Eintrags ist an dieser Stelle eigentlich nicht notwendig, wäre aber nützlich, wenn es in einer benannten Gruppe von Einstellungen auftauchen würde. Hier ein Beispiel:

```
color:tc=.common
laser:tc=.common
draft:tc=.common

.common:
  :oh=*.ahania.com,!astarte.ahania.com
  :lp=%P@astarte.ahania.com
```

Die Einträge definieren die Drucker *color*, *laser* und *draft* auf jedem Host in *ahania.com*, außer auf *astarte*, sowie die Queue auf *astarte* (die an anderer Stelle der printcap-Datei definiert ist).

Spezial-Queues

In diesem Abschnitt zeigen wir, wie man Queues für verschiedene komplexere Druck-Szenarien aufbaut.

Bounce-Queues. Hier folgt ein printcap-Eintrag für eine einfache Store-and-Forward-Queue (wie wir sie bisher gesehen haben):

```
laser:server
  :lp=matisse@painters
  :sd=/var/spool/lpd/%P
```

Die Queue *laser* nimmt Jobs an und sendet sie unverändert an die Queue *matisse* auf dem Host *painters*. Manchmal ist es allerdings sinnvoll, den Job lokal zu verarbeiten, bevor er an den Drucker übertragen wird. Das wird über eine sog. *Bounce*-Queue erreicht:

```
blots:server
    :sd=/var/spool/lpd/%P
    :filter=Pfad und Argumente
    :bq_format=l              Binäre Jobs werden weitergeleitet.
    :bq=picasso@painters
```

Diese Queue namens *blots* nimmt Jobs an, lässt sie durch das in *filter* festgelegte Programm laufen und sendet sie dann zum Ausdrucken an die Queue *picasso* auf dem Host *painters*.

Drucker-Pools. Mit LPRng können Sie einen Drucker-Pool anlegen. Ein Drucker-Pool ist eine Queue, die mehrere Drucker versorgt:

```
scribes:server
    :sd=/var/spool/lpd/%P
    :sv=lp1,lp2,lp3
```

In diesem Beispiel sendet die Queue *scribes* Jobs an die Queues *lp1*, *lp2* und *lp3* (die an anderer Stelle der printcap-Datei definiert sein müssen). Die Jobs werden immer auf die jeweils freien Queues (also auf die jeweils freien Drucker) verteilt. Dieser Mechanismus bietet eine sehr einfache Form der Lastverteilung.

Hier sehen Sie einen Teil des printcap-Eintrags für *lp1*:

```
lp1:
    :sd=/var/spool/lpd/%P
    :ss=scribes
```

Die *ss*-Einstellung legt die Queue fest, die diesen Drucker kontrolliert. Beachten Sie, dass das einen Job nicht daran hindert, direkt an die Queue *lp1* geschickt zu werden. Der einzige Effekt dieser Einstellung scheint darin zu bestehen, dass Queue-Statusausgaben lesbarer erscheinen.

Die Ziele von Druck-Jobs können auch dynamisch ermittelt werden, zum Beispiel:

```
smart:
    :sd=/var/spool/lpd/%P
    :destinations=matisse@printers,degas@france,laser
    :router=/usr/local/sbin/pick_printer
```

Das in der Einstellung *router* festgelegte Programm ist dafür verantwortlich, den Drucker für jeden eingereihten Druckjob auszuwählen. Das Router-Programm ist ein einfacher Filter. Der Exit-Status des Programms bestimmt, was mit dem Programm passiert (0 heißt Druck, 37 heißt eingefroren, und jeder andere Wert besagt, dass der Job gelöscht werden soll). Das Programm muss das Queue-Ziel und andere Informationen an die Standardausgabe schreiben (wo sie von lpd erwartet werden). Vollständige Details zum dynamischen Routing von Druck-Jobs finden Sie im *LPRng-HOWTO*.

Filter

Wie bereits erwähnt wurde, werden Druck-Jobs von Filter-Programmen verarbeitet, bevor sie an den Drucker gesendet werden. Filter sind dafür verantwortlich, das Gerät in einen definierten Anfangszustand zu versetzen, die Ausgabe in eine Form umzuwandeln, die der Drucker versteht und dafür zu sorgen, dass am Ende des Jobs alle Daten an den Drucker übertragen wurden. Die erste und dritte Aufgabe wird typischerweise erreicht, indem interne Druckerbefehle an den Anfang und das Ende des Druck-Jobs eingebunden werden. Filter-Programme sind ebenfalls dafür verantwortlich, Accounting-Records für den Drucker zu erzeugen.

Wie Sie in den bisher gezeigten Beispielen sehen konnten, stellt LPRng die printcap-Einstellung *filter* zur Verfügung, mit der Sie einen Standardfilter für alle Jobs der jeweiligen Queue angeben können. Zusätzlich unterstützt es viele der verschiedenen, ausgabetypspezifischen Filtervariablen, die bei traditionellen printcap-Einträgen verwendet werden (d.h. die *f*-Einstellungen).

Das LPRng-Paket verwendet häufig das ifhp-Filterprogramm, das ebenfalls von Patrick Powell entwickelt wurde. Es ist für den Einsatz einer Vielzahl aktueller Drucker geeignet. Die Charakteristika der verschiedenen unterstützten Drucker werden in seiner Konfigurationsdatei *ifhp.conf* (die üblicherweise in */etc* liegt) gespeichert. Der folgende printcap-Eintrag zeigt die Einstellungen, die sich auf die Verwendung dieses Programms beziehen:

```
lp:
   :sd=/var/spool/lpd/%P
   :filter=/usr/local/libexec/filters/ifhp
   :ifhp=model=default
```

Die *filter*-Einstellung legt den Pfad auf ifhp fest, und die *ifhp*-Einstellung legt die entsprechende Druckerdefinition und deren Konfigurationsdatei fest. In diesem Fall verwenden wir die Standardeinstellungen, die für eine Vielzahl von Druckern geeignet sind.

> **Beispiel für ein Accounting-Skript**
> Die LPRng-Einrichtung enthält ein exzellentes Perl-Skript, das demonstriert, wie man Informationen über gedruckte Seiten von modernen Druckern einlesen kann. Das Skript heißt *accounting.pl* und ist in der Quell-Distribution enthalten.

Weitere Optionen von printcap-Einträgen

printcap-Einträge müssen nicht unbedingt als reine Textdateien vorliegen. Zum Beispiel können sie auch in einem LDAP-Verzeichnis abgelegt sein. LPRng macht solche Dinge möglich, indem es das dynamische Einlesen und Generieren von printcap-Einträgen erlaubt. Das wird durch Setzen von *printcap_path* in der Konfigurationsdatei *lpd.conf* erreicht. Der Wert ist eine Pipe auf ein Programm, kein Pfad auf eine printcap-Datei:

```
printcap_path=|Programm
```

Dieser Eintrag sorgt dafür, dass LPRng das angegebene Programm ausführt, wenn ein printcap-Eintrag benötigt wird (der gewünschte Eintrag wird dem Programm über dessen

Standardeingabe übergeben). So könnte ein solches Programm beispielsweise printcap-Informationen aus einem LDAP-Verzeichnis einlesen. Details und umfassende Beispiele finden Sie in Kapitel 11 von *Network Printing*.

Globale Einstellungen des Drucker-Spoolers

Die Konfigurationsdatei *lpd.conf* enthält eine Vielzahl von Einstellungen, die direkt mit dem Drucker-Spooler zu tun haben. Die wichtigsten haben mit der Anbindung des Druckers, Timeouts und dem Logging von Druck-Jobs zu tun. Einige der am weitesten verbreiteten Einstellungen sind in der nachfolgenden Beispiel-Konfigurationsdatei aufgeführt:

```
# Kommunikationsbezogene Einstellungen
connect_grace=3                 Wartezeit zwischen Jobs (standardmäßig 0).
network_connect_grace=3
connect_timeout=600             Job nach dieser Zeitspanne löschen (standardmäßig 0).
send_try=2                      Maximale Anzahl von Versuchen (standardmäßig kein Limit).
max_servers_active=10           Maximale Anzahl von lpd-Kindprozessen
                                   (standardmäßig die Hälfte des System-Prozesslimits).

# logging settings
max_log_file_size=256           Maximale Dateigröße in KB (standardmäßig kein Limit).
max_status_size=256
min_log_file_size=128           So viele Daten beibehalten, wenn Dateien zu groß werden
min_status_size=64                 (standardmäßig 25%).
max_status_line=80              Einträge auf diese Länge kürzen (standardmäßig kein Limit).

# central logging server
logger_destination=scribe       Ziel für Logdatei-Einträge.
logger_pathname=/tmp/lprng.tmp  Lokal zu verwendende temporäre Datei.
logger_max_size=1024            Maximale Größe der temporären Datei
                                   (standardmäßig kein Limit).
logger_timeout=600              Wartezeit zwischen Verbindungen zum entfernten Server
                                   (standardmäßig immer dann, wenn Daten vorliegen).
```

Drucker-Zugriffskontrolle

Die dritte LPRng-Konfigurationsdatei, *lpd.perms*, wird für die Zugriffskontrolle auf Druckdienste und deren Drucker verwendet. Jeder Eintrag in dieser Datei besteht aus einer Reihe von Charakteristika, mit denen potenzielle Druck-Jobs verglichen werden. Die Einträge legen auch fest, ob solche Jobs akzeptiert werden sollen. Der erste Eintrag, der auf einen bestimmten Job zutrifft, bestimmt auch den Zugriff. Dementsprechend ist die Reihenfolge der Einträge innerhalb der Datei von Bedeutung.

Die Syntax der Datei *lpd.perms* lässt sich am besten erklären, wenn man einige Beispiele untersucht. So erlauben zum Beispiel die folgenden Einträge, dass Benutzer ihre eigenen Jobs löschen können und *root* jeden Druck-Job löschen kann:

```
ACCEPT SERVICE=M SAMEUSER
ACCEPT SERVICE=M SERVER REMOTEUSER=root
REJECT SERVICE=M
```

Das erste Schlüsselwort eines Eintrags lautet immer *ACCEPT* oder *REJECT* und gibt an, ob zutreffende Aufträge ausgeführt werden oder nicht. Diese Einträge gelten alle für den M-Dienst, der dem Löschen von Jobs mit `lprm` entspricht. Die verschiedenen Einträge erlauben die Ausführung des Befehls, wenn der ausführende Benutzer und der Benutzer des Druck-Jobs identisch sind (*SAMEUSER*). Der Befehl wird auch ausgeführt, wenn es sich beim ausführenden Benutzer um *root* (*REMOTEUSER=root*) und gleichzeitig um das lokale System (*SERVER*) handelt. Alle anderen `lprm`-Requests werden abgelehnt.

Die verfügbaren *SERVICE*-Codes umfassen *C* (Jobkontrolle mit `lpc`), *R* (Job-Spooling mit `lpr`), *M* (Löschen von Jobs mit `lprm`), *Q* (Statusinformationen mit `lpq` ermitteln), *X* (Verbindung zu `lpd` herstellen) und *P* (Drucken allgemein). Sie können mehr als einen Codebuchstaben an *SERVICE* übergeben.

Verschiedene Schlüsselwörter werden mit den Charakteristika des Druck-Jobs und des Kontextes der Befehlsausführung verglichen:

USER, GROUP, HOST, PRINTER
> Diese Elemente werden mit den Eigentumsrechten und anderen Charakteristika des Druck-Jobs verglichen, auf den der jeweilige Befehl angewandt werden soll. Das Schlüsselwort *SERVER* verlangt außerdem, dass der Befehl auf dem lokalen Server ausgeführt wird.

REMOTEUSER, REMOTEGROUP, REMOTEHOST
> Diese Elemente werden mit dem Benutzer, der Gruppe und dem Host verglichen, von dem bzw. der der Befehl ausgeht. Beachten Sie, dass das »REMOTE« im Namen irreführend sein kann, weil weder ein entfernter Benutzer noch ein entfernter Host angegeben werden muss.
>
> Die obigen Schlüsselwörter verlangen alle einen String oder eine Liste von Strings als Argument. Die Werte werden als Muster interpretiert, die mit dem Druck-Job oder den Befehlscharakteristika verglichen werden.

SAMEUSER, SAMEHOST
> Diese Schlüsselwörter verlangen, dass *USER* mit *REMOTEUSER* bzw. *HOST* mit *REMOTEHOST* identisch sind. Der folgende Eintrag schränkt zum Beispiel die Verwendung des `lprm`-Befehls auf die benutzereigenen Jobs ein und verlangt darüber hinaus, dass der Befehl auf dem gleichen Host ausgeführt wird, auf dem der Druck-Job eingereiht wurde:

```
ACCEPT SERVICE=M SAMEUSER SAMEHOST
```

Wir wollen uns nun einige weitere *lpd.perms*-Einträge ansehen. Der folgende Eintrag lehnt alle Verbindungen ab, deren Ursprung außerhalb der Domain *ahania.com* liegt und wenn sie von den Hosts *dalton* und *hamlet* stammen:

```
REJECT SERVICE=X NOT REMOTEHOST=*.ahania.com
REJECT SERVICE=X REMOTEHOST=dalton,hamlet
```

Beachten Sie, dass diese Einträge nicht als *ACCEPT*-Einträge formuliert werden können. Hosts können als Hostname oder als IP-Adresse angegeben werden.

Die folgenden Einträge erlauben nur den Mitgliedern der Gruppe *padmin* die Verwendung des lpc-Befehls auf dem lokalen Host:

```
ACCEPT SERVICE=C SERVER REMOTEGROUP=padmin
REJECT SERVICE=C
```

Das Schlüsselwort *LPC* kann verwendet werden, um die Ausführung von lpc-Befehlen einzuschränken. Zum Beispiel erlaubt der folgende Eintrag den Mitgliedern der Gruppe *printop* das Anhalten und erneute Freigeben individueller Druck-Jobs sowie das Verschieben dieser Jobs innerhalb einer Queue:

```
ACCEPT SERVICE=C SERVER REMOTEGROUP=printop LPC=topq,hold,release
```

Die folgenden Einträge verhindern, dass irgendwer außer dem Benutzer *chavez* auf dem Drucker *chavez* drucken kann:

```
ACCEPT SERVICE=R,M,C REMOTEUSER=chavez PRINTER=test
REJECT SERVICE=* PRINTER=test
```

Der Benutzer *chavez* kann außerdem Jobs aus der Queue löschen und diese mit lpc kontrollieren.

Der folgende Befehl verhindert die Weiterleitung von Druck-Jobs auf den lokalen Server:

```
REJECT SERVICE=R,C,M FORWARD
```

Das Schlüsselwort *DEFAULT* wird genutzt, um eine Standardoperation für alle Requests festzulegen, die keinem Eintrag der Konfigurationsdatei entsprechen:

```
# Alles erlauben, was nicht explizit verboten ist.
DEFAULT ACCEPT
```

Die Standardzugriffsrechte beim Fehlen einer *lpd.perms*-Datei sehen vor, alle Requests zu akzeptieren.

Andere Fähigkeiten von LPRng

LPRng besitzt noch einige zusätzliche Fähigkeiten, auf die wir aus Platzgründen nicht eingehen können. Hierzu gehört zum Beispiel die Möglichkeit einer ausgereifteren Benutzer-Authentifizierung über eine Vielzahl von Mechanismen wie PGP und Kerberos. Alle Details finden Sie in der LPRng-Dokumentation.

CUPS

Das Common Unix Printing System (CUPS) ist ein weiteres Projekt, das es sich zur Aufgabe gemacht hat, die traditionellen Druck-Subsysteme zu verbessern und schließlich zu ersetzen. CUPS zeichnet sich durch die Tatsache aus, dass es von Anfang an für das Drucken in einer Netzwerkumgebung konzipiert wurde und sich nicht auf das Drucken auf einem einzelnen System konzentriert. Dementsprechend besitzt es Features, die sowohl das lokale als auch das netzwerkorientierte Drucken unterstützen. Darüber hinaus werden direkt im Netzwerk integrierte Drucker unterstützt. In diesem Abschnitt wollen wir einen kurzen Blick auf CUPS werfen. Die Homepage des Projekts finden Sie unter *http://www.cups.org*.

CUPS ist über das Internet Printing Protocol (IPP) implementiert. Dieses Protokoll wird von den meisten Drucker-Herstellern und von den meisten Betriebssystemen unterstützt. IPP ist als zusätzliche Schicht über HTTP implementiert und unterstützt sicherheitsbezogene Features wie Zugriffskontrolle, Benutzerauthentifizierung und Verschlüsselung. Aufgrund dieser Struktur benötigt CUPS einen Webserver auf den Print-Servern.

CUPS teilt die Behandlung von Druck-Jobs und das Spooling in verschiedene Module auf. Druck-Jobs erhalten eine Identifikationsnummer sowie eine Reihe ihnen zugeordneter Attribute: Ziel, Priorität, Mediatyp, Anzahl der Kopien und so weiter. Wie bei anderen Drucker-Spoolern können Filter für Druck-Queues und/oder Geräte angegeben werden, die die Druck-Jobs verarbeiten. Das CUPS-System stellt viele dieser Filter bereit. Schließlich sind Backend-Programme dafür verantwortlich, dass Druck-Jobs an die Drucker geschickt werden.

CUPS unterstützt auch Druckerklassen: Gruppen gleichwertiger Drucker, die von einer einzelnen Queue versorgt werden (wir haben so etwas vorher schon als Drucker-Pools bezeichnet). CUPS erweitert dieses Konstrukt um sog. »implizite Klassen«. Wenn unterschiedlichen Druckern und/oder Queues auf verschiedenen Servern der gleiche Name gegeben wird, betrachtet das CUPS-System sie als Klasse und behandelt die einzelnen Entitäten entsprechend. Mit anderen Worten: Mehrere Server können Jobs an dieselbe Gruppe gleichwertiger Drucker schicken. Auf diese Weise lassen sich implizite Klassen einsetzen, um zu verhindern, dass einzelne Drucker oder Server bei einem Fehler zum Flaschenhals werden (»single point of failure«). Klassen können auch verschachtelt werden: Eine Klasse kann Mitglied einer anderen Klasse sein.

Drucker-Administration

CUPS unterstützt die Befehle `lpr`, `lpq` und `lprm` von BSD sowie `lp`, `lpstat` und `cancel` von System V. Zur Administration von Queues und Druckern bietet es zwei Möglichkeiten: Kommandozeilen-Utilitites, einschließlich einer Version des System V-Befehls `lpadmin`, oder eine webbasierte Schnittstelle. Für den Zugriff auf die Webschnittstelle gehen Sie mit Ihrem Browser auf Port 631. Für das lokale System wechseln Sie auf *http://localhost:631*.

Die nachfolgend aufgeführten Befehle stehen zur Verwaltung und Konfiguration von Drucker-Queues zur Verfügung. Außer bei `lpinfo` wird der gewünschte Drucker als Argument der Option -p übergeben:

lpstat
 Queue-Status ausgeben.

accept *und* reject
 Erlaubt bzw. verhindert, dass Jobs an den zugehörigen Drucker geschickt werden können.

enable *und* disable
 Erlaubt bzw. verhindert, dass neue Druck-Jobs an die angegebene Queue geschickt werden können.

lpinfo
: Gibt Informationen zu den verfügbaren Druckern (-v) oder Treibern (-m) aus.

lpadmin
: Konfiguriert die Druck-Queues.

Das folgende Beispiel des `lpadmin`-Befehls bindet einen neuen Drucker ein:

```
# lpadmin -plj4 -D"LaserJet Finanzen" -L"Raum 2143-A" \
    -vsocket://192.168.9.23 -mlaserjet.ppd
```

Der Befehl bindet einen im Netzwerk liegenden und die angegebene IP-Adresse nutzenden Drucker namens *lj4* ein. Der zu verwendende Druckertreiber ist *laserjet.ppd* (die CUPS-Software stellt verschiedene Treiber zur Verfügung). Die Optionen -D und -L beschreiben den Drucker und seine Lage.

Generell legt die Option -v sowohl den Drucker als auch die zur Kommunikation mit ihm verwendete Methode fest. Das Argument besteht aus zwei durch einen Doppelpunkt getrennten Teilen: aus einem Schlüsselwort für den Typ der Verbindung (der das passende Backend auswählt), gefolgt vom Treiber oder einer Adressangabe. Hier sehen Sie einige Syntax-Beispiele:

`parallel:/dev/Gerät`	Lokaler paralleler Port
`serial:/dev/Gerät`	Lokaler serieller Port
`usb:/dev/usb/Gerät`	Lokaler USB-Port
`ipp://Adresse/Port`	IPP-basierter Netzwerk-Drucker
`lpd://Adresse/GERÄT`	LPD-basierter Netzwerk-Drucker
`socket://Adresse[:Port]`	Anderes Protokoll nutzender Netzwerk-Drucker (z.B. JetDirect)

Die CUPS-Version von `lpadmin` besitzt noch andere nützliche Optionen: -d zur Angabe des Standarddruckers (wie bei System V), -c und -r zum Einfügen/Entfernen eines Druckers in/aus einer Klasse und -x, um die Queue selbst zu entfernen.

Unter CUPS müssen Drucker nur auf dem/den Server(n) konfiguriert werden, auf dem bzw. denen die zugehörigen Queues liegen. Alle Clients im lokalen Subnetz können diese Drucker erkennen, sobald CUPS auf diesen Systemen installiert ist und läuft.

CUPS-Konfigurationsdateien

CUPS verwaltet mehrere Konfigurationsdateien, die alle unter */etc/cups* abgelegt sind. Die meisten werden durch `lpadmin` oder die webbasierte Administrationsschnittstelle gepflegt. Die einzige Ausnahme, die es von Hand zu pflegen gilt, ist die Hauptkonfigurationsdatei des Servers: *cupsd.conf*.

Im Folgenden sehen Sie als Beispiel einige kommentierte Einträge (alle nicht-systemspezifischen Werte entsprechen den Standardwerten):

`ServerName painters.ahania.com`	Name des Servers
`ServerAdmin root@ahania.com`	E-Mail-Adresse des CUPS-Administrators
`ErrorLog /var/log/cups/error_log`	Lage der Logdateien
`AccessLog /var/log/cups/access_log`	
`PageLog /var/log/cups/page_log`	Accounting-Daten des Druckers
`LogLevel info`	Log-Level (andere Level: debug, warn, error)

```
MaxLogSize 1048571              Rotation der Logdateien, wenn diese Größe überschritten wird
PreserveJobFiles No             Dateien nach Abarbeitung des Jobs nicht aufbewahren
RequestRoot /var/spool/cups     Spool-Verzeichnis
User lp                         Benutzer- und Gruppen-ID des Servers
Group sys
TempDir /var/spool/cups/tmp     temporäres Verzeichnis für CUPS
MaxClients 100                  Maximale Anzahl von Client-Verbindungen für diesen Server
Timeout 300                     Druck-Timeout in Sekunden
Browsing On                     Clients dürfen nach Druckern suchen
ImplicitClasses On              Implizite Klassen sind aktiviert
```

Mit Apache vertraute Leser werden viele Ähnlichkeiten mit dessen Haupt-konfigurationsdatei (*httpd.conf*) feststellen.

Zugriffskontrolle und Authentifizierung

Die Drucker-Zugriffskontrolle, die Benutzer-Authentifizierung und die Verschlüsselung werden ebenfalls in der Konfigurationsdatei *cupsd.conf* aktiviert und konfiguriert.[7]

Die Verschlüsselung wird durch den *Encryption*-Eintrag gesteuert:

```
Encryption IfRequested
```

Dieser Eintrag legt fest, ob Druck-Aufträge verschlüsselt werden sollen oder nicht (um die Verschlüsselung verwenden zu können, muss die OpenSSL-Bibliothek in das CUPS-System eingebunden sein). Standardmäßig werden Dateien verschlüsselt, wenn der Server das anfordert. Andere mögliche Werte sind *Always* und *Never*. Zusätzliche Schlüsselwörter könnten hinzugefügt werden, wenn weitere Verschlüsselungsmethoden verfügbar sind.

Für die Benutzer-Authentifizierung gibt es zwei Haupt-Einträge:

AuthType
Die Quelle der Authentifizierungsdaten: *None*, *Basic* (verwendet Base64-codierte Daten der Unix-Passwort- und -Gruppendatei) und *Digest* (verwendet die Datei *passwd.md5* /etc/cupsd). Die letzte Methode bietet Schutz vor Netzwerk-Sniffern auf einem mittleren Niveau. Das CUPS-System stellt den Befehl lppasswd zur Pflege der *passwd.md5*-Datei zur Verfügung.

AuthClass
Authentifizierungsmethode: Voreingestellt ist *Anonymous* (d.h. keine Authentifizierung). Weitere Optionen sind *User* (ein gültiger Benutzername und ein gültiges Passwort sind notwendig) und *Group* (der Benutzer muss der im *AuthGroupName*-Eintrag angegebenen Gruppe angehören).

Die Einträge, die sich auf die Verschlüsselung und die Benutzer-Authentifizierung beziehen, legen die Anforderungen für bestimmte Drucker oder Druckerklassen fest. Sie werden in der Konfigurationsdatei über Schablonen wie die folgende definiert:

---

7 Während diese Zeilen geschrieben wurden, war dieses Feature noch einem ständigen Wandel unterworfen. Ihre CUPS-Version könnte also über zusätzliche Fähigkeiten verfügen. Den aktuellen Stand der Dinge entnehmen Sie bitte der CUPS-Dokumentation.

```
<Location /Element>
  [Verschlüsselungseintrag]            Die Reihenfolge ist hier nicht relevant.
  [Authentifizierungseinträge]
  [Zugriffskontroll-Einträge]
</Location>
```

Die Pseudo-HTML-Direktiven trennen die Schablonen untereinander, und das im öffnenden Tag angegebene Element legt die Entitäten fest, für die diese Schablone gilt.[8] Dieses Element kann die folgenden Formen annehmen:

/	Standardwerte für das CUPS-System.
/printers	Gilt für alle nicht spezifizierten Drucker.
/printers/*name*	Gilt für einen bestimmten Drucker.
/classes	Gilt für alle nicht spezifizierten Klassen.
/classes/*name*	Gilt für eine bestimmte Klasse.
/admin	Gilt für administrative CUPS-Funktionen.

Hier einige Beispiel-Schablonen (die auch Zugriffskontroll-Direktiven enthalten):

```
<Location />                         Standardwerte für das System.
  Order Deny,Allow                   Allow-Liste überschreibt Deny-Liste.
  Deny From All                      Wir unterbinden jeglichen Zugriff…
  Allow From 127.0.0.1               …außer vom lokalen Host.
</Location>

<Location /printers>
  Order Allow,Deny                   Deny-Liste enthält die Ausnahmen der Allow-Liste.
  Allow From .ahania.com             Zugriff über die Domains ist erlaubt…
  Allow From .essadm.com
  Deny From 192.168.9.0/24           …aber dieses Subnetz ist ausgeschlossen.
</Location>

<Location /classes/schecks>          Gilt für die Klasse namens schecks.
  Encryption Always                  Immer verschlüsselt.
  AuthType Digest                    Benutzeraccount und Passwort werden verlangt.
  AuthClass Group                    Auf Mitglieder der Gruppe finanzen einschränken.
  AuthGroupName finanzen
  Order Deny,Allow
  Deny From All                      Wir unterbinden jeglichen Zugriff…
  Allow From 10.100.67.0/24          …außer aus diesem Subnetz.
</Location>

<Location /admin>                    Zugriff für administrative Funktionen.
  AuthType Digest                    Benutzeraccount und Passwort werden verlangt.
  AuthClass System                   Beschränkt auf die Mitglieder der System-Gruppe.
  Order Deny,Allow
  Deny From All                      Zugriff auf die lokale Domain beschränken.
  Allow From .ahania.com
</Location>
```

Weitere Features und die Installationsprozedur können Sie der CUPS-Dokumentation entnehmen.

---

8 Beachten Sie auch hier die Ähnlichkeit mit der Syntax der Apache-Konfigurationsdatei.

Font-Management unter X

Bei den meisten Unix-Systemen werden den Anwendungen Fonts (also Schriften) über das X Window-System zur Verfügung gestellt (auch wenn einige Anwendungen ihre eigenen Font-Informationen vorhalten). In diesem Abschnitt wollen wir die wichtigsten administrativen Arbeiten im Bezug auf die Verwaltung von Schriften behandeln.

 In einer idealen Welt wären Schriften etwas, worum sich die Benutzer selbst kümmern. Allerdings sind Fonts unter X so schwer zu handhaben, dass der Systemadministrator häufig hinzugezogen werden muss.

In diesem Abschnitt behandeln wir das Font-Management mit Hilfe der X11R6-Standard-Tools. Wir beziehen uns auf die Verzeichnisse, die bei einer normalen Installation des Pakets definiert werden. Diese Einrichtungen und die Lage der einzelnen Verzeichnisse können je nach Hersteller-Implementierung sehr stark voneinander abweichen.

Font-Grundlagen

Wenn Sie den Begriff Font hören, denken Sie wahrscheinlich an so etwas wie Times oder Helvetica. Eigentlich bezeichnen diese aber Font*familien*, die eine Reihe unterschiedlicher Schriftarten enthalten: normal, kursiv, fett, kursiv-fett und so weiter. Im Moment gibt es eine ganze Reihe unterschiedlicher Formate für Font-Dateien. Den größten und wichtigsten Unterschied gibt es zwischen Bitmap- und Vektor-(Outline-)Fonts. Bitmap-Fonts legen die Informationen über die Zeichen des Fonts in Form von Bitmap-Images ab, während Vektor-Fonts die Zeichen als Folge von Linien und Kurven definieren und auf diese Weise eine mathematische Repräsentation der jeweiligen Zeichen darstellen.

Unter praktischen Gesichtspunkten besteht der Hauptunterschied zwischen diesen beiden Font-Typen in deren Skalierbarkeit. Vektor-Fonts können auf beliebige Größen verkleinert oder vergrößert werden und sehen dabei immer gleich gut aus. Im Gegensatz dazu lassen sich Bitmap-Fonts nicht gut skalieren und sehen immer gröber und primitiver aus, je größer sie werden. Aus diesem Grund sind Vektor-Fonts den Bitmap-Fonts generell vorzuziehen.

Um die Dinge noch komplizierter zu machen, gibt es zwei konkurrierende Formate für Vektor-Fonts: Adobe Type 1 und TrueType. Technisch gesehen, besteht der Hauptunterschied zwischen diesen beiden Formaten in den zur Darstellung von Zeichen verwendeten Kurven, nämlich in den Bezier-Kurven bzw. B-Splines. Der andere wichtige Unterschied zwischen beiden Formaten ist der Preis: Type 1-Fonts sind generell deutlich teurer als TrueType-Fonts.

All diese unterschiedlichen Font-Typen sind im Allgemeinen unter X vorhanden. Die wichtigsten Formate sind, zusammen mit ihren Dateierweiterungen, in Tabelle 13-7 aufgeführt.

Tabelle 13-7: Gängige Font-Dateiformate

Format	Bitmap/Vektor	Erweiterung(en)
Portable Compiled Font	Bitmap	.PCF.gz
Speedo	Bitmap	.spd
Ghostscript-Font	Vektor	.gsf
Type 1	Vektor	.pfa, .pfb, .afm
TrueType	Vektor	.ttf

PCF-Fonts sind Bitmap-Fonts (die generell in einem komprimierten Format gespeichert werden) und Teil des XFree86-Systems. Sie sind üblicherweise in Verzeichnissen unter */usr/X11R6/lib/X11/fonts* oder */usr/lib/X11/fonts* abgelegt. Die Speedo-Fonts wurden dem X Window-System von Bitstream gespendet und sind an den gleichen Stellen zu finden. Die Ghostscript-Fonts sind Type 1-Fonts, die zusammen mit dem Paket installiert werden (und ein leicht verändertes Format verwenden). Darüber hinaus können Type 1- und/oder TrueType-Fonts auf dem System vorhanden sein.

Type 1-Fonts bestehen aus mehreren Dateien. Die Dateien mit den Endungen *.pfa* und *.pfb* enthalten die eigentliche Vektordarstellung im ASCII- bzw. Binärformat, und die *.afm*-Datei enthält Informationen zur Font-Metrik im ASCII-Format. Type 1-Fonts unter Unix verwenden im Allgemeinen die binären *.pfb*-Dateien (wahrscheinlich, weil sie kleiner sind), aber *.pfa*-Dateien können ebenfalls verwendet werden. Die dazugehörige *.afm*-Datei wird zur Ausgabe ebenfalls benötigt.

Das X Window-System verwendet eine etwas obskure Namenskonvention für Fonts. Hier sehen Sie die allgemeine Syntax und ein Beispiel für eine Schrift der Octavian-Familie:

```
-foundry-family-weight-slant-stretch-style-pixel-points-xres-yres-spacing-avgwidth-registry-encoding
-monotype-octavian mt-medium-i-normal--0-0-0-0-p-0-iso8859-1
```

Die Komponenten haben die nachfolgend beschriebene Bedeutung. *foundry*[9] steht für die Organisation (häufig ein kommerzielles Unternehmen), das den Font bereitgestellt/verkauft hat (in unserem Beispiel also Monotype). *family* steht für die allgemeine Schriftart, der dieser Font angehört (etwa Times oder Helvetica); unser Beispiel gehört der Octavian MT-Familie an (beachten Sie, dass Leerzeichen im Namen einer Familie sehr häufig vorkommen). Die nächsten Elemente geben an, um welches Mitglied dieser Familie es sich handelt: *weight* ist ein Schlüsselwort, das die relative Strichstärke dieser Schrift im Vergleich zu anderen Familienmitgliedern angibt (medium, bold, light, black und so weiter), *slant* ist ein einzelnes Zeichen, das angibt, ob diese Schrift geneigt ist (r für »roman«, i für »italic« oder o für »oblique«), *stretch* ist ein Schlüsselwort, das angibt, ob die Schriftart im Vergleich zur normalen Schrift schmaler oder breiter ist (normal, condensed, expanded und so weiter). *style* ist ein Schlüsselwort, das zusätzliche, für diese Schriftart relevante, typographische Stilinformationen angibt (z. B. expert, ornaments, oldstylefigures etc.).

---

9 »Gießerei« – Wie einer der technischen Korrektoren vermerkte, stammt dieser Begriff »aus den Zeiten beweglicher Lettern, als Eisengießereien für die Herstellung der Typen zuständig waren«.

Unsere Beispiel-Schriftart ist Octavian Italic, d.h. kursiv (nicht fett, weder schmaler noch breiter und ohne zusätzliche Stilangaben).

Die restlichen Felder geben die Standardgröße in Pica-Punkt (*points*), die Grundhöhe bei dieser Punkt-Größe in Pixeln (*pixels*), die horizontale und vertikale Standardauflösung dieser Schriftart (*xres* und *yres*), ihre Spacing-Klasse (*spacing*: m für Monospace, c für Character-Cell und p für Proportional), eine Angabe zur durchschnittlichen Breite der Glyphen in dem Font (*avgwidth*) und den für die Codierung der Zeichen in dem Font verwendeten Zeichensatz (*registry* und *encoding*) an. Die meisten numerischen Felder werden bei Vektor-Fonts auf 0 gesetzt, d.h. der Standardwert des Fonts soll verwendet werden (wie auch in unserem Beispiel zu sehen). Die drei restlichen Felder enthalten üblicherweise auch die im Beispiel verwendeten Werte.

In den meisten Fällen werden Sie diese Namen niemals von Hand generieren müssen. Stattdessen können Sie Utilities nutzen, die diese Aufgabe für die unterschiedlichen Kontexte für Sie übernehmen. Sollten Sie eine solche Datei aber jemals selbst anlegen müssen, finden Sie alle notwendigen Informationen, indem Sie den strings-Befehl auf die (binäre) Font-Datei anwenden und sich die Informationen zu Beginn der Ausgabe ansehen. Liegt Ihnen die Font-Datei im ASCII-Format vor, können Sie sich deren Inhalt auch direkt anschauen.

Ganz allgemeine Informationen über Fonts finden Sie in der FAQ der Newsgruppe *comp.fonts* (die aktuellste Fassung ist die Version 2.1.5 vom August 1996 und ist unter *www.nwalsh.com/comp.fonts/FAQ* zu finden). Weiterführende Informationen über True-Type-Fonts finden Sie im TrueType-HowTo (*pobox.com/~brion/linux/TrueType-HOWTO.html*).

Fonts verwalten unter X

Wir wenden uns nun der Frage zu, wie X-Anwendungen die von ihnen benötigten Fonts finden. Wie bereits erwähnt wurde, sind die mit dem X Window-System ausgelieferten Fonts unter */usr/X11R6/lib/X11/fonts* abgelegt. Wenn eine Anwendung nun einen Font auf dem Bildschirm darstellen muss, sucht sie diesen im aktuellen Font-Pfad (font path). Traditionell wird der Standard-Font-Pfad in der Konfigurationsdatei *XF86Config* (die üblicherweise in */etc* oder */etc/X11* liegt und von diversen anderen Orten über Links angesprochen wird) über *FontPath*-Zeilen im Abschnitt »Files« festgelegt:

```
Section "Files"
    RgbPath       "/usr/X11R6/lib/X11/rgb"
    FontPath      "/usr/X11R6/lib/X11/fonts/misc"
    FontPath      "/usr/X11R6/lib/X11/fonts/75dpi"
    ...
EndSection
```

Jeder zusätzliche *FontPath*-Eintrag nimmt ein weiteres Verzeichnis in den Font-Pfad auf.

Bei neueren Systemen wurden diese Zeilen durch so etwas wie

```
    FontPath      "tcp/localhost:7100"
```

ersetzt. Dieser Eintrag bedeutet, dass ein Fontserver aktiv ist und auf Font-Requests am TCP-Port 7100 der lokalen Maschine wartet.[10] Wieder können zusätzliche *FontPath*-Einträge vorhanden sein und lokale Verzeichnisse oder Ports auf anderen Rechnern angeben. Die Einführung des Fontservers mit X11R5 hat die Dinge vereinfacht, weil die Dateien von mehreren Systemen genutzt werden können. Der Fontserver-Prozess führt übrigens das xfs-Programm aus.[11]

> Auf welche Weise auch immer der Standard-Font-Pfad festgelegt wird, jeder einzelne Benutzer kann ihn mit der fp-Option des xset-Befehls jederzeit verändern.

Neue Fonts zu X hinzufügen

Neue Bildschirm-Fonts in das X Window-System einzubinden ist sehr einfach. Bei Type 1-Fonts gehen Sie wie folgt vor:

- Erzeugen Sie (bei Bedarf) ein Verzeichnis für die neuen Fonts, und kopieren Sie die Font-Dateien in dieses Verzeichnis. Üblicherweise müssen Sie die *.pfa-* oder *.pfb-*Datei sowie die *.afm-*Datei in diesem Verzeichnis ablegen.

- Erzeugen Sie die notwendigen Konfigurationsdateien namens *fonts.dir* und *fonts.scale* (tatsächlich sind diese beiden Dateien im Falle von Type 1-Fonts gleich). Sie können das von Hand erledigen oder sich die Arbeit von einem Utility abnehmen lassen. Einige Versionen des X-Standard-Befehls mkfontdir erledigen diese Aufgabe recht gut, und der type1inst-Befehl (verfügbar unter *http://sunsite.unc.edu/pub/Linux/X11/xutils/*) ist sehr zuverlässig. Beide werden innerhalb des Verzeichnisses ausgeführt, das die neuen Fonts aufnehmen soll.

  Die Einträge in diesen Dateien, die unserer weiter oben verwendeten Schriftart Octavian Italic entsprechen, sehen wie folgt aus:

  ```
  oci_____.pfb    -monotype-octavian mt-medium-i-normal--0-0-0-0-p-0-iso8859-1
  ```

  Das erste Element ist der Dateiname, der den Type 1-Font angibt (in diesem Fall *oci_____.pfb*), und das zweite Element ist die für X übliche Bezeichnung der Schriftart.

- Nachdem Sie das neue Font-Verzeichnis erzeugt haben, nehmen Sie es mit in den Font-Pfad auf. Wenn Sie nicht mit einem Fontserver arbeiten, müssen Sie einen zusätzlichen *FontPath*-Eintrag in die *XF86Config*-Datei aufnehmen. Arbeiten Sie mit einem Fontser-

---

10 Beachten Sie, dass der Eintrag bei einigen Systemen mit Red Hat Linux eine der beiden folgenden Formen hat:
   FontPath "unix/:-1"
   FontPath "unix/:7100"
   Dieses Format zeigt, dass das System die modifizierte Red Hat-Version des X-Font-Servers verwendet, bei dem die Netzwerkfähigkeit entfernt wurde.

11 Der Font-Server kann auf jedem hier behandelten System aktiviert werden (er ist oft standardmäßig installiert). Das beinhaltet die Installation der Software, das Einrichten der Konfigurationsdatei (was gleich noch kurz behandelt wird) sowie die Änderung des Boot-Skripts, so dass der Server automatisch gestartet wird.

ver, müssen Sie einen Eintrag in dessen Konfigurationsdatei editieren. Der Fontserver xfs speichert seine Konfigurationsdaten üblicherweise in */etc/X11/fs/config*. Sie müssen der Katalogliste eine zusätzliche Komponente hinzufügen:

```
catalogue = /usr/share/fonts/ISO8859-7/Type1,
            /usr/share/fonts/default/Type1,
            /usr/X11R6/lib/X11/fonts/misc,
            /usr/X11R6/lib/X11/fonts/Type1,
            /usr/X11R6/lib/X11/fonts/Speedo,
            /more/fonts/type1
```

Hier haben wir das Verzeichnis */more/fonts/type* als letzte Komponente des Katalogs aufgenommen. Beachten Sie, dass die verschiedenen Katalogeinträge durch Kommata voneinander getrennt werden.

- Starten Sie den Fontserver neu (z.B. mit einem Befehl wie `/etc/init.d/xfs restart`). Starten Sie auch alle aktuellen X-Sessions neu.

Nachdem Sie das alles gemacht haben, sollten die neuen Fonts jeder Anwendung zur Verfügung stehen, die die Standard-X-Font-Einrichtungen verwendet. Sie können sicherstellen, dass die Fonts korrekt installiert wurden, indem Sie die X-Befehle xfontsel und xfd nutzen. Das gimp-Paket bietet eine sehr schöne Möglichkeit an, neue Fonts zu untersuchen. Die beiden ersten Befehle sind auch sehr nützlich, wenn man herausfinden möchte, welche Fonts auf dem System verfügbar sind, und wenn man sich alle Zeichen einer Schriftart anschauen möchte. Letzteres lässt sich aber besser mit dem frei verfügbaren Utility gfontview erreichen, dessen Ausgabe Sie in Abbildung 13-10 sehen. Das Programm erlaubt die Betrachtung einzelner Zeichen, eines kurzen Strings oder einer Palette mit allen Zeichen (im Beispiel war ich bei der Wahl des Testzeichens und des Test-Strings zugegebenermaßen etwas Ich-bezogen). Sie finden dieses Utility unter *http://gfontview.sourceforge.net*.

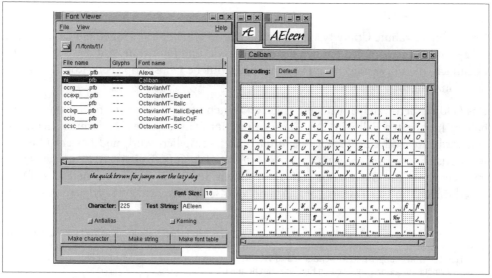

Abbildung 13-10: Das gfontview-Utility zur Darstellung von Fonts

Drucker-Unterstützung

Das Drucken der neu installierten Fonts verlangt einige zusätzliche Arbeiten. Um ausgedruckt werden zu können, müssen Type 1-Fonts gerendert (oder technisch gesehen gerastert) werden. Unter X übernimmt diese Aufgabe üblicherweise das Ghostscript-System (*http://www.ghostscript.org*), dem alle neuen Fonts bekanntgegeben werden müssen.

Die Font-Konfiguration erfolgt bei Ghostscript über die Konfigurationsdatei *Fontmap*, die im Verzeichnis */usr/share/ghostscript/n.nn* zu finden ist. Die letzte Komponente des Pfades entspricht dabei der Paketversion (unter FreeBSD beginnt der Pfad bei */usr/local/share*).

Hier sehen Sie einige Beispiel-Einträge aus dieser Datei:

```
/NimbusRomNo9L-Regu         (n021003l.pfb)    ;
/NimbusRomNo9L-ReguItal     (n021023l.pfb)    ;
/Times-Roman                /NimbusRomNo9L-Regu        ;
/Times-Italic               /NimbusRomNo9L-ReguItal    ;
```

Jede Zeile besteht aus drei Feldern: aus einem Namen, vor dem ein Slash steht, aus einem in Klammern stehenden Dateinamen oder einem weiteren Namen sowie aus einem abschließenden Semikolon. Leerzeichen und/oder Tabulatoren trennen die Felder voneinander. Enthält das zweite Feld einen Dateinamen, verwenden Druckanforderungen die entsprechend benannte Font-Datei. Enthält das zweite Feld hingegen einen weiteren Namen (der durch den führenden Slash angedeutet wird), dann wird das erste Feld zu einem Alias (einem Alternativnamen) für die gleiche Schriftart. Die obigen Einträge sorgen zum Beispiel dafür, dass die Datei *n021003l.pfb* verwendet wird, wenn jemand den Font Times-Roman ausdrucken möchte.[12]

Um mit unserer Octavian-Schriftart drucken zu können, müssen wir eine Zeile wie die folgende in die Datei aufnehmen:

```
/OctavianMT-Italic          (oci_____.pfb)    ;
```

Das vorhin erwähnte Utility `type1inst` erzeugt eine *Fontmap*-Datei innerhalb des aktuellen Verzeichnisses, zusammen mit den Dateien *fonts.dir* und *fonts.scale*. Auf diese Weise wird es einfach, die notwendigen Einträge in die eigentliche Ghostscript Font-Konfigurationsdatei einzufügen.

Das Feld für den Dateinamen kann einen absoluten Pfad oder nur einen Dateinamen enthalten. Im zweiten Fall wird der Ghostscript-Font-Pfad nach der Datei durchsucht. Der Standardpfad wird eingerichtet, wenn das Paket kompiliert wird, und besteht üblicherweise aus Unterverzeichnissen von */usr/share/fonts/default* (z. B. *ghostscript* und *Type1*). Sie machen Fonts für Ghostscript verfügbar, indem Sie sie an diesen existierenden Orten unterbringen (und die Dateien *fonts.dir* und *fonts.scale* entsprechend korrigieren). Alterna-

---

[12] Gelegentlich werden Sie Aliases für die Fonts erzeugen müssen, damit diese korrekt ausgedruckt werden. Ein typisches Beispiel sind »reguläre« Schriftarten, bei denen das Wort »Roman« nicht im Namen vorkommt. Das kann bei einigen Umgebungen und Anwendungen zu Verwirrung führen. In solchen Fällen führt ein Alias für das erwartete Format häufig zum gewünschten Ergebnis. Ein Beispiel:

```
/OctavianMT-Roman /OctavianMT ;
```

tiv können Sie auch einen anderen Ort verwenden, den Sie dem Ghostscript-Pfad hinzufügen, indem Sie die Umgebungsvariable *GS_LIB* entsprechend setzen.

Behandlung von TrueType-Fonts

Bei TrueType-Fonts geht der Spaß erst richtig los. Im Grunde wurden die X-Font-Einrichtungen und Ghostscript rund um Bitmap- und Type 1-Fonts sowie für das Drucken mit PostScript entwickelt. Nun haben die Anwender aber Zugriff auf sehr viele TrueType-Fonts und wollen diese natürlich auch auf Unix-Systemen nutzen. Glücklicherweise werden TrueType-Fonts in traditionellen X-Einrichtungen mittlerweile unterstützt.

Die wichtigste Einrichtung, die mit TrueType-Fonts umgehen können muss, ist der Fontserver. Unglücklicherweise ist das bei den meisten normalen xfs-Programmen nicht der Fall. Allerdings sind TrueType-kompatible Fontserver in Form von Modulen in die XFree86-Distribution eingeflossen. Alle Details können Sie dem Dokument »Fonts in Xfree86« unter *http://www.xfree.org* (momentan *http://www.xfree86.org/4.0.3/fonts.html*), der Homepage des X TrueType Server-Projekts unter *http://x-tt.dsl.gr.jp* sowie der Homepage des FreeType-Projekts unter *http://www.freetype.org* entnehmen.

Das Modul basiert auf dem exzellenten xfsft-Fontserver. Dieser wird eingebunden, indem man den *Modules*-Abschnitt der *XF86Config*-Datei um einen *Load*-Eintrag für das Modul *freetype* ergänzt.

Sobald Sie einen TrueType-fähigen Fontserver besitzen, ist die Prozedur zum Einbinden neuer TrueType-Fonts nahezu identisch mit der Prozedur zum Einbinden neuer Type 1-Fonts. Der Unterschied besteht darin, dass das ttmkfdir-Utility anstelle von type1inst verwendet wird. Das Utility ist über *http://www.joerg-pommnitz.de/TrueType/xfsft.html* verfügbar. Klicken Sie auf den Link in dem Absatz, der auf das »Tool, das die *fonts.scale*-Datei erzeugt«, verweist (»a small tool that creates a *fonts.scale* file«).

Hier sehen Sie drei *fonts.dir*-Einträge für die TrueType-Fonts Eras Light und Eras Bold:

```
eraslght.ttf    -itc-Eras Light ITC-medium-r-normal--0-0-0-0-p-0-iso8859-1
erasbd.ttf      -itc-Eras Bold ITC-medium-r-normal--0-0-0-0-p-0-iso8859-1
:2:mincho.ttc   -misc-mincho-…
```

Der letzte Eintrag zeigt die Methode, mit deren Hilfe einzelne Fonts mit einer TrueType-Collection-Datei referenziert werden können.

Um TrueType-Fonts aus allgemeinen X-Anwendungen heraus drucken zu können, verwenden Sie am besten eine Ghostscript-Version, die mit der Option *ttfont* kompiliert wurde und somit TrueType unterstützt (Ghostscript muss hierfür mindestens in der Version 5 vorliegen). In diesem Fall nehmen Sie einfach Einträge in der *Fontmap*-Datei vor, die auf die entsprechenden TrueType-Fonts verweisen.

KAPITEL 14
Automatisierung administrativer Aufgaben

Auch wenn umfangreiche Programmiererfahrung für die Position eines Systemadministrators nur selten verlangt wird, ist das Schreiben von Shell-Skripten und anderen Programmen ein wichtiger Teil der Arbeit eines Systemadministrators. Die damit verbundenen Aufgaben lassen sich in zwei Kategorien unterteilen:

- Solche, die die Systemadministration vereinfachen oder effizienter machen sollen, wobei häufig ein Prozess oder ein Job automatisiert wird.
- Solche, die den Benutzern notwendige oder hilfreiche Werkzeuge bereitstellen, die sonst nicht verfügbar wären.

Dieses Kapitel beschreibt Skripten dieser beiden Kategorien.

Im Allgemeinen bietet die Automatisierung viele Vorteile gegenüber der manuellen Erledigung dieser Arbeiten. Zu diesen Vorteilen gehören unter anderem:

Größere Zuverlässigkeit
    Arbeiten werden immer auf dieselbe (korrekte) Art und Weise erledigt. Sobald Sie eine Aufgabe einmal automatisiert haben, hängt ihre richtige und vollständige Erledigung nicht mehr von Ihrer Wachsamkeit oder Ihrem Gedächtnis ab.

Garantierte Regelmäßigkeit
    Arbeiten werden in den Abständen durchgeführt, die Sie für notwendig erachten. Dabei müssen Sie weder verfügbar noch anwesend sein.

Verbesserte Systemeffizienz
    Zeitaufwendige oder Ressourcen-intensive Arbeiten können zu Zeiten erledigt werden, in denen die normalen Benutzer nicht mit dem System arbeiten.

Sie haben bereits die cron-Einrichtung kennen gelernt, die Befehle und Skripten nach einem vorgegebenen Zeitplan ausführt (siehe »Grundlegende Techniken der Administration« in Kapitel 3). In diesem Kapitel beginnen wir mit der Betrachtung einiger Beispiel-Shell-Skripten und sehen uns dann weitere Programmier- und Skriptsprachen sowie weitere Werkzeuge zur Automatisierung an.

> **Faulheit kann eine Tugend sein**
>
> Faule Menschen schreiben Shell-Skripten. Faulheit ist eine sehr wichtige Tugend des Systemadministrators, wenn sie ihn motiviert, neue Tools und Utilities zu entwickeln, die seinen Job einfacher, effizienter oder auch nur angenehmer machen. Schwerfällige Menschen geben den gleichen Befehl immer und immer wieder, Tag für Tag ein, träge Menschen schreiben Skripten, damit der Job etwas schneller geht, und wirklich faule Menschen entwickeln Utilities und Programme, die alle Arten von Jobs schneller erledigen (selbst solche, von denen sie das nie erwartet hätten, als sie mit der Arbeit begannen).
>
> Das Schreiben von Shell-, Perl-, Expect-Skripten oder C-Programmen wird dafür sorgen, dass Sie eine weitere der sieben Tugenden eines Administrators entwickeln: Geduld (damit Sie eine frustrierende Aufgabe auch wirklich bis zum Schluss durchziehen).

Entwicklung effektiver Shell-Skripten

In diesem Abschnitt verwenden wir verschiedene Routineaufgaben der Systemadministration als Beispiele für die Entwicklung und Verwendung von administrativen Shell-Skripten. Bei der Erläuterung geht es nicht allein um die Verwendung von Shell-Skripten (und der vorhandenen Alternativen). Die meisten Beispielskripten verwenden die Bourne-Shell, aber Sie können natürlich jede Shell verwenden. Der Satz »Echte Shell-Programmierer arbeiten mit der Bourne-Shell« ist bloß ein Unix-Vorurteil, gleichgültig, wie weit verbreitet es auch sein mag.[1]

Sicherheit der Passwortdatei

Wir haben die verschiedenen Sicherheitsaspekte der Passwortdatei bereits ausführlich im Abschnitt »Aufspüren von Problemen« in Kapitel 7 sowie »Unix-Benutzer und Unix-Gruppen« in Kapitel 6 behandelt. Die verschiedenen Befehle, mit denen diese Datei und ihr Inhalt geprüft werden, können sehr einfach in ein Shell-Skript eingebunden werden. Hier ist ein solches Skript namens ckpwd:

```
#!/bin/sh
# ckpwd - Prüfe Passwortdatei (Ausführen als root)
#
# Benötigt eine Sicherungskopie der Passwortdatei, mit deren Hilfe
# der Vergleich erfolgt: /usr/local/admin/old/opg
#
umask 077
PATH="/bin:/usr/bin"; export PATH

cd /usr/local/admin/old            # Ins passwd-Verzeichnis wechseln
```

---

[1] Früher hatte die C-Shell einige Bugs, die das Schreiben administrativer Skripten ziemlich riskant machten. Obwohl diese Fehler in den C-Shell-Versionen der aktuellen Betriebssysteme behoben wurden, ist die Einstellung, dass die C-Shell unzuverlässig sei, geblieben. Darüber hinaus halten viele Skripting-Gurus die C-Shell vom Design her für schwach.

```
echo ">>> Password file check for `date`"; echo ""

echo "*** Accounts without passwords:"
grep '^[^:]*::' /etc/passwd
if [ $? -eq 1 ]                          # grep hat keine Übereinstimmung gefunden
then
    echo "None found."
fi
echo ""

# Nach zusätzlichen System-Accounts suchen
echo "*** Non-root UID=0 or GID=0 accounts:"
grep ':00*:' /etc/passwd | \
awk -F: 'BEGIN      {n=0}
         $1!="root" {print $0 ; n=1}
         END        {if (n==0) print "None found."}'
echo ""

sort </etc/passwd >tmp1
sort <opg >tmp2                          # opg ist die bereits gesicherte Kopie
echo "*** Accounts added:"
comm -23 tmp[1-2]                        # Zeilen, die nur in /etc/passwd vorkommen
echo ""
echo "*** Accounts deleted:"
comm -13 tmp[1-2]                        # Zeilen, die nur in ./opg vorkommen
echo ""
rm -f tmp[1-2]

echo "*** Password file protection:"
echo "-rw-r--r--  1 root     wheel>>> correct values"
ls -l /etc/passwd

echo ""; echo ">>> End of report."; echo ""
```

Das Programm umgibt jede Prüfoperation mit echo- und anderen Befehlen, um die Lesbarkeit der Ausgabe zu verbessern. Auf diese Weise werden Probleme schnell erkannt. So ist beispielsweise dem grep-Befehl, der die Passwortdatei nach Nicht-*root*-Accounts mit der UID 0 durchsucht, ein echo-Befehl vorangestellt, der eine erläuternde Überschrift ausgibt. Die Ausgabe des grep-Befehls wird an awk weitergereicht, das den *root*-Eintrag aus der Ausgabe entfernt und den Text »None found« ausgibt, wenn keine weiteren Accounts mit der UID oder GID 0 gefunden werden.

Statt den Vergleich der aktuellen und der gesicherten Passwortdatei mit diff durchzuführen, ruft das Skript den Befehl comm zweimal auf. So werden die hinzugefügten und die entfernten Zeilen separat ausgegeben (geänderte Einträge erscheinen in beiden Listen). Das Skript endet mit einem einfachen ls-Befehl. Der Administrator muss dessen Ausgabe manuell mit der Zeichenkette vergleichen, die von dem vorangehenden echo-Befehl ausgegeben wird. Auch dieser Vergleich könnte automatisiert werden, indem man die Ausgabe von ls über eine Pipe an awk weiterleitet und die relevanten Felder explizit auf ihre Richtigkeit prüft. (Betrachten Sie die Implementierung dieses Vergleichs als Übung.)

Nachfolgend eine Beispielausgabe unseres `ckpwd`-Skripts:

```
>>> Password file check for Fri Jun 14 15:48:26 EDT 2002
*** Accounts without passwords:
None found.
*** Non-root UID=0 or GID=0 accounts:
badboy:lso9/.7sJUhhs:000:203:Bad Boy:/home/bb:/bin/csh
*** Accounts added:
chavez:9Sl.sd/i7snso:190:20:Rachel Chavez:/home/chavez:/bin/csh
wang:l9jsTHn7Hg./a:308:302:Rick Wang:/home/wang:/bin/sh
*** Accounts deleted:
chavez:Al9ddmL.3qX9o:190:20:Rachel Chavez:/home/chavez:/bin/csh
*** Password file protection:
-rw-r--r--   1 root      system     >>> correct values
-rw-r--r--   1 root      system     1847 Jun 11 22:38 /etc/passwd
>>> End of report.
```

Wenn Sie das ganze Drumherum nicht mögen, muss das Skript gar nicht so aufwendig sein. Zum Beispiel könnten die beiden sort-, die beiden comm- und die fünf anderen Befehle einfach durch den `diff`-Befehl ersetzt werden, den wir uns schon im Abschnitt »Aufspüren von Problemen« in Kapitel 7 angesehen haben (eventuell verwenden Sie noch einen echo-Befehl, der eine Überschrift ausgibt). Im Extremfall könnte das ganze Skript nur aus den vier Zeilen bestehen, die wir gerade betrachtet haben:

```
#!/bin/sh
# Minimalistische Version von ckpwd
/usr/bin/grep '^[^:]*::' /etc/passwd
/usr/bin/grep ':00*:' /etc/passwd
/usr/bin/diff /etc/passwd /usr/local/admin/old/opg
/usr/bin/ls -l /etc/passwd
```

Wie komplex die Dinge werden, hängt von Ihrem eigenen Geschmack und von Ihrer freien Zeit ab. Mit zunehmender Komplexität des Skripts brauchen Sie normalerweise auch mehr Zeit zum Debuggen.

Für welchen Ansatz Sie sich auch immer entscheiden, `ckpwd` muss regelmäßig ausgeführt werden, um effektiv zu sein. Zu diesem Zweck können Sie die `cron`-Einrichtung verwenden.

Überwachung der Festplattennutzung

Es sieht so aus, als würde es überhaupt keine Rolle spielen, wie viel Festplattenspeicher ein System besitzt: Die Benutzer benötigen (oder wollen) immer mehr. Wie Sie im Abschnitt »Überwachung und Verwaltung des Festplattenplatzes« in Kapitel 15 noch sehen werden, ist es ein wichtiger Bestandteil der Systemverwaltung, diese Situation im Auge zu behalten. Diese Überwachungsaufgabe eignet sich gleichzeitig hervorragend für die Automatisierung mittels Shell-Skripten.

Das Skript, das wir in diesem Abschnitt betrachten, hat den Namen `ckdsk` und wurde entworfen, um die Nutzung der Festplatten zu einem gegebenen Zeitpunkt mit der des Vortages zu vergleichen. Gleichzeitig müssen die aktuellen Daten für den am nächsten Tag anstehenden Vergleich gesichert werden. Wir entwickeln das Skript Schritt für Schritt, wobei wir mit der folgenden einfachen Version beginnen:

```
#!/bin/sh
# ckdsk: Vergleiche aktuelle mit gespeicherter Plattennutzung.
# Die gespeicherten Daten werden mit dem Skript du_init erzeugt.
#
PATH="/bin:/usr/bin"; export PATH

cd /usr/local/admin/ckdsk
if [ ! -s du.sav ] ; then
    echo "ckdsk: Can't find old data file du.sav."
    echo "      Recreate it with du_init and try again."
    exit 1
fi
du -k /iago/home/harvey > du.log
cat du.log | xargs -n2 ../bin/cmp_size 40 100 du.sav
mv -f du.log du.sav
```

Nachdem sichergestellt wurde, dass die Daten vom Vortag verfügbar sind, prüft das Skript mit dem Befehl du die Plattennutzung unterhalb des Verzeichnisses */iago/home/harvey*. Die Ausgabe des Programms wird in der Datei *du.log* gesichert. Jede Zeile von *du.log* wird über xargs an ein anderes Skript namens cmp_size übergeben,[2] das den eigentlichen Vergleich durchführt. Als Argumente werden dem Skript 40, 100 und »du.sav« sowie die Zeile aus dem du-Befehl übergeben. Der erste Aufruf von cmp_size würde also etwa so aussehen:

```
cmp_size 40 100 du.sav    876 /iago/home/harvey/bin
```
Ausgabe von du beginnt mit dem vierten Argument.

ckdsk beendet seine Arbeit damit, dass es die alte Datendatei durch die gesicherte Ausgabe des aktuellen du-Befehls ersetzt. Damit ist es auf den Durchlauf des nächsten Tages vorbereitet.

Diese einfache Version des ckdsk-Skripts ist nicht besonders flexibel, weil sie mit nur einem Verzeichnis arbeitet. Nachdem wir cmp_size detailliert betrachtet haben, werden wir uns Wege überlegen, den Nutzen von ckdsk zu erhöhen. Hier nun das cmp_size-Skript:

```
#!/bin/sh
# cmp_size - Vergleiche alte und neue Verzeichnisgröße
#    $1 (limit)=Minimale Größe neuer Verzeichnisse, die in einen Bericht aufgenommen
#              werden sollen
#    $2 (dlimit)=Minimale zu berücksichtigende Größenänderung alter Verzeichnisse
#    $3 (sfile)=Pfadname für Datei mit den Daten des Vortages
#    $4 (csize)=Aktuelle Größe des Verzeichnisses
#    $5 (file)=Pfadname des Verzeichnisses
#    osize=Vorherige Größe (aus sfile extrahiert)
#    diff=Größendifferenz zwischen gestern und heute
PATH="/bin:/usr/bin"; export PATH

if [ $# -lt 5 ] ; then
```

---

[2] Auf einigen Systemen kann cmp_size eine in ckdsk definierte Funktion sein, während auf anderen xargs keine Funktion als auszuführenden Befehl erlaubt.

```
        echo "Usage: cmp_size newlim oldlim data_file size dir"
        exit 1
fi

# Anfangsparameter sichern
limit=$1; dlimit=$2; sfile=$3; csize=$4; file=$5;

# Gestrige Daten einlesen
osize=`grep "$file\$" $sfile | awk '{print \$1}'`
if [ -z "$osize" ] ; then                  # Neues Verzeichnis
    if [ $csize -ge $limit ] ; then        # Ausgabe, wenn Größe das Limit erreicht hat
        echo "new\t$csize\t$file"
    fi

    exit 0
fi
# Größenänderung berechnen
if [ $osize -eq $csize ]
then
    exit 0
elif [ $osize -gt $csize ]
then
    diff=`expr $osize - $csize`
else
    diff=`expr $csize - $osize`
fi

# Prüfe, ob Größenänderung groß genug ist, um gemeldet zu werden
if [ $diff -ge $dlimit ] ; then
    echo "$osize\t$csize\t$file"
fi
```

cmp_size prüft zuerst, ob die richtige Anzahl von Argumenten übergeben wurde. Dann trägt es die Parameter der Lesbarkeit halber in Shell-Variablen ein. Die ersten beiden Parameter sind Schwellenwerte für neue bzw. bereits vorhandene Verzeichnisse. Mit diesen Parametern teilen Sie cmp_size mit, wann eine Änderung zu gering ist, um von Interesse zu sein (weil Sie kleinere Veränderungen der Plattennutzung nicht unbedingt interessieren). Wenn sich die Größe des Verzeichnisses, das als fünfter Parameter an das Skript übergeben wird, um einen Betrag geändert hat, der über dem Schwellenwert liegt, gibt cmp_size den Verzeichnisnamen sowie die alte und die neue Größe aus. Andernfalls verhält sich cmp_size still.

cmp_size ermittelt die Größe des Vortages, indem es mit grep nach dem Verzeichnisnamen sucht. Gesucht wird dabei in der Datendatei, die als dritter Parameter an das Skript übergeben wurde (ckdsk übergibt hier *du.sav*). Kann grep das Verzeichnis nicht in der Datendatei finden, handelt es sich um ein neues Verzeichnis, und cmp_size vergleicht dessen Größe mit dem neuen Verzeichnis-Schwellenwert (der als erstes Argument übergeben wird). Der Name des Verzeichnisses erscheint nur dann, wenn dieser Schwellenwert überschritten wird.

Wenn grep etwas zurückliefert, berechnet cmp_size die Größenänderung des Verzeichnisses. Dabei wird ermittelt, ob der alte Wert (gelesen aus der Datei und gespeichert in der Variable *osize*) oder der neue Wert (der als vierter Parameter in der Variable *csize* gespeichert wurde) größer ist; daraufhin wird der kleinere Wert vom größeren abgezogen. cmp_size vergleicht dann die Größenänderung mit dem Schwellenwert des alten Verzeichnisses (der als zweiter Parameter übergeben wurde) und gibt die alte und die neue Größe aus, wenn der Schwellenwert überschritten wurde.

cmp_size meldet die Verzeichnisse, deren Größe sich um einen Wert erhöht oder verringert hat, der über dem Schwellenwert liegt. Wenn Sie nur an Größenzuwächsen interessiert sind, können Sie die if-Anweisung, die den Wert der *diff*-Variable berechnet, durch eine wesentlich einfachere Konstruktion ersetzen:

```
if [ $osize -le $csize ]
then
    exit 0                  # Nur Größenzuwächse betrachten
else
    diff=`expr $osize - $csize`
fi
```

Im Gegensatz zu unserer einfachen ckdsk-Version ist cmp_size recht allgemein gehalten. Es könnte beispielsweise auch verwendet werden, um Ausgaben des quot-Befehls zu bearbeiten.

Ein Weg, ckdsk etwas nützlicher zu machen, wäre die Möglichkeit, mehrere Startverzeichnisse mit jeweils eigenen Schwellenwerten anzugeben. Hier eine Version, die genau das kann:

```
#!/bin/sh
# chkdsk2 - Mehrere Verzeichnisse & verzeichnisspezifische Schwellenwerte
PATH="/bin:/usr/bin"; export PATH

du_it( )
{
# $1 = Schwellenwert neuer Verzeichnisse in Blöcken
# $2 = Schwellenwert alter Verzeichnisse in Blöcken
# $3 = Startverzeichnis
# $4 = du-Flags
abin="/usr/local/admin/bin"

du $4 $3 > du.tmp
cat du.tmp | xargs -n2 $abin/cmp_size $1 $2 du.sav
cat du.tmp >> du.log; rm du.tmp
}

umask 077
cd /usr/local/admin/ckdsk
rm -f du.log du.tmp 2>&1 >/dev/null
if [ ! -s du.sav ] ; then
    echo "run_cmp: can't find old data file; run du_init."
    exit 1
fi

echo "Daily disk usage report for `date`"; echo ''
df
echo ''; echo "Old\tNew"
echo "Size\tSize\tDirectory Name"
echo "-----------------------------------------------------"
```

```
du_it  40    100 /iago/home/harvey
du_it   1      1 /usr/lib
du_it   1   1000 /home/\* -s
echo "-------------------------------------------------------"
echo ''
mv -f du.log du.sav
exit 0
```

Das Skript verwendet eine Funktion namens *du_it*, in der der du-Befehl ausgeführt wird. Das Ergebnis wird über xargs an cmp_size übergeben. Die Funktion erwartet vier Argumente: die Schwellenwerte neuer und alter Verzeichnisse (für cmp_size), das Startverzeichnis für den du-Befehl und (optional) alle zusätzlichen Flags, die an du übergeben werden sollen.

du_it sichert die Ausgabe von du in der temporären Datei *du.tmp*, die danach an *du.log* angehängt wird. *du.log* sammelt also die Daten der Verzeichnisprüfungen und wird schließlich zur neuen Datendatei, die die alte Version ersetzt.

Das Skript beginnt damit, alle alten temporären Dateien vorangegangener Durchläufe zu entfernen, und stellt sicher, dass die Datendatei (im Programm fest mit *du.sav* definiert) vorhanden ist. Es führt dann df aus und gibt einige Überschriften für die Ausgabe von cmp_size aus. Diese Version des Skripts ruft dann dreimal *du_it* auf:

```
du_it  40    100 /iago/home/harvey
du_it   1      1 /usr/lib
du_it   1   1000 /home/\* -s
```

Es führt du aus und vergleicht dessen Ausgabe mit den gesicherten Daten der Verzeichnisse */iago/home/harvey*, */usr/lib* sowie allen Unterverzeichnissen von */home*. Beim letzten Verzeichnis wird du noch die Option -s übergeben. Beim dritten Befehl wird das Sternchen an du übergeben, indem es einfach bei *du_it* eingefügt wird. Bei jedem Aufruf werden andere Schwellenwerte benutzt. Wenn */usr/lib* geprüft wird, werden jegliche Größenänderungen (Größen oder Größenänderungen größer oder gleich 1) aller Verzeichnisse angezeigt. Im Gegensatz dazu werden bei der Prüfung der Home-Verzeichnisse der Benutzer (unter */home*) zwar alle neuen Verzeichnisse aufgeführt, vorhandene Verzeichnisse werden aber nur gemeldet, wenn sich ihre Größe um mindestens 1000 Blöcke geändert hat.

ckdsk beendet seine Arbeit mit der Verschiebung der akkumulierten Ausgabedatei *du.log* in die Sicherungsdatei *du.sav*, womit die aktuellen Daten für zukünftige Vergleiche bereitstehen.

Die Ausgabe von ckdsk könnte etwa so aussehen:

```
Daily disk usage report for Tue Jun 11 09:52:46 EDT 2002

File system           Kbytes       used      avail  capacity  Mounted-on
/dev/dsk/c1d1s0        81952      68848      13104       84%  /
/dev/dsk/c1d1s2       373568     354632      18936       94%  /home
/dev/dsk/c1d2s8       667883     438943     228940       66%  /genome

Old       New
```

```
Size    Size    Directory Name
------------------------------------------------------
348     48      /iago/home/harvey/g02
new     52      /iago/home/harvey/test
2000    1012    /iago/home/harvey
new     912     /usr/lib/acct/bio
355     356     /usr/lib/spell
34823   32797   /home/chavez
9834    3214    /home/ng
new     300     /home/park
------------------------------------------------------
```

Die echo-Befehle setzen die cmp_size-Ausgabe etwas ab und machen die Untersuchung einfacher.

Bei dieser ckdsk-Version ist es notwendig, neue du_it-Befehle von Hand einzubinden. Das Skript könnte noch weiter verbessert werden, indem auch diese Informationen extern vorgehalten werden. Die einzelnen du_it-Befehle würden dann durch eine Schleife ersetzt werden, die die Verzeichnisse und Parameter aus einer Datendatei einliest:

```
cat du.dirs |
while read dir old new opts; do
# Standard-Schwellenwert für alte und neue Verzeichnisse ist 1
if [ "$old" = "" ]; then
   old=1; fi
if [ "$new" = "" ]; then
   new=1; fi
if [ -n "$dir" ]; then           # Leerzeilen ignorieren
   du_it $new $old $dir $opts
fi
done
```

Diese Version gibt sogar Standardeinstellungen für die Schwellenwerte vor, wenn diese in den Einträgen der Datendatei nicht vorhanden sind.

So wie das Skript im Moment aufgebaut ist, werden die Home-Verzeichnisse aller Benutzer überprüft. Wenn nur einige davon überprüft werden sollen, muss der letzte Aufruf von du_it durch eine Schleife wie die folgende ersetzt werden:

```
for user in chavez havel harvey ng smith tedesco ; do
    du_it 1 1000 /home/$user -s
done
```

Alternativ könnte die Benutzerliste aus einer externen Konfigurationsdatei eingelesen werden. Wir sehen uns das Einlesen von Daten aus Datendateien in einem der folgenden Beispiele an.

Der vernünftigste Aufruf von ckdsk ist sicher mit cron möglich.

Backup des root-Dateisystems und Systemschnappschüsse

Eine Datensicherung des root-Dateisystems ist normalerweise eine recht zeitaufwendige Angelegenheit. Auch scheinen die Vorteile nicht immer den Aufwand zu rechtfertigen.

Andererseits kann das Eintragen aller Änderungen, die Sie in den Konfigurationsdateien durchgeführt haben, ebenfalls sehr zeitraubend sein. Wenn Sie die Änderungen nicht im Kopf haben, kann die Angelegenheit sogar ziemlich frustrierend sein.

Eine Alternative zur Sicherung des gesamten root-Dateisystems – und anderer separater Dateisysteme wie */usr* und */var* – wäre die Entwicklung eines Skripts, das nur diejenigen Dateien in ein Benutzer-Dateisystem kopiert, die sich seit der Installation des Betriebssystems geändert haben. Sicherungen könnten so zu den üblichen Zeiten durchgeführt werden, ohne dass Sie sich weitere Gedanken machen müssen. Die Entwicklung eines solchen Skripts ist auch eine gute Möglichkeit, sich mit allen Konfigurationsdateien des Systems vertraut zu machen. Bei der Auswahl der Dateien, die kopiert werden sollen, sollte alles berücksichtigt werden, was eventuell geändert werden könnte. Kopieren Sie lieber zu viele als zu wenige Dateien.

Nachfolgend ein C-Shell-Skript, das solche Sicherheitskopien anlegt:

```
#!/bin/csh
# bkup_sys - Sichern geänderter Dateien der Systempartitionen
unset path; setenv PATH "/bin:/usr/bin"

umask 077
if ("$1" != "") then
    set SAVE_DIR="$1"
else
    set SAVE_DIR="/save/`hostname`/sys_save"
endif

set dir_list=`cat /etc/bkup_dirs`
foreach dir ($dir_list)
   echo "Working on $dir ..."
   if (! -d $SAVE_DIR/$dir) mkdir -p $SAVE_DIR/$dir
   set files=`file $dir/{,.[a-zA-Z]}* | \
           egrep 'text|data' | awk -F: '{print $1}'`
   if ("$files" != "") cp -p $files $SAVE_DIR/$dir:t
end

echo "Backing up individual files ..."
foreach file (`cat /usr/local/admin/sysback/bkup_files`)
    if ("$file:h" == "$file:t") continue    # kein vollständiger Pfadname
    if ("$file:t" == "") continue           # kein Dateiname vorhanden
    if (! -d $SAVE_DIR/$file:h) mkdir -p $SAVE_DIR/$file:h
    cp -p $file $SAVE_DIR/$file:h
end
echo "All done."
```

Das Skript führt die Sicherung in zwei Schritten durch. Zuerst kopiert es alle Text- und Binärdateien aus einer Liste von Verzeichnissen in ein festgelegtes Verzeichnis. Die Dateiarten werden mit dem file-Befehl identifiziert, und der grep-Befehl wählt diejenigen aus, die Konfigurationsdateien sein könnten. (Dabei werden zwar einige überflüssige Dateien kopiert, aber das ist besser, als wenn es zu wenig wären.) Die Standardposition, an der die Dateien gespeichert werden, orientiert sich am Hostnamen und hat die Form */save/ham-*

let/sys_save. Diese Position kann überschrieben werden, indem Sie einen anderen Zielort in der `bkup_sys`-Befehlszeile angeben. Die Verzeichnisliste wird aus der Datei */etc/bkup_dirs* gelesen, die Einträge wie */*, */etc*, */etc/defaults*, */etc/mail*, */var/cron* usw. enthält.

Der letzte Abschnitt des Skripts kopiert die in */usr/local/admin/sysback/bkup_files* aufgeführten Dateien. Darin sind die Namen einzelner Dateien enthalten, die gesichert werden müssen (und in Verzeichnissen liegen, die Sie nicht komplett sichern wollen). Es benutzt die C-Shell-Modifier `:h` und `:t`, die den Kopf (»head«) und den Dateinamensteil (»tail«) aus dem Namen herausfiltern, der in der angegebenen Variable enthalten ist. Die ersten beiden Zeilen dieses Abschnitts stellen sicher, dass der Eintrag vernünftig aussieht, bevor der Kopiervorgang gestartet wird.

In beiden Fällen werden die Dateien am selben relativen Ort unterhalb des Zielverzeichnisses gespeichert, an dem sie auch im echten Dateisystem zu finden sind. (Diese Lösung macht es einfach, die Dateien wieder an ihre Ursprungsorte zu kopieren.) Unterverzeichnisse werden im Zielverzeichnis ganz nach Bedarf angelegt. Zum Kopieren der Dateien verwendet das Skript den Befehl `cp -p`, weil so die Dateibesitz- und Schutzrechte und die Zugriffs- und Modifikationszeiten erhalten bleiben.

Dateien auf diese Weise zu kopieren ist ein Schutz gegen ernsthafte Beschädigungen der System-Dateisysteme (aber auch gegen versehentliches Löschen oder sonstige Möglichkeiten, diese zu verlieren). Um ein System aber komplett wiederherstellen zu können, müssen Sie die Struktur und den Inhalt des beschädigten Dateisystems reproduzieren. Um Letzteres tun zu können, müssen Sie wissen, wie die Originalkonfiguration ausgesehen hat. Sie könnten also ein Skript schreiben, um zu dokumentieren, wie ein System eingerichtet ist.

Hier ein Beispiel für ein FreeBSD-System:

```
#!/bin/csh
# doc_sys - Systemkonfiguration dokumentieren--FreeBSD-Version
unset path; setenv PATH "/sbin:/usr/sbin:/bin:/usr/bin"

if ("$1" != "") then
    set outfile="$1"                                # Alternative Ausgabedatei
else
    set outfile="`hostname`_system.doc"
endif

echo "System Layout Documentation for `hostname`" > $outfile
date >> $outfile
echo "" >> $outfile

echo ">>>Physical Disks" >> $outfile
grep "ata[0-9]+-" /var/run/dmegs.boot >> $outfile      # Wir gehen von IDE-Platten aus.
echo "" >> $outfile

echo ">>>Paging Space Data" >> $outfile
pstat -s >> $outfile

echo "" >> $outfile
echo ">>>Links in /" >> $outfile
```

```
file /{,.[a-zA-Z]}* | grep link >> $outfile
echo "" >> $outfile

echo ">>>System Parameter Settings" >> $outfile
sysctl -a
```

Die Aufgabe dieses Skripts besteht darin, Informationen zu sammeln, die Sie andernfalls nicht besitzen würden (zumindest hätten Sie keinen so einfachen Zugriff darauf). Befehle wie df, die Informationen liefern, die einfach aus den Konfigurationsdateien zu ermitteln sind, sind daher nicht enthalten. (Wenn Sie diese Daten als hilfreich empfinden, können Sie diese Befehle natürlich in Ihre Version aufnehmen.) Sie sollten bei allen von Ihnen verwalteten Systemen die Ergebnisse eines solchen Skripts ausdrucken und diese Seiten an einem sicheren Ort aufbewahren.

Das Skript macht deutlich, dass die aufzunehmenden Befehle sehr stark vom Betriebssystem abhängen. Hier nun eine Version für ein AIX-System (die unveränderten Teile wurden durch Kommentare ersetzt):

```
#!/bin/csh
# doc_sys - Systemkonfiguration dokumentieren--AIX-Version
unset path; setenv PATH "/usr/sbin:/bin:/usr/bin"
```

Ausgabedatei einstellen und Kopfzeile ausgeben

```
echo ">>>Physical Disks" >> $outfile
lspv >> $outfile
echo "" >> $outfile

echo ">>>Paging Space Data" >> $outfile
lsps -a >> $outfile

echo "" >> $outfile
echo ">>>Volume Group Info" >> $outfile
# Schleife über Volume-Gruppen
foreach vg (`lsvg`)
    lsvg $vg >> $outfile
    echo "===Component logical volumes:" >> $outfile
    lsvg -l $vg | grep -v ":" >> $outfile
    echo "" >> $outfile
end
echo "" >> $outfile

echo ">>>Logical Volume Details" >> $outfile
# Schleife über Volume-Gruppen und dann über entsprechende LVs
foreach vg (`lsvg`)
foreach lv (`lsvg -l $vg | egrep -v ":|NAME" | awk '{print $1}'`)
    lslv $lv >> $outfile
    echo "===Physical Drive Placement" >> $outfile
    lslv -l $lv >> $outfile echo "" >> $outfile
    end
end
echo "" >> $outfile
```

```
echo ">>>Defined File systems" >> $outfile
lsfs >> $outfile echo "" >> $outfile
```

Links in / stehen hier

```
echo ">>>System Parameter Settings" >> $outfile
lsattr -E -H -l sys0 >> $outfile
lslicense >> $outfile                   # Anzahl lizensierter Benutzer
```

Diese Version des Skripts stellt auch Informationen zu den logischen Gruppen und zum Layout der logischen Volumes des Systems zur Verfügung.

Tabelle 14-1 führt die Befehle auf, die für die hier betrachteten Unix-Versionen ähnliche Informationen zurückliefern.

Tabelle 14-1: Systeminformations-Befehle

Version	Platten-Daten	Swap-Daten	Systemparameter
AIX	lspv	lsps -a	lsattr -E -H -l sys0
FreeBSD	grep *pat* 'dmesg'	pstat -s	sysctl -a
HP-UX	ioscan -f -n -C disk	swapinfo -t -a -m	/usr/lbin/sysadm/system_prep -s system
Linux	fdisk -l	cat /proc/swaps	cat /proc/sys/kernel/* (siehe folgendes Skript)
Solaris	getdev	swap -l	cat /etc/system
Tru64	dsfmgr -s	swapon -s	sysconfig (siehe folgendes Skript)

Im Abschnitt »Von Festplatten zu Dateisystemen« in Kapitel 10 finden Sie die Logical Volume Manager-Befehle der verschiedenen Systeme.

Manchmal ist auch mehr als nur ein Befehl notwendig, um eine dieser Aufgaben zu erledigen. Zum Beispiel gibt das folgende Skript alle Systemparameter unter Tru64 aus:

```
#!/bin/csh
foreach s ( `/sbin/sysconfig -m | /usr/bin/awk -F: '{print $1}'` )
    /sbin/sysconfig -q $s
    echo "-------------------------------------"
    end
exit 0
```

Das folgende Skript liefert hingegen die aktuellen Linux-Systemparameter zurück:

```
#!/bin/csh
foreach f (`find /proc/sys/kernel -type f`)
    echo "$f":
    cat $f
    echo ""
    end
exit 0
```

Noch ein paar weitere Tricks

Das folgende Skript illustriert eine Reihe weiterer nützlicher Tricks zum Schreiben von Shell-Skripten. Es pollt die verschiedenen Sites, mit denen das lokale System kommuniziert, und wird mehrmals täglich über cron ausgeführt:

```
#!/bin/sh
# mail.hourly
PATH="/usr/bin:/bin"

cd /usr/local/admin/mail
for sys in (`cat ./mail_list`); do
    if [ ! -f /etc/.no_$sys ]; then
        echo polling $sys
        E-Mail austauschen ...
        touch last_$sys
    else
        echo skipping $sys
    fi
done
exit 0
```

Dieses Skript verarbeitet eine Liste von Hosts in der Datei *mail_list* im aktuellen Verzeichnis. Wir wollen seine Arbeitsweise für den Host *lucia* betrachten. Mit der if-Anweisung wird ermittelt, ob die Datei */etc/.no_lucia* existiert oder nicht. Wenn ja, wird der Host *lucia* nicht gepollt. Eine Datei auf diese Art zu verwenden stellt einen sehr einfachen Mechanismus dar, mit dem bestimmte Eigenschaften von Skripten ganz nach Bedarf ein- und ausgeschaltet werden können. Auf diese Weise muss das Skript selbst nicht verändert werden, die Aufrufe aus anderen Skripten bleiben ebenso unverändert wie die *crontab*-Einträge usw. Wenn das Polling für *lucia* ausgeschaltet werden soll (normalerweise wenn dessen Besitzer länger weg ist - und ich hasse es, mir jedes Mal Dutzende von Fehlermeldungen ansehen zu müssen), führe ich einfach den Befehl touch /etc/.no_lucia aus. Sobald ich diese Datei lösche, findet das Polling wieder regelmäßig statt.

Bei der zweiten Technik wird das Modifikationsdatum einer leeren Datei zur Speicherung eines Datums genutzt. In diesem Skript speichert der touch-Befehl im if-Block den Zeitpunkt, zu dem *lucia* das letzte Mal gepollt wurde. Wann das genau war, lässt sich mit folgendem Befehl schnell ermitteln:

```
$ ls -l /usr/local/admin/mail/last_lucia
```

Solche Zeitmarken, so genannte Timestamps, können in einer ganzen Reihe von Fällen verwendet werden:

Datensicherungen
> Wenn Sie zu Beginn einer Backup-Operation eine Timestamp-Datei erzeugen, können Sie die -newer-Klausel des find-Befehls verwenden, um alle Dateien zu finden, die seit diesem Backup geändert wurden.

Testarbeiten
> Wenn Sie herausfinden wollen, welche Dateien von einem bestimmten Programm modifiziert werden, erzeugen Sie zuerst eine Timestamp-Datei in */tmp*. Führen Sie dann das Programm aus, und sehen Sie sich hinterher mit `find` die Dateien an, die jünger sind als die Timestamp-Datei. (Dieses Verfahren verlangt, dass das System nicht auch anderweitig beschäftigt ist.)

Dateien, die seit einer Betriebssysteminstallation oder -aktualisierung modifiziert wurden
> Erzeugen Sie eine Timestamp-Datei, nachdem Sie eine Betriebssysteminstallation oder -aktualisierung beendet haben. Auf diese Weise können Sie schnell erkennen, welche Dateien verglichen mit den Versionen des Distributionsmediums modifiziert wurden.

Testen und Debuggen von Skripten

Die folgende Liste beschreibt Strategien für das Testen und Debuggen von Skripten:

Bauen Sie das Skript schrittweise auf. Beginnen Sie mit einer ganz einfachen Version – ohne Argumente und nur die einfachsten Fälle behandelnd – und erweitern Sie es dann Schritt für Schritt. Diese Strategie haben wir in diesem Kapitel schon verschiedentlich angewandt.

Testen und debuggen Sie, wenn möglich, die Logik unabhängig von der Funktionalität.
Eine Möglichkeit wäre, vor jedem substanziellen Befehl des Skripts ein »echo« zu platzieren:

```
if [ Bedingung ]; then
    echo rm -rf /
else
    echo cp /tmp/junk /unix
fi
```

Auf diese Weise können Sie sich die verschiedenen Fälle, die vom Skript behandelt werden, in aller Ruhe ansehen. Ebenso können Sie *ganze Funktionen* durch einen echo-Befehl ersetzen:

```
go_on
{
echo in Funktion go_on
return
}
```

Im Allgemeinen ist das Einfügen von `echo`-Befehlen eine gute Möglichkeit, um herauszufinden, wo Sie sich im Skript gerade befinden, um Variablen zu überwachen usw. In manchen Fällen ist ein Konstrukt wie das folgende hilfreich:

```
echo "===${variable}==="
```

So etwas ist nützlich, wenn Sie Probleme mit einer Variable haben, in der ein Leerzeichen versteckt sein könnte.

Verwenden Sie die Shell-Option -v. Diese Option gibt jede Zeile des Skripts bei ihrer Ausführung aus. Auf diese Weise lässt sich der Programmfluss besser erkennen.

Testen und debuggen Sie mit lokalen Kopien der Systemdateien. Das Skript modifiziert die Kopien an Stelle der tatsächlichen Dateien. Wenn Sie zum Beispiel ein Skript entwickeln, das */etc/passwd* modifiziert, sollten Sie mit einer lokalen Kopie arbeiten und nicht mit der tatsächlichen Datei.

Arbeiten Sie zuerst im kleinen Rahmen. Bearbeiten Sie zunächst einen einzelnen Aspekt, auch wenn das Skript zahlreiche Aspekte bearbeiten soll. Sobald diese Version funktioniert, können Sie es in einem größeren Rahmen anwenden.

Vergessen Sie die Extrembedingungen nicht. Wenn Ihr Skript zum Beispiel entworfen wurde, um mehrere Benutzer-Accounts zu verändern, müssen Sie sicherstellen, dass es bei einem, bei zwei, bei keinem und bei sehr, sehr vielen Benutzer-Accounts funktioniert.

Gehen Sie davon aus, dass die Dinge schief gehen können. Sie sollten generell so viele Fehlerprüfungen wie möglich in das Skript aufnehmen, damit im Falle eines Fehlers etwas Sinnvolles passiert.

Behandeln Sie den allgemeinen Fall. Auf diese Weise erhalten Sie nicht nur mächtigere Werkzeuge und Meta-Tools, die Sie immer wieder verwenden können, sondern es ist auch leichter, als die Lösung für ein spezifisches Problem zu finden. Tatsächlich wird die Lösung eines spezifischen Problems häufig einfacher, wenn Sie einen Schritt zurücktreten und den allgemeinen Fall betrachten.

Perl: Eine alternative administrative Sprache

Perl[3] ist eine frei verfügbare Programmiersprache, die von Larry Wall entwickelt wurde und momentan von einem Kernteam talentierter Programmierer weiterentwickelt und gepflegt wird (weitere Informationen finden Sie unter *http://www.perl.org*, *http://www.perl.com* und *http://www.cpan.org*). Perl hat in den letzten Jahren zunehmend Popularität erlangt. Sie weist viele Fähigkeiten auf, die sie für die Entwicklung administrativer Skripten sehr geeignet erscheinen lassen. Dazu gehören unter anderem:

- Sie kombiniert die kurzen Entwicklungszeiten der traditionellen Shell-Programmierung mit den besten Aspekten höherer Programmiersprachen wie C. Beispielsweise besitzt Perl sehr gut implementierte Arrays (was keine Shell aufweisen kann) und einen eindrucksvollen Satz eingebauter Funktionen (wie bei C). Dazu kommen die Fähigkeiten, normale Unix-Befehle einfach ausführen und bei Dateinamen Platzhalter (Wildcards) verwenden zu können (wie in einer Shell).
- Sie bietet Dinge, die bei den meisten Shells überhaupt nicht zu finden sind. Dazu gehören unter anderem String-Funktionen, eingebaute arithmetische Operationen und eine generelle Unterstützung regulärer Ausdrücke.
- Bei Perl-Skripten ist die simultane Bearbeitung mehrerer Dateien trivial.
- Sie bietet (verglichen mit den Standard-Shells) erweiterte Sicherheits-Features.

---

3 Der Name hat verschiedene offizielle und inoffizielle Bedeutungen. Zwei häufig vom Autor genannte sind »Practical Extraction and Report Language« und »Pathologically Eclectic Rubbish Lister«.

Die Perl-Features stammen aus unterschiedlichen Quellen, darunter die Standard-Shells, C, Fortran, Basic, Pascal, awk und sed. Ich glaube nicht, dass Larry irgendwelche COBOL-Features eingebunden hat, aber ich kann mich auch irren.

Als Einstieg in Perl empfehle ich die folgenden Bücher:

- *Einführung in Perl* von Randal L. Schwartz und Tom Phoenix (O'Reilly Verlag) sowie *Effective Perl Programming* von Joseph N. Hall mit Randal L. Schwartz (Addison-Wesley).
- Wenn Sie eine grafische Schnittstelle in Ihre Perl-Skripten einbinden möchten, empfehle ich Ihnen *Einführung in Perl/Tk* von Nancy Walsh (O'Reilly Verlag).
- Beispiele für die Verwendung von Perl für die Systemadministration finden Sie in *Perl für System-Administration* von David N. Blank-Edelman (O'Reilly Verlag).

Eine kurze Einführung

Die beste Möglichkeit, um zu sehen, was Perl zu bieten hat, ist es, sich einige Perl-Programme anzusehen. Wir werden mit dr beginnen, einem Perl-Skript, das ich geschrieben habe, um die Benutzung des AIX-Befehls dosread zu vereinfachen. Standardmäßig kopiert dosread einzelne Dateien von einer DOS-Diskette, wobei Sie sowohl den DOS-Dateinamen als auch den lokalen Dateinamen (und nicht einfach das Zielverzeichnis) angeben müssen. Natürlich möchte man häufig den gesamten Inhalt einer Diskette kopieren. Das folgende Perl-Skript kopiert alle Dateien von einer Diskette in das aktuelle Verzeichnis und wandelt die Dateinamen in Kleinbuchstaben um:[4]

```
#!/usr/bin/perl -w  Lage des Executables variiert.
# dr - Kopiere alle Dateien von einer DOS-Diskette

# Speichere eine Liste der auf der Diskette enthaltenen Dateien
@files = `dosdir | egrep -v "^(Free|There)"`;

foreach $f (@files) {                    # Schleife über alle Dateien
    chop $f;                              # Entferne Zeilenvorschub
    $g = $f;
    $g =~ tr/A-Z/a-z/;                    # Umwandlung in Kleinbuchstaben
    print $f,"*",$g,"\n";
    system("dosread -a -v $f ./$g");
}
```

Der erste Befehl sieht fast wie ein C-Shell-Befehl aus. Er führt den in Backticks (Akzent- bzw. Gravis-Zeichen) stehenden Befehl aus und speichert dessen Ausgabe im Array *@files* (der AIX-Befehl dosdir gibt eine Liste der Dateien aus, die auf der Diskette enthalten sind, und egrep entfernt die Zusammenfassungszeile). Namen numerisch indizierter Arrays beginnen mit einem @-Zeichen, wenn das Array als Ganzes referenziert wird. Beachten Sie auch, dass Perl-Anweisungen mit einem Semikolon enden.

---

[4] Ein technischer Korrektor meinte: »chomp ist besser. chop klingt so nach Perl 4.«

Die Namen von Skalarvariablen beginnen immer mit einem Dollarzeichen, was bei den nächsten Befehlen deutlich wird. Zur Dereferenzierung wird keine spezielle Syntax benötigt. Der Rest des Skripts besteht aus einer foreach-Schleife; Befehle innerhalb der Schleife sind von geschweiften Klammern umgeben (wie bei C). Die Schleifenvariable ist *$f*, und *$g* enthält eine Version des in *$f* stehenden Dateinamens in Kleinbuchstaben.

Die beiden letzten Befehle erledigen die eigentliche Arbeit. Der print-Befehl gibt eine Zeichenkette wie die folgende für jede Datei auf der Diskette aus:

```
PROPOSAL.TXT*proposal.txt
```

Der Zweck dieser Ausgabe besteht eigentlich nur darin, Ihnen ein sicheres Gefühl zu geben, während die bei AIX furchtbar langsamen Diskettenbefehle laufen. Mit system wird ein Unix-Befehl von Perl aus gestartet, in unserem Fall also dosread.

Diese Version von dr ist einfach und übersichtlich und soll nur die Ähnlichkeit zwischen Perl und anderen Sprachen verdeutlichen. Ein Perl-Profi würde das Skript allerdings eher so schreiben:

```
#!/usr/bin/perl
# dr - Kurzversion
foreach (`dosdir | egrep -v "Free|Total"`) {
chop;
system("dosread @ARGV $_ \L$_");
    }
```

Die foreach-Anweisung ist zwar noch verständlich, aber die anderen Befehle sollten wohl erklärt werden. Perl bedient sich einer Standardvariable, die bei Befehlen verwendet wird, bei denen eine Variable benötigt, aber nicht angegeben wird. Der Name dieser Variable ist $_ (Dollar-Unterstrich). $_ wird als Schleifenvariable und als Argument für chop verwendet.

Das \L-Konstrukt im system-Befehl wandelt $_ in Kleinbuchstaben um. Dieser system-Befehl ist etwas allgemeiner als in der ersten Version. Er übergibt alle angegebenen Argumente (gespeichert im Array *@ARGV*) an dosread und nutzt $_ für beide dosread-Argumente. Da bei Dateinamen auf Disketten nicht zwischen Groß- und Kleinbuchstaben unterschieden wird, funktioniert das ganze ausgezeichnet.

Diese beiden dr-Versionen verdeutlichen ein wichtiges Perl-Prinzip: *There's More Than One Way to Do It* (der Perl-Slogan). Auf Deutsch würden wir es wahrscheinlich etwas salopp mit »Viele Wege führen nach Rom« umschreiben.

Ein Rundgang durch Perl

wgrep ist ein Tool, das ich für einige Benutzer geschrieben habe, die immer noch am VMS-Befehl Search hängen, den sie vor Jahren benutzt haben. wgrep steht für *windowed grep* und durchsucht Dateien nach Mustern regulärer Ausdrücke. Optional können mehrere Zeilen rund um die passende Zeile ausgegeben werden. Wie bei dem Befehl, den dieses Skript imitieren soll, werden dem Puristen einige Optionen vielleicht übertrieben vorkommen, andererseits demonstrieren sie viele Perl-Features in einem komplexeren Zusammenhang.

Nachfolgend der Anwendungshinweis für wgrep:

```
Usage: wgrep [-n] [-w[b][:a] | -W] [-d] [-p] [-s] [-m] regexp file(s)
-n    = include line numbers
-s    = indicate matched lines with stars
-wb:a = display b lines before and a lines after each matched
        line (both default to 3)
-W    = suppress window; equivalent to -w0:0
-d    = suppress separation lines between file sections
-m    = suppress file name header lines
-p    = plain mode; equivalent to -W -d
-h    = print this help message and exit
Note: If present, -h prevails; otherwise, the rightmost option wins
      in the case of contradictions.
```

Nachfolgend ein Beispiel des aufwendigsten wgrep-Ausgabeformats. Es enthält Zeilennummern, zutreffende Einträge sind mit einem Sternchen gekennzeichnet, Kopfzeilen geben die Dateien an, in denen passende Einträge gefunden wurden, und nicht zusammengehörende Gruppen von Zeilen werden durch Separatoren getrennt:

```
wgrep -n -s -w1:1 chavez /etc/passwd /etc/group
********** /etc/passwd **********
  00023 carnot:x:231:20:Hilda Carnot:/home/carnot:/bin/bash
* 00024 chavez:x:190:20:Rachel Chavez:/home/chavez:/bin/csh
  00025 claire:x:507:302:Theresa Claire:/home/claire:/bin/csh
********** /etc/group **********
* 00001 wheel:*:0:chavez,wang,wilson
  00002 other:*:1:
**********
  00014 genome:*:202:
* 00015 dna:*:203:chavez
* 00016 mktg:*:490:chavez
  00017 sales:*:513:
```

Nachdem verschiedene Variablen definiert wurden, die das Ausgabeformat bestimmen, beginnt wgrep mit der Behandlung aller Optionen, die der Benutzer angegeben hat:

```
#!/usr/bin/perl -w
# wgrep - windowed grep

$before = 3; $after = 3;           # Standardgröße des Ausschnitts
$show_stars = 0;
$show_nums = 0;
$sep = "**********\n";
$show_fname = 1;
$show_sep = 1;
# Schleife, bis ein Argument nicht mit "-" beginnt

while ($ARGV[0] =~ /^-(\w)(.*)/) {
    $arg = $1;                      # $arg enthält den Optionsbuchstaben
```

Diese while-Anweisung prüft, ob das erste Element von @ARGV (das mit $ARGV[0] angesprochen wird, weil Referenzen auf Arrayelemente mit $ beginnen) – das die Kommandozeilen-Argumente enthält – mit dem Muster übereinstimmt, das zwischen den beiden

Schrägstrichen (/) steht: ^-(\w)(.*). Die meisten Elemente des Musters sind normale Konstrukte regulärer Ausdrücke. \w ist eine Kurzform für [a-zA-Z0-9_]. Innerhalb des regulären Ausdrucks gruppieren Klammern Teilabschnitte, die später über die Variablen *$1* (für den ersten übereinstimmenden Abschnitt), *$2* usw. angesprochen werden können. Die nächste Zeile kopiert den ersten übereinstimmenden Abschnitt – den Optionsbuchstaben – in die Variable *$arg*.

Der nächste Teil von wgrep bildet den Rest der while-Schleife und verarbeitet alle verfügbaren Optionen:[5]

```
    if ($arg eq "s") { $show_stars = 1; }
    elsif ($arg eq "n") { $show_nums = 1; }
    elsif ($arg eq "m") { $show_fname = 0; }
    elsif ($arg eq "d") { $show_sep = 0; }
    elsif ($arg eq "w") {
        # Zweiten übereinstimmenden Abschnitt vom Doppelpunkt an in Standard-Array @_
        # eintragen
        split(/:/,$2);
        $before = $_[0] if $_[0] ne '';
        $after = $_[1] if $_[1] ne '';
    }
    elsif ($arg eq "p") {
        $before = 0;
        $after = 0;
        $show_sep = 0; }
    elsif ($arg eq "W") {
        $before = 0;
        $after = 0;
    }
    elsif ($arg eq "h") { &usage(""); }
    else { &usage("wgrep: invalid option: $ARGV[0]");
            }                       # Ende des if-Befehls
            shift;                  # Weiter mit nächstem Argument
            }                       # Ende der foreach-Schleife
```

Die foreach-Schleife enthält eine lange if-then-else-if-Konstruktion, die die verschiedenen Wurzeln von Perl verdeutlicht. Generell werden Bedingungen (wie bei der C-Shell) in runden Klammern eingeschlossen. Dabei bestehen sie (unter anderem) aus Bourne-Shell-ähnlichen Operatoren. Das Schlüsselwort »then« wird nicht benötigt, weil die Befehle innerhalb des if-Teils in geschweiften Klammern eingeschlossen sind (auch wenn es nur einen Befehl gibt). Die meisten Klauseln in dieser if-Anweisung setzen verschiedene Flags und Variablen, die für die angegebenen Optionen notwendig sind. Der Teil, der die Option -w abarbeitet, verdeutlicht ein sehr schönes Perl-Feature, die sog. bedingten Zuweisungsanweisungen:

```
split(/:/,$2);
$before = $_[0] if $_[0] ne '';
```

---

[5] Es gibt einfachere Möglichkeiten, Kommandozeilen-Argumente zu verarbeiten, aber hier geht es darum, Sie etwas mit Perl vertraut zu machen. Das Getopt-Modul ist zur Lösung dieser Aufgabe sehr beliebt.

Der split-Befehl bricht den zweiten passenden Teil der Option – gekennzeichnet durch $2 – in verschiedene Felder auf. Als Trennzeichen wird dabei der Doppelpunkt verwendet (denken Sie an die Syntax, etwa -w2:5), wobei die einzelnen Felder in die Elemente des Standard-Arrays @_ eingetragen werden. Die darauf folgende Zeile setzt $before auf das erste Element, das nicht null ist, d. h. mit anderen Worten: Wenn der Benutzer einen Wert für den Ausschnitt angegeben hat, der vor einem Treffer ausgegeben werden soll.

Die abschließende else-Klausel ruft die Subroutine usage auf, wenn eine unbekannte Option angetroffen wird. (Das kaufmännische Und (&) kennzeichnet den Aufruf einer Subroutine.) Der shift-Befehl, der auf die if-Anweisung folgt, arbeitet genau wie bei einer Standard-Shell, d. h., die Elemente in @ARGV werden im Array um eine Position verschoben.

Der nächste Abschnitt von wgrep bearbeitet den Ausdruck, nach dem gesucht werden soll:

```
&usage("missing regular expression") if ! $ARGV[0];
$regexp = $ARGV[0];
shift;
$regexp =~ s,/,\\/,g;                   # "/" --> "\/"

# Standardeingabe verwenden, wenn keine Dateien angegeben wurden
if (! $ARGV[0]) { $ARGV[0] = "STDIN"; }
```

Wenn @ARGV nach der Verarbeitung der Optionen leer ist, wird die Subroutine usage erneut aufgerufen. Andernfalls wird das erste Element der Variablen $regexp zugewiesen und ein weiterer shift-Befehl ausgeführt. Die zweite $regexp-Zuweisungsoperation stellt jedem Schrägstrich im regulären Ausdruck einen Backslash (\) voran (weil /-Zeichen bei Perl zum Trennen von Mustern verwendet werden), wobei eine sed- bzw. ex-ähnliche Syntax verwendet wird.

Nachdem der reguläre Ausdruck bearbeitet wurde, behandelt wgrep den Fall, dass keine Dateinamen in der Kommandozeile angegeben wurden (wobei auf die Standardeingabe zurückgegriffen wird). Danach folgt die Hauptschleife des wgrep-Skripts:

```
LOOP:
foreach $file (@ARGV) {                 # Alle Dateien verarbeiten

if ($file ne "STDIN" && ! open(NEWFILE,$file)) {
    print STDERR "Can't open file $file; skipping it.\n";
    next LOOP;                          # Springe zum LOOP-Label
}
$fhandle = $file eq "STDIN" ? STDIN : NEWFILE;
$lnum = "00000";
$nbef = 0; $naft = 0;
$matched = 0; $matched2 = 0;
&clear_buf(0) if $before > 0;
```

Die Schleife besteht aus einer weiteren foreach-Konstruktion, die die noch verbliebenen @ARGV-Elemente abarbeitet und damit beginnt, die erste zu durchsuchende Datei zu öffnen. Der Befehl open öffnet die als zweites Argument übergebene Datei und liefert dabei das sog. *Dateihandle* – ein Wert, der verwendet wird, um diese Datei bei weiteren Befehlen anzusprechen – in die Variable zurück, die als erstes Argument übergeben wurde (Dateihandles werden per Konvention in Großbuchstaben geschrieben). Bei erfolgreicher Durchführung liefert open einen Wert ungleich null zurück. Schlägt open fehl, wird die Datei einfach übersprungen, nachdem wgrep eine Fehlermeldung an Standardfehler geschickt hat (STDIN und STDERR sind die vordefinierten Dateihandles für die Standardeingabe bzw. Standardfehler).

Je nachdem, welchen Wert die Variable $file besitzt, wird $fhandle auf »STDIN« oder »NEWFILE« gesetzt. Dabei wird eine C-ähnliche bedingte Zuweisung verwendet (trifft die Bedingung zu, wird der Wert verwendet, der auf das Fragezeichen folgt, andernfalls wird der Wert verwendet, der auf den Doppelpunkt folgt). Diese Technik erlaubt es dem Benutzer, STDIN an einer beliebigen Stelle der Dateiliste einzugeben.

Nachdem eine Datei erfolgreich geöffnet wurde, werden einige andere Variablen initialisiert, und die Subroutine clear_buf wird aufgerufen. Diese Routine initialisiert das Array, das die Zeilen enthält, die vor einem Treffer liegen. Der Aufruf von clear_buf zeigt eine weitere Variante der if-Anweisung:

```
&clear_buf(0) if $before > 0;
```

Die Datei wird dann in einer while-Schleife durchsucht. Es ist hilfreich, sich zuerst die Logik anzusehen, bevor wir uns dem eigentlichen Code zuwenden:

solange Zeilen in der Datei vorhanden sind
   wenn bereits ein Treffer vorliegt
      wenn auch die aktuelle Zeile einen Treffer enthält
         gib die Zeile aus und setze dann den Zähler für nachfolgenden Ausschnitt zurück
      wenn die aktuelle Zeile aber keinen Treffer enthält
         wenn die Grenze für den nachfolgenden Ausschnitt noch nicht erreicht ist
            gib die Zeile trotzdem aus
         andernfalls
            haben wir keine Treffer mehr, also alle Flags zurücksetzen
            und die aktuelle Zeile im Vorlaufpuffer speichern

   andernfalls sehen wir uns den Treffer an
      wenn die aktuelle Zeile einen Treffer enthält
         Separatoren und den Vorlaufpuffer ausgeben
         die aktuelle Zeile ausgeben
         das Treffer-Flag setzen
      wenn die aktuelle Zeile aber keinen Treffer enthält
         die Zeile im Vorlaufpuffer speichern
am Ende dieser Datei mit der nächsten Datei fortfahren

Nachfolgend der Teil der while-Schleife, der ausgeführt wird, wenn ein Treffer entdeckt wurde. Das Konstrukt <$fhandle> liefert nacheinander jede Zeile aus der Datei zurück:

```
while (<$fhandle>) {            # Schleife über alle Zeilen der Datei
    ++$lnum;                    # Erhöhe Zeilennummer
    if ($matched) {             # Wir geben den Trefferbereich aus
        if ($_ =~ /$regexp/) {  # Wenn die aktuelle Zeile einen Treffer enthält...
            $naft = 0;          # Zähler für den nachfolgenden Ausschnitt zurücksetzen,
            &print_info(1);     #   Vorabinformationen
            print $_;           #   und die Zeile ausgeben
        }
        else {                  # Aktuelle Zeile enthält keinen Treffer
```

```
            if ($after > 0 && ++$naft <= $after) {
                # Zeile trotzdem ausgeben, wenn Grenze des nachfolgenden Ausschnitts
                # noch nicht erreicht wurde
                &print_info(0); print $_;
            }
            else {            # Grenze des nachfolgenden Ausschnitts ist erreicht
                $matched = 0; # nicht mehr im Trefferbereich
                $naft = 0;    # Zähler für den nachfolgenden Ausschnitt zurücksetzen
                # Zeile für zukünftige Vergleiche im Vorlaufpuffer sichern
                push(@line_buf, $_); $nbef++;
            }                 # Ende für nachfolgenden Ausschnitt
        }                     # Ende else, wenn aktuelle Zeile keinen Treffer enthält
    }                         # Ende if, wenn wir im Trefferbereich sind
```

Die while-Schleife läuft über alle Zeilen der Datei, deren Dateihandle in der Variable $fhandle gespeichert ist. Alle Zeilen werden nacheinander bearbeitet, der Zugriff erfolgt über die Variable $_. Dieser Ausschnitt der Schleife wird abgearbeitet, wenn wir uns mitten in der Verarbeitung eines Treffers befinden, also nachdem ein Treffer gefunden und bevor der Ausschnitt, der dem Treffer folgt, abgearbeitet wurde. Der dem Treffer folgende Ausschnitt wird ausgegeben, nachdem die letzte Zeile eines Abschnitts gefunden wurde, die einen Treffer enthält. Wird also ein weiterer Treffer entdeckt, während der Nachfolgeteil ausgegeben wird, verschiebt sich der Folgeteil hinter den neuen Treffer. Die Variable $naft enthält die aktuelle Zeilennummer innerhalb des Nachfolgeausschnitts. Erreicht sie den Wert von $after, wurde der nachfolgende Ausschnitt vollständig ausgegeben.

Die Subroutine print_info gibt vor den Zeilen alle Sternchen und/oder Zeilennummern aus (oder gar nichts, wenn nichts angefordert wurde). Wird print_info eine 1 als Argument übergeben, bedeutet das einen Treffer, eine 0 bedeutet, dass die Zeile keine Treffer enthält.

Hier ist der Rest der while-Schleife, der ausgeführt wird, wenn nach einem Treffer gesucht (und deshalb nichts ausgegeben) wird:

```
        else {                                # Wir suchen einen Treffer
            if ($_ =~ /$regexp/) {            # Wir haben einen gefunden
                $matched = 1;                 # also das Treffer-Flag setzen
                # Ausgabe der Datei und/oder Abschnittsseparatoren
                print $sep if $matched2 && $nbef > $before && $show_sep && $show_fname;
                print "********** $file **********\n" if ! $matched2++ && $show_fname;
                # Vorlaufpuffer ausgeben und löschen; Vorlaufpuffer zurücksetzen
                &clear_buf(1) if $before > 0; $nbef = 0;
                &print_info(1);
                print $_;                     # Aktuelle Zeile ausgeben
            }
            elsif ($before > 0) {
                # Älteste Zeile aus Vorlaufpuffer entfernen und aktuelle Zeile hinzufügen
                shift(@line_buf) if $nbef >= $before;
                push(@line_buf,$_); $nbef++;
            }                                 # Ende elseif für Vorlaufpuffer ungleich 0
        }                                     # Ende else, wenn kein Treffer
    }                                         # Ende while-Schleife für alle Zeilen der Datei
}                                             # Ende foreach-Schleife über alle Dateien
exit;                                         # Skript sauber beenden
```

Viele der print-Befehle verdeutlichen zusammengesetzte Bedingungen bei Perl. In diesem Teil des Skripts enthält die Variable $nbef die Nummer der aktuellen Zeile innerhalb des Vorlaufabschnitts. Indem wir diesen Wert mit $before vergleichen, können wir ermitteln, ob der Puffer, der die Zeilen des Vorlaufausschnitts enthält, voll ist oder nicht (es gibt keinen Grund, mehr Zeilen zu sichern, als wir ausgeben wollen, nachdem einmal ein Treffer gefunden wurde). Das Array @line_buf enthält diese gesicherten Zeilen, und der push-Befehl (den wir bereits früher gesehen haben) hängt ein Element ans Ende dieses Arrays an. Der unmittelbar voranstehende Befehl shift(@line_buf) verschiebt die Elemente des Arrays nach unten, entfernt so die älteste gesicherte Zeile und schafft gleichzeitig Platz für die aktuelle Zeile (die in $_ gespeichert ist).

Hier ist die Subroutine print_info, die die grundlegende Struktur einer Perl-Subroutine verdeutlicht:

```perl
sub print_info {
    print $_[0] ? "* " : "  " if $show_stars;
    print $lnum," " if $show_nums;
}
```

Alle an diese Subroutine übergebenen Argumente können über das Standard-Array @_ referenziert werden. Diese Subroutine erwartet eine 0 oder eine 1 als Argument, wodurch angegeben wird, ob die aktuelle Zeile einen Treffer enthält oder nicht. Ist $show_stars gesetzt, wird zu Beginn der Zeile ein Sternchen ausgegeben, andernfalls ein Leerzeichen. Die zweite Anweisung der Subroutine gibt, wenn gewünscht, die Zeilennummer aus.[6]

Die Subroutine clear_buf ist für die Ausgabe des Vorlaufausschnitts und das Löschen des entsprechenden Arrays @line_buf verantwortlich:

```perl
sub clear_buf {
# Argument bestimmt, ob Vorlaufpuffer ausgegeben wird oder nicht
    $print_flag = $_[0];
    $i = 0; $j = 0;
    if ($print_flag) {
        # Wenn wir mit Zeilennummern arbeiten, den Zähler auf den Vorlaufpuffer
        # einstimmen und das korrekte Nummernformat beibehalten
        if ($show_nums) {
            $target = $lnum - ($#line_buf + 1);
        }
        $lnum = "00000";
        # Ja, wir zählen tatsächlich bis zur richtigen Nummer zurück, um
        # das richtige Nummernformat beizubehalten - Schleifen sind billig
        while ($i++ < $target) { ++$lnum; } }
        while ($j <= $#line_buf) {          # Vorlaufausschnitt ausgeben
            &print_info(0);
            print $line_buf[$j++];
            $lnum++ if $show_nums;
        }                                   # Ende while
    }                                       # Ende if print_flag
```

---

6 Ja, ein unschöner Ansatz aus meinen frühen Perl-Tagen. Eine elegantere Lösung sei dem Leser als Übung überlassen. Denken Sie andererseits aber daran, dass Skripten nicht perfekt sein müssen, um effizient zu sein.

```
        @line_buf = ();              # Array line_buf löschen
    }                                # Ende der Subroutine
```

Fehlt noch die Subroutine usage. Die erste Zeile gibt die Fehlermeldung aus, die ihr als einziges Argument übergeben wird. Die verbleibenden Zeilen geben eine Standardmeldung über die Verwendung von wgrep aus und beenden dann das Programm:

```
sub usage {
    print STDERR $_[0],"\n" if $_[0];
    print STDERR "Usage: wgrep [-n] ..."
    ...viele weitere print-Befehle...
    exit;
}
```

Perl-Berichte

Neben der Tatsache, dass Perl eine mächtige Programmiersprache ist, können Sie es auch zur Erstellung attraktiver Berichte (Reports) verwenden. Hier ein recht einfaches Beispiel:

```
                                Disk
Username (UID)   Home Directory   Space       Security
-------------------------------------------------------
lpd (104)        /                skipped
sanders (464)    /home/sanders    725980K
stein (0)        /chem/1/stein       4982K    ** UID=0
swenson (508)    /chem/1/Swenson  deleted
vega (515)       /home/vega         100K      ** CK PASS
...
```

Dieser Bericht wurde mit format-Klauseln erzeugt, die bestimmen, wie Berichte auszusehen haben, die mit dem write-Befehl geschrieben werden. Hier sind die Formate, die für diesen Bericht verwendet wurden:

```
#!/usr/bin/perl -w
# mon_users - Benutzer-Accounts überwachen

# Überschrift auf jeder Seite des Berichts
format top =

                                Disk
Username (UID)   Home Directory   Space       Security
-------------------------------------------------------
.
# Format jeder Zeile, die an das Dateihandle STDOUT geschrieben wird
format STDOUT =
@<<<<<<<<<<<    @<<<<<<<<<<<<<<<<   @>>>>>     @<<<<<<<<
$uname,         $home_dir,          $disk,     $warn
.
```

Die erste format-Anweisung enthält die Header, die zu Beginn jeder Seite ausgegeben werden. Die zweite format-Anweisung wird für die jeweiligen Zeilen des Berichts verwendet. Formatspezifikationen werden durch einen einzelnen Punkt in einer Zeile abgeschlossen. Die zweite format-Anweisung sorgt dafür, dass die Variablen *$uname*, *$home_dir*, *$disk* und *$warn* in genau dieser Reihenfolge in jeder ausgegebenen Zeile erscheinen (die Variablen selbst sind irgendwo im Skript definiert). Die Zeilen mit den Größer-als- und Kleiner-als-Zeichen kennzeichnen die Startpositionen, die Länge und die interne Justierung der einzelnen Felder (der Text wird in einem Feld in der Richtung justiert, in die die spitze Klammer zeigt).

Hier ist der Rest des Skripts, das diesen Bericht produziert:

```perl
open (PASSWD, "/etc/passwd") || die "Can't open passwd: $!\n";

USER:
while (<PASSWD>) {                      # Alle Zeilen der Passwortdatei bearbeiten
   chop;
   # Listen werden in runde Klammern eingeschlossen
   ($uname,$pass,$uid,$gid,$junk,$home_dir,$junk) = split(/:/);
   # Entferne Newline, untersuche Zeile und entferne irrelevante Einträge
   if ($uname eq "root" || $uname eq "nobody" ||
      substr($uname,0,2) eq "uu" ||
      ($uid <= 100 && $uid > 0)) {      # Bei Bedarf UID-Grenze anpassen
         next USER;
      }
   # Signalisiere mögliche Sicherheitsprobleme
   $warn = ($uid == 0 && $uname ne "root") ? "** UID=0" : "";
   $warn = ($pass ne "!" && $pass ne "*") ? "** CK PASS" : $warn;
   # .= steht für die Verkettung von Strings
   $uname .= " ($uid)";                 # Benutzernamen um UID erweitern
   # du auf Home-Verzeichnis anwenden und Gesamtgröße aus der Ausgabe extrahieren
   if (-d $home_dir && $home_dir ne "/") {
      $du = `du -s -k $home_dir`; chop($du);
      ($disk,$junk) = split(/\t/,$du); $disk .= "K";
   }
   else {
      $disk = $home_dir eq "/" ? "skipped" : "deleted";
   }
   write;                               # Formatierte Zeile ausgeben
}
exit;
```

Das Skript führt eine Reihe neuer Perl-Konstrukte ein, die direkt im Kontext erläutert werden.

Grafische Schnittstellen mit Perl

Benutzer bevorzugen grafische Schnittstellen gegenüber den traditionellen, textbasierten Schnittstellen. Glücklicherweise lassen sich solche grafischen Schnittstellen dank des Tk-Moduls mit Perl sehr leicht erzeugen. Hier ein einfaches Skript, das die allgemeine Vorgehensweise zeigt:

```perl
#!/usr/bin/perl -w
use Tk;                                 # Das Tk-Modul einbinden.

# motd-Datei mit der Nachricht des Tages einlesen.
open MOTD, "/usr/local/admin/motd.txt" || exit;
```

```perl
$first_line=1;
while (<MOTD>) {
  if ($first_line) {                    # Datum aus erster Zeile herausfiltern.
    chop;
    ($date,@junk)=split( );
    $first_line=0;
  }
  else { $text_block .= $_; }           # Alles in $text_block zusammenfassen.
}

my $main = new MainWindow;              # Fenster erzeugen.
# Titel des Fensters
$label=$main->Label(-text => "Message of the Day");
$label->pack;

# Textbereich des Fensters.
$text=$main->Scrolled('Text', -relief => "sunken",
                     -borderwidth => 2, -setgrid => "true");
$text->insert("1.0", "$text_block");
$text->pack(-side=>"top", -expand=>1, -fill=>"both");

# Statusbereich des Fensters (unten).
$status = $main->Label(-text=>"Last updated on $date",
                      -relief=>"sunken", -borderwidth=>2,
                      -anchor=>"w");
$status->pack(-side=>"top", -fill=>"x");
# Einen Close-Button hinzufügen.

$button=$main->Button(-text => "Close Window",
                     # Beenden, wenn Button gedrückt wird:
                     -command => sub{exit});
$button->pack;

MainLoop;                               # Event-Schleife: auf Benutzereingaben warten.
```

Das Skript besteht aus drei wesentlichen Teilen: Verarbeitung der Textdatei, Erzeugen und Konfigurieren des Fensters und aus der Event-Schleife. Der erste Abschnitt liest die Textdatei ein, die die Nachricht des Tages enthält, extrahiert daraus das erste Feld der ersten Zeile (von dem angenommen wird, dass es das Datum enthält, an dem die Datei zuletzt modifiziert wurde) und fasst den Rest des Dateiinhalts in der Variablen $text_block zusammen.

Der nächste Abschnitt erzeugt ein neues Fenster (mit Hilfe der Funktion new MainWindow) und dann ein Label dafür (dem Text zugewiesen wird). Innerhalb dieses Fensters wird ein Textbereich angelegt, der automatisch gefüllt wird, ein Button (mit »Close Window« bezeichnet) und ein Statusbereich (dem ebenfalls Text zugewiesen wird). Jede dieser Komponenten wird mit Hilfe der pack-Methode (Funktion) aktiviert.

Der dritte Abschnitt, der nur aus dem Befehl MainLoop besteht, gibt das Fenster aus und wartet auf die Eingaben des Benutzers. Klickt der Benutzer auf den Button, wird die Routine aufgerufen, die im command-Attribut des Buttons angegeben wurde. In diesem Fall ist das der Perl-Befehl exit, d.h., das Skript wird beendet, wenn dieser Button angeklickt wird.

Abbildung 14-1 zeigt das resultierende Fenster.

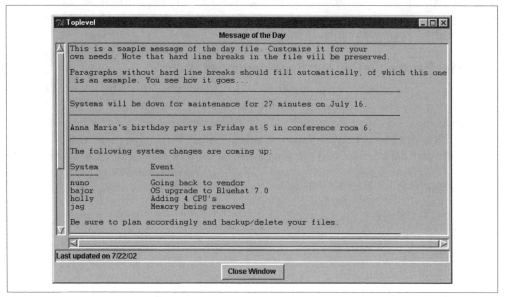

Abbildung 14-1: Beispielausgabe von Perl/Tk

Beachten Sie, dass der zum Füllen eines einfachen Textbereichs verwendete Algorithmus fehlerhaft ist.

Komplexere Perl/Tk-Programme, auch solche, die Benutzereingaben verarbeiten, unterscheiden sich nicht wesentlich von diesem Programm.

Expect: Automatisierung interaktiver Programme

Don Libes beschreibt sein Expect-Paket als »Software-Suite zur Automatisierung interaktiver Tools«. Mit Expect können Sie interaktive Programme aus einem Skript heraus ausführen lassen. Das erlaubt die Shell zwar auch, aber nur in einem sehr eingeschränkten Rahmen, der nicht sonderlich allgemein gehalten ist. Expect ermöglicht es einem Skript, Befehle und Programme, die ihre Eingaben vom Terminal (d.h. */dev/tty*) erwarten, mit Daten zu versorgen. Es ermöglicht auch die Ausführung verschiedener Aktionen, die von der zurückgelieferten Ausgabe abhängen. Die Möglichkeiten sind wesentlich vielfältiger als bei einer Shell. Wenn sich das für Sie nicht nach einer allzu großen Sache anhört (was es für mich anfangs zugegebenermaßen auch nicht war), dann sollten Sie weiterlesen und sich die Beispiele in diesem Abschnitt genauer ansehen. Expect kann durchaus schnell zur Droge werden, wenn man einmal begriffen hat, wofür es gut ist.

Weitere Informationen zu Expect finden Sie auf der Homepage *http://expect.nist.gov*. Das Buch *Exploring Expect* von Don Libes (O'Reilly & Associates) ist ebenfalls sehr hilfreich.

Von der Konzeption her entspricht Expect einem Chat-Skript[7], das auf die gesamte Unix-Welt ausgedehnt wurde. Strukturell ist Expect in Wirklichkeit die Erweiterung einer anderen Programmiersprache namens Tcl. Expect erweitert Tcl um Befehle und um Funktionalität. Um also Expect verwenden zu können, müssen Sie auch Tcl besitzen.

Ein erstes Beispiel: Testen von Benutzerumgebungen

Das folgende Expect-Skript verdeutlicht viele der grundlegenden Features dieser Einrichtung. Es wird verwendet, um das Skript */usr/local/sbin/test_user* von einem Benutzer-Account aus auszuführen. Das Shell-Skript prüft verschiedene sicherheitsrelevante Punkte der Laufzeitumgebung des Benutzers und muss unter dem Namen dieses Benutzers ausgeführt werden. Das Expect-Skript erlaubt es, sich vom Systemadministrator ausführen zu lassen:

```
#!/usr/local/bin/expect          Lage des Executables kann variieren.
# run_test_user - Sicherheitsprüfung von Benutzer-Accounts

set user [lindex $argv 0]        # Benutzer auf erstes Argument setzen
spawn /bin/sh                    # Konversation beginnen
expect "#"
send "su - $user\r"
expect -re "..* $"
send "/usr/local/sbin/test_user >> /tmp/results\r"
expect -re "..* $"
send "exit\r"
expect "#"
close                            # Ende der Konversation
```

Der erste Befehl speichert den Benutzernamen, der dem Expect-Skript als Argument übergeben wurde, in der Variable *user*. Argumente werden automatisch im Array *argv* gespeichert, und die Tcl-Funktion `lindex` extrahiert das erste Element aus dem Array (die Nummerierung beginnt bei 0). Bei Tcl werden eckige Klammern verwendet, um eine Funktion oder einen Befehl auszuwerten und den Rückgabewert in einem anderen Befehl zu verwenden.

Der `spawn`-Befehl beginnt die Konversation. Er führt den als Argument übergebenen Befehl in einer Subshell aus – in diesem Fall ist der Befehl selbst eine Shell –, und das Expect-Skript interagiert mit diesem Befehl über die expect- und send-Befehle.

expect-Befehle durchsuchen die Ausgabe des mit `spawn` gestarteten Befehls nach dem ersten Auftreten eines Musters oder eines regulären Ausdrucks (wobei Letzterer über die Option -re angegeben wird). Wird ein Treffer entdeckt, macht das Skript mit dem nächsten Befehl weiter. Das Skript wartet also, bis die gewünschte Zeichenkette auftaucht.

send-Befehle versorgen die Prozesse mit Eingaben (die in Anführungszeichen stehen und üblicherweise mit \r enden, was einen Carriage Return kennzeichnet). send-Befehle kön-

---

7 Traditionell definiert ein Chat-Skript die Login-Konversation, die zwischen zwei Rechnern stattfindet, wenn diese eine Verbindung zueinander aufbauen. Es besteht aus einer Reihe von erwarteten Zeichenketten und den entsprechenden Antworten (expect/send-Paare). Hier ein Beispiel:
   ogin: remote ssword: guesswho
Das bedeutet so viel wie »Warte auf den String ›ogin:‹ und sende dann ›remote‹. Warte dann auf die Zeichenkette ›ssword:‹ und sende dann ›guesswho‹.«

nen dereferenzierte Variablen enthalten (wie beim ersten send-Befehl des vorigen Beispiels, welches die Zeichenkette *$user* enthält).

Der erste expect-Befehl wartet also auf das Auftauchen eines Doppelkreuzes (der root-Prompt, da das Skript von *root* ausgeführt wird). Der darauf folgende send-Befehl überträgt einen Befehl wie su - chavez an die mit spawn gestartete Shell. Der nächste expect-Befehl wartet auf mindestens ein Zeichen und dann auf das Ende der Eingabe (Letzteres wird durch das Dollarzeichen symbolisiert). Der folgende send-Befehl führt das Skript aus. Nachdem der nächste Prompt empfangen wurde, sendet das Skript einen exit-Befehl an die mit dem su-Befehl erzeugte Shell. Wenn der root-Prompt erscheint, zeigt dies, dass die Sub-Subshell verlassen wurde, und das Skript führt den close-Befehl aus, der den mit spawn gestarteten Prozess beendet.

Diese Art der schrittweisen Konversation stellt die einfachste Anwendung von Expect dar. Dennoch macht dieses Skript deutlich, dass Sie mit Expect Aktivitäten automatisieren können, die andernfalls nicht zu automatisieren wären. Sobald ein Expect-Skript existiert, können Sie es wie jeden anderen Befehl auch aus jedem normalen Shell-Skript heraus aufrufen. Zum Beispiel könnte das folgende C-Shell-Skript verwendet werden, um die Prüfung einer Gruppe von Benutzer-Accounts zu automatisieren:

```
#!/bin/csh
# test_em_all - Sicherheitsprüfung von Benutzer-Accounts
unset path; setenv PATH "/usr/bin:/bin"

foreach u (`cat /usr/local/admin/check_users`)
    /usr/local/sbin/run_test_user $u
end
```

Ein zeitabhängiger Prompt

Hier eine Expect-Version eines zeitabhängigen Prompts. Es gibt einen Prompt aus und wartet auf eine Eingabe des Benutzers. Wird innerhalb einer festgelegten Zeitspanne keine Eingabe empfangen, liefert die Funktion einen Standardwert zurück:

```
#!/usr/local/bin/expect
# timed_prompt - Prompt mit Timeout
# Argumente: [prompt [default [timeout]]]

# Verarbeite Argumente
set prompt [lindex $argv 0]
set response [lindex $argv 1]
set tout [lindex $argv 2]
if {"$prompt" == ""} {set prompt "Enter response"}
if {"$tout" == ""} {set tout 5}

set clean_up 1
send_tty "$prompt: "
set timeout $tout
expect "\n" {
    set response [string trimright "$expect_out(buffer)" "\n"]
```

```
    set clean_up 0
}
if {$clean_up == 1} {send_tty "\n"}
send "$response"
```

Im ersten Abschnitt des Skripts werden die Argumente verarbeitet, d. h., sie werden Variablen zugewiesen, während gleichzeitig Standardwerte eingestellt werden. Dieser Teil des Skripts ist reines Tcl und macht die if-Anweisung der Sprache verständlich – alles steht in geschweiften Klammern. Zwar wird bei beiden if-Anweisungen nur ein einzelner Befehl ausgeführt, aber Sie werden später noch komplexere Beispiele sehen. Die zweite if-Anweisung illustriert auch eines der nettesten Features von Tcl, nämlich die völlige Gleichbehandlung von Integerwerten und Strings.

Der zweite Teil des Skripts führt die eigentliche Abfrage durch. Der Befehl send_tty gibt einen String auf dem Terminal aus (unabhängig von anderen laufenden Konversationen), in unserem Fall also den Prompt-String. Der Befehl set timeout gibt eine Timeout-Periode für die nachfolgenden expect-Befehle an (und zwar in Sekunden, wobei –1 keinen Timeout bedeutet).

Weil Expect über eingebaute Timeouts verfügt, muss der expect-Befehl nur auf ein Newline-Zeichen warten (was bedeutet, dass der Benutzer eine Eingabe mit der Return-Taste abgeschlossen hat). Wird eines gefunden, bevor die Timeout-Periode abläuft, wird die Benutzereingabe der Variablen *response* zugewiesen, wobei das Return-Zeichen (mit Hilfe der Tcl-Funktion string) entfernt wird. Wenn nicht, behält *response* seinen vorherigen Wert (also den Standardwert, der als zweites Argument übergeben wurde). Der letzte Befehl übergibt die Antwort (oder den Standardwert) an das aufrufende Skript.

Die Variable *clean_up* wird genutzt, um festzuhalten, ob eine Antwort erfolgte oder nicht. Falls nicht, wird ein Newline an das Terminal geschickt, nachdem die Timeout-Periode des expect-Befehls abgelaufen ist. Auf diese Weise wird verhindert, dass ein Unix-Prompt hinter dem Skript-Prompt für Verwirrung sorgt.

Nachfolgend ein Beispiel, wie timed_prompt in einem Shell-Skript verwendet werden könnte:

```
ishell=`timed_prompt "Enter desired shell [/bin/sh]" "/bin/sh" 10`
```

Einen Befehl endlos wiederholen

In diesem Teilabschnitt wollen wir eine andere Aufgabe betrachten, die zwar mit einem Shell-Skript möglich, mit Expect aber wesentlich einfacher zu erledigen ist. Das Skript loop führt einen Befehl immer wieder aus, bis eine beliebige Taste gedrückt wird (bei einer Shell-Version müssten Sie die Schleife mit CTRL-C abbrechen). Ein solcher Befehl ist für alle Überwachungsaufgaben jeglicher Systemaktivitäten (System-Performance, Beobachtung bestimmter Prozesse, Verfolgung sicherheitsrelevanter Ereignisse usw.) sehr nützlich.

Hier ist das loop-Skript:

```
#!/usr/local/bin/expect
# loop - Befehl wiederholt ausführen, bis eine Taste gedrückt wird
# Argumente: befehl [timeout]

set cmd [lindex $argv 0]
set timeo [lindex $argv 1]
```

```
if {"$cmd" == ""} {
    send "Usage: loop <command> \[interval]\n"
    exit
}
if {"$timeo" == ""} {set timeo 3}

set timeout $timeo
set done ""
while {"$done" == ""} {
    system /usr/bin/clear          # Unix-Befehl clear ausführen
    system /usr/bin/$cmd           # Gewünschten Befehl ausführen
    stty raw                       # Terminal in Raw-Modus bringen
    expect "?" {                   # Auf Tastendruck warten
        set done 1
    }
    stty -raw                      # Terminal in normalen Modus zurückbringen
}
exit
```

Auch bei diesem Skript werden im ersten Abschnitt zuerst die Kommandozeilen-Argumente verarbeitet. Wenn nötig, wird die Timeout-Periode auf einen Wert von drei Sekunden eingestellt, was bedeutet, dass der gewünschte Befehl alle drei Sekunden ausgeführt wird.

Der zweite Abschnitt des Skripts verwendet eine while-Schleife, in der der Befehl ausgeführt wird. Wie beim if-Befehl werden die Bedingung und die entsprechenden Befehle in geschweiften Klammern eingetragen. Die ersten beiden Zeilen innerhalb der Schleife verwenden den system-Befehl, um (im Gegensatz zu spawn) einen Unix-Befehl ohne Konversation zu starten. In unserem Fall also clear, gefolgt vom gewünschten Befehl. Letzterer wird in */usr/bin* erwartet, aber Sie können das Skript so modifizieren, dass jeder Befehl ausgeführt werden kann. Wenn Sie sich allerdings dafür entscheiden, müssen Sie sicherstellen, dass im Befehl der vollständige Pfad angegeben wird.

Der Befehl stty raw bringt das Terminal in den so genannten Raw-Modus, bei dem jeweils ein (uninterpretiertes) Zeichen zurückgeliefert wird. Der nachfolgende expect-Befehl kann also ein einzelnes Zeichen prüfen. Bei einem Treffer wird der Variablen *done* der Wert 1 zugewiesen. Auf diese Weise wird die while-Schleife beendet, nachdem das Terminal in seinen normalen Modus zurückgesetzt wurde (vergleichen Sie dies mit der Verwendung des exit-Befehls innerhalb einer expect-Anweisung).

Die Verteilung von Konfigurationsdateien automatisieren

Das in diesem Abschnitt behandelte Skript verdeutlicht die Möglichkeit von Expect, abhängig davon, was in einer Konversation »gesagt« wird, verschiedene Aktionen durchzuführen. Es verteilt die Dateien */etc/hosts* und */etc/shosts.equiv* auf die Systeme, die dem Skript als Argumente übergeben werden.[8]

---

8 Das Skript wird in einer isolierten und vertrauenswürdigen Umgebung ausgeführt. Die durchgeführten Aktionen müssen auf Ihrem System nicht unbedingt Sinn machen. Die Expect-Konzepte werden aber dennoch nützlich sein. Sie könnten für diese Aufgabe übrigens auch die rdist-Einrichtung verwenden.

Hier der erste Teil des Skripts, der das *root*-Passwort ermittelt:

```
#!/usr/local/bin/expect
# hostdist - Host-Dateien verteilen

set timeout -1
# Das root-Passwort ermitteln (einmal!)
stty -echo                              # Terminal-Echo ausschalten
send_user "# "                          # Nach Passwort fragen
expect_user -re "(.*)\n"                # und es sich merken
# Passwort einer Variablen zuweisen
send_user "\n"
set passwd $expect_out(1,string)
stty echo                               # Echo wieder einschalten
```

Mit dem ersten Befehl werden die expect-Timeouts ausgeschaltet. Der stty-Befehl schaltet das Echo aus, während das root-Passwort eingegeben wird. Der expect-Befehl, der das Passwort verarbeitet, klammert einen Teil des regulären Ausdrucks ein. Das hat in diesem Fall zwar keine Auswirkungen, erlaubt es aber, den geklammerten Teil des Ausdrucks zu einem späteren Zeitpunkt wieder zu verwenden. Das geschieht zwei Zeilen später beim set-Befehl, der das gesicherte Passwort der Variable passwd zuweist (expect_out ist ein Array, das das Ergebnis des letzten expect-Befehls enthält). Sobald das root-Passwort eingelesen wurde, wird auch das Terminal-Echo wieder eingeschaltet.

Der nächste Abschnitt des Skripts arbeitet in einer Schleife alle Hosts ab, die aktualisiert werden sollen:

```
set num [llength $argv]                 # Anzahl Hosts
incr num -1                             # Nullbasierte Zählung vorbereiten
for {set index 0} {$index <= $num} {incr index} {
    set host [lindex $argv $index]
    spawn /usr/bin/ssh $host
    expect {
        -re "(timed out)|(timeout)" {   # ssh fehlgeschlagen
            continue                    # Mit dem nächsten Host weitermachen
        }
        -re ".*> *$" {}                 # Prompt erhalten
    }
```

Die Tcl-Funktion llength liefert die Länge einer Liste zurück – in diesem Fall entspricht dies der Anzahl der Elemente im Array *argv*. Der incr-Befehl addiert eine Zahl zu einer Variablen (standardmäßig eine 1). Die Variable *num* enthält daher nach den ersten beiden Befehlen eine Zahl, die um eins niedriger ist als die in der Kommandozeile übergebene Anzahl von Hosts.

Die auf der nächsten Zeile beginnende for-Schleife leitet den etwas interessanteren Teil des hostdist-Skripts ein. Eine for-Schleife hat bei Tcl die folgende allgemeine Form:

```
for {initialisierung} {bedingung} {aktualisierung} {
    befehle
}
```

(Diese Struktur ist der for-Schleife von C sehr ähnlich.) Die Klausel *initialisierung* enthält Befehle, die auszuführen sind, bevor der erste Durchlauf der Schleife beginnt. Sie dient üblicherweise (wie in unserem Beispiel auch) der Initialisierung der Schleifenvariable. Die *bedingung* enthält einen Test, der bestimmt, ob die Schleife mit dem nächsten Durchlauf beendet werden soll oder nicht. *aktualisierung* wird nach jeder Iteration ausgeführt (aber vor dem nächsten Test der *bedingung*) und wird verwendet, um den Schleifenzähler (in unserem Fall *index*) zu erhöhen.

Die ersten Befehle innerhalb der Schleife weisen den nächsten Hostnamen aus *argv* der Variablen host zu und starten mit spawn eine ssh-Session auf diesem Host. Der darauf folgende expect-Befehl ist etwas komplexer als die bisher betrachteten, weil er mit zwei Mustern (die in geschweiften Klammern stehen) und nicht nur mit einem arbeitet. Das erste Muster hält nach einer TCP/IP-Timeout-Fehlermeldung Ausschau, mit der klar wäre, dass der ssh-Befehl fehlgeschlagen ist. In einem solchen Fall sorgt der continue-Befehl dafür, dass sofort mit dem nächsten Host weitergemacht wird. Das zweite Muster sucht nach einem Prompt-String, wobei davon ausgegangen wird, dass er mit einem Größer-als-Zeichen endet (was zumindest auf meinen Systemen zutrifft).

Werden mehrere Muster auf diese Weise in einem einzigen expect-Befehl zusammengefasst, wird der erste zutreffende Teil verwendet. Gibt es gleich mehrere Treffer, wird derjenige verwendet, der als Erster in der Liste steht.

Im nächsten Teil des Skripts werden zwei Dateien vom System *iago* in das Verzeichnis */tmp* des entfernten Hosts kopiert. Diese Befehle werden unter dem Namen des Benutzers ausgeführt, der hostdist aufgerufen hat, um Probleme mit Systemen zu vermeiden, die keine entfernten *root*-Benutzer mögen:

```
# Dateien kopieren
send "/usr/bin/rcp iago:/etc/hosts /tmp\r"
expect -re ".*> *$"                       # Auf Prompt warten
send "/usr/bin/rcp iago:/etc/shosts.equiv /tmp\r"
expect -re ".*> *$"                       # Auf Prompt warten
send "/bin/su\r"
expect "assword:"
send "$passwd\r"
```

Sobald die beiden rcp-Befehle abgeschlossen sind, wird su gestartet, und das gesicherte *root*-Passwort wird als Antwort auf den Passwort-Prompt geschickt.

Der nächste expect-Befehl behandelt Befehle, die als *root* ausgeführt werden:

```
expect {
   -re "# $" {                            # Auf root-Prompt warten
      # Neue Dateien installieren
      send "/usr/bin/cp /tmp/hosts /etc/hosts\r"
      expect "# $"
      send "/usr/bin/cp /tmp/shosts.equiv /etc/shosts.equiv\r"
      expect "# $"
      send "/usr/bin/chmod 644 /etc/shosts.equiv\r"
      expect "# $"
      send "/usr/bin/rm -f /tmp/hosts /tmp/shosts.equiv\r"
```

```
        expect "# $"
        send "exit\r"                           # su-Shell verlassen
        expect ".*> *$"                         # Auf Prompt warten
    }

    -re ".*> *$" {}                             # Normaler Prompt: su fehlgeschlagen
}
```

Das erste Muster wartet auf einen normalen root-Prompt. Wenn dieser empfangen wurde, werden die Befehle ausgeführt, die die Dateien aus */tmp* nach */etc* kopieren und deren Rechte korrekt einstellen. Danach werden die Originale aus */tmp* entfernt, und das Skript verwendet abschließend einen exit-Befehl, um die su-Shell zu beenden.

Das zweite Muster des ersten expect-Befehls steht für einen normalen Shell-Prompt. Wird dieses Muster erkannt, konnte der su-Befehl aus irgendwelchen Gründen nicht ausgeführt werden, und es findet keine Aktion statt (was an den leeren geschweiften Klammern zu erkennen ist).

Hier nun der Rest des Skripts:

```
    send "logout\r"     # Dieser Host ist abgearbeitet
    expect "?"          # Alles akzeptieren
    close               # spawn-Befehl beenden
    }                   # Ende for-Schleife
exit
```

Nachdem die su-Shell beendet wurde (falls sie jemals gestartet wurde), sendet das Skript einen logout-Befehl an ssh, wartet auf dessen Antwort und beendet die aktuelle Konversation mit einem close-Befehl.

Bis es funktioniert ...

Als abschließendes Expect-Beispiel möchte ich ein Skript vorstellen, das eine Operation so lange durchführt, bis sie klappt. In diesem Fall besteht die Aufgabe darin, einen E-Mail-Verteil-Service so lange aufzurufen, bis erfolgreich eine Verbindung hergestellt wird.

Hier das Skript namens pester:

```
#!/usr/local/bin/expect
# pester - Anrufen, bis wir durchkommen

set done 0                              # Sind wir schon durchgekommen?
for {set index 1} {$index <= 2000} {incr index} {
   system "Anruf-Befehl"                # ISP anrufen
   while {$done == 0} {                 # Status kontinuierlich prüfen
      spawn /usr/local/admin/isp_stat
      expect {                          # Je nach Ergebnis verzweigen
         -re "(SENDING)|(RECEIVING)" {
            set done 1                  # Bei Erfolg done auf 1 setzen
         }
         -re "NO DEV" {
            sleep 120                   # Leitung belegt, also etwas warten
```

```
                    break
                }
            -re "FAILED" {
                break               # Poll fehlgeschlagen, also erneut versuchen
                }
            }                       # Ende expect
        }                           # Ende while
        if {$done == 1} {break}
        # Wenn wir Erfolg hatten, for-Schleife beenden
        }                           # Ende for
exit
```

Tatsächlich ruft das Skript die ISP-Site nur 2000-mal an, bevor es aufgibt. Das ist möglicherweise nicht im Sinne des Erfinders, liefert aber ein weiteres Beispiel für die Verwendung von for-Schleifen. Der system-Befehl führt den zum Aufbau der Verbindung notwendigen Befehl aus. Die darauf folgende while-Schleife führt kontinuierlich ein Status-Skript aus, das einen Schnappschuss der aktuellen Aktivitäten liefert –, bis die Verbindung hergestellt werden konnte. Der expect-Befehl enthält drei recht komplexe reguläre Ausdrücke. Diese wurden entworfen, um die Ausgaben zu erkennen, die das Status-Skript produzieren kann (und funktioniert wie eine case-Konstruktion).

Mit dem break-Befehl wird die innerste Konstruktion aufgebrochen, in der dieser eingebunden ist (d. h. die momentan aktiv ist). Die break-Befehle bei den expect-Befehlen verlassen also die while-Schleife, während der letzte break-Befehl (in der if-Konstruktion) die for-Schleife beendet.

Wenn nur C hilft

Es gibt einige administrative Aufgaben, die nicht mit einem Shell- oder Perl-Skript gelöst werden können. In solchen Fällen wird es notwendig sein, ein Programm in einer Programmiersprache wie C (oder was Sie so bevorzugen) zu schreiben. Viele der bislang vorgestellten Programmierprinzipien bleiben aber erhalten.

Als erstes Beispiel sei hier ein kleines Programm aufgeführt, das eine Version des yes-Befehls für Systeme bereitstellt, die diesen nicht besitzen:

```
/* yes.c */
#include <stdio.h>

main(argc,argv)
int argc;
char *argv[];
{
while(1)                    /* Endlosschleife */
   if(argc>=2)              /* Falls Argument vorhanden war, */
      puts(argv[1]);        /* ausgeben */
   else
      puts(argv[0]);        /* andernfalls Befehlsnamen ausgeben */
}
```

Der Befehl arbeitet etwas anders als die Standardversion des yes-Befehls. Wird kein Argument übergeben, gibt er nicht »y« aus, sondern den Namen, unter dem er aufgerufen wurde. Wurde ein Argument übergeben, wird es in einer Endlosschleife immer wieder ausgegeben. Auf diese Weise können Sie mehrere harte Links auf die gleiche ausführbare Datei definieren, also beispielsweise yes und no. In nahezu allen Fällen ist die Wiederholung von »yes« mit der Wiederholung von »y« gleichbedeutend.

Diese Version von yes macht deutlich, dass die C-Programmierung nicht unbedingt sehr komplex und zeitaufwendig sein muss, und das Programm macht die Benutzer auf diesen Systemen sehr glücklich. Es hätte auch in Perl geschrieben werden können, aber tatsächlich ist C einfacher und direkter.

Das nächste C-Programm wurde für ein AIX-System entworfen und illustriert eine Operation, die nur mit C durchgeführt werden kann. Dieses Programm namens setp weist einem Prozess ein feste (nicht variierende) Priorität zu. (Wozu das gut ist, wird im Abschnitt »Überwachung und Steuerung von Prozessen« in Kapitel 15 erläutert.) Hier ist eine einfache Version, die für die Verwendung durch den Systemadministrator geeignet ist:

```
/* setp.c - Einem Prozess eine feste Priorität zuweisen */
#include <sys/sched.h>
#include <stdio.h>

main(argc,argv)
char *argv[];
int argc;
{
    pid_t pid;
    int p;

    pid=(pid_t)(atoi(*++argv));/* PID ist erstes Argument */
    p=atoi(*++argv);/* Priorität ist zweites Argument */
    setpri(pid,p);/* Priorität setzen */
    printf("Setting priority of process %d to %d.\n",(int)pid,p);
}
```

Das Programm wandelt seine beiden Argumente mit der atoi-Funktion in ganze Zahlen um und nutzt dann den AIX-Systemaufruf setpri, um die Priorität einzustellen. Die abschließende print-Anweisung ist bei unserer minimalistischen Version zugegebenermaßen völlig überflüssig.

Diese erste Version von setp ist wunderbar, solange es nur ein Werkzeug ist, das der Systemadministrator für sich selbst entwickelt hat. Sollen die anderen Mitglieder des Systemadministratorenteams es aber auch nutzen können, muss es noch etwas überarbeitet werden. Hier eine bessere Version (die wichtigsten Änderungen sind entsprechend hervorgehoben):

```
/* set_fprio - Die ordentliche Variante */
#include <sys/sched.h>
#include <stdio.h>

#include <sys/types.h>
#include <unistd.h>
```

```
main(argc,argv)
char *argv[];
int argc;
{
pid_t pid;
int p, old;
/* Sicherstellen, dass root dieses Programm ausführt */
if (getuid( ) != (uid_t)0) {
   printf("You must be root to run setp.\n");
   exit(1);
}

/* Die richtige Anzahl von Argumenten prüfen */
if (argc < 3) {
   printf("Usage: setp pid new-priority\n");
   exit(1);
}

/* Argumente in ganze Zahlen umwandeln */
pid=(pid_t)(atoi(*++argv));
p=atoi(*++argv);
old=setpri(pid,p);    /* Rückgabewert sichern und prüfen */
if (old==-1) {
   printf("Priority reset failed for process %d.\n",(int)pid);
   exit(1);
}
else {
   printf("Changing priority of process %d from %d to %d.\n", (int)pid,old,p);
   exit(0);
}
}
```

Die wichtigsten Änderungen sind:

- Das Programm prüft zuerst, ob es von *root* ausgeführt wird, weil der setpri-Systemaufruf nur bei *root* funktioniert. Wenn jemand anderes es versucht, gibt das Programm eine entsprechende Fehlermeldung aus und bricht dann ab.

- Das Programm stellt sicher, dass die richtige Anzahl von Argumenten übergeben wurde (indem es prüft, ob *argc* kleiner als drei ist oder nicht). Auch hier wird wieder eine Fehlermeldung ausgegeben und das Programm beendet, wenn Argumente fehlen.

- Das Programm sichert den Rückgabewert des setpri-Systemaufrufs in der Variable *old*. Zwar wird dieser Wert auch in der abschließenden print-Anweisung ausgegeben, aber seine eigentliche Aufgabe besteht darin zu prüfen, ob der Systemaufruf erfolgreich war (was mit der *if*-Anweisung erledigt wird). Je nachdem, welchen Wert setpri zurückliefert, wird eine entsprechende Meldung ausgegeben, und das Programm wird beendet, wobei ein sinnvoller Rückgabewert zurückgeliefert wird.

Sie sollten Programme immer so sorgfältig (und sauber) schreiben, wenn sie für die allgemeine, aber auch für eine eingeschränkte Verwendung gedacht sind. Es ist weder schwierig noch besonders zeitaufwendig, Dinge auf diese Art zu erledigen, aber es ist zugegebenermaßen etwas langweilig.

Automatisierung komplexer Konfigurationsaufgaben mit Cfengine

Cfengine ist ein wundervolles Werkzeug zur Konfiguration und Pflege von Unix-Systemen. Mark Burgess, der Autor von Cfengine, beschreibt es (frei übersetzt) wie folgt:

> Cfengine, oder *Configuration Engine*, ist ein autonomer Agent und eine auf mittlerer bis hoher Ebene angesiedelte Regelsprache (policy language) zum Aufbau von Expertensystemen, mit denen große Computernetzwerke administriert und konfiguriert werden können. Cfengine nutzt die Idee von Klassen und eine Art primitiver Intelligenz zur Definition und Automatisierung der Konfiguration und Pflege des Systemzustands und ist für kleine bis hin zu sehr großen Konfigurationen geeignet.

Was hat er gesagt? Die Verwendung von Cfengine bedeutet, sich mit einem nicht vertrauten Jargon vertraut zu machen, aber das ist es wert. Im Grunde sagt Mark, dass Cfengine ein selbstständiges (aus mehreren Tools bestehendes) Werkzeug ist, das Computer entsprechend den Anweisungen seiner Konfigurationsdateien administriert und konfiguriert. Die Konfigurationsdateien beschreiben die gewünschten Charakteristika verschiedener Systemkomponenten mittels einer Hochsprache, die sehr einfach zu lernen und zu verwenden ist (und keine Programmierung verlangt). Auf dieser Weise kann Cfengine ein System oder eine große Anzahl von Systemen entsprechend der definierten Vorgaben konfigurieren. Es stellt darüber hinaus sicher, dass das auch so bleibt, indem es diese Systeme fortlaufend überwacht und bei Bedarf entsprechend korrigiert.

Die folgende Liste gibt Ihnen eine praktische Vorstellung davon, welche Bandbreite an Administrations- und Konfigurationsaufgaben Cfengine automatisieren kann:

- Konfiguration der Netzwerkschnittstelle.
- Editieren von System-Konfigurationsdateien und anderer Textdateien.
- Erzeugen symbolischer Links.
- Prüfung und Korrektur der Zugriffs- und Eigentumsrechte von Dateien.
- Löschen unerwünschter Dateien.
- Komprimieren ausgewählter Dateien.
- Distribution von Dateien innerhalb eines Netzwerks auf korrekte und sichere Art und Weise.
- Automatisches Mounten von NFS-Dateisystemen.
- Prüfung der Präsenz und Integrität wichtiger Dateien und Dateisysteme.
- Ausführung von Befehlen und Skripten.
- Verwaltung von Prozessen.
- Durchführung sicherheitsrelevanter Patches und ähnlicher Korrekturen.

Die Cfengine-Homepage ist *http://www.cfengine.org*.

Über Cfengine

Cfengine besteht aus den folgenden Komponenten:

cfagent
: Das Haupt-Utility, das eine Konfigurationsdatei auf das lokale System anwendet.

cfrun
: Ein Utility, das eine Konfigurationsdatei auf entfernte Systeme anwendet.

cfservd
: Ein cfrun unterstützender Server-Prozess, der es ermöglicht, die Funktionalität des Cfengine-Agenten auf einem entfernten Rechner abzurufen.

cfexecd
: Ein anderer Daemon, der die Ausführung (und das Reporting) von Jobs automatisiert.

cfenvd
: Ein Anomalien erkennender Daemon.

cfkey
: Ein Utility zur Generierung sicherheitsbezogener Schlüssel.

Cfengine verwendet verschiedene Konfigurationsdateien (die im Allgemeinen unter */var/cfengine/inputs* liegen). Die zentrale Konfigurationsdatei ist *cfagent.conf*. Sie spezifiziert die Charakteristika des Systems, das Cfengine aufbauen und pflegen soll. Beachten Sie, dass *cfagent.conf* üblicherweise den Endzustand des Systems definiert und nicht die Schritte, die notwendig sind, um diesen Zustand zu erreichen.

Sie lernen diese Datei am besten durch ein einfaches Beispiel kennen:

```
control:
    domain = ( ahania.com )              Lokale Domain festlegen.
    access = ( chavez  root )            Wer cfagent ausführen darf.
    actionsequence = ( links tidy )      Durchzuführende Aktionen in der gewünschten Reihenfolge.
    maxage = ( 7 )                       Variable zur späteren Verwendung definieren.

groups:                                  Liste von Hosts definieren.
    HaveNoBin = ( blake yeats bogan toi robin )

tidy:                                    Aktion: Unerwünschte Dateien entfernen.
    /tmp   pattern=*    age=$(maxage) recurse=inf
    /home  pattern=*~   recurse=inf

links:                                   Aktion: Pflege symbolischer Links.
    /logs -> /var/log                    Diesen Link bei Bedarf erzeugen.

    HaveNoBin::                          Diesen Link nur auf diesen Hosts erzeugen.
       /bin -> /usr/bin
```

Diese Datei besteht aus vier Abschnitten, die jeweils mit einem Schlüsselwort beginnen, auf das ein Doppelpunkt folgt. Der erste Abschnitt heißt control und legt allgemeine Einstellungen der Datei fest, definiert Variablen und ähnliche Dinge mehr. In unserem Beispiel legt er eine Liste der Benutzer fest, die cfagent mit dieser Datei ausführen dürfen, gibt die Reihenfolge der Aktionen an, die beim Aufruf dieser Datei ausgeführt werden sollen, und definiert eine Variable namens maxage, deren Wert auf 7 gesetzt wird.

Zuweisungen verwenden die im Beispiel gezeigte Syntax, wobei runde Klammern als Trennzeichen verwendet werden:

    name = (wert)

Aktionen (actions) sind Operationen, die Cfengine durchführen kann und die über ein Schlüsselwort angestoßen werden. In unserem Beispiel legen wir fest, dass die Aktion tidy zuerst ausgeführt werden soll, gefolgt von der Aktion links. Jede referenzierte Aktion muss einen Abschnitt besitzen, der sie an irgendeiner Stelle der Konfigurationsdatei definiert.

Der nächste Abschnitt namens groups definiert eine Liste von Gruppen, die wir HaveNo-Bin genannt haben. Diese Liste wird im noch folgenden Abschnitt links verwendet.

Nun folgt der Abschnitt tidy, der die unerwünschten Dateien festlegt, die Cfengine löscht. Diese Einträge haben die folgende allgemeine Syntax:

    Startverzeichnis [pattern=Muster] [recurse=n] Optionen

Startverzeichnis ist das Verzeichnis, in dem die Suche beginnen soll, *Muster* ist das Muster, mit dem die Dateinamen verglichen werden sollen (Wildcards sind erlaubt), *n* gibt die gewünschte Rekursionstiefe an. Der Wert inf bedeutet dabei unendlich (infinite) tief. Die *Optionen* enthalten zusätzliche Optionen, die die zu löschenden Dateien weiter eingrenzen.

In unserem Fall werden Dateien unter */home*, die mit einer Tilde enden (und nicht mit einem Punkt beginnen), ausgewählt (emacs-Sicherungsdateien). Außerdem werden die Dateien ausgewählt, die unter */tmp* liegen und vor mehr als sieben Tagen zuletzt modifiziert wurden. Beachten Sie, dass der Parameter für die age-Option mit der *maxage*-Variable festgelegt wurde.

Der letzte Abschnitt der Datei ist der links-Abschnitt, der die symbolischen Links angibt, die Cfengine pflegen soll. In unserem Fall sind zwei solche Links im folgenden Format aufgeführt:

    link -> ziel

Hier legen wir fest, dass das Verzeichnis */var/log* auf */logs* gelinkt werden soll und dass */bin* ein Link auf */usr/bin* sein soll. Bei einem Durchlauf prüft Cfengine, ob die Links existieren, und legt diese bei Bedarf an. Der zweite Link gilt dabei aber nur für die Hosts in der Liste HaveNoBin. Das wird festgelegt, indem man der Link-Spezifikation eine *Klassen*-Bezeichnung (angedeutet durch die beiden Doppelpunkte) voranstellt. In diesem Fall wird die Klasse durch den Hostgruppen-Namen definiert, aber komplexere Klassen sind ebenfalls möglich (wie Sie gleich sehen werden).

Aktionen werden in der Reihenfolge ausgeführt, die in actionsequence festgelegt wurde. Die Anordnung der entsprechenden Abschnitte innerhalb der Konfigurationsdatei hat keinerlei Auswirkung auf die Ausführungsreihenfolge. In diesem Fall wird tidy also nach links ausgeführt, obwohl dessen Abschnitt in der Konfigurationsdatei vor dem links-Abschnitt steht.

Tabelle 14-2 führt die wichtigsten Cfengine-Aktionen auf. Wir sehen uns im nächsten Unterabschnitt Beispiele für mehrere dieser Befehle an.

Tabelle 14-2: Nützliche Cfengine-Aktionen

Aktion	Aufgabe
links	Erzeugen/Pflegen symbolischer und fester Links.
tidy	Löschen unerwünschter Dateien.
files	Dateibesitz- und -zugriffsrechte setzen und/oder Prüfung auf Veränderungen.
directories	Verzeichnisbesitz- und -zugriffsrechte setzen.
disks	Überprüfen, ob Dateisysteme verfügbar sind und ausreichend freien Speicher besitzen.
disable	Unerwünschte Datei in *name.cfengine* umbenennen.
copy	Lokale oder entfernte Dateien auf das lokale System kopieren.
editfiles	ASCII-Textdateien editieren.
binservers mailserver homeservers	Server für automatisches Mounten von NFS-Dateisystemen durch Cfengine festlegen.
mountables	Lokale Dateisysteme festlegen, die für ein NFS-Mounting durch Cfengine verfügbar sind.
miscmounts 1unmount	Legt die Dateisysteme fest, die von Cfengine mittels mount oder umount eingebunden bzw. abgekoppelt werden sollen.
processes	Prüft die Existenz von Prozessen und kontrolliert diese.
interfaces	Legt die Charakteristika von Netzwerkschnittstellen fest.
resolve	Pflegt die */etc/resolv.conf*.
defaultroute	Legt das statische Standard-Gateway fest.
shellcommands	Führt beliebige Shell-Befehle aus Cfengine heraus aus.
module:*name*	Verwendet ein Zusatzmodul.

Aktionen

Wir wollen mit einem etwas komplizierteren tidy-Beispiel anfangen:

```
control:
    split = ( " " )
    dirlist = ( "tmp var/tmp 1/scratch 2/scratch" )

tidy:
    /$(dirlist) pattern=* age=3 recurse=inf
```

Der control-Abschnitt legt das Listen-Trennzeichen fest und füllt die Variable *dirlist* mit einer aus vier Verzeichnissen bestehenden Liste. Diese Variable wird dann in der tidy-Spezifikation verwendet und die drei Optionen werden bei der Ausführung für jedes Verzeichnis verwendet.

Die Aktion files wird zur Festlegung verschiedener gewünschter Charakteristika und korrigierender Aktionen für Dateien verwendet. Hier ein Beispiel:

```
files:
    /etc/security mode=600 owner=root group=0 recurse=inf action=fixall
    /home recurse=inf include=*.dat action=compress
    /var/log/messages owner=root mode=644 action=create
```

Der erste Eintrag legt die notwendigen Eigentums- und Zugriffsrechte für das Verzeichnis */etc/security* und alles Darunterliegende fest. Standardmäßig prüft Cfengine, ob die aktuellen Einstellungen mit diesen Angaben übereinstimmen. Hier ist es aber so, dass Cfengine mit `action=fixall` angewiesen wird, die aktuellen Einstellungen bei Bedarf an die festgelegten Einstellungen anzupassen.

Der zweite Eintrag sorgt dafür, dass alle Dateien mit der Erweiterung *.dat* unter */home* komprimiert werden. Der dritte Eintrag legt die Datei */var/log/messages* an, wenn diese nicht existiert.

Die `files`-Aktion kann auch verwendet werden, um die Integrität der System-Executables in */usr/bin* zu überprüfen:

```
control:
    ChecksumDatabase = ( /usr/local/admin/cfengine/cksums )

files:
    /usr/bin checksum=md5 exclude=*.sav action=warnall
```

Die Datenbankdatei, die zur Speicherung der korrekten Prüfsummen verwendet wird, wird im `control`-Abschnitt festgelegt, und die checksum-Option im `files`-Eintrag legt fest, dass ein entsprechender Vergleich vorgenommen werden soll. Für jede falsche Prüfsumme wird eine Warnung ausgegeben.

Auf Solaris-Systemen kann Cfengine auch ACLs für Dateien spezifizieren:

```
acl:                                        Definiere eine ACL.
    { secure1
        method:overwrite                    Ersetze aktuelle ACL (voreingestellt ist »append«).
        fstype:posix
        default_user:*:=rwx
        default_group:chem:=rwx
        default_other:*:=
        user:chavez:=rwx
        user:mark:+rx
        user:toreo:=r
        mask:*:rwx
    }
files:
    /private acl=secure1 action=fixall
```

Der acl-Abschnitt definiert eine oder mehrere benannte ACLs, die dann für Dateien angegeben werden können (weitere Informationen zu Zugriffskontroll-Listen finden Sie in »Dateien und das Dateisystem schützen« in Kapitel 7).

Die disable-Aktion sorgt dafür, dass Cfengine Dateien umbenennt, die auf dem System nicht vorhanden sein sollen:

```
disable:
    /etc/hosts.equiv
```

```
    home/.rhosts    inform=true
    /var/log/messages   rotate=6
```

Die ersten beiden Einträge sorgen dafür, dass Cfengine die angegebenen Dateien umbenennt, wenn sie vorhanden sind. Zu diesem Zweck wird an den jeweiligen Dateinamen die Erweiterung *cfengine* angehängt. Im zweiten Fall wird das spezielle Verzeichnis-Schlüsselwort home verwendet, um alle Home-Verzeichnisse der Benutzer anzusprechen. In diesen Fällen gibt Cfengine auch eine Warnung aus, wenn solche Dateien gefunden werden.

Der dritte Eintrag zeigt eine weitere Anwendung des disable-Abschnitts: die Rotation von Log-Dateien. Der Eintrag weist Cfengine an, sechs alte Kopien der Datei */var/log/messages* zu pflegen. Wie bei anderen Einrichtungen zur Log-Rotation auch, erhalten die gesicherten Dateien die Erweiterungen *.1* bis *.6*.

Die folgenden Aktionen legen das Standard-Gateway und eine Liste mit den Standard-Nameservern dieses Systems fest:

```
    defaultroute:                       Standard-Gateway festlegen.
        192.168.20.44
    resolve:                            Liste der Nameserver.
        192.168.1.1
        192.168.10.24
```

Cfengine fügt eine statische Route zum angegebenen Standard-Gateway hinzu, wenn diese noch nicht existiert. Auch die im resolve-Abschnitt angegebenen Server werden bei Bedarf in */etc/resolv.conf* aufgenommen und die resultierende Serverliste wird wie im resolve-Abschnitt von *cfagent.conf* angegeben angeordnet.

Mit der processes-Aktion können Sie Cfengine prüfen lassen, ob wichtige Prozesse laufen. Sie können diese Prozesse bei Bedarf neu starten und ihnen Signale senden:

```
    processes:
        "sendmail" restart "/usr/sbin/sendmail" useshell=false inform=true
        "inetd" signal=hup
        "kudzu" signal=kill
        "g02" matches<=2 signal=suspend action=bymatch inform=true
```

Das erste Feld jedes Eintrags enthält das Muster, nach dem in der Ausgabe von ps[9] gesucht wird. Cfengine wendet die Spezifikationen der Einträge generell auf jeden passenden Prozess an.

Der erste Eintrag lässt Cfengine ermitteln, ob ein sendmail-Daemon läuft. Wenn nicht, wird einer mit dem angegebenen Befehl gestartet. Die useshell-Option legt fest, ob zum Neustart des Daemons eine Subshell verwendet werden soll (Gründe für und Details zur Implementierung finden Sie in der Cfengine-Dokumentation).

Die nächsten beiden Einträge legen Signale fest, die an die inetd- und kudzu-Prozesse gesendet werden sollen, wenn diese vorhanden sind.

Der letzte Eintrag lässt Cfengine nach Prozessen suchen, die dem String »g02« entsprechen. Die Anzahl dieser Prozesse wird gezählt. Der Eintrag legt fest, dass der gewünschte System-

---

9 Genauer gesagt: ps aux bei BSD-basierten Systemen und ps -ef auf System V-basierten Systemen.

zustand nicht mehr als zwei dieser Prozesse vorsieht. Die Option `action=bymatch` weist Cfengine an, die Situation entsprechend den Direktiven der anderen Optionen zu korrigieren, wenn diese Bedingung nicht erfüllt wird. Wenn in unserem Fall mehr als zwei dieser Prozesse laufen – d. h. wenn die gewünschte Bedingung `matches=<2` nicht erfüllt wird –, dann werden alle angehalten (`signal=suspend`) und eine entsprechende Meldung ausgegeben.

Die `editfiles`-Aktion kann genutzt werden, um Änderungen an ASCII-Dateien vorzunehmen. Das ist zur Pflege bestimmter System-Konfigurationsdateien sehr nützlich. So weist zum Beispiel der folgende Abschnitt Cfengine an, einige unerwünschte, `inetd`-basierte Dienste zu deaktivieren:

```
editfiles:
    { /etc/inetd.conf
        HashCommentLinesContaining "rlogin"
        HashCommentLinesContaining "rexec"
        HashCommentLinesContaining "finger"
        HashCommentLinesContaining "tftp"
    }
```

Ähnlich weist der folgende Abschnitt Cfengine an, vorhandene *.login*-Skripten der Benutzer um eine Zeile zu erweitern, wenn diese noch nicht vorhanden ist:

```
editfiles:
    { home/.login
        AppendIfNoSuchLine    "/usr/local/bin/motd.pl"
    }
```

Alle Details zu den Fähigkeiten dieser Aktion finden Sie in der Cfengine-Dokumentation.

Die `copy`-Aktion wird verwendet, um mit Cfengine lokale oder entfernte Dateien auf das lokale System zu kopieren. Hier einige einfache Beispiele:

```
copy:
    /aux/save/etc/ntp.drift dest=/etc/ntp.drift mode=644
    /aux/save/etc/shells dest=/etc/shells mode=644
    /masterfiles/etc/hosts.deny serverfilemaster
        dest=/etc/hosts.deny owner=root group=0 mode=644
```

Die ersten beiden Einträge geben lokale Dateien an, die von der Quelle – dem ersten Feld – an das angegebene Ziel (`dest=`-Option) kopiert werden. Der dritte Eintrag sorgt dafür, dass die entfernte Datei *filemaster:/masterfiles/etc/hosts.deny* nach */etc/hosts.deny* auf das lokale System kopiert wird. Der kopierten Datei wird der angegebene Besitz- und Zugriffsmodus zugewiesen.

Klassen

Hier ein etwas komplexerer `copy`-Abschnitt, der auch wieder auf Cfengine-Klassen zurückgreift:

```
copy:
    linux::
        $(masteretc)/rc.config dest=/etc/rc.config o=root mode=644
```

```
ShadowHosts::
    $(masteretc)/passwd server=$(pwdmaster) dest=/etc/passwd
        owner=0 group=0 mode=644 trustkey=true
    $(masteretc)/shadow server=$(pwdmaster) dest=/etc/shadow
        owner=0 group=0 mode=600 trustkey=true encrypt=true
```

Die erste Kopieroperation wird nur auf Linux-Systemen durchgeführt und besteht aus dem Kopieren der Datei *rc.config* von der in der Variable *masteretc* (die an anderer Stelle der Konfigurationsdatei definiert ist) festgelegten Position nach */etc*, wobei gleichzeitig die angegebenen Eigentums- und Zugriffsrechte festgelegt werden.

Der zweite Unterabschnitt trifft nur auf die Hostgruppe ShadowHosts zu und enthält zwei Kopier-Spezifikationen. Diese weisen Cfengine an, die Dateien */etc/passwd* und */etc/shadow* mit auf einem entfernten Host liegenden Masterkopien abzugleichen. Die notwendigen Eigentums- und Zugriffsrechte wurden ebenfalls angegeben. In beiden Fällen muss die Kopieroperation den Trusted Key-Sicherheitsmechanismus von Cfengine verwenden (um sicherzustellen, dass die Daten wirklich aus der Quelle stammen, aus der sie zu stammen vorgeben). Darüber hinaus wird die Shadow-Passwortdatei in verschlüsselter Form übertragen.

Das `cfkey`-Utility wird verwendet, um Cfengine nutzende Systeme mit diesen vertrauenswürdigen Schlüsseln auszustatten. Das Programm muss ausgeführt werden, bevor diese Features verwendet werden können.

cfkey benötigt eine große Menge zufälliger Daten, um richtig funktionieren zu können. Wenn Ihr System */dev/random* nicht kennt (oder es nicht effizient funktioniert), müssen Sie den `cfenvd`-Daemon erst einmal eine Woche laufen lassen, bevor Sie Cfengine installieren. Sie geben dem System damit ausreichend Zeit, die notwendigen zufälligen Daten zu sammeln. `cfkey` gibt die Fehlermeldung »error: PRNG not seeded« aus, wenn keine ausreichende Menge zufälliger Daten zur Verfügung steht.

Klassen bestehen bei Cfengine aus einer oder mehreren der folgenden Komponenten:

- Einem Betriebssystem-Schlüsselwort. Zu diesen gehören hpux, aix, solaris, freebsd, linux, osf und NT. Der Befehl `cfagent -p -v` gibt die für das aktuelle System definierten Schlüsselwörter aus.
- Einem Hostnamen.
- Einem Hostgruppen-Namen (definiert im groups-Abschnitt).
- Dem Namen eines Wochentags.
- Einer Stundenangabe im Format Hrnn, also z.B. Hr14 für 14 Uhr.
- Einer Minutenangabe im Format Minnn, also z.B. Min33 für 33 Minuten nach der angegebenen Stunde.
- Einem 5-Minuten-Intervall im Format Minn_n+5, also z.B. Min00_05 für die ersten fünf Minuten einer Stunde. Beachten Sie, dass n durch 5 teilbar sein muss.
- Einer Viertelstunde im Format Qn, also z.B. Q2 für die zweite Viertelstunde. Dieses Konstrukt kann mit einer Stundenangabe kombiniert werden (z.B. Hr02_Q3 für 14:30-14:44).

- Dem Tag des Monats im Format Day*n*, also z. B. Day1 für den ersten Tag des Monats.
- Dem Monatsnamen.
- Einem Jahr im Format Y*rnnnn*, also z. B. Yr2001 für das Jahr 2001.
- Einem lokal definierten Klassennamen:

  ```
  control:
          addclasses = ( myclass )
  ```

Die Standardklasse heißt any und steht für jeden Host zu jeder Zeit. Unspezifizierte Zeit- und Datumsklassen gelten für alle. Mehrere Klassen können mit Punkten (UND-Logik) oder vertikalen Balken (ODER-Logik) zusammengefasst werden.

Hier einige Beispiele:

Klassen-Spezifikation	Gilt für ...
solaris.Monday.Hr01::	Solaris-Systeme an Montagen um ein Uhr morgens.
aix|hp-ux::	AIX- und HP-UX-Systeme.
aix.!vader::	AIX-Systeme außer Host vader.
December.Day31.Friday::	31. Dezember, wenn es ein Freitag ist.
Monday.$(fourtimes)::	Montags zu den in fourtimes angegebenen Zeiten.

Das letzte Beispiel verwendet eine Liste mit Zeitangaben, die bereits früher definiert wurden:

```
control:
    fourtimes = ( Min03 Min18 Min34 Min49 )
```

Wird sowohl mit UND- als auch mit ODER-Verknüpfungen gearbeitet, wird das UND zuerst evaluiert:

Klassen-Spezifikation erkennt ...	
solaris|aix.Monday.Hr01::	Solaris-Systeme immer;
	AIX-Systeme an Montagen um ein Uhr morgens.
(solaris|aix).Monday.Hr01::	Solaris- und AIX-Systeme an Montagen 1 Uhr morgens.

Klassen können innerhalb der Konfigurationsdatei in jedem beliebigen Kontext verwendet werden. Im folgenden Beispiel werden sie verwendet, um eine Variable für verschiedene Betriebssysteme unterschiedlich zu definieren:

```
control:
    linux::   swaptest = ( /usr/bin/free -m -o )
    aix::     swaptest = ( /usr/sbin/lsps -a )
...
shellcommands:
    $(swaptest) > $(reportdir)/swap_report.out
```

Cfengine interpretiert unbekannte Klassen als Hostnamen. Existiert ein solcher Host nicht, wird die Klasse ignoriert. Diese Tatsache kann genutzt werden, um die Klassen eines Abschnitts kurzfristig zu deaktivieren, indem man den Namen der Klasse ändert (oder einen hinzufügt):

```
Xlinux::
Xany::
```

Reale *cfagent.conf*-Dateien können sehr groß werden, da ist es recht hilfreich, Dateien mit der import-Aktion einbinden zu können. Die folgende Konfigurationsdatei besteht beispielsweise nur aus solchen Include-Dateien. Diese Aufteilung wird verwendet, um die einzelnen Dateien besser warten zu können:

```
import:
    cf.groupdefs            Diese Dateien immer einbinden.
    cf.common

    hpux: cf.hpux           Betriebssystem-spezifische Include-Dateien.
    aix: cf.aix
    linux: cf.linux
    und so weiter
```

cfservd konfigurieren

Der Cfengine-Server hat seine eigene Konfigurationsdatei. Hier ein einfaches Beispiel:

```
# cfservd.conf
control:
    domain = ahania.com
    cfrunCommand = ( "/var/cfengine/bin/cfagent" )
    IfElapsed = ( 1 )
    ExpireAfter = ( 15 )
    MaxConnections = ( 50 )
    MultipleConnections = ( true )
    LogAllConnections = ( true )
    TrustKeysFrom = ( 192.168.10/24 )
    DynamicAddresses = ( 192.168.10.100-200 )
    topdir = ( /aux/crengine/masterfiles )

grant:                                      Zugriff auf Dateien gewähren.
    $(topdir)/outgoing      *.ahania.com

deny:                                       Zugriff auf Dateien unterbinden.
    $(topdir)/outgoing      maverick.ahania.com
```

Der Daemon verlangt auch einen zusätzlichen Eintrag in */etc/services*:

```
cfengine    5308/tcp
```

Zum Schluss müssen Sie den Daemon noch beim Booten starten, indem Sie ihn in eines der System-Boot-Skripten eintragen.

Der Betrieb von Cfengine

Einmal eingerichtet, kann Cfengine mit dem Befehl `cfagent` manuell auf dem lokalen System ausgeführt werden. Der Befehl kennt die folgenden nützlichen Optionen:

-f *Datei*
    Legt eine alternative Konfigurationsdatei fest (die Standard-Konfigurationsdatei ist */var/cfengine/inputs/cfagent.conf*).

-v
: Verbose-Modus (ausführlich)

-n
: Vorschau auf einen Cfengine-Lauf: zeigt, was passieren würde, führt die Aktionen aber nicht aus.

-N *Klasse*
: Deaktiviert die angegebene vom Benutzer definierte Klasse.

Das cfrun-Utility wird verwendet, um Cfengine-Läufe auf entfernten Systemen auszuführen. Es hat die folgende Syntax:

```
cfrun [Hostliste] [lokale-Optionen] [-- entfernte-Optionen] [-- Klassen]
```

Der folgende Befehl führt Cfengine beispielsweise auf den Hosts *smiley*, *toby* und *percy* aus und lässt die Ausgaben auf dem lokalen System erscheinen:

```
# cfrun smiley toby percy
```

Der folgende Befehl führt Cfengine auf allen Hosts aus, die in der Konfigurationsdatei *cfrun.conf* aufgeführt sind (Details finden Sie in der Dokumentation). Ausgeführt werden die Befehle aber nur auf entfernten Linux- und Solaris-Systemen:

```
# cfrun -v -- -- linux solaris
```

Zur Automatisierung von Cfengine-Läufen nutzen Sie den cfexecd-Daemon (der ebenfalls in den System-Startup-Skripten enthalten sein muss). Sobald dieser einmal läuft, können Sie Cfengine-Läufe über einen Eintrag in *cfagent.conf* steuern:

```
control:
    schedule = ( Min00_05 Min15_20 Min30_35 Min45_50 )
```

In diesem Beispiel wird Cfengine viermal pro Stunde ausgeführt.

Stem: Vereinfachte Entwicklung von Client/Server-Anwendungen

In diesem Abschnitt wollen wir uns Stem ansehen, ein Paket, das die Entwicklung anspruchsvoller Client/Server-Anwendungen für administrative Aufgaben stark vereinfacht. Stem ist ein relativ neues, von Uri Guttman entwickeltes Open Source-Paket. Seine Homepage ist *http://www.stemsystems.com*. Stem kann zum Aufbau einer Vielzahl nützlicher Client/Server-Anwendungen eingesetzt werden. Diese Anwendungen können auch netzwerkbasiert sein. Im Wesentlichen ermöglicht Stem die Entwicklung komplexer Anwendungen mit dem geringen Aufwand einer Skriptsprache.

 Die Ausführung der Stem-Demoprogramme ist eine gute Möglichkeit, die Fähigkeiten von Stem kennen zu lernen. Die in diesem Abschnitt besprochenen Programme sind über meine Website verfügbar (*http://www.aeleen.com*).

Die Installation von Stem ist sehr einfach. Einmal installiert, bietet Stem die Möglichkeit, Kommunikationsprozesse über einfache Konfigurationsdateien und gewöhnliche Unix-Befehle (oder Skripten) zu erzeugen. Stem erledigt die gesamte Interprozess-Kommunikation völlig transparent für Sie. Wie Sie gleich sehen werden, kann Stem verwendet werden, um völlig neue Anwendungen zu entwickeln, Sie können es aber auch einsetzen, um vorhandene Befehle und Programme unabhängig von ihren jeweiligen Schnittstellen miteinander zu verknüpfen.

Um die Stem-Beispiele verstehen zu können, müssen wir zuerst einige Begriffe definieren:

- Ein *Hub* ist ein auf einem Computer laufender Stem-Daemon. Stem-Anwendungen bestehen aus einem oder mehreren miteinander verbundenen Hubs.
- Eine Stem-*Zelle* (cell) ist ein Objekt innerhalb eines Stem-Hubs. Zellen stellen die verschiedenen Teile der Funktionalität einer Anwendung bereit. Stem-Zellen sind Objekte[10] und haben daher eindeutige Namen, eine Liste veränderlicher Attribute und definierte Methoden (Funktionen, die verschiedene Operationen auf den Objekten ausführen).

  Stem definiert drei Arten von Zellen: eine *Klassen*-Zelle (class, ein definierter Zelltyp), eine *Objekt*-Zelle (object, die Instanz einer Klasse, die einen Teil des Hubs bildet) und eine *geklonte* Zelle (cloned, die zweite oder eine weitere Instanz eines Zelltyps, aus dem mehrere Zellen erzeugt werden dürfen).
- Die Kommunikation zwischen den Zellen erfolgt über *Nachrichten* (Messages). Nachrichten können aus jeder Art von Daten bestehen. Die Adressierung von Nachrichten erfolgt über das Tripel *Hub:Zelle:Ziel*. *Hub* und *Zelle* sind dabei die Namen des Hubs und der Zelle, an die die Nachricht gerichtet ist. *Ziel* wird manchmal verwendet, um das Ziel einer Nachricht innerhalb einer Zelle anzugeben.

Lassen Sie uns eine einfache Stem-Anwendung betrachten, die diese Elemente veranschaulicht. Die Anwendung ist in Abbildung 14-2 zu sehen und erzeugt ein Chat-System für drei Teilnehmer. Die drei Fenster in der Abbildung repräsentieren jeweils einen der Chatter. Ich habe die Zeilen im Chat nummeriert, um die Reihenfolge zu verdeutlichen, in der sie eingegeben wurden. Wenn Sie sich die Abbildung genau ansehen, erkennen Sie, dass dieser Chat etwas ungewöhnlich ist, weil nicht alle Nachrichten in allen Fenstern erscheinen. Vielmehr gehen die Nachrichten von A und C nur an den Sender selbst und an B, während Nachrichten von B an alle gehen.

Diese Anwendung wurde ohne irgendwelche Programmierarbeiten entwickelt. Der Hauptteil wurde mit der folgenden Stem-Konfigurationsdatei namens *chat1.stem* (*.stem* ist die Erweiterung für Stem-Konfigurationsdateien) erstellt:

```
# einfacher Chat
[
class => 'Stem::SockMsg',
name  => 'A',
args  => [
```

---

[10] Stem verwendet viele Begriffe der objektorientierten Programmierung.

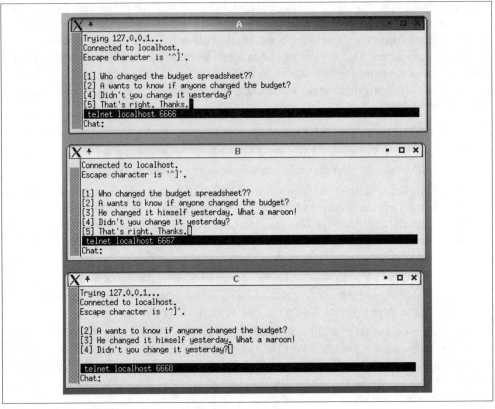

Abbildung 14-2: Einfache Stem-Chat-Anwendung

```
        port      => 6666,          # Kommunikations-Port für die Zelle
        server    => 1,             # Auf eingehende Verbindungen warten
        cell_attr => [
            'data_addr' => ':sw:x'  # Eingaben dieser Zelle an diese Adresse schicken
        ], # Ende cell_attr
    ], # Ende args
], # Ende cell A
```

Die Zellen B und C werden hier mit den Ports 6667 bzw. 6668 sowie den Zielen y bzw. z angelegt.

```
class => 'Stem::Switch',
name  => 'sw',
args  => [
    in_map => [                     # Eingabe-Abbildung: Eingabe multiplexen
        x => [ qw( x y ) ],
        y => [ qw( x y z ) ],
        z => [ qw( y z ) ],
    ], # end in_map

    out_map => [                    # Ausgabe-Abbildung: Ziele für Eingaben festlegen
        x => 'A',
        y => 'B',
        z => 'C',
```

```
      ],    # Ende out_map
    ],      # Ende args
  ],        # Ende cell sw
```

Stem-Konfigurationsdateien werden in der Perl-Objekt-Syntax formatiert (woran man sich erst einmal gewöhnen muss, wenn man sie das erste Mal sieht). Bei der Ausführung erzeugt diese Konfigurationsdatei fünf Zellen (von denen hier nur drei zu sehen sind). Implizit wird auch ein Stem-Hub erzeugt.

Die Syntax für das Anlegen einer Zelle kann aus diesem Beispiel abgeleitet werden. Jede Zelle wird von einem Paar eckiger Klammern umschlossen, die in der ersten Spalte liegen. Die Definition einer Zelle verlangt zumindest die Angabe ihrer Zellklasse. Häufig werden auch ein Name und weitere Attribute (über args) festgelegt. Jedes Element einer Zelle wird im folgenden Format angegeben:

```
Attribut => Wert,
```

Das entspricht der Perl-Syntax für die Zuweisung von Objekt-Attributen.

Die erste Definition der obigen Konfigurationsdatei erzeugt eine Zelle des Typs Stem::SockMsg (der Typ wird über das class-Attribut festgelegt). Beachten Sie, dass die Perl-Syntax für Modulnamen verwendet wird, um Zellklassen zu spezifizieren, und dass alle angegebenen Zelltypen mit »Stem::« beginnen. Der Zelltyp beschreibt eine »Socket-Message«-Zelle und wird als Schnittstelle zwischen externen Programmen und Stem verwendet. In diesem Fall dient er dazu, um ein Fenster mit dem Stem-Hub zu verbinden. Dieser Zelle wird der Name A gegeben und verschiedene Argumente werden ihr über die args-Liste (eingeschlossen in eckigen Klammern) übergeben. Der von der Zelle verwendete Kommunikations-Port wird festgelegt, die Zelle wird als Server definiert (d. h., sie verarbeitet über diesen Port eingehende Daten), und die Adresse für Nachrichten wird in der args-Liste über das data_addr-Attribut des cell_info-Elements festgelegt. Beachten Sie, dass jede untergeordnete Liste immer in eckigen Klammern eingeschlossen wird. Die hier angegebene Adresse spezifiziert den aktuellen Hub (angedeutet durch das leere erste Feld), die Zelle namens *sw* und das Ziel *x* innerhalb dieser Zelle. Alle von dieser Zelle empfangenen Eingaben werden also an das Ziel *x* der Zelle *sw* geschickt.

Die Konfigurationsdatei enthält noch zwei weitere Spezifikationen von SockMsg-Zellen für die Chat-Fenster B und C. Diese werden auf die gleiche Art und Weise definiert, haben aber verschiedene Portnummern und Nachrichten-Adressen.

Die letzte in der Konfigurationsdatei definierte Zelle ist eine Switch-Zelle (der Klasse Stem::Switch) namens *sw*. Dieser Zelltyp empfängt Nachrichten anderer Zellen und leistet sie entsprechend der Anweisungen seiner beiden Abbildungs-Tabellen (Maps) weiter. Diese Maps werden über ihre beiden Argumente angegeben. Die Tabelle mit der Eingabe-Abbildung (input map) definiert eine Liste von Zielen, die eingehende Nachrichten referenzieren können. Für jedes dieser Ziele wird auch eine Liste von Zielen definiert, an die diese Nachrichten gesendet werden sollen. Dies geschieht mit einer weiteren Perl-Liste in eckigen Klammern. Die in dieser Liste aufgeführten Zielnamen müssen in Anführungszeichen stehen, was die Perl-Funktion qw für uns erledigt.

In diesem Fall können Sie sehen, dass für das Ziel *x* eingehende Nachrichten an die Ziele *x* und *y*, die für das Ziel *y* an alle drei Ziele und die für das Ziel *z* an die Ziele *y* und *z* gesendet werden.

Die Tabelle mit den Ausgabe-Abbildungen (output map) verknüpft Switch-Ziele mit anderen Zellen. In diesem Fall ist das Ziel *x* mit der Zelle A, *y* mit B und *z* mit C (wie erwartet) verknüpft. Zusammen mit der Input-Map führt dies zu der in der aktuellen Anwendung (siehe Abbildung 14-2) erkennbaren Ausgabe von Nachrichten.

Sobald die Zellen definiert sind, können Sie den Stem-Prozess starten und Benutzer-Prozesse mit den Ports verbinden, die von den Zellen verwendet werden. Hier sind die entsprechenden Befehle:

```
xterm -T Chat -n Chat -geometry 80x40+500+0 -e run_stem chat1
xterm -T A -n A -geometry 80x10+0+0 -e ssfe -prompt Chat: telnet localhost 6666
xterm -T B -n B -geometry 80x10+0+175 -e ssfe -prompt Chat: telnet localhost 6667
xterm -T C -n C -geometry 80x10+0+350 -e ssfe -prompt Chat: telnet localhost 6668
```

Für diese einfache Beispielanwendung verwenden wir vier xterm-Fenster. Das erste führt das im Stem-Paket enthaltene *run_stem*-Skript aus. Dieses Skript erzeugt einen Stem-Hub entsprechend der Konfigurationsdatei (hier *chat1.stem*). Die anderen drei Befehle führen ssfe aus, ein Programm, das in der unteren Zeile eines Fensters einen Eingabe-Prompt ausgibt, während es gleichzeitig einen bestimmten Befehl ausführt (ssfe ist im Stem-Paket enthalten). Wir verwenden hier den telnet-Befehl, um eine Verbindung mit den Ports herzustellen, die wir in den Socket-Message-Zellen festgelegt haben.

Beachten Sie, dass ich die Stem-Hub-Fenster in der obigen Abbildung weggelassen habe. In der Tat ist dieses Fenster aber ebenfalls aktiv und die Aufnahme einer zusätzlichen Zelle in der Konfigurationsdatei erlaubt die direkte Interaktion mit dem Hub:

```
[
class  => 'Stem::TtyMsg',
args   => [ ],
],
```

Hier handelt es sich um eine TTY-Nachrichten-Zelle, die eine Befehlsschnittstelle zu einem Stem-Hub erzeugt. Bei dieser Zelle enthält das args-Attribut eine leere Liste. Sie können diese Schnittstelle nutzen, um die Arbeitsweise einer laufenden Anwendung zu ändern. So können Sie beispielsweise die Switch-Maps im laufenden Betrieb verändern.

Der nächste logische Schritt ist die Entwicklung eines Chat-Programms, bei dem die einzelnen Chat-Teilnehmer an verschiedenen Rechnern sitzen können. Das verlangt einen Stem-Hub auf jedem System, auf dem jemand am Chat teilnehmen möchte. Hier die Konfigurationsdatei, die man für ein Clientsystem verwenden würde:

```
# chat_cli.stem
[
class  =>    'Stem::Hub',
name   =>    'chat_client2',
args   =>    [ ],
],
```

```
    # Portal für die Kommunikation mit anderen Hubs erzeugen
    [
    class    =>       'Stem::Portal',
    args     =>       [ ],
    ],

    [
    class    =>       'Stem::SockMsg',
    name     =>       'B',
    args     =>       [
    port              => 6668,
       server         => 1,
       cell_attr      => [
          'data_addr' => 'chat_server:sw:z'
       ], # Ende cell_attr
    ],    # Ende args
    ],    # Ende cell B
```

Bei dieser Beispiel-Konfiguration erzeugen wir den Stem-Hub explizit und nennen ihn *chat_client1*. Die zweite Zelldefinition erzeugt ein *Portal*: ein Objekt, das für die Kommunikation zwischen verschiedenen Hubs eingesetzt wird. In diesem Fall nutzt der Hub das Portal, um Nachrichten an den Stem-Hub zu schicken, der den Chat-Server ausführt. Die letzte Zelldefinition erzeugt eine Zelle namens C und verwendet den Port 6668 des lokalen Hosts zur Kommunikation. Die Zieladresse für Nachrichten wird mit chat_server:sw:z (Ziel *z* in Zelle *sw* auf Hub *chat_server*) angegeben.

Mit den folgenden Befehlen können Sie dann die Client-Anwendung samt der notwendigen Fenster starten:

```
xterm -T Chat -n Chat -geometry 80x40+500+0 -e run_stem chat_cli
xterm -T C -n C -geometry 80x10+0+350 -e ssfe -prompt Chat: telnet localhost 6668
```

Diese Befehle erzeugen den Hub-Prozess und ein Chat-Fenster.

Hier die Konfigurationsdatei für den Chat-Server:

```
# chat_serv.stem
[
class => 'Stem::Hub',
name  => 'chat_server',
args  => [ ],
],
[
class => 'Stem::Portal',
args  => [
   'server' => 1,    # Auf Nachrichten von anderen Hubs warten
   'host' => ''      # Nachrichten von jedem Host akzeptieren
   ],
],

[
class => 'Stem::SockMsg',
name  => 'A',
```

```
    args    => [
        port        => 6666,
        server      => 1,
        cell_attr   => [
            'data_addr'     => ':sw:x'
        ],
    ],
],

[
 class  =>      'Stem::Switch',
 name   =>      'sw',
 args   =>      [
   in_map => [  # Jeder sieht jeden
     x => [ qw( x y z ) ],
     y => [ qw( x y z ) ],
     z => [ qw( x y z ) ],
     ],
   ,
   out_map => [
     x => 'chat_server:A',
     y => 'chat_client1:B',
     z => 'chat_client2:B',
     ],
   ],
],
```

Die ersten beiden Definitionen erzeugen einen Hub (namens *chat_server*) und ein Server-Portal, das auf eingehende Nachrichten von Hubs beliebiger anderer Hosts wartet (Letzteres wurde durch das Null-Attribut für den Host festgelegt). Die nächste Definition erzeugt eine Chat-Zelle auf dem lokalen Host (namens A) und die letzte Definition definiert eine Switch-Zelle. In diesem Fall werden alle Eingaben, die von beliebigen Zielen empfangen werden, an jedes Ziel geschickt.

Die folgenden Befehle starten die vom Chat-Server verwendeten Stem-Prozesse:

```
xterm -T Chat -n Chat -geometry 80x40+500+0 -e run_stem chat_serv
xterm -T A -n A -geometry 80x10+0+0 -e ssfe -prompt Chat: telnet localhost 6666
```

Beachten Sie, dass wir an keiner Stelle unserer Konfiguration festlegen müssen, auf welchen Hosts die Stem-Hubs laufen. Stem erledigt das automatisch für uns.

Sehr viele unterschiedliche Aufgaben können mit dieser immer gleichen Grundstruktur erledigt werden. Betrachten wir zum Beispiel eine einfache Monitoring-Anwendung, die unserer obigen Chat-Anwendung von der Struktur her sehr ähnlich ist. Hier die Konfigurationsdatei für den Client:

```
# mon_cli.stem
[
class => 'Stem::Hub',
name  => 'collecting',
args  => [ ],
],
```

```
    [
    class => 'Stem::Portal',
    args  => [ ],
    ],

    [
    class => 'Stem::Proc',
    name  => 'do_it',
    args  => [
       path              => '/usr/local/sbin/my_mon',
       cell_attr         => [
          'data_addr'         => 'monitoring:A:A',
          'send_data_on_close' => 1,
          ],
       ],
    ],
```

Die ersten drei Zelldefinitionen erzeugen den Hub und das Portal. Der letzte Abschnitt der Konfigurationsdatei erzeugt einen Prozess namens *do_it*. Prozess-Zellen können Prozesse erzeugen und steuern. Das path-Attribut legt den Pfad auf den Befehl oder das Programm fest, das ausgeführt werden soll. In diesem Fall wird ein einfaches Skript zur Systemüberwachung ausgewählt. Das cell_attr-Attribut legt wieder eine Zieladresse für Nachrichten fest, an die von dieser Zelle empfangene Eingaben gesendet werden sollen. In diesem Fall besteht die Eingabe der Zelle aus der Ausgabe des erzeugten Prozesses. Das letzte Attribut, send_data_on_close, weist die Zelle an, alle noch verbliebenen Eingaben zu senden, wenn der Prozess beendet wird. Es wird auch verwendet, um Verzögerungen bei der Auslieferung von Nachrichten auf Grund einer Datenpufferung des lokalen Hosts zu verhindern.

Der Server-Teil der Anwendung wird mit der folgenden Konfigurationsdatei erzeugt:

```
# mon_serv
[
class => 'Stem::Hub',
name  => 'monitoring',
args  => [ ],
],
[
class => 'Stem::Portal',
args  => ['server' => 1, 'host' => '' ],
],
[
class => 'Stem::SockMsg',
name  => 'A',
args  => [
   port     => 6666,
   server   => 1,
   cell_attr => [
      'data_addr' => 'monitoring:A:A',
      ],
   ],
],
```

Beachten Sie die Ähnlichkeiten mit der Konfigurationsdatei des Chat-Servers. Diese Datei erzeugt einen Hub, ein Portal (als Server-Portal), eine TTY-Schnittstelle zum Hub und eine einzelne Socket-Message-Zelle. Ein Switch ist in diesem Fall nicht notwendig, weil wir die Überwachungsausgaben des Client-Hubs vom Server-Hub nur in einem Fenster ausgeben wollen.

Wie funktioniert das? Die folgenden Befehle starten die notwendigen Prozesse:

Auf dem Client
```
xterm -T Client -n Client -geometry 80x40+500+0 -e run_stem mon_cli
```

Auf dem Server
```
xterm -T Trigger -n Trigger -geometry 80x40+500+0 -e run_stem mon_serv
xterm -T Monitor -n Monitor -geometry 80x10+0+0 -e telnet localhost 6666
```

Im Stem-Hub-Fenster auf dem Server (Trigger) geben Sie dann den folgenden Befehl ein:

```
Stem> collecting:do_it cell_trigger
```

Damit wird die Prozess-Zelle *do_it* auf dem Client-Hub »getriggert«, d.h. ausgelöst.[11] Diese führt dann den mit ihr verbundenen Prozess aus und gibt die entsprechende(n) Nachricht(en) an den Server-Hub zurück. Die Nachrichten erscheinen dann in dem mit Monitor bezeichneten Fenster. Jede Nachricht sieht etwa so aus:

```
date: Wed Jul 24 01:33:40 EDT 2002
load average: 5.07
total processes: 294
free memory: 4404
-----------------------------------------------
```

Dies ist die Ausgabe des *my_mon*-Skripts. Beachten Sie, dass ein ähnlicher Befehl auf dem Server-Hub genutzt werden kann, um die gleiche Aufgabe auf einem anderen Clientsystem auszuführen.

Diese Anwendung kann auf einfache Weise weiter automatisiert werden. So geht diese Implementierung zum Beispiel davon aus, dass die Stem-Client-Prozesse auf dem Client bereits laufen. Sie können stattdessen aber auch das im Stem-Paket enthaltene *boot_stem*-Skript nutzen, um die entfernten Client-Prozesse zu starten. Darüber hinaus kann der Trigger-Befehl an den Stem-Server-Hub über ein Skript automatisiert werden. Mit etwas mehr Aufwand sind auch komplexere Überwachungsanwendungen möglich.

Stem hat eine Vielzahl nützlicher vordefinierter Zelltypen. Einige der nützlichsten sind nachfolgend aufgeführt:

Stem::Log
Schreiben und Verwalten externer Log-Dateien. Die Formate der Einträge können über die Zellattribute festgelegt werden und die Daten können über eine Vielzahl von Kriterien gefiltert werden.

---

[11] Technisch gesehen initiiert dieser Befehl eine Nachricht, die den Aufruf der cell_trigger-Methode der *do_it*-Zelle veranlasst.

Stem::Log::Tail
  Überwacht Neueinträge in externen Log-Dateien. Neu entdeckte Daten können bei Bedarf (oder nach einem definierten Zeitplan) an eine Stem-Anwendung geschickt werden.

Stem::Cron
  Erzeugt und verwaltet die Übertragung von Nachrichten nach einem vorgegebenen Zeitplan. In diesem Abschnitt haben wir uns nur die Informationsnachrichten angesehen, aber tatsächlich ist Stem wesentlich leistungsfähiger. Sie können verwendet werden, um jede gültige Operation innerhalb jeder beliebigen Stem-Zelle anzustoßen.

Stem::AsyncIO
  Verwaltet die gepufferte Ein-/Ausgabe für andere Zellen.

Für unserer letztes Beispiel kehren wir noch einmal zu unserer Chat-Anwendung zurück und zeigen Ihnen, wie man einen einfachen eigenen Stem-Zelltyp erzeugen kann. Wir erzeugen eine Zelle, die Eingaben empfängt, diesen ein Label voranstellt und sie dann an eine andere Zelle weitergibt. Wir fügen diese Zelle zwischen die Socket-Messages-Zellen des Chats und die Switch-Zelle ein, um den Chat-Text mit Daten zum Ursprungsfenster zu versehen.

Stem-Zellklassen werden in Perl-Modulen definiert. Hier der Perl-Code, der dem neuen Zelltyp entspricht (abgelegt als *Stem/ChatLabel.pm* unter Berücksichtigung der Speicherorte der Chat-Konfigurationsdateien):

```perl
package Stem::ChatLabel;
use strict;

# Definition der Zell-Attribute
my $attr_spec = [
    { 'name' => 'sw_addr', },                        # Ziel-Switch-Zelle
    { 'name' => 'hub_addr', 'default' => '', },      # Ziel-Hub
    { 'name' => 'sbefore', 'default' => '', },       # Label-String
];

# Wird beim Anlegen der Zelle aufgerufen
sub new {
    my( $class ) = shift ;
    my $self = Stem::Class::parse_args($attr_spec, @_);
    return $self unless ref $self ;
    return $self ;
}

# Wird immer aufgerufen, wenn die Zelle Daten empfängt
sub data_in {
    my ($self, $msg) = @_;
    # Daten einlesen
    my $data = $msg->data();

    # Aktuelle Nachricht mit Label-Präfix versehen (falls vorhanden)
    substr($$data, 0, 0, $msg->from_cell() . ': ') ;
    substr($$data, 0, 0, $self->{'sbefore'} . '_') if $self->{'sbefore'};
```

```
    # Modifizierte Nachricht erzeugen und senden
    $msg->data($data) ;
    $msg->to_cell($self->{'sw_addr'}) ;
    $msg->to_hub($self->{'hub_addr'}) if $self->{'hub_addr'};
    $msg->dispatch() ;
    }

1 ;    # Ende des Moduls
```

Nach der Moduldefinition und der use strict-Anweisung zu Beginn werden in der Datei die Attribute definiert, die von dieser Zellklasse verwendet werden (zusätzlich zu denen, die von allen Zellen verwendet werden). Dies geschieht durch Definition von $attr_spec. Unsere Zelle besitzt drei zusätzliche Attribute: den Namen der Switch-Zelle, an die modifizierte Nachrichten gesendet werden sollen, den Namen des Hubs, auf dem der Switch liegt (standardmäßig der aktuelle Hub), sowie den String, der der Nachricht vorangestellt werden soll (standardmäßig der Nullstring, aber siehe unten).

Der nächste Abschnitt der Datei definiert die new()-Methode für diese Zelle. Hierbei handelt es sich um die Konstruktormethode, die aufgerufen wird, wenn eine Zelle dieses Typs erzeugt wird. Der hier verwendete Code entspricht dem, der für Stem-Zellen üblicherweise verwendet wird, und wurde einfach aus dem Modul für eine andere Zelle kopiert.

Die letzte Funktion erzeugt für diesen Zelltyp die Methode data_in. Diese Methode wird immer dann aufgerufen, wenn eine Zelle dieses Typs eine Nachricht empfängt. In diesem Fall extrahiert die Funktion den aktuellen String mit Hilfe der data()-Methode der Nachricht. Als Nächstes wird ein Präfix-String hinzugefügt, wenn einer definiert wurde, wobei der Name der ursprünglichen Zelle verwendet wird, wenn in der Konfigurationsdatei keiner angegeben wurde. Zum Schluss modifiziert die Methode data_in die Adresse der Nachricht, d.h., sie ersetzt die aktuellen durch die eigenen Hub- und Switch-Angaben, und schickt die Nachricht dann los.

Hier die Teile der Client-Konfigurationsdatei, die zeigen, wie diese Zelle verwendet wird:

```
[
class => 'Stem::SockMsg',
name  => 'A',
args  => [
   port      => 6666,
   server    => 1,
   cell_attr => [
      'data_addr' => ':lab:a'   # Ziel-Zelle = ChatLabel-Zelle
], ], ],

[
class =>    'Stem::ChatLabel',
name  =>    'lab',
args  =>    [
   sw_addr  => 'sw',          # Name der Switch-Zelle
   hub_addr => 'chat_srv',    # Name des Chat-Server-Hubs
], ],
```

Die Ziel-Zelle für die Nachricht in der Socket-Message-Zelle wird durch die Label-Zelle ersetzt. Die Label-Zelle selbst legt den Namen des Server-Hubs sowie den Namen der Switch-Zelle für diesen Hub an. Der Rest der Konfigurationsdatei bleibt unverändert.

In diesem Fall werden Nachrichten mit dem Namen der sie empfangenden Socket-Message-Zelle versehen (da kein Präfix-Attribut für die ChatLabel-Zelle angegeben wurde):

> A: Pizza zum Mittagessen ist okay, solange sie vegetarisch ist.

Dieser Überblick hat Ihnen nur die grundlegendsten Fähigkeiten von Stem vorgestellt. Weitere Informationen zu Stem und was es alles kann, finden Sie in der Dokumentation des Pakets und auf der Homepage. Wie bereits erwähnt, sind Experimente mit den Demoprogrammen und den hier vorgestellten Beispielen eine gute Möglichkeit, sich mit dem Paket und seiner Funktionsweise vertraut zu machen.

Lokale Manpages hinzufügen

Ein altes und etwas skatologisches Sprichwort besagt, dass ein Job erst erledigt ist, wenn man den Papierkram hinter sich gebracht hat.[12] Bei der Entwicklung von Skripten und Programmen bedeutet das das Schreiben irgendeiner Art von Dokumentation. Die von Ihnen entwickelten Tools können auf unterschiedliche Weise dokumentiert werden, aber die übliche Unix-Praxis besteht darin, eine Online-Manpage bereitzustellen. Wir beschließen dieses Kapitel mit einem kurzen Blick auf die Entwicklung von Manpages für die von Ihnen entwickelten Tools.

Manpage-Dateien werden nach dem Befehl oder Utility benannt, den bzw. das sie beschreiben. Als Erweiterung wird ihnen eine Nummer oder ein Buchstabe zugewiesen, die bzw. der dem *man*-Unterverzeichnis entspricht, in dem sie liegen. Die Manpage für den wgrep-Befehl, der im Unterverzeichnis *man1* abgelegt wird, würde also beispielsweise *wgrep.1* lauten.[13]

Die einfachste mögliche Manpage ist einfach eine Textdatei, die einen Befehl oder ein bestimmtes Thema beschreibt. Wenn das Ganze aber etwas schöner aussehen und eher an die Manpages erinnern soll, die man auf Unix-Systemen üblicherweise vorfindet, dann ist auch das sehr einfach möglich. Die Manpage-Quelldateien orientieren sich am Textsatzsystem nroff[14] und kombinieren den Text der Manpage mit nroff-Direktiven zur Formatierung des Textes. (Nicht alle Unix-Versionen stellen standardmäßig oder überhaupt Utilities zur Formatierung von Text zur Verfügung.)

Die beste Möglichkeit, sich mit den verschiedenen nroff-Direktiven vertraut zu machen, besteht darin, sie sich im entsprechenden Kontext anzusehen. Generell stehen diese Direktiven am Zeilenanfang und werden mit einem Punkt eingeleitet. Hier eine kurze Manpage-Quelldatei für den wgrep-Befehl, die Sie auch als Template für eigene Manpages verwenden können:

---

12 Wenden Sie dieses Sprichwort mal auf das Schreiben eines Buches an.
13 Perl-Programme werden traditionell mittels POD dokumentiert. Hierbei handelt es sich um ein Schema, bei dem die Dokumentation im Perl-Quellcode eingebettet wird.
14 Oder der GNU-Entsprechung groff.

```
.TH wgrep 1
.SH NAME
wgrep - windowed grep utility
.SH SYNOPSIS
wgrep [options] regexp file(s)
.SH DESCRIPTION
.B wgrep
is a
.B grep
utility which prints a window of lines surrounding
each matching line that it finds in the list of files.
By default, the window is three lines before and after
each matching line.
.PP
.B wgrep
has many options which control how its output looks.
It can range from plain to painfully excessive.
.SH OPTIONS
.TP 5
.B -w
Specifies the window size in the form
.B before:after Either one can be omitted.
.TP 5
.B -n
Include line numbers before each printed line.
.TP 5
.B -s
Include asterisks in front of matching lines.
.PP
.SH BUGS
None of course.
.SH SEE ALSO
egrep(1), VMS SEARCH command
```

Die formatierte Version sieht dann etwa so aus:

```
wgrep(1)                                                          wgrep(1)
NAME
       wgrep - windowed grep utility

SYNOPSIS
       wgrep [options] regexp file(s)

DESCRIPTION
       wgrep is a grep utility which prints a window of lines surrounding each
       matching line that it finds in the list of files. By default, the window is
       three lines before and after each matching line.
       wgrep has many options which control how its output looks. It can range from
       plain to painfully excessive.

OPTIONS
       -w  Specifies the window size in the form before:after.
           Either one can be omitted.
       -n  Include line numbers before each printed line.
```

```
        -s      Include asterisks in front of matching lines.

BUGS
        None, of course.

SEE ALSO
        egrep(1), VMS SEARCH command
```

Tabelle 14-3 enthält neben den in unserem Beispiel verwendeten nroff-Direktiven noch weitere nützliche Direktiven.

Tabelle 14-3: Nützliche nroff-Konstrukte

Direktive	Erklärung
.TH Name Abschnitt	Titel-Überschrift (»Title heading«).
.SH NAME	Abschnitts-Überschrift (»Section heading«). Per Konvention werden Namen in Großbuchstaben geschrieben.
.TP [n]	Hängender Einzug (»Tagged paragraph«). Einzug erfolgt mit n Leerzeichen (wenn angegeben).
.PP	Beginnt neuen Absatz.
.IP	Standardeinzug.
.nf	Stoppt das Auffüllen von Zeilen.
.fi	Selbstständiges Füllen der Zeilen.
.B text	Als Argument übergebenen Text fett ausgeben.
.I text	Als Argument übergebenen Text kursiv ausgeben.
.R Text	Als Argument übergebenen Text in Roman-Schriftart ausgeben.

Sie können mit dem folgenden Befehl einen man-Befehl für eine Manpage simulieren, die Sie gerade entwickeln:

```
$ nroff -man datei | more
```

Wenn Sie eine gedruckte Version dieser (und anderer) Manpage(s) möchten, müssen Sie den troff-Befehl und eine Reihe weiterer, vom System bereitgestellter Utilities verwenden.

KAPITEL 15
Verwaltung von Systemressourcen

Dieses Kapitel beschreibt die Werkzeuge und Einrichtungen, die Unix zur Verwaltung der CPU-, Speicher- und Festplatten-Ressourcen zur Verfügung stellt. (Die Beschreibung umfasst auch einige der Einschränkungen, die sich durch die Unix-Philosophie ergeben.) Der erste Teil enthält eine Übersicht über die Punkte, die für die Systemleistung von Belang sind, und behandelt dann Prozesse unter Unix. In diesem Kapitel betrachten wir anschließend detailliert die Verwaltung verschiedener Systemressourcen wie CPU, Speicher, E/A und Plattenspeicher.

Bei der Verwaltung von Systemressourcen geht es größtenteils darum zu wissen, wie der aktuelle Status zu interpretieren ist, und wir werden daher ein wenig Zeit damit verbringen, all die Möglichkeiten vorzustellen, die Sie haben, um diesen Status zu überwachen.

Detaillierte Informationen über die Optimierung und Überwachung der Leistung von Unix-Systemen finden Sie in den folgenden Büchern:

- *System Performance Tuning* von Gian-Paolo D. Musameci und Mike Loukides (O'Reilly). Das Buch konzentriert sich auf Solaris- und Linux-Systeme.
- *AIX Performance Tuning* von Frank Waters (Prentice Hall).
- *HP-UX Tuning and Performance* von Robert F. Sauers und Peter S. Weygant (Hewlett-Packard Professional Books).
- *Solaris Internals* von Jim Mauro und Richard McDougall (Prentice Hall).
- *NFS und NIS* von Hal Stern, Mike Eisler und Ricardo Labiaga (O'Reilly).

Nachdenken über die Systemlast

Warum ist das System so langsam? steht bei Systemadministratoren normalerweise an zweiter Stelle in der Liste der Fragen, die man besser nicht stellen sollte (direkt hinter *Warum ist das System wieder abgestürzt?!*). Genau wie die Zuverlässigkeit des Systems ist auch die Leistung des Systems einer dieser Bereiche, die nur sichtbar werden, wenn sie nicht mehr vorhanden sind. Leider ist niemand da, der Ihnen dankt, wenn Sie das meiste aus den Ressourcen des Systems herausholen.

Beschwerden, die im Zusammenhang mit der Auslastung auftauchen, reichen von trägen Antwortzeiten bei interaktiven Anwendungen, über Jobs, die zu lange für die Abarbeitung benötigen, bis hin zu Programmen, die nicht ausgeführt werden können, weil nicht genug Ressourcen bereitstehen.

Im Allgemeinen hängt die Leistung eines Systems davon ab, wie effizient die Ressourcen auf die aktuellen Anforderungen aufgeteilt werden, die von den verschiedenen Jobs benötigt werden. Aus der Sicht der Leistung sind die wichtigsten Ressourcen die CPU, der Speicher und die Festplatten-Ein-/Ausgabe, auch wenn die Netzwerk- und andere Geräte-Ein-/Ausgaben ebenfalls relevant sein können. Wie gut die Leistung eines Systems in einem bestimmten Augenblick ist, hängt von der jeweiligen Nachfrage nach Systemressourcen ab, aber auch davon, wie gut diese Nachfrage zwischen den Prozessen[1] verwaltet wird. Dementsprechend können Leistungsprobleme durch eine Vielzahl von Gründen hervorgerufen werden, einschließlich fehlender oder ineffektiv kontrollierter Ressourcen. Um ein solches Problem zu lösen, müssen Sie herausfinden, welche Ressourcen das sind, aber auch, wie diese effektiver verwaltet werden können.

Wissen, was normal ist

Wie sonst im Leben auch, tut man sich mit dem Performance-Tuning wesentlich schwerer, wenn man nicht weiß, was normal ist. Wenn Sie nicht wissen, was die verschiedenen Messwerte zur Systemleistung normalerweise anzeigen, dann wird es sehr schwer sein herauszufinden, was schief läuft, wenn die Leistung abfällt. Dementsprechend ist es von elementarer Bedeutung, die Systeme routinemäßig zu überwachen und mit der Zeit leistungsbezogene Statistiken aufzubauen.

Wenn der Mangel an einer kritischen Ressource die Quelle des Problems darstellt, gibt es nur eine beschränkte Zahl von Möglichkeiten, die Situation zu verbessern. Einfach ausgedrückt, gibt es nur wenige Alternativen, wenn Sie von irgend etwas nicht genug haben: Sie können mehr davon besorgen, Sie können weniger verwenden, Sie können effizienter damit umgehen und einer Verschwendung vorbeugen und Sie können es rationieren. Im Falle der Systemressourcen bedeutet das, dass Sie (wenn möglich) mehr davon besorgen sollten, die Anforderungen der Jobs oder des Systems entsprechend reduzieren müssen, und das, was vorhanden ist, zwischen den verschiedenen Konsumenten aufteilen müssen.

Wenn Ihr System etwa einen Mangel an CPU-Ressourcen aufweist, steht Ihnen eine (oder stehen Ihnen alle) der folgenden Möglichkeiten zur Verfügung:

- Die CPU-Kapazität erhöhen, indem Sie einen Prozessor-Upgrade vornehmen.
- Zusätzliche Prozessoren einsetzen, um die vorhandene Last parallel zu verarbeiten.
- Momentan ungenutzte CPU-Kapazitäten nutzen, indem Sie einige Jobs zu Zeiten ausführen, in denen die CPU weniger ausgelastet oder sogar unbeschäftigt ist.

---

[1] Bei vielen modernen Systemen sind Prozesse durch Threads als grundlegende Ausführungseinheiten ersetzt worden. Allerdings sind zumindest bei Einprozessorumgebungen Threads und Prozesse für die Systemadministrationsebene konzeptionell identisch. Ich werde deshalb in diesem Kapitel weiterhin von Prozessen sprechen.

- Die Anfrage nach CPU-Zyklen reduzieren, indem Sie einige Jobs eliminieren, die um sie konkurrieren (oder indem Sie sie auf einen anderen Computer verlagern).
- Die Verwendung von Prozessprioritäten, mit deren Hilfe die CPU-Zeit zwischen den Prozessen aufgeteilt wird, wobei einige Prozesse gegenüber anderen bevorzugt werden.
- Einrichten eines Batch-Systems, das sicherstellt, dass nur eine annehmbare Anzahl von Jobs zu einer bestimmten Zeit ausgeführt wird, während die anderen warten müssen.
- Das Verhalten des Job-Schedulers des Betriebssystems ändern und auf diese Weise beeinflussen, wie die CPU zwischen mehreren Jobs aufgeteilt wird.

Natürlich sind nicht alle potenziellen Lösungen notwendigerweise bei jedem Computersystem oder jedem Betriebssystem verfügbar.

Es ist häufig notwendig, zwischen den reinen Systemressourcen (wie der CPU und dem Speicher) und den Kontrollmechanismen zu unterscheiden, über die sie bereitgestellt werden und über die auf sie zugegriffen wird. Beispielsweise haben Sie im Fall der CPU nicht die Möglichkeit, diese Ressource als solche bereitzustellen oder zu kontrollieren (es sein denn, Sie fahren das System herunter). Vielmehr müssen Sie mit Dingen wie Nice-Werten und Scheduler-Parametern arbeiten, um die Nutzung zu steuern.

Tabelle 15-1 führt die wichtigsten Kontrollmechanismen auf, die mit der Leistung der CPU, des Speichers sowie der Platten- und Netzwerk-E/A in Verbindung stehen.

Tabelle 15-1: Kontrollmechanismen für Systemressourcen

Ressource	Kontrollmechanismus
CPU	Nice-Werte
	Prozess-Prioritäten
	Batch-Queues
	Parameter des Schedulers
Speicher	Ressourcenbeschränkungen für Prozesse
	Parameter des Speicher-Managements
	Paging-Bereich (Swap-Space)
Platten-E/A	Organisation des Dateisystems über physikalische Platten und Controller
	Platzierung von Dateien auf der Festplatte
	E/A-Parameter
Netzwerk-E/A	Netzwerk-Puffer
	Netzwerk-Parameter
	Netzwerk-Infrastruktur

Der Optimierungsprozess

Die folgende Vorgehensweise bietet den effektivsten Ansatz für die Lösung von Problemen, die mit der Systemleistung in Verbindung stehen.

1. Definieren Sie das Problem so detailliert, wie Sie können.

Je genauer Sie sagen können, was momentan falsch (oder nicht ganz optimal) läuft, desto wahrscheinlicher werden Sie Wege finden, diesen Zustand zu verbessern. Idealerweise würden Sie von einer anfänglichen Problembeschreibung wie:

> Die Antwortzeit des Systems ist langsam.

zu einer wie dieser gelangen:

> Anwender, die interaktiv mit X arbeiten, bemerken deutliche Verzögerungen beim Öffnen und Hin- und Herschalten zwischen Fenstern.

Eine gute Beschreibung der aktuellen Leistungsaspekte wird implizit auch Ihre Ziele ausdrücken. Zum Beispiel ist es in unserem Fall das klare Ziel, die interaktiven Reaktionszeiten für X-Benutzer zu erhöhen. Es ist wichtig, dass Sie solche Ziele klar verstehen, auch wenn es nicht immer möglich ist, sie zu erreichen (dann sind es wohl eher Wünsche als Ziele).

2. Ermitteln Sie die Ursache(n) des Problems.

Zu diesem Zweck müssen Sie Fragen wie die folgenden beantworten können:

- Was läuft auf dem System (oder wenn es um die Leistung eines einzelnen Jobs oder Prozesses geht: Was läuft sonst noch auf dem System)? Sie werden möglicherweise auch die Quellen der anderen Prozesse (etwa lokale Benutzer, entfernte Benutzer, das *cron*-Subsystem usw.) betrachten müssen.
- Wann oder unter welchen Bedingungen tritt das Problem auf? Kommt es zum Beispiel nur zu bestimmten Tageszeiten vor oder tritt es auf, wenn eine bestimmte Anzahl lokaler Platten über NFS gemountet wurde? Sind alle oder nur wenige oder vielleicht sogar nur ein Benutzer betroffen?
- Wurde irgendetwas am System geändert, das dieses Problem ausgelöst haben könnte?
- Welche ist die kritische Ressource, die die Leistung negativ beeinflusst? Um diese Frage beantworten zu können, müssen Sie herausfinden, wo der Flaschenhals für die/den Job(s) (oder für diesen Typ von Systemlast) liegt. In späteren Abschnitten dieses Kapitels stelle ich die Tools und Utilities vor, mit denen Sie das herausfinden können.

Wenn wir also etwa das System mit den Problemen bei der X Windows-Leistung untersuchen, finden wir möglicherweise heraus, dass die Probleme bei den Antwortzeiten nur dann auftreten, wenn ein oder mehrere Simulationsjobs und/oder große Kompilierungsjobs ausgeführt werden. Indem wir uns anschauen, was passiert, wenn der Benutzer unter diesen Bedingungen versucht, ein Fenster zu wechseln, könnten wir auch herausfinden, dass die kritische Ressource der Arbeitsspeicher ist und dass das System auf das Paging zurückgreifen muss. (Hierzu gibt es an anderer Stelle in diesem Kapitel noch mehr zu sagen.)

3. Formulieren Sie explizit die Ziele der Leistungssteigerung.

Dieser Schritt verlangt, dass Sie die impliziten Ziele (Wünsche), die Teil der Problembeschreibung sind, in konkrete, messbare Ziele umwandeln. Auch hier wird Ihre Aufgabe wieder um so einfacher, je präziser und detaillierter Sie vorgehen.

In vielen Fällen werden die zu erreichenden Ziele zusammen mit den betroffenen Benutzern erarbeitet werden müssen, vielleicht auch mit anderen Benutzern und dem Management. Die Systemleistung ist immer eine Sache des Kompromisses und des Nachgebens, weil man immer entscheiden muss, wie man die wenigen verfügbaren Ressourcen aufteilt. Die Leistung zu steigern ist am einfachsten, wenn es eine klare Übereinkunft darüber gibt, welche Priorität die verschiedenen Aktivitäten besitzen, die auf dem System ausgeführt werden.

Um bei unserem Beispiel zu bleiben: Die Definition erreichbarer Ziele wird so lange schwierig bleiben, solange nicht geklärt ist, wessen Leistung die wichtigste ist. Mit anderen Worten: Sie werden wahrscheinlich entscheiden müssen, wie schnell die Antworten für die X-Anwender erfolgen und wie schnell die Simulation oder die Compilerläufe abgearbeitet werden sollen (schließlich war der momentane Zustand so nicht haltbar). Wenn Sie sich entschieden haben, wird das Ziel etwa wie folgt aussehen:

> Verbessern der Antwortzeiten für X-Benutzer so gut es geht, ohne die Ausführungszeit der Simulationsjobs zu verlängern. Compilerläufe können etwas verzögert werden, damit das System nicht auf das Paging zurückgreifen muss.

Nicht alle formulierten Performance-Ziele können auch erreicht werden. Häufig müssen Sie sich zwischen den tatsächlich möglichen Alternativen entscheiden. Im oben stehenden Beispiel werden Sie also nicht alle drei Anforderungen an die CPU gleichzeitig erfüllen können.

4. Entwerfen und implementieren Sie Modifikationen am System und/oder an Anwendungsprogrammen, die diese Ziele verwirklichen können.

Herauszufinden, was getan werden kann, ist natürlich der schwierigste Teil der Leistungsverbesserung. Welche Möglichkeiten Sie bei verschiedenen Problemtypen haben, werden wir in den folgenden Abschnitten dieses Kapitels erläutern.

Es ist wichtig, die Leistung des Systems als Ganzes zu verbessern. Wenn Sie sich nur einen Teil der Systemlast ansehen, werden Sie ein verfälschtes Bild des Problems erhalten, und es ist unwahrscheinlich, dass Sie dann eine gute Lösung finden, weil die Systemleistung des Ergebnis des Zusammenwirkens aller Teile des Systems darstellt.

5. Überwachen Sie das System, um zu ermitteln, wie gut die Änderungen funktionieren.

Der Sinn besteht hier darin, den neuen Systemstatus zu ermitteln und zu sehen, ob die Änderungen die gewünschten Verbesserungen erbracht haben oder nicht. Die erfolgreichsten Optimierungsmethoden führen nacheinander jeweils nur kleine Veränderungen ein, die sorgfältig getestet und auf ihre Wirksamkeit hin überprüft werden können. Bei diesem Ansatz können Änderungen problemlos rückgängig gemacht werden, wenn die Dinge nicht den erhofften Erfolg gebracht haben.

6. Kehren Sie zum ersten Schritt zurück, und beginnen Sie von vorn.

Die Optimierung der Systemleistung ist zweifelsohne ein iterativer Prozess, weil erfolgreiche Änderungen häufig neue Interaktionen hervorbringen, die verstanden werden müssen, und neue Probleme auftauchen, die es zu lösen gilt. Auch kommt es häufig vor, dass nach der erfolgreichen Behebung des einen Flaschenhalses direkt der nächste bei einer anderen Ressource auftaucht (so kann eine mangelnde CPU-Leistung häufig ein Symptom für ernsthaften Speichermangel sein).

Geben Sie Geld aus, wenn es Ihnen zur Verfügung steht, aber gehen Sie weise damit um.

Nicht alle Probleme des Alltags lassen sich mit Geld lösen, viele Performance-Probleme aber schon. Wenn Sie die knappe Ressource *definitiv* identifiziert haben und es sich leisten können, mehr davon zu kaufen (oder es zu erneuern), dann tun Sie das. Dieser Ansatz ist häufig der schnellste und beste, um ein Problem mit der Leistung zu lösen. Auf der anderen Seite kann der Kauf von Hardware zur Behebung eines Performance-Problems ebenso verschwenderisch wie frustrierend sein.

Die meisten Betriebssysteme stellen spezialisierte Tools für das Performance-Tuning zur Verfügung. Die wesentlichen Tuning-Tools und -Prozeduren der verschiedenen von uns betrachteten Betriebssysteme sind:

AIX	schedtune, vmtune, no
FreeBSD	sysctl, /etc/sysctl.conf
HP-UX	ndd, kmtune
Linux	Dateien unter */proc/sys*
Solaris	dispadmin, ndd, */etc/system*
Tru64	sysconfig, */etc/sysconfigtab*, dxkerneltuner

Wir werden diese Tools innerhalb dieses Kapitels an den passenden Stellen behandeln.

Einige Systeme stellen zusätzliche Tools zur Überwachung und für das Tuning der Leistung in Form von Zusatzpaketen zur Verfügung.

Vorbehalte

Ich möchte diesen Abschnitt mit zwei wichtigen Hinweisen zum Performance-Tuning beschließen.

Hüten Sie sich erstens vor dem *Experimentator-Effekt*. Dieser Begriff bezeichnet die Erkenntnis, dass sich Dinge auf gravierende Art ändern, einfach indem man sie beobachtet. In der Antropologie bedeutet es, dass ein die Sitten und Gebräuche anderer Kulturen beobachtender Forscher unweigerlich einen Einfluss darauf hat, was beobachtet wird. Leute verhalten sich anders, wenn sie wissen, dass sie beobachtet werden (insbesondere von Außenstehenden). Bei der Überwachung der Systemleistung kann die Ausführung der Überwachungs-Tools ebenfalls einen Einfluss auf das System haben, und diese Tatsache muss bei der Interpretation der gesammelten Daten berücksichtigt werden. Idealerweise sollte die Sammlung der Daten von deren Analyse abgekoppelt werden (und diese Analyse sollte auf einem anderen System erfolgen).

Beachten Sie zweitens den folgenden (frei übersetzten) Rat aus dem *AIX Versions 3.2 and 4.1 Performance Tuning Guide*:

> Der Analytiker muss der Versuchung widerstehen, statt dem, was wichtig ist, das zu optimieren, was messbar ist.

Diese Maxime erinnert uns daran, dass die Tools, die uns Unix für die Überwachung des Systemverhaltens zur Verfügung stellt, nur eine Möglichkeit sind, das System zu betrachten, aber eben nicht die einzige Möglichkeit. Was auf Ihrem System wirklich überwacht und optimiert werden muss, kann zwar einfach zu überwachen und zu modifizieren sein, muss es aber nicht sein.

Gleichzeitig ist es wichtig, die logische Schlussfolgerung im Hinterkopf zu behalten:

> Widerstehen Sie der Versuchung, etwas zu optimieren, nur weil es optimiert werden kann.

Zugegebenermaßen ist dies einfach nur ein anderer Ausdruck für:

> Repariere nichts, was nicht kaputt ist.

Überwachung und Steuerung von Prozessen

Unix stellt verschiedene Mittel bereit, um die Prozessausführung zu überwachen und – in einem begrenzten Ausmaß – ihre Ausführungspriorität festzulegen. So können Sie bestimmen, wie viel CPU-Zeit einem Prozess zur Verfügung gestellt und (indirekt) wie viel Speicher verwendet wird. Sie können zum Beispiel bestimmte Jobs auf Kosten anderer beschleunigen oder aber die interaktive Antwortzeit dadurch verbessern, dass Sie große Jobs zwingen, mit einer niedrigeren Priorität abzulaufen. In diesem Abschnitt geht es um Prozesse unter Unix und um die Hilfsmittel, die zur Überwachung und Kontrolle der Prozessausführung zur Verfügung stehen.

Der uptime-Befehl gibt Ihnen einen ungefähren Eindruck von der Systemlast:

```
% uptime
3:24pm up 2 days, 2:41, 16 users, load average: 1.90, 1.43, 1.33
```

uptime gibt über die aktuelle Uhrzeit und über den Zeitraum Auskunft, den der Rechner in Betrieb ist. Zusätzlich werden drei numerische Werte ausgegeben, die für die durchschnittliche Systemlast stehen. Die durchschnittliche Systemlast ist ein grober Anhaltspunkt für die Auslastung der CPU. Die drei Werte geben die durchschnittliche Anzahl der Prozesse an, die während der letzten Minute, der letzten fünf Minuten und der letzten fünfzehn Minuten aktiv waren. Eine hohe durchschnittliche Systemlast besagt, dass das System schwer arbeitet und die Antwortzeiten entsprechend hoch sind. Zu beachten ist, dass die Durchschnittslast die Priorität laufender Prozesse nicht berücksichtigt.

Was bedeutet nun »hohe Systemlast«? Wie sonst auch, hängt das vom System ab. Im Idealfall ist eine Durchschnittslast von unter 3–5 (pro CPU) wünschenswert, obwohl ein solcher Wert in Anbetracht dessen, was einige Systeme bewältigen müssen, nicht immer zu erreichen ist. Letztendlich bedeutet »hoch«, dass man uptime nicht benötigt, um zu sehen, dass ein Rechner überlastet ist, sondern dies an den Antwortzeiten schnell selbst merkt.

Zudem verhalten sich unterschiedliche Systeme unter der gleichen Durchschnittslast durchaus unterschiedlich. So bringt auf einigen Workstations ein einzelner CPU-intensiver Hintergrundprozess, der gestartet wird, wenn X Windows schon läuft, das System fast zum Stillstand, obwohl die Durchschnittslast recht niedrig zu sein scheint. Die niedrigere Durchschnittslast ist keine Garantie für schnelle Antwortzeiten, weil die Verfügbarkeit der CPU nur ein Teilfaktor der allgemeinen Systemleistung ist. Sie können grundsätzlich bei Server-Systemen höhere Durchschnittsauslastungen erwarten als bei Einzelbenutzer-Workstations.

Der ps-Befehl

Der Befehl ps zeichnet ein vollständigeres Bild der Systemaktivität, indem er eine Ausführungsstatistik aktueller Prozesse erstellt und ausgibt. Die Befehlsoptionen steuern, welche Prozesse aufgeführt und welche Informationen jeweils mit ausgegeben werden. Das Format des Befehls unterscheidet sich bei BSD und System V deutlich. Um einen allgemeinen Überblick über die aktuelle Systemaktivität zu bekommen, verwenden Sie bei der BSD-Form am besten den Befehl ps aux. Er gibt eine Liste aller Prozesse aus, die zum Zeitpunkt des Aufrufs von ps existieren, und ordnet sie dabei absteigend nach CPU-Auslastung an.[2] Es ist häufig hilfreich, diese Ausgabe nach head zu pipen und sich so die aktivsten Prozesse anzeigen zu lassen:

```
% ps aux | head -5
USER       PID   %CPU  %MEM   SZ    RSS   TTY STAT  TIME COMMAND
harvey   12923   74.2  22.5   223   376   p5  R     2:12 f77 -o test test.F
chavez   16725   10.9  50.8  1146  1826   p6  R N  56:04 g04 Hg0.dat
wang     17026    3.5   1.2   354   240   co  I     0:19 vi benzene.txt
marj      7997    0.2   0.3   142    46   p3  S     0:04 csh
```

Die Bedeutung der einzelnen Felder (und derer, die durch die Option -l ausgegeben werden) zeigt Tabelle 15-2. Die erste Zeile im obigen Beispiel besagt, dass der Benutzer *harvey* ein Fortran-Programm kompiliert. Dieser Prozess hat die PID 12923 und befindet sich aktuell in Ausführung oder ist ausführungsbereit. Der Prozess der Benutzerin *chavez* (PID 16725), die das Programm *g04* ausführt, befindet sich ebenfalls in Ausführung oder ist ausführungsbereit, läuft jedoch mit einer niedrigeren Priorität. Anhand dieser Ausgabe ist es offensichtlich, wer momentan die meisten Systemressourcen belegt: *harvey* und *chavez* teilen sich ungefähr 85 % der CPU-Zeit und 73 % des verfügbaren Speichers. ps selbst mittelt die Werte für den prozentualen CPU- und Speicherbedarf (%CPU und %MEM) allerdings in keiner Weise.[3]

---

[2] Linux, FreeBSD, AIX und Tru64 verwenden die BSD-Form von ps. Bei AIX und Tru64 unterstützt der ps-Befehl sowohl die BSD- als auch die System V-Optionen. Den BSD-Optionen wird kein Bindestrich vorangestellt (was bei BSD eine gültige Syntaxvariation darstellt), während die System V-Optionen mit einem Bindestrich arbeiten. Bei diesen Unix-Versionen ist also ps -au nicht gleich ps au.

Selbst in diesem Modus entspricht der AIX-Befehl der System V-Version, obwohl die Ausgabe mit den Spaltenüberschriften der BSD-Version aufwartet. Die Ausgabe von ps aux verwendet also die PID- und nicht die %CPU-Reihenfolge. Solaris bietet ebenfalls einen BSD-ähnlichen ps-Befehl in /usr/ucb an (der mit System V-Spaltenüberschriften arbeitet).

[3] Dies beschreibt die wahre BSD-Definition dieser Felder. Allerdings pfuschen hier viele System V-basierte Betriebssysteme, selbst wenn sie einen BSD-kompatiblen ps-Befehl anbieten. Unter Linux, AIX und Solaris hat die %CPU-Spalte eine andere Bedeutung. Sie enthält das Verhältnis der CPU-Zeit zur verstrichenen Zeit für die gesamte Lebensdauer jedes Prozesses – eine sehr andere Statistik als die aktuelle CPU-Nutzung.

Tabelle 15-2: Ausgabefelder des ps-Befehls

Ausgabefeld	Inhalt
USER (BSD) UID (System V)	Benutzername des Prozesseigners
PID	Prozess-ID.
%CPU	Geschätzter Anteil der CPU-Auslastung (FreeBSD und Tru64); CPU-Zeit/verstrichene Zeit (AIX, Solaris und Linux)
%MEM	Geschätzter Anteil an der Auslastung des Systemspeichers (BSD). Diese Werte sind manchmal sehr schlecht geschätzt.
SZ	Bedarf an virtuellem Speicher in KB (BSD) bzw. Seiten (System V)
RSS	Bedarf an realem Hauptspeicher (gleiche Einheiten wie unter SZ)
TT, TTY	Dem Prozess zugeordnetes Terminal
STAT (BSD) S (System V)	Augenblicklicher Prozessstatus; einer (oder bei BSD mehrere) der folgenden: R: In Ausführung oder ausführungsbereit (Running) S: Schlafend (Sleeping) I: Der Prozess ist »Idle«, d.h. unbeschäftigt (BSD), Übergangszustand (System V) T: Angehalten (Stopped) Z: Zombie-Prozess D (BSD): Warten auf Festplattenzugriff (Disk Wait) X (System V): Wachsend: wartet auf Hauptspeicher (Growing) K (AIX): Verfügbarer Kernel-Prozess W (BSD): Ausgelagert (Swapped Out) N (BSD): Niced: Ausführungspriorität verringert < (BSD): Niced: Ausführungspriorität künstlich erhöht TIME: Bisheriger Gesamtbedarf an CPU-Zeit
COMMAND	Kommandozeile, die ausgeführt wird (gekürzt).
STIME (System V) STARTED (BSD)	Zeit- oder Datumsangabe, die angibt, wann der Prozess gestartet wurde.
F	Mit dem Prozess assoziierte Flags (siehe hierzu die ps-Manpage).
PPID	PID des Elternprozesses (Parent).
NI	Nice-Wert des Prozesses.
C (System V) CP (BSD)	Kurzfristiger CPU-Lastfaktor; wird vom Scheduler benötigt, um die Ausführungspriorität (PRI) zu berechnen.
PRI	Aktuelle Ausführungspriorität (wird dynamisch neu berechnet).
WCHAN	Ereignis, auf das der Prozess wartet.

Eine vage, ähnliche Ausgabe wird unter System V mit dem Befehl ps -ef erzeugt:

```
$ ps -ef
UID      PID  PPID  C STIME    TTY    TIME CMD
root       0     0  0 09:36:35  ?     0:00 sched
root       1     0  0 09:36:35  ?     0:02 /etc/init
...
marj    7997     1 10 09:49:32 ttyp3  0:04 csh
```

```
harvey  12923 11324   9 10:19:49 ttyp5   56:12 f77 -o test test.F
chavez  16725 16652  15 17:02:43 ttyp6   10:04 g04 Hg0.dat
wang    17026 17012  14 17:23:12 console  0:19 vi benzene.txt
```

Die Spalten beinhalten den Benutzernamen, die Prozess-ID, die PID des Elternprozesses (PPID, die PID des Prozesses, der den Prozess erzeugt hat), den augenblicklichen Scheduler-Wert, den Zeitpunkt, zu dem der Prozess gestartet wurde, das assoziierte Terminal, die akkumulierte CPU-Zeit und den Befehl, der ausgeführt wird. Beachten Sie, dass die Ausgabe nach PIDs und nicht nach Verwendung von Ressourcen sortiert ist. Diese Form des ps-Befehls wird von Solaris, HP-UX, AIX und Tru64 unterstützt. ps ist auch in Verbindung mit Pipes nützlich. Eine gängige Anwendung ist:

```
% ps aux | grep chavez
```

Mit diesem Befehl können Sie erkennen, was *chavez* momentan ausführt.

Sie können den sort-Befehl zusammen mit der System V-Version von ps verwenden, um leistungsbezogene Daten aus den Prozesslisten zu extrahieren. Zum Beispiel ermittelt der folgende Befehl die Prozesse, die den größten Speicherbedarf (der im SZ-Feld steht) aufweisen:

```
$ ps -el | head -1 ; ps -el | sort -nkr10 | head -5
  F S UID    PID    PPID   C PRI NI    SZ    ...    TIME CMD
240001 A 603 630828 483460 240 120 20 9711568    29530:42 1703.exe
240001 A 603 573616 540786 240 120 20 9710404    29516:30 1802.exe
240001 A   0 221240 139322   0  60 20    6140       25:50 X
240001 A   0 303204 270428   0  60 20    2004        0:32 sendmail
240001 A   0 458898 270428   0  60 20    1996        0:07 IBM.Errmd
```

Einige Spalten wurden bei dieser Ausgabe aus Platzgründen entfernt.

Weitere Utilities zur Ausgabe von Prozessen

Es gibt eine ganze Reihe von nützlichen, frei verfügbaren Tools zur Systemüberwachung. In diesem Abschnitt wollen wir uns pstree und top ansehen.

pstree gibt die Systemprozesse in einer baumähnlichen Struktur aus. Es ist entsprechend nützlich, um das Verhältnis zwischen Prozessen zu verdeutlichen, und kann Ihnen ein deutliches Bild davon vermitteln, was gerade auf Ihrem System läuft. pstree wurde von Werner Almesberger entwickelt und ist auf vielen Netzwerk-Sites, aber auch als Teil des psmisc-Pakets (*ftp://sunsite.unc.edu/pub/Linux/system/status/ps*) zu finden. Es ist bei Linux standardmäßig enthalten und findet sich bei FreeBSD in den Zusatzpaketen der Installations-CDs.[4]

Hier sehen Sie ein Beispiel für seine Ausgabe:

```
$ pstree
init-+-alarmd
     |-anacron
     |-apmd
     |-atd
```

---

[4] Solaris besitzt ein ähnliches Utility namens ptree.

```
            |-crond
            |-gpm
            |-inetd-+-in.rlogind---bash---vi                 Zwei entfernte Benutzer
            |       `-in.rlogind---bash---mkps---gbmat-+-grops
            |                                          |-gtbl
            |                                          `-gtroff
            |-kapm-idled
            |-7*[kdeinit]
            |-kdeinit-+-kdeinitKDE-Clients.
            |         `-kdeinit---bash-+-pstree
            |                          |-xclock
            |                          |-xterm---tcsh---ls
            |                          `-2*[xterm---rlogin]
            |-kdeinit---cat
            |-keventd
            |-khubd
            |-kjournald
            |-klogd
            |-login---bash---startx---xinit-+-X           X Windows-Hauptprozesse
            |                               `-startkde---ksmserver
            |-mdrecoveryd
            |-5*[mingetty]
            |-portmap
            |-rpc.statd
            |-sendmail
            |-sshd
            |-syslogd
            |-vmware-guestd
            |-xfs
            `-xinetd---fam
```

Im Allgemeinen werden alle Prozesse mit dem Befehlsnamen aufgeführt, und die Kindprozesse erscheinen rechts neben ihren Elternprozessen. init erscheint also ganz links in der Ausgabe, weil es den Elternprozess aller anderen Prozesse darstellt. Die Notation

    n*[befehl]

deutet an, dass *befehl n*-mal ausgeführt wird. In unserem Beispiel laufen also fünf mingetty-Prozesse.

Bei diesem System gibt es drei Gruppen von Benutzer-Prozessen:

- Ein lokaler Benutzer führt X und verschiedene Clients aus: den KDE Window-Manager, xclock, zwei xterm-Fenster auf entfernten Systemen und ein lokales xterm-Fenster, in dem die tcsh-Shell ausgeführt wird. Diese Prozesse erscheinen in der zweiten und dritten kommentierten Gruppe.
- Ein entfernter Benutzer führt die bash-Shell und diesen pstree-Befehl aus (die kommentierte Zeile hinter »inetd«).
- Ein weiterer entfernter Benutzer führt drei GNU-Textbearbeitungs-Dienstprogramme aus (die drei Zeilen unter dem zweiten Zweig von »in.rlogind« unter »inetd«).

Die verbleibenden Zeilen dieser Ausgabe enthalten übliche Systemprozesse.

Das Dienstprogramm top gibt den Systemstatus sowie die aktivsten Prozesse aus. Diese Ausgabe wird automatisch alle paar Sekunden aktualisiert. Versionen von top finden Sie bei FreeBSD, HP-UX, Linux und Tru64. Das Utility wurde von William LeFebvre entwickelt und ist über *http://www.groupsys.com/top/* verfügbar.

Das Folgende ist eine Momentaufnahme der Ausgabe bei einem Linux-System:

```
6:19pm  up 13 days, 23:42,   1 user,   load average: 0.03, 0.03, 0.00
28 processes: 27 sleeping, 1 running, 0 zombie, 0 stopped
CPU states: 7.7% user, 14.7% system,  0.0% nice, 77.6% idle
Mem:  6952K av,  6480K used,    472K free,   3996K shrd,   2368K buff
Swap: 16468K av, 2064K used,  14404K free
  PID USER     PRI  NI  SIZE  RSS SHARE STAT %CPU %MEM  TIME COMMAND
 1215 chavez    14   0  8908 8908  7940 S     1.1  9.4  0:03 kdeinit
 1106 chavez    14  -1 12748 9420  1692 S <   0.9  9.9  0:14 X
 1262 chavez    16   0  1040 1040   836 R     0.9  1.1  0:00 top
 1201 chavez     9   0 10096 9.9M  9024 S     0.1 10.6  0:02 kdeinit
    1 root      8   0   520  520   452 S     0.0  0.5  0:04 init
    2 root      9   0     0    0     0 SW    0.0  0.0  0:00 keventd
...
```

Die ersten fünf Zeilen liefern allgemeine Systeminformationen: wie lange das System schon läuft, Statistiken zur Gesamtzahl der Prozesse und die aktuelle Auslastung von CPU, Speicher und Swap-Bereich. Der Rest der Ausgabe ist dem ähnlich, was mit den verschiedenen Optionen von ps zu erreichen ist (wobei ähnliche Spaltenüberschriften verwendet werden). Die Prozesse sind nach der aktuellen CPU-Nutzung sortiert. Bei *top*-Ausgaben enthält die Spalte %CPU den aktuellsten CPU-Verbrauch jedes Prozesses der letzten Minute (oder weniger).

Bei der HP-UX-Version von top können Sie sich die Werte nur ausgeben lassen. Per Voreinstellung wird die top-Ausgabe alle fünf Sekunden aktualisiert. Das können Sie mit den folgenden Befehlsformen ändern:

FreeBSD	top -s 8
Linux	top d8
HP-UX	top -s 8
Tru64	top -s 8

Alle diese Beispiele setzen das Aktualisierungsintervall auf acht Sekunden. top gibt die Werte kontinuierlich aus, bis Sie es mit der *q*-Taste beenden.

Bei vielen Unix-Versionen ermöglicht Ihnen top, mit den Prozessen zu interagieren, die ausgegeben werden. Über die Tasten *k* und *r* können Sie kill und renice auf die Prozesse anwenden (diese Befehle werden an anderer Stelle in diesem Kapitel detailliert behandelt). In beiden Fällen verlangt top die Eingabe der PID des betroffenen Prozesses.

Das /proc-Dateisystem

Alle von uns betrachteten Unix-Versionen außer HP-UX unterstützen das /proc-Dateisystem. Hierbei handelt es sich um ein Pseudo-Dateisystem, das Einblick in Teile des Kernel-Speichers und dessen Datenstrukturen erlaubt.

Bei den meisten Systemen besteht das /proc-Dateisystem vollständig aus zahllosen Dateien oder Unterverzeichnissen unter /proc, die nach den jeweiligen PIDs benannt sind. Handelt es sich bei den Elementen um Unterverzeichnisse, dann sind die zu jedem Prozess verfügbaren Informationen auf verschiedene in diesem Verzeichnis enthaltene Dateien verteilt. Hier sehen Sie ein Beispiel von einem Linux-System:

```
$ ls /proc/1234
cmdline  cwd  environ  exe  fd  maps  mem  root  stat  statm  status
```

Die im /proc-Dateisystem enthaltenen prozessbezogenen Informationen sind üblicherweise auch auf andere Art zugänglich (z. B. über den ps-Befehl).

Linux-Systeme erweitern das /proc-Dateisystem um viele weitere Dateien und Unterverzeichnisse, die eine Vielzahl von Systemeinstellungen und aktuellen Systemdaten enthalten. So enthält die Datei *cpuinfo* beispielsweise Informationen zum Prozessor des Computers:

```
$ cat /proc/cpuinfo
processor       : 0
vendor_id       : GenuineIntel
cpu family      : 6
model           : 7
model name      : Pentium III (Katmai)
stepping        : 3
cpu MHz         : 497.847
cache size      : 512 KB
fdiv_bug        : no
hlt_bug         : no
f00f_bug        : no
coma_bug        : no
fpu             : yes
fpu_exception   : yes
cpuid level     : 2
wp              : yes
flags           : fpu vme de pse tsc msr pae mce cx8 apic sep
                  mtrr pge mca cmov pat pse36 mmx fxsr sse
bogomips        : 992.87
```

Zu den nützlichsten Dateien unter /proc zählen:

devices
    Die Major- und die Minor-Gerätenummer.

filesystems
    Vom aktuellen Kernel unterstützte Dateisysteme.

meminfo
    Statistiken zur Speichernutzung und -konfiguration.

modules
    Geladene Kernel-Module.

pci
    Liste der erkannten PCI-Geräte und deren Konfiguration.

scsi/scsi
    Liste der erkannten SCSI-Geräte und deren Konfiguration.

version
    Linux-Version des momentan laufenden Kernels (in der langen Version). Die Datei */proc/sys/kernel/oslevel* enthält nur den numerischen Linux-Kernel-Versionsstring.

Es gibt viele, viele weitere Dateien im */proc*-Baum. Den meisten messe ich allerdings keine größere Bedeutung zu, wenn man nicht gerade Programmierer oder Skript-Entwickler ist, da die in diesen Dateien enthaltenen Informationen über Unix-Standardbefehle wesentlich bequemer und in einem schöneren Format zugänglich sind.

Zusätzlich ermöglicht das Unterverzeichnis *sys* Zugriff auf Kernel-Variablen. Einige dieser Dateien können verändert werden und so den entsprechenden Systemwert verändern. Zum Beispiel enthält die Datei *kernel/panic* die Anzahl von Sekunden, die nach einem gravierenden Kernel-Fehler mit einem Reboot gewartet werden soll. Die folgenden Befehle ändern den Standardwert von 0 (sofort) auf 60 Sekunden:

```
# cd /proc/sys/kernel
# cat panic
0
# echo "60" > panic
```

Die Änderung von Kernel-Variablen ist immer mit Risiken verbunden. Experimentieren Sie daher nicht mit Produktionssystemen.

Solche Änderungen bleiben nach einem Neustart nicht erhalten, d. h., Sie müssen sie in ein Boot-Skript eintragen, um sie permanent so einzustellen.

Idle-Prozesse des Kernels

Gelegentlich könnten Sie Prozesse entdecken, bei denen eine wechselnde Menge von CPU-Zeit und kurzfristiger CPU-Belastung vorzuliegen scheint:

```
AIX
USER PID  %CPU %MEM  SZ RSS  TTY STAT STIME      TIME COMMAND
root 516  99.2 0.0   20 20   -   A    Mar 18  6028:47 kproc

Tru64
USER PID  %CPU %MEM  SZ  RSS  TTY STAT STIME     TIME COMMAND
root 0    0.0  7.7   396M 17M ??  R    Jan 23 49:46.53 [kernel idle]
```

Bei beiden aufgeführten Prozessen handelt es sich um so genannte Idle-Prozesse des Kernels, die anzeigen, wie lange das System seit dem letzten Booten »untätig« (engl. idle) war,

d. h. wie viele CPU-Zyklen ungenutzt blieben. Bei AIX-Systemen gibt es üblicherweise mehrere kproc-Prozesse (und nicht alle sind notwendigerweise untätig). Auf jeden Fall müssen Sie sich um solche Prozesse keine Gedanken machen.

Ressourcenbeschränkungen von Prozessen

Unix stellt sehr einfache Ressourcenbeschränkungen für Prozesse bereit. Sie können folgende Beschränkungen definieren:

- Gesamte CPU-Zeit
- Größte Datei, die (neu oder durch Vergrößerung einer existierenden Datei) angelegt werden darf
- Maximale Größe des Datensegments des Prozesses
- Maximale Größe des Stack-Segments des Prozesses
- Maximale Größe einer Core-Datei (die bei einem Programmabsturz angelegt wird)
- Maximale Speichergröße, die ein Prozess belegen darf

Ressourcenbeschränkungen lassen sich in zwei Typen einteilen: in »weiche« und in »harte« Beschränkungen. Weiche Beschränkungen, sog. *Soft Limits*, sind Ressourcenbeschränkungen, die standardmäßig auf neue Prozesse angewendet werden. Ein Benutzer kann diese Standardwerte bis zu den systemweit geltenden harten Beschränkungen, den sog. *Hard Limits*, erhöhen. Nur der Superuser kann diese Grenzen übergehen. Hard Limits definieren also die absolute Obergrenze für die Nutzung von Ressourcen.

Die C-Shell und tcsh stellen zwei eingebaute Befehle zur Verfügung, mit denen sich die Ressourcenbeschränkungen anzeigen und einstellen lassen. Der Befehl limit zeigt die aktuell gültigen Ressourcenbeschränkungen an. Die Hard Limits lassen sich durch Angabe der Option -h in der limit-Kommandozeile ausgeben:

```
% limit                              % limit -h
cputime       1:00:00                cputime        unlimited
filesize      1048575 kbytes         filesize       unlimited
datasize      65536 kbytes           datasize       3686336 kbytes
stacksize     4096 kbytes            stacksize      262144 kbytes
coredumpsize  1024 kbytes            coredumpsize   unlimited
memoryuse     32768 kbytes           memoryuse      54528 kbytes
```

Der entsprechende Befehl der bash und der ksh heißt ulimit (er wird auch in einigen Bourne-Shells unterstützt). Die Optionen -a und -Ha geben die aktuellen Soft bzw. Hard Limits aus:

```
$ ulimit -a                          $ ulimit -Ha
time(seconds)      3600              time(seconds)      unlimited
file(blocks)       2097151           file(blocks)       2097151
data(kbytes)       65536             data(kbytes)       257532
stack(kbytes)      4096              stack(kbytes)      196092
memory(kbytes)     32768             memory(kbytes)     unlimited
coredump(blocks)   1024              coredump(blocks)   unlimited
```

Tabelle 15-3 führt die Befehle auf, mit deren Hilfe Sie die Werte für Ressourcenbeschränkungen einstellen können. Üblicherweise würde man sie in die Login-Initialisierungsdatei der Benutzer platzieren.[5]

Tabelle 15-3: Einstellen prozessorientierter Ressourcenbeschränkungen

Ressource	csh und tcsh	bash und ksh
CPU-Zeit	limit cputime *sek*	ulimit -t *sek*
Maximale Dateigröße	limit filesize *KB*	ulimit -f *KB*
Maximales Prozess-Datensegment	limit datasize *KB*	ulimit -d *KB*
Maximale Stack-Größe des Prozesses	limit stacksize *KB*	ulimit -s *KB*
Maximale reale Speichergröße	limit memory *KB*	ulimit -m *KB*
Maximale Größe der Core-Datei	limit coredumpsize *KB*	ulimit -c *KB*
Maximale Anzahl von Prozessen[a]		ulimit -u *n*
Maximale virtuelle Speichergröße[a]		ulimit -v *KB*

a Nur bei der bash.

Die folgenden Befehle erhöhen beispielsweise das Limit für die CPU-Zeit auf den Maximalwert und das Limit für den realen Speicher auf 64 MB:

bash und ksh
```
$ ulimit -t unlimited
$ ulimit -m 65536
```

C-Shell und tcsh
```
% limit cputime unlimited
% limit memory 65536
```

Nun zu den schlechten Nachrichten: Die Unix-Ressourcenbeschränkungen sind aus Sicht des Systemadministrators aus mehreren Gründen nur von geringem Nutzen. Erstens sind die Hard Limits direkt in den Kernel integriert und lassen sich vom Systemverwalter nicht ändern. Zweitens können die Benutzer grundsätzlich ihre eigenen Soft Limits festlegen. Der Systemadministrator kann lediglich die entsprechenden Befehle in die *.profile*- oder *.cshrc*-Dateien der Benutzer eintragen und das Beste hoffen. Drittens beziehen sich die Grenzen auf einzelne Prozesse. Unglücklicherweise bestehen aber die meisten echten Jobs aus vielen Prozessen und nicht nur aus einem. Momentan gibt es keine Möglichkeit, die Grenzen auf einen Elternprozess und alle seine Kindprozesse gleichzeitig auszudehnen. Und zu guter Letzt wird meistens nicht einmal sichergestellt, dass die Grenzen auch eingehalten werden. Dies gilt insbesondere für die beiden Limits, die für Sie wahrscheinlich die wichtigsten sind: die CPU-Zeit und der Speicherbedarf. Sie werden experimentieren müssen, um herauszufinden, welche Grenzen auf Ihrem Rechner berücksichtigt werden.

FreeBSD ist die Ausnahme: Limits können hier sehr effizient über Login-Klassen (*/etc/login.conf*) festgelegt werden. Genaueres finden Sie im Abschnitt »Verwalten von Benutzer-Accounts« in Kapitel 6.

---

5 Es gibt auch ein PAM-Modul zum Einstellen der Beschränkungen.

Allerdings gibt es wenigstens eine Grenze, die es wert ist, in den Initialisierungsdateien des Benutzers eingestellt zu werden, nämlich die Größe der Core-Dateien. Wenn die Benutzer auf Ihrem System keine Core-Dateien benötigen, sollten Sie die Grenze auf 0 setzen und so das Anlegen dieser Dateien ganz unterbinden.

Prozess-Ressourcenbeschränkungen bei AIX

AIX stellt eine Struktur zur Verfügung, die eine ausgefeiltere Verwaltung dieser Limits ermöglicht: die Datei */etc/security/limits*, die sich entweder direkt oder mit dem Befehl chuser an eigene Bedürfnisse anpassen lässt. Die Datei arbeitet mit Teilabschnitten der folgenden Form:

```
chavez:
    fsize = 2097151         Maximale Dateigröße.
    core = 0                Maximale Größe der Core-Datei.
    cpu = 3600              Maximale Anzahl CPU-Sekunden.
    data = 131072           Maximale Größe des Datensegments.
    rss = 65536             Maximale Größe des realen Speichers.
    stack = 8192            Maximale Stack-Größe.
```

Sie bestimmt die Ressourcenbeschränkungen für den Benutzer, dessen Name den Abschnitt einleitet. Diese Einstellungen spezifizieren absolute Grenzwerte für die Verwendung von Ressourcen und können vom Benutzer nicht überschrieben werden.

Um den der Benutzerin *chavez* zur Verfügung stehenden Speicherplatz zu beschränken, können Sie den folgenden Befehl verwenden:

```
# chuser rss=102400 chavez
```

Dieser Befehl setzt die Standardgrenze für den Speicherbedarf der Benutzerin *chavez* auf 100 MB, indem er die entsprechende Zeile (*rss*) für *chavez* in */etc/security/limits* einfügt oder diese dort ändert. Wie üblich werden die im *default*-Abschnitt festgelegten Grenzen bei allen Benutzern verwendet, bei denen keine eigenen Grenzwerte eingestellt wurden. Das Einstellen des Wertes –1 erlaubt die unbeschränkte Nutzung dieser System-Ressource.

Sie können die prozessbezogenen Ressourcenbeschränkungen auch mit SMIT festlegen. Der entsprechende Dialog ist in Abbildung 15-1 zu sehen und zeigt die Felder einer Maske zum Hinzufügen bzw. Modifizieren eines Benutzers.

Signale und das Beenden von Prozessen

Manchmal ist es notwendig, einen Prozess vollständig zu eliminieren. Hierzu dient der kill-Befehl, der eigentlich ein allgemeines Utility zum Senden von Signalen an Prozesse darstellt. Seine Syntax lautet:

```
# kill [-signal] pid
```

pid ist dabei die Prozess-ID (oder eine durch Leerzeichen getrennte Liste von Prozessnummern), und *signal* ist das (optionale) Signal, das an den Prozess geschickt werden soll. Wird explizit kein Signal angegeben, so erhält der Prozess das Signal 15 (TERM), das ihn

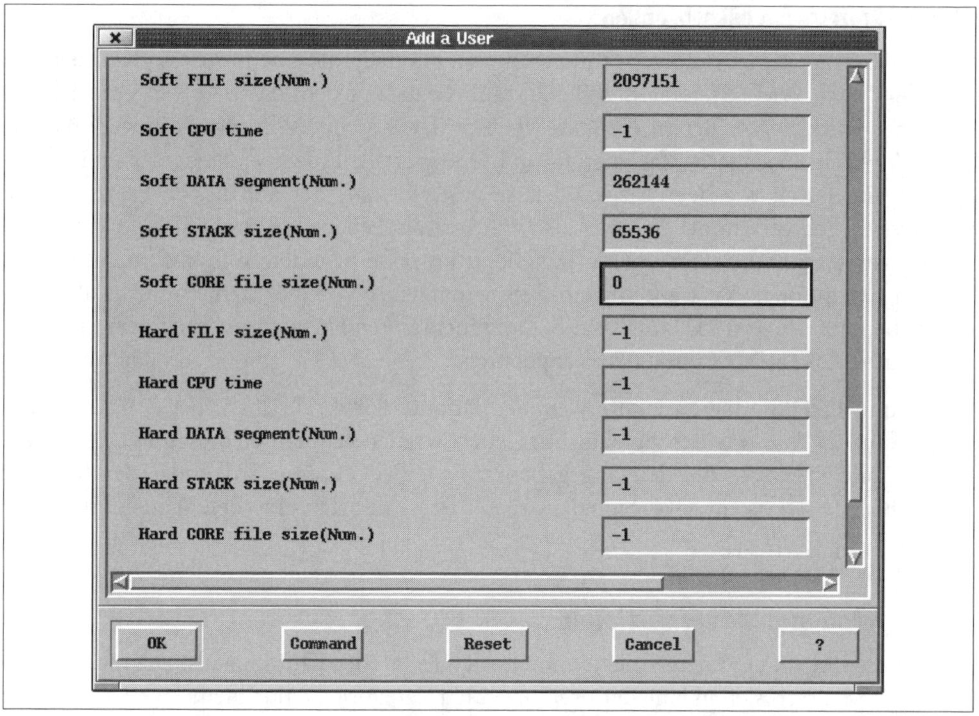

Abbildung 15-1: Einstellung prozessbezogener Ressourcenbeschränkungen mit SMIT

anweist, sich selbst zu beenden.⁶ Grundsätzlich können sowohl die Signalnummer als auch der symbolische Name angegeben werden (obwohl einige ältere System V-Systeme nur numerische Werte erlauben). Sie müssen Superuser sein, um mit kill Prozesse anderer Benutzer beenden zu können.

Manchmal existiert ein Prozess nach einem kill-Befehl immer noch. In diesem Fall kann kill mit der Option -9 aufgerufen werden. kill schickt dann das Signal 9, dessen symbolischer Name bezeichnenderweise KILL lautet. Dies garantiert fast immer, dass der Prozess beendet wird. Der solcherart abgesch(l)ossene Prozess hat aber keine Möglichkeit mehr, Ordnung zu schaffen, und hinterlässt möglicherweise geöffnete Dateien in einem inkonsistenten Zustand.

Angehaltene Prozesse müssen ihre Arbeit zuerst wieder aufnehmen, bevor sie mittels kill beendet werden können.

---

6 Diese Signalnummern sollen bei System V und BSD identisch sein. Tatsächlich ist dies aber nicht immer der Fall. Die Signale sind in */usr/include/signal.h* (oder */usr/include/sys/signal.h*) definiert. Mit dem Befehl kill -l können Sie sich eine Liste der symbolischen Namen ausgeben lassen.

Mehrere Prozesse mit killall beenden

Obwohl Sie den kill-Befehl verwenden können, um mehr als einen Prozess gleichzeitig zu beenden, bieten viele Systeme den Befehl killall an, mit dem diese Angelegenheit etwas einfacher wird. Dieser Befehl erblickte als Teil der System V-Shutdown-Prozeduren das Licht der Welt. In seiner einfachsten Form beendet er alle Prozesse, die derselben Prozessgruppe angehören wie der Prozess, der sie gestartet hat (der aufrufende Prozess bleibt davon natürlich verschont). Wird er also von init als Teil eines System-Shutdowns aufgerufen, werden alle auf dem System laufenden Prozesse beendet. Wie kill auch, erlaubt killall die optionale Verwendung eines Signalnamens oder einer Signalnummer als Argument. Diese Form von killall kann bei administrativen Skripten nützlich sein und wird von Tru64, AIX, HP-UX und Solaris angeboten.[7]

Linux und FreeBSD bieten eine erweiterte Variante von killall an, bei der als zweites Argument der Name eines Befehls übergeben werden kann. Bei dieser Form beendet killall alle Prozesse, die den angegebenen Befehl ausführen. So sendet der folgende Befehl beispielsweise ein KILL-Signal an alle Prozesse, die den find-Befehl ausführen:

```
# killall -KILL find
```

Wenn sich Prozesse nicht beenden lassen

Gelegentlich stirbt ein Prozess nicht einmal nach Erhalt des KILL-Signals. Die meisten dieser Prozesse lassen sich in eine der drei folgenden Kategorien einordnen:

- Zombies. Ein Prozess im Zustand *Zombie* (Status Z in der Ausgabe von ps unter BSD, <defunct> unter System V). Wenn ein Prozess beendet wird, schickt er seinem Elternprozess eine Nachricht, um ihn von dieser Tatsache zu unterrichten. Sobald diese Nachricht quittiert wird, wird seine PID aus der Prozesstabelle entfernt. Ein Zombie-Prozess ist ein Prozess, der alle Ressourcen freigegeben hat, dessen Nachricht jedoch nicht vom Elternprozess quittiert wurde. Für gewöhnlich springt init ein, wenn der Parent nicht mehr existiert, gelegentlich schlägt dies aber fehl. Zombies werden grundsätzlich beim nächsten Booten des Rechners gelöscht und beeinträchtigen die Leistungsfähigkeit des Rechners nicht weiter.

- Prozesse, die auf nicht verfügbare NFS-Ressourcen warten (z. B. weil sie in eine Datei auf einem anderen Rechner schreiben wollen, der abgestürzt ist), sterben nicht, wenn sie ein KILL-Signal erhalten. Verwenden Sie das Signal QUIT (3) oder INT (interrupt, 2), um solche Prozesse zu beenden. Die Einzelheiten dazu finden Sie im Abschnitt »Dateisysteme gemeinsam nutzen« in Kapitel 10.

- Prozesse, die darauf warten, dass ein Peripheriegerät eine Operation abschließt. Beispielsweise könnten sie darauf warten, dass das Bandlaufwerk ein Band zurückspult.

---

7 Einige ältere Unix-Betriebssysteme besitzen ebenfalls einen killall-Befehl, der aber eine ganz andere Funktion hat. Gehen Sie also auf Nummer sicher und lesen Sie die Manpage, bevor Sie den Befehl auf einem Ihnen nicht vertrauten Betriebssystem verwenden.

Anhalten und Fortsetzen von Prozessen

Die Signale STOP und CONT können verwendet werden, um einen laufenden Prozess kurzfristig anzuhalten bzw. die Ausführung wieder fortzusetzen. Sie verwenden denselben Mechanismus wie die Ctrl-Z-Funktion in Shells, können aber vom Superuser an jeden laufenden Prozess geschickt werden.

Verwaltung von CPU-Ressourcen

Die Auslastung der CPU ist üblicherweise der erste Faktor, den Sie betrachten, wenn Sie ein Problem mit der Leistung lösen möchten, oder auch, wenn Sie den allgemeinen Systemzustand ganz generell betrachten möchten.[8]

Nice-Werte und Prozessprioritäten

Die meisten Unix-Systeme verwenden ein *prioritätsbasiertes Round-Robin-Scheduling* als Algorithmus für die Zuteilung von CPU-Ressourcen zwischen mehreren miteinander konkurrierenden Prozessen. Jedem Prozess wird eine *Ausführungspriorität* zugewiesen, ein Integerwert, der auf Basis verschiedener Faktoren dynamisch berechnet und aktualisiert wird. Jedesmal, wenn die CPU frei wird, wählt der Scheduler den favorisierten Prozess aus und beginnt mit seiner Ausführung bzw. setzt seine Ausführung fort. Üblicherweise entspricht dies dem Prozess mit der niedrigsten Prioritätszahl, weil niedrigere Zahlen bei den typischen Implementierungen als höher favorisiert eingestuft werden.

Obwohl auf einem System viele Prozesse gleichzeitig vorhanden sein können, besitzt zu einer bestimmten Zeit nur jeweils ein Prozess die CPU (wenn wir davon ausgehen, dass das System nur eine CPU besitzt). Sobald ein Prozess zu laufen beginnt, wird er so lange ausgeführt, bis er auf eine E/A-Operation warten muss, einen Interrupt vom Kernel empfängt, auf andere Weise freiwillig oder unfreiwillig die Kontrolle über die CPU abgibt oder bis die maximale *Zeitscheibe* (*time slice* oder *quantum*) überschritten wurde, die ihm für die Ausführung zugestanden wurde. Diese Zeitscheibe wird vom System definiert, wobei 10 Millisekunden ein gängiger Wert sind. Sobald die Ausführung eines Prozesses angehalten wurde, sucht sich der Scheduler den nächsten Prozess des Systems aus, und das Spiel geht von vorn los. Dieser Wechsel des laufenden Prozesses wird als *Kontext-Switching* bezeichnet.

Mehrere Prozesse mit derselben Prioritätsstufe werden in einer sog. *Run-Queue* für diese Prioritätsstufe eingetragen. Jedes Mal wenn die CPU frei ist, startet der Scheduler die Prozesse am Kopf der (nicht leeren) Run-Queue mit der niedrigsten Zahl. Wenn die Ausführung des Prozesses am Kopf der Run-Queue angehalten wird, wird er an das Ende der Queue verschoben, und der nächste Prozess wird nach vorne geholt.

---

8 Einige Leute empfehlen zuerst die Prüfung des Speichers, weil die Überlastung der CPU häufig ein Nebeneffekt bei zu wenig Speicher ist.

Jeder Unix-Prozess verfügt über zwei Prioritätsnummern:

- Seinen *Nice-Wert*, der die angeforderte Ausführungspriorität bezüglich anderer Prozesse bezeichnet. Dieser Wert kann vom Besitzer des Prozesses und von *root* gesetzt werden. Der Nice-Wert erscheint beim Aufruf von `ps -l` in der Spalte NI.
- Seine augenblickliche (echte) Ausführungspriorität, die (systemabhängig) vom Betriebssystem berechnet und dynamisch aktualisiert wird. Häufig werden dabei Faktoren wie der Nice-Wert des Prozesses, die Menge an CPU-Zeit, die dem Prozess schon zu Verfügung stand, sowie andere Prozesse und deren Priorität mit berücksichtigt. Dieser Wert erscheint beim Aufruf von `ps -l` in der Spalte PRI.[9]

Bei BSD liegen Nice-Werte im Bereich von –20 bis 20, wobei –20 die höchste Priorität darstellt. Die Standardpriorität ist 0). System V kennt Nice-Werte von 0 bis 39 (voreingestellt ist 20), wobei kleinere Zahlen wieder eine höhere Priorität und eine schnellere Ausführung bedeuten. Unter Unix ist weniger wirklich mehr. Interaktive Shells laufen üblicherweise mit den Standardwerten (0 bei BSD und 20 bei System V). Nur der Superuser kann Nice-Werte festlegen, die unter dem Standardwert liegen.

Viele Systeme bieten einen speziellen Nice-Wert an, den Sie Prozessen zuweisen können, die nur ausgeführt werden sollen, wenn niemand sonst die CPU beansprucht. Bei Solaris-Systemen lautet dieser Wert 19 und bei Tru64, HP-UX und Linux-Systemen ist dies die 20.

Bei AIX-Systemen kann ein ähnlicher Effekt erzielt werden, wenn ein Prozess auf die feste Prioritätsstufe 121 gesetzt wird. (Dies bewerkstelligen Sie mit dem Systemaufruf `setpri`. Ein Beispielprogramm, das diese Funktion aufruft, finden Sie im Abschnitt »Wenn nur C hilft« in Kapitel 14.) Weil variierende Prioritäten immer bei einem Wert von 120 oder darunter liegen, kann ein Job mit einer Priorität von 121 bis 126 nur ausgeführt werden, wenn kein anderer Prozess die CPU beansprucht. Beachten Sie, dass ein Prozess keine variierende Priorität mehr verwenden kann, sobald Sie ihm eine feste Priorität zugewiesen haben.

Jeder Benutzer kann »nett« (nice) sein und die Priorität eines Prozesses, der ihm gehört, durch Heraufsetzen des Nice-Wertes senken. Nur dem Superuser ist es erlaubt, den Nice-Wert eines Prozesses zu senken. Hierdurch werden die Benutzer davon abgehalten, ihre eigenen Prioritäten zu erhöhen und so mehr als ihren Anteil an den Systemressourcen zu belegen.

Es gibt verschiedene Möglichkeiten, die Ausführungspriorität eines Jobs festzulegen. Zuerst einmal gibt es zwei Befehle, die es den Benutzern ermöglichen, einen Prozess mit niedrigerer Priorität zu starten: den Befehl `nice`, der in einige Shells integriert ist, und den Unix-Befehl `nice`, der meistens unter */bin* oder */usr/bin* zu finden ist. Die Funktionsweise der beiden Befehle ist gleich, ihre Syntax jedoch unterschiedlich:

```
% nice [+|- n] befehl
$ /bin/nice - [[-] n] befehl
```

---

[9] Im noch folgenden Abschnitt über den AIX-Scheduler finden Sie ein konkretes Beispiel, wie Prozessprioritäten berechnet werden.

In der C-Shell-Version von nice gibt eine explizit mit Vorzeichen versehene Zahl an, um welchen Betrag sich die Priorität des Befehls vom voreingestellten Nice-Wert unterscheiden soll. Wird keine Zahl angegeben, so findet ein voreingestellter Wert von +4 Verwendung. Bei /bin/nice wird der Unterschied zum voreingestellten Wert als Option angegeben, weshalb dem Betrag ein Bindestrich vorangestellt wird. Die Voreinstellung ist +10, und für positive Zahlen ist kein Pluszeichen erforderlich. Die beiden folgenden Befehle sind also identisch, obwohl sie sehr unterschiedlich aussehen:

```
% nice +6 bigjob
$ /bin/nice -6 bigjob
```

Beide Befehle versehen bigjob mit dem Nice-Wert von 6 unter BSD bzw. 26 unter System V. Analog erhöhen die beiden folgenden Befehle die Priorität von bigjob um fünf Stufen über den Standardwert (auf –5 unter BSD und auf 15 unter System V):

```
# nice -5 bigjob
# /bin/nice --5 bigjob
```

Die Nice-Werte unterscheiden sich unter BSD und System V grundsätzlich um 20; gleiche Befehle zeigen dennoch unter beiden Betriebssystemen die gleiche Wirkung.

Abgesehen von kleinen Unterschieden in der Ausgabe lässt sich die ps-Option -l immer dazu verwenden, den Nice-Wert eines Prozesses und seine aktuelle Ausführungspriorität anzeigen zu lassen. Das Folgende ist die Ausgabe bei einem Linux-System:

```
% ps l
    F  UID  PID  PPID  PRI  NI  VSZ  RSS WCHAN    COMMAND
 8201  371 8390  8219    1   0 3233  672 wait4    ... rlogin iago
 8201  371 8391  8219    3   4 3487 1196 do_sig   ... big_cmd
 8201    0 8394     1   15  -5 2134 1400 -        ... imp_cmd
```

In der Spalte, die mit NI bezeichnet ist, stehen die Nice-Werte jedes Prozesses. Die Spalte direkt links davon hat den Namen PRI; sie enthält die aktuelle Ausführungspriorität der Prozesse.

Einige Unix-Implementierungen verringern automatisch die Ausführungspriorität von Prozessen, die länger als zehn Minuten der CPU-Zeit des Benutzers benötigen. Weil der Befehl ps den Gesamtverbrauch an CPU-Zeit (Benutzer- zuzüglich Systemzeit) angibt, wird in der Ausgabe von ps für gewöhnlich eine Gesamtzeit von über zehn Minuten erscheinen, wenn dieser Fall eintritt.

Prozesse erben die Priorität ihres Elternprozesses, wenn sie erzeugt werden. Eine Änderung der Priorität des Elternprozesses hat jedoch keine Auswirkung auf die Priorität der Kindprozesse. Daher zeigt die Erhöhung der Priorität eines Prozesses nicht immer eine Wirkung, wenn der Prozess einen oder mehrere Unterprozesse erzeugt hat. Wenn der Elternprozess andererseits die meiste Zeit damit verbringt, auf seine Kindprozesse zu warten, so hat eine Änderung seiner Priorität keinen oder kaum Einfluss auf die Leistung des Systems.

Überwachung der CPU-Nutzung

Es gibt verschiedene Möglichkeiten, um sich einen schnellen Überblick über die momentane allgemeine CPU-Aktivität zu verschaffen. Zum Beispiel enthält der Befehl vmstat unter den vielen Statistiken, die er über das System ausgibt, auch eine Statistik zur CPU-Aktivität. Sein sinnvollster Modus verwendet die folgende Syntax:

$ **vmstat** *intervall* [*zähler*]

Dabei gibt *intervall* die Anzahl der Sekunden zwischen den einzelnen Reports an, und *zähler* gibt die Gesamtzahl der zu generierenden Reports an. Wenn Sie *zähler* weglassen, läuft vmstat so lange, bis Sie es explizit beenden.

Hier sehen Sie ein Beispiel einer vmstat-Ausgabe:[10]

```
$ vmstat 5 4
procs    memory           page                disk        faults        cpu
r b w   avm   fre  re at pi po fr de sr  d0 d1 d2 d3  in  sy  cs  us sy id
1 0 0  61312 9280  0  0 24  1  2  0  0   4  1  1 12  35  66  16  63 11 26
3 2 0  71936 3616  3  0 96  0  0  0  2  18  0  0  0  23  89  34  72 28  0
5 1 0  76320 3424  0  0  0  0  0  0  0  26  0  0  0  24  92  39  63 37  0
4 1 0  63616 3008  1  1  0  0  0  0  0  21  0  0  0  23  80  33  78 22  0
```

Die erste Zeile jedes vmstat-Reports enthält Durchschnittswerte (bezogen auf den letzten Boot-Vorgang) aller Statistiken. Diese Werte sollten ignoriert werden. Wenn Sie das vergessen, könnten Sie durch die Ausgabe von vmstat irregeführt werden. Im Moment sind wir nur an den folgenden Spalten des Reports interessiert:

r   Anzahl lauffähiger Prozesse, die auf die CPU warten.

cs   Anzahl von Context-Switches.

us   Prozentsatz der CPU-Zyklen, die als Benutzerzeit verbraucht wurden (z. B. zur Ausführung von Benutzeranwendungen).

sy   Prozentsatz der CPU-Zyklen, die als Systemzeit verbraucht wurden. Dazu zählen der mit dem Ausführen von Benutzerprogrammen verbundene Overhead (z. B. die Behandlung von E/A-Anforderungen) und die Bereitstellung allgemeiner Betriebssystemdienste.

id   »Idle time«, d. h. der Prozentsatz von CPU-Zyklen, die während des Intervalls nicht genutzt wurden.

Während des Zeitraums, der vom vmstat-Report abgedeckt wird, war die System-CPU voll ausgelastet, weil es keine Idle-Time gab.[11] Sie müssen ps zusammen mit vmstat verwenden, um zu ermitteln, welche Jobs die CPU-Ressourcen verbrauchen. Bei AIX kann zu diesem Zweck der Befehl tprof verwendet werden.

---

10 Die Ausgabe von vmstat variiert von System zu System etwas.

11 Die Methode, mit der bestimmt wird, ob ein einzelner Job durch die CPU eingeschränkt wurde oder nicht, unterscheidet sich etwas hiervon. Besteht eine deutliche Differenz zwischen der CPU-Zeit und der verstrichenen Zeit, die benötigt wurde, um einen Job zu beenden, obwohl das System eigentlich nicht ausgelastet war, dann sind andere Faktoren für die Leistungsverringerung verantwortlich.

Überlastungen der CPU erkennen

Hohe Werte bei der CPU-Auslastung sind nicht zwangsläufig schlecht (im Gegenteil, sie deuten vielmehr darauf hin, dass das System viel nützliche Arbeit verrichtet). Wenn Sie aber ein Problem mit der Systemleistung untersuchen und solche hohen Werte der CPU-Auslastung über einen signifikanten Zeitraum beobachten, dann ist wohl die Leistungsgrenze Ihrer CPU erreicht, und Sie haben einen Faktor Ihres Problems entdeckt. (Wie wir noch sehen werden, muss es aber nicht der einzige Faktor sein.)

 Kurzfristige Spitzen bei der CPU-Auslastung sind normal.

Generell deutet eines oder mehrere der folgenden Symptome auf eine Überlastung der CPU-Ressourcen hin, wenn sie regelmäßig auftreten und/oder über eine längere Zeitspanne anhalten:

- Höhere Durchschnittsauslastung als üblich.
- Die Gesamt-Prozessornutzung (us+sy) ist höher als üblich. Sie sollten beginnen, über zukünftige CPU-Anforderungen nachzudenken, wenn die Last immer höher wird und 80%–90% übersteigt.
- Es gibt eine große Anzahl wartender lauffähiger Prozesse (r). Das deutet an, dass diese Prozesse ausgeführt werden könnten, aber nicht genug CPU-Zyklen erhalten. Ich fange an, mir die Dinge genauer anzusehen, wenn dieser Wert zwischen 3 und 6 (pro CPU) liegt.
- Idealerweise sollte der Großteil der CPU-Leistung vom Benutzer verbraucht werden (und wirklich Arbeit erledigen) und nicht vom System. Ungewöhnlich hohe Werte der Systemzeit, insbesondere in Verbindung mit einer großen Anzahl von Context-Switches, können auf eine zu große Zahl von Prozessen hinweisen, die um die CPU kämpfen[12] (selbst wenn die eigentliche CPU-Nutzung nicht von Bedeutung ist). Ich sehe es gern, wenn die Systemzeit etwa ein Drittel (oder weniger) der Gesamtzeit einnimmt (das gilt natürlich nur, wenn die Gesamtzeit auch wirklich ernsthaft genutzt wird).
- Wenn die Überlastung der CPU die Quelle eines Leistungsproblems ist, gibt es mehrere Optionen, mit dieser Situation umzugehen:
    - Wenn Sie bestimmte Jobs anderen vorziehen wollen, können Sie die CPU über Prozess-Prioritäten explizit aufteilen.
    - Wenn es einfach mehr Bedarf an CPU-Leistung gibt, als Sie bereitstellen können, müssen Sie den Verbrauch auf irgendeine Weise reduzieren. Verschieben Sie die Last auf ein weniger ausgelastetes System, führen Sie einige Jobs zu einer anderen Zeit aus (etwa mit einem Batch-System in der Nacht) usw.[13]

---

12 Wie wir noch sehen werden, kann eine hohe Systemzeit auch einen Mangel an Arbeitsspeicher bedeuten.
13 Es ist auch möglich, den CPU-Verbrauch zu reduzieren, indem man die Effizienz der Anwendungsprogramme erhöht. Solche Techniken gehen über den Rahmen dieses Buches hinaus. Detaillierte Informationen zum Prozess der Codeoptimierung finden Sie in *High Performance Computing* von Kevin Dowd (O'Reilly & Associates).

– Wenn Ihr Betriebssystem es erlaubt, können Sie die Scheduling-Prozedur für die Bereitstellung von CPU-Ressourcen entsprechend Ihren Bedürfnissen anpassen.

Wir werden uns jede dieser Optionen im Rest dieses Abschnitts ansehen.

Änderung des Nice-Wertes eines Prozesses

Ist die Systemlast sehr hoch, kann es sinnvoll sein, CPU-intensive Prozesse zu zwingen, mit einer niedrigen Priorität zu laufen. Hierdurch wird mehr Zeit für interaktive Prozesse wie das Bearbeiten von Texten frei, was die Benutzer im Allgemeinen glücklich macht. Andererseits kann es angebracht sein, den Großteil der verfügbaren Rechenzeit einigen wenigen kritischen Prozessen zur Verfügung zu stellen und andere Arbeiten zu unterlassen, bis sie zu Ende gerechnet haben. Der Befehl renice dient dazu, die Priorität von Prozessen, die schon gestartet wurden, zu ändern. Erstmalig bei BSD eingeführt, steht renice jetzt auch bei System V zur Verfügung. Nur root darf renice dazu benutzen, die Ausführungspriorität eines Prozesses zu erhöhen (d. h. seinen Nice-Wert zu verringern). Die traditionelle renice-Syntax lautet:

```
# renice neuer-nice-wert pid
```

Dabei stellt *neuer-nice-wert* einen gültigen Nice-Wert und *pid* eine Prozess-ID dar. So setzt zum Beispiel der folgende Befehl den Nice-Wert von Prozess 8201 auf 5, verringert also seine Priorität um 5.

```
# renice 5 8201
```

Die Vergabe einer extrem hohen Priorität kann den normalen Betrieb des Betriebssystems empfindlich stören. Lassen Sie also Vorsicht walten.

renice bei AIX, HP-UX und Tru64

AIX und HP-UX verwenden eine modifizierte Form des renice-Befehls. Bei dieser Form müssen Sie der neuen Nice-Nummer die Option -n voranstellen:

```
$ renice -n 12 8201
```

Tru64 unterstützt beide Formen des renice-Befehls.

Beachten Sie, dass AIX das Prioritätensystem von System V verwendet, das die Werte 0 (hoch) bis 40 (niedrig) umfasst. Dennoch wird bei AIX der Nice-Wert zwischen -20 und 20 angegeben, dann aber intern in einen Wert zwischen 0 und 40 umgesetzt. Dies führt zu einer zeitweise etwas seltsamen Ausgabe:

```
# renice -n 10 3769
3769: old priority 0, new priority 10
# ps -l -p 3769
   F    S UID   PID PPID C PRI NI ADDR  SZ    WCHAN   TTY  TIMECMD
200801 S 371  3769 8570 0  70 30 2aca  84  1d79098 pts/1  0:00 c12
```

Der renice-Befehl bedient sich also der Nice-Werte, wie sie unter BSD üblich sind; ps hingegen gibt den echten Nice-Wert aus.

Änderung der Prozesspriorität bei Solaris

Bei System V.4 wurde das Standard-Prioritätsschema von System V geändert, um Echtzeitprozesse unterstützen zu können. V.4 (und fortan auch Solaris) verwendet per Voreinstellung Time-Sharing-Prioritäten zwischen –20 und 20, wobei 20 die höchste Priorität darstellt (voreingestellt ist 0). Es unterstützt renice im BSD-Stil und bildet die BSD-Nice-Werte auf die entsprechende Time-Sharing-Priorität ab. Gleichzeitig gibt der ps-Befehl die Nice-Werte im V.3-Format aus. Solaris hat dieses Schema als Teil seiner V.4-Basis implementiert.

Solaris besitzt darüber hinaus einen weiteren Befehl für die Modifikation der Prozessprioritäten (der ebenfalls primär für Echtzeitprozesse gedacht ist): priocntl. Die priocntl-Form, die die Priorität eines einzelnen Prozesses ändert, lautet:

```
# priocntl -s -p neue-priorität -i pid Prozess-ID
```

Dabei bezeichnet *neue-priorität* die neue Priorität des Prozesses, und *Prozess-ID* enthält die Prozess-ID des gewünschten Prozesses. Der folgende Befehl setzt die Priorität des Prozesses 8733 also auf –5:

```
# priocntl -s -p -5 -i pid 8733
```

Mit der folgenden Form können Sie die Priorität (also den Nice-Wert) aller Prozesse festlegen, die von einem bestimmten Elternprozess erzeugt wurden:

```
# priocntl -s -p -5 -i ppid 8720
```

Der Befehl setzt die Priorität des Prozesses 8720 und all seiner Kindprozesse.

Der Befehl priocntl besitzt viele weitere Möglichkeiten und Anwendungsgebiete, was Sie im Verlauf dieses Kapitels noch sehen werden. (Sie sollten sich auch die Manpage ansehen.)

Voreinstellung der Benutzer-Nice-Werte unter Tru64

Unter Tru64 können Sie den Nice-Wert der Login-Shell eines Benutzers vordefinieren. (Dieser Nice-Wert wird dann an alle Prozesse vererbt, die mit dieser Shell ausgeführt werden.) Hierzu wird das Feld *u_priority* im Benutzereintrag der geschützten Dassort-Datenbank verwendet. Das Feld erwartet einen numerischen Wert, wobei standardmäßig vom Wert 0 (dem üblichen Nice-Wert) ausgegangen wird. Im folgenden Beispiel wird der Standard-Nice-Wert auf 5 gesetzt:

```
u_priority#5
```

Ein systemweit gültiger Standard-Nice-Wert kann in */etc/auth/system/default* eingetragen werden.

Konfiguration des System-Schedulers

AIX und Solaris bieten Einrichtungen an, mit denen die Arbeitsweise des System-Schedulers konfiguriert werden kann. Tru64 bietet entsprechende Kernel-Parameter an. Diese Möglichkeiten wollen wir uns in diesem Abschnitt näher ansehen. Die anderen Betriebssysteme bieten in puncto Tuning der CPU-Leistung nur wenig Praktisches an.

Diese Operationen verlangen Sorgfalt und müssen durchdacht worden sein. Erste Versuche sollten daher nicht auf Produktionssystemen vorgenommen werden.

Der AIX-Scheduler

Bei AIX bewegen sich die dynamischen Prozessprioritäten zwischen 0 und 127, wobei kleinere Nummern für höhere Prioritäten stehen. Der aktuelle Wert jedes Prozesses erscheint in der Spalte *PRI* von `ps -l`-Ausgaben. Normalerweise ändern sich die Prioritäten (im Gegensatz zu den Nice-Werten) mit der Zeit, wobei die folgende Formel verwendet wird:

neue_priorität = min + nice + (anteil * jüngst)

min ist hierbei die minimale Prozesspriorität (normalerweise 40), *nice* ist der Nice-Wert des Prozesses und *jüngst* ist eine Nummer, die angibt, wie viel CPU-Zeit der Prozess in jüngster Zeit in Anspruch nahm. (Dieser Wert erscheint in der Spalte *C* in der Ausgabe von `ps -l`.) Standardmäßig hat der Parameter *anteil* den Wert 0,5. Er legt fest, welcher Anzeil der jüngsten CPU-Nutzung in die Rechnung einfließen soll (wie groß also die Strafe für die jüngst verbrauchten CPU-Zyklen ist).

Bei einem neuen Prozess beginnt *jüngst* mit 0 und kann einen Maximalwert von 120 erreichen. Am Ende jeder Zeitscheibe (10 Millisekunden, was einem Clocktick entspricht) erhöht der Scheduler *jüngst* bei dem Prozess um eins, der gerade die Kontrolle über die CPU besitzt. Zusätzlich reduziert der Scheduler einmal pro Sekunde *jüngst* bei allen Prozessen (standardmäßig wird der Wert halbiert). Der Effekt dieser Prozedur besteht darin, dass Prozesse, die in jüngster Zeit CPU-Ressourcen nutzen durften, benachteiligt werden, indem ihre Ausführungspriorität verringert wird, während nach und nach die Ausführungspriorität von Prozessen erhöht wird, die warten mussten. Die höchstmöglich zu erreichende Priorität ist dabei vom Nice-Wert abhängig.

Das Ergebnis dieser Scheduling-Regel ist, dass die CPU-Ressourcen mehr oder weniger gleich zwischen den Jobs derselben Nice-Stufe aufgeteilt werden. Sind Jobs mit normaler und erhöhter Nice-Stufe auszuführen, erhalten die Jobs mit normaler Priorität mehr Zeit als die anderen, aber selbst diese erhalten etwas CPU-Zeit. Bei sehr lange laufenden Prozessen kann diese Unterscheidung zwischen den Prioritäten leicht verschwimmen, weil Prozesse mit normaler Priorität, die bereits einen signifikanten Anteil der CPU-Zeit hatten, eine Priorität erhalten können, die deutlich unter der Priorität noch wartender Prozesse liegt.

Das Dienstprogramm `schedtune` wird verwendet, um Scheduler- und andere Betriebssystemparameter zu ändern. Sie finden das `schedtune`-Executable unter */usr/samples/kernel*.

Für normale Prozesse können Sie mit diesem Utility zwei Parameter des Schedulers ändern: Sie können festlegen, welcher Teil der kurzfristigen CPU-Nutzung für die Berechnung der Ausführungspriorität verwendet wird (-r) und um welchen Wert die Zahl für die kurzfristige CPU-Nutzung am Ende des einsekündigen Intervalls verkleinert wird (-d). Beide Werte werden durch 32 geteilt, um die tatsächlich zu nutzenden Multiplikatoren zu berechnen (z. B. entspricht der *anteil* aus der oben stehenden Gleichung dem Wert -r/32). Beide Werte sind mit 16 voreingestellt, was in beiden Fällen zu Faktoren von 0,5 führt.

Der folgende Befehl ergibt leichte Veränderungen dieser beiden Parameter:

```
# schedtune -r 15 -d 15
```

Die Option -r bestimmt, wie schnell die jüngste CPU-Nutzung die Ausführungspriorität verringert (d. h. die Wahrscheinlichkeit verkleinert, dass die Ausführung wieder aufgenommen wird). Zum Beispiel führt ein -r-Wert von 10 dazu, dass sich die Prioritäten der normalen und höherwertigen Prozesse langsamer angleichen als unter den normalen Bedingungen. Auf diese Weise wird den favorisierten Jobs ein Großteil der vorhandenen CPU-Kapazität zur Verfügung gestellt.

Wenn Sie diesen Wert weiter verringern, wird dieser Effekt noch verstärkt. Setzen Sie ihn beispielsweise auf 4, wird nur noch ein Achtel der jüngsten CPU-Zeit in die Kalkulation der Ausführungspriorität aufgenommen (und nicht mehr 50 %). Das bedeutet, dass diese Komponente niemals mehr als den Wert 15 zur Berechnung beiträgt (120 * 4/32). Ein Prozess, dessen Nice-Wert über 15 liegt, wird niemals einen laufenden normalen Prozess beeinträchtigen.

Indem Sie -r auf 0 setzen, wird der Nice-Wert zur einzig wichtigen Komponente für die Berechnung der Ausführungspriorität, weil der Anteil der jüngsten CPU-Nutzung völlig aus der Kalkulation herausfällt (durch die Multiplikation mit 0). Bei dieser Bedingung bleiben die Ausführungsprioritäten für alle Prozesse während der Ausführung sämtlich unverändert (es sei denn, Sie greifen explizit auf renice zurück).

Wenn Sie -d auf einen von 16 verschiedenen Werten setzen, ändert sich die Bedeutung der jüngsten CPU-Nutzung. Ein kleinerer Wert bedeutet, dass die Nutzung der CPU die Ausführungspriorität weniger beeinflusst als im Normalfall. Das heißt, der Zeitraum, für den die Nutzung betrachtet wird, wird verkürzt. Andererseits wird bei einem größeren Wert die Nutzung der CPU über einen längeren Zeitraum betrachtet. Im Extremfall von -d 32 bedeutet das, dass die CPU-Nutzung einfach akkumuliert wird (der Divisor ist 1). Lange laufende Prozesse werden also weniger bevorzugt als andere, die weniger CPU-Zeit verbraucht haben, weil der Wert für die CPU-Nutzung möglicherweise bis auf den Maximalwert von 120 anwachsen und dort verbleiben kann, wenn der Prozess lange genug läuft. Neuere Prozesse werden denjenigen immer vorgezogen, die bereits 120 Zeitscheiben hatten. Die relativen Nice-Werte bestimmen die Reihenfolge, in der die Prozesse ausgeführt werden, die über diesem Schwellenwert liegen. Bei denjenigen Prozessen mit demselben Nice-Wert erfolgt die Ausführung über den üblichen Mechanismus der Run-Queue.

Mit der schedtune-Option -t können Sie die Länge der maximalen Zeitscheibe bestimmen, die einem Prozess zugestanden wird. Die Option erwartet eine Zahl, die der Anzahl von Clockticks (jeweils 10 Millisekunden) entspricht, um die die Länge der Standard-Zeitscheibe *erhöht* werden soll. Der folgende Befehl verdoppelt also die Länge der Zeitscheibe auf 20 Millisekunden:

```
# schedtune -t 1
```

Beachten Sie, dass diese Änderungen nur für Prozesse gelten, die eine feste Priorität besitzen (die mit dem Systemaufruf `setpri` gesetzt wurde). Die Prioritäten solcher Prozesse verändern sich nicht (wie oben beschrieben), sondern bleiben für ihre gesamte Lebensdauer konstant.

Die mit `schedtune` durchgeführten Änderungen der Scheduling-Parameter bleiben nur bis zum nächsten Booten erhalten. Sollen die Änderungen immer verwendet werden, müssen Sie den entsprechenden Befehl in eines der Initialisierungsskripten oder in */etc/inittab* eintragen. `schedtune -D` kann verwendet werden, um die Standardwerte *aller* von diesem Tool verwalteten Parameter wiederherzustellen (also auch diejenigen, die mit dem Scheduler nichts zu tun haben). Wenn Sie den Befehl ohne Angabe von Parametern ausführen, werden die aktuellen Werte aller veränderbaren Parameter ausgegeben. Mit der Option -? erscheint die Manpage des Befehls. (Bei der C-Shell müssen Sie einen Backslash vor das Fragezeichen stellen.)

Der Solaris-Scheduler

System V.4 führte ebenfalls ein Prozess-Scheduling ein, das sich vom Administrator konfigurieren lässt. Dieses ist nun auch Teil von Solaris. Eine Absicht, die dahinter steht, ist die Unterstützung von Prozessen, die in *Echtzeit* abgearbeitet werden müssen: Prozesse also, die in Anwendungsbereichen laufen, in denen fast augenblickliche Antworten auf bestimmte Ereignisse unabdingbar sind (wie die Verarbeitung von Radar-Rohdaten in einem sich bewegenden Fahrzeug, die Kontrolle eines Fabrikationsablaufs, der sich größtenteils auf Roboter stützt, oder das Anfahren der Notkühlung eines Kernreaktors). Betriebssysteme behandeln diese Anforderungen, indem sie eine Klasse von Prozessen als Echtzeitprozesse einstufen und ihnen zur Laufzeit fast uneingeschränkten Zugriff auf alle Systemressourcen einräumen. Unter derartigen Umständen erhalten Time-Sharing-Prozesse wenig oder überhaupt keine CPU-Zeit. Solaris ermöglicht es, ein System so zu konfigurieren, dass sowohl normale Time-Sharing-Prozesse als auch Echtzeitprozesse abgearbeitet werden können (obwohl dies auf echten Echtzeit-Systemen, die unter anderen Betriebssystem laufen, nicht üblich ist). Alternativ kann ein System ohne Unterstützung von Echtzeitprozessen konfiguriert werden.

Dieser Abschnitt enthält einen einführenden Überblick über das Prozess-Scheduling. Der Prozess-Scheduler ist etwas, mit dem Sie erst auf einem Testsystem herumspielen sollten. Setzen Sie ihn nicht erst drei Tage vor Ablauf einer wichtigen Frist auf Ihrem Hauptproduktionssystem ein.

Solaris definiert verschiedene Prozessklassen: Echtzeit, Time-Sharing, Interaktiv, System und Interrupts. Letztere wird für Kernel-Prozesse wir den Paging-Daemon verwendet. Jede Prozessklasse verfügt über eine Prioritätsnummer. So werden Echtzeitprozesse mit einer Priorität von 0 bis 59 ausgeführt (ein höherer Wert bedeutet eine höhere Priorität). Time-Sharing-Prozesse verwenden entsprechend der Voreinstellung Prioritäten zwischen 0 bis 59. Die klassenspezifischen Prioritäten werden auf eine interne Priorität abgebildet, die zwischen 0 und 169 liegt. Tabelle 15-4 macht diese Abbildung deutlich.

Tabelle 15-4: Prioritätsklassen von Solaris

Klasse	Relative Prioritäten	Absolute Prioritäten
Time-Sharing/Interaktiv	0–59	0–59
Kernel	0–39	60–99
Echtzeit	0–59	100–159
Interrupt	0–9	160–169[a]

a Die Interrupt-Klasse verwendet 100–109, wenn die Echtzeitklasse nicht verwendet wird.

Wie aus der Tabelle deutlich wird, läuft ein Echtzeitprozess grundsätzlich vor einem System- oder Time-Sharing-Prozess, da die globalen Echtzeitprioritäten – die vom Prozess-Scheduler verwendet werden – sämtlich größer sind als die globalen System- und Time-Sharing-Prioritäten. Die globalen Definitionen der Echtzeit- und Time-Sharing-Prioritäten sind im Kernel gespeichert. Wurden sie angepasst, werden sie normalerweise beim Booten von einem der Initialisierungsskripten geladen. Die aktuellen Definitionen lassen sich über den Befehl dispadmin -g abfragen:

```
$ dispadmin -g -c TS
# Time Sharing Dispatcher Configuration
RES=1000
# ts_quantum ts_tqexp ts_slpret ts_maxwait ts_lwait PRIORITY LEVEL
    1000        0       10         5         10       #      0
    1000        0       11         5         11       #      1
    1000        1       12         5         12       #      2
    1000        1       13         5         13       #      3
    ...
     100       47       58         5         58       #     57
     100       48       59         5         59       #     58
     100       49       59         5         59       #     59
```

Jede Zeile legt die Charakteristik einer anderen Prioritätsebene fest. Die Nummerierung der Prioritäten beginnt bei 0. Die Zeile *RES=* definiert die Zeiteinheit, die in der Tabelle verwendet wird. Sie besagt, in wie viele Teile eine Sekunde unterteilt ist; jeder definierte Bruchteil einer Sekunde wird so zu einer Zeiteinheit. Die Zeiteinheit, die in dieser Datei verwendet wird, ist also eine Millisekunde.

Die Felder haben folgende Bedeutung:

ts_quantum
    Größte Zeitspanne, die ein Prozess dieser Priorität ohne Unterbrechung laufen kann.

ts_tqexp
    Neue Priorität, die einem Prozess dieser Priorität zugewiesen wird, der über die gesamte maximale Zeitspanne laufen durfte. In der obigen Tabelle hat dies eine Verkleinerung der Priorität zur Folge.

ts_slpret
    Neue Priorität, die einem Prozess dieser Priorität, der aus dem Zustand Sleeping erwacht, zugewiesen wird.

ts_maxwait
: Maximaler Zeitraum, den ein Prozess dieser Priorität ausführbereit sein kann und nicht ausgeführt wird. Danach wird seine Priorität auf den Wert gesetzt, der in der Spalte *ts_lwait* steht. Hierdurch werden Prozesse beeinflusst, die zwar ausführbereit sind, jedoch keine CPU-Zeit erhalten. In der obigen Scheduler-Tabelle wird ihre Priorität nach Ablauf dieses Zeitraums erhöht.

ts_lwait
: Neue Priorität, die ein Prozess erhält, der ausführbereit ist und dessen maximale Wartezeit überschritten ist. In der obigen Tabelle erhöht dies die Priorität ein wenig.

Jeder Text, der auf ein Doppelkreuz folgt, wird ignoriert. Die Spalte PRIORITY LEVEL sellt also einen Kommentar dar, der dazu dient, die Lesbarkeit der Tabelle zu verbessern.

Anhand der Tabelle wird deutlich, wie sich die Prioritäten von Prozessen unter verschiedenen Bedingungen verändern können. Läuft zum Beispiel ein Prozess der Priorität 57 (zwei Stufen unter der Maximalpriorität) für seine vollen 100 Millisekunden, so fällt seine Priorität danach auf 47, und er gibt die CPU für Prozesse höherer Priorität frei. Wartet er andererseits, nachdem er ausführbereit ist, für 5 Millisekunden, so steigt seine Priorität auf 58, und die Wahrscheinlichkeit, dass er bald ausgeführt wird, nimmt zu.

Nachfolgend sehen Sie noch ein weiteres Beispiel:

```
# Time Sharing Dispatcher Configuration
RES=1000
# ts_quantum ts_tqexp ts_slpret ts_maxwait ts_lwait PRIORITY LEVEL
     200       0       59         0         50    #    0
     200       0       59         0         50    #    1
     200       0       59         0         50    #    2
     200       0       59         0         50    #    3
     ...
     160       0       59         0         51    #   10
     160       1       59         0         51    #   11
     ...
     120      10       59         0         52    #   20
     120      11       59         0         52    #   21
     ...
      80      20       59         0         53    #   30
      80      21       59         0         53    #   31
     ...
      40      30       59         0         55    #   40
     ...
      40      47       59         0         59    #   57
      40      48       59         0         59    #   58
      40      49       59         0         59    #   59
```

Diese Tabelle hat den Effekt, dass eine große Zahl von Prozessen auf nur wenige Werte reduziert werden, wenn Prozesse auf den Zugriff auf die CPU warten müssen. Weil *ts_maxwait* immer 0 ist und *ts_lwait* sich immer zwischen 50 und 59 bewegt, wird die Priorität jedes lauffähigen Prozesses, der auf die CPU warten muss, auf einen Wert in diesem Bereich gesetzt. Darüber hinaus wird jeder Prozess mit der Priorität 59 (dem höchstmöglichen Wert) versehen, wenn er sich vorher im Sleep-Zustand befunden hat. Beachten Sie, dass, verglichen mit der ersten Tabelle, Prozesse mit einer hohen Priorität kurze Zeitscheiben erhalten (z.T. nur 40 Millisekunden).

Sie können dynamisch eine neue Scheduler-Tabelle installieren, indem Sie den Befehl dispadmin mit der Option -s aufrufen. Beispielsweise lädt der folgende Befehl die in der Datei */etc/ts_sched.new* enthaltene Tabelle in den Speicher:

```
# dispadmin -c TS -s /etc/ts_sched.new
```

Das Format der Tabelle muss so aufgebaut sein, wie es der Befehl dispadmin -g vorgibt. Außerdem muss die neue Tabelle genauso viele Prioritätsebenen enthalten wie die, die gerade verwendet wird. Permanente Änderungen können Sie erzielen, indem Sie einen entsprechenden Befehl während des Hochfahrens aufrufen oder indem Sie ein ladbares Modul mit einer neuen Scheduler-Tabelle erzeugen (Hinweise zu dieser Prozedur finden Sie in der ts_dptbl-Manpage).

Mit dem Befehl priocntl können Sie eine obere Schwelle für die Priorität setzen, die ein Time-Sharing-Prozess erhalten kann. Dies verhindert, dass ein Prozess niedriger Priorität ausführbar wird und schließlich die Prioritätenleiter bis zu Spitze hochwandert (wie es in der ersten Tabelle der Fall wäre), während Sie den Prozess ja nur dann ausführen wollen, wenn nichts anderes läuft. Die Schwelle kann unterhalb des Wertebereichs für normale Prozesse liegen. So setzt der folgende Befehl die maximale Priorität für den Prozess 27163 auf –5:

```
# priocntl -s -m -5 27163
```

Beachten Sie, dass der Befehl externe Prioritätsnummern (und nicht die Werte der Scheduler-Tabelle) verwendet.

Tru64

Tru64 stellt viele Kernel-Parameter zur Verfügung, die die verschiedenen Aspekte der Funktionsweise des Kernels kontrollieren. Bei Tru64-Systemen können Kernel-Parameter mit Hilfe der Utilities sysconfig und dxkerneltuner (text- bzw. GUI-basiert) verändert werden, auch wenn die meisten Werte nur während des Bootens geändert werden können.

sysconfig kann auch verwendet werden, um die aktuellen und konfigurierten Werte von Kernel-Variablen auszugeben. Zum Beispiel liefern die folgenden Befehle Informationen zum autonice_penalty-Parameter:

```
# sysconfig -m proc                        Ist das proc-Subsystem statisch oder dynamisch?
proc: static
# sysconfig -q proc autonice_penalty       Aktuellen Wert ausgeben.
proc:
autonice_penalty = 4
# sysconfig -Q proc autonice_penalty       Parameter-Attribute ausgeben.
proc:
autonice_penalty -       type=INT op=CQ min_val=0 max_val=20
```

Der Befehl verlangt den Namen eines Subsystems und (optional) den Namen eines Parameters als Argument.

Die folgende Befehlsform modifiziert den Wert:

```
# sysconfig -r proc autonice_penalty=6
```

Ein anderes nützliches `sysconfig`-Argument ist `-d`. Es gibt die Werte der Kernel-Initialisierungsdatei */etc/sysconfigtab* aus, die während des Bootens gesetzt werden. Ein Großteil dieser Datei spezifiziert die Gerätekonfiguration. Lokale Modifikationen der Standard-Kernel-Parameter stehen am Ende.

Hier sehen Sie ein paar Beispieleinträge aus dieser Datei:

```
generic:                                  Allgemeine Einstellungen.
        memberid = 0
        new_vers_high = 14456554803859760064
        new_vers_low = 51480
ipc:
        shm_max = 67108864                Max. Shared Memory (Standard: 4 MB).
        shm_mni = 1024                    Max. Shared Regions (Standard: 128).
        shm_seg = 256                     Max. Regions/Prozess (Standard: 32).
proc:                                     CPU-bezogene Einstellungen.
        max_per_proc_stack_size = 41943040
        autonice = 1
        autonice_penalty = 10
```

Jeder Abschnitt wird durch den Namen des Subsystems eingeleitet. In diesem Beispiel konfigurieren wir die allgemeinen, die IPC Shared Memory-[14] und die proc- (CPU/Prozess-)Subsysteme.

Das proc-Subsystem ist für die CPU-Leistung die größte Bedeutung. Die folgenden Parameter können, je nach Anwendung, nützlich sein:

- `max_per_proc_address_space` und `max_per_process_data_size` müssen möglicherweise ihre Standardwerte von 4 GB bzw. 1 GB erhöhen, um sehr große Jobs unterbringen zu können.
- Standardmäßig versorgt der Tru64-Scheduler Jobs mit einem Prioritätsschub, wenn diese auf Ein-/Ausgaben warten mussten (auf diese Weise sollen interaktive Reaktionen verbessert werden). Sie können dieses Verhalten unterbinden, indem Sie `give_boost` auf 0 setzen.
- Der Scheduler kann so konfiguriert werden, das Prozessen automatisch neue Nice-Werte zugeordnet werden, wenn sie mehr als 600 Sekunden CPU-Zeit beansprucht haben (diese Option ist standardmäßig deaktiviert). Setzen Sie `autonice` auf 1, um diese Option zu aktivieren. Den Nice-Faktor legen Sie mit dem Parameter `autonice_penalty` fest (voreingestellt ist 4).
- Mit `round_robin_switch_rate` kann die Zeitscheibe (indirekt) verändert werden. Voreingestellt ist der Wert 0, was gleichzeitig dem Maximalwert von 100 entspricht. Dieser Wert legt fest, wie viele Kontext-Switches in einer Sekunde erfolgen; und die entsprechende Zeitscheibe wird berechnet, indem man die CPU-Clockrate durch diesen Wert teilt. Wenn Sie diesen Wert also auf 50 setzen, verdoppeln Sie die Zeit-

---

14 Die Einstellungen des Beispiels eignen sich für große Jobs, die auf Multiprozessor-Systemen ausgeführt werden.

scheibe (weil der Divisor von 100 auf 50 gesenkt wird). Eine solche Modifikation sollte nur für lange laufende Jobs in Betracht gezogen werden, die nur wenig oder gar keine Interaktivität erfordern (oder wenn Sie entschieden haben, dass die Rechenleistung nicht auf interaktive Aufgaben verschwendet werden soll).

Batch-Verarbeitung unter Unix

Die manuelle Überwachung und Änderung der Ausführungspriorität von Prozessen ist eine recht mühselige Methode, CPU-Zeit zuzuweisen. Leider steht bei Standard-Unix keine andere Methode zur Verfügung. Sie ist für die Umgebung, in der Unix entwickelt wurde, angemessen: Systeme mit vielen kleinen, interaktiven Jobs. Wenn ein System zusätzlich einige große Jobs ausführen muss, so bricht es schnell zusammen.

Eine andere Möglichkeit, die vorhandenen CPU-Ressourcen eines ausgelasteten Systems aufzuteilen, besteht darin, miteinander konkurrierende Prozesse zu unterschiedlichen Zeiten auszuführen, bevorzugtermaßen natürlich zu solchen Zeiten, in denen das System nicht ausgelastet ist. Hierzu stehen unter Standard-Unix zwei in Ihrer Leistungsfähigkeit recht begrenzte Hilfsmittel zur Verfügung: Die Befehle at und batch. In der Standardkonfiguration ermöglicht es at, einen Befehl zu einer bestimmten Uhrzeit ausführen zu lassen, und batch stellt eine Warteschlange zur Verfügung, aus der die Jobs sequenziell im Batch-Betrieb abgearbeitet werden können. Wenn zum Beispiel alle größeren Jobs mittels *batch* gestartet werden können, lässt sich sicherstellen, dass zu jedem Zeitpunkt nur ein einziger dieser Jobs ausgeführt wird (sofern die Benutzer hier mitspielen).

Bei den meisten Implementierungen können die Systemadministratoren in der Datei *queuedefs* zusätzliche Queues definieren. Diese Datei wird bei verschiedenen Betriebssystemen an unterschiedlichen Stellen gespeichert:

AIX	*/var/adm/cron*
FreeBSD	hier nicht verwendet
HP-UX	*/var/adm/cron*
Linux	hier nicht verwendet
Solaris	*/etc/cron.d*
Tru64	*/var/adm/cron*

Diese Datei definiert Queues, deren Namen aus einem einzigen Buchstaben (groß oder klein) bestehen. Per Konvention wird die Queue *a* für at, die Queue *b* für batch und, bei vielen neueren Systemen, die Queue *c* für cron verwendet. Tru64 und AIX definieren die Queues *e* und *f* für at-Jobs, die die Korn- bzw. C-Shell verwenden (über die Optionen -k und -c).

Queues werden über Zeilen in folgendem Format definiert:

$q.xjynzw$

q steht dabei für einen Buchstaben, x bestimmt die Anzahl der Jobs, die in dieser Queue gleichzeitig ausgeführt werden dürfen, y gibt den Nice-Wert für alle Prozesse an, die in dieser Queue gestartet werden, und z bestimmt, wie lange gewartet werden soll, bevor versucht wird, einen neuen Job zu starten, nachdem die Ausführung nicht erfolgen konnte, weil die maximale Zahl der Jobs bereits überschritten war. Die Standardwerte liegen bei 100 Jobs, einem Nice-Wert von 2 (obwohl 0 der Standard-Nice-Wert ist) und 60 Sekunden.

Die ersten beiden Einträge des folgenden *queuedefs*-Beispiels stellen typische Definitionen der at- und batch-Queues dar. Der dritte Eintrag definiert die Queue *h*, die zwei Jobs simultan ausführen kann, mit einem Nice-Wert von 10 läuft und fünf Minuten wartet, wenn ein Ausführungsvorgang fehlschlug:

```
a.4j1n
b.2j2n90w
h.2j10n300w
```

Die gewünschte Queue wird mit der Option -q des at-Befehls ausgewählt. Die in den Queues enthaltenen Jobs können mit den Optionen -l und -r ausgegeben bzw. entfernt werden.[15]

Wenn einfache Batch-Einrichtungen wie diese für Ihre Anforderungen ausreichend sind, werden at und batch vielleicht genügen. Wenn Sie aber irgendeine Form von Queue-Prioritäten benötigen, reichen sie einfach nicht aus. Die bei vielen Linux-Systemen vorhandene at-Manpage äußert sich zu den Defiziten am deutlichsten:

> at and batch as presently implemented are not suitable when users are competing for resources.[16]

Ein echtes Batch-System unterstützt mehrere Queues, die Jobs von einem konfigurierbaren Satz von Netzwerk-Hosts empfangen und dorthin senden können. Dazu gehören auch die Fähigkeit, Hosts je nach Auslastung zu wählen, sowie das Setzen der Prioritäten innerhalb der Queue (um die Jobs innerhalb einer Queue sortieren zu können) und das Setzen von Ausführungsprioritäten der Queues und Ressourcenbeschränkungen (d. h. von Prioritäten und Maximalwerten, die den Jobs in dieser Queue automatisch zugewiesen werden). Dazu gehören auch die Rechte der Queues (Welche Benutzer können Jobs in diese Queue eintragen?) und andere Queue-basierte Parameter. AIX hat seinen Drucker-Spooler mit ähnlich einfachen Batch-Features ausgestattet (siehe »Die Spooler-Einrichtung bei AIX« in Kapitel 13). Hier können auch verschiedene Job-Prioritäten innerhalb einer Queue und mehrerer Batch-Queues definiert werden. Aber auch hier fehlen noch wichtige Merkmale moderner Batch-Systeme. Manche Hersteller bieten gegen Aufpreis erweiterte Batch-Features an.

Es gibt auch eine Vielzahl von Open Source-Queueing-Systemen. Zu ihnen zählen:

- Distributed Queueing System (DQS): *http://www.scri.fsu.edu/~pasko/dqs.html*
- Portable Batch System: *http://pbs.mrj.com*

---

15 Die BSD-Form des at-Systems bietet zu diesem Zweck die Befehle atq und atrm an, auch wenn diese nicht notwendig sind. Die bei FreeBSD- und Linux-Systemen vorhandenen Implementierungen sind darüber hinaus die einzigen, die erwarten, dass der Befehl atrun periodisch in cron ausgeführt wird (zehn Minuten sind ein typisches Intervall).

16 So wie at und batch momentan implementiert sind, sind sie nicht geeignet, wenn Benutzer um Ressourcen konkurrieren.

Speicherverwaltung

Speicher-Ressourcen sind für den Gesamtdurchsatz eines Rechnersystems mindestens ebenso wichtig wie die Zuteilung der CPU-Ressourcen. So benötigt ein Rechner nicht nur für den größten Job, den er ausführen wird, genügend Speicher, sondern auch für die Mischung aus typischen Jobs, die alltäglich auf dem System ausgeführt werden. So kann es zum Beispiel vorkommen, dass der Hauptspeicher für die zwei Jobs, die über Nacht abgearbeitet werden, ausreicht, jedoch bei den vielen interaktiven Jobs, die tagsüber abgearbeitet werden, nur noch eine miserable Antwortzeit bietet. Andererseits kann der Speicher, der für die normale interaktive Nutzung ausreicht, zu knapp bemessen sein, um bei der Ausführung größerer Jobs eine akzeptable Leistung zu erbringen. Es sollten daher beide Anforderungsprofile bei der Kalkulation des Hauptspeicherbedarfs eines Rechners bedacht werden.

Paging und Swapping sind die Verfahren, derer sich Unix bedient, um den Speicher zwischen Prozessen aufzuteilen, die gleichzeitig ablaufen und deren Speicherbedarf die Menge des zur Verfügung stehenden realen Hauptspeichers überschreitet. *Swapping* bedeutet, dass ein ganzer Prozess auf die Festplatte ausgelagert wird, wodurch dessen gesamter Speicher freigegeben wird. Soll der Prozess weiter abgearbeitet werden, muss er vollständig wieder eingelesen werden. *Paging* bedeutet, dass Teile des Hauptspeichers, den der Prozess belegt, als so genannte *Pages* (Seiten) auf die Festplatte geschrieben werden, um für diesen oder einen anderen Prozess Speicher freizugeben. Ein *Page Fault* tritt auf, wenn ein Prozess auf eine Page – eine Speicherseite – zugreifen muss, die sich nicht resident im Hauptspeicher befindet und die von der Festplatte wieder eingelesen werden muss. Auf Systemen mit einer virtuellen Speicherverwaltung kommt es nur selten – wenn überhaupt – zum Swapping.[17] Falls doch, ist dies ein Hinweis auf eine ernstzunehmende Speicherverknappung. Daher wird im täglichen Sprachgebrauch nicht deutlich zwischen beiden Begriffen unterschieden.

Trotz des relativ schlechten Rufes, den es sich erworben hat, ist das Paging nicht unbedingt eine schlechte Sache. Sehr allgemein gesprochen ist Paging das Verfahren, das eine virtuelle Speicherverwaltung ermöglicht, indem es zulässt, dass der Speicherbedarf eines Prozesses die Größe des vorhandenen Speichers um ein Vielfaches übersteigt. Der Speicherbedarf eines Prozesses besteht im Allgemeinen aus der Summe der Größe der ausführbaren Datei[18] (das Image, das auch *Textsegment* genannt wird) und der Größe des Speichers, den der Prozess für die Speicherung von Daten benötigt.

Auf Systemen, die über keine virtuelle Speicherverwaltung verfügen, muss dem Prozess genügend Hauptspeicher sowohl für das Text- als auch für das Datensegment zur Verfügung stehen, damit er ausgeführt werden kann. Systeme, die über eine virtuelle Speicher-

---

17 Einige Systeme swappen unbeschäftigte Prozesse, um Speicher freizugeben. Ich definiere Swapping als das erzwungene Auslagern aktiver Prozesse aufgrund von Speichermangel.

18 Eine Ausnahme gilt für Executables, die ganz oder teilweise von mehreren Prozessen gleichzeitig benutzt werden können. In diesem Fall wird – unabhängig von der Anzahl der Prozesse, die darauf zugreifen – nur eine Kopie des Programms im Hauptspeicher gehalten. In der Ausgabe von Programmen wie ps wird der Speicherbedarf des Image-Teils, auf den mehrere Prozesse zugreifen, gleichmäßig auf die einzelnen Prozesse verteilt.

verwaltung verfügen, tragen der Tatsache Rechnung, dass ein Großteil dieses Speichers nicht ständig benötigt wird. Die Informationen werden nur bei Bedarf von der Festplatte eingelesen. Der Rechner bildet die *virtuellen Adressen* (die Adressen des Programmtextes und der Daten relativ zum Beginn des Prozess-Images im Speicher), mit denen das Programm intern arbeitet, auf physikalische Hauptspeicheradressen ab. Wenn ein Prozess auf einen Teil des Images oder auf seine Daten zugreifen will, diese sich jedoch zu diesem Zeitpunkt nicht im Hauptspeicher befinden, so liest (*paged*) der Kernel die benötigten Seiten ein und ersetzt damit meistens andere Pages, die der Prozess nicht länger benötigt.

So muss bei einem großen Programm, das die meiste Zeit in beispielsweise zwei Prozeduren arbeitet, während dieser Zeit nur der Teil des ausführbaren Images im Speicher vorgehalten werden, der diese Prozeduren enthält. Hierdurch wird der Speicher freigegeben, den der Rest des Textsegments des Programms auf einem Rechner ohne virtuelle Speicherverwaltung belegen würde. Diese Aussage gilt übrigens unabhängig davon, ob die beiden Prozeduren im Image nahe beieinanderliegen oder weit voneinander entfernt sind. Analog hierzu ist es unnötig, ein großes Datensegment, auf das nicht ständig überall zugegriffen wird, vollständig im Hauptspeicher zu halten. Bei vielen modernen Systemen beginnt die Programmausführung immer mit einem Page Fault, weil das Betriebssystem die Vorteile der virtuellen Speicherverwaltung nutzt, um das ausführbare Programm zu Anfang in den Speicher zu laden.

Ein Nachteil des Pagings tritt dann zu Tage, wenn der Rechner nicht über genügend Hauptspeicher für alle momentan laufenden Prozesse verfügt. In diesem Fall weist der Kernel den Prozessen dynamisch Hauptspeicher zu. Wenn ein Prozess eine Page anfordert und keine freien oder wiederverwertbaren Pages zur Verfügung stehen, wird eine existierende Page ausgelagert, d.h. sie wird in den Paging-Bereich der Festplatte geschrieben. Wird diese Seite wieder im Hauptspeicher benötigt, so muss sie wieder eingelesen werden und verdrängt hierbei mit großer Wahrscheinlichkeit eine andere Page.

Ist nur wenig Arbeitsspeicher vorhanden, verbringt die CPU einen Großteil ihrer Zeit mit der Behandlung von Page Faults, was sich sehr negativ auf die effiziente Ausführung von Prozessen auswirkt. Im schlimmsten Fall verbringt das System die ganze Zeit damit, den virtuellen Speicher zu verwalten, und kommt nicht mehr dazu, sich der eigentlichen Arbei zu widmen (weil keine CPU-Zyklen mehr übrig bleiben, um irgendeinen Prozess weiter auszuführen). Dementsprechend kann die Gesamtnutzung der CPU unter diesen Bedingungen recht niedrig ausfallen.

Im Idealfall könnte die Änderung der Ausführungsprioritäten einiger Jobs ein solches Problem lösen. Unglücklicherweise ist dies jedoch nicht immer der Fall. Denken Sie zum Beispiel an zwei große Prozesse auf einem Rechner mit einer nur bescheidenen Hauptspeicherausstattung. Wenn beide Jobs über die gleiche Ausführungspriorität verfügen, werden sie, sofern sie gleichzeitig ausgeführt werden, vermutlich dafür sorgen, dass der jeweils andere Job permanent Pages auslagert. Hier haben wir einen Fall, bei dem das Swapping dem Paging vorzuziehen ist. Wird ein Jobs vollständig ausgelagert (»geswappt«), kann der andere ohne Unterbrechung ausgeführt werden. Nach einiger Zeit wandelt sich die Situation, und beide Jobs werden im Endeffekt wesentlich schneller ausgeführt.

Der Logik nach sollte die Verringerung der Priorität eines Jobs dafür sorgen, dass dieser auf seine Ausführung wartet, bis der andere eine Pause einlegt (zum Beispiel für eine Eingabe/Ausgabe-Operation) oder endet. Außer bei den vorhin beschriebenen Leveln mit niedriger Priorität erhalten auch Prozesse mit niedriger Priorität gelegentlich ein wenig Ausführungszeit, selbst wenn Prozesse höherer Priorität lauffähig sind. Man macht das, um zu verhindern, dass Prozesse niedriger Priorität kritische Ressourcen nicht mehr freigeben und so einen allgemeinen Flaschenhals oder gar einen Deadlock verursachen (was eine berechtigte Sorge ist, wenn der Scheduling-Algorithmus für viele kleine interaktive Prozesse entworfen wurde). Auf solchen Systemen führt die gleichzeitige Ausführung beider Jobs, gleich welche Priorität sie haben, grundsätzlich zu Leistungsverlust, der auf das Paging zurückzuführen ist. In solchen Fällen benötigen Sie entweder mehr Arbeitsspeicher, oder Sie dürfen beide Jobs nicht gleichzeitig ausführen.

Tatsächlich arbeiten die Virtual Memory Manager moderner Betriebssysteme sehr hart daran, solche Situationen zu verhindern, indem sie auf Techniken zur effektiven Nutzung des Speichers zurückgreifen. Sie versuchen darüber hinaus, immer eine bestimmte Menge freien Speichers zurückzuhalten, um das Risiko zu minimieren, das die Speicherverwaltung sich nur noch mit sich selbst beschäftigt. Zu den gängigsten Praktiken, die zur effektiven Nutzung von Speicher-Ressourcen verwendet werden, zählen:

Demand Paging
Pages werden nur bei einem Page Fault in den Speicher geladen. Beim Einlesen einer Page werden in der gleichen E/A-Operation direkt ein paar Pages um die eigentliche Zielseite herum mit eingelesen, in der Hoffnung, zukünftigen Page Faults zuvorzukommen.

Copy-on-Write
Solange wie möglich wird nur eine einzelne Kopie identischer Pages, die von mehreren Prozessen verwendet werden, im Speicher gehalten. Prozesseigene Kopien einer Page werden erst angelegt, wenn ein Prozess sie modifiziert.

Page Reclaims
Ist der Speicher knapp, verwendet der Virtual Memory Manager im Speicher liegende Pages, die von laufenden Prozessen verwendet werden. Diese Pages werden aber nur als frei markiert und das Schreiben neuer Daten wird bis zum letzten möglichen Augenblick hinausgezögert. Auf diese Weise kann der Prozess, dem diese Page ursprünglich gehört hat, diese bei Bedarf *zurückverlangen* (engl. reclaim), ohne sie erneut von Platte einlesen zu müssen, wenn ihr ursprünglicher Inhalt noch nicht verändert wurde.

Im nächsten Abschnitt werden Befehle zur Überwachung der Speicherauslastung und der Paging-Aktivitäten eines Rechners vorgestellt. Damit können Sie sich ein Bild vom Durchsatz des Systems machen. Spätere Abschnitte gehen auf die Verwaltung der Paging-Bereiche ein.

Überwachung der Speicherauslastung und der Paging-Aktivitäten

Der Befehl vmstat ist das beste Werkzeug für die Überwachung der Speicherauslastung. Er ist für alle hier betrachteten Systeme verfügbar. Die wichtigsten Statistiken sind in diesem Kontext die Anzahl der laufenden Prozesse sowie die Zahl der durchgeführten Pagings (»Page-Outs«)[19] und Swaps. Mit diesen Informationen können Sie ermitteln, ob ein System übermäßig auf das Paging zurückgreifen muss. Wenn Sie mit Hilfe dieser Befehle Daten sammeln, müssen Sie mit Hilfe von ps in Erfahrung bringen, welche Programme für den aufgelaufenen Speicherbedarf verantwortlich sind.

In den folgenden Teilabschnitten stelle ich die Befehle zur Überwachung des Speichers vor und zeige Ihnen, wie deren Ausgabe zu interpretieren ist. Alle Abschnitte enthalten Ausgabe-Beispiele, in denen die Systeme unter schwerer Last stehen. Behalten Sie dabei im Kopf, dass alle Systeme von Zeit zu Zeit knapp an Arbeitsspeicher sind und dass sich aus diesem Grund die Paging-Aktivitäten zwangsläufig erhöhen. Es ist also zu erwarten, dass ähnliche Ausgaben auch bei Ihrem Rechner periodisch auftreten. Solche Aktivitäten sind nur dann von Bedeutung, wenn sie ständig vorhanden sind. Einige Abweichungen von der normalen Systemauslastung sind zu erwarten, aber ständige Paging-Aktivitäten deuten auf einen Mangel an Arbeitsspeicher hin, mit dem Sie sich beschäftigen müssen.

Die Größe des realen Arbeitsspeichers ermitteln

Die folgenden Befehle können verwendet werden, um schnell die Größe des physikalischen Arbeitsspeichers eines Systems zu ermitteln:

AIX	lsattr -HE -l sys0 -a realmem
FreeBSD	grep memory /var/run/dmesg.boot
HP-UX	dmesg | grep Phys
Linux	free
Solaris	dmesg | grep mem
Tru64	vmstat -P | grep '^Total'

Einige Unix-Versionen (einschließlich FreeBSD, AIX, Solaris und Tru64) unterstützen auch den Befehl pagesize, mit dem Sie sich die Größe einer Speicherseite ansehen können:

```
$ pagesize
4096
```

Typische Werte sind 4 KB und 8 KB.

Die Speichernutzung überwachen

Angaben zur Gesamt-Speichernutzung sind nützliche Indikatoren für den allgemeinen Status des VM-Subsystems. Solche Werte können aus vielen Quellen stammen, beispielsweise von dem vorhin erwähnten top-Befehl. Hier ist der relevante Teil seiner Ausgabe wiedergegeben:

---

19 Aufgrund der Art und Weise, in der AIX seine Paging-Statistiken führt, ist die Zahl der wiedereingelesenen Pages (»Page-Ins«) ein besserer Indikator, weil ein Page-In bedeutet, dass eine Seite vorher ausgelagert wurde.

```
CPU states:   3.5% user,   9.4% system,  13.0% nice,  87.0% idle
Mem:     63212K av,    62440K used,     772K free,   21924K shrd,      316K buff
Swap:    98748K av,     6060K used,   92688K free                    2612K cached
```

Grafisch orientierte Einrichtungen zur Überwachung des Systemstatus können ebenfalls Daten zur allgemeinen Speichernutzung bereitstellen. Abbildung 15-2 zeigt die Ausgabe von KDE System Guard (ksysguard). Es präsentiert eine grafische Sicht der fortlaufenden Speicher- und CPU-Nutzung sowie die aktuellen numerischen Daten (im Statusbereich am unteren Rand des Fensters).

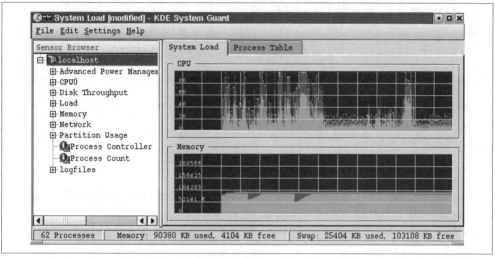

Abbildung 15-2: Allgemeine Statistiken zur Systemleistung

Linux stellt außerdem den free-Befehl zur Verfügung, der aktuelle Speichernutzungsstatistiken zurückliefert:

```
$ free -m -o
         total     used     free    shared   buffers    cached
Mem:       249      231       18         0        11        75
Swap:      255        2      252
```

Die dem Befehl übergebenen Option legen fest, dass die Daten in MB-Einheiten (-m) ausgegeben und dass Buffer-Cache-Daten weggelassen werden sollen (-o).

Die detailliertesten Daten zum Speicher-Subsystem liefert vmstat zurück. Wie bereits erläutert wurde, liefert vmstat eine Reihe von Statistiken zur aktuellen CPU- und Speichernutzung zurück. Die vmstat-Ausgabe kann je nach Implementierung etwas variieren. Nachfolgend sehen Sie eine typische vmstat-Ausgabe:

```
$ vmstat 5 4
   procs      memory              page                   disk           faults       cpu
 r b w   swap   free  re  mf pi po fr de sr s0 s6 s7 s8   in   sy   cs us sy id
 0 0 0 1642648 759600 98 257 212 10 10 0 0  0  1  4    199  121   92  8  3 88
 0 0 0 1484544 695816  0   1   0  0  0 0 0  0  0  0    113   35   46  0  1 99
```

```
0  0  0  1484544  695816  0    0  0  0  0  0  0  0  0  0   113   65   45   0   1  99
0  0  0  1484544  695816  0    0  0  0  0  0  0  0  0  0   111   72   44   0   1  99
```

Die erste Zeile eines jeden vmstat-Berichts enthält die Durchschnittswerte seit dem letzten Boot-Vorgang und sollte ignoriert werden. Bei weiteren Ausgaben werde ich diesen Teil einfach weglassen.[20]

Der Bericht gliedert sich in die folgenden Abschnitte:

procs oder kthr
: Statistik über aktive Prozesse. Zusammen sagen die ersten drei Spalten Ihnen, wie viele Prozesse momentan aktiv sind.

memory
: Daten über die Speicherauslastung und den verfügbaren Speicher.

page oder swap
: Paging-Aktivitäten.

io oder disk
: Geräteorientierte I/O-Operationen.

faults oder system oder intr
: Allgemeine Interrupt- und Switching-Raten des Systems.

cpu
: Auslastung der CPU, aufgegliedert in Systemzeit, Benutzerzeit und die Zeit, die das System unbeschäftigt war. AIX verfügt über eine weitere Spalte, die angibt, wie lange die CPU unbeschäftigt war, während Jobs auf noch offene I/O-Operationen warteten.

Nicht alle vmstat-Versionen besitzen alle Abschnitte.

In Tabelle 15-5 werden die wichtigsten Spalten des vmstat-Berichts erläutert.

Tabelle 15-5: vmstat-Ausgabe

Label	Bedeutung
r	Anzahl der ausführbaren Prozesse.
b	Anzahl der *blockierten* Prozesse (die auf I/O warten).
w	Anzahl der »ausgeswappten« ausführbaren Prozesse (sollte 0 sein).
avm, act, swpd	Anzahl der aktivierten virtuellen Seiten (Schnappschuß des aktuellen Zustands). Für vmstat beträgt die Größe einer Page – ungeachtet der wirklichen Größe – grundsätzlich 1 KB. Bei AIX und HP-UX ist eine vmstat-Page hingegen 4 KB groß.
fre, free	Anzahl der freien Pages.
re	Anzahl der »Page-Reclaims«, d. h. der Seiten, die in die Liste der freien Pages eingetragen, aber vom Besitzer wieder zurückgefordert wurden, bevor sie ein weiteres Mal Verwendung fanden.
pi, si, pin	Anzahl der Page-Ins (einschließlich Prozessstart).
po, so, pout	Anzahl der Page-Outs (wenn >0, arbeitet der Rechner mit Paging).

---

20 Sie können ein Alias definieren, das dies automatisch erledigt. Hier ein C-Shell-Beispiel:
```
alias vm "/usr/bin/vmstat \!:* | awk 'NR!=4'"
```

Tabelle 15-5: vmstat-Ausgabe (Fortsetzung)

Label	Bedeutung
fr	Anzahl der vom Virtual Memory Manager in diesem Intervall freigegebenen Seiten.
dn	Festplattenzugriffe pro Sekunde auf der Festplatte *n*. Manchmal sind die Spalten nicht generisch, sondern nach den verschiedenen Geräten benannt (z. B. *adn* unter FreeBSD). Nicht alle vmstat-Versionen geben Plattendaten aus.
cs	Anzahl der Context-Switches.
us	Prozentsatz der CPU-Zeit, die für Benutzerprozesse verwendet wurde.
sy	Prozentsatz der CPU-Zeit, die als System-Overhead verbraucht wurde.
id	Prozentsatz der Idle-Time (d. h. der Zeit, in der die CPU unbeschäftigt war).

Nachfolgend sehen Sie die Ausgabeformate bei den von uns betrachteten Systemen:

```
AIX
kthr      memory              page                    faults          cpu
-----  -------------- ----------------------- ------------- -----------
 r  b    avm    fre  re  pi  po  fr  sr  cy   in   sy   cs us sy id wa
 0  0 149367 847219   0   0   0   0   0   0  109  258   11 18  7 72  3

HP-UX
        procs        memory            page                       faults        cpu
  r  b  w      avm    free    re  at  pi  po   fr  de  sr    in   sy    cs  us sy id
  2  0  0   228488  120499     1   0   0   0   10   0   0  1021   44    29  14  1 86

Linux
     procs                 memory        swap         io      system        cpu
  r  b  w   swpd    free   buff  cache   si  so    bi   bo    in    cs   us sy id
  1  0  0      0    4280   5960  48296    0   0     5    1   101   123    1  0 99

FreeBSD
  procs         memory           page                 disks     faults        cpu
  r b w    avm    fre   flt  re  pi  po  fr  sr ad0 ad1    in  sy  cs  us sy id
  0 0 0   5392  32500    1    0   0   0   1   0   0   0   229   9   3   0  1 99

Solaris
kthr         memory              page                  disk       faults       cpu
 r b w   swap   free    re  mf  pi  po  fr  de  sr  dd f0 s0 --   in   sy   cs us sy id
 0 0 0 695496 187920     0   1   1   0   0   0   1   0  0  0  0  402   34   45  0  0 100

Tru64
Virtual Memory Statistics: (pagesize = 8192)
  procs        memory                      pages                         intr         cpu
  r   w    u   act   free  wire    fault   cow  zero react   pin  pout    in  sy   cs us sy id
  3 135   31   15K   10K   5439    110M    8M    52M  637K   42M   63K     4 953   1K  2  0 98
```

Beachten Sie, dass einige Versionen zusätzliche Spalten besitzen.

Im nächsten Teilabschnitt zeigen wir Ihnen, wie Sie die Ausgabe von vmstat interpretieren müssen.

Speicherprobleme erkennen

Sie können davon ausgehen, dass die Speichernutzung während des normalen Betriebs stark variiert. Kurzfristige Spitzen in der Speichernutzung sind normal und Sie müssen mit ihnen rechnen. Im Allgemeinen deuten eines oder mehrere der folgenden Symptome auf einen ernsthaften Mangel an Speicher-Ressourcen hin, wenn sie regelmäßig auftreten und/oder für eine signifikante Zeitspanne bestehen bleiben:

- Der verfügbare Speicher fällt unter eine akzeptable Schwelle. Bei interaktiven Systemen liegt diese bei etwa 5%–15%. Bei eher rechenorientierten Systemen kann ein freier Speicher von konstant 5% ausreichen.
- Signifikante Paging-Aktivitäten. Die wichtigsten Messgrößen für diesen Fall sind Schreiboperationen an die Paging-Datei (Page-Outs) sowie Leseoperationen aus der Paging-Datei (auch wenn die meisten Systeme Letztere nicht bereitstellen).
- Das System hängt regelmäßig, und sei es nur für kurze Zeit.
- Die Paging-Datei wird nach und nach größer und weist im normalen Betrieb einen hohen Nutzungsgrad auf. Das kann darauf hindeuten, dass zusätzlicher Paging-Raum benötigt wird oder der Speicher selbst knapp ist.

Lassen Sie uns bestimmte Teile der vmstat-Ausgabe aus praktischer Sicht betrachten:

- Generell sollte die Zahl in der Spalte *w* den Wert 0 aufweisen, d.h. anzeigen, dass keine Prozesse »ausgeswappt« sind. Ist das nicht der Fall, hat das System ein ernstes Speicherproblem.
- Die Spalte *po* ist im Hinblick auf das Paging die bedeutendste: Sie zeigt die Anzahl der Page-Outs und sollte sich idealerweise sehr nahe bei Null bewegen. Tut sie dies nicht, so kämpfen die Prozesse um den verfügbaren Speicher, und der Rechner nutzt das Paging. Paging äußert sich auch in einer deutlichen Verringerung des freien Hauptspeichers (*fre*) sowie der Anzahl der Page-Reclaims (*re*) – der Seiten also, die, obwohl sie von einem Prozess benötigt wurden, diesem entzogen und einem anderen Prozess auf dessen Anforderung hin wieder zugewiesen wurden.
- Hohe Werte bei den Page-Ins (*pi*) sind nicht immer von Bedeutung, da beim Starten eines Prozesses das ausführbare Image und seine Daten eingelagert werden.[21] Wenn ein neuer Prozess startet, steigt der Wert in dieser Spalte sprunghaft an, um anschließend ebenso schnell wieder abzufallen.

Das folgende Beispiel macht den Effekt des letzten Punktes deutlich:

```
$ vmstat 5                              Ausgabe editiert.
procs      memory         page
r b w     avm    fre   re   pi   po
0 1 0    81152  17864   0    0    0
1 1 0    98496  15624   0   192   0
2 0 0    84160  11648   0   320   0
2 0 0    74784   9600   0   320   0
```

---

21 Die AIX-Version von vmstat gibt bei *pi* nur die Page-Ins des Paging-Bereichs an.

```
2 0 0    74464    5984   0    64    0
2 0 0    78688    5472   0     0    0
1 1 0    60480   16032   0     0    0
^C
```

In der zweiten Datenzeile wird ein Compiler-Job gestartet. Es gibt einen Sprung bei den Page-Ins und der verfügbare Speicher (*fre*) fällt drastisch ab. Sobald der Job gestartet wurde, gehen die Page-Ins auf Null zurück, der freie Speicher bleibt aber gering. Sobald der Job abgearbeitet wurde, wird auch der Speicher wieder freigegeben (letzte Zeile). Prüfen Sie die Dokumentation Ihres Systems, wenn Sie wissen wollen, ob das Paging beim Prozessstart mit in den vmstat-Paging-Daten enthalten ist.

Hier sehen Sie die Ausgabe eines kurzfristig in Not geratenen Systems:

```
$ vmstat 5                            Einige Spalten weggelassen.
  procs      memory        page    ...    cpu
  r b w    avm    fre   re  pi  po      us sy id
  1 1 0   43232  31296   0   0   0       3  0 97
  1 2 0   46560  32512   0   0   0       5  0 95
  5 0 0   82496   2848   2 384 608       5 37 58
  2 3 0   81568   2304   2 384 448       4 63 43
  4 1 0   72480   2144   0  96  96       6 71 23
  5 1 0   72640   2112   0  64  32      12 76 12
  4 1 0   73280   3328   0   0   0      23 26 51
  2 1 0   54176  19552   0  32   0      34  1 65
^C
```

Zu Beginn des Berichts lief der Rechner gut; ein Paging fand nicht statt. Schließlich werden neue Prozesse gestartet (Zeile 5), und die Zahl der Page-Ins und Page-Outs steigt. Gleichzeitig sinkt die Anzahl der freien Pages. Dieser Rechner verfügt nicht über genügend Speicher für die Prozesse, die zu diesem Zeitpunkt ausgeführt werden sollen. Dies spiegelt sich auch in der Liste der freien Pages wider. Schließlich enden die Prozesse, und die Dinge beruhigen sich wieder (gegen Ende des Berichts).

Der Dateisystem-Cache

Die meisten aktuellen Unix-Implementierungen verwenden etwas freien Speicher als Datencache für Festplatten-I/O-Operationen. Auf diese Weise wird versucht, die I/O-Leistung zu erhöhen. In letzter Zeit eingelesene Daten werden für eine gewisse Zeit im Speicher vorgehalten (solange genügend Speicher vorhanden ist), falls sie noch einmal benötigt werden sollten. Allerdings ist das auch der Speicher, der zuerst freigegeben wird, wenn zusätzlicher Speicher benötigt wird. Diese Taktik verbesssert die Performance lokaler Prozesse und die Zugriffsoperationen bei Netzwerk-Systemen. Bei eher auf Berechnungen ausgelegten Rechnern sollte dieser Speicher aber besser für Benutzer-Jobs verwendet werden.

Bei vielen Systemen lässt sich (wie wir noch sehen werden) die Menge des Speichers konfigurieren, der auf diese Weise verwendet wird.

Konfiguration des Virtual Memory Managers

Bei einigen Unix-Varianten können Sie verschiedene Parameter einstellen, die die Funktionsweise des Virtual Memory Managers bestimmen. In den folgenden Abschnitten behandeln wir jede Unix-Version für sich.

 Diese Operationen müssen sorgfältig und wohl durchdacht vorgenommen werden. Erste Versuche sollten nicht auf Produktionssystemen erfolgen. Rücksichtslosigkeit und Sorglosigkeit werden bestraft.

AIX

AIX stellt Befehle bereit, mit denen einige Aspekte des Virtual Memory Managers angepasst werden können. Sie müssen vorsichtig sein, wenn Sie die in diesem Abschnitt beschriebenen Parameter ändern, weil das System unbrauchbar wird oder sogar abstürzt, wenn Sie hier ungültige Werte angeben. Glücklicherweise bleiben die mit diesen Befehlen durchgeführten Veränderungen nur bis zum nächsten Booten gültig.

Mit dem AIX-Befehl schedtune (den wir im vorangegangenen Abschnitt dieses Kapitels vorgestellt haben) können Sie die verschiedenen Parameter des Virtual Memory Managers (VMM) einstellen, die festlegen, wie der VMM auf schlechte Systemzustände reagiert. Ganz generell besteht das Ziel dieser Prozeduren darin, solche Bedingungen zu erkennen und sie zu behandeln, bevor sie Ihnen aus den Händen gleiten. (Beispielsweise kann eine kurzzeitige Spitze bei der Speicherauslastung zu schlechten Betriebsbedingungen führen, die mehrere Minuten anhalten, wenn nichts dagegen unternommen wird.)

Der VMM entscheidet, dass sich das System in einem schlechten Zustand befindet, wenn der Anteil »gestohlener« Seiten, die gerade auf die Festplatte ausgelagert sind,[22] einen bestimmten Schwellenwert übersteigt. (Gestohlene Seiten sind Seiten, auf die zugegriffen wird, obwohl sie benutzt werden.) Wenn dies passiert, beginnt der VMM damit, Prozesse zu unterbrechen, bis dieser Zustand aufhört.[23] Dabei versucht er, Prozesse zu unterbrechen, die Einfluss auf den Speicherdurchsatz haben und durch ihre Abwesenheit zur Verbesserung des Systemzustandes beitragen würden. Er wählt dabei die Prozesse anhand ihrer jeweiligen Repaging-Raten, d.h. wenn der Anteil der Page-Faults bei Seiten, die bereits vorher ausgelagert wurden, über einen bestimmten Wert (per Voreinstellung 1/4) steigt, ist der betreffende Prozess ein Kandidat für eine Unterbrechung. Die so unterbrochenen Prozesse nehmen ihre Arbeit wieder auf, wenn sich die Bedingungen verbessert haben und über einen bestimmten Zeitraum (per Voreinstellung eine Sekunde) stabil geblieben sind.

Werden keine Argumente angegeben, gibt schedtune die aktuellen Werte aller Parameter aus, die unter seiner Kontrolle sind. Dazu gehören auch die, die mit der Verwaltung der Speicherauslastung zu tun haben. Hier sehen Sie ein Beispiel seiner Ausgabe:

---

22 Berechnet als *po/fr* aus den vmstat-Ausgabefeldern.
23 Angehaltene Prozesse verbrauchen immer noch Speicher, aber das Paging wird angehalten.

```
# schedtune
          THRASH                    SUSP        FORK                SCHED
   -h     -p      -m      -w      -e      -f      -d      -r      -t      -s
   SYS    PROC    MULTI   WAIT    GRACE   TICKS   SCHED_D SCHED_R TIMESLICE MAXSPIN
   0      4       2       1       2       10      16      16      1         16384

   CLOCK    SCHED_FIFO2   IDLE MIGRATION   FIXED_PRI
   -c       -a            -b               -F
   %usDELTA AFFINITY_LIM  BARRIER/16       GLOBAL
   100      7             4                0
```

Tabelle 15-6 fasst die Thrashing-relevanten Parameter zusammen.

Tabelle 15-6: VMM-Parameter bei AIX

Option	Bezeichnung	Bedeutung
-h	SYS	Der Speicher ist als überlastet definiert, wenn die Zahl der geschriebenen Seiten dividiert durch die Gesamtzahl »gestohlener« Seiten den Wert 1/-h übersteigt. Wird dieser Wert auf 0 gesetzt, wird dieser Mechanismus deaktiviert (was der Voreinstellung entspricht).
-p	PROC	Ein Prozess kann bei ungünstigsten Bedingungen unterbrochen werden, wenn Repages/Page Faults > 1/-p ist. Dieser Parameter definiert, wann ein Prozess das System herunterzieht. Voreingestellt ist der Wert 4.
-m	MULTI	Die minimale Anzahl von Prozessen, die auch bei ungünstigsten Systembedingungen laufen müssen. Voreingestellt ist der Wert 2.
-w	WAIT	Die Anzahl von Sekunden, die vor der Reaktivierung unterbrochener Prozesse zu warten ist, nachdem die schlechten Bedingungen vorbei sind (definiert durch -h). Voreingestellt ist der Wert 1.
-e	GRACE	Die Anzahl von Sekunden, nach denen ein Prozess wieder unterbrochen werden darf, nachdem er reaktiviert wurde. Voreingestellt ist der Wert 2.

Momentan sind die Thrashing-Recovery-Mechanismen bei AIX standardmäßig deaktiviert. Es ist generell besser, Speicherprobleme zu vermeiden, als sie zu beheben. Allerdings ist das nicht immer möglich, weshalb dieses Feature bei sehr stark ausgelasteten Systemen sehr nützlich sein kann. Um es zu aktivieren, setzen Sie den Wert von -h auf 6 (der alte AIX-Standardwert).

Bei den meisten Systemen ist es nicht notwendig, die Standardwerte dieser Parameter zu ändern. Wenn Sie aber einen klaren Beweis dafür haben, dass der VMM sich systematisch zu aggressiv oder nicht aggressiv genug verhält, wenn es um die Entscheidung geht, ob der Speicher überlastet ist oder nicht, dann können Sie mit kleinen Änderungen experimentieren. Beginnen Sie dabei mit -h oder -p. In manchen Fällen kann es sich bei Systemen, auf denen eine große Zahl von Prozessen läuft, günstig auswirken, wenn der Wert von -w erhöht wird. Ich rate davon ab, den Wert von -m zu verändern.

Mit dem Befehl vmtune kann der Systemadministrator einige Aspekte im Verhalten des Page-Ersetzungsalgorithmus des VMM ändern. vmtune ist in demselben Verzeichnis zu finden wie schedtune: */usr/samples/kernel*. Ohne Optionen gibt der Befehl die Werte der verschiedenen Speicherverwaltungsparameter aus:

```
# vmtune
vmtune: current values:
  -p       -P       -r       -R       -f       -F       -N       -W
```

```
minperm  maxperm  minpgahead maxpgahead minfree maxfree pd_npages maxrandwrt
209507   838028       2          8        120     128    524288        0

  -M      -w        -k         -c         -b       -B       -u        -l       -d
maxpin  npswarn  npskill    numclust  numfsbufs hd_pbuf_cnt lvm_bufcnt lrubucket defps
838849   4096     1024          1        196       192         9       131072     1

        -s              -n         -S          -L          -g           -h
sync_release_ilock  nokilluid  v_pinshm  lgpg_regions  lgpg_size  strict_maxperm
        0               0          0           0           0            0

 -t
maxclient
 838028

number of valid memory pages = 1048561     maxperm=79.9% of real memory
maximum pinable=80.0% of real memory       minperm=20.0% of real memory
number of file memory pages = 42582        numperm=4.1% of real memory
number of compressed memory pages = 0      compressed=0.0% of real memory
number of client memory pages = 46950      numclient=4.5% of real memory
# of remote pgs sched-pageout = 0          maxclient=79.9% of real memory
```

Die in diesem Zusammenhang nützlichsten *vmtune*-Optionen sind:

-f *minfree*
: Minimale Größe der Liste freier Pages, die von Prozessen angefordert werden können, um ihren Speicherbedarf zu decken. Wenn diese Anzahl freier Pages unter diesen Schwellenwert fällt, muss der VMM Seiten von laufenden Prozessen stehlen. Voreingestellt sind 120 Seiten.

-F *maxfree*
: Das Stehlen von Seiten endet, wenn die Liste der freien Pages diesen Wert erreicht bzw. übersteigt. Voreingestellt sind 128 Seiten.

-p *minperm*
: Schwellenwert, bei dem Rechen- und Datei-Pages gestohlen werden (ausgedrückt als Prozentsatz des realen Arbeitsspeichers des Systems). Voreingestellt sind 18%–20% (je nach Speichergröße).

-P *maxperm*
: Schwellenwert, bei dem nur Datei-Pages gestohlen werden (ausgedrückt als Prozentsatz des realen Arbeitsspeichers des Systems). Voreingestellt sind 75%–80%.

Das zweite Paar von Parametern bestimmt bis zu einem gewissen Maß, welche Arten von Speicherseiten gestohlen werden, wenn nicht mehr genug Seiten in der Liste der freien Pages zu finden sind. AIX unterscheidet zwischen *Rechenseiten* (»computational memory pages«), die aus dem Arbeitsbereich von Programmen (d.h. aus Daten, die nicht auf Dateien basieren) und aus den Textsegmenten von Programmen (d.h. aus dem ausführbaren Programm im Speicher) bestehen. *Dateiseiten* (»file pages«) sind alle anderen Arten von Speicherseiten (die alle auf Festplatte gesichert sind). Per Voreinstellung versucht der VMM, eher Rechenseiten als Dateiseiten zu stehlen, wenn er schon Seiten stehlen muss. Dabei verwendet er das folgende Schema:

Bei beiden Typen
　%datei < *minperm* ODER Datei-Repaging ≥ Repaging-der-Rechenseiten

Nur bei Dateiseiten
　(*minperm* < %datei < *maxperm* UND Datei-Repaging < Repaging der Rechenseiten)
　ODER %datei > *maxperm*

%datei ist der Prozentsatz an Seiten, bei denen es sich um Dateiseiten handelt. Repage-Raten sind der Teil der Page Faults, die gestohlene bzw. ersetzte Speicherseiten anstelle neuer Seiten referenzieren. (Dies wird anhand der beschränkten Seiten-History ermittelt, die der VMM über die jüngst im Speicher befindlichen Seiten führt.) Bei rechenorientierten Systemen kann es sinnvoll sein, den Wert für *maxperm* zu verringern.

FreeBSD

Bei FreeBSD-Systemen können Kernel-Variablen mit dem Befehl `sysctl` ausgegeben und modifiziert (und über die Konfigurationsdatei */etc/sysctl.conf* beim Booten gesetzt) werden. Zum Beispiel geben die folgenden Befehle zuerst die maximale Anzahl simultan laufender Prozesse je Benutzer an und reduzieren diesen Wert dann:

```
# sysctl kern.maxprocperuid
kern.maxprocperuid: 531
# sysctl kern.maxprocperuid=64
kern.maxprocperuid: 531 -> 64
```

Ein solcher Schritt kann bei Systemen sinnvoll sein, bei denen Benutzer daran gehindert werden müssen, Systemressourcen übermäßig oder missbräuchlich zu nutzen. (Dieser Schritt allein löst natürlich ein solches Problem nicht.)

Die folgende Zeile in */etc/sysctl.conf* übernimmt die gleiche Funktion:

```
kern.maxprocperuid=64
```

Abbildung 15-3 führt die Kernel-Variablen auf, die mit der Paging-Aktivität verknüpft sind, und zeigt auf, wie sie zusammenhängen.

Normalerweise versucht der Memory Manager, mindestens *vm.v_free_target* freie Seiten vorzuhalten. Der pageout-Daemon, der Prozesse unterbricht, wenn nicht genug Speicher vorhanden ist, wird aktiv, wenn der freie Speicher unter den durch *vm.v_free_reserved* festgelegten Level sinkt (anderenfalls ist der Daemon inaktiv). Wenn er läuft, versucht er, die Anzahl freier Seiten zu erreichen, die in *vm.v_inactive_target* festgelegt wurde.

Die Standardwerte dieser Parameter hängen vom realen Arbeitsspeicher des Systems ab. Bei einem System mit 98 MB weisen sie die folgenden Werte auf:

```
vm.v_inactive_target: 1524         Einheiten sind Seiten.
vm.v_free_target: 1016
vm.v_free_min: 226
vm.v_free_reserved: 112
vm.v_pageout_free_min: 34
```

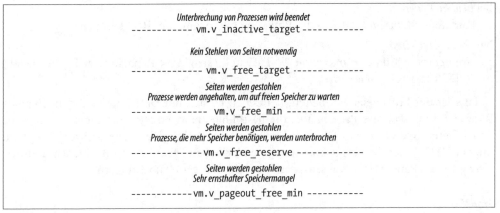

Abbildung 15-3: Speicher-Management-Level bei FreeBSD

Abschließend legen die Variablen *vm.v_cache_min* und *vm.v_cache_max* die minimale und maximale Größe des Dateisystem-Puffer-Caches fest (bei einem 98-MB-System liegen diese Werte bei 1016 und 2032). Der Cache bewegt sich, je nachdem, wie es der freie Speicher zulässt, dynamisch zwischen diesen beiden Grenzen. Fällt die Cache-Größe signifikant unter die Mindestgröße, tritt der Pageout-Daemon in Aktion. Sie können einen oder beide Werte erhöhen, wenn Sie bei der Allozierung von Speicher den Cache gegenüber den Benutzerprozessen vorziehen. Erhöhen Sie zuerst das Maximum. Die Erhöhung des Minimums verlangt große Sorgfalt und ein tieferes Verständnis der Memory Manager-Interna.

HP-UX

Bei HP-UX werden die Kernel-Parameter mit dem Befehl kmtune eingestellt.

Das Paging wird über drei Variablen wie folgt kontrolliert:

freier Speicher ≥ lotsfree
    Das Stehlen von Seiten endet.

desfree ≤ freier Speicher < lotsfree
    Das Stehlen von Seiten setzt ein.

minfree ≤ freier Speicher < desfree
    Anti-Thrashing-Maßnahmen werden ergriffen, einschließlich der Deaktivierung von Prozessen (zusätzlich zum Stehlen von Seiten).

Die Standardwerte dieser Variablen werden von HP-UX gesetzt und sind von der Menge realen Arbeitsspeichers (in Seiten) abhängig. Die Dokumentation rät eindringlich davon ab, diese Werte zu modifizieren.

HP-UX kann mit einem statisch oder dynamisch dimensionierten Puffer-Cache arbeiten (voreingestellt und empfohlen wird Letzteres). Ein dynamischer Cache wird verwendet, wenn die beiden Variablen *nbuf* und *bufpages* beide auf 0 gesetzt sind. In diesem Fall können Sie den minimalen und maximalen Prozentsatz an Arbeitsspeicher, der für den Cache verwendet werden soll, über die Variablen *dbc_min_pct* und *dbc_max_pct* festlegen. Standardmäßig liegen diese Werte bei 5% bzw. 50%. Je nachdem, in welchem Maße Sie den Cache oder Benutzer-Prozesse bei der Allozierung von Speicher bevorzugen wollen, kann es sinnvoll sein, den Maximalwert zu verändern.

Linux

Bei Linux-Systemen erfolgt die Modifizierung von Kernel-Parametern (wie schon gesehen) durch die Änderung von Werten in Dateien unter */proc/sys* und dessen Unterverzeichnissen. Die für die Speicherverwaltung relevanten Dateien sind unter dem Unterverzeichnis *vm* zu finden. Die wichtigsten Dateien sind:

freepages

Diese Datei enthält drei Werte, die die Anzahl der minimalen, unteren und gewünschten freien Seiten angeben. Sind weniger als die minimale Anzahl freier Seiten verfügbar, wird Benutzerprozessen zusätzlicher Speicher verweigert. Zwischen den minimalen und unteren Werten findet aggressives Paging (das Stehlen von Seiten) statt. Zwischen den unteren und gewünschten Werten erfolgt ein »freundliches« Paging. Ist der gewünschte Wert erreicht, wird das Stehlen von Seiten eingestellt.

Die Standardwerte (in Seiten) hängen vom realen Arbeitsspeicher des Systems ab, erfolgen aber (mehr oder weniger) im Maßstab x, $2x$ und $3x$. Eine erfolgreiche Modifikation dieser Werte verlangt ein tiefergehendes Wissen um das Linux-Speicher-Subsystem und die Systemlast und ist dem Ängstlichen nicht zu empfehlen.

buffermem

Legt die Größe des Speichers fest, der für den Dateisystem-Puffer-Cache verwendet werden soll. Die drei Werte legen den minimalen Prozentsatz, den »Ausleih-Prozentsatz« und den maximalen Prozentsatz fest. Voreingestellt sind 2%, 10% und 60%. Wenn der Speicher knapp ist und die Größe des Puffer-Caches den Ausleih-Prozentsatz übersteigt, dann werden Seiten aus dem Puffer-Cache gestohlen, bis dessen Größe unter diesen Wert sinkt.

Wenn Sie den Puffer-Cache gegenüber den Prozessen bei der Allozierung von Speicher vorziehen wollen, kann die Erhöhung der Ausleih- und Maximalwerte sinnvoll sein. Wollen Sie andererseits Prozesse bevorzugen, ist es sinnvoller, den Maximalwert zu reduzieren und den Ausleih-Wert nahe beim Ausleih-Wert zu setzen.

overcommit_memory

Wenn Sie den Wert dieser Datei auf 1 setzen, können Prozesse mehr Speicher anfordern, als eigentlich zur Verfügung steht (voreingestellt ist 0). Einige Anwendungsprogramme allozieren sehr große Mengen Speicher, nutzen diese aber nie und können möglicherweise erfolgreich ausgeführt werden, wenn diese Einstellung aktiv ist.

Die Änderung der Parameter erfolgt durch Modifikation dieser Werte in den Dateien. Der folgende Befehl ändert beispielsweise die Einstellungen für den Puffer-Cache:

```
# echo "5 33 80" > /proc/sys/vm/buffermem
```

Solaris

Bei Solaris-Systemen können die Werte von Systemparametern über den Befehl `kstat` ausgegeben werden. Zum Beispiel gibt der folgende Befehl die mit dem Paging-Verhalten in Zusammenhang stehenden Systemparameter aus sowie deren Standardwerte bei 1 GB physikalischem Speicher:

```
# kstat -m unix -n system_pages | grep 'free '
    cachefree    1966        Einheiten sind Seiten.
    lotsfree     1966
    desfree       983
    minfree       491
    ...
```

Abbildung 15-4 macht die Bedeutung und die Beziehungen zwischen diesen Leveln deutlich.

Abbildung 15-4: Paging- und Swapping-Speicher-Level unter Solaris

Aus der Abbildung geht hervor, dass das Setzen von *cachefree* auf einen Wert größer *lotsfree* eine Möglichkeit bietet, Prozesse bei der Speicherzuteilung gegenüber dem Puffer-Cache zu bevorzugen (standardmäßig wird zwischen diesen beiden nicht unterschieden, weil *lotsfree* gleich *cachefree* ist). Um eine Unterscheidung zu treffen, sollten Sie *lotsfree* auf einen Wert zwischen dem aktuellen Level und *desfree* verringern (statt *cachefree* zu erhöhen).

 Bei Solaris 9 wurde der Virtual Memory Manager verändert und die *cachefree*-Variable wurde eliminiert.

Tru64

Bei Tru64 wird die Speicherverwaltung über die Parameter des vm-Subsystems von *sysconfig* gesteuert. Die nützlichsten Parameter sind:

- *vm_aggressive_swap*: (De)aktiviert agressives Auslagern von Leerlaufprozessen (standardmäßig 0). Die Aktivierung kann bei schwer ausgelasteten Systemen zu einigen Verbesserungen in der Speicherverwaltung führen, ist aber kein Ersatz für die Reduzierung exzessiven Konsums.

- Es gibt verschiedene Parameter, die die Bedingungen kontrollieren, unter denen der Memory Manager Seiten von aktiven Prozessen stiehlt und/oder Leerlaufprozesse auslagert. Diese sind in Abbildung 15-5 zusammen mit ihren Beziehungen und Effekten aufgeführt.

```
              Kein Stehlen von Seiten und kein Auslagern von Prozessen
           ------------ vm_page_free_hardswap -----------

                      Auslagern von Leerlaufprozessen
           ------------ vm_page_free_target ------------

                             Stehlen von Seiten
                      Auslagern von Leerlaufprozessen
           -------------- vm_page_free_swap -------------

                             Stehlen von Seiten
           -------------- vm_page_free_min --------------

                             Stehlen von Seiten
                           Ernsthafter Speichermangel
           ------------ vm_page_free_reserved -----------
              Nur der Kernel kann zusätzlichen Speicher allozieren
```

Abbildung 15-5: Paging- und Swapping-Level bei Tru64

- Der voreingestellte Wert für *vm_page_free_min* liegt bei 20 Seiten. Der Wert von *vm_page_free_target* variiert je nach Speichergröße. Bei einem System mit 1 GB realem Hauptspeicher ist er auf 512 Seiten voreingestellt. Der reservierte Wert liegt immer bei 10 Seiten.

  Die anderen Variablen werden aus diesen Werten berechnet. *vm_page_free_swap* (und das Äquivalent *vm_page_free_optimal*) wird in der Mitte zwischen dem Minimum und dem Ziel platziert, und *vm_page_free_hardswap* ist etwa 16-mal höher als der Zielwert.

- Verschiedene Parameter beziehen sich auf die Größe des Puffer-Caches. *vm_minpercent* legt den Prozentsatz des Speichers fest, der zu Beginn für den Puffer-Cache verwendet wird (voreingestellt sind 10%). Die Größe des Puffer-Caches wird erhöht, wenn ausreichend Speicher zur Verfügung steht. Der Parameter *ubc_maxpercent* legt die maximale Speichermenge fest, die der Cache verwenden kann (voreingestellt sind 100%). Wenn der Speicher knapp ist und die Cache-Größe *ubc_borrowpercent* (oder mehr) entspricht, werden Seiten an den allgemeinen Pool zurückgegeben, bis der Cache unter diesen Level fällt (und das Stehlen von Prozess-Seiten nicht mehr auftritt). Der Standardwert für den Ausleih-Level liegt bei 20% des physikalischen Speichers.

  Bei File-Servern ist es häufig sinnvoll, den Minimal- und/oder den Ausleihwert zu erhöhen (um dem Cache den lokalen Prozessen vorzuziehen). Bei einem Datenbank-Server werden Sie diese Werte hingegen reduzieren wollen.

Verwaltung der Paging-Bereiche

Für das Paging werden besonders gekennzeichnete Bereiche der Festplatte benutzt. Auf den meisten Unix-Systemen stehen gesonderte Festplattenpartitionen – sog. *Swap-Partitionen* – zur Verfügung, um Pages aufzunehmen, die aus dem Hauptspeicher ausgelagert werden. Bei neueren Unix-Implementierungen kann das Paging auch in besondere Dateien, sog. *Paging-Dateien,* erfolgen, die im normalen Unix-Dateisystem abgelegt sind.[24]

Viele Darstellungen zum Thema Auslagerungsbereich empfehlen die Nutzung mehrerer Paging-Bereiche, die sich über mehrere Festplatten verteilen. Die I/O-Performance steigt, je näher Sie diesem Ideal kommen.

Andererseits profitiert auch die normale Platten-I/O von einer sorgfältigen Platzierung. Es ist nicht immer möglich, den Paging-Bereich und wichtige Dateisysteme zu trennen. Bevor Sie sich also entscheiden, müssen Sie ermitteln, welche Art von Ein-/Ausgaben Sie bevorzugen wollen, und dann die Maßnahmen treffen, die für Sie geeignet sind.

Aus meiner Erfahrung sollte die Paging-I/O vermieden statt optimiert werden, während alle anderen Arten von Platten-I/O wesentlich mehr Aufmerksamkeit verdienen als die Platzierung des Auslagerungsbereichs.

Wie groß ist der Platzbedarf für Auslagerungsbereiche?

Auf diese Frage hat jeder, dem sie gestellt wird, eine andere Antwort. Die richtige Antwort lautet natürlich »Das hängt davon ab«. Und zwar hängt es von der Art der Jobs ab, die typischerweise auf Ihrem System ausgeführt werden. Bei einer Einzelbenutzer-Workstation könnte schon ein Paging-Bereich ausreichen, der anderthalb bis zweimal so groß ist wie der real verfügbare Hauptspeicher (vorausgesetzt, das System wird nur zum Editieren und für kleine Kompilierungsaufgaben verwendet). Andererseits werden Sie bei realen Produktionsumgebungen, in denen Programme mit großen Speicheranforderungen laufen, bessere Ergebnisse erzielen, wenn der Paging-Bereich zwei- oder sogar dreimal so groß ist wie der Hauptspeicher. Denken Sie immer daran, dass einige Prozesse beendet werden, wenn der gesamte Paging-Bereich dauerhaft erschöpft ist (und neue Prozesse werden gar nicht erst gestartet).

Ein Faktor, der einen sehr großen Einfluss auf die Anforderungen an den Paging-Bereich haben kann, ist die Art, wie das Betriebssystem den Paging-Bereich den virtuellen Speicherseiten zuweist, die implizit erzeugt werden, wenn Programme große Datenbereiche anfordern (diese müssen nicht zwangsläufig während jedes Laufs verwendet werden). Viele neuere Systeme stellen für solche Seiten überhaupt keinen Paging-Bereich zur Verfügung, solange in die jeweilige Seite nicht geschrieben oder aus ihr gelesen wird. Diese Praxis minimiert die Speicheranforderungen pro Prozess und streckt den vorhandenen Speicher so lange wie möglich. Andererseits weisen andere Systeme den Paging-Bereich dem gesamten Speicherblock zu, sobald dieser angefordert wird. Natürlich werden beim zweiten Schema mehr Paging-Ressourcen benötigt als beim ersten.

---

24 Unabhängig von der Namensgebung können sowohl Swap-Partitionen als auch Paging-Dateien sowohl zum Paging als auch zum Swapping verwendet werden (solange die Systeme virtuellen Speicher unterstützen).

Weitere Faktoren, die den Bedarf an Paging-Platz in die Höhe treiben, sind:

- Jobs, die viel Speicher benötigen, besonders wenn sie mehr als einmal ausgeführt werden müssen
- Jobs, deren virtueller Adressraum wesentlich größer ist als der physikalische Speicher
- Programme, deren ausführbare Images an sich schon sehr groß sind. Dies impliziert häufig den obigen Punkt. Die Umkehrung dieser Implikation gilt übrigens nicht.
- Eine sehr, sehr große Anzahl gleichzeitig laufender Jobs, selbst dann, wenn die jeweiligen Jobs recht klein sind.

Auflisten der Paging-Bereiche

Die meisten Systeme bieten Befehle an, mit denen die Paging-Bereiche lokalisiert sowie die aktuelle Auslastung der Bereiche ausgegeben werden können:

	Ausgabe der Paging-Bereiche	*Ausgabe der aktuellen Auslastung*
AIX	lsps -a	lsps -a
FreeBSD	pstat -s	pstat -s
HP-UX	swapinfo -t -a -m	swapinfo -t -a -m
Linux	cat /proc/swaps	swapon -s oder free -m -o
Solaris	swap -l	swap -l oder -s
Tru64	swapon -s	swapon -s

Nachfolgend ein Teil der Ausgabe eines Solaris-Systems:

```
swapfile           dev    swaplo blocks   free
/dev/dsk/c0t0d0s1  136,1      16 1049312 1049312
```

Der swap-Befehl bei Solaris besitzt auch die Option -s, die Statistiken über die aktuelle Gesamtnutzung des Paging-Bereichs ausgibt:

```
total: 22240k bytes allocated + 6728k reserved = 28968k used,
       691568k available
```

Unter AIX lautet der Befehl zur Ausgabe der Informationen über die Auslagerungsbereiche lsps -a:

```
$ lsps -a
Page Space   Phys. Volume   Volume Group   Size    %Used   Active   Auto
hd6          hdisk0         rootvg         200MB   76      yes      yes
paging00     hdisk3         uservg         128MB   34      yes      yes
```

Die Ausgabe enthält den Namen des Auslagerungsbereichs, die physikalische Festplatte, auf der er angesiedelt ist, eine Angabe, zu welcher Volume Group er gehört, wie viel Platz gerade benutzt wird und ob er automatisch beim Booten aktiv wird. Der Rechner verfügt über zwei Auslagerungsbereiche, die insgesamt etwa 328 MB umfassen. Der gesamte Auslagerungsbereich des Rechners ist zu etwa 60% belegt.

Hier sehen Sie die Ausgabe eines HP-UX-Systems:

```
# swapinfo -tam
              Mb      Mb      Mb    PCT   START/    Mb
TYPE        AVAIL    USED    FREE   USED  LIMIT   RESERVE   PRI   NAME
dev           192      34     158   18%     0        -       1   /dev/vg00/lvol2
reserve        -       98     -98
memory         65      32      33   49%
total         257     164      93   64%     -        0       -
```

Die ersten drei Zeilen der Ausgabe liefern Details zur Konfiguration des Swap-Bereichs. Die erste Zeile (dev) zeigt, dass momentan 34 MB des Paging-Bereichs auf */dev/vg00/lvol2* (dessen Gesamtgröße bei 192 MB liegt) genutzt werden. Die nächste Zeile besagt, dass weitere 98 MB in diesem Paging-Bereich reserviert sind, momentan aber nicht benutzt werden.

Die dritte Zeile erscheint in der Ausgabe, wenn das Pseudo-Swapping für das System aktiviert wurde. Sie erreichen dies, indem Sie die Kernel-Variable *swapmem_on* auf 1 setzen (was tatsächlich standardmäßig der Fall ist). Das Pseudo-Swapping erlaubt es Anwendungen, mehr Swap-Raum anzufordern, als physikalisch auf dem System vorhanden ist. Es ist wichtig hervorzuheben, dass das Pseudo-Swapping selbst keinerlei Speicherplatz verbraucht. Die dritte Zeile gibt an, dass noch 164 MB Speicher zur Verfügung stehen (32 MB werden genutzt).

Die letzte Zeile (total) enthält eine Zusammenfassung. In diesem Fall verfügt das System also über insgesamt 257 MB Swap-Speicher. Davon sind im Moment 164 MB entweder reserviert oder alloziert: die 34 MB, die im Paging-Bereich alloziert wurden, sowie zusätzlich 98 MB, die im Paging-Bereich reserviert wurden, und schließlich noch 32 MB der Pseudo-Swap-Kapazität.

Aktivierung der Auslagerungsbereiche

Die Auslagerungsbereiche werden normalerweise automatisch beim Booten aktiviert. Bei vielen Systemen sind Swap-Partitionen in der Konfigurationsdatei des Dateisystems aufgeführt (üblicherweise in */etc/fstab*). Das Format dieser Konfigurationsdatei wird im Abschnitt »Dateisysteme verwalten« in Kapitel 10 ausführlich beschrieben, auch wenn wir an dieser Stelle noch einmal einige Beispiel-Einträge zeigen wollen:

```
/dev/ad0s2b      none     swap    sw         0 0    FreeBSD
/dev/vg01/swap   ...      swap    pri=0      0 0    HP-UX
/dev/hda1        swap     swap    defaults   0 0    Linux
```

Diese Einträge besagen, dass die erste Partition von Platte 1 die Swap-Partition ist. Diese Basisform wird für alle Swap-Partitionen verwendet.

Bei Solaris-Systemen werden Swap-Bereiche in ähnlicher Weise in */etc/vfstab* eingetragen:

```
/dev/dsk/c0t0d0s1 - - swap - no -
```

Tru64-Systeme führen Swap-Bereiche im vm-Abschnitt von */etc/sysconfigtab* auf:

```
vm:
    swapdevice = /dev/disk/dsk0b
```

Bei FreeBSD, HP-UX, Tru64 und Linux werden alle Swap-Partitionen in der Konfigurationsdatei des Dateisystems automatisch beim Booten aktiviert. Dazu wird ein Befehl wie der folgende verwendet:

```
swapon -a > /dev/console 2>&1
```

Der Befehl swapon -a weist das Betriebssystem an, alle Swap-Partitionen zu aktivieren. Dieser Befehl kann auch von Hand aufgerufen werden, wenn eine neue Partition eingebunden werden soll. Solaris stellt das Tool *swapadd* bereit, um beim Booten dieselbe Aufgabe zu erledigen.

Bei AIX sind die Auslagerungsbereiche in der Datei */etc/swapspaces* aufgeführt:

```
hd6:
    dev = /dev/hd6
paging00:
    dev = /dev/paging00
```

Jeder Abschnitt benennt den Auslagerungsbereich und die zugehörige Gerätedatei (der Name des Abschnitts und der Dateiname unter */dev* sind immer gleich). Alle logischen Paging-Volumes, die in */etc/swapspaces* aufgeführt sind, werden beim Systemstart durch den Befehl swapon -a in */etc/rc* automatisch aktiviert. Logische Paging-Volumes können auch beim Anlegen oder durch den manuellen Aufruf von swapon -a aktiviert werden.

Anlegen neuer Auslagerungsbereiche

Wie schon erwähnt, wird zum Paging dedizierter Festplattenplatz benötigt, auf dem ausgelagerte Daten abgelegt werden. Das Anlegen einer neuen Swap-Partition auf einer solchen Festplatte ist eine mühsame Prozedur, die folgende Schritte umfasst:

- Anfertigung einer vollständigen Sicherung aller Dateisysteme, die sich auf dieser Festplatte befinden, wobei Sie sicherstellen sollten, dass alle Bänder lesbar sind.
- Falls nötig die Umstrukturierung der Organisation der physikalischen Festplatte (Partitionsgrößen und -layout).
- Anlegen neuer Dateisysteme auf der Festplatte. Zu diesem Zeitpunkt behandeln Sie die Festplatte so, als wäre sie brandneu.
- Wiedereinspielen der Dateien in die neuen Dateisysteme.
- Aktivieren des neuen Swapping-Bereichs sowie dessen Aufnahme in die entsprechenden Konfigurationsdateien.

Die meisten dieser Schritte werden in anderen Kapiteln detailliert behandelt. Ein besserer Ansatz ist Thema des nächsten Unterabschnitts.

Dateisystem-Paging

Viele moderne Unix-Betriebssysteme bieten eine wesentlich flexiblere Lösung, indem sie das *Dateisystem-Paging* – das Paging in eine Datei, die im normalen Dateisystem liegt – unterstützen. Paging-Dateien können bei geänderten Anforderungen angelegt oder gelöscht werden, wenn auch auf Kosten eines leicht erhöhten Paging-Overheads.

Bei Solaris dient der Befehl mkfile dazu, neue Paging-Dateien anzulegen. Beispielsweise legt der folgende Befehl die Datei /chem/page_1 als neuen Auslagerungsbereich an:

```
# mkfile 50m /chem/page_1
# swap -a /chem/page_1 0 102400
```

Der mkfile-Befehl legt eine Paging-Datei mit dem angegebenen Namen und einer Größe von 50 MB im spezifizierten Pfad an. Wird die Dateigröße ohne Suffix (k für KB oder m für MB) angegeben, so wird sie in Bytes interpretiert. Der dann folgende normale swap-Befehl wird verwendet, um eine vorhandene Datei als Paging-Datei festzulegen, indem man ihren Pfadnamen anstelle der Gerätedatei angibt.

Bei HP-UX wird das Dateisystem-Paging initiiert, indem ein Verzeichnis als Swap-Device an den swapon-Befehl übergeben wird. In diesem Modus wird die folgende grundsätzliche Syntax verwendet:

```
swapon [-m min] [-l limit] [-r reserve] verzeichnis
```

min bezeichnet hier die minimale Anzahl der Blöcke im Dateisystem, die für das Paging genutzt werden sollen. (Die Größe der Blöcke entspricht der Größe, die beim Erzeugen des Dateisystems definiert wurde: 4096 oder 8192.) *limit* bezeichnet die maximale Anzahl von Blöcken, die als Paging-Bereich verwendet werden sollen. *reserve* ist der Platz, der hinter den aktuellen Dateien für das Paging reserviert wird. Der folgende Befehl initiiert beispielsweise das Paging im */chem*-Dateisystem, begrenzt die Größe der Paging-Datei auf 5000 Blöcke und reserviert 10.000 Blöcke für eine zukünftige Erweiterung:

```
# swapon -l 5000 -r 10000 /chem
```

Unter HP-UX können Sie auch ein neues logisches Volume als zusätzlichen Paging-Bereich anlegen. Zum Beispiel erzeugen und aktivieren die folgenden Befehle ein 125 MB großes logisches Swap-Volume namens *swap2*:

```
# lvcreate -l 125 -n swap2 -C y -r n /dev/vg01
# swapon /dev/vg01/swap2
```

Das logische Volume verwendet kontinuierlich allozierte Blöcke und deaktiviert die Relozierung fehlerhafter Blöcke (-C bzw. -r). Beachten Sie, dass bei diesem logischen Volume kein Dateisystem aufgesetzt wird.

Bei Linux-Systemen können Sie eine Paging-Datei mit Befehlen wie den folgenden anlegen:

```
# dd if=/dev/zero of=/swap1 bs=1024 count=8192     8-MB-Datei anlegen.
# mkswap /swap1 8192                               Datei zu Swap-Device erklären.
# sync; sync
# swapon /swap1                                    Paging-Datei aktivieren.
```

Bei FreeBSD-Systemen wird eine Paging-Datei wie folgt erzeugt:

```
# dd if=/dev/zero of=/swap1 bs=1024 count=8192     8-MB-Datei anlegen.
# vnconfig -e vnc0 /swap1 swap                     Pseudo-Disk /dev/vn0c erzeugen
                                                   und Swapping aktivieren.
```

Der Befehl vnconfig konfiguriert den Paging-Bereich und aktiviert ihn.

Bei AIX liegen die Auslagerungsbereiche auf logischen Volumes, die speziell für das Paging eingerichtet werden. Wie bei normalen logischen Volumes kann der Auslagerungsbereich den Bedürfnissen entsprechend vergrößert werden, solange es freie logische Partitionen in der Volume-Gruppe gibt.

Mit dem Befehl mkps lässt sich ein neuer Auslagerungsbereich anlegen, während Sie einen bereits bestehenden Bereich mit dem Befehl chps vergrößern können. Der folgende Befehl erstellt einen Auslagerungsbereich von 200 MB Größe auf der Volume-Gruppe *chemvg*:

```
# mkps -a -n -s 50 chemvg
```

Diesem Auslagerungsbereich wird ein Name wie *pagingnn* zugewiesen, wobei *nn* eine Zahl ist. Beispiel: *paging01*. Die Option -a bewirkt, dass der Bereich beim Booten automatisch aktiviert wird. Dies geschieht durch Eintragung seines Namens in */etc/swapspaces*. Die Option -n aktiviert den Bereich unmittelbar nach dem Anlegen. -s bestimmt die Größe des Bereichs in logischen Partitionen (deren voreingestellte Größe 4 MB beträgt). Der Name der Volume-Gruppe wird als letztes Argument in der Kommandozeile übergeben.

Die Größe eines bereits bestehenden Auslagerungsbereichs lässt sich mit dem Befehl chps erhöhen. Hier bestimmt die Option -s die Anzahl der zusätzlichen logischen Partitionen:

```
# chps -s 10 paging01
```

Dieser Befehl vergrößert den Auslagerungsbereich *paging01* um 40 MB.

Bei FreeBSD wird das Dateisystem-Paging nicht unterstützt, auch wenn Sie ein logisches Volume zum Swapping in einer beliebigen Umgebung einsetzen können. Letzteres macht es wesentlich einfacher, zusätzliche Auslagerungsbereiche einzubinden, ohne eine neue Festplatte hinzufügen zu müssen.

Paging-Bereichsprioritäten bei Linux und HP-UX

Bei HP-UX und Linux können Sie die bevorzugte Nutzungsreihenfolge mehrerer Paging-Bereiche über ein Prioritätssystem festlegen. Mit der Option -p des swapon-Befehls können Sie einer Swap-Partition oder anderen Paging-Bereichen bei deren Aktivierung eine Prioritätsnummer zuweisen. Die Prioritätsnummern gehen bei HP-UX von 0 bis 10, wobei Bereiche mit kleineren Werten zuerst verwendet werden. Voreingestellt ist der Wert 1.

Bei Linux-Systemen laufen die Prioritäten von 0 bis 32.767, wobei höher nummerierte Bereiche zuerst genutzt werden. Voreingestellt ist der Wert 0. Es ist üblicherweise besser, dedizierten Swap-Partitionen höhere Nutzungsprioritäten zuzuweisen als Dateisystem-Paging-Bereichen.

Löschung von Auslagerungsbereichen

Auslagerungsbereiche dürfen – mit Ausnahme des einen auf der root-Festplatte – gelöscht werden, wenn sie nicht länger benötigt werden. Um eine Swap-Partition oder eine Paging-Datei bei einem BSD-basierten System – FreeBSD, Linux, HP-UX und Tru64 – zu entfernen, reicht es aus, die entsprechende Zeile aus der zugehörigen Konfigurationsdatei zu entfernen. Nach dem Neustart des Systems wird die Swap-Partition deaktiviert. (Ein Neustart ist notwendig, um sicherzustellen, dass es keine aktiven Referenzen auf die Partition oder die Paging-Datei gibt.) Paging-Dateien lassen sich ganz normal mit rm entfernen.

Bei Solaris deaktiviert die Option -d des swap-Befehls einen Auslagerungsbereich. Hierzu einige Beispiele:

```
# swap -d /dev/dsk/c1d1s1 0
# swap -d /chem/page_1 0
```

Nach der Ausführung des Befehls swap -d werden keine neuen Pages in den Bereich geschrieben. Zusätzlich versucht der Kernel, benutzte Bereiche der Swap-Partition soweit als möglich freizugeben. Die Datei wird aber nicht entfernt, solange es noch Prozesse gibt, die sie nutzen.

Bei AIX lassen sich Auslagerungsbereiche mit dem Befehl rmps löschen, nachdem sie deaktiviert wurden:

```
# chps -a n paging01
# rmps paging01
```

Der Befehl chps entfernt *paging01* aus der Liste der beim Booten zu aktivierenden Auslagerungsbereiche (in */etc/swapspaces*). Der Befehl rmps löscht dann die Auslagerungsdatei.

Administrative Tugenden: Beharrlichkeit

Bei der Überwachung der Systemaktivitäten und beim Tuning der Leistung eines Systems ist jeweils die gleiche administrative Tugend erforderlich: Beharrlichkeit. Die Arbeiten müssen naturgemäß über einen längeren Zeitraum durchgeführt werden und ihnen wohnt etwas Zyklisches (vielleicht sogar Rekursives) inne. Bei zwei Punkten müssen Sie besonders beharrlich sein:

- Wenn Sie gerade anfangen und keine Vorstellung davon haben, was bei dem System schief läuft und wie die Situation zu verbessern ist.
- Nachdem die Euphorie über frühere Erfolge abgeklungen ist und Sie mehr Zeit aufwenden müssen, um kleinere Verbesserungen zu erzielen.

Das Tuning der Systemleistung – und die Systemleistung selbst – folgen beide der 80/20-Regel: Die letzten 20 % zu erledigen benötigt 80 % der Zeit. (Die Systemadministration selbst folgt einer Variation dieser Regel: 20 % der Leute erledigen 80 % der Arbeit.) Denken Sie an das Gesetz vom abnehmenden Ertrag und verschwenden Sie Ihre Zeit nicht damit, die letzten 5 % oder 10 % herauszupressen.

Leistung der Festplatten-I/O

Die Ein-/Ausgabe der Festplatte ist der dritte große Flaschenhals, der die Leistung eines Systems oder eines einzelnen Jobs beeinträchtigen kann. In diesem Abschnitt werden einige der Faktoren betrachtet, die den Durchsatz der Festplatte beeinflussen können.

Überwachung der Leistung der Festplatten-I/O

Leider sind die Unix-Werkzeuge zur Überwachung der Leistung der Festplatten-I/O rar und recht schwach. BSD-basierte Systeme stellen alle (bis auf Linux) den iostat-Befehl zur Verfügung. Hier ist ein Beispiel seiner Ausgabe bei einem FreeBSD-System bei moderater Nutzung einer von zwei Platten:

```
$ iostat 6
        tty            ad0            ad1            cd0              cpu
tin  tout  KB/t tps  MB/s  KB/t tps  MB/s  KB/t tps  MB/s  us ni sy in id
  0    13 31.10  71  2.16  0.00   0  0.00  0.00   0  0.00   0  0 11  2 87
  0    13 62.67  46  2.80  0.00   0  0.00  0.00   0  0.00   0  0 10  2 88
  0    13  9.03  64  0.56  0.00   0  0.00  0.00   0  0.00   1  0  7  1 91
  0    13  1.91  63  0.12  0.00   0  0.00  0.00   0  0.00   2  0  4  2 92
  0    13  2.29  64  0.14  0.00   0  0.00  0.00   0  0.00   2  0  5  1 92
```

Der Parameter legt das Intervall zwischen den Berichten fest (und wir haben wie üblich den ersten, zusammenfassenden Bericht weggelassen). Die mit den Namen von Festplatten überschriebenen Spalten sind für unsere Zwecke die nützlichsten. Sie stellen die aktuelle Nutzung der Festplatte in Transfers/Sekunde (tps) und in MB/Sekunde dar.

System V-basierte Systeme bieten den sar-Befehl an und können zur Überwachung der Festplatten-I/O verwendet werden. Die Syntax für diesen Modus lautet:

```
$ sar -d Intervall [Zähler]
```

Intervall legt die Sekunden zwischen den Berichten fest, und der *Zähler* gibt die Gesamtzahl der zu erzeugenden Berichte vor (voreingestellt ist eins). Generell legen die sar-Optionen fest, welche Daten in den Bericht aufzunehmen sind. sar ist für AIX, HP-UX, Linux und Solaris verfügbar. Allerdings muss das Prozess-Accounting eingerichtet sein, bevor irgendwelche Daten zurückgeliefert werden.

Der folgende Bericht zeigt die aktuelle Platten-Nutzung eines Linux-Systems:

```
$ sar -d 5 10
Linux 2.4.7-10 (dalton)         05/29/2002

07:59:34 PM        DEV        tps     blks/s
07:59:39 PM        dev3-0    9.00      70.80
07:59:39 PM        dev22-0   0.40       1.60

07:59:39 PM        DEV        tps     blks/s
07:59:44 PM        dev3-0   61.80     494.40
07:59:44 PM        dev22-0  10.80      43.20

07:59:44 PM        DEV        tps     blks/s
07:59:49 PM        dev3-0   96.60     772.80
07:59:49 PM        dev22-0   0.00       0.00

Average:           DEV        tps     blks/s
Average:           dev3-0   78.90     671.80
Average:           dev22-0   1.12       4.48
```

Die erste Spalte jedes sar-Berichts ist ein Timestamp. Die anderen Spalten enthalten die Transferoperationen pro Sekunde und die bei jeder Platte übertragenen Blöcke pro Sekunde. Beachten Sie, dass die Geräte über ihre Major- und Minor-Gerätenummern angegeben werden. In diesem Fall betrachten wir zwei Festplatten.

Das Festplatten-Subsystem optimal nutzen

Die Leistungsfähigkeit der Festplatten ergibt sich eher aus der Installationsplanung und der Konfiguration als aus den auf dem Ist-Zustand basierenden Optimierungen. Verschiedene Techniken eignen sich zur Optimierung unterschiedlicher Arten von Ein-/Ausgaben. Das bedeutet, dass Sie die Ein-/Ausgaben verstehen müssen, die von den Anwendungen bzw. bei der typischen Last des Systems vorgenommen werden.

Es gibt zwei Arten von Festplatten-I/O:

Sequenzieller Zugriff
Die Daten werden Block für Block nacheinander von der Platte eingelesen. Nach der ersten Bewegung des Schreib-/Lesekopfes zum Startpunkt ist die Geschwindigkeit dieser Art von Ein-/Ausgaben durch die Transferraten der Festplatten beschränkt.

Wahlfreier Zugriff
Die Daten werden in keiner bestimmten Reihenfolge gelesen. Das bedeutet, dass der Schreib-/Lesekopf häufig bewegt werden muss, um die richtigen Daten zu erreichen. In diesem Fall ist die Suchzeit ein wichtiger Faktor für die gesamte I/O-Performance, und Sie werden diese auf das größtmögliche Minimum reduzieren wollen.

Drei wesentliche Faktoren bestimmten die Leistung der Festplatten-I/O:

- Festplatten-Hardware
- Die Verteilung der Daten über die Festplatten des Systems
- Die Platzierung der Daten auf der Festplatte

Festplatten-Hardware

Generell lautet der beste Rat, den ich Ihnen geben kann, die beste Hardware zu kaufen, die Sie sich leisten können, wenn die Leistung der Festplatten-I/O von Bedeutung ist. Denken Sie daran, dass die besten SCSI-Festplatten um ein Vielfaches schneller sind als die schnellsten EIDE-Festplatten (aber auch deutlich teurer).

An folgende Dinge sollten Sie denken:

- Wenn Sie die Leistung einzelner Platten evaluieren, beachten Sie neben den angegebenen Spitzen-Transferraten auch Faktoren wie deren lokalen Cache.
- Bedenken Sie, dass der tatsächliche Festplatten-Durchsatz nur selten (wenn überhaupt) die angegebenen Spitzen-Transferraten erreicht. Letztere sind nur relative Werte, die für den Vergleich unterschiedlicher Festplatten nützlich sind.
- Musameci und Loukides empfehlen die folgende Formel zur Schätzung der tatsächlichen Festplatten-Geschwindigkeiten: (Sektoren-pro-Track * Umdrehungen-pro-Minute * 512)/

60.000.000. Das Ergebnis ist die geschätzte interne Transferrate der Festplatte in MB. Allerdings ist selbst diese Rate nur bei sequenziellem Zugriff zu erreichen (und auch dann nur selten).

Wenn die Leistung beim wahlfreien Zugriff wichtig ist, können Sie die Zahl der I/O-Operationen pro Sekunde mit der Formel 1000/(durchschnittliche-Suchzeit + 30.000/Umdrehungen-pro-Sekunde) ermitteln.

- Vernachlässigen Sie bei der Wahl der Hardware nicht die Geschwindigkeit des Festplatten-Controllers und andere Charakteristika. Schnelle Festplatten können mit einem mittelmäßigen Controller keine gute Leistung erzielen.
- Überlasten Sie die Festplatten-Controller nicht. Festplatten auf mehrere Controller zu verteilen ist eine Möglichkeit, die I/O-Durchsatzraten zu erhöhen. Bei der Konfiguration eines Systems müssen Sie die maximale Transferrate jedes Festplatten-Controllers mit der Summe der maximalen Transferraten aller anzuschließenden Festplatten vergleichen. Ganz offensichtlich verringern Sie die Performance, wenn die Last für den Controller zu groß wird. Eine etwas konservativere Ansicht lautet, die maximale Gesamt-Transferrate auf 85%–90% der Controller-Geschwindigkeit zu begrenzen.

In gleicher Weise dürfen Sie die Systembusse nicht überlasten. So besitzt ein 32-Bit/33MHz-PCI-Bus eine Spitzen-Transferrate von 132 MB/Sekunde, also weniger, als ein Ultra3-SCSI-Controller leisten kann.

Verteilung der Daten auf die verfügbaren Festplatten

Der nächste Aspekt, den Sie nach der Hardwarekonfiguration berücksichtigen müssen, ist die Planung der Datenaufteilung zwischen den vorhandenen Festplatten, anders ausgedrückt: Welche Dateien werden auf welchen Platten gespeichert? Das grundsätzliche Prinzip lautet hier, die erwartete Last so gleichmäßig wie möglich zwischen den vorhandenen Controllern und Festplatten aufzuteilen. Auf diese Weise verhindern Sie, dass eine Ressource zu einem Flaschenhals für die Leistung wird. In der einfachsten Form bedeutet das, dass die Dateien mit der höchsten Aktivität über zwei oder mehr Platten verteilt werden.

Hier folgen als Beispiele einige Szenarien, die dieses Prinzip verdeutlichen:

- Wenn Sie glauben, dass der Großteil der Ein-/Ausgaben des Systems von Benutzerprozessen stammt, dann ist es vermutlich besser, die wahrscheinlich genutzten Dateien über mehrere Festplatten zu verteilen, als alle Daten auf eine Festplatte zu packen.
- Soll ein System mehrere Prozesse mit großen I/O-Anforderungen unterstützen, dann profitiert das System davon, wenn die Daten verschiedener Programme oder Jobs auf unterschiedlichen Platten (und idealerweise separaten Controllern) untergebracht sind. Das reduziert das Maß, in dem sich die verschiedenen Jobs stören.
- Bei einem System mit einer großen transaktionsorientierten Datenbank platzieren Sie idealerweise die folgenden Elementpaare auf separaten Festplatten:
  - Tabellen und ihre Indizes
  - Datenbank-Daten und Transaktions-Logs

- Große, stark genutzte Tabellen, auf die simultan zugegriffen wird

Je nach den Beschränkungen des tatsächlichen Systems müssen Sie entscheiden, welche Verteilung die wichtigste ist.

Natürlich sorgt die Platzierung stark genutzter Dateien im Netzwerk (und nicht auf lokalen Laufwerken) garantiert für eine schlechte Performance. Schließlich ist es fast immer auch eine gute Idee, eine separate Festplatte für das/die Dateisystem(e) des Betriebssystems zu verwenden (wenn Sie sich das erlauben können), um die Effekte der betriebssystemeigenen I/O-Operationen von denen der Benutzerprozesse zu trennen.

Platzierung der Daten auf Festplatten

Der letzte hier betrachtete Faktor für die Leistung der Festplatten ist die physikalische Platzierung der Dateien auf der Festplatte. Die folgenden allgemeinen Betrachtungen gelten für das Verhältnis zwischen Dateizugriffsmustern, physikalischen Plattenpositionen und der I/O-Leistung:

- Sequenzielle Zugriffe auf große Dateien (d.h. Schreib- oder Lesezugriffe, die am Anfang der Datei beginnen und sich kontinuierlich bis zum Ende der Datei fortsetzen) sind am effektivsten, wenn die Dateien durchgängig sind, wenn sie also aus einem einzigen großen zusammenhängenden Bereich auf der Platte bestehen. Auch hier könnte es wieder notwendig sein, das Dateisystem neu zu generieren, um einen solchen zusammenhängenden Block zu erhalten.[25] Die Performance beim sequenziellen Zugriff ist am äußeren Rand der Platte (beginnend bei 0) am höchsten, weil die Scheibe an diesem Punkt am breitesten ist (was die Kopf-Bewegung minimiert).
- Zugriffe auf große sequenzielle Dateien profitieren auch vom softwarebasierten Disk-Striping, solange die Größe der Streifen entsprechend gewählt wird (siehe »Von Festplatten zu Dateisystemen« in Kapitel 10). Idealerweise sollte jede Leseoperation zu einer (oder weniger) I/O-Operation der mit Striping arbeitenden Platte führen.
- Große Dateien, auf deren Inhalt wahlfrei zugriffen wird, sollten in der Mitte der Festplatten (und nicht an den äußeren Rändern) positioniert werden, um die beste Leistung zu erreichen. Der wahlfreie Zugriff auf Daten wird durch die Suchzeiten (die Zeit, die notwendig ist, um den Schreib-/Lesekopf an der richtigen Stelle zu positionieren) dominiert. Diese Suchzeiten werden minimiert, wenn sich die Daten in der Mitte der Platte befinden und nicht an den inneren oder äußeren Rändern. AIX ermöglicht es Ihnen, die bevorzugte Position auf der Platte anzugeben, wenn Sie ein logisches Volume erzeugen (siehe »Von Festplatten zu Dateisystemen« in Kapitel 10). Bei anderen Unix-Versionen können Sie dagegen in dieser Hinsicht so gut wie nichts tun.
- Das Disk-Striping ist ebenfalls bei Prozessen effektiv, die eine große Zahl von I/O-Operationen durchführen.

---

25 Leider tricksen sich manche Festplatten selbst aus. Festplatten können alle Arten von Abbildungen vornehmen, um ihr Konzept der Plattenorganisation und des Ausblendens fehlerhafter Blöcke zu verbessern. Daher gibt es keine Garantie, dass das, was für das Betriebssystem nach sequenziellen Blöcken aussieht, auch wirklich sequenzielle Blöcke auf der Festplatte sind.

- Die Fragmentierung des Dateisystems verkleinert die I/O-Leistung. Eine Fragmentierung liegt vor, wenn der freie Platz innerhalb des Dateisystems aus vielen kleinen Speicherblöcken (und nicht aus einigen wenigen großen) besteht. Das bedeutet, dass die Dateien selbst fragmentiert sind (d.h. nicht zusammenhängen) und die Zugriffszeiten entsprechend verlängert werden. Wenn Sie ein Abfallen der I/O-Leistung bei einem sehr vollen Dateisystem beobachten, dann könnte die Fragmentierung der Grund sein.

Die Fragmentierung eines Dateisystems nimmt mit der Zeit zu. Möglicherweise ist es notwendig bzw. empfehlenswert, das Dateisystem neu zu generieren, um die Fragmentierung zu reduzieren. Die hierzu notwendige Prozedur wird im Abschnitt »Von Festplatten zu Dateisystemen« in Kapitel 10 beschrieben.

Tuning der Festplatten-I/O-Performance

Einige Betriebssysteme bieten einige Ansätze zum Tuning des Durchsatzes der Festplatten-Ein-/Ausgabe an. Die nützlichsten wollen wir uns in diesem Unterabschnitt ansehen.

Sequenzielles Read-Ahead

Einige Betriebssysteme versuchen zu ermitteln, ob ein Prozess sequenziell auf seine Datendateien zugreift. Wenn das Betriebssystem entscheidet, dass dies der Fall ist, versucht es den Prozess zu unterstützen, indem es so genannte *Read-Ahead-Operationen* ausführt, d.h., es werden mehr Seiten aus der Datei gelesen, als eigentlich angefordert wurden. So könnten zum Beispiel zwei Seiten anstelle einer einzelnen eingelesen werden. Solange der sequenzielle Zugriff auf die Datei weitergeht, könnte das Betriebssystem die Zahl der bei jeder Operation eingelesenen Seiten verdoppeln, bis irgendein Maximalwert erreicht ist.

Der Vorteil dieser Vorgehensweise besteht darin, dass die Daten häufig schon vorliegen, wenn der Prozess sie anfordert, und dass auf diese Weise Wartezeiten bei I/O-Operationen vermieden werden, was die Ausführung natürlich entsprechend beschleunigt.

AIX. AIX stellt diese Funktionalität zur Verfügung. Sie können die Standard-Schwellenwerte von 2 und 8 Seiten mit den folgenden vmtune-Optionen ändern:

-r *minpgahead*
 Seiten-Anfangswert für sequenzielle Read-Aheads.

-R *maxpgahead*
 Seiten-Maximalwert für den Read-Ahead. Sie werden diesen Parameter für mit Striping arbeitende Dateisysteme erhöhen wollen. Werte, bei denen sich ein Versuch lohnt, liegen 8- bis 16-mal über der Anzahl der zugehörigen Festplatten.

Beide Parameter müssen 2er-Potenzen sein.

Linux. Linux besitzt einige Kernel-Parameter, die das Read-Ahead-Verhalten beeinflussen. Sie sind über die folgenden Dateien in */proc/sys/vm* zugänglich:

page-cluster
> Bestimmt die Anzahl der Seiten, die bei einer einzelnen Leseoperation eingelesen werden. Die tatsächliche Anzahl berechnet sich als 2 hoch diesem Wert. Der voreingestellte Wert liegt bei 4, was eine Clustergröße von 16 ergibt. Lange sequenzielle I/O-Operationen können von der Erhöhung dieses Wertes profitieren.

min-readahead und max-readahead
> Legt die minimale und maximale Anzahl von Seiten fest, die beim Read-Ahead verwendet werden. Voreingestellt sind 3 bzw. 31.

Schließlich erlaubt es der Logical Volume Manager von Linux noch, die Read-Ahead-Größe beim Anlegen eines logischen Volumes mit der `lvcreate`-Option -r festzulegen. Der folgende Befehl legt beispielsweise eine Read-Ahead-Größe von 8 Sektoren fest und erzeugt gleichzeitig ein kontinuierliches logisches Volume:

```
# lvcreate -L 800M -n bio_lv -r 8 -C y vg1
```

Der gültige Wertebereich für -r liegt zwischen 2 und 120.

Pacing-Parameter bei AIX

AIX besitzt auch eine Einrichtung, die verhindern soll, dass die allgemeine interaktive Leistung des Systems durch lange I/O-Operationen negativ beeinflusst wird. Üblicherweise werden Schreibanforderungen vom Betriebssystem in der Reihenfolge ihres Eintreffens bearbeitet. Bei einer sehr langen I/O-Operation können sehr viele offene I/O-Anforderungen auflaufen, und die Benutzer, die auf die Festplatte zugreifen wollen, wären dann gezwungen, auf deren Abarbeitung zu warten. Dies tritt meist bei Anwendungen auf, die große Mengen neuer Daten berechnen und auf Platte schreiben (und nicht, wenn ein Datensatz eingelesen, verarbeitet und wieder zurückgeschrieben wird).

Sie können diesen Effekt beobachten, wenn Sie eine große Datei – 32 MB oder mehr – im Hintergrund kopieren und gleichzeitig den `ls`-Befehl auf ein Verzeichnis auf derselben physikalischen Festplatte anwenden, auf das Sie bisher nicht zugegriffen haben. Sie werden eine merkliche Wartezeit bemerken, bevor die Ausgabe von `ls` erscheint.

Das so genannte Pacing wurde entworfen, um zu verhindern, dass lange I/O-Operationen die interaktive Leistung herabsetzen. Es ist standardmäßig deaktiviert und sollte nur unter den beschriebenen Umständen aktiviert werden.

Das Feature kann aktiviert werden, indem man die Werte der Systemparameter *minpout* und *maxpout* mit Hilfe des Befehls `chdev` ändert. Sind diese Parameter ungleich null und versucht ein Prozess, an eine Datei zu schreiben, für die bereits *maxpout* oder mehr offene Schreiboperationen aufgelaufen sind, dann wird der Prozess angehalten, bis die Zahl der offenen Anforderungen unter *minpout* fällt.

maxpout muss eins mehr als ein Vielfaches von 4 sein: 5, 9, 13 und so weiter (d. h., es muss die Form 4*x*+1 aufweisen). *minpout* muss ein Vielfaches von 4 und mindestens um den Wert 4 kleiner als *maxpout* sein. Die AIX-Dokumentation empfiehlt, mit den Werten 33 und 16 zu beginnen und den Effekt zu beobachten. Der folgende Befehl setzt die Parameter auf diese Werte:

```
# chdev -l sys0 -a maxpout=33 -a minpout=16
```

Wenn das interaktive Verhalten immer noch nicht Ihren Vorstellungen entspricht, sollten Sie die Werte dieser Parameter verringern. Wenn andererseits der Job mit der langen Schreiboperation mehr leidet, als Ihnen lieb ist, sollten Sie die Werte erhöhen. Beachten Sie, dass die Werte dieser Parameter auch nach dem Booten erhalten bleiben, weil sie im ODM gespeichert werden.

Überwachung und Verwaltung des Festplattenplatzes

In diesem Abschnitt betrachten wir die Tools, die zur Überwachung und Verwaltung des Festplattenplatzes verfügbar sind. Danach geht es mit den Möglichkeiten weiter, die Ihnen zur Verfügung stehen, um eine langjährige administrative Herausforderung zu lösen: Wie bekommt man Benutzer dazu, ihren Speicherbedarf zu reduzieren?

Wo ist denn alles hin?

Der Befehl `df -k` generiert einen Bericht, der alle Dateisysteme, deren Gesamtkapazitäten und den jeweils freien Platz beschreibt. (Die Größen werden in KB ausgegeben.) Hier sehen Sie die Ausgabe eines Linux-Systems:

```
File system   Kbytes   used    avail   capacity   Mounted on
/dev/sd0a     7608     6369    478     93%        /
/dev/sd0g     49155    45224   0       102%       /corp
```

Diese Ausgabe enthält den Status zweier Dateisysteme: der root-Platte */dev/sd0a* und der unter *corp* gemounteten Festplatte */dev/sd0g* (die alle Dateien und Unterverzeichnisse von */corp* enthält). Jede Zeile des Berichts enthält den Namen des Dateisystems, die Gesamtgröße der Festplatte in Kilobyte, die Zahl der verfügbaren Kilobytes und den Prozentsatz, zu dem das Dateisystem ausgelastet ist. Es ist offensichtlich, dass beide Dateisysteme stark genutzt werden. Tatsächlich scheint das Dateisystem */corp* übervoll zu sein.

Wie bereits früher erwähnt wurde, hält das Unix-Betriebssystem einen Teil des verfügbaren Platzes jedes Dateisystems zurück (üblicherweise 10 %, auch wenn Linux standardmäßig nur 5 % benutzt). Dieser reservierte Platz kann nur vom Superuser angefordert werden. Es kann also sein, dass ein Dateisystem über 100 % des genutzten Platzes auszunutzen scheint, wenn diese Reserve angetastet wird.

Der Befehl `du -k` gibt einen Bericht über den Plattenspeicher aus, der von allen Daten und Unterverzeichnissen unter einem oder mehreren Verzeichnissen verwendet wird. Die Ausgabe erfolgt dabei auf Basis der einzelnen Verzeichnisse (Werte in KB).

Ein typischer du-Bericht sieht wie folgt aus:

```
$ du  /home/chavez
50    /home/chavez/bin
114   /home/chavez/src
...
34823 /home/chavez
```

Der Bericht gibt an, dass im Verzeichnis /home/chavez das Unterverzeichnis bin 50 Blöcke an Plattenspeicher und das Unterverzeichnis src 114 Blöcke belegt. Indem Sie du bei Home-Verzeichnissen von Benutzern und bei den Verzeichnissen anwenden, in denen eine ständige Entwicklung stattfindet, können Sie ermitteln, wer den Plattenspeicher Ihres Systems verbraucht.

Der von du erzeugte Bericht kann sehr lang und lästig sein. Mit der Option -s können Sie die meisten Daten des Berichts unterdrücken. du -s gibt an, wie viel Plattenspeicher ein Verzeichnis und dessen gesamter Inhalt beanspruchen, verzichtet aber auf die Ausgabe für die einzelnen Unterverzeichnisse:

```
$ du -k -s /home/chavez
34823  /home/chavez
```

In vielen Fällen ist dies die einzige Information, die Sie interessiert.

Um eine Liste zu generieren, in der die Verzeichnisse des Systems nach ihrer Größe sortiert sind, führen Sie den folgenden Befehl aus:

```
$ du -k / | sort -rn
```

Der Befehl beginnt beim root-Dateisystem, gibt den vom jedem Verzeichnis benötigten Speicher aus und leitet seine Ausgabe über eine Pipe an sort weiter. Mit den Optionen -rn (umgekehrte Sortierfolge, sortiert nach dem ersten numerischen Feld) ordnet sort die Verzeichnisse entsprechend dem jeweils benötigten Plattenspeicher an, wobei mit dem größten Verzeichnis begonnen wird.

Wenn das als Parameter übergebene Verzeichnis groß ist oder eine große Anzahl von Unterverzeichnissen besitzt, kann du schon einige Zeit in Anspruch nehmen. Dieses Programm ist daher ein erstklassiger Kandidat für die Automatisierung über Skripten und die Ausführung über cron außerhalb der normalen Betriebszeiten.

Der Befehl quot ermittelt, welcher Benutzer wie viel Plattenspeicher innerhalb eines Dateisystems verwendet. Dieser Befehl ist mit Ausnahme von Linux[26] bei allen hier behandelten Systemen vorhanden. quot verwendet die folgende Syntax:

```
# quot Dateisystem
```

quot gibt die Anzahl der Kilobytes aus, die jeder Benutzer im angegebenen Dateisystem verwendet, und wird als root ausgeführt (damit auf die entsprechenden Gerätedateien zugegriffen werden kann). Hier sehen Sie ein typisches Beispiel:

```
# quot /
/dev/sd0a (/):
6472   root
5234   bin
62     sys
2      adm
```

---

26 Linux bietet es für xfs-Dateisysteme an.

Dieser Bericht macht deutlich, dass auf der root-Platte 6472 Kilobytes dem Benutzer *root* gehören, 5234 Kilobytes dem Benutzer *bin* usw. Mit diesem Befehl können Sie Benutzer ausfindig machen, die sehr viel Platz auf der Festplatte beanspruchen, insbesondere in Bereichen, die nicht unter dem Home-Verzeichnis angesiedelt sind. Genau wie du muss auch quot auf die gesamte Festplatte zugreifen, was entsprechend länger dauern kann.

Mangel an Plattenspeicher behandeln

Die Befehle und Skripten, die wir uns gerade angesehen haben, informieren Sie darüber, wann der Plattenspeicher knapp wird und wo der vorhandene Plattenspeicher verbraucht wird. Sie haben aber immer noch das eigentliche Problem zu lösen: Sie müssen irgendwie Speicherplatz frei machen. Es gibt dafür eine ganze Reihe von Ansätzen:

- Kaufen Sie eine weitere Festplatte. Das ist immer die ideale Lösung, aber leider nicht immer praktikabel.
- Mounten Sie eine entfernte Festplatte, auf der noch etwas Platz ist. Eine solche Lösung verlangt natürlich, dass eine solche Festplatte vorhanden ist, dass das Mounten auf Ihrem System keine Sicherheitsprobleme aufwirft und dass die zusätzlichen Daten keine Probleme auf dem entfernten System erzeugen.
- Löschen Sie überflüssige Dateien. Zum Beispiel könnten Sie in Notsituationen die vorformatierten Versionen der Manpages löschen, vorausgesetzt, die Quelldateien sind ebenfalls auf Ihrem System vorhanden.
- Komprimieren Sie große, selten verwendete Dateien.
- Überzeugen (oder überreden) Sie die Benutzer, dass unnötige Dateien gelöscht oder irgendwo gesichert werden sollten und dass nicht mehr benötigte Dateien entfernt werden sollten. Wenn Sie gute Überzeugungsarbeit leisten, werden Sie üblicherweise mit sehr viel mehr freiem Plattenplatz belohnt. Gleichzeitig sollten Sie sich die Logdateien ansehen, deren Größe reduziert werden könnte (was an anderer Stelle in diesem Kapitel noch besprochen wird).
  Wenn sanfter Druck bei den Benutzern nicht wirkt, hilft es manchmal, den Druck ein wenig zu erhöhen. Der Administrator eines Systems, auf dem ich einmal gearbeitet habe, hat per Mail immer eine Liste der fünf größten »Plattenverschwender« – eigentlich die Ausgabe des quot-Befehls – verschickt, wenn der Plattenplatz knapp wurde. Ich empfehle ein solches Vorgehen nur dann, wenn Sie ein dickes Fell und gutmütige Benutzer haben.
- Manche Sites archivieren und löschen automatisch Benutzerdateien, die über eine bestimmte Zeit (häufig zwei oder drei Monate) nicht benutzt wurden. Will der Benutzer eine solche Datei wiederhaben, kann er eine Nachricht an das Administratorenteam schicken, das die Datei wieder einspielt. Diese Vorgehensweise ist sehr brutal und sollte nur angewandt werden, wenn es gar nicht anders geht. In Universitätsumgebungen ist dieses Verfahren durchaus üblich, anderswo wird es aber selten benutzt. Außerdem kann es umgangen werden, indem Sie jeden Monat Ihre Dateien mit *touch* ansprechen. Auch bei Datensicherungen können die Zugriffsdaten inaktiver Dateien aktualisiert werden.

Dies sind also einige der Alternativen.[27] In den meisten Fällen, in denen Sie keine Möglichkeit haben, eine weitere Festplatte einzubinden, besteht die größte Aussicht, das Problem zu lösen, wenn Sie die Benutzer überzeugen können, ihren Speicherbedarf zu reduzieren, d. h. alte, nutzlose und selten (wenn überhaupt) verwendete Dateien zu löschen (nachdem eine Sicherungskopie erstellt wurde). Nutzlose Dateien sind auf allen Systemen zahlreich vorhanden. Beispielsweise erzeugen viele Texteditoren Sicherungsdateien als Schutz vor Benutzer- oder Systemfehlern. Wenn sich diese Dateien häufen, können sie sehr viel Plattenplatz aufbrauchen. Zusätzlich besitzen die Anwender häufig mehrere Versionen einer Datei (was besonders bei Quelltexten von Programmen zu beobachten ist), wobei sie sich in vielen Fällen nicht einmal daran erinnern, worin denn die Unterschiede bestehen.

Das Verzeichnis /tmp, in dem die Hilfsdateien zwischengespeichert werden, sollte auch regelmäßig gelöscht werden (ebenso wie alle anderen Verzeichnisse, die eine solche Funktion übernehmen). Wenn Ihr System selten neu gebootet wird, müssen Sie diese Arbeit von Hand erledigen. Sie sollten auch ein Auge auf die verschiedenen Spooling-Verzeichnisse unter /usr/spool oder /var/spool haben, weil dort Dateien häufig erhalten bleiben.

Unix selbst besitzt eine ganze Reihe von Accounting- und Logdateien, die endlos weiterwachsen, falls man sie nicht beobachtet. Als Administrator sind Sie dafür verantwortlich, dass die relevanten Daten regelmäßig aus diesen Dateien herausgefiltert und dann entsprechend gestutzt werden. Wir werden uns in den folgenden Abschnitten mit diesen Quellen verschwendeten Speicherplatzes beschäftigen.

Unter bestimmten Umständen kann die Leistung eines Dateisystems einbrechen, wenn es zu mehr als 80 bis 90 Prozent voll ist. Sie sollten also immer korrigierend eingreifen, wenn Ihre Dateisysteme diesen Zustand erreichen, und nicht erst warten, bis sie ganz voll sind.

Verschwendeten Speicherplatz mit find lokalisieren und entfernen

Der find-Befehl kann dazu verwendet werden, potenzielle Kandidaten für die Archivierung bzw. die Löschung zu lokalisieren, wenn ein Mangel an Plattenplatz auftreten sollte. So gibt zum Beispiel der folgende Befehl alle Dateien aus, deren Namen mit .BAK. beginnen oder mit einer Tilde enden (was den Formaten für Sicherungsdateien zweier weit verbreiteter Texteditoren entspricht):

```
$ find / -name ".BAK.*" -o -name "*~" -print
```

Wie wir gesehen haben, kann find Dateien auch automatisch löschen. So löscht etwa der folgende Befehl alle Editor-Sicherungsdateien, die älter als eine Woche sind:

```
# find / /bio /corp -atime +7 \( -name ".BAK.*" \
    -o -name "*~" \) -type f -xdev -exec rm -f {} \;
```

---

27 Es gibt noch eine weitere Möglichkeit, den Plattenplatz von Benutzern einzuschränken: Plattenkontingente (sog. Disk-Quotas, die in diesem Kapitel auch noch besprochen werden). Diese Kontingente helfen Ihnen aber nicht, wenn die Festplatte einmal voll ist.

Wenn find für die automatische Löschung verwendet wird, versucht es, vorsichtig zu sein. Aus diesem Grund verwendet der vorherige Befehl die Optionen -type und -xdev und führt jedes Dateisystem separat auf. Zusammen mit cron können Sie find verwenden, um über Nacht Listen von Dateien zu generieren, die Kandidaten für eine Löschung wären. (Natürlich können Sie die Dateien auch einfach automatisch löschen.)

Eine weitere Taktik besteht darin, das Dateisystem nach doppelt vorkommenden Dateien zu durchsuchen. Das verlangt die Entwicklung eines Skripts, aber Sie werden sich wundern, wie viele Sie finden werden.

Das Wachstum von Logdateien beschränken

Der Systemadministrator ist dafür verantwortlich, dass die wichtigen Daten aus Logdateien aussortiert werden und dass diese Dateien eine vernünftige Größe besitzen. Die wichtigsten Dateien, auf die Sie achten müssen, sind:

- Die verschiedenen System-Logdateien in */usr/adm* oder */var/adm*. Dazu zählen *sulog*, *messages* und alle anderen Dateien, die über */etc/syslog.conf* definiert wurden.
- Accounting-Dateien in */usr/adm* oder */var/adm*, insbesondere *wtmp* und *acct* (BSD) oder *pacct* (System V). Bei System V sollte auch der Platz überwacht werden, der von den kummulativen Summary-Dateien und den ASCII-Reports in */var/adm/acct/sum* und */var/adm/acct/fiscal* genutzt wird.
- Logdateien der Subsysteme: Viele Unix-Einrichtungen wie etwa cron, das Mail- und das Drucksystem führen eigene Logdateien.
- Bei AIX wachsen die Dateien *smit.log* und *smit.script* in den Home-Verzeichnissen der jeweiligen Benutzer, wenn SMIT ausgeführt wird. Sie können sehr schnell recht groß werden. Sie sollten diese Dateien in Ihrem Home-Verzeichnis und in dem Verzeichnis von *root* immer im Auge haben (wenn Sie sich mit su als *root* einloggen, werden die Daten dennoch in Ihr Home-Verzeichnis geschrieben). Alternativ können Sie smit mit den Optionen -l und -s ausführen (die die Namen der Log- bzw. Skriptdateien bestimmen) und beide Dateinamen auf */dev/null* setzen. Die Definition eines Alias ist hier die einfachste Lösung:

    alias smit="smit -l /dev/null -s /dev/null"   *bash/ksh*
    alias smit "smit -l /dev/null -s /dev/null"   *csh/tcsh*

Es gibt verschiedene Ansätze, das Wachstum der Logdateien eines Systems zu kontrollieren. Die einfachste Lösung besteht darin, sie einfach von Hand zu kürzen, wenn sie zu lang werden. Diese Vorgehensweise ist aber nur bei ASCII-(Text-)Dateien ratsam. Um eine Datei auf die Länge 0 zu kürzen, können Sie den folgenden Befehl verwenden:

    # cat /dev/null > /var/adm/sulog

Die Datei mit Hilfe des Null-Devices und cat auf eine Länge von Null zu bringen ist dem Löschen der Datei vorzuziehen, weil manche Subsysteme Logdateien nicht neu anlegen, wenn sie nicht existieren. Es ist auch besser als die Verwendung von rm, gefolgt von touch, weil die korrekten Dateirechte dabei erhalten bleiben, und auch, weil der zugehörige Plattenspeicher direkt freigegeben wird.

Um einen kleinen Teil der aktuellen Logging-Informationen zu behalten, müssen Sie, wie im folgenden Beispiel, mit `tail` arbeiten:

```
# cd /var/adm
# tail -100 sulog >tmp
# cat tmp > sulog
```

Ein dritter Ansatz hält mehrere alte Versionen einer Logdatei auf dem System vor, wobei die älteste regelmäßig gelöscht, die aktuelle entsprechend umbenannt sowie eine neue leere Datei erzeugt wird. Diese Technik wird in »Grundlegende Techniken der Administration« in Kapitel 3 beschrieben.

AIX stellt das Skript `skulker` (zu finden in */usr/sbin*) bereit, mit dem die folgenden Aufräumoperationen durchgeführt werden:

- Entfernen alter, nutzloser Dateien aus den Spooling-Bereichen des Queueing-Systems
- Entfernen aller Dateien aus den Verzeichnissen */tmp* und */var/tmp*, die älter als einen Tag sind
- Löschen alter News-Dateien (älter als 45 Tage)
- Entfernen einer Reihe von Editor-Sicherungsdateien, Core-Dumps und *a.out*-Dateien. Sie können die Liste der zu löschenden Dateien erweitern.

So wie das System ausgeliefert wird, kommt `skulker` via `cron` jeden Morgen um drei Uhr zum Einsatz. Der crontab-Eintrag ist allerdings auskommentiert. Wenn `skulker` ausgeführt werden soll, müssen Sie den Kommentar in der skulker-Zeile der *root*-crontab entfernen.

Kontrolle der Plattennutzung mit Kontingenten

Zu wenig Platz auf der Festplatte ist bei allen Computern ein traditionelles Problem. Bei Systemen, bei denen die direkte Kontrolle darüber, welcher Benutzer wie viel Plattenspeicher benutzt, wichtig ist, stellen Plattenkontingente, sog. Disk-Quotas, eine Lösung dar.

Mit Kontingenten ist es dem Administrator möglich, die Menge an Speicher zu begrenzen, über die ein Benutzer in einem Dateisystem verfügen kann. Ist die Kontingentierung aktiviert, verwaltet das Betriebssystem für jeden Benutzer und jedes Dateisystem dessen Kontingent und Verbrauch an Inodes (was der Gesamtzahl von Dateien entspricht, die ihm gehören).

Es gibt zwei Arten von Kontingentgrenzen: eine *harte Beschränkung* (Hard Limit) und eine *weiche Beschränkung* (Soft Limit). Einem Benutzer ist es unter keinen Umständen möglich, die harte Beschränkung zu überschreiten. Wenn er diese Grenze erreicht, bekommt er eine Nachricht, dass er sein Kontingent überschreitet, und das Betriebssystem lehnt die Bereitstellung jeglichen weiteren Speichers ab. Der Benutzer kann die weiche Beschränkung für einen begrenzten Zeitraum überschreiten. In solchen Fällen erhält er eine Warnung, aber das Betriebssystem gewährt ihm den angeforderten Speicher. Wenn sein Speicherbedarf die weiche Beschränkung auch beim nächsten Login noch übersteigt, wird die Warnung wiederholt, und zwar so lange,

- bis er seinen Speicherbedarf unter die weiche Beschränkung schraubt oder

- bis er eine bestimmte Anzahl von Warnungen erhalten hat (je nach Implementierung kann es sich auch um einen bestimmten Zeitraum handeln). Von diesem Zeitpunkt an beginnt das Betriebssystem, alle weiteren Speicheranforderungen abzulehnen, bis der Benutzer genug Dateien gelöscht hat und wieder unter die weiche Beschränkung fällt.

Das Kontingentsystem wurde so entworfen, dass Benutzer kurzfristig sehr große Dateien besitzen können, obwohl auf längere Sicht die Grenze für sie wesentlich niedriger angesetzt ist. Nehmen wir zum Beispiel einen Benutzer, dessen harte Beschränkung bei 15.000 Blöcken und dessen weiche Beschränkung bei 10.000 Blöcken liegt. Sollte der Bedarf des Benutzers *jemals* 15.000 Blöcke übersteigen, wird das Betriebssystem die Freigabe von Speicher sofort ablehnen. Der Benutzer muss zuerst einen Teil seines Speichers freigeben, bevor er wieder etwas davon nutzen kann. Wenn sein Bedarf 10.000 Blöcke übersteigt, bekommt er zwar eine Warnung, aber seiner Anforderung wird immer noch stattgegeben. Wenn er diese Grenze aber über einen längeren Zeitraum übersteigt, wird ihm das Betriebssystem möglicherweise keinen weiteren Speicher zugestehen, bis er wieder unter 10.000 Blöcke fällt.

Wenn Sie sich für Kontingente entscheiden, müssen Sie zuerst bestimmen, welche Dateisysteme Kontingente benötigen. In den meisten Situationen sind die Dateisysteme, die die Home-Verzeichnisse der Benutzer enthalten, typische Kandidaten. Dateisysteme, die für öffentliche Daten reserviert sind (etwa das *root*-Dateisystem) sollten wahrscheinlich nicht mit Kontingenten arbeiten. Das Dateisystem */tmp* arbeitet üblicherweise auch nicht mit Kontingenten, weil es für die Aufnahme temporärer Hilfsdateien gedacht ist.

Bei vielen Betriebssystemen ist es notwendig, Kontingente im Kernel zu aktivieren, und in vielen Kerneln sind sie standardmäßig nicht enthalten. Überprüfen Sie also Ihre Kernel-Konfiguration, bevor Sie mit Kontingenten arbeiten.

Dateisysteme für Kontingente vorbereiten

Nachdem Sie entschieden haben, bei welchen Dateisystemen mit Kontingenten gearbeitet werden soll, müssen Sie deren Einträge in der Dateisystem-Konfigurationsdatei (üblicherweise */etc/fstab*) editieren. Durch Einträge in den entsprechenden Optionsfeldern zeigen Sie an, dass mit Disk-Quotas gearbeitet werden soll. Die folgenden Beispiele machen das deutlich:[28]

```
FreeBSD
/dev/ad1s1a      /1    ufs       rw,userquota       1 1

Linux
/dev/sdb2        /1    reiserfs  usrquota,grpquota  1 1

HP-UX
/dev/vg01/lvol3  /1    vxfs      rw,quota           0 1
```

---

[28] Bei Linux gibt es zwei Versionen der Disk-Quota-Einrichtung. Wir behandeln hier die Version 1, weil die Version 2 relativ neu ist.

```
Tru64
chem_domain#one   /1    advfs    rq              0 1

Solaris
/dev/dsk/c0t3d0s0 ... /1  ufs   2   yes   rw,logging,quota
```

Alle Einzelheiten zur Dateisystem-Konfigurationsdatei der verschiedenen Systeme finden Sie im Abschnitt »Dateisysteme verwalten« in Kapitel 10.

Bei AIX-Systemen müssen Sie eine Zeile wie die folgende in den Dateisystem-Abschnitt in */etc/filesystems* eintragen:

```
quota = userquota,groupquota
```

Verwenden Sie das Schlüsselwort *userquota* bei normalen Disk-Quotas und *groupquota* bei gruppenbasierten Kontingenten (die im letzten Teil dieses Abschnitts noch behandelt werden).

Als Nächstes müssen Sie sicherstellen, dass es eine Datei namens *quotas* in jedem Top-Level-Verzeichnis jedes Dateisystems gibt, bei dem mit Kontingenten gearbeitet wird. Wenn diese Datei nicht existiert, können Sie sie mit dem Befehl touch erzeugen:[29]

```
# cd /chem
# touch quotas
# chmod 600 quotas
```

Außer *root* darf niemand Schreibrechte auf diese Datei besitzen.

Die Kontingente der Benutzer einrichten

Verwenden Sie den Befehl edquota, um jedem Benutzer ein Kontingent im Dateisystem zuzuweisen. Mit diesem Befehl können Sie die Kontingente einzelner Benutzer editieren:

```
# edquota Benutzername(n)
```

Wenn Sie den Befehl ausführen, erzeugt edquota eine temporäre Datei, die die harten und weichen Beschränkungen jedes Benutzers für jedes Dateisystem enthält. Nachdem diese Datei erzeugt wurde, startet edquota einen Editor (standardmäßig vi; Sie können mit der Umgebungsvariable *EDITOR* den von Ihnen bevorzugten Editor festlegen). Jede Zeile dieser Datei beschreibt ein Dateisystem, wobei das Format aber etwas variiert. Hier ein Beispiel:

```
/chem: blocks in use: 13420, limits (soft=20000, hard=30000)
       inodes in use: 824, limits (soft=0, hard=0)
```

Dieser Eintrag spezifiziert Kontingente für das */chem*-Dateisystem. Indem Sie die Datei bearbeiten, können Sie die harten und weichen Beschränkungen des Benutzers und die Zahl der Inodes (Gesamtzahl aller Dateien) ändern. Wird ein Wert auf 0 gesetzt, wird diese Kontingentierung deaktiviert. Das Beispiel spezifiziert eine weiche Beschränkung von 20.000 Blöcken, eine harte Beschränkung von 30.000 Blöcken und keine Beschränkungen für Inodes. Beachten Sie, dass der Eintrag in dieser temporären Datei nichts über

---

29 Bei den neueren Quota-Systemen ist das nicht immer notwendig, aber es schadet auch nicht.

den/die Benutzer aussagt, für den/die diese Kontingente gelten. Die Kontingente gelten für den Benutzer, den Sie beim Starten von edquota angegeben haben. Wenn Sie in der Kommandozeile mehr als einen Benutzer angeben, werden Sie nacheinander für jeden eine eigene Datei bearbeiten.

Nachdem Sie die temporäre Kontingentdatei gesichert und den Editor verlassen haben (die Befehle hängen natürlich ganz von Ihrem Editor ab), modifiziert edquota die eigentlichen *quotas*-Dateien. Diese Dateien können nicht direkt editiert werden.

Mit der edquota-Option -p können Sie die Kontingenteinstellungen zwischen Benutzern kopieren. Beispielsweise übernimmt der folgende Befehl die Kontingenteinstellungen von *chavez* auch für die Benutzer *wang* und *harvey*:

```
# edquota -p chavez wang harvey
```

Fristen für weiche Beschränkungen festlegen

Die edquota-Option -t wird benutzt, um die systemweit geltenden zeitlichen Grenzen weicher Beschränkungen festzulegen. Auch beim Starten von edquota -t wird ein Editor ausgeführt, und der zu bearbeitende Text sieht etwa so aus:

```
Time units may be: days, hours, minutes, or seconds
Grace period before enforcing soft limits for groups:
/chem: block grace period: 3 days, file grace period: 0 days
```

Ein Wert von 0 Tagen (days) bedeutet, dass der Standardwert (üblicherweise sieben Tage) verwendet werden soll. Sie können die Zeiteinheit ändern, indem Sie *days* durch eines der anderen aufgeführten Schlüsselwörter ersetzen. Bei einigen Implementierungen können Sie die Gnadenfrist (grace) auch in Monaten angeben, aber dann stellt sich fast automatisch die Frage, warum man überhaupt mit Kontingenten arbeiten sollte.

Aktivierung der Kontingentprüfungen

Mit dem Befehl quotaon werden das Quota-System und die Kontingentprüfung aktiviert:

```
# quotaon dateisystem
# quotaon -a
```

Der erste Befehl aktiviert das Quota-System für das angegebene Dateisystem. Der zweite Befehl aktiviert das Quota-System für alle Dateisysteme, die in der Dateisystem-Konfigurationsdatei als kontingentiert angegeben wurden. Zum Beispiel aktiviert der folgende Befehl das */chem*-Dateisystem:

```
# quotaon /chem
```

Auf dieselbe Weise deaktiviert der Befehl quotaoff das Quota-System. Es kann mit der Option -a, die alle Kontingente abschaltet, oder mit einer Liste von Dateisystemen aufgerufen werden.

Konsistenzprüfung von Kontingenten

Der Befehl quotacheck prüft die *quotas*-Datei für das als Argument übergebene Dateisystem und prüft gleichzeitig die Konsistenz der Kontingentdateien und der aktuellen Nutzung der Platte. Der Befehl sollte ausgeführt werden, nachdem Sie das Quota-System installiert oder modifiziert haben. Wenn das Programm mit der Option -a aufgerufen wird, prüft quotacheck alle Dateisysteme, die in der Dateisystem-Konfigurationsdatei als kontingentiert gekennzeichnet wurden.

quotacheck -a und quotaon -a müssen (in dieser Reihenfolge) während der Boot-Phase ausgeführt werden. Bei AIX müssen Sie sie daher in eines der System-Boot-Skripten aufnehmen. Die anderen Unix-Versionen führen Sie automatisch über die folgenden Boot-Skripten aus:

FreeBSD	*/etc/rc* (wenn check_quotas="yes" in */etc/rc.conf*)
HP-UX	*/sbin/init.d/localmount*
Linux	*/etc/init.d/quota* (SuSE 7: wenn START_QUOTA="yes" in */etc/rc.config*)
Solaris	*/etc/init.d/MOUNTFS* und *ufs_quota*
Tru64	*/sbin/init.d/quota* wenn QUOTA_CONFIG="yes" in */etc/rc.config*

Kontingentberichte

Der Befehl repquota gibt einen Bericht über die aktuellen Kontingente des angegebenen Dateisystems aus. Sie können sich auch Berichte für mehrere Dateisysteme gleichzeitig einholen, indem Sie deren Namen als Argumente an *repquota* übergeben:

```
# repquota -v /chem
*** Report for user quotas on /chem (/dev/sd1d)
                    Block limits                   File limits
User        used    soft    hard    grace    used    soft    hard    grace
chavez --   13420   20000   25000             824    0       0
chen   +-   2436    2000    3000    2days    8       0       0
```

Das Pluszeichen im Eintrag des Benutzers *chen* zeigt an, dass er sein Kontingent überschritten hat.

Benutzer können den Befehl quota benutzen, um zu ermitteln, wie ihr aktueller Platzbedarf, verglichen mit dem Kontingent, aussieht.

Gruppenbasierte Kontingente (AIX, FreeBSD, Tru64 und Linux)

AIX, FreeBSD, Tru64 und Linux dehnen dieses Kontingentkonzept auch noch auf Unix-Gruppen aus. Wenn Sie den Befehl edquota mit der Option -g ausführen, werden die Namen in der Kommandozeile als Gruppennamen und nicht als Benutzernamen interpretiert. Ebenso können Sie mit edquota -t -g den Zeitrahmen für weiche Beschränkungen bei Gruppenkontingenten festlegen.

Per Voreinstellung gelten quotaon, quotaoff, quotacheck und repquota sowohl für Benutzer- als auch für Gruppenkontingente. Mit den Optionen -u und -g können Sie den Geltungsbereich auf Benutzer bzw. Gruppen einschränken:

```
$ quota -g chem
```

Dieser Befehl gibt beispielsweise den Kontingentstatus für die Gruppe *chem* aus. Der Kontingentstatus kann aber nur für Gruppen abgefragt werden, in denen der Benutzer auch Mitglied ist.

Netzwerk-Performance

Dieser Abschnitt schließt unseren Blick auf die Überwachung und das Tuning von Unix-Systemen ab. Er führt ein wenig in die Netzwerk-Performance ein. Dieser Themenbereich ist allerdings sehr groß und würde den Rahmen dieses Buches sprengen. Weiterführende Informationen finden Sie im Werk von Musameci und Loukides.

Grundlagen der Überwachung der Netzwerk-Performance

Der Befehl netstat -s bildet einen guten Ausgangspunkt für die Untersuchung der Netzwerk-Performance. Es liefert Statistiken zur Nutzung des Netzwerks zurück. Sie können die Ausgabe über die Option -p auf ein einzelnes Netzwerkprotokoll beschränken. Das folgende Beispiel stammt von einem HP-UX-System:

```
$ netstat -s -p tcp            Ausgabe gekürzt.
tcp:
    178182 packets sent
        111822 data packets (35681757 bytes)
        30 data packets (3836 bytes) retransmitted
        66363 ack-only packets (4332 delayed)
    337753 packets received
        89709 acks (for 35680557 bytes)
        349 duplicate acks
        0 acks for unsent data
        284726 packets (287618947 bytes) received in-sequence
        0 completely duplicate packets (0 bytes)
        3 packets with some dup, data (832 bytes duped)
        11 out of order packets (544 bytes)
        5 packets received after close
        11 out of order packets (544 bytes)
```

Die Statistiken basieren auf den Werten seit dem letzten Boot-Vorgang.[30]

Das Netzwerk läuft bei diesem System sehr gut. Die hervorgehobenen Zeilen würden auf Übertragungsprobleme hindeuten, wenn die Werte auf einen beträchtlichen Prozentsatz des gesamten Datenverkehrs anwachsen würden.

Detailliertere Daten zur Netzwerk-Performance können über die verschiedenen Werkzeuge zur Netzwerküberwachung ermittelt werden, die wir in »Überwachen des Netzwerks« in Kapitel 8 vorgestellt haben.

---

30 Oder seit dem letzten Reset des Zählers, wenn dies unterstützt wird.

Allgemeine Prinzipien zur TCP/IP-Netzwerk-Performance

Eine gute Netzwerk-Leistung hängt von einer Kombination verschiedener Komponenten ab, die sauber und effektiv zusammenarbeiten. Probleme mit der Leistung können an vielen Stellen auftreten und viele Formen annehmen. Die gängigsten Ursachen für Probleme sind:

- Probleme mit der Netzwerk-Schnittstelle, einschließlich unzureichender Geschwindigkeit und hoher Fehlerraten aufgrund fehlerhafter oder falsch konfigurierter Hardware. Dieses Problem äußert sich in schlechtem Durchsatz und/oder vielen Fehlern auf einem bestimmten Host.

  Netzwerk-Adapter, Hubs, Switches und Netzwerk-Geräte im Allgemeinen geben nur selten völlig den Geist auf, sondern weisen mit der Zeit höhere Fehlerraten und/oder eine geringere Leistung auf. Diese Werte sollten regelmäßig überwacht werden, um solche Probleme frühzeitig erkennen zu können, bevor sie ernst werden. Der Leistungsverlust kann seine Ursache auch in alten (brüchigen) Kabeln haben.

  Fehler bei der Einrichtung der Hardware, einschließlich fehlerhafter Vollduplex/Halbduplex-Einstellungen, führen zu hohen Fehler- und Kollisionsraten und führen ebenfalls zu einer furchtbaren Performance.

- Überlastete Server können ebenfalls zu einem schlechten Ansprechen des Netzwerks führen. Auch bei Servern können die Ursachen vielfältig sein: zu viel Datenverkehr, um von der Schnittstelle verarbeitet werden zu können, zu wenig Speicher für die Netzwerk-Last (oder eine falsche Konfiguration) und eine nicht ausreichende Festplatten-I/O-Bandbreite. Die Performance des Servers muss untersucht werden, um zu bestimmen, welcher dieser Punkte relevant ist (und welchem Teil die größte Aufmerksamkeit geschenkt werden muss).

- Eine unzureichende Netzwerk-Bandbreite für die vorhandene Last. Sie erkennen solche Fälle an langsamen Reaktionszeiten und/oder häufigen Timeouts bei den Systemen im lokalen Netzwerk, die sich auch durch Einbinden eines weiteren Servers nicht beheben lassen. Die beste Lösung für solche Probleme ist die Verwendung von Hochleistungs-Switches. Ist das nicht möglich, besteht eine andere (nicht ganz so effektive) Lösung darin, das Netzwerk in mehrere Subnetze zu unterteilen, die die Systeme voneinander trennen, die unterschiedliche Netzwerk-Ressourcen benötigen.

Alle hier aufgeführten Probleme lassen sich am besten durch Korrektur/Ersatz der Hardware und/oder der Reallozierung von Ressourcen beheben. Ein Tuning der Konfiguration ist hier nicht so effektiv.

Zwei TCP-Parameter

TCP-Operationen werden über eine große Zahl von Parametern kontrolliert. Die meisten dieser Parameter sollten von Laien nicht modifiziert werden. In diesem Teilabschnitt wollen wir uns zwei Parameter näher ansehen, bei deren Modifikation signifikante Verbesserungen mit nur geringem Risiko möglich sind.

- Die maximale Segmentgröße (Maximum Segment Size, MSS) bestimmt die Größe des größten »Pakets«, das vom TCP-Protokoll über das Netzwerk übertragen wird. (Die tatsächliche Größe ist aufgrund der IP- und TCP-Header um 40 Byte größer.) Größere Segmente ergeben bei einer gegebenen Datenmenge üblicherweise weniger Datenübertragungen und führen bei Ethernet-Netzwerken zu einer entsprechend besseren Performance.[31] Für Ethernet-Netzwerke ist die maximal erlaubte Größe von 1460 Byte (1500 minus 40) üblicherweise ein guter Wert.[32]
- Größe der Socket-Puffer. Wenn eine Anwendung Daten mit dem TCP-Protokoll über das Netzwerk verschickt, werden diese zuerst in einem Puffer abgelegt. Von dort aus werden sie ganz nach Bedarf zerlegt, und es werden Segmente für die Übertragung erzeugt. Sobald der Puffer voll ist, muss die Anwendung im Allgemeinen warten, bis der gesamte Puffer übertragen und diese Übertragung bestätigt wurde, bevor weitere Daten in den Puffer geschrieben werden können.

    Bei schnelleren Netzwerken kann ein großer Puffer die Leistung der Anwendung verbessern. Der Nachteil besteht darin, dass jeder Puffer Speicher benötigt, d.h. das System muss über ausreichend Arbeitsspeicher verfügen, um (mindestens) alle Puffer unterzubringen, die bei der normalen Netzwerklast verwendet werden. Wenn Sie zum Beispiel Lese- und Schreib-Socket-Puffer von jeweils 32 KB für jede der 500 Netzwerkverbindungen wünschen, benötigen Sie dafür auf dem Server etwa 32 MB Arbeitsspeicher (32 × 2 × 500). Auf einem dedizierten Netzwerk-Server ist das wohl kein Problem, aber bei viel beschäftigten, allgemein genutzten Systemen vielleicht schon.

    Bei den aktuellen Systemen mit recht vernünftigen Speichergrößen und Anwendungen ohne besondere Speicheranforderungen sind Socket-Puffer-Größen von 48 bis 64 KB üblicherweise vernünftig.

Tabelle 15-7 führt die relevanten Parameter der von uns betrachteten Unix-Versionen auf, sowie die Befehle, mit denen sie verändert werden können.

Tabelle 15-7: Wichtige TCP-Parameter

Version	Befehl	Socket-Puffer [Default in KB]	MSS [Default in Bytes]
AIX	`no -o Param=Wert`	tcp_sendspace [16] tcp_recvspace [16]	tcp_mssdflt [512]
FreeBSD	`sysctl Param=Wert` (also */etc/sysctl.conf*)	net.inet.tcp.sendspace [32] net.inet.tcp.recvspace [64]	net.inet.tcp.mssdflt [512]
HP-UX	`ndd -set /dev/tcp Param Wert` (auch */etc/rc.config.d/nddconf*)	tcp_recv_hiwater_def [32] tcp_xmit_hiwater_def [32]	tcp_mss_def [536]

---

31 Beachten Sie, dass das für langsame Netzwerkverbindungen häufig nicht der Fall ist, insbesondere bei Anwendungen, die auf Latenzen in der Netzwerkübertragung sehr empfindlich reagieren.

32 Wann ist der Wert nicht gut? Wenn die Größe der Header über dem Minimum liegt und die verwendete Größe zu einer Fragmentierung der Pakete und dem damit verbundenen Overhead führt. So ist beispielsweise ein Wert von 1200–1300 besser geeignet, wenn PPP über das Ethernet-Protokoll verwendet wird, etwa bei einem Webserver, der von Modem-Benutzern verwendet wird.

Tabelle 15-7: Wichtige TCP-Parameter (Fortsetzung)

Version	Befehl	Socket-Puffer [Default in KB]	MSS [Default in Bytes]
Linux 2.4-Kernel	echo "Wert" > /proc/sys/net/core/file echo "Werte" > /proc/sys/net/ipv4/file (enthält 3 Werte: min, standard, max)	rmem_max [64] wmem_max [64] tcp_rmem [~85] tcp_wmem [16]	nicht einstellbar
Solaris	ndd -set /dev/tcp Param Wert	tcp_recv_hiwat [48] rcp_xmit_hiwat [48]	tcp_mss_def_ipv4 [512]
Tru64	sysconfig -r inet Param=Wert (auch /etc/sysconfigtab)	tcp_sendspace [60] tcp_recvspace [60]	tcp_mssdflt [536]

Die restlichen Abschnitte behandeln Performance-Aspekte zweier wichtiger Netzwerk-Subsysteme: DNS und NFS.

DNS-Performance

Die DNS-Performance ist ein weiterer Punkt, den Sie am einfachsten während der Planungsphase beeinflussen können. Die Schlüsselaspekte bei DNS sind:

- Ausreichende Serverkapazität, um alle Clients bedienen zu können
- Lastverteilung zwischen den verfügbaren Servern

Im Moment lässt sich Letzteres am besten erreichen, indem man bei Gruppen von Clients unterschiedliche Reihenfolgen der Nameserver in */etc/resolv.conf* festlegt. Darüber hinaus ist es hilfreich, bei langsamen Links auf jeder Seite einen DNS-Server unterzubringen.

Eine sorgfältige Platzierung von Forwardern kann ebenfalls nützlich sein. Bei größeren Sites kann eine Two-Tier-Hierarchie helfen, externe Anfragen auf bestimmte Hosts zu kanalisieren und so die Last für interne Server zu reduzieren.

Schließlich sollten Sie separate Server für die Behandlung interner und externer DNS-Queries verwenden. Das sorgt nicht nur für eine verbesserte Performance für die internen Nutzer, sondern ist auch aus Sicherheitsgründen die beste Lösung.

Das DNS selbst kann eine sehr einfache Form der Lastverteilung erreichen, indem in der Zonendatei mehrere A-Records verwendet werden:

```
docsrv   IN   A   192.168.10.1
         IN   A   192.168.10.2
         IN   A   192.168.10.3
```

Diese Records definieren drei Server mit dem Hostnamen *docsrv*. Eingehende Queries für diesen Namen erhalten nacheinander jede dieser IP-Adressen.[33]

Diese Technik ist am effizientesten, wenn die von den Servern angeforderten Operationen identisch sind. Dann ist eine einfache Round-Robin-Verteilung geeignet. Sie ist weniger

---

[33] Tatsächlich erhält jede Query jede IP-Adresse als ersten Eintrag in der zurückgelieferten Liste. Die meisten Clients beachten nur den ersten Eintrag.

vielversprechend, wenn die Requests in ihrer Größe oder in den Anforderungen an die Ressourcen stark variieren können. In diesen Fällen funktioniert eine manuelle Zuweisung der Server an die verschiedenen Clients wesentlich besser. Sie erreichen dies durch die Korrektur der Nameserver-Einträge in /etc/resolv.conf.

NFS-Performance

Das Network File System, kurz NFS, ist ein sehr wichtiger Unix-Netzwerkdienst, weshalb wir unsere Performance-Betrachtung mit einigen seiner Performance-Aspekte abrunden wollen.

Die Überwachung des NFS-spezifischen Netzwerk-Datenverkehrs erfolgt mit Hilfe des Befehls nfsstat. Der folgende Befehl gibt zum Beispiel Statistiken zum NFS-Client aus:

```
$ nfsstat -rc

Client rpc:
tcp:      calls     badxids   badverfs  timeouts  newcreds
          0         0         0         0         0
          ...
udp:      calls     badxids   badverfs  timeouts  newcreds  retrans
          302241    7         0         3         0         0
          badcalls  timers    waits
          7         22        0
```

Dieses System führt NFS-Operationen mit Hilfe des UDP-Protokolls aus (der traditionellen Methode), weshalb alle TCP-Werte 0 sind. Die wichtigsten Punkte dieses Berichts sind:

timeouts
   Die Zahl der Operationen, die fehlgeschlagen sind, weil der Server nicht rechtzeitig geantwortet hat. Solche Operationen müssen wiederholt werden.

badxids
   Mehrfach empfangene Antworten bei erneut übertragenen Operationen (deutet einen »false positive«-Timeout an).

Wenn einer dieser beiden Werte merklich ins Gewicht fällt, gibt es sehr wahrscheinlich irgendwo einen NFS-Flaschenhals. Bewegt sich *badxids* innerhalb eines Faktors von etwa 6–7 Timeouts, dann ist die Antwortzeit des entfernten NFS-Servers die Quelle für die Performance-Probleme des Clients. Ist hingegen der Wert von *timeouts* wesentlich höher als der von *badxids*, dann ist das Übel im Netzwerk selbst zu suchen.

Die Option -s des nfsstat-Befehls wird genutzt, um Statistiken zum NFS-Server zu generieren:

```
$ nfsstat -s

Server nfs:
      calls       badcalls    badprog     badproc     badvers     badargs
      59077       0           0           0           0           0
      unprivport  weakauth
      0           0
```

```
Server nfs V2: (54231 out of 59077 calls)
        null       getattr      setattr         root        lookup     readlink          read
       0  0%      30   0%     12   0%       0   0%      68   0%      0   0%   30223  55%
     wrcache        write       create       remove        rename        link        symlink
       0  0%   23776  43%      4   0%       4   0%       0   0%      0   0%       0   0%
       mkdir        rmdir       readdir       statfs
       1  0%       0   0%     42   0%      71   0%

Server nfs V3: (4846 out of 59077 calls)
        null       getattr      setattr       lookup        access     readlink          read
       0  0%     366   7%      0   0%    3096  63%     711  14%      0   0%       0   0%
       write        create        mkdir       symlink        mknod       remove         rmdir
       0  0%       0   0%      0   0%       0   0%       0   0%      0   0%       0   0%
       rename         link       readdir      readdir+       fsstat      fsinfo       pathconf
       0  0%       0   0%     47   0%     345   7%     166   3%     12   0%     103   2%
       commit
       0  0%
```

Der erste Teil des Berichts liefert allgemeine Statistiken zum Server zurück. Der Rest des Berichts schlüsselt die NFS-Operationen nach dem Typ auf. Dieser Server unterstützt die NFS-Versionen 2 und 3, weshalb wir in den beiden letzten Abschnitten entsprechende Werte sehen.

Performance-Verbesserungen bei NFS Version 3

Viele Unix-Systeme bieten mittlerweile NFS Version 3 anstelle oder zusätzlich zur Version 2 an. NFS Version 3 bietet viele Vorteile in den unterschiedlichsten Bereichen, darunter Zuverlässigkeit, Sicherheit und Performance. Hier die wichtigsten Verbesserungen der NFS Version 3:

- TCP und UDP: Traditionell verwendet NFS das Transportprotokoll UDP. Die NFS-Version 3 verwendet hingegen TCP als Standard-Transportprotokoll.[34] Auf diese Weise verfügen NFS-Operationen sowohl über eine Flusssteuerung als auch über die erneute Übertragung von Paketen. Im Gegensatz dazu erfordert ein Netzwerkfehler bei UDP die Wiederholung der gesamten Operation. Daher führt die Verwendung von TCP zu weniger Performance-Verlusten bei Problemen.

- Zweiphasige Schreiboperationen: Früher wurden Schreiboperationen bei NFS synchron durchgeführt, d.h. ein Client musste immer auf den Abschluss der Schreiboperation warten, bevor er eine neue starten konnte. Unter NFS Version 3 werden Schreiboperationen in zwei Schritten durchgeführt:
  - Der Client setzt einen Schreib-Request ab, den der Server sofort bestätigt. Weitere Schreibanforderungen können abgesetzt werden, sobald diese Bestätigung empfangen wurde.
  - Der Client weist die Schreiboperation an (nachdem evtl. noch einige Modifikationen vorgenommen wurden), und der Server schreibt sie auf die Festplatte oder fordert die Daten erneut an, wenn diese nicht mehr verfügbar sind (z.B. weil es zwischenzeitlich einen Systemabsturz gegeben hat).

---

34 Einige Implementierungen der NFS-Version 2 können optional auch TCP anstelle von UDP verwenden.

- Die maximale Datenblock-Größe wurde erhöht (das alte Limit lag bei 8 KB). Der tatsächliche Maximalwert wird durch das Transportprotokoll bestimmt. Bei TCP liegt er bei 32 KB. Neben der Reduzierung der Zahl von Paketen kann eine größere Blockgröße zu weniger Suchoperationen auf der Platte und zu schnelleren sequenziellen Dateizugriffen führen. Der Effekt ist besonders bei Hochgeschwindigkeitsnetzwerken spürbar.

Wichtige Aspekte der NFS-Performance

Mit Blick auf die NFS-Performance sind die folgenden Punkte wichtig, insbesondere in den Planungsphasen:

- Das Mounten von NFS-Dateisystemen im Hintergrund (d.h. mit der Option bg) beschleunigt den Boot-Vorgang.
- Verwenden Sie eine angemessene Zahl von NFS-Daemon-Prozessen. Die Faustregel lautet 2 pro erwartetem Client-Prozess. Gibt es bei einem Server leerlaufende NFS-Daemons, können Sie deren Anzahl hingegen reduzieren und deren (wenn auch kleine) Speicher-Ressourcen freigeben.
- Sehr stark beschäftigte NFS-Server profitieren von einem Multiprozessor-Computer. CPU-Ressourcen sind so gut wie kein Thema für NFS, aber die von einer sehr großen Zahl von Clients generierten Context-Switches können sich doch spürbar bemerkbar machen.
- Vernachlässigen Sie die üblichen Erwägungen bezüglich Systemspeicher und Platten-I/O-Performance nicht. Hierzu gehören auch die Größe des Puffer-Caches, die Fragmentierung des Dateisystems und die Verteilung der Daten auf die einzelnen Platten.
- NFS durchsucht entfernte Verzeichnisse sequenziell, d.h. Eintrag für Eintrag. Vermeiden Sie also entfernte Verzeichnisse mit einer großen Anzahl von Dateien.
- Denken Sie daran, dass nicht jede Aufgabe für entfernte Dateien geeignet ist. Die Kompilierung eines Programms, bei der die Objektdateien auf ein entferntes Dateisystem geschrieben werden, läuft beispielsweise sehr langsam ab. Generell können Quelldateien auf entfernten Dateisystemen liegen, Objektdateien und Executables sollten aber auf dem lokalen System erzeugt werden. Im Allgemeinen erhalten Sie die beste Netzwerk-Performance, wenn Sie es vermeiden, große Datenmengen in entfernte Dateien zu schreiben. (Andererseits können Sie auch Platten- und Netzwerk-I/O-Performance opfern, um die CPU-Ressourcen eines schnellen entfernten Systems nutzen zu können).

Ressourcen für Sie

Nachdem wir so viel über die Systemressourcen erzählt haben, sollten wir uns wohl auch die Zeit nehmen, auf ein paar Ressourcen für Sie hinzuweisen. Ressourcen für Systemadministratoren können die vielfältigsten Formen annehmen: Bücher und Magazine, Websites und Newsgruppen, Konferenzen und professionelle Organisationen sowie Humor und Spaß (Arbeit ohne Spaß ist der Leistung nicht unbedingt zuträglich).

Hier einige meiner Favoriten:

- Ein exzellentes Buch über Unix-Interna ist: *Unix Internals: The New Frontier* von Uresh Vahalia (Prentice-Hall).
- Sys Admin-Magazin, *http://www.sysadminmag.com*
- Nützliche Websites: *http://www.ugu.com*, *http://www.lwn.net*, *http://www.slashdot.com* (Letzteres für News und Gerüchte).
- LISA: eine jährlich stattfindende, von Usenix und Sage organisierte Konferenz für Systemadministratoren (siehe *http://www.usenix.org/events*).
- Das *Unix Hater's Handbook*, herausgegeben von Simson Garfinkel, Daniel Weise und Steve Strassmann (IDG Books). Immer noch das lustigste Buch, das ich seit langer Zeit gelesen habe. Sie können davon ausgehen, dass Sie einiges an Arbeitszeit verlieren, wenn Sie es im Büro lesen, weil Sie nicht in der Lage sein werden, es wegzulegen.

KAPITEL 16
Konfigurieren und Generieren des Kernels

Wie bereits schon häufiger erwähnt wurde, ist der Kernel das Herz des Unix-Betriebssystems. Er ist das zentrale Programm, das immer läuft, wenn das Betriebssystem arbeitet, und das die Systemumgebung bereitstellt und übersieht. Der Kernel ist für alle Aspekte der Funktionsweise des Systems verantwortlich:

- Erzeugung, Beendigung und Ausführung von Prozessen
- Verwaltung des virtuellen Speichers (inklusive Paging)
- Geräte-Ein-/Ausgabe (über Schnittstellen zu *Gerätetreibern*: Module, die auf unterster Ebene die eigentliche Kommunikation mit physikalischen Geräten wie Festplatten-Controllern, seriellen Schnittstellen und Netzwerkadaptern übernehmen)
- Interprozess-Kommunikation (lokal und im Netzwerk)
- Zugriffskontrolle und andere Sicherheitsmechanismen

Traditionell ist der Unix-Kernel ein einzelnes, monolithisches Programm. Bei neueren Systemen geht der Trend aber mehr in Richtung *modularisierter* Kernel: kleine, ausführbare Kerne mit zusätzlichen (separaten) Objekt- oder Programmdateien – *Modulen* –, die ganz nach Bedarf geladen und/oder entfernt werden können. Module stellen eine bequeme Möglichkeit dar, einen bestehenden Kernel um neue Gerätetypen oder neue Funktionalitäten zu erweitern.

In vielen Fällen reicht der mit dem Betriebssystem ausgelieferte Standard-Kernel für die Ansprüche des Systems völlig aus. Es gibt aber einige Situationen, in denen es notwendig ist, einen eigenen Kernel zu generieren (oder gleichwertige Anpassungen vorzunehmen), um die speziellen Bedürfnisse eines bestimmten Systems oder einer bestimmten Umgebung erfüllen zu können. Die gängigsten Fälle sind folgende:

- Sie wollen den Kernel um zusätzliche Fähigkeiten erweitern (z. B. Kontingente oder neue Dateisystem-Typen)
- Unterstützung neuer Geräte
- Sie wollen nicht benötigte Fähigkeiten/Features aus dem Kernel entfernen und so dessen Größe und Ressourcen-Verbrauch (hauptsächlich Speicher) reduzieren sowie möglichst die Systemleistung verbessern

- Änderung der Werte fest im Kernel integrierter Parameter, die nicht dynamisch verändert werden können

Wie häufig Sie einen neuen Kernel generieren müssen, hängt in großem Maße davon ab, welche Systeme Sie zu administrieren haben. Bei manchen älteren Systemen (die Mitte der 90er Jahre verfügbaren Versionen von SCO-Unix kommen einem da in den Sinn), mussten Sie sogar dann einen neuen Kernel generieren, wenn Sie das kleinste, noch so unbedeutende Gerät oder eine neue Fähigkeit einbinden wollten. Bei den meisten aktuellen Systemen wie FreeBSD und Tru64 müssen Sie Ihren Kernel nur dann neu generieren, wenn Sie die Systemkonfiguration auf signifikante Weise verändern. Bei einigen wenigen Systemen wie Solaris und (ganz besonders) AIX müssen Sie überhaupt keine neuen Kernel generieren.

In diesem Kapitel beschreiben wir den Prozess, mit dem ein an Ihre Bedürfnisse angepasster Kernel erzeugt wird. Auch die Administration von Kernel-Modulen wird beleuchtet. Es gibt die unterschiedlichsten Gründe dafür, den Standard-Kernel anzupassen. Diese reichen von Leistungsaspekten über das Einbinden neuer Geräte und Subsysteme, über das Entfernen nicht benötigter Features (um den Kernel zu verkleinern) bis hin zur Einstellung des Betriebssystemverhaltens und der Ressourcengrenzen. Aufgrund dieser Vielfalt sind wir nicht in der Lage, alle möglichen Änderungen an einem System zu beschreiben. Stattdessen betrachten wir den generellen Prozess, den Sie durchlaufen müssen, um einen neuen Kernel zu erzeugen, die Art und Weise, wie Sie ihn installieren und von ihm booten, und wie Sie Ihre Änderungen wieder rückgängig machen können, falls diese unbefriedigend sein sollten.

Die Generierung und Rekonfiguration eines eigenen Kernels ist nichts für Ängstliche, Sorglose und Ignoranten. Sie müssen wissen, was Sie tun und warum Sie es tun, um Ihr System nicht versehentlich unbrauchbar zu machen.

Generell besteht die Generierung eines eigenen Kernels aus den folgenden Schritten:
- Installation des Kernel-Quellcode-Pakets (falls nötig)
- Anwenden aller Patches, Einbinden neuer Gerätetreiber und/oder weiterer notwendiger Änderungen am Quellcode
- Sichern des aktuellen Kernels und der zugehörigen Konfigurationsdateien
- Anpassung der aktuellen Systemkonfiguration
- Generierung eines neuen ausführbaren Kernels
- Generierung dazugehöriger Kernel-Module (bei Bedarf)
- Installation und Test des neuen Kernels

Tabelle 16-1 führt die Position des Kernels und der Verzeichnisse zur Generierung des Kernels für die von uns betrachteten Verzeichnisse auf.

Tabelle 16-1: Speicherort der Standard-Kernel und Build-Verzeichnisse

	Kernel	Konfigurations- oder Build-Verzeichnis
AIX	/unix	nicht verfügbar
FreeBSD	/kernel	/usr/src/sys/i386/conf [a]
HP-UX	/stand/vmunix	/stand/build
Linux	/boot/vmlinuz	/usr/src/linux
Solaris	/kernel/unix (oder *genunix*[b])	nicht verfügbar
Tru64	/vmunix oder /genvmunix[b]	/usr/sys/conf

a Diese Komponente ist architekturspezifisch. i386 ist das generische Unterverzeichnis für Intel-basierte PCs. Wenn Ihre CPU neueren Datums ist, kann die Generierung eines Kernels für eben diesen Prozessor die Performance des Betriebssystems erhöhen.
b Die *gen*-Formen sind die generischen, Hardware-unabhängigen Versionen des Kernels.

Wir wollen den Prozess der Generierung von Kerneln mit FreeBSD- und Tru64-Systemen beginnen (die einander sehr ähnlich sind) und dann nacheinander alle Systeme durchgehen. Für jedes System betrachten wir auch andere verfügbare Mechanismen zur Konfiguration des Kernels und/oder von Kernel-Modulen.

Bei vielen Systemen ist es möglich, einige Kernel-Parameter zu verändern, während das System läuft. Auch diese Mechanismen werden wir uns in diesem Kapitel ansehen. Sie sollten sich außerdem noch einmal die Beschreibung des */proc*-Dateisystems im Abschnitt »Überwachung und Steuerung von Prozessen« in Kapitel 15 ansehen.

FreeBSD und Tru64

Tru64 und FreeBSD verwenden einen nahezu identischen Prozess zur Generierung eines eigenen Kernels. Er basiert auf einer Konfigurationsdatei, in der die Fähigkeiten festgehalten werden, die in den Kernel einzubinden sind. Darüber hinaus werden darin die Werte verschiedener Systemparameter festgelegt. Die Konfigurationsdatei ist bei Tru64-Systemen unter */usr/sys/conf* und bei FreeBSD unter */usr/src/sys/arch/conf* zu finden (*arch* ist dabei ein architekturspezifisches Unterverzeichnis; wir verwenden in unserem Beispiel *i386*).

Die Namen der Konfigurationsdateien werden üblicherweise vollständig groß geschrieben, und das Verzeichnis enthält typischerweise mehrere unterschiedliche Konfigurationsdateien. Die Datei, die zur Generierung des aktuellen Kernels verwendet wurde, ist üblicherweise in der Datei */etc/motd* zu erkennen. So wurde beispielsweise die Datei *GENERIC* für die Generierung des Kernels dieses FreeBSD-Systems verwendet:

    FreeBSD 4.3-RELEASE (GENERIC) #0: Sat Apr 21 10:54:49 GMT 2001

Die Standard-Tru64-Konfigurationsdateien heißen häufig *GENERIC*, manchmal auch *ALPHA*.

Bei FreeBSD-Systemen müssen Sie zuerst den Kernel-Quellcode installieren, wenn Sie das nicht bereits getan haben:

FreeBSD
```
# cd /
# mkdir -p /usr/src/sys        Falls noch nicht vorhanden.
# mount /cdrom
# cat /cdrom/src/ssys.[a-d]* | tar xzvf -
```

Um ein Tru64-System um ein neues Gerät zu ergänzen, müssen Sie den generischen Kernel, */genvmunix,* booten, um das System so zu zwingen, neue Geräte zu erkennen und entsprechende Konfigurationsinformationen zu erzeugen:

Tru64
```
# shutdown -r now
...
>>> boot -fi /genvmunix
...
# bcheckrc oder lsmbstartup
# sizer -n NEWDEVS
```

Bei beiden Systemen besteht der erste Schritt bei der Konfiguration und Generierung eines Kernels darin, die alte Konfigurationsdatei zu sichern und dann die notwendigen Änderungen vorzunehmen:

FreeBSD
```
# cd /usr/src/sys/i386/conf
# cp GENERIC NEWKERN
# chmod +w NEWKERN
# emacs NEWKERN
```

Tru64
```
# cd /usr/sys/conf
# cp GENERIC NEWKERN
# chmod +w NEWKERN
# emacs NEWKERN [/tmp/NEWDEVS]
```

Die Konfigurationsdatei *GENERIC* ist die Hardware-unabhängige Standardversion, die mit dem Betriebssystem geliefert wird. Besitzen Sie bereits einen angepassten Kernel, würden Sie stattdessen die entsprechende Konfigurationsdatei verwenden.

Während der Editierung der neuen Konfigurationsdatei fügen (oder aktivieren) Sie Zeilen für neue Geräte oder Features ein, deaktivieren Zeilen für Dienste, die Sie nicht aufnehmen wollen, und legen die Werte für bestimmte Kernel-Parameter fest. Im Allgemeinen ist es recht unwahrscheinlich, dass Sie den Inhalt Hardware-bezogener Einträge ändern müssen. Die einzige Ausnahme ist der *ident*-Eintrag, der die Konfiguration mit einem Namen versieht. Dieser Wert muss so verändert werden, dass er dem von Ihnen gewählten Namen entspricht:

```
ident NEWKERN
```

Bei Gelegenheit könnten Sie auch nicht benötigte Subsysteme entfernen, indem Sie den entsprechenden Optionseintrag auskommentieren. Mit dem folgenden Kommentar werden beispielsweise Kontingente deaktiviert:

```
#options QUOTA     Tru64
```

Bei Tru64-Systemen müssen Sie alle neuen Gerätezeilen mit einfügen, die der Befehl sizer erzeugt (und in */tmp* abgelegt) hat. Der Dateiname entspricht dabei dem, der im obigen emacs-Befehl als zweiter Parameter übergeben wurde. Eine Möglichkeit, diese Gerätezeilen zu lokalisieren, besteht darin, diese mittels diff mit der aktuellen Kernel-Konfigurationsdatei oder der *GENERIC*-Datei zu vergleichen.

Die Konfigurationsdatei für FreeBSD enthält eine große Anzahl von Einstellungen, von denen die meisten etwas mit Hardware-Geräten und deren Charakteristika zu tun haben. Darüber hinaus legen verschiedene Einträge die Werte verschiedener Kernel-Parameter fest, die unter gewissen Umständen geändert werden müssen. Ein Beispiel:

FreeBSD
```
options     MAXCONS=4
options     MAXDSIZ="(256*1024*1024)"
device      usb                         Unterstützung von USB-Geräten.
device      ugen
device      ohci
device      uhci
device      uhid                        »Human Interface Support« (notwendig für Maus).
device      ums                         USB-Maus.
```

Diese Einträge legen die maximale Anzahl virtueller Konsolen und den maximalen Adressraum individueller Prozesse fest. Gleichzeitig wird die USB-Maus-Unterstützung aktiviert. (Beachten Sie, dass diese Zeilen an verschiedenen Stellen der Konfigurationsdatei liegen.)[1]

Eine Dokumentation zu den meisten verfügbaren Parametern finden Sie in der *LINT*- oder *NOTES*-Konfigurationsdatei.

Der nächste Schritt bei der Generierung des Kernels besteht darin, einen eigenen Generierungsbereich für die neue Konfiguration anzulegen:

FreeBSD
```
# config NEWKERN
# cd ../../compile/NEWKERN
# make depend
# make
# mv /kernel /kernel.save
# make install
```

Tru64
```
# doconfig -c NEWKERN
# cd ../NEWKERN
# make depend
# make vmunix
# mv /vmunix /vmunix.save
# cp ./vmunix /
```

doconfig und config erzeugen das Unterverzeichnis *NEWKERN*, in dem der neue Kernel tatsächlich generiert wird. Sobald die make-Befehle abgearbeitet sind, kann der neue Kernel im root-Verzeichnis installiert und getestet werden.

Wenn es Probleme bei der Generierung des neuen Kernels gibt, können Sie die gesicherte Version mit den folgenden Befehlen starten:

---

[1] Viele Kernel-Parameter können auch mit Hilfe des Befehls sysctl und seiner Initialisierungsdatei angepasst werden (siehe »Speicherverwaltung« in Kapitel 15).

```
       FreeBSD                              Tru64
       disk1s1a:> unload                    >>> boot -fi vmunix.save
       disk1s1a:> load kernel.save
       disk1s1a:> boot
```

Ändern von Kernel-Parametern bei FreeBSD

Bei FreeBSD ist es ebenfalls möglich, Kernel-Parameter dynamisch zu verändern. Mit dem sysctl-Befehl können Sie sich alle Kernel-Parameter zusammen mit ihren aktuellen Werten ausgeben lassen:

```
# sysctl -a
kern.ostype: FreeBSD
kern.osrelease: 4.3-RELEASE
kern.osrevision: 199506
kern.maxvnodes: 6322
kern.maxproc: 532
kern.maxfiles: 1066
...
```

Die sysctl-Manpage sagt Ihnen, welche Parameter verändert werden können.

Sie können die folgende Befehlsform verwenden, um einen Parameter zu verändern:

```
# sysctl kern.maxfiles=1066
kern.maxfiles: 1064 -> 1066
```

Solche Änderungen bleiben bei einem Neustart nicht erhalten und müssen daher bei jedem Boot-Vorgang neu gesetzt werden. Sie können die gewünschten Einstellungen – den an -w übergebenen String – in die Datei */etc/sysctl.conf* eintragen, um sie beim Booten automatisch zu setzen. Alternativ können Sie den Kernel neu generieren, nachdem Sie die entsprechenden Optionen in den Kernel-Konfigurationsdateien geändert haben.

FreeBSD-Kernel-Module

FreeBSD unterstützt auch Kernel-Module. Diese können über die entsprechenden Unterverzeichnisse in */usr/src/sys/modules* kompiliert werden. Der Befehl kldstat -v gibt eine Liste der momentan geladenen Kernel-Module aus. Nahezu alle werden zur Unterstützung von Geräten oder Dateisystem-Typen verwendet. Sie können Kernel-Module auch manuell mit den Befehlen kldload und kldunload laden bzw. entfernen.

Die Datei */boot/loader.conf* legt die Module fest, die beim Booten geladen werden sollen:

```
userconfig_script_load="YES"    Durch sysinstall erzeugte Zeile.
usb_load="YES"                  USB-Module laden.
ums_load="YES"
umass_load="YES"
```

Natürlich müssen die notwendigen Module zuerst erzeugt werden, bevor sie automatisch geladen werden können.

Installation des FreeBSD-Bootloaders

Generell wird der FreeBSD-Bootloader standardmäßig im Master Boot Record (MBR) der Systemfestplatte installiert. Sollten Sie ihn (aus welchem Grund auch immer) einmal von Hand installieren müssen, dann können Sie den folgenden Befehl verwenden:

```
# boot0cfg -B /dev/ad0
```

Die Option -B besagt, dass die Partitionstabelle nicht verändert werden soll.

Sie können auch die Befehlsoption -m verwenden, um zu verhindern, dass bestimmte Partitionen im Boot-Menü erscheinen. Diese Option erfordert einen hexadezimalen Integerwert als Argument. Dieser Wert wird als Bitmaske interpretiert, die eine Partition in das Menü aufnimmt (Bit ist an) oder ausschließt (Bit ist aus), solange es sich in erster Linie um eine BSD-Partition handelt. Das Einer-Bit der Maske entspricht der ersten Partition usw.

So aktiviert etwa das folgende Beispiel im Menü nur die dritte Partition:

```
# boot0cfg -B -m 0x4 /dev/ad0
```

Der Befehl `disklabel -B` kann verwendet werden, um das Boot-Programm auf dem Boot-Teil einer FreeBSD-Subpartition innerhalb einer physikalischen Partition zu installieren. Das folgende Beispiel installiert das Boot-Programm auf der ersten Subpartition der ersten Partition:

```
# disklabel -B /dev/ad0s1
```

Dynamische Kernel-Konfiguration bei Tru64

Tru64 unterstützt ebenfalls zwei Arten der Kernel-Rekonfiguration ohne die Generierung eines neuen Kernels: das Laden und Entfernen von Subsystemen und die Modifikation von Kernel-Parametern.

Einige wenige Subsysteme können dynamisch in den Tru64-Kernel eingebunden und wieder entfernt werden. Sie können alle konfigurierten Subsysteme mit dem sysconfig-Befehl ausgeben:

```
# sysconfig -s
cm: loaded and configured
hs: loaded and configured
ksm: loaded and configured
...
```

Subsysteme können geladen oder nicht geladen (unloaded) sein. Die Option -m gibt an, ob es sich um (in einen laufenden Kernel einzubindende) dynamische oder statische Subsysteme handelt:

```
# sysconfig -m | grep dynamic
hwautoconfig: dynamic
envmon: dynamic
lat: dynamic
```

Bei diesem System gibt es nur drei dynamische Subsysteme. Bei diesen Modulen können Sie die Optionen sysconfig -c und -u verwenden, um ein Modul einzubinden bzw. zu entfernen.

Statische und dynamische Subsysteme können außerdem über veränderliche Kernel-Parameter verfügen. Eine Liste der verfügbaren Parameter können Sie sich mit einem Befehl wie dem folgenden ausgeben lassen:

```
# sysconfig -Q lsm        Parameter für den Logical Storage Manager
lsm:
Module_Name -             type=STRING op=Q min_len=3 max_len=30
lsm_rootdev_is_volume -   type=INT op=CQ min_val=0 max_val=2
Enable_LSM_Stats -        type=INT op=CRQ min_val=0 max_val=1
```

Die Ausgabe zeigt den Parameternamen, seinen Datentyp, die erlaubten Operationen und den gültigen Wertebereich. Die Operationen werden über eine Folge von Codebuchstaben festgelegt: Q bedeutet, dass er abgefragt (queried) werden kann, C heißt, dass die Änderung nach dem Neustart erfolgt, und R heißt, dass die Änderung beim laufenden System vorgenommen wird.

In unserem Beispiel kann der erste Parameter (der Name des Moduls) abgefragt, aber nicht verändert werden. Der zweite Parameter (er gibt an, ob das root-Dateisystem ein logisches Volume ist) kann modifiziert werden, aber der neue Wert tritt erst in Kraft, wenn das System neu gestartet wird. Der dritte Parameter (er gibt an, ob Subsystem-Statistiken geführt werden) tritt in Kraft, sobald er geändert wird.

Sie können die Option -q verwenden, um den aktuellen Wert eines Parameters auszugeben. Mit der Option -r können Sie den Wert ändern:

```
# sysconfig -q lsm Enable_LSM_Stats
lsm:
Enable_LSM_Stats = 0
# sysconfig -r lsm Enable_LSM_Stats=1
Enable_LSM_Stats: reconfigured
```

Die Datei */etc/sysconfigtab* kann genutzt werden, um Kernel-Parameter während des Startvorgangs zu ändern (siehe den Abschnitt »Speicherverwaltung« in Kapitel 15).

Wenn Sie eine grafische Schnittstelle vorziehen, können Sie das dxkerneltuner-Utility verwenden, um Kernel-Parameter anzusehen und zu ändern. Die sys_attrs-Manpage enthält Beschreibungen der verschiedenen Kernel-Parameter und erklärt deren Bedeutung.

HP-UX

SAM ist nach wie vor die einfachste Möglichkeit, einen neuen Kernel unter HP-UX zu generieren. Wenn Sie wollen, können Sie dies aber auch von Hand erledigen:[2]

---

2 Dieser Befehl ist auch nützlich, um sich einfach die modifizierten Variablen des aktuellen Kernels ausgeben zu lassen.

```
# cd /stand                                      In das Kernel-Verzeichnis wechseln.
# mv vmunix vmunix.save                          Aktuellen Kernel sichern.
# cd build                                       In das Generierungsverzeichnis wechseln.
# /usr/lbin/sysadm/system_prep -v -s system      Systemdatei extrahieren.
# kmtune -s var=value -S /stand/build/system     Kernel-Parameter ändern.
...
# mk_kernel -s ./system -o ./vmunix_new          Neuen Kernel generieren.
# kmupdate /stand/build/vmunix_new               Installation des Kernels anstoßen.
# mv /stand/system /stand/system.prev            Alte Systemdatei sichern.
# mv /stand/build/system /stand/system           Neue Systemdatei installieren.
```

Das Skript system_prep erzeugt eine neue *system*-Konfigurationsdatei, indem es Informationen aus dem laufenden Kernel extrahiert. Der/die kmtune-Befehl(e) legen die Werte der Kernel-Variablen für den neuen Kernel fest.

Das mk_kernel-Skript ruft den config-Befehl auf und initiiert automatisch den make-Prozess. Sobald der Kernel generiert wurde, verwenden wir den Befehl kmupdate, um seine Installation für den nächsten Boot-Vorgang vorzumerken. Sie können den Rechner dann neu starten, um den neuen Kernel zu aktivieren.

Tritt ein Problem mit dem neuen Kernel auf, können Sie den gesicherten Kernel mit einem Befehl wie dem folgenden starten:

```
ISL> hpux /stand/vmunix.save
```

Um zu ermitteln, welche Kernel-Objektdateien verfügbar sind, verwenden Sie den folgenden Befehl, um sich den Inhalt des */stand*-Verzeichnisses ausgeben zu lassen:

```
ISL> hpux ll /stand
```

Die *system*-Datei enthält Informationen über die Geräte des Systems sowie über die Einstellungen verschiedener Kernel-Parameter. Hier einige Beispiele für Letzteres:

maxfiles_lim	1024	*Maximale Anzahl offener Datei je Prozess.*
maxusers	250	*Anzahl der Benutzer/Prozesse, von denen bei der Dimensionierung der Datenstrukturen des Kernels auszugehen ist.*
nproc	512	

Sie können auch SAM zur Konfiguration dieser Parameter verwenden und den Kernel dann neu generieren. Abbildung 16-1 illustriert den Einsatz von SAM zur Modifikation eines Kernel-Parameters (hier der Länge einer Zeitscheibe, d. h. der maximalen Zeitspanne, die ein Prozess ausgeführt werden kann, bevor er vom Scheduler unterbrochen wird).

Die SAM-Schnittstelle enthält auch Beschreibungen der verfügbaren Parameter (siehe Abbildung 16-2).

Sie können einen neuen Kernel generieren, indem Sie die Menüoption ACTIONS → PROCESS NEW KERNEL wählen.

HP besitzt ebenfalls verschiedene Gruppen von Kernel-Parametern für bestimmte Einsatzbereiche des Systems. Sie erreichen diese über die Menüoption ACTIONS → APPLY TUNED PARAMETER SET. Die Wahl dieser Option führt zu einer Liste der verfügbaren Gruppen. So

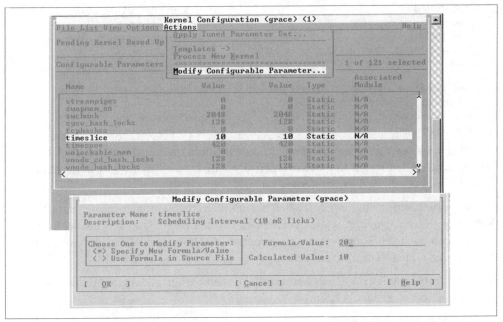

Abbildung 16-1: Konfiguration des HP-UX-Kernels mit SAM

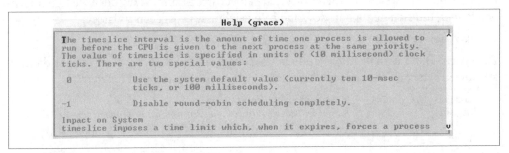

Abbildung 16-2: SAM-Hilfe für Kernel-Parameter

ist zum Beispiel der CAE/ME/General Eng. Workstation 64-Bit-Kernel eine gute Wahl für alle Systeme, deren Last von rechenintensiven 64-Bit-Hochleistungsanwendungen dominiert werden. Sobald Sie sich für einen Satz entschieden haben, können Sie die Parameter weiter modifizieren oder einfach einen neuen Kernel generieren.

Einige wenige Kernel-Parameter können dynamisch modifiziert werden, am einfachsten über SAM. Sie können auch den sysdef-Befehl verwenden, um sich die Systemparameter anzusehen:

```
# sysdef
NAME           VALUE    BOOT    MIN-MAX      UNITS    FLAGS
acctresume        4       -     -100-100                -
acctsuspend       2       -     -100-100                -
maxdsiz      503808       -     0-655360     Pages      -
```

```
maxfiles       1024       -      30-2048              -
maxuprc        75         -      3-                   -
nbuf           262598     -      0-                   -
timeslice      10         -      -1-2147483648  Ticks -
```

(Diese Ausgabe enthält nur ausgewählte Parameter.) Die Spalten der Ausgabe enthalten den Namen des Parameters, den aktuellen Wert, den Wert beim Systemstart (wenn der Wert seitdem geändert wurde), den gültigen Wertebereich, die Einheit, in der dieser Wert gemessen wird, und ein Flag, das angibt, ob der Parameter bei einem laufenden System verändert werden kann (*M* bedeutet »modifizierbar«).

Linux

Es gab Zeiten, da wurden Änderungen des Linux-Kernels im Tagesrhythmus veröffentlicht, und der schwierigste Teil beim Generieren eines Linux-Kernels bestand darin zu wissen, wann man aufhören musste. Heutzutage ist der Produktions-Kernel wesentlich stabiler, aber es gibt immer noch regelmäßige, signifikante Kernel-Updates.

Eine Möglichkeit, die Vorteile dieser Updates zu nutzen, besteht darin, die Kernel-Update-Pakete herunterzuladen und zu installieren, die für Ihre Linux-Distribution zur Verfügung gestellt werden. Der Vorteil dieser Methode besteht darin, dass die Änderungen in den Kernel-Quellcode der jeweiligen Distribution eingebunden werden. Das heißt mit anderen Worten, dass der Quellcode vom Hersteller der Distribution geändert wird – ein Prozess, der für jeden anderen beängstigend und schwierig sein kann.

Sie könnten sich aber dennoch entscheiden, einen eigenen Kernel zu generieren, wobei Sie wahrscheinlich mit einem Standard-Quellcode-Paket beginnen. Wenn Sie sich für diesen Weg entscheiden, sollten Sie sicher sein, alle Änderungen zu verstehen, die notwendig sein könnten, um die distributionsspezifischen Features zu unterstützen, die Sie nutzen wollen.

Die folgenden Befehle verdeutlichen die grundlegende Prozedur bei der Generierung eines Linux-Kernels. (Beschrieben wird der konservative Weg, nicht der, den die Kernel-Hacker gehen.) Wir wenden auch Patches an, um den Quellcode auf den neuesten Stand zu bringen, bevor wir den Kernel generieren.

Im ersten Schritt sichern wir den alten Kernel und entpacken bei Bedarf den Quellcode des Kernels:

```
# cp /boot/vmlinuz /boot/vmlinuz.save         Aktuellen Kernel sichern.
# cd /usr/src                                 Zum Quellcode wechseln.
# bzip2 -dc linux-2.4.x.tar.bz2 | tar xvf -   Start-Kernel entpacken.
```

Sie können sich auch für ein Quellcode-RPM Ihrer Distribution anstelle des Standard-tar-Archivs entscheiden (Letzteres ist über *http://www.kernel.org* verfügbar).

Sobald der Quellcode des Linux-Kernels installiert ist, starten Sie den folgenden Prozess:

```
# for p in patch-list; do                     Anwenden aller Kernel-Patches.
> bzip2 -dc /tmp/patch$p.bz2 | patch -p0
> done
```

```
# cd /usr/src/linux           Wechsel ins Generierungsverzeichnis.
# cp arch/i386/config.in{,.save}  Konfigurationsdatei sichern.
# cp .config .config.save     Falls vorhanden.
# make mrproper               Generierungsbereich aufräumen.
# make xconfig                Kernel-Optionen wählen.
```

Der letzte Befehl startet einen X-basierten Kernel-Konfigurationseditor (zu sehen in Abbildung 16-3). Dieses Utility erlaubt die Angabe einer großen Zahl von Kernel-Parametern und die Wahl der Features, die Sie in den Kernel aufnehmen wollen.

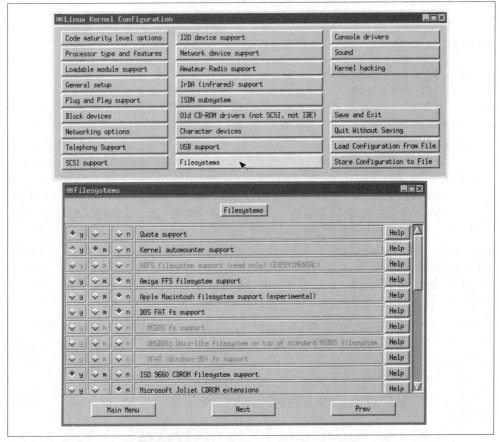

Abbildung 16-3: Das Linux-Utility make xconfig

Das Utility teilt die verfügbaren Einstellungen in eine Reihe von Kategorien auf, die vom Hauptfenster (dem obersten in der Abbildung) aus zu erreichen sind. Im unteren Fenster sehen Sie die Einstellungen, die in Bezug auf Dateisysteme vorgenommen werden können. Wir haben gerade Plattenkontingente aktiviert, indem wir den y-Button des ersten Elements angeklickt haben. In diesem Fall können wir nur wählen, ob das Element unterstützt werden soll oder nicht, und die Fähigkeit wird entsprechend unserer Entscheidung in den Kernel aufgenommen oder nicht. Bei anderen Elementen kann es noch eine weitere

Option geben, die über die mittlere Checkbox (namens *m*:) aktiviert wird und festlegt, ob das gewählte Feature über ein ladbares Modul unterstützt werden soll. In unserem Beispiel wird die Kernel-Unterstützung für den Automounter auf diese Weise zur Verfügung gestellt.

Wenn Sie nicht mit X arbeiten, können Sie stattdessen ein textbasiertes, menüorientiertes Konfigurationswerkzeug verwenden, indem Sie den Befehl make menuconfig aufrufen. Als letzten Ausweg bietet sich noch der Befehl make config an, mit dem Sie Kernel-Parameter festlegen, indem Sie eine (scheinbar) endlose Liste von Fragen beantworten.

Bei SuSE Linux finden Sie die Konfiguration des gerade laufenden Kernels in */proc/config.gz*. Diese Funktionalität ist im Standard-Linux-Kernel nicht verfügbar, sondern wurde von SuSE der Bequemlichkeit halber eingeführt.

Nach Abschluss der Kernel-Konfiguration überprüfen wir als Nächstes, ob bestimmte Links auf Verzeichnisse mit Include-Dateien vorhanden sind und auf die richtigen Stellen verweisen: Die Include-Unterverzeichnisse *asm* und *linux* von */usr/include* zeigen auf den Quellbaum, und das Unterzeichnis *include/asm* des Quellbaums verweist auf das architekturspezifische Unterverzeichnis:

```
# ls -ld /usr/include/{linux,asm}
lrwxrwxrwx 1 root system 26    Apr 25 16:03    /usr/include/asm ->
                                                /usr/src/linux/include/asm
lrwxrwxrwx 1 root system 26    Dec 23 21:01    /usr/include/linux ->
                                                /usr/src/linux/include/linux
# ls -ld include
include/:
total 10
lrwxrwxrwx 1 root system 8      Mar  8 17:40   asm -> asm-i386
drwxr-xr-x 2 root system 1024   Apr 25 16:01   asm-alpha
drwxr-xr-x 2 root system 1024   Dec 29 02:04   asm-generic
drwxr-xr-x 2 root system 1024   Apr 25 16:01   asm-i386
drwxr-xr-x 2 root system 1024   Dec  6 04:47   asm-m68k
drwxr-xr-x 2 root system 1024   Apr 25 16:01   asm-mips
drwxr-xr-x 2 root system 1024   Apr 25 16:01   asm-ppc
drwxr-xr-x 2 root system 1024   Apr 25 16:01   asm-sparc
...
```

Nun führen wir einige weitere vorbereitende Schritte aus:

```
# make dep
# make clean
# emacs Makefile
```

Das Editieren von *Makefile* hat einfach den Zweck, einen Namen für diese Konfiguration festzulegen, indem man die ziemlich am Anfang liegende *EXTRAVERSION*-Zeile anpasst:

```
EXTRAVERSION="-new_2-4-666"
```

Diese Variable legt ein Suffix fest, das an das neue Kernel-Executable und die dazugehörigen Dateien angehängt wird (im obigen Beispiel also etwa *vmlinuz-new_2-4-666*).

Nun sind wir soweit, mit dem eigentlichen Generierungsprozess zu beginnen:

```
# make bzImage
# make install
```

Der letzte Befehl installiert den Kernel und die dazugehörigen Dateien an den richtigen Stellen.

Wenn Sie mit Kernel-Modulen arbeiten (die wir gleich noch vorstellen), müssen Sie auch die folgenden Befehle ausführen:

```
# make modules
# make modules_install
```

Wenn Sie einen SCSI-Adapter verwenden, müssen Sie auch das ursprüngliche RAM-Disk-Image so aktualisieren, dass es das richtige Modul lädt:

```
# mkinitrd /boot/initrd-suffix suffix
```

suffix ist dabei das von Ihnen zur Identifikation des neuen Kernels definierte Suffix. In diesem Fall definiert es auch das Unterverzeichnis von */lib/modules*, das zur Generierung der neuen *initrd*-Datei verwendet werden soll.

Der letzte Schritt bei der Generierung besteht darin, den Linux-Bootloader, lilo, zu rekonfigurieren und zu aktualisieren (was wir im nächsten Abschnitt auch tun wollen). Alternativ können Sie den neueren grub-Loader verwenden (den wir nach lilo behandeln), bei dem die Rekonfiguration optional ist.

Arbeiten mit lilo

Wie ich in Kapitel 4 angemerkt hatte, besteht der Boot-Prozess bei Microcomputern aus drei Stufen: Der Master-Bootrecord (MBR) enthält das primäre Boot-Programm, das den Boot-Prozess startet und ein sekundäres Boot-Programm von den Boot-Blöcken der aktiven Partition lädt. Das zweite Boot-Programm lädt den eigentlichen Kernel.

Bei Intel-basierten Systemen bietet Linux lilo, den *Linux Loader*, an, und die meisten Distributionen installieren lilo während der Linux-Installation im MBR. Sie können ihn auch manuell mit einem Befehl wie dem folgenden installieren:

```
# lilo -C /etc/lilo.conf
```

Die Option -C gibt an, wo sich die lilo-Konfigurationsdatei befindet. Die in unserem Beispiel angegebene Position ist tatsächlich die Standardposition, d.h. -C wäre eigentlich unnötig.

Die Datei *lilo.conf* legt das Verhalten von lilo bei verschiedenen Aspekten des Boot-Prozesses fest und definiert darüber hinaus die Kernel und Betriebssysteme, die es booten kann. Der folgende Ausschnitt aus *lilo.config* enthält die wichtigsten Einträge und diejenigen, die Sie am ehesten werden modifizieren wollen:

```
# Globale Parameter: auf alle Auswahlmöglichkeiten anwenden
prompt                    Benutzern die Eingabe eines Boot-Befehls erlauben.
timeout=100               Vor dem Booten des Standardeintrags 10 Sekunden warten.
```

```
install=/boot/boot.b              Bootloader für Phase zwei.
boot=/dev/hda                     Wo lilo zu installieren ist (keine Partition=>MBR).
message = /boot/boot.message      Textdatei, die vor dem Boot-Prompt ausgegeben wird.
default = linux                   Label für das Standard-Image.

# Erste Boot-Möglichkeit
image = /boot/vmlinuz             Pfad zum Kernel.
label = linux                     Boot-Prompt-Eintrag zum Booten dieses Eintrags.
root = /dev/hda2                  Partition, die das root-Verzeichnis enthält
read-only                         Erstes Mounten nur mit Leserechten.
# Kernel-Argument für altes Sony CD-ROM-Laufwerk
append = "cdu31a=0x340,0,"        Legt Parameter fest, die an den Kernel übergeben werden
                                  (ändert die einkompilierte I/O-Adresse des Gerätes).

# Nächster Linux-Kernel
image = /boot/vmlinuz-safe        Alternativer Linux-Kernel.
label = safe                      Sein Boot-Befehl.
alias = aok                       Zusätzliches Label für diesen Eintrag.
root = /dev/hda2
read-only

# Windows 2000
other = /dev/hda3                 Ein anderes Betriebssystem.
label = win2k
table = /dev/hda                  Mit dieser Partitionstabelle arbeiten.
```

Im Allgemeinen wird lilo im MBR-Bereich der System-Festplatte installiert, wobei ein *boot*-Eintrag in der Konfigurationsdatei verwendet wird (siehe oben), der die Festplatte als Ganzes anspricht (hier */dev/hda*) und nicht eine bestimmte Partition. Sie können das Utility aber auch im Boot-Sektor einer einzelnen Plattenpartition installieren, indem Sie lilo mit der gewünschten Konfigurationsdatei und der Option -b ausführen (die den Boot-Eintrag der Konfigurationsdatei ersetzt). Der Befehl im folgenden Beispiel lädt lilo in den Boot-Sektor der ersten Partition auf der ersten Festplatte:

```
# lilo -b /dev/hda1 -C /etc/lilo.conf
```

Ich neige dazu, lilo sowohl im MBR als auch auf der Linux-Partition zu installieren, um eine größtmögliche Flexibilität zu erreichen. Auf diese Weise bin ich in der Lage, auf die Version auf der Linux-Partition zu wechseln, sollte ich lilo aus dem MBR entfernen.

Das Booten einer Linux-Partition von der zweiten Festplatte wird auf die gleiche grundlegende Art und Weise erreicht. Damit das funktionieren kann, muss lilo im MBR der Boot-Festplatte des Systems installiert sein, gleichzeitig aber auch im Boot-Sektor der Linux-Partition auf der zweiten Festplatte.

Sie müssen den lilo-Befehl *jedes Mal* neu ausführen, wenn Sie einen neuen Kernel generiert oder relevante Aspekte des Festplatten-Partitionierungsschemas verändert haben. Wenn Sie das vergessen, kann das System nicht booten, und Sie müssen es von der Diskette starten. Das Programm muss auch dann noch einmal ausgeführt werden, wenn Sie nur den Inhalt der *boot.message*-Datei ändern.

Grafisches Boot-Menü

Die neueren `lilo`-Versionen bieten ein grafisches Boot-Menü an. Die neuen Versionen von SuSE-Linux nutzen dieses Feature, das über Konfigurationsdatei-Einträge wie die folgenden definiert wird:

```
message=/boot/message              Lage der Image-Datei.
menu-title="Linux System"
menu-scheme=Wg:kw:Wg:wg            Farbschema für Menübezeichnung.
```

Die binäre Image-Datei wird mit dem Utility mkbootmsg erzeugt (das Teil des gfxboot-devel-Pakets ist). Die durch Doppelpunkte getrennten Unterfelder des *menu-scheme*-Eintrags legen die Farben für den Menütext, den Laufbalken, die Ränder und den Titeltext fest. Details zur Farbfestlegung finden Sie in der *lilo.conf*-Manpage.

lilo und Windows

Der letzte Teil (die letzte Schablone) unserer *lilo.conf*-Beispieldatei macht das Format für das Booten einer Windows-Partition auf der ersten Festplatte deutlich. Der Eintrag für ein Windows-Betriebssystem auf der zweiten Festplatte (d.h. *D:*) ist etwas komplizierter und sieht etwa so aus:

```
other = /dev/hdb1         Ein anderes Betriebssystem.
map-drive=0x80            C: und D: vertauschen.
    to=0x81
map-drive=0x81
    to=0x80
table = /dev/hdb          Diese Partitionstabelle verwenden.
label = w2ksrv            Der Boot-Befehl.
```

Die *map-drive*-Befehle lassen das BIOS glauben, dass die zweite Festplatte das Systemlaufwerk (*C:*) darstelle.

Sie können Linux auch aus dem Windows 2000/XP-Boot-Menü starten. Sie müssen sicherstellen, dass lilo im Boot-Sektor der *Partition* installiert ist. Dann müssen Sie diesen Boot-Sektor extrahieren, indem Sie über ein alternatives Medium booten und einen dd-Befehl wie den folgenden ausführen:

```
# dd if=/dev/hda2 of=linux.ldr bs=512 count=1
```

Kopieren Sie die Ausgabedatei in das Root-Verzeichnis der Windows-Systemfestplatte, und fügen Sie in die *Boot.Ini*-Datei den folgenden Eintrag ein:

```
multi(0)disk(0)rdisk(0)partition(1)\linux.ldr="Linux"
```

Der angegebene Pfad zeigt auf die Windows-Partition. Der Windows-Bootloader startet daraufhin den Linux-Bootloader aus seinem Root-Verzeichnis, und Letzterer ist so konfiguriert, dass er Linux von der richtigen Partition startet.

Komplexere Boot-Szenarien

Es ist auch möglich, Linux-Partitionen von beiden Festplatten zu booten. Die hierzu notwendige Prozedur läuft wie folgt ab:

- Entscheiden Sie, welche die übliche Linux-Boot-Partition sein soll, und richten Sie lilo so ein, dass diese Partition und alle anderen Betriebssysteme gebootet werden können. Für die zweite Linux-Partition müssen Sie einen Eintrag wie den folgenden definieren:
  ```
  other = /dev/hdb2
  label=eviltwin
  unsafe
  ```
- Erzeugen Sie eine *boot.message*-Datei, die Ihnen sagt, welches Linux standardmäßig gestartet wird. Installieren Sie diese Konfiguration im MBR des Laufwerks *C:*.
- Erzeugen Sie eine weitere lilo-Konfiguration für die zweite Linux-Partition. Stellen Sie sicher, dass die *boot.message* der Partition Ihnen ebenfalls mitteilt, wo Sie sich befinden. Installieren Sie diese Konfiguration *nur in der Linux-Partition*. Stellen Sie sicher, dass der *boot*-Eintrag die Partition und *nicht* die Festplatte als Ganzes anspricht. (Wenn Sie wollen, können Sie einen *unsafe*-Eintrag für die erste Platte in dieser *lilo.conf* eintragen. lilo muss im Boot-Sektor dieser Partition installiert sein, damit das funktionieren kann.)

Kurz zusammengefasst, ist also die erste Konfiguration im MBR der ersten Festplatte (und evtl. auch im Boot-Sektor der Linux-Partition) gespeichert, und die zweite Konfiguration liegt im Boot-Sektor der Linux-Partition auf der zweiten Festplatte vor.

Die Boot-Sequenz könnte sich dann etwa wie folgt präsentieren:

```
Welcome to gallant.
Boot choices: linux (default; on C:),
              win2k,
              eviltwin (Linux on D:),

boot: eviltwin

Welcome to goofus.
Boot choices: test (default; on D:),
              goodtwin (Linux on C:)

boot: Return
Loading test...
```

Mit diesen Einstellungen wird Linux von Laufwerk *D:* gebootet. Zuerst wurde lilo vom MBR des Laufwerks *C:* gestartet. Dieser hat dann das Boot-Programm der Linux-Partition von Laufwerk *D:* ausgeführt – also erneut lilo. Der (zweite) lilo lädt dann den Kernel von Laufwerk *D:*. (Wenn Sie wollen, können Sie sich endlos zwischen den Boot-Programmen beider Festplatten hin- und herbewegen.)

Wenn Sie dies aber doch für recht albern halten sollten, lassen Sie das *prompt*-Schlüsselwort aus der lilo-Konfiguration für das Laufwerk *D:* weg (ebenso wie den *image*-Abschnitt der Linux-Partition des Laufwerks *C:*). Das führt zu einer sehr einfachen *lilo.conf* auf Laufwerk *D:*:

```
install=/boot/boot.b
```

```
boot=/dev/hdb2
root=/dev/hdb2
map=/boot/map
image=/boot/vmlinuz
label=linux
```

Sobald Sie sie einmal installiert haben, führt die Wahl von eviltwin zum direkten Booten der Linux-Partition auf der zweiten Festplatte.

Die lilo-Option -r

Manchmal ist es nützlich, wenn man in der Lage ist, lilo von einer Partition ausführen zu können, die nicht an / gemountet ist. Wenn Sie beispielsweise ein anderes Linux-Root-Dateisystem an */mnt* gemountet haben, könnten Sie *lilo* anweisen, den (momentan) an */mnt/boot/vmlinuz* gemounteten Kernel über die Konfigurationsdatei */mnt/etc/lilo.conf* zu installieren. Für solche Zwecke wurde die lilo-Option -r entworfen. Mit dieser Option wird die Position des root-Verzeichnisses für lilo-Operationen auf das als Argument übergebene Verzeichnis gesetzt. Alle Dateien werden relativ zu diesem Verzeichnis behandelt. Für unsere gerade beschriebene Situation wäre der richtige Befehl also:

```
# lilo -r /mnt
```

Die Datei boot.message

Die Datei *boot.message* wird vor dem Erscheinen des Boot-Prompts ausgegeben. Eine *boot.message*-Datei könnte etwa so aussehen:

```
Welcome to JAG
Property of the Linc Guerrilla Hackers Association
Computational science is not for the faint hearted!

Our current boot offerings include:
  * linux (smaller test kernel--2.4.666 currently)
  * safe (SuSE distribution 2.4.something)
  * hacked (do you feel lucky?)
  * windog - guess what ... (on D:)
```

Eine effektive Datei führt alle definierten Labels auf (sie muss aber nicht unbedingt so exzentrisch sein).

Der Bootloader Grub

grub ist der Grand Unified Bootloader des GNU-Projekts (siehe *http://www.gnu.org/software/grub/*). Er wurde ursprünglich von Erich Boleyn entwickelt und wird momentan von Gordon Matzigkeit und Okuji Yoshinori gepflegt. Grub wurde als betriebssystemunabhängiges Werkzeug entwickelt und ist flexibler als frühere Programme dieses Typs. Einer seiner Vorteile ist eine Boot-Shell, über die alle möglichen Boot-Befehle eingegeben werden können. Auf diese Weise können unterschiedliche Konfigurationen oder Kernel ohne vorherige Vorbereitungsarbeiten gestartet werden.

Beim Start gibt grub einen sog. Splashscreen und ein Boot-Menü aus. Beides lässt sich über die Konfigurationsdatei *grub.conf* anpassen, die bei Linux üblicherweise in */boot/grub* gespeichert ist.

Hier folgt eine kommentierte Beispiel-Konfigurationsdatei, die die Methoden zum Booten unterschiedlicher Betriebssysteme deutlich macht. Wir beginnen mit dem allgemeinen Abschnitt, der auf alle Einträge angewandt wird:

```
# Allgemeiner Abschnitt
splashimage (hd0,0)/grub/splash.xpm.gz
default 0            Eintrag für Standard-Boot (Nummerierung beginnt bei 0).
timeout 30           Menü-Timeout in Sekunden.
password -md5 xxxxxx Den Befehl grub-md5-crypt zur Codierung verwenden.
```

grub verwendet eine einfache Methode, um auf Festplatten und Partitionen zuzugreifen: (hd*n*,*m*) spricht die Partition *m* auf der Festplatte *n* an, wobei die Nummerierung bei beiden mit 0 beginnt. Die hinter dem Menü ausgegebene Imagedatei befindet sich also im Unterverzeichnis *grub* auf der ersten Partition der ersten Festplatte.

Hier folgen einige Einträge zum Booten von Linux:

```
title Linux                             Bezeichnung im Boot-Menü.
root (hd0,0)                            Basis-Partition für zukünftige Referenzen.
kernel /vmlinuz ro root=/dev/hda2
initrd /initrd.img

title Test-Linux                        Zweiter Menüpunkt.
root (hd1,1)                            Andere Basis-Partition.
kernel /boot/vmlinuz-test ro root=/dev/hdb2
initrd /boot/initrd.img-test
```

Der erste Eintrag wird zum Booten einer Linux-Installation verwendet, deren Root-Verzeichnis auf der zweiten Partition der ersten Festplatte liegt (zu erkennen am Kernel-Parameter root), deren Kernel-Image und die dazugehörigen Dateien aber in einer separaten */boot*-Partition (erste Partition der ersten Festplatte) liegen. Der zweite Eintrag bootet eine Linux-Installation von der zweiten Festplatte. Die root- und boot-Partitionen liegen beide auf der zweiten Partition dieser Platte.

Die folgenden Einträge booten ein Windows-Betriebssystem von der dritten Partition der ersten bzw. zweiten Festplatte:

```
title Win2K
root (hd0,2)                Partition festlegen.
makeactive                  Aktivieren.
chainloader +1              An lokalen Bootloader übergeben.

title WinXP
map (hd0) (hd1)
map (hd1) (hd0)             Die beiden Platten vertauschen.
root (hd0,2)
makeactive
chainloader +1
```

Hier sehen Sie einen Eintrag zum Booten von FreeBSD:

```
title   FreeBSD
# Erste BSD-Subpartition auf Festplatte 1, Partition 3 verwenden
root    (hd0,2,a)
kernel /boot/loader
```

Der Eintrag folgt der Empfehlung der Dokumentation, FreeBSD mit Hilfe des auf der letzten Ebene angesiedelten Bootloaders zu starten, anstatt den FreeBSD-Kernel direkt aufzurufen.

grub verfügt außerdem über das nette Feature, sich das zuletzt gebootete Betriebssystem zu merken und beim nächsten Mal als Voreinstellung zu verwenden. Um diese Möglichkeit zu aktivieren, setzen Sie den *default*-Eintrag auf *saved* und fügen bei jeder Schablone am Ende eine *savedefault*-Direktive ein:

```
default saved

title Linux
...
savedefault
```

Die Installation von grub selbst ist sehr einfach. Sobald Sie es kompiliert haben, verwenden Sie das Programm grub-install, um es zu installieren:

```
# grub-install '(hd0)'
# grub-install -root-directory /boot '(hd0)'
```

Das erste Beispiel installiert grub im MBR der ersten Festplatte. Der zweite Befehl macht das gleiche, teilt grub aber mit, dass die Kernel-Images in einer separaten, über */boot* gemounteten Partition liegen.

Booten eines Linux-Systems mit syslinux

Gelegentlich wird Ihnen ein System begegnen, bei dem lilo einfach nicht funktioniert. Solche Systeme verfügen über ungewöhnliche Hardware-Konfigurationen, die grundsätzlich von diesem Bootloader nicht unterstützt werden. Ich besitze im Moment ein solches System. Es handelt sich um einen älteren Intel-basierten PC mit zwei IDE-Controllern, von denen einer nicht funktioniert. Um das zu beheben, hat der Anbieter einen separaten IDE-Controller in einem PCI-Slot untergebracht. (Nein, ich wußte das nicht, als ich mir das Gerät liefern ließ.)

Das CD-ROM- und das Zip-Laufwerk sind über den Controller auf dem Motherboard angeschlossen, und die Systemfestplatte verwendet den separaten zweiten Controller. Das ist die einzige Konfiguration, die überhaupt funktioniert (die anderen habe ich alle ausprobiert), sie verwirrt aber jedes Betriebssystem, das ich auf diesem Computer laufen lassen will. Bei Linux schreckt lilo bei dieser Konfiguration zurück und hängt sich einfach auf.

Eine gute Lösung für so ungewöhnliche Fälle wie diesen ist die Verwendung von syslinux, einem einfachen Bootloader, der von einer Diskette (im FAT-Format) gestartet wird. Um eine solche Boot-Floppy zu erzeugen, verwenden Sie die folgenden Befehle:

```
# mount -t msdos /dev/fd0 /floppy      Floppy mounten.
# cp /boot/vmlinuz /floppy             Kernel kopieren.
# rdev /floppy/vmlinuz /dev/hda2       Kernel Root-Verzeichnis festlegen.
# umount /floppy
# syslinux /dev/fd0                    Bootloader auf Diskette schreiben.
```

Abschließend müssen Sie eine Konfigurationsdatei namens *syslinux.cfg* auf der Diskette erzeugen. Hier sehen Sie eine einfache Version:

```
label linux
kernel vmlinuz
```

Diese Konfiguration legt den Pfad des Kernels auf der Diskette fest und gibt dem Eintrag einen Namen. Bei Bedarf können Sie Kernel-Parameter übergeben (mit dem Schlüsselwort append), eine RAM-Disk (initrd) anlegen und weitere Punkte festlegen. Informationen zu allen verfügbaren Features der Konfigurationsdatei finden Sie in der Dokumentation des Pakets.

Sobald Sie diese Prozedur abgeschlossen haben, bootet ein Start von dieser Diskette automatisch den Kernel mit */dev/hda2* als root-Partition.

Wiederherstellung des DOS-Master-Boot-Programms

Sollte es jemals notwendig sein, können Sie mit der folgenden Prozedur das Standard- (»DOS«-)Master-Boot-Programm wiederherstellen:

1. Booten Sie von einer boot-fähigen DOS-Diskette.
2. Führen Sie den Befehl `fdisk /MBR` aus.

Die gleiche Aufgabe erledigen Sie unter Windows 2000 (und dessen Nachfolgern) wie folgt:

1. Booten Sie die Recovery Console von der Distributions-CD-ROM oder (falls installiert) von der Platte.
2. Führen Sie den Befehl `fixmbr` aus.

Booten von Alpha-Linux-Systemen

Alpha-Linux-Systeme besitzen andere BIOS-Versionen als Intel-basierte Systeme, und der Boot-Vorgang ist entsprechend anders. Momentan sind drei verschiedene Bootloader im Einsatz: der MILO Bootloader (bei ARC-Firmware), der APB Bootloader (bei UP1000-Systemen) und der ABOOT Bootloader (bei SRM Console-Systemen).

Compaq Alpha-Systeme verwenden generell den letztgenannten. Wie in Kapitel 4 gezeigt, können die folgenden Befehle zur Initiierung eines Boot-Vorgangs genutzt werden:

```
aboot> p 2           Zweite Partition zum Booten wählen.
aboot> 0             Vordefinierte Konfiguration 0 booten.
```

Der folgende Befehl kann verwendet werden, um Linux von der zweiten Festplatten-Partition zu booten:

```
aboot> 2/vmlinux.gz root=/dev/hda2
```

Sie können den ABOOT-Loader über die Konfigurationsdatei /etc/aboot.conf konfigurieren.

Der `swriteboot`-Befehl wird zur Installation einer Konfiguration verwendet. Hier sehen Sie einen Beispiel-Eintrag aus dieser Datei:

```
0:2/vmlinux.gz ro root=/dev/hda2
```

Vor dem Boot-Befehl steht eine Konfigurationsnummer und ein Doppelpunkt. Der obige Eintrag definiert also die Konfiguration 0.

Um von CD-ROM zu booten, nutzen Sie zuerst den Befehl `show dev`, um den Gerätenamen des CD-ROM-Laufwerks zu bestimmen, und geben dann einen Befehl wie den folgenden ein:

```
> boot dqb1 -fl 0
```

Das erste Argument ist der Gerätename des CD-ROM-Laufwerks.

Ladbare Module bei Linux

Der Linux-Kernel unterstützt ladbare Module seit der Version 1.2. Bei diesem Schema bauen Sie einen minimalen Kernel auf und laden dynamisch Module, die die benötigte Funktionalität bei Bedarf bereitstellen. Dieser Ansatz hat den Vorteil, dass bei vielen unterschiedlichen Veränderungen an einem System kein neuer Kernel mehr generiert werden muss. Außerdem ist es möglich, die Größe des Kernels deutlich zu verkleinern. Das *modutils*-Paket enthält Dienstprogramme, die Sie zum Generieren, Installieren und Laden von Kernel-Modulen benötigen.

Nach dem Generieren des Kernels müssen Sie `make modules` ausführen, um die Dateien der ladbaren Module zu erzeugen. Mit `make modules_install` werden diese im Unterverzeichnis von */lib/modules* installiert. Der Name des Unterverzeichnisses entspricht dabei der Kernel-Release und/oder dem zugewiesenen Generierungssuffix.

Der Befehl `lsmod` führt die momentan geladenen Module auf:

```
Module              Size    Used by
sg                  21216   0   (autoclean) (unused)
smbfs               32144   2   (autoclean)
nls_iso8859-1       2848    1   (autoclean)
ipv6                117744  -1  (autoclean)
mousedev            3968    0   (unused)
hid                 11744   0   (unused)
input               3104    0   [mousedev hid]
printer             4832    0   (unused)
usb-uhci            21712   0   (unused)
usbcore             46480   1   [hid printer usb-uhci]
3c59x               22912   1   (autoclean)
```

Die Ausgabe enthält den Namen des Moduls, seine Größe, die Zahl der aktuellen Nutzer sowie andere Module, die dieses Modul nutzen. So erkennen wir zum Beispiel, dass das *smbfs*-Modul (Samba-basierte Unterstützung des Mountens entfernter Dateisysteme) einen Nutzungszähler (»Used«) von 2 aufweist.

Informationen zu einem bestimmten Modul erhalten Sie mit dem Befehl `modinfo`:

```
# modinfo -d 3c59x            Beschreibung
3Com 3c59x/3c90x/3c575 series Vortex/Boomerang/Cyclone driver
# modinfo -a 3c59x            Autor
Donald Becker <becker@scyld.com>
# modinfo -n 3c59x            Zugehörige Datei
/lib/modules/2.4.2-2/kernel/drivers/net/3c59x.o
```

Die Konfigurationsdatei */etc/modules.conf* führt verschiedene Konfigurationsparameter für die installierten Module auf. Die folgenden Beispiel-Einträge machen deutlich, welche Art von Informationen in dieser Datei gespeichert sind:

```
# Generische Ethernet-Schnittstelle auf bestimmten Gerätetyp abbilden
alias eth0 3c59x
alias eth1 off                         Deaktiviert.

# Optionen für Parallel-Port festlegen (werden beim Laden übergeben)
options parport_pc io=0x378 irq=none,none

# Konfiguration des Sound-Subsystems
alias sound-slot-0 es1371
# Nach Einbindung/Aktivierung auszuführender Befehl
post-install sound-slot-0 /bin/aumix-minimal
    -f /etc/.aumixrc -L >/dev/null 2>&1 || :
# Nach Löschung/Deaktivierung auszuführender Befehl
pre-remove sound-slot-0 /bin/aumix-minimal
    -f /etc/.aumixrc -S >/dev/null 2>&1 || :
```

Heutzutage sind Module sehr gut in die allgemeine Linux-Entwicklung integriert, und die meisten Pakete übernehmen die Modul-Konfiguration und die Überwachung selbst, weshalb ein Editieren dieser Datei nur selten notwendig ist.

Auch das manuelle Laden oder Entfernen von Modulen kommt nur selten vor, weil diese Aktionen generell bei Bedarf erfolgen. Die folgenden Utilities können aber zur manuellen Manipulation von Modulen verwendet werden:

depmod
: Ermittelt die Abhängigkeiten zwischen Modulen. Der Befehl erzeugt die Datei *modules.dep* im entsprechenden Unterverzeichnis von */lib/modules*. Dieses Utility kann automatisch während des Bootens ausgeführt werden. Es muss gelegentlich nach der manuellen Generierung von Modulen ausgeführt werden.

modprobe
: Lädt ein Modul sowie alle Module, von denen es abhängig ist (wird üblicherweise zum Laden von Modulen während des Bootens verwendet). Kann auch eingesetzt werden, um eine *modules.conf*-Datei der aktuellen Systemkonfiguration zu erzeugen (verwenden Sie die Option -c).

lsmod
: Gibt eine Liste der aktuell geladenen Module aus.

insmod
: Lädt ein Modul interaktiv.

rmmod
: Entfernt ein geladenes Modul aus dem Kernel (falls es nicht verwendet wird).

Solaris

Der Solaris-Kernel ist in */kernel/unix* gespeichert. Er ist um ladbare Module herum aufgebaut. Solche ladbaren Module sind Programme, die das System um Fähigkeiten und Funktionen erweitern. Sie können ganz nach Belieben installiert und deinstalliert werden. Das Betriebssystem untersucht die vorhandene Hardware bei jedem Boot-Vorgang und lädt die notwendigen Module. Die Module werden in Unterverzeichnissen von */kernel* gespeichert.

Die folgenden Befehle liefern (große Mengen an) Informationen über die aktuelle Systemkonfiguration zurück:

modinfo
> Ausgabe ladbarer Module

prtconf
> Ausgabe der Hardwarekonfiguration (Peripheriegeräte) eines Systems

sysdef
> Ausgabe ladbarer Module, der Hardwarekonfiguration und der Werte einiger änderbarer Kernel-Parameter

Generell müssen Sie bei Solaris außer dem Einbinden zusätzlicher Module für neue Geräte nur sehr wenige Kernel-Konfigurationen durchführen.

Die Hersteller stellen üblicherweise Installationsanweisungen und entsprechende Treiber für ihre Hardware zur Verfügung. Gerätetreiber können auch manuell mit add_drv und rem_drv geladen bzw. entfernt werden. Andere Module können mit modload und modunload geladen oder entfernt werden.

In der Konfigurationsdatei */etc/system* bestimmen Sie, welche Module geladen werden sollen (und welche nicht), und geben die Werte von Systemparametern an. Die Systemparameter sind in dem Abschnitt mit der folgenden Überschrift zu finden:

```
* set: Set an integer variable in the kernel or a module
*      to a new value.
*
set scsi_options=0x58
set TS:ts_maxupri=69
set TS:ts_maxkmdpri=39
```

Die *set*-Beispieleinträge verdeutlichen, in welchem Format Parameter angegeben werden. Der erste Befehl setzt ein Flag für das SCSI-Subsystem. Die beiden verbleibenden Befehle setzen Parameter des TS-Moduls (der Scheduler-Tabelle), die die Größe der Benutzer- und Kernel-Prioritätsanteile der allgemeinen Scheduler-Tabelle bestimmen. Diese Parameter müssen angegeben werden, wenn Sie eine Scheduler-Tabelle verwenden, deren Größe sich von jener der Standardtabelle unterscheidet.[3]

---

[3] Die ts_dptbl-Manpage beschreibt, wie das geht. Sie müssen eine Quelldatei (*ts_dptbl.c*) kompilieren und linken und das so entstandene Modul *in /kernel/sched* installieren.

Sie müssen bei der Modifikation von /etc/system recht vorsichtig sein, weil es möglich ist, eine Datei zu erzeugen, die zu einem nicht boot-fähigen System führt. Sichern Sie vor allem die aktuelle, funktionstüchtige Datei, bevor Sie sie modifizieren. Für solche Notfälle stellt Solaris einen interaktiven Boot-Modus bereit, bei dem die *system*- und Kernel-Dateien vom Benutzer angegeben werden müssen. Mit dem folgenden Befehl können Sie interaktiv booten:

```
> b -a
```

Systemparameter bei AIX

Bei AIX müssen Sie niemals einen neuen Kernel generieren, weil alle Systemparameter eines laufenden Systems verändert werden können. Die aktuellen Werte der AIX-Systemparameter können Sie sich mit dem Befehl lsattr ansehen:

```
# lsattr -EHl sys0              Der letzte Optionsbuchstabe ist ein kleines L.
attribute      value        description                                  user_settable

keylock        normal       State of system keylock at boot time         False
maxbuf         20           Maximum pages in block I/O BUFFER CACHE      True
maxmbuf        2048         Maximum KB real memory allowed for MBUFS     True
maxuproc       400          Maximum # PROCESSES allowed per user         True
autorestart    false        Automatically REBOOT after a crash           True
iostat         false        Continuously maintain DISK I/O history       True
realmem        65536        Amount of usable physical memory (KB)        False
conslogin      enable       System Console Login                         False
fwversion      IBM,SPH01184 Firmware version,revision levels             False
maxpout        0            HIGH water mark pending write I/Os/file      True
minpout        0            LOW water mark pending write I/Os/file       True
fullcore       false        Enable full CORE dump                        True
pre430core     false        Use pre-430 style CORE dump                  True
ncargs         6            ARG/ENV list size in 4KB blocks              True
rtasversion    1            Open Firmware RTAS version                   False
modelname      IBM,7044-270 Machine name                                 False
systemid       IBM,011000189 Hardware system identifier                  False
boottype       disk         N/A                                          False
SW_dist_intr   false        Enable SW distribution of interrupts         True
cpuguard       disable      CPU Guard                                    True
frequency      93750000     System Bus Frequency                         False
```

Die Liste umfasst sowohl änderbare als auch nicht änderbare Parameter. Zu den nicht änderbaren Werten gehören zum Beispiel die Größe des vorhandenen Arbeitsspeichers und die aktuelle Stellung des Schlüsselschalters (was sehr nützlich sein kann, wenn das System nicht in Sichtweite ist).

Mit dem Befehl chdev können Sie viele dieser Parameter ändern. So erhöht zum Beispiel der folgende Befehl die maximale Anzahl der erlaubten simultan laufenden Prozesse eines Benutzers auf 500:

```
# chdev -l sys0 -a maxuproc=500
```

Sie können viele dieser Parameter mit dem Befehl smit chgsys gleichzeitig modifizieren.

Tabelle 16-2 führt die wichtigsten AIX-Parameter mit ihren Attributnamen auf.

Tabelle 16-2: AIX-Systemparameter

Parameter	Bedeutung
Maximale Anzahl von Benutzerprozessen (*mxproc*)	Die maximale Anzahl von Prozessen, die ein Benutzer zu einer Zeit ausführen kann (voreingestellt sind 200). Trifft nicht auf *root* zu. Eine Erhöhung von *maxuproc* tritt unmittelbar in Kraft, während Verringerungen warten, bis das System neu gebootet wird.
Cache-Größe für blockorientierte I/O-Puffer (*maxbuf*)	Die Größe des Puffer-Caches für Schreib-/Leseoperationen an blockorientierte Gerätedateien. Normale Datei-Ein- und Ausgaben verwenden den Puffer-Cache nicht (nahezu der gesamte physikalische Speicher wird bei AIX als I/O-Cache verwendet). Lassen Sie diesen Parameter also auf dem voreingestellten Wert von 20 4K-Seiten. (Die Ein- und Ausgabe auf ein Raw-Device, d. h. auf ein logisches Volume ohne Dateisystem, verwendet den Puffer-Cache.)
Maximale Speichergröße für MBUFS (*maxmbuf*)	Die maximale Menge des Arbeitsspeichers, der für MBUFS (im Speicher liegende TCP/IP- und NFS-Datenstrukturen) zur Verfügung steht. Dieser Parameter entspricht dem *wall*-Attribut, das mit dem no-Befehl verändert werden kann (voreingestellt sind 2048 KB).
Status für automatischen Reboot (*autorestart*)	Bestimmt, ob das System nach einem Absturz einen automatischen Reboot durchführt (per Voreinstellung tut es das nicht).
Festplatten-I/O-History (*iostat*)	Bestimmt, ob die I/O-Aktivitäten der verschiedenen Platten vom Booten an aufgezeichnet werden sollen oder nicht (wenn ja, werden diese Informationen vom `iostat`-Befehl direkt im ersten Teil seines Berichts ausgegeben). Diese eher nutzlosen Daten stellen keinen Verlust dar. Diesen Parameter auszuschalten ist also nicht weiter tragisch. Andererseits hat er aber auch nur wenig Einfluss auf den Durchsatz des Systems (standardmäßig ist er aktiviert).
Pacing-Parameter für Festplatten-I/O (*minpout* und *maxpout*)	Markierung ausstehender I/O-Operationen (diese Einrichtung wird in $PERF beschrieben). Per Voreinstellung stehen beide Werte auf 0, was die Einrichtung deaktiviert.
Vollständiger Coredump (*fullcore*)	Bestimmt, ob der gesamte Speicher bei einem Coredump mitgesichert wird oder nicht (standardmäßig werden einige Arten von Daten ausgelassen).
Coredump im Vor-430-Stil erzeugen (*pre430core*)	Bestimmt, ob für Core-Dateien das Format der AIX Version 4.2 (und früher) verwendet werden soll (standardmäßig ist das nicht der Fall).
Größe der ARG/ENV-Liste in 4-KB-Blöcken (*ncargs*)	Die maximale Größe für die Argumentliste und Umgebungsvariablen ausführbarer Programme in Einheiten zu 4 KB. Voreinstellt ist der Wert 6, und das Maximum liegt bei 128. Erhöhen Sie diesen Wert nur dann, wenn Befehle bzw. Anwendungen bei den Standardwerten fehlschlagen.

KAPITEL 17
Accounting

Nahezu alle aktuellen Unix-Systeme bieten ein benutzerbasiertes Prozess-Accounting an. Dies bedeutet, dass das Betriebssystem die Nutzung des Systems protokolliert, wobei jeder Prozess mit seiner entsprechenden UID aufgezeichnet wird. Zusätzlich werden Informationen darüber gespeichert, welches Programm von welchem Prozess ausgeführt wird und welche Systemressourcen (Arbeitsspeicher, CPU-Zeit und I/O-Operationen) verwendet werden.

Das Accounting-System wurde hauptsächlich entworfen, um die Verwendung der Systemressourcen zwecks Erstellung von Abrechnungen zu überwachen. Die vom Accounting-System erfassten Daten können auch verwendet werden, um einige Faktoren des Systemdurchsatzes und Sicherheitsaspekte zu überwachen (siehe Kapitel 15 und Kapitel 7).

Zwei unterschiedliche Accounting-Systeme sind momentan im Einsatz, die sich aus den traditionellen BSD- und System V-Umgebungen ableiten. Obwohl sie recht unterschiedlich sind, basieren sie doch auf den gleichen Rohdaten. Die von ihnen ausgegebenen Informationen sind einander grundsätzlich ähnlich, auch wenn die Ausgabemethoden und -formate unterschiedlich sind. Natürlich leiden sie beide auch unter ähnlichen Beschränkungen. Beispielsweise kann keines der beiden Systeme ein vernünftiges projektbasiertes Accounting anbieten. Wie bei allen Accounting-Systemen wird auch bei Unix das System ein wenig, aber doch nachweisbar belastet. Bei BSD ist das Accounting auf neuen Systemen direkt aktiviert, kann aber bei Bedarf deaktiviert werden (was wir später in diesem Kapitel noch beschreiben). Bei System V ist das Accounting zu Beginn deaktiviert und muss vom Systemadministrator eingerichtet werden.

Auf vielen Systemen sind die Accounting-Utilities in einem separat installierbaren Modul verpackt, das der Administrator einbinden kann oder auch nicht. Da das Accounting-System auch eine wichtige Komponente der Sicherheitsüberwachung ist, empfehle ich immer, es zu installieren, auch wenn das Accounting selbst gar nicht benötigt wird (es braucht nur wenig Plattenspeicher).

Die Accounting-Fähigkeiten müssen auch im Unix-Kernel vorhanden sein, und viele Systeme bieten die Möglichkeit, dies entsprechend zu konfigurieren (obwohl diese Fähigkeiten in den Standard-Kernels normalerweise vorhanden sind).

Tabelle 17-1 fasst die wichtigsten Komponenten des Accounting-Systems für die von uns betrachteten Unix-Versionen zusammen.

Tabelle 17-1: Komponenten des Accounting-Systems unter Unix

Accounting-Komponente	Speicherort
Variante des Accounting-Systems	**BSD:** FreeBSD, Linux (erweitert); AIX, Tru64 (nur Befehle) **System V:** AIX, HP-UX, Solaris, Tru64
Primäre Accounting-Datendatei (voreingestellter oder üblicher Speicherort)	**AIX:** */var/adm/pacct* **FreeBSD:** */var/account/acct* **HP-UX:** */var/adm/acct/pacct* **Linux:** */var/log/pacct* (Red Hat); */usr/account/pacct* (SuSE) **Solaris:** */var/adm/pacct* **Tru64:** */var/adm/pacct*
Speicherort der Datendatei *wtmp*	**Normalerweise:** */var/adm* **FreeBSD:** */var/log* **Linux:** */var/log* **Solaris:** */var/adm/wtmpx*
Speicherort der Datendatei *utmp*	**Normalerweise:** */etc* **FreeBSD:** */var/run* **Linux:** */var/run* **Solaris:** */var/adm/utmpx* **Tru64:** */var/adm*
Speicherort der Datendatei *lastlog*	**Normalerweise:** */var/log* **AIX:** */etc/security* **HP-UX:** nicht verwendet **Tru64:** */var/adm*
Verzeichnis der zum Accounting gehörenden Utilities	**AIX:** */usr/sbin/acct, /usr/lib/sa* **FreeBSD:** keine **HP-UX:** */usr/sbin/acct* **Linux:** */usr/lib/sa* **Solaris:** */usr/lib/acct* **Tru64:** */usr/sbin/acct*
Das Boot-Skript, das das Accounting startet	**AIX:** Bearbeite */etc/rc* oder anderes Boot-Skript **FreeBSD:** */etc/rc* **HP-UX:** */sbin/init.d/acct* **Linux:** *keins verfügbar* (Red Hat); */etc/init.d/acct* (SuSE) **Solaris:** */etc/init.d/acct* **Tru64:** */sbin/init.d/acct*
Boot-Skript-Konfigurationsdatei (und Eintrag zur Aktivierung des Accountings)	**Normalerweise:** nicht verwendet **FreeBSD:** */etc/defaults/rc.conf* oder */etc/rc.conf* (accounting_enable="YES") **HP-UX:** */etc/rc.config.d/acct* (START_ACCT=1) **Linux:** */etc/rc.config* (SuSE 7) (START_ACCT="yes") **Tru64:** */etc/rc.config* (ACCOUNTING="YES")

Tabelle 17-1: Komponenten des Accounting-Systems unter Unix (Fortsetzung)

Accounting-Komponente	Speicherort
Verfügbares Accounting für Drucker	AIX: */usr/sbin/pac* FreeBSD: */usr/sbin/pac* HP-UX: nicht verfügbar Linux: lprng *accounting.pl* (Red Hat); */usr/sbin/pac* (SuSE) Solaris: nicht verfügbar Tru64: */usr/sbin/pac*

Eine Reihe von Utilities, die im Kontext der Sicherheitsüberwachung besprochen wurden – lastcomm und lastlog (in Kapitel 7) –, sind für die Generierung von Accounting-Berichten ebenfalls nützlich. Details entnehmen Sie dem o.g. Kapitel.

Standard-Accounting-Dateien

Ist das Accounting aktiviert, schreibt der Unix-Kernel bei jedem endenden Prozess einen Datensatz in eine Binärdatei. Diese Dateien werden traditionell im Home-Verzeichnis des Standardbenutzers *adm* (auf neueren Systemen */var/adm*) gespeichert, auch wenn einige aktuelle Systeme diesen Account nicht länger verwenden und die Accounting-Software einfach unter *root* laufen lassen. Aus sentimentalen Gründen verwenden die Beispiele in diesem Kapitel generell */var/adm* als Ablageort für die Accounting-Daten.

Die Datensätze, die von den System V- und BSD-Accounting-Systemen in die Accounting-Datei geschrieben werden, enthalten die gleichen Daten. Die Datensätze unterscheiden sich nur durch die unterschiedliche Anordnung der einzelnen Felder (Details finden Sie in der Datei */usr/include/sys/acct.h*).[1] Die Accounting-Datensätze enthalten für jeden Prozess, der auf dem System läuft, die folgenden Daten:

- Befehlsname (z.B. *grep*).
- Verbrauchte CPU-Zeit (getrennt nach Benutzer- und Systemzeit).
- Die Zeit, die der Prozess zu seiner Abarbeitung benötigt hat.
- Die Zeit, zu der der Prozess gestartet wurde.
- Die assoziierten Benutzer- und Gruppen-IDs.
- Speichernutzung über die gesamte Lebensdauer (BSD: durchschnittliche Nutzung während der Lebensdauer des Prozesses; System V: Gesamtsumme des bei jedem Clock-Tick verwendeten Speichers).
- Zahl der gelesenen und geschriebenen Zeichen.
- Zahl der gelesenen und geschriebenen I/O-Blöcke.
- Initiierender TTY.

---

1 Linux verwendet für die BSD-Version eine etwas andere Variante.

- Mit dem Prozess verbundene Accounting-Flags.
- Exit-Status des Prozesses.

Weitere Accounting-Daten werden in den folgenden Dateien gespeichert:

utmp
> Enthält Daten über alle momentan eingeloggten Benutzer. `login` nimmt für jedes erfolgreiche Login einen Datensatz auf, der beim Logout von `init` gelöscht wird.

wtmp
> Registriert jedes Login und Logout des Systems.

lastlog
> Hält Datum und Uhrzeit des letzten Logins jedes einzelnen Benutzers fest.

Ein undankbarer Job

Es wird Tage geben, an denen dieser alte Spruch über die Systemadministration mehr als tausendprozentig zutreffen wird. An solchen Tagen werden Sie mit den Zynikern unter Ihren Benutzern konfrontiert werden – denjenigen, die *den Preis für alles kennen, aber nicht dessen Wert*. Lassen Sie sich nicht fertig machen. Unterbewertet zu werden ist das berufsbedingte Risiko, das ein Systemadministrator eingeht, aber bei Ihnen muss das nicht der Fall sein. Denken Sie immer daran, dass jeder, der mit dem Unix-Accounting-System (in welcher Variante auch immer) umgehen kann, sein Gewicht in Gold wert ist.

Accounting bei BSD: FreeBSD, Linux und AIX

Die Verwaltung des Accounting bei BSD umfasst verschiedene Aufgaben:

- Aktivierung des Accounting-Systems und dessen automatischen Start während des Bootens.
- Regelmäßige Übernahme der Accounting-Rohdaten in die zusammenfassenden Datendateien.
- Generierung von Accounting-Berichten.

Wie bereits erwähnt, verwendet das Accounting bei BSD einige zusätzliche zusammenfassende Dateien. Diese liegen im gleichen Verzeichnis wie die primäre Accounting-Datei. Diese Dateien speichern verarbeitete, zusammengefasste Versionen der akkumulierten Accounting-Rohdaten. Sie werden vom sa-Befehl gepflegt und sind nützlich, um die Größe der Accounting-Datei auf einem vernünftigen Level zu halten:

savacct
> Die Standard-Accounting-Auswertung

usracct
> Die benutzerbasierte Accounting-Auswertung

Das Accounting aktivieren und deaktivieren

Der Befehl `accton` kontrolliert den aktuellen Status einer BSD-basierten Accounting-Einrichtung. Er aktiviert das Accounting, wenn eine Accounting-Datei als Argument übergeben wird (die Lage im Dateisystem variiert). Ohne Argument deaktiviert der Befehl das Accounting. Sobald der Befehl ausgeführt wurde, werden Accounting-Datensätze automatisch in die Accounting-Datei geschrieben.

Das Einzige, was Sie bei `accton` beachten müssen, ist die Tatsache, dass die angegebene Accounting-Datei bereits existieren muss, weil der Befehl sie nicht anlegt. Dementsprechend werden in den System-Boot-Skripten Befehle wie die folgenden verwendet, um das Accounting-System zu starten:

```
return="done"
echo -n "Starting process accounting: "
test -e /var/account/pacct || touch /var/adm/pacct
/usr/sbin/accton /var/adm/pacct || return="failed"
echo "$return"
```

Die Befehle prüfen zuerst, ob die Datei für die Rohdaten existiert, legen sie bei Bedarf an und aktivieren dann das Accounting über `accton`.

Sobald das Accounting auf FreeBSD- und SuSE Linux-Systemen einmal installiert ist, können Sie es automatisch während des Bootens aktivieren, indem Sie die entsprechende Einstellung (beschrieben in Tabelle 17-1) in der Boot-Skript-Konfigurationsdatei vornehmen.

Die aktuelle Red Hat Linux-Version des Accounting-Pakets enthält kein Boot-Skript. Es ist aber einfach, eines aus einem Boot-Skript-Template zu erzeugen (siehe Kapitel 4), indem man die obigen Befehle als Modell für die *start*-Funktion und den `accton`-Befehl ohne Argumente für die *stop*-Funktion verwendet. Das Skript muss dann in */etc/init.d* platziert und mit einem Link auf das entsprechende *rcn.d*-Verzeichnis versehen werden, um während des Bootens ausgeführt zu werden.

Accounting-Datensätze in die Auswertungsdateien einbinden

Wenn Sie nichts dagegen unternehmen, wächst die Accounting-Datei ins Unendliche. Mit dem sa-Befehl können Sie deren Inhalt verarbeiten und in die Auswertungsdateien einbinden. Wird sa mit der Option -s aufgerufen, verarbeitet der Befehl die rohen Accounting-Daten und platziert komprimierte Zusammenfassungen in den Auswertungsdateien. Hier ein Beispiel seiner Verwendung:

```
# cd /var/adm                         In das Accounting-Verzeichnis wechseln.
# /usr/sbin/accton                    Accounting kurz deaktivieren.
# mv pacct pacct.sav                  Accounting-Datei umbenennen.
# cat /dev/null > pacct               Neue Accounting-Datei erzeugen.
# /usr/sbin/accton pacct              Accounting wieder starten.
# sa -s pacct.sav > /dev/null         Informationen in Auswertungsdatei zusammenfassen.
# rm -f pacct.sav                     Verarbeitete Accounting-Datensätze löschen.
```

Die Accounting-Datei wird vor dem Aufruf von sa umbenannt, damit alle Prozesse während der Verarbeitung weiter aufgezeichnet werden können. Die Ausgabe von sa wird über eine Pipe an */dev/null* weitergeleitet, um die erzeugte Ausgabe zu unterdrücken. Alternativ könnten Sie diese in einer Datei speichern.

Für die Ausführung dieser Befehle könnte ein Skript entwickelt werden, das bei Bedarf vom Systemadministrator oder automatisch mit cron abgearbeitet wird.

Nach einem Absturz

Das Accounting-System wurde so entworfen, dass es das Booten und Herunterfahren eines Systems automatisch handhabt. Es müssen aber spezielle Schritte unternommen werden, wenn das System einmal abstürzt. Damit das Accounting-System die Datensätze der Prozesse akkurat aufzeichnet, die während des Absturzes liefen, muss der Systemadministrator ausstehende Accounting-Datensätze von Hand abschließen. Diese Datensätze müssen gespeichert werden, *bevor* das Accounting gestartet wird. Wird das Accounting beim Booten automatisch gestartet (was üblicherweise der Fall ist), dann muss das geschehen, bevor das Accounting-Startskript ausgeführt wird. Die einfachste Lösung ist, nach einem Absturz in den Einzelbenutzer-Modus zu booten.

Sie können die Accounting-Datei sichern, indem Sie sie mit einem mv-Befehl wie dem folgenden umbenennen:

```
# mv /var/adm/acct /var/adm/acct.sav
# touch /var/adm/acct
```

Der zweite Befehl erzeugt eine neue Accounting-Datei, in die neue Datensätze eingetragen werden können, sobald das Accounting in */etc/rc* gestartet wird.

An diesem Punkt kann das System in den Mehrbenutzer-Modus gebootet werden. Sobald die Boot-Phase abgeschlossen ist, können Sie die offenen Accounting-Datensätze mit den folgenden Befehlen abschließen:

```
# sa -s /var/adm/acct.sav >/dev/null
# rm -f /var/adm/acct.sav
```

Diese Befehle aktualisieren die Auswertungsdateien und löschen dann die gesicherte Accounting-Datei.

Befehlsbasierte Auswertung der Verwendung von Ressourcen: sa

Das Utility sa erzeugt Auswertungen der Systemverwendung, die auf den ausgeführten Befehlen (»Images«) basieren. In den meisten Fällen werden seine Statistiken nach Befehlsnamen organisiert und präsentiert, nicht nach Benutzer oder Projekt. sa beschafft sich seine Daten aus der Accounting-Datei und der Auswertungsdatei (*savacct*). Werden keine Argumente übergeben, erzeugt sa einen Bericht wie den folgenden (Ausgabe gekürzt):

```
# sa
 11238    412355.91re   5017.62cp    14avio   148k  login
  4299      1782.32re   1000.28cp   122avio    73k  ld
 12648      1335.62re    639.28cp    12avio    26k  as
  6489      1121.66re    541.82cp    50avio    10k  makemake.c
```

```
    4            627.93re    258.43cp      3avio    0k  splice
  225           6623.90re    248.56cp   2545avio    8k  find
```

Bei dieser Ausgabe im Standardformat erscheint der Befehlsname in der letzten (äußersten) Spalte. Die numerischen Felder der sa-Ausgabe werden über ihre Suffixe identifiziert und haben die folgenden Bedeutungen:

Keine
: Anzahl der Aufrufe

cp, cpu
: CPU-Zeit in Minuten (System + Benutzer)

re
: Verstrichene Zeit in Minuten

avio
: Durchschnittliche Anzahl von I/O-Operationen je Ausführung

k
: Durchschnittliche Speicherauslastung während der Ausführung in Kilobyte (über die CPU-Zeit)

*k*sec*
: Gesamtmenge an Arbeitsspeicher in KB/Sekunde

tio
: Gesamtzahl der I/O-Operationen für alle Starts

s
: System-CPU-Zeit in Minuten

u
: Benutzer-CPU-Zeit in Minuten

Nicht in jedem Bericht tauchen alle Daten auf. Die ersten fünf Punkte erscheinen bei der Ausgabe im Standardformat. Die anderen Punkte erscheinen bei verschiedenen Optionen.

Die Ausgabe von sa kann auf unterschiedliche Weise sortiert werden, je nachdem, welche der folgenden Optionen Sie verwenden:

-b Durchschnittliche CPU-Gesamtzeit je Ausführung

-d Durchschnittliche Anzahl von Festplatten-I/O-Operationen

-D Gesamtzahl der Festplatten-I/O-Operationen

-k Durchschnittliche Speichernutzung über die CPU-Zeit

-K CPU/Speicher-Integral

-n Anzahl der Aufrufe

-r Umgekehrte Sortierreihenfolge

Die Option -D erzeugt einen Bericht, der die Gesamt-I/O enthält, die der Befehl verwendet hat. Die Zeilen sind nach dieser Gesamtgröße sortiert:

```
# sa -D
  225           6623.90re    248.56cp   572608tio    8k  find
 4299           1782.32re   1000.28cp   522580tio   73k  ld
```

```
9205     58785.98re   188.08cp  497421tio   9k  makenv
  56      9610.25re    80.79cp  495507tio  18k  buildsystem
  20        50.27re    14.79cp  369163tio  11k  ncheck
```

Nachfolgend die Ausgabe der Option -b, die nach der durchschnittlichen CPU-Zeit sortiert ist:

```
# sa -b -r
 3      3843.47re     7.91cp  47323avio    1k  update*
 2         8.75re     7.39cp   1055avio    2k  code
11       294.67re    50.19cp   5961avio   14k  fsck
 4      6680.53re   162.02cp     26avio   20k  timed*
 4       627.93re   258.43cp      3avio    0k  splice
```

Zudem können Sie die Option -r verwenden, um die Reihenfolge der Sortierung umzukehren.

Die Option -m erzeugt für jeden Benutzer eine Liste mit der Gesamtzahl von Prozessen und der damit verbundenen CPU-Zeit:

```
# sa -m
root    247648  19318.90cpu  7698005tio  3793802k*sec
chavez       2      3.67cpu        0tio  1013391k*sec
harvey       4      7.33cpu        0tio  2024939k*sec
daemon    7799   2742.86cpu  1616886tio   488234k*sec
wang         6   2956.44cpu  1067648tio   406004k*sec
```

Verwenden Sie die Option -u, um alle Datensätze in einem benutzerbasierten Format auszugeben.

Die Option -l kann verwendet werden, um die Benutzer- und Systemzeit in der sa-Ausgabe zu trennen:

```
# sa -l
11238   412355.91re  4691.13u  326.49s  14avio  148k  ccom7
 4299     1782.32re   861.52u  138.76s  122avio  73k  ld
12648     1335.62re   567.13u   72.15s  12avio   26k  as
    4      627.93re   252.13u    6.30s   3avio    0k  splice
```

Verwenden Sie -c, um Zeitangaben in Prozent statt Rohwerten erscheinen zu lassen.

Sie können die sa-Ausgabe auf die am häufigsten ausgeführten Befehle beschränken, indem Sie die Optionen -v und -f verwenden. Beispielsweise enthält der Bericht des folgenden sa-Befehls nur die Befehle, die mehr als 100-mal aufgerufen wurden:

```
# sa -f -v 100
```

Mit den Optionen -S und -U können alternative Auswertungsdateien angegeben werden, wobei -S eine Alternative für *savacct* und -U eine Alternative für *usracct* angibt. Beiden sollte ein Pfadname folgen. sa-Berichte können mit der Option -i auf die Accounting-Datei mit den Rohdaten beschränkt werden.

Die Linux-Version von sa verfügt über einige zusätzliche Optionen. Die nützlichste davon bietet eine zusätzliche Sortiermöglichkeit: --sort-real-time. Sie sortiert die Datensätze basierend auf der verstrichenen Zeit.

Berichte über Verbindungszeiten: ac

Das Utility ac liefert Berichte über die Verbindungszeiten der Benutzer. Es bekommt seine Daten aus der *wtmp*-Datei, die Datensätze über Benutzer-Logins und -Logouts enthält. Ohne weitere Optionen gibt ac die Gesamtverbindungszeit (in Stunden) aller Benutzer über den Zeitraum aus, für den die Datei *wtmp* gültig ist:

```
# ac
        total  5501.06
```

Dem Befehl können auch ein oder mehrere Benutzernamen folgen. In diesem Fall wird der Gesamtwert gemäß dieser Angabe ausgegeben:

```
# ac chavez wang fine
        total  1588.65
```

Mit der Option -p können Sie die Verbindungszeit je Benutzer ausgeben:

```
# ac -p
        ng        30.61
        chavez   685.25
        harvey     0.04
        wang     170.77
        sysadmin  44.84
        fine     732.78
```

Sie können bei -p auch Benutzernamen um die Ausgabe von ac einzuschränken:

```
# ac -p chavez wang fine
        chavez   685.25
        wang     170.77
        fine     732.78
        total   1588.79
```

Die Option -d gibt die Verbindungszeit aller angegebenen Benutzer nach Tagen sortiert aus (per Voreinstellung alle Benutzer):

```
# ac -d
Sep  1  total    77.32
Sep  2  total   228.78
Sep  3  total   260.82
# ac -d chavez wang fine
Sep  1  total    11.83
Sep  2  total    20.36
Sep  3  total    41.00
```

Die gemeinsame Verwendung von -d und -p erzeugt eine Zusammenfassung der Login-Aktivitäten, sortiert nach Benutzer und Datum. Aus der Sicht des Accountings ist dies der vielleicht einzige nützliche Modus:

```
# ac -d -p chavez wang
        chavez    16.07
        wang       4.55
Sep  1  total     20.62
        chavez    15.87
        wang      20.15
```

```
        Sep  2    total     36.01
                  chavez    22.82
                  wang      17.68
        Sep  3    total     40.50
```

`ac -d -p` würde eine ähnliche Liste für alle Benutzer erzeugen.

Die Verbindungszeit eines einzelnen Benutzers kann die 24 Stunden eines Tages überschreiten. Der Grund dafür ist einfach der, dass er sich über mehrere Fenster, Terminal-Sessions usw. mehr als einmal einloggen kann. Da solche Praktiken allgegenwärtig sind, ist das Accounting der Verbindungszeit mehr oder weniger nutzlos.

Die Linux-Version von ac versucht bei der Rekonstruktion der Verbindungszeiten etwas vorsichtiger zu sein, wenn unvollständige oder fehlerhafte Rohdaten vorhanden sind (etwa nach einem Systemabsturz). Es kennt aber die Option `--compatibility`, die einen wieder zum gewohnt dubiosen Verhalten zurückbringt.

Accounting auf System V: AIX, HP-UX und Solaris

Das Accounting bei System V ist wesentlich ausgeklügelter als bei BSD. Es wird von AIX-, HP-UX- und Solaris-Systemen verwendet.

Die Einrichtung ist ein komplexes System von Befehlen, Shell-Skripten und C-Programmen, die sich gegenseitig in langen Sequenzen aufrufen, vollautomatisch ablaufen und nur wenige oder gar keine Eingriffe verlangen. In der Realität handelt es sich um ein Design, das nur ein eingeschworener Fan lieben könnte (um fair zu bleiben, muss man aber erwähnen, dass es seine Arbeit bei stabilen Systemen erledigt). Ältere Versionen der Manpages versichern einem einerseits, wie robust, zuverlässig und problemlos das System ist, und beschreiben andererseits verschlungene Prozeduren, mit denen beschädigte Accounting-Dateien wieder hergestellt werden können. Ein Großteil dieser Beschreibungen ist mittlerweile aus den Manpages verschwunden, aber seien Sie trotzdem vorgewarnt.

Die wichtigste Accounting-Datei heißt *pacct* und ist üblicherweise in */var/adm* zu finden. Weitere vom System verwendete Schlüssel-Verzeichnisse sind unter */var/adm/acct* zu finden:

fiscal
: Berichte nach »Fiskalperiode« (normalerweise monatlich). Ältere binäre Fiskal-Auswertungsdateien.

nite
: Tägliche binäre Auswertungsdatei, täglich verarbeitete Accounting-Datensätze, rohe Festplatten-Accounting-Datensätze, Status-, Fehler- und Lock-Dateien.

sum
: Tägliche und aktuelle fiskalperiodische Gesamtauswertungsdateien und tägliche Berichte.

Bei AIX müssen diese Unterverzeichnisse von Hand angelegt werden:

```
# cd /var/adm/acct
# mkdir -m 755 fiscal nite sum
# chown adm.adm fiscal nite sum
```

Neben den bereits erwähnten *wtmp*- und *pacct*-Dateien gibt es noch andere Dateien mit Rohdaten, die von diesem Accounting-System generiert werden:

/var/adm/acct/nite/diskacct
Rohdaten der Festplattennutzung.

/var/adm/fee
Vom Administrator mit `chargefee` zusätzlich eingegebene Berechnungsdatensätze. `chargefee` ermöglicht es dem Administrator, Berechnungssätze für spezielle Dienste einzustellen, die vom Accounting-System nicht behandelt werden. Diese Berechnungen fließen dann automatisch in das Accounting-System ein. Als Argumente werden der Benutzername und die für diesen Benutzer zu berechnenden Einheiten angegeben. Zum Beispiel berechnet der folgende Befehl der Benutzerin *chavez* 10 Einheiten:

```
# chargefee chavez 10
```

Abbildung 17-1 verdeutlicht den generellen Datenfluss im Accounting-System von System V, beginnend mit den Dateien der Rohdaten, die bereits erläutert wurden. Befehle und das Betriebssystem tragen Daten in diese Rohdatendateien ein, die dann von einer Reihe spezieller Utilities verarbeitet werden. Nach der Erzeugung verschiedener binärer Zwischenauswertungsdateien durch diese Utilities mündet der Vorgang schließlich in einen Bericht im ASCII-Format, der für den Systemadministrator geeignet ist. Die gesamte Verarbeitung wird automatisch von `cron` übernommen, sobald das Accounting einmal eingerichtet ist.

Bei Tru64 sind die Dateien und Unterverzeichnisse in */var/adm* kontextabhängige symbolische Links (siehe »Dateien« in Kapitel 2). Denken Sie daran, wenn Sie Komponenten des Accounting-Systems erzeugen oder neu anlegen müssen.

Das Accounting einrichten

Zwar ist das Accounting auf System V per Voreinstellung nicht direkt aktiviert, es ist aber zu einem großen Teil bereits eingerichtet. Die folgenden Schritte sind notwendig, um das Accounting zu aktivieren:

- Stellen Sie sicher, dass während des Bootens ein Skript das Accounting-System startet. Auf HP-UX und Solaris müssen Sie sicherstellen, dass das Skript *init.d/acct* im entsprechenden *rcn.d*- oder */etc/rc3.d*-Unterverzeichnis einen Link aufweist. Auf AIX müssen Sie einen Befehl wie den folgenden in eines der System-Startup-Skripten eintragen (dieser Befehl wird auch auf den anderen Systemen aufgerufen):

    ```
    /bin/su - adm -c /usr/sbin/acct/startup
    ```

    Das startup-Skript ruft den `accton`-Befehl auf, um das Accounting zu beginnen.

    Der folgende Befehl fährt das Accounting wieder herunter:

    ```
    /usr/lib/acct/shutacct
    ```

    Bei AIX ist dieser Befehl standardmäßig in */etc/shutdown* enthalten.

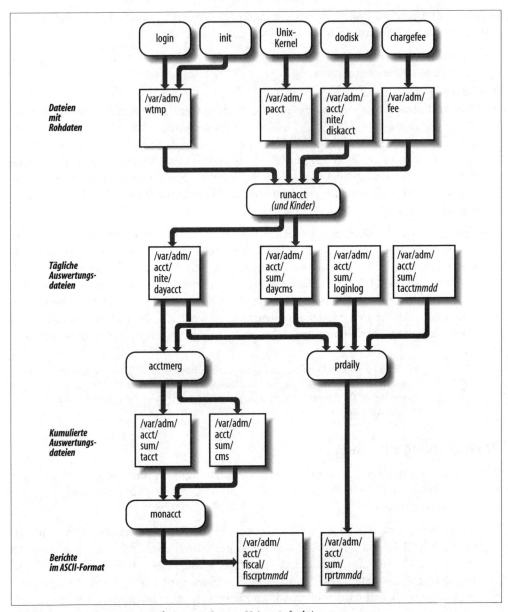

Abbildung 17-1: Accounting nach Art von System V (vereinfacht)

- cron-Einträge für die verschiedenen Accounting-Utilities hinzufügen. Binden Sie die folgenden Einträge (oder einen Teil davon) in die *crontab*-Datei für den Benutzer *adm* ein:

```
# Kontrolliere Größe der Accounting-Datei (täglich 15:30)
30 3 * * *      /usr/sbin/acct/ckpacct
# Accounting-Rohdaten verarbeiten (täglich 16:30)
```

```
30 4    *  *  *   /usr/sbin/acct/runacct 2>
                      /var/adm/acct/nite/fd2log
# Generiere monatlichen Bericht (17:30 am Monatsersten)
30 5    1  *  *   /usr/sbin/acct/monacct
```

Beachten Sie, dass der zweite Eintrag umbrochen wurde, um auf die Seite zu passen.

Ähnliche Einträge können auf Ihrem System in aktiver oder auskommentierter Form vorhanden sein. Beachten Sie, dass bei Solaris das Verzeichnis */usr/lib/acct* für die Accounting-Utilities verwendet wird.

- Binden Sie einen Eintrag wie den folgenden in die Datei *crontab* für *root* ein:
  ```
  # Rohdaten der Plattennutzung erzeugen (22:30 an Samstagen und am 29.)
  30 22 29  *  7   /usr/sbin/acct/dodisk
  ```

- Bearbeiten Sie die */etc/acct/holidays*-Datei so, dass die Hauptarbeitszeiten (prime) und die Urlaubstage (holidays) – alle Tage, die keine Hauptarbeitszeiten sind – korrekt wiedergegeben werden. Hier ein Beispiel für eine solche Datei:
  ```
  * Prime/Nonprime Table for Accounting System
  *
  * Curr  Prime    Non-Prime
  * Year  Start    Start
   2001   0900     2100
  *
  * Day of  Calendar   Holiday
  * Year    Date
      1     Jan 1      New Year's Day
     15     Jan 15     Martin Luther King Day
    149     May 29     Memorial Day
  ...
  ```

  Der erste Teil besteht aus einer einzigen Zeile (Kommentare beginnen mit einem Sternchen), die das aktuelle Jahr, den Zeitpunkt, zu dem die Hauptarbeitszeit beginnt, und den Zeitpunkt, zu dem sie endet, enthält. Der zweite Teil enthält die Urlaubstage, die vom System erkannt werden. Die Felder aller Zeilen enthalten den Tag des Jahres in numerischer Form (Julianisches Datum), dem der Einfachheit halber ein lesbares Datum und eine Beschreibung folgen. Das Accounting-System verwendet nur das erste Feld.

- Bei AIX müssen Sie mit dem Befehl chfs das Accounting für jedes Dateisystem aktivieren, von dem Sie Festplatten-Accounting-Daten sammeln möchten:
  ```
  # chfs -a accounting=true /chem
  ```
  Der entsprechende Eintrag in */etc/filesystems* sieht etwa wie folgt aus:
  ```
  /chem:
      dev=  /dev/us00
      vfs=  jfs
      log=  /dev/logus00
      mount= true
      check= true
      options= rw
      account= true      Accounting ist aktiv.
  ```

Sobald diese Schritte erledigt sind, wird das Accounting beim nächsten Booten aktiv. Wenn Sie wollen, können Sie es auch manuell starten:

```
# /bin/su - adm -c /usr/sbin/acct/startup
```

Bei Solaris liegt das Startup-Skript in */usr/lib/acct*.

Accounting-Berichte

Tägliche Accounting-Berichte werden im Unterverzeichnis *sum* gespeichert. Die Namen dieser Dateien haben die Form *rprtmmdd*, wobei *mm* und *dd* für den Monat und den Tag stehen. Jede Berichtsdatei besteht aus fünf unterschiedlichen Berichten zu den folgenden Bereichen:

- Nutzung nach Benutzer
- Letztes Login-Datum jedes Benutzers
- Die am vorigen Tag und im vorigen Monat verwendeten Befehle
- (Pseudo-)Terminalaktivitäten

Hier ein Beispiel eines täglichen, nach Benutzerverwendung sortierten Berichts. Aus Sicht des Accountings ist dies der nützlichste Teil des täglichen Berichts:

```
March  7 10:43 2001   DAILY USAGE REPORT FOR hamlet                              Page 1

      LOGIN  CPU (MINS)   KCORE-MINS    CONNECT(MINS)  DISK    # OF   # OF    # DISK    FEE
UID   NAME   PRIME NPRIME PRIME NPRIME  PRIME NPRIME   BLOCKS  PROCS  SESS    SAMPLES
0     TOTAL  40    101    9     34      393   124      0       1186   19      0         0
0     root   5     10     2     11      102   12       0       1129   10      0         0
473   wang   35    91     7     23      291   112      0       57     9       0         0
```

Die während und außerhalb der Hauptarbeitszeit verwendeten Ressourcen (definiert in der *holidays*-Datei) werden vom Accounting-System getrennt ausgegeben (um unterschiedliche Abrechnungsarten zu erlauben).

Die erste Zeile des Berichts enthält Angaben über die Gesamtnutzung des Systems. Darauf folgt für jede UID eine weitere Zeile. Die Felder haben die folgende Bedeutung:

UID
UID des Benutzers.

LOGIN NAME
Benutzername.

CPU (MINS)
Gesamte CPU-Zeit aller Prozesse des Benutzers in Minuten.

KCORE-MINS
Gesamtgröße des Speichers, der von den laufenden Prozessen verwendet wurde (in KByte/Minute). Grundsätzlich ist dieses Feld eine Funktion des Produkts des genutzten Speichers mal der Dauer der Nutzung, summiert über alle Prozesse des Benutzers. Der Wert ist ein Indikator dafür, wie viel Speicher die Prozesse des Benutzers verbraucht haben, er ist aber kein exaktes Maß für die tatsächliche Speicherverwendung.

CONNECT (MINS)
: Gesamtverbindungszeit (wie lange der Benutzer eingeloggt war).

DISK BLOCKS
: Durchschnittliche Verwendung von Gesamtplattenspeicher durch den Benutzer.

OF PROCS
: Gesamtzahl der diesem Benutzer gehörenden Prozesse.

OF SESS
: Anzahl der unterschiedlichen Login-Sessions.

DISK SAMPLES
: Gibt an, wie oft dodisk während der Accounting-Periode ausgeführt wurde. Stellt ein Maß dafür dar, über wie viele Werte das Feld *DISK BLOCKS* gemittelt wurde. Wurde dodisk nicht ausgeführt, enthalten dieses Feld und *DISK BLOCKS* den Wert 0.

FEE
: Mit chargefee eingegebene Gebühren.

Die Berichte zur täglichen und monatlichen Verwendung von Befehlen, die in der gleichen Berichtsdatei enthalten sind, geben die Nutzung der Systemressourcen, sortiert nach Befehlsnamen, an. Angegeben wird, wie oft jeder Befehl ausgeführt wurde, die gesamte CPU-Zeit, die Speichernutzung und die verbrauchten I/O-Transaktionen. Der Bericht zur Terminalaktivität gibt an, wie lange eine Terminalleitung während der Accounting-Periode verwendet wurde (in Prozent), die gesamte Verbindungszeit und die Anzahl verschiedener Login-Sessions. Der Bericht zum letzten Login gibt an, wann das letzte Login jeder in der Passwortdatei definierten UID erfolgte.

Die monatlichen Accounting-Berichte werden in Dateien gespeichert, deren Namen die Form *fiscrptmm* haben, wobei *mm* für den jeweiligen Monat steht. Die Berichte selbst sind den gerade beschriebenen täglichen Berichten sehr ähnlich.

Projektbasiertes Accounting bei Solaris

Solaris verfügt über ein *erweitertes Accounting*, mit dessen Hilfe die Nutzung von Ressourcen nach Projekt festgehalten werden kann. Diese Einrichtung ist völlig unabhängig vom normalen System V-Accounting, das Solaris ebenfalls bereitstellt.

Projekte werden in der Konfigurationsdatei */etc/project* definiert. Solaris stellt verschiedene Utilities zur Verfügung, mit deren Hilfe Projekte definiert und Benutzer sowie Gruppen zugewiesen werden können (was die folgenden Beispiele noch zeigen werden).

Der folgende Befehl erzeugt ein neues Projekt namens *animate* und weist ihm die Projekt-ID 105 zu. Gleichzeitig werden diesem Projekt die Benutzerin *chavez* sowie die Gruppen *grarts* und *design* zugeordnet:

```
# projadd -c "Animation Project" -U chavez -G grarts,design -p 105 animate
```

In ähnlicher Weise legt der folgende Befehl das Projekt *cad* an, weist aber keine Mitglieder zu und überlässt es dem System, die höchste Projekt-ID zuzuweisen:

```
# projadd cad
```

Die folgenden Befehle ersetzen die Benutzerliste des *animate*-Projekts und benennen das *cad*-Projekt in *cae* um:

```
# projmod -U chavez,wong animate
# projmod -l cae cad
```

Der folgende Befehl löscht das Projekt *y2k*:

```
# projdel y2k
```

Hier die Einträge aus */etc/project*, die zu den beiden von uns gerade angelegten Projekten gehören:

```
animate:105:Animation Project:chavez,wong:grarts,design:
cad:110::::
```

Der Inhalt der einzelnen Felder ist offensichtlich, die Ausnahme bildet das letzte Feld, mit dessen Hilfe Sie projektspezifische Attribute festlegen können.

Der Befehl projects führt die Projekte auf, denen der aktuelle bzw. der angegebene Benutzer angehört:

```
# projects chavez
default chemdev animate
```

Die Option -v führt Projektbeschreibungen und deren Namen auf.

Beim Login wird der Benutzer im *default*-Projekt oder, wenn es kein *default*-Projekt gibt, im ersten Projekt, dem er angehört, platziert. Der Benutzer kann das aktuelle Projekt bestimmen, indem er den Befehl newtask ausführt:

```
$ newtask -p animate
```

Der Befehl erlaubt optional auch die Übergabe eines Befehls im letzten Argument, was es dem Benutzer ermöglicht, einen einzelnen Befehl für ein anderes Projekt auszuführen. Der Befehl unterstützt auch eine -F-Option zum Start eines *finalized*-Tasks, von dem kein weiterer Task gestartet werden kann.

Die Neues-Projekt-Option (-p) ist nicht notwendig. Fehlt sie, wird eine neue Aufgabe (ein neuer Task) im aktuellen Projekt gestartet. Erweiterte Accounting-Daten können auf Task- und/oder Prozessbasis gesammelt werden. Der newtask-Befehl wird verwendet, um Aufgaben zu trennen, wenn Ersteres gewünscht wird.

Sie aktivieren die Erfassung zusätzlicher Accounting-Daten (nach Projekt oder Tasks) mit dem acctadm-Befehl:

```
# acctadm -e extended,host,mstate -f /var/adm/exact/task task
# acctadm -e extended,host,mstate -f /var/adm/exact/pacct process
```

Diese beiden Befehle aktivieren Task-basiertes (d.h. basierend auf Aufrufen von newtask) und prozessbasiertes Accounting (der Typ wird durch das letzte Schlüsselwort festgelegt). Die Option -e gibt die zu sammelnden Daten an (wir sammeln hier alles) und die Option -f gibt den Pfad an, in den die Accounting-Rohdaten geschrieben werden sollen.

Ohne Optionen gibt der acctadm-Befehl den aktuellen Zustand des erweiterten Accountings aus:

```
# acctadm
              Task accounting: active
         Task accounting file: /var/adm/exacct/task
       Tracked task resources: extended,host,mstate
     Untracked task resources: none
           Process accounting: active
      Process accounting file: /var/adm/exacct/pacct
    Tracked process resources: extended,host,mstate
  Untracked process resources: none
```

Sie müssen eigene Methoden und Tools zur Verfügung stellen, um die Accounting-Rohdaten zu verwalten und die darin enthaltenen Datensätze zu verarbeiten.

Das upacct-Paket

Das upacct-Paket wurde von D. J. Nixon entwickelt und ist kostenlos verfügbar. Es bietet die Möglichkeit, System V–basierte Accounting-Daten von mehreren Hosts in einer einzigen Quelle zusammenzufassen. Zu diesem Zweck stellt es eine Vielzahl von Befehlen und Skripten zur Verfügung. Einige wollen wir uns hier ansehen.

Der Befehl upacct wird genutzt, um hostbasierte Accounting-Auswertungsdateien zu erzeugen und mehrere dieser Dateien zusammenzufassen. So erzeugt der folgende Befehl zum Beispiel eine hostbasierte Datendatei aus der Standard-Accounting-Datei:

```
# upacct cmds.hamlet -p /var/adm/pact
```

Der Befehl erzeugt die Datei *cmds.hamlet* im aktuellen Verzeichnis.

Der folgende Befehl fasst mehrere hostbasierte Datendateien in der Datei *cmds.0* zusammen:

```
# upacct cmds.0 cmds.hamlet cmds.dalton cmds.garden
```

Das erste Argument legt die Ausgabedatei fest. Zusätzliche Dateinamen verweisen auf die einzubindenden Dateien und die Option -p gibt weitere Dateien mit Accounting-Rohdaten an, die mit berücksichtigt werden sollen.

Für gewöhnlich haben hostbasierte Datendateien Namen der Form *cmds.nnnn*, wobei die Erweiterung eine vierstellige Zahl ist. Sie können allerdings beliebige Namen verwenden, solange Sie die Shell-Skripten des Pakets entsprechend anpassen.

Das Paket enthält zwei Shell-Skripten, die sich für Berichte zu den gesammelten Daten eignen: *ucomm.sh* und *wcomm.sh*. Bei beiden muss vor der ersten Verwendung der Pfad auf die hostbasierten Datendateien (und eventuelle Änderungen an der üblichen Namenskonvention) angepasst werden. Hier ein Beispiel für die Ausführung des *ucomm.sh*-Skripts, das den Namen des Benutzers als Argument verlangt, dessen Daten ausgegeben werden sollen:

```
# ucomm.sh chavez
 l510.exe   --    176.45 secs    aurora   Tue May 15 15:18:50 2001
     tail   --    270.12 secs    hamlet   Tue May 15 15:11:34 2001
      top   --     11.14 secs    garden   Tue May 15 15:11:21 2001
```

Die Felder der Ausgabe enthalten den Dateinamen, Accounting-Flags, die CPU-Zeit (in Sekunden), den Host und die Startzeit des Befehls. Mit dieser Art von Daten ist es sehr einfach, benutzer- oder systembasierte Nutzungsberichte zu erzeugen. Ein Beispiel für ein solches Skript haben wir in Kapitel 14 kennen gelernt.

Das *wcomm.sh*-Skript ist recht ähnlich, verlangt aber einen Befehlsnamen als Argument und gibt den Benutzernamen in der ersten Spalte aus.

Accounting von Druckern

Unix-Systeme, die über ein BSD/lpd-ähnliches Spooling-Subsystem verfügen, erlauben mit pac auch das Accounting von Druckern. Das Accounting eines Druckers wird im *af*-Feld des */etc/printcap*-Eintrags aktiviert. Beispielsweise legt der folgende Eintrag */var/adm/ps1_acct* als Accounting-Datei für diesen Drucker fest:

```
laser|postscript|ps1:\
    :lp=/dev/lp:sd=/var/spool/ps1:if=/usr/local/sbin/filt:\
    :mx#0:af=/var/adm/ps1_acct:pw#132:pl#66:pc#100:\
    ...
```

Bei Text-Druckern werden die Felder *pw* und *pl* (Seitenbreite und -länge in Zeichen bzw. Zeilen) zur Generierung der Accounting-Daten verwendet. Bei anderen Druckertypen ist ein komplexerer Ansatz notwendig.

Bei AIX wird diese Fähigkeit durch das Einbinden des Schlüsselworts *acctfile* in die Queue-Definition in */etc/qconfig* aktiviert:

```
laser:
    device = dlas1,dlas2
    header = group
    trailer = never
    acctfile = /var/adm/qacct
    ...
```

Diese Zeile kann mit einem Texteditor, mit chque oder mit SMIT eingebunden werden. In allen drei Fällen sollte die Queue aber zuerst angehalten (z.B. mit enq -D) und nach der Neukonfiguration neu gestartet werden (weitere Informationen finden Sie in Kapitel 13).

Allein die Definition des entsprechenden Feldes in der Accounting-Datei sorgt noch lange nicht dafür, dass auch Accounting-Records erzeugt werden. Die Einrichtung verlangt, dass das Accounting auch von dem/den Filter(n) unterstützt wird, die die einzelnen Druckaufträge verarbeiten. Es gibt eine ganze Reihe von Filtern, die diese Funktionalität unterstützen. Weitere Informationen über Filter finden Sie in Kapitel 13. Das Accounting bei Druckern sowie Techniken zur Generierung der notwendigen Daten für moderne Drucker werden detailliert in *Network Printing* von Todd Radermacher und Matthew Gast (O'Reilly & Associates) beschrieben.

Per Voreinstellung gibt pac die Gesamtverwendung des aktuellen Druckers (festgelegt über die Umgebungsvariable oder den Standard-Systemdrucker) für jeden Benutzer und jeden Host über die gesamte Lebensdauer der Drucker-Accounting-Dateien aus. Die verwendeten Einheiten sind Seiten bei Druckern und Fuß bei Plottern sowie ähnlichen Rastereinheiten. Sie können alle hostspezifischen Einträge jedes einzelnen Benutzers zusammenfassen, indem Sie -m verwenden, weil es Sie wohl selten kümmert, von wo die Druckjobs gespoolt wurden.

Mit der Option -p können Sie angeben, welcher Preis pro Seite anzusetzen ist (voreingestellt sind 2 Cent, was selbst Mitte der Siebziger recht billig war). Als Einheiten werden fortlaufende Seiten bzw. Fuß verwendet. Auf Systemen, die mit der *printcap*-Datei arbeiten, kann der *pc*-Eintrag für den gleichen Zweck verwendet werden (mit Einheiten zu 0,01 Cents). Der printcap-Beispieleintrag zu Beginn dieses Abschnitts würde also einen Seitenpreis von 10 Cent festlegen.

Der folgende Befehl würde beispielsweise einen Bericht über die Verwendung des Druckers *listings* erstellen, der einen Eintrag pro Benutzer und einen Betrag von 12 Cent pro Seite festsetzt (der Drucker wird wie üblich mit der Option -P angegeben):

```
# pac -m -p0.12 -Plistings
    Login          pages/feet      runs         price
   chavez              132.00        50     USD 15.84
   silk                114.00         9     USD 13.68
   harvey               16.00         2     USD  1.92
   ...
   total              5361.00       378     USD 643.32
```

Ein Gesamtwert für alle Benutzer erscheint am Ende des Berichts. pac ist bei seiner Syntax sehr streng und verlangt, dass Optionen unmittelbar auf den Optionsbuchstaben folgen. Auch dürfen mehrere Optionen nicht hinter einem Minuszeichen zusammengefasst werden.

Sie können den Bericht auf bestimmte Benutzer beschränken, indem Sie einen oder mehrere Benutzernamen an das Ende der pac-Kommandozeile anhängen. Weitere berichtsorientierte pac-Optionen sind -c, mit der die Ausgabe nach Kosten sortiert wird, und -r, mit der die Sortierreihenfolge in allen Modi umgekehrt wird. Der Befehl besitzt auch eine -s-Option, die eine Auswertungsdatei aus den Rohdaten erzeugt. Die Auswertungsdatei verwendet den Namen der Rohdatendatei, fügt ihm aber *_sum* hinzu.

Wenn Sie Accounting-Berichte wünschen, die nach Datum sortiert sind, müssen Sie diese selbst erzeugen. Zum Beispiel erzeugt das folgende Skript einen Account-Bericht für die aktuelle Woche (es wurde entworfen, um mit cron ausgeführt zu werden):

```
#!/bin/sh
# pracct - Drucker-Accounting-Bericht ausgeben
cd /var/adm
while [ $# -gt 0 ]; do
    file="$1.`date +%m-%d-%y`"
    echo "Printing Usage Report for Printer $1" > $file
    echo "Covering the week ending `date +%m-%d-%y`" >> $file
    /usr/sbin/pac -m -p0.12 -P$1 >> $file
    if [ -s $1_lastweek ]; then
        mv -f $1_lastweek $1_prevweek
    fi
    /usr/sbin/pac -s
    mv $1_sum $1_lastweek
done
```

Das Skript sichert die Ausgabe von pac in einer Datei mit dem Namen des Druckers und einem angehängten Datum, nachdem es zwei Header-Zeilen in diese Datei geschrieben hat. Es generiert dann eine (kleinere) Auswertungsdatei aus der aktuellen Accounting-Datei (die den Namen des Druckers tragen muss). Die Datei wird umbenannt, damit die Daten in weiteren pac-Ausgaben nicht auftauchen (ist eine Datei vorhanden, werden die Daten der Auswertungsdatei eingefügt). Das Skript sichert die Auswertungsdateien der letzten beiden Wochen, indem es die Datei der letzten Woche umbenennt (falls eine existiert), bevor es die Auswertungsdatei für diese Woche erstellt.

Drucker-Accounting unter LPRng

LPRng verwendet das gleiche Feld zur Festlegung der Accounting-Datei wie das LPD-System: *af*. Darüber hinaus kennt es einige zusätzliche Flags:

- Die Flags *la* (lokales Accounting) und *ar* (entferntes Accounting). Ersteres ist standardmäßig aktiv.
- Die Felder *as* und *ae* legen ein Skript fest, das jeweils zu Beginn und am Ende eines Druckjobs ausgeführt werden soll. Diese Felder werden normalerweise eingesetzt, um den Seitenzähler am Anfang und am Ende des Druckjobs sowie weitere grundlegende Informationen zum Druckjob festzuhalten. Das LPRng-Paket stellt das Perl-Skript *accounting.pl* als Beispiel zur Verfügung.

Typische Accounting-Datensätze dieses Beispielprogramms sehen wie folgt aus:

```
start -p100 -Fo -kjob ...      Start eines Druck-Auftrags (-Fo); Zähler bei 100.
start -p100 -Ff -kjob ...      Start der ersten Druckdatei (-Ff).
end -p10 -q 110 -Ff -kjob ...  Ende der ersten Datei (10 Seiten).
start -p110 -Ff -kjob ...      Start der zweiten Druckdatei.
end -p5 -q115 -Ff -kjob ...    Ende des zweiten Jobs (5 Seiten).
end -p115 -Fo -kjob ...        Ende des Druck-Auftrags; Zähler bei 115.
```

Jede Zeile enthält den aktuellen Stand des Seitenzählers (-p bei Start- und -q bei End-Zeilen) und ein Flag, das angibt, ob der Eintrag für einen Druck-Auftrag oder eine tatsächlich gedruckte Datei gilt. Darüber hinaus finden Sie weitere Informationen zum Job (Job-ID, Benutzer, Host und Ähnliches mehr).

Alle Details zu den Fähigkeiten des Drucker-Accountings finden Sie in der LPRng-Dokumentation.

NACHWORT
Der Beruf des Systemadministrators

Wir wollen das Buch beschließen, wie wir es begonnen haben: Wir betrachten den Job des Systemadministrators, aber diesmal als Beruf.

Ich halte Systemadministratoren für eine sehr interessante Gruppe von Menschen. Ein Grund dafür ist die Tatsache, dass Systemadministratoren als Gruppe über einen sehr unterschiedlichen und vielfältigen Hintergrund verfügen. Viele Leute kamen zur Systemadministration, nachdem sie in ganz anderen Bereichen ausgebildet wurden und/oder gearbeitet haben. Erst in jüngster Zeit wurde die Systemadministration zu einem »offiziellen« Ausbildungs- und Karrierezweig.

Unabhängig von ihrem Hintergrund sind Systemadministratoren wertvolle technische Mitarbeiter und sollten als solche behandelt werden (und sich selbst entsprechend verhalten). Leider werden ihre Leistungen bezüglich der Systemadministration nicht immer respektiert, nicht selten nicht einmal bemerkt. Der Weg, dieses Ansehen zu verbessern, besteht darin, den Blick auf den Beruf als Ganzes zu verbessern.

SAGE, die »System Administrators Guild«, ist eine Organisation, die genau das macht. Darüber hinaus versorgt sie die ihr angehörenden Systemadministratoren mit vielen wertvollen Diensten.

SAGE: Die »System Administrators Guild«

Seit nunmehr 10 Jahren hat SAGE den Bedürfnissen von Systemadministratoren auf der ganzen Welt gedient.[1] Eines der wesentlichen Ziele von SAGE besteht darin, den Beruf des Systemadministrators deutlicher und erkennbarer zu machen. Aus diesem Grund hat SAGE eine Reihe von kurzen Themenhandbüchern herausgebracht. Alle diese Titel sind exzellent. Einen guten Einstieg bietet *Job Descriptions for System Administrators* (die überarbeitete und erweiterte Auflage), herausgegeben von Tina Darmohray. Diese Arbeit enthält detaillierte

---

[1] Dank an Rob Kolstad, Executive Director von SAGE, für den Großteil des erläuternden Textes im SAGE-Abschnitt.

Stellenbeschreibungen für Systemadministrator-Stellen auf unterschiedlichen Ebenen. Daher ist es sehr nützlich, wenn Sie Ihre Fähigkeiten und Ihre aktuelle Stelle im Licht allgemeiner Praktiken beleuchten wollen.

Auf der gleichen Schiene arbeiten SAGE-Komitees momentan am *System Administration Book of Knowledge*, das eine Liste aller Aufgaben enthält, die auf einen Systemadministrator zukommen könnten (aber nicht, wie er sie löst). Außerdem wird an einem Universitäts-Lehrplan für neue Systemadministratoren gearbeitet. Als Ergänzung gibt es ein herstellerneutrales Zertifizierungsprogramm, das als »Karriere-Zertifizierung« an Stelle der üblichen »Produkt-Zertifizierung« konzipiert wurde.

Als spezielle technische Gruppe von USENIX organisiert, teilen sich die tausende Mitglieder von SAGE Informationen, technische Tipps und White Papers auf der SAGE-Website. Viele Dienste von SAGE sind über das SAGE-Portal *http://www.sage.org* kostenlos zugänglich. Hierzu gehören:

SAGEwire
Ein Online-Diskussionsforum mit täglich aktualisierten Neuigkeiten zur und über die Systemadministration.

SAGEweb
Themen von lang anhaltendem Interesse, einschließlich SAGE-Aktivitäten, Dienste für Mitglieder und organisationsbezogene Neuigkeiten.

SAGEnews
Ein regelmäßiger E-Mail-Newsletter mit genau der richtigen Menge zusammengefasster Neuigkeiten zur Systemadministration.

SAGE ist Kosponsor vieler Konferenzen, darunter der bekannten LISA-Konferenz für Systemadministratoren. LISA, die »Large Installation System Administration«-Konferenz, ist eine sehr gute und sehr wichtige Konferenz für alle Administratoren, und zwar unabhängig von der Größe der jeweils verwalteten Sites. Sie findet einmal jährlich statt, wobei ihr drei Tage vorausgehen, in denen verschiedene tiefer gehende Themen der Systemadministration behandelt werden. Die Konferenz selbst läuft ebenfalls über drei Tage und umfasst eine Vielzahl technischer Sessions – wobei neben allgemein bekannten Sprechern auch ganz normale Systemadministratoren ihre Erfahrungen vermitteln – und sozialer Aktivitäten. Insgesamt ist die Konferenz sowohl informativ als auch unterhaltsam. Weitere Informationen zur LISA finden Sie unter *http://www.usenix.org/events/*.

Alle Systemadministratoren sind der SAGE sehr willkommen. Besuchen Sie uns und prüfen Sie, was SAGE Ihnen zu bieten hat.

Administrative Tugenden

Ich möchte diese Erwägungen zu Profession und Professionalität mit der vollständigen Liste administrativer Tugenden beschließen. Diesmal allerdings mit einem Augenzwinkern:

Flexibilität
: In der Lage sein, sich aus schwierigen Situationen herauszuwinden und zu verschwinden, wenn zornige Benutzer Sie als Opfer auserkoren haben.

Findigkeit
: Herauszukriegen, dass Sie syslog verwenden können, um Ihrem Freund auf einem anderen System Nachrichten zukommen zu lassen.

Geduld
: In der Lage sein zu warten, bis der letzte Bug in sendmail behoben wurde.

Beharrlichkeit
: Der innere Zwang, »schnell noch ein weiteres Problem« zu beheben, bevor man nach Hause geht.

Festhalten an der Routine
: Darauf zu bestehen, dass nur echte Milch und Kandiszucker in Ihren (Eduscho-)Kaffee kommen.

Beachtung von Kleinigkeiten
: Zu bemerken, dass die Uhr eines Ihrer Systeme die aleutische Sommerzeit verwendet, und die anderen nach dieser einzustellen.

Faulheit
: Ein 250-Zeilen-Perl-Skript zu schreiben, um nicht 15 Zeichen eingeben zu müssen.

Diese etwas anderen Definitionen sollen Ihnen die Tatsache vor Augen halten, dass die Systemadministration zwar eine Herausforderung und manchmal auch frustrierend sein kann, aber auch ebenso viel Vergnügen bereiten kann. Tatsächlich lautet mein letzter Rat:

 Haben Sie Spaß. Das Leben ist viel zu kurz.

ANHANG A
Administrative Shell-Programmierung

Der Zweck dieses Anhangs ist es, einen Überblick über die wichtigsten Programmiereigenschaften der Bourne-Shell (sh) zu geben. *Er ist nicht dazu gedacht, eine umfassende Behandlung der Shell-Programmierung oder der Sonderfunktionen der verschiedenen Shells zu bieten.* Vielmehr wird er Sie in die Lage versetzen, die Systemadministrationsskripten auf Ihrem System zu verstehen, von denen die meisten Bourne-Shell-Skripten sind (auch wenn sich das langsam ändert).

Im Verlauf dieses Anhangs werden wir zur Veranschaulichung der grundlegenden Funktionen viele Beispiele betrachten, die aus tatsächlichen System-Skripten stammen, ebenso wie einige weitere einfache Beispiele. Einige der letzteren Beispiele verwenden Shell-Befehle, die auf der Kommandozeile ausgeführt werden (auch wenn die entsprechenden Befehle genauso gut in Skripten auftauchen könnten).[1]

Mit Ausnahme von AIX und Linux verwenden die Unix-Versionen, die wir behandeln, für System-Skripten die Bourne-Shell. AIX verwendet die Korn-Shell (ksh) und Linux die Bourne-Again-Shell (bash). Die System-Skripten von Linux verwenden auch häufig bash-Features, die nicht Bestandteil der Standard-Shell sind. Da sie jedoch Erweiterungen zu sh sind, werden die wichtigsten dieser Features nun in diesem Anhang beschrieben.[2] Wenn ich hier bash-Features erwähne, mache ich das nur in einem beschreibenden Sinn – nicht in einem historischen –, im Gegensatz zu dem, was in der *Standard*-Bourne-Shell angeboten wird. Das fragliche Feature kann auch in anderen Shells vorkommen und könnte seinen Ursprung sehr gut in einer anderen Shell als der bash haben.

Die Bücher *Unix in a Nutshell: System V Edition* von Arnold Robbins und *Learning the bash Shell* von Cameron Newham und Bill Rosenblatt (beide O'Reilly & Associates) stellen eine ausgezeichnete Referenz für sh respektive bash dar.

Die Behandlung der Features der Korn-Shell befindet sich außerhalb der Reichweite dieses Anhangs; ziehen Sie das Buch *Learning the Korn Shell* von Bill Rosenblatt und Arnold Robbins (O'Reilly & Associates) für eine detailliertere Behandlung dieser Shell hinzu.

---

1 Nicht alle Beispiele werden notwendigerweise in jeder sh-Implementierung laufen.
2 Diese Besprechung deckt die bash-Version 2.04 oder später ab.

So weit wie möglich stammen die Beispiele in diesem Anhang aus tatsächlichen System-Skripten. Dementsprechend sollten sie im Allgemeinen nicht als Empfehlungen für einen Shell-Programmierstil betrachtet werden, auch wenn in den Beispielen viele nützliche Techniken dargestellt werden, und viele Leser könnten über einige Stellen Witze machen oder nicht mit ihnen einverstanden sein.

Grundlegende Syntax

Dieser Abschnitt gibt in einer etwas willkürlichen Reihenfolge einen Überblick über die grundlegenden syntaktischen Funktionen der Bourne-Shell.

Zeilen in Shell-Skripten, die mit Zahlenzeichen beginnen, stellen Kommentare dar:

```
# Starte oder stoppe den lp-Scheduler
```

Tatsächlich können Kommentare irgendwo in einer Zeile beginnen:

```
grep ':00*:' /etc/passwd      # Prüfe auf UID=0-Accounts
```

Die erste Zeile eines Shell-Skripts sieht normalerweise so aus:

```
#!/bin/sh
```

Dies kennzeichnet die Shell, die das Skript ausführen sollte, in diesem Fall die Bourne-Shell. Die Pfadangabe kann variieren.

Das beste Verfahren ist es, jedes Shell-Skript mit einer Zeile zu beginnen, die die Shell kennzeichnet, die für das Ausführen verwendet werden soll. Ist diese Zeile nicht vorhanden, wird von /bin/sh ausgegangen.

Die Bourne-Shell hat gegenüber anderen Shells eine gewisse syntaktische Flexibilität. Zum Beispiel bleiben Anführungszeichen über physikalische Zeilen hinweg aktiv, so wie in diesem Beispiel, das wir in Kapitel 7 betrachtet haben:

```
echo "*** Nicht-root UID=0- oder GID=0-Accounts:"
grep ':00*:' /etc/passwd | \
    awk -F: 'BEGIN       {n=0}
             $1!="root"  {print $0 ; n=1}
             END         {if (n==0) print "Keine gefunden."}'
```

Beachten Sie, dass sich die Argumente für den awk-Befehl über drei Zeilen hinweg erstrecken, was viel lesbarer ist, als sie in eine einzige Zeile hineinzuzwängen.

I/O-Umleitung

Ein anderes Konstrukt, das Sie ziemlich häufig sehen werden, ist die Umleitung der Standardausgabe auf eine Datei und der Standardfehlerausgabe auf die Standardausgabe (und dementsprechend auf dieselbe Datei):

```
/usr/lib/lpshut > /dev/null 2>&1
```

In diesem Fall handelt es sich um die Datei /dev/null, aber das Konzept wird angewandt, egal ob die Ausgabe auf eine tatsächliche Datei auf der Festplatte oder nach /dev/console geht oder verworfen wird.

Beachten Sie, dass die Standardausgabe und die Standardfehlerausgabe auch auf separate Ziele umgeleitet werden können:

```
/sbin/rc.local 1>> boot.log 2> /dev/console
```

Im Allgemeinen leitet die Form *n> datei* den Datei-Deskriptor *n* auf die angegebene Datei um; *datei* kann auch durch eine zweite Dateibeschreibung ersetzt werden, wie in der Form *n1>&n2*.

Einige Bourne-Shells und die bash unterstützen eine komplexere Syntax für die I/O-Umleitung. Der folgende Befehl zum Beispiel leitet alle zukünftigen Standardeingaben und alle Ausgaben auf die System-Konsole um (die das Ziel der Umgebungsvariable *CONSOLE* ist):

```
exec 0<> $CONSOLE 1>&0 2>&0
```

bash bietet noch zusätzliche Funktionen für die I/O-Umleitung. Eine der nützlichsten wird in diesem Beispiel veranschaulicht:

```
/etc/shutdown.local >| /var/adm/shutdown.log 2>&1
```

Dieser Befehl führt das angegebene Skript aus und stellt dessen gesamte Ausgabe in die angezeigte Datei ein, selbst wenn die Datei schon existiert und die Shell-Variable *noclobber* gesetzt ist, die ein unbeabsichtigtes Überschreiben bestehender Dateien verhindert.

Der dot-Befehl

Der so genannte *dot-Befehl* – bestehend aus einem einzigen Punkt – wird verwendet, um Befehle aus einer Datei in der gleichen Shell wie das Skript selbst auszuführen. Die Datei, die als Argument des dot-Befehls angegeben wird, funktioniert dementsprechend wie eine Include-Datei. Der folgende Befehl zum Beispiel führt die Inhalte von */etc/rc.config* so aus, als wären sie Bestandteil des aufrufenden Skripts:

```
. /etc/rc.config
```

Das Platzieren mehrerer Befehle in einer separaten Datei kann viele Ziele haben: Isolierung ihrer Funktion, Erteilung der Erlaubnis, dass sie von mehreren Skripten verwendet werden, und so weiter.

bash liefert source als ein Synonym für den dot-Befehl. Der Befehl return kann dazu verwendet werden, um an jedem beliebigen Punkt innerhalb eines Skripts, das mit dem dot-Befehl ausgeführt wurde, zu dem aufrufenden Skript zurückzukehren.

Rückgabewerte und der exit-Befehl

Auf Unix-Systemen geben Befehle einen Wert von 0 zurück, wenn sie sich normal beenden, und einen Wert ungleich 0, wenn sie das nicht tun. Der exit-Befehl kann in Skripten verwendet werden, um einen expliziten Wert zurückzugeben; er nimmt den Rückgabewert als sein Argument entgegen.

Hier ist eine typische Verwendung von exit:

```
echo "configure network FAILED"
exit 1
```

Dieser Befehl aus einer TCP/IP-Startup-Datei beendet das Skript und gibt einen Wert ungleich 0 zurück (was einen Fehler kennzeichnet).

Zusammengesetzte Befehle

Die Formen && und || werden verwendet, um bedingte zusammengesetzte Befehle zu erzeugen. Wenn die Shell auf einen dieser Operatoren stößt, überprüft sie den Exit-Wert auf der linken Seite des Operators, bevor sie entscheidet, ob der Befehl auf der rechten Seite ausgeführt werden soll. Bei && wird der zweite Befehl nur ausgeführt, wenn der erste erfolgreich beendet wurde; bei || wird der zweite Befehl ausgeführt, wenn der erste fehlschlägt. Hier ist ein Beispiel mit &&:

```
grep chavez /etc/passwd && grep chavez /etc/group
```

Wenn die Zeichenkette »chavez« in der Passwortdatei gefunden wird, wird nach der gleichen Zeichenkette in der Group-Datei gesucht; wenn sie nicht gefunden wird, wird der zweite Befehl nicht ausgeführt.

Die beiden Konstrukte können auch zusammen verwendet werden:

```
/usr/local/cksecret && echo "Alles in Ordnung." || mail root < slog
```

Wenn das Skript cksecret 0 zurückgibt, wird eine Nachricht an die Standardausgabe geschickt; ansonsten werden die Inhalte der Datei *slog* per E-Mail an *root* geschickt. Die &&-Zeichen müssen vor den ||-Zeichen kommen, damit das Ganze korrekt funktioniert.

Befehlssubstitution

Backticks (`` `...` ``) können verwendet werden, um die Ausgabe eines Befehls in einem separaten Befehl zu platzieren. Zum Beispiel definiert dieser Befehl die Variable *otty* als Ausgabe des Befehls stty:

```
otty=`stty -g`
```

bash und einige Bourne-Shells unterstützen die folgende leichter zu lesende Syntax:

```
otty=$(stty -g)
```

Symbole für Argumente und andere $-Abkürzungen

Den Bourne-Shell-Skripten können wie jedem beliebigen Unix-Befehl Argumente übergeben werden. Die ersten neun Argumente können den Abkürzungen $1 bis $9 zugewiesen werden. Der Befehl shift stellt eine Möglichkeit dar, um auf die letzten Argumente zuzugreifen. Hier ist ein Beispiel dafür, wie er arbeitet:

```
$ cat show_shift
#!/bin/sh
echo $1 $2 $3
```

```
        shift
        echo $1 $2 $3
$ show_shift a1 a2 a3 a4
a1 a2 a3
a2 a3 a4
```

Nach dem Befehl `shift` werden alle Parameter um eine Position nach links verschoben (oder nach unten, abhängig davon, wie Sie es betrachten möchten) und ihre Parameter-Nummern werden um eins herabgesetzt.

bash liefert eine vereinfachte Syntax für den Zugriff auf Argumente, die über das neunte hinausgehen: ${n}. Dementsprechend würde `echo ${12}` den Wert des zwölften Arguments anzeigen.

$0 bezieht sich auf den Namen des Befehls oder des Skripts, wie in diesem Beispiel:

```
restart)
    $0 stop && $0 start
    ;;
```

Diese Zeilen stammen aus einem Boot-Skript. Sie sind Bestandteil einer `case`-Anweisung, in der die verschiedenen Optionen den möglichen Argumenten entsprechen, die dem Skript übergeben werden könnten. In diesem Fall, wenn das Skript-Argument »restart« entspricht, ruft es sich selbst mit dem Argument »stop« auf und ruft sich dann noch einmal mit dem Argument »start« auf, vorausgesetzt, der erste Befehl war erfolgreich.

Die Form $# ist eine Kurzschrift für die Anzahl der Argumente. Demnach entsprach für den Befehl `show_shift` im vorausgegangenen Beispiel $# einer 4, bevor der `shift`-Befehl ausgeführt wurde, und danach einer 3.

Es gibt zwei Kurzschriftformen für alle Argumente, die einem Skript übergeben werden: $@ und $*. $@ enthält die einzelnen Argumente in separaten Entities; $* verschmelzt diese zu einem einzigen Eintrag. Wenn Sie beide in Anführungszeichen setzen, wird dies deutlich:

```
"$*" = "$1 $2 $3 $4 ... $n"
"$@" = "$1" "$2" "$3" "$4" ... "$n"
```

Sie werden die $@-Form normalerweise in System-Skripten sehen.

Es gibt ein paar weitere Abkürzungen mit Dollar-Zeichen, die von Zeit zu Zeit auftauchen. Obwohl sie sich nicht auf Skript-Argumente beziehen, werde ich sie dennoch hier aufführen:

$?
: Der Exit-Status des vorangegangenen Befehls

$$
: Die PID dieses Shell-Prozesses

$!
: Die PID des zuletzt gestarteten Hintergrund-Jobs.

Wir werden Beispiele dafür später in diesem Anhang betrachten.

Variablen-Substitution

Shell-Skripten können unter Verwendung der gleichen Syntax wie für Umgebungsvariablen auch Variablen definieren:

name=wert   *Es sind keine Leerzeichen um das =-Zeichen herum erlaubt.*

Variablen werden dereferenziert, indem ein Dollar-Zeichen vor ihren Namen gesetzt wird: *$name*. Der Variablenname kann mit geschweiften Klammern umgeben werden, um ihn vor dem umstehenden Text zu schützen. Zum Beispiel:

```
$ cat braces
#!/bin/sh
item=aaaa
item1=bbbb
echo $item1
echo ($item)1
$ braces
bbbb aaaa1
```

Der erste Befehl zeigt den Wert der Variable *item1* an, während der zweite Befehl den Wert der Variable *item*, gefolgt von einer 1, anzeigt.

Es gibt komplexere Arten für eine bedingte Substitution von Variablenwerten. Sie werden in Tabelle A-1 zusammengefasst.

Tabelle A-1: Bedingte Variablen-Substitution

Form	Rückgabewert (Aktion, die durchgeführt wird)	
	Wenn *var* gesetzt ist[a]	Wenn *var* nicht gesetzt ist
${*var-string*}	$*var*	*string*
${*var+string*}	*string*	null
${*var=string*}	$*var*	*string* (setzt *var=string*)
${*var?string*}	$*var*	(zeigt nur var:string an)

a »Gesetzt« bedeutet »definiert«, unabhängig vom Wert (das heißt, selbst wenn er null ist).

Hier sind einige Beispiele:

```
$ name=rachel                           Weist dem Variablennamen einen Wert zu.
$ echo ${name-tatiana}                  name ist gesetzt, deshalb wird sein Wert verwendet.
rachel
$ echo ${name2-tatiana}                 name2 ist nicht gesetzt, deshalb wird »tatiana« verwendet.
tatiana
$ echo ${name=tatiana}                  name ist gesetzt, so wird er auch verwendet.
rachel
$ echo ${n2=tatiana}; echo $n2          n2 ist nicht gesetzt, dann verwende »tatiana«...
tatiana
tatiana                                 ...und gib auch n2 diesen Wert:
$ echo ${name+tatiana}                  name ist gesetzt, verwende »tatiana«.
tatiana
$ echo name3=${name3+tatiana}           name3 ist nicht gesetzt, so gib nichts zurück.
name3=
```

```
$ name4=${name3?"no name given"}            name3 ist nicht gesetzt, so zeige die Nachricht an...
name3: no name given
$ echo name4=$name4                         ...beachte, dass name4 nicht gesetzt ist.
name4=
$ dir=${name-`pwd`}; echo $dir              name ist gesetzt, verwende ihn (pwd wird nicht ausgeführt).
rachel
$ dir=${name3-`pwd`}; echo $dir             name3 ist nicht gesetzt, so setze dir auf `pwd`.
/home/chavez
```

Wie die letzten beiden Beispiele andeuten, können Befehle in den *string* eingebunden werden, und sie werden nur dann ausgeführt, wenn dieser Teil des Konstrukts tatsächlich verwendet wird.

bash-Erweiterungen zur Variablen-Substitution

Die bash-Shell und einige Implementierungen der Bourne-Shell liefern zusätzliche Möglichkeiten der Variablen-Substitution:

- Die Platzierung eines Doppelpunktes vor dem Operator-Zeichen in den verschiedenen Einträgen in Tabelle A-1 testet, ob die Variable auf einen Wert ungleich null gesetzt ist. Dementsprechend zeigt echo ${var:-apfel} den Wert der Variable *var* an, wenn er auf etwas anderes als eine leere Zeichenkette (Null-Wert) gesetzt ist; ansonsten wird »apfel« angezeigt.

- Die Form ${*var*:*offset*:*length*} kann verwendet werden, um einen Substring aus einer Variablen zu extrahieren. *offset* gibt das Zeichen an, mit dem begonnen werden soll (die Nummerierung beginnt bei 0); wenn *offset* negativ ist, beginnt das Abzählen der Zeichen am Ende der Zeichenkette (zum Beispiel startet –1 das Extrahieren mit dem vorletzten Zeichen). *length* gibt an, wie viele Zeichen zu extrahieren sind, und ist optional; wenn es weggelassen wird, werden alle übrigen Zeichen extrahiert. Es muss größer als 0 sein.

  Hier sind einige Beispiele:

  ```
  $ namen="apfelpfirsichpflaume"
  $ echo ${namen:5}
  pfirsichpflaume
  $ echo ${namen:5:8}
  pfirsich
  $ echo ${namen:(-7):7}            Negative Zahlen müssen in Klammern gesetzt werden,
  pflaume                           um eine Verwechslung mit dem :- Operator zu vermeiden.
  ```

- Die Form ${#*var*} kann verwendet werden, um die Länge des angegebenen Variablenwertes festzustellen. Zum Beispiel ist ${#namen} gleich 20.

- Die Form ${*var*#*muster*} kann dazu verwendet werden, um Substrings aus einer Variable zu entfernen und den übrig gebliebenen String zurückzugeben. Der folgende Befehl veranschaulicht diese Verwendung:

  ```
  $ namen="apfelpfirsichpflaume"
  $ echo ${namen#apfel}
  pfirsichpflaume
  $ echo ${namen#a*p}               Das Muster kann Wildcards enthalten.
  felpfirsichpflaume
  ```

```
$ echo ${namen#pfirsich}      Muster entsprechen nur dem Anfang der Zeichenkette.
apfelpfirsichpflaume
```
Beachten Sie, dass das Muster dem Anfang einer Zeichenkette entsprechen muss.

Es gibt mehrere Varianten dieser Form: ${var##muster}, ${var%muster} und ${var%%muster}. Das Nummernzeichen besagt, dass dem Anfang der Zeichenkette entsprochen werden muss, und das Prozentzeichen besagt, dass dem Ende der Zeichenkette entsprochen werden muss. Die Formen mit einem einzelnen Zeichen entfernen den kürzesten zutreffenden Substring und die Formen mit dem doppelten Zeichen entfernen den längsten zutreffenden Substring, so wie in diesen Beispielen:

```
$ echo ${namen##a*p}      Entferne den längsten Match-Wert.
flaume
$ echo ${namen%%e*e}
apf
```

Hier ist ein tatsächlich vorkommendes Beispiel:

```
rex="[0-9][0-9]"
for i in $prerc/K${rex}*; do
  service=${i#*/K$rex}          # extrahiere den Dienstenamen
  ...
done
```

Diese Schleife läuft über die K-Dateien-Boot-Skripten in demjenigen Verzeichnis, zu dem *prerc* zurückführt. Für jedes Skript wird die Variable *service* auf den Namen der Einrichtung gesetzt, die gestartet wird, indem der ursprüngliche Pfad und der *Knn*-Anteil der Variable *i* entfernt werden.

- Die vorangegangene Syntax kann erweitert werden, um allgemeine Suchen-und-Ersetzen-Operationen innerhalb einer Zeichenkette durchzuführen. Dies geschieht über die Verwendung eines Konstrukts der Form: ${var/muster/repstr}. Diese Form ersetzt die längste Zeichenkette, die dem Muster entspricht, durch *repstr*. Wenn der anfängliche Slash durch zwei Slashes ersetzt wird, werden alle übereinstimmenden Substrings ersetzt. Wenn *repstr* null entspricht, werden die übereinstimmenden Substrings einfach gelöscht.

Standardmäßig tritt die Übereinstimmung irgendwo innerhalb der Zeichenkette auf. Stellen Sie dem Muster ein Nummernzeichen oder ein Prozentzeichen voran, um zu erzwingen, dass die Übereinstimmungen am Anfang bzw. Ende der Zeichenkette stehen.

Hier sind einige Beispiele:

```
$ namen="apfelpfirsichpflaume"
$ echo ${namen/p/X}
aXpfelpfirsichpflaume
$ echo ${namen//p/X}
aXfelXfirsichXflaume
$ echo ${namen/%pflaume/kumquat}
apfelpfirsichkumquat
```

Sie können eine solche Mustererkennung (engl., pattern matching) und Ersetzung auf einer Argumentliste des Skripts durchführen, indem Sie @ als Variablenname verwenden.

Doppelte Variablen-Dereferenzierung

Es kommt häufig vor, dass Sie auf Code wie diesen treffen:

```
netdev="NETDEV_"
iconfig="IFCONFIG_"

# Einrichten von Umgebungsvariablen für jedes Netzwerkgerät
. /etc/rc.config

num=0
while [ $num -le $NUM_NETDEVS ]; do
    curr_dev=`eval echo $netdev$num`         # NETDEV_n
    eval device=\$$curr_dev                  # Wert von NETDEV_n
    if [ "$device" != '' ]; then
        curr_opts=`eval echo $iconfig$num`   # IFCONFIG_n
        eval options=\$$curr_opts            # Wert von IFCONFIG_n
        /sbin/ifconfig $device $options up
    fi
    num=`expr $num + 1`
done
```

Dieser Skript-Ausschnitt initialisiert alle Netzwerk-Interfaces auf einem System. Die Gerätenamen werden in einer Reihe von Umgebungsvariablen namens *NETDEV_0*, *NETDEV_1* und so weiter gespeichert und die zugehörigen `ifconfig`-Optionen werden in *IFCONFIG_n* gespeichert. Die while-Schleife konfiguriert der Reihe nach jedes Interface. Die Variable *num* enthält die Nummer des aktuellen Interfaces und die Variablen *netdev* und *ifconfig* enthalten den Anfangsteil der Umgebungsvariablennamen. Der Wert der richtigen Umgebungsvariable wird über einen zweistufigen Prozess in die Variablen *device* und *options* extrahiert (die im Befehl `ifconfig` verwendet werden): Für den *NETDEV*-Fall wird der Name der Umgebungsvariable zuerst zusammengesetzt und in der Variable *curr_dev* abgespeichert. Dann wird *curr_dev* selbst dereferenziert und dessen Wert – der dem in *NETDEV_n* gespeicherten entspricht – wird der Variable *device* zugewiesen. Wenn Sie sich je gefragt haben, wie man den Wert vom Wert einer Variablen erhält, dies ist ein Weg.

Hier ist ein ähnliches Beispiel von einem Linux-System:

```
. /etc/rc.config
locale_vars="\
    LANG           \
    LC_ALL         \
    ...            \
    LC_MONETARY"

for var in $locale_vars; do         Schleife über Locale-bezogene Umgebungsvariablen.
    if eval test -z "\$$var"        Ist der Wert der Variable undefiniert oder null?
    then
        eval $var="\$RC_$var"       Wenn dem so ist, setze seinen Wert auf die gleiche RC_-Variable.
        export $var
    fi
done
```

Beachten Sie den ersten Durchlauf durch die Schleife. Die Schleifenvariable *var* ist auf *LANG* gesetzt. Wenn die Umgebungsvariable *LANG* nicht gesetzt ist, wird der Wert von *LANG* über den zweiten eval-Befehl auf den Wert der Variable *RC_LANG* gesetzt (die in */etc/rc.config* definiert wird), und die Umgebungsvariable wird exportiert.

Die if-Anweisung

In diesem Abschnitt fangen wir an, uns die Kontrollstrukturen der Bourne-Shell anzusehen: Programmierfunktionen, die selten auf der Kommandozeile verwendet werden. Das erste Konstrukt, das wir betrachten werden, ist if, das für die Ausführung von bedingten Befehlen verwendet wird. Hier ist die einfachste Syntax einer if-Anweisung und ein einfaches if-Beispiel:

```
if bedingung
then
    befehle
fi

if test -x /sbin/sendmail ; then
    /sbin/sendmail $SENDMAIL_OPTIONS
fi
```

Der if-Befehl führt die Befehle in *bedingung* aus. Wenn diese den Wert wahr zurückgeben (Exit-Status 0), werden die *befehle* ausgeführt; bei einem falsch-Status, nicht 0, springt das Skript zu dem Befehl nach fi.

Das vorangegangene Beispiel verwendet den Befehl test, um auf die Datei */sbin/sendmail* zu prüfen, und startet den Daemon, wenn sie vorhanden und ausführbar ist. Wir werden uns das Aufbauen von Bedingungen etwas später genauer ansehen. Lenken Sie Ihre Aufmerksamkeit für den Moment auf die Platzierung des Befehls then. then muss der Shell als separater Befehl erscheinen oder Sie werden eine Fehlermeldung erhalten. Deshalb muss er in einer neuen Zeile nach dem if-Befehl stehen oder er muss vom if-Befehl durch einen Strichpunkt getrennt werden. Dieselben Regeln gelten für den fi-Befehl, der das if-Konstrukt beendet.

Es gibt auch komplexere Formen von if:

```
strings /vmunix | grep Unix > /tmp/motd
i=`head -1 /etc/motd | grep -c Unix`
if [ $i -eq 0 ]
then
    cat /etc/motd >>/tmp/motd
else
    tail +2 /etc/motd >>/tmp/motd
fi
mv /tmp/motd /etc/motd
```

Dieses Beispiel veranschaulicht das Konstrukt if-then-else. Es aktualisiert die Zeichenkette für die Unix-Version in der Message-of-the-Day-Datei. Zuerst entnimmt es die Zeichenkette der aktuellen Unix-Version aus der Kernel-Datei */vmunix* und schiebt diese in die Datei */tmp/motd*. Dann überprüft es, ob die Zeichenkette »Unix« in der ersten Zeile von */etc/motd* erscheint. Wenn nicht, wird der gesamte Inhalt von */etc/motd* mit dem `tail`-Befehl an */tmp/motd* angehängt. Ansonsten – wenn »Unix« in der ersten Zeile von */etc/motd* erscheint – werden alle bis auf die ersten beiden Zeilen an */tmp/motd* angehängt. Schließlich ersetzt die neue Nachricht die aktuelle.

Hier ist ein Beispiel für die komplexeste Form von `if`:

```
set `who -r`                              Stelle den vorigen Run-Level fest.
if [ "$9" = "S" ]                         Der vorige Level war Single-User-Mode.
then
    echo "The system is coming up."
elif [ "$7" = "2" ]; then                 Ziel-Run-Level ist Level 2.
    echo "Changing to state 2."
else
    echo "Changing to state 3."
fi
```

Der `elif`-Befehl erlaubt es, dass `if`-Anweisungen miteinander verkettet werden. Er fungiert wie ein `else` für das aktuelle `if` und wie der Anfang eines neuen `if`. Das letzte `else` deckt den Fall ab, dass alle Bedingungen falsch zurückgaben, und beendet die gesamte Kette.

Der Befehl test bzw. [

Der üblichste Weg, eine Bedingung für einen `if`-Befehl zu entwickeln, ist der `test`-Befehl. Er hat zwei Formen:

```
test bedingung
[ bedingung ]
```

`test` wertet die *bedingung* aus und gibt 0 oder 1 zurück, abhängig davon, ob die Bedingung wahr (0) oder falsch (1) ist. (Diese Polarität entspricht der Auffassung über wahr und falsch von `if`.)

Der Befehl mit der offenen eckigen Klammer (`[`) ist ein Verweis auf `test` und arbeitet auf genau die gleiche Weise. Er sorgt für lesbarere Skripten, weshalb Sie selten `test` sehen werden. Wenn die `[`-Form verwendet wird, wird eine letzte schließende eckige Klammer mit eingeschlossen, um `test` davon abzuhalten, dass es sich beschwert. Beachten Sie, dass nach `[` und vor `]` Leerzeichen stehen müssen.

Tabelle A-2 führt die verschiedenen Optionen und Operatoren auf, die dazu verwendet werden könnten, um Bedingungen mit `test` und `[` zu entwickeln. Die schattierten Einträge sind Erweiterungen, die nur in einigen Shell-Implementierungen zur Verfügung stehen.

Tabelle A-2: Bedingungen entwickeln

Konstrukt	Bedeutung
-s *datei*	Datei hat eine Länge größer als 0.
-r *datei*	Datei ist lesbar.
-w *datei*	Datei ist schreibbar.

Tabelle A-2: Bedingungen entwickeln (Fortsetzung)

Konstrukt	Bedeutung
-x *datei*	Datei/Verzeichnis ist ausführbar.
-f *datei*	Datei existiert und ist eine reguläre Datei.
-d *datei*	Datei ist ein Verzeichnis.
-c *datei*	Datei ist eine zeichenorientierte Spezialdatei.
-b *datei*	Datei ist eine blockorientierte Spezialdatei.
-p *datei*	Datei ist eine benannte Pipe.
-u *datei*	Datei hat das SETUID-Bit gesetzt.
-g *datei*	Datei hat das SETGID-Bit gesetzt.
-k *datei*	Datei hat das Sticky Bit gesetzt.
-t *n*	Datei-Deskriptor *n* bezieht sich auf ein Terminal.
-e *datei*	Datei existiert.
-O *datei*	Sie besitzen die Datei.
-G *datei*	Ihre Gruppe besitzt die Datei.
-L *datei*	Datei ist ein symbolischer Link.
-S *datei*	Datei ist ein Socket.
-N *datei*	Datei wurde seit dem letzten Lesen modifiziert.
datei1 -ef *datei2*	Dateien liegen auf dem gleichen Gerät und gehören zu der gleichen Inode-Nummer.
datei1 -ot *datei2*	Erste Datei ist älter als die zweite Datei.
datei1 -nt *datei2*	Erste Datei ist jünger als die zweite Datei.
-z *string*	Länge der Zeichenkette ist 0.
-n *string*	Länge der Zeichenkette ist größer als 0.
string1 = *string2*	Beide Zeichenketten sind identisch.
string1 != *string2*	Beide Zeichenketten sind unterschiedlich.
string	Zeichenkette ist nicht null.
string1 > *string2*	Erste Zeichenkette liegt lexikalisch vor der zweiten Zeichenkette.
string1 < *string2*	Erste Zeichenkette liegt lexikalisch hinter der zweiten Zeichenkette.
int1 -eq *int2*	Beide Integerwerte sind gleich.
int1 -ne *int2*	Beide Integerwerte sind nicht gleich.
int1 -gt *int2*	*int1* ist größer als *int2*.
int1 -ge *int2*	*int1* ist größer oder gleich *int2*.
int1 -lt *int2*	*int1* ist kleiner als *int2*.
int1 -le *int2*	*int1* ist kleiner oder gleich *int2*.
! *bedingung*	Logischer NICHT-Operator: negiert die Bedingung.
cond1 -a *cond2*	Logischer UND-Operator: gibt nur dann wahr zurück, wenn beide Bedingungen wahr sind.
cond1 -o *cond2*	Logischer ODER-Operator: gibt wahr zurück, wenn eine der Bedingungen wahr ist.
( )	Wird zur Gruppierung von Bedingungen verwendet.

Viele der Einträge aus Tabelle A-2 benötigen Anführungszeichen, um vor der Shell geschützt zu werden (wie wir noch sehen werden).

Hier sind einige einfache Beispiele:

```
if [ "$9" = "S" ]              Wenn das neunte Argument ein S ist
if [ -s /etc/ptmp ]            Wenn /etc/ptmp nicht leer ist
if [ $# -lt 4 ]                Wenn die Anzahl der Argumente < 4 ist
if [ ! -f /etc/.fsckask ]      Wenn die Datei /etc/.fsckask nicht existiert
if [ $? -eq 0 ]                Wenn der letzte Befehl erfolgreich war
if [ $? -ne 0 ]                Wenn der letzte Befehl fehlschlug
```

Hier sind einige Beispiele im Kontext:

```
# hole die PID von lpsched
pid=`/bin/ps -e | grep ' lpsched$' | sed -e 's/^ *//' -e 's/ .*//'`
if [ $(pid) != "" ]            Wenn wir einen lpsched-Prozess gefunden haben ...
then
    /bin/kill $(pid)           ... beende ihn.
fi

if [ $1x = autobootx ]         Wenn das Skript-Argument »autoboot« war,
    führe fsck durch
fi

if [ -d /etc/rc0.d ]           Wenn es ein Verzeichnis namens /etc/rc0.d gibt
then
    führe die K-Dateien aus
fi

if [ -x /sbin/inetd ]; then    Wenn die Datei /sbin/inetd ausführbar ist...
    /sbin/inetd                ...starte den Daemon
    echo inetd started
fi

if [ "$(BOOT)" = "yes" -a -d /etc/rc0.d ]
then                           Wenn dies ein Boot-Vorgang ist und es ein Verzeichnis rc0.d gibt
    Führe die Dateien in /etc/rc0.d aus
fi
```

Beachten Sie, dass Konstrukte wie das folgende dazu verwendet werden, um zu vermeiden, dass Fehler auftreten, wenn das erwartete Argument eines Skripts null hervorbringt:

```
if [ $1x = autobootx ]
```

Natürlich gibt es noch andere Wege, um mit diesem unvorhergesehenen Fall umzugehen, allerdings ist diese Vorgehensweise in System-Skripten ziemlich verbreitet, vor allem in älteren.

Hier ist ein kniffliger Fall; versuchen Sie herauszubekommen, was er macht:

```
interface_names="`echo /etc/dhcp.*[0-9] 2>/dev/null`"
if [ "$interface_names" != '/etc/dhcp.*[0-9]' ]; then
    Konfiguriere die Netzwerk-Interfaces mit DHCP
fi
```

Ein üblicher Fehler, der gemacht wird, ist es zu glauben, dass *interface_names* immer der Zeichenkette des Dateinamen entsprechen muss. Der Schlüssel liegt hier darin zu erkennen, dass der zweite Operand des Ungleich-Operators in der `if`-Bedingung einen literalen Wert darstellt: im Speziellen einen String von Zeichen und keinen Dateinamen mit Wildcards. Wenn es irgendwelche Dateien der Form *dhcp.xxxn* in */etc* gibt (wobei *xxx* eine Zeichenkette und *n* eine Zahl ist), gibt der `echo`-Befehl eine Liste mit den Dateinamen zurück. Ansonsten wird der literale String »/etc/dhcp.*[0-9]« zurückgegeben und wird zum Wert von *interface_names*.

Der `if`-Befehl stellt fest, was davon passiert ist. Wenn *interface_names* irgendeinen anderen Wert als den literalen String mit den Wildcards besitzt, dann kann der Variable unterstellt werden, dass sie eine Liste mit Dateinamen enthält, die verarbeitet werden sollen. Wenn die Variable andererseits nur den String mit den Wildcards enthält, dann muss nichts unternommen werden, weshalb die Befehle im Rumpf des `if`-Blocks übersprungen werden.

Andere Kontrollstrukturen

Dieser Abschnitt beschreibt weitere wichtige Kontrollstrukturen der Bourne-Shell und der bash.

Die Befehle while und until

Die `while`-Anweisung stellt eine Möglichkeit dar, eine Schleife zu erzeugen. Sie hat zwei Formen:

```
while Bedingung
do
    Befehle
done

until Bedingung
do
    Befehle
done
```

In der `while`-Form werden die *Befehle* so lange ausgeführt, bis die *Bedingung* falsch wird. In der `until`-Form werden sie so lange ausgeführt, bis die *Bedingung* wahr wird. Hier ist ein Beispiel für `while`:

```
cat /etc/fstab |
while read DEVICE MOUNT_DIR READONLY FS DUMMY1 DUMMY2
do
    fsck (wenn erforderlich) und mounte die Geräte
done
```

Diese Schleife nimmt nacheinander jede Zeile von */etc/fstab* entgegen (die über `cat` an sie geschickt wird) und führt eine passende Aktion für das entsprechende Gerät durch. Die `while`-Schleife wird beendet, wenn `read` (wird später beschrieben) einen Statuswert von ungleich 0 zurückgibt, der das Ende der Datei kennzeichnet.

Hier ist ein anderes, sehr ähnliches Beispiel, das von einem neueren Linux-System stammt:

```
while read des fs type rest; do
  case "$fs" in
    /) break;;
    *)      ;;
  esac
done < /etc/fstab
if [ -e "$des" -a "$type" != "reiserfs" ]
then
    führe fsck aus
fi
```

Beachten Sie, dass die Eingabe der while-Schleife über eine I/O-Umleitung geliefert wird, die der done-Anweisung folgt.

Der case-Befehl

Der case-Befehl stellt eine Methode dar, eine verzweigende Operation durchzuführen. Hier ist seine Syntax:

```
case str in
    Muster_1)
      Befehle
      ;;

    Muster_2)
      Befehle
      ;;
    ...
    Muster_n)
      Befehle
      ;;

    *)
      Befehle
      ;;
esac
```

Der Wert in *str* wird mit jedem der Muster verglichen. Die zugehörigen Befehle werden für die erste Übereinstimmung, die gefunden wurde, ausgeführt. Die doppelten Strichpunkte werden dazu benutzt, um jeden Abschnitt zu beenden. Wildcards sind in den Mustern erlaubt und ein einzelnes Sternchen kann als Default dienen, wenn keinem anderen Muster entsprochen wird; es muss am Ende des case-Befehls platziert werden.

Hier ist ein Beispiel für den case-Befehl:

```
/etc/fsck -p >/dev/console
case $? in                    Wähle die Aktion basierend auf dem Rückgabewert von fsck.
  0)
    date >/dev/console
    ;;
```

```
    2)
       exit 1
       ;;
    4)
       /sbin/reboot -n
       ;;
    *)
       echo "Unknown error in reboot" > /dev/console
       exit 1
       ;;
 esac
```

In diesem Beispiel werden abhängig vom Rückgabewert von `fsck` verschiedene Befehle ausgeführt.

Eine weitere typische Anwendung von case findet sich auf Systemen mit Boot-Skripten im System V-Stil in den Dateien in */etc/init.d*. Hier ist ein gekürztes Beispiel:

```
#! /bin/sh
# Starten oder Stoppen des lp-Scheduler

case "$1" in
  'start')
      /usr/lib/lpsched # und andere Befehle
      ;;

  'stop')
      /usr/lib/lpshut > /dev/null 2>&1
      ;;

  'restart')
      $0 stop && $0 start
      ;;

  *)
      echo "usage: $0 {start|stop}"
      ;;
esac
```

Abhängig von dem Schlüsselwort, das als sein Argument angegeben wurde, führt das Skript unterschiedliche Aktionen aus. Das Argument, das es zur Boot-Zeit erhält, hängt wiederum davon ab, ob es als S-Datei oder als K-Datei aufgerufen wird (wie wir in Kapitel 4 angemerkt haben).

Der for-Befehl

Der for-Befehl stellt eine weitere Möglichkeit dar, um Schleifen zu erzeugen. Hier ist seine Syntax:

```
for Variable [ in Liste ]
do
   Befehle
done
```

Wenn eine *Liste* enthalten ist, wird die *Variable* nacheinander auf jeden einzelnen Wert in dieser Liste gesetzt, und der Befehl in der Schleife wird ausgeführt. Wenn keine Liste mit Werten angegeben wird, dann wird $@ (alle Skript-Argumente) verwendet.

Hier ist ein Beispiel:

```
for d in /tmp /usr/tmp /chem/tmp ; do
    find $d ! -name tmp -type d -exec rmdir {} \;
done
```

Diese Schleife entfernt der Reihe nach leere Unterverzeichnisse unterhalb von */tmp*, */usr/tmp* und */chem/tmp*, während sie dabei jedoch nicht diese Verzeichnisse selbst entfernt (über ! -name tmp – natürlich wird sie auch */tmp/tmp* nicht entfernen).

Die arithmetische for-Schleife der bash

Die bash bietet auch eine for-Schleife im arithmetischen Stil, mit der folgenden Syntax:

```
for (( Start ; Test ; Incr )) ; do
    Befehle
done
```

Start stellt einen Ausdruck dar, der ausgewertet wird, wenn die Schleife startet, *Test* ist ein Ausdruck, der am Ende jedes Schleifendurchlaufs ausgewertet wird, und *Incr* ist ein Ausdruck, der immer dann ausgewertet wird, wenn die Testbedingung falsch ist. Die Schleife beendet sich, wenn die Testbedingung wahr ist.

Hier ist ein einfaches Beispiel:

```
for (( i=1 ; i<10 ; i++ )); do
    echo $i
done
```

Diese Schleife zeigt die Zahlen 0 bis 9 an.

Der Null-Befehl

Hin und wieder werden Sie einem Befehl begegnen, der nur aus einem Doppelpunkt besteht:

```
:
```

Dieser Null-Befehl wird normalerweise verwendet, wenn die gesamte Arbeit innerhalb der Kontrollanweisung erledigt wurde und der Rumpf der Schleife leer ist.

Manchmal wird dieser Befehl wie ein Kommentarzeichen verwendet (da seine Argumente ignoriert werden), so wie in diesem alten Beispiel:

```
: Versuche, übrig gebliebene Dateien zu verschicken
uucico -r
```

Jedoch wird dieses Vorgehen nicht empfohlen, da eine Zeile wie die folgende

```
: Hourly cleanup script @(#)cleanup.hourly 2/4/90
```

(von der ein Teil von einem Quellcode-Kontrollsystem erzeugt wurde) einen Fehler erzeugt:

```
./cleanup.hourly: syntax error at line 2: `(' unexpected
```

Dies begründet sich daraus, dass auch für Argumente des Null-Befehls eine Syntax-Überprüfung durchgeführt wird.

Auslesen von Eingaben: Der read-Befehl

Der read-Befehl liest eine Zeile von der Standardeingabe und weist jedes folgende Wort in der Zeile einer der aufeinander folgenden Variablen zu, die als dessen Argumente angegeben wurden; zusätzliche Wörter werden dessem letztem Argument zugewiesen. Zum Beispiel erzeugen folgende Befehle:

```
cat file.dat | \
while read x y z
do
    echo $x $y $z
done
```

eine Ausgabe wie diese:

```
a b c
d e f
...
```

read kann dazu verwendet werden, um entweder sequenziell aus einer Datei zu lesen (wie in dem früheren Beispiel mit while) oder um eine Benutzereingabe während der Ausführungszeit zu erhalten. Hier ist ein Beispiel, das read für die Befehlseingabe verwendet:

```
echo "fsck all disks? [y] \c"
read ans < /dev/console
```

Der select-Befehl der bash

Die bash liefert den select-Befehl, um dem Benutzer einen Prompt zur Verfügung zu stellen, an dem er einen Punkt aus einem Menü auswählen kann, so wie in diesem Beispiel:

```
$ cat choose.bash
#!/bin/bash

PS3="Waehlen Sie ein Betriebssystem: "
select os in "aix" "hp-ux" "solaris" "tru64" "linux" "freebsd"
do                          Schleife, bis eine gültige Auswahl eingegeben wurde.
  if [ $os ]; then
    echo Sie waehlten $os, was die Auswahlnummer $REPLY war
    break
  else
    echo -e "\nUngueltige Auswahl -- neuer Versuch.\n"
  fi
done
$ choose.bash
1) aix
2) hp-ux
3) solaris
```

```
   4) tru64
   5) linux
   6) freebsd
Waehlen Sie ein Betriebssystem: 2
Sie waehlten hp-ux, was die Auswahl Nummer 2 war
```

Dieser Code-Ausschnitt veranschaulicht auch die Option -e des echo-Befehls der bash, der es Ihnen erlaubt, Backslash-Escape-Sequenzen wie \n mit anzugeben.

Weitere nützliche Befehle

Dieser Abschnitt beschreibt kurz weitere Befehle, denen Sie in System-Skripten begegnen könnten.

set

Der set-Befehl setzt die Werte von $1 bis $n auf diejenigen Wörter, die ihm als Argumente übergeben wurden. Er wird oft in Verbindung mit einem Befehl verwendet, der in Backticks ausgeführt wurde, um die Ausgabe dieses Befehls den Argument-Kennzeichen zuzuweisen. Hier ist ein Beispiel für seine Verwendung:

```
$ who -r
.  run-level 2  Aug 21 16:58    2  0  S
$ set `who -r`
$ echo $6
16:58
```

Der unset-Befehl kann verwendet werden, um eine definierte Variable zu entfernen.

eval

Der eval-Befehl führt seine Argumente als Shell-Befehl aus. Er wird verwendet, um Befehle auszuführen, die auf mehreren Umwegen erzeugt wurden. Hier ist ein albernes Beispiel:

```
$ a=c; b=m; c=d; cmd=date
$ echo $a$b$c
cmd
$ eval $`echo $a$b$c`
Sun Jun  3 19:37:30 EDT 2001
```

Hier ist ein reales Beispiel, das wir schon in Kapitel 12 betrachtet haben:

```
$ eval `tset -sQ -m ":?vt100"`
```

Dieser eval-Befehl führt die Befehle aus, die von tset -s erzeugt wurden. Wie wir gesagt haben, werden sie verwendet, um die Umgebungsvariablen *TERM* und *TERMCAP* zu setzen.

Der Befehl eval resize liefert ein ähnliches Beispiel für xterm-Fenster.

printf

Der Befehl `printf` wird verwendet, um formatierte Ausgabe-Strings zu erzeugen, und Sie werden ihn hin und wieder in System-Skripten sehen. Er nimmt zwei Argumente entgegen: einen String für die Formatangabe und eine Liste von Einträgen, die unter Verwendung dieses Formats ausgegeben werden sollen. Hier ist ein Beispielbefehl, der verwendet wird, um einen Eintrag in einer Accounting-Datei für Drucker zu erzeugen:

```
# pages=21; host=hamlet; user=chavez
# printf '%7.2f\t%s:%s\n' "$pages" "$host" "$user"
  21.00      hamlet:chavez
```

Dieser Befehl erzeugt eine Zeile, in der die Anzahl der Seiten als Fließkommazahl mit zwei Dezimalstellen ausgegeben wird. Auf diesen Eintrag folgt ein Tabulator und dann der Hostname und der Benutzername, die mit einem Doppelpunkt verbunden werden.

Zeichenketten für Formatangaben bestehen aus Feldbeschreibungen und literalen Zeichen, und jeder aufeinander folgende Eintrag in der Ausgabeliste wird entsprechend dem zugehörigen Feld im Format-String formatiert. In unserem Beispiel entsprechen %7.2f und %s (zweimal) den Feldbeschreibungen, und der Tabulator (\t), der Doppelpunkt und das Newline-Zeichen (\n) entsprechen literalen Zeichen.

Feldbeschreibungen beginnen immer mit einem Prozentzeichen. Deren einfachste Syntax ist:

```
%n[.m]z
```

n kennzeichnet die minimale Größe des Feldes, *m* kennzeichnet die Anzahl der Dezimalstellen (falls anwendbar) und *z* stellt einen Buchstaben-Code dar, der den Typ des Datenfeldes angibt. Die wichtigsten Codes sind d für Integerwerte mit Vorzeichen, f für Fließkommazahlen, c für das erste Zeichen des Arguments, s für eine Zeichenkette und x oder X für hexadezimale Zahlen (abhängig davon, ob Sie die alphabetischen Zeichen in Klein- oder Großbuchstaben erscheinen lassen wollen). Ein Prozentzeichen wird mit %% angegeben.

Zum Zeitpunkt der Ausgabe werden die Feldgrößen automatisch erweitert, wenn mehr Platz benötigt wird, und die Ausgabe, die kleiner als die angegebene Größe ist, wird auf der linken Seite aufgefüllt.

Der Befehl `printf` erlaubt auch einige optionale Flags, die zwischen dem Prozentzeichen und der Feldgröße platziert werden können:

- Das Minuszeichen-Flag sagt dem Befehl, dass er die Ausgabe auf der rechten Seite statt auf der linken auffüllen soll (in anderen Worten, die Ausgabe linksbündig statt rechtsbündig auszuführen).

- Das Pluszeichen-Flag gibt an, dass positiven Zahlen ein explizites Pluszeichen vorangehen soll. Das Leerzeichen-Flag kennzeichnet auf ähnliche Weise, dass positiven Zahlen ein Leerzeichen vorangehen soll. Diese Flags sind nützlich, um unabhängig vom Vorzeichen Spalten mit ausgerichteten Zahlenwerten zu erzeugen (die Standardeinstellung ist, keine Zeichen vor eine positive Zahl zu platzieren). Beachten Sie, dass dies nur dann in Betracht kommt, wenn die Einträge linksbündig ausgerichtet sind.

- Das Flag 0 gibt an, dass Nullen statt Leerzeichen zum Auffüllen (Padding) verwendet werden sollen.

Hier sind ein paar Beispiele, um einige dieser Flags zu veranschaulichen:

```
# n=27; n1=-23
# printf '*%7.1f* *%-7.1f* \n' $n $n
*   27.0* *27.0   *
# printf '%-5.1f\n%-5.1f\n%-+5.1f\n%- 5.1f\n' $n $n1 $n $n
27.0
-23.0
+27.0
 27.0
```

expr

Der Befehl expr wird verwendet, um verschiedene Ausdrücke auszuwerten. Er wird für viele Dinge verwendet, allerdings ist in Shell-Skripten eine der üblichen die Integer-Arithmetik. Hier ist ein einfaches Beispiel seiner Verwendung in diesem Modus:

```
$ cat count_to_5
#!/bin/sh
i=1
while [ $i -le 5 ] ; do
   echo $i
   i=`expr $i + 1`          # Addiere eine 1 zu i
done
$ count_to_5
1
2
3
4
5
```

Sehen Sie für komplette Details zu expr in der Manpage nach.

Die Integer-Arithmetik der bash

Die Integer-Arithmetik ist innerhalb der bash-Shell enthalten (so bleibt uns die Hoffnung, dass Konstruktionen wie die vorangegangenen endlich verschwinden werden). Hier sind einige einfache Beispiele:

```
$ echo $(( 5+8/2-1 ))
8
$ a='1+2'; echo $a
1+2
$ let a='1+2'; echo $a
3
$ declare -i a; a='1+2'; echo $a
3
```

Der erste Befehl veranschaulicht den Operator $(( )), der dafür sorgt, dass der eingeschlossene Ausdruck als Integer-Arithmetik interpretiert wird. Beachten Sie, dass die üblichen Regeln für Operator-Wertigkeiten gelten.

Der zweite Befehl veranschaulicht, dass ein einfaches Konstruieren eines Integer-Ausdrucks nicht ausreicht, damit dieser auch berechnet wird. Sie müssen den Operator $(( )) verwenden, der Variablen let voranstellen oder mit declare angeben, dass die Variable vom Typ Integer ist (durch -i gekennzeichnet). Der Befehl declare kann auch verwendet werden, um andere Variablen-Typen anzugeben (sehen Sie für Details hierzu in der Dokumentation nach).

Tabelle A-3 führt die unterstützten arithmetischen Operatoren auf.

Tabelle A-3: Integer-Operatoren der bash

Mathematischer Operator	Bedeutung	Bitweiser Operator	Bedeutung	Logischer Operator	Bedeutung
+	Addieren	>>	Shift rechts	&&	Logisches UND
-	Subtrahieren	<<	Shift links	||	Logisches ODER
*	Multiplizieren	&	Bitweises UND	==	Ist gleich
/	Dividieren	|	Bitweises ODER	!=	Ist ungleich
%	Modulo	~	Bitweises NICHT	<, <=	Kleiner als (oder =)
**	Exponent	^	Bitweises XOR	>, >=	Größer als (oder =)
++	Inkrement			!	Logisches NICHT
--	Dekrement				
c?t:f	Bedingte Zuweisung				

Ein paar Anmerkungen zu diesen Operatoren:

- Im Allgemeinen haben die Operatoren die gleiche Bedeutung und Wertigkeit wie in C. Klammern sollten verwendet werden, um sie explizit zu gruppieren.
- Die Operatoren Inkrement und Dekrement (++ und --) können der Variable, auf die sie angewandt werden, entweder voran- oder nachgestellt werden: *var*++ oder ++*var*. Ihre Platzierung legt fest, ob die Variable vor oder nach ihrer Verwendung verändert wird.
- Der bedingte Zuweisungsoperator überprüft die Bedingung (*c*) und gibt den Wert *t* zurück, wenn sie wahr (true) ist, oder *f*, wenn sie falsch (false) ist.
- Schließlich können die unären und bitweisen Operatoren vor einem Gleichheitszeichen in einer Zuordnungsanweisung stehen. Zum Beispiel addiert diese Anweisung zum aktuellen Wert von *counter* 3:

    counter += 3

- Beachten Sie, dass von Integer-Ausdrücken nur Integerwerte zurückgegeben werden. Dementsprechend ist 5 / 10 = 0.

bash-Arrays

Die bash-Shell unterstützt auch Arrayvariablen. Sie sind momentan in System-Skripten nicht sehr weit verbreitet, weshalb wir anhand von einigen Beispielen nur einen kurzen Überblick über ihre Verwendung geben werden:

```
$ a=(aaa bbb [5]=eee ddd)              Definiere ein Array und einige Werte.
$ echo ${a[4]} ${a[5]}
ddd eee
$ echo ${a[3]:-undefined}
undefined                              Arrays können »Löcher« haben: undefinierte Elemente.
$ a=(x y z); echo ${a[4]:-undefined}
undefined                              Das Umdefinieren eines Arrays ersetzt alle Elemente.
$ for i in ${a[@]}; do                 Schleife über die Array-Elemente.
> echo $i; done
x
y
z
$ echo ${#a[@]}                        Die Anzahl von Elementen ungleich null im Array a.
3
```

Sehen Sie für weitere Informationen über Arrays in der Dokumentation zu bash nach.

Shell-Funktionen

Bourne-Shell-Skripten können Funktionen definieren. Funktionen verfügen über die gleichen syntaktischen Features wie die Skripten selbst, inklusive ihrer eigenen Argumente. Innerhalb einer Funktion beziehen sich die Formen für Argumente und andere Abkürzungen auf die Argumente der Funktion.

Die grundlegende Syntax einer Funktion ist:

```
Name ( )
{
    Befehle
}
```

Hier ist eine Beispielfunktion von einem AIX-System, der ein Anwendungsbeispiel folgt:

```
sserv()
{
# sserv: function to start a server
# args: $1=daemon pathname; $2!="" means use startsrc
#
if [ $# = 0 ] ; then
    echo "sserv: server name required."; return 1
fi
if [ ! -x $1 ] ; then return 1 ; fi
if [ -n "$2" ] ; then
    startsrc -s `basename $1`
else
    $1
fi
```

```
}
...
sserv /sbin/syslogd $USE_SRC
```

Die Funktion sserv startet einen Server-Prozess auf einem AIX-System, entweder herkömmlich von der Kommandozeile aus oder über den Befehl startsrc (der das Subsystem System Resource Controller verwendet, eine allgemeine Server-Management-Einrichtung). Der Pfadname des zu startenden Servers wird als erstes Argument von sserv angegeben, und ob startsrc verwendet werden soll, wird durch das zweite Argument angegeben (jeder Wert ungleich null wird verwendet).

Die Funktion stellt zuerst sicher, dass ihr ein Argument übergeben wurde; die Funktion beendet sich, sollte dies nicht der Fall sein. Beachten Sie, dass in Funktionen return an Stelle von exit verwendet wird. Dann vergewissert sich die Funktion, dass der Pfadname, der ihr übergeben wurde, ausführbar ist, und startet schließlich den Daemon.

Der Beispielaufruf von sserv verwendet eine Umgebungsvariable USE_SRC als zweites Argument. Wenn USE_SRC definiert ist, wird startsrc verwendet; ansonsten wird sserv nur ein Argument übergeben.

Die Local-Variablen der bash

bash-Funktionen können lokale Variablen definieren – Variablen, deren Einsatzbereich auf die Funktion beschränkt ist und die keine Bedeutung oder Auswirkungen auf das Skript als Ganzes haben. Dies geschieht über den Befehl local, der die gewünschten Variablennamen als Argumente entgegennimmt. Beachten Sie, dass alle Variablen, die innerhalb einer Funktion mit declare angegeben wurden, automatisch lokale Variablen sind.

Index

/ (Root-Verzeichnis) 36
80/20-Regel 1072
8mm-Band 777

A

a2ps, Befehl 880
AAAA-Records, DNS 467, 471
a(lle), Zugriff(srechte) 43
Absichern von Systemen 420-425
Abstürze, Behandlung von 186
ac, Befehl 1131
Accelerators bei SysMan (Tru64) 28
accept, Befehl 897
Access Agents, E-Mail 570, 586-592
access_db, sendmail-Feature 614
Accounting
    Abstürze und 1128
    aktivieren 1124
    Berichte 1136
    BSD verglichen mit System V 1123-1124
    BSD-Stil 1126-1132
    Datensätze mehrerer Hosts mischen 1139
    Drucker 937, 1125, 1140-1142
    LPRng 937, 1142
    projektbasiertes (Solaris) 1137-1139
    Prozesse 1123-1130, 1132-1137, 1139-1140
    Solaris, erweitertes 1137-1139
    Speicherort der Datendateien 1124-1125
    System V-Stil 1132-1137
    Systemüberwachung und 446
    Urlaub 1135
    Utility-Verzeichnisse 1124
Accounts (siehe Benutzer-Accounts)
acctadm, Befehl (Solaris) 1138

acctcom, Befehl 446-448
accton, Befehl 1127
Achten auf Details 436
ACK-Flag 206
acledit, Befehl (AIX) 385
aclget, Befehl (AIX) 386
aclput, Befehl (AIX) 386
ACLs 382-392
    AIX 383-385, 387
    DNS 480
    Features 382
    FreeBSD 389
    HP-UX 387
    Implementierungen 382
    Linux 389
    POSIX 389
    Solaris 389
    Tru64 389
Address Resolution Protocol (ARP) 202
adduser, Befehl (FreeBSD) 280
adm, Benutzer 78
administrative Gruppen 253
administrative Tugenden 83, 436, 953, 1072
    vollständige Liste 1145
AdminSuite (Solaris) 24
admintool (Solaris) 23
    Drucker-Konfiguration 910
    Paketverwaltung 125
    serielle Schnittstellen 856
Adressierung, E-Mail 573
Adress-Matchlisten, DNS 480
Advanced Maryland Automated Network Disk
    Archive (siehe Amanda)
Aging, Passwort 310-311
AIT-Band 777

AIX 721
  Accounting 1126, 1132
  ACLs 383-385, 387
  alog-Einrichtung 150
  apply verglichen mit commit 128
  Bandlaufwerke 785
  Benutzer-Account-Attribute 283
  Benutzer-Account-Kontrollelemente 267
  Booten 144
  Bootlog-Datei 150
  Boot-Skripten 176
  Concurrent Group Set 251
  Dateisystem-Typen 677
  DHCP 223, 501
  Dienste deaktivieren 415
  Disketten 968
  Dynamische DNS-Updates 502
  Einbinden von Festplatten 722
  Ersetzen fehlerhafter Platten 725
  /etc/security, Verzeichnis 260
  Fehlerlog-Datei 116
  Festplatten-I/O 1077-1078
  gespiegelte Volumes 727
  Gruppenmenge 384
  im Voraus abgelaufene Passwörter 259
  Lage des Kernels 138
  Logische Volume Manager 721
  mkuser.sys-Skript 284
  Namen von Netzwerkschnittstellen 218
  Paketverwaltung 124, 128
  Passwort-History-Listen 319
  Passwortkontrolle 312-313
  Passwort-Trivialitätsprüfungen 316
  Real Group 251
  Ressourcenbeschränkungen 268, 1030
  Rollenbasierte Zugriffskontrolle 399-401
  Routing 496, 498
  Scheduler 1040-1041
  sekundäre Authentifizierungsprogramme 372
  sendmail und 596
  setpri, Systemaufruf 1034
  Sicherheitseinrichtungen 366
  SNMP 542
  Software-Archive 134
  statische Routen 233
  Striping verwendende Volumes 726
  Swap-Partitionen 686
  syslog-Erweiterungen 112
  Systemparameter, Tuning 1121-1122
  TCP/IP-Parameter 1091
  Tuning-Tools 1019
  /usr/samples/kernel, Verzeichnis 1040
  Virtual Memory Manager 1058-1060
  AIX Spooling-System 912-923
    Backend-Programm 913
    Daemon 913, 917
    Drucker einbinden 922
    entferntes (remote) Drucken 922
    Geräte 916, 920
    Job-Prioritäten 916
    Jobs zwischen Queues verschieben 915
    Queues verglichen mit Geräten 916
    Standard-Queue 914
    Starten und Anhalten 917
    Verwaltung von Jobs 914, 916
    Verwaltung von Queues 916
    virtuelle Drucker 918
  AIX-Befehle
    acledit 385
    aclget 386
    aclput 386
    backup 791
    Benutzer-Account-bezogene 282
    chdev 785, 1121
    chgroup 285
    chgsys 917
    chps 1071
    chque 921
    chquedev 921
    chuser 9, 274, 282, 312, 373
    crfs 723-725
    dadmin 503
    dhcpsconf 502
    Disketten 748
    enq 916
    extendvg 722
    grpck 426
    gruppenbezogene 285
    installp 124
    ipreport 527
    iptrace 527
    Logische Volume Manager 722-723, 726
    lsattr 785, 1121
    lsdev 722, 922
    lsfs 726
    lslpp 124
    lslv 726
    lsps 964, 1067

lspv 726, 964
lssrc 518
lsuser 9, 312
lsvg 721, 726
lsvirprt 920
mirrorvg 727
mkgroup 285
mklv 723, 727
mkps 1071
mksysb 822
mktcpip 219
mkuser 282, 284
mkvg 722
no 1091
piomkpq 921
pwdadm 304
pwdck 426
qadm 916
qcan 915
qchk 914
qhld 916
qmov 915
RBAC-bezogene 401
restvg 823
rmdev 922
rmgroup 285
rmps 1072
rmque 921
rmquedev 921
rmuser 285
savevg 823
schedtune 1040, 1058
setgroups 251
smit 19
smitty 21
snap 187
snmpinfo 537
startsrc 518
stopsrc 518
varyonvg 722
vmtune 1059-1060, 1077
wsm 21
AIX-Konfigurationsdateien
  /etc/dhcpcd.ini 224
  /etc/dhcprs.cnf 503
  /etc/dhcpsd.cnf 501
  /etc/environment 266
  /etc/filesystems 685, 756
  /etc/netsvc.conf 231

  /etc/qconfig 914, 918, 1140
  /etc/security/environ 263
  /etc/security/group 268
  /etc/security/limits 268, 1030
  /etc/security/login.cfg 241, 268-269, 372
  /etc/security/passwd 242
  /etc/security/roles 399
  /etc/security/user 268, 312, 373
  /etc/security/user.roles 400
  /etc/snmpd.conf 542
  /etc/swapspaces 686, 1069
  /usr/lib/security/mkuser.default 283
aktive SCSI-Terminatoren 699
Algorithmen, Routing 494
Aliase 262-263
Aliase, E-Mail 574, 595
Allen, Jeff 563
allgemein bekannte Ports (well-known ports) 203
Allman, Eric 592, 612
allmasquerade, sendmail-Feature 601
Almesberger, Werner 1023
alog-Einrichtung (AIX) 150
Alpha Linux 146
  Boot-Vorgang 1117
always_add_domain, sendmail-Feature 608
Amanda 805-818
  amanda.conf, Datei 815
  Backup-Strategie 806-808
  Bandlaufwerke und 814
  Client-Konfiguration 812
  Daemons 811
  Features 805
  Festplatten-Zwischenspeicher (holding disk) 815
  Gleichungen 809, 811
  inkrementelle Level 814
  Komponenten 811
  Konfigurationsdateien 811, 815
  Logging 817
  Medien und 814
  Parameter 806, 809, 811
  Reports 817
  Restore 818
  Serverkonfiguration 812, 814-815
  Utilities 811
amanda.conf, Konfigurationsdatei 815
anacron, Paket (Red Hat Linux) 97
Anführungszeichen, sendmail und 598
Angel Network Monitor, Paket 545-547

Anlegen von Benutzer-Accounts 276
Anomy Sanitizer, Paket 665-668
Anpassung des Boot-Vorgangs 176
Anrufer-Kennung (caller ID), Faxe und 866
APR-Protokoll 202
Äquivalenz auf Host-Ebene 408
Äquivalenz von Account-Leveln 408
Archive, Software 134
Area Border Router 495
A-Records, DNS 467, 470
arp, Befehl 204
Asimov, Issac 378
at, Befehl 1047
Atkins, E. Todd 123
Atkinson, Randall 369
Atomuhr, Desktop-PC 516
Attribute, Verzeichnisdienst 340
Aufmerksamkeit 953
Ausbildung von Benutzern 362, 374
Auslagerungsbereiche (siehe Pagingbereiche)
Ausschluss (exclusions), DHCP 499
Auswärtige Lagerung von Backups 775
Authentifizierung, Benutzer
    biometrische Geräte 367
    Dialup 336
    Einmal-Passwörter 369
    entfernter Zugriff und 407
    IMAP 589
    Kerberos 332
    OpenLDAP und 345-348
    PAM 326
    Samba 763-764
    sekundäre 372
    Smart-Cards 367
    Token 367
auths, Befehl (Solaris) 404
Automatisierung von Aufgaben 102, 952-1011
    Benutzer-Accounts anlegen 297
    C 987
    cron 96-108
    Expect, Paket 979
    interaktive Tools 979
    Perl, Paket 967
    Sicherheitsüberwachung 433
    Systemkonfiguration 990-1000
    Vorteile 952
automount-Daemon 761
automounter, NFS 759-761
autonome Systeme 494

Autorisierung
    AIX 399
    Solaris 402
autoritative Antworten, DNS 456
autoritative Nameserver, DNS 469
autoritative Zeit 512
awk, Befehl 81

B

Backström, Karl 505
backup (Gruppe) 401
backup, Befehl (AIX) 791
    ACLs und 387
Backups 785-794
    Amanda, Paket 805, 805-818
    Behandlung von Medien 774
    cpio und 788
    entfernte (remote) 775, 804
    Inhaltsverzeichnis 803-804
    inkrementelle 771, 789
    nach Inode 790
    kommerzielle Pakete 819
    lagern 774
    Level 771, 792
    Logdateien 121
    Mediatypen 776, 778-781, 783
    Medien sichern 364
    offene Dateien und 769
    permanente 775
    Planung 766, 768-772
    Sicherheit und 366
    speichern/lagern 773
    System-Dateisysteme 820-822
    tar und 786
    Typen 771
    Überwachung von Daten und 450
    unbeaufsichtigte 772
    Verifizierung 772
    vollständige 771
    Wiederherstellung aus 796-801
    Zeitplan 769
Bakterien-Angriffe 365
Balance 4, 64, 315, 695
Bänder 776, 778
    Dateien überspringen 795
    Daten-Inkompatibilitäten 802
    für Daten geeignete 777
    Gerätedateien 783, 785
    Nachteile 778

Retensioning 783
Utilities 794
Zugriff über das Netzwerk 805
zurückspulen 795
Bandlaufwerk
Standardlaufwerk 785
Bare Metal Recovery 820
bash 263
Aufrufoptionen 263
Initialisierungsdateien 260
batch, Befehl 1047
Batch-Prozesse 59
Batchsysteme 1047-1048
AIX 923
Befehle
a2ps 880
ac 1131
accept 897
acctadm (Solaris) 1138
acctcom 446-448
accton 1127
acledit (AIX) 385
aclget (AIX) 386
aclput (AIX) 386
adduser (FreeBSD) 280
Amanda 811
arp 204
at 1047
auf ein Verzeichnis beschränken 94
auths (Solaris) 404
awk 81
backup (AIX) 791
Band-bezogene 794
batch 1047
biff 670
boot0cfg (FreeBSD) 1103
Boot-Skripten 150
btcreate (Tru64) 826
cancel 894
cap_mkdb (FreeBSD) 270
catman 81
cd 40, 53
cdslinvchk (Tru64) 55
cfagent 992
cfdisk (Linux) 705
Cfengine 991
cfrun 1000
chacl (HP-UX) 388
chage (Linux) 304, 312

chargefee 1133
chdev (AIX) 785, 1121
chgroup (AIX) 285
chgrp 38
chgsys (AIX) 917
chmod 39, 43
chown 38
chpass (FreeBSD) 274, 282, 304, 312
chps (AIX) 1071
chque (AIX) 921
chquedev (AIX) 921
chroot 94
chsh 256
chuser (AIX) 9, 274, 282, 312, 373
cksum 432
configure 129
cp 92
cpio 92, 788
crfs (AIX) 723-725
crontab 101
crypt 393
dadmin (AIX) 503
Dateien und 63
dd 795
depmod (Linux) 1119
df 674, 1079
dhclient 225
dhcpconf (Tru64) 227
dhcpsconf (AIX) 502
dia (Tru64) 119
diff 92
dig 492
dircmp 92
disable 898
Disketten 748
disklabel (FreeBSD) 703, 743
dispadmin (Solaris) 1043, 1045
dmesg 115, 149
dnskeygen 483
dnssec-keygen 483
Druckbefehle 881
dsfmgr (Tru64) 964
du 674, 1079
dump 790
dxaccounts (Tru64) 294
dxkerneltuner (Tru64) 1045, 1104
e2fsadmin (Linux) 741
echo 96
edauth (Tru64) 312

edquota 1086-1087
eeprom (Solaris) 143
eject 752
enable 898
enq (AIX) 916
enscript 880
exportfs 758
extendvg (AIX) 722
fax2ps 865
faxaddmodem 862
faxadduser 869
faxadeluser 869
faxalter 865
faxcron 863
faxinfo 865
faxqclean 862
faxrm 865
faxsetup 862
faxstat 864
fbackup (HP-UX) 794
fdformat (Solaris) 748
fdisk (FreeBSD) 702
fdisk (Linux) 964
file 57
find 84
format (Solaris) 711-712
frecover (HP-UX) 801, 804
free (Linux) 1053
from 671
fsck 152, 433, 687-690
fstat (FreeBSD) 682
fuser 681
fverify (Tru64) 124
getacl (Tru64) 391
getdev (Solaris) 964
getent 347
getfacl (Linux) 391
getfacl (Solaris) 391
gfontview 949
gnoprm (Linux) 125
gpasswd (Linux) 280
gpg 395-396
gq 354
grep 81
group 248
groupadd 279
groupmod 279
growfs (FreeBSD) 704
grpck (AIX) 426

grub-install 1116
gv 880
hostname 204
hoststat 622
HylaFAX 862-865, 869
id 249
ifconfig 198, 217, 219
insmod (Linux) 1119
installp (AIX) 124
ioscan (HP-UX) 964
iostat 1073
ipreport (AIX) 527
iptrace (AIX) 527
kill 1030
killall 1032
kldstat (FreeBSD) 1102
kmtune (HP-UX) 1062
kmupdate (HP-UX) 1105
kstat (Solaris) 1064
ksysguard 1053
ksysv (Linux) 178
kuser 291
lanscan (HP-UX) 198
last 446
lastcomm 446, 448
LDAP 343
ldapadd 343
ldapsearch 343
limit 1028
ln 52
logger 115
lp 894
lpadmin 895, 899
lpalt (HP-UX) 901
lpana (HP-UX) 910
lpc 883-884
lpfence (HP-UX) 902
lpget (Solaris) 907
lpmove 897
lpq 881
lpr 881
lprm 881
lprsetup (Tru64) 891
lpset (Solaris) 907
lpstat 894-895
lptcontrol (FreeBSD) 891
lptest 880
lpusers (Solaris) 902-903
ls 37, 53, 56

lsacl (HP-UX) 387
lsattr (AIX) 785, 1121
lsdev (AIX) 722, 922
lsfs (AIX) 726
lslpp (AIX) 124
lslv (AIX) 726
lsmod (Linux) 1118
lsof (FreeBSD) 681
lsps (AIX) 964, 1067
lspv (AIX) 726, 964
lssrc (AIX) 518
lsusb (Linux) 874
lsuser (AIX) 9, 312
lsvg (AIX) 721, 726
lsvirprt (AIX) 920
lvcreate (HP-UX) 729
lvcreate (Linux) 740
lvdisplay (HP-UX) 730
lvlnboot (HP-UX) 729
m4 600
mailstats 621
make xconfig (Linux) 1108
make_recovery (HP-UX) 824
MAKEDEV 701
makemap 607
makewhat (Solaris) 81
makewhatis 81
man 79
md5sum (GNU) 432
mesg 14
metadb (Solaris) 735
metainit (Solaris) 735
metaparam (Solaris) 736
metareplace (Solaris) 737
metattach (Solaris) 736
mirrorvg (AIX) 727
mk_kernel (HP-UX) 1105
mkdir 90
mke2fs (Linux) 740
mkfile (Solaris) 1070
mkfs (Linux) 706-707
mkgroup (AIX) 285
mklv (AIX) 723, 727
mknod 700, 701
mkps (AIX) 1071
mkraid (Linux) 741
mkreiserfs (Linux) 709
mkswap (Linux) 1070
mksysb (AIX) 822

mktcpip (AIX) 219
mkuser (AIX) 282, 284
mkvg (AIX) 722
modinfo (Linux) 1118
modinfo (Solaris) 1120
modprobe (Linux) 1119
mount 680, 687, 756
mpage 880
mt 795
mtools 748
ndc 490
ndd 1091
net use (Windows) 761
netstat 232, 1089
nettl (HP-UX) 527
newaliases 576
newfs (FreeBSD) 703
newfs (HP-UX) 729
newfs (Solaris) 712-713
newgrp 249
newtask (Solaris) 1138
nfsstat 1093
ngrep 353
nmap 415
no (AIX) 1091
npasswd 317
nslookup 491
ntop 522
ntpd 516
ntpdate 515
ntpdc 515
ntpq 515
OpenLDAP 343, 347
opiekey 369
opiepasswd 369
pac 1140, 1142
pagesize 1052
passwd 259, 274, 304, 312
pax 790
periodic (FreeBSD) 104
pgp 395-396
ping 236, 522
piomkpq (AIX) 921
pkg_add (FreeBSD) 124
pkg_delete (FreeBSD) 125
pkg_info (FreeBSD) 124
pkgadd (Solaris) 124
pkgchk (Solaris) 124
pkginfo (Solaris) 124

pkgrm (Solaris) 125
plod 33
pmadm (Solaris) 853-854
pmbpage 880
Postfix 635
pr 880
printconfig (Tru64) 891
priocntl (Solaris) 1039, 1045
profiles (Solaris) 404
projadd (Solaris) 1137
projdel (Solaris) 1138
projects (Solaris) 1138
projmod (Solaris) 1138
prpwd (HP-UX und Tru64) 245
prtconf (Solaris) 1120
ps 1021, 1035
pstat (FreeBSD) 964, 1067
pstree 1023
ptree (Solaris) 1023
pump (Linux) 226
pvcreate (HP-UX) 728
pvcreate (Linux) 740
pvdisplay (HP-UX) 730
pwck 426
pwdadm (AIX) 304
pwdck (AIX) 426
qadm (AIX) 916
qcan (AIX) 915
qchk (AIX) 914
qhld (AIX) 916
qmov (AIX) 915
quot 1080
quotacheck 156, 1088
quotaoff 1087
quotaon 1087
raidstart (Linux) 741
raidstop (Linux) 741
reboot 184
redhat-config (Red Hat Linux) 25
redhat-config-users (Red Hat Linux) 291
reject 897
renice 1038
repquota 1088
resize_reiserfs (Linux) 710
resize2fs (Linux) 708
restore 798
restvg (AIX) 823
rmdev (AIX) 922
rmgroup (AIX) 285

rmmod (Linux) 1119
rmps (AIX) 1072
rmque (AIX) 921
rmquedev (AIX) 921
rmuser (AIX) 285
rmuser (FreeBSD) 282
rndc 490
roles (Solaris) 404
route 232
rpm (Linux) 124
rrdtool 559
sa 1128-1130
sacadm (Solaris) 852
sam (HP-UX) 21
sar 1073
savecore 155
savecrash (HP-UX) 155
savevg (AIX) 823
schedtune (AIX) 1040, 1058
scp 409
sendfax 863
setacl (Tru64) 391
setfacl (Linux) 391
setfacl (Solaris) 391
setgroups (AIX) 251
setld (Tru64) 124
sftp 409
showmount 758
shutdown 182-183
siggen 435
smbclient 764
smbstatus 763
smit (AIX) 19
smitty (AIX) 21
SMTP und ESMTP
snap (AIX) 187
snmp_request (Tru64) 537
snmpconf 538
snmpget 535
snmpinfo (AIX) 537
snmpset 536
snmptranslate 534
snmptrap 536
snmpwalk 536
snoop (Solaris) 527
ssh 409
startsrc (AIX) 518
stopsrc (AIX) 518
stty 835-836

sttydefs (Solaris) 855
su 7, 272
Suchpfade und 63
swap (Solaris) 964, 1067, 1072
swapinfo (HP-UX) 964, 1067
swapon 155, 964, 1067
swinstall (HP-UX) 124
swlist (HP-UX) 124
swremove (HP-UX) 124
sync 184
sysconfig (Tru64) 964, 1045, 1092, 1103, 1104
sysctl (FreeBSD) 964, 1061, 1091, 1102
sysdef (HP-UX) 1106
sysdef (Solaris) 1120
sysinstall (FreeBSD) 27
sysman (Tru64) 28
system_prep (HP-UX) 964, 1105
Systeminformation 964
tail 95
tar 91, 786
tcpdump 524
telinit 165
testparm 763
top 1025
traceroute 523
tripwire 435
tset 833
tty 830
tune2fs (Linux) 707
tunefs (FreeBSD) 704
Tuning 1018
ucomm.sh 1139
ufsdump (Solaris) 791
ulimit 1028
umask 46
umount 680, 687
upacct 1139
usbdevs (FreeBSD) 872
usbmodules (Linux) 874
useradd 276
userdel 279
usermod 274, 278, 304, 312
vacation 595, 670
varyonvg (AIX) 722
vgcreate (HP-UX) 728
vgcreate (Linux) 740
vgdisplay (HP-UX) 730
vgextend (HP-UX) 728
vgscan (Linux) 739

vigr (Linux) 247
vinum (FreeBSD) 744-746
vipw 156, 242
visudo 12
vmstat 1036, 1053-1055
vmtune (AIX) 1059-1060, 1077
vnconfig (FreeBSD) 1070
vncserver 32
vncviewer 32
volcheck (Solaris) 748
wall 14
wcomm.sh 1139
who 165
wiederholen 88
write 13
wsm (AIX) 21
xargs 88
xbiff 670
xferfaxstats 864
xjoin (Tru64) 510
xlock 8
xprm (Linux) 125
xstm (HP-UX) 118
xwd 880
yast2 (SuSE Linux) 26
yes 987
Behandlung von Krisen 5
Behandlung von Sicherheitslücken 440
Beharrlichkeit 1072
Bellovin, Steven M. 405, 416
Belt-and-Suspenders Firewall-Konfiguration 418
benannte Pipes 56
Benutzer
    ausbilden 362, 374
    Backups und 791
    besondere Wünsche 893
    E-Mail-Aspekte 579
    Interaktion mit 4
    Kommunikation mit 13, 188
    Sicherheitsbewusstsein 361-362
    wenn sie das Unternehmen verlassen 302
Benutzer-Accounts
    Attribute 239, 267-272
    automatische Deaktivierung 311
    benutzereigene Gruppen (UPGs) 247-248
    deaktivieren 273
    Definition 238
    dynamische Gruppenmitgliedschaft 248

eingeschränkte (restricted) Shell 257
GECOS-Feld 240
Gruppen und 239
Gruppenmitgliedschaft 246
hinzufügen 254, 276
Home-Verzeichnisse 240, 259, 266, 333
in den Ruhestand versetzen 274
Initialisierungsdateien 259, 261
Klassen (FreeBSD) 269
Kontrollelemente 267-272, 333
Konvertieren nach OpenLDAP 346
Locking 273
Login-Shells 241, 256
löschen 274, 279
maximale Anzahl von Gruppen 247
modifizieren 278
nobody 253
Passwortdatei 239
Passwörter 259, 267, 298-325
primäre Gruppe 249
Projekte (Solaris) 1137
Ressourcenbeschränkungen 267, 332
root 10
Sicherheitsaspekte 365
Standard 252
Standardattribute 278
System 252
testen 272
Tools zur Verwaltung 275-297
Verfallsdatum 312
Benutzer-Authentifizierung (siehe Authentifizierung)
benutzereigene Gruppen 247-248
Benutzer-ID (siehe UID)
Benutzernamen 238-239
Bequemlichkeit 359
Berkeley Internet Name Domain (siehe BIND)
Besitzrechte von Dateien 37
Bibliotheken, Media-Bibliotheken 781
biff, Befehl 670
Big Endian 802
BIND 455, 457, 459-460
   Version 8 459
   Version 9 459, 467, 477-478, 485-486
   Versionen 458, 468
binlogd-Daemon (Tru64) 119
biod-Daemon 754
biometrische Geräte 367

BIOS 137
BITNET 361
blacklist_recipients, sendmail-Feature 614
blockorientierte Gerätedateien 51, 68
Boleyn, Erich 1114
boot0cfg, Befehl (FreeBSD) 1103
/boot, Verzeichnis (Linux) 75
/boot/grub/grub.conf, Konfigurationsdatei (Linux) 1115
/boot/loader.conf, Konfigurationsdatei (FreeBSD) 1102
boot.message, Konfigurationsdatei (Linux) 1114
Boot-Programm 137
Boot-Skripten 140, 150
   AIX 176
   BSD-Stil 163
   Daemons starten in 157
   deaktivieren 178
   erweitern 177
   Linux 175
   modifizieren 179
   rc* 166, 170
   S- und K-Dateien 171
   Solaris 174
   System V-Stil 164, 170
   Tru64 175
   Verzeichnisse für 166
Bootvorgang
   anpassen 176
   Daemons starten 157
   DNS und 461
   Einzelbenutzer-Modus 140
   Fehler beim 189
   Konfiguration der Netzwerkschnittstelle 219
   Mehrbenutzer-Modus 139
   Meldungen 148
   Netzwerk und 159
   Phasen 137, 140, 148
   Skripten 140
   teilweise deaktivieren 178
   von CD-ROM 144-145, 147
   von Hand 143
Bound-Checks 357
Bourne-Again-Shell (siehe bash)
Bourne-Shell 259
   Beispiel-Skripten 953-960, 965-966
Braun, Rob 412
Breakout-Box 858

Bridges 215
Broadcast-Adressen 209
btcreate, Befehl (Tru64) 826
Buffer-Cache 1057
Bugs 358, 405
Bundles (HP-UX) 127
Burgess, Mark 990
bzip2, Paket 132

C

C2, Sicherheitslevel 243
Cables to Go 842
als Cache arbeitende Nameserver, DNS 457
Cache, DNS 456
cancel, Befehl 894, 897
cap_mkdb, Befehl (FreeBSD) 270
Carnegie Mellon University 532, 589
Carrier Sense 199
Carrier Sense Multiple Access/Collision Detection (CSMA/CD) 199
Cäsium 133 512
catman, Befehl 81
cbw, Paket 393
cd, Befehl 40
    symbolische Links und 53
CDE (Common Desktop Environment) 263
CD-ROM 750, 752
    als Backup-Medium 779
    mounten 750
cdslinvchk, Befehl (Tru64) 55
CERT 406
cfagent, Befehl 992
cfdisk, Befehl (Linux) 705
Cfengine 990-1000
    Aktionen 993, 995
    automatisieren 1000
    Befehle 991
    Daemons 999-1000
    Fähigkeiten 990
    Klassen 996, 998-999
    Konfigurationsdateien 991, 999
cfexecd-Daemon 1000
cfrun, Befehl 1000
chacl, Befehl (HP-UX) 388
chage, Befehl (Linux) 304, 312
chargefee, Befehl 1133
chdev, Befehl (AIX) 785, 850, 1121
Cheswick, William R. 416
chgroup, Befehl (AIX) 285

chgrp, Befehl 38
chgsys, Befehl (AIX) 917
Child-Prozess 61
chmod, Befehl 39, 43
    ACLs und 387, 389
chown, Befehl 38
chpass, Befehl (FreeBSD) 274, 282, 304, 312
chps, Befehl (AIX) 1071
chque, Befehl (AIX) 921
chquedev, Befehl (AIX) 921
chroot, Befehl 94
    Postfix 647
    sendmail und 619
chsh, Befehl 256
chuser, Befehl (AIX) 9, 274, 282, 312, 373
    Rolle, zuweisen mit 401
CIDR (Classless Inter-Domain Routing) 211
CIFS-Protokoll 761
cksum, Befehl 432
classes, Benutzer-Account (FreeBSD) 282
Classless Inter-Domain Routing (siehe CIDR)
Clock-Drift 513
CNAME-Hack, DNS 473
CNAME-Records, DNS 467, 470
COAST-Projekt 434
Common Desktop Environment (CDE) 263
Common Internet File System-Protokoll (CIFS) 761
Common Unix Printing System (siehe CUPS)
Community-Namen, SNMP 532
Computer Emergency Response Team (CERT) 406
Computer Incident Advisory Capability (CIAC) 406
comsat, Dienst 670
Concurrent Group Set (AIX) 251
confCON_EXPENSIVE-Makro 623
confDEF_USER_ID-Makro 617
confHOST_STATUS_DIRECTORY-Makro 622
configuration files
    /etc/sysconfigtab (Tru64) 685
configure, Utility 129
confMAX_DAEMON_CHILDREN-Makro 623
confMAX_MESSAGE_SIZE-Makro 623
confMIN_FREE_BLOCKS-Makro 623
confMIN_QUEUE_AGE-Makro 623
confPRIVACY_FLAGS-Makro 618
confQUEUE_LA-Makro 623
confREFUSE_LA-Makro 623

confSAFE_FILE_ENV-Makro 605
confSERVICE_SWITCH_FILE-Makro 611
confTO_parameter-Makro 624
CONNECTION_RATE_THROTTLE-Makro 623
Controller-Drive-Section Identifier 68
CONT-Signal 1033
coolmail, Paket 670
Coordinated Universal Time (UTC) 512
Coppit, David 671
COPS, Paket 437-438
Copy-on-Write 1051
Core-Dateien, Größe beschränken 1029
cp, Befehl 92
cpio, Befehl 92, 788-789
    Restore-Operationen 796
C-Programme 987
CPU-Ressourcen 1033-1048
crack, Paket 322
Crashdumps 154, 187
crfs, Befehl (AIX) 723-725
Cricket, Paket 563-566
    Ausgabe 565
    Komponenten 564
    konfigurieren 564-565
    RRDtool und 563
    Ziele 565
cron 96-108, 1047
    aktivieren 97
    BSD verglichen mit System V 98
    cron.allow und cron.deny, Dateien 107
    crontab-Dateiformat 98
    crontab-Einträge, Beispiele 99
    konfigurieren 98
    Logdateien 97, 102
    PID-Datei 97
    Sicherheit 107
    Speicherort der Dateien 97
    Verbesserungen (FreeBSD und Linux) 100
    Zugriffskontrolle 107
crontab, Befehl 101
crypt, Befehl 393
C-Shell 259
    Beispielskripten 961-964
    .cshrc-Dateien 260
    Beispiel 262
CUPS 940-944
    Architektur 941
    Konfigurationsdatei 942
    Verwaltung von Druckern und Queues 941
    Zugriffskontrolle 943
cw-Datei, sendmail 601
Cyrus 589, 602, 618

D

da Silva, James 805
dadmin, Befehl (AIX) 503
Daemons 59
    Amanda 811
    automount 761
    beim Booten gestartete 157
    binlogd (Tru64) 119
    biod 754
    cfexecd 1000
    cfservd 999
    cron 97
    deaktivieren 414
    DHCP 223, 500
    dhcpd 503
    dhcrelay 504
    DNS 455
    errdaemon (AIX) 116
    faxgetty 862
    gated 496
    getty 847
    IMAP 588
    inetd 410
    init 139
    Liste der 60
    lockd 754
    lpd 884
    lpsched 898
    mgetty (Linux) 849
    mountd 754
    named 455, 460-491
    netsaint 548
    Netzwerk 159, 202
    NFS 159, 754
    nfsd 754
    nfsiod 754
    NTP 515
    PID-Dateien 78
    POP 588
    portmap 754
    Postfix 632, 634
    qdaemon (AIX) 913
    rmt 805

routed 495-496
rpc.lockd 754
rpc.mountd 754
rpc.nfsd 754
rpc.statd 754
sac (Solaris) 851
schützen 410
sendmail 594, 596, 619
sftp-server 409
sichere Versionen 351-352
slapd 339, 352
smtpd 572
smtpfwdd 572-573
snmpd 537
snmptrapd 540
SRC und (AIX) 159
sshd 409
statd 754
syslogd 108
tcpd 410-411
vold (Solaris) 748
xinetd 412
Darmohray, Tina 1143
Darrah, Byron C. 670
Datagramme 201
DAT-Band 777
Dateien 36-57
   Accounting 1124, 1132
   Arten von 56
   Befehl, Beziehung zu 63
   benannte Pipes 56
   Besitzrechte 37
   Boot-Skripten 140
   core 1029
   DHCP-Leases 223
   Eigentümer 37
   Fontdateien 946
   Gerätedateien 51, 69
   Gruppe 239
   Gruppen-Eigentümer 37
   identifizierende Dateitypen 56
   Include-Dateien 76
   Initialisierung des Benutzer-Accounts 259
   Initialisierung über Schablonen 260
   Inodes 50
   Links 52
   Logdateien 78, 120, 1083
   lokalisieren 84
   Löschen ungewöhnlicher 93

Modi 39, 41, 45, 47
offene 681
Paging 1069
Passwort 239, 252
PostScript 880
Prüfsummen, berechnen 432
Rotation von Logdateien 122
Schutz 39, 43, 377
Shadow-Passwort 239
sichern 121
Sockets 56
statische Routen 233, 235
symbolische Links 52
systemweite Login-Initialisierung 265
Überwachung von Logdateien 123
Zugriff 41
(siehe auch Konfigurationsdateien)
Dateisysteme 152
   administrieren 672
   Arten 673
   Backup von System-Dateisystemen 820-822
   Backups von 790
   entfernte 753
   erweitern 704, 708, 710, 736
   exportieren 756, 762
   ext3 (Linux) 706
   Fragmentierung 1077
   gemeinsame Nutzung 753
   Geschichte 673-675
   Inodes 50
   Integrität 184, 687-690
   Journaling 675
   Konfigurationsdatei 682
   mounten 75
   Mounten entfernter Dateisysteme 754, 756
   Mounten und Unmounten 677, 679
   NFS-Optionen 755
   offene Dateien und 681
   Optionen 683, 755
   Partitionen und 66
   Platz verwalten in 120
   /proc 1026-1027, 75
   Quotas 156, 1084-1089
   Regeneration 714
   Reiser (Linux) 709
   root 36, 72
   Samba und 764
   SMB 764

Speicher-Datencache 1057
Standardtypen 676-677
überwachen 428
Verwaltung von Nutzungsgraden 1081-1089
Vorbereitung beim Booten 151
Dateisystem-Paging 1069
Datenbank-Engines 339
   sendmail 608
Daten-Inkompatibilitäten 802
Datenverkehr (traffic), Netzwerk 520-521
dd, Befehl 795
DDS-Band 777
Deaktivierung von Benutzer-Accounts 273-274, 311
Deaktivierung von Meldungen 14
Debugging (siehe Fehlersuche)
Debug-Modus 357
DeJong, Scott 487
Delivery Agents, E-Mail 569
Demand Paging 1051
Denial-Of-Service-Angriff 359
depmod, Befehl (Linux) 1119
Deraison, Renaud 440
Deri, Luca 522
Desktop-Initialisierungsdateien 263-264
Details, achten auf 436
/dev, Verzeichnis 51, 73
/devices, Verzeichnis (Solaris) 51
df, Befehl 674, 1079
dhclient, Befehl 225
DHCP 221-227, 498-511
   aktivieren 223, 500
   Ausschluss (exclusions) 499
   Clientkonfiguration 221-227
   Daemons 223, 500
   Dynamische DNS-Updates 477-479, 502, 505
   Geltungsbereiche (Scopes) 499
   ISC-Version (Internet Software Consortium) 225, 503
   Konfigurationsdateien 223, 500
   Leases 221
   Leases-Dateien 223, 501
   Relay-Server 500, 503
   Reservierungen) 499
   Server-Executables 500
   Serverkonfiguration 498-511
   Subnetze und 499
dhcpconf, Befehl (Tru64) 227

dhcpd-Daemon 503
dhcpsconf, Befehl (AIX) 502
dhcrelay-Daemon 504
dia, Befehl (Tru64) 119
Dialup-Netzwerk 195
Dialup-Passwörter 370
   PPP und 372
Dictionary-Angriffe 299, 316
Diebstahl 364
Dienste
   Netzwerk 202
   Portnummer-Zuweisungen 203
Dienste, PAM 326
diff, Befehl 92
dig, Befehl 492
Digital Linear Tape (DLT) 777
digitale Signaturen 394
dircmp, Befehl 92
Direct Inward Dial (DID) 866
Direct Number Identification Service (DNIS) 866
disable, Befehl 898
disklabel, Befehl (FreeBSD) 703, 743
Disk-Quotas 156, 1084-1089
   feste (hard) verglichen mit weichen (soft) Limits 1084
   bei Gruppen 1088
   Reports 1088
Disk-Striping 717
   Performance 1076
dispadmin, Befehl (Solaris) 1043, 1045
Distanzvektor-Routing-Algorithmen 494
Distinguished Name (dn) 340
Distributed Queueing System (DQS) 1048
Distribution Nameserver, DNS 456
DLT-Band 777
dmesg, Befehl 115, 149
dnl 598
DNS 229-230, 451-493
   AAAA-Records 467, 471
   absolute Hostnamen 468
   ACLs 480
   Adress-Matchlisten 480
   aktivieren 461
   Aktualisierung von Slave-Servern 476-477, 479-480
   A-Records 467, 470
   autoritative Antworten 456
   autoritative Nameserver 469

Beschränkungen für Domainnamen 454
BIND 455
Cache 456
als Cache arbeitende Nameserver 457
Cache-Lebensdauer negativer Anfragen 469
Clientkonfiguration 229
CNAME-Records 467, 470, 473
Direktiven 467
Distribution Nameserver 456
DNSSEC 485
dynamische Updates von DHCP 477-479
Fehlermeldungen 488-489
Fehlersuche 491
Forwarder 457, 475
gängige Fehler 470, 472
$GENERATE-Direktive 474
Glue-Records 473
inkrementelle Zonentransfers 479-480
IPv6-Adressen und 467
Konfigurationsdateien 460
Logging 464, 488-489
Master-Nameserver 456, 462
MX-Records 467
named-Daemon 455
Namensraum 452
Nameserver-Typen 455
Nameservice-Switch-Datei 230
NS-Records 467
nur weiterleitende (forward-only) Nameserver 457
Performance 1092
Postfix und 639
primäre Nameserver 456
PTR-Records 467, 470
Refresh-Periode 468
rekursive Queries verglichen mit nicht-rekursiven 455
Resolver 229, 231
Resource-Records 466
Reverse-Zone-Dateien 470
Root-Hints-Datei 466
sekundäre Nameserver 456
sendmail und 605
Seriennummern 468
Serverkonfiguration 460-491
sicheres (secure) 482
Sicherheit 487
Sicherheit, Ausblick 484
Slave-Nameserver 456, 463

SOA-Records 467
Split DNS 486
SRV-Records 467, 470
Stealth-Nameserver 456
Stub-Nameserver 456
Subdomains 472-473
Subnetze und 471
Timeout-Periode 468
Top-Level-Domains 452-453
$TTL-Direktive 467
TTL-(time-to-live)-Wert 466
Views 486
Wiederholungs-Intervall 469
Zeitspanne für Verfall der Daten 469
Zonen 455, 462
Zonendateien 466
Zonentransfers 476
dnsbl, sendmail-Feature 613
dnskeygen, Befehl 483
dnssec-keygen, Befehl 483
DNS-Sicherheitserweiterungen (DNSSEC) 485
Dokumentation 1011
Domain Name System (siehe DNS)
Domain-Hierarchie, DNS 452
DOMAIN-Makro 600
Domainnamen 454
DOS Master Boot Program (siehe MBR)
Drucken
 AIX (siehe AIX-Spooling-System)
 aktivieren 879
 Benutzer-Utilities 880, 894
 BSD-Stil (siehe LPD Spooling-System)
 entfernt 879, 889, 905
 Fehlersuche 924-926
 Filter 888
 Fonts und 950
 ifhp-Filter 937
 Jobs verwalten 881-882, 896
 Konfigurationsdateien 879
 Queues verwalten 883-884, 897-898
 Subsystem-Komponenten 878
 System V-Stil (siehe System V Spooling-System)
 (siehe auch CUPS; LPRng)
Drucker
 Accounting 1125, 1140-1142
 einbinden 890-891, 906, 922
 entferntes (remote) Drucken 922
 Gerätedateien 879

Geräteklassen 900
mit Windows 2000 gemeinsam nutzen 927
Schnittstellen 900, 903
serielle 879
Standarddrucker 881, 894, 914
starten und stoppen 884
testen 880
USB 870, 872
Verwaltung von Jobs 914, 916
virtuelle (AIX) 918
Zugriffskontrolle 888
dsfmgr, Befehl (Tru64) 964
.dtprofile, Datei 263
du, Befehl 674, 1079
dump, Befehl 790-794
    Backup-Level 792
    entfernte (remote) Backups 805
    /etc/fstab und 683
    Hersteller-Versionen 791
    Restores 797
Durchschnittslast 1020
DVDs
    als Backup-Medium 779
    Schreibtechnologien 779
dxaccounts, Befehl (Tru64) 294
dxkerneltuner, Befehl (Tru64) 1045, 1104
Dynamic Host Configuration Protocol (siehe DHCP)
dynamisch allozierte Ports 203
dynamische Gruppenmitgliedschaft 248
dynamische IP-Adressierung 221
dynamische Updates, DHCP an DNS 477-479, 505
dynamisches Routing 494

E

e2fsadmin, Befehl (Linux) 741
echo, Befehl 96
edauth, Befehl (Tru64) 312
EDITOR, Umgebungsvariable 242
edquota, Befehl 1086-1087
eeprom, Befehl (Solaris) 143
EGID (effektive Gruppen-ID) 61, 380
Einarsson, Bjarni 665
Einbettung von Wörtern 301
Eindringlinge (intruders) 450
eingeschränkte (restricted) Shells 257, 604
eingeschränkte Benutzer-Accounts 257

Einmal-Passwörter (OTP) 368-370
Einrichtungen (syslog) 109
Einstellung (Haltung) 129, 568
Einstellungen 4, 315, 359, 864
Einträge, Verzeichnisdienst 340
Einzelbenutzer-Modus
    Passwortschutz 142
    Runlevel für 164
eject, Befehl 752
Elkins, Michael 583
elm, Paket 581
Elternprozess 61
emacs (GNU) 93
E-Mail 568-671
    Abbildung von Adressen 607
    Access Agents 570, 586-592
    Adressierung 573
    Aliases 574, 595
    automatisch aussortieren 658
    Delivery Agents 569
    empfangen 650
    filtern 654
    IMAP 587-589
    Mailinglisten 575
    Masquerading 601, 638
    MX-Records und 573
    Nachrichtenspeicher 570
    PAM und 333
    PGP und 584, 586
    POP 587-589
    Queue, Verzeichnis 576
    Relaying 606, 612
    Retrieval Agents 569
    Richtlinien 579
    schwarze Listen 613
    Shells und 578
    Signieren, digital 394
    SMTP-Proxy 572
    sortieren 657
    Spam unterdrücken 611, 642, 654, 662-664
    Spool-Verzeichnisse 572
    Submission Agents 580
    Transport Agents 569, 592-650
    Übersicht 568
    Umleitung 609
    Urlaub und 670
    User Agents 568, 580-586
    Verschlüsselung 394, 584

virtuelle Domains 610, 641-642
Weiterleitung (forwarding) 577-578
Zustellungsprozess 571, 578, 634
enable, Befehl 898
Enigma-Maschine 393
enq, Befehl (AIX) 916
enscript, Befehl 880
entfernte Systemadministration
    AIX 21
    HP-UX 23
    Solaris 24
entfernter Zugriff 407
entferntes Drucken 889, 905, 922
    Samba 926
    Windows 2000 926
epm, Paket 124
Erkennung des Normalzustands 1015
Erkennung von Sicherheitsproblemen 425
errdemon-Daemon (AIX) 116
Erreichbarkeits-Informationen, Routing 494
erweiterte C-Shell (tcsh) 259
erweiterte Zugriffsrechte (AIX) 383
erzwungene Passwort-Änderung 303
erzwungene perfekte Terminierung 699
ESMTP (siehe SMTP)
/etc, Verzeichnis 74
/etc/adduser.conf, Konfigurationsdatei (FreeBSD) 281
/etc/adduser.message, Konfigurationsdatei (FreeBSD) 281
/etc/aliases, Konfigurationsdatei 574
    Mailinglisten in 575
    referenzierte Dateien 576
/etc/auth, Verzeichnis 75
/etc/binlog.conf, Konfigurationsdatei (Tru64) 119
/etc/bootptab, Konfigurationsdatei (HP-UX) 507
/etc/cron.*, Verzeichnisse (Linux) 107
/etc/cron.allow 107
/etc/cron.deny, Konfigurationsdateien 107
/etc/cups/cupsd.conf, Konfigurationsdatei 942
/etc/default, Verzeichnis 74
    Solaris 173-174
/etc/default/dhcpagent, Konfigurationsdatei (Solaris) 227
/etc/default/login, Konfigurationsdatei (Solaris) 271
/etc/default/passwd, Konfigurationsdatei (Solaris) 320

/etc/defaultrouter, Konfigurationsdatei (Solaris) 234
/etc/default/su, Konfigurationsdatei (Solaris) 8
/etc/default/sulogin, Konfigurationsdatei (Solaris) 142
/etc/default/tar, Konfigurationsdatei 788
/etc/dfs/dfstab, Konfigurationsdatei (Solaris) 759
/etc/dhclient.conf, Konfigurationsdatei
    FreeBSD 225
    ISC DHCP 225
/etc/dhcpcd.ini, Konfigurationsdatei (AIX) 224
/etc/dhcpd.conf, Konfigurationsdatei 503
/etc/dhcprs.cnf, Konfigurationsdatei (AIX) 503
/etc/dhcpsd.cnf, Konfigurationsdatei (AIX) 501
/etc/dhcptab, Konfigurationsdatei (HP-UX) 506
/etc/dialups, Konfigurationsdatei 371
/etc/d_passwd, Konfigurationsdatei 371
/etc/dumpdates, Konfigurationsdatei 792
/etc/environment, Konfigurationsdatei (AIX) 266
/etc/exports, Konfigurationsdatei 756
/etc/filesystems, Konfigurationsdatei (AIX) 685
    NFS-Einträge 756
    Quotas und 1086
/etc/fstab, Konfigurationsdatei 682-684
    Auslagerungsbereiche in 1068
    NFS-Einträge 755-756
    Quotas und 1085
    SMB-Dateisystem-Einträge 765
/etc/gated.conf, Konfigurationsdatei 497
/etc/gateways, Konfigurationsdatei 495
/etc/gettydefs, Konfigurationsdatei 848
/etc/gettytab, Konfigurationsdatei (FreeBSD) 846
/etc/group, Konfigurationsdatei 239, 246
/etc/gshadow, Konfigurationsdatei (Linux) 239, 249
/etc/host.conf, Konfigurationsdatei (FreeBSD) 231
/etc/hostname.*, Konfigurationsdateien (Solaris) 220
/etc/hosts, Konfigurationsdatei 228
    Solaris-Version 229
/etc/hosts.equiv, Konfigurationsdatei 406
/etc/hosts.allow, Konfigurationsdateien 411
/etc/hosts.deny 411
/etc/ifhp.conf, Konfigurationsdatei 937
/etc/inetd.conf, Konfigurationsdatei 410, 412
/etc/inet/netmasks, Konfigurationsdatei (Solaris) 219
/etc/init.d, Verzeichnis 74

/etc/inittab, Konfigurationsdatei 167
  Einträge für Terminalleitungen 846
  Stromausfall-Einträge 187
/etc/issue, Konfigurationsdatei 15, 331
/etc/join/client.pcy, Konfigurationsdatei (Tru64) 227
/etc/join/dhcpcap, Konfigurationsdatei (Tru64) 509
/etc/join/nets, Konfigurationsdatei (Tru64) 509
/etc/join/server.pcy, Konfigurationsdatei (Tru64) 509
/etc/login.access, Konfigurationsdatei (FreeBSD) 269
/etc/login.conf, Konfigurationsdatei (FreeBSD) 269, 317
/etc/login.defs, Konfigurationsdatei (Linux) 271, 317, 320
/etc/logingroup, Konfigurationsdatei (HP-UX) 250
/etc/logrotate.conf, Konfigurationsdatei (Linux) 122
/etc/lpd.conf, Konfigurationsdatei 933
/etc/lpd.perms, Konfigurationsdatei 933, 938, 940
/etc/mail, Verzeichnis 595
/etc/mail/local-host-names, Konfigurationsdatei 601, 607
/etc/mail.rc, Konfigurationsdatei 582
/etc/manpath.config, Konfigurationsdatei (Linux) 80
/etc/master.passwd, Konfigurationsdatei (FreeBSD) 242-243, 312
/etc/modules.conf, Konfigurationsdatei (Linux) 1119
/etc/motd, Konfigurationsdatei 15, 331
/etc/named.conf, Konfigurationsdatei 461
  Optionslisten 464-465
/etc/netsvc.conf, Konfigurationsdatei (AIX) 231
/etc/newsyslog.conf, Konfigurationsdatei (FreeBSD) 121
/etc/nodename, Konfigurationsdatei (Solaris) 221
/etc/nologin, Konfigurationsdatei 329
/etc/nsswitch.conf, Konfigurationsdatei 230
  OpenLDAP und 347
/etc/ntp.conf, Konfigurationsdatei 514
/etc/ntp.keys, Konfigurationsdatei 515
/etc/objrepos, Verzeichnis (AIX) 74
/etc/openldap, Verzeichnis 339
/etc/openldap/ldap.conf, Konfigurationsdatei 347
/etc/openldap/schema, Verzeichnis 341
/etc/openldap/slapd.conf, Konfigurationsdatei 341-342
/etc/opieaccess, Konfigurationsdatei 370
/etc/pam.conf, Konfigurationsdatei 327
/etc/pam.d, Verzeichnis 326
/etc/passwd, Konfigurationsdatei 239
/etc/periodic/security, Verzeichnis (FreeBSD) 366
/etc/postfix, Verzeichnis 636
/etc/printcap, Konfigurationsdatei 885-887
  Accounting und 1140
  LPRng-Version 933-936
/etc/printers.conf, Konfigurationsdatei (Solaris) 907
/etc/procmailrc, Konfigurationsdatei 656
/etc/profile, Datei 265
  Beispiel 265
/etc/profile.d, Verzeichnis (Red Hat Linux) 265
/etc/project, Konfigurationsdatei (Solaris) 1137
/etc/protocols, Konfigurationsdatei 203
/etc/qconfig, Konfigurationsdatei (AIX) 914, 918-919
  Accounting und 1140
/etc/raidtab, Konfigurationsdatei (Linux) 742
/etc/rc.conf, Konfigurationsdatei (FreeBSD) 174
/etc/rc.config, Konfigurationsdatei
  SuSE Linux 7 174
  Tru64 142, 174
/etc/rc.config.d, Verzeichnis (HP-UX) 174
/etc/rc.config.d/netconf, Konfigurationsdatei (HP-UX) 219
/etc/rc*.d-Verzeichnisse 74
/etc/resolv.conf, Konfigurationsdatei 229
  DNS-Performance und 1093
/etc/rmmount.conf, Konfigurationsdatei (Solaris) 752
/etc/rmtab, Konfigurationsdatei 758
/etc/rndc.conf, Konfigurationsdatei 491
/etc/routes, Konfigurationsdatei (Tru64) 235
/etc/saf/_sactab, Konfigurationsdatei (Solaris) 851
/etc/sanitizer.cfg, Konfigurationsdatei 665
/etc/securetty, Konfigurationsdatei 333
/etc/security, Verzeichnis
  AIX 74, 260
  PAM 327

/etc/security/auth_attr, Konfigurationsdatei (Solaris) 401
/etc/security/environ, Konfigurationsdatei (AIX) 263
/etc/security/exec_attr, Konfigurationsdatei (Solaris) 403
/etc/security/group, Konfigurationsdatei (AIX) 268
/etc/security/limits, Konfigurationsdatei (AIX) 268, 1030
/etc/security/login.cfg, Konfigurationsdatei (AIX) 241, 268-269, 372
/etc/security/passwd, Konfigurationsdatei (AIX) 242
/etc/security/prof_attr, Konfigurationsdatei (Solaris) 402
/etc/security/roles, Konfigurationsdatei (AIX) 399
/etc/security/user, Konfigurationsdatei (AIX) 268, 312, 373
/etc/security/user.roles, Konfigurationsdatei (AIX) 400
/etc/services, Konfigurationsdatei 203
/etc/shadow, Konfigurationsdatei 239, 242
/etc/shells, Konfigurationsdatei 241, 256
　E-Mail und 578
/etc/shutdown.allow, Konfigurationsdatei (HP-UX und Linux) 183
/etc/skel, Verzeichnis 260
/etc/SnmpAgent.d/snmpd.conf, Konfigurationsdatei (HP-UX) 541
/etc/snmp/conf, Konfigurationsdatei (Solaris) 542
/etc/snmpd.conf, Konfigurationsdatei (AIX) 542
/etc/snmpd.conf, Konfigurationsdatei (Tru64) 543
/etc/ssh/sshd_config, Konfigurationsdatei 409
/etc/sudoers, Konfigurationsdatei 11
/etc/svc.conf, Konfigurationsdatei (Tru64) 231
/etc/swapspaces, Konfigurationsdatei (AIX) 686, 1069
/etc/sysconfig, Verzeichnis (Linux) 174, 74
/etc/sysconfigtab configuration files (Tru64) 685
/etc/sysctl.conf, Konfigurationsdatei (FreeBSD) 1061
/etc/syslog.conf, Konfigurationsdatei 109
　cron und 102
/etc/system, Konfigurationsdatei (Solaris) 964, 1120
/etc/termcap, Konfigurationsdatei 830
/etc/ttydefs, Konfigurationsdatei (Solaris) 854
/etc/ttys, Konfigurationsdatei (FreeBSD) 142, 844, 858
/etc/usbd.conf, Konfigurationsdatei (FreeBSD) 872
/etc/user_attr, Konfigurationsdatei (Solaris) 403
/etc/vfstab, Konfigurationsdatei (Solaris) 685
　Auslagerungsbereiche in 1068
　NFS-Einträge 755
/etc/vold.conf, Konfigurationsdatei (Solaris) 751
/etc/xinetd, Konfigurationsdatei 412
Ethernet 196, 198
　Charakteristika 197
　Stecker 196
Ethik 416, 580
EUID (effektive Benutzer-ID) 61, 380
Event-Auditing 448-450
exec, fork und 61
Expect 979-987
　Beispiele 516
Experimentator-Effekt 1019
Export von Dateisystemen 756, 762
exportfs, Befehl 758
EXPOSED_USER-Makro 602
ext3, Dateisystem (Linux) 706
extendvg, Befehl (AIX) 722
Extents 715

F

Fähigkeiten (Linux und FreeBSD) 399
falsch schreiben (Passwörter) 301
Farmer, Dan 406, 437, 439
Fast File System (FFS) 674
　Soft Updates 675-676
Fast-paths bei SMIT (AIX) 20
Faulheit 953
fax2ps, Befehl 865
faxaddmodem, Befehl 862
faxadduser, Befehl 869
faxalter, Befehl 865
faxcron, Befehl 863
faxdeluser, Befehl 869
Faxe (siehe HylaFAX)
faxgetty-Daemon 862
faxinfo, Befehl 865
faxqclean, Befehl 862
faxrm, Befehl 865
FAXSERVER, Umgebungsvariable 863
faxsetup, Befehl 862

faxstat, Befehl 864
fbackup, Befehl (HP-UX) 794
fdformat, Befehl (Solaris) 748
fdisk, Befehl
   DOS 1117
   FreeBSD 702
   Linux 964
FEATURE-Makros 600
   access_db 614
   allmasquerade 601
   always_add_domain 608
   blacklist_recipients 614
   dnsbl 613
   generics_entire_domain 608
   genericstable 607
   ldap_routing 608
   local_lmtp 604
   masquerade_envelope 601
   msp 620
   nocanonify 605
   nullclient 605
   redirect 609
   relay_entire_domain 605
   smrsh 604
   use_cw_file 601
   virtusertable 610
   Zusammenfassung 629-631
Fehler, gängige 470, 472
Fehlersuche
   Abstürze (Crash) 186
   Boot-Probleme 189
   Dateizugriff 48
   DNS 491
   Drucken 924-926
   Hardware-Fehler 189
   Netzwerk 235
   Postfix 649
   procmail 669
   sendmail 624-629
   serielle Schnittstellen 856
   Skripten 966-967
   Software-Builds 129
   Terminals 856
Festhalten an der Routine 436
Festplatten 66
   als Backup-Medien 780
   Beschreibung 691
   einbinden 694-700
   IDE verglichen mit SCSI 695
   Layouts 693
   logische Volumes und 714
   Parität 719
   Platz verwalten 120
   Platzierung von Daten und 1075-1076
   SCSI 69
   Slices 702
   Synchronisation 184
   Verwaltung von Nutzungsgraden 1081-1089
Festplatten-I/O
   Controller 1075
   Disk-Striping 1076
   Hardware und 1074
   I/O-Pacing 1078
   mehrere Festplatten und 1075
   Performance 1072-1079
   Platzierung von Daten und 1076
   Read-Ahead 1077
   sequenzieller Zugriff 1074
   Tuning 1074-1079
   Überwachung 1073
   wahlfreier Zugriff 1074
fetchmail, Paket 651, 653
   Authentifizierung 652
   Konfiguration 651
   Konfigurationsdatei 653
   Sicherheit 652
   syslog und 652
.fetchmailrc, Konfigurationsdatei 653
FIFOs 56
File Locking 47
file, Befehl 57
Filter, Drucken 888
find, Befehl 84
   setuid/setgid-Dateien, lokalisieren 431
   verschwendeten Plattenplatz lokalisieren mit 1082
Findigkeit 83
Firewalls 416-420
   Konfigurationen 418
   Paketfilter und 418
Firmware 137
   Passwort 143
fixit-Floppy (FreeBSD) 824
Flexibilität 83
Floppy-Disks 747-748, 750
   DOS-Format 747
   Gerätedateien 747
Flusssteuerung 839

Fontmap, Konfigurationsdatei 950
Fonts
    Attribute 946
    Ausgabe 949
    Druck-Unterstützung 950
    Familien 945
    hinzufügen 948
    Typen 945
    Übersicht 945
    verwalten 945-951
fork und exec 61
formail-Utility 660-661
format, Befehl (Solaris) 711-712
.forward, Dateien 577
    procmail und 655
    Schutzanforderungen 578
Forwarder, DNS 457, 475
Foundry (Fonts) 946
Frames 201
frecover, Befehl (HP-UX) 801, 804
free, Befehl (Linux) 1053
FreeBSD
    /etc/periodic/security, Verzeichnis 366
    Accounting 1126
    ACLs 389
    Benutzer-Account-Kontrollelemente 269
    benutzereigene Gruppen (UPGs) 248
    Booten 144
    Bootloader 1103
    cron-Verbesserungen 100
    Dateisystem-Typen 677
    DHCP 225, 503
    Dynamische DNS-Updates 505
    Festplatten hinzufügen 701
    fixit-Floppy 824
    Floppy-Disk 749
    gespiegelte Volumes 744
    Kernel, generieren 1099-1102
    Kernelparameter, Tuning 1061, 1102
    Klassen 269, 282
    Lage des Kernels 138
    LDAP-Unterstützung 339
    Logische Volume Manager 743
    LPD-Spooling-System 891
    Module, Kernel 1102
    Namen von Netzwerkschnittstellen 218
    newsyslog-Einrichtung 121
    NTP 516
    Paketverwaltung 124

PAM-Module 336
Passwort für Einzelbenutzermodus 142
Passwortkontrolle 312-313
Passwort-Trivialitätsprüfung 317
periodic, Paket 97, 104
Plexes 743
Ports 129
Puffer-Cache 1062
Quellcode-Verzeichnis 77
RAID 5-Volumes 745
Routing 496
Sicherheitseinrichtungen 366
Slices 702
smbfs, Dateisystem 764
Software-Archive 134
Speicher, als Datencache 1062
statische Routen 233
Striping nutzende Volumes 744
Subplatten 743
syslog-Erweiterungen 112
TCP/IP-Parameter 1091
Tuning-Tools 1019
USB-Geräte 871-872
/usr/share/skel, Verzeichnis 260
Vinum Volume Manager 743
Virtual Memory Manager 1061-1062
FreeBSD-Befehle
    adduser 280
    Benutzer-Account 280, 282
    boot0cfg 1103
    cap_mkdb 270
    chpass 274, 282, 304, 312
    disklabel 703, 743
    fdisk 702
    from 671
    fstat 682
    growfs 704
    kldstat 1102
    lptcontrol 891
    lsof 681
    newfs 703
    pkg_add 124
    pkg_delete 125
    pkg_info 124
    pstat 964, 1067
    rmuser 282
    sysctl 964, 1061, 1091, 1102
    sysinstall 27
    tunefs 704

usbdevs 872
vinum 744-746
vnconfig 1070
FreeBSD-Konfigurationsdateien
/boot/loader.conf 1102
/etc/adduser.conf 281
/etc/adduser.message 281
/etc/dhclient 225
/etc/gettytab 846
/etc/host.conf 231
/etc/login.access 269
/etc/login.conf 269, 317
/etc/master.passwd 242-243, 312
/etc/newsyslog.conf 121
/etc/rc.conf 174
/etc/sysctl.conf 1061
/etc/tty 142
/etc/ttys 844
/etc/usbd.conf 872
Netzwerkschnittstelle 219
from, Befehl 671
fsck, Befehl 152, 687-690
/etc/fstab und 683
Sicherheitsanwendungen 433
fsdb, Utility 433
fstat, Befehl (FreeBSD) 682
fuser, Befehl 681
fverify, Befehl (Tru64) 124

G

Ganger, Gregory 675
Gant, Brandon 562
gated-Daemon 496
Gateways 195, 231, 233
gcc-Compiler 133
GECOS-Feld, Passwortdatei 240
Passwörter und 315
Gélinas, Jacques 24
Geltungsbereiche (Scopes), DHCP 499
$GENERATE-Direktive, DNS 474
GENERICS_DOMAIN_FILE-Makro 607
generics_entire_domain, sendmail-Feature 608
genericstable, sendmail-Feature 607
generische Top-Level-Domains 452
Geräte 65-72
Bandlaufwerke 783, 785
CD-ROM 750
Erkennung von 70

Pseudoterminal 828
RAID 719
SCSI 696, 697
serielle 837
System-Konsole 828
Gerätedateien 51
Bänder 783, 785
blockorientierte verglichen mit zeichenorientierten 68
Drucker 879
erzeugen 700
Floppy-Disks 747
gängige Namen 69
Major- und Minor-Nummern 65, 701
parallele Schnittstellen 879
Plattenpartitionen 68
serielle Schnittstellen 828-829
USB-Geräte 870
Gerätetreiber 65, 1097
geschützte Passwort-Datenbank (HP-UX und Tru64) 244, 274, 312
gespiegelte Volumes 719
gesunder Menschenverstand 179, 241, 433, 459, 1058
getacl, Befehl (Tru64) 391
getdev, Befehl (Solaris) 964
getent, Befehl 347
getfacl, Befehl
Linux 391
Solaris 391
getty-Daemons 846-847
faxgetty 862
mgetty (Linux) 849
Gewohnheiten 4, 359, 436, 876
gfontview, Befehl 949
Ghostscript-Einrichtung 950
Anforderungen an die Namensgebung bei Fonts 950
Fontmap, Konfigurationsdatei 950
GID 239-240, 246
0 8, 253
effektive 61, 380
reale 61
gimp, Grafikpaket 880
Glasfaserkabel 195, 197
Glue-Records, DNS 473
gnopm, Befehl (Linux) 125
GNU emacs 93

GnuPG (Gnu Privacy Guard) 394-397
gpasswd, Befehl (Linux) 280
gpg, Befehl 395-396
gq, Befehl 354
Grand Unified Bootloader (siehe grub-Bootloader)
Greenwich Mean Time (GMT) 512
grep, Befehl 81
grepmail, Paket 671
groff, Paket (GNU) 1011
g(roup)-Zugriff 41, 48
groupadd, Befehl 279
groupmod, Befehl 279
groups, Befehl 248
growfs, Befehl (FreeBSD) 704
grpck, Befehl (AIX) 426
grub, Bootloader 143, 146
    FreeBSD 1115
    Linux 1114-1116
    Windows 2000 1115
grub-install, Befehl 1116
grundlegende Zugriffsrechte (AIX) 383
Gruppen 238
    Administratoren 249, 268, 280
    benutzereigene 247-248
    Dateibesitzrechte und 37
    definieren 246
    Disk-Quotas für 1088
    dynamische Mitgliedschaft 248
    effiziente Nutzung 253
    /etc/group, Datei 239
    GID 0 8
    Maximum pro Benutzer 247
    Mitglieder 246, 250
    Namen 246
    Passwörter 246
    primäre 249
    Shadow-Datei (Linux) 239, 249
    Standardgruppen 253
    system 253
    wheel 8
Gruppen-ID (siehe GID)
Gruppenmengen 250
    ACLs und (AIX) 384
GUI-basierte Administrations-Tools 16
Gürteltier 9
gute Passwörter 298, 301
Guttman, Uri 1000
gv, Befehl 880

H

Hacker 356
Hacks 304, 975
Handshaking 840
Hardware
    Boot-Probleme und 189
    Fehlermeldungen 115, 118
    Inkompatibilitäten 191
    Netzwerkadapter 195
Hardware-Fehlermeldungen 119
harte Links 52
hierarchische Verzeichnisstruktur 36
Hilfe 79
Hintergrund-Prozesse 58
Hintertür (back door) 357, 365, 382
Hinzufügen von Benutzer-Accounts 276
History-Listen, Passwort 319
/home, Verzeichnis 74
Home-Verzeichnisse 240, 259
    Besitzrechte 266
    löschen 274, 279
    mit Samba nutzen 762
    PAM, erzeugen mit 333
    Zugriffsrechte auf 378
Hoover, Clyde 317
Horror 869
hostname, Befehl 204
Hostnamen 207
    absolute (DNS) 468
    Aliase 229
    DNS-Aliase 467
    in Datei festgelegt 219
hoststat, Befehl 622
HP-UX
    Accounting 1132
    ACLs 387
    Benutzer-Account-Ausschlussdatei 288
    Benutzer-Account-Kontrollelemente 272
    Booten 145
    Bundles 127
    Dateisystem-Typen 677
    DHCP 226, 506
    Dialup-Passwörter 371
    Druck-Features 909-910
    Dynamische DNS-Updates 507
    /etc/rc.config.d, Verzeichnis 174
    geschützte Passwort-Datenbank 243
    gespiegelte Volumes 730
    Hardware-Fehlermeldungen 118

Ignite-UX, Paket 824
Kernel, generieren 1104-1107
Kernelparameter, Tuning 1062
Lage des Kernels 138
Namen von Netzwerkschnittstellen 218
Paketverwaltung 124, 127
PAM-Module 336
Passwort-History-Listen 319
Passwortkontrolle 312-313
Produkte 127
Puffer-Cache 1062
Routing 496, 498
serielle Schnittstellen 860
Sicherheitseinrichtungen 366
SNMP 540
Software-Archive 134
Speicher, als Datencache 1062
statische Routen 233
Striping nutzende Volumes 730
Subprodukte 127
System-Volume-Gruppe (vg00) 727
TCP/IP-Parameter 1091
Tuning-Tools 1019
USB-Geräte 870
/var/adm/crash, Verzeichnis 155
Virtual Memory Manager 1062
Zugriffskontrolle beim Herunterfahren 183
HP-UX Befehle
   chacl 388
   fbackup 794
   Floppy-Disk 747
   frecover 801, 804
   from 671
   ioscan 964
   kmtune 1062
   kmupdate 1105
   lanscan 198
   Logische Volume Manager 728-730
   lpalt 901
   lpana 910
   lpfence 902
   lsacl 387
   lvcreate 729
   lvdisplay 730
   lvlnboot 729
   make_recovery 824
   mk_kernel 1105
   nettl 527
   newfs 729

   prpwd 245
   pvcreate 728
   pvdisplay 730
   sam 21
   savecrash 155
   swapinfo 964, 1067
   swinstall 124
   swlist 124
   swremove 124
   sysdef 1106
   system_prep 964, 1105
   vgcreate 728
   vgdisplay 730
   vgextend 728
   xstm 118
HP-UX-Konfigurationsdateien
   /etc/bootptab 507
   /etc/dhcptab 506
   /etc/logingroup 250
   /etc/rc.config.d/netconf 219
   /etc/shutdown.allow 183
   /etc/SnmpAgent.d/snmpd.conf 541
   /stand/build/system 1105
Hubs 214
.hushlogin, Datei 271
HylaFAX 861-869
   aktivieren 862
   Befehle 862-865, 869
   Faxe an Empfänger weiterleiten 866
   Faxe verwalten 864
   faxgetty 862
   Konfigurationsdateien 867-868
   sendmail und 602
   spool-Verzeichnisse 861
   Zugriffskontrolle 868
Hysterie 188

I

IBM, Thomas J. Watson Research Center 631
ICMP-Nachrichten 523
id, Befehl 249
IDE-Festplatten 695
identifizierende Dateitypen 56
ifconfig, Befehl 198, 217, 219
   Argumente beim Booten 219
   Solaris-Versionen 219
ifhp-Filter 937
IMAP 587-589
   absichern 591

Benutzer-Authentifizierung 589
Cyrus 589
Daemons 588
User Agents und 590
in-addr.arpa-Domain 455
Include-Dateien 76
    acct.h 1125
    DNS 465
    /etc/aliases 576
    signal.h 1031
inetd-Daemon 159, 410
    Subdaemons deaktivieren 414
init-Daemon
    inittab, Konfigurationsdatei 167
    Signale 164
    von Zombie-Prozessen säubern 1032
Initialisierungsdateien
    Anpassen systemweiter 266
    Beispiele 261
    Benutzer-Account 259
    Desktop 263
    Login 261
    Schablonen (skeleton) 260
    systemweit 265
    X Windows 263
Initialisierungsskripten 140
init-Prozess 139, 150
inkrementelle Backups 771
Inodes 50
    Backups nach 790
    nicht referenzierte 689
    überwachen 431
Input-Bound-Checks 357
insmod, Befehl (Linux) 1119
installp, Befehl (AIX) 124
Integritätsprüfung, Dateisystem 687
Interaktion mit den Benutzern 4
interaktive Prozesse 58
Interleaving 301
International Atomic Time (TAI) 512
Internet
    NTP-Server 513
    Passwörter und 307
    Software-Archive 134
Internet Assigned Numbers Authority (IANA) 532
Internet Message Access Protocol (siehe IMAP)
Internet Printing Protocol (IPP) 941
Internet Protocol (IP) 202

Internet Software Consortium (ISC)
    DHCP 225, 503
    DNS 457
Interprozess-Kommunikation 56
INT-Signal 1032
ioscan, Befehl (HP-UX) 964
iostat, Befehl 1073
IP-Adressen 207
    Abbildung auf Hostnamen, DNS 467
    IPv6-Format 213, 467
    mit DHCP zuweisen 221
    Multicast 209
    reservierte Bereiche 209
ipcalc.pl, Skript 213
IPL (Initial Program Load) 136
ipreport, Befehl (AIX) 527
IP-Spoofing 405, 417
iptrace, Befehl (AIX) 527
IPv6-Hostadressen 213

J

Jacobson, Van 523-524
jail, Paket (FreeBSD) 95
Jaz-Laufwerke 780
jitter 511
Job-Steuerung 58
John the Ripper (siehe john, Paket)
john, Paket 321
Journaling verglichen mit Soft Updates 675
Journaling-Dateisysteme 675
jove, Editor 134
Jukeboxen 781

K

Kabel, maximale Länge
    Netzwerk 197
    SCSI 697
Kaffee 1145
Kaltstart 136
Kaninchen-Angriffe 365
kanonischer Name (Records), DNS 467
Kapazitätsplanung
    für Backups 769
Kapselung 201
Kategorie-5-Kabel 196
kcmdhcpd, Paket 505
K-Dateien 171

KDE
　　Benutzerverwaltung 291
　　ksysv, Befehl 178
　　Speichernutzung, Utility 1053
　　Systemadministrations-Tools 28
Kerberos 373-377
　　OpenLDAP und 351
　　PAM und 332
　　Tickets 377
　　Übersicht 373
　　Zeitsynchronisation und 511
Kernel
　　Build-Verzeichnisse 1099
　　Funktionen 1097
　　Generierung 1097-1121
　　Konfiguration 1097-1121
　　Lage 138
　　modularisierte 1097
　　Module 1097, 1102, 1110, 1118-1120
　　Namen 138
　　Parameter auflisten 964
/kernel, Verzeichnis (Solaris) 75
Key-Ring 396
kill, Befehl 1030
killall, Befehl 1032
KILL-Signal 1032
Kindprozess 61
Kipling 188
Klassen, Benutzer-Account (FreeBSD) 269
kldstat, Befehl (FreeBSD) 1102
Klingonisch 300
Kmoch, David 556
kmtune, Befehl (HP-UX) 1062
kmupdate, Befehl (HP-UX) 1105
Knacken von Passwörtern 314, 320-325
　　Ergebnisse 325
Knaff, Alain 748
Koaxialkabel 195
Kollisionserkennung (collision detection) 199
Kollisionsraten, Netzwerk 520
Kolstad, Rob 1143
Konfiguration 601
Konfigurationsdateien
　　/boot/grub/grub.conf (Linux) 1115
　　/boot/loader.conf (FreeBSD) 1102
　　/etc/adduser.conf (FreeBSD) 281
　　/etc/adduser.message (FreeBSD) 281
　　/etc/aliases 574
　　/etc/binlog.conf (Tru64) 119

/etc/bootptab (HP-UX) 507
/etc/cron.allow und /etc/cron.deny 107
/etc/cups/cupsd.conf 942
/etc/d_passwd 371
/etc/default/dhcpagent (Solaris) 227
/etc/default/login (Solaris) 271
/etc/default/passwd (Solaris) 320
/etc/default/su (Solaris) 8
/etc/default/sulogin (Solaris) 142
/etc/default/tar 788
/etc/defaultrouter (Solaris) 234
/etc/dfs/dfstab (Solaris) 759
/etc/dhclient (FreeBSD) 225
/etc/dhclient.conf (ISC DHCP) 225
/etc/dhcpcd.ini (AIX) 224
/etc/dhcpd.conf 503
/etc/dhcprs.cnf (AIX) 503
/etc/dhcpsd.cnf (AIX) 501
/etc/dhcptab (HP-UX) 506
/etc/dialups 371
/etc/dumpdates 792
/etc/environment (AIX) 266
/etc/exports 756
/etc/filesystems (AIX) 685, 756
/etc/fstab 682-684, 755-756, 765
/etc/gated.conf 497
/etc/gateways 495
/etc/gettydefs 848
/etc/gettytab (FreeBSD) 846
/etc/group 239, 246
/etc/gshadow (Linux) 239, 249
/etc/host.conf (FreeBSD) 231
/etc/hostname.* (Solaris) 220
/etc/hosts 228
/etc/hosts.allow,deny 411
/etc/hosts.equiv 406
/etc/ifhp.conf 937
/etc/inet/netmasks (Solaris) 219
/etc/inetd.conf 410, 412
/etc/inittab 167
/etc/issue 15, 331
/etc/join/client.pcy (Tru64) 227
/etc/join/dhcpcap (Tru64) 509
/etc/join/nets (Tru64) 509
/etc/join/server.pcy (Tru64) 509
/etc/login.access (FreeBSD) 269
/etc/login.conf (FreeBSD) 269, 317
/etc/login.defs (Linux) 271, 317, 320
/etc/logingroup (HP-UX) 250

/etc/logrotate (Linux) 122
/etc/lpd.conf 933
/etc/lpd.perms 933
/etc/mail.rc 582
/etc/mail/local-host-names 601, 607
/etc/manpath.config (Linux) 80
/etc/master.passwd (FreeBSD) 242-243, 312
/etc/modules.conf (Linux) 1119
/etc/motd 15, 331
/etc/named.conf 461
/etc/netsvc.conf (AIX) 231
/etc/newsyslog (FreeBSD) 121
/etc/nodename (Solaris) 221
/etc/nologin 329
/etc/nsswitch 230
/etc/ntp.conf 514
/etc/ntp.keys 515
/etc/openldap/ldap.conf 347
/etc/openldap/slapd.conf 341-342
/etc/opieaccess 370
/etc/pam.conf 327
/etc/passwd 239
/etc/printcap 885-887, 1140
/etc/printers.conf (Solaris) 907
/etc/procmailrc 656
/etc/project (Solaris) 1137
/etc/protocols 203
/etc/qconfig (AIX) 914, 918, 1140
/etc/raidtab (Linux) 742
/etc/rc.conf (FreeBSD) 174
/etc/rc.config (SuSE Linux 7) 174
/etc/rc.config (Tru64) 142, 174
/etc/rc.config.d/netconf (HP-UX) 219
/etc/resolv.conf 229
/etc/rmmount.conf (Solaris) 752
/etc/rmtab 758
/etc/rndc.conf 491
/etc/routes (Tru64) 235
/etc/saf/_sactab (Solaris) 851
/etc/sanitizer.cfg 665
/etc/securetty 333
/etc/security/auth_attr (Solaris) 401
/etc/security/environ (AIX) 263
/etc/security/exec_attr (Solaris) 403
/etc/security/group (AIX) 268
/etc/security/limits (AIX) 268, 1030
/etc/security/login.cfg (AIX) 241, 268-269, 372
/etc/security/passwd (AIX) 242
/etc/security/prof_attr (Solaris) 402
/etc/security/roles (AIX) 399
/etc/security/user (AIX) 268, 312, 373
/etc/security/user.roles (AIX) 400
/etc/services 203
/etc/shadow 239, 242
/etc/shells 241, 256, 578
/etc/shutdown.allow (HP-UX und Linux) 183
/etc/snmp/conf (Solaris) 542
/etc/SnmpAgent.d/snmpd.conf (HP-UX) 541
/etc/snmpd.conf (AIX) 542
/etc/snmpd.conf (Tru64) 543
/etc/ssh/sshd_config 409
/etc/sudoers 11
/etc/svc.conf (Tru64) 231
/etc/swapspaces (AIX) 686, 1069
/etc/sysctl.conf (FreeBSD) 1061
/etc/syslog.conf 109
/etc/system (Solaris) 964, 1120
/etc/termcap 830
/etc/tty (FreeBSD) 142
/etc/ttydefs (Solaris) 854
/etc/ttys 858
/etc/ttys (FreeBSD) 844
/etc/usbd.conf (FreeBSD) 872
/etc/user_attr (Solaris) 403
/etc/vfstab (Solaris) 685, 755
/etc/vold.conf (Solaris) 751
/etc/xinetd 412
/stand/build/system (HP-UX) 1105
/usr/lib/passwd/passwd.conf 317
/usr/lib/security/mkuser.default (AIX) 283
/usr/local/share/snmp/snmpd.conf 537-538
/usr/share/man/man.cf (Solaris) 80
/var/adm/pacct 1132
/var/cfengine/inputs/cfagent.conf 991
/var/dhcp/dhcptab (Solaris) 507
/var/spool/hylafax/etc/hosts.hfaxd 868
Amanda 811
amanda.conf 815
boot.message (Linux) 1114
Booten 173
crontab 98
Dateisystem 682
DHCP 223, 500
DNS 229, 231, 460
Drucken 879
Fontmap 950
HylaFAX 867-868

lilo.conf (Linux) 1110-1114
LPRng 933-936
man, Befehl 80-81
modifizieren 5
Name-Service-Switch 230
Netsaint 551
Netzwerkschnittstelle 219-220
NFS 753
OpenLDAP 339, 341-342, 347
PAM 326-330, 337
Postfix 636
queuedefs 1047
Routing 233, 235
Samba 762
sendmail 595
sendmail.cf 597
serielle Schnittstelle 843-850
smb.conf 762
SNMP 533
swatch, Paket 123
Tripwire 435
XF86Config 872, 874
Konsistenzprüfung, Dateisystem 687
Konsole 828
    Zugriff beschränken 364
    Zugriffskontrolle 859
kontextabhängige symbolische Links (Tru64) 55
Kontext-Switching 1033
Korn-Shell 260, 263
Kreativität 95
Krisen, Behandlung von 5, 188
kritische Ressourcen 1015
.kshrc, Datei 260
kstat, Befehl (Solaris) 1064
ksysguard, Befehl 1053
ksysv, Befehl (Linux) 178
kurzlebige Ports 203
kuser, Befehl 291

L

Lamm, Holger 585
LAN (Local Area Network) 193
Ländercode-Toplevel-Domains 453
langsame Konvergenz, RIP 495
lanscan, Befehl (HP-UX) 198
last, Befehl 446
lastcomm, Befehl 446, 448
Lastverteilung (load balancing) 59

LDAP 338-354
    Attribute 340
    Daemons 339
    Data Interchange Format (Datenaustauschformat) 340
    Distinguished Name (dn) 340
    Einträge 340
    E-Mail-bezogene Attribute 609
    LDIF 340, 343
    objectClass-Attribut 340
    Postfix und 642
    Records 340
    Schemata 341
    sendmail und 608
    Suche 343
    Terminologie 339-340
    (siehe auch OpenLDAP)
LDAP Data Interchange Format (siehe LDIF)
LDAP_ROUTE_DOMAIN-Makro 608
ldap_routing, sendmail-Feature 608
ldapadd, Befehl 343
LDAPMAP-Makro 608
ldapsearch, Befehl 343
LDIF 340, 343
Leases (DHCP) 221
    aktuelle Leases enthaltende Dateien 223, 501
LeFebvre, William 1025
Leffler, Sam 861
Leres, Craig 524
/lib, Verzeichnis 74
Libes, Don 979
libpam_unix, Modul (HP-UX) 336
libpam_updbe, Modul (HP-UX) 336
Liedtexte 302
Lightweight Directory Access Protocol (siehe LDAP)
lilo, Bootloader (Linux) 146, 1110-1114
    Passwort 143
    Windows 2000 Partitionen und 1112
lilo.conf, Konfigurationsdatei (Linux) 1110-1114
limit, Befehl 1028
Links 52
    kontextabhängige symbolische Links (Tru64) 55
Link-Status-Routing-Algorithmen 494
Linux
    Accounting 1126
    ACLs 389
    Alpha 1117

Alpha Linux 146
Benutzer-Account-Kontrollelemente 271
benutzereigene Gruppen 247
Booten 146
Boot-Floppy 825
Boot-Skripten 175
cron-Verbesserungen 100
Dateisystem-Typen 677
DHCP 226, 503
Disk-Striping 742
Dynamische DNS-Updates 505
/etc/sysconfig, Verzeichnis 174
Festplatten hinzufügen 704
Festplatten-I/O 1077
Gruppenadminstratoren 280
Kernel, generieren 1107-1109
Kernel-Parameter, Tuning 1063
Lage des Kernels 138
LDAP-Unterstützung 339
lilo, Bootloader 146, 1110-1114
Logische Volume Manager 738
logrotate, Paket 122
LPD-Spooling-System 892
MD5-Passwörter 336
mehrere mount-Operationen 679
Module, Kernel 1110, 1118-1119
Namen von Netzwerkschnittstellen 218
NFS 759
Paketverwaltung 124
PAM-Module 330-336
Passwort für Einzelbenutzer-Modus 142
Passwortkontrolle 312-313
Passwort-Trivialitätsprüfung 317
Puffer-Cache 1063
Quellcode-Verzeichnis 77
RAID-Einrichtung 741
Rettungsdiskette (rescue disk) 825
Routing 496
sendmail und 597
smbfs, Dateisystem 764
Software-Archive 135
Speicher, als Daten-Cache 1063
Spiegelung (Mirroring) 742
statische Routen 234
sulogin, Utility 142
syslinux, Booten mit 1116
syslog-Erweiterungen 112
TCP/IP-Parameter 1091
Tuning-Tools 1019

USB-Geräte 873-874
Virtual Memory Manager 1063
Wahl des Desktops 264
Zugriffskontrolle beim Herunterfahren 184
Linux-Befehle
 cfdisk 705
 chage 304, 312
 depmod 1119
 e2fsadmin 741
 fdisk 964
 Floppy-Disk 749
 free 1053
 getfacl 391
 gnorpm 125
 gpasswd 280
 Herunterfahren 184
 insmod 1119
 ksysv 178
 Logische Volume Manager 739
 lsmod 1118
 lsusb 874
 lvcreate 740
 make xconfig 1108
 mke2fs 740
 mkfs 706-707
 mkraid 741
 mkreiserfs 709
 mkswap 1070
 modinfo 1118
 modprobe 1119
 pump 226
 pvcreate 740
 raidstart 741
 raidstop 741
 resize_reiserfs 710
 resize2fs 708
 rmmod 1119
 rpm 124
 setfacl 391
 shutdown 185
 tune2fs 707
 usbmodules 874
 vgcreate 740
 vgscan 739
 vigr 247
 xrpm 125
 yast2 (SuSE) 26
Linuxconf 24
 Postfix und 647

Verwaltung von Benutzer-Accounts 288
Linux-Konfigurationsdateien
   /boot/grub/grub.conf 1115
   /etc/exports 759
   /etc/gshadow 239, 249
   /etc/login.defs 271, 317, 320
   /etc/logrotate 122
   /etc/manpath.config 80
   /etc/modules.conf 1119
   /etc/raidtab 742
   /etc/rc.config (SuSE 7) 174
   /etc/shutdown.allow 184
   boot.message 1114
   DHCP 226
   lilo.conf 1110-1114
   mgetty 849
   Netzwerkschnittstelle 220
   statische Routen 234
LISA 876, 1096, 1144
listen-Portmonitor (Solaris) 851
Little Endian 802
ln, Befehl 52
Local Area Network (LAN) 193
local_lmtp, sendmail-Feature 604
LOCAL_MAILER-Makros 603
LOCAL_RELAY-Makro 606
lockd-Daemon 754
logger, Befehl 115
Logging
   Amanda 817
   Boot-Vorgang 149
   cron 97, 102
   Datei mit Systemmeldung 109
   DNS 464, 488-489
   Fehler 116
   Festplattennutzung und 1083
   fetchmail 652
   Firewalls und 418
   Logdateien sichern 121
   Logins, jüngste 332
   log-Verzeichnis 78
   Postfix 649
   procmail 669
   Rotation von Dateien 120-122
   sendmail 596, 624
   su, Befehl 111, 445
   sudo, Paket 12
   TCP-Wrapper und 412
   Überwachung von Logdateien 123

Verwaltung von Dateien 120
.login-Dateien 260
   Beispiel 261
Login-Initialisierungsdateien 261
Login-Kontrollelemente 267
Logins
   erlaubte Hosts (OpenLDAP und PAM) 348
   erlaubte Zeiten 267, 272, 333, 335
   Orte 267, 269, 333
Login-Shells 241, 256
   eingeschränkte (restricted) 257
   Liste erlaubter 241, 256
Logische Volume Manager (siehe LVM)
Logische Volumes 715
.logout, Dateien 260
logrotate, Paket (Linux) 122
Loopback-Interface 198, 218
Löschen verdächtiger Dateien 93
Löschen von Benutzer-Accounts 274
Löschzeichen (erase) 836
/lost+found, Verzeichnis 74
Low-Level-Formatierung, Festplatten 694
lp, Befehl 894
lpadmin, Befehl 895, 899-902, 905, 908-909
lpalt, Befehl (HP-UX) 901, 909
lpana, Befehl (HP-UX) 910
lpc, Befehl 883-884
   LPRng 931
LPD Spooling-System 881-894
   Benutzerbefehle 881
   Daemon 884
   Einbinden von Druckern 890-891
   entferntes (remote) Drucken 889
   Filter 888
   Konfiguration von Queues 885
   Spool-Verzeichnisse 887
   Variationen 891
   Verwaltung von Jobs 881-882
   Verwaltung von Queues 883-884
   Zugriffskontrolle 888
lpd-Daemon 884
LPDEST-Umgebungsvariable 894
lpfence, Befehl (HP-UX) 902
lpget, Befehl (Solaris) 907
lpmove, Befehl 897
lpq, Befehl 881
lpr, Befehl 881
lprm, Befehl 881

LPRng 929-940
    Accounting 1142
    Benutzerbefehle 930
    Druckerpools 936
    Filter 937
    globale Einstellungen 938
    Klassen, Drucker 932
    Konfigurationsdateien 933-936
    lpc-Erweiterungen 931
    lpr-Erweiterungen 930
    Prioritäten 932
    Umwandlung in 930
    Zugriffskontrolle 938
lprsetup, Befehl (Tru64) 891
lpsched-Daemon 898
lpset, Befehl (Solaris) 907
lpstat, Befehl 894-895
lptcontrol, Befehl (FreeBSD) 891
lptest, Befehl 880
lpusers, Befehl (Solaris) 902-903
ls, Befehl 37, 53, 56
lsacl, Befehl (HP-UX) 387
lsattr, Befehl (AIX) 785, 1121
lsdev, Befehl (AIX) 722, 922
lsfs, Befehl (AIX) 726
lslpp, Befehl (AIX) 124
lslv, Befehl (AIX) 726
lsmod, Befehl (Linux) 1118
lsof, Befehl (FreeBSD) 681
lsps, Befehl (AIX) 964, 1067
lspv, Befehl (AIX) 726, 964
lssrc, Befehl (AIX) 518
lsusb, Befehl (Linux) 874
lsuser, Befehl (AIX) 9, 312
lsvg, Befehl (AIX) 721, 726
lsvirprt, Befehl (AIX) 920
Lücken, Sicherheit 440
LUSER_RELAY-Makro 613
lustigstes Unix-Buch, das ich gelesen habe 1096
lvcreate, Befehl (HP-UX) 729
lvcreate, Befehl (Linux) 740
    Read-Ahead und 1078
lvdisplay, Befehl (HP-UX) 730
lvlnboot, Befehl (HP-UX) 729
LVM 714-746
    RAID und 719
    Spiegelung 719
    Striping nutzende Volumes 717
    Terminologie 717

M

m4, Befehl 600
m4-Makro-Einrichtung 114, 597-598
    dnl 598
MAC-Adresse 197
    ermitteln 198
Macintosh 842
magneto-optische Platten 778
Mail (siehe E-Mail)
Mail Abuse Prevention System (MAPS) 614
Mail Exchange Records (MX), DNS 467, 573
    Wildcards in 472
mail.local-Programm, sendmail 604
Mail-Hub 601
    Konfiguration 606
MAIL_HUB-Makro 606
MAILER-Makro 599
MAILER_*-Makros 602
mailer_MAILER_MAX-Makro 623
Mailinglisten 575
    Sicherheit 406
mailstats, Befehl 621
Major-Nummern, für Gerätedateien 65
make xconfig, Befehl (Linux) 1108
make_recovery, Befehl (HP-UX) 824
MAKEDEV, Befehl 701
makemap, Befehl 607
makewhat, Befehl (Solaris) 81
makewhatis, Befehl 81
Makros, sendmail
    confCON_EXPENSIVE 623
    confDEF_USER_ID 617
    confHOST_STATUS_DIRECTORY 622
    confMAX_DAEMON_CHILDREN 623
    confMAX_MESSAGE_SIZE 623
    confMIN_FREE_BLOCKS 623
    confMIN_QUEUE_AGE 623
    confPRIVACY_FLAGS 618
    confQUEUE_LA 623
    confREFUSE_LA 623
    confSAFE_FILE_ENV 605
    confSERVICE_SWITCH_FILE 611
    confTO_parameter 624
    CONNECTION_RATE_THROTTLE 623
    define 599
    DOMAIN 600
    EXPOSED_USER 602
    FEATURE 600
    GENERICS_DOMAIN_FILE 607

LDAP_ROUTE_DOMAIN 608
LDAPMAP 608
LOCAL_MAILER 603
LOCAL_RELAY 606
LUSER_RELAY 613
MAIL_HUB 606
MAILER 599, 602
mailer_MAILER_MAX 623
MASQUERADE_AS 601
MASQUERADE_EXCEPTION 602
MODIFY_MAILER_FLAGS 605
OSTYPE 599
QUEUE_DIR 622
RELAY_DOMAIN 612
RELAY_DOMAIN_FILE 612
Relays 606
SMART_HOST 606
undefine 600
VIRTUSER_DOMAIN_FILE 610
Zusammenfassung 629-631
(siehe auch FEATURE-Makros)
Mammoth-2-Band 777
man, Befehl 79
    Abschnitts-Suchreihenfolge 80
    Konfigurationsdateien 80-81
Management Information Bases (siehe MIBs)
Manilow, Barry 302
Manpages
    Abschnitte (sections) 77
    Beispiel-Quellcode 1011
    drucken 1013
    Index erzeugen 81
    schreiben 1011-1013
    Verzeichnisbaum 76
MASQUERADE_AS-Makro 601
masquerade_envelope, sendmail-Feature 601
MASQUERADE_EXCEPTION-Makro 602
Masquerading, E-Mail
    Postfix 638
    sendmail 601
Master-Nameserver, DNS 456
    Konfiguration 462
Master-Passwort-Datei (FreeBSD) 243
Matzigkeit, Gordon 1114
Mäuse, USB 870
Maximum Transmission Unit (MTU) 201
MBR, DOS wiederherstellen 1117
McCanne, Steven 524
McDonald, Dan 369

McGough, Nancy 669
McKusick, Marshall Kirk 675
MD5-Passwörter 336
md5sum, Befehl (GNU) 432
Media Access Control (MAC), MAC-Acresse 197
Media-Bibliotheken 781
Medien 441
Medien für Backups 776, 778-781, 783
    Kapazitäten 782
    Kosten 782
    Lebenserwartung 781-782
    Sicherheit von 364
    Vergleich der Typen 781
Mehrbenutzer-Modus 139
Meldungen
    beim Booten 148-149
    deaktivieren 14, 271
    Hardware-Fehler 115, 118-119
    Login 15
    Systemmeldungen 108-109
    unterdrücken 271
    vor dem Login 15
menübasierte Administrations-Tools 16
mesg, Befehl 14
message of the day (MOTD, Nachricht des Tages) 15
Metadaten 74, 151, 676
    Update-Performance in Dateisystemen 675
metadb, Befehl (Solaris) 735
metainit, Befehl (Solaris) 735
metaparam, Befehl (Solaris) 736
metareplace, Befehl (Solaris) 737
metattach, Befehl (Solaris) 736
Metz, Craig 369
mgetty-Daemon (Linux) 849
mh, Paket 581
MIBs 530
    Dateien 533
    Identifikationsnummern 531, 534
    MIB II 530
    RMON 532
    Suche 534
migrate_passwd.pl, Skript (OpenLDAP) 346
Mills, David L. 511
minimale Privilegien 381
minimales Routing 493
Minor-Nummern, für Gerätedateien 65
mirrorvg, Befehl (AIX) 727
mk_kernel, Befehl (HP-UX) 1105

mkdir, Befehl 90
mke2fs, Befehl (Linux) 740
mkfile, Befehl (Solaris) 1070
mkfs, Befehl (Linux) 706-707
mkgroup, Befehl (AIX) 285
mklv, Befehl (AIX) 723, 727
mknod, Befehl 700-701
mkpsmkps, Befehl (AIX) 1071
mkraid, Befehl (Linux) 741
mkreiserfs, Befehl (Linux) 709
mksmbpasswd.sh, Skript (Samba) 764
mkswap, Befehl (Linux) 1070
mksysb, Befehl (AIX) 822
mktcpip, Befehl (AIX) 219
mkuser, Befehl (AIX) 282, 284
mkvg, Befehl (AIX) 722
/mnt, Verzeichnis 75
Modi, Dateimodi 39, 41
    numerisch 45
    oktal 45, 48
    Spezialmodi 47
    Standardeinstellungen 46
Modifikation von Benutzer-Accounts 278
Modifikation von Konfigurationsdateien 5
MODIFY_MAILER_FLAGS-Makro 605
modinfo, Befehl
    Linux 1118
    Solaris 1120
modprobe, Befehl (Linux) 1119
Module, Kernel 1097
    FreeBSD 1102
    Linux 1110, 1118-1119
    Solaris 1120
modutils, Paket (Linux) 1118
Moore, James 564
mount, Befehl 680, 687, 756
mountd-Daemon 754
Mounten von Dateisystemen 677, 679
    automatisch 686
    entfernte (remote) 754, 756
mpage, Befehl 880
msp, sendmail-Feature 620
mt, Befehl 795
mtools, Paket 748
MTU (Maximum Transmission Unit) 201
Multicast-Adressen 209
Multiple Access 199
Multi-Router Traffic Grapher (MRTG) 557
mutt, Paket 581, 583
    POP und IMAP mit 590

MVS 35
MX-Records (siehe Mail Exchange Records)

N

Nachricht (Netzwerkdateneinheit) 201
Nachrichtenspeicher, E-Mail 570
named-Daemon 455, 460-491
    kontrollieren 490
    sichern 487
Namensauflösung 228
Nameserver, DNS 455
    als reiner Cache 457
    Distribution 456
    Forwarder 457, 475
    Master 456
    nur weiterleitende (forward-only) 457
    primäre 456
    sekundäre 456
    Slave 456, 476
    Stealth 456
    Stub 456
Nameserver-Records (NS), DNS 467
Name-Service-Switch-Datei 230
NAT (Network Address Translation) 209
National Health Service (Schottland) 454
ndc, Befehl 490
ndd, Befehl 1091
Nebeneffekte, unbeabsichtigte 357, 377
negative query cache lifetime, DNS 469
Nessus, Paket 440
net use, Befehl (Windows 2000) 761
NetSaint, Paket 548-557
    Daemon 548
    Dienste 554
    Komponenten 550
    Konfiguration 551-556
    Konfigurationsdateien 551
    Status-Maps-Utility 556
    Voraussetzungen 548
    Warnungen 548
    Zugriffskontrolle 556
Net-SNMP, Paket 532
    Client-Utilities 534
    Konfigurationsdateien 538
    trap-Daemon 540
    Zugriffskontrolle 539-540
netstat, Befehl 232, 1089
nettl, Befehl (HP-UX) 527
Network Address Translation (NAT) 209

Network File System (siehe NFS)
Network Information Service (NIS) 354
Network Management Station (NMS) 528
Network Time Protocol (siehe NTP)
Netzwerk
   Adapter 197
   Anbindung testen 235, 523
   Backups und 804
   Bestätigungen (ACK-Flag) 206
   Boot-Aktivitäten für 159
   Daemons 202
   Datenverkehr (traffic) 520-521
   Dienste (services) 202
   Fehlersuche 235
   Fragmentierung 201
   Hardware 214
   Kollisionsraten 520
   Konfiguration neuer Hosts 217
   maximale Kabellänge 197
   Medien 195
   Namen der Dateneinheiten (data unit names) 201
   Namen der Schnittstellen 159, 218
   OSI-Referenzmodell 200
   Performance 1089-1095
   physikalische Medien 195
   Ports 202
   Protokolle 199
   Schichten 199
   Schnittstellen-Konfiguration 219
   Sicherheitsaspekte 405-420
   Skripting mit Stem 1000-1011
   Sockets 203
   Subnetting 210
   TCP/IP-Parameter 1090-1091
   testen 235
   Topologien 198
   überwachen 353, 518-567
   verbindungsfreie Kommunikation 202
   Vertrauen 406
   Verwaltungs-Tools 545
   Zeitsynchronisation 511
Netzwerkadressen, reservierte 209
netzwerkbasierte Angriffe 405
Netzwerksegmente 197
Neustart des Systems 184
newaliases, Befehl 576
newfs, Befehl (FreeBSD) 703
newfs, Befehl (HP-UX) 729
newfs, Befehl (Solaris) 712-713

newgrp, Befehl 249
   Linux-Version 249-250
newsyslog, Paket 121
newtask, Befehl (Solaris) 1138
NFS 753-761
   Automounter 759-761
   Daemons 159, 754
   Export von Dateisystemen 756
   hängende Prozesse 1032
   Konfigurationsdateien 753
   Mounten entfernter Dateisysteme 754, 756
   mount-Optionen 755
   Performance 1093-1095
   Sicherheitsaspekte 758
   TCP verglichen mit UDP 1094
   Version 2 verglichen mit 3 1094
nfsd-Daemon 754
nfsiod-Daemon 754
nfsstat, Befehl 1093
ngrep, Befehl 353
nice-Werte 60, 1034-1035, 1038-1039
Niemi, David 748
NIS (Network Information Service) 354
Nixon, D. J. 1139
nmap, Paket 415
NMS (Network Management Station) 528
no, Befehl (AIX) 1091
nobody, Benutzer-Account 253
nocanonify, sendmail-Feature 605
Normalzustand, erkennen 425
npasswd, Befehl 317-318
nroff-Textformatierungssystem 1011, 1013
   Direktiven 1013
nslookup, Befehl 491
nss_ldap-Modul 347
ntop, Paket 522
NTP 511-518
   aktivieren 515
   Authentifizierung 515
   Clients 514
   Daemon 515
   'huff 'n' puff'-Filter 513
   Internet-Server 513
   Konfiguration 513-516
   Konzepte 511
   Referenzzeiten 514
   Server 511, 514, 516
ntpd, Befehl 516
ntpdate, Befehl 515

ntpdc, Befehl 515
ntpq, Befehl 515
Nugent, Tony 661
nullclient, sendmail-Feature 605
Null-Modem-Kabel 839
numerische Dateimodi 45, 48
nur weiterleitende Nameserver, DNS 457
NVRAM 137

O

Object Data Manager (AIX) 71
ODM (AIX) 71
Oetiker, Tobi 557
offene Relays 612
oktal, Umwandlung in 46
Okuji Yoshinori 1114
Old Admirals (Song) 302
Open Relay Behaviour-Modification System
    (ORBS) 614
Open Shortest Path First-Protokoll (OSPF) 495
Open Systems Interconnection (OSI) Referenz-
    modell 200
OpenBSD-Team 409
OpenLDAP 339-354
    Benutzer-Accounts, konvertieren 346
    Benutzer-Authentifizierung 345-348
    /etc/nsswitch, Datei 347
    Installation 342
    Kerberos und 351
    Konfiguration 342-343
    Konfigurationsdateien 339, 347
    Konvertierungstools 346
    Migrationsskripten 346
    Nameservice-Switch-Datei 347
    PAM und 347
    Passwortdatei, konvertieren 346
    SASL und 351
    schema-Verzeichnis 341
    sichern 351-352
    SSL und 352
    Suche 344
    TLS und 352
    Voraussetzungen 342
    Zugriffskontrolle 349-351
OpenSSH 409
OPIE, Paket 369-370
    Konfigurationsdateien 370
    PAM-Modul 370
opiekey, Befehl 369

opiepasswd, Befehl 369
/opt, Verzeichnis 75
Optimierung der Performance (siehe Perfor-
    mance)
OSTYPE-Makro 599
o(ther)-Zugriff 42
OTP (Einmal-Passwörter) 368-370
Outline-Fonts 945

P

pac, Befehl 1140, 1142
PADL, Software 346
Paganini, Marco 545
Page Faults 1049
pagesize, Befehl 1052
Paging 155, 1049-1050
    bei Bedarf 1051
    unerwünschtes 1050, 1056
Pagingbereiche 1066-1067, 1068-1069,
    1071-1072
    aktivieren 155, 1068-1069
    auflisten 964, 1067
    benötigte Größe 1066-1067
    Dateien 1069
    entfernen 1071-1072
    erzeugen 1069
    Konfigurationsdateien, Einträge für 1068-1069
    Paging-Dateien 1066
    Prioritäten (Linux und HP-UX) 1071
    verwalten 1066-1069, 1071-1072
Pakete 201, 505
    Amanda 805
    anacron (Red Hat Linux) 97
    Angel Network Monitor 545
    Anomy Sanitizer 665
    aus Quellcode erzeugen 129-134
    bzip2 132
    cbw 393
    Cfengine 990
    coolmail 670
    COPS 437
    crack 322
    Cricket 563-566
    elm 581
    epm 124
    Expect 979
    fetchmail 651, 653
    grepmail 671
    grub 146

Herstellerversionen ersetzen 459
HylaFAX 861
Installation, Speicherort 75-77, 129
Internet-Archive 134
ISC DHCP 225
jail (FreeBSD) 95
john 321
Linuxconf 24
logrotate (Linux) 122
Maximale Segmentgröße 1090
mh 581
modutils (Linux) 1118
mtools 748
mutt 581, 583
NetSaint 548-557
Net-SNMP 532
newsyslog 121
nmap 415
npasswd 317
ntop 522
OpenLDAP 339
OPIE 368-370
periodic (FreeBSD) 97, 104
Perl 967
pgp4pine 585
pine 583
plod 33
Postfix 631-650
procmail, Mail filtern 654
RRDtool 557-563
RRGrapher 562
Saint 439
saintmap 556
Samba 761
sammeln 527
sendmail 592-631
Sniffer 524-528
Stem 1000-1011
sudo 10
swatch 123
syslinux (Linux) 1116
Systemadministrations-Tools 16
Tripwire 434
ttmkfdir 951
überwachen 353
upacct 1139
USB (Linux) 874
Verwaltungs-Utilities 124
VNC 31

Paketfilter 417-418
PAM 267, 326-337
  Account-Einträge 326
  andere Dienste 330
  Arten von Einträgen 326
  auth-Einträge 326
  Beispiele 327, 329
  Dienste 326-327
  /etc/pam.conf 327
  /etc/pam.d, Verzeichnis 326
  /etc/security, Verzeichnis 327
  Kerberos und 332
  Komponenten 326
  Konfigurationsdateien 326, 337
  Linux-Module 330-336
  MD5-Passwörter in 336
  Module 326, 328, 330
  OpenLDAP und 347-348
  optional, Schlüsselwort 328
  Passwort-Einträge 326
  required, Schlüsselwort 327
  requisite, Schlüsselwort 327
  Ressourcenbeschränkungen 332
  Schlüsselwörter 327
  Session-Einträge 326
  Standardwerte 330
  sufficient, Schlüsselwort 327
  Umgebungsvariablen, setzen 331
pam_access-Modul 331
pam_cleartext_pass_ok-Modul (FreeBSD) 336
pam_cracklib-Modul 331, 334-335
pam_deny-Modul 330
pam_dial_auth-Modul (Solaris) 336
pam_env-Modul 331
pam_issue-Modul 331
pam_krb4-Modul 332
pam_krb5-Modul 332
pam_lastlog-Modul 332
pam_ldap-Modul 347-348
pam_limits-Modul 332
pam_listfile-Modul 333
pam_mail-Modul 333
pam_mkhomedir-Modul 333
pam_motd-Modul 331
pam_nologin-Modul 329, 333
pam_opie-Modul 370
pam_permit-Modul 330
pam_projects-Modul (Solaris) 336

pam_pwcheck-Modul 331
pam_pwdb-Modul 331
pam_rhosts_auth-Modul 329, 333
pam_roles-Modul (Solaris) 336, 404
pam_rootok-Modul 328, 333
pam_securetty-Modul 329, 333
pam_time-Modul 333, 335
pam_unix-Modul 328-329, 331, 336
pam_warn-Modul 330
pam_wheel-Modul 328, 333
Papierkrieg 1011
parallele Schnittstellen 879
Paranoia 356, 433
Parent-Prozess 61
Parity-Platte 719
Partitionen 691-693
    DOS 750
    Festplatten 66
    Gerätedateien 68
    Layouts und 692
    logische Volumes und 714
    Sicherheit und 422
    Slices 702
    Swap 68, 684
passive SCSI-Terminatoren 699
Passphrase 397
passwd, Befehl 259, 274, 304, 312
Passwortdatei 239
    Besitzer 428
    Deaktivierung von Benutzer-Accounts mittels 273
    Konvertieren nach OpenLDAP 346
    Sicherheit 252
    überwachen 425-426, 428
    Zugriffsrechte 428
Passwörter
    administrieren 298-325
    Aging 310-311, 319-320
    Algorithmen-basierte Auswahl 305
    ändern 8
    Auswahl 305
    Auswahl guter Passwörter 298, 301
    Beschränkungen 310
    Bootloader 143
    Deaktivierung von Benutzer-Accounts mittels 273
    Dialup 370
    effiziente 298
    Einmal-Passwörter 368-370
    Einzelbenutzer-Modus 142
    entfernter Zugriff und 407
    erzwungene Änderung 303
    Firmware 143
    große Anzahl von, verwalten 304
    Gruppe 246
    History-Listen 319
    im Voraus abgelaufene (AIX) 259
    Internet 307
    knacken 302, 314, 320-325
    Kontrollelemente 310
    Lebensdauer 267, 310-311
    maximale Länge 259
    MD5 336
    npasswd, Befehl 317-318
    Prüfung auf Schwachstellen 314
    Richtlinien 361
    root 8, 303, 305
    schlechte 314
    schützen 252
    Shadow-Datei 239, 242, 311
    Sicherheitsaspekte 365
    SNMP-Community-Namen 532
    testen 320-325
    Trivialitätsprüfung 314, 320-325
    verlangte Änderungszeiten 303
    Web- 307
    zufällige 298
    zugewiesene 298
    zuweisen 259
PATH, Umgebungsvariable 265, 378
Pathologically Eclectic Rubbish Lister (siehe Perl)
Patt, Yale 675
pax, Befehl 790
    Restore-Operationen 796
Payne, Jonathan 134
Perchine, Denis 291
Performance
    Auslagerungsbereiche 1067, 1071
    Befehle 1018
    CPU 1033-1048
    Disk-Striping und 1076
    DNS 1092
    Festplatten-I/O 1072-1079
    Netzwerk 1089-1095
    NFS 1093-1095
    Pagingbereiche 1066, 1068-1069, 1072
    Postfix 648-649
    RAID und 721

Ressourcen-Kontrollmechanismen 1016
sendmail 622-624
Speicher 1049-1065
Striping nutzende Volumes und 718
Tuning-Prozess 1016-1020
Übersicht 1015
Überwachung von Prozessen 1020-1033
Verwaltung von Prozessen 1033-1048
Verwaltung von Speicher 1049-1065
periodic, Paket (FreeBSD) 97, 104
Perl 967-979
    Berichte (Reports) mit 976
    Dokumentation von Skripten 1011
    grafische Schnittstellen mit 977
    POD 1011
    Slogan 969
Perl/Tk 977-979
PGP 394-397
    E-Mail und 584, 586
pgp, Befehl 395-396
pgp4pine, Paket 585
Philosophie der Systemadministration 5
physikalische Sicherheit 363
physikalische Volumes 715
PID (Prozess-ID) 60
pine, Paket 583
    IMAP und POP mit 590
„ping of death"-Angriff 523
ping, Befehl 236, 522
piomkpq, Befehl (AIX) 921
Pipes, benannte 56
pkg_add, Befehl (FreeBSD) 124
pkg_delete, Befehl (FreeBSD) 125
pkg_info, Befehl (FreeBSD) 124
pkgadd, Befehl (Solaris) 124
pkgchk, Befehl (Solaris) 124
pkginfo, Befehl (Solaris) 124
pkgrm, Befehl (Solaris) 125
.plan, Dateien 357
Platten
    CD-ROM 750
    Floppy-Disks 747
    magneto-optische 778
Plattenpartitionen (siehe Partitionen)
plod, Paket 33
Plonka, Dave 562
Pluggable Authentication Module (siehe PAM)
pmadm, Befehl (Solaris) 853-854
pmbpage, Befehl 880

Pomeranz, Hal 33
POP 587-589
    Daemons 588
    User Agents und 590
Pornographie 361
Portable Batch System 1048
portmap-Daemon 754
Portmonitor (Solaris) 851
Ports, Zuordnung zu Diensten 203-204
Port-Scanning 415
Ports-Collection (Portierungen, FreeBSD) 129
POSIX ACLs 389
Post Office Protocol (siehe POP)
Postfix 631-650
    Adressabbildung 639
    aktivieren 634
    Befehle 635
    canonical-Map 639
    Clientkonfiguration 637
    Daemons 632, 634
    Debugging 649
    DNS-Lookups und 639
    Fehlersuche 649
    Installation 635
    Komponenten 632, 634
    Konfiguration 636
    LDAP und 642
    Linuxconf und 647
    Logging 649
    lokaler Delivery-Agent 638
    Mail-Hub-Konfiguration 638
    Performance 648-649
    Queues 632
    Relaying 638
    relocated-Map 640
    schwarze Listen 643
    Sicherheit 646-648
    Spam unterdrücken 642-644
    SuSE Linux Version 7 und 637
    syslog und 635
    überwachen 648-649
    Version 632
    virtual-Map 641
    Ziele 632
    Zugriffskontrolle 642-646
    Zustellungsprozess 634
PostScript
    Dateivorschau 880

Drucken 880
   Konvertierung in 880
Powell, Patrick 929, 937
pr, Befehl 880
Practical Extraction and Report Language (siehe
   Perl)
Prä-Login-Meldung 15
Pretty Good Privacy (siehe PGP)
primäre Gruppe 249
primäre Nameserver, DNS 456
printconfig, Befehl (Tru64) 891
PRINTER, Umgebungsvariable 881
priocntl, Befehl (Solaris) 1039, 1045
Prioritäten
   Auslagerungsbereiche (Linux und HP-UX)
      1071
   Prozesse 1033-1035, 1038-1039
prioritätsbasiertes Round-Robin-Scheduling 1033
Prioritätsstufen (syslog) 109
Probleme (siehe Fehlersuche)
Probleme, Erkennung von Sicherheitsproblemen
   425
/proc, Dateisystem 75, 1026-1027
   Linux 964, 1026, 1063
procmail
   Debugging 669
   E-Mail aussortieren 658
   E-Mail sortieren mit 657
   Fehlersuche 669
   formail-Utility 660-661
   Konfiguration 656
   Logging 669
   Pipes und 659
   Rezepte 656-657
   Schleifen vermeiden 660
   sendmail und 602
   Sicherheits-Scan 665-668
   Spam unterdrücken 662-664
Produkte (HP-UX) 127
Professionalität 1143
.profile, Dateien 260
   Beispiel 261
profiles, Befehl (Solaris) 404
Profiles, Berechtigungen und (Solaris) 402-403
projadd, Befehl (Solaris) 1137
projdel, Befehl (Solaris) 1138
.project, Dateien 357
projects, Befehl (Solaris) 1138
Projekte (Solaris) 1137

PAM und 336
projmod, Befehl (Solaris) 1138
promiskuitives Relaying 612
Protokolle
   ARP 202
   CIFS 761
   ICMP 523
   IMAP 587-589
   IP 202
   IPP 941
   Netzwerk 199
   NTP 511
   OSPF 495
   POP 587-589
   RIP 494
   Routing 494
   SMTP 572
   SNMP 528
   SSH 409
   Stacks 201
   Statistik nach 521
   TCP 201-202
   UDP 201-202
Prozess-Accounting 1123-1130, 1132-1137,
   1139-1140
   Systemüberwachung und 446
Prozesse 58-65
   Attribute 60
   Batch 59
   beenden (killing) 1030
   beim Booten gestartete 157
   Daemons 59
   Eltern- 61
   erzeugen 62
   fork und exec 61
   getty 846-847
   init 139
   interaktive 58
   Lebenszyklus 61
   Leerlauf-Prozesse 1027
   Netzwerk 159
   NFS-Hänger 1032
   nice-Werte 60, 1034-1035, 1038-1039
   Paging 1049-1050
   Prioritäten 60, 1033-1035, 1038-1039
   /proc, Dateisystem 75
   Ressourcen-Beschränkungen 1028, 1030
   run-Queues 1033
   Scheduling 1033-1034, 1039-1047

Server 59
setuid/setgid-Zugriff und 63
Signale senden an 1030
Typen 58
überwachen 1020-1033
verwalten 1033-1048
Vordergrund verglichen mit Hintergrund 58
Zombie 1032
Prozess-ID (PID) 60
enthaltende Dateien 78
prpwd, Befehl (HP-UX und Tru64) 245
prtconf, Befehl (Solaris) 1120
Prüfsummen 432
Tripwire und 434
ps, Befehl 1021, 1035
Pseudo User 238
Pseudo-Shutdown 184
Pseudoterminals 828
pstat, Befehl (FreeBSD) 964, 1067
pstree, Befehl 1023
ptree, Befehl (Solaris) 1023
PTR-Records, DNS 467, 470
Public-Key-Server 394
Public-Key-Verschlüsselung 394
Puffer-Überlauf (buffer overflow) 357
pump, Befehl (Linux) 226
Purdue University 434
pvcreate, Befehl
   HP-UX 728
   Linux 740
pvdisplay, Befehl (HP-UX) 730
pwck, Befehl 426
pwdadm, Befehl (AIX) 304
pwdck, Befehl (AIX) 426

Q

qadm, Befehl (AIX) 916
qcan, Befehl (AIX) 915
qchk, Befehl (AIX) 914
qdaemon-Daemon (AIX) 913, 917
qhld, Befehl (AIX) 916
QIC-Band 776
qmov, Befehl (AIX) 915
Quantum 1033
Quellcode 77
   Pakete erzeugen aus 129-134
QUEUE_DIR-Makro 622
queuedefs, Konfigurationsdatei 1047

Queues
   Drucken 885, 901, 914
   HylaFAX 861
   Postfix 632
   Run-Queue (Prozesse) 1033
QUIT-Signal 1032
quot, Befehl 1080
quotacheck, Befehl 156, 1088
quotaoff, Befehl 1087
quotaon, Befehl 1087
Quotas 156, 1084-1089

R

RAID 719
   Level 719
   Performance-Charakteristika 721
   RAID 0 719
   RAID 0+1 720
   RAID 1 719
   RAID 1+0 720
   RAID 10 720
   RAID 3 719
   RAID 5 719, 720
raidstart, Befehl (Linux) 741
raidstop, Befehl (Linux) 741
Rand, Dave 557
Raymond, Eric 651
RBAC (Rollenbasierte Zugriffskontrolle) 398-404
rc*.d, Bootskript-Verzeichnisse 171
RCS (Revision Control System) 460
r(ead)-Zugriff(srechte) 39
Real Group (AIX) 251
Realtime Blackhole List 614
reboot, Befehl 184
Records, Verzeichnisdienst 340
Red Hat Linux
   anacron, Paket 97
   Benutzerverwaltungs-Tool 291
   /etc/profile.d, Verzeichnis 265
   Routing 496
   Systemadministrations-Tools 25
   .wmstyle, Datei 264
redhat-config, Befehl (Red Hat Linux) 25
redhat-config-users, Befehl (Red Hat Linux) 291
redirect, sendmail-Feature 609
Referenzzeiten, NTP 514
Refresh-Zeitspanne, DNS 468
regelmäßige Programmausführung 96

Reiser, Hans 709
Reiser-Dateisystem (Linux) 709
reject, Befehl 897
rekursive Suchanfragen, DNS 455
RELAY_DOMAIN_FILE-Makro 612
RELAY_DOMAIN-Makro 612
relay_entire_domain, sendmail-Feature 605
Relaying, E-Mail 612
RELAY-Makros 606
Relay-Server, DHCP 500
renice, Befehl 1038
Repeater 214
repquota, Befehl 1088
Reservierungen, DHCP 499
resize_reiserfs, Befehl (Linux) 710
resize2fs, Befehl (Linux) 708
Resolver 229, 455
    Konfigurationsdateien 231
Resource Records, DNS 466
Ressourcen-Beschränkungen 267, 1028, 1030
    PAM 332
    weiche und feste 1028
Ressourcenverwaltung
    CPU 1033-1048
    Festplatten 1081-1089
    Festplattenplatz 120
    Kontrollmechanismen 1016
    Speicher 1049-1065
restore, Befehl 798, 800-801
    entfernte (remote) Restores 805
    interaktiver Modus 800
Restores 796-801
    entfernte (remote) 804
restvg, Befehl (AIX) 823
Retensioning von Bändern 783
Retrieval Agents, mail 569
Rettungsdiskette (Linux) 825
Reverse-Lookup-Zones 455
Reverse-Zone-Dateien 470
RG-11-Koax-Kabel 197
RG-58-Koax-Kabel 197
RGID (reale Gruppen-ID) 61
.rhosts, Dateien 407
Richtlinien
    Backup 766
    E-Mail 579
    Sicherheit 360
RIP (Routing Information Protocol) 494
RJ-45-Anschlussstecker 196

rlogin, Befehl (PAM, Konfigurationsdatei) 329
rmdev, Befehl (AIX) 922
rmgroup, Befehl (AIX) 285
rmmod, Befehl (Linux) 1119
rmps, Befehl (AIX) 1072
rmque, Befehl (AIX) 921
rmquedev, Befehl (AIX) 921
rmt-Daemon 805
rmuser, Befehl
    AIX 285
    FreeBSD 282
rndc, Befehl 490
roles, Befehl (Solaris) 404
Rollen
    AIX 400
    Solaris 336, 402
Rollenbasierte Zugriffskontrolle (RBAC) 398-404
    AIX 399-401
    Solaris 401-404
root 6, 252
    einen Befehl ausführen als 9
    history, Befehl 445
    Login-Beschränkungen 333
    Passwort 8, 305
    Rollenbasierte Zugriffskontrolle und 398
    selektiver Zugriff auf 10
    setuid auf 381
    Sicherheit und 366
    Unterteilung der Privilegien 398
root-Domain 452
Root-Hints-Datei, DNS 466
root-Verzeichnis (/) 36
Root-Volume-Gruppe (rootvg) 721
Rotation von Logdateien 120-121
route, Befehl 232
    Varianten 232-233
routed-Daemon 495-496
    aktivieren 496
Router 216
    Area Border Router 495
Routine, Festhalten an 436
Routing
    Algorithmen 494
    Arten 493
    dynamisches 231, 494
    Erreichbarkeits-Informationen 494
    innere verglichen mit äußeren Protokollen 494
    Konfiguration 495-498
    Konfigurationsdateien 233, 235

minimales 493
statisches 231, 493
Tabellen 232, 522
Routing Information Protocol (RIP) 494
rpc.lockd-Daemon 754
rpc.mountd-Daemon 754
rpc.nfsd-Daemon 754
rpc.statd-Daemon 754
RPC-Daemons 159
rpm, Befehl (Linux) 124
rrdtool, Befehl 559
RRDtool, Paket 557-563
   Cricket und 563
   Datenbanken 558
   Diagramme 559-562
   Round-Robin-Archivdaten 558
RRGrapher, Paket 562
RS-232-Kabel 838
RS-232-Standard 838-839, 841
RUID (reale Benutzer-ID) 61
Runlevel 164
   ändern 165, 166
   Standardeinstellungen 165

S

s-Zugriffsmodus 47-48
sa, Befehl 1128-1130
sacadm, Befehl (Solaris) 852
sac-Daemon (Solaris) 851
SAGE 1143
Saint, Paket 439-440
saintmap, Paket 556
Salmi, Timo 664
SAM (HP-UX) 21
   DHCP 507
   Drucken 910
   Kernel generieren mit 1104, 1106
   Paketverwaltung 125
   serielle Schnittstellen 830
   Verwaltung von Benutzer-Accounts 285
sam, Befehl (HP-UX) 21
Samba 761-765
   Authentifizierung 763-764
   Daemons 159
   Drucken mit 926-929
   Home-Verzeichnisse und 762
   Konfigurationsdateien 762
   printcap-Dateien und 927
   Shares 762

   Sicherheit 763-764
Sandboxing 94
   sendmail 617
sanitizer.pl, Skript 665
sar, Befehl 1073
SASL
   OpenLDAP und 351
   sendmail und 618
Satan 439
Save Text Mode 47
savecore, Befehl 155
savecrash, Befehl (HP-UX) 155
savevg, Befehl (AIX) 823
/sbin, Verzeichnis 74
Scannen von Ports 415
Schablonen, Initialisierungsdateien 260
Schaltsekunden 512
schedtune, Befehl (AIX) 1040, 1042, 1058
Scheduler 1033-1034, 1039-1047
   AIX 1040-1041
   Solaris 1042-1043, 1045
   Tru64 1045-1046
Scheiben 877
Scheiben, Festplatte 691
Schemata
   LDAP 341
      Benutzer-Authentifizierung 345
   SNMP MIBs 530
Schichten, Netzwerkschichten 199
schlechte Passwörter 298-299
Schlüssel, Verschlüsselung
   DNS 482
   öffentliche/private Paare 394
Schnittstellen (Netzwerk), gängige Namen 159
Schottland 454
Schutz, Datei 39, 43, 377
Schwachstellen-Prüfung 437-440
schwarze Listen, E-Mail 613, 643
scp, Befehl 409
Screenshots 880
SCSI-Festplatten 69, 696
SCSI-Geräte
   Änderung des Controllers und 699
   Daisy-Chaining 698
   differenziell 696-697
   maximale Kabellänge 697
   Terminatoren 698
   Versionen 697
   Wide SCSI 697

S-Dateien 171
Secure Shell 409
Security Administrator's Integrated Network Tool
    (siehe Saint)
security-Gruppe 400
Segmente (Netzwerk-Dateneinheit) 201
    maximale Größe 1090
Segmente, Netzwerk 197, 214, 521
sekundäre Authentifizierungsprogramme (AIX)
    372
sekundäre Gruppenmitgliedschaft 246
sekundäre Nameserver, DNS 456
Sekunde, Definition 512
Seltzer, Margo I. 675
sendfax, Befehl 863
sendmail 592-631
    Abbildung von Adressen 607
    Adressierungsoptionen 607
    Adressübersetzungsmodus (address translation mode) 626
    aktivieren 594
    Anführungszeichen, merkwürdige 598
    Build-Skript 600
    Clientkonfiguration 598, 605
    cw-Datei 601
    Daemon 594, 596, 619
    Datenbank-Engines 608
    Debugging 626, 628
    dnl 598
    DNS-Lookups und 605
    /etc/mail/local-host-names, Datei 601
    FEATUREs (siehe FEATURE-Makros)
    Fehlersuche 624-629
    Komponenten 594
    Konfiguration 597-624
    Konfigurationsdateien 595
    LDAP und 608
    Logging 624
    lokale Mailer 603
    mail.local-Programm 604
    Mailer 602
    Mail-Hub-Konfiguration 601, 606
    Makros 629-631
    Masquerading 601
    mehrere Queues 622
    Null-Client 605
    Performance 622-624
    PID-Datei 596
    Privatsphäre, Optionen 618
    procmail und 602
    Relaying 612
    SASL 618
    schwarze Listen und 613
    Services-Switch-Datei 611
    Sicherheit 617
    smrsh-Programm 604
    Spam, unterdrücken 611
    split 619
    Standardbenutzer 617
    Statistiken 621
    Submission Agent 619
    syslog und 596
    Timeouts 624
    überwachen 620-622
    Umleitung von E-Mail 609
    Versionen 593
    virtuelle Domains 610
    Wartung 621
    Zugriffskontrolle 614
sendmail.cf, Konfigurationsdatei 597, 600
serielle Kabel 842
serielle Schnittstellen 827-861
    Behandlung unter Solaris 850-856
    Charakteristika setzen 835-836
    Drucker und 879
    Einbinden neuer Geräte 837
    Fehlersuche 856
    Gerätedateien 828-829
    Konfiguration 843-850
    root-Zugriff auf 858
    sichere 845
    Zugriffskontrolle 858
Seriennummern, DNS 468
Server (siehe Daemons)
Server Message Block (SMB), Protokoll 761
Server Selection Records (SRV), DNS 470
Server-Prozesse 59
Service Access Facility (Solaris) 850-856
    Befehle 851
Service Advertisement Records (SRV), DNS 467
setacl, Befehl (Tru64) 391
setfacl, Befehl
    Linux 391
    Solaris 391
setgid-Zugriff
    Programme 63, 380-382
        Entwicklung sicherer 381
    setgid-Bit 47

Überwachung von Dateien bei 430
setgroups, Befehl (AIX) 251
setld, Befehl (Tru64) 124
setuid-Zugriff
    nosuid-Dateisystem-Option 683
    Programme 63, 380-382
        Entwicklung sicherer 381
    setuid-Bit 47
    Überwachung von Dateien bei 430
Seward, Julian 132
sftp, Befehl 409
sftp-Server-Daemon 409
Shadow-Gruppen-Datei (Linux) 239, 249
Shadow-Passwort-Datei 239, 242, 311
    Sicherheit 252
Shared Libraries 74, 76
Sharpe, Randall K. 670
Shell-Escapesequenzen 12, 258, 382
Shells 256
    eingeschränkte (restricted) 257, 604
    Initialisierungsdateien 259
    Secure Shell 409
    Vorurteile 953
showmount, Befehl 758
shutdown, Befehl 182
    abbrechen 185
    BSD- verglichen mit System V-Syntax 182
    BSD-Stil 183
    Linux-Version 184
    System V-Stil 182
sicheres (secure) DNS 482
Sicherheit
    Einrichtungen 366
    Mailinglisten 406
    Richtlinien 360
    SuSE Linux 367
Sicherheitsaspekte
    Backup-Medien 364
    Backups 450
    Behandlung von Sicherheitslücken 440
    Benutzer-Accounts entfernen 274
    Benutzer-Ausbildung 362
    Bequemlichkeit 359
    Berichterstattung in den Medien 441
    Boot-bezogene 155
    chroot 95
    cron 107
    Dateizugriff 37, 377, 428
    Dialup-Zugriff 370

Dienste, TCP/IP 411
DNS 487
durch alle schreibbare Verzeichnisse 378
durch Gruppe schreibbare Verzeichnisse 378
E-Mail 576, 619, 665-668
Entwicklung von Skripten und 181
fortlaufende Überwachung 425-450
fsck ausführen 433
Gruppen und 37, 253
Herunterfahren des Systems 183-184
inetd-Daemon 411
Netzwerk 405-420
NFS 758
Passwort für den Einzelbenutzer-Modus 142
Passwortdatei 252, 365, 425
Passwort-Qualität 298, 314
physikalische Sicherheit 363
Plattenpartitionen 422
Postfix 646-648
Prüfsummen 432
Samba 763-764
Sandboxing 95
SANS Top 20 439
Schwachstellen-Prüfung 437-440
sendmail 617, 619
setuid/gid-Zugriff 61, 380-382
Shell-Escapesequenzen 12, 258, 382
Smart-Cards 367
SNMP 543
Suchpfade 378
Systeme absichern 420-425
systemweite Initialisierungsdateien 266
Terminalleitungen 845
typische Problemfelder 357
Untersuchung von Problemen 442-450
Verschlüsselung 392
Verschlüsselungs-Schlüssel 397
Verteidigungslinien 363
wichtige Dateien und Verzeichnisse 429
siggen, Befehl 435
Signale 1032
    CONT 1033
    INT 1032
    KILL 1032
    QUIT 1032
    Signalnummern 1031
    STOP 1033
    TERM 1030

Signaturen, digitale 394
Silicon Graphics 861
Silos 781
Simple Authentication and Security Layer (SASL)
    OpenLDAP und 351
    sendmail und 618
Simple Mail Transport Protocol (siehe SMTP)
Simple Network Management Protocol (siehe SNMP)
S/Key, Paket 369
Skripten
    Beispiele 953-966
    Boot-Skripten 140, 150, 157
    Debugging 966-967
    Entwicklung sicherer 181
    Expect 979-987
    ipcalc.pl 213
    migrate_passwd.pl (OpenLDAP) 346
    mkuser.sys (AIX) 284
    Perl 967-979
    Stromausfall 188
    testen 966-967
    Tipps zur Entwicklung 966
    Tricks in 965
    Vorsichtsmaßnahmen vor der Modifikation 179
slapd-Daemon 339
    Konfigurationsdatei 341-342
    sichern 352
Slave-Nameserver, DNS 456
    Aktualisierung 476-477, 479-480
    Konfiguration 463
Slices 702
SMART_HOST-Makro 606
Smart-Cards 367
smbclient, Befehl 764
smb.conf, Konfigurationsdatei 762
SMB-Protokoll 761
smbstatus, Befehl 763
SMC (Sun Management Console) 24
    Benutzer-Account-Management 293
SMIT (AIX) 21
    Benutzer-Account-Verwaltung 285
    Dienste deaktivieren 415
    Drucker-Konfiguration 914
    Fast-paths 20
    Paketverwaltung 125
    Queue-Konfiguration 920
    Rollenbasierte Zugriffskontrolle 401

smit, Befehl (AIX) 19
Smith, Keith A. 675
smitty, Befehl (AIX) 21
smrsh, sendmail-Feature 604
smrsh-Programm, sendmail 604
    procmail und 604
SMTP
    Befehle 624
    Mail empfangen mittels 650
    Proxies 572
smtpd-Daemon 572
smtpfwdd-Daemon 572-573
snap, Befehl (AIX) 187
SNMP 528-544
    Agents 537
    aktivieren 533-534
    Community-Namen 532
    Implementierungen 533
    Konfigurationsdateien 533
    Konzepte 528
    MIB-Dateien 533
    Namensraum 530
    Net-SNMP 532
    Network Management Station 528
    NMS 528
    Operationen 533
    Sicherheit und 543
    Traps 533, 536
    Versionen 528
snmp_request, Befehl (Tru64) 537
snmpconf, Befehl 538
snmpd-Daemon 537
snmpget, Befehl 535
snmpinfo, Befehl (AIX) 537
snmpset, Befehl 536
snmptranslate, Befehl 534
snmptrap, Befehl 536
snmptrapd-Daemon 540
snmpwalk, Befehl 536
snoop, Befehl (Solaris) 527
Social Engineering 374
Sockets 56
    TCP/IP 203
sofficer-Rolle (Solaris) 404
Soft Updates 675-676
    aktivieren 703
Softwarepakete (siehe Pakete)
Solaris
    Accounting 1132

ACLs 389
AdminSuite 24
admintool 23
Benutzer-Account-Kontrollelemente 271
Benutzer-Account-Management 293
booten 147
Bootimages, Lage 826
Boot-Skripten 174
CD-ROMs bei 752
Dateisystem-Typen 677
DHCP 227, 507
Dialup-Passwörter 371
Druck-Features 907
Druckmanager 912
Einrichtung zur Behandlung von Medien 752
Einzelbenutzer-Modus, Passwort 142
erweitertes Accounting 1137-1139
/etc/default, Verzeichnis 173-174
fehlerhafte Festplatte, ersetzen 737
Festplatten hinzufügen 710
gespiegelte Volumes 736
Kernel-Parameter, Tuning 1064
Lage des Kernels 138
LDAP-Unterstützung 339
listen-Portmonitor 851
Logische Volume Manager 735
Module, Kernel 1120
Namen von Netzwerkschnittstellen 218
Netzwerkdateien, DHCP 508
NFS 759
Paketverwaltung 124
PAM-Module 336
Passwortkontrolle 312-313
Port-Monitor 851
Prioritätsklassen 1042
Profile 402
Projekte 336, 1137-1139
Puffer-Cache 1064
RAID 5-Volumes 737
Rollen 336
Rollenbasierte Zugriffskontrolle 401-404
Routing 496
Scheduler 1042-1043, 1045
serielle Schnittstellen 850-856
Sicherheitseinrichtungen 366
SMC 24
SNMP 541
Soft-Partitionen 735

Software-Archive 135
Speicher, als Daten-Cache 1064
statische Routen 234
Striping nutzende Volumes 736
syslog-Erweiterungen 114
TCP/IP-Parameter 1091
ttymon-Portmonitor 851
Tuning-Tools 1019
USB-Geräte 875
verkettete Volumes 735
Virtual Memory Manager 1064
Solaris-Befehle
  acctadm 1138
  auths 404
  dispadmin 1043, 1045
  eeprom 143
  fdformat 748
  Floppy-Disk 748
  format 711-712
  from 671
  getdev 964
  getfacl 391
  kstat 1064
  Logische Volume Manager 735-738
  lpget 907
  lpset 907
  lpusers 902-903
  makewhat 81
  metadb 735
  metainit 735
  metaparam 736
  metareplace 737
  metattach 736
  mkfile 1070
  modinfo 1120
  newfs 712-713
  newtask 1138
  pkgadd 124
  pkgchk 124
  pkginfo 124
  pkgrm 125
  pmadm 853-854
  priocntl 1039, 1045
  profiles 404
  projadd 1137
  projdel 1138
  projects 1138
  projmod 1138

prtconf 1120
ptree 1023
roles 404
sacadm 852
SAF 851
setfacl 391
snoop 527
sttydefs 855
swap 964, 1067, 1072
sysdef 1120
ufsdump 791
volcheck 748
Solaris-Konfigurationsdateien
    /etc/default/dhcpagent 227
    /etc/default/login 271
    /etc/default/passwd 320
    /etc/default/su 8
    /etc/default/sulogin 142
    /etc/defaultrouter 234
    /etc/dfs/dfstab 759
    /etc/hostname.* 220
    /etc/inet/hosts 229
    /etc/inet/netmasks 219
    /etc/nodename 221
    /etc/printers.conf 907
    /etc/project 1137
    /etc/rmmount.conf 752
    /etc/saf/_sactab 851
    /etc/security/auth_attr 401
    /etc/security/exec_attr 403
    /etc/security/prof_attr 402
    /etc/snmp/conf 542
    /etc/system 964, 1120
    /etc/ttydefs 854
    /etc/user_attr 403
    /etc/vfstab 685, 755
    /etc/vold.conf 751
    /usr/share/man/man.cf 80
    /var/dhcp/dhcptab 507
    Netzwerkschnittstelle 220
Soules, Craig A. N. 675
Spafford, Gene 434
Spam, unterdrücken 611, 654
    Postfix 642-644
    procmail und 662-664
Spaß haben 1096
Speicherressourcen
    Größe bestimmen 1052
    Größe von Seiten (Pages) 1052
    Knappheit erkennen 1056
    Nutzung als Datencache 1057
    verwalten 1049-1065
Spell My Name with an S 378
Sperren (Locking) von Benutzer-Accounts 273
Spiegelung von Festplatten (disk mirroring) 719
Spiele 361
Spionage 360
Split DNS 486
Spooling (siehe Drucken)
spool-Verzeichnisse 879
    Drucken 887
    E-Mail 572, 576
    HylaFAX 861
    Lage 78
SRC (AIX) 159
SSH Protokoll 2 409
ssh, Befehl 409
sshd-Daemon 409
Stacker 780
Stacks, Protokollstack 201
Standardeinstellungen
    AIX-Benutzeraccount 269
    Bandlaufwerk 785
    Benutzer-Account 278
    Dateimodus 46
    Dateisystem-Typen 673, 676-677
    Drucker 881, 894, 914
    Gateway 231, 233
    Klasse, Benutzer-Account (FreeBSD) 269
    Login-Shell 256
    lokales Mailer-Programm, sendmail 603
    PAM 330
    Passwort-Aging 319-320
    Prozessprioritäten 1034
    Run-Level 165
    umask 265
Standard-Gateway 231, 233
/stand/build/system, Konfigurationsdatei (HP-UX) 1105
/stand, Verzeichnis (FreeBSD) 75
Star Trek 301
Start of Authority Records (SOA), DNS 467-468
    BIND 8 verglichen mit 9 468
    Seriennummern 468
startsrc, Befehl (AIX) 518
statd-Daemon 754
statische Routen 231
    Dateien definiert in 233, 235

statisches Routing 493
Stealth-Nameserver, DNS 456
Steckverbinder
    50-Pin-Centronics 697
    50-Pin-Mikro 697
    68-Pin 697
    8-Pin-Mini-DIN 842
    DB-25 697, 842
    DB-9 842
    Ethernet 196
    Mini-Mikro 697
    RJ-12 842
    RJ-45 196, 842
    SCSI III 697
    USB 842, 870
Stein, Christopher A. 675
Stem 1000-1011
Stewart, Al 302
Sticky Bit 47
Stokely, Celeste 827
STOP-Signal 1033
Stratum-1-Server, NTP 511
Streams 201
Striping nutzende Volumes 717
    Performance-Tipps 718
Stromausfall 187
stty, Befehl 835-836
sttydefs, Befehl (Solaris) 855
Stub-Nameserver, DNS 456
su, Befehl 7, 9
    Benutzer-Accounts testen mit 272
    Logdateien 111, 445
    PAM, Konfigurationsdatei 327-328
Subdomains, DNS 472-473
Submission Agents, E-Mail 580, 619
Subnetze 210
    DHCP und 499
Subnetzmasken 210
Subprodukte (HP-UX) 127
Suchpfade 63, 378
sudo, Paket 10
    Konfigurationsdatei 11
sulogin, Utility (Linux) 142
Sun Management Console (SMC) 24
Super-Daemon, TCP/IP 410
Supernetze 210
Superuser (siehe root)
SuSE Linux
    harden_suse, Befehl 367

Paketverwaltung 124
Routing 496
Sicherheitseinrichtungen 366
SuSEconfig 26
WINDOWMANAGER, Umgebungsvariable 265
YAST2 26
SuSEconfig-Skript 26
swap, Befehl (Solaris) 964, 1067, 1072
swapinfo, Befehl (HP-UX) 964, 1067
swapon, Befehl 155, 964, 1067, 1069-1070
Swap-Partitionen 68, 155, 684, 1066
    Crashdumps gesichert auf 154, 187
    Platzierung von 694
    verwalten 1066-1069, 1071-1072
    (siehe auch Pagingbereiche)
Swapping 1049
swatch, Paket 123
    TCP-Wrapper und 412
swinstall, Befehl (HP-UX) 124
Switches 215-216
    Full-Duplex 521
swlist, Befehl (HP-UX) 124
swremove, Befehl (HP-UX) 124
symbolische Dateimodi 45
symbolische Links 52
    den Automounter verwirrend 760
    kontextabhängie (Tru64) 55
sync, Befehl 184
Sys Admin-Magazin 487, 876, 1096
sys, Gruppe 253
sysconfig, Befehl (Tru64) 964, 1045, 1092, 1103, 1104
sysctl, Befehl (FreeBSD) 964, 1061, 1091, 1102
sysdef, Befehl
    HP-UX 1106
    Solaris 1120
sysinstall, Befehl (FreeBSD) 27
syslinux, Paket (Linux) 1116
syslog 108-116
    aktivieren 109
    Boot-Meldungen und 149
    cron und 102
    Daemon 108
    Einrichtungen 109
    Erweiterungen 112, 114-115
    fetchmail und 652
    Komponenten 108

Konfigurationsdatei 109
logger, Utility 115
PID-Datei 109
Postfix und 635
Prioritätsstufe 109
sendmail und 596
SNMP-Traps und 537
TCP-Wrapper und 412
SysMan (Tru64) 28
    Paketverwaltung 125
System Resource Controller (AIX) 159
    Netzwerk-Daemons und 518
System V Spooling-System 894-911
    Benutzerbefehle 894
    Daemon 898
    Drucker einbinden 906
    Drucker verwalten 899-900
    Druckjobs verwalten 896
    entferntes Drucken 905-906
    Filter (Solaris) 908
    Formulare (Solaris) 908
    Geräteklassen 894, 900
    Jobs zwischen Queues verschieben 897
    Klassen 900
    Modifikation laufender Jobs (HP-UX) 909
    Queue-Prioritäten 901
    Queues verwalten 897-898, 900
    Schnittstellen 900
    starten und beenden 898
    Varianten 905, 907
    Ziele 894
    Zugriffskontrolle (Solaris) 907
System V-Dateisystem 674
system, Gruppe 253
system_prep, Befehl (HP-UX) 964, 1105
System-Accounts 252
Systemadministrations-Tools 16
    admintool (Solaris) 23
    Benutzer-Account-Verwaltung 275-297
    DHCP 223, 502, 505, 507, 510
    Drucker-Konfiguration 891-892, 910, 914, 920
    Gnome 28
    KDE 28
    Kernel-Generierung 1104, 1106
    Linuxconf (Linux) 24
    Paketverwaltung 124
    Passwort-Aging 313
    Red Hat Linux 25

SAM (HP-UX) 21
Schwachstellen-Prüfung 437-440
SMC (Solaris) 24
SMIT (AIX) 19
SNMP 534
sysinstall (FreeBSD) 27
SysMan (Tru64) 28
VNC 31
WSM (AIX) 21
Ximian Setup-Tools 29
YAST2 (SuSE Linux) 26, 875
Systemaufrufe, unsichere 382
Systeme absichern 420-425
Systeminitialisierungs-Skripten 140
Systemintegritätsprüfung 434
System-Konsole 828
    Zugriff beschränken 364
    Zugriffskontrolle 859
Systemmeldungen 108
System-Shutdown 181
    Pseudo-Shutdown 184
systemweite Initialisierungsdateien 265
    anpassen 266

T

t (save text)-Zugriffsmodus 47
TAI (International Atomic Time) 512
tail, Befehl 95
tar, Befehl 91, 786-787, 789
    GNU-Version 788
    Restore-Operationen 796
    Solaris-Erweiterungen 787
Tastaturverschiebung 302
Taylor, David 581
TCP/IP
    Beispiel-Konversation 205
    Maximum Segment Size (MSS) 1091
    Parameter 1090-1091
    Schichten 201
    Socket-Puffergröße 1091
tcpd-Daemon 410-412
/tcb, Verzeichnis 75
tcpdump, Befehl 524
TCP-Wrapper 411, 413
tcsh 262
    Initialisierungsdateien 259
telinit, Befehl 165

temporärer Mountpunkt (/mnt) 75
TERM, Umgebungsvariable 830, 834
termcap 831
TERMCAP, Umgebungsvariable 833
Terminals 830
    Fehlersuche 856
    Initialisierung 833
    zurücksetzen 836
Terminaltyp, setzen 261
Terminatoren
    Koaxialkabel 197
    SCSI 698
terminfo 831-832
    Verzeichnisse 830
TERM-Signal 1030
testparm, Befehl 763
There's more than one way to do it 969
Thinnet-Kabel 197
Threats 358
Tickets, Kerberos 377
Timeout-Periode, DNS 468
TLDs (Top-Level-Domains) 452-453
TLS
    OpenLDAP und 352
    sendmail und 618
Token 367
top, Befehl 1025
    Varianten 1025
Top-Level-Domains 452-453
Topologien, Netzwerk 198
traceroute, Befehl 523
Transaktionslogs, Dateisystem 675
transitives Vertrauensverhältnis 408
Transmission Control Protocol (TCP) 202
    (siehe auch TCP/IP)
Transmitting Station Identifier (Fax) 866
Transport Agents, E-Mail 569, 592-650
Traps, SNMP 533, 536
    syslog und 537
tripwire, Befehl 435
Tripwire, Paket 434-436
    Berichte 436
    Konfigurationsdatei 435
Trivialitätsprüfung, Passwort 314, 320-325
    PAM 331, 334-335
Troan, Eric 122
troff Textformatierungssystem 1013
trojanische Pferde 365

Tru64
    ACLs 389, 392
    AdvFS, Dateisystem 731
    Benutzer-Account-Kontrollelemente 272
    booten 147
    Boot-Skripten 175
    Dateisystem-Typen 677
    DHCP 227, 509
    Disk-Gruppe 733
    Disk-Striping 732
    Einzelbenutzer-Modus, Passwort 142
    /etc/rc.config, Konfigurationsdatei 142
    Festplatten hinzufügen 731
    Filesets 731
    geschützte Passwort-Datenbank 243
    gespiegelte Volumes 734
    Hardware-Fehlermeldungen 119
    Kernel, generieren 1099-1102
    Kernelparameter, Tuning 1045, 1064,
        1103-1104
    Lage des Kernels 138
    Logical Storage Manager 732-734
    Logische Volume Manager 731
    LPD-Spooling-System 891
    Namen von Netzwerkschnittstellen 218
    NFS und 758
    Paketverwaltung 124
    Passwort-History-Listen 319
    Passwortkontrolle 312-313
    Passwort-Trivialitätsprüfung 316
    plex 733
    Puffer-Cache 1065
    RAID 5-Volumes 734
    Routing 496, 498
    Scheduler 1045-1046
    serielle Schnittstellen 860
    Sicherheitseinrichtungen 366
    SNMP 543
    Software-Archive 135
    Speicher, als Daten-Cache 1065
    statische Routen 235
    Striping nutzende Volumes 734
    Subdisk 733
    swap partitions 685
    syslog-Erweiterungen 115
    TCP/IP-Parameter 1091
    Tuning-Tools 1019
    USB-Geräte 870

/usr/skel, Verzeichnis 260
Virtual Memory Manager 1064
Tru64-Befehle
  btcreate 826
  cdslinvchk 55
  dhcpconf 227
  dia 119
  dsfmgr 964
  dxaccounts 294
  dxkerneltuner 1045, 1104
  edauth 312
  fverify 124
  getacl 391
  Logical Storage Manager 733-735
  lprsetup 891
  printconfig 891
  prpwd 245
  setacl 391
  setld 124
  snmp_request 537
  swapon 964
  sysconfig 964, 1045, 1092, 1103-1104
  sysman 28
  xjoin 510
Tru64-Konfigurationsdateien
  /etc/binlog.conf 119
  /etc/join/client.pcy 227
  /etc/join/dhcpcap 509
  /etc/join/nets 509
  /etc/join/server.pcy 509
  /etc/netsvc.conf 231
  /etc/rc.config 174
  /etc/routes 235
  /etc/snmpd.conf 543
  /etc/sysconfigtab 685
  Netzwerkschnittstelle 220
TrueType-Fonts 945, 951
Trusted Computing Base 75, 244
  Integritätsprüfungs-Befehle 433
TrustedBSD-Projekt 389, 399
tset, Befehl 833
Tsirigotis, Panos 412
T-Stecker 197
$TTL-Direktive, DNS 467
TTL-(time-to-live)-Wert, DNS 466
ttmkfdir, Paket 951
tty, Befehl 830
ttymon-Portmonitor (Solaris) 851
Tugenden 83, 436, 953, 1072
  Liste der 1145

tune2fs, Befehl (Linux) 707
tunefs, Befehl (FreeBSD) 704
Tuning-Prozess 1016-1020
  Befehle 1018
  iterative Natur 1018
  Versuchungen 1020
  Vorbehalte 1019
tw.config, Konfigurationsdatei 435
Twisted-Pair-Kabel 195
Type 1-Fonts 945
  Fontdateien 946
typische Aufgaben 1, 35, 568, 672

U

U.C. Davis 532
u(ser) Zugriff 41
Überwachung 448-450
  Accounting-System und 446
  automatisieren 433
  CPU-Ressourcen 1036-1037
  Dateisystem 428
  Diagramme 559-562
  Festplatten-I/O 1073
  historische Nutzungsdaten 557
  inodes 431
  Logdateien 123
  Modifikationszeiten 431
  Netzwerk 518-567
  Netzwerk-Durchsatz 1089
  Nutzung des Plattenspeichers 1079-1081
  Passwortdatei 425-426, 428
  Postfix 648-649
  Prozesse 1020-1033
  Prüfsummen 432
  Schwachstellen-Prüfung 437-440
  sendmail 620-622
  setuid/setgid-Dateien 430
  Sicherheit 425-450
  Speicherressourcen 1052-1057
UCE (siehe Spam, unterdrücken)
ucomm.sh, Befehl 1139
UDP (User Datagram Protocol) 202
UFS-Dateisystem 674
ufsdump, Befehl (Solaris) 791
Uhren (clocks), Genauigkeit 511
UID 238, 240
  0 252
  effektive 61, 380
  pensionierte Accounts 274

reale 61
zuweisen 255
ulimit, Befehl 1028
umask 265
umask, Befehl 46
Umgebungsfaktoren 364
Umgebungsvariablen
    FAXSERVER 863
    LPDEST 894
    PAM, setzen mit 331
    PATH 378
    PRINTER 881
    TERM 830, 834
    TERMCAP 833
Umkehrbarkeit 5
umount, Befehl 680, 687
unbeabsichtigte Nebeneffekte 357, 377
undankbarer Job 1126
unerwünschte kommerzielle E-Mail (siehe Spam)
ungewöhnliche Großschreibung 301
Ungültigwerden von Benutzer-Accounts (expiration) 312
uninterruptable power supply (UPS) 187
Universal Serial Bus (siehe USB-Geräte)
University of Delaware 511
University of Maryland 805
University of Michigan 339
University of Washington 583, 588
UNIX Hater's Handbook 1096
Unix-Dateisystem-Layout 72
Unix-Domain-Sockets 56
Unmounten von Dateisystemen 677, 679
unterbrechungsfreie Stromversorgung (USV) 187
Untersuchung von Sicherheitsaspekten 442-450
upacct, Befehl 1139
upacct, Paket 1139
UPS (uninterruptable power supply) 187
usbdevs, Befehl (FreeBSD) 872
USB-Geräte 869-876
    Gerätedateien für 870
    Unterstützung 870
USB-Kabel 870
    Stecker 842
usbmodules, Befehl (Linux) 874
usbutils, Paket (Linux) 874
usbview, Paket (Linux) 874
use_cw_file, sendmail-Feature 601
USENIX 1144

User Agents, E-Mail 568, 580-586
    IMAP und 590
    POP und 590
User Datagram Protocol (UDP) 202
useradd, Befehl 276, 278
userdel, Befehl 279
usermod, Befehl 274, 278, 304, 312
/usr, Verzeichnis 76
/usr/bin, Verzeichnis 76
/usr/include, Verzeichnis 76
/usr/lib, Verzeichnis 76
/usr/lib/passwd/passwd.conf, Konfigurationsdatei 317
/usr/lib/security/mkuser.default, Konfigurationsdatei (AIX) 283
/usr/lib/sendmail.d/bin, Verzeichnis 604
/usr/lib/X11/fonts, Verzeichnis 946
/usr/local, Verzeichnis 76
/usr/local/share/snmp/snmpd.conf, Konfigurationsdatei 537, 538
/usr/lpp, Verzeichnis (AIX) 75
/usr/ports, Verzeichnis (FreeBSD) 77, 129
/usr/sbin, Verzeichnis 74
/usr/share, Verzeichnis 76
/usr/share/man/man.cf, Konfigurationsdatei (Solaris) 80
/usr/share/skel, Verzeichnis (FreeBSD) 260
/usr/skel, Verzeichnis (Tru64) 260
/usr/src, Verzeichnis 77
/usr/ucb, Verzeichnis 77
USV (unterbrechungsfreie Stromversorgung) 187
UTC (Coordinated Universal Time) 512
utmp, Accountingdatei 1126
UUCP 602, 634

V

vacation, Befehl 595, 670
van den Berg, Stephen 654
Vandalismus 359, 364
/var, Verzeichnis 78
/var/adm/crash, Verzeichnis (HP-UX) 155
/var/adm, Verzeichnis 78
/var/adm/pacct, Konfigurationsdatei 1132
/var/cfengine/inputs/cfagent.conf, Konfigurationsdatei 991
/var/dhcp/dhcptab, Konfigurationsdatei (Solaris) 507
/var/log, Verzeichnis 78

/var/log/lastlog, Datei 332
/var/run, Verzeichnis 78
/var/spool, Verzeichnis 78
/var/spool/hylafax, Verzeichnis 861
/var/spool/hylafax/etc/FaxDispatch, Konfigurationsskript 866
/var/spool/hylafax/etc/hosts.hfaxd, Konfigurationsdatei 868
/var/spool/mqueue, Verzeichnis 576
varyonvg, Befehl (AIX) 722
Venema, Wietse 406, 631
Verantwortlichkeiten 1
verbesserte C-Shell (tcsh) 262
Verifizierung 152
Verifizierung von Backups 772
Vernunft 459
Verschlüsselung 366, 392-397
    CUPS 943
    DNS und 482
    E-Mail 584
    NTP 515
    Passphrase 397
    Public-Key 394
    Public-Key-Server 394
Versionskontrollsysteme 460
Verteidigungslinien 363
Vertrauen, Netzwerk 406
    Sicherheitsaspekte 408
Verwaltung von Paketen 124-129
Verzeichnisbaum 36
Verzeichnisdienst 338, 340
Verzeichnisse 51
    /boot (Linux) 75
    /dev 51, 73
    /devices (Solaris) 51
    /etc 74
    /etc/auth 75
    /etc/cron.* (Linux) 107
    /etc/default 74
    /etc/default (Solaris) 173-174
    /etc/init.d 74, 171
    /etc/mail 595
    /etc/objrepos (AIX) 74
    /etc/openldap 339
    /etc/openldap/schema 341
    /etc/pam.d 326
    /etc/periodic/security (FreeBSD) 366
    /etc/postfix 636
    /etc/profile.d (Red Hat Linux) 265
    /etc/rc*.d 74, 166, 171
    /etc/rc.config.d (HP-UX) 174
    /etc/security (AIX) 74, 260
    /etc/security (PAM) 327
    /etc/skel 260
    /etc/sysconfig (Linux) 74, 174
    /home 74
    /kernel (Solaris) 75
    /lib 74
    /lost+found 74
    /mnt 75
    /opt 75
    /proc 75
    /sbin 74
    /sbin/rc*.d 166
    /stand (FreeBSD) 75
    /tcb 75
    /usr 76
    /usr/bin 76
    /usr/include 76
    /usr/lib 76
    /usr/lib/sendmail.d/bin 604
    /usr/lib/X11/fonts 946
    /usr/local 76
    /usr/lpp (AIX) 75
    /usr/ports (FreeBSD) 77, 129
    /usr/sbin 74
    /usr/share 76
    /usr/share/skel (FreeBSD) 260
    /usr/skel (Tru64) 260
    /usr/src 77
    /usr/usb 77
    /var 78
    /var/adm 78
    /var/adm/crash (HP-UX) 155
    /var/log 78
    /var/run 78
    /var/spool 78
    /var/spool/hylafax 861
    /var/spool/mqueue 576
    administrative 78
    anlegen 90
    auflisten mit echo 96
    Boot-Skript 166, 171
    einen Baum duplizieren 91
    Home 240, 259
    Kernel-Build 1099
    Kernel-Generierung 1099
    Logdateien 78

Manpages 76
Quellcode 77
schema, OpenLDAP 341
schreibbare, Sicherheitsprobleme mit 378
setgid-Zugriff und 48
Shared Library 74, 76
spool 572, 576
Spooling 78
terminfo 830
vergleichen 92
X Window System 76
vgcreate, Befehl
   HP-UX 728
   Linux 740
vgdisplay, Befehl (HP-UX) 730
vgextend, Befehl (HP-UX) 728
vgscan, Befehl (Linux) 739
4mm Digital Audio Tape (DAT) 777
Views, DNS 486
vigr, Befehl (Linux) 247
vinum, Befehl (FreeBSD) 744-746
vipw, Befehl 156, 242
Viren 365
   E-Mail 665-668
Virtual Memory Manager 1058-1065
   AIX 1058-1060
   FreeBSD 1061-1062
   HP-UX 1062
   Linux 1063
   Solaris 1064
   Tru64 1064
virtuelle Domains, E-Mail
   Postfix 641-642
   sendmail 610
virtueller Speicher 1049, 1051
VIRTUSER_DOMAIN_FILE-Makro 610
virtusertable, sendmail-Feature 610
visudo, Befehl 12
Vixie, Paul 100, 614
VMailer (siehe Postfix)
VMS 35
   search, Befehl 969
vmstat, Befehl 1036, 1053-1055
vmtune, Befehl (AIX) 1059-1060, 1077
VNC, Paket 31
vnconfig, Befehl (FreeBSD) 1070
vncserver, Befehl 32
vncviewer, Befehl 32
volcheck, Befehl (Solaris) 748

vold-Daemon (Solaris) 748, 752
vollständige Backups 771
Volume-Gruppen 715
Vorbereiten von Dateisystemen 154
Vordergrund-Prozesse 58
Vorsichtsmaßnahmen, Modifikation von Systemskripten 179

W

w(rite)-Zugriff 39, 41
Wählmodems, Gerätedateien 829
wall, Befehl 14
Wall, Larry 967
WAN (Wide Area Network) 193
Wander 511
War Games 356
Warmstart 136
Wartung, sendmail 621
Wartungsmodus (maintenance mode) 141
wcomm.sh, Befehl 1139
Weiterleitung (forwarding), E-Mail 577
   Shells und 578
   in Dateien 578
   an Programme 578
wgrep, Utility 969
wheel, Gruppe 8, 253
who, Befehl 165
Wide Area Network (WAN) 193
Wiederholungs-Intervall, DNS 469
WINDOWMANAGER, Umgebungsvariable (SuSE Linux) 265
Windows 2000 470
   Dateisysteme gemeinsam nutzen 761
   Drucker gemeinsam nutzen mit 926-929
   fixmbr-Befehl, Recovery Console 1117
   grub und 1115
   lilo und 1112
   MBR wiederherstellen 1117
   net use, Befehl 761
Wissen, wie der Normalzustand aussieht 425, 1015
.wm_style, Datei (Red Hat Linux) 264
World Wide Web, Passwörter und 307
write, Befehl 13
WSM (AIX) 21
wsm, Befehl (AIX) 21
wtmp, Accountingdatei 1126
Würmer 365

X

X Window System 76
    Font-Pfad 947
    Fonts hinzufügen 948
    Initialisierungsdateien 263
    TrueType-Fonts und 951
    USB-Mäuse 872, 874
    Verwaltung von Fonts 945
X-Zugriffstyp 45
x (execute) Zugriff(srechte) 39
xargs, Befehl 88
xbiff, Befehl 670
XF86Config, Konfigurationsdatei 872, 874, 947
xferfaxstats, Befehl 864
xfs-Fontserver 949
xfsft Fontserver 951
Ximian Setup-Tools 29
xinetd-Daemon 412-413
    TCP-Wrapper und 413
.xinitrc, Datei 263-264
xjoin, Befehl (Tru64) 510
xlock, Befehl 8
xrpm, Befehl (Linux) 125
xstm, Befehl (HP-UX) 118
xwd, Befehl 880
xyzzy 299

Y

yast2, Befehl (SuSE Linux) 26
    Paketverwaltung 125
yes, Befehl 987
Ylönen, Tatu 409

Z

zeichenorientierte Gerätedateien 51, 68
Zeit, autoritative 512
Zeitbomben 365
zeitgesteuerte Befehlsausführung 96
Zeitreihendaten 557
Zeitscheibe 1033
Zeitspanne für Verfall der Daten, DNS 469
Zeitsynchronisation 511

Zeitüberwachung 33
Zimmerman, Phil 394
Zip-Laufwerke 697
    als Backup-Geräte 780
    USB 870
Zombie-Prozesse 1032
Zonen, DNS 455
    definieren 462
Zonendateien, DNS 466
    Reverse 470
    Seriennummern 468
    Subnetze und 471
Zonentransfers, DNS 476
    inkrementelle 479-480
zufällige Passwörter 298
Zugriff, Datei 39, 41, 48
    Dateitypen 39
    Klassen 41
Zugriffskontrolle
    cron 107
    CUPS 943
    Dateien 382
    DNS 480
    Drucker 888, 907
    HylaFAX 868
    inetd 411
    LPRng 938
    NetSaint 556
    Net-SNMP 539-540
    OpenLDAP 349-351
    PAM und 333
    Postfix 642-646
    sendmail 614
    serielle Schnittstellen 858
    shutdown, Befehl (HP-UX und Linux) 183
    Systemkonsole 859
    TCP/IP-Dienste 411
    xinetd 413
Zugriffskontroll-Eintrag (ACE) 384, 387, 389
Zugriffskontroll-Listen (siehe ACLs)
Zugriffsrechte, Datei (siehe Schutz, Datei)
Zylindergruppen 674
Zyniker 1126

Über den Autor

Æleen Frisch arbeitet seit über 20 Jahren als Systemadministratorin und hat in dieser Zeit eine Vielzahl von VMS-, Unix- und Windows-Systemen betreut. In ihrer Tätigkeit als Systemadministratorin widmet sie sich momentan einem sehr heterogenen Netzwerk aus Unix- und Windows NT/2000/XP-Systemen. Sie ist außerdem Autorin, Dozentin, Lehrerin und Marketing-Beraterin und gelegentlich auch Datenbankprogrammiererin. Sie hat acht Bücher geschrieben, darunter *Unix System-Administration*, *Windows NT System-Administration* und *Windows 2000 Befehle – kurz & gut* (alle O'Reilly Verlag) sowie *Exploring Chemistry with Electronic Structure Methods* (Gaussian, Inc.). Zurzeit verfasst sie für das *Linux Magazine* die Kolumne »Guru Guidance«. Außerdem schreibt sie Gedichte und arbeitet an ihrem ersten Roman.

Æleen stammt aus Kalifornien und lebt mit ihrem Partner Mike sowie ihren Katzen Daphne, Susan, Lyta und Talia im Exil in Connecticut. Sie hat ihren B.S. in Literatur am Caltech gemacht und ihren Ph.D. in Kulturwissenschaften an der University of Pittsburgh erworben. Wenn sie nicht gerade technische Bücher und Artikel, Marketing-Literatur oder Computer-Programme schreibt, malt sie gerne Aquarelle oder denkt sich Krimirätsel aus.

Sie erreichen Æleen per E-Mail über *aefrisch@lorentzian.com*. Ihre Homepage ist *http://www.aeleen.com*. Wenn Sie den kostenlosen ESA3-Newsletter erhalten wollen, können Sie sich unter *http://www.aeleen.com/esa3_news.htm* eintragen.

Über die Übersetzer

Peter Klicman ist unabhängiger Sachverständiger für DV-Systeme sowie Internet-Provider und freier Unternehmensberater. Seine Arbeit für den O'Reilly Verlag brachte ihn zur technischen Dokumentation. Neben Buchübersetzungen (z.B. *Programmieren mit Perl* und *SSH: Secure Shell*) führt er Dokumentations- und Entwicklungsprojekte durch. Sein bisher größter Coup, ein riesengroßes Kamel in den O'Reilly Verlag einreiten zu lassen, scheiterte zum Bedauern der Verlagsmitarbeiter an den zu kleinen Fenstern des Verlags.

Andreas Bildstein studierte nach seiner Ausbildung zum Maschinenbaumechaniker Informationsmanagement an der FH Stuttgart (HdM), an der er heute Vorlesungen über Netzwerk- und Systemmanagement hält. Er ist als Gesellschafter der inforouter GbR tätig, die Software- und Netzwerklösungen hauptsächlich für Kunden aus dem Anlagen- und Maschinenbau entwickelt. Sowohl in seinen Seminaren als auch in Kundenprojekten versucht er so oft wie möglich Open Source-Lösungen zu integrieren. Die Liebe zu Büchern brachte ihn zur Übersetzungstätigkeit für den O'Reilly Verlag. In seiner Freizeit kann man ihn häufig bei ausgedehnten Spaziergängen mit seiner Freundin Claudia im Stadtpark von Stuttgart antreffen oder wie er mit Freunden die Früchte der harten Arbeit von Winzern des Mittelmeerraumes genießt.

Jørgen W. Lang lebt als freier Übersetzer, Webdesigner und -programmierer sowie als Dozent für Webdesign und CGI-Programmierung in Hamburg. Neben der Musik widmet er sich der Beantwortung von Fragen in den deutschsprachigen Perl-Newsgruppen. Zu erreichen ist er unter *jwl@worldmusic.de*.

Klaus Düllmann arbeitet als Unix-Systemadministrator in Norddeutschland. Wie viele seiner Berufsgenossen hat er einen ganz anderen fachlichen Hintergrund. Er studierte Anglistik und Romanistik und hat lange Zeit in der Schifffahrt gearbeitet. Vor einigen Jahren vom Linux-Virus befallen, hat er es kürzlich geschafft, sein Hobby zum Beruf zu machen.

Kolophon

Das Tier auf dem Einband von *Unix System-Administration* ist ein Gürteltier. Dieses Insekten fressende Säugetier stammt aus Südamerika und hat sich bis in die südlichen Staaten der USA verbreitet. Im Unterschied zu den meisten anderen Insektenfressern hat das Gürteltier Zähne – wurzellose Stifte, die sich tief hinten in seinem Maul befinden. Diese Zähne ermöglichen es ihm, seine Nahrung aus Skorpionen, Termiten und anderen Insekten durch Schlangen, Geflügel, Früchte und Eier zu ergänzen.

Gürteltiere sind auch als Armadillos (spanisch: kleines gepanzertes Ding) bekannt. Diesen Namen erhielten sie von den Spaniern, als diese die neue Welt eroberten. Der »Panzer« ist eine äußere Schicht, die aus zahlreichen Knochenplatten mit Hornüberzug besteht. Dieser Hautknochenpanzer ist jedoch nicht starr, sondern durch mehrere Hautfalten in der Körpermitte unterbrochen, so dass gürtelartige Knochenringe entstehen. Das ermöglicht den Gürteltieren mehr Bewegungsfreiheit. Bei einigen Arten werden nicht nur Körper und Gliedmaßen, sondern auch Gesicht und Schwanz von diesem Panzer bedeckt.

Gürteltiere können eine Körperlänge zwischen 12 Zentimetern (Gürtelmull) und einem Meter (Riesengürteltier) erreichen. Die bekanntesten Gürteltiere, die sogenannten Neunbinden-Gürteltiere, haben etwa die Größe einer Hauskatze.

Der Umschlagsentwurf dieses Buches stammt von Edie Freedman, die hierfür einen Stich des *Dover Pictorial Archive* aus dem 19. Jahrhundert verwendet hat. Das Coverlayout der deutschen Ausgabe wurde von Hanna Dyer mit Quark XPress 4.1 unter Verwendung der Schriftart ITC Garamond von Adobe erstellt. Als Textschrift verwenden wir die Linotype Birka, die Überschriftenschrift ist die Adobe Myriad Condensed und die Nichtproportionalschrift für Codes ist LucasFont's TheSansMono Condensed. Die in diesem Buch enthaltenen Abbildungen stammen von Robert Romano und Jessamyn Read und wurden mit Adobe Photoshop 6 und Macromedia Freehand 9 erzeugt. Henri Michael Oreal hat sie für die deutsche Ausgabe überarbeitet.